1 MONTH OF
FREE
READING

at

www.ForgottenBooks.com

By purchasing this book you are eligible for one month membership to ForgottenBooks.com, giving you unlimited access to our entire collection of over 1,000,000 titles via our web site and mobile apps.

To claim your free month visit:
www.forgottenbooks.com/free988559

ISBN 978-0-260-92579-4
PIBN 10988559

Real=Encyklopädie

für

protestantische Theologie und Kirche.

In Verbindung

mit vielen protestantischen Theologen und Gelehrten

herausgegeben

von

Dr. Herzog,

ordentlichem Professor der Theologie in Erlangen.

———

Sechster Band.

Hermes bis Jonas, Bischof von Orleans.

———

Stuttgart und Hamburg.

Rudolf Besser.

1856.

Druck von Blum und Vogel in Stuttgart.

Hermes und **Hermesianismus.** Georg Hermes, am 22. April 1775 zu Dreyer=
walde, einem Dorfe in Westphalen, geboren, absolvirte zu Münster die philosophischen
und theologischen Studien, wurde 1798 Lehrer am Paulinischen Gymnasium zu Münster,
empfing 1799 die Priesterweihe, ohne darum jedoch aus seinem Lehramte zu scheiden.
Alle Muße indeß, welche ihm seine amtliche Stellung ließ, widmete er mit großer Hin=
gebung seinem Lieblingsstudium, der Philosophie. Wir wollen damit keineswegs sagen,
es habe dem jungen Geistlichen an theologischem, christlichem Interesse gefehlt. Vielmehr
war es gerade das Christenthum, die Theologie, für deren Begründung gegenüber der
ungläubigen Zeitrichtung er sich den philosophischen Forschungen hingab. Sein erstes
Schriftchen, welches 1805 erschien und den Titel führt: „Ueber die innere Wahr=
heit des Christenthums," zeugt hinlänglich dafür. Seit dem Jahre 1807 lehrte er
denn auch die Theologie an der Universität Münster. Neben der Dogmatik las er
namentlich über „Einleitung in die Theologie," eine Disciplin, auf welche er ganz
besonderes Gewicht legte und alle seine Kraft concentrirte. Sie sollte das Christenthum
fundamentiren, in seiner Vernünftigkeit und Nothwendigkeit nachweisen. Der philosophische
Beweis, wie ihn Hermes aus der Vernunft führt, erzwingt ihm die Annahme der christ=
lichen Offenbarung. Die „Philosophische Einleitung," welche 1819 in erster, 1831 in
zweiter Auflage erschien, befaßt sich hienach mit der dreifachen Untersuchung: 1) ob der
Mensch überhaupt einer sicheren Entschiedenheit über Wahrheit und Wirklichkeit fähig
sey; 2) ob ein Gott sey und welcher; 3) ob Offenbarung möglich und wie sie wirklich
sey. Das Resultat der ganzen Untersuchung ist natürlich ein bejahendes und mit dem
Christenthum congruirendes. Die ganze Entwickelung bietet auf dem gegenwärtigen
Standpunkte der philosophischen wie der theologischen Wissenschaft wenig Interesse. Sie
ruht ganz auf Kantischen Prinzipien. „Es gibt," heißt es 3. Bd. karakteristisch genug,
„keinen hinlänglichen Grund zu einem sicheren, oder was dasselbe ist, zu einem ver=
nünftigen Glauben, als das nothwendige Halten der theoretischen und das nothwendige
Annehmen der verpflichtenden Vernunft allein: weil es außer diesen beiden keine dritte
Weise mehr gibt, worin die Vernunft uns Wahrheiten und Wirklichkeiten verbürgt, und
weil außer der Vernunft kein anderes Vermögen in uns ist, was dieses könnte." Das
nothwendige Halten der Vernunft versetzt in den Zustand der Entschiedenheit über die
Wirklichkeit des Erkannten und das ist ihm wahrer Glaube. — Auf die philosophische
Einleitung folgt die positive. Nachdem es nämlich feststeht, es gibt sichere Erkenntniß,
Gott existirt und zwar mit diesen und diesen Eigenschaften und kann sich auch übernatür=
lich offenbaren, befaßt sich die „Positive Einleitung" (1829) mit der Entscheidung
über die äußere und innere Wahrheit 1) der neutestamentlichen Schriften, 2) der münd=
lichen Ueberlieferung, 3) mit der Zuverläßigkeit des mündlichen Lehramts in der katho=
lischen Kirche.

Nun folgt im hermesischen System die Erkenntniß der Lehren des Christenthums,
welche sich ihm nur unter der Bedingung als wahr erweisen, daß, weil sie übernatürlich
geoffenbarte Lehren seyn sollen, sie mit den natürlich geoffenbarten Lehren, d. h. mit
den Wahrheiten der Vernunft nicht im Widerspruche stehen. (Phil. Einl. S. 77. 538 2c.)
So stehen wir denn auf dem Gebiete der eigentlichen Theologie. Hermes theilt dieselbe

Druck von Blu

Hermes und Hermesianismus. [illegible]
wolde, einem Dorfe in Westphalen, geboren, [illegible]
und theologischen Studien, wurde 179[illegible] Lehrer am [illegible]
empfing 179[illegible] die Priesterweihe, [illegible]
Alle Muße indeß, welche ihm [illegible]
gebung seinem Lieblingsstudium, der Philosophie. [illegible]
es habe den jungen Geistlichen zu [illegible]
war es gerade das Christenthum, die Theologie, [illegible]
ungläubigen Zeitrichtung er sich [illegible]
Schriftchen, welches 1805 erschien und den Titel [illegible]
heit des Christenthums,« zeugt [illegible]
rum auch die Theologie an der Universität Münster [illegible]
namentlich über »Einleitung in die Theologie« [illegible]
besonderes Gewicht legte und alle seine Kraft [illegible]
fundamentiren, in seiner Gewißheit [illegible]
Beweis, wie ihn Hermes aus der Vernunft führt, [illegible]
lichen Offenbarung. Die »Philosophische Einleitung« [illegible]
zweiter Auflage erschien, befaßt sich [illegible]
Mensch überhaupt einer sicheren Ueberzeugung über [illegible]
ey; 2) ob ein Gott sey und welcher; 3) ob Offenbarung [illegible]
en. Das Resultat der ganzen Untersuchung ist [illegible]
Christenthum congruirendes. Die ganze [illegible]
Standpunkte der philosophischen wie der theologischen [illegible]
ruht ganz auf Kantischen Prinzipien. »Es gibt,« [illegible]
keinen hinlänglichen Grund zu einem sicheren, [illegible]
künftigen Glauben, als das nothwendige Halten [illegible]
Annehmen der verpflichtenden Vernunft allein [illegible]
Weise mehr gibt, worin die Vernunft und [illegible]
weil außer der Vernunft kein anderes Vermögen [illegible]
nothwendige Halten der Vernunft versetzt in den [illegible]
Wirklichkeit des Erkannten und das ist ihm wahren [illegible]
Einleitung folgt die positive. [illegible]
Gott existirt und zwar mi[illegible]
sich offenbaren, be[illegible]
über die äußer[illegible]
lichen Uebe[illegible]
lischen [illegible]

in die zwei unabhängigen Disciplinen der theoretischen und praktischen Theologie, der Dog=
matik und Moraltheologie. Ueber das Verhältniß dieser beiden finden wir S. 463 der
Philosophischen Einleitung folgende merkwürdige Stelle: »Sobald,« heißt es dort, »die
Wirklichkeit der Innen= und Außenwelt im Wege der theoretischen Vernunft gefunden ist,
gibt die praktische Vernunft uns eine ausführliche Lehre von Pflichten gegen uns und
unsere Mitmenschen, ehe noch ein Gott erkannt ist. Wir haben also Pflichten vor
aller Erkenntniß eines Gottes und ganz unabhängig von dieser. Wird dann hernach (im
Wege der theoretischen Vernunft) das Daseyn Gottes erwiesen, so muß die praktische
Vernunft, weil ihre Pflichtgebote dadurch nicht bedingt sind, fordern, den erkannten Gott
in moralischer Hinsicht zu denken und anzunehmen, daß ihre Pflichtgebote damit bestehen
können. Hier ist es also möglich, daß die praktische Vernunft zur Aufrechthaltung ihrer
Pflichtgebote moralische Eigenschaften an Gott fordere. Setzt man hingegen die Ent=
stehung der Pflichtgebote in uns nach der Entstehung Gottes und hält man die Mög=
lichkeit der Pflichten abhängig von dieser Erkenntniß — wie das wohl von Mehreren
geglaubt und behauptet wird — so kann die praktische Vernunft zur Aufrechthaltung ihrer
Pflichtgebote keine einzige moralische Eigenschaft an Gott fordern, und sie kann dann
aus keinem Grunde eine an ihn fordern.« Auch hier können wir uns jeder Kritik ent=
halten; die Anführung genügt.

Die Moraltheologie hat Hermes nie bearbeitet. Die Dogmatik dagegen hat er
mit allem Eifer cultivirt. Ihr weiset er die Aufgabe zu, aus den obigen drei in der
positiven Einleitung als zuverläßig erwiesenen Quellen die christlichen Lehren vorzulegen
und daraus die Wissenschaft der christkatholischen Theologie zu construiren. Sie ist ihm
eine schlechthin positive Wissenschaft, hat göttlich beglaubigte, übernatürlich geoffenbarte
Sätze zu behandeln und kann die Philosophie nur zur Vertheidigung der christlichen
Dogmen gegen die falsche, die christliche Offenbarung bestreitende Philosophie verwenden.
Hiebei jedoch ist es wieder bezeichnend, daß er namentlich seiner philosophischen Operation
den Nachweis überträgt, es lasse sich zwischen Dogma und Vernunft kein Widerspruch
nachweisen. Die dogmatischen Materien kommen in dieser Reihenfolge zur Verhandlung:
I. Erkenntniß Gottes — Daseyn, Eigenschaften, Wesen, Trinität. II. Verhältniß der
Welt überhaupt zu Gott — Schöpfung, Fürsehung u. s. w. III. Verhältniß des Men=
schen insbesondere zu Gott — Urstand, Sünde, Erlösung, Gnade, Gnadenmittel: Sa=
kramente und Gebet; Mitwirkung mit der Gnade. IV. Die letzten Dinge. — Einer
seiner ältesten und würdigsten Schüler, Prof. Achterfeld, hat die »Christkatholische Dog=
matik« des hochverehrten Lehrers 1834 in 3 Theilen herausgegeben.

Hermes kam in systematischer Beziehung vollkommen fertig im Jahre 1819 als
Professor der Dogmatik an die mit ganz besonderer Munificenz und Wohlwollen von
der Preußischen Regierung bedachte und gepflegte Rheinische Friedrich=Wilhelms=Univer=
sität Bonn. Schon zu Münster hatte er mit großem Erfolg neben Katerkamp und
Kistemaker gelehrt. Seine rheinische Wirksamkeit ist aber der Glanzpunkt seines Lebens.
Alle Berichte stimmen darin überein, daß er die Liebe und das Vertrauen seines großen
Schülerkreises in seltenem Maße besaß, was in des Lehrers Hingebung an seinen Beruf,
in der interessanten, erweckenden Behandlung des Gegenstandes seinen Grund hatte. So
kam es, daß sein Lehrsystem noch vor seinem Tode in die meisten theologischen Schulen
der Katholiken Preußens Eingang gefunden hatte. Hohe Prälaten zählte er unter seinen
Gönnern, namentlich den Erzbischof von Köln, den Grafen Spiegel zum Desenberg,
dessen Vertrauen er auch (1825) eine Pfründe am Domkapitel zu Köln zu verdanken hatte.

Gleichwohl konnte es nach der Natur dieses Systems nicht fehlen, daß kirchliche
Gegner es als heterodox bezeichneten. Sie traten noch zu Lebzeiten ihres Urhebers
— derselbe starb 1831 — mit ihren Kritiken und Anklagen an die Oeffentlichkeit; nach
dem Tode desselben wurden sie mit der zunehmenden Erstarkung der kirchlichen Richtung
immer feindseliger und schärfer in ihrer Verurtheilung. Auf Pelagianismus, Socinianis=
mus, Rationalismus u. s. w. lauteten die Beschuldigungen. Ganz besonders wurde das

Verhältniß angefochten, in welches das hermesische System das Glauben zum Wissen setzte. Die Schüler replicirten lebhaft und voll Selbstgefühl. Auch sie erhoben schwere Anklagen gegen die entgegenstehende, immer größer werdende, vorzüglich durch die süddeutschen Schulen getragene Partei. Der sogenannte »Hermesianismus« wurde mehr und mehr ein Zankapfel, welcher die römischkatholische Kirche Deutschlands in arger Weise spaltete. Da erschien unter dem 26. September 1835 ein päbstliches Breve, welches die hermesischen Schriften und Lehren verdammte, weil darin der positive Zweifel zur Grundlage aller theologischen Untersuchung gemacht, die Vernunft zur Hauptnorm und zum einzigen Erkenntnißmittel der offenbaren Wahrheiten erhoben werde. Insbesondere wird auch die Lehre des Hermes circa naturam fidei und Anderes ganz speziell verworfen. Viele Hermesianer versagten nun dem päbstlichen Ausspruch, so weit es ihre römischkatholische Kirchenpflicht mit sich brachte, die Zustimmung nicht. Die verdammten Lehren erklärten auch sie für verdammungswürdig. Aber sie machten sich die alte question du droit et du fait zu Nutze und behaupteten laut, solche Lehren, wie die verurtheilten, habe ihr Lehrer weder mündlich, noch in seinen Schriften vorgetragen. So urtheilten z. B. Ritter und Baltzer in dem vom Preuß. Ministerium ihnen aufgetragenen Gutachten über die 18 Thesen des Erzbischofs Clemens August von Köln, Elvenich, Professor der Philosophie zu Breslau, in den Actis Hermesianis. Auch suchte man den versetzten Streich dadurch zu pariren und stärker zurückzugeben, daß die Gegner als Anhänger des Bautain und Lamennais hingestellt wurden; die Verdammung der Lehren dieser Beiden aber führte man als eine Gutheißung der hermesischen Lehren einschließend an. (Braun, die Lehren des sogenannten Hermesianismus ꝛc. Bonn 1835.) Die Widersacher, deren Zahl immer mehr wuchs, wozu nun auch, nach dem Tode des Grafen Spiegel, des Gönners der Hermesianer, der neue Kölner Erzbischof und alte Gegner des Hermes von Münster her hinzugekommen war, ließen es an Repliken und sonstiger Opposition nicht fehlen. Es würde jedoch sehr weit führen, wenn wir uns in der Besprechung des hermesianischen Streites auf die gewechselten Streitschriften nur einigermaßen einlassen wollten. Wir erwähnen darum nur einer sehr wirksamen Gegenschrift, welche das päbstliche Breve mit Auszügen aus den hermesischen Schriften belegte und so das gefällte Urtheil zu begründen suchte. Dieselbe erschien 1837 in Mainz und führte den Titel: »Die hermesischen Lehren in Bezug auf die päbstliche Verurtheilung derselben, urkundlich dargestellt.« — Der Darstellung jener schwierigen Verhältnisse, in welche die Schule, namentlich auch die Professoren der Bonner katholischtheologischen Fakultät mit dem Erzbischof von Köln geriethen, kann ich mich ebenfalls entschlagen, da hiefür auf den Artikel Droste-Vischering verwiesen werden kann.

Es konnte nicht fehlen, daß diese heftigen und bedenklichen Streitigkeiten auch der preußischen Regierung Verlegenheiten bereiten mußten. Sie ließ darum ihre Verwendung beim päbstlichen Stuhle eintreten, wodurch den Hermesianern verstattet wurde, in Rom eine lateinische Uebersetzung der Schriften des Hermes zu überreichen und darüber mit den Anhängern dieser Lehre zu conferiren. Gegen Ende des Monats Mai 1837 langten daher die Vertreter der Schule, die Professoren Braun und Elvenich, in Rom an. Sie wurden zur Verhandlung an den von Lambruschini hiefür beauftragten Jesuitengeneral Roothaan gewiesen. Was indeß die hermesischen Professoren schon in der Audienz, welche ihnen der Pabst am 14. Juni gestattete, zu hören bekamen, konnte keine Hoffnung geben, daß sie das erstrebte Ziel erreichen würden. Ja, sie brachten es nicht einmal zu eigentlichen Verhandlungen über ihre Sache. Kaum hatten sie einen Theil der Einleitung zur Dogmatik in's Lateinische übersetzt und nebst Erklärungen an Pater Roothaan übersandt, so erhielten sie von diesem am 19. Juli ein Schreiben im Auftrage des Pabstes, wodurch alle weitere Verhandlung abgelehnt wurde. »Es war ausgemacht, heißt es hier, daß ihr eine lateinische Uebersetzung der hermesischen Schriften mitbringet. Diesem Vertrage entgegen wollt ihr sie jetzt erst anfertigen. Ferner mußte man erwarten, daß ihr bei eurem Uebersetzen mit der philosophischen Einleitung beginnet, denn diese

1*

sammt der Vorrede dazu ist es vornehmlich, worin die Irrthümer des Hermes zu ersehen sind. Nun aber beginnt ihr mit dem Letzten. Wozu ferner eure Noten und Erklärungen? Dadurch wird die Lehre des Hermes nicht eine andere, als sie ist. In all' diesem hat der heilige Vater nutzlose Verzögerung und ein Benehmen wahrgenommen, das man in Rom nicht gewohnt ist. Wenn je ein Zweifel hätte obwalten können, ob die Lehre des Hermes mit Recht verurtheilt worden, so hätte er durch die Acta Hermesiana verschwinden müssen. Wozu also langwierige Unterhandlungen?" Aber warum, fragen wir, hatte man denn überhaupt diese Abgesandten nach Rom kommen lassen? Und konnte denn billiger Weise erwartet werden, daß diese eine fertige Uebersetzung nach Rom mitbringen würden? Zu einem so schwierigen Werke bedurfte es mehr als einige Monate. Braun und Elvenich versuchten ihr Heil wiederholt bei Lambruschini und selbst beim Pabst durch eingereichte Schreiben. Alles vergebens. Ihren letzten Brief schickte Lambruschini uneröffnet und mit einem Begleitschreiben zurück, worin es u. A. heißt: "Ihr habt den Weg des Irrthums betreten. Statt euch zu unterwerfen, greift ihr zu der von den Jansenisten erfundenen distinctio juris et facti. Schreibt mir in Zukunft nicht wieder. Der Prozeß ist beendigt — causa finita est, utinam aliquando finiatur et error." — So wurden die Professoren abgewiesen und nach Hause geschickt, obgleich man sie doch den weiten Weg nach Rom hatte kommen lassen, um ernstlich und wirklich mit ihnen zu verhandeln. Nur die Politik wirft Licht auf diese dunkle Partie. In den Actis Romanis ist ein Schreiben des Königl. preußischen Oberregierungsrathes Schmedding veröffentlicht, wonach eine Kaiserl. österreichische Note an den päbstlichen Hof die Abbrechung oder richtiger den Nichtanfang der Verhandlungen mit den Hermesianern verursacht hat.

Nach und nach schrumpfte nun die Zahl der treuen, standhaften Hermesianer zu einem Häuflein zusammen. Viele ehemalige Anhänger des Systems unterwarfen sich, Andere gingen zu andern Lehrweisen über, wie z. B. Baltzer, Professor der Theologie in Breslau, der, nicht ganz ohne Aufsehen zu machen, zu den Güntherianern überging. Der Rest der Getreuen, mit Braun und Achterfeld, den beiden in vieler Hinsicht verdienten, quiescirten Professoren der Bonner Fakultät an ihrer Spitze, und in der Oeffentlichkeit seit Jahren durch die gediegene "Zeitschrift für Philosophie und katholische Theologie" vertreten — führte den Kampf unermüdlich fort. Dadurch kam es denn noch am 25. Juli 1847 zu einer päbstlichen Erklärung in Sachen des Hermesianismus. Pius IX. erklärte in einem Schreiben an den Kölner Erzbischof Joh. v. Geissel, die Auslegung, welche die Hermesianer seiner Auslassung über Vernunft und Offenbarung bei Gelegenheit seiner ersten Rundschreiben gegeben, sey falsch; er bestätige das Urtheil Gregor's XVI. über die hermesischen Schriften in seiner ganzen Ausdehnung.

Quellen: Esser, über Hermes Leben und Lehre. Köln 1832. Acta Hermesiana von Elvenich, 1837, und Acta Romana von Elvenich und Braun, Hannover 1838. Das Schreiben Pius IX. findet sich in der Bonner katholischen Vierteljahrschrift 1847, IV. Heft. — Vgl. auch Stupp, Pius IX. und die katholische Kirche in Deutschland, 1848.   Lic. K. Sudhoff.

Hermias, Ἑρμείας, ein in der griechischen Literatur, der profanen wie der christlich-kirchlichen einigemal vorkommender Namen, s. Fabric. bibl. gr. VII, p. 114 ed. Harless. In der Geschichte der christlichen Literatur erscheint ein sogenannter Philosoph Hermias als angeblicher Verfasser einer kleinen noch erhaltenen Schrift in griechischer Sprache unter dem Titel: διασυρμὸς τῶν ἔξω φιλοσόφων, Verspottung der heidnischen Philosophen. Es ist eine apologetisch-polemische Abhandlung, gerichtet an Freunde des Verfassers, Warnung vor den Irrthümern der heidnischen Philosophen, deren verschiedene Meinungen über Gott, Welt, Seele u. s. w., deren Widersprüche und Unzulänglichkeit in 19 Abschnitten nachgewiesen, verhöhnt und auf Dämonenbetrug zurückgeführt werden. Die Schrift ist ohne Witz und Geist, und hat weder in theologischer noch philosophischer oder historischer Beziehung einen Werth. Da weder sie noch ihr Verfasser von irgend einem der Alten erwähnt wird, so ist man rücksichtlich seiner Person und seines Zeitalters auf bloße Conjecturen gewiesen. Sicher ist weder der bekannte Kirchenhistoriker des 5. Jahrhunderts Hermias Sozomenus (wie Lambecius meinte), noch der bei Augustin (haeres. 59) genannte Stifter einer häretischen Seite der Hermianer oder Seleucianer für den Verfasser zu halten; aber eben so wenig ist wohl die Schrift, wie die gewöhnliche Ansicht auch die Neander's a. a. O. ist, in das Zeitalter der großen Apologeten (2. oder 3. Jahrhundert) zu setzen; sie ist vielmehr höchst wahrscheinlich (wie schon die Herausgeber der Bibl. Patr., ebenso die Engländer Worth und Gale, neuestens Menzel a. a. O. S. 17 ff.; 27 f., auch Niedner u. A. annehmen) als ein Machwerk des 5. oder 6. Jahrhunderts zu betrachten.

Ausgaben: ed. princ. mit lat. Uebers. 1553 u. 60; sodann in mehreren Ausg. des M. Justin (1615, 36, 86, 1742 c. not. Marani), des Tatian (von Worth Oxford 1700), im Auctuar. bibl. Patr., Paris 1624; sodann einzeln von Dommerich, Halle 1764, deutsch von Thienemann, Leipz. 1828; neueste Ausg. von W. F. Menzel, Leyden 1840. 8. — vgl. Cave, Scr. eccl. I, 81; Dupin, Nouv. bibl. I, 65; Fabric. l. l.; Neander, K.G. I, 3, S. 1134; Bähr in Pauly's R.E. der klass. Altth.=W. III, S. 1215; Menzel a. a. O. Wagenmann.

Hermogenes wird neben Phygellus, 2 Tim. 1, 15., als einer der asiatischen Begleiter des Paulus genannt, die ihn wohl um der Schmach seiner Gefangenschaft willen später treulos verließen. Weiteres ist von ihm nicht bekannt.

Hermogenes, ein afrikanischer Irrlehrer, gegen den Tertullian sein noch erhaltenes Werk „adv. Hermogenem" richtete, für die Kenntniß seiner Lehre die Hauptquelle. Die sonstigen Nachrichten sind widersprechend und dunkel. Er war Zeitgenosse Tertullians und lebte noch als derselbe die ebengenannte Widerlegungsschrift schrieb (vgl. c. 1. „ad hodiernum homo in seculo"). Auch De Praescr. Haeret. erwähnt Tertullian seiner als eines noch Lebenden. Daraus ergibt sich die Zeitbestimmung, da die erwähnten Schriften seines Gegners in die Jahre 206 und 207 fallen (vgl. Uhlhorn, „Fundamenta Chronologiae Tertullianeae" — Hesselberg, „Tertullian Lehre" 1. Theil legt sie irrig in's Jahr 205). Er war ohne Zweifel Afrikaner, vielleicht lebte er in Karthago, was die genaue Bekanntschaft Tertullians mit seinen persönlichen Verhältnissen wenigstens wahrscheinlich macht (vgl. auch Augustin. de haeres. c. 41). Den Vorwürfen, die Tertullian gegen sein sittliches Leben erhebt (vgl. c. 1: „Pingit illicite, nubit assidue, legem Dei in libidinem defendit in artem contemnit" — f. auch c. 45 i. f.) und die allerdings zunächst wohl aus montanistischer Beschränktheit zu erklären und zu deuten sind, liegt doch wohl so viel Wahrheit zu Grunde, daß Hermogenes einer freieren Weltanschauung huldigte, was mit seinem Künstlerberuf (er war Maler, vgl. c. 1. 33. 36. 38 u. ö.) und seinen philosophischen Beschäftigungen wie mit seiner Irrlehre eng zusammenhängt. Seine Irrlehre scheint kein völlig ausgebildetes System gewesen zu seyn, sondern er suchte nur, wohl in dem Glauben, damit der Kirchenlehre nicht zu widersprechen, diese selbst durch einzelne der heidnischen Philosophie, namentlich der Aristotelischen (vergl. Ritter, Gesch. d. Philos. Bd. 5. S. 178 ff.) entlehnte, spekulative Sätze zu ergänzen und wissenschaftlich darzustellen. Deßhalb darf er auch nicht unter die eigentlichen Gnostiker, sondern nur unter die gnostisirenden Lehrer der Zeit gerechnet werden. Sein Hauptsatz, den Tertullian auch in der mehr genannten Schrift bestreitet, war die Ewigkeit der Materie und die Läugnung einer Schöpfung aus Nichts (c. 1.: „nolens Deum ex nihilo universa fecisse"). Er ging von der Annahme aus, Gott müsse Alles aus sich selbst, aus Nichts, oder aus einer vorhandenen, ewigen Materie gemacht haben (vgl. a. a. O. c. 2.). Die erste Annahme erklärt er für unmöglich, weil Gott unveränderlich ist („Negat illum ex semet ipso facere potuisse, quia partes ipsius fuissent, quaecunque ex semet ipso fecisset dominus; porro in partes non devenire ut indivisibilem et indemutabilem et eundem semper qua dominus"). Die zweite verwirft er deßhalb, weil Gott dann auch das Böse ex arbitrio et voluntate gemacht hätte. Es bleibe also nur die Annahme einer ewigen Materie, in der dann zugleich die Ursachen des Bösen liegen müssen. Diese ewige Ma-

terie, deren Dafeyn Hermogenes auch aus Gen. 1. zu beweiſen ſuchte, denkt er nun
völlig eigenſchaftslos; ſie iſt weder körperlich noch unkörperlich (c. 35.: „neque corporalem,
neque incorporalem materiam facit") weder gut noch böſe (c. 37.). Zugleich hat ſie
aber doch etwas Körperliches in ſich und daraus werden die Körper, und etwas Seelen-
artiges, ihre ungeordnete Bewegung, woraus die Seelen werden. In dieſer ungeordneten Bewegung der Materie (Hermogenes vergleicht ſie mit einem ſiedenden Topfe c. 41.)
liegt die Möglichkeit einer Bildung derſelben, weil eine Verwandtſchaft mit Gott, als
der geordneten Bewegung. Dieſe Bildung der Materie geſchah nun nicht, indem Gott
die Welt durchdrang, ſondern indem er ſich ihr nur näherte, wie ein Magnet das Eiſen
anzieht (c. 44.). Hier liegt wohl der Punkt, von wo aus Hermogenes das Vorhanden-
ſeyn des Böſen erklären zu können meinte. Die Materie wird nämlich nicht ganz, ſondern nur theilweiſe gebildet (c. 38: „Nec tota materia fabricatur, sed partes ejus).
Gott durchdringt ſie nicht, es kommt alſo nur zu einer Bildung auf der Oberfläche. In
jedem Theile der Materie iſt aber zugleich das Ganze enthalten (c. 39.), es bleibt daher
in Allem etwas von der ungeordneten Bewegung und da wird Hermogenes, obwohl
das aus Tertullians Angaben nicht ganz klar wird, die Urſache des Böſen geſehen
haben. Weiter hängt mit dieſen Gedanken auf's Engſte die Anſicht des Hermogenes von
der menſchlichen Seele zuſammen, welche Tertullian in einer eigenen uns verlornen Schrift
„de censu animae" (vgl. De anima 1) widerlegte und gegen die er auch de anima 11
polemiſirt, daß er nämlich die Seele als aus der Materie entſprungen anſah (De anim.
11: „animam ex materia, non ex Dei flatu contendit"). Aus Tertullian's Widerlegung
ſieht man, daß Hermogenes dann für die ſterbliche, weil der Materie angehörende Seele,
die Unſterblichkeit nur behauptete auf Grund des ihr mitgetheilten aus der Subſtanz
Gottes ſtammenden göttlichen Geiſtes. Mehr läßt ſich aus Tertullian nicht entnehmen.
Hermogenes ſcheint übrigens ſeine Lehre nicht bloß mündlich, ſondern auch ſchriftlich verbreitet zu haben (adv. Hermogenem c. 1.). Schüler hatte er jedenfalls (ibid. c. 38.), aber
ſchwerlich gründete er eine eigene Sekte und ſeine Schüler werden ſich bald verloren
haben. Außerdem finden ſich nun noch bei andern Vätern Angaben über Hermogenes,
die mit denen bei Tertullian nur ſchwer in Uebereinſtimmung zu bringen ſind. In den
excerptis Theodoti bei Clemens Alex. leſen wir, daß Hermogenes wie einige andere Irrlehrer die Worte des 19. Pſ. V. 5.: לְשֶׁמֶשׁ שָׂם־אֹהֶל בָּהֶם darauf beziehe, daß Chriſtus ſeinen Leib in der Sonne abgelegt habe („ἔνιοι μὲν οὖν φασί, τὸ σῶμα τοῦ Κυρίου ἐν τῷ ἡλίῳ αὐτὸν ἀποτίθεσθαι, ὡς Ἑρμογένης"), und dieſelbe Nachricht findet
ſich bei *Theodoret*, haer. fabb. Comp. I, 19. Bei dem Letztern kann kein Zweifel ſeyn,
daß er denſelben Hermogenes meint, den Tertullian bekämpft, wie er denn ausdrücklich
die von Tertullian widerlegte Irrlehre über die Materie anführt und außerdem hinzuſetzt, was mit dem oben Ausgeführten unläugbar trefflich ſtimmt, Hermogenes habe gelehrt, die Dämonen würden zuletzt in Materie aufgelöſt werden. Chriſtologiſche Irrlehren werden dem Hermogenes auch von Philaſtrius und Auguſtin beigelegt, aber hier
wird er zu den Patripaſſianern gerechnet (vgl. *Philastrius* de haeres. c. 44: „Praxeani
a Praxea, *Hermogeniani ab Hermogene*, qui fuerunt in Africa, qui et ita sentientes ab-
jecti sunt ab ecclesia catholica" — *Augustin.* de haeres. c. 41.: „Sabelliani — sunt in
ore multorum — Praxeas et *Hermogenes* eadem sentientes in Africa fuisse dicuntur").
Außer Tertullian ſollen nach Theodoret l. c. auch Origenes und Theophilus von Antiochien gegen Hermogenes geſchrieben haben. Des Letztern Schrift erwähnt Euseb. H. E.
IV, 24. Weil dieſe Angaben nicht mit Tertullians Darſtellung zuſammenſtimmen, der
adv. Hermog. c. 1. dieſen als in der Chriſtologie orthodox bezeichnet, obwohl die Con-
ſequenzen ſeiner Lehre ihm unbewußt auch dieſes Dogma alteriren („Christum dominum
non alium videtur agnoscere, alium tamen fecit"), ſo haben Mehrere (*Mosheim*, Comment. de rebus christ. ante Const. M. p. 453. — *Walch*, Ketzerhiſtorie I. 580. — S.
dagegen *Tillemont*, Memoires pour servir etc. III, 65. *Böhmer*, Hermogenes Africanus
Sundiae 1832 p. 104 sqq.) einen doppelten Hermogenes annehmen wollen. Allein eine

solche Verdoppelung bleibt immer schwierig, zumal da schon Theodoret beide identifizirt und in der Notiz über die Dämonen sich gut unterrichtet zeigt. Möglich wäre es, daß Hermogenes später seine Irrlehre weiter ausgebildet hätte und so auch zu christologischen Irrlehren gekommen wäre. Doch wird man sich immer an Tertullian als an den sichersten Gewährsmann halten müssen.   G. Uhlhorn.

Hermon (חֶרְמוֹן = hervorragender Gipfel) nannten die Israeliten den südlichen Theil des Hauptkammes des sogenannten Antilibanon oder heutigen Djebel-esch-Scharki. Dieses Gebirge, welches durch ein Hochthal, die Bikeah, vom eigentlichen Libanon getrennt ist und jenes hinwiederum von der Ebene von Damask scheidet, theilt sich etwa in der Breite dieser Stadt, oberhalb dem Orte Rasheya in zwei Rücken, deren östlicher, höherer, in derselben Normalrichtung wie das ganze System gegen SW. streichend, die eigentliche Verlängerung des Antilibanon ist und jetzt Dj.-esch-Scheikh heißt, welcher südwärts von Hasbeya gegen WSW. mehr und mehr an Höhe abnimmt und in die Ebene oberhalb der Jordanquellen bei Paneas (s. R.E. Bd. II. S. 487) ausläuft, während ein südöstlicher Ausläufer desselben, der Dj. Heisch, sich über das Nordende des TibereiasSees ausdehnt. Nicht aber dieser niedrigere Vorsprung ist (mit Winer nach Seetzen und Burckhardt, Reisen in Syrien, I. S. 448 f.) für den Hermon der Alten anzusehen, sondern die ganze Hauptkette des Scheikh-Berges, wozu jener Dj. Heisch nur eine Fortsetzung bildet, namentlich aber der Mittelrücken, welcher die höchsten Gipfel enthält. Schon daraus erklärt sich, daß Ps. 42, 7. der Name in der Mehrzahl חֶרְמוֹנִים steht, was bei einer mehrgipfligen Bergkette nicht auffallen kann. Ebenso leicht erklären sich aus dem dargelegten Sachverhältnisse die verschiedenen Namen, welche bald in engerm, bald in weiterem Sinne, bald von einem einzelnen Gipfel oder Theile, bald vom ganzen Gebirge vorkommen: nach 5 Mos. 4, 48. führte nämlich der Berg auch den Namen שִׂיאֹן, nach 5 Mos. 3, 9. hieß er bei den Sidoniern שִׂרְיֹן (Ps. 29, 6.), bei den Amoritern שְׂנִיר, welcher — als Theil vom Ganzen — 1 Chr. 5, 23. Hohel. 4, 8. vom Hermon selbst unterschieden wird, wie denn noch Abulfeda von dem nördlichen Theile des Antilibanon den Namen "Sunir" kennt. Ein anderer Theil des Gebirges hatte seinen Namen von der an seinem östlichen Fuße gelegenen Stadt Baal-Gad, wo früher Chivviter seßhaft waren, Jos. 11, 3. 17; 13, 5. Richt. 3, 3. Auch von dem Hauptkamme sind in gewißer Entfernung zwei Hauptgipfel sichtbar (Wilson, the Lands of the Bible, II. p. 161); derselbe soll mit ewigem Schnee bedeckt seyn, weßhalb er arabisch (Abulfeda, tab. Syr. p. 18. 163 sq.) und chaldäisch (Targg. ad 5 Mos. 3, 9. Hohel. 4, 8.) "Schneeberg" (Dj. el-Thaldj; — tur talga) genannt wurde und die Thrier nach Hieron. Onoui. v. Aermon den Schnee zu ihrer Erfrischung von demselben bezogen. Leider sind diese Gipfel noch von keinem neuern Reisenden bestiegen und genauer gemessen worden, Rußsegger (Reisen III. S. 130) schätzte vom Tabor aus, von wo Hermon's prachtvolle Südseite sichtbar ist, die in lichtblendender Gestalt in den blauen Himmel emporragt, seine Höhe auf 9500 Fuß. Auf seinen niederen, waldigen Höhen standen berühmte Cypressenwälder, Ez. 27, 5. Sir. 24, 17. Die heil. Schrift rechnet den Hermon im Allgemeinen zum Libanon und nennt ihn als die äußerste Nordgrenze des israelitischen Ostjordanlandes, Jos. 12, 1. 5 Mos. 3, 8; 4, 48. 1 Chr. 5, 23. Ganz unnöthiger Weise schloß die ältere Tradition, die schon Hieronym. epist. 44, kennt und welcher z. B. noch Reland, Pal. S. 326 theilweise gefolgt ist, aus Ps. 89, 13; 133, 3; 42, 7., es müsse noch einen zweiten Hermonberg gegeben haben in der Nähe des Tabor, wo deßhalb noch heute der Djebel-ed-Duhy, eine wüste, unförmliche Masse im Norden der Ebene Jisreel, dem Tabor südlich gegenüberliegend, als der sogenannte "kleine Hermon" bezeichnet wird, s. Robinson's Pal. III. S. 404 ff. 468. Allein die Stelle Ps. 89. verlangt im dichterischen Parallelismus nur irgend einen ausgezeichneten, hervorragenden Berg, und ein solcher ist eben der wahre Hermon, der trefflich neben den Tabor gestellt ist, weil er von diesem aus gesehen wird. Das poetische Bild Ps. 133. vom Herabsteigen des Thaues vom Hermon auf Zion's Berge erläutert die Bemerkung Olshausen's kurz und gut: »den erfrischenden Thau auf Zion leitet der Dichter vom Einfluß der kühlen Berge her, die im N. das heil. Land begrenzen.« Es ist geschmackloser Pedantismus, um das schöne Bild ja recht wörtlich nehmen zu können, zu meinen, es müsse einen, näher bei Jerusalem gelegenen Hermonberg gegeben haben, oder es seyen unter »Zion's Bergen« nicht die Hügel der Davidstadt, sondern etwa die Berge um jenes Sion (שׂאן) im Stamme Issaschar, Jos. 19, 19. gemeint. Vielmehr: das höchste Gebirge des Landes bringt durch seine Ausdünstung befruchtende und erquickende Feuchtigkeit über das ganze Land; — s. Herder, Geist der ebr. Poesie II, 9. (Werke, z. Theol. III. S. 186 die Taschenausg.). — Vgl. Reland, Paläst. S. 323 ff. 610. 920; Hoffmann in d. Hall. allg. Encykl. II. Th. 6. S. 361; Robinson, Pal. III. S. 625 ff.; Lengerke, Kenaan I. S. 30 f.; Ritter's Erdk. XV, 1. S. 178 ff. 156 ff. 406. Rüetschi.

Herodes, Ἡρώδης (s. Simon. Onomast. N. T. p. 69), Name mehrerer jüdischer Könige idumäischer Abstammung, welche nach der einheimischen Dynastie der Hasmonäer herrschten. Der erste derselben, welcher gewöhnlich durch den Beinamen »der Große« von seinen gleichnamigen Nachfolgern unterschieden wird, war der Sohn des Antipater (Ἀντίπατρος, früher Ἀντίπας), eines reichen und angesehenen Idumäers, welchen Schmeichelei gegen Herodes vergebens zu einem Abkömmlinge der ersten, aus Babylon nach Judäa zurückgekehrten Juden macht (Joseph. Antiq. XIV, 1. 3.), wogegen Andere auch wieder die Abkunft erniedrigen, indem sie die Voreltern des Königs als philistäische Kriegsgefangene nach Idumäa gebracht seyn lassen (Juchasin fol. 139, 6. Euseb. H. E. I, 7. Epiphan. haer. X, 1., vgl. Ewald, Gesch. d. Volkes Jsr. IV. S. 448). Antipater, ein Freund des Hyrkan (II) wußte sich bei den Römern, namentlich bei Cäsar, so beliebt zu machen, daß er von demselben als Procurator (ἐπίτροπος Antiq. XIV, 8, 5. B. J. I, 10, 3.) dem Hyrkan zur Seite gesetzt wurde (47 v. Chr.), und als solcher die höchste Gewalt in Wirklichkeit ausübte, während Hyrkan sie nur dem Namen nach besaß. In dieser Eigenschaft ernannte er seinen ältesten Sohn Phasael zum Befehlshaber (στρατηγός) von Jerusalem, den jüngern, erst 25 Jahr alten (nicht 15 Jahr, wie Antiq. XIV, 9, 2. nach der gewöhnlichen, aber falschen Lesart steht und meist angenommen wird, womit aber die Angabe über das Alter des Herodes bei seinem Tode in Antiq. XVII, 8, 1. B. J. I, 33, 1. nicht übereinstimmt, vgl. *Havercamp* zu Ant. XIV, 9, 2. und zu B. J. I, 10, 4., so wie die Dindorf'sche Ausg. des Joseph.) Herodes zum Befehlshaber über Galiläa. Hier richtete dieser zunächst seine ganze Energie auf die Ausrottung der Räuber, d. i. solcher Juden, die sich der von den Römern und Antipater eingeführten Ordnung nicht fügten, auf eigne Hand den Krieg fortführten und in förmlichen Banden Räubereien und Bedrückungen aller Art ausübten. Einen Hauptanführer derselben, Ezechias oder Hiskias, hob er mit seiner ganzen Schaar auf und ließ ihn hinrichten, und da er durch solche Thätigkeit Ruhe im Lande und Sicherheit des Eigenthums wieder herstellte, erwarb er sich die Liebe der Einwohner, so wie die Freundschaft des Sextus Cäsar, eines Verwandten des großen Cäsar, der Statthalter in Syrien war. Neid auf sein Glück, hauptsächlich aber die Eifersucht des Synedrium auf sein eigenmächtiges Handeln und die Furcht der pharisäischen Partei vor dem wachsenden Ansehen und der zunehmenden Macht Antipaters und seiner Söhne riefen eine Anklage gegen Herodes auf Tödtung von Juden ohne Urtel und Recht und eine Vorladung vor das Synedrium hervor. Herodes stellte sich, aber in hinlänglich starker Begleitung, und Keiner der Beisitzer wagte es, öffentlich als Ankläger aufzutreten, bis ein Mitglied des Synedrium, Sameas, darauf hinwies, wie Herodes nicht als Angeklagter, sondern in königlichem Schmucke und in Begleitung Bewaffneter erscheine; wie der König (Hyrkan) und das Synedrium sich selbst anklagen müßten, daß sie ihn zu so großer Macht hätten gelangen lassen, und wie er diese Macht einst gegen sie selbst wenden und sie büßen lassen würde (Ant. XIV, 9, 4. vgl. XV, 1, 1.). Hyrkan verschob den Urtheilsspruch und Herodes entzog sich demselben auf Anrathen Hyrkans selber durch die Flucht nach Damaskus. Hier erkaufte er sich von Sextus Cäsar die Stelle eines Strategen von Cölesyrien und

Samarien, worauf er, um die durch die Vorladung vor das Synedrium erlittene Belei=
digung zu rächen, mit einem Heere vor Jerusalem zog und nur durch das Zureden seines
Vaters und Bruders zum Abzuge bewogen wurde. Die Ermordung Cäsars (15. März
44 v. Chr.) brachte im ganzen römischen Reiche die größte Aufregung und Verwirrung
hervor; auch in Palästina entstanden verschiedene Parteien. Cassius kam nach Judäa
und verlangte 700 Talente Tribut, die Antipater so schleunig als möglich beizutreiben
suchte. Zuerst lieferte Herodes seinen Antheil aus Galiläa, im Betrage von 100 Talenten,
an Cassius ab, wodurch er denselben ganz für sich gewann. In dem Kriege des Anto=
nius und Octavian gegen die Mörder Cäsars sammelten Cassius und Markus oder
Murkus, der an des ermordeten Sextus Cäsar Stelle gesendete Statthalter Syriens, ein
Heer, zu dessen Bildung Herodes am meisten beitrug, wofür sie ihn zum Procurator von
ganz Syrien (Συρίας ἁπάσης ἐπιμελητήν B. J. I, 11, 4., nach Ant. XIV, 11, 4. nur über
Cölesyrien, στρατηγὸν Κοίλης Συρίας) ernannten und versprachen, nach glücklich beendigtem
Kriege ihn zum Könige von Judäa zu machen. In dieser Zeit ließ der arabische König Mali=
chos (d. i. Mâlik) den Antipater durch einen Mundschenken Hyrkans vergiften, wofür er bald
nachher auf Betrieb des Herodes nach Befehl des Cassius von römischen Soldaten ermordet
wurde. Ein nach des Cassius Abzuge aus Syrien in Jerusalem durch einen gewissen
Helix (Ἑλίξ oder Ἑλίξ; Ewald u. A. wollen Felix, welchen Namen Josephus sonst aber
immer Φῆλιξ schreibt) erregter Aufruhr wurde von Phasael bald unterdrückt, wie auch
Herodes die von Malichos Bruder in Besitz genommenen Grenzfestungen, worunter selbst
Masada, bald wieder eroberte. Den von Cassius eingesetzten Fürsten Marion von Thyrus
vertrieb Herodes aus Galiläa, und als dieser darauf dem Hasmonäer Antigonus, Sohn
des in Rom von Pompejanern vergifteten Aristobul, Enkel des Alexander Jannäus, der
von Ptolemäus, Regent von Chalkis am Fuße des Libanon, unterstützt als Kronpräten=
dent auftrat, Hülfe leistete, besiegte sie Herodes an den Grenzmarken Judäa's, verjagte
den Antigonus und wurde deßhalb in Jerusalem mit Ehrenbezeugungen empfangen. Durch
seine Verlobung mit Mariamne, einer Hasmonäerin, Tochter von Antigonus Bruder
Alexander, Enkelin Hyrkans von seiner Tochter Alexandra, gewann er sich die Gemüther
der ihm Abgeneigten, der alten Dynastie Zugethanen; doch hatte er wie sein Bruder
Phasael noch immer eine große Menge Gegner, welche ihre Herrschaft als die von Ein=
dringlingen verabscheuten. Als daher Antonius nach der Besiegung des Brutus und
Cassius nach Asien kam, erschienen unter andern Gesandten asiatischer Staaten auch jüdi=
sche Große vor ihm, um sich über die beiden Brüder zu beschweren, als führten sie wider=
rechtlich und gewaltsamer Weise die Regierung; aber auch Herodes erschien und wußte
durch reiche Geschenke bei Antonius es dahin zu bringen, daß seine Gegner unverrichteter
Sache abziehen mußten. Nicht bessern Erfolg hatte eine spätere Gesandtschaft an ihn
nach Daphne bei Antiochien; vielmehr ernannte Antonius die beiden Brüder zu Tetrar=
chen und übertrug ihnen die Verwaltung von ganz Judäa. Eine letzte Gesandtschaft von
1000 Abgeordneten nach Thyrus endigte mit der Niedermetzelung der meisten derselben
durch römische Soldaten. Zwei Jahre darauf nahmen die Parther unter Anführung des
Barzapharnes und des Partherkönigs Sohn Pakoras Syrien in Besitz, und Lysanias,
Sohn des Ptolemäus von Chalkis, gewann sie für den Plan, den Antigonus wieder
einzusetzen. In Folge davon zogen sie auf Judäa los, nahmen Phasael und Hyrkan in
Galiläa gefangen und rückten vor Jerusalem, welches sie, nachdem Herodes mit den Sei=
nigen nach Masada entflohen war, plünderten. Antigonus wurde als König eingesetzt,
Hyrkan mit abgeschnittenen Ohren, um ihn für immer zum Hohenpriesterthume untauglich
zu machen, gefangen nach Parthien geführt, Phasael nahm sich selbst das Leben. Herodes
wendete sich zunächst an den arabischen König in Petra, Malichus, um Hülfe, aber ver=
gebens; von hier begab er sich nach Aegypten, wurde dort von Kleopatra, die in ihm
einen tüchtigen Befehlshaber für ihr Heer zu gewinnen hoffte, auf das Zuvorkommendste
aufgenommen, und ging dann selbst nach Rom, um dem Antonius und Octavian sein
Leid zu klagen. Beide nahmen sich seiner eifrig an und setzten es im Senate durch, daß

Antigonus als Feind der Römer erklärt, er selbst aber zum Könige von Judäa ernannt wurde (40 v. Chr.), eine Würde, in deren Genuß er sich erst nach drei Jahren setzen konnte. Nach Palästina zurückgekehrt, sammelte er schnell ein großes Heer und zog vor Masada, um die von Antigonus belagerte, von seinem Bruder Josephus vertheidigte Festung zu entsetzen, was ihm auch gelang. Die schon begonnene Belagerung Jerusalems mußte er, weil der römische Anführer Silo sich als vom Antigonus bestochen erwies, aufgeben und sich mit der Einnahme Jericho's begnügen. Das römische Heer ließ er in den auf seine Seite getretenen Städten Idumäas, Galiläas und Samariens die Winter- quartiere beziehen. Gegen Ende des Winters ging er nach Galiläa, vernichtete dort die Anhänger des Antigonus, und begab sich von hier nach Samosata zum Antonius, dem er bei der Belagerung und Eroberung dieser Stadt namentlich durch seine persönliche Tapferkeit wirksame Hülfe leistete. Unterdeß waren in Judäa und Galiläa von der Partei des Antigonus neue Unruhen erregt, in denen des Herodes Bruder Josephus, den er als Oberbefehlshaber zurückgelassen hatte, das Leben verlor. Herodes eilte zurück und schlug in Verbindung mit dem römischen Feldherrn Sosius, den Antonius zum Statthalter von Syrien ernannt und dem Herodes zu helfen beauftragt hatte, die Gegner so gänzlich, daß er gleich auf Jerusalem losgegangen wäre, wenn nicht der heftig eintretende Winter ihn daran gehindert hätte. Sobald aber der Winter nachließ, rückte er vor die Mauern Jerusalems, um die Stadt zu belagern. Während der Vorbereitungen zur Belagerung ging er selbst nach Samarien und feierte dort die Vermählung mit seiner Verlobten Mariamne. Die Belagerten leisteten hartnäckigen Widerstand und hielten die Belagerung fünf Monate lang, den ganzen Sommer des Jahres 37 hindurch, aus; endlich wurde die Stadt erobert an demselben Tage, an welchem 27 Jahre vorher Pompejus sie eingenom- men hatte (Antiq. XIV, 16. 4.), und ein gewaltiges Blutbad angerichtet, da die römi- schen Soldaten erbittert über die lange Belagerung Alles ohne Schonung niedermachten; der angefangenen Plünderung konnte Herodes nur dadurch Einhalt thun, daß er aus seiner eigenen Privatkasse den Soldaten Belohnungen austheilte. Antigonus übergab sich selbst dem Sosius als Gefangener, der ihn dem Antonius nach Antiochien zuführte. Hier wurde er auf Betrieb des Herodes mit dem Beile hingerichtet, der erste Fall, daß ein römischer Befehlshaber gegen einen König auf diese entehrende Weise verfuhr, vgl. Strabo bei Joseph. Ant. XV, 1, 2. Plutarch. Anton. 36. Dio Cass. XLIX, 22. Bei'm Ausbruche des Krieges zwischen Antonius und Octavian (31 v. Chr.) rüstete sich Herodes, um dem Ersteren zu Hülfe zu ziehen; Kleopatra wußte es aber dahin zu bringen, daß ihn Antonius mit der Bekriegung des arabischen Königs Malichus beauftragte. Zuerst war Herodes siegreich, nachher aber wurde er durch den Verrath des Athenion, eines Feldherrn der Kleopatra, von den Arabern geschlagen und verlor eine große Anzahl seiner Leute. Er rächte sich dafür durch einzelne Einfälle in ihr Land, welche mit der gänzlichen Niederlage der Araber endeten, nach der sie seine Oberherrschaft anerkennen mußten. Unterdeß war Antonius von Octavian bei Actium (Sept. 31 v. Chr.) besiegt worden. Den Sieger für sich zu gewinnen, begab sich Herodes nach Rhodus zum Octavian, bekannte sich offen als einen Freund und Helfer seines Wohlthäters, versprach aber nun, da dieser durch seine Leidenschaft für Kleopatra sich selbst aufgegeben habe, dieselbe treue Freund- schaft dem Sieger zuwenden zu wollen. Durch solche Offenheit und anscheinende Biederkeit erreichte er seine Absicht in dem Maße, daß Octavian ihm nicht nur die Königswürde bestätigte (Tacit. Hist. V, 9, 3.), sondern auch sein Gebiet um ein Bedeutendes vergrö- ßerte und ihm die bisherigen Trabanten der Kleopatra, 400 Gallier, als Leibwache schenkte (Ant. XV, 7, 3. B. J. I, 20, 3. Dio Cass. LIV, 9.). Diese Gunst des Kaisers, die sich zu persönlicher Freundschaft gestaltete (der bekannte witzige Ausspruch Augusts: melius est Herodis porcum esse quam filium. Macrob. Saturn. II, 2. zeugt durchaus von keiner Mißachtung), erhielt sich immerfort; späterhin ernannte er ihn zum Statthalter von ganz Syrien, ohne dessen Beirath die Unterstatthalter keine Anordnung treffen konnten, und fügte seinem Gebiete noch Trachonitis, Batanäa und Auranitis hinzu; des Herodes Bruder Pheroras ertheilte er die Würde eines Tetrarchen.

In seiner Herrschaft behauptete sich Herodes durch völlige Hingabe an seine römischen Beschützer, durch verschwenderische Freigebigkeit gegen seine Freunde und durch grausame Härte gegen seine Feinde, die er mit dem argwöhnischsten Mißtrauen verfolgte (geheime Polizei, Ant. XV, 10, 4.). Als König entfaltete er eine ungeheure Prachtliebe, die sich hauptsächlich in großen Prachtbauten aussprach. So stellte er den Salomonischen Tempel auf das Prächtigste ganz neu her (die ausführliche Beschreibung desselben gibt Josephus B. J. V, 5.), baute die im Norden desselben gelegene Burg Baris mit großen Kosten neu um und nannte sie seinem Beschützer zu Ehren Antonia; auch seine eigene Residenz in der Oberstadt baute er mit fast noch größerer Pracht als den Tempel auf. Das alte Samarien, welches vom Johannes Hyrkanus zerstört (Ant. XIII, 9, 1. B. J. I, 2, 7.), vom römischen Feldherrn Gabinius wiederhergestellt und befestigt und von Augustus ihm geschenkt war (B. J. I, 20, 3.), umgab er mit einer schönen Mauer, setzte 6000 Colonisten hinein und baute mitten in der Stadt einen großen Tempel dem Kaiser zu Ehren, weßhalb er auch den alten Namen der Stadt in Sebaste, d. i. Augusta umänderte. Ebendemselben baute er einen Tempel von weißem Marmor an den Quellen des Jordan in Paneum, und „überhaupt gab es nicht leicht einen passenden Ort im ganzen Königreiche, den er ohne Ehrendenkmale für den Kaiser gelassen hätte.“ B. J. I, 21, 4. Stratons Thurm, eine Stadt an der Küste, die damals schon im Verfalle begriffen war, baute er von weißen Steinen ganz neu, schmückte sie mit prächtigen Palästen, schuf einen künstlichen Hafen und nannte sie Cäsarea. Die in den Kriegen zerstörte Seestadt Anthedon baute er ebenfalls wieder auf und nannte sie nach seinem und des Augustus Freunde Agrippa: Agrippeion. Zum Andenken an seinen Vater gründete er in der Ebene Saron eine Stadt, der er den Namen Antipatris gab; seiner Mutter Kypron weihte er die neubefestigte, schöne und starke Burg in Jericho und nannte sie Kypros; seinem Bruder zu Ehren nannte er einen der prächtigen Thürme seiner Burg in Jerusalem Phasaelus, einen andern Mariamne nach seiner Gemahlin; auch eine Stadt Phasaelis gründete er nördlich von Jericho. Nach sich selbst benannte er eine auf dem Gebirge gegen Arabien hin neuerbaute Feste Herodion und ebenso die prächtigen Bauten, die er auf und an einem 60 Stadien südlich von Jerusalem sich erhebenden Hügel, dem jetzigen Frankenberge, errichtete. Neben der Befriedigung seiner Prachtliebe und Baulust verfolgte er aber bei den meisten dieser Bauten noch den Zweck, sich Festungen im Lande gegen etwaige Aufstände zu verschaffen, wie Josephus Ant. XV, 8, 5. dies geradezu sagt. Nicht allein sein eigenes Gebiet verschönerte er in solcher Weise, sondern auch auswärtigen Städten schenkte er Prachtgebäude und Ländereien, wie Askalon, Damaskus, Tripolis, Berytus, Thyrus, Sidon, Laodicea, Antiochien, Pergamus u. a. Den abgebrannten pythischen Tempel in Rhodus baute er auf eigne Kosten wieder auf und stellte die Olympischen Kampfspiele, die aus Mangel an Geld herabgekommen waren, durch Anweisung von jährlichen Geldeinkünften glänzend wieder her. Ant. XVI, 5. B. J. I, 21. Zur Bestreitung so enormen Aufwandes mußte freilich das Land mit drückenden Abgaben belastet werden, und obschon er diese zuweilen erließ und bei entstandenen Landescalamitäten für das Wohl des Volkes sich besorgt zeigte und der Noth nach Kräften abhalf, waren doch einzelne Aufstände die Folge davon, die er aber immer glücklich unterdrückte. Einmal brach er auch bei entstandenem Geldmangel in das Grab Davids ein und holte daraus die dort aufbewahrten silbernen und goldenen Gefäße. Ant. XVI, 7, 1.

So glänzend und glücklich seine Regierung nach außen hin war, so viel Unheil erfuhr er in seiner eigenen Familie, in welcher ein Mitglied das andere durch Kabalen und Verläumbungen verfolgte, die bei dem mißtrauischen Könige nur zu günstige Aufnahme fanden. Hierdurch wurde derselbe so verbittert, daß er zuletzt mehr einem blutdürstigen Tiger, als einem Menschen glich. Um das Folgende besser zu verstehen, wird es angemessen seyn, hier in der Kürze eine Uebersicht seiner Familie zu geben. Herodes hatte drei Brüder: Phasaelus

und Josephus, die wie berichtet schon vor seinem Regierungsantritte gestorben waren, und Phe=
roras; eine Schwester Salome, verheirathet zuerst an Costobarus, dann an Josephus, ihres
Vaters Bruder, zuletzt an Alexias, einen Freund Herodes. Herodes selbst war verheirathet mit
1) Doris; Sohn: Antipater. 2) Mariamne, die Hasmonäerin; Söhne: Aristobulus und
Alexander Herodes (in Rom gestorben); Töchter: Kypros und Salamsio. 3) Mariamne,
Tochter des Hohenpriesters Simon; Sohn: Herodes Philippus. 4) Malthace, eine Sama=
ritanerin; Söhne: Herodes Antipas; Archelaus; Tochter: Olympias. 5) Kleopatra aus
Jerusalem; Söhne: Philippus, Tetrarch. Herodes. 6) Pallas; Sohn: Phasael. 7) Phä=
dra; Tochter: Roxane. 8) Elpis; Tochter: Salome. 9) 10) Zwei Nichten, die kinderlos
blieben, s. Ant. XVIII, 5, 4. B. J. I, 28, 1. Der ursprüngliche Grund nun aller der
traurigen Familienverhältnisse lag nicht bloß in der mißtrauischen Natur des Königs,
sondern in seiner politischen Stellung. Wohl wissend, daß er als Ausländer eine nur
angemaßte Macht ausübte und daß die Herzen der Juden an dem alten, volksthümlichen
Geschlechte der Hasmonäer hingen, war es ihm zunächst darum zu thun, dieses Geschlecht
ganz auszurotten. Weil er aber selbst durch Mariamnen mit demselben zusammenhing,
so entstanden eben daraus die tiefsten Spaltungen in der Familie. In dem Bewußtseyn,
daß dem Hyrkan eigentlich die Krone gebühre, räumte er ihn, der nach der Heirath mit
Mariamne aus der Parthischen Gefangenschaft in die Heimath zurückgekehrt war, unter
dem Vorwande einer Verschwörung aus dem Wege (Ant. XV, 6, 1—4.). Mariamne's
Bruder Aristobulus hatte er selbst auf Betrieb seiner Gattin und ihrer Mutter Alexandra
als 17jährigen Jüngling zum Hohenpriester gemacht; bald darauf aber, als diesem, da
er bei'm Laubhüttenfeste zum ersten Male öffentlich in seiner Function auftrat, das Volk
seine Sympathieen zu erkennen gab, ließ er ihn in Jericho bei'm Baden ertränken
(Ant. XV, 6, 3. 4.). Dies war die Veranlassung, daß Mariamne und ihre Mutter von
Haß gegen Herodes entbrannten. Beiden gegenüber stand des Königs Mutter Kypros
und seine Schwester Salome, die, weil sie besonders von der schönen, aber hochfahrenden
und stolzen Mariamne verachtet und geschmäht wurden, diese wieder mit den ärgsten Be=
schuldigungen und Verläumdungen, sogar des Ehebruchs, verfolgte. Dies wirkte bei dem
eifersüchtigen Gatten. Als er daher darin, daß Mariamnen ein Geheimniß von dem,
welchem er es anvertraut hatte, bekannt geworden war, ein sicheres Zeichen ihrer Treu=
losigkeit entdeckt zu haben meinte, ließ er sie mit jenem in der Wuth hinrichten *). Der

---

*) Josephus erzählt diese Begebenheit in doppelter Weise. Nach B. J. I, 22, 3, 4. übergab
er, als er nach der Ermordung Aristobuls von Antonius zur Rechenschaft gefordert nach Laodicea,
um sich vor ihm zu verantworten, ging, Mariamne und Alexandra seinem Oheim Josephus, dem
Manne der Salome, zur Bewachung mit dem geheimen Befehle, Mariamne zu tödten, wenn er
nicht wiederkehre, damit sie keinem Andern zu Theil werde. Josephus vertraute ihr dies an
in der wohlmeinenden Absicht, ihr die große Liebe des Herodes zu beweisen, der selbst im Tode
nicht von ihr getrennt seyn könnte. Als nun Herodes zurückgekehrt ihr einmal im vertraulichen
Gespräche seine Liebe betheuerte, warf sie ihm jenen Befehl als ein schlechtes Zeichen derselben
vor. Herodes in der Voraussetzung, daß ihr Josephus dies nur nach vorangegangenem ehe=
brecherischem Einverständnisse verrathen haben könnte, gerieth in fürchterliche Wuth, die von Salome
nur noch mehr angefacht wurde, und gab rasend vor Eifersucht den Befehl, Joseph und Mariamne
sogleich hinzurichten. Nach Ant. XV, 3, 5—9. 6, 5. 7, 1 sqq. verschonte er jetzt noch Mariamne
und nur Joseph mußte mit dem Leben büßen. Ganz in ähnlicher Weise wiederholt sich dann
die Begebenheit später, als er nach der Schlacht bei Actium zum Augustus sich begibt. Hier
werden Alexandra und Mariamne seinem Hausverwalter (ταμίας) Joseph und dem Ituräer
Soemus zur Bewachung übergeben und erst nach einem Jahre findet unter ganz ähnlichen Ver=
hältnissen die Hinrichtung der Mariamne und des Soemus statt. Da Josephus in den Alter=
thümern Manches ausführlicher und genauer erzählt, als im jüdischen Kriege, so mag auch die
letztere Erzählung trotz des Anscheins, als habe sich dieselbe Erzählung in zwei verschiedene ge=
spalten, die richtigere seyn; wenigstens liegt im Karakter des Herodes durchaus nichts, was die
Wiederholung jenes Befehls unter gleichen Umständen an und für sich unwahrscheinlich machte.

That aber folgte die bitterſte Reue auf dem Fuße nach, die ſich ſo ſteigerte, daß Herodes in eine lebensgefährliche Krankheit verfiel. Den Haß der Mutter erbten ihre Söhne Ari= ſtobul und Alexander, die Herodes in Rom erziehen ließ. Zum Vater zurückgekehrt, ver= mählte ſich jener mit Berenice, einer Tochter der Salome, dieſer mit Glaphyra, der Tochter des kappadociſchen Königs Archelaus. Unbeſonnene Aeußerungen ihrer Geſinnung wurden dem Vater hinterbracht, und gleichſam um ſeinen Söhnen das Gleichgewicht zu halten, berief er Antipater, ſeinen Sohn erſter Ehe mit Doris, die er wegen ſeiner Verheirathung mit Mariamne verſtoßen hatte, mit ſeiner Mutter an den Hof zurück und zog ihn auf alle Weiſe vor. Mit dieſem Antipater, einem Scheuſale von Bosheit, kam erſt recht ein böſer Dämon in die Familie, und es beginnt jetzt ein Spiel der Intriguen der einzelnen Glieder gegen einander, das zuletzt faſt Alle in's Verderben ſtürzte, und das ausführlicher darzuſtellen hier zu weit führen würde. Zunächſt wendete es ſich gegen die Söhne Ma= riamne's, die ihm auch endlich, nachdem einmal die Verſöhnung mit dem Vater durch Auguſtus, das anderemal durch den Schwiegervater Alexanders, Archelaus, wiederherge= ſtellt war, ihm unterlagen und auf Herodes Befehl in Samarien hingerichtet wurden. Der Zuſtand, der im Palaſte herrſchte, war ein ſchrecklicher; immer war einer gegen den andern, bei dem geringſten Verdachte, nach Angebereien, die oft bloß zur Befriedigung von Privatfeindſchaften benutzt wurden, folgten Folter und Verurtheilung. Joſephus gibt B. J. I, 24, 8. eine ergreifende Schilderung dieſes Zuſtandes. Endlich erreichte die Ne= meſis auch den Haupturheber dieſer Verwirrungen, den Antipater. Herodes hatte ihn gegen das Ende ſeines Lebens nach Rom geſchickt, um vom Auguſtus ſein Teſtament, in welchem er Antipater zum Nachfolger eingeſetzt hatte, beſtätigen zu laſſen. In ſeiner Abweſenheit kamen dem Herodes die unzweideutigſten Beweiſe in die Hand, daß er ihm ſelbſt nach dem Leben trachte und durch ſeinen Oheim Pheroras, der auch wahrſcheinlich von Herodes durch Gift umkam, habe wollen vergiften laſſen. Bei ſeiner Rückkehr wurde er daher gefangen genommen, verurtheilt und fünf Tage vor dem Tode des Hero= des hingerichtet. Dieſer erfolgte im 37. Jahre ſeiner Regierung, 750 u. c. *) (nach der Dionyſiſchen Aera, ſ. Bd. I. S. 162), in Folge einer ſchmerzlichen Krankheit der Eingeweide und Genitalien, in denen ſich Würmer erzeugten; vergebens ſuchte er Linde= rung in den warmen Bädern von Kalirrhoe, von wo zurückgekehrt er in Jericho unter den fürchterlichſten Schmerzen ſeinen Geiſt aufgab. Um noch in ſeinem Tode, der, wie er wohl wußte, von ſeinen Unterthanen mit Freude begrüßt werden würde, Trauer und Klage über das ganze Land zu bringen, hatte er aus allen Städten die Angeſehenſten in Jericho im Amphitheater zuſammenkommen, daſſelbe mit Soldaten umſtellen laſſen und ſeiner Schweſter und ihrem Manne Alexas den Befehl gegeben, ſie Alle nach ſeinem erfolgten Ableben von den Soldaten niederhauen zu laſſen, ein Befehl, den dieſe aber nicht aus= führten. In ſeinem Teſtamente ſetzte er ſeinen Sohn Archelaus zum Erben der Königs= würde ein; deſſen Bruder Antipas erhielt die Tetrarchie von Galiläa und Peräa; ein anderer Sohn Philippus die Tetrarchie Gaulonitis, Trachonitis, Batanäa und Panias; ſeine Schweſter Salome Jamnia, Asdod, Phaſaelis und eine große Summe Gold; die übrigen Verwandten Geld und jährliche Einkünfte; auch dem Kaiſer und deſſen Gemahlin vermachte er ungeheure Summen (dem erſtern 10 Millionen nebſt ſeinen goldenen und ſilbernen Gefäſſen und Kleider von großem Werthe). Das Begräbniß faud mit dem größten Pompe ſtatt; auf maſſiv goldener, mit Edelſteinen beſetzter Bahre wurde der mit dem königlichen Purpur, mit Krone und Scepter geſchmückte Leichnam von Jericho nach Herodium getragen und dort nach der eignen Anordnung des Herodes beigeſetzt. Herodes beſaß große Vorzüge des Geiſtes und des Körpers (B. J. I, 21, 13.), die aus ihm einen Segen für ſeine Unterthanen gemacht haben würden, hätte nicht die maßloſeſte, ſich über Alles hinwegſetzende und alles ſittlichen Fundamentes entbehrende Selbſtſucht den Segen in Fluch verwandelt. Aus dieſem Egoismus erklärt ſich alles Große, aber auch aller

---

*) Ueber das Verhältniß zur Geburt Chriſti und den bethlehemit. Kindermord ſ. d. Art. Jeſus.

Greuel seines Lebens, aus ihm ging hervor jene Energie in Verfolgung seiner Zwecke, jene Klugheit, mit der er sein Ziel zu erreichen wußte, jenes verschwenderische Wohlleben an seinen Freunden, aber auch jenes Mißtrauen und jene unmenschliche Grausamkeit, mit denen er selbst die verfolgte, die seinem Herzen am nächsten waren (vgl. Ant. XVI. 4.); und wie in ihm die Selbstsucht in aller Nacktheit und Widerwärtigkeit hervortrat, so zeigt sie sich fast in noch höherem Grade in seinen Umgebungen und wird dadurch aber für ihn selbst die härteste Strafe.

Die Hauptquelle für die Geschichte des Herodes ist Josephus, der dieselbe in den Alterthümern Bd. XIV—XVII. ausführlicher und in chronologischer Folge, im Jüdischen Kriege I, 10—30. kürzer und mehr nach sachlicher Anordnung beschreibt, indem er K. 1 u. f. das Historische bis zur Befestigung der Königswürde durch Augustus erzählt, K. 21. die Prachtbauten und seine Freigebigkeit, sowie seine Persönlichkeit überhaupt schildert, K. 22 f. die Familiengeschichte und die letzten Lebensjahre darstellt. Neuere Bearbeitungen nb: *Noldii* historia Idumaea s. de vita et gestis Herodum. Fran g. 1660. 12. (auch in s. opp. ed. Havercamp. II. p. 331 sqq.). *Serrarii* Her des in Ugolini **Thes. XXIV.** D r. observv. sacrr. II, 322 sqq. Jost, Gesch. der Israelit. I, 160 ff. Schett in: und Gruber, Encyklop. Sect. II, 6. S. 369 ff. Ewald, Gesch. des Volkes Israel I. S. 459 ff. — Ueber die gleichnamigen Nachfolger des Herodes f. d. Artt. Antipas, 1, 1: Archelaus I, 483; Philippus und Agrippa I. und II. Bd. I. S. 1831 f. **Arnold**

Herodianer, '*Ηρωδιανοί*, werden Matth 22, 16. Mark. 3, 6; 12, 13. ert mit den Pharisäern als Gegner Jesu genannt. Wahrscheinlich sind darunter Anh des Herodes Antipas oder überhaupt des Herodischen Königshauses zu verstehen, solche im Bündniß mit den Römern und im Gegensatze zu den der römischen Herrschaft feindlichen Juden standen. den Org n Mat e 17 III Theophylact. in Matth., Justin. Mart. dial. c. Tryp Anhere chenväter machen aus ihnen eine besondere Secte der Juden, die neben ten der Pharisäer, Sadducäer und Essäer bestanden habe, deren Eigenthümlichk sich zeige, daß sie Herodes (es ist ungewiß ob den Griechen oder Antipas für den sias hielten, so Philastr. de haeres. Epiphanius Haer XX. d II de praes Append. im Anfange, anderer Ansichten Neuerer nicht zu gedenken. Da aber weder Philo noch Josephus eine solche Secte erwähnen, so scheint diese Deutung nur auf einem Mißverständniß des Namens zu beruhen, welches aus der Bezeichnung einer politische Partei die einer religiös-philosophischen Secte machte. Vgl. die Commentare zu den geführten Stellen des N. T.; Wolff, curae phill. et crit I. 11 II, 818. *Otho*, Lex. Rabbin. p. 275. *Noldii* hist. Idumaea 286 und die Monograph J. Steuch, dissert. de Herodianis. Lund. 1706. 4. J. Fr dissert de Her d 1764. 4. C. F. Schmid, epist. de Herod Lips 1764 4 L her de secta H Hirschberg. 1751. II. 4. **Arnold**

Herodias, '*Ηρωδιάς*, Enkelin Herodes d. Gr., Tochter seines Sohnes von der hasmonäischen Mariamne Aristobulus und der Berenice, der Tochter von Herodes Schwester Salome. Nach dem Willen ihres Großvaters Joseph B. J. I. 9 vermählte sie sich mit dessen Sohne von der Mariamne, Tochter des Hohenpriesters Simon, Philippus, der vom Vater enterbt als Privatmann lebte. Die Frucht dieser Ehe war Salome, die Tänzerin, Matth. 14, 6. Mark. 6, 22. Bei einem Besuche, den ihr Bruder Herodes Antipas auf einer Reise nach Rom bei ihm machte, entbrannte dieser in Liebe zur Herodias, entführte sie, die ihn den Fürsten dem Privatmanne vorzog, und mit ihrer Zustimmung, verstieß seine Gemahlin, eine Tochter des arabischen Königs Aretas und lebte mit jener in durch das Gesetz verbotener Ehe, die von Johannes dem Täufer getadelt die Veranlassung zu dessen Tode war. Dem Antipas folgte sie dann nach und blieb auch im Exile ihm zur Seite, eine Sühne dafür, daß sie selbst durch ihren Ehrgeiz die Veranlassung dazu gegeben hatte. S. d. Art Antipas I. und lippus. *Noldii* hist. Idum. 350—354. **Arnold**

Herrnhuter Brüdergemeinde, s. Zinzendorf und die Brüdergemeinde.

Heruler (Heruli, Eruli, Aeruli), ein germanischer Volksstamm, der zuerst mit den Gothen am schwarzen Meere auftrat und den thätigsten Antheil fast an allen Einfällen nahm, welche die Gothen von hier aus zu Wasser und zu Land in die östlichen Provinzen des römischen Reichs wagten. Später traten sie mit den Turcilingern und Rugiern in Attilas Heer auf. Nach Attilas Sturz gründeten sie an der Donau ein mächtiges Reich, um die Longobarden zinspflichtig waren. Nach dem Bericht des Prokopius war wilde Rohheit der Grundkarakter des Volkes der Heruler. Während die Longobarden und andere benachbarte deutsche Stämme schon längst zum Christenthum sich bekehrt hatten, erharrten sie auf's Zäheste bei ihrem altnordischen Glauben und brachten ihren Göttern Menschenopfer dar. Vgl. Procop. de bello Goth. II. c. 11. Unter der Anführung Odoakers, der sogar einmal ein Heruler, öfter ein König des Heruler genannt wird, trachten sie, in Verbindung mit den Turcilingern, Sciren und Rugiern, dem abendländischen Kaiserthum den Untergang. Ungefähr um 495 wurden sie von den Longobarden in blutiger Schlacht besiegt. Paulus Diacon. de gest. Longob. berichtet die Volkssage, wornach das ganze Heer der Heruler nach dieser unglücklichen Schlacht durch den göttlichen Zorn auf seiner Flucht so verblendet wurde, daß sie grünende Leinfelder für wendes Wasser hielten, und als sie hier, wie zum Schwimmen, die Arme ausbreiteten, von sie von hinten durch die Schwerter der nachfolgenden Longobarden durchbohrt werden. Ein Theil von ihnen suchte sich jetzt in dem alten Rugiland am Donauufer festzusetzen und faßte endlich den Entschluß, sich im oströmischen Reiche niederzulassen. Kaiser Anastasius nahm sie freundlich auf und bewilligte ihnen Wohnsitze an der illyrischen Gränze. Aber da sie ihre Plünderungswuth nicht lassen konnten, sah sich Anastasius genöthigt, ein Kriegsheer gegen sie zu senden, das die Heruler züchtigte. Die Uebriggebliebenen unterwarfen sich nun der römischen Botmäßigkeit und trugen zur Vernichtung der ostgothischen Herrschaft in Italien nicht wenig bei. Unter Justinianus I. erklärten sie sich mit den Abalgaren, Alanen, Pajen und Zanen für das Christenthum und zwar für d katholische Kirche. Von jetzt an fingen sie an, ihre barbarischen Sitten abzulegen, der ihre Bedeutung in der Geschichte hat von dieser Zeit an aufgehört.   **P.**

Hervåus, Natalis, mit dem Beinamen Brito, in der Bretagne geboren, trat noch s Jüngling in das Dominikanerkloster zu Morlaix, studirte zu Paris, ward dann in verschiedenen Provinzen Frankreichs als Lehrer verwendet, und las, nachdem er die Würde eines Baccalaureus und Licentiaten erlangt hatte, von 1307—9 als Regens und Professor zu Paris über die Sentenzen des Petrus Lombardus. Im J. 1309 ward er zum Ordensprovincial und 1318 zum General des Ordens gewählt und starb 1323 zu Narbone. Er war ein eifriger Thomist und galt als einer der ersten Theologen seiner Zt. Von seinen vielen Schriften sind nur wenige gedruckt: 1) Commentarien zu den vier Büchern der Sentenzen des Lombarden (Venedig 1503. Paris 1647); 2) Traktat de potestate ecclesiae et papali (Paris 1500, 1647). Vgl. Script. Ord. Praed. von Quet u. Echard T. I. p. 533. — Den Namen Hervåus trägt gleichfalls ein gelehrter Benediktermönch von Bourg-Dieu, der gegen das Jahr 1130 lebte, und Commentarien zu de Briefen Pauli und zum Propheten Jesaias schrieb. Vgl. Grand Dictionnaire von Mora ed. Drouet, Paris 1759. T. V.   **Th. Pr.**

Herz im biblischen Sinn (καρδία; לֵב oder לֵבָב, mit dem häufig wechselt, d aber in weiterer Bedeutung, vgl. Ps. 39, 4; 109, 22. 1 Sam. 25, 37., die ganze Brusthöhle mit ihren Eingeweiden bezeichnet; s. Delitzsch, System der bibl. Psychologie S. 203. 220. Nach Hupfeld zu Ps. 17, 10. soll auch לֵב a. a. O. und 73, 7 Herz schlechthin bezeichnen, was wenig Wahrscheinlichkeit hat). — Das Leben des Menschen hat nach biblischer Anschauung in allen Beziehungen sein Centrum im Herzen. Wie es Herz als das Centralorgan des Blutumlaufs (der Schöpfeimer am Blutquell, Pred 12, 6.; s. über diese Stelle Delitzsch S. 185) den Heerd des leiblichen Lebens bildet, weßhalb die Stärkung des Leibes durch Nahrung als ein Stützen des Herzens,

Greuel seines Lebens, aus ihm ging hervor jene Energie in Verfolgung seiner Zwecke, jene Klugheit, mit der er sein Ziel zu erreichen wußte, jenes verschwenderische Wohlthun an seinen Freunden, aber auch jenes Mißtrauen und jene unmenschliche Grausamkeit, mit denen er selbst die verfolgte, die seinem Herzen am nächsten waren (vgl. Ant. XVI, 5, 4.); und wie in ihm die Selbstsucht in aller Nacktheit und Widerwärtigkeit hervortritt, so zeigt sie sich fast in noch höherem Grade in seinen Umgebungen und wird dadurch wieder für ihn selbst die härteste Strafe.

Die Hauptquelle für die Geschichte des Herodes ist Josephus, der dieselbe in den Alterthümern Bd. XIV—XVII. ausführlicher und in chronologischer Folge, im Jüdischen Kriege I, 10—30. kürzer und mehr nach sachlicher Anordnung beschreibt, indem er K. 10—20. das Historische bis zur Befestigung der Königswürde durch Augustus erzählt, K. 21. seine Prachtbauten und seine Freigebigkeit, sowie seine Persönlichkeit überhaupt schildert, K. 22—33. die Familiengeschichte und die letzten Lebensjahre darstellt. Neuere Bearbeitungen sind: *Noldii* historia Idumaea s. de vita et gestis Herodum. Franeg. 1660. 12. (auch in *Joseph.* opp. ed. Havercamp. II. p. 331 sqq.). *Serrarii* Herodes in Ugolini Thes. XXIV. *Deyling,* observv. sacrr. II, 322 sqq. Jost, Gesch. der Israelit. I, 160 ff. Schott in: Ersch und Gruber, Encyklop. Sect. II, 6. S. 369 ff. Ewald, Gesch. des Volkes Israel. IV. S. 459 ff. — Ueber die gleichnamigen Nachfolger des Herodes s. d. Artt. Antipas, I, 391; Archelaus I, 483; Philippus und Agrippa I. und II. Bd. I. S. 183 f. Arnold.

Herodianer, Ἡρωδιανοί, werden Matth. 22, 16. Mark. 3, 6; 12, 13. vereint mit den Pharisäern als Gegner Jesu genannt. Wahrscheinlich sind darunter Anhänger des Herodes Antipas oder überhaupt des Herodischen Königshauses zu verstehen, die als solche im Bündniß mit den Römern und im Gegensatze zu den der römischen Fremdherrschaft feindlichen Juden standen. So schon Origen. in Matth. c. 17. III. p. 805 sq. Theophylact. in Matth., Justin. Mart. dial. c. Tryph. p. 272 ed. Paris. Andere Kirchenväter machen aus ihnen eine besondere Sekte der Juden, die neben den bekannten der Pharisäer, Sadducäer und Essäer bestanden hätte, deren Eigenthümlichkeit darin sich zeige, daß sie Herodes (es ist ungewiß ob den Großen oder Antipas) für den Messias hielten, so Philastr. de haeres., Epiphanius Haer. XX., Tertull. de praescriptt. Append. im Anfange, anderer Ansichten Neuerer nicht zu gedenken. Da aber weder Philo noch Josephus eine solche Sekte erwähnen, so scheint diese Deutung nur auf einem Mißverständnisse des Namens zu beruhen, welches aus der Bezeichnung einer politischen Partei die einer religiös-philosophischen Sekte machte. Vgl. die Commentare zu den angeführten Stellen des N. T.; *Wolff,* curae phil. et critt. I. 311 sqq. Biblioth. Hebr. II, 818. *Otho,* Lex. Rabbin. p. 275. *Noldii,* hist. Idumaea 266. und die Monographieen: *J. Steuch,* dissert. de Herodianis. Lund. 1706. 4. *J. Feoder,* dissert. de Herod. Ups. 1764. 4. *C. F. Schmid,* epist. de Herod. Lips. 1764. 4. *Leuschner,* de secta Herod. Hirschberg. 1751. II. 4. Arnold.

Herodias, Ἡρωδιάς, Enkelin Herodes d. Gr., Tochter seines Sohnes von der hasmonäischen Mariamne Aristobulus und der Berenice, der Tochter von Herodes Schwester Salome. Nach dem Willen ihres Großvaters (Joseph. B. J. I, 28, 2.) vermählte sie sich mit dessen Sohne von der Mariamne, Tochter des Hohenpriesters Simon, Herodes Philippus, der vom Vater enterbt als Privatmann lebte. Die Frucht dieser Ehe war Salome, die Tänzerin, Matth. 14, 6. Mark. 6, 22. Bei einem Besuche, den sein Bruder Herodes Antipas auf einer Reise nach Rom bei ihm machte, entbrannte dieser in Liebe zur Herodias, entführte sie, die ihn den Fürsten dem Privatmanne vorzog, mit ihrer Zustimmung, verstieß seine Gemahlin, eine Tochter des arabischen Königs Aretas, und lebte mit jener in durch das Gesetz verbotener Ehe, die von Johannes dem Täufer getadelt die Veranlassung zu dessen Tode war. Dem Antipas folgte sie dann nach Rom und blieb auch im Exile ihm zur Seite, eine Sühne dafür, daß sie selbst durch ihren Ehrgeiz die Veranlassung dazu gegeben hatte. S. d. Art. Antipas I. 391 und Philippus. *Noldii* hist. Idum. 350—354. Arnold.

Herrnhuter Brüdergemeinde, f. Zinzendorf und die Brüdergemeinde.

Heruler (Heruli, Eruli, Aeruli), ein germanischer Volksstamm, der zuerst mit den Gothen am schwarzen Meere auftrat und den thätigsten Antheil fast an allen Einfällen nahm, welche die Gothen von hier aus zu Wasser und zu Land in die östlichen Provinzen des römischen Reichs wagten. Später traten sie mit den Turcilingern und Rugiern in Attilas Heer auf. Nach Attilas Sturz gründeten sie an der Donau ein mächtiges Reich, dem die Longobarden zinspflichtig waren. Nach dem Bericht des Prokopius war wilde Rohheit der Grundcharakter des Volkes der Heruler. Während die Longobarden und andere benachbarte deutsche Stämme schon längst zum Christenthum sich bekehrt hatten, verharrten sie auf's Zäheste bei ihrem altnordischen Glauben und brachten ihren Göttern Menschenopfer dar. Vgl. Procop. de bello Goth. II. c. 11. Unter der Anführung Odoakers, der sogar einmal ein Heruler, öfter ein König der Heruler genannt wird, brachten sie, in Verbindung mit den Turcilingern, Sciren und Rugiern, dem abendländischen Kaiserthum den Untergang. Ungefähr um 495 wurden sie von den Longobarden in blutiger Schlacht besiegt. Paulus Diacon. de gest. Longob. berichtet die Volkssage, wornach das ganze Heer der Heruler nach dieser unglücklichen Schlacht durch den göttlichen Zorn auf seiner Flucht so verblendet wurde, daß sie grünende Leinfelder für wogendes Wasser hielten, und als sie hier, wie zum Schwimmen, die Arme ausbreiteten, sehen sie von hinten durch die Schwerter der nachfolgenden Longobarden durchbohrt worden. Ein Theil von ihnen suchte sich jetzt in dem alten Rugiland am Donauufer festzusetzen und faßte endlich den Entschluß, sich im oströmischen Reiche niederzulassen. Kaiser Anastasius nahm sie freundlich auf und bewilligte ihnen Wohnsitze an der illyrischen Seite. Aber da sie ihre Plünderungswuth nicht lassen konnten, sah sich Anastasius genöthigt, ein Kriegsheer gegen sie zu senden, das die Heruler züchtigte. Die Uebriggebliebenen unterwarfen sich nun der römischen Botmäßigkeit und trugen zur Vernichtung der ostgothischen Herrschaft in Italien nicht wenig bei. Unter Justinianus I. erklärten sie sich mit den Abalgaren, Alanen, Lazen und Zanen für das Christenthum und zwar für die katholische Kirche. Von jetzt an fingen sie an, ihre barbarischen Sitten abzulegen, aber ihre Bedeutung in der Geschichte hat von dieser Zeit an aufgehört.   P.

Herväus, Natalis, mit dem Beinamen Brito, in der Bretagne geboren, trat noch als Jüngling in das Dominikanerkloster zu Morlaix, studirte zu Paris, ward dann in verschiedenen Provinzen Frankreichs als Lehrer verwendet, und las, nachdem er die Würde eines Baccalaureus und Licentiaten erlangt hatte, von 1307—9 als Regens und Professor zu Paris über die Sentenzen des Petrus Lombardus. Im J. 1309 ward er zum Ordensprovincial und 1318 zum General des Ordens gewählt und starb 1323 zu Narbonne. Er war ein eifriger Thomist und galt als einer der ersten Theologen seiner Zeit. Von seinen vielen Schriften sind nur wenige gedruckt: 1) Commentarien zu den vier Büchern der Sentenzen des Lombarden (Venedig 1503. Paris 1647); 2) Tractat de potestate ecclesiae et papali (Paris 1500, 1647). Vgl. Script. Ord. Praed. von Quetif u. Echard T. I. p. 533. — Den Namen Herväus trägt gleichfalls ein gelehrter Benediktinermönch von Bourg-Dieu, der gegen das Jahr 1130 lebte, und Commentarien zu den Briefen Pauli und zum Propheten Jesaias schrieb. Vgl. Grand Dictionnaire von Moreri ed. Drouet, Paris 1759. T. V.   Th. Pr.

Herz im biblischen Sinn (καρδία; לֵב oder לֵבָב, mit dem häufig קֶרֶב wechselt, das aber in weiterer Bedeutung, vgl. Pf. 39, 4; 109, 22. 1 Sam. 25, 37., die ganze Brusthöhle mit ihren Eingeweiden bezeichnet; f. Delitzsch, System der bibl. Psychologie S. 203. 220. Nach Hupfeld zu Pf. 17, 10. soll auch חֵלֶב a. a. O. und 73, 7. Herz schlechthin bezeichnen, was wenig Wahrscheinlichkeit hat). — Das Leben des Menschen hat nach biblischer Anschauung in allen Beziehungen sein Centrum im Herzen. Wie das Herz als das Centralorgan des Blutumlaufs (der Schöpfeimer am Blutquell, Pred. 12, 6.; f. über diese Stelle Delitzsch S. 185) den Heerd des leiblichen Lebens bildet, weßhalb die Stärkung des Leibes durch Nahrung als ein Stützen des Herzens,

סְעָד לֵב, 1 Mof. 18, 5. Richt. 19, 5. Pf. 104, 15., und umgekehrt die Erschöpfung der physischen Lebenskraft als ein Vertrocknen des Herzens, Pf. 102, 5., ein Zerschmelzen desselben, Pf. 22, 15. u. vgl. bezeichnet wird: so ist das Herz auch das Centrum aller geistigen Funktionen. Denn aller geistige Inhalt, gehöre er nun der intellectuellen oder der sittlichen oder der pathologischen Sphäre an, wird vom Menschen im Herzen angeeignet und verarbeitet, und vom Herzen aus wieder in Umlauf gesetzt. Kurz das Gesammtleben der Seele in der niedern, sinnlichen, wie in der höhern Sphäre hat im Herzen seinen Quellpunkt (so daß ganz allgemein das Wort gilt: »von ihm sind die Ausgänge des Lebens,« Spr. 4, 23.) und wieder seinen Sammelplatz; alle Lebensbewegung der Seele geht vom Herzen aus und wirkt wieder auf dasselbe zurück. — Um diese Sätze weiter zu verfolgen und so den biblischen Begriff des Herzens näher darzulegen, ist es das Angemessenste, von dem Verhältniß des Herzens zur Seele (ψυχή, נֶפֶשׁ) auszugehen. Es gehört diese Frage allerdings zu den schwierigeren der biblischen Psychologie; meint doch Olshausen (in der Abh. de naturae humanae trichotomia, opusc. theol. p. 159): omnium longe difficillimum est accurate definire, quidnam discrimen in N. T. inter ψυχήν et καρδίαν intercedat. Uebrigens läßt sich ein sicheres Resultat gar wohl gewinnen und zwar so, daß zwischen der Anthropologie des A. und des N. T. eine wesentliche Uebereinstimmung in diesem Punkte sich herausstellt. — Vorerst ist einzuräumen, daß, da wie gesagt das Herz das Centrum und den Heerd für alle Funktionen des Seelenlebens bildet, von dem Herzen häufig dasselbe was von der Seele promiscue ausgesagt wird. Es wird z. B. 5 Mof. 6, 5. (vgl. Matth. 22, 37. Mark. 12, 30. 33. Luk. 10, 27.) und 26, 16. gefordert die Liebe Gottes und der Gehorsam gegen seine Gebote von ganzem Herzen und von ganzer Seele, vgl. 1 Chr. 28, 9.; die Einheit der Gläubigen wird Apg. 4, 12. bezeichnet ἦν ἡ καρδία καὶ ἡ ψυχὴ μία. (Zu beachten ist übrigens in diesen, wie in andern Stellen, z. B. 5 Mof. 11, 18; 30, 2. Jer. 32, 41. die Voranstellung des Herzens, worüber unten). Deßgleichen wird die Unentschiedenheit und Getheiltheit des innern Lebens sowohl durch δίψυχος, Jak. 1, 8; 4, 8., als durch καρδία δισσή, Sir. 1, 28., ausgedrückt. Es wird beides gesagt ἁγνίζειν καρδίας, Jak. 4, 8. und ἁγνίζειν ψυχάς, 1 Petr. 1, 22., ferner נַפְשִׁי שָׁפַךְ, Pf. 42, 5., vgl. Hiob 30, 16. und לִבּוֹ שָׁפַךְ, Klagl. 2, 10. Pf. 62, 9.; die Selbstaufforderung zum Lobe Gottes ergeht Pf. 103, 1. sowohl an die Seele, als an die קְרָבִים, deren Centrum das Herz ist u. s. w. (Weitere Beispiele werden in den folgenden Erörterungen ihren Platz finden.) Aber in der Mehrzahl der Stellen, in denen entweder vom Herzen oder von der Seele die Rede ist, könnte der eine Ausdruck mit dem andern entweder gar nicht, oder doch nicht ohne eine wenn auch leichtere Modifikation des Gedankens vertauscht werden. — Wir gehen aus von folgendem Hauptunterschiede. Die Seele ist die Trägerin des Ichlebens, das eigentliche Selbst des Menschen*), allerdings kraft der Immanenz des Geistes (Spr. 20, 27. 1 Kor. 2, 11.), aber so, daß dieser nur das Person bildende Prinzip, nicht die menschliche Person selbst ist (f. den Art. Geist des Menschen); das Herz dagegen (die חַדְרֵי בֶטֶן, Spr. 20, 27.) ist die Stätte, in welcher der Prozeß des Selbstbewußtseyns sich vollzieht, und in welcher die Seele bei sich ist und somit alles ihres Thuns und Leidens als des ihrigen inne wird (in corde actiones animae humanae ad ipsam redeunt, sagt Roos fundam. psychol. ex s. scr. 1769 p. 99 kurz und treffend). Hiernach wird nicht vom Herzen, sondern von der Seele geredet, wo es sich um die ganze Person des Menschen als solche handelt und um das physische oder geistige Leben und Verderben derselben. Man vergleiche Stellen wie Hiob 33, 18. 22.

---

*) Freilich muß das Ich, indem es sich in sich selbst reflektirt, die Seele, die es als die seinige weiß, von sich unterscheiden. Aber aus den hieher gehörigen Ausdrücken in Pf. 42, 5. 6; 131, 2. Klagl. 3, 20. Jon. 2, 8. hätte Delitzsch a. a. O. S. 155 nicht die Unpersönlichkeit der נֶפֶשׁ folgern sollen. Wie wäre es doch möglich, daß das Ich seine Seele als unpersönlich sich objektivirte! Uebrigens bezeichnet auch Delitzsch S. 160 die Seele als „sich selbst erfassende."

28. Pf. 94, 17 u. a. a. und die neutestamentlichen Ausdrücke περιποίησις ψυχῆς, Hebr. 10, 39., ἀπολέσαι τὴν ψυχήν, Marf. 8, 35., vgl. Matth. 10, 39. Jaf. 1, 21., σωτηρία ψυχῶν, 1 Petr. 1, 9., ἀνάπαυσιν εὑρίσκειν ταῖς ψυχαῖς, Matth. 11, 29. Weil die Seele das Subjekt des Heils ist (Matth. 16, 26.), heißt es in Bezug auf die fleischlichen Lüste, welche dieses gefährden, στρατεύονται κατὰ τῆς ψυχῆς, 1 Petr. 2, 11. (vgl. Spr. 6, 26.). In allen diesen Stellen könnte nicht לֵב oder καρδία stehen, so wenig als dem ἐπίσκοπος τῶν ψυχῶν, 1 Petr. 2, 25., der καρδιογνώστης, Apg. 1, 24. oder dem Schwur beim Leben der Seele (vgl. auch 2 Kor. 1, 23.) der Schwur beim Herzen substituirt, oder von dem יוֹצֵר עָפָר, Pf. 22, 30., statt נַפְשׁוֹ לֹא חִיָּה auch לִבּוֹ gesagt werden könnte; eine wesentlich andere Bedeutung als חָיְתָה נֶפֶשׁ (vgl. Jer. 38, 17. 20.) hat חָיָה לֵבָב, Pf. 22, 27; 69, 33. Als Nabal, vom Schlage gerührt, das Bewußtseyn verliert, ist zwar seine Seele noch in ihm (vgl. Apg. 20, 10.), aber, heißt es 1 Sam. 25, 37., sein Herz erstarb in seinem Innern; wem vor Schrecken die Besinnung schwindet, dessen Herz geht irre Jef. 21, 4., geht aus, 1 Mof. 42, 26; dagegen יָצְאָה נַפְשִׁי, Hohel. 5, 6., das die Ausleger mit יָצָא לֵב combiniren, bedeutet etwas ganz Anderes, nämlich daß das Selbst der Liebenden gleichsam aus= und dem Geliebten nachzieht. Weiter wo ausgedrückt werden soll, daß der Mensch in sich geht, sich etwas aneignet, bei sich etwas bewegt, sich mit einem Plan oder Entschluß trägt, wird fast immer das Herz und nicht die Seele gesetzt. (Roos a. a. O.: dum ipsa [anima] sibi aliquid ostendit ac proponit, ad cor suum loqui dicitur; dum suarum actionum sibi conscia est et illarum innocentiam vel turpitudinem ipsa sentit, id cor refertur. Anima humana ut ψυχή suavia appetit, ut spiritus scrutatur etc., sed quatenus cor habet, ipsa novit, se hoc agere et ideas reflexas habet). Es gehören hieher die Redensarten יָדַע עִם לֵבָב, 5 Mof. 8, 5., הֵשִׁיב אֶל־לִבּוֹ, Jef. 44, 19. u. a., אָמַר אֶל־לִבּוֹ (dieses sogar von Gott, 1 Mof. 8, 21), מַצְפּוּנוֹת לֵבָב, שִׂים עַל לֵב, בִּלְבָבִי, עִם לִבִּי, הָיָה בִלְבִּי, Pf. 73, 7., מַעַרְכֵי לֵב, Spr. 16, 1. (worüber das Nähere in den Wörterbüchern), aus dem neutestamentlichen Sprachgebrauch θέσθαι ἐν τῇ καρδίᾳ, Luf. 1, 66., ἐνθυμεῖσθαι ἐν ταῖς καρδίαις, Matth. 9, 4., διαλογίζεσθαι ἐν καρδίαις, Luf. 3, 15., Marf. 2, 8., vgl. Luf. 24, 38., βουλαὶ τῶν καρδιῶν, 1 Kor. 4, 5. u. s. w. Aber nicht bloß für die rein innerlichen Bewußtseynsakte, sondern für die Funktionen des Erkennens überhaupt, das ja wesentlich ein Aneignen ist, ist das Herz das Organ, so daß לֵב in engerem Sinn geradezu die Bedeutung Verstand, Einsicht gewinnt; z. B. אַנְשֵׁי לֵבָב viri cordati, Hiob 34, 10., אֵין לֵב = סָכָל Jer. 2, 21., vgl. Spr. 17, 16., auch von Gott כַּבִּיר כֹּחַ לֵב Hiob 36, 5., רְחַב לֵב 1 Kön. 5, 9. (darnach ist auch Pf. 119, 32. zu erklären [anders dort Hengstenberg], deßgleichen die sehr verschieden gefaßte Stelle 2 Kön. 5, 26.). Die LXX setzen deßhalb für לֵב öfters geradezu νοῦς, 2 Mof. 7, 23. Jef. 10, 7. u. s. w. Ueber den engen Zusammenhang beider Begriffe vgl. auch Beck, christl. Lehrwissenschaft I. S. 233. Freilich finden sich Ausnahmen. Auch die Seele wird als Subjekt der Einsicht gesetzt, Spr. 19, 2. Pf. 139, 14.; die Gedanken, die den Menschen bewegen, heißen auch ein Sprechen und Sinnen der Seele, Klagl. 3, 20. 24. 1 Sam. 20, 4., in der Seele bildet man sich ein, Esth. 4, 13., hegt man Rathschläge, Pf. 13, 3. u. s. w. Doch sind solcher Stellen verhältnißmäßig sehr wenige (vgl. Delitzsch S. 156) und zuweilen scheint, wie in der zuletzt citirten, die Erwähnung der Seele zunächst nur durch den Parallelismus, der einen zweiten Ausdruck erforderte, hervorgerufen. — Dagegen werden Gemüthsstimmungen und Affekte ebenso oft von der Seele als vom Herzen ausgesagt, je nachdem sie als etwas, was die ganze Persönlichkeit des Menschen ergriffen hat, oder als ein das Innerste des Menschen beherrschender Zustand gefaßt werden. Es heißt Matth. 26, 38. περίλυπός ἐστιν ἡ ψυχή μου, Joh. 12, 27. ἡ ψυχή μου τετάρακται; dagegen Joh. 16, 6. ἡ λύπη πεπλήρωκεν ὑμῶν τὴν καρδίαν (vgl. Röm. 9, 2.), 14, 1. μὴ ταρασσέσθω ὑμῶν ἡ καρδία, 2 Kor. 2, 4. θλῖψις καὶ συνοχὴ καρδίας u. s. w. Ebenso wird auch im Alten Test. Gram und Sorge, Furcht und Schrecken, Freude und Zuversicht,

סָעַד לֵב, 1 Mof. 18, 5. Richt. 19, 5. Pf. 104, 15., und umgekehrt die Erschöpfung der physischen Lebenskraft als ein Vertrocken des Herzens, Pf. 102, 5., ein Zerschmelzen desselben, Pf. 22, 15. u. dgl. bezeichnet wd: so ist das Herz auch das Centrum aller geistigen Funktionen. Denn aller geiste Inhalt, gehöre er nun der intellectuellen oder der sittlichen oder der pathologischerSphäre an, wird vom Menschen im Herzen angeeignet und verarbeitet, und vom Herzen aus wieder in Umlauf gesetzt. Kurz das Gesammtleben der Seele in der niedernsinnlichen, wie in der höhern Sphäre hat im Herzen seinen Quellpunkt (so daß ganz Algemein das Wort gilt: »von ihm sind die Ausgänge des Lebens,« Spr. 4, 23.) undwieder seinen Sammelplatz; alle Lebensbewegung der Seele geht vom Herzen aus ur wirkt wieder auf dasselbe zurück. — Um diese Sätze weiter zu verfolgen und so den bibschen Begriff des Herzens näher darzulegen, ist es das Angemessenste, von dem Verhänniß des Herzens zur Seele ($\psi\nu\chi\dot\eta$, נֶפֶשׁ) auszugehen. Es gehört diese Frage allerings zu den schwiereren der biblischen Psychologie; meint doch Olshausen (in beAbh. de naturae humanae trichotomia, opusc. theol. p. 159): omnium longe difficillimn est accurate definire, quidnam discrimen in N. T. inter $\psi\nu\chi\dot\eta\nu$ et $\kappa\alpha\rho\delta\iota\alpha\nu$ intercd. Uebrigens läßt sich ein sicheres Resultat gar wohl gewinnen und zwar so, daß zwschen der Anthropologie des A. und des N. T. eine wesentliche Uebereinstimmung in diem Punkte sich herausstellt. — Vorerst ist einzuräumen, daß, da wie gesagt das Herz is Centrum und den Heerd für alle Funktionen des Seelenlebens bildet, von dem Herzenhäufig dasselbe was von der Seele promiscue ausgesagt wird. Es wird z. B. 5 Mof6, 5. (vgl. Matth. 22, 37. Mark. 12, 30. 33. Luk. 10, 27.) und 26, 16. gefordert die liebe Gottes und der Gehorsam gegen seine Gebote von ganzem Herzen und von ganz Seele, vgl. 1 Chr. 28, 9.; die Einheit der Gläubigen wird Apg. 4, 12. bezeichnet $\dot\eta$ $\dot\eta$ $\kappa\alpha\rho\delta\iota\alpha$ $\kappa\alpha\dot\iota$ $\dot\eta$ $\psi\nu\chi\dot\eta$ $\mu\dot\iota\alpha$. (Zu beachten ist übrigens in diesen, wie in andern Stllen, z. B. 5 Mof. 11, 18; 30, 2. Jer. 32, 41. die Voranstellung des Herzens, worübernten). Deßgleichen wird die Unentschiedenheit und Getheiltheit des innern Lebens sowl durch $\delta\iota\psi\nu\chi\sigma\varsigma$, Jak. 1, 8; 4, 8., als durch $\kappa\alpha\rho\delta\iota\alpha$ $\delta\iota\sigma\sigma\dot\eta$, Sir. 1, 28., ausgedrückt. Es wird beides gesagt $\dot\alpha\gamma\nu\dot\iota\zeta\epsilon\iota\nu$ $\kappa\alpha\rho\delta\dot\iota\alpha\varsigma$, Jak. 4, 8. und $\dot\alpha\gamma\nu\dot\iota\zeta\epsilon\iota\nu$ $\psi\nu\chi\dot\alpha\varsigma$, 1 Pet. 1, 22., ferner שָׁפַךְ נֶפֶשׁ, Pf. 42, 5., vgl. Hiob 30, 16. und שָׁפַךְ לֵב, Klagl. 2 10. Pf. 62, 9.; die Selbstaufforderung zum Lobe Gottes ergeht Pf. 103, 1. sowohl a die Seele, als an die קְרָבִים, deren Centrum das Herz ist u. f. w. (Weitere Beispie werden in den folgenden Erörterungen ihren Platz finden.) Aber in der Mehrzahl be Stellen, in denen entweder vom Herzen oder von der Seele die Rede ist, könnte be eine Ausdruck mit dem andern entweder gar nicht, oder doch nicht ohne eine wenn au leichtere Mobifikation des Gedankens vertauscht werden. — Wir gehen aus von folgena Hauptunterschiede. Die Seele ist die Trägerin des Ichlebens, das eigentliche Selst des Menschen*), allerdings kraft der Immanenz des Geistes (Spr. 20, 27. 1 Kor2, 11.), aber so, daß dieser nur das Person bildende Prinzip, nicht die menschliche Prsou selbst ist (f. den Art. Geist des Menschen); das Herz dagegen (die חַדְרֵי בֶטֶן, Spr. 20, 27.) ist die Stätte, in welcher der Prozeß des Selbstbewußtseyns sich ollzieht, und in welcher die Seele bei sich ist und somit alles ihres Thuns und Leibes als des ihrigen inne wird (in corde actiones animae humanae ad ipsam redeunt, fag Roos fundam. psychol. ex s. scr. 1769 p. 99 kurz und treffend). Hiernach wird nichtvom Herzen, sondern von der Seele geredet, wo es sich um die ganze Person des Menschen als solche handelt und um das physische oder geistige Leben und Verderben derselben. Man vergleiche Stellen wie Hiob 33, 18. 22.

---

*) Freilich muß das Ich, indem es si in sich selbst reflektirt, die Seele, die es als die nige weiß, von sich unterscheiden. Aber an den hieher gehörigen Ausdrücken in Pf. 131, 2. Klagl. 3, 20. Jon. 2, 8. hätte Delitzsch a. a. O. S. 155 nicht die U ber נֶפֶשׁ folgern sollen. Wie wäre es docmöglich, daß das Ich seine Seele sich objektivirte! Uebrigens bezeichnet auch Delitzsch S. 160 die Seele al

28. Pf. 94, 17 u. a. a. und die neutestamentlichenAusdrücke περιποίησις ψυχῆς, Hebr. 10, 39., ἀπολέσαι τὴν ψυχήν, Mark. 8, 35., vc Matth. 10, 39. Jak. 1, 21., σωτηρία ψυχῶν, 1 Petr. 1, 9., ἀνάπαυσιν εὑρίσειν ταῖς ψυχαῖς, Matth. 11, 29. Weil die Seele das Subjekt des Heils ist (Matth 16, 26.), heißt es in Bezug auf die fleischlichen Lüste, welche dieses gefährden, στρατεύνται κατὰ τῆς ψυχῆς, 1 Petr. 2, 11. (vgl. Spr. 6, 26.). In allen diesen Stellen könn nicht לֵב oder καρδία stehen, so wenig als dem ἐπίσκοπος τῶν ψυχῶν, 1 Petr. 225., der καρδιογνώστης, Apg. 1, 24. oder dem Schwur beim Leben der Seele (vgl. au 2 Kor. 1, 23.) der Schwur beim Herzen substituirt, oder von dem יֹרֶד עָפָר. Pf. 2, 30., statt נַפְשׁוֹ לֹא חִיָּה auch לִבּוֹ gesagt werden könnte; eine wesentlich andere Bedeutng als חָיְתָה נֶפֶשׁ (vgl. Jer. 38, 17. 20.) hat חָיָה לֵבָב, Pf. 22, 27; 69, 33. Aℓ Nabal, vcm Schlage gerührt, das Bewußtseyn verliert, ist zwar seine Seele noch in m (vgl. Apg. 20, 10.), aber, heißt es 1 Sam. 25, 37., sein Herz erstarb in seinem innern; wem vor Schrecken die Besinnung schwindet, dessen Herz geht irre Jef. 21, 4 geht aus, 1 Mof. 42, 26; dagegen יָצְאָה נַפְשִׁי, Hohel. 5, 6., das die Ausleger mit יָצָא לְ combiniren, bedeutet etwas ganz Anderes, nämlich daß das Selbst der Liebenn gleichsam aus= und dem Geliebten nachzieht. Weiter wo ausgedrückt werden soll, daßder Mensch in sich geht, sich etwas aneignet, bei sich etwas bewegt, sich mit einem Pan oder Entschluß trägt, wird fast immer das Herz und nicht die Seele gesetzt. (Roc a. a. O.: dum ipsa [anima] sibi aliquid ostendit ac proponit, ad cor suum loqui icitur; dum suarum actionum sibi conscia est et illarum innocentiam vel turpitudim ipsa sentit, id ad cor refertur. Anima humana ut ψυχή suavia appetit, ut spiris scrutatur etc., sed quatenus cor habet, ipsa novit, se hoc agere et ideas reflexas habe. Es gehören hieher die Redensarten אָמַר אֶל־לִבּוֹ, 5 Mof. 8, 5., הֵשִׁיב אֶל־לִבּוֹ, Jef. 4, 19. u. a., (dieses sogar von Gott, 1 Mof. 8, 21), מַשְׂבִּיות לֵבָב, שָׂם עַל לֵב, בְּלִבְּבָי גַּם לִבִּי, הָיָה בִלְבִי, Pf. 73, 7., מַעַרְכֵי לֵב, Spr. 16, 1. (worüber wi Nähere in den Wörterbüchern), aus dem neutestamentlichen Sprachgebrauch θέσθαιν τῇ καρδίᾳ, Luk. 1, 66., ἐνθυμεῖσθαι ἐν ταῖς καρδίαις, Matth. 9, 4., διαλογίζεσθαι ἐν καρδίαις, Luk. 3, 15., Mark. 2, 8., vgl. Luk. 24, 38., βϑλαὶ τῶν καρδιῶν, 1 Kor. 4, 5. u. f. w. Aber nicht bloß für die rein innerlichen Bewußtseynsakte,sondern für die Funktionen des Erkennens überhaupt, das ja wesentlich ein Aneignen t, ist das Herz das Organ, so daß לֵב in engerem Sinn geradezu die Bedeutung Bestand, Einsicht gewinnt; z. B. אַנְשֵׁי לֵבָב viri cordati, Hiob 34, 10., סָכָל =אֵין לֵב Jer. 2, 21., vgl. Spr. 17, 16., auch von Gott כַּבִּיר כֹחַ לֵב Hiob 36, 5., רְחַב לֵב 1 Kön. 5, 9. (darnach ist auch Pf. 119, 32. zu erklären [anders dort Hengenberg], deßgleichen die sehr verschieden gefaßte Stelle 2 Kön. 5, 26.). Die LXY setzen deßhalb für לֵב öfters geradezu νοῦς, 2 Mof. 7, 23. Jef. 10, 7. u. f. w. Ueber den engen Zusammenhang beider Begriffe vgl. auch Beck, christl. Lehrwissenfaft I. S. 233. Freilich finden sich Ausnahmen. Auch die Seele wird als Subjekt de Einsicht gesetzt, Spr. 19, 2. Pf. 139, 14.; die Gedanken, die den Menschen bewegen heißen auch ein Sprechen und Sinnen der Seele. Klagl. 3, 20. 24. 1 Sam. 20, 4. in der Seele bildet man sich ein, Esth. 4, 13., hegt man Rathschläge, Pf. 13, 3. u. w. Doch sind solcher Stellen verhältnißmäßig sehr wenige (vgl. Delitzsch S. 156) so zuweilen scheint, wie in der zu zunächst nur wird der Parallelismus, der einen Gemüthsstimmungen und — Das als etwas, rste des νπός 6. benso wird Zuversicht.

Gelaſſenheit und Zufriedenheit bald auf das Herz, bald auf die Seele bezogen; vgl. die Verbindung beider Ausdrücke, 5 Moſ. 28, 65. und weiter Spr. 12, 25. Pred. 11, 10. Jer. 15, 16. 1 Sam. 2, 1. Pſ. 28, 7. auf der einen, 2 Moſ. 23, 9. (wo Luther נֶפֶשׁ durch Herz überſetzt), Pſ. 6, 4; 42, 6. 7. Jeſ. 61, 10. Pſ. 62, 2; 131, 2; 116, 7. auf der andern Seite. Der Sprachgebrauch hat hiebei eigenthümliche Unterſchiede feſt= geſtellt, indem z. B. מָרַר und ſeine Derivate in der Regel mit נֶפֶשׁ, שָׂמַח und ſeine Derivate mit לֵב verbunden werden. Intereſſant iſt in dieſer Beziehung die Stelle Spr. 14, 10. — Dagegen pflegt nicht לֵב, ſondern נֶפֶשׁ zu ſtehen, wenn von ſolchen Funktionen die Rede iſt, in denen das Subjekt in der Bewegung auf einen Gegenſtand hin begriffen iſt. Einen merkwürdigen Beleg hiefür gibt ſchon Jer. 4, 19.; die Seele hört das Kriegsgetümmel und das Herz wird darob von Leid und Grauſen bewegt (in ganz anderem Sinn ſteht שֹׁמֵעַ לֵב, 1 Kön. 3, 9.). Beſonders aber gehört hieher, daß, wie Delitzſch S. 162 richtig ſagt, in dem Begriffe von נֶפֶשׁ, ψυχή augenſcheinlich das Merkmal des Begehrens das alles überwiegende und durchdringende iſt. (Es darf hiebei der Zuſammenhang des Begehrens mit dem Athmen, Hauchen nicht überſehen wer= den; wie denn heftiges, leidenſchaftliches Begehren durch Schnauben ausgedrückt wird, ſ. z. B. Am. 2, 7.). Allerdings ſind die Impulſe, durch die der Menſch ſich beſtimmen läßt (vgl. 2 Moſ. 35, 5. 22. 29.), die Willensrichtung, die ihn beherrſcht, die Abſichten, die er hegt, die Luſt, die er im Innern bewegt, ſind Sache des Herzens (vgl. Ezech. 11, 21; 20, 16; 33, 31. 5 Moſ. 11, 16. Hiob 31, 7. 9. 27. Pſ. 66, 18. Spr. 6, 25. Matth. 5, 28.); aber ſobald die Willensrichtung in die Aeußerung des Begehrens ausläuft, pflegt נֶפֶשׁ, ψυχή einzutreten. Wird doch der Stamm אָוָה ſammt ſeinen Derivaten faſt ausſchließlich mit נֶפֶשׁ verbunden (nur Pſ. 21, 3. ſteht תַּאֲוַת לֵב, vgl. ἐπιϑυ- μίαι τῶν καρδιῶν, Röm. 1, 24.); vgl. ferner Stellen wie Pſ. 84, 3; 119, 20. 81. Jeſ. 26, 8. 9. Jer. 22, 7. Ja es wird bekanntlich נֶפֶשׁ zuweilen für die Begierde, Luſt ſelbſt geſetzt, vgl. beſonders Pred. 6, 7. 9. Daher iſt nun הִרְחִיב נֶפֶשׁ, Jeſ. 5, 14. Hab. 2, 5. Spr. 13, 2. und רְחַב נֶפֶשׁ, Spr. 28, 25. zu erklären; das letztere iſt verſchieden von רְחַב לֵב, Pſ. 101, 5., das Ewald unrichtig „gier'gen Herzens" überſetzt, da es doch wie Spr. 21, 4. die aufgeblähte, dünkelhafte Sicherheit bezeichnet.

Aus den bisherigen Erörterungen ergibt ſich die ethiſch=religiöſe Bedeutung des Herzens. — Weil das Herz der Heerd des perſönlichen Lebens, die Werkſtätte für die perſönliche Aneignung und Verarbeitung alles geiſtigen Inhalts iſt, deßwegen ruht die ſittlich-religiöſe Anlage und Entwicklung des Menſchen, kurz die ſittliche Perſönlichkeit eben im Herzen. Nur was in's Herz eingegangen iſt, begründet einen Beſitz von ſittli= chem Werth, und nur was aus dem Herzen kommt, iſt ſittliches Produkt. Von der Be= ſchaffenheit und dem Inhalt des Herzens empfange vermöge des nothwendigen Zuſam= menhangs, der — analog dem Verhältniß des Gewächſes zu der aus ihm hervorgehenden Frucht, Matth. 12, 33 ff. — zwiſchen dem Centrum und der Peripherie des Lebens ſtatt= findet, die individuelle Lebensrichtung des Menſchen im Ganzen, wie alle ſeine einzelnen perſönlichen Akte ihren Karakter und ihre ſittliche Bedeutung. Darum iſt ἐκ καρδίας Bezeichnung deſſen, was einen ſittlichen Gehalt hat im Gegenſatz gegen den bloßen äußerlichen Schein, Röm. 6, 17., vgl. mit Matth. 15, 8. 1 Tim. 1, 5. Selbſt von Gott wird, um den Unterſchied deſſen, was im Grund ſeines Weſens iſt, von der Er= ſcheinung, wie ſie der Menſch auffaßt, auszudrücken, Klagl. 3, 33. geſagt: „er plagt die Menſchen nicht מִלִּבּוֹ." (Für ἐκ καρδίας ſteht übrigens Eph. 6, 6. Kol. 3, 23. ἐκ ψυχῆς; Olshauſen in der oben angef. Abh. S. 160 bemerkt richtig, daß man dort nach dem gewöhnlichen Sprachgebrauch den erſteren Ausdruck erwarten ſollte). Daß das göttliche Urtheil über den Menſchen eben nach dem ergeht, was er iſt, nicht nach dem, was er ſcheint, wird deßhalb beſchrieben als ein Sehen auf's Herz, 1 Sam. 16, 7. Jer. 20, 12., ein Erkennen und Prüfen der Herzen, 1 Kön. 8, 39. Luk. 16, 15. Spr. 17, 3. Pſ. 7, 10; 17, 3. Jer. 11, 20. Darum wird auch der Menſch in allen ſeinen habi= tuellen, ſittlichen Eigenſchaften nach dem Herzen bezeichnet. Es wird geredet von einem weisen, 1 Kön. 5, 12. Spr. 10, 8. u. a., reinen, Pf. 51, 12. Matth. 5, 8. 1 Tim. 1, 5. 2 Tim. 2, 22., aufrichtigen und rechtschaffenen, 1 Mof. 20, 5, 6. Pf. 11, 2; 78, 72; 101, 2., einfältigen, Eph. 6, 5. Kol. 3, 22., frommen und guten, Luk. 8, 15., demüthigen, Matth. 11, 29., umgekehrt von einem unverständigen, Luk. 24, 25., vgl. Mark. 8, 17. Röm. 1, 21., nicht aufrichtigen, Apg. 8, 21., verkehrten, Pf. 101, 4., bösen und starrsinnigen, Jer. 3, 17. u. a., hoffärtigen, Ez. 28, 2. u. a., Herzen. In allen solchen Verbindungen wird nicht leicht נֶפֶשׁ oder ψυχή gesetzt*). Im Besondern sind noch folgende Momente hervorzuheben. Weil das ursprünglich dem Menschen gegebene, göttliche Lebensgesetz ein in's Herz geschriebenes ist, deßwegen ist das Herz der Sitz der diesem Gesetz Zeugniß gebenden συνείδησις, d. h. des Gewissens, Röm. 2, 15. und ist das Organ der sittlichen Zurechnung, 1 Kön. 2, 44. Hiob 27, 6. Pred. 7, 22. 1 Sam. 24, 6. 2 Sam. 24, 10. (f. Delitzsch S. 100 ff.). Und ebenso wendet alle weitere, göttliche Offenbarung sich an das Herz des Menschen, so das Gesetz, 5 Mof. 6, 6., denn es fordert Liebe Gottes von ganzem Herzen und von diesem Centrum aus auch von ganzer Seele, f. 5 Mof. 11, 18. und die verwandten, bereits früher angeführten Stellen, vgl. Pf. 119, 11. u. a.; deßgleichen will die Lehre der Weisheit in's Herz eingehen und von dort aus den ganzen Organismus heilend und belebend durchdringen, Spr. 4, 21—23.; das prophetische Trostwort soll an's Herz reden, Jef. 40, 2., im Unterschied von solchen Tröstungen, die das Innerste des Menschen nicht zu ergreifen wissen, und ebenso erscheint Matth. 13, 9. Luk. 8, 15. das Herz als der Acker, welcher den Samen des göttlichen Wortes empfängt. Was nun von dargebotenem Inhalt angeeignet, dem Herzen affimilirt wird, bildet den θησαυρὸς τῆς καρδίας, Matth. 12, 35. Dieser aber kann nicht bloß ἀγαθός, sondern auch πονηρός seyn; denn das menschliche Herz ist das Gefäß nicht bloß für göttlichen Lebensinhalt, sondern auch für das Böse. Der flachen Lehre, die den Menschen in sittlicher Beziehung zu einem indifferenten Wesen macht, in dessen Wahl es in jedem Moment gelegt seyn soll, gut oder böse zu seyn, stellt die Schrift die Lehre von dem bösen Herzensgebilde, dem יֵצֶר לֵב, 1 Mof. 8, 21., oder vollständiger יֵצֶר מַחְשְׁבוֹת לֵב, 6, 5. (vgl. 1 Chron. 28, 9.) entgegen und faßt so die Sünde als ein in das Centrum des Lebens eingedrungenes und von hier aus den ganzen Umlauf des Lebens verderbendes Prinzip. "Wie könnt ihr Gutes reden, da ihr böse seyd?" Weß das Herz voll ist (vgl. Pred. 8, 11.), deß geht der Mund über, Matth. 12, 34. (vgl. Pf. 73, 7.), und dieses, was vom Herzen ausgeht, verunreinigt den Menschen, Matth. 15, 18. Als "tüdisch (עָקֹב, eigentlich höckericht, das Gegentheil von יָשָׁר) über alles und todtkrank (אָנֻשׁ)" wird darum Jer. 17, 9. das menschliche Herz bezeichnet, so daß nur Gott (dieser aber auch vollkommen, Spr. 15, 11.) die Tiefe seiner Verkehrtheit zu ergründen vermag, vgl. 1 Joh. 3, 20.; daher das Gebet Pf. 139, 23 f. In diesem natürlichen Zustand der Unempfänglichkeit für das Göttliche heißt das Herz unbeschnitten, עָרֵל. 3 Mof. 26, 41., vgl. 5 Mof. 10, 16. Ezech. 44, 9. Der Mensch, geschreckt durch die Manifestation der göttlichen Heiligkeit mag wohl den Entschluß kund geben, den göttlichen Willen zu erfüllen, 5 Mof. 5, 24; doch muß die göttliche Stimme klagen V. 26. "ach daß sie ein solches Herz hätten, mich zu fürchten" rc. Darum eben ist das Wirken der Offenbarung darauf gerichtet, vom Herzen aus den Menschen zu erneuern, und ihr Ziel ist, daß durch die göttliche Heilsthat die Unempfänglichkeit (stupiditas, qua centrum animae laborat, wie Roos S. 153 sich ausdrückt) und das Widerstreben des Herzens gehoben (die Beschneidung des Herzens, 5 Mof. 30, 6.), die Furcht Gottes in das Herz

---

*) Die LXX sind in diesem Sprachgebrauch nicht so streng, vgl. *Böttcher,* de inferis §. 41 (doch variirt die Lesart in einigen der dort angeführten Stellen). Eigenthümlich ist der Sprachgebrauch des Buchs der Weisheit; es redet von heiligen Seelen, 7, 27., und umgekehrt von einer κακότεχνος ψυχή, in welche die Weisheit nicht eingehe, von εὐθύτης ψυχῆς, 9, 3. u. f. w. Es hängt dieser Sprachgebrauch mit der 8, 19. angedeuteten, eigenthümlichen Ansicht des Buches über den verschiedenen Naturkarakter der Seelen zusammen.

2 *

gelegt, Jer. 32, 40., und so das Gesetz verinnerlicht wird, Jer. 31, 33. Dies wird vermittelt durch den göttlichen Geist, dessen Wirken schon im Alten Bunde, da er Propheten durch Wandlung des Herzens zu andern Menschen macht, 1 Sam. 10, 6.-9., und die Frommen seine das Herz reinigende und die Willigkeit zu Gottes Gesetz in denselben schaffende Kraft erfahren läßt, Pf. 51, 12—14., hinausweist auf die Neuschöpfung des Herzens auf der Stufe der Heilsvollendung, Ezech. 36, 26 ff.; 11, 19. — Auf der Seite des Menschen beginnt der Heilsprozeß im Herzen mit dem durch das Offenbarungszeugniß geweckten Glauben, der, indem in ihm das persönliche Leben des Menschen in seinem tiefsten Grunde eine neue Richtung nimmt, ganz der Sphäre des Herzens angehört, und als ein Festmachen (nach der Grundbedeutung von הֶאֱמִין), Starkmachen (הַאֲמֵץ, Pf. 27, 14, 31, 25.), ein Gestütztseyn des Herzens (vgl. besonders Pf. 112, 7 f.) auf dem Grunde, welcher Gott, der צוּר לֵבָב, Pf. 73, 26.*), selbst ist, beschrieben wird. Ebenso sagt das N. T.: καρδία πιστεύεται, Röm. 10, 9. 10., πιστεύειν ἐξ ὅλης τῆς καρδίας; das Glauben ist ein μὴ διακρίνεσθαι ἐν καρδίᾳ, Mark. 11, 23., durch den Glauben an Christus reinigt Gott die Herzen, Apg. 15, 9.; denn durch die Besprengung mit dem Blut der Versöhnung wird das Herz von dem bösen Gewissen los, Hebr. 10, 22., vgl. 1 Joh. 3, 19—21. und es wird in dasselbe durch den heiligen Geist die Liebe Gottes ausgegossen, Röm. 5, 5.; durch diesen Geist wird im Herzen die Gewißheit der göttlichen Kindschaft versiegelt, 2 Kor. 1, 22.; das Herz ist dann die Wohnstätte Christi, Eph. 3, 17., wird in Christo bewahrt, Kol. 3, 15. Phil. 4, 7., gekräftigt in der Heiligung, 1 Thess. 3, 13. u. s. w. — Auf der andern Seite, wenn der Mensch sich dem Offenbarungszeugniß verschließt, tritt ein die Verhärtung, Verstockung des Herzens (הִקְשָׁה, Pf. 95, 8. Spr. 28, 14., אִמֵּץ, 2 Chron. 36, 13., חִזֵּק, 2 Mos. 4, 21., כִּבֵּד, 1 Sam. 6, 6.), wofür auch gesetzt wird: das Herz verkleben, Jes. 44, 18., fett machen, Jes. 6, 10., vgl. Pf. 119, 70.; im N. T. πώρωσις καρδίας, Mark. 3, 5. Ephes. 4, 18., σκληροκαρδία, Matth. 19, 8. u. s. w. Die Hauptstelle hiefür ist Jes. 6, 10., wo besonders zu beachten ist, wie von der Unempfänglichkeit des Herzens die Unfähigkeit ausgeht, Gottes Werk zu sehen, Gottes Wort zu hören, und diese Unfähigkeit wieder auf das Herz zurückwirkt, um den Zustand desselben unheilbar zu machen.

Schließlich wäre noch die Frage in Betracht zu ziehen, in welchem Verhältniß das Herz als Heerd und Centrum des geistigen Lebens der Seele zu dem Herzen als Centrum des physischen Lebens stehe. Diese Frage läßt sich aber nur im Zusammenhang einer umfassenderen Untersuchung des Verhältnisses von Leib und Seele überhaupt genügend erörtern. Hier möge nur kurz bemerkt werden, daß nach der heil. Schrift nicht bloß ein Parallelismus zwischen Leib und Seele stattfindet, vermöge dessen das Leibliche bloß als Symbol für geistige Vorgänge stände, sondern daß, wie die Seele, welche Trägerin der Persönlichkeit ist, dieselbe ist, welche im Blut und im Athem waltet, so auch bei ihren höheren Funktionen die leiblichen Organe wirklich betheiligt sind. Nun wird freilich bei der bekannten Erfahrung, daß Affekte und Leidenschaften die Eingeweide afficiren, daß namentlich der Herzschlag durch jede leidenschaftliche Erregung modificirt wird, Niemand bloße Tropen finden wollen, wenn der Pfalmist Pf. 39, 4. sagt: "warm wird mein Herz in meinem Innern," oder Jeremia 20, 9. "es war in meinem Herzen wie brennend Feuer," vgl. 4, 19; 23, 9. Aber merkwürdig sind in der biblischen Anthropologie zwei Punkte, einmal das spezifische Verhältniß, in welches die heil. Schrift einzelne Eingeweide zu bestimmten Affekten setzt (s. was Delitzsch S. 222 ff. über die biblische Bedeutung

*) Letztere Stelle soll nach Delitzsch S. 109 ein Beleg dafür seyn, daß der Glaube eine Bethätigung des reinen Ich ist, welches sich von Geist, Seele und Leib unterscheidet. "Sein Ich bleibt gläubig an Gott, selbst wenn der Leib und auch das Herz, also Geistes- und Seelenleben vergingen." — Mir scheint vielmehr im ersten Hemistich לֵב neben שְׁאֵר das leibliche Herz zu bezeichnen; ob dieses schwindet, doch bleibt Gott der Fels des Herzens (nämlich in psychischer Bedeutung).

der רַחֲמִים, der Leber, der Nieren ausführt), und dann die Bedeutung, welche mit Zu=
rücksetzung des Hauptes und Gehirns das Herz für die Erkenntniß= und Willensthätig=
keit hat. Bekanntlich stimmt hierin die Anschauung der ganzen alten Welt mit der Bibel
überein. In Betreff der homerischen Lehre vgl. Nägelsbach's homer. Theologie
S. 332 ff.; ferner ist zu erinnern an den römischen Sprachgebrauch in Wörtern wie
cordatus, recordari, vecors, excors u. a., vgl. besonders Cic. Tusc. I, 9. 18.; außerdem
vgl. Plat. Phaed. c. 45. und die Ausleger zu dieser Stelle u. s. w. Darauf allein, daß
das Herz Centralorgan des Blutumlaufs ist, kann, wie Delitzsch S. 215 mit Recht
behauptet, die geistige Bedeutung desselben nicht zurückgeführt werden. Die Art und
Weise, wie Delitzsch S. 216 f. die Erscheinungen des Somnambulismus zur Erläuterung
der Sache herbeigezogen hat, verdient alle Beachtung; noch aber bleibt die Physiologie
fast auf alle hieher einschlagenden Fragen die Antwort schuldig. — In Betreff der Li=
teratur über diesen Artikel vgl. das Verzeichniß am Schluß des Artikels Geist des
Menschen.   Oehler.

Herz Jefu, f. Gefellschaft des heiligen Herzens Jefu.

Hesbon, חֶשְׁבּוֹן (Klugheit), Sept. Ἐσεβών, Vulg. Hesebon; Joseph. Euseb.
Ἐσσεβών, Stadt, jenseits des Jordans, unter der Parallele seiner Mündung in's todte
Meer, 20 römische Meilen östlich davon, auf einem die Hochebene beherrschenden, iso=
lirten Kalksteinhügel gelegen, in der Mitte zwischen den Flußgebieten des Jabok und
Arnon, oberhalb der Quellen des Wadh Hesbon, der als Nahr Hesbon sich in den
Jordan ergießt, nicht weit oberhalb seiner Mündung. Die Stadt gehörte ursprünglich
den Moabitern. Diesen wurde sie von den Amoritern kurz vor Eroberung des Landes
durch die Israeliten entrissen. Sihon, der Amoriterkönig, machte sie zu seiner Residenz,
daher sie קִרְיַת סִיחֹן heißt, vgl. 4 Mof. 21, 26 ff. (Jer. 48, 45 ff.) Jof. 13, 10. 5 Mof.
2, 24 ff. Moses eroberte sie, 4 Mof. 21, 23 ff. Das Schlachtfeld war die südlich davon sich
ausbreitende Hochebene von Mebba, הַמִּישׁוֹר genannt. Sie wurde hierauf zu einer Leviten=
stadt ausersehen, Jof. 21, 39. 1 Chron. 6, 81., und nach diesen Stellen dem Stamm Gad,
nach 4 Mof. 32, 37. aber Ruben zugetheilt, weil sie auf der Grenze beider Stämme lag
(Jof. 13, 17. vgl. 26.), und weder von dem einen noch von dem andern Stamm aus=
schließlich, sondern hauptsächlich von Leviten bewohnt worden zu sehn scheint, also eben=
sowohl als zu dem einen, als zu dem andern gerechnet werden konnte. Nach Ewald sind
die Zeiten zu unterscheiden. Bei Hirtenstämmen, wie Ruben und Gad, waren über=
haupt die Grenzen nicht so scharf bestimmt. Nach dem Untergang des Zehnstämmereichs,
als die Moabiter ihr Gebiet bis an den Jabok ausdehnten, kamen sie wieder in Besitz
dieser ihnen vor 800 Jahren entrissenen Stadt, Jef. 15, 4; 16, 8 f. Jer. 48, 2. 34. 45;
49, 3. Moabs Stolz auf Wiedereroberung dieser Städte scheint schon damals gede=
müthigt worden zu sehn durch theilweise Zerstörung derselben von den Chaldäern. Hesbon
jedoch erscheint noch lang als nicht unbedeutende Stadt. Unter Alexander Jannäus ist
sie nach Joseph. Ant. XIII, 15. 4. wieder von Juden bewohnt. Auch in der christlichen
Zeit war sie von Bedeutung und der Sitz eines Bischofs. Zur Zeit des Hieronymus
(f. dessen loc. Ebr.) und Eusebius hieß sie Ἐσβους (zu unterscheiden von einem westlich
vom Jordan gelegnen Ἐσβους bei Ptolem. V, 16, 6., der 17, 6. Hesbon Ἐσβουτα
nennt). Noch heutzutage haben die Ruinen, welche die Abhänge des Kalksteinrückens,
auf dem die Stadt lag, eine halbe Stunde im Umkreis bedecken, den Namen حسبان,
unter welchem sie auch *Abulfeda* Syr. p. 11. als die kleine Hauptstadt der Landschaft
Belka aufführt. Die Gegend ringsum, ehemals Essebonitis (Jos. Aut. XII, 4, 11.
bell. jud. II, 18, 1. Plin. 5, 12. nennt ein arab. Volk Essebonitae) genannt, jetzt mit
einer Menge Ruinen bedeckt (Eleale u. f. w. vgl. Jef. 15, 4 ff.), war einst sehr fruchtbar,
besonders an Weizen (der berühmte Minnithweizen Ezech. 27, 17.). Der Reisende Legh
hat sogenannten Hesbonweizen nach England gebracht mit Halmen von 5′ 1″ Länge und
84 Körnern in einer Aehre, die viermal so viel wog, als eine englische Weizenähre.

Wie die Dörfer des schwäbischen Kalkplateaus ihre »Hülen«, so hatten die Städte des moabitischen Plateau's ihre Teiche, gleichsam große, dem allgemeinen Gebrauch zugängliche Cisternen. Solche waren die Hohesl. 7, 4. erwähnten בְּרֵכוֹת בְּחֶשְׁבּוֹן עַל־שַׁעַר בַּת־רַבִּים, mit welchen die Augen der Geliebten (nach allegorischer Erklärung: die Fülle geistlicher Erkenntniß, göttlicher Gedanken oder lebendigen Wissens in der Brautseele oder Brautgemeinde) verglichen werden. Neuere Reisende haben eine Menge in Felsen gehauene Teiche und Cisternen (jetzt theilweise mit Gebeinen und Menschenschädeln gefüllt, *Irby* und *Mangles* travels p. 472 sq.) gefunden, zur Aufbewahrung des Winterwassers für den Sommer. Buckingham, Reisen durch Syrien und Palästina II, 108. fand eine halbe Meile vom Südfuß des Hügels einen großen Wasserbehälter, von gutem Mauerwerk erbaut, ähnlich den Teichen bei Jerusalem, die Salomo, vielleicht eben nach dem Muster der Hesbonteiche, baute. Vgl. die Reisewerke von Seetzen XVIII. 431. Burkhardt II. 623 ff. Robinson III. 924 u. A.　　　　　　　　　　　　　Lehrer.

Hesekiel, s. Ezechiel.

Heß, Johann Jakob, einer der vorzüglichsten Gottesgelehrten der schweizerischen reformirten Kirche, wurde am 21. Okt. 1741 in seiner Vaterstadt Zürich geboren, bloß 25 Tage früher als sein in noch weitern Kreisen berühmter Mitbürger Joh. Kaspar Lavater, mit dem er sein ganzes Leben hindurch befreundet gewesen ist. Der Vater, Salomon Heß, war ein geschickter Uhrenmacher, dem die Wohlfahrt seiner beiden Söhne, deren jüngerer unser Heß war, sehr am Herzen lag. Durch sein eigenes Beispiel leitete er sie zur Gottesfurcht an; denn täglich hielt er seinen Morgen= und Abendgottesdienst, und während er arbeitete, lag auf seinem Arbeitstisch beständig ein religiöses Liederbuch; manche Lieder hatte er durch häufiges Lesen dem Gedächtniß eingeprägt und pflegte sie, indem er arbeitete, mit gedämpfter Stimme zu singen. Seine Mutter, Maria Goßweiler, verlor Heß schon in seinem fünften Lebensjahr, worauf er einem Oheim, der nahe bei Zürich als Landgeistlicher lebte, zur Erziehung anvertraut wurde. Die hier gewonnene Kenntniß in den alten Sprachen wurde dann, nachdem er in's väterliche Haus zurückgekehrt war, in den Lehranstalten Zürichs erweitert. Dem Wunsche des Vaters und mehrerer naher Anverwandten, welche zu den gelehrtesten und würdigsten Gliedern der Zürcherischen Geistlichkeit gehörten, daß auch er dem geistlichen Staube sich widmen möchte, kam seine eigene Neigung entgegen, wie er denn schon im eilften Jahre das Neue Testament in der Grundsprache zu lesen anfing. Nachdem er seinen theologischen Curs an dem Zürcherischen Karolinum beendigt hatte, empfing er schon im Frühjahr 1760, also schon bevor er sein 19. Altersjahr zurückgelegt hatte, nach der Sitte der vaterländischen Kirche die Ordination zum Predigtamte. Die Ausbildung seiner glücklichen geistigen Anlagen war theils durch die Leitung vorzüglicher Lehrer, theils durch den Wetteifer mit talentvollen und strebsamen Mitschülern ungemein begünstigt worden. Bodmer und Breitinger, jene Männer, welche auf die Entwickelung der deutschen Literatur so großen Einfluß ausgeübt haben, nahmen sich der studirenden Jünglinge ihrer Vaterstadt mit besonderer Hingebung an. Breitinger war auch Theologe, wovon seine kritische Bearbeitung der LXX Zeugniß ablegt, und ihm vorzüglich verdankte Heß eine gründliche Kenntniß der griechischen Sprache; er war ihm daher auch mit inniger Liebe zugethan. Doch brachte er es während seiner Studienzeit noch zu keiner rechten Einheit in seinem Streben. Bald nämlich widmete er sich der Philosophie und las mit Eifer die Schriften von Leibnitz und Wolf; bald zog ihn die Dichtkunst an, und er theilte einem Wieland, mit dem er während dessen längerem Aufenthalt in Zürich bekannt geworden war, poetische Versuche mit; am meisten zog ihn die englische Literatur an und er erlernte ohne fremde Hülfe die englische Sprache; dann ergab er sich wieder dem Studium der Geschichte, besonders derjenigen seines Vaterlandes. Von entscheidender Wichtigkeit für seine ganze künftige Lebensrichtung war es nun aber, daß er, eben im Begriff stehend, eine Reise nach England anzutreten, von einem väterlichen Oheim, Pfarrer zu Nestenbach bei Winterthur, den Ruf erhielt, sein Vikar und zugleich Infor-

mator seines Sohnes zu werden. Er folgte demselben, und hier, während eines sieben=
jährigen Aufenthaltes im stillen Pfarrhause, betrat er die schriftstellerische Laufbahn. Sein
Oheim war philosophisch und poetisch durchgebildet. Er hatte in Marburg mit großem
Eifer die Wolfische Philosophie studirt und war außerdem mit Klopstock befreundet. Der
tägliche Umgang mit einem solchen Manne nun wirkte auf Heß sehr anregend. Beson=
ders aber weckten die Homilien, welche der Oheim in Wochengottesdiensten über einzelne
Abschnitte der evangelischen Geschichte ebenso gründlich als populär hielt, in ihm die Idee,
daß das Leben Jesu, in gleicher Weise erzählt, weit mehr Anziehendes haben müßte als
die Erklärung einzelner Stellen in Form eines Commentars. Er machte sich wirklich an
die Arbeit, ließ aber einstweilen die Jugendgeschichte Jesu bei Seite. 1767 hatte er das
erste Bändchen der „Geschichte der drei letzten Lebensjahre Jesu" vollendet;
allein es erschien erst 1768, nach seinem Wegzug aus Nestenbach, im Drucke. Er ver=
ehelichte sich nämlich 1767 mit Anna Maria Schinz, einer Mitbürgerin von viel Geist
und Gemüth, mit der er 44 Jahre lang ein sehr inniges und glückliches Leben in aller
Gottseligkeit geführt hat, dem nichts fehlte als der Kindersegen*). Obschon aber Heß
nunmehr einen eigenen Heerd gegründet hatte, dauerte es noch ein Jahrzehnd, bis er
zu einer amtlichen Stellung gelangte; denn so groß war damals die Zahl der Aspiranten
auf geistliche Stellen, daß auch tüchtige junge Männer lange auf solche warten mußten,
und auch zu einem akademischen Wirken fand für Heß in Zürich keine Gelegenheit.
So brachte er denn diese zehnjährige Wartezeit als Privatgelehrter in zwei verschiedenen
Landgemeinden in stiller Abgeschiedenheit zu, und machte nun das Bibelstudium mit größtem
Eifer zu seinem eigentlichen Lebensberufe. Bis zum Jahr 1773 gab er die Geschichte
der drei letzten Lebensjahre Jesu vollständig in sechs Bändchen heraus, und im gleichen
Jahre erschien auch die Jugendgeschichte Jesu, welche später mit dem Uebrigen in
Ein Ganzes vereinigt worden ist. Doch hatte er selber eine Zeitlang seine Arbeit aus
Gewissenhaftigkeit unterbrochen, als er an sich wahrnahm, daß er sich von schriftstelleri=
scher Eitelkeit nicht frei erhalten habe, und es bedurfte lebhafter Aufmunterungen von
Seiten eines Breitinger, Lavater und anderer Freunde, um ihn zur Fortsetzung zu be=
wegen. Dazu trug auch nicht wenig bei, daß Bischof Münter in Kopenhagen sich bei
der seelsorgerlichen Behandlung des zum Tode verurtheilten Grafen von Struensee des
Heßischen Werkes mit ausgezeichnetem Erfolg bediente. Die Folge davon war, daß nun
eine starke Nachfrage nach dem, was bereits von dem Buche erschienen war, eintrat, und
Heß mußte darin einen göttlichen Wink sehen, daß er auf dem rechten Wege sey und
einem wirklichen Bedürfnisse der Zeit entgegenkomme. Die Bearbeitung des Lebens
Jesu mit allen Mitteln der Wissenschaft auf eine auch den Gelehrten befriedigende,
jedoch nach Anlage und Ton wesentlich auf einen größern Leserkreis berechnete Weise
wurde von Heß immer mehr als die wichtigste Aufgabe seines Lebens erkannt. Bis zum
Jahre 1823 erschien das Leben Jesu in acht Auflagen, und es mag hier um so mehr
am Platze sehn, der außerordentlichen Verbreitung und des mächtigen Einflusses, die diesem
Erzeugnisse seines Geistes zu Theil geworden sind, zu gedenken, als er selber, nachdem
er in seinem 82. Lebensjahre die letzte neue Bearbeitung dieses seines Lieblingswerkes
beendigt hatte, zu einem Freunde gesprochen hat: „Ich habe eigentlich nur Ein Buch ge=
schrieben — das Leben Jesu. Alle andern Schriften waren nur Vorarbeit oder noth=
wendige Folge dieses Werkes." Dasselbe wurde, wie später die meisten andern seiner
Schriften, in's Dänische und Holländische übersetzt. 1784 erschien es in Wien
„zum Gebrauch der Römisch=Katholischen und Griechen" und ebenso zu Münster 1788
„zum Gebrauch der Katholiken." Ein katholischer Geistlicher in Bayern schrieb 1795 an

---

*) „Ueber alles Wesentliche des Bibelinhalts" — schreibt Heß von ihr — „konnte ich bei
ihrem männlich reifen und geübten Wahrheitssinn fruchtbarer mit ihr sprechen, als ich es viel=
leicht mit manchem Gelehrten nicht hätte können, und doch wollte sie ganz und gar nicht für
eine gelehrte Dame gelten."

Heß: "Ich möchte gerne vor aller Welt das Bekenntniß ablegen: durch Sie hat mich der Herr begnadigt, hat mich und meine Heerde auf die Triften des Heils geführt. Ich habe mit Segen gearbeitet. Der Herr hat durch Sie auch in der katholischen Welt viel Gutes verbreitet." — Der Standpunkt, auf welchen sich Heß in seinem Leben Jesu wie in seinen übrigen Schriften stellte, und den er sein langes Leben hindurch mit zunehmender Festigkeit und Freudigkeit festgehalten hat, war der rein historische. Es ist mir vor Allem um das zu thun — sagt er selbst in der Vorrede zu seiner Schrift: Kern der Lehre vom Reiche Gottes, Zürich 1819, mit Hülfe der Sprach- und Alterthumskunde mich dessen zu versichern, wie der alte Erzähler einzelne Ereignisse sowohl als ganze Reihen von solchen sich gedacht hat. Vieles, was die Neuern nur für Mythos taxiren, ist und bleibt mir Geschichte, und zwar nicht aus dogmatischen Gründen, sondern als getreuer Referent dessen, was dem alten Erzähler Geschichte war, glaub' ich es auch dafür geben zu müssen. Unmöglich ist es, daß, wer auf die exegetischen Findelkinder des Zeitalters einen hohen Werth setzt, den wahren Sinn des alten Geschichtszeugnisses im Ganzen oder in Theilen rein auffasse." — Nichts habe ihn, erklärt er ebendaselbst — seit vielen Jahren von der Wahrheit des Christenthums, seiner Geschichte wie seiner Lehre, so innig überzeugt, wie das, daß er einerseits in den Offenbarungs-Urkunden gerade das gefunden habe, was den Bedürfnissen der Menschheit in Hinsicht auf ihre Bestimmung für Zeit und Ewigkeit vollkommen zusage, anderseits in den eben darauf zielenden Veranstaltungen einen vom Kleinern zum Größern, vom Besondern zum Allgemeinen fortschreitenden Zusammenhang erblicke, der unmöglich von menschlicher Erfindung seyn könne. Dogmatischen Ansichten wollte er nicht zum Voraus einen Einfluß auf die biblische Geschichterklärung einräumen, wodurch sie von irgend einem Schul- oder Kirchensystem abhängig würden. Ueberhaupt tragen alle seine Schriften das Gepräge einer großen Selbständigkeit der Forschung und des Urtheils an sich. So umfassend seine Gelehrsamkeit war, und so sehr er es sich zur Pflicht machte, sich von Allem Kenntniß zu verschaffen, was auf Erforschung und Auslegung der Bibel Bezug hatte, so wenig konnte er sich dazu entschließen, von irgend Jemand, wer es auch seyn mochte, etwas als Wahrheit anzunehmen, ohne daß es durch gründliche Prüfung oder unmittelbare Erfahrung sein persönliches Eigenthum geworden war.

Solchen Grundsätzen Geltung zu verschaffen, war bei allen theologischen Arbeiten wie in seinem nachherigen praktisch-kirchlichen Wirken sein vorzügliches Augenmerk. In jenes Decennium, welches er ohne öffentliche Anstellung ganz seinen biblischen Studien widmen konnte, fallen außer dem Leben Jesu noch folgende Schriften: 1769 "über die beste Art, das Christenthum zu vertheidigen", 1774 erweitert unter dem Titel: "Ueber die beste Art, die heil. Schriften zu studiren, mit Rücksicht auf die gegenwärtige Lage des Christenthums." Im gleichen Jahr gab er eine ausführlichere Schrift heraus unter dem Titel: "Vom Reiche Gottes. Ein Versuch über den Plan der göttlichen Anstalten und Offenbarungen." 1775 erschien: Geschichte und Schriften der Apostel (welche zuletzt 1822 in 4. Auflage herausgekommen ist), und 1776 begann Heß die "Geschichte der Israeliten", welche 1788 vollendet wurde, in 12 Theilen (auch unter besondern Titeln). Das Jahr 1777 versetzte endlich Heß in seinem 36. Lebensjahr in einen amtlichen Wirkungskreis, indem er zum Diakon am Frauenmünster in Zürich gewählt wurde. Jetzt hatte er Gelegenheit und Aufforderung, sich auch in's Predigtamt und in die religiöse Unterweisung der Jugend hinein zu arbeiten. Seine Thätigkeit wurde eine vielseitigere, und doch gewährte ihm sein neues Amt an einer wenig zahlreichen Gemeinde reichliche Muße zur Fortsetzung seiner wissenschaftlichen Arbeiten. 18 Jahre lang bekleidete er diese Stelle, und ebenso lange war er auch erster Vorsteher der Ascetischen Gesellschaft, eines 1768 unter dem Einfluß von Breitinger gestifteten freien Vereins von Geistlichen zu gemeinschaftlichen Uebungen, welche Pastoral-Kenntnisse zum Gegenstand und die Ausbildung des Seelsorgers zum Endzweck hatten. Hauptsächlich durch die Bemühungen von Heß gelangte diese Vereinigung zu einem solchen Ansehen, daß auch Männer wie Aug. H. Niemeyer in Halle es sich zur Ehre anrechneten, den Mitgliedern derselben beigezählt zu werden. In diesen Zeitraum fallen folgende schriftstellerische Arbeiten von Heß außer der schon erwähnten Geschichte der Israeliten und neuen Auflagen früherer Werke: Lehre, Thaten und Schicksale unsers Herrn, ein Anhang zum Leben Jesu. 1782. (Erschien zum letztenmal stark vermehrt 1817 in einer 3. Ausgabe.) „Bibliothek der heil. Geschichte. Beiträge zur Förderung des biblischen Geschichtsstudiums, mit Hinsicht auf die Apologie des Christenthums." 2 Bde. 1791 u. 1792, deren Zweck Beförderung der biblischen Geschichtskunde und Anleitung zu derselben war. Hiezu kommen nun auch verschiedene Predigtsammlungen. Heß hatte keine leichte Aufgabe, sich als Prediger Anerkennung zu verschaffen. Denn nicht nur besaß er kein günstiges Organ zum Predigen, sondern Zürich erfreute sich zu jener Zeit vieler trefflicher Kanzelredner, unter denen Lavater mit seiner feurigen Beredtsamkeit, von welcher Heß nichts an sich hatte, obenan stand. Gleichwohl erlangte dieser auch als Prediger großen Einfluß. Seine Predigten zeichneten sich theils durch ihren biblischen Karakter aus, theils durch scharfsinnige und feine Anwendung des Textes auf die jedesmaligen sachlichen und persönlichen Verhältnisse. Insoweit als die Forderung der Homiletik, daß jede Predigt eine Casualpredigt seyn solle, berechtigt ist, hat Heß derselben auf eine unübertreffliche Weise Genüge geleistet. Die erste größere Sammlung von Predigten, welche er herausgab, erschien von 1781 — 1788 unter dem Titel: „Der Christenlehrer oder Predigten über die Entstehungsgeschichte der Gemeinde Jesu" (über die drei ersten Kapitel der Apostelgeschichte). Ferner „das christliche Uebungsjahr oder die Geschichte des Menschen, wie ihn die Religion mittelst gewisser Uebungen durch alle Hindernisse glücklich zum Ziele führt." 2 Bde. 1791, ein Zeugniß großer homiletischer Kunst und reicher Menschenkenntniß (1829 in einer 2. Auflage herausgekommen). 1793 erschienen Predigten über die Volks- und Vaterlandsliebe Jesu, in denen er auf die damaligen Verhältnisse in Frankreich Rücksicht nahm und insbesondere an den Grundsätzen und dem Beispiel Jesu nachwies, wie ein ächter Volks- und Vaterlandsfreund sich verhalten und vor den Abwegen hüten solle, zu denen die eine oder andere herrschen wollende Denkart des Zeitalters ihn zu verleiten drohe. — Im Jahre 1795 erweiterte sich der Wirkungskreis von Heß noch mehr. Er wurde nämlich zur Würde des ersten Geistlichen der Zürcherischen Kirche, zum Antistes erhoben, mit welcher seit den Zeiten der Reformation die erste Pfarrstelle am Großmünster verbunden war. Neben ihm war Lavater in der Wahl, und um jeden aus ihnen hatte sich wider ihren Willen eine Partei geschaart. Allein auch das störte die Freundschaft der beiden edlen Männer so wenig, daß Lavater der Erste war, von welchem Heß als Antistes beglückwünscht wurde. Dieses einflußreiche und geschäftsvolle Amt bekleidete er 33 Jahre lang, bis an seinen 1828 erfolgten Tod. Während dieses langen Zeitraumes legte er eine wirklich eminente Begabung für kirchenregimentliche Thätigkeit an den Tag, und kein Mann hat sich wohl seit Bullinger größere Verdienste um Zürichs Kirchenwesen erworben, als Heß, namentlich in den Revolutionsstürmen, welche gegen Ende des Jahrhunderts von Frankreich her auch über die Schweiz hereinbrachen. Wie im bürgerlichen, so wurde auch im kirchlichen Leben alles Bestehende in Frage gestellt und mit Auflösung bedroht. In solchen Zeiten bedurfte die Kirche mehr als sonst eines Mannes an ihrer Spitze, der demselben vollständig gewachsen war. Ein solcher war Heß. „Während der acht bis zehn ersten Jahre seiner Amtsführung" — sagt von ihm ein einsichtsvoller Zürcherischer Geschichtschreiber — „konnte in der That nur ein Karakter sich behaupten, in welchem eine seltene Selbständigkeit und Festigkeit mit der tiefsten Kenntniß aller Verhältnisse, mit der größten Klugheit, mit unerschütterlichem Vertrauen auf Gott und mit einer Reinheit der Sitten sich vereinigte, an welche sich nie der leiseste Verdacht gewagt hat." Unermüdlich stand Heß auf der Warte und ermahnte und stärkte die Brüder. In den verhängnißvollen Jahren zu Ende des 18. und im Anfange unsers Jahrhunderts verging kein Vierteljahr, ohne daß

er nicht in sehr ausführlichen Hirtenbriefen die Geistlichen des Kantons auf den Standpunkt versetzte, woraus sie die Schlag auf Schlag erfolgenden Ereignisse zu betrachten
hatten; daß er ihnen nicht Winke ertheilte, wie sie ihre Predigten zur Erbauung der
Gemeinden einrichten sollten, diejenigen tröstete, welche Undank und harte Behandlung
von Seiten ihrer Gemeinden zu erdulden oder mit Nahrungssorgen zu kämpfen hatten,
und daß er nicht als treu besorgter Vater vornehmlich die Jüngern warnte, sich nicht
vom Schwindelgeiste der Revolution zur Gleichgültigkeit gegen Staub und Beruf verleiten zu lassen. Daneben nahm er als Prediger eine sehr bedeutende Stellung ein, wovon
die merkwürdigen Predigten Zeugniß ablegen, welche 1799 und 1800 in Winterthur unter
dem Titel „der Christ bei Gefahren des Vaterlandes“ in 3 Bänden herausgekommen sind. Niemals fehlt in denselben die unmittelbare Beziehung auf die Tages-
ereignisse, und man muß wirklich erstaunen über die Freimüthigkeit, ja Kühnheit, mit
der er das Verhalten der damaligen Machthaber und Tonangeber, die schrankenlose Un-
gebundenheit und den Verfall von Zucht und Ordnung darstellte und strafte, sowie nicht
minder über die schlagende Anwendung der biblischen Geschichte und die Behutsamkeit und
Gemessenheit des Ausdrucks, durch welche er sich unangreifbar machte. Später folgten
dieser Predigtsammlung noch zwei andere nach, nämlich 1807 „Tagsatzungspredigten
oder christl. Betrachtungen über die Grundsätze, Pflichten und das Glück
eines brüderlichen Bundesstaates“, und 1813 sieben Predigten unter dem Titel
„Einheit im Mannigfaltigen oder das Christenthum betrachtet als ein
Vereinigungsmittel für Wahrheitsfreunde bei sonst auch noch so großer
Verschiedenheit ihrer Denkarten, Lage, Sitten und Gebräuche.“ — Als
die Schweiz unter dem Einflusse Napoleons 1803 nach wiederhergestellter Ruhe eine neue,
die sogenannte Mediations-Verfassung erhielt, mußte auch das Kirchenwesen neu orga-
nisirt werden. Wenn nun Heß schon 1798 in einer besondern Schrift: „Helvetiens
neue Staatsverfassung von Seiten des Einflusses der Religion und
Sittlichkeit auf das Glück der Freistaaten betrachtet“, der Religion ihren
berechtigten Einfluß auf das Gesammtwohl des Vaterlandes zu sichern gesucht hatte, so
bot sich ihm jetzt dazu eine noch viel näher liegende Gelegenheit dar. Die neu zu er-
lassenden Gesetze und Verordnungen wurden alle von ihm selbst entworfen, und die von
ihm herrührende Präbikanten-, Synodal- und Stillstands-Ordnung (letztere so viel
als Ordnung für Presbyterien oder Kirchenvorsteherschaften) sind sprechende Beweise, wie
er das Bedürfniß der Zeit erkannte und den günstigen Augenblick zu benutzen verstand,
sowie von seiner tiefen Einsicht, Menschenkenntniß und Pastoralklugheit. — Trotz diesen
vervielfältigten Ansprüchen, welche Zeit und Amt an Heß machten, erwies sich doch die
Befürchtung, welche, als ihm die Antisteswürde — wider seinen Wunsch — übertragen
worden war, viele seiner Verehrer geäußert hatten, es werde nun seine schriftstellerische
Laufbahn beendigt seyn, als irrig. Der rastlose Mann fand zur Vervollkommnung seiner
Geisteswerke und zu einläßlichen Studien immer noch Zeit und besorgte nicht allein neue
Ausgaben früherer Schriften, sondern gab noch 1819 ein neues Werk heraus: „Kern
der Lehre vom Reiche Gottes. Nach Anleitung des bibl. Geschichtsin-
haltes“ (2. Aufl. 1826). In dieser sehr inhaltsreichen und anregenden Schrift kommt
diejenige Auffassung der biblischen Geschichte, welche die Schriften von Heß überhaupt
karakterisirt, zu ihrer vollen Entfaltung und wird in ihren Consequenzen dargelegt, daß
ihm nämlich der biblische Geschichtstoff eine zusammenhängende Reihe göttlicher Füh-
rungen war, welche, auf Einen Hauptzweck zielend, sich nach und nach entwickelten und
ein Ganzes darstellen, welches den Beweis seiner Glaubwürdigkeit sowohl als seines
göttlichen Ursprungs in sich selbst habe und seinesgleichen in dem ganzen Umfang der
Welt- oder Religions-Geschichten nicht kenne. Ueber die gesammte schriftstellerische Wirksamkeit von Heß macht sein verdienter Amtsnachfolger Georg Geßner, der Schwiegersohn
und Biograph Lavaters, in seiner über Heß erschienenen Schrift die wichtige Bemerkung:
es habe kaum einen Schriftsteller gegeben, der bei allem Fortschritt in Erkenntniß und

Ueberzeugung in seinen Ansichten sich so gleich geblieben, nur immer fester und klarer geworden sey, und wohl gar keinen, der in einem Zeitraum von 64—65 Jahren schrift= stellerischer Arbeit nicht nur immer derselbe gewesen, sondern auch fortwährend sein großes, überall verbreitetes Publikum behalten habe. — Von seinen Werken erschien 1826 wegen eines angekündigten Nachdrucks eine Gesammtausgabe in 23 Bänden »Bibl. Geschichte A. u. N. T.'s, sammt allen wesentlich dazu gehörigen, das Ganze be= leuchtenden Schriften von J. J. Heß«, und ebenso boten seine Verleger 1828 auf öftere Nachfragen nach den neutestamentlichen Schriften eine Ausgabe derselben in 8 Bdn. an, unter dem doppelten Titel: »Theanthropikon, enthaltend die Lebensgeschichte Jesu; Lehre, Thaten und Schicksale unsers Herrn; Geschichte und Schriften der Apostel, sammt den dazu gehörenden Landkarten«, oder: »Die Schriften des N. T.s, be= arbeitet 2c.« Vieler kleinerer Schriften von Heß kann hier nicht einmal gedacht werden. Auch Poesie war ihm eine Lieblingsbeschäftigung, und die »Lieder zur Ehre unsers Herrn, sammt einem Schweizerpsalm und andern kleinen Gedichten« wurden 1821 zum drittenmal aufgelegt. In dem Gesang: »Meine Bibel« besang er den Hauptinhalt der biblischen Geschichte. — Die Verdienste von Heß, namentlich um die Wissenschaft, hatten zwar im Auslande schon lange große Anerkennung gefunden; doch gab die Sekularfeier der deutschen Reformation im Jahre 1817 Veranlassung dazu, daß dieselbe auf eine gewiß seltene Weise an den Tag gelegt wurde. Drei Universitäten übersandten ihm nämlich das theologische Doktordiplom, Tübingen, Jena und Kopenhagen. Er hatte diese Ehrenbezeugungen nicht gesucht, ja sogar in weit früherer Zeit das An= erbieten von Bischof Münter in Kopenhagen, ihm die theologische Doktorwürde zu ver= schaffen, aus Bescheidenheit abgelehnt; jetzt aber sah er in diesen von Lutheranern ihm gegebenen Beweisen von Hochachtung ein erfreuliches Zeichen der von ihm sehnlich ge= wünschten Annäherung der beiden protestantischen Kirchengemeinschaften. — Als zu An= fang des Jahres 1819 auch Zürich das Jubiläum seiner Reformation feierte, konnte Heß nicht bloß noch an der Feier Theil nehmen, sondern er traf noch selber die Anord= nungen zu derselben, hielt an deren Vorabend eine lateinische Rede (Emendationis Sa- crorum beneficium immortale nostris non minus et posterorum quam majorum usibus inserviens. Turic. 1819. 4.), und predigte am 1. Januar 1819 von der Kanzel des Großmünsters auf eine Weise, daß die ungeschwächte Geisteskraft des 78jährigen Greises auf überraschende Weise sich zeigte. Allein wenige Tage nachher befiel ihn eine Krank= heit, deren Folge war, daß er, abgesehen von einer Versammlung der ihm sehr kleinen Bibelgesellschaft, welche im Juli 1820 statt hatte, von da an nie mehr öffentlich auftrat. Auch von der Leitung des Kirchenrathes zog er sich immer mehr zurück, obwohl er nie aufhörte, das regste Interesse für die Angelegenheiten der Kirche zu beweisen. Von sei= nem Bibelstudium konnte er aber nicht ablassen, es blieb bis an sein Ende die Wonne seines Lebens. Der Umgang mit seinem Gott und seinem Herrn und Erlöser wurde immer inniger, und je näher er dem Grabe kam, desto mehr nahm seine Glaubens= freudigkeit zu. Damals sprach er zu einem vertrauten Freunde: »Beim schmerzlosen Durchwachen so mancher Nachtstunde treten mir eine Menge Stellen aus den Psalmen und Propheten so lebendig vor die Seele, als ob sie mir nicht von Außen gegeben, son= dern aus meinem Herzen hervorgegangen wären. Des Tages ist wieder Bibelstudium mein Hauptgeschäft, besonders des N. T.s und das so viel hundert Male gelesene Evan= gelium bietet mir immer neuen Stoff zu beseligenden Betrachtungen dar, ich lerne meinen Heiland täglich noch mehr in seiner Größe und Göttlichkeit erkennen, und doch kenne ich ihn noch lange nicht genug.« — Noch später sagte er zu einer ihn besuchenden Freundin: »Sagen Sie Ihren und meinen Freunden, ich sey immer daheim und immer auf der Reise. Mir ist oft, der Wagen stehe vor der Thür.« Voll seliger Hoffnung des ewigen Lebens ging der Hochbetagte seiner Auflösung entgegen, im Sterben den Wahl= spruch seines Lebens, den er in alle Bücher seiner reichhaltigen, noch jetzt vollständig vorhandenen, Bibliothek eingetragen hatte, bewährend: οἶδα, ᾧ πεπίστευκα (2 Tim.

1, 12.). Am 29. Mai 1828 entschlief er, 87 Jahre alt, ohne von Jemanden gesehen zu werden, als von dem, in dessen Hände er seinen Geist befohlen hatte, und am 2. Juni trugen vierzehn jüngere Geistliche, die den Seligen kindlich verehrt hatten, seine Leiche zum Gottesacker, obschon er gewünscht hatte, daß jegliche Auszeichnung bei seinem Begräbniß unterbleiben möchte. Unzählige fühlten mit Wehmuth, was für einen verdienstvollen Vorsteher Zürich und seine Kirche, und was für einen treuen Arbeiter das Reich Gottes auf Erden an Heß verloren habe. Ein holländischer Edelmann ließ eine marmorne Büste von Heß anfertigen, welche auf der Bibliothek seiner Vaterstadt Zürich ihre bescheidene Stelle gefunden hat; aber noch viel unvergänglicher ist das Denkmal, welches sich der Verewigte selbst in den Herzen seiner Mitbürger und von vielen Tausenden weit herum in der Christenheit gestiftet hat. Was zur Verehrung gegen ihn die Herzen immer von Neuem hinzieht, ist nicht sein schriftstellerisches Wirken oder seine Treue im Predigtamt oder seine Weisheit in der Leitung der Kirche Zürichs allein, sondern die Vereinigung so vielseitiger Gaben und Leistungen in ihm, und daß er in alle dem ein demüthiger Jünger Jesu Christi gewesen ist, der nicht das Seinige suchte, sondern die Ehre seines Herrn und die Verherrlichung seines Namens. Wie bezeichnend ist, was er einst an einen Freund in Deutschland geschrieben hat: "Ich schätze mich glücklich, der Welt durch nichts bekannt geworden zu seyn, das nicht eine offenbare Beziehung auf unsern Herrn Jesum Christum und auf seine Geschichte hätte."

Unter den Karakterzügen, welche Heß eigenthümlich waren, möge außer seinem eisernen Fleiße und der gewissenhaften Benutzung der Zeit, worüber er sich selbst in seinem Tagebuch immerfort Rechnung ablegte, besonders noch seine Gemüthsruhe und die Herrschaft, welche er über sich selbst und über die Verhältnisse, die ihn umgaben, ausübte, hervorgehoben werden. Als Zürich am 10. Sept. 1802 Morgens von den Truppen der helvetischen Regierung mit Granaten war beschossen worden, setzte er gleichwohl mitten in der allgemeinen Bestürzung, außerdem, daß er die Predigt für den nächsten Sonntag niederschrieb (was er immer gethan hat, ohne sich jemals auf's Extemporiren oder bloß Meditiren zu verlassen), seine Bibellektüre fort von Psalm 46—50., hebräisch und griechisch, und meditirte über ὁ ὢν καὶ ὁ ἦν καὶ ὁ ἐρχόμενος in Bezug auf den Begriff Jehovah; und als um Mitternacht den 12. Sept. die Beschießung wieder mit Heftigkeit begann und bis Abends nicht ganz aufhörte, fing er dennoch an diesem Tage einen Aufsatz an "über ὄνομα θεοῦ, wiefern es sich auf Christus bezieht." Solchem Gleichmuth und solcher Beharrlichkeit mußte freilich auch das gelingen, was Andern unmöglich gewesen wäre, um so mehr als ein zwar dem äußern Anschein nach schwächlicher, aber doch kerngesunder und durch sehr mäßiges und geregeltes Leben gesund erhaltener Körper auch die größten Anstrengungen des Geistes aushielt. — Daß Heß bei seinem regen wissenschaftlichen Leben und Verkehr auch eine ausgebreitete Correspondenz gehabt hat, ist begreiflich. Wir nennen unter der sehr großen Zahl Befreundeter auf Seiten der Protestanten bloß Aug. Herrm. Niemeyer, Morus, Reinhard, die beiden Rosenmüller, Flatt in Tübingen, Dann in Stuttgart, der mehr als Einmal sein Herz gegen Heß ausschüttete, Georg Müller in Schaffhausen und unter den Katholiken Brentano, Sandbüchler, Hug und besonders den mit Heß sehr befreundeten Bischof Mich. Sailer.

Heß hat noch keinen Biographen gefunden, so sehr er dessen würdig wäre; dagegen sind außer einigen kleinern Reden und Abhandlungen als schätzbare Vorarbeiten für einen solchen und als Wegweiser zu näherer Bekanntschaft mit ihm zu erwähnen: "G. Geßner, Antistes. Blicke auf das Leben und Wesen des verewigten J. J. Heß." Zürich 1829. 125 Seiten. 8., und: "J. J. Heß, Dr. th. und Antistes der Zürcher Kirche. Skizze seines Lebens und seiner Ansichten mit einem Auszug aus seiner ungedruckten Auslegung der Apokalypse. Von Dr. Heinr. Escher, Prof. in Zürich." Zürich 1837. 137 Seiten. 8.   J. J. Heß, Diakon.

Heffels, Johann Leonhard (Hasselius), ward zu Hasselt, in dem Sprengel von Lüttich, geboren. Er studirte zu Löwen Theologie und Philosophie, erwarb sich den

Doktorgrad und ward dann zum Vorſteher eines theologiſchen Collegiums und zum Profeſſor der Theologie in Löwen befördert. Im Jahre 1551 wurde er von Karl V. zum
Concilium nach Trident abgeſandt, während Michael Baÿ als Stellvertreter ſeinen Lehr-
ſtuhl in Löwen einnahm. Er ſtarb in Trident im gleichen Jahr. Er ſchrieb „de Nec-
tarii Patriarchae Constantinopolitani facto super confessione.“   P.

Heſſels, Johann, wurde 1522 zu Löwen, nach Andern zu Arras geboren.
Nachdem er ſeine Studien zu Ende gebracht, und acht Jahre in der Prämonſtratenſer-
abtei du Parc bei Löwen Profeſſor der Theologie geweſen war, wurde er zum Vorſteher
des kleinen Collegs der Theologie zu Löwen befördert, bald nachher zum Biſchof von
Ypern. Im Jahre 1563 wurde er nach Trident abgeſandt, und wohnte nun dem
Concil bis zu deſſen Ende an. Nach ſeiner Rückkehr war er in ſeinem Berufe ſo
thätig und unermüdlich, daß er mit Hintanſetzung der Sorge für ſeine Geſundheit ſich
nicht einmal die nächtliche Ruhe gönnte. Nach langen Körperbeſchwerden ſtarb er am
7. November 1566. Die meiſten ſeiner zahlreichen, zum Theil erſt nach ſeinem Tode
gedruckten Schriften ſind Streitſchriften. Wir erwähnen: Confutatio fidei novitiae,
quam specialem vocant, adversus Joan. Monhemium (1568); De invocatione Sanctorum contra eundem; De communione sub unica specie adversus Georgium Cassandrum
(1573); Confutatio confessionis haereticae, teutonice emissae, qua ostenditur Eucha-
ristiam esse sacrificium propitiatorium (1567); De officio pii viri vigente haeresi adversus Cassandrum (1566). Außerdem ſchrieb er Commentare zum erſten Timotheus-
brief und Evangelium Matthäi; vor Allem aber einen Catechismus, welcher in vier Theilen
die ganze Dogmatik und Moral mit Belegſtellen aus den Vätern, beſonders dem Auguſtin,
darſtellt. Vgl. *Andreae*, bibl. belgica, p. 515—517.   P.

Heſſen. I. Reformation und Bekenntnißſtand. Noch auf dem Reichstage
zu Worms iſt Landgraf Philipp kein Freund der Reform. Ja er verfolgte noch im
Jahre 1524 die reformatoriſchen Beſtrebungen in ſeinem Lande. Um ſeine Sinnesänderung zu erklären, hat man wohl und nicht ohne Grund der Epitome Melanchthons vom
Jahre 1524 heilſamen Einfluß auf die religiöſe Ueberzeugung des Landgrafen zugeſchrieben. Es wäre indeß verkehrt, wenn man hieraus auf ein Lutherthum oder gar noch auf
einen damals nicht einmal in Melanchthon ſelbſt vorhandenen ſogenannten Melanchthonismus dieſes Fürſten ſchließen wollte. Vielmehr ſteht aus ſeiner Correspondenz unumſtößlich
feſt, daß er von Anfang an gegen die lutheriſchen Lehren eingenommen war und in ſehr
entſchiedener Weiſe auf der Seite der Reformirten ſtand. Wie ausgeſprochen er zu Zwingli
hielt, das beweiſt er durch ſeinen Briefwechſel mit dem Reformator und dadurch, daß er
dieſen genialen Mann in ſeine Dienſte ziehen ja die obere Kirchenleitung übertragen wollte
(*Zwingl.*, Opp. VIII. 664). Am 12. Febr. 1530 kann darum Oecolompad dem Freunde
Zwingli ſchreiben: „Lambertus in Hessis et multi alii palam nobiscum sentiunt landgrafius
quoque ipse cum cancellario.“ Und es iſt lautere Wahrheit, wenn Zwingli in ſeiner epistola de foedere ſagt: De Cattorum principe sic intellige. — Juvenis quidem est — sed
supra aetatem prudens magnanimus et constans, apud illum possumus fere quidquid
volumus.“ — Warum ſollte auch die Epitome allein den Heſſenfürſten herumgebracht
haben? Zwingli's Schriften las er und ſchätzte ſie hoch. Den Weg der lutheriſchen
Reformation ſchlug er darum 1526 in ſeiner Homberger reformatio ecclesiarum has-
siae nicht ein, weder in der Lehre noch in den Verfaſſungsgrundſätzen. Lambert von
Avignon, die Seele der denkwürdigen Homberger Reformationsſynode, womit der Refor-
mationsweg in Heſſen recht eigentlich begann, ſteht ebenfalls auf reformirter Seite.
Leider iſt freilich Lambert's herrliches Werk durch Luther geſtört worden, ſo daß die
Homberger Kirchenordnung in Heſſen nicht zum eigentlichen Leben kam (vgl. Richter,
Geſch. der evang. Kirchenverfaſſung). Aber Philipp trat darum doch nicht auf die lutheriſche Seite hinüber. Wie ſehr er auch mochte gefunden haben, daß der hohe ideale
apoſtoliſche Geiſt der Homberger Kirchenverfaſſung nicht wohl, wenigſtens nicht überall
zu ſeinem mehr ſtaatsförmig betriebenen Reformationswerke paſſe — in Sachen der Lehre

jedoch blieb er dennoch fest bei Zwingli und Bucer. Hiefür zeugt offenbar das Marburger Gespräch mit seinen Präcedentien und Folgen. Philipp war mit seinen Staats-
männern vollkommen überzeugt, daß das Recht in dem Abendmahlsstreit völlig auf Seiten der Reformirten sey. Das verhehlt er Melanchthon und Brenz nicht (Corp. ref. II.
100); das spricht er entschieden bald nach dem Colloquium dem Zwingli aus: „Ihr
dürft aber, sagt er, nit zweifeln an mir ich will bei der Wahrheit bleiben — und darinn
weder Pabst, Kaiser oder Luther oder Melanchthon darin ansehen.“ Ende 1529 untersagte er den lutherischgesinnten Crato und Schnepf carnalis praesentiae in pane et vino
mentionem (Brief Ibachs in Hottinger, hist. eccl. VI. 509) und berief die von diesen
abgesetzten Gegner der leiblichen Nießung noch 1529 zurück. Auch bestimmte er, daß solche,
welche im Examen die lutherische Ansicht theilten, nicht dürften zurückgewiesen werden. (Brief
Lamberts in *Fueslin*, Epist. ref. 1740. p. 71). An seine Schwester Elisabeth schreibt er im
Februar 1530: „Wenn ich glaubte, daß Christus leiblich im Sakrament wäre, so glaubte
ich Christo nicht“ (Rommel, Phil. III, 35). Auch zu Augsburg steht Philipp treu zu den
Reformirten*). Dieser ganze Brief ist entschieden zwinglisch**). Bekannt ist die Stelle des
Briefes, welchen Urbanus Rhegius an Luther schrieb: „Landgraf Philipp führt innumera
sacramentariorum argumenta an, sentit cum Zwinglio ut ipse mihi est fassus.“ „Greift dem
vernünftigen Weltweisen, schreibt Philipp selbst von Augsburg her mit Bezug auf Melanchthon, dem Verzagten, ich darf wohl nicht mehr sagen, in die Würfel!“ Bemerkenswerth ist es,
daß auch sonst noch der Unwille des Fürsten gegen Melanchthon zu Tag tritt. So äußert
er sich in einem vertrauten Schreiben an Zwingli „seinen Freund“: „Aber was soll ich
sagen? Philipp Melanchthon geht zurück wie ein Krebs und ist ein schädlicher Mann
dem Evangelio. Viele Leute hängen ihm an, me autem non simulabit.“ Auf Pauli
Bekehrung, Dienstag schrieb er an den Schweizer Reformator: „Luther und Melanchthon haben zuviel gethan, daß sie solche Trennung anrichten, und es ist mir aller
Wege zuwider gewesen, ich habe auch genugsam angezeigt und Gründe aus der Schrift
dermaßen in's Licht gethan, daß man mir mit keiner beständigen Antwort zu widerlegen
gewußt; es hat aber nicht wollen gehört seyn.“ Er bekämpft zu Augsburg ferner nach
Kräften, wie auch lutherische Berichte bezeugen, die lutherische Doctrin und die durchaus lutherische Fassung der Abendmahlslehre in der Augustana. Er schlug unter Anderm schon damals jenes exhibirte, jene weitere Fassung nämlich vor, welche erst später
die Variata sich aneignet, da endlich auch Melanchthon, der 1530 noch so heftige Lutheraner, der reformirten Ueberzeugung Raum lassen wollte. — Man hörte indeß nicht auf
die Opposition des Hessenfürsten. Dieser, um sich nicht durch Trennung vom Bekenntniß der Fürsten politische Nachtheile zuzuziehen, unterschrieb widerstrebenden Herzens
die Augustana statt der reformirten Tetrapolitana, die eigentlich der Ausdruck seiner
Ueberzeugung gewesen wäre. Er leistete diese Unterschrift mit entschiedenem Protest gegen
den zehnten Artikel (J. Jonas im Corp. ref. II, 155) und in einem Sinne, den er
selbst noch 1557 in einer auf dem Frankfurter Congreß überreichten Staatsschrift folgendermaßen bezeichnet: „Man habe die Confession nicht so für gewiß angenommen, sondern es dahin gestellt, wo man sie, die Confessionsverwandten, in einigen Dingen besser
berichten könnte. Bei der Augsburger Confession wollen S. F. G. bleiben — sind
aber gleichwohl daran so hart nicht gebunden, so man sie eines bessern berichten konnte.“
Noch von Augsburg aus erließ er ein Mandat, worin er befahl, die Gegenwart in Brod
und Wein nicht mehr zu erwähnen und auf der Kanzel nur eine Gegenwart im Nachtmahl zu lehren, so wie, daß die Seele durch den Glauben Leib und Blut Christi empfange. Das ist offenbar die Doctrin Bucers und eine sehr entschiedene Opposition gegen
die lutherische Lehre. (Vgl. auch Rommel l. c. III. pag. 52.)

---

*) Vgl. auch Hassenkamp Hess. K.G. I, 230.
**) Am Schluß heißt's: „Ich sehe auch mehr besserung bei den die man schwer-
mer heißt, denn bei den die lutherisch sein.“

Natürlich ergriff der Landgraf bei dieser Stimmung und Ueberzeugung jede Gelegenheit, um in seinem Lande die lutherische Lehre der Augustana zu neutralisiren und
namentlich ihrer Abendmahlslehre seine niemals aufgegebene reformirte zu substituiren.
Während seine Beziehungen zu den reformirten Städten Deutschlands und den Schweizern festgehalten und inniger wurden, wirkte er auch dahin, daß seine Landeskirche mit
ihnen in Lehreinigkeit kam. Die Augsburger Confession hatte er nicht pure eingeführt,
wie deutlich aus einem Schreiben an Albrecht von Preußen (1534, Mittwoch nach Can-
tate, Rommel Phil. III, 52) erhellt, worin es heißt: „Wir haben unsern Predigern befohlen, so es Noth wäre, vom Sakrament zu predigen, sollten sie sagen, daß im Nachtmahl der wahre Leib, Fleisch und Blut gegenwärtig wäre und durch den Glauben
von der Seele empfangen werde." Es hatte Luther nichts geholfen, daß er z. B. am
20. Mai 1530 den ihm und Melanchthon verdächtigen Landgrafen inständig bat, doch
nicht zu Zwingli's Partei überzugehen. Es wurde ihm vielmehr von dieser Seite gradezu
geantwortet: „Christus könne nicht wohl anders gegessen werden, denn von den Gläubigen und durch den Glauben." Zugleich wurde daran die Hoffnung geknüpft, „Luther
werde sich eines Bessern besinnen." Sehr willkommen war daher dem Landgrafen 1536
die Concordia Buceri gewiß nicht bloß trotz ihrer Weite und Zweideutigkeit, durch welche
sie, wie die Ausführung Bucer's selbst vor Schweizern bewies, die reformirte Meinung
vollkommen zugelassen und der Landgraf der Nothwendigkeit enthoben war, sich von den
übrigen dem Lutherthum zugethanen Fürsten Deutschlands zu trennen. Die Concordia
ward sofort in Hessen als Lehrnorm eingeführt und bis zum Jahre 1540 in ihrem Geiste
die Augustana verstanden.

Dagegen ist es unmöglich, von einer symbolischen Geltung des lutherischen
Katechismus in Hessen für diesen Zeitraum eine historische Spur nachzuweisen. Alles,
was man beibringen konnte, besteht darin, daß er neben andern Büchlein der Art gebraucht worden ist, jedoch ohne officiell eingeführt, geschweige als symbolisches Buch aufgestellt worden zu seyn. Das Letztere ist in Niederhessen nie geschehen. Die Schmal-
kaldner Artikel ferner können schon darum auf eine symbolische Geltung in dieser
Kirche keinen Anspruch machen, weil sie eine solche in jener Zeit überhaupt nicht hatten.
Erst in der zweiten Hälfte des 16. Jahrhunderts ist bekanntlich diese Privatschrift Luthers von der lutherischen Partei als eine Bekenntnißschrift der luth. Kirche präconisirt
und durchgesetzt worden. Zu Schmalkalden war ja nur Melanchthon's Traktat über die
Gewalt und den Primat des Pabstes von maßgebender Seite unterschrieben worden.
Luthers Artikel dagegen hatten keine officielle Anerkennung gefunden. Noch im Jahre
1570 kann sich darum sogar der Kurfürst August von Sachsen mit Recht darüber wundern, daß die lutherische Partei die Schmalkalder Artikel zur lutherischen Bekenntnißschrift machen wolle und erklärt: „daß von diesen Artikeln außer der Flacianer vorgeben, die Kurfürsten, Fürsten und Städte wenig gewußt." Einen Beleg für den der
reformirten Eigenthümlichkeit zugeneigten Lehrkarakter der hessischen Kirche bis zum Jahre
1540 liefert auch die sogenannte Casseler Kirchenordnung für Hessen vom Jahre 1539.
Ueber das heilige Nachtmahl z. B. lesen wir hier: „das dritte, daß uns der Herr daselbst sein seligmachendes Fleisch und Blut im heil. Abendmahle mit den sichtbaren
Zeichen Brod und Wein durch den Dienst der Kirchen wahrlich darreicht und übergibt, nicht zur Bauchspeise oder mit Brod und Wein natürlich vereint, aber zur Speise
des ewigen Lebens wahrlich und wesentlich, wie denn seine heiligen Worte lauten —
welche Worte des Herrn wir mit einfältigem Glauben aufnehmen und nicht zweifeln
sollen, Er, der Herr selbst sey mitten unter uns, durch den äußern Dienst der Kirchen,
den er selbst dazu verordnet hat, wie er uns in diesen Worten anzeigt, daß also auch uns
das Brod, das wir brechen, wahrlich sey die Gemeinschaft seines Leibes, und der
Kelch, bei dem wir danken, die Gemeinschaft seines Blutes — — — nämlich darum
und dazu, daß Er immer mehr und mehr in uns und wir in ihm leben, ein recht heiliges
und seliges, das ist göttliches Leben und wir seyen ein Leib in ihm unserm Haupte, wie

wir da von einem Brode und Tranke des Herrn alle Heil nehmen." Die genauſte Ueber=
einſtimmung dieſer Lehre mit der in dem Vier=Städte=Bekenntniß und der erſten helve=
tiſchen Confeſſion ausgeſprochenen bedarf keiner Nachweiſe. Der Katechismus dieſer Kir=
chenordnung huldigt demſelben Lehrtypus.

Wenn auch die Concordia nicht, wie behauptet worden iſt, "vorzugsweiſe den luthe=
riſchen Karakter trägt," oder gar ganz lutheriſch iſt, ſo konnte ſie dennoch, wie auch wirk=
lich geſchehen iſt, lutheriſch verſtanden werden. Darum kann immer noch gegen das bis=
her Entwickelte der Einwurf gemacht werden: "In Heſſen habe man dieſelbe nicht im
Geiſte Bucers und der Schweizer, ſondern im Geiſte Luthers verſtanden." Mit gutem
Grunde iſt ſchon hiegegen bemerkt worden, die lutheriſche Auslegung ſey ſchon deßhalb von
vornherein für Heſſen nicht vorauszuſetzen, weil dieſe eben nicht von lutheriſcher, ſondern
von Bucers Seite hinzukam und es dann gar nicht nothwendig geweſen wäre, immer die
Concordie anzurufen und ſie ſo ſorgfältig neben der Auguſtana zu citiren (Marb. Gut=
achten S. 40). Es liegen indeß die entſchiedenſten hiſtoriſchen Zeugniſſe vor, daß die
Concordia Heſſens nicht lutheriſch aufgefaßt worden ſind. Die in Ziegenhain 1539 ent=
worfene vom Landgrafen beſtätigte Kirchenzucht hat die mit der erſten helvetiſchen Con=
feſſion wörtlich übereinſtimmende Definition vom heil. Abendmahl und das dort S. 293
gethane Aeußerung, daß man ſich auch bei der Taufe "durch Ungeſchicklichkeit und Miß=
brauch des Todes des Herrn ſchuldig mache," — zeigt klar, daß ſie die pauliniſche Stelle
nicht auf den mündlichen Genuß des Leibes bezogen hat. Weiterhin erinnern wir an
das ſoeben über die Caſſeler Kirchenordnung und den Caſſeler Katechismus von 1539
Angeführte. Ferner iſt es gewiß ſehr bezeichnend, daß gerade die lutheriſche Auslegung
der Concordie, wenn ſie ſich einmal in Heſſen zeigte, ſofort unterſagt wurde. Das ge=
ſchah 1540 dem Thamer. Bei dieſer Gelegenheit wurde die lutheriſche Erklärung für
nichts weniger als eine Bekämpfung der Concordie angeſehen (Briefe bei Kuchenbecker
Analecta 10, 426 sq. Marb. Gutachten S. 42.). Wurde dagegen die Concordie im
Geiſte Zwingli's aufgefaßt, ſo findet das bei dem Landgrafen keinen Widerſpruch. Man
duldete ſogar von dieſer Seite die Beſeitigung des Wortes „ſubſtantialiter," deſſen ſich
die Concordie bediente. Als nämlich 1558 der Frankf. Rezeß in einem Convent den heſſ.
Superintendenten und Theologen vorgelegt ward, erklärten ſich dieſe unter Anderm dahin:
„und obwohl im dritten Artikel unſrer Etliche ein Bedenken des Wortes ſubſtantialiter
wegen, weil es weder in der heil. Schrift noch in der Augsburger Confeſſion ausdrücklich
ſteht, auch auf mancherleiweiſe von Vielen gedeutet wird, ſo haben wir doch communi
consensu uns der phrasium der heil. Schrift zu gebrauchen." Offenbar machte man
damit ebenfalls Schwierigkeiten gegen die Concordien, in welchen das Wort ſubſtantiali=
ter ſteht und demnach genoßen gerade Theologen, welche mit gutem Grunde von den
Lutheranern für Sakramentirer gehalten wurden, das größte Vertrauen des Kurfürſten,
wie ein Leningus, der den zwingliſchen Katechismus nach Leo Judae gebraucht, ein S.
Wertheim, der Unwürdigen wie Ungläubigen die Nießung des Leibes abſpricht, ein Hy=
perius, welcher zu den ausgezeichnetſten Theologen aller Zeiten zählt ꝛc. (vgl. Marb.
Gutacht. S. 43). Erſt auf der Synode von 1578 trat die luth. Deutung der Concordie
zum erſten Male auf; doch ſind ihre Vertreter die Oberheſſen, mit dem luth. Hunnius
an der Spitze. Die Spaltung iſt jetzt zwiſchen Nieder= und Oberheſſen hereingebrochen;
dieſe fallen von der hergebrachten heſſiſchen Lehre ab, und darum iſt aus ihren Aeuße=
rungen auf dieſe kein Schluß zu ziehen. Landgraf Wilhelm jedoch bezeugte noch 1574
die alte gültige Auslegung, welche die Concordie in Heſſen durchgehends hatte. In ſei=
nem Projekt zu einem Colloquium zwiſchen den Lutheranern, Franzoſen und Schweizer
Reformirten, wobei von der Wittenberger Concordie ausgegangen werden ſollte, bediente
er ſich des Ausdrucks, Concordie ſammt den dazu gehörigen declarationibus ejusdem
Buceri. „Bucers Meinung wird alſo hier als die weſentliche Ergänzung der Concordie
betrachtet, und damit wird die Auslegung dieſer wahrlich keine lutheriſche."

So finden wir denn, daß die heſſiſche Kirche bei'm Beginn der vierziger Jahre entschiedener als irgend eine andere in Deutschland mit den reformirten Oberländern unter Bucer's Anführung geht, und selbst zu der schweizerischen Kirche auf Freundesfuß steht, wozu Philipp durch die von ihm ausgegangene Lehr= und Kirchenordnung Raum geschafft hat. Die Augustana von 1530, nur durch einen Willensakt des widerstrebenden Philipps ein Bekenntniß der hessischen Kirche und darum immer nur in seinem refor= mirten Sinne gültig, war durch die Concordia Buceri neutralisirt und durch die Lehre der Kirchenordnung vom Jahre 1539 modificirt. Niemanden indeß konnte es wünschens= werther seyn wie dem Landgrafen Philipp, daß auch der Verfasser der Augsburger Confession, Melanchthon, ihm nun nicht mehr als strenger Lutheraner wie einst zu Augsburg gegen= überstand, sondern die Fahne Luthers verlassen hatte, da er sich nicht mehr mit der Abend= mahlslehre Luthers und der Augustana von 1531 und andern damit zum Theil zusam= menhängenden einverstanden erklären konnte. So erschien die veränderte Augsburger Confession, welche nun jenes exhibetur enthält, zu dem sich Melanchthon früher, da er lutherisch dachte, nicht verstehen wollte. Eine solche Wendung und Concession mußte den Landgrafen unter die ersten und eifrigsten Vertreter der Variata stellen. Wenn nach der früheren Fassung des Augsburger Bekenntnisses jeder Einzelne im Brode den Leib des Herrn ißt, wenn er nur leiblich im Stande ist, das Brod zu essen, worin der Leib ihm ausgetheilt wird, so spricht all dies die Variata nicht mehr aus, wenn sie es auch nicht grade ausschließt. Nach ihr lautet der Artikel 10 also: „De coena Domini docent, quod cum pane et vino vere exhibeantur corpus et sanguis Christi vescentibus in coena Domini." Hier ist von einem Leib im Brode, vom Blut im Weine, von einem damit zusammenhan= genden Austheilen an Jeden der Essenden nicht mehr die Rede. Nur die Gegenwart der Himmelsgabe in der heiligen Handlung des heil. Abendmahls und die Darbietung des Leibes und Blutes Christi mit Brod und Wein wird ausdrücklich gelehrt und dazu die Verwerfung der reformirten Gegenlehre, wie sie in der unverän= derten Augustana steht, weggelassen. Damit war der reformirten Anschauung in officiel= ler und reichsgesetzlicher Form Raum und Bruderhand geboten, was auch um der Vielen, welche sich nicht mehr mit Luthers Lehre einverstanden erklären konnten, nothwendig war.

Wie nun überall in Deutschland die Variata den officiellen Ausdruck der Kirchenlehre enthielt, und überall von den Fürsten sicherlich auch aus staatlichen Rücksichten als authentische Bekenntnißnorm angesehen wurde, so führte noch Philipp dieselbe in seinen Landen ein. Bei allen Religionsverhandlungen im Reiche steht Hessen ganz entschieden zur Variata, nachdem diese Landeskirche schon früher sich nicht gescheut hatte, eine Lehre, welche die Confession verdammt, als die ihrige zu bekennen (vgl. Marb. Gutachten S. 52). So betont sie ganz entschieden, zu der verbesserten, veränderten Augsburger Confession halten zu wollen. Schon unter der Zahl derer, welche am 28. Nov. 1540 die Variata als officielles Bekenntniß unterzeichneten, steht an zweiter Stelle nach dem Kurfürsten von Sachsen, Hessen, und so blieb es allerwegen in der hessischen Kirche, wie aus einer Reihe von Beispielen erhellt. Es ist ebenso wenig möglich, der Anwendung des Satzes sich zu entziehen, die veränderte Augsburger Confession ist es, welche seit ihrem Erscheinen in Hessen Lehrnorm war. Daraus erklärt sich denn auch, daß im Jahre 1564 die Marburger Professoren der Theologie bei ihrer Promotion durch den württemberger Theologen Schnepf nur zur Anerkennung der Variata angehalten wurden, welche schon 1540 in allen Kirchen des Landes angeschafft worden war und nach ihrer Vertretung durch den Landgrafen zu Worms, Frankfurt und Naumburg ganz ausdrücklich in der Kirchenordnung von 1566 (163 B.) aufgeführt wurde. Späterhin haben die Landgrafen und ihre Theo= logen in den Verhandlungen über die Concordie entschieden auf Ablehnung der aus= schließlichen Anerkennung der Variata bestanden, und Landgraf Moritz hielt es aufrecht, „daß den Stipendiariis der Augsburger Confession des Jahres 1561 die zu Naumburg repetirte Confession, wie dieselbe in der Kirchenordnung vom Jahre 1566 angezogen proponirt werde."

Einen wichtigen Abschnitt in der Entwicklung der hessischen Kirche bildet die schon öfter genannte Kirchenordnung vom Jahre 1566. Sie stellt uns den Abschluß, den vollen Ausdruck des großen Reformationswerkes unter Landgraf Philipp dar. Auf eine vollständige Karakterisirung derselben, können wir uns allerdings nicht einlassen; aber um ihren neuerdings mißverstandenen Lehrkarakter zu kennzeichnen, müssen wir wenigstens einen Augenblick auf ihre Lehre von dem Sakrament eingehen. — Sie setzt von vorn herein das heilige Abendmahl unter die Mittel, das Leben der Wiedergebornen zu mehren, zu nähren und zu erhalten, und äußert sich darum (Fol. 195, A und B) folgendermaßen:

„Solches aber geschieht erstlich in wahrhaftiger, gläubiger Betrachtung des heiligen göttlichen Worts, danach auch im rechten Gebrauche der theuern, hochwürdigen Sakramente, welche der Herr Christus um unsrer Schwachheit willen hat neben das Wort gesetzt und geordnet, daß sie uns sollen ein Zeugniß, Pfand und Versicherung seyn der gnadenreichen göttlichen Verheißung. Wie nun das Wort, wenn es stets gelesen, gehört, wiederholt und fleißig betrachtet wird, den Glauben in uns anzündet, mehret und bestätigt und also der heil. Geist sein Werk in uns vollbringt, also auch die Sakramente, welche sind visibile verbum. Wenn sie nach der Einsetzung des Herrn Jesu Christi genossen und gebraucht werden, erinnern sie uns der gnädigen Verheißung Gottes, bezeugen und bestätigen uns dieselbige, erwecken und stärken den Glauben an sie und ist in solcher Action der heil. Geist kräftig, thut sein Amt, versichert uns der göttlichen Gnade ꝛc. Und ist die Taufe ein Sakrament, Zeichen, Zeugniß und gewisse Versicherung, daß Gott uns zu Kindern angenommen, die Sünde vergeben und durch seinen heil. Geist neu geboren hat zum seligen, ewigen Leben. Das Abendmahl des Herrn Christi ist ein Zeugniß und Bestätigung der Nahrung und Aufhaltung des neuen Lebens, so durch den heil. Geist geschieht, und der Versöhnung.“

In demselben Geiste sind die Fragen des dieser Kirchenordnung beigegebenen Katechismus, welcher eine Umarbeitung und gerade dadurch auch eine Zurückweisung des lutherischen Katechismus ist, behandelt. Die heil. Sakramente werden als göttliche Handlungen bezeichnet, darinnen Gott mit sichtbaren Zeichen die unsichtbare verheißene Gnade und Güter versiegelt und übergibt; und die darauf folgende: Wozu sind die Sakramente eingesetzt? wird also beantwortet: Zur Bestätigung unsres Glaubens an die göttlichen Verheißungen. Das heil. Abendmahl ferner ist ein Sakrament oder göttliche Handlung, da der Herr Christus selbst gegenwärtig ist und übergibt uns mit dem Brod und Wein seinen wahren Leib zur gewissen Verheißung, daß wir Vergebung der Sünden haben und mit ihm in Ewigkeit leben sollen.“ Hier vermissen wir also alle specifisch lutherischen Bestimmungen der Lehre; und in jeder Hinsicht kann sich auch der strengste Reformirte den Lehrtypus der Kirchenordnung wie ihren Katechismus gefallen lassen. Ganz deutlich sieht man, daß man sich nicht mit der Verschweigung lutherischer Bestimmung begnügt, sondern daß man auch mit Entschiedenheit auf eine mehr reformirte Lehrweise drang. Der Nachdruck wird auf die persönliche Gegenwart Christi in der heiligen Handlung gelegt, in welcher er gleichzeitig mit der äußeren Speisung, mit Brod und Wein seinen wahren Leib und Blut zur Seelenspeise darreicht, wie das auch im Heidelberger Katechismus Frage 75 und 77 geschieht. Die Speisung mit den himmlischen Gütern hängt nicht von der Präsenz Leibes und Blutes, Brod und Wein ab, sondern von der gegenwärtigen Person Jesu Christi. In ganz entschiedener Anlehnung an die reformirte Lehre werden die Sakramente als Zeichen und Siegel der gleichzeitig vor sich gehenden innerlichen Heilsmittheilung hingestellt. Die Worte: „Wenn sie nach der Einsetzung des Herrn genossen und gebraucht werden, erinnern sie uns der gnädigen Verheißung Gottes“ u. s. w., weisen unverkennbar auf die reformirte Lehre hin, daß man das himmlische Gut des Sakramentes nur dann genießen könne, wenn es recht und gläubig gebraucht werde. Bezeichnend bleibt es auch, wie wiederholt hervorgehoben wird, „der heil. Geist sey es, welcher in der Action des heil. Sakramentes, das ist in der heil. Handlung die Gnade gebe, das heil. Sakrament vermittele.“ Wer übersähe hier, daß dieser Lehrpunkt

gerade ein karakteristisches Merkmal der entwickeltsten reformirten Abendmahlslehre Calvins und nach ihm des Heidelberger Katechismus (vgl. d. Art.) u. ſ. w. iſt. — Endlich
dürfen wir es nicht unbemerkt laſſen, daß die Kirchenordnung durchaus keinen Unterſchied
kennt zwiſchen der Gnadengabe des Wortes und der des Sakraments. Als ſichtbares
Wort wird das Sakrament auf gleiche Linie mit dem hörbaren Wort göttlicher Predigt
geſtellt und ſeine Einſetzung gerade ſo wie bei Calvin durch unſere Schwachgläubigkeit
modificirt.

Ueberſchauen wir das Alles, ſo tritt uns gegen das Ende der Periode Philipps des
Großmüthigen eine Lehre in Heſſen als officiell anerkannt entgegen, welche ebenſo klar
und ſicher von der lutheriſchen Kirche verworfen wird, als ſie von der reformirten nicht
bloß geduldet, ſondern auch annerkannt werden kann. Es muß uns darum unbegreiflich
erſcheinen, wie die ſonſt verdienſtlich und würdig gehaltene Schrift des ꝛc. Pfarrer Georg
Reich „über die lutheriſche Kirche im Großherzogthum Heſſen,“ den unlutheriſchen Karakter der Kirchenordnung in Abrede ſtellen kann. Nach Philipp des Großmüthigen Tod
wurden zufolge teſtamentariſcher Verfügung die heſſiſchen Lande in vier ſelbſtändige Territorien getheilt. Was indeß die confeſſionelle Entwicklung dieſer ſo entſtandenen Landeskirchen angeht, ſo läßt ſich im Allgemeinen ſagen, daß Nieder-Heſſen auf den durch
Philipp gelegten Grundlagen immer entſchiedener auf die reformirte Lehre eingeht, während Darmſtadt der immer gewaltiger um ſich greifenden lutheriſchen Strömung mehr und
mehr nachgibt und zuletzt nach vollſtändiger Trennung von der niederheſſiſchen Kirche
ganz und gar zur lutheriſchen Gemeinſchaft übergeht. Zunächſt jedoch finden wir die
Söhne Philipps und die Beſtandtheile der alt-heſſiſchen Kirche noch vereinigt. Nach dem
Willen des dahingeſchiedenen Fürſten und Vaters ſind gemeinſame Synoden, welche ab-
wechſelnd zu Kaſſel oder Marburg oder andern bequemen Orten abgehalten werden ſollten, ein Vereinigungspunkt des kirchlichen Lebens und Strebens. Wie verſchieden auch
die Grundtendenz der hier Zuſammenſtehenden offenbar iſt, ſo ſtehen ſie in der erſten
Zeit dennoch zuſammen in der Verwerfung des ſich mehr und mehr auch der heſſiſchen
Kirche aufdrängenden Lutherthums. Man will einfach bei der Augsburger Confeſſion
und den alten Symbolis bleiben, ſo erklärt die heſſiſche Reformation von 1572, ſo die
Kirchenordnung von 1574. Wie ſehr dieſe auch nur eine Reproduction jener von 1566 iſt,
ſo bekundet doch klar ſie die antilutheriſche Neigung darin auf das Entſchiedenſte, daß
ſie bei ihren liturgiſchen Stücken lediglich von dem Genuß des Leibes Chriſti im wahren Glauben redet, den Exorcismus beſeitigt, die Nothtaufe unterſagt, die Privatbeicht
abſchafft, die Feier des Nachtmahls an beſtimmte Zeiten bindet. Das Alles geſchieht
zum großen Verdruß der lutheriſchen Partei. Der ſchleswig-holſteiniſche Hofprediger
Paulus von Eitzen verwirft darum auch ganz entſchieden dieſe dem Lutherthum wenig
günſtige Kirchenordnung. Die heſſiſchen Theologen erklären in ihrem Gutachten vom
15. December 1576 über die Concordienformel, bezüglich der Lehre vom Abendmahl:
„Wir ſind geblieben und bleiben bei dieſer Concordia, ſo Bucer anno 36 zwiſchen den
Wittenbergern und oberländiſchen Theologen aufgerichtet hat.“ Was ſie weiter über das
heilige Abendmahl bemerken, iſt ganz in dieſem Geiſte gehalten, ſo daß die ſächſiſchen
Theologen unwillig bemerken: „Ihre Artikel vom heil. Abendmahl ſetzen auf Schrauben
geſetzt, hätten ihr Bekenntniß anders als ſie es mit dem Munde und der Feder bezeugen dürfen, ſetzen entweder ganz oder heimlich calviniſch.“ Die Concordienformel wird
wiederholt abgelehnt, ſo 1576, wobei zugleich die unveränderte augsburgiſche Confeſſion
abgelehnt und dabei ausdrücklich nur diejenige Augustana bekannt wird,“ welche anno
40 und 42 etwas ſtattlich und ausführlich wiederholt und aus Grund göttlicher Schrift
erklärt und gewährt, als die auch im Colloquio wider Dr. Eck defendirt und alſo auch
damals vivente Luthero ein autentice scriptum geworden iſt.“

Im December 1577 proteſtirte ein Geſammtſchreiben der vier Landgrafen von Heſſen ſowohl gegen die Concordienformel, ſo wie gegen die unveränderte Augsburger Confeſſion. Mit welcher Entſchiedenheit der Geſinnung der Landgraf Wilhelm bei all die-

3*

sen Artikeln für die nach der reformirten Seite hingehende Lehrentwicklung eingenommen und thätig war, dafür zeugt gar Manches. Die lutherische Richtung war ihm so zu=wider, daß seine Abneigung sich auch auf Luther, seine Person und seine Aeußerungen erstreckte. Zu den in die Concordienformel aufgenommenen Stellen aus Luthers Schrif=ten machte er unter Anderm diese Bemerkung: "Schreflich Gerede!" "Du schwärmst selber, lieber Luthere!" — "hie sieh Dich vor, denn Stenkfelds Mei=nung stinkt heraus." Bei einer Unterhaltung mit drei an ihn abgeschickten auswär=tigen Gesandten sagte er einmal über Luther: "Die arme alte Löffelgans hätte nicht gewußt, was sie geschrieben." Den Synodalen ließ er am 2. December 1576 gegen die Concordienformel die dahin gehörige Schrift zweier französischen Cal=vinisten des Daniel Toussain und J. Garnier vor der Beschlußfassung vorlesen.

Vergeblich klopfte die Concordienformel wieder im Jahre 1579 an die Pforte der hessischen Kirche; sie wurde abgewiesen. Dies vornehmlich wieder durch den Landgrafen Wilhelm, der auch im März 1578 in Gemeinschaft mit dem Fürsten von Anhalt, den Kurfürsten von Sachsen und Brandenburg eröffnete: "Da das Concordienbuch in den meisten Artikeln eine ganz neue gefährliche, falsche und gottlose Lehre enthält, so kann man das Buch mit gutem Gewissen unter keiner Bedingung unterzeichnen." Auf der eilften Generalsynode 1580 ließ er wieder einundzwanzig Schriften und Erklärungen gegen die Concordienformel vorlesen und hoffte die Oberhessen noch zu gewinnen. Ist ihm auch dies nicht gelungen, so hat er doch von seiner Landeskirche der Niederhessen das Lutherthum für immer fern gehalten; eine Thatsache, welche nicht dadurch aufgehoben werden kann, daß in den Jahren 1571 und 1577 auf die schmalkaldischen Artikel in öffentlichen Akten Bezug genommen wird. Allerdings erklärt der Abschied der Synode von 1571, obgleich von den Landgrafen hinsichtlich der Lehre bloß auf die Augsburger Confession und die Concordie, so bisher geherrscht, verwiesen, es sollte nach den drei Symbolis, Augustana, schmalkal=dischen Artikeln, Katechismus weiterhin und corpore doctrinae gelehrt werden. In den vorhergehenden Voten hatten alle Superintendenten nur die Augustana angeführt. Das Ganze war ein eigenmächtiger Streich, der auch mit einem eigenmächtig veränderten Pro=motionseid der theologischen Fakultät im Zusammenhang und Einklang stand. Natürlich kann durch solch einseitiges Vorgehen der Bekenntnißstand nicht geändert werden und die Erklärung der Synodalen selbst soll nicht als eine hergebrachte Lehrnorm angeben, son=dern nur das, wornach sie sich von nun an zu richten gesonnen seyen (Marb. Gutach=ten S. 66). Als 1585 Landgraf Wilhelm von diesen Vorgängen Kenntniß erhielt, for=derte er Rechenschaft darüber mit der Bemerkung, "daß ungeachtet er fast in die 15 Jahre bei seines Herrn Vaters Regierung die Universitätsverwaltung allein in seinen Händen gehabt, er nicht wisse, daß Solches zu seines Vaters Lebzeiten vorgegangen, auch wisse er, wie ungern seine fürstliche Gnaden hätten, daß man sonst viel Menschen=Tant und sonderlich viel privat scripta pro norma doctrinae anziehen und aus Luther einen Bar=süßer Franciscum machen wollte. Er wundere sich, daß Rhobing und Sohn dazu ein=gewillt. Der Zwiespalt in der Kirche sey vornehmlich dadurch angerichtet, daß man Men=schen=Tradition pro norma doctrinae und conscientias darauf binden wolle, darum müß=ten die hohen, stolzen Geister, die so gern ihnen eine Ehr und Namen mit vielem Schrei=ben und Schelten machen wollten, viel besser, daß sie darnach trachten und ihr Industriam dahin erzeigten, wie die entstandenen Häreses conciliatione scripturarum verglichen wer=den möchten, denn daß sie alle ihrer Präceptoren excrementa zu defendiren und für Bisem auszugeben und zu verkaufen und also ein neu und ärgerlicher Pabstthum als das vorige je gewesen anzurichten und conscientias hominum zu imperiren." (Schreiben vom 4. und 17. Mai 1585. Marb. Gutachten.) Darauf wurde wieder Alles in die frühe=ren Stand gesetzt ohne Schmalkaldische Artikel und Katechismus. Wie unglücklich defini=tiv der Versuch der lutherischen Partei blieb, die schmalkaldischen Artikel unter die Sym=bole der hessischen Kirche zu bringen, zeigt endlich die Sammterklärung der hessischen Landgrafen vom December 1577, wobei es heißt: "Ob wir gleich an den Schmalkaldi=

ſchen Articul keinen Mangel haben, ſo achten wir doch das allerſicherſte ſey: daß wir nur allein die Augsburger Confeſſion als Symbolum nostri temporis — angezogen blei= ben laſſen." Wenn daher im Jahre 1581 ein Synodal=Beſchluß dahin lautet; daß alle Pfarrer und Lehrer vom Artikel der persona Chriſti nach Inhalt der prophetiſchen und apoſtoliſchen Schriften, der drei Hauptſymbola, der epistola leonis ad Flavianum, der Augsburger Confeſſion, Apologie und der ſchmalkaldner Artikel lehren und alle in die= ſen Schriften nicht vorkommende Redeweiſen vermeiden ſollten, ſo kann hiemit nicht eine Aufſtellung der ſchmalkaldner Artikel als Symbol gemeint ſeyn. Man ſieht auch ſogleich, daß hier der epistola leonis eben ſo viel, ja mehr Wichtigkeit beigelegt wird, als den ſchmalkaldner Artikeln. Die Epistola müßte auch ein heſſiſches Bekenntniß ſeyn. Es iſt überhaupt hier gar nicht darauf abgeſehen, durfte und konnte es nicht ſeyn, der heſſiſchen Kirche ſo beiläufig ein Symbol zu geben, ſondern lediglich darauf, für einen einzigen Lehr= punkt, den von der Perſon Chriſti nämlich, eine ſolche Weiſe der praktiſchen Handhabung im kirchlichen Leben zu ſichern, daß der Kirchenfriede erhalten werde. Deßwegen wird auch im angezogenen Beſchluß bemerkt, daß in dieſem Lehrſtück kein Unterſchied zwiſchen der katholiſchen und lutheriſchen Kirche ſey, wie das die ſchmalkaldner Artikel ausdrück= lich bekunden. Man ſuchte den alten neutralen Boden ökumeniſcher Lehre von der Per= ſon Chriſti wieder, um dem traurigen Gezänke die Thür zu verſchließen; eine weitere Bedeutung hat die Anführung der ſchmalkaldiſchen Artikel nicht. Und ſo konnte man auch der entſchieden reformirte Landgraf Moritz im Patent vom 25. December 1607 ganz in demſelben Geiſte ſagen: "So iſt doch ſolche neue Lehr von einer Allenthalben= heit weder in der Augsburger Confeſſion oder der Apologie noch auch in der Concordia Buceri oder den ſchmalkaldiſchen Artikeln nicht zu befinden." Aus dieſer Anführung kann man mit ebenſowenig und ebenſo viel Recht auf die ſymboliſche Auctorität der ſchmal= kaldiſchen Artikeln in Niederheſſen ſchließen, wie aus dem Synodalabſchied von 1581. Jetzt ließe ſich noch manches Zeugniß für den unlutheriſchen und der reformirten Doc= trin hingegebenen Lehrkarakter der Niederheſſen anführen; doch das Geſagte möge genü= gen. Bis zum Regierungsantritt des Landgrafen Moritz blieb Niederheſſen bei dem, was Philipp der Großmüthige eingeführt und Landgraf Wilhelm in ſeinem Geiſte ge= ſchützt und weiter entwickelt hatte. Dieſer Letztere ſorgte noch im Tode dafür, daß den reformirten Geiſtlichen in der heſſiſchen Kirche ein Hort der Freiheit bleiben möchte, und verordnete: "daß man diejenigen, ſo ſich zur Concordia Buceri bekennen, auch ſonſt fried= fertig ſind und keine turbas moviren, weiter nicht drängen, noch in ihre conscientias couriose inquiriren, noch Andern Solches zu thun geſtatten, wie uns ſolches unſer Herr Vater ſelig in ſeinem Teſtament auch ganz treulich befohlen." So konnte ein Mann ſprechen, welcher der Meinung war, "er ſehe durchaus keinen Grund ein, weß= halb er zwiſchen den Evangeliſchen in Deutſchland und denen des Aus= lands einen Unterſchied machen ſolle, denn wer an die wirkliche Gegen= wart des HErrn im Sakramente glaube, möge er auch nur eine geiſtliche Nießung des Leibes Chriſti annehmen, halte eben damit an der weſent= lichen Wahrheit des Schriftwortes feſt; deßhalb auch ſein Vater Land= graf Philipp niemals in die Verdammung der Zwinglianer eingewilligt, ſondern ſie allzeit pro fratribus agnoscirt und mit ihnen viel freundliche und gute Schriften bis in ſeinen Tod gewechſelt habe."

Indeß erſt Landgraf Moritz, der große Sohn ſeines trefflichen Vaters, konnte die= ſen ſchönen und ſegensreichen Gedanken zur Ausführung bringen, und damit die zweite Periode der confeſſionellen Entwickelung der heſſiſchen Kirche, die ausdrücklich und ausſchließlich reformirte, heraufführen. Seiner durchgebildeten Heilserkenntniß, ſeiner entſchiedenen Geſinnung und Thatkraft war es vorbehalten, der neu erſtandenen, durch die Concordienformel feſt umſpannten lutheriſchen Kirche gegenüber eine durchaus klare, von aller Zweideutigkeit befreite haltbare Stellung mit ſeiner Landeskirche einzu= nehmen. Er that dieſes, indem er einerſeits die Reſultate der bisherigen Entwicklung

feſthielt und andrerſeits dieſelben zur allſeitigen dogmatiſchen Beſtimmtheit ohne jede Zweideutigkeit fortführte. Wie die lutheriſche Kirche ſich von dem im Laufe der Zeit eingedrungenen und ſchon ziemlich früh bekämpften Melanchthonismus reinigte und ſich in
ihrem alten Bekenntniß der Auguſtana von 1530 durch die Concordienformel ſicherte,
ſo ging Moritz, einig im Streben mit ſeinem Ahnen Philipp, ſo wie vollenbend und
ſichernd das gegen die lutheriſche Doktrin bisher Errungene — zur reformirten
Lehre und Kirche vollſtändig über. Nur durch eine keinerſeits zu Mißdeutungen an-
laßgebende, ſondern durch eine Auswicklung aller Keime des bisherigen Lehrſtandes und
Beſeitigung aller Unklarheit in der Doktrin wie im Cultus, konnte dieſer herrliche Fürſt
mit ſeiner Kirche eine haltbare Poſition einnehmen, ohne dennoch mit dem niederheſſiſchen
Bekenntnißſtand in Widerſpruch zu treten. Eine unbeſtimmte Mittelſtellung würde
die Niederheſſiſche Kirche zwiſchen zwei Feuer gebracht, jeder Freundſchaft beraubt, dem
Verluſt des Errungenen Preis gegeben, den unaufhörlichen Wühlereien der lutheriſchen
Partei draußen und drinnen beſtändig offen gehalten haben. Zu allen ſeinen Schritten
muß dem Landgrafen die vollſtändigſte kirchenrechtliche Befugniß eingeräumt werden,
wenn man das landesherrliche Episkopat, wie es ſich innerhalb der deutſch-reformatori-
ſchen Kirche ausgebildet hat und noch jetzt zu Recht beſteht, nicht verwerfen will. Von
einer »infernalen Unwahrheit« (ſo urtheit Heppe, Einführung der Verbeſſerungspunkte S. 68.) der mauritianiſchen Kirchen-Verbeſſerung wird ſchwerlich Jemand etwas
finden, der bedenkt, was Moritz vorgefunden, wie er handelte, und daß alle Reformation
der deutſchen Landeskirchen auf der landesbiſchöflichen Auctorität der Fürſten ruht.

In den mauritianiſchen Verbeſſerungspunkten ſtellt ſich zuerſt dieſes Dreifache unſerer
Betrachtung dar:

I. Daß ſich alle Prediger des Landes in der Lehre der Perſon Chriſti ſtreng an die
alten heſſiſchen Synobal-Dekrete halten, dem gemäß dieſelben nur in Concreto erörtern und
den Gebrauch einer ubiquiſtiſchen Redeweiſe unterlaſſen ſollten.

II. Daß im Dekalog das Bilderverbot herzuſtellen und alle Bilder aus den Kirchen zu entfernen ſeyen.

III. Daß man bei dem heil. Abendmahl den Gebrauch des Brobbrechens einzuführ-
ren habe.«

Man ſucht gegneriſcherſeits dieſer gut reformirten Verordnung eine möglichſt geringe
Bedeutung beizulegen. So ſoll in ihr von prinzipell Reformirtem, von reformirtem
Glauben gar nichts zu finden ſeyn. Man möchte die Verbeſſerungspunkte gern auf
Außerweſentliches, auf äußerliche Anordnungen reduciren. Gleichwohl ſteht unumſtöß-
lich feſt:

I. Die reformirte Lehre von der Perſon Jeſu Chriſti, welche ſich auf den heſſiſchen Synoden gegen die lutheriſche Lehre durchgeſetzt hatte, kam definitiv und ganz unzweideutig zur alleinigen Geltung in der heſſiſchen Kirche. Das aber kann Niemand
gering anſchlagen, wer da weiß, welch fundamentale Bedeutung für die beiden in dieſen
Stücken zwieſpaltigen Confeſſionen grade die ſo energiſch feſtgehaltene Lehre von der
Perſon des Herrn hat. Wer von Chriſti Perſon reformirt lehrt, der kann auch durchaus nicht in andern Punkten, am wenigſten im Punkte vom heiligen Abendmahl, lutheriſch ſeyn. Schon der erſte Verbeſſerungspunkt ſchloß die Niederheſſiſche Kirche von der
lutheriſchen aus und mit der reformirten zuſammen. II. Die beiden andern Punkte betreffen freilich ſcheinbar die Lehre nicht, aber nur dem Oberflächlichen verbirgt ſich, daß
Moritz hierbei keineswegs eine bloße Cultusreform im Auge hatte. Der zweite Verbeſſerungspunkt vollendet die ſchon früher und wie wir oben geſehen haben, beſonders durch
die Kirchenordnung von 1574 antilutheriſche Reform des gottesdienſtlichen Lebens der
heſſiſchen Kirche. Mit der Wiederſtellung des zweiten Gebotes im Dekalog ſchloß Moritz
ſich entſchieden und vollkommen der reformirten Kirche im gottesdienſtlichen Leben an.
Das iſt begreiflich und prinzipiell allen denjenigen wichtig, die da wiſſen, welch hohen
Werth die reformirte Kirche aller Länder auf dieſen Anſchluß grade legt und wie tief

dadurch seiner Zeit die Trennung von der lutherischen wurde. Durch die Anordnung einer äußern Abendmahlsfeier endlich, welche der Schrift ganz gerecht wurde, bringt man die reformirte Abendmahlslehre für immer auch dem allgemeinen Volksbewußtseyn zur Darstellung. Die Lehre von der Anbildung und Zusicherung des gebrochenen Leibes bekommt rituelle Ausprägung. Mit den nicht zu brechenden Oblaten hängt viel mehr zusammen, namentlich im Volksbewußtseyn, als die Gegner des reformirten Bekenntnißstandes der Niederhessischen Kirche zugeben wollen.

Die an einigen Orten hervortretende lutherische Opposition nöthigte Moritz, mit dem Kern der niederhessischen Kirche sich noch entschiedener zusammen zu fassen und dem Lutherthum noch bestimmter die Spitze zu bieten. Was zunächst der Fürst that, geschah in einer Weise, die ihm die Anerkennung eines Jeden sichert, der nicht vergißt, daß Moritz oberster Bischof seiner Kirche war und darin wie alle übrigen deutschen evangelischen Fürsten das anerkannte Recht besaß, nach Gottes Wort zu reformiren und den Widersachern das Handwerk zu legen. Moritz ist indeß hiebei wiederholt so mild und evangelisch verfahren, daß sein Benehmen Bewunderung erregt, wenn man es mit dem von lutherischer Seite z. B. gegen die Philippisten beobachteten vergleicht. Dabei bringt er vor Allem auf Anerkennung der schon längst durch die Synoden festgesetzten Lehre.

Seine wichtigste, wahrhaft abschließende Maßnahme war die Berufung der hessischen Generalsynode vom Jahre 1607. Sie ist in Verbindung mit dem Landesbischof und unter seiner Auctorität die höchstberechtigte Schöpferin des Bekenntnißstandes der gegenwärtigen reformirten Kirche Niederhessens, der nach Kapitel 13. der Consistorialordnung des Landgrafen Moritz normirt wird durch die ökumenischen Symbole, die veränderte Augsburger Confession, die Synodal-Abschiede von 1577 und 1578, 1607, die Verbesserungspunkte und den hessischen Katechismus.

Demnach haben wir jetzt noch das Synodal-Bekenntniß von 1607 und den damit verbundenen hessischen Katechismus einer näheren Würdigung zu unterziehen.

Das "christliche und richtige Glaubensbekenntniß des 1607 zu Cassel gehaltenen *Synodi Generalis*" ist vorab nicht, wie die Gegner des reformirten Bekenntnisses in Hessen behauptet haben, eine bloße Privatschrift, sondern eine officielle allgemein gültige Lehrnorm der Niederhessischen Kirche. Denn sie ist nach den Worten der Consistorial-Ordnung von 1610 u. 1657 c. 13. ein integrirender Theil des Synodal-Abschiedes von 1607. Denjenigen, welcher es noch jetzt wagen sollte, zu behaupten, das Bekenntniß von 1607 befinde sich nicht im Synodal-Abschied von 1607, verweisen wir auf den Abdruck des letzteren, wie ihn das Marburger Gutachten von S. 76—79 gibt. Hieraus erhellt unwiderleglich, daß Bekenntniß und Katechismus in ganz gleicher Weise im Abschiede anerkannt sind und einen Abschnitt desselben bilden, daß der Katechismus, wie die Kirchenordnung nach diesem Bekenntniß von 1607 erläutert werden müssen. Fragen wir nun nach der Lehre dieses so offenbar höchst wichtigen und entschiedenen Synodalbekenntnisses, so muß geantwortet werden, daß dieselbe in aller und jeder Beziehung die allgemeine Lehre der reformirten Kirche ist. Mit aller Entschiedenheit erhebt es sich wider die lutherische Eintheilung der zehn Gebote, auch gegen die Anwendung von Bildern Gottes und Christi im Gottesdienst. In letzterer Beziehung heißt es z. B.: "Hiergegen aber steht nirgend geschrieben, daß Gott geboten und gesagt: "Du sollst mich abbilden! Du sollst mir irgend ein Bildniß oder Gleichniß machen; wie wir glauben auch in der ganzen Bibel nirgend geschrieben steht, daß die Patriarchen — David, die Propheten und Apostel oder andere Heiligen Gottes jemals ein Bild Gottes, Christi, Maria oder andrer Verstorbener und Heiliger aufgerichtet ꝛc. Weiterhin wird die Allenthalbenheit der menschlichen Natur Christi bekämpft und die reformirte Lehre von der Person Jesu Christi fest bekannt. Was die Prädestination betrifft, wird allerdings auf eine Auslegung Luthers zu einer Stelle des Römerbriefes hingewiesen, aber ganz in einer Weise und unter Anführung von Worten Luthers, daß damit die Lehre, welche z. B. die Helvetica II und die Marchica gibt, sehr wohl

stimmt. Ueberdies darf man nicht vergessen, daß Luther wie alle alten übrigen Reformatoren prädestinatianisch dachten und lehrten. Nur Melanchthon trat später von dieser Doktrin zurück. Besonders in's Einzelne entwickelt, stellt sich die reformirte Abendmahlslehre in dem Synodalbekenntniß dar. Es wird recht gemein Speis, Brod
und Wein gefordert, so wie dessen Brechung und Darreichung in die Hand des
Kommunikanten. Darnach wird auseinandergesetzt, daß mit dem leiblichen Mund
nur das Brod empfangen und gegessen wird. Neben diesem leiblichen Essen wird
dann das geistliche gestellt, das durch den Glauben geschieht, und den gebrochenen Leib, das vergossene Blut genießt. Der äußern Handlung entspricht eine
innere, dem leiblichen Essen ein geistliches, dem leiblichen Mund der Mund des Herzens. Beide Handlungen gehen gleichzeitig vor sich. Deßwegen sagt das Bekenntniß:
„So glauben wir, daß wir im heiligen Abendmahl neben und bei der mündlichen
Nießung des Sakramentes zugleich auch nicht imaginarie, oder nach bloßen Gedanken,
sondern wahrhaft theilhaftig werden und durch solche Nießung Christus in unserm Herzen wohnt." — Daß über dieses noch ein drittes Essen sey, da der Leib mit dem leiblichen Mund auch der Gotteslästerer, Zaubrer und andrer Ungläubigen auf unerforsch-
liche Weise, doch ohne einigen Nutzen und Frucht gegessen wird — dieses steht nicht
in der Stiftung noch irgend in der heil. Schrift. Bestimmter kann der Genuß der
himml. Gabe durch den Ungläubigen nicht verworfen werden. Wer diese Auseinandersetzung der Lehre vom heil. Abendmahl mit Herrn Pfarrer Georg Reich (l. c. S. 93.)
in der Hauptsache „für unbestimmt, unentschieden, nöthigenfalls auch noch die lutherische
Deutung zulaßend" halten kann, dem mag es leicht gelingen, das reformirte Bekenntniß der
niederhessischen Kirche zu einem Zwitterding zu machen oder gar für lutherisch zu erkennen.
Wir unsrerseits halten, gerade so wie manche Gegner des reformirten Bekenntnisses Niederhessens, das Synodal-Bekenntniß von 1607 für so entschieden reformirt, daß ich mich
hier jeder weiteren Darlegung und Nachweisung dieses Bekenntniß-Karakters enthalte
und für Weiteres auf meine Schrift verweise „Das gute Recht der reformirten Kirche
in Kurhessen." Frankf. 1855. S. 40—54.

Der hessische Katechismus hat seine Auslegungsnorm, wie oben schon bemerkt
worden, in dem eben besprochenen reformirten Bekenntniß der Generalsynode von 1607.
Wir könnten uns demnach, was den Lehrkarakter dieses Buches betrifft, einfach auf die
Auktorität der Synode und ihres Bekenntnisses berufen. Allein, da wiederholt und zuversichtlich behauptet worden ist, der hessische Katechismus sey nicht reformirt, sondern sogar
ziemlich stark lutherisch, so wollen wir uns der Untersuchung nicht entziehen, wie es sich
damit verhalte.

Fassen wir zuerst und vor Allem die Sakramentlehre und insbesondere die Abendmahlslehre des hessischen Katechismus in's Auge, so begegnen uns folgende Fragen:
„Was sind die Sakramente? Sie sind göttliche Handlungen, darinnen uns Gott mit
sichtbaren Zeichen die unsichtbare Verheißung seiner Gnade und Güter nicht allein anbildet,
sondern auch versiegelt und übergibt. 2) Was ist das Abendmahl unsers Herrn Jesu
Christi? Das Abendmahl des Herrn ist ein Sakrament oder göttliche Handlung, da der
Herr Christus selbst gegenwärtig, uns mit dem sichtbaren Brod und Wein die unsichtbaren und verheißenen Güter, nämlich seinen wahren Leib, für uns gebrochen, und sein
wahres Blut, für uns vergossen zur Vergebung der Sünden, nicht allein anbildet, sondern
auch versiegelt und übergibt. 3) Wozu sind die Sakramente eingesetzt? Zur Bestätigung
unsers Glaubens an die göttliche Verheißung. 4) Wozu ist uns des Herrn Abendmahl
nütze? Wir werden damit versichert, daß, ob wir gleich unsern Vater im Himmel erzürnt
haben, wolle er uns doch Solches verzeihen und uns gnädiger Vater seyn und bleiben,
und ist also die Taufe eine Versicherung, daß uns Gott zu Kindern angenommen; das
Abendmahl, daß er unsern Ungehorsam nicht will gelten lassen." — In allem diesem
sehen wir uns vergeblich irgend nach Bestimmungen um, welche nicht ebenso in andern
reformirten Bekenntnissen gegeben wären. Im Baseler (Niem. S. 82): „Wir bekennen,

daß Chriſtus in ſeinem heiligen Abendmahl allen benen, die da wahrhaftiglich glauben, gegenwärtig ſei." Helv. II. (Niem. 522): „Christus praesens sit non corporaliter sed spiritualiter per vivificam operationem. Helv. I. (Niem. 112) heißt es: „Vom heiligen Nachtmahl halten wir alſo, daß der Herr im heiligen Abendmahl ſeinen Leib und Blut, das iſt ſich ſelbſt, den Seinen wahrlich anbildet und zu ſolcher Frucht zu genießen gibt, daß er je mehr und mehr in ihnen und ſie in ihm leben; nicht daß der Leib des Herrn mit Brod und Wein natürlich vereinbart und räumlich darin verſchloſſen wäre, oder daß eine leibliche, fleiſchliche Gegenwärtigkeit hier geſetzt werde, ſondern daß Brod und Wein aus der Einſetzung des Herrn hohe, bedeutende Abzeichen ſind, durch die von dem Herrn ſelbſt durch den Diener der Kirche die wahre Gemeinſchaft des Leibes und Blutes Jeſu Chriſti den Gläubigen fürgetragen und angeboten wird nicht zu einer hinfälligen Speiſe des Bauches, ſondern zur Speiſe und Nahrung des Geiſtes und ewigen Lebens." Und wenn von der Taufe geſagt wird: „ſie iſt eine göttliche Handlung, in welcher uns Gott mit dem ſichtbaren Waſſerbad die unſichtbare Gnade und verheißenen Güter, nämlich den heil. Geiſt und das Blut Jeſu Chriſti, ſo uns waſcht und reinigt von allen Sünden, nicht allein anbildet, ſondern auch verſiegelt und übergibt," ſo ſteht dies wiederum im Einklang mit den andern ſtrengen reformirten Symbolen. Der Heidelberger ſpricht faſt wörtlich daſſelbe aus — in der Frage 72: „Iſt das äußerliche Waſſerbad die Abwa= ſchung der Sünden ſelbſt? Nein! denn allein das Blut Chriſti und der heil. Geiſt reinigt uns von allen Sünden." Genf. Katech.: „Num aquam esse animae lavacrum censes? Nequaquam; hunc enim honorem eripere Christi sanguini nefas est, qui ideo effusus fuit, ut abstersis omnibus nostris maculis puros coram deo et impolutos nos redderet. Atque hujus quidem purgationis fructum percipimus, quum sacro illo sanguine con- scientias nostras spiritus sanctus aspergit. Obsignationem vero in sacramento habemus." Ebenſo ſtehen der Behauptung, das Unreformirte des heſſiſchen Katechismus liege darin, daß geſagt werde, „Leib und Blut des Herrn wären nicht bloß angebildet und verſiegelt, ſondern auch übergeben, mitgetheilt," die genannten und andern Symbolſtellen entgegen. Das Märkiſche Bekenntniß ſagt: „l. c. S. 662: Der wahre und weſentliche Leib, — das wahre, weſentliche Blut Chriſti ſelbſt — wird wahrhaft und gegenwärtig gereicht, aus= getheilt und genoſſen." Die Declaratio Thorunensis faßt ſich alſo: „Res terrenae panis et vinum, vere sunt et dicuntur ipsum corpus et sanguis Christi — per et propter unionem sacramentalem quae consistit in conjuncta illa et simultanea rei terrenae et coelestis, quamvis diversimoda exhibitione et communicatione." (S. 481 Niem.) Ganz in derſelben Weiſe äußert ſich Helv. II. S. 520 bei Niem. Gallic. c. p. 37. Belgica S. 384. Angl. S. 607: „Corpus Christi datur, accipitur et manducatur in coena." Das deutſche Wort übergeben gehört ſpeziell in den Bucer'ſchen Lehrkreis, aus dem die Definition des Katechismus ſtammt. Während die Caſſeler Agende ſagt „darreicht und übergibt", findet ſich im Straßburger reformirten Katechismus von 1534: „Das Brod iſt die Gemeinſchaft des Leibes Chriſti — er gibt uns die Gemeinſchaft ſeines Fleiſches, — die Gemeinſchaft des Leibes und Blutes Chriſti mit den Sakramenten Brods und Weins dargereicht." Noch deutlicher zeigt dies der 10. Artikel der Straßburger Synode 1539 (bei Röhrich, Reform. im Elſaß II.): „Im Abendmahl wird mit den Worten Brod und Wein der Leib und das Blut, ja er ganz, unſer Herr, wahrer Gott und Menſch, uns fürgebildet, fürgetragen und mit ſolchen Worten und Sakramenten übergeben und dargereicht — derhalben auch unſer Herr Jeſus kein Bauchſpeis, dahin Brod und Wein kommt, ſondern eine Speis iſt der Seelen zum ewigen Leben." Der Genf. Katech. S. 166 bei Niem.) beſagt: Solamne eorum quae dixisti beneficiorum significationem habemus in coena an illic re ipsa nobis exhibentur? Quum dominus noster Christus ipse sit veritas, minime dubium est, quin promissiones, quas dat illic nobis, simul etiam impleat et figuris suam addat veritatem. Quam ob rem non dubito, quin sicut verbis ac signis testatur ita etiam suae nos substantiae participes faciat, quo in unam cum eo vitam coalescamus. — Vgl. auch die Frage 75, 76, 79 des Heidelb. Katech. —

Wie wir uns demnach überzeugen, daß der heſſiſche Katechismus durchaus nichts Unreformirtes habe, ſo muß ſich uns auch bei weiterer Betrachtung die Ueberzeugung aufdrängen, er enthalte dagegen viel Unlutheriſches. Denn es kann nicht geläugnet werden, daß ſowohl der mündliche Genuß der himmliſchen Güter, wie der der Ungläubigen ausgeſchloſſen iſt. Ueberhaupt findet ſich in der ganzen Sakramentlehre des Katechismus keine einzige jener Beſtimmungen, durch welche er der Lutheriſchen Doktrin gerecht würde und die ihre weſentlichen Kennzeichen ſind. Dieſer Umſtand wird für den behaupteten lutheriſchen Karakter des Katechismus um ſo bedenklicher, als er eine Korrektur und damit ein Proteſt gegen den Katechismus Lutheri ſelbſt iſt. Die alten lutheriſchen Polemiker haben das recht wohl eingeſehen. Man vergleiche z. B., was Vincent Schmuck, Profeſſor in Leipzig, in ſeinem kurzen Bedenken über den neuen heſſiſchen Katechismus ſagt, S. 17 u. f. Jene alten Gegner deckten den Calvinismus des heſſiſchen Katechismus ebenſo eifrig auf, als die neuen Widerſacher denſelben lutheriſch herausputzen wollen.

Nichts ſteht alſo klarer und unwiderleglicher da, als dies Faktum, daß die niederheſſiſche Kirche durch die mauritianiſche Reform entſchieden in die Reihe der offenbar und ausgeſprochen reformirten Kirchen eingetreten iſt. Der Landgraf Moritz hat durch die Generalſynode von 1607 nicht nur mit klarerer, beſtimmterer, unzweideutigerer Faſſung dasjenige bewahrt, was ſich als vom Lutherthum reines Reſultat der confeſſionellen Entwickelung ergeben hatte, ſondern auch den Gegenſatz gegen das Lutherthum mit allen ſeinen ſpezifiſchen Lehren geſchärft, zur ganz beſtimmt reformirten Lehre fortgebildet und dauernd fixirt. In ſeiner Reform finden wir darum den Kern deſſen, was Philipp der Großmüthige glaubte und erſtrebte, was die heſſiſchen Generalſynoden gegen das Lutherthum errungen, aufgehoben, aber zugleich auch auf eine höhere Stufe gehoben, zu ſeinem Ziel geführt. In der unzweideutigen und excluſiven Geltendmachung der eigentlich reformirten Doktrin in der Mauritianiſchen Reform iſt die confeſſionelle Bewegung und Entwickelung der heſſiſchen Kirche zum völligen Abſchluß gekommen. Es iſt darum nichts Spitzfindiges und nichts Verfängliches, wie Vilmar (Hengſtenberg, Kirch.-Z. 1856) meint, wenn die Wechſelſchriften in der „Wohlbegründeten Rettung" ſagen: „Die Caſſeler Theologen behaupten, es ſey das, was ſie jetzt lehren, ſchon zu Landgraf Philipps Zeiten gelehrt worden, aber ſie behaupten nicht, man lehre und glaube jetzt und im Nieder-Fürſtenthum Heſſen eben dasjenige, was bei Lebzeiten und Regierung des Landgrafen Philipp geglaubt und bekannt worden." Zu Landgraf Philipp's Zeiten nämlich war noch Mancherlei zugelaſſen, im Stillen geduldet und in der Zweideutigkeit gelaſſen, was ·jetzt ausgeſchloſſen, da die reformirte Lehrform nun als alleingültig für die niederheſſiſche Kirche hingeſtellt war.

Mit dem Eintritt der niederheſſiſchen Kirche in das große Ganze der reformirten Kirche überhaupt beginnt nun auch die Theilnahme derſelben an dem Geſammtleben und gemeinſamen Bekennen dieſer Kirche. Die erſte Folge hievon war der Gebrauch und die Einführung des Heidelberger Katechismus in Niederheſſen. Schon 1575 finden wir denſelben für einige Zeit als Lehrbuch im Marburger Pädagogium. Zur Zeit der Verbeſſerungspunkte ſollte er offiziell eingeführt werden, indeß ſtand man davon nicht aus dogmatiſchen, ſondern aus politiſchen Rückſichten ab. Gleichwohl ſoll er nach. Draud (Heſſ. Hebopfer. VI, 661.) noch unter Moritz Regierung in das Niederfürſtenthum eingeführt worden ſeyn. Sicher iſt, daß er 1616 im Marburger Pädagogium gebraucht wurde, und daß bei der Darmſtädter Occupation des Landes eben vier Lehrer entlaſſen wurden, weil ſie nach dem Heidelberger gelehrt hatten. Auch in Schmalkalden wurde vor 1627 der Heidelberger in der Schule tractirt. In der landgräflichen Familie ſelbſt wird dieſes Lehrbuch gebraucht. Der Prinz Ernſt (1623 geb.) hat es lernen müſſen, wie er ſelbſt in der „Description de la vie S. 39 erzählt: „il falloit savoir par coeur tout le grand catechisme de Heidelberg." Um das Jahr 1655 hat der Katechismus eine ſolche Ausbreitung gefunden, daß er nicht nur in den Hochſchulen, ſondern faſt in ſämmtlichen Stadtſchulen eingeführt war. Darauf erfolgte nun in der Schulordnung von 1655 auf Antrag der verschiedenen zum Bericht geforderten Theologen und Schulmänner, "da die Anstände, welche man unter Moritz genommen, nicht mehr wirksam seyen," die offizielle Einführung in der Art, daß der Heidelberger für die höhere, der hessische Katechismus für die niedere Stufe des Unterrichts dienen sollte. Die Verordnung statt gemeinen Ausschreibens vom 1. Februar 1726 bestimmt, daß die Prediger und Schuldiener in Stadt und Dorf bei dem Heidelberger Katechismus als einem von der reformirten Kirche approbirten symbolischen Buche allerdings bleiben und dies so gebrauchen sollen, daß sie mit dem hessischen Katechismus beginnen, staffelweise in der Erklärung desselben fortgehen und allmählig in die Erklärung des Heidelberger Katechismus führen, auch die Katechismus-Predigten entweder nach Ordnung des hessischen oder Heidelberger halten sollen. Hier tritt der Heidelberger als von der obersten Behörde eingeführt und im vollen symbolischen Ansehen befindlich auf. Es ist nämlich durchaus bemerkenswerth, daß es hier nicht heißt, "ein von den reformirten Kirchen approbirtes Buch," wie ein bekannter Aufsatz der Hengstenbergischen Kirchenzeitung (1855, von Dr. Vilmar) über die hessische Kirchenfrage sagt, sondern daß der Heidelberger ausdrücklich als symbolisches Buch der reformirten Kirche eingeführt wird. Auch kann die Verordnung statt gemeinen Ausschreibens nicht als eine bloße Disciplinarverfügung betrachtet werden, da sie in der Verordnung Wilhelm's VIII. vom 27. November 1759 (Landesordnung V., 169.) neben den Kirchenordnungen genannt und hinzugesetzt wird: "Wir haben mißfällig vernommen, daß sothanen Verordnungen nicht nachgelebt worden und daher der Nothdurft zu seyn erachtet, sie nicht allein all ihres Inhalts hindurch zu erneuern, sondern auch in verschiedenen Stücken zu erläutern und verbessern." Das Consistorium soll die Verordnung allen Predigern ꝛc. im Lande publiciren. Wäre sie hiernach auch nicht als eine bereits gültige und verbindliche Ergänzung der Kirchenordnung angezogen, so würde sie doch von damals an als ein genau ebenso bindendes Kirchengesetz wie die Kirchenordnung von 1667 zu betrachten seyn. (Vgl. Marb. Gutachten S. 10.) —

Der Landgraf Friedrich verordnete unter dem 5. März 1735, wie es mit der Katechesation zu halten: "Also wie denn auch letzlich und 5) unser lediglicher Wille und Befehl dahin geht, um Conformität in dieser Sache zu erhalten, daß kein anderer als der kleine hessische und Heidelberger Katechismus durchgehends traktirt werden sollen."

Als im Jahre 1772 die Frage aufgeworfen wurde, ob man nicht statt des Heidelberger Katechismus ein anderes Lehrbuch einführen könne? — so wurde diese Frage verneint und beschlossen, auch fernerhin beim Heidelberger zu bleiben, hingegen ein kurzes Lehrbuch daneben zu gebrauchen verstattet, das man der freien Wahl jedes Predigers anheimstellen wolle. (Vgl. J. J. Pfeiffer, Anweisung für Pred., 1789, S. 136.) Das Casseler Consistorialrescript vom 1. Mai 1777 sagt: "Es ist höheren Orts resolvirt worden, daß der Heidelberger Katechismus als ein in der reformirten Kirche überall angenommenes und eingeführtes symbolisches Buch keineswegs abgeschafft, sondern fernerhin beibehalten werde." Endlich erwähnen wir noch des alten bis in die Tage des Rationalismus in gesetzlicher Uebung gewesenen Prediger-Reverses, welcher also lautet: "Ich soll und will auch die Kinderlehre und Hausvisitation fleißig halten, meinen Pfarrkindern neben dem Heidelberger Katechismus keinen andern als den hessischen einführen und traktiren lassen."

Gerade so wie die hessische Kirche zu dem allgemeinen Symbol der reformirten Kirche, zum Heidelberger stand, so hielt sie sich auch in allen übrigen Stücken zu den reformirten Kirchen Deutschlands, Hollands, Englands, Frankreichs und der Schweiz. Lehrer wie Lehrbücher wurden in all' diesen Theilen, mochten sie nun aus Hessen oder anderswoher stammen, mit gleicher Berechtigung und ohne alles Bedenken für den Dienst der reformirten Kirche verwendet. Die auswärtigen Reformirten ließen ihre künftigen Geistlichen gern und unbedenklich auf der Universität Marburg, deren Professoren auf das reformirte Concordienbuch corpus et syntagma verpflichtet waren, studiren, und die hessische Kirche wieder ließ ihre Diener gern auf holländiſchen und ſchweizeriſchen Hochſchulen heranbilden. Als im Jahre 1618 die Synode zu Dortrecht berufen, und dazu alle ächt reformirten Kirchen des Auslandes eingeladen wurden, erging auch eine ſolche Einladung an die heſſiſche Kirche, welche ſich willig und freudig an der Verſammlung betheiligte. Und daß die heſſiſchen Theologen eine gut reformirte Lehre mit nach Dortrecht brachten, zeigt z. B. ihr dort abgegebenes judicium über die erſten Artikel der Remonſtranten. Da heißt es unter Anderem: »Der Artikel, wie ihn ſeiner Zeit die Remonſtranz enthielt, ſcheint unantaſtbar dann von Jedermann anerkannt, ein göttliches Dekret, die Gläubigen in Chriſto ſelig zu machen, die Ungläubigen zu verdammen. Es iſt aber zweideutig«, und bei dem Haager Geſpräch haben ſie offen geſagt, dieſes Dekret ſey ſchon die ganze Prädeſtination, was der hl. Schrift gänzlich zuwider iſt; ſo wie ihre weitere Erklä= rung: der Glaube und das Beharren im Glauben ſey die bei der Erwäh= lung geforderte vorangehende Bedingung. — Die Lehre der Schrift ſagt viel= mehr, der Erwählungsrathſchluß enthalte ein Dreifaches: 1) eine beſtimmte Zahl beſtimmter Perſonen aus dem gefallenen Menſchengeſchlecht aus bloßer Gnade zum Erweis ſeiner Barmherzigkeit dem gemeinen Verderben zu entreißen; 2) ſie zur Seligkeit zu beſtimmen; 3) die dahinführenden Mittel für ſie anzuordnen als für ſie wirkſam und unfehlbar zum Ziel führende. Dieſe Mittel ſind: Chriſtus, das erſte, alle andern in ſich ſchließende, daher er das Fundament des Heils heißt; dann die Berufung, nämlich die wirkſame, den Glauben, die Adoption in Chriſto, die Juſtifikation und Heiligung; endlich das Beharren. Ein Dekret, die Glaubenden ſelig zu machen, enthält aber dieſe drei Stücke nicht in ſich. — Falſch auch iſt der Satz — der Glaube ſey nicht die Frucht der Erwählung, ſondern die vorgeforderte Bedingung, wie ſie beim Geſpräch im Haag offen herausſagten, in der Antwort auf die Epiſtel von Walchern es wieder verſtecken. — Zu dieſem indifferenten allgemeinen Rathſchluß der Prädeſtination auf Bedingung hin, fügen ſie dann einen die beſtimmten Perſonen betreffenden, den ſie aber vom Vorherſehen des Glaubens abhängig und ſogar veränderlich machen, da jede Perſon ſich ändern könne. Dies iſt der aus der Schrift geſchöpften Lehre der reformirten Kirche völlig zuwider.« — Dieſes Citat genügt vollkommen, die Bedeutung dieſer Betheiligung der heſſiſchen Kirche an der Dortrechter Synode in's rechte Licht zu ſetzen. Falſch iſt es, wenn die Einen die heſſiſchen Theologen zu Dortrecht eine antipräbeſtinatiſche Lehre vertreten laſſen, und wenn die Andern aus der Nichtpublicirung der Dortrechter Dekrete in Heſſen folgerten, die niederheſſiſche Kirche habe gegen die letztern proteſtirt, ſo iſt auch dies durchaus irrig. Die heſſiſchen Theo= logen lehrten reformirt und prädeſtinatianiſch zu Dortrecht, wie auch bei ſpätern öffent= lichen Anläſſen, unterſchrieben die Dekrete gerade ſo wie die übrigen, und aus der Nicht= publikation dieſer in Heſſen folgt einfach gar nichts. Die Publikation war nach der zu Dortrecht geleiſteten Unterſchrift unnöthig und hatte ebenſowenig anderwärts ſtatt, wo man doch, wie z. B. in Genf, Unreformirtes und Antipräbeſtinatiſches nicht wird ver= muthen dürfen.

Auch im Jahre 1630 trat die niederheſſiſche Kirche als Repräſentantin der reformirten Doctrin öffentlich heraus. Als reformirte Kirche nimmt ſie an dem Leipziger Collo= quium offiziellen Antheil. — Es würde uns übrigens ſehr weit führen, wenn wir alle Akte regiſtriren wollten, durch welche die heſſiſche Kirche ihre Glaubens= und Lebens= gemeinſchaft mit der reformirten Kirche aller Länder dokumentirt hat. Die Stellung, welche ſie durch die mauritianiſche Reform einnahm, hat ſie die Jahrhunderte herab behauptet und unbeweglich inne gehalten. Es hat auch bis in die letzte Zeit hinein Nie= mand an dieſem Sachverhalt gezweifelt. Erſt als im Jahre 1850 Dr. Vilmar durch das Miniſterium Haſſenpflug Miniſterialreferent für Kirchen= und Schulſachen, Conſiſtorial= rath und ſeit Frühjahr 1851 Verweſer der Superintendentur Caſſel wurde, traten in offiziellen Akten Bezweiflung und Bekämpfung des reformirten Bekenntniſſes der nieder= heſſiſchen Kirche hervor. Wie in ſeinem heſſiſchen Volksfreund (z. B. Nr. 106, Jahrg.

1851; Nr. 44, Jahrg. 1852 u. ſ. w.) der niederheſſiſchen Kirche ihr reformirter Karakter höhniſch abgeſprochen wird, ſo ſtellt er in ſeinem Ausſchreiben vom 20. Dezember 1851 eine durchaus antireformirte Lehre über die Confirmation auf und fordert eine Auslegung des heſſiſchen Katechismus nach dem großen lutheriſchen Katechismus und nach der Speneriſchen Erklärung deſſelben. Offiziell behauptete dann dieſer Mann eine Lehre vom Pfarramt, welche ohne alle Uebertreibung nicht nur als antireformirt, ſondern als hierarchiſch bezeichnet werden muß. So ſprach er z. B. bei Einführung eines Pfarrers zu Caſſel 1853: „Ich bekenne nach dem Glauben der heiligen, chriſtlichen Kirche das Pfarramt als das Amt der Apoſtel, Propheten, Hirten und Lehrer, als die lebendige und leibhaftige Fortſetzung des Amtes unſers allerheiligſten Erlöſers, alſo daß dieſelben alle Thaten, welche er vollbracht, aus ſeiner Kraft fortführen und wiederholen.“ — Das lutheriſche Element wurde nun nicht nur auf jede Weiſe begünſtigt, ſondern es wurden auch Lutheraner auf reformirte Schulſtellen gelaſſen. Die Miſſionsarbeit wurde ganz im Anſchluß an die ſtreng lutheriſche Miſſion getrieben; dazu mußte der reformirt confirmirte kurheſſiſche Miſſionar Vogel in die lutheriſche Kirche übertreten, bevor er ausgeſandt werden konnte*). Endlich wurde der Gebrauch des Heidelberger Katechismus in den Schulen durch Miniſterialreſcript vom 5. März 1854 ſehr beſchränkt, zum Theil ganz verboten. Es erregte dieſe Maßnahme natürlich lauten Widerſpruch. Es blieb allerdings ſtiller in Heſſen, als man hätte erwarten ſollen. Der Profeſſor extr. Dr. Heppe zu Marburg indeß machte melanchthoniſche Oppoſition (Conf. Entwickelung 1853, Denkſch. 1854) gegen Vilmar und die Vilmarianer. Der Angriff gegen den Heidelberger Katechismus war es beſonders, was die auswärtigen Reformirten empörte. Dieſe Stimmung gab ſich Ausdruck in dem großes Aufſehen erregenden Proteſt einer öffentlichen Conferenz der Reformirten in der deutſchreformirten Kirche zu Frankfurt a. M. bei Gelegenheit des Kirchentags von 1854. Hiedurch waren die Vorgänge in Heſſen ſo offenkundig geworden und ſo laut der Gewaltthätigkeit bezüchtigt worden, daß die Vilmar'ſche Partei nicht mehr ſchweigen zu können glaubte. In dem Januarheft der Zeitſchrift für Proteſtantismus und Kirche erſchien nun eine anonyme Begründung der Anſicht, „die niederheſſiſche Kirche ſey eigentlich lutheriſch.“ Wie unhaltbar dieſe Deduktion ſey, wieſen bald darauf zwei Schriften nach: Heppe's Sendſchreiben, Gießen 1855; Sudhoff, das gute Recht der reformirten Kirche in Kurheſſen, Frankfurt 1855. Darnach trat auch die Marburger Fakultät für das reformirte Bekenntniß der niederheſſiſchen Kirche in die Schranken. Von zwei heſſiſchen Metropolitanen aufgefordert, die zwei Fragen zu beantworten: „Ob der Heidelberger Katechismus nach poſitiv kurheſſiſchem Kirchenrecht in den reformirten Schulen Kurheſſens zu gebrauchen ſey, und ob die Lehre des heſſiſchen Katechismus lutheriſch oder reformirt ſey?“ äußerte ſie ſich in einem trefflichen „amtlichen Gutachten,“ das auch im Oktober 1855 durch den Druck veröffentlicht wurde. Die erſte Frage wird darin einfach und entſchieden bejaht; auf die zweite Frage antwortet ſie alſo: „Nachdem ſich ſo ergeben, daß die Unterſcheidungslehren, wie ſie vom heſſiſchen Katechismus vorgetragen und in Kirchenordnungen und Synodalbekenntniſſen erläutert ſind, mit den unbeſtritten reformirten, nicht aber lutheriſchen Confeſſionen übereinſtimmen, daß dieſe ihre Erklärung ſich nicht im Widerſpruch befindet mit den in Heſſen anerkannten Bekenntnißſchriften der locupletirten Auguſtana, Wittenberger Concordie, welche authentiſch nach Bucer's Deklaration verſtanden worden, ſondern daß ſie durch dieſelbe wie auch durch die von den Trägern des Kirchenregimentes ausgegangenen Kundgebung beſtätigt und durch die Organiſation der Landgrafen Moritz und Wilhelm IV. aufrecht erhalten iſt, ſo endlich die vom zehnten Artikel der urſprünglichen augsburgiſchen Confeſſion, welchem in Heſſen niemals rechtliche Geltung gegeben iſt, ſowie von dem angeblichen ſymboliſchen Anſehen der Schmalkalder Artikel und des lutheriſchen Katechismus hergenommenen Gegenbeweiſe auf

---

*) Vgl. Beiträge zur Geſchichte der chineſiſchen Stiftung in Kurheſſen u. ſ. w. von Carl Vogel, früherem Miſſionar in China. Frankfurt 1853.

irrigen Vorausſetzungen beruhen, ſo geben wir unſer Urtheil über die zweite Frage dahin ab, daß die in dem Katechismus dargelegte Lehre der heſſiſchen Kirche nicht lutheriſch, ſondern reformirt iſt." — Unterdeſſen war Dr. Vilmar, bei ſeinem unter dem Druck der Verhältniſſe großen Einfluß, mit bedeutender Majorität auf die erledigte Superintendentur Caſſel gewählt worden. Der Landesherr indeß, durchdrungen von der Ueberzeugung, daß eine ſolche Beſetzung einer der wichtigſten geiſtlichen Stellen des Landes der reformirten Kirche Niederheſſens nur verderblich werden könne, verweigerte die Beſtätigung. Daß dieſe Verweigerung der beantragten Beſtätigung der Wahl Vilmar's vollkommen rechtlich begründet iſt, hat Dr. Ludw. Richter, ordentl. Profeſſor der Rechte zu Berlin, in ſeinem „Gutachten, die neuſten Vorgänge der evangeliſchen Kirche des Kurfürſtenthums Heſſen betreffend," Leipzig 1855, nachgewieſen. Es iſt bekannt, daß in Folge dieſes entſchiedenen Gebrauchs, welchen der Kurfürſt von ſeinem epiſkopalen Rechte machte, das Miniſterium Haſſenpflug abtrat und Dr. Vilmar in die theologiſche Fakultät nach Marburg verſetzt iſt. Hier iſt dieſer in mancher Beziehung ausgezeichnete Mann letzthin noch mit der Streitſchrift „Die Theologie der Rhetorik" u. ſ. w. hervorgetreten, worin manche Schäden der evangeliſchen Kirche unſerer Tage ſehr lebhaft und ſcharf bezeichnet werden. Vergeblich jedoch ſucht man in dieſem höchſt beachtenswerthen Schriftchen nach einer Begründung der Vilmar'ſchen Anſicht von dem confeſſionellen Karakter der niederheſſiſchen Kirche.

Heſſen=Darmſtadt ging, wie oben ſchon angedeutet worden iſt, einen der Entwickelung der niederheſſiſchen Kirche geradezu entgegengeſetzten Weg. Es trat, nach den vergeblichen Beſtrebungen und Kämpfen für das Lutherthum auf den Generalſynoden, ganz entſchieden auf die Seite der lutheriſchen Kirche, deren Schutz und Pflege, ja Erweiterung es ſeine angelegentlichſte Sorge ſehn ließ. Die Gründung der lutheriſchen Univerſität Gießen, für welche am 19. Mai 1607 ein kaiſerliches Privilegium erlangt wurde, war einer der Akte, welche den Reformen des Landgrafen Moritz entgegengeſtellt wurden. Im Jahre 1624 nöthigte der Landgraf von Heſſen=Darmſtadt ſogar mit Hülfe der übermächtigen katholiſchen Partei in Deutſchland den Landgrafen Moritz, ihm die Hälfte des Oberfürſtenthums Heſſen, Schmalkalden und einige zu Niederheſſen gehörige kleinere Landestheile einzuräumen. Der kaiſerliche Reichshofrath hatte erkannt, Landgraf Moritz habe ſich durch Einführung der Verbeſſerungspunkte in Marburg ſeines Erbtheils verluſtig gemacht. . Darmſtadt ſchaffte ſogleich in den auf dieſe Weiſe erworbenen Territorien alles Reformirte ab, verjagte die reformirten Prediger nnd Lehrer und publicirte im ſchroffſten Gegenſatze zum reformirten Bekenntniß der Caſſeler Synode von 1607 ein lutheriſches Bekenntniß für ſeine Lande, welches ein getreuer Ausdruck des Lutherthums der Concordienformel iſt. (Vgl. Sudhoff, Das gute Recht ꝛc., S. 40—53.) Daher auch die lutheriſchen Kirchengemeinſchaften im heutigen Kurfürſtenthum Heſſen.

II. Kirchlich=Statiſtiſches. Das Kurfürſtenthum Heſſen. Die heutige evangeliſche Kirche Kurheſſens beſteht aus drei beſondern Theilen, der reformirten Kirche Niederheſſens ſammt der Grafſchaft Ziegenhain, der lutheriſchen Kirche der Provinz Marburg, der Grafſchaft Schaumburg, der Herrſchaft Schmalkalden und einiger Gemeinden in Niederheſſen, der unirten Kirche der Provinz Hanau, wo jedoch in den Gemeinden das reformirte und lutheriſche Bekenntniß in urſprünglicher Berechtigung fortbeſteht. Die kirchliche Organiſation dieſer Landeskirche iſt aus folgender Ueberſicht zu erſehen.

A. Conſiſtorium zu Caſſel. Deſſen Bezirk begreift die Superintendenturen Kaſſel, Allendorf und Rinteln und die Inſpekturen Hersfeld und Schmalkalden.

Superintendentur Caſſel. Reſidenz Caſſel. Die reformirten Gemeinden ſind hier: Die Hof= und Garniſonsgemeinde, die Freiheiter Gemeinde, die Altſtädter Gemeinde, die Hofhoſpitalsgemeinde, die Unterneuſtädter Gemeinde, die Oberneuſtädter Gemeinde, die franzöſiſch=reformirte Gemeinde. Die eine lutheriſche Gemeinde, welche ſich zu Caſſel befindet, hat zwei Pfarrer, während die Reformirten deren vierzehn haben.

Die Superintendentur Cassel theilt sich in die Klassen: Ahna, Borken, Felsberg, Gottsbüren, Gudensberg, Hofgeismar, Homberg, Kaufungen, Trendelburg, Wilhelmshöhe, Wolfshagen, Zierenberg, — mit hundert drei und zwanzig reformirten Gemeinden. Nur zu Wenzigerode, das vom Waldeck'schen aus versehen wird, Nieste und Karlshafen finden sich kleine lutherische Gemeinden.

Die Superintendentur Allendorf begreift die Klassen: Allendorf, Eschwege, Lichtenau, Melsungen, Rotenburg, Sontra, Spangenberg, Waldkappel, Witzenhausen — mit hundert und sechs reformirten und drei lutherischen Gemeinden. Vorwiegend Lutheraner gibt es in der Superintendentur Rinteln, welche in die Klassen Rinteln und Obernkirchen zerfällt. In der Stadt Rinteln finden wir jedoch auch eine reformirte neben der lutherischen Gemeinde, jede mit zwei Pfarrern. Die Inspektur Hersfeld mit fünfzehn Gemeinden ist wieder durchgängig reformirt. Die Inspektur Schmalkalden hat wegen ihres mehr gemischten confessionellen Karakters zwei Inspektoren, einen reformirten und einen lutherischen. Zu Schmalkalden und Steinbach bestehen reformirte und lutherische Gemeinden nebeneinander. Dagegen sind die Gemeinden Floh, Kleinschmalkalden, Herren= breitungen, Asbach rein reformirt und Brotterode, Springstille, Fambach, Trusen, Barchfeld rein lutherisch.

B. Consistorium zu Marburg. Dessen Bezirk begreift die Provinz Oberhessen. Das Ganze ist in zwei Diöcesen, eine lutherische und eine reformirte, getheilt, jede mit einem eigenen Superintendenten.

Die lutherische Diöcese umfaßt neben der lutherischen Gemeinde zu Marburg die Klassen: Frankenberg, Fronhausen, Kirchhain, Rauschenberg, Wetter mit fünf und fünfzig Gemeinden. Zu Marburg, Frankenberg, Cappel, Kirchhain, Rau= schenberg, Gemünden, Wetter sind auch reformirte Gemeinden.

Die reformirte Diöcese umfaßt nebst der reformirten Gemeinde zu Marburg mit zwei Pfarrern die Klassen: Neukirchen, Treysa, Ziegenhain mit sieben und zwanzig reformirten Gemeinden.

C. Consistorium zu Hanau. Dessen Bezirk begreift die Superintendentur Hanau, sowie die Inspektur Fulda. Jene umfaßt neben den Hanauer Gemeinden die Klassen: Bergen, Birstein, Bockenheim, Bücherthal, Gelnhausen, Meerholz, Schlüchtern, Schwarzenfels, Wächtersbach, Windeden — mit ein und siebenzig Gemeinden, worunter auch die zwei der Union nicht beigetretenen, die französisch= und niederländisch=reformirte zu Hanau. — Die Inspektur Fulda hat sieben Gemeinden unter sich, wovon die Fuldaer mit zwei Pfarrern.

Die theologische Fakultät der Landesuniversität Marburg, früher bekanntlich rein reformirt, ist jetzt und seit der Restauration des Kurfürsten Wilhelm I. aus reformirten und lutherischen Gliedern zusammengesetzt. Als evangelische dient sie den beiden im gegenwärtigen Kurfürstenthum vorhandenen evangelischen Kirchen. Die reformirte Kirche Deutschlands kann es gleichwohl noch immer beklagen, daß sie auch in Marburg kein Vollwerk ihrer Lehre mehr besitzt.

Das Großherzogthum. Dies bis zum Jahre 1802 mit kaum nennenswerthen Ausnahmen rein lutherische Land erhielt 1803 durch den Reichsdeputationshauptschluß, 1806 durch die Rheinbundsakte, 1815 durch die Wienercongreßakte beträchtlichen Ge= bietszuwachs mit reformirten und katholischen Einwohnern. Die kirchlichen und confes= sionellen Verhältnisse der so vereinigten Territorien haben zunächst keinerlei Veränderung erfahren. Durch das Organisationsedikt des Jahres 1832 ist indeß die ganze evange= lische Landeskirche unter ein gemeinsames Kirchenregiment gestellt. "Um mehr Gleich= förmigkeit und Einfachheit" — so beginnt das vom 6. Juni datirte Allerhöchste Edikt — "in der Verwaltung der evangelischen Kirchenangelegenheiten herbeizuführen und zugleich den Grund zu den Verbesserungen zu legen, welche eine sichere Bürgschaft für die segens= volle Wirksamkeit der Kirche und des geistlichen Standes gewähren, haben wir verordnet und verordnen hiemit:

„Art. 1. Die Verwaltung der die evangeliſche (die lutheriſche, die reformirte uud die unirte Confeſſion in ſich begreifende) Kirche Unſers Großherzogthums betreffenden An=gelegenheiten iſt, unter der oberſten Leitung und Aufſicht Unſers Miniſteriums des In=nern nnd der Juſtiz folgenden Behörden übertragen: 1) einem Oberconſiſtorium, 2) den Superintendenten, 3) den Kreisräthen, 4) den Dekanen, 5) den Pfarrern, 6) den Kir=chenvorſtänden.“ — Die Art. 2. und 3. beſtellen das Oberconſiſtorium als kirchliche Landesbehörde, deſſen Wirkungskreis ſich auf das ganze Großherzogthum erſtreckt. Art. 4. Die Zuſammenſetzung des Oberconſiſtoriums.

Die Union iſt nur theilweiſe, namentlich in Rheinheſſen, in der Reſidenz (der Hof iſt jedoch nicht unirt) und einer Anzahl rechtsrheiniſcher Gemeinden eingeführt. Nach welchen Grundſätzen die Union behandelt worden, zeigen folgende von den leitenden Behörden offiziell feſtgehaltene Geſichtspunkte: 1) „Die Vereinigung der Bekenner beider Confeſſionen dürfe nicht ſeyn eine Verwandlung der Lutheraner in Reformirte, oder der Reformirten in Lutheraner; 2) ſie dürfe nicht ſeyn eine Bildung einer neuen Kirche, die in die Mitte der lutheriſchen und reformirten tritt. 3) Was das Dogma anbe=langt, ſo dürfe der Vereinigungsverſuch dieſes durchaus nicht berühren, da es in der Natur der Sache liege, daß hierüber keine Gleichförmigkeit der Vorſtellungsarten ſtatt=finden könne und daher der Individualität ihre Rechte vorbehalten bleiben müßten.“ So wörtlich der hierin ſehr wohlunterrichtete Prälat Köhler (Handbuch II. 363).

Nach dem Geſagten ſtellt ſich die Organiſation der evangeliſchen Kirche des Groß=herzogthums im Einzelnen folgendermaßen dar:

Das Ganze zerfällt in die drei Landesprovinzen, an deren Spitze jedesmal ein Superintendent ſteht und welche dann wieder in Dekanate eingetheilt ſind.

A. Provinz Starkenburg mit den 16 Dekanaten: Darmſtadt, Babenhauſen, Breuberg, Dornheim, Erbach, Großgerau, Langen, Lindenfels, Michelſtadt, Offenbach, Pfungſtadt, Reinheim, Roßdorf, Umſtadt, Wimpſen, Zwingenberg. Im erſten Dekanate iſt eine unirte, im dritten (Oberklingen) und ſiebenten (Walldorf) eine reformirte Ge=meinde, die übrigen 49 Gemeinden der ſieben erſtgenannten Dekanate ſind rein lutheriſch. Auch das neunte, elfte, zwölfte und ſechszehnte Dekanat ſind durchaus lutheriſch; das zehnte dagegen zählt die reformirten Gemeinden Neuiſenburg, die deutſche und die fran=zöſiſch=reformirte Gemeinde zu Offenbach, die unirte zu Dreieichenhain, die lutheriſche zu Götzenhain, Sprendlingen und Offenbach. Im dreizehnten Dekanat gibt es eine (Mohrbach), im vierzehnten vier reformirte (Hering, Lengfeld, zwei zu Umſtadt) Ge=meinden. Die Gemeinde Wimpſen iſt unirt.

B. Provinz Oberheſſen mit den Dekanaten Gießen (10 luth. Gemeinden), Alsfeld (15 luth. Gem.), Aſſenheim (4 luth., 4 unirte Gem.), Biedenkopf (12 luth. Gem.), Büdingen (13 unirte Gem.), Butzbach (11 luth., 1 ref. Gem.), Friedberg (14 luth., 1 unirte Gem.), Gedern (10 luth., 6 un. Gem.), Gladenbach (12 luth. Gem.), Großenlinden (14 luth. Gem.), Grünberg (10 luth. Gem.), Hungen (12 reform. Gem., 2 luth. Gem.), Kirtorf (13 luth. Gem.), Lanbach (1 reform. [Eberſtadt] und 14 luth. Gem.), Lauterbach (13 luth. Gem.), Nidda (15 luth., 1 un. Gem.), Rodheim (1 reform. [Holz=hauſen], 2 luth., 6 unirte Gem.), Schlitz (5 luth. Gem.), Schotten (10 luth. Gem.), Ulrichſtein (8 luth. Gem.), Vöhl (7 luth. Gem.).

C. Provinz Rheinheſſen mit den Dekanaten: Mainz (1 G.), Alzey (12 G.), Oberingelheim (9 G.), Oppenheim (14 G.), Oshofen (12 G.), Wöllſtein (11 G.), Wörrſtadt (14 G.), Worms (11 G.).

Die Landesuniverſität Gießen, bekanntlich als eine Burg des Lutherthums gegrün=det, hat in der letzten Zeit gerade von dem lutheriſchen Theil der darmſtädtiſchen Geiſt=lichkeit ziemlich harte Angriffe erfahren, welche zum Theil durch Dr. Credners Schrift: „Philipps des Großm. Heſſ. Kirchenreformations=Ordnung“ hervorgerufen wurden. Die Stellung der Fakultätsmitglieder zur Kirche und Confeſſion iſt es, gegen welche ſich in Schriften (z. B. Die falſche Wiſſenſchaft und das gute Recht der heſſ. Kirche. Darmſt.

1853. Die evang.-luth. Kirche im Großherzogthum Hessen. Von Georg Reich. Stuttg. 1855) wie Erklärungen die bitterste Unzufriedenheit ausgesprochen hat. **Lic. K. Sudhoff.**

Heßhusen, Tilemann, lutherischer Theolog, wurde am 3. November 1527 zu Nieder-Wesel im Clevischen geboren, Patricio genere, wie das Leichenprogramm, "von ehrlichen und gottseligen Eltern," wie er selbst in seinem Testament sagt. Früh ward er auf Reisen geschickt "durch Frankreich, England, Dänemark, Deutschland und Oesterreich;" erst nachher kam er nach Wittenberg, und hier in Melanchthon's Convikt, und wurde 1550 Magister, erhielt schon als solcher die Erlaubniß über Matthäus und Melanchthon's loci zu lesen, und machte sich auch durch sein Predigen bekannt. So nahm schon 1552 die Stadt Goslar den 25jährigen jungen Mann aus der Wittenberger Schule zum Superintendenten und Pastor Primarius, und ließ ihn 1553 auf ihre Kosten auch in Wittenberg Doktor der Theologie werden; daß Georg Major dabei sein Promotor wurde, oder wie Heßhusen selbst später sagte, "daß ich in Empfangung des Doktorats vom Ketzer- und Lügengeist Dr. G. Majore gesündiget habe," war ihm, wie diese Worte zeigen, nachher selbst leid. Mit dieser frühen Beförderung beginnt auch die übermäßige Belebung seines allzustarken Selbstgefühls, welches ihn nicht nur Widerstand, sondern auch Widerspruch als Auflehnung gegen Gottes Willen und Sache ansehen ließ, und durch tapfere Behauptung solcher Ansprüche sein ganzes Leben höchst wechselvoll machte. In neun verschiedenen deutschen Territorien erhielt er hohe Lehr- und Kirchenämter, hielt aber in keinem länger als einige Jahre aus und wurde fast aus allen in's Exil vertrieben. Zuerst in Goslar predigte er gegen die Bürgermeister und gegen die Sitten ihrer Söhne in einer Weise, welche von diesen als Volksaufwiegelung gegen die Obrigkeit angesehen wurde; am 6. Mai 1556 wurde er durch sie abgesetzt und vertrieben. Nach kurzem Aufenthalt in Magdeburg, wo er an den Centurien helfen wollte, erhielt er noch 1556 ein zweites Amt zu Rostock als Prediger zu St. Jakobi und als Professor der Theologie; bald wurden auch hier neue Forderungen, welche er in der Kirchenzucht machen zu müssen glaubte, strengere Sonntagsfeier, Verbot der Hochzeiten am Sonntage, und seine Weigerung, an diesem Tage Trauungen vorzunehmen, schon 1557 auf Betrieb des Rathes die Veranlassung seiner Absetzung. Hierauf verschaffte ihm Melanchthon, zu welchem er nach Wittenberg seine Zuflucht nahm, eine dritte ehrenvolle Anstellung beim Kurfürsten von der Pfalz, Otto Heinrich, als erster Professor der Theologie zu Heidelberg, zugleich als Generalsuperintendent der Pfalz und Präsident des Kirchenrathes. Dies hohe Amt, in welches er noch 1557, 30 Jahre alt, eintrat, verwaltete er so, daß die Pfälzer bald über das ihnen auferlegte sächsische Pabstthum und darüber klagten, wie Heßhusen ihnen überall Fremde vorziehe, welche er als allein gutgesinnt ("Ecce, hic est sincerus! Novit locos communes Philippi! Examen didicit ad unguem! Huic numerate pecuniam!" Planck, prot. Lehrb. 5, 2, 338) aus Sachsen nachkommen lasse. Dazu kam nach dem Tode des Kurfürsten Otto Heinrich (12. Febr. 1559) und mit dem Regierungsantritt Kurfürst Friedrichs III. zwischen Heßhusen und seinen pfälzischen Gegnern der Dissens über die Abendmahlslehre. Was von dem von Melanchthon empfohlenen Heßhusen nicht erwartet und nach Angabe seines Gegners Klebitz auch Anfangs nicht geschehen war (Planck 5, 2, 332), erfolgte jetzt: gegen Thesen des Letztern, nach welchen im Sakramente ein Irdisches und ein Himmlisches unterschieden, und nur für jenes ein Genuß mit dem Munde, aber für letzters, für die Gemeinschaft des Leibes Christi, nur ein Genuß mit der Seele und durch den Glauben angenommen war, vertheidigte Heßhusen nun in Predigten und Schriften die ächt lutherische Lehre, daß der Leib Christi mit dem Brod empfangen werde, weil er in dem Brode sey und darum auch von Ungläubigen empfangen werde; er erklärte den Diakonus Klebitz von der Kanzel zuerst für abgesetzt und dann in den Bann, wie er auch schon vorher den Statthalter des Kurfürsten, den Grafen Georg von Erbach, als dieser den Streitenden Stillschweigen auferlegt hatte, gebannt hatte; hierauf als der Kurfürst persönlich die Streitenden um Einstellen des öffentlichen Streites gebeten und eine Synode zur Beilegung desselben in Aussicht gestellt hatte, fuhren dennoch Beide fort, gegen einander zu predigen, und so wurden hiernach Beide, Heßhusen und Klebitz, am 16. September 1559 aus ihren Aemtern entlassen; erst später unterm 28. Okt. 1559, erging das Gutachten Melanchthon's, welches den kurfürstlichen Befehl zum Stillschweigen billigte, und das Dringen auf Anerkennung einer spezielleren Erklärung der Gegenwart Christi im Sakrament, als welche bei 1 Kor. 10, 16. gegeben werde, ebenso entschieden mißbilligte. Heßhusen indessen fand noch sogleich in demselben Jahre 1559 ein viertes Amt an einem Ort, wo über die Abendmahlslehre so eben dieselbe Streitigkeit ausgebrochen war und hier zugleich als Kampf politischer Parteien und darum noch heftiger geführt wurde, nämlich in Bremen, wo nach Timanns Tode für dessen Stelle als Superintendent und zugleich als Bestreiter der Anhänger der calvinischen Abendmahlslehre eine neue Besetzung nöthig war. Heßhusen ward berufen und reiste auch nach Bremen ab; da er aber sogleich Hardenberg's Absetzung und zunächst eine Disputation mit ihm zur Bedingung der Annahme seiner Stelle machte, und da dieses auf den 13. Mai 1560 angesetzte Gespräch nicht zur Ausführung kam, die Gegner Hardenberg's aber zu dessen Absetzung, welche erst 1561 durchzusetzen war, noch nicht stark genug waren, so nahm Heßhusen noch 1560 ein fünftes Amt als Superintendent und Prediger zu St. Ulrich in Magdeburg an, von wo Joh. Wigand und Matth. Judex kurz vorher zur Verstärkung von Flacius nach Jena berufen waren. Hier in Magdeburg, von wo aus er gegen Hardenberg, Synergisten und Majoristen zu schreiben fortfuhr, erhielt seine vorläufig nur auf drei Jahre eingegangene Anstellung auch bald wieder ihr Ende durch einen Conflikt mit der weltlichen Obrigkeit; die Bürgermeister verboten ihm gegen ein Dekret des Kreistags zu Lüneburg zu predigen, nach welchem nicht gegen Kryptocalvinisten, Synergisten und Adiaphoristen gepredigt werden sollte, und hinderten auch seine Bemühungen, durch Verdrängung eines Geistlichen für Wigand's Wiedereinsetzung Raum zu machen; Heßhusen aber widersetzte sich nicht nur, sondern bannte zuletzt den ganzen Magistrat von Magdeburg, und so wurde er aus der Stadt verwiesen, und als er sich nicht fügte, im Oktober 1562 durch bewaffnete Bürger mit Weib und Kind hinausgetrieben. Auch aus seiner Vaterstadt Wesel, welche er zunächst als Zuflucht aufsuchen mußte, wurde er schon 1564 wieder vertrieben wegen einer Schrift „vom Unterschied zwischen der wahren katholischen Lehre der Kirche und zwischen den Irrthümern der Papisten und des römischen Antichrists," welche ihm der Herzog von Jülich sehr übel genommen hatte; vergebens bemühte er sich dann, wie damals auch Flacius that, um Aufnahme in Straßburg. Aber im Mai 1565 erhielt er seine sechste Anstellung als Hofprediger bei dem Pfalzgrafen Wolfgang von Zweibrücken zu Neuburg, eine seiner friedlichsten Zeiten, in welcher er auch seine zweite Ehe mit einer Tochter von Simon Musäus vollzog. Als aber im Juni 1569 Pfalzgraf Wolfgang gestorben war, ließ Heßhusen sich noch in demselben Jahre von Herzog Johann Wilhelm von Sachsen, welcher nach der Aechtung seines Bruders Johann Friedrich auch dessen Stelle eingenommen hatte und darin die Philippisten wieder zu vertreiben und die Flacianer zurückzurufen anfing, in ein siebentes Amt als Professor der Theologie neben Wigand, Kirchner u. A. nach Jena berufen; den Flacius selbst aber, welcher bereits noch hülfloser umherirrte, mochten diese seine alten Gesinnungsgenossen und Schützlinge nicht nur nicht in Jena sich wieder beigesellt sehen, sondern erst jetzt fanden sie in der starken Ausdrucksweise desselben, daß in dem gefallenen Menschen die Erbsünde das Wesen desselben ausmache und die Gottähnlichkeit in Teufelsähnlichkeit verkehrt sey, immer mehr eine fundamentale Häresie, scheuten zwar eine persönliche Zusammenkunft mit ihm, um welche er sie in seiner Noth bat, richteten aber immer umfangreichere und heftigere Streitschriften gegen den Manichäismus, welchen er hartnäckig festhalte*). Wiederum 1573, als Johann Wilhelm starb, und Kurfürst

---

*) In dem langen Verzeichniß derselben in Leuckfelds historia Heshusii S. 231—233 fehlt eine deutsche Streitschrift desselben, „Clare und helle Zeugnissen Dr. Martini Lutheri, daß die Erbsünde nicht sey das Wesen des Menschen, dem christlichen Leser zur Warnung für den ma-

August die vormundschaftliche Verwaltung der sächsischen Herzogthümer übernehmen mußte, ließ dieser sogleich für so viele Anfeindungen gegen die kursächsischen Theologen und Universitäten Heßhusen und Wigand aus Jena vertreiben; Heßhusen aber fand noch im Sommer 1573 durch Chemnitz' Vermittlung bald sein achtes und ansehnlichstes Amt zu Königsberg als Bischof von Sameland an Mörlin's Stelle; es gelang ihm auch, Wigand dorthin als Professor der Theologie nachzuziehen. Aber Wigand, obwohl er bald auch die Stelle eines Bischofs von Pomesanien dazu erhielt, konnte seinen Neid gegen Heßhusen's einträglichere und angesehenere Stellung so wenig zurückhalten, daß dies ihn am meisten gereizt zu haben scheint, Heßhusen in Königsberg zu stürzen. Heßhusen, unter der Voraussetzung „quaecunque dicit S. S. filio Dei data esse in tempore, de humana eius natura intelligenda sunt," fand sich durch Stellen der Schrift, wie Matth. 28, 18; 11, 27. Eph. 1, 19—22. Joh. 3, 35. Ps. 8, 7., genöthigt, auch der menschlichen Natur Christi in abstracto eine Mittheilung zwar nicht aller Eigenschaften göttlicher Majestät, z. B. der Ewigkeit, Allgegenwart (die Ubiquitätslehre verwarf Heßhusen auch in der Abendmahlslehre) aber doch der Allmacht, Allwissenheit, der Fähigkeit zur Lebensmittheilung und zum Richten des Menschengeschlechts zur Rechten Gottes beizulegen[*]). Dies griff Wigand mit so viel Erfolg als Neuerung und Irrlehre an, und wußte so viele Andere gegen Heßhusen aufzuregen, daß er im Jan. 1577 eine Synode von zwanzig Geistlichen halten und hier dessen Lehre verdammen, und ihn dann im April, da er nicht widerrief, für abgesetzt erklären lassen konnte; Wigand, hierauf auch mit dem Bisthum Sameland beauftragt, entsetzte dann auch andere Prediger, welche in diese Verdammung Heßhusens nicht einstimmen wollten, und behauptete sich in dieser Würde bis an seinen Tod im Jahr 1587. Durch Chemnitz erhielt Heßhusen aber bald nach seiner Vertreibung aus Preußen seine neunte und letzte Anstellung und Heimath auf der erst so eben 1576 von Herzog Julius gestifteten Universität zu Helmstädt, wo er neben Tim. Kirchner, welcher hier schon früher als erster Professor der Theologie angestellt war, 1578 als zweiter Primarius eintrat und 1579 nach Kirchners Vertreibung als einziger übrig blieb. Hier trug er noch dazu bei, daß für das Herzogthum Braunschweig und dessen Universität Helmstädt jene allmähige Zurückziehung von der Concordienformel erfolgte, für welche die Begründer der Universität, Herzog Julius und Chemnitz, so viel gethan, und welche auch Heßhusen 1578 unterschrieben hatte. Schon 1580 fand er die gedruckte Ausgabe mit dem, was er unterschrieben habe, nicht in Uebereinstimmung, und vergebens hielt ihm Chemnitz, welchem er eine Liste der Abweichungen einsandte, die Geringfügigkeit derselben vor. Als dann auf Befehl der Kurfürsten von Sachsen, Pfalz und Brandenburg auf die Gegenschriften gegen die Concordienformel eine Apologie derselben von Chemnitz, Kirchner und Selnecker verfaßt war, und als es galt, auch die Zustimmung Anderer hiefür zu gewinnen, wich Heßhusen Anfangs mit Berufung auf seine Instruktion vom Herzog Julius Privatverhandlungen mit jenen Theologen aus, und auf der Zusammenkunft zu Quedlinburg im J. 1583, wo die Einigung zu Stande kommen sollte, sagten sich vielmehr die Braunschweigischen Theologen von der Apologie der Concordienformel, weil sie in einigen Stellen dieser die Ubiquitätslehre ausgedrückt fänden, und insofern sie diese verwarfen auch von der Concordienformel los, während sie dieselbe nach dem Sinne, welchen sie unter Verwerfung der Ubiquitätslehre darin voraussetzten, immer noch gegen solche, welche ihnen dem Calvinismus zu nahe zu kommen schienen, wie Julius' Hofprediger Malsius, aufrecht zu erhalten sich bemühten. Das Aufkommen der Philippisten und Humanisten in Helmstädt erlebte Heßhusen nicht mehr; er ließ den Kampf gegen sie

nichäischen Schwarm Illyrici trefflich zusammengetragen," Jena 1572, 1 Bd. in 4. Die umfangreichste und schärfste Gegenschrift ist Heßhusens Antidotum contra impium et blasphemum dogma Mt. Flacii Illyrici, quo adserit quod peccatum originis sit substantia. Jena 1572, in 4. Die epistola ad Flacium ist schon vom J. 1570.

    [*]) Kurze Zusammenfassung in Heßhusen's Examen theologicum, Ausg. von 1586 S. 71 ff.

seinem Collegen Daniel Hoffmann nach. Sein Testament (bei Leuckfeld S. 221—229) läßt ihn demüthiger und weniger eigenwillig unter allen Unruhen seines Lebens erscheinen, als man den hitzigen Streiter sonst zu denken gewohnt ist; er macht sich Vorwürfe, daß er »weniger gethan als er wohl schuldig gewesen; ich hätte die Sünder noch härter strafen sollen, denn ich gethan, und die Rottengeister noch eifriger widerlegen sollen, denn ich gethan.« Aber freilich wäre eine solche Zuversichtlichkeit, wie die seinige, im Identifiziren des eigenen Meinens und Wollens mit Gottes Willen wohl nur dann heroisch, wenn sie möglich wäre ohne ein starkes Maß der Rohheit, welche von Selbsterkenntniß und von Wissen um Grad- und qualitative Unterschiede menschlicher Gewißheit sehr fern ist. Unermüdet thätig bis zuletzt (s. z. B. Melanders iocoseria Th. 2. Nro. 80 S. 101) starb er zu Helmstädt am 25. Sept. 1588. Seine Schriften sind theils Streitschriften fast bei jedem Amtswechsel, welchen er erfuhr, oder gegen die gemäßigten lutherischen Theologen, theils exegetische und dogmatische, wie er in seinem Testamente als diejenigen, welche sein Glaubensbekenntniß enthielten, die Commentare über Psalmen, Jesaia und paulinische Briefe nennt, außerdem die Schrift de iustificatione peccatoris coram Deo 1587, und vor Allem das Examen theologicum, continens praecipuos locos doctrinae Christianae, ein klares und gedrängtes dogmatisches Compendium oder eigentlich Examinatorium, entstanden bei Gelegenheit der ihm 1571 in den sächsischen Herzogthümern aufgetragenen Kirchenvisitationen und Colloquia mit den Geistlichen, und noch jetzt in der Form von Examenfragen und ausführlichen gelehrten Antworten auf dieselben, schon 1571, nachher nach Leuckfeld S. 233 noch viermal, sicher wenigstens Helmstädt 1586 in 8. wieder herausgegeben.

Joh. Ge. Leuckfeld's Biographie, hist. Heshusiana, Queblinb. 1716. 252 S. in 4. ist reich an Aktenstücken, in der Behandlung etwas apologetisch. Das beigegebene Bildniß gibt kein günstiges Zeugniß. Einige Ergänzungen zu Leuckfeld, auch zu dem Schriftenverzeichniß, in Chrysanders diptycha professorum, qui in acad. Julia docuerunt, Helmst. 1748 in 4. S. 31—44. Plancks Analysen von Heßhusen's Karakter in den letzten Bänden der Gesch. des prot. Lehrb. zeigen den gewohnten psychologischen Scharfblick ihres Verfassers, aber auch, wie sehr derselbe durch zu vertraute Bekanntschaft mit diesen lutherischen Eiferern den Glauben an sie verloren hat. Viele Autographa und Aktenstücke auf der Bibliothek zu Wolfenbüttel werden für Heßhusen's Geschichte noch nicht ausgenutzt seyn.   Henke.

Hesychasten. Bekanntlich gehört dieser Name in die Geschichte des Mönchsthums und der Mystik des vierzehnten Jahrhunderts und bezeichnet die letzte größere Streitbewegung der griechischen Kirche innerhalb des Byzantinischen Zeitalters. Wir geben zuerst einen kurzen quellenmäßigen Bericht der sonderbaren Angelegenheit und werden dann auf den Inhalt und die dogmen-historische Bedeutung des geführten Streits genauer eingehen. — Seit der Erhebung der Paläologen auf den Kaiserthron befand sich die griechische Kirche in dauernder Unruhe und Uneinigkeit. Die Arsenianische Partei, hervorgegangen aus dem Conflikt zwischen dem Patriarchen Arsenius und dem Usurpator Michael Paläologus, hatte große Verbreitung gefunden, und besonders die Mönche und die Gegner jeder Annäherung an die lateinische Kirche für sich gewonnen. In der Regierung herrschten schwankende Grundsätze, bald der Union, bald der Feindschaft gegen die Lateiner, und die Patriarchen der Hauptstadt folgten diesem Wechsel. In der ersten Hälfte des vierzehnten Jahrhunderts brach der heftigste Bürgerzwist aus, in Folge dessen der jüngere Andronicus den Thron bestieg, nach seinem Tode aber der kräftige Johannes Cantacuzenus sich der Regierung bemächtigte und den Kampf gegen die Kaiserin Anna, die Wittwe des älteren Andronicus, fortsetzte. In diese Zeit fällt das Auftreten der Hesychasten, und da die politischen Gegensätze auch mit kirchlichen verbunden waren, so dürfen wir uns nicht wundern, daß das auffallende Phänomen des Mönchslebens sehr verschieden beurtheilt wurde und den vorhandenen Parteibestrebungen neue Nahrung gab. Schon die Arsenianer hatten sich theilweise einer mystischen Begeisterung hingegeben, noch

mehr die Mönche des Berges Athos (f. d. A.), welche damals auf der Höhe ihrer öffent=
lichen Wirksamkeit standen, und in den Städten, besonders Thessalonich, festen Sitz und
bedeutenden Anhang besaßen. Unter ihrem Abt Symeon und während der Regierung
des jüngeren Andronicus sprachen sie jetzt von einem ewigen ungeschaffenen und doch
mittheilbaren göttlichen Licht, welches auf dem Berge der Verklärung geleuchtet und
das auch ihnen in ihrer vollkommenen Ruhe und Abgezogenheit von der Welt aufge=
gangen sey. Der Führer dieser Hesychasten (ἡσυχασταί, ἡσυχάζοντες) und Vertheidi=
ger ihres Lichtprinzips wurde Palamas, nachmaliger Erzbischof von Thessalonich. Doch
sahen sie sich bald angegriffen von dem gelehrten und scharfsinnigen Mönch Barlaam,
der unter Andronicus dem Aelteren aus Calabrien nach Konstantinopel gekommen war.
Dieser erklärte die Lehre jener Quietisten für irrig und häretisch und motivirte seinen
Widerspruch in Unterredungen und Schriftstücken. Er behauptete, ein so beschriebenes
Licht würde das Wesen Gottes selber seyn müssen, welches aber alsdann gegen allen Kir=
chenglauben in den Kreis menschlicher Wahrnehmung herabgezogen werde. Und als ihm
nun Palamas vorhielt, jenes ungeschaffene Göttliche sey in seiner Mittheilbarkeit nur eine
göttliche Wirksamkeit und Gnade, keineswegs die absolute Substanz: entgegnete er,
daß durch diese Unterscheidung ein doppeltes Göttliche, ein Nahbares und Unnahbares
aufgestellt, also eine Art von Zweigötterei eingeführt werde, und er ließ sich auch nicht
überzeugen durch die sinnliche Analogie der Sonne, an welcher man die Strahlen von
der Scheibe unterscheiden müsse, ohne einen doppelten Sonnenkörper anzunehmen (vgl.
die Urkunde in Engelhardt's Abhandlung S. 74). Bei der Autorität der Mönche und
ihres am Hofe hochgeachteten Gegners konnte die Sache nicht verborgen bleiben; Bar=
laam selbst trug auf kirchliche Vernehmung der Meinungen bei dem Patriarchen Johannes
an. Diese erfolgte 1341 auf der ersten Synode zu Konstantinopel unter Vorsitz des
Kaisers Andronicus und des Patriarchen; Barlaam ließ sich einschüchtern, widerrief und
ging nach Italien zurück. Eine zweite Synode verurtheilte seinen Anhänger Gregorius
Acindynus, der dieselbe Polemik gegen die Hesychasten fortsetzte. Die Ansicht der
Majorität war nicht wenig dadurch bestimmt, daß Barlaam als Zögling der lateinischen
Theologie im Verdacht stand und das Interesse der Orthodoxie, welcher auch die Mönche
meist angehörten, gegen sich hatte. Allgemeinere Gunst oder Abgunst sprachen auf beiden
Seiten mit und haben auch eingewirkt auf die uns vorliegenden Berichte theils des Can=
tacuzenus theils des Nicephorus Gregoras. Der Erstere, obgleich Anfangs dem Bar=
laam zugethan, ergab sich doch nachher der politisch ihm unentbehrlichen Mönchspartei
und stellte ihre Sache in günstiges Licht (lib. II, 39. IV, 23. 24.). Ihm steht im In=
teresse des Barlaam mit scharfer hochmüthiger Kritik Gregoras gegenüber, er behandelt
die Hesychasten äußerst geringschätzig und erzählt von diesem Standpunkte mit manchen
abweichenden Nebenumständen. (Niceph. Greg. lib. XV. VVIII. XIX. XXII. an vielen
Stellen). Der ungünstigen Stimmung ungeachtet vermehrte sich inzwischen der Anhang
der Barlaamiten, und da Andronicus schon 1341 gestorben war, hätten sie unter dem
Einfluß der Kaiserin Anna, welche in der sogenannten dritten Synode den Patriarchen
Johannes absetzen ließ, leicht obsiegen können, wenn nicht in dem folgenden Kriege Can=
tacuzenus die Oberhand gewonnen hätte. Dieser als Herr des Reichs drang auf Ent=
scheidung; Acindynus wich jeder Vorladung aus, doch kam 1351 die vierte Synode zu
Stande, wo statt dessen ein Erzbischof von Ephesus und neben ihm Nicephorus Gregoras
die Gegenpartei vertraten (f. die Urkunde in *Harduin*, Acta Concil. XI, p. 283 sqq.).
Diesmal wurde in mehreren Sitzungen gründlich auf die Controverse über Wesen und
Wirksamkeit eingegangen, und die Stimmenmehrheit erklärte sich nach Herbeiziehung äl=
terer kirchlicher Bestimmungen, zumal des sechsten ökumenischen Concils, und zahlreicher
patristischer Belegstellen in allen vier aufgestellten Fragpunkten für die Auffassung der
Mönche. Die Lehre der Hesychasten ward demnach genehmigt, der Erzbischof von Ephe=
sus nebst Anderen abgesetzt, über Barlaam und Acindynus die Excommunication gespro=
chen. Nach der Darstellung des Gregoras sollen Unrechtmäßigkeiten diesen Ausgang er=

leichtert haben, denn er bemerkt, daß die Palamiten die ihnen ungünstigen Stellen aus den Schriften der Väter ausgemerzt, der Kaiser aber während der Verhandlungen sich parteiisch und herrisch betragen habe (Greg. XVIII, 3—7. XIX, 1—3). Das Letztere scheint der Sachlage nach sehr glaublich, wenn gleich Cantacuzenus selbst (lib. IV, 23. 24.) das Gegentheil versichert. Auch nach der Synode sollen Nicephorus und die Seinigen nach dessen Bericht (XXI, 3. XXII, 1—3.) Beleidigungen und Mißhandlungen ausgesetzt gewesen seyn.

Fragen wir ferner nach dem Sinn dieser Mystik und der durch sie angeregten Streitigkeit. Was die Hesychasten wollten und wähnten, war eine krankhafte Ueberspannung desselben mystischen Triebes, der sich von Alters her in der griechischen Theologie fortgepflanzt hatte. Schon Pseudo-Dionysius, um von älteren Andeutungen zu schweigen, suchte nach einem Organ der Annäherung an Gott, welches über die gewöhnlichen Mittel der Erkenntniß und Andacht hinausgehe; er beschrieb ein Hellbunkel, ein verborgenes Licht, in das derjenige eintrete, der Gott zu schauen gewürdigt wird; ähnliche Aeußerungen unter ähnlichem Namen kehren bei Maximus und Anderen wieder. Das griechische Mönchsleben, obgleich vielfach verweltlicht und entartet, begünstigte doch jederzeit diese Vorstellungen. Die Athosmönche aber müssen auf die Aneignung des θεῖον φῶς ein förmliches Studium verwendet haben; sie wollten und erlebt haben, daß dem von der Welt abgewendeten Menschen bei völliger Versenkung in sich selbst und entsprechender Körperhaltung (daher ὀμφαλόψυχοι) das himmlische Licht aufgehe, kein geringeres gewiß als das der Verklärung, das einst auf Thabor den Herrn umstrahlt, das dem heiligen Antonius und anderen Frommen erschienen sey. Unter anderen Verhältnissen wäre diese Hellseherei vielleicht den geheimen Erfahrungen des Kreises, wo sie entstanden war, überlassen geblieben: damals aber erregte sie Aufsehen und der Widerspruch des Barlaam nöthigte die Hesychasten, ihre Anschauung theoretisch zu fixiren und zu rechtfertigen. Das Licht sollte ein überirdisches und göttliches seyn, durfte aber nicht mit Gott identifizirt werden, weil sonst die behauptete Wahrnehmbarkeit blasphemisch gewesen wäre; zur Erklärung diente daher der Unterschied von Wesen und Wirksamkeit. Palamas, der vornehmste Vertheidiger der Mönche, versichert nachdrücklich, daß das Wesen Gottes als schlechthin unerreichbar rechtgläubig von ihnen anerkannt werde. »Aus Gott zu seyn, gelte vor allem Geschaffenen, aus der Substanz Gottes zu seyn, von keinem.« Aber näher stehe uns die Wirksamkeit, der Inbegriff aller göttlichen Zuflüsse und Kraftäußerungen (ἐνέργεια γάρ ἐστιν ἡ φυσικὴ ἑκάστης οὐσίας δύναμίς τε καὶ κίνησις, Harduin, l. c. p. 303), und wie diese nach Oben in eine allumfassende Gesammtwirksamkeit zusammenlaufen, so theilen sie sich nach Unten in eine unbestimmbare Anzahl einzelner Energieen der Weisheit, Kraft, des Raths, der Erleuchtung, des Lebens. Es sind die von Gott ausgehenden und doch unlöslich mit ihm verbundenen Gottheiten (θεότητες), die Ausstrahlungen der in sich geschlossenen Trinität, und da in ihnen das heiligste Gnadengut gespendet wird, müssen sie in den Bereich der menschlichen Sinne eindringend gedacht werden. In diese Reihe gehört auch das Thaborlicht, überirdisch und sichtbar zugleich, es ist ewig und ungeschaffen, es hat aber auch die Eigenschaft, das von ihm Durchdrungene zu vergöttlichen und in die Region des Ungeschaffenen zu erheben (Niceph. Greg. XI, 10). Das Prädikat ἄκτιστον war also absichtlich gewählt und sollte gleichsam die Mittelstufe des Göttlichen bezeichnen, welches aus dem Absoluten stammend, doch eine Berührung mit dem Endlichen möglich macht und diesem seine höhere Natur einbilden kann. — Auf diese Vertheidigung hatten die Freunde des Barlaam und Acindynus, besonders der kritische Nicephorus Gregoras, Folgendes zu antworten. Die Erklärungen der Palamiten sind widersprechend. Das ungeschaffene Licht müßte entweder substantiell oder als bloße Eigenschaft gedacht werden; in jenem Falle wäre es eine besondere, außerhalb stehende Wesenheit, eine vierte Hypostase, in diesem könnte es nicht ohne Subjekt existiren. Der Unterschied von Wesen und Wirksamkeit fällt zusammen, weil er entweder zu der Fiktion neuer Hypostasen, oder zu der Annahme subjektloser

Qualitäten hintreibt. Von dem, was Gott ist, darf man nicht das eine Absolute empor=
rücken und das Andere als bloße Wirksamkeit niedriger stellen, sonst käme das Eine erst
zum Andern hinzu, und wir hätten ein an sich wirkungsloses Wesen. Gerade die Wirk=
samkeit bedingt und erfüllt den Begriff der göttlichen Substanz, sie läßt sich nicht als ein
zweites daneben oder darunter stellen. Die beiden nothwendigsten Attribute Gottes sind
die der Einheit und des Guten. Das erstere schließt jede Zusammensetzung aus, das
zweite wird gar nicht gedacht, wenn man es nicht im innigsten Zusammenseyn von Wesen
und Wirken denken will. Nein, Beide sind in Gott, eben weil er Gott ist, nicht ver=
schieden; Er hat nicht, sondern ist selber die αὐτοενέργεια, nur das mannigfaltige Ge=
wirkte muß von ihm, dem Allwirksamen, unterschieden werden. Diese Gründe hat
Gregoras (XXII—XXIV, p. 1050 sqq. ed. Bonn.) in einer Disputation mit dem Kaba=
silas der ebenfalls zu den Mystikern gehörte, mit Beziehung auf Sätze des Aristoteles,
Proklus und Maximus ausführlich dargelegt und den Palamiten einen starken Mangel
an Dialektik vorgeworfen, weshalb sie durch Mißverstand Platonischer Ideen irregeleitet
worden.

So verhielten sich kürzlich die Ansichten, zwischen denen die Synode zu wählen
hatte, und warum hat sie so gewählt? Man sieht leicht, daß die Controverse ein dop=
peltes Moment enthält; das eine ist die Unterscheidung von Wesen und Wirksamkeit
überhaupt, das andere lag in der besonderen Art, wie die Hesychasten ihre ungeschaffenen
Energieen als ϑεότητες verselbstständigten und zum Prinzip einer geheimnißvollen Ver=
göttlichung erhoben. Hätte das Letztere allein in Frage gestanden: so würde trotz aller
Vorliebe für die Mönchspartei deren Sache schwerlich zu halten gewesen seyn. Allein die
Synode stellte das allgemeine spekulative Problem voran, ohne den eigenthümlichen Stand=
punkt, von dem es ausgegangen war, für sich zu prüfen. Die Distinktion von οὐσία
und ἐνέργεια war bekannt und geläufig, sie aufzugeben schien gefährlicher als sie unter
der Voraussetzung, daß Beides untrennbar sey, zu bestätigen. Die theologische Sprache
der griechischen Väter kam den Beurtheilern zu Hülfe, und andere Mittel als die der
Auktorität hatte eine damalige kirchliche Verhandlung wenig in Händen. Daher wurden
zahlreiche Stellen der älteren Gewährsmänner, eines Athanasius, Gregorius, Basilius,
Chrysostomus, Sophronius, Dionysius zusammengehäuft, nicht gerade mit sorglicher Aus=
wahl, noch mit Beachtung, ob sie für den fraglichen Zweck ganz ausreichten. Von jeher
hatten die griechischen Väter die Spitze der göttlichen Transcendenz als das Absolute,
das Unnennbare und Unzugängliche bezeichnet, an das kein Name und kein Auge des
Geistes oder des Leibes reicht. Um so mehr wurden sie bewogen, andererseits die An=
erkennung des von dem Absoluten ausgehenden Lebens und Wirkens zu pflegen; dieser
göttlichen Effektivität gelten alle Namen sowie alle Theilungen göttlicher Kräfte und über=
natürlicher Gnaden, sie darf nicht fehlen, wenn nicht das Endliche aus der lebendigen
Verbindung mit Gott herausfallen soll. Die abstrakte Definition des Gottwesens hatte
die Folge, daß alle concreten Anschauungen in eine zweite Kategorie der Wirksamkeit
verlegt und in dieser eine Mannigfaltigkeit von Potenzen nachgewiesen wurde, für welche
das Ureinfache selber keinen Raum bot. Es war nicht schwer, für diese noch sehr flüs=
sige Unterscheidung, die aber auch der Mystik einen Anknüpfungspunkt bot, Zeugnisse zu
finden. Logisch wurde die Differenz daraus gerechtfertigt, daß das Habende mit dem,
was es hat, nicht zusammenfällt, jenes also in gewisser Beziehung über diesem stehen
muß. Dazu fanden sich auch Stellen, namentlich des Areopagiten, nach denen der gött=
lichen Energie das Prädikat der Gottheit und Ungeschaffenheit zukam, und daß kann die
Mittheilbarkeit des Göttlichen an die Menschen der Wirksamkeit, nicht dem Wesen zufalle,
ergab sich von selbst. Auf solche Anleitungen und Stellenbelege stützte die Synode ihren
dogmatischen Beschluß (*Harduin*, l. c. p. 302. 331). Es war ein Urtheil in Bausch und
Bogen. Denn mit welchem Recht die Hesychasten ihrer besonderen Entdeckung des Tha=
borlichtes sich rühmten, was von der gnostisirenden Beschreibung der Energieen zu halten
und wie der Widerspruch eines ungeschaffenen Sichtbaren zu lösen sey, war damit noch

nicht gesagt. Auch von der Frage über das Verhältniß von Seyn und Wirken blieb der schwierigere Theil unerledigt. Gregoras hatte jene Differenz zwar fallen lassen, doch aber eingeräumt, daß zwischen dem Ansichseyn Gottes und seinem Verhältniß auf das Andere unterschieden werden müsse; er hatte im Wesen selber, welches immer zugleich ein Wirken sey, doch eine Duplicität des Theilhaften und Untheilhaften, des Mittheilsamen und Nichtmittheilsamen anerkannt und damit die dem Irrthum der Palamiten unterliegende Wahrheit aussprechen wollen. Es fehlte nicht an Anlaß, die Controverse schärfer zu verfolgen. In den Verhandlungen selbst wird der schwierige Punkt, ob etwa der ganze Unterschied nur im menschlichen Denken begründet sey, zwar gelegentlich berührt, aber nicht gründlich untersucht (*Harduin*, l. c. p. 310). Endlich war man dabei auch über mancherlei logische Ungenauigkeiten nicht hinausgekommen. Der Begriff der Wirksamkeit schwankte, Wirkendes und Gewirktes wurden oft verwechselt, und wenn gefragt wurde, ob die göttliche Vorsehung geschaffen oder ungeschaffen heißen solle, so setzte schon dies eine Unklarheit des Denkens voraus. Dessenungeachtet ist die griechische Kirche mit diesem ungenügenden Resultat, weil es der Richtung ihrer Theologie großentheils entsprach, zufrieden gewesen, und gleichzeitige wie spätere Schriftsteller, Philotheus, Demetrius Cydonius, Marcus Eugenicus, haben es in Schutz genommen, und die Lehre des Barlaam aber als Folge einer Verirrung der Lateiner zurückgewiesen. Der Letztgenannte z. B. führt in »syllogistischen Kapiteln« weitläufig aus, daß wenn man keinen Unterschied zwischen Wesen und Wirksamkeit mehr bestehen lasse, die Trinitätslehre verwirrt und die schlimmsten Origenistischen Consequenzen herbeigeführt werden. Nur einige Griechen blieben in der Opposition, wie Manuel Kalekas, welcher nachweist, daß die Differenz von οὐσία und ἐνέργεια, wenn sie überhaupt bestanden habe, doch von den Palamiten jedenfalls verkannt worden sey. Denn wenn sich Beide verhalten wie Primäres und Sekundäres, Ursache und Wirkung, Untheilbares und Theilbares, Unbewegliches und Bewegliches, Unsichtbares und Sichtbares, so treten Eigenschaften in den Begriff der Wirksamkeit, die theils Gott gar nicht zukommen, theils gerade eine Wesensbedeutung haben (Engelhardts Abhandlung S. 131). Ebenso hat später die lateinische Kirche die Kritik des Barlaam gegen Palamas gebilligt, ja sie hat in ihr den Ausdruck eines wirklichen Streitsatzes zwischen beiden Kirchen ausgedrückt gefunden, welcher darauf hinauslaufe, daß nach der einen Lehrweise die genannte Differenz nur eine gedachte seyn, nach der andern aber reale Wahrheit haben solle. Wie Harduin die Urkunden der Synode von 1351 unter dem Titel Pseudosynodus Palamitica in seine Sammlung aufnahm, so urtheilt Petavius wegwerfend über die Meinung der Griechen: De theol. dogm. I, cp. 12. p. 76. 81. (Antw. 1700): Esse quiddam in Deo putarunt re ipsa distinctum a Dei substantia eaque ut inferius ita minime creatum, sed medii cujusdam inter Deum et res creatas ordinis. — Itaque ridiculi sunt Graeci, qui, quod de ἐπινοίας i. e. rationis vel cogitationis differentia veteres usurparunt, ad rei discrimen imperite, ne dicam, impie transferunt. Von einer Scheidung der Kirchenlehren als solcher kann in diesem Punkt nicht die Rede seyn; nur so viel ist richtig, daß, wie bemerkt, die Griechen bei ihrem Streben nach möglichst abstrakter Bestimmung des absoluten Wesens geneigt waren, die göttliche Aktivität desto näher an das Organ menschlicher Aufnahme oder Erkenntniß heranzuziehen.

Wir schließen also mit der historischen Bemerkung, daß im Hesychastenstreit eine Behauptung der Mystik von Seiten des Dogma und der Scholastik vertheidigt worden, woraus die enge Verbindung erhellt, welche diese beiden Elemente in der griechischen Theologie zu einander einzunehmen suchten. Will man aber die Begebenheit in ein allgemeineres Licht stellen, so ist es die Gleichzeitigkeit mystischer Erscheinungen in verschiedenen und unverbundenen Theilen der Kirche. — Vgl. bef. Engelhardt, die Arsenianer und Hesychasten in Jlgen's Zeitschr. f. hist. Theol. Bd. VIII, S. 48 ff. Dazu m. Schr. über Kabasilas S. 8. 20—24. Append. II, Marci Eugenici capitula syllogistica. (Gaß.)

Heterodoxie, s. Orthodoxie.

Hethiter (חִתִּים, Sept. Χετταῖοι), eine kanaanitische Völkerschaft, 1 Mos. 10, 15.,

bei Zwingli wieder an in einem Brief vom 17. Okt. und reiste am 4. Nov. selbst nach Zürich, um sich beim bevorstehenden neuen Gespräch Zwingli's mit den Täufern zu reinigen und zugleich den Druck seiner deutschen Uebersetzung bei Froschauer einzuleiten. Noch traute ihm Zwingli nicht. Doch als er am 24. Nov. von Neuem nach Zürich kam, um den Druck der Uebersetzung zu besorgen, an deren Spitze er seinen Consens mit Zwingli gegen die Täufer, denen er nie angehört, erklärte, kam er ihm williger entgegen, er gab ihm, als er nach Basel zurückkehrte, vertrauliche Aufträge an Oekolampad in seinem Schwabenstreit und an den zur hebräischen Professur nach Zürich berufenen Pellican mit, und im Februar 1526 durfte Hetzer bleibend als Corrector Froschauers beim Druck der Oekolampad = Zwingli'schen Schwabenschriften nach Zürich zurückkehren, wo er vielleicht auch die Antwort Zwingli's gegen Bugenhagen in's Deutsche übersetzt hat (1526). Hetzer hatte sich wieder unter den beherrschenden Zwingli gebeugt; aber nicht lang ertrug er diese Stellung, sobald seine Lage nur etwas freier und die Gesinnung wieder muthiger und stolzer geworden. Von Neuem hängte er sich an die Züricher Täufer und verließ in Folge davon freiwillig oder gezwungen etwa in der Mitte des Jahres 1526 von Neuem Zürich.

Jetzt suchte er Straßburg auf, wo Wolfgang Capito die Gastfreundschaft Oekolampads und Hetzer die Zurückziehung von der Wiedertäuferei erneuerte, während er übrigens zugleich der Straßburger Freigebung der Kindertaufe, welch letztere er immer allein bekämpft haben wollte, ohne je ein Freund der Wiedertäufer gewesen zu seyn, sein Lobwort zollte. Da kam im Herbst der geistreiche Nürnberger Schulrector außer Dienst, Johann Denk, auf unfreiwilliger Wanderung über Augsburg, wo er ein Jahr lang Hetzer ersetzt hatte, nach Straßburg. Die beiden so verwandten Männer, die sich Allem nach hier (nicht in Nürnberg, nicht in Basel) zum ersten Mal begegneten, traten mit einander in Verbindung zunächst zur Herausgabe einer Uebersetzung der alttestamentlichen Propheten. Schon in der ersten Hälfte des Jahres 1526 hatte Hetzer eine Uebersetzung Maleachi's veranstaltet nach und mit der Auslegung Oekolampads und war gleich darauf mit denselben Hülfsmitteln als „geringes Werkzeug Gottes", wie er glaubte, auch an die Uebersetzung Jesajas gegangen. Bei der Schwierigkeit der Arbeit mußte er es aber als göttliche Verfügung erkennen, daß der sprachkundige Joh. Denk ihm zugeführt wurde, mit dessen Hülfe er nun Jesaja und dann die übrigen Propheten des A. T. verdeutschte. Das Ganze erschien im Frühjahr 1527 mit einer Vorrede Hetzers, der sich über das Unternehmen und die Grundsätze näher aussprach, bei Peter Schöffer in Worms und wurde in der nächsten Zeit vielfach, besonders in Augsburg nachgedruckt, während die Stadt Nürnberg über die Schrift verbot. Luther selbst und die Züricher sprachen sich anerkennend aus über die Propheten, die Vorgänger ihrer eigenen Uebersetzungen, doch rügten sie nicht bloß die theilweise Dunkelheit, sie und selbst Seb. Frank meinten zu finden, daß Juden dabei gewest, die Christo nicht große Huld erzeigt haben, und schon als Verdollmetschung der Rottenhäupter jagte die Arbeit den Zürichern ein Scheuen und Grausen ein. Aus jener Eigenthümlichkeit der Uebersetzung ist zugleich zu sehen, daß die Gemeinschaft der beiden Freunde nicht auf die literarische Arbeit beschränkt blieb. Hetzer ging, wie dies seine Schriften und ausdrückliche Nachrichten der Straßburger zeigen, auf die theologischen Ideen Denks ein, nicht bloß weil er im Gefühl sittlicher Schwäche seine Haltpunkte auswärts suchen und insbesondere unter die Auctorität dessen sich beugen mußte, der sie nachdrucksvoll in Anspruch nahm und Widerspruch nicht zu ertragen vermochte, sondern auch weil er ohne eigene Produktivität des theologischen Denkens den systematischen Ausbau und den klaren Ausdruck seiner Richtung nur von Andern borgen konnte. Aber was er so annahm, lag doch in der Consequenz seines eigenen, weniger spekulativen als praktischen Standpunkts und ließ als direkte Folgerung seines überspannten Erwählungs= und Gotteinheitsbewußtseyns erscheinen, während er andererseits Denk nicht zu allen seinen spekulativen Aufstellungen, wie z. B. zu seiner Lehre von der Endbekehrung des Teufels, nachzufolgen vermochte. Besonders vollendete sich jetzt sein

Spiritualismus gegenüber der Schrift. "Wer aus der äußeren Schrift Gott verstehen lernen will, der betrügt sich selbst. Wer Gott nicht bei, in und mit Gott sucht, wird allweg suchen und nicht finden. So gelehrt er sey, er mag nicht einige Schrift verstehen, er hab' sie denn im Abgrund und in der Wahrheit seiner Seele, darin Gottes Wort und Saamen liegt, in der Schule Christi, in der Stille des Sabbaths bei den Füßen des Herrn sitzend und im Kreuzgang erfahren. Wer aber in diesem spaziert hat, der versteht nicht bloß die Schrift, er versteht auch göttliche Kunst, obschon kein Buchstab weder geredet noch geschrieben wäre." Am höchsten standen ihm die Gesichtsbücher; in den Offenbarungen der Propheten fand er die Thätigkeit Gottes an sich selbst wieder. Aber es war auch consequent, daß er ("Kanon hin, Kanon her") den strengen Begriff der kanonischen Bücher aufhob und die Lehrdifferenzen der einzelnen Bücher (Moses und Ezechiel) stärker hervorhob. Ein zweiter Hauptpunkt war die Läugnung der Gottheit Christi und des Werths seiner Versöhnung, welche als consequentes Resultat jenes gott-menschlichen Grundbewußtseyns und der gesteigerten Werthschätzung des subjektiven Heils-prozesses sich darstellt. Hetzer hat in seinen Reimen "unter seinem Kreuzgang" gestellt das "Zechen auf die Kreide Christi", d. h. auf seinen versöhnenden Tod für Schein und Teufelgedicht erklärt und eigenes Zahlen und Leiden mit Christo verlangt, und die Ein-heit des ohne Gehülfen schöpferischen Gottes gegen die Trinitätslehre ("meiner sind nicht drei") und gegen die Vorstellung einer Mehrheit göttlicher Personen ("ich glatt nit weiß von keiner Person") verfochten. Die Straßburger nennen besonders in diesem Punkt Denk seinen Schulmeister. Ziemlich am bezeichnendsten für seinen Standpunkt dürfte in der Kürze die Vorrede zum Propheten Baruch seyn, die Seb. Frank in seiner Karakteri-sirung Hetzers vorzugsweis benützte.

Das Treiben der in den Winkeln thätigen Sektirer in Straßburg konnte nicht zu lange verborgen bleiben, so klug sich auch Denk und noch viel mehr Hetzer verbarg, der von seiner Freundschaft mit Denk Capito nichts merken ließ. Aber am 22. Dezember wurde Denk von den Straßburger Geistlichen wegen seines Schriftchens vom Gesetze Gottes zu einer Disputation vorgeladen, am 25. verließ er auf Veranstaltung des Raths die Stadt. Bald, wahrscheinlich im Februar, folgte ihm Hetzer nach, dem der offene Bruch des Sektirers mit Capito (keineswegs bloß ein Bruch wegen fleischlicher Sünden) nicht erspart wurde. In einem Abschiedsbillet an Capito gab er und erbat er Verzei-hung für die Sünden und Fehler des alten Menschen. Hetzer ging zu Denk in die Rheinpfalz, ein Land, in dem damals noch seit dem Bauernkrieg unter Kurfürst Ludwig die evangelischen Parteien frei sich bewegen durften. Die Vollendung des Drucks der Propheten in Worms mit der Vorrede vom 3. April 1527 war hier ihr löblichstes Werk. Aber noch offener und leidenschaftlicher als in Straßburg sammelten sie Genossen für ihr Geistschriftenthum, dessen Mittelpunkt die Verächtlichmachung des äußern Worts, der ordentlichen Prediger, des Verdienstes Christi war. Sie wirkten in Worms, in Berg-zabern, in Landau und hin und her unter dem Landvolk. In Worms wurde der junge Prediger Jakob Kautz und dessen College Hilarius gewonnen; die Rückwirkung ging bis Straßburg. Dogmatischer Führer war Denk, leitendes und organisirendes Par-teihaupt der gewandtere Hetzer, der so neben der Unterwerfung auch seine Herrschaft fand. Der 13. Juni sollte durch eine Disputation Jak. Kautzens über sieben Denk'sche Artikel für die Sektirer gegenüber den zwei lutherischen Predigern und den Papisten in Worms entscheiden. Aber der Tag wurde eine Niederlage nicht bloß der Sektirer, sondern des Evangeliums überhaupt. Der reichsstädtische Rath entließ unter der steigenden inneren Unruhe und unter den Forderungen des Kurfürsten Ludwig sämmtliche evangelische Geist-liche, in größter Stille den beliebten Jakob Kautz, dem die beiden Freunde folgten. Mehrere Wochen entbehrte die Stadt der evangelischen Predigt; zugleich zwang der Kur-fürst auch Landau und Wimpfen zur Entlassung der Prediger, verfolgte die ver-führten Landleute mit grausamen Strafen und trat aus der gemäßigten Mittelstellung in die Reihe der Gegner des Evangeliums. Denk und Hetzer, beide nach solcher Katastrophe selbst gebrochenen Muthes, wandten sich über Nürnberg und Augsburg, wohin Kautz schon vorangegangen, in die Schweiz; Denk nach Basel, wo er unter dem Schutz Oekolampads noch zu Ende des Jahres starb, Hetzer in die östliche Schweiz, in's Thurgau und in seine Vaterstadt Bischofszell, wo seine Eltern noch lebten, wahrscheinlich auch nach St. Gallen, wo Joachim von Watt auf ihn zu wirken suchte, sowie nach dem der Heimath benachbarten Konstanz.

Etwa in der Mitte des Jahres 1528 kam er hieher, wo die Prediger ihm von früher befreundet waren, nachdem er von Bischofszell mit dem Gefühl des Abschieds für immer sein Lebewohl genommen. Wahrscheinlich hat er in diesen letzten Zeiten seine Schriften von der Gottheit Christi und von den Schriftlehrern ausgearbeitet, die er nicht mehr zur Oeffent- lichkeit bringen konnte, und von denen die erstere schon durch Zwingli dem Druck entzogen und von Ambros. Blarer (s. d. Art. Blaurer) in spätern Jahren in dem seiner Meinung nach einzig vorhandenen Exemplar verbrannt worden ist. Seinen Radikalismus hat er in ihnen in reiffster Form niedergelegt; in der letzteren hat er dem buchstäbischen Glauben des Buchgelehrtenthums fanatisch die ungelehrten Fischer Galiläa's gegenübergestellt und schon der Name der erstern weckte Staunen und Schrecken weit und breit in der evan- gelischen Welt. Aber auch die tiefste sittliche Verirrung bezeichnete den Schlußpunkt der Laufbahn Ludwig Hetzers. War schon sein bisheriges Leben selbst in der Nähe Oeko- lampads durch geschlechtliche Sünden verunreinigt und durch einen Wechsel des Fallens und Wiederaufstehens bezeichnet, und mitten in der Höhe des Erwählungsbewußtseyns die Demuthssprache des "armen, kleinfügigen Sünders", des "geringen Menschen" gegen- über der "majestätischen Herrlichkeit Gottes", sowie der stehende Wahlspruch in seinen Büchern: "o Gott, erlös die Gefangnen" der ungekünstelte wahre Ausdruck innerer Zerrissenheit und eines fortdauernden innerlichen sittlichen Selbstgerichts, das er sich übri- gens durch den Grundsatz: "Gott kann nicht allweg zürnen" erleichterte, so verging er sich hier in seinen wiedertäuferischen Kreisen nicht nur mit Frauen und Jungfrauen, sondern vertheidigte zuletzt sogar in der Weise Joh. Huts (des Freundes in Augsburg) in Privatzirkeln Ehebruch "mit göttlichen Willens Behelf." Nach Entdeckung seiner Ver- gehungen in dem durch die Reformation bedeutend versittlichten Konstanz wurde er Ende Oktobers verhaftet und nach mehr als dreimonatlichem Gefängniß am 3. Februar 1529 ohne Rücksicht auf seine täuferischen Ansichten, die der Konstanzer Rath grundsätzlich nicht strafte, zum Tod durch's Schwert verurtheilt. Im Gefängniß, wohin ihm der alte Wil- helm von Zell Mahnworte sandte, verlassen, kränklich und mit schlimmen Aussichten, war er zuerst sehr kleinmüthig und voll Liebe zum Leben; aber sein Urtheil nahm er ruhig und freudig entgegen und pries seinen Gott, der sein Fleisch endlich bezwungen und ihn von seinem Gefängniß ausgeführt. In erleichterter Haft genoß er die letzten 24 Stunden den Zuspruch der Prediger von Konstanz, Joh. Zwick und Joh. Metzler, ferner des Rathsherrn Thomas Blarer, Bruders des abwesenden Ambrosius, und vieler angesehener Männer. Die Prediger mit ihren Fragen nach Christo und nach der Vergebung durch sein Blut bat er, es kurz zu machen, seltsam entgegnend: was denn das Blut Christi wäre? Um so mehr öffnete er sich dem sanften Thomas Blarer, dem er seine Reue über seine letzten Schriften und die Ehrsucht, die ihn zu Vielem getrieben, eingestand. Die Nacht durch sang man, Hetzers Anfechtungen zerstreuend, seine und Andrer christliche Lieder, betete knieend, besprach seine literarischen Arbeiten, unter denen er selbst den Propheten die Palme gab, wehmüthig anfügend, er wollte so gern darin fortgefahren und je länger je stiller gewandelt seyn. Er vergaß sich selbst und seine Lage, indem er mit Blarer, der ihm einen hebräischen Psalter gegeben, eifrig über Erklärung eines Psalmen conferirte. In der Frühe des Morgens betete er mit hohem Ernst, hielt eine Ermahnung an die Prediger, den Buchstaben- und Mundglauben rügend und die Frei- gebung der Kindertaufe anempfehlend. Wieder betete er unten, als er der öffentlichen Verkündigung des Urtheils wartete; ich bin nicht würdig, sprach er, daß mich der Weg hinaus zur Pein trage. Nach der Eröffnung vor dem Rathhaus und vor dem ernsten letzten Gang bat er den Rath um Verzeihung, empfahl ihm den Vater und seine Hausfrau, sowie in dem Gott wohlgefälligen Amt der Obrigkeit Gerechtigkeit und Barm= herzigkeit und Sorge für die verlassenen Gefangenen. Dem Nachrichter übergeben und gefesselt mahnte er das Volk, das Evangelium nicht bloß Wort und Schein bleiben zu lassen; und wenn man ihm selbst entgegenhalte: Arzt, arze dich selbst! so antworte er, daß Keiner von Gottes Auserwählten je zu spät gekommen: etliche berufe Gott zur ersten Stunde, etliche zur elften; Gott habe ihn tief in die Hölle geführt, aber nicht minder hoch erhebe er ihn und führe ihn aus. Er bat das Volk, sein Gebet ihm nachzusprechen: Gott wolle sein Auge nicht abwenden von seinem geringen Werkzeug, Ludwig Hetzer, welcher auf heute hinausgeführt werde um seiner Sünde willen. Aehnlich sprach er wieder auf dem Obermarkt von den vielerlei Geschirren im Hausrath Gottes zu Schand und Ehre, damit Niemand sich an ihm ärgere. Viel tapfere Männer weinten. Lang= sam, im Geleite der Freunde, redend, betend, dem Volk das Gedränge verweisend und nicht ohne freundliche Worte selbst für den Nachrichter ging er hinaus; er gedachte be= sonders der in gewaltsamem Tod vorangegangenen Mitbrüder. In der Nähe des Richt= platzes schreckte er einen Augenblick zusammen. Dann nahm er den hebräischen Psalter und verdeutschte den 25. Psalm, den das Volk nachsprach; drauf ein Vaterunser und die Schlußbitte, daß Gott ihn nicht zu Schanden mache. Entkleidet und angebunden ent= färbte er sich und sprach seufzend: wie soll mir's ergehen? Doch unter dem Trostworte der Freunde kniete er mit dem Wort: »wohlan, das ist mir im Namen Gottes« rasch nieder und empfing den tödtlichen Streich. Alles war erbaut an seinem Sterben; Joh. Zwick in einem Brief an A. Blarer und Thom. Blarer in der gedruckten Beschrei= bung dieses Todes wissen die Ausdrücke nicht genug zu häufen, um die Herrlichkeit dieses Ausgangs des Dieners Gottes trotz aller Schmach seiner Missethat zu schildern. Man wird die Selbstbeherrschung, den männlichen Muth und die Lebendigkeit eines nicht gewöhnlichen Menschen, sowie die tiefen Regungen der Buße in diesem Tode anerkennen müssen, aber auch Selbstdemüthigung und Erwählungssicherheit, ja prahlenden Hoch= muth selten so räthselhaft verschlungen finden, als im Tode des im Leben und Sterben nur sich selbst gleichen »armen Werkzeugs Gottes«, Ludwig Hetzer.

Hauptquellen: Die Briefe Oekolampads, Zwingli's, Hetzers in Zwingli's Brief= wechsel und in Füßli, Epp. Reff. Acta des Zürcher Gesprächs bei Schuler und Schult= heß. Hetzers Schriften: Urtheil Gottes ꝛc. und: alle Propheten nach Hebräischer Sprach verteutscht. Briefe von Urb. Regius und Joh. Zwick in der Simler. Samml. Thomas Blarers seltene Druckschrift: wie L. Hetzer zu Costentz mit dem schwert gericht uß disem zyt abgescheyden ist. Straßb., Beck 1529. Ferner: Seb. Franks Chronik. Mu= seum Helveticum t. VI. 100 sqq.: anecdota quaedam de L. Hetzero von Breitinger. Füßli, Beiträge V. 146 ff. Bock, hist. Antitrinit. Ottii annal. anab. Rieberer, Nachrichten II. Vgl. Trechsels Antitrinitarier I. 13 ff. Heberle, über Denk in Studien und Kritiken 1851, I. 148 ff. 1855, IV. 817 ff. Mancherlei falsche Nachrichten über Hetzer sind stillschweigend abgelehnt.   Dr. Theodor Keim.

Heubner. Eine jener kirchlichen Größen der neueren Zeit, welche mehr wärmte, als leuchtete, weniger in der Ferne bekannt, als in der Nähe verehrt, weniger durch die Schrift zeugte, als durch das lebendige Wort, und weniger durch dieses als durch das Vorbild des Lebens. — Heinrich Leonhard Heubner war 1780 im Flecken Lauterbach im Erzgebirge geboren. Nachdem schon im dritten Jahre der Vater, ein Prediger, gestor= ben, wurde durch die Mutter der Same der Frömmigkeit in das Herz des Knaben ge= pflanzt, und bis in's späteste Alter leuchtete das Auge von dankbarer Liebe, so oft er ihrer gedachte. 1793 kam der unter sehr dürftigen Verhältnissen aufgewachsene Knabe nach Schulpforte mit einer Blödigkeit, die ihn auch als Mann nicht verlassen, aber geistig geweckt und durch das zarteste Gewissen für religiöse Eindrücke empfänglich. Im Jahr 1799 bezog er die Universität Wittenberg, wo Schröckh als gelehrter, Karl Ludwig Nitzsch als dogmatischer und praktischer Theologe am stärksten auf ihn wirkten. Sehu=

süchtig streckte der innig fromme Jüngling in jener frostigen und dürren Zeit seine Fühl=
fäden nach Nahrung aus: keine andere, als die einer kantischen Moral und einer darauf
begründeten Apologetik wurde ihm dargeboten. Dem Schreiber dieses hat der Verewigte
das Vertrauen geschenkt, ihm seine Tagebücher aus jenen Studienjahren mitzutheilen:
wie auch aus dem saftlosesten Holz ein sehnsüchtiges religiöses Gemüth sich Nahrung zu
saugen weiß, dafür geben sie einen rührenden Beweis. Die trockne, der eigentlich reli=
giösen Sphäre so abgewendete kantische Moral, aufgefaßt von dem religiös bewegten
Gemüthe, übte ihm religiös erbauende und befruchtende Kraft, daneben gewährte der
Reinhard'sche Supranaturalismus einen Anhalt für die dogmatische Ueberzeugung. Im
J. 1805 habilitirte sich Heubner als akademischer Docent und eröffnete seine Vorlesungen
mit bedeutendem Beifall; 1808 erhielt er das dritte Diakonat an der Wittenberger
Stadtkirche und wirkte nun von dieser Zeit an mit jenem ihm eigenthümlichen zarten
Amtsgewissen in beiderlei Beruf mit einer, Manchem fast unverständlichen, rastlosen, oft
peinlichen Trene. Erst im Jahre 1811 wurde er außerordentlicher Professor und be=
währte hier seine seltene Amtstreue, indem er im Sommer 1813, als während des Kriegs=
getümmels und der Belagerung der Stadt alle übrigen Collegia geschlossen waren, noch
vor einem kleinen Reste Studirender akademische Vorlesungen hielt und auch die Gottes=
dienste, als die Kirche für militärische Zwecke in Beschlag genommen, vor einem kleinen
Häuslein Andächtiger in einem Hörsale der Superintendentur mit Eifer fortsetzte.
Als bei der Säkularfeier der Reformation 1817 die Wittenberger Universität mit
der Hallischen verbunden und statt dessen von der preußischen Regierung das Wittenber=
ger Predigerseminar gegründet worden, erhielt Heubner anfangs als dritter Direktor eine
Stellung an demselben, nach dem Tode von Schleusner und Nitzsch 1832 als erster, womit
er zugleich in die von Nitzsch erledigte Superintendentur einrückte. In dieser Stellung
hat er bis an das Ende seines Lebens beharrt und, von pietätsvoller Liebe zu seinem
Wittenberg beseelt, alle Anträge auf Berufungen nach außen ausgeschlagen.
Als Theologe nimmt er bis etwa 1817 den Reinhard'schen Standpunkt ein; wo
irgend sich ihm Gelegenheit bot, denselben zu befestigen, wurde sie von ihm mit Ange=
legenheit ergriffen. Ein mütterlicher Oheim in Wien hatte ihm einen Aufenthalt daselbst
für einige Zeit vergönnt, er bereicherte sich hier mit der Kenntniß und später mit dem
Studium derjenigen apologetischen Schriften von Frint, Galura, Sailer, welche
auch zur Stärkung und zum Frommen mancher dem Glauben treugebliebenen Protestan=
ten am Anfange des Jahrhunderts die katholische Theologie hatte ausgehen lassen; noch
in späterer Zeit gedachte er dankbar der Nährung seines Glaubens aus diesen Quellen.
Eben diesen supranaturalistisch=apologetischen Standpunkt hat Heubner in der Theologie
auch in der spätern Periode seines Lebens nicht verlassen. Als bekannter Vertreter der
Apologetik ist er veranlaßt worden, den Artikel über diese Wissenschaft in der Ersch= u.
Gruber'schen Encyklopädie zu verfassen und die neue fünfte Ausgabe von Reinhards
Plan Jesu 1830 mit eigenen Anhängen vermehrt zu besorgen, auch ruht die Stein'sche
historische Apologetik großentheils auf seinen Vorlesungen. Wie ihm die neueren philo=
sophischen Zeitbewegungen fern blieben, so wurde auch die Schleiermacher'sche und die
Hegel'sche Theologie von ihm nur mit Mißtrauen, beziehungsweise mit Abscheu be=
trachtet. So trug denn seine Theologie einen etwas veralteten Karakter, wie dies auch
der kürzlich erschienene erste Band seiner praktischen Auslegung des N. T. zeigt, aber
unter diesem abgetragnen theologischen Gewande schlug das christliche Herz seit der Zeit
des religiösen Erwachens in der Periode der Befreiungskriege immer wärmer und leben=
diger. Schon vorher hatte eine Freundschaft mit einem Oberlausitzischen Prediger Heub=
nern in Verbindung mit der Brüdergemeinde gebracht und das Studium der Zinzen=
dorf'schen Schriften war ihm besonders theuer und werth geworden. Damit hatte sich
das seit dem Reformationsjubiläum wieder in Aufnahme gekomme Studium der Lu=
ther'schen Schriften verbunden, es kam die Befreundung mit Persönlichkeiten aus den
neu erweckten Berliner Kreisen hinzu: so hatte sich die Herzensfrömmigkeit zu einer In=

nigkeit und Wärme gesteigert, welche über die Formen des erlernten Schulsystems weit
hinausging.

Die wirkende Kraft des Verewigten lag überhaupt nicht in seinem Kathedervortrag,
selbst nicht in den Predigten. Was nämlich seine Predigten betrifft, so waren dieselben
zwar warm, eindringlich, volksmäßig, aber doch trugen sie noch zu viel von der Schule
an sich, als daß eine tief eingreifende Wirkung von denselben hätte ausgehen können.
Heubners nährende und zeugende Kraft lag ganz in der Persönlichkeit des Mannes.
Keine theologische Persönlichkeit haben wir in dem beschränkten Umkreise unserer Lebens-
erfahrung kennen lernen, welcher eine so allgemeine und so unbedingte Verehrung von
allen Altern und Ständen, von den Freunden und selbst von den Gegnern, die ihn
fürchteten, zu Theil geworden wäre als die Heubnersche. Bürger, Beamte und Mili-
tairs, Kandidaten und Prediger, Kinder, Männer und Frauen, wenn sie auf den Straßen
Wittenbergs oder auf seinen häufigen Spaziergängen ihm begegneten, Keinen sah man
an ihm vorübergehen, in dessen Begrüßung nicht schon der Ausdruck der Ehrerbietung
zu erkennen gewesen wäre. Und dieses Gefühl der Ehrerbietung war es, das bis zu
den Spitzen der Behörden hinaufreichte. Unter allen Schwankungen der religiösen Tendenzen der kirchlichen Behörden Preußens, von dem Ministerium Altenstein bis zu dem
Ministerium Ladenberg, galt Heubner gleichsam als eine geheiligte Persönlichkeit, welcher
Niemand zu nahe zu treten, Niemand wehe zu thun wagte. Und doch war dieser All-
verehrte mit augenfälligen Schwachheiten behaftet: seinem theologischen Standpunkte nach
erschien er dem jüngeren Geschlecht als ein Zurückgebliebener, seine Unfähigkeit, sich auf
fremde Standpunkte zu versetzen, ließ ihn — zumal bei der Hitze seines Karakters — gegen
manche Persönlichkeiten ungerecht werden; die Beschränkung auf sein Wittenberg, wovon
er sich nur etwa bei Badereisen entfernte, und in Wittenberg wiederum auf den engsten
Familienkreis gab ihm für viele Erscheinungen und Verhältnisse einen viel zu engen und
spießbürgerlichen Standpunkt der Betrachtung. Aber der Verewigte war ein Mann des
Gebets, ein Mann rücksichtslosester Selbstverleugnung, der in keiner Hinsicht
sich selbst, sondern allein die Sache seines Gottes suchte. Ist jemals Einer gewesen, bei
dem die Stimme des Gewissens den unbedingtesten Gehorsam fand, so war es der Verewigte. Wie unverrückt ihm selbst die Gegenwart Gottes vor Augen stand, so kam ein
Gefühl derselben über Jeden, der sich in seiner Nähe befand. Kein Wunder, wenn ein
solcher Mann denn auch unter seinen Kandidaten, unter seinen Mitbürgern als ein wan-
delndes Gewissen umherging. Der Eindruck, was es heiße, in der Gegenwart Gottes
leben, sein geistliches Amt in der Furcht des Herrn führen, ist der Gewinn gewesen,
den gewiß die große Mehrzahl der Vielen, welche dem Wittenberger Seminar angehört,
als die köstlichste Frucht davongetragen. Nur wenige Beispiele in den östlichen Provinzen Preußens wenigstens möchten gefunden werden, wo ein protestantischer Geistlicher
noch eine solche Macht über die Gewissen ausübt. Als im Jahr 1845 Uhlich auf seinen
lichtfreundlichen Missionsreisen auch in Wittenberg sich Anhang zu erwerben versuchte,
befand sich Heubner gerade in Karlsbad; von dort her wurde von ihm ein in heiligem
Gotteseifer flammendes Schreiben an seine Gemeinde erlassen, nach seiner Rückkehr trat
er in einer erschütternden Predigt wieder auf seiner Kanzel auf und allen wühlerischen
Versuchen war der Boden entzogen, so daß bei einem nochmaligen Versuche der Licht-
prediger vor dem erzürnten Bürgern sein Heil in der Flucht suchen mußte.

Was Heubners confessionelle Stellung betrifft, so wollte er, wie Reinhard, auch auf
seinem supranaturalistischen Standpunkte nichts anders seyn, als ein der Kirche, in der
er geboren war, getreuer lutherischer Theologe; Pietät war ein Grundzug seines Karakters. Manche unserer Zeit unverständliche Züge derselben liegen aus seinem Leben vor:
so hat er bis an's Ende seiner Tage aus Pietät für den verstorbenen Vater einen ererbten
schwarzen Leibrock desselben stets auf der Kanzel unter seinem Talar getragen. Diese
Pietät war es, welche es ihm auch unmöglich gemacht hätte, einen Fingerbreit von dem
angestammten Bekenntnisse seiner Kirche zu weichen. Er hatte sich geweigert, der Union

beizutreten, die neue Agende anzunehmen: die ehrerbietige Scheu der kirchlichen Behör=
den, welche gerade ihn sich nicht anzutasten getraute, hatte ihn gewähren lassen. So lange
indeß die confessionellen Wirren in Preußen noch nicht eingetreten, war auch bei ihm
dieser Confessionalismus nur im Hintergrunde geblieben. Nachdem jedoch die lutherische
Reaction begonnen, trat auch bei ihm in dieser Hinsicht eine größere Schärfe ein. Die
Versammlungen des lutherischen Vereins in Wittenberg hatten in den letzten Jahren
ihn zu ihrem Präses erwählt.

In die gelehrte Welt ist er wenig herausgetreten; unablässig studirte er und sam=
melte eine umfangreiche Bibliothek, welche bei seinem Tode von dem Könige angekauft
und dem Seminar zum Geschenk gemacht worden, aber ausdrücklich lag es in seinen
Grundsätzen, nicht sowohl durch Bücher, als durch das lebendige Wort zu wirken. So
beschränken sich denn seine gelehrten Werke auf zwei Abhandlungen vom J. 1805 und
1807: historia antiquior dogmatis de modo salutis tenendae und miraculorum ab evan-
gelistis narratorum interpretatio grammatico-historica asserta, wozu noch die erwähnte
neue Ausgabe von Reinhard's Plan Jesu kommt und eine von ihm mit Zusätzen ver=
mehrte Ausgabe von Büchners Handconcordanz 7. A. 1845. Auch mit Herausgabe sei=
ner Predigten hielt er zurück und nur zwei Predigtsammlungen sind von ihm erschienen.
Aus seinem literarischen Nachlaß ist der erste Band seiner praktischen Erklärung des
N. T. 1856 herausgegeben worden, reich an schönen praktischen Bemerkungen. Quel=
len: Zum Gedächtniß Dr. Leonhard Heubners zum Besten der Heubnerstiftung heraus=
gegeben von den Mitgliedern des Königlichen Predigerseminars 1853 mit einem Nachruf
von Niebner; Dr. Heinrich Leonhard Heubner, Nekrolog von einem seiner ehemaligen
Schüler (Dr. Schmieder) aus der ev. Kirchenzeit. besonders abgedr. 1853. Tholuck.

Heumann, Christoph August, unter den protestantischen Theologen der ersten
Hälfte des 18. Jahrh. durch Vielseitigkeit und Gründlichkeit des Wissens, wie durch
aufrichtige Frömmigkeit und Reinheit der Sitten ausgezeichnet, wurde den 3. August
1681 zu Altstädt im Thüringischen geboren, wo sein Vater Diakonus war und zugleich
die Predigerstelle des benachbarten Dorfes Mönchpfössel verwaltete. Schon in der frü=
hesten Jugend von dem härtesten Schicksale betroffen, gerieth er nicht nur selbst mehrmals
in die äußerste Lebensgefahr, sondern verlor auch wenige Wochen nach seiner Geburt
seinen Vater und sechs Geschwister in einer pestartigen Krankheit durch den Tod, nach=
dem seine Mutter von derselben kaum genesen war. Seine erste Erziehung und Bildung
verdankte er dem Nachfolger seines Vaters, dem M. Andreas Rosen, der seit dem
Jahre 1683 als Stiefvater gewissenhaft für ihn sorgte. Indessen raubte ihm der Tod
schon im J. 1694 auch diese Stütze, worauf sein älterer Bruder Johann
Samuel, der nun in die erledigte Pfarrstelle des Vaters einrückte, aus allen Kräften an=
nahm. Von einem lebhaften, mit glücklichen Anlagen ausgestatteten Geiste unterstützt,
hatte er es als Knabe in der Schule seiner Vaterstadt schnell so weit gebracht, daß er,
kaum 15 Jahre alt, das Gymnasium zu Saalfeld und seit 1697 die unter dem Rektor
Gleitsmann damals sehr blühende Schule zu Zeitz besuchen konnte, wobei er sich jedoch
die Mittel zu seinem Lebensunterhalte und die nöthigen Bücher durch Privatunterricht
und Singen im Chor verdienen mußte. Mit dem Zeugnisse eines sehr gelehrten Jüng=
lings (literatissimi juvenis) ging er darauf um Michaelis 1699 zur Universität Jena
ab, um daselbst Theologie und Philosophie zu studiren. Da sich hier sein Streben, je
weiter er bei seinem rastlosen Fleiße in den Wissenschaften fortschritt, immer entschiedener
auf ein akademisches Lehramt richtete, so ließ er sich 1702 von der philosophischen Fakultät
prüfen und erwarb sich nach öffentlicher Vertheidigung seiner Disputation de duellis
principum unter dem Vorsitze des Professors J. J. Müller die Magisterwürde, worauf
er im folgenden Jahre als Privatdocent einige philosophische Vorlesungen zu halten be=
gann, die er mit steigendem Beifall bis Ostern 1705 fortsetzte, während dieser Zeit aber
auch als Theolog in der akademischen Kirche in 24 Kanzelvorträgen die Bergpredigt Jesu
erklärte. Indessen überzeugte er sich, zugleich lehrend und lernend, immer mehr davon,

daß wissenschaftlicher Fleiß allein zu einer gediegenen Ausbildung noch nicht genüge. Er unterbrach daher ohne langes Bedenken seine glücklich begonnene akademische Laufbahn auf einige Zeit, um nach der guten, alten Sitte zu seiner Weiterbildung mit dem ihm befreundeten Magister Ehrenberger eine Reise durch einen Theil von Deutschland und Holland zu machen, auf welcher er nicht nur die berühmtesten Gelehrten seiner Zeit, namentlich Jurieu, Breckling, Poiret, Witsius, Gronov, Burmann, Cox, van Dale, le Clerc, Limborg, Vitringa, Bernoulli, Braunius, die Doktoren der Theologie Riemer und Petersen, den Literarhistoriker Joh. Albert Fabricius und den größten von Allen, den genialen Leibnitz, persönlich kennen lernte, sondern auch die gemachten Beobachtungen und Wahrnehmungen in einem genau geführten Tagebuche zu seiner Belehrung ausführlich aufzeichnete*). An Körper und Geist gestärkt und mit mannigfachen Erfahrungen bereichert, kehrte er sodann im Oktober 1705 nach Jena zurück, wo er mit neuem Eifer seine akademische Thätigkeit wieder begann und den Kreis seiner Vorlesungen nun auch auf einige Zweige der Theologie und auf den lateinischen Styl ausdehnte. Da er indessen bei seiner Bewerbung um die Adjunktur der philosophischen Fakultät einem andern Bewerber nachgesetzt wurde, übernahm er im J. 1709 die seinen Wünschen und gelehrten Beschäftigungen entsprechende Stelle eines Inspektors des theologischen Seminars und Collaborators des Gymnasiums in Eisenach, worauf er acht Jahre später dem Rufe des göttinger Magistrates zum Rektorate der dortigen Gelehrtenschule an die Stelle des bekannten Pädagogiarchen Justus von Dransfeld**) folgte. In diesem erwünschten Wirkungskreise durch ein reichliches Einkommen gegen Nahrungssorgen gesichert, erwarb er sich bis zur Gründung der Universität mit ausgezeichneter Umsicht und unermüdeter Thätigkeit als Rektor, Lehrer und Schriftsteller große Verdienste um die Schule. Nachdem er eine neue, den Zeiterfordernissen angemessene Schulordnung eingeführt hatte, brachte er durch eigenen Eifer im Unterrichten und durch seinen einflußreichen Umgang mit den übrigen Lehrern die Schule bald in einen so guten Ruf, daß die Räume kaum ausreichten, alle Schüler zu fassen und eine classis selecta eingerichtet werden mußte. Da er bei diesem wachsenden Rufe oft von angesehenen Eltern aus der Ferne gebeten wurde, ihre Söhne in Pension zu nehmen, so verheirathete er sich 1719 mit der neunzehnjährigen Tochter des Stadtsyndikus Winicker. Doch blieb die Ehe kinderlos, und schwere Leiden trübten viele Jahre das Glück derselben; denn die kräftige und von Natur lebensfrohe Frau wurde nicht lange nach ihrer Verheirathung von einem unheilbaren Gichtübel befallen, welches sie, stets an ihr Lager gefesselt, mit musterhafter Ergebung bis an ihren 1750 erfolgten Tod ertrug.

Zwanzig Jahre hatte Heumann mit dem besten Erfolge der seiner Leitung anvertrauten Schule vorgestanden, als er im April 1734 von dem Minister Gerlach Adolf von Münchhausen den Befehl erhielt, das im Paulinerkloster befindliche Gymnasium zu exauguriren, damit die Gebäude desselben bei der bevorstehenden Eröffnung der Georgia Augusta zu akademischen Zwecken benutzt werden könnten***). Mit vollem Rechte durfte er jetzt erwarten, bei der Ernennung der ordentlichen Professoren der Theologie berücksichtigt zu werden, da er schon im Anfange des Jahrs 1728 zu Helmstädt nach rühmlich bestandener Prüfung öffentlich (gleichzeitig mit dem berühmten Mosheim) die Würde eines theologischen Doktors erlangt, sich als Schriftsteller unter den deutschen Gelehrten mit Beifall bekannt gemacht und mehrere Berufungen aus Liebe zu Göttingen abgelehnt

---

*) Die Handschrift dieses interessanten Reisetagebuches ist leider verloren gegangen; gehaltreiche Auszüge aus demselben finden sich aber in der Lebensbeschreibung Heumann's von G. A. Cassius, Kap. 7. S. 34—137.

**) Vergl. die Lebensbeschreibung des gelehrten und seiner Zeit sehr geachteten Dransfeld in meinen „deutschen Lebens- und Karakterbildern" Thl. I. S. 258—274.

***) *Heumanni* Primitiae Götting. academicae (1738) S. 271 ff.

hatte. Dennoch ſah er ſich in ſeiner Erwartung getäuſcht; denn er wurde durch ein königliches Reſcript vom 12. Oktober 1734 nur zum ordentlichen Profeſſor der Literarhiſtorie in der philoſophiſchen und daneben zum außerordentlichen Profeſſor in der theologiſchen Fakultät mit Beibehaltung ſeines bisherigen Gehaltes ernannt. Gleichwohl ließ er ſich durch dieſe Zurückſetzung, ſo ſehr ſie auch ſeinen Ehrgeiz ſchmerzen mochte, in ſeiner raſtloſen Thätigkeit nicht hemmen; er zeichnete ſich vielmehr ſowohl durch die Zahl ſeiner Vorleſungen, als durch die Abfaſſung von Programmen und durch den Vorſitz bei öffentlichen theologiſchen Diſputationen, ohne dazu verpflichtet zu ſeyn, ſelbſt vor den auswärts her berufenen ordentlichen Profeſſoren der Theologie ſo ſehr aus, daß ihm die Regierung durch freiwillige Gehaltzulage und manche andere Beweiſe des Wohlwollens ihre Zufriedenheit zu erkennen gab. Außer einigen philoſophiſchen Vorleſungen, mit denen er abwechſelte, las er regelmäßig über die Exegeſe des A. und N. Teſtaments, ſowie über die Literatur und Kirchengeſchichte. Die anregende Lebendigkeit ſeines Vortrages, verbunden mit ſeiner gründlichen und umfaſſenden Gelehrſamkeit, führte ihm mit jedem Jahre eine größere Anzahl von Zuhörern zu, und in demſelben Grade, in welchem ſein Beifall auf der Univerſität zunahm, verbreitete ſich auch ſein Ruhm unter den auswärtigen Gelehrten durch ſeine Schriften. Im Jahr 1745 zum ordentlichen Profeſſor der Theologie ernannt, ſah er endlich das Ziel erreicht, nach dem er ſo lange geſtrebt hatte. Indeſſen leiſtete er ſchon im Jahre 1758 bei noch ungeſchwächten Geiſteskräften freiwillig auf die akademiſche Wirkſamkeit Verzicht, weil er die nach reiflicher Prüfung gewonnene Ueberzeugung, daß die Lehre der reformirten Kirche über das Abendmahl richtig, Luthers Anſicht dagegen falſch ſey, nicht länger zurückhalten wollte, und ſich für verpflichtet hielt, dieſe ſeine Abweichung von dem Lehrbegriffe der lutheriſchen Kirche dem Curatorium offen darzulegen und um ſeine Entlaſſung als emeritus zu bitten. Auch wurde ihm dieſelbe, nach erfolgloſem Verſuche, ihn zum Aufgeben ſeiner Anſicht zu bewegen, unter rühmlicher Anerkennung ſeiner Leiſtungen mit Beibehaltung ſeines Ranges und Gehaltes ertheilt, nachdem er das Verſprechen gegeben hatte, aus Rückſicht auf die Univerſität ſeine Meinung vom Abendmahle nicht durch den Druck zu veröffentlichen, ſo lange er lebe. Seitdem beſchäftigte er ſich in ungeſtörter Muße theils mit der Vollendung angefangener, theils mit der Verbeſſerung früher erſchienener Schriften. Er ſtarb nach wiederholten ſchlagähnlichen Anfällen, über 82 Jahre alt, am 1. Mai 1763.

Heumanns vielumfaſſende literariſche Thätigkeit beſchränkte ſich nicht auf die Theologie allein, ſondern erſtreckte ſich zugleich auf die Kritik (Parerga critica, Jen. 1712. 8.), auf die philologiſche Bearbeitung einiger Schriftſteller aus der römiſchen Literatur, auf die Geſchichte der Philoſophie (Acta philosophorum, d. i. gründliche Nachrichten aus der historia philosophica (Halle 1715—1727. 18 Stücke in 3 Bdn. 8.) und vorzüglich auf die Literärgeſchichte, um die er ſich durch das Schediasma de anonymis et pseudonymis in 2 Büchern (Jen. 1711. 8.), die Epistola de circulatoria litteratorum vanitate (Amstel. 1716. 8.), die Bibliotheca historica academ. (1738), die Herausgabe der Biographieen einiger Gelehrten und vor Allem durch ſeinen ſehr geſchätzten und wiederholt neu aufgelegten Conspectus reipublicae litterariae s. via ad historiam litterariam (Hannov. 1718. ed. 7. ibid. 1763. 8., und zuletzt noch von Eyring in 2 Bdn. 1791—97) große Verdienſte erworben hat. Von ſeinen theologiſchen Schriften, welche hier hauptſächlich in Betracht kommen, verdient zunächſt ſeine Ueberſetzung des N. Teſtaments (Hannover 1748. 2. Ausg. 1750. 2 Bde. 8.) hervorgehoben zu werden, weil er mit derſelben nicht nur in einer Zeit auftrat, in welcher die Bedenklichkeit, ob es überhaupt erlaubt ſey, der Ueberſetzung Luthers eine neue an die Seite zu ſtellen, noch keineswegs überwunden war, ſondern auch beſtimmt den Grundſatz ausſprach, daß ſich der Ueberſetzer neben der treuen Uebertragung des Sinnes zugleich der möglichſten Deutlichkeit, ſowie eines rein deutſchen Ausdrucks und eines richtigen und angemeſſenen Periodenbaues befleißigen müſſe. Dieſer verdienſtlichen und trotz mancher tadelnden An

5*

griffe im Ganzen mit Beifall aufgenommenen Arbeit*) ließ er die Erklärung des N. Teſtaments folgen, welche von 1750 bis 1763 zu Hannover in 12 Oktavbänden erſchien und ſeine Ueberſetzung im Einzelnen begründen und rechtfertigen ſollte. Von den Grundſätzen der grammatiſch=hiſtoriſchen Interpretation, wie er ſich dieſelben ge= bildet hatte, in dieſem für die damalige Zeit bedeutenden und auch jetzt noch beachtungs= werthen Werke ausgehend, beurtheilt er die Meinungen früherer Exegeten mit beſonnener Umſicht, erörtert den Wortſinn meiſt glücklich und zeigt überall große Vertrautheit mit dem Sprachgebrauche der Bibel und eine gründliche Kenntniß der Geſchichte und der Verhältniſſe und Gegenſtände des Alterthums. Jedoch hat er ſich keineswegs von aller dogmatiſchen Befangenheit frei erhalten und gibt bei manchen Stellen eigenthümliche, nicht ſelten paradoxe und geſuchte, zum Theil ſelbſt unhaltbare Deutungen. Als Nach= trag und Ergänzung zu dieſem Werke ſind die nach ſeinem Tode erſchienenen "Anmer= kungen über ſeine Erklärungen des N. Teſtaments" (Göttingen 1764. 8.) und die "succincta interpretatio apocalypseos Joannis" (Francof. et Lips. 1764. 8.) zu be= trachten. Ein ungewöhnliches, obgleich dem innern Gehalte nach durchaus unverdientes Aufſehen erregte der gleichfalls nach ſeinem Tode herausgegebene "Erweiß, daß die Lehre der reformirten Kirche von dem heiligen Abendmahle die rechte und wahre ſey" (Eisleben und Wittenb. 1764. 8.), eine Schrift, zu deren Abfaſſung ihn die Erklärung des N. T. (namentlich die Stelle 1 Kor. 10, 16.) und ſein Rücktritt vom akademiſchen Lehramte veranlaßt hatten. Außer der Exegeſe des N. T. hat ſich Heumann auch mit der Kirchengeſchichte fleißig beſchäftigt, in welcher er mehrere dunkle und zweifelhafte Punkte durch einzelne ſeiner ſehr zahlreichen, theils in Zeitſchriften oder einzeln gedruckten, theils in Sammlungen vereinigten Programmen und Diſſertationen (Poecile, 3 Tomi, Halae 1722—1731; Sylloge dissertationum, 4 Partes, Gottingae 1743—1750; Nova sylloge dissertationum, 2 Partes, Rostochii et Wismar. 1752 et 1754. 8.) nicht ohne glücklichen Erfolg aufzuhellen verſuchte. Von dem literariſchen Nachlaſſe deſſelben hat ſich nur ſein gehaltreicher, bis jetzt faſt völlig unbeachtet geblie= bener Briefwechſel erhalten, welcher auf der königlichen Bibliothek zu Hannover aufbe= wahrt wird.

Quellen. Moſer's Lexikon der jetzt lebenden Theologorum S. 275 ff.; Götten's gelehrtes Europa Th. 1. S. 488 ff.; Schmerſahls Geſch. jetzt lebender Gottesgelehrten St. 2. S. 146 ff.; Götting'ſche Zeit= und Geſchichtſchreibung Th. III. S. 127 ff.; *Heyne,* Memoria Heumanni; G. Andr. Caſſius, ausführliche Lebensbeſchreibung Heumann's (mit einem vollſtändigen Verzeichniſſe der Schriften deſſelben), Kaſſel 1768. 8.; G. H. Hoffmann in der Encyklop. von Erſch und Gruber Th. 7. S. 412—415; und deut= ſche Lebens= und Karakterbilder (Th. 1. S. 276—313) von G. H. Klippel.

Heuſchrecke. Ein bekanntes, in allen Zonen der Erde vorkommendes Inſekt mit vier Flügeln, einem ſenkrecht niedergebogenen Kopfe mit ſtarken Kiefern und vier Fühl= hörnern, einem aus drei Ringeln beſtehenden Halſe und einem Hinterleibe, den 8—10 Ringel bilden. Von den ſechs Füßen ſind die beiden hinteren lange Springfüße. Es gibt viele Arten derſelben (locusta, acridium, gryllus; Linné führt deren 61 an), die an Größe und Farbe verſchieden ſind. Die ſchädlichſte Art iſt die große Strich= oder Zug= heuſchrecke (Acridium migratorium, gryllus migratorius oder gregarius). Ihr Vaterland ſind die heißen Gegenden Inner=Aſiens und Afrika's, von wo ſie in ungeheuern Schwär= men bis nach Europa und zuweilen bis in das nördliche Deutſchland, Holland, Frankreich und England vordringen. Sie ſind über 2 Zoll lang, mit den Flügeln 2½ Zoll; Kopf und Hals von oben nach unten ½ Zoll hoch; die dicken Hinterſchenkel 1 Zoll lang, die Flügel 2; die Grundfarbe iſt graulich braun, oben mit ſchwarzen Flecken,

---

*) Vergl. Acta historico-ecclesiast. Th. 73, S. 103 ff.; Schröckh, chriſtl. Kirchengeſch. ſeit der Reformation Bd. 7, S. 603 ff. und Meyer's Geſch. der Schrifterklärung Bd. 4. S. 389 ff.

und an den Seiten zwei solche Düpfel an jedem Ringel, nebst einem helleren Längsstrei=
fen durch die Luftlöcher; der Hals ist unten dicht behaart; die Vorderflügel hellbraun,
mit ungleichen schwarzen Flecken; die Oberkiefer bläulich schwarz. Es gibt auch welche,
deren Leib fast ganz grün ist. Im Orient und Afrika sind sie eine gewöhnliche Land=
plage (1 Kön. 8, 37. 2 Chron. 6, 28; 7, 13.) und kommen schon unter den Plagen
Aegyptens vor, 2 Mos. 10, 4. 12—19. Pf. 78, 46; 105, 34. Weish. 16, 9. Nach der
Begattung legt das Weibchen mit dem Legestachel seine Eier in die Erde, aus denen im
Frühjahr, wenn die Sonne den Boden erwärmt hat, die bald weißen, bald schwarzen,
bald grünlich gefärbten Jungen auskriechen, in der Gestalt von Maden, die aber schon
ganz die Gestalt der vollständigen Heuschrecke haben, nur daß ihnen die äußeren Ge=
schlechtstheile fehlen und die Stelle der künftigen Flügel nur durch ein Paar Küchelchen
oder Knöpfchen bezeichnet ist. Bis zu ihrer vollkommenen Ausbildung müssen sie vier
Wandelungen oder Häutungen durchmachen. Nach der dritten treten die äußerlichen
Geschlechtstheile, namentlich beim Weibchen der Legestachel, hervor und statt jener Küchel=
chen erheben sich senkrecht auf dem Rücken der Heuschrecke die Flügel, noch in zwei le=
derartige Scheiden gehüllt, was ihr ein sonderbares Aussehen gibt. Bis dahin können
die Larven nur kriechen oder hüpfen, erst nach der vierten Häutung erhalten sie Flügel
und nun ziehen sie durch die Luft fliegend von einer abgeweideten Gegend in die andere.
Zwei Dinge sind es, welche die kleinen und unbedeutenden Thierchen zu einer gefährlichen
Plage des Menschen machen: ihre Menge und ihre Gefräßigkeit. In unglaublichen Massen
bedecken die jungen kriechenden Heuschrecken große Strecken Landes und die fliegenden
Schwärme sind oft so dicht, daß sie die Sonne verdunkeln. In kurzer Zeit zerstören diese
ungeheuren Schwärme die Saaten und alles Grün der Bäume und Sträucher, die sie
mitunter bis auf die Rinde abnagen, so daß der Prophet Joel (2, 3.) mit ergreifender
Wahrheit sagt: „Wie Edens Garten das Land vor ihm (dem Heuschreckenheer), und
hinter ihm öde Wüste.“ Bei ihren Zügen gehen die Heuschrecken immer in gerader Rich=
tung weiter und lassen sich durch kein Hinderniß aufhalten. „Trifft eine Schaar junger,
noch ungeflügelter Heuschrecken auf einen Graben, so stürzen die voraufziehenden ohne
Weiteres in denselben, bis die Nachfolgenden ebenen Pfades über sie hinwegziehen;
sperrt eine Mauer den Weg, so wird sie überstiegen; ist es ein Ort, Dorf oder Stadt,
auf welche der Zug stößt, so geht es in gerader Linie hindurch; Gehege und Häuser
werden überstiegen; bieten sich Fenster dar, so geht es zu ihnen hinein und auf der ent=
gegengesetzten Seite wieder hinaus; und trifft ein Schwarm fliegender Heuschrecken auf
das Meer, so wird selbst über dieses hinweg der Flug begonnen.“ (Credner, Comment.
zu Joel S. 273). „Fliegende Heuschreckenschwärme verkündet ein gelber Widerschein am
Himmel, entstanden durch die von den Flügeln zurückprallenden Sonnenstrahlen, oft
schon einen Tag lang vorher; erscheint dann mit einem lautschnarrenden Getöse, ähnlich
dem Rauschen eines Stromes, welches das Zusammenschlagen der Flügel hervorbringt
(vgl. Joel 2, 5. Offenb. 9, 9.), der Schwarm selbst, so überzieht er wie eine dichte
schwarze Wolke den Himmel und verdunkelt die Sonne. Gegen solche Feinde ist keine
Abwehr möglich, doch versucht man zuweilen mit Glück dem Schwarm durch Gräben,
Feuer und Rauch oder durch lärmendes Getöse eine andere Richtung zu geben. Ein na=
türlicher Feind derselben ist ein Vogel aus dem Drosselgeschlecht (Turdur Seleucis), von
den Arabern Samarmar (سمرمر) genannt, der den Zügen folgt und eine große Menge
Heuschrecken verschlingt und vernichtet. Noch weit durchgreifender wirkt auf ihre Ver=
minderung und Vertilgung das Wasser ein; Regen und Nässe vernichten die Eier und
tödten die ausgewachsenen Thiere. Häufig finden sie auch in Seen und Meeren, über
die sie den Flug unternehmen, ihr Grab, wenn widriger Wind und feuchte Ausdünstungen
die Flugkraft benehmen. Werden die Schwärme dann durch die Wogen an's Laub ge=
trieben oder kommen sie in Folge der angegebenen Ursachen in diesen um, so verpesten
die verwesenden Leichname oft die Luft und es entstehen bösartige Krankheiten. Sonst
erreicht ihr Leben, wie bei fast allen Insekten, bald nach der Begattung sein Ende.

In der Bibel werden die Heuschrecken ziemlich oft erwähnt und zu bildlichen Ausdrücken verwendet. So sind sie ein Bild der zahllosen Menge, Richt. 6, 5; 7, 12.
Jerem. 46, 23. Nah. 3, 15. Sir. 43, 17. Judith 2, 20; der Kleinheit, Unbedeutendheit und Vergänglichkeit, 4 Mos. 13, 34. Jes. 40, 22. Ps. 109, 23. Nah. 3, 17; auf
ihre gefräßige Gier gehen 5 Mos. 28, 38. 42. 2 Chron. 7, 13. Jes. 33, 4. Am. 7, 1.;
auf ihr Einherziehen in geschlossenen Schaaren, Spr. 30, 27.; auf ihr Springen, Hiob
39, 20. Eine hoch poetische Schilderung eines Heuschreckenschwarms und der von ihm
angerichteten Verwüstung gibt Joel Kap. 1. 2. Die Deutung von Pred. 12, 5. ist ungewiß; gewöhnlich bezieht man den Ausdruck auf die Eßbarkeit der Heuschrecken. Hierher
gehört auch, daß Matth. 3, 4. Mark. 1, 6. Heuschrecken als Speise Johannes des Täufers in der Wüste genannt werden. Auch 3 Mos. 11, 22. werden vier Arten als eßbar
erlaubt. Noch jetzt werden im Morgenlande Heuschrecken gegessen, aber nicht eben als
Leckerbissen, sondern nur aus Nothbehelf in Mißjahren und aus Armuth. Man sondert
die Flügel und Beine ab und brät sie in Butter oder kocht sie in Salzwasser, worauf
sie getrocknet und zur Speise aufbewahrt werden. Auch werden sie gedörrt, gemahlen,
mit Mehl zu Kuchen gebacken und dann in Butter geröstet gegessen. — Unter den verschiedenen Namen, welche im A. T. für die Heuschrecken vorkommen, ist אַרְבֶּה der häu-
figste und die ganze Gattung bezeichnete, von der Menge (Stamm רבה) so benannt.
Als einzelne Art aber steht das Wort 3 Mos. 11, 22. neben הָרְגֹּל סָלְעָם und חָנָב,
welches letztere dann auch für sich wieder in allgemeinerem Sinne vorkommt, 4 Mos.
13, 34. Jes. 40, 22. 2 Chron. 7, 13. Pred. 12, 5. Daß in der Stelle des Leviticus
verschiedene Arten gemeint sind, geht aus dem beigefügten לְמִינֵהוּ hervor, welche aber,
dürfte schwer zu entscheiden seyn. Verschiedene Arten der Heuschrecken kennt nicht bloß
die Naturwissenschaft, sondern auch die gewöhnliche Beobachtung, vgl. Burckhardt, Reisen in Syrien, I. S. 380. Demiri in der nachher anzuführenden Stelle. Ob das mit
אַרְבֶּה verbundene חָסִיל, 1 Kön. 8, 37. 2 Chron. 6, 28. Ps. 78, 46. auch eine verschiedene Art oder wie Credner will, die ausgewachsene, geflügelte Heuschrecke bezeichne, ist
ungewiß; Jes. 33, 4. ist es in gleicher Weise zur Bezeichnung des allgemeinen Begriffs
mit גֵּבִים verbunden. Dies, sowie גוֹב, Nah. 3, 17. Am. 17, 1. ist entweder allgemeiner
Begriff oder Name der jungen Heuschreckenmade bei ihrer ersten und zweiten Häutung.
Entschieden auf die Gestalt der Heuschrecke nach ihrer dritten Häutung bezieht sich יֶלֶק,
wie Nah. 3, 16. Jerem. 51, 27. deutlich erweisen, doch wird es ebenfalls auch in allgemeinerem Sinne gebraucht. Verschiedene Namen für die verschiedenen Larvenzustände kennen auch die Araber; so führt Lazarini (I. S. 430) die fliegende und kriechende Heuschrecke als Reuter (الفارس) und Fußgänger (الراجل) auf; Demiri (Leben der Thiere
MS. unter dem W. جراد) sagt: „Von den Heuschrecken gibt es verschiedene Arten; einige
sind groß von Körper, andere klein, einige weiß, andere roth, andere gelb. Wenn die
Heuschrecke aus ihrem Ei schlüpft, heißt sie دَبًّ, und wenn ihre Flügel hervorkommen
und sie groß wird, heißt sie خَوْخٌ. Aber wenn an ihnen die Farben sichtbar und
die Männchen gelb, die Weibchen schwarz (dunkel) werden, dann heißen sie جراد.“
Die Ausdrücke in Joel 1, 4; 2, 25. גָּזָם, אַרְבֶּה, יֶלֶק, חָסִיל sind höchst wahrscheinlich
weder als einzelne Gattungen, noch als Benennungen der Heuschrecken nach ihren verschiedenen Häutungen, sondern lediglich als poetische Synonyme für den allgemeinen Begriff: Heuschrecken aufzufassen. Ebenso ist צְלָצַל, 5 Mos. 28, 42. nur eine onomatopöi-
sche Benennung der Heuschrecken im Allgemeinen. S. über die Namen bes. *Bochart*,
Hieroz. II, 4, 1. Tom. III. p. 252 ed. Lips. Tychsen in „des Don Ignacio de Assoy
del Rio Abhandl. von den Heuschrecken. Rostock 1787. S. 62 ff. Ueber die Heuschrecken
vgl. namentlich Rösel, Insekten-Belustigungen. II. S. 54 ff. 145 ff. De Geer, Abhandlungen zur Gesch. der Insekten, übers. von Götze. Nürnberg 1780. III. S. 306.
Krünitz, ökonomische Encyklopädie. XXIII. S. 377—503. Oken, allgem. Naturgesch.

V, 3. S. 1514 ff. *Bochart*, Hieroz. a. a. O. Credner, der Prophet Joel. Beilage. S. 261 ff. Rosenmüller, A. u. N. Morgenland. IV. S. 370 ff. u. VI. S. 289 ff. Alterthumskunde. IV, 2. S. 386 ff. Zur Literatur über die Heuschrecken überhaupt: Krünitz, a. a. O. S. 498—503. Jahn, Bibl. Archäologie. I, 1. Ausg. 2. S. 189. Arnold.

Heviter (חִוִּי, Sept. Εὐαῖοι), eine kanaanitische Völkerschaft, 1 Mos. 10, 17. Die Heviter treffen wir zur Zeit Jakobs in Mittelpaläſtina, wo ihnen die Stadt Sichem gehörte, 1 Mos. 34, 2. Bei der Einwanderung werden die Bewohner der Stadt Gibeon, Jos. 9, 7; 11, 19., Heviter genannt. Ein anderer Theil derselben wohnte nördlich unten am Berg Hermon, Jos. 11, 3. und um den Libanon her, Richt. 3, 3. Da nirgends ein König derselben erwähnt wird, so schließt man, daß sie in einer republikanisch-aristokratischen Verfassung gelebt haben, was aus Jos. 9, 11. mit ziemlicher Sicherheit hervorgeht. Deßhalb macht sie Ewald, Isr. Gesch. 1, 283. 286 zu Städtebewohnern mit einer reinen Gemeine-Verfassung ohne König, und vergleicht sie unseren deutschen freien Reichsstädten, worauf auch ihr Name (חַוָּה = Zusammenleben, Gemeine) hindeuten soll. Die südlich wohnenden kamen unter die hebräische Botmäßigkeit, wurden dem Jehovahdienst geneigt und gewidmet, 2 Sam. 21, 1. 4. Jos. 9, 21. 27., und gingen somit im Volk Israel auf; die nördlich wohnenden aber erhielten sich bis zur Zeit der Könige in Städten bis in die Nähe von Tyrus.   *Baihinger.*

Hexapla, s. Origenes.

Hexen und Hexenprozesse. Zauberei ist ein Handeln, in welchem der Handelnde es versucht, durch die Hülfe übernatürlicher Kräfte, insbesondere untergeordneter Geisterwesen, etwas zu bewirken, und darum mit diesen irgend eine Gemeinschaft einzugehen. So schließt sie den Glauben ein, nicht nur daß solche untergeordnete Mächte existiren, sondern auch daß sie sich finden lassen, daß es Mittel und Wege gebe, in ein solches Gemeinschaftsverhältniß zu ihnen zu treten, und eine Wissenschaft der Magie, wie man ihre Unterstützung sich dienstbar machen könne. Was nun auf dem Grunde solcher Voraussetzungen geschieht, das kann auch aus andern Gründen strafbar seyn, z. B. Beschädigung eines Andern, Unzucht u. s. f., und es kann darum auch abgesehen von jenen Voraussetzungen von dem weltlichen Richter bestraft werden. Es kann aber auch zugleich oder allein um jener Voraussetzungen willen strafbar gefunden werden; dies letztere aber wohl nur von den Vertretern einer positiven Religion, wenn von deren eigenen Bekennern die Zauberei versucht wird. Und hier kann dann entweder nur der Abfall und Ungehorsam, die Abgötterei, welche in der Zauberei liegt, strafbar gefunden, aber Existenz und Macht der Wesen, welchen sie vertraut, geläugnet oder dahingestellt gelassen werden; oder die Existenz derselben zwar zugegeben, aber ein solcher Verkehr mit ihnen und ein Cultus gegen sie verworfen werden, wenn sie als böse anerkannt werden, und wenn darum auch die Abhängigkeit von ihnen für gottlos gilt. So hat nun schon die mosaische Gesetzgebung die Zauberei verworfen, 5 Mos. 18, 10 ff. u. a. Ebenso zu allen Zeiten die christliche Kirche, und zwar in jener zwiefachen nicht immer trennbaren Weise, bald mehr nur als Irrthum und praktische Verirrung, wenn und sofern sie Voraussetzungen derer, welche Zauberei versuchten, als irrig und ihre Künste als nichtig ansah, bald noch öfter als positive Gottlosigkeit, weil gegen den Willen Dessen, dem allein Verehrung gebührte, die Gemeinschaft des bösen Wesens gesucht war, von welchem so fern und so frei als möglich zu bleiben sich als das Eine-Nothwendige des ganzen Christenlebens betrachten ließ. So richtete sich die Kirchenzucht vorzüglich häufig gegen Zauberei, wo kurz nach Unterwerfung heidnischer Culte von diesen noch in unvertilgter Anhänglichkeit ihrer früheren Bekenner Ueberreste nachwirkten, und wo deren Götter dann als niedere Geisterwesen erschienen (Psalm 95, 5. nach LXX) und darum jene Anhänglichkeit als Zauberei; so erhob sie sich aber auch gegen solche, welchen sie, wie etwa den Tempelherren oder den Stedingern, neuen Abfall mit Lästerung der Heiligthümer der Kirche vorwarf. Darum besonders von da an, wo seit dem 13. Jahrhundert die Kirchenzucht gegen Häresie und Auflehnung zu dem außerordentlichen Institut der Inquisition führte, erstreckte diese auch stets ihre Aufmerksamkeit mit auf Zauberei, und vorzüglich wirksam wurde die schon hierdurch bewirkte Verbindung von Magie und Häresie, wenn nun die eine zugleich als der andern verwandt und als Zeichen der andern, beide als Abfall von Gott zu bösen Geistern, und beide also als zwiefach strafbar betrachtet werden konnten. Der Dominikaner und Inquisitor Nikolaus Eymericus schrieb in der Mitte des 14. Jahrhunderts sein directorium inquisitorum, welches für die erste ausführlichere Anweisung der Inquisitoren zu ihrem Geschäfte gilt, und worin bereits diese Verbindung weithin vollzogen, fast jede magische Uebung als ketzerisch betrachtet und schon darum vor das Forum der Inquisition gezogen ist; schon früher hatte sich in Frankreich die Praxis bereits ebenso gestaltet, Soldan, Hexenprozesse S. 188. Dann nach einigem Verfall der Praxis, nach einem Beschluß vom J. 1398, durch welchen das Pariser Parlement den Hexenprozeß von dem geistlichen Richter an den weltlichen verwies (Soldan, S. 191), nach Mißbrauch eines Scheins davon, als die Engländer in Frankreich einen starken Gegeneindruck gegen die Anerkennung Karls VII. und dazu die Hinrichtung der Jungfrau von Orleans unter jeder Bedingung forderten (s. z. B. *Michelet*, hist. de France Th. 5 Buch 10), war zu Ende des 15. Jahrhunderts die Bulle Innocenz des VIII. vom J. 1484 Summis desiderantis affectibus zwar nicht eine erste Begründung des Hexenprozesses, aber doch eine Erneuerung der alten Ueberweisung desselben an die Inquisition, eine päbstliche Bestätigung der Theorieen, nach welchen Magie und Häresie für verwandt gelten sollten, und eine verschärfte Aufforderung, die außerordentlichen Befugnisse der Inquisitoren anzuerkennen und ihr Einschreiten gegen Zauberei aller Art in den Diöcesen Nord- und Süddeutschlands zu unterstützen. Diese päbstliche Nachhülfe war besonders den damals in Deutschland als Inquisitoren angestellten Dominikanern Jakob Sprenger und Heinrich Institor zugedacht, welche der Bulle nun auch noch ein größeres Werk zur Rechtfertigung eines solchen Inquirirens auf Zauberei, und zur Anleitung zum richtigen Verfahren dabei folgen ließen. Dies ist der malleus maleficarum vom J. 1487, nachher in vielen späteren Ausgaben wiederholt, z. B. in der Sammlung malleorum quorundam maleficarum tomi duo, Frankfurt 1582. 8., nicht maleficorum benannt, obwohl männliche Zauberer nicht ausgeschlossen und geläugnet sind, sondern nach der größeren Menge der Fälle und der im Buche selbst lib. I. quaest. VI. ausführlich vertheidigten, überwiegenden Neigung des weiblichen Geschlechtes zur Gemeinschaft mit dem Teufel, maleficarum, dicitur enim femina a fe et minus, quia semper minorem habet et servat fidem, et „hoc ex natura," S. 95, Frankf. Ausg. 1582. Das Werk gibt in seinem ersten Buche (tria continens, quae ad maleficium concurrunt, ut sunt Daemon, maleficus et divina permissio, und dieser letzte Begriff der göttlichen Zulassung muß dann freilich den Dualismus, welcher mit so ausgedehnter Wirksamkeit des Teufels aufgerichtet wird, verdecken) die Nachweisung der Existenz des Verbrechens, und seiner Verwerflichkeit nach 5 Mos. 18.; 3 Mos. 19. u. 20., nach Stellen des Augustin und des Thomas, und nach der Erfahrung. Solche Erfahrungen führt dann das zweite Buch weiter aus, fügt aber auch schon Verhaltungsregeln bei, untersucht zuerst quibus maleficus nocere non potest (die Inquisitoren oder Alle, welche sonst „officio aliquo publico contra maleficos insistunt," sind nach S. 212 schon durch ihr Amt geschützt), und dann die modos tollendi et curandi maleficia. Zu dem eigentlichen Prozeßverfahren aber wird dann erst im dritten und letzten Buche Anleitung gegeben; wenn auch die Competenz der ordentlichen geistlichen und weltlichen Richter zum Verfahren gegen maleficas et earum fautores zugegeben wird, so wird doch andrerseits durch die Nachweisung des Zusammenhanges zwischen Zauberei und Häresie den Inquisitoren, welche gegen die letztere zu verfahren verpflichtet sind, auch zum Einschreiten gegen die erstere wieder mehr Zuständigkeit vindicirt, und sie sollen dann nicht erst auf einen Ankläger warten müssen, sondern auf Anzeigen sogleich von Amtswegen verfahren; die Zeugen brauchen nicht genannt zu werden; ein Defensor ist nicht immer nöthig, ein zu eifriger Defensor aber selbst als des Verbrechens verdächtig anzusehen, welches er entschuldigt; schon werden auch für den Gebrauch der Folter, das Abschneiden aller Haare vom Körper der Hexe u. s. s. so gründliche Vorschriften gegeben, daß selbst hierin der spätern Zeit nicht viel hinzuzuthun übrig geblieben wäre, wenn sie nicht gerade in dieser Hinsicht so erfinderisch gewesen wäre.

So ging von hier allerdings eine Veränderung und ein Zunehmen aus, welches erst seit dem vorigen Jahrhundert wieder nachgelassen hat. Nicht nur päbstliche Bullen der vier nächsten Päbste nach Innocenz VIII. folgten der seinigen; auch protestantische Fürsten blieben hier nicht unthätig, wie Kurfürst August von Sachsen in seiner Criminalordnung vom J. 1572 den Feuertod darauf setzte, "so Jemand in Vergessung seines christlichen Glaubens mit dem Teufel ein Verbündniß aufrichtet, umgehet oder zu schaffen hat." Bis in das fünfzehnte Jahrhundert," sagt einer unserer ersten Rechtsgelehrten*), "kamen in Deutschland wohl da und dort Prozesse wegen Zauberei vor und wurden Zauberer und Zauberinnen verurtheilt; aber wenn wir die Fälle ausnehmen, in welchen die Angeschuldigten nebenbei wirkliche Verbrechen begingen, wie Giftmischerei, Kindsmord, Betrug u. a., so waren solche Verurtheilungen durch wirkliche Gerichte selten. Nun aber, vom Ende des 15. Jahrhunderts an, scheint Deutschland von einer wahren Hexenepidemie ergriffen worden zu seyn; die Hexenprozesse kamen wahrhaft an die Tagesordnung; Tausende von Unglücklichen wurden von da an bis in den Anfang des 18. Jahrhunderts verbrannt und Alle — auf ihr Geständniß hin." Die nur allzu zahlreichen jammervollen Beispiele hiefür nicht nur aus der katholischen, sondern auch aus der protestantischen Kirche, nicht nur aus Deutschland, sondern auch aus England, Schweden, Frankreich, Italien, Spanien u. a. können hier nicht einmal in einer Auswahl gegeben werden; in den unten anzugebenden allgemeinen Schriften, wie in einer noch immer anwachsenden speziellen Literatur von mitgetheilten Akten über einzelne dieser Prozesse, sind sie zum Entsetzen anschaulich dargestellt. Zu dem schnellen Zunehmen der Menge der Fälle im 16. und noch mehr im 17. Jahrhundert wirkten viele Umstände zusammen. So schon die weitere "Säkularisirung des Hexenprozesses," die Uebertragung desselben an weltliche Richter, wie vornehmlich in der protestantischen Kirche geschah, und die hier zugleich seit dem 15. Jahrhundert eingetretene Aenderung im Verfahren, daß man nun auch hier "das alte, rein formelle Beweissystem zu verlassen, Alles vom Geständnisse der Angeschuldigten abhängig zu machen, dieses auf alle Weise herbeizuführen," und darum "nach dem Vorgange der geistlichen Gerichte und der italienischen Praxis und Doktrin" auch in Deutschland durch die Folter herbeizuschaffen anfing**). Ebenso seit dem Verfall philosophischer und humanistischer Bildung in Deutschland die vermehrte Leichtgläubigkeit und Vorliebe für recht roh und phantastisch ausgeschmückte Doktrinen, daneben die Scheu durch wenig glauben für ungläubig zu gelten, die Ueberschätzung bloß der Subordination gegen hyperpositive Tradition, und die Verachtung des eigenen Wahrheits- und Rechtsgefühls als eines rohen Naturalismus und einer hochmüthig sich auflehnenden Menschenweisheit. Dazu dann, wenn dies vornehmlich auf die Richter wirkte, besonders im 30jährigen Kriege, die sonstige sittliche Verwilderung des Volkes und zugleich eine Noth desselben, worin es Ableiter seiner Schmerzen und Gegenstände seiner durch die polemische Predigt übermäßig erregten Rachsucht suchte, und diese dann bei dem dazu von ihm selbst oft herbeigewünschten exceptionellen Einschreiten außerordentlich abgeschickter Commissarien und Beamten in seinen eigenen armen Nachbaren und ihrer massenweisen Hinrichtung zu finden vermochte; ohne die Acclamation der Menge zu diesen Auto da Fes auch in der protestantischen Kirche wären sie ebenso wenig auszuführen gewesen, wie ohne die Leichtgläubigkeit der Richter selbst an die Existenz der dämonischen Mächte und Wirkungen, über welche sie durch ihre Angeklagten auf der Folter sich bestätigen ließen, was sie wollten. Unter den Theoretikern, welche dies Verfahren mit seinen Voraussetzungen

---

*) C. G. v. Wächter, die gerichtlichen Verfolgungen der Hexen und Zauberer in Deutschland, in seinen Beiträgen zur Gesch. des deutschen Strafrechts, Tübing. 1845. S. 83.

**) v. Wächter a. a. O. S. 98.

noch im 16. Jahrhundert zu rechtfertigen versuchten, waren unter den Katholiken die vor=
nehmsten Jean Bodin (Magorum Daemonomania 1579), Peter Binsfeld (de confessionibus maleficorum et sagarum 1589) und vornehmlich der Jesuit Martin Delrio (disquisitiones magicae 1599), unter den Protestanten der Arzt Thomas Erast in Heidelberg
(repetitio disputationis de lamiis seu strigibus, Basel 1578), König Jakob I. von Eng=
land (daemonologia), und aus dem 17. Jahrhundert vor allem Benedikt Carpzov (geb.
1595, gest. 1666; practica nova rerum criminalium, 1635 u. a.). Das Verdienst, wieder
Bedenken gegen Hexenglauben und Hexenprozeß erhoben zu haben, hat vor Andern der
Protestant Johann Weier, Arzt des Herzogs Wilhelm von Cleve, durch seine Schrift de
praestigiis daemonum vom J. 1563; hierauf die Jesuiten Tanner und Friedrich von
Spee, letzterer durch seine cautio criminalis seu de processibus contra sagas, anonym zu
Rinteln 1631 gedruckt, in welcher er, »was die Schaar der Beichtväter oder Hofprediger
nicht gekonnt oder nicht gewollt oder nicht gewagt, auch den Fürsten die Augen über den
wahren Stand der Sache öffnete«*); endlich am Ende des 17. Jahrhunderts Balthasar
Becker durch seine bezauberte Welt (1691 und öfter) und zu Anfang des 18. Christian
Thomasius (theses de crimine magiae 1701, u. a.). Auch die beiden letzten stießen noch auf
heftigen Widerspruch und Widerstand; Becker, welcher den Teufel nach der heil. Schrift
höchstens als einen machtlosen gefallenen Geist anerkennen wollte, wurde noch abgesetzt
wegen seines Buches, und auch gegen Thomasius, welcher hier viel mehr eingeräumt
hatte, erhoben sich noch Juristen und Theologen. Aber durch das, was sie erreicht hatten,
um den Voraussetzungen des Hexenprozesses ihren Grund zu entziehen, ist doch seit dem
Anfange des 18. Jahrhunderts die Praxis desselben allmählig überall gelinder geworden
bis zum endlichen Erlöschen, und so würden Hexenglaube und Hexenprozeß wohl nur,
wie am Ende des 16. Jahrhunderts, von weiterem Verfall philosophischer Bildung und
entsprechendem Zunehmen eines rohen Wohlgefallens am Phantastischen, Widersprechenden
und Unerklärten, wie sich's hier und da in neuem Interesse für die Lehre vom Teufel
kund gibt, eine Regeneration zu hoffen haben.

Eine gute Uebersicht: W. Gl. Soldan, Geschichte der Hexenprozesse, Stuttgart und
Tübingen 1843. Aeltere Beiträge: Eberhard David Hauber, bibliotheca, acta et
scripta magica, oder Nachrichten von solchen Büchern und Handlungen, welche die Macht
des Teufels in leiblichen Dingen betreffen. Lemgo 1738—41. 3 Bde. 8. Von Ge. Konr.
Horst eine ganze Reihe von Schriften: Dämonomagie oder Geschichte des Glaubens an
Zauberei und dämonische Wunder mit besonderer Berücksichtigung des Hexenprozesses seit
Innocenz VIII. Frankf. 1818. 2 Bde. 8.; darauf: Zauberbibliothek in 6 Bdn. Mainz.
1821—26; endlich Deuteroskopie, eine Beilage zu den beiden vorigen, Frankf. 1830
2 Bde. 8. Noch nicht benutzt von Soldan sind v. Wächter, a. a. O. S. 81—110 u.
279—331 und J. v. Görres, a. a. O. S. 505—663.   Henke.

Hibbekel, s. Eden.

Hierakas, von Andern Hierax genannt, ein Aegyptier, der gegen Ende des
3. Jahrhunderts in der Stadt Leontopolis oder in der Nähe derselben lebte, ein Mann
von vieler Gelehrsamkeit nach Epiph. haer. 64. u. 65., besonders berühmt durch die in
Aegypten hochgeschätzte Schönschreibekunst, in welcher er für die koptische, wie für die
hellenische Sprache geschickt war. Er war mit der Literatur beider Sprachen gleich be=
kannt, und in der Bibel so bewandert, daß selbst sein Feind versichert, er habe die
Bücher des A. und N. Testaments auswendig gewußt. Daneben war er Dichter, Arzt,
Sternkundiger, und legte sich auch auf die Magie. Ueber die Bibel verfaßte er Com=
mentare in hellenischer und koptischer Sprache und dichtete viele Kirchenlieder. Er soll,
was sich aus seiner einfachen Lebensweise leicht erklären läßt, über neunzig Jahre alt
geworden und bis an sein Ende lebenskräftig geblieben seyn, daher er bis zu seiner
letzten Stunde sein Gewerbe, das Abschreiben, ausüben konnte. Sein sittlicher Lebens=

---

*) G. J. v. Görres, die christliche Mystik 4, 2, S. 646.

wandel wird auch von seinen Feinden gepriesen. Er führte ein streng ascetisches Leben und stiftete einen Ascetenverein, in den nur Ehelose und Enthaltsame, Jungfrauen oder Wittwen aufgenommen wurden. Von dem Inhalt seiner Schriften wissen wir nur durch Epiphanius. Dieser zählt Hierakas in seiner Ketzergeschichte zu den Ausläufern der manichäischen Irrlehre; aber das, was von Epiphanius selbst angeführt wird, läßt mit viel mehr Grund vermuthen, daß sein System sich auf einer bis zu Extremen durchgeführten Festhaltung origenistischer Lehrsätze auferbaute. Hierauf führt zunächst seine allegorisirende Bibelauslegung. Gleich Origenes erklärte er insbesondere die Erzählung vom Paradiese allegorisch, und läugnete ein sinnliches Paradies. Hierakas wollte sich, wie es scheint, durch diese symbolisirende Deutung gegen seine Gegner helfen, welche die Rechtmäßigkeit des Ehestandes aus der Geschichte des Standes der Unschuld erwiesen. Er verachtete überhaupt den irdischen materiellen Leib, machte die Entäußerung von demselben zur Hauptsache der christlichen Sittenlehre, und verstand unter der Auferstehung der Todten nur eine geistige Auferstehung. Er verwarf den Ehestand und setzte in die Empfehlung des ehelosen Lebens den wesentlichen Unterschied zwischen dem sittlichen Standpunkt des Alten und des Neuen Testaments. Er fragt: »Was hat denn die Lehre des Eingebornen Neues gebracht? Welches neue Gut hat er in der Menschheit gestiftet? Von der Furcht Gottes, vom Neid, von der Habsucht u. s. w. hat schon das Alte Testament gehandelt. Was bleibt noch Neues übrig, wenn nicht die Einführung des ehelosen Lebens?« Vermöge seiner ascetischen Richtung legte er einen besonderen Nachdruck darauf, daß sich Jeder selbst durch seine eigene sittliche Kraftanstrengung die Theilnahme am Himmelreich erwerben soll. Indem er nun von der Voraussetzung ausging, daß, wer nicht gekämpft habe, auch nicht die Siegerkrone erlangen könne, so sprach er allen Kindern, die vor dem Gebrauch der Vernunft sterben, die Seligkeit ab. Er läugnete also auch eine mit der Kindertaufe verbundene übernatürliche Einwirkung; doch scheint er für sterbende Kinder an einen Mittelzustand gedacht zu haben. Auch in Betreff der Lehre von der Dreieinigkeit wurde Hierakas vom Standpunkt der späteren kirchlichen Orthodoxie aus angeschuldigt. Er soll gelehrt haben, daß sich der Sohn zum Vater verhalte, wie ein Licht, das von einem Andern angezündet wird, oder wie eine Lampe, in der zwei Dochte brennen. Ferner soll er behauptet haben, daß unter dem Bild des Melchisedek der heil. Geist dargestellt sey, denn dieser werde ja als Fürsprecher für die Menschen (Rom. 8, 26.), somit als Priester bezeichnet. Diese letzteren Beschuldigungen werden gegen ihn nicht von Epiphanius, sondern von Arius in dessen Brief an den Bischof Alexander erhoben; sie beruhen wohl auf Mißverständnissen, wenn man nicht mit Spanheim und Mosheim voraussetzen will, daß hier von einer andern Person des Namens Hierakas die Rede sey. An Hierakas scheinen sich viele Mönche in Aegypten angeschlossen zu haben; doch wird berichtet, daß die Hierakiten nach und nach von der Strenge der Lebensart abgekommen seyen. Vgl. Walch, Historie der Ketzereien I. S. 815—823. Neander, Kirchengesch. I. 3. S. 812—816. Dr. Preſſel.

Hierapolis, Stadt in Groß-Phrygien, nicht weit (6 röm. M. Itinerar. Anton. 6 engl. M. Fellows) nördlich von Laodicea, östlich von Colossä; frühzeitig Sitz einer christlichen Gemeinde, Col. 4, 13. Im Alterthume war die Stadt berühmt durch ihre warmen Bäder und das Plutonium, eine Höhle, der ein dichter, schwarzer Dampf entströmte, welcher Menschen und Thieren tödtlich war. Nur die verschnittenen Priester der großen Mutter, die Galli, konnten sich ohne Gefahr ihm aussetzen, s. Strabo XIII. p. 629. Plin. H. N. II, 95. (93.). Dio p. 252. Ammian. Marcell. XXIII, 6. Apulej. de mundo p. 65. Das warme Wasser der Quellen setzte Tropfstein ab, den man mittels eigener dazu gezogener Gräben zu Bausteinen formte. Auch war es besonders zum Färben geeignet; s. Strabo a. a. O. Vitruv. VIII, 3. Jetzt liegt dort ein Ort Pambuk Kalesi (نبرق قلعه سی), bei welchem sich ziemlich umfangreiche und bedeutende Ruinen finden. Auch die warmen Wasserquellen mit ihren weißen Steinabsonderungen sind noch vorhanden, nur die dampfende Höhle ist nicht mehr da. Vgl. Pocoke, Beschreibung des Morgenlandes, übers. v. E. v. Windheim. II. S. 110—114. Richter, Wallfahrten S. 523 ff. v. Schubert, Reise I. S. 283. *Fellows*, Asia Minor. p. 283 sqq.   Arnold.

Hierarchie, s. Kirche.

Hierokles, römischer Statthalter von Bithynien, später (nach 306) in Alexandria, Gegner des Christenthums im Zeitalter Diokletians, ein philosophisch gebildeter Mann, der theils aus philosophischen, theils aus politischen Gründen ein Feind des Christenthums war und dessen Anhänger nicht bloß literarisch bekämpfte in einer (verlornen) Schrift λόγοι φιλαλήθεις πρὸς τοὺς Χριστιανούς, sondern auch mit äußerer Gewalt verfolgte, indem er die sogenannte diokletianische Christenverfolgung 302 mitveranlaßte, und die Hinrichtung von Christen, die Schändung christlicher Jungfrauen u. dgl. anordnete oder zuließ (Lactant. de mortib. persec. 16. und Acta Martyr. ed. Assemani). Die genannte Schrift, die wir nur aus Lactanz (Inst. div. V, 2.), besonders aber aus der Gegenschrift des Eusebius von Cäsarea (contra Hieroclem, Paris 1628 und in Olearius Ausg. des Philostratus 1709, S. 428) kennen, war, wie es scheint, wenig bedeutend und nicht originell, wie ja schon der Titel eine Nachahmung des Celsus und seines ἀληθής λόγος ist. Er zeigt Bekanntschaft mit der heil. Schrift (so daß vermuthet wurde, er sey selbst Christ gewesen), wiederholt aber im Wesentlichen nur die früheren Einwürfe; neu und einer Widerlegung werth erschien dem Eusebius nur die von Hierokles gezogene Parallele zwischen dem (mit albernen Mährchen versetzten) Leben Jesu und der Person und Geschichte des Apollonius von Thyana, wie diese von Philostratus in seinem heidnisch-neuplatonischen Tendenzroman war gezeichnet worden (vgl. Band I. S. 424). — Verschieden von diesem Hierokles ist ein späterer Neuplatoniker desselben Namens (von Pearson, Tillemont ꝛc. mit jenem identificirt), der im 5. Jahrh. zu Alexandrien lehrte und einige philos. Schriften verfaßte (vgl. Bähr in Pauly's Realenc. III. S. 1311 f.). — S. *Fabricius*, bibl. gr. I. p. 791; *Cave*, hist. lit. I. 131; II. 99; Schröckh, Kirchengesch. V. 201; Neander, Kirchengesch. I. 271; Baur, Apollonius v. T. u. Chr. S. 3 ff.   Wagenmann.

Hieronymiten, oder Einsiedler, Eremiten des heil. Hieronymus, auch Hieronymitaner, heißen verschiedene Zweige eines und desselben Ordens, die den heil. Hieronymus als Schutzpatron wählten, nach der Regel des heil. Augustin lebten und theils in Spanien und Portugal, theils in Italien ihre Ausbreitung und Blüthe fanden. Zuerst entstanden die Hieronymiten um 1370 im Kirchspiele von Toledo durch die Portugiesen und Franziskaner-Tertiarier Vaseo und durch Peter Ferdinand Pecha, Kammerherren Peters des Grausamen, Königs von Castilien. Pabst Gregor XI. bestätigte den Orden, der sich in Spanien und Portugal schnell ausbreitete, selbst nach Amerika sich verpflanzte, vorzugsweise den Wissenschaften sich widmete, seine Hauptklöster in Guadalup, St. Just, im Escurial (durch Philipp II.), in Amerika in Belem hatte, zwar zu großem Ansehen gelangte, aber allmählig verfiel, dann aufgehoben wurde und nur in Amerika sich erhielt. Die Ordenskleidung ist ein weißer Rock von grobem Stoffe, eine kleine Kapuze und ein Scapulier, beides von schwarzer Farbe; beim Ausgehen wird noch ein langer Mantel von gleicher Farbe übergeworfen. Dieser Orden erhielt Schwestern in den Nonnen des heil. Hieronymus, welche durch Maria Garcias von Toledo in dem Kloster St. Paul 1375 entstanden. Sie legten keine feierlichen Gelübbe ab, verbreiteten sich in Spanien sehr und trugen einen weißen Rock mit einem braunen Scapulier. Zu den feierlichen Gelübben wurden sie erst unter Pabst Julius II. verpflichtet und den Hieronymiten beigegeben. Gegenwärtig bestehen sie nicht mehr. Der dritte General der Hieronymiten, Lupus Olivetus, nach Anderen Lupus d'Olmedo, bildete aus Gliedern des bisherigen Ordens eine für sich bestehende Congregation unter dem Namen Congregation der Eremiten des heil. Hieronymus von der Observanz mit einer aus den Werken des Hieronymus gezogenen Regel. Im Jahre 1426 bestätigte Martin V. diesen Zweigorden, der sich seit 1429 nach Italien verbreitete. Während derselbe in

Spanien unter Philipp II. mit den übrigen Hieronymiten (1595) wieder vereinigt wurde, erhielt er sich doch in Italien, wo er unter dem Namen Congregation des heil. Hieronymus von der Lombardei in wenigen Klöstern noch besteht. In Italien gründete Peter Gambacorti oder Petrus de Pisis im Jahre 1377 in einer Einöde von Montebello mit bekehrten Räubern die Eremiten des heil. Hieronymus oder Pauperes Eremitae s. Hieronymi nach einer strengen Regel, die indeß seit 1444 sehr gemildert und im Jahre 1568 mit der Augustinischen Regel vertauscht wurde. Die Stiftung fand eine weite Verbreitung, namentlich traten auch viele Einsiedlervereine in Bayern und Tyrol zu ihr über, doch besteht sie jetzt nur noch in einigen Klöstern. Eine andere Congregation der Hieronymiten stiftete Karl von Montegranelli zu Fiesole, *Congregatio Fesularia*, im Jahre 1406, die aber unter Clemens IX. 1668 wieder aufgelöst wurde. Vgl. *Helyot*, Hist. des ordres monastiques T. III. p. 423 sq.; IV. p. 18 sq. *Neudecker.*

Hieronymus (Sophronius Eusebius) wird mit Recht als der Gelehrteste unter den Kirchenvätern des Abendlandes bezeichnet, wenn er gleich an Originalität des Geistes, an Tiefe der Gedanken, an Hoheit der Gesinnung hinter einem Tertullian, Cyprian, Ambrosius und Augustinus zurücksteht. Er ist 331 [*]) zu Stridon, einer Grenzstadt zwischen Dalmatien und Pannonien geboren, welche späterhin (377) durch die Gothen zerstört ward. In dem Hause seines Vaters Eusebius, eines Christen, erhielt er gemeinschaftlich mit seinem Freunde Bonosus den ersten Unterricht, wurde aber bald nach Rom geschickt, wo er unter dem Grammatiker Donat und dem Redner Victorinus in die römische Literatur eingeführt wurde. Zugleich studirte er die griechische Philosophie. Aber auch das christliche Rom der Gegenwart wirkte auf ihn ein. Er erzählt uns selbst [**]), wie und unter welchen schauerlichen Gefühlen er mit seinen Schulgenossen die Katakomben besucht und den Gebeinen der heil. Märtyrer seine Aufmerksamkeit zugewendet habe. In Rom empfing er die Taufe. Er machte sodann verschiedene Reisen, besuchte mehrere Städte Galliens und die Ufer des Rheins und hielt sich eine Zeitlang in Aquileja, dem heutigen Aglar in Friaul auf (um 372). Dort verband er sich mit seinen Freunden Evagrius, Innocentius, Heliodorus zu einer Reise in den Orient. In Antiochien hatte er während eines Fieberanfalles jenes berühmte Traumgesicht, welches ihn bewogen haben soll, dem Studium der heidnischen Schriftsteller auf immer zu entsagen und sich ausschließlich mit göttlichen Dingen zu beschäftigen [***]). Nichtsdestoweniger finden wir ihn auch noch später über den Klassikern, die zu seinem Schriftstudium, das ihm allerdings die Hauptsache blieb, fleißig benützte [†]. Dabei ergab er sich der strengsten Ascese, und um dieser Lebensart vollkommen genügen zu können, zog er sich in die Wüste von Chalcis zurück. Er legte sich die härtesten Entbehrungen und Büßungen auf, ohne darum über alle Anfechtungen der Sünde Herr zu werden. Da sein schwacher Körper die harte Diät nicht auf die Dauer ertragen konnte, verfügte er sich wieder nach Antiochien und erhielt daselbst, trotz seines Widerstrebens, von dem Bischof Paulinus die Weihe zum Presbyter. Ueber die Lehrjahre schon lange hinaus, verschmähte er es gleichwohl nicht, nach Constantinopel zu gehen, um den berühmten Gregor von Nazianz daselbst zu hören. In Angelegen-

---

[*]) Baronius u. A. geben das Jahr 342 an; doch siehe Schröckh a. a. O.

[**]) Comment. in Ezech. Cap. 40.

[***]) Epist. XXII. ad Eustochium. Christus erscheint ihm mit der Frage nach seinem Stand und Beruf. Als Hieronymus antwortet, er sey ein Christ, erhält er die Gegenantwort vom Herrn: Mentiris, Ciceronianus es, non Christianus, ubi enim thesaurus tuus, ibi et cor tuum. Nun fühlt er sich von unsichtbarer Hand gegeißelt und thut unter Anrufung des göttlichen Erbarmens das Gelübde, keine weltlichen Bücher (codices seculares) mehr lesen zu wollen. Gegen Ruffin, welcher ihm später vorhielt, seinen Eid nicht gehalten zu haben, machte er dann selbst geltend, es sey ein bloßer Traum gewesen und ein Traumgelübde sey nicht verbindlich. Apolog. II. T. II. p. 560 (vgl. *Heumann*, de Ecstasi Hieronymi Anti-Ciceroniana in Sylloge Diss. I. p. 655).

[†]) Vgl. unter andern Brief LXX. ad Oceanum, worin er dieses Verfahren rechtfertigt.

heiten der von der meletianischen Streitigkeit bewegten Kirche Antiochiens begab er sich in Begleitung des ihm befreundeten Paulinus und Epiphanius nach Rom. Der dortige Bischof Damasus zog ihn in seine Nähe und wußte seine Gelehrsamkeit zu schätzen und zu seinen Zwecken zu verwenden, woraus man, jedoch mit Unrecht, geschlossen, daß Hieronymus bei ihm Schreiberdienste versehen habe. Man will beobachtet haben, daß des Bischofs herrisches Wesen nicht eben vortheilhaft auf die Gesinnung des Hieronymus gewirkt, sondern ihr eine schiefe, der menschlichen Autorität allzuwillig sich fügende und schmiegende Richtung gegeben habe. Bald sammelte sich in Rom um den frommen gelehrten Mann ein Kreis christlicher Frauen, Wittwen und Jungfrauen (Marcella, Paula und ihre beiden Töchter Bläsilla und Eustochium; Principia, Fabiola, Asella, Sophronia, Melania, Felicitas u. a.), denen er die heilige Schrift erklärte, Gewissensfragen beantwortete und auf deren überspannte Frömmigkeit und klösterliche Lebensrichtung er einen immer entschiedenern Einfluß gewann. Dies zog ihm von Seiten der vornehmen und weltlich gesinnten Römer herben Tadel und Spott, ja sogar allerlei Verdächtigungen zu. Dessenungeachtet schlossen sich Paula und ihre Tochter Eustochium ihm an, als er eine Wallfahrt nach dem gelobten Lande unternahm, die heiligen Stätten zu besuchen. Auch Alexandrien und die Mönchsvereine in den nitrischen Gebirgen zogen die Aufmerksamkeit der frommen Pilgerschaft auf sich. Darauf zog sich Hieronymus in eine Zelle in der Nähe von Bethlehem zurück. Seine Freundinnen versahen ihn mit dem Nothwendigsten. Es erhoben sich Pilgerhospize und ein Frauenstift, dem die heil. Paula, nebst einer Mönchswohnung, der Hieronymus selbst vorstand *). Er verblieb daselbst unter frommen Uebungen und gelehrten Beschäftigungen, jedoch nicht ohne thätigen Antheil an den Streitigkeiten der Kirche zu nehmen, bis an seinen Tod, der den 30. Sept. 420 erfolgte. Er ward in Bethlehem begraben. Später, nachdem die Kirche ihn unter ihre Heiligen versetzt, sollen seine Gebeine nach Rom (in die Kirche S. Maria Maggiore) gebracht und dort beigesetzt worden seyn **). Es verbreiteten sich über den Lebenden und den Todten allerlei wunderbare Sagen. Die kirchliche Kunst hat ihn sogar (wegen seines Verhältnisses zu Damasus) mit dem Cardinalshute geschmückt. Der Löwe und der Todtenkopf, die sie ihm noch als Attribute beigegeben, versinnlichen die anachoretische Lebensweise, sowie die schreibende oder lesende Stellung, in der man ihn gewöhnlich abgebildet findet, an seine vorherrschende Thätigkeit zum Besten der Kirche erinnern. Und in der That ist es, wie schon bemerkt, die gelehrte Seite, die an Hieronymus am glänzendsten hervortritt ***), während er weniger selbständig auf die theologische Lehrentwickelung eingewirkt hat. Er beschränkte sich vielmehr darauf, mit einer bis zur Leidenschaft gesteigerten Aengstlichkeit den guten Ruf seiner Orthodoxie sich zu bewahren, wie sich dies schon in der meletianischen Streitigkeit zeigte, in der er sich der Autorität des römischen Stuhles blindlings unterwarf †). Früher ein begeisterter Anhänger des Origenes, dessen Schriften er durch seine lateinische Uebersetzung dem Abendlande zugänglich machte, trat er in spätern Jahren als Gegner desselben auf und zerfiel deßhalb

---

*) Ueber die Einrichtung derselben vgl. Ep. c. VIII. ad Eustochium und *Palladii* hist. Lausiac. p. 114, 115.

**) Auch andere Kirchen behaupten im Besitze seiner Reliquien zu seyn. Die Stadt Nepesino will sein Haupt besitzen, das auch zugleich im Escurial seyn soll (vgl. Schröckh a. a. O. S. 215).

***) Auf diese Gelehrsamkeit that er sich nicht wenig zu gut. Ego philosophus, rhetor, grammaticus, dialecticus, hebraeus, graecus, latinus, trilinguis. (Apol. adv. Ruffin. Lib. II.)

†) Es handelte sich um den Sprachgebrauch von οὐσία und ὑπόστασις. Hieronymus trug Bedenken, drei Hypostasen anzunehmen, weil ihm dies arianisch schien; vgl. Ep. XV. und XVI. ad Damasum Papam, worin es unter anderem heißt: Decernite, obsecro, si placet, et non timebo tres hypostases dicere; obgleich er den Verdacht nicht unterdrückt, daß die Ketzerei hinter diese Ausdrucksweise sich verbergen könne.

mit seinen Freunden, dem Bischof Johann von Jerusalem und dem Presbyter Rufinus (vgl. Origenistische Streitigkeit). Um eben diese Zeit (394) ward er mit Augustinus bekannt, er ein Sechziger, Augustin ein Vierziger an Jahren. Obgleich er nicht in allen Stücken mit diesem großen Kirchenlehrer übereinstimmte und seiner Empfindlichkeit gegen den von ihm erhobenen Widerspruch gelegentlich Luft machte*), so konnte er doch nicht umhin, ihm wieder seine tiefste Verehrung zu bezeugen**). In dem pelagianischen Streit (s. d. Art.) trat er entschieden auf seine Seite und bezeichnete die Synode von Diospolis (Lydda 415), welche den Pelagius freisprochen, als synodum miserabilem. Gleichwohl hat er den eigentlichen Kern und den innern Zusammenhang des Augustinismus schwerlich begriffen, indem er ächt pelagianisch der Werkheiligkeit allen möglichen Vorschub leistete und an Pelagius selbst nur die extravaganten Sätze verdammte: posse hominem sine peccato esse si velit, und facilia esse Dei praecepta (vgl. Ep. CXXXIII.). In seinen übrigen dogmatischen Vorstellungen huldigte er in bestimmtem Gegensatz gegen die origenistische Lehrweise einem massiven Realismus, namentlich in der Lehre von der Auferstehung des Körpers***). Besonders aber hat er sich durch den Eifer ausgezeichnet, womit er die ewige, auch durch keine spätere Mutterschaft verletzte Jungfräulichkeit der Maria gegen den Helvidius†), die Verdienstlichkeit des Fastens und des ehelosen Lebens gegen Jovinian††), die Verehrung der Märtyrer und ihrer Reliquien gegen Vigilantius†††) (s. diese Art.) vertheidigt hat. Bei alle dem aber darf sein Hauptverdienst nicht übersehen werden, das er sich durch die Bearbeitung der alten italiänischen Bibelübersetzung (Itala), aus welcher später die Vulgata hervorgegangen, erworben hat. Eine nähere Würdigung dieses Verdienstes ist an einem andern Orte zu suchen (s. d. Art. Lateinische Bibelübersetzungen). Auch als Exeget†*) verdient Hieronymus schon wegen seiner Kenntniß des Hebräischen††*), die er sich bei gelehrten Juden erworben und worin er sich vor allen übrigen, auch den größten Kirchenlehrern auszeichnete, alle Beachtung, ob er gleich zu sehr den jüdischen Traditionen folgt und überdies häufig, trotz seiner Abneigung gegen Origenes, in Allegorieen und Spielereien des Witzes sich ergeht. Eine gesunde Frucht seiner exegetisch=kritischen Studien, welche erst der Protestantismus sich angeeignet hat, ist die Trennung, welche er zwischen den kanonischen Büchern des A. T. und den mit der Septuaginta verbreiteten Produkten einer spätern Literaturperiode (Apokryphen) machte; letztere mögen als libri ecclesiastici zur Erbauung des Volkes gelesen, aber nicht zur Erhärtung der Dogmen gebraucht werden†††*). Durch seine geographischen und antiquarischen Schriften††**) hat er den Grund zur biblischen Archäologie, durch sein Buch über die kirch=

---

*) Die Differenz über die Stelle Gal. 2, 11. führte zu brieflichen Erörterungen. Vgl. Ep. LVI. LXXV. CI. CII.

**) Mihi autem decretum est, te amare, te suscipere, colere, mirari, tuaque dicta quasi mea defendere. Ep. CXXXIV. Opp. I. p. 1043.

***) Adv. errores Johannis Hieros. ad Pammach. Opp. II. p. 118.

†) Adv. Helvidium de perpetua virginitate beatae Mariae. Opp. T. II. p. 206 sq.

††) Adv. Jovinianum libri II. Opp. T. II. p. 231 sq. und Ep. L. ad Domnionem.

†††) Adv. Vigilantium. Opp. T. II p. 385 sq.

†*) Seine Commentare über das A. und N. T. und andere Exegetica (z. B. Quaestiones in Genesin) finden sich im 3. bis 7. und im 9. bis 11. Band der Werke.

††*) Auch das Chaldäische lernte er noch in seinen spätern Jahren um der Bücher Daniel und Esra willen.

†††*) Haec legat (ecclesia) ad aedificationem plebis, non ad auctoritatem ecclesiasticorum dogmatum confirmandam. (Prolog. galeatus.)

††**) De nominibus Hebraeorum (Opp. III. 1—120) de situ et nominibus locorum hebraicorum, eine lateinische Bearbeitung der Schrift des Eusebius von Cäsarea: περὶ τῶν τοπικῶν ὀνομάτων τῶν ἐν τῇ θείᾳ γραφῇ. (Opp. III. p. 121.)

lichen Schriftsteller *) den Grund zur Patristik gelegt. Auch hat er die Chronik des Eusebius in's Lateinische übersetzt, die Lebensgeschichten der Anachoreten Paulus, Hilarion, Malchus beschrieben **) und die Mönchsregel des Pachomius bekannt gemacht. Wichtig sind endlich für die Kirchengeschichte seine zahlreichen Briefe, theils an die oben genannten (und noch andere) Frauen, theils an Freunde und Zeitgenossen, wie an Damasus und Augustinus, an den Senator Pammachius, den Schwiegersohn der Paula, an Paulinus, den nachmaligen Bischof von Nola in Campanien, an Helioborus, Nepotianus, Avitus, Gaudentius, Oceanus u. A. Es spiegelt sich in diesen mit einer gewissen Eleganz und bei aller Redseligkeit und falschem Bombast nicht ohne Geist und Witz geschriebenen Briefen, in denen er gelehrte und Gewissensfragen beantwortet, das Mönchsleben empfiehlt, Betrübte tröstet, die Laster und Thorheiten der Zeit geißelt, den Gegnern die Spitze bietet, den Freunden und Freundinnen auch wieder zu schmeicheln weiß, die ganze Gesinnung des Briefstellers selbst, so wie auch das Zeitalter mit seinen eigenthümlichen Bedürfnissen, seinen wahren und falschen Tugenden, seinen wunderlichen Gegensätzen von Ueppigkeit und Entsagung, in den frappantesten Zügen ab. Sie geben daher einen willkommenen Beitrag sowohl zur christlichen Sittengeschichte, als zu der eigenen Biographie des Hieronymus. Gegen die große Verehrung, welche derselbe in der alten Kirche genoß, sticht das Urtheil Luthers ***) auffallend ab: »Ich weiß keinen Lehrer, dem ich so feind bin, als Hieronymo; denn er schreibt nur von Fasten, Speisen, Jungfrauschaft u. s. w. Wenn er doch auf die Werke des Glaubens dränge und triebe dieselbigen, so wäre es etwas; aber er lehret nichts, weder vom Glauben, noch von der Hoffnung, weder von der Liebe noch von den Werken des Glaubens.«

Auch andere protestantische Schriftsteller, wie Clericus, haben seine Schriften einer scharfen, wohl auch allzuscharfen Kritik unterworfen †). Desto größeres Lob spendet ihm Erasmus, der auch zuerst eine Ausgabe seiner Werke (mit Hülfe Oecolampads) veranstaltet hat (Basel 1516—1520 in IX. Fol.). Ihr folgten die Ausgaben des Italieners Marianus Victorius (Rom 1566—1572. IX. Fol.) und des Protestanten Adam Tribbechovius (Frankf. 1684. XII. Fol.); sodann die mangelhafte Benediktiner Ausgabe von Johann Martianay und Anton Pouget (Paris 1706 in V Bdn.) ††), die von der bisher geschätztesten des Dominicus Vallarsi und Scipio Maffei (1734—1742 und 1766. gr. 4.) verdunkelt worden ist †††). Auch von einzelnen Werken des Hieronymus, namentlich von seinen Briefen, sind verschiedene Ausgaben veranstaltet worden †*). Der sogenannte Comes des Hieronymus ††*), eine für die Ge-

---

*) De viris illustribus s. de scriptoribus ecclesiasticis, vgl. Ep. CXII. 3. ad August. Ausg. von b. a. Fabricius, in Biblioth. ecclesiastica. Hamb. 1718. fol. Gennadius und Andere haben das Werk fortgesetzt.

**) Opp. Tom. II.

***) Tischreden bei Walch XXII. S. 2070.

†) Joh. Clerici Quaestiones Hieronymianae. Amstel. 1700. 12. Sein Urtheil über Hieronymus im Ganzen lautet dahin: Si seponas multam Graecorum et praesertim Latinorum lectionem, conjunctam cum facultate acriter declamandi aut declamatorie scribendi, pro ejus aevi palato, cetera omnia sunt mediocria. Non modo hebraicae, sed et graecae linguae modica cognitione fuit tinctus. Theologiam ceterasque disciplinas degustaverat potius quam exhauserat. In inventione quidem nihil propemodum habet exquisiti, in ordine nihil ferme accurati. In ratiocinatione vero et collectione consectariorum plus multo pompae rhetoricae atque exaggerationis invenias quam roboris et judicii. (p. 7.)

††) Die Mängel dieser Ausg. hat Clericus a. a. O. aufgedeckt.

†††) Ueber die verschiedenen Ausgaben vgl. C. T. Schönemann, Bibl. historico-litteraria Patrum latinor. Lips. 1792. Tom. I. p. 443 sq.

†*) Vallarsi hat indessen erst die chronologische Ordnung der Briefe festgestellt.

††*) Liber Comitis seu Lectionarius (in Baluzii Capitularibus Regg. Francor. Tom. II. p. 1309 und am Schlusse des letzten Bandes der Werke).

schichte der Liturgik wichtige Schrift (s. Lectionarien) gehört einer spätern Zeit an; eben so das ihm zugeschriebene Martyrologium und einige Briefe. Das Leben unsers Heiligen haben die oben genannten Herausgeber seiner Werke, Erasmus und Martianay, beschrieben. Sodann haben Sebastian Dolci (Maximus Hieronymus, vitae suae scriptor. Anconae 1750. 4.) und der Jesuite Stilting (in den Actis Sanctorum T. VIII. p. 418 sq.) sein Lob verkündigt. Endlich sind außer den allgemeinen kirchenhistorischen und patristischen Werken: Tillemont (Tom. XII.), Cave (Tom. I.), Dubin (T. I.), Schönemann (T. I.), Rößler (Bd. IX.), Schröckh (K.G. Bd. XI. S. 5—244. Bd. VII. 122. IX. 246.) noch zu vergleichen: Zimmermann, über die Einsamkeit Bd. I. S. 261 ff. Engelstoft, L. Hieronymus Stridonensis, interpres, criticus, exegeta, apologeta, historicus, doctor, monachus. Havn. 1798. 8. Collombet, Histoire de S. Jérome, deutsch von Lauchert und Knoll. Rottweil 1846 und Dan. v. Cölln bei Ersch und Gruber. 2. Section. 8. Theil. Hagenbach.

Hieronymus von Prag, ein Zeuge der Wahrheit und Vorläufer der Reformation, der treue Freund von Joh. Hus, dessen tragisches Schicksal er theilte, ein Mann von gelehrter Bildung, in der selbst Hus ihm nachstand, und von rascherem Temperamente als dieser, führte den Zunamen von seiner Vaterstadt Prag, hieß eigentlich von Faulfisch und gehörte nach seiner Herkunft einem edlen Geschlechte an. Sein Vater hieß Nicolaus v. Faulfisch; der Name seiner Mutter ist unbekannt, ebenso das Jahr seiner Gebnrt (welches etwa in eins der Jahre von 1360—1370 fällt) und der Gang seiner früheren Bildung. Er widmete sich zunächst auf der Universität seiner Vaterstadt der theologischen Wissenschaft, studirte dann auch in Heidelberg und Köln, dann in Paris, wo er wahrscheinlich die Würde eines Magisters der freien Künste erlangte, nachdem er bereits 1399 Baccalaureus der Theologie geworden war. Von Paris ging er nach Oxford, von da nach Prag zurück. Sein Aufenthalt in England war für ihn von den wichtigsten Folgen, denn dort hatte er Wiclefs Lehren und Schriften kennen gelernt, die er in seiner Heimath mit Eifer und Beredtsamkeit verbreitete. Durch sie hatte er eine tiefere Einsicht in die Lehren der Kirche erhalten. Bald gewann auch seine Gelehrsamkeit Anerkennung in seiner Heimath, und ohne daß er in den geistlichen Stand selbst eingetreten war, wurde er nicht nur von dem Könige von Polen, Wladislaus II., eingeladen, die neu begründete Universität Krakau zu organisiren (1410), sondern auch von dem Könige von Ungarn, Sigismund, um vor ihm zu predigen. Bei'm Klerus war er aber schon in den Geruch der Wiclefitischen Ketzerei gekommen und von ihm wurde er bereits als Ketzer verfolgt, da er in seinen Predigten Sätze ausgesprochen hatte, die dem Oxforder Lehrer angehörten. Der Erzbischof Sbynko von Prag hatte selbst Wiclefs Schriften schon öffentlich verbrennen lassen. Der Ketzerei angeklagt, mußte Hieronymus in Ungarn flüchtig werden; er kam bis Wien, wurde hier auf Veranlassung der ungarischen Geistlichen gefangen genommen, doch auf Betrieb seiner Prager Freunde wieder befreit. Er kam nun nach Prag zurück und schloß sich eng an Hus an, mit dem er schon befreundet war und der sich gegen die Gebrechen der herrschenden Kirche in Lehre und Leben nachdrücklich erhoben hatte. Durch Hieronymus war Hus in den Geist der Wiclefitischen Lehren und Schriften tiefer eingeführt worden. Inzwischen hatten sich an der Universität bereits die heftigsten Bewegungen erhoben. Die zahlreichen deutschen Lehrer der Universität huldigten dem Nominalismus der Scholastiker und waren gegen Hus und Hieronymus um so mehr erbittert, als Beide an die Spitze der böhmischen Nation an der Universität sich stellten und für die deutsche Nation eine Beschränkung der Rechte bewirkten, da die Deutschen nach der Verordnung des Königs Wenzel (s. Pelzel, Lebensgesch. des Königs Wenzel. II. S. 543 ff. Urkundenbuch S. 125) nur Eine Stimme haben sollten, während sie bisher drei Stimmen hatten. Die Deutschen wanderten darauf aus, Prag verlor dadurch viel, und der Klerus benutzte diese Gelegenheit, die Einwohner gegen Hus und Hieronymus aufzuhetzen. Hieronymus, von seinem raschen Temperamente hingerissen, rächte sich dadurch, daß er mit Heftigkeit gegen den Ablaß und die Reliquien eiferte, diese mit Füßen trat,

die Mönche angriff, einige einsperren, einen Mönch sogar in die Moldau werfen ließ.
Als jetzt auch die wider den König Ladislaus von Neapel vom Pabste Johann XXIII.
erlassene Kreuzbulle erschien, ließ Hieronymus sie einem unzüchtigen Weibe umhängen,
von demselben durch die Stadt Prag tragen, dann aber mit päbstlichen Ablaßbriefen am
Pranger der Neustadt verbrennen. Durch dieses Alles wirkte Hieronymus zugleich mäch=
tig auf Hußens Gesinnung ein, unterstützte er wesentlich dessen Opposition und weitere
Schritte. Unterdessen hatte das Concil von Costnitz bereits begonnen, zu dem Huß mit
freiem Geleite ging; er wurde dennoch als Ketzer verhaftet. Freiwillig war Hieronymus
in die Mahlstadt geeilt, um seinen Freund zu vertheidigen, sein Bemühen war jedoch
vergeblich, Huß wurde verbrannt. Jetzt drohte auch dem Hieronymus Gefahr; er ver=
ließ daher Costnitz, richtete von Ueberlingen aus ein Schreiben sowohl an den Kaiser
Sigismund als auch an das Concil und erbot sich zur Verantwortung gegen jede An=
schuldigung, wenn ihm ein freies Geleit und die persönliche Sicherheit während der Unter=
suchung zugesichert würde. Da ihm der Kaiser das freie Geleit nur unter der Formel
»so weit als es an uns liegt und der orthodoxe Glaube es erfordert«, gewährte, hielt es
Hieronymus für gerathener, nach Prag zurückzukehren, allein auf der Rückreise wurde er
durch den Herzog von Bayern zu Hirschau in der Oberpfalz gefangen genommen (April
1415), in Ketten nach Costnitz zurückgebracht und hier dem Concil ausgeliefert. Nachdem
er ein halbes Jahr lang die Qualen eines strengen Gefängnisses und einer harten Be=
handlung erduldet hatte, unterlag er seinen Drängern und verstand sich in der 19. Sitzung
des Concils (23. Sept. 1415) zum Widerrufe der ihm vorgeworfenen Ketzereien. Er
mußte nicht nur diese selbst, sondern auch die Lehren von Wiclef und Huß ausdrücklich
abschwören, ja das an Huß vollzogene Urtheil als gerecht billigen, ferner feierlich ver=
sichern, mit Allem übereinzustimmen, was die römische Kirche und das Concil über die
Schlüsselgewalt, die Sakramente, Weihen, kirchlichen Officien und Strafen, Ablässe, Reli=
quien, Ceremonieen u. s. w. bekenne, dabei geloben, der Kirchenlehre stets treu bleiben
zu wollen, alle ihr entgegenstehenden Lehren des Anathems werth zu achten, im Falle er
aber jemals vom Kirchenglauben wieder abweichen sollte, sich der Strenge der kanonischen
Bestimmungen zu unterwerfen; endlich mußte er versichern, alle diese Erklärungen vor
dem Concile ungezwungen und freiwillig gegeben zu haben (v. d. Hardt, Magnum oecumenicum Constantiense Concilium. T. IV. pag. 520 sq.; Narratio de Mag. Hieronymo
Pragensi etc. in Historia et Monumenta Jo. Hus atque Hieronymi Pragensis, Norimb.
1715. T. II. pag. 522 sq.). Trotzdem hörten die Anklagen, namentlich der Mönche zu
Prag, gegen ihn nicht auf und bald gelang es seinen Feinden, einen neuen Proceß gegen
ihn einzuleiten. Der Cardinal d'Ailly bemühte sich zwar, denselben niederzuschlagen,
indem er den einmal gegebenen Widerruf für genügend hielt, allein der sonst freisinnige
Kanzler Gerson bestand auf der Wiederaufnahme des Processes. Jetzt aber redete Hiero=
nymus mit lebendiger Begeisterung vor dem Concile von den Zeugen der Wahrheit, be=
klagte es, aus Menschenfurcht den Widerruf geleistet zu haben, nahm denselben feierlich
zurück und erklärte freimüthig, daß er sich zu Wiclefs und Hußens Lehren ganz und gar
bekenne. Vergebens bemühte sich besonders der Cardinal von Florenz, Franciscus Zaba=
rella, ihn dahin zu bringen, bei dem früheren Widerrufe zu bleiben. Das Concil sprach
darauf in der 21. Sitzung das Todesurtheil auch über Hieronymus aus (30. Mai 1416),
mit Standhaftigkeit hörte er es an und mit hohem Muthe erduldete er den Feuertod.
Noch auf dem Scheiterhaufen erklärte er sich für Hus, unter Gebet starb er, seine Asche
aber streuten die Feinde in den Rhein. Ein Augenzeuge seines Todes, Poggius Floren=
tinus versichert (bei v. d. Hardt a. a. O. Bd. III. S. 64 ff.), daß ihn weder das Feuer,
noch die Art der Qual und des Todes geschreckt habe, ja daß wohl niemals ein Stoiker
mit solcher Standhaftigkeit und solchem Muthe den Tod erduldet habe, wie er. Vergl.
Leben des Hieronymus von Prag von J. F. W. Tischer. Lpz. 1802; Hieronymus von
Prag von L. Heller. Lübeck 1835; Hus und Hieronymus. Studie von Jos. Alexander
Helfert. Prag 1853. S. 151 ff.; 208 ff. (nur scheinbar unparteiisch).　　　Neudecker.

Higden, Ralph, alter englischer Geschichtschreiber, Benediktinermönch zu St. Werberg in der Grafschaft Chester, † 1363 (nach Andern 1377), fast hundert Jahre alt. Sein Geschichtswerk: Polychronici Lib. VII. ex anglico in latinum conversi a Joh. Trevisâ et editi cura G. Caxton 1482 sq. geht von der Schöpfung bis zum J. 1357 nach Christus. Die beste Ausgabe ist die von 1642. Fol. Caxton hat ein achtes Buch dazu gefügt und Dr. Gale in seinen Quindecim scriptores histor. britann. etc. Oxon. 1691 den auf die alten Britten und Sachsen bezüglichen Theil, worin Higden mehrere Urkunden aus verlorengegangenen Chroniken aufbewahrt hat, herausgegeben. Das Ganze ist Compilation mit Ausnahme des 7. Buchs, aber mit Geschmack verfaßt. Es wird von englischen Geschichtschreibern oft benutzt und citirt. S. Rees, Cyclop. britann.   S.

Hilarion, der Heilige, Gründer des Einsiedlerlebens in Palästina, gegen Ende des dritten Jahrhunderts (288?) in Tabathe bei Gaza geboren. Noch Knabe lernte er in Alexandria die Wissenschaft und das Christenthum kennen und ließ sich taufen. Er besuchte St. Antonius in seiner Wüste und wir finden ihn von jetzt an von dem Eifer, dessen ascetischer Frömmigkeit nachzufolgen, und von dem Wunsche erfüllt, dem dadurch überall geweckten Zulaufe von Bewunderern sich zu entziehen. In dieser Absicht 307, etwa 15 Jahre alt, in die Heimath zurückgekehrt, vertheilte er seine Erbe an seine Brüder und an die Armen und zog sich in die unsichere, ungesunde Wüstenei am Meeresufer von Majuma, bei Gaza, zurück. Trotz seines zarten Körpers übte er die härteste, mit Raffinement sich steigernde, nicht sonderlich reinliche Ascese, indem er lange Jahre nur von meist rohen Kräutern lebte. Mit seinem Körper sprach er "wie mit seinem Thiere;" wurde dieser matt zur Arbeit, so erklärte er ihm: "wenn du nicht arbeiten willst, so sollst du auch nicht essen." Gegen fleischliche Regungen und verführerische Gesichte, ähnlich denen des St. Antonius, fand er geschärfte Hungerkur am wirksamsten und sprach dann zu seinem Leibe: "ich werde schon dafür sorgen, Lasteselein, daß du nicht mehr ausschlägst! ich will dich mit Stroh, statt mit Getreide füttern, daß du nichts mehr begehren wirst, als zu essen;" was allerdings an Strauß's Wort von dem auf einem Thiere reitenden Engel erinnert. Er nahm erst nach Sonnenuntergang Speise und soll von seinem 64. bis 84. Jahr nur noch von etwas Kräutersaft gelebt haben.

Er betete dabei unablässig, wie wenn Christus leiblich vor ihm stünde; er konnte die heil. Schrift großentheils auswendig und schrieb besonders die Evangelien ab. Das ihm lange Jahre benachbarte Jerusalem besuchte der reisefertige Einsiedler nur einmal und verweilte nur Einen Tag darin mit dem gedoppelten Zwecke zu zeigen, daß er den Aberglauben, als beschränke sich der Dienst Gottes nur auf gewisse heilige Oerter, nicht theile, während er eine von der Kirche empfohlene Andacht nicht verachten wollte. Auch sonst vermied er den Aufenthalt in Städten, stand aber klösterlichen Vereinen in einsamen Oertern vor.

Der Tod des großen Einsiedlers Antonius veranlaßte den Fünfundsechzigjährigen, das gelobte Land zu verlassen und in Aegypten, in der heiligen Wüste dessen Aufenthaltsort zu besuchen. Sein Grab aber wurde ihm wohl nicht gezeigt; weiter zog er in die Einöden bei dem ägyptischen Babylon, in die Oase jenseits Alexandrien, dann in das Innere Siciliens und weiter nach Epidauros in Dalmatien. Seine wunderkräftigen Gebete, seine Ascese und Uneigennützigkeit zogen ihm überall eine solche Verehrung und solchen Ueberlauf zu, daß er je nach einigen Jahren mit List oder durch die Drohung sich auszuhungern sich die Weiterreise erringen mußte. An den neuen Orten verriethen ihn bald die Besessenen, die er heilte; außer über leibliche Krankheiten hatte er auch Macht über Schlangen, über Erdbeben, ja über Liebeszauber. Ein großer Theil dieser Wunder ist phantastische Ueberbietung biblischer und heidnischer Wunder oder buchstäbliche Erfüllung biblischer Verheißungen. Recht ein Bild aus der Zeit ist es, daß er von einem Christen von Majuma um Einsegnung seiner Pferde zu einem Wettlaufe gebeten wurde, wozu er sich denn auch herbeiließ auf die Vorstellung, die Religion sey dabei im Spiele. Denn der heidnische Gegner hatte seine Pferde durch den Zauber des Hauptgottes der Stadt, Marnas, gestärkt. Die christlichen Pferde schienen in der Rennbahn zu fliegen, das Volk rief, Marnas sey von Christo besiegt und Mehrere ließen sich taufen. Seine letzten Lebensjahre und sein Tod waren ein Segen für Cypern. Er starb 371 oder 372 an 84 Jahre alt, nachdem er Anstalten getroffen hatte, um keine Reliquien zurückzulassen. Sein treuster Schüler war Hesych, sein Biograph der ihm an freiem evangelischem Blicke nicht ebenbürtige Epiphanius. Die Kirche feiert sein Gedächtniß am 21. Oktober.   Reuchlin.

Hilarius, der heilige, Bischof von Arles (Arelatensis), geboren um das Jahr 403, einer der vorzüglichsten Bischöfe Galliens und eifriger, wenn auch unglücklicher Vertheidiger der Selbständigkeit der gallischen Kirche gegenüber von Rom, hatte in früher Jugend auf den Antrieb seines Verwandten, des Abtes von Lerinum (St. Honoré) Honoratus, die mönchische Lebensweise in diesem Kloster ergriffen und mit regem Eifer sich darin geübt, bis Honoratus, der unterdessen Bischof von Arles geworden war, bei seinem Tode ihn zu seinem Nachfolger empfahl, worauf er wider seinen Willen dazu gewählt wurde, 429. Die Geistlichkeit seiner bischöflichen Kirche vereinigte er sogleich, nach dem Vorbilde des Augustin, zu einer gemeinschaftlich lebenden Congregation, mit welcher er das härteste Leben unter frommen Uebungen führte. Damit hieng zusammen eine große Vorliebe für das Mönchthum, dessen Vertretung und Stärkung er auf alle Weise förderte; so blieb er auch mit Lerinum fortwährend in Verbindung. Seinen Eifer zeigte er noch auf eine für das Heil der Kirche ersprießlichere Weise; freudig gab er die Kostbarkeiten seiner Kirche hin, um Gallier, die in die Gefangenschaft der eingedrungenen Germanen gerathen waren, loszukaufen. Bei aller seiner Demuth war er den Lasterhaften furchtbar. Er hatte mehrmals vergebens den Statthalter von Arles gewarnt, sich vor ungerechtem Urtheilssprucke zu hüten. Als dieser nun wieder mit seinem Gefolge in die Kirche kam, unterbrach er sogleich seinen Vortrag, indem er sagte, daß der Mann, der heilsame Ermahnungen verachte, unwürdig sey, die Speise des göttlichen Wortes zu genießen, worauf der Statthalter die Kirche verließ und der Bischof die angefangene Predigt beendigte. Hilarius hatte als Bischof von Arles die Metropolitanrechte in Viennensis, Narbonnensis prima und secunda und war Vicar des römischen Bischofs in diesen Provinzen. In dieser Qualität gerieth er in einen Streit mit Leo I. wegen der Absetzung des Bischofs Chelidonius (444), in welchem Streite er zuletzt dem großen Ansehen Leo's nachgeben mußte (s. d. Art. Leo I.). Er starb 449; es wird an ihm gerühmt seine feurige Beredtsamkeit, seine gelehrte Bildung und seine schriftstellerische Thätigkeit, wovon sich aber nur folgende Schriften erhalten haben: 1) vita S. Honorati Arelatensis episcopi, nebst einem Briefe an Eucherius, Bischof von Lyon, in panegyrischem Tone und in einem zierlichen Style geschrieben (abgedruckt bei Surius, ad 16. Januar), bei den Bollandisten Tom. II. fol. 11, in der Max. bibl. PP. T. VIII. fol. 1228 und in der Ausgabe seiner Schriften von Salinas; 2) ein Gedicht, Genesis, oder metrum in Genesin, um das Jahr 429 geschrieben, worin die Schöpfung der Welt bis zur Sündfluth beschrieben wird, nach Ausdruck und Sprache eine der besseren Dichtungen dieser Zeit; — abgedruckt in den Werken des Hilarius von Poitiers. Auch wird ihm ein Gedicht de providentia zugeschrieben, welches gewöhnlich unter den Dichtungen des Prosper aufgeführt wird. — Anderes wird ihm mit Unrecht zugeschrieben. Die ihm zugeschriebenen opuscula wurden herausgegeben von Salinas (nebst Vinc. Lirinensis). Rom. 1731. S. Bähr, christlich römische Literatur. 1. Abtheilung S. 34; 2. Abtheilung S. 338.

Hilarius von Poitiers (Pictavium), so genannt von seinem Geburtsort und späteren Bischofssitz im südwestlichen Gallien, in derjenigen Kirchenprovinz, deren Metropolis Burdigala (Bordeaux) war, leuchtet neben seinen Glaubens- und Kampfgenossen Athanasius, Basilius und den beiden Gregoren von Nyssa und von Nazianz, als ein heller Stern an dem durch schwere Kämpfe verdunkelten Himmel der Kirche des 4. Jahrh. Ja in der abendländischen Kirche seiner Zeit ragt er unstreitig als der Erste hervor, und schließt sich würdig an die früheren Lehrer des Abendlands, einen Tertullian,

Cyprian und Irenäus an, zumal an den Letzteren, der ja in seiner amtlichen Stellung gleichfalls der gallischen Kirche angehörte und eine Zierde derselben war. An Feinheit des Geistes, an Tiefe der Spekulation, an Scharfsinn und an Gründlichkeit des theologischen Wissens sucht Hilarius seines Gleichen. Seine griechisch schreibenden Mitstreiter hatten zwar das ihm voraus, daß ihre Sprache für die christliche Wissenschaft bereits durchgebildet und ein gefügiges Organ derselben war, während der lateinisch Schreibende noch immer, wie vordem Tertullian, mit der Sprache sehr zu ringen hatte; aber bei einem Manne von solcher Geisteskraft und Bildung, wie Hilarius, mußte auch solches Ringen mit der Sprache vielmehr zu einer Förderung der Erkenntniß, zu einem Gewinn für die Sache ausschlagen. Indem er, der des Griechischen wohl kundig war, die großen theologischen Gedanken eines Origenes, Athanasius 2c. in die Muttersprache übertrug und unter kräftiger Geistesarbeit in derselben frisch reproducirte, so ergab sich daraus um so mehr ein wahrhafter Fortschritt der Erkenntniß, je energischer ausgeprägt und selbständiger seine theologische Persönlichkeit war. Diese Selbständigkeit hing aber damit zusammen, daß er ein ernster und tiefeindringender Schriftforscher war, sein theologisches Wissen eine reiche Entfaltung der seinem Geiste lebendig angeeigneten Schriftwahrheit. So schöpfte er frisch aus der Quelle, während er zugleich in der Gedankenbewegung seiner Zeit, in der Glaubensentwicklung der Kirche sich befand; beides in der schönsten Wechselwirkung. Was er in ernstem Kampfe vertrat, war eben darum nicht eine bloß traditionelle Orthodoxie, für die er aus Partei- oder Standes-Interesse geeifert, sondern eine frei aus der Schrift gewonnene Ueberzeugung, welche er erst hintennach in dem kirchlich-formulirten Glauben wiederfand. Der gediegene theologische Denker war nun zwar ein Mann von zartem Gemüthe, aber wo es galt, die Wahrheit und das Recht der Kirche zu vertreten, gegen despotischen Gewissensdruck Zeugniß abzulegen, der Verfolgten sich anzunehmen, tapfer und unerschrocken, auch der höchsten irdischen Macht gegenüber. Ja wenn ehrerbietige und bescheidene Vorstellungen fruchtlos blieben, so konnte er auch wohl in Zorn aufflammen gegen den, der von solcher Thrannei nicht abließ. Sein früherer Lebensgang und seine Entwicklung liegt ziemlich im Dunkeln. Sein Geburtsjahr ist nicht festgestellt; gegen das Ende des dritten Jahrhunderts muß er das Licht dieser Welt erblickt haben. Er war nicht geringer Herkunft, und demgemäß wurde ihm auch eine für Gallien in jener Zeit gute wissenschaftliche Bildung zu Theil. Seine Eltern waren Heiden, und er selbst trat erst in seinen männlichen Jahren, zusammen mit seiner Frau und seiner Tochter Apra in die christliche Gemeinde ein. Seine Studien hatten ihn auch zu den heiligen Schriften geführt, und sein Geist und Gemüth wurde von ihrer Vortrefflichkeit und von der Macht ihres Gedankeninhalts ergriffen und hingenommen. Näheres über seine erste christliche Entwicklung ist uns nicht bekannt. Im J. 350 finden wir ihn als Bischof seiner Vaterstadt, wissen aber nicht, ob er stufenweise zu dieser höchsten kirchlichen Würde emporgestiegen, oder seiner Gelehrsamkeit, Frömmigkeit und Rechtschaffenheit wegen auf einmal, mit Ueberspringung der niedern Aemter, dazu erhoben worden ist. — Diese hohe kirchliche Stellung war aber in jener Zeit eine ungemein schwierige, mit viel Kampf und Gefahren verknüpft. Für Gallien insbesondere war es eine traurige und stürmische Zeit, so daß dem Hilarius wenig Zeit und Ruhe blieb, um den stilleren Geschäften seines Berufs sich zu widmen.

Auch über den Occident verbreiteten sich jetzt mehr und mehr die arianischen Streitigkeiten. Die im Orient durch die Gunst des Constantius übermächtige arianische Partei gewann auch im Abendland und namentlich in Gallien Einfluß, als nach der Ermordung des dem nicänischen Glauben zugethanen Constans und nach der Besiegung des Magnentius der Kaiser Constantius von Gallien Besitz nahm. Auch hier fehlte es ihr nicht an mächtigen und angesehenen Vertretern, wie denn insbesondere der Bischof Saturninus von Arelate (Arles) in diesem Sinne wirkte (Synode zu Arles a. 353). Man behandelte die Sache zunächst als eine persönliche, als handelte es sich um die Verdammung des wegen seiner Widerspenstigkeit und Verwicklung in aufständische Umtriebe in kaiserlicher Ungnade stehenden Athanasius. Auf der Synode zu Mailand (355) wurden die Bischöfe genöthigt, diese Verdammung zu unterschreiben, diejenigen aber, welche sich dazu nicht bestimmen ließen, traf das Loos der Verbannung. Diesem entging auch Hilarius nicht. Er ließ sich durch jene Vorspiegelung nicht täuschen; es war ihm klar, daß es sich um die Sache handelte, um das, was er längst als wesentliche Schriftwahrheit erkannt hatte, und wofür in den Riß zu treten er sich verpflichtet achtete. Schon früher hatte er sich mit edlem Freimuth an den damals in Gallien anwesenden Kaiser mit einer Schrift gewendet, worin er im Namen der gallischen Bischöfe ihm die Besorgniß wegen eines in Gallien drohenden Aufstandes zu benehmen suchte, und zugleich ihn auf's Dringendste bat und ermahnte, allen Gewaltmaßregeln in Sachen des Glaubens zu steuern, und gemäß seinem hohen Beruf einem Jeden seine Freiheit hierin zu sichern. Da scheute er sich nicht, die verfolgenden Arianer, welche durch ihre Gewaltthätigkeit Zerrüttung und Verwirrung anrichteten, als Irrlehrer und Verfälscher der Wahrheit zu bezeichnen, und trat auch auf's Entschiedenste allen Unionsversuchen, als vergeblichen Bemühungen, Wahres und Falsches zu vereinigen, entgegen. Wenn er schon dadurch sich den Haß der Partei auf sich zog, so erbitterte er die Arianer vollends dadurch, daß er ihnen die Kirchengemeinschaft aufsagte, und auf der Synode zu Biterrä (Beziers), die Bemühungen des Saturninus, die gallischen Bischöfe für die Beschlüsse von Arles und Mailand zu gewinnen, vereitelte.

Er wurde nun bei Cäsar Julianus und bei Constantius verklagt und nach Phrygien verwiesen. Diese Strafe schien um so empfindlicher, da diese Provinz, wie ganz Kleinasien, voll von Arianern war. Aber was auf Hemmung der guten Sache berechnet war, das sollte auch hier zur Förderung derselben gereichen. Männern, wie Hilarius, wurde dadurch nur ein weiterer Wirkungskreis aufgeschlossen; und auch der alte konnte ihm nicht ganz verschlossen werden. Von den gallischen Bischöfen, mit denen er in Verbindung blieb, erhielt er die tröstliche Zusicherung, daß das Band der Gemeinschaft zwischen ihm und der Kirche Galliens unverletzt bestehen, Saturnin aber in die Kirchengemeinschaft nicht aufgenommen werden solle. Im J. 358 richtete er an sie die Schrift über die Synoden oder den Glauben der Orientalen. Die bedeutendste Frucht seiner unfreiwilligen Muße aber waren seine 12 Bücher über die Dreieinigkeit (ll. XII. de trin.), das Hauptwerk seines Lebens, welches er in der Zeit zwischen 359 und 361 zu Stande brachte. Aber in diesen Jahren fehlte es auch nicht an unmittelbarer praktischer Thätigkeit. Im J. 359 wurde er veranlaßt, der Synode zu Ariminum (Rimini) beizuwohnen, und begab sich darauf mit den Synodalen nach Constantinopel, wo er abwarten wollte, ob er die Weisung nach Phrygien oder nach Gallien erhalten würde. Hier brachte er eine Vereinigung zwischen den gallischen Bischöfen und orientalischen Homöusianern zu Stande, dahin gerichtet, daß sie gemeinschaftlich den Widersachern (Arianern) sich entgegenstellten. Sein Wunsch, in öffentlicher Disputation diese zu bekämpfen, blieb dagegen unerfüllt, seine dringende Bitte um eine solche wurde abgeschlagen. Eine zweite Schrift, die er a. 360 an Constantius richtete, zog ihm die Weisung zu, Constantinopel sofort zu verlassen und sich nach Gallien zurückzugeben. Unterwegs schrieb er in aufgeregter Stimmung gegen Constantius (lib. adversus Const.) a. 361. Sein erstes Geschäft nach seiner Rückkehr war, diejenigen gallischen Bischöfe, welche die Beschlüsse von Ariminum unterzeichnet hatten und von den Nicänischgesinnten als Gefallene angesehen wurden, für die Kirche wieder zu gewinnen, was er auch auf mehreren Synoden zu Stande brachte. — Einige Jahre später richtete sich seine Sorge auch auf die Reinigung Italiens von der Irrlehre. Zu dem Ende bekämpfte er in einer noch vorhandenen Schrift die mächtige Stütze des Arianismus, den am kaiserlichen Hofe viel geltenden Bischof Auxentius von Mailand. Dadurch aber zog er sich die Verbannung aus der Stadt zu, und verbrachte nun seine noch übrige Lebenszeit in der Stille auf dem Lande. Sein Tod erfolgte wie es scheint im J. 368.

Als letzte reife Frucht seiner Schriftforschung gab er einen Commentar zu den Psalmen heraus; ein Werk, welches für die Einsicht in seine theologische Denkweise neben der Schrift über die Dreieinigkeit von großer Bedeutung ist, weit mehr, als seine frühere exegetische Arbeit, sein Commentar zum Evangelium Matthäi. Uebrigens tritt er als Exegete mehr oder weniger in die Fußstapfen des allegorisirenden Origenes; wie schon Hieronymus über den Comm. zu den Psalmen bemerkt: in quo opere imitatus Origenem nonnulla etiam de suo addidit; und es handelt sich bei ihm mehr um eine sorgfältige Entwickelung der theologischen Ideen aus der Schrift, als um eine grammatisch-historische Analyse des Inhalts.

Ueberblicken wir die ganze Laufbahn des Hilarius, so erscheint er einerseits als ein Mann, der mit Weisheit und furchtlosem Freimuth die Aufgabe des christlichen Staats (oder Herrschers) in Bezug auf die Kirche, oder die Sphäre des Glaubens und des Gewissens zu bezeichnen und geltend zu machen beflissen ist, andererseits als ein ebenso energischer Bekämpfer des den Glaubensgrund untergrabenden Irrthums, wie als ein milder und kluger Vermittler zwischen solchen, die auf demselben wesentlichen Glaubensgrund stehend in Ansehung gewisser streitiger Formeln noch auseinandergingen; in allen Beziehungen als ein würdiger Genosse des Athanasius.

Um ihn aber nach Gebühr zu würdigen, müssen wir noch seine Theologie, wie sie namentlich in seinen zwölf Büchern über die Dreieinigkeit vorliegt, nach ihren Grundzügen uns vergegenwärtigen. Die genannte Schrift ist, wie Möhler (Athanasius II. 165 f.) des Näheren auseinandersetzt, ein in seinem Gedankengang und in seiner Beweisführung wohl angelegtes Werk, welches besonders durch scharfsinnige exegetische Entwicklung und Begründung und durch schöne Uebersichtlichkeit bei reicher Fülle des Einzelnen sich auszeichnet. Hilarius bewährt sich darin als ein ächter Schrifttheologe, welcher der Größe und Schwierigkeit seiner Aufgabe, wie des richtigen Wegs zur Lösung derselben sich klar bewußt ist.

Im Worte der Schrift hat Hilarius, wie er selbst bezeugt, nach vergeblichem Forschen in den Büchern der Philosophen die Lösung des Räthsels gefunden. Im alttestamentlichen Worte ist ihm Gott in seiner unendlichen Erhabenheit offenbar geworden, wie er zwar dem verständigen Begreifen sich entzieht, aber doch dem geistigen Sinn sich zu vernehmen und dem Glauben sich zu erfassen gibt, und demnach ausgesprochen werden mag. Durch das Wort der neutestamentlichen Schrift hat sich ihm das Geheimniß der Menschwerdung des Wortes Gottes, und damit die Hoffnung der Verwirklichung der Gottessohnschaft des Menschen, seiner himmlischen Wiedergeburt durch den Glauben erschlossen. So ist er zur Erkenntniß der Liebe Gottes und zur Hoffnung des unvergänglichen Lebens hindurchgedrungen, indem er darauf verzichtete, das Göttliche mit dem Maßstab menschlicher Einsicht und Kraft zu messen, indem er die Erhabenheit der göttlichen Macht mit der Unendlichkeit des Glaubens erfaßte. Auf diesem Wege erkannte er, was über die Fassungskraft des endlichen Verstandes hinausgeht: einerseits, daß Gott Mensch geworden, der Unsterbliche gestorben, der Ewige begraben worden; andererseits, daß aus dem Menschen ein Gott, aus dem Todten ein Unsterblicher, aus dem Begrabenen ein Ewiger werde. Und während ihm der Unglaube als ein Erzeugniß der Schwäche erschien, da einer meine, Alles sey innerhalb der Grenzen seiner Schwachheit beschlossen, oder das sey nicht geschehen, was er für unmöglich erklären möchte; während er es für einen eiteln Ruhm falscher Weisheit halten mußte, wenn ein im Seyn unvollkommenes Wesen auf vollkommenes Wissen Anspruch mache; während er als Hinderniß des wahren Glaubens eine aus Mangel an Frömmigkeit entspringende Engherzigkeit erkannte, welche um so schwerer zu heilen sey, je mehr der Irrthum durch die Zustimmung Vieler bestärkt werde; so stand ihm dagegen fest, daß, wie alle Verherrlichung Gottes nur durch Gott zu Stande komme, so alle Erkenntniß Gottes nur durch Gott erlangt werde, daß von Gott zu glauben sey, was er selbst bezeuge und mittheile, und daß es Sache der wahren Weisheit sey, zuweilen darin weise zu seyn, worin man nicht wolle, während die hochmüthige falsche Weisheit darin weise sey, worin sie wolle. Mit solchen Erklärungen tritt Hilarius dem arianischen Rationalismus entgegen, der an Alles den Maßstab menschlicher Begreiflichkeit anlegte, und von einem abstrakten Begriff göttlicher Einheit und Unveränderlichkeit ausgehend, die persönlichen Unterschiede und die in der Menschwerdung vorliegende Veränderung und Entwicklung außerhalb der Gottheit setzte, das heißt die in dieselbe Eingehenden nicht als wahrhaftigen Gott, den Sohn nicht als gleiches Wesens mit dem Vater anerkannte. Darin aber, daß derselbe die göttliche Einheit bekannte und den Namen des Sohnes gebrauchte, fand Hilarius eine Täuschung der Frömmigkeit in dem Satz, daß er nicht gewesen, bevor er geworden, ein Streben, der Weisheit der Welt genugzuthun. Dabei gab er den Arianern falsche Schriftauslegung schuld, gewaltsames Einlegen dessen, was sie schon vor dem Lesen darin finden wollen; denn der Sinn der Lehrer sey die Quelle der Häresie. Gegenüber den verschiedenen Häresieen aber erweise sich die siegreiche Kraft der Kirche darin, daß sie die eine und ungetheilte sei, und daß ihre Widersacher selbst ihr dienen müssen, theils indem einer den andern widerlege, theils indem sie durch ihre Angriffe die Wahrheitsenergie der Kirche hervorrufen und das tiefere Verständniß der Wahrheit fördern müssen, also ihren Glauben bestätigen, indem sie ihn bekämpfen. In diesem Kampfe bietet die Wissenschaft dem Glauben die Waffen dar zur Zerstörung der Bollwerke seiner Widersacher. Zur wissenschaftlichen Erklärung des Geheimnisses werde übrigens die Kirche nur durch die Häretiker genöthigt. Der einfache Glaube an den Vater, Sohn und hl. Geist, und die Erfüllung der Gebote in demselben, die Anbetung des Vaters, die Verehrung des Sohnes mit ihm und das Erfülltseyn mit dem hl. Geiste wäre eigentlich genug. Darin sey alle Vollkommenheit und alle Genüge für uns: im Vater Unvergänglichkeit, im Sohne, seinem Ebenbild, Gottähnlichkeit, im hl. Geiste, seiner Gabe, der Genuß.

Von den allgemeineren theologischen (apologetisch-polemischen) Grundsätzen des Hilarius wenden wir uns zu den besondern dogmatischen Erörterungen, in denen seine theologische Denkweise sich karakterisirt. Wir übergehen dabei solche Lehrpunkte, in welchen er die Unbestimmtheit seiner Zeit theilte, wie die anthropologischen Lehren von der menschlichen Natur in ihrer Verderbniß und ihrem Verhältniß zur göttlichen Gnade welche erst unter den pelagianischen Streitigkeiten zu festerer Bestimmtheit gelangten, u: die noch lange Zeit in einer gewissen Schwebe gebliebene Lehre von den Sakramenten, insbesondere vom hl. Abendmahl, und fassen nur diejenigen Dogmen in's Auge, in deren Entwicklung er selbstthätig und mit einer mehr oder weniger scharf ausgeprägten Eigenthümlichkeit eingegriffen hat. Diese sind einestheils das Dogma von der göttlichen Trinität, unter dessen Vertheidigern nach den beiden entgegengesetzten Seiten hin er einer der hervorragendsten ist, anderntheils das Dogma von der Person Christi, an dessen Fortbildung er auf eine ausgezeichnete, wir möchten sagen Bahn brechende Weise sich bethätigt hat, — das erstere übrigens nicht in seinem ganzen Umfang, sondern nur insoweit, als es im ersten Hauptstadium des arianischen Streites erörtert wurde, in Bezug auf das Verhältniß des Vaters zum Sohne und umgekehrt. Denn die Lehre vom heiligen Geist und dessen Verhältniß zum Vater und Sohn ist bei ihm noch ziemlich unentwickelt. Zwar ist ihm das Bekenntniß desselben unzertrennlich von dem des Vaters und des Sohnes, seine Existenz unzweifelhaft, da er gegeben, empfangen, gehabt werde. Ebenso Ursach, Zweck und Kraft seiner Sendung. Er sey ja durch den und aus dem, durch welchen und aus welchem Alles ist, die Gabe an die Gläubigen und der Geist Gottes, der Tröster und uns, der uns in alle Wahrheit leitet, ohne dessen Erleuchtung wir den Vater und Sohn nicht erkennen, die Lehre von der Menschwerdung nicht glauben könnten, der uns in Einem Leib vereinigt, und der Eine in verschiedenen Gaben ist. Allen angeboten, weil diese Gabe Christi einem Jeden gegeben, insoweit er sie nehmen wolle, und sey das bis an's Ende bleibende Licht der Geister und Unterpfand der Hoffnung. Aber denselben Gott zu nennen, wagt Hilarius nicht, weil in der hl. Schrift diese Benennung sich nicht finde. Er hält es jedoch für bedeutsam, daß er der Geist Gottes heiße: auch könne er, als der die Tiefen der Gottheit erforschende, Gott nicht fremd seyn.

In Bezug auf den Sohn war die Hauptaufgabe die Feststellung der Wesens=
einheit und Gleichheit (Homousie). Diese ergibt sich ihm schon aus dem Begriff
des Vaters und Sohnes; der Erzeugte muß in sich haben, was der Erzeuger; Zeugung
ist ja Mittheilung des Wesens. Der Vater selbst kann nicht Vater seyn — es wird
ihm genommen, was ihm zukommt — wenn er nicht sein Wesen im Sohne wieder er=
ennt. Wie aber der Sohn der Spiegel ist, in welchem der Vater sich selbst erkennt und
war so, daß der Spiegel ein lebendiges Wesen ist, dem Wesen nach dem Vater gleich,
o erkennt auch der Sohn sich selbst in dem Vater, in dessen Gedanken hineinschauend er
zur Selbsterkenntniß über den Willen seiner eigenen Natur kommt. So erkennt sich der
Eine im Andern, und zwar vermöge des Bandes der gegenseitigen Liebe und Natur. —
Ein Ansatz zu einer spekulativen Construktion der Trinitätslehre (vgl. Dorner, die Lehre
von der Person Christi I. 900 f.). Diese Wesenseinheit, welche die des Namens (Gott
aus Gott) mit sich führt, hebt aber den Unterschied nicht auf, und umgekehrt; der
Sohn, des Vaters Bild, ist ein anderer, aber darum nicht andern Wesens, nicht verschie=
ben von ihm; denn des Vaters Leben ist in ihm. Und weil Gott kein Leiden zukommt,
so beruht der Unterschied auch nicht in einer Theilung des göttlichen Wesens. Der
Vater ist ja in ihm und er im Vater, die Fülle der Gottheit wohnt leibhaftig in ihm;
er ist der Vollkommene aus dem Vollkommenen; Alles, was der Vater hat, ist sein, wie
umgekehrt. Auch kann, was im Anfang war und bei Gott und Gott war, nicht eine
bloße Rede oder Schall seyn, es muß ein Wesen seyn; und das Wort, durch welches
Alles, also auch die Zeit, geschaffen worden, muß der ewige Sohn seyn. Die Unbe=
greiflichkeit der Zeugung aber muß man sich ja wohl gefallen lassen, da wir in Betreff
unserer selbst (unsers Zeugens ꝛc.) so viel Unbegreifliches uns gefallen lassen.

So tritt Hilarius ebenso dem Sabellianismus wie dem Arianismus entgegen mit
einer die in Frage stehenden Begriffe entwickelnden und auf das Wort der Schrift sich
gründenden Dialektik. Mit vorzüglicher Feinheit und Schärfe weiß er überhaupt das
Schriftwort, insbesondere das johanneische Evangelium für seinen Zweck zu verwenden,
wovon einige Proben mitgetheilt werden mögen. Ein Zeugniß für die wahre und eigent=
liche, von der angenommenen bestimmt unterschiedene (Röm. 5, 10. vgl. 8, 14. 15.) Sohn=
schaft, also Gottheit des Herrn liegt ihm schon in der auszeichnenden Redeweise: mein
Vater, mein Sohn, und in den Bezeichnungen: eingeborner und eigener Sohn. Und
nur wenn sich's um diesen handle, könne die Hingebung des Sohns (Joh. 3, 16.) als
ein Beweis hoher Liebe Gottes gelten, und eine Quelle der Liebe zu Gott seyn. Darauf
führe auch das, daß der Sohn allein den Vater kennt, womit er der ganzen Schöpfung
entgegengesetzt werde, sowie andererseits das, daß der Vater allein ihn kennt, seine Gleich=
heit mit dem Vater in Ansehung der Unbegreiflichkeit beweise (Matth. 11.). Die Gleich=
heit des Wesens (Joh. 5, 18.), somit die wahre Gottheit, erhelle aber auch daraus,
daß er die Kraft Gottes habe; denn Beides auseinanderhalten sey Unsinn. Vollkommene
Macht aber zeige sich darin, daß die Natur des Wirkenden vollbringe, was die Rede des
Sprechenden anzeige (Gott sprach: es werde und es ward). Beides — Gleichheit des
Wesens und der Kraft — liege auch in der Gleichheit des Lebens (Joh. 5, 26.). Daß
der Sohn Alles thut, was der Vater (V. 19.), das beruhe in der Wesenseinheit; daß
er es ebenso thut, spreche gegen die (sabellianische) Identität, für die Zeugung; daß er
die Werke des Vaters thut (Joh. 10.), das führe auf das väterliche Wesen, weil er
durch die Zeugung Alles in sich hat, was des Vaters ist, so ist sein Werk Werk des
Vaters; daß er lebendig macht, welche er will (5, 2.), das weise auf die Freiheit der
Natur, welche mit der vollkommenen Kraft in der Selbständigkeit des Willens besteht.
Daß der Vater und Sohn Eins sind (10, 30.), das wolle sagen, sie seyen Ein Gott,
weil Ein göttliches Wesen in beiden: Gott aus Gott und in Gott, nicht zwei Götter. — Für
Gleichheit des Wesens zenge ferner der Ausspruch: »wer mich sieht, sieht den Vater,«
14, 9., vgl. V. 10 f.; und sonach sey er auch der Weg, die Wahrheit und das Leben
durch seine Person. — Nach 14, 9; 10, 30. könne auch die Einheit nicht bloße Wil=

lenseinheit seyn; wie denn auch Einheit des Wollens und Wissens in Einheit des We-
sens begründet seyn müsse. Für bloße Willenseinheit könne auch nicht die Analogie von
Joh. 17, 20 f. angeführt werden. Denn die Willenseinheit der Gläubigen sey Folge der
Wiedergeburt, welche eine wesenhafte Einheit mit sich bringe (vgl. Gal. 3, 27 f.), von
welcher die Wesenseinheit in Vater und Sohn das Vorbild sey. Wir Alle werden in
Eins vollendet (V. 23.), weil in Christo der Vater, Christus in uns, indem wir das
Fleischgewordene Wort im Abendmahl wahrhaft empfangen. — Der Bitte des Sohnes
um Verherrlichung (Joh. 17, 1.), worauf die Arianer sich berufen, stehe gegenüber die
Verherrlichung auch des Vaters durch den Sohn. Dieses Gegenseitige benehme dem Va-
ter nichts und setze den Sohn nicht herab (vgl. V. 2. 3.). — Der Sohn, das Wort,
das im Anfang bei Gott war, ohne Ab= und Zunahme, bitte für die angenommene
Menschheit, daß sie dem Vater werde, was er schon war.

　　Die Abneigung der Arianer vor einer Erniedrigung der Gottheit in Christo leitet
Hilarius aus dem natürlichen Vernunftstolz ab, der sich das Zunehmen wohl gefallen
lasse, weil es dem Gesetz der menschlichen Entwicklung entspreche, dem aber Erniedrigung
zuwider sey, daher man leichter glaube, daß der Mensch göttlich werde, was ja auch
schmeichelhaft sey für unsere Hoffnung, als daß Gott Mensch werde, was ein göttliches
Geheimniß sey.

　　Hiermit kommen wir zur christologischen Frage. Hier war einer dreifachen Abirrung gegenüber das Richtige festzustellen. 1) Gegen einen ebionisirenden Sabellianismus (Samosatenismus), der die Menschwerdung bloß als eine Wirkung der göttlichen
Kraft und Weisheit des Logos betrachtet, welcher den, jedoch in der Natur und Bewegung
seiner eigenen Seele lebenden, Menschen Jesus bewohnt und mit Kräften göttlicher Wirksamkeit ausrüstet, galt es, das persönliche Seyn des Logos in einem Menschen zu behaupten. 2) Gegen eine dem Patripassianismus analoge Verwandlungslehre, welche den
Logos durch Selbstentäußerung von sich selbst abfallen und zu einer menschlichen Seele
werden ließ, so daß in Christo nur noch der Mensch bliebe, war das Vorhandenseyn einer
wahrhaft göttlichen und wahrhaft menschlichen Seite mit möglichst scharfer Unterscheidung
beider zu erweisen. 3) Hinwiederum galt es, gegenüber einer Ansicht, welche als Vorläuferin der antiochenischen erscheint, und ein menschliches Ich neben dem des Logos, einen
Doppelchristus, lehrte, die Einheit der Person zu behaupten, was um so schwieriger war,
wenn man, wie Hilarius nach dem Vorgang des Irenäus und Tertullian, zur Menschheit Christi auch eine menschliche Seele rechnete. Das Problem, an dessen Lösung Hilarius arbeitete, war demnach einerseits: Auseinanderhaltung beider Seiten mit Feststellung
der genau begrenzten Vollständigkeit der menschlichen Natur, wie mit Wahrung alles dessen,
was zum Begriff der göttlichen Seite gehört, andererseits sorgfältige Darlegung der Einheit der Person. In der einen, wie in der andern Hinsicht hat er die Lehre fortgebildet.
— Vor Allem hält er Göttliches und Menschliches im Werke der Menschwerdung sorgfältig auseinander. Der Grundgedanke seiner Theorie ist: die
schöpferische Thätigkeit des Sohnes in diesem Akte; daß nicht die menschliche Gattung,
oder Maria Seele und Leib für die Person Christi dargereicht, sondern daß er die Seele
aus sich, den Leib durch sich gehabt, oder daß er das Causalprinzip der Entstehung beider gewesen. Was zuvörderst die Seele betrifft, so nahm Hilarius überhaupt keine Abstammung der menschlichen Seelen von Adam durch Fortpflanzung an, sondern Erschaffung
derselben durch den Logos, dieweil das himmlische, gottverwandte Wesen der Seele für
sich nicht befleckt sey mit der irdischen Materie. So ist denn auch Christi Seele nicht
aus Maria, da sie sonst sündig seyn würde; aber obwohl unmittelbar geschaffen durch den
Logos, ist sie doch wesensgleich den Seelen der Menschen. — Wie verhält sich's aber nun
mit dem Leibe? Auch dessen Schöpfer ist der Sohn oder Geist Gottes; daher ist auch
er rein von Anfang an, und wegen des innigen Verbundenseyns der ihn belebenden Seele
mit dem himmlischen Sohne gleichfalls himmlisch, vom Himmel. Aber dennoch ist dem
Hilarius Maria nicht bloß Pflegemutter oder Gebärerin und Ernährerin eines von außen

in sie gepflanzten Menschenkeims; sondern, wie Adams Leib aus einem schon vorhandenen Stoff gebildet wurde, so nahm der h. Geist (der Logos), indem er das Innere der Jungfrau heiligte und darin wehend sich mit der Natur des menschlichen Fleisches verband, das ihm Fremde, den irdischen Stoff des Leibs durch seine Kraft an sich. So hatte er den Leib aus der Jungfrau, aber durch sich, nicht durch menschliche Empfängniß. Maria gab für seine Menschheit, was nur immer die Mutter von Anfang dem Kinde gibt; sie trug zum Wachsthum und zur Geburt seines Leibes bei, was ihrem Geschlecht natürlich ist. Die Natur desselben kam in Empfängniß und Geburt zur Vollziehung. Dadurch war auch seine Einigung mit der gesammten Menschheit bedingt; denn sonst wäre er ein Fremdling in ihr geblieben, hätte er sich nicht in sie hinein und sie in sich umgeboren. Durch das Fleisch, welches der Sohn Gottes für sich nicht hatte, war auch seine Leidensfähigkeit bedingt. Jener Stoff aber ist ein Leib geworden nur durch die That des Sohnes, der sich mit der Seele einigte, die er schuf, und durch sie den Stoff beseelte.

Mit der persönlichen Einheit nimmt es Hilarius sehr ernstlich. Diese erforderte, daß der Logos die Menschheit in ihrer gegenwärtigen Beschaffenheit — die Knechtsgestalt — in sich hereinnahm; nur so konnte auch die Schwäche der Menschheit in die göttliche Kraft umgeboren werden, nur so die Menschwerdung zu Stande kommen, welche das in sich schließt, daß Gott Mensch wird, der Mensch Gott. Knechtsgestalt aber und göttliche Gestalt schließen einander aus. Damit er in jener seyn konnte, so mußte er sich von dieser entleeren. — Diese Entleerung oder Selbstentäußerung (evacuatio) ist das erste Moment der vom Göttlichen ausgehenden Bewegung zur Menschheit. Dieselbe ist Aufgeben des göttlichen Antlitzes, der göttlichen Substanz, d. h. der vollen, ausgeprägten Realität der Herrlichkeit oder Majestät, welche der Logos nunmehr in sich zurückhielt; die Gottmenschheit war sonach nicht von Anfang an fertig; die Knechtsgestalt — das menschliche Antlitz — war gleichsam im Vordergrund, bis der Logos dieselbe verklärend seine Herrlichkeit wiederherstellte (Erhöhung). — Die göttliche Natur zwar blieb unverändert; der Sohn Gottes immer derselbe; er ist ja stets durch seinen Willen in der Entäußerung, folglich mit der Macht der vollen Wirklichkeit der Gottesgestalt, die er nur in sich verbirgt, indem er sich bis zur Form des menschlichen Habitus mäßigt (temperat), damit die Schwachheit der angenommenen Niedrigkeit die mächtige und unendliche Natur tragen könnte, damit die Menschheit durch diese Verbindung nicht verzehrt würde. Es ist eine Selbstbeschränkung, in der er bleibt, was er ist, so daß der, der in der Knechtsgestalt ist, nicht ein anderer ist, als der, der in der Gottesgestalt ist. Sonst wäre seine Entäußerung nicht mehr fortgehende That, sondern nur Leiden. Sich selbst verlierend hätte er auch die Menschheit gar nicht annehmen können; was ja die auf die Ausleerung folgende That ist. Dies ist nun das zweite Moment jener Bewegung, die assumtio, die Aneignung der Knechtsgestalt, so daß sie zum Daseyn des Sohnes Gottes gerechnet werden kann; eine besondere That des Sohnes Gottes, der eben dadurch zeigt, daß er in der Entäußerung nicht von sich selbst abgefallen, sondern seiner selbst stets mächtig geblieben ist.

Wie aber zur Menschwerdung einerseits das erfordert wird, daß sich der Logos gleichsam empfänglich macht zur Aufnahme der Menschheit (evacuatio), so andererseits das, daß auch die Menschheit empfänglich ist für die Erhebung in die Einheit mit dem Sohne Gottes. Das ist vor Allem die menschliche Seele. Diese ist ja aus Gott, eine Gleichniß seines Ebenbilds, eine Nachahmerin seiner Allgegenwart durch die Schnelligkeit der Gedanken; zwar jetzt mit Schuld beladen, aber ursprünglich rein. Das ist Christi Seele auch geblieben; nicht befleckt durch den Eintritt in den Leib, weil dieser durch den heil. Geist empfangen wurde (s. oben). Weil nämlich der h. Geist das Innere der Jungfrau heiligte, und die Kraft des Höchsten sie überschattete, die Schwachheit stärkend, um die körperliche Substanz für die besamende (sementiva) Wirksamkeit des eingehenden Geistes (Christi) zu disponiren (temperare), so ist sein Leib den Eigenschaften (nicht der Substanz) nach anders als der unsrige. Eine Vortrefflichkeit, woran auch wir Theil nehmen sollen, wodurch das Ebenbild Gottes erst an uns vollendet wird. — Die Vorzüge der Menschheit Christi, die sie durch die weihende Kraft des sie für die Annahme zubereitenden Geistes erhielt, wurden aber noch erhöht durch die Annahme selbst, durch die Wirksamkeit des Menschgewordenen Sohnes Gottes. Christus war seiner Natur nach auch leiblich dem Sterben, dem Schmerz, dem Bedürfniß nicht unterworfen; der Leib, der auf dem Berge verklärt wurde, durch seine Berührung die Fieber weichen machte ꝛc., war von eigenthümlicher Beschaffenheit. Christus nahm zwar Speise und Trank zu sich, aber nicht aus Bedürfniß, sondern der Gewohnheit wegen; er war betrübt, aber nicht für sich (sibi), sondern für die, die er wachsam seyn heißt; er weinte, aber für uns; was jedoch kein bloßer Schein ist, so wenig als die Noth der Menschen und Alles, worein er, sich selbst entäußernd, aus Liebe sich versetzte. Er konnte leiden und sterben und litt und starb wirklich, aber nicht vermöge einer Nothwendigkeit der Natur, nicht so, daß das Leiden und Sterben eine Macht über ihn bekommen hätte; es wurde von ihm freiwillig übernommen des menschlichen Heils wegen; es sollte damit der Strafpflicht genuggethan werden, jedoch ohne Verletzung des Leidenden mit Strafempfindung. Indem er die natürliche Gewalt der auf ihn einbrechenden Leiden auf sich nahm, so daß er verwundet und gekreuzigt wurde und starb, fiel er doch nicht von der Kraft seiner Natur ab, so daß er Schmerz empfunden hätte (passus est, non doluit). Durch diese Kraft, durch die er auch geboren wurde, litt er alle auf ihn eindringende Schwachheit unserer Leiden. So wenig als unser Leib auf dem Wasser geht, hatte sein Leib die Natur unseres Schmerzes. Keine feindliche Macht konnte seiner Natur Schmerz verursachen, so daß dieser sie bewältigt hätte. Schmerz kann bei ihm gedacht werden nur als That der Liebe, die sich in unsere Lage versetzt, nicht als Nothwendigkeit der Natur; wie auch sein Tod Ausziehen des Fleisches durch Gottes Macht war, daher ein zur Schautragen der Gewaltigen (Kol. 2, 15.), Triumph, nicht Todesgewalt. — So ist in Christo keine Passibilität (physische Leidentlichkeit), was ja eine seinem Ursprung aus der Substanz des impassibeln Wesens widersprechende Schwäche wäre; sein leidentliches Verhalten ist durchaus Wille, That. Dieser Wille konnte sich freilich nur verwirklichen in Folge der durch höhere Kraft bewirkten Verbindung des von Natur Verschiedenen (der himmlischen und irdischen Natur); denn der Logos als solcher kann nicht leiden, sondern nur in dem in die Einheit mit ihm aufgenommenen Leib. Das Leidenkönnen gehört aber zu seiner Vollkommenheit, das Gegentheil wäre eine Schranke für seine Liebe. — Daß er leiden und sterben mußte, davon lag der Grund nicht in seiner Natur, sondern in uns, denen er gleich werden wollte und mußte in der Knechtsgestalt, um uns zu erlösen. Darum überließ er sich freiwillig dem Leiden und Tod. Sein Tod selbst ist That. Er läßt den feindlichen Gewalten Macht, damit sie an seiner Person sich gleichsam erschöpfen. Auch leidend zeigt er seine Macht, zunächst über seine eigene Natur, welche er dem Leiden zugänglich machte (die ἐξουσία, Joh. 10, 18.), sodann im Triumph über die feindlichen Mächte durch Ausdauer im Leiden. So herrscht er noch im Sterben, und stirbt, obwohl er herrscht.

Insofern dem Hilarius das Leiden und Sterben Christi That ist, so kann er es auch auf die göttliche Natur beziehen, und so die Einheit der Person festhalten. Von Doketismus kann bei ihm insoweit nicht die Rede seyn, als er wahrhaftes Leiden und wirklichen Tod, volle Menschwerdung und innigste Einheit der Naturen lehrt. Aber ganz frei hat er sich doch nicht davon gehalten, und ist der kanonischen Darstellung Christi nicht ganz gerecht geworden, indem er die Entwicklung der Menschheit in Christo, die er doch eigentlich festhalten möchte, durch einen zu raschen Verlauf der Vergöttlichung verkürzt; so daß er weder ein Nichtwissen Christi („non sibi, sed nobis") anerkennt, noch ein freier menschlicher Wille in Christo bei ihm stattfindet. Und doch sollte er wohl Raum für eine solche Entwicklung haben, da er nicht bloß einzelne Momente der Entäußerung, sondern einen Zustand derselben annimmt, da nach ihm der Gottmensch sowohl nach seiner göttlichen als nach seiner menschlichen Seite in einer Ungleichheit mit sich selbst

ist (Entäußerung der göttlichen Gestalt, Annahme der Menschheit in ihrer jetzigen un=
vollkommenen Form — der Knechtsgestalt), aus welcher er erst nach und nach in die
Gleichheit mit sich selbst sich wiederherstellt, durch Verklärung der Knechtsgestalt in die
Gottesgestalt, wodurch die volle göttliche Herrlichkeit wieder hervortritt und die Idee der
Menschheit verwirklicht wird. — Diese Wiederherstellung, welche freilich nicht möglich
wäre, wenn jenes Andersseyn des Sohnes ein Abfall von sich wäre, wenn er nicht in
diesem unadäquaten Zustand der seiner selbst mächtige Sohn Gottes bliebe, nennt Hila=
rius die dritte Geburt des Sohnes. Die erste nämlich ist die ewige aus dem Vater,
dadurch er ihm gleich ist in Allem, auch an Herrlichkeit; die zweite die in die Mensch=
heit und Knechtsgestalt, in welche er sich in freier Liebesthat versenkt, um sie in sich aus
der Tiefe herauszuholen. — Die dritte, die mit der Auferstehung eintrat, die Zeugung
des Menschensohns zum vollkommenen Gottessohn, sein Geborenwerden zu dem, was der
Sohn von Ewigkeit war, so daß er ganz (totus) wurde, was er gewesen, auch für seinen
Leib die Herrlichkeit wiedernahm, also daß nun Gott Alles in Allem ist, da in keiner
Hinsicht die Natur des irdischen Leibs in ihm zurückbleibt, sonach er, der zuvor zwei in
sich enthielt, nunmehr bloß Gott ist; eine Verklärung, nicht Vertilgung des Menschlichen,
worin wir ihm ähnlich werden sollen, eine Verwandlung, welche vermittelt ist durch die
Unterwerfung (1 Kor. 15, 28.), in der er dem angenommenen Menschen den Vater dar=
gebracht. Und dies ist die Wahrheit des evangelischen Geheimnisses und der evangelischen
Hoffnung, daß die menschliche Natur und das verwesliche Fleisch auf solche Weise in die
ewige Substanz transformirt ist. Indem so alles Seyn außer Gott, was die Knechts=
gestalt mit ihrer Schwachheit und Corruption an sich hatte, aufgehoben ist, und die
Menschheit zu ihrer Wahrheit, zu Gott gelangt, ist der Gottmensch vollendet. In ihm
aber ist die gesammte Menschheit vollendet. Die Gläubigen nehmen am gott=
menschlichen Leben Theil in wesentlicher Einheit; denn in der Taufe haben sie Christum
angezogen, und im Mahl des Herrn empfangen sie wirklich das Wort, das Fleisch ge=
worden ist. So ist denn Christus im Vater durch die göttliche Geburt, wir in ihm durch
seine leibliche Geburt, er in uns durch die Sakramente. Es ist eine stufenmäßig auf=
steigende vollkommene Einheit: wir bleiben in ihm, er bleibt im Vater, aber zugleich auch
in uns, so daß auch wir zur Einheit mit dem Vater fortschreiten. In ihm ist die ganze
menschliche Natur umgeboren und mit Gott geeinigt. Dadurch daß er Mensch geworden,
aus der Jungfrau das Fleisch annahm, sollte der Leib des ganzen Geschlechts mit ihm
geheiligt seyn· In ihm war der ganze Mensch; unsern sündigen Leib annehmend trug
er unsere Sünde, trug freiwillig alle unsere Schwachheit, indem er in unsere Natur sich
versetzte. Und Alles, was mit ihm vorgegangen, ist eine dasselbe in uns erzeugende wirk=
same Potenz: in ihm sind wir gestorben und auferstanden, in ihm sitzt die Menschheit
überhaupt zur Rechten des Vaters, in ihm schauen die Völker ihre eigene Auferstehung
und Vollendung. — So entspricht die Lehre vom Erlösungswerk der von der Person
Christi.

In der Theologie des Hilarius finden wir ein bedeutendes spekulatives Element,
welches in den folgenden Zeiten auch als theosophisches hervorgetreten ist. Die Mensch=
werdung ist ihm nicht nur eine Thatsache, welche durch die eingetretene Sünde, also durch
das Bedürfniß der Erlösung herbeigeführt worden und Mittel derselben ist. Er sucht
sie auch nach ihrer allgemeinen Möglichkeit und Nothwendigkeit zu verstehen. Ihre Mög=
lichkeit beruht ihm darin, daß der Sohn, der die menschliche Seele als Abbild seiner
selbst geschaffen, als Urbild derselben in ursprünglicher Verwandtschaft mit der Mensch=
heit steht. Vollzogen hat sie die Liebe des Sohnes um der eingetretenen Sünde willen
in der Weise, daß er in die Knechtsgestalt des Abbilds hineingeboren sich uns ähnlich
machte. Da aber im verklärten Gottmenschen der Begriff der Menschheit selbst erst voll=
endet ist, so ergibt sich daraus die absolute Nothwendigkeit des Gottmenschen, unter dessen
Idee der Mensch von Anfang an geschaffen worden ist, so daß erst durch die Confor=
mität mit ihm auch der Leiblichkeit nach die Idee des Bildes Gottes ganz verwirklicht wird.

Hilarius nimmt hiernach in der Entwicklung der Christologie eine höchst bedeutende Stelle ein, und es liegen in seiner gediegenen Auseinandersetzung fruchtbare Keime, welche in den folgenden Jahrhunderten sich nur zum Theil entfaltet haben, tiefe und umfassende Gedanken, deren anregende und befruchtende Kraft auch in unsere Zeit hereinreicht, welche von diesem alten Meister, wie von anderen Lehrern jener Jahrhunderte zu lernen sich nicht schämen darf.

Literatur: *Walchii* bibliotheca patrist., wo auch die Ausgaben seiner Werke und die älteren Lebensbeschreibungen verzeichnet sind; ebenso in *Schönemann*, bibliotheca hist.-lit. patrum latinorum. Neander, K.G. II. 1. 2. Möhler, Athanasius II. 133 ff. u. a. Dorner, Entwicklungsgeschichte der Lehre von der Person Christi I. 1037 ff., — die gründlichste Analyse der Christologie des Hilarius, wodurch nicht allein die Behauptung Gieselers (K.Gesch. I. 2. 89. Anm. 31.), wornach seine Lehre von der Menschheit Christi aus Meinungen des Clemens von Alex. und des Origenes zusammengesetzt gewesen, sondern auch die Kritik Dr. Baurs (die christl. Lehre von der Dreieinigkeit I. 681 ff.), sowie manche ältere Beschuldigungen ihre Berichtigung finden.   Kling.

Hilarius, Diakonus der römischen Kirche um 380, Theilnehmer an der luciferianischen Spaltung (worüber vgl. d. Art. Lucifer v. Cagliari) soll seine Meinung, daß die Ketzertaufe ungültig sey, nach Hieronymus, in einer eigenen verloren gegangenen Schrift vertheidigt haben, daher ihn Hieronymus den Deukalion der ganzen Welt nannte (dial. adv. Luciferianos. Tom. IV. f. 305). Es wurde ihm außerdem beigelegt der Commentar zu den 13 Briefen Pauli, unter dem Namen Ambrosiaster bekannt (worüber vgl. d. Art. Ambrosiaster) und die quaestiones veteris et novi Testamenti in den Werken des Augustin, im Appendix d. T. III. der Benediktinerausgabe. Vgl. Richard Simon, histoire critique des principaux commentateures du N. T. p. 132.

Hilarus, Bischof von Rom 461—468, Nachfolger Leo's I., Sardinier von Geburt, war unter Leo Diakon, Legat des Pabstes auf der Räubersynode zu Ephesus 449, deßwegen gefangen gesetzt, und nur nach vielen Gefahren nach Rom zurückgekehrt. Er machte sich um den römischen Stuhl verdient durch strenge Aufrechthaltung des Metropolitansystems, Abhaltung jährlicher Provincialsynoden und Bewahrung der Kirche vor eingedrungenen Hirten, so wie durch Errichtung und kostbare Ausschmückung von Oratorien.

Hildebert, geb. 1057 zu Lavardin bei Vendome im heutigen Departement Loire und Cher, verdankte seinen raschen Fortschritten in den Wissenschaften, in denen er den berühmten Berengar zum Lehrer hatte, seine Erwählung zum Vorsteher der Schule zu Mans, die er dreizehn Jahre lang mit Erfolg leitete. Er wurde Erzdiakon, sodann Bischof daselbst 1097. Der Anfang seines Episkopats war trübe für ihn, da der Capitelsdekan Gottfried, in der Hoffnung an seine Stelle zu kommen, die Sittlichkeit Hildeberts verdächtigte, ja die Verleumdungen seiner Feinde anfangs sogar den Bischof Ivo von Chartres gegen ihn einnahmen, bis endlich seine Unschuld triumphirte; s. Histoire litter. de France T. XI. Nachdem er von Seiten Wilhelms des Rothen, Königs von England, der sich der Stadt Mans bemächtigt hatte, Verfolgung erlitten, machte er eine Reise nach Rom in der Absicht, sein Bischofsamt niederzulegen. Pabst Paskal II. aber willfahrte ihm nicht. Bei seiner Rückkehr fand er seine Diöcese in Spaltung, verursacht durch die Predigten des Mönchs Heinrich von Toulouse, Anhänger des bekannten Peter von Bruys. Hildebert vertrieb den Sektirer, stellte die Ruhe wieder her, regierte seine Kirche mit Weisheit und Eifer, behauptete nachdrücklich sein Recht gegen die Eingriffe der weltlichen Großen und gab seiner Heerde ein erbauliches Beispiel. Im J. 1125 gegen seinen Willen auf den Stuhl von Tours erhoben, hielt er eine Synode zu Nantes Behufs der Abstellung von Mißbräuchen und Unordnungen, die in der Bretagne im Schwang gingen. Bei König Ludwig dem Dicken fiel er in Ungnade, da er diesem die Ernennung zu zwei Kirchenstellen seines Sprengels streitig machte, ein Verhältniß, das sich jedoch vor seinem am 18. Dec. 1134 erfolgten Tod wieder besserte. Er war einer der hervorragendsten kirchlichen Würdeträger, so wie einer der besten Schriftsteller seines

Jahrhunderts. Sanftmuth, Menschenfreundlichkeit, Barmherzigkeit, ein aufgeklärter Eifer in Handhabung der Kirchenzucht sowohl als für wissenschaftliche Bildung seiner Geistlich= keit und Erleuchtung der ihm anvertrauten Heerde zeichneten seinen Karakter aus. Trotz seiner angebornen Schüchternheit bewies er Stärke und Feuer bei den Widerwärtigkeiten, womit er als Bischof zu kämpfen hatte und gegenüber von Drohungen sowohl als Ver= sprechungen große Festigkeit. Seine hauptsächlichsten Werke sind: 1) Briefe, über sitt= liche oder religiöse Materien, über Gegenstände der Dogmatik und Kirchenzucht, außer= dem auch freundschaftliche. Sie sind lateinisch in einem edeln klaren gewählten Styl ge= halten, von lakonischer Kürze und zeugen von der großen Gelehrsamkeit des Verfassers. 2) Predigten, nur sehr überladen mit Schriftstellen, die er nach dem Geschmack seiner Zeit oft allegorisch auslegt. 3) Opuscula, worunter ein theolog. Traktat, in welchem die ersten Züge der nachmaligen scholastischen Methode und Form zu erkennen sind. Vgl. darüber J. A. Cramer zu Bossuet V, 2. S. 595. 4) Gedichte des verschiedensten In= halts, wovon besonders das „de ornatu mundi" Erwähnung verdient. Sie sind nach dem Zeitgeschmack meistens gereimt, stellen aber den Verfasser unendlich hoch über andre Dichter jenes Jahrhunderts. Manche seiner unzweifelhaft ächten Schriften ruhen noch im Staub der Bibliotheken, während andre irrigerweise seinen Namen tragen. Die voll= ständigste Ausgabe von ihm ist die von Aut. Beaugendre. Paris 1708. Vgl. Biographie univers. par Michaud. fol. Ausserdem haben Baluze und Muratori Einzelnes von ihm edirt. In den Kirchenvätern zeigt er sehr große Belesenheit.	E.

Hildebrand, s. Gregor VII.

Hildegard (d. h. die um die Heimath kämpft), geboren 1098 zu Böckelheim bei Kreuznach, aus dem Geschlechte der Grafen von Sponheim, welche längst von der un= tern Nahe bis über die Mosel mächtig waren. In ihrem achten Jahre wurde sie in dem benachbarten Kloster auf Disibodenberg in die Hände von Jutta, Schwester des Gra= fen, übergeben, von welcher sie in das ascetische Leben eingeleitet wurde. Nach deren Tode wurde sie Aebtissin, und zog 1148 mit 12 Benediktiner=Nonnen auf den St. Ru= pertsberg bei Bingen. Nachdem sie das Kloster Eibingen im Rheingau gestiftet hatte, starb sie den 17. Sept. 1179. Sie war von Kindheit an mystischen, visionären Geistes, sie hatte „den Schatten des lebendigen Lichts" in sich, kraft dessen sie die Dinge wie in einem klaren Wasserspiegel schaute bei klarem natürlichem Bewußtseyn; die h. Schrift und Sprachen lernte sie so unmittelbar. Ihre Bücher über die göttlichen Werke und wohl noch mehr ihre drei Bücher Offenbarungen (Scivias), (welche sie von ihrem 43. bis 53. Jahre diktirte und die 1513 und 1628 mit denen der h. Elisabeth ge= druckt wurden) haben ihr großen Ruhm verschafft. Pabst Eugen III. drückte ihr sein Erstaunen über diese Wunder des Geistes aus. Von Päbsten, von den Kaisern Konrad III. und Friedrich I. erhielt sie Briefe, welche 1566 nebst vielen andern im Druck erschienen; auch das gemeine Volk strömte ihr zu. Ihre Gabe der Prophezeihung, welche 1147 von der Kirchen=Versammlung zu Trier und von Bernhard von Clairvaux anerkannt wurde, gerieth jedoch auf immer stärkere Irrwege, obgleich auch Interpolationen mituntergelaufen seyn mögen. Sie wurde nie heilig gesprochen, und hat mehr den Karakter einer Lokal=Heiligen auf den 17. September *).	Reuchlin.

---

*) Von großer Bedeutung, theils als Zeugnisse ihrer eigenen Gesinnung, theils als Bei= träge zum Bilde des Zeitalters sind ihre Briefe (wovon ein Theil 1566 zu Köln erschien). Sie erklärt sich darin gegen übertriebene Ascese, als zur Verzweiflung führend oder als die Eitelkeit mehrend. Besonders hält sie den Geistlichen nachdrückliche Strafpredigten, und hält ihnen ihre Sünden vor; sie verkündigt ihnen göttliche Strafgerichte, und bezeichnet als Werkzeuge derselben die damals Raum gewinnenden Sekten der Katharer und Apostoliker; sie meint aber, daß die Geistlichkeit aus diesem Strafgericht geläutert hervorgehen werde. Beachtung verdient außerdem ihre Protestation wider die Todesstrafe der Ketzer. — Treffliche Auszüge aus diesen Briefen gibt Neander, K.G. 5. Bd. S. 417 ff. S. 1150. Vgl. überdieß Goerres, die christliche Mystik. Bd. I. Ihre Lebensbeschreibung findet sich in den Acta SS. vom 17. Sept.	Anm. d. Red.

Hildulf (auch Hidulf, St. Jdou), angeblich Bischof zu Trier, gest. 754 nach den späteren Katalogen, wenn nicht in der zweiten Hälfte des 7. Jahrhunderts. Es gibt von ihm mehrfache Lebensbeschreibungen, die sämmtlich aus ziemlich später Zeit stammen. Um die Mitte des achten Jahrh. soll König Pipin ihn nach Trier berufen haben. Hier übertrug er die Gebeine des h. Maximins, die vom Wasser litten, an einen würdigern Ort, legte aber bald sein Amt nieder, um in den Vogesen das Kloster Moyen-Moutier in der Nähe seines Freundes Deodat, Stifters von St. Deodat, früherm Bischof von Nevers, zu erbauen. Mit seinem Bruder Erard oder Erhard, Hairard, Bischof von Regensburg vollzog er die Taufe der heil. Odilia, Tochter des elsassischen Grafen Eticho, die blind geboren dadurch sehend ward. Diesen Angaben der Biographen stehen aber so bedeutende und gegründete Zweifel im Weg, sowohl was die Zeitrechnung als die Bluts-verwandtschaft mit Erard und die Verwaltung des bischöflichen Amts betrifft, daß Hidulf seinen Platz im Verzeichniß der trier'schen Bischöfe nicht nur um die Mitte des achten Jahrhunderts, sondern überhaupt aufgeben und höchstens als Ascet und Kloster-gründer wird gelten müssen. Auch sein Vorkommen in der Legende der heil. Genofeva hebt ihn über eine sagenhafte Existenz nicht hinaus. Ausführlicheres siehe in Rettberg, K.Gesch. Deutschlands I. 467 f. 522 ff. S.

Hillel, Rabbi, zum Unterschiede von andern mit dem Beinamen »der Alte« הזקן belegt, einer der berühmtesten jüdischen Gesetzeslehrer, der von c. 110 v. Chr. (*Bartolocci*, Biblioth. Rabbin. II. S. 784 setzt sein Geburtsjahr in das J. 3648 n. Ersch. d. W., d. i. 112 v. Chr.) bis 10 n. Chr. lebte und sonach das hohe Alter von 120 Jahren erreichte, woher sich auch jener Beiname schreibt (nicht »der Aeltere« zum Unterschiede von späteren). Ueber seine Lebensverhältnisse ist im Ganzen wenig bekannt, wie denn auch die chronologischen Bestimmungen der wichtigsten Ereignisse seines Lebens (40 J. Einwanderung in Jerusalem; 80 J. Erhebung zum Präsidenten des Synedrium, 120 J. Tod) einen mehr mythischen Karakter an sich tragen. Er war aus Babylon ge-bürtig und stammte aus Davidischem Geschlecht; seine Eltern sollen sehr arm gewesen seyn und er selbst mußte sich noch während seines Aufenthaltes in Jerusalem durch Tage-löhnerarbeit seinen Unterhalt verdienen. Als seine Brüder werden genannt Histia חזקיהו, ebenfalls ein großer Gelehrter und Vorsteher der Schule in Babel, und Schab-bana שבנה, der in Jerusalem reich geworden sich um unsern Hillel nicht kümmerte und ihn verachtete. Dieser ging in seinem vierzigsten Jahre von Babylon nach Jeru-salem, um dort das Gesetz unter den Gesetzeslehrern Schamaja und Abtaljon zu studiren; hier war es, wo er sich am Tage als Lastträger vermiethete, um mit der Hälfte des Lohnes sich und seine Familie zu erhalten, mit der anderen das Honorar des Unterrichts, der des Abends und die Nacht hindurch ertheilt wurde, zu bestreiten. Als er einst zur Winterszeit nicht so viel verdient hatte, um dem Thürhüter das Eintrittsgeld geben zu können, kletterte er in ein Fenster der Mauer und hörte den beiden Lehrern von da aus mit solcher Aufmerksamkeit zu, daß er die erstarrende Kälte und den auf ihn herabfal-lenden Schnee gar nicht merkte, sondern am Morgen halb todt dort gefunden und erst nach vielen Bemühungen wieder in's Leben zurückgerufen wurde. Durch solche Behar-lichkeit erlangte er, daß ihm der freie Zutritt gestattet wurde, und er benutzte den Un-terricht so fleißig und war überhaupt so eifrig in seiner Ausbildung, daß er nicht bloß einer der größten Gesetzeskundigen wurde, sondern auch in Sprachen und andern Wis-senschaften sich auszeichnete, weßhalb der Talmud (Tract. Juchafin S. 55) von ihm über-treibend sagt, er habe alle Sprachen so wie die Rede der Thäler, Hügel und Berge, der Bäume, der Kräuter und der Dämonen verstanden. In seinem achtzigsten Jahre wurde er daher zum Präsidenten des Synedrium (נשיא בית דין) erwählt, nachdem die Söhne Bathera's (בני בתירה), welche bis dahin den Vorsitz im Synedrium führten, bei Gele-genheit einer Streitfrage über die Passahfeier ihr Amt freiwillig niedergelegt hatten. In diesem Amte stand ihm zuerst eine kurze Zeit lang Menachem מנחם als (אב בית דין) (f. den Art. Synedrium) zur Seite, der aber, wie es scheint, von Herodes an seinen Hof gezogen wurde; bei weitem die längste Zeit über war ihm Schammai שמאי in dieser Würde beigeordnet, derselbe, dessen Josephus (Antiqu. XIV, 9, 4.) erwähnt. Daß Hillel selbst nicht von Josephus erwähnt wird, muß auffallen; sehr wahrscheinlich ist aber nach der verbreitetsten Ansicht der in Verbindung mit Sameas genannte Pollion (Antiqu. XV, 1, 1. 10, 4.) eben unser Hillel. Daß zwischen Hillel, dem Sanftmüthigen, den Verhält-nissen Rechnung Tragenden, und Schammai, dem Schroffen, mit starrer Consequenz am Buchstaben des Gesetzes Festhaltenden, Verschiedenheit der Ansichten über einzelne Punkte der Auslegung und Anwendung des Gesetzes stattfand, ist bei der Verschiedenheit ihres Karakters von vornherein anzunehmen und durch einzelne Thatsachen erwiesen, doch ist diese Verschiedenheit gewiß nicht, wie Viele annehmen, in ein feindliches Gegen-überstehen ausgeartet. In ihren Schülern aber wurde es dies, so daß beide Schulen weiterhin geradezu einander entgegengesetzte Behauptungen aufstellten und in thatsächliche Feindschaft geriethen, der selbst Mord nicht fremd war. Endlich wurde der Streit durch eine Bath-Kol (f. oben Bd. I. S. 719 ff.) zu Gunsten der Hilleliner entschieden, weßhalb die späteren Rabbinen sich meist an diese anschließen, wogegen die Karaiten den Scham-maiten folgen. In seinem amtlichen Wirken zeigte Hillel weise Mäßigung, umsichtige Berücksichtigung der Verhältnisse und ein eifriges Streben, auch für das materielle Wohl seines Volkes durch zeitgemäße Reformen zu sorgen. Von seiner humanen Gesinnung und seiner Milde besonders im Gegensatze zur rücksichtslosen Strenge und eigensinnigen Starrheit Schammais legen einzelne im Talmud berichtete Begebenheiten, von seiner Weisheit die von ihm in Pirke Aboth Cap. I. u. II. aufbewahrten Sittensprüche (beson-ders ausgezogen bei Bartolocci II. S. 791 f.) Zeugniß ab. Für das materielle Wohl sorgte er durch Einführung des Perusbol (פרוסבול d. i. πϱοσβολή). Nach dem Gesetze nämlich 5 Mos. 15, 1 ff. sollten gemachte Schulden im Sabbathjahre erlassen werden. Gegen die ausdrückliche Bestimmung des Gesetzes (V. 9.) war durch diesen Gebrauch der Kredit ganz untergraben worden, weil Niemand dem Aermern borgen wollte aus Furcht, durch den Erlaß des Sabbathjahres um das Seinige zu kommen. Diesem Uebel-stande abzuhelfen, führte Hillel eben den Perusbol ein, d. i. eine gerichtliche Schuldver-schreibung, welche jenen Erlaß aufhob und unwirksam machte (vgl. Talm. Trakt. Schebiith. c. 10. Rabe, Mischnah Th. I. S. 142 f. Buxtorf, Lex. Talm. col. 1806 sq.). Daran knüpfte sich eine andere Einrichtung, wodurch die Möglichkeit des Wiedererwerbes von verkauften Häusern (nach 3 Mos. 25, 27 ff.) gesichert und dem Anhäufen zu großen Grundbesitzes von Seiten der Reichen, wogegen schon Jes. 5, 8. eifert, vorgebeugt wurde. Auch in Bezug auf die Leihgesetze traf Hillel Anordnungen, die ungerechtem Wucher eine Schranke setzten. Das Nähere darüber f. bei Kämpf in Nr. 21. 27. 35. Daß in diesen Neuerungen durchaus nicht eine Lockerung und sophistische Umgehung des Gesetzes, wie Biesenthal meint, sondern vielmehr eine dem wahren Geiste des Ge-setzes entsprechende Anwendung desselben zu kräftigerer Ausübung liege, hat Kämpf genü-gend nachgewiesen und es muß hiernach die Vermuthung Biesenthals, daß Jesus in Matth. 5, 17. gerade die Reformen Hillels im Auge gehabt habe, doch etwas zweifel-haft erscheinen; höchstens hat Biesenthal selbst recht, wenn er, wie er meint, die verkehr-ten und übereilten reformatorischen Bestrebungen der Schüler Hillels dabei in's Auge gefaßt sehn. Ausführlicheres über Hillel f. *Bartolocci* Biblioth. Rabbin. II. p. 783—796. *Wolf*, Biblioth. Hebr. II. p. 824—828. *Geiger*, Commentat. de Hillel et Schammai, in Ugolini Thes. antiqu. sacrr. Vol. XXI. Col. MCLXXXI—MCCXII. *Ottonis* Histor. doctorum Misnicorum, bei Ugolini a. a. O. Col. MCXXXIII sq. *Ottonis* Lex. Rabbin. p. 276. Jost, Gesch. der Israeliten seit der Zeit der Maktab. I. S. 157. Hoff-mann, Art. Hillel in Ersch u. Gruber Encyklop. Sect. II. Bd. 8. S. 450 f. Fürst, Literaturgesch. der Juden in Asien. I. S. 11. Biesenthal, Hillel d. Aeltere, in: Blätter für Israels Gegenwart und Zukunft III. S. 65 ff. und daraus in (Fürst) Lite-raturbl. d. Orients. 1848. Nr. 43. 44. 46, Kämpf, Hillel d. Aeltere. In Literaturbl. d. Orients. 1849. Nr. 10. 15. 21. 27. 34. 35. 37. 38.

Ein Nachkomme Hillels (über dessen Enkel Gamaliel s. d. Art. Bd. IV. S. 656) in der 10. Generation war Rabbi Hillel mit dem Beinamen הַנָּשִׂיא »der Fürst« (d. i. Präsident des Synedrium), im 4. Jahrh. n. Chr. Er soll derselbe sehn, dessen Epiphanius adv. Haer. II. p. 127 ed. Paris. unter dem Namen Ἑλλήλ als eines noch kurz vor seinem Tode zum Christenthum Bekehrten gedenkt. Die Juden sagen, mit ihm habe das Synedrium (בית דין) und die Handauflegung, durch welche die Gesetzeslehrer geweiht wurden (סמיכת ידים), aufgehört. Verdient machte er sich um die jüdische Zeit= rechnung, indem er die Aera nach Erschaffung der Welt (s. Bd. I. S. 162), sowie einen geregelten Jahrescyklus von 19 Jahren mit Schaltmonaten einführte. Ueber ihn vgl. Bartolocci, II. S. 797—802. Wolf, II. S. 829. — Noch einige Andere des Na=. mens Hillel, die aber nur für die jüdische Literaturgeschichte Bedeutung haben, werden bei Wolf I. S. 351. III. S. 233 s. IV. S. 815 aufgeführt.   **Arnold.**

Hiller, Philipp Friedrich, einer der fruchtbarsten und seit Paul Gerhard vielleicht der bedeutendste geistliche Dichter der evangelischen Kirche Deutschlands, geb. den 6. Jan. 1699 zu Mühlhausen an der Enz in Württemberg, gebildet besonders unter J. A. Bengels Einfluß in den württemb. Klosterschulen Denkendorf und Maulbronn und im Tübinger Stift, seit 1732 Pfarrer in Neckargröningen, Mühlhausen, Steinheim, wo er den 24. April 1769 starb, nachdem er (ähnlich wie Joh. Heermann) seit 1751 das Unglück gehabt, durch zunehmende Heiserkeit die Stimme zu verlieren. Von der Kanzel ausgeschlossen, aber durch diese und andere Prüfungen in's Gebet und Schrift= studium getrieben, zeugte »der stimmlose Pfarrer« um so lauter und nachhaltiger durch seine zahlreichen (über 1000) Lieder, deren meiste und beste in dieser Zeit entstanden sind. Befinden sich gleich unter dieser Masse auch viele matte Reimereien, so zeichnen sie sich doch der Mehrzahl nach aus durch innige Gemüthlichkeit, ächte Volksthümlichkeit, beson= ders aber — eben im Geist der Bengel'schen Schule, deren Hauptsänger er ist — durch bib= lische Einfalt und gesunde Schriftmäßigkeit, wodurch er vor der pathetischen Ueberschwäng= lichkeit wie vor dem süßlichen Tändelei mancher seiner Zeitgenossen bewahrt blieb. Durch diese Eigenthümlichkeiten ist er insbesondere der geistliche Lieblingsdichter des evangelischen Altwürttembergs geworden: namentlich sein Liederkästlein ist hier — und zwar bei den verschiedensten religiösen Parteien — in zahllosen Ausgaben verbreitet und genießt wohl nächst der Bibel und Arnd's wahrem Christenthum das größte und gesegnetste Ansehen. — Die zwei wichtigsten Liedersammlungen Hiller's sind: 1) Johann Arnd's Paradies= gärtlein geistreicher Gebeter in Liedern. 1te Aufl. Nürnberg 1731; 2te Tübingen, 1744; und: 2) Geistliches Liederkästlein zum Lobe Gottes, bestehend aus 366 kleinen Oden über bibl. Sprüche. Stuttg. 1762; 2ter Theil a. u. d. T. Betrachtung des Todes, der Zu= kunft Chr. u. der Ewigkeit. ebend. 1767. Außerdem schrieb er »eine poetische Betrach= tung des Thaus« 1748, das Leben Jesu in Versen 1752, Gedächtnißreime 1752; neues System aller Vorbilder Jesu Chr. durch das ganze A. T. in 6 Schattenstücken. 2 Thle. 1758 u. 66—68; ein Beichtbüchlein; Morgen= und Abendandachten u. A. Eine vollstän= dige Sammlung seiner geistl. Lieder von C. Ehmann nebst Lebensabriß Hiller's erschien Reutlingen 1844 und 1851; außerdem s. über ihn besonders A. Knapp, Christoterpe 1842; Koch, Kirchenlied Bd. I. S. 314 ff. — Zu den geistlichen Liederdichtern der evang. Kirche Württembergs gehört auch der ältere Friedrich Conrad Hiller, geb. 1662, gest. 1726, herzogl. württemb. Kanzleiadvokat in Stuttgart, ein frommer Jurist und Dichter von 172 geistl. Liedern, worunter manche Kernlieder, die bei'm Volk und in den württ. Kirchengesangbüchern Eingang gefunden haben. Sie erschienen u. d. T. Denkmal der Erkenntniß, Liebe und Lob Gottes ꝛc. Stuttg. 1711. s. Koch, a. a. O.   **J. Wagenmann.**

Himerius, Bischof von Tarragona in Spanien, ist bekannt aus einem Schrei= ben des röm. Bischofs Siricius (nach Chr. 385—398), Nachfolgers des Damasus in seiner Würde wie in seinen Gesinnungen. Jener hatte noch von dem inzwischen verstor= benen Vorgänger des Siricius ein Gutachten wegen gewisser Punkte der Kirchenzucht geforbert. Letzterer nahm nun diese Anfrage als ein Zeichen von Unterwürfigkeit und antwortete in der Sprache eines Obern, nannte die römische Kirche das Haupt aller Kirchen, sprach von der Sorgfalt, die er für alle Gemeinden trage; er fing auch schon an, das Ansehen seines Stuhls auf den Ausspruch Christi zu gründen: du bist Petrus und auf diesen Felsen will ich meine Gmeinde bauen. Denn Siricius sagte in seiner Ant= wort: »dieser Regel sollen Alle nachkommen, die nicht von dem festen apostolischen Felsen, auf welchen Christus seine allgemeine Kirche erbaut hat, abgerissen werden wollen.« Noch hatte es kein römischer Bischof gewagt, so vortheilhaft von seiner Kirche zu lehren. Sein Brief an den Himerius lehrt auch, daß die Bischöfe zu Rom dem Ehrgeiz derjenigen ihrer Amtsgenossen, welche sie zu Werkzeugen ihrer regiersüchtigen Absichten gebrauchen wollten, mit vieler Kunst zu schmeicheln wußten. So führte Siricius, um den Himerius zu bewegen, daß er sein Schreiben nicht allein andern Bischöfen mittheilen, sondern sich auch bemühen möchte, sie zur Beobachtung desselben zu vermögen, ihm das hohe Alter= thum seines Bisthums zu Gemüthe und stellte ihm vor, daß es dem Bischof eines so alten Sitzes besonders anstehen würde, eine solche Sorge über sich zu nehmen u. s. w. S. übrigens den Art. Siricius; *Hard*, Concil. T. I. p. 848. J. A. Cramer zu Bossuet IV. S. 597 und die katholische Auffassung im Kirchenlexikon von Wetzer und Welte V, 197 f.   S.

Himmel im biblischen Sinne. Die Welt zerfällt nach biblischer Anschauung in zwei Theile, Erde und Himmel, welcher letztere Begriff das gesammte überirdische Gebiet des Daseyns umfaßt. Bei der großen Mannigfaltigkeit dieses Gebietes aber er= scheint der Himmel selbst wieder in der Mehrzahl, wie denn שָׁמַיִם ein Plural (nicht etwa Dual) ist, vgl. 5 Mos. 10, 14. 1 Kön. 8, 27. und im N. T. neben ὁ οὐρανός sehr häufig οἱ οὐρανοί sich findet. Eine Zahl der Himmel gibt die Schrift nicht an; aus 2 Kor. 12, 2. läßt sich nichts Bestimmtes darüber folgern; ohne Schriftgrund nimmt die jüdische Theologie sieben an (worüber vgl. de Wette zu 2 Kor. 12, 2. G. L. Hahn, Theol. d. N. T. I. S. 247—49). Nur Ein Unterschied ergibt sich aus der Schrift, der zwischen den sichtbaren, materiellen und den unsichtbaren, immateriellen Himmeln. Die Bibel spricht nicht nur von diesen beiden Classen zusammen (z. B. Kol. 1, 16. 20.), sondern auch von jeder einzelnen (2 Petr. 3, 10. Matth. 6, 9.) im Plural, um den unermeßlichen Reichthum des überirdischen Lebens anzudeuten.

Himmel heißt Alles, was über der Erde ist, schon die Atmosphäre, der Wolkenhim= mel, in welchem Sinn z. B. von Vögeln des Himmels die Rede ist (1 Mos. 1, 20. Matth. 6, 26.); weiter der Sternenhimmel, in welchem Sinne die Gestirne öfter das Heer des Himmels heißen (5 Mos. 4, 19. Ps. 8, 4. Matth. 24, 29.). Das sind die sichtbaren Himmel, im A. T. nach dem sinnlichen Augenschein auch unter dem Namen רָקִיעַ Himmelsgewölbe, Firmament zusammengefaßt. Sie stehen der Erde gegenüber, aber sind doch gleichen Wesens und werden daher oft mit ihr parallelisirt. Am Anfang sind sie aus demselben materiellen Urstoff im zweiten und vierten Tagewerk geschaffen worden (1 Mos. 1, 6—8. 14—19.); jetzt sind sie gleich ihr Zeugen der Herrlichkeit und Macht, Weisheit und Güte Gottes (Ps. 19, 2—7; 147, 4. 8; 148, 3 ff. Jes. 40, 26.); einst aber vergehen sie auch mit ihr, um neu in verklärter Gestalt wieder zu erstehen (Ps. 102, 26—28. Jes. 51, 6. 2 Petr. 3, 10—13. Off. 6, 13; 20, 11; 21, 1.). Bei diesem Sachverhalt ist die neuerdings besonders von Kurtz (Bibel und Astronomie, 3. Aufl. S. 173 ff. 343 ff.) vertretene Ansicht, daß sich die Schrift die Engel als Be= wohner der Fixsternwelten denke, schwerlich richtig, so viel Scheinbares und Ansprechen= des sie auch auf den ersten Anblick hat. Der Wohnort muß der Natur des Bewohners entsprechen; aber die Engel sind immateriell, während die Sterne materiell, weil dem Leibesauge sichtbar sind. Daher zieht 1 Mos. 1. die Sterne mit herein in die Schö= pfungsgeschichte, die Engel nicht; ebendaher müssen jene eine Wandlung durchmachen, diese nicht (s. 2 Kor. 4, 18.). Endlich erscheinen die Engel überall in der Schrift als vor Gott stehend und namentlich in der bildlosen Stelle Hebr. 12, 22—24. mit den

7*

vollendeten Menschengeistern, mit Gott und Jesu in einer Weise zusammengestellt, die uns weit über die Sterne hinausführt.

Die unsichtbaren, immateriellen Himmel sind der Wohnort der immateriellen Geistwesen, Gottes und der Engel, Jesu und der vollendeten Gerechten. Es ist eine Thatsache, auf welcher die ganze Offenbarung beruht, daß es über der uns umgebenden sichtbaren Welt eine andere giebt, ein schon bei der Schöpfung bereitetes Reich Gottes (Matth. 25, 34.), eine vollkommene Welt des Geistes, das heißt des Lebens, des Lichtes und der Liebe. Dies ist die Idealwelt, welche vielmehr die wahrhaftige Realwelt ist (τὰ ἀληϑινὰ Luk. 16, 11. Hebr. 8, 2; 9, 24.): es herrscht in ihr eine Reinheit, Heiligkeit und Harmonie des Lebens, wogegen unser Fleischesdaseyn Finsterniß und Tod ist; ebendaher eine Fülle, Kraft, Herrlichkeit und Seligkeit des Lebens, wogegen auf Erden Armuth und Schwäche ist; und ein solches Leben ist dann seiner Natur nach ewig, ein solches Reich ist ein unbewegliches, unerschütterlich feststehendes Reich von unverwelklicher Blüthe und Schönheit (1 Petr. 1, 4. Jak. 1, 17. Kol. 1, 12. 2 Tim. 4, 18. Hebr. 12, 27 f.). Unter den biblischen Büchern ist es seinem ganzen Zwecke nach besonders der Hebräerbrief und sodann die Apokalypse, wo wir den Himmel als die Welt des wahrhaftigen vollkommenen Seyns im Gegensatz zu dem vergänglichen Wesen der irdischen Dinge hervorgehoben finden. Der Gegensatz ist für den natürlichen Menschen, der durch den Vorhang des Fleisches (Hebr. 10, 20.) vom obern Heiligthum geschieden ist, ein unlösbarer, ja der ungläubige Erdensinn ist mit all seinem Denken und Streben in diese untere Welt hereingebannt (οἱ τὰ ἐπίγεια φρονοῦντες Phil. 3, 19. opp. 2☞ οἱ κατοικοῦντες ἐπὶ τῆς γῆς Off. 6, 10. 8, 13 u. ö.). Die ganze Offenbarung Gottes hat daher keinen andern Zweck, als den Menschen jene Welt des Geistes und der Vollkommenheit wieder zum Bewußtseyn zu bringen und sie in die Heiligkeit, Kraft und Freude derselben zu erheben. Der alte Bund bahnt indeß die Gemeinschaft mit der himmlischen Welt bloß an; er hat nur erst schattenhafte Abbilder und Vorbilder der wesentlichen Güter (Hebr. 8, 5; 9, 23 f.; 10, 1. Kol. 2, 17.). Erst Christus, der vom Himmel Gekommene, hat das pneumatische Leben der oberen Welt auf die Erde herabgebracht und das Reich der Himmel unter den Menschen gegründet (Joh. 1, 14—18. 52; 3, 11 ff. 31 ff. u. ö. Matth. 4, 17; 12, 28; 13, 11. 24. 31 u. ö.); er segnet die Seinen mit himmlischen Gütern und versetzt sie durch die Gemeinschaft seines Todes und seiner Auferstehung in's himmlische Wesen (Eph. 1, 3; 2, 6. Phil. 3, 20. Kol. 3, 1—4. Matth. 6, 19—21.). Dies Hinübertreten aus dem Schein in das Seyn, aus dem Tod in das Leben, wodurch man (im A. B. verheißungsmäßig, im N. erfüllungskräftig) das Unsichtbare zu seiner Lebenssubstanz annimmt, ist der Glaube (Hebr. 11, 1 ff. vgl. Joh. 5, 24.), welchen man daher mit Jul. Müller als die Eroberung eines ganz neuen, des höchsten Lebensgebietes bezeichnen kann. Ebendaher beziehen sich im Gebet des Herrn die drei ersten Bitten darauf, daß der Name des Vaters in den Himmeln geheiligt werden, daß sein Himmelreich zu uns kommen und so sein Wille auf Erden, wie im Himmel, geschehen möge. Durch Christum ist den Gläubigen nach Ablegung des Fleischesleibs der persönliche Eingang in den Himmel eröffnet (Joh. 14, 2. Phil. 1, 21—23. 2 Kor. 5, 8. Hebr. 12, 23.); und einst wird der Gegensatz von Himmel und Erde ganz verschwinden, indem sich die Herrlichkeit des Himmels auf die neue Erde herabläßt (Off. 21.).

Die Schrift heißt uns, wie wir sehen, das Himmlische, Pneumatische nicht spiritualistisch fassen, sondern realistisch, ein besonders von der Theosophie (Böhme, Oetinger, Rothe) mit Recht betonter Punkt. So gibt sie denn auch noch nähere Andeutungen über den Reichthum und die Fülle des himmlischen Lebens. Sie zeigt uns als das Höchste im Himmel den Thron Gottes selbst, die concentrirte Erscheinung der Herrlichkeit des Dreieinigen, wo die Majestät des Allherrschers und die Gnade des Lammes in einander wirken, so daß nun die ganze Fülle des Gotteslebens im Geiste mit seinen siebenfachen Strahlen ausgehen kann in die Welt. Um diesen von den vier Lebenwesen (Cherubim) getragenen Thron her finden wir zunächſt die 24 Aelteſten, die Repräſentanten der erlöſten Gemeinde, und weiterhin die zahlloſen Schaaren der Engel in ihren mancherlei Ordnungen und Abſtufungen, die Fürſtenthümer, Herrſchaften, Throne, Mächte, Gewalten, alle mit einander erfüllt von anbetender Furcht und anbetender Liebe zu Gott und dem Lamm, die ſie in heiligen Lobgeſängen verherrlichen (Off. 4 u. 5.). Ferner zeigt uns die Schrift im Himmel viele Wohnſtätten für die Geiſter der vollendeten Gerechten (Joh. 14, 2.) und darunter beſonders eine Hauptſtadt, das himmliſche Jeruſalem, die Stadt des lebendigen Gottes (Hebr. 11, 10. 16; 12, 22; 13, 14. Gal. 4, 26. Off. 21, 2.), mit welcher auch eines himmliſchen Zions und eines himmliſchen Tempels (oder Stifts=hütte) gedacht wird (Hebr. 12, 22; 8, 25 ff. Off. 11, 19; 14, 17; 15, 5.). Weiter redet die Schrift von Schätzen im Himmel, von Kronen des Lebens für die Ueberwinder, von einem unvergänglichen und unbefleckten und unverwelklichen Erbe, das ihrer droben war=tet, von den lebendigen Waſſerbrunnen u. dgl. (Matth. 6, 20. 1 Petr. 1, 4. Off. 2, 7. 10; 7, 17.). Das iſt nun freilich menſchlich von göttlichen Dingen geredet; die heil. Schrift muß ihre Ausdrücke für die ἐπουράνια von den ἐπίγεια nehmen, weil es uns auf Erden keine andern gibt; und hiebei iſt es ſchwer zu entſcheiden, wie viel in den Viſio=nen der ſymboliſchen, im Hebräerbrief der typologiſchen Ausdrucksweiſe beizumeſſen iſt. Die Anſchauung vom himmliſchen Tempel z. B. ſcheint in zwei verſchiedenen Wendungen vorzukommen. Während die vorhin citirten Stellen auf ein beſonderes Heiligthum im Himmel hinzuweiſen ſcheinen, gibt es dagegen in denſelben Schriften andere, wo wahr=ſcheinlich der ganze Himmel als Tempel oder Stiftshütte betrachtet wird, wie er Joh. 14, 2. vgl. Hebr. 10, 21. das Haus Gottes heißt: Hebr. 9, 11 f.; 23 f.; 8, 1 f.; vgl. 4, 14; 7, 26. Eph. 4, 10. Off. 4, 1 ff.; 5, 8; 6, 9; 7, 15; 8, 3. Hienach iſt der Thron Gottes, auf den ſich Chriſtus geſetzt hat, im Allerheiligſten, welches auch als über=himmliſcher Ort erſcheint; das Heilige, welches Chriſtus als Hoherprieſter durchſchritten hat, ſind die Himmel, die verſchiedenen Wohnungen der Engel und ſeit Chriſti Himmel=fahrt auch der Seligen, welche Gott prieſterlich dienen. Dies Heilige iſt alſo noch nicht die Stätte der abſoluten Heiligkeit, der vollen Gegenwart Gottes ſelbſt (ſo erklärt ſich Hiob 4, 18; 15, 15.), aber auch ſchon eine geweihte, reine Stätte gegenüber dem Vor=hof, unter dem wir uns dann wohl die materielle, ſichtbare Welt zu deuten haben. Zeigt nun dieſes Beiſpiel einerſeits, daß wir die Ausdrücke, in denen die Schrift von den himm=liſchen Dingen redet, nicht zu buchſtäblich faſſen dürfen, ſo beweiſt es doch auf der an=dern Seite nur um ſo deutlicher, daß es nach ihr himmliſche Realitäten und Lokalitäten wirklich gibt. Was droben in der Freiheit des Geiſtes exiſtirt, das hat ſeiner Natur nach eine andere, unendlich vollkommenere Daſeynsweiſe als die materiellen Dinge hier unten, eine Daſeynsweiſe, von der wir uns ſelbſtverſtändlich keine genügende Vorſtellung machen können; ſind ja doch auch ſchon hier auf Erden gerade die treibenden Kräfte und Lebensprinzipien, z. B. die Seele, überhaupt aber das Geiſtige jeder Art unſichtbar und unvorſtellbar. Die Bibel wählt für die himmliſchen Dinge diejenigen Bezeichnungen, welche unter den irdiſchen die entſprechendſten, ja die ſpezifiſch entſprechenden ſind, indem ſie von dem Grundanſchauung ausgeht, auf welcher ja auch die Gleichniſſe deſſen beru=hen, der Himmel und Erde in ſich zuſammengeſchloſſen hat, daß durch alle Gebiete des Daſeyns dieſelben Lebensgeſetze und Lebenstypen gehen, nur in immer höherer Potenz, ſo daß das Himmliſche das Urbild iſt für das Irdiſche, ſowohl im Reich der Natur als der Offenbarung (Matth. 6, 19 f.; 13, 31. Luk. 16, 11. Joh. 4, 13 f.; 6, 26 f. 2 Moſ. 25, 9. 40. Hebr. 8, 5; 9, 23 f.; 12, 22. Off. 11, 19 u. ö.). Hält man dieſen bibli=ſchen Begriff des Urbildlichen und Weſenhaften für das Himmliſche feſt, ſo wird man vor zwei entgegengeſetzten Abwegen bewahrt bleiben, welche ihre gemeinſame Wurzel in der Schwierigkeit haben, die naturgemäß für uns Erdenmenſchen bei'm Denken über=irdiſcher Dinge hervortritt. Der eine, mehr philoſophiſcher Art, iſt jener auch von unſerer gläubigen Theologie noch lange nicht tief genug überwundene Spiritualismus, welcher, mit der Weltſeligkeit des natürlichen Menſchen zuſammenhängend und daher ſchon frühe

vom Heidenthum her in unsere christlichen Denkweisen eingedrungen, das richtige Ver=
hältniß zwischen Himmlischem und Irdischem umkehrt, indem er dieses irgendwie für das
Reale nimmt und jenes zu schattenhaften Idealen oder gar zu bloßen Vorstellungen ver=
flüchtigt. Der andere nach der mystischen Seite hingehende Abweg besteht darin, daß
man in dem löblichen Bestreben, die himmlischen Dinge sich lebendig und anschaulich zu
vergegenwärtigen, den Unterschied zwischen Urbild und Abbild vergißt und den Himmel
mit irdischen Farben ausmalt, so daß man durch eine merkwürdige contradictio in ad=
jecto Bilder, Karten oder gar Tabellen der himmlischen Welt entwirft: Swedenborg,
Oberlin u. A.; das neuste Werk dieser Art ist Uranographie oder Beschreibung der un=
sichtbaren Welt, Ludwigsburg 1856.

Wir haben bisher den Himmel nur als den Sitz der heiligen und seligen Geister
betrachtet, denn dies ist die vorherrschende und durchgehende Schriftanschauung von dem=
selben. Es finden sich aber einige Stellen, wo auch die bösen Geister im Himmel er=
scheinen (Hiob 1, 6 ff.; 2, 1 ff. vgl. 1 Kön. 22, 19—22. Sach. 3, 1 ff. Off. 12, 7 f.).
Dieser auffallende Umstand wird faßbarer, wenn wir uns erinnern, daß der Himmel der
Ort des geistigen Seyns überhaupt ist, und daß die gefallenen Geister auch ihre Ent=
wicklungszeiten haben. Auf die Dauer nämlich können diese Friedensstörer freilich nicht
im Himmel seyn; aber doch mußte der Teufel durch Christum rechtmäßig überwunden
werden, ehe er mit seinen Engeln aus dem Himmel gestürzt werden konnte (Off. 12.).
So hat das Versöhnungswerk Christi nicht bloß für die Herstellung der Verbindung der
Erde mit dem Himmel, sondern auch für den Himmel selbst seine Bedeutung (Kol. 1, 20.).
Näheres hierüber in meiner Schrift: der Prophet Daniel und die Off. Joh. S. 258 ff.

Vgl. G. L. Hahn, Theol. des N. T. I. S. 241 ff. J. T. Beck, christl. Lehr=
wissenschaft I. S. 173 ff. Ph. M. Hahn, Gedanken vom Himmel — in seinen Erbauungs=
reden über den Brief Pauli an die Kolosser, neu herausgeg. Stuttg. u. Canstatt, 1845.
Kurtz, a. a. O.   Auberlen.

Himmelfahrt Christi. — Die Evangelisten erzählen, daß der Herr Jesus Chri=
stus vierzig Tage nach seiner Auferstehung (Apg. 1, 3.) "aufgenommen ward gen Himmel
und sich setzte zur Rechten Gottes" (Mark. 16, 19.), oder näher, daß er mit den Jün=
gern bis nach Bethanien ging, dort die Hände aufhob, sie zu segnen, und während dieses
Segnens verschwand (διέστη) und in den Himmel emporgetragen ward (Luk. 24, 50 f.).
In der Apg. (1, 9.) aber wird erzählt, daß er "vor ihren Blicken aufgehoben wurde,
und eine Wolke ihn vor ihren Augen verbarg"; mit diesen Worten wird beschrieben,
was die Jünger subjektiv mit ihren Sinnen wahrnahmen; darauf wird aber
berichtet (V. 10 ff.), wie zwei Engel sie belehrten: "dieser Jesus, der von euch hinweg
in den Himmel aufgenommen ist, wird wiederkommen auf dieselbe Weise, wie ihr
ihn habt in den Himmel gehen sehen;" hier erhalten die Jünger einen himmlischen Auf=
schluß über die objektive Thatsache, von der sie etwas, aber doch nur das Anfangs=
moment, mit Augen gesehen hatten. Offenbar ist also dieser Bericht in der Apg. der
ausführlichste, eben weil in ihm unterschieden wird, wie viel die Jünger sinnlich wahr=
nahmen, und was sie durch Offenbarung der Engel lernten. Sie nahmen wahr, daß
Jesus sich aufwärts, in die Luft erhob, hoch hinauf, bis daß eine Wolke zwischen ihn
und die Jünger trat. Geoffenbart wurde ihnen aber, daß er von der Erde hinweg in
den Himmel gegangen (πορευόμενον) sey. — An den beiden andern Stellen (Mark. 16.
Luk. 24.) ist also (ebenso wie 1 Petr. 3, 22. Hebr. 9, 24.) nur das Gesammtresultat
dessen, was die Jünger erfuhren, die objektive Thatsache, daß Christus von der Erde
hinweg in den Himmel gegangen sey, zusammenfassend berichtet, und so ergibt sich aus
einer Vergleichung dieser Stellen zunächst so viel mit Gewißheit, daß mit οὐρανός nicht
etwa der optische sogenannte Himmel, das sichtbare Firmament, das Luftgewölbe,
gemeint sey, was denn auch durch Hebr. 7, 26. (ὑψηλότερος τῶν οὐρανῶν γενόμενος)
seine Bestätigung erhält, und worüber innerhalb der christlichen Kirche auch nie ein Zwei=
fel bestand.

Der Himmel, wohin Chriſtus einging, iſt alſo offenbar jener Himmel, von welchem
1 Moſ. 1, 1. Richt. 5, 20. 1 Kön. 8, 27. Hiob 11, 8. Pſ. 2, 4; 11, 4. u. ſ. w. die
Rede iſt. Was verſteht denn nun die heil. Schrift unter dieſem „Himmel“? —
Sie ſtellt ihn in Gegenſatz zu der Erde, 1 Moſ. 1, 1., d. h. zu demjenigen Schö=
pfungsgebiet, zu welchem außer unſrem Planeten auch die Sonne, der Mond und die
Planeten *) gehören. Sie beſchreibt ihn als den Thron oder ſpeziellen Wohnſitz Gottes
(Pſ. 2, 4; 11, 4; 103, 19; 115, 3; 123, 1. Jeſ. 66, 1. Am. 9, 6., vgl. Apg. 7, 49.
Matth. 16, 19; 19, 21.), von wo aus Gott mit ſeinen Engelſchaaren ſtreitet (Richt.
5, 20.) und wohin die Auserwählten gelangen (Matth. 6, 20; 19, 21. Luk. 6, 23; 10, 20.
Hebr. 10, 34. 1 Petr. 1, 4.). Dazu kommt noch die höchſt wichtige Stelle Matth. 6, 10.
„dein Wille geſchehe, wie er im Himmel geſchieht, ſo auch auf Erden.“ Nach allen dieſen
Stellen kann es nicht dem leiſeſten Zweifel unterliegen, daß das Wort Gottes unter
„Himmel“ ein beſtimmtes, von der Erde verſchiedenes und unterſchiedenes
Gebiet der ſichtbaren Schöpfung verſteht, und zwar dasjenige, in welches die
Sünde nicht eingedrungen iſt, und wo daher die heiliggebliebenen Engel ſammt
den Vollendeten ihren Wohnſitz haben, wo der Tod und der Fluch der Sünde nie hin=
gedrungen, wo keine ſterbliche, ſondern eine verklärte Natur iſt, und wo Gott den un=
verhüllten Glanz ſeiner Herrlichkeit zu offenbaren vermag und offenbart.

Als gänzlich verfehlt und verkehrt muß daher die Meinung derjenigen bezeichnet wer=
den, welche unter dem „Himmel“ die Allenthalbenheit oder Allgegenwart Gottes verſtehen
wollen, wie z. B. Schöberlein (Grundlehren des Heils, S. 67): „Der Himmel iſt
nicht räumlich außer oder über der Erde, ſondern er umſchließt und durchdringt die ganze
irdiſche Welt, wiewohl auch dies nicht räumlich; er iſt der Lebensgrund, von welchem die
irdiſche Räumlichkeit getragen wird.“ Das mag der Himmel der Speculation ſeyn, es
iſt aber nicht der der heiligen Schrift. Das primitive Urſeyn Gottes außer und über
Raum und Zeit pflegt man ſonſt in ſeiner ſelbſtändigen Erhabenheit über den Kategorieen
des Raumes und der Zeit als „Ewigkeit“ und in ſeiner alles endliche Seyn bedingen=
den Urſächlichkeit und grundlegenden Bezogenheit auf Raum und Zeit als „Allgegen=
wart **)“ zu bezeichnen), nimmermehr aber als „Himmel;“ wenigſtens würde eine ſolche
von der heil. Schrift abweichende Bezeichnungsart nur zu unendlicher Verwirrung führen.
Welches das Verhältniß der Allgegenwart Gottes zum Himmel ſey, ſagt uns die heil.
Schrift mit klaren deutlichen Worten. Gott iſt im Himmel, und iſt auch auf der Erde
und im Scheol (Pſ. 139, 8 ff.); ganz deutlich wird hier wieder der Himmel als ein Gebiet
bezeichnet, welches ebenſo gut von der Erde räumlich unterſchieden iſt, wie das Meer und
der Scheol von der Erde unterſchieden ſind. Allgegenwärtig iſt Gott dem All, und dies
All zerfällt in die beiden Theile: Himmel und Erde (1 Moſ. 1, 1.). Allgegenwärtig
iſt Gott beiden; aber ſeine Gegenwart im Himmel iſt von anderer, intenſiverer Art; der
Himmel iſt ſein Thron, ſeine Wohnung, ſein Tempel, ſein Allerheiligſtes, die Erde nur
ſeiner Füße Schemel (Jeſ. 66, 1. Pſ. 2, 4. 2 Sam. 22, 7. und Offenb. 7, 15. Hebr.
9, 24.); im Himmel, vor dem Heere der ſündloſen Weſen, offenbart er alle Seiten ſeines

---

*) כוכבים bezeichnet nirgends die Fixſterne. 1 Moſ. 37, 9. in Joſephs Traum iſt es
eine begrenzte, kleine, mit Sonne und Mond zuſammengehörige Zahl von Sternen; dort durch
die Zahl der Brüder Joſephs beſtimmt. Pſ. 148, 3 f. werden die Kokabim in deutlicher Rück=
beziehung auf 1 Moſ. 1, 14 ff. mit Sonne und Mond und mit den „obern Waſſern“ in Ver=
bindung gebracht. Auch Ezech. 32, 7. werden ſie mit Sonne und Mond als „Lichter,“ wie
1 Moſ. 1., d. h. als Regierer der Zeiten, zuſammengeſtellt, und 4 Moſ. 24, 17. bezeichnet
Kokab einen ganz ausgezeichneten Stern. — Die zahlloſen Heere der Fixſterne dagegen werden
(5 Moſ. 4, 19.) im Unterſchiede von den כוכבים als כָּל-צְבָא הַשָּׁמַיִם bezeichnet, ähnlich
Kap. 17, 3. 2 Kön. 17, 16. Jeſ. 34, 4. u. a.

**) In dem Begriffe der Allgegenwart liegt beides, das Gegenwärtigſeyn Gottes im Raum,
und das in der Zeit; die Präſenz Gottes und das praeſens Gottes.

Weſens; auf der Erde, vor den Sündern, kann er nur je einzelne Seiten ſeines Weſens und dieſe nur nach dem Maße, nicht in unermeßlicher Fülle, offenbaren. So iſt er alſo von der Erde in einem gewiſſen Sinne getrennt und geſchieden (vgl. 1 Moſ. 3, 24. Jeſ. 59, 2.).

Wenn nun alſo die heil. Schrift uns lehrt, Chriſtus ſey gen Himmel gefahren oder „von den Jüngern hinweg, in den Himmel gegangen," ſo wiſſen wir, wie wir dies zu verſtehen haben. Der verklärte Leib des Auferſtandenen hob ſich ſichtbar vor der Jünger Augen empor, und fuhr aufwärts, bis eine Wolke ihn ihren Blicken verbarg, und die Engel eröffneten ihnen, daß er von der Erde hinweg in den Himmel gegangen ſey. Er hatte das ſelbſt vorausgeſagt (Joh. 14, 2.), er müſſe hingehen (πορεύομαι, wie Apg. 1, 10. und 11. 1 Petr. 3, 22.), um ihnen die Stätte (τόπον) zu bereiten. Darum kann der Apoſtel ſchreiben (Kol. 3, 1—3.), Chriſtus ſey „droben, ſitzend zur Rechten Gottes," und kann daraus die Mahnung ableiten, daß wir „trachten ſollen nach dem, was droben iſt, da Chriſtus iſt, nicht nach dem, was auf Erden iſt," wo er ja ebenfalls die Erde als einen Gegenſatz nimmt zu dem τόπος, wo Chriſtus iſt. In ſeiner Himmelfahrt hat Chriſtus die Erde, das Schöpfungsgebiet, wo die Sünde und der Tod herrſchen, verlaſſen, und iſt aufgefahren in den Himmel, d. h. in das von der Erde unterſchiedene, andere Schöpfungsgebiet, wo keine Sünde und kein Tod iſt.

Es war dies vor Allem der nothwendige Abſchluß für ſeine eigne Perſon. Er, der ewige eingeborene Sohn vom Vater, hatte zu unſrer Erlöſung die Natur und Beſchaffenheit der Menſchen angenommen, war Menſchenſeele geworden und als ſolche eingegangen in den Schooß der reinen Jungfrau, hatte ſich einen Leib gebildet, war als Menſch geboren worden, und ſo exiſtirte er nun, der ewige Gott göttlichen Weſens in der Menſchennatur, in der Form menſchlichen Seyns, menſchlicher Entwicklungsfähigkeit, daher ihm beide „Naturen", das ewige göttliche Weſen und die ächte menſchliche Beſchaffenheit, von da an zukommen. In dieſer von ihm angenommenen menſchlichen Beſchaffenheit oder Zuſtändlichkeit lag aber zweierlei, etwas, was er in Ewigkeit behalten wollte, und etwas, was er wieder aufgeben wollte. Erſteres war die eſſentia humana, das, was den Menſchen zum Menſchen macht, und ohne welches ein Menſch nicht mehr Menſch wäre (der Beſitz einer in Zeit und Raum wahrnehmenden, empfindenden, ſich entwickelnden, in einem Leibe wohnenden Seele, wodurch der Menſch ſich von Gott und relativ auch von den Engeln unterſcheidet, und die geiſtig-perſönliche Organiſation dieſer Seele, wodurch der Menſch von den Thieren und der niedern Natur ſich unterſcheidet). Letzteres war das accidens mortalitatis, die Knechtſchaft unter den Tod, die ἀσθένεια, welche in Folge des Sündenfalles über die Menſchheit gekommen iſt, und welche ſo wenig zum Menſch-ſeyn gehört, daß ohne ſie der Menſch nicht bloß noch Menſch bleibt, ſondern erſt ein rechter Menſch wird. Chriſtus nahm bei ſeiner Menſchwerdung die Beſchaffenheit der in Folge der Sünde dem Tod unterworfenen Menſchheit an (und dadurch wurde ſeine Menſchwerdung zu einer Erniedrigung) aber nicht um dies accidens, die mortalitas, ewig zu behalten, ſondern um dann die Menſchheit von dieſer Knechtſchaft des Todes zu befreien. Durch ſeinen Tod hat er ſie befreit; durch ſeinen Tod hat er den Tod getödtet, und iſt als Erſtling der von jenem traurigen accidens befreiten, zur reinen eſſentia humana zurückgeführten Menſchheit, und zwar als auf der höchſten und letzten Stufe normaler menſchlicher Entwicklung angelangter, d. h. verklärter Menſch, aus dem Grabe auferſtanden; nicht um die eſſentia humana abzulegen, ſondern um in Ewigkeit verklärter Menſch zu bleiben, um als Erſtling und Haupt und König ſeine Glieder und Brüder (Hebr. 2, 11.) ebenfalls zu dieſer Verklärtheit zu erheben (Phil. 3, 21. 1 Joh. 3, 2.) und zu ſich zu ziehen (Joh. 12, 32.). — Für ihn, den verklärten, war nun aber unſre unverklärte, dem Tode noch unterworfene Erde, keine adäquate Wohnſtätte mehr; daher war es für ſeine Perſon der innerlich nothwendige Abſchluß, daß er dieſe Erde verließ, und in jenes Gebiet der ſichtbaren Schöpfung einging, wo a) der Tod nie hingedrungen iſt, und wo b) ſeine ewige Heimath war, von der er ausgegangen (Eph. 4, 9 f. Joh. 3, 13.) und wo er c) in dem Anschauen des Vaters die Fülle der verdienten Seligkeit fand (vgl. Luk. 2, 49.). Die nämliche Himmelfahrt war aber zugleich auch eine Nothwendigkeit für sein Heilswerk und seine Gemeinde.

Denn vor Allem gewährt uns seine, des Erstlings, Himmelfahrt die Gewißheit (Joh. 14, 2 ff), daß er, der dorthin gegangen, uns den τόπος zu bereiten, auch uns, seine Glieder, dorthin ziehen werde, um uns dort die Seligkeit zu schenken im Anschauen seiner Herrlichkeit von nun an, bis daß er einst wiederkehren wird, sein Reich sichtbar auf Erden aufzurichten (Offenb. 20, 1 ff.) und schließlich einen neuen Himmel und eine neue Erde zu schaffen (Offenb. 21 f.). Zweitens mußte er in den Himmel, das von Gott anfänglich durch sein Wort (1 Mos. 1, 1.) geschaffene (nicht nach Art der Stifts= hütte mit Händen gemachte, Hebr. 9, 24.) Allerheiligste eingehen, um als der Hohe= priester uns bei'm Vater zu vertreten (Hebr. 6, 20; 7, 26; 8, 4; 9, 24. Röm. 8, 34.). Drittens mußte er von der Erde in den Himmel, zum Vater zurückkehren, um von dort aus (Joh. 14, 16.; 16, 7.) aus der Fülle der himmlischen Herrlichkeit und Majestät seiner Gemeinde den heiligen Geist, nun als den Geist Jesu Christi, senden zu können, und so die Verheißung zu erfüllen, daß er, obschon er »droben und nicht mehr auf Erden« (Kol. 3, 1 f.) und »nicht mehr bei den Jüngern« (Matth. 26, 11.) und »nicht mehr in der Welt« (Joh. 17, 11.), und obschon er »die Welt verlassen« (Joh. 16, 28.), dennoch »alle Tage bis an der Welt Ende bei ihnen« seyn (Matth. 28, 20.), »sie nicht Waisen lassen« (Joh. 14, 18.) »Wohnung in ihnen machen« (Joh. 14, 23.) und »bei ihnen bleiben werde« (Joh. 6, 56; 15, 4.). Denn er ist der Erde als solcher, kos= misch, nicht mehr gegenwärtig, sondern mit seinem sichtbaren verklärten Leibe gen Him= mel gefahren, um von dort mit ebendemselben Leibe ebenso sichtbar wiederzukommen; er ist aber aufgefahren, um von dort durch seinen Geist (Joh. 14, 16.) seiner Gemeinde geistlich (und zwar mit der, alle Raumesschranken überwindenden Allmacht seiner Herr= lichkeit) absolut nahe zu seyn, und sie zu erfüllen mit der Kraft und Substanz seiner verklärten Menschheit*). — Viertens aber mußte er zum Thron des Vaters entrückt werden, um Theil zu nehmen an der Herrschaft und dem Regimente seines Vaters, seinem Reiche zum Schutz und zur Mehrung; um jenen heiligen Krieg der Liebe zu führen mit der feindlichen Welt, ob sie sich wolle bekehren lassen, welcher in der Offenb. Joh. uns in Gesichten prophetisch beschrieben ist; als das Lamm, welches allein würdig ist, die Siegel der Zukunft zu lösen. Diese Theilnahme an der Regierung des Vaters wird in der h. Schrift bezeichnet als »Sitzen zur Rechten Gottes« (Matth. 26, 64. Mark. 14, 62; 16, 19. Apg. 7, 55. Röm. 8, 34. Eph. 1, 20. 1 Petr. 3, 22. Hebr. 8, 1. vgl. Ps. 110, 1.). Der Ausdruck ist bildlich, und schon von Calvin richtig erklärt (Instit. II. 16, 15.): Quare mox subjicitur, consedisse ad Patris dexteram; similitudine scilicet a principibus sumta, qui suos habent assessores, quibus regendi imperandique vices demandant. Ita Christus, in quo exaltari, et per cujus manum regnare vult Pater, in ejus dexteram receptus dicitur, acsi diceretur coeli ac terrae dominio inau= guratus, commissae sibi administrationis possessionem solemniter adiisse, nec semel adiisse tantum, sed in ea perstare, donec ad judicium descendat. — Vides quorsum

---

*) Trefflich schreibt *Polanus a Polensdorf* (syntagm. lib. IV. cap. 25. pag. 762): Ideo corpus Christi non est jam in terra, nedum ubique. Etsi autem Christus corpore suo non sit jam in terra, tamen est etiam conjunctus et praesens corpori nostro secundum carnem, sed non loco; sicut caput uniuscujusque hominis non est eo loco quo pedes, et tamen est illis suo modo unitum. Proinde adest Christus ecclesiae suae non tantum secundum divinam sed etiam secundum humanam naturam, verum spiritualiter, sicut caput membris, quibus unitum est et quae vivificat. Seine Heilsgegenwart bei den Seinen ist keine physikalisch-mechanische des räumlichen Contaktes, sondern eine organisch-lebendige, und gerade darum nur eine desto realere und substantiellere.

.pertineat illa sessio, nempe ut ejus majestatem tum coelestes tum terrenae creaturae
.suspiciant, manu ejus regantur, nutum intueantur, virtuti subjectae sint. Der Ausdruck: zur Rechten Gottes fitzen, ift alfo ein bildlicher, und bezeichnet: an Gottes
regierender Gewalt Theil nehmen. Um dies zu können, mußte aber Jefus die Erde verlaffen, und in jenes himmlifche Allerheiligfte (Offenb. 15, 5.) eingehen, wo Gott feine
Gegenwart im intenfivften Sinne offenbart, von wo aus er Himmel und Erde regiert.

In diefem Sinne, als ein Weggehen von der Erde in fichtbarem verklärtem Leibe,
und Hingehen in den Himmel als ein von der Erde unterfchiedenes Gebiet der fichtba-
ren Schöpfung, hat denn auch schon die altchriftliche Kirche die Himmelfahrt verftanden.
So sagt August. (tract. in Jo. 109): Iturus per mortem erat Christus ad 'dexteram
Patris, unde venturus est ad vivos et mortuos judicandos; praesentia itidem corporalis, secundum sanam doctrinam fideique regulam. Nam praesentia spirituali cum eis
erat venturus post ascensionem suam. Ebenfo ad Matth. 28, 20.: Secundum carnem
vero, quam Verbum assumsit, secundum id quod de Virgine natus est, secundum id
quod a Judaeis comprehensus est, quod ligno confixus, quod de cruce depositus, quod
linteis involutus, quod in sepulcro conditus, quod in resurrectione manifestatus: Non
semper habebitis me vobiscum. Quare? quoniam conversatus est secundum corporis
praesentiam quadraginta diebus cum discipulis suis, et eis deducentibus videndo, non
sequendo, ascendit in coelum, et *non est hic*, ibi enim sedet at dexteram Patris; et
hic est, non enim recessit praesentia majestatis. Ergo secundum praesentiam majestatis semper habemus Christum, secundum praesentiam carnis recte dictum est discipulis: Me autem non semper habebitis. Ebenfo tom. X. serm. 140.: Ideo Dominus
noster absentavit se *corpore* ab omni ecclesia, et ascendit in coelum, ut fides aedificetur. Vor Allem aber tom. II. epist. 57. ad Dardanum: Noli itaque dubitare, ibi nunc
esse hominem Christum Jesum, unde venturus est... et sic venturus est illa angelica
voce testante, quemadmodum ire visus est in coelum, i. e. *in eadem carnis forma
atque substantia*, cui profecto immortalitatem dedit, naturam non abstulit. Secundum
hanc formam *non est putandus ubique diffusus*. Cavendum est enim, ne ita divinitatem astruamus hominis, ut veritatem corporis auferamus. Non est autem consequens,
ut, quod in Deo est, ita sit ubique, ut Deus... Nam spatia locorum tolle corporibus;
nusquam erunt, et quia nusquam erunt, nec erunt. Tolle ipsa corpora qualitatibus
corporum; non erit, ubi sint, et ideo necesse est, ut non sint. Christum autem Dominum nostrum, unigenitum Dei filium aequalem Patri, eundemque hominis filium, quo
major est Pater, et *ubique* totum praesentem esse non dubites *tanquam Deum*, et in
eodem *templo Dei* esse *tanquam inhabitantem Deum*, et *in loco aliquo coeli* propter
veri corporis modum. Und ep. 146. ad Consentium: Sic eorum, quum esset in terra,
contrectatus est manibus (Luc. 24, 39.); sic eorum est, quum iret in coelum, deductus
aspectibus. Endlich tom. IX. tract. 30 in Jo. *Corpus* enim Domini, in quo resurrexit,
uno loco esse oportet: *veritas* ejusque ubique diffusa est, und tract. 50. Corpus enim
suum intulit coelo, majestatem non abstulit mundo.

Ebenfo *Vigilius* contra Eutych. lib. 4.: Si Verbi et carnis una natura est, quomodo, quum Verbum ubique sit, non ubique inveniatur et caro? Namque quando in
terra fuit, non erat utique in coelo; et *nunc quia in coelo est, non est utique in terra...*
Diversum est autem et longe dissimile: circumscribi loco, et: ubique esse. Et quia
Verbum ubique est, Caro autem ejus ubique non est, apparet, unum eundemque Christum utriusque esse naturae, et esse quidem ubique secundum naturam divinitatis suae,
et *loco contineri* secundum naturam humanitatis suae.

Ebenfo *Greg. Naz.* orat. 2. de filio: δεῖ γὰρ αὐτὸν βασιλεύειν ἄχρι τοῦδε, καὶ
ὑπ᾽ οὐρανοῦ δεχθῆναι ἄχρι χρόνων ἀποκαταςάςεως (ein Beweis, daß er Apg.
3, 21. ὅν für den Objekts- und οὐρανόν für den Subjektsaccufativ gehalten hat, wie
auch Oecum., welcher den Himmel als die ἀποδοχή τοῦ ἀπεςαλμένου bezeichnet).

So auch *Origenes* hom. 33. in Matth.: Qui dicit discipulis suis: ecce ego vobiscum sum, unigenitus Dei est, Deus Verbum, qui non est corporeo ambitu circumclusus. *Secundum hanc divinitatis suae naturam non peregrinatur a nobis, sed peregrinatur secundum dispensationem corporis, quod suscepit.* Haec autem dicentes non solvimus suscepti corporis hominem, sed unicuique substantiae suam proprietatem servamus. Quasi homo peregrinatur, *qui est ubique secundum divinitatis naturam.* Non enim est homo, qui, ubicunque duo vel tres in nomine ejus congregati fuerint, sed *virtus divina,* quae erat in Jesu. Neque homo (hoc est, secundum humanitatem) nobiscum est omnibus diebus usque ad consummationem saeculi. — *Irenaeus* 3, 16, 8, ἕνα καὶ τὸν αὐτὸν εἰδὼς Ἰησοῦν Χριςὸν, ᾧ ἠνοίχϑησαν αἱ πύλαι τοῦ οὐρανοῦ διὰ τὴν ἔνσαρκον ἀνάληψιν αὐτοῦ, ὃς καὶ ἐν τῇ αὐτῇ σαρκὶ, ἐν ᾗ καὶ ἔπαϑεν, ἐλεύσεται, τὴν δόξαν ἀποκαλύπτων τοῦ πατρός. Und III, 19. 3.: Propter hoc et ipse Dominus dedit nobis signum in profundum, in altitudinem sursum, quod non postulavit homo, quia nec speravit, virginem praegnantem fieri posse, quae erat virgo, et parere filium, et hunc partum Deum esse nobiscum, et descendere in ea quae sunt deorsum terrae, quaerentem ovem quae perierat, quod quidem erat proprium ipsius plasma, et *ascendere in altitudinem,* offerentem et commendantem Patri *eum hominem, qui fuerat inventus, primitias resurrectionis hominis in ipso faciens,* ut, *quemadmodum* caput resurrexit a mortuis, .. sic et reliquum corpus omnis hominis, qui invenitur in vita, impleto tempore... resurgat.... unoquoque membrorum habente propriam et aptam in corpore positionem. Multae enim mansiones apud patrem, quoniam et multa membra in corpore. — *Theodoretus,* dial. 2. Corpus dominicum surrexit quidem, a corruptione ·et interitu alienum, et impatibile et immortale, et divina gloria glorificatum, et a coelestibus adoratur potestatibus; corpus tamen est et habet, quam prius habuit, circumscriptionem. *Athanasius* de incarnat. verbi Dei (ed. Colon. I. p. 592): καὶ πάλιν· ἐὰν ϑεωρῆτε τὸν υἱὸν τοῦ ἀνϑρώπου ἀναβαίνοντα, ὅπου ἦν τὸ πρότερον, καὶ· ἐγώ εἰμι ὁ ἄρτος ὁ ἐκ τοῦ οὐρανοῦ καταβὰς, ὁ ζῶν καὶ ζωὴν διδοὺς τῷ κόσμῳ· σαφῶς διὰ τούτων ἐκδιδάσκων ἡμᾶς τὴν ϑεότητα τὴν ἑαυτοῦ, οὐκ ἀναιρῶν τὸ κατὰ σάρκα προσειληφέναι, ἀλλ' ἐνῶν ἑαυτὸν πρὸς τὴν σάρκα, ἐπειδὴ κατὰ Παῦλον ἐν ὁμοιώματι ἀνϑρώπου γέγονε καὶ σχήματι εὑρεϑεὶς ὡς ἄνϑρωπος.

In diesem richtigen, biblischen Verständniß der Himmelfahrt sind denn bis heute die orientalische, die römische und die reformirte Kirche unter einander einig, während dagegen durch die innerhalb der im engeren Sinne sogenannten lutherischen Kirche (d. h. der luth. Kirche, soweit sie durch die Concordienformel gebunden ist) aufgekommene Ubiquitätslehre der Glauben an eine wirkliche Himmelfahrt wesentlich alterirt werden mußte. Die Theologen der Concordienformel gingen aus von einer aus der mittelalterlichen Scholastik überkommenen, wesentlich nestorianischen Grundanschauung, als ob man unter den beiden Naturen Christi sich zwei "Stücke" oder Bestandtheile zu denken hätte, einen ewigen „filius Dei," und einen vom filius Dei geschaffenen „filius Mariae" mit welchem der filius Dei sich verbunden habe*). Man verstand also unter der menschlichen Natur nicht das Abstractum: die menschliche Beschaffenheit, welche der Logos als seine Beschaffenheit annahm, indem er (er selbst) Mensch wurde, sondern ein Concretum: einen Menschen, einen "Mariensohn," den er entstehen ließ, um sich sofort im ersten Moment mit ihm zu verbinden. Um den nestorianischen Consequenzen dieser Anschauung zu entgehen, nahm man nun an, daß die beiden Bestandtheile sogleich vom ersten Moment an sich mit einander verschmolzen hätten, indem zwar nicht der Mariensohn dem Gottessohn die menschlichen, wohl aber dieser jenem die göttlichen Eigenschaften: Allmacht, Allgegenwart, Allwissenheit, mitgetheilt habe. Während· der Gottessohn in der That allmächtig und allwissend und allgegenwärtig die Welt regiert habe, habe der Mariensohn des Gebrauches jener Eigenschaften sich enthalten (κένωσις τῆς χρήσεως), d. h. ihren Besitz verborgen (κρύψις τῆς κτήσεως). Erst 40 Tage nach der

---

*) Die Belege siehe in des Verfassers Dogmatik II. §. 376 ff.

Auferstehung habe der »Mariensohn« (die menschliche Natur« als concrotum gedacht) von jenen göttlichen Proprietäten ebenfalls Gebrauch zu machen, d. h. allmächtig, all= wissend und allgegenwärtig sich zu geriren angefangen. Die Himmelfahrt sey nun eben nichts andres, als dieser Miteintritt der »menschlichen Natur« in die Attribute der gött= lichen. Der Mariensohn habe sich dahin begeben, wo der Gottessohn schon von jeher war, nämlich in die Allenthalbenheit. Er könne sich zwar auch jetzt noch in die Umschriebenheit zusammenziehen, und sichtbar werden, wenn er wolle (wie z. B. bei der Bekehrung des Paulus, dann bei seiner Wiederkunft), für gewöhnlich aber sey er ubique. (Form. Conc. sol. decl. 7. Alicubi esse potest divino et coelesti modo. Ea ratione creaturae longe illi praesentiores et penetratu faciliores sunt, quam juxta secundum modum. Est enim una inseparabilis persona cum Deo; ubi igitur Deus est, ibi ipsum quoque esse... *oportet.* So verneint denn die strenglutherische Theologie,- daß Christi Leib umschrieben sey, daß er im Himmel als an einem Ort sey, daß er in der Him= melfahrt de loco in locum gegangen sey. — Um dies Theorem zu stützen, erklärte man das biblische Wort »Himmel« von aller Exegese absehend als eine Bezeichnung der Allenthalbenheit, und faßte die Worte »zur Rechten Gottes sitzen« nicht als. bild= liche Bezeichnung für »an Gottes Herrschaft theilnehmen,« sondern als Lokalbestim= mung. Gott (so sagt schon Luther selbst) sey überall; die Rechte Gottes sey also auch überall, zur Rechten Gottes sitzen heiße also: überall seyn*). ·In neuerer Zeit haben sich auch eifrig lutherische Theologen gegen jene »ruhende« oder kosmische Ubiquität er= klärt **), und es dürfte wohl keinem Zweifel unterliegen, daß die biblische Lehre von dem Himmel als einem von der Erde unterschiedenen Schöpfungsgebiet je mehr und mehr Anerkennung finden werde. Ebenso haben sich aber strenglutherische Theologen bereits laut gegen die altlutherische Auffassung der beiden Naturen als zweier concreter Bestandtheile erklärt***). Steht es erst fest, daß Christus sich nicht mit einem »Ma= riensohn« verbunden und verschmolzen hat, sondern selbst Mensch geworden ist, d. h. die Beschaffenheit der Menschen angenommen hat (so etwa, wie ein Königssohn, der, um seinen gefangenen Bruder zu retten, Knecht im Feindeslande wird, die Beschaf= fenheit eines Knechtes annimmt), so wird man auch einsehen lernen, daß die wahre communicatio idiomatum nicht in einem Austausch der Proprietäten, sondern lediglich darin besteht, daß von dem Subjekt, man mag dasselbe nach seinem göttlichen Wesen oder nach seiner menschlichen Zuständlichkeit benennen, beiderlei Prädikate und· Aktionen ausgesagt werden können, solche, die ihm als dem ewigen Gottessohn, und solche, die ihm als dem Menschgewordenen, zukommen. (So wie ich in jenem Gleichnisse sagen. kann: »Der Königssohn hat Frost und Hunger gelitten,« und: »dieser Knecht ist ein Prinz.«) Ebenso wird man einsehen, daß die Himmelfahrt nicht eine Aenderung im gegenseitigen Verhältniß beider Naturen bezeichnet, sondern lediglich darin besteht, daß die, ehedem unter den Tod geknechtete, nun aber durch Christum vom Tode befreite und verklärte natura hominum nun in ihm als .bem Erstling die Wohnstätte eingenom= men hat, welche für den verklärten Menschen sich allein schickt, und daß er von dort aus nicht dem choischen Kosmos als solchem physikalisch — sondern. seiner Gemeinde organisch, lebendig, geistlich=allmächtig nahe und gegenwärtig ist.   Dr. Ebrard. ··

Himmelfahrt Mariä, s. Maria.

Himmelsanbeter (coelicolae), Beiname einer jüdischen Sekte, die zum ersten Male in einem Gesetze des Kaisers Honorius v. J. 408 vorkommt. C. Th. L. XVI. t .5. ;. ihre Lehre wird nicht angegeben, ihre Versammlungen werden verboten. Darauf erließ der= selbe Kaiser gegen sie ein eigenes Gesetz, welches gebietet, daß sie entweder binnen einem Jahre den christlichen Glauben annehmen oder die auf Ketzerei gesetzte Strafe erleiden

---

*) Luther:· baß biese Worte noch feststehen, S. 56 ff. der Irmischer'schen Ausgabe. ·

**) Z. B. Sartorius, Meditationen über die Herrlichkeit Jesu Christi, S. 267 u. S. 104.

***) Z. B. Hofmann, Schriftbeweis I. S. 146.   ·· ·· ·

sollen. Insbesondere wird eingeschärft, weil sie einige Christen zum Abfall in's Juden=
thum verführt hatten, es solle dies mit aller Schärfe der vorhandenen Gesetze als Maje=
stätsverbrechen bestraft werden. Aus Augustin (ep. 163) ersehen wir, daß sich diese Partei
in Afrika ausgebreitet und daselbst ihre eigene Taufe gehabt habe. Es ist aber mit Un=
recht daraus geschlossen worden, daß sie die Taufe von den Christen entlehnt haben; die
Taufe der Himmelsanbeter kann in der jüdischen Proselytentaufe ihren Ursprung haben.
Vielleicht stammen sie ab von Proselyten des Thores; darnach wären sie Verehrer des
wahren Gottes, ohne auf das mosaische Gesetz in seiner Ganzheit verpflichtet zu seyn und
gebrauchten nach Weise der Juden öfter das Wort Himmel statt des Wortes Gott, da=
her sie den Namen erhielten. *S. Schmid,* historia Coelicolarum, Helmstädt 1704. *Walch,*
hist. patricharum Judaeorum. Schröckh, K.G. VII. 415. Neauder, K.G. II. 1470.

Himmelreich, s. Reich Gottes.

Hin, s. Maß.

Hincmar, Erzbischof von Rheims, ein kirchlicher Staatsmann, der oft mit
Leidenschaftlichkeit und Anmaßung, aber auch mit Klugheit und Geschick die Rechte der
Nationalkirche und seines Erzbisthums in bewegter Zeit aufrecht zu halten mußte, war
um das Jahr 809 geboren. Durch den gelehrten Abt vom Kloster St. Denys, Hilduin,
erzogen und gebildet, folgte er demselben in das Exil nach Sachsen, als Ludwig der
Fromme den Hilduin wegen politischer Gründe verbannt hatte. Später lehrte Hincmar
wieder zurück, wurde Kanonikus von St. Denys, und gewann die besondere Gunst Ludwigs
des Frommen, der ihn gebrauchte, um die Disciplin des Klosters zu erneuern. Im
Jahre 845 wurde Hincmar zum Erzbischof von Rheims erhoben; als solcher ist er nicht
nur dadurch merkwürdig geworden, daß er den Bau der Kathedrale von Rheims vollen=
dete, sondern auch dadurch, daß er sich an den kirchlichen Streitigkeiten seiner Zeit über
die Prädestination lebhaft betheiligte und die fürstlichen Rechte gegen päbstliche Anma=
ßungen mit Energie vertheidigte. Gottschalk (s. d.), Mönch von Orbais, hatte durch
die auf das unbedingte Vorherwissen Gottes gegründete Behauptung einer Prädestination
zur Seligkeit und zur Verdammniß die Unwillen seines Abtes Rabanus Maurus erregt,
war auf der Synode zu Mainz (848) verdammt und dem Hincmar, als Metropoliten,
der in der Streitfrage mit kirchlicher Vorsicht im semipelagianischen Sinne sich äußerte,
zur Bestrafung übergeben, mancher harten Behandlung unterworfen und auf der Synode
zu Chiersy (849) zur Gefangenschaft verurtheilt worden. Männer wie Prudentius, Ra=
tram, Servatus Lupus u. A. glaubten in Gottschalks Verurtheilung die Augustinische
Orthodoxie gefährdet und traten für ihn und gegen Hincmar in die Schranken; mit
Nachdruck erhob sich besonders für den Verurtheilten der Erzbischof Remigius von Lyon,
der Gottschalks Lehrmeinung in einem Liber de tribus epistolis (nämlich ein Brief von
Hincmar, ferner vom Bischof Pardulus von Laon an Amolo, Erzbischof von Lyon und
Vorgänger des Remigius, und ein Brief des Rabanus an den Bischof Noting von
Verona, in Biblioth. PP. Lugd. XV. Pag. 666) geradezu für katholisch und durch die
Väter bestätigt erklärte, weßhalb sie auch von keinem wahrhaft Katholischen verworfen werden
könne, und meinte, daß nicht die Frage sey, ob Gott die Bösen zum Schlechten prädestinirt
habe, daß sie nicht anders seyn könnten, denn eine solche Behauptung sey eine Blasphemie,
sondern daß vielmehr die Frage sey, ob die, von welchen Gott vorher wußte, daß sie
durch die eigene Sünde böse werden und in der Schlechtigkeit bis zum Tode verharren
würden, durch ein gerechtes Gericht zur ewigen Strafe prädestinirt seyen. Hincmar ließ
zwar seine Lehrmeinung durch die Synode von Chiersy 853 in vier Capiteln (bei *Mansi,*
Concilior. nova et ampliss. Collectio XIV. Pag. 920) sanktioniren, Remigius erhob sich
dagegen und die Synode von Valence stellte darauf wirklich die Lehre von einer dop=
pelten Prädestination als Kirchenlehre fest. Bald darauf söhnte sich Hincmar mit Re=
migius aus und verfaßte zur Rechtfertigung gegen seine Widersacher seine bis jetzt ver=
lorenen Libb. III. De praedestinatione Dei et libero arbitrio, dann seine noch vorhan=
dene Posterior de praedestinatione Dei et libero arbitrio diss. in Hincm. Opp. ed.

Sirmond. Par. 1645. T. I. Die in einem Kirchenliebe vorkommende Formel Te, trina Deitas unaque, poscimus gab dem Hincmar die Veranlaffung zu der Schrift De una et non trina Deitate (auch bei Sirmond), in der er jene Formel als arianisch verwarf; er wollte sie in die Worte Te summa Deitas verändert wissen, vgl. Tübinger Theol. Quartalschrift 1836. S. 445 ff. — Wie energisch Hincmar die Fürstenrechte dem päbst= lichen Stuhle gegenüber vertheidigte und dadurch den bereits im Gange befindlichen pseu= doisidorischen Grundsätzen, die der Erhebung der päbstlichen Macht den mächtigsten Vor= schub leisteten, einen kräftigen Widerstand entgegensetzte, erhellt namentlich aus seinem Briefe an Hadrian II. und aus dem für Karl den Kahlen in der Streitsache mit Hincmar von Laon (f. d.) abgefaßten Schreiben an denselben Pabst, f. Hadrian II. Seine eigene hierarchische Anmaßung aber tritt besonders in dem Streite hervor, in den er mit dem Bischof Rothad von Soiffons gerathen war. Ohne hinreichende Veranlaffung dazu zu haben, hatte Hincmar die Suspension über Rothad ausgesprochen (861), denselben auf der Synode zu Soiffons 863 sogar abgesetzt und ihm einen neuen Nachfolger gege= ben, obschon Rothad an den damaligen Pabst Nikolaus I. appellirt hatte (f. Sirmond a. a. O. T. II. Pag. 244; Mansi a. a. O. T. XV. Pag. 681). Der Pabst restituirte den Rothad nach dem pseudoisidorischen Grundsatze, daß nur er das Recht habe, eine Synode zu berufen, doch fand Hincmar in diesem Verfahren des Pabstes nur eine Ge= waltthätigkeit. So führte Hincmar ein sehr bewegtes Leben und noch das Ende desselben war stürmisch. Bei dem Einfalle der Normannen in Westfranken zog er sich in die Waldgegenden jenseit der Marne zurück und starb 882 in Epernay, wohin er seinen Sitz verlegt hatte. Vgl. W. F. Geß, Merkwürdigkeiten aus dem Leben und Schriften Hincmars. Gött. 1806.   Neudecker.

Hincmar von Laon, mütterlicher Seits der Neffe von Hincmar von Rheims, wurde von demselben erzogen und gebildet, stand mit demselben auch späterhin eine Zeit= lang in freundlichen Verhältnissen und wurde durch denselben, nach dem Tode des Par= dulus, Bischofs von Laon, dessen Nachfolger auf dem bischöflichen Stuhle 858. Von seinem Erzieher und Oheime nahm er dessen Beweglichkeit, Unruhe, hierarchischen Sinn und Anmaßung an; gerade diese Eigenschaften wollte er auch gegen seinen Oheim, seinen Metropoliten, geltend machen und dadurch kamen Beide bald in eine feindselige Stellung zu einander. Die ehrgeizigen Bestrebungen, von denen sich der Bischof Hincmar hinreißen ließ, brachten denselben auch in ernste Conflikte mit der weltlichen Macht, mit dem Könige Karl dem Kahlen. Hincmar nahm schon kurz nach seiner Erhebung zum Bischofe ohne Genehmigung des Erzbischofs eine Abtei vom Könige an, die außer seiner Provinz lag, besuchte diese oft, aber ohne den Willen und die Zustimmung seines Me= tropoliten und verletzte dadurch nicht nur diesen, sondern auch die bestehende kirchliche Ordnung. In Folge dieses Verhaltens war zwischen ihm und seinem Oheim der Bruch schon eingetreten, der sich bald immer mehr erweiterte, als Hincmar von Laon dem Erz= bischofe überall entgegentrat, Bischöfe und Kleriker, die von diesem excommunicirt worden waren, bei sich aufnahm, ja selbst den Unterthanen anderer Bischöfe excommunicirte und auch diejenigen Kleriker seiner Diöcese mit dem Banne belegte, die Schutz bei Hincmar von Rheims gesucht hatten und von diesem vom Banne oder anderen kirchlichen Strafen losgesprochen worden waren. Wiederholten Vorladungen vor Synoden leistete der Bi= schof Hincmar keine Folge, dem Könige Karl dem Kahlen aber, der es nicht dulden wollte, daß der Bischof auch noch eigenmächtig eine Pfründe an sich riß, zeigte er sich trotzig, kündigte ihm den Gehorsam auf und drohte zu Lothar abzufallen. Karl ließ ihm darauf die Abtei nehmen und die Einkünfte des Bisthums entziehen. Hincmar, der sich be= einträchtigt glaubte, ging nach einer rasch vorübergehenden Aussöhnung soweit, daß er trotz der bestehenden kirchlichen Praxis sogar das Interdikt über seinen Sprengel verhängte (869), das jedoch von seinem Oheime sofort wieder aufgehoben wurde. Als er jetzt abermals vor eine Provinzialsynode citirt ward, appellirte er an den Pabst Hadrian II., ja er wollte selbst nach Rom reisen, um des Pabstes Entscheidung für sich zu gewinnen, wurde aber gefangen gefetzt, jedoch nach einiger Zeit mit einem ernftlichen Verweife wieder frei gegeben. Da er es über fich nicht vermochte, eine andere Bahn einzufchlagen, gerieth er durch neue Eingriffe in die Rechte feines Erzbifchofes in neue Conflifte, bei denen er ftets darauf drang, die Entfcheidung derfelben nicht vor eine Provinzialfynode, fondern fofort an den päbftlichen Stuhl zu bringen. Daher appellirte er von Neuem an den Pabft, doch trotz der Appellation wurde er, vom Könige und von feinem Oheime des Ungehorfams und anderer Vergehen angeflagt, von der Synode zu Duziacum des bifchöflichen Amtes für unwürdig erflärt und abgefetzt; in einer Zufchrift an Hadrian II. ftellte die Synode das von ihr eingehaltene Verfahren als in den firchlichen Gefetzen des Landes völlig begründet dar (f. *Mansi* a. a. O. XVI. Pag. 569). Vergebens nahm fich der Pabft feiner an, f. Hadrian II. Karl der Kahle ließ ihn darauf gefangen nehmen und fogar blenden. Als Pabft Johann VIII. in Frankreich war (878), erhielt er von demfelben die Erlaubniß wieder, Meffen halten zu dürfen. Hincmar ftarb furz vor feinem Oheime, im J. 882; f. Schröckh, Kirchengefch. XXII. S. 176 ff.   Neudecker.

Hinnom, f. Gehenna.

Hiob. Das Buch Hiob ift unter den uns erhaltenen Geifteserzeugniffen der altisraelitifchen Chofma das größte. Es fteht als Werk der Chofma neben den drei andern dem Schriftthum diefer angehörigen Werken unter den Kethubim. Alle die Merkmale, welche Sprüchwörter, Hoheslied und Prediger Salomo von den Werken der Prophetie unterfcheiden, treten uns auch am B. Hiob entgegen. Es ift ein Werk der Reflexion und der Kunft, wogegen der Prophet kraft unmittelbaren Geiftestriebes göttliche Gedanken verkündigt, welche erft hinterdrein Gegenftand feines Nachdenkens werden und oft über das Maß feines Verftändniffes hinausgehen. Sodann: der Prophet hat es überall mit wirklicher Gefchichte zu thun, fey es der Vergangenheit oder der Zukunft; das B. Hiob aber führt uns eine Begebenheit vor, welche auf Gefchichtlichkeit keinen Anfpruch macht. Es war die unfreiefte Befchränktheit, wenn z. B. Friedrich Spanheim in feiner Historia Iobi 1671 den Satz aufftellte: ni historia sit, fraus scriptoris. Indeß ift es unzweifelhaft, daß der Verf. eine überlieferte Gefchichte bearbeitet und daß diefe in ihm den Entfchluß feiner Dichtung wirkte, weil darin fich darftellende Gedanke auch in feinem Gemüthe lag; denn fämmtliche Eigennamen enthalten auch nicht eine Spur fymbolifcher Abfichtlichkeit, und romanhafte Gefchichtsdichtungen lagen überhaupt nicht in der Gewohnheit des Alterthums. Ich halte das B. Hiob — fagt Luther — für eine wahre Hiftorie; daß aber Alles fo follte gefchehen und gehandelt fehn, glaube ich nicht, fondern ich halte, daß ein feiner, frommer, gelehrter Mann habe es in folche Ordnung gebracht. Res vere gesta, wie auch Grotins fagt, sed poetice tractata. Es ift alfo Wahrheit und Dichtung verfchmolzen. Reflexion und Kunft haben einen überlieferten Stoff idealifirt und umgefchaffen, wogegen die Prophetie die unantaftbare gefchichtliche Wirklichkeit zum Gegenftande hat und fie aus dem teleologifchen Gefichtspunkt des göttlichen Rathfchluffes betrachtet. Drittens: die Prophetie ift Dolmetfchin der Heilsgefchichte und Mittlerin der fortfchreitenden Heilsoffenbarung, fie hat deßhalb ihren Standort und Wirkskreis in Ifrael. Das B. Hiob aber führt uns eine Begebenheit vor, welche fich außerhalb des Gefchlechts der Verheißung bewegt und in keiner ausgefprochenen Beziehung zu Ifrael fteht. Eine folche außerifraelitifche Gefchichte zu erzählen, bleibt fich der Verf. von Anfang bis zu Ende bewußt; die Thora vom Sinai und die Prophetie, die Gefchichte und das Cultusleben Ifraels kommen nirgends zum Vorfchein, felbft indirekte Beziehungen darauf find dem Verf. nirgends entfchlüpft, er behauptet fich mit bewunderungswürdiger Treue, Confequenz und Lebendigkeit in der außerifraelitifchen Situation. Seinen eigenen ifraelitifchen Standpunkt verläugnet er nicht, wie man fchon daraus fieht, daß er in dem erzählenden Theil Gott überall יהוה nennt, aber den nichtifraelitifchen feines Helden und der Umgebung deffelben hält er mit ftrenger Planmäßigkeit feft. Nur zweimal kommt im Munde Hiobs der Gottesname יהוה vor, 1, 21; 12, 9., was uns nicht befremden kann, da er, wie die Namen Moria und Jochebed zeigen, nicht schlechthin nachmosaisch ist und also auch unter den hebräischen Völkern außer Israel gekannt seyn kounte. Aber sonst nennen Hiob und seine Freunde Gott überall אֱלוֹהַּ (41 mal) — was poetischer und nichtisraelitischen Sprechern, s. Spr. 30, 5., noch anpassender als das nur dreimal 20, 29; 32, 2; 38, 7. vorkommende אלהים — oder sie nennen ihn שַׁדַּי, welches der eigentliche Gottesname der patriarchalischen Zeit ist, überall da in der Genesis auftretend, wo in den elohistischen Stücken Höhe= und Wendepunkte der Selbstbezeugung Gottes vorkommen, 17, 1; 35, 11., vgl. 2 Mos. 6, 3., und wo die Patriarchen die empfangene Verheißung in besonders feierlichen Augenblicken auf ihre Kinder legen, 28, 3; 48, 3; 49, 25., vgl. 43, 14. Selbst manche in der Thora stereotype Benennungen göttlicher Eigenschaften, wie אֶרֶךְ אַפַּיִם, חַנּוּן, רַחוּם, die man im B. Hiob wohl erwarten dürfte, finden sich darin nicht, überhaupt nicht die so zu sagen dogmatische Terminologie der israelitischen Religion, woneben auch dieses karakteristisch, daß nur die älteste Art des Heidenthums, der Stern= dienst, 31, 26—28., erwähnt wird, ohne daß doch der Gottesname יהוה צבאות oder אלהים צבאות vorkommt, welcher Gott eben als Herrn den von den Heiden vergötterten himmlischen Naturgewalten bezeichnet. Auch diesen Gottesnamen, welcher der Stern der israelitischen Königszeit ist, hat der Verf. absichtlich gemieden. Sein Thema ist ja der Menschheit außerhalb Israels entnommen, und er ist von der Ueberzeugung durchdrungen, daß auch da auf Grund der vorisraelitischen Uroffenbarung Gemeinschaft möglich ist mit dem ewigen lebendigen Gott, welcher sich Israel geoffenbart hat; daß auch da Gott sich fortwährend offenbart ordentlicher Weise im Gewissen und außerordentlicher Weise in Träumen und Gesichten; daß auch da Sehnen und Ringen sich findet nach der Erlösung, von welcher Israel helle Worte göttlicher Verheißung hat. Das B. Hiob schwebt also, ein gemeinmenschliches Thema behandelnd, über der alttestamentlichen Schranke, es ist der Melchisedek unter den alttestamentlichen Büchern.

Der Schauplatz ist das Land עוּץ, über welches sich noch immer nichts Besseres sagen läßt, als daß es, wie LXX am Schlusse des Buches angibt, ἐπὶ τοῖς ὁρίοις τῆς Ἰδου= μαίας καὶ Ἀραβίας lag; Fries in Stud. u. Krit. 1854, 2. glaubt es in der frucht= baren wasserreichen Landschaft el=Tellûl oder Ardh el=Bethenîje im Westen des Gebirges Hauran wiederzuerkennen, aber das ist doch wohl zu weit nördlich, um zu Klagl. 4, 21. vgl. Jer. 25, 20. zu passen. Die Bewohner waren, wenn man 1 Mos. 10, 23; 22, 21; 36, 21. combinirt, ein aramäischer, später mit Nahoriden und Horitern gleiches Namens verschmolzener Stamm, also kein idumäischer, aber in nahem Verkehr mit Idumäern (der Landschaft Theman, die nicht mit dem arabischen Themâ auf der Grenze des Nedschd und der syrischen Wüste zu verwechseln ist) und Arabern (dem abrahamidisch=arabischen Stamme Schuach), ausgesetzt den Raubzügen der שְׁבָא, d. i. des wahrsch. in der Nähe des persischen Meerbusens seßhaften Volksstammes, welchem die Genesis cuschitische Grund= lage (10, 7.) und sowohl einen joktanidischen (10, 28.) als einen abrahamidischen (25, 3.) Bestandtheil zuschreibt, und den Raubzügen der כשׂדים, d. i. entweder der in Meso= tamien niedergelassenen oder der auf den chaldäischen (gordyäischen) Bergen hausenden Chaldäer, wohl bekannt mit den Karawanen Themâ's und Saba's (6, 19.), welche, wenn sie ihre Waaren auf der palästinischen Straße nach der Mittelmeerküste brachten, die Land= schaft Uz berührten. Die Zeit, in welcher wir uns Hiob hier lebend denken sollen, gibt uns der Verf. nicht ausdrücklich an. Sind unter dem K. 24. und 30. wie aus eigner Anschauung gemalten Zigeunergesindel die Ueberbleibsel der unterjochten und zurückge= drängten Horiter zu verstehen (was sehr wahrscheinlich), so werden wir dadurch (zumal da die herrschende Bevölkerung von Uz aramäisch, nicht edomitisch war) doch nicht über die Grenzen der Patriarchenzeit hinabgeführt. Das Buch enthält auch wirklich nichts, was der Vermuthung, daß Job ein Zeitgenosse der Ahnen Israels gewesen, ungünstig wäre; vielmehr versetzen uns die 140 Jahre, die Hiob noch nach seiner Leidensprüfung lebt, 42, 16., in hohes Alterthum zurück, und dazu stimmt es, daß von Geldsorten nur קשִׂיטה, 42, 11. (vgl. 1 Mos. 33, 19. Jos. 24, 32.) und von Saiten=, Blas= und Schlag=

inſtrumenten nur je eines und zwar die ſchon in der Geneſis vorkommenden drei aller=
älteſten erwähnt werden, 30, 31; 21, 12. (vgl. 1 Moſ. 4, 21; 31, 27.)*). Auch eignete
ſich ein außerhalb der Verheißungslinie ſtehender Frommer der vormoſaiſchen Zeit für
den Zweck des Verf. am beſten. Denn in einer Zeit, wo Iſrael das Verheißungsland
in Beſitz genommen hatte, würde die Unbekanntſchaft mit dem Gotte Iſraels dem Helden
des Buchs zum Tadel gereichen. Das Verhältniß der Nachbarvölker zu Iſrael, Uz ein=
geſchloſſen (Jer. 25, 20. Klagl. 4, 21.), wurde ja ſeit der moſaiſchen Zeit mehr und mehr
ein unentſchuldbar feindſeliges. Der Verf. mußte ſich auch dadurch bewogen finden, in
die jenſeit des Daſeyns eines Volkes des Heils gelegene Urgeſchichte zurückzugreifen, was
ohnehin die Chokma mit Vorliebe zu thun pflegte.

Er führt uns in Hiob einen Gerechten vor, welcher von der höchſten Höhe des
Glücks in die tiefſte Tiefe des Leidens herabgeſtürzt und, während er ſelbſt das Räthſel
ſeines Leidensgeſchickes nicht zu löſen weiß, von ſeinen Freunden in noch härtere Anfechtung
darüber hineingetrieben wird. Dieſe ſehen ſein Leidensgeſchick als gerechte Strafe oder
doch Züchtigung Gottes an und, ſtatt ihn zu tröſten, richten ſie über ihn lieblos, er aber
behauptet fort und fort ſeine Unſchuld und weiß es nur als eine That unumſchränkter
göttlicher Macht zu faſſen und nicht ohne ſündliches Murren zu ertragen. Ueber dieſer irdiſchen
Scene hat der Prolog den Himmel geöffnet und wir, die Zuſchauer, wiſſen von vorther,
daß das Leiden Hiobs nicht ein Verhängniß göttlichen Zorns, ſondern göttlicher Liebe
iſt. Dieſe Wahrheit des Sachverhalts enthüllt ſich zuletzt thatſächlich. Hiob wird von
Jehovah ſelbſt zu demüthiger Reue über ſein ſündliches Murren gebracht, vor ſeinen lieb=
loſen Freunden gerechtfertigt und mit doppeltem Glücksſtand geſegnet.

Man kann das Buch nicht verſtehen, ohne um die verſchiedenen Geſichtspunkte zu
wiſſen, unter welche nach der h. Schrift die menſchlichen Leiden zu ſtehen kommen. Der
Gottloſe, von Gott Abgefallene wird von Gott mit Leiden belegt, denn Sünde und Sün=
denſtrafe, ſchon von der Sprache in עָוֺן und הַטָּאת zuſammengefaßt, ſtehen in innerlich
nothwendigem Folgezuſammenhang. Dieſes Leiden des Gottloſen iſt die Wirkung göttlicher
Strafgerechtigkeit, es iſt Züchtigung im Zorn, Pſ. 6, 2; 38, 2. Jer. 10, 24 f., Straf=
leiden (τιμωρία, poena). Dagegen fließen die Leiden der Gerechten aus der göttlichen
Liebe. Denn obwohl der Gerechte von der Schwäche und Sündigkeit des menſchlichen
Geſchlechts nicht ausgenommen iſt, ſo kann er doch, ſo lange ſein innerſtes Perſonleben
auf Gott gerichtet iſt und auch ſein Außenleben von dem ernſten Streben nach Heiligung
beherrſcht wird, nie ein Gegenſtand des göttlichen Zorns werden, er ſteht nach A. u. N. T.
(nur daß der neuteſt. Begriff das im A. T. noch nicht erſchienene Geheimniß der Wie=
dergeburt in ſich ſchließt) zu Gott im Verhältniß des Kindes zu ſeinem Vater, alle Lei=
den ſind alſo väterliche Züchtigungen, 5 Moſ. 8, 5. Spr. 3, 12. Hebr. 12, 6. Offenb.
3, 19. vgl. Tob. 12, 13. Aber mit dieſem allgemeinen Unterſchiede des Leidens des Ge=
rechten von dem des Gottloſen kommt man im B. Hiob noch nicht aus. Die Leiden der
Gerechten ſind ſelbſt wieder mannigfaltiger Art. Gott ſchickt ihnen Leiden zu, um die
auch ihnen noch anhaftende Sünde mehr und mehr wegzuſchmelzen und ſie aus der Ge=
fahr fleiſchlicher Sicherheit aufzurütteln, um ihnen neben dem Bewußtſeyn der Gnade
das Bewußtſeyn der Sünde und damit die Demuth der Bußfertigkeit zu erhalten, um
ihnen die Welt und ihre Luſt zu vergällen, um ſie von der Kreatur abzuziehen und in
Gebet und Hingabe an ſich zu ketten. Dieſes Leiden, welches die Sünde des Frommen
zum Grunde, aber doch nicht Gottes Zorn, ſondern Gottes auf die Bewahrung und
Förderung des Frommen gerichtete Liebe zum Beweggrunde hat, iſt das eigentliche Züch=
tigungsleiden, מוּסָר oder תּוֹכַחַת, Spr. 3, 11., παιδεία, Hebr. c. 12. Von dieſem redet

---

*) Bei der bewunderungswürdigen Treue, mit welcher ſich der Verf. in die voriſraelitiſche
patriarchaliſche Zeit ſeines Helden zurückverſetzt, iſt es von nicht geringem Belang, daß Hiob
nicht bloß Denkmalſchrift, 19, 23., ſondern auch Gebrauch der Schrift zu gerichtlichen Urkunden
kennt und ſelbſt zu ſchreiben verſteht, 31, 35.

Paulus 1 Kor. 11, 32. Dieses Züchtigungsleiden kann einen so hohen Grad erreichen, daß es das Bewußtseyn des Gnadenverhältnisses zu Gott gänzlich zurückdrängt und der Leidende, wie häufig in den Psalmen, sich für einen von Gott Verstoßenen hält, über den Gottes Zorn ergeht. Je tiefer die Sündenerkenntniß des Leidenden ist, desto zaghafter ist dann seine Schmerzensstimmung und doch sind die Gedanken Gottes über ihn מחשבות שלום ולא לרעה, Jer. 29, 11. Er züchtigt, aber nicht im Zorn, sondern במשפט mit Maßen, Jer. 10, 24. Nahe verwandt mit diesem Leiden, aber doch nach Grund und Zweck verschieden ist eine andere Art des Leidens der Frommen. Gott verhängt Leiden über sie, damit ihre Treue gegen Gott und ihr Ernst in der Heiligung, besonders ihr Gottvertrauen und ihre Geduld sich bewähre, auch gestattet er dem Satan, der sie verklagt, sie anzufechten, sie zu sichten wie den Waizen, damit er zu Schanden werde und die göttliche Erwählung sich rechtfertige, damit offenbar werde, daß weder Tod noch Leben, weder Engel noch Herrschaften noch Gewalten sie von der Liebe Gottes scheiden, ihren trotz aller Zorngeberde an Gott bleibenden Glauben (אמונה) von ihm loszureißen vermöge. Als ein solches Leiden wird der Fromme sein Leiden erkennen, wenn es ihn mitten im Zustande der Gottinnigkeit, des Betens und Wachens, des Ringens nach Heiligung befällt. Die Schrift bedient sich von dieser Leidensart, dem Prüfungsleiden, der Ausdrücke נסה, 5 Mos. 8, 2. 16. und בחן, Spr. 17, 3., πειρασμός, Jak. 1, 12. 1 Petr. 1, 6 f.; 4, 19., vgl. Sir. 2, 1 ff. Ein solches Leiden ist nach einem häufigen Bilde für den Frommen dasselbe, was der Schmelzofen oder Schmelztiegel für edle Metalle. Reiche Belohnung wartet dessen, der in der Prüfung, Versuchung, Anfechtung bewährt erfunden wird und als lauteres, probehaltiges Gold daraus hervorgeht. Das Prüfungsleiden ist mit dem Züchtigungsleiden insofern nahe verwandt, als jedes Züchtigungsleiden zugleich Prüfungsleiden ist, aber insofern verschieden, als nicht jedes Prüfungsleiden auch Züchtigungsleiden ist, d. h. die Wegschmelzung der dem Frommen noch anhaftenden Sünde zum Zwecke hat. Eine dritte Art der Leiden der Gerechten ist das Zeugnißleiden, Schmach, Verfolgung und vielleicht Märtyrertod, die sie um ihrer Treue gegen Gott und sein Wort willen erdulden. Während selig ist wer im Prüfungsleiden bewährt erfunden wird, ist der, welcher Zeugnißleiden erduldet, schon an sich selig, Matth. 5, 11 f. u. a., denn alles andere Leiden trifft den Menschen um des Menschen willen, dieses eine um Gottes willen. Hier ist zwischen dem Leiden und der Sündigkeit des Leidenden auch nicht der entfernteste Folgenzusammenhang. Ein Gebet Israels mitten in solchem Zeugnißleiden ist Ps. 44. Der im N. T. eigens dafür geprägte Name ist σταυρός, Leiden um des Himmelreichs willen.

Ohne Verständniß dieser verschiedenen Arten menschlichen Leidens ist das B. Hiob gar nicht zu verstehen. »Wer mit geistlichen Augen sieht« — sagt Brentius — »beurtheilt nicht nach dem Leiden die sittliche Beschaffenheit des Menschen, sondern nach dieser das Leiden.« Eben dieses ungeistliche Urtheilen und die Unvermögenheit, Leiden zu unterscheiden, ist der Fehler der Freunde. Sie verfallen mehr und mehr in die Ungerechtigkeit, Hiob für einen Sünder zu halten, welcher dem Zorne Gottes verfallen sey. Eliphas, welcher c. 5. zuerst unter den Freunden das Wort ergreift, sieht in Hiob noch den Gerechten und in seinem Leiden nicht ein Verhängniß göttlicher Strafgerechtigkeit, sondern heilsamer göttlicher Liebeszüchtigung. Er rügt Hiob's Murren und heißt ihn sein Leiden mit Anerkennung der menschlichen Sündhaftigkeit und des göttlichen Wohlmeinens ergeben ertragen. Aber auch das ist nicht die rechte Beurtheilung des Leidens Hiobs und das rechte Verhalten dem Leidenden gegenüber — an sich nicht und nicht in der Meinung des Dichters. Denn wie würde er sonst Hiob in c. 7 f. über die Täuschung seiner Freunde klagen lassen, von denen er liebreichen Zuspruch erwartet hatte und nun sich verlassen sieht, wie Reisende in der Wüste von dem schnell versiegten Gießbach. Hiobs Leiden hat weder als Strafleiden noch als Züchtigungsleiden in Sünde seinen Anlaß — es ist eine Probe, welche die Frömmigkeit des Knechtes Jehovah's zu bestehen hat, um sich als die wahre, um sich als unselbstsüchtig und unerschütterlich auszuweisen. Das ist's,

was die Freunde erst feiner und dann immer gröber verkennen. Sie können Leiden und
Sünde nicht auseinander denken. Persönliches Leiden ist Folge persönlicher Sünde —
das ist ihr abstrakter Standpunkt, an den sie gefesselt sind, ihre ererbte Orthodoxie, auf
die sie pochen, ihre falsche Prämisse, aus welcher sie immer unbarmherzigere Folgerungen
ziehen. Die Anfechtung Hiobs wird dadurch immer höher gesteigert, zugleich aber auch
das Räthselhafte seines Leidens. Er behauptet unerschütterlich seine Gerechtigkeit, und
darin ist er untadelig, aber er behauptet sie je mehr und mehr auf Kosten der göttlichen,
und darin versündigt er sich. Er bleibt Sieger im Kampfe mit den Freunden, und, in=
sofern er, ohne Gott den Rücken zu kehren, an ihm festhält und bei aller Anfechtung
ihn nur bei ihm selbst verklagt und sich vor dem Gotte der Gegenwart, den er nicht ver=
steht, in den Gott der Zukunft birgt, der ihn rechtfertigen wird, bleibt er auch Sieger
über die Macht der Versuchung, aber Sieger nicht ohne Sünde, welche der Rüge und
der Reue bedarf. Nachdem dieser Makel getilgt ist, steht Hiob da als der in sieben Ver=
suchungen bewährte Knecht Jehovah's, zu welchem sich dieser am Schlusse so liebend be=
kennt wie im Anfang, beatus in corporis sospitate, wie Fulgentius von Ruspe sagt, sed
beatior factus in vulnere. Was Jehovah im Himmel dem Satan vorausgesagt, das kann
er nun auf Erden besiegeln, und diese Besiegelung ist die Entsiegelung des Geheimnisses
des Leidens der Gerechten.

Es gibt ein Leiden der Gerechten, welches weder eine Strafe noch eine Züchtigung
der Sünde halber ist, welches nicht von Gottes Zorn, sondern von Gottes Liebe verhängt
wird und welches den Zweck hat, die Frömmigkeit des Gerechten zu bewähren, zu voll=
enden und die bewährte zu belohnen. — Das ist der Grundgedanke des B. Hiob. In
meiner Abh. über die Idee des B. Hiob (Zeitschrift für Protestantismus und Kirche
1851 S. 65—85) habe ich an dem Gange des Gedichts im Einzelnen nachgewiesen, wie
Alles diesen Grundgedanken zur Voraussetzung und zum Ziele hat. Hiobs sehnsüchtigster
Wunsch, dessen Gewährung er da hofft, wo sein Glaube unter der Asche hervorbricht, ist
der, daß er Gott noch einmal schauen möge, selbst wenn er seinem Leiden erliegen sollte.
Dieser Wunsch wird ihm gewährt, ehe er erliegt. Schon die Art und Weise, wie Gott
mit ihm redet, durchbricht die Wolken, die sich zwischen ihm und seinem Knecht gelagert.
Gott bringt ihm seine nach weisem Plane handelnde Allmacht und ihr gegenüber die eigne
Unwissenheit und Ohnmacht zum Bewußtseyn, zwar im Sturme und also in majestätisch
ernster, aber nicht in richterlich niederschmetternder, sondern herablassend belehrender
Weise. Und es ist wohl zu beachten, daß Hiob, auch ohne in sein Glück wiederherge=
stellt zu seyn, sowie nur Gott sich ihm offenbart und sich damit zu ihm bekennt, begnügt
ist. Aber des Räthsels Lösung ist die Gotteserscheinung an sich noch nicht. In Folge der
Rede Jehovah's liegt eine Welt göttlicher Weisheit, wunderbarer Gottesgedanken vor Hiob,
über die er nichts aus sich selbst weiß, aber gern recht viel durch göttliche Belehrung er=
fahren möchte. Er erkennt sein Leiden nun als einen weisen göttlichen Rathschluß, aber
ein Räthsel ist es ihm dennoch. In Staub und Asche sitzend fühlt er tiefe Reue ob
des Ungestüms, womit er an dem Geheimniß gerüttelt hat. Es hat aber nicht dabei sein
Bewenden, daß er sich reuig und dankbar für Gottes Offenbarung unter das zugedeckte
Geheimniß beugt. Daß Gottes Walten vor Allem Demuth des Glaubens fordert, ist
nicht die letzte Lehre des Buches. Die letzte Lehre des Buches liegt darin, daß Hiobs
Leidensweg in Herrlichkeit ausgeht. Sie wird aber nirgends in Form der Lehre ausge=
sprochen. Sie ergibt sich als Schlußfolgerung aus Anfang, Mitte und Ende der er=
zählten Geschichte.

Ehe aber Jehovah erscheint, um thatsächlich das Räthsel zu lösen und den Streit
zu schlichten, folgen c. 32—37. noch vier Reden eines Redners, dessen Anwesenheit wir
erst hier erfahren. Sein Name Elihu Ben=Barach'el der Busiter aus der Familie Ram
stimmt zur Oertlichkeit des Vorgangs (s. 1 Mos. 22, 21. Jer. 23, 25.). Wir erfahren
aus der erzählenden Einführung, daß es ein junger Mann ist, der bisher durch Beschei=
denheit abgehalten wurde, das Gespräch Hiobs und der älteren Freunde zu unterbrechen,

der aber jetzt, wo diese schweigen, seinen Zorn über Hiob und die Freunde nicht länger bergen kann. Ueber Hiob zürnt er, daß er sich selbst rechtfertigt auf Kosten der Gerechtigkeit Gottes, über die drei Freunde, daß sie Hiob nicht anders zu antworten wissen, als verdammend. Soll vor der Erscheinung Jehovah's noch ein menschlicher Redner auftreten, so kann in der That seine Aufgabe keine andere seyn, als das Selbstgefühl Hiobs in seine rechten Schranken zu weisen und einen andern Ton der Beurtheilung Hiobs anzustimmen, als den dogmatisch lieblos verurtheilenden der drei Freunde. Damit aber die Reden Elihu's eine passende und integrirende Stellung im Ganzen einnehmen, erwarten wir von ihnen vor Allem, daß sie wie Hiobs Rechten mit Gott, so den falschen Schluß der Freunde, daß das Leiden eines Menschen immer die Folge seiner Sünde sey, zu Schanden machen. Wenn die Reden Elihu's dieser doppelten Erwartung genügen, so werden sie die irdische Interpretation des uns aus dem himmlischen Vorgang des Prologs bekannten Zweckes des Leidens Hiobs seyn; sie werden lehrweise die Idee des Ganzen aussprechen, welche Jehovah durch seine liebreiche Herablassung und sein Bekenntniß zu Hiob als seinem Knechte dann thatsächlich bekräftigt.

Wenn Stickel unter den Grundgedanken Elihu's den Satz obenanstellt, daß Hiob die Leidensprüfung verdient habe, und dabei doch die ursprüngliche Zugehörigkeit dieser Reden zum Buche festhalten zu können meint, oder wenn Keil, um diese Reden zu vertheidigen, die Behauptung wagt, daß, wenn das Leiden Hiobs in gar keiner Beziehung zu seiner Verschuldung stehe, die Gerechtigkeit Gottes nicht zu vertheidigen sey: so läuft Beides schnurstracks wider die evangelische Idee des Buches, und doch ist im Prolog der Himmel geöffnet, damit wir von daher wissen, daß Hiobs Leiden nicht den Zorn Gottes zum Beweggrund, nicht die Sünde Hiobs zum Anlaß, nicht die Bestrafung oder Züchtigung Hiobs zum Zwecke hat, kurz, daß es kein Verhängniß vergeltender Gerechtigkeit ist. Wäre dies des Räthsels Lösung, daß Hiob nicht bloß seiner unziemlichen Reden wegen, sondern auch wegen Sünde, wodurch er sein Leiden verschuldet, sich zu demüthigen hat, so wäre der Karakter des Helden, statt in seinem tragischen Ringen liebenswürdig zu seyn, wahrhaft widrig; dann wäre nicht erst Elihu, sondern schon Eliphas ihm gegenüber Repräsentant der vollen Wahrheit und Hiob müßte sich unter sie beugen, statt sich durch sie so tief verletzt zu fühlen; auch ließe sich dann nicht begreifen, wie Hiob im A. T. als Vorbild des Knechtes Jehovah's, der Niemand Unrecht gethan und in deß Munde kein Betrug gewesen, Jes. 53., wie er im N. T. als Vorbild Jesu Christi und in seiner Standhaftigkeit als Vorbild der Christen, Jak. 5, 11., betrachtet werden konnte.

Es sind neuerdings viele und mehr zum Ziele führende Anstrengungen gemacht worden, die Reden Elihu's als organischen Formtheil des Ganzen zu begreifen. Gleiß in seinen Beiträgen zur Kritik des B. Hiob (1845) räumt ein, daß die Beweisführung Elihu's weder mit der der drei Freunde in direktem Widerspruch stehe, noch absolut neu sey, da auch diese von dem Satze ausgehen, daß Gott den Menschen zu seinem eigenen Heile durch Leiden züchtige, aber der große Unterschied — sagt er — ist der, daß Elihu Hiobs Kreuz nicht zur Strafe macht. Schlottmann bestimmt dies näher dahin, daß Elihu's Reden darin aufgehen, das Leiden als Gnade darzustellen, insofern es den Menschen heilsam demüthigt und ihn erhöht. Elihu geht wie die Drei davon aus, daß kein Mensch vor Gott gerecht sey, aber er kehrt nicht die unendliche Majestät Gottes hervor, wodurch jene den Leidenden niederschmettern und ihm das Geständniß der vorausgesetzten Schuld abbringen wollen, sondern er verbindet mit der göttlichen Majestät als Erklärungsgrund menschlichen Leidens die göttliche Güte. Was sich nach dieser Seite hin bei offenem Auge für den Thatbestand zum Schutze der Reden Elihu's sagen läßt, findet sich in präcisester Fassung in einer Recension der Commentare Hahns und Schlottmanns (Renters Repertorium, Febr. 1852) von Oehler. „Allerdings" — sagt er dort — „ist nicht bloß der allgemeine Grundgedanke, daß nämlich das Leiden immer auf Sünde zurückweise, auf Elihu's und der Freunde Seite derselbe, sondern auch die Art und Weise, wie im ersten Akte, besonders in der Rede des Eliphas, dieser Gedanke gefaßt wird, daß

nämlich das Leiden unabtrennbar sey von der der menschlichen Natur anhaftenden Sünd=
haftigkeit (5, 17 ff.), aber eben darum dem Gerechten zum Segen dienen müsse (4, 17.),
steht der Auffassung des Elihu nahe. Aber abgesehen davon, daß die Drei diesen Ge=
danken nicht in seinen Consequenzen zu verfolgen wissen, ist der wesentliche Unterschied
der, daß von Eliphas auch bei dieser weiteren Fassung des Zusammenhangs von Sünde
und Uebel der Gesichtspunkt der Vergeltung festgehalten wird. Dieser Gedanke ist aber
mit demjenigen, daß die Leiden Läuterungs= und Besserungsmittel seyen, ganz und gar
nicht identisch, wie bekanntlich die verschiedenen Strafrechtstheorieen ausweisen." Aehnlich,
aber in minder scharfer Scheidung, Hengstenberg in seinem anziehenden Vortrag über
das B. Hiob, Ev. K.Z. Nr. 16—19. 1856. Von einer andern Seite faßt Kosegarten
(Allgemeine Monatsschrift für Wissenschaft und Literatur 1853 S. 761 ff.) das Karakteri=
stische der Reden Elihu's auf: "Elihu rückt dem Hiob nicht einzelne Vergehungen und
Gewaltthätigkeiten vor, sondern macht ihn aufmerksam auf den allgemeinen Grund der
Sünde, die Selbstgefälligkeit und Selbstüberhebung, welche im menschlichen Herzen wohnt,
und in Hiobs Reden oft hervortritt. Wer diesen Grund der Sünde wahrnimmt, der
erkennt auch nothwendig die Demüthigung des selbstgefälligen Menschen als die heilsame
Liebe Gottes, welche dem Menschen Gelegenheit bieten will, sich von seinem Dünkel, der
endlich zur Verstockung führt, zu bekehren.

Es ist wahr, diese zwei von Gleiß, Schlottmann, Oehler einerseits, Kosegarten an=
dererseits hervorgehobenen karakteristischen Merkmale sollen, wie aus 32, 2 f. ersichtlich,
die Reden Elihu's nach der Absicht ihres Verf. von den Reden der Freunde unterschei=
den. Aber daß sie ein ursprünglicher Bestandtheil des Werkes seyen, ist damit nicht be=
wiesen." Weßhalb fühlt sich denn Hiob durch die Reden seiner Freunde so tief gekränkt?
Etwa dadurch, daß sie ihm vorhalten, jeder Sterbliche sey ein Sünder? Diese allgemeine
Sündhaftigkeit erkennt ja auch Hiob an, sie ist aber die Voraussetzung nicht minder für
alle Gerechtigkeit als Ungerechtigkeit der Menschen und erklärt also nicht, warum gerade
ihm so schweres Leiden widerfährt. Ebendeßhalb sehen sich die Freunde bald in die
Nothwendigkeit versetzt, den Grund des Leidens Hiobs in besonderen Thatsünden zu su=
chen, und das ist's, weßhalb ihm ihre Verheißungen, welche sie durch Buße bedingen,
nicht als Tröstungen gelten. Konnten Elihu's Reden im Sinne des Dichters der Reden
der Freunde auf ihn einen andern Eindruck machen? Auch er fordert von Hiob Unter=
werfung unter die vernehmliche Sprache, welche Gott in seinem Leiden mit ihm redet;
auch er kennt für Hiobs Leiden keinen andern Gesichtspunkt als den eines heilsamen
Züchtigungsleidens, welches zum Verderben des Menschen ausschlägt, wenn er nicht durch
Buße seine Verschuldung gut macht und so dem Verderben zuvorkommt. Die Reden
Elihu's sind nur die Ausführung der schon von Eliphas 5, 17. ausgesprochenen Wahr=
heit: "Selig der Mann, den Eloah züchtigt, und die Zurechtweisung des Allmächtigen
verschmähe nicht." Durch diese Ausführung kommen wir aber über den Gedankenkreis
der Freunde nicht hinaus. Und wenn nur die Behandlung, die Hiob von Elihu er=
fährt, glimpflicher wäre! Aber ohne irgendwo zu sagen, daß er Hiob trotz seines Lei=
dens für einen Gerechten, einen Knecht Gottes erkenne, behandelt er ihn wie einen, den
blasphemer Hohn und Unverstand von der bußfertigen Anerkennung abhält, daß er sein
Leiden verdient habe. Vergeblich sieht man sich bei Elihu nach einem Worte des Mit=
leids um, nach einem Worte der Anerkennung der vom Leidenden lange bewiesenen
Geduld; seine Antwort ist nicht minder kalt, verständig, disputatorisch, wie die der Freunde,
ohne Einblick in den Abgrund des Leidens und der Anfechtung, in welchem sich Hiob be=
findet, ohne das zu erwartende Mitgefühl, das mit dem Weinenden weint, um ihn
zu trösten.

Diesen ungünstigen Eindruck haben die Reden Elihu's schon auf Hieronymus und
Gregor den Großen gemacht; der Erstere sieht in Elihu den Repräsentanten einer fal=
schen glaubensfeindlichen Philosophie, der Letztere einen selbstzuversichtlichen eitlen Schwä=
tzer. Ebenso urtheilte Viktorin Strigel und unter den Neuern mit Bertholds und Eich=

herrns Zustimmung Herder, dessen Aufsatz über die Composition des B. Hiob (Th. I.
des Geistes der Ebräischen Poesie) von tiefem Eindringen in den Geist des Buches zeugt:
"Elihu, ein junger Prophet, anmaßend, kühn, alleinweise; er macht große Bilder ohne
Ende und Absicht und steht da wie ein lauter Schatte, daher antwortet ihm auch Niemand." Von demselben Eindrucke hat sich Umbreit in seinem Commentar (1824. 32)
leiten lassen. Ang. Hahn hat diese Auffassung der Person Elihu's erneuert. Allerdings
läßt sich bei dieser Auffassung denken, warum Elihu im Epilog unerwähnt bleibt: in den
Wind geredet zu haben, ist die ihm zukommende Strafe, zumal da er nicht so wie die
Freunde eine Pflicht gegen Hiob verletzt hat, denn Freundespflicht hatte er nicht zu erfüllen. Aber eine schlimmere Vertheidigung der Aechtheit dieser Reden kann es nicht
geben. Es läßt sich nicht absehen, wozu der Dichter den tiefen Ernst seines Drama's
durch eine so komische Person, die meisterliche Vollendung desselben durch eine so überflüssige Figur gestört haben sollte. Oder läßt sich etwa sagen, daß er in Elihu die menschliche Weisheit absichtlich mit einer gewissen Petulanz zu Worte kommen und vorläufig
ein Räthsel zu lösen versuchen läßt, welches eine befriedigende Lösung nur in persönlicher
Selbstoffenbarung Jehovah's finden konnte? Auch das nicht, denn es besteht zwischen
Elihu's und Jehovah's Reden in mehreren Stücken eine offenbare nahe Verwandtschaft,
und es wäre ebenso unwürdig als unkünstlerisch, wenn der Dichter Elihu in absichtlicher
petulanter Weise aussprechen ließe, was dann in Jehovah's Reden sich wiederholt. Das
Siegel der göttlichen Mission — sagt Hengstenberg vollkommen richtig — wird den Reden Elihu's dadurch aufgeprägt, daß die Rede Gottes nicht bloß im Gedanken, sondern
auch in der Ausführung unmittelbar an sie anknüpft. Sonach müssen Elihu's Reden
dem Dichter heiliger Ernst seyn, denn sie sind sichtlich bestimmt, die Rede Jehovah's positiv vorzubereiten.   •

Die Reden Elihu's lassen sich also weder in der Auffassung Schlottmanns u. A. mit
der Idee des Ganzen noch in der von Umbreit aufgegebenen, von Hahn wieder aufgenommenen Auffassung mit der Würde des Ganzen vereinbaren. Aber gesetzt auch, daß
sie ihrem Inhalte nach sich in die Anlage des Ganzen fügten, ihre Form macht für sich
allein schon ihre Herleitung von gleichem Verf. mit dem übrigen Buche unmöglich. Jeder
unbefangene Leser muß, wie Stickel eingesteht, sich, wenn er zu c. 32. kommt, wie von
einem fremdartigen Hauch angeweht fühlen. Gleich die erste Rede Elihu's sticht gegen
den hohen Gang der nächstvorigen durch ihre umständliche fünfmalige Ankündigung dessen,
was kommen soll, in einer unangenehm überraschenden Weise ab. Dieser Eindruck des
größten Abstandes verläßt uns auch jenseit des Eingangs nicht; die angestrebte Erhabenheit ist gegen die riesige Urkraft des übrigen Buches wie gemachtes Pathos. Daß der
Abschnitt eine jüngere Sprachzeit verrathe, läßt sich nicht beweisen, denn daß einiges ihm
Eigenthümliche mit den jüngsten Büchern des Kanons zusammentrifft (z. B. חבל schlecht
handeln, 34, 31., vgl. Neh. 1, 7.), reicht dazu nicht aus. Auch läßt sich die starke ara-
mäische Färbung nicht für Verschiedenheit des Verf. geltend machen, da auch das übrige
Buch aramaisirt, wie z. B. das von Elihu gehäufte חַוָּה sich auch 15, 17. findet und
das von ihm gehäufte מִלִּין auch sonst im Buche nicht selten ist. Dagegen ist der vielfach vom übrigen Buche abweichende Wortvorrath z. B. דֵּעַ und דֵּעָה für דַּעַת, חַיָּה
für חַיִּים, נֹצֵר für נְעָרִים schon verdächtigender. Aber entscheidend ist dies, daß der
ganze Abschnitt von Anfang bis zu Ende einen Dichter bekundet, der an dichterischer
Fähigkeit weit hinter demjenigen zurückbleibt, der nicht minder den Reden der Drei als
Hiobs bei aller Verschiedenheit der Karakterzeichnung den Stempel seiner Meisterschaft
aufzuprägen gewußt hat. Die Darstellung Elihu's reicht nicht an die poetische Höhe und
den poetischen Reichthum des übrigen Buches hinan; wir treffen nicht mehr die kühnen
und großartigen Bilder, die da sich drängen; die Tautologieen hören auch nach dem weit-
schweifigen Eingange nicht auf; man bekommt den Eindruck, daß der Verf. zu der Höhe
des älteren Dichters emporstrebt, ohne sie erreichen zu können, die Darstellung hat etwas
erfolglos Forcirtes, sie ist wie zur Poesie emporgeschraubte Prosa, während im übrigen

Buche dem Dichter die idealen Gedanken in unerschöpflicher Fülle zuquellen und sich von selbst zu immer neuen poetischen Bildern verkörpern.

Nichtsdestoweniger ist der Abschnitt Elihu nicht gering zu halten. Es ist daran sogar eine über das ältere B. Hiob hinausgehende Bewegung nach dem Neuen Testamente hin zu bemerken. Der Verf. dieses Abschnittes hat bei dem B. Hiob Aehnliches, obwohl nicht in gleicher Tiefe, gefühlt, was jeder Christ fühlen muß. Aus dem christlichen Bewußtseyn heraus ist die Abfassung eines solchen Buches, wie das B. Hiob, nicht mehr möglich. Seine Idee ist evangelisch, sie läßt sich mit Brentius in den Satz zusammenfassen: quidquid post fidei justificationem pio acciderit, innocenti accidit, das B. Hiob ist, auf dieje seine Idee gesehen, ein wahrhaft paulinisches Trostbuch. Aber die Durchführung dieser Idee ist ganz alttestamentlich und zwar vorexilisch alttestamentlich. Der Blick auf das Leiden Christi und auf die jenseitige Krone übt im N. T. eine Gewalt der Beruhigung auf das Gemüth aus, welche solche Ausbrüche des Unmuths, wie wir an Hiob wahrnehmen, auch in der höchsten Anfechtung unmöglich macht. Hengstenberg bemerkt einmal sehr richtig, daß dem A. T. das wirksamste Mittel, Erkenntniß der Sünde zu wirken: die Anschauung des Leidens Christi fehle, und daß das N. T. zudem eine kräftigere Wirkung des Geistes besitzt, der, so wie er in die Tiefen der Gottheit eindringt, so auch die Tiefen der Sünde beleuchtet. So ist es; erst da, wo die unendlichen Tiefen und Fernen des Lichtreichs sich entschleiern, fällt die Hülle auch von dem Abgrunde des Reichs der Finsterniß. Diese Entschleierung bereitet sich aber im A. T. stufengängig vor. Der Verf. des Abschnitts Elihu stand ihr schon näher als der Verf. des älteren Buches. Denn die schwindelerregende Kühnheit, mit welcher dieser auf der Höhe der Wahrheit, daß es ein menschliches Leiden ohne alle vorausgegangene Verschuldung gebe, daher schwebt, hat jener mit seinem tieferen Einblick in das sittliche Verderben des Menschen und in die selbst am Frömmsten unausgetilgte Sündhaftigkeit, mit seinem so zu sagen neutestamentlicheren Bewußtseyn unverträglich gefunden und ihm durch eine Einschaltung, welche im Grunde weniger eine Kritik Hiobs als des Buches überhaupt war, einen diesem Bewußtseyn entsprechenden Karakter aufzudrücken gesucht. Wenn das ältere Buch mitten im A. T. die Wahrheit vertritt, welche der neutestamentliche Apostel in den Worten ausspricht: οὐδὲν κατάκριμα τοῖς ἐν Χριστῷ Ἰησοῦ, Röm. 8, 1., so vertritt dagegen der Abschnitt Elihu die gleich Wahrheit 1 Kor. 11, 32.: κρινόμενοι ὑπὸ κυρίου παιδευόμεθα, ἵνα μὴ σὺν τῷ κόσμῳ κατακριθῶμεν.

Die Reden Elihu's sind also, obwohl kein ursprünglicher Bestandtheil des B. Hiob, doch ein integrirender Bestandtheil der kanonischen, die Entwicklung der Offenbarung und des religiösen Bewußtseyns des A. T. spiegelnden Literatur. Abgesehen von dieser Einschaltung liegt uns das Buch ohne Zuthat in der Gestalt vor, in welcher es aus dem Geiste und der Hand des Dichters hervorgegangen ist. Richard Simon war der Erste, welcher den Prolog c. 1 f., mit welchem auch der Epilog 42, 7 ff. fällt, wegen seiner Stylverschiedenheit für den Zusatz eines späteren Redaktors erklärte. Aber der Styl dieser prosaischen Stücke (welche, weil prosaisch, von dem auf 3, 2—42, 6. angewandten poetischen Accentuationssystem ausgeschlossen sind) ist ebenso mischleartig gefärbt, wie der der poetischen, und man bedarf keines sehr tiefen Einblicks in Anlage und Geist des Ganzen, um einzusehen, daß Prolog und Epilog organische Formtheile desselben sind, ohne die es ein Torso ohne Kopf und Fuß ist. Mit verhältnißmäßig größerem Rechte hat man die Ursprünglichkeit von 27, 13—23., oder in Anbetracht des festen Zusammenhangs, in welchem dieses Stück steht, des ganzen Abschnittes 27, 11—28, 28. in Frage gestellt, weil Hiob hier in die Aussage der Freunde vom Geschicke des Gottlosen und der Seinigen einstimmt; wenigstens hat man diese Rede einem der Freunde zuweisen zu müssen geglaubt (Kennicot, Eichhorn, Stuhlmann). De Wette läßt ihr ihre Aechtheit und läßt sie in Hiobs Munde, bringt sie aber auf Rechnung der Inconsequenz des Dichters, der sich von der gewöhnlichen Vergeltungslehre nicht habe losmachen können. Eichhorn glaubte später das von ihm für unächt gehaltene Stück retten zu können, indem er die darin ausgesprochene Ansicht über das Geschick des Gottlosen für die von Hiob recapitulirte Ansicht der Freunde erklärte. Aber das ist gar nicht nöthig. Es ist wahr und soll so seyn, daß Hiob hier in Widerspruch mit sich selbst geräth, nämlich der ruhiger gewordene Hiob mit dem leidenschaftlichen; er kehrt hier gegen die Freunde ihre eigene Waffe. Die cc. 27. u. 28. bewegen sich in folgenden vier großen Gedankenschritten: Ich kann und werde das Bewußtseyn und Zeugniß meiner Unschuld nicht aufgeben, denn wie könnte ich, der Hoffende und Betende mitten im Leiden, ein Gottloser seyn! Die Gottlosen nehmen allerdings ein Ende mit Schrecken, denn des Menschen Weisheit, dem Gottes Weisheit unerforschlich, ist Gottesfurcht.

Die Aechtheit der ebenbesprochenen Theile des Buchs ist jetzt so gut wie allgemein anerkannt. Nur über 40, 15—41, 26. in der zweiten Rede Jehovah's wallen noch einige kritische Zweifel. Wenn nämlich die zweite Rede Jehovah's nicht mehr von der göttlichen Erhabenheit und Macht im Allgemeinen handeln, sondern auf Hiobs Zweifel an der Gerechtigkeit der göttlichen Weltregierung antworten soll, so scheint hier das große Stück über das Nilpferd und Krokodil zwecklos und ungehörig zu seyn. Deshalb meinte Eichhorn, die Reden Jehovah's seyen in Unordnung gerathen. De Wette fand die mit 41, 4. beginnende Beschreibung des Krokodils der Interpolation verdächtig. Ewald warf den ganzen Abschnitt 40, 15—41, 26. als Werk eines spätern Dichters hinaus und fordert Anerkennung dafür von Allen, die das Wahre und Ewige achten. Denn was Ewald sagt, das ist immer nicht bloß wahrscheinlich und prüfenswerth, sondern „wahr und ewig". Wir halten, ganz ungenirt durch diesen Gewissensstrich, die beiden Thierbilder in der zweiten Rede Jehovah's für vollkommen zusammenhangsgemäß; an zwei gleich wüthigen, jedem menschlichen Angriffe Trotz bietenden Ungeheuern wird Hiob vor Augen gestellt, wie wenig er, der Meisterer Gottes, dem Weltregimente gewachsen ist. Sonach liegt uns das ältere B. Hiob ohne alle weitere Einschaltung, als allein die Reden Elihu's, vor. Auch steht mit Ausnahme einer einzigen vorzunehmenden Umstellung (31, 38—40. hinter B. 34.) Alles an rechter Stelle. Der Commentar von Magnus (1851) sieht zwar wie im Hohenliede, so auch im B. Hiob ein ganzes Gewimmel von Glossen und Zusätzen, aber diese neue infusorische Art von Kritik geht über den Gesichtskreis unbewaffneter gesunder Augen.

Nachdem wir uns der Urgestalt des Buches kritisch vergewissert haben, betrachten wir seine bewunderungswürdige Kunstform. Was ich darüber zu sagen habe, stimmt mannigfach mit Hupfelds Abh. über die Stellung und Bedeutung des B. Hiob im A. T. nach seinem didaktischen und dramatischen Karakter, Deutsche Zeitschrift für christl. Wissenschaft und christl. Leben 1850. Nr. 35—37., überein, aber in Folge freiesten Zusammentreffens. Ich halte das B. Hiob, wie Hupfeld, für ein Drama und zwar eine Tragödie, und glaube, daß die folgenden Beweise dafür auch gegenüber den Einwendungen Gustav Baurs in seiner trefflichen Parallele: Das Buch Hiob und Dante's Göttliche Komödie (Studien und Krit. 1856, 3) ihr gutes Recht behaupten. Das Buch Hiob ist ein Drama. In dem ersten Theile, dem Prologe, c. 1—3. wird der Räthselknoten geschürzt. In den drei Gängen des Streitgespräch's c. 4—14. 15—21. 22—26. verschlingt er sich immer wirrer. Im vierten Theile c. 27—31. bahnen Hiobs Monologe den Weg von der Verwickelung zur Lösung. Diese erfolgt wohl vorbereitet und also nicht ἀπὸ μηχανῆς im fünften Theile c. 38—42, 6. Der sechste Theil 42, 7 ff. der Epilog oder Exodus, rechtfertigt den so weit nöthig durch Buße gereinigten Knecht Gottes und krönt ihn, den göttlicher Voraussage gemäß treu gebliebenen Sieger. Wir sagen: ein Drama. An sich wird kein Unbefangener daran Anstoß nehmen, daß wir ein biblisches Buch ein Drama nennen. Das Drama kann ebensogut, wie jede andere Dichtungsart, zum Darstellungsmittel göttlicher Wahrheit erhoben worden und ist ganz besonders geeignet, in seiner Form präsenter werdender Geschichte praktische Wahrheiten anschaulich, stufengängig und deßhalb fesselnd und lehrhaft zur Erkenntniß zu bringen und dem Gemüthe einzuprägen. Ein erheblicher Einwand ist aber 1) daß Anfang und Schluß in Erzählungsform geschrieben

find und daß auch die einzelnen Theile des Dialogs historisch eingeführt werden. Aller=
dings ist das B. Hiob kein allseitig fertiges Drama. Das Drama liegt, wie im Hohen=
liede in den Windeln der Lyrik, so im B. Hiob noch in den Windeln der Epopöe, aber
nicht so sehr, daß ich es mit Hupfeld (Commentatio in quosdam Iobeidos locos 1853)
die „Jobeïde" nennen möchte. Aber der Prolog ist doch auch nicht ganz undramatisch.
Er entspricht in der Form am meisten den euripideischen, welche auch eine Art epischer
Einleitung zum Stücke sind, und leistet was Sophokles in seinen Prologen so meisterhaft
versteht: er steigert gleich Eingangs die Theilnahme an der vorzuführenden Begebenheit
und macht uns zu Mitwissern dessen, was den handelnden Personen verborgen bleibt.
Zwei andere Einwände sind von Gustav Baur mit Bezug auf meine dramatische Auf=
fassung des Hohenliedes ausgesprochen worden: „Ein eigentliches Drama ist nur dasjenige
Gedicht, welches in Wechselreden zugleich die Wechselhandlungen verschiedener Individua=
litäten in ihrer Entwickelung darstellt, eine Handlung, welche zu wirklicher scenischer Auf=
führung durch verschiedene Personen bestimmt ist, damit die Aktion derselben den Wechsel=
reden ergänzend an die Seite trete." Es wird also 2) eingewendet: dem B. Hiob fehlt
die dem Drama karakteristische Handlung, denn δρᾶμα ist Handlung, und das Wort im
Drama nur Begleiter der Handlung, es entwickeln sich in einer Reihe lyrischer gesprächs=
weise sich kundgebender Zustände Handlungen und sammeln sich in einen Brennpunkt. Zu
solchen Handlungen kommt es im B. Hiob freilich nicht, der Kampf wird nicht mit Faust
oder Schwert geführt, Verwickelung und Auflösung gehen nur im Gemüthsleben und
seinem Spiegel, dem Worte, vor sich. Aber was wir hören, ist doch eine vor uns sich
fortbewegende Geschichte. Denn höchst unzutreffend ist, was Herder vom Buche Hiob
sagt: „hier steht Alles still in langen Sprüchen und Reden" (Geist der Ebr. Poesie 1,
137 Ausg. 1805); der Stillstand ist nur Schein, in Wahrheit ist Alles ein Strom des
erregtesten Werdens, freilich ohne äußere Handlung, außer in der Anknüpfung und in der
Lösung. Auch in einigen unserer besten Dramen ist verhältnißmäßig wenig Handlung.
So sind in Göthe's Iphigenia nach Schlegels Ausdruck die Gesinnungen zu Handlungen
gemacht und gleichsam vor die Augen gebracht. Noch geringer ist die Handlung in Gö=
the's Tasso, aber Vilmar rühmt, daß dieses Drama den fühlbaren Mangel an Handlung
durch seine feine, zarte, durchsichtige und doch zugleich feste und gemessene Karakterzeich=
nung ersetze. Und gerade durch Reichthum und Bestimmtheit der Karakterzeichnung ist
auch das B. Hiob ausgezeichnet. Der Satan, Hiobs Weib, der Held selbst, die drei
Freunde — überall mannigfaltige und präzise Zeichnung. Die drei Freunde vertreten
eine Grundansicht, aber jeder mit individueller Eigenthümlichkeit: Eliphas mit dem selbst=
zuversichtlichen Pathos des Alters und mit dem Streben nach prophetischer Würde, Bil=
dad mit der Mäßigung und Vorsicht, die dem Gedankenärmeren zusteht, Zophar mit auf=
brausender, aber zu nachhaltigem Kampfe weder geschickter noch aufgelegter Leidenschaft=
lichkeit. Die dramatische Kunst zeigt sich auch darin, daß der Dichter den Gegensatz der
Freunde zu Hiob, obschon gleich von vornherein im Keime vorhanden, doch erst im Ver=
lauf des Wechselgespräch so schroff werden läßt, daß sie Hiob als einem bestraften Sün=
der entgegentreten, sowie darin, daß er unser Herz in demselben Grade allmählig den
Freunden abwendig zu machen, als für Hiob zu gewinnen versteht, und darin, daß er die
Freunde in ihren Reden bis zuletzt die herrlichsten Wahrheiten aussprechen läßt, während
diese Reden, insofern sie das obschwebende Räthsel lösen wollen, sich als unzulänglich, ja
als verkehrt und falsch ausweisen. Aber der eigentliche Gipfel der dramatischen Kunst
besteht darin, daß das Buch die Idee, von der es eingegeben ist, nirgends ausdrücklich
ausspricht und sie doch zu lebendiger anschaulicher Erkenntniß bringt. Der ächte Drama=
tiker bringt in allen auftretenden Personen gewisse Seiten und Elemente der Wahrheit
zur Erscheinung und die höchste Idee des Drama's ist nicht in Einer Person verkörpert,
sondern ist die Seele des Ganzen. So dient das B. Hiob der Darstellung einer Idee,
die von keiner der vorgeführten Personen vertreten, von keiner ausdrücklich ausgesprochen
wird; jede Person ist gleichsam ein mitlautender Buchstab zu dem Worte dieser Idee, sie

ist durch das ganze Buch hindurch in Verwirklichung ihrer selbst begriffen, erst am Ende resultirt sie als Ergebniß des Ganzen. Aber bei all diesen Merkmalen dramatischer Kunst würde das B. Hiob doch kein Drama seyn, wenn 3) ein nicht für die Bühne bestimmtes Gedicht gar nicht, wie G. Baur sagt, das Recht hätte, sich der dramatischen Dichtungsart beizuzählen. Denn das Theater lernten die Israeliten erst von Griechen und Römern kennen. Bühnenspiel widersprach zwar nicht dem natürlichen Wesen des israelitischen Volksthums, wie manche alte Volksfeste zeigen (Richt. 11, 40; 21, 19—21.), wohl aber dem Wesen der alttest. Religion und einer ausdrücklichen Vorschrift des Gesetzes, 5 Mos. 22, 5., welche dem Mann verbietet, Weiberkleider anzuthun. Wenn also die Israeliten ein Drama hatten, so muß es anders entstanden und geartet seyn, als bei den Griechen und manchen hinterasiatischen Völkern, den Indern und den Chinesen. Aber sind denn Dramatisch und Scenisch wirklich unzertrennliche Correlate? Allerdings ist A. W. von Schlegel in seinen Vorlesungen über dramatische Kunst und Literatur der Meinung, daß das Drama überall die Bühne voraussetze. Dagegen sagt Göthe nicht einmal, sondern öfter, daß "Drama und Theaterstück sich sondern lassen." Indeß wozu dieser Streit? Hoheslied und Hiob sind — wir räumen es ein — unentwickelte Dramen, aber doch schon weit dramatischer, als z. B. bei Griechen und Römern das Idyll und die Satire.

Wir gehen weiter und sagen zuversichtlich: das Buch Hiob ist eine Tragödie. Schon Brentius nennt es in der Widmung seines Commentars Hiobis tragoediam und weiß, was er damit sagt. Denn er rechtfertigt diese Benennung dadurch, daß hohe Personen darin redend dargestellt werden, daß ihr Gespräch sich in Ausbrüchen des Zorns und der Anklage, der Todessehnsucht und grauenerregenden Rechtens mit Gott um ein tiefes Leidensgeschick bewege, daß es auf tragischem Kothurn einherschreite — eine Tragödie, die sich dadurch von der klassischen unterscheide, daß die Traurigkeit darin nicht zum Tode ist, sondern den fröhlichsten Ausgang gewinnt. Zwar nannte Dante, wie bekannt, sein unsterbliches Werk ebendeßhalb Commedia (weil a principio horribilis et foetida, in fine prospera, desiderabilis et grata), aber nach der Terminologie einer sehr äußerlichen Poetik.

In der That ist der Hiob des israelitischen Dichters nicht weniger ein tragischer Held, als der Oedipus der beiden sophokleischen Tragödien. Was dort die durch das Orakel ausgesprochene unentrinnbare Schicksalsnothwendigkeit ist, das ist im Buch Hiob der von Jehovah, über den hinaus es keine geschichtsgestaltende Macht gibt, in der Engelversammlung gefaßte Rathschluß. Wie ein peinigendes Räthsel kommt das Leidensverhängniß auf Hiob herab. Anfangs bleibt er leichten Kampfes Sieger, bis zu dem an sich unbegreiflichen Leiden die Bußvermahnungen der Freunde hinzukommen und es noch unbegreiflicher machen. Er wird dadurch in einen schweren Kampf verwickelt, worin er bald voll trotzigen Uebermuths sich himmelan hebt, bald in zagendem Unmuth zu Boden sinkt. Er kämpft mit Gott wie ein Titan, aber der Gott, gegen den er kämpft, ist nur das Gespenst, welches die Anfechtung statt des wahren Gottes vor sein trübes Auge gestellt hat, und dieses Gespenst ist in nichts verschieden von dem unerbittlichen Schicksal der griechischen Tragödie. Wie in dieser der Held gegenüber der geheimen Macht, die ihn mit eisernem Arm zermalmt, seine innere Freiheit zu behaupten sucht, so behauptet Hiob diesem Gotte gegenüber, der ihn wie einen Frevler dem Untergange geweiht hat, seine Unschuld. Aber mitten in diesem haarsträubenden Kampfe mit dem Gotte der Gegenwart, diesem Gebilde der Anfechtung, tastet Hiobs Glaube nach dem Gotte der Zukunft, zu welchem er immer näher hingetrieben wird, je unbarmherziger die Freunde über ihn richten. Natur und Gnade, Wahn und Glaube, Trotz und Demuth wogen in ihm durcheinander; sie sondern sich aber im Verlauf des Streitgesprächs allmählig und durch die Erscheinung Jehovah's wird endlich der Sieg des guten Prinzips entschieden. Jehovah stellt sich nicht auf Hiobs ungestümes Fordern, erst nachdem dieser einen Anfang demüthiger Selbstbescheidung gemacht hat, läßt er sich herab, um diesen Anfang zu vollenden. Jehovah erscheint und der Schicksalsgott zerrinnt. Die menschliche Freiheit erliegt nicht, sondern es wird offenbar, daß nicht eine absolute Willkürmacht das menschliche Geschick gestalte, sondern die göttliche Weisheit, deren innerster Trieb die Liebe ist. Der Dualismus, den die griechische Tragödie unaufgehoben läßt, kommt zur Versöhnung. Das Buch Hiob endet nicht damit, daß das Schicksal den Helden vernichtet, sondern der Ausgang des Helden ist die Vernichtung der Schicksalsidee selber.

Bei dieser Feinheit und Tiefe dramatischer Kunst behauptet das Buch Hiob überall die denkbar höchste Höhe erhabenen Styls. Natürliche und geschichtliche Wirklichkeit werden in der idealsten und doch treuesten Darstellung reproducirt, Bilder auf Bilder der reichsten Composition und Farbenpracht ziehn an uns vorüber, alles Großartige, Riesige und furchtbar Erhabene, was Natur und Menschenwelt bietet, findet sich hier wie in einer großen Runde an einander gereiht. Der Inhalt ist nächtlich und doch strahlt Alles von Herrlichkeit. „Die Rede dieses Buches“ — sagt Luther — „ist so reisig und prächtig, als freilich keines Buchs in der ganzen Schrift.“ Darum ist der Eindruck desselben von jeher gewaltig gewesen. Die größten Dichter aller Zeiten, besonders Shakespeare und Göthe, haben sich aus dieser Fundgrube bereichert. Si quis eximium illum Iobi librum diligenter evolverit — sagt Baco von Verulam — plenum eum et tanquam gravidum naturalis philosophiae mysteriis deprehendet. Kepler spricht, nachdem er das copernikanische System dargestellt hat, die Hoffnung auf noch ganz andere kosmologische Erkenntnisse aus, welche nicht eher gewonnen werden würden, als Gott dieses Buch den Sterblichen erschlossen non antea discenda quam librum hunc Deus arbiter seculorum recluserit mortalibus. Ihm ist der Grundgedanke von Goldsmith's Vicar of Wakefield entlehnt. Kant hält es der in den meisten Versuchen einer speculativen Theodicee sich kundgebenden Heuchelei als Warnungsspiegel entgegen. Sey es Geschichte, sey es Dichtung — sagt Friedr. Heinr. Jacobi — der so dichtete, war ein Seher Gottes.

Daß dieses Meisterwerk religiöser Reflexion und planmäßig schaffender Kunst keiner andern Zeit angehöre, als der salomonischen, könnten wir beinahe voraussetzen, wenn es nicht ohnehin von allen Seiten sich bestätigte. Wir wollen es zunächst im Zusammenhang der Chokma-Literatur betrachten, indem wir dabei voraussetzen, was wir bereits im Hohenliede S. 9 angedeutet und zuerst von Ewald erkannt und seitdem sowohl von Bruch (Weisheitslehre der Hebräer 1851), aber nicht ohne Entstellung, als von Oehler (Grundzüge der alttest. Weisheit 1854) weiter erörtert worden ist, daß es in Israel neben der Prophetie eine heilige Philosophie gab, welche, ausgehend von der Furcht oder Religion Jehovah's, aber den Geist im Buchstaben, das Wesen in der nationalen Erscheinungsform derselben zu erfassen suchend, auf die allgemeine, den Menschen als solchen betreffende Wahrheit gerichtet war. Wie von den 3000 Sprüchen Salomo's nur eine Auswahl auf uns gekommen ist, so sind es nur wenige Werke der Chokma, deren Erhaltung Gott gefügt hat. Die Zeit Salomo's repräsentiren die beiden salomonischen Spruchlesen im Spruchbuch und das Hohelied, die spätere Königszeit die einleitenden Spruchdichtungen Spr. K. 1—9., die nachexilische Zeit Koheleth. Der Lehrinhalt dieser Schriftdenkmäler stellt einen dreistufigen Fortschritt dar, die Kunst der Form dagegen einen dreistufigen Rückschritt. In der salomonischen Zeit finden wir Maschal und Lied auf der höchsten Stufe der Feinheit und Zierlichkeit, der Pracht und der Anmuth; in Spr. K. 1—9. ist das Maschal schon rhetorisch zersetzt, der ebenmäßige Bau auseinandergewichen, der Reichthum der strophischen Form zusammengeschwunden; in Koheleth ist vollends die Schönheit der alten Kunstform aufgelöst und erblichen. Fragen wir nun, welcher dieser drei Perioden das Buch Hiob entspricht, so ist die Antwort leicht und sicher: es trägt das Gepräge jener schöpferischen Anfangszeit der Chokma und insbesondere des Maschal, in welcher die Form der Literatur dem Gipfel wonniger Herrlichkeit entsprach, zu welchem damals das Königthum der Verheißung gelangt war. Es ist noch nicht lange her, daß die talmudische Ansicht (jer. Sota V, 8. b. Bathra 15 a),

Mose vor der Gesetzgebung sey) Verf. des Buchs, Vertreter fand (J. D. Michaelis, Berthold, Reggio u. A.), aber daß die israelitische Literatur mit einem solchen Werke reflektirender Kunst und Planmäßigkeit beginne, ist, so lange es in solchen Dingen eine spruchfähige Kritik gibt, ein unannehmbarer Anachronismus. Eher ließe sich denken, daß das Buch aus der Zeit des Exils stamme, wie in den jüdischen Comm. von Blumenfeld (mir nicht näher bekannt) und Arnheim (1836), am überredendsten aber von Umbreit zu beweisen versucht worden; Bernstein (in der Abhandl. über Alter, Inhalt, Zweck und gegenwärtige Gestalt des Buchs Hiob in Keils und Tschirners Analekten der Theol. Bd. 1. St. 3.) sieht in Verbindung damit in Hiob die Personification des Israels des Exils — eine Ansicht, der es zur Empfehlung gereicht, daß sie schon sehr alt ist (Hiob ein משל und zwar משל לישראל, s. das von mir herausgeg. Ez Chajim von Ahron b. Elia K. 90.), aber der zweite Theil des Buchs Jesaia, der sich häufig an das Buch Hiob anschließt (vgl. 40, 14. mit Hiob 21, 22; 40, 23. mit Hiob 12, 24; 44, 25. mit Hiob 12, 17. 20; 44, 24. mit Hiob 9, 8; 59, 4. mit Hiob 15, 35. Pf. 7, 15.), zeigt nicht bloß, daß allerdings die schwergeprüfte Gemeinde des Exils im Spiegel Hiobs sich selbst wieder erkennen durfte, sondern zugleich, daß das Buch Hiob viel älter als jene Leidenszeit Israels ist. Ewald nebst Heiligstedt, Hirzel, Stickel stimmen darin überein, daß es zwischen die Anfänge des assyrischen und babylonischen Exils hineinfalle. Ewald meint, daß es im Hintergrunde sehr verstörte unglückliche Zeiten zeige und deßhalb unter Manasse geschrieben seyn müsse; Hirzel, daß der Verf., der Aegypten so genau kennt, mit König Joahas nach Aegypten transportirt worden zu seyn scheine; Stickel, daß das Buch die begonnene Invasion asiatischer Eroberer, aber noch nicht die Zerstörung Jerusalems voraussetze. Alle diese Meinungen stehen auf schwachen Füßen. Ebenso unhaltbar ist Ganpps Ansicht (Praktische Theologie II, 1. S. 488), das Buch Hiob sey ein lebendiges Zeugniß des im Durchbruch begriffenen neuen Glaubensgeistes der davidischen Zeit. In der davidischen Zeit, die durch Leiden zur Herrlichkeit aufsteigt, war die Psalmendichtung so blühend und fruchtbar, wie nie wieder, aber das Buch Hiob spiegelt auf jedem Blatte die salomonische Zeit, die aus der Pistis der davidischen Zeit hervorgegangene Zeit der Gnosis. Die im Buch Hiob niedergelegte Fülle naturhistorischen und überhaupt weltthümlichen Wissens ist der Ertrag des weiten Gesichtskreises der Weltanschauung, welchen Israel in der Zeit Salomo's gewann, damals, wo in dem weiten bis über den Euphrat sich erstreckenden befriedeten Reiche weder Blick noch Fuß sich gehemmt fand, wo Israel mit vielen Völkern friedlich verkehrte und mit allen Vorzügen derselben zu wetteifern sich angespornt fühlte, wo namentlich Phönizien und Aegypten, die Wohnsitze und Werkstätten weltlicher Weisheit und Kunst, für Israel noch befreundete Reiche waren, wo Israels Schiffe vom rothen Meere aus bis nach Ophir und Tarsis gingen und Erzeugnisse und Kenntnisse fremder bisher für Israel unerschlossener Länder mitbrachten, wo in dem neuerbauten Tadmor und der Straße, die es beherrschte, selbst eine Verbindungslinie zwischen dem innern Asien und Israel geschaffen war. Es war eine Zeit, in welcher die Kluft zwischen Israel und den Völkern mehr als je überbrückt war. Salomo war Gemahl einer ägyptischen Königstochter und Freund eines phönizischen Königs. Israels ganze Bildung folgte damals einem so zu sagen weltthümlichen Zuge. Es war eine Zeit des Vorspiels der Entschränkung des Heils und des Sieges der Religion Israels und der Einigung aller Völker in dem Glauben an den Gott der Liebe. Diese Zeit spiegelt sich im Buch Hiob.

In diese Zeit weist uns auch das lehrinhaltliche Verhältniß des Buches zu den übrigen kanonischen Schriften. Wir müssen dabei von seinem Verhältniß zur Thora ausgehen. Sein Verhältniß zu dieser ist von neuern Auslegern, besonders von Hirzel, übel verschoben worden, indem man dem Verf. die Absicht unterlegte, in Hiobs unverschuldetem Leiden an einem in die Augen springenden Beispiele die Schwäche und Unhaltbarkeit der älteren mosaischen Vergeltungslehre darzuthun. Es ist schon an sich eine grundverkehrte Ansicht, daß die alttestamentliche Lehrentwickelung an irgend einem Punkte in

contrabiktorischen und noch dazu, wie es hier der Fall seyn müßte, bewußten Wider=
spruch zur Thora, dieser alles umspannenden Peripherie des Alten Bundes, treten sollte.
Es ist aber auch ganz unwahr, wenn man der Thora den Satz unterschiebt: kein Leiden
ohne Verschuldung des Leidenden, oder den noch schrofferen: jedes Leiden ist Verhängniß
der göttlichen Strafgerechtigkeit. Wenn der Gesetzgeber alles Leiden als Folge der
Schuld des Leidenden betrachtete, so müßte er ganz der Prüfungs= und Zeugnißleiden
vergessen haben, von denen das Leben der Patriarchen und sein eigenes durchzogen ist,
und wenn er alles Leiden als Verhängniß der göttlichen Strafgerechtigkeit ansähe, so
könnte er 5 Mos. 8, 5. n. 2. nicht von der göttlichen Liebe reden, welche Israel züchtigt
und prüft. Wäre Hiob ein Israelit, so hätte gerade die Thora ihn den Freunden ge=
genüber auch die rechte Auffassung seines Leidensgeschickes lehren können. Er hätte sich
auf Abel, Abraham, Isaak, Jakob und Joseph berufen können, von denen der Eine,
obgleich geliebt von Gott, einem frühen Tode erlag, die Andern aber durch diesseitiges
Leiden zu diesseitiger Herrlichkeit gelangten. Er hätte sich berufen können auf das Geschick
Israels, von dem Jehovah 5 Mos.. 8, 16. sagt, daß er es habe leiden lassen in der Wüste,
um es zu prüfen und am Ende ihm wohlzuthun. Also eine Gegenschrift gegen die
mosaische Vergeltungslehre ist das Buch Hiob nicht. Denn diese mosaische Vergeltungs=
lehre, die alles Leiden als Vergeltung ansieht, existirt nicht.

Auch thut man der Thora Unrecht, wenn man als eines ihrer Prinzipien den Satz
hinstellt: die göttliche Gerechtigkeit verwirkliche sich vollkommen schon im diesseitigen Leben.
Es gewinnt nämlich dabei den Anschein, als ob die Thora eine vollkommene diesseitige
Verwirklichung göttlicher Gerechtigkeit mit bewußtem Gegensatz gegen eine jenseitige Aus=
gleichung des diesseits unausgeglichen Gebliebenen lehre. Aber die Thora sagt überhaupt
nichts von einem Gegensatze des Diesseits und Jenseits. Sie bedarf in ihren Dro=
hungen und Verheißungen nur der Fortbildung und Ergänzung, nicht der Widerlegung
oder Berichtigung. Solche Fortbildung und Ergänzung ließe sich vom Buch Hiob er=
warten. In der That fehlt es nicht an Stellen, welche die Schranken der Diesseitigkeit
durchbrechen. Es gehört hieher die vielbesprochene Stelle folgender zwei bekastichischer
Strophen 19, 21—25. 26—29:

> Erbarmt euch mein, erbarmt euch mein, ihr meine Freunde,
> Denn die Hand Eloahs hat mich angerührt.
> Warum verfolgt ihr mich gleich Gott,
> Und werdet meines Fleisches nimmer satt?
> O daß doch aufgeschrieben würden meine Worte,
> Daß sie doch in ein Buch verzeichnet würden,
> Mit Eisengriffel ausgefüllt mit Blei
> Auf ewig in den Fels gehauen! —
> Doch ich weiß: mein Erlöser lebt
> Und als letzter wird er überm Staub sich erheben.
>
> Und nach meiner Haut, also zerfetzt,
> Und ledig meines Fleisches werd' ich schaun Eloah.
> Ja ich werd' ihn schaun, ich mir zum Heil
> Und meine Augen werden sehen und kein Anderer —
> Es schmachten die Nieren mir in meinem Schooße.
> Denkt ihr: „wie wolln wir ihn verfolgen?"
> Daß der Sache Wurzel in mir sich finde,
> So laßt euch grauen vor dem Schwert,
> Denn Grimm trifft die Verbrechen des Schwertes,
> Damit ihr's nur wißt daß ein Gericht.

Sein Unschuldzeugniß braucht gar nicht in Fels gehauen zu werden, Gott der immer
Lebendige wird es über'm Staube, in den er nun bald gebettet seyn wird (עַל־עָפָר

wie 17, 16; 20, 11; 21, 26.), sich erhebend bewahrheiten. Es werden aber nicht bloß seine sterblichen Ueberreste seyn, an denen sich ohne sein Mitwissen Gott als Ehrenretter erweisen wird, sondern er selbst wird Gott, den für ihn auftretenden Zeugen, zu schauen bekommen und zwar nach seiner Haut, die man also zersetzt, und entledigt seines Fleisches, also geistig. Ich meinte auch früher, wie Umbreit und Hahn, die Hoffnung Hiobs (wie noch jetzt Hofmann, Schriftbeweis II, 2. S. 470—472) von einem diesseitigen Schauen Gottes, nachdem ihn die Krankheit zum Knochengerippe gemacht, verstehen zu müssen, habe aber, wie jene Beide, diese Auffassung jetzt aufgegeben: 1) weil עֹרִי־עָלֵי im Hin-blick auf den Zerstörungsprozeß, von dem V. 26. redet, die Präsumtion für sich hat, nach den angegebenen Parallelen und nicht nach 41, 25. erklärt werden zu müssen; 2) weil die Worte: nach meiner Haut 2c., so verstanden wie sie lauten, eher gänzliche Leiblosigkeit, als äußerste Abzehrung besagen; 3) weil es der Stelle im Verhältniß zu 14, 13—15; 16, 18—25. ganz angemessen ist, daß sie dem Inhalte nach über beide hinausgeht, indem Hiob hier selbst über den Tod hinaus die Hoffnung festhält, Gott als Zeugen seiner Unschuld zu schauen zu bekommen. Daß Hiobs Glaube hier auf seiner höchsten Höhe schwebe, war der Eindruck, den die Stelle von jeher auf alle Leser gemacht hat. Aber zu übersetzen: »nachdem meine Haut da zerlegt ist, werde ich aus meinem Fleisch Eloah schauen« und dies vom Schauen des Auferstandenen zu fassen, ist weder grammatisch noch sachlich zulässig; grammatisch nicht, weil eine als Conjunction gebrauchte Präposition wie אַחַר das Verbum unmittelbar nach sich haben muß, z. B. 42, 7. (wovon nur 1 Sam. 20, 41. eine Ausnahme macht), also V. 26 b. nicht wohl der Nach-satz von V. 26 a. seyn kann; sachlich nicht, denn es ist doch mehr als unwahrscheinlich, daß der Dichter bei עֹרִי an den durch Krankheit dem Tode verfallenen Körper und bei בְּשָׂרִי umgekehrt an den wiedererstandenen verklärten gedacht habe, zumal da der Begriff resurrectio carnis in dieser selbst über die neutest. Schriftsprache hinausgehenden Aus-prägung sich am wenigsten im A. T. erwarten läßt, wo בָּשָׂר mit den Merkmalen der Hinfälligkeit und Sündigkeit unauflöslich verwachsen ist. Es ist nicht die Hoffnung der Auferstehung, wohl aber die Hoffnung eines jenseitigen Schauens Gottes, also mit Durchbrechung der Vorstellung vom Hades die Hoffnung jenseitigen Lebens, welche Hiob hier ausspricht. So Vaihinger und Ewald, durch welchen Letzteren diese Auffassung selbst früheren Gegnern derselben, z. B. Umbreit, zur Ueberzeugung gebracht worden ist, und Hupfeld in der obengenannten deutschen Abhandlung; so (um nur die letzten Vertreter dieser Auffassung zu nennen, deren Geschichte man bei K. W. G. Köstlin, de immor-talitatis spe quae in libro Iobi apparere dicitur 1846 nachlesen möge), Hölemann (Sächsisches Kirchen- und Schulblatt 1853, Nr. 48. 50. 62.) und Joseph König (Die Unsterblichkeitsidee im Buch Job 1855). Es ist eine der edelsten Perlen, welche der Dichter hier von den Wogen der Anfechtung emporgehoben werden läßt, aber um auch sofort wieder zu verschwinden. Der Ausgang des Drama's ist, daß Hiob Gott noch diesseits zu schauen bekommt und noch diesseits das Zeugniß seiner Rechtfertigung em-pfängt. Es ist das der Lohn seines Glaubens, der selbst angesichts des Todes nicht an Gott verzagt hat, daß Gott, ohne daß er stirbt, sich in Liebe zu ihm herabläßt. Aber bei solchem Ausgange bleibt doch der diesseitige Standpunkt der Thora unüberwunden. Ueberhaupt gibt das Buch Hiob auf die Frage, warum es dem Frommen übel und dem Gottlosen glücklich ergehe, so weit es dieselbe in seinen Bereich zieht, keine andere Ant-wort als die, welche wir Ps. 37. 83. Jer. 12, 1—3. lesen: das Glück der Gottlosen ist nur ein zeitweiliges, ihr Ende (אַחֲרִית) ist doch Untergang. Es muß zwar einen unerklärlichen Rest von Ausnahmen zugeben, aber den Zweifel, den diese erregen, schlägt es durch Verweisung auf die schlechthin transcendente göttliche Weisheit nieder. Als der Verf. des Buchs Koheleth schrieb, war die Heilserkenntniß um Vieles weiter fort-geschritten, denn sein letztes in dem Labyrinthe der Lebenseitelkeiten uns zurechtweisendes Wort ist ein Fingerzeig auf das künftige Alles entscheidende und ausgleichende allgemeine Gericht, so selbstgewiß und deutlich, daß Hiob 19, 29. weit dahinter zurücksteht. Es ist also zu viel gesagt, wenn man das Buch Hiob die erste und letzte Theodicee genannt hat. Es ist keine für alle Zeiten genügende Theodicee. Denn ohne klaren und festen Einblick in das Jenseits ist eine solche nicht möglich. Nur in Betreff des Leidens der Gerechten mag das Buch Hiob insofern eine vollkommene Theodicee heißen, als der letzte Trost unter dem Kreuze doch nicht eudämonistisch im Himmel, sondern in dem Abgrunde des göttlichen Liebesherzens liegt, von welchem der Prolog den Schleier hinwegzieht.

Die im Buch Hiob herrschenden Vorstellungen über das Jenseits sind ganz dieselben, wie in den Psalmen der davidisch-salomonischen Zeit und in den salomonischen Sprüchen. Es gibt nach dem diesseitigen Leben kein zweites, sondern nur ein Seyn im Scheol, welches ein Schatten des diesseitigen Lebens ist. Es liegt darin ein starker Beweis, daß es ein Kind derselben Zeit ist, in welcher Heman der Ezrahite seufzte (Ps. 88, 11 f.): »wirst du an Verstorbenen Wunder thun? oder werden Schatten (רפאים) auferstehen, dich preisen? wird im Grabe erzählt werden deine Gnade, deine Treue im Abgrund (אבדון)?« Aber es fehlt in dem Buch Hiob auch nicht an Parallelen, wie die oben besprochene, zu Stellen wie Ps. 17, 15. vgl. 49, 15 f. Es zeigt zugleich als ein gottgewirktes Denkmal jener Zeit, wie die Hoffnung eines jenseitigen Lebens, da wo sie noch kein ausdrückliches Wort der Verheißung für sich hatte, sich zunächst als ein unklares Wünschen und Sehnen aus dem menschlichen Herzen losrang. Die Hoffnung des ewigen Lebens, sagt einer der Alten, ist eine Blume, welche am Rande der Hölle gewachsen ist. Das Buch Hiob bestätigt uns das. Mitten in der Hölle des Gefühls göttlichen Zorns, in welche Hiob versunken ist, keimt ihm diese Blume. Das Buch Hiob gehört nach einem treffenden Ausspruche Fr. v. Schlegels zu den alttestamentlichen Büchern der Sehnsucht.

Während aber die Vorstellung des Buchs vom Jenseits genau der salomonischen Zeit entspricht, scheint die Vorstellung vom Satan, welche dem Prolog zu Grunde liegt, eine viel spätere Zeit zu fordern — ein Wahn, der, wie Mor. Spieß's Uebersetzung des Hiob (1852) zeigt, noch immer nicht ausgespukt hat. Ewald hat zu beweisen gesucht, daß die Vorstellung des Satans im Buche Hiob zwischen der älteren vorexilischen und der nachexilischen die Mitte halte und es also der späteren Königszeit zuweise. Erst sey der Satan ein dienender Engel wie andere, dann erhalte er bleibende Art und Funktion, dann lege man ihm böse Natur bei. Aber eine nähere Prüfung ergibt im Gegentheil, daß die dämonologischen Vorstellungen bis zur Apokalypse hin sich zwar von innen heraus erweitern und heilsgeschichtlich modificiren, aber nicht qualitative Umgestaltung erleiden. Die salomonische Zeit war fortschreitender Erkenntniß der Geisterwelt besonders günstig. Die Chokma dieser Zeit war ja mit Vorliebe den urgeschichtlichen Erzählungen 1 Mos. K. 1—3. zugewendet. Der Baum des Lebens ist im Munde der salomonischen Spruchdichtung ein so geläufiges Bild, daß dasjenige, was 1 Mos. K. 2 f. in Verbindung mit den beiden Paradiesesbäumen erzählt wird, unmöglich der Aufmerksamkeit der Chokma jener Zeit sich entzogen haben kann. Es brauchte aber zu Gen. K. 3. nur der Tiefblick eines von Gottes Geist geleiteten Forschens hinzuzukommen, um zu erkennen, daß die Schlange das Werkzeug einer übermenschlichen und persönlichen Macht des Argen war, und für diese persönliche Macht den Karakternamen השׂטן auszuwählen, wozu in dem zeitherigen Gebrauche der Wörter שׂטן und שׂטם sattsame Vorbereitung gegeben war.

Eine Bestätigung der salomonischen Abfassungszeit des Buchs Hiob gewährt uns auch das Verhältniß desselben zu Spr. K. 1—9. Nicht allein daß diese einleitenden Spruchreden in ihrem Wortvorrath mannigfach und auffällig mit dem Buch Hiob zusammenstimmen — es finden sich hier auch ganze dem Buch Hiob gleichlautende Stellen (vgl. Spr. 3, 11. mit Hiob 5, 17; 8, 25. mit Hiob 15, 7; 3, 15. mit Hiob 28, 18.) Es wäre nun zwar möglich, daß die Priorität dieser Einleitung des Spruchbuchs zukäme, welche höchst wahrscheinlich in der Zeit Josaphats, jedenfalls zwischen Salomo und Hiskia entstanden ist. Aber das Verhältniß, in welchem die Lehre von der Weisheit Spr. K. 1—9., besonders K. 8., zu Hiob K. 28. steht, zeugt für die Priorität des

Buchs Hiob. Die Lehre von der Weisheit ist in Spr. K. 1—9. weiter fortgeschritten und entwickelt. Beide Verf. sprechen sich über die Unschätzbarkeit, die Vorweltlichkeit und Mitwirkung der Weisheit zur Weltschöpfung aus, zuweilen mit denselben Worten; aber der Verf. von Spr. K. 1—9. hat das Bild der Weisheit nach Maßgabe erleuch= teteren geistlichen Verständnisses weiter ausgeführt, wie er z. B. nicht bei dem Satze stehen bleibt, daß Gottesfurcht der dem Menschen beschiedene Antheil an Weisheit sey (Hiob 28, 28.), sondern Gottesfurcht ist ihm der Anfang der Weisheit (Spr. 1, 7; 9, 10.), der Schlüssel zu den Schätzen, die sie birgt, ein fruchtreicher Baum des Lebens für Alle, die zu ihr halten. Selbst Keil, welcher Spr. K. 1—9. für altsalomonisch hält, muß einräumen, daß hier im Verhältniß zum Buch Hiob ein Fortschritt in der Entwickelung der Idee der Weisheit bemerkbar ist, welcher die etwas spätere Entstehung dieser Spruchreden bezeuge.

Die denkbar größte Fülle verwandtschaftlicher Beziehungen zum Buch Hiob (einge= schlossen die Reden Elihu's, was wir nicht verschweigen dürfen) findet sich in Ps. 88. und 89., deren Verf., die Esrahiten Heman und Ethan, nicht mit den gleichnamigen Sangmeistern Davids zusammenfallen, sondern die 1 Kön. 5, 11. genannten ungefähr gleichalterigen Zeitgenossen Salomo's sind. Diese Psalmen berühren sich mit dem Buch Hiob sowohl in Ausdrücken, mit denen sich gleich bemerkenswerthe Vorstellungen ver= binden, z. B. קדשים von den himmlischen Geistern, רפאים von den Schatten der Un= terwelt, אבדון von der Unterwelt selbst, als auch in Ausdrücken, die sonst nirgends im A. T. vorkommen, z. B. אמים und פתיום, aber die Verwandtschaft zeigt sich sogar in Zusammenstimmung ganzer Verszeilen theils im Gedanken, theils im Ausdruck, vgl. Ps. 89, 38. mit Hiob 16, 19; 89, 48. mit Hiob 7, 7; 89, 49. mit Hiob 14, 14; 88, 5. mit Hiob 14, 10; 88, 9. mit Hiob 30, 10; 89, 8. mit Hiob 31, 34. In allen diesen Stellen findet zwar nicht Gleichlaut statt, welcher den Eindruck der Entlehnung machte, aber eine Uebereinstimmung, welche unmöglich zufällig seyn kann und sich am leichtesten erklärt, wenn man annimmt, daß das Buch Hiob aus der Chokma=Genossenschaft her= vorgegangen ist, welcher nach 1 Kön. 5, 11. jene beiden Esrahiten, die Verf. der beiden Psalmen, angehörten. Man könnte weiter gehen und vermuthen, daß es Heman, der Verf. des nächtlichsten aller Psalmen, des in hiobischem Leidenszustand geschriebenen Ps. 88. verfaßt habe — wofür sich noch manche Wahrscheinlichkeitsgründe anführen ließen und wodurch sich bestätigen würde, was Gustav Baur mit Recht voraussetzt, daß der Dichter des Buchs Hiob den geistigen Kampf, den er darstellt, innerlich selbst durchgekämpft hat und also ein Stück seiner eigenen Seelengeschichte mittheilt — aber wir begnügen uns mit dem auch durch diese Verwandtschaft der Ps. 88. und 89. sich bestätigenden Ergebniß, daß das Buch Hiob das Werk eines der Weisen ist, deren Sammelplatz der Hof Sa= lomo's war. Schon Luther hat das erkannt. Unter den Neuern sind Rosenmüller, Hävernick, Vaihinger, Hahn, Schlottmann, Oehler, Keil, Hofmann (der sich in Weiss. u. Erf. noch für Abkunft aus der mosaischen Zeit aussprach) darin einig. Es steht kaum ein anderes neueres Ergebniß positiver Kritik so fest wie dieses. Wo der Verf. geschrie= ben hat, läßt sich nicht sagen. Aber mehr als wahrscheinlich ist, daß er Aegypten mit eigenen Augen gesehen hat; denn er malt ins Einzelste Nilpferd und Krokodil, und sonach mag auch der Bergbau, den er beschreibt, der ägyptische der Sinaihalbinsel seyn; dort sind neuerdings drei uralte ägyptische Bergbaureviere mit Kupfergruben und Kupfer= schmelzen entdeckt worden, eines am Ostende der Nordseite des Wadi mucatteb; die hier offengelegte Bergbaukunst erschien dem Entdecker, J. Wilson, sofort als ein Commentar zu Hiob K. 28. (s. den Aufsatz Ritters über die sin. Halbinsel in Pipers Jahrb. 1852). Indeß könnten die Bergwerke, welche der Verf. vor Augen hat, auch arabische und vielleicht sogar palästinische seyn (s. die Beweisführung bei Stickel), wie er überhaupt mit ägyptischen Bildern (wie der Nil= und Krokodilwachten 7, 12., der Papyrus= schiffe 9, 26., des Phönix 29, 18. und vielleicht der Pyramiden 3, 14.) asiatische (z. B. des bis Indien und China bekannten Himmelsdrachens 3, 8. u. a.) mischt

und Naturbinge und Sagen sowohl des östlichen als des westlichen Auslands sich dienst=
bar macht.

Wenn es irgend ein ältest. Buch gibt, dessen allseitiges Verständniß erst jetzt nach
Beschaffung der innern und äußern Bedingnisse im allmähligen Reifen begriffen ist, so
ist es das Buch Hiob. Die griechischen Väter waren an die LXX gewiesen, ohne im
Staube zu seyn, diese Uebersetzung am Urtext zu prüfen; gerade die griechische Ueber=
setzung des Buchs Hiob aber leidet doppelt und dreifach an allen den Gebrechen, womit
überhaupt die LXX behaftet ist; sie läßt ganze Verse aus, verrückt andere von ihrer
ursprünglichen Stelle und ersetzt die Lücken durch apokryphische Zusätze. Origenes wußte
das wohl (ep ad Afric. §. 3 sq.), aber er hatte nicht hebräische Sprachkenntniß genug,
um in seiner Tetrapla und Hexapla eine verläffige Collation der LXX mit dem Urtexte
darzubieten. Da nun beim Buch Hiob das Verständniß des Ganzen durch das Ver=
ständniß des Einzelsten bedingt ist, so war das volle Verständniß des Buches für die
griechischen Väter eine reine Unmöglichkeit. Man beschäftigte sich viel mit dem räthsel=
haften Buche, es wurde seit dem 2. Jahrh. nach dem Fingerzeige Jak. 5, 11. in der
Leidenswoche kirchlich verlesen (s. Harnack, Gottesdienst der kathol. Kirche S. 358),
aber Typik und Allegorese konnten den Vätern, was ihnen an grammatisch=historischem
Verständniß abging, nicht ersetzen. Die Itala, die nächste Tochterversion der LXX,
war noch mangelhafter als diese; Hieronymus nennt das Buch Hiob in dieser Ueber=
setzung decurtatus et laceratus corrosusque. Seine eigene selbständige Uebersetzung ragte
weit über ihre Zeit hinaus, aber er selbst gesteht ihre Unvollkommenheit, indem er uns
erzählt, wie sie zu Staube kam. Er erkaufte sich non parvis numis einen jüdischen Lehrer
aus Lydda, dem damaligen Sitze einer jüdischen Akademie, bekennt aber, daß er, nachdem
er mit diesem das Buch Hiob durchgegangen, nicht klüger war als zuvor: cujus doctrina
an aliquid profecerim nescio; hoc unum scio, non potuisse me interpretari nisi quod
antea intellexeram. Deßhalb nennt er das Buch, als ob er es selbst anklagen wollte,
obliquus, lubricus, figuratus und sagt, es sey damit wie mit einem Aale (anguilla vel
muraena), der um so schneller entschlüpfe, je stärker man auf ihn drücke. Es gab nun
drei lateinische Versionen des Buchs Hiob: die Itala, die von Hieronymus verbesserte
Itala und die selbständige Uebersetzung des Hieronymus, deren Abweichungen von ein=
ander, wie Augustinus klagt, nicht geringe Verwirrung hervorbrachten. Die Syrer
waren mit ihrer Peschito, die unmittelbar aus dem Grundtext gemacht ist, besser daran,
aber auch Ephrems Commentar gleicht einer weit vom Texte sich entfernenden Predigt,
welche gute Gedanken über den Text enthält, ohne ihn zu erschließen. Die Folgezeit
leistete nichts Besseres. Wir treffen unter den Auslegern des Buchs Hiob große Namen:
Gregor den Großen, Beda Venerabilis, Thomas Aquinas, Albertus Magnus u. A.,
aber das Verständniß rückte nicht vorwärts, weil die Mittel der Bewegung fehlten. Erst
gegen Ende des Mittelalters, als durch jüdische Convertiten die ersten Anfänge hebräi=
scher Sprachkenntniß in die Kirche einzuwandern begannen, bereitete sich eine neue Zeit
vor. Nikolaus de Lyra, Verf. der Postillae perpetuae in universa Biblia (vollendet 1330)
besaß eine für die damalige Zeit tüchtige Kenntniß des Urtextes, dessen Nothwendigkeit
er anerkannte, und betrachtete den sensus literalis als Grundlage aller anderen sensus.
Aber er war zu abhängig von den Rabbinen und eingeschnürt in die Bande der dama=
ligen unfreien unevangelischen Kirchlichkeit. Erst die Sprengung dieser Bande war der
Tagesanbruch der Exegese. Luther, Brentius und andere Reformatoren waren durch
die Tiefe ihrer geistlichen Erfahrung, durch ihre Abneigung gegen die Willkür der Alle=
gorese und durch ihre Freiheit von der sichtungsbedürftigen Tradition befähigt, dem Buch
Hiob in das Herz zu blicken, und brachten auch genug hebräische Sprachkenntniß mit,
um die Durchführung seiner Idee zu ahnen. Aber mehr nicht als zu ahnen. »Das
Buch Hiob« — sagt Luther in seiner Vorrede — »handelt diese Frage: ob auch den
Frommen Unglück von Gott widerfahre. Hier stehet Hiob feste und hält, daß Gott auch
die Frommen ohne Ursache allein zu seinem Lobe peinigt, wie Christus Joh. am 9. Kap.

von dem der blind geboren war auch zeuget." In diesen Worten ist die Idee des Buches ganz richtig angedeutet. Aber daß er nur ein annäherndes Verständniß des Einzelnen besitze, bekannte er offen. Er übersetzte den Hiob mit Beihülfe Melanchthons und des Hebraisten Aurogallus, und sagt in seinem Sendbrief vom Dollmetschen, daß sie in vier Tagen zuweilen kaum drei Zeilen fertigen konnten. An Spalatin schrieb er während der Uebersetzungsarbeit in seiner naiven derben Weise, daß Hiob seine Uebersetzung noch weniger zu leiden scheine, als den Trost seiner Freunde, und lieber im Miste sitzen bleiben wolle. Dieselbe Unzulänglichkeit fühlte Hieron. Weller, ein Mann, der, was die dem Buche gleichartigen inneren Erfahrungen betrifft, vor Tausenden zu seinem Ausleger berufen war. Wer den Hiob soll auslegen — sagt er — der muß in dem Spital krank gelegen seyn, darin Hiob gelegen ist, und zum Theil die hohe iobitische Erfahrung geschmeckt haben. Ein solcher Ausleger war er, vielgeprüft in der Schule der Anfechtung. Aber er kommt in seiner Auslegung nicht über das 12. Kap. hinaus und ist froh, durch die 12 Kapitel wie durch festes und hartes Gestein endlich mit Gottes Gnade hindurchgelangt zu seyn; die folgenden Kapitel befiehlt er einem Andern. Das umfänglichste reformatorische Werk über Hiob sind die 150 Predigten Calvins. Ueber die Leistungen der Reformatoren ist die Exegese der vorrationalistischen Zeit nur in dem Maße weiter geschritten, als die philologische Gelehrsamkeit sich erweiterte, besonders Mercier und Coccejus in der reformirten Kirche, S. Schmid in der lutherischen, Joannes de Pineda in der römischen, dessen Commentar (Madrid 1597) ein staunenswerth gelehrtes Sammelwerk, auch protestantischerseits benutzt und bewundert wurde, aber mit Eifersucht über die Unantastbarkeit der Vulgata wacht. Im Verständniß der Grundwahrheit des Buches sind die Commentare der deutschen Reformatoren bis heute unübertroffen.

Mit dem Commentare des Holländers Albert Schultens (2 Bde. 1737) beginnt eine neue Epoche der Auslegung; er zuerst betheiligt den gesammten Semitismus und besonders das Arabische an der Auslegung des Buches. In dem Maße aber, als das Israelitische im Zusammenhange des Orientalischen betrachtet wurde, verlernte man die göttliche Eigenthümlichkeit desselben zu würdigen. Indeß hatte das Buch Hiob von der Moralisterei und Schriftverdrehung des Rationalismus weit weniger als andere biblische Bücher zu leiden; man verflachte seine Idee, man faßte den Satan hier mehr als anderswo in scheinbarem Rechte als mythisches Gebilde, aber man hatte doch keine Wunder und Weissagungen wegzuräumen. Und weil man erst jetzt seit der apostolischen Zeit den Anfang machte, sich dem Buche als einem poetischen Meisterwerk hinzugeben, so erwuchs der Auslegung selbst aus den Uebersetzungen und Erklärungen eines Eckermann, Moldenhauer, Stuhlmann u. s. w. wesentlicher Nutzen. Was hätten die Kirchenväter geleistet, wenn ihnen eine solche Uebersetzung des Buchs Hiob, wie z. B. von Böckel oder dem lernbegierigen schweizerischen Laien (Noten zum hebräischen Texte des A. T. nebst einer Uebersetzung des Buchs Hiob, Basel 1841), zu Gebote gestanden hätte! Der Weg zur wahren und vollen Erkenntniß des Göttlichen der Schrift geht durch das Menschliche hindurch, darum bereitete der Rationalismus, besonders seit Herder dessen menschliche Anschauungsweise veredelte und vertiefte, einer neuen Periode kirchlicher Auslegung des Buchs Hiob den Weg. Die Commentare von Samuel Lee († 16. Dez. 1852 zu Barley), Vaihinger (1842), Welte (1849) und v. Gerlach in seinem Bibelwerk (Bd. 3. des A. T. 1849), Hahn (1850) und Schlottmann (1851) sind die Erstlinge einer solchen neuen Periode, ermöglicht durch die vorausgegangenen Commentare Umbreits (1824. 32), Ewalds (1836. 51) und Hirzels (1839. Ausg. 2. von Olshausen 1852), von denen der erste durch Begeisterung für die dichterische Hoheit des Buchs, der zweite durch lebendige Nachempfindung des Tragischen und der dritte durch gesunden Takt und gute Methode sich auszeichnet. Werthvoll sind die Uebersetzungen Kösters (1831), welcher zuerst auf den Strophenbau der hebräischen Poesie aufmerksam gemacht, aber auch, indem er den masorethischen Vers als den constitutiven Bestandtheil der Strophe faßte, einen bis heute unüberwundenen Irrthum in Aufnahme gebracht hat, und Stickels (1842), welcher die Form des Meisterwerkes nicht ohne Geschmack künstlerisch nachzubilden sucht, obwohl seine den Accenten folgende Zerstückelung der masorethischen Verse in Strophenzeilen, ähnlich der Hirzels im Hohenliede, das andere Extrem zu der Irrung Kösters ist. Auf den rechten Weg zur Erkenntniß der althebräischen Strophik hat zuerst Sommer in seinen biblischen Abhandlungen (Bd. 1. 1846) eingelenkt, ohne sich jedoch auf das Buch Hiob einzulassen. Der Grundsatz: Strophen sind Theilganze mit symmetrischer Stichenzahl, gilt auch für dieses. Das Buch Hiob, eingeschlossen die Reden Elihu's (obwohl diese in geringerer Schönheit und Fülle), ist durchweg strophisch. Daß aber weder das gleichmäßige noch das gemischte Strophenschema überall mit strenger ausnahmsloser Gebundenheit durchgeführt ist, hat in der künstlerischen Freiheit seinen Grund, welche der Dichter behaupten mußte, um nicht mit der Wahrheit zugleich die Schönheit des Dialogs zu zerstören. Aber auch diese Freiheit ist nicht ohne inneres Gesetz, selbst im buntesten Wechsel offenbart sich gestaltende Ordnung, sinnige Architektonik, der Inhalt wird nirgends so mächtig, daß der Dichter die Herrschaft über die Form völlig verlöre. Die Reden des Buches zerfallen, so weit es der Unterschied des Maschal vom Schir, des Drama's vom lyrischen Gedichte zuläßt, durchweg in ebenmäßige Versgruppen oder Strophen, was wohl nicht bis heute unbemerkt geblieben wäre, wenn unsere Druckausgaben nicht der Raumersparniß halber die dem Buch Hiob nach alter Vorschrift zukommende stichische Schreibung aufgegeben hätten.   F. Delitzsch.

Hippolytus. Um zu ermitteln, was sich über das Leben dieses Kirchenlehrers mit Sicherheit feststellen läßt, ist zunächst bei den ältesten Quellen stehen zu bleiben, welche dem 4. und 5. Jahrh. angehören, die späteren sagenhaften und verworrenen Berichte dagegen sind bei Seite zu lassen. (S. die Vergleichung der Ueberlieferungen in Döllinger's Hippolytus und Kallistus. Regensb. 1853.) Der Erste, welcher seiner gedenkt, ist Eusebius (K.Gesch. 6, 20. 22.); er nennt ihn Bischof, deutet aber an, daß er seinen Sitz nicht kenne. Auf Anlaß von Schriften, die er ihm beilegt, setzt er ihn in die Zeit des Alexander Severus. Nicht mehr, einige Schriften ausgenommen, weiß Hieronymus (catalog. vir. illustr. 61.) von ihm, und bekennt, nicht in Erfahrung gebracht zu haben, wo er Bischof gewesen sey. Der römischen Kirche galt er als Märtyrer, und sie begieng den Tag seiner Beisetzung am 13. August. Prudentius (gegen 400), welcher diesen Tag für seinen Todestag hält, erzählt in seinem 11. Hymnus περὶ στεφανῶν die Umstände seines Martyriums genauer. Die Scene geht in Portus bei Rom vor; Hippolytus wird dort vor das Tribunal gestellt. Bisher soll er der novatianischen Partei angehört, aber Angesichts des Todes seinen Antheil an der Spaltung bereut haben. Er wendet sich daher, nach Prudentius Erzählung, an das Volk, was ihm anhängt, und ermahnt es zum Wiederanschluß an die katholische Kirche. Darauf wird er mit bittrer Anspielung auf seinen Namen und den mythischen Hippolytus verurtheilt, durch Pferde zu Tode geschleift zu werden.

Prudentius hatte die unterirdische Kapelle gesehen, in welcher die Gebeine des Heiligen beigesetzt waren. Sie war prächtig ausgestattet, und in einem Gemälde seine Todesart abgebildet. Es war also eine Tradition dieses Inhalts vorhanden; ob sie indeß nicht lediglich aus der Namen und der Erinnerung an den bekannten Mythus entstanden sey, darüber darf man starke Zweifel hegen (vgl. auch Döllinger S. 58 ff.). Daß aber ein Heiliger, der nach des Dichters Beschreibung in Rom einer der angesehensten war, durch leere Fiction zu einem Schismatiker gemacht worden sey, ist nicht anzunehmen, sondern hier wird etwas Historisches vorliegen; leichter setzte die Sage, um damit seine Anerkennung in der katholischen Kirche in Einklang zu bringen, hinzu, daß er vor seinem Tode sich wieder zu ihr bekehrt habe.

Der sicherste Aufschluß aber über das Leben und die Bedeutung des Mannes würde sich ergeben, wenn ihm ein Werk gehörte, dessen erstes Buch schon früher unter dem Namen φιλοσοφουμενα bekannt gewesen, und von welchem sieben andre, vom vierten bis zehnten, im Jahre 1842 in Griechenland aufgefunden und nebst jenem 1851 durch E. Miller unter dem Titel: Ὠριγένους φιλοσοφούμενα ἢ κατὰ πασῶν αἱρέσεων ἔλεγχος in Orford herausgegeben sind. Die Vermuthung, daß Origenes Verfasser sey, widerlegt sich leicht aus Styl, Methode und Gedanken, und hat keine irgend triftige Vertheidigung gefunden. Mehr hat es für sich, den Presbyter Cajus, wie Baur (Theologische Jahrbücher 1853) gethan, zum Urheber zu machen. S. d. Art. Diese Annahme stützt sich auf die Angabe des Photius (cod. 48.), daß von Cajus eine Schrift περὶ τῆς τοῦ παντὸς οὐσίας herrühre, welche der Verfasser des ἔλεγχος im 10 B. als die seinige bezeichnet. Aber Photius weiß von Cajus Autorschaft nicht aus jenem Buche selber, sondern durch die Randbemerkung eines Abschreibers. Zwar kennt er auch den ἔλεγχος, oder wenigstens das zehnte Buch desselben, und bezeichnet diese Schrift nach einem Ausdruck darin als Labyrinth (was Döllinger mit unzulänglichen Gründen läugnet), und als Werk des Cajus; doch auch dafür hat er nur jene Combination und die Zustimmung Mancher, die vielleicht denselben Schluß gemacht hatten. Alles, was wir durch Eusebius (Kirchengesch. 2, 25; 3, 28.) von Cajus Sicheres erfahren, spricht gegen diese Annahme. Er hatte ein Werk gegen die Montanisten geschrieben, der andre Autor hingegen geht ganz kurz über sie hinweg, mit der Bemerkung, es sey nicht der Mühe werth, sich ausführlicher auf sie einzulassen; Cajus hatte jedenfalls sehr eigenthümliche Meinungen von Cerinth, und würde daher gewiß nicht, diese ganz bei Seite lassend, den Bericht des Irenäus lediglich abgeschrieben haben, wie es der Andre gethan; zu diesen Meinungen gehörte, daß Cerinth Verfasser der Apokalypse sey, welche jener dem Apostel Johannes zuschrieb.

Wenn Cajus von der Beantwortung der Frage ausgeschlossen werden muß, so führen mit desto größerer Sicherheit alle Spuren auf Hippolytus. Im J. 1551 ward an dem Ort der Martyrkapelle eine Statue ausgegraben, welche den Hippolytus auf dem θρόνος sitzend darstellt, und auf der Rückseite des Sessels ein Verzeichniß seiner Schriften enthält, unter welchen sich auch das Buch περὶ τοῦ παντός befindet. Das Alter des in höchst verstümmelter Beschaffenheit gefundenen Bildwerkes wird von Manchen in's 3. oder 4. Jahrh. gesetzt. (Vgl. theol. Studien u. Kritik. 1855. S. auch Döllinger S. 25.) Andere sind der Ansicht, es sey im 5. oder 6. Jahrh. entstanden; Gieseler glaubt, daß es ursprünglich ihm gar nicht gehört, sondern nur, weil es in der Gegend seiner Kapelle befindlich war, auf ihn gedeutet und mit seinen Schriften bezeichnet worden sey. Auffällig kann bei einem frühen Vorhandenseyn der Bildsäule allerdings erscheinen, daß Prudentius, welcher des auf Hippolytus bezüglichen Schmuckes bis in's Einzelne umständlich gedenkt, ihrer keine Erwähnung thut. Wie spät sie aber auch gefertigt oder dem Heiligen geweiht seyn mag, jedenfalls ist sie Jahrhunderte älter als Photius Aussagen, und redet aus der Umgebung des Ortes selbst, wo sich Hippolytus zufolge der Ueberlieferung aufgehalten hat. Es ist daher kein Zweifel, daß ihr Zeugniß das viel gewichtigere ist. Gebührt nun dem Hippolytus die genannte Schrift, so folgt unmittelbar, daß auch der ἔλεγχος, welchen das Schriftenverzeichniß der Statue nicht kennt (er müßte denn etwa unter dem Titel πρὸς Ἕλληνας verborgen seyn), demselben Verfasser zukomme. Dies bestätigt sich aber auch unabhängig davon auf schlagende Weise aus dem Inhalt des ἔλεγχος im Vergleich mit der eigenthümlichsten Angabe des Prudentius, daß Hippolytus der novatianischen Partei angehört habe. Denn es erhellt aus dem Buche, daß der Verfasser mit der Hauptpartei in Rom in Zwiespalt und durch novatianisch geartete Grundsätze von ihr geschieden war. Indirect bestätigt selbst Photius die Vermuthung. Denn er beschreibt (cod. 121.) ein kleines Werk des Hippolytus, welches in der Kürze ungefähr dieselben Häresieen behandelt zu haben scheint, welche im ἔλεγχος ausführlicher besprochen sind. Im Eingang zu demselben sagt nun aber der Verfasser, er habe früher ein polemisches Werk ähnlichen Inhalts in mehr compendiarischer Form geschrieben. Diese Gründe, welche sich noch mit andern verstärken lassen (s. meine Abhandlungen in der deutschen Zeitschr. für christl. Wissensch. und christl. Leben. 1851. Nr. 25 ff. 1853. Nr. 24.), haben denn auch bei weitem die meisten Forscher bewogen, sich für Hippolytus zu entscheiden. (Duncker in

r. Götting. gel. Anzeig. 1851. *Bunsen*, Hippolytus and his age. 4 voll. Lond. 1852. 2. 1855. Deutsch: Hippol. u. s. Zeit. 2 Bde. 1852. Gieseler, Studien und Kritiken. 1853. Ritschl, theol. Jahrbücher v. Baur und Zeller. 1854. Döllinger a. a. O.)

Unter dieser Voraussetzung also lassen sich die Umrisse seines Lebens etwa folgender Gestalt ziehen: Er war geboren in der 2. Hälfte des 2. Jahrhunderts; stammte vermuth=lich aus dem Abendlande, und hörte, wie er in dem kürzeren polemischen Werk (Phot. cod. 121.) gesagt hatte, die Vorträge des Irenäus, hatte sich also wahrscheinlich zu ihm nach Lyon begeben. Im Anfang des 3. Jahrhunderts war er in der römischen Gemeinde, ward Presbyter, und ein durch Gelehrsamkeit und Thätigkeit sehr angesehener Mann. Er betheiligte sich mit großem Ernst an den sittlichen und Lehrangelegenheiten der Ge=meinde und wirkte als einer der fruchtbarsten Schriftsteller des Abendlandes auf die Be=wegungen ein. Die heftigsten Conflikte des Passahstreites unter Victor lagen vor der Zeit seiner reiferen Entwicklung, aber in der nachdauernden Parteiung stand er auf Seiten des von Victor behaupteten Gebrauches. Mit dessen Nachfolgern, Zephyrinus und Kal=listus, entzweite er sich indeß über wichtige Punkte der Disciplin und Lehre. Es waren damals, nicht ohne Einfluß des Montanismus, bei Vielen sehr strenge Grundsätze über das Verhalten der Kirche gegen die Gefallnen zur Geltung gekommen, und da die Ver=folgungen des Septimius Severus und Caracalla nicht Wenige zur Verläugnung verführt hatte, so ward die Frage auch in Rom eine desto dringendere. Es kamen die später von Novatian und seiner Partei vertretenen Grundsätze in Umlauf, daß die Kirche eine reine seyn und Todsündern die Aufnahme versagen müsse; Hippolytus billigte sie, während Kallistus schon damals die später von der römischen Kirche bewahrte mildere Praxis be=folgte. Einen andern Streitpunkt gab die Verehelichung des Klerus ab, worin Kallistus größere Freiheit ließ als Hippolytus. Besonders entzweite sie aber eine dogmatische Differenz. Zephyrinus und Kallistus waren der patripassianischen Lehre zugethan, wozu während der älteren, unbestimmteren Haltung der Trinitätslehre Viele vorzüglich im Abend=lande hinneigten. Daher fand sie, als sie von den Schülern des Noetus, Epigonus und Kleomenes in bestimmterer Gestalt auch in Rom vorgetragen wurde, dort Beifall und Förderung selbst von Seiten jener Bischöfe. Kallistus faßte nach der bestimmten Aus=sage des Hippolytus das Göttliche in Christo als Gott den Vater auf; es ist daher ein ganz vergebliches Bemühen Döllingers, diesem Bischof die nicänische Lehre unter=schieben, und damit die Stetigkeit der römischen Orthodoxie zu retten. Hippolytus hin=gegen war ein Vertheidiger der damals unter den Theologen überwiegenden subordina=tianischen Theorie von der Trinität. Warf er den Gegnern Noetianische Häresie vor, so nannten sie ihn und seine Partei Ditheisten, da sie in dem hypostatischen und subor=dinirten Logos einen zweiten Gott verehrten. Bei diesen Gegensätzen gab auch das frühere Leben des Kallistus, eines ehemaligen Sklaven, der die Geldgeschäfte seines Herrn mit unglücklichem Erfolg betrieben hatte, dann entlief, in Gefahr, ergriffen zu werden, sich das Leben nehmen wollte, und endlich durch ein sehr zweideutiges Märtyr=thum sich wieder zu Ehren gebracht hatte, dem Hippolytus Waffen gegen ihn in die Hand. Er hat die Schilderung der Vorgänge ohne Zweifel parteiisch gefärbt, aber es ist noch viel parteiischer, wenn Döllinger auch die sittlichen Vergehen des Kallistus sämmtlich als nichtige Beschuldigungen des Hippolytus darstellt.

Ehe es nun zu dem Bruche kam, war Hippolytus eines offenbar der einflußreichsten Mitglieder des römischen Klerus; in dem nach der Abscheidung geschriebenen ἔλεγχος be=zeichnet er seine klerikalische Stellung in einer Weise, welche am besten für einen Bischof paßt, da er sich Nachfolger der Apostel, Theilhaber an der ἀρχιερατεία und Lehre und Wächter der Kirche nennt. Es fragt sich nun, an welchem Orte er seinen Sitz gehabt habe. Die Ueberlieferung, welcher Prudentius folgt, verlegt ihn nach Portus bei Rom. Denn er will offenbar sagen, daß nachdem Rom in Blut gesättigt war, der Richter sich nach Portus begab, um dort die Verfolgung fortzusetzen. Nichts berechtigt zu der selt=

famen Annahme, daß römische Christen und unter ihnen Hippolytus nach Portus ge=
schleppt und dort verurtheilt seyn sollen. Es ist daher die unbegründetste Willkür Döl=
lingers, wenn er aus Prudentius Gedicht schließt, daß Hippolytus nach Rom gehöre.
Auch der Einwand ist nicht triftig, daß Portus ein ganz unbedeutender Ort und erst
im vierten Jahrhundert zum Bisthum erhoben sey. Denn bei der Dürftigkeit der Nach=
richten ist nichts Genaues über die Größe zu bestimmen, es gehörte auch eine nur geringe
in einer Zeit dazu, wo es so viele Landbischöfe gab. Wenn aber auch vor dem vierten
Jahrhundert die Existenz eines dortigen katholischen Bischofs nicht erweislich wäre, so
würde das immer noch nicht ausschließen, daß sich eine abgesonderte Partei unter einem
Bischofe zur Gemeinde zusammengeschlossen habe. Daß der Novatianismus in der Um=
gegend von Rom Fortschritte gemacht, daß sich ihm sogar Bischöfe zugewandt hatten,
sehen wir aus den Briefen der Bischöfe Cornelius und Cyprian; warum sollte nicht eine
vorbereitende Spaltung eine benachbarte Gemeinde, wie die von Portus, ergreifen können?
Stände also nur sonst der Angabe des Prudentius, bei der mehr als eine Schwierigkeit
sich hebt, nichts entgegen, so würde man dabei beharren können. Die auf Mißverständ=
niß der Worte des Eusebius, K.Gesch. 6, 20. beruhende Versetzung nach dem Orient
kann hier gar nicht in Frage kommen (s. Bunsen, D. A. I. S. 148 ff.); aber wohl
muß man gestehen, daß der ἔλεγχος, die authentische Urkunde, dem Bericht des Pruden=
tius nicht günstig ist. Denn offenbar hatte Hippolytus in Rom selbst an der Spitze einer
von Kallistus bekämpften Partei gestanden; es würde besondere Gründe voraussetzen,
wenn er diese sich selbst überlassen und sich nach Portus in eine geringfügige Wirksamkeit
begeben hätte und er deutet nichts an, was ihn dazu vermocht habe. Wenn er daher
auch nicht ausdrücklich sagt, daß er zur Zeit der Abfassung des Buches noch in Rom
gewesen sey, so ist doch nach seiner Darstellung diese Annahme die natürlichste. Bunsen
vereinigt seine Beziehung zu Rom und zu Portus dadurch, daß er ihn zugleich Mitglied
des römischen Presbyteriums und Bischof von Portus seyn läßt. Aber eine solche Dop=
pelstellung würde der kirchlichen Verfassung im 3. Jahrhundert durchaus widerstreiten.

War er demnach in Rom Bischof, so ist allerdings auffällig, daß eine die novatiani=
sche Streitigkeit so nahe angehende Bewegung in dieser, so weit unsre Quellen Auskunft
geben, gar keine Erwähnung findet; daß man in einer Zeit, wo Novatians usurpirter
Episkopat so großes Aufsehen erregte, sich gar nicht an die ganz ähnliche Thatsache erin=
nerte, bei der ein so ausgezeichneter Mann, wie Hippolytus, betheiligt war, und daß
weder Hieronymus noch Prudentius in Rom eine Kunde von seiner bischöflichen Funktion
erfahren haben. Doch kann das Zeugniß des ἔλεγχος dadurch nicht aufgehoben werden.

Von den späteren Lebensschicksalen des Mannes erfahren wir einen Umstand durch
ein altes Verzeichniß der römischen Bischöfe, welches aussagt: Pontianus ann. V. m. II.
d. VII. Fuit temporibus Alexandri, a cons. Pompejani et Peligniani (231). Eo tem=
pore Pontianus episcopus et Yppolitus presbyter exoles sunt deportati in Sardinia in
insula nociva Severo et Quintino cons. (235). In eadem insula discinctus IV. kl. Octbr.

mentrug, und welcher ungefähr um Mitte des 4. Jahrh. schrieb, diese Nachricht schon vorgelegen habe, so reicht ihr Alter ziemlich hoch hinauf, und es ist kein ausreichender Grund, ihr die Glaubwürdigkeit abzusprechen, vorhanden. Unter der Voraussetzung, daß der erwähnte Pypolitus unser Hippolytus sey, erfährt man aus ihr, daß er nach Sardinien exilirt sey, weiter aber nichts. Döllingers Vermuthung, er sey sammt Pontianus verbannt, weil man ihrem Streit ein Ende machen wollte, ist eine haltlose Hypothese. Der letzte Act aus dem Leben des Pontianus, discinctus est, wird von Döllinger gedeutet: er habe seine Stelle niedergelegt. Aber discinctus est könnte nur heißen: er ist entsetzt worden. Das Passivum kann unmöglich für sese discinxit stehen, wenn die reflexive Bedeutung nicht aus dem Zusammenhang erhellt. Wiederum gibt das Passivum keinen haltbaren Sinn; denn von wem sollte er nach einigem Aufenthalt in Sardinien entsetzt seyn? Gewiß ist daher die Lesart falsch und vermuthlich defunctus est zu lesen. Hätte nun der Schriftsteller von Hippolytus Tode Sicheres gewußt, so würde er es wahrscheinlich ebenfalls ausgesagt haben. Hippolytus kann also, wie früher Andre, aus Sardinien zurückgekehrt seyn, und neben diesem Bericht könnte der des Prudentius von seinem Tode bestehen, wenn er nur in sich größere Wahrscheinlichkeit hätte.

Hippolytus hat mit seinem Lehrer, dem tieferen und sinnigeren Irenäus, das Praktische des Standpunktes, die allgemeine Weise und Stufe der Bildung und manche einzelne Ideen gemeinsam. Er ist ein besonnener, nüchterner, einfacher Geist, von vieler Kenntniß, sehr belesen auch in den Schriften der Philosophen, und wenn gleich ohne speculatives Talent, doch nicht ohne Scharfsinn in der Vergleichung der philosophischen und häretischen Ideen. Er ist ein fast so herber Gegner der Philosophie als Tertullian, obwohl er selbst wichtige Bestimmungen derselben zur Ausführung seines Systems benutzt, und vermuthen läßt, daß er sie milder beurtheilen würde, wenn nur nicht die Feinde der Kirche sich ihrer bedient hätten. Die hauptsächlichsten Ideen seines den apologetischen des 2. Jahrhunderts sehr verwandten Systems sind folgende: der durch nichts ihm Aeußerliches bedingte absolute Gott, der das Seyn im eigentlichsten Sinne ist, erzeugte in seinem Innern den Logos, welcher, in ihm verschlossen, der Inbegriff der Schöpfungsideen war, unterschieden zwar von der Vernunft des Vaters, aber ihrer nicht unkundig, und den Willen des Erzeugers in sich aufnehmend. Er ging aus dem Vater hervor zu einem selbständigen Daseyn (der λόγος ἐνδιάθετος ward zum προφορικός) und ward als sein Erstgeborner der vermittelnde Weltschöpfer, indem er auf Befehl des Vaters das Einzelseyn nach den empfangenen göttlichen Ideen bildete. Die Grundbestandtheile des Daseyns sind Feuer und Geist, Wasser und Erde. Die Engel und Gestirne bereitete er aus Feuer und Geist; den Menschen setzte er, als den Herrscher der Erde, aus allen Elementen zusammen. Da er zusammengesetzt und nicht einfach war, so unterlag er der Auflösung d. i. dem Tode. Gott hätte ihn, wie den Logos, göttlicher und unsterblicher Natur seyn lassen können, wenn er es wollte; aber es war nicht seine Absicht; er sollte durch Gehorsam gegen die göttlichen Gebote sich eines unsterblichen und göttlichen Daseyns erst würdig machen. Gott verlieh ihm den freien Willen, ohne welchen er nicht Herrscher, sondern Knecht gewesen wäre; darin aber hatte er auch das Vermögen, das Böse hervorzubringen; denn Gott ist gut und schuf ihn gut und das Böse wäre nicht gewesen, wenn es nicht durch Menschen That hinzugekommen wäre. Das Gesetz ward als Zügel und Antrieb gestellt und seine Erziehung durch dasselbe durch alle Zeiten hin von dem Logos, dem Lichtbringenden Wort, welches vor dem Morgensterne glänzte, verwaltet. Moses, dann andere gerechte und Gottbefreundete Männer, gaben ein ehrwürdiges und gerechtes Gesetz und weissagten die Zukunft. Durch sie wollte der Logos nach Gottes Befehl den Menschen aus dem Ungehorsam zurücklenken, nicht mit Gewalt ihn knechtend, sondern unter freiem Gehorsam. In den letzten Zeiten aber sendete der Vater den Logos selbst, damit er nicht durch ein dunkles prophetisches Wort rede, sondern ihn in sichtbarer Erscheinung darstelle. Die Welt sollte beschämt werden, wenn sie wahrnähme, daß nicht ein Prophet, noch ein Engel, vor dem die Seele erschrickt, sondern er selbst erscheine, der durch die Propheten gesprochen hatte. Er nahm einen Leib von der Jungfrau an, eine gewöhnliche Menschennatur, aber in erneuter Ursprünglichkeit. Er durchlebte jedes menschliche Alter (ein Hauptgedanke des Irenäus), damit er für jedes Alter ein Gesetz wäre, seine Menschheit Allen als Ziel des Strebens vorhalte und zugleich erweise, daß Gott nichts Böses vollbringe. Wäre seine Menschheit nicht gleicher Substanz mit der unsern gewesen, so würde er vergeblich verlangt haben, daß wir ihm nachfolgen sollen. Deßhalb trug er Ermüdung, Hunger, Durst und Schlaf, widerstrebte dem Leiden nicht, gehorchte dem Tode, brachte die Auferstehung an's Licht und stellte überall an seiner eigenen Menschheit den Vorgang auf, damit auch wir unter Leiden nicht muthlos würden, sondern für uns das Gleiche erwarten. Durch seine Lehre und die Verordnung, in der Taufe den Menschen von Sünden rein zu waschen, erneut Christus nach seiner Gotteskraft unsern alten Menschen nach seinem Bilde. Es kommt nur darauf an, sich selbst zu erkennen, indem man Gott erkennt, der uns geschaffen hat; denn wer sich selber erkennt und Gott anruft, der wird auch von diesem erkannt. Wer nun der Liebe Christi folgt, der erlangt unsterbliches Leben für Leib und Seele und das Himmelreich, die Gemeinschaft Gottes, des himmlischen Königs und das Erbe Christi und Freiheit von Begier und Leib. Zur Ehre Gottes macht ihn Gott zum Gott; die Heiden und Häretiker aber werden in den höllischen Pfuhl geworfen, dessen Flamme nicht verlischt, wohin das Licht und die Stimme des Logos nicht dringt und ewig droht das Auge der rächenden Engel der Unterwelt.

Unter den Schriften des Hippolytus ist wenigstens für uns bei weitem die wichtigste der genannte neuentdeckte ἔλεγχος. Es ist ein polemisches Werk, welches seiner Hauptabsicht nach sich gegen die Häretiker richtet. Eingehender als in dem ähnlichen kürzeren, welches Photius erwähnt, wollte er die Lehren und besonders die gnostischen Geheimlehren bestreiten. Wenn schon Irenäus, Tertullian u. A. den genetischen Zusammenhang zwischen den heidnischen Philosophien und der Gnosis wahrgenommen hatten, so führt Hippolytus diesen Gedanken in einer weit angelegten und in's Specielle gehenden Vergleichung beider Seiten durch. Nach seiner Ansicht ist nicht nur die Hoffart der Gnostiker gedemüthigt, wenn ihnen gezeigt wird, daß die angeblichen Offenbarungen ihrer Mysterien bereits im Heidenthum und dort selbst mit größerer Wahrheit zu finden seyen; sondern es bedarf auch keiner andern Widerlegung, als dieser Zurückführung auf die von ihm vorausgesetzte Quelle, um die Unhaltbarkeit der Häresien darzuthun. Er läßt sich daher auch viel weniger, als die andern bedeutenden Polemiker auf eine Bekämpfung des Einzelnen vom kirchlichen Standpunkte ein, sondern begnügt sich mit der Darstellung der heidnischen und häretischen Theorien, schließlich nur einen kurzen Abriß seiner eigenen Lehre, welchen wir so eben der Hauptsache nach dargestellt haben, hinzufügend. Diese Beseitigung der eigenen Reflexion macht uns seine Darstellung der Häresieen nur um so schätzbarer. Sie ist es auch dadurch, daß sie großentheils aus Excerpten der gnostischen Literatur besteht, welche er in Rom besser, als an den meisten andern Orten sammeln konnte. Nicht weniges dahin Gehörige lernen wir zuerst durch ihn kennen und erhalten dadurch eine erwünschte Ergänzung zu den übrigen Berichten. Die ersten vier Bücher bezogen sich auf das Heidenthum und werden von ihm im Anfang des fünften Buches deutlich abgesondert. Das erste, wahrscheinlich von ihm selbst als φιλοσοφούμενα bezeichnet, liefert einen Abriß der Philosophien; die Griechischen werden in die physischen, ethischen und dialektischen eingetheilt und ihnen kurz die Indischen und Druidischen Lehren angefügt, auf welche ein Fragment aus der Theogonie des Hesiodus folgt. Das zweite uns nicht erhaltene Buch scheint sich mit dem Inhalt heidnischer Mysterien befaßt zu haben. Hievon und von astrologischen Theorien, vielleicht auch nur von den letztern wird das dritte ebenfalls verlorene Buch gehandelt haben. Das vierte fährt in der Entwicklung der chaldäischen Weisheit, d. i. der astrologischen Kunst fort. Die Kunst das Horoskop zu stellen, die Bedeutung und der Einfluß der Sternbilder, namentlich die Einwirkungen der Gestirne des Thierkreises auf die unter ihrer Herrschaft Geborenen werden beschrieben; dann die übrigen Künste der Magie, deren Zaubermittel aufgedeckt werden. Diese Schil-

berungen, welche wir mit gleicher Vollständigkeit nirgends finden, geben einen sehr merk=
würdigen Beitrag zur Sittengeschichte der Zeit. Anschaulicher als in den meisten sonsti=
gen Darstellungen · gibt sich die Macht des Aberglaubens und die Taschenspielerei der
Zauberer kund, die ihn benutzten, von denen alle Orte erfüllt und die namentlich in
Rom unvertilgbar waren. Hierauf folgen wieder einige Angaben heidnischer Metaphysik,
besonders die angebliche Zahlenweisheit der Aegypter; Auszüge ferner aus dem astro=
nomischen Gedicht des Aratus, endlich pythagorische Zahlenlehre mit den Hinweisungen
auf den Einfluß, welchen sie bei Häretikern gehabt haben. Mit dem fünften Buch wen=
det er sich zu direkter Polemik gegen die Häretiker. Wie die Verführung durch die Schlange
in die Welt gekommen ist, so beginnt er die Aufzählung mit den Ophiten, deren weit=
verzweigte Familie das ganze fünfte Buch einnimmt. Erst hiedurch lernt man die ver=
schiedenen Arten mit einer gewissen Vollständigkeit kennen; die Naassener, eine die heid=
nischen Mythen in allegorischer Deutung vielfach aufnehmende, bis dahin unbekannte
Partei; die Peratiker, d. i. das jenseitige und die Welt überdauernde Geschlecht, ver=
wandt mit den kainitischen Ophiten; die Sethianer, hier Sithianer genannt, in einer ur=
kundlichen und ausführlichen Darstellung; ein Gnostiker Justinus, der seine Theorie aus
einem Buche Baruch, welches so wenig als er bis dahin genannt war, entnahm. Vom
sechsten Buche ab läßt er die Sekte der Simonianer folgen, deren Lehre er großentheils
einer Schrift entnimmt, die unter dem Namen der μεγάλη ἀπόφασις von Simon dem
Magier abgeleitet wurde (ein Ursprung, den Bunsen gelten läßt, welcher sich aber aus
der Entwicklungsstufe der Theorie und ihren Voraussetzungen widerlegt). Ein anderer
Theil, welcher genau mit der von Irenäus I, 23. gegebenen Darstellung übereinstimmt,
scheint aus einer andern Quelle herzurühren. Um zur Valentinischen Lehre zu gelangen,
schickt er die des Pythagoras als ihre Hauptquelle voraus. Die Darstellung des Valen=
tinianischen Systems ist der bei Irenäus befindlichen äußerst verwandt, enthält jedoch ein=
zelne eigenthümliche und werthvolle · Notizen. Sehr wichtig für die Entwickelung der
Schule ist die hier gegebene Bemerkung, daß sich dieselbe in eine italische und morgen=
ländische (ἀνατολική, daher die διδασκαλία ἀνατολική bei Clemens v. Alexandria)
getheilt habe: diese mehr doketisch in der Lehre von der Person Christi als jene. Nach=
dem er einige der bedeutendsten Schüler behandelt, namentlich den Marcus, aber diesen
sehr gleichförmig mit · Irenäus, beginnt er das siebente Buch mit dem System des Basi=
lides, welchem er vorwirft, die Meinungen des Aristoteles geborgt zu haben. Die Aus=
einandersetzung dieses gnostischen Systems ist ganz neu und ändert die bisherigen Vor=
stellungen davon in durchgreifender Weise (s. den Artikel Basilides. Auch G. Uhlhorn:
das Basilidianische System. Göttg. 1855.). Unter den übrigen in diesem Buch be=
schriebenen gnostischen Systemen enthält nur die Darstellung des Marcionitischen einiges
Neue. Da er außerdem die Ideen desselben mit denen des Empedokles vergleicht, so
findet er Gelegenheit, unsere Kenntniß jenes Philosophen mit einer Anzahl neuer Frag=
mente zu bereichern. Unter den im achten Buche aufgezählten Gnostikern sind uns neu
eine Partei, den Valentinern verwandt, welche er Doketen nennt, und ein Araber Mo=
noïmos. Außer gnostischen Parteien behandelt er in diesem Buch auch den Hermogenes,
über den er einiges Neue gibt; die Quartodecimaner und die Montanisten. Im neunten
Buch wendet er sich zu derjenigen Häresie, welche ihn persönlich am meisten erregt hat
und die er daher mit überschätzter Wichtigkeit und gesteigerter Leidenschaftlichkeit bekämpft,
zu den Patripassianern. Er vergleicht ihr Dogma mit der Lehre des Heraklit, von wel=
cher er werthvolle neue Fragmente beibringt. In Betreff der patripassianischen Lehre
und ihres Ursprungs von Noëtus aber hat er schon bei den Alten für die hauptsächlichste
Quelle gegolten. Wichtiger aber noch, als ihre Beschreibung, weil uns bisher gänzlich
unbekannt, ist die Schilderung der Vorgänge in der römischen Gemeinde, welche auf die
kirchlichen Zustände und insbesondere auf die Lehrentwicklung ein ungehofftes Licht fallen
lassen. Auch was er weiter von der Verbindung der Elkesaiten mit Rom sagt, ist be=
achtenswerth wegen des Zusammenhanges mit andern ebionitischen Erscheinungen. Der

Auszug aus der religiösen Urkunde der Elkesaiten stimmt mit dem des Epiphanius überein, ergänzt ihn aber in einigen Punkten. Zum Ueberfluß gibt er dann nach Josephus eine Beschreibung der jüdischen Sekten. Da er bei seinem Buch den praktischen Zweck vor Augen hat, dem Leser die Abwehr der Häretiker zu erleichtern und fürchtet, die Auseinandersetzung der Philosophien und Häresien möchte für Viele zu weitläufig ausgefallen seyn, so wiederholt er im zehnten Buch auszugsweise den Inhalt des ersten und des fünften bis neunten, worauf dann sein Glaubensbekenntniß als Correctiv das Ganze abschließt. Da diese abgekürzte Form in der That für den Gebrauch bequemer war und das Interesse an der Kenntniß der ältesten Häretiker abnahm, so begnügte man sich häufig späterhin mit dieser, wie denn Theodoret nur aus ihr schöpfte. Dies trug dazu bei, daß das Gesammtwerk weniger vervielfältigt ward und unbekannter blieb.

Die Abfassungszeit des Werkes läßt sich annähernd in so weit bestimmen, als die Verwaltungszeit des römischen Bischof Kallistus (218—223) bereits vorüber war und Hippolytus schon darauf als auf eine etwas entfernte Vergangenheit zurücksieht. Setzt man als ungefähre Bestimmung das Jahr 234, so wird man nicht bedeutend fehlgreifen.

Unter dem Namen einer Homilie gegen den Noët wurde von Lucas Holstenius ein Fragment bekannt gemacht, welches man für einen Theil des Werkes gegen die Häresieen gehalten hat. Daß es nicht aus dem ἔλεγχος entnommen ist, erhellt unmittelbar; aber höchst wahrscheinlich ist es dennoch demselben Verfasser gehörig; sey es, daß es den Schluß des kürzeren ähnlichen Werkes ausmachte, oder daß es, wofür es mehr den Anschein hat, ein Fragment einer Homilie gegen die Patripassianer ist.

Eusebius gibt K.G. 5, 28. aus dem Werke eines nichtgenannten Autors gegen die monarchianische Partei der Artemoniten ein Fragment, welches die ihnen verwandten Theodotianer bestreitet. Dasselbe Buch wird von Theodoret das kleine Labyrinth genannt und es hat daher viel für sich, daß ihm der ἔλεγχος unter dem Namen des größeren Labyrinthes entgegengesetzt wurde, wie Baur vermuthet. Es will nichts bedeuten, was Döllinger einwendet, daß Hippolytus nicht beiden Büchern diesen Namen gegeben haben werde; denn es ist weder nothwendig noch behauptet er, daß er selbst ihnen die Bezeichnung gegeben habe; aber wir können es nicht für so ausgemacht halten, wie Bunsen und diese beiden Forscher, daß Hippolytus Verfasser des Werkes gegen die Artemoniten gewesen sey. Er würde in diesem Fall sie in dem ἔλεγχος wohl nicht übergangen haben. Auch ist die Beschreibung der Theodotianischen Partei in diesem nicht unerheblich abweichend. Eine Schrift κατὰ Βηρωνος καὶ Ἤλικος, wofür Fabricius und Bunsen mit Recht lesen ἡλικιωτῶν, d. i. gegen Beron und seine Genossen, wird von Dorner (Entwickelungsgeschichte der Lehre von der Person Christi I. S. 536.) und Bunsen für authentisch gehalten, scheint aber doch einer späteren Dogmatik zu gehören. Sie richtet sich gegen die Vermischung der göttlichen und menschlichen Natur Christi, welche Beron und die Seinigen lehrten, indem sie behaupteten, das vom Logos angenommene Fleisch sey gleichwirkend mit der Gottheit und die Gottheit in Christo gleichleidend mit dem Fleische wegen ihrer Entäußerung. — Hieronymus nennt eine Schrift über den Antichrist, welche mit der von Gudius 1661 bekannt gemachten vielleicht identisch ist. Diese enthält eine Schilderung des Antichrist nach alt und neutestamentlichen Stellen. — Ein anderes Fragment, welches in dem Codex περὶ τοῦ παντὸς πρὸς Πλάτωνα bezeichnet ist, ist sehr wahrscheinlich dem Buche περὶ τῆς τοῦ παντὸς οὐσίας entnommen und vermuthlich der Schluß desselben. Sprache und Vorstellungsweise, besonders die Schilderung des Hades, stimmt mit dem Glaubensbekenntniß des ἔλεγχος in hohem Grade überein. Die Statue trägt ferner eine Schrift προτρεπτικός πρὸς Σεβήρειναν, wahrscheinlich identisch mit dem von Theodoret erwähnten Brief πρὸς βασιλίδα τινά, welches nach Döllinger Julia Aquilia Severa, die zweite Gemahlin des Heliogabal, ist; nach Andern die Gemahlin des Philippus Arabs, an welche auch Origenes einen Brief richtete.

An dem Sessel der Statue ist außerdem der sechzehnjährige Passahcyclus verzeichnet,

welchen er berechnet hat, wie Eusebius h. e. 6, 22. hinzufügt, im ersten Jahre des Alexander Severus; und die Titel einer Anzahl verlorner Schriften dogmatischen, historischen
Inhalts (das χρόνικον), exegetische und homiletische (denn Bunsens Vermuthung, daß
ᾠδαί ein Fehler sey statt ὁμιλίαι εἰς πάσας τὰς γραφάς, scheint wohlbegründet). Was
unter dem Namen περὶ χαρισμάτων ἀποστολικὴ παράδοσις ihm zugeschrieben wird,
ist in dieser Gestalt sicher nicht von ihm zusammengestellt. Hieronymus führt viele Commentare zu alttestamentlichen Schriften, auch einen zur Apokalypse an. Es kann auffallen,
daß ein occidentalischer Kirchenlehrer dieser Zeit bereits so viele exegetische Werke verfaßt haben soll und manches davon mag mit Unrecht seinen Namen getragen haben. Indeß ist es doch nicht unmöglich und, da die Commentare uns nicht vorliegen, darüber nicht
zu entscheiden. Das unter seinem Namen Vorhandene ist noch durch die Angaben des
Ebed Jesu (*Assemanni* Biblioth. oriental. III, I.) zu vervollständigen. Vgl. auch Bunsen,
Deutsche A. I, 167 f. u. *Cave*, Script. eccles. I, 48 sq. Ausgabe von J. A. Fabricius.
Hamburg 1718. 2 tom. Fol., dort auch die Sammlung der Zeugnisse über seine Schriften. Bearbeitungen seines Lebens und seiner Schriften von *C. G. Haenell*, de Hippolyto.
Götting. 1838. *E. F. Kimmel*, de Hippolyti vita et scriptis. Jena 1839. Seinecke,
über Leben und Schriften des Hippolytus in Jllgens Zeitschr. für hist. Theol. 1842.
3. Heft. Außerdem die früher bezeichneten Abhandlungen und Werke, welche durch die
Entdeckung des ἔλεγχος veranlaßt sind.   Jacobi.

Hippolytus, Brüder der christlichen Liebe vom heiligen. Im Jahr
1585 gründete Bernhard Alvarez für Armen- und Krankenpflege aus christlicher Liebe
einen freien Verein in der Stadt Mexiko und bald darauf in der Nähe derselben und
für den Verein ein Hospital, das er dem heil. Hippolyt weihte. Die Glieder seines Ver-
eines traten als Brüder der christlichen Liebe zu einer klösterlichen Verbindung zusammen, indem ihnen Alvarez eine seiner Stiftung entsprechende Constitution gab, die er an
den Pabst Gregor XIII. zur Genehmigung einsandte. Inzwischen entstanden mehrere
andere Hospitäler, welche sich nun zu einer Congregation vereinigten und dem zuerst gestifteten Hospitale unterwarfen. Die Mitglieder dieser Congregation nannten sich deshalb „Brüder oder auch Hospitalmönche der christlichen Liebe vom heil. Hippolytus.“
Die Bestätigung der Constitution erfolgte jetzt, nachdem Gregor XIII. bereits gestorben
war, durch den Pabst Sixtus V. Sie enthielt namentlich die Bestimmung, daß jedes
Mitglied aus der Congregation auch wieder anstreten konnte und nur ein Gelübde der
Armuth und der christlichen Liebe ablegte. Der Ordensgeneral hieß „Major“ und wurde
von den 20 ältesten Brüdern gewählt. Die Congregation verbreitete sich bald immer
mehr und erfreute sich auch der Begünstigung vom päbstlichen Stuhle, namentlich verlieh ihr Pabst Clemens VIII. mancherlei Privilegien und Freiheiten. Indeß führte doch
der frei gelassene Austritt aus der Congregation schon jetzt zu mancher Unordnung, die
Pabst Clemens VIII. dadurch zu beseitigen vergeblich hoffte, daß er den Brüdern durch
ein Breve vom 1. Nov. 1594 noch die Verpflichtung zum beständigen Gehorsam und
zur beständigen Gastfreiheit auferlegte. Die Störungen und Unordnungen dauerten fort,
theils weil es an einem tüchtigen Ordensvorsteher fehlte, der seinen Einfluß auf die
Brüder geltend zu machen wußte, theils weil sich diese nicht für eigentliche Mönche hielten. Der Generalprocurator des Ordens, Johann Cabrera, glaubte die Ursachen dieser
fortdauernden Störungen dadurch zu beseitigen, daß er bei dem Pabste Innocenz XII.
(1700) nicht nur auf eine neue und geeignetere Wahlordnung für den Major, sondern
auch auf die Einführung der Regel des h. Augustin antrug. Der Pabst ging indeß
auf den Antrag nicht ein, sondern bestimmte nur, daß die Brüder mit den Gelübden
des Gehorsams, der Gastfreiheit und Armuth auch das Gelübde der Keuschheit ablegen
sollten. Im Anfange des vorigen Jahrhunderts gewährte ihnen Pabst Clemens XI. die
Privilegien der Bettelorden. Sie bestehen noch in mehreren Klöstern.   Neudecker.

Hiram, ein phönizischer Eigenname, der ursprünglich mit der phönizischen Mythologie zusammenhängend Name einer dortigen Gottheit war (Movers, Phöniz. I. S.

505 f.); phönizisch lautete derselbe Hirom (1 Kön. 5, 24. 32; 7, 40.), hebräisch חִירָם oder חִירוֹם (2 Chron. 2, 2.), griechisch daher bald Εἴρωμος (Jos. c. Ap. 1, 17 f.), bald Εἴραμος (Jos. Antt. 8, 2, 6 sqq.) bald Χιράμ (LXX), bald Σίρωμος (Herod. 7, 98. Synkell. p. 343 sqq.) oder gar Σούρων (Eupolem. bei Euseb. praep. ev. 9, 34.). Diesen Namen führte ein in der Bibel als Freund Davids und Salomos genannter König von Tyrus. Nach phönizischen Quellen, die, von Dios und Menander benutzt, Joseph. a. a. O. uns mittheilt, folgte derselbe seinem Vater Abibaal in der Regierung, er erreichte ein Alter von 53 Jahren und regierte 34 Jahre, nämlich nach der gewöhnlichen Zeitrechnung etwa von 1023—990 (Winer) oder 1033—999 (Ewald) nach der scharfsinnigen und umsichtigen Berechnung von Movers aber (a. a. O. II, 1. S. 141 ff.) von 980 bis 947 v. Chr. Unter ihm gelangte Tyrus, wie gleichzeitig Israel unter David und Salomo, zur höchsten Blüthe; er unternahm die großartigsten Bauten auf Insel-Tyrus, welches er zum schützenden Bollwerke für ganz Phönizien machte (Movers, a. a. O. S. 190 ff.), ließ ältere Heiligthümer wiederherstellen und mit Dächern aus Cedernholz bedecken, baute ganz neue Tempel des Herakles-Melkart und der Astarte und stattete den dritten Haupttempel, den des Zeus-Baalsamim, mit goldenen Weihgeschenken aus, namentlich einer goldenen Säule, die noch Herod. 2, 44. bewunderte, und welche spätere phöniz. Sagen sogar auf König Salomo zurückführten, sey's als habe dieser sie zum Danke für die geleistete Beihülfe bei'm Tempelbau dem Hiram überschickt, sey's in der Wendung, als habe Salomo das bei'm Tempelbau übriggebliebene Gold an Hiram gesendet, welcher dann daraus jene Säule habe anfertigen lassen (Eupolem. et Theophil. ap. Euseb. praep. ev. 9, 34.). Wie sich in diesen innern Anordnungen Hiram's Reichthum und Prachtliebe kundthut, so zeigte er sich andrerseits nicht minder darauf bedacht, die Macht seines Staates nach aussen zu befestigen. So bekriegte er die Kittier, d. h. die Bewohner von Cyprus, welche die Steuern nicht mehr zahlen wollten, und unterwarf sie wieder, wie er überhaupt die erst kurz vor ihm von Sidon an Tyrus übergegangene Hegemonie kräftig und klug zu sichern wußte. Doch — hier interessiren uns besonders seine Verhältnisse zu Israel. Durch David's glückliche Kriege war dieser Nachbarstaat Phöniziens zu einer bedeutenden Großmacht herangewachsen; namentlich schloß das israelitische Gebiet Phönizien von der Continentalseite fast ringsum ein und beherrschte alle Handelsstraßen, die vom Euphrat, von Aegypten und Arabien her nach den phöniz. Häfen führten. Ganz natürlich daher, daß das tyrische Handelsvolk mit seinem mächtig aufstrebenden, israelitischen Nachbar in ein gutes Vernehmen sich zu setzen suchte. Gleich nach seinem Regierungsantritte knüpfte deßhalb Hiram mit dem alternden David, der noch 7 oder 8 Jahre mit Hiram gleichzeitig regierte, freundschaftliche Verhältnisse an: er sandte eine eigne Gesandtschaft nach Jerusalem und war dem David durch phöniz. Werkleute und Lieferung von Cedernholz behülflich zu seinem Palastbaue, 2 Sam. 5, 11. 1 Chr. 14, 1.*) Die Freundschaft zwischen beiden Fürsten blieb nicht nur ungetrübt

bis zu David's Tode, sondern ging auch auf dessen Sohn und Nachfolger Salomo über, bei dessen Thronbesteigung eine tyrische Gesandtschaft zur Beglückwünschung in Jerusalem erschien (1 Kön. 5, 15. vgl. 21.). In seinem vierten Regierungsjahre (1 Kön. 6, 1.), welches mit dem eilften Hiram's zusammentrifft (Jos. Antt. 8, 3, 1.), ging Salomo an die Ausführung des schon von seinem Vater beabsichtigten und vorbereiteten (1 Chr. 22, 2 ff. vgl. 2 Sam. 7, 1 ff. 1 Kön. 5, 17.) Tempelbaues, wobei ihm in Folge eines förmlichen Vertrags über die gegenseitigen Lieferungen und Leistungen Hiram mit phöniz. Bauleuten und Baumaterialien, zumal Cedern= und Cypressenholz, aber auch Steinen vom Libanon, die schon zugerichtet, auf Flößen nach Judäa (Joppe) geschafft wurden, behülflich war, 1 Kön. 5, 15 ff. 2 Chr. 2. Dazu schickte der tyrische König an Salomo einen erfahrenen Künstler, der die Ornamente und mancherlei Erzgeräthe für den Tempel, z. B. die beiden Säulen an dessen Eingang, das eherne Meer mit seinen Rindern, die Waschbecken mit ihren sehr kunstvollen Gestellen goß und verfertigte; dieser Meister hieß ebenfalls Hiram und war der Sohn eines tyrischen Erzgießers, aber einer, aus dem Stamme Dan gebürtigen, in den Stamm Naphthali verheiratheten, israelitischen Wittwe, 1 Kön. 7, 13 ff. 2 Chron. 2, 12 f.; 4, 16. (Bertheau zu diesen St. S. 253 f.). Für diese Hülfe, zu der noch ein sehr bedeutendes Gelddarleihen kam (1 Kön. 9, 14.), lieferte Salomo, so lange die Bauten dauerten, also — wenn man zum Tempelbau auch die übrigen Privat=Prachtbauten desselben rechnet, bei denen Hiram gewiß auch behülf= lich seyn mußte — während 20 Jahren, jährlich ein bestimmtes Maß Weizen und seines Oel für den tyrischen Königshof sowie Gerste, Oel und Wein für die tyrischen Bau= leute (vgl. 2 Chr. 2, 9., wo nur beide Lieferungen unklar in einander gemengt sind, während 1 Kön. 5, 25. bloß von der ersten, an den königl. Hof, die Rede ist). Für das Gold aber trat der israelitische Fürst dem Tyrier 20 Städte Galiläa's ab (1 Kön. 9, 10 ff.). Weiter verbanden sich beide Nachbarstaaten in dieser ihrer Blüthezeit zu gemeinsamen Handelsunternehmungen, namentlich den berühmten Ophirfahrten (f. den Art.) von den Häfen des rothen Meeres aus, die sich seit David in Israel's Gewalt be= fanden, 1 Kön. 9, 26 ff.; 10, 11. 22.; 2 Chr. 9, 10. 21. Ferner erzählte die phönizische Sage (bei Jos. c. Ap. 1, 17 sq.) von einer Correspondenz zwischen Salomo und Hiram, indem zuerst der Erstere den Letztern durch Räthsel überwand, so daß der Tyrier, da er sie nicht auflösen konnte, große Summen an Salomo verlor, bis dieser doch einen noch weisern Phönizer überwunden wurde und nun seinerseits an Hiram Strafe bezah= len mußte. Salomo soll — wohl in spätern Jahren — eine Tochter Hiram's gehei= rathet haben (Chaetus et Menand. ap. Tatian. or. c. Graec. §. 37.; Clem. Al. strom. I. 21. §. 114. vgl. die „Sidonierinnen" in Salomo's Harem, 1 Kön. 11, 1. 5., denen der König ihren Stammcultus, den Astartedienst, einrichten ließ.) Andere, jüdische Fabeln aus späterer Zeit über diesen gefeierten Freund Salomo's übergehen wir, und bemerken nur noch, daß auf Hiram sein Sohn Baleazar auf dem tyrischen Throne folgte, und daß man noch in neuerer Zeit das angebliche Grab Hiram's bei Tyrus zeigte (Robin= son, Paläst. III. S. 658 f.).

Gegen das Ende der chaldäisch=babylonischen Oberherrschaft regierte in Tyrus noch ein Hiram II. die 20 Jahre von 551—532 v. Chr. (Menand. ap. Jos. c. Ap. 1, 21.), der aber in der Bibel nicht erwähnt wird.

Vgl. Ewald, Gesch. Jsr. III. 1. S. 28 ff. 83 und besonders Movers, Phönizier II. 1. S. 326 ff., 466 f., dessen Darstellung wir im Obigen gefolgt sind. Rüetschi.

Hirsch. Aus dem zu den ruminantia bisulca, (gehörnten) Wiederkäuern und Zwei= hufern, also nach 3 Mof. 11, 3. 5 Mof. 12, 15; 14, 5. zum reinen Wildbrät, gehöri= gen Hirschgeschlecht, cervidae, scheinen von den sechs bekanntesten Arten (Axishirsch, der kleinste, nur in der heißen Zone, Edelhirsch, Damhirsch, Reh, Rennthier, Elenn, der größte, nur in der kalten Zone) in der h. Schrift wenigstens zwei vorzukommen, der Edelhirsch und der Damhirsch. Das Vorkommen des Rehes ist zweifelhaft und das von Luther 5 Mof. 14, 5. mit Elenn übersetzte יַחְמוּר bezeichnet zweifelsohne eine vom Sprin=

gen benannte Gazellenart, nach Anderen das wilde, bärtige Schaf, ammotragus barbatus, das im ſteinigen Arabien vorkommt und lange röthliche Haare an Bruſt und obern Vorderfüßen hat, dadurch geſchützt gegen die ſcharfen Felſen, auf denen es mit großer Gewandtheit hin= und herſpringt. 1) Der Edelhirſch, cervus elaphus, mit ſeinem hohen, vieläſtigen, alle Frühjahr abfallenden Geweih, im Sommer gelbbraun, im Winter graubraun, in den Wäldern nicht nur von Europa, ſondern auch von Mittelaſien hauſend (Aelian anim. 5, 56.). Sein hebr. Name (אַיָל der Hirſchbock, doch Pſ. 42, 2. auch femin. אַיָלָה, אַיֶלֶת, Hirſchkuh, Hindin: arab. اَيْل) deutet ſowohl Stärke als Schnelligkeit an*). Der bewegliche Naphthali wird 1 Moſ. 49, 21 einer geſtreckten oder ſchlank gewachſenen אַיָלָה verglichen. Auch ſonſt erſcheint in der heiligen, wie in der claſſiſchen (Virg. Aen. VI, 802. Ov. Met. I. 306) Poeſie der Hirſch Hoheſl. 2, 8 f. 17; 8, 14. Jeſ. 35, 6. und namentlich die Hindin 2 Sam. 22, 34. Pſ. 18, 34. Hab. 3, 19. (wenn nicht, wie beim Hirſch auch im Griechiſchen Arist. hist. anim. 6, 29; 9, 5. das femin. als Gemeinname für beide Geſchlechter ſteht) als Bild der Rüſtigkeit und muntern Beweglichkeit (auch in der ägyptiſchen Hieroglyphenſchrift); als Bild des ſanften, lieblichen Weſens, Sprüchw. 5, 19. (Hoheſl. 2, 7; 3, 5. Beſchwörung bei dem lieblichſten Bild weiblicher Schönheit). Ueber ihre Trächtigkeit (Bereitung eines Lagers vor dem Werfen im tiefſten Dickiht), plötzlichen aber ſchweren Geburten, den Schaden, den ſie im Getreide anrichten, vgl. Hiob 39, 1 ff. Pſ. 29, 9. (nach Lowth dagegen durch geringe Aenderung der Lesart: dreht die Eichen aus dem Boden). Daß ſie lieblos gegen ihre Jungen ſeyen, liegt nicht in Hiob 39, 4., ſondern nur, daß die Jungen, wenn ſie herangewachſen ſind, die Mutter verlaſſen, weil ſie ihrer nicht mehr bedürfen. Vielmehr erſcheint die dürre Zeit Jer. 14, 1 ff. eben dadurch um ſo mehr als eine furchtbare, daß ſelbſt die Hindin, aus Mangel an Gras, ihre Jungen verläßt. Auch ſonſt iſt ihre Zärtlichkeit gegen die Jungen bekannt. Das Lechzen der Hirſchkuh nach Waſſerbächen iſt Pſ. 42, 2. vgl. 63, 2. ein ſchönes Bild geiſtlichen Durſtes. So wenig ſie im übrigen Jahr trinken, ſo heftig iſt dagegen ihr Durſt im heißen Sommer und in der Brunſtzeit. Auch baden ſie ſich in dieſer Zeit gerne. An keinem andern leichtfüßigen Wiederkäuer wird, ſowie am Hirſch, das Lechzen auch äußerlich durch Heraushängen der Zunge ſichtbar. Hirſche waren ein auch an Salomo's Tafel beliebtes Wildbrät, 1 Kön. 5, 3. In Paläſtina ſind ſie jetzt ſelten geworden, häufiger in Aegypten, ſchon in alten Zeiten; in ägyptiſchen Gräbern findet man bildliche Darſtellungen von Hirſchjagden. Ein gejagter Hirſch iſt bei den Arabern Bild der leidenden Unſchuld. Die Ueberſchrift des Pſ. 22.: עַל־אַיֶלֶת הַשַּׁחַר iſt nach Geſenius und Talm. Bezeichnung der Melodie eines Liedes über die Sonne, welche bildlich: Hindin der Morgenröthe heiße; wie die Strahlen der Sonne Hörner genannt werden. Allein die Hirſchkuh hat keine Hörner. Richtiger nach Hengſtenberg: Räthſelhafte Bezeichnung des Inhalts, wie ſie auch ſonſt dem David eigenthümlich iſt. Hindin iſt Bild des verfolgten Gerechten. Auch ſonſt vergleicht er häufig Verfolgte und Verfolger mit Thieren (Floh, Rebhuhn, Taube; Löwen, Stiere, Büffel). Die Morgenröthe wäre dann Bild des wieder aufgehenden Glücks. 2) Der kleinere Damhirſch (ἔλαφος εὐρυκερως, Oppian cyneg. 2, 293. cervus platyceros, Plin. 11, 45. c. dama Linn.), deſſen Heimath Nordafrika iſt, und der jetzt noch in Syrien häufig iſt (Schubert III. 118.), mit aufrechten, ſchaufelförmigen, in viele kurze Spitzen endigenden Geweihen, im Sommer rothbraun mit bläſſern Flecken, im Winter dunkelbraun ohne Flecken (ſ. Oken, Naturg. VII. 2, 1295 vgl. Boch. hieroz. II. 284). Der hebr. Name יַחְמוּר, arab. يَحْمُور, bezeichnet die röthliche Farbe. Er lebt in Hecken und Ge-

---

*) Derſelbe Begriff liegt in dem Namen elenn von althochd. ellen, eljan, rüſtig; ſlav. jelen = Hirſch; griech. ἔλαφος, Hirſch, ἔλαφρος leicht. Die Lautähnlichkeit mit dem Hebräiſchen iſt wohl eine zufällige.

büschen und übertrifft den Edelhirsch noch an Schnelligkeit. Das zum Genießen erlaubte (5 Mos. 14, 5. 1 Kön. 5, 3.) Fleisch desselben ist wohlschmeckender als das des Edelhirsches. Andere, wie Oken (Naturgesch. VII. 2. 1388 f. vgl. Bochart I. 909) verstehen unter dem Jachmur eine Antilopenart, die A. bubalis (Hieron. bubalus, daher von Luth. 5 Mos. 14, 5. durch Büffel übersetzt; 1 Kön. 5, 3. dagegen durch Gemse), eine Mittelgattung (Geßner: Hirschochse, Boselaphus) zwischen dem Hirsch-, Antilopen- und Rindviehgeschlecht. Allein die Antilopen werfen nicht jährlich die Hörner ab, was nach Beschreibung arabischer Naturforscher der Jachmur thut. Auch Ehrenberg symb. phys. dec. 1. hält den Jachmur für den Damhirsch. Ham. Smith in Kitto cyclop. of bibl. lit. I. 104, 158, 816 sucht in dem Jachmur die Spießgemse, Antilope leucoryx, oryx der Griechen und Römer (Herod. IV. 192. Arist. II. 1. Plin. VIII. 53), mit ihren 3' hohen, schwach-säbelförmig nach hinten gekrümmten und an der Wurzel zierlich geringelten, gegen die Spitze glatten Hörnern und hellröthlichen Haaren; den אקו dagegen hält er für eine, dem Damhirsch ähnliche, aber von ihm zu unterscheidende Hirschart, den cervus barbarus, in den drei ersten Jahren gefleckt, mit nur einem Hauptzweig an jedem Horn, der, im nördlichen Afrika heimisch, sich auf ägyptischen Monumenten findet, und der sich bis in die arab. Wüsten hinein verbreitet; wenigstens haben ihn Reisende auf dem Weg von Cairo nach Damaskus beobachtet. — 3) Das Reh, cervus capreolus, findet sich zwar jetzt nicht mehr in Palästina. Doch kann man nicht immer aus dem jetzigen Fehlen eines Wilds in einem Land mit Sicherheit schließen, daß es nie in demselben heimisch gewesen sey. Wo Luther „Rehe" übersetzt hat, 5 Mos. 12, 15; 14, 5. u. ö. — ist die Gazelle (IV. 647) zu verstehen. Das von chald. syr. arab. Uebersetzern und von Luther, 5 Mos. 14, 5. mit Steinbock, von Sept. Vulg. mit τραγἐλαφος, Bockhirsch (Plin. 8, 50. ein für fabelhaft gehaltenes, neuerdings von Ehrenberg in Nubien aufgefundenes Thier) übersetzte אקו ist ohne Zweifel eine species des Hirschgeschlechtes; nach Gesenius das Reh (von אנק, dem ächzenden Geschrei benannt? sonst ist das Rehgeschrei eher ein bellendes „Schmälen"). S. dagegen Boch. hieroz. III. 800 sq. II. 265 sq. Nach Schober hieroz. III. 38 sq. ist es die Antilope Lervia — cornibus recurvis rugosis, corpore rufescente, nucha barbata; nach Andern die plumpste Antilopenart, A. addax, Schraubengemse, von der Größe und Gestalt eines Esels, feist, weiß mit braunem Kopf, 3' langen spindelförmigen, nach außen gedrehten Hörnern, breiten, platten Hufen, einer kurzen Mähne am Nacken und dicht anliegenden kurzen Haaren. Die Namensähnlichkeit könnte an den Ahu, Cervus pygargus, in der Mitte zwischen Reh und Hirsch stehend, erinnern. Doch ist dieser nur in den nördlichen Gegenden Asiens zu Hause. Leyrer.

Hirschau oder **Hirsan** (Hirsaugia, von **Hirsch**, ahd. hiruz), ehemaliges berühmtes Benediktinerkloster in der Diöcese Speyer, unweit der jetzigen württemb. Oberamtsstadt Calw. — Die angebliche erste Stiftung durch eine Wittwe Helicena, die i. J. 645 in der Nähe des späteren Klosters ein Kirchlein des heil. Nazarius sammt einer Mönchscelle gebaut haben soll, ist bloße Sage oder gar Erdichtung von sehr spätem Datum (erst 1534). Nach geschichtlichen Zeugnissen wurde das Kloster gestiftet 830 oder 832 durch Graf Erlafried von Calw und seinem Verwandten Bischof Notting von Vercelli, der außer Geldmitteln und Kirchengeräthen den Leichnam des Schutzheiligen des Klosters, des heil. Aurelius, nach Hirschau brachte. Die ersten Mönche, 15 an der Zahl, und der erste Abt Liudebert, kamen aus Fulda. Von seinen Stiftern und Vögten, den Grafen von Calw, und von Andern ward das Kloster gleich anfangs reich beschenkt, und schon in der ersten Zeit seines Bestehens war es — wenigstens nach späteren Klosternachrichten, wie sie uns Trittenheim und Parsimonius aufbehalten haben — ein Sitz gelehrter Bildung, die von dem Mutterkloster Fulda hieher verpflanzt wurde. Die ersten Aebte (Liudebert — 853, Gerung — 884, Regenbodo — 890, Harderab — 918, Rudolf — 926, Dietmar — 952, Sigger — 982, Lupold — 986, Hartfried — 988, Conrad — 1001) waren fast ohne Ausnahme tüchtige und kenntnißreiche Männer, und eine nicht

geringe Zahl von Mönchen wird uns genannt, die schon in diesen ersten 1½ Jahr=
hunderten als Gelehrte, als Lehrer an der Klosterschule oder als Schriftsteller sich einen
Namen machten, oder die zu auswärtigen kirchlichen Würden gelangten. — Um das
Jahr 1000 aber geräth das Kloster durch eine Pest, durch Uneinigkeit der Mönche und
durch das Streben des Calwer Grafenhauses, die reichen Besitzungen an sich zu ziehen,
in gänzlichen Zerfall und bleibt sogar über ein halbes Jahrhundert lang leer stehen, bis
1049 Pabst Leo IX. auf seinem Besuche in Deutschland seinen Schwestersohn Graf
Adalbert II. von Calw und dessen Gemahlin Wiltrud von Bouillon unter Androhung
des göttlichen Gerichtes zu erneuter Gründung des abgegangenen Klosters und zur Rück=
gabe der Güter, die demselben früher gehört, veranlaßt. Beide Gatten folgen diesem
Rath, sorgen für Wiederbesetzung der neuerbauten Aureliuscelle mit Mönchen, die sie
aus Kloster Einsiedeln verschreiben, und widmen dem Kloster fortan ihre Liebe und Sorg=
falt. 1059 wird der Neubau begonnen, 1065 erhält es in Abt Friedrich einen neuen
Vorstand, aber erst dessen Nachfolger, der berühmte Abt Wilhelm der Selige
(1069—1091) erhebt es zur höchsten geistigen und äußerlichen Blüthe. — Geboren in
Bayern, gebildet im Kloster St. Emmeran zu Regensburg, durch Demuth, Sittenstrenge
und Gelehrsamkeit ausgezeichnet, wird Wilhelm durch einmüthigen Wunsch der Mönche zur
Abtswürde in Hirschau berufen und übt hier in schwerer Zeit eine weit über die Mauern
seines Klosters hinaus sich erstreckende gesegnete Wirksamkeit. Durchdrungen von dem Be=
dürfniß einer zeitgemäßen Reform des Benediktinerordens in Deutschland, entwarf Wil=
helm nach dem Muster der Cluniacenser Einrichtungen, über die er sich auf's Genaueste
zu unterrichten suchte, jedoch unter Berücksichtigung der heimathlichen Verhältnisse, seine
Constitutiones Hirsaugienses, und führte diese nicht bloß in Hirschau, sondern auch in
einer Anzahl anderer Klöster ein, die von Hirschau aus entweder gegründet oder mit
Mönchen und Aebten versehen oder reformirt wurden (so in Comburg, Reichenbach,
St. Georgen, Blaubeuren, Zwiefalten, Erfurt, Schaffhausen, Petershausen u. a.), und
viele Klöster in ganz Deutschland schloßen sich an die Consuetudines Hirsaugienses oder
den ordo Hirsaug. an. Neben der Herstellung einer strengen, bis in's Einzelnste und
Kleinlichste geregelten Observanz, wie sie in den Constitutionen Wilhelms (codex auf der
Königl. Bibl. in Stuttgart) vorgeschrieben ist, war die wichtigste Aenderung, die Wil=
helm traf, die Einführung der Laienbrüder (fratres laici, conversi, barbati), welche
zwar im Kloster und unter der Klosterdisciplin leben, aber alle Handarbeit für die bloß
mit Gottesdienst und Studium beschäftigten Priestermönche übernehmen mußten, sowie
einer dritten Klasse, der sogenannten oblati oder donati, welche ohne klösterliche Tracht
und Wohnung sich dem Dienste des Klosters widmeten und den Verkehr mit der Außen=
welt vermittelten. Durch solche Verbesserungen in den klösterlichen Einrichtungen wie
durch den Ruf und die Vorzüge des Abtes Wilhelm selbst, eines Mannes von ebenso
imponirender als gewinnender Persönlichkeit, von ebenso großer Weltklugheit und Ge=
lehrsamkeit als tiefer und eifriger, wenn gleich etwas mönchisch gefärbter Frömmigkeit,
mußte Hirschau's Ruhm, Reichthum und Frequenz schnell auf's Höchste steigen: ein neuer
Schwung und neue Begeisterung für das Mönchswesen erwachte in weitem Umkreis;
das Kloster faßte die steigende Zahl der Mönche nicht mehr, weßwegen Wilhelm, nach=
dem kaum erst 1071 der alte Klosterbau beendigt war, 1082 einen neuen Bau zu Ehren
des heil. Petrus begann, von welchem noch ein Thurm romanischer Bauart vorhanden
ist. — Ebensogroß aber als für Mönchsthum und Klosterwesen war Wilhelms Interesse
für Gelehrsamkeit, Kunst, Literatur, besonders auch für Bücherabschreiben und =sammeln:
er war in christlicher und profaner Literatur wohl belesen, besaß überraschende Kennt=
nisse nicht bloß in Philosophie und Theologie, sondern auch in Mathematik, Natur=
wissenschaften, Astronomie, Architektur und Musik; gründete eine Schreibschule und werth=
volle Büchersammlung in Hirschau, und verfaßte selbst mehrere Schriften: so außer den
schon genannten Constitutiones Hirsaug. ein Werk über Musik (de musica et tonis,
herausg. v. Gerbert, scr. eccl. de musica II, 154 sqq.) und eine sehr merkwürdige

Schrift u. d. T. philosophicarum et astronomicarum institutionum l. III. oder philosophia Willihelmi magistri (Pergamenthandſchr. der Stuttg. öffentl. Bibl. und gedruckt Baſel 1531. 4.). Auch an den politiſchen und kirchlichen Weltereigniſſen ſeiner Zeit nahm Wilhelm Antheil, war mit Gregor VII. perſönlich bekannt, correſpondirte mit ihm (wie mit Anſelm von Canterbury), beſuchte ihn in Rom und war trotz aller Gefahr, die es ihm bringen konnte, einer der treueſten Anhänger des Pabſtes und des Gegenkönigs Rudolf von Schwaben während der politiſch-kirchlichen Kämpfe und Zerrüttungen zur Zeit Heinrichs IV. (vgl. über Wilhelm auch Floto's Heinrich IV. Stuttgart, Beſſer, Bd. I.). — Wilhelm ſtarb den 5. Juli 1091; eine Lebensbeſchreibung von ihm ſchrieb unter ſeinem Nachfolger der Prior Haymo (Bolland. 4. Juli und Mabillon, Act. Sanct.).

Noch lange hatte Hirſchau den von Abt Wilhelm geſtifteten geiſtlichen und ökonomiſchen Segen zu genießen: eine große Menge von Beſitzungen, die dem Kloſter am Ende des 11. und im 12. Jahrhundert zufloßen, verzeichnen die Hirſchauer Traditionsbücher (ſ. Codex Hirsaug. in der Bibl. des liter. Vereins Bd. I. Stuttg. 1843); auch fromme Sitten und gelehrte Bildung erhielten ſich wenigſtens noch eine Zeitlang bei Mönchen und Aebten. Auf Gebhard (1091—1105), einen ehrgeizigen und weltklugen Mann, der des Kloſters Anſehen und Wohlſtand noch hebt und 1105 Biſchof von Speier wird, folgen der fromme Abt Bruno aus dem württembergiſchen Grafenhaus — 1120, der ſtrenge und kluge Volmar — 1157, Hartwif — 1157, Mangold — 1165, Ruprecht — 1176. Aber ſeit dem Ende des 12. Jahrhunderts und mehr noch ſeit der zweiten Hälfte des 13. beginnt für Hirſchau, wie für die Klöſter überhaupt, eine Zeit des ſittlichen und ökonomiſchen Verfalls, und vergeblich ſuchen einzelne beſſere Aebte Zucht, Ordnung und Wohlſtand wiederherzuſtellen. Erſt zur Zeit der großen Reformconcilien des 15. Jahrhunderts wurden entſchiedene Verſuche zur Zurückführung eines beſſeren Geiſtes wie zur Hebung des zerrütteten Wohlſtandes gemacht: nachdem ſchon Abt Friedrich (1400—1428), gemäß ſeinem zu Conſtanz gegebenen Verſprechen, eine Reform verſucht hatte, gelang ihm eine ſolche nach jahrelangem vergeblichem Bemühen ſeinem Nachfolger Wolfram durch Einführung der „Bursfelder Weiſe" 1457, und Abt Bernhard (1460—1482) befeſtigte unter neuen Schwierigkeiten die Ordnung nicht bloß in ſeinem eigenen Kloſter, beſonders durch Aufhebung eines benachbarten Beguinenhauſes, ſondern führt dieſelbe Reformation auch in mehreren andern Klöſtern durch. Auch der ökonomiſche Wohlſtand hob ſich wieder unter dieſen tüchtigen Aebten und mit Unterſtützung der neuen Schutzvögte und allmähligen Landesherrn, der Grafen von Württemberg. Blaſius, der letzte Abt des 15. Jahrh. (1484—1503) hob den Reichthum des Kloſters zu einer ſeit drei Jahrhunderten nicht mehr erreichten Höhe und ſchmückte ſeine Kreuzgänge und Kirche (1491 ff.) mit herrlichen (beſonders durch Leſſing bekannt gewordenen) Glasgemälden aus der bibliſchen Geſchichte. Der letztgenannte Abt und ſein Nachfolger Johann waren es auch, welche den berühmten Abt von Spanheim, Johann Trittenheim, zur Abfaſſung ſeines Chronicon Hirsaugiense oder ſeiner Annales Hirsaugienses, wie er die zweite erweiterte Bearbeitung nannte (jenes ed. Basil. 1559 fol. u. ö., dieſe ed. Mabillon typ. Mon. S. Galli 1690. t. II.), veranlaßten, welche nicht bloß die Geſchichte des Kloſters bis 1513, ſondern auch viele werthvolle Notizen für die allgemeine Geſchichte Deutſchlauds enthalten. — Abt Johann III. (1514—1556) erlebte die Einführung der evangeliſchen Lehre im Herzogthum Württemberg durch Herzog Ulrich 1534 und 1535: auch nach Hirſchau wie in andere Klöſter wurde ein ſogenannter evangeliſcher „Lehrmeiſter" geſchickt in der Perſon des gelehrten und beredten Theodor Reysmann: er gab den Novizen und 18 Conventualen Lectionen in der heil. Schrift und den alten Sprachen, predigte auch mit Beifall vor dem Volk; der katholiſche Abt blieb im Kloſter mit einem Leibgeding. Nachdem das Interim 1548—1552 noch einmal katholiſche Mönche in's Kloſter zurückgeführt hatte, ſtellte Herzog Chriſtoph die evangeliſche Lehre im Kloſter und Kloſtergebiet wieder her und richtete durch ſeine Kloſterordnung vom Jahre 1556 in Hirſchau eine ſeiner vier höheren Kloſterſchulen zur Heranbildung evangeliſcher Geiſt-

licher ein. Dem letzten katholischen Abt Ludwig Belbener wurde ein evangelischer Coad=
jutor beigegeben, Heinrich Weilersreuter, und dieser sobann nach des ersteren Tod 1560
zum ersten evangelischen Abt ernannt; sein Nachfolger war 1569 — 1589 Johann Karg
oder Parsimonius, ein Schüler Luthers und Melanchthons, gebürtig aus Augsburg,
von wo er durch das Interim 1548 vertrieben worden war. Seine Collectaneen zur
Geschichte des Klosters Hirschau, sowie andere Handschriften von ihm, befinden sich auf
der Wolfenbüttler Bibliothek; Auszüge daraus hat Lessing in seinen Beiträgen zur
Gesch. u. Litt. 1772 herausgegeben. Seiner neuen segensreichen Bestimmung als evan=
gelischer Klosterschule diente Hirschau (mit einer kleinen durch die spanisch=österreichische
Occupation des Landes im 30jährigen Krieg veranlaßten Unterbrechung 1630 — 1632
und 1634—1648, während welcher Zeit einige katholische Aebte dort ihr Wesen trieben)
bis 1692, wo die französischen Mordbrenner Ludwigs XIV. auch dieses ehrwürdige
Denkmal christlicher Kunst und Frömmigkeit mit vandalischer Rohheit zerstörten; die
Klosterschule wurde hierauf nach Denkendorf verlegt; evangelische Titularäbte von Hirschau
gab es noch bis 1815.

S. außer den bereits erwähnten Quellen und Bearbeitungen besonders Cleß, Ver=
such einer kirchlich=politischen Landes= und Culturgeschichte von Württemberg. Stälin,
Wirtemb. Gesch. Bd. I. II. III. Christmann, Gesch. des Klosters Hirschau 1782.
Steck, das Kloster Hirschau 1844.   Wagenmann.

Hirten bei den Hebräern. Wesentlich ist hier der Unterschied von Wander=
hirten, Nomaden (יֹשְׁבֵי אֹהֶל, 1 Mos. 4, 20; 25, 27., griech. σκηνιται, οἰκουντες
ἐν σκηναις, LXX. — אֹהֶל 1 Mos. 13, 12. 18. als Wanderhirte umherziehen) und den
Hirten, wie sie der mit Viehzucht verbundene Ackerbau erfordert (נֹקְדִים, בֹּקְרִים, רֹעִים).
Die Lebensweise der Wanderhirten, die nach 1 Mos. 4, 1. 20. in die erste Generatio=
nen der Menschheit hinaufreicht, doch nicht die schlechthin älteste ist, sondern von Anfang
an als gleichzeitig mit dem ansässigen Leben des Ackerbauers sich entwickelt zu haben
scheint, V. 12. 17., erhielt sich nach der Sündfluth unter dem semit. Volksstämmen bei
dem hebräischen (dessen Name schon auf unstetes Hin= und Herwandern deutet), 1 Mos.
10, 25. oder bestimmter bei dem therachitischen (11, 24. 31.) Stamm in seinen ver=
schiedenen Zweigen am längsten. Die von Abraham stammenden Midianiten und Ismae=
liten, unter letztern die Nabathäer und Kedarener (25, 2. 13.) führten ein mit einträgli=
chem Handel verbundenes Nomadenleben (Jes. 60, 6 f. Ezech. 27, 21. 1 Mos. 37, 28.)
in den Wüsten Arabiens (s. I, 460. 462 f. u. d. Art. Arabien) noch in Zeiten, in welchen
Israel, derjenige Zweig hebräischen Stamms, der uns hier zunächst angeht, längst zum
ansässigen Ackerbauleben übergegangen war, so jedoch, daß besonders in den weidereichen
Bezirken Palästina's Viehzucht vorherrscht und der Uebergang vom Nomadenleben als ein
fließender erscheint. Die Zelte oder Hütten Midians, Kedars (Ps. 120, 5. Hohel. 1, 5.
Jes. 13, 20. Jer. 29, 29 ff. Hab. 3, 7.), sowie ihre Kameele und Heerden (Richt. 6, 5;
7, 12. Jes. 60, 6 f. Jer. 49, 32.) sind sprüchwörtlich. Ja der hebräische Volksstamm
ist bis auf den heutigen Tag dem Wanderhirtenleben treu geblieben, wenn ihrer Tradi=
tion zufolge die Beduinen, d. i. Wüstenleute, die heutigen Bewohner der arabischen
Wüste, zum Theil wenigstens (durch Joktan, Abraham) Abkömmlinge des hebräischen
Volksstamms sind. Und nach den Berichten der Reisenden ist ihre Lebensweise im We=
sentlichen bis auf den heutigen Tag ganz dieselbe geblieben, wie sie uns die älteste Ur=
kunde des Menschengeschlechts, die Genesis, schildert (*M. Drechsler*, de arabicae gentis ac
terrae indole una eademque. Erl. 1842). Zahlreiche Belege finden sich in älteren und
neueren Reisebeschreibungen besonders von Niebuhr, Burckhardt, Robinson, Schubert,
Wellstedt u. A. vgl. *Michaelis*, de nomad. Palaest. in comm. syntagm. Gött. 1759. d'Ar=
vieux, v. Rosenmüller übers., Sitten der Beduinenaraber 1789. *Burckhardt*, notes on the
Bedouins. London 1830. *Mayeux*, les Bédouins ou Arabes du desert, Par. 1816. 3 vol.

Rosenmüller, Morgenland. Ein Familienhaupt oder Stammhaupt, Scheich شيخ

oder Emir أَمِير (in der h. Schrift auch Fürst נָשִׂיא, 1 Mof. 23, 6. Ezech. 27, 21., oder
König, Jer. 25, 24., genannt) mit seinen Weibern und Kindern, Verwandten und Schutz=
befohlenen, Knechten und Mägden schlägt auf den grasigen Triften der Steppen (נְאוֹת מִדְבָּר)
die Niemands Eigenthum sind, seine Zelte auf (נָטָה, 1 Mof. 12, 8; 26, 25; חָנָה, B.
17. 2 Mof. 13, 20. u. ö.), je nach der Jahreszeit, Winters in der Niederung, Sommers
auf den Höhen, wo möglich in der Nähe von Quellen oder Cisternen, 1 Mof. 21, 25 ff.;
26, 15 ff. Ist die Trift um eine Lagerstätte (מַחֲנֶה, 1 Mof. 32, 8; 33, 8. 2 Mof.
16, 13. 4 Mof. 10, 2; 33, 5 ff. nach Gesenius auch עֵדֶר, intestina Hiob 21, 24.,
רֵבֶץ, Jer. 50, 6., bloß vom Vieh) abgeweidet, so sucht er eine andere (Aufbruch, auch
Station = מַסָּע, 1 Mof. 13, 3. 2 Mof. 17, 1. von נָסַע, Zeltpflöcke ausreißen, Jer.
33, 20; aufbrechen, הֶעְתִּיק, 1 Mof. 12, 8; 26, 22.). Dieselbe Gastfreundlichkeit in den
Zelten der Beduinen wie in den Zelten der hebräischen Patriarchen (1 Mof. 18, 1 ff.);
dieselbe Großmuth und Tapferkeit (1 Mof. 14, 13—24.). Während aber die heutigen
Beduinen bei all ihrer Ehrenhaftigkeit meist Raubhorden sind (Züge aus dem Leben f.
Jahn I. I. 334 ff.), den Städtebewohnern und Reisenden ein Schrecken, was übrigens
auch die arabischen Nomaden des Alterthums waren (Hiob 1, 15 ff. vgl. 1 Mof. 16,'12.),
sind die Erzväter des Volks Israel, die auf den Weideplätzen Kanaans hin= und herzo=
gen, den ansässigen Bewohnern (von Jakob tief beklagte Ausnahme, 1 Mof. 34, 30.) ein
Segen gewesen, 1 Mof. 12, 8; 13, 4; 14, 13 ff.; 18, 23 ff.; 21, 27 ff.; 23, 6; 26, 28.
— Die Heerden derselben bestanden nach 1 Mof. 12, 16; 24, 35; 30, 43; 32, 5 ff.
14 ff. Hiob 1, 3; 42, 12., vgl. 1 Sam. 15, 3., aus Rindvieh (Gemeinname בָּקָר,
nicht nur zur Nahrung, 1 Mof. 18, 7. u. ö., sondern auch zum Pflügen, da sie hie und
da Ackerbau trieben, wie Isak in Gerar, 1 Mof. 26, 12., Jakob, 37, 7., auch das Ge=
schlecht des wie es scheint in Haran ansässig gewordenen Nahor, 1 Mof. 30, 14. u. Hiob
1, 14., wie es auch bei manchen Beduinenstämmen noch jetzt vorkommt, f. Rosenmül=
ler, Morgenl. I, 117 f.). Kleinvieh (Gemeinname צֹאן für Schafe und Ziegen, Haupt=
bestandtheil des Reichthums, auch am frühesten heerdenweise geweidet, 1 Mof. 4, 2. 4;
13, 5; 29, 2; 30, 32; zweimaliges Lammen im Jahr; Kunststücke dabei B. 37 ff.)
Eseln (חֲמוֹר, das schnellste und sicherste Reitthier, 4 Mof. 22, 21. 2 Mof. 4, 20 u. ö.).
Kameelen (גָּמָל, das ausgewachsene zum Transport der Zelte, Waaren u. f. w., 1 Mof.
24, 10; 37, 25. und zum Reiten, 24, 63; 31, 17., zu letzterem aber besonders das
junge, בֶּכֶר, Jes. 60, 6.). Bloß Rinder und Schafe werden genannt während des Auf=
enthalts in Aegypten, 2 Mof. 10, 9. 24; 12, 32. Kameele brauchte man in Gosen we=
niger. Auch in Kanaan war die Kameelzucht für die Israeliten von untergeordneter
Bedeutung, nicht nur weil sie daselbst weder ein nomadisirendes, noch ein handeltreiben=
des Volk waren, sondern auch, da der Genuß des Fleisches verboten war (die Milch soll,
wenn nicht frisch genossen, berauschende Wirkung haben), und sich für das gebirgige Land
zum Transport eher Maulthiere und Esel eigneten. — Hirtenfürsten, wie Abraham, Loth,
Isak, Jakob, Hiob, hatten eine große Anzahl von Sklaven, die ihnen theils als Hirten (1 Mof.
13, 7 f.) der verschiedenen Abtheilungen der Heerde, theils als Leibwache (1 Mof. 14, 14.) dien=
ten. Die Hirten standen wohl auch unter einem Oberhirten (1 Mof. 24, 2. מִקְנֶה שַׂר,
1 Mof. 47, 6., ἀρχιποίμην, 1 Petr. 5, 4.), der für jeden Schaden verantwortlich war,
1 Mof. 31, 38 ff., vgl. 2 Mof. 22, 13. Am. 3, 12.; häufig aber waren die Oberhirten
die Söhne, 1 Mof. 37, 12 ff., Tochtermänner, 30, 29 ff., selbst Töchter, 29, 6 ff., der
Hirtenfürsten. Das gewöhnliche Geräthe כְּלִי des Hirten war (1 Sam. 17, 40. Sach.
11, 7. Mich. 7, 14. 3 Mof. 27, 32. Pf. 23, 4.), der als Sinnbild so bedeutsam gewor=
dene Krummstab מַקֵּל, שֵׁבֶט, mit dem man das Thier beim Fuß fassen konnte, die
Tasche יַלְקוּט, auch eine Schleuder, קֶלַע; doch mögen sie auch Uebung gehabt haben in
Führung anderer Waffen, z. B. der Bogen und Pfeile, 1 Mof. 21, 20., wie die grie=
chischen Hirten, und des Schwerts, 34, 25., zur Abwehr sowohl der wilden Thiere, Lö=
wen, Wölfe, Bären (1 Mof. 27, 3; 31, 39; 49, 27. 1 Sam. 17, 34. Jes. 11, 6; 31, 4.

Am. 1, 3; 3, 12. Mich. 5, 7. u. ö.) als auch feindlicher Angriffe, 1 Mof. 14. So geriethen die Hirten des friedlichen Erzvaters Isak wegen der Cisternen (s. d. Art. Brunnen II, 406) in Fehden mit ansässigen Hirten, 1 Mof. 26, 20 f. Auch unter sich befehdeten sich die Wanderhirten öfters um Quellen, die Gemeingut waren, 1 Mof. 13, 7 f. 2 Mof. 2, 17. als um Cisternen, die als Eigenthum eines Stamms, 1 Mof. 21, 25. 30. von den Besitzern oft verschlossen und verborgen wurden, Hohel. 4, 12. — Zur Bewachung der Heerden dienten ferner Hunde, Hiob, 30, 1. Ueber die Bösartigkeit der Nomaden= hunde s. Strabo 17, 821. Burkhardt, II, 870. Hie und da standen auf den Triften Wachthürme (der Heerdenthurm, 1 Mof. 35, 21. Micha 4, 8.) für Wächter, welche die Hirten vor herannahenden Gefahren warnten, vgl. Ezech. 25, 4. Beim Wandern mußte ein sorgfältiger Hüte darauf sehen, daß das Vieh nicht übertrieben wurde, 1 Mof. 33, 13. Die Wachsamkeit und zarte Sorgfalt des Hirten für die Schafe ist zum Sprichwort und besonders im Munde der Propheten und des Herrn zum lieblichsten Gleichniß geworden; sowie im Gegentheil die Fahrlässigkeit und Lieblosigkeit derselben, vgl. Pf. 23; 80, 2. Jef. 40, 11. Jer. 23, 1 ff.; 31, 10. Ezech. K. 34. Nah. 3, 18. Luk. 15, 4 ff. Joh. 10, 1—29. 1 Petr. 2, 25; 5, 2 ff. Hebr. 30, 20 f. Daher ist die bildliche Bezeichnung be= sonders der weltlichen Obrigkeit, Könige u. f. w. als Hirten und die Redensart: Heerde ohne Hirten sehr häufig, 4 Mof. 27, 17. 2 Sam. 5, 2. 1 Kön. 22, 17. Jef. 13, 14; 44, 28; 56, 11; 63, 11. Jer. 2, 8; 3, 15; 25, 34 ff. Micha 5, 4. Sach. 10, 3; 11, 16. u. ö. Auch sonst sind häufig in der h. Schrift Bilder aus dem Hirtenleben herge= nommen, z. B. vom Scheiden der Schafe von den Böcken, der magern von den fetten, Matth. 25, 32 ff. Ezech. 34, 17., vom Mustern und Zählen der Schafe, Jer. 33, 13. Ezech. 20, 37., vom Tragen der jungen und kranken auf den Armen oder im Busen, Jef. 40, 11., vom Verirren der Schafe, Pf. 119, 176. Jef. 53, 6. Hof. 14, 16., von den Zurufen an die Thiere, Nennen beim Namen, Joh. 10, 13—16. 27. (die βουκολικα ἐπιφωνηματα, f. Longus Pastor. l. 4. p. 136. 147. ed. Moll. die arabischen f. Jahn I. I. 292) vom Abbrechen der Zelte, Jef. 33, 20., von den Hürden, Ezech. 13, 5. u. f. w. Zum Schutz vor nächtlichem Ueberfall wurde das Vieh Abends in die oft aus mehreren Abtheilungen bestehenden Hürden (bewegliche, stabula מִשְׁפְּתַיִם, 1 Mof. 49, 12. Richt. 5, 16. und שְׁפַתַּיִם, Pf. 68, 14. Ezech. 40, 43., oder in der nachnomadischen Zeit, feste, ummauerte, גְּדֵרוֹת, 4 Mof. 32, 16. 1 Sam. 24, 4; auch מִכְלָה, Pf. 50, 9; 78, 70. Hab. 3, 17., בָּצְרָה, Micha 2, 12., griech. αὐλή, Joh. 10, 1. 16., die Nacht bei den Hunden zubringen, ἀγραυλεω, Luk. 2, 8.) zusammengetrieben. Auch Hütten, סֻכּוֹת wurden ihnen gebaut, 1 Mof. 33, 17., wenn nicht hier bloß eine Umzäunung mit Strauchwerk durchflochten zu verstehen ist. Die Nacht brachte der Hirtenknecht in seinen Mantel (Jer. 43, 12.) gehüllt wachend zu, an der Thüre der גְּדֵרָה, Joh. 10, 3. Schäferkarren, wie sie unsere Schäfer haben, will Ewald in den כְּרוֹת רֹעִים, Zeph. 2, 6., finden (nach Gesen. Umbr. Cisternen); wohl mochten die Hirten vor der schädlichen Nachtluft (Pf. 121, 6.) sich durch leichte Zelte oder Hütten aus Reisern geflochten, schützen. Das בֵּית־עֵקֶר הָרֹעִים, 2 Kön. 10, 12. 14. (eig. Haus des Bindens. LXX als Nom. pr. βαιθακαθ των ποι= μενων) ist nach Einigen ein Schafscheerhaus oder ein Haus, wo die Hirten sich versam= melten. Wo sonst die luth. Uebersetzung Hirtenhäuser nennt, sind Weideplätze (Jer. 33, 12.) oder Zelte (Hohel. 1, 8. Jef. 38, 12.) zu verstehen. Die Zelte (אֹהֶל, hie und da בַּיִת, 1 Mof. 27, 15; 33, 17. מִשְׁכָּן, Hohel. 1, 8.) wurden mit Thierhäuten, später und noch heutzutag mit filzartigen, regendichten Decken, יְרִיעוֹת, aus den Haaren der ge= meinen schwarzen Ziege (Hohel. 1, 5.), auch aus Kameelhaaren, bedeckt; diese werden über einer oder mehreren Stangen aufgespannt mittelst einiger an eingerammten Pflöcken (יָתֵד) befestigten Stricke (מֵיתָר, 4 Mof. 3, 37; 4, 32. Jer. 10, 20.). Früher errich= tete man, wie man es hie und da noch bei Beduinen findet, auch Laubhütten, aus Strauch= werk geflochten. Besonders liebte man, unter großen, schattigen Bäumen das Zelt auf= zuschlagen, 1 Mof. 13, 18. Die heutigen Beduinenzelte sind bald rund, bald länglich, wie ein umgekehrter Schiffsboden, womit schon Sallust die Hütten der afrikanischen No=

maben vergleicht; im letztern Fall oft auf 7—9 Stangen ruhend, die mittleren höher als die anderen, doch selten höher als 8—10'. Das Innere ist durch Vorhänge in drei Räume getheilt, der vorderste für das zarte Vieh, bei Vornehmen für die Dienerschaft, der mittlere für die Männer, der hintere (חֶדֶר, Hohel. 3, 4., קֻבָּה, Alkofen, 4 Mof. 25, 8.) für die Weiber. Reichere hatten eigne Zelte für die Frauen (1 Mof. 24, 67; 31, 33 f.) und die Bedienung. Der Fußboden ist mit Teppichen belegt, als Tischtuch dient ein rundes Leder. Die Zeltdörfer der Beduinen bilden in der Regel einen Kreis, die Hürden und das Zelt des Scheich oder Emir in der Mitte. Ein solches Nomadendorf heißt in der h. Schrift טִירָה, 1 Mof. 25, 16. 4 Mof. 31, 10. Pf. 69, 26. Ezech. 25, 4. חַוָּה, 4 Mof. 32, 41. 5 Mof. 3, 14. Jof. 13, 30. So schafften den Wanderhirten ihre Heerden nicht nur Nahrung und Kleidung, sondern auch die Wohnung. Durch Tauschhandel bekamen sie Getraide, soweit sie nicht selbst den Ackerbau trieben, wie Isak, und wohl auch allerlei Luxusartikel, 1 Mof. 37, 25. So kommt's auch jetzt noch vor, daß Karavanen mit ihren Waaren den Nomadenzügen nachziehen, in der Nähe der schwarzen Zeltdörfer ihre weißen oder bunten Zelte aufschlagen und ihre Waaren auslegen, für die sie dann mit Wolle, Vieh u. dgl. bezahlt werden. — So beschwerlich dieses Hirtenleben oft seyn mochte, 1 Mof. 31, 40., so hatte es doch auch seine Annehmlichkeiten; ein fröhliches Fest war die S c h a f f c h u r, zweimal des Jahrs (1 Mof. 31, 19; 38, 12. 1 Sam. 25, 4. 2 Sam. 13, 33 f.). Gäste wurden eingeladen, Gastmähler veranstaltet. Auch Gesang und Musik, besonders mit der Schalmei עוּגָב, 1 Mof. 4, 21. Hiob 21, 12; 30, 31. mochten, wie noch jetzt bei den Beduinen und einst bei den griech. Hirten, zur Unterhaltung dienen; Singluft ist dem hebr. Volksstamm ohnehin eigen. Der apokr. Pfalm 151. in LXX läßt David sagen: ἐποίμαινον τα προβατα του πατρος μου· αἱ χειρες μου ἐποιησαν ὀργανον και οἱ δακτυλοι μου ἡρμοσαν ψαλτηριον. Die Jagd scheint mehr von den räuberischen Nomadenstämmen getrieben worden zu seyn.

Wenn das einfache, ungebundene Hirtenleben in früherer Zeit dem Ackerbau vorgezogen wurde (1 Mof. 4, 2 ff. 25, 27.), wie auch h. z. T. der Beduine die Fellahs, die ansässigen Bauern und die Städtebewohner verachtet, so änderte sich dagegen das Urtheil, nachdem die Israeliten während ihres Aufenthalts in Aegypten, wo die Hirtenkaste (besonders jedoch die der Schweinehirten, Herob. II. 47.) zu den verachteten gehörte, das Ackerbauleben kennen gelernt hatten. Ihre Lebensweise in dem nicht nur weidereichen, sondern auch anbaufähigen Distrikt Gosen war nach dem Willen Gottes ein Uebergangszustand, in welchem sie, als Viehhirten scharf gesondert von den Aegyptern (1 Mof. 46, 31.) mit der Viehzucht den Ackerbau verbanden und sich an feste Wohnsitze gewöhnten, so daß das freie Hirtenleben, das sie noch 40 Jahre in der Wüste führen müssen, ihnen, 4 Mof. 14, 33., als Strafe erscheint. Am treusten blieben dem Hirtenleben die Stämme Ruben, Gad und Manasse, 4 Mof. 32, 1 ff. 5 Mof. 3, 19. Jof. 1, 14. Wie sie schon von Gosen aus (von ephraimit. Geschlechtern erzählt dies ausdrücklich 1 Chron. 7, 20 ff.) die benachbarte Wüste bis an die Grenze Paläſtina's nach Beduinenart durchſtreiften, so trieben sie in dem ihnen nach Besiegung der Amoriterkönige Sihon und Og auf ihre Bitte angewiesenen Land jenseits des Jordans, besonders in dem weidereichen Gilead und südlichen Bafan, ausgedehnte Viehzucht, nicht ganz nach Nomadenweise, denn sie wohnten in Städten, 4 Mof. 32, 26. 34 ff., in manchen Gegenden jedoch auch unter Zelten (חַוֹּת, Zeltdörfer Jair's, Jof. 13, 30.). Bafans und Gileads Weiden, duftend von aromatischen Kräutern, 4 Mof. 32, 1—4. Jerem. 50, 19. Micha 7, 14. Gileads Ziegenheerden, Hohel. 1, 4; 6, 4., Bafans fette Schafe und Rinder, 5 Mof. 32, 14. Pf. 22, 13. Ezech. 39, 18. Am. 4, 11., sind sprüchwörtlich geworden. Zu Zeiten erstreckte sich (1 Chron. 5, 9 f.) ihr Weideland in die östlich angrenzende arab. Wüste hinein; unter den הוֹצוֹת, 1 Kön. 20, 34., sind jedoch nicht, wie J a h n I. I. 279 meint, Weideplätze, sondern Stadtquartiere zu verstehen, f. R o f e n m ü l l e r, Morgenl. III. 201 f. Aber auch dießseits des Jordans kamen sporadisch noch Nomaden (wie bei uns die Zigeuner) in der Zeit gesteigerter Cultur vor, z. B. der mit Mose (4 Mof. 10, 29.) verschwägerte

Stamm des Keniters Heber (Richt. 1, 16; 4, 11.), die kenitischen Rechabiten (Jer. 35, 7. 1 Chron. 2, 55. 2 Kön. 10, 15. 23.), einige Geschlechter des Stamms Simeon bis in die persische Zeit hinein (1 Chron. 4, 37—41., doch nicht im eigentlichen Kanaan, sondern in den ehemals von den Amalekitern bewohnten Steppen zwischen dem Gebirge Seir und Aegypten). Reiche, ansässige Heerdenbesitzer, welche besondere Hirten für ihr Kleinvieh und Rindvieh in Diensten hatten (1 Sam. 25, 7. 1 Chron. 28, 29 ff.) gab's besonders in den an die Triften der Wüste Juda grenzenden Städten, z. B. Isai in Bethlehem, 1 Sam. 16, 11; 17, 15. 20. (vgl. Luk. 2, 8.). Nabal in Maon, der seine zahlreichen Heerden auf den Triften von Karmel weiden ließ. Gleichniß Nathans, 2 Sam. 12, 2. Der Prophet Amos, 1, 1; 7, 14., aus dem an die Wüste Juda angrenzenden (2 Chron. 20, 20. 1 Makk. 9, 33.) Thekoa war Hirte*). Namentlich für Kleinvieh= heerden und Erzielung feiner Wolle eigneten sich diese dürren Bergweiden Juda's: si tibi lanitium curae — fuge pabula laeta Virg. Georg. III, 384. Die Rindviehhirten des diesseitigen Landes hatten ihr Wesen in der Ebene Saron, Jes. 65, 10. und Sephela, Jer. 33, 13. Nach *Lightfoot*, hor. hebr. p. 732 sq. wurde das Vieh in der Regel wäh= rend der Regenzeit vom November bis gegen das Passah in bedeckten Ställen gehalten, und blieb die übrige Zeit des Jahres im Freien. — Auch mehrere Könige waren reiche Heerdenbesitzer, Saul, dessen Oberhirte (1 Sam. 21, 7. אֲבִיר הָרֹעִים, LXX νέμων τὰς ἡμιόνους, ein bedeutendes Hofamt, vgl. Jos. Ant. 6, 12. 1.) der Edomiter Doeg war, David (1 Chron. 27, 29—31.), der als Oberhirten der Schafe und Kameele Ara= ber angestellt hatte, Usia (2 Chron. 26, 10., vgl. Am. 7, 1.), von dem, sowie von seinem Sohne Jotham, 2 Chron. 27, 4., viele Hirtenthürme und Cisternen auf der Hochebene Juda's herrühren und der in der שְׁפֵלָה, dem Tiefland Juda's und in dem מִישׁוֹר, dem Plateau des Stamms Ruben zahlreiche Heerden hatte; Hiskia, 2 Chron. 32, 28. Die Leviten scheinen zum Behuf des Opferdiensts starken Viehstand gehabt und die Mar= kung ihrer Städte hauptsächlich als Weideplatz מִגְרָשׁ benutzt zu haben, 4 Mos. 35, 3 ff. Jos. 21, 11 ff. 1 Chron. 6, 54 ff. Ezech. 48, 15., vgl. Ewald, Alterth. S. 328. 353. In noch späterer Zeit scheint der Hirtenstand ein verachteter gewesen zu seyn, mehr jedoch der der Rinderhirten, Sanhedr. f. 25, 2. Jos. Ant. 17, 10. 7. Auch noch zur Zeit Jesu, in welcher Palästina so dicht bevölkert war, als je, fanden Hirten noch hie und da im Lande Raum (Luk. 2, 8. Gegensatz der Huldigung der Armen und Matth. 2. der Reichen). Die Gleichnißreden Jesu vom Hirtenleben sind aus der Anschauung hergenommen. Schweinehirten kommen nur im N. T. vor, Matth. 8, 28 ff. Luk. 15, 16. Juden durften nicht nur Schweine nicht essen, sondern nach dem Talmud, Baba kammah 7, 7. Hieros. Schek. f. 47, 3. *Lightf.*, h. hebr. 315 sq., auch nicht weiden; in der Gegend der von vielen Heiden bewohnten Dekapolis gehörten die Schweinheerden ohne Zweifel heidnischen Besitzern. Gesetze, die sich auf das Hirtenleben und Viehzucht beziehen, s. 2 Mos. 21, 33 ff.; 22, 1—4. 9—13. Ersatz für beschädigtes, gestohlenes, verwahrlostes Vieh betreffend. — Vgl. Winer, Realw. I, 495 f. Jahn, Archäologie I. I. S. 274 ff. *Bochart*, hieroz. T. I. l. 2. 402 sqq. Rosenmüller, Archäologie u. Morgenland, bes. I. Bd. De Wette, Archäologie S. 110—116. Saalschütz, Archäologie der Hebr. I, 73—92.

Lehrer.

Hirten, ποιμήν, ist eine Bezeichnung des geistlichen Amtes im N. T. So wie der Herr sich selbst einen Hirten nennt, Joh. 10, 2. 11. 12., und das Volk, an das

---

*) Nach Amos 7, 15. ist בָּקָר nicht bloß ein Hirte von בָּקָר, sondern auch von צֹאן. Aus בַּנֹּקְדִים, Am 1, 1., läßt sich nicht mit Sicherheit schließen, daß Amos Heerdenbesitzer, noch daß er bienender Hirte gewesen sey; wenn auch נֹקֵד, wie Einige annehmen, ein Heerbesitzer ist, weil Mescha, König von Moab, 2 Kön. 3, 4. נֹקֵד heißt, so ließe sich doch übersetzen: er war (als Hirte in Diensten) bei den Heerbesitzern. נֹקֵד heißt aber wohl überhaupt nicht Heerbesitzer, sondern insbesondere ein Schafzüchter, da נָקֹד nach der Etymol. eine Race ge= sprenkelter, feinwolliger, kurzfüßiger Schafe bezeichnet.

er sich wendet, mit einer Schafheerde vergleicht, Matth. 9, 36., welche Vergleichung auch in der Parabel vom jüngsten Gericht noch festgehalten wird, Matth. 25, 32., so trug er diese Benennung auf das Verhältniß seiner Apostel zu der zu stiftenden Gemeinde über, Joh. 20, 16. Von den Aposteln wurde der Ausdruck auf das Presbyteren- oder Bischofsamt übertragen, 1 Petr. 5, 2., auch Apg. 20, 28. Offenbar sind die Bischöfe als Hirten betrachtet, und der Ausdruck Hirten, Eph. 4, 11., dient zur Bezeichnung der Bischöfe oder Presbyter; wahrscheinlich auf dieselben bezieht sich die danebenstehende Benennung Lehrer und bezeichnet das Amt nur von einer andern Seite. Jesus Christus blieb aber den Aposteln immer der eigentliche Hirte und Vorbild der Hirten, 1 Petr. 2, 25. Hebr. 13, 20. — Unter den Reformirten französischer Zunge sind die Bezeichnungen pasteur und troupeau für Pfarrer und Gemeinde üblich geworden. Der Norden und Süden Deutschlands unterscheiden sich auch darin von einander, daß dort der Geistliche gewöhnlich Pastor (oder auch Priester) heißt, hier Pfarrer. — Daher auch die Ausdrücke Pastorat u. A.

Hirtenbriefe sind zunächst die Sendschreiben, welche der katholische Bischof zu einer bestimmten kirchlichen Zeit oder bei besonders wichtigen Umständen an seinen Klerus oder an die Gläubigen seines Sprengels erläßt. Der Gebrauch und die Bezeichnung dafür ist auch in die protestantische Kirche lutherischen und reformirten Bekenntnisses übergegangen. Die Hirtenbriefe werden von den Bischöfen, wo solche bestehen, von den Antistes u. s. w. erlassen. Zur Zeit der Strauß'schen Wirren im Kanton Zürich war von besonderer Bedeutung der vom damaligen Antistes Füßli erlassene Hirtenbrief.

Hirtenstab, s. Kleider, geistliche, und Insignien.

Hiskia, חִזְקִיָּהוּ oder יְחִזְקִיָּהוּ, abgekürzt חִזְקִיָּה oder יְחִזְקִיָּה, LXX Ἐζεχίας, König von Juda, Nachfolger des Ahas, regierte 29 Jahre, nach der gewöhnlichen, freilich neuerdings stark angefochtenen Zeitrechnung 725—696 v. Chr. (Ueber die aus den synchronistischen Beziehungen zu der assyrischen, babylonischen, phönizischen und ägyptischen Geschichte sich ergebenden Data s. Movers, Phönizier II, 1. S. 154 ff.; v. Gumpach, die Zeitrechnung der Babylonier und Assyrier S. 105 ff.; Brandis, über den historischen Gewinn aus der Entzifferung der assyrischen Inschriften S. 46 f.). — Die Quellen für die Geschichte des Hiskia sind: 2 Kön. K. 18—20. Jes. K. 35—39. 2 Chron. K. 29—32., womit die auf jene Periode sich beziehenden prophetischen Reden des Jesaja und das Buch des Micha, das wahrscheinlich innerhalb der ersten sechs Jahre des Hiskia abgefaßt ist, zu verbinden sind. — Als Hiskia, 25 Jahre alt, den Thron bestieg, befand sich der Staat Juda in Folge der Unglücksschläge, welche denselben unter Ahas getroffen und zuletzt in die Abhängigkeit von Assyrien geführt hatten, in der äußersten politischen Ohnmacht, während im Innern durch die Herrschaft der Abgötterei und die damit zusammenhängende sittliche Entartung die Verkommenheit nicht geringer war. Demgemäß sehen wir Hiskia eifrig ein zweifaches Ziel verfolgen, einerseits durch Brechung des Götzendienstes und Herstellung der theokratischen Cultusordnungen den religiösen und sittlichen Zustand des Volkes zu heben, andererseits durch Abschüttelung des assyrischen Joches die Selbständigkeit des Reiches wieder herzustellen. Ueber die erstere, die reformatorische Thätigkeit des Hiskia wird 2 Kön. 18, 4. nur summarisch, dagegen sehr ausführlich 2 Chr. K. 29 ff. berichtet. Nach der letzteren Darstellung läßt Hiskia bereits im ersten Monat des nach seiner Thronbesteigung beginnenden neuen Jahres (so ist 2 Chr. 29, 3. zu fassen — s. Bertheau z. d. St., anders Caspari, Beitr. zur Einl. in das Buch Jesaja S. 111) durch Priester und Leviten den Tempel reinigen; bereits damals wurde wohl die von Moses verfertigte eherne Schlange, welcher das Volk geräuchert hatte, zertrümmert, 2 Kön. 18, 4. Sodann wird unter feierlichen Opfern, durch welche zuerst das Volk gesühnt und hierauf von dem gesühnten Volke Gott der Dank dargebracht wird, der Jehovadienst erneuert. Weiter folgt nach K. 30. eine großartige Passahfeier, zu welcher nicht bloß die Bürger des Reiches Juda geladen werden, sondern auch die Angehörigen der noch in Palästina befindlichen übrigen Stämme,

von denen jedoch nur wenige der Einladung Folge leisten. Vor dem Beginn der Fest=
feier werden in Jerusalem die Götzenaltäre zerstört und nach derselben machen sich Alle,
welche daran Theil genommen haben, auf, um überall im Lande die Denkmäler der
Abgötterei zu vertilgen. Dieser Bericht der Chronik bietet einige Schwierigkeiten. Nach
der gewöhnlichen und jedenfalls natürlichsten Auffassung folgt die Passahfeier unmittelbar
auf die in Kap. 29. berichteten Vorgänge, nämlich im zweiten Monat desselben Jahres*)
(so augenscheinlich schon Jos. Arch. IX. 13. 2.). Auf diesen Zusammenhang beider Kapitel
weist besonders 30, 3. 15. vgl. mit 29, 34. "Es wäre," wird selbst von Caspari
a. a. O. S. 113 bemerkt, "sehr sonderbar, daß genau dieselben Umstände in den ersten
Monaten zweier verschiedenen Jahre Hiskia's, des ersten und eines späteren sich zuge=
tragen haben sollten. Dazu kommt, daß levitische Unreinheit vieler Priester und Träg=
heit und Verdrossenheit derselben, sich levitisch zu reinigen, wohl im Anfang der Regie=
rung Hiskia's leicht stattfinden konnte, nicht aber oder doch wohl viel weniger in einem
späteren Jahre desselben." Ebenso scheint die Aufzählung der nördlichen Stämme in
30, 10. 11. 18. gerade den Bestand des nördlichen Reiches vorauszusetzen, welcher nach
der Deportation einiger Stämme durch Thiglath=pileser in der letzten Zeit vor Sama=
ria's Zerstörung stattfand. Dagegen begünstigen andere Momente der Erzählung die
nach dem Vorgang von Jahn, Winer (im Realler.), Keil (Comm. üb. d. Bücher der
Könige S. 515), besonders durch Caspari a. a. O. vertheidigte Ansicht, daß die so=
lenne Passahfeier erst nach der Zerstörung Samaria's, vielleicht veranlaßt durch dieses
Gottesgericht, also erst etwa im 7. oder 8. Jahre des Hiskia stattgefunden habe. Die
in 30, 6—9. gebrauchten Ausdrücke sollen die Zerstörung des nördlichen Reichs und das
Herabgekommenseyn seiner Stämme auf versprengte Reste voraussetzen (doch wird 2 Chr.
29, 8. ganz ebenso vom Reiche Juda geredet). Ferner sey es unwahrscheinlich, daß der
König von Samaria den Boten Hiskia's, die sein Land durchzogen, nichts in den Weg
gelegt und nachher die Zerstörung der Opferhöhen und Altäre geduldet haben solle (doch
ist auch dieses nach dem Lob, das 2 Kön. 17, 2. dem König Hosea ertheilt wird und
nach der ganzen damaligen Lage des nördlichen Reiches nicht undenkbar; im Uebrigen
vgl. Bertheau, Comm. zu den Büchern der Chron. S. 395 ff.). — In welches Jahr
aber die Begehung jenes Passahs gefallen seyn mag, so viel ergibt sich allerdings aus
zahlreichen Andeutungen bei Micha und Jesaja (s. die Zusammenstellung bei
Caspari S. 56 ff.), daß noch in den ersten Jahren des Hiskia der Götzendienst in
Juda ziemlich verbreitet gewesen seyn muß; aber auch später war, wenn auch öffentlich
kein heidnischer und überhaupt kein antitheokratischer Cultus mehr geduldet wurde (wobei
freilich, wie 2 Kön. 23, 13. lehrt, bis zur völligen Zerstörung der alten Opferhöhen nicht
fortgegangen worden seyn kann), eine radicale Austilgung des Götzendienstes wahrschein=
lich so wenig zu erzwingen, als dies bei den früheren Cultusreformen der Fall gewesen
war (deßhalb liegt, was sogleich hier bemerkt werden mag, in Jes. 30, 22; 31, 7.
keine Nöthigung, diese Stücke in die ersten Jahre des Hiskia zu versetzen). Weiter be=
richtet 2 Chron. K. 31. von dem, was Hiskia zur Befestigung der wiederhergestellten
gottesdienstlichen Ordnungen, besonders zur Sicherung des Unterhalts der Priester und
Leviten verfügte. — Daß Hiskia bei diesem Allen von wirklichem Herzensdrang geleitet
wurde, ist nicht zu bezweifeln. Es erhellt dies schon aus der Stellung, welche er per=
sönlich den Propheten und ihrem freimüthig strafenden Worte gegenüber einnahm.
Karakteristisch ist in dieser Hinsicht der Jer. 26, 18. 19. angeführte Vorgang, der noch
in die ersten Jahre des Hiskia fallen muß (s. die Erläuterung jener Stelle bei Caspari,
über Micha den Morasthiten S. 56). Aber bei dem Volke war durch die äußere Cul=
tusreform als solche eine innere Umwandlung nicht zu erzielen, vielmehr trat an die

---

*) Die Mischna tr. Pesachim 4, 9. faßt dies als tadelnswerthe Einschaltung eines Monats
in den Nisan.

Stelle des Götzendienstes jetzt ein todtes Ceremonienwesen, vgl. Jes. 1, 10 ff.*); 29, 13. Mich. 6, 6. Groß war besonders die sittliche Zerrüttung unter den theokratischen Ständen, wie die Strafreden des Jesaja und Micha gegen die bei denselben herrschende Schwelgerei, gegen die tyrannische Rechtspflege, die Lohndienerei der Priester und falschen Propheten zeigen (s. Mich. K. 3. Jes. 1, 15 ff.; 28, 7 f.; 29, 20 u. s. w., wozu noch das strenge Wort 22, 15—19. gegen den ersten Minister des Hiskia, Sebna, kommt). Am verderblichsten für den Staat wurde — um nun zu der politischen Seite der Regierung des Hiskia überzugehen — die gewaltthätige Adelspartei, welche die unheilvolle Politik des Ahas, nur nach einer andern Seite hin, fortsetzte. Statt, wie Jesaja forderte (vgl. 10, 24. 27; 30, 15 ff. u. a.), das assyrische Joch als gerechte Strafe in Ergebung zu tragen und gläubig auf die verheißene göttliche Hülfe zu harren, sann diese Partei fortwährend auf Abfall von Assyrien und drängte deßhalb den König, sich an die ägyptischen Reiche anzuschließen, von denen das eine, das niederägyptische, nach Jes. 30, 4. seinen Königsitz in Tanis hatte, das andere unter dem kuschitischen Eroberer Tirhaka in Oberägypten bestand. Daß diese Politik am Hofe in Jerusalem im Geheimen vom Anfang der Regierung des Hiskia an verfolgt wurde, läßt sich vermuthen (in Jes. Kap. 28., das jedenfalls in diese frühere Zeit gehört, könnte V. 15. hierauf anspielen). War doch überhaupt in jener Zeit (vgl. Jes. 20, 5.) der immer weiter nach Westen vordringenden assyrischen Macht gegenüber der Hülfe suchende Blick der kleinen Staaten am mittelländischen Meere auf Aegypten und Kusch gerichtet (s. die ausführliche Erörterung der damaligen politischen Verhältnisse bei Movers, Phönizier II, 1. S. 393 ff.). Daß es aber in Juda schon damals zum förmlichen Abschluß eines Bündnisses mit Aegypten und somit zum offenen Abfall von Assyrien gekommen sey, kann deßwegen nicht angenommen werden, weil in diesem Falle kaum zu begreifen wäre, daß Salmanassar bei der Zerstörung des nördlichen Reiches das den Treubruch mit diesem theilende Juda verschont haben sollte. (Die Ansicht von Ewald und Caspari, wornach Jes. K. 29—32. in die Zeit vor der Zerstörung Samaria's fallen sollen, hat übrigens auch noch andere Gründe gegen sich.) Die Kriegszüge Salmanassars gegen Samaria, Phönizien und Philistäa**) mögen auch nach Juda hinübergewirkt haben, aber von einem assyrischen Angriff auf Juda in jener Zeit wissen wir lediglich nichts. Ewald bezieht Jes. Kap. 1. und 22. auf einen in den historischen Büchern nicht erwähnten assyrischen Einfall. »Salmanassar sandte ein Streifheer gegen Juda, welches fast ohne Widerstand das Land weit und breit verheerte; als aus Jerusalem ein Heer gegen jenes ausgesandt wurde, ergriff dieses beim Anblick des ungewohnten Feindes die Flucht; und da nun die Hauptstadt berannt wurde und völlig entblößt da lag, eilte man, einen Frieden zu schließen, wie sich von selbst versteht, gegen das Versprechen jährlicher Abgabe« (Gesch. Israels III. 1. S. 331. 1. Aufl.). Allein Jes. K. 22. gehört wahrscheinlich in die Zeit der Invasion Sanheribs, und in dieselbe kann auch K. 1. versetzt werden, worüber unten. — Der Abfall Hiskia's von Assyrien und das Bündniß mit Aegypten gehört vielmehr wahrscheinlich erst in die Zeit, da Sanherib unmittelbar nach seinem Regierungsantritt durch die Feldzüge gegen Babel und Medien (über den ersteren s. Brandis S. 44 ff.) in Anspruch genommen war. Aber schon im dritten Jahr, 14. des Hiskia (nach der gewöhnlichen Zeitrechnung 712 oder 711, nach Brandis 700, nach Movers sogar erst 691 v. Chr.) konnte Sanherib die gegen Aegypten gerichteten Eroberungspläne seines Vorgängers wieder aufnehmen, und bei dieser Gelegenheit sollte

---

*) Ich setze voraus, daß das Vorwort des Jesaja K. 1. unter Hiskia geschrieben ist, nicht in Usia's oder Jothams Zeit, wohin 1, 7 ff, welche Stelle als Weissagung zu fassen unnatürlich ist, schlechterdings nicht paßt, und ebensowenig unter Ahas, auf dessen Zeit 1, 10 ff. keine Anwendung findet.

**) Denn daß der Sargon Jes 20, 1. eben Salmanasser ist, darf nach den neuesten assyrischen Forschungen als gewiß angenommen werden, s. Brandis a. a. O. S. 49.

auch Juda für seine Abtrünnigkeit gezüchtigt werden. Als das auf dem Marsch gegen Aegypten begriffene assyrische Heer verheerend über Juda hereinbrach und eine Festung um die andere wegnahm, ließ Hiskia durch Gesandte Sanherib um Frieden bitten, mit dem Anerbieten, ihm Alles, was er fordern würde, bezahlen zu wollen. Sanherib schien zu einem Abkommen geneigt, indem er Hiskia die ungeheure Schatzung von 300 Talenten Silber und 30 Talenten Gold auferlegte (2 Kön. 18, 13 ff.). In diesen Zeitpunkt, da Hiskia die Gefahr abgelauft zu haben wähnte und Jerusalem deßhalb voll leichtsinnigen Jubels war, glaube ich Jes. 22, 1—14. versetzen zu müssen (etwas früher setzt das Stück Caspari S. 153 f.). Ungefähr in derselben Zeit mag auch Jes. K. 1. geschrieben worden seyn; denn daß zur Zeit der Friedensverhandlungen das Land bereits verwüstet war und nur Jerusalem noch unangefochten da stand, ist begreiflich, da ja das assyrische Heer bereits bis Lachis, südwestlich von Jerusalem vorgedrungen war*). Als nun Sanherib das Geld empfangen hatte, brach er die Uebereinkunft (auf diese Treulosigkeit des Assyrers geht Jes. 33, 7. 8.), und schickte einen seiner Feldherren, Tartan, sammt zwei andern hohen Beamten von Lachis aus mit einem Theil seines Heeres nach Jerusalem, um, unter frecher Ver= höhnung Hiskia's und des Gottes Israels auch die Uebergabe der Hauptstadt zu fordern, wobei er unverholen seine Absicht kundgab, auch das jüdische Volk zu deportiren (Jes. Kap. 36. 2 Kön. 18, 17 ff.). Zwar traf nun Hiskia eifrig Maßregeln zur Vertheidigung der Stadt, 2 Chron. 32, 3—6. (vgl. Jes. 22, 9—11., an welcher letztern Stelle die= selben als erst bevorstehend erscheinen). Bei dem großen Wassermangel in der Umgebung Jerusalems (s. Ritters Erdkunde XVI. S. 441) war es vom größten Werth für die Vertheidigung der Stadt, den Belagerern die Quelle, die sich damals auf der nord= westlichen Seite der Stadt befunden haben und in das Thal Gihon abgeflossen seyn muß, abzuschneiden. Daher ließ Hiskia das äußere Gerinne zudecken und eine Abzwei= gung desselben in die Stadt leiten, wodurch nun die Davidsstadt auch von Westen her mit Wasser versorgt wurde**). — Bei allem dem war nach menschlichem Ansehen die Lage Jerusalems rettungslos. »Ein Tag der Bedrängniß und der Züchtigung und Ver= werfung ist dieser Tag; denn die Kinder sind bis zum Muttermund gekommen, aber keine Kraft ist zum Gebären« — mit diesen Worten schildert Hiskia Jes. 37, 3. die Bangigkeit und das verzweiflungsvolle Ringen jener Tage. Die Gefahr stieg, da San= herib auf das Gerücht von dem Anrücken des Tirhaka sich von Lachis mit seinem Heer vor Libna, also näher gegen Jerusalem hin, gezogen hatte und, um sich den Rücken zu sichern, voraussichtlich die äußerste Anstrengung zur Ueberwältigung Jerusalems ma= chen mußte, Jes. 37, 8 ff. 2 Kön. 19, 8 ff. Aber eben jetzt sollte, wie Jesaja geweissagt hatte, die rettende Macht des lebendigen Gottes dem Trotz des heidnischen Eroberers gegenüber offenbar werden. »Und der Engel Jehova's ging aus und schlug im Lager der Assyrer 185,000 Mann; und als man am Morgen sich aufmachte, siehe da waren sie alle todte Leichen. Und es brach auf und zog fort und kehrte heim Sanherib, der König von Assyrien und wohnte zu Ninive,« Jes. 37, 36 f. 2 Kön. 19, 35 f. Ueber den Zeitpunkt,

---

*) Ewald, die Propheten des A. B. I. S. 255 und Caspari S. 153 machen gegen die Versetzung von Jes. K. 1. in Sanheribs Zeit geltend, daß damals Jesaja nach K. 33. und 37. ganz anders gesprochen habe. Dieser Einwurf erledigt sich, wenn K. 1. in Verbindung mit K. 22. in der oben angegebenen Weise untergebracht wird. Aber selbst später noch haben die Reden des Jesaja einen doppelseitigen Karakter. Den „Sündern in Zion“ (vgl. 33, 14.) gegen= über legt der Prophet allen Nachdruck darauf, daß nur durch Gericht Rettung komme, und das ist eben der Inhalt von 1, 24 ff.

**) Die Vollendung des Werkes, dem zu lieb nach Sir. 48, 17. ein Kanal durch einen Felsen gebrochen werden mußte, kann natürlich erst in spätere Zeit fallen, wie dies auch aus 2 Chron. 32, 30. vgl. mit 2 Kön. 20, 20. sich ergibt. Daß, wie häufig angenommen wird, der jetzt sogenannte Teich Hiskia's durch jenes Werk entstanden sey, wird von Ritter, Erd= kunde XVI. S. 371 ff. bestritten. S. auch Tobler, Topographie von Jerusalem II. S. 61 f.

in welchem diese Gottesthat erfolgte, sind die Ausleger sehr verschiedener Meinung.
Mit Rücksicht auf Jes. 37, 30. 2 Kön. 19, 29. nimmt z. B. Keil (Comm. z. d. Büchern
der Könige S. 541) an, daß zwei Jahre von dem Prophetenwort bis zu dessen Erfüllung
verflossen seyen, was ganz unwahrscheinlich ist. Andere haben dagegen zur Erklärung
von Jes. 37, 30. die Dazwischenkunft eines Sabbath= oder gar eines Sabbath= und
Jobeljahres zu Hülfe genommen. Eine Auskunft dieser Art ist aber überflüssig. Wenn
die Begebenheit in den Herbst fiel (die auf die Parallele mit der Errettung aus Aegyp=
ten Jes. 30, 29. sich gründende jüdische Meinung, welche die Passahnacht annahm, kann
natürlich nicht in Betracht kommen), so ist das erste Jahr, in welchem Nachwuchs ge=
gessen wird, das jetzt zu Ende gehende; da aber in diesem Herbste eine Bestellung des
verheerten Landes nicht mehr möglich ist, so ist auch für das zweite Jahr, wenn gleich
die Assyrer das Land verlassen haben, die ordentliche Ernte verloren. Eine andere Be=
seitigung der Schwierigkeit s. bei Drechsler im Comm. z. d. St. — Ueber den Ort
der assyrischen Niederlage sagt das A. T. nichts Bestimmtes. Das Wort der Weissa=
gung Jes. 10, 32; 37, 33 f. weist auf die Nähe Jerusalems, und ebenso der wahr=
scheinlich in jener Zeit verfaßte 76. Psalm in V. 4. Dies ist auch deßwegen das Wahr=
scheinlichste, da nach dem oben Bemerkten Sanherib augenscheinlich im Heranrücken gegen
Jerusalem begriffen war. Das „in selbiger Nacht" 2 Kön. 19, 35. wäre dann (vgl.
schon Jos. Arch. X, 1. 5.) auf den Zeitpunkt zu beziehen, in welchem Sanherib zu der
Belagerung Jerusalems sich anschickte. — Zu dem biblischen Berichte bietet bekanntlich
Herod. II, 141. ein merkwürdiges Seitenstück. Nach ihm soll auf das Gebet des durch
Sanheribs Angriff in völlige Rathlosigkeit versetzten ägyptischen Königs Sethon bei Nacht
über das assyrische Heer ein Schwarm von Feldmäusen sich ergossen, und die Köcher
und Bogen und die Handhaben der Schilde zernagt haben, so daß am folgenden Tage
das wehrlos gewordene Heer die Flucht ergriff und eine Menge Menschen umkam.
Zum Andenken daran befinde sich im Heiligthum des Hephästos ein steinernes Bild des
Sethon mit einer Maus in der Hand. Nach Ewalds Darstellung (Gesch. Israels
III. 1. S. 336 ff.) sollen der biblische Bericht und die Erzählung Herodots auf zwei
verschiedene Thatsachen gehen. Sanherib soll wirklich nach Aegypten vorgedrungen, aber
durch irgend ein unvorherzusehendes Ereigniß zu schimpflichem Rückzug gezwungen worden
seyn. (Auch nach Jos. Arch. X, 1. 4. bringt es Sanherib zur Belagerung Pelusiums,
wird aber durch das Anrücken des äthiopischen Heeres veranlaßt, die Belagerung abzu=
brechen; Herodot aber weiß von einer Belagerung Pelusiums nichts.) Auf diesem Rück=
zuge erst, meint Ewald, habe sich Sanherib mit Uebermacht auf Juda geworfen, sey
aber theils durch den Schrecken über den Anzug des äthiopischen Heeres, theils durch
eine verheerende Pest, die in seinem Hauptlager ausbrach, nach Ninive zurückgejagt
worden. — Daß das göttliche Gericht, welches der Würgeengel an dem assyrischen Heere
vollzog, als eine furchtbare Pest zu denken sey, wie schon Josephus die Sache faßte, ist
allerdings wahrscheinlich (vgl. auch die Erzählung 2 Sam. 24, 16.). Aber eben hierauf
weist auch der Bericht Herodots, denn die Maus ist Symbol des ἀφανισμός und na=
mentlich der Pest, vgl. 1 Sam. 6, 4. (Zur Erläuterung s. Hitzig, Urgeschichte und
Mythologie der Philistäer S. 201 f. Die Erzählung Herodots beruht ohne Zweifel auf
dem Mißverständniß einer symbolischen Darstellung.) Dann ist aber höchst unwahr=
scheinlich, daß bei Herodot und im A. T. zwei verschiedene Begebenheiten gemeint seyen.
— Wie mächtig der Eindruck der göttlichen Rettungsthat war, bezeugen die höchst wahr=
scheinlich in Folge derselben gedichteten Psalmen 46. 75 und 76. Daß auch die um=
wohnenden heidnischen Völker eine Ahnung von der Größe des Gottes Israels gewan=
nen, wie Jes. 18, 7. geweissagt hatte, zeigt die Notiz 2 Chr. 32, 23.: „und Viele brachten
Gaben Jehova gen Jerusalem und Kostbarkeiten dem Hiskia, und er war erhaben vor
den Augen aller Nationen hernachmals." Vgl. Ps. 76, 12. Die Begebenheit wird noch
in späteren Büchern mehrmals erwähnt, nämlich Tob. 1, 18., nach welcher Stelle San=
herib, als er flüchtig aus Judäa kam, im Zorne viele Juden in Ninive getödtet haben

soll, ferner 1 Matt. 7, 41. 2 Matt. 8, 19. 3 Matt. 6, 5. — Unabhängig von der Gericht von dem Untergang des assyrischen Heeres lautet Jef. 2. B. von 2 Kön. B. Da
die Erzählung von der tödtlichen Erkrankung und wunderbaren Genesung des Hiskia.
Daß diese Begebenheit in das Jahr des Zuges Sanherib's falle, ergibt sich aus B. 6,
wornach Hiskia's Leben noch 15 Jahre dauern soll. Aber ob, wie häufig angenommen
wird, die Krankheit Hiskia's erst nach der Befreiung Jerusalems eintrat, ist fraglich.
Das unbestimmte "in jenen Tagen" B. 1. fordert diese Annahme nicht und die Worte
des 6. B. "von der Hand des Königs von Assyrien werde ich dich erretten und diese
Stadt, und ich schirme diese Stadt" können zwar auf künftigen Schutz vor der assyrischen Macht, deren Rache zu fürchten war, bezogen werden, finden aber doch eine natürlichere Erklärung, wenn die Erkrankung vor dem Ablauf der assyrischen Gefahr stattfand. (Nach Seder olam rabba ed. Meyer p. 65 soll Hiskia drei Tage vor der assyrischen Niederlage erkrankt seyn.) Ob die Krankheit des Hiskia die Pest war (s. dagegen
Thenius zu 2 Kön. 20, 7.); in welchem Fall sie in Zusammenhang mit der assyrischen
Heimsuchung zu bringen wäre, oder, wie Ewald meint, eine in Folge der ungeheuren
Spannung und Anstrengung jener Tage eingetretene, "in Schwulst übergehende Erhitzung", muß dahingestellt bleiben. Das die Genesung verbürgende Zeichen an der
Sonnenuhr ist seiner Bedeutung nach klar; das bereits abgelaufene Leben des Hiskia
soll, gleichsam zurückgestellt, von einem höheren Punkte neu beginnen. Desto schwieriger
ist die Erläuterung des Herganges. Sir. 48, 23. sagt einfach: "die Sonne ging zurück
und verlängerte dem Hiskia das Leben." Von denjenigen neueren Erklärern, welche ein
wirkliches Wunder annehmen, wird dasselbe gewöhnlich auf eine außerordentliche Strahlenbrechung zurückgeführt (vgl. z. B. Keil z. d. St.). Dagegen sind auch neuestens
noch Versuche gemacht worden, das Wunder zu naturalisiren. Thenius (zu 2 Kön.
20, 9.) nimmt die Sonnenfinsterniß zu Hülfe, welche am 26. Sept. 713 stattgefunden
haben soll; Jesaja habe seine astronomischen Kenntnisse (?) benutzt, um dem König das
Wahrzeichen zu geben; es ist nur Schade, daß das Datum sich keineswegs so trefflich
in die Chronologie einfügt, wie Thenius meint, besonders wenn die neuesten Untersuchungen Recht haben sollten. Nach v. Gumpach dagegen (alttestamentliche Studien
S. 195 ff.) hätte Jesaja mit dem Stufensonnenzeiger ein höchst einfaches Kunststück vorgenommen, indem er denselben, dessen Fuß vorher nach Osten gekehrt war, umkehrte,
so daß die Schattenlinie des Gnomen statt, wie bei der vorigen Stellung, hinunterzulaufen, natürlich hinaufsteigen mußte. — Ueber das Gebet des Hiskia Jef. 38, 9 ff. ist
besonders die dem Drechsler'schen Commentar II. 2. S. 219 von den Herausgebern
angehängte Bearbeitung zu vergleichen. Dasselbe ist reich an trefflichen Gedanken, ist
aber seinem ganzen Karakter nach mehr ein Erzeugniß der auf Studium beruhenden
"gelehrten" Poesie. — Nach der Genesung des Hiskia sandte, wie Jef. K. 39. und
2 Kön. 20, 12 ff. weiter berichtet wird, der König von Babel Merodach Baladan Gesandte an Hiskia, um ihm Glück wünschen zu lassen. Hiskia zeigt denselben in eitler
Prunksucht (vgl. 2 Chr. 32, 25.) seine Schätze und empfängt deshalb von Jesaja die
demüthigende Kunde, daß eben dorthin, woher ihm jetzt vermeintlich Ehre erzeigt wird,
nach Babel einst diese Schätze alle und seine Nachkommen dazu weggeführt werden sollen.
Schwierigkeit macht hier der Umstand, daß Hiskia nach der schweren Contribution,
welche er dem Sanherib bezahlt hat, zu deren Beitreibung er nach 2 Kön. 18, 15. nicht
bloß den Königlichen und den Tempelschatz leerte, sondern sogar die Goldbleche an der
Tempelpforte abbrechen lassen mußte (des letztere wird nach Mischna u. Pesachim 4, 9.
gerügt), — schon wieder einen gefüllten Schatz haben soll, in dem, wie es B. 6. heißt,
sich befindet, was aufgespart haben die Väter des Hiskia bis auf diesen Tag. Unüberbar
ist die Schwierigkeit nicht, wenn an die assyrische Beute und was Jef. 33, 23. weissagt!
und an die Geschenke 2 Chr. 32, 23. erinnert wird; unter den Erzstücken können die
Rüstungen u. dergl. verstanden seyn. Die Herausgeber des Drechsler'schen Comm.
(II. 2. S. 213) wollen den Vorgang in die Zeit vor dem assyrischen Einfall versetzen.

Dagegen spricht freilich 2 Chr. 32, 21. nicht, denn das dort erwähnte מַלְאָךְ geht auf
B. 24.; aber daß in einem Zeitpunkt, in dem Hiskia selbst des Schutzes höchst bedürftig
war, der König von Babel um seine Gunst sollte gebuhlt haben, hat wenig Wahrscheinlichkeit. Im Uebrigen ist die Combination der Erzählung mit den Notizen des Berosus,
des Kanons des Ptolemäus und mit dem, was Rawlinson in den assyrischen Inschriften
gelesen haben will, auf verschiedene Weise möglich. S. die bedeutendsten Ansichten über
die Sache unter dem Art. Chaldäer. Beizufügen ist dem dort Gesagten die Auffassung von Brandis a. a. O. S. 47. Nach ihr soll derselbe Merodach Baladan, der
nach Berosus im ersten Jahre des Sanherib durch Elibus (Belib) getödtet worden wäre,
vielmehr am Leben geblieben seyn und während des ägyptischen Feldzugs Sanheribs sich
mit Elib zur Empörung gegen Assyrien verbunden haben. Der unglückliche Ausgang
des Unternehmens, für das wohl Hiskia durch jene Gesandtschaft interessirt werden sollte,
steht jedenfalls fest. Der babylonische König wurde von Sanherib besiegt und an seine
Stelle Sanheribs Sohn Assarhaddon gesetzt. — Ueber die zweite Hälfte der Regierungszeit des Hiskia fehlt es im A. T. an ausführlicheren Mittheilungen. Der 2 Kön. 18, 8.
erwähnte siegreiche Kampf Hiskia's gegen die Philistäer fällt, wie aus der Stellung zu
B. 7. geschlossen werden darf, vermuthlich in diese spätere Zeit (vgl. die Weissagung des
Jesaja 14, 28 ff.); ebenso ist 2 Chron. 32, 22 f. angedeutet, daß Hiskia dem Staate
gegen die Nachbarn ringsum Ruhe schaffte. Die Chronik beschränkt sich im Uebrigen
darauf (B. 27 ff.), Hiskia's späteren Reichthum, seine Thätigkeit für Befestigung der
Städte u. s. w. kurz zu schildern. Zu erwähnen ist endlich noch das Interesse, welches
Hiskia für die alte heilige Literatur an den Tag legte (vgl. den Anhang zu Drechs-
lers Comm. II. 2. S. 221). Er sorgte für den Gebrauch der Psalmen beim Gottesdienste 2 Chr. 29, 30.; auf "Männer des Hiskia" wird Spr. 25, 1. die Redaktion
einer Spruchsammlung zurückgeführt. Ob diese eine "eigene Commission, niedergesetzt
für den Zweck der Wiederherstellung der alten Nationalliteratur" oder einen freien Verein
von Weisen gebildet haben, läßt sich nicht ausmachen. — Im Allgemeinen ertheilt
2 Kön. 18, 5. dem Hiskia das Lob, daß "nach ihm seines Gleichen nicht gewesen unter
allen Königen Juda, noch unter denen, die vor ihm gewesen." Oehler.

Historienbibel nennt man bekanntlich im Allgemeinen jede Bearbeitung der heil.
Schrift, welche vorzugsweise die geschichtlichen Abschnitte derselben berücksichtigend, sey es
durch einfach treu wiederholende Erzählung, sey es durch tiefer eingreifende Umgestaltung
in Auswahl des Stoffes, in Darstellung der Thatsachen, in erbaulicher Anwendung,
jenen Theil des Schriftgehaltes den Zwecken der Volkserziehung dienstbar macht. Da
diese Methode nicht nur durch unsere neuere christliche Literatur, sondern selbst im Schooße
der Familien eine allbekannte und vielgeübte geworden ist, auf der andern Seite aber
unser Wörterbuch nicht dazu bestimmt ist, kritische und praktische Regeln über Angelegenheiten des kirchlichen und häuslichen Lebens aufzustellen, so wichtig diese auch seyn mögen,
so wollen wir diesen Artikel auf das Gebiet der Kirchengeschichte verweisen und beschränken,
innerhalb dessen ihm, wie so manchem verwandten, noch nicht die gehörige Aufmerksamkeit
zu Theil geworden ist.

Das Wesen der Historienbibel ist der Religionsunterricht im Gewande der Geschichte.
An und für sich könnte ein solcher überall vorkommen, wo jene beiden Elemente, Glaube
und Ueberlieferung, überhaupt Gegenstand einer bewährten und methodischen Mittheilung
an das jüngere Geschlecht wären. Allein nicht nur ist Letzteres bei den Menschen von
jeher seltener gewesen, als wir nach unserer persönlichen Erfahrung denken sollten, es
sind auch jene Elemente bei weitem nicht überall in einem innigen wechselseitigen Verhältnisse gestanden. Die heidnische Mythologie hat von der Geschichte nur die Form; sie
war und blieb Poesie und Allegorie, und wurde darum auf die Dauer, wo nicht ganz
weggeworfen, doch aufgelöst. Die wirkliche Nationalgeschichte aber war nirgends als die
göttliche That aufgefaßt und führte darum, soweit sie Gemeingut und Erziehungsmittel
wurde, eben auch nicht auf religiöse Zwecke und Wirkungen hinaus. Letzteres gilt nun

foll, ferner 1 Makk. 7, 41. 2 Makk. 8, 19. 3 Makk. 6, 5. — Unmittelbar an den Bericht von dem Untergang des affyrischen Heeres knüpft Jes. K. 38. und 2 Kön. K. 20. die Erzählung von der tödtlichen Erkrankung und wunderbaren Genesung des Hiskia. Daß diese Begebenheit in das Jahr des Zuges Sanheribs fällt, ergibt sich aus 38, 5., wornach Hiskia's Leben noch 15 Jahre dauern soll. Aber ob, wie häufig angenommen wird, die Krankheit Hiskia's erst nach der Befreiung Jerusalems eintrat, ist fraglich. Das unbestimmte »in jenen Tagen« V. 1. fordert diese Annahme nicht und die Worte des 6. V. »von der Hand des Königs von Affyrien werde ich dich erretten und diese Stadt, und ich schirme diese Stadt« können zwar auf künftigen Schutz vor der affyrischen Macht, deren Rache zu fürchten war, bezogen werden, finden aber doch eine natürlichere Erklärung, wenn die Erkrankung vor dem Ablauf der affyrischen Gefahr stattfand. (Nach Seder olam rabba ed. Meyer p. 65 soll Hiskia drei Tage vor der affyrischen Niederlage erkrankt seyn.) Ob die Krankheit des Hiskia die Pest war (s. dagegen Thenius zu 2 Kön. 20, 7.); in welchem Fall sie in Zusammenhang mit der affyrischen Heimsuchung zu bringen wäre, oder, wie Ewald meint, eine in Folge der ungeheuren Spannung und Anstrengung jener Tage eingetretene, »in Schwulst übergehende Erhitzung«, muß dahingestellt bleiben. Das die Genesung verbürgende Zeichen an der Sonnenuhr ist seiner Bedeutung nach klar; das bereits abgelaufene Leben des Hiskia soll, gleichsam zurückgestellt, von einem höheren Punkte neu beginnen. Desto schwieriger ist die Erläuterung des Herganges. Sir. 48, 23. sagt einfach: »die Sonne ging zurück und verlängerte dem Hiskia das Leben.« Von denjenigen neueren Erklärern, welche ein wirkliches Wunder annehmen, wird dasselbe gewöhnlich auf eine außerordentliche Strahlenbrechung zurückgeführt (vgl. z. B. Keil z. d. St.). Dagegen sind auch neuestens noch Versuche gemacht worden, das Wunder zu naturalisiren. Thenius (zu 2 Kön. 20, 9.) nimmt die Sonnenfinsterniß zu Hülfe, welche am 26. Sept. 713 stattgefunden haben soll; Jesaja habe seine astronomischen Kenntnisse (?) benutzt, um dem König das Wahrzeichen zu geben; es ist nur Schade, daß das Datum sich keineswegs so trefflich in die Chronologie einfügt, wie Thenius meint, besonders wenn die neuesten Untersuchungen Recht haben sollten. Nach v. Gumpach dagegen (alttestamentliche Studien S. 195 ff.) hätte Jesaja mit dem Stufensonnenzeiger ein höchst einfaches Kunststück vorgenommen, indem er denselben, deffen Fuß vorher nach Osten gekehrt war, umkehrte, so daß die Schattenlinie des Gnomon statt, wie bei der vorigen Stellung, hinunterzulaufen, natürlich hinansteigen mußte. — Ueber das Gebet des Hiskia Jes. 38, 9 ff. ist besonders die dem Drechsler'schen Commentar II. 2. S. 219 von den Herausgebern angehängte Bearbeitung zu vergleichen. Dasselbe ist reich an trefflichen Gedanken, ist aber seinem ganzen Karakter nach mehr ein Erzeugniß der auf Studium beruhenden »gelehrten« Poesie. — Nach der Genesung des Hiskia sandte, wie Jes. K. 39. und 2 Kön. 20, 12 ff. weiter berichtet wird, der König von Babel Merodach Baladan Gesandte an Hiskia, um ihm Glück wünschen zu lassen. Hiskia zeigt denselben in eitler Prunksucht (vgl. 2 Chr. 32, 25.) seine Schätze und empfängt deßhalb von Jesaja die demüthigende Kunde, daß eben dorthin, woher ihm jetzt vermeintlich Ehre erzeigt wird, nach Babel einst diese Schätze alle und seine Nachkommen dazu weggeführt werden sollen. Schwierigkeit macht hier der Umstand, daß Hiskia nach der schweren Contribution, welche er dem Sanherib bezahlt hat, zu deren Beibringung er nach 2 Kön. 18, 15. nicht bloß die königlichen und den Tempelschatz leeren, sondern sogar die Goldbleche an der Tempelpforte abbrechen lassen mußte (das letztere wird noch Mischna tr. Pesachim 4, 9. gerügt), — schon wieder einen gefüllten Schatz haben soll, in dem, wie es V. 6. heißt, sich befindet, was aufgespart haben die Väter des Hiskia bis auf diesen Tag. Unlösbar ist die Schwierigkeit nicht, wenn an die affyrische Beute (vgl. was Jes. 33, 23. weissagt) und an die Geschenke 2 Chr. 32, 23. erinnert wird; unter den Erbstücken können die Rüstungen u. dergl. verstanden seyn. Die Herausgeber des Drechsler'schen Comm. (II. 2. S. 213) wollen den Vorgang in die Zeit vor dem affyrischen Einfall versetzen.

Dagegen spricht freilich 2 Chr. 32, 21. nicht, denn das dort erwähnte מלאך geht auf V. 24.; aber daß in einem Zeitpunkt, in dem Hiskia selbst des Schutzes höchst bedürftig war, der König von Babel um seine Gunst sollte gebuhlt haben, hat wenig Wahrschein= lichkeit. Im Uebrigen ist die Combination der Erzählung mit den Notizen des Berosus, des Kanons des Ptolemäus und mit dem, was Rawlinson in den assyrischen Inschriften gelesen haben will, auf verschiedene Weise möglich. S. die bedeutendsten Ansichten über die Sache unter dem Art. Chaldäer. Beizufügen ist dem dort Gesagten die Auffas= sung von Brandis a. a. O. S. 47. Nach ihr soll derselbe Merodach Baladan, der nach Berosus im ersten Jahre des Sanherib durch Elibus (Belib) getödtet worden wäre, vielmehr am Leben geblieben seyn und während des ägyptischen Feldzugs Sanheribs sich mit Elib zur Empörung gegen Assyrien verbunden haben. Der unglückliche Ausgang des Unternehmens, für das wohl Hiskia durch jene Gesandtschaft interessirt werden sollte, steht jedenfalls fest. Der babylonische König wurde von Sanherib besiegt und an seine Stelle Sanheribs Sohn Assarhaddon gesetzt. — Ueber die zweite Hälfte der Regierungs= zeit des Hiskia fehlt es im A. T. an ausführlicheren Mittheilungen. Der 2 Kön. 18, 8. erwähnte siegreiche Kampf Hiskia's gegen die Philistäer fällt, wie aus der Stellung zu V. 7. geschlossen werden darf, vermuthlich in diese spätere Zeit (vgl. die Weissagung des Jesaja 14, 28 ff.); ebenso ist 2 Chron. 32, 22 f. angedeutet, daß Hiskia dem Staate gegen die Nachbarn ringsum Ruhe schaffte. Die Chronik beschränkt sich im Uebrigen darauf (V. 27 ff.), Hiskia's späteren Reichthum, seine Thätigkeit für Befestigung der Städte u. s. w. kurz zu schildern. Zu erwähnen ist endlich noch das Interesse, welches Hiskia für die alte heilige Literatur an den Tag legte (vgl. den Anhang zu Drechs= lers Comm. II. 2. S. 221). Er sorgte für den Gebrauch der Psalmen beim Gottes= dienste 2 Chr. 29, 30.; auf "Männer des Hiskia" wird Spr. 25, 1. die Redaktion einer Spruchsammlung zurückgeführt. Ob diese eine "eigene Commission, niedergesetzt für den Zweck der Wiederherstellung der alten Nationalliteratur" oder einen freien Verein von Weisen gebildet haben, läßt sich nicht ausmachen. — Im Allgemeinen ertheilt 2 Kön. 18, 5. dem Hiskia das Lob, daß "nach ihm seines Gleichen nicht gewesen unter allen Königen Juda, noch unter denen, die vor ihm gewesen." Oehler.

Historienbibel nennt man bekanntlich im Allgemeinen jede Bearbeitung der heil. Schrift, welche vorzugsweise die geschichtlichen Abschnitte derselben berücksichtigend, sey es durch einfach treu wiederholende Erzählung, sey es durch tiefer eingreifende Umgestaltung in Auswahl des Stoffes, in Darstellung der Thatsachen, in erbaulicher Anwendung, jenen Theil des Schriftgehaltes den Zwecken der Volkserziehung dienstbar macht. Da diese Methode nicht nur durch unsere neuere christliche Literatur, sondern selbst im Schooße der Familien eine allbekannte und vielgeübte geworden ist, auf der andern Seite aber unser Wörterbuch nicht dazu bestimmt ist, kritische und praktische Regeln über Angelegen= heiten des kirchlichen und häuslichen Lebens aufzustellen, wie wichtig diese auch seyn mögen, so wollen wir diesen Artikel auf das Gebiet der Kirchengeschichte verweisen und beschränken, innerhalb dessen ihm, wie so manchem verwandten, noch nicht die gehörige Aufmerksamkeit zu Theil geworden ist.

Das Wesen der Historienbibel ist der Religionsunterricht im Gewande der Geschichte. An und für sich könnte ein solcher überall vorkommen, wo jene beiden Elemente, Glaube und Ueberlieferung, überhaupt Gegenstand einer bewährten und methodischen Mittheilung an das jüngere Geschlecht wären. Allein nicht nur ist Letzteres bei den Menschen von jeher seltener gewesen, als wir nach unserer persönlichen Erfahrung denken sollten, es sind auch jene Elemente bei weitem nicht überall in einem innigen wechselseitigen Verhält= nisse gestanden. Die heidnische Mythologie hat von der Geschichte nur die Form; sie war und blieb Poesie und Allegorie, und wurde darum auf die Dauer, wo nicht ganz weggeworfen, doch aufgelöst. Die wirkliche Nationalgeschichte aber war nirgends als die göttliche That aufgefaßt und führte darum, soweit sie Gemeingut und Erziehungsmittel wurde, eben auch nicht auf religiöse Zwecke und Wirkungen hinaus. Letzteres gilt nun,

wie schon der Name sagt, von Allem, was man sonst Profangeschichte nennt. Was also
außer dem Bereich der von Israeliten und Christen (dem "Volke des Buchs" nach
Mohammeds treffendem Ausdruck) als heilig verehrten, d. h. als einer unmittelbar und
außerordentlich von Gott geleiteten Geschichte liegt, mag wohl in seiner einstigen praktischen Verwendung einzelne Aehnlichkeiten mit unserem vorliegenden Gegenstande bieten,
bleibt ihm aber in dieser Hinsicht doch so fremd, daß wir es geradezu als das auszeichnende, karakteristische des eben genannten Völkerkreises betrachten dürfen, daß derselbe
seine Geschichte in ihren wesentlichen Bestandtheilen zur Würde einer Selbstoffenbarung
Gottes erhoben und in dieser Eigenschaft als die unversiegbare Quelle zu dem geistigen
Leben zu erkennen und zu benützen verstanden hat. Im Einzelnen macht dabei nicht der
Begriff selbst einen Unterschied, sondern der Umfang seiner Anwendung.

Wir wollen uns hier nicht weiter bei der Thatsache aufhalten, daß sowohl im Alten
als im neuen Testamente die Offenbarung der Wahrheit selbst wesentlich an eine Reihe
von äußern Thatsachen gebunden ist, welche vor Allem als solche dargestellt werden mußten.
Für unsern gegenwärtigen besondern Zweck genügt es, nachzuweisen, inwiefern frühe
schon dieses Verhältniß die Form des Unterrichts bedingte. So weit die hebräische Literatur hinaufreicht, enthält sie, und zwar zu praktischer Anwendung bestimmt, Hinweisungen
auf die frühere Geschichte, in einer Weise, die uns zeigt, daß diese letztere im Volke
gekannt, also durch vielfache mündliche Wiederholung dem Gedächtnisse und Gewissen eingeprägt war. Es ist überflüssig, Belege dazu aus Gesetz und Propheten zu sammeln.
Aber je größer der Abstand zwischen der Gegenwart und der also bevorzugten Geschichts-
periode wurde, desto mehr wurde für die Auffrischung des Andenkens dieser letztern
gesorgt; desto ausschließlicher, möchte man sagen, concentrirte sich die Aufmerksamkeit der
Schule auf den aus ihrem Erbe zu ziehenden Gewinn. Regelmäßige Vorlesungen, welche
ausdrücklich schon Neh. 8, vgl. 5 Mos. 31, 11., erwähnt werden und von da an gewiß
nicht wieder aufgehört haben, brachten Geschichte und Nutzanwendung dem Volke nahe,
und nichts hat gewiß mehr dazu beigetragen, das Gesetz so tief in dessen Gemüthe wurzeln
zu lassen, als eben der historische Rahmen, der ihm nicht nur Farbe und Interesse lieh,
sondern auch eine stets lebendige Bürgschaft. Zunächst war jener Rahmen ein engerer
und begriff, wenn wir von den Uroffenbarungen an die Patriarchen absehen, nur das
normale, in drei Gesammtbilder sich ordnende Scenenreihe vom Auszug aus Aegypten,
durch die Wüste, nach dem gelobten Lande, woran sich abründend und vollendend und
mit Uebergehung der dazwischenliegenden Geschichte die Tempelweihe auf Moria schloß.
So liegt die "heilige Geschichte" ihrer frühesten Fassung nach theils in Prosa, theils in
poetischem Gewande vor (Neh. 9. Pf. 68. 78. 105. 106. u. f. w.), und wenn dabei über
die angegebene Grenze hinaus der Blick sich auf die Folgezeit richtet, so geschieht dies
eben nicht im Tone der Erzählung, sondern lediglich mit Sündenbekenntniß und Gebet.

Aber auch die jüngere Geschichte Israels von der Eroberung Kanaans abwärts bis
zur Zerstörung Jerusalems wurde zum Behufe des religiösen Verständnisses und der
erbaulichen Anwendung niedergeschrieben, und was wir jetzt (mit Ausschluß des Buchs
Josua, welches zum Pentateuch gehört) unter dem Titel der ersten Propheten im A. T.
finden, ist wirklich ein zweiter Geschichtskatechismus, eine Historienbibel über den angegebenen Zeitraum. Mit Hilfe älterer profaner Annalen und zerstreuter anderweitiger
Ueberlieferungen ist der Verlauf der Begebenheiten so dargestellt, wie er der theokratischen
Betrachtung erscheinen mußte und der Förderung der geistigen Interessen des Volkes
dienen konnte, mannichfaltig und ungleich zwar in seinen Theilen und Formen, eben weil
von ältern Quellen abhängig, aber consequent und einheitlich dem Geiste der Erzählung
nach. In ähnlicher Weise, wenn auch aus einem etwas verschiedenen Gesichtspunkte, sind
die sogenannten Bücher der Chronik mit ihren Anhängen Esra und Nehemia, besser
gesagt die dritte hebräische Historienbibel, דִּבְרֵי הַיָּמִים, geschrieben, welche ihrem äußeren
Rahmen nach von Erschaffung der Welt bis zum vierten Jahrhundert vor Chr.
reicht, die ältere Zeit aber mit bloßen Geschlechtsregistern abfertigt, so daß der schönste

Schmuck des Bildes verloren geht und die praktische Bedeutung des Werkes großentheils auch.

Die Vergleichung der beiden letztgenannten Werke untereinander zeigt uns aber nicht
bloß die fortdauernde Lebendigkeit des Bedürfnisses nach historischem Religionsunterricht,
was sich ja nebenher noch durch manche andere Erscheinung in Literatur (Sirach 44 ff.),
Reden (Apg. 7, 13.) und überhaupt in tausend Beziehungen auf die Geschichte Israels
in allen Theilen des N. T. und des Talmuds bekundet, sondern zugleich die relative
Freiheit in der Behandlung eines Stoffes, der zwar auf der einen Seite eben durch die
Wiederholung fester und spröder wurde, vielfach die Poesie in Prosa, das Bild in Thatsache verwandelnd, auf der andern aber in gleichem Maße der Bereicherung und Ausschmückung zugänglich war, ja beide gleichsam hervorrief, je mehr die geistige Theilnahme
der Erzähler und Hörer eine lebendige war. Daher im apostolischen Zeitalter sowohl
im Munde des Volkes als in schriftlichen Aufzeichnungen manche alttestamentliche Geschichte
in einer Form erscheint, welche sie ursprünglich nicht gehabt, mit Elementen, die ihr fremd
gewesen, und deren Hinzutreten bald als ein unwillkührliches und rhetorisches, bald als die
Frucht der Reflexion und des Studiums, bald als ein Erzeugniß des frei dichtenden
Volksgeistes erkannt werden mag. So hoch wir in der rabbinischen Literatur hinauf-
dringen, finden wir die Belege zu dem Gesagten, das übrigens nur eine natürliche
Parallele zu der gleichen Thatsache bildet, welche, wie männlich bekannt, auf dem Gebiete
der Gesetzbildung sich entwickelt hat. Was auf diese Weise zur Würde einer offiziellen
Satzung erhoben war, hieß eine Halacha (הלכה), was nur individuelle Aussage und
Meinung blieb, war eine Haggada (הגדה), und zu letzterer Art wird daher namentlich
Alles gerechnet, was zur Bereicherung des geschichtlichen Materials gehörte; daher wir
gewohnt sind, unter Haggada vorzugsweise eben diese oft höchst ansprechenden, oft wirklich
überraschend lehrreichen Erzählungen zu verstehen, welche zum Urtexte, sporadisch oder
verwoben, hinzugekommen sind, und in welchen es manchmal schwer ist, zu unterscheiden,
was Parabel und was Geschichte seyn sollte. Die noch jetzt in unsern Bibeln stehenden
Zusätze zu Daniel, Esra, Esther sind allbekannt. Auch im N. T. finden sich zahlreiche
Spuren dieser ausbildenden Thätigkeit (vgl. Matth. 1, 5; 5, 12. Luk. 4, 25. 1 Kor.
10, 4. Gal. 3, 17. Apg. 7. und Hebr. 11. passim. Hebr. 12, 16. Apg. 13, 21. 2 Tim.
3, 8. u. a. m.) In späterer Zeit treffen wir deren immer mehrere an, und es ist als
eine beklagenswerthe Lücke in unserer Wissenschaft zu betrachten, daß die Aufmerksamkeit
einer zugleich billigen und scharfsinnigen Kritik diesem Stoffe in neuerer Zeit sich nicht
in verdientem Maße zugewendet hat.

Abgesehen von diesem haggadischen Karakter, welchen die Bearbeitung der Geschichte
zum Behufe des Unterrichts und der Erbauung in ganz natürlicher Weise annahm, ist
noch zu bemerken, daß auch in Beziehung auf Umfang und Grenze dieselbe wechselte.
Historienbibeln nämlich brachte auch das spätere Judenthum noch manche hervor, aber
von verschiedener Anlage, je nach den Zwecken und Mitteln der Verfasser. Während
z. B. das ältere Seder Olam (סדר עולם) die ganze althebräische Geschichte umfaßt,
erstreckt sich das viel jüngere Sefer hajaschar (ס' הישר) nur über den Zeitraum,
welcher ursprünglich die heilige Geschichte begrenzt hatte, vom Anfang der Welt bis zur
die Eroberung Kanaans. Dagegen mischt das bekannte Werk des Pseudo-Josephus
oder Gorionides (יוסיפון) auch die Profangeschichte hinein und führt die Erzählung
tief über die Zerstörung Jerusalems herab. Alle aber und manche ihnen ähnliche bringen
der sagenhaften Zuthat ein reichliches Maß. Indessen liegt uns hier dieser Gegenstand
zu fern, als daß wir näher auf denselben eingehen sollten. Wir wollten nur die Ueberzeugung gewinnen, daß alle einschlägliche Erscheinungen, die uns auf christlichem Boden
begegnen werden, ihre Vorbereitung und Regel gewissermaßen schon im Judenthum
gefunden haben. Wer sich über die Sphäre des letztern genauer unterrichten will, findet
theils in den bekannten Sammlungen von Fabricius (Codex pseudepigraphus V. T.)
und Otho (Lexicon rabbinicum), was den Stoff betrifft, für die Literärgeschichte selbst

aber beſonders bei Zunz (Gottesbienſtliche Vorträge der Juden, 1832) reichliche und ſichere Auskunft.

Indem wir nun zu demjenigen übergehen, was die Intereſſen unſerer Kirche näher berührt, ſo bedarf es kaum noch der allgemeinen Erinnerung, daß, wie die religiöſe Anſchauung der Offenbarungsgeſchichte, ſo auch die Verwendung derſelben zum Volks= unterrichte von vorne herein hier die nämliche war und ſeyn mußte, wie in der Synagoge. Ja es mußte Beides in um ſo höherem Grade ſtattfinden, als durch das Hinzutreten des evangeliſchen Elementes als eines beſtätigenden, erfüllenden, erklärenden und nament= lich abſchließenden, die Aufforderung zu ſolchem Studium eine dringendere geworden war. Es begegnen uns daher ſchon im N. T. ſelbſt Anzeigen genug von ſolcher Verwendung der Geſchichte, und mit dem Fortſchritte der Zeit ſehen wir auf dieſem neuen Gebiete und zum Theil in vermehrtem Maße alle die bereits beobachteten Thatſachen wieder erſcheinen. Die Vorleſungen, zunächſt hiſtoriſcher Schriften, werden frühe angeordnet; die heilige Geſchichte bleibt oder wird Gemeingut des Volkes und Grundlage des Unter= richts; ſie wird mehrfach und in verſchiedenem Geiſte bearbeitet und neben die jüdiſchen Haggaden ſtellen ſich chriſtliche Legenden. Nur eigentlich und ſpeziell ſo zu nennende Hiſtorienbibeln, d. h. chriſtliche Redaktionen der ganzen bibliſchen Geſchichte A. u. N. T. als Volksbücher, haben wir im Grunde keine neue zu nennen aus den erſten Jahrhun= derten der Kirche, man müßte denn an Werke wie des *Sulpicius Severus* historia sacra denken wollen, deſſen erſtes Buch hier allerdings genannt zu werden verdient. Eher möchten wir an den Flavius Joſephus erinnern, der von frühe an bis faſt in's vorige Jahrhundert herab in dieſer Literatur den erſten Platz einnehmen dürfte, was die Gunſt betrifft, womit ihm die öffentliche Meinung entgegenkam. Nach Ausführlichkeit, Schreib= art, Verbindung der alten Geſchichte mit der apoſtoliſchen Zeit, genügte er mancher ſonſt unbefriedigten Anforderung, die fehlende evangeliſche Geſchichte war ſonſt bekannt genug und die chriſtliche Paßkarte wurde mit leichter Mühe ihm an geeigneter Stelle in die Taſche geſchoben. Das Mittelalter citirt ihn unbedenklich in gleicher Linie mit den Kirchenvätern.

Indeſſen iſt nicht zu vergeſſen, daß die ältere chriſtliche Literatur doch weſentlich oder vorherrſchend eine theologiſche war, im höheren Sinne des Wortes, und zwar in dem Grade, daß ſelbſt die Geſchichte von der Spekulation aufgelöſt und zu einem bloßen Symbol der Idee verflüchtigt wurde. Dieſes Verfahren, welches von dem philoſophiren= den Judenthum ſchon beliebt war, kam namentlich durch die alexandriniſche Schule auch in den chriſtlichen Unterricht und zog die Blicke gerade der Begabtern lange von der= jenigen Richtung des Studiums ab, welche auf populär=erbauliche Bearbeitung der Ge= ſchichte hätte führen können. Was gelegentlich in homiletiſcher Weiſe davon vorkam, iſt hier nicht in Betracht zu ziehen. Es iſt vielmehr eine intereſſante Thatſache, die ſich aber nur dann offenbart, wenn man die Bibelgeſchichte nicht lediglich mit dem landläufigen kritiſchen Fachwerk abthut, ſondern ſie in ihren Beziehungen zum Leben der Gemeinde auffaßt, daß jene hiſtoriſch=erbauliche Betrachtungsweiſe erſt zu der Zeit zu ihrem Rechte kam, wo das Volk ſelbſt anfing, Hand anzulegen an das Werk ſeiner geiſtigen und religiöſen Emancipation, oder doch ſeine Bedürfniſſe neben denen der Schule zur Aner= kennung kamen. Literäriſche Erſcheinungen, welche wir zum Theil wenigſtens unter den Begriff der Hiſtorienbibeln ſtellen dürfen, begegnen uns ſofort wieder, nachdem man anfing, die Volksſprachen der religiöſen Bildung dienen zu laſſen. Und dies geſchah bekanntlich im karolingiſchen Zeitalter für die deutſche Nation, früher indeſſen ſchon für die Angelſachſen*). Wir begnügen uns hier, ohne tiefer in's Einzelne einzugehen, an die Dichtungen Caedmons zu erinnern, welche in ihrer Urgeſtalt die ganze bibliſche Geſchichte bis zum künftigen Weltgericht umfaßt haben ſollen; an Otfrieds von Weißen=

---

*) Inwiefern die gothiſche und die ſlawiſche Bibelüberſetzung, ſo wie die orientaliſchen einer ganz andern Sphäre angehören, habe ich in der Geſchichte des N. T. gezeigt.

burg Krist und an den niedersächsischen Heliand, welche bei verschiedenem Kolorit die Hauptsache mit einander gemein haben, daß die heilige Geschichte nicht nur im Schmucke der gebundenen Rede, sondern, was wesentlicher ist, in einer den Geist des Volkes ansprechenden, malerischen Ausführlichkeit vorgetragen wird. Solcher poetischen Historienbibeln größern oder geringern Umfangs hat es später noch mehrere gegeben; am bekanntesten sind die deutschen, über welche man ausführliche Nachrichten im dritten Bande von Maßmanns Ausgabe der Kaiserchronik findet, und unter welchen die Arbeit von Rudolf von Hohenems, wie es scheint, die weiteste Verbreitung hatte; weniger ist es Jakob v. Maerlants Reimbibel, mit welcher die holländische Bibelliteratur beginnt; völlig ununtersucht sind die französischen Werke dieser Art, die auf verschiedenen Bibliotheken liegen. Aber auch prosaische Bearbeitungen ähnlichen Geistes hat es frühe gegeben; ja man kann eigentlich behaupten, daß die streng buchstäbliche Methode der Uebersetzung nur langsam sich Bahn brach und erst im Jahrhundert der Reformation sich absolut geltend machte. Vieles von dem, was bis jetzt von mittelalterlichen Bibeln untersucht ist — und es muß bemerkt werden, daß die didaktischen Bücher, Psalmen ausgenommen, viel seltener und später in Betracht gezogen wurden — ist nicht sowohl genau übersetzt als historisirt, d. h. theils abgekürzt, theils ausgeführt, theils mit apokryphischer Zuthat oder doch mit Glossen versetzt. Leider ist das Material bei weitem noch nicht bekannt genug, daß sich eine vollständige Geschichte darüber schreiben ließe, allein Beiträge sind doch in hinlänglicher Zahl vorhanden, um eine vorläufige Uebersicht und ein Urtheil möglich zu machen.

Merkwürdig ist zunächst, daß die Geschichte des A. T. überall bei solchen Unternehmungen mehr berücksichtigt wurde, als die des Neuen; doch wohl gewiß nicht als die wichtigere, eher als die ferner liegende, unbekanntere, der freieren Bearbeitung zugänglichere. Und zwar wird die Genesis meist in unverhältnißmäßiger Ausführlichkeit behandelt und mit fremder Zuthat vermischt, während in den übrigen mosaischen Büchern das geschichtliche Element gewöhnlich ganz wegfällt oder doch sehr reducirt wird, dagegen die jüngere Geschichte Israels wieder mit Vorliebe erzählt, und zwar in dem Maße freier und lebendiger, als ihre Elemente schon in der authentischen Form reizender und ansprechender erscheinen. Hin und wieder wurde der Versuch gemacht, das Wenige, was man von der Profangeschichte wußte, synchronistisch einzureihen. Einzelne Arbeiten suchten auch die historischen Notizen der andern Bücher zu benützen, so daß z. B. von Jeremias und Ezechiel, besonders aber von Daniel berichtet wurde, was zu finden war, von Hiob wenigstens der geschichtliche Rahmen beibehalten wurde. Die Erzählungen von Tobias, Judith, den Makkabäern gehörten natürlich zur Sache, aber auch aus Josephus geschöpfte Nachrichten von Alexander und dessen Nachfolgern und von dem Ursprunge der griechischen Bibel. Die chronologische Anordnung war in diesem Theile willführlich und verschieden.

Was die Quellen dieser Werke betrifft, so mögen wohl manche sagenhafte Elemente sich auf dem Wege der volksthümlichen Ueberlieferung von älterer Zeit her fortgepflanzt haben, wenigstens sind mir manche vorgekommen, die in den sonst bekannten mittelalterlichen Sammelwerken nicht zu finden sind. Bei den meisten muß und darf aber eine schriftliche Quelle vorausgesetzt werden und bei der damaligen Methode zu arbeiten ist dies auch das natürlichere. In der That ist das Material, so weit es nicht unmittelbar auf die Vulgata zurückgeführt werden kann, ohne viele Mühe in der verbreiteten Glossensammlung des Walafrid Strabo, oder in den Geschichtswerken des Vincentius von Beauvais, des Gottfried von Viterbo u. A. zu finden, und selbst die vielen Citate von ältern Gewährsmännern, die hin und wieder vorkommen, sind einfach dort abgeschrieben, so sehr, daß nach der Vorstellung der Verfasser alle diese Elemente in gleicher Weise »die Schrift« heißen. Ja die jüngern Arbeiten benützen die ältern, namentlich ist die ursprünglich lateinisch verfaßte Historienbibel des Petrus Comestor die unmittelbare Quelle für mehrere deutsche und französische, nicht einfach daraus übersetzte geworden. Oder aber poetische Arbeiten sind die nächste Quelle für jüngere prosaische geworden, wie namentlich eine vielverbreitete deutsche Historienbibel in wesentlichen Stücken auf Rudolf von Hohenems zurückgeht, wenn auch nicht in der Weiſe, daß man ſie mit Maßmann geradezu als eine „Proſaauflöſung" des letztern betrachten dürfte. Denn es ſind bedeutende Stücke theils zuſammenhängend, wie Pſalmen, Judith, theils fragmentariſch, wie Hiob, Prediger, genau aus der Vulgata überſetzt und auch in den andern Büchern, überall wo der Verfaſſer nichts hinzuzufügen wußte, unzählige Spuren eines gleichen Urſprungs.

Ueberhaupt aber, und dieſe Bemerkung mag uns über das zuletzt Geſagte noch beſſer orientiren, bildeten ſolche Hiſtorienbibeln manchmal den Kern eines größeren Werkes, welches von anderer jüngerer Hand unternommen wurde, um die h. Schrift zu vervoll- ſtändigen. Die ſpäter hinzugekommenen Theile (öfters einzelne hiſtoriſche Bücher, die urſprünglich nicht bearbeitet waren wie die letzten Bücher des Pentateuch, die Chronik u. ſ. w.), namentlich aber die didaktiſchen Schriften wurden dann einfach aus der Vulgata überſetzt, höchſtens mit kleinen exegetiſchen Stoffen, wo es nöthig war, den Text durchflechtend, ſo daß man die verſchiedenen Methoden, Hände, Zeiten, leicht ſondern kann. Dieſe com- binirende Art hat ſich bis tief in's 16. Jahrhundert herab in Frankreich erhalten. Ein ſchlagender Beweis, wie wenig der theologiſche Begriff des Kanons und der Kanonicität im Mittelalter ein lebendiger, leitender geweſen iſt. In mehreren Ländern, namentlich in Frankreich und Italien, ſind nach der Erfindung der Buchdruckerei ſolche combinirte Bibeln die erſten geweſen, welche überhaupt verbreitet wurden.

Bei dem Einzelnen wollen wir uns hier nicht aufhalten. Für das Weitere verweiſen wir, einer Seits, auf den Artikel Romaniſche Bibelüberſetzungen, anderer Seits, da der Artikel Deutſche Bibelüberſetzung auf dieſen Gegenſtand keine Rückſicht genommen hat, auf unſer kürzlich erſchienenes Werkchen: Die deutſche Hiſtorienbibel vor der Erfindung des Bücherdrucks. Jena 1855.   Ed. Reuß.

Hiſtoriſche Theologie, ſ. Theologie und die einzelnen Zweige der h. Theo- logie: Dogmengeſchichte, Kirchengeſchichte u. ſ. w.

Hita (Juan Ruiz von —), ſpaniſcher Prieſter und Dichter, über deſſen Lebens- umſtände weiter nichts bekannt iſt, als was ſeine Gedichte ſelbſt darüber beibringen. Darnach iſt er zu Guadalajara oder Alcala de Henares gegen den Anfang des 14. Jahr- hunderts geboren. Seine Dichtungen verfaßte er während einer durch den Erzbiſchof von Toledo, Kardinal Albornoz, über ihn verhängten Haft. Verläumdungen und falſche Zeugniſſe hatten, wie er ſagt, jenes Mißgeſchick über ihn gebracht. Einer Aeußerung in ſeinem Gedicht zufolge wäre er auch zu Rom geweſen. Während Bouterweck dem Hita zwar das Lob eines ſinnreichen Kopfes zugeſteht, aber ſeine Ausführung ſo roh wie ſeine Sprache findet, nennt Clarus ſein Talent für ſeine Zeit ein eminentes, und Wolf ſteht nicht an, ſein Dichterwerk geradezu dem Don Quixote an die Seite zu ſtellen. Seine Dichtungen ſollen, wie er ſelbſt ſagt, ein Spiegel der Künſte und Fallſtricke der weltlichen Liebe ſeyn; dabei wolle er nach Cato's Regel den Ernſt mit Scherz würzen und einige Schwänke einflechten, wobei er Verwahrung gegen üble Deutung einlegt. Der Dichter ſelbſt, der ſich einen gar argen Sünder nennt, geſteht ein, zuweilen gar große Luſt an den Frauen gehabt zu haben, man müſſe aber Alles geprüft haben, um das Gute aus- findig zu machen. Er iſt ein vollkommen allegoriſcher Dichter, der das Ideal aufſtellt, daneben aber bei den Abweichungen im Leben mit Wohlgefallen verweilt und ſich zu unziemlicher Ausgelaſſenheit und Poſſen fortreißen läßt, welche höchſtens in der Geſchmack- loſigkeit und Rohheit ſeiner Zeit eine Entſchuldigung finden mögen. Vgl. L. Clarus, ſpan. Literatur im Mittelalter, Mainz 1846, Bd. I., S. 398—427.   Th. Preſſel.

Hoba (חוֹבָה, Sept. Χοβά), ein ſyriſcher Ort nördlich von Damaskus, bis wohin Abraham den Kedorlaomer und die mit ihm verbundenen Könige verfolgte, 1 Moſ. 14, 15. Es iſt wohl derſelbe, der Judith 4, 4; 15, 4. unter dem Namen Χωβά erwähnt wird. Noch in chriſtlicher Zeit gab es nördlich von Damaskus einen Flecken dieſes Namens, der von Ebioniten bewohnt wurde, welche jüdiſche Religionsgebräuche beob- achteten.   Vaihinger.

Hobbes, ſ. Deismus.

Hochamt, f. Meſſe.

Hochmann, Ernſt Chriſtoph, mit dem Zunamen von Hochenau, ein Hauptrepräſentant der Wittgenſtein'ſchen Separatiſten zu Ende des 17. und Anfang des 18.
Jahrhunderts. Er war der Sohn eines ſachſenlauenburgiſchen Zollamtmannes, von
Adel, der ſich ſpäter in Nürnberg niederließ und dort ſtarb. In Nürnberg erhielt daher
auch der 1670 in Lauenburg geborne Sohn ſeine weitere Erziehung; dann ging er nach
Halle, um bei Thomaſius die Rechte zu ſtudiren und wurde, da er ſich zu den Pietiſten
hielt, in die dortigen Händel verwickelt und wegen ſeiner religiöſen Extravaganzen relegirt. Um's J. 1697 trat er in Gießen mit Arnold und Dippel in nähere Gemein
ſchaft. Dann begab er ſich nach Frankfurt a. M., wo er beſonders für die Bekehrung
der Juden zu wirken ſuchte. In Folge der in Heſſen-Darmſtadt und Frankfurt im J.
1698 über die Separatiſten ausgebrochenen Verfolgungen, zog er ſich nach Heſſen-Caſſel
und 1699 nach dem Wittgenſtein'ſchen zurück. Dort führte er ein höchſt ſeltſames Ein
ſiedlerleben. Der Graf und die Gräfinnen von Wittgenſtein und namentlich die durch
ihn erweckte Gräfin Wittwe Hedwig Sophie zu Berleburg erwieſen ihm alle mögliche
Freundſchaft. Dagegen war der Letztern Bruder, Graf Rudolph zu Lippe-Bracke ſo ſehr
wider ihn aufgebracht, daß er ihn 1700 durch ſeine Diener mißhandeln und in's Gefängniß werfen ließ. Von Berleburg begab ſich Hochmann auf den Weſterwald, und nachdem er ſich einige Zeit in Pyrmont aufgehalten, führte er ein unſtätes Wanderleben, auf
dem er mit den verſchiedenen Sektenhäuptern der damaligen Zeit, einem Rock, Labadie
u. A., auch mit dem Grafen Zinzendorf zuſammentraf, häufige Verſammlungen hielt,
aber auch ebenſo oft ſich Verfolgungen und Mißhandlungen, ſowohl von Seiten der Behörden, als des aufgeregten Pöbels ausſetzte. In Detmold (1702), in Hannover (1703),
in Nürnberg (1708—9), in Halle (1711), in Mannheim, hatte er längere oder kürzere
Gefängnißſtrafen auszuſtehen. Einen beſonders empfänglichen Boden für ſeine Meinungen fand Hochmann am Niederrhein, wo ſchon früher der Same zu ähnlichen Geiſtesrichtungen ausgeſtreut war. In Crefeld, Duisburg, Mülheim, Weſel, Emmerich hatte
er zahlreiche Freunde; ebenſo in den Bergiſchen Landen, in der Gegend von Solingen
und Elberfeld. Seine Predigt hatte etwas Hinreißendes, ſelbſt auf den Körper der Zuhörer Einwirkendes. So predigte er einſt auf dem Ochſenkamp bei Elberfeld mit ſolcher
Gewalt, daß Hunderte ſeiner Zuhörer ſich von der Erde emporgehoben glaubten und
ihnen nicht anders zu Muth war, als ob der Morgen der Ewigkeit angebrochen wäre.
In ſeinen Aeußerungen gegen die herrſchende Kirche war er, wie alle Separatiſten,
ſchroff und leidenſchaftlich, doch ſpäter klärte ſich Manches in ihm ab; er wurde milder
und beſonnener und ſein chriſtlicher Wandel diente Vielen zur Erbauung, auch Manchen
zur Beſchämung. Was ſeine Lehre betrifft, ſo iſt dieſe aus dem Bekenntniß zu entnehmen, das er 1702 dem ihm feindlich geſinnten Grafen zu Lippe-Detmold eingab; 1) erklärte er ſich wider die Kindertaufe, indem dieſe nicht in der Schrift geboten ſey; 2)
glaubte er, daß das Abendmahl nur für die auserwählten Jünger Chriſti ſey und wollte
die Weltkinder von demſelben ausgeſchloſſen wiſſen; 3) glaubte er an die Möglichkeit
einer vollkommenen Heiligung in dieſem Leben; 4) vom Amt des Geiſtes lehrte er, daß
Chriſtus als das Haupt der Gemeinde allein Lehrer und Prediger einſetzen könne und
ſprach daher dieſes Recht der weltlichen Obrigkeit ab; 5) lehrte er eine Wiederbringung
aller Dinge und endlich hegte er 6) ganz eigenthümliche den Gichtel'ſchen verwandte Ideen
über die Ehe. Er ſtatuirte fünferlei Arten derſelben: 1) eine ganz thieriſche, 2) eine
ehrbare, aber doch noch ganz heidniſche und unreine, 3) eine chriſtliche (nach Eph. 5, 25.),
4) eine jungfräuliche, wo zwei Gott und dem Lamm ganz verlobte und gewidmete Per
ſonen miteinander in der allerreinſten, jungfräulichen Liebe Chriſti zu keinem anderen
Zweck verbunden werden, als daß ſie Gott in Chriſto ohne Unterlaß dienen u. ſ. w. (zu
dieſer Ehe iſt keine Copulation nöthig), 5) (als der vollkommenſte Grad) die Ehe mit
Chriſto als dem keuſchen Lamm allein (mit anderen Worten: das Cölibat). Hochmann
ſtarb 1721. Der Dichter Terſteegen hat ihm folgende Grabſchrift geſetzt:

> „Wie Hoch iſt nun der Mann, der hier ein Kindlein gar,
> Herzinnig, voller Lieb', doch auch voll Glaubens war,
> Von Zions Königs Pracht er zeugte und drum litte,
> Sein Geiſt flog endlich hin und hier zerfiel die Hütte.“

Als Quellen über Hochmanns Leben und Meinungen können zunächſt ſeine eignen, handſchriftlich hinterlaſſenen Aufſätze und Briefe dienen, womit die verſchiedenen Schriften der Zeitgenoſſen und die veröffentlichten Synodalakten, nebſt den gedruckten Streitſchriften für und wider ihn zu vergleichen ſind (ſ. deren Verzeichniß b. Göbel a. a. O.). Das Weitere über ihn ſ. in Walchs Rel.-Streitigkeiten außer der luth. Kirche. Th. II. S. 776 ff., in Stillings Theobald oder die Schwärmer Th. I. und vorzüglich in Max Göbel's Geſchichte des chriſtlichen Lebens in der rheiniſch-weſtphäliſchen evangeliſchen Kirche. Coblenz 852. Bd. II. Abth. 2. u. 3. S. 809 ff., wo neben der Schattenſeite, welche die frühern Berichterſtatter einſeitig hervorhoben, auch auf die Lichtſeite des Mannes und auf ſeine Bedeutung für das religiöſe Leben ſeiner Zeit hingewieſen wird.

Hagenbach.

Hochſtift, ſ. Stift.

Hochſtraten, ſ. Hoogſtraten.

Hochwart, Laurentius (Tursenreutanus), ein bedeutender Prediger und Hiſtoriker des 16. Jahrhunderts, deſſen Leben aus ſeinen Briefen an Johann Haſenberg ermittelt werden kann. Er wurde 1493 zu Tirſchenreut in der obern Pfalz geboren, verlor in ſeinem ſechſten Lebensjahr innerhalb zweier Monate beide Eltern, begab ſich als Jüngling nach Leipzig, wo er ſieben Jahre ſtudirte und Magiſter wurde. Dann eröffnete er in Freyſing eine Schule, begab ſich aber 1526 nach Ingolſtadt, um theologiſche und juridiſche Vorleſungen zu hören. Von 1528—1531 wirkte er theils als Pfarrer zu Waldſaſſen, theils als gefeierter Prediger in Regensburg. Er ſelbſt ſagt, er ſey hier als Saul unter den Propheten angeſtaunt worden. Einen Ruf zur Hofpredigerſtelle nach Dresden lehnte er ab, da ihm gleichzeitig die Dompredigerſtelle zu Eichſtädt angetragen und von ihm angenommen wurde. Nachdem ihn der Kardinal Laurentius Campegius zu einem Magiſter der Theologie promovirt hatte, wurde er 1536 Domherr zu Regensburg und 1549 ʒu Paſſau. Er wohnte den Synoden zu Freyſing 1547, Salzburg 1548 und 49 und als Orator des Biſchofs Georg 1551 dem Kirchenrath von Trient bei, um daſelbſt, wie er ſelbſt bekennt, Zeit und Geld nutzlos zu vergeuden. Ueber ſeine letzten Lebensſchickſale iſt nichts bekannt; ſein Tod fällt in das Ende des Jahres 1569 oder das Jahr 1570. In *A. F. Oefelii* rerum boicarum script. I. p. 148—242 iſt ſein Catalogus ratisponensium episcoporum libris III. gedruckt; andere ſeiner Schriften ſud ungedruckt; ſo: Sermones varii; Monothessaron in quatuor Evangelia; Chronicon ingens mundi; Historia Turcarum ad DCCC annos repetita. Vgl. Kobolt, bayer. Gel.Lex. **Th. Preſſel.**

Hochwürdigſtes Gut, sanctissimum, venerabile, heißen in der katholiſchen Kirche, in Folge des Glaubens an die Wandlung (Transſubſtantiation), die conſakrirten Elemente des h. Abendmahles, denen die katholiſche Kirche einen cultus latriae, der Anbetung, erweiſt. Auch bloß die ausgeſtellte oder herumgetragene Hoſtie wird mit jenem Namen beehrt. S. d. Nähere in den Artikeln Meſſe, Transſubſtantiation.

Hochzeit bei den Hebräern, ſ. Ehe bei den Hebräern.

Hochzeit in der chriſtlichen Kirche. Was hierüber nächſt den beſonderen Artikeln Verlöbniß, Brautexamen, Aufgebot, Brautführer, Brautkranz, Brautring und Trauung noch zu ſagen iſt, beſteht in ſolchem, was Herkommen und Sitte zu allgemeiner Geltung gebracht haben. Dahin gehört vor Allem die Pompa nuptialis, Brautfahrt, auch Kirchfahrt genannt. Wie der Hochzeitstag als Ehrentag betrachtet und als Freudenfeſt in der Familie behandelt zu werden pflegt, die kirchliche Feier aber den eigentlichen Mittelpunkt des Tages und Feſtes bildet, ſo wurde es frühe den Eltern und Paranymphen anbefohlen, ſie ſollten die Brautleute zur Kirche geleiten. Dieſes Gebot ertheilt ſchon die vierte Synode von Karthago, und Paulus Diaconus beſchreibt ein solches Geleite. Unter dem Schmuck, der die Bräute auszeichnet, befindet sich außer dem Ehrenkranze der Unbescholtenen auch das velamen nuptiale, das aus den heidnischen Gebräuchen in die christliche Sitte überging und den Beifall auch der strengeren Kirchen- lehrer fand, durch das Beispiel der Rebecca (1 Mos. 24.) gerechtfertigt und in dieser Beziehung von griechischen und lateinischen Formularen benützt, als signum bald pudoris et verecundiae, bald humilitatis et subjectionis erga maritum empfohlen wurde. Ein großentheils abgekommener Gebrauch ist die Hochzeitbinde, vitta nuptialis, pallium con- jugale, wodurch nach Isidorus Hispalensis die Verlobten nach der Benediction quasi uno vinculo copulantur. Diese Binde ist von weißer und rother Farbe, welche die Reinheit des Lebens und die Fruchtbarkeit des Blutes andeuten soll. Dieses Tuch wird über Häupten und Schultern des Brautpaars ausgebreitet und von vier Begleitern gehalten. Es besteht noch in dem Schwedischen Brauthimmel, Pell, ein baldachinartig von vier unverheiratheten Personen während der Ertheilung des priesterlichen Ehesegens über das Brautpaar gehaltener Seidenzeug. — Die Hochzeitschmäuse sind unter den Christen uralt, δεῖπνα γαμικὰ, convivia nuptialia, von Synodalbeschlüssen und Kirchenordnungen in die Schranken der Mäßigkeit und Ehrbarkeit gewiesen, und namentlich Chrysostomus rügt die πομπὰς καὶ χορείας σατανικὰς und die αἰσχρὰ ᾄσματα. Den Geistlichen war es theils überhaupt, theils nur den Klostergeistlichen verboten, an einem Hochzeit- gelage theilzunehmen. Das Concil von Neucäsarea untersagte den Priestern nur, die γάμους δίγαμούντων mitzumachen. Die Ueberbleibsel des Hochzeitmahles sollten den Armen zu gute kommen; daher sind wenigstens noch die Opferspenden bei der kirchlichen Feier auch in der evangelischen Kirche geblieben. S. Binterim und Augusti; auch die Zusammenstellung der Gebräuche der verschiedenen Völker in Feier der Liebe, oder Beschreibung der Verlobungs- und Hochzeitsceremonieen. Berlin 1824. 2. Aufl. Ling, die Gebräuche und Ceremonieen der griechischen Kirche, aus dem Engl. Riga 1773.

Grüneisen.

Hoë von Hohenegg. Zum großen Theil haben die Geschicke des dreißigjährigen Krieges in den Händen zweier fürstlicher Beichtväter gelegen, wovon Hoë der eine, der andere Lämmermann, Beichtvater Ferdinands II.

Einem alten mit hohen Aemtern betrauten adeligen österreichischen Geschlechte war Hoë*) entsprossen, um 1580 in Wien geboren, wo damals der Protestantismus in weiten und hohen Kreisen die herrschende Confession war. Als er für ein Fachstudium sich entscheiden sollte, erwählte er, was, wie er selbst sagt, auch seiner Zeit unter adeligen Protestanten selten — das theologische, theilweise das juristische damit verbindend. Mit vornehmen Empfehlungen versehen, traf er im J. 1597 in Wittenberg ein und erwarb sich durch seinen Studieneifer die allgemeinste Anerkennung bei seinen akademischen Lehrern. »So sich, erzählt er selbst, meine Kinder wundern, wie ich in vier Jahren habe in drei Fa- kultäten studiren und so weit darinnen kommen können, sollen sie wissen, daß ich mir Nichts auf der Welt höher als mein Studiren habe angelegen seyn lassen und habe mannigmal in 2, 3 Tagen keinen warmen Bissen in meinen Mund gebracht, ich bin viele Nächte nicht zu Bette kommen, sondern stets gelesen und geschrieben, so gar, daß auch der Teufel das Licht mir ausgeblasen, ein Gepolter in dem Cavet angerichtet und mit Büchern auf mich zugestürmt hat.« Wie damals der promovirte Magister, während er seine Studien noch fortsetzte, Vorlesungen zu eröffnen pflegte, so auch Hoë, welcher rühmt, daß er in denselben an 200 Zuhörer gezählt. Bei seinem vornehmen Stande mußten die ausge- zeichneten Talente desto mehr das Auge auf ihn richten und der erste Hofprediger Poly- karp Leyser I. veranlaßte ihn 1602, vor Kurfürst Christian II. eine Probepredigt zu thun, in Folge deren ihm auch sofort die dritte Hofpredigerstelle zugetheilt wurde. In einem ausnehmenden Grade muß ihm die Gabe, bei den Hochgestellten sich zu insinuiren, eigen gewesen seyn: schon Christian II. wurde damals in dem Grade ihm zugethan, daß, wie

*) Die latinisirte Form lautet Hoë, die deutsche Höe.

wir vernehmen (*Gleich*, annal. eccles. II. 31.), der Fürst ihn oftmals bei Tafel an seine Seite gesetzt, die Hände mit Herzlichkeit in die seinigen geschlossen, in seinem Logis ihn besucht, niemals mit bedecktem Haupt ihn angeredet, ihm auch wiederholte Geldgeschenke von 200 bis 1000 fl. gemacht. Dennoch mußte der Fürst zur Beförderung seines Lieb- lings in die zur Superintendentur von Plauen seine Einwilligung geben; der Beifall der Hoë'schen Predigten bei den hohen Herrschaften war nämlich so außerordentlich gewesen, daß die andern Hofprediger sich gekränkt fühlten und der alte Leyser über seinen ehemaligen Schützling Klage führte, daß derselbe „ihm die Schuhe austreten wolle.“ Nur sehr schwer konnte sich der Kurfürst in die Trennung finden, schickte dem Abgegangenen auch noch das für damalige Zeit außerordentliche Geschenk von 3000 fl. zu einem Hauskaufe nach. Auch in dem neuen Wirkungskreis, in den er 1603 eintrat, erwarb sich Hoë allgemeine Anhänglichkeit, so daß man auch von Plauen nur mit tiefstem Schmerze ihn entließ, als ihm, auf dringendes Ansuchen der lutherischen Stände Böhmens, Kurfürst Christian die Annahme des Rufs zum Direktor der evangelischen Stände des Königreichs Böhmen gestattete. Nach damaliger Gewohnheit mußte Hoë bei diesem Abgange sich verpflichten, auf Erfordern in den Dienst seines Landesherrn zurückzutreten. So wurde er denn auch nach Kurzem den Böhmen wieder entrissen, gerade zu einer Zeit, wo sie ihn am dringendsten seiner bedurften. Bei der Erledigung der ersten Hofpredigerstelle in Dresden 1612 er- hielt er von Kurfürst Johann Georg I. den Befehl, nach Dresden zurückzukehren, und ihm zu Ehren wurde von da an mit dieser Stelle das Prädikat des Oberhofpredigers verbunden. Dieselbe geistliche Herrschaft, welche Hoë über den fürstlichen Vorgänger ausgeübt, erlangte er ohne Schwierigkeit auch über den Nachfolger, den schwachsinnigen, wegen seines ungemäßigten Biergenusses bei dem Volke nur unter dem Namen des „Bierjürgen“ bekannten Johann Georg I., dem seine ungewöhnliche Devotion gegen die Geistlichkeit sogar in Gerbers „Historie derer Wiedergebornen in Sachsen“ eine Stelle erworben. „Dieser will auch Unglück haben“ — sprach der Fürst einst, während eine andere Person sich entfernte, zu dem eintretenden Oberhofprediger Weller, dem Nachfolger Hoë's —: „er klagt wider einen Priester! Wer Unglück haben will, fange es nur da an. Meine sel. Frau Mutter hat mich allezeit treulich davor gewarnt“ (Ger- ber I. 162.).

So weit sich nun aus den gedruckten Schriften und aus einem umfangreichen, noch vorhandenen Briefwechsel Hoë's abnehmen läßt (vgl. die zwei von G. Arnold benutzten großen Bände Epp. ad Meisnerum der Hamburger Stadtbibliothek, Epp. ad Saubertum ebenda, Epp. ad Gerhardum in der Gothaischen herzoglichen Bibliothek u. a.), darf auch gesagt werden, daß derselbe ein Mann war, dem, nach dem Maße seiner Einsicht, das Wohl von Kirche und Schule wirklich am Herzen gelegen, welcher daher auch, soweit ihm in den bald durch die Kriegsstürme zerrütteten Zuständen des Landes möglich war, seinen vielvermögenden Einfluß bei seinem schwachen Fürsten zum Besten der Kirche und der Universitäten Leipzig und Wittenberg redlich in Anwendung gebracht hat. Praktisch und diplomatisch scharfsichtig richtete er sein Interesse zunächst darauf, der lutherischen Kirche innere Einheit und Befreiung von der Cäsareopapie des Staates zu sichern. Durch ihn wurden jene sächsischen Theologenconvente gegründet, als deren wichtigstes Resultat jene Entscheidung zwischen den Tübinger und Gießener christologischen Streitigkeiten anzusehen, durch welche, im Namen des Kurfürsten bekannt gemachte, decisio in der That dem so verderblich zu werden drohenden Schisma der luther. Kirche vorgebeugt wurde[*]. Von einer Hofpartei mag indeß gegen ein solches luther. Cardinalcollegium dennoch bei dem schwachen Fürsten Bedenken erweckt worden seyn, so daß derselbe die Bitte des letzten dieser Convente im J. 1628, jährlich zusammentreten zu dürfen, mit dem Bescheide ablehnte: „Wenn etwas sich ereigne, so sey er und sein Oberconsistorium da“ (Henke, „Georg Calixt“ I. 321.).

---

[*] Nach Thomasius, Christologie Bd. II. S. 448 wurde die decisio selbst nicht von Hoë sondern von Höpffner verfaßt.

Hoë's Sinn für Gelehrsamkeit, Talent und Religiosität ließ ihn vorzugsweise die Freund=
schaft derjenigen unter den damaligen Theologen suchen, in denen die Gaben des Geistes sich
am meisten mit frommem Sinne verbanden. Mit tief sich unterordnender Ehrfurcht wirbt er
um das Wohlwollen J. Gerhards, stellt sich in das freundlichste Verhältniß zu Männern
wie Meisner, Mentzer, Saubert. Daß er nicht durchgreifender ausführen kann, was
zum Heile der Kirche dient, erweckt ihm großen Schmerz; in einem Briefe an Meisner
vom J. 1622 (Vol. IV. S. 125) bricht er fast in Verzweiflung über die ihm allenthal=
ben entgegentretenden Hindernisse aus: asina si perit est qui liberet, at eccl. cum peri=
clitatur, nemo est qui succurrat. Qua de re fortasse aliquando plura in sinum tuum
effundam amicissime. *Taedet profecto me vitae meae et acerbum mihi duco tali in
rerum statu in terris superesse.* — Den frömmeren lutherischen Theologen jener Zeit
möchte man ihn auch beizählen nach seinem Verhalten gegen Jakob Böhme. Wenn auch
der Bericht über eine amtliche Prüfung der Lehrreinheit des Görlitzer Theosophen vor
dem Dresdener Oberconsistorium nicht historisch ist, so doch die Nachricht von einem
Privatcolloquium des Oberhofpredigers und Superintendenten mit Böhme (s. hierüber
deutsche Zeitschr. für christl. Wiss. 1852. Nr. 25). Hiebei nun scheint Hoë sich sehr freund=
lich bewiesen zu haben; Böhme selbst berichtet in einem seiner von Dresden nach Görlitz
geschriebenen Briefe, daß auch Hoë anfange, auf geistliche Weise von der neuen Geburt
zu lehren: "Mein Büchlein: "Weg zu Christo" wird allhier mit Freuden gelesen, wie
denn auch der Superintendent Stranch sowohl, auch Dr. Hoë die neue Geburt und
den neuen Menschen anitzo selber lehren."

Was jedoch diesen Theologen bei der Nachwelt in das übelste Licht gestellt, ist einer=
seits sein giftiger Calvinistenhaß, andererseits seine Papistenfreundlichkeit. Was
den ersteren betrifft, so finden wir ihn hier nur in den damals gangbaren Vorurtheilen
seiner Confession befangen und kann zur Milderung auch noch hinzugefügt werden jene
in Sachsen noch in lebhafter Erinnerung lebende Unredlichkeit, mit welcher die philippi=
stische Partei ihren Ansichten versteckterweise die Herrschaft zu verschaffen gesucht hatte.
Auch in Unterösterreich, wohin der Vater Hoë's seinen Sohn auf das Gymnasium ge=
sandt, um ihn vor dem Einflusse eines Flacianischen Hauslehrers sicher zu stellen, hatte
diese philippistische Richtung allmählig die lutherische verdrängt und den besorgten Vater
von der anderen Seite her erschreckt. Für diese anticalvinistische Polemik bot sich nun
Hoë sofort nach seinem Dresdener Amtsantritt ein Schauplatz durch den 1613 erfolgten
Uebertritt des benachbarten Kurfürsten Sigismund zur reformirten Kirche dar. Von Hoë
erschien 1614 „Calvinista aulico-politicus alter" das ist: Christlicher und nothwendi=
ger Begriff von den fürnembsten politischen Hauptgründen, durch welche man die ver=
dammte Calvinisterei in die Hochlöbliche Kur= und Mark=Brandenburg einzuführen sich
eben stark bemühet. Wittenberg 1614. 8." Bald sollte dieser confessionelle Kampf mit
noch verhängnißvollerem Einflusse sich fortsetzen. Die lutherische Partei der an ihren
Rechten gekränkten protestantischen Stäude Böhmens hatte an Kurfürst Georg sich mit
der Bitte gewandt, die böhmische Königskrone zu übernehmen: da die Antwort nur zu=
rückhaltend lautete und die Zeit drängte, so war dem reformirten Kurfürsten der Pfalz
Friedrich V. dieser Antrag gemacht und von diesem angenommen worden (1619). Poli=
tische Eifersucht verband sich nun am sächsischen Hofe mit Confessionshaß, und an
den Landeshauptmann Graf Schlick, durch welchen der Antrag lutherischerseits an den säch=
sischen Hof ergangen war, schrieb sogleich Hoë mit bitterer Klage: "O wie großer Schade
um so viele edle Länder, daß sie alle dem Calvinismo sollen in den Rachen gesteckt wer=
den! Vom occidentalischen Antichrist sich losreißen und den orientalischen (der Calvinis=
mus dem Muhamedanismus gleichgestellt) dafür bekommen, ist in Wahrheit ein schlechter
Vortheil." Nun kam es darauf an, welche Stellung in dem jetzt entbrennenden Kampfe
zwischen dem katholischen, von Jesuiten beherrschten Kaiser und seinen wegen Rechtsbruch
sich auflehnenden protestantischen Unterthanen einzunehmen sey, von denen allerdings nur
ein Theil dem lutherischen, der überwiegend größere dem reformirten Bekenntnisse angehörte.

Der Kurfürst erklärte in dieser verhängnißvollen Frage, „sein geistliches Orakel" um Rath fragen zu wollen, und die Antwort dieses Orakels lautete: „davon wird gefragt, ob wir Lutherische mit gutem Gewissen dazu helfen könnten, daß die freie Uebung der calvinischen Religion im römischen Reich gleich der unsrigen soll verstattet werden. Da muß nun sprechen, wer ein christlich Herz und Gewissen hat; denn so hell als die Sonne am Mittag scheinet, so klar ist es, daß die calvinische Lehre voller schrecklicher Gotteslästerungen steckt und sowohl in den Fundamenten als anderen Artikeln Gottes Wort diametraliter zuwiderläuft" (das Gutachten abgedruckt in „Fortg. Sammlung von alten und neuen Sachen" 1734. S. 570). So trat denn Sachsen auf die Seite des Kaisers und eroberte ihm die Lausitzen und Schlesien, um zum Lohne dafür die Belehnung mit dem Markgrafthum Ober- und Niederlausitz in Empfang zu nehmen. Die kaiserliche Treue sollte indeß bald in ihrer Unzuverlässigkeit schmerzlich erfahren werden. Das Restitutionsedikt Ferdinand II. und die übrigen Uebergriffe zum Nachtheil der protest. Stände, sowie die unerwartete Erscheinung Gustav Adolfs auf deutschem Boden drängten den Kurfürsten, zur Schutzwehr protest. Rechte die Versammlung protest. Stände zu Leipzig im J. 1631 zusammenzuberufen und auf schwankendem Grunde zwischen dem Kaiser auf der einen und dem Schwedenkönige auf der anderen den Leipziger protestantischen Bund zu errichten. Die politische Annäherung reformirter und lutherischer Stände ließ nun auch den Versuch zu einer religiösen wünschenswerth erscheinen und nun finden wir den Oberhofprediger, der noch in einer Schrift von 1621 den Nachweis geführt, „daß die Calvinisten in 99 Punkten mit den Arianern und Türken übereinstimmen," biegsam genug, um zum Versuch einer Union mit den Erzfeinden der reinen Lehre die Hand zu bieten. In seiner eignen Wohnung in Leipzig fand im Februar 1614 jenes „Leipziger Gespräch" statt, worin reformirterseits Bergius, der Brandenburgische Hofprediger, Crocius und Neuberger, die Hessischen Hofprediger, und lutherischerseits Hoë mit den zwei Leipziger Professoren Leyser und Höpffner in Unterhandlung traten, um auf Grund der Augsburgischen Confession sich zu vereinigen — mit einem günstigeren Resultate, als es je vorher bei einer anderen Besprechung erzielt worden war.

Das unselige Schwanken des Kurfürsten zwischen dem Schweden und dem Kaiser ließ indeß auch diese vorläufige private Verabredung zu keinen weiteren Folgen kommen. Im J. 1635 wurde von Sachsen unter dem Beitritt von Brandenburg, dreier Herzöge von Weimar und einiger anderer Fürsten der in mehrfacher Hinsicht für die protest. Partei so nachtheilige Prager Friede abgeschlossen, welcher die österreichischen Protestanten wie die böhmischen und Pfälzer Reformirten der kaiserlichen Willkür preisgab. Bei Abschluß dieses Friedens soll nun besonders Hoë sich der Bestechung von kaiserlicher Seite schuldig gemacht haben. Die Summe von 10,000 fl. soll, nach Angabe des schwedischen Geschichtschreibers Pufendorf der Preis gewesen seyn, für den er sein Gewissen verkauft habe. Wie es sich hiemit verhalte, mag dahin gestellt bleiben: so viel ist gewiß, daß der Hauptunterhändler dieses Friedens, der sächsische Kammerrath Döring, mit Hoë verschwägert war und daß ächte Lutheraner schon beim Beginn des schlesischen Krieges das Parteiergreifen Hoë's für die Papisten ernstlich mißbilligten. Der Augsburger Theologe Zäemann, welcher selbst von der katholischen Partei genug zu leiden gehabt, schreibt an Meisner (Vol. I. n. 9.): „des Kurfürsten Kriegsrüstung hat fast alle redlichen Lutheraner in Oberdeutschland in Verwunderung gesetzt, daß er den Papisten Partei halten will auf Anstiften Dr. Hoë's, dem man deswegen viel nachredet, sonderlich wegen des Briefs an den Kaiser, den man ihm zuschreibt." Ein anderer Theologe Joh. Greislam schreibt darüber an Meisner (Vol. II. n. 283.): „Es ist kein wahrer Lutheraner bei uns, der im Geringsten dem Geist Dr. Hoë's günstig wäre, nicht allein deswegen, weil er den Papisten gar so sehr schmeicheln soll, sondern auch, weil die Jesuiten auf seine Gesundheit große Gläser Wein mit entblößtem Haupt aussaufen sollen." Hoë selbst gibt von jenem schlesischen Feldzuge aus 1621 an Meisner (Vol. I. S. 38) folgende Nachricht: „der Feldzug unseres Serenissimus in Schlesien war überaus glücklich; mir ist dabei so viel Ehre widerfahren, wie ich kaum wünschen, geschweige hoffen durfte. Die Herren fürstlichen österreichischen Stände haben mir ein Donativ gethan von 2000 Gulden, Erz= herzog Karl hat mir einen großen vergüldeten Gießbecher und Gießkanne verehrt, so sich jetzo dem Werth nach über 1000 Gülden erstreckt, der Herzog von Liegnitz, obwohl Cal= vinismo ergeben, hat mir eine güldene Kette geschenkt, so jetzo 400 Gülden werth ist. Dies Dir in's Ohr." Wie Hoë sich auch als sächsischer Hofprediger noch bei Kaiser Ferdinand in Gnaden zu erhalten und der Kaiser seinerseits sich seiner Anhänglichkeit zu versichern suchte, zeigt das kaiserliche Antwortschreiben von 1620 auf die von Hoë an ihn gerichtete Gratulation. Und wie die Jesuiten ihm zu schmeicheln wußten, um seinen Con= sens zu Machinationen gegen die protest. Freiheiten der Böhmen zu gewinnen, zeigt das interessante Schreiben des berühmten Jesuiten Martin Bekanus an Hoë, welches in den "Fortg. Sammlungen" 1747 S. 858 abgedruckt ist, im Auszuge bei Gieseler, K.G. III. 1. S. 420. — Mag man auch bei dem ehemaligen österreichischen Unterthan die Anhänglichkeit an das angestammte Kaiserhaus in Anschlag bringen und die Loyalität, mit welcher überhaupt die lutherische Partei die kaiserliche Oberherrlichkeit so lange als möglich in gebührender Anerkennung zu halten suchte, anerkennen, so hat doch anderer= seits auch Hoë, was die Lehre betrifft, eine so klare Erkenntniß des "papistischen Anti= christenthums," daß eine Nachgiebigkeit gegen Insinuationen von jener Seite her desto verwerflicher erscheint. Von seiner Erkenntniß der römischen Irrlehre geben seine zahl= reichen Streitschriften gegen Rom und die Jesuiten genügendes Zeugniß, unter denen die erste "evangelisches Handbüchlein wider das Pabstthum" bis 1618 nicht weniger als sieben Auflagen erlebte, wozu wir noch hinzufügen seinen Tract. de graviss. doctrinae (quae ad confusionem Gretseri *Esavitae* totiusque factionis *Suiticae* faciunt) capitibus, seine apologia libri concordiae contra Bellarminum u. a. — Für eine allzugroße Herr= schaft der auri sacra fames dürften aber auch noch andere Zeugnisse als die erwähnten sprechen. Hoë war sehr reich geworden. "Er hinterließ ein schönes Vermögen," sagt uns sein Amtsnachfolger Gleich, "und die Erbgüter Lungwitz, Gönsdorf, Ober= und Nieder=Nachewitz." Während nun der Oberhofprediger sich dieses Wohlstandes erfreute, hören wir seinen Collegen, den Hofprediger Laurentius, in einem Briefe von 1644 bei seinem Schwager mit der Klage um das tägliche Brod Hülfe suchen: "Vielgeliebter Herr Schwager! Aus höchstem Unmuthe kann ich ihm klagende nicht bergen, daß ich wegen der höchst unbilligsten Zurückhaltung meines saner verdienten Salarii, per animam mean nicht einen Groschen in meiner Gewalt, auch nicht so viel, daß ich mir ein Pfund Fleisch oder dergleichen kaufen könnte, das Bier muß ich alles borgen." Auch scheinen unter sei= nem Ehrgeiz und Neide seine nächsten Amtsgenossen zu leiden gehabt zu haben; die Kurfürstin Sybille schreibt an ihren Gatten 1635: "Trotz aller Krankheit hat Hoë doch die Beichte und das Abendmahl bei uns gehalten; ist mir recht bang für ihn, wenn er nur diesmal nicht sterben wollte. Wie er E. L. gesagt im Vertrauen, daß ihn hiezu der bloße Ehrgeiz und Mißgunst gebracht, er nicht haben wollen, daß Jemand anders die Beichte und Communion hätte verrichten sollen; er hat Niemand die Schuld zu geben als dem leidigen Neid" (K. A. Müller, Kurfürst. Joh. Georg I. S. 198). Eben auf diesen Fehler scheint sich auch vorzüglich zu beziehen, was Gleich, annal. eccles. I. 668, von dem "Kreuz und Widerwärtigkeiten" berichtet, welche der Hofprediger Hänichen an der Seite des Oberhofpredigers erfahren, nachdem er bei der fürstlichen Herrschaft viel Gunst erworben und darüber mit Hoë zerfallen. Gleich spricht von weitläuftigen Prozeß= akten, welche sich hierüber in einem Schränklein finden, wozu der praeses consistorii allein die Schlüssel habe. Von der vielen "von Hänichen erduldeten Verfolgung und Ge= müthskränkung," in Folge deren er auch zuletzt Dresden verlassen müssen, hat es indeß Gleich gut befunden, zur Schonung seines ehemaligen Vorgängers nichts Näheres zu berichten.

Die literarischen Leistungen Hoë's sind außer Predigten und Gebeten nur Streit= schriften gegen die römische und reformirte Kirche. Das einzige größere exegetisch=

polemische Werk, welches seinen Namen auf die Nachwelt gebracht, ist sein commentar. in Apocalypsin 2 Theile, 1610—40. Dreißig Jahre lang hat er an diesem Werke gearbeitet, dessen Hauptziel ebenfalls ist, das päbstliche Antichristenthum zu bestreiten.

Literatur: Bayle unter: Hoë. *Gleich*, annales ecclesiastici Th. II. und die daselbst angeführten unvollkommeneren biographischen Schriften. Ein handschriftlicher Nachlaß Höi'scher Papiere findet sich in der Göttinger Bibliothek. **Tholuck.**

Höfling, Joh. Wilh. Friedrich, ein verdienstvoller lutherischer Theologe, geboren 1802 in Droßenfeld, einem Dorfe zwischen Culmbach und Bairenth, Sohn des dortigen Cantors und Schullehrers, der nachher Pfarrer und Capitelssenior zu Betzenstein wurde, erhielt den ersten Unterricht in der Schule seines Vaters, seit dem eilften Jahre auf dem Gymnasium zu Bairenth, bezog 1819 die Universität Erlangen, wo er auch Schelling hörte, dessen Vorlesungen seine Achtung vor der Tiefe des historischen Christenthums bestärkten. Sobald er das theologische Examen gemacht (1823), erhielt er das Stadtvicariat Würzburg, d. h. die Mitvertretung der protestantischen Kirche am katholischen Bischofssitze. Im Sommer 1827 wurde er ohne sein Ansuchen zum Pfarrer von St. Jobst bei Nürnberg ernannt und trat in demselben Jahre in die Ehe, die mit 12 Kindern gesegnet wurde, wovon nur fünf ihn überlebten. In Folge der Herausgabe zweier kleiner gediegener Schriften, worin er den herrschenden Rationalismus bekämpfte und die Sache des positiven Christenthums vertrat, wurde er, auf den Vorschlag des Oberconsistoriums, von König Ludwig zum ordentlichen Professor der praktischen Theologie und zum Ephorus des theol. Studiums in Erlangen ernannt (1833). Er hat diese Aemter mit großer Treue, Gewissenhaftigkeit und mit Erfolg, das Ephorat bis 1848, die Professur bis 1852 verwaltet, in welchem Jahre er, bei der Neugestaltung der kirchlichen Oberbehörde, zum Oberconsistorialrath in München ernannt wurde. Er war in jeder Beziehung zu dieser Stelle geeignet, und es knüpften sich an seine Ernennung große und wohl berechtigte Hoffnungen; allein am 12. Nov. 1852 von Erlangen abgegangen, wurde er schon am 5. April 1853 der Kirche durch den Tod entrissen, durch einen plötzlichen, wie er oft ahnungsvoll vorausgesagt hatte.

Die theologischen Arbeiten Höflings beziehen sich auf die Verfassung, den Cultus der Kirche und einige der damit zusammenhängenden Dogmen. Von den Arbeiten aus früherer Zeit nennen wir seine Abhandlung de symbolorum natura, necessitate, autoritate et usu. 1835. 2. Ausgabe 1841, die liturgische Abhandlung von der Composition der christlichen Gemeinde-Gottesdienste 1837, wodurch er das Wesen des christlichen Cultus zum wissenschaftlichen Verständniß zu bringen suchte, — eine Fülle von gelehrtem Wissen und fruchtbaren Ideen enthaltend; sodann verschiedene Programme über die Lehre vom Opfer (des Justinus M. Irenäus, Origenes, Clemens Alexandr., Tertullian) 1839—43 erstmals einzeln erschienen, zusammen herausgegeben 1851, für die Kenntniß des kath. Opfercultus in seinen ersten Stadien von wesentlicher Bedeutung. Seine umfangreichste Arbeit, welcher er ein gleichartiges Werk über das Abendmahl an die Seite zu stellen beabsichtigte, — betrifft die Taufe: Das Sakrament der Taufe nebst den übrigen damit zusammenhängenden Akten der Initiation, dogmatisch, historisch, liturgisch dargestellt 1 Bd. 1846. 2 Band, die Darstellung und Beurtheilung der kirchlichen Praxis hinsichtlich der Taufe und des Katechumenats enthaltend 1848, ein Werk, ausgezeichnet durch erschöpfende Darlegung des gelehrten Materials, sowie durch umsichtige, wenn auch sehr gedrängte Formulirung des lutherischen Dogma's (daher strenge Lutheraner an der dogmatischen Darlegung kein großes Gefallen fanden). Höfling hat am meisten die Aufmerksamkeit auf sich gezogen durch die Grundsätze evangelisch-lutherischer Kirchenverfassung; eine dogmatisch-kirchenrechtliche Abhandlung, wovon von 1850 bis 1852 drei Auflagen nöthig wurden. Diese kleine, aber gediegene, wahrhaft Epoche machende Schrift, gleicher Weise ausgezeichnet, was den Inhalt und was die Klarheit und Durchsichtigkeit der Darstellung betrifft, wurde durch die kirchlichen Bewegungen des Jahres 1848 hervorgerufen. Es drängte sich damals die Verfassungsfrage in den Vordergrund und es machte sich auch in Bayern eine Richtung geltend, welche, um der Kirche die nöthige Freiheit zu verschaffen, die episkopale Verfassung empfahl und zugleich in Verbindung damit einen dem evangelischen Protestantismus widerstreitenden Begriff vom geistlichen Amte aufstellte. Höfling ist durch seine Schrift der Stimmführer geworden für alle diejenigen, denen es angelegen ist, den wahrhaft evangelischen Begriff vom geistlichen Amte und Stande festzuhalten. (S. das Nähere über seine Theorie im Artikel Geistliche.) Wir führen noch an, daß Höfling eine Menge von Aufsätzen in die von ihm mitgestiftete Erlanger protestantische Zeitschrift geliefert, daß er auf der Ansbacher Generalsynode (28. Jan. bis 22. Febr. 1849) die theologische Fakultät von Erlangen vertreten hat, und daß seine Gedanken die Grundlage der Vorschläge jener Synode betreffend die künftige Organisirung der evangelisch-lutherischen Kirche Bayerns geworden sind. Aus seinem Nachlasse ist erschienen: liturgisches Urkundenbuch, enthaltend die Akte der Communion, der Ordination und Introduction und der Trauung, herausgegeben von Thomasius und Harnack. 1854; Fragment eines größeren vom Verfasser beabsichtigten Werkes, wofür er schon Vieles gesammelt hatte. Höfling genoß im Kreise seiner Collegen große Achtung und Vertrauen und war zweimal Rektor. Er hing mit Liebe an seiner Kirche, ohne den Sinn für andere Gestaltungen des kirchlichen Lebens zu verschließen, ohne in Engherzigkeit zu verfallen. Sein Name steht auf der Ankündigung dieser Real-Encyklopädie unter den Namen derjenigen Männer, unter deren Mitwirkung sie herausgegeben werden sollte. Vgl. über ihn die Schrift: zum Gedächtniß J. W. F. Höflings ꝛc. von Dr. Nägelsbach und Dr. Thomasius. 1853. 56 S.   Herzog.

Höhen. Höhendienst der Hebräer. Der Ausdruck במה bezeichnet eine Berghöhe. Die Etymologie ist zwar unsicher, und führt bloß auf den allgemeinen Begriff einer Opferhöhe. Die Wurzel, welche בום heißen müßte, fehlt. Das Wort gehört höchst wahrscheinlich den indogermanischen Sprachen an, und ist von der nordischen Einwanderung der eigentlichen Semiten (Arier) in die sogenannten semitischen (eigentlich hamitischen) Sprachen verpflanzt worden. Im Dorischen bezeichnet βᾶμα, wofür die andern Griechen βῆμα sagten, jeden erhöhten Ort. Damit ist zu vergleichen βωμός, vielleicht auch βουνός, Hügel. Auch bei den Persern nennen einen erhöhten Ort bam. In die chaldäische und syrische Sprache ist das Wort wahrscheinlich aus der heil. Schrift gekommen. Schon bestimmter weist die Ueberlieferung auf eine Berghöhe. Die LXX übersetzen gewöhnlich durch ὑψηλόν, ὕψος, auch βουνός, oder lassen βᾶμα (ἀβαμά). Die Vulgata gibt das Wort durch excelsum, und daß sie dabei nicht blindlings den LXX folgt, sieht man daraus, daß, wo die LXX, wie das in den Stellen des Pentateuchs der Fall ist, 3 Mos. 26, 30. 4 Mos. 21, 28; 22, 41; 33, 52., durch στήλη übersetzen, die Vulgata wie gewöhnlich excelsum hat. Auch der Sprachgebrauch weist auf den Begriff einer Bergeshöhe. Man geht hinauf und hinunter. 1 Sam. 9, 13. 14. 19; 10, 5. Synonym stehen dafür גבעה und שׁפי, Hügel, Jes. 65, 7. Ezech. 20, 28. 29. 5 Mos. 12, 2. 2 Kön. 7, 9. 4 Mos. 23, 3. u. a. m., הר, Berg, sogar großer Berg, 5 Mos. 12, 2. Ezech. 18, 11 ff., רמה, Höhe, Ezech. 16, 24. 25. 39. Namentlich aber bezeichnet das Wort da, wo es nicht für eine Cultusstätte gebraucht wird, immer eine Berghöhe, Gesen. Thes. Andere Erklärungen werden im Verlauf berührt werden.

Die Geschichte des Höhendienstes ist vielfach in kritischer Hinsicht besprochen worden. In der ersten Periode der Patriarchen wird das Wort Bamah nicht erwähnt, wohl aber der Gottesdienst auf Bergen. So opferten auf Bethel (nach Josua 16, 1. 1 Sam. 13, 2. ein Berg) Abraham und Jakob. 1 Mos. 12, 7; 13, 3. 4; 28, 16 ff.; 35, 15. Auf dem Berge Moriah sollte die Opferung Isaaks vor sich gehen. 1 Mos. 22, 2. De Wette, Winer, Gramberg nahmen freilich an, daß erst die spätere Sage diesem Tempelberge eine patriarchalische Weihe gegeben habe. Allein der Bergdienst ist überall uralt, spätere Tempel wurden auch in der Regel auf schon früher geheiligten Höhen errichtet, wie auch der Bethel ſpäter wieder vielfach zu einem Heiligthume erwendet worden iſt. Auch würde eine ſpätere Zeit den Berg Moriah viel beſtimmter al die Geneſis bezeichnet haben, wenn ſie es nicht ſelbſt vorgezogen hätte, den bei Propeten und Pſalmen ſo beliebten Namen Zion zu gebrauchen. Daß der Höhendienſt ralt iſt, liegt in der Natur der Sache, er gehört überall dem unmittelbaren Naturdien an, und geht dem Tempeldienſt voran. Die Rothhäute gehen gern auf Berge, um zu beten, und glauben das Innere deſſelben von einem Geiſte bewohnt. So die alten Lutſchen. Der Höhen- cult an ſich iſt dem modernen Gefühle verſtändlicher geblieben, a rgend ein Theil des alten Cultus. Auch der Heiland ging gern auf einen Berg, m zu beten. Die alten Völker haben auf den Bergen einen georderten Dienſt eingerichtet. ſo die Perſer, Herod. 1, 131; 7, 43. Die Griechen hielten auf die Berge ihre Praſſienen, ὀρειβασίαι. Im ganzen alten Europa, bei Germanen, Eſthen, Finnen, Kurn, Slaven, waren die Berge Cultusſtätten. Bei den Chineſen wurden bis in die ſpäteſten Zeiten die wichtigſten religiöſen Handlungen auf Bergen vollzogen. Daher gab es beſondere Berggötter, Tlaloc's bei den Mexikanern, bei den Griechen Createn, bei den Latinern I rienſes, montium, ein Montinus und Jugatinus. eine Dea collina. Auch die Sprer üſſen nach 1 Kön. 20, 23. an beſondere Berggötter geglaubt haben. Einzelne Ber wurden vor andern für heilig gehalten. So in Amerika in Florida und Peru und au zoti In der alten Welt hatten Zeus, Pan, Here, Athene, Aphrodite, Jupiter von ſchen Bergen manche Beinamen. Man hielt die Berge für Wohnungen der Götter, w B den Caucaſus, Philoſt. Apoll. Thya. II, 5. Nach dem Kaiſer Julian hatte d er aller Götter ſeinen Wohnſitz auf einem Berggipfel. Daher werden Berge gern mythiſch zu himm- liſchen Wohnungen ausgeſchmückt. So der Kulkun und die A lie der b reſen, der Alberti und der Geden Gelmez der Perſer, — der Abermann in Turan er Caucaſus, — der Menu, der Jannetri und der Sanfarbare der Hintru Wie jo iſt auch der Sumern der buddhiſtiſchen Mongolen von ſieben mythiſchen We von umgeben, — und ebenſo der Summr Cola und der Riegbiel Lunde der Tubetan lanut ſind in dieſer Hinſicht der Griechen Olymp, Parnaß, Helikon, Ita ſert und der Eſaj. 13, 13. erwähnte mythiſche Götterberg der Babylonier, den on r den Alberti hält. Sogar Gegenſtände der Verehrung und ſelbſt Götter wurden Berge. Daher die Mythen von Verwandlung von Königen oder Rieſen in Berg die Sage vom Atlas. Dieſer war aber bei den Mauritanern als Gott verehrt. Der Libanon und Antilibanon hatten nach Philo B. ihre Namen von Rieſen erhalten. Und dieſe Berge waren bei den Sprern Götter. Und ebenſo der Karmel us Obigem geht hervor, daß die Völker Paläſtina's in der Urzeit bereits dem Höhendien ergeben waren, der ſeinem Urſprunge nach älter iſt, als die erſt in den folgenden Zeiten ſich ausbil- dende Idololatrie. Wie bei den Patriarchen ein heiliger Ort Bm l ſe ein phöni- ziſches Vorgebirg θεοῦ πρόσωπον, Strabo XVI, p. , alle e Diel. Der Bergdienſt der vorderaſiatiſchen Göttin auf den Bergen Piſinus, Ber. ribus, Sprelus, Cybelus, Ida iſt uralt. Es folgt zugleich aus allem dieſem, da e Höhe nicht ein Altar iſt, wie nach den Talmudiſten Ugollini Thes X. ſs will, wird auch noch in der ſpätern Zeit von den künſtlichen Höhen unterſchieden, 1 Kön 1

In der zweiten Periode, zwiſchen Moſes und Salomon, iſt O alts des Cultus die Stiftshütte, das Wanderzelt der nomatiſirenden Hebräer, nebe eldem aber doch die Höhen bleiben. So heißt der Horeb ein Berg Gottes, ein be r Ort, an dem auf göttlichen Befehl die Iſraeliten Gott dienen ſollen, 2 Moſ. 3, 1 4. 27; 18, 15. In 5 Moſ. und Malachi 3, 22. wird er, wie ſonſt ſein Zwillingsruder, der Sinai, als der Geſetzesberg bezeichnet. Der Sinai ſelbſt heißt ebenfalls r Berg Gottes, 2 Moſ. 24, 13. Auf ihm erſcheint ja Gott fortwährend, vor ihm bat r Gott ſo heilige Scheu, 2 Moſ. 19, 24. Auch auf dem Ebal wird von Moſes elge göttlichen Befehls ein Altar errichtet, 5 Moſ. 27, 4. Dort verrichtete auch ſr S. 33) eine heilige Handlung. In der damaligen Zeit war auch der beidniſ Höhencultus bestimmter gestalte Wir stoßen auf die Höhe Baals, 4 Mos. 22, 19. 41. 44. Josua 13, 17. Die Zwillingsgipfel Pisga und Nebo waren dem moabitischen Gotte Nebo geweiht. Dort opfert Bileam auf einem Hügel, 4 Mos. 23, 4. 5 Mos. 33, 49. Jes. 15, 2; 16, 12. er. 48, 35. Wichtig ist der Gipfel des Peor (Beth Peor), wo der unzüchtige Dienst es Baal Peor stattfand (s. d. Art.). Wir wissen auch, daß Menschen= opfer bei diesen Völkern damals geopfert wurden. Hieher muß auch der Baal Hermon gehören, Richt. : 3. 1 Chron. 5, 23. Je bestimmter der heidnische Cultuskarakter in dem Höhendienstder Heiden hervortrat, um so bestimmter wurde derselbe im Gesetze verboten, und war nicht bloß in 5 Mos., sondern in 3 und 4 Mos. Aus den Ausdrücken diese Verbote, die nicht mehr für die natürlichen Höhen passen, sieht man, daß jetzt ach künstliche Höhen errichtet wurden, die auch in der folgenden Periode fortdauen. Es heißt, man solle sie vertilgen und zerstören, 3 Mos. 26, 30. 4 Mos. 32, 52. Mos. 12, 2. Ezech. 6, 3., niederreißen, 2 Kön. 23, 8., verbrennen, 23, 15. Ebensoist von einem Machen, Bauen und Errichten der Höhen die Rede, 1 Kön. 11, 7; 4, 23. 2 Kön. 17, 9. 29; 21, 3; 23, 15. Jer. 7, 31; 19, 5. Ezech. 16, 24. 25. 2 Chron. 22, 11. Und zwar wurden sie errichtet auf Bergen, Feldern, Thälern, in Städten, Straßen, Dächern, Jer. 7, 31; 17, 3; 19, 4; 32, 35. Ezech. 16, 23 ff. 2 Kön. 7 9; 17, 9. 29. So wenig diese Ausdrücke für natürliche Höhen passen, so wenig für asperrte heilige Räume, wofür Otto Thenius die Höhen hält. Eher könnte man mit ?ald an Steinkegel, Steinmäler, Ascherensäulen denken, dergleichen bei den Heiden sowol als bei den Israeliten vielfach erwähnt werden. Auch übersetzen die LXX im Pentauch מַצֵּבָה überall durch στήλη. Allein solche Steine, die man auch als Altäre gebrauch, werden von den Höhen unterschieden, 2 Kön. 22, 15. Vgl. 1 Mos. 35, 15. Oder s werden auch wieder die Höhen und Altäre den Säulen und Steinen entgegengesetzt, : Mos. 33, 52. 5 Mos. 12, 3. Ezech. 16, 16—39. 2 Kön. 23, 15., wenn nicht die öhen geradezu als Zelte bezeichnet sind. Wenn nun die künstlichen Höhen als Höhenhäuser (בָּתֵּי הַבָּמוֹת) eingeführt werden, 1 Kön. 13, 32; 14, 23. 2 Kön. 17, 29; 21, 3 23, 8. 13. 19. Ezech. 16, 16., so liegt schon in diesem Ausdruck selbst eine Unterscheidung der Häuser von den Höhen; — sie werden aber auch ausdrücklich einander entgegengesetzt, 1 Kön. 13, 32. 2 Kön. 17, 29., wenn auch der abgekürzte Aus= druck Höhe sta Höhenhaus gebraucht wird, Ezech. 16, 16. Die künstlichen Höhen sind die Höhenhäuse, auf welche alle von jenen gebrauchten, oben angeführten Ausdrücke passen, und welche ebenfalls von den Steinmälern u. s. w. unterschieden werden, 1 Kön. 14, 23. 2 Kön. 21, 3; 3, 13. 14. Statt Häuser heißen sie auch Wohnungen (הַבָּמוֹת), 5 Mos. 12, 2. Alle diese Ausdrücke führen auf eine Art Tempel. Künstliche Höhentempel sind nun allerdings bei vielen Völkern Amerika's und Asiens abgestumpfte Pyramiden, wie auch der Baaltempel in Babylon einer war. Allein in Palästina wird von dergleichen nichts erwähnt es werden auch keine Ruinen derselben gefunden, und obige Aussagen von en künstlichen Höhen passen großentheils nicht zu den Pyramiden. Da= gegen paßt Alts sehr gut für Zelte, Wanderzelte, tragbare Tempel. Dazu kommen noch die beide Stellen Ezech. 16, 16. 2 Kön. 23, 7., nach welchen bunte Höhen aus Kleidern gemacht wurden, und man Zelte für die Aschera wob. Das sind die Zelte der Töchter, Succuh Benoth, bei dem unzüchtigen Heiligthume der Mylitta, 2 Kön. 17, 30. Her. 1, 199. Strabo 16, 1., womit wiederum die Sakäen oder Hüttenfeste der Vorder= asiaten zu bezeichnen sind. Solche Wanderzelte gab es in Amerita, Italien (Servius), Aegypten (Descript. I., pl. 11, fig. 4), bei den heidnischen Slaven, Mongolen; besonders aber bei den Vorderasiaten, daher bei den Karthagern, Diod. 20, 65. Und daß dergleichen schon zur Zeit des Moses bei den abgöttischen Israeliten von den Vorderasiaten her im Gebrauch waren, bezeugt Amos 5, 25., vgl. Apg. 7, 43. Die rechtgläubigen Israeliten bedurften abe auf ihrem Nomadenzuge ebenfalls eines solchen Wanderzeltes als religiösen und kriegerisopolitischen Centralpunktes. Sie errichteten es in der sogenannten Stifts= hütte, אֹהֶל auch Haus oder Wohnung Gottes genannt, 2 Mos. 23, 19; 25, 8. 9.

wie auch der Bethel später wieder vielfach zu einem Heiligthume verwendet worden ist. Auch würde eine spätere Zeit den Berg Moriah viel bestimmter als die Genesis bezeichnet haben, wenn sie es nicht selbst vorgezogen hätte, den bei Propheten und Psalmen so beliebten Namen Zion zu gebrauchen. Daß der Höhendienst uralt ist, liegt in der Natur der Sache, er gehört überall dem unmittelbaren Naturdienst an, und geht dem Tempeldienst voran. Die Rothhäute gehen gern auf Berge, um zu beten, und glauben das Innere desselben von einem Geiste bewohnt. So die alten Deutschen. Der Höhencult an sich ist dem modernen Gefühle verständlicher geblieben, als irgend ein Theil des alten Cultus. Auch der Heiland ging gern auf einen Berg, um zu beten. Die alten Völker haben auf den Bergen einen geordneten Dienst eingerichtet. So die Perser, Herod. 1, 131; 7, 43. Die Griechen hielten auf die Berge ihre Prozessionen, ὀρειβασίαι. Im ganzen alten Europa, bei Germanen, Esthen, Finnen, Kuren, Slaven, waren die Berge Cultusstätten. Bei den Chinesen wurden bis in die spätesten Zeiten die wichtigsten religiösen Handlungen auf Bergen vollzogen. Daher gab es besondere Berggötter, Tlaloc's bei den Mexikanern, bei den Griechen Dreaden, bei den Latinern Dii montenses, montium, ein Montinus und Jugatinus, eine Dea collina. Auch die Syrer müssen nach 1 Kön. 20, 23. an besondere Berggötter geglaubt haben. Einzelne Berge wurden vor andern für heilige gehalten. So in Amerika in Florida und Peru und auf Haiti. In der alten Welt hatten Zeus, Pan, Here, Athene, Aphrodite, Jupiter von solchen Bergen manche Beinamen. Man hielt die Berge für Wohnungen der Götter, wie z. B. den Caucasus, Philost. Apoll. Thya. II, 5. Nach dem Kaiser Julian hatte der Vater aller Götter seinen Wohnsitz auf einem Berggipfel. Daher werden Berge gern mythisch zu himmlischen Wohnungen ausgeschmückt. So der Kulkun und die 4 Yo der Chinesen, der Alborbi und der Geben Gelmez der Perser, — der Ahermann in Turan — der Caucasus, — der Menu, der Jamnotri und der Sansabhare der Hindus. Wie der Meru, so ist auch der Sumeru der buddhistischen Mongolen von sieben mythischen Goldbergen umgeben, — und ebenso der Summr Dola und der Rieghiel Lunbo der Tübetaner. Bekannt sind in dieser Hinsicht der Griechen Olymp, Parnaß, Helikon, Ida. Hieher gehört auch der Esaj. 13, 13. erwähnte mythische Götterberg der Babylonier, den man für den Alborbi hält. Sogar Gegenstände der Verehrung und selbst Götter wurden manche Berge. Daher die Mythen von Verwandlung von Königen oder Riesen in Berge. So die Sage vom Atlas. Dieser war aber bei den Mauritanern als Gott verehrt. Der Casius, der Libanon und Antilibanon hatten nach Philo B. ihre Namen von Riesen erhalten. Auch diese Berge waren bei den Syrern Götter. Und ebenso der Karmel. Aus Obigem geht hervor, daß die Völker Palästina's in der Urzeit bereits dem Höhendienste ergeben waren, der seinem Ursprunge nach älter ist, als die erst in den folgenden Perioden sich ausbildende Idololatrie. Wie bei den Patriarchen ein heiliger Ort Pniel heißt, so ein phönizisches Vorgebirg θεοῦ πρόσωπον, Strabo XVI., p. 754, also ebenfalls Pniel. Der Bergdienst der vorderasiatischen Göttin auf den Bergen Pessinus, Berecynthus, Sypelus, Cybelus, Ida ist uralt. Es folgt zugleich aus allem diesem, daß die Höhe nicht ein Altar ist, wie nach den Talmudisten Ugollini Thes. X., 588. will. Er wird auch noch in der spätern Zeit von den künstlichen Höhen unterschieden, 1 Kön. 13, 32.

In der zweiten Periode, zwischen Moses und Salomon, ist Centralsitz des Cultus die Stiftshütte, das Wanderzelt der nomabisirenden Hebräer, neben welchem aber doch die Höhen bleiben. So heißt der Horeb ein Berg Gottes, ein heiliger Ort, an dem auf göttlichen Befehl die Israeliten Gott dienen sollen, 2 Mos. 3, 1 ff. 12; 4, 27; 18, 15. In 5 Mos. und Maleachi 3, 22. wird er, wie sonst sein Zwillingsbruder, der Sinai, als der Gesetzesberg bezeichnet. Der Sinai selbst heißt ebenfalls der Berg Gottes, 2 Mos. 24, 13. Auf ihm erscheint ja Gott fortwährend, vor ihm hat das Volk so heilige Scheu, 2 Mos. 19, 24. Auch auf dem Ebal wird von Moses in Folge göttlichen Befehls ein Altar errichtet, 5 Mos. 27, 4. Dort verrichtete auch Josua (8, 33.) eine heilige Handlung. In der damaligen Zeit war auch der heidnische Höhencultus bestimmter gestaltet. Wir stoßen auf die Höhe Baals, 4 Mos. 22, 19. 41. 44. Josua 13, 17. Die Zwillingsgipfel Pisga und Nebo waren dem moabitischen Gotte Nebo geweiht. Dort opfert Bileam auf einem Hügel, 4 Mos. 23, 4. 5 Mos. 33, 49. Jes. 15, 2; 16, 12. Jer. 48, 35. Wichtig ist der Gipfel des Peor (Beth Peor), wo der unzüchtige Dienst des Baal Peor stattfand (s. d. Art.). Wir wissen auch, daß Menschenopfer bei diesen Völkern damals geopfert wurden. Hieher muß auch der Baal Hermon gehören, Richt. 3, 3. 1 Chron. 5, 23. Je bestimmter der heidnische Cultuskarakter in dem Höhendienste der Heiden hervortrat, um so bestimmter wurde derselbe im Gesetze verboten, und zwar nicht bloß in 5 Mos., sondern in 3 und 4 Mos. Aus den Ausdrücken dieser Verbote, die nicht mehr für die natürlichen Höhen passen, sieht man, daß jetzt auch künstliche Höhen errichtet wurden, die auch in der folgenden Periode fortdauern. Es heißt, man solle sie vertilgen und zerstören, 3 Mos. 26, 30. 4 Mos. 32, 52. 5 Mos. 12, 2. Ezech. 6, 3., niederreißen, 2 Kön. 23, 8., verbrennen, 23, 15. Ebenso ist von einem Machen, Bauen und Errichten der Höhen die Rede, 1 Kön. 11, 7; 14, 23. 2 Kön. 17, 9. 29; 21, 3; 23, 15. Jer. 7, 31; 19, 5. Ezech. 16, 24. 25. 2 Chron. 22, 11. Und zwar wurden sie errichtet auf Bergen, Feldern, Thälern, in Städten, Straßen, Dächern, Jer. 7, 31; 17, 3; 19, 4; 32, 35. Ezech. 16, 23 ff. 2 Kön. 7, 9; 17, 9. 29. So wenig diese Ausdrücke für natürliche Höhen passen, so wenig für abgesperrte heilige Räume, wofür Otto Thenius die Höhen hält. Eher könnte man mit Ewald an Steinkegel, Steinmäler, Ascherensäulen denken, dergleichen bei den Heiden sowohl als bei den Israeliten vielfach erwähnt werden. Auch übersetzen die LXX im Pentateuch בָּמָה überall durch στήλη. Allein solche Steine, die man auch als Altäre gebrauchte, werden von den Höhen unterschieden, 2 Kön. 22, 15. Vgl. 1 Mos. 35, 15. Oder es werden auch wieder die Höhen und Altäre den Säulen und Steinen entgegengesetzt, 4 Mos. 33, 52. 5 Mos. 12, 3. Ezech. 16, 16—39. 2 Kön. 23, 15., wenn nicht die Höhen geradezu als Zelte bezeichnet sind. Wenn nun die künstlichen Höhen als Höhenhäuser (בָּתֵּי הַבָּמוֹת) eingeführt werden, 1 Kön. 13, 32; 14, 23. 2 Kön. 17, 29; 21, 3; 23, 8. 13. 19. Ezech. 16, 16., so liegt schon in diesem Ausdruck selbst eine Unterscheidung der Häuser von den Höhen; — sie werden aber auch ausdrücklich einander entgegengesetzt, 1 Kön. 13, 32. 2 Kön. 17, 29., wenn auch der abgekürzte Ausdruck Höhe statt Höhenhaus gebraucht wird, Ezech. 16, 16. Die künstlichen Höhen sind die Höhenhäuser, auf welche alle von jenen gebrauchten, oben angeführten Ausdrücke passen, und welche ebenfalls von den Steinmälern u. s. w. unterschieden werden, 1 Kön. 14, 23. 2 Kön. 21, 3; 23, 13. 14. Statt Häuser heißen sie auch Wohnungen (הַמְקֹמוֹת), 5 Mos. 12, 2. Alle diese Ausdrücke führen auf eine Art Tempel. Künstliche Höhentempel sind nun allerdings bei vielen Völkern Amerika's und Asiens abgestumpfte Pyramiden, wie auch der Baaltempel in Babylon einer war. Allein in Palästina wird von dergleichen nichts erwähnt, es wurden daselbst auch keine Ruinen derselben gefunden, und obige Aussagen von den künstlichen Höhen passen großentheils nicht zu den Pyramiden. Dagegen paßt Alles sehr gut für Zelte, Wanderzelte, tragbare Tempel. Dazu kommen noch die beiden Stellen Ezech. 16, 16. 2 Kön. 23, 7., nach welchen bunte Höhen aus Kleidern gemacht wurden, und man Zelte für die Aschera wob. Das sind die Zelte der Töchter, Succoth Benoth, bei dem unzüchtigen Heiligthume der Mylitta, 2 Kön. 17, 30. Her. 1, 199. Strabo 16, 1., womit wiederum die Sakäen oder Hüttenfeste der Vorderasiaten zu vergleichen sind. Solche Wanderzelte gab es in Amerika, Italien (Servius), Aegypten (Descript. I., pl. 11, fig. 4), bei den heidnischen Staven, Mongolen; besonders aber bei den Vorderasiaten, daher bei den Karthagern, Diod. 20, 65. Und daß dergleichen schon zur Zeit des Moses bei den abgöttischen Israeliten von den Vorderasiaten her im Gebrauch waren, bezeugt Amos 5, 25., vgl. Apg. 7, 43. Die rechtgläubigen Israeliten bedurften aber auf ihrem Nomadenzuge ebenfalls eines solchen Wanderzeltes als religiösen und kriegerisch-politischen Centralpunktes. Sie errichteten es in der sogenannten Stiftshütte, אֹהֶל, auch Haus oder Wohnung Gottes genannt, 2 Mos. 23, 19; 25, 8. 9.

Josua 6, 24; 24, 26. Diese Stiftshütte sollte eine ausschließliche Centralcultusstätte seyn, 3 Mos. 17, 1—9. 5 Mos. 12, 13 ff. Und daß man im Leben mit diesem Gebote Ernst machte, geht aus der Erzählung Josua 22, 10 ff. hervor. Die Stiftshütte war natürlich nicht immer an demselben Orte, sie war eben ein Wandertempel in Arabien. Aber auch zur Richterzeit finden wir sie nicht immer an demselben Orte. Doch war sie gewöhnlich in Silo, vielleicht auch einmal in Sichem, Josua 24, 1. 26. Wenn daher das Volk auch an andern Orten vor Jehova sich versammelte, wie in Bethel, den beiden Mizpa, so ist anzunehmen, daß die Stiftshütte, oder doch wenigstens die Bundeslade, von Silo aus an diese Orte zuweilen gebracht wurde. Denn daß die Stiftshütte auch damals bis zur Zeit Davids öfters den Ort wechselte, geht deutlich aus 2 Sam. 7, 6. hervor. Unter Samuel war sie in Gilgal, zu Sauls Zeit in Nob, unter David und ebenso anfänglich unter Salomon in Gibeon, von wo dieser sie nach Jerusalem brachte. Bei aller Strenge des Gesetzesbuchstabens gab es doch außerhalb des Centralheiligthums auch noch andere Cultusstätten, die sogar im Gesetzbuche selbst vorausgesetzt werden, 2 Mos. 20, 21 ff. Denn daß hier nicht an die verschiedenen Aufstellungsorte der Stifts= hütte gedacht sey, sieht man daraus, daß hier von Altären von Stein die Rede ist, während die Altäre der Stiftshütte aus Holz und Metall bestanden. So errichtet nun wirklich Moses auf dem Ebal einen Altar von unbehauenen Steinen, ebenso Josua. In der Richterzeit finden wir Privat= und Familienaltäre an verschiedenen Orten, Richt. 2, 5; 6, 11. 24. 1 Sam. 24, 18. 1 Chron. 21 (22), 26. 36. Und so blieb denn auch namentlich der Dienst Jehovas auf heiligen Höhen, sowohl in der Richterzeit, Richt. 13, 19., als auch besuchte Samuel mit dem Volke eine solche Höhe, 1 Sam. 9, 12. vgl. 7, 17. Saul bereitet ein Opfer auf dem Berge Karmel, 1 Sam. 15, 12. Zu Davids Zeit war eine solche Höhe der Oelberg, 2 Sam. 15, 30. 32. Selbst Salomon und das Volk opferten noch vor Erbauung des Tempels auf Höhen, 1 Kön. 3, 2 ff.

In der dritten Periode von Salomon bis Hiskia und Josia bestanden die Höhen neben dem Tempel. Der Tempel mit seiner Pracht mußte die Forderung der Einheit noch bestimmter betonen als die ihrem ursprünglichen Zwecke nicht mehr dienende Stifts= hütte. Wie diese sollte aber auch er ein Haus Gottes seyn, keine Opferhöhe. Doch wurde auch er auf einer Höhe erbaut. Je mehr der Tempel die Centralität forderte, desto bestimmter trennten sich von ihm alle politischen und religiösen Decentralisationsbestre= bungen. Zehn Stämme fielen unter Jerobeam, als der Tempel kaum erbaut war, vom Tempel und von Juda ab, und errichteten auf den Höhen zu Dan und Bethel Tempel und Höhenhäuser mit nicht levitischen Priestern, 1 Kön. 12, 27. 2 Kön. 17, 32. 33. Dort wurde Jehovah unter dem Bilde eines goldenen Kalbes oder Stieres verehrt, 1 Kön. 12, 28—33., und zwar bis in die spätere Zeit, 2 Kön. 10, 29; 17, 16. 32. Hosea 8, 56; 13, 2. Bisweilen fand auch heidnischer Höhendienst statt, zum Theil schon unter Salomon, 1 Kön. 11, 7., dann in Israel unter Ahab, 16, 19; 18, 19. 2 Kön. 10., unter Hosea, 2 Kön. 17, 9 ff. 29 ff. 23, 15. Aber auch Juda blieb von dem heidnischen Höhendienste nicht frei. Schon unter Rehabeam bauten sich Viele Höhen, Säulen und Ascheren auf jeglichem hohen Hügel, und unter jeglichem grünen Baume, und es waren Buhler im Lande, 1 Kön. 14, 23. Dasselbe geschah unter seinem Nachfolger Abiam, 1 Kön. 15, 3., unter Joram, 2 Kön. 8, 18. 27., unter Ahas, 2 Kön. 16, 4. 32; 10, 21., und endlich unter Manasse, 2 Kön. 21, 3. Rückfälle fanden sich auch noch in der folgenden Periode. Während aber in beiden Reichen der Widerstand der rechtgläubigen Könige, Propheten, Priester und Leviten gegen die heidnischen Höhen, wie gegen allen heidnischen Dienst klar und scharf war, war es nicht so mit den mono= theistischen Höhen. Wenn die rechtgläubigen Könige die Jehovahhöhen beibehielten, tadelte sie kein gleichzeitiger Prophet. Sie hatten das Beispiel ihres Samuels vor Augen, und auch der Eiferer Elias hatte noch auf dem Karmel geopfert, 2 Kön. 28, 23. 30 ff. Die Behauptung K. Ad. Menzels (Staats= und Religionsgeschichte der Königreiche Israel und Juda, S. 240), daß schon damals die Priesterschaft auf Abschaffung dieser Höhen

gedrungen habe, ist, wie so vieles Andere noch in diesem Buche, rein aus der Luft ge=
griffen. Erst die in der folgenden Periode geschriebenen Geschichtsbücher der Könige und
der Chronik, sowie die Propheten Jes. 65, 7. Hosea 4, 13. sprechen diesen Tadel aus.
So heißt es in den Büchern der Könige von Assa, daß er alle Götzen entfernt habe.
Aber die Höhen schaffte er nicht ab. Doch war sein Herz Jehovah ergeben, so lange
er lebte, 1 Kön. 15, 12. 14. Aehnliches wird gesagt von seinem Sohne Josaphat,
22, 44., von Joas, 12, 3., seinem Sohne Amazia, 2 Kön. 14, 3. 4., von Usia
(Asarja), 2 Kön. 15, 3. 4., und seinem Sohne Jotham, 15, 35. Damit scheint im
Widerspruch das zweite Buch der Chronik, nach welchem jene Könige die Höhen
abgeschafft haben sollen. Die Sachlage ist diese. Bei Jotham stimmt 2 Chron. 27, 2.
ohne Weiteres mit 2 Kön. überein, wenn es heißt: Und noch that das Volk übel. Bei
Joas, Amazia und Usia sagt die Chronik nichts. Hingegen bei Assa und Josaphat sagt
sie Zweierlei, nämlich daß von ihnen die Höhen abgeschafft worden seyen, 14, 3—5;
17, 6., und dann wieder, daß die Höhen nicht abgeschafft worden seyen, 15, 17; 20, 33.
Die neuere Kritik (De Wette in seinen Beiträgen, Gramberg in seiner Religionsgeschichte)
urgiren den Widerspruch gegen die Berichte der Bücher der Könige, als ob die Chronik
der frühern Zeit die Ansichten ihrer spätern Zeit zugeschrieben und behauptet hätte, die recht=
gläubigen Könige hätten bereits die Höhen abgeschafft, was doch nicht wahr ist. Die
Chronik habe dies gethan, um das Alter des Gesetzes über die Einheit des Gottesdienstes
zu retten. Wenn aber dann wiederum die Chronik in Uebereinstimmung mit den Büchern
der Könige jene beiden Könige Assa und Josaphat die Höhen doch wieder beibehalten
läßt, so soll sie dies in sorgloser Gedankenlosigkeit und gänzlichem Vergessen ihres dog=
matischen Hauptzwecks aus den Büchern der Könige abgeschrieben haben. Dagegen ist
nun in neuerer Zeit die allgemeine Glaubwürdigkeit und historische Natur der Chronik
durch die Untersuchung von Dahler, Drey, Herbst, Hirscher, besonders von Movers und
Keil wieder zu Ehren gezogen worden. Und ihnen haben im Allgemeinen besonnene
Kritiker, wie Bertheau, Otto Thenius, Ewald, Stähelin beigestimmt. Man ist also zum
Versuch der Lösung eines scheinbaren Widerspruchs zwischen beiden historischen Relationen
wohl berechtigt. Nur darf man nicht mit ältern Exegeten die einen Stellen auf einen Versuch
zur Abschaffung der Höhen beziehen, die andern auf das vergebliche Resultat. Denn
diese Lösung paßt nicht zu den Worten. Dagegen zeigt eine einfache Betrachtung der=
jenigen Stellen der Chronik, welche den Widerspruch zu enthalten scheinen, daß dieselben
von heidnischen Höhen reden, während die andern Stellen, welche die Höhen fort=
bestehen lassen, von monotheistischen, vgl. Movers 257. Es heißt von Assa, 2 Chron.
14, 2 ff.: Und Assa that, was gut und recht war in den Augen Jehovahs, seines Gottes.
Und er schaffte die fremden Altäre ab, und die Höhen, und zerbrach die Säulen, und
hieb die Ascheren um, und befahl Juda, Jehovah, den Gott ihrer Väter zu suchen, und
das Gesetz und Gebot zu thun. Und er schaffte ab aus allen Städten Juda's die Höhen
und Sonnensäulen. Aehnlich von Josaphat 17, 6. Hier sind durch den Zusammenhang
und die Umgebung die Höhen klar genug als heidnische bezeichnet, und zwar gerade auf
dieselbe Weise, wie auch in den Stellen des Gesetzes, der Propheten und der Geschichts=
bücher überall von den heidnischen Höhen auf gleiche Weise die Rede ist. Die Stellen
aus den Geschichtsbüchern sind oben angeführt, aus den Propheten vgl. Hosea 8, 8.
Amos 7, 9. Micha 1, 5. Jer. 7, 31; 17, 3. vgl. 2. 19, 9; 32, 35; 48, 35. Ezech.
7, 3. 4; 6, 6; 16, 16 ff.; 20, 28 ff. Psalm 78, 58. Im Allgemeinen stimmen auch
Ewald und Stähelin dieser Auffassung bei, nur nehmen sie noch an, daß die Spätern mit
dem Ausdruck Höhe allmählig bloß eine abgöttische Höhe bezeichnet hätten, so daß ihnen
sogar die monotheistischen Höhen, auch die, auf denen die Stiftshütte stand, für abgöttisch
gegolten hätten. Allein aus den für die letztere Annahme angeführten Stellen, 1 Kön.
3, 2. 4. 1 Chron. 16, 39; 21, 29. 2 Chron. 1, 3. geht bloß hervor, daß die Stiftshütte
gern auf einer Höhe aufgestellt wurde. Daß ein doppelter, relativer Sprachgebrauch in
der Chronik so gut wie anderswo bestand, sieht man eben aus jenem scheinbaren Wider=

spruch. Auch in der Ansicht über die Sache besteht zwischen den Büchern der Chronik und der Könige die Uebereinstimmung, daß beide alle Höhen für illegal halten. Das Resultat der Geschichte des Höhendienstes ist also, daß schon seit Moses das Gesetz die Centralität des Cultus vorschrieb. Diesem Gesetze wurde auch anfänglich durch die Errichtung der Stiftshütte, nachher des Tempels im Leben Geltung verschafft. Es lag auch in den Bedürfnissen sowohl des Nomadenvolkes als des Königthums. Wenn es aber nichtsdestoweniger weder von Propheten noch rechtgläubigen Königen mit ausschließ=licher Consequenz durchgeführt wurde, so lag dies einmal in der Macht der Gewohnheit, die in religiösen Dingen doppelt so stark ist, dann darin, daß der Höhendienst an und für sich natürlich ist und das allgemeine religiöse Gefühl, nicht bloß das heidnische, anspricht, — drittens endlich, daß die alttestamentliche Offenbarung weder ihrem Anfange, noch ihrer Erfüllung nach den Tempel nothwendig hatte, sondern bloß in einer gewissen Stufe der Entwicklung, in welcher erst noch das Volk nie recht centralisirt war. Wenn daher der Höhendienst ohne Abgötterei und Bilderdienst stattfand (denn auch letzterer galt immer für heterobox und sündlich), wenn er das Prinzip der Hebräer nur nicht geradezu verletzte, so übte das Leben auch in dieser dritten Periode Duldung, und zwar nicht bloß nach den ältern Berichten, sondern auch der Chronik.

Erst die vierte Periode — seit Hiskia und Josia — bewirkte in der Sache selbst und in der Ansicht die Aenderung, daß fortan der ausschließliche Tempeldienst ohne die Höhen in Juda herrschte. Das Meiste zwar, das von der Reformation dieser beiden Könige erzählt wird, bezieht sich auf die Abschaffung des Götzendienstes. Allein auch die monotheistischen Höhen wurden jetzt abgeschafft und daher nicht mehr erwähnt. Daß Hiskia den illegalen monotheistischen Cultus abschaffte, sieht man aus der Zer=trümmerung der ehernen Schlange (2 Kön. 18, 4.), welche Moses gemacht, und der bis zu dieser Zeit geräuchert worden war. Ferner heißt es V. 22 ausdrücklich, daß Hiskia die Höhen und Altäre Jehovahs abgeschafft und nur den Altar zu Jerusalem anzubeten befohlen habe, womit auch Jes. 36, 7. übereinstimmt. In die Fußstapfen Hiskia's trat später Josia, und es ist also schon deßhalb die Reformation, die er abschloß, nach Art der des Hiskia zu denken, 2 Kön. 23, 4—14. 2 Chron. 34. 35. So wird auch von ihm erzählt, daß er die Höhenhäuser zu Bethel und anderswo abgeschafft habe. Es bezieht sich dies auf den Stierdienst Jehova's, den Jerobeam errichtet hatte, obschon auch aller=dings heidnische Cultuselemente, wie sogar in Jerusalem, sich damit gemischt hatten, 2 Kön. 23, 15. 19. Zeph. 1, 4—6.

Vergleiche über den heidnischen Höhen= und Bergdienst die bekannten Religions=geschichten von Vossius (idol.), Creuzer und Mone, Klemm, Wuttke, Schwenk, J. Grimm, W. Müller, Fr. Hermann, gottesdienstl. Alterthümer der Griechen, *Pauly, Zachariä*, de more veterum in Iocis editis colendi Deos, 1754. *Reiske* ad Max. Tyr. VIII. 8. Journal des Savants. 1842. S. 217. Ueber Amerika: Geschichte der amerikan. Urreligionen von J. G. M. Ueber Vorderasien, besonders Palästina vgl. Movers, Geschichte der Phönizier, Gesenius zu Gramberg, Winer, Realler. Ueber die Hebräer vgl. *Ugollini* Thes. Tom. X., Gesenius zu Gramberg, im The=saurus und zu Jes. 13, 13., De Wette's Beiträge, Gramberg israelitische Religions=geschichte, Winers Lex., Movers und Keils Untersuchung über die Chronik, Stähe=lin, über die Leviten, Ewald, Geschichte Israels III., 1. 110. 182. Alterthum. 235. Eisenlohr, das Volk Israel I., 114., und die Commentare zu alttest. Büchern von Bertheau, Otto Thenius u. s. w.   J. G. Müller.

Höhlen in Palästina. Das kreidige Kalksteingebirge Palästina's ist, wie alle Gebirge dieser Formation, voller Höhlen, die zum großen Theile eine glockenförmige Gestalt haben, deren Aehnlichkeit mit einer gleichen Erscheinung im Pariser und Maast=richter Kalksteine K. v. Raumer (Beiträge zur Bibl. Geogr. S. 64 ff.) nachgewiesen hat. Besonders häufig und ausgedehnt sind diese Höhlen am Karmel, in Galiläa und im südwestlichen Theile des Gebirges Juda; nicht minder im transjordanischen Tracho=

nitis und Batanäa wie in dem Gebirge um Petra. Als besonders merkwürdig werden geschildert die zahlreichen (mehr als tausend) Höhlen am Karmel, die schon von Alters her Verfolgten und Flüchtlingen Zufluchtsorte gewährten (f. mein Paläſtina S. 21); die Höhlen bei Beit Dschibrin, Deir Dubban und Dhikreh (Robinson II, S. 610—612, 622, 661—665. Van de Velde, Reise durch Syrien und Paläſtina. Ueberſ. v. K. Göbel. II. S. 162 f. 175. Ritter, Erdkunde XVI, I. S. 136 ff.), zu deren Herſtellung Natur und Kunſt gleichmäßig beigetragen haben und die wahrſcheinlich ein Werk der alten Höhlenbewohner ſind; die ſehr große Höhle et-Tuweimeh bei Beit'Atâb (Robin- ſon II, 595); die Höhle im Wadi Khareitun (Robinſon II, 398); die im Salzfelſen Khaſchen Usdum am todten Meere, deren Seiten, Dach und Fußboden aus feſtem Salz beſtehen (Robinſon III, 27); die Höhlen des Kaſtells Kala't Ibn Ma'an, des Arbela des Josephus Ant. XII, 11, 1. XIV, 15, 4. 5. B. J. I, 16, 2—4. II, 20, 6. Vit. §. 37. (Burckhardt, Reiſen in Syrien II. S. 574. Robinſon III. S. 532 ff.); die Höhle von Baneas, aus der der Jordan entſpringt, u. a. In der heil. Schrift werden folgende Höhlen als Schauplätze hiſtoriſcher Begebenheiten ſpeziell angeführt: 1) die Höhle, in der Loth mit ſeinen Töchtern nach dem Untergange Sodoms wohnte, 1 Moſ. 19, 30. 2) Die Doppelhöhle Makphela zu Hebron, die Abraham ſich zum Erbbegräbniſſe kaufte, 1 Moſ. 23, 9 ff.; 25, 9; 49, 29—31; 50, 13. 3) Die Höhle zu Makkeda, in die fünf canaanitiſche Könige, von Joſua geſchlagen, flohen, Joſ. 10, 10—29. Makkeda, מַקֵּדָה, eine kanaanitiſche Königsſtadt, Joſ. 12, 16., gehörte zu Juda in der Niederung, Joſ. 15, 41., und lag acht röm. Meilen öſtlich von Eleutheropolis (Onomast. u. d. W. Maceda). Wenn in dieſer letzteren Beſtimmung kein Irrthum iſt, ſo kann Makkeda nicht wohl weder in Dhikrin noch Sumeil (Van de Velde II, 175), noch in Deir Dubbân (vgl. Robinſon II, 610) geſucht werden. Eher könnte in Deir Dubbân mit Van de Velde II, 163 4) das Adullam (עֲדֻלָּם) des A. T., eine kanaanitiſche Stadt, 1 Moſ. 38, 1. 12. 20. Joſ. 12, 15., in der Ebene Juda, Joſ. 15, 35., von Rehabeam befeſtigt, 2 Chron. 11, 7., wo Judas Makkabäus den Sabbath feierte, 2 Makk. 12, 38., geſucht werden, in deſſen großer Höhle David mit ſeinen Getreuen eine Zuflucht vor Saul fand, 1 Sam. 22, 1 ff. 2 Sam. 23, 13. 1 Chron. 12, (11,) 15., vgl. Pſ. 57, 1. Die Tradition verſetzt dieſe Höhle in die Nähe des Dorfes Khareitun, welche Lage aber viel zu weit öſtlich iſt, vgl. mein Paläſt. S. 155. Robinſon II, S. 399 ff. 5) Die Höhle in der Wüſte Engeddi, in welcher ſich David mit ſeinen Leuten verſteckt hatte, als er Saul den Zipfel vom Mantel ſchnitt, 1 Sam. 24, 4 ff. 6) Die Höhle, in welcher Obadias die hundert Propheten verbarg, 1 Kön. 8, 4. 13. 19 ff. 7) Die Höhle am Berge Horeb, in der Elias wohnte, 1 Kön. 19, 8. 9. 8) Die Höhle des Berges Nebo, in welche Jeremia die Bundeslade verſteckt haben ſoll, 2 Makk. 2, 5. 9) Die „Höhle Gaba," Richt. 20, 33. iſt falſche Ueberſetzung für „die Pläne von Gaba," entſtanden aus Verwechſelung von מְעָרֵה mit מַעֲרָה. — Die zahlreichen Höhlen des Landes dienten den Bewohnern theils zu Wohnungen, wie ja die Horiter ausdrücklich als ſolche Troglodyten bezeichnet wer- den (ſ. d. Art.), und wie noch heutzutage die Landleute ſolche Höhlen bewohnen, um ihren Heerden näher zu ſeyn (ſ. Robinſon I, S. 355. II, S. 414 und Regiſter u. d. W. Höhlen), theils als Aufenthaltsort für aus der menſchlichen Geſellſchaft verſtoßene Ver- brecher, Hiob 30, 6., theils hauptſächlich aber als Verſteck und Zufluchtsort in Gefahren, beſonders im Kriege, Richt. 6, 2. 1 Sam. 13, 6. Jeſ. 2, 19. Ezech. 33, 27. 1 Makk. 1, 56; 2, 41. 2 Makk. 10, 6; theils auch als Begräbnißſtätten (ſ. oben d. Art. Be- gräbniß, Bd. I. S. 774). Als Aufenthaltsort wilder Thiere werden Höhlen ebenfalls bezeichnet, Hiob 37, 8; 38, 40. Pſ. 10, 9; 17, 12. Jeſ. 11, 8; 32, 14. Amos 3, 4. Nah. 2, 12. (13). Baruch 6, 67. Als ein beſonderer Zug der paläſtinenſiſchen Tradi- tion iſt es noch hervorzuheben, daß ſie gern die Lokalität ausgezeichneter Begebenhei- ten der evangeliſchen Geſchichte in Grotten und Höhlen verſetzt (ſ. Robinſon II, S. 286), was damit zuſammenhängen mag, daß überhaupt Höhlen Hauptmerkmale alter Ortslagen im Gebirge Juda ſind (Robinſon III. S. 188, 214). Ueber die

Höhlen in Palästina vgl. *Lightfoot*, Centur. chorogr. Matthaeo praemissa. Opp. Tom. II. p. 238. **Arnold.**

Hölle, s. Hades.

Höllenfahrt Christi, Descensus ad inferos, κατάβασις εἰς ᾅδου. Diese Be=zeichnung für das entsprechende Dogma in der Lehre von der Person Christi, und zwar dort im Locus von seinem doppelten Stande, ist dem Wortlaute des apostolischen Sym=bolums enthoben. Die Grundlosigkeit der herkömmlichen, besonders von Peter King in seiner Historia Symb. Apost. c. 4. exponirten Annahme, wonach der Artikel im Ge=gensatze zum Apollinarismus Aufnahme gefunden hätte, ist von G. Holger Waage, de aetate articuli, quo in symbolo apost. traditur J. Chi. ad inferos descensus commen-tatio, 1836, schlagend dargethan worden. Nach Rufin, Expositio symboli Aquilejensis c. 18. zu urtheilen hätte der Artikel gegen Ende des 4. Jahrhunderts zwar im Bekennt=niß der Kirche zu Aquileja, nicht aber in den Symbolen Roms und der orientalischen Kirchen gestanden. Eine sorgfältige Vergleichung der verschiedenen Redaktionen des Apo=stolicums, soweit sie uns noch zugänglich sind (s. *Walch*, Bibl. Symb. Vet.), lehrt jedoch, daß ihm vereinzelt schon vor Rufin, und nicht bloß in Aquileja, eine Stelle unter den übrigen Artikeln angewiesen worden sey. Während ihn die große Mehrzahl von Ver=zeichnungen des Bekenntnisses bis zum 6. Jahrh. nicht aufweist, — wiewohl die Väter sich vielfach, und bis um die Zeit des zweiten ökumenischen Concils im Ganzen streng nach den Andeutungen der Schrift, mit seinem Inhalt befassen, — wird er zu Anfang des siebenten ganz gewöhnlich und um das achte durchaus constant. Wir werden uns somit seine Einbürgerung in das Symbolum als eine allmählige vorzustellen haben, ohne daß wir für diese Erweiterung eine andere Ursache anzugeben im Stande wären, als das im Bewußtseyn der Zeit mehr und mehr sich festsetzende, an Bedeutung zuneh=mende Dogma selbst.

Der Natur der Sache nach muß das Dogma nothwendiger Weise einerseits mit der Lehre von der Person und dem Werk Christi, andererseits mit den eschatologischen An=schauungen gleichen Schritt halten, so daß die jeweilige Entwicklung dieser Lehren sich durchweg in der Lehrfassung des Descensus reflektirt. Die rechtgläubige Lehre der ver=schiedenen Kirchenkörper stimmt daher hier nahezu auf keinem Punkte zusammen. Die griechische Kirche, sich stützend auf Schrift und Tradition, begreift unter dem Descen-sus den freiwilligen Hingang der mit der Gottheit vereinten menschlichen Seele Christi zum Hades. Während seines dortigen Aufenthalts zwischen dem erfolgten Tode und der Auferstehung entfaltet er eine der diesseitigen correspondirende Wirksamkeit, in=dem er durch die Predigt des Evangeliums den um der Erbschuld willen unter der Botmäßigkeit des Teufels Gehaltenen die erworbene Erlösung anbietet, die Gläu=bigen, vorzugsweise die alttestamentlichen Frommen, aus dem Hades befreit und in das Paradies versetzt. Conf. Orthod. I. 49. Nach der römisch=katholischen Kirchenlehre dagegen, die sich in diesem Stücke einzig an die Tradition hält, steigt die ganze Per=son Christi, d. i. seine Seele in ihrer unauflöslichen Einigung mit der göttlichen Natur, gleichfalls aus freiem Entschluß, zum Behältniß der Heiligen aus Israel, dem *Limbus patrum* oder Schooß Abrahams, auch Vorhölle der Väter geheißen, und zum nachchrist=lichen ignis purgatorius. Daselbst weist er sich durch Bezwingung der Dämonen als der Sohn Gottes aus, theilt den Vätern, die ibique sine ullo doloris sensu quieta ha-bitatione fruebantur, das Verdienst seines Opfers am Kreuze zu, und führt sie auf Grund davon durch Befreiung aus dem dadurch aufgehobenen Limbus in den Himmel, zum Vollgenuß der Seligkeit ein. Catech. Rom. §. 100—105. Bei der lutherischen Kirche sodann, welcher das Dogma von frühe an manche Noth bereitet hat, treffen wir eine eigentliche Höllenfahrt. Christus, der Gottmensch, fuhr nach der vivificatio und redunitio animae et corporis, unmittelbar vor seiner Erscheinung als Auferstandener auf Erden, hiemit in der ersten Frühe des Ostermorgens, mit Leib und Seele zur Hölle der Verdammten nieder, nachdem er von seinem Tode am Kreuze bis dahin im

Paradiese geweilt hatte. Die Höllenfahrt ist der erste Akt des, in die uneingeschränkte Machtfülle seiner göttlichen Idiome eingetretenen Gottmenschen, primum resurrectionis momentum, und gilt daher für die unterste Stufe des *status exaltationis*. In ihr erfolgt die nächste Besitzergreifung des regnum potentiae, und zwar in der Offenbarung des im Tode errungenen Sieges über den Teufel durch Vernichtung aller Teufels= und Höllenmacht zu Gunsten der Gläubigen, weßhalb sie als der Triumph über den Teufel und die Seinen gefaßt, die Predigt aber an sie eine legalis und *damnatoria* genannt wird. F. C. art. 9. Zufolge der reformirten Lehre endlich ist die Seele Christi zwar während des Triduums auch im Paradiese, indeß ohne daß diese Thesis mit dem Descensus irgend was zu schaffen hätte. Der Descensus läßt vielmehr nur eine metaphorische Deutung zu. Gleich den Lutheranern durch den Ausdruck „Hölle" geblendet, aber in einer Höllenfahrt Christi eine contradictio in adjecto erblickend, nehmen die Reformirten das Niederfahren zur Hölle als bildlichen Ausdruck für das Seelenleiden, für die unaussprechlichen Schmerzen und höllische Angst, welche Christus stellvertretend bis zum Sterbemoment an seiner creatürlichen Seele erduldet hat. Die Höllenfahrt wäre somit nach ihnen ein innerer Zustand im Erdenleben des Erlösers, im direkten Gegensatz gegen die lutherische Betrachtungsweise der Culminationspunkt seines Erlöserleidens in der *humiliatio*, das satisfaktorische Leiden im eminentesten Sinn. Calvin, Instt. II. 16, 8—12. Niemeyer, 132 u. 402.

Auf lutherischer Seite, wo das Dogma ein integrirendes Moment der Personlehre bildet, hielt man mit großer Zähigkeit an den kirchlich sanktionirten Feststellungen. Wiederholte Versuche einer Modifikation derselben, z. B. von Dreier in Königsberg, von Artopoeus in Straßburg, von Nuß in Jena und von Rauschenbusch, wurden jedesmal, zum Theil gewaltsam, niedergeschlagen. Noch Dietelmayr in seiner schätzbaren Historia dogmatis de desc. Chi. etc. 1741 und 1762, konnte die mehrsten Theologen von Namen unter den Vertretern der Kirchenlehre aufführen. Etwas anders gestaltete sich der Verlauf auf reformirter Seite. Zu einer fixen Ausprägung gelangte hier die Umdeutung des Dogma's nicht. Neben der als orthodox zu betrachtenden, obigen Auffassung zog sich von Anfang an die Ansicht hin, das Descendere sey bloß eine andere Wendung für das Begrabenseyn (Beza, Drusius, Amama, Perizonius u. A.), oder, da diese Behauptung dem Apostolicum gegenüber doch nicht wohl anging, es bezeichne das Todtseyn, den Todesstand, jenen status ignominosus, welchem der Fürst des Lebens unterworfen worden sey (Piscator, die Remonstranten J. Arminius, Curcellaeus, Limborch u. A.). Dazu kam, daß man im Grunde der Sache selber, nur unter einem andern Namen, näher stand als man sich dessen bewußt war, obwohl man streng genommen mit der willkürlichen Allegorisirung den Artikel um alle Berechtigung im Lehrgebäude gebracht hatte. Schon Zwingli und seine unmittelbaren Nachfolger, Megander, Leo Judae, Bullinger, Peter Martyr, aber auch Melanchthon, waren auf dem Wege, die an die biblischen Winke sich anschließende Lehrform des christlichen Alterthums wieder aufzufinden. Freilich hatte noch zu Anfang des 17. Jahrh. nach lebhaften Verhandlungen über den Gegenstand Rob. Parker ein sehr umfangreiches Werk zur Apologie des kirchlich=symbolischen Verständnisses geliefert. Aber ungefähr von der Mitte des Jahrhunderts hinweg brach sich das Bewußtseyn, daß es ein verfehltes, historisch unhaltbares sey, mehr und mehr Bahn. Lightfoot und Pearson unterzogen es nach einander einer siegreichen Kritik. Noch führte man die hergebrachten Meinungen nach, doch ohne merkbares Interesse. Als dann das orthodoxe System zusammenbrach, hing der Descensus im Gesammtumfang der protestantischen Kirche nur noch wie ein verdorrter Zweig an dem Baume, dem nun die Axt an die Wurzel ging. So oft der dogmatische Schematismus den Theologen der rationalistischen Periode eine Aeußerung über ihn abnöthigte, gewahren wir bei ihnen eine peinliche Verlegenheit. Als ein unerquickliches Theologumenon ohne begründeten Anspruch auf theologische Beachtung gaben die Einen die Höllenfahrt für eine auf die jüdischen Hadesvorstellungen zurückzuführende mythische Umschrei-

bung des Zustandes Jesu im Tode aus. Andere erblickten in ihr eine symbolische Dar=
stellung bald der Idee von dem selbst in der Hölle der — oberweltlichen — Bösen ver=
weilenden Daseyn, d. h. von der großen Sünderliebe Christi (Marheinele, Ackermann),
bald der Idee von der Universalität des durch Christum erworbenen Heils (de Wette,
Hase, Grimm). Unumwundener ist sie von Schleiermacher für eine ganz unbezeugte
Thatsache erklärt worden. G. L. II. §. 99. 1.

Angesichts der Schrift und des gegenwärtigen Standes dogmatischer Forschung kann
die neuere Theologie nicht umhin, diese letztere Behauptung zurückzuweisen, muß sich aber
bei der Unmöglichkeit einer Rückkehr zu den frühern Bestimmungen eine neue Basis zu schrift=
mäßiger Reconstruktion des Dogmas schaffen. Folgendes nämlich ergibt sich als unzweifel=
haft neutestamentliche Lehre. 1) Christus ist in der Zeit zwischen seinem Tode und
seiner Auferstehung, während sein Leib im Grabe lag, bei den Abgeschiedenen im Hades
erschienen. Allerdings scheint es nicht gerathen, sich dafür auf Ephes. 4, 8—10. zu berufen,
da die Beziehung der Worte κατέβη εἰς τὰ κατώτερα τῆς γῆς auf die Menschwerdung
und irdische Erscheinung Christi weit näher liegt, und es, zum mindesten gesagt, unsicher
bleibt, daß der Apostel hervorheben wolle, es sey die Gabenverleihung an die Menschen
durch eine vorgängige Niederfahrt und Siegesmanifestation Christi im Hades motivirt.
Dagegen setzt er Röm. 10, 6—8. in seiner Beweisführung die κατάβασις εἰς τὸν ἄβυσ-
σον voraus. Apg. 2, 31., vgl. 27., aber wird, wenn auch mehr von populärem Stand=
punkt aus als in direkt didaktischer Abzweckung, und ἐν παρόδῳ gesagt, ὅτι οὐ κατε-
λείφθη (Χριστὸς) εἰς ἄδου. Und nach Luk. 23, 43. gibt der Herr selber dem Schächer
die Zusicherung: σήμερον μετ᾽ ἐμοῦ ἔσῃ ἐν τῷ παραδείσῳ, wo der Ausdruck Para=
dies nur von der relativ seligen Sphäre des zwischenzuständlichen Jenseits verstanden
seyn kann. S. überhaupt den Artikel Hades. 2) Christus geht in der Form der ab=
geschiedenen Seele, als πνεῦμα, zu den Todten und ihrem Reiche ein, 1 Petr. 3, 18 f.
vgl. Apg. 2, 27. 3) Er setzt dort seine ihm eigenthümliche Wirksamkeit fort; er pre=
digt das Evangelium, — τοῖς ἐν φυλακῇ πνεύμασι πορευθεὶς ἐκήρυξεν ἀπειθήσασί
ποτε, 1 Petr. 3, 19. Ob übrigens Petrus die Heilsdarbietung ausschließlich an die
Zeitgenossen Noahs gerichtet seyn lasse, oder ob er sie, durch die Zusammenstellung der
rettenden Taufe mit der Bewahrung der Wenigen in den Gewässern der Sündfluth auf
sie geführt, anstatt aller vor Christo Gestorbenen, nur „beispielsweise" nenne, geht aus
der Stelle selbst nicht hervor. 4) Wohl aber erhellt aus 4, 6. — νεκροῖς εὐηγγελίσθη
— vgl. mit V. 5, daß als Objekt der Predigt die Gesammtheit der Todten gedacht
werden wolle. Zweck derselben soll seyn, daß sie „zwar gerichtet seyen nach Menschen=
Weise dem Fleische nach, aber leben nach Gottes Weise dem Geiste nach;" bei welchen
im Einzelnen schwer zu deutenden Worten offenbar das Hauptgewicht auf das zweite
Glied zu fallen kommt, so daß, wie man sich auch das erste zurechtlege, jedenfalls als
Ziel jener Verkündigung die Erweckung des ζῆν πνεύματι nach Gottes Veranstaltung und
Rathschluß hingestellt wird. Eine Anzahl weiterer Schriftstellen, in denen ebenfalls eine
Beziehung auf den Descensus vorliegen soll, bietet nicht die erforderliche Sicherheit,
womit nicht geläugnet werden soll, daß es deren gibt, welche erst von ihm aus ihr vol=
les Licht erhalten.

Wenn einmal zugegeben werden muß, daß der Mensch mit seinem Absterben, und
bis auf seine Vollendung in der Auferstehung bei der συντέλεια τοῦ κόσμου, einem
Zwischenzustande, dem Hades anheimfällt: so ist es die unabwendbare Consequenz der
wahren Menschheit Christi und des von ihm erdulbeten Todes, daß auch er an die=
sem allgemein menschlichen Loose müsse participirt haben. Aber als der Heilige Gottes,
welcher keine Sünde gethan, war sein Hingang eben nur die Folge seines Gehorsams
bis zum Tode, ohne daß Tod und Hades an diesen zweiten Adam ein Recht gehabt hät=
ten. Es bildet hiemit der Descensus ein besonderes Moment in dem abschließlichen Vol=
lendungsprocesse, wodurch die gottmenschliche Person Christi zu der ihr adäquaten Exi=
stenzform des σῶμα τῆς δόξης gelangt; er ist die Vermittlung des Gegensatzes zwi-

schen Tod und Auferstehung. Hieraus ergibt sich denn auch, soweit der alten Controverse noch Wichtigkeit zukommt, daß er weder schlechthin dem status exinanitionis, noch
auch dem status exaltationis zuzutheilen ist, sondern daß er den Uebergang aus dem einen
in den andern, die Einheit beider repräsentirt. Der Descendirende ist der seiner mensch=
lichen Bestimmtheit gemäß der Herrschaft des Todes bis zum Hinfall an den Hades
Unterworfene, und langt insofern als solcher nicht geradezu bei der qualitativ untersten,
aber doch bei der äußersten Stufe der Erniedrigung an. Indem jedoch in diesem äußer=
sten Stadium zugleich jene Todesmacht in seiner Person durchbrochen und überwunden
wird, wie sich dieß in der Auferstehung zu Tage legt, haben wir hier die geheimnißreiche
Wendung vor uns, in welcher die Erniedrigung von der Erhöhung verschlungen wird.

Fragen wir endlich nach der soteriologischen Bedeutung jener Erscheinung Christi
unter den Todten, so ist von dem Satze auszugehen, daß er nur in der vollen Identität
mit sich selber in's Geisterreich eintreten konnte, nur als Der, der er ist, als der Gott=
mensch, in welchem Gott der persönlichen Creatur vollkommen offenbar ist, und wel=
cher daher auch in alle Wege erlösend wirkt. Sein Eingang zu der zwischenzuständlichen
Welt, den mit der diesseitigen Welt erst die Totalität der Menschheit umschreibt, und die
mit dieser sowohl die Sündhaftigkeit als die Erlösungsfähigkeit gemein hat, war an und für
sich selbst die Predigt von der Gnade Gottes in ihm, seine Selbstdarstellung in Form
der Seele unter den Seelen in sich selber schon die Kundmachung der absoluten Wahr=
heitsfülle, die Erscheinung des Lichts der Welt, »welches jeglichen Menschen erleuchtet.«
Vom Geistes= und Liebesleben Gottes des Vaters schlechthin erfüllt, theilte sich das er=
lösungskräftige, beseligende Heilsprinzip, welches sein Wesen constituirt, die in ihm auf
absolute Weise vorhandene, heilwirkende Lebensenergie Gottes, auch dort denen persönlich
mit, welche durch die sich an ihn anschließende Glaubensthat mit ihm in Lebensgemein=
schaft versetzt wurden.

Den Erfolg der Wirksamkeit Christi zu ermitteln, fehlt uns mit Ausnahme der Ana=
logie des Diesseits jeder Anhaltspunkt. Seiner entscheidungsvollen Natur nach ist Christus
überall, wo er vorübergeht, wie ein Geruch des Lebens zum Leben den Einen, so ein
Geruch des Todes zum Tode den Andern. Und wenn schon vor dem Descensus der
Hades in die beiden Regionen: Schooß Abraham und Ort der Qual oder Gefängniß,
auseinander geht, so ist dies von da an in gesteigertem Maße der Fall. Jede Einpflan=
zung des göttlichen Heilslebens in jene Welt der Abgeschiedenen muß aber nicht bloß eine
irgend welche Heilsgenossenschaft unter ihnen zur Folge gehabt haben, sondern mit sei=
ner Erhöhung wird der erhöhte Christus ebensosehr zu einem jenseitigen als er ein dies=
seitiger bleibt. Hierauf beruht die weitere Annahme von einem universellen Fortwirken
der Heilsdarbietung an die je und je in das Land des Todes Wallenden und damit
zugleich die Einsicht in die Möglichkeit einer Realisation des universellen Gnadenwillens
Gottes.

Die Literatur dieses Dogma's, gegen welches sich »die Vernunft des neunzehnten
Jahrhunderts am entschiedensten auflehnt«, f. bei J. L. König, die Lehre von Christi
Höllenfahrt, Frankf. 1842 und in meiner Schrift: die Lehre von der Erscheinung Jesu
Christi unter den Todten, Bern 1853. Schon Witsius, Exercitt. s. in symb. ap.
1730 meinte: de descensu tantum ferme dissertationum est, quantum est muscarum,
quum caletur maxime. Güder.

Höllenstrafen. Es gibt für den Menschen zwar Unsterblichkeit, aber nicht ewiges
Leben, so lange das gotterfüllte Leben Christi nicht zu seinem Leben geworden, so lange
bei ihm nicht die Geburt aus Gott, und damit die Tilgung der Sünde dem Prinzip
nach erfolgt ist. Alle Seligkeit ist unwandelbar an die reale Lebensgemeinschaft mit
Christus gebunden. Sofern also die Bestimmung des Subjekts nur in der Verwirk=
lichung der göttlichen Ebenbildlichkeit erreicht wird, muß sich ihm der Stand der innern
Abkehr von Gott, mit andern Worten, seine begriffswidrige Wesensverkehrtheit als Un=
seligkeit zu erfahren geben.

Die Unseligkeit, im Allgemeinen die Zuständlichkeit in der Trennung von Gott, steigert sich objectiv mit der Verfestigung in der selbstischen Richtung und mit der dem sündlichen Lebensgrunde entsprechenden Abnahme der sittlichen Freiheit zur Rückkehr zu Gott. Als nothwendiges Resultat des ungelösten Widerspruchs zwischen der Idee des Menschen und ihrer Wirklichkeit ist sie ein Strafzustand, nämlich das realisirte Verhältniß des Bösen zu der von und zu Gott geschaffenen Menschennatur. Da jedoch das gegenwärtige Leben als die Zeit der Entwicklung noch nach keiner Seite hin einen fertigen Abschluß aufzuweisen hat; da ferner auch für den Zwischenzustand die Möglichkeit eines Abbruchs der bisherigen Entwicklungsreihe statuirt werden muß: so kann absolute Unseligkeit oder Verdammniß, und können somit Höllenstrafen im vollen Sinn erst mit dem Vollzug des Weltgerichts bei der Wiederkunft Christi eintreten. Matth. 25, 41: Τότε ἐρεῖ τοῖς ἐξ εὐωνύμων· Πορεύεσθε ἀπ᾽ ἐμοῦ, οἱ κατηραμένοι, εἰς τὸ πῦρ τὸ αἰώνιον τὸ ἡτοιμασμένον τῷ διαβόλῳ καὶ τοῖς ἀγγέλοις αὐτοῦ. Matth. 7, 23. Apol. 20, 15. Freilich scheidet das N. T. in der Regel nicht bestimmter zwischen dem Zustand der Verworfenen vor und nach der endgültigen Entscheidung im Gericht, so wie auch γέεννα nicht ausschließlich von dem zwischenzuständlichen Strafort gebraucht zu werden scheint. Diese Darstellungsweise wird der Wirklichkeit um so näher kommen, als die jenseitige Zuständlichkeit der Widergöttlichen vor und nach der Parusie ihrem Wesen nach nicht verschieden seyn kann. Wenn hiemit die altkirchlichen Dogmatiker die Höllenstrafen gleich mit dem leiblichen Tode ihren Anfang nehmen lassen, so erweist sich diese ihre Feststellung nur insoweit nicht haltbar, als sie die Relativität derselben nicht in Betracht zogen, dann aber infolge der Verwechslung des intermediären und definitiven Strafzustandes gemeiniglich — pro peccatorum qualitate et mensura — Grade der Verdammniß annahmen. Luk. 12, 47. Matth. 11, 24.

Wie es die Natur der Sache mit sich bringt, bewegt sich das N. T., wo es den Zustand der Unseligen und der Verdammten berührt, vorzugsweise in symbolischen Darstellungen. Der Herr spricht von einem Wurme, der nicht stirbt, von einem Feuer, das nicht verlischt, bereitet dem Teufel und seinen Engeln, und dann wieder von einem Hinausgeworfenseyn in die äußerste Finsterniß, da Heulen und Zähneknirschen seyn wird. Die Widersetzlichen wird Feuereifer verzehren, Hebr. 10, 27. Der Gottlosen, die dem Evangelium nicht gehorsam sind, wartet am Tage des Gerichts und der Offenbarung des Herrn Jesu vom Himmel die ἀπόλεια; sie werden Pein leiden, ewiges Verderben vom Angesichte des Herrn und von der Herrlichkeit seiner Macht, 2 Petr. 3, 7. 2 Thess. 1, 8. 9. Ihr Theil wird seyn in dem Pfuhl, der mit Feuer und Schwefel brennt; der Rauch ihrer Pein steigt auf in alle Ewigkeit, und sie haben keine Ruhe Tag und Nacht. Apok. 14, 10. 11; 20, 15; 21, 8.

Ueber den Inhalt dieser vorstellungsmäßigen Adumbrationen war man von jeher getheilter Ansicht, indem die Einen in ihnen zutreffende Bilder erkennen wollen, während die Andern sie mehr buchstäblich verstehen. Besonders früher dachte man sich das Feuer gerne als ein materielles, indeß theilweise von gleicher Beschaffenheit mit unserm elementarischen Erdenfeuer. Das Mittelalter versetzte an Schrecken und Qualen in die Hölle, was ihm eine von den Greueln der Tortur gesättigte Einbildungskraft vorspiegelte. Die Schilderungen, welche der streng kirchliche Dante von der Hölle und ihren Grauen entwarf, galten für mehr als Erzeugniß eines dichterischen Geistes. Als Objekt der jenseitigen Peinigung dachte man sich den Leib nicht weniger als die Seele. Aber auch an Solchen hat es nie ganz gefehlt, welche umgekehrt die höllischen Strafen so ziemlich in innern Gerichten sich erschöpfen ließen, sey es daß sie das Fener, analog dem verzehrenden Feuer der Leidenschaft, in der Weise des Origenes in das ungehemmt wirkende Schuldbewußtseyn setzten, sey es daß sie mit Meister Eckart, zum Theil auch Duns Scotus Erigena den Stachel der Hölle in der vollendeten Nichtigkeit und innern Ohnmacht der Verdammten fanden.

So m· nun mit der le t   t halten werden mu   der Centralheerd der Höllenqual im inwendigen Menschen aufzusuchen ist, so gewiß wird man dagegen jener erstern insoweit Recht geben müssen, als der Zustand innerer Verworfen= heit zu seinem Correlat nach Außen hin eine entsprechend gestimmte Weltsphäre erheischt. Hienach können wir annähernd etwa folgende Momente unterscheiden, welche zusammen das Wesen dieses zweiten oder ewigen Todes (Apok. 21, 8.) constituiren würden: 1) Der selbstverschuldete Ausschluß von der Theilnahme an den Gütern des ewigen, gotterfüll= ten Lebens in der Herrlichkeit, — was als Zusammenfassung der von unsern altkirch= lichen Dogmatikern unter der Rubrik der poena damni oder mala privativa aufgezählten negativen Strafen gelten mag; — 2) die poena sensus oder mala positiva, die selbst wieder in interna und externa gesondert wurden, nämlich: das volle ungestörte Bewußt= seyn um die eigene, wohlverdiente Verdammniß; der ungelöste Widerspruch zwischen dem idealen Lebensbild und seiner unheilbaren Verkehrung in der zur andern Natur ge= wordenen Selbstsucht, verbunden mit dem ihm inhärirenden Zerfall mit sich selbst und mit der ruhelosen Zerfahrenheit des persönlichen Wesens; die verzehrende Feindschaft wider Gott; die Einschränkung auf die Genossenschaft der Mitverdammten; die Tanta= luspein des widergöttlichen Verlangens bei der Unmöglichkeit seiner Befriedigung; und im völligen Einklang hiemit das Elend des äußern Zustandes, des gesammten Lebens= tenors. Anlangend endlich den Schauplatz der Verdammniß, so gibt es für die von ihr Betroffenen selbstverständlich keinen Raum innerhalb des neuen Himmels und der neuen Erde, darin Gerechtigkeit wohnet. Soll überhaupt über die Lokalität der Hölle etwas ausgesagt werden, so wird dies schwerlich sachgemäßer geschehen können als indem man sie nach dem Ausdrucke des Herrn in die gottentleerte Schreckensstätte der äußersten Fin= sterniß verlegt.

Ist aber die Verdammniß eine in alle Ewigkeit fortdauernde, oder steht zuletzt doch noch eine Bekehrung der Verdammten zu hoffen? Ist es denkbar, daß die von Gott ge= schaffene Welt in einem bleibenden Dualismus abschließe? Kant, Religion innerhalb der Grenzen u. s. w. S. 83, rechnet die Frage über Endlichkeit und Ewigkeit der Höl= lenstrafen zu den Kinderfragen, aus welchen der Fragende selbst auf den Fall, daß sie ihm beantwortet werden könnten, doch nichts Kluges zu machen verstehen würde. Daß Kinder die heilige Scheu nicht kennen, welche die Männer der Wissenschaft anwandelt, wenn sie diese mit Centnerlasten behangene Frage beregen sollen, unterliegt keinem Zweifel. Ob dagegen eine Frage, bei deren Entscheidung die schwierigsten Probleme der theo= logischen Speculation sich kreuzen, mit Recht den Namen einer Kinderfrage verdiene, und ob ihr, ihre Lösbarkeit vorausgesetzt, in der That nur ein so zweideutiger Werth zukomme, dies dürfte billig selbst wieder in Frage gezogen werden.

Schon wer sich ohne vorgefaßte Meinung dem Eindrucke überläßt, welchen die hieherge= hörigen Aussprüche des N. T. machen, wird zugestehen müssen, daß der Lehrsatz von der Ewigkeit der Höllenstrafen an ihnen eine stärkere Stütze hat als sein Gegentheil. Aber entscheidender noch als diese vereinzelten Stellen (Matth. 25, 46. vgl. 41. Mark. 9, 43 ff. Matth. 12, 32. vgl. Mark. 3, 29. nach Lachmann; Matth. 26, 24. Apok. 14, 11; 20, 10.), die für sich betrachtet sämmtlich in Anspruch genommen werden können*), erweist sich die Haltung der neutestamentlichen Gesammtanschauung, als welche durchweg von der Voraus= setzung getragen wird, daß der Heilsrathschluß Gottes nicht an Allen zu seiner Verwirklichung gelange, und daß mit der Wiederkunft Christi nicht allein die Scheidung der ethischen Gegensätze erfolge, sondern daß damit zugleich auch das wahrhaftige τέλος, die συντέ= λεια τοῦ αἰῶνος τούτου erreicht sey. Die Kirche und die weit überwiegende Mehrzahl ihrer Stimmführer hat sich denn auch von Alters her der gegenüberstehenden Ansicht nie günstig gezeigt. Conf. Aug. 17.: Damnant, — qui sentiunt hominibus damnatis ac dia= bolis finem poenarum futurum esse. Conf. Helv. 11: Damnamus eos qui senserunt et

---

*) S. Kern, die chr. Eschatologie, in d. Tübing. Ztschr. für Theologie 1840, 3, S. 43 f. Usteri, paulin. L. B. Dritte Aufl. S. 221 f.

daemones et impios omnes aliquando servandos, et poenarum finem futurum. Gerne fügten unsere Theologen bei, es gehöre das nie endende Verderben der Verworfenen ad justitiae, veritatis et potentiae divinae gloriam.

Indeß haben sich im Gegensatz zu dieser allgemein kirchlichen Lehrweise seit Origenes von Zeit zu Zeit immer wieder einzelne, zum Theil sehr gewichtige Stimmen für die Lehre von der sogenannten Wiederbringung aller Dinge und die endliche Beseligung aller persönlichen Creaturen erklärt. Dahin gehörten in der ältern Zeit außer den Origenisten die Anhänger der antiochenischen Schule, dann manche Chiliasten und zu pantheistischen Prinzipien geneigte Mystiker, endlich, freilich von sehr verändertem Standpunkt ausgehend und ohne der großartigen Anschauung von der ἀποκατάστασις πάντων zu huldigen, die Rationalisten am Ende des vorigen und zu Anfang des gegenwärtigen Jahrhunderts. In Uebereinstimmung mit ihrer pelagianisirenden Grundrichtung nahmen sie gegenüber der absoluten meist eine bloß hypothetische Ewigkeit der Höllenstrafen an, d. h. eine nur auf den Fall sich endlos erstreckende Strafdauer, als in Ewigkeit keine Besserung der Verdammten erfolgen sollte, modificirten jedoch diese Annahme in der Regel durch die weitere Bestimmung, daß eine relative Nachwirkung der natürlichen Folgen einer sündlichen Lebensentwicklung auch für die nunmehr gebesserten Verdammten behauptet werden müsse. Vgl. J. O. Thieß, über die bibl. u. kirchl. Lehrmeinung von der Ewigkeit der Höllenstrafen, 1791. Tiefer als es nach der betreffenden Darlegung G. L. §. 163 scheinen könnte, liegt es in Schleiermacher's System begründet, wenn er für die mildere Ansicht, „daß nämlich durch die Kraft der Erlösung dereinst eine allgemeine Wiederherstellung aller menschlichen Seelen erfolgen werde," wenigstens gleiches Recht verlangt wie für die herrschende Vorstellung.

Es kann denn auch nicht in Abrede gestellt werden, daß das N. T. der Hoffnung auf die endliche Erfüllung des göttlichen Heilsplans an der Gesammtheit der sittlichen Wesen zum wenigsten einen Anknüpfungspunkt gewähre. S. 1 Kor. 15, 22—28. Ephes. 1, 10. Phil. 2, 10. 11. Allein zu einem direkten Gegenbeweise gegen die recipirte Lehre reicht gleichwohl keiner dieser Aussprüche hin, von andern wie Röm. 5, 12 ff.; 11, 23. nicht zu reden. Abgesehen aber von den Ergebnissen der exegetischen Forschung hängt auf theologischem Boden der Entscheid unserer Frage hauptsächlich von der Verhältnißbestimmung der menschlichen Freiheit gegenüber der Absolutheit der Macht und der Liebe Gottes ab. Geht man vom anthropologisch-ethischen Standpunkt aus, dann langt das Denken bei dem Satze von den ewigen Strafen an, während umgekehrt der theologisch-metaphysische Gesichtspunkt mit dem ihm einwohnenden Zug zum Determinismus und zu einer bloß negativen oder privativen Auffassung von der Natur des Bösen auf die Annahme von der Nothwendigkeit einer allgemeinen Rückkehr der Menschenseelen zu Gott führt. Freilich erwehrt sich das reformirte System trotz seiner Verwandtschaft mit der letztern Betrachtungsweise der Lehre von der Apokatastasis, indem es die endlose Fortdauer des Bösen in den Verworfenen durch den uranfänglichen absoluten Willen Gottes bestimmt seyn läßt; allein, nun muß es entweder die Positivität des Bösen preisgeben, oder es geräth sodann mit der Fassung der Idee Gottes in's Gedränge. Andererseits statuirt die lutherische Doctrin die Universalität der göttlichen Heilsabzweckung, allein nun sieht auch sie sich nicht zwar im Anfang, sondern am Schluß, in der Vollziehung der ungetrübten Gottesidee durch den Dualismus gehemmt, welcher dem göttlichen Gnadenwillen zum Trotz als Resultat der Weltentwicklung erscheint. Diesen von allen Seiten sich erhebenden Schwierigkeiten zu entgehen, ist man daher unter Festhaltung der Idee der göttlichen Liebe sowohl als der sittlichen Freiheit des Subjekts, auf die Auskunft einer endlichen Aufreibung und totalen Vernichtung der Unseligen als der vom Urquell des Lebens Abgelösten, verfallen. Wenn indeß dieser schon von Arnobius gehegte Gedanke in unsern Tagen seine ernsten Vertreter gefunden hat, so läßt sich gleichwohl nicht absehen, was für ein Gewinn sich aus ihm für die Lösung des vorliegenden Problems ergäbe, da er zu seiner Consequenz dann eine Beschränkung der göttlichen

Machtvollkommenheit hat, als welche den einen Theil der zur ewigen Seligkeit Geschaffenen und göttlich Berufenen vor gänzlicher Auflösung nicht zu bewahren vermöchte.

Um einen Abschluß zu erhalten, und sich nicht in die Nothwendigkeit versetzt zu sehen, eine unauflösliche Antinomie behaupten zu müssen, muß die abstrakte Fassung des Gottesbegriffs aufgegeben werden. Denn bei ihr bleibt es unmöglich, sich das Problem von der Vereinbarkeit des ewigen Rathschlusses Gottes zur Seligkeit mit seiner finaliter nur partiellen Verwirklichung zurechtzulegen. Durch die Erschaffung persönlicher, mit dem Vermögen der Selbstbestimmung ausgerüsteter Creaturen hat Gott die Absolutheit seines Wesens von Anfang an frei bestimmt, respective beschränkt. Somit leidet er, wie ein Alter sich ausdrückt, nun gleichsam selber Noth, daß ihm nicht vergünstigt wird, seine Liebe in die Herzen auszugießen. So gewiß also eine freie Selbstbestimmbarkeit des Menschen in der Einheit mit seiner Abhängigkeit von Gott zugestanden werden muß, so gewiß kann auch die Möglichkeit ewiger Verdammniß nicht geläugnet werden. Der Mensch kann durch Zu= und Aneignung der Gnade Gottes der ewigen Seligkeit theilhaft werden; folglich muß er durch beharrliche Abweisung der Gnade sich auch ewige Unseligkeit zuziehen können. Daß das Mitgefühl für den ewigen Schmerz der Einen die ewige Seligkeit der Andern trüben müßte, ist weiter nichts als eine sentimentale Instanz, welche vor dem Vollgenusse der Seligkeit in und mit Gott nicht Stand halten kann. Anders verhält es sich dagegen mit der Frage, in wie weit jene Möglichkeit sich zuletzt auch als Wirklichkeit herausstellen werde. Hier haben wir uns mit den Alten zu bescheiden und mit ihnen zu bekennen: De eo statuere non est humani judicii. Uns ist nicht Macht gegeben, einen endgültigen Spruch über den Ausgang transcendenter Entwicklungen in einem künftigen Aeon zu fällen. Genug daß wir nicht übersehen, es sey der Begriff der Ewigkeit nicht sowohl ein auf die Zeitdauer sich beziehender, als vielmehr ein religiöser, ein der Sphäre der Einheit mit und der Trennung von Gott zugehöriger Begriff, und über jeden Zweifel erhoben stehe die Wahrheit fest: Wer dem Sohne ungehorsam ist, der wird das Leben nicht sehen, sondern der Zorn Gottes bleibet auf ihm. Joh. 3, 36.

S. *J. F. Cotta*, historia succincta dogmatis de poenarum infernalium duratione, Tub. 1774. *J. A. Dietelmayr*, commenti fanatici ἀποκαταστάσεως πάντων historia antiquor, Altorf, 1769. Erbkam, in Stud. u. Krit. 1838. 2. 384—464. Güder.

Hoffmann, Daniel, lutherischer Theolog zu Helmstädt am Ende des 16. Jahrhunderts, war geboren zu Halle an der Saale im Jahr 1540 als der Sohn eines Steinhauers oder Zimmermanns. Ueber seine frühere Zeit ist bis jetzt fast nichts bekannt. In Jena hatte er um das Jahr 1558 studirt, denn in einer Zueignung vom Jahr 1585 sagt er, daß er dort vor 27 Jahren den Victorin Strigel gehört habe, und rühmt diesen als seinen Lehrer. Von Jena, wahrscheinlich zuletzt aus Heshusens Nähe, mit welchem er später gegen Flacius und gegen dessen Meinung von der Teufelsähnlichkeit der Substanz des gefallenen Menschen geschrieben hat (Calixtus Widerl. Büschers, 2, 91. 95), soll er nach Helmstädt von Herzog Julius, dem Stifter der Universität, berufen seyn, und erscheint dort schon 1576 bei der Eröffnungsfeier der Universität als einer der zwölf ersten Lehrer derselben, und zwar als Mitglied der philosophischen Fakultät, als Professor der Ethik und Dialektik; hier wird er nach den neuen Statuten dieser Fakultät darauf verpflichtet seyn, „se veram et antiquam (die aristotelische) philosophiam sincere citra ostentationis et innovationis studium auditoribus traditurum." Aber zwei Jahre nachher war er der erste, welcher in Helmstädt zum Doktor der Theologie promovirt wurde, und ging bald nachher in die theologische Fakultät über; Chemnitz verlor seinen Einfluß, und Tim. Kirchner, der erste Professor der Theologie zu Helmstädt, auch sein Amt, als beide noch in demselben Jahre 1578 die Weihe des Erbprinzen Heinrich Julius zum Bischof von Halberstadt durch Tonsur und andere alte Ritus in Predigten gemißbilligt hatten, und Heshusen (s. d. Art.) und neben ihm Hoffmann rückten in ihre Stellen. Hoffmann, welcher in Predigten am Hofe zu Wolfenbüttel um Weihnachten und Neujahr

1579—80 die Ordination des Prinzen vertheidigt hatte, wurde auch zum Consistorialrath erhoben *). Von hier an scheint er nun neben Heshusen, so lange dieser († 1588) und Herzog Julius († 1589) lebte, in Kirchen- und Universitätssachen der einflußreichste Rathgeber des letztern geworden zu seyn, und sich in dieser Stellung in Helmstädt dem Aufkommen der Philippisten und Humanisten entgegengesetzt, und doch auch den auswärtigen lutherischen Theologen gegenüber in einer etwas gesuchten und rechthaberischen Isolirung und Gemeinschaftlosigkeit befestigt zu haben; beide, Heshusen und Hoffmann, hatten die Concordienformel unterschrieben, und behaupteten auch dabei zu beharren, verwarfen aber die Ubiquitätslehre, klagten, daß man aus verwerflicher Nachgiebigkeit gegen J. Andreä und die Württemberger etwas davon in die Concordienformel aufgenommen habe, und bereiteten so für die lutherische Landeskirche des Herzogthums Braunschweig die Trennung derselben von der hier anfangs recipirten Concordienformel und von den Lutheranern, welche diese annahmen, für die nächste Zeil vor. So stritt nun Hoffmann damals nicht nur mit Beza, Piscator, Chr. Pezel und den anhaltischen und bremischen Geistlichen gegen die reformirte Abendmahlslehre in vielen umfangreichen Schriften **), sondern auch mit strengen Lutheranern, wie den drei Württembergern J. Andreä, Aeg. Hunnius und Polykarp Leyser, mit Chemnitz und Ge. Mylius, vornehmlich über die Ubiquitätslehre, welche er auch als Erzeugniß eines anmaßenden Vernunftgebrauches, weil als einen ungehörigen Erklärungsversuch des unerklärt zu lassenden Wie? der Gegenwart Christi im Sakrament verwarf; und so kamen hier streng lutherische Theologen von übrigens ganz verwandter Richtung dennoch so weit auseinander, daß während Hoffmann klagte: »ich lese der Württemberger Schriften fleißig, und habe über die hundert wahre Aergerniß in allen Artikeln unserer Confession observirt,« Ge. Mylius es aussprach, was auch nachher Calovius (hist. syncret. p. 570) wiederholte: »auf der helmstädtischen Universität gibt es zu unserer Zeit einen Menschen, Dan. Hoffmann, der wie Ismael wild und unbändig ist, dessen Hand wider alle und aller Hand wider ihn, indem er sich zum Richter über fremde Händel gesetzt und einen Aristarchum aller Schriften und Reden abgibt, auch Jedermann unter seine Censur nimmt, und mit seiner Peitsche wohlverdiente Leute trifft,« Arnold, K. u. Ketz.-Gesch. Th. 2, B. 17, 6, §. 15. Dieser Zwiespalt mit den auswärtigen strenglutherischen Theologen, seinen nächsten Gesinnungsgenossen, schadete seinem Ansehn im Braunschweigischen nichts, so lange Herzog Julius lebte. Allein kaum war diesem mit dem 3. Mai 1589 sein Sohn Heinrich Julius nachgefolgt, als sogleich von dem vielseitig gebildeten jungen Fürsten der Humanist Joh. Caselius (s. d. Art.) und ein beträchtlicher Anhang seiner Schüler und Freunde in Helmstädt als Lehrer angestellt wurden, und hier schnell zu einem Ansehen und Einfluß gelangten, neben welchem das bisherige theologische Uebergewicht Hoffmann's immer schwieriger zu behaupten war. So erfüllte dieser schon am 26. Mai 1589 seine Rede bei'm Antritt seines dritten Prorektorates mit Klagen über die, welche bei dem Regierungswechsel ihre Freude nicht verbergen könnten (die Worte „pars scholasticorum nostrorum effreni improbitate hoc luctuosissimo tempore ferocire pergit, ut etiam publicis cantibus et furiosis clamoribus piorum gemitibus insultare non vereatur" oder „in hac schola a Sodomorum sobole non libera" und ähnliche gehen

---

*) Lentz, die Concordienformel in Braunschweig, in Niedners Zeitschrift für hist. Theol. 1848, S. 296.

**) Dahin gehört libellus apologeticus Dan. Hofmanni respondens chartis ministrorum ecclesiae Bremensis et horum sacramentarios detegens atque refutans, Helmstädt 1585, 8., schon mit Rücksicht auf eine zwei Jahre vorher herausgegebene Schrift, welche er hier als libellus pro defensione $\tau o\tilde{v}\ \dot\rho\eta\tau o\tilde{v}$ in verbis sacrae coenae, a Cinglianis et Calvinianis annos LX pertinaciter negati bezeichnet; ferner apologia Dan. Hofmanni. missa ad Theod. Bezam, qua $\tau\grave{o}\ \dot\rho\eta\tau\grave{o}v$ in verbis coenae sacrae — immotum, praedicatio sacramentalis inusitata et a tropo libera, omnes autem adversariae argutationes Bezae falsissimae demonstrantur ad oculum, Helmstädt, 1586, 554 S. in 8. Noch mehrere dieser Schriften sind angezeigt bei Bayle, Art. Hoffmann, Note D.

zwar zunächst auf die Studirenden, aber doch wohl nicht bloß auf sie), und seine Ge-
dächtnißpredigt auf den Herzog Julius rühmte ihn kurz darauf auch um des Verdiensts
willen, daß das Concordienbuch "vor ein gemein Bekenntniß nicht sey erhoben worden"
(Rehtmeier, K.-G. von Braunschw. 3, 489). Doch hielt er sich anfangs noch von
weiteren Angriffen gegen seine philosophischen Collegen zurück; der Wittenberger Theolog
Jakob Martini versichert in seinem "Vernunftspiegel" (Wittenberg 1618 in 4., S. 307),
daß Hoffmann und Pfaffrad "anno 90 und 91, da ich zu Helmstädt in der Julius-
universität studiret," über das Licht der Natur ebenso anerkennend wie Leyser, Gerhard u. a.
sich geäußert hätten, und daß er dies "mit ihren selbst eigenen dictatis erweisen könne,"
auch daß Hoffmann "uns zum öftern in seinen lectionibus das Büchlin, so Philippus
Mornäus de veritate religionis Christianae geschrieben, auf's Höchste commendiret und
als ein sehr herrliches und nützliches Scriptum zu lesen anbefohlen, welches er nit hätte
thun können, wenn er diese natürliche Wissenschaft von Gott und göttlichen Sachen geleugnet," und daß er "öffentlich de lege naturae et recta ratione iudicioque eius de Deo,
item de iudicio honestorum et turpium gelesen, geschrieben und dasselbe auf's Beste er
gewußt und gekonnt vertheidiget," und ebenso sein Schützling Pfaffrad mit ihm; noch im
Jahr 1593 sprach er sich in Thesen de notitiis nobis innatis gegen das abominabile opinionis portentum aus, "uotitiam numinis e mente eradere velle" und "testimonium conscientiae mendacium fingi," und behauptete "veras esse illas notitias etiam in homine
non regenerato." Im Jahr 1597 aber ward er auf's Neue gegen die "Caselianer"
gereizt durch ein zu ihren Gunsten erreichtes Verwerfungsurtheil des Herzogs gegen die
ramistische Lehre, als den Statuten zuwider, "quae Philippum et Aristotelem hic doceri
volunt," worauf auch ferner gehalten werden solle; nur privatim sollen noch zwei Ramisten
Unterricht ertheilen dürfen, aber ihre Schüler sollen doch auch die öffentlichen Vorlesungen
über Logik und Dialektik, also die der Aristoteliker, besuchen, und verboten wird, ne ea
quae publice docentur privatim quis refutare ausit. Ramist seyn, hieß damals zugleich
das Studium des Aristoteles und die Uebung der aristotelischen Logik als heidnisch und
gefährlich für den Glauben verwerfen, und von philosophischen Studien nur ein Minimum
oder gar nichts für sicherer halten zur Erhaltung der Rechtgläubigkeit. So hatte sich
auch in Helmstädt der Ramist Pfaffrad an Hoffmann und dieser an die Ramisten angeschlossen, und so sahen leicht beide und ihr Anhang jenes herzogliche Verbot, weil es sie
traf, als ein Attentat gegen das Christenthum an. "Es soll nicht so hingehn," soll
Hoffmann gesagt haben, "der Teufel hole den, der sich fürchtet." Am 17. Januar 1598
vollendete er eine Abhandlung in 101 Thesen de Deo et Christi tum persona tum officio
zur bevorstehenden Promotion Pfaffrad's, welcher sie am 17. Februar 1598 als Respon-
dent zu vertheidigen hatte, mit einer Einleitung, welche von dem Satze ausging, die
Geschichte der Kirche von ihrem Anfange bis jetzt zeige ecclesiae post Satanam saeviorem
hostem nunquam fuisse ratione et sapientia carnis, in doctrina fidei dominatum affec-
tante, daher auch schon der Apostel Gal. 5, 20. Kol. 2, 8. die Philosophie unter die
Werke des Fleisches gesetzt, und die alte Kirche die Philosophen als haereticorum patri-
archas (Tertull. adv. Hermog. 8) anerkannt habe. Quanto magis excolitur ratio humana
philosophicis studiis, tanto armatior prodit, et quo se ipsam amat impensius, eo theologiam invadit atrocius; und so zeige sich's noch jetzt, wenn man um sich her sehe, statum
ecclesiae inde miseriorem fieri, quod multi theologorum ad sapientiam carnis sublimes
articulos fidei revocant, et iuventutem assuefaciant ad disputationes, quibus ad philosophiae calculos exigitur sensus sacrarum literarum, während Luther's Hauptverdienst
doch gerade in Austreibung des Sauerteigs der scholastischen Philosophie bestanden habe.
So gelte es noch jetzt, die Jesuiten zu bestreiten, welche noch jetzt scholasticorum doctorum
via incedunt, iisque subiungere Calvinianos, et ex his quidem illos nominatim qui
diluendi merum Christianum peculiare artificium hodie affectant, et suspensa hedera
iuventutem ad suos et aliorum cauponantium tabernas sollicite invitant; patronos ubi-
quitatis (diesen mußte er freilich jetzt den neuen Gegnern gegenüber sich verbundener

fühlen), licet ex eadem cisterna quam ratio fodit hauriant, certis de causis mollius tangere voluimus, wie er auch sonst zu beweisen hoffte, quam constanter tolerantiae et modestiae eousque studuerimus.. Unter den Thesen, welche er nun folgen ließ, wurden ihm nachher vornehmlich zwei zum Vorwurfe gemacht, die 15te, daß Luther mit Recht den Ausspruch der Sorbonne verworfen habe, es sey ein und dasselbige wahr in der Theologie und in der Philosophie, da Paulus 2 Kor. 10, 5. lehre, daß πᾶν τὸ νόημα, also ohne Zweifel auch die Philosophie, unter den Gehorsam Christi gefangen zu nehmen sey; und die 20ste, daß Luther darum ebenfalls richtig empfehle si dialectica seu philosophia in sua sphaera relictis discamus loqui novis linguis in regno fidei, sonst gieße man neuen Wein in alte Schläuche, und verderbe beides, wie der Sorbonne begegnet sey. Doch standen noch ermäßigende Sätze daneben, wie die zwölfte Thesis: largimur quod qui philosophiam sua rite tractantem suisque limitibus contentam omni laude spoliat et usum eius simpliciter reprobat, is decus generis humani et commoda vitae communis, beneficia creatoris et conservatoris mundi, calumniose infestet. Hier hielten sich nun mehrere Kollegen Hoffmann's in der philosophischen Fakultät, besonders Caselius selbst und drei seiner nächsten Schüler und Freunde, der Schleswiger Oven Günther, der Schotte Dunkan Liddel und der Belgier Cornelius Martini, für verpflichtet, dies so aufzunehmen, wie es wohl auch gemeint war, als einen Angriff gegen ihre Wirksamkeit und ihren Einfluß auf die Studirenden, vornehmlich auf die theologischen Stipendiaten, welche nach den Statuten und dem neuesten Befehl vom Jahr 1597 den philosophischen Cursus unter ihrer Leitung durchzumachen hatten. Zuerst fanden sich einige derselben bei der Disputation ein; aber hier unterließ Hoffmann gegen die Sitte sie zum Opponiren aufzufordern, bis die Zeit verstrichen war. Auf eine Beschwerde darüber bei'm Prorektor wird Hoffmann zuerst von diesem, hierauf durch zwei ihrer Mitglieder von der philosophischen Fakultät zur Erneuerung der Disputation aufgefordert, weil um der Studirenden willen öffentlich der Verwerfung der ihnen obliegenden philosophischen Studien widersprochen werden müsse; er verweigert es. Auch im akademischen Senat, wohin dann die Sache gebracht wird, ergießt er sich gegen Prorektor und Kollegen in heftige Klagen, wie sehr man ihn anfeinde, und daß des Landesherrn Leib und Seele und des Landes Wohlfahrt auf dem Spiel stehe; Martini hält ihm aus seinen Thesen vor, er erkenne ja selbst den Werth der Philosophie darin an, und bilde selbst Syllogismen darin; Heinrich Meibom, ihm näher befreundet, und ebenso die Juristen Cludius und Clampius reden ihm zu, er könne ja nur dies in einem Programme aussprechen, daß er nicht de usu, sondern nur de abusu philosophiae habe reden wollen; aber heftig fährt er auf: „ja so sollte man sagen, Dr. Hoffmann hat müssen revociren;" er habe nicht den Mißbrauch der Philosophie gemeint, „sed verum usum, verum, veriorem, verissimum; philosophia, quando in officio est, in recto usu, contraria est theologiae;" Luther und Heshusen hätten noch viel ungünstiger als er über die Philosophie geurtheilt. Noch heftiger wurde er in einer zweiten Senatsverhandlung am 14. März 1598; statt sich zu rechtfertigen, griff er wieder zuerst die Philosophen an, Martini, dessen Neuerungen und ganzes Verhalten ihm stets mißfallen habe, Liddel, der aus einem Winkel der Erde hergelaufen hier Luther lästern wolle, und Günther, welcher freilich inzwischen in einer Ankündigung seiner Vorlesungen die malitia philosophiam criminantium eine Σκυθῶν ῥῆσις und non inscitia sed furor genannt hatte, und welchem Hoffmann nun als einem Gottlosen, schlimmer als die Ketzer aller Zeiten und als Juden und Türken, nach 20jähriger Nachsicht, die er gegen ihn geübt, jetzt Züchtigungen durch Herzog und Stände auswirken zu müssen drohte; doch als er nach diesen Ergießungen die Sitzung verlassen wollte, ward er genöthigt zu bleiben, und zuvor die Gegenreden dieser drei, sowie des Caselius u. a. anzuhören, welche auch nicht gelinde ausfielen. Nun wurde zwar eine Beilegung des Streits in Privatconferenzen gesucht; Günther verstand sich zu einem begütigenden Brief an Hoffmann; es wurde in Gegenwart des Prorektors Clampius und einiger Professoren aus allen Fakultäten disputirt über usus und abusus der Philosophie, Hoffmann

behauptete nun, ein Heide lüge, wenn er sage, es gebe einen Gott; Güte Gottes, Ver=
geltung, Unsterblichkeit der Seele seyen nur Glaubenssachen, die menschliche Vernunft
wisse nichts davon; Röm. 1, 19. 20. werde durch Vers 21. und 22. wieder aufgehoben;
zwei Contradictoria könnten nicht zugleich beide wahr oder beide falsch seyn, sey bloß
ein philosophischer Satz u. dergl.; doch ging man ziemlich friedlich und mit Vorbehalt
weiterer Erwägung auseinander. Aber dies hatte keinen Bestand; Hoffmann eiferte in Vor=
lesungen fort über "unsere Philosophi, welche mit den Pelagianern unter einer Decke liegen;"
Martini erwiederte dies; bei zwei folgenden Kandidatendisputationen erschien der letztere
als Opponent, und bedrängte Hoffmann unter dem Gelächter der Studenten über dessen
"falsche Wahrheit" mit Stellen aus dessen eigenen älteren Thesen, welche der Vernunft
und Philosophie so viel mehr eingeräumt hätten, mit ähnlichen Aussprüchen Luthers und
des Corpus doctrinae Julium und mit Beispielen aus der Schrift, mit der Weissagung des
Kaiaphas und mit Jak. 2, 19., welches letztere Hoffmann für eine Ironie erklärte, aber zugleich
bekannte Lutheri scripta sibi prae epistola Jacobi esse. So war die Erbitterung wieder im
Zunehmen; beide schrieben nun Briefe gegen einander; ebenso Hoffmann und Caselius;
nur eine einzelne Irrlehre, forderten die Philosophen, möge er ihnen nachweisen, nur ein
Beispiel, wo rechter Gebrauch der Philosophie und nicht Mißbrauch derselben der Theo=
logie geschadet habe; aber Hoffmann hatte immer nur allgemeine Klagen über die satani=
schen Sarkasmen, mit welchen Martini Gott und die heil. Schrift und die Kinder Gottes
verspotte. So reichte nun unter'm 24. August 1598 die philosophische Fakultät bei den
inzwischen vom Herzoge dazu niedergesetzten "Kommissarien" eine schriftliche Klage gegen
Hoffmann ein, und forderte darin Genugthuung wegen Beleidigungen und eine öffentliche
Erklärung, daß die philosophischen Studien für die Studirenden, insbesondere die der
Theologie, nicht schädlich seyen. Nach einer Vorlesung der Klageschrift griff Hoffmann
fast alle Versammelten, auch den Prorektor und die übrigen Kommissarien, heftig an,
"man wolle ihm seinen Herrn Christum nehmen, das wolle er nicht leiden, sondern wolle
daran Leib und Leben, Gut und Blut und alles, was er hätte, setzen," Caselius, Liddel,
Günther und Martini "haben so greuliche errores und haereses, als in vielen Jahren
nicht ist erhöret worden, evertunt universum fundamentum doctrinae Christianae, seyen
solche Feinde dieser Schule, die mein Herr mit etlichen Tonnen Goldes aus dem Lande
laufen solle; er leugne es nicht, er habe sie vor den Landständen verklagt und wolle es
ferner thun; wenn seine Kollegen redliche Leute wären, müßten sie es mit ihm halten;
die Caselianer hätten lange genug dominirt, er wolle wiederum dominiren; es sey in
1200 oder 1300 Jahren ein größer und greulicher Ketzer nicht gewesen als Caselius."
Aber zugleich überraschte er alle durch die zwiefache Erklärung, die Anklage sey falsch,
denn den rechten Gebrauch der Philosophie habe er niemals geleugnet, aber die Versamm=
lung sey incompetent hier zu richten, denn die Sache sey ganz theologisch. Er richtete
hierauf eine Schrift an den Herzog, und eine ausführlichere Apologie reichten auch Caselius
und die drei andern bei den Kommissarien ein. Von hier an scheint dann der Streit
zunächst etwas schleppender geworden zu seyn durch die Erwartung einer Entscheidung
des Herzogs, und durch ungleiche Einwirkungen auf diesen; im April 1599 wurden
Caselius, Liddel, Günther und Martini einmal in Wolfenbüttel verhört, nachher auch
die Akten nach Rostock versandt, daneben wurde die Sache nun in Druckschriften von
beiden Seiten fortgehandelt. Von den Schriften der übrigen Freunde oder Gegner
Hoffmanns, welche hier übergangen werden müssen, ist eine ziemliche Anzahl in Moller's
Cimbria literata, Th. 1, S. 227 aufgezählt. Von Hoffmann's Streitschriften werden hier
zwei die vornehmsten seyn, die eine pro duplici veritate Lutheri a philosophis impugnata
et ad pudendorum locum ablegata, und die andere super quaestione num syllogismus
rationis locum habeat in regno fidei. 2 Kor. 3, 5., beide Magdeburg 1600 in 4., die
letztere von einem Anhänger Hoffmann's, Jak. Olvenstedt, herausgegeben, welcher dort
in demselben Jahre auch eine längere deutsche Schrift "Zeugniß Lutheri von der Vernunft
und der Meisterinn Philosophia, wie sie sich beiderseits — haben und verhalten", heraus=

gegeben hatte. Die Streitenden kamen einander wohl in der Sache näher als sie in der persönlichen Gereiztheit gegen einander selbst bemerkten. Die Philosophen gingen ja, wenn auch nicht auf die zwiefache Wahrheit, doch auf die Unterscheidung einer zwiefachen Erkenntnißweise ein, einer niedern natürlichen durch Demonstration, und einer höheren durch Offenbarung, für welchen Unterschied Günther sich schon auf den platonischen Phädrus berief; nur dachten sie diese beiden nicht im Widerspruch gegen einander, sondern im Verhältniß gegenseitiger Ergänzung: einiges erkennen beide, Philosophie und Theologie, z. B. das Daseyn Gottes, Vergeltung, Unsterblichkeit; anderes erkennt bloß die Theologie, z. B. daß das Wort Fleisch geworden, daß Christus für unsere Sünden gestorben ist; aber dem widerspricht die Philosophie nicht, sondern darüber hat sie gar kein Urtheil, ebenso wenig als die Medicin oder Jurisprudenz. Das Alles war wirkliche Annäherung an Hoffmann, dieser seinerseits warf doch auch zwischen alle seine Superlative der Verwerfung aller Philosophie wieder einzelne Zugeständnisse, daß er gegen einen rechten Gebrauch der Philosophie nichts habe. Aber gewöhnlich übertrieb er im Eifer den Gegensatz, wenn er ihn nicht nur als wechselseitige Ergänzung, sondern als gegenseitigen Widerspruch dachte, und bis zum Statuiren einer zwiefachen Wahrheit steigerte, wenn er annahm, nur gegen sein Gewissen lügenhaft könne ein Heide, ein Nichtwiedergeborener sich zum Glauben an Gott, Vergeltung, Unsterblichkeit bekennen. Auch hierin lagen noch richtige Elemente, eine Ahnung etwa wie nach dem Wort Jakobi's, daß der Verstand ein Gottesleugner sey, eine Ahnung der Heterogeneität der Ueberzeugungsweise des Wissens und des Glaubens und der zwischen beiden noch unaufgelöst übrig bleibenden Antinomieen, welche Hoffmann in einigen Fällen richtig gegen seine Gegner nachwies, zugleich ein begründetes und schriftgemäßes Voraussetzen, daß Schiffbruch am Glauben mit sonstigem Schaden an der Seele zusammenhängen, und daß ein in Ungerechtigkeit niedergehaltenes Gottesbewußtseyn (Röm. 1, 18.) nur ein schwaches oder völlig erloschenes seyn werde. Aber nicht in den ganzen Menschen verlegte er beides, die Fähigkeit für die niedere und für die höhere Wahrheit, für das Wissen und für das Glauben, nicht bloß der ersteren, also der niedern natürlichen Erkenntniß der Dinge im Causalnexus, sondern dem ganzen Menschen legte er das Gottesleugnen und die Unfähigkeit zum Glauben bei, und identificirte dann diesen seinen ganzen Inhalte nach mit der nur von außen her an den Menschen herantretenden Offenbarung, und weiter diese mit seinem eigenen strenglutherischen Systeme, und endlich Zweifel gegen dieses mit Unglauben und Schaden an der Seele überhaupt. Dies Alles freilich war so schwer zu erweisen, daß schon der Gedanke an die Bedenken, welche seine philosophischen Gegner hiergegen zu machen hatten, auch wenn sie dieselben jetzt noch absichtlich zurückhielten, oder wegen Unbekanntschaft mit der Theologie ausdrücklich darauf zu verzichten behaupteten, wie viel mehr ihr unverhaltener Spott, ihn gegen sie reizen konnte; es war ein richtiges Vorgefühl, daß hier nicht nur um die Macht, sondern um den Grund der Macht, um die Berechtigung zweier ganz verschiedener Richtungen und Standpunkte, gestritten werde, und daß Hoffmann für den seinigen bei weiterem Vordringen seiner Gegner und ihrer Methode nicht nur nicht mehr Anerkennung der Superiorität desselben, sondern kaum noch Duldung zu erwarten habe. Darum ist dieses kleine Hoffmann'sche Universitätsgezänk von so großer prinzipieller Bedeutung; es ist der Anfang des Streits über Vernunftgebrauch und Rationalismus in der lutherischen Kirche, und viel einsichtsvoller, als in vielem endlosen Gerede späterer Zeiten, wird die Hauptfrage desselben schon hier auf die Frage, ob und inwiefern es eine zwiefache Wahrheit gebe, zurückgeführt; zugleich wächst schon hier das Auseinandergehen nach den Extremen frivoler Wissenschaftlichkeit und unwissenschaftlicher Frömmigkeit; selbst der Name Rationistae und Ratiocinistae wird bereits von Hoffmann's Verehrer und Vertheidiger Joh. Ang. Werdenhagen (s. d. Art.) in Prosa und in Versen für Hoffmann's Gegner und ihr Fordern von Vernunftgebrauch in der Theologie gebraucht. Solche Anhänglichkeit noch mancher Andern gewann Hoffmann auch noch durch den Ausgang des Streits. Nach langem sorgfältigem eigenen Untersuchen der Sache erließ endlich der

Herzog selbst, dessen Kanzler Jagemann von Hoffmann schon 1599 der Parteilichkeit beschuldigt war, am 16. Februar 1601 ein Urtheil, durch welches Günther einen Verweis erhielt wegen offendirender Worte, deren er sich künftig enthalten solle, Hoffmann aber zu Widerruf und Abbitte an Caselius und Jagemann verurtheilt und zugleich aus Helmstädt und aus seinem Amte entfernt wurde. Diese Strenge nützte ihm wenigstens insofern, als es ihm und seine Sache durch einen Anschein von Märtyrerthum hob; zwei Jahre nachher aber, nach einem Wechsel der Parteien am Hofe und nach langen Bewerbungen bei Männern und Frauen desselben, brachte es Hoffmann noch zu einer Rehabilitation in Helmstädt, mit welcher sich Zurücksetzungen und Kränkungen von Caselius und seiner Partei und Begünstigungen der Ramisten verbanden. Doch behauptete er sich dort nicht mehr lange, und starb einige Jahre darauf in Wolfenbüttel im Jahr 1611. Der von ihm angeregte Streit ward noch eine Zeitlang an andern Orten fortgesetzt; aber so sehr war Hoffmann schon früher mit den auswärtigen streng lutherischen Theologen über geringere Streitpunkte zerfallen, daß nun in diesem größern keiner derselben sich seiner annahm, und daß namentlich die Wittenberger, am ausführlichsten Jakob Martini a. a. O., sich schon hier gegen den Helmstädter und gegen seine auf Luther zurückgeführte Verwerfung des Gebrauchs der Philosophie in der Theologie erklärten, was unter andern Umständen vielleicht nicht in dem Maße geschehen seyn würde.

Unter den zahlreichen Schriften, welche noch in den Streit selbst gehören, sind außer den oben genannten und nachgewiesenen einige Sammelwerke hervorzuheben, wie in Magdeburg 1600 Hoffmann's erste Disputation vom Jahr 1598 mit dem Briefwechsel zwischen ihm und Caselius und der Anklage der Philosophen zusammengedruckt ist; noch mehr enthält der „malleus impietatis Hoffmannianae sive enodatio status controversiae, quam Dr. Dan. Hoffmannus philosophiae professoribus et studiosis liberalium artium movit indigne," etc. Frankfurt 1604, 204 S. in 4., Stücke von Corn. Martini, Günther, Libdel u. a., darunter S. 30—68 die umständlichste Darstellung aller Verhandlungen im Jahr 1598 von diesen dreien und Caselius unterzeichnet. Die Geschichte des Streits in den nächsten Jahren bedarf erst noch einer Zusammenstellung aus gedruckten und ungedruckten Aktenstücken auf der Bibliothek und im Archiv zu Wolfenbüttel; einiges daraus für Hoffmann's letzte Jahre in der Schrift über Calixtus Br. 1, S. 99—102, auch 69 ff., 247 ff. u. a. Die Nachrichten in Arnold's K. u. Ketz.-Gesch. Th. 2, B. 17, Kap. 6, §. 15 ff., s. auch Th. 4, Sekt. 3, Num. 3, sind ungeschickt kritisirt, doch hie und da ergänzt, bei *Bytemeister*, de domus Brunsv. meritis in rem literariam, 1730, S. 123—137. *Weismann*, introd. 2, 974—979. Eine Uebersicht über die Hauptstreitpunkte von Gfr. Thomasius, de controversia Hofmanniana, Erlangen 1844. 8. **Heule.**

Hoffman, Melchior, einer der bedeutenderen Apostel wiedertäuferischer Lehren in den ersten Zeiten ihrer Entstehung. So sorgfältig die Biographie ist, welche Krohn (Leipz. 1758) von ihm gegeben hat, bleibt doch Manches darin zu berichtigen, nach Documenten, welche dem Verf. unbekannt geblieben waren. — Hoffman gibt in seinen Straßburger Verhören Hall in Schwaben als seinen Geburtsort an. Ursprünglich ein Kürschner kam er als solcher nach Lievland, gegen den Beginn der Zeit, als dort die Reformation Eingang fand. (Siehe Dialogus und gründliche Berichtung gehaltener Disputation im Land zu Holstein.) Auch er wurde davon ergriffen und erfaßte sie mit dem Enthusiasmus, welcher einen Grundzug seines Karakters bildete, so daß er sich bald selbst getrieben fühlte zu Wolmar, im Gebiete des Heermeisters des Deutschen Ordens, das Wort zu predigen. Aber nach vielen Anfeindungen des Landes verwiesen wandte er sich nach Dorpat. Gleich heftigen Widerstand stellten hier der Vogt des Bischofs sowohl als auch die Domgeistlichen dem reformatorischen Laienprediger entgegen. Aber dadurch gereizt griff sein Anhang gewaltthätig zu mit Zerstörung der Bilder und Erstürmung der Klöster. Da jedoch bald auch Freunde des Evangeliums sich wider Hoffman erhoben, so mußte er weichen. Von Wittenberg aus, wohin er 1525 kam, erließ er ein Sendschreiben zur Stärkung der Gemeinde zu Dörpt, welches Luther und Bugenhagen mit einer Mahnung

zur Eintracht und Warnung vor Entzweiung wegen der äußerlichen Anordnung des Got=
tesdiensts begleiteten. Zwar kehrte Hoffman nach Dorpat zurück, wurde aber bald auf's
Neue vertrieben und ging nach Reval, wo er "der Kranken Diener" wurde. Auch hier
zog er sich unter den Evangelischen selbst Gegner zu und wurde verwiesen. Eine Zeit=
lang wurde er nun Prediger an der deutschen Gemeinde zu Stockholm, bis er auch diese
Stadt verlassen mußte, weil "um etlicher Ursachen willen" die Regenten von Lübeck,
deren Einfluß bei Gustav Wasa groß war, hart nach seinem Leben stunden. — Er läßt
sich nur wenig aus über die Ursachen aller dieser Anfeindungen; es sey geschehen, klagt
er, weil er ein bloßer Laie, ein einfältiger Pelzir und ein Fremder gewesen sey, doch
gesteht er auch, daß er die Schriftmäßigkeit der Berufung und Erwählung aller Prediger
des Landes bestritten habe. Im Briefe an die zu Dörpt dagegen bezeichnet er seine
Widersacher als Schwarmgeister, welche Aufruhr predigen und die Gemüther durch falsche
Schriftauslegung verlocken. In der Auslegung des 12. Kap. des Proph. Daniels und
des Evangeliums auf den 2. Advent, welche er bei seiner Rückkehr nach Deutschland,
1526, an die auserwählten Gottesheiligen in Livland und fürnehmlich zu Dörpt richtete,
zeigt sich noch keine wesentliche Abweichung von dem Lehrbegriffe der Reformatoren, ob=
gleich sie schon Andeutungen genug seiner eigenthümlichen Richtung bietet, in seiner freieren
mystischen Auffassung des Abendmahls, in seiner Vorliebe für apokalyptische Auslegung
der Schrift und besonders in seiner Erwartung des von ihm auf sieben Jahre von da
vorherverkündeten Anbruches des jüngsten Tages. — Indessen waren Klagen an Luther
gekommen, wie Hoffman in Liebland, auf des Reformators Zeugniß pochend, hoch daher=
gefahren war und die dortigen Prediger verachtet und Prophetenthum getrieben habe.
Von dessen Absicht, sich nach Magdeburg zu wenden, benachrichtigt, warnte Luther Ams=
dorfen, denselben nicht in sein Vertrauen aufzunehmen, sondern an seinen wahren Beruf,
das Handwerk zu weisen (18. Mai 1527). Die Wirkung war, daß Hoffman bei seinem
ersten Besuch nicht allein durch Amsdorf vor die Thüre gewiesen, sondern daß er auch
festgesetzt wurde. Der Zank beider Männer spann sich noch in's folgende Jahr durch
mehrere Streitschriften fort. In Wittenberg fand Hoffman nur wenig freundlichere Auf=
nahme, Luther mochte sich auf seine Apokalyptik nicht einlassen, und Hoffman schied un=
muthig. Er klagt: "da ich der Schrift klar nach wollte, da mußte ich armes Würmchen
ein großer Sünder heißen und für einen Träumer gehalten werden." Als ein verjagter
Bettler zog er durch Hamburg und kam mit Weib und Kind nach Holstein. Hier fand
seine Predigt Beifall bei'm König Friedrich von Dänemark, der ihm eine Bestallung gab
zu predigen in ganz Holstein, jedoch mit besonderer Anstellung zu Kiel. — Nun schien
Hoffman eine gesicherte Lage gefunden zu haben. Aber nicht länger als zwei Jahre hielt
er dort aus. Noch dauerte der Streit mit Amsdorf fort, neue Kämpfe kamen bald dazu.
Er klagt über viele Verfolgungen von Seiten der Obrigkeiten zu Kiel, die der göttlichen
Wahrheit hart entgegen setzen. Anderweitig wird erzählt, er habe sie oft mit Heftigkeit
selbst von der Kanzel herab gerügt. Auch unter den Geistlichen fehlte es ihm nicht an
Widersachern. Es lag nicht in Hoffmans Karakter, von seiner Richtung einzulenken.
Neben ihm stand noch ein Prediger Wilhelm Pravest, der, im Innern der Reformation
abhold, durch Hoffmans schonungslose Vorschreiten nur um so härter verletzt wurde.
Durch einschmeichelnd hinterlistige Klagen wußte er von Luther einen Brief gegen Hoff=
man zu erlangen, welchen er zugleich gegen die Sache des Evangeliums überhaupt miß=
brauchte *). Auch Hoffmans Streit mit Amsdorf bewog Luthern zu einem nochmaligen
Warnungsschreiben vor demselben an den Kronprinzen Christian, der Statthalter in
Holstein war. Er machte gegen ihn geltend, daß er weder Befähigung noch Beruf zum
Lehren habe, daß er zu geschwind fahre und zuletzt daß er Dinge predige, welche ver=
gebliche Dichterei seyen, während er das Nothwendige gar selten berühre, solchen Steige=

---

*) Einer der Briefe Luthers in diesem Handel fehlt sowohl bei de Wette als auch in der
neuen Erlanger Ausgabe von Luthers Werken.

geistern dürfe man nicht zu vielen Raum lassen. Unterdessen wurde aber Hoffman in eine neue Streitigkeit verwickelt, welche ihm gefährlicher werden sollte als dies Alles. Er wagte es nämlich, der lutherischen Abendmahlslehre entgegenzutreten. Ein heftiger Schrift= wechsel darüber mit Marquard Schuldorp, einem Freunde Luthers und Amsdorfs, dauerte bis in's Jahr 1529, als endlich der Herzog Christian und der König selbst zu einem ernst= lichen Einschreiten bewogen wurden. Eine feierliche Disputation wurde auf den 8. April nach Flensburg angesetzt. Während es Hoffman nicht gewährt wurde, sich dazu durch Karlstadts Beistand zu verstärken, zog die lutherische Partei die bedeutende Autorität Bugenhagens herbei. Mit kühner Freimüthigkeit sprach Hoffman noch am Vorabend gegen Herzog Christian die Festigkeit seiner Ueberzeugung und seinen Ernst, sie auf jede Gefahr hin zu bekennen, aus. Auch ist der Eindruck der Akten selbst, welche Bugenhagen gegen Hoffmans Bericht herausgab, Hoffman keineswegs ungünstig. Seine Meinung, welche er unerschrocken bis an's Ende behauptete, läßt sich dahin zusammenfassen: daß die Einsetzungsworte des Abendmahls nicht so zu verstehen seyen, daß das leibliche Brod Christi wesentlicher Leib sey, sondern es sey ein Siegel, Zeichen und Gedächtniß des Leibes, den Leib dagegen empfangen wir im Worte durch einen festen Glauben in unser Herz, das Wort ist Geist und Leben, das Wort ist Christus und wird durch den Glauben aufgenommen. So glaubte er, obgleich er das Brod für etwas bloß Figürliches ansah, doch ein wirkliches, aber geistiges Empfangen Christi aufrechthalten zu können. Auf solche Lehre hin wurde er des Landes verwiesen. — Nun begann ein neues Wanderleben für ihn. Im Juli 1529 sehen wir ihn in Straßburg, damals ein Sammelplatz vertrie= bener Parteihäupter. Als ein Opfer der Bekämpfung der lutherischen "magischen Abend= mahlslehre" fand er bei Butzer freundliche Aufnahme (*Buceri* Epist. in Zwinglii Opp. VIII. p. 311). Eben damals berichtete Karlstadt nach Straßburg von der Abneigung, welche sich gegen diese Lehre in Ostfriesland zu äußern begann. Dort sich ein günstiges Feld der Wirksamkeit versprechend, ging Hoffman nach Emden, wo er Melchior Rinck, auch einen Kürschner, traf, der sich bemühte, wiedertäuferische Grundsätze zu verbreiten. Unter seinem Einflusse scheint Hoffman hier zum Erstenmale offen für die Wiedertaufe aufgetreten zu seyn, und zwar mit Erfolg. Mehrere Hundert ließen in öffentlicher Kirche diese Handlung an sich vollziehen. Bald aber gewannen die lutherischen Einflüsse wieder die Oberhand und der Graf Cuno verwies alle wiedertäuferischen und sakramentirerischen Prediger seines Landes. 1530 nach Straßburg zurückgekehrt, gab er nun eine Reihe von Schriften heraus, welche zeigen, wie sich sein Denken immer ausschließlicher auf die Hoff= nung der nahen Ankunft des Herrn richtete. Das Dogmatische tritt mehr in den Hin= tergrund. Zwar fehlt es nicht an Ausfällen gegen die Verfälscher der Wahrheit; doch ist hervorzuheben wie, in seiner "Auslegung der heimlichen Offenbarung Joannis," welche er seinem früheren Gönner, dem König von Dänemark, zueignete, Hoffman eindringlich mahnt, daß Niemand um seines Glaubens willen zu verfolgen sey, weil der Glaube nicht des Menschen eigenes Werk, sondern Gottes Gabe sey. Leidenschaftlich läßt er sich gegen Luther aus, der zu einem neuen Gott geworden sey, der verdammen könne und selig machen. So auch gegen die Abendmahlslehre, nach welcher Christus leiblich vom Himmel kommen, ein Stücklein Brod anziehen und darin zur Magenspeise der Gläubigen und Ungläubigen werden müsse. Drei Auferstehungsperioden der geistlich Todten findet er in der Geschichte, die eine zu der Apostel, die andere zu Huffens Zeit, die dritte jetzt. Hier begegnen wir auch zuerst der eigenthümlichen Ansicht Hoffmans von der Menschwerdung Christi, welche einen Einfluß Schwenkfelds, mit dem er zu Straßburg zusammentraf, nicht verkennen läßt. Das ewige Wort, meint er, habe nicht aus oder von Maria Fleisch angenommen, sondern sey selber Fleisch geworden (Joh. 1, 14. 2 Joh. 7.), um so wirklich für uns zu leiden; wogegen nach der Meinung, Christus habe bloß aus der Jungfrau einen Leib, gleichsam als eine Hütte, angenommen, nur Mariä Fleisch gelitten hätte. Aber das ver= fluchte Fleisch Adams hätte uns weder erlösen, noch eine Speise zum ewigen Leben seyn können (Joh. 6, 51.). Eben so ist auch wieder, nach der Auferstehung, das ewige Wort

zur Eintracht und Warnung vor Entzweiung wegen der äußerlichen Anordnung des Got=
tesdiensts begleiteten. Zwar lehrte Hoffman nach Dorpat zurück, wurde aber bald auf's
Neue vertrieben und ging nach Reval, v er »der Kranken Diener« wurde. Auch hier
zog er sich unter den Evangelischen selb Gegner zu und wurde verwiesen. Eine Zeit=
lang wurde er nun Prediger an der deschen Gemeinde zu Stockholm, bis er auch diese
Stadt verlassen mußte, weil »um etlier Ursachen willen« die Regenten von Lübeck,
deren Einfluß bei Gustav Wasa groß wr, hart nach seinem Leben stunden. — Er läßt
sich nur wenig aus über die Ursachen a diefer Anfeindungen; es sey geschehen, klagt
er, weil er ein bloßer Laie, ein einfälger Pelzir und ein Fremder gewesen sey, doch
gesteht er auch, daß er die Schriftmäßigit der Berufung und Erwählung aller Prediger
des Landes bestritten habe. Im Brief an die zu Dörpt dagegen bezeichnet er seine
Widersacher als Schwarmgeister, welche ufruhr predigen und die Gemüther durch falsche
Schriftauslegung verlocken. In der Auslegung des 12. Kap. des Proph. Daniels und
des Evangeliums auf den 2. Advent, elche er bei seiner Rückkehr nach Deutschland,
1526, an die auserwählten Gottesheiligi in Livland und fürnehmlich zu Dörpt richtete,
zeigt sich noch keine wesentliche Abweichig von dem Lehrbegriffe der Reformatoren, ob=
gleich sie schon Andeutungen genug seinereigenthümlichen Richtung bietet, in seiner freieren
mystischen Auffassung des Abendmahls, n seiner Vorliebe für apokalyptische Auslegung
der Schrift und besonders in seiner Erwartung des von ihm auf seinen kurzen Tagen von da
vorherverkündeten Anbruches des jüngsten Tages. — Indessen waren Klagen an Luther
gekommen, wie Hoffman in Livland, a1 des Reformators Zeugniß pochend, hoch daher=
gefahren war und die dortigen Prediger verachtet und Prophetenthum getrieben habe.
Von dessen Absicht, sich nach Magdebur zu wenden, benachrichtigt, warnte Luther Ams=
dorfen, denselben nicht in sein Vertrauen anzunehmen, sondern an seinen wahren Beruf,
das Handwerk zu weisen (18. Mai 152). Die Wirkung war, daß Hoffman bei seinem
ersten Besuch nicht allein durch Amsdorf vor die Thüre gewiesen, sondern daß er auch
festgesetzt wurde. Der Zank beider Männer spann sich noch in's folgende Jahr durch
mehrere Streitschriften fort. In Wittenberg fand Hoffman nur wenig freundlichere Auf=
nahme, Luther mochte sich auf seine Apkalyptik nicht einlassen, und Hoffman schied un=
muthig. Er klagt: »da ich der Schriftlar nach wollte, da mußte ich armes Würmchen
ein großer Sünder heißen und für eim Träumer gehalten werden.« Als ein verjagter
Bettler zog er durch Hamburg und kam mit Weib und Kind nach Holstein. Hier fand
seine Predigt Beifall bei'm König Friedrich von Dänemark, der ihm eine Bestallung gab
zu predigen in ganz Holstein, jedoch m besonderer Anstellung zu Kiel. — Nun schien
Hoffman eine gesicherte Lage gefunden u haben. Aber nicht länger als zwei Jahre hielt
er dort aus. Noch dauerte der Streit it Amsdorf fort, neue Kämpfe kamen bald dazu.
Er klagt über viele Verfolgungen von Seiten der Obrigkeiten zu Kiel, die der göttlichen
Wahrheit hart entgegen seyen. Anderwitig wird erzählt, er habe sie oft mit Heftigkeit
selbst von der Kanzel herab gerügt. uch unter den Geistlichen fehlte es i
Widersachern. Es lag nicht in Hoffn s Karakter, von fein
Neben ihm stand noch ein Prediger Whelm
abhold, durch Hoffmans schonungslof
Durch einschmeichelnd hinterlistige K
man zu erlangen, welchen er zugle
brauchte *). Auch Hoffmans St
Warnungsschreiben vor demselb
Holstein war. Er machte geg
Lehren habe, daß er zu ges
gebliche Dichterei seyen, wä

---

*) Einer der Briefe
neuen Erlanger Ausgabe

geistern dürfe man nicht zu vielen Raum laffen. Unterdeffen ...
eine neue Streitigkeit verwickelt, welche ihm gefährlicher werden soll ...
wagte es nämlich, der lutherischen Abendmahlslehre tgegenzutreten. ...
wechfel darüber mit Marquard Schuldorp, einem Funde Luthers ...
bis in's Jahr 1529, als endlich der Herzog Chriftia und der König felbf ...
lichen Einschreiten bewogen wurden. Eine feierlichDisputatien ...
nach Flensburg angefetzt. Während es Hoffman nicht gewährt wurde, ...
Karlftadts Beiftand zu verftärken, zog die lutherfche Partei die ...
Bugenhagens herbei. Mit kühner Freimüthigkeitfprach Hoffman ...
gegen Herzog Chriftian die Feftigkeit feiner Ueberzgung und feinen ...
Gefahr hin zu bekennen, aus. Auch ift der Eindrt der Alten felbft, ...
gegen Hoffmans Bericht herausgab, Hoffman feiswegs ungünftig. ...
welche er unerfchrocken bis an's Ende behauptete, ift fich dahin ...
die Einfetzungsworte des Abendmahls nicht fo zu vrftehen feyen, ...
Chrifti wefentlicher Leib fey, fondern es fey ein Sies, Zeichen und ...
den Leib dagegen empfangen wir im Worte durch inen feften Glauben ...
das Wort ift Geift und Leben, das Wort ift Criftus und wird ...
aufgenommen. So glaubte er, obgleich er das Bd für etwas bloß ...
doch ein wirkliches, aber geiftiges Empfangen Cifti aufrechthalten ...
folche Lehre hin wurde er des Landes verwiefen. —Nun begann ein neues ...
für ihn. Im Juli 1529 fehen wir ihn in Straßbg, damals ein ...
bener Parteihäupter. Als ein Opfer der Bekämpfin der lutherifchen ...
mahlslehre« fand er bei Butzer freundliche Aufnahe (*Buceri Epift.* ...
VIII. p. 311). Eben damals berichtete Karlftadtnach Straßburg von ...
welche fich gegen diefe Lehre in Oftfriesland zu äußern begann. Dort ...
Feld der Wirkfamkeit verfprechend, ging Hoffman ach Emten, wo er ...
auch einen Kürfchner, traf, der fich bemühte, wiedertäuferifche ...
Unter feinem Einfluffe fcheint Hoffman hier zumErftenmale ...
aufgetreten zu feyn, und zwar mit Erfolg. Mehrere Hunderte ließen ...
diefe Handlung an fich vollziehen. Bald aber gewann die lutherifche ...
die Oberhand und der Graf Cuno verwies alle wiedertäuferifchen und ...
Prediger feines Landes. 1530 nach Straßburg zurückgekehrt, gab er ...
Schriften heraus, welche zeigen, wie fich fein Denk immer ausfchließ ...
nung der nahen Ankunft des Herrn richtete. Das Dogmatifche tritt ...
tergrund. Zwar fehlt es nicht an Ausfällen, gegen die Verfälfcher der ...
ift hervorzuheben wie, in feiner »Auslegung der heiligen Offenbarung ...
er feinem früheren Gönner, dem König von Dänemark, zueignete, ...
mahnt, daß Niemand um feines Glaubens willen z verfolgen fey, ...
des Menfchen eigen... fondern Gottes Gabe p. Leidenfchaftl...
Luther aus, ... geworden fey, ... verdammen ...
So auch ... welcher Criftus leiblich ...
ein S... Magenreife der Gläub...
...eich Terten...
die dritt...

faß. Mächtige
...mauer erhalten,
man jenen Punkt
...uf der Höhe wird
...e und wunderbar
...b diefer wird dann
...rs, Niedermünfter,
...tten, die Höhe des
... falfch in das Jahr
Eugenia als Aebtiffin
...ich ift (*Mabillon*, Act.
noch einige Sculpturen

aus einem leiblichen ein geistiges geworden, in die ewige Wahrheit verklärt. — Von geringerem Interesse ist eine »Prophecey aus h. Schrift von der Trübsal dieser letzten Zeit
und der Strafe des türkischen Tyrannen,« auf welche Hoffman noch eine andere »Prophecey von allen Wundern und Zeichen bis zu der Zukunft Jesu« folgen ließ. Aehnli-
chen Inhalts ist auch sein »Leuchter des A. T. ausgelegt;« denn allen diesen Büchlein
liegt die typologische Deutung einzelner Stellen der Schrift zum Grunde. — Diese schnell
auf einander folgenden Veröffentlichungen erweckten zuletzt die Aufmerksamkeit der Behörden. Zwei Buchdrucker wurden bestraft, weil sie dieselben ohne obrigkeitliche Erlaubniß
aus ihren Pressen hatten hervorgehen lassen. Hoffman zog nun wieder (1531) in Nieder-
Deutschland umher, kam aber 1532 nach Straßburg zurück und gab eine neue Schrift:
»von der Menschwerdung, wie das Wort Fleisch geworden« heraus; so wie auch ein
anonymes Büchlein: »das freudenreiche Zeuchnus vom worren friderichen ewigen Evan-
gelion Apok. 14.,« welches wie schon eine frühere Schrift: »vom gefangenen und freien
Willen,« gegen die lutherische sowohl als die zwinglische Prädestinationslehre gerichtet
war. Man rufe den Leuten immer zu, sie sollten glauben, der wahrer Glaube könne aber
allein sich auf die trostreiche Verheißung gründen, daß von Gott alle Menschen zur Seligkeit geschaffen und durch Christum alle erlöset seyen. Gott wolle, daß Alle selig werden,
aber nicht wider, sondern nur mit des Menschen freiem Willen. Es werde Keiner verworfen werden als durch seine eigene Schuld. — Nochmals nach Emden zurückgekehrt,
wandte Hoffman sich 1533 wieder nach Straßburg, auf eines Anhängers Vorhersagung,
er werde daselbst auf ein halbes Jahr in's Gefängniß gelegt, dann aber durch seine Diener
sein Predigtamt über die ganze Welt anordnen. Nun verkündete er in seinen Versammlungen mit steigender Schwärmerei das nahe Ende der Welt und Straßburgs Bestimmung, das geistliche Jerusalem zu werden. Aber die Maßlosigkeit seiner Angriffe gegen
die Prediger der Stadt, die Teufelsdiener, bewogen endlich den Rath, ihn in Haft bringen
zu lassen. Dieses galt ihm als das Zeichen des Beginnes der Erfüllung seiner Erwartungen. Mit froher Siegeszuversicht schritt er in's Gefängniß, Gott gelobend, daß er
nur noch Wasser und Brod genießen und baarhaupt und baarfuß bleiben wolle, bis er
mit seiner Hand den weisen werde, der ihn gesandt habe. Er läugnete jede Gemeinschaft
mit den Wiedertäufern, unter welchen viele Schelmen seyen; er wieß es von sich, daß er
für einen Propheten gehalten werden wolle, er sey bloß ein Zenge des höchsten Gottes;
gegen die Obrigkeit habe er stets Gehorsam gepredigt; das rechte Evangelium werde trotz
allen Widerstandes doch noch in Straßburg aufgehen. Mit Heftigkeit aber sprach er sich
gegen die Prediger und den ganzen lutherischen und zwinglischen Haufen aus. — Man
behielt ihn in milder Haft. Er durfte sogar in Verkehr mit seinen Jüngern bleiben und
sein prophetischer Enthusiasmus ging auch auf diese über; Taglöhner und Weiber aus
der Stadt, der Umgegend und der Fremde bekamen Offenbarungen und Gesichte. Doch
nicht diese Schwärmer allein, auch andere wiedertäuferische Sectirer mehrten sich in der
Stadt, die Neigung zum Separatismus nahm immer mehr zu bei der milden Duldsamkeit,
welche der Rath beobachtete. Die Prediger der Stadt sahen keine Abhülfe gegen die
Unordnung, als eine Synode, auf welcher die Parteihäupter zur öffentlichen Verhandlung
über ihre Lehren vorgefordert und entschiedene Maßregeln zur Anordnung der kirchlichen
Verhältnisse getroffen werden sollten. Der Magistrat ging endlich auf dieses Begehren
ein. In 16 Artikeln wurde das öffentliche Bekenntniß der Stadt festgesetzt, und Jeder,
der dagegen Einsprache zu erheben hätte, wurde aufgefordert, zu erscheinen. Auch Hoffman wurde vorgeführt, vom 11. Juni an. Butzer war hauptsächlich mit der Führung
der Besprechungen beauftragt, er war es auch, der im Namen seiner Mitgeistlichen die
Hoffman betreffenden Verhandlungen herausgab. Den ersten Punkt der Disputation
bildete Hoffmans Ansicht von der Menschwerdung Christi; den zweiten, seine Annahme
einer allgemeinen Erwählung und Darbietung der Erlösung an alle Menschen. Daran
reihete sich die Besprechung seiner Behauptung, daß für die wissentlichen Sünden derjenigen, welche Christum einmal angenommen haben, keine Vergebung mehr zu hoffen sey

(nach Hebr. 6, 4 f. und 10, 26. vgl. Matth. 12, 31.). Endlich wurde noch über die Kindertaufe verhandelt, von welcher Hoffman sagte, daß sie vom Teufel gekommen sey. — Weder Hoffman noch seine Anhänger wurden durch dieses Gespräch wankend gemacht. Vielmehr glaubte man den letztern den Zugang zu ihrem Meister abschneiden zu müssen, weil ihre Hoffnungen durch den vermeinten Sieg noch aufgeregter geworden waren, zumal da sich kurz nachher auch ein Komet sehen ließ. Aber die fortwährende Ueberreizung des Gemüthes, so wie die kümmerliche Nahrungsweise, welche er sich selbst auferlegt hatte, begannen auf Hoffmans Gesundheit ihre nachtheilige Wirkung zu äußern, er mußte der Haltung seines Gelübdes entsagen, auch wurde ihm im Spital eine noch mildere Haft angewiesen. Dies hinderte nicht, daß 1534 neue Schmähschriften von seiner Hand in Umlauf kamen. Im Verhöre darüber erklärte er sich selber nun für den Propheten Elias, der vor dem großen Tage des Herrn kommen solle, und kündigte den Anbruch dieses Tages auf das dritte Jahr seiner Gefangenschaft an, zugleich warnte er, daß man sich ja nicht an den Propheten, welche diese Zeit vorzubereiten berufen seyen, vergreifen möge; auch zu Münster seyen viele solche Propheten, deßwegen werde er nicht überwältigt werden. Doch der Fall Münsters konnte so wenig, wie das immer neue Hinausrücken der Verwirklichung seiner Vorhersagungen, ihn irre machen. Uebrigens erwies es sich, daß Hoffman mit den Münsterer Wiedertäufern in keinem Zusammenhang stand. Jedoch gelang es auch jetzt noch öfters einzelnen seiner Jünger, bis zu ihm in's Gefängniß zu dringen. Sein Anhang blieb fortwährend groß, stets neue Visionen einzelner Propheten erhielten die Hoffnungen aufrecht. Eine neue Synode versammelte sich deßwegen 1539, um gegen das Umsichgreifen der Wiedertäuferei Anordnungen zu treffen. Alle Maßregeln, die beschlossen wurden, waren im Geiste der einsichtsvollen Duldsamkeit, welcher den Magistrat bisher geleitet hatte. So viel man that, um die Gewohnheit der Kindertaufe zu heben, so wurde in Betreff derselben den Bürgern keinerlei Zwang auferlegt; den Predigern wurde befohlen, alle Kinder zu taufen, für welche es begehrt wurde, wie es die Eltern wollten. Diese Schonung der Gewissen mochte eben so viel als die stete Täuschung der langgehegten Erwartungen dazu beitragen, die Partei Hoffmans endlich in Abnahme zu bringen. Ihr unglückliches Haupt selber begann in Vergessenheit zu kommen. Die letzte Erwähnung desselben, welche sich findet, ist aus dem Januar 1543, bei Anlaß der Ergreifung eines seiner Anhänger, welchem es gelungen war, sich zu ihm zu schleichen, auf ein Gerücht hin, daß Hoffman widerrufen habe, was sich jedoch als falsch erwies. Wie lange nach dieser Zeit Hoffman noch gelebt haben mag, ist unbekannt. Schwenkfeld wähnte ihn sogar schon 1542 gestorben. — Eine Partei von Hoffmannianern dauerte sowohl in Niederdeutschland als in und um Straßburg noch einige Zeit fort, bis sie sich mit anderen wiedertäuferischen Secten verschmolzen, welche allmählich unter der Leitung neuer Häupter eine feste Bildung gewannen. — Außer Krohns genanntem Werke und den darin angeführten Werken findet sich das Wichtigste über Hoffman in dessen eigenen, sehr seltenen Schriften, in handschriftlichen Nachrichten, welche auch schon in Röhrichs Geschichte der Reformation im Elsaß, Th. II. und in Herrmann, Essai sur la vie et les écrits de M. Hoffmann, Strasb. 1852. benützt sind. *Cunitz.*

Hoffnung ist neben Glauben und Liebe das dritte Grundelement des christlichen Lebens und Sinnes (1 Kor. 13, 13. 1 Thess. 1, 3; 5, 8. vgl. Kol. 1, 4 f. Gal. 5, 5 f. Eph. 4, 2—5. Hebr. 10, 22—24.). Ist der Glaube das receptive Verhalten des Menschen gegenüber der göttlichen Gnade und die Liebe das ihr antwortende spontane Verhalten, und ist der Christ sich bewußt, durch dieses Zwiefache im Reiche Christi das wesentliche, ewige Leben gefunden zu haben, so ergibt sich hieraus die Hoffnung als die lebendige Zuversicht und innere Gewißheit, daß in Christo und seinem Reiche die Vollendung wie für den Einzelnen, so für die Kirche und die ganze Welt verbürgt ist. Der Glaube ist so die Wurzel, die Liebe der fruchtbringende Stamm, die Hoffnung die zum Himmel sich hebende Krone des christlichen Lebensbaums. Der Glaube ergreift die Gnade, die sich vor Allem in den Heilsthaten der Vergangenheit erwiesen hat; die Liebe soll die

Seele unseres gegenwärtigen Lebens seyn; die Hoffnung weiß, daß die Zukunft dem Herrn und seinen Gliedern gehört. So spiegelt sich in diesen drei subjektiven Faktoren des neuen Lebens zugleich die Geschichtlichkeit des objektiven Gottesreiches ab.

Die Hoffnung gesellt sich also darum zu Glauben und Liebe, weil das pneumatische Leben wohl ein vorhandenes, aber noch kein vollendetes ist. Sie steht zunächst dem Sehen, Haben und Völligseyn gegenüber (Röm. 8, 24 f. 1 Joh. 3, 2 f.); aber sie ist auch nicht bloßer Wunsch oder bloße Sehnsucht nach Befreiung und Verklärung, wie sie selbst der vernunftlosen Creatur innewohnt (Röm. 8, 19. 22.), noch die bloße Annahme einer Fortdauer nach dem Tode u. dgl., wie sie auch auf natürlich menschlichem, heidni-schem, philosophischem Gebiete möglich ist; sondern sie ist die reelle Anwartschaft und sichere Aussicht darauf, daß das Geistesleben, das uns schon lebendig innewohnt, einst auch nach außen hin Alles durchdringen und verklären werde, auch unsern Leib und die ganze Natur, so daß dann nicht mehr vom Fleische her Kampf und Druck und Tod uns seufzen macht, sondern Alles in harmonischer, geistleiblicher Vollendung und Herr-lichkeit steht. Die christliche Hoffnung ist also nicht auf dies oder jenes in der Zukunft gerichtet, sondern auf die Vollendung des Einzelnen und des Ganzen durch Christum: der Christ hat und macht sich keine Hoffnungen, sondern er hat die Hoffnung (Röm. 15, 4. 13. Hebr. 3, 6; 6, 11. 18.). Daher gründet sich die Hoffnung auf die Thatsache der Auferstehung Christi, diese Urthatsache der Ueberwindung der Welt und der Ver-klärung des Fleisches, deren Realität sich uns in der geistlichen Neubelebung der Wie-dergeburt zu erfahren gibt, weßwegen der h. Geist, den die Christen haben, das Unter-pfand und die Kraft ihrer Hoffnung ist (1 Petr. 1, 3. Apg. 23, 6. 2 Kor. 5, 5. Röm. 8, 11; 15, 13. Gal. 5, 5.); diese ist nichts Anderes als das Selbstbewußtseyn des neuen, in dem verklärten Christus urständenden Geisteslebens, daß es die absolute Kraft ist, welche ihre jetzt noch vorhandenen Gegensätze, die Gegensätze von Fleisch und Geist, Welt und Gottesreich, Erde und Himmel überwinden wird. Darum tritt auch der Be-griff der Hoffnung in seiner eigentlichen Wesenheit und Fülle erst nach der Auferstehung Jesu und der Ausgießung des heil. Geistes hervor; im A. T. findet er sich in dieser Weise noch nicht (vgl. Hebr. 7, 19.), und auch in der Lehre Jesu weder bei den Synop-tikern noch bei Johannes, um so mehr aber in den apostolischen Briefen, vorzüglich bei Paulus und Petrus.

So sehen wir, ein wie wesentliches Grundelement des christlichen Lebens die Hoff-nung ist, so wesentlich, daß sie gleich dem Glauben und der Liebe auch geradezu zur Bezeichnung des Wesens des Christenthums dienen kann (1 Petr. 3, 15. Hebr. 10, 23.) Sie ist es, worin die ganze Herrlichkeit des Christenberufes sich concentrirt (Eph. 1, 18; 4, 4.); sie ist der eigentliche Zweck der evangelischen Glaubensverkündigung (Tit. 1, 2. Kol. 1, 5. 23.); denn die theuersten Güter, die der Christ besitzt, die σωτηρία, ἀπο-λύτρωσις, υἱοθεσία, δικαιοσύνη, sind in ihrer Vollendung Gegenstand der Hoffnung für ihn (1 Thess. 5, 8 f.; Röm. 8, 23. vgl. Ezch. 1, 14; 4, 30. Gal. 5, 5. 2 Tim. 4, 8.). Die Ungläubigen werden kurzweg als solche bezeichnet, welche keine Hoffnung haben (Eph. 2, 12. 1 Thess. 4, 13.), weil sie ohne Gott in der Welt sind; denn Gott ist ein Gott der Hoffnung (Röm. 15, 13. 1 Petr. 1, 21.). Der eigentliche Gegenstand der Hoffnung aber ist Christus, der selbst ἡ ἐλπὶς heißt, nicht nur weil auf ihm all unsre Zuversicht (dies die allgemeinere Bedeutung von ἐλπὶς) ruht, sondern insbesondere, weil seine Wiederkunft es ist, durch welche sich die Herrlichkeitshoffnung der Christen erfüllt (1 Tim. 1, 1. Kol. 1, 27. Tit. 2, 13.). Die Frucht der Hoffnung ist, daß wir in ihrer Kraft die Beschwerung und Trübsal des gegenwärtigen Daseyns mit Geduld und Standhaftigkeit ertragen können, und so ist die ὑπομονὴ ein beständiger Gefährte der ἐλπὶς (1 Thess. 1, 3. Röm. 8, 25.) oder tritt wohl auch an ihrer Stelle neben Glaube und Liebe hervor (Tit. 2, 2. vgl. 2 Tim. 3, 10. 1 Tim. 6, 11.). Und wie die Geduld im Leiden, so wirkt die Hoffnung die Treue und unerschütterliche Festigkeit im Thun des

Christen, weil er weiß, daß seine Arbeit nicht vergeblich ist in dem Herrn (1 Kor. 15, 58.), sowie die Reinhaltung des Wandels (1 Joh. 3, 3. Phil. 1, 10.).

In der Kirche ist die Lehre vom Glauben am meisten ausgebildet, weniger die von der Liebe (Ethik), am wenigsten die von der Hoffnung (Prophetik), wie denn überhaupt das Element der Hoffnung in der Kirche nach den ersten Jahrhunderten viel zu sehr zurückgetreten ist. Es gehört zu unsern Aufgaben, dasselbe in Wissenschaft und Praxis wieder zu beleben. — Vgl. Nitzsch, System d. christl. Lehre §§. 209—214.   Auberlen.

Hofcaplan, s. Caplan.

Hofmeister, Sebastian (Oeconomus, eigentlich Seb. Wagner, Carpentarius, im gemeinen Leben Doktor Baschion genannt), wurde in seiner Vaterstadt Schaffhausen 1476 geboren. Er trat in den Orden der Barfüßer, studirte in Paris und kam als Lesemeister seines Ordens nach Zürich, wo er sich an Zwingli anschloß, mit dem er auch verbunden blieb, als er nach Constanz und später nach Luzern versetzt wurde. Wegen seiner reformatorischen Grundsätze mußte er Lnzern verlassen. Er zog sich wieder in seine Vaterstadt zurück und begann damit, die Mißbräuche der Kirche in seinen Predigten zu rügen und zu der Reformation Schaffhausens vorzuarbeiten. Sodann wohnte er den beiden Religionsgesprächen in Zürich bei (im Januar und im Oktober 1523) und nahm an denselben thätigen Antheil. Bei dem zweiten präsidirte er sogar. Der glückliche Ausgang beider Gespräche ermuthigte ihn, nun auch für Schaffhausens Reformation weitere Schritte einzuleiten. Er gewann immer mehr Anhänger, und selbst der aus Bayern her berufene Dr. Erasmus Ritter, der erst Hofmeister und seinen Anhang bekämpft hatte, schlug sich nun auf die Seite seines Gegners. Ebenso zeigte sich der Abt des Klosters Allerheiligen (Benediktinerordens), Michael von Eggenstorf, der Reformation günstig und übergab zuletzt sein Kloster der Regierung. Auch nach Appenzell und St. Gallen hin wirkte Hofmeister zum Besten der Reformation, die er in der eigenen Vaterstadt mehr und mehr zu befestigen und auch gegen falsche Prinzipien, wie die der Wiedertäufer, zu vertheidigen suchte. Gleichwohl gelang es der Gegenpartei, ihn als Ruhestörer aus Schaffhausen zu vertreiben. Er begab sich nach Zürich und wohnte im Auftrag der dortigen Obrigkeit den Religionsgesprächen zu Ilanz (in Bündten 1526) und in Bern (1528) bei. Die Berner stellten ihn als Prediger in der ihnen untergebenen Stadt Zofingen an, und verwandten sich auch für ihn bei der Regierung von Schaffhausen. Hofmeister blieb indessen bis an seines Lebens Ende in Zofingen, wo er an Georg Stähelin (Chalibœolus) einen getreuen Gehülfen hatte. Häufig benützten ihn auch die Berner zu Ausrichtung kirchlicher Geschäfte, namentlich auch zu Disputationen mit den Wiedertäufern. Im Jahr 1533 ward er auf der Kanzel vom Schlag getroffen und sprachlos heimgetragen; am folgenden Tage starb er im 57. Jahre seines Alters. In alten Sprachen war er gründlich gelehrt, und gegen Eck und Murner hat er Streitschriften verfaßt. Vgl. M. Kirchhofer, Sebastian Wagner, genannt Hofmeister. Zürich 1808.   Hagenbach.

Hoheitsrechte, s. Kirche, Verhältniß derselben zum Staate.

Hohenburg oder Odilienberg, berühmtes Nonnenstift im Elsaß. Mächtige Befestigungen, noch in den Fundamenten unter dem Namen der Heidenmauer erhalten, beweisen, wie früh, gewiß in römischer, vielleicht schon in keltischer Zeit, man jenen Punkt als militärisch wichtig anerkannt hat. Die Errichtung eines Klosters auf der Höhe wird dem Herzog Ethico I. zugeschrieben, der demselben seine blindgeborne und wunderbar sehend gewordene Tochter Odilia als Aebtissin vorgesetzt habe; und dieser wird dann die Gründung eines zweiten am Fuß des Berges gelegenen Klosters, Niedermünster, beigelegt, und zwar in der Absicht, damit die Pilger nicht nöthig hätten, die Höhe des Berges zu erklimmen. Der Tod der Odilia (13. Dec.) wird häufig falsch in das Jahr 760 oder 765 verlegt, denn schon 722 findet sich ihre Nachfolgerin Eugenia als Aebtissin unterzeichnet, so daß die Annahme des Todesjahres 720 glaublich ist (*Mabillon*, Act. S. Bened. III. 2. p. 496). In den Ruinen der Hohenburg sind noch einige Sculpturen erhalten, ein Sarkophag des Ethico aus dem siebenten Jahrhundert; ferner die Scene, wie der Vater Ethico der Tochter mittelst eines Buchs die Güter zur Ausstattung des Klosters schenkt. Aus dem Umstand, daß hier Odilia Haarflechten trägt, wollte man schließen, daß die Stiftung ursprünglich nicht auf Nonnen, sondern auf Kanonissen nach Augustins Regel berechnet gewesen sey; allein das Bild stammt aus dem zwölften Jahrhundert und hat für die Tracht des achten schwerlich Beweiskraft. Bis in's eilfte Jahrhundert waren die Bewohnerinnen des Stifts sicher Nonnen nach der Regel des heil. Benedikt. Während der Kriege Friedrich's II., Herzogs von Schwaben und Elsaß, mit Gebhard, Bischof von Straßburg, verfiel das Stift in Zucht und Wohlstand. Aber noch zu Lebzeiten Friedrich's II. machte sich sein Sohn Kaiser Friedrich I. dadurch um Hohenburg verdient, daß er Relindis, Aebtissin des Klosters Berg bei Neuburg an der Donau, um 1140 dahin berief. Sie brachte die Regel des heil. Augustin in das Stift, und suchte in demselben nicht nur sittliche Zucht neu aufzurichten, sondern auch Eifer für Studien zu erwecken. Ihr folgte als Aebtissin Herrad (1167), aus dem elfäßischen Geschlecht der Landsperg stammend, die das Kloster Truttenhausen am Fuß des Odilienberges erbaute, und im Geist ihrer Vorgängerin für Pflege von Künsten und Wissenschaften eifrig thätig war. So entstand ihr „hortus deliciarum,“ eine Anthologie lateinischer, meist in Prosa geschriebener Sentenzen über biblische Geschichte und das gesammte theologische Lehrgebäude jener Zeit mit eigenen lateinischen Gedichten von Herrad, die sie meist mit Musikbegleitung versah und mit merkwürdigen Gemälden von eigener Hand verzierte. Das Manuscript befindet sich noch jetzt in der Straßburger Stadtbibliothek und wurde von Chr. M. Engelhardt in seiner Schrift: „Herrad von Landsperg“ (Stuttgart u. Tübingen 1818) benützt. So kam es, daß Hohenburg lang im Ruf hoher wissenschaftlicher Bildung stand. Um 1249 wurden die Aebtissinnen in den Reichsfürstenstand erhoben. Die beiden Klöster von Hohenburg und Niedermünster sind seit der Mitte des sechszehnten Jahrhunderts verfallen und an die Straßburger Kirche gezogen. Vgl. Dionysius Albrecht, History von Hohenburg, Schlettstadt 1751. 4. J. A. Silbermann, Beschreibung von Hohenburg, Straßburg 1781 u. 1835. Rettberg, K.Gesch. Deutschlands II. S. 75—79.

Dr. Pressel.

Hoherpriester. Die vollständigste Bezeichnung ist 3 Mos. 21, 10.: „der Priester, der größer ist als seine Brüder, auf dessen Haupt das Salböl gegossen ist;“ daher kürzer הַכֹּהֵן הַמָּשִׁיחַ, 3 Mos. 4, 3. 5. 16., oder הַכֹּהֵן הַגָּדוֹל, 4 Mos. 35, 28. Doch wird in den vom Hohepriesterthum handelnden Stellen der mittleren Bücher des Pentateuchs meistens statt des Amtes der erste Träger desselben, Aaron genannt; im Deuteronomium (vgl. besonders 17, 12.) und den folgenden Büchern des A. T. ist der Hohepriester הַכֹּהֵן schlechthin, erst im jüngeren Sprachgebrauch erscheint כֹּהֵן הָרֹאשׁ, 2 Kön. 25, 18. Esr. 7, 5. 2 Chr. 19, 11., vergl. 24, 6. Im Neuhebräischen der Mischna u. s. w. ist die herrschende Bezeichnung כֹּהֵן גָּדוֹל im Gegensatz gegen die כֹּהֲנִים הֶדְיוֹטִים (sacerdotes ἰδιῶται = vulgares). Bei LXX steht meistens ὁ ἱερεὺς ὁ μέγας, — 3 Mos. 4, 3. ἀρχιερεύς und so gewöhnlich im N. T., bei Philo und Josephus. (Der letzte Ausdruck steht übrigens im Plural häufig in weiterer Bedeutung, nach der verbreitetsten Ansicht zur Bezeichnung der Häupter der 24 Priesterklassen, nach Aa. der Mitglieder des Synedriums, welche von priesterlicher Herkunft waren. Wichelhaus, Versuch eines ausf. Comm. z. Leidensgesch. S. 31 ff., bestreitet beide Ansichten; nach ihm wurde der Name außer den wirklichen Hohepriestern nur noch denjenigen gegeben, welche entweder die hohepriesterliche Würde früher bekleidet hatten oder den bevorzugten Familien angehörten, an welchen diese Würde haftete.) — Der Hohepriester ist die Spitze der durch die Stufen des Leviten- und Priesterthums aufsteigenden Vertretung des theokratischen Volkes vor Jehova; in ihm concentrirt sich, was vorzugsweise Beruf des Priesterthums ist, die Mittlerschaft zwischen Gott und dem Volk, durch welche dem letzteren der Zugang zu Gott erschlossen wird. Wenn im Blute der Opfer Gott ein reines Thierleben annimmt, durch welches vor ihm Unreinheit und Sünde des Volkes zugedeckt wird (nach der Grundbedeutung des כָּפֵּר), so ist dagegen im Hohepriesterthum ein Mensch von Gott dazu erwählt und geheiligt, vor ihm für das Volk einzustehen, um, wie es in der wichtigen Stelle 2 Mos. 28, 38. heißt, zu tragen die Schuld des Geheiligten, welches die Söhne Israels heiligen bei all ihren heiligen Gaben zum Wohlgefallen für sie vor Jehovah. Demnach ist alle versöhnende und heiligende Wirkung der Opfer dadurch bedingt, daß im Hohenpriester eine persönlich versöhnende Mittlerschaft vor Gott eintritt*); wobei freilich der Alte Bund seine Unzulänglichkeit, eine wahre Versöhnung zu stiften, darin kund gibt, daß eben dieser Hohepriester, durch dessen Vertretung der an den Opfern haftende Defekt ausgeglichen wird, selbst hinwiederum als ein der Sünde und Schwachheit verfallener Mensch der Versöhnung und Reinigung durch das Opferblut bedürftig ist. Als Repräsentant des Volkes trägt der Hohepriester die Namen der zwölf Stämme auf der Schulter und auf dem Herzen, 2 Mos. 28, 12; 29. (das Nähere über diese Stellen unten). Weil er in seiner Person die Bedeutung des ganzen Volkes vereinigt (שָׁקוּל כְּנֶגֶד בָּל־יִשְׂרָאֵל, aequiparatur universo Israëli, sagt Aben Esra zu 3 Mos. 4, 13., vgl. Bähr, Symb. des mos. Kultus II. S. 13 f.), wird für seine Person dieselbe Opfersühne erfordert, wie für das ganze Volk (s. d. Art. Opfer); wenn er, in dem das Volk vor Jehovah steht, sich vergeht, dient dies nach 3 Mos. 4, 3. לְאַשְׁמַת הָעָם, haftet also auf dem ganzen Volke eine der Ausgleichung bedürftige Störung der theokratischen Ordnung; dagegen wenn Gott ein ihm wohlgefälliges Hohepriesterthum anerkennt, so ist dies eine faktische Erklärung, daß er das ganze Volk zu Gnaden annehme. (Von diesem Gesichtspunkt aus muß Sach. K. 4. erklärt werden.)

Diese Bedeutung des Hohenpriesters, vermöge welcher er קְדוֹשׁ יְהֹוָה (vgl. Ps. 106, 16.) κ. τ̓ξ. ist, muß sich ausprägen in seiner ganzen Erscheinung, die den Eindruck der höchsten Reinigkeit und der ausschließlichen Hingabe an Gott erwecken soll. Hierauf beziehen sich die Vorschriften, welche 1) die persönliche Beschaffenheit und die Lebensordnung des Hohenpriesters, sodann 2) seine Amtsweihe und Amtstracht betreffen. — 1) Hinsichtlich des ersten Punktes ist das, was der Hohepriester mit den übrigen Priestern gemeinsam hat, hier nicht zu erörtern (s. d. Art. Priester bei den Hebräern); es kommen nur die auf ihn ausschließlich sich beziehenden Bestimmungen 3 Mos. 21, 10—15. in Betracht. Nach diesen soll er, der ja die Fülle heiligen Lebens abspiegelt, vor Allem jeder verunreinigenden Gemeinschaft des Todes enthoben seyn; während die gewöhnlichen Priester nach V. 2 ff. wenigstens an den Leichen ihrer nächsten Familienangehörigen sich verunreinigen dürfen, darf der Hohepriester nach V. 11. nicht einmal mit den Leichen seiner Aeltern in Berührung kommen, damit nicht sein priesterliches Walten am Heiligthum unterbrochen werde. (Zu den Worten V. 12, „er soll aus dem Heiligthum nicht gehen," muß nach dem Zusammenhang funeris causa ergänzt werden; zur Erläuterung dient 3 Mos. 10, 7.). In dieser Zurückstellung der heiligsten natürlichen Bande hinter den göttlichen Amtsberuf symbolisirt sich der 5 Mos. 33, 9. geforderte priesterliche Sinn. Selbst jedes Trauerzeichen ist ihm untersagt, und zwar sind die hieher gehörigen Verordnungen V. 10. ebenfalls strenger als die für die gewöhnlichen Priester, V. 5. Der Ausdruck „er darf sein Haupt nicht entblößen," bezieht sich wahrscheinlich auf die Abnahme des Kopfschmucks, den Kopf mit Staub und Asche zu bestreuen, s. Hävernick zu Ez. 24, 17. (Dagegen erklärt Onkelos לָא יְרַבֵּי פְּרוּעַ, ne nutriat comam, und so die meisten Rabbinen; s. hierüber Saubert, de sacerdotio Hebr.

---

*) Vgl. Calvin's treffende Auslegung der angef. Stelle: „oblationum sanctarum iniquitas tollenda et purganda fuit per sacerdotem. Frigidum est illud commentum, si quid erroris admissum esset in ceremoniis, remissum fuisse sacerdotis precibus. Longius enim respicere nos oportet: ideo oblationum iniquitatem deleri a sacerdote, quia nulla oblatio, quatenus est hominis, omni vitio caret. Dictu hoc asperum est et fere παράδοξον, sanctitates ipsas esse immundas, ut venia indigeant; sed tenendum est, nihil esse tam purum, quod non aliquid labis a nobis contrahat. — Nihil Dei cultu praestantius: et tamen nihil offerre potuit populus, etiam a lege praescriptum, nisi intercedente venia, quam nonnisi per sacerdotem obtinuit."

in *Ugolino's* thes. ant. s. vol. XII. p. LXX). Das Verbot des Zerreißens der Kleider wurde nicht auf die Trauer um öffentliche Unglücksfälle bezogen, f. 1 Makk. 11, 71. Jos. b. jud. II, 15. 4., ja Mischna Horajoth 3, 5. gestattet es bei jedem Trauerfall, nur soll der Hohepriester das Kleid unten am Zipfel, nicht oben zerreißen; um so mehr war die Matth. 26, 65. erzählte Handlung unverfänglich. — Was die geschlechtlichen Verhältnisse betrifft, so wird den die gewöhnlichen Priester angehenden Ehehindernissen noch beigefügt das Verbot der Ehe mit einer Wittwe. Eine reine Jungfrau soll er heirathen und zwar — auch diese Bestimmung kommt bei dem Hohenpriester neu hinzu — מְעַמָּיו. Hinsichtlich des ersteren Punktes ging die spätere Satzung in Pressung des בִּבְתוּלֶיהָ, V. 13., so weit, daß sogar die בּוֹגֶרֶת, die ausgereifte Jungfrau, ausgeschlossen wurde; f. Mischna Jebum. 6, 4. (Nach dieser Stelle war auch die Leviratsehe untersagt; die babyl. Gemara weiß von einem Verbot der Polygamie, was zu Klügeleien über 2 Chron. 24, 3. führte (f. Saubert, a. a. O. p. LXXVIII), die man sich hätte ersparen können, da dort לוֹ ohne Zweifel auf Joas, nicht auf Jojada geht). Durch das מְעַמָּיו soll ohne Zweifel nur eine Ausländerin ausgeschlossen werden, vgl. Neh. 13, 28. Jos. c. Ap. I, 7.; die Angabe von Philo de monarch. II, 11., daß der Hohepriester nur eine Priestertochter habe heirathen dürfen, ist eine Uebertreibung. Von selbst versteht es sich, daß der Hohepriester auch nur einer legalen Ehe der bezeichneten Art entstammen durfte; besonderes Gewicht wurde in späterer Zeit noch darauf gelegt, daß die Mutter sich auch nicht in Kriegsgefangenschaft befunden haben durfte, vgl. Jos. Arch. XIII, 10. 5. Ueber die ganze Sache f. *Selden*, de succ. in pont. II, 3., *Boldich*, pont. max. Hebr. in Ugol. thes. vol. XII. p. CXXVIII sq. In Betreff des für den Amtsantritt erforderlichen Alters gibt das Gesetz hinsichtlich des Hohepriesters so wenig eine Bestimmung als hinsichtlich der gewöhnlichen Priester; die jüdische Tradition setzt im Allgemeinen das 20. Jahr als Altersgrenze, doch machte Herodes nach Jos. Arch. XV, 3. einmal einen 17jährigen Jüngling zum Hohepriester; f. *Selden*, l. c. II, 4. Ueber die die ethische Qualifikation betreffenden Satzungen f. denf. II, 6.; die Verbrechen der Abgötterei, des Mordes, des Incestes u. f. w. sollten vom Hohepriesterthum ausschließen; das erstgenannte wurde dann auf die Betheiligung bei jedem cultus externus ausgedehnt, eine Bestimmung, die dem samaritanischen und noch mehr dem separatistischen Cultus in Leontopolis gegenüber von besonderer praktischer Bedeutung wurde, vgl. z. B. Mischna Menachot 13, 10., wo zur Begründung auf 2 Kön. 23, 9. verwiesen wird. — 2) Die Amtsweihe des Hohepriesters, deren Ceremonieen sieben Tage dauerten, bestand, wie die der Priester überhaupt, aus viererlei Arten a) Waschung, b) Einkleidung, c) Salbung, d) Opfern, mit denen wieder eigenthümliche Gebräuche verknüpft waren. S. 2 Mof. K. 29. 3 Mof. K. 8. Ueber mehreres hieher Gehörige ist unter den Artt. Opfer und Priester zu handeln. Den Hohenpriester spezifisch Angehendes findet sich nur bei der Einkleidung und Salbung. Ueber jene f. 2 Mof. 29, 5—9. 4 Mof. 20, 26—28., nach welcher letzteren Stelle die Uebertragung des Hohepriesterthums von Aaron auf Eleasar eben durch Uebertragung des hohenpriesterlichen Ornats erfolgte. Ohne diese heilige Kleidung ist der Hohepriester bloße Privatperson, die als solche das Volk nicht vertreten kann; deßwegen wird ihm der Tod gedroht, wenn er ohne seinen Ornat vor Jehova erscheine, 2 Mof. 28, 35. Die Beschreibung der hohenpriesterlichen Amtstracht gibt 2 Mof. K. 28. und 39., womit Sir. 45, 9—16., Jos. Arch. III, 7. 4 sqq. und. deff. b. jud. V, 5. 7. zu vergleichen sind. Die bedeutendsten Monographieen über diesen Gegenstand sind: *Braun*, de vestitu sacerdotum Hebraeorum 1680, *Carpzov*, de pontificum Hebraeorum vestitu sacro, in Ugolino's thes. vol. XII, *Abraham ben David*, dissert. de vestitu sacerdotum hebraeorum bei Ugolino in vol. XIII. Unter den Neueren hat besonders Bähr, Symb. II. S. 97 ff. sich tiefer auf die Sache eingelassen. — Insoweit die hohepriesterliche Kleidung mit der allgemeinen Priestertracht zusammenfiel (Unterkleid, Hüftkleid, Gürtel), ist sie u. d. A. Kleider, heilige, der Hebr. zu besprechen. Ueber dieser ordinären Kleidung trug der Hohepriester zuerst ein gewobenes, baumwollenes, purpurblaues Oberkleid, מְעִיל (LXX ποδήρης), daß nach der vorliegenden Beschreibung nicht als mantelartiges, sondern als geschlossenes Gewand zu denken ist, mit einem eingefaßten Halsloche und (nach Josephus und den Rabbinen) Armlöchern (nicht Aermeln), so daß die weißen Aermel des Unterkleides ge= sehen wurden. An seinem unteren Saume war es mit einem Gehänge besetzt, an wel= chem baumwollene Granatäpfel mit goldenen Glöckchen wechselten; der letzteren sollen es nach der rabbinischen Tradition 72 gewesen seyn; Weiteres s. bei Bähr, a. a. O. Die Bestimmung der Glöckchen ist 2 Mos. 28, 35. deutlich angegeben. Ihr Tönen signali= sirte dem im Vorhof befindlichen Volk den Eingang und die Verrichtungen des Hohen= priesters, so konnten sie ihn mit ihren Gedanken und ihrem Gebete begleiten, vgl. auch Sir. 45, 11. (Die Stelle 2 Mos. 28, 35. ist früher hauptsächlich deßwegen mißver= standen worden, weil man die Worte ולא ימות eng mit dem unmittelbar Vorhergehen= den verbinden zu müssen meinte; man sehe die ächt rabbinische Ausdeutung bei Abr. b. David, a. a. O. S. XX f. — Bähr freilich glaubt S. 125 in den Glöckchen ein Sym= bol der Kundmachung des Wortes Gottes sehen zu dürfen). Ueber dem Meïl befand sich das Schulterkleid, אֵפוֹד, und an demselben durch Kettchen und Bänder festgeheftet das Brustschild, חשן (s. hierüber die Artt. Ephod und Urim und Thummim). Die Kopfbedeckung bildete eine Mitra, מִצְנֶפֶת, von der priesterlichen Kopfbinde, welche מִגְבָּעָה hieß, verschieden; doch brauchen Josephus und die Rabbinen den ersteren Aus= druck auch von der Kopfbedeckung der gewöhnlichen Priester. Nach Jos. war die hohe= priesterliche Mitra doppelt, bestehend aus der Kopfbinde der gewöhnlichen Priester und einer darüber gewundenen purpurblauen. Vorn an derselben befand sich ein goldenes Stirnblatt, ציץ (LXX πέταλον; an die Gestalt einer Blume ist bei dem Ausdruck nicht zu denken, s. über denselben die Lexika), 2 Mos. 29, 6. נזר d. h. Diadem genannt; es trug die Inschrift קדש ליהוה. In Sir. 45, 12. und bei Josephus wird dieser Schmuck als στέφανος χρυσοῦς bezeichnet, was er wohl nach seiner späteren, vielleicht durch Sach. 6, 11. veranlaßten Beschaffenheit war. Für die Funktionen am jährlichen Versöhnungsfest war eine andere Amtskleidung von weißen Linnen verordnet (s. den betr. Art.). Die entgegenstehende Angabe bei Jos. b. jud. a. a. O. ist lediglich als ein gro= ber Verstoß zu betrachten, wenn nicht der Text dort verdorben ist. — Unter den Hero= diern und in der späteren Zeit der römischen Herrschaft wurde die hohepriesterliche Amts= tracht in der Burg Antonia aufbewahrt und je sieben Tage vor den drei Jahresfesten und dem Versöhnungstage dem Hohenpriester eingehändigt, einen Tag nach dem Feste wieder zurückgegeben, Jos. Arch. 18, 4. 3; 20, 1. 1. — Diese Kleidung hat mancherlei symbolische Ausdeutungen erfahren, namentlich schon bei Philo de monarch. II, 5 sq., der dieselbe gemäß seiner Auffassung des mosaischen Cultus auf kosmische Verhältnisse bezog. Unter den Neueren hat Bähr a. a. O. eine durchgreifende symbolische Erklärung versucht. Ausgehend von dem Satze, daß der Hohepriester als Vertreter des theokratischen Volkes die dreifache Würde desselben (vgl. Pirke Aboth 4, 13.), die des Priesterthums, des Gesetzes und des Königthums in sich vereinige, findet er, daß von den hoheprie= sterlichen Kleidern die mit den übrigen Priestern gemeinsamen den priesterlichen, das Meïl den bundesgesetzlichen, das Ephod und Choschen den königlichen Karakter ausdrücke. Es wird genügen, das gänzlich Verfehlte dieser Deutung an den Hauptpunkten nachzuweisen. Dagegen, daß in der Pracht der hohenpriesterlichen Kleidung eine gewisse königliche Hoheit כָּבוֹד וְתִפְאָרֶת, 2 Mos. 28, 2., hervortreten sollte, ist nichts einzuwenden; es bedarf hiezu kaum der ausführlichen Nachweisungen, wie sie Braun, de vest. sac. Hebr. p. 823 sqq. gegeben hat. Aber das steht fest, daß von einer eigentlichen königlichen Würde des Hohenpriesters das A. T. wenigstens in der Gegenwart nichts weiß. Es schaut die Ver= einigung beider Würden als künftig im Messias eintretend, Ps. 110; 4. Sach. 6, 13.; eine gewisse Anticipation dieser Vereinigung stellt sich, wenn vom Schophetenthum Eli's abgesehen wird, nicht sowohl in der Person des Hohenpriesters dar, als in der des Kö= nigs, indem namentlich in David und Salomo das Königthum einen gewissen priesterli= chen Karakter trägt. (S. d. Art. Könige der Israeliten.) Erst seit der hasmonäi=

schen Periode werden die Hohenpriester zugleich Fürsten, und hieraus erklärt sich die irrthümliche Angabe in Justin. hist. 36, 2. Der Beruf des Priesterthums wird vielmehr constant (vgl. schon 5 Mos. 33, 10.) als ein zweifacher gefaßt, daß nämlich dem Priester erstens die für das Volk vor Gott versöhnend eintretende Mittlerschaft zukommt, der im engern Sinn priesterliche Beruf, und daß er zweitens die Pflicht hat, das Volk die Rechte Jehovah's zu lehren, in welcher Beziehung er Bote Jehovah's an das Volk ist, Mal. 2, 7. Unter den letzteren Gesichtspunkt fällt auch die richterliche Funktion des Hohenpriesters und das Urim und Thummim. So legt noch Sir. 45, 16. 17. dem Hohenpriesterthum nur ein Zweifaches bei, das ἐξιλάσκεσθαι περὶ τοῦ λαοῦ durch Opfer und die ἐξουσία ἐν διαθήκαις κριμάτων διδάξαι τὸν Ἰακὼβ τὰ μαρτύρια κ. τ. λ. Nicht anders Jos. c. Ap. II, 23.; und auch Philo, der freilich M. II. S. 234 von einer königlichen σεμνότης καὶ τιμή der Priester redet, erklärt doch (vgl. M. II. S. 384) beide Würden für unvereinbar und reducirt M. II. S. 321 den priesterlichen Beruf auf die zwei bezeichneten Stücke. Demnach kann die hohepriesterliche Kleidung eine bestimmte symbolische Bedeutung nur in den zwei genannten Beziehungen haben, und dies tritt auch in ihrem Haupttheil, dem Ephod mit dem Brustschild unverkennbar hervor. (Daß das Meïl keine selbständige Bedeutung hat, zeigt schon der 2 Mos. 28, 31. gebrauchte Ausdruck מְעִיל הָאֵפֹד). Auf die zweite Beziehung, von welcher das Brustschild den Namen חֹשֶׁן מִשְׁפָּט trägt, ist hier nicht näher einzugehen (s. d. Art. Urim und Thummim). Die erstere aber, die Beziehung auf die versöhnende Mittlerschaft, prägt sich, wie bereits oben angedeutet wurde, besonders darin aus, daß der mit dem Ephod bekleidete Hohepriester die Namen der zwölf Stämme auf dem Herzen und auf der Schulter trägt. In 2 Mos. 28, 9. mag nämlich (s. Gerlach, z. d. St.) das Herz immerhin auch als Sitz der Weisheit, von dem das Urtheilen und Entscheiden ausgeht, in Betracht kommen; weiter ist doch daran zu erinnern, daß das Herz Sitz des Gedächtnisses ist (vgl. Ausdrücke wie הֶעֱלָה עַל־לֵב, Jer. 44, 21., הֵשִׁיב עַל־לֵב, Jes. 46, 8.); der Vertreter des Volkes, der dieses in seiner Person vor Gott darzustellen hat, damit er desselben in Gnaden gedenke (vgl. 4 Mos. 10, 9.), hat natürlich selbst das Volk im Gedächtniß zu tragen. Aber auch dies erschöpft den Gedanken der Stelle nicht, vielmehr sind Stellen wie Hohel. 8, 6. 2 Kor. 7, 3. Phil. 1, 7. zu vergleichen. Da das Herz der Heerd des persönlichen Lebens ist, so bezeichnet das auf dem Herzentragen jenes persönliche Verwachsenseyn mit dem Leben des Andern, vermöge dessen der Hohepriester, wie Philo spec. leg. II. 321. sich gut ausdrückt, τοῦ σύμπαντος ἔθνους συγγενὴς καὶ ἀγχιστεὺς κοινός ist und so im lebendigsten Mitgefühl mit denen, für die er intercedirt, steht. — Ebenso wenig macht ferner der Umstand, daß das Ephod wesentlich Schulterkleid (LXX ἐπωμίς) ist, es zum Symbol königlicher Gewalt; hierin liegt nur dies, daß eine Amtswürde auf ihm ruht, welche allerdings jener Jes. 22, 22. verwandt ist, weil ihr allein zukommt, den Zutritt zu Gott zu erschließen. Daß nach 2 Mos. 28, 12. in die Onychsteine, mittelst welcher die Schulterstücke zusammengehalten werden, die Namen der Stämme eingegraben sind, soll durchaus nicht, wie auch v. Gerlach die Stelle erklärt, den Hohepriester als Regenten des Volkes bezeichnen, sondern will sagen, daß er als Mittler das Volk zu Gott hinträgt, daß (vgl. 4 Mos. 11, 11.) das Volk gleichsam als Last auf ihm ruht.

Auf die Einkleidung des Hohenpriesters folgte die Salbung, und zwar hat man 2 Mos. 29, 29 f. häufig so gedeutet, daß die Salbung an jedem der sieben Tage der Priesterweihe vollzogen worden, jedoch schon nach einmaligem Vollzug gültig gewesen sey. Auch die gewöhnlichen Priester sollten nach 2 Mos. 28, 41; 30, 30; 40, 15. gesalbt werden, denn es ist nicht zulässig, diese Stellen auf den 2 Mos. 29, 21. 3 Mos. 8, 30. erwähnten Sprengungsakt zu beziehen. Doch s. unten. Das Eigenthümliche der hohenpriesterlichen Salbung aber wird bezeichnet durch den Ausdruck יָצַק עַל־רֹאשׁ, auf das Haupt gießen, 2 Mos. 29, 7. 3 Mos. 8, 12; 21, 10. Es wurde also dem Hohenpriester das Salböl reichlich (vgl. Ps. 133, 2.) über das Haupt geschüttet, wogegen bei den gewöhnlichen Priestern nur ein Bestreichen der Stirne mit Oel stattgefunden haben soll.

Uebrigens meldet die jüdische Ueberlieferung, daß auch dem Hohenpriester, nachdem ihm das Oel über das Haupt gegossen war, mit Del ein Kreuzeszeichen in Gestalt des griechischen X auf die Stirne gemacht worden sey; ist diese Ueberlieferung gegründet, so könnte hiemit Ez. 9, 4. combinirt werden, denn die Gestalt des Thau in der alten Schrift ist eben die jenes Kreuzes. Von der Salbung, welche bekanntlich Symbol der Mittheilung der Fülle göttlichen Geistes ist, hieß der Hohepriester κ. ἐξ. der gesalbte Priester. — 2 Mof. 40, 15. ist schon von Früheren meistens so verstanden worden, daß bei den Söhnen Aarons die von Moses vorgenommene Salbung für alle Zeiten gegolten habe und deßwegen bei den gewöhnlichen Priestern nicht mehr wiederholt worden sey. Dagegen ist es ganz grundlos, wenn Hengstenberg zu Pf. 133. die Salbung auch der Hohenpriester nach Aaron als "sehr zweifelhaft" betrachtet. Nach der jüdischen Tradition dauerte die Salbung der Hohenpriester fort bis in die Zeit des Josia, dann sey das heilige Salböl versteckt worden und so verloren gegangen (vgl. Krumbholz, sacerd. hebr. bei Ugol. thes. XII. p. LXXXVII), die folgenden Hohenpriester seyen nur durch Einkleidung geweiht worden. Hieraus erklärt sich der in Mischna Makkoth 2, 6. unter den Hohenpriestern gemachte Unterschied. Die jüdische Tradition läßt auch den Priester, der die 5 Mof. 20, 2. beschriebene Funktion besorgt, gesalbt werden; er soll daher den Namen משוח מלחמה geführt haben. Ueber die ganze Sache vergl. besonders Selden, de succ. in pont. II, 9. Carpzov, app. hist. crit. ant. p. 67. Ueber das heilige Salböl f. den betr. Artikel.

Was ferner die Verrichtungen des Hohenpriesters betrifft, so standen ihm für's Erste alle Funktionen der gewöhnlichen Priester zu; das Gesetz scheidet keine Dienstleistungen aus, die bloß den letzteren zukämen. Nach Jos. b. jud. V, 5. 7. hätten sich die hohepriesterlichen Funktionen auf die Sabbathe, Neumonde und Feste beschränkt, aber in Mischna Thamid 7, 3. wird vorausgesetzt, daß er nach Belieben bei dem Opferdienste sich betheiligen konnte. Uebrigens bildete der ganze Opferdienst wie das Priesterthum eine in sich geschlossene Einheit; auch wenn die untergeordneten Priester bei dem Opfer funktioniren, handeln sie nicht als diese Einzelnen, sondern aus der dem ganzen Priesterthum, dessen eigentlicher Träger der Hohepriester ist, zukommenden Vollmacht, somit in Wahrheit in Vertretung des Hohepriesters. Es ist ganz der Anschauung des pentateuchischen Priestergesetzes gemäß, wenn Sir. 45, 14. 16. [17. 20.] den Opferdienst schlechthin als Dienst Aarons bezeichnet. Hiernach erklärt es sich, wenn bei Philo M. II. 321. der Hohepriester εὐχὰς καὶ θυσίας τελῶν καθ' ἑκάστην ἡμέραν heißt, und hiernach kann auch Hebr. 7, 27. gedeutet werden, doch f. Bengel z. der letzteren St. — Ueber die dem Hohenpriester speziell zugewiesenen Funktionen des jährlichen großen Sühnaktes und der Befragung des heil. Orakels f. die betr. Artt. — Der Natur der Sache nach kam den Hohenpriestern die Oberaufsicht über den Gottesdienst und den Tempelschatz zu; für das letztere vgl. z. B. 2 Kön. 22, 4. 2 Makk. 3, 9. Ueber ihren Antheil an der Rechtspflege f. den Art. Gericht bei den Hebräern. Später war der Hohepriester in der Regel Präsident des Synedriums, aber nothwendig war dieses nicht (f. Selden, de synedriis II, 14 sq.). Das letztere steht fest, wie man immer das in den Evangelien vorausgesetzte Verhältniß des Annas zu Kaiphas (f. den Art. Annas) und die Stelle Apg. 23, 5., an welche sich vorzugsweise die Discussion dieser Frage geknüpft hat, auffassen möge. Ueber die Gewalt des Hohenpriesters, insoweit sie mit den Befugnissen des Synedriums zusammenhängt, f. d. Art. Synedrium.

Neben dem Hohenpriester wird 2 Kön. 25, 18. Jer. 52, 24. ein כֹּהֵן מִשְׁנֶה in einer Weise erwähnt, welche auf eine zweite höhere priesterliche Stelle deutet. Durch Combination von Jer. 52, 24. mit 20, 1. (f. Hitzig z. d. St.) und 29, 6. ergibt sich, daß dieser Zweite im Rang נָגִיד בְּבֵית יהוה d. h. Tempelaufseher war. (Noch unter Hiskia versieht nach 2 Chron. 31, 10. augenscheinlich der Hohepriester selbst das Geschäft dieses Nagid). Weniger sicher läßt sich bestimmen, was 2 Kön. 23, 4. unter den כֹּהֲנֵי הַמִּשְׁנֶה zu verstehen ist, ob die gewöhnlichen Priester überhaupt oder, was wahrscheinlich ist, die durch besondere Amtsaufträge höher gestellten Priester gemeint sind; Thenius will einen Schreibfehler für הרד כהן annehmen. — Der Targum zu Jer. 29, 25. sieht in jenem Priester, der Nagid des Tempels ist, den späteren כהן הבהים. Ueber die Bedeutung dieses Segan ist viel verhandelt worden; s. *Quandt*, de pontificis maximi suffraganeo in Ugol. thes. vol. XII. p. 964 sqq. *Selden*, de succ. in pont. II, 1. *Carpzov*, app. crit. p. 98 sqq. u. Aa. Es mag demselben die Tempelpräfektur und im Zusammenhang damit die nächste Aufsicht über die im Tempel funktionirenden Priester obgelegen haben. Nach Mischna Thamid 7, 3. assistirt er dem Hohenpriester beim Opferdienst, nach Joma 3, 9; 4, 1. bei den Funktionen des Versöhnungstages; aber das ist nicht zu erweisen, daß, wie gewöhnlich angegeben wird, der Segan Eine Person mit dem "andern Priester" gewesen sey, der nach Joma 1, 1. designirt wurde, um für den Fall, daß der Hohepriester am Versöhnungstag durch eine Verunreinigung zum Dienste untüchtig wurde, seine Stelle einzunehmen. In dem von Jos. Arch. XVII, 6. 4. erzählten Falle ist keine Spur davon, daß ein Priester, der ohnehin ständiger Vikar des Hohenpriesters war, von Amtswegen für den letzteren eingetreten wäre.

Die hohepriesterliche Würde wurde von ihren Inhabern in der älteren Zeit ohne Zweifel bis zum Tode verwaltet, s. Jos. Arch. XX, 10. 1. Daß jemals ein jährlicher Wechsel stattgefunden habe, läßt sich nicht beweisen (über 2 Sam. 8, 17., nach welcher Stelle Thenius einen solchen zu Davids Zeit annehmen will, s. unten; daß Joh. 11, 51; 18, 13. nicht aus der Voraussetzung desselben geschrieben ist, darüber s. die Ausleger z. d. St.). Die Nachfolge war vermuthlich ursprünglich in der Weise durch das Erbrecht bestimmt, daß, insoweit nicht eines der gesetzlichen Hindernisse hemmend eintrat, der erstgeborne Sohn und wenn dieser bereits gestorben war, der älteste Sohn desselben succedirte, im letzteren Falle also die hohepriesterliche Würde vom Großvater auf den Enkel überging. Die Zahl sämmtlicher Hohenpriester von Aaron bis Phanasus, der zu Anfang des jüdischen Kriegs von den Aufrührern eingesetzt wurde, betrug nach Jos. Arch. XX, 10. dreiundachtzig, nämlich von Aaron bis auf Salomo 13, während der Dauer des salomonischen Tempels 18, in der Zeit des zweiten Tempels 52. Die Verzeichnisse der einzelnen Hohenpriester bei Josephus, im Seder olam und im Chronicon paschale (ed. paris. p. 77 sqq. ed. Dindorf. p. 142 sqq.) zeigen viele Abweichungen; vgl. die Zusammenstellungen bei *Lightfoot*, minist. templi Cap. IV. opp. ed. II. vol. I. p. 682 sqq. *Selden*, de succ. in pontific. Lib. I. *Reland*, antiq. II. C. 2. *Ugolino*, sacerd. Hebr. C. VIII. im Thes. vol. XIII. p. 833 sqq. — Auf Aaron folgte von den zwei ihn überlebenden Söhnen Eleasar und Ithamar der erstere, 4 Mos. 20, 28. 5 Mos. 10, 6. Jos. 14, 1.; der dritte Hohepriester war Eleasars Sohn, Pinehas, Richt. 20, 28. Nun fehlen in den älteren Geschichtsbüchern des A. T. die Namen der Hohenpriester bis auf Eli. Nach der Tradition (Jos. Arch. V, 11. 5.) hat bis gegen das Ende der Richterzeit das Hohepriesterthum sich in Eleasar's Linie vererbt; nach Jos. a. a. O. (vgl. die Geschlechtstafeln 1 Chron. 5, 29 ff.; 6, 35 ff. Esr. 7, 1 ff., wo übrigens von den aufgezählten Nachkommen Eleasars nicht gesagt wird, welche das Hohepriesterthum bekleidet haben, welche nicht) wäre der vierte Hohepriester Abieser (in den Genealogieen des A. T. Abischua, Chron. pasch. Abiud), der fünfte Bukki, der sechste Uffi (Ozi) gewesen; mit dem Letztgenannten habe die Succession in der Linie Eleasars abgebrochen, und als der siebente hätte demnach Eli die Reihe der Hohenpriester aus dem Geschlechte Ithamar's begonnen. Dann ist aber die Zahl von dreizehn Hohenpriestern bis auf Salomo nicht herauszubringen; deßwegen wird von Manchen, z. B. Lightfoot, aus den Genealogieen der Chronik 7. Seraja, 8. Merejoth eingeschoben, worauf dann Eli als der 9. folgte, der noch bei seinen Lebzeiten (vgl. Jos. Arch. V, 11. 2.) seinen Sohn Pinehas das Hohepriesterthum habe verwalten lassen, weßhalb dieser als der zehnte gezählt wird. Der elfte wäre Pinehas' Sohn Ahitob, der zwölfte dessen Sohn Achia, 1 Sam. 14, 3., der auch (22, 9. 11. 20.) Ahimelech heißt, hierauf breizehntens (1 Sam. 22, 20.) Abjathar, der (1 Kön. 2, 27.) durch Salomo abgesetzt wurde, worauf mit Zadok, 1 Kön. 2, 35. die hohepriesterliche Würde wieder an die Linie Elea= sars zurückfiel. Derselbe Zadok erscheint aber bereits unter David, 2 Sam. 20, 25., dem Abjathar coordinirt, oder nach 2 Sam. 8, 17. 1 Chr. 18, 16; 24, 3. 6. dem Ahimelech, Sohn Abjathars. (Der gewöhnlichen, auch von dem Verf. des Artikels Ahimelech fest= gehaltenen Ansicht gegenüber, wornach hier eine grobe Verwechslung vorgegangen wäre, empfiehlt sich die Ansicht Bertheau's zu 1 Chron. 18, 16., wornach angenommen wird, daß Abjathar einen Sohn Ahimelech hatte, der neben ihm priesterlichen Dienst versah). Der Schlüssel dazu, daß unter David zwei Priester neben einander fungirten, liegt in 1 Chr. 16, 39. nach welcher Stelle Zadok bei der Stiftshütte in Gibeon angestellt war, wogegen Abjathar bei der Bundeslade in Jerusalem funktionirt haben wird. Möglich ist freilich, daß bereits in der vordavidischen Zeit während der Zerrissenheit der Theokratie Priester von beiden Linien beziehungsweise neben einander hohepriesterliche Verrichtungen besorgt haben. Die Angabe des Josephus (Arch. VIII, 1, 3.), daß die Priester von der Linie Pinehas (d. h. Eleazar) während der Zeit, in welcher die Linie Ithamar im Besitz der hohenpriesterlichen Würde war, im Privatstande gelebt haben, ist als bloße Vermu= thung zu betrachten. — In der zweiten Reihe, die also 1) mit Zadok beginnt, folgen (Jos. Arch. X, 8. 6. vgl. mit 1 Chr. 5, 34 ff. Esr. 7, 1 ff., wo aber mehrere Genera= tionen ausgefallen seyn müssen) 2) Ahimaaz, 3) Asarja, 4) Johanan (von hier an hat Josephus ganz andere Namen), 5) Asarja; bei dem letztgenannten bemerkt 1 Chr. 5, 36. "er war Priester in dem Hause, welches Salomo baute zu Jerusalem." Ber= theau ist der Ansicht, daß die Worte vielmehr zu dem Asarja in V. 35. gehören, der hiedurch als der erste Hohepriester im salomonischen Tempel bezeichnet würde, was, da Zadok beim Regierungsantritt Salomo's hochbejahrt gewesen seyn muß, wohl möglich wäre. (Nach rabbinischer Meinung, die selbst Keil, apolog. Versuch über die Chronik S. 180 erneuert hat, soll sich die auszeichnende Bemerkung auf das 2 Chr. 26, 17. Be= richtete beziehen; aber daß der Asarja der letztgenannten Stelle mit dem 1 Chr. 5, 36. genannten Eine Person sey, ist aus chronologischen Gründen nicht wohl möglich). 6) Amarja, ohne Zweifel Eine Person mit dem 2 Chr. 19, 11. unter Josaphat erwähnten. Von hier an aber ist Alles unsicher; Lightfoot setzt 7) Ahitub, der Eine Person mit Jojada, 2 Chron. 23, 1. seyn soll, 8) Zadok, der derselbe mit dem 2 Chr. 27, 1. erwähnten Schwiegervater des Usia sey, und so wird weiter eine Willkürlichkeit auf die andere ge= häuft. Die Geschichtserzählung erwähnt noch einen Asarja zur Zeit des Usia, 2 Chron. 26, 17 ff., einen Uria zur Zeit des Ahas, 2 Kön. 16, 11., wieder einen Asarja zur Zeit des Hiskia, 2 Chr. 31, 10., von welchen Namen nur der des Uria in den Verzeich= nissen des Josephus und des Seder olam erscheint. — Erst von Sallum an, dem Vater des Hilkia, der unter Josia (2 Kön. K. 22. 2 Chr. K. 34.) sich bekannt gemacht hat, läßt sich die Reihe der Hohenpriester wieder im Zusammenhang verfolgen; auf Hilkia folgt nach Josephus Seraja, der also nach 1 Chr. 5, 40. der Enkel des Hilkia war; dieser Seraja wurde nach 2 Kön. 25, 18 ff. von Nebucadnezar in Ribla getödtet, und so wurde der Erbe des Hohenpriesterthums sein Sohn Jozadak, der nach 1 Chr. 5, 41. nach Babel in die Gefangenschaft wanderte. Dieser Jozadak war der Vater des Josua, mit dem die dritte Reihe der Hohenpriester nach dem Exil beginnt. Ueber diese Reihe siehe zunächst die "chronologischen Untersuchungen über die Hohenpriester vom Exil bis zum Makkabäer Schimon" in Herzfeld's Geschichte des Volkes Israel von Vollendung des zweiten Tempels I. Bd. 1855. S. 368 ff. Volle Klarheit wird in diesem Chaos der verschiedenartigen Relationen wohl nie gebracht werden. In den kanonischen Schriften des A. T. findet sich das letzte Verzeichniß Neh. 12, 10. 11. In der syrischen Periode hörte die regelmäßige Succession auf, ja von 160 — 153 v. Chr. war das Hohepriester= thum ganz unterbrochen. Im J. 153 beginnt mit Jonathan, dem Sohne des Matta= thias die Reihe der hasmonäischen Hohenpriester aus der Priesterklasse Jojarib, welche nach 1 Makk. 2, 54. von Pinehas stammte, also ebenfalls zur Linie Eleasars gehörte. Indessen siehe über diese Klasse Jojarib das unter dem Art. Priester über die Priester=

klaſſen nach dem Exil zu Bemerkende. Herodes verfuhr in der Anſtellung der Hohen=
prieſter mit der größten Willkür und ſeinem Beiſpiel folgten Archelaus und die Römer,
Jos. Arch. XX, 10. 5. Joſephus zählt von Herodes dem Gr. bis zur Zerſtörung Jeru=
ſalems 28 Hoheprieſter; ſ. hierüber Wieſeler, chronologiſche Synopſe der Evangelien
S. 188.

Oehler.

Hohes Lied. Dieſe in Luther's deutſcher Bibel gewählte Ueberſetzung des
Titels eines der merkwürdigſten und vielerklärteſten Bücher des Alten Teſtamentes, des
שִׁיר הַשִּׁירִים deutet auf einen durch die Auslegung gefundenen hohen Sinn deſſelben,
der zugleich ein tiefer ſeyn ſoll, ein unter der buchſtäblichen Hülle verborgener. Nach
der ſuperlativen Bedeutung der hebräiſchen Aufſchrift, die noch אֲשֶׁר לִשְׁלֹמֹה hinzuſetzt,
und welche nach Analogie von »Eitelkeit der Eitelkeiten« (Pred. 1, 2.), »Himmel der
Himmel« (1 Kön. 8, 27.), »Knecht der Knechte« (1 Moſ. 9, 25.) u. ſ. w. die allein
ſprachlich geſicherte iſt, müßten wir aber genau »höchſtes Lied« überſetzen, wobei es von
vorne herein immer zweifelhaft bleibt, ob dieſe ausgezeichnetſte Vortrefflichkeit in unbe=
ſchränkter Allgemeinheit, oder nur ſo zu nehmen ſey, daß es unter allen Salomoniſchen
Liedern als das vorzüglichſte bezeichnet werde; ja es wäre nach Inhalt und Sprache
ſelbſt zuläſſig, wie auch Manche es faſſen, daß das »Lied der Lieder« ſich auf Salomo
beziehe: denn er iſt in demſelben die königliche Hauptperſon. Fragen wir zunächſt im
Allgemeinen nach dem Inhalte des Liedes der Lieder, ſo gibt es ſich Jedem, der es
liest, als ein »Lied der Liebe« zu erkennen. Ob aber der Dichter deſſelben irdiſche
Liebe beſinge, oder nur unter dem Bilde derſelben auf himmliſche und göttliche hindeute,
ob die buchſtäbliche oder allegoriſche Erklärung die richtige ſey, darüber wird bis in die
neueſten Zeiten geſtritten. Die Geſchichte der Auslegung unſres Buches iſt von einer ſo
wichtigen bibliſch=hermeneutiſchen und allgemein=theologiſchen Bedeutung, daß es nützlich
erſcheint, ſie von ihrem erſten Anfange bis auf unſere Tage zu überblicken.

Der alexandriniſche Ueberſetzer des hohen Liedes läßt uns auch nicht eine Spur
davon wahrnehmen, in welchem Geiſte er es aufgefaßt habe. Ebenſowenig kann das
Buch Sirachs dafür angeführt werden, daß ihm auf das allegoriſche Verſtändniß
des Liedes Bezug genommen ſey: denn wenn Kap. 47, 15. Salomo mit den Worten
angeredet wird: »die Erde bedecte deine Seele, und du erfüllteſt ſie mit Räthſelſprü=
chen«, ſo können wir nimmermehr in den παραβολαῖς αἰνιγμάτων eine Anſpielung auf
den geheimnißvollen Sinn des hohen Liedes finden, ſondern es liegt zu nahe, da über=
haupt der ganzen Stelle, wo der Verfaſſer den berühmteſten König der Weisheit preiſt,
1 Kön. 10. zu Grunde liegt, daß hier namentlich V. 24. berückſichtiget worden. Eher
dürfte man vermuthen, daß in dem apokryphiſchen Buche der Sapientia Salomonis 8, 2.
die Myſtik des Liedes hörbar werde, wo es heißt: »dieſe (die Weisheit) habe ich geliebt
und geſucht in meiner Jugend, und ich ſuchte die Braut mir heimzuführen, und war ein
Liebhaber geworden ihrer Schönheit.« Es iſt möglich, daß der Verfaſſer nach ſeiner
myſtiſchen Deutung des Salomoniſchen Gedichts dem Könige dieſe Worte in den Mund
gelegt, aber immerhin auch denkbar, er habe aus ſich ſelbſt die ſo nahe liegende bildliche
Bezeichnung geſchöpft. Daß Philo das Lied allegoriſch werde genommen haben, unter=
liegt bei dem Hauptmanne dieſer ganzen Art von Exegeſe keinem Zweifel, obſchon wir
beſtimmte Proben ſeiner Interpretation einzelner Stellen nicht nachweiſen können. Ebenſo
iſt es wenigſtens auch nicht unwahrſcheinlich, daß Joſephus in einem gleichen Sinne
unſer Buch nach ſeiner Stellung, die er ihm im Kanon gibt, verſtanden habe. Denn
er hat es entweder in der bekannten Stelle contra Apion. 1, 8., wo er zweiundzwanzig
Bücher aufzählt, fünf moſaiſche, dreizehn prophetiſche, die hiſtoriſchen unter dieſen mit=
begriffen, und noch vier andere, welche »Loblieder auf Gott und Lebensregeln für die
Menſchen« enthalten, ganz ausgelaſſen, was ſchwer zu glauben, oder er muß es zu der
zweiten Klaſſe gerechnet haben; daß er es in der dritten mit dem Prediger zuſammen=
gefügt, wie einſt Havercamp vermuthete, erſcheint als höchſt unpaſſend; eher könnte
man ſich noch vorſtellen, daß er es zu den Hymnen in ganz unbeſtimmter und allge=

meiner Weise gezogen. Ob nun die Sammler des Kanon unser Lied aus dem Grunde
der allegorischen Auslegung in denselben aufgenommen, ist eine Frage, die sich nicht so
entschieden bejahen läßt, wie Manche der Meinung sind; es konnte ja schon deßhalb,
weil es dem Salomo zugeschrieben worden, in die heilige Nationalbibliothek, so gut
wie die Sprüche und der Prediger, hineingestellt seyn. Man hat aber sogar aus dem
Alten Testamente selbst beweisen wollen, daß darin auf das hohe Lied nach seiner alle=
gorischen Bedeutung angespielt sey, und besonders einzelne Aussprüche der Propheten
dafür geltend gemacht. So soll z. B. Jesaja, wenn er Kap. 9, 5. den Messias den
"Fürsten des Friedens" nennt, dabei an Hohesl. 3, 11. gedacht haben, wo es heißt:
"gehet heraus und schauet, ihr Töchter Zions, auf den König Salomo, auf die Krone,
womit ihn seine Mutter gekrönet am Tage seiner Hochzeit, am Tage seiner Herzens=
freude!" — Man traut bei dieser Parallelisirung seinen Augen nicht, wenn man der=
gleichen Beweisführungen liest, und würde sie nicht der Erwähnung werth halten, hätte
sie nicht Hengstenberg neuerdings drucken lassen und zur Erläuterung hinzugefügt:
"dort — im hohen Liede — ist von dem Könige Salomo in Bezug auf die auf fried=
liche Weise in sein Reich aufzunehmende Heidenwelt die Rede; bei Jesajas folgt gleich
darauf: der Mehrung der Herrschaft und des Friedens ist kein Ende." Es verdient
kaum bemerkt zu werden, wie der Kritiker seine eigene subjektiv = allegorische Deutung
der buchstäblich wohlverständlichen Stelle des hohen Liedes dem Propheten geradezu
unterschiebt, der doch wahrhaftig nicht nöthig hatte, den ihm unmittelbar klar
vor Augen stehenden, im geschichtlich gegebenen Salomonischen Vorbilde erkannten
Friedensfürsten erst aus jener künstlich = poetischen Verschleierung herauszulesen. Wenn
dieser neueste Vertreter der allegorischen Erklärung überhaupt den entschiedenen Aus=
spruch thut, daß "die bei den Propheten weitverzweigte Darstellung des Verhältnisses
zwischen Jehovah und Israel unter dem Bilde der Ehe überall das geistlich gedeutete
Hohelied zur Voraussetzung habe", so ist in der That schwer zu begreifen, wie er
bei der Aufdringlichkeit eines heiligen Bundes als eines Ehebundes das natürlichste
Verständniß jener Vergleichung übersehen kann. Noch mehr Erstaunen aber muß es
erregen, wenn derselbe Ausleger, dem man einen nüchternen Verstand nicht absprechen
kann, die ungeheure Behauptung aufstellt, daß "das N. T. mit Beziehungen auf das
Hohelied, die sämmtlich auf der Voraussetzung seines geistlichen Sinnes ruhen, durch=
zogen sey", ja, "daß kein Buch des A. T. verhältnißmäßig so stark im N. T. berück=
sichtigt werde, und man sich gar sehr über die Oberflächlichkeit oder Befangenheit der=
jenigen verwundern müsse, welche behauptet hätten, im N. T. werde das Hohelied nir=
gends angeführt." Aber alle die angeführten Stellen sind so beschaffen, daß Herrn
Dr. Hengstenberg die gerügte "Oberflächlichkeit oder Befangenheit" zurückgegeben
werden muß. Hat denn unser Herr z. B. nöthig gehabt, die "Lilien auf dem Felde"
(Matth. 6, 28—30.), die überall zu sehen waren, erst aus dem Hohenliede (2, 1.) und
die Pracht der Salomonischen Kleidung aus demselben kennen zu lernen, oder wo ist
denn bei seiner Anführung nur von ferne etwas von "geistlicher Deutung" zu merken?
Auch Matth. 21, 33. und folg. vgl. mit Hohesl. 8, 11. ist von einer solchen nicht das
Mindeste zu spüren, wo es überdies, wenn Jesus doch nun einmal bei seiner Parabel
vom Weinberg an eine alttestamentliche Stelle gedacht haben sollte, am nächsten liegt, daß
er Jes. 5. vor Augen gehabt. Es wäre zu erwarten gewesen, daß der Apostel Paulus,
der die allegorische Erklärung sonst geübt, auf das Hohelied Bezug genommen, aber
wenn Hengstenberg besonders die Stelle Ephes. 5, 27. auszeichnet, wo die Gemeinde
heilig und ohne Fehl, ohne Flecken oder Runzeln genannt wird, was auf Kap. 4, 7.
hinweisen soll, wo es aber bloß heißt: "du bist ganz schön, meine Freundin, und es ist
kein Flecken an dir", so liegt darin für die Unbefangenen nimmermehr die zwingende Nö=
thigung zu der Annahme, daß Paulus gerade diese Worte sich angeeignet habe. Anders
verhält es sich mit dem 45. Psalm, von dem Hengstenberg sagt, daß "die allegorische,
speciell die messianische Auslegung desselben und die des Hohenliedes mit einander stehe

und falle", indem der Verfasser des Briefes an die Hebräer allerdings eine Stelle des
Pfalms (7. 8.) benutzt (1, 8.). Hengstenberg aber irrt, wenn er die messianisch=alle=
gorische Erklärung jenes Pfalms, der ihm eine Bearbeitung des ersten Theiles des
Hohenliedes zum Behufe der öffentlichen Aufführung im Tempel ist, als unvermeidlich
und unumstößlich behauptet, besonders eben aus dem Grunde, weil in jenen angeführten
Versen der König Gott genannt und seine Herrschaft als eine ewige bezeichnet werde.
Aber die Worte des Textes erfordern keineswegs diese Erklärung als die einzig zu=
lässige; im Gegentheil, da unverkennbar nachdrucksvoll gleich im Folgenden der König
so angeredet wird: "darum hat dich Gott, dein Gott gesalbt mit Freudenöl, mehr als
deine Genossen", so werden wir kraft des Zusammenhanges eher darauf geführt, auch
vorher den Thron des Herrschers in unmittelbare Verbindung mit Gott zu setzen, also:
"dein Thron ist Gottes Thron", dir von Gott gegeben.   Ueberhaupt bricht sich die
ganze Auffassung des Verfassers, daß der Pfalm die Vermählung des Volkes Israel
und der heidnischen Nationen besinge, an B. 7, wo, die Worte unverkünstelt betrachtet,
zu Israel durchaus nicht gesagt werden kann: "vergiß dein Volk und deines Vaters
Haus." Diese Anrede hat nur dann einen Sinn, wenn unter der "Tochter", die "hören
und sehen" soll, eine Fremde als Braut gemeint ist.   Etwas ganz Anderes wäre es,
wenn die übrigen Königstöchter in den Vordergrund träten, und das Lied gerade ihre
Einigung mit dem Gotte Israels zum besonderen Gegenstand hätte. Aber "die Jung=
frauen hinter ihr, ihre Genossinnen" (B. 18.), sind ja nicht eigentliche Gemahlinnen,
sondern nur die Tochter in Ophirgold, "zur Rechten des Königs" führt diesen Namen
(B. 10.), weßhalb für den Uneingenommenen der Salomonische Harem gemeint ist, wie
Hohesl. 6, 8. 9., wo es heißt: "sechzig sind Königinnen und achtzig Nebenfrauen und
Jungfrauen ohne Zahl, aber Eine ist meine Taube u. s. w.", welches freilich von unse=
rem Verfasser in bildlicher Bedeutung hier angeführt wird, so daß man sich in solcher
Weise von dem Pfalm an das Hohelied, und von dem Hohenliede an den Pfalm ver=
wiesen sieht. Aber von solchen ganz unpoetisch=unbildlichen Stellen sollte man eben nach
einfachster Hermeneutik ausgehen, statt ihnen eine gemachte Bildlichkeit aufzudrängen.
Was soll man in diesem Betracht von der Erklärung von B. 17. unsres Pfalms sagen, wo
der Segensspruch lautet: "statt deiner Väter mögen deine Söhne seyn! Du wirst sie
setzen zu Fürsten auf der ganzen Erde.?" "Von welcher Art diese Söhne seyn werden",
bemerkt unser Ausleger, "geht aus der Natur der Verbindung hervor, aus der sie er=
zeugt werden: es sind geistliche Söhne." Aber das klingt zu allgemein; wir verlangen
einen bestimmten Begriff, der sich mit den Söhnen des Messias als von ihm eingesetzten
Fürsten verbindet. "Wie die Väter des Königs mit ihrem beschränkten Erbe, so wird
der König mit der ganzen Erde verfahren." Allein es ruht der Nachdruck auf der
Fürstlichkeit der Söhne, und nicht auf der Erbvertheilung. Und sind denn alle Christen,
als Söhne des Messias, Fürsten? wird nicht vielmehr unter jenen noch ein Unterschied
zu machen seyn? und wer sind denn nun diese Fürsten im Besonderen? — Die Töchter
sind ja außer Acht gelassen, und so müssen die Söhne als Fürsten etwas für sich seyn.
Doch, heißt's weiter, "der nackte Gedanke wird in dem "anbeten werden ihn alle Könige"
Pf. 72, 11. ausgesprochen." Dieses ist aber eigentlich eine gänzliche Umdeutung.

Verlassen wir diese nebelhafte Region und stellen uns auf den festen Boden der
bestimmten Geschichte der Auslegung des Hohenliedes, das nach talmudischer Aussage
das heiligste Buch der ganzen heiligen Sammlung und wie die Schöpfungsoffenbarung
der Genesis nebst dem Anfange und Ende des Propheten Ezechiel vor dem dreißigsten
Lebensjahre nicht gelesen werden soll, so begegnen wir zuerst, nachdem einzelne allego=
rische Deutungen in dem Midrasch vorausgegangen, einer vollständigen Erklärung des
ganzen Liedes nach seinem Zusammenhange in dem chaldäisch=hierosolymitanischen
Targum, dessen unbekannter Verfasser sicher erst nach der Schließung des Talmud
gelebt hat; sein Werk ist uns in der zu Basel gedruckten Buxtorfischen Bibel zugänglich
geworden. Von unverkennbarer Begeisterung gehoben und von der tiefsten Liebe zu

seinem in der Zerstreuung sich nach dem Gotte auf Zion sehnenden Volke durchdrungen, schaut er in dem Liede der Lieder den herrlichsten Freudengesang aus dem Munde des Königs Salomo, eine sinnbildliche Weissagung auf die endliche Erlösung Israels, das Jehovah, nachdem er es wegen seiner schweren Verschuldung in Gerechtigkeit verstoßen, in der Treue seiner Liebe dereinst wieder mit sich in seinem Heiligthume zu Jerusalem vereinigen wird. Aber das ganze Buch verwandelt sich ihm in eine allegorische Geschichte des Volks vom Auszuge desselben unter Moses aus Aegypten bis zur Zerstörung der heiligen Stadt durch Nebukadnezar. Israel ist von dem brennendsten Verlangen nach dem Gesetze getrieben, und sehnet sich mit dessen Lieblichkeit von Jehovah „geküßt zu werden"; es ruft aus: „zieh' mich dir nach" zum Sinai hin, um dort den im Himmel verborgenen Schatz der heiligen Schrift der „zweiundzwanzig Buchstaben" zu gewinnen. Aber es versündigte sich durch das goldene Kalb, und mußte, als es zur Buße kam, ausrufen: „ich bin schwarz; seht mich nicht an", ihr anderen Völker, durch deren böse Werke ich mich befleckt habe. Moses tritt sodann vor Jehovah im Gebet, daß er ihm das künftige Geschick seines Volkes offenbaren möge, ihm „anzeige, wie man es weiden d. i. regieren solle", und „warum es in der Irre wandele", und erfährt zuletzt, wie der Herr die Jungfrau, „die seine Seele liebt", sich wieder auf dem rechten Wege zu wenden, und durch den Messias zu ihren „Wohnungen" d. i. zu dem Tempel zurückführen werde. Diesen findet der Targumist Kap. 3, 6—11. genau beschrieben. Als jener durch den König von Babel zerstört und das Volk in die Gefangenschaft geführt war, da sagte die Jungfrau: „ich schlafe" (5, 2.), aber Gott weckte sie durch die Stimme seiner Propheten und ermahnte sie zur Buße. Im letzten Kapitel werden wir in die messianischen Zeiten versetzt, wo der Ausruf der Braut (8, 1.): „o daß du mir doch wie ein Bruder wärest", als Anrede an den erschienenen Messias gefaßt wird, mit dem Israel in das „Haus seiner Mutter" (8, 2.) d. i. nach Jerusalem ziehen möchte, und wenn es am Schlusse heißt: „fliehe, mein Geliebter, gleich der Gazelle oder dem Jungen der Hirsche über die Berge der Wohlgerüche", so sind diese die Höhen der Gottesstadt, wo der Weihrauch im Heiligthum duftet, wohin der Herr sein Volk so schnell wie möglich zurückführen soll.

Dieser Targumist ist Vorbild aller Rabbinen in der Erklärung des Hohenliedes geworden. Der in mannichfaltigen Wissenschaften hochgebildete Aben Esra im 12. Jahrhundert, eine der größten Zierden und Autoritäten der jüdischen Gelehrten in Spanien, der das ganze Alte Testament commentirt hat, steht hier obenan. Auch er sieht in unsrem Buche eine allegorisch-prophetische Geschichte Israels, nur greift er noch weiter zurück und läßt sie schon mit Abraham beginnen. In der Auslegung des Einzelnen berührt er sich mehrfach mit dem Targumisten, hat aber auch Manches, was ihm eigen gehört. Wenn z. B. der Geliebte seine „Stimme" hören läßt, und „hüpfend über die Berge und Hügel kömmt" (2, 8.), so ist das eine Hinweisung auf den Donner, der bei der Gesetzgebung den Sinai erschütterte, mit Bezug auf Ps. 29., und wenn er „durch's Fenster blickt", so sieht Jehovah vom Himmel auf das in Aegypten bedrängte Volk herab. Und so bieten sich uns nicht nur bei diesem Rabbinen, sondern ebenso bei allen anderen die reichsten Variationen über ein und dasselbe Thema in einer unerschöpflichen Fülle witzelnder Deutungen dar. Hier werde nun noch des berühmten Philosophen Maimonides gedacht, der in seinem More Nevochim wenigstens einzelne Stellen des Hohenliedes berührt, in welchem ihm der geschichtliche Gehalt ganz entschwindet und nur die mystische Bedeutung des poetisch-bildlichen Ausdrucks etwas gilt. So spekulirt er gleich im Anfange ausführlich über das Verhältniß des Kusses zur Liebe und findet in ihm die höchste Bezeichnung der Einigung des Schöpfers mit dem Geschöpfe, wenn er dasselbe in seiner Liebe ergreift. Er bemerkt, daß, wenn die Weisen seiner Nation zu sagen pflegten, Moses, Aaron und Mirjam wären „im Kusse Gottes" gestorben, sie diese Redeweise aus dem Hohenliede genommen, „ubi Apprehensio Creatoris cum summo amore dei conjuncta vocatur Neschikah, osculatio, sicut dicitur: osculetur me osculo

oris sui" (vgl. Joh. Buxtorfs Uebersetzung S. 523). Aber auch sonst geht die jü=
dische Spekulation jener Zeit hier ihren eigenen Weg und betrachtet meistens Salomo
als Vertreter des höchsten geistigen Willens, der sich mit der niedrigeren sinnlichen
Einsicht, die in dem Bilde der Braut gegeben, zu einigen sucht, während die Poesie
in den Pijut an das allegorisch=historische Verständniß sich hält (vgl. Delitzsch, das
Hohel. S. 50).

Die Väter der christlichen Kirche nahmen die allegorische Erklärung des Hohenliedes
aus der Synagoge mit dem gläubigsten Sinn in sie herüber und machten sie zu ihrem
eigensten Besitz, jedoch so, daß nach ihrem mystisch=typischen Verständniß Jesus von
Nazareth der Bräutigam und die Kirche die Braut wird. Was der Targumist in seinem
Einflusse auf die Auslegung unsres Buches für die Juden war, das wurde der hochge=
bietende Origenes, trotz alles sonstigen Widerspruchs gegen seine exegetische Autorität,
bei dieser Schrift für die Christen. Gerade bei ihr konnte er, von dem Buchstaben,
den er als Grammatiker zu respectiren wußte, gar nicht gehemmt, in seiner Lust zur
Allegorie sich vollkommen gehen lassen, und den Untersinn ungebunden zum alleinigen
Obersinn machen. Er schrieb einen Commentar von zwölf Bänden über das Lied, von
dem uns aber nur wenige Fragmente übriggeblieben. Die bräutliche Kirche, durch das
Gesetz und die Propheten von der Liebe zu dem verheißenen Messias entzündet, harret
der Ankunft des Bräutigams und sehnet sich endlich mit ihm vereinigt zu werden. Wie
wir aber nach dem Erscheinen des Targumisten bei einstimmiger Festhaltung an dessen
Grundanschauung unter den auf ihn folgenden jüdischen Erklärern eine große Mannich=
faltigkeit individueller Ansichten wahrnehmen, so ist dieses auch in der christlichen Kirche
seit Origenes der Fall. So entzieht z. B. Athanasius das Lied ganz dem propheti=
schen Gesichtskreise und findet, in einem gewissen Widerspruche mit Origenes, die
allerhöchste Gegenwart des fleischgewordenen Wortes darin: „canticum canticorum non
habet prophetiam, neque praecedentem aliquam communionem de Christo, sed quem
alii praenuntiaverunt venturum, hunc jam veluti repraesentem et carne jam indutum
ostendit. Propterea et tanquam in nuptiis verbi et carnis epithalamium canticum hoc
canticorum canit." Mit diesem Liede ist alle Herrlichkeit geistlichen Gesanges zum Ab=
schluß gekommen: „post canticum canticorum non est interior aliqua ac recentior ex=
pectanda annunciatio;" auf das Heilige im Tempel folgt das Allerheiligste, und nach
diesem kann es keinen anderen heiligeren Raum geben. Wir müssen darauf verzichten,
hier weitere Auszüge aus Hieronymus, Augustinus, Ambrosius, Chrysosto=
mus u. A. mitzutheilen, und wollen nur bemerken, daß wir durch Theodoret, der
die allegorische Erklärung des Liedes in seiner Zeit eifrig zu vertheidigen für nothwendig
hält, auch noch von buchstäblichen Auslegern desselben Kenntniß gewinnen. Zu denen,
die er als fleischlich gesinnte Erklärer, ohne ihre Namen zu nennen, bestreitet, gehört
vor Allen der berühmte Bischof von Mopsvestia, Theodor, der, weil er in unserm
Buche ein irdisches Liebeslied fand, als Ketzer verdammt wurde. So blieb denn die
mystisch=typische Erklärung die von selbst verständlich kirchliche und die verschiedensten
Väter versenkten sich in das Hohelied, überall geheimnißvolle Hindeutungen auf die Ge=
schichte des Erlösers, besonders auch seines Leidens, suchend und findend; der Kranz
des Bräutigams war ihnen die Dornenkrone des Gekreuzigten.

Treten wir in das Mittelalter hinüber, wo im Ganzen die heilige Schrift ein ver=
borgener Schatz war und an die Stelle der Auslegung die grübelnde Scholastik tritt, so
begegnen wir dem Hohenliede als dem Buche der Bücher vorzugsweise, das als ein wun=
derbarer Garten wohlduftender Lilien die von den Dornengehegen der Speculation ver=
scheuchten Seelen erquickt. Das Lied der Lieder ward das Compendium der Mystik, die
unerschöpfliche Fundgrube der tiefsinnigsten aber auch spielendsten Deutungen; die ganze
Mystik ist von dem Gewürze des Liedes durchhaucht. Bestaunenswerth sind hier vor
Allem die 86 Reden, die der heilige Bernhard 1135 in Clairvaux über das Hohelied
gehalten, und doch ist er nur bis zu den Worten gekommen: „auf meinem Lager in den

Nächten sucht' ich den, den meine Seele liebt." Er theilt das Ganze in drei Theile; der Bräutigam führt die Braut zuerst in den Garten, dann in den Keller, und zuletzt in das Schlafgemach, wo die Mystik ihr Höchstes erreicht. Gleich in den ersten Worten „er küsse mich von seines Mundes Küssen" offenbaret sich ihm das Geheimniß der Menschwerdung, der Wunderkuß, wo nicht der Mund den Mund berührt, sondern Gott in seiner unfaßbaren Herablassung sich mit dem Fleische einiget. Stellen wir neben Bernhard einen Bonaventura u. A., so erkennen wir das Unterscheidende dieser mystischen Erklärung von der patristischen vorzüglich darin, daß das Verhältniß des Bräutigams zu dem Einzelnen in der Gemeinde in den Vordergrund tritt und das historisch-objektive Verständniß mehr oder weniger dem gemüthlich-subjektiven weicht, wo dann die Phantasie einen unermeßlichen Spielraum beherrscht. Es gilt in dieser Beziehung das Wort des heiligen Bernhard: „quod simul omnes plene integreque possidemus, hoc singuli sine contradictione participamus."

Die Poesie, die sich der mittelalterig-mystischen Ausdeutung des Hohenliedes nicht absprechen läßt, verliert sich in der unmittelbar vorreformatorischen Zeit immer mehr, und von Begeisterung ist in dieser rein-doctrinellen Zurechtlegung des Inhalts nichts zu spüren. Wir erwähnen hier nur den als Schriftausleger hochangesehnen Nikolaus de Lyra, den Luther bekanntlich sehr zu schätzen wußte. Er schließt sich wieder mehr an das Targum an, erkennt aber in der ersten Hälfte des Buches die Geschichte Israels bis zur Erscheinung Christi, in der zweiten die Entwickelung der christlichen Kirche bis zu Constantin. Wenn es Kap. 8, 8. heißt: „wir haben eine kleine Schwester", so ist ihm die parvula die „ecclesia humilis et abjecta inter hostes saeculi, et hoc fuit", setzt er hinzu „usque ad tempus Constantini", und wenn gleich darauf gesagt wird: „wäre sie eine Mauer, wollten wir eine Zinne von Silber darauf bauen", so tritt ihm hier die regalis potentia entgegen, und silbern ist ihm die Brustwehr, „quia Constantinus et alii principes in promotione ecclesiae multum expenderunt argentum."

Gelangen wir nun in die große Zeit der Reformation, so kann es uns nicht entgehen, wie sich Luther unserem kanonischen Buche gegenüber in Verlegenheit befand. Die allegorische Interpretation der heiligen Schrift, welche die ganze orthodoxe Kirche vor ihm auch an diesem Liede geübt, hatte er im Prinzipe verworfen, und doch konnte und durfte er sich die buchstäbliche des Ketzers Theodor, der in unserem Buche nur ein Liebeslied erkannt, nicht aneignen. Da ihm nun nach seinem Grundsatze „nicht was Christus bedeutet, sondern wer er ist, darauf kömmt es an", ungeachtet der tief-innerlichen und reinen Mystik, die aber mit einer kerngesunden, allem Mysteriösen und dem Grübeln darüber abholden, thatkräftigen Natur harmonisch verbunden war, die traditionell-kirchliche Erklärung des Hohenliedes in ihren mannichfaltigen künstlichen Ausbildungen nicht zusagen konnte, so suchte er sich durch eine eigene zu helfen, die freilich doch auch wieder eine allegorische seyn mußte. Er verfiel auf die durchaus subjektive Auskunft, daß das Lied ein Lobgesang sey, „darinnen Salomo Gott lobet für den Gehorsam als für eine Gottesgabe: denn wo Gott nicht haushält und selbst regieret, da ist in keinem Stande weder Gehorsam noch Friede; wo aber Gehorsam oder gut Regiment ist, da wohnet Gott und küsset und herzet seine liebe Braut mit seinem Worte, das ist seines Mundes Kuß." Es ist bemerkenswerth, wie sich Luther nach seinem eigenen Bekenntniß bei dieser sehr unbestimmt gehaltenen praktisch-allegorischen, ethisch-staatlichen Auslegung an den Theuerdank angelehnt, in welchem Maximilian die Braut Ehrenreich trotz allen Gegenstreites glücklich davonträgt. In seinem lateinischen Commentar zieht er stark gegen die Tropologisten zu Felde, und nachdem er die Erklärung „de conjunctione Dei et synagogae" verworfen; „ex his enim sententiis, quid quaeso fructus potest percipi?" schließt er seine Arbeit sehr bescheiden mit den Worten: „ad hunc modum ego hunc librum intelligo de politia Salomonis; quod si erro, veniam meretur primus labor. *Nam aliorum cogitationes longe plus absurditatis habent.*" Nur Brentius ist ihm seiner Zeit im Wesentlichen gefolgt. Gegenwärtig wird auch der größte Verehrer des

„Deutscheſten aller Deutſchen" dieſen ſeltſamen Verſuch ſeiner Erklärung des Hohen=
liedes, die ſich im Einzelnen gar nicht durchführen läßt, nicht vertheidigen wollen. Aber
Einen Nutzen wollen wir von vorne herein aus dieſer lutheriſchen Betrachtung unſres
Buches hier ziehen: daß man recht kirchlich ſeyn kann, obſchon man die kirchlich=allego=
riſche Deutung des Liedes verwirft. Hat doch dies auch neuerdings durch ſein Beiſpiel
Delitzſch bewieſen, der gewiß nicht, wie Hengſtenberg ſagt, „oder mit ihm ſonſt
gemeinſam bekämpften Richtung Zugeſtändniſſe machen zu müſſen" gemeint (Vorr. S. V.
der Auslegung des Hohenl. von Hengſtenberg). In der reformirten Kirche ward die
alt=ſynagogale Erklärung ſtreng feſtgehalten. Als Caſtellio zu Genf im Jahre 1544 das
Hohelied aus dem Kanon ausgeſchloſſen haben wollte, weil er ſich von dem allegoriſchen Ver=
ſtändniß deſſelben nicht überzeugen konnte, ſondern es für ein „colloquium Salomonis
cum amica quadam Sulamitha" hielt, ward er von dem hohen Rathe aus der Stadt
verwieſen. Die römiſch=katholiſche Kirche blieb natürlich der allegoriſchen Erklärung
immer treu, nur daß die Tiefſinnigkeit und Freiheit der mittelaltrigen Myſtik immer
mehr verſchwand und die Braut ſich in die Jungfrau Maria verwandelte, wie man
dieſe Auslegung in ihrer höchſten Vollendung bei dem bekannten von Stein (a Lapide
ſtarb 1637) kennen lernt.

Mit dieſem merkwürdigen Allegoriker, der einen weitſchichtigen Commentar über die
ganze Bibel geſchrieben, und beim Hohenliede auch deßhalb eine Auszeichnung verdient,
weil er zuerſt mit Beſtimmtheit daſſelbe als ein Drama in fünf Akten zu erweiſen ſich
bemüht, ſind wir in das exegetiſch eben nicht anziehende 17. Jahrhundert hineingetreten,
wo die freie Auslegungskunſt zu einer dienenden Magd der unſeligen Polemik zwiſchen
den beiden evangeliſchen Schweſterkirchen und einer ſtarr=ſymboliſchen Dogmatik wird.
Den nüchternen Arminianern machte ſich zuerſt in ihrem Widerſpruche gegen die ſtreng=
calviniſche Lehre eine freiere Schriftforſchung zu einer gewiſſen Nothwendigkeit, und ſo
begegnen wir dem juriſtiſch=theologiſchen und in den Klaſſikern wohlbewanderten Hugo
Grotius in ſeinen annotationibus in V. T. eigentlich als dem erſten der ſogenannten
äſthetiſchen Ausleger des Hohenliedes, der den Literalſinn deſſelben ſich aneignet, obſchon
er Diplomat genug iſt, auch dem allegoriſchen und typiſchen nebenbei eine hiſtoriſche Be=
rechtigung zuzuerkennen. Es iſt ihm das „carmen ein garritus conjugum inter ſe, inter
Salomonem et filiam regis Aegypti, interloquentibus etiam choris duobus tum juve-
num tum virginum, qui in proximis thalamo locis excubabant. Nuptiarum arcana
sub honestis verborum involucris hic latent: quae etiam causa est, cur Hebraei veteres
hunc librum legi noluerint nisi a jam conjugio proximis." In der Enthüllung dieſer
„arcana nuptiarum" iſt es ihm aber begegnet, daß er dem äſthetiſch=ethiſchen Sinne viel=
fachen Anſtoß gegeben. Im ſchärfſten Gegenſatze zu dieſer ſinnlichen Auslegungsweiſe
und doch auch wieder in einem gleichen Bewußtſeyn bemächtigte ſich die in der refor=
mirten Kirche hervortretende Typologie beſonders in dem Vater und Meiſter derſelben,
Johannes Coccejus, des Hohenliedes, zu dem er einen höchſt eigenthümlichen
Commentar geſchrieben, welcher der Vorläufer anderer, wenigſtens in derſelben Grund=
anſchauung bis in die neueren und neueſten Zeiten geworden. Man kann ſagen, daß
nach dieſer realiſtiſch=typiſch=allegoriſchen Auffaſſung, bei der die Zahl eine entſcheidende
Bedeutung bekömmt, unſer poetiſches Buch, wie das prophetiſche des Daniel, zu einer
Apokalypſe wird, welche nach der heiligen Sieben, gleich den ſieben Poſaunen und ſieben
Siegeln der Offenbarung Johannis, in einzelnen Epochen (Kap. 1—3; 3—4; 5—6, 9; 6,
9—7, 11; 7, 11—8, 3; 8, 4—6; 8, 7—14.) die ganze Geſchichte der chriſtlichen
Kirche enthüllt, dergeſtalt, daß ſich unſer Commentator, unter der Leitung des spiritus
sancti, in den Stand geſetzt ſieht, eine jede Periode mit ausführlichen hiſtoriſchen Ex=
curſen zu belegen. Es beſchleicht uns ein eigenes Gefühl, wenn wir in den „cogita-
tionibus de cantico canticorum Salomonis" (Oper. Joh. Coccejum tom. II. Amstel.
MDCLXXIII), welche noch dazu einer Fürſtin, der „Serenissimao Principi Elisabethae,
Friderici Regis Bohemiae et Electoris Palatini filiae", gewidmet ſind, leſen und den

ernsthaften Deutungen des gewissenhaften, gelehrten und wohlmeinenden Mannes zu folgen suchen, dem, während er in seiner Bescheidenheit zu sagen pflegt: „ego nihil definio, sed divinabo tamen", während der Arbeit immer mehr der Muth wächst, so daß er hinzusetzt: „crescit mihi audacia." Wir können uns nicht enthalten, hier wenigstens eine Probe seiner Erklärung aus dem 6. bis zum 7. Kapitel, wo in der vierten Periode die Weissagung auf die Entwickelung des reformatorischen Geistes bis zu seinem höchsten Glanze in Luther gelesen wird, mitzutheilen. In der Frage 6, 10.: „wer ist die, die herabblickt wie die Morgenröthe, schön wie der Mond, rein wie die Sonne, schrecklich wie Gewappnete?" ist auf die „una columba integra Christi" hingewiesen. „Quatuor modis et temporibus indicatur se manifestasse. Non siluerunt semper fideles in regno illo hierarchico reginarum et pellicum, sed ostenderunt dictis suis, se non accipere legem humanam, sed solum Christum spectare. Id factum primo, ut esset quasi lux aurorae; deinde, quasi lux lunae; tertio quasi lux Solis, ubi apertior contradictio et clarior potentia Spiritus in frequentibus passionibus apparuit. Tandem evangelii doctrina potentius asserta est, quae magnum terrorem hostibus injecit." Indem er nun diese vier reformatorischen Bewegungen geschichtlich weiter verfolgt, langt er 7, 5. beim 15. Jahrhundert an, und sieht in der Vergleichung der Augen der Braut mit den „Teichen bei Chesbon am Thore Batrabbim" die thränenreiche „ecclesia, plures potentioresque sequens et ab iis dependens, non autem a principe et voluntario ejus populo prognata." So haben wir also hier die Erniedrigung und Trauer der „ecclesiae reformatae" abgebildet, welche der römischen den Frieden anbietet, aber dafür von der „curia Papali" mit Zorn abgewiesen und mit Schmach verfolgt wird. „Incidunt haec in *Lutherum:* Notum autem est, quomodo Lutherus initio se gesserit, ut scripserit ad Moguntinum aliosque episcopos de negotio indulgentiarum, quam demisse cum Cajetano egerit, ad Pontificem melius informandum provocaverit, si adversariis silentium imponeretur, silentium promiserit, in disputatione Lipsiensi materiam de potestate Papae studiose declinaverit, Papae se demisse excusaverit, Caesaris patrocinium imploraverit, ad concilium provocaverit, Wormaciae egerit, damnatus, proscriptus sit, latitaverit." Doch satis superque. Obschon diese Erklärungsweise des Coccejus aus der reformirten Kirche ausging, so wurde sie doch auch noch in demselben Jahrhundert von der lutherischen mit lebhaftem Beifall begrüßt, wie z. B. der commentarius in canticum canticorum, der geradezu auf dem Titel als „apocalypticus" bezeichnet wird, von Heunisch beweist, der in einem gleichen Geiste abgefaßt, ja den seines Vorgängers noch in apokalyptischen Berechnungen innerhalb der sieben Perioden nach den sieben Briefen der Offenbarung überbieten zu wollen scheint.

Erst in der zweiten Hälfte des 18. Jahrhunderts, in welchem seit der Mitte desselben Semler und Ernesti die historisch-kritische und grammatische Interpretation der Bibel in der protestantischen Kirche begründen, gelangt die buchstäblich-poetische Erklärung des Hohenliedes zu wissenschaftlichem und theologischem Ansehen. Die orthodoxe Auslegung, gegen die auch natürlich die Hermeneutik der sogenannten Pietisten nichts einzuwenden hatte, wie namentlich J. H. Michaelis in seinen uberior. adnot. in Hagiogr. V. P. Vol. II. (1720) am besten zeigt, lehnte sich an die überlieferte kirchliche an, eklektisch und mit einem gewissen Streben nach Mäßigung in der Vermeidung allzu kühner allegorisch-typischer Deutungen. Wir lernen sie am besten etwa aus den Aeußerungen des strengen Joh. Gottl. Carpzov in seiner introductio ad libros canonicos bibliorum vet. test. 1757 kennen. Er geht von dem heilig-kanonischen Ansehen des Buches aus: „divinum autem hoc scriptum, et a canonica autoritate suffultum, nemo sanus temere solicitavit, praeter paucos illos, qui profanos somniarunt amores. Neque dubitare sinit, tam argumenti, in quo versatur, sublimitas, quam facta in N. T. approbatio, qua ad explicanda mysteria, emphatice adhibetur." Seine Polemik wendet sich daher mit Heftigkeit besonders gegen *Clericus*, der unser Lied ein Idyllion genannt, in dem Salomo in der Verkleidung eines Hirten mit einer seiner Frauen, vielleicht einer Tochter

Pharaos, Gespräche führe, und ebenso gegen Grotius, der auf das Unwürdigste sich ein Geschäft daraus gemacht, aus dem Catullus, Horatius, Theocritus, Virgilius, selbst aus dem Ovidius „et ejus farinae aliis gentilium poetis das sacratissimum poema impurissimis flosculis profanare.“ Er selbst hält dafür, daß es die menschlichen Kräfte übersteige, das Buch vollkommen zu verstehen: „argumentum quidem, nisi deo ipso doctore, investigare, exponere et illustrare, nemini mortalium datum est, adeo quippe sublime, ὑπὲρ νοῦν, ὑπὲρ λογον, ὑπὲρ πᾶσαν κατάληψιν, ut nullus vel Socrates, vel Plato, utcunque abstrusa, de divinitate philosophati, quicquam de eo prodiderit unquam, vel hariolando saltem fuerit assecutus.“ Im Ganzen steht ihm aber fest, in wesentlicher Uebereinstimmung mit dem „Viro summo“, dem Calov, daß in dem Liede die „desponsatio Christi cum ecclesia et quavis anima fideli“ besungen sey. Im Gegensatze zu dieser kirchlich-rechtgläubigen Erklärung, trotz Semlers „kurzer Vorstellung wider die neue Paraphrasin über das Hohelied“ (1757) und seiner Schrift „de mystic. interpr. studio hodie parum utili“ (1760) und seines sich immer weiter verbreitenden Ansehens, hielt sich doch die entgegengesetzte anti-allegorische noch schüchtern verborgen. Ein Liebeslied, und ein so kühnes und feuriges noch dazu, in der heiligen Schrift? und in der lutherischen Bibel zur Erbauung mitgegeben? — Vor der Beantwortung dieser Frage blieb man stutzend stehen. Da war es der Ritter Johann David Michaelis, ein Mann der höchsten Autorität auf dem Gebiete der orientalischen und biblischen Literatur, der als der Erste sich das Herz faßte, entschiedenen Einspruch gegen die überlieferte mystische Auslegung des Liedes zu thun. Es geschah in den lateinischen Anmerkungen zu des Lordbischofs Robert Lowth berühmten „praelect. de sacra poësi Hebraeorum“ (die Vorrede von 1758, die Jahrszahl des Druckes des Buches aber ist erst 1770), der selbst die allegorische Erklärung des Liedes noch vertheidigt, obschon mehr aus ästhetischen Gründen. Der neue Herausgeber aber seines hochschätzbaren und einflußreichen Buches bekennt: „ad antiquae ecclesiae christianae auctoritatem quod attinet, ea in quaestione exegetica non multum momenti facit; nec major synagogae auctoritas, cui ipsi alias in interpretando codice Hebraico non multum fidimus“, und den Anstoß, daß ein irdisches Liebeslied im Kanon stehe, meint er mit der Annahme beseitigen zu können, daß jenes nicht „de sponso sponsaque ante nuptias“ zu verstehen sey, sondern daß darin „castos conjugum amores cani“, wobei er nicht bemerkt, daß dieses seltsame apologetische Auskunftsmittel die Sache nur verschlimmere. Hiermit hatte indessen der Göttinger Meister vom Stuhl einen Ton angeschlagen, der nun längere Zeit durchgespielt wurde. Es kam ja nur Alles darauf an, das Hohelied möglichst zu moralisiren. In diesem Sinne verdient besonders die Schrift „das durch eine leichte und ungekünstelte Erklärung von seinen Vorwürfen gerettete Hohelied“ (1771) von J. C. Jacobi, einem Prediger in Celle, angeführt zu werden. Er wollte beweisen, daß „selbiges für die Zeiten Salomo's und seiner Nachfolger sehr lehrreich und heilsam, und eines heiligen Dichters würdig gewesen“, und die eheliche Treue besinge. „Sulamith wird, ihrer Schönheit wegen, mit ihrem Manne, den man durch Güte zu einer Ehescheidung bewegen, oder sonst von ihr entfernen will, an Salomo's Hof gebracht; und indem man sie von der Seite ihres Mannes etwas wegführt, und ihr Wein anbietet, naht sich ihr der König und will sie küssen. Sulamith erschrickt und ruft ihrem Manne zu: er will mich küssen!“ So erbaulich lautet gleich die erklärende Ueberschrift des ersten Kapitels. Indessen muß immer es dem wohlmeinenden Manne nachgerühmt werden, daß er der Erste gewesen, welcher es richtig herausgespürt, was von wichtiger Bedeutung für die Bestreitung der kirchlich-allegorischen Erklärung ist, daß nicht Salomo allein, sondern noch ein Anderer in dem Liede redet. Es wird einem sonderbar zu Muthe, wenn man einer solchen Jacobischen Erklärung gegenüber die nur einige Jahre später erschienene Auslegung eines merkwürdigen Laien, des Vicepräsidenten von Puffendorf, setzt: „Umschreibung des Hohenliedes, oder die Gemeine mit Christo und den Engeln im Grabe (herausgegeben von Runge 1776). Er will den Schlüssel zum Verständniß in

einer Geheimlehre des Königs Salomo, in dessen hieroglyphisch=ägyptischer Weisheit ge=
funden haben, und so handelt das Lied fast durchgehends von dem Grabe des Heilandes,
und von der Gemeinschaft seiner Gläubigen insonderheit Alten Testaments mit seinem
Tode; zugleich aber auch von ihrem Verlangen nach seiner Erscheinung, wobei sogar
in einer prophetischen Vorbildung die Zukunft der Gemeine Neuen Testaments und selbst
die Auferstehung gezeigt wird." Daher sind ihm die Jungfrauen, die עֲלָמוֹת gleich
zu Anfange des Buches die „im finsteren Grabe verschlossenen, auf das Licht wartenden
reinen und keuschen Seelen", weil das Stammwort עָלַם „verborgen seyn" bedeutet.
Man kann sich vorstellen, wie Herders keuscher poetisch=sittlicher Sinn nach beiden Seiten
widrig=exegetischer Verzerrungen hin von solchem Ungeschmacke sich empört fühlen mußte.
Das köstliche Büchlein, dessen Verfasser überhaupt, wie Schlosser in seiner Geschichte
des 18. Jahrhunderts von ihm sagt, „Poesie unter die Pfarrer geworfen", die „Lieder
der Liebe, die ältesten und schönsten aus dem Morgenlande" 1778, führen uns zuerst
in die reine Luft des Hohenliedes. Der hocherleuchtete priesterliche Dichter und Seher
voll Würde und Ehrfurcht vor allem Heiligen wandelte in dem wohlduftenden Garten
der Liebe wie Adam in dem Paradiese vor dem Genusse der verbotenen Frucht vom
Baume der Erkenntniß des Guten und Bösen, und wußte in der Beschauung der un=
verhüllten Natur nicht, daß er nackt war. „Schämest du dich des Hohenliedes, Heuchler,
so schäme dich auch des Weibes, das dich empfangen, und des Kindes, das dir dein
Weib geboren, am meisten aber deiner selbst, deiner! Zu allen Zeiten hat sich die kalte
Heuchelei, das gezierte Grab voll Todtengebeinen und alles Unflats, an nichts so sehr,
als an Liebe geärgert; an Liebe Gottes und des Menschen, unseres Nächsten. Auch
das Hohelied und die zartesten Ausdrücke der Bibel und christlicher Lieder, sobald sie
nur Braut und Verlobung nennen, dünkten ihr unerträgliche Sprache. Du Heuchler,
sagt Christus, ärgert dich dein Auge, so reiß es aus. Ist dies helle und unschuldig,
so ist dein ganzer Leib licht; ist es ein Schatten, so hilft dir nichts alles pharisäische
Reinigen von außen. Unschuld, du heilige Gottesperle! Heuchelei und Schminke, Trö=
delkram und gefärbtes Glas von Keuschheitspredigten und Geärgertwerden kann dich
weder festhalten, noch ersetzen, wenn du dahin bist; vielmehr ist jene dein größter Feind,
dein falscher Ersatz und häßlicher Nebenbuhler." Diese Worte sind absichtlich aus dem
für seine Zeit Epoche machenden, jetzt nicht mehr viel gelesenen Buche ausgezogen wor=
den, weil man die aufrichtige Wahrheit derselben auch noch in unseren Tagen gar
Manchen zurufen muß, die in dem Drängen auf die allegorische Erklärung der leiblich=
sinnlichen Erscheinung des Liedes zur Ehre der Bibel seltsam genug übersehen, daß,
weil doch nun einmal der Leser derselben mit dem Fleische der Sünde angethan, folge=
richtig dieses Buch wegen seiner kühnen Lobpreisungen weiblicher Schönheit aus der
Sammlung heilig=erbaulicher Schriften entfernt werden müßte. So war Herder jeden=
falls der Erste, welcher nicht nur das Vorurtheil der biblisch für nothwendig erachteten
Allegorisirung das Hohenliedes gründlich beseitigte, sondern auch, indem er in der reinen
Poesie desselben unmittelbar und zugleich seine sittliche Reinheit enthüllte, die prosaisch=
moralisirenden Verwässerungen desselben abwies. Die ganze Lilienreinheit und der volle
Wohlgeruch des Liedes ist in seine mit= und nachfühlende Deutung hineingezogen, und
gerade das Hellbunkel, was man sonst dem außerordentlichen Manne zum Vorwurfe
macht, ist hier dem Ausleger zum Vortheile geworden; der morgenröthliche Schein, der
über dem Liede selbst sich verbreitet, schwebt auch über seiner Erklärung, und verleiht ihr
den eigenthümlichsten Reiz und Zauber. Selbst seine sinnige und zarte Zergliederung des
Ganzen in einzelne nur im Hauche der Liebe zusammenklingende Stimmen derselben, wenn
wir hier auch nicht beistimmen können, gehört mit dazu. Nach solcher erneuerten Nach=
empfindung dieser Schönheit und Anmuth der Auslegung wird es uns schwer, hier noch
anderer Erklärer ausführlich zu gedenken, die von Herder und auch von Eichhorn,
der in seiner Einleitung in's A. T. in seinem Urtheil über das Lied mit ihm zusammen=
getroffen, angeregt, wenigstens die ästhetische Interpretation ausübten, obschon sie zum

Theil auch im Widerspruche in Bezug auf Inhalt und Form die Einheit des Buches in der Nachweisung einer dramatischen Behandlung irgend einer herausgefundenen Geschichte zu zeigen suchten, und sich dabei die widerwärtigsten Moralisirungen angelegen seyn ließen. Es genüge hier, nur Namen wie Kleuker, Velthusen, Stäudlin, Paulus, Hufnagel, Döberlein zu nennen; noch andere findet man bei Rosenmüller in seinen Scholien und de Wette in seiner Einleitung in's A. T., zugleich mit der Angabe der Titel der betreffenden Schriften verzeichnet. Ammon verdient unter den Vertheidigern der Einheit des Liedes in seinem Buche "Salomo's verschmähte Liebe, oder die belohnte Treue" (1795) besonders beachtet zu werden.

Ueberblicken wir das gegenwärtige Jahrhundert, dessen erste Hälfte wir bereits überschritten, so hatte in den ersten Decennien bei der fast allein herrschenden rationalistischen Richtung der Theologie die grammatisch = ästhetische Erklärung den vollständigen Sieg davongetragen; Bertholdt, de Wette, Gesenius, selbst Augusti, sonst der Orthodoxie zugethan, entwickelten sie, und auch darüber war man mit Herder und Eichhorn einig, daß unser Buch nur eine Blumenlese erotischer Lieder aus verschiedenen Zeiten enthalte. Es mag in dieser Beziehung als karakteristisch erwähnt werden, daß, als der Unterzeichnete sein "Lied der Liebe, das älteste und schönste aus dem Morgenlande," in Göttingen 1820 herausgegeben, weil er darin nach der Analogie der erotisch-mystischen Poesie des Orients, besonders in der persischen Literatur, die allegorische Bedeutung des Hohenliedes als im Allgemeinen wenigstens von vorne herein denkbar genannt, wiewohl er im Besonderen die rein-ästhetische erklärend durchgeführt, sein ihm wohlgewogener Lehrer Eichhorn in der letzten Auflage seiner Einleitung in's Alte Testament (1824) jenes Büchlein Bd. 5. S. 229 als "den neuesten allegorisch-mystischen Versuch" bezeichnet, ja in der Recension desselben (Gött. gel. Anz. 1820 S. 1901) die Vermuthung ausspricht, der Verfasser habe wohl nur auf die "Modekrankheit der Zeit" eine Satyre schreiben wollen. Indessen diese mystische "Modekrankheit" war auf dem Gebiete der Exegese damals wenig spürbar, nur daß in demselben Jahre Lücke seinen als "mystisch" begrüßten Commentar zum Evangelium Johannis veröffentlicht hatte; freilich Harms hatte 1817 seine "Thesen" in die ruhige Welt geworfen, Ammon sie beifällig eine "bittere Arzenei" genannt, und Schleiermacher an diesen sein bitter-salziges Sendschreiben erlassen; aber gerade Schleiermacher galt zu jener Zeit als Hauptbeförderer des Mysticismus. Aber das Alte Testament ward von ihm nicht berührt; Gesenius war damals fast unbedingter Gebieter in der Exegese, wie de Wette in der Kritik des Alten Testaments. In Bezug auf das hohe Lied war es allerdings auffallend, daß der nüchterne Rosenmüller die jüdisch-allegorische Erklärung desselben wieder in Schutz genommen (noch dazu in Keil's und Tzschirner's Analekten 1. B. 3tes St. S. 138 u. ff.; altes und neues Morgenland B. 4. S. 179—184), aber nicht aus dogmatischen Gründen, sondern mit besonderer Hinweisung auf verwandte poetisch-symbolische Erscheinungen bei älteren und neueren morgenländischen Dichtern und mit vorzugsweiser Benützung von Jones's Abhandlung über die mystische Poesie der Perser und Hindus in den Asiatic Researches Vol. 3. Kistemaker, ein katholischer Theologe, hatte schon 1818 die christlich-allegorische Deutung geltend gemacht, jedoch auch vorzüglich in derselben Weise wie Rosenmüller bei der Vertheidigung der synagogalen; es ergibt sich dieses schon aus dem Titel seiner Schrift: "canticum canticorum illustratum ex hierographia orientali. Ebenso verhält sich's mit der noch früheren Erklärung Hug's "das Hohelied in einer noch unversuchten Deutung, 1813." Diese Deutung war wirklich eine bis dahin unversuchte, und weder die jüdisch-allegorische, noch die christlich-typische, aber doch immer eine allegorische. Die Braut ist ihm das Reich der zehn Stämme, der Bräutigam der König Hiskia unter dem Bilde Salomo's; Israel nach der Zerstörung Samariens sehnt sich nach der Wiedervereinigung mit Juda; die Glieder des Hauses Juda aber, welche als die Brüder Kap. 8, 8. 9. vorgeführt werden, sind dieser neuen Verbindung entgegen. Der Verfasser sah sich genöthigt, in Folge einer ungünstigen Recension in den Göttinger gelehrten Anzeigen noch eine besondere "Schutzschrift für seine Deutung" herauszugeben. Dieselbe Weise subjektiv = allegorischer Auslegung, welche man die politisch = historische nennen kann, und bei der das religiöse wie poetische Interesse in den Hintergrund tritt, übte auch Kaiser, nur noch viel verkünstelnder als Hug. Sein Commentar führt den Titel: "das Hohelied, ein Collectivgesang auf Serubabel, Esra und Nehemia, als die Wiederhersteller einer jüdischen Verfassung in der Provinz Juda; 1825." In den schärfsten Gegensatz zu solchen recht eigentlich gemachten hermeneutischen Kunststücken stellte sich bald darauf Ewald in seiner Erklärung des Hohenliedes (1826). Er ging, jede allegorische Deutung verwerfend, noch weiter als der Unterzeichnete, indem er nicht bloß die vollständige Einheit desselben in Anerkennung der dramatischen Form, sondern auch den bestimmten Entwickelungsgang in einem Drama, das sich in vier Acten (später hat er fünf angenommen) vollendet, nachzuweisen suchte. Vergl. meine Recension darüber im ersten Bande der theologischen Studien und Kritiken 1828, im ersten Hefte. Unsere gemeinschaftliche Annahme der poetisch=dramatischen Vergegenwärtigung einer Geschichte fand aber bei der Mehrzahl der Kritiker wenig Beifall; de Wette in seiner Einleitung in's Alte Testament bestritt sie als "Willkür", und fortwährend durch alle Auflagen derselben; ebenso und noch stärker A. T. Hartmann in Winer's theologischer Zeitschrift Bd. 1. St. 3. Döpke in seinem ausführlichen "philologisch=kritischen Commentar zum Hohenliede 1829" hält es für sehr wahrscheinlich, "daß die Lieder, von denen manche verstümmelt erscheinen, ursprünglich gar nicht zusammen abgefaßt und schriftlich überliefert sind, sondern bei verschiedenen Gelegenheiten gedichtet, vielleicht im Munde des Volks fortgepflanzt und nachher zusammengestellt wurden." Vgl. dagegen meine Recension in den theologischen Stud. und Krit. 1829 St. 2. — Erst spät, aber mit Entschiedenheit und Gründlichkeit nahm sich der Einheit des hohen Liedes Köster an, in einer sehr ausführlichen und gründlichen Abhandlung in den "theologischen Mitarbeiten von Pelt herausgegeben; 2. Jahrgang, 2. Heft 1839. In demselben Jahre hatte in diesem Punkte besonders der Unterzeichnete seine erneuerten Untersuchungen in seiner "Erinnerung an das hohe Lied" vorgelegt, wobei er auch in Bezug auf das poetische Geschmacksurtheil Goethe's Autorität in Anspruch nehmen konnte, welcher früher in dem "westöstlichen Divan" auf Herders Seite stehend die Nachweisung einer Einheit als unmöglich behauptet, später aber in einer Recension des "Liedes der Liebe" in seinem "Kunst und Alterthum" bestimmt ausgesprochen, "daß dieses Mal der Versuch gelungen erscheine." Dennoch aber hat es später wieder in der Zerstückelung Magnus (kritische Bearbeitung und Erklärung des Hohenliedes Salomo's, 1842) am weitesten getrieben, indem er vierzehn vollständige Gedichte, außerdem aber noch Fragmente, nachträgliche Ergänzungen, Glossen und unächte Wiederholungen unterscheidet, lauter Bestandtheile, die von einander unabhängig mehreren Dichtern verschiedener Zeiten ihre Entstehung verdanken und von einem späteren Bearbeiter nach gewissen Prinzipien zu dem jetzt vor uns liegenden Ganzen zusammengesetzt und in der Ueberschrift für ein Erzeugniß Salomo's ausgegeben worden. Indessen darf es jetzt mit Bestimmtheit ausgesprochen werden, daß die Mehrzahl der neuesten Bearbeiter des Liedes, der Allegoriker wie der Nicht=Allegoriker, die Einheit desselben vertheidigt. Nur über Plan und Zweck des Ganzen und über Anordnung und Vertheilung des Einzelnen, sowie über die dramatische Kunstform herrscht Streit, und dieser wird wohl immer bestehen. Man vergleiche in dieser Beziehung nur etwa Delitzsch (1851) mit E. Meier (1854) und beiden wieder mit Hitzig (1855). In der Behauptung eines vollendeten Dramas hat Böttcher (die ältesten Bühnendichtungen 1850) das Aeußerste aufgestellt. Das hohe Lied ist ihm "ein Singspieltext," zur Aufführung gekommen im Reiche Israel gegen das Jahr 950 v. Chr., gerichtet gegen das Salomonische Königshaus und seine dem Familienleben bedrohliche Haremsitte, mit Handlung und kurzer Stegreifrede in der Weise indischer und chinesischer Schauspiele. Die kunstvollste Auseinandersetzung des wohlgeschloßnen dramatischen Ganzen hat E. F.

Friedrich (1855) gegeben, der von der bei der hebräischen Poesie nur allein zuläßigen Form des Parallelismus ausgehend, den der Strophen (Geschmeide), der Verse (Schmuckketten) und der Versglieder (Kettenglieder) unterscheidet, und in dem wundervollen Gewebe 160 „catellas" entdeckt; die Zahl derselben vertheilt sich in 10 Scenen, die vier Acte füllen: „cum carmen sit dramaticum sive scenicum, numerus is catellarum in decem scenas distribuitur isque scenarum numerus in quatuor actus, qui quidem unum efficiunt parallelismum grandissimum ita, ut primi actus sententiae respondeat tertius, secundi actus sententiae quartus." (Vgl. Cant. cant. Salom. poet. form.) Aber davon ist man ganz zurückgekommen, daß schon in der Ueberschrift eine Hindeutung auf die Form gegeben, so daß etwa mit Klenker oder Velthusen שיר einmal in der Bedeutung von שור „Kette" zu nehmen sey, „eine Kette oder Reihe von Idyllen" und dgl., zur Unterstützung der Zerstückelungshypothese. Und so möchten auch wohl gegenwärtig nur noch wenige Kritiker die Salomonische Abfassung des Liedes behaupten, mit Ausnahme der Erneuerer der allegorisch-kirchlichen Interpretation. Ueber die Bestimmung der Zeit herrscht freilich auch wieder keine Einigkeit, nur daß man jetzt im Gegensatze zu Gesenius, de Wette u. A. das Lied eher einer früheren als späteren Periode der alttestamentlichen Literatur einreiht.

Seitdem 1827 Hengstenberg in der evangelischen Kirchenzeitung seine Abhandlung zur Vertheidigung der allegorischen Interpretation des hohen Liedes hat erscheinen lassen, sind doch über zwanzig Jahre verstrichen, ehe der Posaunenruf zum Sturme gegen die Mauer, mit welcher der Rationalismus durch seine buchstäbliche Erklärung das Buch, das „aus dem praktischen Gebrauche der Kirche fast entschwunden," umzogen, entschiedene Streiter geweckt. Erst 1849 traten Keil und Otto von Gerlach, der erstere in dem letzten Theile der von ihm fortgesetzten Einleitung in's Alte Testament von Hävernick, der letztere im 3ten Bande seiner Erklärung des Alten Testaments, für die Wiedererweckung der kirchlichen Auslegung in die Schranken. Während Beide im Ganzen mit einander einverstanden sind, daß in dem Liede die Liebesgemeinschaft zwischen dem Herrn und seiner Gemeinde typisch abgebildet werde, nur daß Keil (vergl. jetzt auch seine Einleitung in's Alte Testament 1853) in den dramatisch-lyrischen Wechselgesängen bestimmten Zusammenhang, Gerlach weniger genaue Verbindung findet; gehen sie in der Deutung des Einzelnen sehr auseinander, wenn z. B. jener unter den vielerklärten „kleinen Füchsen," die den Weinberg verwüsten, Heiden, zur Strafe von Gott über Israel gesendet, versteht, dieser aber in ihnen einheimische Verderber in der Kirche Gottes selber erkennt. Als eine ganz neue, aber aus einer gegenwärtigen Zeitrichtung hervorgegangene Erscheinung tauchte 1850 eine Schrift von Goltz (evangelischem Oberpfarrer zu Fürstenwalde) unter dem Titel auf: „das Hohelied Salomo's, eine Weissagung von den letzten Zeiten der Kirche Jesu Christi." „Nach den uns gegebenen Aufschlüssen," sagt Seite XXI der Verfasser, „ist das hohe Lied ein prophetisches Buch, welches die letzten Zeiten der christlichen Kirche kurz vor, während und nach der zweiten Zukunft des Herrn Jesu Christi uns vor Augen stellt, indem es den Herrn Jesus unter dem Bilde des Bräutigams und die wahre christliche Kirche unter dem Bilde der Braut vorführt." Der Verfasser ist in der Beurtheilung früherer Erklärungen, der alten wie der neuen, die alle das Richtige verfehlt, „weil der innere wahre Zusammenhang und die klare Uebersicht über den ganzen vollständigen Inhalt der Natur dieser Sache gemäß erst bei dem Herannahen der Vollendung des darin geweissagten göttlichen Rathschlusses erkannt und gewonnen werden," äußerst milde. Sollte nun diese Auslegung des hohen Liedes die endlich unumstößlich wahre seyn, so hätten wir darin, schließt der Verfasser, „zugleich ein gewisses Zeichen, daß unser gegenwärtiges Zeitalter der christlichen Kirche seinem Ende und seiner Vollendung ganz nahe ist." In der That drängt sich einem hier das Wort von Luther auf: „meinestheils habe ich von der Zeit an, da ich dem historischen Verstand habe angefangen nachzugehen, allezeit einen Abscheu vor den Allegorieen gehabt, habe auch keine gebraucht, es hätte sie denn der Text selbst mit sich gebracht, oder hätte können die Auslegung aus dem Neuen Testament gezogen werden. Wiewohl es mir aber ganz schwer ward, die Allegorieen, deren ich mich lange geflissen hatte und gewohnt war, fahren zu lassen, sah ich doch, "daß es vergebliche Spekulationes und gleichsam ein Schaum war der heiligen Schrift." Es geschah daher gewiß im ächten und reinen Geiste Luthers, wenn Delitzsch, der von Haus aus keinen "Abscheu gegen Allegorie" hat, die allegorische Erklärung an unserem Liede früher selbst geübt und darin "Salomo's Liebesverkehr mit der Weisheit" geschildert gefunden, später dieselbe als unausführbar aufgebend, mit dem Geiste des Buchstabens sich befriedigt erklärte (das Hohelied untersucht und ausgelegt 1851). Nach der buchstäblichen Erklärung des Liedes bleibt ihm der ethische und ideale Karakter desselben vollkommen gesichert, und die "Idee der Ehe ist die Idee des Hohenliedes." — Es liegt ihm aber nichts näher, als von da aus einen Schritt weiter zu thun und die Behauptung zu wagen: "das Mysterium der Ehe ist das Mysterium des Hohenliedes," indem er bei der Durchführung dieses Satzes den apostolischen Ausspruch über das Wesen der Ehe, Ephes. 5, 22 benutzt, die, schon im Alten Testament in der Darstellung des Bundes Gottes mit der Gemeinde von der tiefinnerlichsten Bedeutung, erst im Neuen Testament sich als Gegenbild vollkommen verwirklicht, wo ein geistleibliches und also im vollen Sinne eheliches Verhältniß Gottes zur Gemeinde erst möglich, insoferne "Gott Menschennatur angenommen und die Gemeinde eine neue Menschennatur von Gott empfangen hat." Und so hat sich denn diese Auslegung zu einer ethisch-mystischen gestaltet, die sich nicht durch den Begriff der Allegorie, sondern den des Typus vermittelt, deren Aufgabe aber nicht der historischen, sondern der praktischen Exegese zufällt. Auf diese Weise gelangt auch die ästhetisch-natürliche Erklärung hermeneutisch zu dem ihr gebührenden ursprünglichen Recht. Rücksichtlich der Form hält er fest an der Einheit und Integrität des Liedes, das er als ein Drama nach fortschreitender Entwickelung und Vollendung in 6 Acte zerlegt (vgl. über Weiteres meine Recension in den theologischen Stud. und Krit. 1852. 3). Kaum war aber diese Auslegung erschienen, so trat schon wieder eine allegorische hervor. Heinrich August Hahn (das Hohelied von Salomo übersetzt und erklärt, 1852) hält es zwar für undenkbar, daß Gott oder der Messias im Salomonischen Zeitalter als der König Salomo eingeführt werde, will aber mit besonderer Anlehnung an Ps. 45, der die Vermählung des Königs Israels mit einer heidnischen Königstochter zum Gegenstand habe, auch in dem Hohenliede keinen anderen Gedanken als diesen finden, "daß das Königthum Israels berufen sey, im Dienste Gottes das Heidenthum mit den Waffen der Liebe und der Gerechtigkeit endlich zu überwinden und in die Friedensruhe der Liebesgemeinschaft mit ihm und so mit Gott wieder zurückzuführen." Das Lied ist ihm ein einheitliches dramatisches Lehrgedicht, welches sich in sechs Abschnitten vollendet; in dem ersten sehnt sich das japhetische Heidenthum nach Jehovah, in dem letzten ist auch das hamitische nicht vergessen, dessen Bekehrung unter dem Bilde der gegenwärtig noch widerspenstigen jüngeren Schwester in Aussicht gestellt wird. Hengstenberg's allegorischer Erklärung (das Hohelied Salomo's ausgelegt 1853) ist schon im Eingange dieses Artikels Erwähnung geschehen. Er will vor Allem nachweisen, daß nach seiner Auslegung "das Hohelied nicht in der Luft schwebt," sondern daß sich für seinen Inhalt in der Zeit seiner Abfassung mannichfache Anknüpfungspunkte vorfinden. Dabei legt er einen besonderen Nachdruck auf Ps. 45. und 72. "Dieser Psalm zeigt im Einklange mit dem Hohenliede, daß Salomo sich mit der Messianischen Hoffnung seines Volkes ernstlich beschäftigte;" denn er ist sicher Verfasser von beiden Gedichten. Unser Buch zerfällt in zwei Haupttheile und bildet ein Ganzes, aber "dramatischer Fortschritt" ist nicht nachzuweisen. Im ersten Theile begegnen wir dem himmlischen Salomo, dem Messias, dessen Erscheinung schwere Trübsale für die Untreue des Volkes in der Knechtung durch die Weltmacht vorausgehen. Durch Vermittelung des alten Bundesvolkes erfolgt die Aufnahme der Heiden in das Reich Christi. Im zweiten Theile zuerst Versündigung und Gericht, dann Buße und Wiedervereinigung, unter Mitwirkung der Töchter Jerusalems, d. i. der Heiden, völlige Herstellung des alten Liebesverhältnisses, die Tochter Zion wieder Mittelpunkt des Reiches Gottes, der neugeschlossene Bund ein unzertrennlicher. — Zu Hahn und Hengstenberg stehen die beiden neuesten anti-allegorischen Erklärer Ernst Meier (das Hohelied in deutscher Ueberfetzung, Erklärung und kritischer Textausgabe, 1854), und Hitzig (das Hohelied erklärt 1855, in der 16. Lieferung des kurzgefaßten exegetischen Handbuches über das Alte Testament) im allerstärksten Widerspruch. — Das letzte Wort, das wir über das Hohelied vernommen, hat Ewald ausgesprochen in seinen Jahrbüchern für biblische Wissenschaft, 1855, wo zugleich er verspricht, seinen Commentar von 1826 bald in neuer Bearbeitung herauszugeben.

Der Unterzeichnete steht in der Betrachtung und Auslegung des Hohenliedes im Ganzen noch jetzt auf dem Standpunkte, wie er ihn in der 2. Auflage seines „Liedes der Liebe, des ältesten und schönsten aus dem Morgenlande" (1828) begründet und in den theologischen Studien und Kritiken bei Gelegenheit von oben angeführten Recensionen späterer hieher gehöriger Schriften weiter zu vertheidigen gesucht. In derselben Zeitschrift gedenkt er 1857 in einer kritischen Uebersicht der neueren und neuesten Beiträge zur Erklärung des Liedes der Lieder sein jüngstes Urtheil über dasselbe darzulegen. Dem gegenwärtigen Artikel hat er absichtlich eine möglichst objektiv - historische Haltung zu geben gesucht. *Umbreit.*

Holbach, Paul Friedrich, Freiherr von, Atheist des 18. Jahrh., geb. 1723 zu Heidesheim in der Pfalz, kam früh nach Paris, lebte hier und auf seinem Gut zu Grandval, † 21. Jan 1789. Nicht ohne Talent, Witz und Kenntnisse wird er einer der hauptsächlichsten Anhänger und Beförderer des damals, am Vorabend der Revolution, in der gebildeten Welt Frankreichs herrschenden Materialismus und Atheismus. Der reiche, deutsche Baron machte ein Haus, in welchem die größten Geister und gröbsten Epikuräer jener Zeit, die erklärten Feinde aller Religion und Moral, ein Diderot, Duclos, Helvetius, Marmontel, Grimm, Laharpe, Condorcet, Raynal u. A., eine Zeitlang auch Rousseau, d'Alembert, Buffon, sich versammelten, die Freuden der Tafel genossen und der Aushekung und Ausbreitung ihrer materialistischen und atheistischen Grundsätze oblagen. Eine Menge meist anonymer Traktate und Schriften dieser Richtung gingen aus dem Klub hervor und wurden zum Theil auf Holbachs Kosten gedruckt und verbreitet, — theils Uebersetzungen englischer und deutscher Schriften, theils Originalprodukte der großen Geister Frankreichs, bei denen es großentheils ungewiß bleibt, wem die Autorschaft gebührt. Dem Baron Holbach selbst werden von Barbier nicht weniger als 47 solcher anonymer Schriften zugeschrieben. Die gelehrten Akademieen von Mannheim, Berlin, Petersburg ehrten ihn durch ihre Diplome. — Das berüchtigtste der aus der Holbach'schen Gesellschaft hervorgegangenen Werke ist das 1770 in 2 Bänden anonym oder pseudonym unter dem Namen des damals bereits verstorbenen Mirabaud, Sekretärs der Akademie, erschienene Système de la nature ou des lois du monde physique et moral. Ob Holbach selbst, ob sein Hauslehrer La Grange, ob Grimm oder wer sonst der Verfasser ist, ob — was das Wahrscheinlichste — Mehrere daran gearbeitet, läßt sich nicht mit Bestimmtheit entscheiden, gewiß ist, daß es aus dem Holbach'schen Kreise hervorgegangen und im Wesentlichen der treue Ausdruck des dort herrschenden Geistes ist. Es ist ein, freilich in etwas langweiliger Darstellung und trockenem Styl geschriebenes Compendium des Atheismus und Materialismus, der Versuch einer wissenschaftlichen Durchführung von Ansichten und Grundsätzen, wie sie damals und von damals bis heute in der sog. gebildeten Welt von Vielen getheilt, wenn auch nicht immer so offen ausgesprochen worden sind: die neuesten mit so vielem Eclat ausgebotenen materialistischen Produkte eines Vogt, Moleschott und Consorten enthalten — abgesehen von dem naturwissenschaftlichen Detail, das die neuere Forschung geliefert — in den Prinzipien nichts wesentlich Neues, als den aufgewärmten Kohl des alten „Natursystems." „Es gibt Nichts als Materie und Bewegung; die Gesetze der Bewegung sind ewig und unveränderlich; der Mensch ist ausschließlich Materie,

Denken und Wollen Modifikationen des Gehirns; der Glaube an Gott wie die Annahme einer Seelensubstanz beruht auf einer Verdoppelung der Natur, auf einer falschen Unter=scheidung zwischen Geist und Materie; von einer Freiheit des Menschen kann so wenig die Rede seyn als von einer Unsterblichkeit; die Selbstliebe, das Interesse ist einziges Prinzip des Handelns und die menschliche Gesellschaft beruht auf einem System gegen=seitiger Interessen." — Voltaire tadelte das Buch, das allerdings mit impertinenter Offen=heit und in langweiligem Dogmatismus Grundsätze aussprach, deren Geheimhaltung und stillschweigende Befolgung praktischeren Geistern räthlicher erschien. Friedrich II. würdigte es einer Gegenschrift. — Holbach war auch Mitarbeiter an der Encyklopädie (s. R.E. Bd. IV. S. 1 ff.); unter den andern Schriften, die ihm zugeschrieben werden, sind zu nennen: le christianisme dévoilé 1758 und histoire critique de Jesus-Christ nach 1770. Sein Todesjahr war das Anfangsjahr der Revolution. — S. Biogr. univers. Bd. 20, S. 460 ff. Ersch u. Gruber, Allg. Enc. II. Sect. Th. 10. Schlosser, Gesch. des 18. u. 19. Jahrh. Bd. I, 580 ff.; II, S. 534. **Wagenmann.**

Holland, historisch=statistisch. Unter dem Hause Spanien=Habsburg wa=ren 17 niederländische Provinzen vereinigt. Von diesen waren eigentlich acht hollän=dische und neun belgische; jene sind: Holland, Zeeland, Utrecht, Geldern, Zütphen, Gröningerland, Friesland und Over Yssel; diese: Brabant, Limburg, Luxemburg, Flan=dern, Artois, Hennegau, Namur, Antwerpen, Mecheln. Schon während des ganzen 15. Jahrhunderts, welches so bedeutende niederländische Reformatoren vor der Reformation hervorbrachte, bereitete sich in diesen Landen die Reform vor. Es ist bekannt, welchen Einfluß ein Geert Groete von Deventer (geb. 1340), die Brüder des gemeinsamen Lebens, die Begharden und Lollharden, ferner Männer wie Joh. v. Wessel (s. d. Art.) ausübten. Auf einem so vorbereiteten und auch durch Sinn und Bildung des Volkes empfänglichen*) Boden mußte die Bewegung der Reformation des 16. Jahrhunderts so=gleich den mächtigsten Anklang finden. Die Handelsbeziehungen des Landes, die ange=siedelten fremden Kaufleute, die Miethstruppen, waren auch zur Verbreitung der Reform von nicht geringer Bedeutung (vgl. *Strada*, de bello Belgico T. I. 76). Die flämischen Adligen, welche zahlreich in Genf studirten, brachten den Calvinismus in's Land, das so bald von den Reformideen tief durchdrungen war. Karl V. blieb dabei nicht gleich=gültig. Im März 1520 veröffentlichte er das erste seiner barbarischen Edikte, dem viele andere folgten. Das letzte dieser "Plakate" erschien 1550**). Als erste Opfer derselben verbrannte man am 2. Juli 1523 zu Brüssel jene protestantischen Martyrer Heinrich Voes und Johann Esch, welche zuerst unter den Evangelischen dieser Glaubenskrone gewürdigt worden sind. Bald freilich mengten sich auch anabaptistische Bestrebungen in die zu Anfang auch von lutherischen Elementen tingirte Kirchenbewegung der Niederlande. Jedoch schon vor Ausgang der ersten Hälfte des vorigen Jahrhunderts trug der Prote=stantismus daselbst entschieden das Gepräge der calvinischen Reform***). Der Einfluß derer, welche unter Marie Tudor aus dem Vaterland gejagt und in Belgien Auf=nahme gefunden hatten, sowie auch der reformirten Kirchen Frankreichs kann hiebei

---

*) Cornejo sagt darüber: Ce peuple est fort adonné aux lettres et principalement aux humaines — quasi tous entendent trois ou quatre langues des plus nécessaires. — Ils aiment volontiers les nouveautés. — Les femmes lisent, écrivent, allèguent passages de l'Écriture et disputent de la foi comme bien savans docteurs. De ceste grande liberté sont dérivées aujour-d'hui plusieurs hérésies." Sumario de las guerras civiles de Flandes. Franz. Uebers. S. 8. 10. Guicciardini, welcher mehr als vierzig Jahre in den Niederlanden lebte, gibt dem Bil=dungsstande der Niederländer das rühmlichste Zeugniß und berichtet, es habe kaum einen Bauern gegeben, der nicht lesen und schreiben konnte.

**) Vgl. *Gachard*, Corresp. de Phil. II. Brux. 1848. tom. I. p. 105. 106.

***) Calvinismus omnium pene corda occupavit. Viglius van Zuichem an Joach. Hopper. Vgl. Epp. ad Hopp. ep. 34.

nicht gering angeschlagen werden. Ein äußerst interessantes Aktenstück, welches uns die religiöse Lage vor dem Ausbruch der Unruhen ganz bestimmt zeichnet, sagt: „Les prédications au peuple éstoient rares; les églises peu fréquentées; les fêtes et dimences mal gardées; les sacrements de pénitence et de l'eucharistie rarement recherchés et administrés; le peuple ignorant, nullement cathécisé en articles de la foi; les villes marchandes remplies d'Allemands, François et Anglois; les escholles négligées; nombre de comédiens corrompus en moeures et religion, que l'on appelloit réthoriciens, ès quels le peuple prins plaisir, et toujours quelques pauvres moisnes ou nonnettes avoient part à la comédie. Il sambloit qu'on ne se pouvoit resjouir sans se mocquer de Dieu et de l'Église. Si quelqu'un en pàrloit par zèle, estoit contempné ou effronté. La pluspart des officiers dissimulent avec les sectaires et héréticques, jusques aux anabaptistes; aultres disent que leur conscience ne porte d'en faire justice, du moins du dernier supplice. Si quelqu'un est prisonnier, bien qu'obstiné, bonne partie du magistrat ne veult juger, ou s'ils jugent, condampnent; les pertinaces aux galères seulement en après eschappent*).

Trotz aller angewandten Strenge mußte Karl V. am Ende seiner Laufbahn gestehen, seine Bemühungen, das Wachsen der Ketzerei in den Niederlanden zu hemmen, seyen vergeblich gewesen. Calvinisten oder Reformirte sind fortan die Namen, welche für die niederländischen Protestanten geng und gäbe sind. Gerade in den südlichen Provinzen fand die calvinistische Richtung zuerst Eingang und Verbreitung. Flandern, Hennegan, Artois und die an Frankreich stoßenden Provinzen waren anfänglich ihr Hauptquartier. Von da aus drangen sie unter dem Einflusse der hervorragenden calvinistisch gebildeten Geistlichen und Staatsmänner in den nördlichen Provinzen, in Holland und Seeland wie anderwärts vor. Unter dem Einfluß des calvinistischen Predigers Junius (f. d. Art.) und verfaßt von Marnix von St. Albegonde, einem von Calvin gebildeten flämischen Adligen, kam der berühmte „Compromiß" zu Stande. Ein wallonischer Prediger, Gnido de Bres (f. d. Art.), war es auch, der in Gemeinschaft mit einigen Andern, die ursprünglich französisch geschriebene, nun in's Niederländische übersetzte „Confessio belgica" mit Rücksicht auf die französische „confession de foi" verfaßt hat (f. d. Art. Belgische Confession). In der apologetisch gehaltenen Vorrede wird die Zahl der niederländischen Reformirten schon auf 100,000 angegeben. Dieses Bekenntniß wurde 1561 nach dem Gutachten der Genfer Lehrer revidirt und dem Könige Philipp II. zugesandt. Auf seinem Grunde versammelt sich schon die erste niederländische Synode der heimlichen Kirchen de la Palme, de l'Olive, de la Vigne, de la Rose etc. zu Teu. Die Antwerper Synode von 1566 ist es, welche diese Confession in aller Form als niederländisches Bekenntniß annahm. Dadurch traten die Niederlande mit ihrer Kirche in Reih und Glied mit allen übrigen und es kann keine Rede mehr davon seyn, daß sie eine Mittelstellung einnahmen zwischen der calvinistischen und einer sogenannten melanchthonianischen Kirche in Deutschland, welche nie und nirgends existirt hat. Die Gemeinden constituirten sich ganz nach calvinischen Verfassungsgrundsätzen unter Presbyterien mit Pfarrern, Aeltesten und Diakonen, unter Provinzialsynoden, welche auch im Süden, z. B. in Tournay, Armantiers zusammentraten. Karakteristisch für den Geist dieser Kirchen ist der Beschluß No. 2 der Synode von Tournay (1563), welcher dahin lautet: „Qu'on suivera le conseil de ceux de Genève." Die umfassendste Kirchenordnung dieser Zeit ist in den Artikeln der Synode von Antwerpen vom 1. Mai 1564 gegeben. (Vgl. *Kist* und *Royaards*, Nederlandsch Archief voor Kerkelyke Geschiedenis. 1849. IX. §. 141 ff.)

---

*) Histoire des causes de la désunion révoltes et altércations des Pays-Bas, depuis l'abdication de Charles Quint jusqu'à la mort du prince-duc de Parme, par messire **Renom de France**, chevalier seigneur de Noyelles, président d'Artois, vol. I. c. 5, §. 11, 12 u. 13. — Bibliothèque de Bourgogne n⁰ 15, 880 in-fol.

Als die Calviniſten zur herrſchenden Partei in den Niederlanden geworden waren, ſtanden ſie in einer wohlgegliederten Organiſation ihren Feinden gegenüber. Sie hatten in vielen großen Städten aus einem Senate und aus einer Art Unterhaus beſtehende Conſiſtorien, welche wieder unter dem Conſiſtorium zu Antwerpen, dem Hauptbollwerk der Reform ſtanden. Sie bildeten in ihrer Geſammtheit eine unabhängige reformirte Republik. Unerbittlich in ihren Grundſätzen machten ſie nicht die mindeſte Conceſſion nach lutheriſcher Seite hin, wodurch ſie beſonders die Theilnahme und Hülfe der deut-ſchen lutheriſchen Fürſten einbüßten, welche doch 1567 bei der Regentin, während ſie in Antwerpen war, für die wenigen Lutheraner intercedirten. Margaretha wies ſie trocken genug mit dem Rathe ab, ſich um ihre eigenen Angelegenheiten zu kümmern. Die Re-gierung und die römiſche Geiſtlichkeit machten die größten Anſtrengungen, um die immer weiter um ſich greifende Häreſie zu unterdrücken. Bekanntlich wurden keine Gewaltmaß-regeln geſcheut und im Jahre 1567 die Reſtauration der alten Zuſtände dem Herzog Alba und ſeinen Henkern übertragen. Nach den Entdeckungen, welche man in den Archiven von Madrid und Simancas gemacht hat, wird es forthin keinem wahrheitslie-benden Geſchichtſchreiber mehr geſtattet ſeyn, die Schändlichkeiten dieſes Feldherrn und ſeines erhabenen Gebieters zu verdecken oder zu vertheidigen. Die Ausſchweifungen bap-tiſtiſcher Bilderſtürmerei ſchadeten der Reform allerdings erheblich, die jedoch ebenſowenig mit dieſen Schwärmern, wie mit den hingerichteten abligen Herrn Egmont und Hoore und andren dergleichen in Verbindung gebracht werden darf.

Die Correſpondenzen und Aktenſtücke, welche Gachard und Groen v. Prinſte-rer, die hochverdienten Forſcher, herausgegeben haben, zerſtreuen uns manches poetiſche Dunkel, was ſich über die damaligen Verhältniſſe gelagert hatte. Egmont hatte poli-tiſche Beziehungen zu Oranien; dieſer aber war der Führer der calviniſtiſchen Partei, für welche Jener nicht die mindeſten Sympathieen hegte. Nach der Entfernung Wilhelms zog er in übertriebener Loyalität gegen den König ſogar mit ſeinen Truppen durch das Land und hob überall die Conſiſtorien auf, während er den römiſchen Gottesdienſt wie-derherſtellte. So auch ſeinen früheren politiſchen Freunden verdächtig geworden, erreichte der des ſpaniſchen Goldes gewöhnte und bedürftige Edelmann gleichwohl nur ſeine Hin-richtung. Nachdem der ſiegreiche Statthalterin durch ihre grauſamen Reiter die Refor-mirten furchtbar decimirt hatte*), ergriff Philipp die äußerſten Mittel zur Unter-drückung der Unruhen und Ketzereien. Furchtbar iſt das förmliche Edikt vom 16. Februar 1568, wonach die ſpaniſche Inquiſition alle Niederländer, Wenige ausgenommen, für Ketzer, Abtrünnige oder Begünſtiger der Ketzerei bezeichnet und ſomit des Hochver-rathes für ſchuldig erklärt; Tauſende ſeiner Unterthanen weihte ſo der König Hiſpa-niens dem Henkerbeile und konnte ſich erlauben, alle, welche er am Leben ließ, als Be-gnadigte hinzuſtellen. Nachdem er einmal die richtenden Worte »Ketzerei und Auf-ruhr« hatte fallen laſſen, glaubte ſich Alba Alles bis zu den empörendſten Proſcriptionen, Schändungen, Conſiſcationen, den ſchrecklichſten Strafen und Torturen**) erlauben zu dürfen. Auch die Todten ſollten nicht geſchont werden. Welch eine tiefgehende Aufleh-nung des Volkes indeß ſolche Maßnahmen hervorrief, beweiſen neben Anderem die popu-lären Volkslieder jener Zeit. Ich erinnere hier an das *Gentsch Vaderonze****) (Genter

---

*) „Sie ſtampften die Reformirten unter die Hufe ihrer Pferde, ſchoſſen ſie unbarmherzig nieder, oder ſchleppten ſie zu Dutzenden auf den Richtplatz. Keine Stadt war ſo klein, daß in ihr wenigſtens nicht Fünfzig auf dieſe Weiſe umkamen, während ſich die Zahl der Opfer bis-weilen auf zwei- bis dreihundert belief. Ueberall erblickte der Reiſende längs der Landſtraßen das grauſenhafte Schauſpiel am Galgen baumelnder Leichen, oder ſtieß auf Hanſen unglücklicher, aus ihrer Heimath fliehender Verbannten. Wie gewöhnlich kam die Confiscation im Gefolge der Verfolgung. Zu Tournay nahm die Regierung hundert ſehr reichen Kaufleuten das Vermö-gen weg und eignete es ſich an.“ William **Prescott**, Geſchichte Philipps II. Bd. II. §. 265 u f.

**) *Groen van Prinsterer*, Archives de la Maison d'Orange, tom. III. p. IX.

***) *Van Vloten*, Nederlandsche Geschied Zangen, tom. I. p. 393.

Unservater), ferner an das Lied des Pastors von Lierre Namens Arent Dirckz Bos, welches sich in Ernst Münchs niederländischem Museum (Bd. 1. 125—26) findet und mit den Worten anhebt: Slaet op den tromele van dirre dom deyne. Hieher gehört auch eine im Manuscripte 16, 684 der Bibliothéque do Bourgogne erhaltene Inschrift für eine Statue des Herzogs Alba*). Unter diesem furchtbaren Kreuze wurde das frische Leben der reformirten Gemeinden im Süden in den Staub geworfen. Dennoch finden wir Spuren des kirchlichen Lebens in den schwer heimgesuchten südlichen Gegenden. Am 27. December 1572 wird eine Klassikalversammlung von Brabant gehalten, deren Beschlüsse auch insofern interessant sind, als Art. 4. derselben zeigt, daß man sich in französische und flamändische Gemeinden sondert. Gleichwohl bildeten beide gemeinschaftliche Klassen. Alba's furchtbaren Schlägen übrigens gelang es vollkommen, einen guten Theil der niederländischen Reformirten zu zerstreuen und aus dem Lande zu jagen. Auf deutschem Boden, in Ostfriesland, am Rhein und in der Pfalz thaten sie sich wieder zusammen, organisirten sich wieder, hielten die so bedeutenden und einflußreichen Synoden von Wesel (1568) und Emden (1572) (vgl. Richters K. O.). Die Wechselfälle des Kampfes für die niederländische Freiheit gegen das politische und religiöse Joch der Spanier können wir hier nicht weiter verfolgen. Die nördlichen Provinzen unter Oraniens großartiger Führung mit ihren bewunderungswürdigen Seegeusen, ihrer unerschütterlichen opfermuthigen Glaubenstreue, ihren Heldenstädten, wie Haarlem und Leyden, gingen siegreich aus dem gewaltigen Kampfe hervor. Ihr Lohn war ihre kirchliche und politische Größe. Die südlichen Theile der alten Niederlande kamen in Folge der Umtriebe des katholischen Adels und der den eigentlichen Holländern abholden Wallonen wieder unter das Joch des Absolutismus und des Katholizismus. Vom Jahre 1578 an, besonders seit der Utrechter Union 1579, in welcher sich die Provinzen Holland, Zeeland, Geldern, Zütphen, Utrecht, Gröningerland, Friesland, Over-Yssel, Drenthe und Stadt Gröningen von Spanien lossagten, kehrten die Flüchtlinge nach und nach in ihre Heimath zurück. Hier hatten übrigens schon Holland und Seeland ihre erste Provinzial-Synode zu Dortrecht (1574) unter Vorsitz des berühmten Kaspar van der Heyden, welcher auch in Frankfurt und der Pfalz unter den Reformirten gewirkt hatte, gehalten. Zu Dortrecht wurden die Embener Artikel wiederholt und ergänzt, die Geistlichen zum Gehorsam gegen ihre Klassen verpflichtet, die Diakonen und Aeltesten zur Unterschreibung des Glaubensbekenntnisses wie der Kirchenordnung angehalten.

Diese streng reformirte Kirche indeß, welche sich unter dem Kreuze frei und unabhängig vom Staate gebildet und sich eine Verfassung gegeben hatte, sollte nun bald erfahren, daß man protestantischerseits nicht gesonnen sey, ihre Freiheit zu achten. Gleich die erste Synode von Dortrecht brachte Conflikte mit der Regierung. In den siebenziger Jahren beabsichtigte man sogar eine Art landesfürstliches Consistorium über die Kirche zu setzen. Der Prinz von Oranien wurde sogar im Jahre 1575 als Statthalter von Holland und Zeeland, ganz im Gegensatz zu der früher festgestellten niederländischen Kirchenverfassung, verpflichtet, keine Consistorien anzuerkennen, es sey denn dieselben durch

---

*) „Zie hier den wreetsten schelm die oit, het aerdryk droeg,
  Die noit syn hast verzaed van christen bloed te zwelgen,
  Dat hy een bloed houd, is toond syn gezigt genoeg.
  Hier is hy die nederlantsche steden gaet verdelgen.
  Men scheur' syn hert uit 't lyf, en goy 't hem in 't gesight.
  Dien bloed hond is niet waerd het heldre zonneligt."

„Hier is hy die hem laet van papen overheren:
  Men werp' syn holle romp voor tygers, leeuw en beren."

„Zie hier Brabantiens plaeg, de wreetste shelm en guit,
  De schelmenstucken zien dien schelm ten oogen uit."

die Stadträthe oder die Staaten angestellt oder genehmigt worden. Die freien, unter dem Kreuze gegen staatliche Gewalt mißtrauisch gewordenen Reformirten waren nicht gesonnen, die Autonomie der Kirche aufzugeben. Reibungen konnten nicht ausbleiben und das um so mehr, als der Erastianismus unter lauen Kirchengliedern und vorwiegend auch unter Magistratspersonen wie unter Juristen zahlreiche Vertreter gefunden hatte. Marnix von Sanct Aldegonde, der eifrige Presbyterianer, schreibt darüber an Adrian von der Myle: »Wenn ihr wüßtet, wie verhaßt der Name Consistorien, Klassen oder selbst der Name Religion vielen Leuten ist! Ich bin überzeugt, äußert er sich gegen Caspar van der Heyden, daß die meisten Magistrate und ein großer Theil der Stände dieser Kirchenordnung abhold sind; dennoch sollte es bei einiger Mäßigung und Vertragsamkeit möglich seyn, sie ohne große Mühe und zum Vortheil für die Kirche zu gewinnen, und darauf sollte man vor allen Dingen hinarbeiten« (Brand, I. 556).

So kam es namentlich, daß die Provinzialstaaten die kirchliche Gewalt für sich in Anspruch nahmen. Wirklich erschien auch 1576 in vierzig Artikeln eine Kirchenordnung unter der Autorität des Prinzen von Oranien, worin zwar die Aemter der Pastoren, Aeltesten und Diakonen als schriftgemäß und die Kirchenzucht durch die Pfarrer und Aeltesten anerkannt, aber zugleich in den wichtigsten Bestimmungen von der unabhängigen, presbyterialen Kirchenverfassung abgegangen war. Die weltliche Obrigkeit sollte unter dem Beirath der Geistlichen die Kirchengewalt ausüben. Ausführlich und scharf wurde das Recht einer gottesfürchtigen Obrigkeit, Kirchenverordnungen zu erlassen, begründet und sogar hervorgehoben, es sey zu bedenklich, wenn in einer und derselben Gemeinde zweierlei Obrigkeiten bestehen! Der Magistrat hat die Geistlichen anzustellen; die Aeltesten sollen durch die Obrigkeit ernannt werden. Die örtliche Gottesdienstordnung solle vom Magistrat unter Beirath der Prediger festgestellt werden; nur in den niedern Graden der Kirchenzucht tritt die christliche Gemeine mit ihren Vorstehern freithätig auf; die letzte Entscheidung steht beim Magistrate. Die synodale Selbstregierung ist fast ganz beseitigt. Eine solche Kirchenordnung konnte die frei kirchlich Gesinnten, streng reformirten Glieder der niederländischen Kirche nur auf's Höchste erbittern. Es wurde daher auf der zweiten Dortrechter Synode 1578 (Erste niederländische Nationalsynode) der Versuch gemacht, die kalvinische Presbyterial= und Synodalordnung unter Festhaltung vollkommen kirchlicher Autonomie durchzuführen. Alle drei Jahre sollte von Neuem eine Nationalsynode gehalten werden. Peter Dathen, einst Pfarrer der reformirten Gemeinde zu Frankfurt, dann Hofprediger zu Heidelberg, führte den Vorsitz in dieser denkwürdigen Versammlung. Wie natürlich fanden diese Beschlüsse bei den staatlichen Behörden Widerspruch. Als nach drei Jahren die nächste Nationalsynode stattfinden sollte, so erbat man von den Generalstaaten Abgeordnete zu ihr, um in dieser Weise den bestehenden Zwiespalt auszugleichen und eine anerkannte Ordnung für die vaterländische Kirche zu ermöglichen. Der Antrag wurde abgelehnt, worauf die Synode zu Mittelburg 1581 das Synodalwesen so ordnete, daß sie die Landeskirche in Provinzialsynoden und die Provinzen in Klassen theilte. In den Gemeinden sollten die Obrigleiten das Recht, Geistliche, Aeltesten und Diakonen zu wählen, schlechterdings nicht haben. Prinz von Oranien indeß setzte im Jahre 1581 zur Revision dieses Beschlusses eine Commission nieder, welche dann einen Entwurf ausarbeitete, leider jedoch denselben nicht in's Leben führen konnte, da Prinz Wilhelm 1584 durch Meuchelmord starb. Es wollte also zu keiner einheitlichen Kirchenordnung in den Niederlanden kommen. Deßwegen schlug man einen andern Weg ein und begnügte sich mit einer provinziellen Verfassung der Kirche. Was die Gemeindeordnung angeht, so blieb diese vorherrschend presbyterial, wenn auch je nach den Provinzen so oder anders modificirt.

Die Dortrechter Nationalsynode zu Anfang des 17. Jahrhunderts bildete einen sehr wichtigen Knotenpunkt in der Entwicklungsgeschichte der reformirten Kirche, sowohl was Lehre als was Verfassung betrifft. Es ist bekannt, daß die Gnadenlehre in erster

Linie den Gegenstand des Streites und des tiefsten Interesses bildete. Wir wiederholen nicht, was in den Artikeln Arminius und Gomarus über diese Frage schon dargestellt worden ist. Wir erinnern nur daran, daß die beiden schon vorher gezeichneten Parteien auch hier wieder, wenn auch unter anderem Namen, gegen einander auftreten. Politisch trennten sie sich in Staatsgesinnte und Provinzialgesinnte, oder politische Geusen und genser Geusen. Diese hielten an dem Grundsatze, den in dem kirchlichen Leben angeregten Streit kann nur die Nationalsynode schlichten. Die andere Partei, mit Männern wie Uitenbogaart und Hugo Grotius, wollte der Obrigkeit diese Frage zur Schlichtung zuweisen. „Gott kann den Wirren abhelfen, sagte jener vor den Provinzialstaaten von Holland. Er ist der Arzt, der heilen kann; aber er wirkt durch Werkzeuge oder Amtsleute, die über sein Volk gesetzt sind; das seyd ihr (diese weltlichen Deputirte nämlich) als rechtmäßige Aufseher seiner Kirche." Darauf werden die Stände getadelt, die bisher nur äußerlich für die protestantische Religion gesorgt hätten. Eine ausführliche Entwicklung dieser Denkungsart liefert er in einer 1610 veröffentlichten Schrift: „Traktat van het ambt eener hooge christelyke overkeid in kerkelyke zaken."

Es fehlte viel daran, daß Uitenbogaart die Mehrzahl auch nur der Behörden für sich gehabt hätte und wo an einzelnen Orten die Staatskirchler zu scharf hervortraten, da begannen sich von 1616 an die Reformirten von den Remonstranten zu trennen. Sie hielten ihren Gottesdienst dann wohl auch außerhalb der öffentlichen Kirchgebäude. Immer drängender wurden in Folge der sich mehrenden Separationen die Anträge an die Provinzialsynoden wegen der zu berufenden Generalsynode. So mächtig wurde endlich die streng reformirte und Freikirchenpartei, daß selbst die Generalstaaten für gerathen hielten, eine Generalsynode zu befürworten. Aelteste und Geistliche wurden jetzt auf den Provinzialsynoden gewählt und alle reformirten Kirchen des Auslandes durch die Generalstaaten zur Beschickung derselben eingeladen.

Vergleichen wir an dieser Stelle die reformirte Kirche Hollands zu Anfangs des 17. Jahrhunderts mit den auswärtigen, so muß dieser ohne alle Frage eine höchst bedeutende Stellung angewiesen werden. Beza war 1605 gestorben. Die Genfer Akademie war von der französischen so ziemlich überholt. Einen Chamier in Montauban, einen Cameron in Saumur, einen Petrus Molinäus in Sedan konnte Calvins Stadt jetzt nicht aufweisen. Auch Zürich vermochte mit Holland nicht zu wetteifern, trotz des so ausgezeichneten Hospinian. Höher noch standen Herborn mit Piscator, dem hochgefeierten, streng calvinischen Lehrer, Heidelberg mit Pareus, Scultetus, Keckermann, H. Alting. Hollands Theologen jedoch ragten an Gelehrsamkeit und Scharfsinn über alle übrigen der reformirten Kirche hervor. Der Zürcher Antistes Breitinger sagt: „Es sind auf der Synode zu Dortrecht so viel ausgezeichnet durch Talent, Gelehrsamkeit und Frömmigkeit, so viel Kenntniß der Kirchenväter, der heiligen Schrift, selbst unserer helvetischen Confession und Literatur, daß ich gar nicht begreife, woher sie das Alles wissen." In Holland kam darum auch die wichtige, tiefeinschneidende Frage von der Prädestination zu einer so scharfen, eingehenden Erörterung und Entscheidung. Wie in den Fragen über die Prädestination und die Kirchenverfassung, so standen sich auch in einer dritten Hinsicht die kirchlichen Parteien Hollands feindlich gegenüber. Die Strengkirchlichen hielten sich entschieden an die symbolischen Bücher, als eine schriftgemäße Regel, insbesondere an die belgische Confession und an den von Dathen 1566 übersetzten Heidelberger Katechismus. Auf's Tiefste wurden sie dadurch verletzt, daß Andere in diesen durch das Blut so vieler Tausende von Märtyrern besiegelten Büchern Vieles gebessert haben wollten. Die Staatskirchlichen und Arminianischen klagten über Symbolzwang und wollten nur Menschliches in den Bekenntnißschriften erkennen. So liefen also die Streitigkeiten über Gnadenwahl, Kirchenverfassung und Ansehen der Symbole durch und miteinander. Was die Entscheidung des ersten Streitpunktes betrifft, so ist es allbekannt, daß die Canones der Dortrechter Synode den Arminianismus durchaus und auf's Entschiedenste

verworfen haben. Bei der großen Wichtigkeit der Dortrechter Artikel ist ihre spezielle
Besprechung nicht zu umgehen. Der erste Artikel handelt in achtzehn Sätzen von der
göttlichen Vorherbestimmung und lehrt unter Anderem über diese: „Die Erwählung ist
der ewige, unveränderliche Vorsatz Gottes, durch den er vor Grundlegung der Welt aus
dem ganzen durch seine Schuld in Sünden gefallenen Geschlecht nach seinem Gutdünken,
aus bloßer Gnade eine bestimmte Zahl, nicht Besserer als die Anderen, zum Heil erwählte
in Christo, den er auch von Ewigkeit her zum Mittler und Haupt aller Erwählten und
zum Fundament des Heils*) prädestinirte, und so dieselben ihm zur Rettung zu übergeben,
zu seiner Gemeinschaft durch's Wort und seinen Geist wirksam zu berufen, und zu ziehen,
sie mit wahrem Glauben zu beschenken, zu rechtfertigen, zu heiligen, mächtig zu hüten
und endlich zu verherrlichen beschloß zur Kundgebung seiner Barmherzigkeit. — Geschehen
ist sie nicht auf vorhergesehenen Glauben oder sonst gute Qualität hin, welche die
Ursache oder vorhergeforderte Bedingung wäre, sondern zum Glauben. Die Verwer=
sung der Irrthümer in diesen Punkten ist in neun Sätze gefaßt. Der zweite Artikel
handelt vom Tode Christi und der Erlösung und stellt in neun Sätzen die positive Lehre,
in sieben Sätzen die rejectio errorum dar. Artikel drei und vier lehren in siebenzehn
Sätzen von des Menschen Verderben und Bekehrung. In der rejectio errorum heißt
es: „Wir verwerfen die Sätze: Die Erbsünde an sich verdamme nicht; Adam habe mit
die Geistesgabe der Gerechtigkeit gehabt, also auch nicht verloren; der Wille sey nie ver=
derbt, sondern nur verfinstert und gehemmt worden und könne frei wählen, so bald die
Hemmung beseitigt sey. Der Mensch sey nicht todt in Sünden, aller Kraft zum geist=
lich Guten beraubt; er könne die gemeine Gnade, welche ihm auch nach dem Falle ge=
blieben sey, so gut gebrauchen, daß er dann die weitere, die Heilsgnade, erlange; bei der
Bekehrung würden nicht neue Qualitäten und Gaben in seinen Willen von Gott einge=
gossen; der Glaube sey keine eingegossene Gabe, sondern nur ein Akt des Menschen; die
Gnade sey eine moralische Beredung; Gott wende dabei nicht seine Allmacht an und sei=
ner Bekehrungsabsicht könne der Mensch so widerstehen, daß dieselbe vereitelt werde.
Gnade und freier Willen seyen partielle, zusammenwirkende Ursachen der Bekehrung.
Der fünfte Artikel behandelt in fünfzehn Sätzen die Lehre von der „Perseveranz"
der Heiligen. „Wen Gott nach ewigem Vorsatz beruft und bekehrt, den befreit er von
der Herrschaft der Sünde, nicht aber gänzlich vom Fleische. Daher entstehen täglich
Sünden der Schwachheit, die auch den besten Werken der Heiligen aufkleben und sie zur
Uebung in der Demuth und Heiligung veranlassen. Ihren eigenen Kräften überlassen,
könnten diese in der Gnade nicht stehen und beharren; Gott aber hält und hütet sie mäch=
tig bis an's Ende. Obgleich diese Macht größer ist als die Kraft des widerstrebenden
Fleisches, nie von ihr beseitigt wird, so werden doch die Bekehrten nicht immer so von
Gott geführt; daß sie nicht in gewissen einzelnen Handlungen vom Zug der Gnade durch
eignen Fehler zurücktreten könnten, daher sie wachen und beten sollen, wenn sie dieses
aber unterlassen, auch in schwere Sünden vom Satan hingerissen werden können unter
Gottes Zulassung, wie David, Petrus. Diese schweren Sünden beleidigen Gott sehr,
unterbrechen die Ausübung des Glaubens und verlieren uns bisweilen zeitweise das Füh=
len der Gnade, bis nach ernster Buße Gottes Angesicht uns wieder leuchtet. Denn Gott
nach seinem unabänderlichen Gnadenrathschluß nimmt den heil. Geist auch unter trauri=
gem Falle nicht gänzlich weg und läßt sie nicht aus der Gnade so herausfallen, daß sie
die Todsünde wider den heil. Geist begingen und in's ewige Verderben sich stürzten. Er
hält in ihnen den Samen der Wiedergeburt, erneuert sie sicher wieder zu wahrer Buße
und Glauben, zum Wiederempfinden der Gnade und Eifer in der Heiligung. Nicht sich,
nur Gottes Gnade danken sie es, daß sie weder gänzlich herausfallen, noch final in dem
Falle bleiben und untergehen, was Gottes wegen nicht geschehen kann. Dieser Hut und
dieses Beharrens im Glauben können die Erwählten gewiß seyn nach dem Maße ihres

---

*) Wohl gemerkt, zum Fundament des Heils, nicht aber zum Fundament der Erwählung.

Glaubens; nicht zwar aus besonderer Offenbarung her außerhalb des Wortes, sondern aus dem Glauben an Gottes Verheißung, in seinem Worte, aus Eifer im Guten. Gäbe es diese Sicherheit nicht, so wären die Erwählten hienieden die elendesten Menschen. Doch fühlen sie dieselbe nicht immer, Gott regt es aber immer wieder in ihnen an. Diese Lehre macht nicht fleischlich sicher, sondern demüthig und gottvertrauend. Gott leistet dieses durch die Predigt und Sakramente. Diese schriftmäßige Lehre vom Beharren haßt der Satan, verlacht die Welt, mißbraucht der Heuchler, bestreiten Irrgeister; Christi Braut aber, die Kirche, hält sie als ein Kleinod."

In der Rejectio errorum wird der Satz verworfen: »dieses Beharren sey keine Frucht der Erwählung, noch Geschenk Gottes, sondern eine von den Menschen zu leistende Bedingung des neuen Bundes; Gott gebe zwar hinreichende Kraft zum Beharren und sey bereit, sie zu erhalten, wenn man seine Pflicht thue, es hange aber Alles von unserem freien Willen ab; wahre Wiedergeborne könnten auch wieder ganz abfallen und final verloren gehen, könnten die Todsünde wider den heiligen Geist begehen; ohne specielle Offenbarung gäbe es hienieden keine Gewißheit des künftigen Beharrens, sie wäre nur ein Kissen für das Fleisch; der zeitweise Glaube unterscheide sich vom rechtfertigenden und glaubenbringenden nur durch die anhaltende Dauer; ein aus der früheren Wiedergeburt Herausgefallener könne wieder und öfter eine neue erlangen.«

Das sind die berühmten fünf Artikel der Dortrechter Synode, welche unläugbar den Gegensatz, um den es sich hier handelt, richtig und treu darstellen, zugleich auch die große Verderbtheit des arminianischen Systems mit allen seinen grundstürzenden Folgerungen bloßlegen. Mit derselben Entschiedenheit, wie in der Bestimmung der Lehre, verfuhr die niederländische Kirche auch in der Geltendmachung derselben innerhalb der reformirten Gemeinschaft. Unnachsichtlich waltete die kirchliche Zucht gegen Diejenigen, welche die festgestellte rechtgläubige Lehre nicht anerkennen wollten. So trug die Synode nicht nur zur scharfen Ausprägung der reformirten Eigenthümlichkeit, sondern auch zur speziellen Karakterisirung der niederländischen Kirche bei. Noch jetzt ist das Dortrechter Gepräge trotz mancher Ereignisse und Wechselfälle in Holland nicht zu verkennen, wie denn auch jetzt noch die Dortrechter Artikel ein Symbol der niederländischen reformirten Kirche sind.

Nach dem Abschiede der Abgeordneten der ausländischen Kirchen hielt die Synode noch 27 Sitzungen, welche insonderheit die niederländische Kirchenangelegenheit, hauptsächlich die Verpflichtung auf's Bekenntniß betreffen. Am 13. und 14. Mai 1619 wurde die Kirchenverfassungsfrage erledigt. Die Kirchenordnung der Haager Synode vom Jahre 1586 wurde zur Grundlage genommen und zwar so, daß deren 86 Kanones in einer Sitzung rasch durchgegangen und im Wesentlichen bestätigt wurden. Wiederum traten auch bei dieser Gelegenheit die Generalstaaten einer allgemeinen Kirchenordnung feindlich entgegen. Sie versagten der durch die Synode rechtmäßig festgestellten Ordnung ihre Genehmigung. Nur die Provinzen Utrecht und Geldern haben dieselbe, wenn auch unter einzelnen Modificationen, eingeführt. Seit der Dortrechter Nationalsynode gibt es hinfort nur Provinzialsynoden. Demnach erließ jede Provinz ihre Kirchenordnung nach eigenem Belieben, so daß es von 1619 bis 1775 streng genommen sieben Kirchenverfassungen in den Niederlanden mit bald geringerem, bald größerem Einflusse des Staates gibt. Das einigende organische Band, welches zwischen diesen so constituirten Kirchentheilen bestand, muß in der gegenseitigen Beschickung der Provinzialsynoden durch Deputirte gesehen werden. Mit Ausnahme von Seeland herrscht die eigentlich synodale Verfassung allgemein, in den Gemeinden ebenso allgemein die presbyteriale Verfassung, denn nur in wenigen derselben fehlt es theils an Diakonen, theils an Aeltesten. Die Letzteren verwalten ihr Amt in der Regel zwei Jahre und werden von der Gemeinde gewählt. An der Spitze der Gemeinde steht der Kirchenrath (Kerkeraad), welcher wöchentlich einmal zusammentritt und auch ein Mitglied des Ortsmagistrats in seiner Mitte hat. Die Klassenversammlung ist aus den Prebigern, je einem Aeltesten der Gemeinde einer jeden Klassis zusammengesetzt. Ganz im Geiste der reformirten Kirchenzucht liegt es, daß die Klasse zwei bis drei Prediger jährlich mit der Visitation einer jeden Gemeinde beauftragt*). Die Provinzial= synode bildet sich aus Deputirten der Klassen der Versammlung. Sie kann aber nur mit Bewilligung der Generalstaaten gehalten werden und muß zwei Commissare derselben in ihre Mitte aufnehmen. Auf je zwei Prediger kommt ein Aeltester. Zur Vollziehung gefaßter Beschlüsse und zur Besorgung der laufenden Geschäfte ernennt die Provinzial= synode »Deputirte« mit beschränkter Vollmacht.

Blicken wir in dieser Zeit auf das Kirchenleben, so finden wir überall den streng ausgeprägten Dortrechter Geist in Lehre und Sitte. Außer den Hochschulen zu Leyden (gegründet 1575), zu Franeker (1583), Gröningen (1614) sind auch Akademieen und Athenäen mit theologischen Lehrstühlen gegründet worden. Die Akademieen von Utrecht und Harderwyk, von denen jene 1636, diese 1648 entstanden, fanden ihre höchst achtungswerthen Genossinnen in den Athenäen zu Deventer (1680) und Amsterdam (1632). Vorwiegend waren die Bestrebungen dieser Schulen auf die biblische und genaue Darstellung, Entwickelung und Vertheidigung der festge= stellten rechtgläubigen Lehre der reformirten Kirche gerichtet. Die Doctoren der heiligen Wissenschaft Theologie erkannten sich im strengsten Sinne des Wortes als einzig in den Dienst der Kirche und ihrer orthodoxen Lehre gestellt. Man würde übrigens sehr Unrecht thun, wenn man darum diesen Männern, weil sie so wenig mit dem modern theologischen Geiste, wonach die Kirche manchmal soidisant wissenschaftlicher Experimente wegen da zu sehn scheinen sollte, ihre großen Verdienste um die theologische Wissen= schaft schmälern oder gar absprechen wollte. Selbst die Exegese, wie sehr sie auch sonst etwas vorwiegend im dogmatischen Interesse betrieben wurde, erfreute sich einer gewiß für diese Zeit anerkennenswerthen Blüthe. Davon zeugen die Arbeiten eines Andreas Rivetus, Louis de Dieu zu Leyden; Drusius, Amesius und Schottanus zu Franeker; Gomarus zu Gröningen. Sie sind dabei ganz aus= gezeichnete Sprachkenner. Die im Jahre 1637 erschienene holländische Uebersetzung der heil. Schrift, ein Werk, das noch jetzt eine Zierde der reformirten niederländischen Kirche ist, und noch jetzt die ehrenvollste Stellung unter allen Bibelübersetzungen einnimmt, legt ebenfalls Zeugniß ab von den ernsten und tiefgehenden Studien der Schrift, ihrer Sprache und ihrer Alterthümer, wie sie jetzt in den Niederlanden blühten. Die Synode von Dortrecht hat sich auch das Verdienst erworben, dies herrliche Bibelwerk ange= ordnet zu haben. Wir dürfen hier auch wohl an Grotius erinnern, so wenig auch die reformirte Kirche mit seiner dogmatischen Richtung zufrieden seyn kann. Besonders glänzend ist die Reihe der Dogmatiker, welche die niederländische Kirche in diesen Zeiten aufzuweisen hat. Wir scheuen uns nicht im Mindesten, auch hier wieder den ausge= zeichneten Gomarus zuerst in Leyden, dann in Gröningen zuerst zu nennen. Andreas Rivetus glänzt ebenfalls in dieser Disciplin zu Leyden. Die Leistungen eines Maresius, Mako= sius, Amevius, Alting verdienen so entschiedene Anerkennung, daß sie unter den ersten Theologen der reformirten Kirche und der ganzen evangelischen Theologie eine sehr ehrenvolle Stelle behaupten. Der hervorragendste Dogmatiker des 16. Jahrhun= derts in der niederländischen Kirche war jedoch Voetius, geb. 1589, Professor zu Utrecht, der kräftigste Vertheidiger der orthodoxen Lehre (s. d. Art.). Coccejus (s. d. Art.) führte eine der scholastischen entgegengesetzte Methode ein. Diese Methode, welche aller= dings die feststehende Kirchenwahrheit und jedenfalls ihre sehr wichtige Form zu ignoriren schien, die Neuheit der Sache, dann der Zusammenhang der coccejanischen

---

*) Sonderbarerweise findet Lechler in seinem verdienstlichen Werke „Geschichte der Pres= byterial= rc. Verfassung", dem auch wir uns zu Dank verpflichtet achten, in diesem Institut eine Abweichung von der reformirten Sitte und eine Annäherung an das lutherische Superinten= dentenamt.

Schule mit der verhaßten und in ihrer natürlichen Theologie und andern allgemeinen Grundsätzen allerdings sehr bedenklichen cartesianischen Philosophie erregte auf's Tiefste den Verdacht der scholastisch-orthodoxen Theologen. Es kam zum bekannten langwierigen Streite, in welchem bald die Einen, bald die Andern die Oberhand zu haben schienen. Da jedoch beide Theile auf demselben Kirchen- und Glaubensgrunde standen, so konnte es am Ende doch nicht fehlen, daß sie sich für Glieder derselben Kirche erkannten und nicht nur tragen, sondern auch schätzen lernten (f. d. Art. Cartesianische Philosophie und Coccejus). Sogar 1736 noch mußte ein achtzigjähriger Pfarrer Namens Momers, selbst Voetianer, in einer Schrift nachweisen, daß die Unterschiede zwischen den Streitenden den Glauben und die Lehre der Kirche nicht beträfen. Dieser Zeitpunkt kann auch ungefähr als der des Erlöschens des Streites angesehen werden. Auf diese Weise wurden reiche und mannigfaltige Kräfte im Dienste der Kirche verwandt und die mannigfaltigen Gaben konnten nur zum Segen der reformirten Gemeinschaft ausschlagen. Die kirchliche Wissenschaft verdankt Coccejus nicht allein eine Reihe ausgezeichneter Schriften und weitgehende Anregung, namentlich in Exegese und biblischer Theologie, sondern auch Männer wie Herm. Witsius, Burmann, van Till (f. d. Art.), Vitringa (f. d. Art.). Von ihm und den Seinen ging eine große Erweckung des kirchlichen Lebens aus, welche ihre Wirkungen weit über die Grenzen Hollands erstreckte. Wie Coccejus rücksichtslos auf die Schäden und Gebrechen der Kirche hinwirkte, so drängte er mit außerordentlichem Eifer auf das Leben im Glauben, auf die äußere Gestaltung einer Gemeinde, die in ihren Gliedern lebendig in Christo wäre. Prediger, welche die Lehre von der Gottseligkeit für ein Handwerk halten, will er gemieden wissen, da Niemand gehalten sey, einen leeren Schwätzer anzuhören; man solle solche falsche Hirten verlassen, damit sie sich schämen; das sey keine Absonderung, keine Spaltung. In seine Fußstapfen trat Jodocus von Lodenstein (1620—1677), einer seiner größten Schüler, dessen ganzes Streben auf Erweckung der Kirche und der Gemeinden zu einem neuen Leben in wahrhafter Bekehrung und Heiligkeit gerichtet war. — Zum entschiedensten Separatismus schritt freilich der 1666 von Genf nach Mittelburg berufene Jean de la Badie fort. S. d. Art. Labadie, Lodenstein.

Auch für Deutschland war der Coccejanismus von bedeutenden Folgen. Unser großer Adolph Lampe ist (f. d. Art.), wenn auch kein eigentlicher Coccejaner, doch ein Schüler des Vitringa, Roell und van der Wanijen. — Viele einzelne Streitigkeiten ziehen sich durch die Zeiten der Kämpfe der Voetianer und Coccejaner hindurch und beweisen einen stark erregten Geist der Neuerung. Es würde uns zu weit führen, wollten wir auf die Erscheinungen dieser Art eingehen. Heben wir daher nur Einzelnes aus dieser Zeit hervor.

Balthasar Bekker (1634—1698) (f. d. Art.), Professor zu Amsterdam, wenn er auch durch seine Schrift »die bezauberte Welt« manche abergläubische Vorstellungen beseitigte und den Hexenprozessen einen gewaltigen Stoß versetzte, hat doch darin einen nachtheiligen Einfluß gehabt, daß er die Accommodationslehre auf die Bahn gebracht hat, wornach der Heiland wie seine Apostel sich dem Aberglauben der Zeit sollen anbequemt haben. Darum wurde Bekker seines Amtes entlassen und excommunicirt. — Roell (er lehrte zu Franeker und Utrecht von 1653—1718) läugnete die ewige Zeugung des Sohnes als unverträglich mit der gleichen Ewigkeit des Sohnes mit dem Vater und setzt an die Stelle der ewigen Generatio die Sendung zu den Menschen, wodurch Christus zum Vater in das Verhältniß des Sohnes trete. — Blak, Pastor zu Zütphen, lehnte sich wider die strenge Gültigkeit der Bekenntnißschriften auf, bekämpfte die stellvertretende Genugthuung Christi, die Rechtfertigung aus dem Glauben ohne des Gesetzes Werke.

In Folge dieser Bewegung sah sich die Klasse Walchern 1693 veranlaßt, fünf Zusatzartikel zu den Bekenntnißschriften der reformirten Kirche der Niederlanden hinzusetzen und zwar über die Verderbniß der menschlichen Vernunft, die ewige Zeugung des Sohnes, ben Einfluß der Engel und des Teufels, die Rechtfertigung des Sünders vor Gott und die Zurechnung der Sünde Adams. Alle Pfarrer der Klasse sollten diese Artikel unter=zeichnen.

Aus der Verbindung der Voetianer und Coccejaner entstand eine gemischte Schule, welche die Vorzüge beider in sich vereinigte. Wir nennen hier namentlich Mark (lehrte zu Franecker, Gröningen und Leyden 1655—1731), ein Mann von tiefsinnigem Geiste und umfassender Gelehrsamkeit. Er kann als der Reformator der Theologie und Exegese der Voetianer betrachtet werden. Leidecker, ein ebenfalls ausgezeichneter Theologe, blieb dagegen bis an sein Ende strenger Voetianer († 1721 zu Utrecht).

Wir haben bisher der wallonischen Kirchen Hollands wenig gedenken können, weil sie in die theologischen Verwickelungen im Ganzen wenig verflochten waren. Eines Glaubens mit den andern Gliedern der niederländischen Kirche standen sie auch allzeit zur calvinischen Lehre, welche sowohl durch die Dortrechter Synode, als nach dem Streite der Voetianer= und Coccejaner=Partei unverkürzt aufrecht erhalten wurde. Der theolo=gische Streit war wenig ihre Sache. Jedoch an den Verhandlungen wegen der Zurechnung der Sünde Adams, welche durch La Place (s. d. Art.) auf die Bahn gebracht wurde (1645), nahmen sie Antheil, wenn auch keinen grade streitsüchtigen. Ebenso erregte der Ami=raldismus und der Pajonismus ihr Interesse. Freilich waren es hierbei mehr die in immer größerer Anzahl einwandernden französischen Pastoren, welche am thätigsten und theilnehmendsten auftraten. Die Schrift des Pierre Jurieu, Pfarrer der walloni=schen Gemeinde zu Rotterdam („Traité de la nature et la grâce, ou du concours gé-néral de la providence et du concours particulier de la grâce efficace contre les nou-velles hypotheses de M. P.(ajon) et de ses disciples. à Utrecht 1687) ist jedenfalls die bedeutendste, welche von Holland, in dieser, die französischen Synoden wiederholt be=schäftigenden Angelegenheit herausgegeben worden ist. Die wallonischen Synoden zeigen denselben Eifer für die Lehre, wie für den Frieden der Kirche. Das beweisen sie na=mentlich bei der großen Emigration der französischen Reformirten. Nicht genug kann die Bruderliebe und Opferwilligkeit gerühmt werden, welche die wallonischen Nieder=länder den verjagten, schwer bedrängten Glaubensbrüdern bewiesen haben. Die Synode von Rotterdam faßte 1686 einen Beschluß, welcher den einwandernden Pastoren einer=seits die Unterschrift der wallonischen Confession und der Dortrechter Artikel, anderer=seits aber auch das Versprechen auferlegte, weder öffentlich noch privatim über Religions=fragen zu behandeln, welche auf der Synode zu Dortrecht entschieden worden, oder welche die Ruhe der Kirche in Frankreich einige Zeit gestört, aber baldigst glücklich wieder beigelegt worden sind: La promesse très-expresse de ne dogmatiser ni en public, ni en particulier sur les controverses qui ont quelque rapport à ce qui a été décidé au Synode de Dordrecht et qui ont troublé le repos des Eglises en France pendant quelque temps, mais qui depuis se sont heureusement appaisées."

Ziemlich verspätete, wenn auch heftige Angriffe des eingewanderten Pastors Jon=court im Haag gegen die Coccejaner, unterdrückte die Synode 1708 mit großer Strenge. Uebrigens wurden die wallonischen Kirchen durch die schönen Kräfte der Emigration be=reichert. Auf ihren Kanzeln sahen sie Männer von den größten Verdiensten und der ausgezeichnetsten Beredtsamkeit stehen. Ein bedeutender Theil der theologischen Gelehr=samkeit der französisch=reformirten Kirche war ebenfalls in die Niederlande ausgewandert und kam den gastfreundlichen Gemeinden der wallonischen Kirchen daselbst zu gut. Namen wie Claude (s. d. Art.) und Du Bosc (s. d. Art.), Jurien (s. d. Art.), Bas=nage (s. d. Art.), David Martin, Benoit, Jacquelot und Jacques Saurin (s. d. Art.) erinnern an die glänzenden Leistungen in den angedeuteten Gebieten der Theologie und des geistlichen Amtes. Wir können ihnen noch hinzufügen: Superville, Chaufepis, Le Süeur.

Gegen die Mitte des 18. Jahrhunderts nehmen wir nicht nur ein Verschwinden der alten Parteien wahr, sondern bemerken auch eine fortgehende Abschwächung im Be=

kenntniß der specifisch-reformirten Lehre. Es bereitet sich schon der Umschwung vor, welcher sich hernach nicht nur in einem Zurücktreten der Centraldogmen, sondern auch in einer theil-weisen Aufgebung derselben sich karakterisirt. Es ereignete sich in Holland dasselbe, was allerwärts um diese Zeit zu Tage trat. Wenn man Theologen wie Samuel Werenfels in Basel, Th. Fr. Osterwald in Neuchatel, Joh. Adolph Turrettin (s. die Art.) in Genf mit jenen Theologen vergleicht, die noch ein halbes Jahrhundert vorher die schweizer Lehrstühle inne hatten, so wird man sich der Anerkennung nicht entziehen können, es sey eine Veränderung vorgegangen, bestehend in einer nicht unkenntlichen Abschwächung des früher mit so vielem Eifer, Schärfe und Gelehrsamkeit verkündigten und ausgebil-deten reformirten Dogma's. Aehnlich in Holland. Was ein Kleman (1775) über die innige Verbindung zwischen der sogenannten freien Sittlichkeit des Menschen und den übernatürlichen Gaben der Gnade Gottes, was ein Le Sage ten Broek 1784, über die genugthuende Kraft des leidenden Christus, Hammelsfeld, von Utrecht, über den Zweck Christi lehren, verdient mit Recht den Namen, welchen ihm die alten kirchlich refor-mirten Niederländer gaben, „neues Licht.“ Gleichwohl verdienen die exegetisch = lin-guistischen Leistungen Venema's († 1787), Albertis († 1762), beide Schüler des großen Vitringa, Anerkennung. — Aus der Mitte der Gemeinden erhob sich, je mehr der Un-glaube um sich zu greifen schien und einerseits Vollaire und Rousseau, andererseits der deutsche Rationalismus auch auf die niederländische Kirche verderblichen Einfluß auszu-üben begannen, mehr und mehr entschiedener Widerstand. Die reformirten Holländer haben in diesen Tagen des Abfalls die glänzendsten und thätigsten Beweise der Anhäng-lichkeit an die Kirchenlehre gegeben. In diese Zeit fallen mehrere herrliche Stiftungen zu Gunsten der Vertheidigung der christlichen Wahrheit, welche noch jetzt reichen Segen verbreiten. Wir nennen hier zuerst die Stiftung von P. Stolp zu Leyden (1735), dann die Teylersche Gesellschaft zu Harlem (1778), endlich die Haager Gesellschaft. Alle drei setzen sich den Zweck, ausgezeichnete Schriften zur Verthei-digung der Hauptwahrheiten des reformirten Glaubens und der christlichen Religion überhaupt gegen die zeitweiligen Gegner hervorzurufen und dafür angemessene Belohnungen zu ertheilen. Die Stolper Stiftung gibt einen Preis von 250 fl., die beiden andern von 400 fl. für die bestfundene Schrift. Auch auswärtige Gelehrten werden zur Be-werbung zugelassen.

Gegen Ende des Jahrhunderts finden wir nun schon den eigentlichen Rationalismus auch in den Niederlanden vertreten. Van Hemer trug ganz entschieden die kantischen Grundsätze „über Autorität der Vernunft in Sachen des Glaubens“ vor. Regenbogen zu Franecker ist ein Rationalist in der Weise von Bretschneider etwa. Auf dem Gebiete der Exegese, wo der philologische und remonstrantische Geist des Grotius schon seit geraumer Zeit Eingang gefunden hatte, machten sich nun auch die Tendenzen eines Bosveld geltend. Auf diesem Wege der rationalistischen Abschwächung finden wir auch Van der Palm, Th. Pareau, Van der Villigen, Pfarrer zu Tiel, dessen Werk über das Wesen der Religion auch sein Gesinnungsgenosse Donker Curtius nicht vom Rationalismus reinzuwaschen vermag. Genug, „das neue Licht“ suchte sich überall zu verbreiten und hat sich im ersten Viertel des 19. Jahrhunderts wirklich zu einer be-deutlichen Höhe des Einflusses erhoben.

Unterdessen war die alte Kirchenverfassung der Niederlande unter den furchtbaren Erschütterungen der Zeit zu Grund gegangen. Mit der Republik der vereinigten Nie-derlande fiel auch das Werk der Nationalsynode von Dortrecht (1619) der Zerstörung anheim. In Folge der Gründung der Batavischen Republik traten die Scheidung zwischen Kirche und Staat und äußerst schwierige Verhältnisse für die reformirte Kirche des Landes ein; doch erhielt diese sich in allem Wesentlichen ihr Kirchenwesen in der früheren Gestalt. Mit der Errichtung des Königreichs Holland unter Louis Bonaparte versuchte man auch eine neue Organisation der Kirche. An ihrer Spitze sollte die Nationalsynode stehen. Auch dieses Projekt blieb unausgeführt, da die Niederlande 1810 dem französischen Kaiserreich

einverleibt wurden. Jetzt dachte man natürlich an die Einführung der organischen Ar=
tikel (1812). Indeß auch damit kam man zu keinem Ziele. Da 1814 der niederländische
Staat wiederhergestellt wurde, mußte man ernstlich an eine Kirchenverfassung denken.
Alles Frühere war durch die Ungunst der Zeit und der vielen Experimente in Stücke
gegangen, mit Ausnahme der Klassen. Die neuen Verhältnisse schienen anfangs dem
Staate ganz besonders günstig zu seyn. Dieser nahm auch ohne Weiteres das Kirchen=
regiment in seine Hand. Doch kam im Jahre 1816 eine „allgemeine Regierung der refor=
mirten Kirchen" zu Stand, worin die Gemeinden, Klassen, Provinzial= und allge=
meine Synoden einen guten Theil ihrer früheren Rechte wieder erlangten; ja jetzt erst
hatte die Landeskirche ihre einheitliche Spitze in der Landessynode gefunden. Gleichwohl
war dem Staate ein noch sehr erheblicher Einfluß auf die Ernennung der Mitglieder
der klassikalen und provinzialen Behörden und der Synoden eingeräumt geblieben. Die
constituirende Synode von 1816 ergänzte das Werk durch ein Reglement für kirchliche
Aufsicht und Zucht. Eine allgemeine Synodal=Commission wurde niedergesetzt, die zu=
nächst die speziellen Aufträge der Synode zu besorgen hatte, dann aber, 1827, als blei=
bender Ausschuß der allgemeinen Synode, zur Besorgung der laufenden Geschäfte und
als beständige Vertretung der reformirten Kirche überhaupt, sich constituirte. Derselbe besteht
aus sieben Mitgliedern, welche der König aus einer von der Synode vorgeschlagenen An=
zahl von 14 wählt. Uebrigens ist dieser Ausschuß kein kirchenregimentliches Collegium,
da durch ihn keine Veränderung der Kirchenverfassung herbeigeführt werden kann. War
der Art die äußere gesetzliche Ordnung der Kirche wieder hergestellt, so mußten gleichwohl
die Vertreter des kirchlichen Glaubens und Lebens mit Schmerz wahrnehmen, daß der innere
Verfall in trauriger Weise vorhanden war und fortschritt. Der Unglaube hatte auch in der
holländischen Kirche seine Verwüstungen angerichtet. Und als der verderbliche Einfluß
des Franzosenthums gebrochen war, da drang der Rationalismus eines Paulus und
Bretschneider unter die niederländischen Theologen ein. Dazu wurde der orthodoxe Glaube
vielfach nur trocken und unlebendig verkündigt. Die ganz rationalisirte mennonitische Ge=
meinschaft ferner übte auf die niederländischen Kirchen überhaupt einen verderblichen Einfluß.
Die Veränderung des Predigerreverses öffnete der Lehrwillkür Thür und Thor. Dies
Alles, sowie die Laxheit in Bezug auf die zum Socinianismus immer weiter fortge=
schrittenen Remonstranten, das Nachlassen der Kirchenzucht, die den Psalmen hinzuge=
fügten laxen „Evangelischen Gesänge", Publikationen wie die theologischen „Beiträge"
von Donker Curtius, öffentliches Aergerniß, wie es P. W. Brouwer, Prediger zu
Maasluis, 1826 durch die Vertheidigung des Arianismus und Sabellianismus gaben —
mußten die kirchliche Opposition über kurz oder lang in die Schranken rufen. Dazu kam
noch die, vielen streng reformirten Niederländern von jeher höchst widerliche, Einmischung
des Staates in kirchliche Dinge, wie sie durch die Verfassung von 1816 sanktionirt war.
Ein gar gewaltiger Stein des Anstoßes war, wie gesagt, auch der Revers, welcher beim
Eintritt in das Pfarramt unterzeichnet werden sollte. Derselbe lautet: „Wir Endes=
unterzeichnete erklären hiemit aufrichtig, daß wir die Interessen sowohl des Christenthums
überhaupt als der niederländisch reformirten Kirchenvereinigung insbesondere in Lehre
und Wandel sorgfältig beherzigen wollen; daß wir die Lehre, welche dem heiligen Worte
Gottes gemäß in den angenommenen Symbolen der niederländisch=reformirten Kirche
enthalten ist, aufrichtig annehmen und herzlich glauben." Die Haager Synode von
1816 hatte an die Stelle des quia das quatenus mit allen seinen Consequenzen gesetzt.

Schon am 4. März 1816 hatte die Klasse von Amsterdam eine Adresse an den
König gerichtet, worin die Beschwerden dargelegt wurden, daß die neue Organisation
der Kirche nicht von der Kirchenversammlung, sondern vom Könige eingeführt, daß der
Einfluß des Ministeriums der geistlichen Angelegenheiten ein unberechtigter und verderb=
licher und daß die Macht der Synode zu groß sey. Wiederholt wurde auf die Dort=
rechter Artikel und die Nothwendigkeit, dieselben von Seiten der Kirchendiener aufrichtig
bekennen zu lassen, gedrungen. Mit den zwanziger Jahren schon wird die Opposition

mächtiger und nimmt von Jahr zu Jahr zu. — Als die Säule dieser Bewegung kann man den hochbegabten niederländischen Schriftsteller und Dichter Wilhelm Bilderbyk bezeichnen. Er drang mit Eifer auf die Restauration der alten niederländischen Kirche und ihrer Ordnung. Ihm gesellten sich zwei aus dem Judenthume zur reformirten Kirche bekehrte begabte Männer zu, welche seine Schüler waren. Da Costa, der begabte Dichter und Schriftsteller, und Capadose, der Arzt, theilten sich mit ihm und Groen von Prinsterer in die Restaurationsarbeiten. In einer Schrift vom Jahre 1821 (Beschwerde wider den Geist des Jahrhunderts) hielt es der Erstere den niederländischen Reformirten nachdrücklich vor, daß sie von den Centraldogmen ihrer Kirche und des Christenthums überhaupt, Prädestination, Erbsünde, Gottheit Christi, Satisfaction ꝛc. in manchen ihren Gliedern abgefallen seyen und daß die Zucht gegen die Irrlehrer im geistlichen Amte nicht geübt werde. Ihm reihte sich 1827 Dyrk Molenar, Prediger im Haag, durch seine Schrift an: »Adresse an alle meine reformirten Glaubensbrüder.« In sehr eindringlicher und populärer Weise führt er gegen die Zweideutigkeit des Verpflichtungformulars, gegen das stillschweigende Beseitigen der fünf Artikel wider die Remonstranten Beschwerden. Er kommt zum offen ausgesprochenen Resultate: »Unsere reformirte Kirche ist unsere reformirte Kirche nicht mehr.« Ungeheures Aufsehen erregte diese Schrift, welche die weiteste Verbreitung fand, wie aus den neun Auflagen erhellt, welche in einem Jahre erschienen.

Die Restaurationsbewegung war im vollen Gange, als der belgische Aufruhr einen Stillstand brachte. Doch derselbe war von kurzer Dauer, denn 1832 und 1833 begann die Opposition noch heftiger und entschiedener aufzutreten. Es wurde jetzt auch das Feldgeschrei laut: »Laßt uns Babel verlassen und eine neue Kirche bauen!« An vielen Orten schloß sich das Volk mit Begeisterung der Bewegung an und stand bis zum Austritt aus der niederländischen Kirche zu den orthodoxen Predigern. Die hauptsächlichsten Führer sind hiebei: Hendrik de Cock, welcher seit 1832 als Kämpfer heraustrat und einige Schriften zur Vertheidigung der ächten, reformirten Lehre und Kirche herausgab; Heinrich Peter Scholte — gleichfalls Schüler Bilderbyks — mannigfach gebildet und feurig für sein Ideal einer gereinigten reformirten Kirche auf den alten Grundlagen eingenommen, kämpfte mit jenem gemeinschaftlich. Mit ihnen stand A. Brummelkamp, Prediger zu Hatten in Geldern, J. van Reeh, Prediger zu Veen, H. T. Gezelle in Brabant, S. von Velsen in Ostfriesland.

Es mag zugegeben werden, daß namentlich de Cock und Scholte in ihrer Weise der Opposition einigemal zu weit gegangen sind, aber es kann nicht geläugnet werden, daß sie zu ihrer Opposition durch die kirchlichen Zustände vollkommen berechtigt waren. Die Regierung schritt mit Militär, Gewaltmaßregeln und allerhand Quälereien ein. Die so Bedrückten traten endlich 1834 aus der bestehenden Kirche aus. Ein nicht unbedeutender Theil der Gemeindeglieder folgte ihnen. Erst durch königliches Dekret vom 5. Juni 1836 ward den Quälereien ein Ende gesetzt und der Weg zur Religionsfreiheit eröffnet, den zuerst 1838 die Utrechter abgeschiedene Gemeinde betrat.

Seitdem besteht durch ganz Holland zerstreut die von der Staatskirche getrennte reformirte Kirche der Niederlande. Dieselbe hat sich einfach wieder auf die alten Grundlagen der niederländischen Kirche in ihrer Verfassung und Lehre gestellt und handhabt die Zucht in ernster Weise. Es läßt sich nicht läugnen, daß in den sogenannten abgeschiedenen Gemeinden sehr viel Leben, Entschiedenheit reformirter Gesinnung und erstaunliche Opferwilligkeit, womit sie, zum Theil arme Leute, ihr ziemlich ausgedehntes Kirchenwesen pflegen und erhalten, zu finden ist. Tausende dieser Abgeschiedenen sind schon nach Amerika ausgewandert — unter Andern auch Scholte — aber ihre Zahl ist immer noch sicher und still im Wachsen begriffen. Ihre Kirchen sind vielfach von den erweckten und lebendigen Gliedern der großen Kirche besucht. Brummelkamp ist jetzt einer der geachtetsten Geistlichen dieser Kirchengemeinschaft.

Da Costa, Groen van Prinsterer, de Clercq und Capadose sind mit vielen Anbern, obwohl sie den Glauben der Ausgetretenen durchaus theilen, in der bestehenden Kirche geblieben, weil sie das Prinzip der Trennung überhaupt verwerfen und den Grundsatz aufstellen, die Kirche in der Kirche zu restauriren. Die von 1845—1848 blühende Gesellschaft der christlichen Freunde vermittelte ihren Zusammenhang mit den Separirten. Sie arbeiten in anerkennungswerther Weise, bald durch Zeitschriften und andere literarische Leistungen, bald durch praktische Unternehmungen christlicher Liebe eifrig auf das alte Ziel los und ihre Arbeit ist nicht unfruchtbar. Auch sie kommen immer wieder mit ihrem Verlangen vor die Gemeinde und die Synode, das reformirte Bekenntniß wieder ganz in sein altes Recht einzusetzen und die Zucht in Lehre und Leben innerhalb der Kirche und vor Allem gegen die Prediger walten zu lassen. Hauptsächlich ihren Bemühungen ist es zu verdanken, daß schon die Synode von 1841, durch eine authentische Erklärung über den beim Eintritt in's Pfarramt zu unterzeichnenden Revers, die Laxheit in Sachen der Lehre beschränkte. Sie konnten sich indeß auch damit noch nicht zufrieden geben. Die Opposition wurde fortgesetzt und gewann bedeutend an Lebhaftigkeit, als auf zwei Pfarrstellen zu Amsterdam und im Haag Prediger von ausgesprochener rationalistischer Gesinnung gerufen wurden. In Folge dieser Verhältnisse sah sich die Synode von 1854 genöthigt, dem Revers für die Candidaten des Predigeramtes eine positivere, dem reformirten Bekenntniß günstigere Fassung zu geben. Allein auch dadurch ist den Wünschen der treuen Kirchenglieder sicher noch nicht genug gethan. Wollen wir auch gern anerkennen, daß ein Fortschritt in dieser so höchst wichtigen Angelegenheit gemacht worden sey, so steht doch fest, daß die Symbolfrage noch weit von einer befriedigenden Lösung entfernt ist. Die Verpflichtung der Geistlichen in vollster Bestimmtheit, die Herstellung einer ganz unzweideutigen reformirten Lehrordnung ist ein nicht länger abzuweisendes Bedürfniß, wenn die Willkür der Prediger nicht die traurigsten Verwüstungen anrichten soll. Der Kampf der Parteien wird lebhaft fortgesetzt und hier sind es namentlich die Tendenzen und Lehren der sogenannten »Gröninger Schule« und andere Neologieen, welche den entschiedenen Anhängern der reformirten Kirche und Lehre als Gegner entgegenstehen. Die hauptsächlichsten Vertreter der Gröninger Schule sind die Professoren Hofstede de Groot und Pareau. Kurz zusammengedrängt finden sich ihre Grundsätze wenigstens den Umrissen nach scharf gezeichnet in der Schrift: „Encyclopedia Theologiae Christianae in scholarum usum breviter delineata a Hofstede de Groot et L. G. Pareau, ed. 3. 1851." Wir verweisen auch auf das „Compendium dogmatices et apologetices" von denselben Verfassern. Editio III. 1848.

Von vornherein müssen wir erklären, daß die theologisch-wissenschaftliche Wichtigkeit, welche diesen Leistungen beigemessen worden ist und wird, ziemlich unverdient ist. In Deutschland mindestens würde eine solche socinianisch-rationalistische, da und dort schleiermacherisch tingirte und dazu an dogmatischer Bestimmtheit und wissenschaftlicher Schärfe sehr arme Lehre in denkenden, wissenschaftlichen Kreisen entschieden gar keinen Anklang finden. Nicht weniger als alle wesentlichen Lehren des Christenthums erscheinen hier alterirt oder gänzlich beseitigt. Christus soll der Mittelpunkt dieses Systems seyn, ein Umstand, der als antirationalisches Moment geltend gemacht werden mag, und doch ist dieser gröning'sche Christus eigentlich weiter nichts als ein mit etwas mehr Göttlichem als die übrigen Menschen ausgerüstetes menschliches Individuum. Er ist der Erzieher des Menschengeschlechts, welcher gesandt wurde, der Vormundschaft des alttest. Gesetzes ein Ende zu machen und die Menschheit zum Mannesalter zu führen. Was diesem Religionsstifter in der gröning'schen Lehre von Uebermenschlichem zugewiesen wird, das kann nach der Consequenz des Systems nicht ernstlich gemeint seyn. Auch die statuirte Präexistenz Christi ist nach der hier gegebenen Fassung wissenschaftlich durchaus unhaltbar. Dieselbe macht mehr den Eindruck einer Conzession, welche nicht einmal klar ist in Sinn und Tragweite. Nach diesen Prämissen muß natürlich auch das Werk Jesu Christi zur Erlösung der Menschen im System der Gröninger eine ganz andere Bedeutung und Fassung bekommen, als in der Bibel und der kirchlichen Lehre. Christus ist nun nicht mehr der

Verföhner, nicht der Bürge, welcher für die Sünde eintrat durch seine stellvertretende Genugthuung, die Sündenvergebung erwirkt, dessen Gerechtigkeit die unsrige wird. Vielmehr wird eine Erlösungstheorie geboten, welche eigentlich diesen Namen gar nicht verdient, sondern statt der biblischen Lehre von der Erlösung durch das Blut Christi rationalistische Ausflüchte bietet. Ebenso heterodox wie die von der Person Christi ist die von dem heiligen Geiste, der nur eine göttliche Kraft, ein göttliches Leben seyn soll, welches Gott dem Menschen mittheilt. Schon aus diesen wenigen Bemerkungen muß vollkommen einleuchten, wie die Gröninger sowohl den Gemeinglauben der ganzen Christenheit an die heilige Dreieinigkeit, an die Thatsache der Erlösung, als auch die Gnadenlehre der evangelischen Kirche des 16. Jahrhunderts überhaupt und insonderheit der reformirten Kirche vollkommen aufgegeben haben. Herr Chantepie de la Saussaye, Pastor zu Leyden, bemerkt in seinem der großen Versammlung der Evangelischen Allianz zu Paris (1855) abgestatteten Bericht mit Bezug auf das gröningensche System: »Die Vernunft und die Freiheit treten an die Stelle des Bekenntnisses und Alles erscheint gut und heilig, was aus diesen beiden Kräften entspringt.« Professor Scholten zu Leyden, dessen Hauptleistung in seiner Dogmatik der reformirten Kirche nach den Quellen (3. Aufl. 1855. 2 Bde.) besteht, hat jedenfalls einen viel bedeutenderen Anspruch auf Anerkennung von Seiten der wissenschaftlichen Theologen. Schärfe und Tiefe des Geistes läßt sich diesem Theologen ebensowenig absprechen als ein anderes Moment, welches man gänzlich in der Gröninger Theologie vermißt, nämlich das ernste Streben, dem reformirten Lehrbegriff gerecht zu werden, ihn in seiner Tiefe zu erfassen und nach seiner ganzen Eigenthümlichkeit darzustellen, festzuhalten und fortzubilden. Führten uns die Gröninger zu den rationalistischen Schulen der deutschen Theologie, so erinnert uns Prof. Scholten an Dr. Alex. Schweizer. Freilich gibt es da Punkte von nicht gerade geringer Wichtigkeit, über welche man mit dem Leydener Professor vom Standpunkt der symbolischen Lehre der reformirten Kirche rechten kann. Die kirchlichen Gegner verfehlen auch nicht, die deßfalls nöthigen Vorhaltungen zu machen. Die Orthodoxie will in Scholtens System keineswegs ihre Ueberzeugung, noch die kirchliche Lehre finden. Sogar die Anklage auf Pantheismus ist erhoben worden. Es haben in der letzten Zeit innerhalb der reformirten Kirche der Niederlande nach dieser Richtung hin Erörterungen stattgefunden, welche auch das Interesse des Auslandes in Anspruch zu nehmen vollkommen berechtigt sind. Wir indeß können auf diese Verhältnisse des Näheren nicht eingehen; wir müssen auf die einschlägigen Schriften selbst verweisen. Eine kurze Darstellung des Lehrgebäudes gibt Scholtens Schrift: „Dogmaticae christianae initia in auditorum usum pars formalis 1853, pars materialis 1854.“ Schließlich sey zur allgemeinen Karakterisirung der Leydener Schule nur noch bemerkt, daß dieselbe unter den jüngern Theologen viele Anhänger zählt und es sich zur Ehre rechnet, die reformirte Rechtgläubigkeit nicht minder wie die wissenschaftliche Freiheit zu vertreten, beide zu versöhnen.

Die theologische Fakultät zu Utrecht, an welcher einst der in Deutschland bekannte und um die Kirchengeschichte so verdiente Professor Royaards lehrte, trägt einen mehr geschichtlichen, conservativen Karakter. Hier lehrt H. E. Vinke die Dogmatik, ein Mann, welcher durch seine Ausgabe der „libri symbolici ecclesiae reformatae nederlandicae“, und durch sein dogmatisches Werk „Theologiae Christianae ecclesiae dogmaticae reformatae neerlandicae compendium“ (bis jetzt 2 Theile, welche 1853 und 1854 erschienen), als biblisch-kirchlicher Theologe bekannt ist. Ein bedeutender Theil, namentlich der ältern Geistlichen, steht auf Seiten der Utrechter.

Unter den Kämpfern für Recht und Wahrheit, Zucht und gedeihliche Entwickelung der reformirten Kirche zeichnen sich Männer aus wie Groen van Prinsterer, hochverdient als Geschichtschreiber, Redner und politischer Parteiführer, der bekannte Da Costa, Van Osteergea, ausgezeichneter Kanzelredner zu Rotterdam, Doedes, Chantepie de la Saussaye, Dr. Capadose, Clout van Southerwouth u. A. Besonders hervorzuheben sind die Verdienste des Herrn Groen van Prinsterer, der durch seine langjährigen

mannigfaltigen Bemühungen, sowie auch durch Schriften (z. B. „Unglaube und Revolution", dann „das Recht der reformirten Kirche") den Gemeinden das
Recht des alten reformirten Bekenntnisses wieder zum Bewußtseyn brachte und sie für
dasselbe einzutreten mächtig antrieb. Der Schwerpunkt der Opposition gegen die rationalistischen Tendenzen liegt nun auch recht eigentlich in den Gemeindegliedern selbst. Die
sehr bemerkenswerthe neuliche Erhebung dieser gegen die Ernennung des Predigers
Dr. Meyboom liefert dazu einen Beleg, während die Resultatlosigkeit der in dieser Angelegenheit bei den kirchlichen Behörden gethanen Schritte, sowie die deßfallsigen amtlichen Bescheide wiederum zeigen, daß die Lehrwillkür eine ernste Gefahr für die reformirte Kirche der Niederlande bildet. Hievon durchdrungen reichte eine Anzahl Glieder
der Gemeinde Amsterdam unter dem 28. Juni 1854 eine Vorstellung an den König ein,
worin zum Schluß um Sicherung und Achtung der Rechte des reformirten Bekenntnisses
bei Besetzung der akademischen Lehrstellen gebeten wurde.

Ueberschauen wir demnach das Gebiet der niederländischen Kirche dieser Tage, so
wird es nicht fehlen können, daß sich uns die traurige Ueberzeugung aufdringt, auch hier
habe Unglaube und Neologie manche Wunde geschlagen. Aber leider machen wir diese
Wahrnehmung auf allen evangelischen Kirchengebieten, ohne nur in solchem Grade evangelische Glaubenstreue, heilende Liebe, kirchliche Festigkeit und Erkenntniß der heilsamen
Lehre namentlich im Volke zu finden, wie in der reformirten Kirche Hollands. In großem
Eifer und Opfermuth regen sich hier mannigfaltige Kräfte, die Schäden zu heilen und
die gefallenen Mauern Zions wieder aufzubauen. Und dürfen wir auch in den Vereinen
kein Surrogat für die Kirche und keine Dispensation, diese selbst zu restauriren, sehen,
so mögen sie doch wohl in der reichen Lebendigkeit, womit sie ihre Thätigkeit in Holland
entfalten, die Zuversicht in uns erwecken, daß die nächste Zukunft der niederländisch-reformirten Kirche eine von Christo gesegnete seyn wird. — Unter den christlichen Gesellschaften,
welche aus der Zeit vor dem Beginne der gegenwärtigen Kämpfe datiren, nenne ich die
„Bibelgesellschaft und den Heidenmissionsverein." Ein jeder dieser Vereine
zählt über 8000 beitragende Mitglieder und hat eine jährliche Einnahme von 60,000 bis
90,000 Gulden. Die Jahresfeste werden unter der lebhaftesten Betheiligung des Volkes
gefeiert. Die Bibelgesellschaft vertheilt jährlich mehr als 30,000 Bibeln und neue Testamente. Eine ihrer schönsten Leistungen ist die Herstellung einer javanischen Uebersetzung
der heil. Schrift. Alle Anerkennung verdienen ferner die Vereine, welche sich in der
mannigfaltigsten Weise den Arbeiten der inneren Mission widmen. Wir nennen hier
nur den „Traktatenverein," den „Verein für die moralische Besserung der
Gefangenen," den „Verein der öffentlichen Gemeinnützigkeit," dann eine
Reihe von Lokalvereinen für die Zwecke der innern Mission, welche ihren Mittelpunkt
und gemeinsamen Halt in der „Niederländischen evangelischen Gesellschaft"
haben. Ueber das ganze Land sind „Gebetsvereine" für die Bekehrung Israels verbreitet.
Die Meyboom'sche Angelegenheit war die Veranlassung, daß der „Verein zur Vertheidigung der Lehre und der Rechte der niederländisch-reformirten
Kirche" in's Leben trat. Derselbe hatte bald seine Zweigvereine in Amsterdam, Rotterdam, im Haag, Schiedam u. s. w. gebildet und fand seinen Schwerpunkt im eigentlichen
Volke. Die großen Anstrengungen, welche der Romanism auch in Holland machte, riefen
vier Vereine in's Leben, welche unter verschiedenen Namen den durch die jesuitischen Geld-
manöver bedrohten reformirten Bürgern und kleinen Geschäftsleuten finanzielle Hülfe
leisten, während der „Verein zur Verbreitung von Wahrheit und Frömmigkeit unter den Katholiken" mit geistlichen Waffen kämpft. In der letzten Zeit ist
auch ein Hülfsverein des Gustav-Adolf-Vereins in's Leben getreten. Diakonissenanstalten,
Rettungshäuser, Sonntagsschulen, Jünglingsvereine (vgl. Verslag van het derde Jaar-
feest des Jonglingsvereeniging ter bevordering der Evangelisatie gehouden op Dinst.
31. Oct. 1854 te Amsterdam), Bibellesevereine u. s. w. vervollständigen die Mittel der
rettenden Liebe des Glaubens.

Die Verfassungsfrage ist seit den Stürmen des Jahres 1848 in ein weiteres Stadium getreten. Man war im Laufe der Zeit ziemlich allgemein zur Ueberzeugung gelangt, daß das ganze Gesetz von 1816, namentlich auch wegen des großen Einflusses, welchen dasselbe dem Staatsoberhaupte und seinen Behörden einräumte, eine durchgreifende Revision bedürfe. Zu diesem Zwecke entwarf die Synode von 1848 ein ganz neues Reglement, das jedoch 1849 die Stimmenmehrheit nicht erhielt. Gleichwohl wurde das Gesetz von 1816 durch den im Jahre 1850 und 1851 in der Synode zu Stande gekommenen und am 23. März 1852 sanktionirten Reglement aufgehoben. In diesem sind allerdings die wesentlichen Grundformen des Gesetzes von 1816 beibehalten, aber im Interesse der kirchlichen Autonomie nicht unbedeutende Veränderungen vorgenommen. An der Spitze jeder Gemeinde steht ein Kirchenrath, bestehend aus den Pfarrern oder dem Pfarrer, Aeltesten und Diakonen, alle von der Gemeinde gewählt. Die ganze Landeskirche zerfällt in 43 Klassen mit 10 Provinzialkreisen. Die Klassenversammlungen sind jährlich Ende Juni; sie bestehen jetzt aus einer größeren Anzahl Aeltesten als früher und den Pfarrern. Die Zahl der Aeltesten jedoch darf die der Prediger nicht übertreffen. Diese Versammlung ernennt jetzt direkt die Mitglieder der Provinzialklasse (Provintiaal kerkbestuur, klassikaal Bestur). Dieser stehende Ausschuß der Klasse hat eine größere Bedeutung als die klassikale Vergadering, aus der sie hervorgegangen ist; denn er führt kirchliche Aufsicht, hält Kirchenvisitationen, übt Kirchenzucht, entscheidet in Streitigkeiten, kann Prediger, Kandidaten, Aelteste und Diakonen suspendiren. Auch in diesem Kolleg ist die Zahl der Aeltesten vermehrt, so daß auf je zwei Prediger ein Aeltester kommen soll; sechsmal im Jahre tritt derselbe zusammen. An die Stelle der alten Provinzialsynode ist jetzt in jeder Provinz eine Provinzialbehörde ernannt, „Provintiaal kerkbestuur", bestehend aus so viel Predigern als die Kirchenprovinz Klassen zählt, mit einem weiteren Prediger als Schriftführer und auf je zwei Pfarrer kommt ein Aeltester. Das Bureau bildet sich das Collegium selbst, während der König früher den Vorsitzenden ernannte. Die Provinzialbehörde führt die Aufsicht über die Klasse und deren Behörde, erläßt kirchliche Verordnungen für die Provinzen, kann Prediger, Aelteste rc. absetzen, besorgt die Prüfung der Kandidaten und tritt dreimal des Jahres zusammen. Die gesetzgebende Behörde jedoch ist die einmal jährlich und zwar am ersten Mittwoch des Monats Juni im Haag zusammenkommende allgemeine Synode. In ihr sitzen 10 je von den Provinzialsynoden gewählte Prediger, während die Commission für die wallonische Kirche und für die ost= und westindische Kirche, sowie die Kirchenbehörde im Limburgischen je einen Prediger abordnen. Zu diesen Vertretern der Kirche kommen dann noch drei Aelteste, welche von der Provinzialbehörde nach einer gewissen Reihenfolge abwechselnd gewählt werden, und ein Abgeordneter von jeder der drei theologischen Fakultäten Leyden, Utrecht und Gröningen. Die Ausführung und Besorgung der laufenden Geschäfte ist Sorge der Synodalcommission, welche außer dem Präsidenten, Vicepräsidenten und dem Schriftführer der Synode noch aus drei Predigern und Aeltesten besteht, die auf 3 Jahre gewählt werden, nebst einem Professor der Theologie. Die Fortschritte, welche diese Versammlung im presbyterialen und synodalen Geiste gemacht hat, wird ein Vergleich mit dem Grundgesetz von 1816 sehr leicht darlegen. (Vgl. Exposé historique de l'état de l'église réformée des Pays-Bas, Amsterdam 1855. Lechler, Geschichte der Presbyterial= und Synodalverfassung, Leyden 1854.)

Die niederländische reformirte Kirche zählt 1,800,000 Mitglieder in 1272 Kirchgenossenschaften, welche von 1511 Pfarrern versehen werden. Die 17 wallonischen Kirchen haben 25 Pfarrer und stehen zunächst unter der Kommission für die Angelegenheiten der wallonischen Kirchen Niederlands und bilden, wie wir schon oben gesehen haben, einen integrirenden Theil der reformirten Landeskirche Hollands. Die Klassen sind nach den zehn Provinzen der Niederlande folgende: 1) Provinz Geldern: Arnheim, Nymmwegen, Zutphen, Tiel, Bommel, Harderwyk. 2) Provinz Südholland: Grevenhage, Rotterdam, Leyden, Dordrecht, Gouda, Brielle. 3) Provinz Nordholland: Amsterdam, Haarlem, Alkmaar, Hoorn, Edam. 4) Provinz Seeland: Middelburg, Zierikzee,

Goes, Iszendyle. 5) Provinz Utrecht: Utrecht, Amersfort, Wyk. 6) Provinz Fries=
land: Leeuwarden, Franecker, Sneek, Dokkum, Heerenveen. 7) Provinz Overyssel:
Zwolle, Deventer, Kampen. 8) Provinz Gröningen: Gröningen, Winschoten, Appin=
gabam, Middelslum. 9) Provinz Norbbrabant: s'Hertogenbosch, Breda, Heusden,
Einbhoven. 10) Provinz Drenthe: Assen, Meppel, Coevorden. Theologische Schulen
hat die reformirte Kirche der Niederlande die zu Leyden, Utrecht, Gröningen, die Athe=
näen zu Deventer und Amsterdam. Die ehedem so blühenden Schulen zu Harderwyk und
Franecker sind aufgehoben. (Vgl. Kerkelyk Jaarboek voor de nederlandsche Hervormden,
Amsterd. 1854.)

Die abgeschiedene, freie, reformirte Kirche der Niederlande hat wenigstens 50,000 bis
70,000 (Evangel. Christendom 1855, pag. 140) Glieder, welche sich zu folgendem Orga=
nismus zusammengegliedert haben. A. Provinz Gröningen. 1) Klasse Gröningen
mit den Gemeinden Gröningen, Abuard, Ten Boer, Enumatil, Ezinge, Grootegast,
Haren, Leek en Midwolde, Marum, Miezyl, Thesinge, Stroobos, Zevenhuizen. 2) Klasse
Warffum mit den Gemeinden Bedum, Middelstum, Warffum, Uilhuizen, Uilhuister=
meeden, Baflo, Winsum, Leens, Houwazyl en Zoltkamp, Ulrum. 3) Klasse Appin=
gadam mit den Gemeinden Appingadam en Krewert, Delfzyl en Uitwierde, Garrelsweer,
Wittewierum en Ten Post, Schildwolde, Stedum, 't Zandt. 4) Klasse Pekel=A mit
den Gemeinden Midwolde, Onstwedde, Pekel=A, Sappemeer en Kalkwyk, Winschoten en
Bovenburen, Zellinge, Schumda, Nieuw Beerta, Woldendorp, Stads=Kanaal, Wildervank,
Meeden. B. Provinz Friesland. 1) Klasse Leeuwarden mit den Gemeinden
Leeuwarden, Batgum, Boxum, Denkerk, Suavoude, Hallum, Marrum. 2) Klasse
Dokkum mit den Gemeinden Dokkum, Wanswerd, Ferwerd, Lioessens, Driesum, Burum.
3) Klasse Drogeham mit den Gemeinden Dragten, Oudega, Bergum, Drogeham,
Surhuisterveen, Westergeest. 4) Klasse Franecker mit den Gemeinden Harlingen,
Franecker, Serxbierum, Minnertsga. 5) Klasse Sneek mit den Gemeinden Sneek,
Scharnegoutum, Bolswaard, Workum, Koudum, Hindelopen. 6) Klasse Heerenveen
mit den Gemeinden Heerenveen, Joure, Katlyk en Mildam, Lippenhuizen, Donkerbroek,
Haulerwyk. C. Provinz Drenthe. 1) Klasse Kuinerwold mit den Gemeinden
Meppel, Nyeveen, Kuinerwold, Dedemsvaart, Hoogeveen, Zuidwold. 2) Klasse Zweelo
mit den Gemeinden Koevorden, Emmen, Aalen, Gees, Exlo, Borger, Westerbork, Beilen.
3) Klasse Smilde mit den Gemeinden Assen, Een, Smilde, Appelscha, Dwingelo,
Diever, Hyken. D. Provinz Overyssel. 1) Klasse Zwolde mit den Gemeinden
Zwolle, Kampen, Genemuiden, Vollenhove, Hasselt, Steenwyk, Staphorst, Rouveen.
2) Klasse Holten mit den Gemeinden Deventer, Holten, Hellenboorn, Enter, Briezen=
veen, Ommen, Haemse, den Ham, Dalffen, Nieuw Leusen. E. Provinz Gelder=
land. 1) Klasse Arnheim mit den Gemeinden Arnheim, Velp, Tiel, Ommeren,
Veenendaal, Putten, Beekbergen. 2) Klasse Barsfeveld mit den Gemeinden Baresse=
veld, Aalten, Winterswyk, Geesteren, Zutphen. 3) Klasse Hattem mit den Gemeinden
Hattem, Heerde, Twello, Apeldoorn en 't Loo, Elburg. F. Provinz Utrecht. 1) Klasse
Utrecht mit den Gemeinden Utrecht, Oud Loosdrecht, Westbroek, Hilversum, 's Grave=
land, Koekengen. 2) Klasse Amersfoort mit den Gemeinden Amersfoort, Bunschoten,
Nykert, Zeyst, Scherpenzeel. G. Provinz Noordholland. 1) Klasse Amsterdam
mit den Gemeinden Amsterdam, Alkmaar, Broek=op=Langendyk, de Helder, Krabbendam,
Zaandam, Uithoorn. 2) Klasse Enkhuizen mit den Gemeinden Andyk, Edam, Ent=
huizen, Urk. H. Provinz Zuid=Holland. 1) Klasse Leyden mit den Gemeinden
s'Gravenhage, Leyden, Rhynsburg, Bodegraven, Boskoop, Woubrugge, Katwyk am Zee.
2) Klasse Rotterdam mit den Gemeinden Rotterdam, Schiedam, Pernis, Delft,
Vlaardingen, Maasland, Naalwyk, Rozenburg, Brielle, Hellevoetsluis en Stellendam.
3) Klasse Dordrecht mit den Gemeinden Dordrecht, Werkendam, Giessendam, Slied=
recht, Ablasserdam, Barenbrecht, Heer=Jansdam, Puttershoek, s'Gravendeel, Westmaas,
Zuid=Beyerland. 4) Klasse Gorinchem mit den Gemeinden Gorinchem, Leerdam,

Noorbeloos, Schoonhoven, Langerak, Herwynen, Haaften, Buren, Gameren, Zuilichem, Poederoyen, Well, Honzadriel, Sleeuwyk. I. Provinz Seeland. Klasse Seeland mit den Gemeinden Middelburg, Zierikzee, Goes, Nieuwdorp, Baarland, Tholen, Kruiningen, Wolphaarsdyk, Axel, Neuzen, Zaamslag. K. Provinz Noord-Brabaud. 1) Klasse Genderen mit den Gemeinden s'Hertogenbosch, Heusden, Genderen, Meeuwen, Bryhoeve Capelle. 2) Klasse Almkerk mit den Gemeinden Almkerk, Waardhuizen, Andel, e. a. Been. 3) Klasse Klundert mit den Gemeinden Zevenbergen, Klundert, Willemstad. — Ferner besitzen sie eine theologische Schule zu Kampen mit den Professoren T. F. de Haan, S. van Velzen, A. Brummelkamp, H. de Cock, bilden die Aspiranten zum geistlichen Amte aus. Die Schule zu Kampen soll neuerdings nach Zwoll verlegt werden. (Vgl. Jaarboekje voor de afgescheid. gereform. Kerk in Nederland voor 1856. Kampen.)

Die Remonstranten sind sehr gering an Zahl; sie zählen ungefähr 5000 Kirchenglieder mit 27 Gemeinden und 25 Pastoren.

Schon frühe finden wir lutherische Gemeinden in den Niederlanden. Sie stellten 1596 eine Kirchenordnung mit Aeltesten und Diakonen auf, die sammt den Pfarrern das Consistorium ausmachen, Kirchenzucht üben, die Gemeinde leiten, auch hielten sie Klassenversammlung. Zu wiederholten Malen haben sie seitdem ihre Kirchenverfassung revidirt, doch ohne von den wesentlichen Grundlagen derselben abzuweichen. Gegenwärtig zählt man 55,000 Lutheraner in den Niederlanden mit 47 Kirchen und 58 Pastoren. Besonders stark ist die Gemeinde zu Rotterdam und Amsterdam. Die Synode ist die oberste Behörde. Zu Amsterdam haben sie ein theologisches Seminar mit zwei Professoren. Gegen Ende des vorigen Jahrhunderts lehnte sich ein Theil der Lutheraner gegen den einbringenden Rationalismus auf und bildete die sogenannte wiederhergestellte lutherische Kirche, welche noch jetzt besteht und 8 Gemeinden mit 11 Pastoren und 11,000 Mitgliedern zählt. — Die lutherische Gemeinschaft war übrigens nicht im Stande, einen wesentlichen Einfluß auf den religiösen Karakter des reformirten niederländischen Volkes auszuüben, während sie selbst in Manchem reformirt geprägt ist.

Mennoniten gibt es in den Niederlanden 40,000 in 123 Gemeinden und 124 Pfarrer. Sie sind eine ächt niederländische Lebenserscheinung, welche älter ist als die Reformation und darum mit dem Protestantismus des sechzehnten Jahrhunderts nicht identifizirt werden darf. Die Mennoniten selbst scheiden sich auch bestimmt von den Protestanten. "Ueberdies, bemerkt Herr Chantepie de la Saussaye (l. c.), sagen ihnen die kirchlichen und dogmatischen Prinzipien des Calvinismus sehr wenig zu. Sie halten sich mehr an die mystischen Anschauungen des Mittelalters, an die Sitte der freien religiösen Vereinigungen. Ihre Gemeinden bilden deßhalb auch keine zusammenhängende, geordnete Kirche; früher gab es oft mehrere mennonitische Vereinigungen in einer Stadt; erst seit dem Anfange dieses Jahrhunderts haben sie angefangen, in eine gewisse Verbindung mit einander zu treten. Sie haben demnach kein gemeinsames Glaubensbekenntniß, keine kirchliche Organisation, keine Schranke gegen den einbringenden Unglauben. Sie besitzen indeß ein gemeinsames Seminar zur Ausbildung ihrer Geistlichen und eine Verwaltungsbehörde für einige gemeinschaftliche äußere Interessen." Lic. theol. Sudhoff.

Hollaz, David, lutherischer Dogmatiker des 18. Jahrhunderts, — geb. 1684 in dem pommer'schen Dorfe Wulkow bei Stargard, studirt in Wittenberg, wird 1670 Prediger in Pützerlin bei Stargard, 1680 Conrektor in Stargard, später Rektor und Prediger in Colberg, zuletzt Propst und Pastor zu Jakobshagen, † 1713. Neben einigen kleineren Schriften verschiedenen Inhalts (Programme, griech. Gedichte, Predigten) ist es vorzugsweise sein dogmatisches Lehr- und Handbuch, wodurch er sich bekannt gemacht hat u. d. T. Examen theologicum acroamaticum universam theologiam thetico-polemicam complectens, 1707. 4. (ferner 1717. 22. 25. 35. 41., neu herausg. von R. Teller mit dogmatischen und polemischen Zusätzen und Verbesserungen 1750 und 1763). Die große und langbauernde Beliebtheit, von welcher diese wiederholten Auflagen Zeugniß geben, verdankt das Werk nicht sowohl seiner wissenschaftlichen Originalität (es ist größtentheils ein Auszug aus Gerhard, Calov, Scherzer u. A.), als vielmehr seinen formellen Vorzügen, der Deutlichkeit und Präcision der jedem Artikel vorangestellten Definitionen, der Vollständigkeit und übersichtlichen Anordnung (Prolegomena über Religion, Theologie, Glaubensartikel, h. Schrift, die eigentliche Dogmatik nach der gewöhnlichen analytischen Methode eingetheilt in vier Haupttheile), besonders aber dem milderen und freieren Sinn, dem Geiste religiöser Innigkeit und einer lebendigeren schriftmäßigen Theologie, der sich in ihm mit tabelloser kirchlicher Rechtgläubigkeit paart. Unter den lutherischen Theologen jener Uebergangszeit (Ende des 17. u. Anf. des 18. Jahrh.) und unter den Vertretern jener biblisch-kirchlichen, zwischen der orthodoxen Schultheologie und der praktisch-erbaulichen Tendenz der Pietisten vermittelnden Richtung, welche kirchliche Rechtgläubigkeit mit freierer Forschung, Entschiedenheit des Bekenntnisses mit Milde des Urtheils, religiöse Innigkeit und Tiefe mit wissenschaftlicher Klarheit und Bestimmtheit zu vereinen suchten, nimmt Hollaz der Zeit nach eine der ersten, dem Rang nach eine der hervorragendsten Stellen ein. — Sein gleichnamiger Sohn, Prediger zu Günthersberg in Hinterpommern, ist Verfasser mehrerer trefflicher, zum Theil in neuester Zeit wieder aufgelegter erbaulicher Schriften, z. B. Beschreibung der Wiedergeburt und des geistlichen Lebens. Stettin, 1737; Anweisung zum rechten Gebet. Wittenberg, 1717; evangelische Gnadenordnung. Leipzig, 1751. 72. 87; Reutlingen, 1833; Stuttgart, 1855; die gebahnte Pilgerstraße nach dem Berg Zion, 1771. 8.; sämmtl. erbauliche Schriften. Görlitz, 1773. 82. 2 Thle. — S. Jänike, gel. Pommern; Kraft, theol. Bibl. V, S. 685; Ernesti, neue theol. B. IV, 185; *Walch*, bibl. theol. I, p. 62; Heinrich, Gesch. der versch. Lehrarten S. 423 ff.; Baur in Ersch und Grubers Encykl.   **Wagenmann.**

Holofernes, s. Judith.

Holstein, s. Schleswig-Holstein.

Holste oder **Holstenius,** Lukas, gehört zu den hervorragenden Apostaten, welche im 17. Jahrhundert von der evangelischen zur katholischen Kirche übertraten, und auf welche die letztere wegen ihrer ausgezeichneten Bildung und Gelehrsamkeit stolz ist, aber dabei zu vergessen pflegt, daß zu dieser nicht durch sie, sondern in den Schulen der Protestanten der Grund gelegt ward. Geboren 1596 zu Hamburg, erhielt Holstenius zuerst in seiner Vaterstadt und dann seit 1617 in Leiden unter Lehrern wie Daniel Heinsius, Joh. Meursius, Gerh. Joh. Vossius, Peter Scriver, sowie im Verkehr mit Männern wie Hugo Grotius eine eminente philologische Bildung; damit verband sich bald ein besonderes Interesse für die alten Geographen, und eine große Vorliebe für die platonische und neuplatonische Philosophie. Verstimmt durch eine fehlgeschlagene Bewerbung um eine Lehrerstelle an der Schule zu Hamburg ging er 1622 nach England und 1624 nach Paris, wo er Bibliothekar des Präsidenten de Mesmes wurde, und mit Jesuiten wie Sirmond, mit Nik. Claude, Fabri de Peiresc zu Aix u. A. näher bekannt und schon damals katholisch wurde. Sein Uebertritt ist von Andern bald auf diesen jesuitischen Umgang, bald auf das gelehrte Verlangen, freieren Zutritt zu den Bibliotheken Frankreichs und Italiens zu erhalten, bald auch, wie von Salmasius (*Moller*, Cimbr. lit. 3, 323) auf Armuth und Eigennutz zurückgeführt; er selbst äußert sich im J. 1631 in einem Briefe an Peiresc so darüber: „Ex quo tempore Maximi Tyrii, Chalcidii et Hieroclis lectione admodum adolescens Platonicae philosophiae gustum aliquem haurire coepi, sensi ingens desiderium in animo meo enasci primum cognoscendi uberius, mox etiam promovendi et illustrandi pro viribus tam divinam philosophandi rationem; dieselbe habe er dann auch durch die Schriften der Kirchenväter bestätigt gefunden, quibus illi contemplativam et mysticam quoque theologiam pertractant qua in Deum animus excitatur; atque ita factum est, ut sanctorum patrum divinam ac solidam philosophandi rationem toto animo admirarer, et mox inscius me ferme in catholicae ecclesiae gremio constitutum cernerem, quod sibi quoque usu venisse D. Augustinus in confessionibus testatur. Meum sane animum divinae illae contemplationes adeo ad veritatis cognitionem erexerunt et conarmarat, ut usque eum circa literas et quaestiunculas, quales de fidei negotio novatores movere solent, postmodum langueret." (Epistt. ed. Boissonade p. 224). Seit 1627 in Rom, erhielt er hier seinen vornehmsten Beschützer und Freund an dem ihm gleichaltrigen Neffen des Papstes Urban VIII., dem Cardinal Franz Barberini, geb. 1597, gest. 1679, und empfing von Urban VIII. außer deutschen Präbenden, welche freilich während des Krieges nicht immer flüssig zu machen waren, ein Kanonikat des Vatikan: Innocenz X. machte ihn zum Bibliothekar der Vatikana und Alexander VII. welcher ihn schon als Cardinal Chigi besungen hatte, zu seinem commensalis und zum Consultore bei der Congregation des Inder. Oester wurde er auch bei der Belehrung ausgezeichneter Convertiten mit in Thätigkeit gesetzt; so 1637 bei dem Uebertritt des Landgrafen Friedrich von Hessen-Darmstadt; so schrieb er 1651 für den Grafen Christoph Rantzau nach dessen Abfall an Georg Calixtus; so ward er 1655 der Königin Christine nach Innsbruck vom Papste Alexander entgegengeschickt und assistirte bei ihrer Abschwörung. Aber bei dem Allen erhielt er sich in Rom eine ziemlich unabhängige Stellung. Im Jahre 1639 wurde er in Rom mit dem Griechen Leo Allatius der Congregation zur Untersuchung des Abstandes von der griechischen Kirche und zur Vergleichung des griechischen Eucologion mit dem römischen Ritual beigegeben, und hier war er es, der mit Freimüthigkeit für Annäherung und gegen das Wichtignehmen unbedeutender Differenzpunkte sprach. Ebenso in der Congregation des Inder war er so wenig für Strenge gegen werthvolle Werke protestantischer Gelehrten, daß er, als er damit nicht mehr durchdringen konnte, an den Sitzungen der Congregation nicht mehr Theil nahm. Gegen protestantische Reisende, wie gegen den jüngeren Calixtus, gab er bestehende Mißbräuche bei Bilder- und Reliquienverehrung willig zu. Im jansenistischen Streite rieth er Alexander VII. lieber keine Entscheidung für die Jesuiten abzugeben. Seine großen literarischen Unternehmungen legte er so umfangreich an und sammelte mit so viel Gründlichkeit dafür, daß er das meiste bei seinen Lebzeiten nicht zum Abschluß brachte. Unter den kirchliche Dinge betreffenden gehören zu den bedeutendsten die Arbeiten für den liber pontificalis, den liber diurnus pontificum Romanorum, die älteren Marthrologien und Mönchsregeln (codex regularum etc. zuerst Rom 1661, nachher zu Paris, und sehr erweitert Augsburg 1759. 6 Bde fol.), Briefe der Päpste und Concilienakten in der collectio Romana veterum aliquot hist. eccl. monumentorum, u. a. Er starb am 2. Febr. 1661.

Nachrichten über ihn am sorgfältigsten in Mollers Cimbria literata Th. I. S. 321 –342, schon benutzt von J. F. Boissonade (Biogr. univ. Th. 20, s. v.), welcher um dieselbe Zeit Lucae Holstenii epistolas ad diversos ex editis et ineditis codicibus. — Paris 1817. 8. mit Anm. herausgab. Eine deutsche Biographie soll von Nik. Wildens, Hamburg 1723. 8., herausgegeben seyn. Sein Denkmal mit seinem Bilde in seines Neffen Peter Lambecks commentariis de bibliotheca Vindobonensi. lib. VI. p. 285. Henke.

Holzhauser, Barthol., s. Bartholomiten.

Homberg, Synode, s. Hessen, Reformation in, und Lambert von Avignon.

Homeriten, griechischer Name für die Hamjariten, oder Nachkommen Hamjars, des Sohnes Eber's, eines Sohnes Saba's, Enkels Jocktans oder Jlectans 1 Mos. 10), von welchen sich die ächten Südaraber der ältesten Zeit im Gegensatz zu den Ismaeliten oder gemischten Arabern ableiteten. Diese Homeriten, deren Dialekt mehr dem althebräischen und syrischen, als dem jetzigen arabischen verwandt war, drangen aus dem Innern des Landes an die Westküste vor, und nahmen die Wohnsitze der Sabäer und Catabaner ein. Sie stifteten hier, im heutigen Yemen ein ansehnliches Reich, das über fünf Jahrhunderte blühte. Ihr König führte den Titel Chariktob (der Fürst der Schmertos); die Hauptstadt hieß Zaphor, die jetzt unter dem Namen Dhafar in Trümmern liegt. Um das Jahr 100 v. Chr. hatten die Könige der Homeriten die jüdische Religion angenommen. Später veranlaßte der große Handelsverkehr zwischen einem Theil von Arabien und dem römischen Reiche den Kaiser Constantius, eine Gesandtschaft unter dem

Geschenken an den König der Homeriten abzusenden. Er wählte hiezu Theophilus aus
Diu, der die Erlaubniß auswirken sollte, daß für die römischen Kaufleute auf Kosten
des Kaisers eine Kirche angelegt und christlicher Gottesdienst in ihr gehalten werden
dürfte. Seine Sendung ward mit gutem Erfolg gekrönt: der König bekehrte sich selbst
und erbaute auf eigene Kosten drei Kirchen, die eine an dem Hauptplatz des Volks, bei
Thaphar hieß, die andere an dem römischen Hafen und Handelsplatz Aden, die dritte an
dem persischen Handelsplatz Hormuz. Die Menge und Macht der dortigen Juden scheint
es allein gehindert zu haben, daß nicht das ganze Land christlich wurde. Im Anfang des
6. Jahrhunderts hatten die Homeriten sogar einen jüdischen König wieder, Dunaan, der
unter dem Vorwande, die Bedrückungen zu rächen, welche seine Glaubensgenossen im
römischen Reich erdulden mußten, die christlichen Kaufleute, welche von dorther kamen,
morden ließ. Der christliche König von Abessynien, Elesbaan, bekriegte deßhalb den arabischen Fürsten, nahm ihm die Regierung ab, und setzte einen Christen, Abraham, an
dessen Stelle zum Könige ein. Aber nach dem bald erfolgten Tod des Letzteren setzte
sich Dunaan wieder auf den Thron und ward nun ein noch heftigerer und grausamerer
Verfolger. Gegen die eingebornen Christen wüthete er mit Feuer und Schwert, über
4000 Christen ließ er theils verbrennen, theils enthaupten. Elesbaan nahm sich dann
zum zweiten Mal unter der Regierung Justinians der Sache an, machte dem alten homeritischen Reich ein Ende, setzte eine neue, den Christen günstige Regierung ein, und
seitdem herrschten in Jemen christliche Könige, bis das Land in die Gewalt der Perser
und endlich in Mohamets Hände fiel. Die Homeritische Kirche hatte, obgleich ihr Stifter
Theophilus ein Arianer war, doch den Arianismus nicht angenommen oder nicht beibehalten; wohl aber hatte sich während der Persischen Oberherrschaft der Nestorianismus
eingeschlichen, wie auch in anderen Theilen Arabiens. Vielleicht hörte im Lande der Homeriten in neuerer Zeit von keinem eingebornen Christen mehr, wohl aber von beinahe
5000 jüdischen Familien. Im 7. Jahre nach der .... fand ....
.... an ihren damaligen König, und dieser nahm mit ...... Unterthanen den Islam
an. Der Name der Homeriten ist jetzt fast ganz verschwunden. *Th. Pressel*

Homiletik. Da der Inhalt dieser Wissenschaft bereits in dem Art. Pastoral-
.... erörtert worden ist, so bleibt uns jetzt nur übrig, die ....
die Methode der Predigtwissenschaft, ...
darzustellen. Der Name Homiletik, der auf die ursprüngliche Bedeutung ... .
.... Homilie zurückweist, ...
.... für die einzelnen theologischen Disciplinen, ...
....
Drittel des siebzehnten und dem Anfang des ....
pendium theologiae homileticae. 1677 ....
.. Joachim Zerler, cursus homileticus. ....
....
....
....
....
....
....
....
....
....
....
....
....
....
....
....
....
....

firmarunt, ut nequaquam circa tricas et quaestiunculas, quales de fidei negotio novatores movere solent, postmodum langueret." (Epistt. ed. Boissonade p. 224). Seit
1627 in Rom, erhielt er hier ſeinen vornehmſten Beſchützer und Freund an dem ihm
gleichaltrigen Neffen des Pabſts Urban VIII., dem Cardinal Franz Barberini, geb. 1597,
geſt. 1679, und empfing von Urban VIII. außer deutſchen Präbenden, welche freilich
während des Krieges nicht immer flüſſig zu machen waren, ein Kanonifat des Vatifan;
Innocenz X. machte ihn zum Bibliothefar der Vatifana und Alexander VII. welcher ihn
ſchon als Cardinal Chigi beſungen hatte, zu ſeinem commensalis und zum Conſultore
bei der Congregation des Index. Oefter wurde er auch bei der Befehrung ausgezeichneter
Convertiten mit in Thätigkeit geſetzt; ſo 1637 bei dem Uebertritt des Landgrafen Friedrich von Heſſen-Darmſtadt; ſo ſchrieb er 1651 für den Grafen Chriſtoph Rantzau nach
deſſen Abfall an Georg Calixtus; ſo ward er 1655 der Königin Chriſtine nach Innsbruck
vom Pabſte Alexander entgegengeſchickt und aſſiſtirte bei ihrer Abſchwörung. Aber bei
dem Allen erhielt er ſich in Rom eine ziemlich unabhängige Stellung. Im Jahre 1639
wurde er in Rom mit dem Griechen Leo Allatius der Congregation zur Unterſuchung
des Abſtandes von der griechiſchen Kirche und zur Vergleichung des griechiſchen Eucholo-
gion mit dem römiſchen Ritual beigegeben, und hier war er es, der mit Freimüthigkeit
für Annäherung und gegen das Wichtignehmen unbedeutender Differenzpunkte ſprach.
Ebenſo in der Congregation des Index war er ſo wenig für Strenge gegen werthvolle
Werke proteſtantiſcher Gelehrten, daß er, als er damit nicht mehr durchdringen konnte,
an den Sitzungen der Congregation nicht mehr Theil nahm. Gegen proteſtantiſche Reiſende, wie gegen den jüngeren Calixtus, gab er beſtehende Mißbräuche bei Bilder- und
Reliquienverehrung willig zu. Im janſeniſtiſchen Streite rieth er Alexander VII. lieber
feine Entſcheidung für die Jeſuiten abzugeben. Seine großen literariſchen Unternehmungen
legte er ſo umfangreich an und ſammelte mit ſo viel Gründlichfeit dafür, daß er das
meiſte bei ſeinen Lebzeiten nicht zum Abſchluß brachte. Unter den firchliche Dinge betreffenden gehören zu den bedeutendſten die Arbeiten für den liber pontificalis, den liber
diurnus pontificum Romanorum, die älteren Marthrologien und Mönchsregeln (codex
regularum etc. zuerſt Rom 1661, nachher zu Paris, und ſehr erweitert Augsburg 1759.
6 Bde fol.), Briefe der Päbſte und Concilienaften in der collectio Romana veterum
aliquot hist. eccl. monumentorum, u. a. Er ſtarb am 2. Febr. 1661.
    Nachrichten über ihn am ſorgfältigſten in Mollers Cimbria literata Th. 3. S. 321
—342, ſchon benutzt von J. F. Boiſſonade (Biogr. univ. Th. 20., s. v.), welcher um
dieſelbe Zeit Lucae Holstenii epistolas ad diversos ex editis et ineditis codicibus. — Paris
1817. 8. mit Anm. herausgab. Eine deutſche Biographie ſoll von Nif. Wilckens, Hamburg 1723. 8., herausgegeben ſeyn. Sein Denkmal mit ſeinem Bilde in ſeines Neffen
Peter Lambecks commentariis de bibliotheca Vindobonensi, lib. VI. p. 235.   Henke.

Holzhauſer, Barthol., ſ. Bartholomiten.

Homberg, Synode, ſ. Heſſen, Reformation in, und Lambert von
Avignon.

Homeriten, griechiſcher Name für die Hamjariten, oder Nachkommen Hamjars, des Sohnes Eber's, eines Sohnes Saba's, Enfels Jocftans oder Klechtans (1 Moſ.
10.), von welchen ſich die ächten Südaraber der älteſten Zeit im Gegenſatz zu den Jsmae-
liten oder gemiſchten Arabern ableiteten. Dieſe Homeriten, deren Dialeft mehr dem
althebräiſchen und ſyriſchen, als dem jetzigen arabiſchen verwandt war, drangen aus dem
Innern des Landes an die Weſtküſte vor, und nahmen die Wohnſitze der Sabäer und
Catabaner ein. Sie ſtifteten hier, im heutigen Yemen ein anſehnliches Reich, das über
fünf Jahrhunderte blühte. Ihr König führte den Titel Charibaël (der Fürſt des Schwertes); die Hauptſtadt hieß Saphor, die jetzt unter dem Namen Dhafar in Trümmern
liegt. Um das Jahr 100 v. Chr. hatten die Könige der Homeriten die jüdiſche Religion
angenommen. Später veranlaßte der große Handelsverfehr zwiſchen einem Theile von
Arabien und dem römiſchen Reiche den Kaiſer Conſtantius, eine Geſandtſchaft mit vielen

Geschenken an den König der Homeriten abzusenden. Er wählte hiezu Theophilus aus Diu, der die Erlaubniß auswirken sollte, daß für die römischen Kaufleute auf Kosten des Kaisers eine Kirche angelegt und christlicher Gottesdienst in ihr gehalten werden dürfte. Seine Sendung ward mit gutem Erfolg gekrönt: der König bekehrte sich selbst, und erbaute auf eigene Kosten drei Kirchen, die eine an dem Hauptplatz des Volks, der Thaphar hieß, die andere an dem römischen Hafen und Handelsplatz Aden, die dritte an dem persischen Handelsplatz Hormuz. Die Menge und Macht der dortigen Juden scheint es allein gehindert zu haben, daß nicht das ganze Land christlich wurde. Im Anfang des 6. Jahrhunderts hatten die Homeriten sogar einen jüdischen König wieder, Dunaan, der unter dem Vorwande, die Bedrückungen zu rächen, welche seine Glaubensgenossen im römischen Reich erdulden mußten, die christlichen Kaufleute, welche von dorther kamen, morden ließ. Der christliche König von Abessynien, Elesbaan, bekriegte deßhalb den arabischen Fürsten, nahm ihm die Regierung ab, und setzte einen Christen, Abraham, an dessen Stelle zum Könige ein. Aber nach dem bald erfolgten Tod des Letzteren setzte sich Dunaan wieder auf den Thron und ward nun ein noch heftigerer und grausamerer Verfolger. Gegen die eingebornen Christen wüthete er mit Feuer und Schwert; über 4000 Christen ließ er theils verbrennen, theils enthaupten. Elesbaan nahm sich dann zum zweiten Mal unter der Regierung Justinians der Sache an, machte dem alten homeritischen Reich ein Ende, setzte eine neue, den Christen günstige Regierung ein, und seitdem herrschten in Jemen christliche Könige, bis das Land in die Gewalt der Perser und endlich in Mohameds Hände fiel. Die Homeritische Kirche hatte, obgleich ihr Stifter Theophilus ein Arianer war, doch den Arianismus nicht angenommen oder nicht beibehalten; wohl aber hatte sich während der Persischen Oberherrschaft der Monophysitismus eingeschlichen, wie auch in anderen Theilen Arabiens. Niebuhr hörte im Lande der Homeriten in neuerer Zeit von keinem eingebornen Christen mehr, wohl aber von beinahe 5000 jüdischen Familien. Im 7. Jahre nach der Hedschra sandte Mohamed einen Gesandten an ihren damaligen König, und dieser nahm mit seinen Unterthanen den Islam an. Der Name der Homeriten ist jetzt fast ganz verschwunden.   Th. Pressel.

Homiletik. Da der Inhalt dieser Wissenschaft bereits in dem Art. Beredtsamkeit (geistliche) erörtert worden ist, so bleibt uns jetzt nur übrig, die formelle Seite, die Methode der Predigt-Wissenschaft, wie sie geschichtlich sich gestaltet hat, übersichtlich darzustellen. Der Name Homiletik, der auf die ursprüngliche Bezeichnung der Predigt, ὁμιλία (s. d. Art. Homilie) zurückweist, hat sich, wie ja überhaupt die jetzt üblichen Namen für die einzelnen theologischen Disciplinen, zumeist für die der praktischen Theologie angehörigen, erst spät festgesetzt; er begegnet uns zuerst in Werken aus dem letzten Drittel des siebzehnten und dem Anfang des achtzehnten Jahrhunderts (W. Baier, compendium theologiae homileticae, 1677; Chr. Krumholz, compendium homileticum 1699; Joachim Leyser, cursus homileticus 1701; Valentin Löscher titulirt sein Werkchen 1715 zwar noch breviarium oratoriae sacrae, sagt aber von dieser sogleich §. 1. dicitur quoque homiletica), nachdem zuvor immer Titel wie ratio concionandi, ars concionandi, orator ecclesiasticus etc. gebraucht worden waren und man in ähnlicher Weise auch die akademischen Vorlesungen über dieses Fach angekündigt hatte (so z. B. der Tübinger Katalog von 1664: Dr. Wölfflin themata concionum studiosis proponet). Es hängt diese Namengebung ohne Zweifel damit zusammen, daß, wie schon bei Augustin und denen, die ihn ausgeschrieben haben, so wieder bei Melanchthon und einer Reihe Theoretiker, die ihm folgen, die geistliche Redekunst noch ganz auf die Basis der classischen Rhetorik gebaut ist und nur in der Anwendung der Regeln auf die Predigt und in den hiedurch nothwendig gewordenen Modifikationen das spezifisch Homiletische zu Tage kommt; wogegen andererseits diejenigen, die den spezifisch christlichen Standpunkt stärker betonen wollten, die Predigt vorzugsweise von pastoraler Seite auffaßten (z. B. Nikolaus Hemmings Anweisung, »wie der Pastor die Schäflein Christi mit gesunden Lehren weiden soll« — was einen Theil seiner »Pastoral-Unterrichtung in sechs Bänden, 1566, 1589

16 *

ausmacht). Daher hat unsre Wissenschaft noch keinen eignen Namen; sie geht bald bei der Rhetorik, bald bei der Pastoraltheologie zur Miethe. Ihr Auftreten mit eigenem Wappen bezeichnet diejenige Zeit, in welcher das von der starr gewordenen Theorie sich abwendende praktisch-christliche Interesse eine erhöhete Thätigkeit für die akademische Vorbildung zu den verschiedenen Gebieten des geistlichen Amtes hervorrief, das heißt die Spener-Francke'sche Periode. Auch seit dieser Zeit haben sich Abweichungen in der ganzen Anschauung der Predigt, ihrer Aufgabe und Bedeutung daran kund gegeben, daß andere Namen für sie und ihre Theorie gesucht wurden; wie der Rationalismus aus den Predigern Kanzelredner gemacht hat, so will Stier die Homiletik durch eine Keryktik, Sickel durch eine Halieutik ersetzen; es werden jedoch diese neu erfundenen Titel das ungetheilte Eigenthum ihrer Urheber bleiben, da sie nicht die Sache, den Gegenstand, die ὁμιλία, sondern nur eine Ansicht von derselben, von ihrem Zwecke, ihrer Wirkung, ausdrücken, der Name aber, den eine Wissenschaft führt, ganz objektiv die unter allen verschiedenen Auffassungen sich gleichbleibende Sache bezeichnen muß.

Die Predigt nun, als eine der wesentlichen, organischen Thätigkeiten der Kirche, läßt zunächst, wie alle andern, eine systematisch-geordnete Behandlung in der Art zu, daß die für sie geltenden Regeln zur praktischen Nachachtung zusammengestellt werden; auf diesem Standpunkt ist die Homiletik eine Anweisung zum Predigen. Allein schon dies, wenn nicht bloß die Autorität bedeutender Vorgänger, die übliche Praxis, oder ein prinzyiploses, an Einzelheiten sich knüpfendes Reflektiren den Ausschlag geben soll, muß auf Grundsätze zurückleiten, die tiefer als die Praxis liegen und in der Idee der Kirche und des Cultus wurzeln, für welche auch die Geschichte nicht mehr eine Sammlung von Autoritäten, sondern die im Großen bereits vorliegende Verwirklichung der Idee ist, während jeder einzelne Predigtakt eine erst in der Gegenwart sich vollziehende, gleichsam im Kleinen vorgehende Verwirklichung derselben Idee ist. Daher hat auch die homiletische Wissenschaft eine Seite, an welcher sie durchaus praktisch ist und die Form von Regeln und in's Einzelne gehenden praktischen Rathschlägen annehmen kann; nur selten hat sich ein Bearbeiter begnügt, bloß die Idee zu entwickeln, ohne jene praktischen Consequenzen zu ziehen (als Beispiel hievon kann die „Grundlegung der Homiletik" von Marheineke, 1811, angeführt werden). Und diese praktische Seite ist dann auch nicht ausschließlich nur bedingt durch die Idee, sondern ebenso durch die bereits geschehene Verwirklichung derselben in der Geschichte, von der jedes gesunde Leben, wenn es nicht in Abstraktheit verfallen will, sich muß getragen wissen und tragen lassen. Daraus folgt zwar nicht, daß jede Bearbeitung unsrer Wissenschaft als einen Theil ihrer selbst die ganze Geschichte der Predigt enthalten müsse, was bei dem gewaltigen Stoffe, der in letzterer vorliegt, ohnehin nur compendiarisch möglich wäre (s. Nitzsch, pr. Th. II, 1. §. 96. Baur, Homiletik, §. 4. S. 20—68), was übrigens der akademischen Vorlesung, wofern der Homiletik nicht eine Vorlesung über Geschichte der Predigt selbständig zur Seite geht, nicht erlassen werden kann; aber jede Bearbeitung muß wenigstens den Zusammenhang dessen, was sie von dem Prediger fordert, mit der Geschichte, mit den traditionellen, in der Sitte der Kirche fortlebenden Elementen klar und bestimmt erkennen lassen; und ebenso muß sie Zeugniß davon geben, daß der Homiletiker nicht den ebenso unwissenschaftlichen als hochmüthigen Wahn hegt, er müsse erst von vorn anfangen, als wäre die ganze Geschichte nur ein Verzeichniß von Thorheiten und Verirrungen, sondern daß er den Proceß der Geschichte innerlich durchlebt hat und daher auch seine Selbständigkeit nicht jene eitle Negativität ist, die so gerne unter der Maske christlicher Freiheit von Allem, was man Menschensatzung zu nennen beliebt, ihr Wesen treibt.

Wie nun immer eine Theorie erst möglich ist, nachdem die Praxis sich bis auf einen gewissen Grad ausgebildet und abgerundet hat: so mußte auch die Predigt erst als ein eigenthümliches Gebiet kirchlichen Lebens und kirchlicher Thätigkeit abgegrenzt und von tüchtigen Händen angebaut seyn, ehe eine Theorie derselben auftreten konnte. Wir finden wohl schon in den ersten Jahrhunderten zerstreute Bemerkungen über christliche Beredt-

samkeit, und zwar lauten sie alle dahin, daß sie des heidnischen Redeschmuckes nicht bedürfe; so Clem. Al. strom. 1, 4. 2, 1.; Orig. hom. 7 in Jos.; Cypr. ep. 2. ad Don.;
selbst Lactanz, der doch des Rhetorischen viel an sich hat, nennt es inst. 3, 1. eine göttliche Ordnung, ut simplex et nuda veritas esset luculentior, quia satis ornata per se
est: — allein derartige Aeußerungen beziehen sich nicht sowohl auf die Predigt innerhalb der Gemeinde, als auf den missionarischen, katechetischen, apologetischen Vortrag der
christlichen Wahrheit in Rede und Schrift. Erst als die Predigtkunst ihren Culminationspunkt in der alten Kirche erreicht hatte, trat auch eine Kunstlehre ihr zur Seite;
sie geht aus den Händen der beiden Männer hervor, die als Prediger jenen Höhepunkt
repräsentiren, — Chrysostomus für die griechische, Augustin für die lateinische Kirche.
Jener, nachdem er im vierten Buche seiner Schrift de sacerdotio an Paulus' Beispiel
die Nothwendigkeit der Beredtsamkeit für einen Priester dargethan, geht sofort im fünften
Buche näher darauf ein, so freilich, daß er mehr allgemeine praktische Anweisungen und
Warnungen, als eine wissenschaftlich angelegte Theorie, und auch jene in einer Weise
gibt, die durch die allzugroße Rücksichtnahme auf den Beifall (dem gegenüber man allerdings nur Gott zu gefallen suchen solle) deutlich verräth, daß der Mann in einer Zeit
mitten inne steht, in der die Predigt nur allzunahe an weltliche Beredtsamkeit, ja an das
Theater gerückt ist. Mit entschieden tieferem Geist ist die Sache in Augustins doctrina
christiana behandelt; darin ist Methode; nachdem B. 1—3 der Inhalt der Predigt
eruirt ist, zeigt er, wie man nur dasjenige vorzutragen habe, dessen Verständniß man
sich angeeignet. Allein die Einwirkung, welche die heidnische Rhetorik durch alle die
Männer, die aus ihren Schulen in das christliche Predigtamt herüberkamen, auf die Ausbildung der Predigt gehabt hat, verbirgt sich auch bei Augustin nicht; seine Theorie verräth diesen Zusammenhang jedenfalls weit mehr, als seine Praxis. Dieselbe Redekunst,
von deren eigener Ausübung er Confess. IV. 2. sagt: victoriosam loquacitatem victus
cupiditate vendebam, kann er doch zu seiner Predigttheorie nicht entbehren; empfiehlt
auch ihr Studium zumal der Jugend; doch macht er nachdrücklich den Unterschied zwischen sapientia und bloßer eloquentia geltend und gibt, wofern nicht beides gleichmäßig
vorhanden sey, der sapientia ohne eloquentia entschieden den Vorzug vor dem umgekehr-
ten Verhältniß. Das heidnisch-rhetorische Element wird nicht nur hiedurch in gebührende
Schranken verwiesen, sondern noch mehr durch die Nachweisung wie das Beste der Redekunst in der h. Schrift zu lernen sey; gleichwohl sind beide Faktoren nur mehr äußerlich an einander gebracht und mit einander befreundet, wogegen eine Entwicklung der
christlichen Redekunst aus dem christlichen und kirchlichen Lebensprinzip selbst damit noch
nicht erreicht ist.

Das frühere Mittelalter sofort, wie es in der Kirchenpredigt nicht mehr eigene Productivität zeigt, sondern von den reichen Schätzen der Väter lebt, so lehnt es sich auch
in dem Wenigen, was als homiletische Kunstlehre betrachtet werden kann, an dieselben,
vornehmlich an Augustin und mit ihm an die Regeln der alten Rhetorik an, so wenig
diese zu dem Geist und Ton passen, in dem sich die Predigt in jener Periode vernehmen
ließ. Dahin gehört, was Isidor von Sevilla in seinen Origines, l. II. über die Redekunst zu sagen weiß, und mehr noch die immerhin fleißigen Erörterungen des Rhabanus Maurus in dem dritten Buche seiner institutio clericorum, wo nicht bloß cap. 19, de
rhetorica, und cap. 28—39 (quid debeat doctor catholicus in dicendo agere — quod
facili locutione uti in vulgus debeat — de triplici genere locutionis etc.), sondern auch
die früheren Kapitel über die Gesetze der Schrifterklärung in Betracht kommen. Gewöhnlich wird in der Geschichte der Homiletik auch Gregors d. Gr. Buch de cura pas-
torali erwähnt; es verdankt diese Ehre aber bloß einigen (p. III. c. 36 sqq.) mit aufgenommenen, sehr allgemeinen Regeln, während das Ganze, seinem Titel getreu, vielmehr
pastoralen, zum Theil casuistischen Inhalts ist. Eher mag die Synode von Tours im
J. 813 auch in der Geschichte der Homiletik, wie in der der Predigt, zu erwähnen seyn,
sofern sie den Predigern die Hauptthemen angibt, quibus subjecti erudiantur, nämlich:

de fide catholica, prout capere possint, de perpetua retributione bonorum et aeterna damnatione malorum, de resurrectione quoque futura et ultimo judicio, et quibus operibus possit promereri beata vita, quibusve excludi.

Die zweite Hälfte des Mittelalters zeigt bekanntlich eine desto größere homiletische Productivität; jedoch ist es begreiflich, daß nur eine der homiletischen Richtungen jener Zeit auch den Trieb involvirte, die Predigt theoretisch zu behandeln, nämlich die scholastische; die andern Prediger, jene Volksredner wie Berthold, jene Mystiker wie Tauler und Suso, jene reformatorischen Geister wie Wykliffe u. s. f. hatten ein viel zu überwiegend praktisches Interesse, sie lebten viel zu sehr unmittelbar in ihrem Wirken, als daß sie sich reflectirend über dasselbe gestellt hätten. Uebrigens hat sich auch die Scholastik nicht sehr beeilt, ihre Systematisirkunst auf dieses Gebiet überzutragen; nach etlichen obscureren Theoretikern (Alanus ab insulis † 1203, mit seiner summa de arte praedicatoria u. a. m.) tritt unter der Firma des Thomas von Aquino ein tractatus solennis de arte et vero modo praedicandi auf, der aber nicht sowohl durch sein spätes Erscheinen (dem Drucke nach in der zweiten Hälfte des 15. Jahrhunderts), sondern dadurch seine Authentie mehr als zweifelhaft macht, daß die Predigten von Thomas von Aquino selbst, wie sie in seinen Werken uns vorliegen, von den ihm zugeschriebenen Regeln noch vielfach keine Anwendung zeigen. Der Compilator sagt auch selbst am Anfang und Schlusse, daß anderer heiliger Lehrer Schriften ebenfalls dazu benützt worden seyen. Nicht viel später erschien Surgants manuale curatorum, 1503, worin der modus praedicandi einen eignen Abschnitt bildet; doppelt bemerkenswerth, weil der Verfasser, dessen Persönlichkeit ihn vielmehr den Volkspredigern conform zeigt, hier die scholastische Predigtweise anempfiehlt, weil er sie der eingerissenen Willkür und Formlosigkeit gegenüber als Heilmittel, als nöthige Disciplin betrachtet. In Reuchlins nur ein Jahr später erschienenem liber congestorum de arte praedicandi tritt nach langer Frist zum erstenmal wieder die classisch-rednerische Bildung in der Homiletik auf, und zwar in einer Weise, die hernach durch Melanchthon auch in der evangelischen Kirche längere Zeit bei den Homiletikern üblich blieb, indem nämlich die classischen Regeln auch für die geistliche Rede festgehalten, dagegen durch die loci communes, die Grund-Themen für alle christliche Predigt, dem Predigt-Inhalt sein Recht gesichert wurde. Uebrigens hat sich der Klerus jener Zeit viel weniger an solche Kunstlehren gehalten, als an jene — den "homiletischen Magazinen" einer späteren Zeit entsprechenden Sammlungen, die ihm ohne viel eigenes Kopfzerbrechen die Stoffe darbieten sollten. Ein Werk dieser Art war schon Bonaventura's biblia pauperum, ein Predigerlexicon, das mit biblisch-historischem Material den minder Kenntnißreichen zu Hülfe kommen sollte. Die späteren Werke dieser Kategorie zeigten schon durch ihren Titel: dormi secure und ähnliche Namen, wie bequem sie es den Predigern zu machen beabsichtigten.

In der evangelischen Kirche mußte sich wohl mit der Regeneration der Predigt selbst auch die Reflexion über dieselbe, das Bewußtseyn dessen, was sie jetzt seyn und leisten müsse, schärfen; "unser Amt ist nun ein ander Ding worden, denn es unter dem Pabst war, es ist nun ernst und heilsam worden, darum hat es nun viel mehr Mühe" — sagt Luther am Schlusse seiner Vorrede zum kl. Kat.; deßhalb lag es nun auch nahe, zu diesem ernster und heilsamer gewordenen Amte, zu diesem schwereren Mühe die nöthige Anleitung zu geben. So fehlt es auch in Luthers Schriften an zerstreuten, goldnen Worten für die Predigt nicht; sie sind gesammelt in dem pastorale Lutheri von Porta, 1586; vorher schon hat Hieronymus Weller seinen modus et ratio concionandi 1562 großentheils aus Luther entlehnt; auch aus späterer Zeit existiren mehrere solche Sammlungen, die Lenz, Gesch. der Hom. II. S. 3 anführt; neuerlich aber in dem Werke von E. Jonas: die Kanzelberedtsamkeit Luthers, Berlin 1852. Der Ernst und Eifer der Nachfolger that sich aber mehr in reichlichem Produciren nach Einer Form, als in wirklicher Fortbildung kund. Man benützte nicht sowohl Luthers Kernworte, um aus ihnen Frucht und neuen Samen zu gewinnen, als vielmehr jene Verbindung von Rhetorik und Pastorallehre, die Melanchthon in seinen elementa rhetorices nach Reuchlin's Vorgang bewerkstelligt und die in dem ecclesiastes des Erasmus eine noch glänzendere, in ihrer Art classische Ausführung gefunden. Daß auf diese Weise die homiletische Kunstlehre noch lange hinüber= und herüberschwankte zwischen der heidnischen, ciceronianischen Regel, Eintheilung u. s. w. und zwischen dem christlich erbaulichen, pastoralen Standpunkt, ohne ihren eigenen festen Grund und Boden finden zu können, ist oben schon erwähnt worden. Noch schlimmer aber war, daß die Aeußerlichkeit der ganzen theologischen Zeitrichtung sich auf dem Gebiete der Predigt, und zwar namentlich auch ihrer Theorie, zu einer wahrhaft kindischen Kleinlichkeit und Pedanterie steigerte, die des Näheren bei Schuler in dessen Geschichte der Veränderungen des Geschmacks im Predigen (Bd. I. S. 178 ff.) geschildert ist. Um jene methodus concordantialis, methodus parallelitica, prosopopica und wie die Dutzende derselben alle heißen, deren Kenntniß und geläufige Handhabung den homiletischen Virtuosen ausmachte, um jenen „Leipziger, Wittenberger, Helmstädter Fuß,“ auf welchen sich die Predigt stellte und wornach sie sich maß, war es doch etwas überaus Jämmerliches. Sind doch viele dieser Methoden darauf berechnet, das, was man aus der alten Rhetorik unter dem Namen der amplificatio herübernahm, so zu verwerthen, daß der Prediger keines Gedankenquells in seinem eigenen Innern bedurfte, sondern auf rein mechanischem Wege den Stoff gewinnen konnte, mit dem er seinen leeren Predigt=Rahmen ausfüllen sollte. Im Ganzen bestand die Homiletik jener Periode einfach darin, daß man die alten Kategorien der inventio, dispositio, elocutio, memoria, pronunciatio, actio, ferner exordium, narratio, propositio, confirmatio, confutatio, peroratio, ja sogar das genus didascalicum, deliberativum, demonstrativum, judiciale auf die Predigt anwandte und hiernach die Theorie abhandelte; gegen die letztere Eintheilung hatte sich übrigens schon Hyperius erklärt, der dafür ein genus didascalicum, elenchticum, paedenticum, epanorthoticum und paracleticum (consolatorium) unterschied, ähnlich dem, was später als fünffacher usus sich in der Homiletik festsetzte. Im Wesentlichen hat auch Valentin Löscher, der der pietistischen Homiletik sein breviarium oratoriae sacrae 1715 entgegensetzte, diese Behandlungsweise noch nicht verlassen; die minutiöse Sorgfalt, mit welcher das Geschäft des Predigtmachens und die verschiedenen möglichen Arten der Gedankenerzeugung bis in's kleinste Detail verfolgt sind, muß wohl einige Bewunderung erregen, aber man bekommt doch nur den Eindruck, als wäre die Predigt die Summe von einer Menge einzelner Operationen, eine künstlich zusammengesetzte Maschine, nicht ein frischer Strom aus lebendigem Quell.

So sehr nun die Spener'sche Schule diesen Gesichtspunkt in's Auge faßte, so war sie doch zunächst ihrem ganzen Karakter nach nur damit beschäftigt, gegen die herrschenden Mißstände Protest einzulegen und sogleich praktisch einen andern Weg zu gehen; die Theorie entwickelte sich bei ihr erst aus akademischen Vorträgen. Das Bedeutendste, was sie hervorgebracht, sind die praecepta homiletica von Rambach (1. Aufl. 1736), die aber, was der Form der Darstellung nur zu gute kommen mußte, bereits den Einfluß der Wolfischen Methode erkennen lassen. Der Spener'sche Standpunkt tritt zumeist in den Prolegomenen hervor, wo neben der habilitas naturalis eine habilitas supernaturalis (§. 15 ff.), eine unctio sp. s., gefordert wird wornach homines impii atque irregeniti non possunt habiles judicari ad munus oratoris sacri recte obeundum. Die Eintheilung ist einfach und viel übersichtlicher, als die der Aelteren. — Das Mittelglied zwischen der Spener'schen und der nachherigen rationalistischen Schule bildet Mosheim (Anweisung, erbaulich zu predigen, erst 10 Jahre nach seinem Tode 1765 herausgegeben); die Unterscheidung zwischen Aufhellung des Verstandes durch Begriffe und Beweise, zwischen Anregung des Willens und Rührung zeigt schon, daß der Wind von einer andern Seite weht. Es lassen sich diese formellen Bezeichnungen der Predigtaufgabe, wenn gleich die Ausdrücke nicht spenerisch sind, doch noch mit spener'schem Inhalt gefüllt denken; allein man stand damit doch bereits an dem Wege, der vom positiv christlichen, kirchlichen Lehrinhalt je länger je weiter abführte. Und zwar sind in der folgenden rationalistischen

Periode zwei Hauptgedanken zu unterscheiden, welche die Theorie wie die Praxis bestimmen: 1) der philanthropistische Eudämonismus, der die Menschen glücklich machen und darum sie von Vorurtheilen befreien, ihnen zu Gesundheit, Wohlstand ꝛc. Anleitung geben will. In diesem Sinn ist Spaldings „Nutzbarkeit des Predigtamtes" 1772, Steinbart's „Anweisung zur Amtsberedtsamkeit christlicher Lehrer unter einem aufgeklärten und gesitteten Volke" 1779 geschrieben. 2) Den Gegensatz hiezu bildet die Uebertragung des Kant'schen Moralismus auf die Predigt, die wir in Schuderoff's „Versuch einer Kritik der Homiletik" 1797, bis zu dem Extrem fortgeführt sehen, daß (S. 21) als erster Grundsatz aufgestellt wird, daß eine Predigt wohl ein Religionsvortrag, aber durchaus nicht nothwendig ein christlicher seyn müsse. Daß man übrigens von der Strenge der kantischen Grundsätze dem Volke gegenüber etwas nachlassen müsse, wollte schon Ammon (Ideen zur Verbesserung der herrschenden Predigt-Methode 1795) zugestehen. Recht hatte diese Partei, außer ihrer Opposition gegen den schlechten Eudämonismus, nur in ihrem gründlichen Widerwillen gegen das Ueberreden statt des Ueberzeugens. — Von Seiten der gläubigen Theologen ist während dieser ganzen Periode keine bedeutende theoretische Leistung aufzuweisen; die Aussprüche von Bengel (s. dessen Leben v. Burk), von Oetinger (Etwas Ganzes vom Evangelio ꝛc.; vgl. auch die Abhandlung des Unterzeichneten über Oetinger als Prediger, Allg. K.Zeit. 1854. Novemberheft), von Ph. D. Burk (in dessen Sammlungen zur Past.Theol.) sind zerstreut, enthalten jedoch viel Tüchtiges.

Die Reinhard'sche Periode, wie sie einerseits wieder mehr zum positiven, wenn auch rationalistisch aufgefaßten und dargestellten Christenthum zurückkehrte, so wandte sie sich andererseits wieder der Redekunst des classischen Alterthums zu; das bedeutendste Werk dieser Richtung ist Schotts Theorie der Beredtsamkeit (1815—1828), deren Exemplification sich vorzugsweise im Kreise der Reinhard'schen Predigt bewegt. Innerlicher noch suchte Theremin in seiner „Beredtsamkeit eine Tugend" (1814. 1838.) das Verhältniß der Rede überhaupt, also vornehmlich des klassischen Urbilds derselben, zu der christlichen Predigt zu fassen; aber der Ernst, womit er die Quelle der Beredtsamkeit im „Glaubensleben" nachzuweisen suchte, vermochte den Irrthum nicht zu verdecken, als sey diese Quelle christlicher Rede wesentlich dieselbe mit dem, woraus auch die weltliche sich ableite, und die Wirksamkeit jener durch dieselbe Kraft bedingt, wie der Erfolg der letzteren. Man mußte die Eigenthümlichkeit und Selbständigkeit der Predigt, zumal ihren nach Form und Inhalt kirchlichen Karakter total aus dem Auge verloren haben, um glauben zu können, daß die von Theremin aufgestellte Idee der Beredtsamkeit wirklich dieselbe sey, die der christlichen, der evangelischen Predigt faktisch zu Grunde liege.

Und wenn wir nun die Nachzügler der rationalistischen und reinhardischen Periode (wie Alt, Anleitung zur kirchl. Beredtsamkeit 1840; oder Ziegler, das fundamentum dividendi 1851 und ähnliche) abrechnen, so ist als Grundzug der Theorie der Predigt in der Gegenwart einerseits, gegenüber der regelrechten Classicität, das Geltendmachen der christlichen Freiheit für das individuelle Leben, des Rechtes der Persönlichkeit in der Predigt, andererseits aber, als das zusammenhaltende Band, das Dringen auf kirchlichen Karakter der Rede zu erkennen; das erste Moment vornehmlich seit Harms, das zweite seit Schleiermacher. Innerhalb dieses Rahmens prägt sich gerade jene persönliche Verschiedenheit der Auffassung auch in starken Gegensätzen aus; allein wie den Verf. dieses Artikels in seiner „evangelischen Homiletik" (1842; seitdem wiederholt aufgelegt) jenes zwiefache, in Wahrheit aber nothwendig einige Streben leitete, so glaubt er auch in den seither erschienenen weiteren Bearbeitungen (Ficker, Grundlinien der evangel. Homiletik, 1847. Nitzsch, prakt. Theol. II, 1. 1848. G. Baur, Grundzüge der Homiletik 1848. Schweizer, Homiletik der ev. prot. Kirche 1848. Gaupp, Homiletik I. Bd. 1852) ungeachtet starken Auseinandergehens in wichtigen Punkten (worüber man den Art. Beredtsamkeit vergleiche) dennoch dieselbe Grundrichtung zu erkennen. Was jede dieser Bearbeitungen Eigenes hat, auseinanderzusetzen, würde hier über die Grenzen eines Artikels hinausführen und ihn zu einer Gesammt-Recension machen. Die Anordnung der

Homiletik knüpft sich bei den Einen in irgend einer Weise an den Gegensatz von Stoff und Form der Predigt an (so bei Nitzsch: 1. Begriff und Zweck der Predigt; 2. Wahl des Stoffes; 3. Entwurf; 4. Ausführung; 5. Sprache; 6. Vortrag; — bei Schweizer: 1. Prinzipielle Homiletik; 2. Materielle Homiletik; 3. Formelle Homiletik.) Die Andern (wie Gaupp und der Unterzeichnete) glauben an der Predigt Stoff und Form gar nicht trennen zu sollen, und gehen vielmehr davon aus, daß in derselben das göttliche Wort, die Kirche, als Gesammtkirche und als Gemeinde, und die Persönlichkeit des Predigers die zusammenwirkenden, im h. Geiste sich zusammenfassenden Factoren sind, wornach die Eintheilung und Anordnung, übrigens wieder in mancherlei Weise, sich bestimmt. In diesen beiden Hauptarten der Konstruktion der Homiletik repräsentirt sich heute noch der Unterschied einer klassisch-rhetorischen und einer spezifisch-kirchlichen Grundanschauung. — Speziell haben wir noch den Verfasser der Keryktik, Rudolph Stier, zu nennen, da bei ihm das biblische Element selbst für die Form der Predigt entschieden vorherrscht; es stand aber die genannte Schrift (1830. 1844.) ganz an ihrem Platze, um sowohl der freien Individualität als dem kirchlichen Zuge der Zeit dasjenige einzuschärfen, was, zumal von Schleiermacher her, etwa nicht in seiner ganzen dominirenden Geltung hätte erkannt werden können, nämlich die Pflicht strenger Schriftmäßigkeit; die Mahnung war nicht vergebens, wie alle die genannten Bearbeitungen davon Zeugniß geben.

Aus der katholischen Kirche müssen wir uns begnügen, zu bemerken, daß sie es an Anleitungen und Hülfsmitteln auch in den letzten Jahrhunderten nicht hat mangeln lassen; sie gehen in älterer Zeit meist darauf aus, dem Prediger namentlich aus der Moral die nöthigen Stoffe gesammelt darzubieten (hat doch selbst Abraham a S. Clara mit seinem "Judas der Erzschelm," etwas Aehnliches bezweckt und in seiner grammatica religiosa eine Homiletik nach seiner Art aufgestellt. S. darüber die Abhandl. des Unterzeichneten Allg. K.Z. 1855. Nr. 162 ff.). Leistungen von mehr wissenschaftlicher Haltung zeigt erst das vorige Jahrhundert; Graf hat sie in der Schrift "Zur praktischen Theologie," S. 292 ff. aufgezählt, aber ohne mit denselben zufrieden zu seyn. In neuerer Zeit ist Zarbl mit einem "Handbuch der kath. Homiletik" 1838, Lutz mit einem "Handbuch der kath. Kanzelberedtsamkeit" 1851 aufgetreten, denen wir Hirschers "Beiträge zur Homiletik und Katechetik" 1852 anreihen.

Schließlich sind hier noch die Bearbeitungen der Geschichte der Homiletik (die Geschichte der Predigt mit eingeschlossen) zu nennen. Außer den unvollständigen Arbeiten von Eschenburg (Versuch einer Geschichte der öffentl. Relig. Vorträge ꝛc. 1785), von Paniel (Pragmat. Gesch. der christl. Beredtsamkeit, 1839—41), welche letztere überdieß die totale Unfähigkeit des rationalismus vulgaris zu tüchtiger Geschichtschreibung beurkundet, und außer den nur auf einen beschränkten Zeitraum berechneten Schriften von Schuler (s. oben) und Ammon (Gesch. der prakt. Th. I. Bd. 1804) existirt bloß Ein vollständiges Werk, die Gesch. der Homiletik von Lentz, 1839, die jedoch nur Notizen und "Pröbchen" von den auftretenden Predigern gibt ohne Beherrschung des Materials von höhern Gesichtspunkten aus. Auf diesem Gebiet ist noch viel Verdienst zu erwerben. Palmer.

Homiliarium, eine Sammlung von Predigten für das ganze Kirchenjahr, die aus den Werken verschiedener Kirchenväter zusammengestellt ist und als Mustersammlung für die Prediger, ja als Kirchenbuch zum Vorlesen im Falle eigener Unfähigkeit des Geistlichen zum Predigen einen amtlichen Karakter hat. Der Gedanke, solche Sammlungen anzulegen, gehört dem ersten Drittheil des Mittelalters an; eine Zeit, die an homiletischer Zeugungskraft so arm war, konnte nur von den reichen Schätzen der Väter leben. Das bekannteste Werk dieser Art, durch welches ältere, minder brauchbare beseitigt wurden (vgl. Neander, K.G. III. S. 174), ist das Homiliarium Karls d. Gr. Der Titel desselben (es liegt uns die Kölner Ausgabe von 1530 vor) gibt den Alcuin als Sammler an (Homiliae seu mavis sermones sive conciones ad populum, praestantissi-

morum ecclesiae doctorum, Hieronymi, Augustini, Ambrosii, Gregorii, Origenis, Chry-
sostomi, Bedae etc., in hunc ordinem digestae per Alchuinum levitam, idque injungente
ei Carolo M. Rom. Imp. cui a secretis fuit); nach den sonstigen Nachrichten aber
und zwar nach der Instruktion, die Karl dem Werke selbst mitgab — war es Paulus
Diaconus, den Karl damit beauftragte, weil er (vgl. Ranke, in den Stud. u. Krit.
1855, II, S. 387 ff.) »bei den Horen allerhand Lesestücke aus den Vätern im Gebrauche
verfand, die fehlerhaft geschrieben und schlecht gewählt waren.« Da sich nicht annehmen
läßt, daß Karl bei einem Geschäfte, das ihm so wichtig war, daß er jedes fertig gewordene Blatt sogleich sehen und prüfen wollte, sich Alcuins nicht sollte bedient haben,
so lassen sich beide Angaben durch die Annahme einer Betheiligung beider Männer, etwa
einer Revision des Planes durch Alcuin, wogegen Paulus Diaconus die Ausführung
zu besorgen gehabt hätte, vereinigen, wenn nicht die allerdings plausible Meinung von
Lenz (Gesch. der Hom. I, 215) vorgezogen wird, daß Alcuin, weil er gleichfalls auf des
Kaisers Befehl den comes (d. h. die Perikopen-Ordnung) des Hieronymus revidirte,
durch eine Verwechslung der späteren Herausgeber des homiliarium auf den Titel des
letzteren zu stehen gekommen seyn könne. — Eine weitere Bedeutung außer jenem nächsten Zweck hat das Werk dadurch erlangt, daß es die von Hieronymus begründete und
allmählich unter manchen Schwankungen vervollständigte Perikopenordnung fester gestellt
hat, wiewohl sich auch später und bis auf die Gegenwart noch Differenzen mancherlei
Art in derselben erhalten haben.   **Palmer.**

Homilie — jetzt der Name für eine besondere Predigtgattung, ursprünglich der
Name der Predigt selber, seit sie mehr als bloße Schlußermahnung nach der Schrift-
lesung, seit sie Rede geworden war, d. h. seit Origenes. Die Predigten in der Gemeinde konnten nicht Reden im classischen Sinne, λόγοι, oratorische Kunstwerke heißen,
da die Schrifterklärung für sie die Hauptsache war; sie erhielten den bescheidenen Namen ὁμιλία, der, wenn auch nicht auf die Gesprächsform (von der sich nicht nachweisen
läßt, daß sie die Urform gewesen, aus der sich die Predigt erst entwickelt hätte), doch
auf den vertraulicheren, brüderlichen Ton deutet, den nur die Predigt, als von Brüdern
an Brüder gerichtet, nicht aber die schwungvollere Rede haben konnte. Während nun
die griechische Kirche auch für die Predigten ihrer Glanzperiode, in denen die Einfachheit der Bibelerklärung durch den Einfluß heidnischer Rhetorik stark zurückgedrängt war,
dennoch den alten Namen Homilien beibehielt, finden wir im Abendlande bereits homilia
oder tractatus unterschieden von sermo; so bei Augustin. Jedoch nicht so, daß die letztere Gattung unserer synthetischen, die erstere der analytischen Predigt entspräche; man
sieht z. B. von Augustins quinquaginta homiliae nicht ein, warum diese Fastenpredigten
nicht ebenso gut sermones heißen sollten, wie die de sanctis u. s. w. Gleichwohl deutet
sich schon hier der Gegensatz an, für den später der Gebrauch des Worts Homilie fixirt
worden ist. Eine Gattung von Predigten hatte keinen andern Zweck, als ein Schriftwort auszulegen; daher bei Augustin die Ueberschriften: de his verbis; de eo, quod
scriptum est etc. Andre aber, die de sanctis, de tempore handeln, haben ihren ersten
Zweck in der Festfeier, sind also nicht ausschließlich biblisch, sondern speziell kirchlich, cul-
tisch bestimmt. Oder haben sie einen relativ selbständigen doctrinellen Zweck: de amore
dei et amore seculi; de utilitate agendae poenitentiae; de juramento (Aug. am Tage der
Enthauptung Joh. d. T.); contra Arianos, contra Manichaeos etc. Wurden nun auch die
Namen homilia und sermo noch promiscue für beide Gattungen gebraucht, so fühlt man
doch heraus, daß der sermo weniger abhängig von einem bestimmten Texte, als von einer
bestimmten Idee gedacht wird, also auch eine Ansprache ohne Text bezeichnen könnte.
Und dieß ist denn auch das Wesentliche, was wir mit dem Namen Homilie zu bezeichnen
pflegen: eine Predigt, die unter keinem andern Gesetze steht, als unter dem ihres Textes.
Dies wird äußerlich am meisten sichtbar, wenn kein formulirtes Thema aufgestellt, sondern der Text Satz für Satz erbaulich erklärt wird, daher denn auch, wie gewöhnlich angenommen wird, hierin das unterscheidende Merkmal der Homilie liegen soll. Allein

man kann (wie dies namentlich reformirte Prediger, wie Krummacher, Kohlbrügge ꝛc. thun) eine Proposition aufstellen sammt Partition, und dennoch einzig dem Faden des Textes nachgehen; und ebenso unterlassen manche Prediger die Aufstellung eines Thema in der Predigt selbst, diese ist aber darum durchaus keine Homilie im obigen Sinne. Da die Predigt (s. d. Art. Beredtsamkeit) wesentlich zwei Gesetzen unterworfen ist, sofern sie 1) Schrifterklärung, 2) Rede seyn soll, die Homilie aber, sobald sie sich der synthetischen oder besser thematischen Predigtform gegenüberstellt, nur das erste seyn will, das zweite aber rein als zufällig behandelt, so kann man nicht sagen, die Homilie sey die einzig richtige Predigtweise — wie denn viele unsrer bedeutendsten Prediger, wie Nitsch, wie Harms, wie Schleiermacher, sich derselben nie (letzterer nur in den Hom. über das Evangelium Joh. im Jahr 1823 — 24) bedient haben. Aber auch das Urtheil von Harms über sie, sie mache voll, aber nicht satt, ist einseitig und nur hervorgegangen aus des Mannes persönlicher Auffassung der Predigt — aus derselben, die ihm sogar ohne Text zu predigen erlaubte (vgl. dazu die treffliche Schilderung von Baumgarten, Denkmal für Claus Harms 1855. S. 65). Das Richtige ist, daß beide Formen in gar keinen absoluten Gegensatz treten dürfen, sondern sich, je vollkommener sie gehandhabt werden, um so mehr einander nähern müßten. (Genaueres hierüber s. in der ev. Homiletik des Unterzeichneten, 3. Aufl. S. 151; und in Nitzsch's pr. Th. II. 1. S. 101, der ganz Recht hat mit seinem Vorschlag, die ganze Unterscheidung dieser Predigtformen in die Geschichte zu verweisen. Bezeichnend ist es, daß, als die lateinischen Postillen des Mittelalters den evangelischen Predigtbüchern den Platz räumten, auch der Name Homilie allmählich verschwand; wenn Spener nicht darum zurückging, so lag dies in seiner didaktischen Tendenz, die ihm die thematische Form unentbehrlich machte. Erst Zinzendorf bringt „31 homilias über die Wunden-Litanei" (1747), in denen aber gerade das wesentliche Merkmal gänzlich fehlt, weil sogar der Bibeltext selber fehlt. Von Abraham Teller erschienen 1787 „Predigten und Reden ꝛc. nebst einigen sogenannten Homilien" — wo der Beisatz „sogenannt" zeigt, daß die Sache wieder etwas Neues ist und von den Predigern nur der Abwechslung halber oder weil es ihnen eben bequem ist, versucht wird. Die bedeutendsten Homilien aus neuerer Zeit sind die von Menken (über Elias, über den Hebräerbrief u. a. m.). Eine brauchbare Monographie über diesen Gegenstand hat A. G. Schmidt geschrieben: „die Homilie, eine besondre geistl. Redegattung ꝛc." Halle 1827.   *Palmer.*

Homilien, clementinische, s. Clemens Romanus.

Homologumena, s. Kanon des N. T.

Homousianer und **Homoiusianer,** s. Arianismus.

Honig, s. Bienenzucht bei den Hebräern.

Honorius, Sohn des Kaisers Theodosius I., geboren 384 n. Chr., ward am 20. November 393 zum Augustus ernannt, und folgte seinem Vater nach dessen Tod am 17. Januar 395 unter der Vormundschaft des Vandalen Stilicho als erster abendländisch-römischer Kaiser, während sein Bruder Arkadius die Herrschaft über den von nun an getrennten Osten ererbte. Honorius, ein schwacher und karakterloser Regent, überließ sich, auch nachdem er volljährig geworden war, ganz der Leitung des Stilicho, der ihn mit seiner Tochter Maria vermählt hatte, und wenn das westliche Reich nicht schon unter ihm den Erschütterungen, welche es trafen, erlag, so war es nicht das Verdienst seines Herrschers. Außer den Einfällen Alarichs, der im J. 403 durch Stilicho zurückgeschlagen wurde, von Neuem in Italien einfiel, die Stadt Rom selbst wiederholt seine Macht als Sieger fühlen ließ, und nur durch seinen Tod im J. 410 das Ziel seiner sieggekrönten Laufbahn fand, wurde das Reich während der Regierung des Honorius noch durch andere Einfälle barbarischer Völker, sowie durch Empörungen in den Provinzen heimgesucht. Bald nach seiner Thronbesteigung hatte Honorius die Gesetze seines Vaters gegen den heidnischen Cultus mit neuen Einschärfungen bestätigt; aber die Schwäche seiner Regierung, verbunden mit den mancherlei politischen Bewegungen und der Beflechlichkeit oder heidnischen Denkart einzelner Statthalter, förderte die Erhaltung des Heidenthums in manchen Gegenden, so daß jene Gesetze immer von Neuem wiederholt werden mußten. Da man nun Honorius vorstellte, daß die Götzentempel und Bilder auf den Landgütern zur Beförderung des Heidenthums unter dem Landvolk viel beitrügen, so erließ er im J. 399 ein Gesetz, daß alle Tempel auf dem Lande ohne Unruhen zerstört werden sollten, um allen Anlaß zu dem Aberglauben zu tilgen. Je mehr sich die Heiden damals mit einer angeblichen Weissagung trugen, nach welcher das Christenthum nur 365 Jahre bestehen sollte, desto größeren Eindruck machte auf sie gerade die Tempelzerstörung in diesem Jahre. Doch waren sie in mehreren nordafrikanischen Landstädten noch mächtig genug, um selbst an den Christen Gewaltthaten auszuüben. Nach dem Tode Stilicho's erließ Honorius unter dem Einfluß einiger dem Heidenthum günstigeren Großen ein Gesetz, welches mit dem bisherigen im Widerspruch stand. Zwischen den Jahren 409 und 410 erschien im abendländischen Reich ein Gesetz: „ut libera voluntate quis cultum christianitatis exciperet." woburch die bisher geltenden Strafgesetze gegen diejenigen, welche einen andern Cultus als den katholisch-christlichen ausübten, aufgehoben wurden. Doch blieb dieses Gesetz nur kurze Zeit in Kraft, und die alten Gesetze wurden bald wieder in Geltung gebracht. Durch ein Edikt vom J. 416 wurden die Heiden von bürgerlichen und Militärwürden ausgeschlossen — wenigstens auf dem Papier, denn nach Zosimus V, 46. wäre der schwache Honorius durch die Unentbehrlichkeit des heidnischen Feldherrn Generid, der nur unter dieser Bedingung im Dienst bleiben wollte, genöthigt worden, dies Gesetz gleich zurückzunehmen. Auch in Lehrstreitigkeiten innerhalb der christlichen Kirche wurde der schwache, wankelmüthige Kaiser hineingezogen, wie er denn vom J. 418 an mehrere, zum Theil in einem mehr theologischen, als kaiserlichen Styl abgefaßte Edikte gegen Pelagius und Cölestinus und ihre Anhänger erließ. Ebenso kam er mit den Donatisten in Conflikt. Die Abgeordneten der nordafrikanischen Kirche trugen bei dem Kaiser darauf an, daß die durch seinen Vater Theodosius gegen die Geistlichen der Häretiker oder die Besitzer derjenigen Plätze, wo ihre gottesdienstlichen Versammlungen gehalten wurden, bestimmte Geldstrafe von 10 Pfund Goldes nur auf diejenigen donatistischen Bischöfe und Geistlichen angewandt würde, in deren Kirchensprengeln Gewaltthaten gegen katholische Geistliche begangen worden seyen. Schon im J. 405 erließ der Kaiser verschiedene Gesetze gegen die ganze donatistische Partei als eine häretische, welche härter waren, als es das Concil zu Karthago selbst verlangt hatte. Später schrieb Honorius ein Religionsgespräch aus, das zwischen den katholischen Bischöfen und den Donatisten im J. 411 zu Karthago gehalten werden sollte. Natürlich entschied auf demselben der kaiserliche Commissär zu Gunsten der katholischen Kirche. Es erfolgten härtere Gesetze, woburch alle donatistischen Geistliche aus ihrem Vaterlande verbannt, die Laien der Partei zu Geldstrafen verurtheilt wurden. Der Fanatismus der unterdrückten Partei wurde dadurch zu neuen heftigeren Ausbrüchen angeregt, und der Zweck schlug in sein Gegentheil um. So bedeutsam die Regierungszeit des Honorius für die christliche Kirche war, so schwach zeigte sich der Kaiser selbst in allen seinen Handlungen; er blieb sein Leben lang am Verstande ein Kind, und sein im August 423 in Folge einer Wassersucht erfolgter Tod war für Staat und Kirche kein Unglück zu nennen. **Th. Pressel.**

Honorius I., Pabst von 625—638, gebürtig aus Campagna di Roma, ist vornehmlich durch seine Betheiligung an den gerade zu seiner Zeit entstandenen monotheletischen Streitigkeiten (s. d. A.) und durch den Geruch der Ketzerei, in den er dadurch war, merkwürdig geworden. Als jener Streit durch den Patriarchen von Jerusalem, Sophronius, an Umfang und Bedeutung gewonnen hatte, gab der Patriarch Sergius von Constantinopel, der den Monotheletismus als orthodoxe Lehre erklärt hatte, den Vorschlag, die Streitfrage ruhen zu lassen. Pabst Honorius theilte sowohl den Vorschlag als auch die dogmatische Meinung des Sergius (s. *Honorii* Epist. I. ad Sergium, in *Mansi* SS. Conciliorum nova et ampliss. Collectio Tom. XI. pag. 537; vgl. pag. 529;

579), doch jetzt gewann der Streit nur neue Nahrung und Honorius ward selbst noch nach seinem Tode in denselben verwickelt. Von Rom aus suchte man nämlich den Honorius nach dessen Tode wegen seiner monotheletischen Gesinnung zu rechtfertigen (s. Johannis IV. Epist. ad Constantinum Imp.; Maximus in Ep. ad Marinum, und Maximi Disp. cum Pyrrho, sämmtlich bei *Mansi* a. a. O. T. X. pag. 682 sq.; 739 sq.), und während man dann sein Verhalten überhaupt mit Stillschweigen überging, sprach doch das VI. ökumenische Concil von Constantinopel 680 das Anathem über ihn als einen Ketzer aus (bei *Mansi* T. XI. p. 556). Dieses Urtheil wurde selbst von mehreren Päbsten wiederholt, z. B. von Leo II., der ihn unter der Anklage der Ketzerei ausdrücklich anathematisirte, weil Honorius versucht habe apostolicam ecclesiam — profana proditione immaculatam subvertere (b. *Mansi* T. X. p. 731). Die römisch-kirchlichen Schriftsteller der Neuzeit suchten dagegen die Verurtheilung des Honorius wegen ketzerischer Meinung, nach dem Vorgange des Anastasius (um 870), wegzudemonstriren. Baronius will die Akten des Concils zu Constantinopel, Bellarmin die Briefe des Honorius geradezu gefälscht und untergeschoben seyn lassen, Andere dagegen, wie Garnier und Ballerini, behaupten, daß die Verdammung des Honorius nicht wegen der Ketzerei, sondern propter negligentiam erfolgt sey. Dagegen vgl. *Richer*, Historia Concil. general. T. I. p. 296; *Du Pin*, De antiqua eccles. disciplina. p. 349. Zu bemerken ist noch, daß unter Honorius die Stiftung des Festes der Kreuzerhöhung (etwa 628) fällt und daß er auch für Bekehrungen zum Christenthum thätig gewesen seyn soll.

Honorius II. war der Gegenpabst von Alexander II. von 1061—1064, vor seiner Stuhlbesteigung Bischof von Parma und hieß als solcher Peter Cadolaus. Er wurde, da Alexander nur von Cardinälen und ohne Genehmigung des Kaisers Heinrich IV. auf den päbstlichen Stuhl erhoben worden war, von der kaiserlichen Partei auf einem zu Basel veranstalteten Concil zum Oberhaupte der Kirche gewählt und nahm seinen Sitz in Rom. Darauf traten aber die deutschen Bischöfe unter dem Einflusse Hanno's, Erzbischofs von Köln, auf einer Synode zu Augsburg 1062 zu Alexander über (vgl. *Mansi* T. XIX. p. 1001) und Honorius, den auch die Synode zu Mantua 1064 für abgesetzt erklärte, war setzt nur noch auf sein früheres Bisthum beschränkt, doch hielt er seine Ansprüche auf den rechtmäßigen Besitz des päbstlichen Stuhles bis zu seinem Tode 1072 aufrecht. Simonie und Concubinat wird ihm schuld gegeben. Wegen seiner Absetzung wird er in der Reihe der Päbste nicht gezählt, daher gilt erst Lambert von Fagnano, der sich aus niedrigem Stande bis zum Bischof von Velletri, dann zum Kardinal von Ostia emporgeschwungen, endlich aber durch die mächtige Partei des Robert Frangipani den römischen Stuhl erhalten hatte, als Pabst Honorius II., dessen Regierung die Jahre 1124—1130 begreift. Er sprach den Bann aus über den Herzog Konrad von Franken, weil dieser sich als Gegenkönig von Lothar III. hatte krönen lassen, und erhielt dafür nicht unbedeutende neue Rechte, s. J. D. Olenschlager, Erläuterung der gold. Bulle. Urkundenb. S. 19, dagegen mußte er es sich gefallen lassen, daß Graf Roger von Sicilien die päbstlichen Lehen von Sicilien und Apulien an sich brachte. Von ihm erhielt der eben gestiftete Orden der Prämonstratenser, darauf auch durch die Synode von Troyes 1128 der Orden der Tempelherren die Bestätigung.

Honorius III., aus Rom gebürtig, war vor seiner Stuhlbesteigung Cardinal von St. Johann und St. Paul, hieß Cencio Savelli und regierte als Pabst von 1216 —1227. In dem eben bestehenden heftigen Kampfe der Hierarchie gegen die Hohenstaufen zeigte er eine große Nachgiebigkeit, indem er keine Einsprache erhob, als Friedrich II. seinen Sohn Heinrich, der bereits König von Sicilien war, auch zum Könige von Deutschland wählen ließ (April 1220), ja er krönte selbst jenen zum Kaiser (Nov. 1220) und ließ es geschehen, daß Friedrich die Rechte seiner Krone in Sicilien wiederherstellte. Das friedliche Verhältniß zwischen ihm und dem Kaiser schien jedoch gefährdet zu seyn, als Friedrich die Lombardei wieder unter seinen Scepter zu bringen suchte. Honorius sandte seinen Kapellan Alatrinus auf den Reichstag von Cremona 1226, der Lombardenbund

erneuerte sich und Honorius stand auf der Seite desselben, indeß verfolgte Friedrich seinen Plan nicht weiter und dadurch erhielt sich das friedliche Verhältniß zwischen Beiden.
Eine neue Störung drohte dadurch einzutreten, daß Friedrich, der bei seiner Krönung in
Aachen das Kreuz genommen und in Rom von Neuem gelobt hatte, einen Kreuzzug zu
unternehmen, die Erfüllung seines Gelübdes fortwährend verschob. Endlich wurde mittelst des Vertrages zu St. Germano 1225 bestimmt, daß Friedrich den Zug bei Strafe
des Bannes im August 1227 unternehmen sollte, doch starb Honorius bereits im März
1227. Die Milde, Nachgiebigkeit und Nachsicht, die er dem Kaiser Friedrich bewiesen
hatte, zeigte er nicht gegen den Grafen Raymund VII. von Toulouse. Dessen Vater,
Raymund VI., hatte sein Gebiet an den Grafen Simon von Montfort verloren, Raymund VII. aber dasselbe wieder erobert. Darauf reizte Honorius den König Ludwig VIII.
von Frankreich, Toulouse durch ein Kreuzheer zu erobern, doch erlebte weder er noch
Ludwig das Ende dieses Krieges. Als Beförderer des Mönchswesens gewährte Honorius
dem Orden der Dominikaner 1216, und dem Orden der Franziskaner 1223 die feierliche
Bestätigung; unter ihm traten auch die Tertiarier in das Leben (1221) und bei der Kanonisation der Heiligen ertheilte er zuerst Ablaß. Ihm wird die Abfassung der Schrift
Conjurationes adversus principem tenebrarum. Rom. 1629 zugeschrieben.

Honorius IV., Pabst vom 2. April 1285 bis 3. April 1287, hieß vor seiner
Stuhlbesteigung Cardinal Jakob (Giacomo) Savelli. Er war während seiner kurzen
Regierung mit den damals im lebhaften Gauge befindlichen sicilianischen Händeln beschäf-
tigt und erwarb sich wenigstens das Verdienst, den im römischen Gebiete herrschenden
Räubereien ein Ziel zu setzen.   *Neudecker.*

Honter, Johann (Honterus), eine Säule des Protestantismus in Siebenbürgen.
Er war 1498 in Kronstadt geboren, studirte in Wittenberg unter Luther, begab sich dann
nach Krakau, wo er als Lehrer der Grammatik auftrat, und von dort nach Basel, wo er
Reuchlins Vorlesungen hörte. Im Jahr 1533 kehrte er in seine Vaterstadt zurück und
errichtete dort im nämlichen Jahr eine Buchdruckerei, später 1547 auch die erste Papier-
mühle. Hermannstadt hatte schon 1529 alle Priester und Mönche verjagt, Kronstadt war
bald darauf diesem Beispiele gefolgt, und Honter wurde nun durch unausgesetzte Bemühungen und durch Verbreitung der Schriften Luthers die Haupttriebfeder, daß ganz
Berzenland im J. 1542 öffentlich die Augsburgische Confession annahm. Weil Luthers
Werke kostbar und selten waren, übersetzte er sie in's Ungarische und verlegte sie selbst.
Im Jahr 1544 wurde er Stadtpfarrer zu Kronstadt, und berief sich einen Gehülfen, der
von Einigen Matthias Kalvin, von Andern Klatz genannt wird, und später einen gewissen
Valentin Wagner. Zu Kronstadt wurde 1542 die Messe förmlich abgeschafft und das
Abendmahl unter beiden Gestalten gereicht. Als Martinuzzi, Bischof von Großwardein,
einen Landtag nach Klausenburg ausschrieb und Hontern dazu einlud, ließen die Kron-
städter ihren geliebten Prediger nicht ziehen, sondern sandten ihren Bürgermeister Fuchs
und die Prediger Kalvin, Jakel und Stephani. Diese vertheidigten ihre Lehre aus der
Schrift, und kehrten gegen Martinuzzi's Willen, der sie ohne Umstände verbrennen lassen
wollte, mit heiler Haut nach Kronstadt wieder zurück. Durch diesen Ausgang ermuthigt,
widmeten sich die evangelischen Prediger mit verdoppeltem Eifer der Verbreitung ihrer
Lehre, und Honter, von Luther und Melanchthon der „Evangelist von Siebenbürgen"
genannt, hatte die Freude, es zu erleben, daß im J. 1545 auf der Synode zu Mediasch
die Augsburger Confession als Glaubensbekenntniß angenommen, die kirchlichen Ceremo-
nien festgesetzt und bestimmt wurden, daß der Zehenten, der bis dahin gewissen Kirchen
entrichtet worden und den die Neubekehrten auch für die Zukunft antrugen, den Priestern
zum Gehalt angewiesen werden solle. Honter starb in Kronstadt am 23. Januar 1549.
Er war ein guter Redner, gründlicher Mathematiker und tüchtiger Philosoph nach der
Weise jener Zeit, und darum auch von den gelehrten Katholiken geachtet. Zugleich gehörte er unter die ersten Humanisten und Schulmänner seiner Zeit. Seine Druckerei
benützte er vorzüglich auch dazu, Schulbücher herauszugeben. Mit Bewilligung des Raths

stiftete er in Kronstadt das gymnasium academicum und die durch bedeutende literarische Schätze aus der Corvinischen Bibliothek und mehreren Sammlungen Griechenlands berühmte öffentliche Büchersammlung Kronstadts, welche leider im großen Brand vom J. 1698 zu Grunde ging. Von seinen Schriften erwähnen wir: de grammatica libri II. (1532 und oft neu gedruckt); Rudimenta Cosmographiae in Versen; Sententiae ex omnibus operibus divi Augustini excerptae; Sententiae catholicae Nili monachi graeci; Formula reformationis ecclesiae Coronensis et Barcensis totius provinciae, die Melanchthon 1543 mit einer Vorrede herausgab. Agenda für die Seelsorger und Kirchendiener in Siebenbürgen. Vgl. *Dar. Czvittingeri* specimen Hungar. literatae. Francof. 1711. Mailath, Gesch. d. österr. Kaiserstaats, II. S. 234 ff. Dr. Pressel.

Hontheim, Johann Nicolaus von — Weihbischof von Trier — geboren am 27. Januar 1701 zu Trier, erhielt in dem dortigen Jesuitencollegium seine Vorbildung zu den Universitätsstudien. Er widmete sich der Jurisprudenz und trieb kanonisches und öffentliches Recht zu Trier unter der Leitung von v. Nalbach, zu Löwen unter van Espen (s. d. A. Bd. IV. S. 164), zu Leiden unter Vitriarius. Am 6. April 1724 erwarb er in seiner Vaterstadt die juristische Doctorwürde und suchte dann zum Behuf seines künftigen Berufs, einer Stelle in einem geistlichen Gerichte, durch Reisen und einen längeren Aufenthalt in Rom die Einrichtungen der Curie genauer kennen zu lernen. Nach seiner Rückkehr 1728 wurde er als Assessor des Consistoriums zu Trier angestellt, 1732 erhielt er aber eine juristische Professur, von der ihn jedoch 1738 der Erzbischof Franz Georg v. Schönborn an seinen Hof nach Coblenz zog und zum Official, 1741 zum geheimen Rath ernannte und zu verschiedenen schwierigen Missionen benützte. Nach dem Tode des Weihbischofs v. Nalbach erkor ihn der Erzbischof am 13. Mai 1748 zu dessen Nachfolger und in diesem Amte blieb Hontheim bis zu seinem Tode am 2. Sept. 1790 (vgl. Gesta Trevirorum edd. Wyttenbach et Müller. Tom. III. [August. Trevir. 1839. 4.] p. 254. 255.).

In seinen Mußestunden beschäftigte sich Hontheim mit historischen Studien, insbesondere der Geschichte der Kirche und des Erzstifts Trier. Das Ergebniß derselben sind die beiden ausgezeichneten Werke über Trier: Historia Trevirensis diplomatica et geographica etc. August. Vindel. 1750. III. Tom. Fol. und Prodromus historiae Trevirensis diplomaticae et pragmaticae, exhibens origines Trevericas, Gallo-Belgicas, Romanas, Francicas, Germanicas sacras et civiles. August. Vindel. 1757. II. Tom. Fol. Viel größeren Ruf verschaffte ihm aber eine andere Schrift, welche tiefer in die damaligen Zustände der Kirche selbst eingriff. Eine Vergleichung der altkatholischen Kirche, zumal in dem Lichte betrachtet, wie es Hontheims Lehrer van Espen (s. d. A.) gethan, und die damalige Praxis der römischen Curie, der mannigfache Druck, den die deutschen Bischöfe dadurch zu tragen hatten, und die vergeblichen Bemühungen, selbst unter Vermittelung des Reichsoberhaupts eine Abschaffung der aufgestellten Gravamina zu erlangen, ganz besonders aber auch der Wunsch, die von der römischen Kirche Abgefallenen wieder zu vereinigen, vermochten Hontheim zur Veröffentlichung einer Arbeit, mit deren Grundlagen er sich zwanzig Jahre lang eifrig beschäftigt hatte. Sie erschien unter dem Titel: Justini Febronii JCti de statu Ecclesiae et legitima potestate Romani Pontificis liber singularis, ad reuniendos dissidentes in religione Christianos compositus. Bullioni apud Guill. Evrardi 1763. 4. (d. i. Frankfurt a. M. bei Eßlinger). Den Namen Justin entlehnte er von seiner Nichte Justina, Stiftsdame in der königlichen Abtei Juvigni (Gesta Trevirorum cit. Tom. III. pag. 285). Er wendet sich mit aller Ehrerbietung, aber doch auch mit voller Bestimmtheit und Entschiedenheit an den Pabst Clemens XIII., an die weltlichen Fürsten, Bischöfe und alle Lehrer der Theologie und des kanonischen Rechts mit der Bitte, dahin zu wirken, daß die Häretiker sich der Kirche wieder anschließen, was davon abhänge, daß das herrschende streng curialistische Prinzip geändert werde. Die von ihm aufgestellten Grundsätze sind Ausfluß des Episkopalsystems (s. d. A. Bd. IV. S. 105). Er findet die Einheit der Kirche im allgemeinen Concil, dem das Gesetzgebungsrecht für die ganze Kirche gebühit, welches über dem Pabste steht. Der Pabst hat zur Erhaltung der Einheit jura essentialia; die ihm zugleich gehörigen jura accidentalia sind von der Art, daß sie theilweise restituirt werden müßten, da sowohl die allgemeine Kirche als die Landeskirchen gewisse Freiheiten haben, welche durch die päbstlichen Reservationen beeinträchtigt sind. Unterm 27. Februar 1764 folgte die päbstliche Verwerfung der Schrift, worauf sie in mehreren Diöcesen verboten wurde und eine große Zahl von Schriftstellern sich gegen dieselbe erhob. Hontheim ließ auf die Antworten nicht warten und erweiterte dadurch sein Werk, von dem schnell hinter einander neue Ausgaben folgten. Schon 1765 erschien die fünfte Auflage der ursprünglichen Schrift. An diese schloßen sich ein zweiter bis vierter Band, der letzte in zwei Abtheilungen bis 1775, in wiederholten Abdrücken. Außerdem wurde das Buch sehr bald in's Deutsche (Warbingen [Frankfurt a. M.?] 1764), in's Französische (Seban 1767. Paris 1767); in's Italienische (Venedig 1767) übersetzt, vom Verfasser selbst auch unter Berücksichtigung der wider und für erschienenen Literatur in einem Auszuge bearbeitet: Justinus Febronius abbreviatus et emendatus, id est de statu ecclesiae tractatus ex sacra scriptura . . . . . ab auctore ipso in hoc compendium redactus. Colon. et Francof. 1777. 4. und öfter wiederholt. Von den Gegnern sind die bedeutendsten: *Franc. Ant. Zaccaria* (Bibliothekar des Herzogs von Modena) mit dem Anti-Febronio. Pesoro 1767. 2 vol. 4. Anti-Febronius vindicatus. Cesena 1771. 4 vol. 4. und öfter, neuerbings Bruxell. 1829. 5 vol. *Petr. Ballerini:* de potestate ecclesiastica Roman. Pontificum et conciliorum generalium contra opus Just. Febronii. Verona 1768. 4. und häufig wieder abgedruckt.

Eine wissenschaftliche Widerlegung auf diesem Gebiete, selbst wenn sie gelänge, genügt Rom nicht. Es dringt beharrlich auf Vernichtung einer ihm nachtheiligen Literatur und auf die Rücknahme der ihm mißliebigen Grundsätze von Seiten der Autoren selbst, die solche ausgesprochen haben. Die Verdammung durch Clemens XIII. hatte die neuen Auflagen des Buches nicht verhindern können; daher schrieb Clemens XIV. 1769 an den Erzbischof von Trier, Clemens Wenceslaus, der schon vorher als Bischof von Freisingen dasselbe verboten hatte, mit dem Auftrage, "jene giftige und pestartige Ausgeburt, ehe sie wieder an's Tageslicht tritt, zu unterdrücken", auch wendete er sich an die Kaiserin Maria Theresia, mit einer ähnlichen Bitte. (Theiner, Geschichte des Pontificats Clemens XIV. B. I. [Leipzig u. Paris 1853] S. 273. 274, verb. Clementis XIV. epistolae et brevia [Paris 1852.] pag. 32). Die Erfüllung derselben war nicht möglich, da Frankfurt a. M. als freie Reichsstadt einer willkührlichen Beschränkung der Presse nicht unterlag, überdies der Verleger der evangelischen Kirche angehörte. Mit neuem Eifer nahm Pius VI. die Angelegenheit in Angriff und erwirkte durch den Erzbischof von Trier eine Art Widerruf Hontheims. Die Erklärung befriedigte in Rom nicht und wurde dort corrigirt und erweitert, worauf Hontheim sie am 1. November 1778 abschrieb und unterzeichnete (vollständig enthalten in dem gleich zu citirenden commentarius in retract. pag. 259—272). Der Pabst erließ nunmehr ein wohlwollendes Breve und hielt über diesen Erfolg im Cardinalcollegium eine solenne Allocution. Da die öffentlichen Blätter hierauf von Zwangsmaßregeln sprachen, welche gegen den achtzigjährigen Greis angewendet seyen, mußte sich Hontheim dazu verstehen, eine desfallsige Berichtigung zu publiciren *), gab auch noch einen Commentar zu seinem Widerrufe heraus: *Justini Febronii* Jcti commentarius in suam retractationem Pio VI. Pont. Max. . . . submissam. Prcof. ad M. 1781. 4. Diese Schrift fand aber nicht Beifall in Rom, so daß der Cardinal Gerdil noch besondere Animadversiones in commentarium a J. Febronio in suam retract. editum auszuarbeiten veranlaßt wurde.

Die durch die Schrift des Febronius veranlaßten Untersuchungen sind nicht ohne

---

*) Am Tage vor der Bekanntmachung schreibt er an seinen Freund Krafft (6. April 1779): "Quoi faire? Refuser après des ordres si précis toute déclaration, auroit pu m'exposer avec ma famille à, je ne sais, quoi etc." Gesta Trevirorum cit. Animadversiones et additam. ad T. III. pag. 59.

Einfluß auf die Doctrin und Praxis der römisch-katholischen Kirche geblieben. Der nach=
haltige Erfolg für Deutschland wurde jedoch durch die französische Revolution verhindert:
denn die im Geiste des Febronianismus gestellten Anträge zu Coblenz 1769 und im Bade
Ems 1786 (S. d. Art. Emser Congreß und Punctation) wurden unvollziehbar und
an die Stelle episkopaler Prinzipien traten nach der Restauration die von Hontheim be=
kämpften curialistischen Grundsätze nur um so schroffer hervor. Der deutsche Episkopat,
von Kaiser und Reich verlassen, ja seiner bisherigen Macht entkleidet, suchte in der Ein=
heit mit Rom den Schutz gegen die weltliche Herrschaft, den er wider Rom vom Staate
nicht hatte erlangen können. Der mit Hontheim befreundete Professor Georg Chri=
stoph Neller (geb. den 23. November 1709, gest. den 31. October 1783) befestigte
ihn in seinen Ansichten, insbesondere durch sein periculum juris ecclesiastici Catholicum.
Francof. ad M. 1745. Die dritte Ausgabe erschien 1767 zu Venedig unter dem Titel:
J. Febronii principia juris eccl. Cath. — Ueber Hontheim vgl. man die citirten Gesta
Trevirorum Tom. III. pag. 284 sq. 296. 297. Animadvers. zu Tom. III. pag. 52—60.
verb. Trier'sche Chronik 1820. S. 95—105. 223—227. 1821. S. 150. 1828. S. 74—86.
— Briefwechsel zwischen dem Kurfürsten Clemens Wenceslaus von Trier und dem Weih=
bischofe von Hontheim über das Buch Justini Febronii. Frankfurt a. M. 1813. Phil=
lips, Kirchenrecht B. III. §. 136.   H. F. Jacobson.

Hoogstraten, Jacob van (Hoogstraten, Hogstraten, Hooch Straten), Domi=
nikanermönch, Prior des Ordensconvents zu Köln, einer der heftigsten Gegner und
Ankläger Reuchlins, später auch einer der heftigsten Gegner Luthers, hatte seinen Namen
von seinem Geburtsorte Hoogstraten in Brabant. In ihm personificirte sich die ganze
Finsterniß seiner Zeit und zugleich der heftigste Mönchshaß gegen die von Reuchlin und
dessen Freunden vertretene humanistische und wissenschaftliche Richtung. Seine Unwissen=
heit war so groß, daß ihm sogar die Kenntniß der lateinischen Sprache abgesprochen
wurde; um so größer war die Frechheit und Unverschämtheit, mit der er gegen Licht
und Aufklärung durch die Wissenschaften und die durch dieselben sich erhebende Geistes=
freiheit, welche die Macht des Mönchthums höchlich gefährdete, ankämpfte. Er war um
das Jahr 1454 geboren und studirte auf der Universität Köln, die damals ein Hauptsitz
der geistigen Finsterniß und in den Händen der Dominikaner war. Hier erlangte er
1485 die Magisterwürde, und wurde, bereits in den Dominikanerorden eingetreten, zum
Prior erhoben. Er vertrat den Orden mit solchem Eifer gegen die um sich greifende
Aufklärung, daß er selbst zum Inquisitor in Löwen ernannt wurde; namentlich war sein
Zelotismus gegen Erasmus von Rotterdam gerichtet. Er war bereits auch Professor
der Theologie an der Universität zu Köln geworden, als er sich gegen Reuchlin erhob,
mit Hermann vom Busche anknüpfte, und mit Reuchlins Unterdrückung die ganze von
Reuchlin angeregte geistige Bewegung in Deutschland niederzuschlagen hoffte. Keck citirte
er den Reuchlin vor seinen Inquisitionsstuhl nach Mainz (1513), obschon diese Stadt
zu seinem Sprengel gar nicht gehörte und die Ordensgesetze sogar verboten, eine Cita=
tion gegen eine einer anderen Provinz angehörige Person auszusprechen, selbst wenn der
Ordensprovinzial eine Vollmacht dazu gegeben haben sollte. In seiner Erhebung gegen
Reuchlin trat er zunächst als Sachwalter des Pfefferkorn auf, welcher durch seine An=
griffe auf die Juden und deren Schriften die nächste Ursache zu dem sehr erbitterten
Streite gegeben hatte; s. denselben unter Reuchlin. Sein Verfahren und Verhalten
in dem Streite zeugt ebenso sehr von der Frechheit wie von der Geschicklichkeit in Ge=
waltstreichen. Schon hatte Hoogstraten eine Verdammung Reuchlins bewirkt, und sein
Libellus accusatorius contra speculum ocul. Joh. Reuchlini erlassen, als sich das Dom=
capitel von Mainz Reuchlins annahm und bei der Inquisition einen Aufschub von
14 Tagen in der Ausführung des Urtheils auswirkte, den der Erzbischof von Mainz
noch bis auf einen Monat hinaus verlängerte. Unwillig über diese Einsprache appellirte
Hoogstraten gegen den Erzbischof an den päpstlichen Stuhl, doch nahm er die Appella=
tion bald darauf wieder zurück. Als Leo X. Pabst geworden war, ordnete dieser eine

neue Untersuchung der Streitsache an und beauftragte mit derselben den Bischof Georg von Speier; dieser lud beide Parteien vor sich, Reuchlin erschien, nicht aber Hoog=straaten, der sich vielmehr durch den Dominikaner Johann Horst von Romberg, doch ohne rechtsgiltige Vollmacht, vertreten ließ. Neuen Citationen leistete er ebenfalls keine Folge; schließlich wurde er (24. April 1514) in die Prozeßkosten und zum Stillschweigen verurtheilt, bei Strafe des Bannes, wenn er sich dem Urtheile nicht unterwerfen würde. Dennoch kümmerte sich Hoogstraten um das Urtheil nicht, vielmehr wußte er den mäch=tigen Einfluß der theologischen Fakultät zu Paris, so wie seiner Ordensbrüder zu Löwen, Mainz, Erfurt und anderwärts für sich zu gewinnen Die Sache kam nun auf Reuch=lins Betrieb vor den Richterstuhl des Pabstes selbst. Jetzt wurde Hoogstraten am 8. Juli 1514 nach Rom citirt und wirklich erschien er hier. Die Dominikaner hatten inzwischen alle Mittel ergriffen, um das Verfahren gegen ihn erfolglos zu machen, während Hoogstraten selbst durch Drohungen, List und Bestechung dasselbe Ziel verfolgte; namentlich fand er in seinem Ordensbruder Sylvester Prierias, dem päbstlichen Pallast=meister, einen einflußreichen Fürsprecher. Leo X. mochte in Reuchlin die von ihm be=günstigten Humanisten nicht fallen lassen, aber auch gegen die durch ihren Einfluß mäch=tigen Dominikaner sich nicht entscheiden, und erließ daher ein mandatum de supersedendo, welches die Beendigung des Prozesses der Willkür des päbstlichen Stuhles anheimgab und somit hinausschob. Hoogstraten kehrte darauf, von den besser Gesinnten verachtet, aus Rom nach Köln zurück. Während auch ihn die Epistolae obscurorum virorum hart geißelten, setzte er hier seine frühere Thätigkeit fort, ließ 1518 zwei Apologieen voller Gift und Unwahrheit, dann seine Destructio cabalae seu cabalistae perfidiae a Joh. Reuchlino seu Capnione, Col. 1519, erscheinen, und mit ihm hielten seine Ordens=brüder den Pabst von einem entscheidenden Schritte gegen ihre Unternehmungen durch die Drohung ab, daß sie mit den böhmischen Ketzern gemeinsame Sache machen würden, falls sie unterliegen sollten. Unterdessen hatte sich Hoogstraten auch gegen Luther und die Reformation erhoben; sein Vorschlag ging dahin, den Reformator zeitig zu ver=brennen, ehe die Kirche durch denselben zerstört werde (s. Raumer, Geschichte Euro=pa's I. S. 210); Luther äußerte sich dafür in derbster Sprache über ihn (s. Walch, Luthers Schr. XXI. Anh. S. 118). Hoogstraten starb am 21. Jan. 1527 in Köln. Hermann von Nunnar karakterisirte ihn in einem Briefe an Karl V. (in v. d. Hardt, Aenigmat. prisci orbis Pag. 574) also: Pestis est in Germania Jacobus Hochstraten, quam si restrinxeris, ἔσται πάντα καλῶς; homo praeter ingentem suam audaciam in=signiter impudens atque temerarius. Omnes interroga, si libet, per Germaniam doctos viros, omnes laesit, omnibus aeque invisus est. Hoogstratens Schriften erschienen zu=sammen zu Köln 1526. Vgl. Meiners Lebensbeschr. berühmter Männer I. S. 97 ff.; Mayerhoff, Joh. Reuchlin und seine Zeit S. 158 ff. **Neudecker.**

Hooper, John, aus Somersetshire, der Anfänger der puritanischen Bewegung in England (s. d. Art. England. Reformation Bd. IV. 50), studirte eine Zeitlang in Oxford und nahm frühe die Grundsätze der Reformation an; umsonst suchte Gardiner (s. d. Art.) ihn davon abwendig zu machen; wenn schon dadurch unter Heinrich VIII. seine Lage bedenklich wurde, wuchs die Gefahr, als die sechs Artikel erschienen, innerhalb deren Schranken der König die Reformation festzuhalten suchte (s. d. Art. England. Reformation). Es wurde ihm bereits nachgespürt; er entkam verkleidet nach Frank=reich, von da in die Schweiz (1537). Hier trat er hauptsächlich mit dem Antistes Bul=linger (s. d. Art.) in freundschaftlichen Verkehr, und widmete sich mit aller Kraft der Seele dem Studium der Theologie und der alten Sprachen, besonders der hebräischen. In Zürich trat er, auf Bullingers Rath, in die Ehe, und Bullinger hob ihm ein Kind aus der Taufe (Heß, Leben d. Ant. Bull. I. 216. [Durch einen Schreibfehler ist Hoger gesetzt]). Er blieb auch nach seiner Rückkehr in's Vaterland mit Bullinger in brieflicher Verbindung. Merkwürdig ist der Brief, worin er ihm meldet, daß Cranmer und andere Bischöfe mit den helvetischen Kirchen in allen Dingen einverstanden seyen.

Bei der Thronbesteigung Edwards kehrte er nach England zurück (1549), und gewann bald durch seine derbe Bekämpfung der katholischen Lehre großes Ansehen und in seinen Predigten gewaltigen Zulauf; nächst Latimer war er der beliebteste Prediger. Er bewirkte damals auch, daß Bonner seine Stelle verlor. Graf Warwick ernannte ihn zu seinem Caplan und verschaffte ihm 1550 das Bisthum Glocester. Vor der Consecration erhob er Schwierigkeiten, worin sich eben seine Opposition gegen die Art der Durchführung der Reformation kund gab, und welche beinahe die Consecration hintertrieben hätten. Er weigerte sich nämlich, den bischöflichen Ornat anzuziehen, der dem der römischen Bischöfe noch sehr ähnlich war (doch nicht gleich, wie Weber meint, nach seinen eigenen Angaben II. 670). Ebenso weigerte er sich, dem Metropoliten den vorgeschriebenen kanonischen Eid zu leisten *) und außer der heil. Schrift irgend eine kirchliche Autorität anzuerkennen. Cranmer suchte vergebens, ihm seine Skrupel zu nehmen. Warwick bat Cranmer um Nachgiebigkeit, allein dieser konnte nicht nachgeben, weil er sonst in wichtigen Dingen den römisch-gesinnten Prälaten hätte Concessionen machen müssen. Dennoch wollte er nicht sogleich Hoopers Consecration aufgeben, er forderte das Gutachten des Bucer, damals Professor in Cambridge, und des Peter Martyr, Professor in Oxford. Jener erklärte sich im Allgemeinen gegen den bischöflichen Ornat als den Aberglauben befördernd, meinte aber, daß Hooper ihn nicht so weisen solle, da er gesetzlich eingeführt und den Reinen Alles rein sey. In demselben Sinne sprach Martyr. Hooper aber ließ sich dadurch nicht umstimmen, rechtfertigte seinen Widerstand in einer eigenen Schrift, die er sein Glaubensbekenntniß nannte, und brachte durch eifriges Predigen gegen die Ordination und bischöfliche Kleidung unruhige Bewegungen unter dem Volke hervor. Nun übergab ihn der geheime Rath der Aufsicht des Cranmer; als auch dies nichts fruchtete, wurde er gefänglich eingezogen. Im Gefängniß wurde sein Sinn erweicht, es kam durch gegenseitige Concessionen ein Vergleich zu Stande. Hooper leistete den Eid ohne den Zusatz all Saints, predigte vor dem König im bischöflichen Ornat, durfte aber fortan sich der Anlegung desselben enthalten, außer, wenn er vor dem Könige oder in seiner Kathedrale oder bei einer feierlichen Gelegenheit zu functioniren hatte. So wurde er endlich im März 1551 consacrirt, und erhielt bald durch die Vereinigung der beiden Bisthümer von Glocester und Worcester einen Zuwachs an Geschäften, aber nicht an Gehalt. Seine Thätigkeit und Sorgfalt als Prediger, Seelsorger und Aufseher über die Schulen werden sehr gerühmt; nicht minder groß war seine Unerschrockenheit in Handhabung der Kirchenzucht, so weit diese bei der mangelhaften Einrichtung möglich war. Er erlitt einst thätliche Mißhandlung von der Hand eines Adelichen, den er wegen Ehebruchs vor sein geistliches Gericht geladen, und dem er einen tüchtigen Verweis gegeben.

Hooper starb auf dem Scheiterhaufen, eines der vielen Opfer der katholischen Reaktion unter Maria Tudor. Diese hatte ihn am Anfange ihrer Regierung nach London beschieden, unter dem Vorwande, daß er der Krone eine große Summe Geldes schulde. Seine Freunde riethen ihm vergeblich, sich zu verbergen. In London wurde er gefänglich eingezogen und im Jahre 1555 mußte er mit dem Bischof Rogers vor einer geistlichen Commission erscheinen; er weigerte sich wie Rogers abzuschwören, wurde zur Degradation von der Priesterwürde und Ueberlieferung in die Hände der Obrigkeit verurtheilt. Das Urtheil sollte in Glocester vollzogen werden, worüber der Märtyrer sich freute, da er hoffte, in seinem Tode diejenigen zu erbauen, die er während seines Lebens geleitet hatte. In London degradirt, mußte er zu Fuß nach seiner bischöflichen Stadt reisen; daselbst angekommen, gönnte man ihm einen Tag Ruhe. Darauf erfolgte die Hinrichtung, die eben so sehr seinen Glaubensmuth und Ergebung als die Grau-

---

*) Der Eid enthielt eine Verpflichtung: to all statutes made **or to be made** in support of the king's ecclesiastical authority and in contravention of the papal usurpation. So helpe me God, **all Saints** etc. An diesen letzten Worten nahm Hooper Anstoß.

samkeit der Vollstrecker bezeugte; da ihm das Sprechen untersagt war, so kleidete er seine letzten Ermahnungen in ein lautes Gebet. Das grüne Holz wollte nicht recht brennen. Hooper bat, mehr Holz hinzuzubringen, da er nur am untern Theile des Körpers brennen könne. Als das Feuer neu angeschürt worden, hinderte ein sich erhebender starker Wind die Wirkung desselben. Als die linke Hand schon abgebrannt und abgefallen war, sah man ihn mit der Rechten an die Brust schlagen und hörte ihn Jesum anrufen. Nach dreiviertelstündigem Leiden übergab er seine Seele Gott. Vor seinem Tode hatte er sich durch einen demüthigen Brief noch mit Bischof Ridley versöhnt, mit welchem er sich wegen der bischöflichen Kleidung entzweit hatte. Burnet, Gesch. b. Ref. b. engl. Kirche. Weber, Gesch. der akatholischen Kirchen und Sekten in Großbritannien II. 106—109, 264.   Herzog.

Hoornbeck, Johannes, geb. zu Harlem 1617, gest. zu Leyden 1666, hat als Professor der Theologie und zugleich als Geistlicher seit 1644 in Utrecht, seit 1654 in Leyden sich ausgezeichnet. Seine Schriften wurden sehr geschätzt und sind zum Theil jetzt noch lesenswerth, wie das nach dem westphälischen Frieden nöthig gewordene *Examen bullae papalis* qua Innocentius X. abrogare nititur pacem Germaniae, Ultraj. 1652, oder die Besprechung einer andern Zeitfrage in der *Epistola* ad Joh. Duraeum *de In dependentismo* Lugd. Bat. 1659, und der *Commentarius* de paradoxis Weigelianis. Eine wichtige Frage des Zeitalters behandelt seine Schrift *de conversione Indorum*, welcher die Biographie des Verfassers vorgedruckt wurde. Seine *Brevis institutio studii theologici*, Ultraj. 1658, zeigt uns die damalige Bildungsweise der Theologen. Von den eigentlich polemischen Schriften mag die *De convincendis Judaeis*, L. B. 1655, veraltet seyn; die *Summa controversiarum* religionis, Trajecti ad Rhen. 1653, aber ist neben Spanheims das brauchbarste reformirte Compendium der Polemik geblieben und enthält namentlich einen beachtenswerthen Abschnitt über die Browniisten. Das in drei Quartbänden erschienene Werk *Socinianismus confutatus*, 1. T. Ultraj. 1650, 2. T. Amst. 1662, 3. T. 1664, ausführlich und sorgfältig mit vieljährigem Fleiß die Streitfragen aus socinianischen Quellen erhebend und vom reformirten Standpunkte aus widerlegend, ist eine Arbeit, deren Studium, namentlich des einleitenden Apparatus ad Controversias et disputationes Socinianas, dem trefflichen neuesten Werke über den Socinianismus von Otto Fock, nützlich geworden wäre. Für den Socinianismus, als den zwar verhaßten Nebenläufer gerade des reformirten Lehrbegriffes bleibt eine so gelehrte und tüchtige Darlegung und Widerlegung, wie die von Hoornbeck, immerfort lehrreich. Hinzugekommen ist ein *Compendium Socinianismi confutati*, Lugd. B. 1690. Seine *Miscellanea sacra* sind zu Utrecht 1677 herausgegeben worden. Geschätzt wird seine *Theologia practica cum irenica*, sive de studio pacis et concordiae, 2 T. Ultraj. 1663, auctior 1689 und Franct. et Lips. 1698 mit Ergänzungen Vetera et nova s. Exercitt. th. — Traj. ad Rh. 1672. Außer der schon erwähnten Biographie ist der Artikel Hoornbeck in Bayle's Dictionnaire nachzusehen.   Alex. Schweizer.

Hophra, חׇפְרַע, Sept. Οὐαφρῆ, Vulg. Ephree, Jer. 44, 30., ohne Zweifel derjenige ägyptische König, welchen Manetho Οὐάφρις, Herodot und Diodor Ἀπρίης nennen und welcher der achte König der 26. saitischen Dynastie war. Er führte nach diesen Schriftstellern glückliche Kriege gegen die Phönizier und Cyprier, herrschte 25 Jahre und machte sein Volk glücklich und reich. Am Ende seines Lebens aber empörten sich die Einwohner von Cyrene gegen seine Herrschaft, sein gegen ihr ausgesandter Feldherr Amasis machte gemeinschaftliche Sache mit den Empörern, stieß ihn etwa 571 v. Chr. vom Thron und ließ ihn angeblich auf Anbringen des Volkes hinrichten. Mit diesem Könige hatte Zedekia, der letzte König Juda's, ein Bündniß geschlossen, nachdem er von Nebukadnezar abgefallen war, Ezech. 17, 15.; wirklich schickte er auch ein Hülfsheer ab, dessen Anrücken die Chaldäer bewog, auf einige Zeit die Belagerung aufzuheben, um die Aegypter in ihr Land zurückzutreiben, Jer. 37, 3 ff. Hierauf nahm die Belagerung wieder ihren Fortgang, ohne daß von einem weiteren Versuche Hophra's zum Entsatze

Jerusalems die Rede ist. Ebendeßhalb konnte auch Jeremias nicht gut dazu sehen, daß so viele Juden nach Einäscherung der Stadt ihr Heil in Aegypten suchen wollten, obwohl Hophra den Zutritt in sein Land verstattete, und weißsagte seinen Untergang als einen dem Zedekia ähnlichen, Jer. 44, 30. Ob der Mangel an wirklicher Unterstützung mehr in der Uebermacht Nebukadnezars oder in Treulosigkeit seinen Grund hatte, darüber läßt sich streiten. Nach dem Ausspruche des Propheten Jeremias scheint man übrigens an die letztere denken zu müssen, weßhalb auch Aegypten noch eine Züchtigung durch Nebukadnezar verkündigt wird, Jer. 46, 26. Ezech. 29, 3., über deren wirkliche Ausführung aber die geschichtlichen Nachrichten fehlen.   Vaihinger.

Hopkins, s. Edwards Bd. III. S. 656.

Horb, Johann Heinrich, Schwager, Freund und Vorkämpfer Speners in der Uebung des thätigen und lebendigen Christenthums, wurde am 11. Juni 1645 zu Colmar im Elsaß geboren und starb im Januar 1695 zu Steinbeck in Holstein unweit Hamburg. Schon vor seiner Geburt durch seine fromme Mutter dem Dienste der Kirche gewidmet, studirte Horb auf den Universitäten Straßburg, Jena, Wittenberg, Helmstädt und Kiel und kehrte nach längeren Reisen durch die Niederlande, England und Frankreich 1670 nach Straßburg zurück, wo er, wie sein zehn Jahre älterer Schwager Spener, vornehmlich zu des um das wahre Christenthum löblich eifernden werthen Mannes Dannhauer Füßen gesessen hatte. Schon 1671 ward Horb von dem trefflichen Zögling Speners, dem Pfalzgraf Christian II. von Birkenfeld zum Pastor und Inspektor und bald darauf 1673 auch zum Consistorialrath zu Trarbach an der Mosel ernannt, welches Amt er mit hoher Freudigkeit übernahm und in strenger Gesetzlichkeit verwaltete, nicht ohne bei all seinem Eifer für die kirchliche Lehre und Ordnung durch weltlichen Eigensinn und Eitelkeit Anstoß zu geben. Bald jedoch wirkten Speners, zuerst 1675 erschienene, Pia desideria gewaltig auf ihn ein und gaben seinem strengen Eifer die rechte Richtung auf das inwendige und thätige christliche Leben. Sein „Bedenken" über dieselben erschien alsbald mit ihrer ersten besondern Ausgabe noch 1675 und es richtete sich daher, nachdem Horb auch noch 1677 Dannhauers „Consensus der piorr. desidd." herausgegeben, der ganze Zorn der in ihrer Ruhe und Sicherheit durch den einseitigen und stürmischen Eifer Speners und Horbs gestörten Orthodoxen wider die neue „Theosophia Horbio-Speneriana," (1679 von Dilfeld verfaßt). Von Trarbach in Folge seines unvorsichtigen Eingreifens in die verwickelten landesherrlichen Rechte (Birkenfelds und Badens) und der Einführung von Conventikeln in Speners Sinn, besonders durch den wider „den labadischen Horb" erbitterten Rath Rebhan 1678 verdrängt, ward Horb unmittelbar nach seiner Resignation auf seine Stelle Superintendent und Pfarrer in Windsheim in Franken und dann nach sechsjähriger gesegneter Wirksamkeit 1685 Pastor an St. Nikolai in Hamburg, wohin schon vor ihm die beiden Pietisten: Johann Winkler, ein Freund Speners, welcher schon in Darmstadt in der Stadt und am Hofe collegia pietatis gehalten hatte, und Abraham Hinkelmann als Pastoren an St. Michaelis und St. Katharinen berufen worden waren. So hatte das an dem alten kirchlichen Herkommen sonst so fest haltende Hamburg unter seinen vier Hauptpastoren „drei Leute von extraordinairen Meriten, so daß es nicht leicht so gelehrte und brave Leute wieder bekommen werde." Nachdem nun auch Horb 1688 aus Gewissensnoth besondere Versammlungen begonnen hatte und unterdessen der von Christian Scriver in Magdeburg empfohlene Nikolaus Lange aus Gardelegen (1659—1720 s. s. Leben in Graf Henkels Letzten Stunden. Halle 1729. III, 79—279) als Hülfsprediger an St. Nikolai besondere Versammlungen eingerichtet hatte, deren Theilnehmer in mystische (Böhmische) und separatistische Verirrungen verfielen, auch Speners Berufung vom Rheine nach Sachsen (1686) die Orthodoxen gereizt hatte: entbrannte in Hamburg der erste heftige Kampf des Orthodoxismus und Pietismus zwischen Speners Schwager Horb und dem vierten dortigen Hauptpastor Mayer an St. Jakobi, einem früheren eifrigen Anhänger und Lobredner Speners, der nachher aber besonders von Greifswalde aus als „Schwedischer Theologe" sein gewaltigster Gegner wurde. Zunächst suchte Mayer

dem ferneren Eindringen des Pietismus 1690 durch einen neuen Revers wider die falschen Philosophen, Schriftgegner und die laxeren Theologen und andere Fanatiker und
namentlich Jakob Böhme und den Chiliasmus, welchen das ganze Ministerium unterschreiben sollte, zu wehren. An den hierüber ausgebrochenen mehrjährigen Streit reihte
sich 1693 der Streit über eine von dem reformirten Mystiker und Separatisten Poiret
(f. d. Art.) 1690 in Amsterdam herausgegebene und wahrscheinlich verfaßte vortreffliche
kleine Schrift: Les vrais principes de l'éducation chrétienne des enfans (48 S. in 16.),
deren Uebersetzung Horb Neujahr 1693 unter dem Titel: „Die Klugheit der Gerechten"
als Neujahrsbüchlein verbreitete. Alsbald erhob sich wider diese durchaus wohlgemeinte
und unschuldige Schrift und wider das angehängte treffliche Gebet des Mystikers Ruysbroek der höchste Zorn und Eifer Mayers, weil in ihr der Pelagianische, Päbstliche, So-
cinianische, Quäkerische, Arminianische Ketzergeist durch und durch sich sehen lasse. Horb
bezeichnete er als eine spener'sche Kreatur und den Verfasser (Poiret) als einen scheinhei-
ligen Teufel und Ruysbroek als einen grausamen und groben Enthusiasten, und warnte
seine Gemeinde und die ganze Stadt, daß ihr kein Jude, kein Ketzer, kein scheinheiliger
Quäker ihre Krone der wahren lutherischen Religion nehme." So drang der theologische Streit immer mehr in das Volk und selbst in die politischen Verhältnisse hinein.
Die ganze Stadt gerieth in Aufregung; das Ministerium und die fanatisirte Bürgerschaft traten wider den Quäker Horb und den ihn schützenden Magistrat auf. Schon im
November 1693 mußte Horb freiwillig weichen, aber erst durch einen wirklichen allgemeinen Aufruhr wurde der Rath gezwungen, Horb im Januar 1694 förmlich abzusetzen,
welcher sich dann nach dem nahen holsteinischen Gute Steinbeck zurückzog und schon im
Januar 1695 starb. Dennoch dauerten die stürmischen Streitigkeiten noch bis 1708 fort,
wo sie endlich durch Kaiserliche Exemtien und Veränderung der Verfassung beigelegt
wurden. Mit Recht sagte der mithineingezogene Spener in seinem tiefen Schmerz über
solche Vorfälle, der eigentliche Beweggrund der Gegner Horbs sey nicht der Eifer für
den rechten Glauben, sondern wider das rechte Leben nach demselben. (Geschichte des christlichen Lebens in der rhein. westph. ev. Kirche von M. Goebel. Coblenz 1852. II, 591—
615 und die dort aufgeführten Quellen. Außerdem Horbs Abschiedspredigt zu Windsheim und Antrittspredigt zu Hamburg in seiner Predigtsammlung: Das Leiden Jesu
Christi. Hamburg 1700 und Winklers Vorrede dazu.) M. Goebel.

Horch, Dr. Heinrich, geboren am 12. Dezember 1652 in Eschwege in Hessen,
gestorben 1729 in Kirchheim bei Marburg, ist der reformirte Vorläufer und Glaubens-
genosse des lutherischen Dr. Gottfried Arnold in Gießen in dessen schroff separatisti-
scher Zeit und Art. Von Jugend auf sehr reizbaren Gemüthes führte Horch immer ein
unstät hin- und herschwankendes, aber stets zu Extremen geneigtes Leben, und verdarb
dadurch viel von dem Guten, was er besaß und was er stiftete. Nachdem er seit 1670
in Marburg und Bremen Theologie und Medicin studirt und hier von dem reformirten
Spener: Theodor Unterehzt einen tiefen Eindruck erhalten hatte, auch ein Anhänger der
damals die edelsten Gemüther begeisternden Cartesianischen Philosophie geworden war,
ward er 1683 Diakonus in Heidelberg, 1685 Hofprediger in Kreuznach, von wo er auf
Anrathen Speners 1686 öffentlich zur Erlangung der theologischen Doktorwürde in
Heidelberg disputirte, wohin er auch dann 1687 als Pfarrer zurückkehrte. Nach sechzehn Monaten (1689) Prediger an der reformirten Gemeinde in Frankfurt geworden,
kam er 1690 als Pfarrer und Professor der Theologie nach Herborn. Sein angeborner
Hang zur Schwärmerei ward nur zu sehr durch seine allgemeine pietistische Richtung und
besonders durch seine Verbindung mit dem separatistischen neuen Propheten Balthasar
Christoph Klopfer, Gräflich Solmsischer Canzellist in dem zwei Meilen entfernten Grei-
fenstein, genährt. In der damals ganz Hessen und dessen angrenzende Länder durchzie-
henden pietistischen und separatistischen Bewegung (f. d. Art. Arnold, König, Reitz)
nahm sich Horch 1697 des wegen seiner unsinnigen Schwärmerei gefangen gesetzten Klopfer
entschieden und öffentlich an, verwarf nun das Kirchen- und Abendmahls-Gehen, die Taufe

als bloße Besprengung, jedes Abendmahl, das nicht zugleich ein Liebesmahl sey, das ganze herrschende Kirchen= und Schulwesen, weßhalb er auch dem Doktortitel entsagte, und bekannte sich nur zu den verborgenen christlichen Sekten. Obschon die Stadt und Gemeinde Herborn sich für ihn verwendete, ward er Nov. 1697 von dem Grafen von Nassau=Dillenburg suspendirt und im Jahre 1698 "wegen eigenmächtiger Absonderung von der Kirche und aller vorgegebener wirklichen Visionen und Träume seiner Aemter entlassen, weil es ganz unverantwortlich sey, daß er *quartam* speciem christianae religionis fovire." Horch führte von nun an zehn Jahre lang ein planloses und unstätes Leben, erschien überall, selbst mit Gewalt, predigend, in den Kirchen oder auf dem Rathhause oder auf den Kirchhöfen. Wegen dieser Kirchenstörung in Marburg gefangen gesetzt, verfiel er 1699 in heftigen Wahnsinn mit Selbstmordversuchen, aus welchem er nach wiederholten Anfällen Ende 1700 leiblich und geistlich genas, worauf er die letzte Zeit seines Lebens 1708 —1729 mit einem Jahrgehalte in und bei Marburg ruhig und mit schriftstellerischen Arbeiten beschäftigt zubrachte. Er blieb seinen separatistischen, wenn auch gemilderten Ansichten im Wesentlichen treu, verlangte eine zweite und völligere Reformation der Kirche und ge= meinsame Betrachtung und Besprechung der heiligen Schrift, lehrte auch das tausend= jährige Reich, aber nicht in dem gröberen Sinne, wie sein früherer Freund Dr. Peter= sen, und zog den ehelosen dem ehelichen Stande vor, ohne letzteren als unbedingt sündlich zu verwerfen. Ohne Zweifel war er ein Glied der von der Jane Leade 1696 gestifteten philadelphischen Societät und wirkte daher auch nicht für Union der getrennten Kirchen "als der großen weltförmigen Haufen," sondern — für Einigkeit und Vereinigung der in Sardes (den Weltkirchen) zerstreuten wahren Gläubigen. Seine wichtigste Schrift ist die bekannte von ihm mit Hülfe des Inspektor Scheffer in Berleburg verfaßte: Mysti= sche und Prophetische Bibel (Marburg 1712. 4.), die Vorläuferin der Berleburger Bibel.
(C. Fr. L. Haas: Lebensbeschreibung des Dr. H. Horchens aus Hessen. Cassel 1769 und M. Goebel: Gesch. des christl. Lebens in der rhein. westph. ev. Kirche. Coblenz 1852. II, 741—751).   M. Goebel.

Horeb, s. Sinai.

Horae canonicae, s. Brevier.

Horiter (חֹרִי, Sept. Χορραῖος, Vulg. Horaeus), Name des Urvolkes in Edom, 1 Mos. 14, 6., welches das Gebirge Seir bewohnte, durch Esau und seine Nachkommen aber unterjocht und theilweise vertilgt wurde, 5 Mos. 2, 12, 22. Denn daß dort keine gänzliche Austilgung gemeint ist, zeigt deutlich 1 Mos. 36, 20 ff., wo neben denen der Edomiter noch Stammhäupter der Horiter genannt werden. Dies beweist übrigens die Stelle selbst, indem das Verhältniß der Israeliten zu den Kanaanitern, 5 Mos. 2, 12., damit verglichen wird, von denen wir ja auch wissen, daß sie die Kanaaniter bei weitem nicht völlig ausgerottet, sondern großentheils nur zinsbar und abhängig gemacht haben. Ebenso mochte das Verhältniß der Moabiter zu den Emim, 5 Mos. 2, 10. 11., und das Verhältniß der Ammoniter zu dem Samsummim, 5 Mos. 2, 20., gewesen seyn. Sie waren die besiegte und unterdrückte Nation, und flüchteten sich wahrscheinlich auf die Berge und in die vielen Höhlen, welche das Gebirge Seir enthält. Daher leitet man den Namen gewöhnlich ab von Hor (חֹר), Loch, Höhle, und schildert sie als Höhlenbewohner, was sie auch großentheils gewesen seyn mochten. Doch ist wohl ihre selbständige Ver= fassung nur allmählig untergegangen unter dem beständigen Druck und Haß, der von den Siegern auf sie überging und von Geschlecht zu Geschlecht sich vererbte. Dies wird ziem= lich klar aus dem Buche Hiob, wo 17, 6; 24, 5 ff.; 30, 1 ff. auf die große Verachtung und auf das schmachvolle Schicksal hingewiesen wird, welches die unterdrückten Völker im Lande Uz treffe. Vgl. Ewald, Hiob z. d. St. u. israel. Gesch. 1, 273 ff. und Bai= hinger, das Buch Hiob, metrisch übersetzt und erläutert, Stuttg. Cotta 1842, zu diesen Stellen. Da aber Uz auch ein Nachkomme Seirs ist, 1 Mos. 36, 28. 1 Chr. 1, 42., wie ein Nachkomme Nahors, des Bruders Abrahams, 1 Mos. 22, 21.; so geht daraus hervor, daß die Nachkommen Nahors, zu welchen Hiob gehören mochte, sich mit Nach=

kommen Seïrs, also Horitern, mischten und sie allmählig in ihrer Selbständigkeit ver-
nichteten. Die Landschaft Uz aber lag ganz in der Nähe von Edom im Osten, und wurde
sogar von den Edomitern später in Besitz genommen, Klagl. 4, 21. vgl. Jer. 25, 20.
u. m. Comment. S. 55. Die Horiter gehörten aber, wie Knobel in der Völkertafel
nachweist, mit den Rephaim und Enakim, mit den Amoritern und Amalekitern zu dem
großen Volksstamm der Ludim, welcher der vierte Sohn Sems war, 1 Mos. 10, 22.
Folglich waren sie keine Kanaaniter, Nachkommen Hams, sondern Semiten und, wie
Knobel nachweist, stammesverwandt mit den Hyksos, welche von Assyrien nach Aegypten
und nach 511 Jahren von dort wieder zurückwanderten. Diese Abtheilung der Ludim
kam aber sehr herunter, und wurde eine Beute der kräftigeren abrahamitischen Stämme,
welche sich nach einander in den von ihnen eingenommenen Gebieten festsetzten, sie ver-
drängten und unterdrückten; ein Schauspiel, wie es uns die Völkerwanderung nach Christus
wiederum darbietet. — Der Name חֹרִי (Sept. Χορραῖοι, Vulg. Hori), 1 Mos. 36, 22.
ist aber der eines einzelnen Mannes und bedeutet Edler, Freiherr, wie auch 4 Mos. 13, 5.
1 Chr. 1, 39. Vaihinger.

Hormisdas, Pabst, geboren zu Frusino in Campanien, wurde am 26. Juli 514
als Nachfolger des Symmachus zum römischen Bischof erwählt und ward bald nach seiner
Wahl vom morgenländischen Kaiser Anastasius zu einem allgemeinen in Heraklea abzu-
haltenden Concil eingeladen, um die Wiedervereinigung zwischen der occidentalischen und
orientalischen Kirche zu bewirken und besonders die Beschlüsse unparteiisch prüfen zu lassen,
welche gegen die Bekenner der beiden Naturen in Christo gefaßt worden waren. Hormisdas
sagte sein Erscheinen unter der Bedingung zu, wenn die Decrete von Chalcedon nicht in
Zweifel gezogen und die Häupter des Eutychianismus, Dioscur, Timotheus Aelurus,
Petrus Mongus und Acacius verdammt würden. Der Kaiser war auch bereit, auf alle
diese Bedingungen einzugehen, bis auf die Verdammung des Acacius, Bischofs von Constantinopel, der bei den Constantinopolitanern in zu heiligem Ansehen stand, als daß nicht
neue Unruhen daraus hätten entspringen müssen. Allein Hormisdas beharrte trotz einer
wiederholten Einladung des Kaisers an ihn auf dieser Bedingung, und so kam das Concil
nicht zu Stande. Auch ein im Jahr 517 erneuerter Versuch des Kaisers, mit dem päbstlichen Stuhl in Unterhandlungen zu treten, ward durch die entschiedene Sprache des Hormisdas vereitelt. Der Kaiser ward durch des Letzteren Forderungen so erbittert, daß er
alle Verhandlungen plötzlich abbrach; die päbstlichen Legaten ließ er auf elendem Fahrzeug
unter militärischer Bewachung nach Italien bringen, und antwortete unumwunden: er werde
sich nie von Rom her in Sachen des Glaubens etwas vorschreiben lassen. Nach dem
Tod des Anastasius (518) griff sein Nachfolger Justinus die Unterhandlungen abermals
auf und saudte eine neue Gesandtschaft an Hormisdas mit der Erklärung, daß er alle
von Rom vorgeschriebenen Bedingungen zur Wiederherstellung der Kirchengemeinschaft
eingehe. Da aber der Patriarch von Alexandrien, der Metropolitan von Thessalonich
nebst vielen anderen Geistlichen sich der Annahme der von Hormisdas dictirten Artikel
beharrlich widersetzten und zumeist eine Unterwürfigkeit unter die Befehle des römischen
Stuhls auf's Entschlossenste verweigerten, und der Kaiser deßhalb den römischen Bischof
zur Nachsicht aufforderte, trat Hormisdas dem Kaiser mit solcher Schroffheit und des-
potischer Starrheit entgegen, daß Justinus bald auf die Seite seiner Kirchenobersten zu-
rücktrat, und Rom fast Alles wieder verlor, was es früher in seiner Stellung zur morgenländischen Kirche gewonnen hatte (vgl. den Briefwechsel zwischen dem Patriarchen von
Constantinopel, dem Kaiser Justinus und Hormisdas). — Viel milder und besonnener
zeigte sich Hormisdas in dem über Faustus von Rhegium entstandenen dogmatischen Streite
im Jahr 520. Auf eine hierauf bezügliche Anfrage des nordafrikanischen Bischofs Pos-
sessor antwortete er mit einer Geistesfreiheit und Mäßigung, welche bei einem römischen
Bischof desto ausgezeichneter ist. Faustus, erklärte er, gehöre nicht zu denen, welche man
als Väter des Glaubens betrachte. Aber man müsse bei ihm, wie bei jedem Kirchen-
schriftsteller, annehmen, was mit der reinen Lehre übereinstimme, und verwerfen, was

derselben widerstreite. Es sey Eine Grundlage, von welcher jedes feste Gebäude ausgehen müsse, Jeder möge zusehen, ob er auf diesem Fundament Werthvolles oder Gemeines erbaue. Es sey aber auch nicht zu tadeln, wenn man Schriften lese, in denen sich Irriges finde. Nur wenn man die Irrlehren theile, sey es tadelnswerth. Vielmehr sey es ein löblicher Fleiß, wenn man viele Schriften durchforsche, um nach der paulinischen Vor= schrift Alles zu prüfen und das Gute zu behalten. Oft sey es nothwendig, sich über dasjenige zu unterrichten, wodurch man die Gegner widerlegen könne. Uebrigens erklärte er dabei verschiedene Schriften Augustins, und besonders dessen Schriften an Hilarius und Prosper für Norm der Rechtgläubigkeit in der Lehre von der Gnade und vom freien Willen, und erklärte sich bereit, noch besondere Bestimmungen darüber nach Constantinopel zu senden. — Von der übrigen Wirksamkeit fehlen zusammenhängende Notizen. Zu Rom soll er Manichäern auf die Spur gekommen seyn, sie vertrieben und ihre Bücher ver= brannt haben. Er starb am 6. August 523. Es sind von ihm nur noch eine Anzahl Briefe übrig, die sich unter den Epistolis Romanorum Pontificum befinden. Dr. Pressel.

Horney oder **Hornejus**, Konrad, lutherischer Theolog zu Helmstädt im 17. Jahrhundert, war am 25. November 1590 zu Braunschweig geboren als der Sohn eines Landpredigers in der nächsten Umgegend der Stadt. Schon auf der dortigen Katharinen= schule erhielt er eine so ausgezeichnete Schulbildung, daß seine Fertigkeit, lateinisch und griechisch in Prosa und in Versen zu schreiben, schon Männern wie J. Gruter in Hei= delberg u. A. bekannt wurde. Auch in Helmstädt, wohin er im J. 1608 abging, war er dadurch den dortigen Humanisten schon im Voraus am besten empfohlen; er wurde bald ein Lieblingsschüler des alten Caselius (f. d. Art.), Haus= und Tischgenosse und Vorleser desselben, die ihm befreundeten Collegen, der Aristoteliker Cornelius Martini, Nik. Gran u. A. wurden mehr noch als die Theologen der Universität seine Lehrer, und andere ausgezeichnete Schüler von Caselius und Martini, wie Georg Calixtus, Bartheld Neuhaus u. A. schon damals seine Freunde. Nach Caselius Tode im J. 1613, nachdem er sich schon im Jahre zuvor in Helmstädt habilitirt hatte, wurde er noch acht Jahre lang Haus= und Tischgenoß seines unverheiratheten Lehrers Martini, welcher sich auch als Lehrer durch ihn vertreten ließ, wurde neben ihm 1619 Professor der Logik und Ethik, und nach Martini's Tode († 17. Dez. 1621) dessen eigentlicher Nachfolger, wie sehr auch die Häupter der antihumanistischen und antimelanchthonischen Partei, der Schwabe Ba= silius Sattler im wolfenbüttel'schen Consistorium und sein Nepot Strube in Helmstädt, dies zu hintertreiben gesucht hatten. Sie konnten auch nicht verhindern, daß er nach dem Abgange eines der Ihrigen, Michael Walthers, 1628 aus der philosophischen Fakultät in die theologische versetzt und Walther zum Nachfolger und seinem Gesinnungs= genossen Calixtus zum Specialcollegen gegeben wurde; und in diesem Amte blieb er von nun an noch mehr als zwanzig Jahre bis an seinen Tod.

Noch mehr als Calixtus war also auch Hornejus erst nach langen Lehrjahren philo= logischer und philosophischer Studien und selbst nach vieljähriger Führung eines Lehr= amtes, worin ihm die Interpretation des Aristoteles sowie der Vortrag der Logik, Ethik und Metaphysik oblag, zur Theologie übergegangen; in lingua Graeca prae Horneio puer est, sagt B. Neuhaus einmal in einer Streitschrift (Irnerius p. 51) selbst von Ca= lixtus; Hornejus' philosophische Lehrbücher wurden auch auf anderen Universitäten viel gebraucht, so daß das compendium dialecticae succinctum (zuerst Helmstädt 1623) bis 1666 in zwölf Auflagen erschien, die disputationes ethicae depromptae ex ethica Arist. ad Nicom., zuerst 1618, bis 1666 in sieben Auflagen; dazu viele andere philosophische Schriften: compendium naturalis philosophiae 1618 u. ff., disquisitiones metaphysicae s. de prima philosophia 1622, instit. logicae 1623 u. ff., philosophia moralis 1624 ff., exercitationes und disputationes logicae 1621 u. ff., processus disputandi u. f. f. Nach solchen Anstrengungen bildendster Selbstthätigkeit war er denn auch wie Calixtus für die Theologie am besten vorbereitet, weil dadurch am gewissesten geschützt vor der schwachen Seite seines Zeitalters, vor der Rohheit und Erstorbenheit, welche nur noch für vorge=

schriebene Tradition sophistisch zu streiten vermag, aber zu den Mühen eigener Forschung nicht mehr Wahrheitssinn und Gewissenhaftigkeit genug hat; nur war ihm demnach freilich auch wie Calixt der Widerstand des großen Haufens und das Loos der Gemeinschafts= losigkeit in einer solchen Zeit im Voraus gewiß, und dieses zu ertragen ward ihm bei seiner Milde und Liebebedürftigkeit noch schwerer als jenem. So waren es denn auch fast immer dieselbigen Streitigkeiten, in welche von Anfang her der Eine wie der Andere hineingezogen wurde. Schon der Widerstand gegen die Anwendung der Lehre und Me= thode des Ramus in der Philosophie, Pädagogik und Theologie erschien Beiden gerade in den ersten Jahren ihres Wirkens um so mehr als eine heilige Pflicht, je fester sie überzeugt waren, daß die von dort ausgehende Abmahnung von angestrengtem Studium der Alten, insbesondere des Aristoteles und einer auf ihn gegründeten Philosophie, nichts als Wirkung und Rechtfertigung einer Unwissenheit und Arbeitsscheu sey, für welche die Unchristlichkeit dieser Heiden der ostensibelste Vorwand war. Und ähnlich, wie er hier in der Philosophie die Superiorität des großen Alterthums der Oberflächlichkeit und dem Unverstand der Neueren entgegensetzte, so auch in der Theologie die Einfachheit und Größe der alten Kirche der Kleinlichkeit der Streitfragen und Distinktionen der Theologie seiner Zeit, von welcher er auch nicht genug Früchte christlicher Frömmigkeit im Leben ausgehen sah. „Utrique malo," so faßt sein Schüler Schrader in der Gedächtnißrede die Aufgabe seines Lebens zusammen, „mascule se opposuit impietati et inscitiae ad extremum us- que vitae spiritum aeque infestus," *Witten*, mem. theol. S. XVII. p. 737. So galt aber auch ihm der Angriff mit, welchen der hannöver'sche Pastor Staats Büscher in der Schrift Cryptopapismus novae theologiae Helmstadiensis gegen die Theologen der braun= schweigischen Gesammtuniversität richtete, nachdem er schon jahrelang vorher in seinen Schriften vergebens „der Vernunft und Philosophie wie jedem andern Weibe Stillschwei= gen in der Kirche geboten," und gegen die „aus dem Terentio und Virgilio gekrochenen Theologos" und für die „logicam Rami in christlichen Schulen" geeifert hatte. Daneben ward Hornejus noch besonders von mehreren sächsischen Theologen, im J. 1640 von Ley= ser, 1641 von Höpfner und 1644 von Hülsemann, außerdem von Joh. Major in Jena, als neuer Majorist angegriffen wegen der Art, wie er in seinen theologischen Disputa= tionen auf die Unerläßlichkeit der Wachsamkeit und des eigenen thätigen Strebens nach Heiligung gedrungen hatte, durchaus nicht, um eine Neuerung und etwas Katholisches dem lutherischen sola fide entgegenzusetzen, sondern gestützt auf die logische Distinktion von causa vera und causa sine qua non, und noch mehr aus Rücksicht auf den sittlichen Zustand im lutherischen Deutschland, weil er, wie sein College sagt, als „ein überaus ge= lahrter und tapferer Mann, dem die Gottseligkeit ein Ernst gewesen, bei diesen verwirrten Läuften und langwieriger Kriegsunruhe, dabei die Leute gleichsam verwildert und aller Untugend gewohnet geworden, Bedenken getragen, den Satz, gute Werke sind nicht nöthig zur Seligkeit, bloß und schlechter Dinge anzunehmen, oder auch gutzuheißen, daß derselbe dem gemeinen Manne auf solche Weise sollte fürgetragen werden," Calixtus' Widerl. Wellers §. 20. K. 3. Nach dem Religionsgespräch zu Thorn 1645, welches die Erbit= terung noch vermehrt hatte, ließen sich dann die Theologen zu Wittenberg und Leipzig im J. 1646 von ihrem Kurfürsten wegen der „gefährlichen Disputation von der Noth= wendigkeit der guten Werke" mit einer „Ermahnung" an die theologische Fakultät zu Helmstädt beauftragen, und entledigten sich dieses Auftrages unter Heranziehung der jenai= schen Theologen noch am Ende des J. 1646 in einer Weise, welche Calixtus am wenig= sten sich mochte gefallen lassen, wiewohl er „die Rede, gute Werke sind nöthig zur Selig= keit, niemals gebraucht zu haben und gebrauchen zu wollen," versichern konnte, a. a. O. §. 22. Außerdem wurden Hornejus und Calixtus von jetzt an zu Königsberg in der Person ihres Schülers Joh. Latermann mit angegriffen, welcher jenen Satz schon 1644 in einer Disputation zu Helmstädt unter Hornejus Vorsitz vertheidigt hatte, und mit dessen Anstellung zu Königsberg im J. 1646 der große Kurfürst absichtlich unter die eifrigen Lutheraner der theologischen Fakultät ein diesen sehr unwillkommenes fast unionistisches

Element gesetzt halte. Hornejus antwortete noch mehrmals: defensio disputationis de summa fidei non qualislibet, sed quae per caritatem operatur, necessitate ad salutem 1647; iterata assertio de necessitate fidei per caritatem operantis 1649; in demselben Jahre noch repetitio doctrinae verae de necessitate bonorum operum u. a. Schon nahmen sich auch die braunschweigischen Herzöge, die Erhalter der Universität Helmstädt, der Sache an, um eine neue größere Spaltung zu verhüten; die Herzöge Wilhelm und Ernst von Sachsen schrieben ihnen im Aug. 1648, obwohl sich nach Hornejus' Erklärung zeige, »daß er in der Sache an sich selbst mit andern Theologen nicht streitig und dies unnöthige Gezänk nur in Phraseologia bestehe,« so dürfe doch die Kirche nicht noch mehr verwirrt und die Jugend irre gemacht werden, und so hätten sie ihrem Theologen Major silentium auferlegt; sie riethen ihnen nun, ebenso gegen ihre helmstädtischen Theologen zu verfahren, wie sie gleichzeitig dasselbe auch dem Kurfürsten von Sachsen zu thun empfahlen. Im Nov. 1648 trugen die drei braunschweigischen Höfe ihren beiden Theologen eine nochmalige Darstellung mehrerer der streitig gewordenen Hauptpunkte auf, von welchen Hornejus drei, welche von Calixtus schon mehrmals in Schriften ausgeführt waren, zu bearbeiten übernahm, nämlich 1) de necessitate bonorum operum, 2) de auctoritate antiquitatis ecclesiasticae, 3) de studio concordiae mutuaeque tolerantiae, und im Febr. 1649 baten die Herzöge den Kurfürsten, während ihre Theologen mit ihrer Rechtfertigung beschäftigt seyen, daß er den seinigen einstweilen Stillschweigen auferlegen möge. Darauf aber ward unterm 16. Juni 1649 von Kursachsen die Drohung erwiedert: »sollten Ew. Lbd. über alles Verhoffen ihren Theologen in den von ihnen angefangenen Neuerungen fortzufahren erlauben, würden sie es uns nicht verdenken, daß wir als Direktor der Evangelischen im römischen Reiche dahin trachteten, wie wir unserer auch anderer evangelischen Fürsten und Stände Land und Leute für solcher Spaltung behüten können;« und daneben konnten doch die braunschweigischen Höfe unter einander nicht einig werden, ob sie die Apologie ihrer Theologen an Kursachsen einsenden und unterstützen sollten oder nicht. Hornejus aber starb bald nachher, vielleicht sehr affizirt durch dies Alles (haud leviter perculsus, ut alias etiam facile percelli solet, sagt Calixtus zu Anfange des Jahres 1649 von ihm), am 26. September 1649. So erlebte er auch den Consensus repetitus nicht mehr, welcher in mehr als 30 seiner 88 Verdammungssätze gegen ihn mit gerichtet war, besonders §. 43—58. wegen seiner Aussprüche von Glauben und guten Werken, aber auch z. B. §. 78. wegen eines Vorbehaltes, daß die Autorität neuerer Bekenntnisse nicht weiter anzuerkennen sey, nisi quatenus verbo Dei et veteri doctrinae concordat. Aus seinem Nachlaß erschienen noch Commentare über den Hebräerbrief und die katholischen Briefe 1654 und 1655, ebenso ein compendium theologiae, quo universa fidei Chr. tam credendorum qua agendorum doctrina pertractatur, Br. 1655 in 4., und in seinem Todesjahr auch ein compendium hist. eccl. über die drei ersten Jahrhunderte. Viele Briefe von seiner Hand an Calixtus, Schwartzkopff u. A. auf den Bibliotheken zu Wolfenbüttel und Göttingen. Die lateinischen und deutschen Gedächtnißreden seiner Freunde und Schüler sind nachgewiesen und benutzt in der Ersch- und Gruber'schen Encyklopädie Sekt. II. Bd. 11. im Artikel Hornejus von   Henke.

Horonaim (חרנים), Stadt im Moabiterlande, Jes. 15, 5. Jer. 48, 3. 34., wahrscheinlich V. 5. an einem Bergabhang gelegen, Geburtsort des persischen Statthalters Sanballat in Samarien, Neh. 2, 10. 19; 4, 1; 6, 1., der ebendeßwegen der Horoniter heißt, und als entschiedener Widersacher Nehemia's bekannt ist. Nach Joseph. Ant. 13, 15, 4. 14, 1, 4. gehörte der Ort eine Zeitlang zum jüdischen Gebiet.   Vaihinger.

Hosanna, s. Hosianna.

Hosea, König. In Folge einer Verschwörung wider die nachgerade unerträglich gewordene, schlechte Regierung des Pekah gelangte Hosea, Elah's Sohn, durch Ermordung seines Vorgängers auf den wankenden Thron des bereits in seinen Grundfesten unheilbar erschütterten Reiches Israel. Seine Thronbesteigung fällt in das 14. Jahr des Königs Ahas von Juda, wofür 2 Kön. 17, 1. irrig das »zwölfte Jahr« steht; noch

schlimmer ist der Schreibfehler 2 Kön. 15, 30., wonach Hosea's Erhebung in's "zwan=
zigste Jahr Jotham's" fiele, was unmöglich ist und durch die Annahme eines Interreg=
nums zwischen Pekah's Ermordung und der wirklichen Anerkennung Hosea's, wie sie
noch Keil, Winer u. a. befolgen, sich nicht beseitigen läßt; vielmehr ist — wie B. 27.
in der Angabe, als habe Pekah "20" (statt: 30) Jahre regiert — mit Thenius ein
alter Schreibfehler anzuerkennen. Obwohl im Ganzen besser als seine Vorgänger, ver=
mochte Hosea dennoch nicht, dem unaufhaltsam einbrechenden Untergang des Reiches zu
wehren, nur neun Jahre behauptete er seine Krone, nämlich nach der gewöhnlichen Chro=
nologie von 730—722 v. Chr. (nach Ewald 728—719, nach Movers Phönik. II. 1.
S. 159 ff. aber von 707—699, f. dagegen Bunsen, Aegyptens's Stellung in der Welt=
gesch. III. S. 146). Schon im Anfange seiner Regierung ward er in Folge eines wider
Israel und gleichzeitig auch wider Phönizien gerichteten, ersten Feldzuges des Salma=
nassar, welcher die Eroberungen seiner Vorgänger, die bereits Syrien und das israe=
litische Ostjordanland sich unterworfen hatten, fortsetzen wollte (2 Kön. 15, 29.), den
Assyrern tributpflichtig. Da er aber später, wie es scheint in Uebereinstimmung mit
Tyrus und Philistäa (vgl. Jes. 14, 28 ff.?), und in Folge eines Bündnisses mit dem
durch das weitere Vorrücken der Assyrer allmählich selbst bedrohten Könige von Aegypten
So d. h. Sevechus, dem zweiten Könige aus der fünfundzwanzigsten äthiopischen Dynastie,
der 728 v. Chr. auf den Thron gelangte (*Wilkinson*, customs and manners of ancient
Egypt. I. p. 139 ed. 3. Lond. 1847), den Assyrern den Tribut zu zahlen verweigerte,
wurde er von Salmanassar, gleichzeitig mit Tyrus, das damals eine 5jährige Blokade
aushalten mußte (*Menand.* ap. Jos. Antt. 9, 14, 2. vgl. Jes. K. 23 [?]), mit Krieg
überzogen; nach beinahe dreijährigem Widerstande erst ergab sich die dergestalt nicht un=
ehrenhaft fallende Hauptstadt Samaria, Hosea wurde gefangen weggeführt, die Einwoh=
ner des Landes nach Assyrien deportirt (f. Bd. I. S. 648 f.) und das Land mit Colo=
nisten aus Babylonien, Kntha, Syrien neu bevölkert, 2 Kön. 17, 1 ff.; 18, 9 ff.; Mich.
1, 6.; Jes. 28, 1—4. vgl. Hos. 10, 4 ff.; 14, 1. Joseph. Antt. 9, 13, 1; 9, 14, 1 sqq.
Vgl. Ewald, Gesch. Ifr. I41, 1 S. 313 ff.; Duncker, Gesch. d. Alterth. I. S.
373 ff.; Movers, Phönik. II, 1. S. 383 ff.   Rietschi.

Hosea, der Prophet, ist einer der eigenthümlichsten in der Reihe seiner
großen Genossen, die, vom Geiste Gottes getrieben, die Bundbrüchigen des Volkes strafen
und die Treuen trösten. Es ist aber auch Keiner gewesen, der in ein solches schwarzes
Meer der Sünde hineingeschaut und vor solchen Gräueln des Abfalls vom Throne herab
bis zu dem niedrigsten Volke sich entsetzt hätte. Einsam steht unser Seher an diesem
schauerlichen Abgrunde des Verderbens. "Keine Wahrheit und keine Liebe, und keine
Gotteserkenntniß im Lande; Schwören und Lügen, Morden und Stehlen und Ehebrechen!"
So ruft er im tiefsten Jammer aus (4, 1. 2.); und wie die Einzelnen ohne Unter=
schied, Priester und Propheten nicht ausgenommen, in die Schuld des Ganzen verschlun=
gen sind, daß sie in dieser allgemeinen Ansteckung regungslos von der bösen Lust sich
forttreiben lassen, hätte er nicht besser als durch die Worte ausdrücken können: "die
Sünde meines Volkes essen sie, und nach ihrer Schuld erheben sie ihre Seele." (4, 10.)
Dieses furchtbare Gemälde des gräulichsten Sittenverderbnisses hat nichts Befremd=
liches, wenn wir aus dem hinterlassenen Buche unseres Propheten deutlich erkennen, daß
er dem Reiche Israel zur Zeit seiner entsetzlichsten Entartung, wie uns die die Ge=
schichtsbücher des A. T. bezeugen, angehörte, "an Götzenbilder gebundenen Ephraim."
(4, 17.) Er gedenkt zwar auch Judas, aber nur wie im Vorübergehen und mit viel
größerer Milde, wenn er warnend sagt: "wenn du auch hurest, Israel, verschulde sich
nur Juda nicht! Kommt nicht nach Gilgal, und ziehet nach Beth=Aven nicht hinauf, und
schwöret nicht, so wahr Jehova lebet!" (4, 15.) Auch "Juda fällt mit Israel" (5, 5.)
und Jehova verschonet seiner in seiner Mitverschuldung nicht; er ist "wie eine Motte
Ephraim, und wie ein Wurmfraß dem Hause Juda's," er ist "Ephraim wie ein Löwe
und dem Hause Juda's wie ein junger Leu" (5, 12. 14.), aber immerhin hat es der

Prophet jetzt vorzugsweise mit Israel zu thun, und während ganz Ephraim „zur Wüste" werden soll, will Gott auf die „Fürsten Juda's," die wie „Grenzverrücker geworden," seinen Grimm „wie Wasser schütten." (5, 10.) Und so stellt er auch Ephraim und Juda sonst noch in eine Reihe in Bezug auf gemeinsame Verschuldung und unausbleibliche Züchtigung, wie z. B. 6, 4 u. 11. Aber gerade schon diese letztere Stelle „auch dir, Juda, ist Ernte bestellt," d. i. nach der einfachsten Erklärung des קָצִיר, Strafe verhängt, kann zeigen, daß der einfachste Blick unseres Propheten vorzugsweise auf Ephraim haftet, wie er denn auch unmittelbar vorher von Israel redet: „im Hause Israels seh' ich Schauerliches; da huret Ephraim, verunreinigt sich Israel." (10.), Kap. 7. deckt er nur die Schuld Ephraims und die Bosheit Samariens auf; Kap. 8. gedenkt er insbesondere seines Kälberdienstes, und daß es sich eigenmächtig seine Könige und Fürsten gesetzt: „sie haben Könige gemacht, aber nicht von mir; Fürsten eingesetzt, und ich weiß es nicht; ihr Silber und ihr Gold haben sie zu Bildern sich gemacht, auf daß es vertilget werde! Verworfen hat er dein Kalb, Samarien, entbrannt ist mein Zorn auf sie! Wie lange noch, daß sie nicht Reinigung vermögen? denn von Israel ist's her, und er, der Künstler hat's gemacht, und es ist mein Gott! Ja, zu Splittern soll werden Samariens Kalb!" (4—6.) Allerdings vergißt er auch zuletzt Juda nicht, wo er Israel vorwirft, daß es „seinen Schöpfer vergessen und Paläste gebaut," wenn er hinzusetzt: und „Juda hat gemehret feste Städte;" doch kann dies immer nur ein Anstreifen an den Schwesterstaat genannt werden. Es ist ja überhaupt von vorne herein gar nicht denkbar, daß ein Prophet, wenn er auch ganz im Zehnstämmereich wurzelt, Juda in seinen Strafreden sollte außer Acht gelassen haben; das litt schon die Erinnerung an den Namen des Stammvaters „Israel" und an die ursprünglich gemeinsame Geschichte nicht. Daher heißt es: „wie Trauben in der Wüste fand ich Israel, wie eine Frühfrucht am Feigenbaum in ihrem Anfang sah ich eure Väter; sie kamen nach Baal Peor, und weihten sich der Schande, und wurden Scheusale wie ihre Liebe," aber sogleich wendet sich das Wort in der Gegenwart wieder nur allein an Ephraim: „Ephraim — gleich Geflügel entfliegt seine Herrlichkeit — kein Gebären, kein Mutterschoß, keine Empfängniß!" (9, 10. 11.) und immer bloß Ephraim (13. 14.). Ebenso ist es Kap. 10, wo wir nur in Israel sind, seine „Pfaffen beben und die Bewohner Samariens für die Kälber Beth-Avens zittern" (5.), und das götzendienerische „Bethel" Israel zu Grunde richtet (15.). In dem Folgenden faßt der Prophet, indem er das undankbare Volk, das er erwählet, an die freie Gnade seiner Berufung erinnert, das ursprünglich Eine wieder unter dem Stammnamen Israel zusammen: „als jung war Israel, da liebt' ich ihn, und aus Aegypten rief ich meinem Sohne (11, 1.), und Kap. 12, wo Jehova klagt, daß Ephraim ihn mit „Trug und Lug" umgebe, und Juda im heiligen Bunde mit seinem Gotte mit fremden Göttern „ausschweife" (1.), gedenkt er deshalb auf eine sehr bemerkenswerthe Weise des listigen Stammvaters Jakob, bevor ihn Gott mit dem neuen Namen Israel gesegnet, wie er schon „im Mutterleibe berückte seinen Bruder, und in seiner Kraft gerungen mit Gott" (4.), aber wir sind doch auch hier in Gilead und Gilgal (12, 12.), wo „Ephraim Schreckliches redet, sich durch den Baal verschuldet, Menschen opfert und Kälber küsset" (13, 1. 2.), und Kap. 14, 1. soll „Samarien büßen," ehe neues Heil ihm aufgeht. Jerusalem wird nie genannt, und nur der Norden Palästina's, Samarien und Bethel, Gilead, Gilgal und Sichem liegt uns vor Augen. Wenn daher Hosea 1, 2. „das Land" nennt, welches in Abfall von Jehova huret, so ist dieses, wo er sich nach dem Auftrage Gottes mit einer Buhlerin verheirathen soll, gewiß das, in welchem er wohnt und weissagt, und in das er nicht etwa von Juda aus hinüberschaut, sondern das Israelitische, in dem Samarien die Hauptstadt ist, und von deren Herrscher zu seiner Zeit er sagt: „unser König." (7, 1. 5.) So urtheilen auch die sonst verschiedensten Kritiker, Hävernick und Keil, wie Ewald und Hitzig u. A., weshalb wir auch gegenwärtig die Meinung von Jahn, daß unser Prophet in Juda aufgetreten, als für immer abgethan betrachten können. Eine andere Frage wäre, ob er nicht wie sein Vorgänger Amos wenigstens aus dem südlichen Reiche in das nördliche eingewandert, wie dieses namentlich Maurer behauptet (observat. in Hos. in den von ihm und Rosenmüller herausgegebnen commentat. theol. tom. II. p. 1. cap. 3.). Aber die dafür beigebrachten Gründe sind ebenso wenig stichhaltig. Der Verfasser will aus dem harten Tone der Rede, wie sie auch Juda treffe, den Schluß gezogen haben, daß er dort ursprünglich einheimisch müsse gewesen seyn, weil man Fremde milder zu behandeln pflege. Allein waren denn dem israelitischen Propheten die Judäer Fremde? Mußte nicht dem Manne Gottes, dem die Theilung der Stämme ein tiefer Schmerz war, auch für die Brüder in Juda das Herz klopfen und der Zorn der Liebe sich über sie ergießen? Uebrigens bleibt doch noch ein Unterschied in der Art, wie er gegen beide Reiche streitet, wobei besonders in Betracht kömmt, daß handgreiflich nur Israel als Hauptperson durchgängig in den Vordergrund tritt und der Prophet mit allen Fasern seines Wesens nach Anschauung und Darstellung, in Geschichte, Oertlichkeit, Natur und Sprache des Nordreichs lebt und webt. Noch weniger kann der zweite Grund für die Judäische Abkunft Hosea's genügen. Sollte darauf schon eine Hinweisung in der Ueberschrift liegen, weil in derselben bei der Zeitbestimmung der Wirksamkeit des Propheten unter den genannten Königen der beiden Reiche gerade die über Juda herrschenden, Usia, Jotham, Ahas und Hiskia dem Könige von Israel, Jerobeam vorangestellt wären, so müßte vor Allem die Aechtheit der Ueberschrift bewiesen werden können, was aber nicht einmal von Maurer geschehen, der im Gegentheil es selbst als kaum zweifelhaft ansieht, „inscriptionem ab aliena manu profectam esse." Wollten wir überhaupt in kritischer Hinsicht auf eine derartige Angabe einen besonderen Werth legen, so würden wir eher aus ihr folgern, daß unser Prophet, der sagt, daß „des Vogelfängers Schlinge auf allen seinen Wegen" gelegen, durch Verfolgungen genöthigt worden, seine Heimath zu verlassen und nach Juda auszuwandern. Ewald geht sogar so weit, daß er die zweite Hälfte unsres Buches nach Juda verlegt, weil der Prophet in dem ersten Juda schonender behandele, als habe er sein Verderben nur wie aus der Ferne gesehen, in der Folge aber, als er dieses mit eigenen Augen geschaut, nur desto stärker in der Fortsetzung seiner Strafreden dagegen gepredigt. Es kömmt dabei besondes Kap. 5, 8. in Erwägung, wozu man meine Auslegung in meinem Commentare vergleichen möge.

Versuchen wir genauer die Zeit zu bestimmen, in welcher der Prophet Ephraims in diesem Reiche „Schauerliches gesehen," so ist uns wenigstens der Anfang seiner Wirksamkeit bezeichnet. Das erste Kapitel seines Buches beginnt mit den Worten: „Anfang dessen, was Jehova redete durch Hosea, und B. 4. heißt es: „noch ein wenig, und ich suche heim die Blutschuld Israels an dem Hause Jehu's und mach' ein Ende dem Königthume des Hauses Israel." Wir sehen daraus, daß unser Prophet vor jenem Könige nicht geweissagt, den Elisa unter den Kriegesobersten Jorams auserlesen und zum Herrn gegen seinen Herrn gesalbt, damit er in dem Sohne Ahabs „das Haus Ahabs, seines Herrn, schlage, und das Blut der Knechte Jehova's, der Propheten, räche, und das Blut aller Knechte Jehova's an Isebel, auf daß das ganze Haus Ahabs umkomme" (2 Kön. 8, 7.), welchen Auftrag er auf die furchtbarste Weise nach glücklich gelungener Verschwörung vollstreckte und auch „den Baal aus Israel vertilgte." „Nur von den Sünden Jerobeams, des Sohnes Nebats, womit er Israel zur Sünde verleitete, von diesen wich Jehu nicht, von den goldenen Kälbern zu Bethel und zu Dan." (2 Kön. 10, 28. u. 29.) Und diese unverwüstlichen Götzenbilder stehen dem Hosea immer vor Augen. Unter den vier Nachfolgern Jehus, dem Joahas, der in Samarien siebzehn, dem Joas, der sechszehn, dem Jerobeam, der einundvierzig Jahre und dem Sacharja, der nur sechs Monate regierte, muß von einem jeden der Geschichtschreiber immer dieselbe Formel wiederholen: „er that, was böse war in den Augen Jehova's, sowie es seine Väter gethan; er wich nicht von den Sünden Jerobeams, des Sohnes Nebats, womit er Israel zur Sünde verleitete." Diese Sünde des ersten Königes der Israeliten nach ihrem Abfalle von Rehabeam, dem Sohne Salomo's, bestand aber eben darin, daß er aus Furcht, das Volk möchte sich, wenn es nach Jerusalem hinzöge, um daselbst im Tempel zu opfern, dem Könige von Juda wieder zuwenden, zwei goldene Kälber, eines in Bethel und das andere in Dan aufrichtete, indem er sagte: »da ist dein Gott, Israel, der dich heraufgeführet aus dem Lande Aegypten« (1 Kön. 12., 28.).

Fragen wir aber weiter, wie lange der Prophet vor dem Sturze des Hauses Jehu aufgetreten, so sind wir in der angeführten Textesstelle nur an das »noch ein wenig« gewiesen, welches freilich auch in einer gewissen prophetischen Allgemeinheit gehalten. Indessen sind wir dadurch immerhin berechtigt, seine Strafreden zunächst wenigstens nicht früher, als in die Zeit des Königs Jerobeam II., des Sohnes Joas, zu verlegen, womit auch die Angabe der Ueberschrift stimmt. Und wenn wir das »ein wenig« noch mehr betonen, werden wir dahin getrieben, unsren Propheten erst am Ende der Regierungszeit jenes Königs seine Stimme erheben zu lassen, worin auch fast alle Ausleger einverstanden sind; ja, da die immer kritisch-zweifelhafte Ueberschrift uns nicht binden kann, wäre es sogar möglich, daß er erst unter dem Sohne Jerobeam's, dem Sacharja, mit dem im eigentlichsten Sinne das Haus Jehu's sein Ende erreichte, diese Verkündigung ausgesprochen, wie dieses namentlich Bertholdt seiner Zeit angenommen. Wenn wir aber auf das Bild des Landes hinblicken, wie es sich uns aus den Anfangsreden unsres Buches herausstellt, so scheinet bei aller Strafwürdigkeit des abtrünnigen Volkes doch noch immer ein ungestörtes Wohlleben desselben auf einem fruchtbar ergiebigen Boden hindurch (2, 10—13.), wie Israel unter dem Scepter Jerobeams in Blüthe gekommen.

Zwischen den Tod Jerobeams II. und den Regierungsantritt seines Sohnes fällt aber das schon von älteren Historikern und Kritikern aus chronologischen Gründen angenommene 10—11jährige Interregnum (vgl. darüber neuerdings besonders Simson in der Einleit. z. s. Comment. S. 14), dessen verwilderte Zustände wir freilich in den alttestamentlichen Geschichtsbüchern nicht beschrieben finden, von denen uns aber gerade unser Prophet in dem zweiten Theile seines Buches eine abschreckende Schilderung gibt. Als hierauf Sacharja auf den väterlichen Thron gelangt war, wurde er nach der kurzen Regierung von sechs Monaten von einem Empörer Sallum ermordet, der sich der Herrschaft bemächtigte, aber schon nach einem Monate dem Sohne Gadi's von Thirza, Menahem, weichen mußte, der gleichfalls tödtete und ganze zehn Jahre hindurch das Volk grausam bedrückte. Verfolgen wir nun den Propheten, der wie an anderer Elia durch die bluttriefende Geschichte seiner Tage hindurchschreitet, weiter vorwärts, so scheint er Kap. 10, 6. 7. auf das schmachvolle Ereigniß, wo Menahem, als man die assyrische Macht in der inneren Noth des Landes gleichwie Aegypten zu Hülfe gerufen (7, 11.), den König Phul nur durch eine starke Zinserlegung von der gänzlichen Einnahme Israels abhalten konnte (2 Kön. 15, 19—20.), hingedeutet zu haben. Auf die schwer zu beantwortende Frage, bis zu welcher Zeit Hosea geweissagt haben möge, würden wir allerdings in der Stelle Kap. 10, 14. einen sicheren Bescheid erhalten, wenn der dortgenannte שלמן wirklich Salmanasser wäre: »und es erhebt sich Getümmel in deinen Völkern, und all' deine Vesten werden verwüstet, gleichwie verwüstete Salman Betharbel am Tage des Streites; Mutter ward neben Kindern zerschmettert!« Es ist mir auch immer das Wahrscheinlichste geblieben, daß jener Name in der abgekürzten Form von שלמנאסר hier erscheine, obschon Andere dieses bezweifeln und z. B. Ewald in ihm einen sonst unbekannten Vorfahren von Phul vermuthet, der das berühmte Arbela am Tigris kurz vorher erstürmt und die Bewohner grausam behandelt haben möge. Wäre die erstere Ansicht die richtigere, wie auch Gesenius, Keil u. A. annehmen, so würde wirklich unser Prophet, wie die Ueberschrift meldet, noch ein Zeitgenosse des Königs Hiskia gewesen seyn, wo wir ihm dann freilich eine mehr als sechzigjährige Wirksamkeit zuerkennen müßten, wogegen an sich mit der bloßen Unwahrscheinlichkeit kein begründeter Einwurf erhoben werden kann. Andere Versuche, die Zeit des Propheten zu bestimmen, s. bei Simson S. 17 ff. Jedenfalls ist er ein jüngerer Genosse des Amos, von dem er auch an mehreren Stellen abhängig zu seyn scheint, wie z. B. 4, 3. vgl. m. Am. 8, 8; 4, 15.

vgl. m. Am. 5, 5. Sonst trägt er ein ganz anderes Gepräge, als jener, der auch als Hirte des Volkes den früheren Hirten der Heerde in seinen Anschauungen und Bildern nicht verläugnet, in denen sich eine frische und helle Naturbetrachtung in einer außerordentlich malerischen Lebendigkeit und Mannichfaltigkeit abdrückt. Amos ist anmuthiger, Hosea gewaltiger.

Das Gemüth unsres Propheten arbeitet in der tiefsten Erschütterung unter der Last, die ihm Gott aufgelegt, gegen die Sünde seines Volkes zu predigen und ihm die Strafe seines Unterganges zu verkündigen. Daher die Abgebrochenheit seiner Rede in anscheinend schwer zu verbindenden Sätzen und mehr hingeworfenen als ausgeführten, rasch sich auf einander drängenden Bildern, so daß wir den Ausspruch des Hieronymus „commaticus est et quasi per sententias loquens" vollkommen bestätigt finden. Aber dennoch ist diese düstere und brausende Zornfluth, die wir in seinem Buche gewahren, von einem wunderbar schönen Lichte der versöhnenden Liebe übergossen, die sich in der unversiegbaren Gnade des treuen Gottes den abgewandten Kindern immer von Neuem zuwendet, die „umkehren und suchen Jehova, ihren Gott, und David, ihren König, und hinbeben werden zu Jehova und zu seinem Gute am Ende der Tage." (3, 5.) Gerade in diesem Contraste, in der eindrucksvollsten Mischung des göttlichen Zornfeuers mit dem Regenbogenlichte der ewigen Liebe, wie dieses alle einzelnen Reden durchscheinet, liegt die eigenthümlichste Herrlichkeit unsres Propheten. In den sanftesten und zartesten Bildern läßt er Jehova von seinem Volke reden: „ich gängelte Ephraim, nahm sie auf meine Arme, und sie erkannten nicht, daß ich sie heilte. An Menschenbanden zog ich sie, an Liebesseilen, und ich war ihnen wie die, so das Joch an ihre Backen heben, und sanft zu ihnen hingewandt, ernährt ich sie." (11, 3. 4.) Ja, der Gott, der „wie ein Löwe Ephraim, und wie ein junger Löwe dem Hause Juda's" (5, 14), der den Sündern „begegnet wie ein Bär, der Jungen beraubt" (13, 8.), ist dem bekehrten Israel wie „Thau, daß es blühe wie die Lilie, und seine Wurzeln schlage wie der Libanon, wie eine grüne Cypresse." (14, 6. 9.) Gilt irgendwo das Wort: „der Styl ist der Mensch", so findet es bei Hosea seine Anwendung. Ewald, der richtig erkannt, daß „kein älterer Prophet so tief und schön, wie er, die Alles überdauernde, Alles heilende Liebe Jehova's aufgefaßt," hat seine Darstellung treffend gezeichnet: „in Hosea ist reiche und lebhafte Einbildung, kernhafte Fülle der Rede, und ungeachtet mancher starken Bilder, welche nur von dichterischer Kühnheit und Ursprünglichkeit, sowie von dem noch ziemlich geraden Sinne jener Zeiten zeugen, eine große Zartheit und Wärme der Sprache. Alles ist bei ihm rein ursprünglich an Dichtung, voller Kraft des Gedankens und Schönheit der Darstellung; daher auch Vieles, welches hier mit wunderbarer Leichtigkeit hingeworfen ist, von Andern später aufgenommen und vielfach weiter ausgeführt wird. Doch herrscht in der Darstellung das Weiche und Zerfließende, und dann wieder das heftig Gespannte und Abgerissene stark vor, und der übermächtige Schmerz läßt Manches mehr andeuten als vollenden; auch auf der ganzen Sprache liegt die Schwere jener Zeiten und dieses von ihnen niedergedrückten Herzens ausgebreitet, und kein älterer Prophet ist so elegisch als Hosea; ja es ist eigentlich der Schmerz, der diesen von Natur ächt dichterischen, in großen schönen Verhältnissen denkenden Propheten zum Reden treibt; die göttliche Empörung und Trauer gibt ihm Worte, die in unversiegbarem Strome dahinrollen, aber immer schön, weich und zart, vom warmen Dichterherzen durchglühet" (b. Proph. b. Alt. Bund. B. I. S. 123). Vgl. auch des Unterzeichneten Einl. in d. Comm. zu Hos. S. 10: „die Form und Rede unsres Propheten ist das lebendigste und treueste Gepräge eines festgebildeten, aber rasch bewegten, ja heftigen Geistes. Es ist, als wenn wir einen harten, schroffen Felsen gewahrten, mit Kräutern und Blumen der buntesten Mannigfaltigkeit reich und weich umhüllt; oder wir vergleichen vielleicht glücklicher noch den gewaltigen Ausbruch seines tiefen und stürmischen Gemüthes mit einem schäumenden Gewässer, das sich aus der Höhe wild und brausend über sich entgegenstämmende Steinmassen herabstürzt, unten in der Tiefe angelangt aber ruhig und sanft durch eine grüne und liebliche Aue dahin fließt."

Betrachten wir das Buch Hosea's in seiner Geschlossenheit, so zerlegt es sich schon bei einem flüchtigen Blicke hinein in zwei Theile; Kap. 1—3 und Kap. 4—14. In dem ersten Theile haben wir den "Anfang" (1, 2.) der prophetischen Rede, die Abfall und Strafe, Bekehrung und Gnade in einer höchst merkwürdigen symbolisch-erzählenden Darstellung gibt. Wenn sonst nach einer durchgreifenden Grundanschauung der Bund Jehova's mit seinem erwählten Volke als eine heilige Ehe und der Götzendienst desselben als strafbarer Ehebruch von den verschiedensten Propheten aufgefaßt und in den mannigfaltigsten Bildern und Vergleichungen in reichster, fruchtbarster Belehrung gezeigt wird, so macht Hosea von dieser Symbolik einen ungewöhnlichen, sehr auffallenden, bei'm ersten Anblick fast anstößigen Gebrauch. Der Prophet empfängt von Gott den Auftrag, sich in dem hurerischen Lande des Abfalls von Jehova "mit einem Hurenweibe" zu verbinden und Hurenkinder zu erzeugen. Er folgt dem Gebote, nimmt Gomer, die Tochter Diblaim's zur Frau, die schwanger wird und ihm einen Sohn gebiert, den er nach dem Willen Jehova's "Jisreel" nennt. Hierauf wird ihm eine Tochter geboren, die den Namen "Ohn-Erbarmen" erhält; ein drittes Kind, der zweite Sohn, der ihm von demselben Weibe geschenkt wird, soll "Nicht-mein Volk" heißen. Die sinnbildlichen Namen der Kinder "Ohn-Erbarmen" und "Nicht-mein Volk" sind an sich deutlich, werden aber auch im Texte selbst erklärt: der Herr will sich des bundbrüchigen Volkes nicht erbarmen, und es soll nicht mehr sein Volk seyn; auch der Name des Erstgeborenen, "Jisreel", der zuerst befremdlich scheint, kann nicht mißverstanden werden. Er war dem Propheten bereits geographisch und historisch überliefert. Es hieß nicht nur so das Thal zwischen Gilboa und dem kleinen Hermon, das durch den Tod Saul's und Jonathan's berühmt geworden, worauf in dem Folgenden Bezug genommen ist: "ich zerbreche den Bogen Israels im Thale Jisreels," sondern auch Naboth, auf dessen Acker Jehu den König Joram getödtet und dahin seinen Leichnam hatte werfen lassen (2 Kön. 9, 24. 25.), war ein "Jesreelite." Wenn daher gesagt wird: "noch ein wenig, und ich suche heim die Blutschuld Jisreels an dem Hause Jehu's, und mach' ein Ende dem Königthum des Hauses Israels," so ist in dem Gebrauche des Namens Jisreel, der etymologisch hier am wahrscheinlichsten in dem Sinne von "Gott verstreut" erklärt werden muß und in einem Gegensatze zu dem herrlich klingenden Ehrennamen "Israel" betont wird, offenbar auf die Sühne der Blutschuld, die an dem entarteten Königshause haftete, hingedeutet. Streitiger ist, ob auch der Name der Mutter "Gomer, die Tochter Diblaims," nur sinnbildlich zu fassen sey, und ob überhaupt die Ehe des Propheten mit dieser so benannten Frau als symbolisch-freigewählte Fiction oder als Wirklichkeit betrachtet werden müsse. Jedenfalls ist die Ansicht auf der Stelle und entschieden abzuweisen, daß Hosea, noch dazu im Auftrage Jehova's, eine anerkannte, öffentliche Buhlerin werde geheirathet haben, und Hitzig hat ganz recht: „einen solchen Befehl konnte Jehova nicht wirklich geben, Hosea eine Stimme, die ihm solches zugeflüstert hätte, nicht für die Jehova's anerkennen, nicht sofort, wie in einer gleichgültigen Sache, dem Befehle Folge leisten, und nach der Geburt des ersten Bastardes sein Weib nicht noch behalten." Aber deshalb möchten wir mit ihm "das wie wirklich Hingestellte" doch auch nicht geradezu für eine bloße "Fiction" halten, und in der ganzen Darstellung des ehelichen Verhältnisses nur ein rein "ideales Symbol" mit Calvin und den meisten reformirten Auslegern sehen, sondern nach dem Vorgange von Luther und den alten lutherischen Theologen der immerhin symbolischen Erzählung ein Reales in dem aus dem Texte sich einfach ergebenden Sinne zuerkennen, wie dies unter den neueren Erklärern namentlich auch Ewald gethan. Wir müssen dabei die Worte V. 2. "denn hurend hurt das Land im Abfall von Jehova" besonders in Betracht ziehen. Wenn der Prophet im Lande Israel sich mit einem Weibe vermählen soll, so kann er vergleichungsweise nur mit einer Buhlerin in die Ehe treten: denn das ganze Land hat mit Jehova die Ehe gebrochen. Sein eigenes Weib, Gomer, die Tochter Diblaims, ist nicht rein, sondern in die allgemeine Schuld verflochten, und so ist es in persönlich-individuellster Darstellung Stellvertreter des ganzen Volkes die Kinder, die in solcher Ehe geboren werden, veranschaulichen in ihren Namen die Folgen des Treubruchs. Vgl. in meinem Commentar S. 17 die weitere ausführliche Verhandlung. Am Ende der Rede, wo die göttliche Gnade das treulose Israel wieder „zu sich lockt" (2, 15.), und die Symbolik die Wendung nimmt, daß Jehova selbst als Gemahl sich von Neuem mit der Braut seiner Jugend verlobt und in einem von nun an unauflösbaren Ehebunde gegenseitiger Treue sein von Anbeginn erwähltes Volk mit allen Kräften des Himmels und der Erde segnet, erklingen dennoch die Namen, die der Prophet seinen Kindern gegeben, zuletzt in einer neuen, schönen Bedeutung (2, 25.). Wie sich nun auch Kap. 3., wo dem Propheten abermals von Jehova geboten wird, sich ein ehebrecherisches Weib zu wählen, zu dem Vorhergehenden verhalten möge (vgl. m. Ansicht S. 23 des Comment.), so befinden wir uns doch immer noch in der gleichen symbolischen Anschauung, und in dieser inneren und äußeren Zusammenschließung gewiß auch in derselben Zeit. Wir haben den „Anfang" der prophetischen Rede „in den Tagen Jerobeam's, des Sohnes Joasch, des Königs von Israel."

Man kann in einem wohlverstandenen Sinne den Eingang des Buches wie den Text zur Predigt im zweiten Theile desselben betrachten. Es drängt sich uns aber unverkennbar die Bemerkung auf, wie hier nun der Prophet einen Zustand des Reiches vor Augen hat, wo die Finsterniß der Sünde sich immer furchtbarer steigert und ihr Sold, der Tod, im Untergange des Staates immer näher rückt. Dennoch läßt sich diese Fortschreitung von Schuld zu Schuld nicht chronologisch-historisch dergestalt verfolgen, daß man unser Buch in einzelne Reden aus verschiedener Zeit zerlegen könnte, wie dieses unter mehreren Kritikern am stärksten Maurer durchzuführen gesucht, den einst schon de Wette im Ganzen treffend widerlegt hat (vgl. theol. Stud. u. Krit. 1831. H. 4.). Der Unterzeichnete hat bei seiner Auslegung Hosea's, auf die er wohl hier verweisen darf, das Urtheil de Wette's vollkommen bestätigt gefunden, „daß der Prophet schriftlich im Zusammenhange sich über die Sünden des Volkes und deren Folgen überhaupt, jedoch mit Rückerinnerung an besondere Zeitverhältnisse, aussprach, und gleichsam einen Ueber- und Rückblick auf den ganzen durchlebten unglücklichen Zeitraum zur Warnung für seine Zeitgenossen that. Er beobachtete dabei eine gewisse Sachordnung, jedoch nicht streng, und indem er sich in die vergangene Zeit versetzte, beobachtete er eine gewisse Stufenfolge. Er machte Abschnitte und Ruhepunkte, aber nahm den Faden, den er hatte fallen lassen, immer wieder auf." Auch Ewald urtheilt, daß der Prophet nicht in einem Athem und an einem Tage schrieb, und auch um künstliche Ueberarbeitung nicht sehr besorgt war, daß aber das vorliegende Buch ein nach einem Plane geschriebenes, auch für uns ganz in seiner Ursprünglichkeit erhaltenes Ganzes sey" (vgl. auch Simson S. 34).

Von dem äußeren Leben Hosea's, der ein Sohn Beeri's genannt wird, wissen wir nichts. Auch die Sage, die über andere Propheten sich sonst so reich ergießt, hat über den unsrigen nur Dürftiges berichtet. So soll er nach einer christlichen Ueberlieferung in der sonst unbekannten Stadt Belemoth im Stamme Isaschar geboren und gestorben seyn (Pseudepiphanius Kap. 11.), während ihn die Juden in Babylon seinen Tod finden lassen. Sein Grab wird aber an verschiedene Orte verlegt (vgl. Simson S. 2).

Wir können uns an seinem inneren hochbewegten Leben, wie es uns in seinen Reden gegeben ist, vollkommen genügen lassen. Er ist einer der kräftigsten Buß-, aber auch Trostprediger des A. T. Ueber dem festen Grunde des Glaubens an die strafende Gerechtigkeit des lebendigen, heiligen Gottes, der nur „an Liebe Wohlgefallen hat, und nicht an Opfer, und mehr als an Brandopfer, an Erkenntniß Jehova's (6, 6.), der nur „als Farren die Lippen will" (14, 3.), schwebet der Geist der reinsten Liebe und lichtesten Hoffnung. Daher ist sein Name auch im Neuen Testamente, obschon, gleichwie bei Amos, auch bei ihm die Christologie im engsten Sinn keine bedeutende, einer der angesehensten. Wir erinnern hier nur an das große apostolische Wort (1 Kor. 15, 55.): „Tod! wo ist dein Stachel? Hölle! wo ist dein Sieg?" das dem Hosea entnommen ist, welches aber nach dem Urterte (13, 14.) genau und vollständig lautet: „aus der Hölle will ich sie erlösen, vom Tode sie befreien! Wo ist deine Pest, o Tod? wo ist deine Seuche, o Hölle?" Simson: „der Prophet Hosea erklärt und übersetzt" (1851) hat eine ausführliche Geschichte der Auslegung unsres Buches S. 54 u. ff. gegeben.   **Umbreit.**

Hosianna, א֣ נָּ֯ ה֯וֹשִׁ֫יעָ֥ה (Psalm 118, 25.), ὡσαννά (Matth. 21, 9. 15. Mark. 11, 9. 10. Joh. 12, 13.), d. i. gib doch Heil! Mit diesen Worten beginnt das Sieges= lied zum Empfang des in seine Königstadt einziehenden Messias. Nach Ewald (Jahrb. 1846. S. 152) mag dieses „Urlied des Christenthums" seit jenem Tage auch später nicht selten gesungen worden seyn. Derselbe gibt seine ursprüngliche, bei Markus am unverletztesten erhaltene Gestalt so wieder: „Gib doch Sieg dem Sohne Davids! Gesegnet, der da kommt im Namen des Herrn, gesegnet das kommende Reich unsers Vaters David! Gib doch Sieg in den Höhen."   **Dr. Pressel.**

Hosius oder **Osius,** Bischof von Corduba (Cordova) in Spanien, ein kenntniß= reicher, in der Dialektik sehr gewandter Mann, gehörte zu den einflußreichsten Rath= gebern des Kaisers Constantin, betheiligte sich auf's Lebhafteste an den arianischen Strei= tigkeiten und war Einer der wärmsten Freunde des Athanasius. Ueber die Zeit seiner Geburt und seines Amtsantritts liegen keine genaueren Nachrichten vor; erstere wird un= gefähr in das Jahr 260 versetzt; ebenso fehlen alle sichern Angaben über seinen Ge= burtsort, der gewöhnlich in Corduba selbst, jedenfalls in Spanien gesucht wird. Neander dagegen (Kirchengesch. II, 1. S. 40) vermuthet, Hosius von Corduba sey der von Zo= simus erwähnte „ägyptische Bischof aus Spanien" gewesen, welcher durch die Hof= damen am Hofe eingeführt, den Kaiser dadurch für das Christenthum gewonnen haben soll, daß er demselben die Reinigung von Verbrechen zusagte, von welchen ihn kein heidnischer Priester zu entsündigen wagte. Entschieden bestieg er schon vor Ende des dritten Jahrhunderts den Bischofsstuhl von Cordova, um ihn über 60 Jahre innezu= haben. Als Maximinianus Herculeus, Diocletians Mitregent, in Spanien alle Gräuel heidnischer Wuth an den Christen verübte, ward auch Hosius zum Confessor und blieb nur durch Maximinians Abdankung (305) vor dem Märtyrertod bewahrt. Nachdem die Verfolgung aufgehört und Spanien in die unbeschränkte Gewalt des milden Constantin gekommen war, versammelten sich (nach Hefele's überzeugender Berechnung im Herbst 305 oder im Jahr 306) zu Elvira (s. d. Art. Elvira) neunzehn Bischöfe des Landes, um theils die strenge Behandlung der lapsi zu berathen, theils Maßregeln gegen das eingerissene Sittenver= derbniß zu ergreifen. Unter den versammelten Bischöfen wird Hosius als der Zweite genannt. Nach einer Constitution, welche Constantin im Jahre 313 an Bischof Cäcilian von Kar= thago erließ und worin er des Hosius erwähnte, war Letzterer damals schon am kaiser= lichen Hofe, wo Constantin ihn zum Vertrauten und Rathgeber in den wichtigsten kirch= lichen Angelegenheiten machte. Als im Jahr 316 der Kaiser gegen die Donatisten ent= schied, verbreiteten letztere das Gerücht, Hosius habe den Kaiser dazu bestimmt, während Augustin, der dieses erzählt (c. Parmen. I, 9.), hinzufügt, Hosius habe im Gegentheil dem Kaiser gerathen, gegen die Donatisten milder zu seyn, als sie es verdient hätten. Sicher ist aber gleichwohl, daß die des Landes verwiesenen Anhänger Donats erst dann ihre Freiheit wieder gewannen, als Hosius bei Hofe nichts mehr galt. Als Constantin nach dem Sieg über Licinius auch Herr Aegyptens und der übrigen vom Arianismus aufgeregten Provinzen geworden war, übersandte er durch Hosius das von Eusebius (vita Constant. II. c. 64—70.) vollständig mitgetheilte Schreiben an Arius und Bischof Alexander nach Alexandrien, für dessen Verfasser Hosius selbst gehalten wird. Letz= teres wohl mit Unrecht, da das fragliche Schreiben in einer so vagen Weise gehalten ist, daß es einem Hosius, der alsbald so entschieden Partei gegen die Arianer nahm, wenig Ehre machen würde. Hosius sollte durch seine persönliche Anwesenheit die kaiser= lichen Vermittlungsplane fördern. Ueber seine Thätigkeit in Alexandrien ist uns nichts Näheres berichtet, als daß er daselbst, dem Sabellianismus gegenüber, über Wesen und Personen in der Trinität ausführlicher verhandelte (Socrates, hist. eccl. III, 7.). Seinen

18*

Zweck erreichte er übrigens nicht; statt den Frieden herzustellen, vergrößerte er den Streit noch dadurch, daß er sich von Alexander hinreißen ließ, das Geschäft eines Vermittlers aufzugeben und Partei gegen Arius zu nehmen. Nach einer höchst zweifelhaften Angabe von Philostorgius (Fragm. I. 7.) wäre er darauf mit Bischof Alexander zu einer Synode in Nikomedien zusammengetreten, auf welcher das ὁμοούσιος bestätigt und Arius mit dem Banne belegt worden wäre. Durch dieses Mißlingen wurde, vielleicht auf Anrathen des Hosius (wenigstens sagt Sulpit. Sever. hist. II. 55. „Nicaena synodus auctore illo [Hosio] confecta habebatur"), der Kaiser bestimmt, eine allgemeine Kirchenversammlung der Bischöfe seines Reichs einzuberufen. Auf dieser zu Nicäa in Bithynien (325) ge= haltenen ökumenischen Synode war Hosius unter den abendländischen Bischöfen der Ein= zige, der ihr beiwohnte. Gelasius (vd. actor. concil. Nic. II. 5.) behauptet, Hosius habe auf dieser Synode die Stelle des Bischofs von Rom vertreten und sey sammt den beiden römischen Priestern Vito (Vitus) und Vincentius zu Nicäa gewesen. Auf dieses Zeugniß fußend, wollten Baronius (ad ann. 325, n. 20.) und andere katholische Kirchenhistoriker dem Bischof Hosius als dem Stellvertreter des Pabstes die Ehre des Präsidiums zu= wenden, und Hefele (Conciliengesch. I. S. 33 fg.) sucht diese Hypothese noch durch fol= gende Gründe zu stützen: 1) Athanasius sage in seiner Apologia de fuga c. 5. über Hosius: ποίας γὰρ οὐ καθηγήσατο; d. h. welcher Synode hat er nicht präsidirt? Ganz ähnlich drücke sich Theodoret (Hist. eccl. II, 15.) aus: ποίας γὰρ οὐχ ἡγήσατο συνόδου; 2) Socrates (I, 13.) stelle in seiner Liste der wichtigsten Mitglieder der nicä= nischen Synode den spanischen Bischof Hosius den großen orientalischen Patriarchen voran; 3) dasselbe ergebe sich aus den Unterschriften des Nicänums, wo trotz aller Ab= weichungen der verschiedenen Codices doch überall Hosius als der erste Unterschreibende genannt werde, dann die zwei römischen Priester und erst nach diesen der Patriarch Alexander von Alexandrien. Dagegen wird von Schröckh (Kirchengesch. V. S. 336) geltend gemacht, Hosius habe nur wegen des großen Ansehens, in welchem er beim Kaiser gestanden, eine so vorzügliche Stellung bei den Unterschriften erhalten, und die von Eusebius (Vita Constant. III. 13.) genannten πρόεδροι seyen Alexander und Eustathius gewesen, die im Präsidium mit einander gewechselt hätten, wie denn auch Letzterer die Versammlung durch die Rede an den Kaiser eröffnet habe. Vgl. über diesen Streit= punkt W. Ernesti, dissert. qua Hos. conc. Nic. non praesedisse ostenditur (Lips. 1758). Es ist nicht dieses Ortes, auf diese Streitfrage, welche ohne kritische Prüfung der angeb= lichen Belegstellen nicht zum Austrag gebracht werden kann, hier weiter einzugehen: so viel ist jedenfalls gewiß, daß Hosius auf der Synode, auch ohne päbstliche Mission, eine der einflußreichsten Stellen einnahm. Hosius als Hofbischof des Kaisers hat das nicä= nische Glaubensbekenntniß zuerst unterschrieben. Tillemont schloß aus Athanas. hist. Arian. ad monachos c. 42, wo es von Hosius heißt: οὗτος ἐν Νικαίᾳ πίςιν ἐξέθετο, es sey diesem Bischof auch der größte Einfluß auf die Fassung des nicänischen Symbo= lums zuzuschreiben; allein die genannten Worte sprechen wohl nur von seinem Antheile an der Entwickelung des nicänischen Glaubens, nicht von einer speciellen Autorschaft in Beziehung auf die nicänische Formel. Unbezweifelt führte Hosius auf der Synode von Sardica (347) den Vorsitz und proponirte in dieser Eigenschaft die einzelnen Canones und unterschrieb die Akten vor allen Anderen. Um die Eusebianer hier zur Theilnahme an der Synode zu bewegen, machte er einen ganz besonderen Versuch, welchen er selbst in einem späteren Brief an Kaiser Constantius II. also erzählt: „Als die Feinde des Atha= nasius zu mir in die Kirche kamen, wo ich mich gewöhnlich aufhielt, forderte ich sie auf, ihre Beweise gegen Athanasius vorzubringen, und versprach ihnen alle mögliche Sicher= heit und Gerechtigkeit, mit dem Bemerken, falls sie nicht vor der ganzen Synode damit auftreten wollten, sollten sie wenigstens mir allein ihre Mittheilungen machen. Ja, ich fügte noch das Versprechen bei: wenn Athanasius als schuldig erscheint, soll er von uns Allen verworfen werden, wenn er aber unschuldig ist und Euch der Verläumdung über= weisen kann, Ihr aber doch nicht Gemeinschaft mit ihm haben wollt, so will ich ihn bewegen, daß er mit mir nach Spanien reist. Diese Bedingungen hat Athanasius, fügt Hosius bei, ohne alle Weigerung angenommen, die Eusebianer aber, ihrer eigenen Sache selbst nicht trauend, wiesen sie zurück." Als aber die Eusebianer sich gleichwohl zur Abreise anschickten, ließ ihnen Hosius melden: "Wenn Ihr nicht erscheint und Euch wegen der Verläumbungen, die Ihr ausgestreut, und der Klagen, die man gegen Euch vorgebracht hat, nicht reiniget, so sollt Ihr wissen, daß die Synode Euch als schuldig verurtheilen, den Athanasius aber und seine Genossen für unschuldig erklären wird." Wahrscheinlich wollte Hosius, daß zu Sardica eine weitläufigere Exposition der nicänischen Formel aufgestellt werde und entwarf in Gemeinschaft mit Protogenes eine solche sammt einem hierauf bezüglichen Brief an Pabst Julius, aber die Synode scheint hierauf nicht eingegangen zu seyn. Da aber der Entwurf den Concilienakten beigelegt wurde, hielten ihn Manche ohne Grund für eine ächte Synodalurkunde. Hosius lebte nun einige Zeit in stiller Zurückgezogenheit in seiner Diöcese. Als er aber von einer neuen Verfolgung des Athanasius hörte, erhob er sich furchtlos in Wort und Schrift für den Geschmähten. Auch die Unbeständigkeit der Fürstengunst, auf welche Hosius vielleicht zu hohe Stücke gebaut hatte, sollte er noch erfahren. Die vielen Gegner, die sich im Orient wider das nicänische Concil aufwarfen, hatten den Kaiser Constantius II. für ihre Ansicht zu gewinnen gewußt. Hosius war bereits seit mehr als sechzig Jahren Bischof und ein Greis von fast hundert Jahren, und so lange er unerschrocken für Athanasius und den nicänischen Glauben dastand, schien den Arianern noch gar nichts gewonnen, weil sich nach seinem Beispiele gar viele Bischöfe Spaniens richteten. Sie stellten dies dem Kaiser vor, und dieser ließ um dieselbe Zeit, wo er den Pabst Liberius verfolgte, auch den greisen Hosius an das Hoflager nach Mailand berufen. Es wurde das Ansinnen an ihn gestellt, daß er mit Athanasius die Gemeinschaft aufheben und sie mit den Arianern anknüpfen solle. Doch gelang es dieses Mal noch dem Bischof, durch sein persönliches Erscheinen einen solchen Eindruck auf den Kaiser auszuüben, daß dieser ihn wieder unversehrt nach Hause entließ. Aber auf neue Einflüsterungen der Arianer schrieb Constantin auf's Neue wieder an Hosius, mischte Schmeicheleien und Drohungen unter einander und stellte ihm vor, er werde doch nicht der Einzige seyn wollen, der sich nicht anschließe. Hosius antwortete in einem noch jetzt bei Athanasius (hist. Arianor. ad monachos c. 42—45.) aufbewahrten sehr muthvollen Schreiben, in welchem er dem Kaiser vorstellte, daß er über seines Gleichen regiere und mit ihnen Einen Richter im Himmel habe. Die Antwort des Kaisers war, daß er den Bischof (355) nach Sirmium in die Verbannung schickte. Als 357 die zweite große Synode von Sirmium abgehalten und eine Formel sanctionirt wurde, in welcher der Arianismus ganz unverhüllt auf den Schild erhoben wurde, ließ sich der ehemalige Confessor durch die Gewaltthätigkeiten des Kaisers, durch Gefängniß und Plackereien aller Art zur Unterschrift dieser Formel zwingen; sicher aber thut Hilarius (de Synodis p. 1156 ed. Bened.) dem Hosius Unrecht, wenn er ihn neben Potamius von Lissabon für deren Verfasser erklärt. Sulpitius Severus sucht diesen Schritt mit der durch die Last der Jahre geschwächten Urtheilskraft des Bischofs zu entschuldigen. Hosius durfte nun zu seinem Bischofssitze zurückkehren, starb aber bald nachher im Jahre 359. Bei Annäherung seines Todes belegte er den Arianismus auf's Neue mit dem Anathema und bezeugte gleichsam testamentarisch, daß er seine Ueberzeugung von der Verdammlichkeit der Lehrsätze des Arius niemals aufgegeben, und nicht aus Heuchelei, sondern weil ihm Gewalt angethan worden sey, das sirmische Glaubensbekenntniß unterschrieben habe. Die Erzählung des Marcellinus, Hosius sey in dem Augenblick, wo er mit Uebermuth den glaubenstreuen Bischof Gregor von Elvira öffentlich verdammt, von der strafenden Hand Gottes getroffen, verschieden, ist eine schon von Athanasius, Augustin und Hilarius gebrandmarkte Verläumbung. Von Schriften des Hosius besitzen wir außer dem obengenannten Brief an den Kaiser nichts mehr. Der von Isidor von Sevilla (de viris illustr. c. 1.) erwähnte Brief des Hosius an seine Schwester "über die Jungfräulichkeit" ist verloren gegangen. In einigen Hand=

schriften der lateinischen Uebersetzung, die Dionysius Exiguus von den an die Bischöfe
Armeniens gerichteten Synodalschreiben der Synode zu Gangra machte, findet sich unter
den Unterschriften auch der Name des Hosius von Corduba, weßwegen Baronius und
Binius behaupteten, Hosius habe im Namen des Pabstes dieser Synode präsidirt. Wahr=
scheinlich aber ist dieser Name fälschlich in die lateinische Uebersetzung gekommen, da die
griechischen Codices und viele lateinische seinen Namen nicht haben und überdies Hosius
zur Zeit der Synode von Gangra ohne Zweifel schon todt war. Vgl. C. J. Hefele,
Conciliengeschichte Bd. I.
                                                                    Dr. Pressel.

Hosius, Stanislaus, stammt aus der ursprünglich deutschen Familie Hos
und wurde 1504 am 5. Mai (nicht am 8. April, wie Theiner, Schweden u. s. w.
Th. 1. S. 363 angibt*)) zu Krakau geboren, und kam von Wilna, wo sein Vater,
Ulrich Hos — ein eingewanderter Badenser — Procurator der Stadt und des Schlosses
war, schon in seinem zwölften Jahre nach Krakau, um hier die Bildungsmittel der
hohen Schule zu benützen. Zu Padua, wo er ein inniges Freundschaftsbündniß mit
Reginald de la Pole (dem spätern Cardinal Polus) schloß, und Bologna vollendete
er später seine Studien. Als Doctor beider Rechte, wozu ihn Buoncampagno pro=
movirte, kehrte er 1533 nach Polen zurück. Sein hoher Gönner, Bischof Tomicki,
empfing ihn mit Freuden, nahm ihn in sein Haus auf und verwandte ihn als Gehülfen
in König Sigismunds Kanzlei. Dieselbe Stellung bekleidete er auch nach Tomicki's Tode
unter dem Reichskanzler Choinski, Bischof von Plock. Er hatte hier die wichtigsten
Correspondenzen zu führen und leistete Außerordentliches. Am 5. Juni 1538 erhielt er
ein ermländisches Kanonikat. Nach Choinski's Tod wurde er königlicher Sekretär.
Bald darauf verschaffte ihm sein Freund Maciejowski, Bischof von Chelm, ein
Krakauer Kanonikat. Hosius sand sich dadurch gedrungen, in den priesterlichen Stand
einzutreten. Sein Einfluß wuchs nun von Jahr zu Jahr. Auch Sigismund August
war Hosius sehr gewogen. Durch diesen Fürsten erhielt er, gemäß der letztwilligen Ver=
ordnung des Vaters, das Bisthum Culm (1549) und wurde als Botschafter bei den
allerhöchsten und höchsten Missionen (z. B. an Karl V., Ferdinand I., Philipp II.)
verwandt. Diese diplomatischen Aufträge brachten ihn nicht allein zu hohem Ansehen,
sondern auch in die einflußreichsten Beziehungen zu den hervorragendsten Personen der
römischen Partei, welche sein Eifer, besonders zur Vertheidigung, Stärkung und Re=
stauration seiner Kirche nutzbar zu machen, unablässig bemüht war. Diese Anstren=
gungen richteten sich in ganz besonderer Intensität auf seinen bischöflichen Wirkungskreis,
zu dem nach seiner Rückkehr (1551) auch Ermeland kam. Die Jesuiten machte er zu
seinen Gehülfen; ihren vereinten Bemühungen, bei welchen freilich auch Gewaltthaten
nicht gescheut wurden, hat die Restauration und Erhaltung des Katholicismus in Polen
und Preußen viel zu danken. Die auf der Provinzialsynode zu Petrikau (1551) von
den polnischen Prälaten angenommene und unterzeichnete „Confessio catholicae fidei
christianae", ist sein Werk. Ueberhaupt war Hosius die Seele der Petrikauer Sy=
node und der Haupturheber aller Maßregeln des Episkopats gegen den einreißenden
Protestantismus. Auf den etwas schwachen und den entgegengesetztesten Einflüssen offenen
König gelang es ihm ebenfalls zu Zeiten zu wirken und an dieser höchsten Stelle zu
Gewaltmaßregeln gegen die verhaßte Ketzerei zu bestimmen. Nichtsdestoweniger machte die
Sache des Evangeliums in Polen die bedeutendsten Fortschritte, welche nur durch die
Spaltungen unter den Evangelischen empfindlich gehemmt wurden. So sehr Hosius und
die Seinen ihr Mögliches thaten, so hatten sie doch einen harten Stand, namentlich
gegen den ausgezeichneten Reformator Johann von Lasky, der im Dezember 1556

---

*) Bei *Rescius*, vita Hosii, lib. I, c. 1. p. 1 wird nur das Geburtsjahr, bei Treter
dagegen (de Episc. Varm. Eccles. p. 112 und theatr. virt. St. Hosii Oda I.) der 5. Mai als
Tag der Geburt angegeben. Dasselbe bezeugt Gratian, Commendone's Sekretär, in seinen
Collectaneis.

in seine Heimath zurückkehrte. Auch Paul Vergerius, ehemals päbstlicher Nuntius und Bischof, machte dem Hosius und seiner Partei (1557) in Polen selbst zu schaffen. Pabst Paul IV. suchte 1558 den Rath des Hosius, und so hoch stieg er, während über die Kirchenverhältnisse Polens und Deutschlands Verhandlungen gepflogen wurden, in den Augen dieses Kirchenoberhauptes, daß ihm der Cardinalshut angeboten wurde. Jedoch Hosius lehnte bescheiden ab. Gleich hohes Vertrauen schenkte ihm Pauls Nach-folger, Pius IV. Deßwegen finden wir ihn 1559 als apostolischen Legaten in Wien, wo er mit den beiden Fürsten Ferdinand I. und dem böhmischen Könige Maxi-milian, dem Freunde der evangelischen Lehre, wegen der Wiedereröffnung des Trienter Concils und mit dem Letzteren über die religiösen Fragen häufig conferirte, um ihn wieder für die römische Kirche zu gewinnen. Tieferen Eindruck hat Hosius auf den jugendlichen Maximilian nicht gemacht. Im Uebrigen jedoch hatte er guten Erfolg, so daß wieder der römische Hof den Cardinalshut als glänzende Anerkennung darbot. Derselbe langte am 26. Febr. 1561 in Wien an. Der Legat zeigte sich bestürzt und wollte sich einige Zeit nicht zur Annahme entschließen. Doch gab er zuletzt fürstlichem Einfluß nach, wie man erzählt, worauf er dann am 25. März in Gegenwart des Kaisers den Purpur empfing. Nicht lange nachher finden wir Hosius, welcher auch bei den Königen von Spanien und Polen sehr wesentlich auf den Entschluß der Wiederbeschickung des Concils hinwirkt hatte, zu Trient unter den Vorsitzern (z. B. neben den Cardi-nälen Hieronymus Seripando, Morone, Gonzaga) der dortigen großen und wichtigen Versammlung. Die römischen Schriftsteller sind natürlich voll Lob über die Geschäftsführung dieses eifrigen und aufopfernden römischen Legaten. Fra Paolo indeß schildert ihn als .simplice persona, disposta à la sciarsi reggere, was andere Legaten, wie z. B. Simoneta, zu benutzen verstanden hätten. (Vgl. *Sarpi*, *Storia del Concilio di Trento* lib. VII. p. 693.) An den letzten Arbeiten und Sitzungen des Concils (von der 24. an) nahm er wenig oder gar keinen Antheil, was nach S'arpi nicht in der (nur fingirten) Krankheit, sondern in einer Verstimmung über die Dekrete in Sachen der geheimen Ehen seinen Grund hatte. Pallavicini, der jesuitische Ge-schichtschreiber der Trienter Kirchenversammlung, widerspricht hier wie in Allem der Art. (*Hist. Conc. Trid.* lib. XXII. cp. 9. n. 6. c. 10. n. 7. lib. XXIII. c. 7. n. 7. c. 9. n. 2.) Dießmal steht auch Bayle auf seiner Seite, welcher ihn freilich sehr überschätzt. In seine Diöcese zurückgekehrt, war all sein Streben dahin gerichtet, die beiden neuen Bollwerke gegen die Häresie im ausgedehntesten Umfange wirksam zu machen. Die Ein-führung der Trienter Beschlüsse wurde mit großer Energie betrieben und glücklich durch-geführt. Der Jesuitenorden wurde auf jede Weise begünstigt. Im Jahre 1565 schon gelang es, dem in Preußen und Polen immer zahlreicher vertretenen Orden zu Brauns-berg Collegium und Seminar zu eröffnen, Anstalten, welche bald tiefgehenden Einfluß gewannen und statutenmäßig als Missionsinstitute für den protestantischen Norden und Ungarn erwünschte Hülfe leisten sollten, und auch in ausgezeichneter Weise wirklich lei-steten [*]). 1569 bestellt Hosius den Martin Crommer zu seinem Coadjutor und geht auf den Wunsch Sigismund Augusts und im Interesse der römischen Kirche Polens nach Rom. Von diesem Mittelpunkte der römischen Kirche aus leitete und betrieb er die wichtigsten Angelegenheiten kirchlicher und politischer Natur. Zunächst war sein Blick auf Preußen, Polen, den nordischen Norden (auch Schweden, wie der Briefwechsel mit Johann III. wegen Wiedereinführung des Katholicismus beweist) gerichtet. Zu Gunsten der römischen Sache suchte er wiederholt Sigismund August († am 7. Juli 1571) zu bestimmen, zu Gewaltthat zu verleiten, den neuvermählten Heinrich von Anjou gegen die Protestanten einzunehmen. Aber auch auf andere Theile der Kirche und des

---

[*]) Viele junge Adelige, welche man ihren protestantischen Eltern entzogen hatte, wurden hier römisch und für die Propaganda gebildet. Hosius diktirte ihnen sogar selbst Aufsätze, welche sie ihren Eltern schicken mußten, um so deren Bekehrung zum Romanismus zu bewirken.

proteſtantiſchen Europa's ſuchte er mit größter Hingebung ſeinen antiproteſtantiſchen Einfluß auszudehnen. Die volle, jeſuitiſche Reſtauration des römiſchen Katholicismus und die Ausrottung des Proteſtantismus war die Aufgabe ſeines Lebens, das Ziel, auf deſſen Erreichung er mit Daranſetzung von Allem, was ihm zu Gebote ſtand, mit der größten Ausdauer und Aufopferung bis an ſein Ende (15. Auguſt 1579) hinarbeitete. Alle ſeine Schriften, alle ſeine eifrig und freudig übernommenen Lebensmühen dienen dieſem Grundgedanken ſeiner langjährigen Wirkſamkeit. Freilich zeigt er uns nach allen Seiten ſeiner Thätigkeit traurige Zeichen ſeines gegen die Ketzer gewaltthätigen, verfolgungsſüchtigen Geiſtes. Hier ſteht ihm als leitender Grundſatz feſt: Nulla cum eis ineatur disputatio, sed simul cum eos (haereticos) tales esse constitit, statim condemnentur, eos non stylo sed sceptro magistratuum coercendos esse. (Hosii opera p. 620.) Seine Polemik iſt äußerſt heftig, über alle Maßen leidenſchaftlich, dazu ſehr ſchwach und voll Ueberſtürzungen. Belege wären die Maſſe zur Hand; doch erinnern wir der Kürze halber nur an folgende Einzelheiten: So meint er, die menſchlichen Büßungen der Sünde ſeyen allerdings von der heil. Schrift gefordert, da ſie ja ausſpreche: "Chriſtus hat gelitten für uns und uns ein Vorbild gelaſſen." (Propugn. ver. cath. fid.) Mit Recht geißelt Vergerius dies ſtattliche Argument in ſeiner Gegenſchrift alſo: O egregium theologum! Ergo esset nobis moriendum pro peccatis nostris, quia Christus pro peccatis nostris est mortuus. Für die Kelchentziehung macht der Prälat und Apologet die ebenſo ſchlagende Bemerkung, "ſie ſcheine auf einem ſtillſchweigenden Conſens der katholiſchen Kirche zu beruhen!" Ein Theologe wie Hoſius konnte ſich immerhin mit ſolchen, dem ewig-feſten Worte Gottes geradezu widerſprechenden Kläglichkeiten beruhigen, da er ja'ſchlimmſten Falls noch den tröſtlichen Machtſpruch in Reſerve hatte, "die päbſtliche Kirche ſey befugt, die Feſtſetzungen des Apoſtels Paulus abzuändern" (l. c.). Von Bibelüberſetzungen will er nichts wiſſen, "da ſie zu viel Nachtheil gebracht hätten." Die Bibel iſt nach ihm Eigenthum der römiſchen Kirche, außerhalb dieſer aber nicht mehr werth, als die Fabeln des Aeſop (Opp. ed. Col. von 1558, S. 196). Dennoch gibt ſich dieſer gewiß treujeſuitiſche Kämpfer für den Papismus eine für die römiſche Orthodoxie nicht unbedenkliche Blöße, wenn er dem geſchriebenen Evangelio die erſte, der Tradition die zweite Stelle anweiſt, während doch das Tridentinum beiden gleiche Dignität zuſchreibt. Dann nimmt er wieder anderwärts, um ſich vor 5 Moſ. 17, 10. zu retten, eine Interpolation der Bulgata an.

Auf gleicher Höhe mit der Unwiſſenſchaftlichkeit und Seichtigkeit ſeiner Apologetik bewegt ſich Hoſius, wenn er die proteſtantiſche Lehre "Wort des Teufels", "Satanismus", "lutheriſche Abgötterei", die evangeliſchen Geiſtlichen aber "Atheiſten", Sardanapale, Epikuräer, Bigamiſten nennt. Einmal läßt er ſich ſogar dazu fortreißen, den Evangeliſchen die Beſchuldigung in's Geſicht zu ſchleudern: "Ihr ſeyd weit größere Böſewichter als Vatermörder, Banditen, Giftmiſcher, Diebe und Räuber." In wirklich unverſchämter Weiſe erzählt er Luthers Ende alſo: "Nachdem er eines Abends noch einmal tüchtig getrunken — habe man ihn am andern Morgen todt in ſeinem Bette gefunden. So habe dieſer Schänder des Heiligen geendet!" — Daß Heinrich den Religionsfrieden beſchworen hatte, beklagte Hoſius nicht nur gar ſehr, ſondern er erklärte es auch für Gewiſſenspflicht, dieſen Eid zu brechen. Dem Cardinal von Lothringen ſchreibt er (d. d. Sublaci 4. Septembris 1572), die Ermordung Coligny's habe ſeiner Seele unglaubliche Erquickung (incredibilem animi recreationem) bereitet, er habe Gott für dieſe That unendlich gedankt und wünſche ſeinem Vaterlande gleichfalls eine Bartholomäusnacht. (Epist. 178. Opp. II. p. 339, 340.) — Den großen, edeln Coligny nennt er einen Menſchen, quo uno haud scio an unquam tellus produxerit pestilentiorem. In politiſcher Hinſicht iſt Hoſius der feſten Ueberzeugung, der Proteſtantismus ſey die Mutter aller Revolutionen, und vertritt den entſchiedenſten Abſolutismus. So behauptet er auch auf dem Gebiete des Staates obedientiam coecam esse debere — justitia est ut praecepta majorum non discutiantur, und weiset diese Art von Gehorsam als Cardinal= pflicht dem Unterthanen zu (vgl. *Rescius*, Vita Hosii). — Um das Bild des auch jetzt noch in der römischen Kirche sehr gefeierten Cardinals und Kirchenhelden möglichst zu vervollständigen, sey schließlich noch bemerkt, daß er einem ziemlich strengen Ascetismus ergeben war. Krasinski bemerkt darüber: his learning could not however free his mind from the unchristian notions inculcated by the same church, that voluntary self-torment is acceptable to the Father of all mercy; and being a rigid observer of those practices which are more in accordance with pagan rites than the mild precepts of christianity, and which that church recommends, he frequently lacerated his own body by several flagellations, spilling his own blood with the same fervour as he would have spilled that of the oponents of the Pape. (Reform. of Poland pag. 406.) — Die beste Ausgabe seiner Werke ist die Kölnische von 1584, welche in zwei Folianten erschienen ist. Außer der angeführten "Confessio" nennen wir unter seinen Schriften: 1) De expresso verbo Dei. Rom. 1559. 2) Dialogus num calicem laicis et uxores sacerdotibus etc. 3) Judicium et censura de judicio ministrorum Tigurinorum et Hei- delbergensum etc., wogegen Bullinger sein Werk „De aeterno Dei Filio" schrieb. 4) Seine Schrift gegen Brenz (Confutatio Prolegomenon Brentii). 5) De loco et auctoritate Rom. Pontificis. 6) De sacerdotum conjugio. 7) De missa vulgari lingua celebranda. 8) Propugnatio Christ. Cath. Doctr. — Vgl. die Biographie des Rescius und Dr. A. Eichhorn, der Bischof und Cardinal Stanislaus Hosius. 2 Bde. 1855. Sixt, Paul Bergerius 1855. S. 425 ff. Historical Scetch of the Rise, Progress, and Decline of *The Reformation* in *Poland* and of the influence which the scriptural doctrines have exercised on that Country in literary, moral, and political respects by Count *Valerian Krasinski*. In two volumes. Loudou 1838 u. 1840.   Lic. K. Sudhoff.

Hospinian, Rudolph, wurde in dem Züricher Dorfe Altorf am 7. Nov. 1547 geboren. Seine schon frühe hervortretenden sehr bedeutenden geistigen Anlagen bestimm= ten die Seinigen, ihn schon mit sieben Jahren den Schulen Zürichs anzuvertrauen. Unter der Leitung seines Onkels, des Johann Wolf, eines ausgezeichneten Geistlichen und Theologen, machte er die schönsten Fortschritte. Mit dem Frühjahre 1565 besuchte er zur weiteren Ausbildung die beiden damals hochberühmten reformirten Universitäten Marburg und Heidelberg. Dort verweilte er zwei Jahre, hier ungefähr sechs Monate. Nach seiner Rückkehr in das Vaterland trat er im Jahre 1568 in die Reihe der Züricher Geistlichkeit. In der ersten Zeit versah er eine, von Zürich einige Stunden entfernte, Landkirche. Er predigte daselbst zweimal die Woche, während ihm doch sein Schuldienst in der Stadt Arbeit in Fülle bot. Im Jahre 1576 wurde er an die Spitze der Karolina gestellt und versah dies äußerst schwere und mühevolle Schulamt neben seinen pfarramt= lichen Funktionen 19 Jahre lang. Mit Recht bemerkt sein Biograph Heidegger: Fer- reum certe adamantinumque dixeris, qui tot labores exantlare et simul ingenium a situ et squalore vindicare posset. Dennoch widmete er während dieser ganzen Zeit schon seine Kraft den ausgedehntesten kirchengeschichtlichen Studien, welche zunächst ein gegen die römische Kirche gerichtetes polemisches Ziel hatten. Er wollte dem Papismus zeigen, wie ungegründet es sey, wenn derselbe sich immer wieder auf die Uebereinstimmung seiner Lehre und Einrichtungen mit dem kirchlichen Alterthume berufe. Man erzählt sich: Er sey auf die Idee, „die Geschichte des Pabstthums" zu schreiben, durch die Unterhaltung mit einem Dorfwirthe gekommen, welcher komischer Weise die Meinung aufstellte: „das Mönchsleben stamme aus dem Paradies." Jedenfalls hatte Hospinian in der Taktik der römischen Polemiker Grund genug für seine weitaussehende Unternehmung, die Heidegger in folgenden Worten karakterisirt: „Impetum concepit animo suo plane heroicum et laude nunquam intermoritura dignissimum fictitiae illius vetustatis spectrum debellandi Gibeoniticasque artes et fraudes, monstratis genuinis errorum, qui paulatim detegendi, concellandique. Et magnae quidem molis, immensique laboris opus aggrediebatur, cum de coelesti doctrina et ceremoniis verae primitivae ecclesiae, cum de inclinatione et depravatione ejusdem doctrinae, deque ceremoniarum mutatione, auctione et progressu iis seculis, quae Christum et Apostolos primum deinde vere Constantinum Imperatorem imprimis autem Gregorium M. secutae sunt." Namentlich waren diese hiſtoriſch-kritiſchen politiſchen Unterſuchungen auf die Taufe, das Abendmahl, die Kirche, die Feſte, das Faſtengebot, die Mönchsorden, die Herrſchaft des Pabſtes und die Begräbniſſe gerichtet. Als eine Frucht dieſer Arbeiten erſchien zuerſt das Werk: „De origine et progressu Rituum et Ceremoniarum Ecclesiasticarum 1585." Zwei Jahre ſpäter veröffentlichte er ſeine Schrift: „De templis, hoc est de origine, progressu et abusu templorum, ac omnino rerum omnium ad templa pertinentium," welche 1603 in einer verbeſſerten und durch die Widerlegung der Angriffe des Bellarmin und Baronius vermehrten Auflage erſchien. Seine Abhandlung: „De Monachis, seu de origine et progressu Monachatus ac Ordinum Monasticorum, Equitum militarium tam sacrorum quam saecularium omnium," vollendete er 1588, und gab ſie 1609 vermehrt und zugleich als Widerlegung der Schrift Bellarmins „De Monachis" wieder heraus. Mit der Veröffentlichung ſeiner Arbeiten über den Urſprung und die Entwickelung des Faſtens: „De origine et progressu jejuniorum," wollte er bis nach dem Erſcheinen einer erwarteten ähnlichen Schrift Bellarmins warten. Doch vergeblich, denn die Schrift des jeſuitiſchen Polemikers blieb aus. Hofpinian hatte ſich unterdeſſen anderen Studien hingegeben und ſo blieb ſein Werk unvollendet. Seine Schrift über die Feſte und Ceremonieen: „De Festis Judaeorum et Ethnicorum, hoc est de origine, progressu, ceremoniis et ritibus festorum dierum Christianorum," 2 Bde., erſchien in den Jahren 1592 und 1593. Für den Beifall, mit welchem auch dieſe gelehrte Leiſtung aufgenommen wurde, zeugen die nach einander 1611 und 1612 mit werthvollen Erweiterungen, Verbeſſerungen und Vertheidigungen, namentlich gegen Bellarmin und Gretſer erſchienenen zwei Auflagen. Von ſeiner „Historia sacramentaria" erſchien 1598 der erſte über die papiſtiſchen Irrthümer und 1602 der zweite Band. Der letztere iſt von hohem Intereſſe, da er die Sakramentsſtreitigkeiten unter den Proteſtanten ſelbſt ſehr eingehend, gründlich und ſcharfſinnig behandelt. Er führt deßwegen den Titel: „De origine et progressu Controversiae sacramentariae, de coena Domini inter lutheranos et orthodoxos, quos Zwinglianos et Calvinistas vocant, exortae ab anno Christi Salv. 1517 usque ad annum 1602." Hierauf ließ er das unter den Proteſtanten am meiſten bekannte Werk folgen: „Concordia discors, seu de origine, progressu, formulae concordiae Bergensis." 1617. Seine letzte größere Schrift iſt: Die „Historia Jesuitica," 1619. Dieſe Arbeiten eines gewaltigen Fleißes, ſeltenen Scharf= ſinns, der umfaſſendſten Forſchung und der tiefeinſchneidendſten Polemik erregten in ganz Europa das größte Aufſehen und weiſen ihrem Urheber für immer eine glänzende Stelle unter den ausgezeichnetſten Theologen ſeines Landes und der reformirten Kirche über= haupt an. Natürlich wurden ſeine Werke gleichwohl in ganz verſchiedener Weiſe aufge= nommen. Die Römiſchen ſtellten ihre bedeutendſten Apologeten, wie Bellarmin, Gretſer, alsbald in's Feld. Die auf's Aeußerſte erbitterten Lutheraner ließen es an eifrigem Widerſpruch und nur allzuheftigen Ausfällen nicht fehlen. Leonhard Hutter, ein Wittenberger Profeſſor, wurde mit der Widerlegung der „Historia sacramentaria" und der „Concordia discors" betraut. Es erweckt indeß kein gutes Vorurtheil für dieſen, daß er ſich zuerſt in ziemlich unwürdiger Weiſe als einen gewiſſen Chriſtophorus a Vallo, Kandidaten der Theologie ausgibt. David Pareus, der berühmte Heidelberger Theologe, ſetzte ſeinen Freund Hofpinian von dem Geſchehenen in Kenntniß und rieth ihm, ſeine Widerlegung in deutſcher Sprache zu veröffentlichen. Doch iſt die ſo ent= ſtandene Schrift Hofpinians nie im Druck erſchienen. Daſſelbe Schickſal theilte ein an= deres von Heidegger ſehr geprieſenes Werk Hofpinians, welches gegen die 1614 erſchie= nene, äußerſt hochfahrende „Concordia concors" des Hutterus gerichtet iſt. Hierüber bemerkt Heidegger: „Neque tamen opus isthoc ad metam perduxit seu taedio victus et maledicentiis adversarii, qui nescio quibus agitatus furiis ubique insultare, quam eum ratione quadam disputare maluit, seu fastidium subiit docendi, funem molestae adeo conventionis, qua non tantum animos veritatis facta copia sauciatos aegrosque, magis exulceratum iri, sed etiam capitales religionis hostes, Jesuitas cum primis, infausti certaminis illius futuros spectatores avidissimos delicias jucundo ejusmodi spectaculo sibi futuros .... metuit ....“

Welcher der von den streitenden Parteien zuletzt redenden Recht gibt, kann auch den Wittenberger Theologen für Sieger halten. Fest steht aber, daß Hutters Arbeiten weit davon entfernt sind, denen des schweizerischen Theologen gleichzustehen oder gar diese widerlegt zu haben, daß schon in der Concordia discors aus Friedensliebe Manches unterdrückt ist, was Hospinian wußte und zu seinem Vortheil benutzen konnte (s. seinen Brief an Wolfgang Amling vom 22. August 1607). Ebenso sicher ist ferner, daß den protestantischen Fürsten Deutschlands, auch den reformirten, diese Erneuerung der Sakramentshändel zu sehr ungelegener Zeit kam. Sie sannen auf Vereinigung, um eine politische Verbindung der beiden getrennten protestantischen Parteien zu bewirken. Dem Landgrafen Moritz von Hessen gegenüber mußte sich Hospinian schon wegen Veröffentlichung der Concordia vertheidigen. Es läßt sich also leicht begreifen, daß von dieser Seite Alles aufgeboten wurde, seine Schrift gegen Hutter zurückzuhalten. Der Züricher Theologe brachte dem Frieden sein Opfer und schwieg, obgleich eine Widerlegung des hochfahrenden Wittenbergers Niemanden, am wenigsten dem Hospinian, schwer gefallen wäre. Die Züricher brachten ihrem gefeierten Theologen die heimathliche Anerkennung dadurch dar, daß sie ihn in seinem Berufe erleichterten. Am 25. Sept. 1588 erhoben sie ihn zum Archidiakon, 1594 gaben sie ihm das bequeme Pfarramt an der Abteikirche, um ihm reiche Muße zur Vollendung der unternommenen Werke zu geben. Am Abende seines Lebens trafen indeß den großen Gelehrten harte Prüfungen; Folgen seiner heldenhaften Aufopferung für die Wissenschaft und die Lehre seiner Kirche. Er war ein ganzes Jahr lang blind und in einem Alter von 76 Jahren verfiel er in einen kindischen Zustand, aus dem ihn erst der Tod 1626 am 11. März befreite. Die beste Ausgabe seiner Werke erschien 1681 zu Genf in 7 Fol.-Bdn. Leider fehlen in derselben alle nachgelassenen Arbeiten Hospinians, an welche er nicht die letzte Hand gelegt hat. — *Jo. Henr. Heideggeri*, Hospinianus redivivus seu historia vitae et obitus Rod. Hospiniani vor der Genfer Ausgabe der Werke Hospinians.   Lic. K. Sudhoff.

Hospital (Michael de L') ward 1506 zu Aigueperse in Auvergne geboren, kam mit seinem Vater, einem Arzte, in Karl von Bourbons Diensten nach Italien, studirte in Toulouse und Padua, und erhielt die Stelle eines Auditors der Raota in Rom. Nach der Rückkehr in sein Vaterland ward er der Reihe nach Sachwalter, Parlamentsrath, königlicher Bevollmächtigter bei der Kirchenversammlung in Bologna, Geheimerath, Requetenmeister und endlich Kanzler. Unter Franz I. und Heinrich II. hatte er sich nicht immer der Aufträge entschlagen können, welche den gewöhnlichen Gang der Rechtspflege nur zu oft störten. Erst seit 1560, wo er zum Kanzler erhoben wurde, entwickelte er die ganze Größe seines Geistes und Karakters. Er war Einer jener seltenen staatsmännischen Karaktere, welche, weil sie nicht einem befangenen Parteiinteresse, sondern einer wirklich über die Parteien erhabenen nationalen Idee dienen, auch mit schlichter Gradheit mitten durch die verwickeltsten Verhältnisse zu schreiten den Muth haben und der Lüge nicht bedürfen. Er vereinigte in seltenem Bunde Gelehrsamkeit, Klugheit, Würde und Unbestechlichkeit, und besaß daneben, was fast allen, auch den talentvollsten Machthabern jener Zeit fehlte, wahrhafte Tugend, und war deßhalb den Parteimännern im Inland und Ausland ein Dorn im Auge. Die Aufgabe, welche er in seiner ganzen politischen Laufbahn fest im Auge behielt, war: die auf dem kirchlichen Gebiete einander befehdenden Kräfte zu gegenseitiger Duldung zu bringen und in der höheren Einheit der Nationalität und des Volkswohls zu versöhnen und zu vereinigen, und den Thron seines minderjährigen Königs gegen innere und äußere Stöße sicherzustellen. Wir haben es hier bloß mit der Stellung zu thun, welche er den Hugenotten gegenüber einnahm.

Sein erstes großes Verdienst als Kanzler bestand darin, daß er ein im Mai 1560 be=
reits entworfenes Gesetz über die Einführung der Inquisition zu hintertreiben wußte,
dagegen er freilich nicht verhindern konnte, daß die Untersuchungen über Ketzerei den
Parlamenten abgenommen wurden und in die Hände der Bischöfe kamen. Bei dem
Zusammentreten der Stände am 13. Dez. 1560 äußerte sich Hospital u. A. also: »das
Christenthum ist weder durch die Waffen gegründet, noch durch dieselben zu erhalten
und auszubreiten. Mehr als Strenge werden Lehre, Bitten und Ermahnungen wirken.
Laßt die Namen des Aufruhrs und der Parteiung, Lutheraner, Hugenotten, Papisten
ganz fahren, und den Namen Christi nicht verändern oder ablegen!« Solche Worte
waren freilich der damaligen Parteileidenschaft unverständlich; darum sagt selbst der Ge=
schichtschreiber Beaucaire: »Hospital ist zwar gelehrt, aber keiner Religion zugethan,
oder, damit ich die Wahrheit sage, ein Atheist!« Im April 1561 entwarf er einen Ge=
setzesvorschlag, der den Bekennern beider Religionen Schutz bewilligte und den Verbannten
und Entflohenen die Rückkehr gestattete. Aber umsonst setzte er in einer Rede die Gründe
für Mäßigung nochmals auseinander und fügte hinzu: »unter beiden Parteien gibt es
nichtsnutzige Leute, Leute ohne alle Religion, welche diese aber zum Vorwande nehmen,
um Willkür aller Art zu üben. Ja, betrachtet man, was auf dieser und jener Seite
geschieht, so möchte man behaupten: bei allen Religionsstreitigkeiten führe der Teufel den
Vorsitz!« Da auf seine weisen Vorschläge nicht gehört wurde, blieb ihm nur übrig, die
Strenge der wider seinen Willen gefaßten Gesetze zu mildern. Am 9. Sept. 1561 er=
öffnete Hospital die Sitzungen des Religionsgesprächs zu Poissy mit einer Rede, in
welcher er erklärte: die Versammlung sey für ein Nationalconcilium zu halten, und
dürfte besser die Heilung der gerügten Uebel in Frankreich bewirken als eine allgemeine
Kirchenversammlung es thun würde. »Das erste und einzige Mittel,« fuhr er fort, »ist jedoch
hiebei, daß Ihr in Demuth verfahrt, und nicht bloß körperlich gegenwärtig, sondern geistig
auch einig seyd. Zu dieser Einigkeit werdet Ihr gelangen, sobald sich Keiner zu hoch
anschlägt, Gelehrte und minder Gelehrte sich nicht unter einander verachten oder beneiden;
sobald man ferner alle Spitzfindigkeiten und leeren Streit bei Seite setzt, und nur
Gottes Wort und Christum zu erkennen strebt. Auch sollt' Ihr die Anhänger der neuen
Lehre nicht für Feinde halten, denn sie sind getauft und Christen gleich wie wir; Ihr
sollt sie nicht aus Vorurtheil verdammen, sondern sie vielmehr rufen, aufsuchen, ihnen
die Thür öffnen, und statt Bitterkeit und Haß walten zu lassen, sie in aller Liebe auf=
nehmen.« In einer trefflichen Rede entwickelte Hospital noch im gleichen Jahr den Gang,
welchen die Gesetzgebung in religiöser Hinsicht genommen hatte, und fügte hinzu: »Hier
soll nicht entschieden werden, welche religiöse Ansicht die bessere, oder wie die Religion
zu begründen, sondern wie der Staat zu erhalten und die öffentliche Ruhe herzustellen
ist. Wenn selbst Nichtchristen, wie die Erfahrung vielfach beweist, sich in christlichen
Staaten als ruhige Bürger bewährten, warum sollten dann Christen, die nur in ein=
zelnen Punkten der Lehre von einander abweichen, nicht friedlich in demselben Lande
wohnen und ihre Bürgerpflichten erfüllen können? In dieser Ueberzeugung verlangten
Adel und Bürger in Pontoise, daß man den Hugenotten freien Gottesdienst gestatte,
und in gleichem Sinn berathend, werden wir eher das Ziel erreichen, als auf den bis=
herigen Irrwegen.« Hospital setzte auch wirklich durch, daß allen Edelleuten in ihren
Schlössern freie Religionsübung zugestanden wurde. Als dennoch der Krieg mit allen
seinen Greueln ausbrach, äußerte sich der Kanzler offen: »Es gibt Gesellschaften von
Aufrührern und Schurken, welche Alles mit dem Mantel der Religion bedecken, aber
nicht Reformirte oder Katholiken, sondern Gottesläugner sind!« Als Hospital im Jahre
1564 gleich dem Parlamente, wiewohl aus andern Motiven, der Annahme sämmtlicher
tridentiner Kirchenbeschlüsse nachdrücklich widersprach, gerieth er in sehr heftigen Streit
mit dem Kardinale von Lothringen und selbst der Pabst verlangte seine Entlassung.
Allein der Kanzler stand fest, und schrieb so offen als würdig an Paul IV.: den Lei=
denschaftlichen beider Parteien sey er allerdings verhaßt, denn er habe seine Grundsätze

nicht, wie mancher Andere, nach den Zeiten ändern und ihnen anpassen wollen! Hospi=
tals Verdienst war es, daß am 27. März 1568 der Friede von Longjumeau zu Stande
kam. Der Kanzler hatte mit den Worten zugesprochen: »Käme selbst das ganze Heer
der Hugenotten um, so würden ihre Nachkommen doch den Kampf aus Rache doppelt
heftig erneuern. Auch ist von ihnen für den Staat weniger zu besorgen, als von der
wachsenden Macht der Guisen. Der König übe Gnade und er wird die Gnade Gottes
finden; er verschließe sein Herz nicht, und Gott wird ihm das seine öffnen!« Es ist
bekannt, wie schändlich der Hof diesen Frieden brach; da sich Hospital diesem Treubruch
auf's Ernsteste widersetzte, ward Katharina seine leidenschaftliche Gegnerin, beschuldigte
ihn des heimlichen Protestantismus und erklärte: »Im Rathe schade er mehr, denn alle
Feinde im Felde, und seine Entfernung sey durchaus nothwendig!« Hospital, der die
Unmöglichkeit einsah, dasjenige, was kommen sollte, aufzuhalten, und beim Könige als
verdeckter Parteigänger der Condé's verdächtigt war, nahm am 7. Oft. 1586 seine Ent=
lassung, und sagte kühn dem König und der Königin beim Abschiede: »er sehe, daß
unheilbare Rathschläge obsiegten; doch bitte er sie, wenn sie sich im Blute ihrer Unter=
thanen gesättigt, den Frieden wenigstens zu ergreifen, ehe Alles in äußerste Auflösung
und völligen Untergang gerathe!« Mit diesen Worten schied der letzte tugendhafte Mann
vom ausgearteten Hofe, und lebte nun (»seiner geschwächten Gesundheit wegen« hieß es)
in halb unfreiwilliger Zurückgezogenheit, aber in würdigster Muße in seinem Landhause
zu Vignay bei Etampes. Man sagt, er habe bei der Pariser Bluthochzeit auch ermordet
werden sollen, aber die Herzogin von Longjumeau habe es verhindert. Er starb den
13. Mai 1573 im 68. Lebensjahre, ein ebenso kluger als redlicher Staasmann! Man
hat von ihm epistolas seu sermones; harangue contenant la remonstrance faite devant
Charles IX. und poëmata. In der lateinischen Sprache besaß er große Gewandtheit,
so daß mehrere seiner Gedichte von Gelehrten für klassische, aus der besten Zeit
stammende alte Verse angesehen wurden. Vgl. Vie d'Hôpital. Amsterd. 1762.
F. Raumer, Gesch. Europa's, Bd. II. Soldan, Gesch. des Prot. in Frankreich,
Bd. II.   Dr. Pressel.

Hospitaliter des heil. Antonius, s. Antonius, Orden des heil.

Hospitaliter oder Hospitalbrüder heißen diejenigen Laienbrüder und Mönche,
oder Chorherren und Ritter geistlicher Orden, welche sich mit der Beobachtung klöster=
licher Uebungen und Einrichtungen, meistens nach der Augustinischen Regel, der Pflege
der in die Hospitäler aufgenommenen Armen und Kranken widmeten. Meist mit eigent=
lichen Klosterorden verbunden, stehen sie noch wie sonst unter der Aufsicht des Bischofs,
speciell bei größeren Verbrüderungen unter einem General, jede einzelne Verbrüderung
hat einen Vorsteher, Superior oder Major. Die Aufsicht über die ökonomischen Ange=
legenheiten kommt einem Hospitalmeister zu. Manche Verbrüderungen sind selbst von
der bischöflichen Gerichtsbarkeit eximirt und dem päbstlichen Stuhle unmittelbar unter=
stellt. Dieses Privilegium erhielten u. a. die Hospitaliter des heil. Johann de Dieu in
Frankreich. Feierliche Klostergelübde haben nur sehr wenige Orden der Hospitaliter, da=
gegen verpflichten sich viele außer zur Armen= und Krankenpflege noch zur Armuth und
Gastfreiheit. Zunächst entstanden die Hospitaliter in Italien seit dem 9. Jahrhundert in
dem Orden U. L. Fr. della Scala oder von der Stufe zu Siena. Mit den Kreuzzügen
wuchs ihre Anzahl ganz außerordentlich und sie verbreiteten sich namentlich nach Frank=
reich, England, Spanien, Portugal, Deutschland, nach den Niederlanden, nach Böh=
men, Polen, selbst nach Westindien. Als geistl. Ritterorden theilten sie sich in Ritter,
Priester und dienende Brüder. Zu ihnen gehörten die Hospitaliter des h. Anton (Ho=
spitalarii s. Antonii Abbatis), von Gaston gestiftet 1095, in Folge einer als Antonsfeuer
bezeichneten Pest; die Hospitalbrüder zum h. Johannes (Fratres hospital. s. Joannis)
in Jerusalem (1099), aus denen aber unter Innocenz II. die Milites sive Hospitalarii
s. Joannis Hierosolymitani hervorgingen; der Orden der deutschen Ritter (Equites Teu=
tonici hospital. s. Mariae Virginis) in der ersten Zeit seines Bestehens; die von Guido

in Montpellier *) um 1178 gestifteten Hospitalbrüder (vom Orden des h. Geistes), welche von Innocenz III. 1204 das erneucte Hospitale s. Spiritus in Saxia in Rom als Mutterhaus empfingen, mit dem sich dann in vielen anderen Städten ähnliche Vereine als "Hospitalbrüder vom heil. Geiste" (auch Kreuzherren genannt) vereinigten; die Hospitaliter von Burgos (1212) zur Aufnahme, Wartung und Pflege der zum heil. Jakob und zu U. L. Fr. Wallfahrenden; die Hospitaliter vom Orden des heil. Johann von Gott (de Dieu), in Frankreich und Italien auch "Brüder der Liebe" oder „die guten Brüder," in Spanien „Brüder der Gastfreiheit" genannt und erst von Pius V., dann von Gregor XIII. bestätigt; die Congregation der bußfertigen Brüder, die 1615 in Flandern entstanden; die Hospitalbrüder vom Orden der Bethlehemiten (1655), und überhaupt viele gegen das Ende des 16. Jahrhunderts entstehende und zum Theil noch bestehende Hospitalbrüder vom dritten Orden des heil. Franziskus.

Hospitaliterinnen oder Hospitalschwestern. Sie heißen auch „Gottestöchter," sind Kloster= oder Chorfrauen und Laienschwestern, entstanden bald zu gleichen Zwecken wie die Hospitaliter, verbreiteten sich noch mehr als diese, widmeten sich aber außerdem noch bald der Erziehung und Bildung junger Mädchen, namentlich Waisenmädchen, oder auch der Buße und Bekehrung gefallener Mädchen und Frauen, und sind jetzt noch vornehmlich in Frankreich, in den Niederlanden und in Italien verbreitet, als Krankenpflegerinnen besonders beliebt. Zu ihren vielen Verzweigungen gehören die Hospitaliterinnen des heil. Gervasius (1171 gestiftet), der heil. Katharina in Paris (1222), der heil. Martha in Burgund, die Haudrietten (von Stephan Haudry im 13. Jahrh. gestiftet) auch Nonnen der Himmelfahrt genannt, die Hospitaliterinnen vom Orden des heil. Geistes oder die weißen Schwestern, die Hospitaliterinnen von der christlichen Liebe U. L. Fr. zu Paris (vom dritten Orden des heil. Franziskus) oder die grauen Schwestern, die Hospitaliterinnen von Loches und vom heil. Joseph, vom Orden der Bethlehemiten (im 17. Jahrh.) u. m. a.   *Neudecker.*

Hoftien, auch Oblaten, sind die Bezeichnung des in der römischen Kirche eingeführten und in der lutherischen beibehaltenen Abendmahlbrodes, der kleinen, aus Mehl und Wasser bereiteten Scheiben, panes eucharistici, orbiculares, nach dem bei Epiphanius vorkommenden ἄρτος στρογγυλοειδής. Die Mischung und Gestalt dieser Brode hat zuerst zwischen der morgenländischen und abendländischen Kirche, später zwischen luther. und reform. Theologen einen heftigen Streit hervorgerufen. Sichere Spuren des ungesäuerten Brodes bei der Communion der Lateiner finden sich nicht vor dem 9. Jahrh., wo u. A. Rabanus Maurus den Gebrauch des panis infermentatus befiehlt. Die römische Kirche setzt freilich die Einführung der ungesäuerten Brode in's 2. Jahrh. und in den Pontifikat Alexanders I, und doch kommt z. B. bei Innocenz I. das zur Austheilung an Abwesende consecrirte Brod unter der Benennung Fermentum vor. Sogar im neunten und dem folgenden Jahrhundert schweigen Photius und andere vornehmste Gegner des Abendlandes über eine Verschiedenheit beider Kirchen in diesem Punkte. Erst im 11. Jahrh. trat der Patriarch Michael Cärularius von Constantinopel mit der Anklage der Occidentalen als Azymiten hervor, welche dagegen den Orientalen als Fermentariern den Vorwurf erwiederten. Die Griechen konnten sich wohl auf das alte Herkommen der Kirchen des Orients berufen und den römischen Gebrauch als Neuerung und Abweichung bezeichnen, auch eine N. T. Weisung, daß ungesäuertes Brod gebraucht werden müsse, in Abrede ziehen, und den letzteren Gebrauch für ein Zurückfallen in die Schatten und Vorbilder des Judenthums ausgeben. In der That wurden in der älteren Kirche die

---

*) Ein anderer Guido, Herr von Joinville, gründete gegen Ende des 13. Jahrhundert zu Boucheraumont in der Diöcese von Chalons ein Spital von der christl. Liebe U. L. F., welches von Weltleuten, zu einer religiösen Genossenschaft vereinigt, die auch Hospitaliter hießen, bedient wurde. Derselbe Guido stiftete 1294 zu Paris ein Haus für dieselbe Genossenschaft, von Bonifacius VIII. 1300 bestätigt. S. Helyot, Bd. III. S. 463.

προσφοραί, oblationes der Gläubigen von den Diakonen in Empfang genommen und davon an Brod und Wein soviel, als zur Communion erforderlich schien, auf den Altar gelegt. Die Sitte, die Abendmahlsbrode besonders bereiten zu lassen, stammt sicherlich aus einer späteren Zeit und hängt ohne Zweifel mit der Entwicklung der Transsubstantiationslehre und mit der zunehmenden mystischen Anschauung des Sakraments zusammen. Die römische Kirche, deren Sache gegenüber dem Patriarchen Michael im J. 1053 der Cardinal Humbert als päbstlicher Legat in Constantinopel führte, und Leo IX., der sich in einer Epistel gegen Michael aussprach, machten vor Allem die Unerheblichkeit des Unterschieds, woran die Gegner so großes Aergerniß nahmen, geltend und erinnerten daran, daß der Herr selbst das Abendmahl am Tage der süßen Brode (Luk. 22, 7.) eingesetzt und sich der beim Ostermahl vorhandenen Kuchen bedient habe. Später wurde dem unvermischten Waizenmehl auch noch die symbolische Bedeutung des unschuldigen und unbefleckten Opferlammes beigelegt, wie denn diese Brodscheiben, auch nachdem längst die älteren Oblationes des Laienstandes aufgehört hatten, Oblata, und nach der Consecration Hostiae hießen. Im Eifer des Widerspruchs gegen die Gründe der Lateiner behaupteten die Griechen, sie hätten sich von der Einsetzung Christi nicht entfernt, und führte namentlich der Patriarch Petrus von Antiochien, im Anschluß an das Evangelium Johannis, aus, der Herr, der in der Stunde der Opferung des Passahlammes habe sterben wollen, habe am Vorabend der jüdischen Passahmahlzeit sein letztes Zusammenseyn mit den Jüngern gefeiert und dabei mit gesäuertem Brode, denn das ungesäuerte sey erst am folgenden Tage gebräuchlich gewesen, das Abendmahl gehalten. Bei den Verhandlungen der Synode von Florenz im J. 1439 vereinigten sich beide Theile in dem Grundsatz der wechselseitigen Duldung des verschiedenen Brods, in welchem — gesäuerten und ungesäuerten Waizenbrode — corpus Christi veraciter confici; aber bekanntlich verweigerte Constantinopel die Zustimmung zu dieser Eintrachtsformel. Die Reformation machte anfänglich keine durchgreifende Aenderung der abendländischen Sitte. In Zürich und Genf, wie in Wittenberg bediente man sich der Oblaten, und Calvin setzte im Jahr 1540 die letztere Form ausdrücklich wieder ein. Indessen blieb dieselbe nur in der lutherischen Kirche bestehen, zwar als ἀδιάφορον, aber mit Beziehung auf die ursprüngliche Feier Christi, auf die sinnbildliche und typische Betrachtung und auf das Herkommen der Kirche. Die Reformirten, welche die Oblaten verwerfen*), setzen an ihnen noch besonders aus, daß sie nicht die Natur des Brodes, gefunden, nahrhaften Brodes hätten, und daß man noch den bedeutsamen Akt der κλάσις nicht mit ihnen vornehme. In den Kirchen der Union sind mit Rücksicht auf diese letztern Gründe länglichte Brödchen mit einem Einschnitt in der Mitte eingeführt und werden von den Geistlichen gebrochen und je zweien dargereicht. Die Oblaten der Katholiken und Lutheraner sind meistens mit dem Kreuz oder Lamm bezeichnet. Grüneisen.

Hottinger, Name eines durch eine Reihe gelehrter Theologen, Aerzte und Philologen im 17. u. 18. Jahrhundert sich auszeichnenden zürcherischen Geschlechts, aus welchem wir folgende zwei hervorheben:

1) Johann Heinrich, geb. 10. März 1620, Sohn eines Mitgliedes der Schiffergilde zu Zürich. Nachdem er schon in seinem achtzehnten Jahre die theologischen Lehrcurse in seiner Vaterstadt durchgemacht und sich ebenso durch seine umfassenden Kenntnisse wie durch sein gesittetes, freundliches Betragen bei Lehrern und Mitbürgern empfohlen hatte, beschloß der zürcher Schulrath, den vielversprechenden Jüngling auf öffentliche Unkosten zu Vollendung seiner Studien in das Ausland zu senden. Er ging zuerst nach Genf; nach zweimonatlichem Aufenthalt weiter nach Frankreich; von da nach den Niederlanden. Daselbst studirte er unter Gomarus und Heinrich Alting zu Gröningen. Die Neigung zu den morgenländischen Sprachen trieb ihn nach Leyden, wo er im Hause des berühmten Orientalisten Jakob Golius eine Stelle als Hauslehrer fand. Unter der Lei-

---

*) In Zürich sind die Oblaten bis auf den heutigen Tag in Gebrauch. Anm. d. Red.

tung von Golius, der ihm seine reiche Sammlung arabischer Handschriften zur Verfügung stellte, wie auch durch den Unterricht, den er von einem Muhamedaner in der arabischen und türkischen Sprache empfing, machte er rasche Fortschritte. Nach einem Aufenthalt von 14 Monaten in Leyden kam der Antrag an ihn, Gesandtschaftsprediger in Constantinopel zu werden. Hottinger war nicht abgeneigt, den holländischen Gesandten M. Boswell dahin zu begleiten; allein von Zürch aus ward Einsprache gethan und im Jahre 1642 Hottinger als Professor der Kirchengeschichte nach Zürch berufen. Vor seiner Heimkehr besuchte er noch England, wo er mit Ushir, Selden, Pocock und Whelock bekannt wurde, und Frankreich, wo er mit Hugo Grotius und den damaligen berühmten französischen Theologen in freundschaftliche Verhältnisse trat. Im Jahr 1643 wurden ihm in Zürch noch zwei andere Lehrstellen aufgetragen, die der Katechetik am Collegium Humanitatis und die der hebräischen Sprache am Carolinum. Im vierundzwanzigsten Lebensjahr trat er zum ersten Mal auf der Schriftstellerlaufbahn auf, und zwar mit kühner Feder gegen Peter Morinus in seinen Exercitationes Antimorinianae, de Pentateucho Samaritano. Hottinger hatte während seines Aufenthaltes zu Leyden zwei Handschriften des samaritanischen Pentateuchs mit dem hebräischen Text verglichen, ließ sich aber in seiner Schrift gleichfalls zu einem Extrem fortreißen, indem er den hebräisch-samaritanischen Text im Verhältniß zum hebräischen, als den ächten ursprünglichen Text, zu sehr herabsetzte. Vgl. G. W. Meyer, Gesch. der Schrifterklärung, III. S. 304 fg. Seit diesem ersten schriftstellerischen Versuch hatte Hottinger Bücher auf Bücher geschrieben; das gedoppelte Verzeichniß derselben, das eine in chronologischer Ordnung, das andere nach dem Inhalt der Bücher, hat er selber in der Bibliotheca tigurina geliefert. Diese schriftstellerische Fruchtbarkeit ist um so staunenswerther, wenn man bedenkt, wie er daneben mit akademischen und anderen öffentlichen Arbeiten, mit literarischen und politischen Besuchen und Correspondenzen überhäuft war. Unter der großen Anzahl Frember, die seinen Rath suchten, sind namentlich die Jansenistischen Deputirten zu erwähnen, welche von Rom zurückkehrten. Seine Unterredung mit ihnen wird am Schluß von Leideckeri historia Jansenismi erzählt. Im Jahr 1653 wurden ihm zu den bisherigen Lehrstellen, von denen er nur die Katechetik abgab, noch zwei neue aufgetragen, die der Logik und Rhetorik, und die Professur des alten Testaments und der Controversen. Zwei Jahre später erhielt er eine Einladung an die Universität Heidelberg, wo er sechs Jahre lang als Professor des alten Testaments und der orientalischen Sprachen wirkte, und zugleich Ephorus des Collegii Sapientiae, 1656 auch Rektor der Universität war, welche durch ihn und den mit ihm berufenen Spanheim schnell emporkam. Während seines Aufenthaltes in Heidelberg ergingen an ihn vortheilhafte Anträge zu Lehrstellen an den Universitäten Deventer und Marburg und kurz nachher zu Amsterdam und Bremen; er lehnte sie aber aus Dankbarkeit gegen sein Vaterland ab, und kehrte am 8. Nov. 1661 nach Zürch zurück. Hier belebte er auf's Neue das Studium der Theologie und legte insbesondere großes Gewicht auf öffentliche Disputationen. 1662 wurde ihm das Rektorat übertragen und ihm dasselbe bis an seinen Tod verlängert, obwohl es gewöhnlich Niemanden über zwei Jahre übertragen wurde. Sehr unruhig war diese Zeit in Folge des Aufruhrs der schweizerschen Bauern. Wegen dieser und anderer öffentlichen Angelegenheiten ward Hottinger im Jahr 1664 mit Erfolg als Gesandter nach den Niederlanden geschickt. Als nun 1666 Hoornbeck zu Leyden starb, erhielt Hottinger eine Vocation dahin. Dieser überließ die Entscheidung der Regierung, welche auf wiederholte bringende Bitten endlich sich dazu verstand, Hottingern für einige Jahre der Universität Leiden zu leihen. Er traf nun die Anstalten für die Reise nach Holland mit seiner Frau und neun Kindern. Den 5. Juni 1667 schiffte er sich mit seiner Gattin, einem Sohn und zwei Töchtern auf der Limmat ein, um seinem Freunde die Verwaltung seines Landguts Sparrenberg zu übergeben. Kaum eine Viertelstunde von der Stadt stieß der Kahn an einen wegen des hohen Wasserstandes unbemerkten Pfahl und schlug um. Hottinger mit seinen beiden Freunden rettete sich durch Schwimmen an's Ufer. Als fie aber bie Noth ber Frau und Kinder erblickten, stürzten sie sich wieder in's Wasser, um diese zu retten. Allein nur dem einen Freunde gelang es, den umgestürzten Kahn zu erreichen, an dem sich Hottingers Frau und die Magd festhielten. Hottinger selbst, sein Sohn, seine zwei Töchter und der Freund, dem er das Landgut übergeben wollte, wurden tobt aus dem Strom gezogen. Er erreichte nur ein Alter von 47 Jahren, aber wie fruchtbar war gleichwohl dieses Leben! Seine Werke beziehen sich zunächst auf die orientalische Literatur und Exegese der Bibel. Außer seinen oben genannten Exercitationes schrieb er eine Grammatik der hebräischen Sprache für seine Zuhörer, in der ersten Ausgabe (1647) unter dem Titel: Erotematum linguae sanctae libri duo, in der zweiten (1667): Grammaticae linguae sanctae libri duo. Ebenso erschien von ihm (1652) Grammaticae Chaldaeo — Syriacae libri duo, und (1658) Grammatica quatuor linguarum hebraicae, chaldaicae, syriacae atque arabicae harmonica. Auch um das lexikographische Gebiet machte er sich verdient durch seinen Thesaurus philologicus seu Clavis scripturae, qua quidquid fere Orientalium, Hebraeorum maxime et Arabum habent monumenta de religione eiusque variis speciebus, Judaismo, Samaritanismo, Muhammedismo, Gentilismo, de Theologia et Theologis, Verbo Dei etc. breviter et aphoristice referatur et aperitur (Tig. 1649. 4.). Dieser Thesaurus beleuchtet Gegenstände der jüdischen Archäologie und Geschichte, erklärt Stellen des A. T. mit Benützung jüdischer Commentatoren und enthält Vieles, was jetzt zur Einleitung in die Schrift gezählt wird. Daran reiht sich das 1655 erschienene Schrift: Juris Hebraeorum leges 261, juxta Νομοϑεσιας Mosaicae ordinem atque seriem depromtae, et ad Judaeorum mentem ductu R. Levi Barzelonitae propositae. Ferner (1657) Smegma orientale sordibus barbarismi, contemtui praesertim linguarum orientalium oppositum. Dieses Werk schrieb er in Heidelberg, um den morgenländischen Geschmack zu verbreiten. Im Jahr 1658 gab er ein freilich sehr unvollkommenes Verzeichniß von jüdischen, arabischen, syrischen, samaritanischen und koptischen Schriftstellern unter dem Titel heraus: Promptuarium s. Bibliotheca Orientalis, exhibens catalogum s. centurias aliquot tam autorum quam librorum hebraicorum, syriacorum, arabicorum, aegyptiacorum, addita mantissa bibliothecarum aliquot europaearum. Hierauf folgten seine morgenländische Bibliothek, die Cippi hebraici, die Abhandlungen von den Inschriften und Denkmalen, von den Gewichten, Maßen, Münzen der Araber und Hebräer; ferner sein Etymologicum orientale, s. Lexicon harmonicum heptaglotton (Francof. 1661). Ueber alle diese Werke fällt Hirzel (Joh. Heinrich Hottinger, der Orientalist des 17. Jahrhunderts) das Urtheil: „Eine richtigere, historisch und grammatisch begründetere Interpretation der biblischen Bücher, als die damals geltende, war der Hauptzweck, auf welchen Hottinger hinarbeitete; aber er gab mehr die Mittel, denselben zu erreichen, als daß er ihn selbst erreichte. Sein Verdienst besteht also zunächst nur in einem bloßen Sammlerfleiße, der aber um so höher geachtet werden muß, je nöthiger er damals war, und je verschiedener er ist von dem gewöhnlichen Zusammentragen des allgemein Bekannten. Als eigentlichen Exegeten zeigt er sich in seinen Schriften nur selten; wo er aber als solcher auftritt, da ist seine Exegese noch ganz frei von der bald nach ihm herrschend gewordenen Interpretationsweise des Pietismus, und das Grammatische und Historische, nicht das Dogmatische, erscheint als das Hauptmoment, welches ihn bei derselben leitete." — An der vom Jahre 1661—1662 in Zürch vorgenommenen Revision der deutschen Bibelübersetzung betheiligte sich Hottinger auf's Lebhafteste, obwohl sein Plan nicht zu Stande kam, daß dieselbe eine allgemeine, von allen reformirten Kirchen der Schweiz anerkannte Uebersetzung werden sollte. — Von seinen historischen Arbeiten sind außer seinen Schriften: Methodus legendi historias helveticas und Irenicum helveticum, seinen Antiquitates Germanico-Thuricenses hauptsächlich seine verdienstlichen Sammlungen für die Kirchengeschichte namhaft zu machen, seine historia ecclesiastica Novi Testamenti 9 Tom. 1651—1667; unter seinen dogmatischen und polemischen Schriften sein „Wegweiser, dadurch man versichert werden mag, wo heut zu Tage der wahre katholische Glaube zu finden." (Zürch 1647—49. 3 Bde. in 4.), sein

Cursus theologicus methodo Altingiana expositus (1660), seine Modesta Apologia disceptationi de Eucharistia, Soloduri emissae opposita (1663). Seine handschriftlichen Sammlungen in 52 Bänden befinden sich unter dem Namen Thesaurus Hottingerianus auf der Stiftsbibliothek in Zürch. In dogmatischer Hinsicht war Hottinger ein eifriger Calvinist und allen Neuerungen bitter feind. Vergl. über ihn außer Hirzels Schrift Escher in Ersch und Gruber's Encyklopädie und L. Meister, berühmte Züricher, Bd. II. S. 10—31.

2) **Johann Jakob**, Sohn des Voranstehenden, geb. zu Zürch am 1. Dec. 1652. Im fünfzehnten Lebensjahr verlor er seinen Vater. Die erste öffentliche Probe seiner Studien legte er in der Dissertation de Spiritu praedicante Spiritibus in carcere im Jahr 1672 ab, welche er unter Heidegger vertheidigte. Dann begab er sich zur Fortsetzung seiner Studien nach Basel, machte 1674 eine Reise nach Marburg und 1675 weilte er in Genf, wo sich Franz Turretin seiner sehr annahm. Bei seiner Zurückkunft in Zürch ließ er sich im Jahr 1676 in das Predigtamt aufnehmen, und 1680 ward ihm die Landpredigerstelle in dem zürcherschen Dorfe Stallikon übertragen. Zu gleicher Zeit verheirathete er sich mit einer Tochter des damaligen Professors der Philosophie, Joh. Lavater. Im Jahr 1686 ward er zum Diakon bei'm großen Münster in Zürch erwählt. Seine freie Zeit widmete er dem Studium der helvetischen Kirchengeschichte und bereicherte die Kirchengeschichte seines Vaters mit Supplementen. Wie tüchtig er in diesen Studien war, beweist seine Streitschrift vom Jahr 1692: Sfortia Pallavicinus infelix concilii Tridentini vindex. Die Ausfälle anderer Klostermänner, eines Gerold Wieland und Kaspar Lang verdoppelten seinen Eifer in Ausarbeitung der helvetischen Kirchengeschichte. Von 1698 bis 1707 umfaßte er diese in drei Quartbänden von der Gründung der christlichen Kirche in Helvetien bis auf den Anfang des 18. Jahrh.; noch im Greisenalter fügte er (1729) den vierten, die Kirchengeschichte seiner Zeit befassenden Theil bei. Wegen der heftigen Polemik, welche Hottinger in diesem Werk führt, ward er von Glutz-Blozheim der reformirte Kapuziner betitelt; übrigens zeichnet sich das Werk durch emsigsten Sammlerfleiß rühmlichst aus. Im Jahr 1698 erhielt Hottinger nach Joh. Heinr. Heideggers Tod den theologischen Lehrstuhl. Seine Antrittsrede handelte von dem Vorzug der reformirten Gottesgelahrtheit vor der papistischen. Damals schien die Polemik ein nothwendiges Uebel. Auch nach Beilegung des einheimischen Religionskrieges im Jahre 1712 hörten die Streitigkeiten der Gelehrten nicht auf. Im Jahr 1717 ging Joh. Baptist Dillier, ein Jesuit von Sarnen ob dem Wald so weit, daß er in seinem Horologium arithmetico-morale der reformirten Kirche den Untergang drohte. Zwei Jahre später antwortete ihm Hottinger in seiner Dissertatio saecularis de necessaria majorum ab ecclesia romana secessione et impossibili nostro tum in eandem ecclesiam reditu, tum pace cum ea. Uebrigens hatte Hottinger nicht nur gegen die katholischen Schriftsteller, sondern auch gegen die damals zunächst von Bern ausgehende mystische und pietistische Richtung die Lanze seiner Feder einzulegen. Unter anderen angesehenen Personen, welche in Zürch dieser Richtung huldigten, befand sich auch eines der Häupter des Staats; indem er mit seinen Anhängern den verdorbenen Zustand des Staats und der Kirche aufdeckte, schlug er Heilmittel vor, die ebenso gefährlich waren als die Krankheit selbst. Hottinger suchte durch Schriften die Verirrten zurückzuführen. Im Jahre 1715 gab er in deutscher Sprache die Schrift heraus über den Zustand der Seele nach dem Tod, sammt beigefügter Widerlegung der Lehre von der Begnadigung der gefallenen Engel und der verdammten Menschen. Im J. 1716: die unverfälschte Milch der christlichen Lehre von der heilsamen Gnade Gottes, wie auch Nachrichten und Warnungen wegen dermal im Schwange gehenden, übelgenannten Pietismus. Im J. 1717: Die Versuchungsstunde über die evangelische Kirche durch neue, selbstlaufende Propheten. In Betreff dieser Schriften drückte ihm der Rath obrigkeitlichen Dank aus „in Betrachtung dieses Werkes Fürtrefflichkeit und Nutzbarkeit." Als 1710 die Geistlichen von Glarus die Anfrage an Zürch richteten, ob's nicht dienlich seyn würde, zur Herstellung der

Rechtgläubigkeit eine Kirchenversammlung für die evangelischen Kirchen auszuschreiben? brachte es Hottingers Einfluß dahin, daß der zürcher Kirchenrath in allgemeinen Ausdrücken zwar den Eifer der Glarner belobte, mit Rücksicht auf die Bewegungen aber, welche die Dortrechter Synode hervorgerufen hatte, das Ansinnen ablehnte. Außerdem beschäftigte sich Hottinger viel mit dem Plan einer Vereinigung der protestantischen Kirchen. Daher eine Menge akademischer Streitschriften über die Gnadenwahl und die damit verwandten Gegenstände, in welchen er freilich auf's Zäheste an der Formula Consensus welche von dem Corpus Evangelicorum zu Regensburg als das Haupthinderniß der Vereinigung betrachtet wurde, und an den Lehrsätzen der Synode von Dortrecht festhielt. Als der König von Preußen am 21. Febr. 1722 an sämmtliche evang. Kantone die Aufforderung ergehen ließ, sich nicht mehr so streng zur Unterschreibung der Formula Consensus, zu verpflichten, sondern sich lieber allein an das helvetische Glaubensbekenntniß zu halten, erkannte unter Hottingers Leitung den 21. Juli 1722 der große Rath zu Zürch, daß sich zwar die Kandidaten durch ein Handgelübde zu Beibehaltung dieser Lehrform verstehen, indeß sie nicht mehr unterzeichnen sollen. Auf wiederholte Zuschriften der Könige von Preußen und England antwortete die gesammte, evangelische Eidgenossenschaft (1724): „Wir haben keinen Gewissenszwang noch andere Härte auszuüben uns entschlossen; die Formel wird Niemand als Glaubensartikel aufgedrungen, sondern lediglich für eine Vorschrift in der Lehre gegeben, wider welche unsere Geistliche nicht lehren sollen, zu Erhaltung der unter uns von der Reformation hergebrachten Uniformität in der Lehre ꝛc." Seine eigentlichen Gesinnungen legte Hottinger im Jahr 1720 in dem Anhang zum nähern Entwurfe von der Vereinigung der Protestanten, wie auch im J. 1721 in der Dissertatio irenica de veritatis et charitatis in ecclesia Protestantium connubio an den Tag. Im J. 1723 gab er in lateinischer Sprache die Geschichte der Formula Consensus und in deutscher Sprache die Vertheidigung ihrer Lehrsätze heraus; in gleichem Jahr die biblisch-chronologischen Abhandlungen, im J. 1727 die Fata doctrinae de praedestinatione et gratia Dei salutari. Hottinger hatte zwar den freien Satz aufgestellt: „es solle über die höchsten Geheimnisse der Religion nichts festgesetzt werden, als was aus der h. Schrift geschöpft sey; dabei aber jedem Theile freistehen, seine Erklärungsweise darzulegen, ohne daß ein Theil gezwungen wäre, so lange er nicht überzeugt werden könute, dieselbe aufzugeben; aber wegen einzelner Dogmen, über die man sich nicht vereinigen könnte, solle die kirchliche Einheit nicht gestört werden." Gleichwohl wagte er selbst nicht die geringste Abweichung von dem hergebrachten Systeme; überall schien ihm jede Neuerung gefährlich; Bayle's Schriften empfahl er u. A. auch darum, weil sie nach seiner Meinung die Schwachheit der menschlichen Vernunft in voller Blöße darstellen. Die Studenten beschwor er, daß sie sich ja nicht zur Ausbreitung des Copernicanischen Systems hinreißen ließen! Bis in sein 77. Lebensjahr hatte Hottinger unter unausgesetzter Anstrengung einer guten Gesundheit genossen. Den 14. August 1729 traf ihn ein Schlagfluß, von dem er sich aber wieder erholte, so daß er seine Vorlesungen noch fünf Jahre fortsetzen konnte. Ohne Schmerzen entschlief er sanft den 18. December 1735, nachdem er nur kurze Zeit das Bett hatte hüten müssen. War er auch seinem Vater an Umfang und Vielseitigkeit des Wissens nicht gleichgekommen, so erwarb er sich doch nicht minder durch seine aufrichtige Gottesfurcht und sein reines Leben, als durch seinen unermüdeten Fleiß und Eifer allgemeine Anerkennung. Nicht bloß als Gelehrter, sondern auch als Bürger erwarb er sich große Verdienste. Sehr wichtig ist sein Briefwechsel über den Wettstein'schen Prozeß mit den Basler Gelehrten, wie auch die ungarischen, pfälzischen und andere Briefe, die sich nebst mehreren seiner Handschriften theils in der Stiftsbibliothek zu Zürch, theils in den Händen seiner Nachkommen befinden. Vgl. die zur Biographie des Vaters genannten Quellen.   Dr. Preßel.

Houbigant, s. Bibeltext des A. T. Band II. S. 158.

Hoyer, Anna, die Tochter eines reichen und angesehenen Mannes, Johann Oven (daher auch Owena genannt), wurde 1584 zu Coldenbüttel im Eiderstädt'schen

(Herzogthum Schleswig) geboren und 1599 mit Hermann Hoyer von Hoyerswört ver=
heirathet. Erst nach dem Tode ihres Mannes ließ sie ihrer mystischen Geistesrichtung,
die sie indessen schon von Kindheit an gehegt, freien Lauf. Sie verband sich mit einem
Alchymisten Teting, der sich für einen göttlichen Propheten ausgab, und das Gut Hoyers=
wört wurde von nun an der Sammelplatz aller anabaptistischen und ähnlicher Sectirer.
Sie verunglimpfte die Geistlichkeit und weissagte den Untergang Eiderstädts. Bei ihrer in
Verschwendung ausartenden Freigebigkeit kam ihr Gut in Verfall: sie verkaufte es an
die verwittwete Herzogin Auguste von Holstein und zog sich 1632 nach Schweden zurück.
Die verwittwete Königin Eleonora Maria schenkte ihr ein Gütchen bei Stockholm, wel=
chem sie den Namen Sittwik gab, woselbst sie im 72. Jahr ihres Alters, 1656, starb.
Die meisten ihrer von Paracelsus, David Joris, Schwenckfeld, Weigel und andern My=
stikern entlehnten Gedanken vom innern Worte hat sie in verschiedenen Schriften
(Amsterb. 1650) und sehr mittelmäßigen Gedichten niedergelegt, die zugleich mit Schmä=
hungen gegen die auf das äußere Wort und das äußere Amt sich beschränkenden Geistlichen
angefüllt sind *). Zu ihren sentimentalen Eigenthümlichkeiten gehörte, daß sie das Tödten
der Thiere für Sünde hielt; daher sie sich nur von abgestandenen Fischen nährte. Vgl.
J. G. Feuchtking, Gynecaeum haeret. fanat. p. 356 sq. - Moller, Cimbria litteraria
T. I. p. 263. Arnold, Kirchen= u. Ketzerhist. III. 10. 14. *Chaufepié*, Dictionnaire.
Adelung, Gesch. der menschlichen Narrheit. Th. IV. S. 193 ff., woselbst auch das
Verzeichniß ihrer Schriften zu finden. K. R. Hagenbach.

Hroswitha, s. Roswitha.

Hubald, s. Hucbald.

Huber, Maria, eine reformirte Genferin, geb. 1694, gest. zu Lyon 1759, wird,
als eine der Wenigen ihres Geschlechtes, gewöhnlich in der Reihe der die Offenbarung be=
streitenden Deisten aufgeführt. Ihr Deismus (s. d. A.) wurzelte indessen keineswegs in einer
irreligiösen Gesinnung; im Gegentheil wurde sie durch einen mystischen Subjektivismus
auf ihre allerdings auf den Deismus hinauslaufenden Behauptungen geführt. Diese hat
sie besonders ausgesprochen in den Lettres sur la religion essentielle à l'homme, distin-
guée de ce qui n'en est que l'accessoire. Amst. 1738 **). Nach ihr ist die natürliche

---

*) Als Probe Folgendes:

> „Hat nur der Pfaff den Beutel voll,
> Von seinen Schafen Milch und Woll',
> So ist er schon zufrieden;
> Bekümmert wenig sich darum,
> Ob die Zuhörer werden fromm,
> Wenn sie ihm nur vertrauen
> Und glauben Alles, was er spricht,
> Schlechthin und forschen weiter nicht,
> Das heißt die Kirche bauen."

Oder (in Beziehung auf die theologischen Streitigkeiten):

> „Woher brennt's Feuer im römischen Reich,
> Wißt ihr's, sagt mir's, ich frage euch,
> Hat's nicht gethan der Pfaffen Teufel?
> Ja freilich, daran ist kein Zweifel,
> Er hat so lang das Spiel regiert,
> Die Herrn zusammen in Streit geführt,
> Daß so viel Städt' sind ruinirt" u. s. w.

**) Eine neue Aufl. erschien London 1739 in 2 Theilen. Diesen folgte: Suite sur la rel.
u. s. w. servant de réponse aux objections, qui ont été faites à l'ouvrage, qui porte ce titre
Lond. 1739 u. suite de la troisième partie, ibid. — Schon früher hatte sie geschrieben: Le
monde fou, préféré au monde sage, 2 Tomes. Amst. 1731. 33. 44. engl. 1733 und le système
des Anciens et des Modernes sur l'état des âmes séparées des corps, en 14 lettres. Amst. 1731.

Religion, mit der sie aber vollkommen Ernst machte, Anfang und Ende aller Religion, und was man Offenbarung nennt, kann nur dazu dienen, ihr zur Entwicklung im Menschen zu verhelfen, sie zum Bewußtseyn zu bringen. Wie jede gute Erziehung dahin wirkt, den Zögling selbständig und den Erzieher überflüssig zu machen, so auch die Offenbarung. Die Religion besteht ebenso wenig in fertigen Dogmen, als in äußern Gebräuchen; denn Gott bedarf unseres Dienstes nicht. Er kann auch nicht von Menschen beleidigt werden; der Lasterhafte beleidigt sich selbst, indem er sich entwürdigt. Gott kann darum auch nicht zürnen und nicht ewig strafen. Weder eignes, noch fremdes Verdienst können uns ihm gefällig machen. Seine Gnade ist reines und freies Wohlwollen, das nicht erst erworben werden muß. — Maria Huber war überzeugt, damit den eigentlichen Kern der christlichen Religion vorgetragen zu haben. Sie verwahrte sich dagegen, daß sie diese bestreiten wolle, sie wolle vielmehr nur den Kern aus der Schale lösen. — Einen Gegner ihrer Lehre fand sie an dem reformirten Theologen A. Rüchat (Examen de l'Origénisme. 1734), gegen den die in der Note angeführte: Suite etc. vorzüglich gerichtet war. Außer dem haben gegen sie geschrieben Fr. de Roches, J. J. Breitinger, J. G. am Ende, J. M. Chladenius, J. B. Marperger u. A. Zu ihrer Vertheidigung schrieb sie: Recueil de diverses pièces, servant de supplément aux lettres sur la religion essentielle à l'homme. Berlin 1754. 2 Voll. Lond. 1756.

Vgl. *Sénebier*, Histoire littéraire de Genève. T. III. p. 84 sq. Teinius, Freidenkerlexikon S. 314 ff. Walch, neueste Rel.Gesch. II. S. 36 ff. Schröck, K.G. seit der Ref. 6. Thl. S. 241—45. Henke, Gesch. der christl. Kirche. 6. Thl. S. 157 ff. Meine K.G. des 18. u. 19. Jahrh. I. S. 218. 219. Hagenbach.

Huber, Samuel, geb. um's Jahr 1547 zu Bern, wo sein Vater, Peter Huber, die Stelle eines Schullehrers bekleidete, zeichnete sich schon frühe, nachdem er seine Studien in Deutschland vollendet hatte, durch ein streitsüchtiges Wesen aus. So wurde er zunächst, nachdem ihm die Stelle eines Pfarrers und Kammerers (Vice-Decans) in Burgdorf war übertragen worden, mit den Berner Predigern in einen Streit verwickelt über das Brod im Abendmahl. In Bern war, wie in Zürich, der Gebrauch der runden Oblaten beibehalten worden, während im Waadtlande der Genuß des Brodes, das dann zugleich gebrochen wurde, in Uebung war. Nun hatten sich die Berner Prediger, unter ihnen auch Abraham Müslin (Musculus)*) diesem letztern Gebrauch angeschlossen, was für Huber, der Müslin persönlich haßte, Grund genug war, sich ihnen zu widersetzen und noch Andere in die Opposition hineinzuziehen. Er hatte den Triumph, daß der Rath sich auf seine Seite schlug und den alten Gebrauch bestätigte. (Erst später 1605 wurde das Brodbrechen gleichwohl eingeführt.) Allein Hubers Widerspruchsgeist beschränkte sich nicht auf diese Aeußerlichkeit. Er zeigte, obgleich er seiner Zeit die helvetische Confession unterschrieben hatte, bald eine große Vorliebe für die lutherische Abendmahlslehre. Dabei nahm er sich auch heraus, die größten und angesehensten Vertreter der reformirten Lehre, wie einen Theodor Beza anzugreifen. Dieser hatte eine Schrift herausgegeben, worin er den Christen gestattete, sich in der Pest vor deren Ansteckung zu flüchten**); er selbst hatte jedoch die Schrift wieder auf Anrathen seiner Freunde zurückgezogen. Gleichwohl schrieb Huber gegen ihn und zwar mit Umgehung der obrigkeitlichen Censur, was ihm die Rüge auch seiner Gönner und Freunde zuzog. Huber ließ sich aber nicht beschwichtigen. Vielmehr war dies nur das Vorspiel zu weitern Kämpfen. In der unter württembergischer Hoheit stehenden Grafschaft Mömpelgard hatten sich zur Zeit der fran-

---

33. 8. London 1739. (deutsch von Pfeifer, herausg. von Meene. Helmst. 1748. In dieser letztern Schrift hatte sie die Ewigkeit der Höllenstrafen bestritten. Vgl. Baumgartens Nachr. von merkwürdigen Büchern. Bd. IV. S. 417 ff.

*) Der Sohn des berühmteren Wolfgang Musculus.

**) De peste, quaestiones duae: una sitne contagiosa, altera an et quatenus sit Christianis per secessionem vitanda. Genev. 1580.

zöfifchen Revolutionskriege reformirte Flüchtlinge angefiedelt. Graf Friedrich, von Haus aus lutherifch, aber den Reformirten nicht abgeneigt, hoffte durch ein Religionsgefpräch eine Union herbeizuführen. Er berief von württembergifcher Seite den berühmten Dr. Jakob Andreä (den Verf. der Concordienformel) und Lucas Oflander nach Mömpelgard, um fich mit Beza und andern Abgeordneten *) der reformirten Kirche zu befprechen. Die Difputation fand den 20. März 1586 flatt. Nachdem man vier Tage über das Abendmahl geftritten, lenkte Andreä die Difputation auf die Gnadenwahl, indem er hier eher den Gegner zu überwinden hoffte. Beza blieb unerfchüttert und auch die übrigen Reformirten ftanden zu ihrer Lehre. Der Streit wurde fchriftlich fortgefetzt, und Huber, dem die Gelegenheit willkommen war, feinen Muth an Beza und Müslin zu kühlen, fchlug fich nun förmlich auf die Seite der lutherifchen Gegner, indem er die reformirte Lehre von der Gnadenwahl eine unerhörte und gränliche Lehre nannte. Huber wurde darüber im Sept. 1587 vor dem Oberchorgericht in Bern zur Rede geftellt. Die Sache kam vor den Rath. Huber ftellte vier Klagartikel auf, worin er die Lehre feiner Gegner in entftellter Weife vortrug. Müslin fetzte ihr eine Vertheidigungsfchrift entgegen **). Der Rath fand für gut, ein Religionsgefpräch anzuftellen, auf welches auch fremde Theo= logen geladen wurden. Es wurde den 15. April 1588 auf dem Berner Rathhaufe eröff= net durch den Bafel'fchen Antiftes J. J. Grynäus (f. b. Art.), der fich alle Mühe gab, einen friedlichen Vergleich herzuftellen; allein an Huber's Eigenfinn fcheiterten auch die wohlgemeinteften Verfuche. Nachdem er durch die Obrigkeit war zur Ruhe verwiefen worden, brach er, möglicherweife durch die Gegner dazu gereizt, das ihm auferlegte Still= fchweigen nur allzubald wieder. Nun wurden feine Papiere (in Burgdorf) mit Befchlag belegt, Huber felbft gefangen genommen und nach kurzem Prozeffe des Landes verwiefen. Er begab fich nach Tübingen (Juli 1588) und erhielt, nachdem er fich förmlich durch Unterfchreibung der Concordienformel zu dem Lutherthum bekannt, die nahe bei diefer Stadt gelegene Pfarrei Derendingen. Auch von da aus fetzte er durch allerlei Intriguen den Streit gegen feine Vaterftadt fort, in den er auch die Regierungen zu verwickeln fuchte. Neben mehreren Streitfchriften gegen Reformirte und Katholiken verfaßte er unter Anderm auch ein größeres lateinifches Werk, in welchem er zu beweifen fuchte, daß Jefus für die Sünden aller Menfchen ohne Ausnahme geftorben fey ***). Diefe Schrift verfchaffte ihm einen Ruf an die Univerfität Wittenberg (1592), wo man an ihm einen tüchtigen Kämpen für die Orthodoxie gewonnen zu haben hoffte. Bald zeigte fich's aber, daß Huber's Lehre von der allgemeinen Gnade weit über die Beftimmungen der Con= cordienformel hinausging, indem er einen Univerfalismus der göttlichen Gnade behaup= tete, der fogar die Heuchler und Gottlofen umfaffen follte. Bald kam es zwifchen ihm und Polykarp Leyfer zu heftigen Auftritten. Auch Hunnius, der ihn erft fehr freundlich empfangen hatte, nahm Anftoß an feinen extravaganten Behauptungen. Huber dagegen fuchte die Studenten in fein Intereffe zu ziehen; er dictirte ihnen (man fagt bei'm Bier!) eine lange Controversfchrift wider feine Collegen. Vergebens fuchten die württembergifchen Theologen, an die man fich von Kurfachfen aus gewandt hatte, Huber'n auf andere Gedanken zu bringen. Ein den 4. Febr. 1594 mit ihm angeftelltes Collo= quium im Schloffe zu Wittenberg, bei dem fich Theologen von Leipzig und Jena bethei= ligten, führte eben fo wenig zu einem Ziel, als eine Unterredung mit ihm auf dem Reichs=

---

*) Antoine Fay, Decan Müslin und Profeffor Hübner von Bern, Dr. Claude Auberry von Laufanne und Rathsherr Sam. Meier. — Eine ausführliche Befchreibung des Gefpräches f. bei Schloffer, Leben Beza's. S. 253 ff.

**) „Antwort M. Abraham Musculi über die 4 fchlußreden oder artikel, fo S. Huber über ihm klagt, bz er die bekhent heige." (Ungedruckt im Berner-Kirchenarchiv, im Auszug bei J. H. Hottinger, Hist. eccl. N. T. VIII. p. 896 sq.)

***) Theses, Christum Jesum esse mortuum pro peccatis totius generis humani, auctore S. Hubero, Helv. Bern. Pastore Ecclesiae Derendingensis. Tub. ed. 2. 1592. (1329 Thefen!)

tag zu Regensburg (v. 8—10. Juli desselben Jahres), zu welcher der Pfalz-Neuburgische Hofprediger Jacob Heilbrunner war beigezogen worden. Nachdem eine gelinde Haft, welche Huber zu bestehen hatte, nichts über seinen Starrsinn vermocht, wurde er verabschiedet und aus Kursachsen verbannt. Nun trieb er sich im nördlichen Deutschland umher und suchte Freunde für sich und seine Sache zu gewinnen. In Rostock ließ sich der greise Chyträus mit ihm ein, und in der That schien sich eine Verständigung anbahnen zu wollen, die sich aber gleichwohl wieder zerschlug, als man zu bemerken glaubte, daß die von Huber abgegebene Erklärung nur dem Schein, aber nicht dem Wesen nach orthodox sey *). Auch in Süddeutschland, wohin er sich nun wieder wandte, wurde man seiner zuletzt müde; nachdem im September 1595 noch einmal, aber vergebens, ein Gespräch in Tübingen mit ihm war gehalten worden, wurde er "als Verwirrer der Kirchen und Schulen" aus dem Herzogthum verwiesen. Nun wollte er seine Sache bei dem Reichskammergericht in Speyer anhängig machen. Er begab sich dahin, und als er zufällig mit dem reformirten Hofprediger Abraham Scultetus, der von Heidelberg kam, daselbst im Gasthof zusammentraf, forderte er auch diesen zu einer Disputation heraus, wobei Scultetus übrigens die Mäßigkeit seines Gegners rühmte. Er scheint mit dem Alter überhaupt etwas milder geworden zu seyn, obgleich er das Disputiren, das ihm zur andern Natur geworden, nicht lassen konnte. Bei dem Regierungsantritt des Kurfürsten Johann Georg von Sachsen (1611) hoffte er in dessen Landen wieder anzukommen; allein als er um eine Untersuchung seines Prozesses in Dresden einkam, wußte der damals alles geltende Oberhofprediger Hoë von Hoënegg ein neues Verbannungsedikt gegen ihn zu bewirken. Huber lebte nun bis an seinen Tod (den 25. März 1624) bei seinem Schwiegersohne zu Osterwick in der Nähe von Goßlar; er starb in einem Alter von 77 Jahren. Und was war denn eigentlich der Inhalt seiner Lehre? Huber war aus Widerspruch gegen die calvinische Prädestinationslehre zum Universalismus hingedrängt worden. Während er die reformirte Gnadenwahl eine "Stümpelwahl" nennt, ist ihm dagegen die Allgemeinheit der göttlichen Gnade "der rechte Bodensatz all unsres Glaubens und Hoffens." Diesen Universalismus trieb nun Huber so weit auf die Spitze, daß er behauptete, Gott habe schlechthin Alle, Gläubige und Ungläubige erwählt, wobei er aber die Consequenz nicht zugeben wollte, die seine Gegner daraus zogen, daß Alle ohne Unterschied zur himmlischen Seligkeit gelangten. So wenig er das absolutum decretum der Reformirten billigte, eben so wenig wollte er mit den Lutheranern lehren, daß Gott um des vorhergesehenen Glaubens willen (propter praevisam fidem) die Frommen zur Seligkeit beruft, weil ihm diese Behauptung pelagianisch schien, indem dem Glauben damit ein Verdienst beigemessen werde. Ebenso wollte er nicht einen zwiefachen Willen in Gott annehmen, den sowohl die Lutheraner als die Reformirten statuirten. Er warf seinen Gegnern vor, daß sie Grund und Folge der Erwählung verwechselten. Die Erwählung ist durchaus allgemein, aber nicht Alle nehmen sie an, indem nicht Alle dem Wort Gehör schenken, und das ist ihre Schuld. Eben das wurde ihm aber wieder von den Gegnern als Pelagianismus vorgeworfen, weil ja dann die Seligkeit von der Geneigtheit des Menschen abhängt, das Wort zu hören oder nicht. Auch wußte Huber für die, zu welchen das Wort ohne ihre Schuld nicht gelangt, keinen rechten Trost. Wie mangelhaft indessen sein System seyn mochte, es lagen darin Keime, die der Beachtung werth waren; er verdarb sich die eigene Sache durch seine ungestüme Heftigkeit. Alexander Schweizer nennt ihn "einen ehrenwerthen Theologen und den einzigen, nicht schwärmerischen, ältern protestantischen Lehrer, welcher mit dem Universalismus,

---

*) Vgl. **Joh Frederi** Brevis commemoratio historica inter Samuelem Huberum et Theologos Rostochienses, mitgetheilt von **Wiggers** in Jügens Zeitschr. für hist. Theol. 1844. 1. (Beitrag zur Lebensgeschichte Sam. Hubers) "Plerique nempe nostrum diffidebant sinceritati animi ejus," sagen die Rostocker Theologen.

freilich ohne Augustins Anthropologie aufzugeben, Ernst machen wollte und für diese große Idee Alles geopfert hat."

Von den zahlreichen Schriften Hubers, deren Verzeichniß bei Walch (Bibl. theol. select. II. p. 645), sind hauptsächlich zu nennen: »Beweisung, daß die Heidelberger Theologen — ihre greuliche Lehre wider das Leiden unseres Herrn verdecken. Tüb. 1590. — Christum esse mortuum pro peccatis omnium hominum. ibid. 1590. — Gegensatz der lutherischen und calvinischen oder zwinglischen Lehre. Tüb. 1591. Wittenb. 1593. — Beständige Entdeckung des calvinischen Geistes, welche — das Leiden Christi für unsere Sünden verleugnet. Wittenb. 1592. — Beständiges Bekenntniß und Rettung des bestandenen Bekenntnisses. 1597.« — Damit sind zu vergleichen: Acta Huberiana, d. h. Bericht, was sich die Prädestination betreffend zwischen Huber und denen würtembergischen Theologen zugetragen. Tüb. 1597 u. lateinisch 1598. Götzii Acta Huberiana. Lübeck 1707. J. A. Schmid, Diss. hist.-theol. de Sam. Huberi vita, fatis et doctrina. Helmstd. 1708. Arnold, Kirchen- und Ketzerhistorie Bd. XVI. K. 30. u. an andern Orten. Walch, Rel.-Streit. in der luth. K. 1r Thl. S. 176 ff. Unschuld. Nachr. 1706. S. 673 ff. Schröckh, K.G. seit der Ref. Thl. IV. S. 661 ff. Wiggers, a. a. O. Tholuck, Geist der luth. Theologen Wittenbergs im 17. Jahrh. Hamb. 1852. S. 4. Trechsel, F. Samuel Huber, Kammerer zu Burgdorf und Prof. zu Wittenberg, im Berner Taschenbuch auf das Jahr 1854. Schweizer, A., die protestantischen Centraldogmen. Zür. 1854. I. S. 501 ff.   Hagenbach.

Huberin, Caspar (auch: Huber), evangelischer Prediger zu Augsburg und an andern Orten im Reformationszeitalter. Früher Mönch in einem bairischen Kloster, predigt er seit 1525 die evangelische Lehre bei St. Georg in Augsburg, wird c. 1527 als Pfarrer daselbst angestellt, bekämpft die damals in Augsburg zahlreichen Wiedertäufer, wohnt 1528 der Disputation zu Bern bei. Nach dem Reichstag des Jahrs 1530 als einer der gemäßigten Vertreter der lutherischen Richtung, als ein „christlicher und gelehrter Gesell" nach Augsburg zurückberufen, nimmt er Theil an dem heftigen Kampf zwischen Zwinglianismus und Lutherthum in der schwäbischen Reichsstadt (1531—32), bleibt auch nach der Verdrängung der lutherischen Prediger aus Augsburg hier zurück, reist im Juli 1535 in Begleitung des Bucerisch gesinnten, sehr einflußreichen und geschäftigen Dr. med. Gereon Sahler mit Briefen des Augsburger Raths und Ministeriums nach Wittenberg, um mit Luther Verhandlungen über die Abendmahlslehre zu pflegen, und zugleich, um durch Luthers Vermittlung den Urbanus Rhegius wieder für Augsburg zu gewinnen. Später half er bei der Reformation in der Pfalz und im Hohenlohe'schen mit, war eine Zeitlang (1544 ff.) evangelischer Stiftsprediger und Superintendent zu Oehringen. Nachher finden wir ihn auf's Neue in Augsburg, wo er 1551 als einziger unter den Augsburger Predigern, zum Anstoß vieler seiner früheren Freunde, auf Zureden des kaiserlichen Vicekanzlers Seld das Interim annahm: 1552 mußte er deßhalb die Stadt verlassen, kehrte nach Oehringen zurück und starb, voll Reue über seine Verleugnung der evangelischen Wahrheit, den 6. Okt. 1553. Man hat von ihm mehrere Schriften und Predigten, z. B. tröstlicher Sermon von der Urstende Christi 1525; 70 Schlußreden von der rechten Hand Gottes und der Gewalt Christi 1529; Schlußrede vom Gnadenbund Christi d. i. vom Tauf- und Kinderglauben 1529; vom Zorn und Güte Gottes 1529 u. ö., vom wahren Erkenntniß Gottes 1537—39; Katechismus mit vielen schönen Sprüchen der h. Schrift 1544—61; 40 kurze Predigten über den ganzen Katechismus 1552; daß beide Theile des Sakraments allen Christen gleich gereicht werden sollen 1550; das Streitbüchlein, wie ein jeder Christ streiten soll wider alle Anfechtung 1550 u. A. — Vgl. Seckendorf, hist. Luth.; Crusius, schwäb. Chron.; Ersch u. Gruber, Allg. Enc., auch Döllinger, Reformation II. S. 576; Keim, schwäb. Ref.Gesch. S. 273. 278; Wibel, hohenloh. Kirchengesch.   Wagenmann.

Hubertiner Chronist, d. i. anonymer Verfasser der Chronik des St. Hubertus-Klosters in Arduenna, in der Mitte des eilften Jahrhunderts lebend. Er schrieb mit

Nachahmung des Sallusts in seiner Schreibart das Chronicon St. Huberti Andaginensis. Ueber seine Lebensumstände ist nichts bekannt. L. C. Bethmann und W. Wattenbach lieferten eine neue Ausgabe des Chronicon in Pertz's Script. VIII. p. 565—630. Dort wird über den Historiker das Urtheil gefällt: „satis habeamus nosse, auctorem operis fuisse virum inter medias res versatum, acrem iudicis, veritatis studiosum: hoc enim totum eius dicendi genus, hoc simplex et sincera rerum narratio suadent." P.

Hubertsorden. . St. Hubertus war der Sohn Bertrands, Herzog von Guienne, stand anfangs als Hofmeister in Diensten des fränkischen Königs Theoderich und war ein leidenschaftlicher Liebhaber der Jagd. Nach dem Tode seiner Gemahlin Floribane zog er sich, von seinem Freunde und Lehrer, dem Bischof Lamprecht von Mastricht dazu veranlaßt, in das Stift Stablov zurück. Die Legende erzählt, daß er einst an einem Charfreitage im Ardenner Walde gejagt habe, daß ihm hier bei einem Kloster ein Hirsch mit einem im Glanze strahlenden Crucifixe zwischen dem Geweihe erschienen sey, warnend zu ihm gesprochen, ihn dadurch von seiner Leidenschaftlichkeit im Jagen befreit, ja ihn bekehrt habe, daß nun Hubertus in den geistlichen Stand getreten und nach Lamprechts Tode (708) zum Bischofe von Mastricht und Lüttich gewählt worden sey. Zu Ehren Lamprechts, der als Märtyrer gestorben sey, habe Hubertus eine Kathedrale in Lüttich gestiftet. Noch viele Jahre nach dem 727 erfolgten Tode des Hubertus sey dessen Körper unversehrt gewesen. Der Verstorbene sey heilig gesprochen und sein Körper um 827 in das Kloster versetzt worden, bei dem sich einst der Hirsch ihm gezeigt haben sollte. Seitdem habe das Kloster den Namen des Hubertus erhalten und sey ein berühmter Wallfahrtsort geworden. Der Volksglaube wähnte, daß der heil. Petrus dem Hubertus den Schlüssel zur Heilung Besessener und von tollen Hunden Gebissener, — den sogenannten Hubertusschlüssel — verliehen habe. Der Heilige wurde zum Schutzpatron der Jagd erhoben, ihm der 3. Nov. geweiht und dieser Tag früherhin an Fürstenhöfen durch große Jagdfeste verherrlicht. — Dem Hubertus zu Ehren entstanden auch einige Ritterorden; hierher gehört der Hubertsorden in Baiern, gestiftet von Herzog Gerhard V. von Jülich in Folge eines am Hubertustage über den Herzog Arnold von Geldern errungenen Sieges (1444), erneuert 1709 vom Kurfürsten Johann Wilhelm und 1808 durch den König Maximilian Joseph. Das Ordenszeichen ist ein goldenes achtspitziges weiß emaillirtes Kreuz mit goldenen Knöpfen auf den Spitzen, auf der einen Seite in der Mitte ein goldenes Schild mit dem Bilde des Hubertus, der vor einem Hirsche kniet, welcher zwischen dem Geweihe ein rothes Kreuz hat, mit der Umschrift: "In Trau vast" (d. i. in Treue fest). Die andere Seite zeigt einen Reichsapfel mit dem Kreuze in Form einer Weltkugel mit der Umschrift: In Memoriam recuperatae dignitatis avitae. Bei feierlichen Gelegenheiten wird das Ordenszeichen an einer goldenen Halskette getragen, die aus 42 Gliedern oder kleinen Platten besteht, von denen 21 mehr breit als lang sind und jede das Bild des Hirsches mit dem Crucifixe, einem kleinen Hunde und den Hubertus in knieender Stellung zeigt. Da die Ritter früher eine goldene Kette trugen, deren Glieder Jagdhörner vorstellten, nannte man den Orden auch: "Orden vom Horn." Vgl. Abbildung aller geistl. und weltl. Orden. 2. Heft. Manuh. u. Frankenthal 1779. S. 1 ff. Eingegangen ist der Hubertusorden in Frankreich, wo er als ein Bund der Freundschaft uud zur Beseitigung von Streitigkeiten im J. 1416 entstanden war, unter Ludwig XVIII. erneuert wurde (1815), seit 1830 aber erlosch. Das Ritterzeichen stellte den heil. Hubertus und den Hirsch dar. Ehedem bestand der Orden auch in Böhmen, wo ihn der Graf Anton von Spork zur Krönungsfeier Carls VI. (1723) gestiftet hatte, und in Kurcöln, wo ihn 1746 der Kurfürst Clemens August in das Leben gerufen hatte. *Neudecker.*

Hucarius, s. Kanonensammlungen.

Hucbald, der auch Hucbold, Hugbald, Hubald und Ubald genannt wird, ist wahrscheinlich vor Mitte des 9. Jahrhunderts geboren und als Knabe, wie es damals Sitte war, bereits dem Kloster übergeben worden. Er hat die Erziehung seines Oheims,

Namens Milo, in dem flandrischen Kloster des h. Amandus, auch monasterium Elno-
nense genannt, genossen und ist selbst ein langes Menschenleben hindurch eine Zierde
dieser berühmten Abtei gewesen, in deren Nähe wir die Heimath beider Männer suchen
müssen. Milo scheint sich auf der Höhe karolingischer Wissenschaft befunden zu haben
und hatte sich jedenfalls einen großen Namen als Kenner, Lehrer und Schriftsteller der
sieben freien Künste erworben. Sein Neffe Hucbald machte unter seiner Leitung schnell
große Fortschritte und entwickelte besonders ein bemerkenswerthes Talent für Musik.
Als er sich darin sogar als Componist zeigte, erregte er seines Lehrers Eifersucht und
Zorn. Milo nahm an, Hucbald, der Knabe, wolle ihm hinsichtlich der freien Künste
den Rang ablaufen und soll ihm den fernern Unterricht zu geben verweigert haben. Die
Annales Elnonenses haben zum Jahre 871 die Bemerkung: obiit Milo philosophus.
Nun trat Hucbald ganz an die Stelle seines Oheims und glänzte als „Philosoph"
d. h. als Lehrer der freien Künste noch fast 60 Jahre in St. Amand, also weit in die
Zeit hinein, in welcher von den Lichtern karolingischer Schulgelehrsamkeit nur wenige
noch brannten. Hucbalds hauptsächliche und seine verdienstvollste Thätigkeit war der
Musik zugewandt. Er hat sich zuerst mit der Ergründung der Gesetze der Harmonie,
die er diaphonia nannte, beschäftigt und hat die Erlernung der Musik durch Erfindung
eigner Zeichen und durch einige ausserordentlich (auch ohne seinen Namen) verbreitete
und lange Zeit benützte Lehrbücher zu erleichtern sich bemüht. Abt Gerbert von St. Blasien
(s. d. A.) hat (Scriptores eccliastici de musica T. I.) drei Schriften Hucbald's herausgegeben: de harmonica institutione sive de musica, musica enchiridialis und commemoratio brevis de tonis et psalmis modulandis, von denen die zweite am meisten Verbreitung und Wirkung gehabt hat. Aber Hucbald hatte sich auch eine ungewöhnliche Herrschaft im Gebiete der Sprache und des Verses erworben und man schätzt ein hierher-
gehöriges Kunststück seiner Feder. Es ist ein lateinisches Scherzgedicht von 130 Versen, in denen jedes Wort mit dem Buchstaben C beginnt, nämlich zum Lobe der Kahl-
köpfigen und gerichtet an den Kaiser Karl den Kahlen. (Eine Nachahmung hat man
vom Dominikaner Plaisant, nämlich ein Gedicht: pugna porcorum, worin der Buchstabe
P alle Wörter anfängt.) Nicht ohne Werth sind mehrere Heiligengeschichten, welche
Hucbald in seinem Alter geschrieben zu haben scheint. Er benützte zwar dabei ältere
Schriften, welche uns noch zugänglich sind und deshalb seinen Arbeiten vorgezogen werden müssen. Aber wir finden bei ihm einige eigne Schilderungen der Verhältnisse der
Völker, unter denen seine Heiligen wirkten, und um dieser Schilderungen willen sind
Hucbalds Biographieen wichtig. Das hat vorzüglich Bezug auf die Vita S. Lebuini, in
welcher alte sächsische Institutionen beschrieben werden und welche insoweit in die Monumenta Germaniae historica (Script. T. II. p. 360 sq.) aufgenommen worden ist. Außerdem gibt es von Hucbald eine Vita S. Richadis, S. Adelgundis, S. Madelbertae, S.
Cilinae, Acta de SS. Cyrico et Julitta. (Die Reliquien des H. Cyricus soll Hucbald
von Nevers nach St. Amand gebracht haben.) Manche Hymnen der Kirche auf allerhand
Heilige verdankten ihm neue musikalische Behandlung. Auch einige Briefe in Versen
sowohl, als in Prosa hat man von ihm. Sein Todesjahr ist 930, zu welchem die Annales Elnonenses majores bemerken: obiit Hucbaldus philosophus. Ueber Hucbalds Leben und Schriften siehe *Casim. Oudin* (comment. de scriptor. eccles. T. II. p. 417 sq.)
und vorzüglich *Martin Gerbert* (scriptores ecclesiastici de musica. St. Blas. 1784 sq.
T. I. praefatio n. VII.) *Albrecht Vogel.*

Hübmaier, Balthasar, oder wie er selbst meistens schreibt, Hübmör, war
zu Friedberg bei Augsburg, daher er sich auch Friedberger (Pacimontanus) nennt, ungefähr um 1480 geboren; studirte von 1503 an zu Freiburg i. B. vorzüglich unter Eck's
Leitung, mit großem Eifer, Philosophie und Theologie, mußte aber eine Zeit lang als
Schullehrer zu Schaffhausen sein Brod suchen, bis er zu seinen Studien zurückkehren
konnte, worauf er als Docent auftrat und 1512 seinem Beschützer Eck nach Ingolstadt
folgte, um dort als Pfarrer und Professor der Theologie zu wirken. Hier erhielt er

auch die Doctorwürde. Ein Ruf führte ihn 1516 als Pfarrer an die Domkirche zu Regensburg. Seine Predigtgabe erwarb ihm ein großes Ansehen, welches er, gereizt durch den Ueberdrang, den die Stadt von dem Wucher der Juden erlitt, benutzte, um 1519 die Vertreibung derselben zu veranlassen. Auf seinen Antrieb wurde die Synagoge in eine Kapelle der schönen Maria verwandelt. Die Aufregung, welche bei diesem Anlasse alle Stände ergriff, und der Zudrang, der von allen Seiten zu diesem neuen Wallfahrtsorte stattfand, grenzte an's Außerordentliche und rief bald wunderbare Zufälle, Heilungen, Erscheinungen von Tanzwuth u. dergl. hervor, so daß Hübmaier sich selbst dagegen als gegen Mißbräuche zu predigen gedrungen fühlte, zumal da Luthers neue Ideen ihn nach einer ganz andern Seite hin anzuregen begannen. Wegen einiger freien Aeußerungen im Sinne der Reformation wurde er genöthigt, Regensburg zu verlassen und abermals seinen Unterhalt zu Schaffhausen als Lehrer zu suchen, bis ihm 1522 das Pfarramt an einer der Kirchen zu Waldshut übertragen wurde. Noch zeigte er sich hier anfangs eifrig in Ausübung aller Pflichten seines Priesterthums und führte sogar noch größere Feierlichkeit bei einzelnen Ceremonieen ein. Aber sein reger Geist hielt dennoch die Eindrücke der reformatorischen Ideen fest und baute darauf weiter. Er las mit Begierde Luthers Schriften und legte sich mit Eifer auf die Erforschung der Schrift und namentlich der Briefe Pauli. Als er in der ersten Zeit seines Aufenthaltes Basel und Freiburg besuchte, machte letzteres durch den Geistesdruck, der dort herrschte, einen peinlichen Eindruck auf ihn, während er aus ersterem, aus der Unterhaltung mit Männern wie von dem Busche, dem Freunde Sickingens, Glarean, Pelican und Erasmus neue Anregung mitnahm. Noch in demselben Jahre führte ihn ein neuer Ruf nach Regensburg zurück, wo es ihm aber trotz dem guten Empfang nicht mehr zusagte und von wo er mit einer anständigen Belohnung für die Predigten, die er dort hielt, nach wenig Monaten 1523 nach Waldshut zurückging. Mit dem Abte des benachbarten Klosters Zion bei Klingnau, einem Freunde der Reformation, machte er einen Ausflug nach St. Gallen und besuchte unterwegs Zwingli. In dem die Freundschaft mit dem Reformator anknüpfenden Gespräche über die evangelische Lehre ließ er schon allerlei Bedenken über die Kindertaufe durchblicken. Zu St. Gallen, wo man ihn zu predigen aufforderte, erndtete der beredte Mann großen Beifall. Auch das Vertrauen der Waldshuter Bürgerschaft wandte sich ihm in immer höherem Grade zu, so daß die übrigen Geistlichen der Stadt, welche der neuen Geisterbewegung sich nicht anschloßen, bald ihren Einfluß verloren. Das Interesse an dem großen Religionsgespräche, das die Zürcher Regierung zur Aufklärung der streitigen Fragen über Bilder und Messe anordnete, zog ihn schon im Oktober wieder nach Zürich. Was von seiner Betheiligung an der Disputation berichtet wird, zeigt den Ernst und die Milde seiner Gesinnung. Er hob das Mißbräuchliche in dem bisherigen Cultus und zumal in der Gestalt der Messe hervor, drang aber zugleich darauf, mehr durch Belehrung des Volkes aus Gottes Wort als durch ungestümes Eingreifen auf den Sieg der Wahrheit hinzuwirken. Zu Waldshut hatte er wohl bereits durch einzelne Aenderungen die Reformation anzubahnen gesucht, hatte aber den Stadtschultheißen, als einen eifrigen Anhänger des Alten, zum Gegner. Ueberdies war auch die Regierung der vorderösterreichischen Lande streng jeder Neuerung zuwider. Hübmaier veröffentlichte jedoch zu Anfang 1524 „18 Schlußreden so betreffen ein ganz christlich Leben, woran es gelegen ist", worin er sich über das Wesen des Glaubens, der allein fromm mache vor Gott, aussprach, wie derselbe sich durch Werke brüderlicher Liebe äußere, aber gegen alle von Gott nicht gebotenen Werke sey; diesen Glauben müsse jeder sich selbst aus der Schrift schöpfen; Christus sey unser einiger Mittler; die Messe sey kein Opfer, sondern nur ein Gedächtniß des Todes Christi; alle Lehren, die Gott nicht selber gepflanzt, müssen ausgereutet werden, so auch Bilder, Wallfahrten, Fasten, Cölibat und sonstige Mißbräuche. Ueber diese Punkte lud er seine Amtsgenossen zu einer brüderlichen Besprechung auf Grund der Schrift ein; nur einige aber traten ihm bei. Einen noch wichtigern Schritt that Hübmaier, indem er eine Versammlung der Bürgerschaft, 14. Mai, veranlaßte, welche den Beschluß faßte, die evangelische Lehre anzunehmen und die Prediger derselben zu schützen. Darauf hin forderte die österreichische Regierung die Auslieferung Hübmaier's und drohte Waldshut mit den Waffen zum Gehorsam unter die kaiserlichen Mandate gegen die Religions= änderungen zurückzuführen. Da glaubte Hübmaier weichen zu müssen, damit Niemand seinethalben beschädigt werde. Er ging nach Schaffhausen und barg sich vor den Nach= stellungen der Feinde in der Freiheit eines Klosters, erbot sich aber in drei Zuschriften an den dortigen Rath, mit der Schrift sich wegen seiner Lehre, so er gepredigt, zu verantworten, obgleich man ihn als Aufrührer, Ketzer und Verführer des Volks ver= schrie; er fürchte sich nicht, denn »die Wahrheit ist untödtlich«, ein Wahlspruch, welchen er von nun an allen seinen Schriften voransetzte. Der Rath nahm sich mit Festigkeit des Verfolgten an und verweigerte dessen Auslieferung. In seinem Schriftchen »von Ketzern und ihren Verbrennern« suchte Hübmaier seinen Feinden noch insbesondere zu beweisen, wie nur Solche Ketzer seyen, welche freventlich der heil. Schrift widerstreiten; aber nur durch Belehrung solle man sie überwinden, denn Christus sey nicht gekommen, umzubringen und zu verbrennen, sondern zu erhalten und zu bessern; anders verfahren, sey ihn verläugnen. — Indessen fuhr man fort, Waldshut mit gewaltsamer Unterdrückung der dortigen Reformation zu bedrohen; da zogen aus Zürich Freiwillige hin, um die bedrängte Stadt bei dem Evangelium zu schützen, und nun glaubte auch Hübmaier zu= rückkehren zu können. Von hier ließ er eine neue Reihe von »Schlußreden« (Axio= mata) über die Frage, wer in Glaubensstreitigkeiten Richter seyn solle, ausgehen, über welche er seinen ehemaligen Lehrer Joh. Eck mit ihm zu disputiren herausforderte. Er glaubte überhaupt nun die Stunde gekommen, die ganze erkannte Wahrheit offen von den Dächern zu predigen, früher habe er sich vor der Bewegung gefürchtet, die daraus erfolgen könne, aber Gott habe ihm nun den Geist der Freiheit gegeben. So schreibt er den 16. Januar 1525 an Oekolampad. Was ihn vor Allem jetzt beschäftigte, war die rechte Auffassung von Taufe und Abendmahl. Er spricht die Ueberzeugung aus, daß das Christenthum nicht recht gedeihen könne, als wenn diese zu ihrer ursprünglichen Rein= heit zurückgebracht werden. Ueber beide kündigt er Oekolampad eine Anzahl von Artikeln an, welche er darüber niedergeschrieben habe. Er erklärt, über die Kindertaufe mit Zwingli völlig verschiedener Ansicht zu seyn, denn er fühle sich gedrungen, öffentlich zu lehren, daß die Kinder nicht zu taufen seyen. Wohl sey die Taufe, wie Zwingli sage, ein bloßes Zeichen, aber die Bedeutung dieses Zeichens, die Verpflichtung des Glaubens bis zum Tode, sey dabei das Wesentliche und dieses habe bei Kindern keine Statt, so sey bei diesen die Taufe ohne Gehalt. Diese Ueberzeugung gründe er auf Christi Ein= setzung. Irre er, so sey es brüderliche Pflicht, ihn zu belehren. Anstatt der Kindertaufe habe er eine feierliche Vorstellung der Kinder vor der Gemeinde eingeführt, doch solchen, die schwach seyen, taufe er noch die Kinder bis zu besserer Einsicht. Zu dieser Entschei= dung seiner Ansichten war Hübmaier durch Thomas Müntzer gekommen. Um dieselbe Zeit nämlich, als Hübmaier nach Waldshut zurückkehrte, kam Müntzer auch dahin und in die Gegend und ließ sich auf mehrere Wochen ganz in der Nähe, zu Griesheim, nieder. Auch die Zürcher Eiferer gegen die Kindertaufe verkehrten daselbst mit ihm und wurden von ihm zu immer größerem Fanatismus angeregt. — In mehreren Briefen bemühte sich Oekolampad, Hübmaier zu gemäßigteren Anschauungen zurückzuführen, jedoch ohne Erfolg. Durch ein fliegendes Blatt vom 2. Februar erbot sich Hübmaier, gegen Jedermann zu beweisen, daß die Kindertaufe ohne allen Grund göttlichen Wortes sey, und trat hiermit öffentlich der extremen Partei über, welche diese Lehre zu ihrem Losungsworte gemacht hatte. Den noch letzten entscheidenden Schritt that er kurze Zeit nachher. Es zeigte sich an verschiedenen Orten der Schweiz nur zu sehr, wie ernstlich diese Partei die Sache der Reformation und die öffentliche Ordnung selbst durch ihren schwärmerischen Umwälzungseifer gefährdete, welcher bald keine Schranke mehr achtete. Der Zürcher Rath wurde genöthigt, immer strengere Maßregeln gegen sie zu ergreifen,

denn sie tasteten auch das Recht und Bestehen der Obrigkeit selbst an. In zwei öffentlichen Gesprächen wurden die Täufer durch Zwingli und seine Amtsgenossen überwunden,
die Häupter und Hartnäckigsten unter ihnen wurden gefangen gesetzt, aber es gelang
ihnen durchzubrechen, und einer von ihnen, Wilhelm Röubli, wendete sich nach Waldshut, wo er bald mehrere Bürger an sich zog und nun die Wiedertaufe an ihnen verrichtete. Hübmaier selbst zögerte noch; aber um Ostern ließ auch er sich taufen und
vollzog nun auch seinerseits die Handlung an vielen andern. Nun wurden noch alle
übrigen Spuren des römischen Gottesdienstes auf stürmische Weise beseitigt, Altäre,
Taufsteine, Kreuze und Bilder zerstört. Kurz vorher hatte Hübmaier die Messe, welche
er bisher noch in umgestalteter Form und deutsch gefeiert hatte, ganz abgeschafft. Zur
Bekämpfung derselben und zur Aufstellung des wahren Sinnes des Abendmahls, welches
er als eine Erinnerung an Christus erklärte, veröffentlichte er "Etliche Beschluß-
reden vom Unterricht der Messe." Zur Darlegung seiner Ansichten überhaupt
aber widmete er den drei Kirchen zu Regensburg, Ingolstadt und Frietberg eine kurze
Schrift: "Eine Summe eines ganzen christlichen Lebens", 1. Juli 1525, worin
er, nach einem Bekenntnisse der Sünde, in welcher er gelebt, und der falschen, unge-
gründeten Lehre, womit er seine Gemeinden gespeist, die Entwickelung des christlichen
Lebens aus dem Worte Gottes, in Erkenntniß der Sünde und im Glauben verfolgt
bis zur Bezeugung desselben in der Taufe und in der Feier des Gedächtnisses Christi
im Abendmahle. — Aber er fühlte sich auch noch gedrungen, seine Meinung über die
Taufe insbesondere in einer eigenen Schrift auseinanderzusetzen und zu vertheidigen,
zumal da Zwingli im Mai ein Büchlein über diesen Gegenstand gegen die Wiedertäufer
hatte drucken lassen. Schon am 11. Juli beendigte Hübmaier seine Abhandlung "Von
dem christlichen Tauf der Gläubigen." Mit Nachdruck weist er die Anklage von
sich und den Seinigen ab, als wollten sie Rotten und Sekten machen, sie verlangten
nur nach dem Worte Gottes zu handeln, sie wollten keineswegs die Obrigkeiten abschaffen,
sondern bekenneten öffentlich, daß solche seyn müssen und daß sie ihr in Allem, was
nicht wider Gott sey, gehorchen wollten. Auch thue man ihnen Unrecht, sie zu beschul-
digen, daß sie sich rühmen, nach der Taufe nicht mehr zu sündigen, sie wüßten wohl,
daß sie nach wie vor arme Sünder seyen, und wenn etliche Thoren solche Reden führten,
so solle man nicht "den ganzen christlichen Tauf" deßwegen hässig machen, doch sey
dieses eines der Grifflein, das die rhetorischen Theologen gebrauchen. Auch seyen sie
keine Wiedertäufer, denn die Taufe der Kinder sey keine Taufe. In der Abhandlung
selbst sucht Hübmaier sodann zu beweisen, daß Predigt und Taufe Johannis den Zweck
gehabt, die Menschen zur Erkenntniß der Sünde zu führen und so auf Christus hinzuweisen, in welchem sie Verheißung der Vergebung und Gnade finden, nach vollbrachter Reinigung des Herzens durch den Glauben und Verpflichtung zu einem neuen Leben. Dieses
Glaubens öffentliches Zeugniß zu geben, sey Zweck der Taufe. Also müsse der Glaube
vorausgehen und daher habe die Kindertaufe keinen Grund. Spöttlich gehandelt sey es,
die Kinder auf einen künftigen Glauben zu taufen, da Niemand wisse, ob es auch mit
der Zeit der Kinder Wille seyn werde oder nicht; es sey als ob man einen Reif als
Weinschild aufstecke, auf künftigen Wein, der im Herbst erst solle gefaßt werden. Zwingli,
auf welchen er oft deutlich genug hindeutete, ohne ihn zu nennen, konnte nicht anders
als sich hier angegriffen fühlen. Hatte Hübmaier schon nicht sehr schonend die Vertheidiger der Kindertaufe behandelt, welche er Kindswäscher nannte, so hielt Zwingli in
seiner Erwiederung noch viel weniger Maß. — Indessen hatte die Lage der Dinge zu
Waldshut sich sehr verschlimmert. Unter den Bürgern war über die neuen Lehren Zwiespalt entstanden; Oesterreich benutzte es, um wieder Anhang zu gewinnen; die empörten
Bauern des Klettgau's wurden bezwungen und mußten ihren Herrschaften wieder huldigen; Hübmaier's wiedertäuferisches Treiben hatte Zürich entfremdet; die Stadt, ihrem
Schicksale preisgegeben, mußte sich den 6. Dez. 1525 auf Gnade und Ungnade übergeben und Hübmaier floh nach Zürich, um bei seinen Taufbrüdern eine heimliche Zuflucht

zu suchen. In einem elenden Gewändlein trat er bei einer Wittwe ein, wo sie ihn verbargen. Der Rath ließ ihn aufspüren und damit seine Gegenwart unter den Wiederläufern der Stadt nicht neue Unruhen erwecke, auf dem Rathhause in Verwahrung setzen. Da er schon früher brieflich sich erboten hatte, Zwingli gegenüber, aus dessen eigenen Schriften und dem Werte Gottes, die Verwerfung der Kindertaufe zu begründen, so wurde er jetzt vor die Prediger der Stadt gestellt, um seine Lehre zu rechtfertigen. Zwingli gesteht selbst (vom Tauf, Opp. II, 1. p. 245), daß er einst durch den Irrthum sich habe verführen lassen, es wäre besser, die Kinder erst zu taufen, wann sie zu gutem Alter gekommen seyen, obgleich er deßwegen die Kindertaufe nie verdammt und für etwas Teuflisches gehalten habe; aber er konnte Hübmaier auch nachweisen, daß die Stellen seiner Schriften, welche dieser ihm entgegenhielt, nur mißverständlich als Verwerfung des Gebrauchs gedeutet werden könnten. Als aber die Verhandlung auf die biblische Begründung kam, zog sie sich in eine resultatlose Länge. Zwingli warf seinem Gegner mit Heftigkeit vor, durch die Wiedertaufe seine Mitbürger in's Verderben gebracht zu haben. Die Furcht vor der Auslieferung an die österreichische Regierung scheint es gewesen zu seyn, was Hübmaier zuletzt bewog, sich zum Widerruf bereit zu erklären. Auch verweigerte Zürich den kaiserlichen Abgeordneten die Auslieferung. Als aber Hübmaier, nach seinem Erbieten, öffentlich im Frauenmünster seinen selbst niedergeschriebenen Widerruf vorlesen sollte, nachdem Zwingli eine Predigt über die Tugend der Beständigkeit gehalten hatte, fing er an "sich zu schönen und den Wiedertauf zu schirmen." Nun wurde er in strengere Haft gebracht, bis er in Treue und Wahrheit zu widerrufen versprach. Den 6. April 1526, nachdem er öffentlich abgeschworen, wurde er freigelassen. Doch gestattete man ihm noch auf etliche Wochen einen geschützten Aufenthalt, bis man ihn vor seinen Feinden sicher fortzubringen Gelegenheit fand, und versah ihn noch mit einem Reisegeld. — Schon zu Constanz klagte er, daß er, trotz der siegreichen Behauptung seiner Lehre, Gewalt habe erleiden müssen. Zu Augsburg traf er mit Joh. Denk zusammen, aber es zog ihn weiter. Ueber Steier in Oberösterreich, wo er auch Anhänger seines Glaubens gefunden zu haben scheint, kam er ungefähr im Juni nach Nikolsburg in Mähren, wo er bei den Herrn von Lichtenstein willige Aufnahme fand und wo er alsbald große Thätigkeit zur Verbreitung und Befestigung der widertäuferischen Ansichten entwickelte. Die evangelischen Prediger, welche schon dort waren, ließen ihn arglos gewähren. Eine Reihe von Schriften brachte er schon zum Drucke mit, sowie auch den Drucker dazu. Das erste, was er veröffentlichte, war die Widerlegung von Zwingli's Gegenschrift gegen sein Büchlein von der Taufe, "Ein Gespräch von dem Kindertauf", welches er den Herrn von Lichtenstein widmete. Noch zu Waldshut hatte er es geschrieben, aber in der Zueignung, welche er davor setzte, ließ er nun seinem Unwillen gegen Zwingli den Lauf in den heftigsten Anklagen über die gewaltsamen Mittel, durch welche er die Wiedertäufer zu einem andern Glauben bekehren wolle. Auch gegen Dekolampad richtete er eine ähnliche, längst vorbereitete Streitschrift von der Taufe: "Antwort auf das spöttliche Gespräch etlicher Predicanten zu Basel", welche sich auf die Unterredung bezog, die der Basler Reformator im August 1525 mit einigen Widertäufern gehabt hatte. Hübmaier fordert von seinen Gegnern den Beweis, daß die Taufe der Kinder in der Schrift geboten sey, wo sie den nicht geben könnten, so sey sie schon deßwegen verboten, als eine Pflanzung, die Gott nicht gepflanzt habe, Matth. 15, 13., als ein Werk, das nicht aus dem Glauben fließe, Röm. 14, 23., denn von dem Glauben der Eltern, der Gevatter oder der Kirche dabei zu reden, heiße die Seligkeit auf fremden Glauben gründen. Auch sey die Taufe eine Einsetzung des N. T., darum müsse man für die Ertheilung derselben an die Kinder einen Ausspruch des N. T. bringen und nicht die Beschneidung aus dem A. T. dazu herbeiziehen. — Zur weitern Vertheidigung seiner Ansicht gab Hübmaier auch noch ein Büchlein: "Der gar uralten und gar neuen Lehrer Urtheil, daß man die jungen Kindlein nicht taufen solle, bis sie im Glauben unterrichtet sind", heraus; auch eine liturgische

Schrift: „Eine Form zu taufen im Wasser die Unterrichteten im Glauben“, eine Darstellung der durch ihre Einfachheit und Erbaulichkeit ansprechenden Einrichtung der Feier dieser Handlung zu Nikolsburg und in der Gegend. Deßgleichen ließ er eine liturgische „Form des Nachtmahls Christi“ erscheinen, welcher die Zurückführung dieser Handlung auf eine der ursprünglichen möglichst annähernde Gestalt sich keineswegs abläugnen läßt. Auch noch eine dogmatische Erläuterung des Abendmahls gab er zu Nikolsburg in den Druck: „Ein einfältiger Unterricht auf die Worte: das ist der Leib mein, in dem Nachtmahl Christi.“ — Wie Hübmaier trotz der einseitigen Befangenheit seiner Richtung, in allen diesen Schriften einen scharfen und klaren Geist und frommen Sinn verräth, so nicht minder in der Art, wie er die sittliche Freiheit des Menschen gegen die Läugner derselben in zwei Abhandlungen vertheidigte. Die erste, „von der Freiwilligkeit des Menschen“, widmete er dem Markgrafen Georg von Brandenburg, die zweite, den 20. Mai 1527, dem Herzog Friedrich von Liegnitz unter dem Titel: „Das andre Büchlein von der Freiwilligkeit des Menschen, in welchem schriftlich bezeugt wird, daß Gott durch sein gesund Wort allen Menschen Gewalt gebe, seine Kinder zu werden und ihnen die Wahl Gutes zu wollen und zu thun frei heim setze.“ Zuerst suchte er durch die Schrift die Erschaffung des Menschen zur Freiheit, den Verlust derselben durch den Fall und ihre Wiedererlangung durch Christus darzuthun, dann faßt er seine Ansichten in einer Reihe von Thesen zusammen, in einem dritten Theile widerlegt er die Einwürfe der Gegner. — Hübmaier's Ruf und Wirksamkeit brachte die Gemeinde der Täufer in Mähren schnell zu einem ungewöhnlichen Wachsthume, Tausende von Brüdern sammelten sich, und fast Jedermann daselbst war, heißt es, ihrer Meinung. Aber bei solchem Zudrang zeigten sich bald auch hier die gefährlichen und schwärmerischen Elemente, welche die Sekte in sich barg. Der Versuch, die Gütergemeinschaft einzuführen, welchem Manche beifielen, brachte bald Verwirrung und Zwiespalt hervor. Nichts beweist, daß Hübmaier zu solchen extremen Tendenzen sich neigte. Derjenige, welcher die gefährlichste Saat daselbst ausstreute, war wohl der excentrische und fanatische Schwärmer Joh. Hut. Es wurden in Deutschland Sätze bekannt, über welche zu Nikolsburg disputirt worden seyn sollte, welche die Grundlagen des christlichen Glaubens und der bürgerlichen Gesellschaft angriffen: Christus sey in der Erbsünde empfangen, er sey nicht wahrer Gott, sondern allein ein Prophet, dem das Wort befohlen gewesen; er habe nicht für aller Welt Sünde genug gethan; es solle keine Gewalt noch Meisterschaft seyn unter den Christen; der letzte Tag werde über zwei Jahre eintreten u. s. w. Das Gerücht beschuldigte Hübmaier, selber in diese Irrthümer verfallen zu seyn. Aber eine andere Nachricht meldet, daß er vielmehr gegen Hut, der wirklich solche Lehren hegte, auftrat. Ueberdies zeugen Hübmaier's eigene Schriften offen zu seinen Gunsten, besonders auch die „Zwölf Artikel des christlichen Glaubens“, welche er zwar schon im Wasserthurm zu Zürich niedergeschrieben hatte, aber erst 1527 zu Nikolsburg drucken ließ, und in welchen er ausdrücklich die Empfängniß vom heil. Geiste, die Gottheit Christi, den Erlösungstod bekennt, auch der einstigen Herrlichkeit des jüngsten Tages sich freut, aber die Zeit der Ankunft ungewiß läßt. Ein trübes Vorgefühl einer über ihn hereinbrechenden Verfolgung spricht sich in den Zeilen, womit er schließt, aus. Auch sollte es bald seine Bewährung finden. — Der Tod Ludwigs von Ungarn brachte auch Mähren an König Ferdinand, und nun brachen schlimme Zeiten über die Täufer daselbst herein. Hübmaier wurde noch 1527 sammt seinem Weibe gefangen nach Wien und von da nach dem nahen Schlosse Greiffenstein gebracht. Er verlangte mit dem Beichtvater des Königs, Joh. Faber, der früher Generalvicar zu Constanz gewesen war, sprechen zu dürfen, und zeigte sich willig, auf bessere Belehrung zu widerrufen, er richtete 24 Artikel über seinen Glauben an den König, worin er zwar heftig gegen Luther sich ausließ, aber über die Taufe und Abendmahl nur versprach, bis zu einem künftigen Concil damit inne zu halten. Doch es konnte ihn dies Alles nicht retten. Mehr als Alles wurde ihm

Schuld gegeben, Waldshut zum Abfall von Oesterreich gebracht zu haben und ein An=
stifter der Bauernunruhen gewesen zu seyn. Mit freudiger und frommer Standhaftigkeit
bestieg er den Scheiterhaufen zu Wien den 10. März 1528. Sein Weib, welches ihn
noch im festen Beharren bestärkt hatte, wurde drei Tage später in der Donau ertränkt.
— Zwingli urtheilte seit seinem Zerfall mit Hübmaier hart über dessen Karakter und
fand keinen andern Antrieb seines Thuns als Geld= und Ruhmgier. Vadian, welcher
ihn auch persönlich näher kannte und noch nach langen Jahren herzliche Theilnahme für ihn
äußert, nennt ihn „eloquentissimum sane et humanissimum virum", gibt ihm aber große
Neuerungssucht Schuld. Bullinger sagt von ihm, daß er „was wol beredt und zimlich
belesen, aber eines unstäten Gemüts, mit dem er hin und här fiel." — S. Zwingli's
und Oekolampad's Briefe; Füßlin's Beiträge zur Ref.Gesch. II.; (Fabri) Ursach
warum der Wiedertäufer Patron ... Hubmaier verbrannt sei 1528. Raupach, evang.
Oesterreich II. S. 52. *Schelhorn*, Acta hist. eccl. Ulm 1738. Schreiber's Biogra=
phie, im Taschenb. f. Gesch. in Süddeutschl. 1839 und 1840, ist unvollendet. — Einige
der sehr seltenen Schriften Hübmaier's sind theils ganz, theils im Auszuge abgedruckt in
den Unschuld. Nachr. 1746; Schelhorn, Samml. f. Gesch. u. dessen Beitr. z. Erläut.
der schwäb. Kirchengesch.; Stäudlin, Kirchenhist. Archiv 1826.   **Cunitz.**

Hühner werden auffallenderweise im A. T. gar nicht erwähnt, obgleich die Israe=
liten die Hühnerzucht von Egypten her kennen mußten, wo sie seit den ältesten Zeiten
stark betrieben wurde. Die Stellen, welche man dafür anführt, lassen sich nicht halten,
indem die betreffenden Wörter Spr. 30, 31. Hiob 38, 36. 1 Kön. 5, 3. entschieden eine
andere Bedeutung haben. Da aber Jesus Matth. 23 37. das Bild von einer Henne
gebraucht und bei der Verläugnung Petri Matth. 26, 34. der Hahn erwähnt ist, so
kann es keinem Zweifel unterliegen, daß diese Thiere auch früher gehalten wurden, und
eine levitische Unreinheit kein Grund der Abhaltung war, wie die Mischna in Baba
Kamma 7, 7. faselt, da zur Zeit Jesu über der levititischen Reinheit am eifrigsten ge=
halten wurde.   **Vaihinger.**

Hülsemann, Johann. Obwohl weniger bekannt, als sein dogmatischer Mit=
streiter aus der zweiten Hälfte des 17. Jahrh., Calov, ist er demselben doch an ein=
dringendem Denken, an Tiefe und Schärfe überlegen zu nennen. Von Geburt ein Ost=
friese wird er 1629 zur vierten theologischen Professur in Wittenberg berufen. Er wohnt
dem Leipziger Convent von 1630 zur Abfassung des „Kursächsischen Augapfels der Augs=
burgischen Confession" bei und erhält am Thorner Colloquium 1645 die Stellung als
moderator theologorum Augustanae confessionis. Im Jahr 1646 nach Leipzig berufen,
wird er dort der Vertreter der systematischen Theologie. Das nahe Verhältniß, in wel=
ches ihn 1659 die Verheirathung seiner Tochter an Calov mit diesem rastlosen Polemiker
bringt, läßt ihn von dieser Zeit an in den dogmatischen Kämpfen für die Orthodoxie
noch mehr an dessen Seite treten, doch gibt sich in ihm ein Mann von weiterem Blick,
auch einigermaßen milderen Sinnes zu erkennen, namentlich in der früheren Zeit. Auch
nach dem Thorner Gespräch setzt sich noch eine Zeit lang ein freundschaftliches Verhält=
niß zu Calixt fort und bei dem colloquium war nach Calixts Angabe Hülsemann mil=
der aufgetreten, als Calov. Er steht zu Reformirten in freundschaftlichem Verhältnisse.
Im Jahre 1639 hat er an Gerhard Vossius einen Reisenden freundlich empfohlen und
dieser würdige und friedliebende Theologe der niederländischen Kirche antwortet ihm:
„Ich denke immer noch mit Freude der Zeit, wo wir uns in dieser Stadt de veritate
dogmatum et de pace ecclesiae besprochen." Bei der Durchreise durch Berlin zu dem
Thorner Colloquium nimmt Hülsemann bei dem reformirten Theologen Berg — was
damals durch lutherische Gutachten für unzulässig erklärt war — ein freundschaftliches
Mittagsmahl ein. Zwar ist auch er der geschworene Feind der Calvinisten; der Schrift
des englischen Bischofs Joseph Hall: Roma irreconciliabilis stellt er 1646 einen *Calvinismus* irreconciliabilis zur Seite. Allein dieser Schrift ist ein Anhang: quae dogmata
sint ad salutem creditu necessaria beigegeben, dessen axiomata zu einer weit gemil=

derteren Praxis hätten führen müssen, als sie damals im Gange war. So namentlich
§. 15. „Nicht jedes Dogma, aus dem eine nothwendige Voraussetzung
oder Folgerung hervorgeht, führt jeden Einzelnen gerade auf diese
Folgerung." Hülsemann leitet hieraus ab, daß z. B. in den Einsetzungsworten des
Abendmahls von manchen weniger Unterrichteten die leibliche Gegenwart Christi nicht
gefunden werden könne: wo nun ein solcher sich nur nicht weiterer Belehrung entziehe,
sey zu antworten: quod erret, dubium nullum est, an *exitialiter* erret, *maximum*. Bei
der Bestimmung über die constitutiven Dogmen des Fundamentalartikels von der Recht=
fertigung wird gefordert, daß allerdings an die Gottmenschheit Christi geglaubt werden
müsse; aber auf die Art der Menschwerdung und der *unio personalis* komme
es dabei nicht an: satis est in puncto fiduciae de Salvatore id sentire, quod de eo
Patres sensisse ex Vet. T. probari potest (§. 57.). Er hat auch später für nöthig ge=
halten, für diese Abhandlung als noch in seine jüngeren Jahre fallend die Entschuldigung
in Anspruch zu nehmen.

Seine syllogistische Gewandtheit fand schon auf dem Thorner Colloquium auch von
katholischer Seite große Anerkennung, indem ihm zugestanden wurde, den scholastisch ge=
bildeten Streitern von jener Seite am meisten gewachsen zu seyn. Auch zeigen seine
Schriften bei großer Bekanntschaft mit dem Material der Scholastik zugleich den Einfluß
derselben auf seinen Styl, welcher an Barbarismen und Dunkelheit hinter der Scholastik
nicht zurückbleibt. In seiner methodus studii theologici empfiehlt er nicht nur die syste=
matische Theologie, sondern auch für die exegetische und homiletische vorzugsweise katho=
lische Quellen und Muster. Auch zeigt sich in ihm darin der scholastische Dogmatiker,
daß eben in dieser methodus die Anforderungen an Sprachkenntniß des Theologen zurück=
treten; wie er meint, so genüge es im Hebräischen, „wenn einer die Grammatik kennt
und die Lexica und Concordanzen zu gebrauchen weiß" (§. 4.). Sein berühmtestes dog=
matisches Werk ist das breviarium theologiae exhibens praecipuas fidei controversias
1640, später in ausgedehnterer Form: extensio breviarii theologici 1655. Dem gan=
zen Werke ist ein originelles Gepräge aufgedrückt und in seinen Erörterungen läßt sich
ebenso wie bei den Scholastikern das Bedürfniß nicht verkennen, den Glauben mit der
Vernunft in Einklang zu bringen. Auch von Gaß, „Gesch. der prot. Dogmatik" I.
S. 318. wird die Gedankenfülle dieses Werkes anerkannt. Hülseman stirbt 1661.

Ueber Leben und Karakter Hülsemanns s. Tholuck „der Geist der luth. Theologen
Wittenbergs" S. 164, über sein breviarium Gaß a. a. O.   **Tholuck.**

Huetius, Bischof von Avranches. Pierre Daniel Huet, Sohn eines Patriciers
zu Caen in der Normandie, welchen jesuitischer Bekehrungseifer vom Calvinismus in
den Schooß der römisch=katholischen Kirche zurückgeführt hatte, wurde zu Caen den 8. Febr.
1630 geboren und nach dem frühzeitigen Tod seiner Eltern im dortigen Jesuitencolle=
gium gebildet. In der Philosophie erkannte der strebsame, talentvolle Jüngling Carte=
sius, in den orientalischen Sprachen Samuel Bochart als seinen Meister. Zwar mußte
er seine Verbindung mit dem letztgenannten als einem Calvinisten geheim halten; als aber
Bochart von der schwedischen Königin Christina nach Stockholm berufen worden war,
benützte Huet die eben erlangte Freiheit der Volljährigkeit, um im J. 1652 in Bocharts
Begleitung nach Stockholm zu reisen. In der königl. Bibliothek daselbst entdeckte Huet
eine Handschrift, welche den größeren Theil der Commentarien des Origenes und dessen
Abhandlung vom Gebet enthielt. Diese griechische Handschrift weckte zuerst bei ihm den
Plan, die Werke des Origenes im Urtext herauszugeben. Nach drei Monaten kehrte er
über Leyden, wo er die Bekanntschaft von Cl. Salmasius machte, und über Brüssel und
Paris nach Hause zurück. Mit dem ihm zugefallenen beträchtlichen Vermögen hielt er
sich in Caen von allen Geschäften ferne, und besann eine neue lateinische Uebersetzung
des Origenes. Die Grundsätze, welche ihn hiebei leiteten, legte er in seiner ersten lite=
rarischen Arbeit, in einer lateinischen Abhandlung de interpretatione libri duo, quorum
prior est de optimo genere interpretandi, alter de claris interpretibus (Par. 1661)

nieder. Seine eigenen Ansichten legte er darin dem Casaubonus in den Mund, und kleidete die Verhandlung in ein Gespräch zwischen diesem und Fronto Ducaeus ein. Im
J. 1662 gründete er, nachdem er in die Akademie der Wissenschaften seiner Vaterstadt
aufgenommen worden war, eine naturforschende Gesellschaft, welche auf Colberts Antrag
vom König anerkannt und unterstützt wurde. Huet erhielt als Vorsteher derselben einen
bis zu seinem Tod bezogenen Jahrgehalt. Alle sonstigen noch so glänzenden Anerbieten
schlug er beharrlich aus, um ganz seiner literarischen Muße leben zu können. Noch ehe
sein Hauptwerk, der Origenes, beendigt war, wurden ohne sein Wissen und Wollen seine
poetischen Versuche in griechischer und lateinischer Sprache von G. Hogers zu Utrecht
herausgegeben; erst 45 Jahre später gab Huet selbst sie berichtigt und vermehrt heraus
(Paris 1709). Im J. 1668 erschien nach 15jährigen Studien seine Ausgabe der biblischen Commentarien des Origenes in zwei Foliobänden. Unter dem Namen „Orige-
niana" hatte er eine historisch-kritische und theologische Einleitung über Leben, Schriften
und System dieser Kirchenväter vorangestellt, dann folgten die zuerst vollständiger gesammelten griechischen Ueberreste dieser Commentarien mit einer genauen lateinischen Uebersetzung. Als er nun nach zweijährigem Aufenthalt zu Paris im J. 1670 nach Caen
zurückkehrte, wurde ihm von den dortigen Juristen die Doctorwürde übertragen; aber
sein Aufenthalt in der Heimath war nicht von langer Dauer, indem ihm neben Bossuet
die Erziehung des Dauphin anvertraut wurde. Durch diese Versetzung an den Hof mußte
er seinem Plan, den Origenes ganz herauszugeben, für immer entsagen. Dagegen arbeitete er nun neun Jahre lang in seinen Freistunden an einem Werk, durch welches er
die Wahrheit der christlichen Religion zu beweisen bemüht war. Es ist dieses seine zuerst
in Paris 1679 erschienene Demonstratio evangelica ad serenissimum Delphinum. Seine
hier aufgestellten Grundsätze sollten rein mathematisch bewiesen werden. An die Spitze
stellte er folgende 4 Axiome: 1) Jedes Buch ist ächt, das dafür von den Zeitgenossen
und der Reihenfolge der nächsten Geschlechter gehalten wird. 2) Jede Geschichte ist wahr,
welche die Begebenheiten so erzählt, wie sie in vielen gleichzeitigen oder dem Zeitalter
derselben zunächststehenden Büchern erzählt werden. 3) Jede Weissagung ist wahr; welche
Ereignisse so voraus verkündigt, wie der Erfolg sie bewährt. 4) Jede Gabe der Weissagung ist von Gott. Aus diesen Axiomen gelangt er zum Schluß, daß Alles, was die
Schrift von Jesus als dem Christ aussage, wahr seyn müsse. Dabei führte er mit
staunenswerthem Scharfsinn die Hypothese aus, daß alle heidnischen Religionen aus den
mosaischen Schriften geflossen, ja daß alle Namen der Religionsstifter und der ältesten
Gottheiten unter den Heiden nur als Variationen des Namens Moses oder als Beinamen des israelitischen Gesetzgebers zu verstehen seyen. Das Werk erregte allgemeines
Aufsehen auch in der protestantischen Welt; ja S. Pufendorf gründete darauf die Hoffnung einer Wiedervereinigung der getrennten Bekenntnisse. Im J. 1674 wurde Huet
unter die Vierzig der französischen Akademie aufgenommen, erst zwei Jahre später empfing
er die priesterliche Weihe. Im J. 1678 belohnte der König seine Verdienste mit der
Cistercienser Abtei d'Auray, nicht weit von Caen. Hier schrieb er eine scharfe Kritik der
Cartesianischen Philosophie (Censura philosophiae Cartesianae, Paris 1689). Cartesius
selbst klagt er bei aller Anerkennung seines speculativen Geistes der Unwissenheit, Auf-
geblasenheit und Karakterschwäche darin an; noch heftiger zog er gegen seine blinden
Anbeter zu Felde. An diese Censur reihte sich die Schrift: Alnetanae Quaestiones de
concordia rationis et fidei libri tres (Caen, 1690). Anknüpfend an den Cartesianischen
Lehrsatz, daß die Philosophie mit dem Zweifel beginnen müsse, will er nachweisen, daß
dieser Zweifel sich auch auf die Vernunft selbst und ihr Vermögen, die Wahrheit zu erkennen, ausdehnen müsse. Seine Kenntniß des Hebräischen und seine große Belesenheit
in den alten Geographen und Historikern beweisen seine Abhandlungen: de la situation
du Paradis terrestre (Paris 1691) und de navigationibus Salomonis (Amstel. 1693).
Später erschienen Untersuchungen über die Alterthümer der Stadt Caen. Das von ihm
im höchsten Alter geschriebene Werk: Histoire du commerce et de la navigation des

anciens (Paris 1716) war das erste, welches diesen Gegenstand der alten Geschichte aus= führlich erläuterte. — Im J. 1685 ward Huet zum Bischof von Soissons erhoben; ehe aber hiezu die päbstliche Confirmation erfolgte, vertauschte er dieses Amt 1689 mit dem zur Normandie gehörigen Sprengel von Avranches, für welchen er 1692 zum Bischof confecrirt wurde. Alle seine Zeit und Kraft wandte er nun auf Herstellung der ver= fallenen Kirchenzucht seines Sprengels; er gab ihm Synodalstatuten in den Jahren 1693, 1695, 1696, 1698, welche zu Caen gedruckt wurden. Da der Aufenthalt zu Avranches seine Gesundheit angriff, so gestattete ihm der König im J. 1699 die Niederlegung die= ses Amtes, und er erhielt dafür die Abtei Fontenay bei Caen. Seit dem J. 1701 zog er sich nach Paris zurück in das Profeßhaus der Jesuiten. Die Beschwerden eines hohen Alters stellten sich seit dem J. 1712 bei ihm ein; dennoch schrieb er im J. 1717 die trefflichen Commentarien über sein Leben, die in zierlichem Latein ein treffliches Gemälde der wissenschaftlichen und gelehrten Bestrebungen unter Ludwig XIV. entwerfen und jugendliches Feuer, Witz und Anmuth athmen: P. D. Huetii, Commentarius de rebus ad eum pertinentibus, libri sex (Hagae 1718). Bald darauf (am 26. Jan. 1721) starb Huet im fast vollendeten 91. Lebensjahr eines sanften Todes. Zu seinen Lebzeiten gab Abbé Tilladet gesammelte Aufsätze von ihm heraus (Paris 1712), und Abbé d'Olivet, der auch in der Akademie sein Eloge hielt, ließ seinen Nachlaß unter dem Titel Hue= tiana (1722) erscheinen. Huet war strenger Katholik, aber seine Verbindungen mit Ge= lehrten aller Confessionen machten ihn duldsam; sein eigenes Herz zog ihn von der Tra= dition zur letzten Quelle, der Schrift. In den letzten 30 Jahren seines Lebens war ihm die Bibel das tägliche Brod, und er versichert, innerhalb dieser Zeit sie nicht weniger als 24mal im Grundtext durchgelesen zu haben. Vgl. *Nicéron*, Mém. T. I. p. 49—66. D. v. Coelln in der Encyklopädie von Ersch u. Gruber.   Dr. Preßel.

Hugenotten, s. Franz. Reformation.

Hugo I. u. II., s. Clugny.

Hugo, Bischof von Langres, s. Berengar von Tours.

Hugo von St. Cher, de Sancto Caro, so benannt von seinem Geburtsorte, einer Vorstadt von Vienne im Dauphiné; zuweilen kommt er auch unter dem Namen Hngo de St. Theoderio vor. Er studirte zu Paris Theologie und kanonisches Recht, und trat 1224 in den Dominikanerorden im berühmten Kloster S. Jakob. Nach einigen Schriftstellern soll er einer der vier gelehrten Mönche gewesen seyn, die 1233 Gregor IX. nach Griechenland schickte, um über die Vereinigung der Griechen und Lateiner zu unter= handeln; Quétif und Echard (Scriptores ordinis praedicat. I. 102.) haben aber bewiesen, daß dieses Vorgeben nur auf einer Namensverwechslung beruht, da Hngo von St. Cher damals zu Paris über die Sentenzen Vorlesungen hielt. Seiner Gelehrsamkeit wegen wurde er öfters in schwierigen kirchlichen Geschäften gebraucht; 1236 trug ihm ein zu Paris versammeltes Generalcapitel seines Ordens die Correction der Vulgata nach alten Handschriften auf; später war er einer der von Alexander IV. ernannten Commissäre, die den durch den Franziskaner Gerhard verfaßten, und die schwärmerischen Lehren des Abts Joachim von Flore entwickelnden Introductorius in Evangelium aeternum prüften und verdammten; ebenso thätig erwies er sich in dem Streite des Wilhelm von S. Amour mit den Bettelorden. Bereits 1245 war er von Innocenz IV. (dem er auf dem Concil von Lyon bedeutende Dienste leistete, zum Cardinal von S. Sabina ernannt worden. Er starb 1263 zu Orvieto; sein Körper wurde zu Lyon beigesetzt. Die Werke dieses Mannes sind nur Sammelwerke, die jedoch von großem Fleiß und Belesenheit zeugen. Seine Verbesserung des Textes der Vulgata soll nach hebräischen, griechischen und lateinischen Handschriften aus der Zeit Karls des Großen gemacht seyn, von denen man jedoch wenig weiß; auch scheint Hngo von den Ursprachen der Bibel nur geringe Kenntniß besessen zu haben. Aus seiner Correction ist das früher viel gebrauchte Cor= rectorium Bibliae Sorbonicum entstanden. (S. *Richard Simon*, Nouvelles observations sur le texte et les versions du N. Test. T. II. p. 128 u. f.) Diese Arbeit ist noch

nicht gedruckt. Ferner besitzt man von Hugo: Postilla in univera Biblia, juxta quadru-
plicem sensum, kurze Erläuterungen der einzelnen Worte, um deren buchstäblichen, allegorischen, mystischen und moralischen Sinn zu deuten, wobei oft die seltsamsten, ja
lächerlichsten Einfälle vorkommen. Das Werk ist seit dem 15. Jahrh. öfters gedruckt
worden, Basel 1487, 1498, 1504, 6 Bde. Fol.; Paris 1508, 1538, 6 Bde. Fol.; Venedig, 5 Bde. Fol.; Cölln, 1621, 8 Bde. Fol.; der Theil über die Psalmen erschien
1496 zu Venedig unter dem falschen Namen des Alexander von Hales; — Speculum
Ecclesiae, Lyon 1554, ein kurzes zur Belehrung der Priester über ihr Amt bestimmtes
Werk; — Sacrorum Bibliorum concordantiae, alphabetische Zusammenstellung aller
Wörter der Vulgata, mit Angabe der Stellen, wo sie vorkommen; Hugo bediente sich
dabei der Hülfe einiger Dominikaner des Klosters St. Jakob, daher das Werk auch
Concordantiae S. Jacobi heißt; später setzten einige englische, zu Paris lebende Ordensbrüder die Bibelstellen ganz hinzu, daher der Name Concordantiae anglicanae; die Arbeit Hugo's selber, die zuerst die Kapitel-Eintheilung allgemein machte, ist mehrfach gedruckt, z. B. Lyon 1540, 1551, 4.; Basel 1543, 1551, Fol. Handschriftlich existiren von
ihm: Sermones super Evangelia et Epistolas, ein Commentar über die 4 Bücher der
Sentenzen, und der Processus in librum Evangelii aeterni. Das Compendium theo-
logicae veritatis, das man ihm zuweilen zugeschrieben hat, ist eher von dem Dominikaner Hugo von Straßburg, gest. um 1300. Ueberdieß finden sich besonders in französischen Bibliotheken eine Menge von Schriften, die den Namen Hugo cardinalis oder
Magister Hugo tragen; es ist schwer zu entscheiden, welchem Hugo sie gehören; manche
mögen den Carinal Hugo von Ostia, gest. 1298, zum Verfasser haben; andre sind von
Unbekannten. Ueber Hugo von St. Cher, und die Handschriften und Ausgaben seiner
Werke, s. *Quétif et Echard*, Scriptores ordinis praedicatorum, I. 194 sq., und Histoire
littéraire de la France, XIX, 38 sq. C. Schmidt.

Hugo von Flavigny, ein Sohn Rainer's und einer Tochter von der Erotilda,
der Schwester des Kaisers Konrad des Saliers, wurde um 1065 zu Verdun oder in
der Nähe dieser Stadt geboren, und als Knabe von dem Abte Rodulph in das Kloster
des h. Vitonius zu Verdun untergebracht, wo er in kirchlicher und profaner Literatur
Unterricht erhielt und die Profeß ablegte. Die Verfolgung des dortigen Bischofs brachte
ihn mit seinen übrigen Ordensbrüdern nach Flavigny, später nach Dijon, wo der Abt zu
St. Benignus, Jarenton, sich seiner väterlich annahm. Diesen begleitete er in den Jahren
1095 u. 96 auf seinen Legationsreisen in Italien, und 1097 wurde er zum Abt in Flavigny ernannt. Doch verlor er diese Würde schon nach vier Jahren. Ueber seine späteren Schicksale liegen keine genauen Berichte vor: wie es scheint, schlug er sich von der
päbstlichen zur kaiserlichen Partei. Im J. 1111 gelangte er zur Abtei St. Vannes,
und besaß sie noch im J. 1115. Wir besitzen von ihm ein Chronikon in zwei Büchern
von Christi Geburt bis 1002 und von da bis 1102; es führt den Titel: Chronicon
Virdunense, a quibusdam dictum Flaviniacense, historiae ecclesiasticae undecimi praesertim seculi thesaurus incomparabilis. Ex ipso auctoris authographo MS., quod servatur in Bibl. Collegii Claromontani Parisiensis Soc. Jesu, nunc primum prodit. (In
Ph. Labbei nov. Bibl. MSS. libro. T. I. 75.). Die neueste Ausgabe veranstaltete Pertz
in seinen Script. T. VIII. p. 280—504. Zwar gibt Pertz den gleichzeitigen Historikern
Lambert, Berthold und Bernold vor Hugo den Vorzug, nennt ihn aber doch „de historia optime meritum et bono cum fructu saepe consulendum." P.

Hugo von St. Victor. Daß Wissen und Leben in Wechselwirkung mit einander stehen, Verfall und Aufschwung des Einen den des Andern bedingen und nach sich
ziehen, zeigt uns ebensosehr die Geschichte des Mittelalters wie jeder andern Zeit. Der
höhere Schwung, den die Wissenschaft in der ersten Hälfte des 12. Jahrhunderts nimmt,
ist eine Frucht der vorangehenden religiösen Erweckung, und jener wissenschaftliche Schwung
bleibt nicht ohne segensreiche Nachwirkung bis zur Reformation. Als die drei eigenthümlichsten Repräsentanten dieser Blüthezeit des Mittelalters dürfen wir aber wohl vor An-

bern Bernhard, Abälard und Hugo ansehen: Bernhard von Clairvaux, den größten
Kirchenlehrer zwischen Augustinus und Luther, in dem uns das ganze Mittelalter in edelster
Weise gleichsam personificirt entgegentritt, Abälard, den Dialektiker sonder Gleichen, und
Hugo von St. Victor, den speculativen Mystiker, den Mann tiefster religiöser Erfahrung,
den Johannes seiner Zeit. Steht Bernhard gleichsam als geistiger Beherrscher seiner Zeit
da, erntet Abälard schon während seines Lebens die reichste Fülle der Bewunderung von
Seiten der ihm lauschenden Jugend, so tritt Hugo seinem johanneischen Karakter ganz
entsprechend in seiner äußeren Erscheinung zwar zurück, hat aber durch sein stilles Feuer
in mancher Beziehung vielleicht einen nachhaltigeren Einfluß ausgeübt als beide.

Wie es so häufig bei innerlichen Naturen der Fall ist, so ist uns auch von Hugo's
äußerem Leben nur wenig bekannt. Was uns Thomas Garzonius von Bagnacaballo,
ein späterer Ordensgenosse (vgl. die venetian. Ausg. von Hugo's Werken), — der ihn
übrigens als ein Numen quoddam seiner societas und mit Bernhard als duo Coeli lumi-
naria infausti illius saeculi preist — davon zu berichten weiß, das läuft wesentlich darauf
hinaus, daß er zur Zeit des Pabstes Calirt II. gelebt habe, von Geburt Saxo nicht Gallus
gewesen, in jugendlichem Alter in das Kloster S. Victor eingetreten, später (was erweis=
lich unrichtig ist) Abt dieses Klosters geworden, und zuletzt, nachdem er ein frommes
Leben geführt und viele Schriften geschrieben habe, in diesem Kloster gestorben sey. Doch
werden uns allerdings durch einige anderweitige Nachrichten und namentlich durch seine
eigenen Schriften manche willkommene Ergänzungen an die Hand gegeben.

Streitig ist nun aber gleich von vorn herein der Ort seiner Geburt und seine Her=
kunft. Gemeinsam scheint sämmtlichen älteren Quellen nur dies zu seyn, daß er, wie
auch sein Grabstein besagt,

— — — origine Saxo

war; aber unter dem Namen Sachsen befaßte man seit der Ottonenzeit ganz Deutschland.
Spätere, allerdings aber ausführlichere und auf deutsche Quellen zurückweisende Nach=
richten nun (vgl. *Henrici Meibomii* jun. rerum germanicarum tom. III., Helmaestadii
1688, fol. 427 sq.) wollen wissen, daß unser Hugo dem Geschlechte der im Harzlande
heimischen Grafen von Blankenburg entstamme; während die älteren Berichte (vgl. tome
XII. der Histoire littéraire de la France) ihn ganz bestimmt als Lothariensis (d. h. aus
dem alten regnum Lotharii gebürtig) und noch näher das Gebiet von Ypern in Flandern
(territorium Yprense, nicht Ypern selbst, wie es in Neanders K.G. V, 2, 777 heißt)
als seine Heimath bezeichnen. Gegen die erstere Annahme scheint aber auch die unbefan=
gene Auffassung von Hugo's eigenen Worten in seiner eruditio didascalica III. (nicht
VII.), 20 zu zengen, wo es heißt: Ego a *puero* exulavi, et scio, quo maerore animus
arctum aliquando *pauperis tugurii* fundum deserat, qua libertate postea marmoreos lares
et tecta laqueata despiciat. Denn puer mit Liebner (in seiner Monographie über Hugo)
von seinem achtzehnten Lebensjahre zu deuten, so wie die Entstehung jener älteren Nach=
richt mit Leibniz daher zu erklären, daß Hugo auf seiner Reise von Hamersleben nach
Paris sich einige Zeit in der Gegend von Ypern aufgehalten habe, scheint mir nicht wohl
möglich zu seyn.

Etwa im Jahre 1097 geboren, ward Hugo, wahrscheinlich auf Veranlassung seines
gleichnamigen Oheims, der Archidiakonus zu Halberstadt war, dem unweit dieser Stadt
gelegenen Kloster Hamersleben zur Erziehung übergeben. Daß er als Knabe, wie Neander
will, nach Halberstadt gekommen und daß Bischof Reinhard von Halberstadt, wie Liebner
angibt, sein Oheim gewesen, scheint in den Quellen wohl nicht hinreichende Unterstützung
zu finden. Die Uebersiedelung von Ypern nach Hamersleben aber erklärt sich, zumal
wenn Hugo "in ärmlicher Hütte" geboren war, hinlänglich aus dem angeführten Ver=
wandtschaftsverhältniß, und beides mag wohl Anlaß zu jener unbegründeten Annahme
vornehmer Herkunft gegeben haben. Hugo selbst aber erzählt es uns in dem bereits an=
geführten Werke (lib. VI, cap. 3.), wie er von Jugend auf keine Gelegenheit, etwas
Tüchtiges zu lernen, versäumt habe (ego affirmare andeo, nihil me unquam, quod ad

eruditionem pertineret, contempsisse). Als Schüler sey es sein Bestreben gewesen, sich mit den Namen aller Gegenstände der Anschauung bekannt zu machen. Mit Kohlen habe er geometrische Figuren auf den Boden gezeichnet und zur Nachtzeit die Gestirne beobachtet. Reden und Gegenreden habe er sich ausgearbeitet und eingeprägt, und an aufgespannten Saiten dem Unterschiede der Töne gelauscht. Und daß er dies gethan, setzt er hinzu, bereue er nicht bis auf diese Stunde. Dabei aber versäumte er, wie sich von selber versteht, die frommen Uebungen klösterlicher Zucht nicht. In Erinnerung aber an jenen seinen Aufenthalt in Hamersleben widmete er später den Mönchen dieses Klosters und namentlich Einem aus ihrer Mitte sein Soliloquium de arrha animae, sie anzuregen, wie er sagt, zum Streben nach der wahren Liebe und zur Erhebung des Herzens zur himmlischen Freude.

Jenes wissenschaftliche religiöse Interesse Hugo's war es wohl auch, mehr als die in der Nähe des Klosters hausenden Kriegsunruhen, was ihn im achtzehnten Jahre seines Lebens mit seinem Oheime Hugo nach Paris, dem damaligen Centrum wissenschaftlichen Strebens, zu reisen veranlaßte. Hier hatte früher Bischof Reinhard von Halberstadt in dem Kloster von St. Victor sich seiner wissenschaftlichen Ausbildung wegen längere Zeit aufgehalten; auch beide Hugo ließen sich unter die regulären Kanoniker des h. Augustinus von St. Victor aufnehmen. Das Kloster stand damals unter der Leitung des Abtes Gilduin, die Klosterschule unter der des Prior Thomas, der dieses Amt seit dem Weggange Wilhelms von Champeaur, Abälards bekanntem Lehrer und Gegner, bekleidete. Des Thomas Nachfolger im Lehramte aber ward unser Hugo, der sich auch nach dem Tode seines Oheims von der ihm liebgewordenen Stätte nicht mehr trennte. In dem unscheinbaren Berufe eines Klosterlehrers — denn er ist weder Abt noch Prior geworden — fand er bis an sein Lebensende volle Befriedigung.

Von dieser seiner klösterlichen Wirksamkeit sind uns aber nur wenige karakteristische Züge aufbewahrt worden. Nur aus dem Einflusse, den seine Schriften z. B. auf einen Richard von St. Victor ausübten, und aus seinen Schriften selbst dürfen wir schließen, daß Hugo, obgleich er in gebrechlichem Leibe daherging, seine Schüler auch durch das Wort für Glauben und Wissenschaft zu entflammen verstand. Es war eine wissenschaftlich bewegte Zeit, in welcher Hugo sein Lehramt versah, die Zeit, da Abälard Tausende von Jünglingen durch den Glanz seiner Rhetorik an sich zu ziehen wußte, und viele Mahnungen Hugo's sind gegen diesen begabten, aber auch gefährlichen Lehrmeister, jedoch ohne daß er ihn persönlich nennt, gerichtet. Daß er aber doch auch von seinem stillen Kloster aus an dem kirchlichen Leben seiner Zeit regen Antheil nahm, wissen wir aus seinem allerdings uns nur spärlich erhaltenen Briefwechsel. Mit Bernhard namentlich bleibt er in regem Verkehr. Mit ernstem Worte straft er den Erzbischof Johann von Sevilla, der sich durch falsche Klugheit den maurischen Herrschern gegenüber zur Verläugnung Christi hatte verleiten lassen. »Den Glauben im Herzen, — so ruft er ihm zu — das Bekenntniß im Munde, das Kreuz auf der Stirn: so will es der Herr!« Beachtenswerth ist auch der leise Tadel, der dem Hugo bei aller Anerkennung seiner vita valde laudabilis ertheilt wird, daß er in den klösterlichen Selbstgeißelungen um seines gebrechlichen Leibes willen minder streng gewesen sey: in unsern Augen wird sich dieser Tadel zum Lobe gestalten. Ueber Hugo's Tod hat uns Otbert, sein Freund und Klostergenosse, einiges Nähere berichtet (Martene und Durand thes. nov. V, 883). Als er ihn herannahen fühlte, bekannte er unter vielen Thränen seine Sünden und verlangte sehnlich nach dem heil. Abendmahle; und als er dies empfangen, befahl er laut seinen Geist in Gottes Hände. Er starb im Jahr 1141, erst 44 Jahr alt, ein Jahr vor Peter Abälard. Seine Grabschrift aber konnte mit Recht von ihm rühmen:

Claruit ingenio, moribus, ore, stylo.

Ein volleres Bild von Hugo's Geistesleben aber wird erst der Einblick in seine Schriften uns gewähren. Schon im Kloster zu Hamersleben, also im frühesten Jünglingsalter, soll er seine schriftstellerische Thätigkeit begonnen haben, und bis an sein

Lebensende hat er sie fortgeführt. Es läßt sich in seinen Schriften auch eine frühere und eine spätere Periode, eine Zeit des einseitigen Mysticismus und eine Zeit harmonischer Durchbildung unterscheiden. Der letzteren gehören namentlich seine beiden Hauptwerke der eruditio didascalica und de sacramentis christianae fidei an, welche zum Theil aus früheren Schriften Hugo's erwachsen sind. So ist auch Hugo's summa sententiarum, welche früher mit Unrecht dem Hildebert von Mans beigelegt wurde (der angebliche tractatus theologicus des Hildebert ist, wie Liebner Stud. u. Krit. 1831, 2 dargethan hat, nur ein Theil von Hugo's summa), nur eine Vorstufe zu Hugo's dogmatischem Hauptwerk de sacramentis fidei.

Hugo war kein schöpferisch reformatorischer Geist; aber an das Vorhandene sich anzuschließen, es verklärend umzugestalten, das war seine Sache. Dialektik und Contemplation, in einem Anselm von Canterbury wie versöhnt, treten in Peter Abälard und Bernhard von Clairvaux auf's Neue feindlich einander gegenüber. In diesem Kampfe nun zwischen kirchlicher Mystik und philosophischer Scholastik stellte sich freilich Hugo mit voller Entschiedenheit auf Bernhard's Seite; aber was er erstrebte, das war doch die Einheit der Gegensätze, und auch in seinen Schriften tritt bald das mystische, bald das scholastische Element mehr hervor. Unbewußt und ungesucht trifft er nicht selten in dem Resultate seiner Forschungen mit Abälard zusammen. Seine Mystik aber ruht wie die Bernhard's überall auf praktisch-religiösen Grundlagen. Er bekämpft ebenso eine Dialektik, die, ohne etwas gelernt zu haben, sogleich philosophiren, als eine Mystik, die ohne den Buchstaben verstanden zu haben, sogleich allegorisiren will. Jener einseitigen Dialektik gegenüber hebt er die Bedeutung des Studiums der empirischen Wissenschaften und die Nothwendigkeit des Studiums der heil. Schrift und der Kirchenväter hervor. Hierzu anzuleiten verfaßte er sein auch für die Kenntniß des Bildungsgrades seiner Zeit wichtiges Werk de eruditione didascalica, wovon die drei ersten Bücher eine Art Encyclopädie der empirischen Wissenschaft, die drei letzten eine Art Einleitung in die heil. Schrift enthalten. (Was in den Ausgaben als siebentes Buch sich findet, ist eine selbstständige Schrift ohne Zusamenhang mit dem Vorhergehenden, wie dies bereits in der venetianischen Ausgabe von Hugo's Werken bemerkt wird.)

Von der Weisheit als dem Urgrunde aller Wissenschaft ausgehend, theilt Hugo diese in das Gebiet der Intelligenz, der Scienz und der Logik. Das Gebiet der Intelligenz, des höheren Wissens, gliedert sich in Theorik oder Spekulation und Ethik oder, wie er es nennt, Praktik. Das Gebiet der Scienz, des niederen Wissens, die Lehre von den Künsten und Handwerken erhält auch den Namen der Mechanik. Die Logik, welche es mit der richtigen Denk- und Ausdrucksweise zu thun hat, und unter sich das trivium: Grammatik, Rhetorik und Dialektik, befaßt, sey zwar der Natur der Sache nach zuletzt erfunden worden, müsse aber als Grundlage alles Wissens zuerst gelehrt werden. Die Theorik zerfällt ihm dann wiederum in die Theologie, die Mathematik und die Physik; der Mathematik aber ordnet er das quadrivium: Arithmetik, Musik, Geometrie und Astronomie, unter. — Am Schlusse dieser encyclopädischen Uebersicht klagt er — und hier werden wir den Gegensatz gegen Abälard und dessen Schüler nicht verkennen können — über die Vernachläßigung dieser empirischen Wissenschaften oder doch einzelner Theile derselben. Es helfe nichts, daß man einen berühmten Mann zum Lehrer gehabt habe. Durch's Alphabet gelange man zur Gelehrsamkeit. Er verweist auf das Beispiel des Pythagoras, der bis in's siebente Jahr von seinen Schülern das Hören verlangt habe. Aus diesem Gegensatze heraus — denn die Dialektiker seiner Zeit waren zumeist auch Versemacher — erklärt sich wohl auch Hugo's Abneigung gegen die Poesie, die uns sonst bei einem so sinnigen Gemüthe überraschen müßte. — Zuletzt aber redet er von den Hauptfordernissen des rechten Studirens, als welche er natürliche Anlagen, Uebung und Zucht nennt. Die letztere zu betonen ist ihm das Wichtigste, und treffend nennt er die Demuth den Anfang und Grund aller Wissenschaft. Nichts Wissenswerthes dürfe man für gering achten, von Jedermann müsse man gern lernen, Niemanden, auch wenn man etwas wisse, um deßwillen verachten.

In der Einleitung zur h. Schrift, d. h. dem 4.—6. Buche der eruditio, ist es zunächst bemerkenswerth, wie scharf er die apokryphischen Bücher der h. Schrift von den kanonischen sondert *). Aber auch sonst findet sich bei ihm, im Anschluß an Hieronymus, manche unbefangene historische Bemerkung. In Beziehung auf die Exegese selbst nimmt er nach dem Gebrauche seiner Zeit einen dreifachen Sinn, den historischen, den allegorischen und tropologischen an, und so sehen wir auch ihn durch den exegetischen Bann des ganzen Mittelalters, durch das leidige Allegorisiren geknechtet. Indessen bemerkt Hugo doch wenigstens, daß man jenen dreifachen Sinn nicht in allen Stellen der h. Schrift zu suchen habe. Ja der Theorie nach verlangt er sogar, daß der allegorischen Auslegung jederzeit die historische vorauszugehen habe. Er ruft aus: Si litera tollitur, scriptura quid est? Aber freilich entspricht dieser Theorie die Praxis in seinen zahlreichen exegetischen Schriften (er hat die meisten alttestamentlichen Bücher und im N. T. die paulinischen Briefe, besonders den Römer- und die Korintherbriefe commentirt) nur sehr wenig. Treffend aber unterscheidet er unter denen, welche die h. Schrift studiren, dreierlei Klassen. Thöricht und bedauerlich sey die Gesinnung Derer, die durch das Studium zu Reichthum und Ehrenstellen gelangen wollten. Unvorsichtig nennt er Die, welche Worte und Werke Gottes vernehmen wollten, nicht weil sie heilbringend, sondern weil sie wunderbar seyen. Lobenswerth ist ihm nur das Streben Derjenigen, welche die Schrift darum lesen, um bereit zu seyn zur Verantwortung Jedermann, der Grund fordert von der Hoffnung, die in ihnen ist, um die Feinde der Wahrheit widerlegen, die Unwissenden belehren zu können, um immer tiefer in die Geheimnisse Gottes einzudringen und um von immer höherer Liebe gegen Gott entflammt zu werden.

Dieses Werk de eruditione didascalica war es wohl vorzüglich, was dem Hugo bei seinen Zeitgenossen den Namen des magister oder didascalus verschaffte. Theologisch fast noch wichtiger sind die beiden andern genannten größeren Werke, die kürzere summa und die ausführlichere Schrift de sacramentis fidei. Gibt uns Hugo in der Summa im Wesentlichen nur einen Abriß der Kirchenlehre, so führt uns dieses in viel selbständigerer Weise sein eignes theologisches Forschen vor Augen. Aus ihm werden wir, unter Vergleichung des Verwandten in seinen übrigen Schriften, am besten seine religiöse Grundanschauung und die Haupteigenthümlichkeiten seines dogmatischen Systems kennen lernen.

Entsprechend der paulinischen Trichotomie von Leib, Seele und Geist unterscheidet Hugo ein dreifaches Auge im Menschen: das leibliche Auge für die sichtbaren Dinge, das Auge der Vernunft, wodurch die Seele sich selbst und, was in ihr ist, erkennt, und das Auge der Contemplation für Gott und die göttlichen Dinge. Durch die Sünde aber ist das Auge der Contemplation verlöscht, das Auge der Vernunft getrübt worden; nur das leibliche Auge ist in seiner Klarheit verblieben. An die Stelle der Contemplation tritt nun der Glaube, dessen meritum aber darin besteht, nicht zu sehen, und doch zu glauben. Si vides, non est fides. Die Vernunft sey aber nicht in dem Maße getrübt, daß unsre Unwissenheit in göttlichen Dingen Entschuldigung finden könne. In scharfsinniger Weise unterscheidet er, was ex ratione, secundum rationem, supra rationem und contra rationem sey, und zeigt, daß nur das Vernunftgemäße und das Uebervernünftige, nicht aber das Vernünftige, weil es ja gewußt werde, und das Vernunftwidrige, Gegenstand des Glaubens seyn könne. Der Glaube werde durch die Vernunft unterstützt, die Vernunft durch den Glauben vervollständigt. Die Gewißheit des Glau-

---

*) Hingegen scheint er zum N. T. auch die Decretalen und Kanonen und die Schriften der heiligen und gelehrten Väter zu rechnen. Liebner S. 63. 64 meint, daß er ihnen dieselbe Autorität zuerkenne wie den kanonischen Schriften. Doch sagt Hugo de sacramentis fidei Lib. I. P. I. c. 17; scripta patrum in corpore textus (des N. T.) non computantur, quia non aliud adjiciunt, sed id ipsum, quod in supra dictis (dem Kanon der Schrift) continetur, explanando et latius manifestiusque tractando extendunt. Anm. d. Red.

bens stehe zwar über dem Meinen, jedoch unter dem Wissen. Doch müsse allerdings ein gewisses Wissen, ein scire, quod ipsum sit, dem Glauben vorausgehn; aber erst auf das Glauben folge das wahre Erkennen, das intelligere quid ipsum sit, welches sich erst in der Ewigkeit vollende. Der eigentliche Werth des Glaubens aber bestehe in dem Affekt, der Richtung des Herzens, in der Ergreifung Gottes durch den Willen. Daher die Definition des Glaubens als voluntaria quaedam certitudo absentium supra opinionem et infra scientiam constituta. Je höher der Affekt, desto höher der Werth des Glaubens. Auf dem Fundamente des Glaubens aber erhebt sich die mystische Contemplation, jener Vorschmack der Ewigkeit. Der Weg aber, auf welchem man hierzu gelangt, ist die Reinheit des Herzens, Gebet und fromme Uebung (oratio et operatio). Durch den Umgang mit Gott wird das Herz täglich weiter gefördert und gelangt endlich zu solcher Gewißheit, daß es durch keine Macht der Welt von dem Glauben und der Liebe Gottes getrennt werden kann. Drei Stufen der Erkenntniß (tres animae rationalis visiones) unterscheidet Hugo, das Denken, das Sinnen, das Schauen (cogitatio, meditatio, contemplatio). In der Cogitation wird der Geist von den Dingen nur vorübergehend berührt. Die Meditation, eine wiederholte und emsige Cogitation, sucht das Verhüllte zu entschleiern, das Verborgene zu ergründen. Was aber die Meditation sucht, das besitzt die Contemplation (meditatio quaerit, contemplatio possidet).

Hier nun finden die zahlreichen mystischen Schriften Hugo's, aus seiner früheren und späteren Lebenszeit, wie seine annotationes in Dionysium Areopagitam de coelesti hierarchia, seine Werke de arca morali, de arca mystica, de vanitate mundi, sein schönes Selbstgespräch vom Pfande der Seele für die Hamerslebener Mönche, ihren Anschließungspunkt. Die Werke des Dionysius bilden bekanntlich die Grundlage des mittelalterlichkirchlichen Mysticismus. Das pantheistische Element in denselben wird überall von Hugo möglichst ausgeschieden, und selbst in seinen excentrischen Jugendwerken sehen wir zugleich mit der religiösen Gluth die Reinheit seines Gemüths hindurchschimmern.

Wenden wir uns nun zu den dogmatischen Eigenthümlichkeiten Hugo's, dem Gange seines oftgenannten Hauptwerkes nachgehend. Den Hauptinhalt dieses letzteren bildet das Werk der Erlösung (die opera restaurationis), und zwar so, daß das erste Buch desselben von der Schöpfung bis zur Menschwerdung des Wortes, das zweite von da bis zum jüngsten Gerichte reicht.

Treffend ist es, wenn Hugo in der Lehre von der Schöpfung den Menschen als Ziel der Weltschöpfung, Gott aber als das Ziel des Menschen bezeichnet. In der Lehre von den göttlichen Eigenschaften nimmt er gleich Abälard Macht, Weisheit und Güte als die drei Grundeigenschaften des göttlichen Wesens an. Die Lehre Abälards aber, daß Gott vermöge seiner Allmacht doch nichts mehr und nichts Besseres thun könne, als er thut, daß Wirklichkeit und Möglichkeit des göttlichen Handelns sich decken, bekämpft Hugo, ohne jedoch eigentlich mit Abälard in Widerspruch zu stehen. Er kommt dabei zuerst auf die später so wichtig gewordene Unterscheidung einer voluntas beneplaciti Dei und einer voluntas signi beneplaciti. Nur in dem ersteren Sinne, wenn man von dem eigentlichen Willen Gottes (de ipsa Dei voluntate) rede, decke sich göttliches Wollen und Können; nicht so in dem letzteren. Nicht daß Gott die Dinge, als wären sie unvollkommen gewesen, verbessere; wohl aber könne das Gute durch Gottes fortgehende Wirksamkeit noch vollkommener werden. Aber auch Abälard hatte nur von dem Willen Gottes in ersterem Sinne geredet. In der Summe bestreitet Hugo auch die Annahme, welche man wiederum mit Unrecht dem Abälard zur Last legte, daß Gott nur nach seiner Macht, nicht nach seinem Wesen allgegenwärtig sey. — Die Trinitätslehre sucht er sich wie Anselm durch die Analogie des menschlichen Geistes, als des Bildes Gottes, zu veranschaulichen. Geist, Weisheit und Liebe entsprechen den drei Personen. Der Unterschied aber bestehe darin, daß menschliche Weisheit und Liebe wandelbare Affektionen, die Weisheit und Liebe Gottes aber Gott selbst seyen, da ja in Gott nichts Andres als er selbst seyn könne. — Karakteristisch ist für Hugo die maßvolle Zurückhaltung, mit welcher er die

Lehre von den Engeln behandelt, wobei er sich aller müßigen Fragen zu entschlagen sucht. — In der Anthropologie steht Hugo, der ja auch von seinen Zeitgenossen den ehrenden Beinamen des alter Augustinus erhielt, auf wesentlich augustinischem Grunde, so jedoch, daß er die Härten des Systems zu mildern bemüht ist. Um die menschliche Freiheit mit der göttlichen Allmacht in Einklang zu bringen, unterscheidet er das Wollen an sich und die Richtung des Willens auf Bestimmtes. Jenes sey frei, dieses durch die göttliche Welt-ordnung gebunden. Auf diese Weise sey Gott nicht Urheber der Sünde (auctor ruendi), sondern nur Herr der menschlichen Handlungen (ordinator incedendi). — Hugo ist auch der Erste, bei dem sich der Begriff der gratia superaddita bestimmt ausgeprägt findet. Die Gnade zerfällt zunächst in eine gratia creatrix und eine gratia salvatrix. Mit der gratia creatrix war im Stande der Unschuld die Möglichkeit, nicht zu sündigen, gegeben; zum Gutesthun aber bedurfte es einer hinzukommenden Gnade (gratia apposita). Nach dem Falle aber bedarf es dazu nicht bloß dieser gratia cooperans, sondern auch der gratia operans. — Das Wesen der Erbsünde setzt Hugo, ähnlich wie später Melanch-thon, in die Unwissenheit und Concupiscenz. — Eine bedeutende Stelle aber nimmt Hugo in der Lehre von den Sakramenten ein. Obgleich er selbst in dem Titel seines Haupt-werkes das Wort sacramentum in dem hergebrachten allgemeineren Sinne gebraucht, so ist er es doch, der unter den Scholastikern zuerst der Lehre von den Sakramenten eine bestimmtere Fassung gegeben hat. Augustins Erklärung des Sakraments als sacrae rei signum genügt ihm nicht, und er selbst nennt es in seiner Summa eine visibilis forma invisibilis gratiae in eo collatae, oder noch bestimmter in dem Hauptwerke, ein leibliches, sinnlich wahrnehmbares Element, welches kraft der göttlichen Einsetzung eine unsichtbare Gnade im Bilde darstellt und wirklich enthält. Hugo ist auch der Erste, welcher die Sieben-zahl der Sakramente bestimmt auszeichnet, wobei er jedoch Taufe und Abendmahl noch besonders hervorzuheben scheint. Natürlich ist auch Hugo der Transsubstantiationslehre zugethan; die Art der Verwandlung nennt er transitio. Schön aber ist es, wie ihm dabei das praktische Element der Gemeinschaft mit Christo die Hauptsache ist, er von dem Sinnlichen auf das Geistige hinzuleiten sucht. »Sobald — sagt er — die sinnliche Empfindung aufhört, ist auch das Leibliche nicht mehr festzuhalten, sondern das Geistige zu suchen. Das Sakrament ist vollendet, seine Kraft bleibt. Christus geht aus dem Munde in's Herz über.« — In der Lehre von den Gelübden, die sich an die Sakraments-lehre anschließt, erkennen wir Hugo's sittlich-reformatorischen Geist, wenn er, von der üblichen Vertauschung der Gelübde durch die Dispensationen redend, sagt, daß Ein Ge-lübde, das nämlich, Gott seine Seele zu geben, unvertauschbar sey. Wer für seine Seele Geld geben wolle, der verliere sein Geld und seine Seele dazu. Manches seiner Worte erinnert hier an Luthers 95 Sätze.

Tiefe Blicke in Hugo's Herz läßt uns der nun folgende ethische Abschnitt des Wer-kes thun, wo er von der Hoheit der christlichen Liebe redet. Seine Besonnenheit aber erkennen wir darin, daß er sich mit großer Entschiedenheit gegen die Lehre von der so-genannten uneigennützigen Liebe erklärt. Das sey eine Verkennung des wahren Wesens der Liebe. Die Liebe lasse sich nicht denken ohne Verlangen nach dem Geliebten. Be-gehrst du nicht, so liebst du nicht (non amares, si non desiderares). Hugo hat auch ein eignes Schriftchen zum Lobe der Liebe, de laude caritatis geschrieben, und die Benedik-tiner haben Recht, wenn sie sagen, daß hier die Liebe selbst von der Liebe redet. Feu-rige Liebe zum Herrn ist in Wahrheit der Grundzug von Hugo's johanneischem Wesen, der rothe Faden, der sich durch alle seine Schriften hindurchzieht, und sein schönes Wort: Ubi caritas est, claritas est, gibt die beste Selbstkarakteristik seiner theologischen Per-sönlichkeit.

Hugo trat, wie wir sahen, in seiner äußeren Erscheinung zurück; seine Ideen aber haben befruchtend auf die nachfolgende Zeit gewirkt. Richard von St. Victor und Petrus Lombardus, beide ihm an religiöser Tiefe nachstehend, dürfen wir wohl als die beiden vorzüglichsten Fortleiter derselben ansehen. Hat dieser mehr die scholastische Seite Hugo's, so jener mehr die mystische Seite, oder, wenn wir wollen, mehr den ganzen Hugo in sich aufgenommen und systematisch gestaltet.

Von Hugo's Werken existiren fünf Ausgaben, die zu Paris 1526, zu Venedig 1588 (dieser allein konnten wir uns bedienen), zu Mainz und zu Cöln 1617 und zu Rouen 1648 erschienen sind. Die editio princeps ist die werthvollste; alle Ausgaben aber gehören zu den literarischen Seltenheiten. Eine neue, kritisch gesichtete — denn viel Unächtes trägt Hugo's Namen — Ausgabe seiner Werke oder auch nur seines Hauptwerkes de sacramentis fidei dürfen wir wohl als ein theologisches Bedürfniß bezeichnen. Beachtenswerthe Vorarbeiten dazu haben besonders Dubin (comment. de script. eccl.), die Benediktiner (Hist. lit. de la France tome XII.) und Liebner in seiner ausgezeichneten Monographie über den Hugo (Leipzig, 1832) geliefert.   Schneider.

Humanismus, s. Atheismus.

Humanität, s. Mensch.

Humerale, s. Kleider, geistliche.

Humiliatenorden oder Orden der Demuth. Er wurde nach Einigen unter Kaiser Heinrich II., nach Anderen unter Lothar II. im J. 1134, nach Anderen unter Friedrich I. in den Jahren 1158—1163 gestiftet. Darin stimmen die Nachrichten überein, daß er durch Adlige, die meist aus der Lombardei gebürtig und als Gefangene nach Deutschland gebracht worden waren, nach ihrer Rückkehr dadurch gegründet worden sey, daß sie sich als Büßende zu Buß- und Betübungen, wie zu Kasteiungen zu einer Klostergesellschaft verbunden und als solche Humiliati (Gedemüthigte) oder Religiose der Demuth genannt hätten. Der Orden nahm die Benedictinerregel an, erhielt von Innocenz III. die Bestätigung und verbreitete sich stark in Oberitalien, namentlich in der Lombardei und in Toscana. Späterhin traten mancherlei Mißbräuche und Unordnungen in ihm hervor, der Cardinal Borromeo wollte ihn reformiren, veranlaßte aber dadurch eine Verschwörung der Ordensglieder gegen sich und in Folge derselben sprach Pius V. 1571 die Auflösung des Ordens aus. Dagegen bestehen die Ordensschwestern, Humiliatinnen oder Nonnen vom Orden der Demuth noch jetzt in Italien in einigen Klöstern. Sie hießen sonst auch »Nonnen der Blassoni« oder »Blassonische Nonnen,« nach dem Namen ihrer Stifterin, der Frau von Blassoni. Die Constitutionen verpflichten sie im Wesentlichen zu strengen Buß-, Bet- und Fastenübungen, in der Fastenzeit zu besonderen Kasteiungen.   Rendecker.

Hund, bei den Hebräern. Dieses bei uns so vielfach benutzte und seiner Anhänglichkeit und anderer guten Eigenschaften wegen so beliebte (s. dessen Lob bei Cic. de nat. Deor. II, 63.) Hausthier war bei den Hebräern, wie im übrigen Orient bis auf unsere Zeit, verachtet (Pred. 9, 4.) und wurde als ein unreines Thier, als welches er öfter mit dem Schweine zusammengestellt wird (Jes. 66, 3. Matth. 7, 6. vgl. Horat. Epp. I. 2, 26; II. 2, 75.), sehr wenig gebraucht, bloß zur Bewachung der Heerden (Hiob 30, 1. Jes. 56, 10., wo auch das Träumen der Hunde erwähnt ist) und Häuser, zum Vergnügen aber erst in spätern Zeiten oder in heidnischen Ländern (Tob. 5, 16; 11, 4. vgl. Matth. 15, 27.; nach jüdischen Erklärern soll Spr. 30, 31. unter זַרְזִיר das »Windspiel« gemeint seyn, was jedoch zur Sache wenig paßt). Hingegen liefen, besonders in den Städten, wie noch heute, eine Menge herrenloser Hunde umher (vgl. Luk. 16, 21.), die, zum Theil wild und bösartig (vgl. Ps. 22, 17. 21. vgl. Burckhardts Reisen in Syrien II. S. 870), besonders Nachts, wo sie hungrig die Gassen durchstreifen, nachdem sie den Tag über sich auf den Feldern herumgetrieben haben, gefährlich sind und von Natur gefräßig (Jes. 56, 11.), selbst Leichname nicht verschmähen, die sie herumschleifen und verzehren; daher der häufige Ausdruck: die Hunde werden dein Blut lecken, dein Fleisch fressen — zur Bezeichnung des schmählichen und gewaltsamen Todes Jemandes, dem kein ehrliches Begräbniß zu Theil wird, 1 Kön. 14, 11; 16, 4; 21, 19. 23; 22, 38. 2 Kön. 9, 10. 36. Ps. 59, 7. 15 f.; 68, 24. Jer. 15, 3. Diesen wilden Hunden sollte auch gefallenes oder zerrissenes Vieh als Nahrung überlassen werben, 2 Mof. 22, 31., auf ihre eckelhafte Gewohnheit, ihr Gespei wieder zu fressen, wird sprichwörtlich angespielt Spr. 26, 11. 2 Petr. 2, 22. Während bei einigen Völkern des Alterthums Hunde sogar geopfert (Pausan. 3. 14, 9; Plutarch. Romul. c. 21, quaest. rom. c. 52) und ihr Fleisch gegessen wurde (Plut. de solertia anim. c. 2; Justin. 19, 1.), waren den Israeliten derlei Opfer ein Gräuel Jes. 66, 3. und „Hund" galt bei ihnen überhaupt als Bezeichnung alles Unreinen und Profanen, Gemeinen und Niedrigen, Verworfenen und Unverschämten, s. 1 Sam. 17, 43; 24, 15. 2 Sam. 9, 8. 2 Kön. 8, 13. Sir. 13, 22. Philipp. 3, 2. Apok. 22, 15. Es war daher einer der beleidigendsten Schimpfnamen 2 Sam. 16, 9. wie „Hundskopf" ib. 3, 8. und in späterer Zeit eine gewöhnliche Bezeichnung der Heiden vom schroff-jüdisch-partikularistischen Standpunkte aus, vgl. Matth. 15, 26. und dazu. Lightfoot, Schöttgen horae hebr. p. 1145, Wetstein zu Philipp. 3, 2. und Matth. 7, 6., wie umgekehrt heutzutage bekanntlich die Christen von den Muhammedanern des Orients so betitelt werden. Wegen seiner offenen Geilheit diente der Hund auch als Bild des scortum virile, 5 Mof. 23, 19. (Apok. 22, 15. scheint nur allgemein die „Unreinen" unter den κύνες zu verstehen, nicht gerade cinaedi). S. weiter *Bochart*, Hierozoic. I. p. 769 sqq. ed. Lips.; Oedmann, verm. Sammlungen a. d. Naturkunde V. S. 20 ff.; Winer's R.W.B. Tobler, Denkbl. S. 115 f. Rüetschi.

Hunnius, Aegidius, streng-lutherischer Theolog in der zweiten Hälfte des 16. Jahrhunderts, war geboren zu Winnenden am 21. Dec. 1550 von Eltern geringen Standes; schon vor seiner Geburt hatte ihn die Mutter nach einem Traume zum geistlichen Staude bestimmt. So schnell durchlief er die württembergischen Vorbereitungsanstalten, die Klöster Adelberg und Maulbronn und das Tübinger Stift, daß er schon 1567 Magister wurde. Acht Jahre, von 1565—1574, studirte er in Tübingen unter Jakob Andreä, Heerbrand, Schnepf und dem jüngern Brenz, anfangs geärgert durch die verdorbenen Sitten seiner Mitschüler, aber durch eine dankbar anerkannte Führung davor geschützt, zuletzt selbst als Repetent und eifriger Berather der jüngeren Commilitonen, vielfach geübt im Disputiren und Predigen, und dafür 1574 als Diakonus in Tübingen angestellt. Einen so früh so ausgezeichneten Schüler konnte trotz seiner Jugend Jakob Heerbrand (er sagte, wie Reuchlin von Melanchthon, hunc iuvenem se senem longe superaturum esse) statt seiner empfehlen, als ihn die Söhne Landgraf Philipps von Hessen, Wilhelm und Ludwig, beide die Schwiegersöhne Herzog Christophs von Württemberg, für die gemeinschaftlich geleitete Stiftung ihres Vaters, die Universität Marburg, im J. 1576 gewinnen wollten; seit dem Tode des Andreas Hyperius (gest. 1564), welcher durch Nik. Rhyding (geb. 1519, gest. 1580) durch Dan. Arcularius (gest. 1596) und durch Georg Sohn (geb. 1551, gest. 1589) nicht ersetzt wurde, und jetzt nach Vietors Tode fehlte es hier an einem hervorragenden Theologen. Aber freilich erhielt hier die hessische Landeskirche einen in ganz anderer Weise ausgezeichneten Führer, als jenen Hyperius, welcher sie als Hauptbearbeiter der Kirchenordnung vom J. 1566 hatte begründen helfen, und ihre heilsame Fortentwickelung nicht von Belebung, sondern von Beschwichtigung der doctrinären Polemik und von Fernhalten derselben aus dem Gottesdienst der Gemeinen erwartete (f. d. Art.). Vielmehr setzte Hunnius in Hessen, wo dies ganz neu war, 16 Jahre lang, von 1576 bis 1592 seinen Geist und seine Gelehrsamkeit, seinen Muth und seine Beredsamkeit ein, um für die württembergische Ubiquitätslehre einen Anhang zu vereinigen, welcher die dort auf dem Grunde der wittenberger Concordie vom J. 1536 bestehende und durch Landgraf Philipps Testament sanktionirte evangelische Union nicht mehr lutherisch genug und darum gewissenshalber nicht mehr erträglich faud, sondern dafür als für ein unveräußerliches Recht zu streiten sich für verpflichtet hielt, daß er diesem Frieden gegenüber sein besonders Bekenntniß offen geltend machen und entgegensetzen dürfe. Sein erstes Wort auf der achten hessischen Generalsynode zu Cassel im August 1576, wo er kurz nach seiner Ankunft in Hessen als 26jähriger Doktor der Theologie erschien, war die Behauptung, daß Melanchthon mit Calvin in der Abendmahlslehre zusammenstimme, und daß allen Schriften Luthers ein öffentlicher Karakter beizulegen sey*); als die Synode die Annahme des torgischen Buches wegen der Abend= mahlslehre und Christologie desselben ablehnte, erklärte Hunnius in einem Separatvotum seine Zustimmung zu dieser ganzen Schrift. In Marburg, wo Landgraf Ludwigs wür= tembergische Gemahlin und mit ihr der Landgraf sich bald ganz der Leitung und Predigt ihres jungen schwäbischen Theologen hingaben, gelang es ihm auch unter Geistlichen und Weltlichen so viel Anhang zu finden, daß erst hierdurch der Grund einer Spaltung gelegt wurde, welche sich zunächst auf allen folgenden Synoden als Hinderniß des bisher erhal= tenen Friedens erwies und noch im folgenden Jahrhundert zu der völligen Trennung der hessischen Landeskirche das Meiste beitrug. Vergebens bemühte sich dem entgegen während der ganzen Zeit von Hunnius' Aufenthalt in Marburg der begabteste und thä= tigste Sohn Landgraf Philipps, Wilhelm der Weise in Cassel (geb. 1532, gest. 1592), Hunnius von seinen Gegenbemühungen gegen den auf die Wittenberger Concordie und auf einen verbreiteten Gebrauch des Corpus Philippicum gegründeten Friedenszustand und namentlich von dem Dringen auf die württembergische Ubiquitätslehre abzubringen; doch bald mußte er auch seinen älteren Theologen vorhalten: »ihr habt euch von dem jungen Sophisten überreden lassen zu hinken und der Ubiquität zu patrociniren; was seyd ihr für stumme Hunde, daß ihr solche Wölfe nicht anbellen wollt?« Noch mehr billigten lutherische Theologen, wie Heßhusen, Wigaud u. a. Hunnius »Bekenntniß von der Person Christi,« welches der Landgraf sich unterm 27. Jan. 1577 von ihm hatte ausstellen und von jenen Theologen begutachten lassen**). Auch die Agitation der polemi= schen Predigt, von Hyperius so entschieden als eine Beschädigung der Gemeinen verwor= fen, fing Hunnius jetzt mit Erfolg in Hyperius Wirkungskreise an; im J. 1577 konnte er bereits, ehe es zu einer allgemeinen Discussion über die Annahme der Concordien= formel kam, einige oberhessische Geistliche vorher bestimmen sie freiwillig zu unterschrei= ben, wodurch nun für alle nächsten Verhandlungen darüber das Gelingen einer gemein= samen Maßregel unmöglich gemacht wurde. Zwar wurde unter dem Uebergewicht Land= graf Wilhelms und seiner niederhessischen Geistlichen, welche für die Erhaltung des bis= herigen auf Bucers Concordia gegründeten Zustandes stritten, die Einführung der Con= cordienformel auf den nächsten Generalsynoden noch mehrmals abgelehnt; auf der einen derselben, im J. 1580, wurden den Mitgliedern und den dazu eingeladenen Professoren zuerst fünf Tage lang auf Landgraf Wilhelms Befehl 21 Schriften gegen die Concordien= formel, dann auf Landgraf Ludwigs Verlangen noch an zwei Tagen 6 Schriften für dieselbe vorgelesen***). Aber der sichere Schade stellte sich doch auf den fünf letzten jährlichen Synoden der Jahre 1578 bis 1582 als eine Frucht der Einwirkung von Hun= nius heraus, daß man gerade über das Bekenntniß nicht mehr einig wurde, und so mußte man zuletzt die Synodalabschiede in dieser Hinsicht so unbestimmt formuliren und in dieser Unbestimmtheit so bedeutungslos wiederholen, daß das ganze Institut der Synoden hierdurch zwecklos erscheinen und in Verfall gerathen konnte. Desto wirksamer konnte Hunnius nun, nachdem er mit den Synoden auch das bestehende kirchliche Band zwischen den Niederhessen und den Oberhessen hatte zerstören helfen, bei den letzteren um Marburg her seinen Einfluß befestigen; alle Unterhandlungen des Landgrafen Wilhelm mit seinem Bruder Ludwig oder mit Hunnius selbst, um diesen von Marburg zu ent= fernen, führten zu nichts, wiewohl er ihm schon 1581 hatte andeuten lassen, »ob er nicht so viel Vernunft und Verstand habe, daß er sich selbst bescheiden könne, was ihm

---

*) Aktenmäßige Nachrichten über Hunnius' Wirken in Hessen, insbesondere auf den dortigen Synoden, in Heppe's Geschichte der hessischen Generalsynoden von 1568—82, Cassel 1847, Bd. I. S. 203 ff. Bd. II. S. 11 ff., und in den Urkunden, manches auch schon bei Leuchter antiqua Hessorum fides, Darmstadt 1607 in 4., S. 227 ff.

**) Heppe a. a. O. Th. 1. S. 228. 230.

***) Heppe a. a. O. Th. 2. S. 103 ff.

Gewissens Ehren und Pflichten halber bei solcher Gelegenheit gebühre«*). Vielmehr in den zehn Jahren 1582—92, während welcher Hunnius nach dem Aufhören der gemeinsamen Synoden noch Professor und Prediger in Marburg blieb, vermochte er erst vollends unter den nun schon fast losgerissenen Oberhessen, unter Collegen, Geistlichen und jüngern Lehrern der Stipendiatenanstalt sich einen Anhang und eine Schule zu bilden, welche für die ihnen hier aufgetragene württembergische Theologie auch nach Hunnius Abgange noch die hessische Tapferkeit einzusetzen bereit war. Dabei ließ er es nicht an Eigenmächtigkeiten fehlen, wie wenn er 1585 neue Doktoren der Theologie, darunter den nachher für sein Lutherthum vertriebenen Superintendent Heinrich Leuchter, ehe er sie promovirte, auf die Concordienformel schwören ließ; Landgraf Wilhelm setzte hiergegen eine neue Eidesformel für die Promotionen fest, nach welcher die Promovenden in der Abendmahlslehre nur auf Augsburgische Confession, Apologie und Wittenberger Concordie verpflichtet wurden, und von welcher nach dem Zeugniß desselben Leuchter (a. a. O. S. 285) erst 1607 bei Promotion eines Züricher Theologen durch Auslassung der Augsburger Confession und der Concordie abgegangen seyn soll. Noch größeres Aufsehen erregte in demselben Jahre 1585 Hunnius' größere Schrift von der Person Christi, oder wie der längere Titel lautete libelli IV. de persona Christi eiusque ad dexteram Dei sedentis divina maiestate, quorum primus doctrinae sanae ex scriptura confirmationem et contrariae opinionis ἔλεγχον continet, secundus purioris antiquitatis unanimem consensum continet, tertius Lutheri constantem et iam inde a moto certamine sacramentario invariatam sententiam complectitur, quartus invictam demonstrationem habet nostras ecclesias asserendo maiestatem filii hominis ab A. C. nil quicquam recedere, sicher eine gelehrtere Ausführung des früheren deutschen Bekenntnisses vom J. 1577, in welchem er schon ausgeführt hatte, partielle κοινωνία der menschlichen Natur mit der unendlichen Natur des Logos sey, nicht communio naturarum sondern nur communio einiger göttlichen Gaben, und führe die Reformirten nach dem aristotelischen finitum non est capax infiniti höchstens zu einem nestorianischen ϑεοφόρος ἄνϑρωπος; völlige κοινωνία aber, schriftgemäß nach Kol. 2, 9; 1, 19., schließe ein, daß die unendliche Person des göttlichen Logos nirgends könne von ihrem angenommenen Fleisch gesondert seyn, daß vielmehr die göttliche Natur die assumirte menschliche überall mit sich verbunden und mit ihr gegenwärtig haben müsse, und daß also der ganze Christus allenthalben gegenwärtig seyn müsse, zu welcher Gegenwart es aber, da bei Gott keine Unterschiede von Zeit und Raum gelten, einer räumlichen Gegenwart, und darum einer Aufhebung der Endlichkeit der menschlichen Natur an sich, und eines räumlichen Diffundirtseyns derselben, welche man ihm fälschlich vorwerfe, gar nicht bedürfe; bei der Einsetzung des Abendmahls saß Christus räumlich geschiedener von den entfernter sitzenden Aposteln, aber seinem ganzen Wesen nach war er allen gleich sehr nahe und gegenwärtig**). Wohl antwortete nun einer von Landgraf Wilhelms Theologen, der Sup. Bartholomäus Meyer zu Cassel (geb. 1528, gest. 1600) hierauf in einer Gegenschrift, welche auch noch 1587 zu Schmalkalden erschien; aber an Gelehrsamkeit und Beredsamkeit war Hunnius diesem weit überlegen, und so sehr fürchtete Landgraf Wilhelm selbst das Zunehmen eines Streites über die Ubiquität, daß er auch Meyer's Schrift noch unterdrücken zu lassen versuchte. Im J. 1590 aber starb Landgraf Ludwigs erste württembergische Gemahlin, in einer trefflichen Gedächtnißrede***) von Hunnius, welcher ihr noch im Tode

---

*) Heppe, Thl. 2. S. 160.

**) Diese deutsche „Confessio oder kurze Bekendtnus von der Person Christi und ihrer Majestät nach der angenommenen Menschheit, und sonderlich de omnipraesentia hominis Christi" vom 27. Jan. 1577 und Wittenberg 1609 in 4. gedruckt mit Censuren von Barth. Rosinus, Heßhusen und Wigand, fehlt in den Verzeichnissen von Hunnius' deutschen Schriften bei Fischlin und Strieder.

***) Sie ist wieder gedruckt in Panegyrici Academiae Marburgensis 1590. 8. S. 76 ff.

beigeſtanden hatte, geprieſen nicht nur für ihre Wohlthätigkeit und Frömmigkeit, ſondern auch für ihre Einſicht, sive dexteritatem allegandi S. S. et in applicando accuratum iudicium, sive de controversis etiam capitibus Christianae fidei conferendi vim faculta-temque consideres, und ſchon 1591 nahm der Hof zu Marburg nach Ludwigs Heirath mit Gräfin Maria von Mansfeld einen andern Karakter an. Doch in demſelben Jahre ſtarb auch der junge Kurfürſt Chriſtian von Sachſen, und wie ſeine und Kanzler Crells Regierung früher die ſchwäbiſchen Theologen, welche dort unter Jakob Andreä's Leitung an die Stelle der Philippiſten geſetzt waren, Polykarp Leyſer und Georg Mylius, wie-der entfernt hatte, ſo machte jetzt Herzog Friedrich Wilhelm, ein Enkel des Conſeſſors Kurfürſt Johann Friedrich, als Adminiſtrator von Kurſachſen wieder dem Kanzler Crell und dem Calvinismus, welchen dieſer eingeführt haben ſollte, den Proceß, und berief nach Beſeitigung der vorgefundenen Theologen wieder die Schwaben nach Wittenberg, zuerſt Ge. Mylius von Jena, wenigſtens auf einige Zeit, ferner Polykarp Leyſer, welcher bald nachher in die Dresdener Oberhofpredigerſtelle aufrückte, wenig ſpäter Leonhard Hütter, und Samuel Huber, welcher damals nach Amt und Bekenntniß (Walch Str. I, 187—88) auch zu den Württembergern zählte, und ſchon früher 1592 auch Hunnius, während Landgraf Wilhelm, welcher ſchon früher vertriebene Philippiſten aus Sachſen, wie Caſpar Cruciger, aufgenommen hatte, jetzt auch verjagte Schützlinge Crells, wie Gregor Schönfeld, in Caſſel anſtellte *). Noch in demſelben Jahre 1592 wurde Hun-nius vom Adminiſtrator mitzugezogen zu der Viſitationscommiſſion, welche Kurſachſen vom Calvinismus reinigen ſollte, und bei Concipirung des neuen Bekenntniſſes, welches der Herzog bei dieſer Gelegenheit entwerfen ließ, den articuliis visitatoriis über Abend-mahl, Perſon Chriſti, Taufe und Prädeſtination mit ſpeciellen Verwerfungen der calvi-niſchen Lehren über dieſe Lehren, welche bis in unſer Jahrhundert in Sachſen haben unterſchrieben werden müſſen (abgedruckt z. B. in Haſes Ausgabe der ſymb. Bücher S. 862—66), wird Hunnius der vornehmſte Mitarbeiter geweſen ſeyn, wie auch unter andern darin abgeſchworen wird, Chriſtus habe ſeiner menſchlichen Natur nach bloß endliche Macht und erſchaffene Gaben mit der Erhöhung erhalten, und es ſey Gott un-möglich nach ſeiner Allmacht zu bewirken, daß der Körper Chriſti an mehreren Orten zugleich ſey. So wurde denn durch dieſe zweite Transfuſion württembergiſcher Theologie nach Sachſen wirkſamer als durch die erſte die dort noch heimiſche melanchthoniſche Tra-dition vollends unterdrückt, und von nun an auch an andern Orten, wo ſie ſich etwa noch erhielt, wie zu Helmſtädt, von Wittenberg aus bekämpft. Zur Leitung gleicher Reactionen gegen eingedrungenen Calvinismus wurde Hunnius auch in andere deutſche Territorien berufen, wie nach Schleſien zum Herzoge Friedrich von Liegnitz. Im Jahr 1594 ließ ſich Herzog Friedrich Wilhelm von Hunnius ſelbſt auf den Reichstag nach Regensburg begleiten, und dort ein Gutachten ausſtellen, welches dienen ſollte, die ſchon entſtehende größere Einigung aller evangeliſchen Reichsſtände Deutſchlands unter Mit-wirkung von Kurpfalz wieder zu ſprengen, und worin Hunnius ausführte, Gemeinſchaft einzugehen mit denen, welche »ſich allein zu der geänderten Augsb. Conf. referiren und ziehen, wie heutigen Tages die Calviniſten thun« heiße die Invariata aufheben und die mit ihr Einverſtandenen den Calviniſten nachſetzen; »die Papiſten würden deſto weniger den Religionsfrieden zu halten ſich ſchuldig erkennen, wenn man andere verworfene Sek-ten in die gemeinſchaftliche Augsb. Conf. und den darauf« (nur durchaus nicht bloß auf die Invariata) »fundirten Religionsfrieden ziehen wolle;« auch würden »durch dieſen

*) Ueber die Veränderungen, welche von dem Regierungswechſel in Kurſachſen auf die theologiſche Fakultät zu Wittenberg ausgingen, ſ. die Bemerkungen im liber decanorum facultatis theol. acad. Vitebergensis herausg von Förſtemann, L. 1838 S. 58—78. Bei Crell's erſten Schritten iſt zum J. 1588 bemerkt: Summa eius (reformationis h. a.) haec fere fuit, quod constitutiones proxima priore reformatione factae maximam partem mutatae vel prorsus abro-gatae sunt.

Actum die Sakramentirer in ihrer gottlosen Lehre trefflich gestärkt werden, viel frommer Herzen, welche eine manifestam separationem von dieser schädlichen Sekte wünschen und hoffen, würden dadurch höchlich betrübt werden," u. dgl. *). Besser in den Schranken seines Berufes, als wenn er hier nach den theologischen Dissensen noch unmittelbarer an der Zersplitterung des Vaterlandes arbeiten und unter die deutschen Fürsten mehr Zwietracht säen half, blieb Hunnius mit seinen scharfen Streitschriften gegen die Lehre Calvins und gegen den ausgezeichnetsten der damaligen pfälzischen Theologen David Pareus, wie Calvinus iudaizans, sive Judaicae glossae Jo. Calvini in explicandis testimoniis S. S. de trinitate etc. 1593 Antipareus 1594 und Antipareus alter 1599. Von den lutherischen Theologen stritt er mit Daniel Hoffmann über die Ubiquität (oben S. 186) und in der Nähe mit seinem Collegen Sam. Huber über dessen Meinung von der Allgemeinheit der göttlichen Gnadenwahl; Huber, welcher freilich Hunnius zuerst angegriffen hatte, wurde schon 1594 gefangen gesetzt und 1595 aus Sachsen weggewiesen, das Nähere Walch, Streitigk. I, 188 ff. Ungewiß ist, wie weit er noch 1601 mit seinen Collegen wegen des Exorcismus in einen Dissens gekommen sey; nach den Angaben seiner Erben können ihm die nach seinem Tode unter seinem Namen herausgegebenen Thesen gegen den Exorcismus nicht zugerechnet werden, sondern für eine von Kurfürst Christian II. veranlaßte Discussion über Abschaffung des Exorcismus hatte er sich nur die Gründe gegen denselben aufgezeichnet, aber ungewiß gelassen, wie weit er diesen bestimmte**). Auch gegen katholische Kirche und Theologie stritt er in Schriften über den Pabst, über Ablaß und Jubeljahr u. a., ebenso persönlich und mündlich im J. 1601 auf dem Religionsgespräche zu Regensburg, wo er sich als den thätigsten Disputator gegen die Jesuiten Gretser und Tanner erwies; mit dem letztern führte er den Streit auch noch in Schriften fort. Doch überlebte er ihn nicht lange; er starb schon am 4. April 1603 zu Wittenberg, noch nicht 53 Jahre alt. Von seinen acht Kindern wurde der zweite Sohn, Helfrich Ulrich, geb. 1583, gest. 1636, im J. 1613 Prof. der Rechte zu Gießen, 1625 bei der Occupation Marburgs für Darmstadt Vicekanzler in Marburg, aber 1630 katholisch und kurtrierischer Kanzleidirector; der jüngste Sohn, Aegidius, geb. 1594, gest. 1642, wurde Superintendent zu Altenburg und Dr. theol.; von dem dritten Sohne s. den ff. Art.

Hunnius ist sehr entgegengesetzt beurtheilt, je nachdem Gegner oder Freunde sich über ihn geäußert haben. Der pfälzische Kanzler Justus Reuber schreibt im J. 1587 an Franz Hottomann: Ludovicus Landgravius, ubiquitarius summus, talis factus a dominante coniuge, quae a Hunnio theologo, pessimo nebulone, regitur ***). Dagegen nannte ihn Joh. Gerhard den trefflichsten unter allen neueren Theologen †), und Joh. Schmidt in Straßburg sagt in einer Memorie von ihm, daß er consensu omnium ex merito tertium a Luthero locum obtinuit ††).

Eine Gesammtausgabe der lateinischen Schriften des Hunnius in drei Folianten gibt es von seinem Schwiegersohne Helv. Garthius, Wittenb. 1607–9; ein Verzeichniß ihres Inhaltes in Fabricii historia bibl. suae Th. I. S. 24—31 in L. Melch. Fischlin memoria theologorum Wirtembergensium S. 253—75 und in Strieder, hess. Gelehrtengeschichte Bd. 6. S. 243—77; die letzteren geben auch die Titel seiner deut-

---

*) Das Schreiben in Häberlin's deutscher Reichsgeschichte Th. 19. S. XVIII. ff., s. auch das. Th. 18. S. 472.

**) Joh. Melch. Kraft, Historie vom Exorcismo, Hamburg 1750 S. 539—575, besonders S. 559—60.

***) Epistolae Hotomannorum, Amsterdam 1700. 4. S. 191. Beschwerden über des jungen Hunnius Verhalten schon vom J. 1577 von Joh. Pincier, in Kuchenbecker Analecta Hassiaca Th. 5. S. 443—46.

†) König, bibliotheca vetus et nova, Altorf 1678 S. 418.

††) Witte, memoriae theol. S. 934.

schen Schriften und Reden an. Zu den dogmatischen und polemischen Werken, von wel=
chen oben Beispiele gegeben sind, kommen noch zahlreiche Commentare über biblische
Bücher, Reden, Briefe, und selbst einige lateinische Dramen, z. B. Josephus, comoedia
sacra, "zu Straßburg öffentlich gespielet im Julio 1597" und dort auch 1597 mit ver=
sificirten deutschen Inhaltsanzeigen der Akte gedruckt, welche letztere für die des Latein
unkundigen Zuhörer als Prologe vor jedem einzelnen Akte vorgetragen zu seyn scheinen.
Nachrichten über Hunnius' Leben ebenfalls bei Strieder, Fischlin und Fabricius
a. a. D.; eine deutsche Leichenpredigt von seinem Collegen Sal. Gesner über 2 Tim.
4, 6—8. Tübingen 1603. 4. und eine lateinische Denkschrift von Leonhard Hütter,
eine spätere soll von J. G. Neumann seyn, de vita Aeg. Hunnii, Wittenberg 1704. 4.
Ausführlichere Nachrichten über seine hessische Zeit bei Leuchter und Heppe a. a. D.;
mehr wird hier noch aus den Archiven zu Cassel zu schöpfen seyn. Kürzere Angaben in
Melch. Adam, vitae Germ. theol. S. 723—31. Jof. Tilemann Schenck, vitae theol.
Marburgens. p. 149—60. Ueber seine Stelle in der Geschichte der lutherischen Dogmatik
f. noch Jul. Müllers evang. Union S. 213. 282 ff., Al. Schweizers prot. Central=
dogmen. Th. 1. S. 586 ff.   Henke.

Hunnius, Nikolaus, einer der rüstigsten Kämpfer des Lutherthums und der
kirchlichen Orthodoxie innerhalb desselben, war ein Sohn des berühmten Aegidius Hun=
nius und wurde zu Marburg in Hessen am 11. Juli 1585 geboren. Schon als fünf=
zehnjähriger Jüngling bezog er die Universität Wittenberg, wo er zuerst Philologie und
Philosophie, dann Theologie studirte. Von der dortigen philosophischen Fakultät unter
die Zahl ihrer Adjunkten aufgenommen, begann er daselbst im Jahr 1609 philosophische
und bald auch theologische Vorlesungen zu halten. Die entschiedene Tüchtigkeit, die Hun=
nius in seinem Wirken an den Tag legte, bewog den Kurfürsten Johann Georg I. von
Sachsen, ihm im Jahr 1612 die Superintendentur zu Eilenburg zu übertragen. Durch
gewissenhafte Erfüllung seiner Amtspflichten erwarb er sich hier gar bald die Achtung
seiner Oberen, die Liebe seiner Gemeinde. Auch zu seiner ersten größeren literari=
schen Arbeit fand er hier die nöthige Muße. Sie erschien zu Wittenberg im
Jahr 1614 unter dem Titel: Ministerii Lutherani divini adeoque legitimi demonstratio,
Rob. Bellarmini, Tho. Stapletoni, Greg. de Valentia, Jac. Gretseri et Henr. Lancelotz
monachi φλναρίας potissimum opposita und zeigte ihn als einen gewandten, wohl ge=
rüsteten und muthigen Streiter für den göttlichen Beruf des evangelischen Predigtamtes,
gegenüber den Sophistereien der katholischen Gegner.

In Wittenberg war unterdeß der wegen seiner kirchlichen Orthodoxie durch den
Ehrennamen Lutherus redivivus gefeierte Professor Controversiarum, Leonhard Hutter,
gestorben, und Johann Georg I. berief im J. 1617 Nikolaus Hunnius an dessen Stelle.
Den alten Ruf der Rechtgläubigkeit, dessen die Universität bisher genossen hatte, wollte
der Kurfürst ihr auch ferner bewahrt und den Lehrbegriff der lutherischen Kirche von
ihr auch ferner gegen die Feinde derselben vertheidigt wissen, und dazu glaubte er in
Hunnius den rechten Mann gefunden zu haben. Das akademische Wirken des Hunnius,
seine Predigten und vor Allem seine Schriften bewiesen, daß man in ihm sich nicht
geirrt hatte. In seinen Schriften polemisirte er zunächst gegen die Papisten. Der
Augustiner Heinrich Lancelot von Mecheln hatte auf des Hunnius Demonstratio Minis=
terii Lutherani divini atque legitimi eine Entgegnung, unter dem Titel: Capistrum
Hunnii seu Apologeticus contra illegitimam Missionem Ministrorum Lutheranorum, zu
Antwerpen im J. 1617 erscheinen lassen, in Folge deren Hunnius das Capistrum
Hunnio paratum Lanceloto injectum, hoc est, evidens probatio, demonstratione Minis=
terii Lutherani divini adeoque legitimi Henricum Lancelotum ita convictum et cap=
tum, ut ejus fundamenta toto suo apologetico ne quidem tangere ausus fuerit,
multo minus subruere potuerit noch in demselben Jahre zu Wittenberg edirte. Diese
Schrift und ihr Vorläufer, die Demonstratio, galten lange Zeit über diesen Gegen=
stand für die umfassendsten und gründlichsten Arbeiten. Dafür zeugt, daß noch im

J. 1708 Gottfried Wegner zu Königsberg von beiden Schriften eine neue Auflage nöthig fand. Auch gegen die Socinianer, deren Lehre er nur als Wiederholung der Photinianischen Irrthümer ansah, polemisirte Hunnius von Wittenberg aus, besonders in dem Examen errorum Photinianorum ex verbo Dei institutum (Witebergae 1618. 1620.), und in einer kürzeren Abhandlung, unter dem Titel: Disputatio theologica de Baptismi Sacramento Photinianis erroribus. Witebergae 1618. Außer der papistischen und socinianischen gab es noch eine dritte Richtung in der Theologie seiner Zeit, die Hunnius mit den Waffen des Wortes zu bekämpfen für nöthig erachtete. Es war das die Theologie der sogenannten Enthusiasten, die besonders in den theosophischen Ansichten des Theophrastus Paracelsus und in den von Christoph Weikert herausgegebenen Schriften des Valentin Weigel ihren Stütz- und Angelpunkt hatte. Außer kleineren Abhandlungen setzte Hunnius dieser Richtung besonders die größere Schrift entgegen: »Christliche Betrachtung der neuen Paracelsischen und Weigelianischen Theologie, darinnen durch vierzehn Ursachen angezeigt wird, warum sich ein jeder Christ vor derselben, als vor einem schädlichen Seelengifte, mit höchstem Fleiße hüten und vorsehen soll.« Wittenberg. 1622. Dadurch, daß Hunnius in dieser Arbeit jene enthusiastische Theologie unverfälscht und größtentheils mit den eigenen Worten ihrer Urheber wiedergibt, hat dieselbe auch für spätere Zeiten noch einen gewissen historischen Werth behalten.

In Lübeck war i. J. 1622 das Hauptpastorat an der St. Marien-Kirche vacant geworden; Hunnius wurde am 17. Febr. 1623 zu demselben berufen. Ein vorhergegangenes Gesuch des lübeckischen Rathes um ihn bei'm Kurfürsten Johann Georg I. gewährte dieser nur unter der eigenthümlichen Bedingung: »daß, wenn Hunnius einst auf kurfürstlichen Universitäten oder sonst in sächsischen Landen von Nöthen seyn würde, er alsbald wieder dahin folgen, auch der Rath von Lübeck ihn folgen lassen sollte.« Schon im nächsten Jahre wurde Hunnius auch das Amt eines Superintendenten der Lübeckischen Kirchen übertragen, und ihm damit der Kreis seines Wirkens bedeutend erweitert. Selbst eifern festhaltend an dem Lehrbegriffe der lutherischen Kirche, welcher er diente, sorgte er vornehmlich dafür, daß in der ihm anvertrauten Diöcese dieser Lehrbegriff in seiner vollen Reinheit erhalten wurde, mit aller Kraft seines Geistes und mit aller Macht seines Amtes gegen Alles protestirend, was dem etwa störend oder hindernd in den Weg treten möchte. Wie in Wittenberg, so war es auch in Lübeck eine dreifache Schaar von Feinden, von deren öffentlichem oder heimlichem Wirken er eine Beeinträchtigung der herrschenden Kirche fürchtete, und gegen die er daher mit Wort und That in die Schranken zu treten für seine wichtigste Aufgabe hielt; nämlich zunächst einzelne Schwarmgeister, die auf ihren oft weiten Zügen auch die Stadt Lübeck heimsuchten; sodann die Bekenner der evangelisch-reformirten Lehre, die, besonders als der Rath, durch Handels-Interessen bewogen, gegen ihre Ansiedelung sich nachsichtiger zeigte, in immer größerer Zahl in Lübeck sich einfanden, und endlich die alten Erbfeinde der evangelisch-lutherischen Kirche, die Papisten, die durch den Riß, welchen die große Kirchenspaltung dem morschen Tempel der Hierarchie verursachte, zu Vieles hatten einbüßen müssen, als daß sie nicht auch in Lübeck, der für sie einst wichtigen Stadt, darauf hätten ausgehen sollen, Verlornes wieder zu gewinnen. Zur kräftigeren Unterdrückung der Enthusiasten vereinigte Hunnius die Ministerien von Lübeck, Hamburg und Lüneburg, welche, seit der Mitte des 16. Jahrh., als Ministerium tripolitanum in einer im ganzen nördlichen Deutschland einflußreichen, jedoch allmählig etwas locker gewordenen Verbindung gestanden hatten, auf's Neue miteinander. Unter Hunnius Vorsitz wurde von deputirten Geistlichen der drei genannten Städte zu Mölln (vom 26—29. März 1633) ein Convent gehalten, dessen Ergebniß der »möllnische Abschied« war *), der in eilf Punkten die gegen die Umtriebe der neuen Propheten zu ergreifenden Maß-

---

*) Vergl. Starke's Lübeckische Kirchen-Historie. Hamburg 1724. Th. V. S. 977 ff.

regeln des Näheren angab. Hunnius verfaßte im Auftrage des Convents zur Festigung
in der rechten Lehre und zur Warnung gegen die Enthusiasten, zwei Schriften, näm=
lich: "Nedder Sächsisches Handtboeck, darinnen 1. de Catechismus. 2. Vp
densülven gerichtede Bibelspröke. 3. De vornehmsten Psalmen Davids.
4. Sondags= unde Fest=Evangelia. 5. Historia deß Lydens Christi unde der
Verstöringe Jerusalem. 6. De gebrücklige Kerkengesänge. 7. Sampt an=
dechtige, vp allerley Nodt unde Anliggen gerichtede Gebete begrepen sind."
Lübeck 1633; ein Buch, welches lange Zeit hindurch in Niedersachsen ein fast sym=
bolisches Ansehen genoß; und "Ausführlicher Bericht von der neuen Prophe=
ten (die sich Erleuchtete, Gottesgelehrte und *Theosophos* nennen) Religion,
Lehr und Glauben ꝛc. Lübek 1634." *) In Betreff der Reformirten war Hun=
nius es, der die von Johann Duräus mit vielem Eifer auch in Lübeck angestellten
Bemühungen zur Ausgleichung der Trennung zwischen Lutheranern und Reformirten
durchaus vereitelte. Die von Hunnius über diese Angelegenheit für den Rath, im Namen
des Ministerii, ausgearbeitete Erklärung, unter dem Titel: Ministerii ecclesiastici Lube-
censis theologica Consideratio interpositionis, seu pacificatoriae transactionis, inter reli-
gionem Lutheranam ex una, et Reformatam ex altera parte profitentes, abs D. Johanne
Duraeo, ecclesiaste Britanno, his temporibus tentatae, wurde erst von seinem zweiten
Nachfolger im Amte, Samuel Pomarius, i. J. 1677 in Lübeck durch den Druck
veröffentlicht. Rücksichtlich der Katholiken verfolgte er deren Versuche, in Lübeck Proselyten
zu gewinnen mit aller ihm zu Gebote stehenden Kraft, sogar unter Anrufung der weltlichen
Macht. Er selbst aber war stets bereit und geneigt, der lutherischen Kirche neue Glieder
zu gewinnen oder die gewonnenen fester an dieselbe zu knüpfen. Im Uebrigen suchte er
nach allen Seiten hin in seinem Wirkungskreise religiöses und kirchliches Leben zu fördern
und zu heben. Er brachte die Applicatio individualis bei'm Genusse des heiligen Abend=
mahles in Anregung; er bemühte sich, die in Abgang gekommenen Katechismus=Examina
wiederherzustellen; er forderte den Rath auf, dem Strafamte der Geistlichen die frühere
Ausdehnung und Auktorität wiederzugeben; er sprach für die Festhaltung der Parochial=
rechte der lübeckischen Kirche; er sorgte für das gedeihliche Bestehen und die zweckmäßige
Fortbildung der Schuleu; er endlich gründete ein Ministerial=Archiv und eine Ministerial=
Wittwen= und Waisen=Kasse. Auch über Lübeck hinaus verbreitete sich der Ruf seiner
Thatkraft und seiner Tüchtigkeit. Dafür zeugen die vielfachen Anfragen, die sowohl von
ganzen Korporationen als auch von Einzelnen in wichtigen Fällen aus allen Gegenden
Deutschlands an ihn gerichtet wurden. Wie eine ganze Fakultät wurde der einzelne
Mann von seiner Zeit angesehen. Diese ausgezeichnete Achtung verdankte Hunnius, neben
seiner im Amte bewiesenen Umsicht und Kraft, ganz besonders der ausgedehnten litera=
rischen Thätigkeit, der er auch in Lübeck sich hingab. Einige seiner dort gearbeiteten
Schriften sind schon genannt. Unter den übrigen hat besonders die unter dem Titel:
Διάσκεψις theologica de fundamentali dissensu doctrinae Evangelicae Lutheranae et
Calvinianae seu Reformatae. Cum praemissa consideratione ὑποκρίσεως Calvinianae
Dordrechtana Synodo proditae, zu Wittenberg 1626 erschiene einen allgemein wissen=
schaftlichen Werth, indem durch sie in dem dogmatischen Lehrgebäude der evangelisch=
lutherischen Kirche der Grund zu der gewöhnlichen Theorie der Artikel des Glaubens
gelegt ist. Keine seiner Schriften hat jedoch von Lübeck aus seinen Namen weiter getra=
gen, als die daselbst 1632 edirte **): "Consultatio oder wohlmeinendes Bedenken,
ob und wie die evangelisch=lutherischen Kirchen die jetzt schwebenden
Religionsstreitigkeiten entweder friedlich beilegen oder durch christliche
und bequeme Mittel fortstellen und endigen mögen. Allen Liebhabern

---

*) Eine zweite Aufl. besorgte J. H. Feustking 1708 zu Wittenberg, unter dem
Titel: Mataeologia fanatica.

**) Spätere Ausgaben erschienen ebenfalls zu Lübeck 1638, 1666 und 1667.

der Wahrheit und des Friedens zu fernerer Consideration, Verbesserung und wirklicher Fortsetzung übergeben." In dieser Schrift gibt Hunnius den Plan zu dem bekannten Collegium irenicum oder pacificatorium, das in der gelehrten Welt nach ihm auch Collegium Hunnianum benannt ist und gewissermaßen einen beständigen theologischen Senat zur Prüfung und Schlichtung aller entstehenden theologischen Streitigkeiten bilden sollte. Unter den bibaktischen Schriften, zu deren Ausarbeitung Hunnius in Lübeck Muße fand, hat unstreitig die *„Epitome credendorum* oder Inhalt christlicher Lehre, so viel einem Christen davon zu seiner Seelen Seligkeit zu wissen und zu glauben höchst nöthig und nützlich ist, aus Gottes Wort verfasset. Wittenberg 1625" in neunzehn Auflagen und außerdem in einer holländischen, schwedischen, polnischen und lateinischen Uebersetzung die weiteste Verbreitung gefunden. Selbst Philipp Jakob Spener hat eine Zeitlang in dem Collegio pietatis die „Epitome credendorum" seinen erbaulichen Betrachtungen zu Grunde gelegt. Die Schrift ist ein populärer Unterricht im Christenthume, bestimmt und verständlich für Jedermann, ebenso ausgezeichnet in der Anordnung, als lichtvoll in der Entwickelung der einzelnen Lehren, überall mit großer Sorgfalt sich auf das Wort der heiligen Schrift gründend und zugleich den Lehrgehalt der wichtigsten, von der evangelisch-lutherischen Kirche abweichenden Kirchen und Sekten berücksichtigend und prüfend, und zwar Letzterer in sehr gemäßigtem Tone ohne durchblickenden Haß und ohne Bitterkeit. Aus dieser „Epitome credendorum" verfertigte Hunnius einen kurzen Auszug, in Fragen und Antworten gestellt, und vermehrt mit einem besondern Abschnitt *„vom gottseligen Leben,"* unter dem Titel: "Anweisung zum rechten Christenthum, für junge und einfältige Leute in Haus und Schulen zu gebrauchen, aus göttlichem Wort gestellt. Lübeck 1637 und 1643." Diese Anweisung und seine *„Erklärung des Katechismi D. Lutheri* aus den Hauptsprüchen des göttlichen Wortes zum Unterricht für junge und einfältige Leute gestellt. Lübeck 1627" *), von der seiner Zeit gesagt wurde: "Wenn ein kleiner Knabe, ein kleines Mägdlein seinen Hunnium lernte und betete, so müßten die bösen Geister unter dem Himmel erschrecken und zittern," bildeten, während einer langen Reihe von Jahren, in den niedern Schulen, vorzüglich der Städte des nördlichen Deutschlands, allgemein die Grundlage des Unterrichtes in der Religion. Hunnius starb am 12. April 1643. Eine seltene Rechtschaffenheit und Biederkeit der Gesinnung, die in tiefer, inniger Religiosität ihren Grund hatte, ein offenes, unverstelltes Wesen, dem Schein und Heuchelei auf das Aeußerste verhaßt war, eine unerschütterliche Redlichkeit, der jedes irdische Interesse fern lag, ein herzliches, in wahrer Liebe wurzelndes Wohlwollen im Familienkreise, gegen seine Freunde und gegen die Armen, das war es, was trotz aller seiner orthodoxen Starrheit und feindseligen Abgeschlossenheit gegen Andersglaubende, doch alle seine Zeitgenossen, die ihm näher gestanden, fast einstimmig ihm nachrühmten.

Weiteres über Hunnius' Leben und Schriften gibt meine Monographie: Nikolaus Hunnius. Sein Leben und Wirken. Ein Beitrag zur Kirchengeschichte des siebzehnten Jahrhunderts, größtentheils nach handschriftlichen Quellen. Lübeck 1843. L. Heller.

Hus, Johannes (nicht Huß, wie man gewöhnlich schreibt, was der Tscheche Husch lesen würde, dagegen im Genitiv Hußes, wie os, ossis) wurde im Jahr 1369 (nach Andern 1373) in dem, damals theils zur königlichen Burg Hus, theils unmittelbar zur königlichen Kammer gehörigen Markte Husinec im Prachiner Kreise, von gemeinen, jedoch nicht ganz unbemittelten Eltern geboren. Er studirte Philosophie und Theologie auf der Universität Prag, und wurde daselbst im September 1393 Baccalar der freien Künste, 1394 Baccalar der Theologie, endlich im Januar 1396 Magister der freien Künste. Seine überhaupt mehr dem Praktischen zugewandte und in Karakterbildung starke Natur scheint sich langsam

---

*) Es erschienen von 1627—1705 6 lübeckische, 6 hamburger und 1. staber Ausgabe.

entwickelt zu haben; wie man daraus, daß er in der Reihe der mit ihm zugleich Gra-
duirten jedesmal in der Mitte erscheint, wie überhaupt daraus, daß über seine Jugend
die Geschichte fast ganz schweigt, hat schließen wollen, daß er sich unter seinen Mitschülern in nichts besonders ausgezeichnet habe. Georg Nigrin erzählt von ihm, der
Jüngling habe öfter glühende Kohlen aus dem Kamin genommen und an seinen Körper
gehalten, gleichsam als wollte er den Versuch machen, ob er stark genug sey zum Märtyrthum. Hussens ganze Erscheinung machte keineswegs den Eindruck des Bedeutenden,
er war eine mehr leidende, als thatkräftige Natur. Er wird als ein langer Mann mit
hagerem, bleichem Gesicht, als scharfsinnig, gelehrt, ernst und sittenstreng geschildert.
Selbst der Jesuit Balbinus legt von ihm das Zeugniß ab (Epit. rer. Bohem. p. 431):
„Joh. Hus besaß mehr Scharfsinn als Beredtsamkeit, aber seine Bescheidenheit, die
Strenge seiner Sitten und sein unbescholtener Wandel, sein bleiches, schwermüthiges
Gesicht, seine große Sanftmuth und Leutseligkeit selbst gegen die Niedrigsten, überzeugten
mehr als die größte Beredtsamkeit." Im Jahr 1398 trat er als öffentlicher Lehrer an
der Universität auf, und gerieth 1399 bei einer in der Pfarrei zu St. Michael auf der
Altstadt abgehaltenen Disputation zum ersten Mal in einen offenen Streit mit seinen
Collegen dadurch, daß er einige Wiklef'sche Sätze vertheidigte. Hus, dessen Lehrer Stanislaus von Znaim zu der freisinnigeren Partei auf der Universität gehörte, hatte seit
1391 die Schriften Wiklef's gelesen, und dieselben hatten entschieden einen großen Einfluß auf ihn ausgeübt, doch nicht den ausschließlichen, ja nicht einmal den bedeutendsten.
Vielmehr haben wir in den Schriften des Matthias von Janow den Ausgangspunkt der
theologischen Richtung Hussens zu suchen. Jener, der würdige Schüler von Milicz, hatte
eine Erneuerung der Kirche nach dem Vorbilde der apostolischen Kirche als Aufgabe hingestellt und die Idee des allgemeinen Priesterthums wieder hervorgezogen. Das wollte
auch Hus, der zunächst an nichts weniger dachte als an eine Opposition gegen die kirchliche Dogmatik, sondern nur an eine Reformation der Sitten und des Lebens in allen
Ständen, zumeist bei dem tief gesunkenen Klerus. Eben bei dieser Richtung Hussens
war es eine besonders günstige Lebensführung, daß er neben seinem Lehramt an der
Universität mit einem Predigeramt betraut wurde. Während Hus seit dem 15. Okt. 1401
das wichtige Amt eines Dekans der philosophischen Fakultät verwaltete, ward er zum
Prediger der Bethlehemskapelle ernannt, deren Stiftungsbrief forderte, daß in ihr
in der Landessprache das gemeine Volk mit dem Brod der heiligen Predigt erquickt
werden sollte. In den meisten andern Kirchen Prags wurde gar nicht gepredigt, und
der Gottesdienst nur in lateinischer Sprache gehalten, zumeist von den deutschen Klerikern, mit welchen zum Verdruß der Böhmen ihr Land reichlich besetzt war. In dieser
Kapelle hallten zuerst die Worte wieder, von welchen die Mauern Roms erbebten. Hus
wandte sich bei aller glühenden Liebe, welche aus seinen Predigten die Herzen der Zuhörer anwehte, vorzugsweise an den Verstand derselben: der Scharfsinn und die Klarheit
seines Geistes, der sichere Takt, mit welchem er auf den Kern einer jeden Frage einging, die Leichtigkeit, mit welcher er ihn vor Jedermanns Augen zu entwickeln wußte,
die große Belesenheit, zumal in der heil. Schrift, die Festigkeit und nüchterne Consequenz,
mit welchen er ein ganzes System von Lehrsätzen geltend machte, verschafften ihm eine
große Ueberlegenheit über seine Amtsbrüder und Zeitgenossen, und brachten die Kapelle
bald so sehr in Aufnahme, daß sie die Massen des sich herzudrängenden Volks nicht
aufzunehmen vermochte. Dr. Joh. Nowotny befaßt sich gegenwärtig mit der dankenswerthen Arbeit, eine Postille Hussens, welche die böhmisch-mährischen Brüder nach
Herrenhut gebracht hatten, aus dem Böhmischen in's Deutsche zu übertragen und aus
dieser Uebersetzung ist es nun möglich, den Karakter der hussischen Predigten besser kennen
zu lernen, als es bisher der Fall war *). Wie sich aus dem Inhalt dieser Predigten

---

*) Johannes Hus Predigten über die Sonn- und Festtagsevangelien des Kirchenjahres.

ergibt, sind dieselben meist in den letzten Jahren des Lebens Hussens gehalten und daher auch meist scharf ausgeprägter polemischer Art. Sie sind Zeitpredigten im eigentlichsten Sinn des Wortes; nur bei den Festtagsevangelien hatte Hus den richtigen Takt, diese Anspielungen auf die kirchlichen Zeitereignisse bei Seite zu lassen. Meist behandelt er den Text in homiletischer Weise, kommt dabei viel auf die Erklärungen der Kirchenväter, zumeist Augustins zurück, und bringt allenthalben auf lebendiges Christenthum. Seine Strafpredigten sind insbesondere gegen den hohen und niedern Klerus gerichtet. Eine alte böhmische Chronik erzählt, daß, so lange Hus die Sünden der Laien gestraft habe, er allgemein gelobt worden sey: »man sagte, der Geist Gottes spricht aus ihm. Sobald er aber den Pabst, die hohe und niedere Geistlichkeit angriff, ihren Stolz, Habsucht, Simonie und andere Laster rügte, und daß sie keine Güter besitzen sollten predigte, stand die ganze Priesterschaft wider ihn auf und sprach: er hat den Teufel im Leibe und ist ein Ketzer!« Als indessen der Erzbischof Sbynko sich deßhalb bei dem Könige Wenzel beklagte, antwortete dieser: »so lange der M. Hus wider uns Laien predigte, habt Ihr Euch darüber gefreut; jetzt ist die Reihe an Euch gekommen, so möget Ihr es auch zufrieden seyn!« Hus selbst äußert sich hierüber in seiner Predigt an D. Judica so: »Von der Prälaten Sünden soll jeder treue Prediger seine Rede anfangen, denn so pflegte es Christus zu thun, und auch Gott der Vater hat allezeit also gehandelt, daß er vorerst die Sünden der Priester und dann die des übrigen Volkes strafte (vgl. Ezech. 9, 6. und 1 Petr. 4, 17.). So ruft man ja, wenn der Wagenführer auf dem Pferde sitzt und der Wagen umstürzen will, nicht auf den Wagen, wohl aber auf seine Führer, auf daß er noch zur rechten Zeit auf den rechten Weg einlenke und der Wagen nicht umgeworfen werde; nur dann und wann ergreift man den Wagen selbst und hält ihn fester, um ihn vor dem Umsturz zu bewahren. Und gleicher Weise muß man auch gegen einen bösen Prälaten und kirchlichen Beamten Lärm machen, und kann man sonst wo einen Menschen vom Fall retten, dazu ihn sein geistlicher Führer nahe gebracht, so muß man sich das möglichst angelegen seyn lassen.... Nur der Antichrist verbietet, daß man gegen seine Priester predige, und mögen auch diese keine Predigt gegen sich anhören, denn sie liegen unter schweren Sünden darnieder, wie da ist Simonie, Geiz, Hoffahrt und Unzucht, und so wollen sie freilich nicht dulden, daß man sie irgend welcher Sünde zeihe und darum strafe.« Was zunächst das Amtsleben der Geistlichkeit betrifft, so rügt Hus wiederholt ihre Unbekanntschaft mit und ihre Furcht vor dem Wort Gottes: »Sagt irgend Jemand, daß sie doch die heil. Schrift vorweisen möchten zur Begründung ihrer Satzungen, so schreien sie gleich: Seht doch den Wiklefiten, der die heil. Kirche nicht hören will; sie halten nämlich sich selbst und ihre schriftwidrigen Satzungen für die heil. Kirche.« In der Predigt an D. 6. Epiph. sagt er: »Das Verständniß der Bibel verschließen die Priester, Schriftgelehrten und andere Heuchler vor den Menschen, indem sie mit aller Macht dahin arbeiten, daß die gemeinen Leute zur Kenntniß der Schrift nicht kommen. Aber sie selbst gehen mit einfältigem, richtigem Verstande nicht hinein, und deßhalb sehen sie es nicht gerne, daß die Menschen, die nicht Priester sind, die heil. Schrift kennen. Zum Andern wehren sie dem Volke, die heil. Schrift zu lesen, daß dieses sie ihrer Sünden wegen nicht strafe; zum Dritten, daß das Volk bei der Predigt ihre Irrthümer nicht merke und sie zur besseren Kenntniß der heil. Schrift nicht nöthige; zum Vierten, weil sie fürchten, daß sie vom Laien nicht mehr so geehrt würden, wenn diese die heil. Schrift selbst lesen möchten.« Ebenso spricht sich Hus sehr entschieden gegen den Unfug aus, die Pfründen durch Stellvertreter versehen zu lassen: »Nur wenn ein Pfarrer seine Last nicht mehr tragen kann, darf er wohl einen treuen Hülfsarbeiter nehmen; dies muß aber auch sofort geschehen, denn wo man damit zögert, findet sich auch alsobald der Teufel als Stellvertreter ein. Schwere Verantwortung harret des

Aus der böhmischen in die deutsche Sprache übersetzt von Dr. Joh. Nowotny. Erste Abtheilung. Görlitz 1855.

Pfarrers, daß er gefeiert und müßig gewesen ist.« Wohl gebe es noch viele treue und fleißige Pfarrherren, aber »die großen Prälaten, wie Pabst, Cardinäle und unsere Hof=priester sind einzig und allein mit der öffentlichen Versteigerung der Kirchenpfründen be=schäftigt, die Bischöfe und Erzbischöfe aber haben mit ihren ausgedehnten Herrschaften vollauf zu thun; die Domherren pflegen sich wieder und machen sich fett, und die Meß=stecher, die nicht predigen, fertigen bloß ihre Messe ab und schlafen den ganzen Tag, oder sie spielen und unterhalten sich in Wirthshäusern. Die reichen Mönche sperren sich ab und mästen sich; sind sie aber Bettelmönche, so streichen sie herum und suchen dem Volk so viel als möglich abzulügen.« Ebenso tadelt er die Priester, welche mensch=liche Satzungen höher achten als die Gebote Gottes und so den Menschen mehr als Gott gehorchen. »Die Priester verführen auch die Menschen zu einem falschen und sündhaften Gehorsam, da Viele unter ihnen sagen und predigen, man solle Alles thun und halten, was immer der Pabst befehlen möge, indem der Pabst nicht irren könne. Sie scheinen freilich nicht zu wissen, daß selbst viele Päbste Ketzer waren. Andere lehren sogar, der gemeine Mensch solle selbst dann gehorchen, wenn auch der Bischof oder Pabst etwas Böses zu thun anbefehlen; denn der Mensch werde durch seinen Gehorsam keine Sünde begehen, sondern der allein, der da befiehlt, daß man Böses thue. Das ist aber ein Witz des Teufels.« Auf die stärkste Weise geißelt er das sittenlose Leben der Priester, welche wohl päbstliche Rechte und Satzungen studiren, aber sich nicht darum kümmern, was Christus befiehlt und lehret; er heißt sie Simonisten, Verräther und Ver=käufer der göttlichen Wahrheit: »Viele unserer Priester laufen in ihrer Verkehrtheit wie wilde Bestien vom Leibe des Sohnes Gottes davon, der Eine nach dem Mammon, der Andere zur Unzucht; der Eine zum Spiel, der Andere zum Tanz oder auf die Jagd, was auch einem Priester durchaus nicht erlaubt ist. Und so sind eben diejenigen, welche in der Nachfolge Christi die Ersten seyn sollten, die größten Feinde unseres Herrn Jesu Christi.« — Wir verweilten bei diesen Predigten länger, weil sie es nicht nur waren, welche Hus die meisten Feinde zuzogen, sondern weil wir auch in denselben die Haupt=punkte wieder finden, in denen Hus eine Erneuerung der Kirche anstrebte. Freilich haben wir mit dem Inhalt dieser Predigten bereits der Geschichte vorgegriffen, da Hus zu jedem Schritt, den er in der Opposition gegen die Kirche weiter machte, einzig und allein durch den Drang der äußeren Ereignisse, keineswegs aber durch freie innerliche, am wenigsten systematische Entwicklung getrieben wurde. Daher haben wir es uns zu erklären, daß Hus die Consequenzen seiner Reformpläne selber verborgen blieben, und daß er viele Mißbräuche der katholischen Kirche ganz unangetastet ließ, weil die äußere Veranlassung dazu fehlte. So finden wir z. B. bei Hus bis an das Ende seines Lebens auch nicht eine Spur von Mißbilligung der Heiligenverehrung oder des Cölibats oder des Mönchsthums — ein deutlicher Beweis, daß er nichts weniger als ein unbedingter Nachfolger Wiklefs war. — Die Veranlassung zu dem ersten ernstlichen Zusammenstoße des Hus mit den Gegnern der Reformation gab die Verhandlung über die 45 Sätze Wiklefs, die später auch auf dem Kostnitzer Concil verdammt wurden, trotz des dagegen erhobenen Widerspruchs, daß sie sich nicht so in Wiklefs Schriften fänden. Am 28. Mai 1403 versammelte sich die Universität im Karolingebäude, um über diese von M. Hübner zusammengestellten Artikel einen allgemeinen Beschluß zu fassen. Trotz der energischen Vertheidigung derselben durch Stanislaus von Znaim, trotz dem Nachweis, den Nikolaus von Leitomyšl lieferte, daß hier Wiklef ganz unrichtige und falsche Sätze unterschoben würden, trotz der Ironie endlich, mit welcher Hus an zwei kurz zuvor in Prag wegen Safranverfälschung zum Tod verurtheilte und verbrannte Personen erinnerte und die Versammlung fragte, ob Lehrverfälscher nicht strafbarer seyen, als Verfälscher von Sa=fran? verdammte die Majorität der Versammlung jene Artikel. Doch ließen sich die Vertheidiger der Wiklefitischen Schriften dadurch nicht irre machen, und das um so weniger, da das Verbot der Sätze lautete: Niemand soll die 45 Artikel in dem ketzeri=schen, irrigen oder anstößigen Sinn erklären. So wurde das Verbot illusorisch. Der

Klerus wandte sich nun nach Rom, und von dort erging im Jahr 1405 eine Bulle zur Unterdrückung und Bestrafung der Wiklefitischen Ketzereien. Der Erzbischof von Prag verordnete daher auf einer im folgenden Jahr gehaltenen Provinzialsynode, daß wer immer solche Lehren zu behaupten und zu verbreiten wagte, schwere Kirchenstrafen dafür zu gewärtigen habe. Gleichwohl schenkte der seit 1403 zum Erzbischof geweihte Zbynek Hus alles Vertrauen und bestellte ihn als seinen Commissär zur Untersuchung des Wunders zu Wilsnack im Brandenburgischen. Die dortige Kirche rühmte sich damals einer wunderthätigen Reliquie des Blutes Christi. Da auch Böhmen schaarenweise dahin strömten, verordnete der Erzbischof eine Untersuchung, und da diese zu dem Resultat führte, daß alle die angeblichen Wunder auf grober Täuschung und Lüge beruhten, so verbot er durch ein Synodaledikt allen seinen Diöcesanen unter Excommunicationsstrafe nach Wilsnack zu wallfahrten. Dies gab Hus die erste Veranlassung, gegen den Aberglauben aufzutreten in seiner Schrift: Determinatio quaestionis, cum suo tractatulo de omni sanguine Christi glorificato. In derselben sagt er, daß, da nichts zum verklärten Leibe Christi Gehöriges getrennt werden und für sich allein auf Erden gegenwärtig seyn könne, Alles falsch seyn müsse, was von den Reliquien des Leibes Christi, seinem Blute, als hier oder dort gegenwärtig, gesagt werde. Gleich dem Matthias von Janow ist er geneigt, die Wunder, durch welche die schlechten Geistlichen das Volk zu täuschen suchten, von den bösen Geistern abzuleiten. Die Laien würden durch das Vertrauen auf solche Wunder von dem Wesen der wahren Liebe abgeführt und in ihren Sünden verhärtet. Gleichfalls ein Zeichen des Vertrauens war es, als der Erzbischof im Jahr 1407 Hus die Ermahnungsrede vor seiner zu einer Diöcesansynode versammelten Geistlichkeit halten ließ. Hus unterzog sich diesem Auftrag mit evangelischer Freimüthigkeit. Wie er noch in der Unterscheidung zwischen consilia evangelica und praecepta befangen war, fordert er von den Geistlichen, daß sie auch in Beobachtung der consilia evangelica Allen das Muster christlicher Vollkommenheit geben. Die Geistlichen sollten die Vorschriften der Bergpredigt buchstäblich erfüllen, daher auch keinen Eid leisten rc. Doch dieses gute Einvernehmen zwischen Hus und dem Erzbischof war nicht von langer Dauer. Zwar ließ sich der Letztere noch im Juli 1408 auf das Dringen Königs Wenzel dazu bewegen, auf einer Provinzialsynode zu erklären, »daß nach angestellter fleißiger Untersuchung in seiner ganzen Provinz kein Ketzer vorgefunden worden sey«, damit aber auch ferner keine Ketzerei im Lande aufkomme, befahl er allen Predigern, ihrem Volk die Lehre von der Transsubstantiation mit besonderem Fleiß zu erklären und verlangte zugleich, daß alle diejenigen, so im Besitz Wiklef'scher Bücher sich befinden, ihm sie Behufs einer anzustellenden Prüfung ausliefern sollten. Mittlerweile hatte die Reformpartei einen großen Vorschub dadurch erlangt, daß unter dem Vorgang Hussens, des damaligen Rectors der Prager Universität, dem Uebergewicht der Deutschen und Fremden gewehrt und das Stimmverhältniß so hergestellt worden war, wie es eigentlich die Stiftungsurkunde des Kaisers Karl IV. bestimmt hatte, die ausdrücklich auf das Pariser Vorbild hinwies, wo die Einheimischen drei Stimmen hatten und die Ausländer Eine. So wurde es von jetzt an auch in Prag gehalten, indem Wenzel am 26. Jan. 1409 seine Zustimmung hiezu ertheilte auf Einwirken seiner Gemahlin Sophia, des Beichtkindes des Joh. Hus. Die Publication dieses königlichen Dekrets brachte eine große Gährung hervor und gab von nun an der Reformbewegung eine entschieden nationale Färbung. Fast alle Ausländer verließen im Trotz Prag, wie die Einen sagen, 44,000, und die, so am wenigsten annehmen, 5000. Während durch diese Auswanderung der Same der neuen Lehre weithin durch Deutschland ausgestreut wurde, war in Böhmen mit der Entfernung der deutschen Professoren und Studenten der Damm gegen die reformatorischen Ideen weggeräumt und ihr Sieg war nun entschieden. Von dieser Zeit an trat der Erzbischof entschiedener wider Hus und seine Partei auf. — Die Prager Geistlichen, welche schon gegen Ende des Jahres 1408 gegen Hus eine Klage bei dem Erzbischof eingereicht hatten, wiederholten sie in verstärktem Maße im folgenden Jahre. Hus, klagten sie, reize das Volk gegen die Geistlichkeit, die Böhmen gegen die Deutschen auf, predige die Nichtachtung der Kirche und ihrer Strafgewalt, habe Rom den Sitz des Antichrists genannt und jeden Geistlichen, der für die Spendung eines Sakramentes irgend eine Bezahlung fordere, für einen Ketzer erklärt; dagegen habe er sich nicht entblödet, den ketzerischen Wiklef öffentlich zu loben und den Wunsch geäußert, seine Seele möge eben dahin gelangen, wo Wiklef's Seele sey. Der Erzbischof überwies diese Klagen seinem Inquisitor, Hus aber erhob seinerseits Klagen gegen den Erzbischof, und dieser ward am 8. Dez. 1409 vor den apostolischen Stuhl citirt, um sich zu rechtfertigen. Aber auch Zbynek sandte Klägern gegen Hus an Alexander V., und dieser, der wenig Dankbarkeit dafür bezeugte, daß Hus sich seiner wider den Gegenpabst angenommen hatte, cassirte am 20. Dez. 1409 alle gegen den Erzbischof anhängig gemachten Prozesse und erließ eine Bulle, in welcher er jenen energisch aufforderte, gegen die Wiklefitischen Ketzereien einzuschreiten: er solle die Verbreitung Wiklef'scher Schriften und Lehrsätze unter der Strafe der Excommunication verbieten, alle diese Schriften sich ausliefern und von einer Commission prüfen lassen; die zuwider handelnden Geistlichen solle er verhaften, von ihren geistlichen Benefizien entsetzen und im Nothfall auch den weltlichen Arm zu Hülfe rufen, ferner solle, weil die Privatkapellen zur Verbreitung der Irrlehren unter dem Volk dienten, das Predigen nur in Kathedral=, Pfarr= und Klosterkirchen in Böhmen erlaubt, in allen Privatkirchen aber verboten seyn. Diese am 9. März 1410 veröffentlichte Bulle ward nicht bloß vom Volke, sondern auch am Hofe mit großem Unwillen aufgenommen, theilweise für erschlichen, untergeschoben und daher ungültig erklärt, und Hus appellirte von dem schlecht unterrichteten Pabst an den besser zu unterrichtenden Pabst. Aber der Erzbischof ließ sich nicht einschüchtern; über 200 Bände von Schriften Wiklefs, darunter auch Schriften bloß philosophischen Inhalts, zum Theil sehr kostbar gebunden, wurden ihm ausgeliefert, und der Erzbischof dekretirte auf Grund des Verdammungsurtheils, das die Untersuchungscommission über sie gesprochen hatte, daß sie alle, ohne fremdes Eigenthumsrecht zu achten, verbrannt werden sollten. Trotz der Einsprache der Universität und der Fürsprache des Königs wurden die Schriften am 16. Juli, unter lautem Te-Deum-laudamus und Glockengeläute von den meisten Kirchen herab, verbrannt, und zwei Tage darauf ebenso feierlich über M. Hus und seine Freunde der Kirchenbann ausgesprochen. Dieser Schritt brachte gewaltige Aufregung unter der Reformpartei hervor und hatte selbst blutige Folgen. In Prag wurden Spottlieder auf Zbynek gesungen des Inhalts: »der Erzbischof ist ein ABC=Schütz, hat Bücher verbrennen lassen und weiß nicht, was darinnen steht!« Da es sogar zu Straßenaufläufen und Mordversuchen kam, mußte König Wenzel einschreiten, der jede fernere Aufreizung unter Todesstrafe verbot, aber auch befahl, daß den kirchlichen Bannstrahlen keine Folge gegeben werde, wie daß der Erzbischof die Eigenthümer der verbrannten Bücher für die erlittenen Verluste entschädige. Als er sich dessen weigerte, befahl der König, seine Einkünfte zu sperren. — Unterdessen war Balthasar Cossa zum Pabst gewählt worden, ein Mann, der früher Seeräuberei getrieben, Blut in Strömen vergossen, Hurerei und Ehebruch auf die schamloseste Weise getrieben hatte. Hus wandte sich an diesen heil. Vater Johann XXIII. mit seiner früheren Appellation; in derselben wies er das Willkürliche und Unvernünftige in dem Verfahren Zbyneks nach und zeigte, wie dessen Verbot zu predigen mit dem Befehl Christi und den Anordnungen der Väter im Widerspruch stehe. Ueber dieses Verbot erklärte sich Hus in einer Predigt an D. Laetare so: »Sonst haben Bischöfe Kapellen errichtet, damit man darin predige. Und der Priester und Prager Erzbischof Johannes hat mit eigener Hand den Grundstein zu der Kapelle Bethlehem gelegt und sie bestätigt. Aber der Priester und Erzbischof Zbynek hat sich geradezu wider Bethlehem verschworen und dazu wurde er von seinen Domherren, von den Prager Pfarrern und Mönchen angeführt, die sich zum Untergang Bethlehems mit den Pfarrern vereinigten, damit so das Wort Gottes aufhörte und mir überhaupt das Predigtamt entzogen würde. Denn sie faßten auch den Beschluß, mich in keiner Pfarr= oder Klosterkirche

zum Predigen zuzulassen, wenn einmal die Kapelle Bethlehem nach dem Befehl des
Pabstes geschlossen seyn würde." Von dieser Zeit an verfaßte Hus mehrere Schriften,
welche aus öffentlichen, von ihm in der Universität gehaltenen Disputationen hervorgegangen zu seyn scheinen, und in denselben setzte er weiter auseinander, warum er jenen
Verordnungen des Erzbischofs nicht gehorchen könne, und vertheidigte darin manche Lehren
und Schriften Wiklefs gegen jene Verdammung. So namentlich seine Schrift: Actus
pro defensione libri Joannis Wiclef de Trinitate. — Johann XXIII. bestätigte das von
dem Erzbischof gefällte Urtheil, verwarf Hussens Appellation und citirte diesen zur Verantwortung nach Bologna. Hussens zahlreiche Freunde wollten von dieser Reise an den
päbstlichen Hof nichts hören, der König selbst widersetzte sich, daß Hus die gefährliche
Reise unternehme und forderte, daß seine Sache in Böhmen verhandelt werde. So
sandte denn M. Hus seinen Freund M. Johann von Jesenic nebst zwei anderen Theologen als seine Sachwalter an den Pabst ab. Er selbst erklärt in einer Predigt an
D. Laetare: "Ich ging aus folgenden Ursachen nicht nach Rom: 1) Habe ich drei Jahre
hindurch meine Vertheidiger daselbst gestellt, die jedoch nie zum Verhör vorgelassen wurden; ja, man hielt sie fest und warf sie in's Gefängniß, weil sie um ein gerechtes Gericht
und Urtheil baten; 2) ist es von Prag nach Rom ungleich weiter als von Jerusalem
nach dem See Tiberias, dahin sich Christus von Jerusalem begab (vgl. Sonntagsevan-
gelium); 3) ist es nirgends in der heil. Schrift geboten, daß man die Menschen bis nach
Rom hetze und vergeblich belange; 4) findet man an des Pabstes Hof wenig Wahrheit,
die der Lehre der heil. Schrift gemäß wäre; 5) hätte ich durch eine solche Reise viel von
der Predigt des Evangeliums versäumt, und was hätte ich auch unterwegs Gutes thun
können? An des Pabstes Hof hätte ich aber selbst keine Heiligkeit gefunden, sondern
nur Streit und Zank und die beste Gelegenheit zur Simonie; 6) hätte ich unnützer
Weise viel Almosen verbraucht, und so die Armen darum gebracht; 7) ist der Streit,
den ich führe, gegen des Pabstes Gebräuche gerichtet, nämlich gegen seine Gewalt, die
ihm nicht etwa von Gott verliehen ist, sondern die er sich von Teufels wegen anmaßt;
8) zuletzt fand ich mich nicht an des Pabstes Hofe ein, daß ich nicht umsonst um mein
Leben käme, denn ich habe überall Feinde, sowohl Böhmen wie Deutsche, die meinen
Tod suchen; der Pabst ist mein Feind und mein Richter, und auch die Cardinäle sind meine
Feinde." — Im Febr. 1411 sprach Colonna über Hus die Excommunication in con-
tumaciam aus, und bedrohte den Ort, wo er sich aufhalten würde, mit dem Interdikt.
Aber Hus und seine Freunde glaubten sich durch diese willkürlichen, ohne Anhörung beider
Parteien gefällten Urtheile nicht gebunden, und sahen sich in ihrem Widerstand anfänglich
vom König kräftig unterstützt. So ward der Erzbischof genöthigt einzulenken, und im
Juli 1411 wurde ein Ausschuß niedergesetzt, um die besten Mittel zur Herstellung des
Friedens ausfindig zu machen, und folgende Vergleichsbedingungen wurden festgesetzt:
der Erzbischof soll an den Pabst melden, daß er von Ketzereien und Irrlehren in Böhmen
nichts wisse, und wegen der mit Hus und andern Universitätsmitgliedern erhobenen
Streitpunkte durch den König und dessen Räthe vollständig ausgesöhnt sey, weßhalb
dann alle am römischen Hof anhängig gemachten Prozesse niederzuschlagen wären, alle
Bannsprüche aufgehoben werden sollten; dagegen soll der König nach dem Rath der
Bischöfe, Doktoren, Magister, Prälaten, Fürsten und Herren alle bei Weltlichen und
Geistlichen auftauchenden Irrlehren hindern und strafen, alle eingezogenen Kirchenbene-
fizien zurückstellen und die deßhalb Verhafteten wieder in Freiheit setzen. Auf Veranlassung dieses Vertrags legte Hus in officieller Form vor der Prager Universität im
Sept. 1411 ein Glaubensbekenntniß ab, das durchaus orthodox ist. Allein Zbynek starb,
ehe er das gewünschte Zeugniß nach Rom abgesandt hatte, am 28. Sept. zu Preßburg,
wohin er gegangen, um Sigmunds Hülfe zu erbitten. Sein Nachfolger wurde Albicus,
des Königs Leibarzt, ein gutgesinnter, aber schon bejahrter und dem Ernst der Zeit
nicht gewachsener Mann. Der päbstliche Legat, welcher ihm das Pallium überbrachte,
sollte zugleich eine päbstliche Bannbulle bekannt machen, welche gegen König Ladislaus

von Neapel, den Anhänger des Gegenpabstes Gregor XII., einen Kreuzzug, ja einen förmlichen Vertilgungskrieg predigte. Dabei wurde Allen, welche persönlich an diesem Kreuzzug Theil nahmen oder eine angemessene Geldsteuer dazu gaben, die Vergebung ihrer Sünden unter Voraussetzung der Buße und Beichte zugesagt, dabei aber nicht allein Ladislaus, sondern auch seine Kinder bis in's dritte Glied in den Bann gethan, dazu alle seine Anhänger und Freunde; sie sollten, selbst wenn sie vor ihrem Tod Absolution empfangen hätten, keines kirchlichen Begräbnisses theilhaftig werden, vielmehr sollte, wer Ladislaus oder seinen Anhängern ein Begräbniß zu Theil werden lasse, excommunicirt seyn und nicht eher Absolution erhalten, bis er mit eigenen Händen ihre Leiber wieder ausgegraben hätte. Der schwache König Wenzel gestattete die Veröffentlichung der schauderhaften Bulle: unter Trommetenschall wurde der Ablaß auf dem Markt verlesen und in den Kirchen die Becken ausgestellt, die Beiträge in Empfang zu nehmen. Das war die für Hussens Schicksal und die reformatorische Bewegung in Böhmen entscheidende Krisis, die nun völlige Zertrennung des Bundes der böhmischen Partei auf der Prager Universität. Hus selbst sagt: „Der Verkauf des Ablasses und die Aufrichtung des Kreuzes gegen die Christen hat mich zuerst von meinen alten Freunden getrennt." Stanislaus von Znaim, der Lehrer, und Palec, der bisherige Freund Hussens, sammt den mehrsten Lehrern der Universität gingen bei diesem Anlaß, der Hus gewaltsam vorwärts trieb, rückwärts, und die alten Freunde wurden die erbittertsten Gegner. Hus behauptete laut, der gepredigte Ablaß sey eitel Lug und Trug, und kündigte auf den 7. Juni eine öffentliche Disputation über dem Ablaß an. Dieselbe fand trotz den Gegenbemühungen unter ungeheurem Zudrang statt. Hus stellte 12 Gegenthesen auf 1) Frage er, wo der Beweis sey, daß Gott Ladislaus und seine Anhänger durch ein gerechtes Gottesgericht verdammt habe? 2) Die Verfluchung der Nachkommen bis in's vierte Glied sey wider die Schrift, da doch im Ezechiel (18, 20.) gesagt sey: „der Sohn soll nicht tragen die Missethat des Vaters!" 3) Die Kirche habe nur geistliche und nicht fleischliche Waffen. 4) Es sey nur das Vorrecht Gottes, des Herzenkündigers, unbedingte Sündenvergebung auszusprechen. 5) Unchristlich sey, daß weder Gebete noch andere Werke der Frömmigkeit in der Bulle eine Stelle finden, sondern nur das Ablaßgeld. 6) Nach der Bulle sey Einer, wenn er nichts gebe, obgleich er sonst der frömmste Mensch sey, von der Vergebung ausgeschlossen. 7) Sey es ungerecht, daß Alle, die zum Krieg beitragen, gleiche Belohnung haben sollen, nämlich vollständige Erlassung aller Schuld und Strafe. 8) Sey es unchristlich, daß man für die Erlassung der Sünden eine Taxe ansetze gegen Matth. 10, 8. 9) Nach der Bulle müßte der Teufel selbst, wenn er nur Geld spende, selig werden. 10) Sey es falsch, daß den Kreuzpredigern Erlassung der Sünden und Macht gegeben werde, nach jeder Predigt 40 Tage Indulgenzen zu geben. 11) Diese Bulle setze mit Unrecht alle anderen Indulgenzen außer Kraft. 12) Nach der Bulle stehe es keinem Menschen zu, an dieser Bulle etwas zu ändern, also auch Christo dem Menschen nicht, so daß die Bulle eine Blasphemie sey. Die wahre apostolische Bulle, behauptet Hus, sey die des Petrus in Apostelgesch. 2, 38. Diese Punkte entwickelte er in seinen beiden Schriften: Quaestio de indulgentiis, s. de cruciata papae Joannis und Contra bullam papae Joannis XXIII. Bei der Disputation betheiligte sich auch Hieronymus mit einer feurigen Rede. Die Aufregung der Zuhörer war groß und die Leidenschaft brachte bald unreines Feuer hinzu: die päbstlichen Bullen wurden übel berüchtigten Weibern um den Hals gehängt und so unter ungeheurem Zulauf des Volks durch einen großen Theil der Stadt Prag gefahren. Der Wagen war umgeben von bewaffneten Männern, welche ausriefen: hier führen wir die Briefe eines Ketzers und Schurken zum Scheiterhaufen. Dann wurden zuletzt die Bullen nach dem Pranger gefahren und auf einen Scheiterhaufen verbrannt. Jetzt befahl der König, jede öffentliche Schmähung des Pabstes, sowie jede Widersetzlichkeit gegen die von ihm genehmigte Bulle mit Todesstrafe zu ahnden. Aber Hus ließ sich dadurch nicht abhalten, offen in der auch von der Königin fortwährend besuchten Bethlehemskapelle zu donnern, und drei Jünglinge aus dem Handwerkerstand, von seiner Predigt entflammt, nahmen sich heraus, einem Prediger laut zu widersprechen und zuzurufen: »du lügst. Von dem M. Hus haben wir es ganz anders gehört, wie alles dies Lügen sind!« Sie wurden verhaftet und trotz der Verwendung von Hus, der sich als den Urheber ihrer Schuld bekannte, enthauptet. Als die Nachricht ihrer Hinrichtung sich verbreitete, wurden sie als Märtyrer gepriesen, als Heilige vom Volk und den Studenten dahingetragen und mit großen Feierlichkeiten. unter Hussens Leitung beerdigt, der ihnen das Zeugniß gab, daß sie unter dem Schwerte gefallen seyen, weil sie den lügenhaften Anhängern des Antichrists widersprochen hätten. Der Vorschlag, den Hus seinen Gegnern jetzt machte, seine Lehre schriftlich von sich zu geben, wenn seine Gegner, die ihn der Ketzerei beschuldigten, sich verpflichteten, den Beweis für seine Ketzerei unter der Strafe der Wiedervergeltung, und zwar der Verbrennung als Ketzer, zu führen, wurde abgelehnt: es war bequemer, den Zeugen der Wahrheit in den Bann zu thun! Dieses geschah von dem neuerdings mit der Untersuchung der Sache Hussens beauftragten Cardinal Petrus de St. Angelo: wenn Hns 20 Tage in seinem Ungehorsam gegen den Pabst verharre, sollte in allen Kirchen an Sonn= und Festtagen mit dem Geläute aller Glocken und Auslöschen aller Lichter der Bann über ihn gesprochen und derselbe auf Alle, die mit ihm umgehen würden, ausgedehnt werden; jeden Ort seines Aufenthalts sollte das Interdikt treffen. Hus aber, der einem ungerechten Bann keine Bedeutung zuschreiben konnte, ließ an der Wand der Bethlehemskapelle einen Nachweis der Nichtigkeit eines solchen Bannes eingraben und appellirte von der Bestechlichkeit der römischen Kurie an den »einzigen unbestechlichen, gerechten und untrüglichen Richter, Jesus Christus. Die Prager Pfarrer machten von allen Kanzeln den Bann über Hus bekannt und beobachteten streng das Interdikt: keine Sakramente wurden ausgetheilt, kein kirchliches Begräbniß gewährt! Die im Volk deßhalb wachsende Unruhe bewog am Ende den König, Hus zu bitten, sich aus Prag auf einige Zeit zu entfernen. Hus fügte sich und verließ Prag im December 1412. Auf Schlössern seiner Freunde geborgen benutzte er die unfreiwillige Muße, um seine Lehre in Schriften niederzulegen. — Seine Hauptschrift ist de ecclesia, von welcher der Cardinal d'Ailly sagte, daß sie durch eine unendliche Menge von Beweisen das päbstliche Ansehen und die Fülle der päbstlichen Gewalt so bekämpfe, wie der Koran den katholischen Glauben. Im Eingang derselben stellt Hus den Begriff der Kirche übereinstimmend mit Wiklef auf; sie ist ihm das corpus mysticum, zu welchem nur die praedestinati gehören. Weiter unten sagt er, daß die Kirche nur aus Solchen bestehe, die nicht gesündigt oder zu sündigen aufgehört haben. Neben jener sancta ecclesia aber gibt es noch eine andere, es gibt eine zweifache Kirche: ovium haedorum, sanctorum reproborum. Im corpus mysticum Christi ist etwas, was die Kirche ist, aber nicht von der Kirche: purgamenta ecclesiae sunt praesciti; procedunt ex ea, non tamen erant ex ea. Es gibt dreierlei Häupter der Kirche: ein oberes, ein mittleres und möglicherweise kann es auch ein unteres geben. Das erste ist Christus nach seiner göttlichen Natur, als Gott, das caput extrinsecum; das zweite Christus nach seiner menschlichen Natur, das caput intrinsecum; das dritte würde dann ein irdischer, gottgeordneter Lenker der Kirche seyn. Dies führt ihn weiter auf die ganze römische Kirche, wo es aber gleichfalls nur zu unsicheren Bestimmungen kommt. Das eine Mal sagt er, man nenne die römische Kirche die Kirche Christi propter praeeminentiam quandam, hauptsächlich weil dort mehr Märtyrer als sonstwo gestorben seyen; das andere Mal sagt er aber auch geradezu: romana ecclesia est totalis ecclesia militans, quam Deus plus diligit quam aliquam eius partem. Wohin jedoch trotz dieser Schwankungen der Zug seiner innersten Gesinnung geht, erkennen wir aus seiner Erklärung der hierarchischen Fundamentalstelle: Tu es Petrus etc. super hanc petram, quam confessus es, quam cognovisti dicens: Tu es Christus etc. aedifico ecclesiam meam, i. e. super me ipsum, filium Dei. Petrus hat zwar aliquam praerogativam unter den Aposteln, aber dieselbe gründet sich bloß auf moralische Vorzüge, auf die fides, humilitas, caritas. Geht der Pabst auf dem Weg dieser Tugenden einher, so ist er der rechte vicarius Christi und pontifex maximus ecclesiae; wo aber nicht, so ist er Antichristi nuntius, contrarius Petri, vicarius Judae. Nach Kap. 13. kennt er nur einen idealen Pabst: „suppono, quod Papa significat illum spiritualiter Episcopum, qui gerit altissime et simillime vicem Christi, sicut fecit Petrus post ascensionem. Si autem Papa vocetur quaecunque persona, quam occidentalis ecclesia acceptat pro romano episcopo ad capitaliter decidendum: abusio est termini." Daß der Pabst und die Cardinäle für immer bleiben werden, glaubt er nicht behaupten zu können, denn es sey möglich, daß Gott seine Kirche auf den alten Stand zurück= führen wolle, wo Presbyter und Bischöfe dasselbe, wo nichts als Presbyter und Dia= konen waren. Und doch ist ihm die sedes apostolica die auctoritas iudicandi et docendi legem Christi. So ferne auch Hus von dem Gedanken war, eine neue Kirche stiften oder von der damaligen Kirche sich lossagen zu wollen, so ist doch das Prinzip, von welchem eine solche Lossagung ausgehen mußte, in dieser Schrift wie in den sich daran anschlie= ßenden Streitschriften scharf ausgesprochen. Von einem unbedingten Gehorsam gegen die kirchlichen praepositi kann ihm bei der tiefen Corruption des Klerus, der anerkannten Zweideutigkeit so vieler Päbste nicht die Rede seyn. Der Gehorsam könne sich ja über= haupt nur auf das an sich Erlaubte beziehen, was aber diese erlaubten Dinge seyen, darüber richte Vernunft und Schrift. Wie weit jedoch die Tragweite dieses Rechts der Laien, über ihren geistlichen Vorgesetzten zu richten, gehe, darüber findet sich keine scharf= gezogene Bestimmung. Als Hus auf dem Concil der fragliche Satz vorgehalten wurde, gab er zur Antwort: ein Anderes sey die potestativa iurisdictio in foro ecclesiae und ein Anderes das verborgene Urtheil in foro conscientiae. Diesem Urtheil im Gewissen hat er nun allerdings, gleich Wiklef, eine objektive Norm gegeben in der Schrift: „Der Christ muß jede Wahrheit glauben, welche der heil. Geist in der Schrift nieder= gelegt hat, et isto modo homo non tenetur dictis sanctorum, praeter Scripturam, nec bullis papalibus credere, nisi quod dixerint in scriptura vel quod fundatur implicite in scriptura." Aber Wer entscheidet, was implicite in der Schrift steht? Hier verweist Hus doch überall auf die heil. Doctores, die er stets der heil. Schrift anreiht. Hus hatte das formale Prinzip der Reformation, aber das materiale gebrach ihm, und darum hat er sich auch bis zu seinem Ende nie als den Mann betrachtet, der zur Gründung einer neuen Kirche berufen sey. Das eben ist die Bedeutung Hussens in der Kirchen= geschichte, daß es durch sein tragisches Geschick sich aussprach, wie unmöglich es sey, einen neuen Lappen auf das wurmstichige Kleid des römischen Katholicismus zu setzen, wie es vielmehr neuer Schläuche bedürfe, um den Gehalt des evangelischen Geistes zu beherbergen. Eben das Concil, welches zur Verbesserung der Kirche an Haupt und Gliedern, Wiederherstellung der Einheit, Ruhe und des Friedens in der Kirche zusam= mentrat, mußte in dem Mann, dessen ganzes Wirken auf das gleiche Ziel hinarbeitete, den gefährlichsten Gegner erkennen, weil sich in dieses Mannes praktischer Energie den schärfer Blickenden zeigte, wohin die Consequenzen ihres eigenen Strebens führten. Darum verzichtete auch das Costnitzer Concil mit der Verdammung Hussens auf alle tiefer greifende Reformgedanken; Hus aber andererseits konnte nur ein Märtyrer, aber nicht ein Reformator werden, weil er eine Reform des äußeren Lebens anstrebte, ohne sich über die Nothwendigkeit einer Reform des Dogma's klar zu werden. — Der Kaiser Sigmund, dem es gelungen war, den Pabst Johann XXIII. zum Ausschreiben eines Concils zu bewegen, lud auch Hus zum Erscheinen in Kostnitz ein und versprach, ihm genug Verhör von Seiten des Concils zu verschaffen, und ihn, wenn er sich dem Concil nicht unterwerfe, unversehrt nach Böhmen zurückzusenden. Umsonst bemühten sich neuere römisch=katholische Geschichtschreiber, dies Versprechen auch für eine sichere Rückreise zu entkräften oder zu beseitigen. Hus ging mit Freuden darauf ein, im Angesicht der Ver= treter der ganzen abendländischen Christenheit von seinem Glauben Rechenschaft zu geben, und sein Zeugniß wider das Verderben der Kirche, wenn es seyn müßte, auch durch den Tod zu versiegeln, denn er verhehlte sich die Gefahren nicht, die in Kostnitz seiner war=

teten. Vor seiner Abreise schrieb er an den Kaiser: »Ich will demüthig meinen Hals daran setzen und unter dem sichern Geleit Eures Schutzes auf dem Concil erscheinen.« Vor seiner Abreise begab er sich noch nach Prag und erklärte am 26. Aug. 1414 durch viele Maueranschläge, daß er bereit sey, vor dem Erzbischof und der Synode zu Rede und Antwort zu stehen, und wenn er einer Irrlehre überwiesen werde, die gehörige Strafe zu erleiden; er forderte daher Jedermann auf, seine Klagen gegen ihn in Form Rechtens vorzubringen. Der Erzbischof und die um ihn versammelte Diöcesansynode ließen Hus nicht vor sich kommen, bezeugten dagegen, daß Niemand als Kläger gegen ihn aufgetreten sey. Ebenso ließ Hus durch den päbstlichen Inquisitor Nicolaus, Bischof von Nazareth, eine Untersuchung über seinen Glauben anstellen, nach welcher derselbe ihm eine Erklärung darüber aufsetzte, daß er ihn keiner Ketzerei schuldig finde. Aber auch die Gegner von Hus blieben nicht unthätig: sie leiteten alles zur Instruction des Prozesses Nöthige ein. Alle, die gegen Hus ein Zeugniß abzulegen hatten, wurden vorgeladen, beeidigt und ihre Aussagen zu Protokoll genommen. Hus erlangte durch Hülfe eines Gönners noch vor seiner Abreise eine Abschrift dieses Protokolls, und hatte noch Zeit, seine Bemerkungen dagegen aufzusetzen. (Vgl. den Abdruck dieses Verhörs in Stud. und Krit. 1837. 1. Heft.) Mit diesen Zeugnissen versehen und von drei Edelleuten begleitet, begab sich Hus auf seine Reise durch Deutschland, deren Kosten seine Freunde bestritten. Er verbarg sich nirgends und reiste mit dem geistlichen Ornat bekleidet. In allen Städten, durch die er kam, ließ er Anschläge in böhmischer, lateinischer und deutscher Sprache machen, forderte Alle zum Gespräch über den Glauben auf und wollte Jedermann Rechenschaft von dem Grund seiner Lehre geben. In seinen von der Reise aus in die Heimath geschriebenen Briefen spricht er sich sehr zufrieden über den Empfang aus, der ihm allenthalben trotz der ihm voraneilenden albernen Gerüchte ward. Am 3. Nov. 1414 kam Hus zu Kostnitz an, und während der ersten vier Wochen seines dortigen Aufenthaltes ward in seiner Sache nichts vorgenommen. Am 5. Nov. hatte er auch den kaiserlichen Geleitsbrief erhalten, da er, ohne ihn abzuwarten, sich auf die Reise begeben hatte. Da verbreiteten seine Feinde das Gerücht eines Fluchtversuches, den Hus gemacht haben sollte, und dieses wurde dazu benützt, so grundlos es auch war, Hus am 28. Nov. seiner Freiheit zu berauben. Er wurde trüglicher Weise aus seiner Behausung in den päbstlichen Pallast gelockt, und von hier in die Küsterie abgeführt, wo er acht Tage lang unter der Obhut von Bewaffneten blieb. Trotz der energischen Verwendung des Herrn von Chlum, trotz des Unwillens des Kaisers über die Mißachtung seines Geleitsbriefs ward Hus am 6. Dez. in ein am Rhein gelegenes Dominikanerkloster abgeführt und daselbst in einen an eine Cloake stoßenden finsteren Kerker geworfen; seine Füße wurden in Ketten geschlagen, des Nachts auch seine Hände an die Wand festgekettet. Schon zwei Tage vorher hatte der Pabst zur Instruction dieses Prozesses drei Commissäre ernannt, welche das Ergebniß ihrer Verhöre an das Concil zu berichten hatten. Als Hus um einen Anwalt bat, ward es ihm verweigert, worauf Jener sagte: »Nun, so sey der Herr Jesus mein Anwalt, der auch Euch bald richten wird.« Die ungesunde Lage seines Kerkers zog Hus eine heftige Krankheit zu, Fieber und Steinschmerzen, so daß er in einen gesünderen Kerker in demselben Gebäude gebracht werden mußte, da man ihn eines natürlichen Todes nicht sterben lassen wollte. Auch in seinem neuen Kerker wiederholte sich ein Krankheitsanfall. In den Fesseln, unter seinen schweren Leiden mußte er sich mit der Antwort auf die gegen ihn von Michael de Causis und Palec vorgebrachten Anklagen beschäftigen. Aber Hussens Muth und Gottvertrauen blieb unter allen diesen Trübsalen unerschüttert; in einem seiner vielen aus dem Kerker geschriebenen Briefe, welche ihn am besten kennen lehren, schreibt er, es werde sich erfüllen, was er in einem Traumgesicht gesehen hatte, da die in der Bethlehemskapelle an den Wänden dargestellten Christusbilder zwar erst von Bischöfen und Pfarrern zerstört, aber dann viel herrlicher von Malern wieder hergestellt wurden. In seinem Kerker verfaßte er mehrere kleine dogmatische und moralische Schriften: über die zehn Gebote, über das Vaterunser, über

Todsünde, über die Ehe, über die Erkenntniß und Liebe Gottes, über die sieben Tod=
sünden, über die Buße, über das Sakrament des Leibes und Blutes Christi. Sie
waren auf die Bitten seiner ihm mit treuer Verehrung ergebenen Gefängnißwärter und
zunächst zum Besten derselben verfaßt. Während seines Gefängnisses war auch in Prag
der Streit über die Kelchentziehung entbrannt, und Hus, um seinen Rath gefragt, ant=
wortete darauf: den Kelch zu nehmen licet et expedit, obwohl Leib und Blut sub
utraque specie sind, so daß also der Genuß des Einen hinreicht. Er fügte hinzu: si
potest fieri attendetis, ut saltem permittatur per bullam illis dari, qui ex devotione
postulaverint circumstantiis adhibitis. Erst nachdem das Concil am 15. Juni 1415
den Laienkelch ausdrücklich verdammt hatte, fuhr er zürnend auf und schrieb: »Keine
Schriftstelle, sondern bloß eine schlechte Gewohnheit stehe dem Laienkelch im Wege; man
solle Christo folgen und seiner Wahrheit; so weit sey jetzt schon die Bosheit, daß sie
eine Einrichtung Christi als Irrthum verdamme!« — Als der Pabst aus Kostnitz floh,
ward Hus in die Gewalt des Bischofs von Kostnitz übergeben, der ihn bei der Nacht
auf einem Kahn in seine nahe Burg Gottlieben am Bodensee abführen ließ. Hier saß
Hus vom März bis zum 5. Juni in der härtesten Haft, von jedem Verkehr mit der
Außenwelt sorgfältig abgesperrt. Am 5. Juni ward er in das Barfüßerkloster abgeführt,
um ihn bei den Verhören besser zur Hand zu haben. Der Adel in Böhmen hatte
wiederholt, aber umsonst dringende Vorstellungen dem Sigmund über den Bruch seines
Geleitsbriefes gemacht; der Kaiser beschwichtigte sein Gewissen mit der ihm von den
Prälaten gebotenen Ausflucht, daß man einem Ketzer das Wort nicht zu halten habe!
Endlich am 5. Juni 1415 wurde Hus zum ersten großen Verhör vor einer sogenannten
Generalcongregation im Franziskanerkloster zugelassen. Seine Schriften wurden ihm
vorgelegt und als die seinigen von ihm anerkannt; er erklärte sich zugleich bereit, wenn
man ihn belehre, daß darin Irrthümer enthalten seyen, dieselben zu widerrufen. Es
wurde darauf ein einzelner Artikel vorgelesen; als aber Hus denselben aus der Schrift
und den Kirchenvätern vertheidigen wollte, ließ man ihn nicht zum Worte kommen. Der
Lärm wurde so groß, daß die Sitzung aufgehoben werden mußte. Am 7. Juni erschien
Hus zum zweitenmal vor dem Concil und des Kaisers Gegenwart und Drohung ver=
mochte diesmal die Ordnung zu erhalten. Der erste Vorwurf lautete: Hus habe gelehrt,
daß nach der Consekration die Hostie im Sakramente des Altars schlechtes Brod bleibe.
Hus schwur, diese Lehre nie vorgetragen zu haben; als der Cardinal d'Ailly ihm diese
Lehre als eine Consequenz seines Realismus nachweisen wollte, erklärte Einer der Eng=
länder: man solle diese philosophischen Streitigkeiten bei Seite liegen lassen. Als zweiter
Anklagepunkt wurde nun verlesen, Hus habe die Irrthümer Witlefs in Böhmen be=
harrlich gelehrt und hartnäckig vertheidigt. Auch dieses läugnete Hus; er habe sich aller=
dings widersetzt, alle aus den Schriften Witlefs ausgezogenen Artikel als lügenhaft und
ärgerlich zu verdammen, weil er mehrere derselben als Wahrheit anerkenne, z. B. den,
welcher sage, daß der Pabst Sylvester und der Kaiser Konstantin geirrt haben, als sie
der Kirche jene bekannten Schenkungen zugestanden, und den, welcher behaupte, daß die
Zehnten sich nicht mit göttlichem Recht einfordern lassen, sondern bloße Almosen seyen,
und den, welcher geltend mache, daß der Pabst oder irgend ein anderer mit einer Tod=
sünde behafteter Priester weder consecriren noch taufen könne, wiewohl Hus in Betreff
des letzteren Punktes geltend machte, er habe diesen Artikel gemildert und gesagt, ein
solcher Pabst oder Priester könne nur nicht würdig consecriren und taufen. Er wurde
dann gefragt, ob ihm denn der Pabst die Erlaubniß gegeben, von seiner Gerichtsbarkeit
sich loszusagen, und ob es erlaubt sey, an Christus zu appelliren? Ferner wurde ihm
vorgeworfen, daß er durch öffentliche Anschläge das Volk zum Gebrauch des Schwertes
gegen die Widersacher aufgefordert habe. Hus konnte sich aber darauf berufen, daß
er nur von der geistlichen Waffenrüstung gesprochen und sich gegen alle Verdrehung
ausdrücklich verwahrt habe. Schließlich warf ihm d'Ailly noch vor, daß er geprahlt
habe, daß, wenn er nicht freiwillig hätte nach Kostnitz kommen wollen, ihn weder der

König von Böhmen noch der Kaiser dazu hätte zwingen können. Herr von Chlum stand aber für Hus ein. Das dritte und letzte ordentliche Verhör, das am 8. Juni stattfand, war auch das wichtigste und es betraf zuerst die in den Schriften Hussens, zumeist de ecclesia, vorkommenden anstößigen Lehrsätze; es handelte sich um die Autorität und Verfassung der ganzen christlichen Hierarchie. Zum Theil erkannte Hus die ihm vorgeworfenen Behauptungen als die seinigen an, und fügte etwas hinzu, um sie zu bekräftigen oder gegen Mißverstand zu verwahren; bei den meisten aber war dies nicht der Fall, sondern er glaubte nachweisen zu können, daß sie nicht in seinen Schriften enthalten seyen, oder dadurch, daß man sie aus dem Zusammenhang gerissen und verdreht, einen andern Sinn bekommen hätten. d'Ailly befolgte die Taktik, Hus als einen Revolutionär darzustellen, um den Kaiser gegen ihn zu stimmen. Dies gelang ihm auch, so daß Jener in Hus einen Mann sah, der nicht damit zufrieden, den geistlichen Staub umzustürzen, auch die Könige vom Thron zu stoßen suche. Auf das Geschrei: widerrufe, widerrufe! entgegnete Hus: „Ich bitte und beschwöre Euch, daß Ihr mich nicht zwingen wollt zu dem, was ich nicht ohne Widerspruch meines Gewissens und ohne Gefahr der ewigen Verdammniß thun kann!" Nach aufgehobener Sitzung erklärte der Kaiser dem Concil, Hus habe so viele verderbliche Ketzereien vorgetragen, daß er schon wegen einzelner unter denselben den Scheiterhaufen verdiene; auch wenn er widerrufe, dürfe er nicht mehr predigen und lehren, noch weniger nach Böhmen zurückkehren; wie nach Böhmen, so solle auch nach Polen und andern Ländern, wohin Hussens Lehre gedrungen sey, das Verdammungsurtheil über dieselbe hingesendet werden. Ueberblicken wir den Streitpunkt, um den es sich in den drei Verhören handelte, so drehte sich derselbe, nachdem das Concil davon abstehen mußte, Hus in der Lehre von der Eucharistie eine Ketzerei nachzuweisen, einzig und allein um kirchenrechtliche Bestimmungen, und bei denselben vermieden die Gegner wie Hus gleicherweise eine eingängliche dogmatische Erörterung. Für beide war das Dogma ein Noli-me-tangere, darum stand nicht Grund gegen Grund, sondern Behauptung gegen Behauptung, und Hus, dem es um Belehrung zu thun war, ging unbesiegt und ungebrochen in sein Gefängniß zurück. Erst jetzt ward auch Hus darüber klar, daß er mit der römischen Kirche brechen müsse, und seine in diesen Tagen in die Heimath geschriebenen Briefe zengen dafür, wie er mit Ruhe und Gottvertrauen diesem Bruch entgegensah. Umsonst ließ man Hus noch vier Wochen Bedenkzeit und versuchte während derselben alle Mittel, Wege der Güte und der Strenge, Ueberredung und Drohung, um ihn zum Abschwören zu bewegen. So kam endlich der von Hus mit aller Ruhe und Gottergebenheit erwartete Tag der Verdammung heran. Es war der 6. Juli, der Geburtstag von Hus. Das Concil hielt in der Kathedralkirche seine 15. Generalsession. Da Hus sich vergeblich bemühte, nochmals das Wort zu ergreifen zu seiner Vertheidigung, so fiel er auf seine Kniee und befahl Gott und Christo seine Sache. Als seine Appellation an Christus mit Ueberspringung der kirchlichen Instanzen als verwegen und als eine Verspottung der kirchlichen Gerichtsbarkeit verdammt wurde, sprach er: „O Christus, dessen Wort von diesem Concil öffentlich verdammt wird, von Neuem appellire ich an dich, der du, als du von deinen Feinden übel behandelt wurdest, deine Sache jenem gerechtesten Richter übergeben hast, damit auch wir, nach deinem Beispiele, durch Unrecht unterdrückt, zu dir unsre Zuflucht nehmen sollten." Als ihm zum Vorwurf gemacht wurde, daß er so lange im Bann geblieben sey und noch die Messe gelesen habe, erzählte er den ganzen Hergang und schloß damit, wie er frei mit dem vom Kaiser erlangten sicheren Geleit nach dem Concil gekommen sey. Als Hus bei diesen Worten seine Augen auf den Kaiser richtete, überflog eine Röthe Sigmunds Wangen. Der Urtheilsspruch über Hus wurde verlesen: daß er ein halsstarriger, verstockter Ketzer sey, der nicht in den Schooß der h. Kirche zurückkehren und seine Ketzereien abschwören wolle, er solle und müsse demnach seines priesterlichen Standes entsetzt und seiner Würde beraubt werden. Als das Urtheil verlesen war, fiel Hus auf seine Kniee und sprach: „Herr Christus, verzeihe meinen Feinden, wie du weißt, daß sie mich fälschlich angeklagt und gegen mich falsche Zeugnisse und Verläumdungen gebraucht haben; vergib ihnen um deiner großen Barmherzigkeit willen." Sieben Bischöfe vollzogen darauf an Hus die Ausstoßung aus dem kirchlichen Staude. Es wurden ihm, nachdem er nochmals zum Widerruf aufgefordert worden war, die priesterlichen Kleider Stück für Stück ausgezogen und immer jedes Stück mit einer besonderen Verwünschung. Dann wurde ihm eine mit Teufeln bemalte Mütze, welche mit dem Wort "Häresiarch" bezeichnet war, aufgesetzt, und die Bischöfe sprachen: "Nun übergeben wir deine Seele dem Teufel." "Aber ich, sprach Hus, ich empfehle sie in deine Hände, Jesus Christus, der du sie erlöset hast!" Darauf wurde er, als von der Kirche ausgestoßen, dem weltlichen Arm übergeben und den Händen der verordneten Schergen ausgeliefert. Als er von diesen weggeführt wurde, und vor der Kirchenthüre seine Bücher verbrennen sah, lächelte er. Auf dem Richtplatz angelangt, fiel er auf die Kniee und betete einige Psalmen, besonders den 51. und 53. Oft hörte man ihn die Worte wiederholen: "Herr, in deine Hände befehle ich meinen Geist. Du hast mich erlöset, Herr, du treuer Gott!" Als er vom Gebet aufstehen mußte, sprach er: "Herr Jesu, steh mir bei, daß ich diesen grausamen und schmachvollen Tod, zu welchem ich wegen der Predigt deines Wortes verdammt worden bin, vermöge deiner und deines Vaters Hülfe mit standhafter Seele erdulde." Er dankte nun noch seinen Kerkerwächtern für ihr schonendes Benehmen gegen ihn und verabschiedete sich von denselben. Als er auf den Scheiterhaufen erhoben, an den Pfahl festgebunden und mit dem Hals angekettet worden war, sprach er: "Gerne trage ich diese Kette um Christi willen, der ja weit schwerer getragen hat." Nochmals zum Widerruf aufgefordert antwortete er: "Welchen Irrthum sollte ich widerrufen, da ich mir keines Irrthums bewußt bin? Denn ich weiß, daß was falsch gegen mich vorgetragen wird, ich nie gedacht, geschweige gepredigt habe. Das war aber das vornehmste Ziel meiner Lehre, daß ich Buße und Vergebung der Sünden die Menschen lehrte nach der Wahrheit des Evangeliums Jesu Christi und nach der Auslegung der heiligen Väter; deßhalb bin ich bereit, mit freudiger Seele zu sterben." Jetzt wurde das Feuer angezündet. Hus rief mit lauter Stimme: "Jesu, du Sohn Gottes, erbarme dich meiner!" Als er zum dritten Mal in diese Worte einstimmen wollte, trieb der Wind ihm die Flamme in's Gesicht und erstickte seine Stimme, doch sah man ihn noch lange seine Lippen wie zum Gebet bewegen. Sein Tod erfolgte um die eilfte Stunde Mittags. Die Asche seines verbrannten Leibs wurde in den Rhein geworfen. Unhistorisch ist die zu Luthers Zeit verbreitete Sage, Hus habe auf seinem Weg zum Tode prophetisch ausgerufen: man brate wohl heute eine Gans; über hundert Jahre werde man aber den erscheinenden Schwan ungebraten lassen! Hus starb unbesiegt. Das Concil hatte das bestehende Recht, Hus aber die ewige Wahrheit für sich. Erasmus sagt mit Recht: Joannes Hus exustus, non convictus! — Der Erste, der die Schriften von Hus herauszugeben begann, war Ulrich von Hutten. Eine vollständigere Sammlung derselben erschien aber erst später im Jahr 1558 zu Nürnberg in zwei Foliobänden unter dem Titel: Historia et monumenta Jo. Huss atque Hieron. Pragensis. Eine neue vermehrte Auflage davon erschien 1715. Uebrigens gehört die Schrift de sacerdotum et monachorum abhorrenda abominatione und einige andere nicht Hus, sondern dem Matthias von Janow an. Ein vollständiges Bild von Hus wird sich erst entwerfen lassen, wenn seine in böhmischer Sprache geschriebenen Werke uns in treueren Uebersetzungen vorliegen, als dieses bis jetzt der Fall war. In dieser Beziehung ist darum "die Gesch." von Böhmen, größtentheils nach Urkunden und Handschriften, von Franz Palacky" (III. 1. Prag 1845) das Bedeutendste in der hussischen Literatur. Derselbe äußert sich S. 299 so: "Als böhmischer Schriftsteller hielt Hus viel auf Purismus und suchte nicht nur die Sprache durch feste Regeln zu binden, sondern ersann auch ein neues System der Orthographie, welches sich durch Einfachheit, Präcision und Folgerichtigkeit so sehr empfahl, daß es schon im 16. Jahrh. im Bücherdruck angenommen wurde, und seitdem bis heute noch allgemein befolgt wird. Seine böhmischen Schriften, 15 an der Zahl, sind nicht allein durch eigenthümlichen kernigen Vortrag ausgezeichnet, sondern auch an der besonderen Orthographie leicht zu erkennen. Die ganze Bibel war zwar von einem Ungenannten schon im 14. Jahrh. in's Böhmische übersetzt worden; Hus aber unternahm eine neue Revision derselben, wie es die noch erhaltenen, mit seiner Orthographie im ersten Viertel des 15. Jahrhunderts geschriebenen Exemplare darthun. Auch als Dichter versuchte er sich, sowohl in frommen Kirchenliedern, als in didaktischen Hexametern; in beiden jedoch ohne poetische Weihe.« Huffens Bedeutung in der Geschichte stammt nicht aus seinen Schriften, sondern aus seinem karaktervollen Leben, aus seiner gewaltigen, nicht in der Form der Schriftgelehrten vollzogenen Predigt, aus seinem im Glauben überwindenden Tod.   Th. Preffel.

Huffiten. Das Volk war in Koftnitz vergessen worden. Ganz Böhmen erhob sich wider die Mörder, wider das Concil und wider den Kaiser. Bei der Nachricht von Huffens Tod entstanden in Prag große Tumulte, die Wohnungen der als Hus feindlich bekannten Pfarrer wurden geplündert und zerstört, der Erzbischof, deffen Hof förmlich belagert war, rettete sich nur durch die Flucht. König Wenzel zeigte sich über Huffens Hinrichtung persönlich entrüstet und die Königin Sophie nahm offen für Hus Partei. Am 2. Sept. 1415 erließ ein in Prag versammelter Landtag ein Schreiben voll Vorwürfe und Drohungen an das Concil, und drei Tage nachher ward beschlossen, daß jeder Gutsherr befugt seyn solle, auf seinem Grund und Boden Huffens Lehre ferner predigen zu laffen. Aber auch die Gegenpartei setzte sich in Bewegung, und am 1. Okt. 1415 trat der katholische Herrenbund in's Leben, der sich verpflichtete, dem Könige, der römischen Kirche und dem Concil in Allem stets treu und gehorsam zu seyn. Unterdessen hatte das Concil in mehreren nach Böhmen, Mähren und Schlesien gerichteten Schreiben sein gegen Hus beobachtetes Verfahren gerechtfertigt, vor deffen Lehren Jedermann gewarnt und die Ungehorsamen mit kirchlichen Strafen bedroht. Am 25. August sandte es den ebenso waffenkühnen als kirchlicheifrigen Bischof von Leitomyhl mit der Vollmacht eines außerordentlichen apostolischen Legaten nach Böhmen; derselbe war aber wegen seines Antheils an der Verdammung Huffens so verhaßt, daß er sich nirgends offen zeigen durfte. Schon vor seiner Ankunft hatte der erzbischöfliche Generalvikar mit den Mitgliedern des Prager Domkapitels durch scharfe Dekrete dem Umsichgreifen der utraquistischen Communion und des freien Predigens von nicht dazu berufenen Geistlichen auf dem Land zu steuern gesucht; am 1. Nov. belegten sie wegen des Aufenthalts des M. Johann von Jesenic ganz Prag mit dem Interdikt. Dasselbe wurde mehrere Jahre, obgleich sich Jesenic 1416 von Prag entfernt hatte, mit aller Strenge von den nicht-huffitischen Geistlichen aufrecht gehalten. Mit dem Anfang des Jahrs 1416 beschloß das Koftnitzer Concil die strengsten Maßregeln gegen die Ketzer und lud am 20. Febr. die 452 Barone, die an den Drohbrief vom 2. Sept. 1415 ihre Siegel angehängt hatten, als suspecti de fide vor sein Gericht; als König Wenzel dem Bischof Johann dem Eisernen den Eintritt in sein Land wehrte, und die Königin Sophie huffitische Pfarrer auf allen ihren Besitzungen einführte, hintertrieb es nur Kaiser Sigmund, daß die Synode nicht auch dem König und seiner Gemahlin den Prozeß machte. Die Huffiten hatten sich nun in eine gemäßigtere und strengere Partei gespalten; erstere erhielt ihre Parole von der Universität Prag, und erhielt den Namen der Calixtiner oder Prager; letztere hatte zu ihrem Mittelpunkt das Städtchen Auftin (nachmals Tabor). Schon am 25. Jan. 1417 klagte die Universität, als deren berühmteste Lehrer Jesenic, Jacobellus, Christiann von Prachatic, Johann Cardinalis von Reinstein hervortreten, über die bereits überhandnehmenden allzu freien Ansichten: mit Schmerz höre man, wie in einigen Communitäten des Landes gelehrt und geglaubt werde, daß es kein Fegfeuer gebe, und daß folglich Gebete und Almosen für Verstorbene unnütz seyen; daß das Halten und Verehren von Heiligenbildern mit der heil. Schrift im Widerspruche stehe; daß Kirchenceremonieen, wie das Weihen von Salz und Wasser, Palmen, Ostereiern u. dgl. überflüssig und irrig seyen. Da ihre Ermahnungen nicht geachtet wurden, beriefen sie auf den 28. Sept. 1418 eine Art Synode nach Prag, unter deren in 23 Artikel gefaßten Beschlüssen die wichtigsten folgende find: 1) Niemand solle einen neuen Lehrsatz öffentlich lehren, ohne ihn zuvor der Prüfung der Magister unterstellt zu haben; 2) Niemand dürfe behaupten, daß man nur das in der h. Schrift Kundgemachte glauben müsse, da viele Wahrheiten darin, wenn auch nicht dem Wort, doch dem Geist nach ständen, und das Verständniß dieses Geistes nicht für Jedermann offen liege; 3) die Kinder soll man, wo es thunlich sey, gleich nach der Taufe communiciren; 4) das Fegfeuer soll man nicht läugnen, 5) die Seelenmessen nicht verwerfen, 6) Gebete für Verstorbene und die Anrufung der Heiligen nicht verdammen; 7) der Eid sey in wichtigen Angelegenheiten zulässig, eben so 8) die Todesstrafe bei unverbesserlichen Verbrechern; 9) kein noch so frommer Laie, sondern nur Priester allein können das Sakrament der Eucharistie vollziehen; 10) die Beichte und das Sakrament der letzten Oelung seyen zu beobachten; 11) bei der Messe sey nur das Evangelium und die Epistel in der Volkssprache, alles Uebrige aber im Latein vorzutragen u. s. w. Aber nicht minder bestimmt unterschied sich die Universität von den Beschlüssen des Concils. So erklärte sie am 16. März 1417, die Communion unter beiderlei Gestalt sey die richtige, und die Böhmen sollten sich darin nicht irre machen lassen, selbst wenn ein Engel vom Himmel sie anders belehren würde. Das Concil antwortete darauf mit Suspendirung aller Privilegien der Universität, und Gerson erklärte sogar, daß es ihm geeigneter scheine, mit weltlichem Arm als mit geistlichen Mitteln gegen die Hussiten einzuschreiten. Der neugewählte Pabst Martin V. folgte diesem Rath: das Concil erließ eine Anweisung in 24 Artikeln, wie die böhmischen Ketzer mit Gewalt unterdrückt werden sollten; der Pabst sandte zu diesem Zwecke Legaten hin. Der schwache König Wenzel gab den Vorstellungen seines Bruders Sigmund nach und befahl zu Anfang des Jahrs 1419, die von ihren Pfarreien vertriebenen katholischen Priester allenthalben wieder einzusetzen. Als aber die Hussiten von den eifrigen Katholiken und deren Pfarrern angefeindet wurden, so sammelten sich Schaaren derselben unter Anführung zweier Edelleute, des Nicolaus von Huffinez und des Johannes Ziska zur Selbstwehr. Unter den 40,000, welche zuerst an mehreren hundert Tischen auf dem Berge Tabor das Abendmahl in beiderlei Gestalt genossen, dann aber die Stadt Tabor gründeten, entzündete sich mit dem Gefühle der Kraft der heftigste Fanatismus. Unter Anführung Ziska's zog ein Haufe Taboriten nach Prag und rächte am 30. Juli 1419 die Unbillen, die dort ihrem Kelche widerfuhren, auf blutige Weise an dem Rath der Neustadt. Als Wenzel im August starb, so entstand, da man sich dem verhaßten Sigmund nicht unterwerfen wollte, völlige Anarchie, noch gesteigert durch die immer mehr hervortretende Lehrverschiedenheit zwischen den Prager Hussiten und den Taboriten. Letztere verlangten, daß alle Rechte, "heidnische und deutsche", aufgehoben würden und daß sich alle Gemeinden nur "nach dem Recht und Gesetz Gottes" richten, daß alle überflüssige Klöster und Ornate vernichtet werden möchten u. s. w. Sie sollen gelehrt haben, daß es sich nicht mehr gezieme, einen König zu haben, noch einen sich zu wählen, sondern daß nur Gott selber König über die Menschen seyn wolle und die Regierung dem Volke solle anheimgegeben werden; daß alle Herren, Edle und Ritter gleich Aufständern im Walde sollten niedergemacht und vertilgt werden; daß nun Abgaben, Steuern und Zahlungen mit aller Fürstenmacht und weltlichen Herrschaft aufzuhören hätten u. s. w. Sie verwarfen alle nicht in der Schrift gegründete kirchliche Lehren, Einrichtungen und Gebräuche mit buchstäblicher Genauigkeit, sie verabscheuten alle weltlichen Vergnügungen, selbst die weltlichen Wissenschaften, und verfielen in mannigfache apokalyptische Schwärmereien. Gleich nach Wenzels Tod machten sie ihre Lehren praktisch: sie verbrannten Kirchen und Klöster und mißhandelten Priester und Mönche. Die böhmischen Stände, bemüht, Ruhe wiederherzustellen, wandten sich an den Kaiser, der aber, anstatt sich mit den Gemäßigten gegen das fanatische Landvolk zu vereinigen, alle beleidigte. So trug er dazu bei, daß sich alle Parteien gegen ihn vereinigten, sich nicht nur siegreich gegen drei Kreuzheere vertheidigten, sondern sogar in benachbarte deutsche Länder einfielen. Im Jahr 1421 kam in Caslau ein von einer großen Zahl nicht nur hussitischer, sondern auch katholischer Stände besuchter Landtag zuſammen; er erklärte, Sigmund nicht als König Böhmens anzuerkennen, da er ein Todfeind der Ehre und der Perſonen böhmiſcher Nation ſey; zugleich nahm er zur Herſtellung der kirchlichen Ordnung die ſchon früher von den Pragern aufgeſtellten Grundſätze, die ſogenannten Prager Artikel an, die den Kern der geſammten huſſitiſchen Lehre bilden. Sie lauten: "1) das Wort Gottes wird im Königreich Böhmen frei und ohne Hinderniß von chriſtlichen Prieſtern verkündigt und gepredigt; 2) das h. Sakrament des Leibes und Blutes Chriſti wird unter beiderlei Geſtalten des Brodes und Weines allen getreuen Chriſten, denen keine Todſünde im Wege ſteht, frei gereicht; 3) da viele Prieſter und Mönche in weltlicher Weiſe über vieles irdiſche Gut herrſchten, gegen Chriſti Gebot und zum Abbruch ihres geiſtlichen Amtes, ſowie zum großen Nachtheil der weltlichen Stände, ſo ſoll ſolchen Prieſtern dieſe ordnungswidrige Herrſchaft genommen werden, dagegen ſollen ſie gemäß der h. Schrift muſterhaft leben und zum Wandel Chriſti und der Apoſtel angeleitet werden; 4) ſollen alle Todſünden und beſonders die öffentlichen, ſowie andere dem Geſetz Gottes zuwiderlaufende Unordnungen von Jenen, deren Amt es iſt, ordnungsmäßig und verſtändig eingeſtellt und geſtraft werden, daß das üble und falſche Gerücht von dieſem Lande beſeitigt und ſo des Königreichs wie der böhmiſchen Nation Gemeinwohl befördert werde." Am 4. Juli 1421 begann in Prag die Kirchenverſammlung, deren Beſchlüſſe ſich auf das Minimum der vier Prager Artikel beſchränkten, alle weiteren Lehren der Taboriten entweder ignorirend oder verwerfend. Nach Ziska's Tod, der ſich ſchon 1422 von den Taboriten getrennt hatte, nahm ſeine Partei den Namen Waiſen an und bildete eine Mittelpartei zwiſchen Pragern und Taboriten. Die Waiſen glaubten an die Transſubſtantiation, beobachteten die Faſten, hielten die Heiligen in Ehren und verrichteten den Gottesdienſt in Ornaten, wogegen die Taboriten dies Alles beſtändig und heftig verwarfen. Die Waiſen ſcheinen ſich unter den Huſſiten am meiſten an Huſſens Geiſt und deſſen Anſichten gehalten zu haben, während die Prager oder Kelchner ſich mehr und mehr Rom wieder zuneigten, die Taboriten jedoch weiter fortſchritten, als nicht nur durch Hus, ſondern auch durch Wiklef geboten war. — Nachdem der dritte Kreuzzug am 14. Aug. 1431 mit dem großen Sieg bei Tauß beendigt war, ſah ſich Sigmund zu der Erklärung genöthigt, das Heldenvolk der Böhmen könne nur durch ſich ſelbſt bezwungen werden, man müſſe um jeden Preis mit ihnen Frieden machen und von der Zeit erwarten, daß ſie ſich durch innere Streitigkeiten aufreiben. Das Basler Concil, von demſelben Legaten Julius Ceſarini geleitet, welcher jenem Kreuzzug beigewohnt hatte, knüpfte ſogleich Unterhandlungen mit den Huſſiten an. Sie erhielten freies Geleit, durften unterwegs und ſelbſt in Baſel ihren Gottesdienſt frei üben. Das Concil empfing ſie ſehr höflich und hörte mit großer Geduld alle ihre grobe Wahrheiten an. Als man dem Prokop den Vorwurf machte, er habe geſagt, die Mönche ſeyen eine Erfindung des Teufels, antwortete er: "Weſſen ſonſt, da ſie weder Moſes, noch die Propheten, noch Chriſtus eingeſetzt hat?" Fünfzig Tage lang wurde disputirt; da kein Theil nachgeben wollte, wurden die Böhmen ungeduldig und zogen davon. Aber man ſchickte ihnen eine ſolenne Geſandtſchaft nach und bewilligte den Huſſiten alle ihre Forderungen, jedoch unter Vorbehalten, die man ſpäter zu gänzlicher Vernichtung ihrer Sache auszubeuten hoffte. In dieſen ſogenannten Compactaten wurde zuerſt Friede und Einigkeit und Aufhebung der kirchlichen Cenſuren beſtimmt, dann die vier Prager Artikel in der Art modificirt, daß 1) das Abendmahl unter beiderlei, aber auch unter einerlei Geſtalt gebuldet werden ſolle; 2) daß zwar frei, aber nur von verordneten Prieſtern gepredigt werden dürfe; 3) daß die Geiſtlichkeit zwar keine Güter beſitzen, aber doch verwalten dürfe; 4) daß die Sünden zwar ausgerottet werden ſollten, aber nur von der geſetzlichen Obrigkeit. Als die Huſſiten dieſe Artikel annahmen, wurden ſie vom Concil heuchleriſch "die erſten Söhne der Kirche" genannt. Die Taboriten, über dieſe Compactata höchſt unzufrieden, wurden von den Calixtinern bei Böhmiſchbrod am 30. Mai 1434 gänzlich geſchlagen und ſo geſchwächt, daß ſie ſich ruhig verhalten mußten, und die jetzt herrſchenden Calixtiner erkannten Sigmund unter ſichernden Bedingungen

als König an. Derselbe stellte am 6. und 8. Januar 1436 zwei Urkunden aus, worin
er die Vollziehung der zwischen dem Concil und den Böhmen abgeschlossenen Concordate
gelobte und den Utraquisten das Recht zugestand, den Erzbischof von Prag und seine
zwei Suffragane selber wählen zu dürfen. Am 23. Aug. 1436 hielt Sigmund seinen
feierlichen Einzug in Prag und nahm von der böhmischen Krone Besitz. Auch die Reste
der Taboriten unterwarfen sich ihm nach und nach, so daß jetzt nahezu alle Hussiten unter
dem Namen Utraquisten wieder mit der katholischen Kirche äußerlich vereint waren. Aber
Sigmund vergaß gar bald seine Zugeständnisse, stellte die alten Kircheneinrichtungen möglichst wieder her, und nöthigte das Haupt der Calixtiner, den Joh. Rokyczana, den er
als Erzbischof schon bestätigt hatte, auf seine Sicherheit zu denken. So waren bei dem
am 9. Dec. 1437 erfolgten Tode Sigmunds die Parteien wieder in heftiger Gährung.
Dem von den Katholiken zum böhmischen König gewählten Albrecht von Oestreich stellten die Calixtiner den polnischen Prinzen Casimir entgegen; als Albrecht im October
1439 starb, vereinigte man sich endlich, bis zur Mündigkeit seines bei des Vaters Tod
noch nicht einmal geborenen Sohnes Ladislaus, das Reich durch zwei Gubernatoren, einen
katholischen und einen calixtinischen, regieren zu lassen (1441). Nachdem Georg von
Podiebrad 1444 calixtinischer und 1450 alleiniger Gubernator geworden war, hatten die
Calixtiner die entschiedene Oberhand. Dennoch ward der Kirchenfrieden nicht hergestellt,
da man auf beiden Seiten an den Compactaten zu mäckeln und zu deuteln begann.
Von Rom aus warf man den Calixtinern vor, daß sie die Communion unter einerlei
Gestalt geradezu verwerfen, Kindern und Schwachsinnigen die Eucharistie reichen und
den Ritus der allgemeinen Kirche verlassen; auch daß sie auf der in Kuttenberg am 4.
Oct. 1441 abgehaltenen Synode im 21. Artikel behaupteten: »Weil die Priester Menschen sind, so ist in der göttlichen Schrift ihnen der Ehestand nicht verboten, sondern sie
können sich nach Pauli Lehre darein begeben: doch wäre es besser, so sie nach Pauli
Wunsch·in einer rechten Keuschheit lebten.« Im Jahr 1451 wurde der berühmte Franziskaner Jo. de Capistrano von Nicolaus V. abgesandt, gegen die Böhmen zu predigen,
und geradezu beauftragt, die Utraquisten, wenn sie sich bekehrten, zu absolviren; wirklich
soll es ihm mit dem Feuer seiner Beredtsamkeit gelungen seyn, Manche zum Rücktritt in
die katholische Kirche zu bewegen. Nach der kurzen Regierung des jungen, eifrig katholischen Ladislaus (1453—1457) wurde Georg von Podiebrad zum Könige gewählt. Obgleich im Herzen entschiedener Hussit, ließ er sich doch, um Frieden nach Außen und Ruhe
im Innern zu erhalten, von zwei ungarischen Bischöfen krönen, und gelobte
Gehorsam gegen die Kirche und den Pabst. Da erklärte 1462 Pius II. die Compactaten für ungültig, da die Basler Synode und Sigmund im Drang der Umstände Manches gethan hätten, was sonst nicht geschehen wäre. Darauf schickte er einen eigenen Legaten nach Böhmen, um die Aufhebung der Compactaten feierlich zu verkündigen; Podiebrad
aber ließ denselben einkerkern und ward nun dafür im Jahr 1463 mit dem Bann belegt.
Paul II. erneuerte den Bann und setzte den König im December 1465 ab, forderte auch
wiederholt zu einem Kreuzzuge gegen ihn auf. Doch machten Georgs öffentliche Verthei-
digungsschriften mehr Eindruck als die päbstlichen Censuren: selbst deutsche Universitäten
erklärten sich gegen den beabsichtigten Kreuzzug, und derselbe gewann daher unbedeutenden Fortgang. Georg behauptete sich in Böhmen und nach seinem Tode (1471) wurde
der polnische Prinz Wladislav zum Nachfolger gewählt, welchen sowohl der König Matthias von Ungarn als der Pabst vergebens zu verdrängen suchten, und welcher 1490 sogar auch des Matthias Nachfolger in Ungarn wurde. Obgleich Wladislav selbst katholisch war, so hielt er doch die Compactaten in voller Kraft aufrecht und im Jahr 1485
stiftete er den Religionsfrieden von Kuttenberg, worin beide Theile, Utraquisten und
Subunisten, gelobten, einander wegen der Verschiedenheit im Abendmahl nicht zu bedrängen, zu schmähen oder zu verketzern; wer dawider handle, solle aus dem Lande gejagt werden. Im Jahr 1497 ertheilte er den Utraquisten noch das Recht, auch ihrerseits
einen Administrator des Prager Erzbisthums, als ihr geistliches Oberhaupt zu erwäh-

len, und trug so zu ihrer Beruhigung nicht wenig bei. — Die Taboriten, welche unter Sigmund ungestörter Freiheit genossen hatten, wurden von Rokyczana vergeblich mit den Calixtinern zu vereinigen gesucht; nachdem aber Georg Podiebrad 1453 Tabor unterworfen hatte, so verschwinden die Taboriten als Partei aus der Geschichte. Aus ihnen heraus bildete sich eine neue Partei, welche sich die religiösen Grundsätze der Taboriten, aber nicht ihre Schwärmerei und ihren Fanatismus angeeignet hatte — die Brüder des Gesetzes Christi, oder böhmischen Brüder (s. d. Art.). Die Reformation in Deutschland wurde in Böhmen nicht bloß von den Brüdern, sondern auch von den Calixtinern freudigst begrüßt. Eine Ständeversammlung im Januar 1524 beschloß, die von Hus begonnene Reformation auf dem von Luther gezeigten Weg fortzuführen. Zwar setzte die besonders in Prag mächtige Gegenpartei durch, daß jener Beschluß wieder aufgehoben und die Compactaten geltend gemacht wurden (Juli 1524): dennoch nahm die Zahl der lutherischen Calixtiner bedeutend zu, und diese unterschieden sich von den Brüdern nur dadurch, daß sie die strenge Kirchenzucht derselben nicht annahmen. Die Calixtiner wurden theils Anhänger des lutherischen, theils des schweizerischen Bekenntnisses und vereinigten sich im Jahr 1575 mit den Brüdern zu einer gemeinschaftlichen Confession. Hiemit hörten die Hussiten als Partei auf, und theilten von nun an Glauben und Leiden der protestantischen Kirche.   Th. Pressel.

    Hutten, Ulrich von, einer der bedeutendsten Vorkämpfer für den Humanismus und die Befreiung Deutschlands vom Joche des Pabstthums, stammte aus einem alten ritterlichen Geschlechte Frankens, und wurde am 22. April 1488 zu Stackelberg in Kurhessen geboren. Sein Vater übergab ihn als elfjährigen Knaben dem wegen seiner gelehrten Bildung berühmten Kloster Fulda, aus welchem er aber nach 5 Jahren entfloh, weil ihm, dem feurigen Jüngling, das mönchische Leben durchaus unleidlich geworden war. Ein Freund des väterlichen Hauses, Eitelwolf von Stein, ein feingebildeter Mann, welcher die Anlagen des jungen Hutten erkannt, ihn zu klassischen Studien angeregt, und dem Vater dringend abgerathen hatte, den Sohn in das Kloster zu thun, mochte ihn zu dem Entschlusse, das Kloster zu verlassen, ermuthigt haben. Er wandte sich nun auf Anrathen eines älteren gleichstrebenden Freundes, Crotus Rubianus, nach der Universität Erfurt, wo der Humanismus eine Stätte gefunden, und sich ein Verein von jungen strebsamen Männern gebildet hatte. Doch verweilte er nicht lange dort, weil im Sommer 1505 eine pestartige Krankheit Lehrer und Studenten vertrieb. Von Erfurt begab er sich aus Respekt vor dem Scholasticismus nach Köln, wo er sich eine Zeit lang eifrig mit Thomas von Aquino und Scotus beschäftigte. Doch empfing er auch Anregungen für die neue Richtung, und sammelte Materialien für die Verhöhnung des alten Systems, dessen Vertreter von der lächerlichen Seite kennen zu lernen, er dort reiche Gelegenheit hatte. Als sein Freund Rhagius Aesticampianus von den alten Theologen der Verführung der Jugend, der Störung der öffentlichen Ruhe und der Beschimpfung der heiligen Theologie angeklagt von Köln vertrieben nach Frankfurt an der Oder zog, wo am 27. April 1506 eine neue Universität gestiftet worden war, und ein Kreis junger gebildeter Männer sich gesammelt hatte, folgte er ihm. Dort fand er auch seinen alten Gönner Eitelwolf von Stein, der als Rath des Markgrafen von Brandenburg für Gründung der Universität mitgewirkt hatte und sich des jungen Hutten annahm. Zwei Jahre verlebte er daselbst glücklich in genußreicher Pflege der Wissenschaften, und im Umgang mit gebildeten Freunden. Dann begab er sich, von der venerischen Krankheit ergriffen, und in rastloser Unruhe umhergetrieben, auf planlose abenteuernde Wanderungen. Zunächst kam er nach Greifswalde, gerieth dort, wie, ist nicht recht aufgeklärt, in Händel mit dem Bürgermeister Wedeg Lötz und seinem Sohne Henning Lötz. Er mußte Greifswalde schleunig verlassen, seine Feinde ließen ihm aber unterwegs aufpassen, ihn durchprügeln, seiner Kleider und Papiere berauben. Halbnackt, von Wunden bedeckt, kam er als Bettler nach Rostock, wo er freundliche Aufnahme fand. Hier beschrieb er die an ihm verübte Gewaltthat in einem größeren Gedicht, und rief die ganze literarische Welt um Beistand gegen die Löize an, um den Frevel zu rächen. Er zeigt bei dieser Gelegenheit eine überraschende Uebersicht über die in ganz Deutschland zerstreuten Männer von seiner Richtung. Sie alle ruft er mit Namen auf, und fordert sie auf, ihn, rächen zu helfen; die That, die an ihm begangen, treffe alle Poeten und Humanisten. In Rostock hielt er auch Vor=lesungen über klassische Schriftsteller, knüpfte mit dortigen Professoren freundschaftliche Verhältnisse an und warb für seine humanistischen Bestrebungen. Nach einjährigem Auf=enthalt verließ er Rostock, ging gegen Ende des Jahres 1510 nach Wittenberg, von dort nach Böhmen, Mähren und Wien, wo er hochgeehrt und guter Dinge bis Frühjahr 1512 verweilte. Dabei mehrte er durch Gedichte und wissenschaftliche Arbeiten seinen Ruhm. Um seinem Vater, mit dem er seit seiner Flucht aus Fulda zerfallen war, Genüge zu thun, faßte er den Entschluß, die Rechtswissenschaft zu studiren, und begab sich zu diesem Zweck 1512 nach Pavia und Bologna, wo er zwar das römische Recht kennen lernte, aber von dem Scholasticismus, der sich dessen bemächtigt hatte, sich ebenso abgestoßen fühlte, als von der Kölner Theologie. Die Frucht seiner neuen Kenntniß war ein saty=risches Gedicht unter dem Titel: »Niemand«, in welchem er seinem Aerger über das römische Recht Luft machte. Sein Aufenthalt in Italien bestärkte ihn nur noch mehr in seiner humanistischen Richtung, und gab seiner Liebe zur Poesie weitere Nahrung. Auch wurde hier sein Nachdenken auf politisch=kirchliche Angelegenheiten gelenkt; er gelobte sich, seine ganze Kraft der Befreiung seines Vaterlandes vom Joche des Pabstthums zu widmen. Die Schicksale, die er in Italien zu erleben hatte, trugen dazu bei, ihn in einer verbitterten Stimmung zu erhalten. Allerhand Mißgeschick verfolgte ihn, die alte Krankheit befiel ihn wieder heftig, sein Franzosenhaß verwickelte ihn in schwere lebens=gefährliche Händel, er wurde mißhandelt und ausgeplündert, in seiner Noth nahm er einmal als gemeiner Soldat Kriegsdienste in Maximilians Heer. Als er im Jahr 1517 nach Deutschland zurückkehrte, verband ihn ein Familienunglück wieder mit seinem Vater und seinen Verwandten, und brachte ihm Ansehen und Ruhm. Als nämlich einer seiner Verwandten, Hans von Hutten, Stallmeister am Hofe Herzog Ulrichs von Württemberg, von diesem wegen seines Weibes, das der Herzog liebte, ermordet worden war, ließ Ulrich von Hutten, als Stimmführer der Familie, eine Reihe der beißendsten Schmäh=schriften gegen den Herzog ausgeben, in welchen er die ganze gebildete Welt gegen Ulrich von Württemberg, den er als Schreckbild eines fürstlichen Tyrannen schilderte, aufrief. Er wurde nun von den Seinigen wie der verlorene Sohn mit Freuden aufgenommen und in Ehren gehalten, und da er in seinen Schriften nicht nur auf die eigentliche Familienangelegenheit sich beschränkte, sondern der Sache eine allgemeine politische Wen=dung gab, ward er bald ein gefeierter Vollsmann. Um dieselbe Zeit nahm er an einem andern öffentlichen Handel, dem Streit Johannes Reuchlin's gegen die Kölner Domini=kaner, lebhaften Antheil. Als Reuchlin, alt und kränklich, muthlos den Streit fallen zu lassen schien, schrieb ihm Ulrich von Hutten am 13. Januar 1517 ermuthigend mit der kühnsten Siegeshoffnung: »Muth, mein tapferer Capnio, ein großer Theil Deiner Arbeit liegt jetzt auf meinen Schultern. Schon sorge ich für einen Brand, der, hoffe ich, zeitig genug emporlodern wird.« Der Brand, den er hier meinte, waren wohl die Episto=lae virorum obscurorum, deren erster Theil im Frühjahr 1516, deren zweiter im folgenden Jahre erschien. Daß Hutten an der Abfassung derselben einen wesentlichen Antheil hatte, ist, obgleich er in einem Brief an Richard Crocus die Autorschaft ableugnet, mit großer Wahrscheinlichkeit nachgewiesen. Diese Briefe, welche in einschneidender vernichtender Satyre einzig in ihrer Art sind, trugen sehr viel zum Sturz der alten scholastischen Richtung bei. Sie enthüllen die wissenschaftliche, sittliche und religiöse Verkommenheit und Versunkenheit der damaligen Träger des orthodoxen Kirchenthums, und geben sie unrettbar der allgemeinen Verachtung preis.

Hutten's nationale und kirchlich=politische Richtung spricht sich mit größter Entschieden=heit in einer Rede aus, welche er im Jahre 1518 auf dem Reichstag zu Augsburg hielt, um die Fürsten zum Krieg gegen die Türken aufzufordern. Die Hauptsache ist ihm nicht die Ermahnung zu diesem Krieg überhaupt, sondern zu zeigen, wie er geführt werden müsse, wenn etwas dabei herauskommen soll, und auf die Hindernisse hinzuweisen, welche bisher den rechten Erfolg gelähmt haben. Da nimmt er dann Gelegenheit, die Zwietracht der Fürsten und den Ungehorsam gegen den Kaiser zu züchtigen, und gegen den Pabst zu Felde zu ziehen, welcher die Türkengefahr immer nur zum Vorwand gebrauche, um Geld aus den Deutschen herauszupressen. Sein stärkster Angriff gegen die römische Kurie enthält aber die im Sommer 1519 geschriebene Schrift, welche den Titel »römische Dreifaltigkeit« führt. In einer Reihe von mannigfaltig wechselnden Dreitheilungen faßt er hier die Vorwürfe gegen Rom zusammen, und schildert die Schlechtigkeit, die dort zu Hause sey, mit den grellsten Farben. Es ist übrigens bei seiner Opposition gegen Rom weniger das religiöse Element, die Verderbniß der Kirchenlehre und die Zerrüttung der Kirchenzucht, was er im Auge hat, als vielmehr die Unterdrückung und Aussaugung der deutschen Nation durch die römischen Thrannen, wie er die Päbste nennt. Er sucht den deutschen Adel, die Fürsten und den Kaiser zum Kampfe gegen Rom aufzurütteln; er wendet sich an den Erzbischof von Mainz, um ihn für die Sache Luthers zu gewinnen; er widmet dem Erzherzog Ferdinand eine Schrift mit einem Vorwort, das ihn auffordert, sich an die Spitze der Opposition zu stellen, er reist im Sommer 1520 zur Krönung Kaiser Karl's V. in die Niederlande, um sich bei ihm Gehör für die neue Richtung zu verschaffen, er erläßt in demselben Jahr ein Sendschreiben an den Kurfürsten von Sachsen, worin er ihn und die deutschen Fürsten überhaupt auffordert, gegen den Pabst, der eine Reformation der Kirche immer wieder hindere, mit Gewalt einzuschreiten. Da er aber mit allen diesen Versuchen, die Führer der Nation für die neuen Ideen zu gewinnen, nichts ausrichtete, und sich in seinen Hoffnungen immer wieder getäuscht sah, gelangte er endlich zu der Ueberzeugung, daß man Gewalt mit Gewalt vertreiben müsse. »Ich muß,« schreibt er im November 1520 an Erasmus, »jetzt mit den Waffen handeln. Wenn Du auch mein Vorhaben nicht billigst, so wirst Du doch die Ursache, aus der ich es thue, nicht mißbilligen können, nämlich um Deutschland in Freiheit zu setzen.« Der Ausgang des Reichstags in Worms im Frühjahr 1521 bestärkte ihn in dieser Richtung. Er fühlte zwar, daß er damit nicht auf dem rechten Wege sey. Im April schreibt er an Luther: »Ich will das Nämliche wie Du, aber darin unterscheidet sich mein Unternehmen von dem Deinigen, daß es menschlich ist; Du, schon vollkommener, lässest allein den Himmel walten.« In dieser Stimmung schloß er sich näher an Franz von Sickingen an, in ihm glaubte er den Mann zu finden, den er brauchte. Er machte sich nämlich Plane, Adel, Städte und Bauern zum Zusammenwirken für die nationalen Zwecke zu vereinigen, und schrieb mehrere Schriften, um die verschiedenen Stände zu einer gegenseitigen Annäherung zu bearbeiten. Indessen schickte sich Sickingen an, in Verbindung mit dem Adel, der ihm anhing, loszuschlagen. Auf einer Versammlung des oberrheinischen Adels zu Landau im Frühjahr 1522 wurde Sickingen zum allgemeinen Hauptmann erwählt. Hutten schrieb gleichsam als Programm des ganzen Unternehmens ein Gedicht »an die freien Städte deutscher Nation,« worin er die Fürsten auf's Heftigste der Gewaltthat und der Unrechtlichkeit anklagt, und die Städte auffordert, die Freundschaft des Adels anzunehmen, und mit ihm verbunden der Gewalt der Fürsten entgegenzutreten. Befreiung Deutschlands von der Gewalt der Fürsten und des Pabstthums war auch Huttens und der Seinigen Gedanke, das Ziel der Bewegung. Dabei hofften die Ritter, der Kaiser sehe die Sache im Grunde nicht ungern, er werde sie insgeheim, und wenn erst ein Erfolg errungen wäre, auch offen unterstützen. Der Ausgang des Unternehmens ist bekannt; Sickingen, der im August 1522 seinen Angriff mit einer Fehde gegen den Kurfürsten von Trier eröffnete, unterlag im Frühjahr 1523 der Uebermacht der gegen ihn verbündeten Fürsten. In seinen Sturz wurde auch Hutten verwickelt. Bald nach Eröffnung des Krieges war er in die Schweiz gegangen, weil er sich in Deutschland vor den geistlichen Gewalten nicht mehr sicher fühlte, wohl auch in der Absicht, in der Schweiz für Sickingen zu werben. Sein alter Freund Erasmus in Basel, der sich durch die Verbindung mit ihm nicht dem Verdacht aussetzen wollte, ließ ihm, als er nach Basel kam, sagen, er wünsche nicht, daß er ihn besuche. Hutten, bitter gekränkt durch den Abfall des einstigen Gesinnungsgenossen, ergoß gegen ihn die ganze Heftigkeit seiner Polemik. In Zürich, wohin er sich nun begab, wollte ihm der Rath den Aufenthalt in der Stadt nicht gestatten, krank und elend begab er sich mit einer Empfehlung Zwingli's auf die Insel Ufnau im Züricher See zu dem heilkundigen evangelischen Pfarrer Hans Schnepp; dort vernahm er die Kunde von dem Ausgang der Sickingen'schen Unternehmung, und starb gebrochenen Herzens den 29. August 1523 in seinem 36. Jahre.

Huttens Verhältniß zu der kirchlichen Reformation Luthers war ein im Grunde nur äußerliches. Er stand auf dem Boden des Humanismus und der deutschen nationalen Bestrebungen. Das Interesse für Reinigung der Lehre, die religiöse Begeisterung, war ihm fremd. Sein eigener Standpunkt in kirchlichen Dingen war wohl ein vorherrschend negativer rationalistischer, er hatte von der evangelischen Glaubenstiefe Luthers und der darin liegenden geistigen Macht kein Verständniß. Gegen das Pabstthum kämpfte er, nicht weil er in dessen System einen Widerspruch gegen den Geist der christlichen Lehre sah, sondern weil er die Herrschaft des römischen Bischofs für eine Schmach und ein Verderben des deutschen Volkes hielt. Luther, bei dem allein die religiöse Ueberzeugung die treibende Kraft war, konnte daher in Hutten keinen ebenbürtigen Kampfgenossen erkennen. Von anderer Seite wird dagegen Hutten als einer der größten Männer seiner Zeit, als der Held der politisch-kirchlichen Nation aufgefaßt, welcher eine viel richtigere Bahn betreten habe, als Luther selbst. Dies geschieht besonders von Karl Hagen in seinem Werk über "Deutschlands literarische Verhältnisse im Reformationszeitalter", 3 Bände, Erlangen 1841—44, und in seiner Abhandlung "Ulrich von Hutten in politischer Beziehung," in der Schrift "Zur politischen Geschichte Deutschlands, Stuttgart 1824," der ausführlichsten und besten Monographie über Hutten. Eine Kritik über Hagens Werk in Ullmanns theologischen Studien, Jahrgang 1845, Heft 2, spricht sich über Hutten dahin aus: "Eine große Seele war er nicht, er war kein Feldherr in dem Aufgebot der Geister, sondern ein Oberster der Plänkler, die dem großen Corps der soliden Masse vorausschwärmen." Auf Hagens Arbeit stützt sich im Wesentlichen die Karakteristik Huttens in der trefflichen Abhandlung "Die Humanisten und das Evangelium" in der Zeitschrift für Protestantismus, N. F. B. 30, S. 268—325. Hutten wird hier als der "intelligente und karaktervolle Repräsentant einer ihres sittlichen Grundes und Rechtes gewissen Begeisterung" bezeichnet, dessen Bild trotz alles Unrathes, den das bigotte Partei-Interesse darauf werfe, doch bleibend interessant sey, einmal weil ein Alles, aber auch ein Alles aufopfernder Feuereifer sich bis zur Selbstverzehrung dem Dienste der Wahrheit aus freiem Triebe überlasse, und weil diese Selbstverzehrung erfolge, ehe mit dem Talg und Fett nachgeholfen werde, das die beste und sittlichste Begeisterung im Laufe der damaligen Entwicklung nicht selten zu alteriren pflegte." In Beziehung auf seinen sittlichen Gehalt nimmt sich der Verfasser dieses Aufsatzes, der übrigens den religiösen Standpunkt Hagens keineswegs theilt, Huttens mit großer Wärme an, indem er sagt: "Wir getrauen uns mit bestem Gewissen für Huttens Sittlichkeit einzustehen. Er war ein leidenschaftlicher, heißblütiger und gewiß von manchen sittlichen Vergehungen nicht freier Mensch, aber der Kern seines Wesens war sittlich, keine gemeine Ader läßt sich an ihm entdecken." Eine erschöpfende, Huttens Bestrebungen und Schriften allseitig beleuchtende Monographie fehlt uns noch, sowie eine sorgfältige kritische Ausgabe seiner Schriften. Eine unvollständige und sehr nachläßig redigirte Sammlung hat Ernst Münch in 6 Bänden, Berlin 1821—23, herausgegeben. *Klüpfel.*

Hutter, Elias, Linguist und Herausgeber mehrerer biblischer Polyglotten, geboren wahrscheinlich zu Görlitz 1554, studirt in Jena besonders die morgenländischen Sprachen, lehrt in Leipzig, gibt 1579 dem Kurfürst August von Sachsen Unterricht im Hebräischen, geht später nach Rostock, Lübeck, Hamburg, unablässig beschäftigt mit dem Plan, eine neue Ausgabe der hebräischen Bibel nach eigenthümlichen Prinzipien zu ver-

anstalten und mit den Urtexten eine Reihe von Ueberſetzungen der heil. Schrift in den
verſchiedenſten Sprachen zuſammenzuſtellen, wovon er die größten Vortheile für das
Schriftſtudium wie für vergleichende Sprachkunde ſich verſprach. Nachdem er 1585—87
eine hebräiſche Bibel herausgegeben und dieſe mit einer dreifachen Ueberſetzung zu einem
ſogenannten opus quadripartitum S. Script., Hamburg 1596, zuſammengeſtellt worden
war, verſuchte Hutter die Ausführung ſeiner noch umfaſſenderen Plane an verſchiedenen
Orten — in Schleswig, Naumburg, Prag, Nürnberg, wo er eine Bibel in 8 Sprachen
begann, ein N. T. in 12 Sprachen 1599 und Anderes herausgab. Allein der Aufwand
war größer als der Verdienſt: Hutter mußte ſeine Druckerei in Nürnberg im Stich
laſſen und ſtarb c. 1605 in Augsburg oder Frankfurt. So ſcheiterten die weitausſehenden
Projekte des Mannes, der in ſeiner Zeit Etwas anſtrebte, was erſt den vereinigten Kräften
ſpäterer Jahrhunderte gelang. Seine Bibelausgaben, wie ſeine grammatiſchen und lexi-
kaliſchen Schriften zur Beförderung des hebräiſchen Sprachſtudiums, ſind beinahe in
Vergeſſenheit gerathen und haben nur noch Werth als bibliographiſche Raritäten; vgl.
Walch, Bibl. theol. Sel. T. IV., S. 8. 36 ff.; Otto, Lex. oberlauſiz. Schriftſt. II.,
S. 202; Will, Nürnberger Gelehrtenlex. II., 213; Rotermund in Erſch u. Grubers
Encykl. II., 12. S. 262.

Hutter, Leonhard, der bekannte lutheriſche Theolog des 16—17. Jahrhunderts,
iſt geboren im Jan. 1563 zu Nellingen im Gebiet der Reichsſtadt Ulm (daher Ulmensis),
wo ſein Vater, Leonhard Hütter, (Hutterus, Hutter iſt Latiniſirung) Pfarrer war. Er
beſuchte die Schulanſtalten in Ulm, wohin ſein Vater 1565 war verſetzt worden, ſtudirte
ſeit 1581 in Straßburg, wo er im Ganzen 10 Jahre lang verweilte, erſt Philologie
und Philoſophie, ſpäter Theologie beſonders bei Joh. Pappus, beſuchte auch noch die
Univerſitäten Leipzig, Heidelberg und Jena, erlangte hier 1594 die theologiſche Doktorwürde durch eine disput. de praedestinatione, und hielt daſelbſt Privatvorleſungen und
Diſputatorien. Bald darauf i. J. 1596 wurde er, beſonders auf Polykarp Leyſer's
Betrieb, als vierter ordentl. Profeſſor der Theologie nach Wittenberg berufen, wo er
denn auch, als Kollege und Geiſtesgenoſſe eines Hunnius, Leyſer, Meisner und anderer
Lutheraner vom reinſten Waſſer, in eifriger und umfaſſender Wirkſamkeit als akademiſcher
Lehrer, als Inſpektor der kurfürſtl. Alumnen, assessor Consistorii u. ſ. w., ſowie als
fruchtbarer theologiſcher Schriftſteller, im Privatleben durch manche chriſtliche Tugend
ſich auszeichnend, bis zu ſeinem den 23. Oktober 1616 erfolgten Tode blieb. Nimmt
überhaupt ſeit der durch Kurfürſt Auguſt und die Concordienformel bewirkten Verdrängung
melanchthoniſcher Richtung die Univerſität Wittenberg als Schule lutheriſcher Orthodoxie
wieder den erſten Rang ein: ſo iſt es hier wiederum Leonhard Hutter, der redonatus
Lutherus, wie man ihn per anagramma nannte, der als erſter Vertreter und tapferſter
Vertheidiger der lutheriſchen Rechtgläubigkeit, wie dieſe durch den Buchſtaben der Formula Concordiae ſoeben feſtgeſtellt und umgrenzt worden war, von jeher mit Recht iſt
anerkannt worden. Sein Standpunkt läßt ſich in materieller und formeller Beziehung
nicht beſſer bezeichnen, denn als der der reinen und einfachen Orthodoxie (Gaß a. a. O.
S. 255). Unter allen orthodoxen Lutheranern — und niemals hat es ja eine ſchärfere
Orthodoxie gegeben, als die lutheriſche — iſt Hutter wohl der orthodoxeſte: denn keiner
iſt ſtrenger innerhalb der Grenzen des kirchlich autoriſirten und normirten Lehrbegriffs
ſtehen geblieben, keiner hat mit größerer Treue den Geiſt nicht nur, ſondern auch den
Wortlaut der Symbole, beſonders der Concordienformel, der er geradezu den Karakter
der Theopneuſtie zuerkennt, feſtgehalten. Hutter unterſcheidet nicht zwiſchen dem Sub-
ſtantiellen des evangeliſchen Glaubens und den accidentellen Formen, zu denen er ſich
ausgeprägt und verdichtet; er weiß nichts von einem werdenden Dogma, das aus den
Prinzipien des evangeliſchen Bewußtſeyns heraus durch einen allmähligen Prozeß ſich
bekämpfender und vermittelnder Gegenſätze ſich entwickelt: es iſt das gewordene Dogma
in ſeiner feſten Abgeſchloſſenheit, in ſeiner ſtarren Kryſtalliſation, das ihm als das objektiv
Giltige feſtſteht wider alle Einreden und Angriffe fremder Kirchen und Sekten wie gegen

alle Milderungen, Abschwächungen und subjektiven Meinungen innerhalb der eigenen Kirche. Dabei ist es in formeller Hinsicht noch der Standpunkt der einfachen Ortho= doxie, auf dem Hutter besonders in seinem Compendium sich hält: es ist noch nicht die künstliche Architektonik, der scholastische Formalismus und der gelehrte Apparat der spä= teren lutherischen Systematiker, was bei ihm sich findet; er verhält sich noch einfach receptiv und reproductiv zu der Fassung der Symbole, aufzählend und anreihend, zer= legend und erklärend, unter sparsamster Anwendung logischer Kategorieen und scholasti= scher Terminologieen, vorzugsweise auf Richtigkeit und Genauigkeit des mitgetheilten Stoffs und auf Festigkeit der zu begründenden Ueberzeugung bedacht. —

Dogmatik und Polemik, — die beiden Fächer, in welchen damals so ziemlich die theologische Encyklopädie aufging, bilden auch für Hutter fast das ausschließliche Feld seiner literarischen Thätigkeit: auf dem der Dogmatik hat er seine Lorbeeren vorzüglich geerntet, das der Polemik trug ihm bei seiner Einseitigkeit und Heftigkeit auch manche stechende Dornen. — Der Erklärung und Vertheidigung der lutherischen Symbole, besonders der Conf. Aug. und der Form. Conc., waren seine frühesten Schriften gewidmet, seine Analysis methodica articulorum Confessionis August. γνησίως ac propr. sic ap= pellatae-advers. Jesuitas et Sacramentarios ad disp. propos. (Wittenb. 1598 u. 1602), ferner sein Collegium theologicum s. 40 disputt. de articulis Conf. Aug. et libri christ. Concordiae (ebend. 1610 u. 18), und, neben einigen andern kleineren Schriften ähnlichen Inhalts, vor Allem ein aus akademischen Vorlesungen hervorgegangener ausführlicher Commentar zum Concordienbuch unter dem Titel: Libri Christ. Concordiae explicatio plana et perspicua (Wittenb. 1608. 9. 11.), worin nach einer kurzen Einleitung über Entstehung und Geltung der F. C. der Inhalt derselben in 11 Artikeln durchgegangen, kurz erklärt und begründet wird. — Das Hauptwerk Hutters aber und unter allen dog= matischen Schriften der lutherischen Kirche eine der bekanntesten ist sein Compendium locorum theologicorum ex Scriptura S. et libro Concordiae collectum (Wittenb. 1610. 18. 24. 29. u. f. f., 1666 cum praef. Meisneri, 1696 mit Vorr. von Junker in Leipzig, 1727 und 36 von Jani mit einer Comm. de L. Huttero ejusque compendio und öfter), ausgearbeitet im Auftrag des Kurfürsten Christian II. von Sachsen und erschienen unter Censur der beiden theologischen Fakultäten von Wittenberg und Leipzig, um als neues offizielles Lehrbuch in den sächsischen Lehranstalten an die Stelle der seit dem kryptocal= vinistischen Streit verdächtig gewordenen loci Melanchthons zu treten. In 34 locis, wobei Ordnung und Methode der Melanchthonschen im Wesentlichen befolgt ist, in kate= chetischer Lehrweise, d. h. so daß der für drei Altersklassen bestimmte Stoff in Fragen und Antworten zerlegt und die für die Vorgerückteren bestimmten Fragen mit Sternchen unterschieden sind, wird der lutherische Lehrbegriff unter möglichster Festhaltung der Worte der Conf. Aug. und der Form. Conc. und, wo diese nicht ausreichen, im Anschluß an Luther, Melanchthon (ubi quidem ille ὀρθοδοξίαν tenuit), Chemniz und Aegidius Hun= nius, in möglichst präciser Fassung und ohne weitere Ausführung, in einfacher, jedoch nicht streng systematischer Ordnung vorgetragen — ganz so wie es ad ediscendum, wie der kurfürstliche Befehl sagt, zu treuer Ueberlieferung und gedächtniß= und verstandes= mäßiger Einprägung der symbolisch festgestellten Lehrsätze geeignet war. Groß und lange= dauernd war des Buches Ansehen und Gebrauch, wie die vielen durch's ganze 17. und 18. Jahrhundert hindurch sich folgenden Ausgaben, die Uebersetzungen in neuere Sprachen (deutsch von Kasp. Holsten in Lübeck 1611, von Hutter selbst 1613. 35. u. ö., neu herausg. von Cyprian 1735, von Franke 1837, schwedisch Stockholm 1618), besonders aber die vielen erklärenden und erweiternden Bearbeitungen beweisen, die dasselbe gefunden hat (z. B. von G. Cundisius, Jena 1648 u. ö., Glassius 1656, Chr. Chemniz 1670, Bach= mann 1690 u. ö., Schneider, Leuschner, Ebart, Deutschmann u. f. w.; über die ganze reichhaltige Literärgeschichte des Hutterschen Compendiums vgl. Cyprian in s. Ausg. des deutschen Texts, Walch, bibl. theol. I, 37; und Hoffmann a. a. O.). In unserem Jahrhundert hat bekanntlich Hase durch den Titel seines dogmatischen Repertoriums für

Studirende das Andenken des Hutter'schen Compendiums erneuert, und kürzlich hat Twesten einen neuen Abdruck besorgt (Berlin 1855). — Die gelehrte Ausführung und weitere Begründung dessen, was hier in kürzester Fassung vorliegt, enthält Hutters größeres dogmatisches Werk, das aus seinen Vorlesungen über Melanchthons loci entstand und von der Wittenberger theologischen Fakultät nach seinem Tod herausgegeben wurde unter dem Titel: Loci communes theologici ex sacris literis diligenter eruti, veterum Patrum testimoniis passim roborati et conformati ad methodum locorum Melanchthonis (Wittenb. 1619, fol. 53. 61.) — ein Werk, das theils eine Erklärung, theils eine Berichtigung der Melanchthon'schen loci beabsichtigt, und von der Gelehrsamkeit, dem Scharfsinn und dem polemischen Eifer seines Verfassers Zeugniß gibt, freilich auch von seiner Weitschweifigkeit, von seinem Mangel an gesunder Exegese und Geschichtsbetrachtung und von dem beginnenden Scholasticismus. Verschiedene einzelne dogmatische Fragen hat Hutter in zahlreichen kleinen Abhandlungen, Disputationen und Gelegenheitsschriften behandelt.

Wenn schon in diesen dogmatischen Schriften, zumal dem größeren Werk, die confessionelle Polemik ein Hauptinteresse bildet, so dienen andere seiner Werke ausdrücklich dem Zweck des — nach der Sitte der Zeit zum Theil mit sehr scharfen Waffen geführten — Defensiv= und Offensivkampfes gegen Calvinisten und Katholiken, sowie gegen jeden Versuch, die Reinheit des neuhergestellten Lutherthums zu trüben oder eine Einigung der beiden protestantischen Bekenntnisse anzubahnen. Wollte er ja nicht einmal das Märtyrthum reformirter Blutzeugen als ein ächtes anerkennen, wie viel mehr mußte er den irenischen Bestrebungen eines David Pareus entgegentreten! Der i. J. 1614 erschienenen Schrift dieses Heidelberger Theologen (unter dem Titel: Irenicum s. de unione et synodo Evangelicorum concilianda) setzte er eine Gegenschrift unter gleichem Titel entgegen: Irenicum vere christianum s. tractatus de synodo et unione Evangelicorum non fucata concilianda, Wittenb. 1616 u. 18., worin er vor dem gefährlichen Synkretismus seines Gegners ernstlich warnt. Zu einer Reihe von Streitschriften gegen die reformirte Lehre gaben ihm die politisch-kirchlichen Zeitereignisse Anlaß: so schrieb er 1610 seinen „Calvinista Aulico-Politicus, eigentliche Entdeckung und Widerlegung etzlicher Calvinischen politischen Rathschläge, welche Johann von Münster fortzupflanzen und die verdammte Calvinisterei in das Herzogthum Holstein einzuschieben sich bemühet." Besonders aber glaubte er sich berufen, wider den i. J. 1613 erfolgten Confessionswechsel des Kurfürsten Johann Sigismund von Brandenburg und wider den Versuch, »die verdammte Calvinisterei in die Chur= und Mark Brandenburg einzuschieben,« in einer Reihe von äußerst heftigen Streitschriften aufzutreten: so vor Allem in seinem Calvinista aulico-politicus alter oder christlichen und nothwendigen Bericht von den fürnehmsten politischen Hauptgründen 2c. (Wittenb. 1614), und in einer Reihe weiterer Streitschriften, die er den reformirten Repliken und Vertheidigungen (z. B. eines hessischen Pfarrers Schmidt, der unter dem Pseudonym Harminius a Mosa gegen Hutter schrieb) entgegensetzte, z. B. beständige und gründliche Widerlegung des heillosen und verworrenen Gesprächs Harminii de Mosa etc., Wittenb. 1615; gründliche Antwort auf die neuen Berlinischen Zeitungen oder Gespräch Hans Knorren und Benedikt Haberechtens 2c., 1614; Examen oder gründlicher Bericht von den zu Frankfurt gedeuteten Glaubensbekenntnissen der reformirten evangelischen Kirche, 1614 (vgl. über die Literatur dieses Streits Walch, hist. u. theol. Einl. in d. Religionsstreit. Thl. 3, und Hoffmann a. a. O.). Das praktische Resultat solcher Polemik, an der sich neben Hutter noch andere kursächsische Theologen, z. B. Dr. Hoe, betheiligten, war, daß Joh. Sigismund die Concordienformel aus der Zahl der landeskirchlichen Symbole streichen ließ und der brandenburgischen Jugend den Besuch der Universität Wittenberg verbot. — Neuen Anlaß, seines Schooßkinds, der Formula Concordiae, sich in einem ausführlichen Werke anzunehmen, gab Huttern die 1607 zu Zürich erschienene Concordia discors Rud. Hospinians, auf die Hutter in seiner 1614. 16. und 22. zu Wittenberg herausgegebenen Concordia concors s. de origine et progressu formulae Concordiae eccles. Aug. Conf. antwortete, — einem Werk, das durch die Mittheilung zahlreicher Urkunden für die Geſchichte der Entſtehung und Einführung der F. C. auch jetzt noch ſeinen Werth hat, aber in ſeinem einſeitig apologetiſchen Juter= eſſe keineswegs eine vollſtändige und objektive Geſchichtsdarſtellung gibt. Auch noch einige andere Schriften Hutter's (z. B. ſein Sadeel elenchomenus s. tract. pro Majestate humanae naturae Christi, Wittenb. 1607 und 1610) dienen der Bekämpfung der refor= mirten Lehre; zur Vertheidigung der lutheriſchen Kirche gegen katholiſche Angreifer, z. B. Bellarmin, Gretſer ꝛc., und zur Beſtreitung verſchiedener katholiſcher Lehren und Bräuche ſchrieb er eine Reihe von Abhandlungen (ſiehe die Titel bei Walch, bibl. theol., Hoff= mann a. a. O.). Auf andere theologiſche Gebiete hat ſich bei dieſem überwiegenden dogmatiſch=polemiſchen Intereſſe, das er mit der Mehrzahl ſeiner Zeitgenoſſen theilte, Hutter's unermüdliche ſchriftſtelleriſche Thätigkeit kaum erſtreckt: Leichenreden für Kurfürſt Auguſt und Chriſtian II. von Sachſen, ſowie für einige theologiſche Kollegen, z. B. Hunnius, Geßner, P. Lyſer, Homilien über die Paſſionsgeſchichte u. d. T. meditatio crucis Christi, Wittenb. 1612, eine methodologiſche Schrift (Consilium de studio theolog. recte inchoando feliciterque continuando, abgedruckt in Hülſemann's methodus concio- nandi, Wittenb. 1635 u. ö.), ein Bericht vom ordentlichen und apoſtoliſchen Beruf Ordi= nation und Amt der lutheriſch evangeliſchen Prediger (gegen katholiſche Angriffe, 1608) iſt Alles, was ſich auf die mehr praktiſchen Gebiete bezieht; ſeine exegetiſchen und hiſto= riſchen Arbeiten (epitome biblica 1609 und succincta explicatio ep. ad Galat. 1635 und ſeine tabellae duae haereseologicae) verdienen kaum der Erwähnung.

Quellen für ſeine Lebensgeſchichte ſind beſonders die Leichenrede ſeines Kollegen Balth. Meisner, Wittenb. 1617. 4. und das Programm von Ambroſ. Rhode, abgedr. in *Witte*, memoriae theol. Decas I., p. 89; außerd. ſ. Freher, theatr. vir. erud., p. 386; Spizel, templ. hon., p. 36; Uhſen, Leben der ber. K.=L.; Jöcher, Gel.=Lex. ꝛc.; Bayle, dict.; Weyermann, Nachr. v. Ulm. Gelehrten; *Jani*, de L. Huttero ejusque compendio commentatio vor ſ. Ausg. des Comp. 1727; Heinrich, Geſch. der Lehrarten, S. 306; beſonders aber A. G. Hoffmann in Erſch und Grubers Allg. Enc., Sect. II, Th. 13, S. 222 ff.; Tholuck, Geiſt der Theol. Wittenbergs, S. 63; Gaß, Geſch. der proteſt. Dogm. I, S. 246 ff.   J. Wagenmann.

Hydroparaſtaten (ὑδροπαραϛάται, aquarii, Waſſerleute), Spottname der En= kratiten, welche aus der Schule Tatians hervorgingen, wie Theodoret ſagt: τοῦτον (τὸν Τατιανόν) ἔχουσιν ἀρχηγὸν οἱ λεγόμενοι ὑδροπαραϛάται καὶ ἐγκρατίται. Sie bekamen dieſen Namen, weil ſie in ihrer auf Verwerfung des ſündlichen Körpers ſich gründenden Aſceſe ſo weit gingen, daß ſie ſchlechthin den Genuß aller den Körper beſon= ders ſtärkenden und kräftigenden Speiſen, namentlich des Fleiſches und des Weines, unter= ſagten und ſich ſelbſt beim Abendmahl des Waſſers ſtatt des Weines bedienten. Vgl. Clem. Alex. Paedag. II, 2. und Epiphanius Haer. 46. §. 2. p. 392. Dähne (in Erſch und Gruber Art. Enkratiten) bemerkt, daß erſt Theodoretus die Hydroparaſtaten als gänzlich identiſch mit den Tatianern anſehe, während Philaſtrius (haeres. 77.) und Auguſtin (de haeres. 64.) in den Stellen, wo ſie von erſteren reden, dieſen Namen mehr als einen allgemeinen zu betrachten ſcheinen. S. Art. Enkratiten.   P.

Hyginus wird als der achte, nach Andern als der zehnte Biſchof von Rom gezählt, und ſaß von 137 bis zum Anfang des Jahrs 141 auf dem päbſtlichen Stuhle. Nach dem liber pontif. wäre er aus Athen gebürtig geweſen und hätte vor ſeiner Erhebung die Philoſophie betrieben. Ueber ſeine Wirkſamkeit erzählt die Geſchichte nichts. Im genannten liber pontificalis wird von ihm in unbeſtimmter Weiſe gerühmt: „Clerum composuit et distribuit gradus." Es werden ihm verſchiedene kirchliche Gebräuche, z. B. die Einfüh= rung der Taufpathen, die Einweihung der Kirchen, wohl fälſchlich zugeſchrieben; nament= lich führen ihn die falſchen Decretalen als Urheber einer Anzahl von Geſetzen über kirch= liche Gebräuche an. Die Martyrologieen ſetzen ſeinen Todestag bald auf den 10., bald auf den 11. Januar (142). Mehrere Kritiker wollen ihm nur die Ehre eines Conſeſfors zugestehen. — Ein Bischof Hyginus von Cordova wird als erster Gegner Priscillians aufgeführt.   Th. Pressel.

Hyksos, s. Aegypten, das alte.

Hymenäus, ein Irrlehrer, der 1 Tim. 1, 20. mit Alexandros zum warnenden Beispiel angeführt wird, wie man nicht nur um den Glauben kommen, sondern bis zur Lästerung gelangen könne. An beiden war Paulus seine apostolische Strafgewalt zu üben genöthigt. Ob beide genannten Männer in Ephesus zu denken sind, läßt sich nicht mit Sicherheit bestimmen. Nochmals kommt ein Hymenäus 2 Tim. 2, 17. in Verbindung mit Philetus vor, wo diese beiden als Beispiel hingestellt werden, wie das Geschwätz immer tiefer in die ἀσέβεια führe, und sie so zu der Behauptung gebracht habe: die Auferstehung sey schon geschehen. Die meisten Ausleger haben die beiden genannten Hymenäus für Eine und dieselbe Person gehalten, denn gerade die im zweiten Brief ihm zur Last gelegten Vergehen können zur passenden Erörterung dienen für die im ersten Brief allgemeiner gehaltenen Klagepunkte, während Mosheim die Identität der Person geläugnet hat. Näheres ist über ihn nicht bekannt, da Paulus das über ihn Erwähnte als ein dem Timotheus bereits bekanntes Faktum voraussetzt.   Th. Pressel.

Hymnologie. (Vgl. auch die Art. Gesang, Kirchenlied.) — Der Hymnolog steht zunächst dem geistlichen Dichter gegenüber, soferne dieser den Stoff producirt, den jener, sey es historisch, sey es kritisch, sey es systematisch-construirend, also immerhin wissenschaftlich behandelt, wenn es auch oft mehr erst Ansätze zu wirklicher Wissenschaft, Bausteine zu derselben, einzelne Ideen und Gesichtspunkte sind, als ein Ganzes, das den Namen Wissenschaft verdiente und sich in das größere Ganze eines Wissenschafts-Gebietes organisch einfügte. Im letztern Sinne existirt die Hymnologie erst seit Kurzem; ihren Namen finden wir, nachdem schon 1752 Wetzel mit seinen analecta hymnologica vorangegangen war, zuerst bei Schmieder, dem Rector des lutherischen Gymnasiums in Halle, der unter diesem Titel 1789 ein Buch erscheinen ließ; jedoch zeigt schon der Beisatz: „— oder: über Tugenden und Fehler der verschiedenen Arten geistlicher Lieder", daß auch ihm der höhere, wissenschaftliche Gesichtspunkt noch ferne lag. In der alten, römischen Kirche bedurfte man zunächst nur der technischen Anweisung zur Ausführung der kirchlichen Gesänge; Ideen über das Wesen und die Bedeutung des kirchlichen Singens überhaupt kommen nur vereinzelt bei Solchen vor, die sich auf Beschreibung und Deutung der kirchlichen Gebräuche näher einlassen. Dahin gehört, was *Guil. Durandus* in seinem rationale divinorum officiorum, übrigens nach seiner Weise mit sehr unselbständiger Benützung von Stellen aus Augustin, aus Rhabanus Maurus u. a., über den Gesang beibringt; so lib. II. cap. 2.: caeterum propter carnales, non propter spirituales cantandi usus in ecclesia institutus est, ut, qui verbis non compunguntur, suavitate modulaminis moveantur. Cantores repraesentant praedicatores, alios ad Dei laudes excitantes. Eorum namque symphonia plebem admonet in unitate cultus unius Dei perseverare. Oder kürzer lib. V. cap. 2.: Cantus in ecclesia laetitiam coeli significat. Anderwärts sind lib. IV. cap. 20. die verschiedenen Abtheilungen der Sänger das Symbol der verschiedenen sittlichen Stufen, die sich in der Gemeinde vorfinden. Mehr erwarten ließe die schon viel frühere kleine Abhandlung des Bischofs Nicetius von Trier (um 563) de psalmodiae bono (s. *Gallandii* bibl. patr. tom. XII. p. 774); allein sie besteht theils nur im Lobe des Gesanges (habet in psalmis infans, quid lacteat, puer, quid laudet, adolescens, quid corrigat vitam, juvenis, quid sequatur, senior, quid precetur; psalmus tristes consolatur, laetos temperat, iratos mitigat, pauperes recreat etc.), theils in praktischen Anweisungen (worunter auch diese: qui autem aequare se non potest ceteris, melius est ei tacere aut lenta voce psallere, quam clamosa voce omnibus perstrepere); als Urbild aller Hymnen wird der apokryphe Gesang der drei Männer (oder wie die katholischen Liturgieen sagen: der drei Knaben) im Feuerofen bezeichnet. Anderes findet sich in den Commentaren der Väter zu den Psalmen, zu den betreffenden Stellen in Eph. 5. und Kol. 3., aber immer nur Bemerkungen allgemeinerer, mehr erbaulicher Art. Haben doch bis heute die katholischen Liturgiker dasjenige, was zur Theorie des Kirchengesanges gehört, meist den Musikern vom Fach, den Lehrbüchern des gregorianischen Gesanges überlassen; es hat z. B. Graf, der in seiner Schrift: „Zur praktischen Theologie, — kritische Darstellung ihres gegenwärtigen Zustandes" (Tüb. 1841) die Fehler in der Gebietsbestimmung für dieselbe so gut nachzuweisen versteht, den Mangel an wissenschaftlicher Einreihung und Behandlung des Kirchengesanges nicht berührt; Staudenmaier (der Geist des Christenthums ꝛc., 1. Thl. S. 264 ff.) verbreitet sich wohl über kirchliche Dichtkunst und Musik, aber an klaren, für wissenschaftliche Zwecke verwendbaren Anschauungen mangelt es auch in diesem Punkte seiner phrasenreichen Darstellung gar sehr. Es läßt sich auch begreifen, warum vom katholischen Standpunkt aus eine Hymnologie in unsrem Sinne nicht wohl denkbar ist; denn so reichlich sich der katholische Cultus mit den Gaben der Tonkunst zu schmücken versteht: gerade dasjenige Kunstprodukt, das vorzugsweise als Objekt der Hymnologie zu betrachten ist, nämlich das Gemeindelied, der Choral im protestantischen Sinne dieses Wortes, fehlt ihm, und was sich Aehnliches wenigstens in Deutschland auch die katholische Kirche angeeignet hat, das ist nicht römischen Ursprungs. Dort ist der Gesang nur theils Priestergesang am Altare, theils Chorgesang von gebildeten, kunstfertigen Sängern ausgeführt; beides, auch wenn eine Theorie davon aufgestellt wird, gehört doch einem spezielleren Gebiete der musikalischen Technik an, als daß — wie wir strenge festhalten müssen — diese Theorie als theologische Disciplin, als Theil praktischer Theologie könnte aufgefaßt und ausgebildet werden. — Indessen liegt es in der Natur der Sache, daß auch die evangelische Kirche und Theologie, ob ihr gleich das bezeichnete Objekt, das Gemeindelied, gegeben war, dennoch erst spät zu einer Hymnologie als Wissenschaft vom Kirchenliede gelangte. Die Reformatoren, vor Allen Luther selbst, hatten das praktische Bedürfniß zu befriedigen; Grundsätze bestimmten wohl ihr Verfahren, die sie auch gelegentlich aussprechen, die aber vornehmlich nur dasjenige betreffen, was von traditionellen Elementen auszuscheiden und was für das Volk singbar und nutzbar sey. Eine eigene hymnologische Thätigkeit, wenn man sie anders unter diesem Titel zulassen will, richtete sich auf Erklärung der Lieder; so Spangenbergs cithara Lutheri 1569, so Hieronymus Wellers Auslegung geistlicher Lieder; aus späterer Zeit sind diesen Schamelius „schwerscheinende Stellen der Kirchengesänge," 1719, auch neuere Liederhomilien von Dinter, Kalm u. a., und Katechisationen über Lieder, wie die von Köpping, 1847, anzureihen, ohne daß wir jedoch diesem Theile der Literatur einen erheblichen Werth für die Hymnologie oder für die Homiletik ꝛc. beizumessen wüßten. Sofort sprechen sich die Herausgeber von Gesang- und Choralbüchern in den Vorreden über Grundsätze aus, die sie befolgt haben (so Lucas Osiander 1586). Die Poetik der Opitz'schen Epoche betraf zu sehr nur das Technische, die Prosodie, als daß eine besondere Aesthetik des Kirchenlieds daraus sich hätte entwickeln können. Das vorige Jahrhundert hat erst einen bedeutenden, zwiefachen Schritt gethan; erstens, indem es die Geschichte — wenn auch weniger des Kirchenliedes, als der Kirchenlieder-Dichter zu bearbeiten anfing (Wetzel, historische Lebensbeschreibung der Liederdichter, 1719; Schamelius, Lieder-Commentarius, Leipz. 1737; Grischow, Nachricht von Liederverfassern 1771), wogegen erst später die Lieder selbst mehr als Gegenstand der Geschichte behandelt wurden (Bericht über die ältesten deutschen Kirchengesänge vor Luther, 3 Bde. Dessau 1782; Götz, Beitrag zur Gesch. d. Kirchenlieder 1784, Heerwagen, Literaturgeschichte der Kirchenlieder 1792—97); und zweitens, indem zuerst das Glaucha'er Gesangbuch, das Produkt des Haller Pietismus, den Gegnern desselben Anlaß zur Kritik gab (Bedenken der wittenberger Fakultät über das Glauchische Gesangbuch 1716); hernach aber der Rationalismus, der sich mit den alten Kirchenliedern nicht vertragen konnte, sie theils beseitigte und dafür seine eigenen Reimereien oder wenigstens modern-christliche Dichtungen in Umlauf setzte, theils aber die alten Lieder nach seinem Geschmack umarbeitete, und nun genöthigt ward, über dieses sein Verfahren Rechenschaft zu geben, somit auf Prinzipien zurückzugehen. Das Hauptprodukt dieser Richtung, das berliner Gesangbuch von 1780 (dessen Vorläufer die von demselben Sammler, Consistorialrath Dieterich, schon 1765 herausgegebenen »Lieder für den öffentlichen Gottesdienst« gewesen waren) rief eine Menge von Schriften für und wider hervor; so schrieb 1781 Abraham Teller eine »kurze wahrhafte Geschichte der ältesten deutschen Kirchengesänge, besonders vor Luther« — um darzuthun, daß Luther ohne Bedenken die ihm nöthig scheinenden Verbesserungen erlaubt habe, ergo man auch jetzt zu gleichem Verfahren berechtigt sey, und eine große Zahl Anderer machte sich mit dieser Frage zu thun. Das bedeutendste, was aus dieser Bewegung hervorging, ist das schon oben angeführte Werk von Schmieder, das zwar auch seinen Ursprung aus derselben durch die Tendenz, das Vorhandene zu kritisiren und Grundsätze für die Verbesserung aufzustellen, deutlich verräth, aber seinen allgemeinen Titel »Hymnologie« durch den umfassenderen Gesichtskreis, den der Verfasser genommen, und durch das Bestreben, vom Temporären auf allgemein Gültiges zurückzugehen, rechtfertigt. Die Verbesserungen, wie jene Zeit sie liebte, erscheinen ihm nöthig und wohlthätig, theils »damit das Gesangbuch nicht weiter irrige Vorstellungen unter den Einfältigen verbreite, theils damit der Ausdruck auch feineren Ohren nicht eckelhaft sey« (!). Die Haupteigenschaften eines geistlichen Liedes sind ihm 1) Schriftgemäßheit (jedoch nicht so, daß alle biblischen Vorstellungen und Ausdrücke auch im Kirchenliede zuläßig wären); 2) Begreiflichkeit (daher S. 34 »hohe Poesie gerade nicht dasjenige ist, was dem Liede besondern Werth gibt«); 3) Menschenfreundlichkeit (also nicht: »und steu'r des Pabsts und Türken Mord«); 4) Anstand. An den alten Liedern hat er viel zu rügen; und während er dogmatisch zur Kirchenlehre sich halten will, zeigt doch das Bedürfniß, das er fühlt, auf jedem Schritte erst dogmatisch sich auseinanderzusetzen, während die Hymnologie das Dogma schon voraussetzen muß, deutlich genug, wie wenig solch eine Zeit eine richtige Basis für diese Wissenschaft darbieten kann. Seine Verbesserungsvorschläge — wiewohl er im Allgemeinen damit sparsam zu seyn räth — sind so schlimm, als die der Uebrigen; ein wenig mehr oder weniger trägt bei diesem Geschäfte nichts aus. Schmieder gibt für jede Rubrik eine eigene Poesie als Muster zum Besten, deren mehrere in die Gesangbücher jener Zeit übergegangen sind. (Ein früheres Werk: die geistliche Liederpoesie, theoretisch und praktisch entworfen von Lauterensis« Halle 1769 kennen wir nur dem Titel nach.) Im Sinne dieser rationalistischen Reform, gegen die selbst Herder vergeblich seine Stimme erhob (Werke über Rel. u. Th. X. S. 84), wurde allenthalben praktisch verfahren; Grundsätze sprach man in Gesangbuchs-Vorreden und sonst gelegentlich aus; die Theorie, deren Anbau Schmieder begonnen hatte, blieb liegen; eine Anregung dazu, wie sie 1819 Ernst Moritz Arndt in der Schrift: »Von dem Wort und dem Kirchenliede« gab, wurde vor der Hand selbst damals nicht beachtet, als die erhöhte religiöse Stimmung nach den Befreiungskriegen und dem Reformations-Jubiläum eher einen guten Boden für solche Samenkörner hätte erwarten lassen. Das einzige hymnologische Produkt, das sich aus jener Zeit herdatirt, war ein Sammelwerk, Rambachs Anthologie christl. Gesänge aus allen Jahrhunderten. Hamburg 1817—33; eine geschichtliche Monographie wird unten noch genannt werden. Selbst Männer, welche die Gesammt-Bearbeitung der praktischen Theologie darauf hätte führen müssen (wie Niemeyer), beachteten diese Seite derselben weit nicht nach Gebühr; Niemeyer (Handb. für den Rel.L. II. S. 355—362) weiß bloß etwas zu sagen von dem Einfluß des Geistlichen auf Gesangbücher, von seinem Verhalten, wenn die Einführung besserer Gesangbücher verhindert werde. Der Grund davon lag in dem auch sonst weitgreifenden Fehler, daß man die praktische Theologie nur als Inbegriff dessen ansah, was dem Geistlichen als Amtspflicht obliegt, nicht als wissenschaftliche Darstellung derjenigen Thätigkeiten, deren Objekt nicht nur, sondern auch deren Subjekt die Kirche selbst ist. Erst unsre Zeit hat endlich Ernst gemacht, die Hymnologie zu dem zu erheben, was sie seyn soll, zu einer praktisch-theologischen Wissenschaft. Und zwar ist es abermals, wie vor bald 100 Jahren, eine praktische Reform, nur in ganz entgegengesetzter Richtung, die zunächst die Nöthigung mit sich führte, Prinzipien zu suchen und zur Geltung zu bringen. Der kirchlich gewordenen Zeit wurde die Reimerei und Schulmeisterei der Aufklärungszeit ebenso „eckelhaft," als nur immer die Sprache der alten Lieder den Aufklärern hatte seyn können; wozu übrigens noch ein ganz außerhalb des kirchlichen Lebens liegender Faktor mitwirkte, nämlich der durch die Gebrüder Grimm geweckte Sinn für historisches Studium der deutschen Sprache. Daher wurden nicht nur Versuche gemacht, Gesangbücher in kirchlichem Geist unverfälscht herzustellen und unter's Volk zu bringen, das daran erst sein reiches, ungekanntes Erbgut kennen lernen sollte (wie K. von Raumers Sammlung geistlicher Lieder, anonym erschienen in Basel 1831; der berliner Liederschatz 1832; Bunsens Versuch eines allgemeinen evangel. Gesangbuchs 1833, 1846; Liedersammlungen von Stier, von Pauli, wohin wir auch trotz den Aenderungen, die sich Albert Knapp erlaubt hat, dessen Liederschatz wegen seiner Tendenz im Ganzen und seiner thatsächlich bedeutenden Wirkung auf's größere Publikum rechnen müssen); sondern es schloßen sich hieran bereits auch Arbeiten theoretischer Art (wie der 2. Anhang zu Bunsens Ges.B.; eine Abhandlung K. v. Raumers in dessen „Kreuzzügen;" eine von Grüneisen in der deutschen Vierteljahrschrift 1838. II.) und es konnte nicht ausbleiben, daß das erwachte Gefühl eines schnöden Unrechts, das der Kirche zumeist von Theologen selbst angethan worden war, sich in jenem Nothschrei Luft machte, der uns in dem Titel „Gesangbuchsnoth" seit Stiers so benannter Schrift 1838 in verschiedenen Schriften (von Kraz 1838, von Schede 1852 ꝛc.) begegnet. Die früheste praktische Wirkung dieser Bewegung war das württembergische Gesangbuch von 1842. Aber schon erhob sich unter den kirchlichen Reformfreunden selbst eine Controverse, die heute noch nicht geschlichtet ist. Die Einen sind jenes Ekels an dem Neuen, d. h. seit etwa 100 Jahr Entstandenen so voll, daß sie nur das Alte und zwar unverfälscht — ihnen aber ist jede Aenderung eine Verfälschung — zulassen wollen; die Andern glauben der Zeit und dem nun einmal in Bezug auf den Ausdruck difficileren Geschmack einige Rechnung tragen zu müssen. Im Sinne der Ersteren hat sich schon 1842 Stip in seiner „Beleuchtung der Gesangbuchsbesserung" vernehmen lassen, der auch indessen stets — trotz seinem „Kirchenfried und Kirchenlied" (Hann. 1853) — eine aggressive Haltung gegen die Andern behauptet und in einer Reihe von Arbeiten, die mehr von Belesenheit als von Klarheit zeugen, durchgeführt hat. Sein „unverfälschter Liedersegen" (2. Aufl. Berlin 1852) ist übrigens ein musterhaftes Gesangbuch. Zu obigem Impuls kam noch ein aus der theologischen Wissenschaft selbst hervorgegangener Anstoß, soferne seit Schleiermacher das Gebiet der praktischen Theologie gründlicher in seiner Gesammtheit aufgefaßt und daher auch das Kirchenlied als ein wesentlicher Theil der gottesdienstlichen Thätigkeit der Gemeinde wissenschaftlich beleuchtet zu werden anfing. Doch sind der theoretischen Werke immer noch sehr wenige; das erste war der „Versuch einer Theorie und geschichtlichen Uebersicht des Kirchenliedes" von Weis, Breslau 1842, eine Schrift, mehr wort- als gedankenreich, mehr allgemeine Kategorieen als Maßstab für die Kritik gebrauchend, als aus der gottesdienstlichen Idee des Kirchenliedes heraus seine Gesetze wissenschaftlich entwickelnd; sofort die „kirchliche Hymnologie" von Lange, Zürich 1843, ein Werk, das zwar nur Einleitung zu dem von Lange besorgten „deutschen Kirchenliederbuch" seyn will, aber an wissenschaftlichem Geist und theologischem Gehalt das vorhin genannte weit überragt. Aus neuerer Zeit sind noch die „hymnologischen Studien" von Rudelbach zu nennen, die in der Zeitschr. für luth. Th. u. K. 1855. IV. begonnen wurden, und besonders die treffliche Bearbeitung unseres Gegenstandes in den praktisch-theologischen Gesammtwerken von Nitzsch (pr. Th. II. 2. §. 298—309) und von Gaupp (pr. Th. I. §. 60—65.). Beiträge zu einzelnen Punkten der Hymnologie haben Armknecht (die heil. Psalmodie, 1855) Naumann (über Einführung des Psalmgesangs 1856) u. A. gegeben. Desto reichlicher ist auch in unserm Zeitalter die Geschichte des Kirchenlieds angebaut worden. Wir erinnern an Mohnike's hymnol. Forschungen, 1831; an das Quellenwerk von Daniel, thesaurus hymnologicus (angefangen 1841); an Franz Joseph Mone, lateinische Hymnen des Mittelalters, aus Handschriften her-

zipien zu suchen und zur Geltung zu bringen. [...] Reimerei und Schulmeisterei der Aufklärungszeit [...] Sprache der alten Lieder den Aufklärern hatte sie können, wenn [...] ganz außerhalb des kirchlichen Lebens liegender Zeit entwickelt, [...] Gebrüder Grimm geweckte Sinn für historisches Ehren der deutschen Sprache, [...] her wurden nicht nur Versuche gemacht, Gesangbücher in [...] herzustellen und unter's Volk zu bringen, das darauf [...] gut kennen lernen sollte (wie K. von Raumers [...] erschienen in Basel 1831; der berliner [...]; [...] gemeinen evangel. Gesangbuchs 1833, 1846; [...] wohin wir auch trotz den Aenderungen, die sich Alb. Knapp erlaubt hat, [...] schatz wegen seiner Tendenz im Ganzen und [...] größere Publikum rechnen müssen; sondern es waren die daran [...] theoretischer Art wie der 2. Theil zu [...] mers in dessen »Kreuzschnur« [...] 1838. II.) und es konnte nicht ausbleiben, daß [...] recht, das der Kirche zumeist von Theologen [...] Nothschrei Luft machte, der uns in dem Titel [...] Schrift 1838 in verschiedenen Schriften (der [...] Die früheste praktische Bulang dieser Bewegung [...] von 1842. Aber schon erhob sich unter den [...] troverse, die heute noch nicht geschlichtet ist. Die [...] d. h. seit etwa 100 Jahr Entstehungen [...] fälscht — ihnen aber ist jetzt Aenderung eine [...] dern glauben der Zeit und dem [...] schmuck einige Rechnung tragen zu müssen. [...] Stip in seiner »Beleuchtung der Gesangreform« [...] dessen stets — trotz seinem »Kirchenfreund und Kirchen« [...] Haltung gegen die Andern, [...] Belesenheit als von Klarheit zeugen, [...] (2. Aufl. Berlin 1852) ist übrigens ein [...] kam noch ein aus der theologischen Wissenschaft [...] seit Schleiermacher das Gebiet der praktischen Theologie [...] heit aufgefaßt und daher auch das Kirchenlied als [...] lichen Thätigkeit der Gemeinde wissenschaftlich betont zu [...] der theoretischen Werke immer noch sehr [...] und geschichtlichen Uebersicht des Kirchenliedes [...] mehr wort- als gedankenreich, mehr allgemeine [...] gebrauchend, als aus der gottesdienstlichen Idee [...] wissenschaftlich entwickelnd; sofort die »kirchliche Hymnologie« von [...] ein Werk, das zwar nur Einleitung zu [...] derbuch« seyn will, aber [...] hin genannte weil [...] von Rudolf [...]

ausgegeben. 3 Bde. 1853—55; an Wackernagels beide Werke: »das deutsche Kirchen=
lied bis Hermann und Blaurer« 1841 und die »Bibliographie zur Geschichte des Kirchenlieds im 16. Jahrh. 1855; an Koch's Geschichte des Kirchenlieds (1. Aufl. 1847,
2. Aufl. 1852. 1853.); an Hoffmann's von Fallersleben »Geschichte des Kirchenlieds
bis auf Luther« (1. Aufl. 1832. 2. Aufl. 1854); Mützell's geistl. Lieder der evang. K.
aus dem 16. Jahrh.,« Cunz, »Geschichte des Kirchenlieds« 1854, denen eine Menge kleinerer, compilatorischer Arbeiten für Schulen und Familien folgten. Eine besonders erfreuliche Erscheinung sind die vielen hymnologischen Monographieen, von denen wir nur
folgende erwähnen: *Augusti*, diss. de hymnis Syrorum sacris, Bresl. 1814; *Hahn*,
Bardesanes Gnosticus, Syrorum primus hymnologus, 1819; Mibbeldorpf, über Prudentius, in Illgens Zschr. für histor. Th. 1832 B. II. St. 2. (schon 1823 besonders
herausgegeben, übrigens nicht sowohl den Dichter, als den Theologen karakterisirend);
Hoffmann von Fallersleben über Barthol. Ringwaldt und Benjamin Schmolck, 1833;
Pasig über Rambach 1844; Thilo über Helmbold, 1851, über Ludämilia Eli-
sabeth von Schwarzburg=Rudolstadt 1855; Kahlert über Angelus Silesius 1853;
Schauer, über die Hymnologie in Braunschweig, in Reuters Repertorium, 1855. Dec.,
S. 190. Kerlen über Tersteegen 1853; von Wendebourg über Anton Ulrich von
Braunschweig; Stromberger über Anna Sophie von Hessen; Schneider über Lu-
thers Lieder, die evang. Kirchenliederdichter des Elsasses, — die vier
letztgenannten 1856; — der biographischen Einleitungen und Anhänge von Knapp zu
Zinzendorf, von Wackernagel zu Gerhardt und (1856) zu Joh. Hermann, von Ehmann
zu Gottfried Arnold u. a. nicht zu gedenken.

Versuchen wir nach diesen geschichtlichen Bemerkungen noch die Aufgabe der Hymnologie als Wissenschaft kurz zu bestimmen, so muß vorerst gesagt werden, daß nicht
Alles, was von Poesie und Musik für den Gottesdienst verwendet wird, darum auch in
die Hymnologie gehört. Der Altargesang des Priesters nämlich, dessen Text ja ohnehin
nicht eigentlich Poesie, sondern das liturgische Wort ist, muß von ihr ausgeschlossen werden, er ist Gegenstand der Liturgik im engern Sinne, d. h. er muß in der Lehre vom
liturgischen Vortrage zur Sprache kommen. Die Hymnologie hat es mit dem Gesang
als Thätigkeit der Gemeinde, daher nicht nur mit dem Kirchenlied und Choral, sondern
auch, vermöge des Verhältnisses, in dem der Chor zur Gemeinde steht — worüber man
d. Art. Gesang, Bd. V. S. 106 vergleiche, — mit dem Chorgesange zu thun. (Daher
auch der Name Hymnologie ganz der richtige ist; denn nicht der Psalm oder die Ode,
sondern der Hymnus ist ihr Gegenstand, in dem Sinn, in welchem auch die beiden
ersteren in ihm aufgegangen sind; die Herstellung der Psalmodie aber als Gemeindege-
sanges im Gegensatze zum Choral und Chor, wie Armknecht und Naumann in den obengenannten Schriften sie beantragen, können wir weder für wünschenswerth noch für aus-
führbar halten.) Näher nun ist von der Hymnologie

I. zu untersuchen, wie der Gesang überhaupt dazu kommt, eine Stelle im christlichen
Gottesdienst einzunehmen? Dies führt auf das Verhältniß der Kunst überhaupt zur
Religion und zum Cultus zurück, wobei der Gegensatz, der in der Bestimmung dieses
Verhältnisses sowohl zwischen christlicher und vorchristlicher Religion, als zwischen den
christlichen Confessionen selbst vorhanden ist, zu erörtern wäre; dieselben Beziehungen
und Gegensätze müßten sofort speziell in Bezug auf die Tonkunst beleuchtet werden. Ein
zweiter Punkt wäre die positive Bestimmung, was der Gesang für eine Stellung unter
den einzelnen christlichen Cultusacten einnimmt; hiebei käme vornehmlich die Opferidee
zur Sprache, die jedenfalls in eben dem Grade richtig auf das Kirchenlied angewendet
wird, als es falsch und verwirrend ist, zu sagen: im Lied predige die Gemeinde sich selbst
(selbst die didaktischen Lieder sind vielmehr nur berechtigt, wenn sie den Karakter des
Bekenntnisses haben, und dadurch unter den Opferbegriff fallen). Ebenso wenig Sinn
hat es, wenn man auch im Gesange neben dem Sakrificiellen etwas Sakramentales nachweisen will, es wäre denn, daß man den Segen, der von jedem Acte der Frömmigkeit

auf uns zurückströmt, mit dem volltönenden Namen des Sakramentalen mißbräuchlich zu bezeichnen sich erlaubte. Drittens müßte noch der Unterschied zwischen Gemeinde= und Chorgesang deducirt, und ihre Zusammengehörigkeit, wie die gebührende Unterordnung des Letzteren unter den Ersteren dargestellt werden.

II. Nun zuerst in specie der Gemeindegesang. A. Theorie desselben. 1) Ableitung seiner Berechtigung aus dem evangelischen Begriff der Gemeinde: 2) Ableitung seiner wesentlichen Eigenschaften: a) daß er wesentlich lyrisch ist; also alle andersgearteten Gedanken immer nur untergeordnet und momentan auftreten dürfen; b) daß er objektiven Karakters, und c) volksthümlich seyn muß; — Nachweisung, wie dies α) im Texte — in dessen Schriftgemäßheit, Kirchlichkeit, volksthümlich=poetischer Form, β) in der Musik, in der Choralform, nach Melodie, Harmonie, Rhythmus, Einstimmigkeit, der Ausführung mit der Orgel, dem Posaunenchor sich ausprägt. 3) Umfassende Bedeutung des Gemeinde= liedes, a) sofern es die einzelne Gemeinde nicht nur mit allen übrigen gleichzeitigen, son= dern mit der ganzen Kirche Christi in allen Jahrhunderten in Gemeinschaft setzt (wir singen die Lieder eines Ambrosius, eines Notker und Benno 2c., das gehört auch zur communio sanctorum!); b) sofern es die Kirche mit der Familie, mit der Schule ver= bindet (vgl. Thilo, das Kirchenlied in der Volksschule, 2. Aufl. 1855). — B. Ist hierin die Idee des Kirchenlieds dargelegt, so folgt die factische Verwirklichung derselben, d. h. die Geschichte des Kirchenlieds. Die hymnologische Behandlung derselben muß sich jedoch als wissenschaftliche, als theologische, einerseits von der rein literarhistorischen, welcher das kirchliche Interesse fehlt, andererseits von der erbaulichen, welche sich auf Erzählun= gen von dem Gebrauch und der Wirkung der einzelnen Lieder in der Seelsorge, im Leben und Leiden gottseliger Menschen einläßt, unterscheiden. — C. Die Geschichte endet sich in der Gegenwart; daher schließen sich an ihr Ende die praktischen Fragen an, auf welche die Hymnologie ebenso einzugehen hat, wie jedes Gebiet der praktischen Theologie einen im engern Sinne praktischen Theil haben muß. Also: 1) Was ist nun aus diesem, im geschichtlichen Theile beschriebenen Schatze der Kirche zum unmittelbaren Dienst in der Gemeinde auszuheben? 2) Wie ist die geschichtlich begründete Differenz der aus verschie= denen Zeiten der Kirche stammenden Lieder zu behandeln? Woferne den Paläologen nicht Recht gegeben werden kann, weil sie das antiquarische Interesse fälschlich mit dem kirch= lichen identificiren: wie ist der neologischen Leichtfertigkeit, dem willkürlichen Ummodeln und Verderben der alten Texte zu steuern? Also Ausgleichung des Gegensatzes zwischen dem conservativen und progressistischen Prinzip. 3) Welches ist die richtige Anordnung der Lieder? 4) Wie hat der Geistliche, der der Gemeinde das Lied vorzeichnet, von die= sem Rechte Gebrauch zu machen? (Unterschied zwischen Eingangs= und Kanzellied; pflicht= mäßige Rücksicht auf die durch casuelle Veranlassungen, durch die Festzeit bedingte Stim= mung der Gemeinde; Rücksicht auf die hiezu passende Melodie, die bedeutend genug ist, um nicht selten ebenso ein Lied wegen seiner Melodie, als sonst um seiner selbst willen zu wählen; namentlich auch wäre hier auf die durchaus unkirchliche Vorstellung einzu= gehen, der man sich von gewissen Seiten zuneigt, als dürfe nur Solches der Gemeinde zum Singen aufgegeben werden, was im Munde aller mitsingenden Individuen gleich wahr und buchstäblich wirklich sey, wodurch am Ende nur die ledernsten didaktischen Gesänge zulässig, das wahrhaft Poetische und Kirchliche aber, dem der Karakter des Idealen mit Nothwendigkeit inwohnt, ausgeschlossen wäre; vgl. gegen jenen Irrthum Nitzsch's Predigten, 1. Auswahl, Nr. XIV. S. 141 f.) — Unter lit. B und C wären gleichmäßig, wie unter A, die beiden Seiten, die poetische und die musikalische, parallel zu behandeln; die letztere bietet im Geschichtlichen und Praktischen immer ein Correlat zu jener dar.

III. Der Gang, den die Behandlung des Chorgesanges in der Hymnologie zu neh= men hat, ist im Allgemeinen derselbe, wie der unter Ziff. II. angegebene: A. Theorie (wofür oben schon auf den Art. Gesang verwiesen wurde); B. Geschichte (für welche neuerlich durch die Arbeiten von Häuser, Winterfeld, Kiesewetter, Brendel, auch Thibaut's

23*

„Reinheit der Tonkunst" und ähnliche Schriften viel beigeschafft ist); C. Praktische Anweisung für den Geistlichen, der auch dieses Bestandtheils des Cultus sich ganz anders annehmen muß, als es sonst — theils aus Unkenntniß, theils aus Hochmuth (von welchen beiden immer eines die Ursache des andern ist) zu geschehen pflegte.

Aus Obigem erhellt, daß um die Hymnologie noch viel Verdienst zu erwerben, aber auch daß es wohl der Mühe werth ist, ihr eine ernste, wissenschaftliche Thätigkeit zu widmen. Es bleibt auch in der Bildung unsrer evangelischen Geistlichen eine sehr fühlbare und zu beklagende Lücke, die durch nichts Anderes ersetzt werden kann, so lange nicht der Hymnologie der ihr gebührende Platz unter den akademischen Lehrfächern, den sie sich nur erst auf einzelnen Hochschulen — jedoch meist bloß in Folge des persönlichen Interesse's und freiwilliger Anerbietung eines Lehrers, somit noch in sehr prekärer Weise, errungen hat, allgemeiner zuerkannt wird. *Palmer.*

Hypatia, Tochter des Mathematikers Theon zu Alexandria, blühte am Ende des 4. und Anfang des 5. Jahrhunderts. Zu ihren körperlichen Reizen gesellte sich der Schmuck der Tugend und Wissenschaft. Nachdem sie von ihrem Vater in der Mathematik unterrichtet worden war, wandte sie sich in Athen zum Studium der Philosophie, und hielt nachher, in den Philosophenmantel gehüllt, in ihrer Vaterstadt öffentliche Vorlesungen über Platon und Aristoteles. An der Spitze der platonischen Schule stehend, erfreute sie sich des höchsten Einflusses, und zählte unter ihre Schüler einen Synesius, der seine Schriften ihrem Urtheil unterstellte, ehe er sie veröffentlichte. Palladus, ein Dichter jener Zeit, vergleicht sie mit Asträa, der Jungfrau des Himmels, und nennt sie ein fleckenloses Gestirn weiser Bildung. Sie blieb im jungfräulichen Stand. Noch berühmter, als durch ihre Leistungen, ward sie durch ihr tragisches Ende, über das zwei verschiedene Berichte vorliegen. Als einst, berichtet Snidas (III, p. 533), der Bischof Cyrill an ihrer Wohnung vorüberging, sah er ein großes Gedränge von Menschen und Pferden. Auf die Frage, was das bedeute, sey ihm geantwortet worden, dieses Haus sey die Wohnung der Hypatia, welche Huldigungen ihrer Verehrer entgegennehme. Diese Antwort habe seine Eifersucht so gestachelt, daß er ihren Tod beschlossen habe. Wahrscheinlicher lautet die Erzählung bei Socrates (hist. eccl. VII. 15.): Unter den Verehrern der Hypatia befand sich auch Orestes, Statthalter von Alexandria. Dieser, gereizt durch die Anmaßungen des Bischofs und durch gewaltsame Angriffe der dem Bischof ergebenen Mönche, wollte von einer Aussöhnung mit Cyrill nichts wissen; das Volk betrachtete Hypatia als die Anstifterin dieses Grolls, machte unter Anführung des Vorlesers der Kirche, Namens Petrus, einen Auflauf gegen sie, überfiel sie auf der Straße, schleppte sie in die Kirche und tödtete sie mit Steinwürfen. Ihre Glieder wurden von dem wüthenden Pöbel zerrissen und verbrannt (März 415). Die Unthat blieb ungestraft, warf aber auf Cyrill einen schwarzen Schatten. Ein der Hypatia beigelegtes Schreiben an Cyrill zu Gunsten des verbannten Nestorius wird allgemein für unächt gehalten. Vgl. *Fabricii* bibl. Gr. IX. p. 187 sq. *Dr. Pressel.*

Hyperius, Andreas Gerhard, als eine Zierde der evangelischen Theologie bekannt unter dem Namen Hyperius, den er von seiner Geburtsstadt Ypern annahm und an der Stelle seines Familiennamens in seinen Schriften wenigstens allein brauchte, wurde im Anfang des Reformationsjahrhunderts, 1511 den 16. Mai, geboren. Seine Familie gehörte zu den angesehensten seiner Heimath; sein Vater, ebenso wie sein Sohn Andreas geheißen, war ein tüchtiger und vielbeschäftigter Sachwalter, seine Mutter Katharine, eine geborene Cöts, stammte aus einem der reichsten Patriciergeschlechter von Gent. Hyperius, wie es scheint der einzige Sprößling dieser Ehe, hatte also das Glück, in Verhältnissen aufzuwachsen, die dem lernbegierigen Knaben alle Bildungsmittel seiner Zeit leicht zugänglich machten. Diese Bildungsmittel mußte er auch unter der sorgfältigen Leitung seines Vaters treu benutzen. Nachdem er sich im elterlichen Haus die Grundlagen der Grammatik angeeignet hatte, wurde er, eilf Jahre alt, schon hinausgeschickt, um erst in Wüsten, einem kleinen Städtchen in der Nähe von Ypern, dann

in Lille in den Schulen damals berühmter Humanisten seine Vorbildung für die Uni=
versitätsstudien zu vollenden. Aber fast wären alle Anstrengungen des strebenden Knaben
und Jünglings ohne den gewünschten Erfolg geblieben. Denn als Hyperius fünfzehn
Jahre alt geworden und für den Besuch einer Universität hinlänglich vorbereitet war,
zwangen ihn ungünstige Zeitverhältnisse, in das väterliche Haus zurückzukehren. Nach
Löwen, das gerade damals wegen der lockeren Sitten seiner Scholaren übel berüchtigt
war, wollte nämlich der besorgte Vater den Jüngling nicht ziehen lassen, und Paris,
für das freilich diese Gründe der väterlichen Besorgniß nicht galten, war damals dem
jungen Studenten verschlossen, weil die Rivalitätskriege zwischen Franz I. und Karl V.
den Aufenthalt daselbst für einen Unterthanen Karls gefährlich und bei der Unruhe des
Kampfes auch nutzlos gemacht hätten. So mußte denn Hyperius mitten in seinen Stu=
dien abbrechen und sich in die Schreiberstube seines Vaters bequemen. Willig fügte er
sich in das Unvermeidliche; allein der Vater konnte sich über das traurige Loos des
reichbegabten Jünglings nicht zufrieden geben; als er nun plötzlich im Jahre 1525 schwer
erkrankte und seinen Tod herannahen fühlte, war es daher sein letzter Wunsch, den er
sterbend seiner Frau mittheilte, sie möchte dafür sorgen, daß ihr Sohn, sobald nur
irgend die Stürme des Krieges zum Schweigen kämen, nach Paris gehe, um seine
Studien zu vollenden. Nach dem Frieden von Cambray verließ deßhalb Hyperius sofort
seine Vaterstadt und zog den letzten Juli 1528, wissensdurstig und in der strengen und
doch so liebreichen Zucht seines Vaters an den Ernst und das Glück der Arbeit gewöhnt,
als junger Student in Paris ein.

Entlassen aus der Stille und dem Schutz des elterlichen Hauses, fand Hyperins
auch bei seiner Ankunft in Paris freundliche und schützende Umgebung. Anton Helfus,
ein Parlamentsrath von Paris, und Johannes von Kampen, ein Theolog vom Fach,
Landsleute und Freunde seines Vaters, standen dem Jüngling rathend zur Seite. Wahr=
scheinlich durch die Vermittelung dieser Männer wurde Hyperins bald nach seiner An=
kunft in das Collegium Calvicum aufgenommen, eine der ältesten, schon im J. 1270,
zwanzig Jahre nach der Stiftung der Sorbonne eingerichtete Collegialstiftung der Uni=
versität, und begann hier seine Studien mit einem vollständigen philosophischen Cursus.
Sein Lehrer war Joachim Ringelberg, ein begeisterter Jünger der neu erwachten huma=
nistischen Studien, der nach einem bewegten Wanderleben, das ihn auf fast allen Uni=
versitäten herumgeführt hatte, 1529 auch im Collegium Calvicum über Dialektik zu
lesen anfing. Damals schon ein älterer Mann, würdigte Ringelberg doch seinen talent=
vollen Schüler, den kaum zwanzigjährigen Hyperius, seiner vertrauten Freundschaft.
Eine Frucht dieses Verhältnisses sind nicht bloß die philosophischen Schriften des Hype=
rius — er schrieb Annotat. in X. libr. Ethicorum Aristotelis, Marp. 1553; eine Dia=
lektik, eine Rhetorik und Physices Aristoteleae Compendium. Basil. 1574 —; vor
Allem verdankt Hyperius seinem Freunde die Vorbereitung und Neigung für humani=
stische Studien, das Vorbild einer trefflichen Lehrmethode, die erste Anregung zu den
Disputirübungen, die er später zuerst in Marburg eingerichtet hat und endlich, nach
dem Hauptgrundsatz Ringelbergs: quicquid didiceris, confestim doceas (conf. Ringel=
bergii de ratione studii liber ed. Th. Erpenius, Lugd. Bat. 1642, pag. 43), den Antrieb,
gleich selbst seine Commilitonen das Gelernte zu dociren, wodurch seine Lehrgaben sich
glänzend entwickelten. Drei Jahre hatte sich Hyperius, angeregt durch Ringelberg, mit
philosophischen Studien beschäftigt, da erlangte er den Grad eines Magisters der Phi=
losophie und kehrte nun einmal in seine Heimath zurück, um die Seinen wiederzusehen,
namentlich auch, um nach dem Stand seiner Vermögensverhältnisse zu ermessen, ob er
noch weiter studiren könne.

Schon im folgenden Jahre, 1532, kam Hyperius nach Paris zurück und begann sein
theologisches Studium. Allein die dürre Scholastik der Sorbonne, die damals schon den
einzigen Pariser Theologen, der ein reformatorisches Schriftprinzip geltend gemacht hatte,
Faber Stapulensis, aus ihrer Mitte nach Bourges vertrieben hatte, konnte seinen regen

Geist nicht befriedigen. Hauptsächlich las er deßhalb für sich die Kirchenväter, namentlich die Schriften Augustins, und erwarb sich eine umfassende Kenntniß der Kirchengeschichte und des kanonischen Rechts; die liebste Nahrung für seinen Geist suchte er aber zugleich in den Vorlesungen der Humanisten, die durch Franz I. unter dem Beirath Wilhelms von Budé, des gründlichsten Kenners der griechischen Sprache an der Pariser Universität, in großer Menge an ein 1529 neu errichtetes Collegium trilingue berufen waren. Nun nahmen im Allgemeinen die Humanisten im Zeitalter der Reformation eine kühle und kritische Stellung gegen die abergläubische und geschmacklose Mönchstheologie ein, die damals noch auf den älteren Universitäten herrschte; und ein solcher kritischer Einfluß mag wohl auch von den Lehrern, die Hyperius so hoch verehrte, von einem Nicolas Cleynarts (Clenardus), dem Kenner des Griechischen, Hebräischen und Arabischen, und von einem Bartholomäus Steinmetz (Latomus), dem gewandten Ausleger der Schriften Cicero's, auf diesen ihren talentvollen Schüler ausgeübt worden seyn. Aber andere gepriesene Humanisten gingen doch auch noch über das bloße Mißbehagen an der alten Theologie hinaus und waren nicht bloß in ihren Herzen warme Freunde der Reformation, sondern auch Verbreiter reformatorischer Grundsätze unter ihren Schülern. Ein Mann der Art war Johannes Sturm, der berühmte Freund Bucers und Melanchthons, welcher 1529 von Löwen nach Paris gekommen war und hier bis 1537, bis zu seiner Vertreibung durch die Sorbonne und Uebersiedelung nach Straßburg, eine reiche Lehrthätigkeit entfaltete. Er gewann den Haupteinfluß auf das geistige Leben des Hyperius; von ihm erfuhr Hyperius zuerst, welch ein neuer Geist in der Kirche wehte; in seinen Vorlesungen nahm er wahrscheinlich den Samen evangelischer Erkenntniß in sein Herz auf. Daneben benutzte Hyperius noch ein anderes Bildungsmittel, auf das ihn wahrscheinlich auch Ringelberg ganz besonders hingewiesen hatte (vgl. *Ringelbergii* ct. liber a. a. O. S. 156); durch ausgedehnte Reisen machte er sich mit den praktischen Bedürfnissen des Volkes bekannt. Innerhalb seines theologischen Trienniums durchzog er ganz Frankreich und Oberitalien; als er seine theologischen Studien absolvirt und Paris im Jahre 1535 verlassen hatte, durchwanderte er die Niederlande und das nördliche Deutschland; endlich im Jahre 1537 machte er sich noch einmal auf den Weg, um die Theile Deutschlands kennen zu lernen, in denen die Reformation ihren Hauptheerd hatte, Hessen und Sachsen; in Marburg, Erfurt, Wittenberg, Leipzig suchte er die theologischen Vertreter des Protestantismus auf. Da entwickelte sich der Saame, den schon Sturm in sein Herz gestreut, zur vollen Blüthe, und fortgerissen von dem großartigen Gemeingefühl, das gerade damals nach der kühnen That des Schmalkalder Convents die Herzen der Protestanten beseelte, schloß sich Hyperius der Sache der Evangelischen an. Wohl war es ein Gewinn für die evangelische Kirche, daß nun noch ein solcher Streiter zu den Ihren gehörte; durch seinen ganzen Bildungsgang an Gelehrsamkeit dem praeceptor Germaniae ebenbürtig, ihm gleich im Geist und sittlichen Ernst, mit offenem Auge für die Zustände des christlichen Volkes, die er auf seinen Reisen beobachtet hatte, und durch anhaltende wissenschaftliche Beschäftigung gewöhnt, nicht auf die Stimme der Leidenschaft, sondern auf das ernste Wort der Wahrheit zu hören, schien Hyperius wie dazu geschaffen, in dem heißen Kampfe der Geister des 16. Jahrh. eine Stellung einzunehmen fast wie Melanchthon; wie Melanchthon war er darauf angelegt, die Errungenschaften der Reformation wissenschaftlich sicher zu stellen, im Kampfe daran zu mahnen, daß nicht der Kampf mit seiner aufregenden Lust, sondern die Güter, um welche gekämpft wurde, das Höchste seyen, und den sittlichen Gebrechen, welche das übermüthige Bewußtseyn, es schon ergriffen zu haben, in religiösen Parteikämpfen auf beiden Seiten zu leicht erzeugt, auch bei der eigenen Partei mit dem ganzen Ernst seiner sittlichen Würde entgegenzutreten.

Auch wurde Hyperius durch seine Lebensführungen bald auf einen Posten gestellt, auf dem er in der eben bezeichneten Weise mit dem ihm anvertrauten Pfund der Sache des Evangeliums dienen konnte. In seiner Heimath konnte er nach seiner deutschen

Reise nicht bleiben; denn sein väterliches Erbgut war aufgezehrt und eine reiche Pfründe, die ihm seine Freunde ohne sein Vorwissen bei der päbstlichen Curie ausgewirkt hatten, wurde ihm nicht zu Theil, weil der kaiserliche Kanzler Garonbillet, Erzbischof von Panormus, den Protestanten nicht bestätigen wollte. Mit Freuden brachte Hyperius dieses Opfer und versuchte sein Heil in England, wohin ihn Karl von Montjoie eingeladen hatte, ein englischer Großer, der sich an der ausgebreiteten Gelehrsamkeit des Hyperius erfreute und ihm selbst zu neuen Universitätsstudien in Cambridge und Oxford die freigebigste Unterstützung gewährte. Aber auch in England konnte er sich keine bleibende Heimath gründen, weil die unerträgliche Glaubenstyrannei Heinrich VIII. 1540 nach dem Tode Cromwells, des einflußreichsten Beförderers der englischen Reformation, dem protestantischen Bekenntniß Scheiterhaufen zu errichten anfing. So kam es, daß Hyperius 1541, dreißig Jahre alt, noch einmal auf kurze Zeit in seine Vaterstadt zurückkehrte, sich von seinen Freunden verabschiedete und sich bemühen wollte, in Straßburg durch seinen Freund Bucer, bezeichnend für seine theologische Richtung, eine Professur zu erhalten. Auf seiner Reise nach Straßburg kam er am 15. Juni 1541 nach Marburg, wo er sich einige Tage anzuhalten gedachte, bis seine Bibliothek in Frankfurt eingetroffen wäre. Sein Aufenthalt sollte aber länger werden; denn er fand hier seinen Landsmann Gerhard Geldenhauer, von seiner Geburtsstadt Nymwegen gewöhnlich Novirmagus genannt, altersschwach und kränkelnd. Die Professur der Theologie, welche Geldenhauer bekleidete, war ihm zu schwer geworden, er sehnte sich nach einem jüngeren Stellvertreter und Collegen. Dazu schien ihm aber Hyperius gerade der geeignete Manu. Glücklicherweise traf bald nach Hyperius, Feige, der Kanzler des Landgrafen Philipp des Großmüthigen, vom Regensburger Reichstag heimkehrend, in Marburg ein, der leicht für die Vorschläge Geldenhauers gewonnen wurde. Beide Männer drangen vereint in Hyperius zu bleiben; und da Feige ihm das Versprechen gab, beim Landgrafen eine Professur für ihn auszuwirken, so gab er seine Uebersiedelung nach Straßburg auf, und rückte schon im folgenden Jahre, in dem Geldenhauer starb, in dessen Stelle ein. Hier, als Lehrer der Theologie an einer kräftig aufblühenden protestantischen Universität, stand Hyperius seiner ganzen Individualität nach an seinem richtigen Platz und konnte an seinem Theil mit daran arbeiten, die großen Aufgaben des Protestantismus zu lösen. In weiten Kreisen hatte sich damals, wie Hyperius selbst in seinen Tractaten: de sacrarum litterarum studiis non deserendis (herausgegeben in der ersten Sammlung seiner Opuscula Basil. 1570) und: de dijudicatione doctrinarum (in einer zweiten Sammlung von Opuscula Basil. 1580) bitter beklagt, eine allgemeine Mißstimmung gegen die evangelische Theologie festgesetzt; fast verzweifelte man daran, eine Frucht des beständigen Streits der Theologen über Kleinigkeiten, daß die Theologie überhaupt irgendwelche sichere Erkenntniß der Wahrheit vermitteln könne. Es galt also vor Allem, das Vertrauen zu theologischen Studien wieder zu beleben, die evangelische Theologie zu begründen oder auszubauen und dadurch die Resultate der Reformation wissenschaftlich sicher zu stellen. Das that Hyperius zunächst auf dem Katheder; ausgerüstet mit den vielseitigsten sprachlichen und historischen Kenntnissen, begabt mit einer schon in Paris bewährten Lehrfähigkeit, begann Hyperius seine Vorlesungen über exegetische, systematische und praktische Theologie, die bald einen solchen Ruf erhielten, daß aus allen Theilen des deutschen Vaterlandes und selbst aus dem Auslande eine Menge wißbegieriger Jünglinge nach Marburg zusammenströmten. Aus diesen Vorlesungen erwuchsen aber Lehrbücher, welche der ganzen protestantischen Kirche zu Gute kamen; zunächst eine Reihe von exegetischen Monographieen, die mit in die Opuscula des Hyperius aufgenommen sind; sodann auch ein vollständiger Commentar über die Paulinischen Briefe und den Brief an die Hebräer, den Johannes Mylius aus Wetter, ein Schüler des Hyperius, nach dessen Tod in Zürich 1582 bis 1584 in 4 Bdn. in Folio hat erscheinen lassen. In freudiger Anerkennung des reformatorischen Schriftprinzips läßt Hyperius dem Text sein Recht widerfahren, den er mit Hülfe der Grammatik, des Gedankenzusammenhangs der gegebenen Stelle und der Analogie der Schrift zu erklären versucht, "wie die Worte einfach lauten." Dann erst folgt die dogmatische Würdigung des exegetisch gefundenen Lehr= gehalts mit Winken für die praktische Bedeutung und Brauchbarkeit desselben und mit grundsätzlicher Hinweglassung aller unnützen dogmatischen Streitfragen. Zugleich gibt Hyperius gewöhnlich eine Hinweisung auf den consensus mit der alten Kirche, um seinen Lesern oder Zuhörern den Beweis zu liefern, daß die Resultate einer gefunden prote= stantischen Exegese von jeher in der Kirche anerkannte Wahrheiten seyen. Wegen dieser Vorzüge werden aber die exetischen Arbeiten des Hyperius immer zu den musterhaftesten der Reformationszeit zu zählen seyn. Ebenso verdient machte sich Hyperius um die systematische Theologie; aus seinen Vorlesungen entstanden seine methodi Theologiae libri tres (herausgeg. Basel 1566, 1568, 1574. 8.), in denen er es versuchte, in lehr= hafter Darstellung die neue Glaubens= und Sittenlehre der Reformation, gegenüber den schriftwidrigen Irrthümern der Scholastiker, zum Gemeingut der evangelischen Kirche zu machen. Man vermisse, meint Hyperius mit Recht, an den bisherigen Darstellungen der christlichen Lehre die genügende historische Bildung ihrer Verfasser, darum sey ihre Theologie zu sehr von Zeitfragen abhängig; es fehle in diesen Büchern die scharfe Systematik, namentlich seyen sie in der Entwickelung der christlichen Lehre nicht schrift= mäßig genug. Diesen Mängeln soll sein Buch begegnen; aber Hyperius starb unter der Arbeit und hat nur die drei ersten Hauptstücke seines Systems ausgeführt. Dennoch ist sein Buch von eingreifender Bedeutung; denn er hat demselben eine übersichtliche gene= tische Entwickelung seines Systems aus einem Hauptsatz vorangestellt, und dadurch bleibt die Methodus des Hyperius immer ein ausgezeichneter Versuch, die christliche Lehrwissen= schaft aus der atomistischen Localmethode zur genetisch=systematischen zu erheben, worin unter allen Dogmatikern der Reformationszeit nur Calvin unsern Hyperius übertroffen hat. Wahrhaft bahnbrechend wirkte aber Hyperius in der Homiletik; er ist geradezu der Schöpfer der wissenschaftlichen Homiletik. Denn die Väter, mit Ausnahme des ein= zigen Augustin im IV. Buch seiner doctrina christiana, hatten in ihren homiletischen Vorschriften viel mehr die sittliche Beschaffenheit des Predigers, als die kunstmäßige An= lage der Predigt im Auge gehabt; das Mittelalter hatte fast gar Nichts für die Theorie der Predigt gethan; erst mit dem Beginn des 16. Jahrhunderts fing man an, sich wissenschaftlich über die Erfordernisse der Predigt zu verständigen. Aber die Versuche in der Homiletik von Reuchlin, Melanchthon und Erasmus bleiben doch, was an dem wissenschaftlichen Werth und die Vollständigkeit anlangt, weit hinter der Homiletik des Hyperius zurück, die unter dem Titel: de formandis concionibus sacris sive de inter= pretatione scripturarum populari libr. II. binnen kurzer Zeit fünfmal aufgelegt (zuerst Marb. 1553), in das Französische übersetzt und selbst von einem katholischen Theologen zu Löwen, Lorenz Villavincentius, mit den nöthigen Ausmerzungen und Zusätzen ver= sehen wurde, dann aber betrügerischer Weise als dessen eigene Schrift erschien. Im I. Buch dieser Homiletik stellt Hyperius als Prinzip für die Theorie der Predigt den Satz voran: die Homiletik lehrt die richtige Anwendung der Rhetorik auf den richtigen homiletischen Stoff; dieser Stoff wird zunächst entwickelt und begrenzt; dann folgen bis zum Ende des I. Buches die speziellen Vorschriften über die Form der Predigt, die Arten derselben nach ihrem Inhalt, die einzelnen Theile derselben und deren beste rhe= torische Ausführung. Das II. Buch lehrt die Schrifttexte darauf ansehen, für welche Art von Predigt ein gegebener Text am geeignetsten erscheine, was an einer reichen Sammlung von Beispielen erläutert wird, so daß also der ganze Stoff der wissenschaft= lichen Homiletik in diesem Buche in guter Ordnung abgehandelt wird. Erhöht wird die Brauchbarkeit der Homiletik des Hyperius noch durch eine andere Schrift von ihm, die Topica theologica (zuerst Zürich 1561), ein Buch, welches die Vorschriften der Dialektik über das Kapitel de inventione auf die Theologie anwenden lehrt und so gleichsam ein Repertorium des theologischen Materials für die Predigt bildet. Abgeschlossen und gleichsam zusammengefaßt hat aber Hyperius seine Verdienste um die wissenschaftliche

Theologie der evangelischen Kirche in seinem Buche: de recte formando Theologiae studio libr. IV. (zuerst Basel 1556). Dieses Buch, dessen fünf Auflagen schon seine Geltung für die damalige Zeit bekunden, ist eigentlich die erste vollständige und wissen=schaftliche Encyklopädie und Methodologie der Theologie, eine Feststellung der Aufgaben aller theologischen Disciplinen und der Methode, wie man sich am besten ihres reichen Materials bemächtige; nur die praktische Theologie hat Hyperius in diesem Buche nicht noch einmal behandelt, da er sich hiervon durch seine Homiletik mit Recht für dispensirt halten konnte. Nach allen Seiten hin hat also Hyperius seinem Beruf, durch Begrün=dung einer neuen evangelischen Theologie die Früchte der Reformation wissenschaftlich zu sichern, in umfassender Weise Genüge gethan.

Diesem wissenschaftlichen Verdienst des Hyperius steht aber noch ein anderes, voll=kommen ebenso schwer wiegendes zur Seite; auch die sittlichen Gebrechen der evangelischen Kirche seiner Zeit hat er vollkommen richtig erkannt, freimüthig gerügt und durch wohl=gemeinten Rath und sein eigenes besseres Beispiel zu heilen versucht. Es entging dem scharfen Beobachter nicht, daß die sittliche Schlaffheit im protestantischen Volksleben, an dem das strenge Gesetz der römischen Kirche nicht mehr seine Pädagogie übte, in manchen Stücken zugenommen hatte. Gegen dieses Uebel hoffte er Alles von der wiedergebärenden Kraft des göttlichen Wortes. Deßhalb drang er in seinem Buche: de S. Scripturae lectione ac meditatione quotidiana libr. II. (zuerst ersch. Zürich 1561) darauf, daß die christliche Obrigkeit ein Gesetz erlasse, wornach jeder Hausvater täglich mit den Seinen einige Kapitel in der Bibel lesen solle und suchte überhaupt den Nutzen und die beste Art des Bibellesens seinen Zeitgenossen an das Herz zu legen. Die Quelle dieses Schadens fand aber Hyperius mit Recht in einer falschen Auffassung der Lehre von der sola fides, die zum Ruhekissen der Faulheit mißbraucht wurde. Ohne im Geringsten dem materialen Prinzip des Protestantismus Eintrag thun zu wollen, ging er deßhalb in einer Reihe von Abhandlungen, die in seinen Opuscula gesammelt sind, darauf aus, zu zeigen, daß immer mit der justificatio die nova obedientia auf die innigste, noth=wendigste und freieste Weise verbunden seyn müsse. Allerdings lag ja eine solche Ver=irrung, die auf die Verwechselung der fides salvifica mit der fides historica hinausläuft, dem damaligen Geschlechte besonders nah. Denn durch den unablässigen dogmatischen Hader der Theologen über Fragen der Schule, in den auch die Laien schonungslos hin=eingezogen wurden, hatte sich überhaupt das unselige Mißverständniß eingenistet, daß das Christenthum hauptsächlich eine Sache der Lehre und der Erkenntniß sey und nicht des Lebens und der That. Auch dieses Grundübel seines Jahrhunderts erkannte Hy=perius mit einer Klarheit, die ihn weit über die Mehrzahl seiner Zeitgenossen erhebt. Deßhalb that er Alles, um dieses Gebrechen zu heilen. In seiner Homiletik (lib. I. cap. 5. II. cap.) gibt er die Regel, daß Polemik nicht auf die Kanzel gehöre, es sey denn, daß verderbliche Irrlehren in die Gemeinden eingebrochen wären, und daß dem=nach weit mehr über die Pflichten der Liebe, als über die Dogmen des Glaubens ge=predigt werden müsse. Ja nicht bloß von der Kanzel, auch aus der Kirche, aus dem Leben wünschte der treue Mahner solche unfruchtbare Polemik hinweg und that das Seine, sie hinwegzuschaffen. Weil er selbst in einigen Stücken dem schweizerischen Lehrtropus folgte, in seiner Zählung des Dekalogs und in der Lehre von der Prädestination, meinte er darum doch nicht mit den Lutheranern hadern zu dürfen (de Decalogi digestione opusc. [II.] pag. 669); ebensowenig wollte er aber auch mit den Schweizern die Gemeinschaft aufheben, weil er ein Theolog der Augsburgischen Confession war, im Abendmahl auf der Seite Melanchthons stand und selbst zwei Jahre vor seinem Tod den jüngeren No=virmagus, Prediger in Marburg, der die Zwinglischen Ansichten über das Abendmahl vortrug, auf einer Synode in Ziegenhain von seinen in seinen Augen irrigen Meinung Zwingli's zurückbrachte. Vielmehr in dem Streite der Meinungen an die brüderliche Gemeinschaft zu mahnen, das Band der Einheit auch bei individueller Verschiedenheit festzuhalten, den gemeinsamen Grund des Glaubens, der Liebe, der Hoffnung, auf dem er sich mit allen Christen einig wußte, über die Differenzpunkte nicht zu vergessen — das hielt er für seine Pflicht. Freilich wurde Hyperins um dieser aufrichtigen Liebe zum Frieden willen von einem polemisch erregten Zeitalter wenige Decennien nach seinem Tode, der ihn am 1. Februar 1564 aus dem Streite der Parteien entrückte, unbillig vergessen; auch die hessische Kirche, deren geistiges Haupt seiner Zeit Hyperius war, die ihm verbesserte Schulen verdankt, und die in ihrer Kirchenordnung von 1566 ein Ver- mächtniß von Hyperius besitzt, hat ihres Vaters vergessen, aber je mehr die evangelische Kirche der Union sich ihres göttlichen Rechtes bewußt wird, um so mehr wird sie auch in Hyperius einen ihrer ehrwürdigsten testes veritatis verehren lernen.

Die Quelle für unsere Kenntniß des Lebens des Hyperius ist die Gedächtnißrede seines Schülers, Collegen und Verwandten Wigand Orth, die sich an Hyperii Me- thodi Theologiae libri tres (2.) Basil. 1568 und in Waguitz's Ausgabe von de for- mandis concionibus sacris, Halae 1781 findet. Aus dieser Quelle sind die Darstellungen vom Leben des Hyperius geflossen bei: *Melchior Adam*, Vitae Germ. Theolog. (ed. 3.) Francof. 1706. Fol. pag. 178—190; *Tilemann*, Vitae Professor. Theolog. Marburg. pag. 54—62; Schröckh, Lebensbeschr. berühmter Gelehrten (2.). Tom. I. S. 237— 244; Strieber, Grundlage zu einer Hessischen Gelehrtengeschichte. Thl. VI. S. 293 —312. Zuletzt ist sein Leben beschrieben in der Deutschen Zeitschrift für christl. Wissen- schaft und christl. Leben. Jahrg. 1854, Nr. 30—32. von **Mangold**.

Hypsistarier, eine religiöse Secte, über welche wir zunächst durch Gregor von Nazianz, dessen Vater selbst vor seinem Uebertritt zur christlichen Kirche ihnen angehörte, kurze Nachricht besitzen. Cf. Orat. XVIII. 5. p. 333. Hier wird ihre Lehre als ein Gemisch von Heidenthum und Judenthum dargestellt, von jenem haben sie den Gebrauch des Feuers und Lichtes in ihrem Cultus, von diesem, mit Verachtung der Beschneidung, die Heilighaltung des Sabbaths, die Verwerfung des Bilderdienstes und das ängstliche Halten auf gewisse Speisen „Ὑψισάριοι τοῖς ταπεινοῖς ὄνομα, καὶ ὁ παντοκράτωρ δὴ μόνος αὐτοῖς σεβάσιμος.‟ Auch Gregor von Nyssa berichtet adv. Eunomium lib. II. T. II. p. 440 Einiges über die Hypsistarier, die er, vielleicht mit verächtlicher Nebenbe- deutung, Ὑψισιανοί nennt. Er sagt, dieselben stimmen zwar mit den Christen darin überein, daß sie Einen Gott anerkennen, den sie ὕψιστον oder παντοκράτορα nennen, unterscheiden sich aber dadurch, daß sie ihn nicht als Vater gelten lassen. Was andere spätere Schriftsteller über diese Secte vorbringen, ist aus den Schriften der beiden Gre- gore entlehnt. So das Etymolog. Gudianum (ed. Sturz p. 547): Ὑψισάριος αἵρεσις αὕτη· ἄνθρωποι γάρ τινες αἱρετικοί, οὔτε πατέρα οὔτε υἱὸν ὁμολογοῦντες, εἰ μὴ μόνον ὕψιστον. Die Secte scheint sich über die Grenzen von Cappadocien nicht ausge- dehnt und ebenso lang bestanden zu haben, da ihrer weder vor noch nach dem 4. Jahrhundert wieder Erwähnung geschieht. Während sie gemäß den angeführten Zeug- nissen der Alten allgemein als Monotheisten im strengsten Sinn aufgefaßt wurden, schloß Böhmer aus den Worten, in denen Gregor von seinem Vater sagt: ὑπ' εἰδώλοις πάρος ἦεν ζῶον, daß die Hypsistarier zwar viele Götter nicht angebetet, aber doch deren Exi- stenz auch nicht geläugnet hätten. Bei der Dürftigkeit der uns über sie erhaltenen Nach- richten ist nicht zu verwundern, wenn die verschiedensten Ansichten sich über die Art, wie die Hypsistarier im Zusammenhang der Religionsgeschichte unterzubringen seyen, geltend machten. Mosheim vermuthete, sie seyen eine Schule der Gnostiker gewesen, J. J. Wetstein (in prolegom. I. N. T. p. 31 et 38) und D. Harenberg (in der brem- und verdischen Bibliothek III. S. 113) hielten sie mit den Coelicolae identisch, und lei- teten sie von den Proselyten des Thors ab; Andere statuirten ein verwandtschaftliches Verhältniß mit der Lehre Zoroasters. Daß sie keine christliche Secte waren, geht schon daraus hervor, daß der Vater Gregors von Nazianz vor seinem Christwerden zu ihnen gehörte. Ullmann hält sie für eine eklektische, aus der Vermengung jüdischer und persischer Religion hervorgegangene Secte, während Böhmer sie für einen Ueberrest des Sabäismus und identisch mit den Euphemiten hält. Für ihre Moralität stellt Gregor ein sehr vortheilhaftes Zeugniß aus. *C. Ullmann*, de hypsistariis, Heidelb. 1833. *G. Böhmer*, de hypsistariis, Berol. 1834. Dr. Preffel.

Hyrkan, f. Haßmonäer.

J.

Jabal (יָבָל, LXX Ἰωβήλ) erscheint in der längern israelitischen Sage als einer der drei Söhne Lamech's, mit welchem (s. d. Art.) das erste Zeitalter schließt, während dann die Söhne gleichsam als Repräsentanten der drei Stände des Volks (Nähr=, Lehr= und Wehrstand) das neue, in der Bildung fortgeschrittene Weltalter eröffnen, wogegen nach der andern Darstellung Noah die erste Periode abschließt und dessen drei Söhne die Stammväter der jetzigen Erdenvölker sind. Demnach ist Jabal der Stammvater der viehreichen Zeltbewohner oder Nomaden, sein Bruder Jubal Vater der Musiker, wäh= rend ihr Halbbruder — von Zilla geboren — Thubal=Kain als Erfinder der Schneide= werkzeuge von Erz und Eisen dargestellt ist, 1 Mos. 4, 20 ff. vgl. Ewald, Gesch. Isr. I. S. 320 ff. 1. Aufl. Ihre Wohnsitze genauer nachzuweisen, etwa mit Knobel (Comment. z. 1 Mos. S. 57 ff.) im nordöstlichen Asien, China, am Ural und Altai, scheint unthunlich, weil die israelitische Sage in der Gestalt, wie sie uns jetzt vorliegt, dafür kaum die nöthigen Anhaltspunkte bietet. Rüetschi.

Jabbok hieß einer der östlichen Zuflüsse des Jordan; auf dem Gebirge Basans entsprungen, bildete er im Innern des Landes früher die feste Grenze zwischen den Am= monitern und Israeliten (4 Mos. 21, 24. 5 Mos. 2, 37; 3, 16. Jos. 12, 2. Richt. 11, 13. 22.) und ergießt sich, ungefähr in der Breite von Sichem, in den Jordan. Es ist der heutige Wady Zerka (زرقا), ein kleiner Fluß, der in einem zwar nur schma= len, aber tiefen und wilden Waldstrombette, dessen Ufer mit vielem Schilf und Oleander bewachsen sind, herabrieselt und zur Zeit des Hochwassers in zwei Mündungen von Ost= nordost her mit dem Hauptstrome sich vereint auf einer weit südlichern Stelle, als die ältern Karten ihn ansetzten; weiter nördlich soll er einige Zeit in einer Entfernung von 3—4 englischen Meilen dem Jordan parallel laufen, nach Burckhardt (Reise in Sy= rien II. S. 597 f. und dazu Gesenius S. 1059 f.) übrigens im Ganzen nur eine Länge von 1½ Stunden erreichen und noch zu seiner Zeit die Grenze zwischen den Landschaften Moerab und el Belka gebildet haben. Man muß indessen annehmen, daß der jetzige Nahr Amman, der bedeutendste Nebenfluß des Zerka, welcher einen viel län= gern Lauf dieser hat in nordwestlicher Richtung, als die eigentliche Quelle des alten Jabbok angesehen wurde, da nur auf diesen und seinen Lauf im Innern obige Grenz= angabe paßt, während der eigentliche Zerka in seiner südwestlichen Richtung vielmehr die Stämme Gad und ½ Manasse von einander schied, vgl. Reland, Paläst. S. 104, 282; Burckhardt a. a. O. S. 612 f.; Seetzen in v. Zach's Corresp. XVIII. 427; Winer, R.W.B.; Lynch, Expedition nach d. Jordan, übers. v. Meißner, S. 153; Forbiger in Pauly's Realencykl. IV. S. 1; v. Lengerke, Kenáan I. S. 43 f.; Ritter, Erd= kunde XV, 1. S. 270; 2. S. 1035, 1040 f. Da leider das Innere des Ostjordan= landes von Europäern noch immer nicht genügend erforscht ist, so ist die Zeichnung des Stromlaufes z. B. bei Kiepert noch unsicher. An die Furth dieses Jabbok verlegt die Urkunde 1 Mos. 32, 23 ff., schon durch die Wahl des sonst ungebräuchlichen Verbi יֵאָבֵק = "ringen" an den Flußnamen יַבֹּק anspielend (der freilich eine andere Etymo= logie hat und mit בָּקַק = effusio zusammenhängt, s. *Simonis*, Onom. s. v.), jenen nächtlichen Ringkampf Jakob's, in dem er sich den göttlichen Segen und den Ehren= namen "Israel" erwarb.

Fälschlich verwechselte man ehemals den Jabbok mit dem viel weiter nördlich in den Jordan mündenden Jarmuch, dem Hieromax bei Plin. H. N. 5, 16., dem heutigen

Sheriat-el-Mandhur, über welchen f. Seetzen a. a. O. S. 351 ff.; Burckhardt a. a. O. I. S. 230. *Rüetschi.*

Jabin ist der Name zweier kananitischer Könige, die in Hazor residirten und ihre Herrschaft besonders über die Ebene des Jordanbeckens ausdehnten. Der zuerst erwähnte König Jabin zog, vereint mit andern Kananiterfürsten, den Israeliten unter Josua mit einer großen Heeresmacht entgegen, die aber von letztern am See Merom überfallen und auseinandergesprengt wurde. Die Städte dieser Kananiter wurden sodann eingenommen und gebannet, Hazor aber, als die damals bedeutendste Stadt dieser kleinern Kananiterreiche in Nordpaläftina, fogar verbrannt, weil es als Festung — was schon der Name bedeutet (חָצוֹר) — in feindlichen Händen gefährlich war, die Israeliten aber damals noch zu schwach waren, es bleibend zu besetzen; seine Lage, am südlichen Abhange des Hermon, nordöstlich von Paneas, im nachmaligen Stammgebiete Naphtali's (Jof. 19, 36; Joseph. Antt. 5, 5, 1.), wo noch heute der Name „Hazûry" die antike Ortslage andeutet, eignete es zu einer Schlüsselveste des Landes gegen Norden, weßhalb es später von Salomo „gebaut" d. h. neu befestigt wurde (1 Kön. 9, 15.). Jabin selbst wurde bei Eroberung seiner Hauptstadt erschlagen, Jof. Kap. 11 und 12, 29. vgl. v. Lengerke, Kanaan I. S. 675 ff.; Ewald, Gesch. Jr. II. 1. S. 253 (1. Ausg.).

Später treffen wir in der Richterzeit wieder einen König Jabin in Hazor an, was uns nicht überraschen darf, wenn wir bedenken, wie fast überall nach den nur vorübergehenden Siegen unter Josua die Kananiter sich wieder erholten und ihre schon verlornen oder zerstörten Reiche und Städte wieder herstellten. Auch dieser zweite Jabin muß sehr mächtig gewesen seyn — er hatte 900 eiserne Wagen, die den Israeliten oft so furchtbar waren — und drückte Israel 20 Jahre lang, bis er, nachdem sein Feldherr Sifera, obwohl ebenfalls von andern kananitischen Königen unterstützt (Richt. 5, 19.), durch Barak und Debora (f. d. Art.) geschlagen worden war, mitsammt seiner läftigen Herrschaft endlich von Israel vernichtet wurde, Richt. 4, 2 ff. Psalm 83, 10. vgl. Ewald a. a. O. S. 378 ff. *Rüetschi.*

Jablonski, Daniel Ernst, geboren den 26. November 1660 zu Nassenhuben bei Danzig. Sein dort lebender Vater war der Prediger Figulus, der, aus Jablunka in Schlesien gebürtig, seinen Namen in Jablonski umgeändert hatte, nachdem er, früher Bischof der böhmischen Brüdergemeinde, mehrfach verfolgt worden war, und endlich in Danzig ein Asyl gefunden hatte. Von mütterlicher Seite war Daniel Ernst ein Enkel des berühmten Amos Comenius. Nach dem frühen Tod seines Vaters bezog er mit Unterstützung der böhmischen Brüder in Polen zuerst die Schule zu Lissa in Polen, dann (1677) die Universität zu Frankfurt an der Oder, wo er dem Studium der Philosophie und Theologie, besonders aber der orientalischen Sprachen oblag. In den Jahren 1680—83 machte er Reisen nach Holland und England und verweilte länger zu Oxford. Nach seiner Heimkehr ward er zuerst (1683) Prediger der neu errichteten reformirten Gemeinde in Magdeburg, dann drei Jahre später Rektor der Schule in Lyssa. Im Jahr 1690 ging er als Hofprediger nach Königsberg und 1693 in gleicher Eigenschaft nach Berlin. Im J. 1706 ernannte ihn die Universität Oxford zum Doktor der Theologie, nachdem ihn schon 1698 die böhmischen Brüder in Polen auf einer Synode zum Bischof erwählt und geweiht hatten. In Berlin ward er 1718 zum Consistorialrath und 1729 zum Kirchenrath erhoben; 1733 zum Präsidenten der k. Akademie der Wissenschaften. Er starb den 25. Mai 1741 im 81. Lebensjahre, nachdem er 48 Jahre lang in Berlin Hofprediger gewesen und in Allem 58 Jahre im Predigtamt gestanden war. Seine Wirksamkeit war zwischen der eines Gelehrten und eines Kirchenmannes getheilt. In ersterer Beziehung gab er mit Zurathziehung zweier auf der k. Bibliothek in Berlin befindlichen codices sowie eines zu Dessau befindlichen Manuscripts das Alte Testament heraus: Biblia hebraica punctis, vocalibus et accentibus iuxta Masoretharum leges debite instructa; subiungitur Jo. Leusdenii catalogus 2294 selectorum versuum, quibus omnes voces V. T. continentur; Berol. 1699. Unter seiner Aufsicht wurde zu

Berlin auch der Thalmud (1715—1721) und auf sein Verwenden J. A. Eisenmenger's „ent=
decktes Judenthum" gedruckt. Seine historia consensus Sendomiriensis (Berol. 1731) und die
Desideria oppressorum in Polonia Evangelicorum sind von kirchenhistorischem Interesse.
Eine Herzensangelegenheit war für ihn die Vereinigung der Lutheraner und Reformirten.
Er reiste unter Zustimmung des Königs Friedrich und besonderem Beirath seines
Staatsministers von Fuchs nach Hannover, und kam hier mit Leibnitz und einigen Theo=
logen im Geheimen zusammen, wo man sich zu vorsichtiger, aber beharrlicher Betreibung
des Unionswerkes verbündete. In einem Schreiben an Leibnitz v. J. 1700 beklagt sich
Jablonski, daß eine allgemeine Zusammenkunft der evangelischen Theologen behufs die=
ses Zweckes zur Zeit noch inpracticabel, ja gefährlich sey, dagegen spricht er sich für die
vorgeschlagene Conferenz der schweizerischen und hamburgischen Theologen aus. Der
Kurfürst Friedrich trug denn auch wirklich dem von ihm zum evangelischen Bischof er=
hobenen Hofprediger Ursinus auf, zuvörderst vier Theologen beider Kirchen zu gemein=
samen Berathungen über eine Unionsformel auszuwählen; leider aber ging Ursinus bei
der Wahl der Collocutoren von den Rathschlägen des tiefer blickenden Jablonski ab, und
die Sitzungen hatten nicht den gewünschten Fortgang. Als aber Jablonski Leibnitzen
mittheilte, daß die Sitzungen demnächst wieder beginnen und dazu lutherischer Seits acht
Theologen hinzugezogen werden sollten, sprach sich Leibnitz gegen diesen Plan auf's
Entschiedenste aus, und das Unionswerk scheiterte an unüberwindlichen Schwierigkeiten.
Ebenso zerschlugen sich mit dem Tod des Erzbischofs Sharp von Canterbury die Un=
terhandlungen, in welche Jablonski mit Willen des Königs 1711 wegen Einführung der
englischen Liturgie, ja thunlichst auch des Episcopalsystems getreten war. Vgl. Hering,
Gesch. der kirchl. Unionsversuche (Leipzig 1838). 2ter Band.

    Jablonski, Paul Ernst, Sohn des zuvor genannten, zu Berlin 1693 geboren,
legte schon 1714 eine Probe seiner Gelehrsamkeit in seiner dissertatio de lingua lycaonica
ab, und ward in Folge davon zu Berlin unter die königlichen Kandidaten des Predigt=
amts aufgenommen. Nachdem er von La Croze die koptische Sprache erlernt hatte, trat
er auf königliche Kosten eine dreijährige Reise durch Deutschland, Holland, England und
Frankreich an, und beutete auf derselben die Bibliotheken, zumeist die koptischen Hand=
schriften derselben aus. Nach vollendeten Reisen erhielt er 1720 das Predigtamt zu
Liebenberg in der Mittelmark. Schon im folgenden Jahr ward er Lehrer in Frank=
furt a. d. O. und zugleich Prediger an der dortigen reformirten Gemeinde. Er trat
sein Amt mit einer Rede de linguis sacris hebraica graecaeque coniungendis an, und
1722 das ordentliche Lehramt der h. Wissenschaften mit einer Rede de stilo theologico.
Im J. 1726 wurde er Rektor, und weil er im Jahr 1741 einen vortheilhaften Ruf
nach Franeker ausschlug, auf seinen Wunsch des Predigtamts enthoben. Er starb den
14. Sept. 1757, wie wegen seiner Gelehrsamkeit, so wegen seines biedern Karakters all=
gemein geachtet. Seine bedeutenderen Schriften sind: Pantheon Aegyptiorum s. de
Diis eorum commentarius, Francof. ad Viadr. 1750—52; die erst 1804 (Lugd. Bat.)
von J. G. te Water edirte opuscula, quibus lingua et antiquitas Aegyptiorum illu-
stratur; Institutiones historiae christianae antiquioris et recentioris; Exercitatio hist.
theol. de Nestorianismo. Unter seinen vielen Dissertationen führen wir an: de theo-
pneustia scriptorum sacrorum in rebus quas narrant historicis; 1738; de Sinapi para-
bolico, illustrans parabolam Matth. 23, 31. 32.; de indulgentiis pontific., ex ecclesia
per reformatione recte et legitime ejectis; de peccato originali per lumen rationis
etiam gentilibus cognito; de resurrectione carnis etc. Vgl. Jöcher, Gel.Lexikon; Dunkel, hist. Nachrichten 3. Band, Nro. 2858.   **Th. Pressel.**

    Jabne (יַבְנֶה), auch Jabneel genannt (Jos. 15, 11.) und als Grenzstadt des
Stammes Juda westlich von Efron angeführt, von Joseph. Antt. 5, 1, 22. aber zum
Stamme Dan gerechnet, wurde erst durch König Usia den Philistern abgenommen und
ihre Mauern geschleift, 2 Chron. 26, 6. Später erscheint der Ort häufig unter dem
Namen Jamnia (so schon LXX Jos. 15, 46., indem sie statt יַבְנֶה gelesen zu haben

ſcheinen יבנה, oder doch ſo deuteten) als eine volkreiche, größtentheils von Juden, doch
auch von Heiden bewohnte Stadt (Philo opp. II. p. 575 Mang.) zwiſchen Joppe und
Asdod, ſ. 1 Makk. 4, 15; 5, 58; 10, 69. Judith 3, 1. (al. 2, 28.). Nachdem ſie längere
Zeit in der Gewalt der Syrer geweſen war, wurde ſie vom Hoheprieſter Simon erobert
(Jos. Antt. 13, 6, 7.) und blieb nun in den Händen der Juden (ib. 13, 15, 4.), bis
Pompejus ſie zu Syrien ſchlug, Jos. Antt. 14, 4, 4; B. J. 1, 7, 7. Später erhielt
Salomo dieſe Stadt als Vermächtniß ihres Bruders, Jos. Antt. 17, 11, 5, und im
jüdiſchen Kriege wurde ſie von Veſpaſian erobert, Jos. B. J. 4, 8, 2. Nach Jeruſalem's
Zerſtörung war ſie geraume Zeit hindurch Sitz des Synedriums und einer berühmten
jüdiſchen Akademie, deren Geſchichte Lightfoot (opp. II. p. 87 sqq.) geſchrieben hat, cf.
Mischna Rosch hasschana 4, 1; Sanhedr. 11, 4. Jabne ſelbſt lag nicht am Meere,
hatte aber — wie mehrere dieſer Philiſterſtädte — einen eigenen Hafen (Ptolem. 5, 16, 2.),
weßhalb Plin. H. N. 5, 13. von zwei Städten des Namens Jamnea ſpricht und Joſephus a. a. O. ſie bald zu den Küſten-, bald zu den Binnenſtädten rechnet. Die Hafen-
ſtadt ſoll von Judas Makkabäus durch einen nächtlichen Ueberfall genommen und mit
der Flotte verbrannt worden ſeyn, ſo daß der Schein des Feuers bis Jeruſalem, d. h.
240 Stadien weit (welche Diſtanzangabe aber zu gering und ungenau ſcheint, ſ. Reland, Paläſt. S. 430) geſehen worden ſey, 2 Makk. 12, 8 ſ. Jabne lag 12 röm. Meilen
ſüdweſtlich von Diospolis, etwa 2½ Meilen nordöſtlich von Asdod (Itiner. Ant. p. 150.
Euseb. Onom.), 200 Stadien von Askalon (Strab. 16. p. 759). Noch heute giebt ein
verfallener Flecken, der den antiken Namen — Jebna — bewahrt hat, Kunde von der
Lage des alten Jabne; das jetzige Dorf liegt über eine Stunde vom Meere ab, auf
einer kleinen Anhöhe an der Weſtſeite des Wadhy Rubin; da Jamnia ein Biſchofsſitz,
ſpäter ein mohammedaniſcher Wallfahrtsort war, ſo finden ſich noch einige Ruinen aus
chriſtlicher und iſlamitiſcher Zeit in der Gegend; die Kreuzfahrer hatten dort die Feſtung
Jbelin errichtet. Siehe noch Reland, Paläſt. S. 370, 434, 439, 408 ſ., 460 ſ., 608,
822 ſ.; v. Raumer, Paläſt. S. 184; Forbiger in Pauly's Realenchkl. IV. S. 17;
Robinſon, Paläſt. III. S. 230 Note 1; Ritter, Erdkunde XVI. S. 91, 99, 101,
125 ff., 139.　　　　　　　　　　　　　　　　　　　　　　　　　　　　　　　　　**Rüetſchi.**

Jachin und Boas. Die zwei ehernen Säulen, welche Salomo durch Hiram
von Tyrus "für die Vorhalle" des Tempels in Jeruſalem gießen ließ, hieß er — die
zur Rechten (nördlich) Jachin, die zur Linken Boas. 1 Kön. 7, 15—22. Dieſe ſchwie-
rigen Textſtellen werden durch Hinzunahme von Jer. 52, 21 ff. und 2 Chron. 3, 15—17.
nur noch ſchwieriger. Bei aller Mühe, die ſich der Geſchichtſchreiber gab, gelang es
ihm nicht, eine deutliche, ſichere Vorſtellung von dieſem Kunſtwerke zu geben. Die Bibel-
und Kunſtforſcher gehen daher in Bezug auf die Bedeutung der Namen und der Säulen ſelbſt, in Bezug auf die Stellung und den Zweck, ſo wie in Bezug auf Höhe und
Geſtalt derſelben bis in die neueſte Zeit ſehr auseinander. Es iſt hier nicht am Orte,
in das Detail der darüber gepflogenen Verhandlungen einzugehen oder die Sache zur
Entſcheidung zu bringen. Des Nähern ſind jene zu erſehen aus Keil, "der Tempel
Salomo's 1839" und Bähr, "der ſalomon. Tempel mit Berückſichtigung ſeines Verhält-
niſſes zur heil. Architektur überhaupt 1848," denen ſich mehr oder weniger die Kunſtge-
ſchichtſchreiber Kugler (Geſchichte der Baukunſt 1855 S. 127—130 u. Kunſtgeſchichte
2. Aufl. S. 84) Schnaaſe (Exkurs im I. Bd. S. 264) Romberg und Kinkel anſchließen,
wie Hirt, "der Tempel Salomo's und Geſch. der Bauk. bei den Alten I. 120 ff."
Stieglitz, "Geſch. der Baukunſt §. 67." und Winer im Real-Wörterbuch, ihnen nach
dem Weſentlichen ihrer Anſicht vorangegangen ſind, während im Einzelnen freilich wieder
große Verſchiedenheit zwiſchen dieſen Allen ſtattfindet. Dieſe Forſcher blicken faſt alle
auf etruskiſche, phöniziſche und ſonſt orientaliſche Spuren ähnlicher Säulenformen und
denken ſich die beiden Säulen frei vor der Vorhalle ſtehend als ſelbſtändige Werke von
eigenthümlich abgeſchloſſener monumentaler Bedeutung, nicht als architektoniſche Theile
des Baues, weßwegen ſie auch die beſondern — offenbar ſymboliſchen Namen: "er ſtellt

feft" und "in ihm ift Stärke" erhalten hätten. Da "aber der übrige Bau gewiß nicht im phönizifchen Geschmacke," fondern gründlich im Geifte des alten Bundes nach dem von David ihm gegebenen Vorbilde nach Analogie der Stiftshütte gefchah, fo kann un= möglich das altphönizifche Phallus=Denkmal von Marathos oder der Venustempel zu Paphos oder fonft eine Säule von Ninive oder Indoftan für das dem Erzgießer Hiram vorgefchriebene Werk muftergültig feyn.

Mit Recht ift daher v. Meyer "der Tempel Salomo's," 1831; "Blätter für hö= here Wahrheit" I. 13. und IX. 31. und v. Grüneifen "Revifion der jüngften For= fchungen über das falom. Tempel" im Kunftblatt 1831, Nr. 73 ff. der ältern Anficht beigetreten, daß die beiden Säulen Träger für das Dachgebälke der Vorhalle waren und eine ebenfo architektonifche als fymbolifche Bedeutung hatten. Der gewöhnliche bibl. Text 1 Kön. 7. läßt fich auf's Leichtefte und Einfachfte dahin erklären, dazu hat Ewald (die Gefchichte des Volkes Ifrael III. 1. Hälfte S. 28 ff.) darauf hingewiefen, daß nach den LXX. in V. 20. ihres offenbar vollftändigeren Textes von 1 Kön. 7, 19—22. ein Quer= balken auf beiden Säulen lag, der dann eben das übrige Gebälke des Vorhallendaches trug. Darnach ergibt fich einfach vor Allem die Höhe der Säulen, die (nicht wie 2 Chron. 3, 15. und darnach Kugler annimmt, 35 Ellen, fondern nach 1 Kön. 7, 15.) einen Schaft von 18 Ellen Höhe und ein Kapitäl von 5 Ellen, alfo zufammen 23 Ellen Höhe hatten bei 12 Ellen im Umfang. Der Schaft war nach Jerem. 52, 21. hohl und vier Finger dick gegoffen oder, wie Ewald erklärt, mit vier Finger tiefen Hohlftreifen (Can= nelluren) verfehen. Das Kapitäl war bauchig, ging oben in Lilienblätter aus, hatte um feinen Bauch ein aus fiebenfach verfchlungenen Ketten gebildetes Netzwerk und nach den vier Winden waren ober= und unterhalb diefes Kettenwerks je vier Granatäpfel angegof= fen, von welchen ab in ehernen Reifen oder Schnüren gefaßt je 24 Granatäpfel — zu= fammen alfo 200 — gleich Blumen und Frucht=Gewinden herumhingen. Die Lilie als die Blume der Heiligkeit, der Granatapfel als das Symbol des göttlichen Wortes — nach Bähr's fchöner Deutung — das netzförmige Kettenwerk wohl als Sinnbild des göttlichen Bundes, das Erz und die Maffigkeit der ganzen Säulen — welche zunächft der Vorhalle Stärke und Haltbarkeit gaben, dann überhaupt ein Wahrzeichen der Feftigkeit und der Dauer des ganzen Haufes gewährten, in welchem der Herr feine fefte und bleibende Wohnung in Ifrael — gegenüber dem bisherigen Wanderzelte der Stifts= hütte haben wollte, — das Alles gibt ein ebenfo fchönes als zweck= und bedeutungsvol= les Kunftwerk. Die exegetifche, kunftgefchichtliche und äfthetifche Rechtfertigung diefer Anficht hat der Unterzeichnete — gegen Kugler und Schnaafe zu geben gefucht im Cotta= fchen Kunftblatte 1844, 97 ff. und 1848, 5 ff.; — gegen Bähr in Ullmanns und Um= breits Studien und Kritiken 1850, Heft 2. S. 421 ff., wo er zugleich feine Anfchauung von der Säule und Vorhalle in einer angehängten Holzfchnitt=Tafel mittheilte. (Vgl. 1850 Heft 3. S. 614.)

Heinrich Merz.

Jacobi, Fr. H., f. Kant.

Jacopo, mit dem Zunamen Paffavanti, aus einem adeligen Gefchlecht in Flo= renz ftammend und in feiner Vaterftadt in den Orden der Dominikaner aufgenommen, zeichnete fich gegen die Mitte des 14. Jahrh. als gefeierter Kanzelredner und geiftlicher Schriftfteller aus. Am meiften Auffehen erregte feine zuerft in lateinifcher Sprache ge= fchriebene, dann von ihm felbft in's Italienifche überfetzte Schrift: „Lo specchio di vera penitenzia." (Florenz 1495. 1585. Venedig 1586. Florenz 1681.) Die Schrift fand noch mehr wegen ihres eleganten Styls als wegen ihres Inhalts günftige Aufnahme. Vgl. G. Maffei, storia della litterat. ital. Mil. 1825. T. I. p. 229—231. Script. Ord. Praed. I. 645. Jacopo ftarb zu Florenz am 15. Juni 1357.

Th. Preffel.

Jacoponi da Todi (*Jacoponus a Tuderto*), wegen feiner Abftammung aus dem edlen Gefchlecht der Benedetti zu Todi in Umbrien auch Jacoponi de' Benedetti, de Benedictis genannt, ein durch feine geiftlichen Gefänge ausgezeichneter Franziskaner des 13. Jahrhunderts. Er hieß urfprünglich Jakob, wollte aber felbft bloß noch Jacoponi genannt werden, wie ihn der Spott zuerst betitelte. Er hatte sich als Jüngling dem Studium des bürgerlichen Rechts ergeben, hierin den Doktorgrad erreicht, und war Advokat geworden, wohlbewandert in allen Advokatenkünsten und Schwänken. Dabei führte er ein Leben nach aller Weltsitte in Ruhm= und Genußsucht. Er hatte eine sehr fromme Gattin, welche vor seinen Augen den innersten Grund ihres Herzens verbarg. Ihr plötzlicher Tod, herbeigeführt durch das Zusammenstürzen der Sitze eines Theaters, dem sie anwohnte, brachte eine gewaltige Erschütterung im Herzen des Gatten hervor. Als dieser der mit dem Tod ringenden Frau zur Erleichterung des Athmens die Kleider von der Brust löste, ward er gewahr, daß sie einen sehr peinigenden Bußgürtel um den Leib getragen habe. Plötzlich umgewandelt zog sich Jacoponi nun von allen Aemtern und Ehren zurück, vertheilte sein Vermögen unter die Armen und ließ sich unter die Tertiarier des hl. Franziskus von Assisi aufnehmen. Um sich in der Demuth zu erhalten, legte er es darauf an, die allgemeine Zielscheibe des Spottes und Gelächters zu werden, was ihm auch leicht gelang. Zehn Jahre lang führte er diese überspannte Lebensweise, von der es uns genüge nur folgendes Beispiel zu erwähnen, das wir aber lateinisch anführen müssen: Tuderti cum ludi solemnes publice celebrarentur, sese pubetenus denudavit, instratoque tergo clitellis iumentorum postilena freni vice ori imposita, manibus pedibusque quadrupedum ritu proreptans in confertam se spectantium turbam intulit! Billig nahm der Orden des hl. Franziskus Anstand, einen solchen excentrischen Menschen, von denen die Freunde sagten, er sey "spiritu ebrius," aufzunehmen; als er aber durch einen von ihm verfaßten Gesang über die Verachtung der Welt die Gesundheit und den hohen Schwung seines Geistes erwiesen hatte, ward seiner Bitte entsprochen, ihm aber zugleich der Befehl ertheilt, sich nicht mehr, wie bisher, dem öffentlichen Spott preiszugeben. Er führte nun ein mystisches Stillleben, in Betrachtung Gottes und seiner Liebe versunken und nichts sehnlicher begehrend, als für seine Liebe leiden zu dürfen. In seinen Gedichten griff er schonungslos mit großem Freimuth die Gebrechen aller Stände an; als er sich aber auch in dem Gedichte: "O Papa Bonifacio, quanto hai giocato al mondo?" an Pabst Bonifacius VIII. zum Sittenrichter aufwarf, so sprach dieser nicht bloß die Excommunication über ihn aus, sondern ließ ihn auch in's Gefängniß werfen und auf Lebenszeit bei Wasser und Brod einkerkern. Nach dem Tode dieses Pabstes wurde Jacoponi wieder frei. Er selbst starb am 25. Dec. 1306 in hohem Alter und wurde in der Kirche der Clarissinnen von Todi begraben. Seine Grabschrift ist ein getreuer Abriß seines ganzen Lebens: "Ossa B. Jacoponi de Benedictis, Tudertini, Fr. Ordinis Minorum qui stultus propter Christum nova mundum arte delusit et coelum rapuit." Seine Poesie spirituali erschienen zuerst zu Florenz 1490; eine neue Ausgabe veranstaltete der Ritter Alessandro de Mortara zu Lucca 1819. Marcus von Lissabon übersetzte sie 1571 in das Portugiesische und im J. 1576 erschien auch eine spanische Uebersetzung zu Lissabon. Den Jacoponi hält man auch für den Verfasser des "Stabat Mater." Malan (Franziskus von Assisi, deutsche Uebers. S. 411) nennt ihn den Vorgänger und ebenbürtigen Genossen Dante's. Vgl. *Wadding*, Annal. Min. (Romae 1733) T. V. p. 407 sqq. und *Raderi* Viridarium Sanctorum. Th. Pressel.

Jael war das Weib Heber's, eines Keniters. Als Sisera, der Feldherr des Königs Jabin von Hazor, von Barak geschlagen, auf der Flucht, von ihr selber dazu eingeladen, in ihr Zelt getreten war, wo er zu Schutz und Versteck vor den nachsetzenden Israeliten zu finden hoffen durfte, da das Frauenzelt sonst fremden Männern unzugänglich war und Heber mit König Jabin in Frieden stand, so trieb ihm Jael, nachdem sie ihn noch mit Milch gelabt hatte und er ermattet in Schlaf gesunken war, mit einem Hammer einen Zeltpflock durch die Schläfe und zeigte dem nachjagenden Barak den so durch ein Weib überwundenen Feind, s. Richt. 4, 17 ff. Diese kühne, patriotische Heldenthat ist verschieden beurtheilt worden: im Liede der Debora (Richt. 5, 24 ff.) wird dieselbe hochgefeiert und gepriesen; eine strengere, objektivere Moral hat dagegen diese Kriegslist als eine nicht ganz zu rechtfertigende Treulosigkeit getadelt (z. B. Winer, R.W.B. I, 624);

allerdings zwar hatte Sisera nach orientalischen Begriffen von Gastfreundschaft Anspruch auf den Schutz Jael's, die ihn freiwillig in ihr Haus aufgenommen und darin bewirthet hatte. Man muß aber andererseits — wie Bertheau zu Richt. a. a. O. bemerkt — auch bedenken, daß in Jael's Augen die uralte Verbindung der Keniter mit Israel mehr galt als das neuere Bündniß ihres Hauses mit Jabin, und sie Sisera somit als Nationalfeind ansah, gegen den im Kriege jegliche List erlaubt sey, s. noch Ewald, Gesch. Isr. II, 1, S. 267. 381. (1. Ausg.)

Rüetschi.

Jagd. צַיִד, Jagd, 1 Mos. 10, 9., und Wildpret, 1 Mos. 25, 28. (von צוד syn. צָדָה nach dem Leben trachten, arab. ضَهَدَ, vi oppressit ضَلَّ superavit) צֵידָה, das erjagte Stück Wildpret, 1 Mos. 27, 3., צַיָּד, Jer. 16, 16., oder umschreibend אִישׁ יֹדֵעַ צַיִד, 1 Mos. 25, 27„ der Jäger. — Abwehr der wilden Thiere wurde in den Zeiten, da die Erde noch wenig bevölkert war, und das Wild sich ungehindert vermehren konnte, im Allgemeinen für etwas sehr Verdienstliches und Rühmliches angesehen. Das heidnische Alterthum hat die Helden der Jagd als die größten Wohlthäter und Heilande der Menschheit vergöttert und besondere Jagdgötter erdichtet. Babylon hat seinen Nimrod, 1 Mos. 10, 9., der ein gewaltiger Jäger war vor dem Herrn, גִּבּוֹר צַיִד לִפְנֵי יְהוָה, Griechenland seinen Herakles, ἀλεξίκακος, σωτηρ genannt, weil er das Land von den Ungethümen und wilden Bestien reinigte. Dem entgegengesetzt ist das Urtheil der Bibel über die Jagd, was schon dadurch angedeutet ist, daß Nimrod (= wir wollen uns empören!) als erster Gründer der dem Gottesreich feindlichen Weltmacht erscheint, (obwohl Abarbanel und andere Rabbiner das לִפְנֵי יְהוָה zu Gunsten Nimrods deuten, als habe er dem Jehova Opfer von seinem Waidwerk dargebracht) und daß die aus der Stammlinie der Verheißung ausgeschiedenen Patriarchensöhne Ismael und Esau Jäger sind; jener heißt unbestimmter רֹבֶה קַשָּׁת, ein Bogenschütze in der Wüste, 1 Mos. 21, 20., dieser ausdrücklich 25, 27. ein geschickter Jäger אִישׁ יֹדֵעַ צַיִד und אִישׁ שָׂדֶה. Sein Enkel קְנַז (תֵּנָץ venatus est), 1 Mos. 36, 11. 15. 42. hat den Namen von der Jagd (ohne Zweifel auch die kanaanit. Völkerschaft der Kenissiter, 1 Mos. 15, 19., und mehrere Glieder der Heldenfamilie Kalebs, 4 Mos. 32, 12. Jos. 14, 6; 15, 3. 1 Chron. 4, 13. 15.). — Daß Isaak den Esau wegen des Waidwerks vorzog, scheint nicht sowohl eine Empfehlung Esau's, als vielmehr ein leiser Tadel gegen Isaak zu seyn. Allerdings übt Beschäftigung mit der Jagd, ungebundenes Herumschweifen, anhaltende Richtung der Gedanken auf Ueberwältigung, Ueberlistung, Tödtung unvermerkt einen verwildernden Einfluß aus und in der Regel suchen nur rohere Naturen ihre Freude darin. So lag es denn gewiß nicht im Willen des Herrn, daß Sein Volk vorzugsweise ein Jägervolk werden sollte. Zwar so lang es ein Hirtenvolk war (s. d. Art. Hirten), erzog die Noth unter ihnen rüstige Jäger, da man die Heerden vor den Anfällen wilder Thiere zu schützen hatte, und als, nachdem es längst schon ansässig in Kanaan den größten Theil des Landes kultivirt hatte, war in weniger bewohnten, aber zur Waide geeigneteren Gegenden, z. B. der Wüste Juda, den transjordanischen Waidelandschaften, den Hirten Gelegenheit genug gegeben, mit allerlei Raubthier im Kampfe zu liegen; aus der Zeit der Richter vgl. Richt. 14, 8., zu Saul's Zeit 1 Sam. 17, 34 ff., aus späteren Zeiten 2 Sam. 23, 20. Am. 3, 12. Namentlich beherbergte das Gebüsch am Jordan גְּאוֹן הַיַּרְדֵּן, Jer. 49, 19; 50, 44. Sach. 11, 3., die Waldgebirge Jer. 12, 8. Am. 3, 4. noch häufig Löwen, und von da, sowie von der südlichen und östlichen Wüste Arabiens her, mochten sie sich hie und da in die Niederungen des Philisterlandes, Richt. 14, 8., und in das Innere des Landes, 1 Kön. 13, 24 ff.; 20, 36. verirren. Zu Zeiten des Verfalls oder der Entvölkerung des Landes (2 Mos. 23, 29. 5 Mos. 7, 22.) nehmen die wilden Thiere wieder überhand, 2 Kön. 17, 25. Jer. 5, 6., was als göttliches Strafgericht angesehen wurde, Ezech. 14, 15. Damit das Wild sich nicht zu sehr mehre, sollte Kanaan von den Israeliten nicht auf einmal erobert werden, ehe sie zahlreich genug waren, es zu bevölkern. Je mehr also die Bevölkerung des Landes zunahm, und durch Acker=, Garten=, Wein= und Obstbau alles anbaufähige Laub kultivirt wurde, desto weniger blieb für die Jagd im größten Theil des Landes und für die Mehrzahl der Bevölkerung Raum und Gelegenheit. Auch daß eßbares, aber den Saaten besonders schädliches Wild, wie Rehe und Hirsche, förmlich gehegt worden sey, ist unwahrscheinlich bei dem vorherrschenden Interesse für die Landwirthschaft. Doch war es auch nicht auf gänzliche Vernichtung desselben abgesehen. Im Sabbathjahre sollte auch das Wild freie Bahn auf den Aeckern haben, 2 Mos. 23, 11. 3 Mos. 25, 7. Auch sonst nahm das Gesetz gelegentlich Rück=sicht auf die Jagd, z. B. 3 Mos. 17, 13. Das Blut des auf der Jagd erlegten Thiers soll ausgegossen und mit Erde zugescharrt werden, 5 Mos. 12, 15., vgl. 14, 5. Rehe und Hirsche durften nicht als Opfer dargebracht, aber zum häuslichen Gebrauch überall geschlachtet werden. Wildpret ist, wie vor Alters, 1 Mos. 27, 3 ff. Sir. 36, 21., so noch jetzt ein Lieblingsgericht der Morgenländer. Auch für Erhaltung der Vögel sorgt das Gesetz, 5 Mos. 22, 6 f., sowohl der reinen, eßbaren, als der unreinen, zur Ver=nichtung des Gewürms dienenden. Auf Vogeljagden deutet 1 Sam. 26, 20. Nament=lich waren Rephühner (קֹרֵא, der Rufende, das Rufhuhn, wie unsere Jäger: es ruft) ein beliebtes Essen. Man jagte die sich schaarenweise auf den Feldern aufhaltenden; ein einzelnes, auf die Berge geflüchtetes zu verfolgen, meint David, werde Niemand für der Mühe werth halten. Zur Erlegung der wilden Thiere bediente man sich des Bogens, 1 Mos. 27, 3., vgl. 21, 20., wohl auch der Lanze und des Wurfspießes, Pf. 57, 5., oft bloß der Arme, 1 Sam. 17, 34 ff. Auch fieng (קָדַם, überfallen, Pf. 18, 6., אָחַז, Hohesl. 2, 15., לָכַד, Am. 3, 5. Pf. 35, 8. Jer. 18, 22., נָקַשׁ, Pf. 9, 17. syn. יָקַשׁ, קוֹשׁ) man sie in Netzen (מָצוֹד, Hiob 19, 6., מְצוּדָה, Ezech. 12, 13., מָצוֹד, Sprichw. 12, 12. Pred. 7, 26., מְצוֹדָה, 9, 12., מִכְמָר, Jes. 51, 20., מִכְמֹר, Pf. 141, 10., רֶשֶׁת, Pf. 57, 7; 31, 5; 9, 16. Klagl. 1, 13. u. ö.), z. B. Löwen, Ezech. 19, 8., Gazellen, Jes. 51, 20. Schlingen, Fallstricke, auf dem Boden ver=borgen, hatte man besonders bei'm Vogelfang (חֶבֶל, Pf. 18, 5 f., מַלְכֹּדֶת, Hiob 18, 10., צַמִּים, z. B. 9. פַּח, das Packende, Fassende, παγη, Pf. 91, 3. Pred. 9, 12. u. ö., nach Gengerke, Ken. I, 175., ein doppeltes Schlagnetz mit einem Stellhölzchen, das man auf der Erde versteckt, טָמַן, Pf. 140, 6., hinlegt, נָתַן, Pf. 119, 10., יָקֹשׁ, Pf. 141, 9., und das auffährt, יַעֲלֶה, sobald sich der Vogel darauf setzt; m. vgl. Jer. 5, 26 f., wo Lengerke unter כְּלוּב das Schlagnetz und unter מַשְׁחִית das Stellholz versteht; das Stellholz oder der Sprenkel ist מוֹקֵשׁ, Hiob 40, 24. Pf. 91, 3. Pred. 9, 12. Am. 3, 5., der Vogel=steller יָקוֹשׁ, Pf. 91, 3.) Löwen werden auch in Fallgruben (פַּחַת, 2 Sam. 17, 9. Jes. 24, 17. Jer. 48, 43. Klagl. 3, 47., שַׁחַת, Pf. 94, 13. Sprichw. 26, 27.) und Cisternen gefangen — in einer mit Steinen zugedeckten, 2 Sam. 23, 20. Pf. 57, 7; 9, 16; 119, 85. Sprichw. 26, 27. Vgl. Shaw, Reis. 152 f. u. Plin. 10, 54. An einem in der Grube befestigten Pfahl hieng man ein lebendiges Lamm auf, das durch sein Geschrei die Löwen herbeilockte, und deckte die Grube leicht mit Reisern zu. Hatte man so den Löwen lebendig gefangen, so wurde er wohl auch, nachdem ihm ein Ring, חָח, in die Nase gelegt worden, in einen Käfig, סוּגַר, gesetzt und im Triumph davon geführt, vgl. das ausgeführte Bild, Ezech. 19, 4—9. Ueberhaupt ist die bildliche Anwendung der verschiedenen Manipulationen des Jägers und der Angst und Noth des gehetzten Wildes (Hiob 18, 7 ff. in malerischer Ausführung) sehr häufig. Auf Hetzjagden mit Hunden deutet man Pf. 22, 17. (vgl. Joseph., Ant. IV, 8. 9.) — In der nachexilischen Zeit wurde die Jagd, wie bei den Persern (Xenoph., Cyrop. I, 6. 19; VIII, 1. 3.), Syrern und Egyptern (nach den egypt. Denkmälern, f. Wilkinson, anc. Eg. III, 4.) mit ihren Raffinements eine Liebhaberei der heidnischen Sitten sich accomodirenden Vornehmen auch unter den Juden, eine noble Passion, wohl schon zu Sirachs 11, 31; 13, 22., noch mehr in der herodianischen Zeit. Josephus erwähnt (Arch. XV, 7. 7; XVI, 10. 3. vgl. de bell. jud. I, 21. 13.) Lustjagden zu Pferde auf Vögel und wilde Thiere mit abge=richteten Jagdhunden (im übrigen Alterthum allgemein, besonders Windspiele, f. d. egypt.

Denkmäler; Il. X, 11. Od. XIX, 438. Strabo 5, 215. Polyb. 31, 22. Curt. 9, 1. 31. Plin. 8, 61. u. ſ. w.), Falken und andern Vögeln (*Aelian* anim. 8,. 24. aus dem neuern Orient Shaw, Reiſ. 300. Harmar III, 79. *d'Arvieux* III, 94 ſ. 269.). Herodes ſelbſt ſoll ein vortrefflicher Jäger geweſen ſeyn und an einem Tag 40 Stück Wild erlegt haben. Freilich ein von einem Jagdhund gebiſſenes Wildpret wurde von den ſtreng nach dem Geſetz lebenden Juden nicht gegeſſen. Für die Rephuhnjagd brauchte man ſchon zu Sirach's Zeiten gezähmte Rephühner als Lockvögel (περδιξ θηρευτης εν καρταλλω, Sir. 11, 31.). Die Ausbildung des Jagdweſens in den Ländern, wohin griechiſche Kultur gedrungen, lernt man beſonders aus zwei griechiſchen Monographieen kennen, *Xenophon*, lib. de venat. und dem Lehrgedicht *Oppian's*, κυνηγετικα. — Sonſt vgl. *Bochart*, hieroz. I, beſ. 751—764.   Leyrer.

Jahr der Hebräer. Das Jahr der Hebräer war ein Mondjahr, beſtehend aus 12 Mondsmonaten zu 29—30 Tagen. Dies geht ſchon aus der hohen Bedeutung hervor, welche der Neumond (ſ. dieſen Art.) bei dieſem Volke geſetzlich, 4 Moſ. 28, 11—15. 10, 10. Pſ. 81, 4. und im gemeinen Leben hatte, wo Gaſtmahle gehalten wurden (1 Sam. 20, 5. 24.) und Handel und Wandel ruhte (Am. 8, 5. vgl. Neh. 10, 32.). Sodann erhellt es daraus, daß bei dieſer ungenauen Zeitrechnung, welche mit dem Sonnenjahr nicht gleichen Schritt hält, es nicht nur nöthig, ſondern Sitte wurde, die Störungen durch Einſchaltung eines 13. Monats, den man wieder zwölften nannte und durch die Bezeichnung וַאֲדָר oder אֲדָר/שֵׁנִי unterſchied, auszugleichen, vgl. Mischna Edujoth 7, 7. Wie wir alſo in vierten Jahr einen Schalttag haben, weil auch das Sonnenjahr nicht gleichen Schritt mit den Tagen hält, ſo hatten die Israeliten je im dritten Jahr regelmäßig einen Schaltmonat. Dies zeigt ſich daraus, daß nach Monaten gerechnet, das Jahr nur auf 354 Tage, 8 St., 48 M., 38 S. kommt, während das Sonnenjahr 365 Tage, 5 St., 48 M., 45 S. zählt. Ein ſolches durch einen Monat vermehrtes Jahr nannten die ſpäteren Juden שָׁנָה מְעֻבֶּרֶת, während das gemeine Jahr שָׁנָה פְּשׁוּטָה hieß.

Die Einwendungen Credner's, der (Joel 210 ff.) behauptet, daß das Mondenjahr erſt zur Zeit Hiskia's und Joſia's, und Seyffarth's, welcher (Chron. sacra S. 26) meint, der Mondkalender ſey erſt 200 Jahre v. Chr. bei den Juden eingeführt worden, hat ſchon Winer gewürdigt, und ſie erledigen ſich auch durch die allgemeine Betrachtung, wie die regelmäßigen Veränderungen im Stand der Sonne gegen die Erde nicht ſo augen= fällig ſind, als die Veränderungen im Stande und Ausſehen des Mondes, daß alſo der Uebergang von einem urſprünglichen Sonnenjahr zum Mondjahr, ſomit vom vollkomme= neren zum unvollkommenen viel ſchwerer zu denken iſt als umgekehrt.

Urſprünglich wurde wohl auch nach den Beſchäftigungen oder Naturerſcheinungen gezählt, die in gewiſſen Monaten vorkommen, wie noch jetzt der Landmann gerne nach der Beſtellzeit der Felder, den Zeiten der Ernte ſeiner verſchiedenen Früchte und nach Feſttagen rechnet; eine Sitte, die wir auch 1 Moſ. 30, 14. 3 Moſ. 26, 5. Richt. 15, 1. Tim. 7, 1. im A. T. antreffen. Die Einſchiebung aber eines 13. Monats mußte ſchon in der früheſten Zeit ſtattfinden und nothwendig erſcheinen, weil die Feſt= und landwirth= ſchaftlichen Beſchäftigungen mit beſtimmten Monaten verknüpft waren. Da nun 12 Monate eilf Tage weniger ausmachten als das Sonnenjahr, 13 Monate aber 18 Tage mehr, ſo war es natürlich, daß man nur 12 Monate regelmäßig für das Jahr annahm, und die Störungen je im dritten Jahr, zuweilen aber auch im zweiten durch Einſchiebung ausglich.

Ob die Israeliten einen Unterſchied zwiſchen dem Jahresanfang machten, und zu einer andern Zeit das Kirchenjahr anfiengen, als zu einer andern oft beregte Frage, indem chriſtliche Gelehrte den jetzigen Gebrauch der Juden, das bürger= liche Jahr mit dem Monat Tisri (Oktober) zu beginnen, in die älteſten Zeiten hinauf= rücken. Allein das Gebol 2 Moſ. 12, 2., das Jahr mit dem Monate zu beginnen, in welchen der Auszug aus Aegypten fiel, alſo mit dem Monat Abib, 2 Moſ. 13, 4., der ſpäter Niſan hieß, Eſth. 3, 7., drückt nirgends aus, daß es nicht allgemein verſtanden seyn wolle, und läßt höchstens die Einschränkung zu, daß die Israeliten vorher sich nach einer anderen etwa ägyptischen Rechnung des Jahresanfangs gerichtet haben. Es ist also höchst wahrscheinlich, daß sich auch Joseph. Ant. 1, 3, 3. irrte, wenn er die Unterscheidung eines bürgerlichen und kirchlichen Jahres schon in die Zeit Mose's setzte, da sie höchst wahrscheinlich erst nach der Gefangenschaft zum Andenken an die neue Einwanderung und Vornahme der ersten heil. Handlung der Zurückgekehrten auf heimischem Boden gemacht wurde (Esr. 3, 1 ff. Neh. 7, 73; 8, 1 ff.), und bald darauf mit dem Jahresanfang der Seleuciden, welcher in den October fiel, zusammentraf. Nach großen Ereignissen wurden die Jahre und, 2 Mos. 12, 2., auch Jahresanfänge früher gezählt, so nach dem Auszug aus Aegypten, 2 Mos. 19, 1. 4 Mos. 33, 38. 1 Kön. 6, 1., später von Salomo's Zeit an nach dem Regierungsantritt der Könige, wie in den Büchern der Könige, der Chronik und Jeremias, noch später nach dem Anfang der Gefangenschaft, Ez. 33, 21; 40, 1. Die Fortführung der Israeliten in die Gefangenschaft zählt Jeremias 25, 1; 52, 12. nach den Jahren Nebukadnezars, unter dessen Gewalt sie kamen. Nach der Gefangenschaft werden die Zeiträume nach den Regierungsjahren der persischen Könige bestimmt, die über Palästina herrschten, Esr. 4, 24; 6, 15; 7, 7 f. Neh. 2, 1; 5, 14; 13, 6. Hag. 1, 1; 2, 11. Zach. 7, 1. Wiederum als syrische Unterthanen wurden die Jahre nach der seleucidischen Aera bestimmt (1 Makk. 1, 10.), die allein für Verträge gültig war, daher שְׁטָרוֹת מִנְיַן aera contractuum genannt. Der Unterschied der Zeitrechnung des zweiten Makkabäerbuches muß hiei bei dieser Art. nachgesehen werden. Als die Juden vom syrischen Joche frei wurden im Jahr 143 v. Chr. oder 170 der Seleuciden, fiengen sie an, die Zeiträume nach diesem Ereignisse zu bestimmen, 1 Makk. 13, 41 f. So hat also die Bestimmung der Zählung der Jahre gewechselt, und erst die neueren Juden haben angefangen, statt nach der Zerstörung Jerusalems durch Titus, wodurch sie auf der Bahn ihrer Väter geblieben wären, nach den Jahren seit Erschaffung der Welt zu zählen, womit sie aber von den Christen und den Berechnungen der Gelehrten um ein Bedeutendes abweichen. Im gemeinen Leben müssen sie sich jedoch auch nach der christlichen Zeitrechnung richten. *Vaihinger.*

Jair (יָאִיר, Sept. Ἰαΐρ, Mark. 5, 22. Ἰάειρος) wird 4 Mos. 32, 41. ein Sohn Manasse's genannt, welcher zur Zeit Mose's die Zeltdörfer Gileads eroberte und ihnen seinen Namen gab. Die Söhne Machirs aber, der ebenfalls ein Sohn Manasse's war, hatten vor ihm Gilead selbst erobert, V. 39. 40., und Nobach, der auch zum Stamm Manasse gehört haben mochte, vollendete die Eroberung durch Einnahme der Stadt Kenath und ihres Gebietes, V. 42. Aus 5 Mos. 3, 14. erfahren wir, daß diese Jairsdörfer in Basan waren und dort den Strich Argob bis an die Grenze der Gessuriter und Maachathiter bildeten. Ferner belehrt uns Jos. 13, 30., daß diese Zeltdörfer 60 an der Zahl waren und Städte genannt werden konnten. Hiemit stimmt auch 1 Kön. 4, 13., wo diese Dörfer ebendahin verlegt und zugleich als 60 große Städte mit Mauern und ehernen Riegeln bezeichnet werden, die zur Zeit Salomo's von einem Sohne Gebers als Statthalters beherrscht wurden. Eine weitere Nachricht hierüber findet sich 1 Chron. 2, 21—23., wo dieser Jair unter den Nachkommen des Stammes Juda aufgeführt wird, und sich zeigt, daß schon sein Großvater Hezron in den Stamm Manasse geheirathet habe und Jair ein Urenkel Manasse's von mütterlicher Seite war. Auch in dieser Stelle werden 60 Städte genannt, jedoch mit Hinzuzählung von Kenath und ihrem Gebiete, während die Jairsdörfer im engeren Sinne V. 22. nur zu 23 an der Zahl angegeben werden.

Dieses zur Zeit Mosis eroberte Gebiet wurde aber nach 1 Chr. 2, 23. dem Stamme Manasse wieder von den Geschuriten und Aramäern abgenommen, wie ja so manche Besitzungen der Israeliten im Anfang der Richterzeit wieder verloren gingen. Daher ist vorauszusetzen, daß die Hälfte derselben, nämlich 30, deren Segub schon 23 besessen hatte, 1 Chron. 2, 22., in der späteren Richterzeit wieder erobert wurden*). Thatsache ist es, daß

---

*) Wenn Raumer, Paläst. S. 437 f. u. Völter Pal. S. 203 diesen Jairsdörfern den Namen Juda geben, welcher Jos. 19, 34. als Grenzgebiet Naphthali's erscheint, so ist dies zwar

2) der Richter Jair, der ja wohl denselben Namen haben konnte wie sein Ahnherr (Richt. 10, 3 f.), diese 30 Städte besessen hat, mag er sie nun selbst mit seinen Söhnen wieder erobert oder ererbt haben. Wir haben diese Nachricht nicht mit Ewald, Isr. Gesch. 2, 364. (1. Aufl.) anzuzweifeln, noch mit Winer jeden Vereinigungsversuch aufzugeben. Denn wenn auch von einer Wiedereroberung in dieser Stelle nichts gesagt wird, so ist eine solche durch sie auch nicht ausgeschlossen, durch 1 Chron. 2, 23. aber hinreichend vorausgesetzt. Hat nun der Schophet Jair oder seiner Väter einer 30 dieser Städte den Geschuriten oder Aramäern wieder abgenommen, so ist nichts gewisser als daß durch David auch die andere Hälfte, welche von den mächtigeren Aramäern bis dahin festgehalten seyn mochte, im Kriege mit den Syrern 2 Sam. 8, 3—6. wieder vollständig an Israel kam; und so finden wir nun zu Salomo's Zeit wieder diese 60 Städte mit Mauern und Riegeln, wie diese Zahl schon zu Mose's Zeit vorhanden war. David aber war es ja, der die ursprüngliche Grenze Israels wiederherstellte, und alles Verlorne wiederbrachte.

Man hat demnach keinen Grund, von verschiedenen Sagen über die Jairsdörfer zu reden, die Sache gestaltet sich ganz geschichtlich und ohne Zwang. Denn fester steht ja doch nichts, als daß die Israeliten Vieles wieder nachher verloren haben, was unter Mose und Josua erobert war, und daß also in der späteren Zeit viele Rückeroberungen stattfanden. Soll dies überall ausdrücklich angemerkt seyn? Dies könnte nur gefordert werden, wenn die Bibel nur einen und nicht mehrere Verfasser hätte, deren jeder seinen besonderen Zweck verfolgte. Man hat auch nicht nöthig, einen doppelten Kreis von Jairsdörfern anzunehmen, von denen 60 in Basan und 23 in Gilead lagen, welche letzteren von dem jüngeren Jair, dem Richter, erst auf 30 gebracht worden wären. Man kann ebensowenig behaupten, der Name Jairsdörfer sey erst von dem späteren Jair abgeleitet. Dazu würde der Text Richt. 10, 4. nur nöthigen, wenn statt לָהֶם stünde עַל־כֵּן. So aber wird einfach gesagt, sie haben diesen Namen gehabt, ob schon in alter Zeit oder erst jetzt, bleibt unbestimmt. Bei den Geschuriten, denen sie wahrscheinlich Jair wieder abgewonnen hat, werden sie freilich diesen Namen nicht behalten haben, und da der zweite theilweise Eroberer den Namen seines Ahnherrn führte, so ist die Auffrischung des Namens Jairsdörfer, den sie bei den Israeliten nie verloren haben mochten, ganz und gar nicht auffallend.

3) Vater des Mordechai, Esther 2, 5., eines Benjaminiters vgl. Stücke in Esth. 7, 2.

4) Ein Synagogenvorsteher zur Zeit Jesu, dessen Tochter Jesus wieder in's Leben rief, Mark. 5, 22. Luk. 8, 41. vgl. Matth. 9, 18. Die Frage, ob das Mädchen wirklich gestorben war, oder nur scheintodt dalag, Olshausen, Comm. 1, 321 ff., ist aus den Worten Jesu nicht mit Sicherheit zu schließen, obwohl man keine Ursache hat, die Worte des Herrn so zu deuten, als hätte er das Aufsehen nur vermeiden wollen, welches diese That machen mußte. Jedenfalls aber ist auf das Wort des Herrn οὐκ ἀπέθανεν die gebührende Rücksicht zu nehmen, wodurch der völligen Wahrhaftigkeit des Erlösers doch angemessener ist, hier den noch nicht wirklich eingetretenen Tod vorauszusetzen, obwohl er ohne sein Dazwischenkommen vollendet worden wäre. Zugleich liegt darin auch ein schöner Beweis, wie weit der Herr Jesus von dem Treiben der Goeten seiner Zeit entfernt war, welche die durch sie vollbrachten Thaten, um Ansehen zu erlangen, steigerten. Er ist auch hier nur sich selbst gleich.   *Vaihinger.*

Jakob, Haupt der Pastorellen, s. Pastorellen.

Jakob, Sohn Isaaks, יַעֲקֹב, LXX Ἰακώβ, der dritte der israelitischen Patriarchen. Seinen Namen bekam er daher, daß er bei der Geburt die Ferse (עָקֵב) seines älteren Zwillingsbruders Esau hielt, 1 Mos. 25, 26. vgl. Hos. 12, 4. Faktum und Name war aber auch in seiner geistigen Bedeutung, wornach עָקַב = hinterrücks fassen, hinterlistig behandeln, für den Karakter Jakobs prophetisch, s. 1 Mos. 27, 36., denn Jakob ist nach

---

für die vorhandene Lesart eine sinnige Fassung, weil Jair väterlicherseits von Juda abstammte, aber doch zu gekünstelt, als daß man nicht mit Ewald, Isr. Gesch. 2, 294. einen Schreibfehler vermuthen sollte, wornach für יְהוּדָה ursprünglich בְּכֹרוֹת gestanden haben könnte.

Ewalds (Gesch. des Volkes Israel I. S. 350, 392) treffender Bemerkung das entspre=
chendste Bild aller Tugenden, aber auch aller Gebrechen des Volks, das nicht umsonst
von ihm seinen Namen erhalten hat. Es zeigt sich auch in der Patriarchenfamilie, daß
göttlicher Sinn keine erbliche Naturgabe ist. Auf den Glaubenshelden Abraham war
Isaak gefolgt, ein stiller, sanfter, aber auch von Schwäche nicht freier, im Ganzen
wenig hervortretender Mann. Jakob ist wieder viel bedeutender, aber die Fleischesnatur
ist auch viel stärker in ihm. Besonders tritt jene Schlauheit in Handel und Wandel,
die überall den eigenen Vortheil geschickt wahrzunehmen weiß, wie wir sie noch heute
als karakteristischen Zug des jüdischen Volkes kennen, bei Jakob hervor, in der Art
namentlich, wie er sich von Esau die Erstgeburt, von Isaak den Segen, von Laban
seine Heerden zu verschaffen versteht*). Aber er war der Mann der (nicht auf die
ewige Seligkeit, sondern auf die geschichtliche Stellung im Reiche Gottes gehenden)
Gnadenwahl, Röm. 9, 10—13., und so wurde Gott nicht müde, mit seiner widerstre=
benden Natur zu ringen, bis aus dem Jakob ein Israel geworden war. Unter diesen
Gesichtspunkt ist sein ganzes Leben zu stellen und zerfällt hiernach in vier, auch örtlich
geschiedene Perioden: 1) die Zeit im Vaterhause, aus welcher Jakobs Jugendsünden uns
berichtet werden, 2) der Aufenthalt in Mesopotamien, die Periode der Züchtigung und
Läuterung, 3) das Patriarchenleben in Kanaan, die Zeit der Bewährung, 4) der Le=
bensabend in Aegypten.

1) Auch Jakobs Geburt ist, wie die Isaaks, ein Wunder der Gnade, wenn schon
nicht mehr in demselben Maße: nach zwanzigjähriger Unfruchtbarkeit gebiert Rebekka
auf das Gebet ihres Mannes hin Zwillingssöhne, 1 Mos. 25, 20 ff. Besonders augen=
scheinlich aber tritt hier die Gnade als Gnadenwahl hervor, indem Gott noch vor der
Geburt der Kinder den Erstgebornen, für den das natürliche Recht gesprochen hätte,
gegen den Jüngeren zurückstellt (V. 23.). Aber die Ausführung dieses göttlichen Rath=
schlusses, von welchem er ohne Zweifel durch seine Mutter gehört hatte, deren Liebling
er auch um seines eingezogenen, braven Betragens willen wurde (während der wildpret=
liebende Vater den räuhen Waidmann Esau bevorzugte V. 27. 28.), konnte nun Jakob
nicht in Geduld und Glauben dem Herrn überlassen, sondern er meinte sie selbst herbei=
führen oder doch beschleunigen zu müssen, indem er für's Erste dem Esau, Erschöpfung
und Hunger desselben schlau benützend, sein Erstgeburtsrecht um ein Linsengericht ab=
kaufte (V. 29 ff.) und ihm sodann auf Zureden mit Hülfe seiner Mutter den väterlichen
Segen, den Isaak freilich gegen jenen Urausspruch Gottes auf Esau übertragen wollte,
durch List und Betrug entwendete (Kap. 27.). Doch der Sünde folgt die Strafe auf
dem Fuße. Statt es im Besitze seines Segens und seines Vorrechts gut zu haben,
muß Jakob vor der Rache seines Bruders nach Mesopotamien fliehen, und Rebekka,
theils um den Vater für diese Reise zu stimmen, theils auch wirklich stets darauf bedacht,
dem Jakob den Segen der göttlichen Auswahl zu bewahren und so denn auch das pa=
triarchalische Geschlecht in seiner Reinheit zu erhalten, wirkt von Isaak den Befehl aus,
daß sich Jakob unter den dortigen Verwandten ein Weib holen solle. Jetzt beim Ab=
schied segnet nun Isaak den Jakob, über dessen Bestimmung ihm indessen die Augen
aufgegangen sind, mit Bewußtseyn, und es ist bemerkenswerth, wie dieser Segen die
spezifischen Gnaden des Bundes und der Verheißung auf den Erwählten legt, während
jener frühere, eigentlich dem Esau zugedachte (V. 27—29.) sich noch mehr im allgemei=
nen Gebiete der Natur bewegt hatte, 27, 46—28, 5.

2) Auch Gott selbst läßt nicht von seinem Erwählten. Indem dieser im Begriff ist,
das heilige Land zu verlassen und in die mehr oder weniger heidnische Fremde hinaus=
zuziehen, will sich ihm Jehova noch einmal in seiner ganzen Realität und Gnade be=

---

*) Ueber den Standpunkt, welchen die Genesis selbst in Bezug auf die sittliche Beurtheil=
ung dieser Thatsachen und Karakterzüge einnimmt, s. Kurtz, Geschichte des A. B. I. 2. Aufl.
S. 222 f.

zengen, theils um ihn vor Abfall von seinem Gott und seiner Bestimmung zu bewahren, theils um ihm für die bevorstehenden Leiden und Widerwärtigkeiten in der treuen Obhut des Herrn und seiner Engel einen starken Trost zu zeigen. Dies ist der nächste Zweck des schönen Traumgesichts von der Himmelsleiter, bei welchem Jehova zugleich die patriarchalische Grundverheißung feierlich auf Jakob überträgt, und welches, zumal durch diesen Zusammenhang, noch eine weitere, tiefere Bedeutung gewinnt (vgl. Joh. 1, 52.), indem es sinnbildlich und vorbildlich das Endziel der Verheißung andeutet, die innigste Vereinigung Himmels und der Erde, Gottes und des Menschen, 1 Mos. 28, 10—22. Für Jakob selbst aber ist diese Erscheinung mit dem sie begleitenden Wort zugleich die göttliche Ergänzung und Bekräftigung des väterlichen Segens; er ist hiemit förmlich in alle Rechte des Bundes und der Verheißung eingesetzt und Gott selbst verspricht sie ihm treu und ganz zu erfüllen. — In Mesopotamien *) erfährt nun Jakob das jus talionis, indem er selbst von seinem Oheim und Schwiegervater Laban mehrfach überlistet wird und mancherlei Widriges zu erdulden hat. Bei seiner Ankunft lernt er, ähnlich wie einst Abrahams Knecht die Rebekka, in lieblich idyllischer Weise am Brunnen bei den Heerden die Rahel kennen, gewinnt sie lieb und dient ihrem Vater sieben Jahre um sie. Statt ihrer wird ihm aber, sowie er selbst früher betrüglicherweise an Esau's Stelle getreten war, die ältere, ungeliebte Lea untergeschoben, und nur unter der Bedingung eines weiteren, siebenjährigen Dienstes erhält er auch Rahel. In diesem zweiten Jahrsiebend werden ihm nun, natürlich von den verschiedenen Müttern theilweise gleichzeitig, seine Söhne geboren, von Lea Ruben, Simeon, Levi und Juda, von Rahels Magd Bilha Dan und Naphthali, von Lea's Magd Silpa Gad und Asser, hierauf wieder von Lea Jsaschar und Sebulon sammt einer Tochter Dina, endlich von Rahel Joseph. Nachdem er diese Freude erlebt, will er heimkehren; aber der eigennützige Laban läßt ihn nicht ziehen und verspricht ihm jetzt als Lohn auf seinen Wunsch die bunten, gesprenkelten und gefleckten Thiere der Heerde. Gott segnet ihn nun reichlich, obwohl Laban zehnmal den Lohn ändert; aber auch hier meint Jakob wieder durch eigene Klugheit dem göttlichen Segen nachhelfen zu müssen, indem er in der Begattungszeit zuerst gestreifte Stäbe in die Tränkrinnen legt und später die Blicke der einfarbigen Thiere auf die bunten richtet. Sein wachsender Wohlstand erregt die Mißgunst Labans und seiner Söhne, und so denkt Jakob nach abermaligem sechsjährigem Dienst an die Heimkehr, zu welcher er auch durch einen göttlichen Befehl aufgefordert wird. Da er aber kein gutes Gewissen gegen seinen Schwiegervater hat, so entweicht er heimlich mit all seiner Habe, Laban setzt ihm nach, thut ihm aber auf göttliche Weisung hin Nichts zu leide; sie schließen einen Bund mit einander und scheiden in Frieden, 1 Mos. 29—31.

3) So kommt Jakob wieder an die Grenze von Kanaan, äußerlich reich gesegnet, aber innerlich trotz aller erfahrenen Demüthigungen noch nicht völlig geläutert. Diese Läuterung sollte nun vor sich gehen; denn von jetzt an tritt er als selbständiger Träger des Patriarchenthums hervor, obwohl Isaak noch einige Zeit lebte. Gott kommt ihm dann entgegen mit einem Zeichen seiner Gnade: wie er beim Abschied aus dem heiligen Lande die Himmelsleiter gesehen hatte, so begegnen ihm jetzt beim Wiedereintritt in dasselbe Engel Gottes, eine Bürgschaft des Schutzes, dessen er sich gegen seinen Bruder Esau so bedürftig fühlt (1 Mos. 32, 1 ff.). Die Furcht vor der Rache Esau's, der ihm

---

*) Zieht man von den 1 Mos. 47, 9. genannten 130 Jahren die 45, 6. genannten 2 Hungerjahre und die vorausgegangenen 7 fruchtbaren Jahre, ferner die 41, 46. genannten 30 Jahre und die aus Vergleichung von 30, 25. mit 29, 20—30. sich ergebenden 14 Jahre ab, so ergibt sich, daß Jakob bei seiner Flucht nach Mesopotamien schon 77 Jahre alt war. Allerdings ein hohes Alter auf den ersten Blick; bedenken wir aber, daß Isaak 180, Jakob 147 Jahre alt wurde, so sind 77 Jahre das kräftigste Mannesalter, dem 30—40sten Jahr unserer jetzigen Lebensdauer entsprechend. Vgl. außerdem Kurtz a. a. O. S. 236 f. Roos, Fußstapfen des Glaubens Abrahams, auf's Neue herausgegeben, Tübingen 1837. I. S. 80 f.

mit 400 Mann entgegenzieht und seinen ganzen Familien= und Besitzstand vernichten zu wollen scheint, erschüttert aber gleichwohl Jakob auf's Tiefste und wird so das Mittel zu seiner inneren Erneuerung. Dieses wichtigste Verhältniß seines ganzen Lebens, das zu Esau, an welchem seine Sünde zum Ausbruch gekommen war, sollte ihm nun auch der Weg zur Buße seyn. In einem demüthigen, brünstigen Gebete, welches die Genesis als für diesen inneren Wendepunkt im Leben Jakobs karakteristisch der Aufzeichnung werth geachtet hat (32, 10—13.), schüttet er sein Herz vor Jehova aus; dann sendet er dem Esau Geschenke entgegen (B. 14—22.), bringt in der Nacht seine Familie über den Jabok und bleibt noch allein zurück (B. 23—25.). Diese ausdrücklich erwähnte nächtliche Einsamkeit Jakobs hat im ganzen Zusammenhang der Ereignisse ihre innere Bedeutung: er will mit Gott vollends ausreden, da ihn das Bewußtseyn seiner Sünde und Schuld Angesichts des Bruders, den er auf so schnöde Weise um den Segen betrogen hatte, niederdrückt; er fühlt, daß nicht bloß Esau, sondern Gott selbst ihm entgegenstehe, und daß er zuvor mit Gott in's Reine kommen müsse, wenn er mit Esau in's Reine kommen wolle. Nun erscheint ihm Gott wirklich und tritt ihm leibhaftig entgegen, was wir auf dieser Stufe der heiligen Geschichte, wo die herrschende Form der Offenbarung die Theophanie ist, und wo der erscheinende Jehova z. B. mit Abraham gegessen hat (1 Mos. 18, 8.), nicht ohne Analogie und Theoprepie finden, aber dabei als die tiefste, gnädigste Herablassung bewundern. Zuvor, als es sich um äußeren Schutz gegenüber von der Welt handelte, waren dem Jakob nur Engel erschienen; hier, wo es sich um das innere Leben des Glaubens handelt, tritt ihm Gott selber entgegen; bei der Himmelsleiter, wo es sich sowohl um äußern Schutz als um Jehova's Bundesgnade und Jakobs Bundestreue gehandelt hatte, waren Gott und Engel mit einander erschienen. Und zwar zeigen sich jetzt die Engel als freundliche Mächte, Gott aber tritt ihm noch als Feind entgegen, den er erst überwinden muß: der Welt gegenüber ist der Erwählte Jehova's sicher, über seine eigene Sünde muß er noch mit Gott in einem Bußkampf ringen. Wenn Jakob vielleicht auch nicht sogleich den Mann erkannte, der mit ihm rang, so mußte ihm doch im Lichte der Gedanken, von denen jetzt seine ganze Seele erfüllt war, das Bewußtseyn, wer es sey, bald aufgehen, und er spricht dasselbe schon durch die Bitte um den Segen und nachher durch den Namen Pniel, den er dem Orte gibt, deutlich aus. Jakob hat also Gott wirklich als Feind sich gegenüber, weil er durch die Sünde seinen Zorn auf sich geladen hat; er ringt mit dem zornigen Gott und läßt nicht ab, bis er seinen Zorn überwunden und in Segen verwandelt hat. Denn indem er äußerlich ringt, weint und fleht er innerlich (Hos. 12, 4. 5.): wie sonst das Gebet ein Ringen, ἀγωνίζεσθαι heißt (Kol. 4, 12. Röm. 15, 30.), so ist hier das Ringen wesentlich zugleich Beten; das ist der Schlüssel, das innere Verständniß des ganzen Vorgangs, wie es schon Hosea darreicht. Jakob überwindet durch sein bußfertiges und gläubiges Ringen den Zorn Gottes; aber dieser hinterläßt ihm als Denkmal der Zerbrechung seines natürlichen Wesens eine verrenkte Hüfte; zugleich jedoch empfängt nun der Patriarch auf seine Bitte von Gott selbst noch einmal den Segen, den er früher usurpirt hatte, und dazu, wie einst Abraham in einem ähnlichen Wendepunkt seines Lebens, einen neuen Namen, den Namen Israel (Gotteskämpfer), indem ihm bezeugt wird, daß er in diesem Bußkampf den Zorn Gottes und der Menschen (Esau's) überwunden habe. Als ein gereinigter, neuer Mensch steht Jakob in der "ihm" aufgehenden Sonne da: "der Erfolg des Kampfes war der, daß er durch die tiefste Anstrengung des Gemüths in die Beziehung zu seinem Gott gesetzt wurde, welche Abraham besessen hatte" (Bruno Bauer, Relig. des A. T. I. S. 101). Gegen Hengstenberg, Schröder u. A., welche den ganzen Vorgang in das innere Gebiet der Vision verlegen, hat Kurtz Recht, wenn er geltend macht, Nichts im Texte (1 Mos. 32, 25—33.) berechtige zu dieser Auffassung; er selbst aber irrt darin, daß er den Verlauf in zwei einander entgegengesetzte Theile theilt, das Ringen und das Flehen, wobei jenes "ein Bild der Verkehrtheit des bisherigen Lebens Jakobs" und des erfolglosen, göttlichen Ringens mit seiner sünd=

haften Natur sey und dieses dann den Wendepunkt der Erneuerung bezeichne. Für einen solchen Gegensatz spricht, abgesehen von der sachlichen Unangemessenheit einer symbolischen Wiederholung von Jakobs bisherigem Leben, nicht nur ebenfalls Nichts im Texte Moses oder Hoseas *), sondern der Name Israel und seine Erklärung (V. 29., bei Luther 28.) ist positiv dagegen. — Die Wahrheit des Wortes, daß auch Esau's Groll überwunden sey, hat Jakob bald darauf zu erfahren, indem er in Frieden und Liebe mit seinem Bruder zusammenkommt. Nach einem vorübergehenden Aufenthalt in Sukkoth im Jordanthale läßt er sich hierauf, in's eigentliche Kanaan eingetreten, in der Gegend von Sichem nieder (Kap. 33. vgl. Joh. 4, 5 f.). Es beginnt nun für ihn eine Reihe schwerer Erfahrungen in seiner Familie, in denen sein Glaube sich bewähren soll, und zwischen die hinein sich ihm auch die göttliche Gnade neu bezeugt. Die Schändung seiner Tochter Dina durch den Sohn des Königs von Sichem hat eine Gräuelthat seiner Söhne Simeon und Levi an den Sichemiten zur Folge (Kap. 34.). Hiedurch zum Verlassen der Gegend genöthigt, erhält Jakob Befehl von Gott nach Bethel zu ziehen, und die Erinnerung an diese heilige Stätte wird ihm Veranlassung, sein Haus von allen fremden Göttern zu reinigen, die theils von Mesopotamien her noch geblieben (vgl. 31, 19. 30 ff.), theils durch den Verkehr mit den Kanaanitern (31, 1. 9. 16. 29.) eingedrungen seyn mochten (35, 1—8.). Zum Lohn für diese Treue (und zur Vorbereitung und Stärkung auf den Verlust der geliebten Rahel) erscheint Gott dem Jakob in Bethel zum zweiten Mal, ihm den Namen Israel und die patriarchalische Verheißung erneuernd, worauf Jakob auch seinerseits den Namen Bethel erneuert und bestätigt (V. 9—15.). Auf dem Zuge von Bethel weiter gegen Süden stirbt Rahel an der Geburt Benjamins in der Nähe von Ephrat oder Bethlehem (V. 16—21.), und zu diesem Schmerze hin muß Israel auch noch den andern erleben, daß sein Erstgeborner Ruben sich mit seines Vaters Kebsweib Bilha fleischlich vergeht (V. 22.). So, gesegnet und gebeugt zugleich, kehrt Jakob zu seinem Vater nach Hebron zurück. Bald darauf stirbt Isaak und wird von Esau und Jakob gemeinsam begraben. Jetzt erst ist Jakob der selbständige Patriarch im vollen Sinne des Worts. Daher wird diese Erzählung mit der feierlichen Nennung seiner zwölf Söhne eingeleitet (V. 22—29.); ebendaher werden nun nach Isaaks Tode Kap. 36. die Tol'dot Esau's eingeschaltet, und 37, 1. 2. beginnen jetzt erst die Tol'dot Jakobs, aber sogleich mit der Geschichte Josephs, die den letzten Wendepunkt im Leben Jakobs und in der Entwickelung der Patriarchenzeit überhaupt herbeiführt. Chronologisch ist übrigens die Nachricht von Isaaks Tode hier vorausgenommen, ähnlich wie 11, 32. die von Therahs und 25, 7. die von Abrahams Tode: »Da Jakob im 60. Jahre des Vaters geboren ist (25, 26.), so ist er bei dem Tode des Vaters 120 Jahre alt, und da Joseph im 91. Jahre des Vaters geboren ist, so zählt dieser beim Tode des Großvaters bereits 29 Jahre, ist also schon in Aegypten und zwar im letzten Jahre seiner Erniedrigung« (s. 41, 46.). (Baumgarten, theol. Comm. z. Pentat. I. 298). — Der gar nicht unbegründeten, aber doch zu weit gehenden Bevorzugung Josephs durch Jakob (37, 3. 4.) folgt wiederum die Strafe auf dem Fuße nach in der Verkaufung oder dem vermeintlichen Tode des Lieblings (Kap. 37.). Aber auch hier wird das Böse in der Hand des gütigen Gottes wieder ein Mittel des Segens (vgl. 50, 20.). Joseph,

---

*) Will man nicht Alles, was Hos 12, 4. 5. von Jakob gesagt ist (mit Ewald, Simson, Schmieder u. A. gegen Umbreit u. A., denen Kurtz folgt), als ermunterndes Vorbild fassen, so ist jedenfalls der Gegensatz nicht der zwischen Streit mit Gott und weinendem Flehen, sondern der Gegensatz wäre dann der zwischen den beiden Namen des Erzvaters, auf die so deutlich angespielt ist, zwischen Jakob und Israel, und im Zusammenhange damit zwischen der Kindheit und der Manneskraft: im Mutterschooße zwar berückte Jakob seinen Bruder, sowie jetzt das Volk mit Lug und Trug umgeht (V. 1. u. 2.); aber in seiner Manneskraft überwand er die böse Jakobsnatur und ihre Wege (man beachte V. 3. und seinen Zusammenhang mit V. 4.), er ward Israel, indem er in demüthigem Flehen mit Gott rang und siegte.

in Aegypten zu hohen Ehren gelangt, kann nicht nur seine ganze Familie während einer schweren Theurung erhalten, sondern er zieht sie auch nach Aegypten, wo sie nach Gottes Rath zum Volk erwachsen und dieses so viel geistige Bildung gewinnen sollte, daß es nachher unter Mose als selbständige Nation auftreten konnte (Kap. 39—45.).

4) So bringt denn Jakob den Abend seines Lebens in Aegypten zu. Auch dieser Abschied aus Kanaan, auch dieser neue Lebensabschnitt ist durch eine Offenbarung Gottes, diesmal im Gesichte der Nacht, bezeichnet, worin Gott den Zug nach Aegypten billigt und seinen Segen dazu verheißt (46, 1 ff.). In seinem 130. Jahre kommt Jakob nach Aegypten (47, 9.), segnet den Pharao, dem er vorgestellt wird, und erhält von ihm für sich und seine Familie Wohnsitze im besten Theile des Landes, in Gosen (46, 28—47, 12.). Hier lebte der Patriarch noch 19 Jahre lang (47, 27. 28.). Als er seinen Tod heran- nahen fühlte, nahm er noch dreierlei vor. Zuerst in Bezug auf seine eigene Person ließ er den Joseph schwören, ihn in dem Familienbegräbniß in Kanaan und nicht in Aegypten zu begraben (47, 29—31.). Um sodann Joseph für seine großen Verdienste um die Familie auszuzeichnen, adoptirt er seine beiden ältesten Söhne, und zwar in der Weise, daß auch hier der jüngere Ephraim den Vorzug vor dem älteren Manasse erhält (Kap. 48.). Hat Jakob schon hierin einen prophetischen Segen ausgesprochen, so ist dies noch mehr der Fall in seinem berühmten Abschiedswort an seine zwölf Söhne Kap. 49., wo er jedem nach seinem Karakter, Namen oder bisheriger Geschichte seine Zukunft in einem dichterischen Bilde vorführt. Hier geht es nun nach dem Rechte der Erstgeburt *), und weil Ruben, Simeon und Levi durch ihre Missethaten dasselbe verscherzt haben (V. 3—7.), so wird es auf Juda übergetragen (V. 8—12.). Dieser wird also jetzt zum Fürsten unter seinen Brüdern und zum Träger der Verheißung erkoren; und so ist Jakob noch in seinen letzten Stunden gewürdigt, mit prophetischem Geiste die messiani- sche Weissagung um einen wesentlichen Schritt vorwärts zu führen. Die patriarchalische Verheißung, wie sie dem Abraham gegeben und dem Isaak und Jakob wiederholt wurde, hatte nur erst im Allgemeinen Volk und Land und den daraus für alle Geschlechter der Erde hervorgehenden Segen zu ihrem Gegenstand gehabt; Jakob schaut nun bestimmter aus dem Volke den regierenden Stamm, die königliche Spitze sich erheben, er verkündigt ein Reich Israels unter Juda's Scepter, das mit vielen Feinden zu streiten und sich löwenmäßig durch die Welt hindurchzukämpfen hat, das aber nicht untergeht, sondern nach Kampf und Sieg seine Vollendung findet in einem Zustande der Ruhe und des Friedensglücks, in welchem die Völker freiwillig gehorchen und auch die Natur die reichste Fülle ihrer Segnungen entfaltet. Vgl. über diese vielumstrittene Stelle außer den Com- mentaren zur Genesis von Tuch, Knobel, Baumgarten, Delitzsch u. A. die kleine Schrift von Diestel, der Segen Jakobs und besonders die neuesten Verhandlungen von Hengstenberg, Christol. des A. T., 2. Aufl., I. S. 54—104. Kurtz, Gesch. des A. B. I. 2 Aufl. S. 314—338; II. S. 546—563. Hofmann, Schriftbeweis II, 2. S. 480 f. Ueber die Aechtheit des Segens Jakobs vgl. außer Diestel besonders Kurtz I. S. 331—338. — Als Jakob gestorben war, ließ ihn Joseph von den Aegyp-

---

*) Insofern nach 5 Mos. 21, 17. zu den Rechten der Erstgeburt neben dem Primat in der Familie auch ein doppeltes Erbtheil gehörte, kann man sagen, Jakob habe diese Rechte zwischen Juda und Joseph getheilt, indem er dem ersteren den Primat, dem letzteren durch Adoption seiner Söhne ein doppeltes Erbtheil anwies. Diese Maßregel war eine gerechte, nicht weil Joseph der erstgeborne Sohn des geliebteren Weibes war (f. 5 Mos. 21, 15—17.), sondern weil an ihm wirklich die Existenz der ganzen Familie gehangen hatte und noch hing, so daß man sich eher wundern könnte, daß Jakob das natürliche Recht der Söhne Leas noch so sehr respektirte, um so mehr, da er selbst seinem älteren Bruder παρά φύσιν vorgezogen worden war. Als aber später ungöttlicher Sinn die Stämme ergriff, so lagen für denselben schon hier die Keime der Eifersucht zwischen Juda und Ephraim und der Trennung in zwei Reiche.

tern einbalſamiren, bellagen und mit großem Pomp in der Höhle Malphela beiſetzen
(49, 28 — 50, 14.).

"Ewalds Combinationen, bemerkt Winer im bibl. Realwörterb. u. d. Art. Jakob,
nach welchen Jakob eine zweite Einwanderung hebräiſcher Stämme in Kanaan bezeichnet
und nur inſofern Sohn Iſaaks iſt, ſeine Söhne aber die einzelnen in der Gemeinde
mit Stimmrecht begabten Stämme, welche ſich zum Theil erſt in Paläſtina aus Hebräern
oder Nichthebräern jenem Kern der Einwanderer angeſchloſſen hatten, bedeuten, mögen
hier bloß angeführt werden." Auch auf andere rationaliſirende oder mythiſirende Deutungen, ſowie auf die mancherlei Modifikationen der Auffaſſung, welche ſich aus der
Annahme verſchiedener Verfaſſer der Geneſis ergeben, einzugehen, iſt nicht dieſes Orts.
Literatur: Tuch, Knobel, Ewald a. a. D.; Roos, Baumgarten, Delitzſch,
Kurtz a. a. D.; Hengſtenberg, Beiträge zur Einl. in's A. T., 2. u. 3. Bd. über die
Authentie des Pentateuches. Heim, Bibelſtunden, Tuttlingen 1845.   Auberlen.

Jakob Baradäus oder Zanzalus, ſ. Jakobiten.

Jakob von Edeſſa (ſo genannt nach dem Orte ſeiner geiſtlichen Wirkſamkeit,
auch J. Orrhoënus, arab. Ar-Rohâwi ſo viel als Edeſſenus, weil Edeſſa ſyr. auch Urhoi,
arab. Ar-Roha heißt) war einer der berühmteſten ſyriſchen Gelehrten und Schriftſteller,
der ſeine Gelehrſamkeit und Sprachkenntniß vorzüglich zur Förderung des Verſtändniſſes
der Bibel verwendete. Er lebte in der zweiten Hälfte des 7. Jahrhunderts. Geboren
in dem Dorfe Indâbâ im Gebiet von Antiochien wandte er ſich frühzeitig dem Mönchsleben zu. In dem Kloſter des Johannes Bar-Aphthonius zu Kinnesrin lernte er
Griechiſch und beſchäftigte ſich viel mit der Bibel. In Alexandrien ſetzte er ſeine Studien fort, und nach Syrien zurückgekehrt, wurde er Biſchof von Edeſſa im J. 651. (So
Dionyſ. bei Aſſem. biblioth. orient. T. I. S. 426. 468, vgl. Barhebräus ebend. T. II.
S. 335 f., nicht im J. 641, wie eine falſche Nachricht bei Aſſem. I. 469 beſagt.) Seine ernſte
Strenge zog ihm Mißfallen zu, er gerieth in Streit mit den dortigen Geiſtlichen, in
ſeinem Eifer verbrannte er einſt die kirchlichen Kanones, weil ſie doch nicht geachtet und
darum unnütz ſeyen, vor der Wohnung des Patriarchen Julian und legte ſein Amt nie-
der, als es nur erſt vier Jahre lang verwaltet hatte. Er lebte dann 11 Jahre lang
als Lehrer in dem Kloſter Euſebona zu Teleda im Antioch>eniſchen Gebiet, wo er die
Mönche beſonders in der griechiſchen Sprache unterrichtete. Von da zog er ſich in das
große Kloſter von Teleda zurück, wo er neun Jahre hindurch ſich hauptſächlich mit der
Berichtigung der ſyriſchen Ueberſetzung des Alten Teſtaments beſchäftigte. Als indeß ſein
Nachfolger im Biſthum von Edeſſa geſtorben war, wurde er wieder in dieſes Amt berufen, aber ſchon vier Monate nach ſeiner Ernennung, als er eben im Begriff war, ſeine
Bücher nach Edeſſa zu bringen, ſtarb er den 5. Juni des J. 708 (ſ. Barhebr. bei Aſſem.
bibl. or. T. II. 336, nach Dionyſius zwei Jahre ſpäter 710, ſ. ebend. I. 426. 468 u.
T. II. diſſ. de Monophyſitis ſ. v. Edeſſa). Jakob war dem Monophyſitismus zugethan, wie Renaudot (Liturgiarum orient. collectio T. II. S. 380 ſ. 383) mit Recht
behauptete, auch Aſſemani gab dies zu (bibl. or. II, 337), nachdem er es anfangs
(ebend. I. 470—475) geleugnet hatte. Daß er auch von den Maroniten hochgehalten
wird (ebend. I. 468. 470), iſt nicht dagegen. Jakob war gelehrter Kenner ſeiner Mut-
terſprache und einer der erſten ſyriſchen Grammatiker (Aſſem. I. 475. 477 f. III. 256,
vgl. Barhebr. ebend. II. 307 f. Hoffmann, gramm. ſyr. p. 27. Wiſeman, horae
ſyr. S. 183 ff.). Von Barhebräus wird ihm auch Kenntniß des Hebräiſchen zugeſchrieben (Abulfarag. hiſt. dynaſt. p. 52). Aber beſonders hatte er ſich mit dem Griechiſchen
viel beſchäftigt, und vorzüglich durch ſeine Ueberſetzungen griechiſcher Werke in das Syriſche
hat er ſich wohl den Beinamen des "Auslegers der Bücher (ſyr. מְפַשְׁקָנָא דְכֶתָבֵא) erworben, wenn derſelbe auch mit auf ſeine Bibelauslegung zu beziehen ſeyn mag (Aſſem.
I. 426. 468. 475). Er hat überhaupt viel geſchrieben und gilt als ſyriſcher Muſter-
ſchriftſteller. Er verfaßte Commentare und Scholien zum A. u. N. T. (Aſſem. I.
487—493, vgl. 64); Einzelnes daraus iſt in der römiſchen Ausgabe der Werke Ephräm's

gedruckt. Seine Anaphora, in zwei Handschriften des Vatican erhalten (Affem. I. 476), hat Renaudot lateinisch übersetzt (Liturg. or. coll. II. 371 ff.) Seine Tauferdnung ist in die Ritualien der Jakobiten und Maroniten aufgenommen, und auch die Melchiten bedienten sich derselben zu Zeiten (Affem. I. 477). Seine Sammlung der Canones citirt Barhebräus (f. Affem. ebend.). Seine Briefe sind theils theologischen, theils grammatischen Inhalts, den über die alte Liturgie der Styrer hat Affemani vollständig mitgetheilt (I. 479—486). Auch einige seiner Hymnen sind noch übrig (I. 487), und eine von ihm verfaßte Chronik erwähnt Ebedjesu (bei Affem. III. 229 vgl. I. 476), sie wurde von Barhebräus benutzt (ebend. II. 310. 313). Aus dem Griechischen übersetzte er einige Liturgieen (Affem. I. 475. 476), desgleichen 125 Homilien des Severus (ebend. I. 494. 469. 475), ferner die Kategorieen, die Schrift περὶ ἑρμηνείας und die Analytica des Aristoteles (I. 475. 493), die Schriften des Gregor von Nazianz (nach Barhebr. bei Affem. II. 307) und andrer Kirchenväter (f. Affem. I. 475). Die damals schon in's Syrische übersetzte Isagoge des Porphyrius commentirte er (Affem. I. 493). Von seiner kritischen Arbeit über die syrischen Bibelübersetzungen, einer Frucht seiner Muße im Kloster zu Teleda, haben sich ein paar Stücke bis auf unsre Zeit erhalten in zwei Pariser Handschriften, deren eine (leider lückenhafte) den Pentateuch, die andere das Buch Daniel enthält. Ihr Text ist nach den Unterschriften »berichtigt oder recensirt (im Syr. steht das Wort מתרץ) von Jakobus Edessenus im J. 1015 — 1016 der Griechen, d. i. 703—704 in dem großen Kloster von Teleda.« Nach den Mittheilungen von Bugati (Daniel sec. ed. LXX. interpr. ex Tetraplis desumptam. Mediol. 1788. 4. S. 150 f. 157—160 u. praef. S. XII), Sylvestre de Sacy (in Eichhorn's Biblioth. d. bibl. Lit. Bd. VIII. S. 571 ff. und in Notices et extraits des mss. vol. IV. S. 648 ff.), Eichhorn (Bibl. d. bibl. Lit. Bd. II. S. 270 und Einl. in das A. T. Bd. II. §. 260 ff.) u. A. scheint er seiner Recension eine damals schon vorhandene aus der Septuaginta geflossene syrische Uebersetzung zu Grunde gelegt und diese hin und wieder nach der Peschittha geändert zu haben; doch bedarf die Sache noch einer genaueren Untersuchung, und wäre die vollständige Herausgabe jener Texte sehr zu wünschen. Schließlich sey nur noch bemerkt, daß unser Jakob Edessenus öfter mit Jakob von Nisibis oder mit Jakob von Sarug verwechselt worden ist, z. B. von Nairon, Cave, Hottinger. Ueber sein Leben und seine Schriften vgl. außer Affemani besonders A. G. Hoffmann in der Hall. Encyklop. 2. Sect. Bd. 13. S. 165—167.　　　　　　　　　E. Rödiger.

Jakob von Jüterbock (von Junterbock oder von Junterburg), nach seinem Geburtsorte so genannt, führte auch nach den Klosterorden, denen er angehörte, die Namen Jacobus Cisterciensis und Carthusianus, oder nach einem in Polen gelegenen Kloster, in dem er lebte, die Namen Jacobus de Paradiso und de Polonia. Wohl unterrichtet in der heil. Schrift und im kanonischen Rechte gehörte er zu den Vorläufern der Reformation; er wirkte für diese, indem er, der mystischen Richtung seiner Zeit folgend, mit frommem Ernste, glühendem Eifer, eindringlicher Rede und offnem Freimuthe die Gebrechen seiner Zeit im geistlichen und weltlichen Stande unumwunden aufdeckte, auf das Verderben hinwies, das den Pabst, als kirchliches Oberhaupt, die ganze Curie und den gesammten Priesterstand durch alle Schichten ebenso ergriffen habe, wie die Fürsten und deren Unterthanen. Aus dem Verderben, das die Kirche an Haupt und Gliedern, und in Folge dessen auch die ganze Laienwelt ergriffen habe, schloß er, daß eine Reformation durchaus nothwendig sey. Er war etwa um das Jahr 1383 geboren; im Geiste seiner Zeit widmete er sich dem Mönchsleben, dem er sich mit Eifer und Strenge ergab. Nachdem er zunächst in das den Cisterciensern angehörige, in Polen gelegene Kloster de Paradiso eingetreten war, begab er sich nach Krakau, um hier den gelehrten Studien obzuliegen, erlangte dann die Doktorwürde und wurde später, da er sich durch Gelehrsamkeit und Frömmigkeit auszeichnete, zum Abte seines Klosters erhoben. Eine Zeit lang hielt er sich, wie er selbst in einer seiner Schriften erwähnt, in einem Kloster bei Prag auf. Er stand schon im höheren Lebensalter, als er sich entschloß, seinen Orden zu verlassen, der seinen Eifer für die ascetische Frömmigkeit nicht mehr befriedigte. Er trat nun zu den Carthäusern über, ging in ein diesem Orden ge= höriges Kloster zu Erfurt, widmete sich daselbst dem Lehramte an der hohen Schule, wurde zum Prior erhoben und starb als solcher 1465. Zu seinen, die Richtung seiner Zeit und seiner Bestrebungen karakterisirenden Schriften gehören: Sermones notabiles et formales de tempore et de sanctis; Libelli tres de arte curandi vitia (in *Joh. Wesseli* Opp. Amst. 1617); Liber de veritate dicenda; Tract. de causis multarum passionum (in *Pezelii* Biblioth. ascet. VII); De indulgentiis; De negligentia Praelatorum (bei Walch, Monum. med. aev. Vol. II. Fasc. 1.); De septem ecclesiae statibus opusculum (bei Walch, a. a. O. Fasc. 2.). Namentlich in der letztern Schrift weist er darauf hin, daß ein besserer Zustand im kirchlichen Leben gar nicht zu hoffen sey, wofern nicht der Pabst mit der ganzen Curie einer gründlichen Reformation unterworfen würde, die von den Concilien bisher vergebens angestrebt worden sey, weil gerade der Sitz des Pabst= thums ihr am nachdrücklichsten widerstanden hätte, nur aus Furcht, Reichthümer, Wür= den und Gewalt dadurch zu verlieren. Höchst verderblich und gefährlich sey die Lehre von der absoluten Herrschaft des Pabstes, seiner Hoheit über die Concilien, seiner Un= fehlbarkeit im Glauben und Leben, während er das Gegentheil oft genug an den Tag gelegt habe. Nicht weniger verderblich habe sich die Sucht der Prälaten und Klöstern nach Reichthümern und die Anhäufung derselben gezeigt; daher meinte Jakob von Jüter= bock selbst (in seiner Schrift De negligentia Prael.), daß es gerathen sey, wenn die Obrigkeiten die Klostergüter zu wohlthätigen Zwecken in kirchlicher und weltlicher Beziehung verwendeten. Das Concil, nicht der Pabst, repräsentire die Kirche; der Pabst stehe auch in Glaubenssachen unter dem Concil. Allerdings hielt es Jakob von Jüterbock für sehr schwer in seiner Zeit, daß allgemeine Concilien eine wirkliche und durchgreifende Reformation schaffen könnten, aber er erkannte ihre dringende Nothwendigkeit recht wohl und sprach sich offen für ihre Veranstaltung aus. Ueber ihn s. *Trithemii* Catal. illustr. virorum. T. I. Ullmann, Reformatoren vor der Reformation, I. S. 229 ff. mit der daselbst angeführten Literatur.   Neudecker.

Jakob I., König von England (als König von Schottland Jakob VI.), Sohn von Heinrich Darnley und von der unglücklichen Maria, wurde zu Edinburgh am 19. Juni 1566 geboren und nach dem zu Anfang des folgenden Jahres erfolgten Tod seines Va= ters schon am 29. Juli 1567 zum Könige proklamirt. Unter der Oberaufsicht der Gräfin von Mar war seine Erziehung zumeist dem Protestanten Georg Buchanan anvertraut. Dieser, ein eifriger Anhänger der Presbyterialkirche, suchte seinem königlichen Zöglinge, welcher schon in seiner frühesten Kindheit eine ungewöhnliche geistige Auffassungskraft zeigte, frühe die Elemente des Wissens und die Grundsätze der Religion einzuflößen, überfüllte ihn aber mit solchen Gegenständen des Wissens, welche, wie namentlich die hebräische Sprache, dem Beruf eines Monarchen fern lagen, und mit denen er späterhin nur zu gern zu prunken pflegte. Buchanan selbst scheint eine sehr geringe Meinung von seinem Zöglinge gehabt zu haben, denn als man ihm den gegründeten Vorwurf machte, daß er den König zu einem Pedanten erziehe, soll er geantwortet haben: "das wäre noch das Beste, was er aus ihm machen könne." Offenbar hielt in der Erziehung des jungen Monarchen die Karakterbildung nicht gleichen Schritt mit dem Lernen, und es wird nicht ganz ohne Grund eben auf Rechnung des in seinem Alter verschlossenen und mürrischen Erziehers geschrieben werden dürfen, daß Jakob nicht nur später als ein entschiedener Feind des Presbyterialsystems, in welchem er auferzogen wurde, auftrat, sondern auch aller Festigkeit und Entschiedenheit in seinem Handeln baar blieb. Nach dem ersten Sturz des die Regentschaft führenden Grafen Morton wurde Jakob in einem Alter von zwölf Jahren im März 1578 die Regierung übertragen, und demselben ein aus zwölf Adeli= gen zusammengesetzter Geheimerath beigegeben. Gleich im folgenden Monat wurde das „Book of Policy," das in Betreff des Kirchenregiments und der Kirchenzucht bis auf den heutigen Tag die Richtschnur der schottischen Kirche geblieben ist, von der General=

verfammlung genehmigt und auch vom Parlamente gutgeheißen. Doch bald gewann Graf Morton auf den jungen König, deſſen erſter Regierungsakt der Presbyterialkirche ſo günſtig war, auf's Neue Einfluß und gab des Königs Geſinnungen eine entgegengeſetzte Richtung. Als die Kirche fortfuhr, ihre Autorität gegen die von Morton geſchaffenen Tulchan=Biſchöfe geltend machen zu wollen, ward Jakob von ihm bewogen, durch den Geheimenrath einen Befehl zu erlaſſen, der die Ausführung der von der Generalverſammlung gefaßten Beſchlüſſe, namentlich ihrer Excommunicationserkenntniſſe, unterſagte. Umſonſt remonſtrirte die Verſammlung gegen dieſe Einmiſchung in das ihr zuſtehende Recht der geiſtlichen Gerichtsbarkeit. Im gleichen Jahr (1579) erſchien die erſte, unter Leitung der Generalverſammlung in Schottland gedruckte engliſche Bibelüberſetzung, während zugleich durch eine Parlamentsakte vorgeſchrieben wurde, daß jeder zu der Gentry gehörende Hausvater, der jährlich 300 Mark Einkünfte, ſo wie jeder Freiſaſſe oder Bürger, der 500 Pfund im Vermögen habe, »bei Vermeidung einer Geldſtrafe von zehn Pfund, eine Bibel und ein Pſalmenbuch in der Landesſprache zu ſeiner eigenen und ſeiner Hausgenoſſen beſſeren Unterweiſung in der Lehre und Erkenntniß von Gott« beſitzen ſolle. Am 17. Okt. 1579 hielt der fünfzehnjährige König, der bis dahin noch immer in Stirling reſidirt hatte, ſeinen feierlichen Einzug in die Hauptſtadt, wo er von den Einwohnern mit großer Freude empfangen wurde. Unglücklicher Weiſe fiel der junge König jetzt in die Hände zweier nichtswürdigen Hofleute, denen er ſich in ſeiner Schwachheit ganz hingab. Dieſe waren ſein eigener Vetter, Esme Stewart Lord d'Aubigné, den er bald zum Herzoge von Lennox und zum Oberkammerherrn erhob, und der Hauptmann Jakob Stewart, den er ſpäter zum Grafen von Arran ernannte. Dieſe Männer befleckten nicht allein des Königs Sitten, ſondern füllten auch ſeinen Kopf mit den ausſchweifendſten Vorſtellungen von königlicher unumſchränkter Gewalt und den ſtärkſten Vorurtheilen gegen die ſchottiſche Kirche, deren ſtrenge Zucht natürlich ſolchen Leuten ein beſonderer Dorn im Auge ſeyn mußte. Auf Anſtiften dieſer beiden Günſtlinge wurde Graf Morton im J. 1581 zum Tode verurtheilt. Von nun an iſt die ganze Regierungszeit Jakobs ein unausgeſetzter Kampf zwiſchen Thron und Kirche; letztere in richtiger Ahnung der Stürme, die über ihre Freiheit hereinbrechen ſollten, verſucht zuerſt nicht ohne Glück, ſich einen ſichern Rechtsbeſtand zu gründen; aber kaum iſt ihr dieſes gelungen, ſo wird ihr auch der Boden unter den Füßen wieder weggezogen und unter den cäſareopapiſtiſchen Beſtrebungen Jakobs feiert die ſchottiſche Kirche im Leiden und Dulden ihre erhabenſten Triumphe. Verſuchen wir uns dieſe Gewiſſenstyrannei, welche der junge König ausübte, zu erklären, ſo werden wir vor Allem ein großes Unglück darin erkennen müſſen, daß der König auf ſein theologiſches Wiſſen eben ſo ſtolz als auf ſeine Regentenallmacht eiferſüchtig war. Er wollte ebenſowohl im Wiſſen untrüglich, als im Handeln unverantwortlich ſeyn. Seine Lobredner nannten ihn den Salomo ſeiner Zeit, während Andere, ſo auch der Herzog von Sully, ſchärfer bemerkten, ſein Geiſt wäre ein Magazin für bedeutungsloſe Kleinigkeiten, und er ſelbſt der weiſeſte Thor in der Chriſtenheit. Schiller ſagt von ihm: »Während Jakob ſeine Gelehrſamkeit erſchöpfte, um den Urſprung der königlichen Majeſtät im Himmel aufzuſuchen, ließ er die ſeinige auf Erden verfallen.« Schon im 19. Lebensjahr (1584) ſtrebte Jakob nach dem Lorbeer der Dichtkunſt durch Veröffentlichung ſeiner aus Sonetten und anderen Gedichten beſtehenden „Essayes of a Prentice in the divine art of Poesie," ſpäter war ſein Ehrgeiz, als theologiſcher Schriftſteller zu glänzen. An nichts fand er mehr Gefallen als an öffentlichen Diſputationen mit der Geiſtlichkeit; ſo hielt er auf der Generalverſammlung von 1601 eine lange Rede, in der er in der engliſchen Ueberſetzung der Pſalmen ihre metriſchen Fehler und ihre Abweichung vom Urtext nachwies und ſogar ſelbſt eine neue metriſche Ueberſetzung der Pſalmen zum Gebrauch bei'm Gottesdienſte ankündigte. Selbſt innerhalb der Kirchen nahm er ſich das Wort zu Zurechtweiſungen der Prediger. Als er z. B. 1586 ſich in Edinburgh befand, wohnte er dem Gottesdienſt in der dortigen oberen Kirche bei. Der Prediger erlaubte ſich die Frage wegen des Biſchofthums zu berühren, indem er dabei bemerkte, daß die Pastoren eben so große Befugnisse hätten wie die Bischöfe; worauf Jakob, der sich sehr viel auf sein theologisches Wissen zu Gut that und glaubte, daß er besser wie irgend ein Geistlicher seines Königreichs eine Schriftstelle auszulegen vermöge, sich von seinem Sitz erhob und den Prediger unterbrechend fragte: „Meister Walter, welche Schriftstelle habt Ihr für Eure Behauptung? Ich bin gewiß, daß Ihr keine Schriftstelle dafür anzuführen wißt." Der Prediger erwiederte, er sey bereit, Sr. Majestät zu beweisen, daß er hinlänglichen Schriftgrund für seine Behauptung habe. Der König erwiederte: „Wenn Ihr das nach der Schrift beweiset, so will ich Euch mein Königreich geben." Dieses Zwischenspiel dauerte über eine Viertelstunde, worauf der König sich wieder niedersetzte und geduldig die Predigt bis zu Ende hörte. Gleichwohl gründete er das Recht seiner Einsprache in rein kirchliche Angelegenheiten nicht sowohl auf sein Besserwissen, als auf den ausschweifenden Begriff, welchen er von der unumschränkten Königsgewalt aufstellte und in seinen Schriften wie Handlungen vertrat. Der König soll nach ihm ein freier und absoluter Monarch seyn, der die Befugniß hat, mit seinem Volke zu thun, wie es ihm beliebt, welchem letzteren, wie er sagt, kein andrer Widerstand erlaubt ist, als durch Flucht: „wie wir aus dem Beispiel wilder Thiere und unvernünftiger Geschöpfe sehen können, von denen wir niemals lesen oder hören, daß sie ihren Eltern je Widerstand leisten außer bei den Vipern." In seiner Parlamentsrede vom J. 1609 findet sich folgende Stelle: „Quemadmodum apud Theologos blasphemia est, quid Deus possit, inquirere, licet autem vestigare, quid velit: ita quid rex suprema potestatis suae vi possit facere, nemo subditus nisi seditiosus inquirat: at justi regis est, si divinam iram vitare cupiat, notam facere populo voluntatem suam. Non patior disputandi materiam fieri potestatem meam, at factorum meorum causas indicare, eaque omnia ad leges exigere semper utique paratus sum." In seinem „Jus liberae monarchiae" sagt er: „Quum omnibus Christianorum regnis tanquam exemplar quoddam proponi debeat Monarchia Judaica, quae ab ipso Deo instituta nullas leges habuit, nisi divino editas oraculo, cur, obsecro, turbulenti et factiosi homines in Christianorum Principum regnis libertatem sibi vindicent, quae Dei populo non debebatur? praesertim cum nullius unquam Regis major fuerit enormitas aut superbia, quam populo Israelitico hic praedicta est (1 Sam. 8, 9 sqq.). — Numquam legimus suadentibus Prophetis, quantumvis in impium, fuisse olim a populo rebellatum." Noch offener spricht Jakob seine Grundsätze über die Allgewalt des Thrones auch über die Kirche in seinem „Βασιλικον Δωρον s. De institutione principis ad Henricum filium" aus. Hier behauptet er, „daß das Amt eines Königs theils bürgerlich, theils kirchlich sey; daß ein Haupttheil seiner Function darin bestehe, über die Kirche zu herrschen; daß es ihm gebühre, darüber zu urtheilen, wenn Prediger über ihren Text hinausgingen; daß Gleichheit unter den Geistlichen mit einer Monarchie unvereinbar und die Mutter von Verwirrungen sey, und daß, mit einem Wort, die bischöfliche Würde wiederhergestellt und die hervorragendsten presbyterianischen Geistlichen aus dem Land verbannt werden müßten." Bei diesen Grundsätzen, welche jeder freien Bewegung und Regung innerhalb der Kirche den Tod schwuren, mußte Jakob ein ebenso erklärter Feind des römischen Katholicismus als der schottischen Presbyterialkirche seyn; gleichwohl wurde er in Schottland fortwährend eines Liebäugelns mit der katholischen Kirche beschuldigt, und während diese sich oft einer an Schwäche grenzenden Nachsicht zu erfreuen hatte, war das Hauptbestreben des Königs, seine schottische Mutterkirche, mit der er sich Anfangs im Glauben ganz einig wußte, in immer härtere Fesseln zu schlagen. Das Geheimniß dieser scheinbaren Inconsequenzen ist eben, daß Jakob in seinen Landen selbst ein Pabst seyn wollte, darum von seinen Landeskindern des Kryptokatholicismus verdächtigt ward, während er sich zu den Katholiken seines Landes so lange hingezogen fühlen mußte, als er sich mit der Hoffnung schmeichelte, sie mit der Kirche, in welcher er vollkommen alle Rechte des Pabstes beanspruchte, zu vereinigen. Mit diesem Grundsatz des Absolutismus verband sich bei Jakob eine große Verstellungsgabe, die „Kingscraft," wie er selbst sie nannte, die er für das wesentlichste Erforderniß eines Königs hielt, und auf deren Besitz er sich nicht wenig zu Gute that. Sein Wahlspruch war: „qui nescit dissimulare, nescit regnare.“ Dieser schlauen Verstellungskunst bediente er sich insbesondere, um sich seine Nachfolge auf dem englischen Thron zu sichern und England in einer gewissen Ungewißheit über das, was es von ihm zu erwarten hätte, hinzuhalten, so daß bei seiner Uebernahme der englischen Krone alle Parteien sich mit Hoffnungen trugen: die Katholiten erwarteten mildere Behandlung, die Puritaner Einführung ihrer Lehre in England, die Anhänger des bischöflichen Systems endlich vertrauten darauf, daß ihre kirchlichen Grundsätze mit den politischen des neuen Königs übereinstimmten. Mit dieser Politik gelang es ihm zunächst, den römischen Hof längere Zeit zu täuschen, als ob er dessen Versuchen, ihn zur Annahme des römisch-katholischen Glaubens zu bewegen, zugänglich wäre. Der Pabst schrieb an Jakob mehrere schmeichelhafte Briefe; Jesuiten und Seminarpriester wurden verkleidet in's Land gesandt und Briefe aus Rom aufgefangen, welche den Katholiken die Erlaubniß ertheilten, für einige Zeit öffentlich den protestantischen Glauben zu bekennen, wenn sie nur im Innern der katholischen Kirche treu blieben und jede Gelegenheit wahrnähmen, deren Interessen zu fördern. Um diesem Einfluß Roms zu begegnen, ward von der Generalversammlung der schottischen Kirche eine von des Königs Hofprediger Craig entworfene und Anfangs, weil Jakob selbst ihn dazu aufgefordert hatte, mit dem Namen „des Königs Glaubensbekenntniß,“ späterhin als „erster Nationalcovenant von Schottland“ bezeichnete Urkunde genehmigt, die den ersten Theil jedes späteren Nationalcovenants bildet (vgl. deutsche Uebersetzung in Sack, Kirche von Schottland, II. S. 5 ff.). Diese Verpflichtung zur protestantischen Lehre ward am 20. Januar 1581 vom Könige und von seinen Hofleuten, dann von den Personen aller Klassen im ganzen Königreich freudig beschworen und unterschrieben. Während um dieselbe Zeit der König eine Aufforderung zur Errichtung von Presbyterien erließ, in Folge deren sofort 13 Presbyterien errichtet und die schleunige Ausdehnung dieses Systems durch das ganze Königreich empfohlen ward: gab der Hof gleichwohl die Fortdauer des Episkopats nicht auf, und so führte die Ernennung des Pastors Robert Montgomery zum Erzbischof von Glasgow zum ersten ernsten Zusammenstoß zwischen Hof und Kirche, der jedoch in Folge des Zwischenfalls von the Raid of Ruthven noch nicht zum Austrag kommen sollte. Dieses Attentat brachte der Kirche Schottlands auf ein Jahr vollkommene Ruhe. Als aber Jakob am 27. Juni 1583 zu Falkland seiner strengen, wenn auch mit äußerer Ehrfurcht verbundenen Haft entkam, änderte sich schnell die Lage der Dinge. Der König, der zuerst mit großer Mäßigung gegen die Verschworenen verfuhr, forderte bald demüthigende Unterwerfung und Widerruf der früheren Billigung des Attentats, und ein völlig dem Willen des Hofs hingegebenes Parlament (1584) faßte jene mit dem Namen der „schwarzen Beschlüsse von 1584“ bezeichneten fünf Beschlüsse, welche eine gänzliche Unterdrückung der presbyterianischen Kirchenverfassung bezweckten. Schwere Verfolgungen brachen nun über die schottische Geistlichkeit herein, welche offen von der Kanzel herab gegen diese Beschlüsse protestirte, und auf's Neue verbreitete sich das Gerücht, Jakob sey ein Feind des Protestantismus überhaupt geworden. Anders aber wurde die Meinung, als Elisabeth wieder Einfluß auf den jungen König gewann, Arrans Macht untergraben und der verderbliche Günstling verbannt wurde. Am 5. Juli 1586 wurde zu Berwick ein Bündniß mit England abgeschlossen, theils zur Vertheidigung der protestantischen Religion, theils zur Schutznahme der Ansprüche Jakobs auf die englische Thronfolge. Mittlerweile rüstete sich König Philipp II. von Spanien zum Krieg gegen Elisabeth und hoffte auch Jakob zu seinem Verbündeten zu gewinnen, da dieser auf die Nachricht von der Hinrichtung seiner Mutter von nichts als von Rache in seiner Verstellung gesprochen hatte. Aber es gelang Elisabeth, Jakob auf ihrer Seite und bei'm jüngsten Bündniß zu erhalten. Dadurch wuchs bei dem einheimischen katholischen Adel die Erbitterung, und auf spanische Hülfe gestützt, entspann sich eine Verschwörung gegen den König, welche entdeckt und milde bestraft wurde, aber desto heftiger wieder aufkeimte und abermals mit großmüthiger

Gnade abgefunden wurde. Jakob war entweder zu gelind, um zu strafen, oder zu schwach, um nachdrücklich etwas durchzusetzen. Als der König im Mai 1590 von seiner zum Zweck seiner Vermählung mit der Prinzessin Anna von Dänemark unternommenen Reise nach Norwegen zurückkehrte, schien er sich zu einem besseren Urtheil in Betreff der presbyterianischen Kirche bekehrt zu haben: bei der im August 1590 stattfindenden Zusammenkunft der Generalversammlung, an welcher Jakob, wie auch späterhin häufig, persönlich Theil nahm, äußerte er sich mit großem Lob über die Kirche Schottlands. Die Ratifikationsakte von 1592 erfüllte zwar nicht alle Wünsche der Kirche, erklärte aber gleichwohl, daß die Parlamentsakte von 1584, betreffend den königlichen Supremat, in keiner Weise die Befugnisse der kirchlichen Amtsträger in Hinsicht auf Lehrpunkte, Fragen wegen Ketzerei, Anstellung oder Absetzung der Geistlichen, Excommunication oder andere durch das Wort Gottes gerechtfertigte Kirchenstrafen beeinträchtigen, auch die Akte des gedachten Parlaments, durch welche Bischöfe und andere vom König angestellte Richter für kirchliche Angelegenheiten bevollmächtigt worden, aufgehoben und für die Zukunft ohne Kraft und Wirkung seyn solle c. Diese Akte ward seither als der große Freibrief (Charter) der schottischen Kirche betrachtet. Allein Jakob betrachtete diesen Freibrief nur als ein Darlehen, völlig bereit, es bei der ersten Gelegenheit mit Wucherzinsen zurückzufordern. Zunächst beschäftigte ein einziger Umstand des Königs ganze Aufmerksamkeit, nämlich die Zauberei, und wer deren verdächtig, fühlte sicher auch die ganze Kraft seiner königlichen Gewalt. Er schrieb eine Schrift: „Daemonologia, s. Dialogus de artibus magicis," in welcher er zu erweisen sucht, daß eine schwarze Kunst möglich und wirklich, also an Hexen, Gespenstern, bösen Geistern, Verträgen mit dem Teufel u. dgl. kein Mangel sey; auch untersuchte er sehr genau, weßhalb sich der Teufel mehr mit alten Weibern als mit andern Personen abgebe. Gern könnte man ihm diese Grillen verzeihen, hätte er sie nur nicht zur Anwendung gebracht und eine große Zahl angeblicher Hexen und Zauberer hinrichten lassen. Durch eine solche Untersuchung kam auch der von ihm sehr begünstigte Graf von Bothwell in Klage, daß er mittelst Zauberei des Königs Sterbetag habe erfahren wollen. Er wurde verhaftet, entkam aber und bewaffnete seine Untergebenen gegen seinen Feind, den Kanzler Maitland. Dies zog ihm und seinem Anhang die Acht zu, doch nicht die Vertreibung aus den nördlichsten Gegenden, von wo aus er des Königs Person zu Fallland bedrohte. Hieran reihte sich die Verschwörung des katholischen Adels mit Spanien, welche nichts Geringeres als die Wiederherstellung der römischen Kirche erst in Schottland, dann auch in England mit bewaffneter Hand beabsichtigte. Sie wurde zwar rechtzeitig entdeckt, aber nicht mit der Strenge, wie sie des Volkes Eifer verlangte, geahndet. Durch eine sogenannte Abolitionsakte wurde den wiederholten Hochverraths schuldigen Lords geboten, entweder die protestantische Religion anzunehmen, oder das Königreich zu verlassen. Aber auch diese Bestimmung kam nicht zur Ausführung; auf die bloße Erklärung, sich unterwerfen zu wollen, beschloß das Parlament, daß die Lords im ruhigen Besitz ihrer Schlösser bleiben und ihnen nur der Aufenthalt in den größeren Städten des Königreichs untersagt seyn solle. Die Kirche, über diesen Ausgang sehr mißstimmt, sprach nun im September 1593 über die Lords die Excommunication aus. Jakob war über diese Widersetzlichkeit der Kirche sehr aufgebracht, und von nun an ließ er seinem Groll gegen die presbyterianische Verfassung freien Lauf, indem er zugleich durch Wiederherstellung des Prälatenthums in Schottland die Gunst und Unterstützung der Prälaten Englands sich zuzuwenden hoffte. Von nun an ist seine Lebensmaxime: »wo kein Bischof, da ist auch kein König« (no Bishop, no King). Abermals zwar sollten seine Maßregeln gegen die Kirche aufgeschoben werden, indem Graf Bothwell mit dem von Spanien abermals unterstützten katholischen Adel gegen den König heranzog, und nachdem er den Grafen Argyle besiegt hatte, nur mit Mühe durch freiwillige Beiträge der Protestanten zurückgeschlagen werden konnte. Das Parlament verdammte jetzt diese Rebellen als Hochverräther und zog ihre Güter ein; der König aber ließ den Nießbrauch den zurückgebliebenen Frauen, wodurch das eben gegen die Katholiken erlassene Gesetz

illusorisch wurde. Deßhalb blieb der König den Protestanten verdächtig, und deren Unzufriedenheit wurde durch die unter gewissen Bedingungen verstattete Rückkehr des verjagten
katholischen Adels noch gesteigert. Zu ihrer Beruhigung genehmigte Jakob der Geistlichkeit
einen beständigen Kirchenrath (the standing Council of the Church), benützte aber gern
einen in Edinburgh ausgebrochenen Aufstand, um die geistlichen Vorrechte wieder zu
beschränken, die Geistlichkeit der königlichen Gerichtsbarkeit zu unterwerfen und die Kirchen-
gerichte ohne ausdrückliche Genehmigung des Königs zu verbieten. Zugleich wurde der
katholische Adel nun vollends begnadigt, denn Jakob hatte innerlich fast nur das Eine
an den Katholiken auszusetzen, daß sie den Pabst auf den Platz stellten, welcher allein
dem Könige gebühren sollte! Wo dagegen der König ein Recht den Protestanten einräumte, durften diese sicher seyn, daß er ihnen dafür alsbald zwei entreiße. — Im Jahr
1603 erreichte endlich Jakob das Ziel seiner Wünsche und ward zum König von England
proklamirt. Nun hielt er es an der Zeit, die Maske gegen die schottische Kirche ganz
abzuwerfen, und sprach gleich in seiner ersten im englischen Parlament gehaltenen Rede
seinen Abscheu aus gegen die Presbyterianer (Puritaner), „einer mit ihrer verwirrten
Verfassungsform und Gleichheit in jedem wohlregierten Staate unleidlichen Sekte." Er
erklärte, daß das Presbyterium ebenso gut zur Monarchie passe, wie der Teufel zu Gott;
darum habe er sich seit sechs Jahren schon zur anglicanischen Kirche bekehrt. Der Bischof
von Canterbury versicherte, das Herz im Busen schmelze ihm, wenn er einen König reden
höre, wie seit Christi Zeiten keiner gewesen! Seine Hauptsorge war nun, wie er Schottland so ähnlich als möglich seinem England machen möge. Seine Absicht war auf eine
Union gerichtet und er nahm (1604) den Titel eines Königs von Großbritannien an;
allein beide Parlamente wollten nur von der Entfernung der Grenzzölle etwas wissen,
und durchaus nicht zugeben, daß der Schotte als solcher in England naturalisirt sey und
umgekehrt, wiewohl der König diesen Punkt gewissermaßen faktisch durchsetzte. Allein
sein Plan ging weiter: er beabsichtigte die Vernichtung der ihm verhaßten presbyterianischen Kirche und die Wiedereinführung des Episkopats in Schottland. Im August 1606
wurde zu Perth ein Parlament gehalten, das eben diesen Hauptzweck hatte, und von
demselben wurde in Folge einer Vereinbarung des Adels und der prälatischen Partei der
Beschluß gefaßt, daß 17 Bisthümer errichtet und den protestantischen Bischöfen der schottischen Kirche die früher den katholischen zugestandenen Ehren, Würden, Privilegien und
Prärogative beigelegt werden sollten. Im Eingang dieser geraume Zeit möglichst geheim
gehaltenen Akte ward zugleich anerkannt, daß der König „ein absoluter Fürst, Richter
und Herrscher über alle Stände, Personen und Angelegenheiten sey, sie möchten weltlich
oder geistlich seyn." Nachdem man zuvor die Häupter der schottischen Presbyterialkirche
zu beseitigen gewußt hatte, wurde auf den 10. Dezember 1606 eine Generalversammlung
nach Linlithgow ausgeschrieben und in verfassungswidriger Art einberufen. Da fast alle
Synoden sich der Akte widersetzten, erfolgten neue Verfolgungen. Am 16. Februar 1610
errichtete der König zwei geistliche Gerichtshöfe unter dem Vorsitz der beiden Erzbischöfe,
die den Namen Courts of High Commission führten und bald in Einen vereinigt wurden.
Dieser geistliche Gerichtshof, eine Art von Inquisition, hatte die vereinigten Attribute
eines geistlichen und bürgerlichen Tribunals, er war an keine bestimmte Gesetze gebunden
und mit den vereinigten Schrecken des bürgerlichen und kirchlichen Despotismus bewaffnet.
Am 8. Juni 1610 ward eine Versammlung zu Glasgow gehalten, und auf ihr wurden
mit Hülfe großer Bestechungen, die auf mehr als 300,000 Pfund Sterling geschätzt
werden, die prälatischen Maßregeln durchgesetzt. Erst im August 1616 fand wieder eine
Generalversammlung statt, welche in Aberdeen zusammenkam, besonders merkwürdig durch
ein neues Glaubensbekenntniß, das von der prälatischen Partei entworfen wurde, und
das zwar in seiner Glaubenslehre hinlänglich orthodox war, in Hinsicht auf Kirchenregiment
und Kirchenzucht aber durchaus von dem Disciplinbuch abwich. Im Frühling 1617
machte König Jakob einen Besuch in Schottland und bewog das bald nach seiner Ankunft
zusammentretende Parlament zu dem Beschluß, „daß, was auch immer Se. Majestät mit

dem Rath der Bischöfe und einer angemessenen Zahl von Geistlichen in der äußeren Ordnung der Kirche zu bestimmen sich veranlaßt finden möchte, die Kraft eines Gesetzes haben solle." Aufgebracht über den unerwarteten Widerstand, welchen seine Maßregeln bei der schottischen Kirche fanden, ließ Jakob jetzt seine Wuth an den Bischöfen aus, die er „Tölpel und Betrüger" nannte, weil sie ihn zu dem Glauben veranlaßt hätten, daß von ihnen die Sachen so gut eingeleitet wären, daß es zu ihrer vollständigen Ordnung nur noch seiner Gegenwart bedürfe. Im November 1617 berief er nach St. Andrews eine Versammlung von Geistlichen, in welcher er die fünf Artikel vorschlug, welche, nachdem ihnen im folgenden Jahr in einer andern Versammlung zu Perth beigestimmt war, mit dem Namen der „fünf Artikel von Perth" bezeichnet werden. Diese Artikel, die so viel Verwirrung in der Kirche veranlaßten und zu sehr ernsten Auftritten führten, sind: 1) Knieen bei'm Empfang des h. Abendmahls, 2) Beobachtung gewisser Feiertage, nämlich: Weihnachten, Charfreitag, Ostern, Himmelfahrt und Pfingsten; 3) Confirmation durch die Bischöfe; 4) Privattaufe; 5) Privatcommunion. Auf's Neue protestirten die Geistlichen gegen einen solchen direkten Gewissenszwang als gegen einen tyrannischen Eingriff; doch vergeblich: Jakob hatte die schottische Presbyterialkirche unterdrückt, aber nicht besiegt. — Nicht minder hatten die Puritaner Englands die Unduldsamkeit des Königs zu erfahren. Hatte Elisabeth in der Ueberzeugung, daß Religionsgespräche weit öfter die Spaltungen erweiterten, als Frieden erzeugten, dieselben immer verhindert, so bot dagegen Jakob auf Grund umständlicher Klagen der Puritaner hiezu die Hand, theils weil er sich selbst als Theologen und Redner zeigen wollte. Bei der Eröffnung dieses Religionsgespräches zwischen Episkopalen und Puritanern zu Hamptoncourt (1605) erklärte der König seine Achtung vor der bestehenden Kirchenverfassung und seine Abneigung gegen eine Aenderung daran. Als nun aber die Puritaner auf ihren Meinungen beharrten, obgleich sich der König oft selbst in das Gespräch mischte, kamen seine Ansichten schärfer an das Tageslicht: er wolle die Zahl der Gesetze und kirchlichen Vorschriften nicht vermehren, oder die Glaubensbücher mit theologischen Spitzfindigkeiten anfüllen. In einer amtlichen Darstellung ward endlich erklärt, die hohe Kirche sey in allem Wesentlichen rein und tadellos befunden worden und (mit Ausnahme einiger unbedeutenden Aenderungen am Gebetbuche) müsse Alles bei'm Alten bleiben. Später ward befohlen: Niemand solle über Dinge predigen, welche in den 39 Artikeln nicht erwähnt wären, und eben so wenig über Vorherbestimmung, Gnadenwahl, geistliche Rechte des Königs u. s. w. Allgemein klagten die Puritaner, daß einseitig und ohne Zuziehung des Parlaments, bloß durch königliche Proklamationen wider sie entschieden sey. Viele derselben wanderten nach den Niederlanden und nach Amerika aus; die zurückbleibenden Widerspenstigen wurden bestraft oder entsetzt. Erzürnt über ihre Unfügsamkeit wurde der König immer mehr allen Eigenthümlichkeiten der Presbyterianer abgeneigt, und bewies dieses namentlich auch dadurch, daß er (1617) die von ihnen verabscheuten Sonntagsvergnügungen empfahl in dem book of Sports. — Während sich aber die Protestanten beschwerten, daß Jakob ihren Gegnern viel zu viel bewillige und ihre Glaubensgenossen in Böhmen und Deutschland feig preisgebe*), klagten auch die Katholiken ihrerseits, daß der König ihre Hoffnungen getäuscht habe, ihnen nirgends Duldung gestatte, und in einem zu Loudou erschienenen Glaubensbekenntniß der Pabst als Antichrist, sowie die tridentiner Kirchenversammlung als thöricht und blutgierig bezeichnet werden. Nach der Pulververschwörung (1605) mußten die Katholiken die Lehre von der Hoheit des Pabstes über gekrönte Häupter abschwören, dagegen Treue gegen den König schwören, von welcher keine päbstliche Dispensation und Absolution sie lösen könne, endlich mußten sie schwören, daß

---

*) Volk und Parlament hätten es gerne gesehen, wenn Großbritanniens ganze Kraft dem deutschen Protestantismus im Religionskrieg zu Hülfe geeilt wäre; das Unterhaus stellte in dieser Richtung einen dringenden Antrag, erhielt aber von Jakob einen Verweis, daß es sich in Dinge einmenge, die weit über dem Begriffsvermögen des Hauses lägen!

sie weder von dem Pabst noch von einem Andern von diesem Eid entbunden werden zu können glaubten, und daß sie den Eid ohne Mentalreservation leisteten. Der Pabst Paulus V. erließ hiegegen ein Breve an die englischen Katholiken (Okt. 1606), worin er denselben erklärte, daß sie diesen Eid nicht leisten könnten, da er Vieles enthalte, was gegen den Glauben und ihr Heil offen verstoße, und wiederholte diese Erklärung in einem Breve vom September 1607. Der Kardinal Bellarmin behauptete: „iuramentum eo tendere, ut auctoritas capitis ecclesiae a successione s. Petri ad successorem Henrici VIII. in Anglia transferatur." Gegen diese drei Schreiben richtete Jakob seine „Apologia pro iuramento fidelitatis" (Lond. 1608). Doch nach Beseitigung dieser gefährlichen Lehre schien dem Könige die römische Mutterkirche der englischen Tochter nahe genug zu stehen, um eine einstige Wiedervereinigung hoffen zu können, hatte er ja doch sich selbst schriftstellerisch früher dahin ausgesprochen, mit einem Pabste als oberstem Bischof, an welchen alle Appellationen der Geistlichkeit in letzter Instanz gingen, könnte es allenfalls angehen. So wurden im Ganzen die Katholiken von ihm nicht bloß geduldet, sondern auch nicht zurückgesetzt. Aus Veranlassung der Verlobung seines Sohnes Karl mit Henriette von Frankreich gestand Jakob zu, daß seine katholischen Unterthanen künftig zu keinen Geldstrafen angehalten, nicht verhaftet und in friedlicher Privatandacht nicht gehindert werden sollten. — Fragen wir schließlich nach Jakobs des Theologen dogmatischem Standpunkte, so sehen wir ihn zuerst als einen heftigen Gegner der Arminianer auftreten. Zum Nachfolger des Arminius war nach dessen Tod Vorstius ernannt worden. Jakob hatte nun in einer von Vorstius geschriebenen Abhandlung in einer Stunde eine lange Reihe von Ketzereien entdeckt. Um nun die ihm in Holland gefährdet erscheinende Rechtgläubigkeit zu retten, ließ er zuerst durch seinen Gesandten Vorstius bei den Generalstaaten der Ketzerei, des Pänguens oder der falschen Darstellung der Unendlichkeit Gottes u. f. w. anklagen. Als die Holländer diese Einmischung in ihre innern Angelegenheiten übel vermerkten, schickte ihnen Jakob eine eigenhändige Aufforderung: Wenn sie so pestilenzialische Irrthümer unter sich Wurzel greifen ließen, so werde er genöthigt seyn, sich von ihrer Gemeinschaft loszusagen und als Beschützer des Glaubens mit den auswärtigen Kirchen zu berathen, wie solche verderbliche Lehren auszurotten und in die Hölle zurückzuverweisen seyen. Als auch diese Ermahnung fruchtlos war, gab der König zu verstehen, daß die Generalstaaten entweder auf die Beschützung des Vorstius oder auf seine Freundschaft verzichten müßten. Als er nun noch eine kleine französisch geschriebene Schrift unter dem Titel: „Erklärungen gegen Vorstius" veröffentlichte, so gaben die Generalstaaten, um ihren Verbündeten zufrieden zu stellen, dem Vorstius den Befehl, Leyden zu verlassen und sich von den ihm zur Last gelegten Ketzereien zu reinigen. Vgl. Jakobs Schrift: „Protestatio Antivorstia, in qua rex suam exponit sententiam de confoederatorum ordinum affectu et actis in causa Vorstii." Auch in dem weiteren Streite zwischen beiden Religionsparteien nahm Jakob fortwährend Antheil. Er beschickte die Synode von Dortrecht, indem er den dorthin beorderten englischen Geistlichen die Instruktion gab, daß sie sich an die Lehre der h. Schrift und die Lehre der englischen Kirche halten, aber dafür wirken sollten, daß die streitige Lehre der Schule überlassen bleibe und nicht auf den Kanzeln erörtert werde. Gleichwohl nahm er die Beschlüsse dieser Synode für die englische Kirche nicht an und bahnte dadurch dem Arminianismus in der Gestalt des Latitudinarismus den Eingang in die Episkopalkirche. — Am 27. März 1625 verschied Jakob, 59 Jahre alt, und hinterließ sein Reich in einem durch seine Regierung von hohem Ruhm zu tiefem Verfall herabgesunkenen Zustand, indem alle Elemente socialer Zwietracht und politischer Umwälzung in demselben gährten. Sein Privatkarakter war vielfach befleckt; seine friedliebende Politik nach Außen hatte zumeist in seiner Feigheit ihren Grund. Neben der theologischen Polemik liebte er Hahnengefechte und die tägliche Ermüdung der Jagd. Davon suchte er dann wieder Erholung an den Tafelfreuden; er lebte mäßig, wenn er nur einmal am Tage berauscht war. Von dem öffentlichen Gespötte über ihn zeugt folgendes Distichon: Rex fuit Elisabeth, sed nunc regina Jacobus, — Error naturae sic in utroque fuit. — Seine Schriften sammelte der Bischof J. Montacuti in einen Band und ließ sie zu London 1619 als Jacobi opera erscheinen. Eine neue vollständigere Ausgabe der Gesammtwerke Jakobs erschien zu Frankfurt 1689 in Folio. Mehrere seiner Schriften sind auch einzeln in Deutschland nachgedruckt, sein Basilicon Doron übersetzt worden. Außer den schon oben genannten Schriften erwähnen wir noch seine Paraphrasis apocalypseos s. Joannis, die auf den Pabst als Antichrist die stärksten Ausfälle enthält, seine Corona virtutum principe dignarum; als Curiosum seinen „Misocapnus s. de abusu tobacci lusus regius." — Vgl. Lingard, Gesch. v. England, Bd. VIII. u. IX. Raumer, Gesch. v. Europa, Bd. V. Dahlmann, Geschichte der engl. Revolution. Rudloff, Gesch. der Reformation in Schottland, Bd. I.

Jakob II. (oder auch der VII. dieses Namens) aus dem Hause Stuart, der dritte Sohn des unglücklichen Karl I., wurde als Herzog von York den 24. Okt. 1633 geboren. Nach des Vaters Willen wurde er in den Grundsätzen der Episcopalkirche, in Wissenschaften und im Kriegswesen sorgfältig erzogen, fiel aber 1646 in die Hände des Rebellengenerals Fairfax und wurde zu seinen bereits gefangenen Geschwistern, dem Herzog Heinrich von Glocester und der Prinzessin Elisabeth, in den St. Jamespalast zu London gebracht. Im April 1648 gelang es ihm, nach Holland zu entfliehen, von wo aus er zu seiner Mutter Henriette Maria nach Paris gesandt wurde. Dieser Aufenthalt gab ihm in Politik und Religion eine ganz andere Richtung. Der Umgang mit der bigottkatholischen Mutter und die unmittelbare Leitung des Ritters Berkeley flößten ihm große Neigung zum Papismus ein, die um so eher in dem königlichen Jünglinge festwurzelte, als man ihn zu überzeugen wußte, sein Vater sey nur des Protestantismus wegen auf dem Schaffot gestorben. Schon 1652 trat Jakob als Freiwilliger unter Turenne's Fahnen. Seine furchtlose Tapferkeit zeichnete ihn so sehr aus, daß er schon im folgenden Jahr zum Generallieutenant erhoben wurde. Eine auf französische Hülfsmittel sich stützende Landung, welche er 1659 von Ostende aus hatte versuchen wollen, mißglückte durch Verrath, aber schon im Mai 1660 wurden die Stuarts auf den englischen Thron zurückberufen, und Jakob gewann durch die ihm 1664 übertragene Lord-Admiralswürde Gelegenheit, seinem Ehrgeiz, seiner Tapferkeit und Vaterlandsliebe nachdrücklichen Raum zu geben. Von seiner Entschlossenheit legte er ein glänzendes Beispiel ab, als er den Seebefehl bei Solebay gegen Ruyter führte. Zwei Linienschiffe wurden unter ihm zum Wracke; durch das Kajütenfenster entkam er; aber auf dem dritten Schiffe blieb seine Flagge wehend, und die Beharrlichkeit fand ihren Lohn. Im J. 1668 gestand Jakob seinem Bruder, daß er in Folge der Lektüre von Heynlin's Geschichte der Reformation sich gedrungen fühle, zur römischen Kirche zurückzukehren; um übrigens die Nachtheile dieses Uebertritts zu vermeiden, wolle er sich äußerlich nach den Gebräuchen der herrschenden Kirche richten, insgeheim aber den katholischen Gebräuchen folgen. Der König widersetzte sich weniger als der Pabst und die Jesuiten, welche diese Vorsicht als unstatthafte Zweideutigkeit erklärten. So beschloß denn Jakob, den katholischen Glauben ernstlich anzunehmen, und vermochte auch (1670) seine Gemahlin Anna, eine Tochter des Kanzlers Hyde, zu gleichem Schritt. Doch ließ er diesen Religionswechsel nur Wenige merken, besuchte noch je und je mit dem König den protestantischen Gottesdienst in der Hofkapelle, hörte aber auf, das h. Abendmahl mitzugenießen. Seine beiden Töchter, Maria und Anna, welche nacheinander den englischen Thron bestiegen, und von denen die ältere an den Prinzen von Oranien sich vermählte, ließ übrigens Karl II. in der protestantischen Religion erziehen. In Folge der Testbill legte Jakob alle seine öffentlichen Aemter nieder; als er aber 1673 sich wieder mit der katholischen Prinzessin von Modena, Maria von Este, verheirathete, und der Bischof von Oxford dieses neue Ehebündniß für gesetzlich und gültig erklärte, sannen die Gegner des Herzogs ernstlich auf Mittel, ihn von der Thronfolge auszuschließen. Zuerst mußte ihn sein Bruder wider Willen vom Geheimenrathe ausschließen; als sodann der Versuch eines Erzbischofs und einiger anderen Prälaten, den Herzog zur herrschenden Kirche zu bekehren, mißlang, entfernte Karl II.

seinen Bruder auf kurze Zeit aus England. Kaum hatte er denselben im Anfang des
J. 1680 zurückgerufen, so mußte er ihn abermals nach Schottland verweisen. Hier gelang es Jakob, seine Rechte auf den schottischen Thron unter Sicherstellung der protestantischen Religion in solcher Weise vom Parlament in Edinburgh anerkennen zu lassen,
daß dieselben weder Unterschied der Religion noch Parlamentsakten verändern konnten.
Im März 1682 wurde Jakob abermals von seinem schwachen Bruder zur Ausgleichung
eines Streites, den dieser mit seinem Kebsweibe hatte, nach Loudon zurückgerufen und
wußte sich jetzt so unentbehrlich zu machen, daß er, der Testakte zum Trotze, wieder in
den Staatsrath eingeführt wurde und sich bei der seit Auflösung des Oxforder Parlaments
ruhig gewordenen öffentlichen Stimmung in des Thrones Nähe aufrecht erhielt, bis er
denselben selbst am 6. Februar 1685 ohne Schwierigkeiten besteigen konnte. An diesem
Tage war sein Bruder gestorben, nachdem er auf seinem Sterbebette zur katholischen Kirche
übergetreten war und von einem katholischen Priester das Abendmahl und die letzte
Oelung empfangen hatte. Es ist ungewiß, ob Jakob ihn noch auf dem Todtenbette oder
er selbst sich dazu bekehrt hatte. Gleich nach dem Tod seines Bruders erklärte Jakob
dem versammelten Staatsrath, nachdem er die Gerüchte über sein Streben nach willkür-
licher Macht widerlegt hatte, daß er entschlossen sey, die bestehende Verfassung in Kirche
und Staat aufrecht zu erhalten; da er die Kirche Englands als ausgezeichnet loyal kenne,
werde es immer seine Sorge seyn, sie zu unterstützen und zu vertheidigen. Diese Erklärung fand lauten Beifall, besonders unter den Tory's, die sie für »ein Wort des Königs,
das noch niemals gebrochen« erklärten, obwohl Jakob später selbst erklärte, er habe diesen
Schritt ohne gehörige Ueberlegung gethan, und seine nicht zuvor bedachten Ausdrücke in
Betreff der englischen Staatskirche seyen zu stark gewesen! Zu derselben Zeit deckte der
neue König dem französischen Gesandten seine Herzensmeinung auf: »die Kirche von England sey im Grunde der katholischen Kirche so verwandt, daß es leicht seyn müsse, die
Mehrzahl der Bischöflichen zu einer offenen Erklärung zu bringen, da die Leute römische
Katholiken wären, ohne es zu wissen.« Dieser Ansicht gemäß war Jakobs Politik zunächst
auf Befehdung der Dissenters gerichtet, später, als sich der eingeschlagene Weg als nicht
zum Ziele führend erwies, auf Unterdrückung der Staatskirche. Schon ein paar Tage
nach der Thronbesteigung hörte Jakob öffentlich die Messe in der Schloßkapelle der Königin bei aufgesperrten Flügelthüren, so daß Jedermann aus dem Vorzimmer hereinsehen
konnte. Der Prunk dieser Kirchenzüge mit Garden und Hofstaate wuchs planmäßig
von Woche zu Woche, und Niemand konnte über die Absicht des neuen Regenten mehr
im Zweifel seyn, als ein neuerdings in einem geheimen Fach aufgefundener Aufsatz des
verstorbenen Königs im Druck erschien, in welchem der Beweis versucht war, Christus
könne nur Eine Kirche auf Erden haben und das sey die römische! Zugleich erschien nicht
nur ein Bericht des Pater Huddleston, der Jedermann kund that, daß Karl II. im Schoße
der katholischen Kirche gestorben sey, sondern auch ein nachgelassener Zettel, auf welchem
sich die verstorbene Herzogin von York möglichst offenherzig wegen ihres Uebertritts erklärte. Jakob herrschte erst seit fünf Wochen, und schon klagte der Unterthan über Eingriffe in sein Eigenthum und den Bruch der Kirchengesetze durch die herausfordernste
Oeffentlichkeit des papistischen Cultus, verbunden mit dem vollends unerträglichen Anblick,
daß ein paar Tausend bisher eingesperrte Katholiken und Quäker plötzlich jetzt frei um-
hergingen. Da scholl ein Nothgeschrei rings von den Kanzeln der Hauptstadt, der König
aber ließ die Prälaten vorfordern und bedeutete ihnen, wofern sie mit ihren Predigern
nicht ein Einsehen hätten, werde auch er sich durch sein Versprechen, die anglikanische
Kirche zu schützen, nicht mehr gebunden achten. Gleich nach seinem Regierungsantritt
ordnete Jakob den Zusammentritt des schottischen Parlaments an und forderte von diesem neue Strafgesetze gegen die widerspenstigen Presbyterianer. Rasch wurde von der
willfährigen Versammlung der königliche Gesetzesentwurf angenommen, welcher (8. Mai
1685) Tod und Vermögenseinziehung Allen drohte, die in einem Conventikel unter einem
Dach predigen oder, sey es als Prediger oder Zuhörer, einem Conventikel unter freiem

Himmel anwohnen würden! Jakob betrachtete die puritanischen Sekten als Feinde des Himmels, als Feinde aller berechtigten Autorität in Kirche und Staat, als Feinde seiner Urgroßmutter und seines Großvaters, seines Vaters und seiner Mutter, seines Bruders und seine eigenen. Er, der sich so laut gegen die Gesetze in Betreff der Papisten erklärt hatte, behauptete jetzt: er könne nicht begreifen, wie man die Unverschämtheit haben könne, auf Abschaffung der Gesetze gegen die Puritaner anzutragen. Mit diesem blutigen Gesetz stand der ganze Geist der Verwaltung Jakobs in seidigem Einklang. Die leidenschaftliche Verfolgung, welche gewüthet hatte, so lange er Schottland als Vicekönig regierte, wurde von dem Tage an, wo er auf den Thron kam, hitziger als je. Die Grafschaften, in welchen die Covenanter am zahlreichsten waren, wurden der Zügellosigkeit des Heeres preisgegeben. — Während das englische Parlament noch tagte, lief die Nachricht von der Landung des Grafen Argyle ein. Dieser hatte sich mit dem Herzog von Monmouth verbündet, aber ehe Letzterer kam, war Argyle schon verloren, gefangen und harrte seiner Hinrichtung. Monmouth, nur von einem mäßigen Gefolge Verbannter und Diener begleitet, aber Waffen für mehrere tausend Mann mit sich führend, stellte sich in seiner Proklamation als Oberanführer der protestantischen Kriegsmacht des Königreichs auf und bezeichnete als sein Ziel die Sicherstellung der protestantischen Religion gegen die Angriffe des Königs. Jakob verdankte der Unbedachtsamkeit seiner Feinde den Sieg und fühlte sich jetzt auf dem Gipfel der Macht und des Glücks. Für seine ferneren Zeiten verlangte er zweierlei: ein stehendes Heer im Lande mit einem Kern von katholischen Offizieren darin und eine Abänderung der Habeas-Corpus-Akte. Als das Parlament mit Bescheidenheit aber Standhaftigkeit die sofortige Entlassung der katholischen Offiziere forderte, wurde es schleunig entlassen. Der König, entschlossen, trotz des Parlamentes seine Offiziere durchzusetzen, befahl für jeden katholischen Offizier ein Patent unter dem großen Siegel auszufertigen, welches ihn für seine Person von den Gesetzesbestimmungen ausnahm, welche den Katholiken entgegenstanden, indem er sich auf die Macht der Krone stützte, in einzelnen Fällen von dem allgemeinen Ausspruch der Strafgesetze zu dispensiren. Als einige protestantische Geistliche zur römischen Kirche übertraten, erhielten auch sie Dispensation für ihre Person, durften die Einkünfte ihrer Stellen fortbeziehen, zum Theil sogar ihre Aemter fortverwalten. Mehrere katholische Kirchen sah man jetzt einrichten, sogar in der Hauptstadt, wo auch die Jesuiten eine Schule eröffneten. Als das Parlament in Schottland jede Milderung zu Gunsten der Katholiken verwarf, sprach Jakob die Prorogation aus und erklärte aus eigener Machtvollkommenheit die Ausübung des katholischen Gottesdienstes in Privatwohnungen für erlaubt im Königreiche, befahl auch kraft des Dispensationsrechts der Krone, daß gewisse namentlich aufgeführte Personen zu kirchlichen Pfründen zugelassen werden sollten, ohne den Testeid leisten zu dürfen. Von der Dispensation ging es dann raschen Schritts weiter zur Suspension und Aufhebung schottischer Gesetze, indem schon im folgenden Jahre (1687) volle Duldung für Presbyterianer, Quäker und Katholiken verkündigt ward, und endlich Jakob alle Gesetze gegen die Katholiken aufhob, die während der Minderjährigkeit seines Großvaters gegeben worden waren. Noch offener glaubte Jakob in Irland seine Plane durchsetzen zu dürfen: den Katholiken wurde hier der Zutritt zu Staats- und Gemeindeämtern eben so frei wie den Protestanten gegeben, mehrere Katholiken wurden in Richterstellen und in den Geheimenrath eingeführt; in Folge jesuitischer Kabale erfolgte der Sturz der Hydes; an die Stelle des Schatzmeisters war eine Behörde getreten, deren Vorstand ein Papist war; mit dem geheimen Siegel war ein Papist betraut worden; der Lordstatthalter von Irland ward durch einen Mann ersetzt, der schlechterdings keinen Anspruch auf eine hohe Stellung besaß, außer daß er ein Papist war — lauter Zeichen, daß die Frage jetzt nicht mehr die war, ob der Protestantismus herrschen, sondern ob er geduldet werden sollte! Diese Gewaltstreiche brachten im ganzen Königreiche große Aufregung hervor. Bei der anglikanischen Geistlichkeit galt es jetzt als Amts- und Ehrenpflicht, gegen die Irrthümer des Papismus zu predigen und zu schreiben und alle Mittel des leidenden Widerstands zu erschöpfen. Als nun der König gewahr wurde, daß ihn seine Hoffnung getäuscht hatte, daß die anglikanische Kirche sich mit der römischen in die Herrschaft werde theilen wollen, änderte er plötzlich seine Politik in Betreff der Puritaner und sann auf eine allgemeine Verbindung aller Nichtkonformisten, der katholischen und der protestantischen, gegen die Staatskirche. Jakob hatte sich innerlich so hoch gesteigert, daß ihm die gefahrvollsten Schritte als die leichtesten erschienen, daß selbst vor seiner Absetzung die Kardinäle zu Rom äußerten, daß man diesen König in den Kirchenbann thun müsse, weil er das Bischen Katholicismus in England vollends zerstöre! So erschien denn, ohne Zuziehung des Parlaments, am 4. April 1687 die denkwürdige Indulgenzerklärung, in welcher der König seinen innigen Wunsch aussprach, sein Volk im Schooß derjenigen Kirche zu sehen, welcher er selbst angehöre; da dies aber nicht seyn könne, so kündigte er seine Absicht an, alle seine Unterthanen in freier Ausübung ihres Glaubens zu beschützen; er wiederholte seine schon oft wiederholte und oft gebrochene Zusage, daß er die Staatskirche in dem Genuß ihrer gesetzlichen Rechte beschützen werde; hob alle Strafordnungen gegen alle Klassen von Nichtkonformisten auf, ermächtigte römische Katholiken und protestantische Dissenter, ihren Gottesdienst öffentlich zu halten, und schaffte alle die Gesetze ab, welche als Bedingung für irgend ein Civil- oder Militäramt einen Religionseid auferlegten. Diese Indulgenzerklärung war der kühnste von allen Angriffen der Stuarts auf die öffentliche Freiheit. Die Staatskirche sollte also auf einmal von allen Seiten angegriffen werden, und der Angriff sollte unter der Leitung dessen erfolgen, welcher ihrer Verfassung gemäß ihr Haupt war. Der König bemühte sich, ausgezeichneten Dissentern sogar kriechende Höflichkeit zu erweisen. Einigen bot er Geld, Anderen municipale Ehrenstellen, Anderen Begnadigung für ihre Verwandten und Freunde an. Den verbannten Hugenotten, die der König zuvor für Feinde der Monarchie und des Episkopats erklärt und die er um die von der Nation eingelaufenen Beisteuern betrogen hatte, wurden jetzt Erleichterungen und Liebkosungen zu Theil. Auf der anderen Seite erklärten sich viele Staatskirchlichen, die sich bisher durch ihre starre Anhänglichkeit an jede in der anglikanischen Liturgie vorgeschriebene Geberde und Ausdrucksweise hervorgethan hatten, jetzt nicht nur zu Gunsten der Duldung, sondern auch für eine Kirchenunion. Alsbald liefen Dankadressen von Wiedertäufern, Quäkern, von Dissenters aller Art bis zu den Katholiken ein; dagegen war der Bruch mit der anglikanischen Kirche erklärt. Mit Einem Schlag waren die Universitäten von Oxford und Cambridge, diese zwei ehrwürdigen Korporationen im Reich, verwandelt. Als der König in Cambridge die Zulassung eines Benediktinermönchs zur philosophischen Doktorwürde verlangte mit Erlassung des Eides, fand er hartnäckigen Widerstand. In Oxford war schon das Universitykollegium in ein römisch-katholisches Seminar verwandelt, schon das Christchurchkollegium von einem römisch-katholischen Dechanten regiert, schon wurde in beiden Kollegien täglich Messe gelesen; nun wollte Jakob auch den Kollegiaten des Magdalenenstiftes einen Papisten aufdrängen; da sie sich widersetzten, wurden sie ohne alles Weitere durch ein Edikt zur Austreibung verurtheilt, und das Stift in ein papistisches Seminar umgewandelt. Jetzt ward Pater Eduard Petre wirklich in den Geheimenrath als Kabinetssekretär gebracht. Ein päbstlicher Nuntius trat jetzt öffentlich in England auf. Als der erste Kammerherr, Herzog von Sommerset sich weigerte, den Nuntius bei Hofe einzuführen, verlor er seine Stelle und gewann die Gunst des Volks dafür. Sunderland aber trat in diesen Tagen zum Katholicismus über. Als die erste durch die Veröffentlichung der Indulgenz erzeugte Aufregung sich gelegt hatte, zeigte es sich, daß in der puritanischen Partei ein Bruch eingetreten war: die Minderheit unterstützte den König; die große Mehrzahl protestantischer Nichtkonformisten, treu anhänglich an bürgerliche Freiheit und voll Mißtrauen gegen die Versprechungen des Königs und der Jesuiten, weigerte sich standhaft, Dank für eine Begünstigung zu bezeugen, die, wie man wohl argwöhnen durfte, eine Schlinge verbarg. Die Anglikaner und die Puritaner, so lang durch tödtliche Feindschaft getrennt, näherten sich einander täglich mehr, und jeder Schritt, den sie zur Einigung thaten, vergrößerte den

Einfluß dessen, der ihr gemeinsames Haupt war. Wilhelm von Oranien war in jeder Hinsicht zum Mittler zwischen diesen zwei großen Parteien der englischen Nation berufen. Seine Glaubensweise stimmte mit der der Puritaner überein. Zugleich betrachtete er den Episkopat zwar nicht als göttliche Einrichtung, aber als eine vollkommen berechtigte und in hohem Grad zweckdienliche Form der Kirchenregierung. Er hatte sich bereits dahin erklärt, daß weder er noch seine Gemahlin in die Aufhebung der Testakte und der Strafgesetze willigen würden: zwar sey sein Grundsatz, keinen Glauben zu strafen, wohl aber den eigenen Glauben zu beschützen, und unter einem katholischen Könige wären die getroffenen Schutzmaßregeln für die anglikanische Kirche unentbehrlich. So wurde die Entfremdung zwischen Jakob und seinem Tochtermann täglich vollständiger. Wilhelms Zweck war jetzt der, die zahlreichen Theile der Gemeinschaft, welche ihn als ihr gemeinsames Haupt betrachtete, durch geschickte und zuverlässige Mithelfer zu einem Ganzen zu vereinigen. Bei den Niederländern war die Ueberzeugung allgemein, durch das Einverständniß des englischen Königs mit dem König von Frankreich werde der Protestantismus untergraben; man hoffte auf Jakob's Sturz und wollte dazu thun. Algierische Seeräuber, welche kürzlich in den Kanal gekommen waren, dienten den Generalstaaten zum Vorwand für eine Aushebung von 9000 Matrosen, 20 Kriegsschiffe wurden ausgerüstet, 20 andere in besseren Stand gesetzt; man votirte Geld, angeblich zur Ausbesserung der holländischen Festungen. Dieses Alles ließ Jakob unbesorgt; große Freude war im Palast, als die Königin in gute Hoffnung kam, man erwartete mit Sicherheit einen Thronfolger. Am 27. April 1688 erließ der König eine zweite Indulgenzerklärung, jetzt jedoch mit dem Zusatze, daß sie an zwei Sonntagen nacheinander beim öffentlichen Gottesdienst von den fungirenden Geistlichen aller Kirchen und Kapellen im Königreiche verlesen werden solle. Da traten zu London vier Bischöfe, an welche sich schnell noch sieben andere anschloßen, zusammen und unterzeichneten, mit Ausnahme des Bischofs von Londou, eine Bittschrift an den König, in welcher sie um Verschonung dieser Bekanntmachung baten, begingen aber die Unvorsichtigkeit, das Schreiben sogleich drucken und in den Straßen der Hauptstadt austheilen zu lassen, bevor sie des Königs bestimmte Erklärung darauf erfahren hatten. Darum ließ er diese Widersetzlichen in den Tower werfen und durch ein Kriminalgericht zur Rechenschaft ziehen. Durch ihre Anwalte von der Haft freigesprochen, begann der Prozeß vor dem Kriminalgericht unter regster Theilnahme des Volkes, und endete nach lautem und heftigem Streit mit der Freisprechung der Angeklagten. Unterdessen genas die Königin von einem Prinzen; so ungegründet das Gerücht war, der Prinz sey unterschoben, es fand dennoch Glauben, denn schon ward Alles gern im Volk geglaubt und verbreitet, was das königliche Haus in Nachtheil setzte. — Die Todtenglocke der Stuarts hatte geläutet. Die Geburt des Sohnes, auf welche Jakob Alles baute, stellte den Engländern ein langes Elend unter dem Druck des abverhaßten Pabstthums vor die Augen. Jene gütliche Sühne, welcher man sich früher getröstete, durch die Thronfolge der protestantischen Töchter Jakobs, Mariens und Annens, war jetzt abgeschnitten. Wilhelm von Oranieu erhielt von sieben der vornehmsten Männer Englands die dringende Bitte, England von Pabstthum und Tyrannei zu befreien. Der verblendete König war zu stolz, die ihm von König Ludwig angebotene Hülfe anzunehmen, denn er wollte nicht glauben, daß seine Tochter ihn vom Throne zu stürzen beabsichtige. Freilich als der Krieg zwischen Deutschland und Frankreich ausbrach, erkannte er die Gefahr, und um ihr zu begegnen, machte er seinem Tochtermann das Anerbieten, er wolle in Verbindung mit ihm und Spanien die Waffen gegen Frankreich erheben. Statt aller anderen Antwort sprach Wilhelm die Bereitwilligkeit der Generalstaaten aus, zwischen dem Könige und dem englischen Volk vermittelnd einzuwirken! Jetzt merkte Jakob, welche Stunde für ihn geschlagen, und alsbald folgte eine Zurücknahme der anderen auf dem Fuße. Eine Erklärung an das Volk: der König baue ganz auf seine Treue, wolle mit ihm leben und sterben; Aufhebung der Suspension des Bischofs von Londou und eine allgemeine Amnestie; Wiederherstellung der Stadt London in ihren alten Verbriefungen und die gleiche

Zusage an die übrigen verkürzten Städte; Befehl, die katholischen Offiziere aus dem Heere zu entfernen, das Magdalenen-Collegium den Statuten gemäß zu besetzen, Aufhebung der Kirchenkommission, Verkündigung völligster Wahlfreiheit für das nächstens zu versammelnde Parlament, gnädigster Empfang der Prälaten, die sogar die Hoffnung auszusprechen wagen, daß der König in den Schooß der Kirche, in welcher er getauft und erzogen ist, zurücktreten werde; — Alles das war das Werk weniger September- und Oktobertage. Daneben ward mit aller Macht zu Wasser und zu Land gerüstet. Am 5. November 1688 trat Wilhelm an der Küste von Devonshire an's Land; man erblickte an seinem Hauptmast die englischen Farben mit der Inschrift: »die protestantische Religion und die Freiheit von England.« Jakob handelte saumselig und unentschlossen; statt in Person mit seinem Heere dem Feinde zu begegnen, verschwendete er viel Zeit mit Berathungen und zog endlich seine Truppen in Londons Nähe. Nun begannen die königlichen Truppen überzulaufen; der Abfall wurde täglich bedeutender, und da der eben anwesende Prinz Georg von Dänemark mit seiner Gemahlin Anna den Ueberläufern nachfolgte, rief der erschütterte König unter Thränen: »Gott stehe mir bei; meine eigenen Kinder haben mich verlassen!« Nun wurde das Parlament auf den Anfang des folgenden Jahres ausgeschrieben und Verzeihung aller früheren Vergehen angekündigt; auch mit dem Prinzen wurde unterhandelt, aber Wilhelm, im Vorrücken begriffen, ließ den Abgesandten seines Schwiegervaters harren und gab endlich eine hoffnungslose Antwort. Am 11. Dec. floh der König, ward aber ergriffen und nach Whitehall zurückgebracht. Hier erhielt er die Weisung, sich auf das Schloß Ham zu verfügen, erbat sich aber Rochester zum Aufenthalt aus, wohin er unter holländischer Bedeckung abgeführt wurde. Nach seiner Ankunft daselbst schrieb er die Erklärung nieder, daß er seine Krone zwar freiwillig ablege, allein auf jeden Ruf zur Wiederannahme derselben, sobald das Volk enttäuscht worden, gefaßt seyn werde. Darauf verließ er in der Nacht vom 23/24. Dec. 1688 das britische Reich und eilte nach St. Germain-en-Laye, wo König Ludwig ihn mit der herzlichsten Theilnahme und außerordentlicher Freigebigkeit aufnahm. England erklärte den Thron für erledigt und trug am 13. Febr. 1689 Jakobs Schwiegersohne und Tochter die Krone mit der Nachfolge für Anna an. Zwei Monate nachher folgte Schottland diesem Beispiele. Alle Versuche, die Jakob mit Hülfe Frankreichs machte, sich wieder den Thron zu erobern, blieben fruchtlos. Er resignirte endlich, wandte seinen Sinn auf Frömmigkeit hin und unterhielt deßhalb einen Briefwechsel mit dem Abt de la Trappe. Am 16. Sept. 1701 starb er Nachmittags zu St. Germain-en-Laye. Das Gerücht, daß Rom ihn nach seinem Tod habe kanonisiren wollen, ermangelt zuverlässiger Beweismittel. Als der Erzbischof von Rheims den enttronten König erblickte, rief er aus: »Seht da einen braven Mann, der um einer Messe willen drei Königreiche aufgegeben hat!« — Als Quellen vergl. außer der bei Jakob I. genannten Literatur besonders Macaulay, Gesch. Englands seit der Thronbesteigung Jakobs II. — Th. Pressel.

Jakob (Jakobus) von Mies (nach seiner kleinen Statur *Jacobellus*, böhmisch *Jakaubet*, d. i. der kleine Jakob genannt) ist als einer der Haupturheber der von Hus angeregten Streitigkeiten über die Wiedereinführung des Kelchs im Abendmahle anzusehen. Die Zeit seiner Geburt läßt sich nicht einmal annähernd genau bestimmen; sie fällt in die zweite Hälfte des 14. Jahrhunderts. Misa in Böhmen war sein Geburtsort, doch gab die nach demselben gebildete Bezeichnung Misensis, und der Umstand, daß Jakobus durch Petrus Dresdensis darauf hingeführt wurde, für den Gebrauch des Kelchs im Abendmahle der herrschenden Kirche entgegenzutreten, sogar zu der Vermuthung Anlaß, daß er aus Meißen stamme. Auch läßt über den Gang seiner wissenschaftlichen Bildung sich nichts Näheres angeben. Man weiß nur soviel, daß er in Prag studirte, hier mit Hus das Bacalaureat empfing, dann Magister wurde. Nachdem er eine Zeitlang zu Trina als Prediger fungirt hatte, erhielt er als solcher einen Ruf an die Kirche zu St. Michael, dann an die Bethlehemskirche zu Prag. Damals hatte Petrus Dresdensis die in der herrschenden Kirche gebräuchliche Abendmahlsfeier unter einerlei Gestalt bereits angefochten; dadurch sah sich Jakobus veranlaßt, über den Ritus weitere und gründliche Forschungen in der Schrift wie in den Zeugnissen der alten orthodoxen Kirche des 3. und 4. Jahrhunderts anzustellen. Seine Forschungen brachten ihn zu der Ueberzeugung, daß die Kelchentziehung eine Neuerung sey, die der Schrift wie dem Gebrauche der alten Kirche geradezu entgegenstehe. Mit Unerschrockenheit erhob er sich gegen sie (1414) in Disputationen und Predigten, zugleich drang er auf die Feier des Abendmahles mit Brod und Wein, gebrauchte bei derselben den Kelch und sand Viele, die seinem Beispiele folgten. Zu seinen thätigsten Anhängern gehörte der Prediger Siegmund Rzepanski an der Martinskirche zu Prag, die anderen Geistlichen, mit dem Erzbischof an der Spitze, und die Mönche mit der Universität waren seine Hauptgegner. Hus war bereits in Costnitz eingetroffen, als auch hierher die Kunde von der Ketzerei drang, welche Jakobus in der Kirche verbreitete. Von Prag aus wurde Hus aufgefordert, die Zulässigkeit des Kelchs im Abendmahle zu prüfen; auch er kam durch die Schrift und die Kirchenväter zu dem Resultate, daß die Darreichung des Kelchs von Christus eingesetzt worden sey und einen großen Zweck habe (s. Historia et Monumenta Jo. Hus atque Hieron. Pragensis. Norimb. 1715. T. I. Pag. 52 sq.); selbst im Kerker sprach er sich in einem Schreiben an seine Freunde in Böhmen dahin aus, daß der Kelch im Abendmahle das Zeugniß der Evangelisten, des Paulus und der ersten Kirche für sich habe (s. v. d. Hardt, Magnum oecumenicum Constantiense Concilium etc. T. IV. Pag. 291). Da Jakobus auch in Hus einen Vertreter fand, um so mehr wurde er von seinen Gegnern als hussitischer Ketzer betrachtet; er suchte nun (1415) den Gebrauch des Kelchs für die Laien mit Berufung auf die Zeugnisse der h. Schrift, der kirchlichen Schriftsteller in der älteren und späteren Zeit wie auch des kanonischen Rechtes schlagend nachzuweisen in der Schrift: Demonstratio per testimonia scripturae patrum atque doctorum communicationem calicis in plebe christiana esse necessariam (bei v. d. Hardt, T. III. S. 804 ff). Seine Gegner schwiegen nicht, ja sie suchten sogar gerade das Gegentheil von dem, was er dargelegt hatte, aus der h. Schrift und den Kirchenvätern zu beweisen, namentlich war dies in einer gegen ihn gerichteten anonymen Epistola Elenchtica (bei v. d. Hardt, a. a. O. S. 338 ff.) der Fall, welche sogar nachweisen wollte, daß die Kelchentziehung schon im Alten Testamente vorgezeichnet worden sey, in der Absicht Jesu gelegen habe, aus den Stellen des Neuen Testaments ebenso gewiß sich ergebe, wie aus den Satzungen und der Praxis der Kirche, daß endlich in der Darreichung des Kelchs nur die Quelle mannichfacher geistiger und leiblicher Uebel liege. In ähnlicher Weise trat ein anderer Gegner, Andreas Broda gegen Jakobus auf in der Disputatio academica contra Jac. de Misa contra communicationem plebis sub utraque specie (bei v. d. Hardt, a. a. O. S. 392 ff.), der aber die verdiente Abfertigung erhielt in der Schrift des Jakobus: Vindiciae contra Andream Brodam pro communione plebis sub utraque specie (bei v. d. Hardt, a. a. O. S. 416 ff.). Da seine Gegner ihn zum Schweigen nicht bringen konnten, mehrte sich die Zahl seiner Anhänger; er selbst schritt noch weiter vor, obschon er bereits auch als ein verhaßter Wiclefitischer Ketzer verschrieen war. Jetzt bestritt er auch ausdrücklich die Brodverwandlung in der Schrift: De remanentia panis post consecrationem, und während ihm doch die Anbetung Christi im Sakramente nach der Schrift: De existentia veri corporis et sanguinis Christi in sacra coena (bei v. d. Hardt, a. a. O. S. 884 ff.) als nothwendig erschien, verwarf er die Abendmahlsfeier als opus operatum, machte ihren Segen von der Würdigkeit des Genießenden abhängig und soll selbst Kindern die Abendmahlsfeier gestattet haben. Der Bischof Johann von Leutomischl brachte die als ketzerisch geltende Lehre des Jakobus vor das Concil von Costnitz, dessen Väter durch die in Böhmen entstandene Bewegung in große Besorgniß und Unruhe versetzt worden waren. In der 13. Sitzung (15. Juni 1415) erließ das Concil das Decretum contra communionem sub utraque et contra Jacobum de Misa (bei v. d. Hardt, a. a. O. S. 646); es erkannte die Einsetzung des h. Abendmahles und die Feier desselben mit Brod und Wein für die Laien ausdrücklich an, aber dennoch stellte es fest, daß der Genuß des Weines nach dem Abendmahle nicht stattfinden dürfe*), daß die Kelchentziehung eine kanonische Einrichtung, die Feier unter beiderlei Gestalt ketzerisch sey. Dieser Beschluß gab dem Jakobus die Veranlassung, gegen das Concil eine Apologia pro communioue plebis sub utraque specie (bei v. d. Hardt, a. a. O. S. 591 ff.) zu richten, während der bekannte Gerson für das Concil in die Schranken trat und gegen Jakobus (für den die allgemeine Stimme in Böhmen, jetzt selbst die Universität in Prag sich erklärte) die Schrift abfaßte: Concilium publicum causam Jacobi de Misa et Bohemorum quoad communionis laicalis sub utraque specie necessitatem uberius discutiendi (bei v. d. Hardt, a. a. O. S. 765 ff.). Ohngeachtet der heftigsten Anfeindungen blieb Jakobus doch in seinem Amte; unter seinen Anhängern, zu denen auch der durch die hussitischen Streitigkeiten bekannte Theolog Rokyczana gezählt wird, genoß er ein großes Ansehen. Die Abendmahlslehre ausgenommen hielt er zum Lehrbegriffe der herrschenden Kirche, vertheidigte er auch, namentlich gegen die Waldenser, das Dogma vom Fegfeuer und die Lehre von der Kraft des Gebetes für Verstorbene. Zu diesem Zwecke schrieb er: De purgatorio animae post mortem (in Christ. W. F. Walch, Monum. medii aevi T. I. Fasc. 3. Pag. 1 sq.). Andere Schriften, die er noch verfaßte, waren namentlich De juramento, de antichristo, eine Uebersetzung der Schriften Wiclefs 2c. Im Jahr 1429 (nach Anderen erst später) starb er in Prag auf natürliche Weise. Ueber ihn s. noch: J. C. Martini, Diss. de Jacobo de Misa, vulgo Jacobello, primo Eucharist. Calicis per eccles. Boh. vindice. Altdorf 1753; Pelzel, über das Vaterland des Jak. v. Misa 2c., in den Abhandlungen einer Privatgesellschaft in Böhmen zur Aufnahme der Mathematik, der vaterländischen Geschichte und der Naturgesch. Prag 1784. VI. S. 299 ff.; Dobrowsky, Diarium belli Hussitici ab anno 1414 ad 1423, in d. Abhandl. der böhm. Gesellsch. der Wissenschaften auf d. J. 1788. S. 303 ff.; Schröckh, K.Gesch. 33. Th. S. 330 ff.   Neudecker.

Jakob von Nisibis, oft Jakob der Große genannt, der Lehrer Ephräm's und Verwandter Gregor des Erleuchters, war Bischof von Nisibis (das die syrischen Schriftsteller Zoba nennen) in der ersten Hälfte des 4. Jahrhunderts, und nahm am Nicänischen Concil Theil (Assem., bibl. orient. I, 169. III, 587). Seine früheren Lebensjahre hatte er als Ascet in den kurdischen Gebirgen zugebracht, und sein ganzes Leben hindurch soll er viele und große Wunder gethan haben. Theodoret (hist. eccl. lib. 2. c. 30) und Philostorgius erwähnen, daß er noch kurz vor seinem Tode durch sein Bitten oder vielmehr durch ein Wunder von Sapores II. die Verschonung der Stadt Nisibis erlangte. Dort fanden neuere Reisende, wie Olivier, Niebuhr (Reisebeschr. II, 379) noch Reste einer ihm geweihten Kirche, auch zeigte man dort sein Grab (ebend. S. 380). Nach Dionysius und der Chronik von Edessa setzt Assemani (a. a. O. I, 17 u. 22) sein Todesjahr auf 338, nach Andern fällt es bedeutend später. Er ist weniger durch Schriften als durch sein kirchliches Ansehen bekannt, und wenn Abraham Ecchelensis (in seinem Eutychius vindicatus, P. II., index operum no. 37) ihm „innumera propemodum opera tam soluta quam ligata oratione" zuschreibt, so beruht das sicherlich auf einer Verwechselung desselben mit Jakob von Sarûg', wie er ihm denn auch (Notae ad Hebedjesu catalogum) die dem letzteren angehörige Liturgie beilegt. Doch mag er Einiges von dem, was Gennadius in seinem Catalogus von ihm anführt, wirklich geschrieben haben. Erhalten haben sich unter seinem Namen, jedoch nur in armenischer Uebersetzung, ein Brief an die Bischöfe von Selencia und achtzehn geistliche Reden. Mechithar besaß diese in

---

*) A. a O.: Licet Christus post coenam instituerit et suis Apostolis ministraverit sub utraque specie panis et vini hoc venerabile sacramentum, tamen hoc non obstante sacrorum canonum auctoritas, laudabilis et approbata consuetudo Ecclesiae servavit et servat, quod hujusmodi sacramentum non debet confici post coenam. Wegen der Formel tamen non obstante nannte Luther die Synode: Concilium obstantiense. Die Formel wurde seit Innocenz IV. gebräuchlich, s. Gieseler, K.G. Th. II. Abth. 2. S. 227 nach der 4. Aufl.

Handschrift, und Assemani ließ eine Copie davon für die Bibliothek des Vatican anfertigen (s. *Assem.*, bibl. or. I, 557 sq. 632). Eine Ausgabe mit lateinischer Uebersetzung und Anmerkungen besorgte der Cardinal Antonelli im Jahr 1756 in Folio, sie ist nachgedruckt Venedig 1765 in der Sammlung der armenischen Kirchenväter, und der armenische Text erschien nochmals zu Constantinopel 1824. Vgl. C. F. Neumann's Gesch. der armen. Literatur S. 18 f. Saint-Martin in d. Biographie universelle, art. Jacques de Nisibe. E. Rödiger.

Jakob von Sarûg', ein berühmter Lehrer und Schriftsteller der syrischen Kirche, geb. in Kurtam am Euphrat im Jahr 452, wurde Presbyter 503, und erst in seinem 68. Lebensjahre 519 Bischof von Batnân (*Bátvai*) im Gebiete von Sarûg' (wie auch die Stadt selbst später oft genannt wurde, daher *Jacobus Sarugensis*). Dort starb er am 29. November 521 (*Assem.*, biblioth. orient. T. I, p. 290). Er führt den Ehrennamen Doctor (syr. Malpâna), auch wird er zuweilen „Die Flöte des hl. Geistes" oder „Die Cither der gläubigen Kirche" genannt. Der Beiname Tibelita, den er gleichfalls führt und den Renaudot (Liturgiarum orient. collect. II, 356. 367) nicht zu erklären weiß, hat den Sinn von oecumenicus oder universalis (doctor), vom syrischen tibel (orbis terrarum, *ἡ οἰκουμένη*). Sein Gedächtniß wird von Jakobiten und Maroniten gefeiert (*Assem.* a. a. O. S. 283). Eine etwas wundersüchtig gefärbte syrische Biographie desselben nebst einzelnen Stellen aus einem poetischen Encomium von einem seiner Schüler theilt Assemani mit (bibl. or. I, 286—289). Renaudot (a. a. O.) bezeichnet Jakob irriger Weise als einen Schüler des Severus Antiochenus und stellt ihn, wie auch einige syrische Schriftsteller thaten, als Monophysiten dar (s. dagegen *Assem.*, bibl. or. I, 292 sqq. II, 322. III, 384. 387). Mit noch mehr Unrecht zählen ihn einige spätere Nestorianer sogar zu den Ihrigen (s. *Assem.* I, 294). Nach den von Assemani aus seinen Schriften beigebrachten Stellen war seine Lehre im Allgemeinen und obenhin betrachtet ungefähr die orthodoxe, wenn auch hin und wieder mit eigenthümlich gefärbter Ausdrucksweise. Entschieden nahm er in Christo zwei Naturen in Einer Person an. „Der Gottessohn wurde Menschensohn, aber ohne eine Transformation, beide sind ein und derselbe; im Schooße der Maria brachte er die (beiden) Naturen zur Einheit" (*Assem.* I, 310). „Du darfst nicht zweie zählen, einen Gott und einen Menschen; denn Einer ist Christus, ebensowohl Mensch als Gott ist er" (Assem. ebend.). Die beiden Naturen „vermischte" (חֶלַט) *), „verband" er (אַו), und „machte sie zu Einer" (*Assem.* I, 326). „Auch Gott der Lebendige trug die Leiden mit in dem Leibe, den er angenommen, und zwar in seiner eigenen Person und um des Sohnes willen" (Assem. ebend., vgl. auch III, 387). In Bezug auf den hl. Geist hat Jakob die im Orient auch sonst vorkommende, auf Joh. 15, 26. und 16, 14. ruhende Formel: S. S. procedit a Patre et accipit (syrisch נָסַב) a Filio. Daß die syrischen Monophysiten (Jakobiten) ihn ehrten und heiligsprachen, darf nicht auffallen, da sie viele von den älteren orthodoxen Lehrern unter ihre Heiligen zählten. So wird auch Jakob von ihnen hoch geachtet und viel citirt, wie z. B. von Barhebräus, der ihm großes Lob spendet (s. *Assem.* II, 321 sq.).

Als Schriftsteller war Jakob von Sarûg' sehr fruchtbar. Es werden ihm nicht weniger als 763 Homilien oder metrische Reden beigelegt in dem zwölfsylbigen nach ihm jakobitisch benannten Versmaße (*Assem.*, bibl. or. I, 299. II, 322); dazu Erklärungen (Turgâme), eine Anaphora (lateinisch übersetzt von Renaudot in Liturgiarum orient. coll. T. II, p. 356 sqq.), eine Taufordnung, Hymnen (Madrâsche), Lieder (Sugjâthâ) und Briefe. Barhebräus hatte 182 seiner Homilien vor sich (*Assem.* II, 303), doch erwähnt

---

*) Den Ausdruck vermischen gebraucht so auch Ephräm noch ganz unbefangen; Spätere sind ängstlich bemüht, denselben in orthodoxem Sinne zu interpretiren oder zu rectificiren, um den Verdacht Eutychianischer Vorstellung abzuwehren, womit sie dem *ἀσυγχύτως* der chalcedonensischen Bestimmungen näher kommen. Vgl. *Assem.*, bibl. or. I, p. 80 sqq. 107. II, p. 25 sqq. **Wiseman**, horae syriacae I, p. 23.

auch er, daß man deren 760 kenne (ebend. S. 322). Gar Vieles wird ihm aber fälschlich beigelegt, wie Assemani (I, 332) an einigen Beispielen zeigt, und Vieles heißt jakobitisch, nur weil es in jakobitischem Versmaß geschrieben ist. In der Bibliothek des
Vatican finden sich von ihm nach Assemani fünf Sendschreiben, sechs prosaische Traktate
und 233 metrische Reden oder Homilien. In den letzteren muß nach dem Wenigen, was
Assemani daraus mittheilt, viel Typologie herrschen, wie sie auch sonst in der syrischen
Kirche beliebt ist. Polemisches scheinen sie nicht so viel zu enthalten wie die Ephräm'-
schen, doch kommt hie und da eine tadelnde Beziehung auf die Nestorianer vor, und
einige sind gegen die Juden gerichtet. Meistens behandeln sie einen Abschnitt oder ein
einzelnes Faktum der biblischen Geschichte, eine biblische Person, oder einen lehrhaften
Ausspruch der Bibel, oder einen dogmatischen Satz. Den Inhalt und die Anfangszeilen
der einzelnen Homilien gibt Assemani (bibl. orient. I, 304—340). Sie werden noch in
den syrischen Kirchen benutzt, und namentlich die Erklärungen (Turgâme) bei'm Gottesdienst nach dem Evangelium vorgelesen (Assem. I, 23. 300. 304). Sie sind auch in's
Arabische übersetzt, und einige derselben hatte Assemani nur arabisch vor sich. Einzelne
exegetische Scholien des Jakob kommen zerstreut in der römischen Ausgabe der Werke
Ephräm's vor. Einzelne Stücke aus den Hymnen und Liedern kommen in dem Breviarium feriale Syr. und dem Officium Dominicale (gedruckt zu Rom 1787) vor. Seine
poetische Lobrede auf Simeon Stylites ist von Zingerle in's Deutsche übersetzt (Leben
und Wirken des hl. Simeon Stylites, von P. Pius Zingerle, Innsbruck 1855. 8.
S. 279—298).   E. Rödiger.

Jakob von Vitry (Jacobus de Vitriaco, Jacobus Vitriacus), geboren in dem
französischen Ort dieses Namens, stand als ein durch seine Gelehrsamkeit und Beredtsamkeit gefeierter Presbyter dem Dorf Argenteuil bei Paris vor, als er (gegen 1207),
von dem Ruf der Heiligkeit der Maria von Ognies angezogen, sich zu ihr in die Diöcese Lüttich begab. Sie nahm ihn freundlich auf und bestimmte ihn, daß er Mitglied
der regulirten Chorherren St. Augustin wurde. Maria starb 1213 und Jakob beschrieb
ihr Leben in drei Büchern. Nachdem er nun seine Beredtsamkeit zuerst auf Geheiß des
Pabsts zur Kreuzpredigt gegen die Albigenser verwandt hatte, widmete er sie nun auch
der Sache des h. Grabes und zog zu diesem Zweck in Frankreich umher. Während dieser Reise wurde er von den Stiftsherrn der Kirche zu Ptolemais zu ihrem Bischof gewählt, und er begab sich auf Befehl des Pabstes Honorius III. nach dem gelobten Lande.
Hier stiftete er viel Gutes, besonders nahm er sich der auf den beiden ersten Heerfahrten des
J. 1217 in die Gefangenschaft der Christen gekommenen saracenischen Kinder an, brachte
sie theils durch Kauf, theils durch Schenkung an sich, taufte sie und vertheilte sie unter
fromme Frauen, um sie unterrichten zu lassen. Im Jahr 1219 wohnte er der Belagerung und Eroberung von Damiette bei. Nachdem aber Damiette von den Christen wieder geräumt werden mußte, gab er sein bischöfliches Amt auf und kehrte 1225 nach
Ognies zurück. Pabst Gregor IX. erhob ihn um 1229 zum Kardinal und Bischof von
Frascati oder Tusculum; später ward er zum päpstlichen Legaten in Frankreich, Brabant
und im gelobten Lande ernannt. Er starb zu Rom am 1. Mai 1240. Seine Gebeine
wurden kurz darauf nach Ognies gebracht. Während seines Aufenthalts im gelobten
Lande hatte er sich den Stoff gesammelt zu seinem Hauptwerk, der sogenannten *historia
orientalis*. Jakob bemerkt selbst in der Vorrede, daß sein Werk in drei Bücher zerfalle:
im ersten habe er die Geschichte Jerusalems kurz durchstreift und das mitgetheilt, was in
den Gegenden des Orients der Herr gethan, und dabei die verschiedenen Gattungen der
Einwohner, so auch die Städte und andere Orte, deren er häufig in den h. Schriften
Erwähnung gefunden, endlich auch die Eigenschaften und Beschaffenheit der dort vorkommenden Gegenstände beschrieben. Im zweiten Buche gehe er die neue Geschichte der
Abendländer in Kürze durch, und über das, was der Herr in den Gegenden des Abendlandes in diesen neuesten Tagen gethan habe, und haudle vorzüglich über die verschiedenen Orden, und verbreite sich zum Schluß umständlicher über den Orden und die Re-

ligion der mit dem Kreuze Bezeichneten und die Nützlichkeit der Pilgerfahrt. Im dritten Buche wendet er sich vom Abendlande in das Morgenland zurück und „beginnt" von dem nach dem allgemeinen lateranischen Concil im Volk und Heer der Christen bis zur Einnahme von Damiette Geschehenen nach eigener Beobachtung zu handeln. Das dritte Buch scheint von Jakob nicht vollendet worden zu seyn, und in seiner vorliegenden Recension von fremder Hand herzurühren. Das ganze bedeutende Werk ist herausgegeben cura Andreae Hoji Brugenis (1597); ebenso bei Martène und Durand, Thesaurus novus Anecdotorum, T. III. (Paris 1717). Gleichfalls für die Geschichte sehr wichtig sind Jakobs Briefe: Jacobi de Vitriaco epistola missa in Lotharingiam de captione Damiatae (herausgeg. v. Bongarsius im ersten Theil der Gesta Dei per Francos) und ejusdem epistolae quatuor ad Honorium III. Papam (bei Martène und Durand im vorhin genannten Werk und Band). Ein Theil seiner Sermonen über die Evangelien und Episteln erschien 1575 zu Antwerpen. Jakob selbst fand einen Biographen in Andreas Hojus.   Th. Pressel.

Jakob (Jakobus) de Voragine, geb. zu Viraggio im Genuesischen um 1230, trat 1244 zu Genua in den Predigerorden, ward 1267 Provinzial der Lombardei und 1292, nachdem er mehrfach in Geschäften seines Ordens und der Kirche gebraucht worden und sich als Prediger beliebt gemacht hatte, Erzbischof von Genua; er starb 1298. Seinen Ruhm, wenn man es so nennen kann — verdankt er der von ihm veranstalteten Legendensammlung, Legenda sanctorum, Legenda aurea, zuweilen auch Historia longobardica genannt, wegen einer kurzen lombardischen Chronik, die dem Leben des Pabstes Pelagius angehängt ist. Bruder Jakob trug diese meist fabelhaften Biographieen theils aus Büchern zusammen, theils nahm er sie aus der Tradition, so wie sie sich im Volk und in den Klöstern fortgepflanzt und immer sagenhafter ausgebildet hatten. Manche Elemente stammen aus apokryphischen Evangelien und Apostel- und Märtyrerakten, und finden sich auch sonst in frühern und gleichzeitigen Prosa- und Dichterwerken, im Passional, in Marienlegenden u. s. w. Andere sind mittelalterliche Erfindungen, und zeigen, wie schnell sich die Sage der Geschichte bemächtigte, um sie auszuschmücken und zu verunstalten; so z. B. in dem Leben des Dominikus und des Franz von Assisi. Wenn in andern Schriften einzelne Legenden nicht ohne dichterischen Reiz sind, so haben die des Jacobus de Voragine nichts dieser Art; er hat nicht nur ohne Kritik, sondern auch ohne poetischen Sinn das Gröbste, das Abgeschmackteste aufgenommen; man lese unter Anderm, was er von Vespasian erzählt in dem Leben des Apostels Jakobus. Ihm eigen sind übrigens nur die vor der Legende jedes Heiligen vorgesetzten Erklärungen seines Namens; wunderbare Etymologieen, lächerliche Spielereien eines weder griechisch noch hebräisch verstehenden Mönchs. Frühe schon ist daher diese Sammlung streng beurtheilt worden; bereits der Ordensmeister Berengarius de Landora, später Erzbischof von Compostella, gest. 1330, trug dem Bruder Bernardus Guidonis, später Bischof von Lodève, gest. 1331, auf, der Heiligen Leben aus authentischern Quellen zu sammeln; Bernardus, ein fleißiger Historiensammler, folgte diesem Befehl, indem er in vier Bänden ein Speculum sanctorum zusammentrug, das indessen wenig Glück gehabt hat. Des Jakobus Legenda wurde zur Legenda aurea, zum beliebten von Spätern oft vermehrten goldnen Volksbuch, nicht nur weil es kürzer war als die weitläufige Kompilation des Bernhard, sondern gerade weil ihre abenteuerlichen Heiligenbilder die mittelalterliche Phantasie mehr aufsprachen, als es gründlichere, einfachere Erzählungen vermocht hätten. Daher die zahlreichen Abschriften, die allenthalben davon existiren, daher die Uebersetzungen in's Deutsche, Französische, Italienische, Spanische, Englische, daher die vielen Ausgaben seit den ersten Zeiten der Erfindung des Bücherdrucks. Wir führen diese nicht an, man findet sie verzeichnet bei Quetif und Echard, Scriptores ordinis praedicatorum, I, 455 sq., und vollständiger bei *Brunet*, Manuel de l'amateur de livres, IV, 687 sqq. Diese Legenda aurea, deren Verfasser der Spanier Melchior Canus, sein Ordensgenosse (gest. 1560), einen homo ferrei oris et plumbei cordis genannt hat (Loci theologici, Lib. II, cap. 6), und von welcher Claude d'Espences gesagt hat, sie sey nicht eine goldne, sondern eine eiserne Legende, — was er freilich von der Sorbonne gezwungen wurde zu widerrufen — ist neuerdings wieder, mit Genehmigung der obern kirchlichen Behörde der Lausitz, von Dr. Gräße, königl. sächsischem Bibliothekar, herausgegeben worden, Leipzig 1845. 8. Für die Kenntniß des mittelalterlichen Aberglaubens ist das Buch unbezweifelt von großem Interesse, und zur Erklärung von damaligen Dichtern und Chronisten kann man es kaum entbehren. Es ist nur zu bedauern, daß der gelehrte Herausgeber auf eine Hauptsache immer noch warten läßt, nämlich auf die von ihm versprochene Zurückführung der Sagen auf ihre Quellen und ihren Ursprung; nur eine solche Arbeit hätte den Wiederabdruck eines Buches rechtfertigen können, das keinen erbaulichen Zweck mehr haben kann; erst wenn sie vorhanden seyn wird, wird man hell sehen in diesem Theil der katholischen Mythologie des Mittelalters. — Von den übrigen Werken des Jacobus de Voragine sind noch zu nennen: Sermones de tempore et quadragesimales, Paris 1500; Venedig 1589, 2 Bde.; — Sermones de dominicis per annum, Venedig 1544, 4., und 1566, fol.; — Quadragesimale et de sanctis, Venedig 1602, 2 Bde. 4.; — Sermones de sanctis, Lyon 1494, 4.; Papiae 1500; Venedig 1580; — Mariale sive sermones de B. Maria Virgine, Venedig 1497, 4.; Paris 1503; Mainz 1616, 4. Sämmtliche Predigten zusammen: S. l. et a., fol.; S. l., 1484, 3 Bde. fol.; Venedig 1497, 4.; 1579 und 1582, 8 Bde. 4.; Mainz 1630, 4 Bde. 4.; Augsburg 1760, 4 Bde. fol. Alle diese Predigten sind bloße Entwürfe; die über die Heiligen sind voll Legenden und seltsamen Ausmalungen und können theilweise zur Vervollständigung der Legenda aurea dienen; die 160 über die Maria behandeln, in alphabetischer Ordnung, die Tugenden und Vortrefflichkeiten und Wunder der Himmelskönigin. In seiner Geschichte der Homiletik hat Lentz (Braunschw. 1839, I, 257 f.) eine davon als Muster des Geschmacks jener Zeiten übersetzt. — Zur Vertheidigung des Dominikanerordens, ohne Zweifel gegen die Angriffe des Wilhelm von S. Amour, schrieb Jakobus: Defensorium contra impugnantes Fratres Praedicatores, quod non vivant secundum vitam apostolicam, Venedig 1504. Ein von ihm gemachter Auszug aus der Summa virtutum et vitiorum des Wilhelm Peraldus, und seine Schrift de operibus et opusculis S. Augustini sind noch nicht gedruckt (Quétif et Echard, I, 458). Seine Chronik von Genua, bis 1297, hat Muratori herausgegeben, Scriptores rerum italic., IX, 1 sq. Die ihm zuerst von Sixtus Senensis, Biblioth. sacra, Lib. IV, zugeschriebene italienische Bibelübersetzung hat wohl nie existirt; nicht nur hat sich noch nirgends weder eine Handschrift davon, noch ein sicheres gleichzeitiges Zeugniß darüber gefunden, sondern es ist auch höchst unwahrscheinlich, daß der in so rohem Aberglauben befangene Compilator der Legenda aurea je an die Nothwendigkeit der heiligen Schrift in der Volkssprache sollte gedacht haben.

C. Schmidt.

Jakobellus, s. Jakobus von Mies.

Jakobiten heißen seit Mitte des 6. Jahrhunderts die syrischen und öfter auch die ägyptischen Monophysiten. Zu den Monophysiten oder der eutychianisch gesinnten Partei, welche gegen die Mitte des 5. Jahrh. entstand (s. d. Artt. Eutychianismus Bd. IV, S. 251 ff., Ephesus ebend. S. 81 ff., Chalcedon Bd. II. S. 616 und Monophysiten), gehören theils die syrischen Jakobiten, theils die Kopten und Abessinier, theils die Armenier. Diese vier Kirchen sind, abgesehen von der bei den Kopten und Abessiniern bestehenden Nationalsitte der Beschneidung, nur der geistlichen Gerichtsbarkeit nach und in einigen untergeordneten Gebräuchen von einander unterschieden, während sie in allen Hauptsachen des Lehrbegriffs übereinstimmen. Die drei ersteren stehen überdem noch in einer engeren Verbindung unter einander, sofern die abessinische oder äthiopische Kirche (s. d. Bd. I, S. 45 ff., 165 f.) von der koptischen von jeher abhängig gewesen ist und die Patriarchen der syrischen Jakobiten und der Kopten durch Zusendung ihres Glaubensbekenntnisses in einer Epistola synodica bei ihrem Amtsantritt sich gegenseitig agnoscirten, in Folge dessen auch der Name in die Diptychen der Liturgie eingetragen wurde (s.

Renaudot, liturg. orient. collectio T. I. p. 254. 335. 432. *Assemani,* bibl. or. T. II. p. 126. 363 und diss. de Monophys. §. III). Die monophysitische Lehre war unter Begünstigung der Kaiser Zeno und Anastasius besonders durch Xenajas (Philoxenus), Bischof von Mabug, und durch Petrus Fullo, sowie durch Severus, den Patriarchen von Antiochien, unter den Syrern verbreitet worden. Dagegen wurden unter Justin I. eine große Menge syrischer Bischöfe abgesetzt und verjagt, weil sie die geforderte Anerkennung der Beschlüsse des Chalcedon. Concils verweigerten. In dieser Zeit der Noth ersahen sich einige in Constantinopel gefangen gehaltene monophysitische Geistliche in dem Presbyter Jakob Barâdaï den Mann, der ihrer Sache aufhelfen sollte, und er leistete, was sie erwarteten. Von ihnen (so erzählt Barhebräus bei Assem. II, 326 ff.) mit der Würde eines ökumenischen (d. h. an keinen bestimmten Ort gebundenen) Metropoliten betraut, durchflog er, „schnellfüßig wie Asahel" (2 Sam. 2, 18.) und als Bettler gekleidet, enthaltsam und keine Mühe scheuend ganz Vorderasien, sammelte und ermuthigte die Meinungsgenossen, ordnete Gemeinden und setzte überall Bischöfe, Presbytere und Diakonen ein; denn an monophysitischen Bischöfen namentlich war damals ein solcher Mangel, daß der Bischof Maris in Sing'ar weit und breit der einzige war, der noch in Amt und Würden stand. Durch Jakob wuchs ihre Zahl wieder „bis gegen 100,000," sagt Barhebräus, und darum nannten sie sich nach ihm Jakobiten.

Jakob war Mönch und Presbyter in dem Kloster Phasilta bei Nisibis, und später seit 541 Bischof von Edessa (Assem. I, 424). Von da bis an seinen Tod 578 sind 37 Jahre, obwohl Barhebräus (bei Assem. II, 332) nur 33 Jahre angibt, vielleicht nur aus Versehen. Von der ärmlichen Kleidung, in welcher er im Interesse seiner Partei den Orient durchwanderte, erhielt er die Beinamen Barâdaï (arab. البرادعى, syr. בורדעיא, von ברדעתא ‏برادع‎, Plur. ‏برادع‎, syr. ברדעתא oder בורדעתא, d. i. Pferdedecke aus grobem Zeug, s. Assem. II. 66. 414. Makrizi, Gesch. der Kopten herausg. von Wüstenfeld S. 16 des Textes, 41 der Uebers., *Eutychii* annales ed. Pococke T. II, p. 147: „quod ei amictus erat e segiminibus dorsualium, quae iumentis insterni solent, consutis,") und Zanzalus τζάντζαλος, f. Nicephor. Callist. 18, 52: „διὰ τὴν ἄκραν εὐτέλειαν," ähnlich Demetrius Cyzic., vgl. τζάντζαλον vile aliquid et tritum bei *Du Cange,* ζαντζαλά, d. i. ‏زرل‎ supellex, vielleicht auch zusammenhängend mit ‏زلال‎ grobe Decken). Jakob nahm die Partei des nach Severus' Tode von den Monophysiten erwählten Patriarchen Sergius gegen den katholischen Patriarchen Ephräm aus Amid, und nach dem Tode des Sergius setzte er selbst den aus Aegypten vertriebenen Paulus als Patriarchen ein, während bei den Katholischen Athanasius folgte (s. Dionys. Telmahr. Chronik bei Assem. I, 424, vgl. Barhebr. ebend. II, 331). Von schriftstellerischen Arbeiten hat Jakob wenig oder nichts hinterlassen. Eine ihm beigelegte Anaphora hat Renaudot in's Latein. übersetzt (Liturg. orient. coll. T. II, p. 333 sqq.). Eine angeblich von ihm verfaßte arabische Schrift über die jakobitischen Glaubenssätze, welche die Maroniten Abraham Ecchellensis (im Eutychius vindicatus P. II, p. 280. 283) und Nairon (Euoplia p. 28. 29. 35. 41. und diss. de Maronit. p. 21. 38. 39) unter dem Titel Catechesis anführen, sowie den Anhang dazu (*Nairon,* Euopl. p. 57) und eine in derselben Handschrift stehende Homilie hat schon Assemani mit Recht ihm abgesprochen (bibl. or. II, 68. 144) und später gefunden, daß diese drei Schriftstücke von dem jakobit. Patriarchen Noah Libaniota (Ignatius XII.) um das J. 1500 verfaßt sind (ebend. S. 468. 473).

Von diesem Jakobus Baradäus haben also die Jakobiten ihren Namen, nicht, wie Manche unter ihnen vorgaben, von Jakobus dem Bruder des Herrn oder gar von dem alttestamentlichen Patriarchen Jakob, auch nicht von Dioskorus, der angeblich vor seiner Ordination Jakob geheißen (Makrizi, a. a. O. S. 16). Es gibt auch kein Zeugniß dafür, daß der Name früher so gebraucht worden wäre (Assem. II. 327). Wohl

aber werden sie zuweilen Severianer, Diöskorianer, Eutychianer, Theodosianer genannt.
Wir handeln aber hier von den Jakobiten im engeren Sinne, d. h. von den syrischen
Jakobiten, die vorzugsweise im eigentlichen Syrien, in Mesopotamien und Babylonien
verbreitet sind, nicht von den freilich nahe verwandten und oft gleichfalls Jakobiten genannten Christen der koptischen, abessinischen und armenischen Kirche.

Die unterscheidenden kirchlichen Lehren und Gebräuche der Jakobiten sind eben die
monophysitischen. Wir heben Folgendes hervor: 1) Sie nehmen eine einige Natur in
Christo an, die aus dem Zusammengehen der göttlichen und menschlichen entstanden sey,
nach der Formel „ex duabus naturis, non in duabus." Daher wird ihnen leicht Dole-
tismus beigemessen (z. B. von *Kootwyk*, itiner. Hierosol. Antwerp. 1619. p. 202). Doch
sagen die neueren Jakobiten, wie auch die Kopten, Abessinier und Armenier, daß Christus auch nach seiner Menschwerdung und der Vereinigung der beiden Naturen eine wahre
Menschheit sowohl als eine wahre Gottheit behalten habe. Auch wird wohl von ihnen
hinzugefügt, „Christum non modo ex duabus naturis compositus fuisse, sed etiam ex
duabus personis." So zuerst der Antiochen. Patriarch Theodosius im 9. Jahrhundert
Assem., bibl. or. II, 125). Daß der h. Geist auch vom Sohne ausgehe, wird von Xenajas Anfang des 6. Jahrh. u. A. geradehin geläugnet (Assem. II, 20). Uebrigens
sind die syrischen Theologen von dem Streite der griechischen und lateinischen Kirche über
das „filioque" völlig unberührt geblieben (*Renaudot*, liturg. II, 72); die bei ihnen herrschende Formel ist: S. S. procedit a Patre et *accipit* a Filio (nach Joh. 16, 14.), und
daß sich, wie Assemani (bibl. or. II. 131), aufgespürt hat, einmal „promanat ex Patre
et *Filio*" findet, ist eben eine vereinzelt stehende oder gar auf Irrung beruhende Angabe
des Paulus Ebn Regia, eines Kopten, Verfassers einer Fides Patrum in arab. Sprache
um 1012, welche Schrift auch sonst Irrthümliches enthält (s. *Assem.*, bibl. or. I, 624.
II, 144. 145. 153). — 2) Sie verwerfen die Beschlüsse des Chalcedonischen Concils und
erkennen dagegen die zweite Ephesinische (Räuber-) Synode an. — 3) Als Lehrer oder
Heilige betrachten sie namentlich Jakob von Sarug, Jakob von Edessa, Dioskorus, Severus, Peter Fullo und Jakob Baradai (s. *Renaudot*, liturg. II, 103. *Assem.*, bibl. or.
T. II. diss. de Monophysitis §. VIII.); den Eutyches verwerfen sie. — 4) Beim heil.
Abendmahl gebrauchen sie, wie die griechische, ägyptische und nestorianische Kirche, ge-
säuertes Brod. Eine Spur davon, daß in älterer Zeit ungesäuertes gebraucht worden, s. bei Fabricius bibliograph. p. 402 und Assem. I, 409. II, 182. Von den
Kopten weichen sie aber darin ab, daß sie, wie die Nestorianer, dem Brode im Abend-
mahl etwas Salz und Oel beimischen oder wenigstens beim Kneten und Formen desselben
die Hand damit bestreichen (Assem. II, 144. 183), worüber sie gelegentlich mit den
Kopten in Streit geriethen (s. *Renaudot*, hist. Patriarchar. Alexandrin. p. 425 und liturg.
orient. collect. I, 191. II, 64. Assem. II, 126. 144). Der antiochenische Patriarch
Johannes Bar Susan verfaßte über diesen Differenzpunkt eine besondere Streitschrift
(*Renaud.*, liturg. II, 64 und diss. praelim. p. 23. Assem. II, 144. 153. 356). Auch
muß bei den Jakobiten das Abendmahlsbrod frisch gebacken seyn, panis quotidianus, wie
sie es nennen (Assem. II, 183), was übrigens auch die Kopten behaupten. Endlich schrieben manche jakobitische Lehrer vor, daß die Zahl der Oblaten eine ungerade seyn müsse
mit Ausnahme der Zahl 2, welche gleichfalls erlaubt sey, worin Andere widersprachen.
(Assem. II, 180 f.). — 5) Sie bekreuzen sich stets mit Einem Finger. — 6) Die Wahl
der Bischöfe und Patriarchen vollziehen sie öfter durch das Loos. Bilder- und Heiligen-
dienst haben sie von der griechischen und römischen Kirche angenommen, besonders Marien-
dienst, worin sie eine Unterscheidung ihrer Kirche von der nestorianischen setzen. Bei
manchen katholischen Schriftstellern, wie Prateolus ex Bernardo Luxemburgo de haeresibus, Thomas a Jesu de conversione omnium gentium procuranda u. A. herrscht das
Streben vor, den Jakobiten möglichst viele Ketzereien aufzubürden, und es laufen da
manche ungegründete Beschuldigungen mit unter. Renaudot dagegen räumt ihnen gern
etwas ein, und auch der ehrliche und milde Maronit Joseph Simon Assemani gesteht

ihnen lieber zu viel als zu wenig Orthodoxie zu, obwohl auch ihm die stehend gewordenen
Kraftausdrücke gegen die Ketzer geläufig sind.

Der Patriarch der syrischen Jakobiten führt den Titel »Patriarch von Antiochien,«
indem die Succession auf Severus Antiochenus zurückgeht. Aber da die Jakobiten als
Ketzer von den Griechen in Antiochien nie geduldet wurden, so wohnten die jakobitischen
Patriarchen immer in anderen Städten und Klöstern, besonders oft in Amid (Diarbekr),
bis mit Michael I. seit dem J. 1166 das Kloster des h. Ananias, Deiru-'s-Sa'farâni
genannt, nahe bei der Stadt Mârdin auf längere Zeit ihr stehender Wohnsitz wurde.
Abweichungen kamen allerdings vor, so besonders während des großen Schisma's unter
den Jakobiten, das von 1364 bis 1494 dauerte, wo zwar der eigentliche und legitime
Patriarch seinen Sitz dort in Mardin hatte, der von den Cilicischen Bischöfen gewählte
aber in Sis, ein dritter »Patriarch Syriens« genannter im Kloster des Barsumas bei
Malatja, und ein vierter, der Patriarch von Tur-Abdin (d. h. Gebirg der Gottesver-
ehrer, einer Gegend am Tigris mit vielen Klöstern), im Kloster St. Jakob zu Salach.
Seit dem 16. Jahrh. gilt zwar die Kirche in dem Kloster Sa'farani noch fortwährend
für die Kirche des Patriarchen, aber als seinen Aufenthaltsort finden wir meistens Caramit, d. i. Amid (Diarbekr) genannt. Das Gebiet des Antiochenischen Patriarchen stieß
bei Arisch auf der Grenze von Palästina und Aegypten an das des koptischen Patriarchen von Alexandrien (s. Barhebräus bei Assem. bibl. orient. II, 372); nur über
Jerusalem kamen Beide in Streit (*Renaud.*, liturg. I, 444), welche Stadt in neuerer
Zeit ebensowohl einen koptischen als einen syrisch-jakobitischen Bischof hat. Dem Patri-
chen zur Seite oder vielmehr zunächst unter ihm stand das Haupt der östlicher wohnenden
Jakobiten, der Primas Orientis, der Maphrian, syr. מפרינא, d. i. der Befruchter,
mit Beziehung auf seine Funktion, die Bischöfe zu ordiniren, wie auch den neu-
erwählten Patriarchen durch Handauflegung zu bestätigen, wie dieser seinerseits den
Maphrian ordinirte, Barhebr. bei Assem. II. 421, obwohl zuweilen auch ein Bischof
diese Ordination vollzog, Assem. II. 429, 430, 447. Er tritt gewissermaßen an die
Stelle des dem Nestorianismus verfallenen Katholikos (nachherigen Patriarchs von Se-
leucia), und er wird auch zuweilen Katholikos betitelt. Unter ihm standen, wie bemerkt, die östlich, d. i. jenseits des Tigris wohnenden Jakobiten, doch gehörte auch
ein Stück von Mesopotamien zu seinem Gebiet; das übrige Mesopotamien, sowie das
eigentliche Syrien, Phönicien, Palästina, Cilicien und Armenien standen unmittelbar
unter dem Patriarchen. Der erste Maphrian, den Jakob Baradai einsetzte, war Achu-
demes, doch gab es damals noch keinen festen Sitz für diese Würde, erst seit Maruthas
wurde Tagrit am Tigris dazu ausersehen. Als dann diese Stadt im Jahre 1089 von
den Arabern zerstört wurde, zog sich der Maphrian nach Mosul zurück, die ganze Diöcese von Mosul wurde Mitte des 12. Jahrh. dem Maphrian zugetheilt, und seitdem
wohnt er in dem dortigen Matthäus-Kloster, jetzt freilich ohne Macht und fast nur
Titular. Die Wahl und Ordination eines neuen Patriarchen geht vor sich, wenn dazu
der Maphrian als Präses (in früherer Zeit der älteste Bischof) und zwölf Bischöfe versammelt und die Stimmen der nicht erschienenen Bischöfe den anwesenden übertragen
sind. Ebenso ist bei der Wahl des Maphrian die Gegenwart des Patriarchen nothwendig (Barhebr. bei Assem. T. II. 259, 283, vgl. diss. de Monophys. §. VIII. und
T. I. 363). Bei zweifelhafter Majorität wird das Loos angewandt; das Verfahren
dabei schildert Renaudot (Liturg. I. 395 f., vgl. Assem. a. a. O.). Seit dem Jahre
878 kam es öfter vor, daß bei einem Patriarchen Gewählte einen neuen Namen annahm,
und seit dem 14. Jahrh. wurde Ignatius der stehende Name (wie Peter bei den
Maroniten, Joseph bei den päbstlichen Chaldäern, Simon und Elias bei den Nestorianern). Die Patriarchen der syrischen Jakobiten werden der Reihe nach aufgeführt
in Barhebräus' syrischer Chronik und deren Fortsetzung (bei *Assem.* bibl. or. II. 321—
386), es sind ihrer bis zum Ende des 15. Jahrh.'s 62 an der Zahl von Severus
bis Noe Libaniota (Ignatius XII.), welcher im Jahre 1493 eingesetzt wurde, und

Assemani ergänzt die Reihe bis auf seine Zeit, d. h. bis zum Jahre 1721 (ebend. S. 325 u. 479—482). (Die koptischen Patriarchen s. bei Abraham Ecchelensis im Chronicon orient. und bei Renaudot in der Historia patriarch. Alexandr., die armenischen bei Galanus conciliat. eccl. Armen. cum Romana T. I.) Die Maphriane nach Barhebr. u. A. bei Assem. II. 414 ff., unter ihnen Barhebräus selbst (s. Abulfarag'). Uebrigens bedarf der Patriarch der Bestätigung von Seiten des weltlichen Herrschers, und wie vormals vom Chalifen, so erhält er jetzt noch vom türkischen Sultan sein Bestätigungsdiplom.

Die Ordines und die Einführung in die Kirchenämter beschreibt Assemani (bibl. or. II. diss. de Monophys. §. X.). Es ist, wie in andern orientalischen Kirchen, nichts Ungewöhnliches, einen verheiratheten Mann zum Diakonus oder Presbyter zu machen; doch ist es nicht erlaubt, erst nach der Ordination eine Ehe einzugehn; und geschieht es, so tritt der Geistliche in den Laienstand zurück. Das Mönchsleben war bei den Jakobiten zu allen Zeiten gewöhnlich und beliebt. Ihre berühmtesten Klöster zählt Assemani auf (T. II. diss. de Monophys. §. X.). Die Mönche gehören nicht mit zum Klerus, aber Bischöfe werden immer aus den Mönchen gewählt, und die Klöster stehen unter der Aufsicht der Bischöfe. Die verschiedenen bei den Jakobiten gebräuchlichen Liturgieen in syrischer Sprache hat Renaudot (Liturg. orient. collectio, T. II. 1716. 4.) in's Lateinische übersetzt; die erste derselben auch griechisch vorhanden und gleicherweise von den Orthodoxen gebrauchte, wird dem Jakobus, Bruder des Herrn, beigelegt. Auch die u. d. T. Missale Chaldaicum ad usum ecclesiae Maronitarum zu Rom 1592 herausgegebenen Liturgieen sind jakobitische, nur hie und da im Sinne der päbstlichen Kirche geändert, wie schon Renaudot (a. a. O. T. II. p. IV—IX. und S. 46 ff.) gezeigt hat.

Die jakobitische Kirche hat in den Zeiten ihrer größeren Verbreitung viele hervorragende thatkräftige Männer, ansehnliche Gelehrte und fruchtbare Schriftsteller gehabt. Von den letzteren handelt J. S. Assemani im 2. Th. seiner Bibliotheca orientalis. Die bedeutenderen sind Johannes Bischof von Asia (s. d. Art.), Thomas von Harkel, der die Philoxenianische Uebersetzung des N. T.'s neu bearbeitete, zu Anfang des 7. Jahrh., Jakob von Edessa (s. d.), der Patriarch Dionysius I. aus Telmahar in der ersten Hälfte des 9. Jahrh., Verfasser einer syrischen Chronik, aus welcher Assemani viel mittheilt und deren erster Theil von Tullberg edirt ist (Upsala 1850), Johannes Bischof von Dara im 9. Jahrh. (s. d.), Mose Bar-Kipha, starb 913, dessen Tractat vom Paradiese Andr. Masius in's Lateinische übersetzte, Dionysius Bar-Salibi Bischof von Amid im 12. Jahrh., Verfasser eines Commentars über die Bibel und anderer theologischer Schriften (Assem. II. 156—211), Jakob Bischof von Tagrit im 13. Jahrh., und besonders noch Gregorius Abulfarag' Barhebräus im 13. Jahrh. (s. d.). Auch die kritische Arbeit über die Bibel, die unter dem Namen Recensio Karkaphensis bekannt ist, gehört, wie Wiseman dargethan hat (Horae syr. Rom. 1828. 8. p. 206—212), der jakobitischen Kirche an.

Die oströmischen Kaiser waren den Monophysiten fast ohne Ausnahme entgegen gewesen, nur Zeno und Anastasius hatten sie begünstigt; Justinian's wiederholte Versuche, sie mit der katholischen Kirche zu versöhnen, waren mißlungen. Und obwohl der durch Jakob Baradai herbeigeführte Aufschwung ein nachhaltiger war, so hatten doch gerade die syrischen Jakobiten unter den späteren Kaisern sowohl als auch unter der muhammedanischen Herrschaft oft und viel zu leiden, während ihre ägyptischen Brüder sich mit den muhammedanischen Behörden bald vortheilhaft zu stellen wußten. Beispiele von Bedrückung und Verfolgung der Jakobiten führt Assemani an (T. II. diss. de Monophys. §. VII.). Von den Kreuzfahrern wurde ihnen der Zutritt zum heiligen Grabe verwehrt. Zur Zeit Pabst Gregor des XIII. (1572—1585) waren sie schon sehr zusammengeschmolzen, man schätzte damals die in Syrien, Mesopotamien und Babylonien zerstreuten Jakobiten auf 50,000 Familien, die meisten arm in Dörfern und kleinen Städten wohnend, einige Wohlhabendere in den größeren Städten, z. B. in Haleb und Amid. Der Patriarch residirte in Caramit (s. oben), unter ihm standen fünf Metropolitanbischöfe in Amid, Mosul, Maadan, Haleb und Jerusalem, und sechs Bischöfe in Mardin, Edessa (Orfa), Gezira, Gargara, Tagrit und Damaskus, außerdem einige in Turabbin (s. *Nairon*, enoplia I, 2, 18. p. 44 sqq., *Assem.* II. diss. de Monoph. §. VII. gegen das Ende). Ebenso schildert der Holländer Kootwyk ihre Zustände im Jahre 1619 (*J. Cotovici* itiner. Hierosol. et Syriacum. Antv. 1619. 4. p. 201 sq.): „pauperculi plerique ac quotidiano labore victum quaerentes; in Alepo tamen et Caramit multos divites et honestarum facultatum familias mercaturam exercentes invenias." Richard Pococke rechnete um das Jahr 1740 in Damaskus unter 20,000 Christen nur 200 Syrer oder Jakobiten (Beschreib. des Morgenl., übers. v. Breyer. Erlangen 1791. 4. Bd. II. S. 182). Niebuhr fand 1768 in Nisibis nur eine kleine Gemeinde (Reisebeschr. II. 380), in Mardin hatten sie noch drei Kirchen (II. 396), in Orfa 150 Häuser (II. 408), ihr Patriarch wohnte in Caramit (II. 404, 426), einige lebten in Haleb (III. 7), in Jerusalem hatten sie ein kleines Kloster (III. 61), der District Tor (Turabbin) war aber noch ganz von Jakobiten bewohnt, die dort viele Klöster hatten und einen eigenen unabhängigen Patriarchen (II. 388). Buckingham, der im Jahre 1816 Mesopotamien bereiste, spricht von 2000 Jakobiten unter 20,000 Einw. in Mardin und nahe dieser Stadt fand er zwei jakobitische Klöster, in deren einem (Safarani) ihn der Patriarch bewirthete (Reise in Mesop., deutsche Uebers. Berlin 1828. 8. S. 224 ff. 238), in Diarbekr zählte er etwa 400, in Mosul 300 Familien (ebend. S. 263, 340). Und so ungefähr mag es in jenen Gegenden auch heute noch mit ihnen bestellt seyn. Im eigentlichen Syrien ist ihre Zahl heutzutage nur sehr klein; »ein Paar Familien in Damaskus und in Nebk, sagt Ed. Robinson (Paläst. Bd. III. S. 747), das Dorf Sadad (= Zedad, 4 Mos. 34, 8.) und ein Theil des Dorfes Karjatain, eine kleine Gemeinde in Homs mit ein Paar zerstreut wohnenden Individuen in zwei oder drei benachbarten Dörfern, eine ähnliche Gemeinde in Hama und wahrscheinlich eine kleinere in Aleppo machen beinahe die gesammten Anhänger dieser Sekte in Syrien aus; die Jakobiten werden von allen anderen Sekten im Lande als Häretiker angesehen, und als solche, und weil sie gering an Zahl und arm sind, im Allgemeinen verachtet." Das genannte Städtchen Sadad, an der Straße von Damaskus nach Palmyra gelegen, hatte schon in früherer Zeit eine jakobitische Gemeinde, die unter dem Bischof von Baalbek stand (*Assem.* II. diss. de Monophys. s. v. Baalbach), jetzt scheint dies ihre Hauptgemeinde in Syrien zu seyn, denn sie zählt 6000 Seelen, und von dort aus verbreitete sie sich mehr und mehr, so daß diese Sekte im Steigen ist, während alle andern sich vermindern (s. *J. L. Porter*, Five years in Damascus. Lond. 1855. 8. vol. II. p. 347). — Uebrigens wurden schon seit dem 14. Jahrh. Versuche gemacht, die Jakobiten mit der römischen Kirche zu vereinigen. Aber während die Kopten im 15. Jahrh. sich dem Pabste unterwarfen, wollte das Bekehrungsgeschäft unter den Jakobiten in Asien weniger gelingen. Den ersten größeren Erfolg hatte im 17. Jahrh. Andreas Achigian, der auch Patriarch der katholischen Partei wurde (Ignatius XXIV.). Ihm folgte Petrus (Ignatius XXV.), der aber von der Gegenpartei vertrieben wurde (s. Affem. II. 482). Später kam die Sache wieder in Gang, so daß jetzt seit längerer Zeit ein Patriarch der päbstlichen Jakobiten in Haleb residirt; aber die syrischen Katholiken in Damaskus und Rascheia haben sich erst neuerlich an Rom angeschlossen, und auf dem Libanon gibt es jetzt zwei oder drei kleine Klöster, die von römisch-jakobitischen Mönchen bewohnt sind (s. Robinson's Paläst. Bd. III. S. 748). *E. Rödiger.*

Jakobsbrunnen. Unter diesem Namen (πηγὴ τοῦ Ἰακώβ) wird im N. T. ein vor der Stadt Sichem gelegener Quellbrunnen erwähnt, welchen schon der Patriarch Jakob — also wohl auf jenem von ihm bei Sichem erkauften Grundstücke, 1 Mos. 33, 19. vgl. LXX. 1 Mos. 48, 22. und Jos. 24, 32. mit Johann. 4, 5. — hatte graben lassen, Johann. 4, 6. 8. 11. 12. 28. Auf dessen Rande setzte sich einst der Welterlöser auf einer Reise von Judäa nach Galiläa ermüdet nieder und knüpfte daselbst mit dem sama-

ritiſchen Weibe jenes wundervolle Geſpräch an, da er ſich als den Spender ewigen Le=
benswaſſers, als den Meſſias offenbarte und von der Zeit weiſſagte, da Gott im Geiſt
und in der Wahrheit ſolle angebetet werden. Noch heutiges Tages wird der ſo gehei=
ligte Brunnen gezeigt unter dem alten Namen, neben welchem die Chriſten etwa auch
den des »Brunnens der Samariterin« gebrauchen. Derſelbe liegt, in Fels gehauen, dicht
am Fuße des Garizim an der Mündung des Thales auf der großen Hauptſtraße von
Jeruſalem nach Galiläa, in einer Entfernung von 35 Minuten öſtlich vom jetzigen Na=
bulus, das mehr weſtlich liegt als die alte Sichem, wie die Mauerreſte genügend bewei=
ſen. Der Brunnen iſt tief — nach Maundrell's übertriebener Angabe (journ. p. 62 f.)
105 Fuß, nach Wilſon aber (the Lands of the Bible II, p. 54 ff.) jetzt noch 75 Fuß
tief, — mit einem alten ſteinernen Gewölbe überdeckt und die Mündung mit 1 oder 2
großen Steinen verſchloſſen. Obwohl er lebendiges Waſſer enthalten ſoll (Joh. 4, 11.), nicht
bloß geſammeltes Regenwaſſer, ſo fanden ihn doch z. B. Robinſon und Wilſon leer und
trocken, die Quelle ſcheint alſo verſtopft oder verſiegt zu ſeyn. Der Brunnen hat in=
deſſen offenbare Merkmale eines hohen Alterthums; dicht daneben ſind Ruinen einer
alten, ſchon zur Zeit der Kreuzzüge verfallenen, Kirche. Nicht nur erkennen die heutigen
Samariter dieſe Lokalität als die ihrem Namen entſprechende an, ſondern dieſe Tradition
reicht bis in's 4. Jahrh. hinauf (Itin. Burdig. p. 276 sq. ed. Parthey. p. 587 ed. Wes-
seling). Wirklich ſcheint die Lokalität ganz gut zu den Angaben Joh. K. 4, zu paſſen,
weßhalb auch Robinſon nicht anſteht, hier die antike Ortslage anzuerkennen, um ſo mehr
als ſich aus der Lage des Patriarchen am beſten erklären laſſe, warum in dieſer ſonſt ſo
quellenreichen Gegend ein ſolcher Brunnen gegraben wurde, weil nämlich Jakob ſich auf
dieſe Weiſe einen von den Nachbarn unabhängigen, ihm eigenen Tränkort mochte ſichern
wollen, vgl. 1 Moſ. 26, 19 ff. Eine Abbildung gibt „the Christian in Palestina"
tab. 27.: Jacob's Well at Sychar. S. noch Robinson, Palaest. III. p. 328 sqq. und
Ritter, Erdkunde, XVI. S. 654 ff., von Aeltern nur Hamelsveld, bibl. Geogr.
II. 396 ff.　　　　　　　　　　　　　　　　　　　　　　　　　　　　　Rüetſchi.

Jakobsorden, ſ. Compoſtella.

Jakobus im Neuen Teſtamente. Das Neue Teſtament ſelbſt kennt nur
zwei apoſtoliſche Männer dieſes Namens, die beiden Apoſtel, Jakobus der Aeltere
(major) und Jakobus der Jüngere (minor). Die kirchliche Tradition aber wie die
neuere Theologie theilt ſich in zwei Linien, von denen die eine den jüngeren Jakobus in
zwei verwandelt hat, in den Apoſtel Jakobus Alphäi, und in Jakobus den Gerechten,
den Bruder des Herrn, dieſer wurde ein Sohn Joſephs genannt wie Chriſtus, Euseb.
H. E. II. 1.; während die andere Linie die Identität der beiderſeitigen Umriſſe, der
zwei doppelgängeriſchen Geſtalten des jüngeren Jakobus feſtgehalten hat. Man kann
alſo über den Namen Jakobus im Neuen Teſtamente nicht ohne Störung verhandeln,
wenn nicht vorab die bezeichnete theologiſche Streitfrage erledigt iſt.

Der Gegenſatz zwiſchen dem Apoſtel Jakobus Zebedäi oder dem Aelteren, und Jako=
bus Alphäi oder dem Jüngeren liegt in den Apoſtelverzeichniſſen (Matth. 10, 2.3. Mark.
3, 17. 18. Luk. 6, 14. 15. Apg. 1, 13.) zu Tage. Der Apoſtel Jakobus der Jüngere
aber (ὁ μικρός, Mark. 15, 40.), Sohn des Alphäus und einer Maria (Matth. 27, 56.
Mark. 15, 40.), tritt in der evangeliſchen und apoſtoliſchen Geſchichte zugleich als Bruder
des Herrn auf (Matth. 13, 55. Mark. 6, 3. Galat. 1, 19.), als Vorſteher der Gemeine
zu Jeruſalem (Apg. 15. K. 21.), und bei Joſephus (Antiq. 20, 3, 1.) als Bruder
des Herrn mit dem Rufe des Gerechteſten (δικαιότατος), bei Hegeſippus (Euseb.
H. E. II. 1.) mit dem Beinamen der Gerechte (δίκαιος), und er ſcheint unter dieſem
Gegenſatz zwiſchen der früheren und der ſpäteren Bezeichnung in zwei Perſonen zu
zerfallen.

Die kirchenhiſtoriſche Hypotheſe aber, welche nun wirklich aus Jakobus dem Gerechten
einen dritten Jakobus gemacht hat, ſcheint zum Theil in apokryphiſchen, zum Theil in
legendariſchen Intereſſen ihren Urſprung zu haben. Was das letztere Intereſſe betrifft,

so ist es bekannt, wie sehr es das kirchliche Alterthum liebte, die kirchlichen Heiligen= namen zu vermehren. So wurden aus dem Einen Johannes Markus, dem Vetter des Barnabas, nicht bloß zwei, sondern drei Heilige gemacht (s. Winer, den Art. Markus). Auch später noch wurde der Epaphras von dem Epaphroditus unterschieden, Calvius machte aus dem Ev. Lukas und Lukas dem Arzt zwei Personen; neuerdings Neander aus dem Diakonus Nikolaus. Wie viele Personen schon das legendarische Alterthum aus dem Einen Apostel Judas Lebbäus Thaddäus gemacht, möchte schwer zu sagen seyn; doch hängt die Verdoppelung dieser Persönlichkeit, sowie des Apostels Simon mit der Verdoppelung des Apostels Jakobus Alphäi (Alphäi, der als Vater der drei entzweigespaltenen Brüder auch schon das Schicksal haben mußte, als Kleophas= Alphäus entzweigespalten zu werden) auf's Innigste zusammen. An der Theilung unsers Jakobus war vorzugsweise auch das apokryphische Interesse betheiligt. Wir wissen aus den Clementinen, daß die Ebioniten die Absicht hatten, das Ansehen des Jakobus als des Bruders des Herrn über das Ansehen aller Apostel, selbst des Petrus, emporzurücken (s. die Clementinischen Homilien, und Credners Einleitung in das N. T. S. 575). Schon zur Zeit der Apostel nannten ihn die Judaisten in der Christengemeine mit Emphase den Bruder des Herrn, und stellten ihn, pochend auf seine Autorität, den übrigen Aposteln voran (Galat. 1, 19; 2, 9; V. 12.). Die Unterschei= dung wurde dann durch das apokryphische Evangelium des Petrus nach dem Zeugnisse des Origenes (in Matth. Tom. X, 3.) und durch die apokryphischen apostolischen Con= stitutionen (II. 59. in der Ausgabe von Ueltzen Kap. 55.) vollzogen, welche freilich den Jakobus als Bruder des Herrn und einem der 70 (72) Jünger den Aposteln nicht über= ordnen, sondern beiordnen (Ἡμεῖς οὖν κ. τ. λ. σὺν Ἰακώβῳ τῷ τοῦ κυρίου ἀδελφῷ καὶ ἑτέροις ἑβδομήκοντα δύο μαθηταῖς). Diesen apokryphischen Zeugen stellen sich drei höchst gewichtige Zeugen des höchsten kirchlichen Alterthums für die Identität des Apostels und des Gerechten gegenüber. Denn Hegesippus spricht offenbar für die Iden= tität (Euseb. Hist. eccles. II, 23., vgl. *Schneckenburger*, Annotatio ad epistolam Jacobi Pag. 143), διαδέχεται δὲ τὴν ἐκκλησίαν μετὰ τῶν ἀποστόλων ὁ ἀδελφὸς τοῦ κυρίου Ἰάκωβος. Hieronymus übersetzte in seinem Katolog falsch: nach den Aposteln, Rufinus verbesserte: mit den Aposteln. Er übernahm die Leitung der Kirche von Jeru= salem mit den Aposteln. Das heißt er wurde nicht ausschließlicher Bischof, sondern den übrigen Aposteln als Aposteln war die Mitwirkung der Natur der Sache nach vorbehalten. Als Bischof wird er von den Aposteln unterschieden, obschon er Apostel ist, so wie Petrus als Sprecher von den Aposteln unterschieden wird, obschon er zu ihnen gehört, Apg. 5, 29. (ὁ Πέτρος καὶ οἱ ἀπόστολοι). — Ueber die Abkunft des Jakobus spricht sich Hegesippus (Euseb. IV, 22.) deutlich aus. Er sagt, es sey dem Jakobus, dem Gerechten, Simeon der Sohn des Kleophas als Bischof gefolgt, dieser wiederum abstammend von demselben Oheim des Herrn (θείου αὐτοῦ auf das nächst= vorhergehende ὁ κύριος bezogen *)), und es hätten ihm Alle diesen Vorzug gegeben als dem zweiten Verwandten (ἀνεψιός) des Herrn. Jakobus der Gerechte ist also nach Hegesippus der Jakobus Alphäi, der Apostel. Der zweite Zeuge, Clemens von Alexan= drien, spricht sich noch unzweideutiger aus (Euseb. II, 1.). Nach der Auferstehung über= lieferte der Herr Jakobus dem Gerechten, dem Johannes und dem Petrus die Gnosis.

---

*) Καὶ μετὰ τὸ μαρτυρῆσαι Ἰάκωβον τὸν δίκαιον, ὡς καὶ ὁ κύριος ἐπὶ τῷ αὐτῷ λόγῳ, πάλιν ὁ ἐκ θείου αὐτοῦ Συμεών, ὁ τοῦ Κλωπᾶ καθίσταται ἐπίσκοπος, ὃν προέθεντο πάντες, ὄντα ἀνεψιὸν τοῦ κυρίου δεύτερον. Neander und Andere wollen, der vorangehende Jakobus sey als das Hauptsubjekt unter αὐτοῦ zu verstehen; es heiße, Kleophas sey der Oheim des Jakobus, Simeon sein Sohn und beide also nicht Brüder. Wir erinnern 1) daß κύριος das nächste Subjekt, 2) daß es sich um einen Beweis handelt, daß Simeon Verwandter Jesu war, nicht lediglich Verwandter des Jakobus; 3) daß bei der Exegese Neanders das πάλιν nicht zu seinem philologischen Rechte kommt. Vgl. m. apostol. Zeitalter I. S. 194.

Diese überlieferten sie den übrigen Aposteln (τοῖς λοιποῖς ἀποστόλοις). Darauf erklärt Clemens noch ausdrücklich: Es waren aber zwei Jakobus, der Eine der Gerechte, der von der Zinne hinabgestürzt wurde, der Andere der Enthauptete. Hiezu kommt das Zeugniß des Origenes (Comment. in Matth. Kap. 17.). Auch die Erzählung des Evangeliums der Hebräer gehört noch hieher, nach welcher Christus nach seiner Auferstehung Jakobus dem Gerechten, dem Bruder des Herrn, erschienen sey. Ohne Zweifel ist dies dieselbe besondere Erscheinung, welche auch Paulus hervorhebt (1 Kor. 15, 7.) mit den Worten: Christus sey (gegen das Ende seiner Erscheinungen) dem Jakobus erschienen, darnach allen Aposteln. So günstig stand es mit der Identität, bis derselbe Eusebius, welcher dem Druck der legendarischen Tradition auch in Bezug auf den Thaddäus, den Presbyter Johannes, und andere Punkte nachgegeben hatte, den bestimmteren Grund zur Unterscheidung der zwei Gestalten des Jakobus legte. Eusebius scheint öfter seine Unsicherheit unter Undeutlichkeit zu verbergen. So bleibt er undeutlich über sein Verhältniß zu dem Zeugniß des Clemens', das er lib. II, 1. referirt. Offenbar aber will er den Bruder des Herrn I, 12. unter die 70 Jünger stellen. Von diesen handelt das Kapitel, und nun, nachdem Eusebius von den verschiedenen Erscheinungen des Auferstandenen geredet, und zuletzt diejenige angeführt, die dem Jakobus zu Theil wurde, setzt er hinzu: εἷς δὲ καὶ οὗτος τῶν φερομένων τοῦ σωτῆρος μαθητῶν, ἀλλὰ μὴν καὶ ἀδελφῶν ἦν. — Auffallend bleibt es auch bei dieser Stelle, daß die Worte μαθητῶν, ἀλλὰ μὴν καὶ sich nur im Codex Regius finden*). Genug, nach dem Zeugniß des Eusebius tritt die legendarische Tradition entschiedener hervor. Freilich die Stelle bei Cyrill von Jerusalem cat. IV. καὶ τοῖς ἀποστόλοις, καὶ Ἰακώβῳ τῷ ταύτης τῆς ἐκκλησίας ἐπισκόπῳ, könnte auch noch nach dem angeführten Ausdruck Apg. 5, 29.: ὁ Πέτρος καὶ οἱ ἀπόστολοι erklärt werden. Bei Gregor von Nyssa (de resurrect. Or. II.) und Chrysostomus (Hom. V. in Matth.) wird die Unterscheidung bestimmter, allein Beide haben keine historischen Gründe. Gregorius kommt gar nicht in Betracht, da er von dem Irrthum ausgeht, Jakobus Alphäi heiße der major als Apostel, der Andere sey nicht Apostel, weil minor. Chrysostomus stützt sich auf einen bekanneren exegetischen Grund: der Bruder des Herrn war lange ungläubig, der Apostel Jakobus war gläubig; folglich beide verschieden. Epiphanius macht jedenfalls den Bruder des Herrn auch zum Apostel (f. Häres. 29. contra Nazoräos, vgl. *Theile*, Commentar. in Epist. Jacobi Pag. 37). Hieronymus ist ebenfalls mit sich selber im Zwiespalt (f. *Natalis Alexandri*, Hist. eccles. IV. pars I. p. 58). Augustinus nannte den Bischof von Jerusalem zugleich Apostel (contra Cresconium II, 37.)**). Das kirchliche Alterthum schließt also mit einer entschiedenen Theilung der Meinungen, nicht aber mit entschiedener Theilung der Person des jüngern Jakobus selbst. Nach der Reformationszeit wird die Frage von dem dogmatischen Interesse in Empfang genommen. Nach Luther ist der Verfasser des Briefes Jakobi: "irgend ein guter frommer Mann." Doch sind auch Grotius und Richard Simon***) für die Unterscheidung; in der neueren Zeit Herder, Clemen, Credner, Schaff, de Wette, Neander, Niedner, Kern, Winer, Stier, Rothe und wohl überhaupt die größere Mehrheit der jetzigen Theologen. Für die Identität dagegen haben sich ausgesprochen Natalis Alexander, Baronius, Lardner, Pearson, Buddeus, Baumgarten, Semler, Gabler, Eichhorn, Pott, Hug, Bertholdt, Guerike, Schnedenburger, Meier, Steiger und namentlich auch Gieseler (Kirchengesch. I. 93.) und Theile (Comment. in Epist. Jacobi, Proleg. P. 36); auch der Verfasser†). Verhandelt wurde

---

*) S. die Ausgabe von Heinichen S. 76. — Entschiedener ist die Stelle in Comment. ad Ἰεσάι zu 17, 5. S. Rothe, Anfänge I. S. 265.

**) Vergl. Euseb. von Heinichen, die Note 219.

***) Die Belege f. m. bei Winer, dessen Verzeichniß wir der Kürze wegen folgen, mit den nöthig scheinenden Ergänzungen.

†) Leben Jesu II, Bd. S. 140. Positive Dogmatik S. 623. — Das apostolische Zeitalter I. 189.

über die Frage in specieller Weise von Zaccaria, Pott, Kern, Meier, Demme, Wieseler. In bestimmtem Gegensatze stehen die Verhandlungen von Pott: Epistolae cath. perp. annot. illustratae Vol. I. und von Gabler: de Jacobo, epistolae eidem adscriptae auctore, Altorf 1787. Der Erstere für die Zweiheit, der Andere gegen dieselbe. Neuerdings schrieb Ph. Schaff für die Unterscheidung: "Das Verhältniß des Jakobus, Bruders des Herrn und Jakobus Alphäi, Berlin 1842." Zuletzt derselbe in seiner Gesch. der christl. Kirche, 1. Bd. (Mercersburg 1851) S. 311. Der Verfasser fängt jedoch hier wenigstens an, das Resultat seiner früheren Schrift zu bezweifeln, doch scheint ihm noch immer das Uebergewicht der Gründe zu Gunsten der Annahme von drei Jakobus zu sprechen. Diese Gründe sind nun zu vernehmen, wobei wir Winer folgen, der übrigens mit der Frage nicht abschließt: 1) Jakobus Alphäi konnte — "da Jesus einen leiblichen Bruder dieses Namens hatte" quod erat demonstrandum — als bloßer Vetter (ἀνεψιός) nicht ohne Verwirrung ἀδελφὸς τοῦ κυρίου genannt werden. Die gewöhnliche Widerlegung dieses Grundes hebt zwei Punkte hervor: erstlich den weiteren Gebrauch des Brudernamens bei den Hebräern für nahe Verwandtschaft überhaupt, zweitens den Ausdruck in den Clementinen hom. II, 35: Ἰακώβῳ τῷ λεχθέντι ἀδελφῷ τοῦ κυρίου. Es ist aber vielmehr zu zeigen, daß der Jakobus Alphäi wirklich der Bruder des Herrn war. Nach Hegesippus (Euseb. III, 11.) war Alphäus Klopas, (Kleophas = Alphäus [s. d. Art.]), der Vater des Simeon, des zweiten Bischofs von Jerusalem, ein Bruder des Joseph, daher Simeon von Haus aus ein Vetter Jesu. Die Frau dieses Alphäus war Maria, welche gewöhnlich irriger Weise für eine Schwester der Mutter Jesu gehalten wird. Wieseler hat nämlich in den Studien und Kritiken (1840, 3, S. 648) nachgewiesen, daß die Stelle Joh. 19, 25. zu lesen sey: es standen aber bei dem Kreuze seine Mutter, und die Schwester seiner Mutter (Salome) — Maria, die Gattin des Kleophas und Maria Magdalena. Die Alphäiden sind also ursprünglich sogar nur Stiefvettern des Herrn, von des Vaters Seite her. Wie sind sie denn aber Brüder des Herrn geworden? An dieser Stelle tritt die einfachste, durch die Sitten der Israeliten überall (s. Joh. 19, 26. 27.) unterstützte Hypothese ein. Kleophas war gestorben; Joseph, der Pflegevater Jesu war sein Bruder nach Hegesippus (Euseb. III, 11.); er wurde nun auch der Pflegevater der Söhne seines Bruders Kleophas, und seitdem bildeten die Familie des Joseph und die Familie des Alphäus, die andere Maria also und ihre Söhne, Jakobus und Joses, Simon und Judas nebst mehreren Töchtern ein einziges Hauswesen (Matth. 13, 55. Mark. 6, 3.). Nachdem nun auch Joseph gestorben war, treten die ältesten Brüder Jesu, besonders Jakobus, welche höchst wahrscheinlich älter waren als Jesus, allmählig mit an die Spitze dieses Hauswesens, und eben daraus erklärt sich denn, daß diese Brüder mitunter auch später noch eine etwas bevormundende Stellung zu dem jüngeren Jesus, dem Herrn, einzunehmen suchten (Mark. 3, 31. Joh. 7, 3.). Auch die Thatsache, daß Jesus am Kreuz den Johannes zum Pflegesohn der Maria machte, findet so eine nähere Erklärung. Johannes war nicht nur durch geistige Verwandtschaft, sondern auch durch leibliche mehr berechtigt als Jakobus Alphäi. Nach jüdischen Rechtsverhältnissen aber waren die Alphäiden die Brüder des Herrn. Nach Schneckenburgers Hypothese zog umgekehrt die Mutter des Herrn nach dem frühen Tode des Joseph in das Haus ihrer Schwester, der Frau des Alphäus. Allein ein Adoptionsverhältniß müssen wir jedenfalls dabei annehmen. Nun aber wissen wir, daß Joseph noch lebte, als Jesus bereits zwölf Jahre alt war, und wohl auch eine geraume Zeit darüber hinaus. Von Alphäus wissen wir nicht das Gleiche und er tritt nirgends in der evangel. Geschichte auf (der Kleophas Luk. 24, 18. ist offenbar ein anderer). Die Adoption führte daher wohl beide Familien im Hause des Joseph zusammen, und die Alphäiden waren nach jüdischen Rechtsverhältnissen die Brüder des Herrn. — 2. Grund: "In der ältesten kirchlichen Tradition wird Jakobus der Bruder des Herrn als Nichtapostel angeführt." Wir haben gesehen, daß der Kern dieser Tradition vielmehr das Entgegengesetzte bezeugt. — 3. Grund: "In der Ueberschrift des

Briefes Jakobi nennt sich der Verfasser nur θεοῦ καὶ Ἰησοῦ Χριστοῦ δοῦλος. Das
würde ein Apostel wohl nicht gethan haben.« Und doch nennt sich der Apostel Paulus
so im Briefe an die Philipper, allerdings mit Einschluß des Timotheus, Johannes
nennt sich vor den zwei kleineren Briefen bloß πρεσβύτερος. Die Apostel aber nennen
sich so oft δοῦλος καὶ ἀπόστολος, daß man wohl sieht, was hier der δοῦλος bedeutet.
Für den Jakobus aber, dessen apostolische Funktion längst in die bischöfliche übergegangen war, war es am angemessensten, seine ganze Stellung mit diesem Einen Worte
auszusprechen, welches den Apostel und den Bischof zugleich bezeichnete, und der Name
war um so passender, da er an Judenchristen schrieb, die er vom Abfall von Christo
abwehren wollte. 4) »Versichert Johannes 7, 5., daß die ἀδελφοί Christi nicht an ihn
(als Messias??) hätten glauben wollen, zu einer Zeit, da Jakobus Alphäi schon unter
die Apostel aufgenommen war.« Auf diesen Grund legt Stier einen besondern Nachdruck. Und doch bethätigen die Brüder nach Markus 3, 31. einen derartigen Unglauben,
an welchem sich auch Maria betheiligte. Die Art und Weise aber, wie die Brüder
Jesu ihren Unglauben äußern in der Stelle Joh. 7, 3., stellt denselben auf eine Linie
mit dem Unglauben des Petrus Matth. 16, 23., und mit dem Unglauben des
Thomas Joh. 20, 25. Johannes redet offenbar nicht von dem Unglauben im gewöhnlichen Sinne, welcher die Messiaswürde Jesu verwarf, sondern von jenem Unglauben,
oder jenem Mangel an Vertrauen, Hingebung und Gehorsam, welcher es den Jüngern
Jesu, seinen Aposteln, und vorübergehend auch seiner Mutter, schwer machte, sich in
seinen Leidensweg, oder auch in seine Verborgenheit zu finden. Die Brüder Jesu
wollen, er solle sofort öffentlich in Jerusalem sein Werk entfalten. Wäre ihnen das
nicht ernst gemeint gewesen, so müßten wir ihr Werk als Spott und Hohn nehmen;
davon aber, daß sie ungläubige Spötter gewesen, steht nirgend ein Wort. 5) »Apg.
1, 13. 14. werden außer den Aposteln noch ἀδελφοί τοῦ Ἰησοῦ aufgeführt. Jakobus
minor ist von diesen ausgeschlossen dadurch, daß er unter den Aposteln durch den Beisatz
Ἀλφαίου den ἀδελφοῖς schlechthin gegenübersteht« (hieher gehört auch Joh. 2, 12.).
Man könnte zunächst fragen, ob denn Apg. 1, 14. mit dem Satz: mit den Weibern und
Maria — auch die Maria von den Weibern ausgeschlossen werden solle? Nun aber ist
außerdem zu erinnern, daß nicht nur die drei apostolischen Namen Jakobus, Simon und
Judas unter den Brüdern sich finden, sondern auch noch der Joses mit seinen Schwe-
stern nach Mark. 6, 3. So bildet sich eine Kategorie von Brüdern oder Geschwistern
Jesu neben den Aposteln, unter denen auch Brüder sind. Winer will freilich, es müßten
diese bezeichnet seyn mit ἄλλοις ἀδελφοῖς. Allein dies wäre nur nöthig, wenn im
Apostelkatalog die Bezeichnung ἀδελφοί zu den betreffenden Aposteln hinzugesetzt wäre.
Da dies nicht geschehen ist, so würde Winers Correktur den Sinn erregen, als ob alle
Apostel Brüder des Herrn wären. Ueberhaupt aber wird man sich das stehende Vorkommen eines besonderen Geschwisterkreises neben den Apostelkatalogen daraus zu erklären
haben, daß der erstere Kreis nicht mit dem letzteren zusammenfiel. Die Stelle 1 Kor.
15, 5. darf wohl die Brüder des Herrn neben den Aposteln hervorheben, da sie sogar
noch einmal den Petrus besonders hervorhebt. War Petrus trotz dieser besonderen Hervorhebung ein Apostel, weßhalb nicht auch die besonders hervorgehobenen Brüder, die
hier offenbar wie Petrus bloß des besonderen Ansehens wegen, deß sie bei den Judenchristen genossen, hervorgehoben werden. Was dann den Ausdruck Gal. 1, 19. betrifft:
»Einen andern von den Aposteln sahe ich nicht außer Jakobus, den Bruder des Herrn«,
so ist hier, wie auch Schneckenburger das betont, der Jakobus augenscheinlich zu den
Aposteln gezählt. Der Versuch Neanders, diesen Beweis zu entkräften (557), erscheint
als eine haltlose Künstelei; der Jakobus sey dem Apostel Galat. 1, 19. erst hinterher
eingefallen, nachdem er schon: einen anderen Apostel sah ich nicht — geschrieben!
Nach Heß, Gesch. der Apostel, würde bloß οὐκ εἶδον auf den Jakobus zu beziehen seyn,
nicht auch τῶν ἀποστόλων. Diese gewaltsame Auslegung beweist nur, wie stark die
Stelle für die Identität spricht. Wir sehen, wie sich die letzten Gründe für den dritten

Jakobus schon in Gegengründe verwandelten. Noch bestimmter treten folgende Gegengründe hervor. 1) Die altkirchliche Tradition. Hier nämlich treten Hegesippus,
Clemens und Origenes den fabelhaften Nachrichten der Apokryphen und der Legende entscheidend gegenüber; die späteren Kirchenväter aber von Eusebius an haben bei dieser
Frage gar keine Bedeutung; abgesehen davon, daß sie theilweise auch noch für die Identität sind *). 2) Die völlige Unhaltbarkeit eines apokryphischen Apostelstan-
des neben dem von Christus gestifteten Apostolat. Die neuere Theologie läßt sich
in diesem Falle von clementinischen Legenden einreden, es sey möglich gewesen, daß schon
in der apostolischen Zeit ein Nichtapostel als Bruder des Herrn, das heißt wegen seiner
leiblichen Verwandtschaft mit demselben, allmählig in die apostolische Würde hätte auf-
rücken, ja sogar über die übrigen Apostel hätte im Ansehen emporrücken können. Denn
der vermeintliche dritte Jakobus erscheint ja in der That nach Galat. 2, 9. neben Petrus
und Johannes als eine der drei Säulen der judenchristlichen Kirche durchaus anerkannt;
er wird sogar vorangestellt. Offenbar vertritt dieser Jakobus mit Petrus und Johannes
das Apostelamt unter der Beschneidung, wie Paulus unter den Heiden. Nun aber zieht
dieser Jakobus nicht nur den Verfasser des Briefes Judä, »den Bruder Jakobi« mit in
die apostolische Würde empor, sondern auch seinen Nachfolger im Episkopat von Jerusalem, den Simeon. Wo aber finden wir im Neuen Testamente auch nur Eine Spur
von der Berufung dieser neuen überzähligen Apostel? Wenn wir aber festhalten, wie
bestimmt und wiederholt die förmliche Berufung der Zwölfe zum Apostelamt betont wird,
wie ausdrücklich die Ergänzung der Lücke, welche durch den Fall des Ischarioth entstand,
durch den Matthias zu einem feierlichen Akt des gesammten Apostelcollegiums zurückgeführt wird, und wie lange es anstand, bis Paulus zur Anerkennung seiner apostolischen Bedeutung gekommen war, so ist es ausgemacht, in diesem Zeitalter konnte der
Titel der Verwandtschaft allein nicht ausreichen, drei nichtapostolische Männer unter der
Hand in Apostel zu verwandeln **). Und man darf es dem Paulus wohl zutrauen, daß
er den »Leuten von Jakobus«, welche überall seine apostolische Autorität untergraben
wollten, nicht geschenkt hätte, wenn sie sich dabei auf ein von der Bigotterie ihrer Partei
improvisirtes Apostolat des dritten Jakobus berufen hätten. 3) Die noch größere Unwahrscheinlichkeit, daß wirkliche Apostelnamen von später introduzirten Aposteln
spurlos sollen ausgelöscht worden seyn. Die Apostelgeschichte weiß nämlich im
1. Kapitel nur von dem älteren Apostel Jakobus, und neben ihm von dem Apostel Jakobus Alphäi. Diesen Jakobus soll sie nun ganz spurlos verschwinden lassen, und unter
der Hand wahrscheinlich schon Kap. 12, 17., jedenfalls Kap. 15., und Kap. 21. einen
ganz neuen Jakobus an die Stelle setzen, ohne auch nur mit Einem Worte zu bemerken,
dieser sey ein Neuer, ein Anderer, der Bruder des Herrn. De Wette freilich hat sich
(Einl. in's N. T. 304) mit der Auskunft zu helfen gewußt, der Verfasser der Apostelgeschichte habe den Jakobus Alphäi mit dem Bruder des Herrn verwechselt, oder unterlassen, jenen von diesem ausdrücklich zu unterscheiden. Damit würde freilich Lukas alle
Zuverlässigkeit einbüßen. De Wette hat aber dabei übersehen, daß der ganz gleiche Ver-
wechselungsprozeß auch mit den brüderlichen Genossen des Jakobus Simeon und Juda
vor sich gegangen seyn müßte. Jakobus Alphäi, Judas Thaddäus und Simon, die
Männer des Apostelkatalogs, alle drei wären spurlos verschwunden; dagegen wären drei

---

*) Die spezielle Behandlung f. m. in meinem apostolischen Zeitalter S. 193.
**) Stier (Andeutungen I. 412) und Wieseler, Studien und Kritiken 1842 suchen dieser
Unwahrscheinlichkeit zu entgehen durch die Annahme, der Jakobus, Bruder des Herrn, Galat.
1, 19., sey zu unterscheiden von dem Jakobus schlechthin, Galat. 2. Der Letzte sey der Apostel
Alphäus, der Erstere nur eine angesehene Persönlichkeit, nicht aber der Vorstand der Gemeine.
Diese Hypothese setzt sich aber, wie Winer richtig bemerkt, in Widerspruch mit der
ältesten kirchlichen Tradition, nach welcher der Bruder des Herrn Bischof von Jerusalem war.

gleichnamige Männer von apostolischem Ansehen aufgetaucht: Jakobus der Bruder des Herrn, Judas der Bruder Jakobi nach dem Briefe des Judas, Simeon der Bruder und Nachfolger des Jakobus nach dem Bericht des Hegesippus. Somit ergibt sich 4) die Unhaltbarkeit einer dreinamigen Doppelgängerlinie in dem apostolischen Kreise. In dem Apostelkatalog finden wir die Namen Jakobus Alphäi oder Kleophas Sohn, Lebbäus Thaddäus, oder Judas, und Simon Kananites oder Zelotes dicht beisammen. In dem Verzeichniß der Brüder Jesu finden wir außer dem Joses dieselben Namen Jakobus, Judas, Simon, und wir wissen auch bereits, in welchem Sinne sie seine Brüder waren, nämlich als Söhne des Kleophas. Das erste Mirakel wäre nun hier der Zufall, daß drei Brüder des Herrn ganz die gleichen Namen hätten mit drei Aposteln des Herrn, und doch von ihnen verschieden. Das zweite, daß auch diese Brüder genannt werden müßten Jakobus Alphäi (= Kleophas), Judas Alphäi, Simon Alphäi, ohne eine Beziehung zu dem Apostel Jakobus Alphäi zu haben. Nun aber hatte nach Markus 15, 40. der Apostel Jakobus der Jüngere auch einen Bruder Joses. Ganz also so wie der Bruder des Herrn. Ohne Zweifel das dritte Mirakel. Denn nun müssen wir sogar eine Doppelgängerlinie von vier Namen statuiren. Jakobus Alphäi der Apostel, sein Bruder Joses, und seine Genossen: Judas und Simon; die vier Brüder des Herrn: Jakobus Alphäi der Nichtapostel, und seine Brüder Joses, Judas und Simon. Oder vielmehr, die Identität schlägt auf allen Stellen durch: Maria, die Mutter des Apostels Jakobus des Jüngern (Alphäi) ist zugleich die Mutter eines Joses, wie wir ihn neben Jakobus dem Bruder des Herrn finden. Ein Joses ist Bruder des Apostels Jakobus Alphäi, und Ein Joses ist Bruder des Bruders des Herrn Jakobus Alphäi. Ein Kleophas ist der Vater des Apostels Jakobus, und Ein Kleophas ist der Vater der Brüder des Herrn. Ein Simon Zelotes findet sich unter den Aposteln, und Ein Simon ist der Vetter des Herrn, ein Mann von apostolischem Ansehen*), Bruder und Nachfolger des Jakobus. Was aber diesen Jakobus selbst anlangt, so heißt er schlechthin der Jüngere, und soll sich doch wieder in einen major und minor, oder in einen minor und minimus vulgo maximus theilen. Er ist allemal Jakobus Alphäi, und doch das eine Mal der Apostel, das andere Mal nicht. Er steht allemal sogar im entschiedensten apostolischen Ansehen, und ist doch das eine Mal Apostel, das andere Mal nicht. Das Merkwürdigste aber wäre vollends dieses: von dem Apostel Jakobus Alphäi hätten wir den apostolischen Namen ohne alle Geschichte und Wirksamkeit. Von dem Jakobus, dem Bruder des Herrn dagegen hätten wir eine reiche apostolische Geschichte ohne irgend eine Spur von Apostelnamen. Und so wären auch Simon und Judas, spurlos untergetaucht, dagegen wären die apostolischen Männer Judas und Simon unerwartet aufgetaucht, der Eine mit seinem Briefe, der Andere mit seinem Episkopat, ohne daß das ganze apostolische Zeitalter auch nur einen Strich zur Unterscheidung dieser rein unerhörten Doppelgängerei gemacht hätte, wir meinen eine zwei- bis vierfache Doppelgängerei der Namen, der Würden, der Verwandtschaft, der gemeinsamen Beziehungen überhaupt. Sind aber einmal die Brüder des Herrn, denen wir außer dem Episkopat des Jakobus und des Simon die Briefe des Jakobus und des Judas verdanken, in ihrer Identität mit den gleichnamigen Aposteln anerkannt, so wird man auch den Karakterzug des bedachtsamen, gouvernementalen Jakobus von Apg. 15. und 21. schon in dem vorgreiflichen Akte ängstlicher Vorsicht (Mark. 3.) wiederfinden. Dagegen spiegelt sich der geheiligte Judas Lebbäus, Thaddäus (der Mann des Herzens oder der Brust), welchen auch der gleichnamige Brief karakterisirt, in der Geschichte von den ungläubigen Brüdern Joh. 7. deutlich ab: feuriges Hervortreten (vgl. auch Joh. 14, 22.). Der Simon Zelotes aber hat die apostolische Läuterung seines Feuereifers mit seinem Episkopat und Martyrthum bethätigt.

---

*) Συμεών ist die Lesart der LXX, der neutestamentliche abgeschlossene Name Simon erklärt sich wohl besonders auch aus dem sehr häufigen Gebrauch dieses Namens.

Mit dieser Untersuchung wäre denn auch die Frage über die Brüder des Herrn nach ihrer exegetisch=historischen Grundlage entschieden. Die historisch=dogmatischen Verhandlungen über dieselbe Frage aber gehören nicht hieher.

I. **Jakobus der Aeltere** (major) **oder Jakobus Zebedäi.** Der Vater des hochbegnadigten Brüderpaares, Jakobus des Aelteren und des Apostels Johannes, Zebedäus, war ein galiläischer Fischer, Anwohner des Sees Genezareth, und fast sollte man vermuthen, am Gestade zu Kapernaum (Matth. 4, 21. 22.). Von ihm wissen wir nichts Näheres; indessen können wir aus mehreren Anzeichen schließen, daß er das würdige Haupt einer wohlhabenden, angesehenen und frommen Fischerfamilie war. Seine Gattin Salome nämlich begleitete den Herrn neben einigen anderen Frauen, und sorgte mit für seine Bedürfnisse (Mark. 15, 40. 41. vgl. 16, 1. Luk. 8, 3. und Matth. 27, 56., wo sie bloß als die Mutter der Söhne des Zebedäus bezeichnet ist). Sein Sohn Johannes war sogar im Hause des Hohepriesters bekannt und geachtet, was sich wohl nur aus Beziehungen des Hauses erklären läßt (Joh. 18, 15.). Von Johannes aber wissen wir, daß er schon in der Schule des Täufers Johannes am Jordan gelebt hatte, bevor er Jünger Jesu wurde (Joh. 1, 40.). Der Vater hatte ihn also für diese heiligen Wege freigegeben; auch fanden beide Brüder kein Hinderniß bei dem Vater, als der Ruf des Herrn plötzlich an sie erging, ihm nachzufolgen (Matth. 4, 21.). Nach den Sagen der Alten war Salome bald eine Tochter des Joseph, Pflegevaters Jesu, aus erster Ehe, bald gar die Gattin des Joseph, bald die Brudertochter des Priesters Zacharias (s. Winer, den Artikel Salome). Aus der evangelischen Geschichte ergibt sich mit der höchsten Wahrscheinlichkeit (s. oben Wieselers Hypothese), daß sie eine Schwester der Mutter des Herrn war (nach Joh. 19, 25.), mit Gewißheit aber, daß sie eine begeisterte, getreue, aufopferungsfreudige Anhängerin des Herrn war; dabei aber auch eine Frau von hochfliegender Seele, die sich in dem Werthe ihrer herrlichen Söhne fühlte, und um die beiden ersten Stellen im Messiasreich neben Christus dem Könige anhalten konnte (Matth. 20, 2. vgl. Mark. 10, 35.). Aus einem solchen Hause des Geistes und des geistigen Adels ging Jakobus mit seinem Bruder Johannes hervor. In den meisten Zügen seines Lebens bleibt er mit seinem Bruder Johannes zusammengeschlossen in Eins. Ob er auch schon mit ihm in der Schule des Täufers war, läßt sich nicht sicher entscheiden. Er wurde aber mit ihm gleichzeitig berufen zur ständigen Nachfolge Jesu, als dieser seine öffentliche Wirksamkeit begann (Matth. 4, 21.), unmittelbar nachdem das Brüderpaar Petrus und Andreas denselben Ruf erhalten hatte. Weiterhin wurde er mit ihm zum Apostelamt ausgesondert nach Matth. 10., und er hat hier dieselbe Stellung nach dem Andreas, vor dem Johannes. Ebenso Luk. 6, 14. Man schließt hieraus mit Grund, daß er der ältere Bruder neben Johannes gewesen. Markus gibt ihm in seinem Verzeichniß 3, 17. die zweite Stellung, sofort nach Petrus, und er wird hier mit dem Johannes zusammengefaßt unter den Namen Boanerges, d. h. nach der Erklärung von Markus, Donnersöhne. Man hat diesen Namen bezogen auf die Thatsache, welche Lukas 9, 54. erzählt; die Zebedäiden wollten Feuer vom Himmel fallen lassen auf einen samaritanischen Flecken. Die Veranlassung mag richtig erkannt seyn; sicher aber soll der Name ebensowenig in einem Tadel bestehen, wie der Beiname Petrus bei dem Simon (s. Mark. 3, 16. 17. den gleichen Ausdruck in beiden Fällen: καὶ ἐπέθηκε — καὶ ἐπέθηκε). Beinamen, vom Herrn gegeben, können unmöglich Scheltnamen seyn; sie bezeichnen, wie wir das bei Petrus sehen, das Charisma, die vom Geiste des Herrn geweihte apostolische Karakteranlage. Und wenn sicher auch der Apostel Johannes an dem Tadelnswerthen, was in der nächsten Veranlassung des Namens lag, seinen Antheil hatte, wie dies der Zug Luk. 9, 49. beweist, so hatte andererseits Jakobus auch an dem Karakterzug der Erhabenheit, Großheit, Reinheit und Feuerkraft Antheil, den dieser Name aussprach, und wenn Johannes in erster Linie das Licht des Donners veranschaulichte, so Jakobus ganz wahrscheinlich seine Flamme und seine Kraft. Zu beachten ist, daß ihn nicht nur Markus in die zweite Stelle setzt, zunächst dem Petrus, sondern

nennt dieselbe Maria des Kleophas (des Alphäus Weib). Die Maria, Mutter des Joses,
ist also nicht nur Mutter Jakobus des Kleinen, sondern auch Maria Alphäi. — Wir
müssen also hier die Identität für entschieden halten. Im Apostelkatalog der Apostel=
geschichte stehen wieder Jakobus Alphäi, Simon Jakobus und Judas Jakobi dicht bei=
sammen. Lukas berichtet uns dann Apg. 12., wie Jakobus, der Bruder des Johannes,
mit dem Schwert hingerichtet worden sey, Petrus gefangen, gerettet, in die Mitte einer
christlichen Versammlung getreten und geschieden mit den Worten: saget es Jakobus und
den Brüdern. Jakobus Zebedäi ist todt, wer anders kann gemeint seyn, als Jakobus
Alphäi, Jakobus der Kleine? Offenbar setzt Petrus voraus, daß dieser Jakobus jetzt
an die Spitze des Gemeindewesens zu Jerusalem treten werde. Und so tritt er stark her=
vor auf dem Apostelconvente, Apg. 15. Wiederholt ist hier die Rede von den Aposteln
und den Presbytern (V. 4; V. 6; V. 22, 23.). Nicht von ferne kann uns einfallen,
den hier auftretenden Jakobus unter die Aeltesten zu setzen: er ist der erste Sprecher
nach Petrus, sein Wort gibt die letzte Entscheidung, und von dieser Entscheidung, zusam=
mengefaßt mit der Entscheidung des Petrus, heißt es in dem Sendschreiben der Mutter=
gemeine an die heidenchristlichen Gemeinen: die Apostel, und die Aeltesten und die Brü=
der. Wir lernen aber hier einen Apostel Jakobus kennen, welcher durchaus mit Paulus
und Petrus auf demselben Glaubensgrunde steht, für welchen die jüdischen Satzungen
keinerlei dogmatische Bedeutung haben, und das Dogma, welches er für das Heidenchri=
sten geltend macht, hat schlechterdings keine religiöse, sondern lediglich ethische Bedeu=
tung; es soll die Gemeinschaft zwischen Juden und Heidenchristen sichern dadurch, daß
die sogenannten noachischen Gebote zwischen den allzufreien Sitten der Heidenchristen und
den ängstlichen Sitten der Judenchristen vermitteln. Dieser selbige Apostel Jakobus ist
aber auch der Bruder des Herrn, wie sich das aus dem Reisebericht des Apostels Galat. 2.
ergibt. Es kann uns nun wieder nicht einfallen, zwischen diesem Apostel Jakobus und
dem Jakobus Apg. 20. einen Personenwechsel eintreten zu lassen. Es ist der Jakobus
schlechthin, der Alte und Allbekannte, mit den gleichen Zügen: Glaubensgenoß des Paulus,
voll Gotteslob über sein Werk, aber derselbe sorgfältige Vermittler zwischen der Glaubens=
freiheit des paulinischen Christenthums und der unfreien Befangenheit der Judenchristen
und des Judenvolks selbst, das er immer noch zu gewinnen hofft. Wir können den Rath,
welchen er dem Paulus ertheilt, sich durch ein israelitisches Nasiräatsgelübde von dem Vor=
wurf, er zerstöre die jüdische Sitte der Judenchristen, zu befreien, nicht für ein Werk
der Inspiration halten; der Zweck des Rathes wurde nicht erreicht. Jedenfalls aber ist
der Apostel Jakobus ohne Schuld an dem Zerrbilde, welches die gesetzlichen Judenchristen
aus ihm machten zur Bethörung der auswärtigen Gemeinen. Wie früh sie das thaten,
zeigt die Stelle Apg. 15, 24.; und bei der hier ausgesprochenen Verwahrung des Jako=
bus gegen solche Insinuationen muß es auch für die spätere Zeit sein Bewenden haben.
Das Vorgeben der Baurschen Schule, Paulus polemisire in seinen Briefen auch gegen
die Judenapostel selbst, ist eine eitle Fiktion, woran allerdings der Mangel an Einsicht
in den Unterschied zwischen religiösen und ethischen Dogmen mit betheiligt ist.
Wir haben gesehen, wie »die Brüder des Herrn,« 1 Kor. 9, 5., ebenso wenig aus der
Apostelreihe heranstreten, wie der Kephas, der mit ihnen besonders hervorgehoben ist.
Der Ausdruck zeugt aber für das steigende Ansehen, welches die Brüder des Herrn unter
den Aposteln genoßen. Paulus deutet an, daß der Apostel Jakobus zur Zeit seiner Be=
kehrung wenigstens für ihn noch sehr bedeutend im Hintergrunde gestanden habe im Ver=
hältniß zu dem Petrus (Galat. 1, 3.), obschon er ihn von seinem späteren Standpunkte
aus schon mit dem Ehrentitel bezeichnet, unter dem die Judenchristen sein Ansehen in
den Gemeinen priesen; wie wenn er sagen wollte, den gefeierten Bruder des Herrn sah
ich damals auch nebenbei. Daß aber dieser hervorragendste Bruder des Herrn ein Apo=
stel im gewöhnlichen amtlichen Sinne ist, zeigt der Text. Und nur unter dieser Bedin=
gung konnte der Apostel in die Bezeichnung der Judenchristen eingehen, nach welcher
Jakobus nebst Petrus und Johannes als Säule der Gemeine angesehen wurde, indem

er (Kap. 2, 9.) von seiner Reise zum Aposteloncil in Jerusalem berichtet, denn weder von einer früheren, noch von einer späteren Reise kann hier die Rede seyn*). Jakobus besiegelte damals das Zeugniß der Glaubensgemeinschaft mit ihm durch brüderlichen Handschlag. Daher wird man auch nicht berechtigt seyn, die „Etlichen, welche vom Jakobus her" (τινὲς ἀπὸ Ἰακώβου, Kap. 2, 12.) später in Antiochien erscheinen, als Sendboten einer Glaubensveränderung des Jakobus zu betrachten. Sie sind gesetzliche Judenchristen der Gemeine zu Jerusalem, durch deren Anwesenheit und Weise sich Petrus vorübergehend zur Heuchelei verleiten läßt. Das letzte brüderliche Zusammenkommen des Paulus mit dem Jakobus in Jerusalem, wovon Apg. 21. berichtet, ist von späterem Datum. Es war um das Jahr 60. Im Jahr 62 starb Jakobus den Martyrtod. Gegen dieses Ende seines Lebens hin entstand also ohne Zweifel der apostolische Brief, den wir keinem dritten Jakobus zuschreiben können, weil der dritte als eine Fiktion erkannt ist. Der Grundgedanke dieses Briefes ist das Christenthum nach seinem Verhältniß zu dem äußeren alttestamentlichen Gesetz, als das Gesetz der Freiheit (1, 25.), oder auch das königliche Gesetz der Liebe (2, 8.), das Gesetz, wie es vermittelst des innigen Anschauens und Durchschauens (des Glaubens) in's Herz geschrieben wird (1, 25.), wie es nach Innen Eins ist mit der Neugeburt (1, 18.), nach Außen Eins mit der That des Glaubens (Kap. 2.), in sich selber Eins als die Wahrheit der Gebote (2, 10.), in seiner Richtung Barmherzigkeit, die sich rühmet gegen das Gericht (Gegensatz gegen den jüdischen Fanatismus, 2, 12.) in seiner Form und Methode Weisheit (3, 13.), in seiner Vorbedingung Demuth und Entsagung (Kap. 4.), in seiner vollen Entfaltung weltüberwindende Geduld, rettende Wunderkraft (5, 11.). Nach seinem Ursprung aber beruht das Christenthum auf der vollkommenen Gabe und dem freien Wohlgefallen des himmlischen Vaters, auf dem in die Herzen gepflanzten Wort der Wahrheit (1, 21.), auf der Geduld Christi und auf der Hoffnung seiner Zukunft (5, 6. 7.). Die Sünde aber, welche sich dem Heilsleben gegenüberstellt, wurzelt im Zweifel (1, 6.), verwirklicht sich in der bösen Lust, gebiert den Tod. Das wesentlichste Hinderniß jedoch, von der Sünde zum Heil durchzudringen, ist der Fanatismus, den Jakobus nach allen seinen Zügen schildert; vorschnelle Rede, schlechtes Gehör, todter Cultus, Ansehen der Personen, unbarmherziges Richten, todter Buchstabenglaube, unberufener Lehreifer, Weltlust, Hochmuth, am Ende die Tödtung des Gerechten und das Gericht (Kap. 5.). So bildet gerade Jakobus (wie Matthäus) den schärfsten Gegensatz gegen das jüdische Satzungswesen, indem er das Christenthum als die Erfüllung des alttestamentlichen Gesetzes darstellt. Wahrscheinlich wurde der Apostel veranlaßt zu seinem Schreiben durch die Wahrnehmung des beginnenden fanatischen Aufruhrs, welcher die Judenwelt bewegte, aber auch die judenchristlichen Gemeinen in große Versuchung des Abfalls führte. Er sucht sie im Christenthum zu befestigen, ebenso wie die etwas später entstandenen petrinischen Briefe und der Hebräerbrief. In den Reichen, über welche er sein Wehe ausruft, erblicken wir die verblendeten, welttrunkenen, chiliastischen Vertreter des jüdischen Wesens. Manches in seinem Briefe ist allegorisch gesagt. Die Gerechtigkeit des Glaubens kennt Jakobus, wie Paulus. Beide unterscheiden aber im Glaubensleben zwischen dem Momente der innern Versöhnung durch die Gnade Gottes im Glauben und der äußern Bewährung dieses Glaubens durch entscheidende Glaubensproben. Das erstere Moment nennt Paulus δικαιοῦσθαι (Röm. 3, 28.), das zweite σφραγίζεσθαι (2 Kor. 1, 22. Eph. 1, 13.), δοκιμή (Röm. 5, 4.). Jakobus nennt das zweite Moment δικαιοῦσθαι (Jak. 2, 24.); das erstere bezeichnet er mit den Worten (πίστις) ἐλογίσθη εἰς δικαιοσύνην, 2, 23. Wie entschieden er die Glaubensgerechtigkeit kennt, welche der Glaubensthat vorhergeht, beweist seine Unterscheidung zwischen den zwei Momenten im Leben des Abraham, da er (vor Gott) gerecht, und da er vor dem Forum der Geschichte gerechtfertigt wurde. Vor dem Forum

---

*) Eine Verhandlung darüber würde in die Biographie des Paulus gehören. S. m. apost. Zeitalter. I. S. 99.

nennt dieselbe Maria des Kleophas (des Alphäus Weib). Die Maria, Mutter des Joses, ist also nicht nur Mutter Jakobus des Kleinen, sondern auch Maria Alphäi. — Wir müssen also hier die Identität für entschieden halten. Im Apostelkatalog der Apostelgeschichte stehen wieder Jakobus Alphäi, Simon Jakobus und Judas Jakobi dicht beisammen. Lukas berichtet uns dann Apg. 12., wie Jakobus, der Bruder des Johannes, mit dem Schwert hingerichtet worden sey, Petrus gefangen, gerettet, in die Mitte einer christlichen Versammlung getreten und geschieden mit den Worten: saget es Jakobus und den Brüdern. Jakobus Zebedäi ist todt, wer anders kann gemeint seyn, als Jakobus Alphäi, Jakobus der Kleine? Offenbar setzt Petrus voraus, daß dieser Jakobus jetzt an die Spitze des Gemeindewesens zu Jerusalem treten werde. Und so tritt er stark hervor auf dem Apostelconvente, Apg. 15. Wiederholt ist hier die Rede von den Aposteln und den Presbytern (V. 4; V. 6; V. 22, 23.). Nicht von ferne kann uns einfallen, den hier auftretenden Jakobus unter die Aeltesten zu setzen: er ist der erste Sprecher nach Petrus, sein Wort gibt die letzte Entscheidung, und von dieser Entscheidung, zusammengefaßt mit der Entscheidung des Petrus, heißt es in dem Sendschreiben der Muttergemeine an die heidenchristlichen Gemeinen: die Apostel, und die Aeltesten und die Brüder. Wir lernen aber hier einen Apostel Jakobus kennen, welcher durchaus mit Paulus und Petrus auf demselben Glaubensgrunde steht, für welchen die jüdischen Satzungen keinerlei dogmatische Bedeutung haben, und das Dogma, welches er für die Heidenchristen geltend macht, hat schlechterdings keine religiöse, sondern lediglich ethische Bedeutung; es soll die Gemeinschaft zwischen Juden und Heidenchristen sichern dadurch, daß die sogenannten noachischen Gebote zwischen den allzufreien Sitten der Heidenchristen und den ängstlichen Sitten der Judenchristen vermitteln. Dieser selbige Apostel Jakobus ist aber auch der Bruder des Herrn, wie sich das aus dem Reisebericht des Apostels Galat. 2. ergibt. Es kann uns nun wieder nicht einfallen, zwischen diesem Apostel Jakobus und dem Jakobus Apg. 20. einen Personenwechsel eintreten zu lassen. Es ist der Jakobus schlechthin, der Alte und Allbekannte, mit den gleichen Zügen: Glaubensgenoß des Paulus, voll Gotteslob über sein Werk, aber derselbe sorgfältige Vermittler zwischen der Glaubensfreiheit des paulinischen Christenthums und der unfreien Befangenheit der Judenchristen und des Judenvolks selbst, das er immer noch zu gewinnen hofft. Wir können den Rath, welchen er dem Paulus ertheilt, sich durch ein israelitisches Nasiräatsgelübde von dem Vorwurf, er zerstöre die jüdische Sitte der Judenchristen, zu befreien, nicht für ein Werk der Inspiration halten; der Zweck des Rathes wurde nicht erreicht. Jedenfalls aber ist der Apostel Jakobus ohne Schuld an dem Zerrbilde, welches die gesetzlichen Judenchristen aus ihm machten zur Bethörung der auswärtigen Gemeinen. Wie früh sie das thaten, zeigt die Stelle Apg. 15, 24.; und bei der hier ausgesprochenen Verwahrung des Jakobus gegen solche Insinuationen muß es auch für die spätere Zeit sein Bewenden haben. Das Vorgeben der Baur'schen Schule, Paulus polemisire in seinen Briefen auch gegen die Judenapostel selbst, ist eine eitle Fiktion, woran allerdings der Mangel an Einsicht in den Unterschied zwischen religiösen und ethischen Dogmen mit betheiligt ist. Wir haben gesehen, wie »die Brüder des Herrn,« 1 Kor. 9, 5., ebenso wenig aus der Apostelreihe heraustreten, wie der Kephas, der mit ihnen besonders hervorgehoben ist. Der Ausdruck zeugt aber für das steigende Ansehen, welches die Brüder des Herrn unter den Aposteln genoßen. Paulus deutet an, daß der Apostel Jakobus zur Zeit seiner Bekehrung wenigstens für ihn noch sehr bedeutend im Hintergrunde gestanden habe im Verhältniß zu dem Petrus (Galat. 1, 3.), obschon er ihn von seinem späteren Standpunkte aus schon mit dem Ehrentitel bezeichnet, unter dem die Judenchristen sein Ansehen in den Gemeinen priesen; wie wenn er sagen wollte, den gefeierten Bruder des Herrn sah ich damals auch nebenbei. Daß aber dieser hervorragendste Bruder des Herrn ein Apostel im gewöhnlichen amtlichen Sinne ist, zeigt der Text. Und nur unter dieser Bedingung konnte der Apostel in die Bezeichnung der Judenchristen eingehen, nach welcher Jakobus nebst Petrus und Johannes als Säule der Gemeine angesehen wurde, indem er (Kap. 2; 9.) von seiner Reise zum Apostelconcil in Jerusalem berichtet, denn weder von einer früheren, noch von einer späteren Reise kann hier die Rede seyn*). Jakobus besiegelte damals das Zeugniß der Glaubensgemeinschaft mit ihm durch brüderlichen Handschlag. Daher wird man auch nicht berechtigt seyn, die »Etlichen, welche vom Jakobus her« (τινὲς ἀπὸ Ἰακώβου, Kap. 2, 12.) später in Antiochien erscheinen, als Sendboten einer Glaubensveränderung des Jakobus zu betrachten. Sie sind gesetzliche Judenchristen der Gemeine zu Jerusalem, durch deren Anwesenheit und Weise sich Petrus vorübergehend zur Heuchelei verleiten läßt. Das letzte brüderliche Zusammenkommen des Paulus mit dem Jakobus in Jerusalem, wovon Apg. 21. berichtet, ist von späterem Datum. Es war um das Jahr 60. Im Jahr 62 starb Jakobus den Martyrtod. Gegen dieses Ende seines Lebens hin entstand also ohne Zweifel der apostolische Brief, den wir keinem dritten Jakobus zuschreiben können, weil der dritte als eine Fiktion erkannt ist. Der Grundgedanke dieses Briefes ist das Christenthum nach seinem Verhältniß zu dem äußeren alttestamentlichen Gesetz, als das Gesetz der Freiheit (1, 25.), oder auch das königliche Gesetz der Liebe (2, 8.), das Gesetz, wie es vermittelst des innigen Anschauens und Durchschauens (des Glaubens) in's Herz geschrieben wird (1, 25.), wie es nach Innen Eins ist mit der Neugeburt (1, 18.), nach Außen Eins mit der That des Glaubens (Kap. 2.), in sich selber Eins als die Wahrheit der Gebote (2, 10.), in seiner Richtung Barmherzigkeit, die sich rühmet gegen das Gericht (Gegensatz gegen den jüdischen Fanatismus, 2, 12.) in seiner Form und Methode Weisheit (3, 13.), in seiner Vorbedingung Demuth und Entsagung (Kap. 4.), in seiner vollen Entfaltung weltüberwindende Geduld, rettende Wunderkraft (5, 11.). Nach seinem Ursprung aber beruht das Christenthum auf der vollkommenen Gabe und dem freien Wohlgefallen des himmlischen Vaters, auf dem in die Herzen gepflanzten Wort der Wahrheit (1, 21.), auf der Geduld Christi und auf der Hoffnung seiner Zukunft (5, 6. 7.). Die Sünde aber, welche sich dem Heilsleben gegenüberstellt, wurzelt im Zweifel (1, 6.), verwirklicht sich in der bösen Lust, gebiert den Tod. Das wesentlichste Hinderniß jedoch, von der Sünde zum Heil durchzudringen, ist der Fanatismus, den Jakobus nach allen seinen Zügen schildert; vorschnelle Rede, schlechtes Gehör, todter Cultus, Ansehen der Personen, unbarmherziges Richten, todter Buchstabenglaube, unberufener Lehreifer, Weltlust, Hochmuth, am Ende die Tödtung des Gerechten und das Gericht (Kap. 5.). So bildet gerade Jakobus (wie Matthäus) den schärfsten Gegensatz gegen das jüdische Satzungswesen, indem er das Christenthum als die Erfüllung des alttestamentlichen Gesetzes darstellt. Wahrscheinlich wurde der Apostel veranlaßt zu seinem Schreiben durch die Wahrnehmung des beginnenden fanatischen Aufruhrs, welcher die Judenwelt bewegte, aber auch die judenchristlichen Gemeinen in große Versuchung des Abfalls führte. Er sucht sie im Christenthum zu befestigen, ebenso wie die etwas später entstandenen petrinischen Briefe und der Hebräerbrief. In den Reichen, über welche er sein Wehe ausruft, erblicken wir die verblendeten, welttrunkenen, chiliastischen Vertreter des jüdischen Wesens. Manches in seinem Briefe ist allegorisch gesagt. Die Gerechtigkeit des Glaubens kennt Jakobus, wie Paulus. Beide unterscheiden aber im Glaubensleben zwischen dem Momente der innern Versöhnung durch die Gnade Gottes im Glauben und der äußern Bewährung dieses Glaubens durch entscheidende Glaubensproben. Das erstere Moment nennt Paulus δικαιοῦσθαι (Röm. 3, 28.), das zweite σφραγίζεσθαι (2 Kor. 1, 22. Eph. 1, 13.), δοκιμή (Röm. 5, 4.). Jakobus nennt das zweite Moment δικαιοῦσθαι (Jak. 2, 24.); das erstere bezeichnet er mit den Worten (πίστις ἐλογίσθη εἰς δικαιοσύνην, 2, 23. Wie entschieden er die Glaubensgerechtigkeit kennt, welche der Glaubensthat vorhergeht, beweist seine Unterscheidung zwischen den zwei Momenten im Leben des Abraham, da er (vor Gott) gerecht, und da er vor dem Forum der Geschichte gerechtfertigt wurde. Vor dem Forum

---

*) Eine Verhandlung darüber würde in die Biographie des Paulus gehören. S. m. apost. Zeitalter. I. S. 99.

er (Kap. 2, 9.) von seiner Reise zum Apostelconcil in Jerusalem berichtet, denn weder von einer früheren, noch von einer späteren Reise kann hier die Rede seyn*). Jakobus besiegelte damals das Zeugniß der Glaubensgemeinschaft mit ihm durch brüderlichen Handschlag. Daher wird man auch nicht berechtigt seyn, die "Etlichen, welche vom Jakobus her" (τινὲς ἀπὸ Ἰακώβου, Kap. 2, 12.) später zu Antiochien erscheinen, als Sendboten einer Glaubensveränderung des Jakobus zu betrachten. Sie sind gesetzliche Judenchristen der Gemeine zu Jerusalem, durch deren Anwesenheit und Weise sich Petrus vorübergehend zur Heuchelei verleiten läßt. Das letzte brüderliche Zusammenkommen des Paulus mit dem Jakobus in Jerusalem, wovon Apg. 21. berichtet, ist von späterem Datum. Es war um das Jahr 60. Im Jahr 62 starb Jakobus den Martyrtod. Gegen dieses Ende seines Lebens hin entstand also ohne Zweifel der apostolische Brief, den wir keinem dritten Jakobus zuschreiben können, weil er dritte als eine Fiktion erkannt ist. Der Grundgedanke dieses Briefes ist das Christenthum nach seinem Verhältniß zu dem äußeren alttestamentlichen Gesetz, als das Gesetz der Freiheit (1, 25.), oder auch das königliche Gesetz der Liebe (2, 8.), das Gesetz, was es vermittelst des innigen Anschauens und Durchschauens (des Glaubens) in's Herz schrieben wird (1, 25.), wie es nach Innen Eins ist mit der Neugeburt (1, 18.), nach Außen Eins mit der That des Glaubens (Kap. 2.), in sich selber Eins als die Wahrheit der Gebote (2, 10.), in seiner Richtung Barmherzigkeit, die sich rühmet gegen das Gericht (Gegensatz gegen den jüdischen Fanatismus, 2, 12.) in seiner Form und Methode Weisheit (3, 13.), in seiner Vorbedingung Demuth und Entsagung (Kap. 4.), in seiner vollen Entfaltung weltüberwindende Geduld, rettende Wunderkraft (5, 11.). Nach seinem Ursprung aber beruht das Christenthum auf der vollkommenen Gabe und dem freien Wohlgefallen des himmlischen Vaters, auf dem in die Herzen gepflanzten Wort der Wahrheit (1, 21.), auf der Geduld Christi und auf der Hoffnung seiner Zukunft (5, 6. 7.). Die Sünde aber, welche sich dem Heilsleben gegenüberstellt, wurzelt im Zweifel (1, 6.), verwirklicht sich in der bösen Lust, gebiert den Tod. Das wesentlichste Hinderniß jedoch, von der Sünde zum Heil durchzudringen, ist der Fanatismus, den Jakobus nach allen seinen Zügen schildert; vorschnelle Rede, schlechtes Gehör, todter Cultus, Ansehen der Personen, unbarmherziges Richten, todter Buchstabenglaube, unberufener Eifer, Weltlust, Hochmuth, am Ende die Tödtung des Gerechten und das Gericht (K. 5.). So bildet gerade Jakobus (wie Matthäus) den schärfsten Gegensatz gegen das klerische Satzungswesen, indem er das Christenthum als die Erfüllung des alttestamentlichen Gesetzes darstellt. Wahrscheinlich wurde der Apostel veranlaßt zu seinem Schreiben durch die Wahrnehmung des beginnenden fanatischen Aufruhrs, welcher die Judenwelt bewegte, aber auch die judenchristlichen Gemeinen in große Versuchung des Abfalls setzte. Er sucht sie im Christenthum zu befestigen, ebenso wie der ... später entstandene petrinische Briefe und der Hebräerbrief. In den Reise... Welt anruft, erblicken wir die verblendeten, welttrunkenen, ... Wesens. Manches in seinem Briefe ist allegorisch ge... ...ns kennt Jakobus, wie Paulus. Beide unterscheiden ab ... Momente der innern Versöhnung durch ... ...hrung dieses Glaubens durch an ... ...t Paulus ... (Röm. ... 13.), dazu ... (Röm. ... 21.); das erste ... ..., 23. ... ...eb ...

Die Vorrede ...en der ...gleichung ... der Aus... e

Gottes wird der Gläubige gerecht durch den Glauben, vor dem Forum der Gemeine und der Sichtbarkeit durch die Glaubensthat. Was nun das Verhältniß des Lehrtypus des Jakobus zu dem der übrigen Apostel betrifft, so ist es unzulänglich, wenn Neander (2, 858) in seinem Lehrtypus die Einheit des christlichen Geistes mit den übrigen Aposteln findet, „nur daß dieser sich noch nicht aus der Hülle des früheren alttestamentlichen Standpunktes zu solcher Freiheit, wie bei den andern, entwickelt hatte, auch in der begrifflichen Form nicht so weit durchgebildet war." Jakobus ist vor Allem Apostel, d. h. das Christenthum ist ihm die Erfüllung des Judenthums als neues Testament, neues, absolutes, ewiges Religionsprinzip, und insofern steht er mit Paulus und Johannes ganz auf Einer Stufe. Er ist demnächst aber auch der Judenapostel vorzugsweise, d. h. er faßt das Christenthum auf in seinem innigen Anschluß an das alte Testament als das neue, vollkommene Gesetz des innern Lebens, der Freiheit. Was die begriffliche Form des Jakobus betrifft, so ist zu beachten, daß er an Judenchristen schreibt, für welche die vermittelnde, dialektische Form ein fremdartiges Element wäre. Die Reinheit seines griechischen Styls aber ist Manchen sogar als ein räthselhaftes Phänomen erschienen. (S. Winer, Jakobus.) Ueber das Großartige in der kirchlichen Stellung des Jakobus hat sich Baumgarten (Apostelgesch. III, 127.) ausführlich verbreitet. Indessen muß man den Satz in Anspruch nehmen: Jakobus wolle von keiner andern Freiheit wissen, als die sich in das Maß des Gesetzes hineingestaltet habe, und in diesem Sinne nenne er das Gesetz das Gesetz der Freiheit. Jakobus vertritt das christliche Dogma in der Form des jüdischen Ethos. Er hat das alttestamentliche Gesetz als solches aus der religiösen Sphäre herausgesetzt in die Sphäre der nationalen Sitte. Und das eben war seine Aufgabe, weil er den letzten Liebesversuch zu machen hatte, die Juden als Nation für das Christenthum zu gewinnen. — Ueber diesen Versuch nun berichtet die historische Tradition. Daß er am Nasiräat ein besonderes Wohlgefallen hatte, zeigte uns seine Verhandlung mit Paulus Apg. 21. Auch das Evangelium der Hebräer läßt uns den Nasiräer in ihm erkennen, indem es erzählt, Jakobus habe nach dem Tode Jesu das Gelübde geleistet, seitdem er das letzte Mahl mit Christus genossen, wolle er nichts wieder essen, bis er ihn vom Tode erstanden sehe. Der Auferstandne sey ihm dann bald erschienen, und habe zu ihm gesagt: nun iß dein Brod, denn der Menschensohn ist von den Todten auferstanden. Wir können in diesem Zuge nicht mit Neander (S. 561) eine Glaubensschwankung erkennen; eher könnte den Ausdruck einer zu kühnen Zuversicht die Nachricht verdächtig machen. Indessen ist nicht einzusehen, weßhalb sie nicht mit der Nachricht des Paulus zusammengefaßt werden sollte, daß der Auferstandene dem Jakobus insbesondre erschienen sey (1 Kor. 15, 7.). Zunächst bringt nun Josephus (Antiq. XX, 9, 1.) die Geschichte des Jakobus zum Abschluß mit dem Bericht: der Hohepriester Ananus habe in der Zwischenzeit, da Festus Judäa verlassen hatte (im Jahr 62), und der neue Prokurator Albinus noch nicht angelangt gewesen, einen Bruder Jesu, der Christus genannt werde, mit Namen Jakobus, der den Ruf eines höchst gerechten Mannes gehabt habe, steinigen lassen. Wenn nun Hegesippus den Jakobus als Nasiräer einführt (*Euseb.* Hist. E. II, 23), so ist diese Nachricht durch das Bisherige wohl vermittelt. „Mit den Aposteln übernimmt die Leitung der Gemeine der Bruder des Herrn, Jakobus, der von den Zeiten des Herrn an bis auf uns herab von Allen der Gerechte genannt wurde. Denn es gab Viele, die Jakobus hießen. Dieser aber war von Mutterleibe an heilig (ein Geweihter, Nasiräer). Wein und starke Getränke trank er nicht, und Fleisch (Animalisches) aß er nicht. Ein Scheermesser kam nicht auf sein Haupt, mit Oel salbte er sich nicht, und nahm auch kein Bad. Ihm allein war es erlaubt, in das Heiligthum zu gehen, εἰς τὰ ἅγια (wohl mit Unrecht erklärt man die Stelle: in das Allerheiligste; der Ausdruck erlaubt allerdings diese Fassung, das jüdische Cerimoniell erlaubt sie nicht. Der anerkannte Nasiräer durfte etwa mit den Priestern in den eigentlichen Tempelraum treten, vgl. Apg. 21, 26.). Denn er trug auch keine wollene, sondern linnene Kleider. Allein ging er auch in den Tempel, und man fand ihn dort oft auf den Knieen

liegend, und für das Volk um Vergebung betend, so daß seine Kniee harthäutig wurden,
wie bei einem Kameel, weil er immer niederkniete, wenn er zu Gott betete, und um
Vergebung flehte für das Volk. Wegen seiner außerordentlichen Gerechtigkeit wurde er
der Gerechte und Oblias (nach Stroth עם לבל‎) genannt, d. h. neugriechisch oder (ver-
bollmetscht) Schutzmauer (Säule) des Volks und Gerechtigkeit, wie es die Propheten von
ihm geoffenbart (!). — Einige aus den sieben Sekten der Hebräer — — befragten ihn
über die Thüre (oder Lehre) Jesu. Und er sagte: dieser sey ihr Erlöser. Daher Einige
gläubig wurden, daß Jesus der Christ sey. — — Immer Mehrere auch von den Oberen
wurden gläubig." — Zuletzt, erzählt Hegesippus, entstand eine allgemeine Spaltung im
Volke. Daher führten sie ihn am Osterfeste auf die Zinne des Tempels, und forderten
ihn auf, er möge nun feierlich vor allem Volk erklären, was er von Jesu halte, da er
der Gerechte sey, und nach seiner Ueberzeugung reden werde. Von diesem hohen Standpunkte herab rief er dann aus: was befragt ihr mich über den Menschen-Sohn? Er
sitzt im Himmel zur Rechten der großen Macht, und wird kommen in den Wolken des
Himmels. Auf dieses Zeugniß stimmten schon Viele ein Hosianna dem Sohne Davids
an, allein die Pharisäer und Schriftgelehrten riefen: Auch der Gerechte ist in Irrthum
gefallen, eilten hinauf, und stürzten ihn hinunter. In der Tiefe wurde er dann gesteinigt (im symbolischen Sinne war natürlich der ganze Akt eine zelotische Steinigung, und
so berichtet Josephus ganz recht den Hauptgesichtspunkt), und zuletzt mit einem Walker-
holz vollends erschlagen. Eusebius setzt hinzu, die weisesten Juden und selbst Josephus
hätten die bald nachher erfolgte Zerstörung Jerusalems als ein Strafgericht Gottes für
diese Frevelthat bezeichnet. Neander findet in dem Bericht viel Mährchenhaftes und das
Gepräge der ebionitischen Denkungsweise; nach ihm Schaff. Der gute Hegesipp, den
man allerdings von einzelnen, bedenklichen Uebertreibungen nicht freisprechen kann, muß
sich nun einmal den Ebionitismus aufbürden lassen. Weder mährchenhaft noch ebioni-
tisch aber ist 1) die Erzählung von dem Nasiräat des Jakobus, dagegen aber ist sie durch
die Apostelgeschichte und das Ev. der Hebräer empfohlen. Noch 2) der Eingang in den
Tempel um Fürbitte für das Volk, so wie die Verehrung der Juden. Am wenigsten
3) die Darstellung einer großen öffentlichen Krise, mit welcher sich der Abfall der Juden
als Nation vom Glauben und so der jüdische Krieg, die Zerstörung Jerusalems entschied. Das deutlichste Vorspiel dieser letzten Krise finden wir sogar schon in der Geschichte des Paulus Apg. 22. Gerade aus der Nasiräerform aber, worin Jakobus seinen
Christenwandel darstellte, würde sich auch erklären lassen, weßhalb die Essener sich in
Massen zum Christenthum belehrt, und vergötterten an die Person des Jakobus gehangen. Hegesippus soll uns nur noch sagen, daß Jakobus wie sein Nachfolger Simon der
Sohn des Alphäus war, eines Oheims Jesu (*Euseb.* IV, 22. S. oben). Wir wissen
dann, die Alphäiden waren Vettern des Herrn, und haben gesehen, wie sie zu seinen
Brüdern im bestimmteren Sinne werden konnten. Unterhalb der Nachrichten des Hegesippus, des Clemens von Alexandrien und des Origenes, aber schon viel früher geschäftig, liegt die apokryphische und ebionitische Sage über dem Jakobus. Sie ist am bestimm-
testen durch die Clementinen vertreten, welche den Jakobus über den Petrus und das
ganze Apostolat emporrücken, und zum obersten Bischof der ganzen Christenheit machen.
Jakobus ist hier das Symbol der judaistischen chiliastischen Ansprüche an die Herrschaft
über Kirche und Welt geworden. Nach Epiphan. haeres. XXX §. 16. gab es unter den
Glorificationen des Jakobus sogar ἀναβαθμοὶ Ἰακώβου, Beschreibungen seiner angeblichen Himmelfahrt. Auch Epiphanius huldigt trotz seines Widerspruchs gegen die Ebioniten ähnlicher Ueberschwänglichkeit (Haeres. XXIX, 4. u. LXXVIII, 13.). Wahrscheinlich ist es lediglich ein Mißverständniß der Worte des Hegesippus, wenn Epiphanius
erzählt, Jakobus habe einmal im Jahr in das Allerheiligste gehen dürfen, wie der Hohepriester, weil er Nazaräer gewesen sey, und das Hohepriesterdiadem (τὸ πέταλον) getragen habe. Man muß diese Fabelei nicht mit dem ähnlichen Worte des Polykrates über
Johannes (*Euseb.* V, 24.) auf eine Linie setzen. Polykrates sprach ohne Zweifel im sym-

bolifchen Sinne dem Johannes das Hohepriesterdiadem zu; Epiphanius schwerlich. Un= schuldiger (wenn auch etwas zweideutig, wie der Bericht des Historikers selbst) war die Verehrung der Gemeine zu Jerusalem für den Jakobus, wenn sie nach Euseb. (VII, 19.) bis auf seine Zeit seinen Lehrstuhl wie ein Heiligthum bewahrte.

Durch die Unterscheidung zwischen Jakobus dem Gerechten und dem Apostel wurde der Letztere wieder eine besondere Beute der Sage. Nach Nicephorus 2, 40. soll er zuerst im südwestlichen Palästina als Glaubensbote aufgetreten seyn, dann in Aegypten; zu Ostra= gine in Unterägypten hätte man ihn an das Martyrkreuz geschlagen. (Näheres darüber f. *Natalis Alex. Saec.* I. Pag. 591.)

Jakobus repräsentirt im Apostelkreise vorzugsweise den Geist der christlichen Weis= heit, Milde, Vermittelung, Union; als Bischof von Jerusalem die jüdische Nationalität und Sitte in ihrer christlichen Umwandlung und Verklärung; als Alphäide bildet er einen bestimmten Gegensatz zu dem feurigen, vorwärtstreibenden Judas Lebbäus Thad= däus, als der durch stete Geisteszucht und Geisteszügelung und nach seinem Charisma in der Vorsicht gereifte Weise und Dulder. So war er der letzte, einnehmendste Ausdruck des Evangeliums an die jüdische Nation; und nach der Steinigung dieses Glaubensboten waren Stadt und Volk allerdings dem Gerichte völlig verfallen, wie dies Eusebius richtig erkannt und Josephus selbst geahndet hat*). Jerusalem aber verwarf das Christenthum besonders deßwegen, weil es in ihm die Union mit den Heidenchristen haßte.   J. C. Lange.

Jannes und **Jambres** (Ἰαννῆς καὶ Ἰαμβρῆς, 2 Tim. 3, 8.) sind nach der jüdischen Ueberlieferung, wie schon Theodoret zu dieser Stelle bemerkt, die Namen der ägyptischen Zauberer, welche sich Mose und Aaron 2 Mos. 7, 11. 22; 8, 3. 15., entgegenstellten, und außer der Verwandlung des Stabes in eine Schlange die zwei ersten Strafwunder nachzumachen wußten, bei dem dritten aber gänzlich erlagen und dem Pharao erklärten, daß hier nicht bloß menschliche Kunst, sondern bei Mose und Aaron göttliche Kraft walte, daß dies Gottes Finger sey, 2 Mos. 8, 15. Uebri= gens begleiteten sie auch ferner die Wunder Mose's, ohne sich auch nur vor ihnen schützen zu können, 2 Mos. 9, 11. Was ihre Thaten betrifft, so hat man sie wohl ebensowenig, wie das von dem Weibe zu Endor erzählt wird, als reines Werk der Täu= schung und des Betruges zu betrachten, sondern vielmehr als Ausübung geheimer schwar= zer Künste, die auf ein Hereinragen finsterer geheimer Kräfte in diese Welt hindeuten, wie wir sie Apg. 16, 16—19. treffen, oder vorwitziger Künste, wie sie uns Apg. 19, 19. begegnen. Denn wenn der Satan Gott dieser Welt genannt wird, 2 Kor. 4, 4., so muß er auch Gewalt und Kräfte in derselben ausüben und mittheilen können, Luk. 4, 6. Zuletzt sind es freilich Lügenkräfte, Apg. 8, 9. 23; 13, 6. 10., wie denn der Teufel ein Vater der Lüge ist, Joh. 8, 44., aber es sind doch Kräfte unsichtbarer und geheimer Art, wie sie falschen Propheten beigegeben waren und in höchster Potenz zur Zeit des Antichristenthums auftreten werden in dem falschen Schlußpropheten Off. 13, 11—15. In Betreff ihrer Namen ist dagegen zu erwähnen, daß sie ohne Zweifel nur der Sage angehören. Sie werden in dem Thargum Jonathans zu 2 Mos. 7, 11. und im Talmud

---

*) Ueber das Zweifelhafte oder Angezweifelte in dem Bericht des Eusebius betreffend des Josephus Aeußerungen f. Schaff S. 315. In der Bestimmung der Zeitverhältnisse (betreffend das Todesjahr des Jakobus) wird wohl Josephus Recht behalten. Uebrigens ist es unrichtig, wenn Schaff meint, Eusebius erkläre sich II, 23. in Betreff des Todesjahres des Jakobus für das Jahr 69 nach Hegesippus, denn als Datum ist offenbar die Abreise des Paulus nach Rom angegeben. Diese Stelle läßt sich also mit dem Chronikon des Eusebius, welches den Tod des Jakobus in's Jahr 63 setzt, in Einklang bringen, und ist außerdem sehr pragmatisch. Auch läßt sich die Stelle Euseb. III, 11. ganz wohl mit diesem Datum vereinigen, denn der Ausdruck μετὰ τὴν Ἰακώβου μαρτυρίαν κ. τ. λ. setzt keine absolute Gleichzeitigkeit des Fol= genden voraus.

erwähnt, wo übrigens der zweite Name Μαμβρῆς lautet, wie auch eine Variante zu 2 Tim. 3, 8. Dagegen werden sie bei dem Pythagoräer Numenius wie im gewöhnlichen Texte geschrieben. Ja selbst bei den Römern sind sie als Jamnes und Jochabel bekannt (Plin. 30, 1. Apul. Apol. p. 94) geworden. Pfeiffer hat ihre Deutung aus dem Aegyptischen nachzuweisen versucht (dub. vex. 1, 253). Dahin scheint sich auch Ewald, Jsr. Gesch. 2, 72. zu neigen, wenn er wie Pfeiffer ἀμβρῆς für ein heiliges Buch erklärt, womit ihre Benennung als ἱερογραμματεῖς bei Numenius übereinstimmt. Vielleicht hat man den Gleichklang auf Zusammenstellungen zurückzuführen, wie man sie bei dem Namen Jubal und Thubal, Gog und Magog, Crethi und Plethi vor sich sieht. Zwei wählte man wohl bloß deßwegen, um sie den beiden Brüdern Mose und Aaron gegenüberzustellen. Im N. T. werden sie richtig als Vorbilder einer unächten Wunderkraft dargestellt und mit solchen verglichen, welche eine unächte Frömmigkeit und einen unächten Glauben haben. Die Erwähnung apokryphischer Namen im N. T. zu einem bestimmten Zwecke der Lehre kann wohl eben so wenig auffallen, als die Erwähnung eines apokryphischen Buches Hiob, und uns die Freiheit veranschaulichen, mit welcher sich die N.T. Schriftsteller bewegen, unbeschadet der völligsten Wahrhaftigkeit.   *Vaihinger.*

Janow, Matthias von, der bedeutendste Vorläufer von Hus, war der Sohn des böhmischen Ritters Wenzel von Janow, der noch in der ersten Zeit der Regierung Kaiser Karls IV. lebte. Ueber das Jugendalter des Matthias ist nichts weiter bekannt, als daß er Einer der Kleriker war, welche während ihrer Studien an der Prager Universität sich an Milicz in dessen letzten Jahren auf's Innigste anschlossen. Noch vor dessen Tod begab er sich aber zur Fortsetzung seiner Studien nach Paris, wo er sechs Jahre zubrachte und auch die Würde eines Magisters der freien Künste erlangte, weßwegen man ihn in Böhmen vorzugsweise den Magister Parisiensis nannte. Er selbst bekennt von sich, daß er in jüngeren Jahren sehr nach Ehre, Ruhm und Reichthum gestrebt habe, wie dieses auch seine an Pabst Urban VI. gerichtete Bitte um ein Kanonikat in Prag beweist. In dieser Absicht begab er sich (1380) selbst nach Rom, brachte eine günstige Bulle von dort mit, und wurde am 12. Oct. 1381 wirklich zum Kanonikus bei St. Veit auf dem Prager Schloß aufgenommen. Der Erzbischof Johann von Jenstein, der in Paris einst sein Studiengenosse gewesen, wies ihm den Beichtstuhl als seinen Wirkungskreis an, und diese Stellung eines Beichtvaters an der Domkirche verließ Matthias bis zu seinem Tode nicht, der ihn im besten Mannesalter schon am 30. Nov. 1394 ereilte. So dürftig dieser Umriß seines äußeren Lebens ist, so reich entfaltete sich bei ihm die Blüthe des inneren, im Reiche der Gedanken sich bewegenden Lebens. Das Amt eines Predigers scheint er nur mit geringem Erfolg ausgeübt zu haben; um so treuer und erfolgreicher war er bemüht, durch fromme christliche Erbauung unmittelbar für das Seelenheil derer zu sorgen, die sich seiner geistlichen Pflege anvertrauten. Durch die Verwaltung des Beichtstuhles bot sich ihm reiche Gelegenheit, das Gute und Schlechte in allen Ständen und die religiösen Bedürfnisse des Volks näher kennen zu lernen, wovon seine Schriften zeugen. Diese faßte er später zu einem großen Ganzen zusammen und überschrieb sie: *De regulis veteris et novi testamenti,* obgleich man sie, ihrem Inhalt gemäß, passender „Untersuchungen über das wahre und falsche Christenthum“ nennen dürfte. Das umfangreiche, aus fünf Büchern und vielen einzelnen Abhandlungen bestehende Werk, an dem Matthias von 1388—1392 arbeitete, ist nirgends mehr vollständig beisammen, obwohl es sich aus den einzelnen Handschriften, die bekannt sind, wohl noch vollständig und in ächter Fassung zusammenstellen ließe. Einige Bruchstücke dieses noch immer nicht gedruckten Werks wurden von Dr. J. P. Jordan in seiner Schrift: „Die Vorläufer des Husitenthums in Böhmen“ (Leipzig 1846) veröffentlicht. In der Vorrede erklärte der Verfasser, er habe das, was er schrieb, aus dem Gebet, aus dem Lesen der Bibel, aus fleißiger Betrachtung der Zustände der Gegenwart und deren Vergleichung mit dem Alterthume geschöpft; übrigens habe er sich mehr der Bibel, als der Aussprüche der Väter bedient, da die Bibel selbst über alle wesentlichen Punkte der Religion klare

und ausreichende Belehrung darbiete. Seine Hauptabsicht gehe dahin, das Wesentliche
des Christenthums von dem minder Wesentlichen zu unterscheiden, daher auf die Grund=
gesetze hinzuweisen, und zu verhüten, daß sie unter der Masse nachträglicher Verordnun=
gen nicht außer Acht gelassen werden. Diese „regulae,“ deren er 4 aus dem alten, 8 aus
dem neuen Testamente schöpft, beziehen sich nicht sowohl auf die Dogmen, als auf die
Praxis des Christenthums, auf die Nachahmung Christi, dessen Beispiel eben die Grund=
regel bilde. An diesen Grundsätzen prüfte er nun das ganze Christenleben seiner Zeit,
eiferte gewaltig gegen Scheinheilige und Heuchler aller Art, die Christus nur auf den
Lippen, nicht im Herzen tragen, tadelte jeden bloß mechanischen Gottesdienst, und beklagte
die Verblendung, die da meint, durch äußere Werke und Anstalten den Mangel innerer
Wahrheit ersetzen zu können. Solche Anstalten und Werke verwarf er zwar nicht an sich,
warnte aber, daß man über die Mittel nicht den Zweck vergesse, denn das sey eben die
Hauptwaffe des Antichrists und sein stetes Ziel, der Verehrung und den Bestrebungen
der Christen, anstatt der höchsten himmlischen, niedrige und irdische Gegenstände unter=
zuschieben. Immer wieder kommt er darauf zurück, daß die Einheit unter den Menschen
nur von dem göttlichen Wort ausgehen könne, die erzwungene Einförmigkeit aber nur
Spaltungen hervorrufen müsse. So sehr Matthias auch allenthalben besorgt ist, ja nicht
aus der Einheit der christlichen Kirche herauszutreten, und wenn er darum auch nirgends
gegen das hierarchische System auftritt, so erscheint er doch als Vorläufer der Reforma=
toren darin, daß er überall die unmittelbare Beziehung des religiösen Bewußtseyns zu
Christus hervorhebt und die wahre Einheit der Kirche nur darauf gründet. Hiemit mußte
ihm auch die Scheidewand zwischen Priestern und Laien fallen, wie er denn geradezu sagt:
„Jeder Christ ist schon gesalbt und ein Priester.“ Mit diesem seinem Eifer für das
allgemeine Priesterthum der Gläubigen hing ein anderer Gegenstand zusammen, die damals
unter den Theologen viel und heftig beantwortete Frage: ob den Laien der häufige Genuß
der heil. Communion zu gestatten sey oder nicht? Matthias erklärte sich, gleich seinem
Lehrer Milicz, für die häufige Communion der Laien, und behauptete, daß den Christen
auch keine Unwürdigkeit, wenn er sich derselben nur bewußt worden, und das Bekenntniß
von derselben abgelegt habe, des häufigen oder täglichen Genusses der Communion un=
würdig machen könne; es finde vielmehr das Gegentheil statt. Ihm stimmten einige der
gelehrtesten Zeitgenossen bei, wie der Prager Scholasticus M. Adalbert Rankonis von
Ericino, M. Matthäus von Krokow, Doctor der Theologie an der Prager Universität,
der Dechant Niclas Wendler in Breslau, Dr. Johann Horlewann u. A. Doch die über=
wiegende Zahl der Gegner setzte es durch, daß auf der merkwürdigen Prager Provincial=
synode am 19. Oct. 1388 der Beschluß gefaßt wurde, daß die Laien keineswegs häufiger,
als monatlich höchstens einmal, zum Genuß der Communion zuzulassen seyen. Ja, auf
der im folgenden Jahre gehaltenen Synode ward Matthias genöthigt, in der St. Niclas=
kirche der Altstadt Prag einen öffentlichen Widerruf zu leisten, in welchem er die Ver=
ehrung und die Gebete der Gläubigen um Intercession der Heiligen als heilsam anerkannte
und unter anderen Punkten versprach, keinen Laien mehr zum täglichen Genuß der heil.
Communion zu ermahnen. Dem Lehrsatz von der Heilsamkeit der häufigen Communion
war er aber nicht gezwungen worden zu entsagen; er widmete ihm daher in seinen Unter=
suchungen um so größere Aufmerksamkeit. Bei diesen Studien gerieth er auch auf den
Gedanken, die älteste Praxis der christlichen Kirche wieder zurückzurufen und den Laien
das Abendmahl sub utraque specie zu reichen. Zwar behauptet er nirgends die Noth=
wendigkeit der communio sub utraque, spricht aber an vielen Stellen so, als wenn sie
sich von selbst verstände und auch noch üblich gewesen wäre. Als ihm aber auch dieses
von seinen Oberen verboten wurde, gehorchte er, wie er denn bei jeder Gelegenheit laut
erklärte, daß er sich in allen seinen Lehrsätzen, Meinungen und Handlungen seinen kirch=
lichen Vorgesetzten unterwerfen und ihrer höheren Entscheidung immer Folge leisten wolle.
Uebrigens bereute Matthias später, daß er sich von jener Prager Synode fortreißen ließ,
und ruft aus: „Ach, ich Elender, sie haben mich durch ihr ungestümes Schreien auf jener

Synode gezwungen, darin einzuſtimmen, daß die Gläubigen im Allgemeinen nicht zur
täglichen Communion eingeladen werden ſollen!« Es ſcheint, daß Matthias gegen das
Ende ſeines Lebens ſich immer deutlicher des Zwieſpalts ſeines Glaubens und Lehrens
mit der katholiſchen Kirche bewußt wurde, und ſo leſen wir von ihm die merkwürdigen
Worte, mit denen er an der Schwelle einer neuern Zeit ſteht: »Es bleibt uns nun allein
noch übrig, die Reformation durch die Zerſtörung des Antichriſt ſelbſt zu wünſchen, unſere
Häupter zu erheben, denn ſchon iſt unſere Erlöſung nahe!« — Vgl. Neander, K.Geſch.
VI. S. 365—449. Palacky, Geſch. v. Böhmen. III, 1. S. 173—180.   Th. Preſſel.

Janſen. Janſens Auguſtin. Janſenismus. Kaum möchte ein anderer
Gegenſtand einen ſo tiefen Einblick in das Weſen des modernen Katholicismus gewähren
und den Schaden ſo gründlich aufdecken, den er ſich ſelbſt gethan hat, indem er die Reformation von ſich wies, welche das 15. und 16. Jahrhundert von der katholiſchen Kirche
forderten.

Wie die Reformation das Ganze der Kirche, Leben und Lehre, befaßte, ſo auch der
Janſenismus. Da nebſt den Briefen Pauli zumeiſt die Schriften Auguſtins dem Glauben
Luthers und Calvins ihren Gehalt und ihre Geſtalt gaben, ſo mußte die Gegenreforma-
tion gerade gegen jene eine wenn auch verhüllte feindliche Stellung annehmen. Zwar
wurde Auguſtin nach wie vor als großer Kirchenlehrer und Heiliger gerühmt; ſeine
Schriften hatten im Mittelalter auf Myſtiker und Scholaſtiker mächtigen Einfluß geübt,
welcher ſich in der Lehre der Thomiſten, alſo zunächſt des Dominikaner-Ordens kryſtalli-
ſirt hatte. Sie machten die ſtrengere Lehre von Gnade und Sünde auch auf dem Tridentiner Concil gegen die ſemipelagianiſchen Scotiſten, zunächſt gegen die Franciskaner
und Jeſuiten geltend. Obgleich dieſe in der Hauptſache gewannen, ſo wurde dies doch
durch Zweideutigkeiten verhüllt. Allein die Sieger zogen kühn die Folgerungen aus den
ihnen gemachten Zugeſtändniſſen. Ihnen trat ſofort beſonders Bajus, Profeſſor zu Löwen, mit ſeiner pauliniſch-auguſtiniſchen Lehre entgegen (ſ. d. Art.). Die Franziskaner
erlangten 1567 und 1579 die Verdammung von 76 aus ſeinen Schriften gezogenen
Sätzen. Der Jeſuite Molina (1588) ſtellte unter dem Vorwande einer ganz neuen Vermittlung den baaren Semipelagianismus, ja noch etwas mehr auf. Darüber erhoben die
Dominikaner ſchwere Anklagen und Streit mit dem ſie immer mehr überflügelnden Je-
ſuiten-Orden. Zu deſſen Schlichtung ſtellte Clemens VIII. 1597 die congregatio de auxiliis nieder, um über den Beiſtand der Gnade zur Bekehrung gründlich zu entſcheiden.
Paul V. fand aber gerathen, 1607 die Congregation ohne irgend welche Entſcheidung
aufzulöſen und dieſe auf »gelegenere Zeit« zu vertagen. Dieſe iſt bis jetzt nicht gekommen.

Je ſchroffer ſich die Stellung der katholiſchen Kirche zu den Kirchen der Reformation
geſtaltete, um ſo mehr mußte wie durch ein Naturgeſetz der Semipelagianismus in Leben
und Lehre der katholiſchen Kirche überwiegend und herrſchend werden. Der Thomismus
ſelbſt war in Scholaſtik erſtarrt. Daher hatten die Schriften Auguſtins für Düvergier
de Hauranne, nachherigen Abt von St. Cyran (ſ. d. Art.) und Janſen zugleich die ganze
Macht der Neuheit und des ehrwürdigen Alterthums, als dieſe jungen Theologen 1612
bei Bayonne dieſelben gemeinſam ſtudirten.

Cornelius Janſen war den 28. Okt. 1585 in dem Dorfe Akoi in der Grafſchaft
Leerdamm in Nordholland geboren. Schon Leydecker (in ſeiner historia Jansenismi,
Trajecti 1695) erinnert an die Aehnlichkeit Janſens mit ſeinem Landsmann Hadrian VI.;
in dem deſſen Namen tragenden Collegium zu Löwen in den ſpaniſchen Niederlanden,
deſſen Vorſteher ein Freund von Bajus war, ſtudirte er Theologie. Sein Univerſitäts-
freund Düvergier zog ihn mit ſich in ſeine Vaterſtadt Bayonne. Nach Löwen zurückgekehrt, lehnte Janſen eine philoſophiſche Lehrſtelle ab, da Ariſtoteles ihm verhaßt war,
als Vater der Scholaſtik. Er fand, daß Plato von Gott und Tugend höhere Ideen habe
als ein Theil der katholiſchen Theologen. Als Vorſtand des Pulcheria-Collegiums lehrte
er Theologie. Wir haben den Briefwechſel Janſens und St. Cyrans vom 19. Mai 1617
an durch das Verdienſt, oder vielmehr durch den Haß der Jeſuiten. Durch unausgeſetz-

tes Leſen und Wiederleſen der Schriften Auguſtins überzeugte er ſich, daß die katholiſchen Theologen beider Parteien von der Lehre der alten Kirche ganz abgekommen ſeyen. Deſto mehr befriedigte ihn die Lehre der Gomariſten, während er die Arminianer den Jeſuiten an die Seite ſtellt. Bei einem Beſuche St. Cyrans in Löwen 1621 theilten ſie ihre Arbeit zur Reform der Kirche ſo, daß Janſen die der Lehre, St. Cyran die der Verfaſſung und des Lebens zugetheilt wurde. Mit irländiſchen hohen Geiſtlichen (dem Titular⸗Erzbi⸗ ſchof Konrius), mit den Häuptern der ſich bildenden Congregation des Oratoriums (Be⸗ rülle) wurden intime Verbindungen angeknüpft und fortgepflogen. Janſen reiste 1623 und 1627 in Angelegenheiten der Univerſität, welche ihre Lehrſtühle den Jeſuiten ganz verſchließen wollte, nach Madrid; die Jeſuiten verdächtigten ihn bei der dortigen Inqui⸗ ſition. Dennoch wurde er 1630 zum königlichen Profeſſor der h. Schrift in Löwen er⸗ nannt; ſeine Commentare namentlich über den Pentateuch bewegen ſich auf dem mhſti⸗ ſchen Boden der Liebe, die uns reinigt und geiſtige Menſchen aus uns macht.

Die beiden Freunde hatten bisher um ihrer Plane willen den Cardinal⸗Miniſter Richelieu zu gewinnen geſucht. Als aber 1635 die Holländer von Herzogen⸗Buſch aus immer weiter vordrangen und Spanien, dem jetzt auch Frankreich den Krieg erklärte, ſeine Niederlande nicht mehr behaupten zu können ſchien, beriethen ſich die Häupter des Landes, was man zu thun habe. Janſen, um ſein Gutachten befragt, ſoll gerathen haben, ein katholiſches, unabhängiges Land aus den belgiſchen Provinzen zu bilden. Ein Gönner in Brüſſel theilte ihm aber mit, ſein Gutachten ſey verrathen, er köne ſich nur durch eine Schrift in ſpaniſchem Intereſſe retten. Janſen griff nun in ſeinem Mars Gallicus die Prätenſionen Frankreichs an, für welches, als Erben Karls des Großen, ungeſchickte Pamphletiſten Alles zwiſchen Ebro, Weißrußland und Apulien in Anſpruch nahmen. Janſen ſchonte weder die Könige von Frankreich noch den mit Ketzern verbündeten Car⸗ dinal⸗Miniſter. Während der Mars mithalf zur Gefangenſetzung St. Cyrans und Ver⸗ folgung der ihm Verbündeten in Frankreich, trug er Janſen — welcher nun lange genug „den Schulpedanten und Eſel gemacht hatte,“ 1636 das Bisthum Ypern ein. Janſen las die Schriften Auguſtins gegen die Pelagianer 30, die übrigen 10 mal. Im J. 1627 fing er an zur Abfaſſung ſeines Werkes über deſſen Lehre zu ſchreiten; aber Ende 1632 kam er, wie er an St. Cyran geheimnißvoll meldet, erſt daran, die affaires de Monſieur Adam, d. h. über den erſten Menſchen gegebene Gnade zu ſchreiben. Er hatte ſein Werk eben — wie er glaubte, unter dem beſonderen Beiſtande des heiligen Kirchenlehrers — beendigt, als er es ſeinen Vertrauteſten zur Herausgabe empfehlend 6. Mai 1638 ſtarb. — Der Titel des Werkes iſt: „Cornelii Janſenii, episcopi Iprensis, Augustinus seu doctrina Sti. Augustini de humanae naturae sanitate, aegritudine, medicina adversus Pelagianos et Massilienses in Folio 1640 herausgegeben. Der erſte der drei Bände gibt eine Geſchichte und Entlarvung des feineren Semipelagianismus, während die Jeſuiten denſelben nur da verdammen, ja auch nur ſo nennen wollten, wo er nicht bloß halb, ſondern grob pelagianiſch auftrat.

Im Anfang des zweiten Bandes wird von dem Grunde und von der Autorität in theologiſchen Dingen gehandelt, wobei die Grenzen der menſchlichen Vernunft und die Autorität des St. Auguſtin feſtgeſtellt werden. Janſen war ſich klar bewußt, daß Ueber⸗ ſchätzung des menſchlichen Erkennens und Könnens unzertrennlich ſind. In jener Be⸗ ziehung findet er das Grundübel in der vorherrſchenden Beſchäftigung mit heidniſcher Philoſophie, namentlich mit der Scholaſtik des Ariſtoteles. Philoſophie und Theologie ſeyen aber ſtreng zu ſcheiden (alſo iſt ſeine Anſicht der Gegenſatz der Scholaſtik), ſie beruhen auf verſchiedenen geiſtigen Sinnen, die Philoſophie auf dem intellektuellen Ver⸗ mögen, die Theologie auf dem Gehör und Gedächtniß, welche die aus der Offenbarung ſtammende mündliche Tradition aufnehmen und bewahren. Die Tradition namentlich über die Heilsordnung habe Auguſtin am ächteſten gefaßt; zwar ſtimmen nicht alle ſeine Aeußerungen überein, allein ſeit er Biſchof geworden, ſey ihm dieſe Lehre fehllos geoffen⸗ bart worden. (In ſeinen ſpäteren Schriften iſt Auguſtin bekanntlich ſchroffer zur Ehre der göttlichen Gnade, und gerade auf diese stützt sich Janfen als Norm.) „Zu diesem Werke war er von Gottes Geist inspirirt, dazu von Gottes Gnade prädestinirt," er vor Allen sollte sie an sich erfahren und erkennen.   Daher ist jeder Versuch über ihn hinaus= zugehen, wozu sich die Scholastiker hinreißen ließen, mit großer Gefahr verbunden.

Die Begriffe des Guten und des Bösen werden als absolute Gegensätze gefaßt, es werden keine Uebergänge zu ermitteln gesucht.   Gott mußte den Menschen, wie die Engel, heilig und also auch selig schaffen.   In den ersten Menschen und in den Engeln konnte keinerlei Same des Bösen liegen, welcher den Sündenfall erklärte, außer der Willens= freiheit, welche durch die auch damals dem Menschen einwohnende Gnade und daraus fließende Seligkeit nicht gefesselt war.   Diese Freiheit war eine positiv gute, göttliche, dabei aber verlierbar, beides, weil sie sich Gott nur in Liebe unterordnete, worin eben alle wahre Freiheit liegt.   Die Möglichkeit des Falls liegt eben darin, daß Adam sich selbst um seiner Vollkommenheit willen lieben konnte.   Die Gnade war ihm vor dem Falle wesentlich, nothwendig, einwohnend, zu seiner Natur gehörig (nicht donum super= additum), ohne sie hätte er fallen müssen, aber jede gute That Adams war darum doch seine freie, verdienstliche That.   Eben so vollkommen freie That war auch sein Fall.

Die Erbsünde ist nicht bloße Zurechnung (reatus), sie ist eine sich fortpflanzende böse Unnatur; das durch die Begierde befleckte Fleisch befleckt auch die Seele und so ist unfer innerster Wille und des Herzens eigenste Lust von der Sünde gefangen. Besonders schwer auf die Seele lastende Strafen der Erbsünde sind die unüberwindliche Un= wissenheit und die böse Lust, welche zugleich vollkommne Sünden sind; denn jeder dem göttlichen Gesetze und Ebenbilde nicht entsprechende, auch unbewußte Zustand ist Sünde. Die böse Lust ist ein habituelles Gewicht, welches die Seele zur unordentlichen Vergnü= gung an den Kreaturen niederzieht.   Daher erleiden auch die ungetauft gestorbnen kleinen Kinder die fühlbaren Strafen des ewigen Feuers, was in einer angehängten Schrift von Contius bewiesen wird.   „Manichäismus und Pelagianismus setzen die Begierde vor der Sünde, Augustin nach der Sünde."

In dem Abschnitte „vom Stande der gefallnen Natur" wird bewiesen, wie wir zwar die Freiheit haben, uns einer bestimmten, einzelnen bösen That, aber nicht die, uns des Sündigens zu erwehren.   Da aber der Mensch seinen Willen dazu gibt, so ist es auch seine freie That; denn zur Freiheit ist nicht reine Indifferenz nöthig, jene be= steht auch da, wo der Wille sich selbst gebunden hat, sey's (wie bei Gott selbst) zum Guten, sey's (bei der sündigen Menschheit) zum Bösen.   Der dritte der fünf Sätze, welche der Pabst als in Janfens Augustin stehend verdammte, lautet: ad merendum et demerendum in statu naturae lapsae non requiritur libertas ab omni necessitate, sed sufficit libertas ab omni coactione, hoc est, a violentia et naturali necessitate.   Daß die hiemit verdammte Lehre sich, wenn auch nicht wörtlich, in Janfens Augustin findet, kann nach Obigem nicht mit Recht geläugnet werden.

Hier knüpfen sich einige Fundamental=Fragen der Moral an: der durch Gottes Gnade Nicht=Bekehrte hat nur quasi-Tugenden, da sie nicht aus der einwohnenden Liebe Gottes kommen, ja sie sind Sünden.   Diese ächt Augustinische Lehre hatte der Pabst schon gegen Bajus verdammt.   Janfen weiß sich nur damit zu helfen, daß der Pabst sie nicht als ketzerisch, sondern darum censirt habe, weil sie den Frieden stören und nach Umständen Aergerniß erregen könnte.   Bei einem verwandten Artikel und Falle sagt Janfen, die Curie habe hier dem Frieden ein Opfer gebracht, welches sie wohl nicht ge= bracht hätte, wenn sie die Aussprüche Augustins und anderer Päbste besser gelaunt hätte. Doch hat Janfen am Schlusse seines Werkes dieses und sich selbst demüthig dem Urtheile des apostolischen Stuhles unterstellt.   Der Sündenfall als Abfall des Menschen von seiner gotterfüllten Urnatur schließt die Unseligkeit in sich, wie die Seligkeit wesentlich in Unfündigkeit besteht.   (Damit karakterisirt sich die Innerlichkeit, die Geistigkeit der Lehre Janfens im Unterschiede von der äußerlich=mechanischen Auffassung der Jesuiten, wornach der Allmächtige den Sünder selig, den Frommen unselig machen könnte.)

Der dritte Band handelt in zehn Büchern von der Gnade Christi. Hier gilt es, der Gnade Gottes ganz allein die Ehre zu geben; jede gute Regung ist göttliche Gnade. Da wesentlich der Wille durch die Sünde gebunden ist, so genügt Gesetz und Predigt, kurz Belehrung entfernt nicht. Sie sind nur Mittel, uns unserer Häßlichkeit zu überführen. Die Gnade ist nicht bloße Offenbarung, sondern medicinale auxilium, Christus der „Heiland"=Arzt des ganzen Menschen. Jetzt — zum Unterschied vom Urzustande — besteht der modus adjuvandi darin, daß die Gnade dem Menschen nicht bloß die Möglichkeit zum Guten oder Bösen, die Wahlfreiheit, sondern den Willen und die That, die einzelne wie den ganzen Christenwandel selbst, frei schenkt. Damit ist auch Gottes Gnade stets actualis, sie kommt immer zu ihrem innern und äußern Ziel; Wollen und Verweigern des Guten steht immer nur Gott, keinerlei Weise uns zu. Gratia victrix, invicta facit ut velint. Der Grund liegt nicht im Voraussehen unserer Geneigtheit — denn unser widerstrebender Wille rapitur gratia — sondern bloß im Mysterium des göttlichen Willens. Dennoch ist der Mensch dabei nicht todtes Werkzeug, denn mit Rücksicht auf unsere Natur nimmt Gottes Werk den Weg durch unsern Willen hindurch. Gott gibt wohl Manchem das Verlangen nach vollkommner Liebe und That, aber nicht Jedem dabei und nicht immer das Können, das Vollbringen. Jenes Verlangen ist oft, aber nicht immer der Vorläufer von diesem, wie bei den Heiden, denen alle Bedingungen der wahren Gerechtigkeit verweigert sind.

Alles Gute nimmt seinen Anfang mit dem Glauben, welcher allein auch das erste Verlangen darnach erwecken kann, aus dem Glauben folgt die Liebe. Gott mag einem Menschen auch dies geben; schenkt er ihm aber dazu nicht auch das donum perseverantiae, so hilft es ihm nichts. Er kann uns auch nur zeitenweise, für einzelne Fälle die zum Guten nöthige Gnade entziehen, um uns unsere Nichtigkeit fühlen zu lassen.

Nach diesem ist es wirklich die Lehre Augustin-Jansens, die der Pabst in Satz 1. 2. 4. verdammte: Nämlich Satz 1.: Gratia de se efficax vere, realiter et physice (nur diesen Ausdruck der Thomisten hatte Jansen verworfen) praemovens et praedeterminans, immutabiliter, infallibiliter, insuperabiliter et indeclinabiliter ita est necessaria ad singulos actus, etiam ad initium fidei et ad orationem, ut sine illa homo etiam justus non possit adimplere Dei praecepta, etiamsi velit et conetur, affectu et conatu imperfecto; quia deest illi „gratia qua possit," sive qua fiant illi possibilia possibilitate cum effectu ut loquitur Augustinus. Nur das „etiam justus" könnten die Jansenisten mit einigem Grund abläugnen. — Satz 2: In natura lapsa nunquam resistitur gratiae interiori, id est efficaci, in sensu explicito in prima praepositione, quae secundum phrasim Augustini vocatur interior. Satz 4: Admiserunt Semipelagiani gratiae interioris necessitatem ad singulos actus, etiam ad initium fidei; et in hoc erant haeretici, quod vellent etiam gratiam talem esse, cui posset humana voluntas resistere vel obtemperare; id est, in hoc erant haeretici, quod vellent gratiam illam non esse efficacem modo explicato in prima propositione. Endlich Satz 5: Error est Semi-Pelagianorum dicere Christum pro omnibus omnino mortuum esse aut sanguinem fudisse; quia videlicet Christus est quidem mortuus pro omnibus quoad sufficientiam pretii sufficienter, non tamen efficaciter, quia non omnes participant beneficium mortis ejus. Nahm Jansen mit der katholischen Kirche an, daß Christi Tod den Heiden nicht zu Gute komme, so mußte er es überdies auch von dem nicht mit perseverantia gesegneten Theil der Begnadigten lehren und lehrte es ausdrücklich.

Folgen wir Jansens Werk zunächst im vierten Buche: über die gratia medicinalis Christi: Wie die Sünde, so beginnt auch jedes gute Werk mit einer Süßigkeit und herzlichen Freude; dadurch wird Gottes Wille, sein adjutorium medicinale unser Wille. Wenn unser Wille von dieser himmlischen delectatione destituitur, so ist ihm auch die leiseste Regung nach dem Guten hin unmöglich; tritt jene ein, so ist sie stets necessitans. Diese delectatio gibt uns tam in appetendo, quam omittendo peccato ein Gefühl der Freiheit wenigstens von äußerem Zwang.

Wirkungen der Gnade: Erkenntniß und Rechtfertigung sind wohl edle Gaben, die Gnade selbst besteht aber in der Einwohnung der göttlichen Liebe, Gottes selbst in uns. Wie die Erbsünde, so ist Gnade auch nicht eine bloße Zurechnung, ein Gedachtes (gegen Jesuiten und Protestanten), sondern kräftige Einwohnung. Nur diese überwindet die Sündenlust und bringt die wahre, reelle Freiheit. Die Furcht aber, auch die vor Gott und Hölle, löst das Böse nicht von unserem Herzen ab, sie ist selbstisch, nicht gött= lich. Der Wolf bleibt Wolf, ob er in den Stall breche oder geschreckt zurückweiche. (Hier schießt aus der Herzwurzel des Systems die Frage von attritio und contritio auf, welche Dr. H. Arnauld (s. d. Art.) in seiner Schrift de la fréquente communion energisch anfaßte.) Der gefallene Mensch muß, um frei zu seyn, Knecht seyn, aber da es die Liebe ist, die unsere Freudigkeit entzündet, so wird unser Wille je mehr und mehr lebendig Eins und mitwirkend mit dem göttlichen.

Die Prädestination zur Bekehrung, Ausdauer und Seligkeit ist ganz freie That Gottes ohne einen Funken von eigenem Verdienst von des Menschen Seite. Die Andern prädestinirt Gott zum Uebel. Er liebt auch das Verdammungsurtheil, wodurch er sie zum ewigen Tode prädestinirt; ist es auch nicht gut für den, welchen es trifft, so ist es doch gut, weil gerecht. Den Erwählten muß Alles zum Besten, den Uebergangenen Alles, selbst die ihnen aber ohne die Gabe des Beharrens geschenkte Liebe und der Glaube, zum Verderben gereichen. Wie Gott bei Beiden das Ziel setzt, so auch die Mittel dazu, bei den Verstoßenen ihre sündigen Werke. Wenn irgend ein Vorherrschen menschlicher Entschließung bei Gottes freiem Rathschlusse mitunterliefe, so müßte eine Indifferenz des menschlichen Willens und damit auch zugestanden werden, daß die höchste Entscheidung nicht bei Gott, sondern beim Menschen stehe. Dies Alles setzt die freie That des Sün= denfalls voraus; (denn Jansen ist entschiedner Infralapsarier, das ganze System beruht auf der strengsten Unterscheidung des Standes vor und des nach dem Falle).

Auf die gangbaren Einwürfe gegen die im bloßen Wohlgefallen Gottes ruhende Prädestination wird erwidert: Es könnte gewiß dem Menschen keine größere Zuversicht geben, wenn sein Geschick statt in Gottes, in seiner Hand stünde. Auch kann Keiner sagen, er erfülle so seine Pflichten umsonst, denn diese Erfüllung ist ohne Weiteres das Seligste und gibt eine starke Hoffnung, daß wir nicht zu den Verstoßenen gehören. Die Verworfenen dienen wesentlich zum zeitlichen und ewigen Besten, zur Heiligung und zur Beseligung der Auserwählten, in einem höheren Sinne als die Thiere nach Gottes Ord= nung dem Menschen dienen. Den Erwählten werden göttliche Eigenschaften und ihre eigene Sündensklaverei in den Verstoßnen dargestellt, jene werden durch diese angespornt zu den höchsten Tugenden. Die Zahl der Erwählten ist die kleinere.

Das Alles gehört zur Schönheit und Vollkommenheit der Welt, damit Gott und seine Liebe frei sey, was doch wichtiger ist, als die von der Philosophie behauptete Will= kühr des Menschen. Da Gott den Erwählten sich selbst, nicht etwa irgend einen Bei= stand schenkt, so muß dieses höchste Gut auch ganz von ihm selbst abhängen.

Daß Bischof Jansen seinen Augustin fertig hinterlassen, daß der Druck durch drei seiner Freunde besorgt werde, war in den spanischen Niederlanden offenes Geheimniß: die Jesuiten wußten sich noch während des Drucks Bogen zu verschaffen; der Nuntius in Köln suchte den Druck zu verhindern und die fatalen Streitfragen in Schweigen zu begraben; allein die Universität Löwen beschleunigte den Druck unter der Hand, der 1640 vollendet wurde, und das erharrte Werk wurde sofort in Paris und Rouen nach= gedruckt. Die Bulle in eminenti rügte an Jansens Werk 1642 die Erneuerung der Irr= thümer des Bajus, suchte aber vor Allem Stillschweigen zu erlangen. Aber erst nach mehrjährigem Widerstande der Bischöfe, der Universitäten und Provinzial=Stände wurde die Bulle in den spanischen Niederlanden publicirt und ihre Unterschrift erzwungen. Im Sommer 1643 erschien Dr. Heinrich Arnaulds Schrift de la fréquente communion, worin er die prädestinianischen Lehren Augustin=Jansens als Fundament annahm. Ueber den

Der dritte Band handelt in zehn Büchern von der Gnade Christi. Hier gilt es, der Gnade Gottes ganz allein die Ehre zu geben; jede gute Regung ist göttliche Gnade. Da wesentlich der Wille durch die Sünde gebunden ist, so genügt Gesetz und Predigt, kurz Belehrung entfernt nicht. Sie sind nur Mittel, uns unserer Häßlichkeit zu überführen. Die Gnade ist nicht bloße Offenbarung, sondern medicinale auxilium, Christus der "Heiland"-Arzt des ganzen Menschen. Jetzt — zum Unterschied vom Urzustande — besteht der modus adjuvandi darin, daß die Gnade dem Menschen nicht bloß die Möglichkeit zum Guten oder Bösen, die Wahlfreiheit, sondern den Willen und die That, die einzelne wie den ganzen Christenwandel selbst, frei schenkt. Damit ist auch Gottes Gnade stets actualis, sie kommt immer zu ihrem innern und äußern Ziel; Wollen und Verweigern des Guten steht immer nur Gott, keinerlei Weise uns zu. Gratia victrix, invicta facit ut velint. Der Grund liegt nicht im Voraussehen unserer Geneigtheit — denn unser widerstrebender Wille rapitur gratia — sondern bloß im Mysterium des göttlichen Willens. Dennoch ist der Mensch dabei nicht todtes Werkzeug, denn mit Rücksicht auf unsere Natur nimmt Gottes Werk den Weg durch unsern Willen hindurch. Gott gibt wohl Manchem das Verlangen nach vollkommner Liebe und That, aber nicht Jedem dabei und nicht immer das Können, das Vollbringen. Jenes Verlangen ist oft, aber nicht immer der Vorläufer von diesem, wie bei den Heiden, denen alle Bedingungen der wahren Gerechtigkeit verweigert sind.

Alles Gute nimmt seinen Anfang mit dem Glauben, welcher allein auch das erste Verlangen darnach erwecken kann, aus dem Glauben folgt die Liebe. Gott mag einem Menschen auch dies geben; schenkt er ihm aber dazu nicht auch das donum perseverantiae, so hilft es ihm nichts. Er kann uns auch nur zeitenweise, für einzelne Fälle die zum Guten nöthige Gnade entziehen, um uns unsere Nichtigkeit fühlen zu laffen.

Nach diesem ist es wirklich die Lehre Augustin-Jansens, die der Pabst in Satz 1. 2. 4. verdammte: Nämlich Satz 1.: Gratia de se efficax vere, realiter et physice (nur diesen Ausdruck der Thomisten hatte Jansen verworfen) praemovens et praedeterminans, immutabiliter, infallibiliter, insuperabiliter et indeclinabiliter ita est necessaria ad singulos actus, etiam ad initium fidei et ad orationem, ut sine illa homo etiam justus non possit adimplere Dei praecepta, etiamsi velit et conetur, affectu et conatu imperfecto; quia deest illi „gratia qua efficax," sive qua fiant illi possibilia possibilitate cum effectu ut loquitur Augustinus. Nur das „etiam justus" konnten die Jansenisten mit einigem Grund abläugnen. — Satz 2: In natura lapsa nunquam resistitur gratiae interiori, id est efficaci, in sensu explicito in prima praepositione, quae secundum phrasim Augustini vocatur interior. Satz 4: Admiserunt Semipelagiani gratiae interioris necessitatem ad singulos actus, etiam ad initium fidei; et in hoc erant haeretici, quod vellent etiam gratiam talem esse, cui posset humana voluntas resistere vel obtemperare; id est, in hoc erant haeretici, quod vellent gratiam illam non esse efficacem modo explicato in prima propositione. Endlich Satz 5: Error est Semi-Pelagianorum dicere Christum pro omnibus omnino mortuum esse aut sanguinem fudisse; quia videlicet Christus est quidem mortuus pro omnibus quoad sufficientiam pretii sufficienter, non tamen efficaciter, quia non omnes participant beneficium mortis ejus. Nahm Jansen mit der katholischen Kirche an, daß Christi Tod den Heiden nicht zu Gute komme, so mußte er es überdies auch von dem nicht mit perseverantia gesegneten Theil der Begnadigten lehren und lehrte es ausdrücklich.

Folgen wir Jansens Werk zunächst im vierten Buche: über die gratia medicinalis Christi: Wie die Sünde, so beginnt auch jedes gute Werk mit einer Süßigkeit und herzlichen Freude; dadurch wird Gottes Wille, sein adjutorium medicinale unser Wille. Wenn unser Wille von dieser himmlischen delectatione destituitur, so ist ihm auch die leiseste Regung nach dem Guten hin unmöglich; tritt jene ein, so ist sie stets necessitans. Diese delectatio gibt uns tam in appetendo, quam omittendo peccato ein Gefühl der Freiheit wenigstens von äußerem Zwang.

Wirkungen der Gnade: Erkenntniß und Rechtfertigung ſind wohl edle Gaben, die Gnade ſelbſt beſteht aber in der Einwohnung der göttlichen Liebe, Gottes ſelbſt in uns. Wie die Erbſünde, ſo iſt Gnade auch nicht eine bloße Zurechnung, ein Gedachtes (gegen Jeſuiten und Proteſtanten), ſondern kräftige Einwohnung. Nur dieſe überwindet die Sündenluſt und bringt die wahre, reelle Freiheit. Die Furcht aber, auch die vor Gott und Hölle, löst das Böſe nicht von unſerem Herzen ab, ſie iſt ſelbſtiſch, nicht gött=lich. Der Wolf bleibt Wolf, ob er in den Stall breche oder geſchreckt zurückweiche. (Hier ſchießt aus der Herzwurzel des Syſtems die Frage von attritio und contritio auf, welche Dr. H. Arnauld (ſ. d. Art.) in ſeiner Schrift de la fréquente communion energiſch anfaßte.) Der gefallene Menſch muß, um frei zu ſeyn, Knecht ſeyn, aber da es die Liebe iſt, die unſere Freudigkeit entzündet, ſo wird unſer Wille je mehr und mehr lebendig Eins und mitwirkend mit dem göttlichen.

Die Prädeſtination zur Bekehrung, Ausdauer und Seligkeit iſt ganz freie That Gottes ohne einen Funken von eigenem Verdienſt von des Menſchen Seite. Die Andern prädeſtinirt Gott zum Uebel. Er liebt auch das Verdammungsurtheil, wodurch er ſie zum ewigen Tode prädeſtinirt; iſt es auch nicht gut für den, welchen es trifft, ſo iſt es doch gut, weil gerecht. Den Erwählten muß Alles zum Beſten, den Uebergangenen Alles, ſelbſt die ihnen aber ohne die Gabe des Beharrens geſchenkte Liebe und der Glaube, zum Verderben gereichen. Wie Gott bei Beiden das Ziel ſetzt, ſo auch die Mittel dazu, bei den Verſtoßenen ihre ſündigen Werke. Wenn irgend ein Vorherrſchen menſchlicher Entſchließung bei Gottes freiem Rathſchluſſe mitunterliefe, ſo müßte eine Indifferenz des menſchlichen Willens und damit auch zugeſtanden werden, daß die höchſte Entſcheidung nicht bei Gott, ſondern beim Menſchen ſtehe. Dies Alles ſetzt die freie That des Sün=denfalls voraus; (denn Janſen iſt entſchiedner Infralapſarier, das ganze Syſtem beruht auf der ſtrengſten Unterſcheidung des Standes vor und des nach dem Falle).

Auf die gangbaren Einwürfe gegen die im bloßen Wohlgefallen Gottes ruhende Prädeſtination wird erwidert: Es könnte gewiß dem Menſchen keine größere Zuverſicht geben, wenn ſein Geſchick ſtatt in Gottes, in ſeiner Hand ſtünde. Auch kann Keiner ſagen, er erfülle ſo ſeine Pflichten umſonſt, denn dieſe Erfüllung iſt ohne Weiteres das Seligſte und gibt eine ſtarke Hoffnung, daß wir nicht zu den Verſtoßenen gehören. Die Verworfenen dienen weſentlich zum zeitlichen und ewigen Beſten, zur Heiligung und zur Beſeligung der Auserwählten, in einem höhern Sinne als die Thiere nach Gottes Ord=nung dem Menſchen dienen. Den Erwählten werden göttliche Eigenſchaften und ihre eigene Sündenſklaverei in den Verſtoßnen dargeſtellt, jene werden durch dieſe angeſpornt zu den höchſten Tugenden. Die Zahl der Erwählten iſt die kleinere.

Das Alles gehört zur Schönheit und Vollkommenheit der Welt, damit Gott und ſeine Liebe frei ſey, was doch wichtiger iſt, als die von der Philoſophie behauptete Will=kühr des Menſchen. Da Gott den Erwählten ſich ſelbſt, nicht etwa irgend einen Bei=ſtand ſchenkt, ſo muß dieſes höchſte Gut auch ganz von ihm ſelbſt abhängen.

Daß Biſchof Janſen ſeinen Auguſtin fertig hinterlaſſen, daß der Druck durch drei ſeiner Freunde beſorgt wurde, war in den ſpaniſchen Niederlanden offenes Geheimniß: die Jeſuiten wußten ſich noch während des Drucks Bogen zu verſchaffen; der Nuntius in Köln ſuchte den Druck zu verhindern und ſo die fatalen Streitfragen in Schweigen zu begraben; allein die Univerſität Löwen beſchleunigte den Druck unter der Hand, der 1640 vollendet wurde, und das erharrte Werk wurde ſofort in Paris und Rouen nach=gedruckt. Die Bulle in eminenti rügte an Janſens Werk 1642 die Erneuerung der Irr=thümer des Bajus, ſuchte aber vor Allem Stillſchweigen zu erlangen. Aber erſt nach mehrjährigem Widerſtande der Biſchöfe, der Univerſitäten und Provinzial=Stände wurde die Bulle in den ſpaniſchen Niederlanden publicirt und ihre Unterſchrift erzwungen. Im Sommer 1643 erſchien Dr. Heinrich Arnaulds Schrift de la fréquente communion, worin er die prädeſtinatianiſchen Lehren Auguſtin=Janſens als Fundament annahm. Ueber den die Sorbonne, den Hof und das Parlament, die Kanzeln und Beichtstühle erregenden Kampf siehe den Art. H. Arnauld.

Die Universität Löwen hatte bald nach dem Erscheinen der Bulle in eminenti die Sorbonne angerufen, sie möchte dem gemeinsamen Feinde, den Jesuiten, vereinten Widerstand leisten, damit sie nicht unterjocht würden und zerfielen wie die deutschen Universitäten, auf welchen die Jesuiten Meister seyen. Während Jesuiten wie der gelehrte Petav und die Augustinianer sich durch Herausgabe ächter und falscher tausendjähriger Manuscripte über diese Fragen auf's Glatteis führten und angriffen, parleiten und trennten sich darüber Theologen und weibliche beaux esprits. Die Dominikaner in Frankreich waren gegen, die in Spanien und Italien für Jansen. Mitten unter den Unruhen der Fronde 1648—50 legte Cornet, Syndikus der theologischen Fakultät in Paris, dieser sieben Sätze zur Rüge vor, welche ohne den Namen zu nennen größerntheils Jansens Lehre galten. Gegen die durch Einfluß der Bettelorden zu ihrer Prüfung niedergesetzte Commission protestirten 60 augustinische Doktoren an das Parlament, welchem aber weder Vermittlung noch der Versuch gelang, die Vorlage nach Rom zu verhindern. Vielmehr wurde von Rom aus den Antijansenisten die Verurtheilung der auf fünf reducirten Sätze aus Augustin-Jansen versprochen, wenn sie dem Pabst dieselben zur Entscheidung vorlegten. Denn die Curie wünschte diese Spaltung der Sorbonne, dieser Hüterin der gallikanischen Freiheiten, zu benützen, „um durch die französischen Bischöfe als souveräner Richter anerkannt zu werden." Wirklich gingen, zum Theil auf Anhalten Vincents von Paula, 85 Bischöfe Frankreichs ihn um sein Urtheil in der Sache an. Beide Theile sandten Bevollmächtigte nach Rom, wo eine Congregation zur Prüfung des Streits niedergesetzt wurde. Gelang es den Jesuiten nicht, sich mit den thomistischen Dominikanern zu verständigen, so glückte es ihnen doch, die französischen und die niederländischen Augustinianer zu trennen. Der Pabst gab 30. Mai 1653 der Bulle cum occasione seine Bestätigung, wodurch obgenannte fünf Sätze „aus Jansens Augustin" verdammt wurden. Diese Bulle wurde auf Betrieb Mazarins und der Jesuiten, ob sie gleich weder die Bestätigung der Klerus-Congregation noch des Parlaments erhalten hatte, zuerst von den „Hofbischöfen" in ihre Diöcesen geschickt, andere folgten. Die Jansenisten erklärten sich bereit, die fünf Sätze in ihrem ketzerischen Sinne, aber nicht als Sätze Jansens, d. h. nicht in dem Sinne, welchen sie bei ihm haben, zu verdammen. Man unterschied immer mehr das droit, die Entscheidung über den Glaubenspunkt, von dem fait, ob die Irrlehre der fünf Sätze in Jansens Augustin sich finde. Die meisten Jansenisten behaupteten, der Pabst könne wohl nicht in der Glaubenslehre, wohl aber über ein Faktum sich irren. Deßhalb erklärte 29. Sept. 1654 der Pabst, diese verdammten Sätze finden sich in Jansens Augustin und ihre Verurtheilung, als Lehre Jansens, müsse unterzeichnet werden, bei Strafe, kirchliche Würden, Aemter, Einkommen zu verlieren. Hunderte von bisherigen „Parteigängern der Gnade" unterzeichneten jetzt unter frivolen liederlichen Vorwänden.

Während dessen verweigerte 24. Febr. 1654 ein Geistlicher in der Kirche St. Sulpice zu Paris dem Herzog von Liancourt die Absolution, weil er einen die Unterschrift verweigernden Abbé in seinem Hotel hatte. D. H. Arnauld ließ darüber den „Brief an eine Person von Stande" drucken; daraus wurden von den Gegnern sogleich zwei Sätze ausgehoben: 1) die Gnade, ohne welche wir nichts Gutes können, hatte Petrum in dem Augenblicke verlassen, da er den Herrn verläugnete. 2) Da einmal nicht Jeder sich davon überzeugen kann, daß die fünf verdammten Sätze in Jansen seyen, so genügt schweigende soumission de respect unter diese päbstliche Entscheidung; die soumission de créance kann nicht für das fait verlangt werden. Arnauld wird deßhalb 31. Januar 1656 nach hartem Kampf von der Sorbonne ausgeschlossen, mit ihm treten 80 Doktoren aus, weil sie seine Ausschließung nicht unterschreiben wollen. Indeß begann Pascal in seinen ersten lettres à un provincial die Thomisten zu geißeln, welche in ihrer äußerlichen, mechanischen Fassung der Prädestination mit Augustin-Jansen die den Tridentinern und den Jesuiten anstößigen Härten theilten, aber nichtsdestoweniger gegen Jansen und Arnauld stimmten.

Die scholastische Subtilität ist in diesen Dialogen mit der Feinheit und Satyre eines Moliere durchsichtig und lächerlich gemacht. Der ungeheure Beifall ließ Pascal in den folgenden Briefen zum Angriff auf die Casuistik und die Beichtstuhl=Moral der Jesuiten übergehen. Während dadurch die Gebildeten und die Lacher gewonnen wurden, flößte die wunderbare Heilung einer Nichte Pascals in dem jansenistischem Frauenkloster Port=Royal den Andächtigen Scheu ein. Die berühmten „Einsiedler" konnten sich wieder in den Höfen um Port=Royal des Champs sammeln, dessen Blüthezeit jetzt eintritt. Aber die Parteinahme Port=Royals für den früher aufrührerischen, verbannten Erzbischof von Paris, in welchem man die Unabhängigkeit des Episkopats bedroht sah, veranlaßte Ludwig XIV. 13. Dec. 1660 der Versammlung des französischen Klerus zu erklären, es sey ihm Gewissenssache, den Jansenismus auszurotten. Es wurde ein Formular aufgesetzt, worin die Verdammung der fünf Sätze Jansens ausgesprochen war; die Quälerei mit seiner Unterschrift erging nun wieder über Nonnen wie Kleriker. Die sich Weigernden wurden gefangen gesetzt, Sacy in der Bastille. Während Pascal selbst die Lehre der fünf Sätze zu vertheidigen geneigt war, setzte Arnauld es durch, daß die Jansenisten bei der Unterscheidung von fait und droit beharrten, während der Pabst durch Constitution vom 15. Febr. 1665 auch für das fait gläubige Unterwerfung verlangte. Viele Bischöfe gaben bei der Unterschrift die Lehre Augustins von der Gnade beschützende Erklärungen zu Protokoll oder erlaubten sie, daß es geschah. Vier Bischöfe verlangten und gaben nur das Versprechen eines respectueux silence über das fait und ließen diese ihre Erklärungen drucken. Gegen diese wollte strafend vorgefahren werden. Allein da 19 andere Bischöfe die Sache jener zu der ihrigen machten, wurde es der Curie und namentlich dem Könige bedenklich. Zwar war er durch das Verlangen eines Breve's gegen die vier Bischöfe gebunden; er nahm es aber gerne an, daß in allem Geheimniß von französischen Bischöfen in Rom ein Weg zur Verständigung eingeschlagen wurde. Dieser bestand im Grunde auf der Unterscheidung von fait und droit und dem respectueux silence. Der Pabst gab 28. Sept. 1668 in einem Breve die Erklärung seiner Befriedigung und sprach dem Könige seinen Dank für die Friedens=Vermittlung aus. Diese paix de Clement IX. war offenbar eine Niederlage der Curie, welche damit bekannte, daß sie der Sache nicht Meister sey, sobald der König nicht guten Willen und seinen weltlichen Arm zur Bestrafung bot. Die Curie wußte diese Thatsache zu verhüllen, und dies gab ihr später den Vorwand, als sey sie von den Unterhändlern getäuscht worden, obgleich einige Bischöfe öffentlich und derb obige Distinktion von fait und droit aussprachen.

Alle Theile waren vorerst scheinbar damit befriedigt, daß die Jansenisten ihre „goldenen Federn" hauptsächlich gegen die Reformirten richteten.

Der König hatte gehofft in der ärgerlichen Sache, über welche sich die Damen der höchsten Kreise geparteit hatten, durch den Vergleich das Unmögliche, Ruhe d. h. Stillschweigen zu erlangen. Schon 1676 erließ er aus seinem Lager eine Erklärung gegen die Streitigkeiten über die Unterschrift im Bisthum Angers. Zu seinem Befremden und Aerger schrieb namentlich Arnauld in der Regalstreitigkeit und nahmen einige jansenistische Bischöfe unerschrocken Partei für den Pabst, welcher diesmal auch die Rechte der Bischöfe gegen die Unumschränktheit der Krone in Schutz nahm. Man wußte, daß Arnauld und Nicole Materialien zu den 65 Sätzen laxer jesuitischer Casuistik gegeben hatten, welche der Pabst 2. März 1679 verdammte. Der König, seinen Lüsten und jesuitischen Beichtvätern immer mehr verfallen, sah dieses Alles als persönliche Kränkung an und Arnauld flüchtete im Sommer 1679 in die spanischen Niederlande, wo er bis zu seinem Tode 8. August 1694 unermüdlich thätig war. Dahin war ihm, da nun selbst im Oratorium die jansenische Partei geschreckt war, Quesnel 1678 vorangegangen, der Benediktiner Gerberon folgte ihm 1682 nach.

Eine neue Wendung, einen unverhofften Aufschwung nahm der erlahmende Jansenismus durch das Neue Testament, welches 1693 Quesnel mit erbaulichen Anmerkungen herausgab und Noailles, damals Bischof von Chalons, dedicirte. (Es führt bald den Titel

Le N. Test. en françois avec des reflexions morales, bald: abrégé de la morale de l'Evangile, bald Pensées chrétiennes sur le téxte des sacrés livres.) Zuvor aber sollte der Jansenismus der ersten Periode, Jansens, Arnaulds und Port-Royals zum Abschluß kommen. Die strenge, gewissenhafte Seite, welche für das fait nur das silence respectueux anerkannte und deßhalb die Verdammung der 5 Sätze als der Lehre Jansens verweigerte, war in dem berühmten Kirchenhistoriker Tillemont vertreten. Ein unter den Jansenisten selbst darüber ausgebrochener Streit, cas de conscience, veranlaßte die 1701 erfolgte Veröffentlichung eines jansenistischen Gutachtens, wornach man das Formular unterschreiben und so in seinen Aemtern bleiben könne, auch wenn man an die Entscheidung des Pabsts über das fait nicht glaube, und dieses Gutachten der versteckten Jansenisten-Partei veranlaßte Schritte zunächst des Königs. Der greise Ludwig immer eifersüchtiger auf seine Autorität und geneigter, sich der Verzeihung seiner Laster durch Verfolgung zu versichern, wandte sich vereint mit dem jetzt bourbonisch gewordenen Spanien an den Pabst, welcher diese Gelegenheit gerne ergriff, in der gallikanischen Kirche eine Scheingewalt zu üben und 15. Juli 1705 die Bulle Vineam Domini erließ. Darin kam er auf das frühere Verlangen der gläubigen Verdammung der fünf Sätze als Lehre Jansens ohne alle Restriktion mit Mund oder Herz zurück. Da die Nonnen von Port-Royal sich weigerten, die Bulle zu unterschreiben, wurde das Kloster 1709 aufgehoben und 1710 abgebrochen. Ludwig, für den es keine Pyrenäen mehr gab, konnte es nicht länger ertragen, daß ein Häuflein Nonnen einige Stunden von Versailles ihm irgend Widerstand zu leisten wage.

Bei dieser letzten Katastrophe Port-Royals war der indeß zum Erzbischof von Paris erhobene Cardinal Noailles thätig gewesen, er hatte zwar von den Nonnen von Port-Royal für die päbstliche Entscheidung über Jansens Lehre nur einen menschlichen Glauben (?!) verlangt, aber sich schon dabei je nach dem Wind in den höchsten, namentlich königlichen Regionen gedreht. Mit dem von ihm beschützten Quesnel'schen Neuen Testament, für welches auf seine Veranlassung Bossuet geschrieben hatte, war auch die Person des Cardinal-Erzbischofs durch die den Jesuiten zugeschobene Schmähschrift problème ecclésiastique der Ketzerei verdächtigt worden. Da Noailles der Versammlung der französischen Bischöfe präsidirte, welche gegen die unmittelbare Entscheidung des Pabsts in der Bulle Vineam die Rechte des Episkopats wahrte, in erster Instanz zu urtheilen und päbstliche Entscheidungen durch seine Annahme gültig zu machen, so erreichte oder beabsichtigte die Curie mehrere Zwecke zugleich, indem sie durch ein Breve von 1708 das Quesnel'sche N. T. wegen jansenistischer und anderer irriger Lehren verdammte und das Lesen desselben verbot. Die Bemühungen der Jesuiten, wenigstens einzelner, die Bischöfe zur Unterschrift und deren Anbefehlung zu bewegen, erwiederte der Cardinal-Erzbischof durch Entziehung der Vollmacht für die meisten Jesuiten in seinem Sprengel Beichte zu hören. Diese blieben ihm den Dank dafür nicht lange schuldig. Der König wurde durch seinen Beichtvater, den starren Jesuiten Le Tellier, bewogen, den zögernden Pabst zu einer Verdammung von Sätzen zu bewegen, welche Le Tellier aus dem N. T. Quesnels ausgehoben hatte.

Der Curie bot sich dabei Gelegenheit, namentlich auch gegen die von den Jansenisten verfochtene Lehre aufzutreten, die Laien, ja die Weiber haben das Recht und die Pflicht, sich durch Lesen der H. Schr. zu erbauen und zu belehren; wozu Tausenden die von Sacy verfaßte Uebersetzung, das N. Test. de Mons, diente.

Diese Motive bewogen die Curie zu der Bulle Unigenitus vom November 1713. Darin waren 101 Sätze aus Quesnels N. Test. als zum Theil jansenistisch oder sonst irrlehrerisch verdammt. Darunter fanden sich aber nicht bloß solche, welche beinahe buchstäblich in der H. Schr., in Augustin sich fanden, sondern ganz tridentinisch lauteten, z. B. Satz 2: Die Gnade J. Christi ist zu allen guten Werken nöthig, ohne sie kann nichts (wahrhaft Gutes) geschehen. S. 26: Es wird keine Gnade anders als durch den Glauben ertheilt. S. 29: Außer der Kirche wird keine Gnade geschenkt. S. 51: Der

Glaube rechtfertigt, wenn er wirkt; er wirkt aber nur durch Liebe. Bei dieſem muß man bedenken, daß eben damals die Jeſuiten, zumal Le Tellier, wegen chriſtlich = heidniſcher Religions=Mengerei in China angeklagt, einen übeln Stand hatten.

Um ſicher zu gehen, wurde die Bulle der Verſammlung des franzöſiſchen Klerus vorgelegt; die Mehrzahl nahm ſie an, Noailles aber verbot zwar das Buch, wollte aber vor weiterer Annahme der Bulle vom Pabſt verſchiedene Erläuterungen verlangen. Das Parlament gehorchte zwar dem Befehl des Königs, die Bulle in die Reichsgeſetze einzu= tragen, erinnerte aber, daß die Anſichten der Bulle von der Exkommunikation nicht der Treue gegen den König nachtheilig ſeyn dürften. Die Sorbonne parteite ſich in mehrere Anſichten, einige der angeſehenſten Lehrer der Theologie wurden aus Paris verwieſen oder ihnen das Stimmrecht genommen.

Der König, ungewohnt irgend Widerſtand zu ertragen, dachte durch ein National= Concil der Sache ein Ende zu machen, auf welchem ſein Beichtvater eine Rolle ſelbſt über den verhaßten Cardinal=Erzbiſchof zu ſpielen hoffte. Allein der Pabſt wollte von einem ſo gefährlichen Mittel nichts hören und der altgallikaniſche Rechtslehrer Dupin brachte Bedenken dagegen vor, die auch für unſere Tage nicht ohne Intereſſe ſind: »der König kann nicht zugeben, daß der Pabſt das National=Concil berufe, der Pabſt aber wird ihm dieſes Recht nicht zugeſtehen. Ferner: man kann doch darin die päbſtlichen Legaten nicht präſidiren laſſen.« So hinterließ Ludwig XIV. bei ſeinem Sterben 1. Sept. 1715 die Angelegenheit des Janſenismus, welche er über ein halbes Jahrhundert auf allen Wegen beizulegen geſucht hatte, in der größten Verbitterung und Verwirrung.

Das hohe Alter des Königs hatte lange Cardinäle bewogen, von Erlaſſung der Bulle abzurathen, ihre Befürchtung erfüllte ſich jetzt. Ludwig XIV., welcher den Pabſt dazu aufgefordert hatte, hatte ihm zu jeder Vergewaltigung der widerſtrebenden Gewiſſen ſei= nen Arm leihen müſſen. Aber der frivole Regent, der Herzog von Orleans, fühlte nicht einmal ſo viel Furcht vor der Hölle, daß es ihm der Mühe werth geweſen wäre, wie Richelieu und Ludwig XIV. für die jeſuitiſche Anſicht, daß jene Furcht mit dem Sakra= mente Sündenvergebung bewirke, Partei zu nehmen. Die Anſichten beider Theile galten ihm für Thorheiten; die Verbannten kehrten zurück, die Sorbonne wollte die Bulle nicht angenommen haben. Jetzt galt es zu zeigen, was der Pabſt mit den ihm zuſtehenden Mitteln, zumal gegen Biſchöfe, vermöchte. Er bedrohte 1716 den zum Präſidenten des Gewiſſensraths ernannten Noailles mit Entſetzung von der Cardinalswürde, ja mit dem Banne. Aber ein Theil der bisher unterthänigen Biſchöfe verlangte vom Pabſte jetzt auch Erklärungen. Ueber die liederlichen, karakterloſen Zerſplitterung der Meinungen dieſer herrenloſen Heerde erhob ſich 1. März 1717 die Appellation mehrerer Biſchöfe von dem Pabſte und ſeiner Bulle an ein künftiges, allgemeines Concil; die Bulle, erklärten ſie, greife die katholiſche Glaubens= und Sittenlehre an.

Ihnen traten gegen zwanzig Biſchöfe, außer der Pariſer noch zwei theologiſche Fakul= täten und ein großer, und zwar nicht der ſchlechtere Theil der Welt= und Kloſtergeiſtlich= keit bei. Sie nannten ſich Appellanten, von den Gegnern wurden ſie Janſiſten genannt, zum Theil mit Unrecht. Auch Noailles trat öffentlich bei, nachdem er umſonſt zu ver= mitteln geſucht, der Pabſt vielmehr im Breve Pastoralis officii alle, welche der Bulle Unigenitus nicht gehorchten, auch wenn ſie Cardinäle ſeyen, excommunicirt hatte. An der Spitze der Ultramontanen oder Acceptanten ſtand Mailly, Erzbiſchof von Rheims; ein heftiges Schreiben deſſelben an den Regenten, welcher am liebſten Allen Schweigen auf= erlegt hätte, wurde auf Befehl des Parlaments vom Henker verbrannt; der Pabſt aber ernannte ihn ſofort zum Cardinal.

Indeß der Miniſter Dubois wollte auch Cardinal werden und der Regent wollte ungeſtört ſich amüſiren. Daher wurde das Verbot des Diſputirens über die Bulle ge= ſchärft, das Parlament mußte ſie 1720 regiſtriren, um nicht noch von Pontoiſe weiter in Ver= bannung geſchickt zu werden. Davon nahmen Noailles und andere Biſchöfe bei Wahr= nahme des Witterungswechſels den Vorwand mit mehr oder wenigeren Erklärungen ſich

zu fügen; 1728 that es Noailles altersschwach nochmals und unbedingt. Man berück=
sichtigte indeß die Appellation und die gallikanischen Ansichten vom Recht des Episkopats
insoweit, daß man die Zustimmungs=Erklärungen der nicht französischen katholischen Bi=
schöfe zur Bulle Unigenitus beibrachte. Nur starre Appellanten, meist Pfarrer, beriefen
sich auf den Unterschied zwischen der ecclesia congregata und der dispersa. Noch strenger
trieb es Fleury, Minister des trägen Ludwig XV. und Cardinal. Der Bischof Soanen
von Senez in der Provence, welcher unter Anderem in einer Pastoral=Instruktion Ques=
nels N. T. empfahl, wurde 1727 durch ein Provincial=Concil entsetzt und sein dabei thätiger
Erzbischof erhielt den Cardinalshut. Bei der Appellation beharrende Benediktiner und
Karthäuser flüchteten nach Utrecht, wo sich das Erzbisthum mit zwei Suffraganbischöfen
von Rom faktisch lossagte. Die Oratorianer verweigerten auf ihrem General=Convent
1727 die Annahme der Bulle. Ihre Unterrichtsanstalten, welche denen der Jesuiten
Concurrenz machten, wurden geschlossen. Nachdem die Widerspenstigen ausgeschlossen
waren, mußte die Congregation auf königlichen Befehl 1746 die Bulle annehmen.

Indessen hatte das niedere Volk auf seine Weise die Sache der Appellanten in die
Hand genommen. Franz von Paris war 1727 in Folge seiner Selbstpeinigung und
härtesten freiwilligen Armuth mit seiner Appellation in der Hand gestorben. Nachdem
schon einige wunderbare Heilungen geschehen waren, welche als der himmlische Rechtfer=
tigung appellirender Geistlichen erschienen, geschahen dergleichen auf Paris Grabe; selbst
Kinder geriethen auf demselben in Convulsionen und Verzückungen, in denen sie gegen
die Bulle zeugten und prophezeiten. Ungläubige wurden von der Andacht und dem Fa=
natismus der Tausende, die um sein Grab auf dem Kirchhofe von St. Medard in Paris
knieten, fortgerissen. Der König ließ 1732 den Kirchhof zumauern und militärisch ab=
sperren. Aber in Häusern und Conventikeln wurden die Convulsionen gesteigert; auf
ihr Bitten um solchen „secours" wurden die Convulsionäre durch Schläge, Treten auf
die Brust gesteigert. Es wurden große Bücher von Augenzeugen darüber geschrieben,
denen veranschaulichende Kupferstiche beigefügt waren. Der Parlamentsrath Montgeron,
welcher sein Werk dem Könige übergab und dabei gegen die Bulle eiferte, starb in der
Bastille. Es entspann sich Uneinigkeit unter den Convulsions=Gläubigen, ob den Eksta=
tischen obige secours zu leisten sey oder nicht, und so unterschied man Securisten und
Antisecuristen. Beiden stand fest, daß durch solche Wunder Gott der Bulle Unigenitus
entgegengetreten wolle, daher sie von den Jesuiten und ihren Anhängern für Teufelswunder
erklärt wurden. Auch deutsche Theologen wie Leß, Mosheim befaßten sich mit der Wahr=
heit und Bedeutung derselben; die Skeptiker fanden Veranlassung, damit den Wunderbe=
weis des Christenthums zu erschüttern. Theilweise verliefen sich die Convulsionen auch
in Kreuzigungen und — schauerliche Wollust.

Die Jansenisten der ersten Generation hatten darauf gedrungen, daß man bei seinem
ordentlichen Pfarrer beichte, nicht bei Bettelmönchen und Jesuiten; die Unterdrückung
brachte sie jetzt darauf, appellantistischen Priestern zu beichten; wollten sie aber kirchliches
Begräbniß, so mußten sie auf dem Todtenbette dem ordentlichen Pfarrer beichten. Die
Jesuiten bewogen daher den Erzbischof Beaumont von Paris, seinen Pfarrern zu befehlen,
nur Solchen die letzte Absolution und kirchliches Begräbniß zu gewähren, welche durch
Beichtzettel beweisen könnten, daß sie bei gesunden Tagen ihren ordentlichen Geistlichen
gebeichtet hätten. Da im März 1752 ein Pfarrer auf dieses hin die Absolution verwei=
gerte, lud das Parlament den Erzbischof — zwar umsonst — vor und drohte ihm mit
Sperrung seiner Einkünfte. Dies geschah denn auch wirklich am Ende des Jahrs. Die
meisten Bischöfe nahmen für den Erzbischof, für das unbeschränkte Recht der Kirche über
die Sakramente zu verfügen, die Parlamente für das Pariser Partei, welches die Rechte
der Bürger gegen Unterdrückung beschirme. Als der König demselben im Februar 1753
Einmischung in geistliche Angelegenheiten verbot, so erklärte es seine Amtsthätigkeit für
suspendirt. Die Mitglieder des Parlaments wurden verbannt und zerstreut, aber ob=
gleich ungebeugt 1754 zurückgerufen und der Erzbischof, welcher bei seiner Verordnung

über Verweigerung der Absolution beharrte, wurde verbannt. Die Bischöfe mit Unter=
stützung des Königs baten nun den Pabst um Entscheidung, welcher sehr vorsichtig über
die Bulle Unigenitus sich ausließ, indem er nur den öffentlich, ja gerichtlich anerkannten
Gegnern derselben die Sakramente verweigert wissen wollte. Der König verwies die
Klagen über Sakramentsverweigerung an die geistlichen Gerichte, aber mit Appellations=
recht an die weltlichen.

Ueber der Aufregung, welche der Vertreibung des Jesuitenordens voranging, ver=
stummten obige Streitigkeiten. Ein Bild stellt das diese Auflösung aussprechende Par=
lament mit den Feuerzungen des h. Geistes dar. Convulsionäre hatten schon den Sturz
des Thrones vorausgesagt. Der vereinte kirchliche und bürgerliche Druck brachte eine
unnatürliche Verbindung von ernster, ascetischer Frömmigkeit, von Fanatismus, von Un=
glauben unter dem Namen Jansenismus in den Jahrzehnden vor der Revolution hervor.
Der treffliche Sismonde de Sismondi erzählte mir, er habe in seiner Jugend das Mit=
glied eines südfranzösischen Parlaments sagen gehört: ja, ich bin Atheist, aber ein jan=
senistischer. Man hatte die heimliche, einmal in den Kellern der Polizei verborgene Presse
mit Kühnheit benützen gelernt. Die Literatur über diese Streitigkeiten von der Bulle
Unigenitus an beläuft sich auf der großen Bibliothek in Paris auf 3 bis 4000 Bände,
zum Theil Flugschriften. Die Pfarrgeistlichen, welche 1789 in den Reichsständen im
Staub des Klerus saßen und deren Uebergang zum Bürgerstande so entscheidend war,
gehörten großentheils der sogenannten jansenistischen Partei an; deßgleichen die constitu=
tionsfreundlichen Oratorianer, z. B. Gregoire (s. d. Art.). Zu ihnen zählte auch Camus.
In der Schreckenszeit thaten sich viele Jansenisten als kühne Gegner der Pöbelherrschaft
hervor und bluteten für Kirche und Thron unter dem Fallbeile. Noch vor zwei Jahr=
zehnden waren Lanjuinais und Montlosier lebendige Bilder zäher Unerschrockenheit und
jansenistischer Grundsätze den Anmaßungen der Jesuitenpartei gegenüber. In der meist
gegen sich selbst strengen niederen Geistlichkeit Frankreichs finden sich namentlich ascetische
Elemente des Jansenismus. — In Italien war Ricci, Bischof von Pistoja, treuer Ge=
hülfe bei den Reformen Leopolds I., welchen Napoleon 1796 sehr auszeichnete, in gewissem
Sinne Jansenist, wie manche Gehülfen der Reformen Josephs II. diesen Spott= und
Ehrennamen trugen. Auch der Erzbischof von Tarent, Joseph Capece-Latro, unter den
Napoleoniden sehr einflußreich, der 1817 seine Würde niederlegte, war von dieser Rich=
tung. In Rom ist noch der Jansenismus wenn nicht gefürchteter, doch gehaßter selbst
als der Calvinismus.   Reuchlin.

Januarius. Vierzehn Märtyrer tragen diesen Namen, denen allen die katholische
Kirche ein Angedenken weiht. Eine gens Januaria kennen schon die Inschriften*). Eines
Januarius Vintius deutet ein Monument in Turin**). Heimisch scheint der Name
besonders in Afrika und im südlichen Italien gewesen zu seyn. Seine Beliebtheit geht
schon aus der großen Anzahl von Märtyrern hervor, die ihn tragen und in der ihn nicht
viele andere Namen (etwa Alexander, Felix, Joannes) bedeutend überragen.

Der bekannteste unter ihnen ist der heilige Januarius, bei seinem Leben Bischof
von Benevent. Sein Andenken feiert die Kirche am 19. September. Sein Leben und
Leiden setzt die Legende unter Diocletianus***). Eine genauere Angabe in einem Manu=
scripte, welches Baronius besaß, bestimmt sein Martyrium durch Consularangaben in das
Jahr 305 †). Außer diesen Nachrichten wird seiner von Zeitgenossen nicht Erwähnung

---

*) Auch eine gens Novembria erscheint (außer der bekannten Martia, Junia, Julia). Vgl.
Zell, römische Epigraphik II. S. 88 ff.

**) Monumenta Taurinensia Tom. II. p. 119. n. 134.

***) In der historia passionis de S. Sosio Levita et Martyre, von Johannes Diaconus S.
Januarii beschrieben, bei *Surius*, Acta Sanctorum zum 23. Sept. Bd. 5. S. 380 ff.

†) Annal. Eccles. ad annum 305. n. 3. (ed. Col. Agr. 1624. II. p. 845) cf. Martyrologium
Romanum Baronii zum 19. Sept. (ed. Antwerpiae 1589 p. 416).

gethan. Die erste Veranlassung zu seiner Verfolgung gab, was als lehrreich hervorge=
hoben wird, die Demuth, mit der er sich, obschon Bischof, zu dem Diakonus Sosius
in Miseno *) begab, um diesen jungen, durch Frömmigkeit und Weisheit weitgefeierten
Mann kennen zu lernen und mit ihm in christlichem Zuspruch zu verkehren. Er traf
diesen einst in der Mitte seiner Freunde das Evangelium vorlesend und sah um sein Haupt
einen leuchtenden Schein sich ergießen. Niemand außer ihm hatte denselben bemerkt; er
eilt auf Sosius zu, küßt sein strahlenumkränztes Haupt und verkündet diese Erscheinung
als Vorzeichen eines baldigen Martyriums. Er erkennt in dieser Vision seine zukünftige
Heiligkeit. Wie noch bis in neuere Zeit die Künstler lebende Päbste und andere fromme
Personen, deren Heiligkeit gewiß ist, mit einem goldenen Nimbus um ihre Häupter dar=
stellen. Denn vielen andern Heiligen geschahen ähnliche Visionen. Sosius wird von dem
heidnischen Richter Campaniens verfolgt. Andere gläubige Christen mit ihm. Aber auch
im Kerker verläugnet den Märtyrer der Bischof nicht. Er sucht ihn dort auf und stärkt
den herrlichen Jüngling durch ermunternden Zuspruch. Davon vernimmt der fanatische
Timotheus, der neue Präses Campaniens, läßt ihn kommen, will den Bischof zum Opfer
zwingen; er weigert sich und damit beginnt sein Martyrium, denn er wird in einen feu=
rigen Ofen geworfen, aus dessen dreitägiger Hitze er unversehrt hervorgeht. Es ist eine
Eigenthümlichkeit der Martyrien, wie sie in vielen Legenden erscheinen, daß sie ähnliche
Weise vor sich gehen, als die in den Büchern des alten und neuen Bundes berichteten.
Die Legende erinnert selbst an die drei Knaben und Genossen des Daniel, welche aus
dem feurigen Ofen wunderbar gerettet wurden. Auch ist der heil. Januarius nicht der
Einzige, dem diese Gnade erwiesen ward. Eulampius und Eulampia wurden von den
Gluthen nicht berührt. Der Ofen wandelte sich vor ihnen wie in einen Rosenhain, auf
dem sie heilige Lieder singend tanzten **). Dasselbe Wunder geschah anderen Heiligen.
Als Timotheus den Bischof durch diese Prüfung wie durch andere Martern nicht gebro=
chen sah, Freunde herbeikamen, um ihn zu vertheidigen oder mit ihm zu sterben, gab er
ihn mit Sosius und den andern Gläubigen in dem Amphitheater wilden Thieren Preis,
aber die Bestien waren nicht grausamer als die Flammen. Gleich Lämmern sanft und
schüchtern schmiegten sie sich zu den Füßen der Heiligen. Wie oben das Wunder der
Männer im Feuer, wird hier Daniel in der Löwengrube das vorchristliche Muster. Vielen
anderen Heiligen geschieht Aehnliches. Die heil. Euphemia sieht Löwen und Bären ihre
Füße küssen; die wilde Natur wird zahm vor der heiligenden Kraft, welche alle Wildheit
der Sünde zu bändigen gekommen ist. Dies ist die Lehre.

Der heidnische Verfolger wird nicht wie das versammelte Volk von diesen Wundern
gerührt. Er läßt in größerer Erbitterung die Märtyrer bei Petuoli zum Tode führen ***).
Da schlägt Januarius den Timotheus mit Blindheit. Bestürzt läßt er den Frommen,
der schon am Richtplatz war, zurückholen, erbittet von ihm Heilung und erhält sie. Aber
nicht gebessert, weil, wie die Legende sagt, „Wohlthaten die Schlimmen schlimmer machen,“
befiehlt er der Märtyrer Hinrichtung, die unter Psalmengesang sterben. Mit Blindheit
schlagen die Heiligen in der Legende oft die Unzüchtigen und die, welche Freude haben
am Leid und Schmerz der Frommen; welche nicht sehen die Wunder und die Wahrheit
des heiligen Wortes und ihren Aberglauben verkehren zum fanatischen Haß. Die Vor=
bilder in der Schrift sind Elisa, der das Heer von Aram, Paulus, der den Gaukler
Elymas mit Blindheit schlägt. Aber wie Elisa sehend macht, um die Kraft Gottes
erkennen zu lassen, so auch die Heiligen. Die Märtyrer wollen sich nicht rächen durch

---

*) Oppidum Misenatium. Misenum ist in der Mitte des 9. Jahrhunderts von den Sara=
zenen zerstört und sind nur noch wenige Trümmer zwischen dem Achernischen See und dem
Castello bi Baja.

**) Acta Sanctorum Surii 10. October. 5. p. 751 etc.

***) „Ducebatur autem a carnificibus ad *sulphuratoriam*, ut ibi decollaretur.“ Sulphura=
toria ist die Solfatara, das vulcanische Becken bei Puzzuoli, von Strabo das Forum Vulcani genannt.

ihre Macht Gottes, nur bezeugen wollen sie, daß sie in ihnen sey und stärker denn alle Verfolgung der Welt. Auch strafen sie nicht den Einzelnen, weil er es nicht ist, in dem die Verfolgung wurzelt. Denn es dulden die Märtyrer unter dem Unglauben der Welt, darum erbarmen sie sich des Einzelnen, der nur dessen Executor ist. Die heil. Veneranda macht den Asklepiades, der sie in Pech sieden ließ, wieder sehend, nachdem er an einem Tröpflein erblindet war. Unter Psalmenliedern zu sterben, eine Bezeugung des Glaubens von ihrem Gott auch unter Schmerz und Martern, ist ein altes Wesen der christlichen Dulder. Schon in der apokryphischen Erzählung von den Männern im feurigen Ofen wird das Lied mitgetheilt, das nach dem Muster eines Psalmes von ihnen jubelnd gesungen wird.

Nach dem Tode der Heiligen werden die Leichname nach verschiedenen Städten ge= bracht. Der des heil. Januarius kommt nach Neapel, wozu die Einwohner dieser Stadt durch eine Offenbarung bewegt waren *). So weit geht die eigentliche Legende. Spä= tere Traditionen fügen Anderes hinzu. Während der Märtyrer enthauptet ward, hatte er sich das Tuch vor die Augen gehalten; das Schwert riß deshalb mit dem Kopfe zugleich einen Finger weg; als man seinen Leichnam bestattete, erschien er den Begrabenden, machte es ihnen kund und wollte seinen Finger mit dem andern Leibe bestattet haben **). Es wird damit auf die Heiligkeit der Gebeine der Märtyrer hingedeutet, deren jedes einzelne die Verehrung des Ganzen verdient. In dem Organismus des heiligen Leibes darf kein Glied fehlen. Darum ist es so großes Verdienst geworden, die Glieder der heil. Leichname zu sammeln. Dasselbe Gesetz thut sich auch an besonders heiligen Bildsäulen kund. In der Kapuzinerkirche, welche an der Stelle steht, wo der heil. Januarius enthauptet seyn soll, wird ein Brustbild desselben aus Marmor beschrieben, an die sich eine Legende in Betreff der Nase der Büste anknüpft. Dieselbe soll einst von Sarazenen abgeschlagen und mitgenommen worden seyn. Die Neapolitaner waren mit aller Kunst den Schaden nicht zu ersetzen im Stande. Endlich hätten Fischer einen kleinen Stein bemerkt, der sich immer wieder in ihren Netzen fand, so oft sie ihn hinauswarfen. Man vermuthete darin das abgebrochene Fragment; kaum hatte man es dem Brustbilde genähert, so fügte es sich von selbst an das Antlitz an, so daß kaum eine Spur des ehemaligen Bruches zu sehen ist ***).

In derselben Stunde, da der Heilige enthauptet ward, sah die Mutter desselben in Benevent ein Traumbild, daß ihr Sohn gen Himmel fliege †).

Die Neapolitaner haben seinen Leib empfangen und ist ihr Patron. Der Heilige hat sein Martyrium bei der Solfatara, dem vulkanischen glühenden Schwefelbecken in der Nähe von Puzzuoli erlitten; der Vesuv zwei Meilen davon bedroht Neapel durch seine feuerströmenden Ausbrüche, daher ist der heil. Januarius der besondere Schirmherr der Stadt gegen vulkanische Erschütterung geworden. Wahrscheinlich aus diesem Grunde, bemerkt Baronius mit Recht, enthalten die griechischen Menologien seinen Namen an zwei Tagen, dem 19. September und dem 21. April. Schon Procopius berichtet, daß nach einer großen Erschütterung, bei der die Asche bis nach Byzanz geführt sey, von den Grie= chen die Erinnerung an diesen Schreckenstag durch jährliche Bußgebete begangen werde ††). In Neapel wird am 20. December die kirchliche Erinnerung an eine Rettung begangen, die man dem heil. Januarius aus dem Erdbeben von 1631 verdankt. Auch vor der Pest

---

*) „Neapolitani beatum Januarium revelatione commoti sustulerunt."

**) Catalogus Sanctorum ed. Petrus de Natalibus lib. 8. cap. 94.

***) Vgl. J. G. Keyßlers Neueste Reisen. Neue Aufl. herausgeg. v. Schütze S. 849. (Hannover 1751.)

†) Catalog. Sanctorum l. l.

††) In dem zweiten Buche der gothischen Denkwürdigk. Kap. 4. vgl. Haraeuss Vitae Sanc= torum. Lugduni 1595 p. 854, wo aber ebensowenig wie in Lippeloo (Vitae SS. Coloniae 1596. tom. III. p. 804) besondere und genauere Notizen enthalten sind.

hat er die Einwohner Neapels beschützt. An dem vorhin erwähnten alten Brustbilde zeigt die Tradition unter dem Ohre die Narbe und das Merkmal einer Pestbeule, wodurch die im Jahr 1656 wüthende Pest vorbedeutet seyn soll *). Im Kriege hat er sich nicht minder hülfreich erwiesen. Im Jahre 1074 unterstützte er die Neapolitaner bei ihrer Vertheidigung gegen den Prinzen von Salerno so rege, daß dieser Fürst, welcher ihn selbst auf den Mauern bewaffnet umhereilen sah, die Belagerung aufgab **). Der Besitz des heil. Januarius erschien daher schon früh so werthvoll, daß im Jahre 818, als Sicco von Benevent nach einem glücklichen Kriege die Neapolitaner zum Frieden zwang, als Bedingung desselben die Auslieferung des heil. Januarius vertragsmäßig festgestellt ward. Erst später kam er nach Neapel zurück ***).

Am wunderbarsten bezeugt sich aber der h. Januarius durch die Reliquie seines Blutes. Die Kathedralkirche von Neapel bewahrt in der Kapelle del Tesoro †) hinter ihrem Hauptaltare in einem Schranke das Haupt des h. Januarius und in zwei krystallenen Phiolen, einer größeren und kleineren das Blut desselben. An diesen Reliquien thut sich das Wunder kund, daß sobald das Haupt des Heiligen den Phiolen genähert werde, das Blut in denselben wieder frisch zu fließen anfange ††). Aehnliches Wunder geschieht am Blute anderer Heiligen. Sie beruhen auf alten Anschauungen von der Natur des Blutes, die sich auch in Volkssagen hinreichend kund thun. „Die Seele alles Fleisches ist sein Blut," sagt die Schrift und als die Essenz des seelischen Lebens, in der Natur und Sinn integrirend eingemischt sind, behandelt es das ganze Alterthum. Die Stelle der Genesis, „die Stimme des Blutes deines Bruders schreit zum Himmel" hat die Volkssage dahin ausgebildet, daß sie behauptet, es beginne das Blut eines Gemordeteten wieder zu fließen, wenn der Thäter den Todten sehe oder berühre †††). Die Legende faßt diese erkennende Kraft des Blutes weiter und edler auf. Es schreit zum Himmel, es wird wieder lebend, wenn in der Erinnerung das Martyrium erneut wird. Es fließt von Neuem, wenn der Jahrestag wiederkommt, an dem es vergossen ward. Am 3. August in der Kirche des h. Gaudiosus in Neapel fließt das Blut des h. Stephanus, sobald es auf den Altar gestellt ist und die Messe beginnt. Es floß auch an diesem Tage, als durch den veränderten Kalender Gregorius XIII. der 3. August um 10 Tage verschoben war, und bezeugte so die Richtigkeit der neuen Kalendereinrichtung *†). So fließt auch das Blut Johannis des Täufers in seiner Kirche zu Neapel an dem Tage seines Martyriums. Die Ansicht von dieser Kraft des Blutes war in der Legende weit und breit bekannt, namentlich in Neapel, wo sie sich außer den Genannten auch im Blute

---

*) Keyßler, a. a. O. S. 850.

**) So wenigstens theilt Leo Ostiensis mit, was Baronius zu diesem Jahre N. 42 (tom. II. p. 478) aufnahm.

***) Vgl. Giannone, Gesch. v. Neapel (deutsch) I. 448. (Ulm 1758.)

†) Darüber Keyßler a. a. O. S. 793—94 und Galanti: Napoli e Contorni. Napoli 1829. p. 134.

††) Ueber die Natur des Blutes des h. Januarius erschien: De redivivo sanguine D. Januarii episcopi et Martyris, praecipui Patroni civitatis et regni Neapolitani, tripartitum opus autore P. Jo. Dominico Putignano e Societ. Jesu. Pars prior de sanguine ebulliente. Neapoli 1723. Aus dem Buche geben einen ausführlichen unterrichtenden Auszug die Acta Eruditorum in den Supplementen tom. IX. (Lips. 1729) p. 354 etc. In allen Berichten über Neapel, Reisebeschreibungen ꝛc. ist davon mehr oder minder genau die Rede.

†††) Vgl. meinen Aufsatz über den „armen Heinrich von Hartmann v. Aue" im Weimarischen Jahrbuch für deutsche Literatur und Sprache Thl. I. 420. 421. Nicht übel gebrauchen daher Baronius und spätere Vertheidiger des Wunders den Ausdruck „ut ipse Martyris Sanguinis assidua miraculorum operatione vocibus quibusdam velut **Abel sanguis clamans** per universum orbem Christianum intonet."

*†) Martyrologium Romanum Baronii p. 341.

der h. Patritia äußert*). Bei dem Wunderblute des h. Januarius tritt jedoch ein Element hinzu, welches den Anderen fehlt und womit seine höhere Berühmtheit im Glauben des Volkes entstanden ist. Während Jener Blut nur an den Erinnerungstagen fließt, wird dieses flüssig, sobald man ihm das Haupt des Heiligen nahe bringt. Bei den Andern ist das Wunder auf den Tag beschränkt, hier steht es im Willen derer, welche die Reliquien besitzen. Die Annäherung des Hauptes beweist hier die lebendige Erinnerung des Blutes zu aller Zeit, welche der Jahrestag der Andern einmal hervorruft. Die alte Martyrerlegende enthielt von diesem Wunder noch nichts. Erst spätere Traditionen berichten, daß das Blut bei der Hinrichtung des Heiligen von einer Frau aufgefangen seyn soll. Seine Kraft wäre das erste Mal bemerkt worden, als der Bischof Severus von Neapel den Leichnam aus dem Felde von Puzzuoli nach der Kirche des Märtyrers außerhalb Neapels hatte bringen wollen. Bei diesem Zuge sey die Frau, welche das Blut aufgefangen, zu ihm gekommen, um es ihm zu überreichen. Bei ihrer Annäherung an den Leichnam habe das Blut zu wallen angefangen. Nähere Untersuchung habe gezeigt, es sey dies durch die Nähe des Hauptes des Heiligen geschehen**).

Ebenfalls eine Eigenthümlichkeit am Blute dieses Heiligen ist es, daß es namentlich dann fließet, wenn glückliche Ereignisse verkündet werden sollen, aber stockt, wenn das Gegentheil stattfindet. Diese orakelhafte Natur des Blutes wird namentlich am ersten Sonntag des Mai in Anspruch genommen, einem der Tage, an welchem das Blut regelmäßig fließen gelassen wird. Denn diesen Tag betrachtet man als den, an welchem die Gebeine des Märtyrers nach Neapel gebracht wurden. Die andern Tage, an denen das Blut fließt, sind der 19. September und der 20. December. Außerdem wird das Blut zum Fließen gebracht bei außerordentlichen Ereignissen, bei Hungersnoth, Pest und andern Unglücksfällen. Denn in ihm thue sich das eigentliche Patronat des Heiligen kund. Es entscheidet auch in politischen Fragen, so einst für Don Karlos im österreichischen Erbfolgekriege gegen die Oesterreicher***). Es unterscheidet auch zwischen Gläubigen und Ungläubigen. Denn als im Jahre 1719 im Gefolge des kaiserlichen Statthalters Grafen Ulrich Daun sich eine Anzahl Protestanten befanden, floß das Blut nicht, bis sie sich entfernt hatten; allerdings hatte seit der Reformation der Unglaube an das Wunder sehr um sich gegriffen. Namentlich im 18. Jahrh. wurde es mehrfach chemisch erklärt †). Die katholische Kirche Neapels hielt es jedoch als ein dauerndes Zeugniß ihrer Wahrheit fest. Das Blut in zwei Phiolen öffentlich ausgesetzt, dem hereinströmenden Volke gezeigt und zum Kusse gereicht ††). Selbst von ihnen geht die Sage, daß sie unverletzlich seyen; als einst ein alter Priester sie fallen ließ, daß sie viele Stufen hinunter heftig rollten, so gingen sie wunderbar genug nicht entzwei, und zeigten nicht einmal

---

*) Eine Menge Heiliger, mit deren Blute solche Wunder geschehen, erwähnt Putignano vgl. Acta Erud. l. l. p. 362—63.

**) Acta Eruditorum l. l. p. 365.

***) Keyßler stellt die Frage S. 795 Note. „Uebrigens weiß ich nicht, was die gut kaiserlich gesinnten Katholiken antworten können, wenn man ihnen vorhält, daß der h. Januarius bei den letzten ungerechten Einfalle der Spanier in das Königreich Neapolis sich mit seinem Blute so eilig und leicht für die Partei des Don Karlos erklärt hat."

†) Vgl. Jakob Serves traité sur les miracles Amstelod. 1729, und den Auszug daraus in den Actis Eruditor. von 1730 (Lps. 1730) p. 111. 112. Keyßler S. 794. 795.

††) „Questo miracolo è un oggetto di divozione e di stupore tale per tutti i Napolitani, che non se ne può concepire l'idensenza trovarvisi presente. Quando il sangue subito si liquefa, l'allegrezza del popolo giunge ad un segno da non potessi esprimere; ma se poi tarda a liquefarsi, allora le penitenze, le preghiere, lo strepito e le grida del popolo arrivano al Cielo; perchè se non si liquefacesse, sarebbe un presagio di qualche calamità *ma è tanta la divozione á la viva fede de Napolitani, specialmente delle donne,* che il miracolo sempre succede; e da tutti si vede e si bacia il sangue liquefatto, come se in quel momento fosse uscito dalle vene del Santo." Ferrari: Nuova guida di Napoli, dei contorni. Napoli 1826 p. 142.

Spuren des Falles. Auf Bildern jedoch erscheint der Heilige meist nur mit einer Phiole, in der eine braunrothe Materie bemerkt wird. Denn woher die zweite hinzugekommen ist, weiß man nicht. Auf einem Brustbilde über der Sakristei der Neapolitanischen Kathedrale sind jedoch zwei Phiolen bemerkbar.

Die Kirche S. Januarii an der Solfatara wurde 1697 verschönert und mit Inschriften versehen. Eine Statue des Heiligen mit einer Kugel in der Hand, die früher zu sehen war, ist längst nicht mehr vorhanden. Die Kugel von Gold ward zu einem Ciborium verwendet. In der Nähe derselben zeigt man das Amphitheater, wo der Heilige den wilden Thieren preisgegeben war. Auch das Gefängniß hat, in eine Kapelle verwandelt, 1689 eine neue Inschrift erhalten. Eine Kirche des h. Januarius in Rom erwähnt schon Gregor der Große in seinen Schriften *). Auf bildlichen Darstellungen erscheint der Heilige mit einer Phiole in der Hand, den Vesuv hinter sich oder mit wilden Thieren umgeben neben einem glühenden Ofen; auch an einen Baum gebunden. Diese Attribute deuten auf sein Patronat oder seine Prüfungen, das Schwert neben ihm auf seinen Tod. Die Goldschmiede haben ihn als Patron, wie neben Neapel die Stadt Saffari in Sardinien **). Die Legende des h. Januarius bekundet die ethische, die nationale und die kirchliche Mischung, welche den Heiligengeschichten oft inne wohnt, deutlicher als viele andere. Sie ist darum belehrend und für weitere Erkenntniß des italienischen Volkslebens wichtig.

Eines Januarius, der mit Felix gelitten habe, gedenkt das Martyrologium der Kirche am 7. Januar. Unter einer Reihe von Märtyrern, die mit einem Paulus und Gerontius in Afrika litten, wird ein Januarius am 19. Jan. erwähnt. Beda nennt zum 8. April einen Januarius in Afrika mit der Macaria und Maxima. Der 10. Juli feiert zwei Heilige dieses Namens, von denen der Eine zu den sieben Söhnen der Felicitas gehört, die am Ende des 2. Jahrh. gelitten haben sollen ***). Märtyrermütter mit sieben Söhnen erscheinen im Anschluß an die Makkabäische Heldenfrau oft in den Legenden. Unter den sieben Söhnen der Felicitas ist Januarius der Aelteste. Der Ort ihres Leidens ist Rom. Der andere Januarius dieses Tages leidet in Afrika mit Felix und Nabor. Ihre Gebeine wurden nach Mailand gebracht. Der 11. Juli ist der Tag eines Januarius, der in Nicopolis starb. In Carthago litt am 15. Juli ein Januarius mit Philippus und Catulinus und Anderen. Mit Felicissimus und Agapitus litt unter Decius zu Rom ein Januarius, der am 6. August gefeiert wird. Am 13. Oktober wird die Erinnerung an die spanischen Märtyrer Faustus und Januarius begangen, welche zu Cordova durch einen Heiden Eugenius furchtbar gefoltert und dem Scheiterhaufen übergeben wurden †). Am 24. Oktober wird mit einem Felix, Audactus, Septimius ein Märtyrer Januarius genannt, der nach langen Verfolgungen getödtet bei Carthago begraben ward. Auch die Insel Sardinien hat einen Januarius, den sie mit einem Protus am 25. Oktober feiert. Zum 2. Dec. wird mit Severus, Securus ein Januarius genannt, der von den Vandalen gelitten haben soll. Ebenfalls ein afrikanischer Märtyrer ist ein Januarius, der mit Faustinus, Lucius, Candidus am 15. Dec. genannt wird.

*) Von Baronius im Martyrologium 416 f. citirt. In Neapel ist außer der Kathedralkirche (S. Gennaro di duomo) die Kirche S. Januarii extra moenia, jetzt S. Gennar di poveri, weil sie zu einem Armenhospiz umgewandelt ward. Hieher ward der Körper des h. Januarius zuerst gebracht. Die jetzige Kirche ist 788 erbaut. Vgl. Galanti Napoli p. 89. Sie befindet sich am Eingange der Catacombe di S. Gennaro. (Ferrari p. 120.)

**) Vgl. Radowitz: Iconographie der Heiligen in den gesammelten Schriften l. p. 71.

***) Vgl. Gudenus, die Geschichte des zweiten christl. Jahrh. Erfurt 1787. S. 252. Usuard, Martyrologium (ed. Antwerp. 1583) p. 96. Das Martyrologium Romanum, wie das von Ado (Acta SS. 7. 284 etc.) sind für diese und die folgenden Notizen besonders zu Grunde gelegt worden.

†) Acta Sanctorum Surii tom. 7. 219.

Zweier Märtyrerfrauen mit Namen Januaria gedenkt die Kirche, der Einen am 2. März, der Anderen am 17. Juli, der ersteren in Rom, der zweiten in Afrika. — Auch andere fromme Männer trugen in der Kirche diesen Namen. Namentlich zweier Presbyter gedenkt sie in der Legende, von denen der Eine den h. Gordian' belehrt*), der Andere den h. Austregisilus in der Erscheinung gesehen hat**). Paulus Cassel.

Japan, s. Missionen, katholische in.

Japhet, Sohn des Noah. (יֶפֶת, 1 Mos. 6, 10; 9, 18; 10, 1., wo alle drei Söhne des Noah genannt werden. יֶפֶת, 1 Mos. 9, 23. 27; 10, 2. 21., wo dies nicht der Fall ist. LXX.: Ἰάφεθ). 1) Mit den Erwähnungen des Japhet in der Schrift sind tiefe Weltanschauungen verknüpft. Das Maß der Sittlichkeit, welches die drei Söhne Noah's bezeugen, als die Blöße ihres Vaters offenbar ist, wird zum Maße der ihnen in der Weltgeschichte zugefallenen Geschicke. Cham (Ham) sieht die Blöße des Vaters und begnügt sich, seinen Brüdern davon zu erzählen. Sem und Japhet nehmen die Hülle und rückwärts schreiten sie, ohne die Blöße zu schauen, und decken ihren Vater zu. Schöner und tiefer kann züchtige Scham und kindliche Pietät nicht bezeichnet werden. Die Keuschheit des Herzens und Auges wird damit belohnt, Gott den Herrn zu tragen, denn sie allein ist seine Stätte, ihre Reinheit der Schooß, aus dem die Erkenntniß Gottes quillt. »Du sollst nicht steigen, heißt es 2 Mos. 20, 23., auf Stufen zu meinem Altar, daß nicht darauf deine Blöße aufgedeckt werde.«

Der Altar wie das menschliche Herz werden durch den kindlich keuschen Sinn die Wohnung Gottes. Je nach ihrem Bezeugen von diesem Wesen kindlicher Lauterkeit wird in dem Spruche des erwachenden Noah den Einzelnen ihr zukünftiger Lohn zugemessen.

Es bemerken schon die Alten***), daß es 1 Mos. 9, 23. heiße: »Und es nahm (וַיִּקַּח) Sem und Japhet das Gewand und sie legten es beide auf die Schulter,« während man erwarten sollte »und sie nahmen« (וַיִּקְחוּ). Man erklärt, daß die Schrift von Sem hätte sagen wollen, er sey der Urheber der kindlichen That gewesen; durch ihn sey Japhet erst veranlaßt worden, Theil zu nehmen; er habe gleichsam den Bruder erst gelehrt, was gethan werden müsse. Daher erkläre sich auch, daß ihm der erste und besondere Lohn zufalle. Noah verkündet: »Der Ewige sey gesegnet, der Gott Sem's.« Weil Sem den ewigen Gott habe, darum werde Kenaan sein Knecht seyn. Auf dem Gotte Sem's beruht dessen Freiheit und Herrschaft. Daß Cham nicht war, wie Sem und seines Gottes unwürdig durch Unreinheit der Seele, darin das Motiv seiner Knechtschaft. Es kann nicht frei seyn, als wer gesegnet wird im Ewigen. Es muß ein Knecht werden, der nicht hat den Gott, welcher ein Gott Sem's geworden ist. Daraus erhellt nun auch der wunderbare Spruch, der von Japhet gilt: יַפְתְּ אֱלֹהִים לְיֶפֶת וְיִשְׁכֹּן בְּאָהֳלֵי־שֵׁם וִיהִי כְנַעַן עֶבֶד לָמוֹ, »Es breite aus Gott den Japhet, und er wohne in

*) Acta Sanctor. Surii 3. 198·

**) Acta Sanctor. Surii 3. 408.

***) Bereschith Rabba §. 36, p. 31 d. Sem begann und Japhet gehorchte, darum, heißt es, וּבה שם לטלית ויפת לפוולא. Für das letztere Wort hat Jalkut Schimeoni n. 60, p. 16 d (ed. Venez.), פלניא. Der Sinn davon ist, Sem sey dafür, daß er mit einem Mantel den Vater zuzudecken die Initiative ergriffen, mit dem Gebetmantel Talith begnadigt werden. Japhet, der ihm folgte, habe dagegen das Pallium, oder nach der Lesart des Jalkut, die den griechischen Namen enthält, den φελόνης erhalten. Es soll damit der Gegensatz des heiligen und Werkelgewandes angedeutet seyn. Bei dem Sinne, den Pallium aber im christlichen Leben gewann, wie es Tertullian bekanntlich auffaßte, ist die Deutung wirklich interessant. Denn Pallium war zum spezifisch christlichen Kleide geworden. Es war viereckig wie der Talith. Auf den φελόνης, welches ihm entspricht, mit Beziehung auf 2 Timoth. 4, 13., kann hier nicht näher eingegangen seyn. Wenn Raschi zu 1 Mos. 9, 23. aber von jener Deutung des Midrasch ganz abweicht, so gewiß eben wegen jener Bedeutung, die das Pallium im Christenthum und namentlich in der Liturgie der Kirche erhalten hat. Der Midrasch hatte nur den Gegensatz des heiligen und des volksthümlichen Wesens, als in Sem und Japhet ausgedrückt, im Auge.

den Zelten von Sem, und es sey Kenaan ein Knecht bei ihnen." Es erhellt daraus, daß die Worte: "er wohne in den Zelten von Sem," sich nicht auf "Gott", sondern auf Japhet beziehen. Denn in diesen Worten ist gleichsam das Motiv angegeben, warum Kenaan auch ihm dienen werde. Daß Kenaan beiden Brüdern dienen werde, ist B. 25. gesagt. Daß er Sem dienen werde, weil dieser den ewigen Gott zu tragen bestimmt sey, B. 26. Aber er werde auch Japhet ein Knecht seyn, wird B. 27. wiederholt. Diese Knechtschaft beruht auf dem Mangel Gottes im Cham; darum muß Japhet, dem er dienen soll, diesen Gott haben. Nur einen Gott gibt es, welcher ist der Gott Sem's. Ohne daß also Japhet wohnet in den Zelten von Sem, ist die Knechtschaft Cham unter ihm im Sinne der Schrift nicht möglich. Japhet's Lohn, daß er Theil genommen an der Liebe Sem's zum Vater, ist, daß er Theil haben werde an den Zelten Sem's. In der Handlung, die sie ausgeübt, liegt die Würdigkeit, Gottes Freiheit zu gewinnen. An Sem wird daher ein ewiger Gott sich offenbaren und Japhet in den Zelten Sem's, die mit Gottes Namen geweihet sind, wohnen. Es kann dem Japhet nichts anders verkündet werden, als daß er wohne in den Zelten Sem's und an dessen Gott theilhaftig werde. Weil der Lohn der That, an welcher er Theil gehabt, endet in der Erkenntniß der göttlichen Freiheit, zu der er gelangt. Es gelangt derselbe in zweiter Reihe zu ihm, wie er in zweiter Reihe die That der kindlichen Liebe vollbrachte. "Er wird wohnen in den Zelten Sem's," heißt nichts, als daß er wohnen werde mit Sem in der Verehrung des Gottes Sem. Denn dessen Zelt ist eine Wohnung Gottes. Darum ruft Bileam aus (4 Mos. 24, 5.): "Wie schön sind deine Zelte Jakob!" Darum verkündet der Prophet (Jesaias 16, 5.), "daß einst gegründet wird auf Liebe ein Thron und darauf sitzt mit Treue im Zelte David's ein Richter." "Das Zelt Joseph's" verschmäht Gott im Zorne (Psalm 78, 67.). Im heiligen Zelt ruht auch die ewige Heiligkeit, die mit den Geschicken des Volks durch Wüsten und Zeiten wandert. Daß von Japhet gesagt wird, er werde in den Zelten Sem's wohnen, ist aller Lohn, der ihm versprochen wird, denn einen besondern Gott Japhet's gibt es nicht. Aber ausbreiten werde Gott den Japhet in räumlicher Weite, mehr denn Sem. Japhet's Grenzen werden weit gezogen seyn, aber im Geiste werde er wohnen im Zelte Sem's. Von Sem wird nicht gesagt: "ausbreiten wird ihn Gott"; aber sein Gott ist es, der Japhet ausbreitet, und unter seinen Zelten läßt er ihn wohnen. So gleichen sich die besondern Segnungen, die jeder von Beiden empfangen, aus. Diese Ausgleichung ist in den Worten: "Ausbreiten wird der Herr den Japhet und er wird wohnen in den Zelten von Sem," sichtbar. Denn dieses Wohnen in Sem's Zelten ist der Lohn, wie die Beschränkung Japhet's. Er wird zwar der Mächtigste seyn an irdischer Ausdehnung, aber — das ist eben Lohn und Maß — wohnen im Geiste unter dem Gotte Sem's, da es einen andern nicht gibt. Hofmann*) hat noch in neuester Zeit wiederum behauptet, daß die Worte: "er werde wohnen in den Zelten von Sem," sich auf Gott und nicht auf Japhet beziehen. Außer dem Gesagten steht dem entgegen, daß sodann B. 27. nur wiederholt würde, was B. 26. steht. Denn daß der Gott Sem's wohnt in den Zelten Sem's, ist doch von selbst verstehend. Gott Sem's heißt, daß Sem einen Gott habe, also in seinem Leben d. h. in seinen Zelten habe. Warum, wie Hofmann meint, auch das zweite Mal "er wird ihr Knecht seyn," sich auf Sem beziehen soll, ist nicht einzusehen. B. 25. wird Kenaan beider Knecht genannt, daher B. 26. Sem's, B. 27. Japhet's. Wenn Hofmann meint, es habe dann Japhet keine eigene Wohnung erhalten, so ist nur der Gegensatz nicht erkannt, in welchem Sem und Japhet einander gegenüberstehen. In dem Sinne, wie Sem ein Zelt d. h. einen Gott habe, hat Japhet allerdings keine Wohnung. In dessen Zelten wird Japhet, dem kein Gott Japhet's gesegnet wird, wohnen müssen im Geist. Die Meinung Hofmann's ist schon in früher Zeit getheilt worden auch unter jüdischen Auslegern, aber daun nur aus nationalen Gesichtspunkten. Der Targum Onkelos bezieht den Satz

---

*) Der Schriftbeweis I, S. 161. — II, 2. S. 478.

auf Gott und überſetzt „und es wird wohnen ſeine Schechina in den Wohnungen von Sem.“ Man hat dieſe Deutung ſo zu verſtehen: Die jüdiſche Auslegung nimmt Iſrael als den Mittelpunkt, auf den alles Heiligthum ſich concentrirt und außer dem kein anderes iſt. Wird alſo hier von Japhet ein Segen verkündet, ſo muß er beſonders an einem Nachkommen deſſelben haften. Das iſt Cyrus, der erlaubt hat, den Tempel wieder zu bauen. Daher verſtehen Einige auch unter תירם Thiras, פרם Paras, nämlich Perſien*). Aber der Tempel, an dem Perſer einen Theil haben, der zweite, iſt an Heiligkeit dem erſten nicht gleich. Nur auf dem Salomoniſchen hat wirklich die Schechina geruht. Daher denn auch die Ueberſetzung, welche nicht zugibt, daß ein gleicher Theil von Heiligkeit von Japhet wie von Sem erreicht werden könne. Wenn daher auch Japhet geſegnet werde, ſo ruhe doch die Schechina nur den Nachkommen von Sem. Daher denn auch die Ueberſetzung von Onkelos. Ihrer Deutung iſt unter den Kirchenvätern Theodoret**) gefolgt, der als Segen des Japhet die vielfache Nachkommenſchaft, des Sem die Gottes= verehrung anſieht. Einige ſpätere Ausleger haben an ſie ſich angeſchloſſen, auch in der katholiſchen Kirche, die jedoch Cajetan und Benedictus Pererius glücklich beſtreiten***). Die jüdiſchen Ausleger des Mittelalters fallen, wie Ibn Eſra, um ſo mehr der Aus= legung des Onkelos zu, je mehr ihnen bekannt iſt, daß von Seiten der chriſtlichen Auf= faſſung in Chriſto die Erfüllung der Weiſſagung angenommen iſt, nach welcher die Heiden wohnen in den Hütten des Gottes Sem. Aber es iſt keineswegs allgemeine Meinung der alten jüdiſchen Auslegung, es wie Onkelos zu verſtehen. Das ſogenannte Targum von Jeruſalem gibt „Es verſchöne Gott die Grenzen von Japhet und es werden ſeine Söhne ſich bekehren und wohnen in der Schule von Sem.“ Eigenthümlich legen die Weiſſagung Andere aus. Sie beziehen ſie auf die Sprachen von Japhet, welche in den Zelten von Sem geſprochen ſeyn werden, nämlich von den Juden, die in die Länder Japhet's zerſtreut ſind. Man nimmt daraus die Berechtigung der Verſionen der heiligen Schrift in andere Sprachen†). Daß die Kirchenlehrer faſt ſämmtlich anerkennen, es ſey Japhet, der wohnen werde in den Zelten Sem's, iſt bekannt††). Auch über die Deutung des יַפְתְּ אֱלֹהִים לְיֶפֶת iſt früherhin viel geſtritten worden. Mehr als alle ſprachliche Erläuterung lehrt der Geiſt der Schrift, daß ſie die räumliche Ausbrei= tung Japhet's im Sinne habe. Darin ſteht er eben dem Sem entgegen. Darin unter= ſcheiden ſich die beiden Brüder. Der Eine hat den Raum, der Andere den Geiſt; der Eine die Fülle, der Andere den Gott. Dieſer Unterſchied wird von der Schrift aus= drücklich, wie es ſcheint, bezeichnet 1 Moſ. 10, 21., wo die Genealogie Sem's mit den Worten eingeleitet wird: „Auch dem Sem wurde geboren, dem Vater aller Söhne Eber, dem Bruder Japhet des Großen.“ Denn dieſes הגדול auf das Lebensalter zu beziehen, iſt nicht rathſam, weil gar kein Motiv vorhanden iſt, welches auf ein Seniorat des Japhet hinweiſt. An dieſer Stelle würde es auch keinen beſondern Sinn geben können. Aber „der Große“ bezieht ſich auf die weitumfaſſende Herrſchaft, die im Japhet als Name, wie

---

*) Talmud Bab. Joma 10 a. Vgl. meine Magyar. Alterthümer, S. 279, Note 2.

**) Quaest. ad Genes. (Opp. omnia Col. Agr. 1573. I. p. 16.) „Denn Gott, verkündete er, werde wohnen in den Zelten von Sem.“

***) Commentarius ad Genesin Moguntiae 1612. I. 408.

†) Bereschith Rabba c. 36, p. 32 a. Jalkut n. 61, יהיו דברי תבה נאמרים בלשונו של יפת בתוך אהלי שם.

††) Augustinus de civitate dei lib. 16. I. hat laetificet deus Japhet. Aber er verſteht offenbar latificet, wie aus ſeiner Schrift contra Faustum hervorgeht, wo er lib. XVI. ſagt: „Quanquam enim sit deus omnium gentium quodammodo tamen proprio vocabulo et in ipsis jam gentibus dicitur deus Israel. Et unde hoc factum est nisi ex benedictione Japhet. In populo enim gentium totum orbem terrarum occupavit ecclesia; hoc prorsus hic praenunciabatur cum diceretur: Latificet deus Japhet et habitet in domibus Sem. (Vgl. die Ausgabe von Baſel 1556. tom 6. 266., wie die der Theologen von Löwen 1664. tom 6. p. 100 b.) Ihm iſt lati= ficare ſoviel als dilatare, was er nachher gebraucht.

als Segnung ausgesprochen ist *). Von Sem wird daher gesagt, er sey nicht bloß der Stammvater aller Söhne Eber's, sondern auch der Bruder Japhet's des Großen. Die besondere Bedeutung Sem's wird hervorgehoben, der entsprechend, wie sie 1 Mos. 9, 27. ausgesprochen ist. Sem war ja nicht bloß der Vater der Söhne Eber, sondern auch der von Elam, Aschur, Lud und Aram; aber er wird Vater der Söhne Eber's genannt, weil in dem Geschlechte dieser es sich bewahrheitet, daß gesegnet sey der Gott Sem's. Unter den Söhnen Eber's ist der ewige Gott ein Gott Sem's geworden. Sem war ja auch nicht bloß der Bruder Japhet, sondern auch der von Ham und wozu bedurfte es hier dieser nochmaligen Erwähnung! Es war ja nicht bei der genealogischen Angabe der Söhne Japhet und Ham noch einmal angegeben, daß sie die Brüder Sem gewesen. Aber — soll hier von Sem gesagt werden, dem Vater derer, welche den Gott Sem's hatten und für welche das Wort der Schrift, die erzählt, gesprochen wird — er sey auch der Bruder Japhet's des Großen. Nicht mit Ham werde er etwas gemein haben, aber der weitumfassende Japhet wird sein Bruder bleiben, denn wohnen wird ja dieser im Geiste in den Zelten des Gottes Sem. Es wird hervorgehoben, wie die Bedeutung Sem's nicht dadurch vor den Andern hervortrete, daß er zahlreichere Geschlechter als sie unter seinen Nachkommen habe. Darauf ist Sem's Ruhm nicht gegründet. Nicht die Fülle und die Menge wird seine Macht seyn. Aber er wird der Vater Eber's und seiner Söhne, unter denen Gott wohnt. Er bleibt der Bruder Japhet's, des Stammvaters unermeßlicher Geschlechter, die aber alle wohnen werden in den Zelten von Sem.

Japhet wird wohnen in den Zelten Sem's, ist die große Verkündigung dieser Sätze, welche bereits in gigantischen Zügen in Erfüllung gegangen ist. Es ist dieselbe Verkündigung, welche eigentlich auf allen Blättern der heiligen Urkunde steht. Denn nicht dazu ist der Ewige ein Gott Sem's geworden, daß nur die Söhne Eber's in seinem Schatten sitzen, sondern durch Sem soll der ewige Gott werden ein Gott Japhet's d. h. aller Völker, welche auch im Geiste Söhne Japhet's und Brüder des Sem sind, die züchtig und gläubig ihren Vater ehrten. Sem soll es seyn, dessen Söhne, wie der Psalmist sagt (96, 10.), "sagen unter den Völkern, daß der Herr König sey."

2) Schon aus dem Gesagten geht hervor, daß die Meinung Knobel's **), es seyen durch Sem, Cham und Japhet die braunen, die schwarzen und die weißen Völker verstanden und die Leibesfarbe sey das Kriterium, welches der Eintheilung zu Grunde liegt, wenigstens in der Ansicht der Schrift keinen Halt finde. Auch ist für eine so tendentiöse Farbeneintheilung sonst kein zwingendes Motiv vorhanden. Die Analogieen, auf welche er sich beruft, sind nicht bloß spät ***), sondern haben ersichtlich andere Grundlagen †).

---

*) Worauf ich schon in meinem Aufsatz „Weltgeschichtliche Fragmente," Wissenschaftliche Berichte I, p. 14 aufmerksam gemacht habe. Die früheren Deutungen, jüdische wie christliche, scheinen dies nicht erkannt zu haben.

**) Die Völkertafel der Genesis (Gießen 1850), S. 13.

***) Namentlich auf eine Meinung Abulpharag's, der in der historia Dynastiarum (ed. Pococke p. 9) dem Ham die Gegend der Schwarzen, dem Sem die der Braunen, dem Japhet der Rothen zutheilen läßt. (Er starb 1286 n. Chr.) Aber anderseitig sagt er (p. 15) „Esau pater Idumaeorum, qui sunt Frauci *rust*" und deutet hiemit auf eine Farbenbezeichnung, die viel verbreiteter und namentlich durch die Araber in Schwung war. Die nordischen Völker heißen diesen gegenüber die Rothen, nicht bloß Griechen und Römer; es beruht das auf der jüdischen Auffassung von Edom, als dem Feinde des Jakob, dem Feinde des göttlichen Glaubens und Volkes. Edom aber bedeutet der Rothe. Wie nun die Juden die Welt gleichsam zwischen Jakob und Esau (Edom) theilen, so Muhamed zwischen den Schwarzen (den Arabern) und den Rothen, (vgl. Mag. Alterth. S. 267—68) „Die Griechen heißen Söhne der Gelben, weil sie von Rum, dem Sohne Esau's, dem Sohne des göttlichen Propheten Isak abstammen, welcher einen gelben Flecken hatte." Gelb soviel als röthlich, denn auch die rothe Kuh wird so genannt. Vgl. des Insan al Usun von Ali Halebi bei Weil, Leben Muhamed's, S. 258.

†) Allerdings war die Hautfarbe ein Gegenstand der Aufmerksamkeit der Völker aller

Den Namen Japhet durch ſchön und darum durch weiß zu deuten, iſt gar nicht rathſam. Denn die Auslegung durch „ſchön“ iſt von der Schrift ſelbſt nicht anerkannt, und warum er der ſpezifiſch ſchöne, namentlich wenn er der „weiße“ genannt werden ſollte, auch gar nicht einzuſehen *).

Von Sem wird aber ebenſowenig eine Bedeutung, die der Farbe angehört, ſich etymologiſiren laſſen und ſelbſt wenn in Cham, was zugegeben werden kann, eine Beziehung auf die dunkele Geſichtsfarbe gefunden wird, ſo iſt dieſelbe Beziehung auf ihr Hautcolorit auch bei den Andern anzunehmen, durchaus nicht zwingend. Bei den Geſchlechtern Ham's und Sem's iſt die Schrift ausführlicher in ihren Angaben. Man erkennt leicht die Gegenſätze, welche ſpäterhin ſich namentlich in den Geſchlechtern Kenaan's und Aram's erkennen laſſen **). Der Euphrat iſt die Grenze, welche lokal Sem und Ham zu trennen ſcheint. Der Name Sem's, wie er dem von Aram ſprachlich und ſpäter geſchichtlich entſpricht, weiſt auf das Hochland ***) zurück, dem Kenaan mehr noch als ſeine Brüder als das Niederland entgegen ſteht. Kenaan vertritt aber ſchon 1 Moſ. 9, 26. den Ham, wie Aram die Söhne ſeines Bruders Arpachſad. Aber von Noah ſtammte nach der Schrift alles, was lebt. Was in Ham und Sem nicht eingeſchloſſen war, den lebendigen Gegenſätzen, die nahe lagen und die den Kampf offenbarten, den das Bekenntniß vom Gotte Sem in Abraham und weiter zu beſtehen hatte — fiel Japhet zu.

Alle Weite, alle Ferne, alle unermeßliche Zahl ſchloß dieſer ein. Die Schrift iſt in den Erzählungen von Noah und ſeinen Söhnen das Buch vom Gotte Sem's; er iſt der ewige, unermeßliche Gott, obſchon nur der in Sem genannte. So iſt auch das Wort der Schrift im Geiſte das weite und umfaſſende, wie im Ausdruck das Wort und das Wiſſen von Sem. Es werden ſchwerlich in den Söhnen Japhet, welche die Schrift nennt, ſämmtliche Völker wieder gefunden werden, die die heutige geographiſche Wiſſenſchaft kennt; genannt werden nur die, welche die damalige kannte. Aber im Geiſt war

---

Zeit; aber zur Analogie mit der der Schrift untergelegten Meinung ſind die von Knobel beigebrachten Notizen nicht geeignet. Was Plutarch erzählt (de Iſid. et Oſirid. cap. 22), bezieht ſich nicht etwa auf eine Farbeneintheilung der Völker durch die Aegypter. Er beſchreibt bloß, wie dieſe ihre Götter durch äußerliche Abzeichen kenntlich gemacht, alſo den Typhon roth, Homs weiß, Oſiris ſchwarz, den Merkur mit einem kurzen Ellbogen (χαλιάγκων, wobei freilich Bedeutung und Lesart ſchwanken) vorgeſtellt hätten. Ebenſo wenig trifft das, was Knobel von den ägyptiſchen Malereien der Aegypter aus Heeren's Ideen anführt (II. 2. 524.).

*) Knobel S. 22 führt aus, daß Jephet von Japha, ſchön, ſtamme; da nun ſchön und weiß identiſch ſeyen, ſo drücke Japhet die weißen Völker aus. Warum ſollte denn aber den braunen Semiten ſchön und weiß in einem ſpezifiſchen Grade daſſelbe ſeyn! Woher könnte das bewieſen werden! Viel natürlicher iſt z. B. was Hammer angibt, daß bei den Semiten der Zuname der ſchwarze ein ſchmückender ſey. Wenn Osman der Schwarze heiße, ſo bedeute dies ſoviel als der Schöne. Er zählt mehrere türkiſche Fürſten auf, die dieſen Beinamen trügen. Vgl. Geſch. des Osmaniſchen Reichs I, S. 80. Aber wie wenig würde dieſe Eintheilung nach den Farben bei ihrer puren Aeußerlichkeit den ethiſch allgemeinen Karakter tragen, der der Schrift würdig iſt! Wie ſehr auf ein Merkmal des Leibes den Gedanken beſchränken, der nur von ſittlichen Eigenſchaften der Seele ausgeht. Wie ſehr auch jede wirklich hiſtoriſch-wiſſenſchaftliche Anſicht verhindern, welche in der Namenordnung der ethnographiſchen Tafel nicht ein eigenthümliches Produkt, ſondern eine Lehre und Auslegung der Schrift erkennt.

**) Vgl. 1 Moſ. 24, 2. Abraham will ſeine Frau für Iſaak aus den Töchtern Kenaans. Dieſelben ſind mißfällig in den Augen Iſaaks, 1 Moſ. 28, 8. Ja ein Gegenſatz läßt ſich ſogar in dem Kriege zwiſchen den fünf Königen Kenaans und den Vieren jenſeits des Euphraths erkennen, 1 Moſ. 14, 1. 2.

***) Vgl. Magyar. Alterth. S. 225. Michaelis vermuthet in Caſtelli's ſyr. Lexikon S. 10 in der Bemerkung Bar Bahlul's, daß ܕܘܡܫܩ Damaskus bedeute, müſſe ſtatt ܖ ܕ geleſen werden, d. h. ſtatt ארום, Arum, weil, wie die Araber Damaskus Scham, ſo auch die Syrer dieſes mit dem entſprechenden Namen Arum nennten.

ihr Japhet der Weite und Größe, der Alles einschließt, was außerhalb Sem's und Ham's noch vorhanden war; sie wußte nur wenig Völker zu nennen, die in dieser Weite lebten; aber der Himmel wird dem nicht enger, welcher weniger Sterne an demselben sieht als ein Anderer. All' diese Weite und Ferne werde einst in den Zelten Sem's wohnen; das ist die Weltverkündigung von dem Gotte Sem's über alle Völker; nicht bestimmte Völker, wie sie gerade genannt werden und von deren einzelnen Geschlechtern selbst nur unvollkommene Nachrichten gegeben sind, sondern »mein ist die ganze Erde,« spricht der Herr. In der Erklärung also, welche Japhet als den Vater der Völker in der »weiten grenzlosen Ausdehnung« anerkennt, dies in seinem Namen wieder findet, liegt eine Noth-wendigkeit, die im Geiste der Schrift und in ihren Lehren begründet ist und die mit den Anschauungen anderer Völker correspondirt. Denn auch im Alterthum wie neuerer Zeit bildete die unbekannte Ferne eine unermeßliche Weite. Der fremde Norden hatte weit gezogene Grenzen. Daher leite ich auch den Namen Europa, als Εὐρώπη, die weit ausschauende, late patens ab. Auch die Indier rufen die Erde an unter dem Namen der breiten, djâvâ — prithivi*). Daher ist auch Europa den Alten der größte Erdtheil, der, nach Plinius, fast um die Hälfte größer als Asien sey. In derselben Ausdehnung fassen die Araber späterhin die weiten fabelhaften Länder des Nordens. »Die Ausdehnung von Yayouye und die Zahl seiner Bewohner weiß Gott allein,« sagt ein alter Geograph**), יפת also, von פתה pateo, Sanscrit pad, Gr. πετάννυμι als den Weiten, weit ausschauenden εὐρυώψ zu verstehen, würde auch ethnisch richtig seyn.

3) Als Söhne Japhet's werden genannt גֹּמֶר Gomer, מָגוֹג Magog, מָדַי Madai, יָוָן Javan, תֻּבַל Tubal, מֶשֶׁךְ Mesech, תִּירָם Thiras.

Von diesen treten als die bekanntesten heraus Madai und Javan. Durch die gewal-tige Prophetenverkündung des Ezechiel erscheinen mit andern Völkern aus dem Lande Magog die gewaltigen Nordvölker Gog, Mesech, Tubal. Mit ihnen Gomer und Togarma, der sein Sohn genannt wird. Gomer nimmt bei Ezechiel nicht mehr die erste Stelle ein; die Namen Gog und Magog stehen an der Spitze. Ueber Gomer ist bereits gehandelt worden. Es werden von der Schrift darunter ohne Zweifel die Cimmerier des klassischen Alterthums verstanden. Magog sind die Bergvölker des Kaukasus. Daß in Magog die Zusammensetzung mit Gog zu erkennen, lehrt schon das Vorkommen dessen. Gog ist aber das Sanskrit: Jugam, lat. jugum, gr. ζυγὸν***), Joch, und bedeutet den Bergrücken, die Bergkette. Daher auch, wie angeführt wird, die Osseten den Berg ghogh nennen†). Armenisch ist es zu Gougas worden und daher der Name Kaukasos. Hierdurch wird Magog erklärt, sey es nun, daß man das Ma als lokal (bei, auf, hinter den Bergen), oder was weniger klar ist, als mah, groß, (also große Berge) deutet. Magog stellt den Inbegriff aller nordischen Bergvölker dar, welche die spätere Ethnographie unter verschie-dene Namen faßte. Daher spätere Deutungen Scythen wie Gothen d. i. jedes furcht-bare Volk, das von Norden hereinbrach, unter Gog und Magog verstanden††). Dieser

---

*) Lassen, Indische Alterthumskunde I, 766.

**) Magyarische Alterth. S. 227—28., vgl. S. 266. Spätere Ausführungen werden die dort angegebenen Beispiele vielfach vermehren können.

***) Daher der Volksname der Ζυγοὶ (Strabo lib. II. ed. Siebenkees. 4. 393.) mit dieser Namenbildung und wie נגב als Bergvolk zu fassen seyn wird.

†) Wie auch Knobel angibt S. 63.

††) Sehr bezeichnend ist die schöne Stelle des Adam von Bremen (histor. Hammaburg. lib. I. cap. 28. *Pertz*, Monum. German. 9. 295.) „Et nisi fallit opinio, prophetia Ezechielis de Gog et Magog convenientissime his impleta videtur. Et mittam, inquit dominus, ignem in Magog et in his, qui habitant in insulis confidentes." (Ezech. 39, 6.) *Atqui haec et talia de Gothis, qui Romam ceperant, dicta arbitrantur.* Nos vero considerantes Gothorum populos in Suconia regnantes, omnemque hanc regionem passim in insulas dispertitam esse, prophetiam opinamur eis posse accomodari, *cum praesertim multa praedicta sint a prophetis, quae nondum videntur impleta."*

allgemeine Begriff scheint sich auch dadurch zu bezeugen, daß von Magog nicht, wie von Gomer, abstammende Geschlechter genannt werden. Eine besondere Bekanntschaft zeigt die Schrift mit zwei nordischen Völkern, die nach unseren sonstigen Nachrichten diese hervorstechende Stelle nicht einnehmen, nämlich mit Tubal und Mesech, den Tibarenem und Moschern. Es ist dies offenbar durch Handels= und Kulturbeziehungen, wie sie auch der Prophet andeutet (Ezech. 27, 13.), wo Mesech und Tubal, wie 1 Mos. 10, 2., neben Javan vorkommen, möglich geworden. Zu sagen, wie Knobel thut, es müßten unter Tubal und Mesech die Iberer und Liguren verborgen seyn, weil diese nicht übergangen seyn könnten, möchten wir nicht empfehlen. Nicht nach ihrer, sonstigen Nachrichten ent= lehnter Bedeutung nennt die ethnographische Tafel der Schrift die Völker, sondern nach der zeitigen Kenntniß, die sie besaß. Sie umspannt im Geiste alle Völker, aber ihr die Pflicht aufzulegen, alle zu nennen oder nach andern Systemen die wichtigsten zu nennen, ist unmöglich. Nicht bloß die Iberer und Liguren werden übergangen, sondern es ist überhaupt bloß ein geographisch mäßiger Theil der Erde, den die Namen wirklich be= schreiben. Hiedurch wird der Gott Sem's nicht kleiner und der Begriff von Japhet dem Großen nicht enger. תִירָס, Thiras kommt nur an dieser Stelle vor. Doch darf man bei den weiten Beziehungen, welche Thracien im Alterthume hatte, wohl annehmen, daß dieses unter Thiras, wie auch viele spätere Deutungen haben, verstanden sey. Man begriff eine Zeitlang darunter den ganzen Norden Europa's oberhalb Griechenlands. Andron bei'm Tzetzes gab daher den Okeanos vier Töchter: Asia, Libya, Europa und Thrake. Die Deutungen, welche Josephus, der Talmud, die Targumim, die Midraschim, die Kirchenväter, diesen sieben Söhnen des Japhet geben, sind mehr Anschauungen ihrer Zeit und ihrer geographischen Erkenntniß, als exegetisch eingehende Erläuterungen. Allerdings sind sie — namentlich die in den jüdischen Monumenten enthaltenen von großem Inter= esse, aber mehr für die Beurtheilung dieser Schriften selbst, als für die Tafel der Genesis. Gomer geben zwei verschiedene targumische Angaben, wie die Tafel in Bereschith Rabba mit אפריקי, das ist Iberica, das Land der Iberer im Kaukasus, eine ebenso merk= würdige als belehrende Deutung *). Dagegen die beiden Talmude mit גרממיא oder גרמניא, welches ist Germania in weitem Sinne. Josephus hat für Magog Scythen, was mit der Erklärung wohl übereinstimmte nach der lichtvollen Stelle des Plinius, daß der allgemeine Name Scythen später in den der Sarmaten und Germanen überging **). Wie sehr die Deutungen von Gomer und Magog in einander verschwimmen, beweist schon, daß Bereschith Rabba und die Targumim, die meist einer Erklärung folgen, für Magog Germania haben, was ebenso gut paßt.

Dagegen hat der Talmud B. קנדיא, was קנריא oder קמריא zu lesen ist, nämlich Kimmeria, was wiederum auch auf Gomer Anwendung hat. Ebenso hat Josephus für Gomer die Galater. Talmud Jer. hat jedoch גותיא, Gothia, die Gothen. Es sind die historischen Bewegungen, welche durch die Völkerwanderung entstanden, mit denen man die Verkündigung des Ezechiel in Verbindung setzte und nach ihnen auf die biblischen Namen deutete. Es ist für die Erklärung dieser ethnographischen Exegese überhaupt nothwendig, sich die Anschauung der ethnischen Auslegung für andere Stellen, die an die Namen erinnern, in's Bewußtseyn zu rufen. Willkürlich sind die Deutungen nie — überall erkennt man sie aus ihrer oft corrupten Form nur dann, wenn man das Motiv derselben in der allgemeinen nationalen und so zu sagen synogogalen Exegese wiederfindet. Davon geben die Deutungen von Tubal und Mesech einen deutlichen Beweis. Die Deutung des Josephus lehnt schon an Ezechiel 27, 13. an, wo von dem Handel Mesech und Tubal's mit Menschen und Geräth die Rede ist. Denn indem er für Mesech die Kappadocier gibt, so deutet er auf den großen Verkehr mit cappadocischen ***) wie mit

*) Magyar. Alterth. S. 270.
**) Magyar. Alterth. S. 266.
***) Vgl. **Bochart**, Phaleg lib. 3, cap. XII. (Francof. 1681. 4.) p. 207.

iberischen Sklaven hin, der im Alterthum getrieben warb und sucht er nur durch die Stadt Mazaka in Kappadocien auch die sprachliche Deutung für Mesech zu fesseln. Ebenso geht der Talmud Babli zu Werke. Dort wird Tubal mit בית אונייקי, nämlich Bithyniaca, Bithynia, wiedergegeben. Diese Erklärung wird durch die von Mesech erzwungen, welches als Mysia gedeutet ist. Denn wie Mesech und Tubal nur mit und neben einander vorkommen, so schließt die Erklärung von Mysia die von Bithynia ein. Für Mysia entschied erstens die Aehnlichkeit mit Mesech. Denn es galt von den Mysern dieselbe Verächtlichkeit wie von Kappadociern und Phrygern *). Auf eine solche weist die alte Auslegung von Psalm 120, 5. hin: »Weh' mir, daß ich ein Fremdling bin unter Mesech und wohne unter den Zelten von Kebar.« Wenn die Ausgaben getrennt schreiben בית אונייקי, so hat dies seinen Grund in dem Targum zu diesem Psalmvers, welcher für Mesech wiedergab אונא, was man bei der Verbindung von Mesech und Tubal in diesem אונייקי wiedergegeben glaubte. Unter אונאי sind die Hunnen genannt, womit zugleich auch die Erklärung des Talmud Jerusch. für מוסיא als Moesia gegeben ist. Für Tubal gibt auch derselbe übereinstimmend mit den andern Deutungen ותוניה, Ausonia, was durch die Aussage des Hieronymus **) und durch die Deutung des Joseph ben Gorion, der Toskana gibt ***), gestützt wird. Ausonia ist für die Zeit dieser Deutungen hinreichend im Gebrauche gesichert. Italia wird für andere Deutung verwendet †). Die Prophezeihung in Ezechiel hat offenbar auf die Deutung Einfluß. Dieselbe Erklärungsweise thut sich bei תירם kund, denn obschon darin Thracien zu erkennen alle Deutungen einig sind, so liest eine andere Exegese, die schon oben erwähnt ist, פרם, um dieses zum Nachkommen Japhet's zu machen.

Es wird nicht behauptet werden können, daß die Schrift mit ihrer Aneinanderreihung der sieben Söhne des Japhet habe eine Völkerverwandtschaft in unserem Sinne unter ihnen angeben wollen. Sie gab eben alle Völker an, die sie wußte, und die sie nicht zu den ihr näheren Hamiten und Semiten zählte. Es geht eigentlich die spätere Exegese in Beziehung auf diese Söhne Japhet's keinen falschen Weg, indem sie nach ihrer wachsenden Erkenntniß in dieselben alle Völker hineinträgt, von denen sie erfährt, so daß auch China und Indien darin Platz finden. Es sind eben in Japhet alle eingeschlossen, aber in der Schrift nicht ausgesprochen. Ein Anderes ist dies mit den besonderen Geschlechtsangaben, die die Schrift zweien der sieben zu Theil werden läßt, nämlich Gomer und Javan. Hier ist sie von einer Ansicht geleitet, daß die, welche sie als Abkömmlinge des Einen und des Andern bezeichnet, auch wirklich unter einander Zusammenhänge haben müssen. Es kann also behauptet werden, daß Askenaz, Riphat und Togarma, welche als Brüder genannt werden, auch als innerlich verwandt betrachtet sind. Zur Erkennung von אשכנז gibt uns die Schrift selbst einen Anhalt. Jeremias 51, 27. werden über Babel aufgerufen die Reiche von Ararat, Mini und Aschkenas; im nächsten Verse die Könige von Medien. Da Ararat und Mini auf Gebiete des Armenischen Hochlandes hinweisen, überhaupt über Babel die nordischen Völker beschworen werden, denen es unterlag, so kann auch Askenaz nur im Kreise dieser Gebiete in Verbindung mit armenischen Ländern verstanden seyn. Moses von Chorene faßt die Stelle in der That so auf ††). Auch hat Aschkenaz eine Form, wie sie an den Eigennamen in Armenien oft bemerkt wird. Wie

---

*) Bekannt ist die Stelle von Cicero pro Flacco. cap. 27: „Quid porro in Graeco sermone tam tritum atque celebratum est, quam si quis despicatus ducitur ut Mysorum ultimus esse dicatur," wozu andere kommen.

**) Vgl. Mag. Alterth. S. 280.

***) Ed. Breithaupt p. 4. Wunderlich genug schreiben Ibn. Esra zu Psalm 120, 5. und Kimchi (liber radicum ed. Biesenth. u. Lebrecht p. 202), die Deutung Toskana, welche Josippon gibt, nicht dem Tubal, sondern Meschech zu.

†) Vgl. meine wissenschaftlichen Berichte II. III. S. 58. 59.

††) Hist. d'Armenie ed. Vaillant de Florival (Venise 1841) lib. I, cap. 22 (I, p. 99).

Aſchkenaz (bei Moſes von Chorene Askanaz), ſo findet man ein Arbaz, ein Eguegiaz, Erovaz, Baraz und ein Manavaz*) (נבז) und andere. Der armeniſche Schriftſteller Vatán nennt noch im 14. Jahrhundert die Provinz Daith Iſchkanaz — jergir, ihre Hauptſtadt iſchanaz — kiough, was als Fürſtenland, Fürſtenſtadt von iſchkan, Fürſt, erklärt wird**). Mehr Beſtätigung bringt die Deutung des Joſephus, welche für die dunkelſte unter allen ſeinen Angaben mit Recht gilt. Er ſagt, es würden die Ἀσχανάξοι von den Griechen jetzt Ῥηγῖνες genannt. Wir müſſen feſthalten, daß Joſephus von der Deutung ſeiner Zeit handelt, wenn auch manches für die ſpeziell bibliſche Auslegung benutzt werden mag. Die Dynaſtie der Arſaciden heißt bekanntlich bei der Aſchkanier. Arſakes ſelbſt wird Aſchek genannt (اشك). Dieſes Aſchek faßt man identiſch mit Arſchak und erklärt es als rein, wahr, fromm, daher als königlichen Beinamen***); von ihm ſind die Aſchkanier (اشكاني) wie von Kavi (Zendiſch König) die Kajanier benannt†). Dieſen Arſakes läßt Moſes von Chorene in der Stadt Pahl im Lande der Kuſchans wohnen††). Dieſe Kuſchans (Bewohner von Chuſiſtan) hält er für die Parther und ihre Hauptſtadt Pahl iſt das bekannte Rhaga, der zwölfte von Ormuzd erſchaffene Segens= ort†††), der unter den Arſaciden, nach griechiſchen Nachrichten ſogar Arſakia*†) (alſo Aſchkania) genannt wird. Ueber den Namen ſind die griechiſchen Etymologieen von ῥήγνυμι eitel. Raga leitet ſich von Sanskrit rág, rágan*††), König, was ſich in rex, regere, gothiſch reiks, gäliſch righ wiedergibt, und iſt ſo als Königsſtadt zu faſſen, eine Bedeutung, der ſo von pahl (von pala, Fürſt) und Arſakia entſpricht. So wird denn der Zuſammenhang der Joſephiniſchen Erklärung erſichtlich. Es ſind die Griechen Rhe= ginen, das Volk von Rhaga, die ſonſt Aſchkanier heißen. Es ſetzt ſeine lehrreiche Deutung die Kenntniß des Namens Aſchkanier voraus, ja ihre Beziehung zu Askenas Gewiß iſt es auch nicht zu kühn, dieſe Beziehungen bis auf das bibliſche Askenaz zurück= zutragen. Die tapfern Pehlewanen der iraniſchen Heldenſage darin zu finden, wäre ſogar poetiſch intereſſant. Aber auch die Nennung neben armeniſchen Gebieten und Medien würde für das Erkennen des Aſchkenaz in den Vorfahren der Parther, wenigſtens lokal genommen, nicht unſichere Andeutung ſehn.

Die weitere Auslegung des Askenaz gibt ſelbſt zur allgemeinen Völkerſage einen ſchönen Beitrag. Wir bezeichnen ſie in wenig Zügen. Der Name Askanius erſcheint in mannigfacher Weiſe, aber nur in Phrygien (dies in ſeiner älteren weiteren Bedeu= tung genommen). Es trägt eine Gegend, See, Fluß dieſen Namen. Askanius erſcheint ſelbſt als Name verſchiedener Anführer aus dieſem Lande. Askenaz iſt als Sohn von Gomer betrachtet, alſo von kimmeriſchem, cymriſchem Stamm. In dem Phrygiſchen Ascanius erkennt man nicht mit Unrecht einen Anklang an dieſen Namen, den man ſelbſt wie „Fürſt" (iſchkan, aſchk) deuten kann. Indem Ascanius Phrygien repräſentirt, ſo tritt die cymriſche Natur, die Phrygien ohne Zweifel eigenthümlich war, in ein treffen=

---

*) Vgl. Moses v. Chorene ed. Florival I, p. 55, 231, 239, 289, 299 etc.

**) St. Martin Mem. sur l'Armenie 1, 77; 2, 427.

***) Vgl. *Burnouf* (Comment. sur le Yaçna. Paris 1833) Notes p. CXXIII. Benfey, Die perſ. Keilinſchriften S. 73. *Vullers*, Lexicon Persico-Latinum (Bonnae 1855), I, p. 104.

†) *Burnouf*, Commentaire sur le Yaçna p. 425—26. Laſſen, Indiſche Alterthums= kunde 1, Note, S. 523.

††) Hist. d'Armenie ed. Florival 1, 141. 311. Vgl. Wahl, Aſien S. 546, 840.

†††) Vgl. Aveſta, Die heiligen Schriften der Perſer, ed. Spiegel. Lpz. 1852. 1. S. 65. Ritter, Aſien. 8. S. 67 2c.

*†) Aus Strabo und Stephan v. Byzanz, Mannert, Geogr. der Gr. u. Römer 5, 2. 172. Forbiger, Handbuch der alt. Geogr. 2, 591.

*††) Vgl. Mag. Alterth. 260—61. Laſſen, Indiſche Alterth. 1, 808., wo die ſprachliche Entwickelung von rág gegeben iſt.

des Gegenstück zu dem cymrischen Askenaz der Bibel *). Die poetische Herrlichkeit, welche durch Homer's Gesänge Troja umfloß, stellte aber im Laufe der von den Griechen lernenden Völker Phrygien, das Hauptland, in Schatten. Es ist eine klassische Stelle des Strabo **), in welcher er dies Anwachsen des Begriffes von Troja über große asiatische Gebiete auch in den Geschichtsbüchern und Erzählungen seiner Zeit beklagt. In dieser poetischen Größe Troja's findet sich der Grund zu allen trojanischen Sagen der europäischen Völker. Die Erinnerungen derselben lehnten sich national an eine Herkunft aus dem Osten, aus Asien an. Die Bekanntschaft mit dem Troja der klassischen Völker ließ sie dieses mit ihrem Osten identificiren. Es ist in der neuesten Zeit wieder richtig bemerkt worden, daß die Trojasagen hauptsächlich bei den Franken wurzeln ***). Den Grund finde ich — wie ich schon früher ausgesprochen — in der Herrschaft der Franken über Gallien †). Die Ableitung aus Asien, das ist später Troja, ist eine gallische. Niebuhr ††) hat mit Recht behauptet, daß der Sagenkreis, welchem die Römer ihre Aeneis verdanken, nicht von den Griechen nach Italien gebracht, sondern einheimischer Natur gewesen ist, der nur weitere Ausschmückungen zu Theil wurden. Es liegen, meines Bedenkens, alte Vorstellungen der cymrischen Völker (der celtischen Einwohner der heutigen romanischen Länder) von einer Abstammung aus Asien zu Grunde. Es ist dabei nicht außer Augen zu verlieren, daß die Trojaner, das sind die Phrygier, wirklich celtischen Stammes gewesen sind. Mitwirkende andere Gründe, die in der historischen Anschauung jener Zeit ruhen, haben es für die fränkischen Geschichtschreiber wichtig gemacht, an der Mischung national gallischer und poetisch klassischer Sage wie am Lande zum Eroberer zu werden. Doch wie dem sey, aus der Trojasage sind einige der wichtigsten Deutungen von Askenaz hervorgegangen. Wir sprachen von der Identität von Troja und Asien, im Glauben an eine östliche Abstammung. Daraus erläutert sich die Deutung von Askenaz durch אסיא, Asia, wie sie sich im Talmud Jer., den Targumim und dem Midrasch findet. Auf diesen allgemeinen Begriff weist die Deutung von Aschkenas durch Sarmaten zurück, die später für Slaven gehalten sind †††). Aber wichtiger ist die Deutung von Aschkenas durch Franken, welche seit dem 10. Jahrhundert unter den Juden herrschend wird und die sich an die Trojasage von Askanius anlehnt *†). Aus ihr ist die Ableitung der Deutschen von Askenas entstanden und verblieben. Es war dies wichtig, zu bemerken, weil es an irrigen Schlüssen nicht gefehlt hat, die aus dieser jüdischen Meinung gezogen worden sind. Namentlich ist sie es gewiß gewesen, die, wie sie am Schlusse bestätigen soll, Knobel *††) zu seiner Erläuterung von Askenas durch Scandinavia verleitet und auch in diese Encyklopädie (Artikel Gomer) Eingang gefunden hat. Aber Knobel's Ansicht von der ethnographischen Tafel hat sich nirgend weniger bewährt als hier. Es ist ganz unglaublich, daß der Prophet Jeremia über Babel neben Ararat und Mini die Völker Scandinaviens herbeibeschworen haben soll. Ebenso wird Josephus eine schreiende Gewalt angethan, daß er neben Paphlagonern und Phrygiern soll Rugier gesetzt haben, von denen er und seine Zeit gar wenig wissen mochte

---

*) Vgl. die Andeutungen in meinen Mag. Alterth. S. 237 ꝛc.

**) Lib. 12, cap. 8: „οἱ δὲ Τρῶες οὕτως ἐκ μικρῶν αὐξηϑέντες ὥστε καὶ βασιλεῖς βασιλέων εἶναι, παρέσχον καὶ τῷ ποιητῇ λόγον, τίνα χρὴ καλεῖν Τροίαν καὶ τοῖς ἐξηγουμένοις ἐκεῖνον." Vgl. Mag. Alterth. 317 ꝛc.

***) K. L. Roth, die Trojasage der Franken in der Germania, Vierteljahrsschrift für deutsche Alterthumskunde, herausg. v. Pfeiffer 1, S. 46. (Stuttgart 1856.)

†) Magyar. Alterth. S. 319 ꝛc.

††) Römische Geschichte 1, 195. (2. Ausg. Berl. 1827.)

†††) Isidor von Sevilla sagt (Origines 9, 2. 32. Corpus Grammat. Latinor. ed. Lindemann t. 3, p. 285) „Ascanaz a quo Sarmatae, quos graecos Rhegines vocant." Vgl. Mag. Alterth. S. 291, Note 5.

*†) Magyar. Alterth. S. 320 ꝛc.

*††) Die Völkertafel der Genesis S. 33 ꝛc.

und konnte. In Askenas soll der Name Scanzia sich wieder erkennen, ja der Name Scandinaviens sich daraus erklären lassen. Aber Scanzia, wo auf das z Nachdruck gelegt wird, ist nur die verderbte Zusammenziehung aus Scandinavia, die einige lateinisch schreibende Autoren haben. Die einheimische Benennung läßt eine Ableitung von Ase gar nicht erkennen, wie doch ersichtlich hätte seyn müssen, wenn das altnordische Scâney, Scania, Sconey*), was neuhochdeutsch Schonen ward, nichts als Askungr bedeutete. Denn diesem soll die Ableitung aus שׁא, Ase, und כני, γένος, Kuni, entsprechen. War der biblische Ethnograph genau von den Ländern an der Ostsee unterrichtet, so konnte er nur eine Form mittheilen, wie sie dort vorkam. War er es nicht und hatte etwa nur, wie Knobel meint, durch Phöniken Mittheilungen erhalten, so ist unmöglich, aus dem überlieferten Namen eine für das Mutterland entscheidende Etymologie zu bilden. Aber wir sind hier nicht im Stande, auf alle die unhaltbaren Hypothesen zu antworten, welche Knobel damit verbindet. Die einzelnen Irrthümer sind es auch nicht, welche in Frage kommen; sie bleiben bei solchen Untersuchungen selten aus. Nur der prinzipielle Fehler muß abgewiesen werden, mit welchem Zeiten und Räume vermischt und Nachrichten aus allen Sprachen und Völkern ohne gehörige Kritik des Einzelnen durch einander gewürfelt werden. Die ethnographische Tafel der Bibel hat ihr eigenes Gesetz, wie auch ihr folgenden Auslegungen späterer Jahrhunderte. Die Bibel will aus sich so in ihrem unendlichen Geist, wie in ihren endlichen Deutungen erfaßt seyn. Dem gläubigen Mittelalter stand es an, in der Tafel die neu erscheinenden Völker auch in der Bibel dargestellt zu wissen, also Hunnen, Gothen, Slaven 2c.; aber die wissenschaftliche Erklärung muß anders zu Werke gehen. Sie erweitert den Kreis, sobald sie erkennt, daß in den Söhnen Japhet alle Geschlechter, welche außer Sem und Ham sind, verstanden worden. Aber sie hält für die Genannten das historische Maß ein, welches die Bibel selbst — so weit erkenntlich als möglich — gewährt. Es brauchen und können nicht alle Völker unter den Genannten gefunden werden. Es ist ein bestimmter geographischer Schauplatz, auf dem sich die ganze Nachkommenschaft bewegt. Die Namensähnlichkeit ist auch für diesen Fall das Hauptmotiv jeder Forschung, aber nicht jede Analogie des Klanges und der Form ist darum in Erwägung zu bringen, wenn sie das endliche Maß der biblischen Anschauung überschreitet. Dies gilt von Knobel's Untersuchungen, namentlich bei den Söhnen Japhet's, speziell in Beziehung auf Aschkenas. Auf Riphat und Togarma gehen wir in diesem Artikel nicht ein; ebensowenig auf Javan und sein Geschlecht, da diesen besondere Artikel gewidmet sind.

Den Namen Japhet hat man bereits seit langer Zeit mit dem des Japetos zusammengestellt. Man scheint dabei nicht geirrt zu haben. Denn die Bibel schuf die Namen nicht, welche ihre ethnographische Tafel enthält, sie gibt die vorhandene Wissenschaft nach dem Rahmen ihrer Erkenntniß wieder. Man ersieht dies aus Ham und Sem und aus ihren wie Japhet's Söhnen. Anderseits läßt sie uns noch deutlich erkennen, welch' ein

---

*) Jakob Grimm, Gesch. der deutschen Sprache S. 727. Welchem Stamme die Namen Scâney 2c. entsprechen, hat freilich auch Grimm unentschieden gelassen. Obschon hier nicht der Raum zu solchen Bemerkungen ist, so sey es doch gewährt — eben wie uns dünkt unstatthaften Vermuthungen gegenüber die Andeutung darüber zu geben, daß ich in Scâney, Scania eine Zusammensetzung von ey (awi, ahd. awe, Eiland, Insel) erkenne, wie schon Zeuß (Die Deutschen und die Nachbarstämme S. 157, Note) annahm und Dieffenbach (Goth. Lex. 2, 732) folgte. Den andern Theil erkläre ich als das alte *scôni* (seine verschiedenen alten Formen bei Dieffenbach l. 1. 2, 239), schön, und erkläre Sconey (Scandinavia) als schöne Insel, correspondirend dem celtischen Namen für Britannien *Vel ynys*, schöne Insel, und den mancherlei ähnlichen Beziehungen, die sonst sich finden, wie *Belle isle*, igula bella etc. Um die Einschiebung des d zu erklären, bedürfen wir nicht einmal auf Formen wie skiönt, und die celtischen Abformungen *kéned, géned, ceinedd* zu recurriren. Sie ist in vielen Zusammensetzungen durch den Volksmund gesichert und gebräuchlich.

Begriff im Namen Japhet's verstanden wird. Daß Japetos auch der griechischen Sage ein grauer Ahn urgeschichtlicher Geschlechter war, gibt seine Genealogie. Seine Söhne werden Prometheus (Vater des Deukalion), Epimetheus, Menoitios und der ferne Träger des Himmels, der riesenhafte Berg Atlas *). Ein neuerer Versuch, den Namen aus dem griechischen ἰάπτω abzuleiten, dürfte nicht gebilligt werden **). Selbst wenn in den vier Söhnen (nach andern drei) nicht historische, sondern reflektirende Begriffe verstanden worden wären, so würde man nur annehmen können, daß ihre Personifikationen als Söhne dem Japetos nur darum gegeben seyen, weil in ihm das graue Alterthum ver= sinnlicht gedacht ward, so daß bekanntlich noch in späterer Zeit Japetos als der Typus alles vorzeitlichen Wesens betrachtet ist ***). In dieser Anschauung trifft aber Japetos mit dem Japhet um so mehr zusammen, als auch die Sage, welche sich an Japetos Söhne anknüpft, den Nordländern angehört, an die Japhet erinnert. Wenigstens fehlt ihnen, so zu sagen, jedes semitische und hamitische Colorit, welches den Sagen über Kronos, den Homer neben Japetos stellt, mehr eigen ist.

Moses von Choréne theilt, wie er sagt, »aus seiner geliebten Berosianischen Sibylle« mit, daß nach der Seefahrt des Xisuthrus in Armenien Zerovan, Titan und Japetos Herren des Landes gewesen seyen. Er vergleicht sie mit Sem, Ham und Japhet. Es wird sodann weiter von Kämpfen des Titan und Japhetos mit Zerovan berichtet †). Die spätere Sibylle kennt einen Kronos, Titan und Japetos ††). Mar Ibas Kotina hat aus dem Chaldäischen in's Armenische eine Schrift zu Zeiten Alexander's übersetzt, in welcher die Urväter Japhetos, Merod, Sirat und Torgom genannt werden. Es geht daraus die Combination von Japetos mit dem biblischen Japhet hervor.

Der Name Japhet ist sonst in der Bibel nicht genannt. Auch ist er erst spät, wie= wohl zu einem seltenen, Eigennamen worden. Den fremden Karakter des Namens be= zeichnet die samaritanische Sage, daß, als ein König von Kleinarmenien mit einem Heere die Kanaaniter gegen Josua hatte unterstützen wollen, er an die Spitze desselben den Helden Japhet gestellt habe †††).

Auch als Eigenname von Gelehrten ist er nicht gewöhnlich. Es tragen ihn wenig späte talmudische Lehrer *†); sonst ist er auch bei Karäern und griechischen Juden zu finden, die überhaupt altbiblische Namen liebten *††). Im 17. Jahrhundert wird ein Gelehrter aus Aegypten mit diesem Namen genannt *†††).

Der christlichen Sage und dem christlichen Leben ist er gleichfalls nicht sehr nahe getreten. Schöne bildliche Darstellungen hat der Rausch Noah's erfahren. Sem und Japhet gehen mit einem Mantel auf den Schultern rücklings zu dem entblößten Vater, auf den Cham unzüchtigen Auges deutet. Man findet dies Bild in griechischen Kirchen, wie in weinbauenden Ländern überhaupt, so in schönen Glasmalereien der Kirche zu Epernay in der Champagne.

---

*) Nach Hesiod Theogonia 507 ꝛc. von der Klymene (κλυμένη, der von Allen gehörten, der Tradition und Sage). Ich fasse den Gedanken so, daß die vier Heroen als Söhne der urgrauen Zeit und der Tradition angesehen werden. Bei Apollodor sind sie Söhne der Asia.

**) Preller, Griechische Mythologie (Leipzig 1854) S. 39, Note.

***) Um eines anzuführen, es weiß Zeus im zweiten Göttergespräche bei Lucian dem Eros kein höheres Alter anzuweisen, als wenn er zu ihm spricht: „σὺ παιδίον, ὦ Ἔρως, ὃς ἀρχαιό= τερος εἶ πολὺ τοῦ Ἰαπέτου "

†) Lib. 1, cap. 6 ed. Florival 1, 31 etc.

††) Oracula Sibyllina lib. 3, v. 110 ed. Friedlieb p. 54.

†††) Juchasin ed. Amsterd. p. 117. Der Name יֶפֶת soll wohl an den Feldherrn des Hadadeser, Königs von Zoba, erinnern, 2 Sam. 10, 16., vgl. Jalkut, Könige Nr. 147 ed. Venez. 2, 22,b.

*†) Vgl. Juchasin 71, 6.

*††) Zunz, Namen der Juden (Berlin 1837) S. 46.

*†††) Kore haddoroth ed. D. Cassel p. 42 a.

Japhet wird wohnen in den Zelten von Sem; — die Weltverkündigung ist in Christo erfüllt. Aber es tragen nur die Söhne Japhet's den Erlöser von Sem, die züchtigen Auges „das Geheimniß des Glaubens in reinem Gewissen haben." (1 Timoth. 3, 9.)   Paulus Cassel.

Jarchi, s. Raschi.

Jaser oder **Jaeser** (יַעְזֵר oder יַעְזֵיר, im biblischen Hellenismus Ιαζηρ, bei Jos. Antt. 12, 8, 1. Ιαζωρός, bei Ptolem. 5, 16. Ιάζωρος) war eine zur Zeit des Eindringens der Israeliten in's ostjordanische Land den Amoritern gehörende, nicht unbedeutende Stadt mit Gebiet in Gilead (4 Mos. 21, 32.). Sie fiel nun dem Stamme Gad zu, der sie neu aufbaute, und wurde dann zur Levitenstadt bestimmt, 4 Mos. 32, 1. 3. 35. Jos. 13, 25; 21, 39. vgl. 2 Sam. 24, 5. 1 Chr. 26, 31. Auf der äußersten Ostgrenze des israelitischen Gebietes gelegen, gerieth sie mit der Zeit wieder in fremde Hände, und zwar zunächst in die Gewalt der Moabiter, Jes. 16, 8 f. Jer. 48, 32., dann — nach dem Exile — der Ammoniter, von denen Judas Makkabäus es eroberte, 1 Makk. 5, 8. Nach dem Onomast. s. v. Ιαζηρ lag sie 10 röm. Meilen westlich von Rabbath=Ammon oder Philadelphia und 15 Meilen (nördlich) von Hesbon. Damit übereinstimmend fand Seetzen (in v. Zach's monatl. Corresp. XVIII, 429 f.) an einem kleinen Nebenflusse des Jordan (also nicht an einem „μέγιστος ποταμός," wie Euseb. a. a. O. sagt) Ruinen, deren Namen Szir noch deutlich genug die antike Benennung erkennen läßt. Was aber Jerem. 48, 32. unter dem „Meere von Jaser" (יָם) gemeint sey, ist streitig, da in jener Gegend nur etliche Teiche (was יָם zur Noth auch bedeuten könnte), aber durchaus kein See zu finden ist; möglich ist es freilich, daß im Laufe der Jahrhunderte ein kleiner Landsee verschwunden seyn könnte. Doch bleibt der Verdacht nicht ganz ungegründet, es möchte die Stelle bei Jer. entweder auf einem Mißverständnisse derjenigen bei Jesaja beruhen (Gesenius, Comm. zu Jes. I. S. 519 ff.), oder in dem masorethischen Texte ein Fehler stecken (Hitzig zu Jer. S. 374 und zu Jes. S. 196 Note * nach LXX).

Nicht zu verwechseln mit Jaser ist die ammonitische Grenzstadt Ἀζώρ = צוּר vgl. Jerem. 49, 28., welche 8 Meilen (süd)=westlich von Philadelphia lag und deren Lage die Ruinengruppe Szär bei Seetzen angibt. Hieronym. Onom. v. Asor verwechselt beide benachbarten Städte. — Vergl. noch *Reland,* Palaest. p. 825; Burckhardts Reisen S. 622 (engl. S. 355 f.); v. Raumer's Paläst. S. 229 f.; Forbiger in Pauly's Realencykl. IV. S. 3; Winer, R.W.B.; Ritter's Erdk. XV, 2. S. 104 ff.   Rüetschi.

Jason ist ein Name, den mehrere Juden der makkabäischen Zeit trugen. 1) Nach 1 Makk. 8, 17. hieß einer der Gesandten, welche Judas Makkabäus nach Rom sandte zu Erneuerung des Bündnisses mit den Römern, Jason, Sohn Eleazar's. 2) Ein griechischer Jude Jason von Kyrene beschrieb die Geschichte des Judas Makk. und seiner Brüder, der Tempelreinigung, der Kriege gegen Antiochus Epiphanes und Eupator und die wunderbaren, göttlichen Hülfleistungen zur Herstellung des Tempels und der Gesetze wie zur Befreiung der heiligen Stadt in 5 Büchern, aus denen das jetzige 2. Makkabäerbuch seinem größern Theile nach ein, theilweise rhetorisch und erbaulich ausschmückender, Auszug ist, während das Original verloren gegangen ist, s. 2 Makk. 2, 19 ff. und vgl. de Wette, Einl. in's A. T. §. 302 ff.; Ewald, Gesch. Jsr. IV. S. 531 f. — 3) Am berühmtesten oder berüchtigtsten ist einer aus diesem 2. Makkabäerbuche derjenige Jason geworden, der, Bruder des Hohenpriesters Onias III., aus Privatinteresse, Ehrgeiz und Herrschsucht seine Religion und sein Vaterland so weit vergaß, daß er sich nicht entblödete, von Antiochus Epiphanes die Hohepriesterwürde um eine sehr bedeutende Geldsumme zu erkaufen und dann diese hohe Stellung dazu zu mißbrauchen, um auf alle Weise und nicht ohne Erfolg seinen Volksgenossen hellenische Sitte und Religion aufzudrängen und ihre bisherigen Freiheiten abzuschaffen, 2 Makk. 4, 7 ff. Wie er selber aus Gräcomanie seinen, ursprünglich Jesus lautenden Namen in „Jason" umgewandelt hatte (Jos. Antt. 12, 5, 1.), so legte er zu Erreichung seiner oben angedeuteten Absichten unter der Burg zu Jerusalem ein Gymnasium an, sandte an die Kampfspiele in Tyrus eine Gesandtschaft mit

300 Drachmen in Silber zu einem Opfer und Geschenk für den tyrischen Herakles, und empfing den Antiochus auf's Prächtigste in der heiligen Stadt, 2 Makk. 4, 11 ff. Schon nach 3 Jahren (173 a. C.) sah sich indessen Jason durch einen gewissen Menelaos, der nach 2 Makk. 4, 23. ein Bruder des Benjaminiten (3, 4.) Simon war *), aus der Gunst des Königs verdrängt, indem dieser durch Schmeicheleien den Antiochus für sich gewann und seinen Nebenbuhler um 300 Talente Silbers überbot; Menelaos ward Hohepriester und Jason mußte zu den Ammonitern flüchten, 2 Makk. 4, 23 ff. Als sich aber nach einiger Zeit während des zweiten Feldzugs des Antiochus gegen Aegypten (170 a. C.) ein Gerücht von des Königs Tode verbreitete, erschien Jason an der Spitze von 1000 Mann vor Jerusalem, eroberte es — mit Ausnahme der Burg, in der sich Menelaos behauptete — und richtete ein großes Blutbad unter den ihm feindlich gesinnten Mitbürgern an. Doch konnte er sich nicht behaupten, mußte vielmehr auf's Neue nach dem Lande der Ammoniter auswandern, bald, bei Aretas, dem Könige von Arabien verklagt, noch weiter von Stadt zu Stadt flüchten bis nach Aegypten, ja endlich nach Sparta, wo er im Elende starb, 2 Makk. 5, 5 ff., vgl. Ewald, Gesch. Isr. IV. S. 333 ff.   Rüetschi.

Javan, יָוָן, ist im Hebräischen, wie in andern Sprachen des Morgenlandes, z. B. im Syrischen, Arabischen, Koptischen, auch bei den Persern (vgl. (Aeschyl. Persae V. 178. 563), Collectivname der Griechen, vgl. die ausdrückliche Angabe des Schol. ad Aristoph. Acharn. 106. πάντας τοὺς Ἕλληνας Ἰάονας οἱ βάρβαροι ἐκάλουν. Der Name ging von den Joniern (Ἰάονες bei Hom. Il. 13, 685.) als dem zumal in älterer Zeit im Morgenlande bekanntesten Hauptstamme auf das ganze Volk über **). Durch ihren Handel waren die Griechen auch den Hebräern frühe bekannt geworden. Die Völkertafel 1 Mos. 10, 2. 4. zählt daher Javan als einen Sohn Japhets auf als Repräsentanten der südwestlichen, japhetitischen Völkerfamilie und gibt ihm 4 Unterabtheilungen: Elisa, Tarschisch, Kittim und Dodanim (s. R.Enc. Bd. V. S. 20). Als Sklavenhändler auf den phönizischen Märkten, zumal in Tyrus, erscheinen Griechen, Ezech. 27, 13. vgl. Joel 4, 6., und werden auch sonst als Repräsentanten des westlichen Heidenthums erwähnt, Jes. 66, 19. Sach. 9, 13. Bei Dan. 8, 21. heißt Alexander M. »König von Javan.« Vgl. weiter Tuch, Comm. z. Genesis S. 210 und Knobel, die Völkertafel S. 78 f.

Auch in Arabien gab es aber eine Stadt Namens يَوَن oder يَوَان in Jemen, und diese müßte Ezech. 27, 19. (wenn anders der masorethische Text dieser Stelle richtig ist, s. aber Rosenmüller u. Hitzig z. d. St. und *Bochart*, geogr. s. I, 2. p. 130 sqq.) gemeint seyn nach dem ganzen Contexte; der Handel mit dem allgemein berühmten arabischen Eisen und Gewürzrohr nach Tyrus hin würde dazu sehr gut passen.   Rüetschi.

Ibas, Ἴβας, syr. יָהִיבָא, auch verkürzt הֵיבָא (d. i. Donatus), war Presbyter und seit dem J. 435 Bischof von Edessa, Nachfolger des Rabulas. Letzterer hatte für Cyrill von Alexandrien eifrig Partei genommen und namentlich den Theodorus von Mopsuestia in Mißkredit zu bringen und dessen Schriften zu verketzern gesucht. Ibas hatte sich hierin dem Rabulas widersetzt (s. *Assemani* biblioth. orient. T. I. p. 198 sq.), weßhalb er des Nestorianismus verdächtigt und bei dem Patriarchen Proclus und bei'm Kaiser Theodosius II. angeklagt wurde, daß er hauptsächlich an der Trennung der orientalischen und ägyptischen Bischöfe schuld sey, daß er die Schriften des Theodorus Mopsuestenus in's Syrische übersetzt und durch den ganzen Orient verbreitet habe (s. Assem. a. a. O. I. S. 200 f.

---

*) Nach Jos. Antt. 12, 5, 1; 15, 3, 1. wäre Menelaos oder Onias der jüngste Bruder Jasons gewesen, was aber gegenüber obigen Angaben auf Irrthum zu beruhen scheint.

**) Nach Lassen, ind. Alterthumskunde I. S. 729 f. bezeichnen auch die Juden mit „Javana" die entferntesten Völker des Westens, zunächst die Araber, dann die Griechen; der Name bedeute „jung" (vgl. juventus), die westlichen Völker sind die jüngern indogermanischen Stämme, welche aus den gemeinsamen Stammsitzen nach Westen wanderten.

Anm. 1. und S. 350 Anm. 2, vgl. *Mansi* coll. concilior. T. VII. p. 249 sq.). Die wieder-
lohnte Bemühungen seiner Feinde hatten aber keinen Erfolg. Noch im J. 449, nachdem
die Sache schon beigelegt war, wurde Jbas von der Räubersynode zu Ephesus seiner
Stelle entsetzt (Assem. I. 202. 401. *Pagi* critica in Baronii annales ad a. 449. no. 12.).
An seine Stelle kam Nonnus, bis Jbas durch das ökumenische Concil von Chalcedon
451 sein Bisthum wiedererhielt (Mansi VII, 261 f.). Jedoch wurde er von den Jakobiten nicht anerkannt (s. die Belege bei Assem. I. 202. 203). Er starb im J. 457,
worauf Nonnus seine Stelle wieder einnahm (s. Chronicon Edessenum bei Assem. I, 202
und 205, vgl. 424). — Jbas übersetzte in Verbindung mit zwei andern Edessenern,
Cumas und Probus, die Schriften des Exegeten Theodorus von Mopsuestia in's Syrische, s. Ebedjesu's Catalog bei Assem. III. 85. Berühmt ist sein Brief an Mari oder
Mares aus Beth-Hardaschir, einen Bischof in Persien, erwähnt von Simeon, Bischof von
Beth-Arscham (Arsamopolis in Persien) zu Anf. des 6. Jahrh. (bei Assem. I. 350,
vgl. 203), und wichtig als eine den nestorianischen Streitigkeiten gleichzeitige Quellen-
schrift überhaupt, wie insbesondere ein zuverlässiges Zeugniß über des Jbas eigne Glau-
bensrichtung. Er ist nur noch in einer griechischen Uebersetzung vorhanden (Acta conc.
Chalced. act. X. ed. Harduin. II. 530 und *Mansi* collect. concilior. ampliss. T. VII.
p. 241 sq.). Jbas tadelt darin den Cyrill heftig, mißbilligt aber auch an Nestorius
Manches, und zeigt sich überhaupt als ein Mann von selbständigem und nicht allzu par-
teiischem Urtheil. (S. besonders Neander's allg. Gesch. d. christl. Rel. und Kirche.
Bd. II. Abth. 3. S. 787, vgl. auch Gieseler's Lehrbuch der Kirchengesch. 3. Aufl.
Bd. I. S. 457 f. und A. G. Hoffmann in der Hall. Encyklop. 2. Sect. Bd. 15.
S. 4 ff.) Dieser Brief ist eins der sogen. drei Kapitel, welche durch ein Edict von K.
Justinian und darauf auch von der fünften ökumenischen Synode zu Constantinopel 553
verdammt wurden, obwohl die Synode von Chalcedon 451 den Brief für rechtgläubig
erklärt hatte; in Rücksicht auf diesen früheren Beschluß blieb daher die Person des Jbas
auch jetzt unangefochten. Vgl. noch Le Quien, oriens christ. T. II. p. 690 sq. Chr.
W. F. Walch, Entwurf einer vollst. Historie der Ketzer. Spaltungen u. Religionsstreit.
Th. 5. S. 670 f.   E. Rödiger.

Jberien, Bekehrung der Jberier. Dieser in dem kaukasischen Jsthmus, dem
heutigen Georgien und Grusien wohnhafte Volksstamm wird von Virgil, Horaz und
Lucan als ein furchtbarer, unversöhnlicher, roher Kriegerstamm geschildert, während
Strabon die ganze Nation mit Ausnahme einer Kaste als religiös-friedlich und acker-
bauend bezeichnet. Von dem iberischen Cultus bemerkt Letzterer kurzweg, er sey dem
medischen und armenischen ähnlich. Die Bekehrung dieses Volkes ging von einem merkwürdigen, unscheinbaren Anfang aus, der uns von Rufinus und Moses von Chorene
aufbewahrt ist. Unter der Regierung des Kaisers Constantinus nämlich war eine Christin, vielleicht eine christliche Nonne (nach den Einen hieß sie Nino, nach den Andern
Nunia) von den Jberiern als Gefangene fortgeschleppt, und sie wurde Sklavin bei Einem
der Eingebornen. Hier erregte sie durch ihr streng ascetisches Leben Aufsehen und erwarb sich Achtung und Vertrauen. Es traf sich, daß ein krankes Kind nach der Sitte
des Volks von einem Haus zum andern getragen wurde, damit Jeder, der ein Heilmittel gegen die Krankheit wußte, es angeben sollte. Als das Kind zur Christin gebracht
wurde, erklärte sie, sie könne zwar auch nicht helfen, aber Christus, ihr Gott, könne auch
da helfen, wo es sonst keine Hülfe mehr gebe. Sie betete also für das Kind und dieses
wurde gesund. Nachher erkrankte auch die Königin des Landes und ließ die Christin
zu sich rufen. Diese, die sich für keine Wunderthäterin ausgeben wollte, lehnte den Ruf
ab. Darauf ließ sich die Königin selbst zu ihr hintragen und erlangte gleichfalls durch
der Christin Gebet die Gesundheit. Der König (Miraus) wollte nun dieser reiche Geschenke senden, aber seine Gattin sagte ihm, daß die Christin alle irdischen Geschenke verschmähe, und daß sie nur das als ihren Lohn betrachten würde, wenn man mit ihr ihren
Gott verehre. Dies machte damals keinen Eindruck auf ihn. Als ihn aber später auf

der Jagd ein finsterer Nebel überraschte, so daß er keinen Ausweg finden konnte, rief er den Gott der Christen an mit dem Gelübde, sich ganz seiner Verehrung hinzugeben, wenn er ihm den Ausgang verschaffen werde. Das Wetter klärte sich auf und der König kam glücklich nach Hause. Nun war sein Gemüth für die Verkündigungen der Christin empfänglich. König und Königin vereinigten sich nun mit der Christin, das Volk im Christenthum zu unterweisen. Sie ließen sich nachher Lehrer des Evangeliums und Geistliche aus dem römischen Reiche kommen, und das war zwischen den Jahren 320 u. 330 der Anfang des Christenthums unter einem Volke, bei dem es sich, ob auch mit Aberglauben vermengt, bis auf den heutigen Tag erhalten hat. Daß jene Christin von Byzanz aus nach Jberien gekommen sey, wollte man aus der Nachricht bei Procop (V, 9.) schließen, wornach ein altes Kloster, welches in Jerusalem unterhalten und vom Kaiser Justinian im 6. Jahrh. erneuert wurde, das iberische oder iwerische hieß. Hiemit würde auch die Angabe des Moses von Chorene übereinstimmen, derzufolge die Christin eine Armenierin war, und nach welcher man nicht die Kirche des römischen Reichs, sondern den armenischen Bischof Gregor um Sendung von Lehrern des Christenthums angegangen hätte. Von Jberien aus drang das Christenthum frühzeitig nach Albanien, zu den Laziern und den benachbarten Völkern.　　　　　Th. Pressel.

Jdacius, s. Priscillianisten.

Jdumäa, s. Edom, Edomiter.

Jebus und Jebusiter. Die Jebusiter (יבוסים) erscheinen als eine kananitische Völkerschaft (1 Mos. 10, 16.), die näher zu dem Zweige der Amoriter — im weitern Sinne dieses Wortes — gehörte, indem ihr König Adonizedek ein „Amoriter" genannt wird (Jos. 10, 5.) und die wie diese selbst auf dem Gebirge saßen (4 Mos. 13, 29.). Zur Zeit der israelitischen Invasion unter Josua bewohnten sie das nachmalige Gebirge Juda, also den südlicheren Landestheil, namentlich aber die wichtige Festung, nach der sie sich selber benannten, Jebus (= ein trockener Berg, vgl. das hebr. יבוס), das nachmalige Jerusalem (s. diesen Art.) Jos. 11, 3; 18, 28. In der Aufzählung der kananitischen Stämme nehmen zwar die Jebusiter öfter erst die letzte Stelle ein (z. B. 1 Mos. 15, 20. Jos. 9, 1; 24, 11.), sie gehörten aber dennoch zu den tapfersten und hartnäckigsten Kämpfern gegen Israel. Freilich schlug schon Josua ihren König Adonizedek mit vier andern Amoriterfürsten und ließ die in die Höhle zu Makeda geflüchteten fünf Könige aufknüpfen, Jos. c. 10., von einer Besitznahme ihrer Stadt wird aber nichts gemeldet, und so verbanden sich die Jebusiter bald wieder mit König Jabin von Hazor und andern Kananitern Jos. 11, 3 ff., und wurden sie auch jetzt abermals geschlagen, so vermochte Josua doch ebensowenig etwas gegen ihre feste Hauptstadt auszurichten, Jos. 15, 8. 63. Sie wurde zwar vorläufig dem Stamme Benjamin zugetheilt, 18, 28., aber es gelang diesem nicht, sich dort festzusetzen, Richt. 1, 21; 3, 5; 19, 11 f., obwohl anfangs die Stämme Juda und Simeon Jebus d. h. doch wohl nur die Unterstadt ohne die Burg (vgl. Jos. Antt. 5, 2, 2) erobert und verbrannt, nachher aber bei ihrem weitern Zuge nach Süden wieder verlassen hatten, Richt. 1, 8. Erst David eroberte endlich Jebus mit seiner sehr festen Burg, 2 Sam. 5, 6 ff. 1 Chron. 11, 4 ff., und machte es sofort zur Hauptstadt seines Reiches; ohne diesen wichtigen Platz war ein sicherer Besitz des südlichen und mittlern Palästina nicht möglich, vgl. Ewald, Gesch. Isr. II. 1. S. 288. 583 f. So waren die Jebusiter wohl besiegt, aber nicht ausgerottet, es blieben ihrer fortwährend in Jerusalem wohnen, s. 2 Sam. 24, 16. 18. Jos. 15, 63; noch Salomo machte Ueberreste derselben frohnpflichtig, 1 Kön. 9, 20 f. vgl. Sachar. 9, 7, und selbst nach dem Exil finden wir Jebusiter im Lande Esr. 9, 1 f. vgl. Nehem. 11, 3; 7, 57. Vgl. Winer, R.W.B.; Ewald, a. a. O. I. S. 278 f.; Lengerke, Kenaan I. S. 192. 643 ff.; 662 f. Not. 4.; Bertheau, Comment. z. B. d. Richter S. 13. ff. 32 f.; Ritter, Erdkunde, XV. 1. S. 117 f.; XVI. S. 13. 363.　　　　　Rüetschi.

Jechiel, יחיאל, nach Gesenius vielleicht abgekürzte Form von יחיה אל (den Gott erhalte) ist Name 1) mehrerer biblischer Personen, die historisch weiter keine Bedeutung

haben; ſo z. B. 2 Chron. 21, 2.; 2) vieler Rabbinen, die auch keine Auszeichnung erlangt haben; 3) eines bei den Juden angeblich über die Thiere gebietenden Dämon.

Jehoaſch, ſ. Joas.

Jehoram, ſ. Joram.

Jehova. יהוה iſt der altteſtamentliche Eigenname Gottes, daher von den
Juden bezeichnet als הַשֵּׁם κ. ἐξ., שְׁמָא רַבָּא der große Name, הַמְיֻחָד שֵׁם
der einzige Name, am häufigſten שֵׁם הַמְפֹרָשׁ *). — I. Ausſprache und gram-
matiſche Erklärung des Namens. Das Tetragrammaton יהוה hat als ἄῤ-
ῥητον im maſorethiſchen Texte vermöge eines K'ri perpetuum die Punkte von
אֲדֹנָי (die Setzung des einfachen Sch'wa iſt als Abkürzung der Schreibung zu
betrachten), dagegen, wo אֲדֹנָי in appoſitioneller Verbindung dabei ſteht wie Jeſ.
22, 12. 14. u. a., von אֱלֹהִים (nicht aber, wenn die nebeneinanderſtehenden יהוה und
אדני zu verſchiedenen Sätzen gehören, wie in Pſ. 16, 2.). Das Verbot der Ausſpre-
chung des Namens wird von den Juden aus 3 Moſ. 24, 16. abgeleitet, vermöge einer
ſchon von den LXX (ὀνομάζων τὸ ὄνομα κυρίου) gegebenen Auslegung der Stelle,
welche entſchieden unrichtig iſt. Denn wenn auch, wie noch Hengſtenberg (Beitr.
zur Einl. in's A. T. Bd. II. S. 223) will, נקב an jener Stelle in der Bedeutung
ausſprechen genommen werden dürfte — es hat aber an den hiefür angezogenen
Stellen 1 Moſ. 30, 28. 4 Moſ. 1, 17. Jeſ. 62, 2. vielmehr die Bedeutung bezeichnen, beſtimmen —, ſo würde doch der Zuſammenhang mit V. 11. und 15. auf ein
fluchendes Ausſprechen hinführen. Wahrſcheinlich aber iſt das Wort קבב zu nehmen. Die rabbiniſche Spitzfindigkeit wußte für das Verbot auch 2 Moſ. 3, 15. in Anſpruch zu nehmen, indem dort in לעלם, weil es auch geleſen werden kann l'allem, die
Verhüllung des Namens angedeutet ſeyn ſollte (ſ. Raſchi z. d. St.). — Wie alt die
Scheu den Namen auszuſprechen ſey, läßt ſich nicht ſicher beſtimmen. Sie erklärt ſich
leicht aus dem Karakter des ſpäteren Judenthums, das in demſelben Maße, in welchem
mit dem Schwinden der Prophetie die lebendige Erfahrung der göttlichen Selbſtbezeugung aufhört, zwiſchen den Menſchen und der in ein unnahbares Jenſeits zurückgetre-
tenen Gottheit Medien einzuſchieben bemüht iſt. Die erſte Spur jener Scheu zeigt ſich
ſchon in einigen der jüngeren kanoniſchen Schriften des A. T. in dem verhältnißmäßig
ſelteneren Gebrauch des יהוה; bei den LXX, denen hierin die neuteſtamentlichen Schriftſteller folgen, wird dem Namen bereits durchgängig κύριος ſubſtituirt. Dagegen will
Sir. 23, 9. ὀνομασίᾳ τοῦ ἁγίου μὴ συνεθισθῇς wohl nur ſagen, daß der Name
Gottes nicht unnöthig im Munde geführt werden ſolle. In Bezug auf die Samaritaner
berichtet Joſephus Ant. XII, 5. 5., ſie haben auf dem Garizim ἀνώνυμον ἱερόν gegründet; doch ſ. unten. Joſephus ſelbſt erklärt Ant. II, 12. 4., daß ihm nicht geſtattet
ſey, über den Namen zu reden. Hiemit iſt die Ausſage Philo's zu vergleichen de mut.
nom. §. 2. (ed. Marg. I. 580) und vit. Moſ. III, 25. (II. 166); doch wird in dem
letzteren Buche §. 11. (152) bemerkt, daß die Geweihten im Heiligthum den Namen
hören und ausſprechen durften. Die Miſchna enthält verſchiedene Angaben über die

---

*) Die Erklärung des Ausdruckes Schem-ham'phoraſch iſt unſicher, vgl. was hierüber
neuſtens Munk in ſeiner Bearbeitung des More-Nebochim von Maimonides (le guide des
égarés par Moſe ben Maimun Paris 1856) zu 1, 61. bemerkt hat. Munk ſelbſt entſcheidet ſich
mit Rückſicht auf den Gebrauch des פרשׁ bei Onkelos und Jbn Esra zu 3 Moſ. 24, 11. 16.
für die Erklärung le nom de Dieu **distinctement prononcé.** Gewöhnlich wird der Ausdruck
erklärt: nomen **explicitum,** d. h. entweder der Name, der durch andere Gottesnamen erſetzt
wird (ſ. Buxtorf, lex. chald. S. 2433) oder der Name, durch den das Weſen Gottes deutlich bezeichnet wird. Andere erklären: nomen **separatum,** nämlich entweder sc. a cognitione
hominum oder = der incommunicable Gottesname, der (vgl. Maimonides a. a. O.),
während die andern Namen Eigenſchaften ausdrücken, welche Gott mit Andern gemeinſam ſind,
über das Weſen Gottes ſelbſt Belehrung gibt.

Sache. Berachoth 9, 5. sagt mit Rücksicht auf Ruth 2, 4. Richt. 2, 16., daß beim Gruße der Gebrauch des göttlichen Namens gestattet sey. Diese Bestimmung soll gegen die samaritanischen Dositheer gerichtet seyn, welche, während die übrigen Samaritaner den Namen wenigstens beim Schwure aussprachen, sich des Gebrauchs desselben ganz enthielten (f. hierüber Geiger, Lesestücke aus der Mischna S. 3). Dagegen lehrte nach Sanhedrin 10, 1. Abba Schaul, daß zu denjenigen, welche keinen Theil an der zukünftigen Welt haben, auch gehöre, wer den Namen Gottes nach seinen Buchstaben ausspreche. Nach Thamid 7, 2. sprachen die Priester במקדש den Namen aus, wie er geschrieben wird, gebrauchten dagegen במדינה den Nebennamen; ohne Zweifel ist im ersten Satz der Tempel, im zweiten Stadt und Land zu verstehen, nach anderer Auslegung aber (f. Surenhus z. d. St.) wäre Jerusalem zum Mikdasch zu rechnen. Wie die beiden zuletzt genannten Stellen der Mischna von der Gemara modificirt wurden, hat Geiger a. a. O. S. 45 f. zusammengestellt. Mit Thamid 7, 2. stimmt im Wesentlichen Maimonides More Neb. 1, 61. und Jad chasaka 14, 10. überein; nach ihm wäre der Name nur im Heiligthum von den Priestern bei Ertheilung des Segens und vom Hohepriester am Versöhnungstage ausgesprochen, seit dem Tode Simeons des Gerechten aber auch im Tempel, wie dies längst vorher außerhalb des Tempels geschehen war, mit Adonai vertauscht worden. (Näheres hierüber f. bei Jak. Alting, exercitatio grammatica de punctis ac pronunciatione tetragrammati יהוה in Relands decas exercitationum philologicarum de vera pronuntiatione nominis Jehova 1707, S. 423 ff.) Während nun nach der Meinung der Juden die Kenntniß der Aussprache des Namens seit der Zerstörung Jerusalems abhanden gekommen ist, wollten dagegen manche ältere und neuere christliche Theologen in der Punktation יְהֹוָה die ursprüngliche Aussprache des Namens sehen*). Hiernach wäre derselbe als eine Zusammensetzung aus יְהִי = יְ, הֹו = הֹוֶה, וָה = הֹוֶה zu betrachten (vgl. Stier, Lehrgebäude der hebr. Sprache S. 327). Daß eine solche Wortbildung im Hebräischen ganz abnorm wäre, bedarf kaum bemerkt zu werden. Die Abkürzung des Namens in יְהֹו setzt die Aussprache Jehova nicht nothwendig voraus, wogegen bei ihr die Abkürzung in יְהוֹ und יָה unerklärt bleibt. Die jüdische Ueberlieferung, daß der Name die drei Zeiten umfasse, findet ihre Rechtfertigung auch bei der unten anzugebenden Aussprache. Ebensowenig zeugt für die Lesung Jehova die Umschreibung des Namens in Apok. 1, 4; 4, 8. durch ὁ ὢν καὶ ὁ ἦν καὶ ὁ ἐρχόμενος; irrig ist es hierin geradezu die oben erwähnte Worterklärung des יהוה zu sehen, da ὁ ἐρχόμενος keineswegs für ἐσόμενος steht (so Buxtorf, dissertatio de nomine יהוה bei Reland a. a. O. S. 386), vielmehr nichts anderes als der Kommende bedeutet, weßhalb, sobald die Zukunft des Herrn Gegenwart geworden ist, 11, 17. (nach der richtigen Lesart) und 16, 5. nur noch ὁ ὢν καὶ ὁ ἦν steht. (S. Hengstenberg a. a. O. S. 236 ff.) Ueber die für die Lesung Jehova geltend gemachte Vergleichung des lateinischen Jupiter, Jovis (f. schon Fuller bei Reland S. 448, Gataker ebendas. S. 494), wobei die vollständigeren Formen Diespiter, Diovis übersehen werden, ferner über die Hypothese, nach welcher in der Aussprache Jehova ein angeblicher ägyptischer Gottesname, bestehend aus den sieben Vocalen ιεηωουα bewahrt seyn soll, f. ebenfalls Hengstenberg a. a. O. S. 204 ff. Tholuck, vermischte Schriften I. S. 394 ff. — Für die Aussprache und grammatische Erklärung des Namens ist nur auf 2 Mos. 3, 13. zurückzugehen. Da Moses nach dem Namen des ihn sendenden Gottes fragt, spricht dieser: אֶהְיֶה אֲשֶׁר אֶהְיֶה, so sollst du sagen zu den Kindern Israel, Ehjeh hat mich zu euch gesandt. Wenn nun V. 15. fortgefahren wird: so sollst

---

*) Die älteren Abhandlungen über diese Streitfrage hat Reland gesammelt in der oben angeführten decas exercitationum etc.; voran steht ein interessantes Vorwort von Reland, in welchem sich dieser selbst für die Ansicht von Drusius, Amara, Cappellus, Buxtorf und Alting entscheidet, welche die Lesung Jehova verwerfen. Die letztere vertreten Fuller, Gataker und Leusden.

du sagen, יהוה der Gott eurer Väter hat mich zu euch gesandt, so ist klar, daß יהוה als ein von der dritten Person des Imperfects von הָוָה (der älteren Form für הָיָה) gebildetes Nomen zu betrachten und entweder יְהֶוֶה (יִהְוֶה) oder יַהְוֶה (יַהֲוֶה) zu lesen ist. Die letztere Aussprache ist ebenso wohl möglich als die erstere jetzt von den Meisten angenommene; ist doch die letztere Bildung bei den vom Imperfectum der ל"ה Stämme abgeleiteten Namen sogar die gewöhnlichere, wie יִמְנָה, יִשְׁבָּה u. s. w. zeigen. (S. Caspari über Micha S. 5 ff.) Nach Theodoret (quaest. 15. in Ex.) sollen die Sa-maritaner den Namen Ἰαβέ, die Juden Ἀϊά gelesen haben; die letztere Form scheint zunächst das אהיה 2 Mof. 3, 14. wiederzugeben, kann aber als Zeugniß für die Aus-sprache der Endsilbe mit a gelten. Clemens von Alexandria Strom. 5, 6. spricht den Namen Ἰαού aus (doch ist vielleicht Ἰαουέ zu lesen, s. Hengstenberg a. a. O. S. 226). Gar kein Gewicht aber ist darauf zu legen, daß der Judengott bei Diod. 1, 94. Ἰαω, bei Philo von Byblus in Euseb. praep. evang. I. 9. Ἰευώ genannt wird; denn abge-sehen davon, daß die für diese Aussprache vorauszusetzende Form יְהֹו gegen alle he-bräische Sprachanalogie wäre, sind jene Namensformen augenscheinlich jenem mysteriösen Namen des Dionysos nachgebildet, der bei den Griechen in der Form Ἰακχος erscheint, in der semitischen Form aber wahrscheinlich יַחוֹ lautete. (S. hierüber, so wie über die dem späteren Religionssynkretismus eigenthümliche Verwechslung des alttestamentlichen Gottes mit dem Dionysos Movers, die Phönicier I. Bd. S. 539 ff., besonders S. 545 und 548). — Bei der Aussprache Jahve oder Jahva nun lassen sich sämmtliche im Hebräischen vorkommende Abkürzungen des Gottesnamens leicht erklären; nämlich durch Apokope des Wortes entsteht יְהוֹ, und aus diesem einerseits durch weitere Abkür-zung יָה, andererseits durch Zusammenziehung der Vocale יְהוֹ und יוֹ. Die vom Imperfect ab-geleitete Nominalbildung ist im Hebräischen sehr häufig, sowohl bei Appellativen (s. Delitzsch, Jesurun S. 208 f.), als besonders bei Eigennamen (vgl. יַעֲקֹב, יִשְׂרָאֵל u. s. w.). Der Grundbedeutung des Imperfects entsprechend, bezeichnen die so gebildeten Namen eine Person nach einer an ihr fortwährend sich kundgebenden, sie somit vorzugsweise karakterisirenden Eigenschaft. Dies führt II. auf die Bedeutung des Namens יהוה. Diese ist zunächst: der, welcher ist, weiter nach 2 Mof. 3, 14. der, welcher ist, der er ist. Wenn aber schon das Verbum הוה oder היה als Grundbedeutung die des bewegten Seyns, des Geschehens hat (vgl. Delitzsch, Genesis, 2. Aufl. S. 32), so führt noch mehr die Form des Namens darauf, daß in demselben das Seyn Gottes nicht als ein ruhendes, sondern als ein werdendes, im Werden sich kundgebendes gefaßt wird. Demnach ist es verfehlt, dem Namen den abstrakten Begriff des ὄντως ὄν unterzulegen; vielmehr ist Gott Jehova*), sofern er sich in ein geschichtliches Ver-hältniß zur Menschheit begeben hat, und in diesem sich als den, welcher ist, und zwar ist, der er ist, fortwährend erweist. Da aber dieses geschichtliche Verhältniß durch die Offenbarung in Israel vermittelt wird, so wird Gott als Jehova zunächst erkannt nach der Beziehung, in welche er sich zu dem Bundesvolke gesetzt hat. Wenn das Heiden-thum von einer Offenbarung seiner Götter fast nur als einer der Vergangenheit ange-hörigen weiß, so bezeugt dieser Name, daß das Verhältniß Gottes zur Welt in stetigem lebendigem Werden begriffen ist; er bezeugt namentlich dem Volk, das mit ihm seinen Gott anruft, daß es in diesem Gott eine Zukunft hat. Näher liegt nun aber in dem Namen ein Zweifaches. 1) Gott ist der, der er ist, sofern er in seinem geschichtlich sich kundgebenden Seyn eben der sich selbst bestimmende, nicht durch etwas außer ihm be-stimmte ist (vgl. Hofmann, der Schriftbeweis I. S. 81 f.). In dieser Hinsicht führt also der Name in die Sphäre der göttlichen Freiheit. Freilich darf der Stelle 2 Mof. 3, 14. nicht (mit Drechsler, die Einheit und Aechtheit der Genesis S. 11 f.) die Wendung

---

*) Wir bedienen uns von jetzt an des Wortes Jehova, das nun einmal in unserem Sprachschatz eingebürgert ist und aus demselben ebensowenig sich wird verdrängen lassen, als z. B. statt des Jordans jemals Jarben herrschend werden wird.

gegeben werden, als ob Gott dort sagen wollte: "ich bin wer und was mir zu seyn beliebt", und "ich offenbare mich für und für in allen Thaten und Geboten stets als den, als welchen es mir beliebt", ein Gedanke, der gerade in den Zusammenhang der angeführten Stelle nicht paßt. Es ist nicht die absolute Willkür, auch nicht speciell die sich herablassende "freie Gnade" oder "das grundlose Erbarmen" (Drechsler S. 10), sondern im Allgemeinen die absolute Selbständigkeit Gottes in seinem geschichtlichen Walten, was in dem Jehovabegriffe liegt. Doch ist dies nur das eine Moment. Indem nämlich Gott vermöge seiner absoluten Selbständigkeit in allem seinem Walten sich als den, der er ist, behauptet, folgt daraus 2) die absolute Beständigkeit Gottes oder dies, daß er in Allem, in seinem Reden, wie in seinem Thun wesentlich mit sich in Uebereinstimmung ist, sich stets consequent bleibt*). Sofern der Name, wie dies 2 Mos. 3, 13 ff.; 6, 2 ff. geschieht, in Beziehung zu dem göttlichen Erwählungsrath und den daraus fließenden Verheißungen gesetzt wird, ist in dem zweiten Momente die unwandelbare göttliche Treue enthalten, was Hofmann a. a. O. um so weniger hätte läugnen sollen, da gerade diese Seite des Jehovabegriffes im A. T. zur Weckung des Vertrauens auf Gott mit besonderem Nachdruck hervorgehoben wird; vgl. Stellen wie 5 Mos. 7, 9. Hos. 12, 6. im Zusammenhang mit V. 7., Jes. 26, 4. Daß Gott als Jehova der Unveränderliche sey, wird Mal. 3, 6. geltend gemacht (s. über diese Stelle Hengstenberg, Christologie 1. Aufl. 3. Bd. S. 419). Auf Beides, die absolute Selbständigkeit und die absolute Beständigkeit Gottes, erscheint der Name bezogen Jes. 41, 3; 43, 13; 44, 6. u. a. Vermöge des ersteren Moments hängt der Jehovabegriff mit dem des El-schaddai zusammen, durch das zweite wird zu dem Begriff der göttlichen Heiligkeit übergeleitet. — Manche, namentlich jüdische Theologen, lieben das יהוה durch "Ewiger" zu übersetzen, und allerdings ist diese Bestimmung des göttlichen Wesens in dem Jehovabegriff enthalten, wie schon Abraham, 1 Mos. 21, 33., den Namen Jehova's anruft als den des ewigen Gottes. Die Ewigkeit Gottes liegt in seiner absoluten Selbständigkeit, sofern er vermöge dieser nicht durch etwas in der Zeit Gesetztes bedingt, vielmehr (Jes. 44, 6; 48, 12.) der Erste und der Letzte ist**). Aber auch in Bezug auf die göttliche Ewigkeit hebt das A. T. viel häufiger das 2. Moment des Jehovabegriffs, die absolute Beständigkeit hervor, daß nämlich der an sich über allem Zeitwechsel stehende Gott doch durch allen Zeitwechsel hindurch fort und fort als denselben sich behauptet und bewährt. Dadurch wird die Ewigkeit Gottes Grund menschlicher Zuversicht. Darum bildet 5 Mos. 32, 40. der Gedanke, daß Jehova ewig lebt, den Uebergang zu der Verkündigung, daß er sein verstoßenes Volk wieder erretten werde; darum wird das im Elend seufzende Israel, Jes. 40, 28., getröstet: "weißt du denn nicht oder hast du nicht gehört, ein ewiger Gott ist Jehova." Vgl. außerdem Ps. 90, 2 ff.; 102, 25 ff. — Zur weiteren Erläuterung des Jehovanamens dient die Vergleichung desselben mit den allgemeinen Bezeichnungen des göttlichen Wesens אלהים und אל, sofern nämlich diese Ausdrücke für sich, ohne Artikel und ohne nähere Bestimmung durch ein Adjektiv oder einen ab-

---

*) Auch in 2 Mos. 33, 19., welche Stelle mit Recht zur Erläuterung von 3, 14. beigezogen worden ist, sagen die Worte: "gnädig bin ich, wem ich gnädig bin," Beides aus, 1) daß Gott eben dem, dem er gnädig seyn will, und keinem Andern Gnade erweist oder die absolute Freiheit göttlicher Gnade und 2) daß er dem, dem er gnädig ist, wirklich Gnade erweist, d. h. hinsichtlich seiner Gnade mit sich selbst übereinstimmend, in seinen Gnadenerweisungen consequent ist.

**) Hiernach hat Luther in der Schrift vom Schem ham'phorasch (Erl. Ausg. der deutschen Werke Bd. 32. S. 306) den Jehovanamen erklärt: "Er hat sein Wesen von Niemand, hat auch keinen Anfang noch Ende, sondern ist von Ewigkeit her, in und von sich selbst, daß also sein Wesen nicht kann heißen gewest oder werden, denn er hat nie angefangen, kann auch nicht anfahen zu werden, hat auch nie aufgehört, kann auch nie aufhören zu seyn; sondern es heißt mit ihm eitel Ist oder Wesen, das ist Jehova."

hängigen Genitiv gesetzt werden. Wir gehen davon aus, daß für den Jehovabegriff nach dem bereits Bemerkten wesentlich ist das geschichtliche Hervortreten Gottes, wogegen Elohim als solcher keinen geschichtlichen Prozeß eingeht, vielmehr der Erscheinungswelt schlechthin transcendent bleibt, ein Unterschied, der sogleich in dem Verhältniß von 1 Mos 1, 1 ff. zu 2, 4 ff. sich zu erkennen gibt. Demnach wird zunächst auf Elohim oder El bezogen, was unter die allgemeine kosmische Wirksamkeit Gottes fällt, wogegen das Wal= ten Gottes in seinem Reiche auf Erden Jehova's Sache ist. Daher ist Gott für die Heidenwelt, ehe er sich ihr in seiner theokratischen Richter= und Erlöserherrlichkeit offen= baret, bloß Elohim (s. schon 1 Mos. 9, 26 f.). Besonders instruktiv für den bezeichneten Unterschied ist 4 Mos. 16, 22. vgl. mit 27, 16. In der ersteren Stelle wird, obwohl in dem ganzen Abschnitt durchaus יהוה vorherrscht, als Gott der Geister alles Fleisches אֵל angerufen, als derjenige, von welchem alles natürliche Leben ausgeht und der als Erhalter der Welt nicht um Eines Mannes willen eine Menge von Menschen wegraffen möge; in der zweiten Stelle dagegen wird Gott als יהוה angerufen, der die Gaben seines Geistes für den Dienst seines Reiches austheilt und darum einen neuen Führer für sein Volk bestellen und ausrüsten wird. Hiemit vgl. Ps. 19., wo in Bezug auf die Offenbarung Gottes in der Natur V. 2. El, dagegen in Bezug auf die Offenbarung im Gesetz von V. 8. an durchaus Jehova steht u. s. w. Hiemit hängt zusammen, daß Gott eben nur als Jehova der lebendige ist. Als dieser nämlich wird Gott im A. T. nicht insofern bezeichnet, als er im Allgemeinen der Grund des Entstehens und Bestehens aller Dinge ist, sondern sofern er in geschichtlichen Erweisungen, in Wort= und That= Zeugnissen sich zu erkennen und zu erfahren gibt (vgl. 5 Mos. 5, 23. Jos. 3, 10. u. a.). Auch der Naturlauf offenbart Gott als den lebendigen eben insofern, als das freie Thun Gottes in ihm erkannt wird, Jer. 10, 10 ff. u. a. So steht Jehova als der lebendige Gott, der Alles thut, was er will, Ps. 115, 3., der Gebete erhört, seinen Rath kundthut, als Retter und Richter sich erweist u. s. w., den Göttern der Heiden gegenüber, die Nichts offenbaren und Nichts wirken. Daher kann es in Israel keinen höhern Schwur geben, als Jehova lebt (יהוה חַי, niemals חַי אֱלֹהִים*). Wie klar das A. T. sich des bezeichneten Unterschieds bewußt ist, zeigen gewisse durch dasselbe hindurch= gehende Ausdrucksweisen, von denen wir nur folgende hervorheben. Alle Ausdrücke, welche sich auf die Offenbarung beziehen, kommen fast nur in Verbindung mit יהוה vor; so כֹּה אָמַר יְהוָה, מִצְוַת, נְאֻם, דְּבַר יְ u. dgl., ferner, weil Gott nur als der in seiner Offen= barung erkannte und angerufene einen Namen hat, auch שֵׁם. (Nur einmal, Ps. 69, 31. steht אֱלֹהִים שֵׁם; sonst immer, selbst in überwiegend elohistischen Abschnitten, שֵׁם יְ). Eben so ist die Theophanie Sache Jehova's, daher der Engel, in dem Gott erscheint, in der Regel מַלְאַךְ יְ heißt. Da es Jehova, nicht Elohim ist, der in Menschenweise mit Menschen verkehrt, so werden auch die Anthropomorphismen fast durchaus auf Je= hova übergetragen, z. B. Hand Jehova's (selbst in dem elohistischen Ps. 75, 9.; יַד אֱלֹהִים nur einige Male, wo besondere Gründe vorhanden sind), Mund, Augen, Stimme Jeho= va's, sehr selten Elohims u. dgl. Besonders merkwürdig ist der Wechsel des Ausdrucks 1 Mos. 7, 16. — Natürlich kann, da Elohim eben als Jehova in Israel erkannt, der Bundesgott auch der Weltgott ist, Elohistisches auch von Jehova ausgesagt werden; we= niger häufig erscheint Elohim für Jehova, hauptsächlich in den elohistischen Psalmen und hier mit besonderer Abzweckung.

Nach allem Bisherigen ist der Name Jehova so sehr mit dem alttestamentlichen Got= tesbegriff verwachsen, daß III. seine Entstehung nur auf dem Gebiet der alttesta= mentlichen Offenbarung gesucht werden kann. (Vgl. die Bemerkungen in Hävernicks spec. Einl. in den Pentateuch, 2. Aufl. von Keil 1856. S. 75). Es ist wohl zu beach= ten, daß das A. T. den Jehovanamen nicht bloß durchgängig in den entschiedensten

---

*) Aus dem oben Gesagten erläutert sich die treffende Bemerkung Oetingers: Deus est omnium **rerum** Elohim, omnium **actionum** Jehova.

Gegensatz zu allen falschen heidnischen Göttern stellt, sondern selbst der wahren Gottes-verehrung eines Melchisedek gegenüber die Kenntniß des Jehovanamens bloß dem Ver-treter des Offenbarungsstammes zuweist (1 Mof. 14, 22. vgl. mit B. 18—20.). In Betreff der Hypothesen, welche den Namen aus Aegypten, Phönicien oder Indien ab-leiten wollten, ist noch immer auf die Abhandlung von Tholuck im literar. Anz. 1832. Nro. 27—30., wieder abgedruckt in den vermischten Schriften Thl. I. 1839. S. 376 ff. zu verweisen. Tholuck hat namentlich den Betrug aufgedeckt, den Voltaire mit der Herleitung des Jehovanamens aus den ägyptischen Mysterien zwar plump, aber doch mit solchem Glücke gespielt hat, daß diese Hypothese selbst von Schiller in der Sendung Moses zuversichtlich adoptirt wurde. In neuerer Zeit hat Röth (die ägyptische und zo-roastrische Glaubenslehre Anm. 175. S. 146) wieder den ägyptischen Ursprung des Namens behauptet, indem er denselben mit dem Namen des ägyptischen Mondgottes Joh combinirte. Aber nicht bloß 2 Mof. 5, 2., sondern überhaupt die ganze Erzählung des Auszugs aus Aegypten streitet so entschieden gegen jede Ableitung des Jehovismus aus dem ägyptischen Cultus, daß wer noch irgend den geschichtlichen Gehalt der Berichte des Pentateuchs anerkennt, dieselbe für eine Ungereimtheit erklären muß. Aus 2 Kön. 23, 34., wornach Necho den Namen des überwundenen Eljakim in Jojakim wandelt, folgt für den ägyptischen Karakter des Jehovanamens lediglich Nichts, da auch Nebucadnezar nach 2 Kön. 24, 17. dem Matthanja bei der Aenderung seines Namens wieder einen mit Jehova zusammengesetzten (Zedekia) verleiht. Erhellt doch aus 2 Kön. 18, 25., wie aus-wärtige Könige sich den Anschein zu geben liebten, als sey das Volk eben mit Hülfe seines Nationalgottes überwunden haben. — So bleibt nur noch die Frage nach der Zeit des alttestamentlichen Ursprungs des Namens übrig. Hierüber möge, da dieser Gegenstand eng mit der Kritik des Pentateuchs zusammenhängt, um dem betr. Art. nicht zu viel vorzugreifen, nur Folgendes bemerkt werden. Es handelt sich hiebei bekanntlich besonders um die Erklärung der Stelle 2 Mof. 6, 3. Nach den Einen soll diese Stelle sagen, daß der Name יהוה zuerst dem Moses geoffenbart worden sey und die Kennt-niß desselben den Patriarchen gefehlt habe. (Schon Jos. Ant. II, 12. 4. hat die Stelle so verstanden, indem er sagt, daß Gott dem Moses seinen Namen, der vorher nicht unter die Menschen gekommen sey, angezeigt habe). Bei dieser Auffassung steht die Stelle in unauflöslichem Widerspruch mit den jehovistischen Abschnitten der Genesis, besonders mit 4, 26; 12, 8. u. a.; denn die Annahme von Ebrard (das Alter des Jehovanamens in der histor. theol. Zeitschr. von Niedner 1849, IV.), daß der Name in der Genesis bloß proleptisch gebraucht werde, ist nur bei der willkürlichsten Behandlung vieler Stellen durchführbar. Nach der andern Erklärung soll 2 Mof. 6, 3. sagen, daß der Name יהוה von den Patriarchen noch nicht erkannt worden sey, daß ihnen die volle Erfahrung dessen, was Gott als יהוה sey, gefehlt habe. (S. besonders Kurtz, Gesch. d. Alten Bundes Bd. I. 2. Aufl. S. 345 f. vgl. mit Bd. II. S. 67.) Die Stelle ist dann analog der 2 Mof. 33, 19., wo es sich auch nicht um Kundgebung eines neuen Titels, sondern (vgl. 34, 6.) um die vollere Enthüllung einer Qualität des göttlichen Wesens handelt. Für das וּשְׁמִי יְהוָה לֹא נוֹדַעְתִּי, vgl. auch 2 Mof. 8, 18. Pf. 76, 2. u. a. Die Stelle läßt freilich an und für sich betrachtet beide Erklärungen zu; doch muß die erstere um des Zusammenhangs mit B. 7. willen auch den Gedanken der zweiten in sich aufnehmen. Gegen die erste Erklärung spricht aber: 1) das wenigstens sporadische Vorkommen des יהוה auch in solchen Stücken der Genesis, die der elohistischen Grundschrift zugewiesen werden müssen; 2) das Vorkommen des יהוה in dem Namen der Mutter des Mose יוֹכֶבֶד, 2 Mof. 6, 20., ein Umstand, der selbst Ewald zu der Vermuthung veranlaßt hat, der Jehovaname sey früher wenigstens im Hause der mütterlichen Vorfahren des Mose herkömmlich gewesen. Auch die in den Genealogieen der Chronik (I. 2, 25; 7, 8; 4, 18.) vorkommenden Namen Achija, Abija, Bithja sind von Keit (über die Got-tesnamen im Pentateuch in der lutherischen Zeitschrift 1851. II. S. 227) mit Recht gel-tend gemacht worden. Daß der Name Jehova in den uns bekannten Eigennamen jener älteſten Zeit nicht häufiger vorkommt, kann deßwegen nichts gegen die Exiſtenz deſſelben beweiſen, weil er auch in den Eigennamen der nächſtfolgenden Jahrhunderte ſehr ſelten, häufig erſt etwa ſeit Davids Zeit erſcheint. Endlich 3) iſt durchaus unwahrſcheinlich, daß Moſe, da er ſeinem Volk die Offenbarung des Gottes der Väter zu bringen hat, dies unter einem dem Volk bisher unerhörten Gottesnamen habe thun ſollen. Die Behauptung des vormoſaiſchen Urſprungs des Namens iſt daher in gutem Rechte. *Oehler.*

Jehu (יהוא) Sohn des Jehoſchafat, Sohn des Nimſchi (נמשי) König von Iſrael. Seine Geſchichte wird im 2. Buch der Könige Kap. 9. u. 10. erzählt. Sie bildet das Zeugniß eines ſchrecklichen Gerichts, welches die Abtrünnigen von Gottes Lehre trifft. Darzuſtellen, daß Gottes Vergeltungen über die Frechheit der Sünde in Erfüllung gehen, iſt ihr Zweck. Jehu ſelbſt hat keine andere Bedeutung, als zum Werkzeug auserſehen zu ſeyn, das dieſe furchtbare Vergeltung vollzieht. Denn das Maß der Sünden im Hanſe Ahabs, des Sohnes Omri war voll. Unter ihm und ſeinem Sohne Joram hatte die Königin Jeſebel, die Gemahlin Ahabs (ſ. d. Art.) fortgefahren, den Gräueln des Baal, mit Verachtung aller iſraelitiſchen Lehre und Sitte zu dienen. Noch bei Ahab's Lebzeiten war ihm daher von Elijahu die gänzliche Vernichtung ſeines Hauſes verkündet worden. Das Feld des unglücklichen Nabot, den Jeſebel der Habgier opferte, ſollte der erſte Schauplatz der göttlichen Vergeltung werden. Ihr Arm wurde Jehu, gleichſam das furchtbare Racheſchwert für das Wort des Elijahu. Nur als dieſer Rächer des Wortes von Gott wird er geſchildert, nur als ſolcher betrachtet er ſich ſelbſt. Die Schrecken, die er verbreitet, das Grauen, welches ſeine eignen Thaten kennzeichnet, die Gewaltſamkeit, mit welcher er gegen ſeinen eignen König auftritt, ſie werden nicht verhehlt — damit man darin die Schrecken der Sünde erkenne, die ſolche Vergeltung erfährt; Jehu verhehlt ſie ſich ſelber nicht. Denn nicht um Luſt an ſolcher Gräuelthat, nur weil das Wort der Verkündung erfüllt werden muß, wird er ein Richter, der kein Erbarmen kennt. Es iſt dies die erhabene Eigenſchaft der heiligen Schrift, daß ſie nicht verbirgt, ſondern die Bußen kund thut, welche der Sünde folgen. Wie ſie die Schmach Davids nicht verhüllt vor der Herrlichkeit, ſeine Reue zu offenbaren, ſo treten in ihr die furchtbaren Kataſtrophen der Leidenſchaft hervor, in welchen die von Gott abgefallenen Geſchlechter untergehen, damit man die Wahrheit von Gottes Gericht erkenne. Dafür braucht ſie keine Entſchuldigung, wie ſie weichliche Sentimentalität glaubt anwenden zu müſſen. Nur Verſtändniß ihrer gewaltigen ethiſchen Lehren bedarf es, um zu erkennen, wie der Geiſt, von dem ſie getragen wird, vor der Tugend mancher Ausleger, welche in affektirte Schrecken über die heiligen Gräuel, wie ſie ſagen, gerathen, nicht zu erröthen braucht. Jehu's Beſtimmung iſt, das Gericht zu bringen. Weiter hat er keine. Aufbau eines neuen Gotteslebens wird ihm nicht zugetraut. Er iſt bloß die Axt, welche die Sünde und ihre Werke bis zu Stücke zerſchlägt. Das iſt der Karakter der ganzen Erzählung von ihm; das deuten verſchiedene Aeußerungen der Schrift direkt an. Schon Elijahu hatte den göttlichen Auftrag, den Jehu zum Könige von Iſrael zu ſalben (1 Kön. 19, 16.); es ſollte dies zugleich mit der Wahl Haſaels zum Könige von Aram, Eliſa's zum Propheten geſchehen. „Denn wer entrinnt dem Schwerte Haſaels, den wird Jehu tödten, der Jehu entrinnt, den wird Eliſa tödten.‟ Alle drei ſind beſchieden, jeder in ſeiner Weiſe, zum Richter der Sünden Iſraels. Haſael ſoll König von Aram werden, um Iſrael zu züchtigen. Jehu wird König, um das Schwert gegen die Sünder zu führen. Auch Eliſa züchtiget und tödtet mit dem zweiſchneidigen Worte und Werke Gottes. Es iſt eine Stufenleiter, die in dieſem Satze ſich kund thut. Erſt Haſael, der fremde Feind, dann Jehu, der einheimiſche Richter, der aber ſelbſt das Schwert, nicht das Licht bringt, endlich Eliſa, der in das Gericht einträgt die Wahrheit und die Liebe Gottes, die den Einen ſchlägt und dem Andern hilft, den Einen tödtet und den Andern zum Leben auferweckt. Es wird nicht berichtet, daß Elijahu den Jehu zum Könige geſalbt hat. Aber als Joram, der Sohn Ahabs, unter deſſen Regierung Jeſebel fortfuhr, der Sitte und Lehre Baals zu fröhnen, gegen Haſael das feſte Rama in

Gilead vertheidigte *) und dabei verwundet sich nach Jisreel zurückzog, um dort die Wunde zu pflegen, da sandte Elisa einen Prophetenjünger zu Jehu, der ein Feldherr **) im Heere Joram's war, um ihn zum Könige zu salben. Damit wird die frühere Verkündung ausgeführt. Jehu ist zu sehr Werkzeug des Momentes, um, bevor er wirkend in das Leben als Gesalbter eingreifen soll, die Salbung selbst zu tragen. Seine Bestimmung war eben die augenblickliche That; daß einem Jünger des Propheten der Auftrag wird, — Elisa selbst ihn nicht salbt, bezeichnet den Akt als einen in der Fortsetzung des prophetischen Geistes von Elijahu zu Elisa jetzt zur Reife gekommenen; Jehu ist längst zum Könige bestimmt; der Moment der Verwirklichung ist da; es bedarf nur der thatsächlichen Verkündung; nicht ein Akt, zu dem sich Elisa's eigener prophetischer Geist gedrängt sieht, ist diese Salbung — dann hatte er, wie überall sonst, persönlich gewirkt — ein Prophetenjünger genügt der Botschaft, die Elisa aus Elijahus prophetischem Erbe bis jetzt, dem geeigneten Momente verwahrt hat. Sinnig ist die Deutung des Midrasch ***), welcher von diesem Prophetenjünger sagte, es sey Jona der Sohn Amithai gewesen. Denn Jona war der Prophet, der ausgesandt war, das Gericht Gottes unter den Völkern zu verkünden. Eine Botschaft des Gerichtes war es, die er an Jehu zu bringen hatte — er selber nur der Bote, ohne alle Selbständigkeit. Darum heißt ihn Elisa wegeilen, sobald er sie verkündet. Zu Verhandlungen, Erklärungen anderer Art als der einen Verkündigung habe er keinen Auftrag †).

Was der Prophetenjünger verkündet, ist auch nur das Gericht. „Ich salbe Dich zum König über das Volk Gottes, über Israel, und Du wirst schlagen das Haus Ahab's Deines Herren."††) Und der König Jehoram sein Herr lag verwundet in Jisreel,

---

*) Die Meinungen sind streitig, wann Ramath Gilead wieder in die Hände Israels gekommen sey, — aber sicher ist, daß es sich während des Aufstandes von Jehu im Besitze Jorams befand, wie aus 2 Kön. 9, 1. und 9, 15. hervorgeht, und wie seit Josephus alle Ausleger geschlossen haben.

**) Jos. Antt. 9, 6. 1. faßt mit Unrecht Jehu als den Feldherrn, welchem Joram das ganze Heer anvertraut habe. Vielmehr deutet 2 Kön. 9, 2. deutlich auf ein collegialisch gleichgestelltes Verhältniß mit den andern Heerführern. והקמתו מתוך אחיו und du sollst ihn aus der Mitte seiner Brüder hinwegführen. Das geht auch aus 9, 5. hervor. Die Erzählung Menzel's (Staats- und Religionsgeschichte der Königreiche Israel und Juda S. 206) „Den Oberbefehl der Belagerung hatte Joram dem Jehu übertragen, ohne zu ahnen, daß derselbe sich bereits mit mehreren Obersten zu seinem Sturze verschworen hatte," ist Hypothese.

***) Jalkut Melachim n. 232. ed. Venez. 2. 36. Von da entlehnen sie Raschi und Kimchi.

†) Es steht nicht, wie Josephus will, daß er wegeilen soll, damit ihn Niemand sehe, denn dies war nach 9, 5. unmöglich — vom Vermeiden einer Gefahr kann darum auch keine Rede seyn. Die Erscheinung so recht „frappant" zu machen, wie Thenius will, ist der sittlichen Absicht des Erzählers unwürdig. Dramatisches Effekthaschen können wir nicht mit dem prophetischen Wesen Elisa's in Einklang bringen. Die Meinung des Erzählers ist ja offenbar. Der Bote soll ein Bote bleiben, richten und gehn. Er sey nicht berufen, nicht im Stande, nähere Auskunft zu geben. Darum ist 9, 10. so sinnig berichtet; mitten in der Erzählung bricht der Prophet ab, „öffnet die Thür und entflieht." Für etwas weiteres, als die Botschaft gebracht zu haben, soll der Bote nicht verantwortlich seyn. Denn daß er ein Bote des Propheten sey, — da der Prophet nicht selber kam — darauf liegt der Nachdruck, und daß ein solcher Bote nicht mehr thun, nicht mehr sagen, auch nichts empfangen darf, als ihm aufgetragen wird — ist im Wesen des prophetischen Geistes, wie auch sonst bekannt. Daher auch Ewald's Bemerkungen (Gesch. d. Volkes Israel 3. 1. 238) über das Maß hinausgehen, das ein einfach Verständniß verlangt.

††) Es wird ihm nicht verhehlt, welche Unthat er vollziehen muß. Das Haus seines Herrn soll er vernichten. Darum steht auch 9, 11. sehr bezeichnend, daß als er von dem Gespräch mit dem Propheten in das Gemach zurückkehrt, wo seine Genossen saßen, es heißt ויצא יהוא אל־עבדו אדניו und Jehu kam zu den Dienern seines Herrn, mit der Nachricht im Herzen,

fich bort zu heilen. Jehu schritt ebenso besonnen als energisch zur That. In Gegen=
wart der andern Heerführer war der Prophetenjünger zu ihm gekommen; er verschafft
fich und ihnen die Ueberzeugung, daß die Botschaft ihm galt; auch ist er es nicht, der
ihnen den Inhalt der geheimen Zwiesprache mittheilt; die Andern sind es, welche von
der Erscheinung des begeisterten Propheten betroffen nach dem Gegenstand seiner Mit=
theilung neugierig fich drängen; er läßt fich gleichsam von ihnen das gewaltige Geheimniß
entreißen, daß er vom Propheten zum Könige gesalbt sey. Als die Feldherren das ver=
nehmen, fallen fie stürmisch ihm bei; fie huldigen ihm und rufen ihn zum König aus*).
So verschwor er fich mit ihnen gegen seinen Herrn. Ehe noch eine Nachricht darüber
nach Jisreel gelangen konnte, stürmte er selbst mit Bewaffneten dahin. Als man dem
König den von der Veste bemerkten Anzug meldet, ahnt er Schlimmes**). Den Wagen

---

daß er seinen **Herrn** und **ihren Herrn** tödten solle. So spricht er auch 10, 10. קשרתי על אדני
„ich habe mich verschworen gegen meinen **Herrn**." Darum ist die größte Schmach, welche ihm
Ziebel glaubt anzuthun, da fie ihm zurnst זמרי הרג אדניו „Simri-Mörder seines Herrn."
Denn Simri mordete seinen König — aber ohne prophetischen Auftrag in gemeiner Bosheit.

*) Es ist wunderlich, wie die schöne Stelle 9, 11. mißverstanden worden ist. Aber frei=
lich muß man nicht mehr wissen wollen, als die Stelle gibt, um den Sinn zu treffen, den fie
gibt. Der Prophet, den schon sein Wesen als solcher kenntlich machte, war vor dem Mitfeldherrn
zu Jehu gekommen und hatte ihm allein etwas verkünden müssen ausgesprochen. Wie natür=
lich, daß fie, als Jehu zurückkommt, ihn nach dem Gegenstande fragen. Denn es war nichts
Gewöhnliches, daß ein Prophet in dieser Weise einen Mann aufsuchte. Sie frugen ihn: השלום
war es etwas Gutes? מדוע בא המשגע הזה אליך, aus welchem Grunde kam der משגע zu
dir? Sie sagen allerdings nicht „Prophet" und entlehnen die Bezeichnung von dem stürmisch
dämonischen Wesen des Jüngers, aber fie können mit dem Ausdruck einen Spott, einen Un=
glauben nicht ausgedrückt haben, weil ihnen das, was er verkündet, so wichtig scheint und, als
fie es vernehmen, so bedeutungsvoll ist. Jehu weicht aus. Er zögert, „den Dienern seines
Königs" die furchtbare Nachricht zu bringen und spricht: „Ihr kennet ja den Mann und sein
Gebahren." האיש ואת שיחו d. h. ihr wisset, daß es ein Prophetenjünger sey, ein Begeister=
ter Gottes (Enthusiast), also könnet ihr vermuthen, was er zu reden pflegt, nämlich Verkün=
dungen über Gott und von Gott. שיח ist nicht die gewöhnliche Rede. Es ist die gottergrif=
fene poetisch=singende, begeisterte Rede. In diesem Sinn ist das Verbum שוח und שיח
namentlich bei Hiob und in den Psalmen im Gebrauch. So Ps. 102, 1. „Gebet des Armen,
der vor dem Ewigen שיחו ausgießt seine Rede. conf. 142, 3. So 64, 2. „Höre
Gott auf meine Stimme in meiner Rede" קולי בשיחי Ebenso 55, 3; 104, 34. יערב עליו שיחי
„Angenehm möge ihm mein Lied seyn." Ihr wisset ja, sagt Jehu, was solche Begeisterte zu
verkünden pflegen, und will fie scheinbar glauben machen, es seyen allgemeine Verkündungen ge=
wesen, die keine besondere augenblickliche Bedeutung haben. Sie aber sagen שקר, d. h. das ist
nicht wahr; es kann nichts Allgemeines, sondern etwas Besonderes seyn, was Dir in so außer=
ordentlicher Weise verkündet ist. Er sagt es ihnen und fie huldigen ihm. Sie erkennen also
die Bedeutung, das Ansehen des Prophetenwortes an. Ewald freilich meint „Als Jehu wieder
hervortrat, befürchteten seine Genossen beinahe „der Wahnsinnige möge ihm etwas zu Leide ge=
than haben." Es ist unbekannt, woraus dies zu schließen seyn möchte. Für Menzel (S. 207)
ist die Verschwörung längst im Gange. Er meint also „daß fich die schon vorher gewonnenen
Obersten sogleich für ihn erklärt haben." Als ob die Kritik die Aufgabe habe, nicht bloß aus den
Personen der Erzählung, sondern auch aus dem Erzähler Schauspieler zu machen.

**) 9, 20 heißt es, der Wächter habe dem Könige gemeldet, die Weise des Kommenden sey
wie die des Jehu; כי בשגעון ינהג, denn stürmisch bewegt er fich. Der Targum hat dies wun=
derlicher Weise mit בנח wiedergegeben, was grade das Gegentheil ausdrückt. Daß diese Ueber=
setzung einer alten Auslegung verdankt wird, erkennt man aus Josephus. Denn dieser erzählt,
daß indem der König dem Jehu entgegenfuhr, σχολαίτερόν τε καὶ μετὰ εὐταξίας ὥδευεν
Ἰηοῦς. Es wird angenommen, daß Jehu in Ruhe und wohl geordneten Zuges einhergekommen sey,
damit der König ohne Verdacht entgegenziehe. Dieser Verdacht würde vorhanden gewesen seyn
müssen, falls Jehu wie ein Eroberer, der eine Burg überrumpeln will, einhergestürmt wäre.

läßt er anspannen, um ihm selbst entgegenzufahren, sein Freund und Verwandter, der
König Achasjahu begleitet ihn. Es geschieht dies, damit das Geschick sich erfülle. Denn
auf dem Felde des Nabot begegnet er Jehu.

Bringst du gute Nachricht, Jehu? ruft er ihm entgegen. Was gute Nachricht, don-
nert ihm Jehu zurück, bei den Buhlerinnen der Isebel deiner Mutter und ihren Zau-
berkünsten! Jehoram will flüchten, aber der schnelle Pfeil des Jehu trifft ihn; todt sinkt
er in den Wagen zurück. Das Gericht beginnt. Den Leichnam läßt er auf den Acker
Naboths schleudern. Die Gewaltthat zu erklären, spricht er zu seinem Begleiter*): weißt
du noch, als ich und du hinter Ahab ritten, seinem Vater, und die Verkündung des
Propheten vernahmen von der Vergeltung wegen des Mordes Nabot's und seiner
Söhne**)? Er kommt in Israel an. Isebel, die freche Mutter des Königs, läßt er
zum Fenster hinunterstürzen. Ihr Blut spritzt an die Wand und an die Pferde. Ueber
sie hinweg ritt er hinein. Erst nun gönnte er sich Ruhe, setzte sich zu Speis und Trank.
Da gedenkt er, daß der Leichnam der Isebel draußen liege — er heißt sie zu begraben,
denn sie sey eine Königstochter. Aber zu spät. Die Hunde hatten bereits den Leichnam
verzehrt. Schädel, Füße und Hände waren nur übrig. So erkennt denn Jehu, daß
selbst ohne seinen Willen durch ihn das Gericht sich vollzieht. Denn hatte nicht Elia
verkündet: auf dem Gebiete Israels werden die Hunde das Fleisch Isebels verzehren.
Diese Lehre, daß wenn die Stunde der Vergeltung gekommen sey, sie sich gleichsam von
selbst durch die Hände der dazu Berufenen vollziehe, zeigt nun in furchtbarer Weise das
folgende Ereigniß, der Mord der andern Söhne Ahabs. Diese befanden sich — 70 an
der Zahl — in Schomron unter guter Hut und in fester Burg; Jehu fordert ihre Vormünder auf, sie möchten den Tüchtigsten von ihnen aussuchen, zum König ausrufen und da
es ihnen an Waffen und Kriegern nicht fehlte, mit ihm im offenen Feld um die Krone

---

Hätte Joram diesen Verdacht gehabt, so zog er nicht entgegen, konnte daher auf dem Felde
Nabots, wie verkündet war, nicht fallen. Diese Betrachtung erklärt nun auch das targumische
בניח in Ruhe.

*) Ewald S. 239 „bestieg **allein** mit seinem alten Waffengenossen Bidkar, ihn zu seinem
Leibhüter ernennend, seinen Wagen und fuhr im Sturme gen Israel, mit dem Bogen bewaffnet." Das Allein kann sich nur auf den Wagen beziehen. Denn daß er von Bewaffneten
begleitet worden sey, ist natürlich und geht aus V. 17. u. 34. hervor.

**) Er führt 9, 25. 26. die Worte des Propheten an, worin es auch heißt אם לא את דמי
נבות ואת דמי בניו ראיתי Aber von der Ermordung von Söhnen Nabots ist 1 Kön. 21.
nicht die Rede. Aus diesem Umstande haben neue Erklärer, wie Thenius, eigenthümliche Schlüsse
gefolgert. Aber die zwiefache Relation von einem Prophetenspruche Elias an Ahab beweist die
Treue und Gewissenhaftigkeit der Tradition selbst, die nicht pragmatisch sich selbst corrigirte,
sondern gab, was sie hatte. Zwischen Beiden ist gar kein Widerspruch. Wenn Thenius sagt,
es käme „der wichtige Umstand der Vergeltung auf dem durch Mord erworbenen Besitzthum 1.
21, 19. 2c. nicht vor," so ist dem nicht so. Wenn es heißt במקום אשר וכ', so muß übersetzt
werden: anstatt, wie die Hunde das Blut Nabots geleckt haben, so werden die Hunde
auch dein Blut lecken, was nun 22, 38. mit Bezug hierauf erwähnt wird. Nach der Relation, die
Jehu aus der Rede Elias gab, hatte Isebel auch Söhne des Nabot umbringen lassen. Wenn man
will, so kann man dies auch 1 Kön. 21, 19. angedeutet finden, wo es heißt הרצחת וגם ירשת
„du hast gemordet und auch in Besitz genommen." Denn, wenn nun auch Nabot gesündigt hatte, daß er sterben mußte, so war nicht nöthig, sein Gut zu confisciren und seinem Geschlechte zu entreißen. Auf eine Wegräumung von Nabots Erben scheint also auch hier geschlossen werden zu können, was wohl auch orientalischer Tyrannenbrauch ist. Da nun die Anfüh-
rungen aus den Prophetenstimmen nicht immer in gleicher Wörtlichkeit und Ausführlichkeit berichtet werden, so ist die Nichterwähnung des Todes der Söhne Nabots 1 Kön. 21. kein Beweis für den Irrthum der Tradition an der andern Stelle, wo er erwähnt wird. Dem Jehu
war darum zu thun, die ganze Schrecklichkeit der That Isebels in's Gedächtniß zurückzurufen,
um das Maß der Vergeltung, die er ausübt, zu erklären.

streiten. Jehu will eben dem Volke zeigen, daß er nicht aus Privatgelüst gegen seinen Herrn sich verschworen, — sondern nur dem Rufe des Propheten, der an ihn ergangen, folge*). Aber die Feigheit der Vormünder verhindert die Wendung, welche Jehu ihnen möglich machen will. Sie unterwerfen sich ohne Widerstand, gehen auch in das Schrecklichste ein, und scheuen sich nicht, aus elender Furcht die ihnen anvertrauten Kinder zu morden und ihre Köpfe in Körben dem Jehu zu schicken. Da tritt Jehu vor das Volk und spricht: Sehet! ihr seyd unschuldig, — ich nicht; denn ich habe den König, meinen Herrn getödtet; wer aber hat diese armen Kinder hier gemordet! Ich nicht — aber die elenden Feiglinge, obschon sie es vermeiden konnten, thaten es, damit eben nicht ein Wort von der Verkündigung des Elias unerfüllt bleibe. — Und um dieser willen erschlägt Jehu in schrecklicher Consequenz alles, was vom Hause Ahabs übrig ist und ihm angehört. Darum tödtet er auch den König von Juda, Achasjahu, als er mit Joram fuhr. — Bedeutungsvoll heißt es deßhalb (8, 27.) „Achasjahu ging in den Wegen des Hauses Ahab, that Böses in den Augen Gottes wie das Haus Ahab, denn er war verwandt mit dem Hause Ahab." Auch die Brüder des Achasjahu, als sie Jehu traf, fielen demselben Verderben anheim.

Aber daß Jehu nicht mordete, um selbst König zu werden, wie Simri in schlechter Lust, sondern um dem Befehle, der an ihn erging, zu gehorchen, zeigte er, indem er, wie er das Haus Ahab, so das Haus des Baal und seiner Diener vernichtete. Nachdem er das letzte Gericht an die Sünde Ahabs vollstreckt hat, begegnet er dem frommen und sittenreinen Jonadab**), Sohn Rahab. Nicht mit solchen hatte er Streit. Diesem versicherte er sein treues Herz und als dieser in die gebotene Hand einschlug, nahm er ihn zu sich auf den Wagen und sprach: Komm mit mir und sieh', wie ich für den Ewigen eifere. Aus diesem Bunde mit Jonadab bezeugt eben Jehu, daß sein Eifer nur um Gottes Gericht willen streite. Es ist auch ein feiner Zug, daß im Gerichte gegen Ahab's Haus kein Mann Gottes Jehu begleitet. Aber im Streite gegen Baals Haus verschmäht Jonadab nicht, Zeuge und Begleiter zu seyn. Jehu versammelt mit List sämmtliche Priester Baals. „Ahab, ließ er ausrufen, diente Baal wenig, Jehu wird ihm viel dienen." Er lockt sie durch die Meinung zusammen, welcher er gerade entgegeneifert. Er läßt sie glauben — er habe zwar Ahab erschlagen, aber nicht wegen seines Götzendienstes; wie jener und noch mehr werde er dem Baal dienen. Darum schreibe er ein allgemeines Fest aus. Als sie alle im Tempel ihrem Götzen Opfer bringen, läßt sie Jehu erschlagen, den Tempel vernichten und alles, was dem Baal angehört, in Staub verwandeln. Damit war Jehu's Berufung erfüllt. Er hatte Ahabs Haus vernichtet, Baals Haus verbrannt. Zu anderem Beruf war er nicht geeignet. Jerobeam's Sünden machte er nicht gut — denn die Kälber in Dan und Bethel ließ er stehen. Darum war das Volk, trotz Jehu's Heldenmuth, in seiner Zeit gedemüthigt durch des aramäischen Hasaels Hand. Es mußte eben, wie die Erfüllung an Jehu, auch die an diesen in Erfüllung gehen. Beide waren um des Gerichtes willen zu Königen gesalbt, welches

---

*) Er will dies gleichsam im Kampfe um den Thron erproben. Es ist nicht noth, daß Jehu, wie Ewald will, „spottend" an die Obersten schreibt, auch nicht, wie Menzel, weil er wußte, daß er mit dieser Aufforderung nichts wage. Er will, indem er ihnen selbst in die Hände legt, was sie thun wollen, nur zeigen, daß es nicht sein, sondern Gottes Gericht ist, das über sie hereinbricht und das sie in ihrer Sünde nicht einmal versuchen abzuwehren, obschon sie es können. Es steht, er hätte an שרי יזרעאל geschrieben. Mit Recht verwirft Thenius die Correktur ישראל, die ganz ungewöhnlich wäre. Die von ihm vorgeschlagene ist dem Sinne nach durchaus klar — aber, wie mir däucht, nicht nothwendig, obschon zugegeben werden muß, daß die LXX und Josephus statt Fürsten Israels erklären „Fürsten Samarias." Daß aber die Obersten Jisreels die Aufseher des Hauses Ahabs sind, ist viel natürlicher, als daß es die von Samaria sind. Dies lehrt das Verhältniß, in welchem Ahab zu Jisreel, als seiner Privatresidenz, um so zu sagen, stand.

**) Seine Lehre wird Jeremia 35. geschildert. Vgl. Bamidbar Rabba 5, 5. ed. Amst. p. 186, 6.

der Eine an Ahab, der Andere an Israel ausführen sollte. Das Eine hob das Andere nicht auf*). Jehu regierte 28 Jahre in Schomron. (3103—3131 der Jahre der Schöpfung oder 885—857 v. Chr.) Dem Jehu war wegen seines Gehorsams gegen des Propheten Wort vergönnt, daß bis zum vierten Gliede sein Geschlecht in Israel regiere. Die Auslegung stellt ihn neben Jerobeam und betrachtet beide als die Spitzen des Königthums in Israel. Sie vergleicht daher Jehu zu Menasche, wie sie Jerobeam zu Ephraim stellt und deutet dabei wahrscheinlich, wie dieser aus Ephraim war, den Sohn des Nimschi (נמשי) als einen Sohn eines Menasche (מנשי), d. i. eines Sohnes aus Menasche **). Wie das ganze Königreich Israel zum Gerichte wegen der Sünden des Hauses David entstanden ist, — so faßt sie auch die Salbung Jehu's auf. Nur um die Sünde gegen das Haus Ahabs zu strafen, wurde er gesalbt ***).   Paulus Cassel.

Jephta, Ziphtach (יפתח), LXX Ιεφθάε, Vulg. Jephte, Luther Jephtah). Ein Held Israels in Gilead. Seine Geschichte wird im Buche der Richter Kap. 11. und 12. erzählt. Sie in ihrer Wahrheit zu würdigen, bedarf es keines andern Mittels als der Erinnerung, daß eben in diesen zwei Kapiteln unsere Nachricht von Jephta und seinen Geschicken eingeschlossen ist und daß andere Auffassungen als durch die hier vorhandene Darstellung unbegründet seyn müssen. Einen andern Pragmatismus als den in der Schrift enthaltenen dürfen wir nicht anerkennen. Wir wissen nur ihren Jephta, keinen andern. Was sie von ihm erzählt und durch ihn lehrt, ist der Gegenstand unserer Exegese; ihre Ethik ist nicht zu lösen von ihrer Erzählung. Ein Mann in Gilead hatte ihn von einem Buhlweibe gezeugt und in sein Haus genommen. Aber nach dem Tode des Vaters vertrieben ihn die Söhne der rechten Frau, seine Stiefbrüder, und ließen ihn nicht miterben, als einen Bastard. Jephta wurde rechts- und heimathlos, begab sich in ein anderes Land †) und wurde da, wo Abenteurer um ihn sich sammelten, Führer einer kriegerischen Schaar. Es heißt von ihm, er war ein גבור חיל, ein tapferer Held. Es scheint also, daß er an der Spitze seiner Truppe durch tapfere Thaten einen Namen erhalten habe ††). Darum wendeten sich auch die Gileabiten in ihrer Noth an ihn. In

---

*) Freilich nach einer Auffassung, wie sie leider in des verstorbenen und sonst doch verdienten Menzel Buche herrscht, muß es unerklärlich seyn, daß grade Jehu's Zeiten sich durch Verluste an Aram bezeichnen, — aber nach dem Geiste, welchen die Schrift ausdrücken will, ist dies tief und sinnig. Es hat eben jeder seinen Beruf. Juda leidet durch Israel, Ahabs Sünde vergilt Jehu; Israel wird zum Peiniger gesetzt Hasael. Die Geschichte der Könige in der Schrift hat noch in neuerer Zeit nicht die Auffassung erfahren, welche sie verdient. Sie ist ein Lehrbuch davon, wie man Weltgeschichte als ein Buch Gottes auffassen soll. In das Einzelne der Exegese in der Erzählung von Jehu einzugehen, würde weit abführen. Hier muß es genügen, den Karakter Jehu's, der eigenthümlicher wie irgend ein anderer in dem Buch der Könige Israel dasteht, gezeichnet zu haben.

**) Bereschith Rabba 9, 97. p. 84 c Zu Osee 6. 8, wo von Gilead als Heimath wilder Männer die Rede ist, stellt Hieronymus auch Jehu zu diesen „legimus in Ramoth Gilead unctum esse in regem Jehu, qni sanguinem sanguini miscuit" Opp. Paris. 1579. 5. p. 120.

***) Horajot. 11 a.

†) ארץ טוב, welches aus 1 Makk. 5, 13. als der Name eines Landestheils jenseits des Jordan erklärt wird. Die Lage des Landes wird näher zu bestimmen seyn, sobald man, wie möglich ist, den Namen טוב für dialektisch verwandt hält mit dem von צובה. Hebräisch und aramäisch ט und צ gehen oft genug in einander über. Dies wird bestätigt durch 2 Sam. 10, 6, wo die Ammoniter gegen David Truppen sammeln aus Aram Zoba, Aram Maacha und dem Lande Tob.

††) Es heißt, es hätten sich zu ihm אנשים רקים, Leute, die nichts zu verlieren hatten, geflüchtet. Nähere Beschaffenheit solcher Leute erkennen wir aus 1 Sam. 22, 2., wo sich um den geflüchteten David Leute versammelten, die bedrängt, mit Schulden beladen und wilder Gemüthsart waren. Aber daß Jephta wie David Räubereien begangen hätte, kann nicht bewiesen werden. Es ist daher ein unnöthiger Pragmatismus, wenn es z. B. in Munt, Pa-

den Kämpfen mit den Ammoniten waren es die israelitischen Stämme jenseits des Jordan, die durch ihre Nachbarschaft am meisten in Aufregung versetzt wurden. Gilead, bald der Name für das ganze transjordanische Land, bald eines Theils desselben, wird daher der Schauplatz der Bedrängniß, welche Ammon über Israel brachte. Aus Gilead war auch der Nachfolger des Puah, Jair gewesen, der 22 Jahre Israel richtete. Nach seinem Tode, durch ihre Sünden hart bedrängt, sind es auch die Großen Gileads (שרי גלעד), die demjenigen die Hegemonie antragen wollen, welcher den Kampf mit Ammon wagt. Jephta ist es, der ihr Vertrauen erweckt und sie gehen zu ihm, um ihn zum Kampf gegen Gilead und zur Führung des Volks einzuladen. Es ist Gebrauch geworden, Jephta als einen wilden, in Blut und Raub erwachsenen, von Gott fernen Mann dar= zustellen*). Es ist auch nicht der geringste Grund dazu vorhanden. Mehr als ein anderer Richter stützt er auf Gott und sein Wort Beschluß und Handlung; er läßt die Gileaditen ihre gegen ihn in früherer Zeit bewiesene Härte nicht entgelten und spricht zu ihnen: „Wenn ihr mich zurückholt, mit den Ammoniten zu streiten und Gott gibt sie vor mir, so will ich Euer Haupt seyn.“ Sie rufen Gott zu Zeugen, daß es ihre wahrhaftige Meinung ist, ihn an ihre Spitze zu stellen. Sie gehen mit einander nach Mizpah, erheben ihn zum Oberhaupt, und wenn es heißt: „Und es sprach Jephta all seine Worte vor dem Ewigen in Mizpa“**), so kann das nur darauf Bezug haben, daß er seine neue Würde unter dem Zeugniß Gottes angenommen und das Werk, an das er ging, auf den Namen und das Recht Gottes begonnen habe. Dies will die Erzählung uns kund thun. Denn durch die Sünden gegen Gott waren die Israeliten gesunken. Der Held, der sie retten wollte, konnte nur im Angesichte vor Gott beginnen und streiten. Das zeugen auch seine Verhandlungen mit Ammon. מה לי ולך redet er durch Boten den König der Ammoniter an. Aus welchem Grunde bist Du eingefallen in ein Land, das Dich nicht geschädigt hat. Es bleibt dem Könige nichts anderes übrig, als seine Ungerechtigkeit durch historisch weit zurückliegende Gründe zu beschönigen. Israel sey ein dauerndes Unrecht gewesen für Ammon, seitdem es aus Mizraim kam, denn sein Land habe es eingenommen vom Arnon bis zum Jabbok und Jarden. Jephta erwidert ihm in schlagender Weise und wohl bekannt mit der Geschichte des Zugs Israels durch die Wüste. Er weist ihm nach, daß ihm durch göttliches Recht das Land des Emori, welches einst der König von Cheschbon besessen, zugefallen sey. Sehr bezeich= nend ist Folgendes: „Es hat also der Ewige Gott Israels den Emori vor uns ausge= trieben und Du willst es einnehmen. Was für Dich in Besitz genommen hat Kemosch, Dein Gott, besitzest Du, und was für uns der Ewige, unser Gott in Besitz genommen, sollen wir nicht besitzen!“ Kein anderer Besitztitel, redet er zu ihnen, ist für Euch als für uns. Ihr habt Euer Land erobert, wir auch. Was Du Deinem Kemosch zu= schreibst, sollen wir das dem Ewigen, unserm Gott, nicht zuschreiben!***) Uebrigens, meint er, wäre es 300 Jahre Zeit gewesen, diesen Anspruch zu erheben. Jephta

---

Astina 1845, S. 239 heißt: „il se livrait au brigandage. Son heroisme étoit digne d'une meil= leure cause."

*) Dies gewöhnlich, um sein Opfer der Tochter zu erklären. So auch Munk S. 239: „ce chef brave mais barbare, qui jusque-là avait vécu au milieu d'une bande de brigands," dem ähnlich auch Ewald sich äußert (Gesch. des Volkes Israel II. 399). Er spricht von einem zweideutigen Anfang, meint, daß solches schwerlich ein gutes Ende habe und sagt: „Tapfer und bieder wie der zum Volksoberhaupt Erhobene ist, aber auch wild mit der verwilderten Zeit und Gegend."

**) וידבר את כל דבריו לפניה׳. Kap 10. stellt dar, daß Gott durch die Sünden Israels erzürnt die Ammoniter gegen dasselbe erweckt habe. Soll Israel durch Jephta gerettet werden, so muß dies also im Geiste Gottes geschehen.

***) Vgl. meinen Aufsatz über Jerobeam in den wissenschaftlichen Berichten der Erf. Aka= demie II. III. S. 27.

schließt: ich habe Dich nicht beleidigt, Du aber hast mir Böses gethan, so möge denn der Ewige der Richter seyn zwischen Israel und Ammon. Dieses hörte nicht. Jephta rüstet sich muthig zum Kriege. Der Geist des Herrn war über ihn gekommen. Und er glühte nach dem Siege, um das Recht Israels und das Zeugniß Gottes zu besiegeln. Es stand Alles auf dem Spiele, wenn er nicht siegte. Und so erklärt sich das Gelübde, welches er thut und worin er Gott gelobt: Wenn Du die Söhne Ammon in meine Hand gibst, soll das Herausgehende, was herausgeht aus den Thüren meines Hauses mir entgegen, wenn ich zurückkehre in Frieden von den Söhnen Ammon, dem Ewigen seyn und ich will es darbringen zum Opfer." Er zieht in die Schlacht und der Herr gibt die Feinde in seine Hand. Er bringt ihnen eine furchtbare Niederlage bei. Die Söhne Ammon werden tief gedemüthigt und im Triumph kehrt Jephta heim. Und wie der Held an sein Haus nach Mizpa kommt, ist es seine einzige Tochter, die ihm mit Pauken und Zymbeln entgegen kommt. Sie also ist es, die sein Gelübde trifft. Er hat also einen Sieg gewonnen, aber eine Tochter verloren. Er sieht sie und ruft aus: "Ach, meine Tochter, wie beugst Du mich; Du allein bist es, die mich demüthiget. Aber ich habe meinen Mund dem Ewigen geöffnet und kann es nicht verändern." Und die Tochter spricht: "Hast Du Deinen Mund dem Herrn aufgethan, so thue, wie aus Deinem Munde ging, nachdem der Herr für Dich hat Vergeltung gethan an Deinen Feinden, den Söhnen Ammon." Es ist ein tief ergreifender dramatischer Akt, den die Schrift uns schildert. Nachdem Jephta Alles gewonnen, geht ihm das Liebste verloren. Er hat Macht erworben, ist der Erste Gileads, aber Niemand erbt. Er hat Ruhm gewonnen, aber seinem Herzen ist die Liebe genommen. Doch dem Gotte, zu dem er flehte vor der Schlacht, ist er treu nach dem Siege. Mit gebrochener Seele spricht er wie der König David: Ich komme in Dein Haus mit Opfern und will Dir meine Gelübde bezahlen (Psf. 66, 13.).

Man begreift nicht, wodurch Jephta das traurige Geschick verschuldet hat, das ihn trifft. Denn daß Gott ihm gnädig sey, erkennt man aus dem überraschend glücklichen Erfolge der Schlacht. Das Gelübde selbst ist ein Ausdruck seines brennenden Eifers, Israel zu retten. Er will Gotte danken von ganzem Herzen. Ein Gelübde zu thun, war in dem alten israelitischen Leben ein gewohnter Brauch. Jakob thut Gelübde, wenn Gott ihn glücklich heimführt*); der Prophet Jesaias verkündet von den Zeiten, da die Völker glücklich werden, "sie verrichten Schlachtopfer und Speiseopfer und thun Gelübde und erfüllen sie"**). In den Psalmen ist sein Gelübde bezahlen und sich in Gott ver= senken ein Begriff geworden***). "Opfere Gott Dank und bezahle Deine Gelübde", ruft der Psalmist aus. "Ich will Saiten spielen Deinem Namen, meine Gelübde zu bezahlen Tag für Tag." Wenn nun gleichwohl das Gelübde für Jephta mit einem großen Schmerze endigt, so muß dies in einer Lehre begründet seyn, an die Gott mehrmals und in großartigen Zügen seine Gläubigen erinnert. Elieser†), als er für Isaak nach Aram werben geht, und am Wasserborn außerhalb der Stadt sich befindet, spricht in frommer Treue zu Gott: "Ewiger Herr meines Herrn Abraham, füge es doch vor mich heute und erweise Huld meinem Herrn Abraham. Siehe, ich will mich stellen an den Wasserquell und die Töchter der Stadtleute werden herauskommen, Wasser zu schöpfen, und es sey das Mädchen, zu der ich sagen werde: Neige Deinen Krug, daß ich trinke! und sie wird sagen: Trinke und auch Deine Kameele will ich tränken; diese habest Du bestimmt Deinem Knechte, dem Isaak, und an ihr werde ich erkennen, daß Du Huld erwiesen hast meinem Herrn." Elieser überläßt die Fügung, durch welche er seinem Herrn eine Gemahlin für Isaak bringen will, Gott. Gott ist es, der den Zufall

---

*) 1 Mos. 28, 20.
**) Jes. 19, 21. ‏ונדרו נדר לה׳ ושלמו‎.
***) Psalm 61, 9. — 116, 8 rc.
†) 1 Mos. 24, 12.

regiert, er ist es, der die Gelübde erfüllen macht, die an den Zufall geknüpft sind. Gott legt sie aus und in seiner Hand ruht Fügung und Verständniß. Elieser sucht in einem zufälligen Merkmal die rechte Wahl zu treffen, denn Gott ist es, der die Fügung in Händen hat. Wenn Jephta ausspricht, er wolle Gott weihen, was ihm zuerst ent= gegenkommt, so ist der Sinn dieses Gelübdes, daß Jephta Gott die Fügung überläßt, als Opfer zu empfangen, was er ihm aus dem Hause zuerst entgegenführt. In seinem Eifer, die Feinde zu schlagen und Gott dafür zu danken, weiß Jephta nichts Einzelnes zu nennen, was er für groß genug hält, Gotte zu widmen — er überläßt es dem Zu= falle — das heißt Gottes Fügung, das Opfer zu bestimmen. Er enthält sich des Maß= stabes für das, was Gott das Liebste ist — er überläßt diesen Gott selbst. Er gelobt mit ganzem Herzen; Gott nimmt das Gelübde an, und läßt es nach seiner (Gottes) Wahrheit in Erfüllung gehen, die freilich über Jephta's Erwarten geht. Darum kömmt die einzige Tochter ihm entgegen. Ein Stier, ein Lamm kann es nicht seyn, was Gott fügt, als das Höchste und Liebste für sein Opfer. Nicht vom äußern Besitz, von Heerden der Ochsen und Schafe will Gott ein Opfer. Ein Dank dem Herrn muß aus der tiefsten Liebe des Herzens kommen. Ein gebrochenes Herz ist ihm angenehm. Selbst= überwindung und Dahingebung des Liebsten, das ist lieblich vor seinen Augen*). Jephta konnte diese Lehre erst durch den Schmerz aufgeschlossen werden, als ihm durch die Erfüllung die Natur seines Gelübdes sich enträthselte. Sein Gelübde war gegen seinen Willen zur Wahrheit vollendet worden. Gott hatte ihm den Maßstab, nach dem er sein liebstes Opfer nimmt, gezeigt. Gott hatte es gefügt, daß er die wahre Natur des Dankes und des Opfers an Gott im Schmerz erkenne. Denn der Schmerz weihet das Opfer. Was der Mensch dahin gibt, ohne daß ein Blutstropfen seines Herzens daran hängt, ist kein Opfer, nur ein Werk. Jephta wird daher in dem Schmerze, den er erträgt, nicht bestraft, sondern belehrt. Es wird an ihm eine Lehre offenkundig, wie sie später an aller Kreatur sich wunderbar vollzieht. Er hatte an das Beste gedacht, was er weihen mochte, aber nur aus dem äußeren Besitz. Gott fügt es, daß er erfahre, worin ein eigentliches Opfer besteht. Diese Lehre leuchtet vorbildlich an mehr als einer Stelle des alten Bundes auf. Der Unterschied zwischen Abraham und Jephta ist, daß Abraham mit Bewußtseyn ein deutliches Gebot lauterer Hingebung zu erfüllen eilt; an Jephta aber die Lehre gegen seinen Willen sich durch Gottes Fügung offenbart. Abra= ham und Jephta sind zwei große Bilder, in welchen die Schrift über die Natur des Opfers belehrt. Gott will keine Menschenopfer. Wenn er Abraham dazu auffordert, so ist das eine Prüfung, von der er den fröhlich Gläubigen befreit. Er hat aber an ihm erkannt, daß er sein ganzes Herz Gott zu widmen bereit ist. Jephta kann sein Schmerz nicht erspart werden. Denn ohne ihn würde sein Opfer aufhören. Gott hat nicht ihn, er hat Gott versucht. An Abraham wird der standhafte Glaube gelehrt, der sich bewährt. An Jephta die tiefe Natur göttlicher Wahrheit, die durch alle Formeln und Werkelkünste hindurchschlägt und ihr Recht fordert. Darin, daß das Opfer ihm nicht erspart wird, er also sein Gelübde erfüllt, wird schon deutlich, daß uns nicht von einem blutigen Opfer erzählt werden soll. Man würde dann Gott die Fügung zu= trauen, ein blutiges Kindesopfer nach der Götzen Weise zu verlangen. Also grade aus

---

*) Auf heidnischem Grund erscheint die Erzählung von Iphigeniens Opfer, aber nur in der Version, die Cicero (de officiis II. 95.) enthält, in analogem Gedanken. Agamemnon hat der Diana gelobt zu opfern „quod in regno suo pulcherrimum natum esset." Iphigenia wird geboren und Agamemnon wird sie zu opfern gezwungen. Denn Schöneres ist einem Vater nichts als das liebe Kind. Agamemnon wird durch den Geist des Gelübdes gegen sein Erwarten und Wollen zu einem Opfer gezwungen. Unbewußt enthielt das Gelobte eine Macht, der er sich um der Wahrheit willen beugen mußte. Auch in dieser Lehre lag ein Sinn, den Cicero nicht er= kannte. Auch hier ist ein Drängen nach der Wahrheit des Opfers, nicht nach der äußerlichen Natur desselben, in welcher der Mensch sich mit ihr, als einem Werke, abfindet.

der ethischen Lehre der Erzählung geht der exegetische Beweis eines unblutigen Opfers ein=
leitend schon hervor. Die Geschichte der Meinungen über das Schicksal der Tochter
Jephta's hat eigenthümliche Momente. Man hat großen Nachdruck darauf gelegt, daß
die alte jüdische Auslegung, wie sie im Talmud und Midrasch erscheint und von Jose=
phus*) bereits befolgt wird, das blutige Opfer für wirklich vollzogen annimmt. Allein
diese Deutung erklärt sich leicht aus der dogmatischen Auffassung jener Zeit von den Ge=
lübden. An Jephta soll die Gefahr eines falsch ausgedrückten Gelübdes erkannt werden.
Das Gelübde war falsch, denn es schloß Möglichkeiten ein, die gegen das Gesetz waren
— denn es brauchte ihm nur ein unreines Thier entgegen zu kommen und die Aus=
führung des Gelübdes widersprach der heiligen Ordnung. Man lehrte ferner daran die
einseitige Gewissenhaftigkeit in der Auslegung von Gelübden**). Man tadelt den Starr=
sinn, mit welchem er eine Entbindung des Gelübdes durch einen Priester vermieden zu
haben scheint***). Man trug auf ihn die Anschauungen der späteren Zeit zurück.
Grade weil man auf ihn den Vers des Jeremia†) anwandte, bei dem Gott von den
Gräueln der Menschenopfer bei den Heiden spricht: "Ich habe sie nicht geheißen", legte
man das blutige Opfer ihm bei. Daraus, daß von ihm berichtet wird, er habe das
Gelübde erfüllt, schloßen sie, daß er sie geopfert habe — weil eine andere Erfüllung
als durch Opfer nicht in ihrem zeitigen Gesichtskreise lag. Sie verwenden den Tadel
gegen das Menschenopfer und das Geschick des Jephta ebenfalls zu ethischen Lehren,
durch welche aber ihre zeitigen Dogmen mehr gestützt als die Erzählung von Jephta
selbst erläutert wird. Die Kirchenväter folgten der jüdischen Deutung, ohne einer an=
dern Raum zu lassen††). So beherrschte sie die ganze christliche Auslegung bis zur
Reformation†††). Die protestantischen Ausleger lernten namentlich von den Commen=
taren der jüdischen Gelehrten. Diese aber waren im Mittelalter von der Tradition
des Talmud in Beziehung auf das Opfer Jephta's abgewichen und bewiesen mit großer
Bestimmtheit, daß Jephta seine Tochter nicht geopfert haben könne*†). Von ihnen ent=
lehnten nun die evangelischen Ausleger, daß Jephta seine Tochter zwar Gott geweihet,

---

*) Namentlich Taanith 4 a. Bereschith Rabba §. 60. S. 52 c. Josephus Ant. 5. 7. 10.
Er nennt das Opfer οὔτε νόμικον οὔτε ϑεῷ κεχαρισμένον und zeigt so den ganzen Ab=
druck der talmudischen Meinung. Auch der chaldäische Paraphrast nimmt das blutige Opfer an.

**) Es wird von ihm Koheleth Rabba (zu Pred. 4, 17.) S. 70 f. gesagt: „כסיל אנו יודע
להפריש ביך נדר לנדר.

***) Dieser Anschauung ist entlehnt, wenn davon berichtet wird, es sey die Tochter
Jephta's um den Hochmuth derer zu Opfer gefallen, die sie hätten retten können. Jephta
hätte als Fürst nicht zu Pinchas' dem Hohepriester gehen wollen, dieser nicht zu jenem. In
dieser Erzählung soll erklärt werden, warum Jephta nach späterem Brauch sich nicht habe seines
Gelübdes entbinden lassen. Es könne nur einzig darum nicht geschehen seyn, weil er mit dem
Priester sich nicht habe einigen können. Der geistliche und weltliche Hochmuth wird
gegeißelt, wenn gesagt wird, daß an ihm das arme Mädchen hätte sterben müssen. שניהם
נעשו בדמיה של נערה Bereschith Rabba S. 52 c. unten. Der Priester aber wird mehr
beschuldigt als der Vater. Seine Sache ist es, Frieden zu bringen, nicht zu lassen, was er
thun kann. Das wird in schöner Weise Jalkut ad Judices n. 68. p. 11 b. mitgetheilt.

†) 19, 5.: „Und sie bauten Höhen dem Baal ihre Söhne zu verbrennen im Feuer als
Opfer עולות, die ich nicht befohlen, nicht gesprochen, die nicht in meinen Sinn
gekommen." Vgl. außer den angeführten Stellen Jalkut Jeremia p. 61 d.

††) Man findet ihre Stellen sämmtlich citirt in dem weitläufigen Commentar zum Buch
der Richter von Nicol. Serarius (Moguntiae 1619. fol.), der mit großem Fleiße vom katholischen
Gesichtspunkt alle Quaestiones erwägt. Cf. p. 321.

†††) Luther selbst ist der traditionalen Ansicht. Er schreibt: „Man will, er habe sie nicht
geopfert. Aber der Text stehet da klar." Ist das aber der Fall!

*†) Besonders R. David Kimchi, Levi ben Gerson, Abarbanel u. Andere.

fie aber nicht gelöbtet habe *). Die katholischen Ausleger hielten meist die alte Meinung fest. So stellte sich das eigenthümliche Resultat heraus, daß die beiden Meinungen, welche innerhalb der jüdischen Exegese existirten, die dominirenden innerhalb der
verschiedenen Confessionen des Christenthums wurden. Die Richtung der rationalistischen
Wissenschaft hat sich meistentheils der alten Auslegung angeschlossen. Calmet **) in
Frankreich und Michaelis ***) in Deutschland vertheidigen das blutige Opfer. Die Ausleger der neuesten Zeit sind derselben Ansicht, sowohl Stuber †), als Ewald ††) und
Munk †††) sind vom blutigen Opfer überzeugt; es ist eine rühmliche Ausnahme, daß
Saalschütz *†) von dieser Ansicht sich entfernt. Was uns betrifft, so halten wir zwar
die Auslegung vom blutigen Opfer für leichter — aber nicht für erwiesener. Vielmehr
dünkt uns die andere mehr im Geiste der Erzählung selbst zu seyn, und möchten wir
sie mit alten und einigen neuen Gründen zu vertheidigen suchen.

Wir haben schon bemerkt, daß nach der Erzählung der heiligen Schrift aller Grund
fehlt, Jephta für einen wilden Barbaren zu halten. Man legte ihm aber einen solchen
Karakter bei, um dies blutige Opfer erklärlich zu machen. Er sey zwar über die furchtbare Consequenz seines Gelübdes erschrocken, aber doch stark genug gewesen, es auszuführen. Aber sobald man annimmt, daß in der Nothwendigkeit seines Gelübdes das
blutige Opfer lag, so muß man auch annehmen, daß schon in der Natur seines Gelübdes bewußt das Menschenopfer eingeschlossen war. Zwingen ihn die Worte: "Und
das Herausgehende, was herausgeht aus der Thüre meines Hauses mir entgegen, wird
dem Ewigen seyn und werde ich es zum Opfer bringen", zum blutigen Opfer der Tochter,
so hat er ein Menschenopfer bereits im Sinne gehabt. Denn es ist unmöglich, daß
er diese Worte bloß von einem Thiere gedacht und gesprochen haben kann. Aus der
Thüre seines Hauses ihm entgegen herausschreitend, mußte er einen Menschen
mindestens ebenso wahrscheinlich erwarten können als ein Thier, das opferfähig ist.
Jephta ist seiner Sinne nicht mächtig gewesen, falls er zu dieser Ueberlegung nicht gedrungen ist. Er dachte bereits an die mögliche Weihung eines Menschen, denn um ein
Thieropfer zu bringen, war die ganze Phrase des Gelübdes nicht nothwendig.

In analogen Erzählungen aus der Geschichte der Völker ist es derselbe Fall. Wenn
Servius *††) vom Idomeneus erzählt, er habe gelobt, daß er, wenn er glücklich heim-

---

*) Dies spricht Joannes Brentius in seinem Commentar zu Richter deutlich aus (Francof.
1553. fol. p. 42 b): "Sed cum nuper Onolzbachii essem admonuit me D. Bernardus Ziglerus
hebraicarum literarum professor, doct. amicus meus in Christo observandus quod interpretes
hebraei hoc votum multo aliter intelligant et exponant, quam nostri scriptores." Doch hörte
der Streit darüber nicht auf. J. J. Schudt vertheidigte Jephta gegen die Angreifer in einem
ganzen Tractat. Cf. H. B. Stark, Notae Selectae. Lips. 1714. p. 126. Der Einfluß der
lutherischen Glosse war sehr groß, und die Volksmeinung immer für das Opfer. Vgl. Paul-
lini, Zeitkürzende erbauliche Lust I. 516. 17.

**) In seiner Einleitung zum Buch der Richter und im Dictionnaire. Daß die katholische
Auslegung nicht immer dem blutigen Opfer Jephta's anhing, beweist der schöne Artikel in
Bergier's dictionnaire de Théologie (neue Ausgabe Lille 1845. II. S. 398). In präciser Weise
wird Calmet widerlegt in den Essais historiques et critiques sur les Juifs anciens et modernes.
Lyon 1771. p. II. p. 86.

***) Mosaisches Recht §. 145. Tom. 3. S. 29. Not. 2c.

†) Dessen Resultate auch in den Artikel der Encykl. von Ersch und Gruber übergegangen sind.

††) "Sie geht in den Opfertod durch des Vaters Hand." Gesch. des Volkes Israel II. 401.

†††) Palestine S. 229.

*†) Archäologie der Hebräer I. S. 232 (Königsb. 1855).

*††) Zu Aeneis lib. 3, 121. und lib. 10, 264. "qui cum tempestate laboravit, vovit se
sacrificaturum Neptuno de re, quae ei primo occurrisset."

lehre, das Erste, was ihm begegnen werde, den Göttern zu opfern bereit sey, so ist ein Menschenopfer schon in seiner Seele; das Ereigniß wird nur darum, daß dieses Opfer seinen Sohn traf, warnend und schrecklich. Mit Menschenopfern zu sühnen, ist ein von manchen heidnischen Völkern furchtbar mißverstandener Gedanke. Von Alexander *) erzählt ein Histörchen, er sey durch ein Orakel aufgefordert worden, den Ersten, der ihm begegne, wenn er aus seinem Hause komme, zu tödten. Er dachte nur an einen Menschen, denn als der Eselstreiber, der getödtet werden sollte, ihn aufmerksam machte, daß nicht er, sondern der Esel es gewesen sey, der ihn zuerst getroffen habe, sey Alexander erfreut gewesen, diesen Einfall zur Milderung der schrecklichen Pflicht zu verwenden. Jephta hatte Menschen im Sinne und er konnte dies auch, denn auch nach dem mosaischen Gesetze war ein Gelübde ebenso gut an Menschen als an Thieren möglich **). Aber ein Brandopfer brachte man mit Menschen nicht ***). Und hier tritt nun die Erzählung von Jephta der heidnischen Berichte grade so entgegen, wie die biblische Lehre dem götzendienerischen Gesetz. Das Gelübde glich einem Contrakt, den man abschließt. Darum mußte es gesprochen und formulirt seyn, daß der Gelobende durch keinen Winkelzug sich davon befreien könne †). So ist auch das Gelübde Jephta's in seiner Wortstellung nicht gleichgültig; wenn es heißt: והיה לה' והעליתיהו לעולה "und es wird dem Ewigen seyn und werde ich es als Opfer darbringen", so ist ein doppelter Fall ausgesprochen ††). Denn wenn man auch sagen kann, daß Alles, was zum Brandopfer dargebracht wird, dem Ewigen sey, so ist doch nicht Alles, was dem Ewigen gewidmet wird, ein Brandopfer. Hat Jephta bloß ein Brandopfer im Sinne gehabt, wozu der Zusatz "und es wird Gotte seyn." Die Worte והעליתיהו לעולה hätten vollkommen hingereicht. Aber die doppelte Gelobungsformel entspricht dem doppelten Fall in Jephta's Gedanken. Der Mensch, der ihm begegnet, wird Gotte gehören, das Thier wird zum Opfer gebracht. So muß angenommen werden, wenn man nicht glauben will, es habe Jephta bereits in seinem Sinne gehabt, auch einen Menschen als Brandopfer darzubringen. Der Schrecken Jephta's erklärt sich auch nicht daraus, daß es ein Mensch gewesen sey, den er opfern solle, sondern daß es seine Tochter sey, von der er sich trennen müsse. Daß sie es seyn werde, die herauskommen werde, hat er bei der Zu-

---

*) Valerius Maximus VII. 3. ext. 1. ed. Kempf. p. 858: „ut eum qui sibi porta egresso primus occurrisset interfici juberet."

**) 3 Mos. 27, 2 ff. Man konnte auch von unreinem Vieh, das man nicht darbringen durfte, ein Gelübde thun.

***) Als der König von Moab in die äußerste Bedrängniß gerathen, das letzte Bollwerk gegen die Israeliten zu halten verzweifelte, nahm er seinen Erstgebornen und schlachtete ihn als Brandopfer auf der Mauer öffentlich. ויהי קצף גדול על ישראל und Israel zog ab. Eine dunkle Stelle, die aber so viel lehrt, daß die Gräuel des Kindesopfers, wie es hier als letztes Rettungsmittel von den Moabiten ergriffen wird, ein Gegenstand des Schreckens und des Abscheu's waren. Denn warum wären die Israeliten deßhalb abgezogen. Die Pesikta hat eine sehr sinnige Auslegung der Stelle nach ihrer Weise, wenn sie meint, es hätte der heidnische König dem Abraham nachahmen wollen, um wie er von Gott geliebt zu werden. Gewiß lagen ähnliche Gedanken zu Grunde, aber im Heidenthum dämonisch verzerrt. Soll aber Jephta wie der König von Moab gehandelt haben, dessen That schon ein קצף über Israel brachte, weil es mittelbar daran schuld war!

†) 4 Mos. 30. 5 Mos. 23. 24. cf. מוצה שפתיך לא יחל דברו ככל היצאק מפיו יעשה תשמור ועשית כאשר דברת

††) Dieses ist von den jüdischen Exegeten Kimchi und Levi ben Gerson zuerst ausgesprochen und belegt worden. Ihnen folgend hat eine neuere jüdische Uebersetzung (v. Meir Obernik, Fürth 1805) „wird dem Ewigen seyn oder zum Ganzopfer bestimmt seyn." Die alte Auslegung hat darauf nie geachtet. In den deutschen Versionen vor Luther ist „wird dem Ewigen seyn" gar nicht übersetzt.

rückhaltung in den Gemächern des Hauses, wie des Orients Töchtern eigenthümlich ist, nicht erwartet. Was die Tochter that, gehört auch zu den außerordentlichen Dingen, wie sie nur noch von der Mirjam nach dem Durchgang des rothen Meeres erzählt werden *). Er hat an eine Gabe aus leiblichem Besitze gedacht; nun wird ein Opfer aus seinem innersten Herzen gefordert. Dazu nöthigt endlich die Beschaffenheit von B. 39.: ויעש לה את נדרו אשר נדר. Hätte er sie zum Brandopfer dargebracht, würde dies der Sinn der Erzählung gewesen seyn, so wäre deutlich und ohne Scheu das Wort wiederholt worden, wie gebräuchlich ist. Es würde wohl nicht gestanden haben: Und er that an ihr sein Gelübde, sondern „und er brachte sie zum Opfer dar" **). Darin, daß dies nicht gesagt wird, scheint die Erzählung erkennen zu lassen, es sey zwar sein schmerzliches Gelübde an ihr erfüllt, aber zum Brandopfer sey sie eben nicht gebracht worden. Denn eine Scheu, dies zu berichten, ist bei der Natur der Schrift, und namentlich des Buches der Richter, gar nicht anzunehmen.

Wie dieses Gelübde erfüllt worden sey, ist freilich dunkel gelassen. Es genügte in der Erzählung, die tiefe Lehre anzudeuten, auf welche sie hinwies. Der schwere Inhalt des Gelübdes, wie er den Gelobenden selbst überrascht, und die Treue, mit der es trotzdem gehalten ist ***), waren die Hauptstücke des rührenden Aktes. Das Gelübde wird erfüllt. Die Weise, in der dies geschieht, tritt darum in den Hintergrund. Aber gleichwohl treten Angaben heraus, die auf das Geschick der Tochter schließen lassen.

Es war seine einzige Tochter und sie war in seinem Hause. Schon daraus konnte angenommen werden, daß sie noch unvermählt war (B. 34.). Als sie das Gelübde erfährt, erbittet sie sich zwei Monate, um ihre Jungfraufschaft zu beweinen (B. 37.). Zu der Nachricht, daß sie sterben soll (wie man annimmt als Opfer), ist diese Bitte ein ganz wunderlicher Gegensatz. Denn wenn man auch annähme, daß „ihre Jungfraufschaft beweinen" so viel hieße als „ihr junges Leben" beweinen, so ist gar nicht einzusehen, warum dies auf den Bergen geschehen müsse. Es ist auch gegen alle menschliche Natur, daß ein Kind, das sterben soll, die ihm gewährte Frist benutzt, den Vater zu verlassen. Eine Frist, sich des Lebens noch zwei Monate zu freuen, bevor man sterben soll, hätte einen Sinn — aber grade die Jungfraufschaft zu beweinen, wenn ein Opfertod bevorsteht, der das einzige Kind dem Vater entreißt, ist über alle gewöhnliche Sitte menschlicher Herzen. Da aber die Erzählung besonderen Nachdruck auf das Beweinen ihrer Jungfraufschaft legt, so muß dasselbe in einer Beziehung zu der Weise ihres Gelübdes stehen. Wenn ein Mädchen ihr jungfräuliches Wesen beweint, kann dies nur darin sich begründen, daß es eine Knospe bleibt, die sich nicht entfaltet, nicht durch den Tod verhindert, sondern durch das Leben. Das Motiv ihrer Thränen kann nicht in der gewaltsamen Vernichtung der Knospe liegen, welche der Tod ist — dies ist ein Geschick, welches ihr nicht eigenthümlich ist, sondern in dem Leben, welches, obschon sie es fortsetzt, sie doch an der süßen Entfaltung ihres durch Gott empfangenen Wesens hindert.

Dem alten Völkerleben war die sittliche Liebe, welche in der Ehe dargestellt ist, die Vollendung und die Krone der Jugend. Ihr reifen Jüngling und Jungfrau blühend zu und sie sind wie dürre Aeste, wenn sie nicht in ihr zur Blüthe gediehen. Der Verband von Jüngling und Jungfrau ist daher das schönste Fest der Alten außer ihren religiösen und Gott allein geweihten. Es ist der Tag der „Freude ihres Herzens" (שמחת לבו, Hohes Lied 3, 11.), den Gesang und Spiel feierten. Das schönste Bild

---

*) Selbst die Wortstellung erinnert an diesen Vergleich. Auch 2 Mof. 15, 20. wird gesagt, sie sey entgegengezogen בתפים ובמחלות. Frauen ziehen auch Saul und David entgegen, 1 Sam. 18, 6., aber von einer Tochter, Schwester, Frau, die namentlich genannt wäre, ist nicht mehr die Rede.

**) Auch dies erwähnt schon Kimchi: לא אמר ויעלה עולה.

***) Cf. Jalkut Judices §. 68. p. 11 b. שום נדרו והפסידו יעקב ויפתח.

..., ... werde, den Göttern zu opfern bereit sey, so ist ein ... in ... Seele; das Ereigniß wird nur darum, daß dieses Opfer ... , ... schrecklich. Mit Menschenopfern zu sühnen, ist ein von man- ... ... mißverstandener Gedanke. Von Alexander *) erzählt ... ... Orakel aufgefordert worden, den Ersten, der ihm begegne, ... , zu tödten. Er dachte nur an einen Menschen, denn ... , der ... werden sollte, ihn aufmerksam machte, daß nicht er, ... , der ihn zuerst getroffen habe, sey Alexander erfreut ... ... der schrecklichen Pflicht zu verwenden. Jephta ... ... konnte dies auch, denn auch nach dem mosaischen Gesetze ... an Thieren möglich **). Aber ein Brand-

Und hier tritt nun die Erzählung von ... ... Berichte grade so entgegen, wie die biblische Lehre dem ... ... Gelübde gleich einem Contract, den man abschließt. ... ... gesprochen und formulirt seyn, daß der Gelobende durch keinen ... ... So ist auch das Gelübde Jephta's in seiner ... ... , ... והיה לה והעליתהו לעולה »und es wird ... ... als Opfer darbringen«, so ist ein doppelter Fall ... ... man auch sagen kann, daß Alles, was zum Brandopfer ... , ist doch nicht Alles, was dem Ewigen gewidmet ... ... durch ein Brandopfer im Sinne gehabt, wozu der ... ... Worte לעולה והעליתהו hätten vollkommen hin- ... ... entspricht dem doppelten Fall in Jephta's ... ... begegnet, wird Gotte gehören, das Thier wird zum ... ... werden, wenn man nicht glauben will, es habe ... ... gehabt, auch einen Menschen als Brandopfer ... ... sich auch nicht darum, daß es ein Mensch ... , ... daß es seine Tochter sey, von der er sich ... werde, der herauskommen werde, hat er bei der Zu-

... ... eum qui sibi porta egresso

... ... Buch, das man nicht darbringen

... ... Bedrängniß gerathen, das letzte Bollwerk ... ... Erstgebornen und schlachtete ihn als ... ... und Israel zog ab. Eine ... ... , wie es hier, als letzte ... ... des Schreckens und des Ab- ... ... Die ... hat ein ... ... , wenn sie meint, es hätte bei beiden ... ... nicht zu werden, ... Soll

... ...

... ...

rückhaltung in den Gemächern des Hauses, wie des Orients Töchtern eigenthümlich ist,
nicht erwartet. Was die Tochter that, gehört au zu den außerordentlichen Dingen,
wie sie nur noch von der Mirjam nach dem Durchgang des rothen Meeres erzählt
werden *). Er hat an eine Gabe aus leiblichem Afsitze gedacht; nun wird ein Opfer
aus seinem innersten Herzen gefordert. Dazu nöigt endlich die Beschaffenheit von
B. 39.: ויעש לה את נדרו אשר נדר. Hätte er sie um Brandopfer dargebracht, würde
dies der Sinn der Erzählung gewesen seyn, so wär deutlich und ohne Scheu das Wort
wiederholt worden, wie gebräuchlich ist. Es würt wohl nicht gestanden haben: Und
er that an ihr sein Gelübde, sondern »und er brach sie zum Opfer dar« **). Darin,
daß dies nicht gesagt wird, scheint die Erzählung eennen zu lassen, es sey zwar sein
schmerzliches Gelübde an ihr erfüllt, aber zum Brndopfer sey sie eben nicht gebracht
worden. Denn eine Scheu, dies zu berichten, ist ü der Natur der Schrift, und na=
mentlich des Buches der Richter, gar nicht anzunehen.

Wie dieses Gelübde erfüllt worden. sey, ist freich dunkel gelassen. Es genügte in
der Erzählung, die tiefe Lehre anzudeuten, auf welc sie hinwies. Der schwere Inhalt
des Gelübdes, wie er den Gelobenden selbst überrasch, und die Treue, mit der es trot=
dem gehalten ist ***), waren die Hauptstücke des rürenden Aktes. Das Gelübde wird
erfüllt. Die Weise, in der dies geschieht, tritt trum in den Hintergrund. Aber
gleichwohl treten Angaben heraus, die auf das Gescc der Tochter schließen lassen.

Es war seine einzige Tochter und sie war in snem Hause. Schon daraus konnte
angenommen werden, daß sie noch unvermählt war B. 34.). Als sie das Gelübde er=
fährt, erbittet sie sich zwei Monate, um ihre Jungfuschaft zu beweinen (B. 37.). Zu
der Nachricht, daß sie sterben soll (wie man annimt als Opfer), ist diese Bitte ein
ganz wunderlicher Gegensatz. Denn wenn man auch annähme, daß »ihre Jungfrauschaft
beweinen« so viel hieße als »ihr junges Leben« beeinen, so ist gar nicht einzusehen,
warum dies auf den Bergen geschehen müsse. Es ist auch gegen alle menschliche
Natur, daß ein Kind, das sterben soll, die ihm geährte Frist benutzt, den Vater zu
verlassen. Eine Frist, sich des Lebens noch zwei Monate zu freuen, bevor man sterben
soll, hätte einen Sinn — aber grade die Jungfrausaft zu beweinen, wenn ein Opfer=
tod bevorsteht, der das einzige Kind dem Vater entreißt, ist über alle gewöhnliche Sitte
menschlicher Herzen. Da aber die Erzählung besoneren Nachdruck auf das Beweinen
ihrer Jungfrauschaft legt, so muß dasselbe in einer Beziehung zu der Weise ihres Ge=
lübdes stehen. Wenn ein Mädchen ihr jungfräuliche Wesen beweint, kann dies nur
darin sich begründen, daß es eine Knospe bleibt, ie sich nicht entfaltet, nicht durch
den Tod verhindert, sondern durch das Leben. Di Motiv ihrer Thränen kann nicht
in der gewaltsamen Vernichtung der Knospe liegen, welche der Tod ist — dies ist ein
Geschick, welches ihr nicht eigenthümlich ist, sondern t dem Leben, welches, obschon sie
es fortsetzt, sie doch an der süßen Entfaltung ihre durch Gott empfangenen Wesens
hindert.

Dem alten Völkerleben war die sittliche Pr   her Ehe dargestellt ist, die
Vollendung und die Krone der Jugend.   und   blühend
    sie sind wie dürre   wenn sie   Ver=
      von Jüngling und   en
religiösen und Gott   u
(שמחת לבו) Hohes   .b

---

*) Selbst   . 15, 20. wird
gesagt, sie se   aul und David entn
gegen, 1 S   nam   annt

der Freude und der Anmuth ist daher das einer Braut. Wenn das Volk Israel glücklich seyn soll, — so verkündet ihm der Prophet, daß es sich schmücken werde, wie eine Braut. Die Stimme von Bräutigam und Braut ist eine Stimme der Freude und des Entzückens, sie wird vernommen, weil Gott Israel gnädig ist. Wenn diese nicht ertönt, ist Unglück und Leid hereingebrochen. Wenn der Psalm die Geschicke malt, die über Israel im Zorn Gottes gekommen sind, so heißt es*) בחוריו אכלה אש ובתולתיו לא הוללו. „Die Jünglinge verzehrte das Feuer und die Jungfrauen wurden nicht gefeiert", d. h. nicht gepriesen in hymenäischen Liedern, wie alte Auslegungen schon richtig wiedergeben**). Denn der Umstand, daß ein Mädchen, statt in der Ehe, in der Bewahrung eines jungfräulichen Lebens ihre Lebensaufgabe gefunden, ist dem altbiblischen Leben ein ganz fremder. Es ist, als ob für eine unvermählte Jungfrau kein Platz in demselben sey. Bei den großen Frauenerscheinungen in der Schrift tritt der inferiore Mann wie das gewöhnliche Familienverhältniß in den Schatten, aber daß sie eines jungfräulichen Lebens sich erfreut hätten, ist nicht gesagt. Darum ist auch der Gedanke, daß es traurig sey, wenn ein Mädchen ihren Hymenäen entgehe, namentlich bei den Juden in ungebrochener Tradition geblieben. Sie haben sich zu aller Zeit auf das Geheiß, welches Jeremia 29, 6. ihre Töchter vermählen heißt, gestützt. Die Mischna zählt eine ascetische Jungfrau zu denen, welche die Welt verderben***). Es ist eine so zarte Zeichnung vom alten Leben, wie es das Buch der Richter drastischer wie alle anderen Berichte schildert — nach der die Tochter Jephta's ihre Jungfräulichkeit beweint †), durch die sie nicht bloß den süßen Freuden ihres Herzens, sondern der ganzen Natur ihres weiblichen Wesens entrissen wird. Sie, die nach dem Siege ihres Vaters Anspruch hat auf den glänzendsten Preis unter den Töchtern Juda's — legt ab alle Hoffnung und Blüthe. Sie, die einzige Zier und Freude ihres Vaters, welkt dahin, das Haus wird ein עֲרִירִי, ein abgestorbenes ††). Der Fluch ruht auf dem Geschlechte, das kinderlos bleibt — es ist wie ein Baum, dessen Aeste fallen und dessen Wurzel vergeht.

Jephta erfüllt sein Gelübde. „Was ihm begegne, solle Gott gehören." Er weihet seine Tochter dem Ewigen. Einem Andern kann sie nicht gehören. Er vermählt sie Gott — damit fallen alle menschliche Freuden, die sonst aufblühen. Man hat in dieser Auslegung an die Analogie des spätern Nonnenwesens gedacht †††). Im Begriffe

---

*) Psalm 78, 63.

**) Ibn Esra zur Stelle שהיו צנועות ולא ראו חופות.

***) Mischna sota 3. 4. Vgl. übrigens die Stellen, die zu 1 Kor. 7, 36. bei Menschen, novum testamentum ex Talmude p. 187 gesammelt sind.

†) Auch Antigone beim Sophokles klagt:

$$„ἀλλά μ' ὁ παγκοίτας$$
$$Ἀίδας ζῶσαν ἄγει$$
$$τὰν Ἀχέροντος$$
$$ἀκτὰν οὔδ' ὑμεναίων$$
$$ἔγκληρον οὔτ' ἐπινυμφίδιος$$
$$πώ μέ τις ὕμνος$$
$$ὕμνησεν, ἀλλ' Ἀχέροντι νυμφεύσω."$$

††) Vgl. 3 Mos. 20, 20.: „Ihre Sünde tragen sie, kinderlos sollen sie sterben."

†††) Selbst Abarbanel vermuthet: שמזה למדו אומות אדום לעשות בתי פרישות (קליסטר), daß daher die Sitte der Klöster stamme. Diese Vermuthung hat sehr viel zur Heftigkeit des Streites über das Opfer Jephta's beigetragen. Daher glaubt Brenz sich entschuldigen zu müssen, während Serarius auf diesen Beweis für das weibliche Monachat verzichtet. Den aufgeklärten Michaelis reißt sie namentlich zu seiner heftigen Diatribe hin. Die jüdisch-antichristlichen Schriften haben das Nonnenwesen ebenfalls angegriffen. Sie sagen (cf. Schudt, Jüd. Merkwürd. VI. Kap. 24. S. 408), daß die Christen in den Klöstern ihre Söhne und Töchter verbrenneten. Den ungestillten Trieb nennen sie eine Brunst und beziehen sich wohl auf 1 Kor. 7, 9. Daher erklären sie auch Psalm 78, 63. (Jalkut Ps. n. 822. 1. 146a): „die Jünglinge

war es allerdings eins. Nur das Motiv und der Zweck sind andere. Die Ascese, welche die Nonne sucht — ist dem alten Leben traurig wie der Tod — nicht aus Sinnlichkeit gemeiner Art, sondern weil sie dem Leben zuwider, vor der Sünde nicht eine Bürgschaft gewährt und wie ein Wurm die Knospe zerstört. Die Tochter Jephta's weihet Gott ihre Keuschheit *) — aber sie weinet darüber und es weinen mit ihr die Jungfrauen Israels. Sie opfert ihren Schmerz, wie der Vater den seinen darbringt. Nur in dieser Auffassung verstehen wir die Anfügung der weiter angeführten Worte (Jephta that an ihr sein Gelübde): והיא לא ידעה איש „und sie erkannte einen Mann nicht." Was sollen diese Worte, wenn sie wirklichen Opfertod starb. Zur näheren Beschreibung können sie nicht dienen, da bereits bekannt ist, daß sie eine Jungfrau war. Doch zeigt die Stellung der Worte, daß sie in einer nahen Verbindung mit den vorhergehenden „und er that an ihr sein Gelübde" stehen. Diese erläutern sich, wenn wir sie als den Inhalt der Gelübdenerfüllung fassen, d. h. nicht auf die Vergangenheit, sondern auch auf die Zukunft beziehen. Er erfüllte an ihr sein Gelübde und sie erkannte keinen Mann. Erat virum non cognoscens und darum, weil sie keinen Mann erkannte, gingen die Töchter Israels hinauf alljährlich, sie vier Tage zu preisen **). Damit, daß sie keinen Mann erkannte, erfüllte er das Gelübde. Ihre Keuschheit war das Opfer, welches Jephta brachte. In welcher Weise sie der Weihe Gottes lebte, kann nicht angegeben werden. Der Lehre, welche die Erzählung enthält, genügte, die Resultate vorzustellen, daß ein Gelübde vor Gott eingegangen und erfüllt worden ist, dadurch, daß ein Mädchen um ihres Vaters willen Treue gehalten habe. Die Mädchen Israels priesen alljährlich vier Tage die Tochter Jephta's. War sie ein Opferlamm, das geschlachtet ward, wozu der Preis? Von ihrer Freiwilligkeit hing der Vater in diesem traurigen Fall, wie ihn sein Gelübde erzwang, nicht ab. Aber das Gelübde, Gotte durch ein Leben voll Keuschheit zu gehören, ruht in dem reinen Herzen

---

verzehrte das Feuer, ולא היו להם נשים. — Nichts desto minder haben auch Gedanken einer weiblichen Ascese noch im jüdischen Leben späterer Zeit angeklungen Der Talmud (Sota 22 a) erwähnt eine בתולה צליינית, eine betende Jungfrau, ein Mädchen, das mit Beten ihr Leben hinbringt, und verweist mit Wohlgefallen bei dem Gebete eines solchen Mädchens: Herr Gott! Du hast Gan Eden und Gehinnom, Gute und Schlechte geschaffen, es sey Dir wohlgefällig, daß durch mich die Menschen keinen Fall erleiden." Chrysostomus hatte Recht, wenn er (Hom. 61. Suicer voce παρθενία) sagte, daß die heilige Jungfrauschaft dem alten Bunde nicht einmal dem Namen nach bekannt war (als Institution), aber man darf nicht vergessen, daß die heilige Verkündung der עלמה mit ihrem wunderbaren Mysterium im alten Bunde wurzelte.

*) Bekannt ist, daß im Sprachgebrauch des christlichen Lebens das Wesen der klösterlichen Keuschheit ein „Gelübde", ein sich Gotte geloben, sich Gotte darbringen, überall genannt wird. Die Benediktinerregel spricht von Eltern, die ihr Kind in's Kloster bringen „si quis filium deo offert" (Kap. 59.). In den Heiligenlegenden ist es gewöhnlicher, daß der Ausdruck gebraucht wird, es habe sich die Heilige Gotte geopfert und dargebracht. Daher der in Irrsinn umgeschlagene Unglaube von wirklichen blutigen Opfern redete, die im christlichen Mittelalter gebracht worden wären (Daumer, Gesch des christl. Alterthums 1. 53.).

**) לתנות לבת יפתח wie schon von Zorn (Bibl Antiqu. Exegetica p. 596, not.) richtig aufgefaßt ist. Entscheidend ist Richt. 5, 11. Aeltere Ausleger haben לתנות mit „beweinen" ausgelegt, dazu gibt das Wort תנה keinen genügenden Grund und es wäre daran vielleicht kein anderer Ausdruck gewählt worden, als B. 34. und 35. gebraucht ist, nämlich בכה beweinen. Ein schönes Analogon gewährt Euripides im Hippolyt B. 1425 ꝛc. Hippolyt, der Keusche, empfängt von der Artemis, der Göttin der Keuschheit, die Verkündung, daß ihm in Trözene große Ehren erwiesen seyn werden. Ἀεὶ δὲ μουσοποιὸς εἰς σὲ παρθένων ἔσται μέριμνα." Ihn werden die Jungfrauen immer in musischen Liedern besingen. Ihm wurde auch (vgl. Barnesius zu dieser Stelle des Hippolyt) ein jährlich Fest gefeiert und die Bräute widmeten ihm vor der Hochzeit das abgeschnittene Haar. Cf. Pausanias Corinthiaca lib. II. cap. 32. 1.: „ἀνέθηκεν ἐς τὸν ναὸν φέρουσα."

der Tochter. Wenn sie es hält, ist es auch ihr Ruhm, wie es ihr Opfer ist, daß sie Herzensgenuß und Hochzeitslied um ihres Vaters heiliges Wort vergaß.

Wie sittig ist der Zusatz, es seyen die Töchter Israels mit ihr auf die Berge hinaufgezogen, ihre Jungfräulichkeit zu beweinen*). Wenn es dem Leben galt, so konnten auch zu Haus dieselben Thränen fließen. Aber es war die Klage der Jungfräulichkeit gewidmet; sie konnte nicht angestimmt werden in der Stadt, in Gegenwart von Männern. Die keusche Sitte erheischte für diese Klagen die Einsamkeit der Berge. Es enträthselt sich das tugendhafte Herz des Mädchens nicht vor Aller Ohr, sondern in heiliger Stille stoßen sie die Liebesklage aus.

Eine eigenthümliche Nachricht ist die des Epiphanius**), daß in seiner Zeit zu Sebaste, dem einstigen Samaria, der Tochter Jephta's jährlich ein Fest und Opfer geweihet sey. Er erwähnt dies namentlich an der einen Stelle, wo er gegen die Antidikomarianiten schreibt und den verschiedenen Mißbrauch bedenkt, der in der Verehrung Mariens vorhanden ist. Er tadelt die Vergötterung, die ihr Einige zu Theil werden lassen und sagt: »auch der Heiligen zeitiger Ruhm gegen Gott ist Einigen, die die Wahrheit nicht sehen, zum Irrthum geworden. Denn in Sikima, das ist in Neapel, wie es jetzt genannt wird, verrichten die Eingebornen auf den Namen der Jungfrau (und zwar mit Benennung der Tochter Jephta's) ein Opfer.« Epiphanius, welcher wie die anderen Kirchenväter an das blutige Opfer der Tochter Jephta's glaubt, erklärt diese Verherrlichung der Tochter Jephta's auch aus dieser Deutung. Dies ist aber nicht wahrscheinlich. Nicht die Tochter war alsdann, sondern der Vater zu feiern, wie Abraham gefeiert wird, nicht Isaak wegen seines Opfers. Die Verehrung einer Jungfrau in Samaria ist entweder ein alter heidnischer Brauch — wie der Diana oder Vesta, dem später ein biblischer Name untergelegt ward, oder, und dies ist wahrscheinlicher, es war eine concurrirende Verehrung jungfräulichen Wesens aus dem alten Bunde neben der Verehrung Mariens aus dem neuen ausgedrückt. Nicht der Geopferten, sondern der Unvermählten, der Reinen und Keuschen, kann das Opfer und das Fest gegolten haben. Dahin leiten des Epiphanius Gedanken selbst, der sie neben Maria stellt. Und es würde weit führen, wollten wir hier die Verirrungen der Sekten alle betrachten, welche aus der Lehre von der Jungfräulichkeit der Mutter Jesu flossen. Jephta hat nach den biblischen Nachrichten keine Beziehung zu Sichem. Daß die Samaritaner eine Erinnerung an denselben festhielten, ist mir nicht bekannt. Es datirt daher der Gebrauch des Namens der Tochter Jephtas für ein solches Fest wohl aus dem Synkretismus christlicher Sekten, welche Alt- und Neutestamentliches unter einander mischten, und bald das Eine, bald das Andere überwiegen ließen, wie ja auch dem Epiphanius die Notiz in's Gedächtniß kommt, wo er von den Melchisedekiten handelt. Im christlichen Leben ist aber der Anklang an die Jungfrau unverkennbar, sobald ein Fest der Tochter Jephta's wirklich gefeiert ward. Der offizielle

---

*) Gänzlich entstellt hat Sulpicius Severus den Sinn, wenn er sagt, es habe das Mädchen zwei Monate erbeten „ut aequales suas prius videret." (Hist. Sacra lib. 1. XXVI.) Auf den Bergen in der stillen, erhabenen Einsamkeit, war der Sitz der Keuschheit; — dort weilte, was eine schöne Analogie zeigt, die Göttin der Berge und Wälder, die keusche Jungfrau. Diana — Artemis, Montium custos nemorumque virgo redet sie Horatius an (Od. lib. 3. 22. 1.). Catull singt: Montium domina ut fores, „silvarumque virentium saltuumque reconditorum, amniumque sonantum." (35. V. 9—12.)

**) Haeresis 78.: ʼΕν γὰρ Σικίμοις τουτέστιν ἐν τῇ νῦν Νεαπόλει Συσίας οἱ ἐπιχώριοι τελοῦσιν εἰς ὄνομα τῆς Κόρης, δῆθεν ἐκ προφάσεως τῆς Συγατρὸς Ἱερθάε τῆς ποτὲ προσενεχθείσης τῷ Θεῷ εἰς Συσίας." Was er hier von Sichem, dem späteren Neapolis berichtet (allerdings einen Hauptsitz der Samaritaner auch nach dem Talmud. Cf. *Lightfoot*, Opera omnia 2. 212.), berichtet er Haeresis 55. von Sebasta, was ehemals Samaria geheißen habe.

Name desselben scheint auch nach Epiphanius der "der Jungfrau" τῆς κόρης gewesen zu seyn. Und κόρη wurde als Name für eine heilige Jungfrau verwendet. Zonaras sagt: "Es wird im sechsten Kanon (der von ihm besprochenen Synode) über die Heiligung der Jungfrauen gesprochen (κορῶν); welche man dort geheiligte κόρας nannte, hießen hier heilige πάρθενοι. Denn es ist Gebrauch, die Jungfrauen κόρας zu nennen."

Auch der Name des Jephta hat dazu dienen müssen, nach neuern Synkretismen das blutige Opfer zu erläutern. Nach Norl[*]) ist Jephta "der molochistischen Partei" angehörig, aber während einmal sein Name auf das Thor der Sonne (פתח) deutet und dann wieder an פסח das Passah erinnert, so ist doch wieder die Vergleichung mit Idomeneus "nicht unpassend", denn im idäischen Kreta ist der Stier Minos, welcher Opfer verlangt. So greift eine wüste Phantasie in zügelloser Frivolität umher. Aber selbst Ewald[**]) meint, "man könnte zwischen den drei Namen Iphi (geneia), Idomeneus und Jiftah irgend eine Verwandtschaft suchen." Aber man kann nicht sagen, daß diese Vermuthung, — so alt sie auch ist, glücklich wäre. Das mit Jephta verglichene Ἶφι in Iphigeneia erscheint noch in einer Menge anderer Eigennamen der Griechen[***]), die durchaus nichts mit Jephta analog haben, und läßt sich ganz unzweideutig aus dem griechischen Sprachschatz erklären[†]). Der Zusammenhang mit Idomeneus, denn auch hier ist der Ursprung des Namens llar, wird keinesweges zu einer wahrscheinlichen Analogie mit dem hebräischen Namen reichen. Daß sich scheinbar fern abliegende Volksanschauungen in ihren Gedanken berühren, ist nicht selten. Die Communication des Geistes wird inniger gewesen seyn, als uns im nähern Anschaun der Besonderheiten zu erkennen möglich ist. Aber dazu bedarf es der etymologischen Analogieen nicht unbedingt, wie sie nur sicher sind, wenn sie sich leicht und ungezwungen darbieten.

Es ist ein tragischer Zug in allen drei großen Helden, um welche sich die Geschichte der Bücher der Richter lagert, um Gideon, Jephta und Simson. Gideon weiht das eroberte Geld Gotte zu einem Ephod und schafft dadurch Israel einen Fallstrick. Simson trägt die Weihe Gottes auf seinem Haupte und geht in ihrer Kraft, die er vorher verscherzt, siegreich unter. Jephta steht als der Reinste unter ihnen. Er trägt um seiner Liebe zu Gott willen seine Liebe, seine Freude, die Hoffnungen seines Hauses vor Gott. Er steht daher mit Recht unter denen, welche der Apostel nennt, als Träger gläubigen Muthes und gottvertrauender Kraft (Hebr. 11, 32.). Noch eine andere Heldenthat erzählt die Schrift von Jephta, durch welche er Ephraim demüthigte. Denn wie dieser Stamm Gideon anklagte nach dem Erfolge, daß er ihn nicht zu Hülfe gerufen, so war er auch neidisch auf den Triumph Jephta's, der den Ruhm der Errettung Israels für Gilead gewonnen hatte. Es scheint, daß die Ephraimiten letzterem seine

---

[*]) Biblische Mythologie 2. 408.

[**]) Gesch. des Volkes Israel 2. 400, Note.

[***]) Iphianassa (eine andere Tochter des Agamemnon), Iphianeira, Iphigone, Iphimedeia, Iphimede, Iphimeduja sind Frauennamen. Iphiades, Iphidamas, Iphikleides, Iphilles, Iphirates ꝛc. Mannsnamen.

[†]) Wenn man das Scholion zu Homeri Ilias 1. 151. hört, nach welchem ἶφι zusammengezogen ist aus ἰνόφι, von einer Form ἴς, ἰνός, so hört aller Grund der Vergleichung auf. Iphigeneia heißt etwa die in Kraft geborene. Zu diesem Sinne von ἶφι passen auch alle andern Composita vortrefflich. Wir haben eben eine Stelle aus Cicero citirt, in welcher ein Oratel über Iphigenia berichtet wird, nach der sie das Schönste gewesen sey, welches geboren worden sey (pulcherrimum natum). Dies vermuthe ich hat Cicero schon aus Quellen entlehnt, in welchen synkretistische Etymologieen Iphigeneia mit dem hebräischen יפה schön, zusammengesetzt hielten. Iphigenia ging als die Keusche auch in den Sagenkreis des christlichen Alterthums über. In den apokryphischen Apostelgeschichten des Abdias (lib. VII. cap. 9 etc. bei **Fabric.** cod. apocr. n. t. 1. 654.) hat Aeglippus, ein König, die keusche Iphigenia zur Frau, die nach dem Tode ihres Mannes sich Christo weiht.

rechte Selbſtändigkeit hatten zugeſtehen wollen, indem ſie zu den Gileabiten ſprechen: Flüchtlinge Ephraims ſeyd ihr, um anzudeuten, daß Gilead nur ein Theil vom Stamme Joſephs wäre. Aber Jephta ſchlug ſie hart und richtete Iſrael ſechs Jahre. Nach ihm wich das Richterthum von Gilead.

Der Name Jephta's erſcheint nicht in ſpäterem Gebrauch. Einen tapferen Jüng= ling im jüdiſchen Krieg, den Joſephus *) Gyphthäus nennt, gibt Joſippon **) durch יפתח wieder. .

In bildlichen Darſtellungen iſt ſeine Begegnung mit der Tochter beſonderer Gegen= ſtand künſtleriſcher Ausführung. Die Kirche hat davon nicht eigentlichen Gebrauch ge= macht. In illuſtrirten Bibeln wird meiſt der Schrecken aufgefaßt, mit welchem der trauernde Jephta die Tochter ſich entgegenziehen ſieht. Kühn iſt die Darſtellung, welcher man in mancher lutheriſchen Bibel begegnet, nach der Jephta eben im Opfer begriffen iſt. Der Altar dampft; das Mädchen iſt an einen Baum gelehnt; Jephta hält ſie am Haar und ſchwingt das Meſſer ***).

Auch der bibliſchen Dichtung war das traurige Schickſal des Mädchens ein gefüger Stoff. Im Jahre 1751 componirte G. F. Händel ein Oratorium Jephta, deſſen Text eigenthümliche Namen und Wendungen in das bibliſche Drama einmiſcht. Die Tochter wird Jphis genannt. Die Mutter Storge. Der Bräutigam Hamor, wahrſcheinlich mit Bezug auf den in der Geſchichte Jakobs genannten Sohn Sichems und Freier Dina's. Obſchon der Dichter den Inhalt des Gelübdes durch ein »oder« in die beiden Fälle ſpaltet, welche die Vertheidiger eines unblutigen Opfers annehmen, ſo muß doch ein Engel erſt dem Helden die rechte Auslegung bringen. Im Jahre 1855 †) iſt ein neues Orato= rium erſchienen, in welchem der Text nach Worten des Alten Teſtaments gedichtet iſt, wodurch ein des alten Geiſtes würdiger Ton herrſchend wird. Die Tochter heißt Mir= jam. Ein Prophet rettet ſie und läßt ſie dem Herrn heiligen. Der romantiſche Zuſatz führt einen jungen Krieger Ephraim ein; der Gewalt brauchen will, um Mirjam zu befreien. Nach unſerem Bedünken reicht der bibliſche Inhalt aus, Drama und Muſik zu erfüllen. Romantiſcher Färbungen bedarf es nicht. Die Gewalt der Kataſtrophe iſt groß genug, um ſittlich zu erſchüttern und zu rühren. Die Wahrheit Gottes iſt die Adraſteia, welche lehrt, richtet und verſöhnt. *Paulus Caſſel.*

Jeremia, Prophet. I. Der Name יִרְמְיָהוּ (יִרְמְיָה, Jer. 27, 1; 28, 5. 10. 11. 15; 29, 1. Dan. 9, 2.; griechiſch Ἱερεμίας) iſt nicht mit Simonis (Onomast. V. T. p. 535) von יָרֵם יָהּ רום, elatus Domini), ſondern nach vielen Analogieen (z. B. יְכָנְיָה, יִרְחֲיָה, יִפְדְיָה) von רָמָה abzuleiten und kann nur bedeuten: Jova jacit, projicit, dejicit oder ejicit (cf. Hengſtenberg, Chriſtol. 2. Aufl. II, S. 400). Der Prophet dieſes Namens, deſſen Buch unter den prophetae posteriores die zweite Stelle einnimmt ††), war der Sohn eines Prieſters Hilkia aus Anathoth im Stamme Benjamin (1, 1; 11, 21 ff.; 29, 27; 32, 7 ff.). Ueber die Lage von Anathoth (jetzt Anata) vgl. Joſ. 21, 28. 1 Chr. 7, 60. Neh. 11, 32. Nach Euſebius (Onomaſt. s. v.) und Hieronymus (zu 1, 1; 11, 21; 32, 7.) lag es drei römiſche Meilen, nach Joſephus (Antiqq. X, 7. 3.) 20 Stadien, mithin, da beide Angaben nur um ½ römiſche Meile differiren, ungefähr eine Wegſtunde oder eine halbe geographiſche Meile nördlich (Jeſ. 10, 30.) von Jeruſalem.

---

*) De bello Judaico lib. 6. 1. 8.

**) Ed. Breithaupt lib. 6. cap. 47. p. 821.

***) Lüneburg 1683, Okt.

†) Jephta und ſeine Tochter. Ein Oratorium nach den Worten des Alten Teſtaments, comp. von Karl Reinthaler. Der Componiſt hat ſeine wahre Intention in einem Artikel der Elberfelder Zeitung Beilage Nr. 117. vom 29. April 1855 ausſprechen laſſen.

††) Ueber die Stellung Jeremia, Ezechiel, Jeſaja, welche die talmudiſche iſt, während die in unſern Ausgg. gebräuchliche von den Maſorethen herrührt, vgl. Talmud tr. Baba bathra F. 14. C. 2. Cf. Hävernick, Einl. II, 2, S. 26. De Wette, Einl. S. 13 u. 155.

Cf. *Robinson*, Palaest. II. p. 319 sq. Zeitschr. f. d. Kunde des Morgenl. Bd. II. S. 354 ff.
— Daß des Propheten Vater identisch sey mit dem Hohenpriester Hilkia (2 Kön. 22, 4 ff.
2 Chr. 34, 9 ff.), ist eine von mehreren Aelteren und Neueren (Clem. Alex., Hieron.,
Kimchi, Abarbanel, Eichhorn, v. Bohlen, Umbreit) aufgestellte Vermuthung, die aber so=
wohl durch das einfache מִן־הַכֹּהֲנִים, 1, 1., als auch dadurch widerlegt wird, daß der
Wohnort Anathoth weder überhaupt auf einen Hohenpriester noch insbesondere auf einen
solchen aus dem Hause des Eleasar (cf. 1 Chr. 5, 39. hebr. mit 24, 3. und 1 Kön.
2, 26.) schließen läßt. Jeremia wurde nach 1, 6 f. noch jung zum Propheten berufen,
und zwar nach 1, 2; 25, 3. im 13. Jahre des Josia, d. h. 629 a. Chr. nach der ge=
wöhnlichen Zeitrechnung, im J. 627 aber, wenn die Zerstörung Jerusalems in das J. 586
fällt, was aus den Angaben des Ptolemäischen Kanon hervorgeht, welchem zufolge das
19. Jahr des Nebucadnezar (2 Kön. 25, 8. Jer. 52, 12.) dem Jahr 586 a. Chr. ent=
spricht. Es war dies die Zeit, in welcher Josia nach 2 Chr. 34, 3. sein reformatorisches
Wirken schon begonnen hatte, und zugleich die Zeit, in welcher der Sturz Assurs durch
den Fall Ninive's (626 a. Chr.) nahe bevorstand. Jeremia tritt demnach auf in einem
Augenblicke, wo die hauptsächlichsten innern und äußern Feinde der Theokratie, der Gö=
tzendienst und Assur, gewaltige Schläge erlitten. Scheinbar treffliche Auspicien für die
Theokratie! Aber wir wissen, daß Josia's Reformation nicht nachhaltig wirkte*), und
daß an die Stelle Assurs sofort die noch furchtbarere Macht der Chaldäer trat. Es ist
bemerkenswerth, daß wir bei Jeremia auch nicht die Spur einer Illusion finden, die
etwa durch jene beiden Umstände wäre hervorgerufen worden. Nach 11, 21. ist es wahr=
scheinlich, daß Jeremia eine Zeit lang in seiner Vaterstadt Anathoth weissagend auftrat,
später aber finden wir ihn ganz in Jerusalem fixirt, wo er bald im Tempel (z. B. 7, 2;
26, 1 ff.), bald unter den Thoren der Stadt (17, 19.), bald im Gefängniß (32, 2.), bald
in des Königs Hause (22, 1; 37, 17.), bald auch an andern Orten (18, 1 ff; 19, 1 ff.)
durch Wort, Schrift (29, 1 ff. 36, 2 ff.) und Zeichen (18, 1 ff; 19, 1 ff.; 27, 2.) das
Wort des Herrn verkündigte. Die ersten 22 Jahre seiner prophetischen Wirksamkeit ver=
flossen ohne besondere persönliche Erlebnisse, auch ist uns von dem Inhalt seiner jener
Zeit angehörigen Reden wohl nur die Quintessenz in den älteren prophetischen Abschnitten
(Kapp. 2—10.) erhalten. Das Jahr 605 aber bildet einen entscheidenden Wendepunkt.
Es war dies das erste Jahr des Nebucadnezar (25, 1.), das Jahr der Schlacht bei
Karchemisch, des Anfangs der Ausbreitung der Chaldäerherrschaft über Vorderasien, der
Thatsache, welche mit der Vernichtung der ägyptischen Schutzherrschaft über Juda (2 Kön.
24, 7.) den Anfang der chaldäischen folglich das Exil in ihrem Schooße trug. Zwar hatte
Jeremia schon lange vorher den Untergang der Theokratie durch ein von Norden kom=
mendes Volk geweissagt, aber daß dieses Volk die Chaldäer seyen (die Natur der Weissa=
gung verkennend behaupten Eichhorn (hebr. Proph. II, 9 f.), v. Bohlen (Gen. S. 165),
Ewald (Proph. d. A. B. I. S. 361. 373. II. S. 9) u. a., jenes nordische Volk der
ältesten jeremianischen Weissagung seyen die Scythen), das hatte er noch nicht gesagt. Er sagt
es zum ersten Male in jener so bedeutsamen prophetischen Rede Kap. 25., welche recht
eigentlich als Grundriß des gesammten Umfangs der jeremianischen Weis=
sagung zu betrachten ist. Offenbar hatte das so hochwichtige Ereigniß jenes Jahres,
der Zusammenstoß der ägyptischen und chaldäischen Macht bei Karchemisch und der Sieg
der letzteren den äußern geschichtlichen Anstoß zu dieser Erweiterung des prophetischen
Blickes gegeben. Zwar griff Nebucadnezar nach jener Schlacht Judäa noch nicht an,
weil nach Berosus (bei Jos. Antiqq. X, 11, 1.) die Kunde von seines Vaters Tode ihn

---

*) Roos (Fußstapfen des Glaubens Abraham II, S. 732) macht hier die Anmerkung:
„Jeremia schien also mit seinen Bußpredigten und Weissagungen in eine gute Zeit gefallen zu
seyn. Allein der tägliche Inhalt seines Buches zeigt das Gegentheil an. Dies sollen sich alle
diejenigen zur Witzigung merken, die von der Gewalt der Obrigkeit eine allzugroße Hülfe zur
Bekehrung der Menschen erwarten und ohne dieselbe Nichts wagen und hoffen wollen."

schnell nach Babylonien zurückrief. Aber vier Jahre später (also im 8. Jahre des Joja=
kim, cf. Jos. Antiqq. X, 6, 1.) kam er wieder und nun machte er Judäa zinsbar, 2 Kön.
24, 1. War nun Jeremia's Lage schon vor dem Auftreten der Chaldäer auf dem Schau=
platze eine gefährliche dadurch gewesen, daß er, wenn gleich in allgemeinen Ausdrücken,
Untergang im Falle der Unbußfertigkeit ankündigte (26, 1 ff.), so wurde sie es noch mehr,
nachdem jenes Ereigniß Veranlassung zu einem zwiefachen Fortschritt in der Thätigkeit
des Propheten gegeben hatte. Für's Erste nämlich ist hoch bedeutsam, daß Jeremia nach
der Schlacht bei Karchemisch für die nächste Zukunft nicht nur der Theokratie, sondern
auch des Chaldäerreiches und der von demselben zu unterwerfenden Völker ein ganz be=
stimmtes prophetisches Programm aufstellt, welches so lautet: Weil ihr, Einwohner
von Juda und Jerusalem, nachdem ich 23 Jahre lang vom 13. J. des Josia an euch
das Wort des Herrn verkündigt habe, nicht hören wollt, so sollt ihr in die Hände Nebu=
cadnezars, des Königs von Babel gegeben werden. Nicht aber ihr allein, sondern auch
Aegypten, Uz, die Philister, Phönicier, Edom, Moab, Ammon, die Araber, Elamiter
und Meder (25, 19—25.). Und zwar soll Widerstand gegen jenes Werkzeug Gottes
nichts helfen, vielmehr nur zu noch größerem Unheil führen (27, 8.); weßhalb das ein=
zige Mittel gegen gänzlichen Untergang freiwillige Unterwerfung seyn wird. Die solches
thun, sollen wenigstens in ihrem Lande bleiben und es bauen und bewohnen dürfen (27,
11.). Siebenzig Jahre lang sollen alle diese Völker dem Könige von Babel dienen; wenn
aber siebenzig Jahre um sind, soll der König von Babel und das Land der Chaldäer
selbst heimgesucht (25, 11 ff. coll. 27, 7; 29, 10.) und Israel von ihrer Obmacht wieder
befreit werden. Dies ist Jeremia's großes prophetisches Programm, das er in jenem
vierten Jahre des Jojakim für die nächsten siebenzig Jahre aufstellte. Denn es ist offen=
bar, daß er die siebenzig Jahre von dem erwähnten Zeitpunkte an rechnet. Obgleich er
es nicht mit ausdrücklichen Worten sagt, so geht es doch daraus hervor, daß er von dem
genannten Momente an die Obmacht Nebucadnezars mit merkwürdiger Bestimmtheit ge=
wissermaßen als fait accompli betrachtet. Obgleich sie dieses der äußeren Wirklichkeit
nach noch nicht war, so war sie es doch nach der innern, dem Propheten allein erkenn=
baren. Ihm erschien der Sieg bei Karchemisch als das Prinzip, welches mit unabänder=
licher Nothwendigkeit als erste Manifestation eines göttlich gefaßten Rathschlusses alle
späteren Erfolge jenes Fürsten in seinem Schooße trug. Deßhalb stand es ihm fest, daß
vom Jahr 605 an Nebucadnezar wenn auch nicht de facto doch de jure und zwar de
jure divino aller der 25, 11 ff. genannten Völker Herr und Gebieter war. Vergl. über
diese Form der implicirenden Weissagung Hävernick, Einl. II, 2. S. 46 f. — Was
die chronologische Bestimmung des Anfangstermins betrifft, so gehe ich, wie bemerkt, von
der Angabe des Ptolemäischen Kanons als der sichersten Norm aus, nach welcher des
Nebucadnezars Regierungsanfang, mithin auch die Schlacht bei Karchemisch in's Jahr 605
a. Chr. fiel*). Setzen wir nun das Ende des Exils in's Jahr 536 (Esr. 1, 1.), so
sind dies, das Anfangsjahr mit eingerechnet gerade 70 Jahre (cf. Hitzig zu Jer. 25, 11 f.).
— Der zweite wesentliche Fortschritt, den wir in der prophetischen Thätigkeit Jeremia's
von dem erwähnten Zeitpunkte an wahrnehmen, ist der, daß Jeremia in jenem nämlichen
vierten Jahr des Jojakim einem Befehle des Herrn gemäß seine Weissagungen schrift=
lich aufzeichnet (Kap. 36.). Daß gerade in diesem Jahre ein solcher Befehl an ihn
erging, ist ein deutlicher Beweis dafür, daß seine Prophetie nun zu einem Punkte ent=
scheidenden Abschlusses gekommen war. Was wir im 25. und den dazu gehörigen Kapi=
teln lesen, ist Kern und Mittelpunkt der jeremianischen Weissagung; auf diesem Punkte
angelangt war sie fertig und reif schriftlich fixirt zu werden. Zugleich aber sollte nun auch
durch den gewaltigen Gesammteindruck der jetzt erst zu einem Ganzen vereinigten, früher
nur einzeln vernommenen Reden ein letzter Stoß auf das harte Herz des Volkes versucht
werden (36, 3. 7.). Aber die Härtigkeit dieses Herzens widerstand dem göttlichen Gna=

---

*) Cf. Hofmann, ägypt. und israelit. Zeitrechnung S. 54.

denerweise. So kam denn Nebucadnezar wenige Jahre nach der Schlacht bei Karchemisch wirklich, um die von ihm geweissagten Dinge wahr zu machen. Jojakim ward ihm unterthänig drei Jahre (2 Kön. 24, 1.). An Jojakims Stelle, der ein schmähliches Ende nahm (vgl. 2 Kön. 24, 6. 2 Chr. 36, 6. mit Jer. 22, 18 f.; 36, 30.), kam sein Sohn Jojachin, der nur drei Monate regierte. Nebucadnezar, der des jüdischen Staates Schwächung, wie es scheint, bereits beschlossen hatte, sendet zuerst seine Truppen wider Jerusalem, ohne daß von einer Rebellion gegen ihn die Rede wäre. Diesen widersteht Jojachin; wie aber Nebucadnezar selber kommt, ergibt er sich (יצא, 2 Kön. 24, 12.). Die Politik jener orientalischen Herrscher, wenn sie einen Staat bis zur Unschädlichkeit entkräften wollten, bestand darin, durch Wegführungen in's Exil ihm seine besten Kräfte zu entziehen (s. d. Art. Babyl. Exil). So that Nebucadnezar mit Juda, und die Aderlässe, welche er ihm damals beibrachte, war die stärkste unter den vielen, welche der kleine Staat durch ihn erlitten hat. Man sieht dies aus 2 Kön. 24, 13—16. Jer. 29, 1; 52, 28. Jojachin (dessen Ende Jer. 52, 31—34. 2 Kön. 25, 27—30. erzählt wird) hatte zum Nachfolger seinen Oheim Zedekia, Sohn des Josia (Jer. 37, 1. 2 Kön. 23, 34.). Unter Zedekia wurde nun die Lage des Propheten in demselben Maße peinlicher als die Gottlosigkeit und zugleich die Verstockung des Volkes und insbesondere seiner Leiter (Jer. Kapp. 21—24.) sich steigerte. Zwar kündigt der Prophet noch jetzt unter der Bedingung aufrichtiger Buße Gnade an (21, 11 ff.; 22, 3 ff.; 34, 4 f.); auch machen sie wirklich einmal einen kleinen Anfang zur Besserung (34, 8 ff.), — aber das war nur eine vorübergehende, schnell erkaltete Regung. Zedekia, der nach 2 Chr. 36, 13. Nebucadnezar eidlich hatte Treue geloben müssen, brach seinen Eid. Da Nebucadnezar erst im 9. Jahr (des Zedekia) gegen ihn zu Felde zieht (2 Kön. 25, 1. Jer. 52, 4.), wird er es kurz vor dieser Zeit gethan haben. Zedekia ward zu seinem Abfall bewogen durch die Aussicht auf den Beistand des Königs von Aegypten Pharao Hophra (Ez. 17, 15. Jer. 37, 5.). Aber diese Hülfe kam erst, als die Chaldäer schon die Stadt belagerten. Ihr Abzug, den Aegyptern entgegen, erweckte trügerische Hoffnung. Jeremia zerstört sie (37, 6—11.). Von da an beginnt seine eigentliche Leidenszeit. Zwar war er schon vorher (Jer. 11, 18; 15, 20 f.; 18, 18 ff.; Kap. 20.) von aller Art Plage und Gefahr nicht frei gewesen, aber von jetzt an nimmt die Verfolgung gegen ihn einen continuirlichen und bis auf's Aeußerste gesteigerten Karakter an. Ein Vorwand bietet sich dar, ihn in's Gefängniß zu werfen (37, 11—26.), das er von nun an bis nach der Einnahme der Stadt nicht mehr verläßt. Zwar sieht sich der König genöthigt, wiederholt den verhöhnten und gehaßten Propheten um Rath zu fragen (37, 17 ff.; 38, 14 ff.), aber der schwache Mann vermochte nichts gegen den Willen seiner Vornehmen, in welchem aller Haß gegen den die fleischlichen Gesinnungen des Hochmuths und Trotzes so strenge niederbeugenden Propheten concentrirt war. Weil Jeremia selbst im Gefängnisse noch beharrlich den Rathschluß des Herrn verkündigte, daß Jerusalem den Feinden müsse übergeben werden, und daß nur der sein Leben davon bringen werde, der sich freiwillig den Chaldäern ergebe, ließen sie ihn in eine Grube voll Schlamm werfen, aus welcher er nur durch die Fürsprache eines königlichen Eunuchen, des Kuschiten Ebed-Melech (dessen Belohnung dafür, 39, 16—18.) errettet wurde (38, 1—13.). Dies war der Gipfelpunkt der persönlichen Leiden Jeremia's. Wie furchtbar diese waren, sehen wir deutlich aus der zwar klaglosen, aber durch ihr Schweigen nur um so beredteren Darstellung des Kap. 39. Hochbedeutsam ist es, daß gerade in diese schrecklichste Zeit des Propheten und mitten in die unmittelbaren Vorbereitungen zum gänzlichen Sturze der Theokratie hinein die herrlichste Weissagung des Propheten fällt, nämlich jene vom יהוה צדקנו, Kap. 33. Gerade im tiefsten Leide hat der Herr auch hier wieder den höchsten Trost gespendet. Die Veranlassung zu dieser trostvollen Verkündigung wird Kap. 32. erzählt. Es war ein Fall, der als ein geistlicher Pendant jenem Erweise natürlichen Heldenmuthes zur Seite steht, von welchem Livius erzählt XXVI, 11. (per eos dies eum forte agrum, in quo ipse [Hannibal] castra haberet, venisse, nihil ob id diminuto bretio). — Endlich, im 11. Jahr des Zebelia, ward Jerusalem eingenommen. Ueber das Schicksal des Propheten hiebei besteht scheinbar eine doppelte Relation, in dem es nach 39, 11—14. scheint, als sey Jeremia schon in Jerusalem freigelassen worden, während er doch nach 40, 1 ff. in Ketten bis Rama geschleppt und dort erst freigegeben wird. Indeß ist der Widerspruch nur scheinbar, wie auch durch das וַיֵּשֶׁב בְּתוֹךְ הָעָם, 39, 14. angedeutet wird. Denn blieb Jeremia nach seiner Freierklärung durch die Hauptleute unter dem Volke, so konnte er leicht durch die Kriegsknechte im Getümmel allem anderen Volke gleich behandelt werden (cf. Hitzig, Jerem. S. 325). Nach seiner Freilassung begab sich Jeremia zu dem von Nebucadnezar eingesetzten Statthalter Gedalja nach Mizpa (40, 1—6.); da aber dieser bald darauf getödtet wurde, zwang ihn das Volk mit nach Aegypten zu ziehen, wiewohl er diesen Zug als Gott mißfällig auf's Nachdrücklichste widerrathen hatte (41, 17.—43, 7.). In Tachpanhes oder Taphnä (Τάφναι, LXX) ließen die Juden sich nieder. Da ließ Jeremia noch einmal seine prophetische Stimme ertönen und verkündigte durch Wort und Zeichen (43, 8—13. 44.) nicht nur dem ungehorsamen, auch in Aegypten noch abgöttischen Volke, sondern auch Aegypten selbst und seinem Könige den Untergang. Dies ist das letzte, was wir aus biblischen Quellen über Jeremia vernehmen. Weiterhin haben wir über ihn nur Sagen. Nach Hieronymus (adv. Jovin. 2, 37.), Tertullian (Scorp. 8. cf. Seder ol. rabba 26.) wurde er in Aegypten und zwar nach Epiphanius (περὶ τῶν προφητῶν etc. Opp. II. p. 239 cf. Fabric. Cod. pseudep. V. T. p. 1110 sqq.) zu Taphnä gesteinigt *). Eine andere Sage läßt Alexander den Großen von Taphnä Asche nach Alexandrien bringen (Dorotheus σύγγραμμα im Chron. pasch. p. 156, ed. Dindorf p. 292). Jetzt wird in Kairo sein Grab gezeigt (Lucas, Reise in's Morgenland I, 37). — So sehr Jeremia bei seinen Lebzeiten von seinen Landsleuten war angefochten worden, ebenso sehr wurde er nach seinem Tode von ihnen verehrt. Es ist sehr natürlich, daß seine das Exil betreffenden Weissagungen in hohem Grade Gegenstand der Verehrung und des Studiums für die im Exile lebenden Juden wurden, cf. Dan. 9, 2. 2 Chr. 36, 21 f. Esr. 1, 1. War doch die Zerstörung der heiligen Stadt und das Exil selbst die glänzendste Rechtfertigung des bei seinen Lebzeiten so arg verhöhnten und verfolgten Propheten. Wie es nun in ähnlichen Fällen nicht selten geschieht, so trat auch hier in Bezug auf die Werthschätzung des Propheten allmählig ein vollständiger Umschwung ein. Seine Person verklärte sich zu einer ganz idealen Gestalt, eine Menge wunderbarer Sagen verherrlichten ihn (cf. 2 Makk. 2, 1 ff.; 15, 14 f. Epist. Jerem.) und er erschien seinen Landsleuten allmählig so sehr als der größte aller Propheten, daß sie ihn geradezu ὁ προφήτης nannten und an seine Wiederkunft am Ende der Tage glaubten, in welchem Sinne selbst 5 Mos. 18, 15. gedeutet wurde. Selbst im N. T. wird auf diesen Glauben als einen noch vorhandenen angespielt, Matth. 16, 14. Joh. 1, 21. coll. 6, 14; 7, 40. Cf. Sirach 49, 6—8. Carpzov, introd. P. III. C, 3. §. 2. Bertholdt, Christ. Jud. §. 15. p. 61—67. Derselbe, Einl. IV, S. 1415 ff. De Wette, bibl. Dogmatik §. 197.

II. Aus dieser geschichtlichen Darstellung kann entnommen werden, unter welch eigenthümlich schwierigen Verhältnissen Jeremia sein prophetisches Amt zu verwalten hatte. Man kann wohl sagen, daß Jeremia den schwersten Beruf hatte, den je ein Prophet gehabt hat. Von Natur weichen Gemüthes und schüchtern, viel eher eine Johannes=Natur, als ein Petrus, oder ein Täufer, oder gar ein Elias, hatte er nichtsdestoweniger die Aufgabe, einen Kampf auf Leben und Tod mit gewaltigen und erbitterten Feinden zu

---

*) Welches Alter Jeremia erreicht habe, ist nicht möglich genau zu bestimmen, da wir weder die Zeit seiner Geburt, noch die seines Todes genau kennen. Eine gewöhnliche Annahme ist, daß er bei seiner Berufung (נַעַר, 1, 6) 20 Jahre alt gewesen sey. Dann war er 586 61 Jahre alt. Wäre nun 52, 31 ff. ächt, so hätte er freilich ein sehr hohes Alter erreicht. Da dies aber nicht der Fall ist, so gibt es in Bezug auf die Frage, wie lange er nach 586 noch in Aegypten gelebt, nur Vermuthungen. Richter z. B. in der erkl. Hausbibel berechnet den Aufenthalt in Aegypten auf ungefähr sieben Jahre.

führen. Seines Volkes Versunkenheit in die fleischliche Lust des Götzendienstes, seinen Trotz auf das Privilegium der Auserwähltheit und auf die scheinbar unzerstörbare steinerne Garantie des הֵיכַל יְהוָה (7, 4.), in Folge deren die hartnäckige Weigerung, dem Befehle des Herrn sich zu fügen, der Unterwerfung unter die Chaldäer als einziges Rettungsmittel gebot — dies Alles hatte Jeremia zu bekämpfen. Und wie wenn er an der Feindschaft seines eigenen Volkes nicht genug gehabt hätte, mußte er noch mit drohendem Wort und Zeichen (Kapp. 25. 27. 46—51.) auch fremden Völkern das ihnen von Nebucadnezar drohende Gericht verkünden. So erhob sich denn von allen Seiten furchtbarer Haß und dabei eben so furchtbarer Hohn gegen den Propheten, am stärksten aus der Mitte seines eigenen Volkes. Sein Leben war in beständiger Gefahr (11, 21; 20, 10 ff.; 38, 4 ff.), seine Ehre beständiger Verhöhnung preisgegeben (20, 7—9. Klagl. 3, 14.). Er verflucht deßhalb wie ein zweiter Hiob seinen Tag (20, 15.), und wünscht sehnlich, des Amtes, das er nur mit Zittern und Zagen übernommen, ledig zu seyn (20, 9.). Aber das Bewußtseyn des Berufes läßt ihm keine Ruhe: "und es war in meinem Herzen wie ein brennendes Feuer verschlossen in meinen Gebeinen, und ich ward müde es zu ertragen und vermochte es nicht (20, 9.)." Doch des Herrn Kraft war auch in diesem Schwachen mächtig: "und siehe, ich mache dich heute zur festen Stadt und zur eisernen Säule und zur ehernen Mauer wider das ganze Land (1, 18 f.)." Dessen bedurfte es auch. Denn keine geringere als des Herrn Macht vermochte ihn aufrecht zu erhalten inmitten der doppelten Unglücksschläge, die ihn allein und die ihn in Gemeinschaft mit seinem Volke trafen, welche letzteren vielleicht Keiner so tief empfand, als er (cf. 32, 17—25). So war denn Alles und Alle wider ihn, er aber stand allein da, wenigstens in der Zeit des höchsten Unglücks, ohne einen Beschützer oder auch nur einen Berufsgenossen zur Seite zu haben*). Denn von den ihm gleichzeitigen Propheten fallen Zephanja (1, 1.) und die Prophetin Hulda (2 Kön. 22, 14. 2 Chr. 34, 22.) in die Zeit des Josia; Habakuk aber (s. d. Art.) und Uria (26, 20 ff.) in die Zeit des Jojakim, also noch in die erste, ruhigere Periode seines Lebens. Ezechiel und Daniel erlebten zwar mit ihm die große Katastrophe, aber sie weilen in weiter Ferne, selbst bereits im Exile, Jeremia kann in ihnen keinen Rückhalt finden. Zwar lesen wir, daß hie und da sogar im Volke und bei den Fürsten (26, 16. 24.) eine günstige Stimmung für ihn laut wurde; selbst der König Zedekia war ihm, wie oben gezeigt, im Geheimen gewogen, und auch sonst mochte er in den niederen Kreisen manchen Freund haben wie seinen Baruch (Kap. 45.) oder jenen Ebed-Melech — aber was war dies Alles gegen die constante Feindschaft der großen Masse des Volkes und seiner Leiter, der Fürsten, Priester und falschen Propheten! Wenn denn nun Jeremia inmitten jener großen Katastrophe, welche die tiefste Stufe der vorchristlichen Geschichte der alttestamentlichen Theokratie repräsentirt, allein dasteht wie ein Fels im Meere, allem Anstürmen der gottfeindlichen Mächte nicht in Kraft natürlicher Begabung Widerstand leistend, sondern lediglich in Kraft des göttlichen Geistes, der ihn wider seinen Willen zum prophetischen Amte sich erkoren hatte, so sehen wir hier den "Knecht Gottes," sofern er im Gebiete prophetischen Personlebens sich darstellt, auf der höchsten Stufe seiner alttestamentlichen Geschichte. Ich kann nun nicht finden, daß diesem typischen Momente Johannes der Täufer als Antitypus entspreche (Hengstenberg, Christol. II, S. 400). Ich behaupte, ihm entspricht kein geringerer als Christus selbst. Denn der ersten Zerstörung Jerusalems entspricht offenbar die zweite. Und wie Jeremia der Prophet der ersten war, so der Herr der der zweiten (Matth. 23, 29—39. Luk. 13, 34 f.; 19, 41—44; 23, 27—31.). Und zwar weil der Herr dem durch und durch verdorbenen Volke verkündigte, was zu seinem Frieden diente, weil das aber nach ihrem Sinne und deßhalb vor ihren Augen verborgen war (Luk. 19, 42.), so ward er von ihnen nach kurzer Gunst gehaßt, verfolgt, verhöhnt und gekreuzigt. So haben sie das Maß ihrer Väter erfüllt, Matth. 23, 32. Ihrer Väter Prophetenhaß aber gipfelte in dem, was an

---

*) Daß der Prophet auch nicht verheirathet war, wird nicht mit Unrecht aus 16, 2. geschlossen.

Jeremia geschehen ist. So sind also der Herr und Jeremia die zwei correspondirenden Spitzen in der alt= und neutestamentlichen Geschichte des Knechtes Gottes. Wenn nun die Ueberschrift des 22. Psalmes nicht wäre, so würde ich unbedingt (wenn gleich nicht aus denselben Gründen wie Ewald, Hitzig u. A.) Jeremia für den Verfasser desselben erklären. Denn davon, daß der Psalm der Lage Davids in der Saulischen Verfolgung entspreche (was auch Hengstenberg bestritten Comm. ü. die Pf. II, S. 4), hat mich auch Hofmann (Schriftbeweis II, 1. S. 118 ff.) nicht überzeugt. Daß er aber der Lage des gehaßten, von Allen verlassenen, wegen seines Vertrauens auf Jehova verhöhnten Propheten vollkommen entspreche, und daß folglich (da die Authentie aller Psalmenüberschriften nicht erwiesen und nicht erweisbar ist), der Herr, wenn er am Kreuze die Anfangs= worte des Psalmes in seinen Mund nahm, so recht als der Erfüller gehandelt hat, — dies näher zu erörtern, ist hier nicht der Ort. Ebenso wenig kann ich mich auf die Frage einlassen, ob Jeremia auch der Verfasser anderer Psalmen sey, z. B. des 31. 69. 71. 79. Man vergl. darüber Hitzig, Begriff der Kritik S. 63 ff. und die Commentare von Ewald, Hitzig, Maurer, Vaihinger zu diesen Psalmen. Daß Jeremia übrigens Dichter war, ist aus seinem prophetischen Buche, sowie aus seinen Klagliedern (vergl. auch die Angabe 2 Chr. 35, 25.) ersichtlich genug.

III. Was den schriftstellerischen Karakter des Jeremia betrifft, so bestätigt sich auch bei ihm im Allgemeinen jenes bekannte: le style c'est l'homme. Wie eine eherne Mauer und doch zugleich wie weiches Wachs erscheint uns Jeremia als Schriftsteller. Ehern nämlich, sofern keine Macht der Welt im Stande ist, ihn vom Grundton seiner Verkündigung abzubringen. Weich aber, sofern man durchfühlt, daß ein Mann weichen Gemüthes und gebrochenen Herzens diese mächtigen Worte gesprochen hat. Deßhalb fehlt seinem Styl die großartige, kühne Gedrungenheit und Concentration, die wir bei älteren Propheten wie bei Jesaja und Hosea so sehr bewundern. Seine Perioden sind lang, die Ausführung wortreich. Auch wo er Aussprüche Anderer anführt, thut er es gern so, daß er sie ihrer Härten oder Schärfen beraubt und in eine mildere Form gleichsam umgießt. Vgl. *Kue- per*, Jerem. librorum ss. interpres (Berlin 1837) p. XIV: „saepius complura epitheta adduntur et difficiliora vel audaciora aut fusius explicantur, aut formis aetate Jeremiae usitatioribus recepta in speciem leviorem abeunt.“ Auch in der Dialektik des Propheten zeigt sich dieselbe Eigenthümlichkeit. Während er seine Grundgedanken mit so unerschüt= terlicher Monotonie festhält, daß der Inhalt der prophetischen Rede beinahe arm erscheint (er ließe sich auf wenige Zeilen reduciren), so zeigt sich doch andrerseits in der Ausführung ein solcher Reichthum, daß die Einheit und Consequenz des Gedankens darunter zu leiden scheint. Denn nicht wird dialektisch entwickelnd eins aus dem andern gefolgert, sondern wir sehen vor unsern Augen gleichsam eine Reihe von Tableaux vorbeirollen, von denen jedes dieselben Hauptpersonen und denselben Schauplatz aber in den mannichfaltigsten Gruppirungen darstellt (cf. meine Schrift: der Prophet Jerem. und Babylon, Erlangen 1850, S. 32 f.). Diese Tableaux bilden dann die Strophen, in welche die Rede des Propheten augenscheinlich sich gliedert, so zwar, daß so ziemlich ein gleiches Maß und gleicher Bau bei allen wiederkehrt (cf. Ewald, die Propheten des A. B. II, S. 13). Diese Eigenthümlichkeit seiner Dialektik widerlegt den Vorwurf, den man Jeremia ge= macht hat, daß er nämlich unlogisch von einem zum andern springe und sich beständig wiederhole (cf. Maurer: non ad certum quendam ordinem res dispositae sunt et de- scriptae, sed libere ab una sententia transitur ad alteram). Die Uebergänge sind aller= dings im Ausdruck nicht logisch vermittelt, aber deßhalb ist der logische Fortschritt inner= lich doch da, und die Wiederholungen sind eben jenes tableauxartigen Styles noth= wendige Folge. Aber auch eine andere Art der Wiederholung ist bei Jeremia sehr häufig, nämlich die, daß er sich nicht nur selbst sehr oft citirt (eine Tabelle dieser Selbstcitationen s. in meiner angef. Schrift S. 128 f.), sondern auch, was Andere gesagt haben, gerne und oft wiedervorbringt. Namentlich lebt Jeremia im Pentateuch und unter den fünf Büchern desselben wieder vorzugsweise im Deuteronomium (cf. *Kueper*, die angeführte

Schrift, und König, altteſt. Studien, 2. Theil: Das Deuteronomium und der Proph. Jer.). Mit dieſer häufigen Reproduktion fremder Gedanken hängt der Vorwurf zuſam= men, daß es ihm an Originalität und Kraft fehlen ſoll (cf. Knobel, Prophetismus der Hebräer II, S. 267 f.). Derſelbe iſt aber ſo wenig begründet als der andere, daß es ihm an Poeſie fehle. Was das Erſte betrifft, ſo müßte man doch erſt bewieſen haben, daß Jeremia nichts oder doch nur ſehr weniges und unbedeutendes ſelbſt producirt habe, denn an ſich iſt das Sichvertiefen in Vorgänger doch gewiß mehr ein Lob als ein Tadel. Was aber den Mangel an Poeſie betrifft, ſo verweiſe ich einfach auf Umbreit, der in ſeinem Commentare S. XV ff. Jeremia gerade die am meiſten poetiſche Natur zuſchreibt. Daß übrigens die Form bei Jeremia nicht eben große Feile verräth, kann nicht geläugnet werden. Darauf bezieht ſich auch das Urtheil des Hieronymus: „sermone aliis prophe- tis videtur esse rusticus,“ — wiewohl auf der andern Seite Cunäus (de rep. Hebr. Lib. III. cap. 7.) mit Recht ſagt: „Jeremiae omnis majestas posita in verborum neglectu est, adeo illum decet rustica dictio.“ Endlich iſt in ſprachlicher Hinſicht noch zu bemer= ken, daß ſich bei Jeremia der Einfluß des aramäiſchen Idioms ſchon in ziemlichem Grade bemerklich macht. Cf. Hävernick, Einl. I, 1. S. 231 ff. Knobel, Jeremias chaldai- zans, dissert. Vratisl. 1831.

IV. Gehen wir nun zu dem Buche des Propheten über, ſo ſtoßen wir vor Allem auf die Frage nach der Anordnung deſſelben. Ich kann mich mit der Aufzählung der mannichfachen hierüber obwaltenden Anſichten hier nicht befaſſen, ſondern muß in dieſer Beziehung auf die Einleitungen und Commentare verweiſen. Ich begnüge mich, einfach über die Sachlage zu berichten und meine Anſchauung von derſelben vorzutragen. Soviel iſt gewiß, daß das Buch Jeremia innerhalb des einleitenden erſten und des ſchließenden 52. Kapitels, deſſen Authentie ſehr zweifelhaft iſt, in zwei Haupttheile von ungleicher Länge zerfällt. Der erſte Theil umfaßt Kapp. 2—45.: theokratiſche d. h. auf die Theo= kratie ſelbſt bezügliche Weiſſagungen, wobei Kap. 45. (auf Baruch bezüglich) als Anhang zu betrachten iſt. Der zweite Theil umfaßt Kapp. 46—51.: Weiſſagungen gegen fremde Völker. So weit iſt die Anordnung des Buches ganz klar. Cf. De Wette, Einleit. S. 323. Auch im erſten Theil kann nur über die Anordnung von Kapp. 21—36. Frage entſtehen, denn die Kapp. 2—20., ſowie 37—44. folgen ſich in chronologiſcher Ordnung. Ehe wir aber auf den genannten fraglichen Punkt (Kapp. 21—36.) eingehen, müſſen wir vorher noch einen andern Gegenſtand in's Auge faſſen.

Wir leſen nämlich Kap. 36., daß Jeremia auf des Herren Befehl ſeine Weiſſagungen aufſchrieb und in ein Buch zuſammenſtellte. Dieſes Buch, einmal verbrannt und dann neu angefertigt, kann, wenn man 36, 1. mit VV. 5. und 32. vergleicht, nicht wohl vor dem 6. J. des Jojakim in ſeiner letzten Geſtalt vollendet geweſen ſeyn. Daß nun aber unſer gegenwärtiges Buch nicht das damals vollendete ſeyn kann, geht nicht nur daraus hervor, daß in unſerem Buche ſehr viele Stücke ſtehen, die nach jenem 6. Jahr des Jo= jakim geſchrieben ſind, ſondern auch daraus, daß 1, 2 f. als die Zeitgrenze der in dem Buche enthaltenen Dinge einerſeits das 13. Jahr des Joſia und andrerſeits der 5. Monat des 11. J. des Zedekia bezeichnet wird. Man ſieht daraus, daß Jeremia, was er nach dem 6. J. des Jojakim geweiſſagt hat, nachgetragen und daß er nach dem 5. Monat des 11. J. Zedekia einen neuen Abſchluß gemacht hat, wozu die damals eingetretene Ka= taſtrophe ſehr natürlich Veranlaſſung gab. Doch auch dieſe Zeitangabe wird durch den Inhalt des Buches noch überſchritten, denn wir finden Kapp. 40—44. noch gar viele Er= eigniſſe ſpäteren Datums, alles das nämlich, was ſich bis zur letzten Weiſſagung in Aegypten von der Zerſtörung an zugetragen. Es muß alſo entweder der Prophet ſelbſt dieſe Nachträge noch gemacht haben ohne die Zeitangabe 1, 3. zu ändern (— denn daß 1, 3. kein terminus exclusivus ſey, wie Hävernick meint, iſt nicht glaublich (— warum ſollte denn der Prophet den wahren, 5—6 Jahre ſpäter fallenden Endpunkt nicht benannt haben?), oder ein Anderer hat die nach Zedekia 11. verfaßten Reden dem Buche einverleibt. Daß aber überhaupt das Buch nicht mehr in der urſprünglichen Ordnung ſeiner Theile uns vorliegt, ist freilich im höchsten Grade wahrscheinlich. Denn nicht nur scheint 1, 2 f., 36, 2. auf eine chronologische Ordnung des ursprünglichen Werkes hinzudeuten, sondern es spricht auch, wie sich nachher im Einzelnen zeigen wird, der Karakter der im kritischen Theile des jetzigen Buches befolgten Anordnung, die ein eigenthümliches Gemisch von Sach= und chronologischer Ordnung ist, dafür, daß wir sie nicht als ein Werk des Pro= pheten selbst zu betrachten haben. Ob nun nach dem Propheten nur einer, oder ob meh= rere Ordner über das Buch gekommen seyen, wollen wir hier nicht untersuchen. Man vergl. die Einleitungen und Commentare.

Sehen wir uns nun die Ordnung und Folge der Stücke selbst an, so ist die Auf= findung derselben dadurch leicht gemacht, daß alle Abschnitte durch Ueberschriften bezeichnet sind. Der Grundtypus dieser Ueberschrift ist: הַדָּבָר אֲשֶׁר הָיָה אֶל יִרְמְיָהוּ מֵאֵת יְהֹוָה (7, 1; 11, 1. u. ö.), welcher aber nach den Umständen auch verkürzt und modificirt vor= kommt, cf. Ewald, Proph. d. A. B. II, S. 12. So ergeben sich denn folgende Ab= schnitte: I. Kap. 2. II. Kap. 3, 1—6, 30., wobei zu bemerken, daß die Ueberschrift 3, 6. wohl vor 3, 1. gehört, um sich an das isolirt stehende לֵאמֹר anzuschließen. III. 7, 1— 10, 25. IV. 11, 1. — 13, 27. V. 14, 1. — 17, 27. VI. 18, 1. — 20, 18. Dies ist die Reihe der ausschließlich prophetische Rede enthaltenden Stücke, in welchen nur ganz zer= streut eine historische, eine chronologische Notiz aber gar nicht vorkommt, sofern man nicht die Angabe 14, 1. (עַל דִּבְרֵי הַבַּצָּרוֹת) als eine solche gelten lassen will. Merkwür= dig ist nur, daß gerade diese Stücke, welche aller chronologischen Bezeichnungen entbehren, chronologisch geordnet sind, während die folgenden, an chronologischen Daten reichen Stücke im Allgemeinen wenigstens nicht in chronologischer Reihenfolge stehen. Denn es kann jetzt als ausgemacht und anerkannt gelten, daß die vorhin aufgezählten sechs Ab= schnitte in dieser zeitlichen Ordnung auf einander folgen, indem der erste und zweite der Zeit des Josia, der dritte und vierte der Zeit des Jojakim und Jojachin, der fünfte und sechste der Zeit des Zedekia angehört, was wir aber hier ebenfalls nicht genauer nach= weisen können.

Der siebente Abschnitt umfaßt nun Kap. 21, 1. — 24, 10., und mit diesem Abschnitt beginnt die bis Kap. 36. reichende Reihe derjenigen Kapitel, in deren Ordnung und Folge die Ausleger von jeher ein festes Prinzip vermißt haben. Wir werden sehen, inwieweit dieser Vorwurf gegründet ist. Für's Erste ist Kap. 21. offenbar deßwegen an Kap. 20. angeschlossen, weil in beiden der Name Paschur an der Spitze steht (20, 1; 21, 1.). An Kap. 21. schließt sich Kap. 22. wohl um deßwillen an, weil Kap. 22. mit demselben Ge= genstand anfängt, mit welchem Kap. 21. schließt (cf. 21, 12 ff. mit 22, 3 ff.). Kap. 22. aber ist integrirender Theil eines größeren Ganzen, das Kapp. 22. u. 23. umfaßt und Weissagungen gegen die Leiter der Theokratie, Propheten und Könige, enthält. An letz= teres schließt sich Kap. 24. um deßwillen an, weil es demselben historischen Momente angehört, nämlich der Zeit nach Jojachins Sturze, mit welchem das vorangehende Stück (22, 24—30.) abschließt. — Der achte Abschnitt umfaßt Kap. 25, 1—29, 32.; Kap. 25. ist jene von mir oben als die centrale bezeichnete Weissagung, welche freilich chronologisch genommen zu Kap. 24. nicht in richtigem Verhältnisse steht. Aber bedenkt man, daß die historischen Kapitel 21—24. aus dem vorhin angegebenen Grunde an Kap. 20. sich an= schloßen, bedenkt man ferner, daß der Complex der Kapp. 25—29. nach dem Complex 30—33. noch weniger am Platze gewesen wäre, und nimmt man endlich dazu, daß die Stellung in der Mitte eigentlich die dem Inhalte dieser Weissagung entsprechendste ist, so darf es uns nicht befremden, Kap. 25. und was dazu gehört, an dieser Stelle zu finden. Wie aber gehören Kapp. 26—29. zum 25.? Für's Erste steht Kap. 27. mit Kap. 25., wenn man V. 2 ff. mit 25, 15 ff. vergleicht, im augenscheinlichsten innern Zusammen= hang. An Kap. 27. aber schließt sich Kap. 28. nicht nur deßwegen an, weil es nach V. 1. in dieselbe Zeit gehört, sondern auch deßwegen, weil es wie Kap. 27, 9 ff. ein scharfes Wort= und That=Zeugniß gegen die Irrpropheten enthält. Und derselbe Grund bindet dann wieder Kap. 29. an's 28., abgesehen davon, daß Kap. 25. unmittelbar mit

28. durch die Erwähnung der 70 Jahre V. 10. (cf. 25, 11.) eng verknüpft ist. Kap. 26. aber, welches an und für sich mit Kap. 25. in keinerlei Verwandtschaft steht, hat doch eine solche mit 27. — 29., nämlich eben dadurch, daß es den Conflikt des Propheten mit den Irrpropheten zum Gegenstande hat. Es muß aber vor Kap. 27. stehen, weil es nach V. 1. in den Anfang der Regierung Jojakims fällt, während Kap. 27. trotz der Ueberschrift, in welcher יְהוֹיָקִם statt צִדְקִיָּה offenbarer Fehler¦ ist (cf. VV. 3. 12. 19 ff. 28, 1.), seinem ganzen Inhalte nach offenbar in die Zeit des Zedekia gehört. So steht also Kap. 26. mit Kap. 25. nicht unmittelbar, sondern nur durch die Vermittlung der folgenden Kapitel in Zusammenhang, und diese selbst stehen in einer Art Doppelverbindung, indem sie durch die Duplicität ihres Inhaltes einerseits unter sich, andrerseits mit Kap. 25. enge verknüpft sind. — Abschnitt IX. umfaßt Kapp. 30—33., Weissagungen von trostreichem, messianischem Inhalte. Daß sie zusammenstehen, ist durch ihren Inhalt und durch den ausdrücklichen Befehl 30, 2., — daß sie hier stehen, ist durch die historische Basis von Kapp. 32. u. 33. erklärt, welche in die letzte Zeit des Zedekia fällt. — Die Kapp. 34., 35. und 36. bilden jedes einen Abschnitt für sich, wie sowohl aus den Ueberschriften als auch aus dem Inhalte zu ersehen ist. Sie stehen aber hier beisammen, weil sie alle drei die gemeinsame Tendenz haben, den Ungehorsam Israels gegen das Wort seines Gottes in hellstes Licht zu setzen durch Gegenüberstellung des Gehorsams, den heidnische Stämme dem Gebote ihres menschlichen Stammvaters leisten. Sie stehen endlich an dieser Stelle, weil das erste von ihnen der Zeit des Zedekia angehört. Die. Kapp. 37—44. sind fortlaufende Geschichtserzählung und bieten in Bezug auf Anordnung keine Schwierigkeit dar. Kap. 45. steht als auf eine Privatperson bezüglich den das Ganze betreffenden Reden nach; daß aber sein Inhalt in der Form eines besonderen Kapitels auftritt, ist offenbar eine Ehre, die dem treuen Diener des Propheten erwiesen wird. Kapp. 46—51. enthalten die Weissagungen wider die fremden Völker, über deren Folge unter sich und Verhältniß zu Kap. 25. (ihr Vorhandenseyn ist nämlich in diesem Kap. V. 9. u. 11. vorausgesetzt) ich auf meine Schrift Jer. u. Bab. S. 27—32. verweise.

Aus dem so eben Gesagten wird sich die Nichtigkeit der Behauptung ergeben, daß die Anordnung der Kapp. 21—36. ein Gemisch von chronologischer und Real-Ordnung ist. Obgleich demnach diejenigen irren, welche gar keine Ordnung in der Folge dieser Stücke erkennen wollen, so ist doch anzuerkennen, daß die Ordnung, welche da ist, viel Auffallendes hat. Denn sie ruht weder auf einem festen Prinzip, noch gewährt sie das, was Ordnung gewähren soll, nämlich klare Uebersicht und deutliche Einsicht in die organische Gliederung des Ganzen. Es ist deßhalb nicht zu verwundern, wenn diese Ordnung so Vielen den Eindruck der Unordnung gemacht hat, und wir sind ferner eben dadurch berechtigt, an ihrem Ursprunge aus dem Geiste des Propheten selbst zu zweifeln.

Die Einsicht in die ursprüngliche Anordnung des Buches wird noch erschwert das Verhältniß des alexandrinischen Textes zum masorethischen, weil nämlich beide in Bezug auf die Anordnung nicht unwesentlich differiren. Es mag hier vorausgeschickt werden, daß Jeremia in Aegypten, wo er zuletzt gelehrt und wahrscheinlich sein Leben beschlossen hat, von den dort wohnenden Juden um eben dieser Umstände willen ganz besonders verehrt wurde. Sie betrachteten ihn vorzugsweise als ihren, als den ägyptischen Propheten (cf. Chron. pasch. p. 156. Fabric. Cod. pseudep. V. T. p. 1108. apocr. N. T. p. 1111. Hävernick, Einl. I, 1. S. 45. II, 2. S. 259). Sein Studium wurde deßhalb sehr lebhaft betrieben, und es ist nicht unwahrscheinlich, daß, wie Fabric. Cod. pseudep. V. T. l. c. sagt, „codices graecae versionis jam privata quorundam Apocryphis se delectantium studio interpolati, jam librariorum oscitantia manci fraudi beato Martyri fuerunt." Die alexandrinische Version weicht nämlich vom hebräischen Text theils durch die Anordnung der Kapitel, theils durch eine bedeutend variirende Gestalt des Textes selber ab. In letzterer Beziehung ist die Differenz so groß, daß man geradezu zwei verschiedene Recensionen des jeremianischen Textes: eine palästinensische und eine alexandrinische glaubte annehmen zu müssen, und mehrere Kritiker wie J. D. Michaelis (Anmm.

z. Uebers. des N. T. I. S. 285) und Movers (de utriusque recensionis vaticiniorum
Jeremiae indole et origine, Hamb. 1837) geben sogar der sogen. alexandrinischen den
Vorzug. Aber diese Annahme ist ganz unhaltbar, denn sie gründet sich auf die Voraus=
setzung der Treue und Genauigkeit der alexandrinischen Version, eine Voraussetzung, die
wahrhaft unbegreiflich ist. Denn eine unbefangene Prüfung zeigt auf's Schlagendste,
daß der alexandrinische Uebersetzer theils das Hebräische nicht verstand, theils beflissen
war, möglichst kurz, bequem und im alexandrinischen Sinne zu übersetzen. Alle Diffe=
renzen lassen sich deßhalb aus der Mangelhaftigkeit der Uebersetzung erklären, wie das
schon von De Wette in den früheren Auflagen der Einleitung*), von Kueper, a. a. O.
S. 177 ff., von Hävernick, II, 2. S. 250 ff., Wichelhaus in der lehrreichen Schrift
de Jeremiae versione Alexandrina Halle 1847 p. 67 sqq., und von mir (Jer. und Bab.
S. 86 f.) gezeigt worden ist, nur muß man den oft höchst seltsamen Capricen des Ueber=
setzers mit Sorgfalt nachspüren. Proben davon siehe bei Wichelhaus, a. a. O., und
bei mir S. 91 ff. — Die zweite vorhin namhaft gemachte Differenz besteht darin, daß
die LXX die Weissagungen gegen die Völker im 25. Kap. nach dem 13. Verse einschie=
ben, so jedoch, daß sie diese Weissagungen selbst nicht in der Ordnung geben, in welcher
sie der masorethische Text enthält. Folgende Tabelle macht die Differenz anschaulich:

LXX	Masor.	LXX	Masor.
25, 15 ff.	49, 35 ff.	31.	48.
26.	46.	32.	25, 15 ff.
27. 28.	50. 51.	33—51.	26—44.
29.	47, 1—7. 49, 7—22.	52.	52.
30.	49, 1—5; 28—33; 23—27.		

In mehreren Ausgaben der LXX z. B. bei Reineccius stehen die Kapitel in der
Masor. Ordnung. Cf. Joh. Gottfr. Eichhorn, Bemerk. über den Text des Pr. Jer.
im Repert. f. bibl. und morgenl. Lit. I, S. 141 ff.
Die Integrität des Jeremia ist verhältnißmäßig wenig in Anspruch genommen
worden. Die neueren Kritiker erklären 10, 1—16. für ein Werk des Pseudo=Jesaja**);
derselbe soll 30. 31. 33. 50. und 51. überarbeitet haben; ein Gleiches soll den Kapiteln
25. (in Bezug auf VV. 11—14.), 27. 28. 29. durch einen Späteren, dem Kap. 48. zuerst
durch Pseudo=Jesaja, dann noch durch einen Späteren (so Hitzig) widerfahren seyn. Alle
diese Zweifel beruhen auf dogmatischen Voraussetzungen; auf ihre Prüfung mich einzu=
lassen, ist hier der Ort nicht. Man vergl. die Einleitungen und Commentare. Auch
Ewald stimmt diesen Kritikern nicht bei, denn bis auf Kapp. 50. und 51., die er für das
Werk des Verf. von Jes. 34. und 35. erklärt, erkennt er Alles als ächt jeremianisch an.
Die Aechtheit von Kapp. 50. und 51. habe ich hinwiederum in meiner öfters angef.
Schrift Jer. und Babylon ausführlich zu erweisen gesucht.
Anderer Art sind die Zweifel an der Aechtheit von Kap. 39, 1—14. oder wenigstens
von einem Theile dieser Verse, indem V. 3. und VV. 11—14. von Manchen, die das
Uebrige bestreiten, für ächt gehalten werden. Denn diese Zweifel stützen sich auf objek=
tive, äußere Merkmale. Nämlich a) Kap. 28. schließt mit den einen Vordersatz ohne
Nachsatz enthaltenden Worten: וְהָיָה כַּאֲשֶׁר נִלְכְּדָה יְרוּשָׁלַיִם b) Der Nachsatz dazu kann
nur entweder V. 3., oder V. 11. oder V. 15. gefunden werden. c) Die VV. 1—2.
sowie 4—10. sind eine verkürzte und modificirte Reproduktion von 52, 4—16. d) Diese
Notizen über die Einnahme sind an dieser Stelle nicht nothwendig, unterbrechen den Zu=
sammenhang, sind in einer grammatisch unmöglichen Weise eingefügt, während es anderer=
seits leicht denkbar ist, daß ein Glossator meinen konnte, die Verse seyen hier am Platze.
Aus diesen Gründen bin auch ich dafür die Stelle 39, 1—14. für theilweise interpolirt
zu halten. Als Glossen glaube ich auch betrachten zu müssen die Stellen 50, 41—46.

---

*) Cf. Sechste Auflage S. 131 f. 327—331.
**) Vergl. dagegen E. Meier, Gesch. d. poet, National=Lit. d. Hebräer, Lpz. 1856. S. 391.

und 51, 15—19., worüber in meiner Schrift Jer. u. Bab. S. 126 ff. das Nähere. Eine ähnliche Bewandtniß wie mit 39, 1—14. hat es mit Kap. 52. Entweder nämlich ist dieses Kapitel ein modificirtes Conterfei von 2 Kön. 24, 18. — 25, 30., oder es findet das umgekehrte Verhältniß statt. Dabei ist zu berücksichtigen 1) daß Jer. 51, 64. mit den Worten schließt הֵ֣נָּה דִּבְרֵ֣י יִרְמְיָ֑הוּ עַ֖ד, wodurch also das Buch Jerem. als mit 51, 64. geschlossen bezeichnet wird (mit Dan. 7, 28. Hiob 31, 40. hat es eine andere Bewandtniß). 2) Daß die Erzählung 2 Kön. in ihrem natürlichen Zusammenhang steht, bei Jer. aber durchaus nicht als nothwendiger und integrirender Theil des prophetischen Buches erscheint. 3) Daß die Hieherversetzung durch einen Dritten sich sehr wohl aus dem Wunsch erklären läßt, dem Buch Jeremia den für dasselbe allerdings unentbehrlichen historischen Commentar unmittelbar beizugeben, was noch leichter geschehen konnte, wenn die Bücher der Könige wirklich ein Werk des Jeremia sind oder auch nur dafür gehalten wurden. Den Schluß VV. 31—34. hält Hävernick II, 1. S. 172 ff. mit dem ganzen Kapitel für jeremianisch; II, 2. S. 248 ff. aber modificirt er seine Ansicht dahin, daß er diese Verse für »einen Zusatz des Concipienten dieses Kapitels« hält. Mir scheint aus den oben angeführten Gründen im hohen Grade wahrscheinlich, daß Kap. 52. nicht, wenigstens an dieser Stelle nicht ein Werk des Jeremia sey. Nach einer andern Ansicht (cf. *Lowth*, de s. poes. Hebr. ed. Michaelis p. 416) gehört Kap. 52. gar nicht zum liber vatt. Jer., sondern als prooemium zu den Klageliedern, welche ursprünglich mit dem prophetischen Buche verbunden waren (s. nachher).

Außer den bereits namhaft gemachten sind noch folgende kritische Schriften zu nennen: intempestiva lectionis emendandae cura e Jerem. illustrata (4 Programme von Dr. Mich. Weber, Wittenberg 1785. 88 und 94). — *J. Andr. Mich. Nagel*, dissert. in var. lectt. 25 capp. priorum Jer. ex duobus codd. Mss. hebr. desumtas. Altorf 1772. — *Ant. Fr. Wilh. Leiste*, observv. ad Jer. Vatt. spec. I. Gött. 1794. — *Joh. Jac. Gülcher*, observv. crit. in quaedam Jerem. loca in den Symbolis Haganis Cl. I. — Jeremias vates e vers. Judaeorum Alex. emendatus a *G. L. Spohn*. Lpz. 1824. — Zur Karakteristik des Propheten mögen dienen: Niemeyer, Karakteristik der Bibel V. 472 ff. — Roos, Fußstapfen des Glaubens Abraham, hrsg. v. Wilh. Fr. Roos 1838. II. S. 281 ff. — Sack, Apologetik, S. 272 ff. — Hengstenberg, Christologie 1. Aufl. III, S. 495. 2. Aufl. II, S. 399 ff. — E. Meier, Gesch. d. poet. Nat.-Lit. der Hebräer 1856. S. 385 ff. — Zinzendorf, Jeremias, ein Prediger der Gerechtigkeit. — Die wichtigsten exegetischen Hülfsmittel sind: Patristische Commentare von Hieronymus und Theodoret. Reformatorische von Calvin und Oecolampad. Spätere: *Piscator* (Herb. 1614). *Sanctius* (in Jer. et Thren. 1618). *Ghislerus* (comm. in Jer. cum catena PP. graecorum, et comm. in Lament. et Baruch. Lugd. Bat. 1623. 3 Tom. Fol. cf. *Fabric.*, bibl. gr. ed. Harl. III. p. 784). *Seb. Schmidt*, 1685. *Herm. Venema* Leov. 1765, 2 Voll. 4. — *Benj. Blayney's* Jerem. and Lam…. Lond. 1784. — *J. D. Michaelis*, observv. phil. et crit. in Jer. Vatt. et Thr. ed. J. F. Schleussner. Gött. 1793. — *Chr. Fr. Schnurrer*, observv. ad vatt. Jer. Tüb. 1793—97. — Hensler, Bemerkt. über Stellen in Jer. Weiss. Lpz. 1805. — Gaab, Erkl. schwerer Stellen in den Weiss. Jer. 1824. — *Dahler*, Jérémie traduit sur le texte original, accompagné de notes. Strassb. 1825. 2 Voll. — Rosenmüller, Scholien. — Maurer 1833. — Ewald, 1840. — Hitzig 1841. — Ders., die proph. BB. d. A. T. übers. Lpz. 1854. Umbreit 1842. — Heim und Hoffmann, die vier großen Propheten erbaulich ausgelegt aus den Schriften der Reformatoren. Stuttg. 1839. — Ersch und Gruber Art. Jeremia von E. Rödiger.

Jeremiä Klaglieder (hebr. אֵיכָה, weil sie so anfangen, oder קִינוֹת, griechisch θρῆνοι, lat. threni oder lamentationes) standen nach den ältesten Angaben, die wir über die Folge der Bücher im Kanon haben, unmittelbar nach dem prophetischen Buch Jeremia: Jos. c. Apion. I, 8. Melito von Sardes bei Euseb. H. E. IV, 26. — Origenes bei Euseb. H. E. VI, 25. (Ἱερεμίας σὺν θρήνοις καὶ τῇ ἐπιστολῇ ἐν ἑνὶ Ἱερεμία).

— Concil. Laodic. Can. 60. (bei *Mansi*, Concill. nov. et ampliss. coll. II, 574) Ἱερ., Βαρούχ, θρῆνοι καὶ ἐπιστολαί. — Epiphan. de mens. et pond. c. 22. 23. Opp. II, 180. ed. Petav. ἔστι δὲ καὶ ἄλλη μικρὰ βίβλος, ἣ καλεῖται Κινώθ, ἥτις ἑρμηνεύεται θρῆνος Ἱερεμίου· αὕτη δὲ τῷ Ἱερεμίᾳ συνάπτεται, ἥτις ἐστὶ περισσὴ τοῦ ἀριθμοῦ καὶ τῷ Ἱερεμίᾳ συναπτομένη. — Hieron. im Prol. galeat. u. A. — Erſt der Talmud hat das kleinere Buch vom größeren losgeriſſen, den fünf Megilloth einverleibt und mit dieſen unter die Hagiographen geſtellt. Cf. Thenius, Comm. zu den Klagl. S. 115. Daß von Einigen Kap. 52. nicht als Schluß des größeren, ſondern als proömium des kleineren angeſehen wurde, iſt vorhin bemerkt worden. Das Buch enthält in ſeinen fünf Kapiteln fünf Klagegeſänge über den Sturz des Reiches Juda und die Zerſtörung der heiligen Stadt durch Nebukadnezar. Es iſt ſchwierig, wiewohl von Mehreren verſucht (*Lowth*, de s. poes. Hebr. ed. Mich. p. 440. — Ewald, poet. BB. I, S. 145 ff. Keil, in Hävern. Einl. III, S. 510), den Inhalt derſelben ſo zu karakteriſiren, daß jedes der fünf Stücke als Träger eines ſpezifiſchen Gedankens erſcheint. Schon die alphabetiſche Folge der Verſe (ſ. nachher) erſchwerte dem Dichter eine ſolche Dispoſition. Doch iſt offenbar, und hätte von Keil (a. a. O.) nicht gegen Ewald beſtritten werden ſollen, daß Kap. 3. ſowohl der Zahl und der geſteigerten Künſtlichkeit der alphabetiſchen Anordnung, als auch dem Inhalte nach die Spitze des Ganzen bildet. Wenn das Leid in die Tiefe hinabbeugt (cf. Pſ. 130, 1.), der Troſt aber in die Höhe emporhebt, ſo repräſentirt jenes Kap. 3. offenbar die Höhe, denn es iſt herrlichen Troſtes voll, und zwar iſt es vielleicht nicht ohne Abſicht, daß von den 66 Verſen dieſes Kapitels gerade das zweite Drittheil, alſo die Mitte nicht nur des Kapitels, ſondern des ganzen Buches ſo troſtreichen Inhaltes iſt. Es iſt dabei nicht zu überſehen, daß Kapitel 3. trichotomiſch eingetheilt iſt, indem jeder Buchſtabe des Alphabets dreimal nacheinander wiederkehrt. — Die Meinung, daß in den Klagliedern der 2 Chr. 35, 25. erwähnte Klagegeſang des Jeremia auf Joſia vorliege, iſt nicht nach des Joſephus (Antiqq. X, 5, 1. cf. Thenius, a. a. O. S. 116) wohl aber nach des Hieronymus (zu Zach. 12, 11.) Vorgange, auch von Uſſer, J. D. Michaelis (zu *Lowth*, de s. poes. Hebr. Not. 97. p. 445 sqq.) und *Dathe* (prophetae maj. ed. I.) vertheidigt, von den beiden Letzteren aber wieder aufgegeben worden (cf. N. Or. Bibl. I, 106 und *Dathe*, prophetae maj. ed. II.). Dieſelbe kann als gänzlich antiquirt betrachtet werden. — Wie ſchon bemerkt, ſind die vier erſten dieſer Klagelieder alphabetiſch geordnet, ähnlich wie Pſ. 25. 34. 37. 119. u. a. Kap. 1. und 2. beſtehen aus je 22 dreigliedrigen Verſen, ſo doch, daß die Maſorethen den dreigliedrigen Vers durch Athnach und Soph-Paſuk ſelbſt wieder in zwei Theile theilen. Kap. 3., wie geſagt, hat 22 Dreizeilen, von denen je jede ihren Buchſtaben dreimal wiederholt. Kap. 4. hat 22 zweigliedrige Verſe; Kap. 5. endlich, obwohl es ebenfalls 22 Verſe hat, mithin durch die Zahl derſelben an das Alphabet erinnert, iſt doch nicht alphabetiſch geordnet, ob zufällig, wie Ewald meint, oder abſichtlich, wie Keil behauptet (Hävern., Einl. III, S. 514), möge dahingeſtellt bleiben. Eine andere Ungleichförmigkeit beſteht darin, daß Kap. 2. 3. 4. das ם vor ע ſteht, während Kap. 1. die richtige Folge beobachtet iſt. Die verſchiedenen Verſuche, dieſe Abweichung zu erklären, ſ. bei Keil, Hävernick's Einl. III, S. 512 ff. Daß der Prophet Jeremia Verfaſſer der Klaglieder ſey, iſt durch den Inhalt und die Sprachform derſelben (cf. *Pareau*, Comm. in Thren. Lugd. Bat. 1790 observ. gener. §. 6—8. *Kueper*, Jer. ll. ss. interp. p. 45—47.) verbürgt, durch die Tradition beſtätigt (cf. LXX, 1, 1.: καὶ ἐγένετο μετὰ τὸ αἰχμαλωτισθῆναι τὸν Ἰσραὴλ, καὶ Ἱερουσαλὴμ ἐρημωθῆναι, ἐκάθισεν Ἱερεμίας κλαίων, καὶ ἐθρήνησε τὸν θρῆνον τοῦτον ἐπὶ Ἱερουσαλὴμ καὶ εἶπε· πῶς ἐκάθισεν etc., Hieron. a. a. O., Talm., Baba bathra Fol. 15. Col. 1.), und von den Kritikern mit wenigen Ausnahmen (Herm. von der Haardt läßt die 5 Kap. von Daniel, Sadrach, Meſach, Abednego und Jechonja geſchrieben ſeyn, Helmſtädter Programm von 1712, cf. *Wolf*, bibl. hebr. II, p. 153. Ein Ungenannter in Tüb. theol. Quartalſchrift 1819, 1. Heft. *Kalkar*, Lament. crit. et exeg. illustr.

Hafniae 1836, p. 57 sqq.) anerkannt: De Wette, Einl. S. 409. Ewald a. a. O. S. 145. Letzterer drückt sich etwas unbestimmter aus. Erst neuerdings spricht *Thenius* a. a. O. Kap. I., III. u. V. dem Jeremia ab. Hülfsmittel: *Tarnov*, Comm. 1707. *J. Th. Lessing*, observ. in Tristia Jer. 1770. *Pareau*, Thr. Jer. phil. et crit. ill. 1790. *Schleussner*, curae exeg. et crit. in Thr. (in Eichh. Rep. XII.) Kalkar f. so eben. Thenius (kurzgef. exeg. Hdbch.) 1855. — Uebersetzungen: Riegler 1814. Conz (Bengels Archiv IV, S. 161 f. 422 ff.). Goldwitzer mit Vergl. der LXX u. Vulg. u. Krit. Anm. 1828. Wiedenfeld 1838. Ewald, poet. Bb. b. A. T. 1839.

Jeremia, Brief des, wird in vielen Handschriften und Ausgaben als sechstes Kapitel des Buches Baruch aufgeführt. Er ist aber eine selbständige Arbeit und hat mit Baruch nichts zu schaffen. Denn abgesehen vom Inhalte haben die Manuskripte ihn keineswegs alle mit Baruch verbunden, da die meisten Baruch ohne den Brief, oder doch den Brief an anderer Stelle haben. Auch hat Theodoret, der den Baruch erklärt hat, den Brief nicht mit erklärt, was er nicht unterlassen haben würde, hätte er letztern mit erster em verbunden gefunden. Der Brief ist ein wortreiches, der Form nach strophenartig gegliedertes Mahnschreiben des Propheten Jeremia an die nach Babel abzuführenden Juden, um sie vor dem Götzendienste zu warnen. Jer. 29. hat hier rücksichtlich der Briefform, 10, 1—16. in materieller Beziehung zum Muster gedient. Daß der Brief ursprünglich griechisch geschrieben und daß er ein alexandrinisches Produkt sey, wird von allen evangelischen Theologen anerkannt. Nur die katholischen Theologen (mit Ausnahme derjenigen, die sich emancipiren, wie z. B. Jahn, Einl. II. Theil, S. 867) behaupten, der Autorität der Kirche folgend, die Authentie. Man findet in 2 Makk. 2, 2. eine Hindeutung auf B. 4. Allein der fragliche Gedanke ($\check{o}\psi\varepsilon\sigma\vartheta\varepsilon\ \vartheta\varepsilon o\grave{v}\varsigma\ \dot{a}\varrho\gamma\upsilon\varrho o\tilde{v}\varsigma$ etc.) hat freilich so wenig Specifisches, daß die Entscheidung schwer ist, weßhalb auch Herzfeld (Geschichte des Volkes Israel 1847, S. 316) das Umgekehrte behaupten, Fritzsche aber (kurzgef. exeg. Handbuch zu den Apokr. des A. T. S. 206) alle Beziehung der beiden Stellen auf einander bestreiten konnte. Daß der Verf. B. 3., wo er die Dauer des Exils auf 7 $\gamma\varepsilon\nu\varepsilon\alpha\acute{\iota}$ bestimmt, Dan. 9, 24. (עִבְעִים שָׁבֻעִים) im Auge gehabt habe, ist ebenfalls sehr problematisch. Denn 1) heißt es nicht 70 $\gamma\varepsilon\nu\varepsilon\alpha\acute{\iota}$; 2) hat der Verf. sehr wohl aus andern Gründen als um jener Stelle willen diesen Ausdruck wählen können. Der neuste Commentar zu dem Briefe findet sich in der angef. Schrift von Fritzsche S. 205 ff. Vergl. auch d. A. Baruch.   C. Nägelsbach.

Jeremias II., Patriarch von Constantinopel, ein durch sein Unglück wie durch seine Tugend gleich ausgezeichneter Mann, in der Geschichte berühmt durch die Verhandlungen, welche unter ihm mit den Lutheranern geführt wurden, und durch die Errichtung des russischen Patriarchats, welche von ihm genehmigt und vollzogen wurde. Er war geboren zu Akelo (Anchialus am schwarzen Meer), dem alten Bischofs- und später Metropolitansitz im Hämimons; obschon er sich durch Talente eben nicht hervorthat, ward er schon in seiner Jugend zum Metropoliten von Larissa in Thessalien ernannt und nachdem er kaum das 36. Lebensjahr zurückgelegt hatte, nach Abdankung des Metrophanes von über zwanzig Bischöfen mit Beistimmung des Klerus auf der Synode in Constantinopel am 5. Mai 1572 zum Patriarchen dieser Stadt erhoben. Mit welchem Ernst und Eifer er diese Würde antrat, beweist das Verbot, das er alsbald nach seiner Erhebung ausgehen ließ, in welchem er den Bischöfen mit der Strafe der Absetzung drohte, wenn sie fernerhin für die Ordination Geld oder andere Geschenke annehmen würden. Im Jahr 1573 versuchten die Tübinger Theologen, nach dem Vorgang Melanchthons, der den Patriarchen Joasaph II. die Augsburgische Confession in griechischer Uebersetzung zugeschickt hatte, mit dem neuen Patriarchen (dessen Namen ihnen unbekannt war) in briefliche Unterhandlungen zu treten. Die äußere Veranlassung hiezu war folgende: Als Kaiser Maximilian II. den Freiherrn David von Ungnad zu seinem Botschafter bei der hohen Pforte ernannt hatte, ersuchte dieser eifrige Protestant die Tübinger Schule, ihm einen ihrer jüngeren Theologen als Gesandtschaftsprediger zu überlassen.

Die Wahl fiel auf Stephan Gerlach, der damals Repetent am theologischen Seminar zu Tübingen war und durch Kanzler Andreä feierlich ante altare ordinirt wurde. Diesem übergab nun Crusius ein Schreiben an den Patriarchen sammt einer von ihm in's Griechische übersetzten Predigt Andreä's, welche dieser bei der Ordination Gerlachs gehalten hatte; auch fügte der Kanzler selbst ein Empfehlungsschreiben an den Patriarchen bei (vgl. Crusii Turcograecia p. 410 sqq.). Beide Briefe sind zunächst einfache Empfehlungsschreiben; Crusius beglückwünscht die Griechen über den Fortbestand des Christenthums und will dem Patriarchen zugleich ein Zeichen geben, wie sehr ihm griechische Sprache und Zustände am Herzen liegen, Andreä führt Gerlach als einen hoffnungsvollen angehenden Theologen ein, und beide drücken die Ueberzeugung aus, daß sie im Wesentlichen des Glaubens mit den Griechen harmoniren. Als Beleg ihres Glaubens, sagt Crusius, übersende er die Predigt, »welche fern von aller Polemik gegen römische, wie griechische Kirche ist,« wie denn auch die Tübinger gegen die Unterstellung des Polen Socolovius, als hätten sie durch ihre Schreiben um Aufnahme in die griechische Kirche gebettelt, protestiren, und in der Vorrede zu den „Acta et Scripta theologorum wirtembergensium et patriarchae constantinopolitani (Witebergae 1584 fol.)“ als Grund angeben, sie hätten einfach ihren Glauben bekennen und gegen die Verläumdungen der römischen Katholiken offen darlegen wollen. Gerlach kam am 6. August 1573 in Constantinopel an, fand aber erst am 15. Okt. Gelegenheit, die Schreiben dem Patriarchen einzuhändigen. Jeremias nahm sie freundlich auf und versprach Antwort. Ehe aber dieses Versprechen gelöst war, kamen zwei neue Schreiben der Tübinger Theologen an, in welchen für die freundliche Aufnahme der früheren Briefe gedankt und die Hoffnung auf eine baldige Antwort ausgesprochen wurde (Turcogr. p. 416—419). Crusius legte abermals eine von ihm in der Kirche griechisch nachgeschriebene Predigt Andreä's bei, sowohl zum Beleg ihrer Lehre, als zum Beweis seines Eifers und seiner Uebung in der griechischen Sprache. Ein halbes Jahr später, bevor noch die Antwort des Patriarchen eingelaufen war, schrieben Andreä und Crusius zum dritten Mal an denselben (15. Sept. 1574), um ihm ein Exemplar der 1559 zu Basel gedruckten Uebersetzung der Augsburger Confession zu übersenden „ut S. tua videat, quaenam sit religio nostra, et num cum doctrina ecclesiarum S. tuae consentiamus, an vero aliquid fortasse dissentiat, quod sane nollem;“ zugleich bitten sie den Patriarchen um sein Urtheil darüber. Zu Anfang des Jahrs 1575 kam endlich das noch vor Empfang der Confession verfaßte Schreiben des Patriarchen zu Tübingen an. Derselbe schreibt freundlich dankend, ohne jedoch eine Fortsetzung des Briefwechsels zu begehren; daß er sich aber der Differenzen wohl bewußt war, geht aus dem Wunsch hervor, den er für die Tübinger hegt: „ut sanae fidei nostrae semper adhaereatis, nec claudicetis, neve rebus novis studeatis, aut vacillantes recedatis ab his, quae divinitus dicta sunt a salvatore nostro J. Christo et S. Apostolis et a septem s. synodis et reliquis divinis sanctisque patribus, sed ut custodiatis omnia, quae Christi ecclesia, tum scripta tum non scripta, tradita accepit etc.“ Andreä und Crusius antworteten hierauf am 20. März 1575 in einem gemeinsamen Briefe, versichernd, „se omnino in praecipuis saltem salutis consequendae capitibus nihil novare, sed illam, quae a sanctis apostolis et prophetis et spiritum s. habentibus patribus ac patriarchis super *divinas literas aedificatis septem synodis* tradita est, fidem amplecti et conservare.“ Schließlich baten sie wiederholt um des Patriarchen Urtheil über die Confession und drückten den Wunsch aus, daß Tübingen und Constantinopel vereinigt seyn möchten. In dieser Absicht sandten sie noch im August desselben Jahrs fünf Exemplare der griechischen Augsburger Confession nach Constantinopel, die Gerlach unter die Häupter der griechischen Kirche vertheilen sollte. Während der Patriarch mit seinem Urtheil zögerte und in einem zweiten Brief dasselbe bloß versprach, suchten die Hausgeistlichen des Jeremias die religiösen Unterhandlungen dazu zu benützen, um Geld zu machen, indem sie den Tübingern schrieben, wie sie für ihre Sache bereits sehr thätig gewesen seyen und es noch mehr seyn wollten, wenn sie sie ordentlich bezahlen und deutsche Fürsten für reichliche Unterstützung der Griechen zu gewinnen suchen würden! Wirklich versprach auch Crusius, seinen Einfluß in dieser Richtung geltend zu machen und schickte selbst nach seinem Vermögen Einiges. Am 18. Juni 1576 kam endlich die vom 15. Mai datirte Entgegnung des Patriarchen auf die Augsburger Confession in Tübingen an. Dieses merkwürdige, fast 90 Folioseiten füllende Aktenstück unter dem Namen *censura orientalis ecclesiae* bekannt, folgt nach einer Belobung der Tübinger, daß sie die sieben ersten ökumenischen Synoden ihrem eigenen Bekenntniß gemäß annehmen, der Augsburger Confession Schritt für Schritt, verwirft alle Punkte, worin sich die Protestanten von den Griechen unterscheiden, und billigt nur die wenigen Punkte, z. B. die Priesterehe, worin die Protestanten, abweichend von den Katholiken, den Griechen sich nähern. Die Censura hätte füglich die Tübinger Theologen überzeugen sollen, daß die geträumte Einheit beider Kirchen nicht bestehe und die gewünschte Einigung nicht zu Stande kommen könne, und gleichwohl antworteten Lucas Osiander und Crusius Namens des vielbeschäftigten Andreä nochmals (18. Juni 1577), und zwar dieses Mal viel bestimmter die Unterscheidungspunkte hervorhebend, und übersandten vier Monate später das von Crusius übersetzte dogmatische Compendium von Dr. Heerbrand. Der Patriarch antwortete nach zwei Jahren, entschieden auf seinem Standpunkt beharrend, und als die Tübinger nicht müde wurden, ihm immer neue Entgegnungen zuzusenden, verbat er sich endlich alle weitere Schreiben, und als seiner Bitte nicht entsprochen ward, antwortete er nicht mehr. — Jeremias war mittlerweile in andere Streitigkeiten verwickelt worden. Er hatte dem freiwillig abdankenden Metrophanes 300 Dukaten unter der Bedingung versprochen, daß er Constantinopel nicht mehr betrete. Metrophanes kam gleichwohl dahin und wußte es dahin zu bringen, daß Jeremias gestürzt, er aber am 24. Dec. 1579 auf den Patriarchenstuhl wieder erhoben wurde. Nach dem Tode des Metrophanes (August 1580) bestieg Jeremias zum zweiten Mal den Stuhl von Konstantinopel, ward aber auch abermals in Folge von Verläumdungen eines boshaften Griechen davon gestürzt und nach Rhodus verbannt; der Sultan aber ertheilte trotz dem feierlichen Gelübbe Mohammeds II., sich nicht in die Angelegenheiten der christlichen geistlichen Gewalt zu mischen, die Patriarchenwürde unrechtmäßiger Weise dem Theolipt. Nach fünf Jahren gab man dem Verwiesenen die Hierarchenwürde zurück, aber der alte Tempel der byzantinischen Oberbischöfe war in eine Moschee verwandelt. Um das Geld zu einem neuen Kirchenbau zu sammeln, begab sich Jeremias mit Dorotheus, Metropoliten zu Monembasia, und Arsenius, Bischof von Elasson, durch die Walachei und Moldau nach Rußland, und wurde mit großer Auszeichnung vom Großfürsten empfangen. Der Fürst Boris Godunow wußte den durch langjähriges Mißgeschick gebrochenen Greifen dahin zu bringen, daß er zu Anfang des Jahres 1589, gegen den Willen der ihn begleitenden Bischöfe, dem Metropoliten Hiob die Patriarchalwürde von Moskau über ganz Rußland ertheilte. Hiemit war der Grund zur Unabhängigkeit der russischen Kirche von Constantinopel gelegt, obgleich die moskowiter Patriarchen noch bis in die Mitte des 17. Jahrh. ihre Bestätigung von Constantinopel einzuholen hatten. Im Mai 1589 entließ der Zaar den Jeremias mit einem Brief an den Sultan, worin er ihn bat, die Christen nicht zu bedrücken, und schickte außer den Geschenken noch 1000 Rubel oder 2000 ungarische Goldstücke zur Erbauung einer neuen Patriarchalkirche dahin, wofür er den lebhaftesten Dank der ganzen griechischen Geistlichkeit einerndtete, welche die Errichtung der moskowitischen Patriarchie durch eine Urkunde der Kirchenversammlung guthieß, und ihm dieselbe zugleich mit Heiligen-Reliquien und zwei Kronen für den Zaaren und die Zaarin im Juni 1591 zustellen ließ. Jeremias starb im J. 1594. — Vgl. nach Stephan Gerlachs des Aeltern Tagebuch, herausgeg. von seinem Enkel Samuel Gerlach 1674. *Chr. F. Schnurreri orationes acad. historiam literariam illustrantes,* ed. H. E. G. Paulus, Tubing. 1828, p. 113. Theolog. Quartalschrift 1843 S. 544, wo eine Abhandlung von Dr. Hefele „über die alten und neuen Versuche, den Orient zu protestantisiren." Karamjin, Gesch. des ruff. Reichs, Bd. IX. S. 181 ff. Th. Pressel.

Jericho, יְרִיחוֹ, im Buche Josua und 2 Kön. 11, 4 ff., יְרֵחוֹ im 4. u. 5 Mof. u. a., einmal auch יְרֵחֹה 1 Kön. 16, 34.; griechisch Ἱεριχὼ LXX., Ἱεριχοῦς Joseph., Ἱεριχοῦς Strabo XVI, 2, 41., die größte Stadt des Jordanthales, auf der Westseite des Jordan, nördlich vom Einflusse desselben in das todte Meer. Die Stadt ist eine der ältesten Paläftinas, schon vor der Besitznahme durch die Israeliten ein kanaanitischer Königssitz, Jof. 2, 2. 3; 8, 2; 10, 1. 28; 12, 19., wie es scheint den Kenitern gehörig, Richt. 1, 16. vgl. 4, 11. Bei der Annäherung der Israeliten an das gelobte Land, nachdem Mofes auf dem Berge Nebo, „welcher im Lande Moab liegt, Jericho gegen= über," gestorben war, 5 Mof. 32, 49; 34, 1., führte Josua sein Volk über den Jordan, dieser Stadt gegenüber (Jof. 3, 16. vgl. 4, 12.), an einer Stelle, welche die Tradition obwohl mit Unrecht noch heute in der Nähe des Badeplatzes der Pilger nachweist, f. Robinson II, S. 508. Van de Velde II, S. 246. Ueber die wunderbare Erobe= rung der Stadt durch Josua („ohne Widder und Kriegsmaschinen", 2 Makk. 12, 15.) erstattet Kap. 6. des Buches Josua Bericht; trotz des Fluches aber, den Josua über ihre Wiederherstellung ausspricht, B. 26., finden wir sie schon Richt. 3, 13. wieder von Israe= liten bewohnt, vgl. 2 Sam. 10, 5. 1 Chron. 20. (19), 5., obgleich die Erfüllung des Fluches an Hiel, dem Betheliter, der zur Zeit des Königs Ahab „Jericho bauete", 1 Kön. 16, 34., berichtet wird. Beides läßt sich am besten so vereinigen, daß in der letzteren Stelle gemäß dem Fluche Josua's von einer Wiederherstellung Jericho's als fester Stadt die Rede ist, während sie vorher nur ein offener Flecken war, vgl. Maurer, Comment. zu Josua S. 59 f. Später erscheint Jericho noch als letzter Aufenthalt des Propheten Elias und als Sitz einer Prophetenschule, 2 Kön. 2, 4. 5. 15. Die Stadt lag in einer Ebene (בִּקְעַת יְרֵחוֹ, 5 Mof. 34, 3., עַרְבוֹת יְרֵחוֹ, Jof. 4, 13; 5, 10.), in welcher die Chaldäer den aus Jerusalem geflohenen König Zedekia einholten und zu Nebukadnezar nach Riblath führten, 2 Kön. 25, 5. Jerem. 39, 5. Nach dem Exile kehrten die Ein= wohner auch dahin zurück, Esra 3, 34. Nehem. 7, 36., und „die Männer von Jericho" halfen bei'm Baue der Mauern Jerusalems, Nehem. 3, 2. Der Syrer Bacchides be= festigte später die Stadt, 1 Makk. 9, 50., über welche dann ein gewisser Ptolemäus, Sohn Habubs, gesetzt erscheint, der seinen Sitz in der Festung Dok (Dagon bei Joseph. B. J. I, 2, 3., noch jetzt eine Quelle Dûk nördlich bei Jericho) hatte, 1 Makk. 16, 11. 14. 15. Herodes d. Gr. eroberte und plünderte Jericho, schmückte sie aber nachher, nach= dem er die Einkünfte der Stadt von der Kleopatra an sich gebracht hatte, mit Paläften und befestigte die Burg auf's Neue, die er nach dem Namen seiner Mutter Kypros nannte, Joseph. Ant. XV, 4, 1. 2; XVI, 5, 2; XVII, 6, 5. B. J. I, 21, 4. 9; 33, 6. Hier starb er auch, noch im Tode seine Grausamkeit bezeugend, Joseph. Ant. XVII, 6, 5; 7, 1. 2. B. J. I, 33, 6—8. vgl. den Art. Herodes Bd. VI, S. 13. Das N. T. erwähnt Jericho als den Ort, in dessen Nähe der Herr auf seiner Reise zwei Blinde heilte, Matth. 20, 29. 30. Mark. 10, 46. 47. Luk. 18, 35 ff., und wo er bei Zachäus einkehrte, Luk. 19, 1—10. In der Parabel vom barmherzigen Samariter wird Jericho als Ziel der Reise des von den Räubern auf dem Wege überfallenen Mannes genannt, Luk. 10, 30., wie denn auch heute noch die furchtbare Einöde zwischen Jerusalem und Jericho der Schauplatz häufiger Raubanfälle der Reisenden durch die Bewohner der Wüfte ist. In der Römerzeit war der Ort die Hauptstadt einer Toparchie und wurde von Vespasian kurz vor seiner Abreise aus dem hl. Lande besucht, Joseph. B. J. III, 3, 5; IV, 8, 1. 9, 1; V, 2, 3. Während der Belagerung Jerusalems durch Titus soll Jericho zerstört, nachher aber wieder aufgebaut seyn. Euseb. und Hieron. in Onomast. Weiterhin wird die Stadt nur selten erwähnt, und schon am Schlusse des 7. Jahrhun= derts beschreibt Adamnanus die Lage von Jericho als bis auf das Haus der Rahab von allen menschlichen Wohnungen entblößt und mit Getreidefeldern und Weinpflanzungen bedeckt. In den Zeiten der Kreuzzüge wurde in der fruchtbaren Ebene Zuckerrohr ge= pflanzt, wovon noch jetzt die Spuren in den Wasserleitungen sarazenischer Bauart vor= handen sind. Die jetzigen Bewohner bekümmern sich wenig um den Ackerbau und um

Anpflanzungen; die schönen Getreidefelder werden von Fremdlingen, den Einwohnern von Taihibeh beſäet und abgeerntet. Die Fruchtbarkeit, welche die Oaſe Jericho's noch heute zeigt und die ſich von dem Waſſerreichthum der Quelle Ain es Sultân (wahrſcheinlich die 2 Kön. 2, 19—22. erwähnte) herſchreibt, war ſchon im Alterthum berühmt; hier wuchſen Palmen, daher Jericho die Palmenſtadt, עִיר הַתְּמָרִים, 5 Moſ. 34, 3. Richt. 1, 16; 3, 13. 2 Chron. 28, 15.; Roſen, Sir. 24, 18. (die Pflanze, welche die Pilger jetzt als „Jerichoroſen" heimbringen, hat mit der Roſe nichts gemein und iſt nicht ein= mal bei Jericho einheimiſch, vgl. Ritter, Erdkunde XV, 1. S. 511. Robinſon II, S. 539.) und Balſam, Joſeph. Ant. IV, 6, 1; XIV, 4, 1; XV, 4, 2. Bell. Jud. I, 6, 6. 18, 5; IV, 8, 3. Ueberhaupt gibt Joſephus Bell. Jud. IV, 8, 2. eine begeiſterte Schil= derung Jericho's, ſo daß er dieſe Landſchaft ein irdiſches Paradies (θεῖον χωρίον) nennt. Mitten in dieſer fruchtbaren und leichten Anbaues fähigen, aber jetzt faſt wüſten Ebene liegt jetzt, 2 Stunden vom Jordan entfernt, ein höchſt armſeliges, ſchmutziges, von c. 200 Seelen bewohntes Dorf Erita (اريحا) oder Riha (ريحا, Merâs. I, p. 496), in welchem ein einzelner verlaſſener Palmbaum an die frühere Palmenſtadt erinnert. An der Nordſeite des Dorfes liegt das Kaſtell, ein Thurm von c. 30 Fuß im Quadrat und 40 Fuß Höhe, in einem Zuſtande des Verfalles, der ihn faſt zur Ruine macht. Die Tradition findet in ihm das Haus des Zachäus; die Zeit der Erbauung deſſelben ſetzt Robinſon in das 12. Jahrhundert. Ueberreſte von Waſſerleitungen ſo wie Spuren von Grundmauern laſſen in der Nähe dieſes Riha die Lage des alten Jericho erkennen, obwohl die Lage des altteſtamentlichen und des Herodianiſchen Jericho oder des ſpätern der Byzantiniſchen Zeiten ſich ſchwerlich ohne weitere Nachgrabungen, die hier gewiß manches Intereſſante ergeben würden, genau wird beſtimmen laſſen. Man vergleiche über Jericho hauptſächlich: *Reland*, Palaeſt. p. 829—831. Unter den Neuern: Robinſon, Palä= ſtina. Bd. II. S. 515—555. Gadow, Zeitſchrift der deutſchen morgenl. Geſellſch. Bd. II. 1848. S. 55 ff. Ritter, Erdkunde XV, 1. S. 481—534.   Arnold.

Jerobeam (יָרָבְעָם, Sept. Ἱεροβοάμ, Vulg. Jeroboam). 1) Sohn Nebats aus dem Stamm Ephraim war der erſte König des Zehnſtämmereiches, 975—954 v. Chr. Sein Geburtsort war Zareba oder Zarthan (צְרֵדָה, צַרְתָן, 1 Kön. 11, 26. vgl. 2 Chron. 4, 17. Richt. 7, 22. Joſ. 3, 16. 1 Kön. 4, 12.), in deſſen Nähe Salomo die großen Erzgießereien angelegt hatte, 1 Kön. 7, 46. Bei den Befeſtigungsarbeiten, welche Salomo in Jeruſalem ausführen ließ, machte er ſich durch ſein Geſchick dem Könige bemerklich, ſo daß ihm derſelbe die Leitung der vom Stamme Joſeph geforderten Frohnen übergab, 1 Kön. 11, 28. Allein dieſe Frohnarbeiten erzeugten in dem mächtigen Stamme große Unzufriedenheit, und Jerobeam, von dem Propheten Achia aus dem ephraimitiſchen Silo als künftiger Beherrſcher über 10 Stämme durch eine ſymboliſche Handlung bezeichnet, ſtellte ſich undankbar gegen den König an die Spitze der Unzufriedenen, mußte aber, da die Empörung mißlang, nach Aegypten fliehen, deſſen neues Herrſcherhaus allen Unzu= friedenen Zuflucht gewährte, 1 Kön. 11, 14. 18. Hier hielt er ſich bis zum Tode Sa= lomo's auf, 1 Kön. 11, 40. Kaum aber hatte er, wie die LXX gegen die Maſorethen richtig zu leſen ſcheinen (vgl. Ewald, Iſr. Geſch. 3, 117 f.), den Tod deſſelben vernom= men, ſo kehrte er zurück und hielt ſich von ſeinen Stammgenoſſen beſchützt in ſeiner Stadt auf. Ja Thenius geht in ſeinem Commentar noch weiter, indem er zu beweiſen ſucht, jenes Millo (הַמִּלּוֹא) ſey wie früher ein anderes in Sichem, Richt. 9, 6. 20., nicht in Jeruſalem, ſondern im Stamm Ephraim als eine Art Zwingburg erbaut worden, und dieſes habe nun Jerobeam belagert. Allein hiebei muß man dem Text, 1 Kön. 11, 27., viel Gewalt anthun. Es reicht zur Erklärung der Unzufriedenheit ſchon das hin, daß Salomo Iſraeliten zu Laſtträgern nahm und dabei ohne Zweifel wie auch in anderen Ab= gaben den Stamm Juda ſchonte, der 1 Kön. 4, 7—20. nicht erwähnt wird (vgl. Ew. Iſr. Geſch. 3, 105). Dieſe Vorgänge hätten Rehabeam um ſo vorſichtiger machen ſollen, da er dieſen gefährlichen Nebenbuhler an der Spitze der Unzufriedenen ſah, um wenig=

stens von seiner Seite den Bruch nicht zu befördern, der vielleicht auch so nicht hätte verhindert werden können, 1 Kön. 12, 15., da die Reizbarkeit dieses Stammes eine alte und die Unzufriedenheit eine tiefgewurzelte war. Den Abfall mit Gewalt zu hindern, dazu reichte die Macht Juda's weder überhaupt, noch weniger während der Aufregung hin, und so war der Rath des Propheten Semaja weise und zeitgemäß (1 Kön. 12, 22—24. 2 Chron. 11, 2—4.), sich in keinen Krieg einzulassen, da er zu nichts führen würde, und da diese Wendung der Dinge eine göttliche Schickung sey. Doch wenn auch jetzt der Krieg unterblieb, so brach er, nachdem Rehabeam viele Städte befestigt hatte (2 Chron. 11, 5—12.), heftig genug aus und dauete während der ganzen Regierungszeit beider Könige fort (1 Kön. 14, 30; 15, 6. 2 Chron. 12, 15.). Aber alle Versuche Rehabeams, das Reich wieder an sich zu bringen, waren von keinem weiteren Erfolge begleitet, als daß beide Reiche sich gegenseitig schwächten. Auch die Vortheile, welche sein Sohn Abia über Jerobeam errang, 2 Chron. 13, 17—20., hatten keine dauerhaften Folgen, da die Gegend von Bethel später immer im Besitz der Könige Israels erscheint. Denn Jerobeam zeigte sich des erlangten Thrones fähig. Er befestigte Sichem und das am Einfluß des Jabbok in den Jordan gelegene Pnuel, wohnte zuerst in Sichem 1 Kön. 12, 25., machte aber später das schöne Thirza (14, 17.) zu seiner Residenz. Daß er sich auch als Regent die Theilnahme des Volkes zu bewahren wußte, beweist der allgemeine Landestrauer bei dem Tode seines hoffnungsvollen Sohnes Abia (14, 13. 18.). Hier mußte er aber auch die Unzufriedenheit des Herrn mit ihm aus dem Munde dieses Propheten erfahren, den er indessen geflohen, und dessen Absichten er ebenso wenig entsprochen hatte als Saul den Absichten Samuels. Denn das Prophetenthum in Israel begehrte Einfluß auf den Gang der Regierung, nnd befand sich, da Jerobeam eine andere Bahn einschlug und das Königthum unabhängig führte, von da an in fortgesetzter Spannung mit ihm. Der Blick auf Selbsterhaltung und Befestigung seines Reiches trieb nun den König an, die gottesdienstlichen Wallfahrten seiner Unterthanen nach dem Tempel in Jerusalem abzuschneiden und zu dem Ende in den entgegengesetzten Grenzstädten seines Reiches, die schon früher Heiligthümer hatten, Richt. 18, 30. 1 Mos. 28., in Dan und Bethel Tempel zu erbauen, wo Jehovah nach der alten Weise des Volkes (2 Mos. 32.) unter dem Bilde eines goldenen Kalbes verehrt wurde, 1 Kön. 12, 27—29. Diese Einrichtung scheint jedoch bei den Priestern und Leviten nicht nur, sondern auch bei dem besseren Theile des Volkes, der es mit dem Gottesdienste genauer nahm, bedeutenden Widerstand gefunden zu haben. Denn er veranlaßte starke Auswanderungen nach Juda (2 Chron. 11, 13—16.). Allein Jerobeam ließ sich nicht irre machen, sondern setzte nun Leute selbst aus dem geringsten Volke zu Priestern ein, was nur deßwegen ihm gelingen konnte, weil er theils mit dem Kälber=, theils mit dem Höhendienste den sinnlichen Neigungen der Mehrzahl des Volkes entgegenkam. Und so fest wurzelte bald dieser falsche Gottesdienst, daß auch kein einziger der nachfolgenden Könige es wagte, etwas daran zu ändern und zu der bilderlosen Verehrung Jehovahs zurückzulenken, weßhalb die stehende Redensart im Königsbuche: er ließ nicht ab von den Sünden Jerobeams des Sohnes Nebaths, der Israel sündigen machte. Ebenso verlegte er das Laubhüttenfest vom siebenten auf den achten Monat, um auch in diesem Hauptfeste Israel von Juda zu trennen, mit welcher Neuerung er vielleicht deßhalb um so leichter durchdrang, weil die Obst= und Weinlese in den nördlichen Theilen des Landes, die er beherrschte, später beendigt ward. Wenn er sich in Festhaltung dieser untheokratischen Einrichtungen auf der einen Seite als einen zum Herrschen geborenen Mann ankündigt; so gehörte er andererseits auch unter diejenigen Regenten, welche in der Wahl der Mittel nicht verlegen sind, wenn sie nur den ihnen vorgesetzten Zweck erreichen. Darin lag aber gerade die schwache Seite dieses Emporkömmlings, und damit legte er den Grund zum Verderben seines Hauses sowohl als des Staates, den er gründete. Willkür und Gewaltthätigkeit waren die Grundzüge dieser Herrschaft und erbten sich von einem Königsgeschlecht zum anderen fort. Daher lassen sich sowohl die gewaltsamen Thronwechsel erklären, als die Gewaltsamkeit, welche in diesem Staate das immer wieder verletzte Prophetenthum annehmen mußte, das mehr als einmal zur Veränderung des Herrschergeschlechtes selbst beitrug, wie es bei'm Beginn dieser Herrschaft der Fall war. Aber auch Ahia, der mit Salomo's Herrschaft und späterer Religionsmengerei unzufrieden, in Jerobeam einen Mann nach Davids Sinn auf den Thron gehoben zu haben glaubte (1 Kön. 11, 38; 14, 8.), mußte sich in dem neuen Könige bitter getäuscht sehen, wie sich aus 1 Kön. 14, 7 ff. deutlich ergibt. Es mußte daher ihm sowohl als den Propheten Juda's, deren einen wir sogar in's Zehnstämme-reich wandern sehen, um wider Jerobeam zu zeugen, 1 Kön. 13, 1 ff. schwer werden, das Anerkenntniß, daß der Abfall auf Jehovas Veranstaltung geschehen sey, mit den traurigen Folgen zu vereinigen, die sich schon unter Jerobeam an denselben knüpften, und durch die ganze nachfolgende Geschichte unaufhaltsam fortwirkten. Während man also im Zehnstämmereich das wahre Israel fortzusetzen glaubte (Ewald, Isr. Gesch. 3, 138.), und dem Prophetenthum eine Stelle anwies, wobei es frei über Könige, wie über das Volk seine Wirksamkeit ergehen lassen konnte (Ew. 3, 130), stürzte sich dasselbe in einen endlosen Kampf mit dem Königthum (3, 131. 134), so daß ihm endlich seine Wirksamkeit schwieriger ward als in Juda, wo die Propheten freier zu wirken vermoch-ten (Ew. Isr. Gesch. 3, 140). So drängt sich in Jerobeams Geschichte die Lehre auf, daß man durch Nichtertragen geringer Uebel meist in viel schwerere versinkt, und daß menschlicherseits dieser Abfall ein Mißgriff war, der den größten Theil Israels allmählig aus dem Bundesverhältniß mit Gott drängte.

Jerobeam starb nach 22jähriger Regierung, und hinterließ seinem Sohne Nadab das Reich, das jedoch nach außen um die Herrschaft über Syrien verringert war, welche Jerobeam von Juda stets gedrängt, den die Verhältnisse benützenden Syrern wieder hatte überlassen müssen. Ewald, Isr. Gesch. 3, 151.

Jerobeam II., Sohn und Nachfolger des Königs Joas von Israel 825 — 784 v. Chr. An der Zeitangabe 2 Kön. 14, 23., wo ihm 41 Regierungsjahre beigelegt wer-den, nehmen die Erklärer Thenius und Ewald, Isr. Gesch. 3, 262, Anstoß, und jener gibt ihm 51, dieser 53 Jahre, wodurch allein das Zwischenreich von 12 Jahren be-seitigt wird, welches sonst willkürlich angenommen wurde, da nach 2 Kön. 14, 29. sein Sohn Sacharja unmittelbar auf ihn folgte. Somit ist die Dauer seiner Regierung 825—772 zu setzen. Er war ein ebenso kriegerisch tapferer als politisch kluger und kraft-voller Regent, unter dem das Zehnstämmereich sich vor seinem Untergang ebenso noch einmal hob, wie es im Zweistämmereich auf ähnliche Weise unter Josias der Fall war. Darum nennt ihn die Geschichte, 2 Kön. 13, 5. einen Heiland, Retter des Zehnstämme-reiches, unter welchem Israel wieder in seinen Zelten wohnen durfte, wie in vorigen Zeiten unter David und Salomo. Diesen seinen hohen Beruf wiesen ihm schon frühe prophetische Stimmen an, und Jona, Sohn Amittais von Gathhepher, begründete da-durch seinen Prophetenruhm, daß er ihn mit Sicherheit als den großen und glücklichen Wiederhersteller der Grenzen des Reiches verkündigte, und daß seine uns verloren ge-gangenen Weissagungen ganz genau eintrafen. Denn Jerobeam II. brachte wirklich wie-der die längst verlorenen alten Grenzen zurück, indem er gegen Nordosten einen Theil von Syrien bis über Damaskus hinaus eroberte, gegen Südosten aber bis an das süd-liche Ende des todten Meeres herrschte, was die Vasallenschaft von Ammon und Moab voraussetzt, 2 Kön. 14, 25 ff. Denn daß er die eingebornen Könige dieser Länder nur zinspflichtig gemacht, nicht ausgerottet hat, geht nach den Beschreibungen Amos 1, 3. — 2, 3. hervor. Unter diesen Siegen, welche, auch 2 Kön. 13, 5., in die ersten Regierungs-jahre Jerobeams gefallen seyn müssen, mehrte sich auch die Bevölkerung der jenseits des Jordans wohnenden Stämme wieder, so daß eine neue Zählung derselben vorgenommen wurde, 1 Chron. 5, 17. Hiedurch sowohl als durch zweckmäßige Einrichtungen versetzte er das Reich nochmals in einen blühenden Wohlstand nach außen, der eine stolze Sicher-heit, üppige Einrichtung des Lebensgenusses und andere Reichthümer zur Folge hatte und wohl bis zum Ende der langen Herrschaft des Königs dauerte. Aber da es dem Volke und auch dem Könige nebst seinen Großen an dem sittlichen Halt gebrach, Hof. 7, 3—7., der nur aus der wahren Furcht Jehovahs fließen konnte, so ging das behagliche Wohlleben in argen Sinnengenuß, Schwelgerei und Ueppigkeit über, so daß allmählig alle Bande der Zucht und Ehrbarkeit selbst unter dem weiblichen Geschlecht erschlafften, Am. 4, 1—8., und Habsucht, Uebervortheilung, Gewaltthaten ungestraft überhand nehmen konnten, auch der schamloseste Götzendienst im Schwange ging, Hof. 4, 12—19; 7, 1—7. Dies lernen wir theils aus Amos, der in der ersten Hälfte, theils aus Hoseas, welcher in der letzten Zeit dieser Regierung wirkte.' Aber der Einfluß des Prophetenthums, welcher früher in Israel so mächtig gewesen war, hatte seine Endschaft erreicht; Amos, der sich wie jener alte Prophet unter Jerobeam I. gedrungen fühlte in Israel aufzutreten, um Zeugniß abzulegen, wurde 7, 10—13. aus dem Lande gewiesen; Jerobeam wußte das freie Zeugniß der Propheten zu hemmen und zu unterdrücken, 5, 10.; und so mußte das kühne Wort der Wahrheit und Strafe schweigen, Am. 5, 13. Hof. 4, 4. Diese Mißachtung des für das Zehnstämmereich so wesentlichen Prophetenthums, Hof. 9, 17., eröffnete aber die Schleusen des Unrechts und der Gewaltthat immer mehr; und so trug Jerobeam gewiß selbst dazu bei, daß nach seinem Tode sein Reich rasch zusammenfiel, das in der letzten Zeit seiner Regierung wohl nur noch durch seine Persönlichkeit zusammengehalten war. Denn so wie einmal die Furcht vor den Propheten überwunden war, so hatte das Königthum in Israel sein heilsames Gegengewicht verloren, und mußte rettungslos dahin sinken. Daher weissagen auch die genannten Propheten den nahenden Untergang, der nach Jerobeams Tod nur allzuschnell und unaufhaltsam mehr durch die innere Verderbniß des Staates als durch die wachsende Macht der Assyrer hereinbrach. Vgl. Ewald, israel. Gesch. 3, 271—280.   *Baihinger.*

Jerusalem, Stadt, s. Palästina.

Jerusalem, Patriarchat. Jerusalem nimmt innerhalb der christlichen Geschichte eine überwiegend passive Stellung ein, vielleicht eben darum, weil sich die theuersten Erinnerungen an dasselbe knüpften. Eine Stadt, die seit dem Auftreten der christlichen Gemeinde jeden möglichen Wechsel des Besitzes und der Herrschaft in sich erlebte, die aus den jüdischen in heidnische, dann römisch-christliche, dann persische Hände fiel, hierauf von Arabern und Seldschucken, und nach der christlichen Zwischenherrschaft abermals von Türken und Osmanen besessen wurde, die immer nur Gegenstand, nicht Urheber oder Ausgangspunkt großer Unternehmungen gewesen ist, und allmählig ein buntes Gemisch der Religionen und Bekenntnisse in sich aufgenommen hat, konnte niemals zu einer nachhaltigen religiösen, kirchlichen oder politischen Kraftentwicklung gelangen. Auch der kirchliche Sitz von Jerusalem hat fast nur Schicksale, wenig Thaten aufzuweisen, und von achtzehn Jahrhunderten seines Bestehens waren es nur etwa fünf, die ihm volle äußere Freiheit und ungehemmte Gemeinschaft mit der übrigen Christenheit gewährten. Was das Patriarchat dieser Stadt erreicht hat, verdankte es meist seinem Namen und Boden, nicht sich selbst. Hier ist nicht der Ort, von den Anfängen der judenchristlichen Gemeinde, von Jakobus und Symeon (s. dd. AA.), den ältesten Vorstehern, die nachher als erste Bischöfe aufgeführt werden, und dem doppelten Schicksal der Zerstörung zu handeln. Wir verdanken Eusebius ein langes Namenverzeichniß von "Bischöfen," das er aber, obgleich zu Hause in jenem Lande, mit wenig anderen Notizen ausgestattet hat. Auf Symeon folgte nach Eus. III. 35. Justus, unter welchem viele Juden zum Christenthum übertraten, dann lesen wir jüdische Namen: Zachäus, Tobias, Benjamin, Johannes, Matthias, Philippus ꝛc., welche noch in die Zeit der Zurückziehung der Gemeinde nach Pella gehören. Als erster heidenchristlicher Vorsteher wird Eus. V. 12. Marcus genannt, den wir nach der Eroberung unter Hadrian und der gänzlichen Ausscheidung des jüdischen Elements vielleicht wieder in dem nunmehrigen Aelia Capitolina ansäßig denken dürfen. Es hat keinen Werth, die nächste Namenreihe aufzuführen; Eusebius verweilt nur bei dem Narcissus und erzählt von ihm, daß er unter Severus sich durch Frömmigkeit und Wunderthaten berühmt machte und an dem Paschahstreit im Interesse der asiatischen Partei Theil nahm. Er entfloh der Verfolgung, weßhalb sein Amt durch Dius, Germanus und Gordius nach einander besetzt wurde, kehrte aber später zurück und theilte im höchsten Greisenalter, 116 Jahre alt, die Verwaltung des Episkopats mit dem Alexander, dem bisherigen Bischof von Kappadocien, — ein Hergang, der in doppelter Hinsicht gegen die später befestigte Kirchenordnung verstößt (Eus. V. 23. 25. VI, 9. 11.). Der genannte Alexander gründete in Jerusalem eine Bibliothek, welche zu Eusebius' Zeiten noch vorhanden war (Eus. VI. 20). Das von Eusebius angelegte und bis zum Beginn des christlichen Regiments geführte Verzeichniß der Bischöfe wird von Nicephorus mit geringen Abweichungen wiederholt und bis über das Zeitalter des Justinian fortgesetzt (Niceph. Chronogr. compend. Vol. I. p. 764—68 ed. Bonn. vgl. außerdem le Quien, Oriens christ. III. p. 145 sqq.). Jerusalem hob sich im vierten Jahrh. durch Kirchenbau und als Inhaberin christlicher Heiligthümer, wurde auch zeitweise in die kirchlich-dogmatischen Bewegungen hineingezogen. Der berühmte Cyrill (s. d. A.) stand dem Arianischen Streit nicht fern, mit seinem Nachfolger Johannes haderte Hieronymus um Anerkennung des Origenismus. Das Auftreten des Pelagius veranlaßte daselbst die Synode von 415. Von den Bischöfen verdienen Nennung Juvenal, der den Synoden von Ephesus und Chalcedon beiwohnte, und Salustius, der wegen des Henotikon des Kaisers Zeno mit Rom zerfiel. Bekanntlich erstreckten sich auch im 6. Jahrh. nach Palästina und Jerusalem und setzten die dortigen Bischöfe Elias, Johannes und Eustochius in Aufregung. Aber alle diese Umstände förderten die kirchliche Machtstellung der Stadt nicht dergestalt, daß sie nicht bei der Bildung der Patriarchate gegen andere Orte hätte zurücktreten müssen. Bis in's fünfte Jahrhundert hatte sich Jerusalem nicht zur Metropolis erhoben, sondern stand unter dem Bischof von Cäsarea. Das Nicänische Concil erkannte im can. 7. die Ehrenvorzüge der ältesten christlichen Mutterstadt an, doch ohne sie der bisherigen Abhängigkeit zu entziehen. Gestützt auf diese Auszeichnung widersetzte sich schon Cyrill und nach ihm Johannes mit allem Eifer der Oberhoheit von Cäsarea, und der erwähnte Juvenal (um 420—58) trachtete in gleicher Weise nach Selbständigkeit (Theodoret. h. e. II, 26. Sozom. IV, 25. Hieron. epist. 38 ad Pammach. contra errores Johannis). Jetzt endlich deklarirte Kaiser Theodosius II. die Patriarchenwürde, und die Synode von Chalcedon schlichtete in der siebenten Verhandlung einen langwierigen Streit zwischen Juvenal von Jerusalem und Maximus von Antiochien dahin, daß jener die drei palästinensischen Landschaften, dieser Phönicien und Arabien unter sich haben sollte. So erhob sich Jerusalem zu gleichem Ehrenrang mit Alexandrien und Antiochien, ohne diesen Städten an Macht und Größe des Sprengels gleich zu werden.

Die persische, arabische und türkische Eroberung entrückte die heilige Stadt dem Zusammenhang mit der übrigen kirchlichen Entwicklung. Der kirchliche Sitz blieb aller wachsenden Bedrängnisse ungeachtet verschont. Erst die christliche Besitzergreifung von 1099 bezeichnet einen Abschnitt, da sie das Patriarchat in die Hände der Lateiner brachte. Die Eroberer fanden den bischöflichen Stuhl vacant, da der letzte Patriarch nach Cypern geflohen war und bald daselbst starb. Unter großem Widerspruch des Klerus wurde Arnulph, ein sittenloser Mensch, der erste lateinische Patriarch und Pfleger der heiligen Reliquien, umgeben mit einer Versammlung von 20 Stiftsherrn. Glücklicher war sein Nachfolger Dagobert, früher Erzbischof von Pisa und Begleiter des Pabstes Urban auf seiner Reise durch Frankreich (1095). Nachdem schon vor der christlichen Herrschaft der geistliche Stuhl Grundbesitz in der Stadt erworben hatte, wurde demselben jetzt unter König Gottfried die Lehnsherrlichkeit über die Stadt zugesprochen, und Dagobert durfte darauf ausgehen, dem Staate einen hierarchischen Karakter zu geben (Willen, Geschichte der Kreuzzüge, I. S. 306. II. S. 53. Guilielm. Tyr. IX, 16—18). Diesem Fortschritte standen andere Hemmungen gegenüber. Das Verhältniß zum Pabstthum blieb nicht ungestört. Nachdem Antiochien sich vom römischen Verbande losgerissen, machte Wilhelm

32*

von Jerusalem 1138 den gleichen Versuch, ließ sich jedoch durch die dringenden Ermah=
nungen Innocenz II. zurückhalten. Gleichzeitig waren über die kirchliche Zugehörigkeit
von Tyrus mit Antiochien Streitigkeiten entstanden, welche ein römischer Legat zu Gunsten
von Jerusalem schlichtete (Wilken, a. a. O. II. S. 695). Auch die inneren Angelegenheiten
des Sprengels erscheinen ungeregelt, da mehrere Ortschaften ohne Vermittelung eines
Metropoliten der Hauptstadt untergeben waren. Vier unter Jerusalem's Oberhoheit
stehende Metropolitansitze werden genannt: Tyrus, Cäsarea, Nazareth und Petra (Canis.
Lectt. antiquae IV. p. 436). In der kurzen Geschichte des christlichen Königreichs hatte
dann das Patriarchat zu öffentlichem Hervortreten noch mehrfache Gelegenheit. Durch
Heraclius wurde 1187 die Uebergabe der Stadt an Saladin vermittelt. Hundert Jahre
später bot Nicolaus Alles auf zur Rettung von Ptolemais, und noch 1316 erschien Peter,
Patriarch von Jerusalem, als päbstlicher Legat in Paris, um einen neuen Kreuzzug an=
zuregen. (Wilken, a. a. O. VII. S. 727. 783.)

Im Allgemeinen gilt von den 88 Jahren der abendländischen Herrschaft, daß sie
mit der verheißenen Freiheit zugleich Willkür und Bedrückung des heimischen griechischen
Cultus herbeiführten. Nach diesem Zeitpunkt tritt das griechische Patriarchat abermals
in seine Rechte. Saladin vertrieb 1187 die Lateiner aus ihren Stiftungen, doch fand
ein Rest unter Leitung des Ordens von St. Franziskus Unterkommen in einem Kloster
des Berges Zion und behauptete dieses Asyl durch Schutz und Verwendungen abendlän=
discher Fürsten. Die Patriarchen der Stadt blieben fortan sich gleich in dem orthodoxen
Widerstreben gegen alles lateinische Kirchenthum. Weder Antiochien noch Jerusalem be=
theiligten sich ernstlich an den Unionsversuchen, während sie doch zuweilen in den Ver=
wicklungen des griechischen Reichs genannt werden. (Niceph. Greg. XV. p. 762 ed. Bonn.)
Zwar ließ sich der Patriarch von Jerusalem 1438 durch Dorotheus auf der Synode von
Florenz vertreten: aber schon 1443 erließ er gemeinschaftlich mit Alexandrien und An=
tiochien ein Decret, in welchem sie das Uebereinkommen verwarfen und gegen alle lati=
nisirenden Schritte des Metrophanes von Constantinopel heftig protestirten. Angeschlos=
sen haben sie sich dagegen der von der russischen Kirche ausgehenden confessionellen Er=
neuerung. Die Bekenntnißschrift von 1643 ward durch Parisius von Jerusalem unter=
zeichnet: In Folge der durch Cyrillus Lucaris (s. d. A.) entstandenen langwierigen Un=
ruhen kam es darauf an, um diese Kirche auch nach dieser Seite von fremdartigen
Einflüssen zu befreien. Diesen Zweck hatten die Synoden zu Constantinopel (1638) unter
Cyrill von Berrhöa, zu Jassy unter Parthenius (1642) und eine dritte in Bethlehem
und Jerusalem veranstaltete. Der Patriarch der letzteren Stadt Dositheus (1672—1706),
Nachfolger des Nectarius, vertrieb alle Lateiner aus seiner Kirche, machte Reisen nach
Georgien und Rußland und berief eine kirchliche Versammlung 1672, welche die prote=
stantischen Meinungen nochmals zurückwies, Cyrillus Lucaris aber auf geschickte Weise
von dem Vorwurf des Calvinismus loszusprechen wußte. (Libri symbl. eccl. Gr. ed.
Kimmel, Proleg. p. 75 sqq.). Diesmal war also wirklich ein kirchlicher Akt von Jeru=
salem ausgegangen, denn die Verhandlungen jener Synode können als letzter Theil der
griechischen Bekenntnißschriften angesehen werden. (S. b. Art. Jerusalem, Synoden in.)

Uebrigens schildern die neueren Nachrichten die zunehmende Machtlosigkeit und Dürf=
tigkeit des dortigen Patriarchats. Nachdem dasselbe in der besten Zeit nicht weniger als 68
Bischöfe und 25 Suffraganen in seinem Sprengel vereinigt, beschränkte es sich nach und
nach auf wenige Districte und mußte alle anderen Bekenntnisse der unirten Griechen,
Lateiner (die 1847 einen eigenen Titular=Patriarchen erhielten), Armenier, Jakobiten,
Evangelische neben sich dulden. Auch blieb es abhängig von dem Kirchenoberhaupt in
Constantinopel. Lange Zeit residirten sogar die Patriarchen von Jerusalem in Constan=
tinopel selbst und übertrugen die Verwaltung einem Collegium von Vikarien (Watzils),
welches aus den Bischöfen von Lydda, Nazareth und Petra, dem Archimandriten und an=
dern Beiständen gebildet wurde. So hatte neuerlich der Patriarch Athanasius auf einer
der Prinzeninseln im Marmora=Meer gelebt und die Geschäfte durch eine Synode von

150 Geschäftsführern von Constantinopel aus leiten lassen. Er starb 1843, die Vikarien wählten Cyrill von Lydda, welcher 1845 in einem neuerbauten Palast zwischen der h. Grabeskirche und dem lateinischen Kloster höchst feierlich eingeführt wurde. Dieser wohnt seitdem am Ort und hat sogar eine lebhaftere Thätigkeit in Gang gebracht. Die Pilger werden besser versorgt und die zwölf städtischen Monasterien und fünf Frauenklöster strenger verwaltet als früher. Sechs einheimische verheirathete Priester predigen in griechischer Sprache und versehen die Seelsorge. Unter dem Patriarchen stehen gegenwärtig noch die Bischöfe von Nazareth, Akka, Lydda, Gaza, Sebaste, Nabulus, Philadelphia, Petra. Bedenkt man jedoch, daß die griechisch-orthodoxe Gemeinde von Jerusalem nicht 1000 Seelen und die Gesammtzahl der Glaubensgenossen in der ganzen Diöcese nur etwa 17,000 Seelen beträgt, und erwägt man den niedrigen intellectuellen und sittlichen Bildungsgrad des griechischen Klerus: so kann man von dieser Wirksamkeit noch keine hohe Meinung haben. Vgl. *Dan. Papebrochius* in Actis Sanctorum III, Prolegom. Heineccius, Abbildung der alten und neuen gr. K. Anhang S. 61. Robinson, Palästina, Bd. II. S. 221 ff. 298. III. S. 117. 264. 435 f. 740 ff. 747. 674. Ritter, Erdkunde. Thl. XVI. S. 490 ff. 500. Tobler, Topographie von Jerus. I. S. 276. A. Scholz, Reise, Lpz. 1822. S. 192. *Wilson*, Lands of the Bible. II. p. 569. Gaß.

Jerusalem, Synoden daselbst. Die Zahl derselben wird nach dem weiteren oder engeren Begriff, welchen man von Synoden aufstellt, verschieden angegeben. Jedenfalls nehmen unter diesen Synoden von Jerusalem nur der Apostelconvent (s. d. Art.) und die Synode von 1672 eine in der Kirchen- und Dogmengeschichte bedeutende Stellung ein. Wir führen daher auch die übrigen nur in kurzem Ueberblick auf. Baronius zählt als das erste Concil zu Jerusalem die Apostelversammlung, welche nach Apg. 1, 15 ff. zur Wahl des Matthias an die Stelle des Verräthers statthatte; als zweites die Versammlung zur Wahl der sieben Almosenpfleger (Apg. 6, 1—6.). Hieran reiht sich die Versammlung der Apostel und der Gemeinde in Jerusalem (Apg. 15.), auf welcher der Beschluß gefaßt wurde, daß die Heiden bloß zum Proselytismus portae zu verpflichten seyen, während stillschweigend die Verbindlichkeit des mosaischen Gesetzes für die Nachkommen Abrahams anerkannt wurde. Auf diesem Apostelconvent wurden zugleich Paulus und Barnabas von Jakobus, Petrus und Johannes, welche sich fortwährend den Juden zu widmen beschloßen, als Heidenapostel anerkannt (vgl. Gal. 2, 9.) Eine kleinere Versammlung zu Jerusalem wird Apg. 21, 28. erwähnt. — In Sachen der Feier des Osterfestes fand nach dem libellus synodicus in Jerusalem eine Synode statt unter Narcissus und 14 anderen Bischöfen. — Als im J. 335 viele Bischöfe in Jerusalem versammelt waren, um die von Kaiser Constantin erbaute prachtvolle Kirche auf dem heil. Grabe zu weihen, verordnete dieser, daß die Versammlung, um die Feier mit ruhigem Gemüthe begehen zu können, zuerst sich beeifere, den Spaltungen in der Kirche ein Ende zu machen. Diesem Befehl glaubte die Versammlung dadurch nachzukommen, daß sie den Arius feierlich in die kirchliche Gemeinschaft wieder aufnahm und ein Synodalschreiben mit der dringenden Bitte an den Kaiser ergehen ließ, er möge den Arius nach Alexandrien zurückkehren lassen. Um den Sieg des Arianismus vollständig zu machen, begann die Synode auch den Prozeß gegen Marcellus von Ancyra, der sich geweigert hatte, an dieser Synode Antheil zu nehmen. Doch ein neuer Befehl des Kaisers, daß die in Tyrus gewesenen Bischöfe schleunigst nach Constantinopel kommen sollten, nöthigte diese Maßregel aufzuschieben. Eusebius (Vit. Const. IV. 47.) nennt diese Versammlung die zahlreichste von all denen, die er kannte, nach der zu Nicäa gehaltenen, wie er sich denn überhaupt alle Mühe gibt, diese Synode der nicänischen gleichzustellen. — Um das J. 349, nach der Synode zu Sardica, veranstaltete der Bischof Maximus eine Synode in Jerusalem, welche den Athanasius feierlich als Mitglied der Kirchengemeinschaft anerkannte und gleich dem Pabst ein Beglückwünschungsschreiben an die Alexandriner erließ. — Im J. 415 wurde unter dem Vorsitz des Bischofs Johannes eine Synode gehalten, vor welcher der von Augustin abgesandte Presbyter Paulus Orosius als Kläger gegen Pelagius erschien; es kam aber auf dieser Versammlung zu keinem

andern Beschluß als dem, die Entscheidung über diesen Streit dem Pabst Innocenz I. zu
unterstellen. — Gegen das J. 536 hielt Petrus von Jerusalem eine von 45 Bischöfen
besuchte Synode ab, und es wurden auf ihr die schon zu Constantinopel verurtheilten
Severianer gleichfalls aus der Kirchengemeinschaft ausgeschlossen. — Aus den Verhandlungen der zweiten nicänischen Versammlung will man schließen, daß nach der allgemeinen
Synode von 553 eine, jene Beschlüsse gegen die Dreicapitel bestätigende Synode zu Jerusalem gehalten worden sey. In jenen heißt es nämlich: „Außerdem sandte unser gott-
geliebter Kaiser die Verhandlungen der fünften Synode nach Jerusalem, in welcher Stadt
eine Versammlung aller Bischöfe von Palästina gehalten wurde, welche alle mit Händen,
Füßen und mit dem Munde die Aussprüche und Beschlüsse jener Synode bestätigten.
Nur Alexander, Bischof von Abyle, widersprach. Deßwegen wurde er seines Bisthums
entsetzt und zog sich nach Byzanz zurück." — Im J. 634 veranstaltete der Patriarch
Sophronius von Jerusalem eine Versammlung der Bischöfe von Palästina, welche in
ihrem Circularschreiben den Dyotheletismus aussprach und die entgegenstehende Ansicht
des Monophysitismus überwies. — Im J. 730 hielt der Patriarch Theodorus eine
Synode gegen die Bilderstürmer. — Während der Kreuzzüge und nachdem Jerusalem
ein christliches Königreich geworden war, wurden daselbst mehrere Synoden gehalten; so
im J. 1099 und 1107 in Angelegenheiten von Bischofswahlen, 1143 gegen die Irrthümer
der Armenier. — Doch die bedeutendste aller zu Jerusalem abgehaltenen Kirchenversammlungen war die vom J. 1672. Dositheus, Patriarch von Jerusalem, versammelte den
16. März d. J. die morgenländischen Prälaten seines Sprengels: der Erpatriarch Nectarius, sechs Metropoliten, sodann Archimandriten, Presbyter, Diakonen und Mönche (53)
waren anwesend. Die Synode nennt sich selbst ὑσπὶς ὀρθοδοξίας ἢ ἀπολογία und
war hauptsächlich gegen die Calvinisten gerichtet. Darum mußte hauptsächlich derjenige
verdammt werden, welcher die calvinische Lehre einst nach Griechenland einführen wollte,
Cyrillus Lucaris. Veranlassung zur Wiederaufnahme dieses bereits auf den Synoden zu
Constantinopel in den J. 1638 und 1642 geführten Prozesses gab zunächst der protestantische Theologe Jean Claude mit seiner Behauptung, daß Cyrill die reine griechische Lehre
vom Abendmahl repräsentire, weßhalb im J. 1672 der französische Gesandte Olier de
Nointel die Synode aufforderte, eine Erklärung über die Confession Cyrills abzugeben.
Die versammelten Väter erklärten, die Calvinisten wissen recht wohl die Unterscheidungslehren
der orientalischen Kirche, streben aber absichtlich, dieselben zu verbergen, um nicht außerhalb
jeder Kirche zu stehen, und jene Väter führen in Betreff des Cyrill'schen Glaubensbekenntnisses den künstlichen Beweis: „scripsit illam non Patriarcha, sed homo obscurus Cyrillus, ex dolo factus." Die Synode belobte feierlich das Glaubensbekenntniß des Mogilas,
erneuerte die Entscheidungen der beiden Synoden von 1638 und 1642 und nahm sie förmlich in die eigenen Akten auf, und veröffentlichte eine der Cyrill'schen gerade entgegenstehende Confession in 18 Kapiteln und 4 Responsionen. Diese Confessio Dosithei ist
von den Unterschriften von 67 Bischöfen und Geistlichen gefolgt, daher von ihr nicht mit
Neudecker (Münscher's Lehrbuch der Dogmengeschichte II. 2. S. 113) gesagt werden
kann, sie sey ein bloßes Privatbekenntniß des Dositheus geblieben; vielmehr bildet dieselbe
einen integrirenden Theil der libri symbolici der griechischen Kirche. Der Inhalt der
einzelnen Abschnitte ist folgender: 1) Von der Dreieinigkeit: πνεῦμα ἅγιον ἐκ τοῦ πατρὸς
ἐκπορευόμενον, πατρὶ καὶ υἱῷ ὁμοούσιον; 2) die Schrift ist zwar θεοδίδακτος, die
Auctorität der katholischen Kirche steht ihr aber gleich, und somit darf jene nicht anders
ausgelegt werden, ἢ ὡς ἡ καθολικὴ ἐκκλησία ταύτην ἡρμήνευσε καὶ παρέδωκεν;
3) die Prädestination gründet sich einzig und allein auf die Präscienz Gottes von der
Würdigkeit oder Unwürdigkeit der Einzelnen, und von den Calvinisten wird erklärt, sie
seyen in diesem Lehrstück χείρους πάντων ἀπίςων; 4) Gott ist nicht der Urheber des
Bösen, das nur vom Menschen oder Teufel kommt; 5) die Vorsehung weiß das Böse
zwar voraus, bewirkt es aber nicht, kehrt es vielmehr zum Besten; 6) aus dem ersten
Sündenfall stammt die προπατορικὴ ἁμαρτία τῇ διαδοχῇ; diese ist aber keine That-

fünde, wie denn viele Patriarchen und Propheten, insbesondere Maria nicht fündigten, sondern besteht bloß in Mühe und Arbeit, im Schweiß des Angesichts und in den Schmerzen bei der Geburt und endlich im körperlichen Tod; 7) der Sohn Gottes wurde Fleisch und ohne irgend welchen Schmerz oder Verlust der Jungfrauschaft der Maria geboren; 8) Christus ist zwar der einzige Mittler, aber um unsere Bitten vor ihn zu bringen, bedarf es als πρεσβευται der Heiligen, besonders der Maria und der Engel; 9) der Glaube allein macht selig, dieser aber ist in der Liebe thätig; 10) die Kirche ruht auf dem Episkopat; 11) Glieder der katholischen Kirche sind alle die, welche den von Christus selbst, den Aposteln und den heil. ökumenischen Synoden überkommenen Glauben an Christus unverfälscht bewahren; 12) die katholische Kirche ist unfehlbar; 13) die Rechtfertigung erfolgt nicht durch den Glauben allein, sondern durch den in der Liebe thätigen Glauben, also durch Glauben und Werke; 14) auch der natürliche Mensch kann Gutes thun, aber was er ohne Beihilfe der Gnade also vollbringt, gereicht ihm weder zum Heil noch zur Verdammniß; 15) die Kirche hat sieben Sacramente; 16) die Kindertaufe ist nothwendig; durch die Taufe werden die vor ihr begangenen Sünden vertilgt und nicht bloß nicht zugerechnet; 17) in der Eucharistie ist Christus nicht τυπικῶς, noch εἰκονικῶς, noch κατ᾽ ἁμαρτισμὸν, sondern ἀληϑῶς καὶ πραγματικῶς zugegen; 18) es gibt einen Reinigungszustand nach diesem Leben. Die vier Responsionen beschäftigen sich zuerst mit der Frage, ob die heil. Schrift gemeinschaftlich von allen Christen gelesen werden solle? dann mit der Frage, ob die Schrift Allen, die sie lesen, verständlich sey? welche beide verneint werden; ferner mit der Frage: welche Schriften zur Bibel zu zählen seyen? Es werden auch die Schriften zu ihr gerechnet, welche Cyrill ἀσυνέτως καὶ ἁμαϑῶς εἴτ᾽ οὖν ἐϑελοκακούργως ἀπόκρυφα nannte. Endlich wird die Frage beantwortet, was von den heiligen Bildern und der Verehrung der Heiligen zu halten sey? — Diese Beschlüsse fanden die erbittertsten Gegner, welche die Synode der Hinneigung zur römischen Kirche beschuldigten, wie denn allerdings die Unterscheidungslehren der griechischen Kirche von der römischen entweder ganz mit Stillschweigen übergangen oder nur leicht berührt sind. Gleichwohl kann nicht behauptet werden, daß sich die orientalische Kirche in diesem Glaubensbekenntniß irgend etwas gegen die römische vergeben habe (vgl. Lentz, Gesch. der christl. Dogmen S. 286 Anm.). Die Dekrete dieser Synode dürfen als ein Zeugniß weiterer Entwicklung und Bestimmung der griech. orthodoxen Dogmen betrachtet werden. Die Acten der Synode stehen bei Harduin XI. S. 179 ff. und Aymon, Monuments authent. p. 259 sqq., am genauesten bei E. J. Kimmel, libri symbolici ecclesiae orientalis (Jen. 1843). Th. Pressel.

Jerusalem, Königreich, s. Kreuzzüge.

Jerusalem, das neue Bisthum St. Jakob in. Der evangelischen Kirche ist zum ersten Male in unsern Tagen vergönnt, den Versuch zu machen, im heiligen Lande festen Fuß zu fassen. Die religiöse Verkommenheit der dortigen Juden veranlaßte 1818 die nordamerikanische Missionsgesellschaft zu Boston zur Abordnung zweier Missionare nach Palästina. Im Anschluß an die Occupation des Landes durch Mehemet Ali 1832 trat auch die Londoner episcopale Judenmissions-Gesellschaft in das Gebiet ein. Es folgte 1840 die Expedition der europäischen Großmächte nach dem Orient, durch welche der Thron Mahmud's gegen den übermächtigen Pascha von Aegypten gesichert und die syrischen Provinzen wieder der unmittelbaren Herrschaft des Padischah unterworfen wurden. Die Küstenstädte Syriens und Phöniciens mußten sich ihren Flotten ergeben. Bei vielen Zeitgenossen wachte die Erinnerung an die Tage der Kreuzzüge auf. Besonders deutsche Stimmen forderten zum Erwerbe Jerusalems, andere sogar zur Emancipation Palästina's von der Gewalt der Osmanen auf. Mit staatsmännischerem Blick nahm Friedrich Wilhelm IV. von Preußen die politisch günstigen Constellationen zur Begründung einer Stellung für die evangelischen Christen im Orient wahr. Denn während die armenische, griechische und lateinische Kirche hier von Alters her und vertragsmäßig ihre geschlossenen Corporationen besitzen, die beiden letztern überdem ihre starken Protectoren haben, ging der evangelischen bisher jede kirchliche Vertretung ab. Auch der Hattischerif von Gülhane blieb für ihre Genossen ohne wirkliche Bedeutung. S. den Text z. B. bei Petermann, Beitr. z. e. Gesch. der neusten Reformen des ottomanischen Reichs, Berlin, 1842. Nachdem Preußen bei Anlaß der Ratification des Vertrags vom 15. Juli 1840 für seinen Antrag auf gemeinschaftliches Zusammenwirken zur Erzielung einer vollen christlichen Religionsfreiheit im Morgenlande bei den Groß- mächten nicht das gewünschte Entgegenkommen gefunden hatte, legte es in einer Special- mission an die Königin von England dem Erzbischof von Canterbury und dem Bischof von London, als dem Haupt der auswärtigen anglikanischen Gemeinden, den Plan zur gemeinsamen Errichtung und Ausstattung eines protestantischen Bis- thums in Jerusalem vor, um eine einheitliche Vertretung der deutsch- evangelischen und englischen Kirche im gelobten Lande zu ermöglichen. Es sollte dabei der preußischen Landeskirche »eine schwesterliche Stellung« neben der englischen eingeräumt werden. Die hohe Geistlichkeit Englands ging sehr bereitwillig auf den Vor- schlag ein. Indeß faßte sie von Anfang an den Zweck des zu stiftenden Bisthums unter einem von dem königlich-preußischen etwas verschiedenem Gesichtspunkt auf, indem sie darin erstens eine verheißungsvolle Centralstätte für die Mission unter Israel, und zweitens eine thatsächliche Anbahnung zu einer Union zwischen der englischen und deutschen Kirche über dem Grabe des Erlösers erblicken zu dürfen hoffte. In dem von ihm veröffentlichen Statement sprach der Erzbischof sogar die Er- wartung aus, daß die neue Stiftung den Weg bahnen werde zu einer wesentlichen Ein- heit *of discipline* as well as *of doctrine* between our own Church and *the less per- fectly constituted* of the Protestant Churches of Europe.

Die Dotation des Bisthums ward auf 30,000 Pfd. Sterl. festgesetzt, um dem Bi- schof ein jährliches Einkommen von 1200 Pfd. zu sichern. Während England die Be- schaffung der Hälfte dieser Summe durch eine allgemeine Sammlung übernahm, bestimmt die königlich preußische Stiftungsurkunde vom 6. Sept. 1841 ein Kapital von 15,000 Pfd. für die Ausstattung in der Weise, daß sie zunächst, bis die Anlegung auf Ländereien in Palästina selbst erfolgen kann, jährlich die Zinse davon mit 600 Pfd. zur Verfügung stellt. Der Bischof soll abwechselnd von den Kronen von England und Preußen ernannt werden. In Ansehung der von Preußen Ernannten behält jedoch der Primas von Eng- land das unbedingte Recht des Veto. Im Weitern ist das Bisthum durch und durch ein Bisthum der vereinigten Kirche von England und Irland, welches das unverkürzte Gepräge des anglicanischen Partikularismus an sich trägt. Bis die Lokalverhältnisse desselben eine Gestaltung gewinnen, die eine andere Anordnung wünsch- bar erscheinen läßt, ist der Bischof dem Erzbischof von Canterbury als seinem Metro- politen unterworfen. Seine Gerichtsbarkeit, welche sich für einstweilen außer über Pa- lästina auch über die Evangelischen im übrigen Syrien, in Chaldäa, Aegypten und Abessynien erstrecken kann, richtet sich so weit möglich nach den Gesetzen, Canones und Uebungen der Kirche Englands. Nur mit Einwilligung des Metropoliten ist er befugt, nach den eigenthümlichen Bedürfnissen seines Sprengels besondere Regeln aufzustellen. Ueber die Stellung der Deutsch-Evangelischen, die sich seiner Jurisdiction zu un- terwerfen geneigt seyn mögen, gelten theils nach dem Statement vom 9. Dec. 1841, theils nach den Modifikationen, welche dieses Regulativ durch den erzbischöflichen Erlaß vom 18. Juni und die königlich preußische Kabinetsordre vom 28. Juni 1842 erfuhr, folgende Bestimmungen: 1) Der Bischof wird die deutschen Gemeinden in seinen Schutz nehmen und ihnen allen in seiner Macht stehenden Beistand leisten; 2) die Seelsorge unter ihnen wird durch deutsche Geistliche geübt, welche zu dem Ende dem Bischof ein Zeugniß von kompetenter Behörde über Wandel und Qualification für das Amt vor- weisen, nach einer von ihm vorgenommenen Prüfung und auf die Unterschrift der drei ökumenischen Symbole die Ordination nach englischem Ritual empfangen, und ihm den Eid des kirchenordnungsmäßigen Gehorsams leisten; 3) die Liturgie ist eine vom Primas sorgfältig geprüfte, entnommen aus den in Preußen kirchlich recipirten Liturgieen; 4) den Ritus der Confirmation vollzieht der Bischof an den deutschen Katechumenen nach anglikanischer Form.

Unterdessen war eine Parlamentsakte erwirkt worden, 5. Oft. 1841, welche für ein fremdes Land die Institution und Consecration eines Bischofs gestattet, der nicht nothwendiger Weise Unterthan der brittischen Krone seyn muß, noch auch dieser den Huldigungseid und dem Erzbischof den Eid des Gehorsams zu leisten nöthig hat, nur daß damit weder er, noch die von ihm geweihten Diakonen und Priester das Recht zu Amtsfunktionen in England oder Irland erhalten. Nach Ablehnung des Irländers Dr. M'Caul wurde hierauf der jüdische Convertit Dr. Michael Salomon Alexander, Professor der hebräischen und rabbinischen Literatur am Kings-College zu London, geb. 1799 zu Schönlanke in Posen, auf den neugegründeten Bischofsitz befördert. Den 21. Jan. 1842 hielt er mit Frau und Kindern seinen Einzug in Jerusalem. Der Pforte wurde erklärt, daß er nur als ein Engländer von Rang, als ein höherer Geistlicher der englischen Kirche komme, um über die Mitglieder dieses Volkes und dieser Kirche oder ihr verwandte Fremdlinge, jedenfalls also zunächst nur über Franken und nur eine geistliche Oberaufsicht zu führen. Damals wirkten außer zehn in Jerusalem und Beirut stationirten Boten der nordamerikanischen, der Missionar der englisch-kirchlichen Missionsgesellschaft, Nicolayson mit vier Gehülfen und im Besitz eines für den Bau einer Kirche bestimmten Grundstückes auf dem Berge Zion, zu Jerusalem. Der judenchristliche Theil der Gemeinde bestand aus nur drei Familien. Alexander starb schon unterm 23. Nov. 1845 nahe bei Cairo in der Wüste. Zu seinem Nachfolger wurde Samuel Gobat von Cremine im bernischen Jura, früher Missionar in Abessynien, gewählt. — Gegenwärtig besitzt die Diöcese die den 21. Jan. 1849 eingeweihte Christus-Kirche auf Zion, wo das Evangelium in hebräischer, englischer, deutscher, spanischer und arabischer Sprache gepredigt wird; einen besondern Begräbnißplatz; eine Diöcesanschule mit Schulhaus in zwei Abtheilungen, von jüdischen, vereinzelten muhamedanischen und Kindern der verschiedenen christlichen Confessionen besucht; ein Hospital für Juden, wo sich den Kranken die Gelegenheit zum Lesen der Schrift bietet; ein Hospital für Proselyten u. s. w. mit deutschen Diakonissen, an welches sich das deutsche Pfarramt anschließt, fast ausschließlich von Deutschland aus unterhalten; ein Arbeits- oder Industriehaus für Proselyten und eine Industrieschule für Jüdinnen. Die jährliche Durchschnittszahl der jüdischen Convertiten beläuft sich auf sieben bis neun. Für die Christen der andern Kirchen sind Bibelleser angestellt. In Folge des Fermans, welcher der protestantischen Kirche in der Türkei dieselben Rechte der Existenz zusichert, die irgend eine andere Kirche hat, und den einzelnen Protestanten vollen Rechtsschutz verheißt, haben sich überdem bisher kleine protestantische Gemeinden in Bethlehem, Jaffa, Nablus und Nazareth mit Schulen gebildet. Ueber die sehr lebhafte Discussion, welche das Unternehmen bei seinem Entstehen hervorrief, und die im Ganzen ungünstige Aufnahme, welche es nicht nur bei Katholiken und Puseyiten, sondern auch bei der Mehrzahl der Evangelischen in Deutschland, der Schweiz und Frankreich fand, da man aus ihm auf die Intention einer successiven Anglikanisirung der preußischen Landeskirche schloß, und zudem in den getroffenen Bestimmungen die nationale Ebenbürtigkeit des deutschen Protestantismus neben dem englischen nicht gehörig gewahrt erblickte, vgl. Rheinwald's Repertorium Bd. 36. 3. 268 ff. Bd. 45. 4. 95 ff. und Neues Repertorium, 1845, 1. 84 ff., 2, 176 ff.; 3, 250 ff. Als officiel darf betrachtet werden die Publikation von Abeken: Das evangelische Bisthum in Jerusalem. Geschichtliche Darlegung mit Urkunden. Berlin 1842. Gülder.

Jerusalem, Joh. Friedr. Wilhelm, einer der ausgezeichnetsten Apologeten und praktischen Theologen des vorigen Jahrhunderts, mithin auch einer der würdigsten Repräsentanten der jenes Jahrhundert karakterisirenden Richtung, ist geboren am 22. Nov. 1709 zu Osnabrück, wo sein Vater die Stelle eines ersten Predigers und Superintendenten bekleidete. Nachdem er in den Schulen seiner Vaterstadt den Grund zu seinen

Studien gelegt hatte, bezog er 1724 die Universität Leipzig, um dort sich der Theologie zu widmen. Durch Gottscheb ward er in die Wolfische Philosophie eingeführt; in der Theologie verdankte er das Meiste dem Selbststudium. Nachdem er in Leipzig die Magisterwürde erhalten, begab er sich nach Leyden, wo Schultens, Burmann, Muschenbröt seine Lehrer waren. Im Haag versah er eine Zeitlang die Stelle eines Predigers an der dortigen deutschen Kirche. Sodann begleitete er zwei junge Edelleute als Hofmeister nach Göttingen und machte dann noch eine Reise nach England mit einem längeren Aufenthalte in London. Die Bekanntschaft mit Männern der verschiedenen kirchlichen Richtungen, in deren Wesen er das Gute und Tüchtige mit richtigem Blick herauszufinden und zu würdigen verstand, wirkte vortheilhaft auf seine für alles Gute und Edle empfängliche Gesinnung. Mit dem Ausbruch des schlesischen Krieges betrat er den vaterländischen Boden wieder und nachdem er eine Zeit lang eine Hauslehrerstelle in Hannover begleitet, ward er Hofprediger des Herzogs Karl von Braunschweig in Wolfenbüttel und Erzieher von dessen siebenjährigem Prinzen (dem nachmals als Feldherr berühmt gewordenen Karl Wilhelm Ferdinand). Nachdem er dieses Amt im Sommer 1742 angetreten, wurde er im folgenden Jahre Probst der beiden braunschweigischen Klöster St. Crucis und Aegidii, dann im Jahr 1749 Abt von Marienthal und 1752 Abt des Klosters Ribdagshausen in der Nähe von Braunschweig. Aus Anhänglichkeit an das braunschweigische Haus lehnte er den Ruf ab, der an ihn erging, Kanzler der Universität Göttingen zu werden. Dafür ward er 1771 zum Vicepräsidenten des Consistoriums in Wolfenbüttel ernannt. Ein harter Schlag traf ihn am Abend seines Lebens, da sein hoffnungsvoller Sohn, der zu Wetzlar als Rechtspraktikant fungirte, sich in einem Anfall von Schwermuth den Tod mit eigener Hand gab (1775). Bekanntlich haben die äußern Verumständungen dieser Selbstentleibung Göthe die Farben geliehen bei der Dichtung seiner „Leiden des jungen Werther." — Jerusalem starb hochbetagt den 2. September 1789. In der Hoffkirche ward ihm von der Herzogin Mutter, einer Schwester Friedrichs d. Gr., ein Denkmal errichtet. Was Jerusalems kirchliche und theologische Wirksamkeit betrifft, so machte er sich zunächst um sein engeres Vaterland verdient durch Gründung einer höheren Lehranstalt, des Karolinums in Braunschweig, und durch eine verständige Organisation des Armenwesens daselbst. Auch auf die Bildung angehender Geistlichen hat er fördernd eingewirkt. Den sittlichen Grundsätzen des Christenthums von Herzen zugethan und von innigster Ehrfurcht gegen das durchdrungen, was ihm „Religion" hieß, ging sein Streben ebensowohl dahin, das Wesentliche dieser Religion gegen die Angriffe des Unglaubens zu vertheidigen, als an der Stelle der alten, Vielen unverständlich gewordenen Orthodoxie, helle, der Vernunft einleuchtende Begriffe über die göttlichen Dinge und ihre Offenbarung zu verbreiten. Er huldigte sonach allerdings bis auf einen gewissen Grad der Aufklärung des Jahrhunderts, von der er sich für das praktische Christenthum die gesegnetsten Früchte versprach; ohne sich vom Strome derselben zu den Extremen des Rationalismus fortreißen zu lassen. Sein bedeutendstes Werk, das auch in die meisten neueren Sprachen übersetzt und noch zu Anfang dieses Jahrhunderts vielfach zur Apologetik benutzt worden ist, sind seine „Betrachtungen über die vornehmsten Wahrheiten der Religion", die er auf Anregung seines ehmaligen Zöglings, des Erbprinzen von Braunschweig, verfaßte. (Braunschweig 1768—79. 1785. 1795. II.) Auch als Prediger nimmt Jerusalem eine nicht unbedeutende Stelle ein. Er schloß sich in der homiletischen Methode an Mosheim an, und indem er seinen Geschmack vielfach durch den Umgang mit der neueren, auch auswärtigen Literatur gebildet hatte[*], konnte er auch in der geistlichen Rede den christlichen Wahrheiten einen edlern, gebildeteren Ausdruck, als es den Meisten seiner Zeitgenossen vergönnt war, geben[**]). Es ist

---

[*] Vgl. seinen Aufsatz über die deutsche Sprache und Literatur. Braunschw. 1781. 8.

[**] In seinen nachgelassenen Schriften (II. S. 197) beklagt sich J. sehr über den „Nachtwächter- und Marktschreierton," in den so viele geistliche Redner verfallen.

weniger die Macht der Rede und die Originalität der Gedanken, als eine gewisse Klar=
heit und Einfachheit, welche seine Vorträge auszeichnet. Außer den beiden Sammlungen
von Predigten (Braunschweig 1745—53, 3. Aufl., 1788, 89) sind auch einzelne gedruckt
worden. Ein Verzeichniß seiner übrigen Schriften siehe bei Döring, die deutschen
Kanzelredner des 18. und 19. Jahrhunderts. Neust. a. d. O. 830. S. 153 ff. Ueber
seine Biographie vgl. ebend. S. 147 ff.; Jerusalems Selbstbiographie (abgedr. in dessen
„nachgelassenen Schriften“, Braunschw. 1793), Eschenburg in der deutschen Monatschr.
1791. 6. S. 132 ff. Baur, Lebensgemälde denkwürdiger Personen. V. S. 401. M.
Vorl. über die K.G. des 18. u. 19. Jahrh. 3. Aufl. Bd. I. S. 351 ff.　　Hagenbach.

Jesabel, s. Isebel.

Jesaja, der Prophet. Der Prophet, welcher unter dem Namen יְשַׁעְיָהוּ, nach
der alexandrinischen Uebersetzung Ἡσαΐας, die Reihe der sogenannten großen eröffnet,
gilt in alter und neuer Zeit als der Große, ὁ προφήτης ὁ μέγας (Jes. Sir. 48, 22.),
vorzugsweise, ja der Größeste von Allen, προφήτων μέγιστος (Euseb. demonstr. evang.
2, 4.), die, vom Geiste Gottes getrieben, geschaut und geredet. Und in der That, wenn
ihm das ganze Buch gehört, das ihm zugeschrieben wird, so verdient er jenen Namen in
der ausgezeichnetsten Weise, sowohl nach dem unerschöpflichen Reichthume des Inhalts,
als nach der mannigfaltig wechselnden Form in der Kraft und Schönheit der Darstel=
lung. Christen und Juden spenden ihm dieses Lob, das sich aber bei den Kirchenvätern
ganz besonders an seine Weissagung des Messias und seines Reiches knüpft. So rühmt
schon Hieronymus von ihm: „non tam propheta dicendus est quam Evangelista.
Ita enim universa Christi ecclesiaeque mysteria ad liquidum prosecutus est, ut non
putes eum de futuro vaticinari, sed de praeteritis historiam texere (praef. ad Jes.).“
Darum nannte ihn auch Jesus Sirach „den Großen,“ weil er ein „πιστὸς ἐν ὁρά=
σει“ sey, und hebt von ihm hervor: „πνεύματι μεγάλῳ εἶδε τὰ ἔσχατα, καὶ παρε=
κάλεσε τοὺς πενθοῦντας ἐν Σιών; ἕως τοῦ αἰῶνος ὑπέδειξε τὰ ἐσόμενα καὶ τὰ
ἀπόκρυφα πρὶν ἢ παραγενέσθαι αὐτά“ (48, 24. 20.). Unter den Reformatoren hat
vorzüglich Luther die christologische Fülle des Jesajanischen Buches in seiner Vorrede
dazu gar schön auseinandergesetzt. „Also thun,“ sagt er, „alle Propheten, daß sie das
gegenwärtige Volk lehren und strafen, daneben Christi Zukunft und Reich verkündigen,
und das Volk auf ihn richten und weisen, als auf den gemeinen Heiland, beide, derer
Vorigen und Zukünftigen; doch einer mehr, denn der andere, einer reichlicher, denn der
andere, Jesaias über sie alle am meisten und reichlichsten.“ Aber auch der Styl und
die Vortragsweise des Propheten ist schon frühe bewundert worden. Gedenken wir be=
sonders des Hieronymus, der folgendermaßen urtheilt: „ac primum quidem de Esaia
sciendum, quod in sermone suo disertus sit, quippe vir nobilis et urbanae eloquen-
tiae, nec habens quicquam in eloquio rusticitatis admixtum: unde accidit, ut prae
caeteris florem sermonis ejus translatio non potuerit conservare (praef. ad vers. Jes.).“
Die Unzulänglichkeit des Auslegers und Uebersetzers, die heilige Gluth der prophetischen
Rede nach Außen zu lehren, hat gleichfalls Luther vortrefflich bezeichnet: „si quis
penitus posset introspicere adfectus prophetae, videret in singulis verbis caminos ignis
et vehementissimos ardores esse.“ Vgl. noch andere Stimmen bei Gesenius in der
Einleitung zu f. Comm. S. 36 u. ff.

Die hohe Auszeichnung, die man dem Namen Jesaja vor dem aller übrigen Pro=
pheten gibt, beruht aber lange Zeit hindurch auf der Voraussetzung, daß das vielum=
fassende Werk, welches die Ueberschrift desselben jenem und in den historischen
Büchern hochgestellten, besonders unter der Regierung des Königs Hiskia einfluß=
reichen Mann Gottes zugeschrieben wird, vollständig von ihm verfaßt sey. Indessen hat
darüber die neuere sogenannte „höhere Kritik“, die nach Benennung und Ausübung,
nachdem hauptsächlich durch Semler für die von kirchlicher Tradition und Dogmatik
freie Bibelforschung die Bahn gebrochen war, in Bezug auf das Alte Testament zuerst
am bedeutendsten durch Eichhorn in Schwung gekommen, ganz anders geurtheilt und

einen großen Theil unseres Buches dem Propheten Jesaja abgesprochen. Dieses gilt am entschiedensten von dem letzten Abschnitt, der von Kap. 40—66. die Befreiung Israels durch Cyrus aus dem babylonischen Exil verkündet. Und so scheint wenigstens, wenn wir vorläufig mit wissenschaftlich gebotener Vorsicht urtheilen sollen, ein Theil des Ruhmes unserem Propheten entzogen und einem anderen seiner Genossen beigelegt werden zu müssen. Allein selbst dann, wenn wir einstweilen nur zwei Verfasser, einen bekannten und einen unbekannten annehmen, erkennen dem ersteren die meisten Kritiker nicht nur den Vorzug vor dem letzteren zu, sondern sie heben überhaupt Jesaja auf den Thron des Prophetenthums, wobei aber nicht zu verkennen, daß sie besonders die äußere Seite desselben, seine Darstellung in Rede und Sprache im Auge haben.

Beschränken wir uns daher zunächst auf die Person Jesajas, der nach der Ueberschrift ein Sohn des Amoz genannt wird, und unter den Königen Juda's Usia, Jotham, Ahas und Hiskia geweissagt haben soll.

Wie es zur eigensten Bedeutung der Propheten gerade gehört, daß ihr sogenanntes Privatleben vor ihrem öffentlichen zurücktreten muß, so ist es auch bei dem unsrigen der Fall, von dessen häuslichen und persönlichen Verhältnissen wir geschichtlich sehr wenig erfahren. Ort und Zeit seiner Geburt wird uns nicht genannt, sondern nur das Todesjahr des Königs Usia als dasjenige von ihm selbst bezeichnet, in dem er seine Prophetenweihe empfangen (6, 1.). Jerusalem war die Stätte seiner Wirksamkeit, ob er aber in der Hauptstadt geboren, läßt sich nicht mit Gewißheit bestimmen. Jesaja hieß er, wie er sich selbst nennt (20, 3.), und dabei auf den Trost, der in diesem Namen „Heil Gottes“ liegt, hinweiset (8, 18.), ein Name, der schon früher von einem Sohne Jeduthuns als Musikmeister (1 Chron. 26, 3. 15.) und von einem von David bestellten Schatzverwalter vorkömmt (1 Chron. 27, 25.), aber auch noch in den Zeiten des Exils in dem Verzeichniß derjenigen gefunden wird, die mit Esra aus Babel zurückkehrten (Esra 8, 7. 19. Neh. 11, 7.). In der letzteren Stelle erscheint er verkürzt in der Form יְשַׁעְיָה, die dann auch die Rabbinen in der Ueberschrift gebrauchen. Von dem Vater des Propheten wird uns nur sein Name Amoz angeführt (1, 1; 2, 1; 20, 2.), den, weil אָמוֹץ in der griechischen Uebersetzung mit עָמוֹס, dem Hirtenpropheten, gleichlautend Ἀμὼς geschrieben ist, mehrere Kirchenväter mit diesem verwechseln; nach einer jüdischen Tradition, die sich wahrscheinlich bloß an eine solche Schallähnlichkeit knüpft, soll Amoz sogar ein Bruder des Königs Amazia gewesen seyn. Von Jesaja selbst wird uns außerdem nichts bezeugt, als daß er vermählt war (8, 3.) und ihm in dieser Ehe mehrere Söhne geschenkt wurden, denen er bedeutsame Namen gegeben (7, 3; 8, 3. 18.), Schear-Jaschub und Maher-schalal-chas-bas; Immanuel (7, 16; 8, 8.), den manche Ausleger auch dazu rechnen, gehört nicht dahin (vgl. m. Comment. zu Kap. 7. und theol. Stud. u. Krit. 1856. H. 3.). Unter den verschiedenen Sagen, die sich bei den jüdischen Schriftstellern und christlichen Vätern über unsern Propheten vorfinden, daß er Erzieher des Prinzen Hiskia gewesen und unter diesen auch das Amt eines Reichsannalisten bekleidet u. dgl., erscheint noch diejenige als die bedeutendste, welche schon in der Gemara zur Mischna (tract. Jebamoth IV.) berichtet und von späteren Rabbinen treulichst fortgepflanzt wird, daß er unter Manasse des Märtyrertodes gestorben. Der König habe ihn, weil im Widerspruche mit 2 Mos. 33, 20. behauptet, daß er den Herrn auf einem hohen und erhabenen Throne gesehen, und noch andere vermessene Reden geführt, wollen tödten lassen; allein eben in diesem Augenblicke sey der Prophet, nachdem er den Namen Gottes ausgesprochen, von einer Ceder, die sich aufgethan, verschlungen worden, worauf der König befohlen, den Baum zu zersägen, und als die Säge bis an seinen Mund gekommen, habe er seinen Geist aufgegeben (vgl. die betreffende Liter. bes. bei Gesenius I. S. 11 ff.). Man könnte geneigt seyn, aus der Schale mannigfaltiger Ausschmückung dieser Sage, die auch der merkwürdigen pseudepigraphischen Schrift, der ἀναβατικον Ἡσαΐου zu Grunde liegt, wenigstens den Kern herauszulösen, daß der Prophet unter jenem Könige, der in seiner Grausamkeit vieler

Unschuldigen Blut in Jerusalem vergossen (2 Kön. 21, 16.), hingerichtet worden sey, aber es ist dann immer auffallend, warum eine solche Thatsache nicht geschichtlich dort verzeichnet gefunden werde. Die Ueberschrift, wenn sie sich auch nicht in ihrer Voll= ständigkeit mit Sicherheit auf Jesaja selbst zurückführen läßt, enthält doch wenigstens das älteste Zeugniß über die Dauer seines Prophetenamtes, und dieses wird in der= selben auch nur bis auf die Zeit des Königs Hiskia ausgedehnt. Wirklich erscheint er nach seinem Buche selbst nur noch bestimmt unter der Regierung jenes Königs, in welche überhaupt seine einflußreichste Thätigkeit fällt, nämlich in dem vierzehnten Regierungs= jahre desselben, wo Sanherib von Assyrien bis nach Jerusalem vordrang, die Stadt belagerte, jedoch mit Schimpf und Schande das Land wieder verlassen mußte (vergl. 36, 1 ff.). Immerhin aber wäre es denkbar, daß der Prophet noch über den Tod Hiskia's hinaus gelebt und gewirkt hat, und namentlich Gesenius hat es zuerst wahrscheinlich zu machen gesucht, daß sich die Weissagung über Aegypten (Kap. 19.) historisch unserem Propheten noch zueignen lasse, wenn man sie in den Anfang der Re= gierung Manasse's verlege, wo dann freilich, von Usia an gerechnet, Jesaja über sechzig Jahre gewirkt und über achtzig Jahre gelebt haben würde, welches anzunehmen gewiß keine Schwierigkeit hat. Ein Sicheres läßt sich indessen in diesem Punkte nicht festsetzen.

Sind wir nun, um einen festen Boden zu gewinnen, nur allein daran gewiesen, die prophetische Persönlichkeit Jesaja's, wie sie sich in den Großthaten seines Wortes ab= drückt, in dem von ihm hinterlassenen Buche seiner gesammelten Reden zu suchen, so können wir zuversichtlich dabei von der ersten Abtheilung desselben Kap. 1—12. ausgehen, da über die Authentie dieser Stücke, etwa den am Schlusse befindlichen Dankpsalm ab= gerechnet, den namentlich Ewald unsrem Propheten abgesprochen, kein Zweifel besteht, und nur noch über die Zeit der Abfassung der einzelnen Reden, sowie über ihre ursprüng= liche Aufeinanderfolge gestritten wird. Es wäre freilich sehr bequem für unsren Zweck, wenn uns schon in dieser ersten Abtheilung, welche sich sogleich dadurch als ein Ganzes darstellt, daß hier bloß Reden über Juda und Jerusalem vorkommen, während von Kap. 13—23. vorzüglich solche gegen fremde Völker gefunden werden, eine genaue chro= nologische Anordnung gegeben wäre. Aber so ist es eben nicht, wie das von einander abweichende Urtheil der Kritiker bis auf diesen Tag beweist. Ist es doch gleich von vorneherein auffallend, daß die Erzählung von der Prophetenweihe nicht wie bei Jere= mia und Ezechiel zu Anfang des Buches steht, sondern erst das gegenwärtige sechste Kapitel bildet. Mit diesem beginnen wir aber am besten, wenn wir uns eine Anschauung von dem geistigen Bilde unsres Propheten verschaffen wollen.

In dem reinen und klaren Spiegel dieser Vision, die dem Sohne des Amoz im Todesjahre des Königs Usia zu Theil ward, sehen wir das erhebende Bild der tiefsten Demuth eines wahren Frommen des Alten Bundes, der sich der Anforderung des Ge= setzes gegenüber, die zehn heiligen Worte und das höchste Gebot zu erfüllen: "Du sollst deinen Gott lieben mit ganzem Herzen, mit ganzer Seele und mit ganzem Vermögen und deinen Nächsten als dich selbst" in seiner sittlichen Ohnmacht und Sündhaftigkeit erkennt. Als er in seiner Entzückung in den himmlischen Tempel "den Herrn sitzend auf einem hohen und erhabenen Throne" schaut, den Allerhöchsten, der in seiner All= macht Himmel und Erde geschaffen und sie mit Weisheit gebildet, der dem Menschen seinen Athem eingehaucht und ihn in seinem Bilde geformt, den König der Welt, Jehova Zebaoth, und hierauf den gewaltigen Gesang der Seraphim "heilig, heilig, heilig ist Jehova Zebaoth, voll ist von seiner Herrlichkeit die ganze Erde," vernimmt, da bebt er vor dieser glanzvollen Heiligkeit und Herrlichkeit im Himmel als Sohn der Erde zurück und ruft ein Wehe über sich aus, daß er vergehen müsse, weil er "ein Mann, unrein von Lippen, und wohnend unter einem Volke, unrein von Lippen, mit seinen Augen den König Jehova Zebaoth gesehen." Nachdem aber einer von den Seraphim, die als be= flügelte, in der strahlenten Feuergluth der Andacht und des begeisterten Aufschwungs alles Unreine abwehrende Wesen, den Thron des Heiligen in ewigem Lobgesange umkreisen, zu ihm geflogen und mit einem glühenden Steine vom Altar seinen Mund berührt und mit den Worten ihn geweiht: „gewichen ist nun deine Schuld und deine Sünde ist gesühnt," und er hierauf die Stimme des Herrn sagen hört: „wen soll ich senden, und wer wird uns gehen," da ruft er in hoher und trostvoller Ermuthigung aus: „sieh! da bin ich: o sende mich!" Und so übernimmt er in freier Entschließung das schwere Amt eines Gottesgesandten an sein Volk, obschon ihm der Herr vorhersagt, daß das Herz desselben desto verstockter werde, je stärker seine Predigt zur Buße erschalle, und daß dieser unverbesserliche Zustand so lange andauere, bis das ganze Land zur Wüste geworden und seiner Bewohner entleert sey. Aber „wie von der Eiche oder Terebinthe beim Fällen bleibt ein Stamm: so wird ein heiliger Saame als des Volkes Stamm verbleiben (11)."

Jener Gesang der Seraphim ist der Grundton seines Lebens und seiner Lehre geworden. Von der Glorie des Dreimalheiligen umleuchtet schreitet er fest und sicher in seinem Volke, „unrein von Lippen" einher, den Namen seines Herrn als „des Heiligen" von Israel" wie kein Anderer verkündend. „Jehova Zebaoth, ihn sollt ihr heiligen" (8, 13.) wird er nicht müde denen zu predigen, „die den Heiligen von Israel verachten" (5, 24.), der als „der heilige Gott sich heilig erweiset in Gerechtigkeit" (5, 16.), der als „Licht Israels zum Feuer, und als sein Heiliger zur Flamme wird, die verbrennet und verzehret seine Dornen und seine Disteln an einem Tage" (10, 17.). Aber dieses heilige Feuer der strafenden Gerechtigkeit, das den Unbußfertigen lodert, will nur das „Silber aus den Schlacken herausschmelzen" (1, 25.); es ist das unauslöschbare Licht der Liebe, das in der freien Gnade des treuen Gottes des Bundes leuchtet, der bei dem schmählichsten Abfall des Volkes von ihm nicht aufhört durch seinen Propheten weissagen zu lassen, daß zuletzt ein geläuterter „Rest sich bekehre" (10, 22. 23.), welche tröstliche Hoffnung auch in dem Namen des Prophetensohnes Schear Jaschub ausgeprägt ist. Ja, das ist einziges Ziel des „Heiligen von Israel," daß wenn die geschärften Strafgerichte herniedersteigen und als furchtbare Wogen das Land überschwemmen (10, 23.), „der, welcher übrig bleibe in Jerusalem, heilig werde genannt" (4, 3.), daß das wahre „Zion durch Recht erlöset werde" (2, 27.), von dem dereinst das Wort Gottes ausgehen soll in alle Welt, so daß am Ende der Tage feststehen wird der Berg des Hauses Jehova's auf dem Haupte der Berge, und erhabener als alle Hügel, und zu ihm strömen alle Heiden." Die mannigfaltigsten Völker werden von dem Verlangen getrieben, „aufzusteigen zum Berge Jehova's, zum Hause des Gottes Jakobs, um belehrt zu werden von seinen Wegen und zu wandeln auf seinen Pfaden" (2, 1 ff.). Dann wird ein ewiges Reich des Friedens die verschiedensten Völker, die sich bestreiten, in Einer Gemeinde vereinigen, auf dem Grunde des Glaubens an den Einen wahren Gott, vor dem am Tage seines Gerichts alles Hohe des Menschen soll niedrig werden," und alle Götter der Heiden, mit deren Dienst auch das treulose Israel sich immer befleckt hat, dahinschwinden, „so daß Jehova nur allein erhaben seyn wird" (2, 9 u. ff.), der Heilige von Israel," den menschliche Werkheiligkeit, Tempelbesuch und äußerliches Opfer nicht heiligt, sondern nur „das Entfernen des Bösen, der Thaten vor seinen Augen, das Aufhören, Uebles zu thun, das Lernen, Gutes zu thun und das Recht zu suchen in der Erfüllung des Gebotes der uneigennützigen Liebe" (1, 16 u. ff.), mit einem Worte, das Wandeln im Lichte Gottes" (2, 5.). In diesem Aufrufe: „laßt uns wandeln im Lichte Gottes!" schließt sich alle Ermahnung zusammen, wann die Noth von Außen und Innen zum Höchsten gestiegen, wo die Heiden das Land bedrängen zur Strafe seiner Entweihung durch Unglauben und Ungerechtigkeit im schmählichen Dienste fremder Götter, aber auch aller Trost der Hoffnung in dem „großen Lichte," das über dem Volke, das wandelt in der Finsterniß, zuletzt erglänzen soll (9, 1.), als Sonne irdischer Freude und himmlischen Friedens. Dieses große Licht wird aufgehen „über dem Lande des Todesschattens" mit der Geburt „des Kindes, das geboren, des Sohnes, der gegeben wird, auf dessen Schulter ruht die Herrschaft, dessen Name heißet Wunder, Rather, Gottheld, ewiger

Vater, Fürst des Friedens, der sein Reich des Friedens mehret ohne Ende auf dem Throne David's, ein ewiges Reich gestützt durch Recht und durch Gerechtigkeit." (9, 1 ff.) Dieser künftige „Sprosse Gottes" (4, 2.), der verheißene Sohn „der Jungfrau mit dem trostvollsten Namen Immanuel (Gottmituns)" (7, 14.), das „Reis aus dem gefällten Stamme Jesse's," auf dem der „Geist Jehova's ruhet, der Geist der Weisheit und der Klugheit, der Geist des Rathes und der Stärke, der Geist der Kenntniß und der Furcht Jehova's," ein strafender Richter der Widerspenstigen und ein Heiland der Demüthigen und Gebeugten, wird in seinem Königthume der höchsten Fülle der Gottesfurcht und des allgemeinsten Friedens an seiner „Ruhestätte der Herrlichkeit" zu einem Panier der Völker, nach dem die Heiden fragen werden," unter dem sie mit dem einst geschmähten und befeindeten, nun gerechtfertigten und verherrlichten Israel zusammen Einem Gotte dienen (11, 1 u. fg.).

Das sind die Grundzüge von Jesaja's Theologie und Christologie, wie sie uns schon aus dem ersten Buche seiner Reden entgegentreten. Es muß vor Allem hervorgehoben werden, daß er in der Reihenfolge der Propheten der Erste ist, welcher in dieser Bestimmtheit und Ausführlichkeit den Messias und sein Reich weissagt, während von seinen Vorgängern Joel nur die allgemeine Ausgießung des Geistes und das Gericht über die Heiden verkündet, während Amos „die verfallene Hütte Davids wieder aufrichten" läßt, und Hosea voraussieht, wie am Ende der Tage „die Kinder Israels umkehren und suchen Jehova, ihren Gott, und David, ihren König."

Fragen wir nun, wie unser Prophet seinen Glauben an den „Heiligen von Israel" als treuer Wächter auf der Hochwarte über seiner Zeit erweckend und ermahnend, strafend und tröstend im Kampfe mit Sünde und Tod bekundet und bewährt, müssen wir uns zuerst ein Bild von der Beschaffenheit der öffentlichen Verhältnisse und Zustände, in die er hineingestellt war, in Gedrängtheit entwerfen.

Der König Usia, in dessen Todesjahre Jesaja auftrat, wird zu denjenigen Herrschern von Juda gerechnet, von denen es heißt, daß „sie thaten, was recht war in den Augen Jehova's, nur daß die Höhen nicht abgeschafft wurden und auf ihnen das Volk noch opferte und räucherte." Er war schon mit seinem sechszehnten Jahre zur Regierung gelangt, nachdem sein Vater Amazia, der einen glücklichen Krieg mit den Edomitern geführt, doch auch ihre Götter mit nach Jerusalem gebracht, um vor ihnen anzubeten, dafür aber im Streite mit dem Könige Joas von Israel auf das Schimpflichste gezüchtigt worden, durch eine Verschwörung Thron und Leben verloren. Von Usia, der zwei und fünfzig Jahre regierte, wird gerühmt (vgl. 2 Chron. 26.), daß so lange er unter dem Einflusse eines Propheten Sacharja gestanden, er „Jehova gesucht" und deshalb glücklich gewesen. Er demüthigte gründlich den Uebermuth der Philister, indem er ihre bedeutendsten Städte eroberte und in ihrem Lande eigene um Asdod herum erbaute. Auch noch andere Völker ließ er seine Uebermacht empfinden, und besonders sahen sich die Ammoniter genöthigt, seine Gunst sich durch Geschenke zu erkaufen. So nach Außen gesichert, wandte er seine Fürsorge dem Innern des Landes zu, und erwarb sich um die Förderung der Künste, des Krieges wie des Friedens große Verdienste. Er baute Thürme zur Befestigung Jerusalems und errichtete Castelle an der Grenze, verstärkte die Heeresmacht und führte Verbesserungen in der Bewaffnung ein, versäumte indessen auch nicht, Viehzucht, Wein- und Ackerbau, den er besonders liebte, zu heben. Daher „ging auch sein Name aus in die Ferne: denn wunderbar ward ihm geholfen, so daß er mächtig ward" (13.). Aber in diesem Hochgefühle seiner Staatsgewalt ward er zum Uebermuth verleitet, und erlaubte sich einen Eingriff in die gesetzlichen Rechte der Kirche; es heißt von ihm, daß er sich „an Jehova, seinem Gott, verschuldet habe," weil er eines Tages in den Tempel gegangen, um das Räucheropfer auf dem Altare zu verrichten, wodurch er sich im Angesichte der ihm bei dieser Handlung mit Entschiedenheit entgegentretenden Priester, die sich durch seinen Zorn nicht hätten zurückweisen lassen, auf der Stelle den Aussatz zugezogen, wie dieses der Chronist ausdrücklich zu bemerken nicht unterlassen. Er ward auch von dieser Krankheit, die ihn nöthigte in einem besonderen Hause zu wohnen, bis zu seinem Tode nicht mehr geheilt. Ueber die Sage, die wir bei Abulpharabsch (hist. dynastiarum ed. Pococke p. 60) finden, daß Jesaja, weil er den König nicht abgehalten, das priesterliche Amt im Tempel zu verwalten, viele Jahre mit dem Verluste der Weissagungsgabe bestraft worden sey, vgl. Gesenius S. 6 u. ff. Der Prophet soll ein Leben dieses Königs geschrieben haben (2 Chron. 26, 22.). Ob er aber auch schon unter demselben geweissagt, oder wenigstens Reden schriftlich unter denen, die wir besitzen, niedergelegt, ist eine Frage, die ebensowohl bejaht, als verneint worden.

Es kömmt bei der Entscheidung über diesen Streitpunkt zunächst darauf an, wie man die Worte: "im Todesjahre des Königs Usia sah ich den Herrn" erklärt. Gewöhnlich faßt man sie so, daß sie auf die Zeit vor dem Tode zu beziehen seyen, weil sonst gesagt worden wäre: "im ersten Jahre Jothams." Es mag dieses auch das Wahrscheinlichere seyn, obschon es immer möglich gewesen, daß ihm das Ableben Usia's, der als ein so ausgezeichneter König zuletzt als ein von Gott Gestrafter vor dem Volke erschienen, so bedeutend geworden, daß er im unmittelbaren Uebergange von Usia zu Jotham gleich im Anfange des Regierungsantritts desselben seine Weihe empfangen, und für diese Zeit im laufenden Jahre jene Bezeichnung gewählt haben könnte. Setzen wir aber wirklich den Fall, daß er schon vor dem Tode Usia's seine Vision gehabt und unmittelbar niedergeschrieben, so würden wir in derselben das erste feierliche Aktenstück seiner prophetisch-schriftstellerischen Zeugenschaft aus der Zeit jenes Königs besitzen. Es läßt sich wenigstens nicht mit Entschiedenheit behaupten, daß dieses Stück wegen der darin enthaltenen so bestimmten Vorhersagung von der Erfolglosigkeit seines ihm aufgetragenen Berufes erst in der Zeit, wo er bereits solche betrübenden Erfahrungen gemacht, etwa gar am Ende seiner Laufbahn, hätte abgefaßt werden können. Keinesweges ist es psychologisch unmöglich, daß auch bei dem stärksten inneren Drange zu einem Berufe die klare Ueberzeugung, auf dem eingeschlagenen Wege den verfolgten Lebenszweck zu verfehlen, Zeit und Kraft fruchtlos zu vergeuden, nicht alle Flügel der Begeisterung lähmen sollte" (Hitzig in s. Commentar S. 60). Im Gegentheil wäre es "psychologisch unmöglich" gewesen, daß Jesaja, wenn wirklich der Ruf an ihn ergangen, als "Mann des Geistes" (Hos. 9, 7.), aber nicht seines eigenen, sondern des ihn treibenden göttlichen, dem sündhaften Volke, das er schon von Moses her als ein widerspenstiges und verstocktes sattsam kennen mußte, ungescheut entgegen zu treten und ihm sein Verderben zu verkünden, muthlos vor der auf ihn gelegten Last seines schweren Amtes hätte zurückbeben sollen, sondern es findet gewiß auch auf ihn das Wort Ezechiels dem "Hause der Widerspenstigkeit" gegenüber, seine volle Anwendung: "doch es muß ja der Prophet geredet haben!" Auch hat der Prophet nicht bloß der unverbesserlichen Masse des Volks Strafreden zu halten und in Folge seiner Unverbesserlichkeit Verwüstung des Landes zu verkünden, sondern auch trotzdem dem einmal erwählten Israel die Gnade seines treuen Bundesgottes in der Erweckung eines neuen Lebens aus dem Reste eines heiligen Samens zu weissagen (6, 13.). Es ist überdies psychologisch unnatürlich, daß Jesaja den bedeutenden Vorgang in seinem Innern, den wir, bevor er es wagte, öffentlich im Namen seines Herrn aufzutreten, doch jedenfalls annehmen müssen, wenn wir auch selbst darauf bringen, daß in der schriftlich überlieferten Vision ursprünglich Erlebtes und Geschautes von der nachträglichen Form symbolischer Einkleidung wohl zu unterscheiden sey, nicht sogleich sollte aufgezeichnet haben (vgl. meinen Commentar in der Erklärung von Kap. 6.). Hat er dies gethan, so gehörte wenigstens diese so zu nennende Vorrede zu seinem Buche, in dem sie freilich das erste Blatt hätte einnehmen sollen, noch in das letzte Lebensjahr des Königs Usia. Daß aber auch von seinen eigentlichen Reden gleich die erste (Kap. 1.) schon in diese Zeit zu verlegen sey, wie ältere Ausleger, selbst noch Rosenmüller, aus dem besonderen Grunde der eigenhändig von dem Propheten besorgten chronologischen Anordnung des ersten Buches in Uebereinstimmung mit der Angabe der Ueberschrift annahmen, widerspricht dem historischen Inhalte derselben so entschieden, daß wir diese Meinung kaum der Anführung mehr für werth halten würden, wenn sie nicht zuletzt noch Caspari (Beitr. z. Einl. in d. B. Jes. 1848) mit der größten Ausführlichkeit wieder in Schutz genommen. Nicht einmal aus den geschichtlichen Zuständen unter Jothams Regierung können wir uns die Eingangsrede verdeutlichen.

Es wird von Jotham berichtet, daß er bei Lebzeiten seines Vaters, nachdem dieser vom Aussatz befallen worden, über das Haus des Königs gesetzt gewesen und das Volk des Landes gerichtet habe. Auch ihm wird nachgerühmt, daß er, was recht war in den Augen Jehova's, gethan, „nur sey er nicht in den Tempel gegangen," und das Volk habe unter ihm die Höhen nicht abgeschafft. Er hatte, wie sein Vater, besondere Lust am Bauen, und gab dieser Befriedigung in und um Jerusalem, legte neue Städte an und errichtete in den Wäldern Schlösser und Thürme. In einem Streite mit den Ammonitern trug er einen glänzenden Sieg davon und machte sie sich mehrere Jahre zinsbar. Jotham war ein mächtiger Fürst und brachte sein Reich in großen Wohlstand. Es liegt daher die Vermuthung sehr nahe, daß die zweite Rede (Kap. 2—4.), in welcher der Prophet gegen Ueppigkeit, besonders auch des weiblichen Geschlechtes, und gegen die Hoffarth und Ungerechtigkeit der Großen predigt, auf die Zeit Jothams bezogen werden könne, wie dieses auch de Wette, Gesenius, vorzüglich Knobel u. A. gethan, während sie Drechsler sogar noch in die Tage Usia's zurückversetzen will. Indessen spricht die starke Hervorhebung des Götzendienstes doch mehr dafür, daß diese wohlzusammenhängende Rede erst in die Regierung des Ahas gehöre, unter dem jener recht eigentlich herrschte. So urtheilen auch die meisten neueren Kritiker wie Ewald, Hitzig u. a. Den Text der gewaltigen Predigt bildet jene hohe Weissagung, die wir auch bei Micha (4, 1 ff.) mit unbedeutenden Veränderungen und einigen wenigen Erweiterungen finden, und höchst wahrscheinlich unserm Propheten ursprünglich eigen, nicht dem Micha oder einem dritten, etwa dem Joel (vgl. m. Comment. S. 40), von der Vereinigung aller Völker auf Zion (2, 2—4.). Sie hat dieselbe Majestät des Tones und Ausdrucks wie die sich V. 5. sinnreich und doch einfach an das „Wandeln" (V. 3.) anschließende folgende Ausführung, in welcher der Prophet den Tag des Herrn über alles Hohe und Erhabene verkündet, „über alle Cedern des Libanon, die hohen und die hehren, und über alle Eichen Basans, über alle hohen Berge und alle erhabenen Hügel, über alle hohen Thürme, und über alle feste Mauern, über alle Tarsischschiffe, und alle Gebilde der Lust", wo dann der Mensch die Götter, die ihm nicht helfen können und an die er an Gold und Silber gewandt, „Maulwürfen und Fledermäusen hinwirft." Die Worte „voll ist das Land von Silber und von Gold, und kein Ende seinen Schätzen; voll ist das Land von Rossen, und kein Ende seinen Wagen;" aber auch „voll ist das Land von Götzen" (2, 7.) passen ganz in die Zeit des Nachfolgers Jothams. Es ist dann freilich nicht wohl zu erklären, warum wir aus der Regierungszeit Jothams keine Reden besitzen, wenn wir nicht zu der dann gewöhnlichen Auskunft, daß solche verloren gegangen seyn möchten, unsere Zuflucht nehmen wollen.

Ahas war einer der ruchlosesten Könige von Juda, der nicht nur den Baalsdienst einführte, sondern auch mit dem scheußlichen Molochsdienst sich besudelte, „auf den Höhen und Hügeln und unter allen grünen Bäumen opferte und räucherte." Als ihn Gott dafür züchtigte, indem die verbündeten Heere der Syrer und Israeliten unter den Königen Rezin und Pekah, die schon unter Jotham eine drohende Stellung gegen Juda anzunehmen anfingen, in sein Land einfielen, und es verwüstend selbst Jerusalem hart bedrängten, ohne es jedoch zu erobern, erkaufte er sich den rettenden Beistand des Königs Tiglath-Pilesar von Assyrien um das Silber und Gold, das sich im Tempel und in den Schätzen seines Palastes vorfand. Er stieg von Gräul zu Gräul, beraubte das Gotteshaus eines Theils seiner heiligen Geräthe, rückte den Attar von seiner Stelle hinweg und opferte in eigener Person auf dem, den er sich nach dem Vorbilde dessen, welchen er bei seiner Zusammenkunft mit dem assyrischen Könige in Damaskus daselbst gesehen, durch seinen nichtswürdigen Priester Uria hatte machen lassen. Edomiter und Philister setzten ihm dabei stark zu, und das ihm immer gefährlicher werdende Bündniß mit dem übermächtigen Assyrer trieb ihn zu stets weiterer Plünderung des Heiligthums. So abweichend auch in manchen Einzelnheiten die Berichte der Bücher der Könige und der Chronik (2 Kön. 16. vgl. m. 2 Chron. 28.) über Ahas von einander seyn mögen, soviel bleibt sicher, daß er in den sechzehn Jahren, welche er regierte, "Juda zügellos machte" (2 Chron. 28, 19.). Dieser Zügellosigkeit entspricht nur allzu wahr jene schon bezeichnete zweite Rede des Propheten (2—4.), in welcher er uns in dem abschreckendsten Bilde einen Staat vor Augen stellt, dem alle Stützen des Haltes entzogen sind. Alle Bande der Ordnung sind gelöst unter einem Regimente von knabenhaften Fürsten und schwachen Frauen; im Volke ist alle Ehrfurcht und Sitte verschwunden, und schamlos rühmt man sich der Verbrechen mit sodomitischer Frechheit; Einer ist wider den Andern, "der Junge fährt auf gegen den Alten, und der Geringe gegen den Vornehmen;" die Armen sind die Beute der Reichen, und ungerechte, habsüchtige Richter zerfleischen das Volk. "Da sinkt Jerusalem und Juda fällt" — doch da ist Keiner, der die Trümmer unter seine Hand nehmen mag, Keiner, der des unheilbaren, in sich verwesenden Leibes Arzt seyn will. Nur der Prophet verzweifelt nicht, zwar an Königthum und Volk, daß es sich selbst helfen und aus dem finstern Abgrunde des Verderbens sich emporarbeite, aber nicht an dem ewigen Quell der göttlichen Gnade, mit deren wunderbarem Lichte er zuletzt noch sein düsteres Gemälde in der erhebenden Hoffnung zukünftigen Heiles übergießt. "An jenem Tage wird der Sproß Jehova's zu Glanz und Herrlichkeit, und die Frucht des Landes zu Stolz und Schmuck für die Geretteten von Israel. Und es geschiehet: wer zurückgelassen wird in Zion, und übrig bleibet in Jerusalem, "heilig" wird er heißen; Jeder, der zum Leben aufgeschrieben in Jerusalem. Wenn abgewaschen hat der Herr den Schmutz der Töchter Zions, und vertrieben hat das Blut Jerusalems aus seiner Mitte, durch den Hauch des Rechts, und durch den Hauch der Vertilgung: so schafft Jehova über alle Wohnung des Berges Zion und über seine Versammlung eine Wolke bei Tag und Rauch, und Glanz der Feuerflamme bei Nacht: denn über aller Herrlichkeit ein Schirm! — Und eine Hütte wird seyn zum Schatten am Tage vor Hitze, und zur Zuflucht und Verbergung vor Wetter und Regen" (2—6.). In einer, wie es scheint, nicht lange darauf hinzugefügten neuen Rede beginnt er mit der trefflichen Parabel von dem herrlichen, wohlgepflegten Weinberge Gottes, der besonders durch die Schuld der Fürsten und Großen des Reichs in eine solche Verwilderung gerathen, daß der Herr, der ihn als "Pflanzung seiner Freude" angelegt und mit der liebevollsten Sorgfalt bebaut hat, ihn auszurotten und "in Dornen und Disteln aufgehen zu lassen" beschlossen. Daran reiht er ein immer stärker tönendes Wehe über die verschiedensten Klassen von Sündern, die er meisterhaft zeichnet und ihrer Schuld stets die geeignetste Strafe verkündet. Mit dem schärfsten Griffel der Wahrheit hat er das entsetzliche Zeitbild entworfen, wo der Alles verdrehende Spottgeist der Lüge zur herrschenden Macht gelangt, indem er ein Wehe ausruft über die, so "zum Bösen sagen gut, und zum Guten bös, die verwandeln Finsterniß in Licht und Licht in Finsterniß, die verwandeln Bitteres in Süß und Süß in Bitteres" (5, 20. 21.). Am Ende deutet er auf ein Volk der Ferne hin, das kampfeslustig und wohlgerüstet auf den Wink Jehova's zur Züchtigung des Landes der Frevel und Verbrechen wie Sturm und Wetter unabwehrbar hereinbricht, daß Erde und Himmel in Todesfinsterniß sich hüllen. Es ist nicht zweifelhaft, welches Volk der Prophet im Sinne hat; kein anderes, als das jenseits des Euphrat wohnende, das er nun bald mit Namen nennt, das mächtige Aschur, welches eben durch Ahas zu Juda in ein verhängnißvolles Verhältniß tritt, wie sogleich sich zeigen wird. Wenn bis jetzt kein Name eines Königes bestimmt genannt wurde, unter dem Jesaja weissagt, so stehen wir nun in der folgenden Rede (Kap. 7.) auf festem historischen Boden. Der Prophet, in der selbstbewußten Würde der ihm von Gott verliehenen Machtvollkommenheit, mit der Krone hellleuchtender Wahrheit geschmückt, tritt unter freiem Himmel mitten im Volke, in Begleitung seines Sohnes mit dem tröstlichen Namen Schear Jaschub, dem

Könige Ahas entgegen, als er bei'm Herannahen der verbündeten Könige von Syrien und Israel, Rezin und Pekah gegen Jerusalem, zitternd und bebend „wie die Bäume des Waldes vor dem Winde" (2.) an einem öffentlichen Platze beschäftigt war, für die Befestigung der bedrängten Stadt Vorsorge zu treffen. Mit dem Schilde des unbesiegbaren Glaubens bewaffnet, verweist er dem verzagten Könige seinen Kleinmuth und ruft ihm das Grundwort alles in Gott befestigten Lebens entgegen: „wenn ihr nicht gläubt, dann ihr nicht bleibt" (9.). Aber dem vom Felsen Israel abgewandten, götzendienerischen Könige war ein solches Wort freilich ein leerer Schall, und als ihm der Prophet zur Bekräftigung desselben ein äußeres Zeichen anbietet, lehnt er auch dieses in spöttisch-heuchlerischer Rede ab. Da gibt ihm der Prophet in heiliger Entrüstung über die Verschmähung seines Gottes dennoch ein Zeichen in der Vorherverkündigung der Geburt des Immanuel, in dessen Namen der alleinige Trost für die Zukunft enthalten, und knüpft an die Erscheinung desselben die Entwickelung der kommenden Erlösung aus den nicht lange dauernden Bedrängnissen der Gegenwart. Doch statt in dem prophetisch ermuthigenden „Gottmituns" die einzige haltbare Stütze zu ergreifen, neigte sich das Herz des Königs zu Assyrien hin, um in einem Bündnisse mit ihm Schutz gegen Syrien und Israel zu suchen. Aber gerade von jenseits des Euphrat her kömmt dem hell in die Verworrenheit der Zeit blickenden Seher die höchste Gefahr für Juda, dessen gänzliche Verwüstung er dem unbußfertigen Könige in den abschreckendsten Farben malt. Allein auch das war ohne Wirkung. Daher bringt noch einmal der unverdrossene Prophet (Kap. 8.) durch neu gewählte Zeichen seine unerschütterliche Ueberzeugung zur lautesten Veröffentlichung, wie der mächtige Strom von Assyrien, nachdem er das Land der übermüthigen syrisch-ephraimitischen Verbündeten überschwemmt, auch über die Grenzen von Juda dringen und die heillose Politik des Königs und seiner unverständigen Rathgeber zu Schanden machen werde. Doch mitten in diesen rauschenden und verheerenden Wogen, wenn der Herr „sein Angesicht vor dem Hause Jakobs verbirgt," erfaßt sich der Prophet in der trostvollen Bedeutsamkeit seines eigenen Namens und in dem seiner Söhne, die ihm Gott zu „Zeichen und Vorbildern gegeben," und ruft seinem im Unglauben versunkenen Geschlechte sein felsenfestes: „ich hoffe auf Jehova und harr' auf ihn" (17.) zur stärksten Beschämung entgegen. In der im tiefsten Dunkel der Bedrängniß am hellsten aufleuchtenden Hoffnung vollendet diese sich zur Schauung des Glanzbildes des neuen Sprossen aus dem verfallenen Stamme des alten Davidischen Königshauses, des wunderbaren Fürsten des Friedens, des Gründers eines ewigen Reiches der Wahrheit, Gerechtigkeit und Liebe. Wenn wir weiter in unserem Texte lesen und die wie vom Sturme der Zeit gewaltig bewegten Worte der heiligen Prophetenrolle in unser mitfühlendes Gemüth aufnehmen, so hören wir immer das liebliche Säuseln der Gnade durch den rollenden Donner der allwaltenden Gerechtigkeit hindurch. Mitten durch das Angstgeschrei der Gezüchtigten, wenn die Geißel des Assyrers Juda schlägt, hören wir die freudigste Botschaft: „uns ist ein Kind gegeben, ein Sohn ist uns geboren," und wenn, nachdem der Uebermuth von Ephraim durch die Hand des Assyrers niedergeworfen, und dieser, nur ein Stab in der Rechten des Allmächtigen, in verblendeter Selbstüberhebung seine raubgierigen Hände nach der Gottesstadt streckt, und mit seiner unüberwindlich gemeinten Heeresmacht wie ein prachtvoller Cedernwald vor den Thoren Jerusalems aufgepflanzt, von dem Herrlichsten in der Höhe mit dem Beile seines Zornes gefällt am Boden liegt, — da erscheinet sogleich ihm unmittelbar gegenüber das zarte Reis aus Jesse Stamm, das zum Panier der Heiden wird, die mit dem aus der Zerstreuung gesammelten Israel nur eine Gemeinde des Glaubens und Friedens bilden. Alle Harmonieen des Friedens erklingen zuletzt in dem Dankliede der Erlösung, das der Prophet wie ein anderer Moses dem Volke in den Mund gelegt, und welches mit den Worten schließt: „juble und jauchze, Bewohnerin von Zion: denn ein Großer ist in deiner Mitte, der Heilige von Israel."

So scheint das erste Buch unsrer prophetischen Sammlung im Ganzen wohlzusam-

menhängende Reden aus der Zeit des Königs Ahas zu enthalten, welche auch eine un=
verkennbare Gleichförmigkeit des Ausdrucks mit einander verbinder, und halten uns schon
aus diesem Grunde nicht berechtigt, bei Kap. 10, 5. — 12, 6. mit manchen Kritikern in
die Tage Hiskia's herabzusteigen. Anders verhält es sich aber mit Kap. 1, das wir am
sichersten in dessen Regierung verlegen.

Hiskia war das reine Gegenbild seines Vaters Ahas, so daß ihm die Geschichte das
Zeugniß ausstellt, er sey in seinem Vertrauen auf Jehova und in der Haltung der von
ihm durch Moses gegebenen Gebote nach David mit keinem anderen Könige vor ihm
und nach ihm zu vergleichen gewesen (2 Kön. 8, 5.); deshalb sey ihm auch das Glück,
„wohin er ausgezogen" treu geblieben. Er schaffte nicht nur die Höhen ab und rottete
die Astarten und andere Götzenbilder aus, sondern reinigte auch den Tempel, den sein
Vater Ahas entweiht hatte, auf das Gewissenhafteste und stellte darin, wie besonders der
Chronist ausführlich beschreibt, den alten mosaischen Cultus in seiner ganzen Pracht der
heiligen Musik und Opferfülle von Neuem her (2 Chron. 29—31.), sowie auch das seit
lange unterbliebene Passahfest zum ersten Male unter ihm für ganz Israel feierlichst
wieder begangen ward. In kriegerischer Beziehung empfängt er das Lob, daß er die
Philister bis nach Gasa hin geschlagen und ihr Gebiet verwüstet habe. Allein er setzte
sein eigenes Land der Verheerung aus, weil er gegen den Rath seines Propheten. Je=
saja den Bund mit Assyrien gebrochen und sich zu Aegypten geneigt, worauf im vier=
zehnten Jahre seiner Regierung der König Sanherib mit einer gewaltigen Heeresmacht
Juda überschwemmte und alle seine festen Städte eroberte. Als der Feind nach Jerusalem
heranrückte, suchte ihn Hiskia durch Geldsummen zum Abzug zu bewegen, wozu derselbe
fromme König, der den Tempel wieder hergestellt, diesen seiner Schätze und Kostbarkeiten
entleerte. Aber es kam doch zur Belagerung der Gottesstadt, wobei der König seinen
Gott und sich selbst von dem übermüthigen Feind mußte verhöhnen lassen, und nur das
Gerücht, daß der König Thirhaka von Aethiopien und Aegypten gegen Assyrien im An=
zuge sey, und der Schrecken einer furchtbaren Pest, die im Lager Sanheribs ausgebro=
chen, konnte diesen bewegen, plötzlich von der Eroberung Jerusalems abzustehen. In
dieser ganzen Zeit der höchsten Angst und Noth bewährt sich Hiskia in seiner Frömmig=
keit, aber immer gehalten und getragen von seinem Propheten, der mitten im Meere des
Ungestüms wie ein unerschütterlicher Fels emporragt, und dem vermessenen Bestürmer
des heiligen Zion sein „bis hieher und nicht weiter" im Namen Gottes entgegenschleudert.
Als der König tödtlich erkrankt ist, tritt der Mann Gottes im Auftrage des Königs der
Könige mit dem ihn tief erschütternden Worte: „bestelle dein Haus: denn du mußt ster=
ben" an sein Bette; da aber Hiskia bitterlich weinet und im heißen Gebete zu seinem
Herrn um längeres Leben fleht, verheißt er ihm dieses in Wort und Zeichen, und rich=
tet ihn mit leiblicher und himmlischer Hülfe von seinem Todeslager wieder auf. Kaum
ist aber der König glücklich genesen, und hat eines der herrlichsten Danklieder, das je
aus eines Menschen Munde gekommen, in Inbrunst des Herzens gesungen, erhebt sich
dieses in Stolz und Eitelkeit, als die Gesandten von Babel erscheinen, und er ihnen alle
Kostbarkeiten seines Palastes zeigt. Hier nun tritt zum letzten Male der Prophet in
der ganzen Würde und Erlauchtheit seines Amtes vor sein Angesicht, und straft mit bit=
terem Spott den Hochmuth des Königs.

So wird denn Jesaja, während seiner die historischen Bücher unter den Königen
Usia, Jotham und Ahas nicht namentlich gedenken, von ihnen vorzugsweise als Prophet
Hiskias bezeugt, von dem er auch noch eine ausführliche Lebensbeschreibung verfaßt ha=
ben soll. Es läßt sich daher von vornherein erwarten, daß ein großer, ja der größte
Theil seiner schriftlichen Aufzeichnungen in jenen Zeitraum hineingehöre. In dem ersten
Buche, das wir bis jetzt noch allein hier im Auge haben, kann aber in dieser Beziehung
für uns nur die Anfangsrede in Betracht kommen. Der Prophet hat in ihr eine solche
Verödung des Landes mit einziger Verschonung Jerusalems, „das ihm wie ein einsames
Häuslein im Weinberg" erscheint, als gegenwärtig im Auge, daß wir dabei weniger an

jene zur Zeit des ephraimitisch-syrischen Krieges zu denken geneigt sind, als vielmehr die spätere und stärkere, wo Sanherib die Hauptstadt belagerte, hier anzunehmen uns berechtigt halten, wie denn in diesem Punkte die sonst entgegengesetztesten Kritiker wie z. B. Hitzig und Keil einverstanden sind. Der Einwurf, daß die Strafpredigt des Propheten für die Zeit unter Hiskia zu stark sey, ist keineswegs treffend; im Gegentheil stimmt die besonders hervortretende Rüge der Nichtigkeit alles äußeren Gottesdienstes ohne innerliche und wahrhafte Sinnesänderung mit der gewiß richtigen Voraussetzung, daß gerade die eifrige Wiederherstellung des Tempelcultus, wie sie von jenem frommen Könige ausgegangen, bei aller vortrefflichen Wirkung doch auch viel Werkheiligkeit im Volke werde hervorgerufen haben, und das Wort des Propheten: „wenn ihr nur kommt, euch sehen zu lassen, vor meinem Angesicht, — wer verlangt denn das von euch, meine Vorhöfe zu zertreten?" (1, 12.) ist damals ganz ein Wort zu seiner Zeit gesprochen, das in seiner allgemeinen Wahrheit sehr passend die ganze Sammlung der Reden eröffnet. Auch der Götzendienst, dessen scharfe Rüge nicht fehlt, da er unter Ahas recht eigentlich die herrschende Macht im Lande war, wird man sich unter seinem frommen Nachfolger nicht mit einem Schlage als verschwunden vorzustellen haben, und ebenso wenig die Bestechlichkeit der Richter und die Bedrückung des Volks von Seiten der Großen und Vornehmen. Halten wir uns aber hier nur an das, was im weiter Folgenden ohne allen Widerspruch nach dem einstimmigen Urtheile der Kritiker, die reichhaltige Thätigkeit Jesaias unter Hiskia belegt, so gilt dies von Kap. 22, besonders aber von dem zusammenhängenden Abschnitt Kap. 28—32. und vom Kap. 37, 22—35. gewiß, und nur darüber wird gestritten, in welche bestimmte Zeitentwickelung jene Reden während der Bedrängniß des Königs durch Sanherib wegen seines Bundes mit Aegypten einzufügen seyn möchten.

Ohne hier weiter zu fragen, welche andere Stücke unter den unserm Propheten in dem Werke, das seinen Namen trägt, vielfach abgesprochenen ihm zu sichern, können wir uns an dem ihm unantastbar-rechtmäßig gehörigen Grundeigenthum, zu dem aus dem zweiten Buche auch noch Kap. 17—18., sowie Kap. 20. entschieden zu rechnen, vollkommen genügen lassen, um aus Gestalt und Angesicht seinen Karakter zu bestimmen. Da wir die Grundzüge seines Geistes bereits dargelegt, so bleibt uns hier nur zu betrachten übrig, wie sich derselbe in der Form des Vortrages abgedrückt habe.

Jesaja ist in der That der größte Prophet in der Schönheit der Rede. Es gilt von ihm im besondersten Sinne das Wort des Apostels: „der Geist der Propheten ist den Propheten unterthan" (1 Kor. 14, 32.). Welche Vollendung der Form und doch welcher innere Reichthum! So gewaltig das Feuer, das ihn treibt, so kühn der seraphinische Schwung seiner heilig beflügelten Phantasie, immer doch ist die Gluth im Gepräge des Worts zum erquickenden Lichtglanz gekühlt, und die lebendigste Bewegung himmlisch gezügelt. Die ganze Herrlichkeit der Poesie, wie sie am Himmel leuchtet und auf der Erde blüht, hat der Prophet dem Geiste Gottes dienstbar gemacht. Die Bilder, die er dem Reiche der Natur im frischesten Abdruck entlehnt, sind ungesucht und doch gewählt; die Vergleichungen, die er gebraucht, stets treffend und wohl ausgeführt. Er redet im Hochbewußtsein angeborner Majestät wie ein rechtmäßiger König vom Throne, aber trotz dieser Vornehmheit ist sein Ausdruck von wärmster Liebe durchdrungen, und er besitzt die volksmäßigste Begabung und Kunst, den Ton der faßbarsten und eindringlichsten Belehrung selbst im sinnreichen Spiele und Gleichklange des Worts durch das Ohr dem Herzen vernehmbar zu machen. Das äußere Wort seiner Rede, das Sprachgewand, ist reich, edel und rein; er spricht kurz, gedrungen und körnig, und doch immer, selbst bei bisweilen anscheinender Härte der Verbindung der einzelnen Sätze, ist das Ganze vom Hauche der Anmuth belebt. — Wir dürfen vergleichend wohl sagen: was der Dichter des Buches Hiob auf dem Gebiete der Poesie, das ist Jesaja als Prophet. Wir unterschreiben ganz, was Ewald bemerkt, „daß man gar nicht von Jesaja wie von anderen Propheten eine besondere Eigenthümlichkeit und beliebte Farbe der ganzen Darstellung angeben könne. Er ist nicht der vorzüglich lyrische, oder der vorzüglich elegische, oder der vorzüglich rednerische und ermahnende Prophet, etwa wie Joel, Hosea, Micha, bei welchen mehr eine besondere Farbe vorherrscht: sondern je wie der Gegenstand es fordert, steht ihm jede Art der Rede und jeder Wechsel der Darstellung leicht zu Gebote, und das gerade begründet hier seine Größe, sowie überhaupt einen seiner hervorragendsten Vorzüge. Seine Grundeigenthümlichkeit ist nur die hohe majestätische Ruhe der Rede, hervorgehend aus der vollen sichern Beherrschung des Gegenstandes". Diese richtig wahrgenommene "majestätische Ruhe und sichere Beherrschung des Gegenstandes" bekundet er auch in seiner Symbolik. Er hat zwar nur Eine Vision gegeben, aber sie ist bei aller geheimnißvollen Tiefe des Schauens des Herrn in der Höhe und bei dem lebendigsten Feuer der Entzückung nach Oben doch wie aus den reinsten Fäden des klarsten Lichtes gewebt. Jesaja ist eben vorzugsweise Meister des prophetischen Worts, der das ihm vorgehaltene Bild stets unter dessen Herrschaft zu bringen weiß. Daher hat er sich auch des darstellenden, das Volk sinnlich belehrenden Zeichens, von dem Andere, wie namentlich Ezechiel, gerne Gebrauch machen, nur einmal bedient (Kap. 20.).

Das ist das Bild des Propheten Jesaja. Aber eine besonnener gewordene Kritik hat einer früheren zu jugendlich rasch zufahrenden negativen Beurtheilung gegenüber noch Manches seinem Wesen und Worte wohl angemessen gefunden. Wir nennen hier nur die beiden Weissagungen über Aegypten und Thyrus (Kap. 19. u. 23.), die zwar im Tone etwas Befremdendes haben, aber wenigstens aus historischen Gründen, und nicht vollständig sich unserem Propheten entziehen lassen. Anders ist es jedoch bei Kap. 24—27., die wenigstens der Unterzeichnete erst der exilischen Zeit mit Ewald u. A. hat zuweisen können (vgl. m. Commentar S. 261 ff.). Am allerentschiedensten aber muß er auch noch gegenwärtig darauf beharren, daß der ganze letzte Abschnitt Kap. 40—66., sowie auch aus dem ersten Kap. 13. 14. und 21. nur einem Propheten am Ende der babylonischen Gefangenschaft angehöre.

Wäre wirklich der Sohn des Amoz zugleich auch Verfasser des letzten Buches, das im engsten und wahrsten Sinne des Namens des "Evangeliums im A. T." würdig ist, so hätte er nicht bloß in Bezug auf die Form, sondern auch in der Vollkommenheit des prophetischen, insonderheit messianischen Geistes den höchsten Gipfel des ganzen Prophetenthumes erreicht, und stünde selbst auf ihm wie ein leuchtendes "Panier", nach dem alle anderen Seher nur zu fragen hätten. "Tröstet, tröstet mein Volk, spricht euer Gott" — das ist das oberste Thema (40, 1.), dessen reichhaltige Durchführung wir wie eine himmlische, freudig erklingende Musik aus der lichten Höhe vernehmen, wenn wir mit dem schon lange Zeit nach dem Morgen der Rettung in Chaldäa schmachtenden Volke uns in die dunkle Tiefe des Elends versetzen. Da ergehet an Einen, den der treue Gott des Bundes, welcher Israel "von Mutterleibe an bis zum grauen Greisenalter getragen" (46, 3. 4.), zum Tröster erwählt hat, der erweckende Zuruf: "predige!" Und er sagt: "was soll ich predigen?" — "Alles Fleisch ist Gras und alle seine Anmuth wie des Feldes Blume. Es dorrt das Gras, es welkt die Blume, wenn der Hauch Jehova's daran weht; ja, Gras ist alles Volk! — Es dorrt das Gras, es welkt die Blume, aber unsres Gottes Wort wird sich erheben ewiglich (40, 6—8.)." Das übermüthige Babel, der Glanz aller fleischlichen Macht und Zier, soll durch den vom Aufgang der Sonne gerufenen persisch-medischen Heldenkönig Koresch (Cyrus), welcher dem, "der Licht bildet und machet Finsterniß" (46, 7.), ohne ihn zu kennen, dienen muß, zum Schrecken und zur Schande Aller, die auf "die nichtigen Götter" vertrauen, in den Staub geworfen werden. Dieser hochgewürdigte fremde König, den Jehova zum "Hirten" seines Volkes bestellt, daß er ihm die von den Propheten des lebendigen Gottes seit Langem verheißene äußere Freiheit im ungehemmten Siegeslaufe verschaffe, all' seinen Willen vollbringend zu Jerusalem sage: "es werde erbaut" und zum Tempel: "er werde gegründet" (44, 28.), wird mit dem höchsten Namen, Messias, "Gesalbter seines Herrn," geehrt. Nimmer ermüdet der hohe Tröster unsres Buches, diese noch nie gehörte, neue Verkündigung dem Volke, das "nun gebüßet seine

Schuld, und aus der Hand Jehova's empfangen soll das Doppelte für alle seine Sünden, in's Herz hineinzureden" (40, 2.), Allen zur Verwunderung, den Kleingläubigen und Kleinmüthigen zur Ermuthigung, den von dem alten Gotte der Väter Abgefallenen zur Beschämung und den trotzigen Heiden zur Züchtigung. Aber so hoch auch der Name Koresch gehalten ist, er wird doch von einem höheren überleuchtet, dem Knechte Gottes, dem Hauptnamen des ganzen Buches, in dem Israel sich verherrlichen soll vor allen Völkern der Erde. Wie man auch diesen vielerklärten Namen deuten möge (vgl. meine Schrift: »Der Knecht Gottes« u. m. Commentar zu Kap. 42. 49. u. 53.), immer wurzelt er in Israel und fließt mit ihm zum erhabensten Glanzbild zusammen, wie es seines Gleichen nicht im ganzen Alten Testamente hat. Der Knecht Gottes, der reinste Abglanz des wahren Israel, an das sich die Verheißungen des göttlichen Welterlösungsplanes von Ewigkeit knüpfen, wird in concret-bestimmter Persönlichkeit Träger und Erfüller der messianischen Hoffnung, Versöhner und Erlöser von Sünde und Tod, lehrend und anstatt der Schuldigen leidend und sterbend, Mittler eines neuen Bundes der Gnade und eines immerwährenden Friedens, eines »neuen Himmels und einer neuen Erde« in einem neuen vom Lichte Gottes durchleuchteten Jerusalem (Kap. 60.), durch dessen immer geöffnete Thore alle Heiden und ihre Könige einziehen, um ihre Schätze huldigend vor dem Heiligen von Israel niederzulegen, »dem sich beugen soll jedes Knie und schwören jede Zunge« (40, 23.). Ja, Erlösung, Erlösung dem Volke, dem Gott ohne alles Verdienst seine Schuld vergibt; — »Friede den Fernen und den Nahen« (67, 19.) ist das immer wiederkehrende Wort des Buches, in dem wie in keinem anderen so frisch und erquickend die Quellen und Bäche der göttlichen Gnade rinnen.

Das Gefühl der Erfrischung ist es auch ganz besonders, womit uns die Rede des Propheten überströmt. Es ist eine wunderbar lebendige Freudenbewegung in ihr, die sich an ihrer eigenen immer neu aufsprudelnden Fülle des Worts zu ergötzen scheint. Man kann auf sie das Wort der Verheißung selbst beziehen: »es thun sich auf in der Wüste Wasser und Bäche in der Wildniß; sie frohlockt und sproßt wie Narcissen; die Herrlichkeit des Libanon wird ihr gegeben, die Pracht von Karmel und von Saron« (35, 1. 2. 6.). Es fehlt aber auch nicht an dürren, schroffen Felsen und schauerlichen Thälern, in denen der Prophet, mit einem bittern Spotte, wie kein Anderer, im Namen seines lebendigen Gottes die todten Götter richtet, oder wenn er uns unmittelbar aus dem lichten Jerusalem herausführt und in finsterer Abgeschiedenheit die Leichen der trotz der dargebotenen Gnade unbußfertig gebliebenen Abgefallenen zeigt, »deren Wurm nicht stirbt und deren Feuer nicht verlöscht, die zum Abscheu allem Fleische dienen« (66, 24.). Auf diesem Contraste beruht die Hauptmacht der Wirkung unsres Propheten, die aber besonders da auf eine unbeschreibliche Weise sich geltend macht, wo er der jubelnden Freude gegenüber, die durch die Erscheinung des Knechtes Gottes, »auf dessen Lehre alle Länder harren,« bedingt ist, an das Sterbelager dessen führt, der ohne Sünde und Schuld »unsere Krankheit trug und unsere Schmerzen auf sich lud, daß wir genesen sollten, durchbohrt um unserer Vergehungen willen, zermalmt um unserer Verschuldungen willen, geduldig wie ein Lamm vor seinen Scherern liegt und seinen Mund nicht öffnet« (53.). Rührenderes ist selten in der Welt geschrieben worden. — In der That, hätte Jesaja zu dem glänzenden Diadem seines königlichen Hauptes auch noch diese Märtyrerkrone hinzugefügt, er verdiente dann nicht bloß vorzugsweise den Namen des »Großen,« sondern er wäre der »Größeste« aller größten Propheten gewesen. So aber muß er seinen Ruhm mit einem Andern theilen, der namenlos nicht Jesaja selbst, aber der wiedererstandene Jesaja in einem neuen Leibe des Geistes genannt werden mag.

Der Prophet, der von sich selbst bezeugt: »Der Geist des Herrn Jehova ruht auf mir, weil mich gesalbt Jehova, frohe Kunde zu bringen den Armen, mich gesandt, zu verbinden die, so gebrochenen Herzens sind, zu predigen den Gefangenen Freiheit und den Gebundenen Oeffnung des Kerkers« (60, 1.), macht nicht an einer einzigen Stelle den Anspruch, der alte Jesaja seyn zu wollen, und insofern war es sehr ungeschickt, ja verletzend, von einem Pseudo=Jesaja zu reden. Er stellt sich fortwährend als einen solchen dar, der auf chaldäischem Boden mit den Exulanten lebt und leidet. "Nach Aegypten zog hinab mein Volk im Anfang, als Fremdling dort zu wohnen, und Aschur that um nichts Gewalt ihm an. Und nun, was ist mir h i e r? spricht Jehova, daß dahingerafft wird mein Volk umsonst? Seine Herrscher jauchzen, spricht Jehova, und immerfort jeden Tag wird geschmäht mein Name" (52, 4. 5.). Hier ist der Standpunkt, historisch und geo= graphisch, auf dem dieser Prophet steht, und auf den wir uns mit ihm selbst stellen müssen, wenn wir ein unbefangenes kritisches Urtheil in der nicht immer ohne dogmatische und antidogmatische Befangenheit geführten Streitverhandlung über Jesajanische Echtheit oder Unechtheit des letzten Theiles der ganzen Sammlung gewinnen wollen. Wäre dieses Stück als ein für sich bestehendes vorhanden, so würde es sicherlich der sogenannten positiven Kritik nicht einfallen, dasselbe dem Jesaja, der sein "Hier" zur Zeit Aschurs in Jerusalem hatte, zuschreiben zu wollen. Denn wenn der ungenannte Verfasser etwa Jehova gerne den "Heiligen von Israel" nennt und hie und da in seiner Darstellung an Jesajanisches erinnern mag, so tritt doch diese immer nur sehr ferne Verwandtschaft so handgreiflich vor dem sonst durchaus verschiedenen Style, wenn man etwa nur Kap. 40. unmittelbar nach Kap. 1. ohne Vorurtheil liest, zurück, daß man, auch bei starker Be= tonung eines theilweis Gemeinsamen, davon die einfachste Erklärung darin finden wird, der spätere Prophet sey ein Geistesverwandter des früheren gewesen und habe mit seinem Werke vertrauten Umgang gepflogen. Sobald man aber an der Tradition festgehalten, auf die äußerliche Verbindung des einheitlichen Abschnitts mit dem vorangehenden Theile oder wohl gar auf die Ueberschrift zu Anfang des Ganzen den Hauptnachdruck legt, was freilich dem wissenschaftlichen Gewissen eine schwere Zumuthung ist, dann kann der Apo= loget der Jesajanischen Authentie in künstlicher Bestrebung Manches dafür in Rechnung bringen, was aber dem einfachen Sinne immer als ein Muß sich aufbringt. Es hat überhaupt, auch davon abgesehen, daß sonst überall der prophetische Geist in der Weis= sagung des Zukünftigen keine Sprünge macht, sondern sich dem großen Gesetze der All= mählichkeit unterwirft, dem natürlichen, ja dem sittlichen Gefühle etwas gar sehr Wider= strebendes, daß Jesaja, mit seiner Gegenwart reichlichst beschäftigt, nicht etwa nur eine Vision auf die Eroberung Babels durch Cyrus und die Befreiung Israels aus dem Exile gehabt und gegeben, sondern gerade die meisten seiner Reden den fernsten Zeiten zur Erweckung und zum Troste hätte zuwenden sollen. Da entsteht sogar ein nicht zu lösender Widerspruch, wenn der Prophet das Volk in der chaldäischen Gefangenschaft häufig auf frühere, nun in Erfüllung gegangene Vorhersagungen hinweisend, jetzt Neues, das in Keines Ohr gekommen, aus dem besonderen Grunde verkündet, damit man — und die Erlösung aus Babel ist das Neue — bei dem Aufgange der göttlichen Gnade sich nicht rühmen könne: "sieh'! ich hab's gewußt" (vgl. Kap. 48., bes. v. 7.). Der Unter= zeichnete, hier in engen Grenzen gehalten, verweist für seine weitere Ausführung des Gegenstandes, auch über die ihm gewisse Integrität des Buches auf seinen Commentar S. 508 ff., für die hieher gehörige Literatur auf Keil in s. Einleitung in's A. T. S. 271 ff. Es liegt in der Natur der Sache, daß, wie sich der Kritiker zu Kap. 40—66. gestellt, so auch sein Urtheil über Kap. 13—14. u. 21. ausfallen wird. Wenn man sich gedrungen fühlt, auch diese Kapitel Jesaja zu entziehen, so wird man sie deßhalb nicht gerade demselben Verfasser des letzten Buches beilegen. Es sind bewunderungswürdige Weis= sagungen über den Untergang Babels und die Rückkehr Israels, in denen der Prophet den König in das Todtenreich hinabsteigen läßt, wo unter den Schatten, insonderheit den ehemaligen Genossen desselben eine außerordentliche Bewegung entsteht, den Mann zu sehen, der einst den Erdkreis erschütterte, und nun einer ihresgleichen geworden (14, 16.). Ebenso macht auch die dramatische Darstellung des rasch sich vollziehenden Strafgerichts über die üppige Weltstadt (21, 1—10.) einen mächtigen Eindruck, zeigt aber wieder eine ganz andere Farbe der eigenthümlichsten Beschaffenheit, während Kap. 34. u. 35. unver= kennbar an Ton und Haltung des letzten Buches erinnern.

Werfen wir jetzt einen Blick auf das aus verschiedenen Bestandtheilen zusammen= gesetzte Werk, so ist es schon Luther nicht entgangen, daß ein bestimmter Plan der Verbindung der einzelnen Stücke sich schwer durchführen lasse. Bei seiner Voraussetzung von der durchgängigen Abfassung des Ganzen von Jesaja drückt er sich über diesen Punkt sehr vernünftig aus: »Die Ordnung hält er nicht, daß er ein jegliches an seinen Ort und mit eigenen Kapiteln und Blättern fassete, sondern ist fast gemengt unter einander, daß er viel des ersten Stücks unter das andere und dritte mit einführet, und wohl das dritte Stück etwa ehe handelt, denn das andere. Ob aber das geschehen sey durch den, so solche Weissagung zusammengelesen und geschrieben hat (als man im Psalter auch achtet, geschehen zu seyn), oder ob er es selbst so gestellet hat, darnach sich Zeit, Ursachen und Personen zugetragen haben, von einem jeglichen Stück zu reden, welche Zeit und Ursachen nicht gleich seyn, noch Ordnung haben mögen, das weiß ich nicht. Soviel Ord= nung hält er, daß er das erste als das fürnehmste Stück zeucht und treibet von Anfang bis an's Ende, beide durch's andere und dritte Stück. Gleichwie auch wir in unsern Predigten zu thun pflegen, daß unser fürnehmstes Stück, die Leute zu strafen und von Christo zu predigen, immer mit unterlaufe, ob wir gleich etwas anders zuweilen zufällig vorhaben zu predigen, als vom Türken, oder vom Kaiser u. dergl. Hieraus kann nun ein jeglicher den Propheten leichtlich fassen und sich drein schicken, daß ihn die Ordnung (als bei den Ungewohnten scheinet) nicht irre noch überdrüssig mache.« Diese Beobachtung Luthers hat dann besonders etwas sehr Auffallendes, wenn das ganze Werk sowohl nach Abfassung als Sammlung als von Jesaja selbst herrührend betrachtet wird. Aber auch bei der entgegengesetzten Ansicht behält immer nach dem ersten Anscheine die Anordnung der auf einander folgenden, verschiedenen Zeiten und Verfassern zugehörenden Stücke etwas Problematisches. Die sonst auch wahrnehmbare Zerstückelungssucht hat bei älteren Kritikern, wie namentlich bei Koppe, dem im Ganzen auch Eichhorn, Bertholdt und Augusti folgen, welcher letztere unser Buch in dieser Beziehung »ein Produkt der Unkritik« nennt, ihren Höhepunkt erreicht. Gegenwärtig sind besonders diejenigen Aus= leger, welche zu den conservativsten Vertheidigern der Authentie gehören, in das andere Extrem hineingerathen, wovon Drechsler die glänzendste Probe in dem Werke »ein in sich abgeschlossenes Ganzes von planvollem Zusammenhange und stetiger Entwickelung« nachzuweisen, in seiner Einl. z. f. Comm. S. 30 bis 39 gegeben. Der Unterzeichnete steht noch immer auf dem von dem Verf. bezeichneten »vermittelnden Standpunkt«, kann aber seine Betrachtungsweise hier nicht durchführen, sondern muß darüber auf seine Aus= legung von Abschnitt zu Abschnitt verweisen. Das Ganze zerlegt sich einfach in vier Bücher; Kap. 1—12.; 13—23.; 24—35. mit dem Anhange des historischen Abschnitts 36—39; 40—66. Das erste Buch enthält deutlich die Grundsammlung, am wahrschein= lichsten von Jesaja selbst geordnet und wenigstens mit der ersten Hälfte mit Ueberschrift versehen. Sowohl in diesem wie auch in den beiden andern Büchern läßt sich eine theils chronologische, theils sachliche Anordnung, doch vorwiegend die letztere, meistens entdecken. Was das letzte Buch im Besondern betrifft, das fortlaufend nur Einer Zeit und Einem Verfasser angehört, so »quillt darin Alles fertig und wohlgerundet aus Einem Mittel= punkt, und wir bewundern in der äußern Entfaltung die prophetisch=dialektische Kunst.« Ich habe diese in meinem Commentare sorgfältig zu zeigen gesucht. Den neuesten »Ver= such einer Nachweisung des Planes und Ganges der Prophetie B. Jesaja Kap. 40—66.« hat Rüetschi in den Theol. Stud. u. Krit. Jahrg. 1854, H. 2. mitgetheilt.

Eine wohlunterrichtende Geschichte der Auslegung des Jesaja hat Gesenius in der Einleitung zu seinem Commentare 1821, Th. 1. S. 56 ff. gegeben. Die spätere dahin gehörige Literatur vgl. bei Keil in dem Lehrbuch der histor. krit. Einl. in d. kan. Schriften des A. T. S. 234.

Ueber die pseudepigraphische Schrift Ἀναβατικόν, Ὅρασις Ἡσαΐον, die sogenannte Himmelfahrt und die Vision des Propheten Jesaja, s. Pseudepigraphen des Alten Testaments und Apokryphen des Neuen Testaments.   Umbreit.

Jesreel oder **Jisreel** (יִזְרְעֶאל oder יִזְרְעֶאל, Gottespflanzung, Sept. Ἰεσραελ, Vulg. Jezrael, woraus später die Form Esdrelom oder Esdrelon [Ἐσδραλών, Ἐσδρηλών, Jud. 1, 8; 4, 5; 7, 3.] und im Mittelalter Strabela entstund), war ursprünglich eine Kananiterstadt (Jos. 17, 16.), welche bei der Eroberung und Landesvertheilung dem Stamme Jsaschar zufiel (Jos. 19, 18.), und nicht zu verwechseln mit einer Stadt gleiches Namens, welche im Stammgebiete Juda's lag (1 Sam. 25, 43.). Heutzutage steht an derselben Stelle das Dorf Zerin (زَرْعِين), schon während der Kreuzzüge als parvum Gerinum (Guil. Tyr. 22, 26.) bekannt. Die Stadt lag in der gleichnamigen fruchtbaren Ebene an der Wasserscheide zwischen dem Quell Tubania, jetzt Ain Dschalud, d. h. Goliathsquelle, der in den Jordan bei Bethsean oder Scythopolis, und dem Flusse Kison, der in's Mittelmeer bei'm Cap Karmel sich ergießt. Schon zu Davids Zeiten gehörte sie zu den bedeutenden Städten Palästina's, 2 Sam. 2, 8 f., die dem Hause Sauls bis zu Jsboseths Tod treu blieb. Ahab und seine Nachfolger wählten sie zur Residenzstadt, während vorher Sichem, Thirza und Samarien die Königssitze gewesen waren, 1 Kön. 18, 45; 21, 1. Hier wurde der König Joram von Jehu's Hand erlegt, hier seine Mutter Jsabel auf Jehu's Befehl zum Fenster hinausgestürzt, 2 Kön. 9, 24. 33. Hier ließ Jehu auch den mit Joram verbündeten judäischen König Ahasja nebst dessen Brüdern ermorden, 2 Kön. 10, 14., und vielleicht ist es diese That, durch welche das davidische Haus beinahe ausgerottet worden wäre, welche nach Hos. 1, 4. an Jehu's Hause zu rächen war. Von der Stadt hatte die große sie umgebende Hochebene ihren Namen, welche Grund Jesreel Richt. 6, 33., Thal Jesreel Hos. 1, 5., das große Feld Esdrelon Jud. 1, 8., oder das große Feld bei Dothaim 4, 5., auch Ebene Megiddo heißt 2 Chron. 35, 22., auch bloß die große Ebene 1 Makk. 12, 49. genannt wird. Jetzt führt sie den Namen Merdsch Jbn Amer (مَرْج اِبْنِ عَامِر). Sie reicht vom Karmel bis zum Jordan, nördlich von den höheren galiläischen Gebirgen mit der Thaborkuppe, südlich von den niedrigeren ephraimitischen Bergen begrenzt, nach Westen vom Kison, nach Osten vom Quell Tubania mit ihren Zuflüssen durchströmt. Sie ist die größte und fruchtbarste Ebene Palästina's, von West nach Ost 8, von Süd nach Nord 4—5 Stunden breit, eine Art Dreieck mit drei östlichen Ausläufern bildend, die bei Jesreel zusammentreffen. Esdrelon, auch Campus Legionis von der Stadt Ledschun genannt, Joseph. bell. 4, 1. 8., oder bloß die große Ebene μέγα πεδίον, Antiqq. 20, 6, 1., ist die natürliche Grenze zwischen Galiläa und Samarien.

Geschichtlich wichtig ist diese Ebene nicht nur als alter Handelsweg für die Karawanen, 1 Mos. 37, 25., und als Hauptstraße aus Galiläa durch Samarien nach Jerusalem, sondern auch wegen der vielen entscheidenden Schlachten, welche in derselben geliefert wurden. Merkwürdigerweise wird uns aus der Heldenlaufbahn Josua's keine hier gekämpfte Schlacht erzählt, wovon der Grund Jos. 17, 16. angedeutet ist; aber hier fiel die Richt. 5. besungene Feldschlacht Baraks gegen Sissera vor, Richt. 4, 7. 13. Im Grunde Jesreel lagerten sich die Amalekiter und Midianiter und wurden von Gideon besiegt, Richt. 6, 33; 7, 12. Hier fand die große Hauptschlacht gegen die Philister statt, in der diese sich bei Aphek, Jsrael zu Ain d. h. Quell Tubania, Ain Dschalud, gelagert hatten und Saul nebst drei Söhnen das Leben verlor, 1 Sam. 29, 1; 31, 2. Hier schlug Ahab den Syrerkönig Benhadad und bewies, daß Jsraels Gott nicht bloß ein Berggott sey (1 Kön. 20, 26.). Hier fand der Ueberfall Jehu's gegen Ahabs Haus und Herrscherthron statt, 2 Kön. 9, 15—37.; hier ward der König Juda's Josias von Pharao Necho bei Megiddo geschlagen und getödtet, 2 Kön. 23, 29. 2 Chron. 35, 22., was auch Herodot zu erzählen weiß 2, 159. Auf diese Ebene wird Nebukadnezar's Heer unter Holofernes verlegt, Jud. 7, 3.; hier am Fuße des Thabor kämpften die Truppen Vespasians gegen die Juden, Jos. bell. 3, 10. Hier war der Schauplatz vieler Thaten während der Kreuzzüge, wie während des makkabäischen Krieges, 1 Makk. 12, 49.; hier endlich schlug Napoleon 16. Apr. 1799 mit 3000 Franzosen ein wenigstens 25,000 Mann starkes türkisches Heer. Hier trafen Krieger aus allen Völkern zusammen und maßen ihre Kraft, hier wird auch noch für die Zukunft eine Völkerschlacht in Aussicht gestellt, Off. 16, 16; 19, 19.

Obgleich jetzt wenig bevölkert, indem wegen der Beduinen auf unbeschützter Ebene nichts sicher ist und an der Stelle Jesreels nur der mit etlich und zwanzig halb verfallenen Häusern auf der Anhöhe erbaute Ort Zerin liegt, dessen Name noch mit Jesreel zusammenhängt, so ist doch nichtsdestoweniger eine reiche Fruchtbarkeit in dieser jetzt so vernachläßigten Ebene von den Reisenden bemerkt worden. Schubert (Reise 3, 163 ff.) konnte sich bei'm Eintritt in diese grünende Ebene und ihre Blumengefilde nicht satt sehen. Balsamische Lüfte — es war in der Frühlingszeit — durchwehten das Land, die blauen Berge Gilboa und Thabor in der Nähe, Karmel in der Ferne erhoben sich stattlich und die Schönheit und Fruchtbarkeit der Landschaft erinnerte an Ps. 65, 14. Den Boden nennt er ein Feld des Getraides, dessen Samen keine Menschenhand aussäet, dessen reife Aehren keine Schnitter ernten. Die Getraidearten schienen hier wildwachsend zu seyn; die Maulthiere gingen darin bis an den halben Leib verdeckt. Die Heerden von Stieren, Schafen und Ziegen sah er die Grasungen mehr niedertreten als abwaiden. Warum aber diese so reizende Gegend so wenig bewohnt und bebaut ist, darüber gibt der Marschall Herzog von Ragusa, der sie besuchte, folgenden Aufschluß (vgl. Völt. Pal. S. 209). Die außerordentliche Fruchtbarkeit der Ebene Edrelon, sagt er, sey eine Gabe der Natur, die keinem Menschen zu Nutzen komme. Sie sey ganz menschenleer und von ihren hundert Theilen des trefflichsten Ackerbodens sehen keine fünf angebaut, ihre hohen Grasungen verwelken, ohne daß sie Menschen zur Nahrung dienen; sie befruchten nur ihren eigenen Boden alljährlich von neuem. Dies sey die Folge menschlicher Verirrung und Verkehrtheit seit so vielen Jahrhunderten, die Bevölkerung nämlich entferne sich von diesen durch die Natur so reich begabten Stellen des Landes, weil eben da die größte Gefahr der Bevölkerung, Erpressung der Machthabenden, durch die leichtere Zugänglichkeit stattfinde, weil der Angriff auf Ebenen leicht, die Vertheidigung aber schwer sey. Hier jedoch meint der Reisende Pf. Wolff (Reise in d. gel. Land 1848, S. 155, u. ev. Kirchenbl. 1856, S. 75), sey derjenige Bezirk, wo sich eine christliche Ansiedelung ihre erste Wirkungsstätte zur geistigen Eroberung des Landes aussuchen sollte. Hier im Karmelbezirk seyen Quellen und Bäche, menschenleere, aber anbaube Thäler, hier ein bewaldetes, jetzt aber noch ganz verschlossenes Gebirg, wo ohne Zweifel viele Arten von Wild angetroffen werden; hier sey das Meer in nächster Nähe. Die Halbbeduinen könnte man dadurch gewinnen, daß man sie in's Interesse der Ansiedelung ziehe, mit ihren Scheichs (Scheits) Verträge abschließe und ihre jungen Männer in Dienst nehme. Der Bezirk liege im Mittelpunkt des Landes nicht weit weg von Nazareth und Tiberias, Dschenin und Nablus, in fast gleicher Entfernung von Beirut, Sidon und Thyrus einer=, Jaffa und Jerusalem andererseits. *Baihinger.*

Jesse (Ἰεσσαί Matth. 1, 5. 6. Luk. 3, 32. Apgsch. 13, 32. Röm. 15, 12.), die griechische Aussprache des Namens Isai, welche Luther in der Uebersetzung des N. T. der Uebersetzung der Siebzig nachgebildet hat, während er im A. T. die der hebräischen Lautform entsprechende Uebersetzung Isai gegeben hat. Was Luthern bewogen hat, für das N. T. eine andere Form zu wählen, während er im A. T. dieselbe Aussprache bei den Siebzig vorgefunden hat, ist wie manches andere in seiner Uebersetzung noch nicht aufgehellt. Hier könnte man den Grund darin finden, daß er das N. T. zuerst übersetzte, wobei er von dem Hebräischen ganz absah. Bei der Uebersetzung des A. T. dagegen hatte er den hebräischen Text vor sich, und paßte daher auch den deutschen Laut dieser Sprache mehr an.

Jesse oder Isai war bekanntlich Davids Vater, ein Sohn Obeds und Enkel des Boas von der Ruth. Nun wird der Messias zwar in der Regel Sohn Davids genannt. In zwei Stellen aber des A. T. Jes. 11, 1. 10. wird der verheißene Erlöser geradezu

Jesreel oder Jisreel (יִזְרְעֶאל oder יִזְרְעֶאל, Gottespflanzung, Sept. Ἰεσραελ, Vulg. Jezrael, woraus später die Form Esdrelom oder Esdrelon [Ἐσδραλών, Ἐσδρηλών, Jud. 1, 8; 4, 5; 7, 3.] und im Mittelalter Strabela entstund), war ursprünglich eine Kananiterstadt (Jos. 17, 16.), welche bei der Eroberung und Landesvertheilung dem Stamme Isaschar zufiel (Jos. 19, 18. und nicht zu verwechseln mit einer Stadt gleiches Namens, welche im Stammgebiete Juda's lag (1 Sam. 25, 43.). Heutzutage steht an derselben Stelle das Dorf Zerin (زرعين), schon während der Kreuzzüge als parvum Gerinum (Guil. Tyr. 22, 26.) bekannt. Die Stadt lag in der gleichnamigen fruchtbaren Ebene an der Wasserscheide zwischen dem Quell Tubania, jetzt Ain Dschalud, d. h. Goliathsquelle, der in den Jordan bei Bethsean oder Scythopolis, und dem Flusse Kison, der in's Mittelmeer bei'm Cap Karel sich ergießt. Schon zu Davids Zeiten gehörte sie zu den bedeutenden Städten Paläsna's, 2 Sam. 2, 8 f., die dem Hause Sauls bis zu Isboseths Tod treu blieb. Ahabnd seine Nachfolger wählten sie zur Residenzstadt, während vorher Sichem, Thirza und Samarien die Königssitze gewesen waren, 1 Kön. 18, 45; 21, 1. Hier wurde der König Joram von Jehu's Hand erlegt, hier seine Mutter Isabel auf Jehu's Befehl zum Fenster hinausgestürzt, 2 Kön. 9, 24. 33. Hier ließ Jehu auch den mit Joram verbünden judäischen König Ahasja nebst dessen Brüdern ermorden, 2 Kön. 10, 14., und vielleicht ist es diese That, durch welche das davidische Haus beinahe ausgerottet worden wäre, welche nach Hos. 1, 4. an Jehu's Hause zu rächen war. Von der Stadt hatte die große sie umgebende Hochebene ihren Namen, welche Grund Jesreel Richt. 6, 33., Thal Jesreel Hos. 1, 5., das große Feld Esdrelon Jud. 1, 8., oder das große Feld bei Dothaim 4, 5., auch Ebene Megiddo heißt 2 Chron. 35, 22., auch bloß die große Ebene Matth. 12, 49. genannt wird. Jetzt führt sie den Namen Merdsch Ibn Amer (مرج ابن عامر). Sie reicht vom Karmel bis zum Jordan, nördlich von den höheren galiläischen Gebirgen mit der Thaborkuppe, südlich von den niedrigeren ephraimitischen Bergen begrenzt, nach Westen vom Kison, nach Osten vom Quell Tubania mit ihren Zuflüssen durchströmt. Sie ist die größte und fruchtbarste Ebene Paläftina's, von West nach Ost 8, von Süd nach Nord 4—5 Stunden breit, eine Art Dreieck mit drei östlichen Ausläufern bildend, die bei Jesreel zusammentreffen. Esdrelon, auch Campus Legionis vor der Stadt Ledschun genannt, Joseph. bell. 4, 1. 8., oder bloß die große Ebene μέγα πίλον, Antiqq. 20, 6, 1., ist die natürliche Grenze zwischen Galiläa und Samarien.

Geschichtlich wichtig ist diese Ebene nicht nur als alter Handelsweg für die Karawanen, 1 Mos. 37, 25., und als Hauptstraße aus Galiläa durch Samarien nach Jerusalem, sondern auch wegen der vielen entscheidenden Schlachten, welche in derselben geliefert wurden. Merkwürdigerweise wird uns aus der Heldenlaufbahn Josua's keine hier gekämpfte Schlacht erzählt, worin der Grund Jos. 17, 16. angedeutet ist; aber hier fiel die Richt. 5. besungene Feldschlacht Baraks gegen Sissera vor, Richt. 4, 7. 13. Im Grunde Jesreel lagerten sich die Amalekiter und Midianiter und wurden von Gideon besiegt, Richt. 6, 33; 7, 12. Hier fand die große Hauptschlacht gegen die Philister statt, in der diese sich bei Aphek, Israel am Ain d. h. Quell Tubania, Ain Dschalud, gelagert hatten und Saul nebst drei Söhnen das Leben verlor, 1 Sam. 29, 1; 31, 2. Hier schlug Ahab den Syrerkönig Benhadad und bewies, daß Israels Gott nicht bloß ein Berggott sey (1 Kön. 20, 26.). Er fand der Ueberfall Jehu's gegen Ahabs Haus und Herrscherthron statt, 2 Kön. 9, 15—37.; hier ward der König Juda's Josias von Pharao Necho bei Megiddo geschlagen und getödtet, 2 Kön. 23, 29. 2 Chron. 35, 22., was auch Herodot zu erzählen weiß, 159. Auf diese Ebene wird Nebukadnezar's Heer unter Holofernes verlegt, Jud. 7, .; hier am Fuße des Thabor kämpften die Truppen Vespasians gegen die Juden, Jos. III. 3, 10. Hier war der Schauplatz vieler Thaten während der Kreuzzüge, wie während des maккabäischen Krieges, 1 Makk. 12, 49.; hier endlich schlug Napoleon 16. Apr. 1799 mit 3000 Franzosen ein wenigstens 25,000 Mann starkes türkisches Heer. Hier trafen Krieger aus ſen Völkern zuſammen und maßen ihre Kraft, hier wird auch noch für die Zukunft ee Völkerſchlacht in Ausſicht geſtellt, Off. 16, 16; 19, 19.

Obgleich jetzt wenig bevölkert, indem wegen d Beduinen auf unbeſchützter Ebene nichts ſicher iſt und an der Stelle Jesreels nur d mit etlich und zwanzig halb verfallenen Häuſern auf der Anhöhe erbaute Ort Zerı liegt, deſſen Name noch mit Jesreel zuſammenhängt, ſo iſt doch nichtsdeſtoweniger eine reiche Fruchtbarkeit in dieſer jetzt ſo vernachläßigten Ebene von den Reiſenden emerkt worden. Schubert (Reiſe 3, 163 ff.) konnte ſich bei'm Eintritt in dieſe grünend Ebene und ihre Blumengefilde nicht ſatt ſehen. Balſamiſche Lüfte — es war in der Frühlingszeit — durchwehten das Land, die blauen Berge Gilboa und Thabor in der Nähe Karmel in der Ferne erhoben ſich ſtattlich und die Schönheit und Fruchtbarkeit der andſchaft erinnerte an Pſ. 65, 14. Den Boden nennt er ein Feld des Getraides, deſſen Samen keine Menſchenhand ausſäet, deſſen reife Aehren keine Schnitter ernten. Die Getraidearten ſchienen hier wildwachſend zu ſeyn; die Maulthiere gingen darin bis an den halben Leib verdeckt. Die Heerden von Stieren, Schafen und Ziegen ſah er die Graſuren mehr niedertreten als abwaiden. Warum aber dieſe ſo reizende Gegend ſo wenig boohnt und bebaut iſt, darüber gibt der Marſchall Herzog von Raguſa, der ſie beſuchte, Igenden Aufſchluß (vgl. Bölt. Pal. S. 209). Die außerordentliche Fruchtbarkeit der Cene Edrelon, ſagt er, ſey eine Gabe der Natur, die keinem Menſchen zu Nutzen komme. Sie ſey ganz menſchenleer und von ihren hundert Theilen des trefflichſten Ackerbodens hen keine fünf angebaut, ihre hohen Graſungen verwelken, ohne daß ſie Menſchen zur ahrung dienen; ſie befruchten nur ihren eigenen Boden alljährlich von neuem. Dies y die Folge menſchlicher Verirrung und Verkehrtheit ſeit ſo vielen Jahrhunderten, die Völkerung nämlich entferne ſich von dieſen durch die Natur ſo reich begabten Stellen d Landes, weil eben da die größte Gefahr der Bevölkerung, Erpreſſung der Machthaben, durch die leichtere Zugänglichkeit ſtattfinde, weil der Angriff auf Ebenen leicht, die Vertheidigung aber ſchwer ſey. Hier jedoch meint der Reiſend Pſ. Wolff (Reiſe ı d. gel. Land 1848, S. 155, u. ev. Kirchenbl. 1856, S. 7...

erſte Wirkungsſtätte zu ... enige Bezirk, wo ... ich eine chriſtliche Anſiedelung ihre
melbezirk ſetzen Quellei ... roberung des L...es ausſuchen ſollte. Hier im Kar-
walde ... aber no... ... menſchenleere, ...er anbaubare Thäler, hier ein be-
Wil... ı werde ... loſſenes Gebirg wo ohne Zweifel viele Arten von
man ... winnen ... as Meer in näher N... ... Halbbeduinen könnte
Sch...) Berli ... ... g ziehe, mit ihren
Bezi... Mittel ... ſie in's Intereſſ der ... Dienſt nehme. Der
Dſch... blus, ... und ihre jung... ... reth und Tiberias,
Jaffe... ılem a ... ...ndes nicht weit... ... und Tyrus einer-,
...al ... ... Entfernung de ... Vaihinger.
grie... ıche ... Luk. 3, 32. ... Röm. 15, 12.), die
er ... er ... ſai, welche ... ...erſetzung des N. T.
aut... end ... ldet hat, wäh... ... C. die der hebräiſchen
as ... der ... Jſai gegeben ... ...ern bewogen hat, für
en ... und ... len, wäh... ... ...ieſelbe Ausſprache bei
ſg ... ...t ... manches an... ...eberſetzung noch nicht
ob... ... ...d darin ſin... N. T. zuerſt überſetzte,
tte ... ...abſatz. Be... ...ng des A. T. dagegen
... ...en deutſchen Laut dieſer

Davids ... ...ın Obeds und Enkel des
Meſſi... ...gel Sohn Davids genannt.
... ...erheißene Erlöſer geradezu

auf Iſai zurückgeführt. Wenn er dort Wurzel genannt wird, ſo iſt metonymiſch das=
jenige zu verſtehen, was aus der Wurzel aufſchießt, alſo ein Wurzelſprößling Jeſ.
53, 2. Wie nun aber Chriſtus Wurzel Jeſſe genannt wird Röm. 15, 12. nach Jeſ.
11, 10.; ſo wird er auch Wurzel David's geheißen Off. 5, 5., oder Wurzel des Ge=
ſchlechtes Davids Off. 22, 16.

Wenn Iſai die Ehre wiederfährt, als der Stammvater Chriſti ebenſo wie David
aufgeführt zu werden, ſo iſt ohne Zweifel ſein Glaube daran ſchuld, von dem voraus=
geſetzt wird, daß er ihn ſelbſt wieder auf ſeinen Sohn David übertragen habe. Und
gewiß bewahrte dieſe Familie mit beſonderer Treue die Ueberlieferungen der Stamm=
väter und bildete ſie weiter unter ſich aus. Denn der Glaube Davids, welcher ſich ſo
ſchön und innig in ſeinen Pſalmen ausſpricht, iſt wohl hauptſächlich auf dem Stamme
des väterlichen Erbtheils gewachſen und genährt worden. Auf ihn ging das Glaubens=
leben ſeiner Familie in erhöhter Kraft über, während es bei den andern der acht Söhne
Iſai's, 1 Sam. 17, 12., nicht in gleicher Stärke hervortrat, 1 Sam. 16, 7. 10. Die
Kraft des Geiſtes offenbarte ſich aber damals in einer großen begeiſterten Tüchtigkeit nach
außen, wie wir aus 1 Sam. 17, 34—36. ſehen, was an die Thaten eines Simſon er=
innert, ohne damit die Innigkeit der Verbindung mit Gott auszuſchließen, wie wir an
den Pſalmen wahrnehmen. Im Grunde iſt es auch im Chriſtenthum nicht anders, wenn
gleich die Krankhaftigkeit unſerer Zeit es oft anders anſieht.   Vaihinger.

Jeſuaten heißen die Glieder eines Mönchsordens, der um das Jahr 1367 durch
die Edelleute Johann v. Colombini, Gonfaloniere und Franz v. Mino Vincentini, zunächſt
als ein weltlicher Orden nach Auguſtiniſcher Regel, zu Siena in das Leben trat. Sie
heißen auch Apoſtoliſche Cleriker, weil ſie nach dem Beiſpiele Jeſu und der Apoſtel
ein wahrhaft frommes und heiliges Leben führen wollten, das ſie vorzugsweiſe in Gebets=
übungen, in der Pflege Kranker, in Liebesdienſten aller Art, in Armuth, Faſten und
Kaſteiungen ſuchten. Weil ſie den h. Hieronymus zu ihrem Schutzpatron erwählten,
werden ſie auch als eine Congregation des Hieronymus bezeichnet. Weil ſie
auch zum Beſten der Armen der Zubereitung von Arzneien und dem Handel mit den=
ſelben oblagen, wurde es unter ihnen gebräuchlich, mit dem Brennen von Branntwein
ſich zu beſchäftigen; daher erhielten ſie vom Volke den Namen „Padri dell' aqua. vita"
oder Aquavitväter. Der Orden, der vorzugsweiſe in Italien ſich verbreitete, erhielt
bei ſeiner Entſtehung die päbſtliche Beſtätigung von Urban V. Erſt von Pabſte Pius V.
wurde er den Bettelorden beigefügt, Paul V. erhob ihn zum religiöſen Orden (1606),
doch trug die Congregation bereits den Keim des Unterganges in ſich und Clemens IX.
löſte ſie wegen eingetretener Unordnungen im J. 1668 gänzlich auf. Die Mönche hatten
auch Ordensſchweſtern, Jeſuatinnen genannt, die gleichzeitig mit jenen durch Katharina
Colombini geſtiftet wurden und auch eine Congregation bildeten. Sie beſtehen noch jetzt
in Italien, leben auch nach der Auguſtiniſchen Regel, befolgen außer der Lebensweiſe
des aufgelöſten Bruderordens noch ſtrengere klöſterliche Uebungen.   Neudecker.

Jeſuitenorden. Unter den vielen Mönchsvereinen, welche auf dem Boden der
römiſchen Kirche erwuchſen und in denen ſich individuelle Richtungen asketiſcher oder
praktiſcher Frömmigkeit verkörperten, hat keiner eine größere, conſtantere und univer=
ſellere Bedeutung für dieſe Kirche ſelbſt, wie für die ganze Chriſtenheit erlangt, als die
Geſellſchaft Jeſu, die Schöpfung des Spaniers Ignatius von Loyola. Bei dem uner=
meßlichen Umfange des Stoffs und den Quellenreichthums müſſen wir uns auf Andeu=
tungen beſchränken. Des Ordens Stiftung, ſein Weſen und Verfaſſung, ſeine äußere
und innere Geſchichte bis zur Aufhebung, ſeine Wiederherſtellung und Schickſale bis zur
Gegenwart ſind die weſentlichen Abſchnitte, in die wir das Material einordnen.

I. Des Ordens Stiftung. Es iſt von großer Wichtigkeit für das Verſtändniß
der Geſellſchaft Jeſu, daß ihre Heimath Spanien iſt, das Land, in welchem der Kampf
zwiſchen Chriſtenthum und Islam, zwiſchen den Abkömmlingen der Weſtgothen und den
Mauren über ſieben Jahrhunderte fortdauerte und den romantiſchen Geiſt des Ritter=

thums in dem Adel noch lebendig erhielt, als er bereits in der übrigen germanisch=
christlichen Welt allenthalben der Richtung auf die materiellen Lebenszwecke erlegen war.
Don Iñigo Lopez de Recalde*) aus altadeligem Geschlechte Spaniens ward als der
jüngste Sohn des Ritters Beltran von Loyola 1491 auf dem gleichnamigen Schlosse in
der Provinz Guipuzcoa geboren. Seine Jugend verbrachte er an dem Hofe Ferdinands
des Katholischen, ritterlicher Sinn und Thatendrang, wie devote Ehrfurcht vor den
Heiligen, waren frühe hervorstechende Züge seines Karakters. Als er im Jahre 1521
mit kühner Tapferkeit Pamplona gegen die Franzosen vertheidigte, zerschmetterte ihm eine
Kugel den einen Fuß. Auf seinem väterlichen Schlosse unterzog er sich mehreren schmerz=
lichen Operationen lautlos — dennoch blieb er sein Leben lang hinkend. In den ein=
samen Stunden des Krankenlagers begehrte er Bücher; seine Lieblingslectüre, Ritter=
romane, vor allen der Amadis von Gaula waren nicht aufzutreiben, statt ihrer brachte
man ihm das Leben Jesu und der Heiligen. Die neuen Eindrücke, die er aufnahm,
prägten sich ihm tief ein, gewannen Leben und rangen mit den Bildern, die bisher
seinen Geist beschäftigt hatten. Bald gedachte er der Dame seines Herzens, der er sich
in ritterlicher Minne geweiht hatte: sie war mehr als Gräfin und Herzogin; bald sah
er mit Bewunderung auf die Nachfolger des armen Lebens Christi und ihren weltüber=
windenden Kampf: das that S. Franziscus, das S. Dominicus, warum sollte ich es
nicht auch thun? Jene weltlichen Gedanken erwärmten sein Herz, ließen aber eine fühlbare
Niedergeschlagenheit zurück; diese geistlichen Träume stimmten ihn froher und friedlicher;
in den ersten erkannte er darum Eingebungen des Teufels, in den letztern göttliche Er=
weckungen. Dieser Unterschied wurde später ein wesentlicher Zug seiner geistlichen
Uebungen. So gestaltete sich ihm ein glänzendes Bild des geistlichen Ritterthums, reich
an Entsagungen und Opfern, an Siegen und Ruhme; in Jerusalem, in der Bekehrung
der Ungläubigen, sah er die Stätte und den Wirkungskreis seiner Zukunft. Als er sich
wiederhergestellt fühlte, wandte er sich nach dem Kloster Montserrat, legte hier die
Generalbeichte ab, vertauschte seine reichen Kleider mit einem Bettlergewand, hing seine
Rüstung vor dem Marienbilde auf und hielt mit dem Pilgerstabe in der Hand vor
seiner neuen Herrin nach alter Rittersitte Waffenwacht. Unmittelbar darauf finden wir
ihn in Manresa, wo er bald in einer einsamen Höhle, bald im Dominikanerkloster harten
Büßungen, täglichen wiederholten Geißelungen und strengen Fasten obliegt. Alle acht
Tage empfängt er die Eucharistie; er quält sich immer peinlicher mit dem Aufspüren
alter Sünden, und da er trotz seiner Gewissenhaftigkeit keinen Frieden findet, schließt
er, um nach langem Kampfe zur Ruhe zu gelangen, mit der Betrachtung seines ver=
gangenen Lebens völlig ab. Er stand dem Raube des Grabes nahe, da werden ihm
wunderbare Verzückungen zu Theil. Er schaut in der Gestalt dreier zur Harmonie ver=
bundener Claviertasten das Geheimniß der Dreieinigkeit. Als der Priester bei dem
Offertorium die Hostie in die Höhe hob, sieht er über ihr die Glorie des göttlichen
Lichtes, in ihr den Gottmenschen. Ein unbestimmter Gegenstand von weißer Farbe,
aus dem Strahlen hervorbrechen, versinnbildet ihm das Mysterium der Weltschöpfung.
Oft — er selbst versichert, 20—40 Mal in Manresa — vergegenwärtigte sich ihm
während des Gebetes die Menschheit Christi, bald in der Gestalt eines weißen, mäßig
großen Körpers ohne sichtbare Gliederung (wohl die Hostie; auch die Jungfrau erschien
so seinem inneren Auge), bald als eine große goldene Scheibe (res quaedam rotunda
tanquam ex auro et magna), ohne Zweifel das Symbol der Sonne. Stets brachten
ihm solche Visionen großen Trost. Als er eines Tags am Flusse Llobregat saß, ward

---

*) In den Acta Sanctorum vom 31. Juli finden sich außer dem Commentarius praevius
zwei Biographieen des Ignatius, die eine von Consalvus nach den eigenen Erzählungen des
Heiligen, die andere von Ribadeneira. Außerdem haben, der Letztere, Maffei und Orlandini
(historia S. J.) größere Lebensbeschreibungen geliefert. Ueber ihren Werth vgl. Ranke, Päbste
III, 383. Ein klassisches Karakterbild siehe bei Ranke a. a. O. I, 179 folg.

auf Jsai zurückgeführt. Wenn er vor Wurzel genannt wird, so ist metonymisch das=
jenige zu verstehen, was aus der Wurl aufschießt, also ein Wurzelsprößling Jes.
53, 2. Wie nun aber Christus Wurl Jesse genannt wird Röm. 15, 12. nach Jes.
11, 10.; so wird er auch Wurzel Dav's geheißen Off. 5, 5., oder Wurzel des Ge=
schlechtes Davids Off. 22, 16.

Wenn Jsai die Ehre wiederfährt, als der Stammvater Christi ebenso wie David
aufgeführt zu werden, so ist ohne Zwfel sein Glaube daran schuld, von dem voraus=
gesetzt wird, daß er ihn selbst wieder uf seinen Sohn David übertragen habe. Und
gewiß bewahrte diese Familie mit besoerer Treue die Ueberlieferungen der Stamm=
väter und bildete sie weiter unter sich is. Denn der Glaube Davids, welcher sich so
schön und innig in seinen Psalmen aspricht, ist wohl hauptsächlich auf dem Stamme
des väterlichen Erbtheils gewachsen untgenährt worden. Auf ihn ging das Glaubens=
leben seiner Familie in erhöhter Kraft ber, während es bei den andern der acht Söhne
Jsai's, 1 Sam. 17, 12., nicht in gleier Stärke hervortrat, 1 Sam. 16, 7. 10. Die
Kraft des Geistes offenbarte sich aber tmals in einer großen begeisterten Tüchtigkeit nach
außen, wie wir aus 1 Sam. 17, 34—36. sehen, was an die Thaten eines Simson er=
innert, ohne damit die Innigkeit der erbindung mit Gott auszuschließen, wie wir an
den Psalmen wahrnehmen. Im Grunt ist es auch im Christenthum nicht anders, wenn
gleich die Krankhaftigkeit unserer Zeit ‹ oft anders ansieht.　　　　Vaihinger.

Jesuaten heißen die Glieder eirs Mönchsordens, der um das Jahr 1367 durch
die Edelleute Johann v. Colombini, Gefaloniere und Franz v. Mino Vincentini, zunächst
als ein weltlicher Orden nach Augustischer Regel, zu Siena in das Leben trat. Sie
heißen auch Apostolische Cleriker weil sie nach dem Beispiele Jesu und der Apostel
ein wahrhaft frommes und heiliges Len führen wollten, das sie vorzugsweise in Gebets=
übungen, in der Pflege Kranker, in iebesdiensten aller Art, in Armuth, Fasten und
Kasteiungen suchten. Weil sie den h Hieronymus zu ihrem Schutzpatron erwählten,
werden sie auch als eine Congregtion des Hieronymus bezeichnet. Weil sie
auch zum Besten der Armen der Zureilung von Arzneien und dem Handel mit den=
selben oblagen, wurde es unter ihnen gebräuchlich, mit dem Brennen von Branntwein
sich zu beschäftigen; daher erhielten f vom Volke den Namen „Padri dell' aqua. vita"
oder Aquavitväter. Der Orden, er vorzugsweise in Italien sich verbreitete, erhielt
bei seiner Entstehung die päbstliche Bätigung von Urban V. Erst vom Pabste Pius V.
wurde er den Bettelorden beigefügt, aul V. erhob ihn zum religiosen Orden (1606),
doch trug die Congregation bereits de Keim des Untergangs in sich und Clemens IX.
löste sie wegen eingetretener Unordnuen in J. 1668 gänzlich auf. Die Mönche hatten
auch Ordensschwestern, Jesuatinne genannt, die gleichzeitig mit jenen durch Katharina
Colombini gestiftet wurden und auch ne Congregation bildeten. Sie bestehen noch jetzt
in Italien, leben auch nach der Austinischen Regel, befolgen außer der Lebensweise
des aufgelösten Bruderordens noch strngere klösterliche Uebungen.　　　**Neudecker.**

Jesuitenorden. Unter den elen Mönchsvereinen, welche auf dem Boden der
römischen Kirche erwuchsen und in nen sich individuelle Richtungen
praktischer Frömmigkeit verkörperten, hat keiner eine größere, cons und univer=
sellere Bedeutung für diese Kirche sell, wie für die ganze Christenhei nat, als die
Gesellschaft Jesu, die Schöpfung de Spaniers Ignatius von
meßlichen Umfange des Stoffs und s Quellenreichthums
tungen beschränken. Des Ordens Sttung, sein Wese
und innere Geschichte bis zur Aufhelng, seine
Gegenwart sind die wesentlichen Abschnite.

I. Des Ordens Stiftung.
der Gesellschaft Jesu, daß ihre
zwischen Christenthum und J
Mauren über sieben Jahrh

thums in dem Adel noch lebendig erhielt, als bereits in der übrigen germanisch-christlichen Welt allenthalben der Richtung auf dienatcriellen Lebenszwecke erlegen war. Don Iñigo Lopez de Recalde *) aus altadeligen Geschlechte Spaniens ward als der jüngste Sohn des Ritters Beltran von Loyola 141 auf dem gleichnamigen Schlosse in der Provinz Guipuzcoa geboren. Seine Jugend ubrachte er an dem Hofe Ferdinands des Katholischen, ritterlicher Sinn und Thatendrang, wie devote Ehrfurcht vor den Heiligen, waren frühe hervorstechende Züge seine Karakters. Als er im Jahre 1521 mit kühner Tapferkeit Pamplona gegen die Franzon vertheidigte, zerschmetterte ihm eine Kngel den einen Fuß. Auf seinem väterlichen Schsse unterzog er sich mehreren schmerz-lichen Operationen lautlos — dennoch blieb er sa Leben lang hinkend. In den ein-samen Stunden des Krankenlagers begehrte er Böcher; seine Lieblingslectüre, Ritter-romane, vor allen der Amadis von Gaula warennicht aufzutreiben, statt ihrer brachte man ihm das Leben Jesu und der Heiligen. De neuen Eindrücke, die er aufnahm, prägten sich ihm tief ein, gewannen Leben und angen mit den Bildern, die bisher seinen Geist beschäftigt hatten. Bald gedachte er br Dame seines Herzens, der er sich in ritterlicher Minne geweiht hatte: sie war mehrals Gräfin und Herzogin; bald sah er mit Bewunderung auf die Nachfolger des arme Lebens Christi und ihren weltüber-windenden Kampf: das that S. Franziscus, das S. Dominicus, warum sollte ich es nicht auch thun? Jene weltlichen Gedanken erwärmn sein Herz, ließen aber eine fühlbare Niedergeschlagenheit zurück; diese geistlichen Träumstimmten ihn froher und friedlicher; in den ersten erkannte er darum Eingebungen des eufels, in den letztern göttliche Er weckungen. Dieser Unterschied wurde später ei wesentlicher Zug seiner geistlichen Uebungen. So gestaltete sich ihm ein glänzendes Ald des geistlichen Ritterthums, reich an Entsagungen und Opfern, an Siegen und Rune; in Jerusalem, in der Bekehrung der Ungläubigen, sah er die Stätte und den Wirkgskreis seiner Zukunft. Als er sch wiederhergestellt fühlte, wandte er sich nach den Kloster Montserrat, legte hier die Generalbeichte ab, vertauschte seine reichen Kleider it einem Bettlergewant, hing seine Rüstung vor dem Marienbilde auf und hielt m dem Pilgerstabe in der Hand der seiner neuen Herrin nach alter Rittersitte Waffenwcht. Unmittelbar darauf finden wir ihn in Manresa, wo er bald in einer einsamen Höt, bald im Dominikanerkloster harten Büßungen, täglichen wiederholten Geißelungen un strengen Fasten obliegt. Alle a t Tage empfängt er die Eucharistie; er quält sich immer peinlicher mit dem Aufsuchen alter Sünden, und da er trotz seiner Gewissenhaftigkeit keinen Frieden findet, sch er, um nach langem Kampfe zur Ruhe zu gelangn, mit der Betrachtung seines r gangenen Lebens völlig ab. Er stand dem Rant des Grabes nahe, da werden ihm wunderbare Verzückungen zu Theil. Er schaut in r Gestalt dreier zur Harmonie ver-bundener Claviertasten das Geheimniß der Dreieigkeit. Als der Priester bei dem Offertorium die Hostie in die Höhe hob, sieht e über ihr die Glorie des ... Lichtes, in ihr den Gottmenschen. Ein unbestimter Gegenstand von ... aus dem Strahlen hervorbrechen, versinnbildet ihudas Mysterium der ... Oft — er selbst versichert, 20 — 40 Mal in Maresa — vergegenwärtigte ... während des Gebetes die Menschheit Christi, bald der Gestalt eines reichen, ... großen Körpers ohne sichtbare Gliederung (wohl die Hostie; auch die Jungfrau ... so seinem inneren Auge ... große gelbe Scheibe (res quaedam ... tanquam ex auro et ... Symbol der Sonne, ... am Flusse Uebreget ...

... und

. Beruf;

es vor seinem Geiste wunderbar helle und in himmlischer Erleuchtung durchdrang er die ewigen Geheimnisse. Oft schon war ihm eine schlangenartige Gestalt von wunderbarer Schönheit genaht und hatte ihn mit verführerischem Glanze angeblickt; jetzt verstand er, daß darin der Teufel verborgen sey, der ihn vom Pfade des Lebens abziehen wollte; von nun an, je höher er in der Heiligung stieg, wandelte sich ihre Anmuth in Häßlichkeit, eine Bewegung mit dem Stocke genügte, sie zu verscheuchen. Das Element sinnlicher Anschauung, das in diesen ekstatischen Zuständen liegt, ist für ihn bezeichnend und ist ein wesentlicher Schlüssel für das Verständniß seiner exercitia spiritualia, die er ja in der Höhle zu Manresa entworfen haben soll.

Man hat oft die Anfänge des Ignatius mit denen Luthers verglichen; aber wie verschieden waren sie auf jedem Punkte. Luthers Seelenkampf ging von dem tiefen Gefühle der Sünde und der Verdammniß aus, das sich ihm mit vernichtender Energie aufdrängte, der des Ignatius von dem eitlen Drange, in glänzender Nacheiferung die berühmtesten Heiligen zu überbieten; selbst sein Sündenschmerz hatte keinen tieferen Grund. Luther rang sich durch seine Anfechtungen mit der Waffe des göttlichen Wortes durch, Ignatius schwelgte in Visionen und Phantasieen; Luthers Gewinn war die Gerechtigkeit und der Friede des Glaubens, der unerschütterlich auf Gottes Wort und dem Verdienst Christi stand; des Ignatius Bestrebungen liefen in der unbedingten Unterwerfung unter die Auctorität des römischen Stuhles aus und seinen Frieden fand er in der Selbstgerechtigkeit des eignen Verdienstes. Für beide ist endlich das Jahr 1521 ein wichtiger Markstein: um dieselbe Zeit, als Luther vor Kaiser und Reich zu Worms die Freiheit des Gewissens von jeder menschlichen Auctorität vertrat, riß die wunderbare Verkettung der Geschicke den Ignatius in die Bahn des geistlichen Ruhmes und zeitigte in ihm den Entschluß, durch den er zuerst ein wunderlicher Heiliger und später eine der kräftigsten Stützen für das sinkende Pabstthum ward.

Von Manresa begab sich Ignatius nach Barcellona und von hier gelangte er zu Schiffe über Venedig nach Palästina. Obgleich er seinen eigentlichen Zweck, die Bekehrung der Ungläubigen kläglich verheimlichte, so gestattete ihm dennoch der mit apostolischer Vollmacht ausgerüstete Franziskanerprovinzial keinen längeren Aufenthalt in Jerusalem. Nur wenige heilige Orte konnte er besuchen, namentlich den Oelberg, wo er nachforschte, nach welcher Himmelsgegend die Füße Christi bei der Auffahrt gerichtet gewesen seyen. Als er nach mancherlei Schicksalen wieder sein Vaterland erreichte, war er zur Erkenntniß gekommen, daß ihm zur geistlichen Wirksamkeit eine gelehrte Bildung unerläßlich sey — der erste Ansatz, seine Phantasieen den gegebenen Verhältnissen anzunähern. In Barcellona lernte er die Grammatik, trotz seines glühenden Eifers ein schwieriges Werk, theils wegen seines vorgerückten Alters, theils wegen seiner Ueberschwänglichkeit: während er amo conjugiren sollte, versenkte sich sein Geist mit brennendem Verlangen in die Süßigkeit der himmlischen Minne. In Alcala studirte er hierauf Philosophie und weihte junge Leute, die sich seiner Führung anvertrauten, in die Exercitien ein; auch Frauen stand er als Gewissensrath zur Seite. Er lebte von Almosen und widmete sich der Krankenpflege. Dies begründete seinen Ruf, machte ihn aber zugleich der Inquisition verdächtig, als stehe er mit den Allumbrados (Illuminaten) in Verbindung, einer Sekte, deren einseitige Richtung auf das innere Leben und die unmittelbare Erleuchtung von oben der römischen Kirche um so lästiger seyn mußte, je greller sie gegen ihre Aeußerlichkeit abstach. In Salamanca, wohin er sich nun wandte, wiederholten sich diese Verfolgungen; obgleich durch die Untersuchung vollständig gerechtfertigt, wurde ihm dennoch befohlen, die Unterredungen über geistliche Gegenstände, von denen er nichts verstehe, vier Jahre lang einzustellen. Diese Beschränkung war seinem inneren Drange nach Bearbeitung der menschlichen Herzen unerträglicher, als Kerker und Bande. Mit einem Esel, der seine Bücher und Schreibereien trug, wanderte er 1528 nach Paris. Hier begann er, weil er sich in den wissenschaftlichen Fundamenten noch sehr schwach fühlte, in dem Collegium Montaigu seine grammatischen Studien auf's

Nene. Später studirte er in dem Colleg der heil. Barbara Philosophie und Theologie. Lange Zeit lebte er als Bettler im Hospitale; der Mangel an Subsistenzmitteln trieb ihn dann in den Ferien nach den spanischen Niederlanden, wo ihn seine Landsleute reichlich mit Almosen unterstützten. Der Eifer, womit er junge Leute durch seine Exercitien in seine Bahnen zog, und die dadurch veranlaßte Störung in ihren Studien hätte ihm beinahe die schimpfliche Strafe der Aula, d. h. der Ruthenpeitschung in dem Universitätssaale zugezogen. Die Klugheit, womit er die Bewahrung seiner Ehre der Märtyrerglorie vorzog und die seiner Wirksamkeit drohende öffentliche Beschimpfung abwandte, zeigt, wie sehr sein Enthusiasmus allmählig in die Schranken der besonnenen Mäßigung eingetreten war. Trotzdem gab er seine Bestrebungen nicht auf. Seinen Stubenburschen, den Savoiarden Peter Faber (Lefèvre) gewann er durch Repetition des philosophischen Lehrgangs; den andern, Franz Xavier aus altadeligem spanischen Geschlechte durch rücksichtsvolles Benehmen; die Exercitien, die er sie vornehmen ließ, vollendeten seine Gewalt über sie. Vier andere, Alfons Salmeron, Jakob Lainez, Nicolaus Bobadilla, sämmtlich Spanier, und den Portugiesen Simon Rodriguez fesselte er durch gleich unauflösliche Bande. Er zeigte darin ebenso viele Menschenkenntniß, als angeborenes Herrschertalent. So kam der für den kleinen Verein wichtige Gedenktag: am 15. August 1534 begaben sich sechs nach der Kirche von Montmartre; Faber las die Messe, dann legten sie das Gelübde der Keuschheit und Armuth ab und gelobten nach Vollendung ihrer Studien, entweder in Jerusalem der Krankenpflege und der äußern Mission sich zu widmen, oder falls dieser Plan auf Hindernisse stoße, sich jeder Mission des Pabstes zu unterziehen. Einen wesentlichen Fortschritt in der Karakterentwickelung des Ignatius deutet diese Alternative an: er hatte gelernt, daß man, um die Verhältnisse zu beherrschen, ihnen vor allen Dingen mit Klugheit Rechnung tragen müsse. Wie ganz anders, als er es vor 7 Jahren verlassen hatte, kehrte er daher 1535 nach Spanien zurück, um seine wankende Gesundheit zu stärken und die Angelegenheiten seiner Freunde zu ordnen!

Im Januar 1537 versammelten sich sämmtliche Genossen, durch drei neue verstärkt, in Venedig. Hier gab der zwischen der Republik und den Türken ausgebrochene Krieg, welcher die Abreise nach Jerusalem verhinderte, dem ursprünglichen Plane eine ungeahnte Wendung: indem Ignatius seine Jünger in den Hospitälern beschäftigte, deren geistliche Leitung in den Händen Caraffa's lag, — eine Schule, worin sie eine bewunderungswürdige Hingebung und Selbstverleugnung bewiesen — lernte er selbst den von diesem merkwürdigen Manne 13 Jahre zuvor gestifteten Theatinerorden kennen, ein Institut, welches die klericalen mit den klösterlichen Pflichten innig vereinigte und dessen ganze Wirksamkeit auf Regeneration des tief gesunkenen kirchlichen Lebens und auf Heranbildung eines tüchtigen Priesterstandes angelegt war. Konnte er sich auch in mehreren wichtigen Punkten mit Caraffa nicht einigen, der gerne die Verbündeten für seinen Orden gewonnen hätte, so wurden doch die Gedanken des Ignatius schärfer begrenzt und er sah den zu betretenden Weg bestimmter vorgezeichnet. Nachdem sämmtliche Genossen in Venedig die Priesterweihe empfangen hatten, vertheilten sie sich in den Städten der Republik und traten als Volksprediger auf. Mit lauter Stimme, in einem Gemisch von Italienisch und Spanisch straften sie die Laster, priesen die Tugend, empfahlen die Weltverachtung. Dann traten sie auf verschiedenen Wegen die Wanderung nach Rom an. Auf allen Märkten und Straßen ertönte ihre Predigt, in Häusern und Spitälern widmeten sie sich der persönlichen Belehrung und der Krankenpflege; auf den Universitäten waren sie bemüht, den Studirenden einen neuen kirchlichen Geist einzuhauchen. Selbst solche Bischöfe, die ihnen anfangs abgeneigt waren, konnten ihrem Eifer die Bewunderung nicht versagen und wurden ihre Beschützer. So der Bischof von Padua. Ignatius hatte wieder, wie in Manresa, Visionen. Vor Rom glaubte er in einer alten verlassenen Kirche während seines Gebetes zu sehen, wie der Vater dem kreuztragenden Sohne den Schutz der Gesellschaft übergab, und zu hören, wie Christus ihn mit sanfter

Miene ermuthigte: Ego vobis Romae propitius ero. Auf Veranlassung dieser Erschei=
nung ließ er sich später, wie Ribadeneira aus seinem Munde wissen will, die Wahl
des Namens übertragen und nannte die Gesellschaft societas Jesu, die Compagnie oder
Cohorte, die unter des Himmelskönigs Fahne dient und kämpft. In Rom meinte er
anfangs alle Fenster verschlossen zu sehen; doch gelang es ihm bald Einflüsse anzuknü=
pfen: der kaiserliche Gesandte Dr. Ortiz, anfangs ungünstig gestimmt, zog sich mit ihm
nach Monte Casino zurück und machte unter seiner Leitung 60 Tage lang die Exercitien
durch. In Rom vertheilte Ignatius seine Leute in die verschiedenen Kirchen; mit selte=
nem Eifer widmeten sie sich der Ausübung priesterlicher Pflichten. Nachts waren sie im
Gebete vereinigt und rathschlagten über die Formen, unter denen sie sich enger zusam=
menzuschließen gedachten. Schon jetzt wandern Einige im päbstlichen Auftrage nach
Brixen, Parma, Piacenza, Calabrien, während die Zurückgebliebenen mit erbetteltem
Gelde die unter der herrschenden Theurung dem Hunger preißgegebenen Armen speisen
und die Kranken pflegen. Ihr Ruf verbreitet sich so rasch, daß auf Verlangen Johanns III.
von Portugal Franz Xavier (s. d. Art.) und Simon Rodriguez sich nach diesem Königs=
reich begeben, um von dort aus für die Indische Mission verwandt zu werden: sie er=
werben sich die Gunst des Königs, so ungetheilt, daß er den letzteren bei sich behält,
nur Xavier, für dessen Rettungseifer Portugal zu klein war, läßt sich nicht halten.
Unterdessen wird in Rom die kirchliche Bestätigung vorbereitet; eine Congregation von
Cardinälen berathet über den von Ignaz eingereichten Entwurf; obgleich Paul III. auf
den ersten Blick darin das Werk des heiligen Geistes mit unfehlbarer Gewißheit erkannt
hat, so versteht man sich doch erst nach ernsten Bedenken, ob nicht die dermalige Lage
der Kirche eher eine Verminderung als eine Vermehrung der Mönchsinstitute erheische,
zur Empfehlung des Planes, und unter dem 27. Sept. 1540 bestätigt Paul III. durch
die Bulle Regimini militantis die Gesellschaft Jesu, anfangs mit der Beschränkung auf
60 Mitglieder, welche letztere er indessen schon am 14. März 1543 durch die Bulle
Injunctum nobis aufhob. Jetzt schritt man zur Wahl des Generals. Sie fiel einstimmig
auf Ignatius, der wie Salmeron in seinen Wahlzettel schrieb, sie alle in Christo ge=
zeugt, als Schwache mit Milch getränkt habe, und darum auch der Geeignetste sey,
nun die Gereiften mit der festen Speise des Gehorsams zu nähren. Ignaz hielt sich
unwürdig, die ihm zugedachte Würde anzunehmen; erst als sich sämmtliche Stimmen
zum zweiten Male auf ihn vereinigt und sein Beichtvater ihn ermahnt hatte, dem heil.
Geiste nicht zu widerstreben, empfing er unter dem Genuß des Sakraments als Stell=
vertreter Gottes im Orden (locum Dei tenens) die eidlich besiegelten Gehorsamsgelübde
seiner Untergebenen. Es ist bezeichnend für ihn und für das Gewicht, das er auf die
Aeußerlichkeit der Form legte, daß er sofort in die Küche ging und zur Bezeugung seiner
Demuth den Dienst des Küchenjungen versah*). Dann widmete er sich 46 Tage lang
in der Kirche dem ersten Religionsunterricht der Jugend mit einem Eifer, daß er, wie
seine Ordensbrüder versichern, ganz in Liebe zu glühen und alle Hörer zu entflammen
schien, obgleich seine Sprache ein gebrochenes, stark mit spanischen Wörtern und Formen
versetztes Italienisch war und bis zum Ende seines Lebens blieb.

Es ist von unberechenbarer Bedeutung, daß gerade in dem Zeitpunkte, wo der Pro=
testantismus nach allen Seiten sich ausbreitete, ein kirchlicher Verein entstand, der von
einem Geiste durchdrungen, von einem Willen gelenkt, von gleichem Gehorsam im
Denken, wie im Handeln beseelt, die Vertretung der katholischen Interessen zum ein=
zigen Zweck seiner Thätigkeit wählte und sich darin unbedingt dem römischen Stuhle
unterordnete. Der Schöpfer dieses großartigen Instituts ist Ignatius. Man würde
gewiß sehr Unrecht thun, wenn man diesen Mann lediglich als Schwärmer oder Fana=

---

*) Noch jetzt ist es üblich, daß ein zu höheren Aemtern befördertes Ordensglied seine De=
muth durch solche Bezeugungen an den Tag legt und z. B. sämmtlichen Brüdern bis zu den
dienenden herab während der Mahlzeit die Füße küßt.

tiker ansehen wollte; eiserne Festigkeit des Willens war der Grundzug seines Karakters; die Richtung auf das Praktische geht schon durch seine ersten Phantasieen hindurch; der Sinn für das Zweckmäßige mußte sich in ihm nm so mehr schärfen, je großartiger die Wirksamkeit seines Instituts nnd je vielseitiger die Verhältnisse sich gestalteten, in die es eintrat. Enthusiasmus und Klugheit durchdringen sich in seiner Persönlichkeit in wunderbarer Mischung und sicherten ihm eine unbeschränkte Gewalt über seine Umgebung: er lenkte den staatsklugen Lainez, er zügelte den ungestümen Bobadilla, er bildete den schüchternen Faber zum gelehrten Theologen und seinen Diplomaten, er hauchte dem Franz Xavier den Geist ein, der ihn zum christlichen Helden und zum geistlichen Ueberwinder der Heidenwelt salbte. Als Loyola am 31. Juli 1556 starb, zählte der Orden bereits 13 Provinzen, sieben davon gehörten der pyrenäischen Halbinsel und ihren Colonieen an; drei kamen auf Italien, die französische verdiente kaum diesen Namen, die beiden deutschen standen erst in den Anfängen ihrer Bildung, dagegen griff die Gesellschaft bereits mit weltumfassenden Armen bis nach Brasilien und Ostindien. Am 13. März 1623 wurde er zugleich mit Franz Xavier von Gregor XV. heilig gesprochen; die bezüglichen Bullen wurden erst am 6. August von Urban VIII. ausgestellt.

II. Des Ordens Wesen und innere Einrichtung. Das Wesen des jesuitischen Instituts ist theils in den Exercitien des Ignatius, theils in der Gesetzgebung ausgeprägt. Die ersteren gehören ausschließlich dem Stifter an; wie die innersten Erfahrungen seines Lebens darin niedergelegt sind, so bezwecken sie auch Alle, welche sich dem Orden weihen, in den persönlichen Entwickelungsgang des Ignatius hineinzuziehen und mit seinem Geiste zu durchdringen. Karakteristisch ist das Urtheil, welches Dr. Ortiz über sie gefällt hat. „Es ist ein großer Unterschied,“ sagt er, „vorzutragen, um Andere zu belehren, oder zu meditiren, um es selbst zu thun. Jenes erleuchtet nur den Verstand, dieses entflammt zugleich den Willen.“ In der That enthalten die Exercitien nur eine methodische Anweisung zur eigenen Meditation und bezwecken, den Meditirenden durch Betrachtung und Gebete in eine solche Stimmung zu versetzen, daß er einen kraftvollen unwiderruflichen Entschluß fasse und durch denselben seinem ganzen Leben eine entscheidende Richtung gebe. Wer sich ihnen unterzieht, überläßt sich unbedingt der Führung des Dirigenten, der ihm die leitenden Gedanken einzeln nach vorgeschriebenem methodischen Stufengange in prägnanter Kürze angibt und zugleich den Weg zeigt, wie er sie innerlich verarbeitet. Das Ganze ist in vier Wochen abgetheilt, die übrigens nach Umständen verlängert oder verkürzt werden können, und in diesen jedem Tage sein Pensum zugemessen. Die erste Woche ist dem Nachdenken über die Sünde gewidmet, die zweite über die Geburt und das Leben Christi, die dritte über sein Leiden und Sterben, die vierte über seine Verherrlichung. Diese Betrachtungen werden zu fünf verschiedenen Tageszeiten meist eine Stunde lang angestellt. Jede beginnt mit einem Vorbereitungsgebete, worin Gottes Gnadenbeistand angerufen wird, dann folgen zwei Präludien, das erste besteht in der Vergegenwärtigung des Ortes, der Personen und der Umstände des biblischen Ereignisses, mit einer Lebendigkeit, als sey man unmittelbarer Zeuge. Welche Blicke thun sich hier dem Uebenden auf: er sieht die Engel fallen, die Ureltern sündigen, den Richter verdammen, die Hölle ihren Abgrund öffnen; er hört, wie die Personen der Trinität den Rathschluß der Erlösung fassen; er steht an der Krippe, an dem Jordan bei der Taufe, in Galiläa oder in dem Tempel unter den ersten Hörern; er weilt auf dem Berge bei dem Verklärten; er versetzt sich unter die Jünger beim Abendmahle, er verliert sich in die Schmerzen des Leidenden und Sterbenden; er wandelt mit dem Auferstandenen. Das zweite Präludium besteht in einem Gebete, worin der Uebende um die Stimmung fleht, welche dem Gegenstande entspricht, um Schmerz, Zerknirschung und Thränen bei Christi Leiden, um heilige Freude bei seiner Auferstehung. Die Meditation, welche sich an die Präludien knüpft, kann allerdings Wahrheiten entwickeln, aber immer nur in steter Beziehung auf die eigenen Zustände, zum Theil aber bewegt sie sich in demselben sinnlichen Elemente, wie die Präludien, und führt weit über den geschichtlichen Boden in das Reich der Phantasie. Der Uebende sieht z. B. Christum auf einem lieblichen Gefilde bei Jerusalem als den Heerführer aller Frommen, wie er in heiliger Schönheit und liebenswürdiger Sanft= muth seine Apostel aussendet, sie zur Armuth und Weltverachtung mahnt und zum welt= überwindenden Siege stärkt; dann auf einem Felde bei Babylon den Teufel, den Be= herrscher der Gottlosen, wie er in abschreckender Gestalt und mit furchtbarer Miene zahllose Dämonen in die Welt schickt, um die Menschen zu ergreifen, zu fesseln, sie zu seelenverderblichen Lüsten fortzureißen und zuletzt in die Hölle zu verstoßen (hebd. II. med. de duobus vexillis). Oder er stellt sich im Geiste unter die heilige Familie, dient dem Joseph, der Jungfrau und dem Kinde, theilt ihre Entbehrungen u. s. w. Jede Meditation endigt in einem Gespräche mit Christus, welcher der Seele durch alles Vor= angegangene in unmittelbarer Gegenwart nahe getreten seyn muß. Die höchste Energie des sinnlichen Gefühls entfaltet die Contemplation in der sogenannten Application der Sinne. Hat z. B. in der ersten Woche der Uebende sich mit dem Bewußtseyn seiner Sünde und seiner Verwerflichkeit durchdrungen, so stellt er sich die Hölle vor und nimmt seine fünf Sinne zusammen, um sich mit allen ihren Qualen innerlich zu erfüllen: er sieht ihre öden Räume von Feuersgluth durchlodert; er hört den Weheruf der Ver= zweiflung, der in Jammer und Gotteslästerungen aus ihrer Tiefe heraufbricht; er riecht den Schwefeldampf und den Odem der Fäulniß, der sie erfüllt, er schmeckt in sich selbst ihre Bitterkeit mit allen Thränen, die dort geweint, mit allen Gewissensbissen, die dort empfunden werden; er fühlt an seinen Gliedern die Flammen, in deren Lohe die Seelen brennen. In der zweiten Woche ist die letzte Contemplation jedes Tages diesem Manöver bestimmt. Man sieht den Ort und die Personen, die letzteren nach ihren Gesichtszügen, Gewändern u. s. s., sinnlich gegenwärtig, man hört sie reden, man schmeckt und riecht die Süßigkeit ihrer Liebe, man berührt mit Händen und Lippen ihre Kleider und ihre Spuren. Auch die äußere Haltung entspricht durchaus dem Gegenstande der Betrachtung. Vollkommene Abgeschiedenheit und Zurückgezogenheit geht durch das Ganze hindurch. In der ersten Woche, die der Selbsterforschung bestimmt ist, werden die Fenster verhängt, der Meditirende wirft sich auf den Boden oder die Kniee, er legt sich Entbehrungen und Satisfactionen auf; in der letzten Woche, die der Betrachtung der Erhöhung gewidmet ist, athmet Alles Freude: er läßt den hellen Son= nenstrahl in die Zelle bringen, er schafft sich Bequemlichkeit, er setzt sich an den warmen Ofen; der ganze äußere Mensch wird mit dem innern in die Zustände, um deren Ver= gegenwärtigung es sich handelt, hineingezogen. Der Culminationspunkt, auf den die erste Woche hinarbeitet, ist die Generalbeichte. In der zweiten Woche sollen alle Be= trachtungen des öffentlichen Lebens und Wirkens Christi darauf hinzielen, daß der Me= ditirende eine Wahl vollzieht: er soll sich über den Gegensatz des Angenehmen und Un= angenehmen, des Reichthums und der Armuth, der Ehre und der Schmach erheben, ja er soll Christi Armuth und Schmach dem Gegentheile vorziehen lernen. Hat er noch keinen äußeren Stand im Leben, so ist Alles darauf berechnet, ihn zu dessen Wahl innerlich so zu disponiren, daß sie ihm als seine freie That unter der Einwirkung der Gnade erscheint. Die drei wesentlichen Momente, welche der Gang der Exercitien durchläuft, werden als via purgativa, illuminativa und unitiva bezeichnet. An geeigneten Punkten erhält der Uebende Rathschläge, wie er zur vollkommenen Einigung mit der Kirche gelangt. Er entschließt sich, alle kirchlichen Anstalten zu empfehlen, alle kirch= lichen Werke, Wallfahrten, Ablässe, Reliquienverehrung, Heiligenanrufung, Fasten, Wachen, Kirchenbau u. s. w. zu loben, endlich aber sein Urtheil so völlig unter die Entscheidung der Kirche gefangen zu geben, daß er, was sein Auge weiß sieht, schwarz nennt, wenn es der Kirche beliebt (Regulae ad sentiendum cum Ecclesia). So führen die Uebungen mit seiner Kenntniß des menschlichen Herzens durch alle Scalen des Ge= fühles, schlagen alle Saiten der Empfindung an, setzen alle Triebfedern ebensowohl der wirklichen Frömmigkeit als des schwärmerischen Fanatismus in Bewegung, um den

Willen erst zur höchsten Energie zu spannen und ihn dann zum unbedingten Gehorsam unter die Auctorität der Kirche zu bestimmen. Da sie nicht bloß mit Priestern, sondern auch mit Laien angestellt werden, so begreift sich leicht, was eine offizielle Ordensschrift versichert, daß sie nicht nur Viele zum Eintritt in die Gesellschaft bewogen und diese ihnen vorzugsweise ihre rasche Zunahme zu danken hatte, sondern daß sie auch ein besonders wirksames Mittel waren, um die lau gewordenen Gemüther der Weltgeistlichen und Laien wieder für kirchliche Interessen zu erwärmen.

Durch die Exercitien, welche der Orden auf göttliche Inspiration zurückführt, hat Ignatius die ascetische Richtung desselben bestimmt; aber auch die Constitutionen oder Grundgesetze sind ohne Zweifel unter seinem Generalate entworfen worden, wenn auch Lainez, unter dessen Amtsführung sie förmlich angenommen und proclamirt wurden, die Redaktion besorgt und ihnen die letzte Vollendung gegeben haben mag. Manche glauben den zweiten General als den eigentlich organisirenden Geist der Gesellschaft ansehen zu müssen *).

Der Orden besteht aus vier Klassen: den Novizen, den Scholastikern, den Coadjutoren und den Profeffen. Der Zulaffung zum Noviziat geht eine genaue Prüfung der Verhältnisse und Intentionen des Aufnahmesuchenden, sowie die Exercitien voraus. Das Noviziat dauert zwei Jahre, die in dem Novizenhause verbracht werden. Die Tagesordnung schreibt für jede Stunde, ja zum Theil Viertelstunde, die Beschäftigung strenge vor. Kirchenbesuch, fromme Lektüre, Betrachtung, Gebet, Gewissensprüfung, wechseln von Morgens 4 bis Abends 9 Uhr mit Erholungen ab. Zweimal in der Woche gibt sich Jeder auf ein Zeichen während der Frist eines Ave Maria die Disciplin mit der Geisel, die indessen eine bloße Tändelei ist. In Erholungsstunden und auf Spaziergängen darf nur über erbauliche Gegenstände gesprochen werden. Diejenigen, welche mit einander ausgehen, werden von dem Novizenmeister einander zugesellt. Außerdem sollen verfassungsmäßig noch besondere Proben vorgenommen werden, deren jede einen Monat dauert: Krankenpflege im Hospital, Reisen als Bettler, niedrige Dienstleistungen, Unterricht u. s. w. Nach vollendeter Prüfungszeit tritt der Novize in ein Collegium der Gesellschaft und wird Scholastiker. 2 Jahre hat er hier dem Studium der Rhetorik und Literatur, 3 Jahre der Philosophie, Physik und Mathematik obzuliegen; erst nachdem er hierauf selbst 5 bis 6 Jahre lang von der Grammatik an durch alle Klassen die Fächer dieses Lehrgangs als Lehrer vorgetragen und dadurch praktisch eingeübt hat, tritt er das Studium der Theologie an, das wiederum 4—6 Jahre umfaßt. Wie gründlich und umfassend indessen auch dieser Gang und dem Papiere erscheint, so wenig leistet er in Wirklichkeit, da Meditation, Beten, Kirchenbesuch, Erholung so viele Zeit in Anspruch nimmt, daß für die Wissenschaft nur verhältnißmäßig wenig übrig bleibt. Der Studiengang ist durch die ratio studiorum auf's Genaueste vorgeschrieben; die älteste ist vom Jahre 1586; die auf der 5. Generalcongregation beschlossene und 1599 gedruckte blieb unter mancherlei Verbesserungen bis zum Jahre 1832 in Gebrauch, wo sie auf Roothaans Anordnung durch einen neuen dem Geiste ächter Wissenschaft ebenso fremden Unterrichtsplan: ratio atque institutio studiorum Societatis Jesu ersetzt wurde. Nach vollendeten Studien erwartet den Scholastiker noch ein weiteres Probationsjahr; noch einmal werden die geistlichen Uebungen und die ganze Lebensweise des Noviziates wiederholt, insbesondere hat er sich mit dem Werke Institutum S. J. vertraut zu machen; dann erst empfängt er die Prie-

*) Die Verfassung und Gesetzgebung ist enthalten in dem Corpus institutorum Societatis Jesu. Antw. 1702. II. Vol. in 4., vollständiger in der Ausgabe: Institutum S. J. Prag 1752. II. Vol. Fol. Letztere sehr selten. Die Monita privata S. J., sowie die Ueberarbeitung derselben: Monita secreta (die ersteren Krakau 1612) sind keine Ordensschrift, sondern eine Satyre, deren Verf. übrigens das Treiben der Gesellschaft ebenso genau, als ihren Styl kannte. Sie wurden von Gegnern lange dem General Aquaviva zugeschrieben. Vgl. Gieseler, Kirchengesch. III. 2, 656 flg. Ueber die monarchia solipsorum f. d. Art. Inchofer.

31*

sterweihe und legt das Gelübde entweder als Coadjutor spiritualis oder als Professe ab. Der Scholastiker leistet nur drei Mönchsgelübde und zwar soli Deo et non homini; der Coadjutor legt dieselben in die Hände des Generals oder eines die Stelle desselben ver= tretenden Superiors nieder; der Coadjutor spiritualis verspricht rücksichtlich des Gehor= sams noch spezielle eifrige Hingebung an den Jugendunterricht; die Professen haben über= dies noch das vierte Gelübde und zwar in feierlicher Weise zu beschwören, nämlich sich jeder Mission des Pabstes unbedingt zu unterziehen (professi quatuor votorum). Außer= dem werden in den Constitutionen noch professi trium votorum ohne nähere Bezeichnung ihrer Stellung erwähnt, ein dunkler Punkt in der Verfassung des Ordens, der zu den mannichfaltigsten Vermuthungen Anlaß gab; man glaubte in ihnen namentlich die gehei= men Jesuiten zu erkennen. Nach Const. P. V. cap. II. §. 3. dürfen sie nämlich nur aus gewichtigen Gründen zugelassen werden und müssen weniger durch wissenschaftliche Bildung, als durch besondere Gaben sich empfehlen. Die societas professa (prof. qua= tuor votorum) ist der Zahl nach die kleinste Theil der Gesellschaft, sie sind die berech= tigten Glieder der Generalcongregation, sie bewohnen die Profeßhäuser, welche kein Ver= mögen besitzen sollen, oder reisen im päbstlichen Auftrage; in ihren Händen ruhen vor= zugsweise die Fäden des Netzes, womit der Orden im römischen Interesse die Welt umstrickt. Durch die Bulle Pauls III. vom 5. Juni 1546 Exponi nobis erhielt darum die Gesellschaft das Recht, Coadjutoren zu wählen, Mitarbeiter aus dem geistlichen und weltlichen Staube, die jederzeit entlassen werden können und deren Gelübde auch nur für die Zeit bindet, während deren sie dem Orden dienen. Die weltlichen Coadjutoren sollen weder lesen noch schreiben lernen oder, wenn sie es bereits können, sich darin nicht weiter fortbilden: sie sind ausschließlich auf Handarbeit angewiesen. Die geistlichen Coad= jutoren werden meist für den Unterricht und die Leitung der Collegien verwandt; in älterer Zeit durfte ein Professe Rektorstellen nicht bekleiden.

An der Spitze des Ganzen steht der General (praepositus generalis). Er ist für den Orden, was der Pabst für die Kirche: der Stellvertreter Gottes. Seine Stelle ver= tritt in jeder Provinz der Provinzial (praepositus provincialis). Unter diesem stehen wieder die Vorsteher der einzelnen Häuser der Provinz, im Allgemeinen Superioren ge= nannt, speziell Praepositus (des Profeßhauses und der Residenz), Magister novitiorum (des Probationshauses), Rektor (des Collegiums). Jedem Superior sind Consultoren und ein Admonitor beigegeben, welcher Letzterer professus quatuor votorum seyn muß und ihn nöthigenfalls an seine Pflicht erinnert. Die Consultoren des Generals sind die Assistenten. Außerdem werden noch für besondere Institute und erweiterte Geschäftskreise Präfekten ernannt, z. B. der praef. studiorum generalium, inferiorum, der praef. biblio= thecae, ecclesiae, concionum, lectorum ad mensam, refectorii u. s. w. Die Universitäten haben ihre besondern Beamten. Die Procuratoren besorgen die weltlichen Geschäfte, z. B. Prozesse, Rechnungswesen u. s. w. Der wichtigste ist der des Generals, der kein Professe seyn darf. Die Censoren in der Provinz prüfen die von Ordensgliedern verfaßten Bücher, sie berichten darüber an den General, der sie den Revisoren vor= legt; auf ihren Bericht bestimmt er, was zu ändern ist und die Censoren führen den Befehl aus.

Der General ist der lebenslängliche Leiter der Gesellschaft; alle Glieder sind ihm zum Gehorsam verpflichtet; in ihm concentrirt sich eine starke Regierungsgewalt; er ernennt die Provinziale und die übrigen Beamten meist auf drei Jahre; er entscheidet über alle Aufnahmen und kann aus dem Orden entlassen und verstoßen; er empfängt die Berichte der Provinziale und andrer Beamten, die in bestimmten Fristen eingesandt wer= den müssen, und überzeugt sich durch Visitatoren, die er bevollmächtigt, von dem Zustande der einzelnen Häuser; er hat das Recht, von den Constitutionen und Regeln zu dispen= siren, soweit es die Rücksicht auf persönliche, örtliche oder zeitliche Verhältnisse nothwendig macht; die ganze Verwaltung, Regierung und Jurisdiction ruht in seiner Hand. Zur Unterstützung seiner Amtsführung ist ihm der Sekretär, den er selbst wählt, an die Seite

gestellt, er ist gleichsam sein Gedächtniß und seine Hand und theilt zwar nicht seine Ge=
walt, wohl aber die ganze Last seiner Geschäfte.

Die Gewalt des Generals wird beschränkt durch die Generalcongregation, deren
ordentliche stimmberechtigte Mitglieder die Professen sind, die darum, sofern es nicht
allzugroße Entfernung unmöglich macht, einberufen werden müssen. Als außerordentliche
Mitglieder sind noch geistliche Coadjutoren und Rektoren zu wählen. Nach den Bestim=
mungen der 4. Generalcongregation (Form. congreg. gener. cap. I.) tritt sie zusammen
1) zur Wahl des Generals, 2) wenn es sich um die Absetzung desselben handelt, 3) wenn
die Assistenten, Provinzialen und Localoberen durch Stimmenmehrheit die Nothwendigkeit
ihrer Berufung erkennen, 4) wenn die alle drei Jahre unter dem Vorsitz des Generals
zu Rom tagende Abgeordnetenversammlung aus den Provinzen sich dafür ausspricht. Wie
den Päbsten die Concilien, so sind den Generalen die'Generalcongregationen begreiflicher
Weise stets bedenklich; ihrer Berufung suchte man daher immer auszuweichen. Zur Wahl
des Generals bildet die Generalcongregation ein streng abgeschlossenes Conclave und ihren
Mitgliedern darf bis zur Beendigung dieses Geschäfts nur Wasser und Brod gereicht
werden. Sobald die Wahl durch Stimmenmehrheit vollzogen und proklamirt ist, erheben
sich Alle von ihren Sitzen und beweisen dem neuen General durch Beugung beider Kniee
und durch den Handkuß ihre Verehrung. Er darf diese Ehrenbezeugung nicht ablehnen,
weil sie nicht seiner Person, sondern dem gilt, dessen Stelle er vertritt. Abgesetzt kann
der General nur von der Generalcongregation in bestimmten Fällen werden, z. B. wegen
fleischlicher Vergehungen, wegen Verwundung Andrer, wegen Veruntreuung der Collegien=
gelder u. dgl. Liegt ein solches Vergehen vor, so sind die Assistenten eidlich verpflichtet,
es bei der Gesellschaft zur Anzeige zu bringen und die Einberufung der Generalver=
sammlung zu veranlassen. Wird der Angeklagte schuldig befunden, so soll mit ihm ver=
handelt werden, daß er freiwillig sein Amt niederlege, und diese Abdankung soll ver=
öffentlicht, sein Vergehen aber und die dadurch motivirte Amtsentsetzung sorgfältig verheim=
licht werden. Reicht die Anklage nicht zur Absetzung aus, so soll man zum Scheine,
als wäre deßwegen die Versammlung berufen, andere Gegenstände ver=
handeln und sich stellen, als sey von dem Vergehen des Generals gar
nicht die Rede gewesen. (De aliis rebus agatur, propter quas convocata societas
videatur, et quod ad Praepositum attinet, *dissimuletur*. Declar. C. ad Const. Part. IX.
cap. V. §. 5.). Zur Competenz der Generalcongregation gehört ferner die Abänderung
und Ergänzung der Constitutionen. Nur vorübergehende Einrichtungen kann der General
treffen. Auch wählt sie die Assistenten, deren jeder eine Anzahl von Provinzen, Assisten=
tia genannt, zu repräsentiren hat. Sie bleiben bis zum Tode des Generals im Amte
und bilden ebensowohl seine ständigen Rathgeber, als die ihn fortwährend controlirende
Behörde. Geht einer von ihnen mit Tod ab, so wird seine Stelle durch den General
neu besetzt.

Das Band, welches alle Glieder des Ordens umschließt, ist der Gehorsam. In
keinem andern Mönchsinstitute ist er bis zu diesem straffen Rigorismus angezogen. Nur
durch ihn, bemerken die Constitutionen, kann eine über die verschiedenen Erdtheile unter
Gläubigen und Ungläubigen verbreitete Gesellschaft mit dem Haupte und unter sich in
steter Einheit erhalten werden. Im Begriffe des Gehorsams liegt es, daß der begonnene
Federzug augenblicklich abgebrochen werde, wenn ein Befehl des Superiors ergeht. Er
soll sich nicht bloß auf die That, sondern auch auf den Willen und den Verstand er=
strecken. Jede dem Befehl des Superiors entgegenstehende eigne Meinung oder Urtheil
muß mit blinder Unterwürfigkeit verläugnet werden, so lange man nicht bestimmen
kann, daß der Befehl eine Sünde in sich schließe[*]. Ueberhaupt repräsentiren

---

[*] Omnem sententiam ac judicium nostrum contrarium caeca quadam Obedientia abnegando
et id quidem in omnibus, quae a Superiore disponuntur, ubi definiri non possit, aliquod pec-
cati genus intercedere. Const. Pars VI. cap. 1. §. 1. Hierzu die declar. B: Hujusmodi sunt illae

die Superioren den einzelnen Gliedern gegenüber die göttliche Vorsehung und es ist darum für Alle Pflicht, sich von den Vorgesetzten leiten zu lassen, wie ein Leichnam (ac si cadaver essent), der nur der äußeren bewegenden Ursache nachgibt, oder wie ein Stab, der der Hand seines Trägers willenlos dient. Je mehr das Individuum im blinden Gehorsam sich gerade zu dem versteht, was dem eignen Willen und Urtheil widerstrebt, desto völliger entspricht es dem göttlichen Willen.

Ein solcher Gehorsam setzt begreiflicher Weise völlige Ablösung von allen äußeren Banden voraus. Wer in die Gesellschaft eintritt, hat Vater, Mutter, Brüder und Schwestern zu verlassen; jede natürliche Liebe, die er zu ihnen trug, muß sich fortan in eine geistliche verwandeln; Christus, d. h. der Superior, in welchem er Christus zu verehren hat, tritt an die Stelle seiner Blutsverwandten. Er soll daher auch nicht sprechen: „Ich habe, sondern ich hatte Eltern und Geschwister, nun aber habe ich sie nicht mehr." Er soll mit ihnen jede Correspondenz abbrechen, wenn nicht dem Superior das Gegentheil gutdünkt. Alle Briefe sind demselben offen zu übergeben; er liest und befördert sie an ihre Adresse, wenn er es nicht aus höheren Rücksichten vorzieht, sie zu unterdrücken. So häufig und dringend die Constitutionen die gegenseitige Liebe als das Fundament der Gesellschaft empfehlen, so wenig begünstigen sie nähere Verhältnisse der einzelnen Glieder unter einander. Der Prüfende soll den Aufnahmesuchenden scharf beobachten und überwachen, daß nicht die Neigung zu speziellen Freundschaften (charitatis particularis affectus) die allgemeine Liebe beeinträchtige. (P. I, cap. III. §. 16.) Nur der Orden selbst kann nach dem Grundgedanken des Instituts das Objekt der Liebe seyn und der Einzelne nur soweit, als er ihm angehört. Ganz so verhält es sich mit der Nationalität und dem Patriotismus des Jesuitenzöglings: er muß sie opfern, weil der Orden fortan seine Heimath wird. In einer Eingabe an die russische Regierung vom 11. Sept. 1811 erklärt der Ordensgeneral Brzozowsky wörtlich: „Allerdings sind auch einige Ausländer in unserem Orden, aber sowie sie aufgenommen sind, haben und kennen sie keine anderen Grundsätze, keine anderen Interessen, als die der Körperschaft, der sie unwiderruflich einverleibt sind." (Lutteroth, Rußland und die Jesuiten S. 26.) Dieses Geständniß stimmt wenig zu der unmittelbar darauf folgenden Versicherung ihrer Ergebenheit an Rußland, die es begründen soll, und wurde in der That durch ihr Verhalten glänzend ge-

omnes, in quibus nullum *manifestum* est peccatum. Demnach beschränken die Constitutionen selbst die Pflicht des Gehorsams auf die Fälle, in welchen der Superior keine Sünde gebietet. Man hat (Ranke, röm. Päbste 1. Aufl. Jordan, die Jesuiten S. 64. Reuchlin, Port-Royal 1. B. S. 38) das Gegentheil aus cap. V. erweisen wollen: Visum est nobis in Domino — nullas constitutiones, declarationes vel ordinem ullum vivendi posse obligationem ad peccatum mortale vel veniale inducere, nisi Superior ea in nomine Domini nostri Jesu Chr. vel in virtute obedientiae juberet, indem man ea auf peccatum mort. vel ven. bezog; allein nach dem ganzen Zusammenhang geht, wie Ranke in der zweiten Auflage I, 223 sieht und auch Reuchlin im Pascal S. 110 einräumt, ea auf constitutiones, declarationes u. s. w. und der Sinn ist: Kein Ordensgesetz verpflichtet so, daß die Uebertretung desselben einer Tod- oder läßlichen Sünde schuldig macht, wenn nicht der Superior die darain enthaltene Bestimmung in seiner Stellung als Stellvertreter Christi kraft des Gehorsams ausdrücklich gebietet. Daß diese Vorschrift keineswegs ursprünglich dem Jesuitenorden angehört, sondern sich schon in der Regel des heil. Franz von Assisi für die Tertiarier findet, hat Gieseler III, 2, 536 Anm. 30 nachgewiesen. Schon in dieser cap. 20., wie auch in den Constit. Praedicatorum cap. 5. kommt die Formel obligare ad peccatum mortale in dem angegebenen Sinne vor. Uebrigens kann es für eine Gesellschaft, die den Gehorsam bis zur blinden Verläugnung des eigenen Urtheils fordert und heranbildet, praktisch von keiner Bedeutung seyn, daß ein sündhafter Befehl grundgesetzlich von der Pflicht der Folgeleistung entbindet; ist ja doch die ganze Praxis der Erziehung und des Ordenslebens darauf angelegt, daß das Gewissen des Einzelnen in dem Willen der Oberen immer völliger aufgehe. Auch beachte man das Zweideutige und Bedenkliche des Ausdrucks *manifestum* peccatum in der Deklaration.

rechtfertigt. Nicht minder ist es in dem Grundgedanken des Orden begründet, daß wer ihm angehört, ihm völlig bekannt sey und von ihm durchschauet werde. Die täglichen Gewissenserforschungen, welche die Regeln vorschreiben, dienen nicht bloß dem sittlichen Fortschritt, sondern den praktischen Ordenszwecken. Schon der Aufnahmesuchende wird angewiesen, nicht allein dem Beichtiger, sondern auch dem Superior den freien Blick in sein Herz, seine Neigungen, seine Versuchungen zu eröffnen und nichts zu verheimlichen. (Sum. const. 32.) Er wird damit bekannt gemacht, daß er stets beobachtet und daß alle seine Mängel dem Superior mitgetheilt werden, dessen Vorhalt er mit Sanftmuth und Selbstverläugnung anzunehmen habe. Da in der Regel Keiner ohne den ihm zugewiesenen Begleiter das Haus verlassen darf (regul. praep. dom. prof. §. 84.), so ist zu dieser gegenseitigen Beobachtung fortwährend Gelegenheit geboten. Dieselbe geht durch alle Grade durch, selbst der General wird von seinen Assistenten, die Superioren von ihren Consultoren controlirt. Der Vorsteher jedes Hauses hat vollständige Kataloge zu führen, worin die einzelnen Glieder nach Namen, Alter, Studien, Beschäftigungen, geistiger Befähigung karakterisirt werden. Diese Kataloge gehen jährlich durch den Provinzial an den General; ebenso geben diesem die litterae annuae umfassenden Bericht über Alles, was in jedem Hause Bemerkenswerthes vorgegangen ist. Dadurch bleibt der General über jeden seiner Untergebenen in genauer Kenntniß.

Es liegt am Tage, daß die ununterbrochene Ueberwachung, die feinberechnete Einwirkung, die consequente Eingewöhnung in den äußeren und inneren Gehorsam unterstützt durch die geistlichen Exercitien, durch die Tagesordnung, durch die ganze Richtung der Beschäftigung, durch religiöse und persönliche Motive allmälig dahin führt, daß der Jesuite seine angeborne Eigenthümlichkeit mehr und mehr abstreift und mit der Ordensphysiognomie vertauscht. Er denkt, glaubt, fühlt, will, was dieser ihm methodisch eingibt; er hat keine andern Neigungen, als welche dieser ihm erlaubt oder von ihm fordert; sogar in seiner äußeren Erscheinung muß er den Zuschnitt des Ganzen tragen, dem er sich mit Leib und Seele zu eigen gegeben hat. Er darf sein Haupt nicht frei bewegen, sondern muß es aufrecht halten mit leiser Beugung nach vornen; die Augen sollen in der Regel den Boden suchen, ohne Hast sich ruhig erheben und während des Redens nur den unteren Theil des Angesichts des Andern fixiren. Die Stirne darf nicht gerunzelt, die Nase nicht gerümpft werden, die Züge nur den Ausdruck heiligen Friedens tragen; Gang, Schritt, Haltung, Gestikulation und Stimme — in dem Allem soll sich die vollkommene Affektlosigkeit und der strengste Anstand offenbaren (Regulae modestiae). Gleichwohl würde man irren, wenn man annähme, daß die einzelnen Glieder bestimmt wären, nur die indifferenten Exemplare der Gattung Jesuiten zu werden. Eine gewisse Elastizität und Freiheit ist auch in der Leitung der Individuen nicht zu verkennen. Die Gesellschaft will sich allerdings ihrer Glieder vollständig bemächtigen; darum muß der eigne Wille unterdrückt und der des Instituts ihm substituirt werden; auch von der individuellen Eigenthümlichkeit muß aufgegeben werden, was nicht in den Ordensgeist und sein Lebensprinzip aufzugehen vermag, aber ist einmal diese Operation vollbracht, dann wird dem, was von der ursprünglichen Individualität noch übrig bleibt, vielleicht von keinem Orden so sorgsam Rechnung getragen, wie von diesem. Mit bewunderungswürdigem Scharfblick ergründet er, wohin Jeden seine Bestimmung weist und mittelt ihm im großen Organismus den Platz aus, wo er seine nach den Ordensprinzipien und zu den Ordenszwecken ausgebildete Befähigung am erfolgreichsten für das Ganze zu verwerthen vermag. Eben darauf beruht jene Vielseitigkeit der Talente und der Thätigkeiten, welche der Orden in sich vereinigte und von der Macaulay im 6. Kap. seiner Geschichte von England sagt: »die Jesuiten leiteten die Rathschlüsse der Könige, sie entzifferten lateinische Inschriften, sie beobachteten die Bewegung der Trabanten des Jupiter, sie veröffentlichten ganze Bibliotheken von Streitschriften, Casuistik, Geschichte, Abhandlungen über Optik, alcäischen Oden, Ausgaben der Kirchenväter, Madrigalen, Katechismen und Spottgedichten. — Keiner von ihnen wählte selbst seinen Wohnsitz oder seinen Beruf;

ob er wirken sollte unter dem Polarkreis oder dem Aequator, ob er sein Leben verbringen sollte in dem Ordnen von Gemmen oder in Vergleichung von Handschriften des Vatikans oder in dem Versuche, die nackten Wilden der südlichen Halbkugel davon abzuhalten, sich gegenseitig aufzufressen, waren Dinge, welche er in tiefer Unterwürfigkeit der Entscheidung Andrer anheimstellte." Und wenn diese Entscheidung an ihn erging, mochte sie ihn auf den entbehrungsreichsten, gefahrvollsten Bahnen dem gewissen Tode entgegenführen, so unterwarf er sich lautlos und ohne Zandern seinem Schicksale, nicht selten mit einem Heldensinn und einer Todesverachtung, die wir mit Bewunderung betrachten könnten, wenn wir nicht wüßten, wie viele edle, gottgefällige Triebe des Herzens gewaltsam erstickt und vernichtet werden mußten, um sie zur Reife zu bringen.

Das Ziel dieses sein berechneten, kunstvoll gegliederten Organismus ist selbstverständlich nicht die Pflege des inneren Lebens, sondern die äußere That; sein Wirkungskreis nicht die beschauliche Stille der einsamen Zelle, sondern die Welt; ihr kündigt er mit der ganzen Energie seiner concentrirten Kraft den überwindenden Kampf an und der Erfolg, um den er ringt, ist die Restauration und Ausbreitung des mittelalterlichen Katholicismus, die Herrschaft der Kirche über den Staat: die Religion und ihre Uebungen, die Wissenschaft und ihre Bestrebungen sind nur die Mittel, womit er sich selbst und Andere zu diesem Zwecke leitet; darin hat der Orden seine wesentliche Bestimmtheit, die er auf keinem Gebiete verläugnet: er ist das Institut der absoluten Zweckmäßigkeit. Alles, was er zur Hebung und Bildung des inneren Lebens an seinen Gliedern thut, beabsichtigt nur die Abrichtung und Ausrüstung zur Thätigkeit nach außen. Darum dringen Ignatius und die Constitutionen allenthalben auf das Maßhalten, selbst in der Ascese, und machen die Uebungen derselben durchaus von dem Willen des Superiors abhängig, damit die Kräfte des Geistes und des Körpers nicht erschöpft werden.

Das Arbeitsfeld des Ordens ist ein dreifaches: die äußere Mission unter den Heiden, die innere Mission in der römischen Kirche und die convertirende Mission gegenüber den andern christlichen Kirchen, besonders den Protestanten. Für die erstere verweisen wir auf den Artikel: Missionen der katholischen Kirche, die beiden letzteren haben wir näher zu betrachten. Nicht bloß in ihren äußeren Positionen war die katholische Kirche um die Mitte des 16. Jahrhunderts zurückgedrängt, auch ihre Anschauungen mußten bei dem Volke, bei den Gebildeten, zum Theil selbst bei dem Klerus protestantischen Vorstellungen weichen oder durch Vermischung mit denselben ihre Eigenthümlichkeit verlieren; da entfalteten die Jesuiten ihre Thätigkeit mit rastloser Energie: während sie hier die Wankenden zu befestigen und die Lauen zur Entschiedenheit zu drängen verstanden, trieben sie dort ihre Keile tief in das Herz des Protestantismus hinein und gewannen theils durch Ueberredung, theils durch gewaltsame Reaktionsmaßregeln, die sie veranlaßten und unterstützten, der alten Kirche ganze Länderstrecken wieder. Die klerikalen Amtsverrichtungen waren in der vorreformatorischen Zeit außerordentlich vernachläßigt worden; die Jesuiten unterzogen sich ihnen mit ungetheilter Hingebung. Schon Paul III. ertheilte ihnen die Vollmacht, überall in Kirchen und Straßen zu predigen, die Sakramente zu verwalten, Beichte zu hören und in allen, selbst in den dem Pabste reservirten Fällen, mit Ausnahme der in der Nachtmahlsbulle bezeichneten, zu absolviren. Durch die Bulle cum inter cunctas entband er sie 1545 von dem zeitraubenden, gemeinsamen Singen der kanonischen Horen im Chore, und da sie im Laufe der Zeit noch von vielen andern Verbindlichkeiten, welche sonst den Mönchsorden obliegen, z. B. von der Theilnahme an Prozessionen und Bittgängen, dispensirt wurden, so konnten sie ungehindert ihre Zeit der Ausübung der klerikalen Pflichten widmen. Vor Allem nahmen sie sich der Predigt an; mit besonderer Betonung sollte in derselben die Wichtigkeit der kirchlichen Anstalten hervorgehoben und zur fleißigen Beichte, zur Leistung von Bußwerken, zum Gebrauche kirchlicher Gebete und Andachtsübungen, zur frommen, d. h. kirchlichen Lektüre und zur sorgfältigen, im katholischen Sinne gehandhabten Kinderzucht ermahnt werden. Mit der Predigt ging der Religionsunterricht der Jugend Hand in

Hand und bezweckte schon dem heranwachsenden Geschlechte den römischen Glauben ein=
zuimpfen und es wieder für die durch die Reformation discreditirten superstitiösen Ge=
bräuche zu gewinnen. Wirksamer noch als die Predigt konnte den restaurativen Zwecken
die Beichte dienen. Den Priestern wurde die sorgfältigste Ausbildung zu diesem Be=
rufszweige zur Pflicht gemacht; besonders sollten sie sich in der Beurtheilung schwieriger
Gewissensfälle üben, eine kurze Fragestellung sich angewöhnen, gegen die einzelnen Sün=
den stets die Beispiele und Aussprüche der Heiligen bereit halten, und wie in der ganzen
Verwaltung des Bußsakraments, so auch in der Absolution die gleiche Form und
Methode beobachten. (Reg. sacerd. 10—12.) Gegen Frauen wird strenge Zurückhaltung
empfohlen. Besondere Vorschriften betreffen den Besuch bei denselben. (Instr. III. pro
confessariis.) In der Regel soll er ganz eingestellt und nur im casus necessitatis gestattet
werden. Dieser beschränkt sich auf drei Fälle, 1) wenn die Frau von Adel und Ansehen
ist; 2) wenn sie sich um den Orden verdient gemacht hat, 3) wenn man annehmen darf,
daß es ihrem Eheherrn nicht unangenehm ist. Nur wen der Provinzial dazu qualifizirt
findet, darf diese Besuche machen. Mit besonderer Absichtlichkeit geht der Orden darauf
aus, den Fürsten aus seiner Mitte Beichtväter zu bestellen und ihr Verhalten ist
strikt vorgezeichnet. Die unbedingte Wahrung des Beichtsiegels schärfte 1590 Aquaviva
allen Priestern ein und verwarf ausdrücklich die entgegenstehende Meinung, daß man
unter Umständen außerhalb des Beichtstuhls von dem Beichtgeheimniß Gebrauch machen
dürfe. (Instr. V. de notitia habita per Confessionem.) Durch die Jesuiten kam die
Beichte wieder in katholischen Ländern in volle Aufnahme und ist bis auf unsere Tage
ein wirksames Mittel geblieben, die Gewissen auf's Neue unter den kirchlichen Gehorsam
zu beugen und zu leiten, daher bildet sie ein ständiges Kapitel der Missionspredigten.
Mit welchem Ernste sie eingeschärft wird, beweist die naive Alternative, womit die fran=
zösischen Missionäre zur Zeit Ludwigs XVIII. debütirten: ou la confession, ou l'enfer, il
n'y a point de milieu (Gieseler, K.G. Bd. V, S. 66). Nächst Predigt und Beichte
war das Augenmerk des Ordens auf die gelehrte Heranbildung der Jugend und auf die
Erziehung eines von den katholischen Interessen ganz durchdrungenen Priesterstandes ge=
richtet. Der ältere Humanismus hatte sich entweder durch den Umgang mit der klassi=
schen Literatur den christlichen Ideen ganz entfremdet und auf der Basis der alten Phi=
losophie eine esoterische Ueberzeugung der Gebildeten neben das volksthümliche Dogma
der Kirche gestellt; oder er hatte selbst in dem Dienste der Religion und der Kirche ge=
arbeitet und ihrer dogmatischen Entwicklung die exegetische Grundlage gegeben. In der
ersten Richtung hatte er wesentlich zur innern Auflösung des Katholicismus beigetragen,
in der zweiten die Reformation wirksam vorbereitet. Die Jesuiten schlugen den entgegen=
gesetzten Weg ein. In ihren zahlreichen Collegien wurden die alten Sprachen ehemals
tüchtig gelehrt — aber nur zum Zweck der formellen Geistesbildung und als Vorberei=
tung für die weiteren Studien. Die exakten Wissenschaften, welche sich auf der zweiten
Stufe anschloßen, sollten allgemeine Bildung fördern und den praktischen Sinn wecken;
die Philosophie, auf ihre aristotelisch=scholastischen Grundbegriffe zurückgeführt und in der
Form vorgetragen, welche sie dem Mittelalter verdankt, sollte nur die Handlangerin der
katholischen Theologie werden und diese in ihren allgemeinen Voraussetzungen begründen
helfen. Für das theologische Studium wurde die Summa des Thomas von Aquino im
Allgemeinen maßgebend. So stand und steht noch heute der ganze wissenschaftliche Lehr=
gang ausschließlich im Dienste der Kirche; auf keiner Stufe darf etwas vorgetragen wer=
den, was einen nur leisen Zweifel gegen das Dogma aufregen könnte, vielmehr ist der
Unterricht von seinen ersten Anfängen an planmäßig darauf berechnet, dasselbe den Ge=
müthern einzupflanzen. In allen Jesuitenanstalten wird der Unterricht unentgeldlich
ertheilt, dasselbe Ziel angestrebt, der gleiche Gang und die gleiche Methode eingehalten.
Wie unberechenbar mußte der Einfluß eines Instituts werden, das in der siegreichen
Durchführung der restaurativen Tendenz seine einzige Aufgabe erkannte, das alle Mittel
allein nach diesem Zwecke bemaß und wählte, und aus dessen Collegien und Schulen zu=

künftige Regenten, ein neuer Priesterstand und die gesammte Gelehrtenwelt in katholischen Ländern als Vertreter der römischen Interessen hervorgingen!

An Gelehrten hat es den Jesuiten nicht gefehlt, sie haben eine lange Reihe glänzender Namen unter den Ihrigen aufzuweisen — wahre Wissenschaft aber, ein durch Unbefangenheit und ernsten Wahrheitssinn geadeltes Forschen in den höchsten Sphären des Geistes mußte ihnen zu allen Zeiten fremd bleiben. Die Wissenschaft hat ihre Zwecke in sich; den Jesuiten war, was sie unter diesem Namen begreifen, stets nur Mittel zur Erreichung ihrer Ordenszwecke; die Wissenschaft hat die Freiheit des Geistes und der Untersuchung zu ihrer unerläßlichen Voraussetzung und kann keine Heimath in einem Institute finden, das durch die teleologische Einseitigkeit seiner Institutionen und durch die Stellung der Individuen zu denselben darauf ausgeht, jeden genialen Schwung des Strebens zu vernichten. Wo sich bei einzelnen Jesuiten Spuren einer freieren kritischen Forschung finden, ist der Geist ihres Instituts daran unschuldig, sie haben ihn verläugnet. Einen reellen Gewinn haben sie daher dem wissenschaftlichen Fortschritt auch nur auf Gebieten gebracht, die wie die Mathematik, die Naturwissenschaft, die Chronologie, die Erklärung von klassischen Schriftstellern und von Inschriften mit den Doktrinen der Kirche außer Zusammenhang stehen, oder wo es sich um das Sammeln älterer Werke handelte; in letzterer Beziehung sind sie von den Benediktinern, besonders den Maurinern weit überflügelt worden, zumal sie nicht selten ihre Ausgaben der Kirchenväter im dogmatischen Interesse gewissenlos fälschten. In der Theologie haben sie vorzugsweise das Feld der Polemik und der Casuistik angebaut und unläugbar hat in ersterer Beziehung Bellarmin durch scharfe Präcision des tridentinischen Lehrbegriffs Großes geleistet und das System desselben ungleich treuer und wahrer dargestellt, als die Neueren, namentlich Möhler. Gleichwohl haben sie das Lebensprinzip ihres Ordens auch in ihrer Theologie auf eine eigenthümliche Weise zur Geltung gebracht und dadurch einen bedeutenden Einfluß auf die wissenschaftlichen Richtungen in ihrer Kirche geübt. Wie sich nämlich die katholische Dogmatik im Mittelalter entwickelt hat, ging sie in verschiedenen Richtungen auseinander, nicht bloß die Scholastik und die Mystik traten in scharfen Gegensatz, sondern auch die erstere bildete Schulen, die wie die thomistische und scotistische sich in sehr wesentlichen Grundzügen unterschieden. Darum konnte eine Fülle mannichfacher differenter Anschauungen in der damaligen katholischen Welt neben einander bestehen; seit der Reformation hatten sich noch außerdem vermittelnde Standpunkte gebildet, auf denen der große Gegensatz des 16. Jahrhunderts seine Schärfe aufgab und in mancherlei neuen Doktrinen seine Ausgleichung anstrebte. Die Jesuiten gaben in dieser Unentschiedenheit den Ausschlag. Eine so tiefsinnige, rein innerliche Richtung, wie die Mystik konnte bei ihnen nur sporadisch und zufällig auftauchen, meist sind sie ihr feindlich entgegengetreten. Eben weil mit dem Protestantismus, was von tiefer Innerlichkeit in der alten Kirche vorhanden gewesen, großentheils ausgeschieden war und sich für sich constituirt hatte, sah sich der Katholicismus darauf angewiesen sein eigenthümliches Wesen immer mehr in glänzender Aeußerlichkeit und in kahl verständiger Behandlung der religiösen Wahrheiten geltend zu machen. Der Jesuitismus ist der schärfste Ausdruck für diese Richtung. Obgleich sich, wie wir sehen, die Jesuiten in der Scholastik im Allgemeinen für Thomas entschieden, so wählten sie doch in den einzelnen Lehren mit besonderer Vorliebe und mit Verläugnung jeder irenischen Tendenz meist die Position, welche der protestantischen Auffassung in der entschiedensten Antithese gegenüberstand. Wir können hier nur die wesentlichen historischen Momente dieser Entwicklung andeuten.

Schon auf dem Concile zu Trient legte sich diese Bedeutung des Ordens dar. Es wurde die Cardinalfrage über die Rechtfertigung erörtert; manche Meinungen streiften nahe an die protestantische Auffassung; es fehlte sogar nicht an Solchen, die geradezu den Grund der Gerechtigkeit allein im Glauben suchten und die Werke nur als Beweise des Glaubens gelten lassen wollten; Andere unterschieden die imputirte Gerechtigkeit von der inhärirenden, von der werkthätigen, die für sich allein noch nicht zum Eintritt in die

Herrlichkeit berechtige; da gaben mit Caraffa die Jesuiten Lainez und Salmeron die ent=
scheidende Wendung, alle derartigen Auffassungen wurden verworfen; die Rechtfertigung
im scholastischen Sinne mit der Wiedergeburt identifizirt und zuletzt wesentlich auf die
guten Werke zurückgeführt. Damit war in der Grundfrage der Karakter des Conciles
entschieden; mit Verläugnung jeder vermittelnden Tendenz stellte es den katholischen Lehr=
begriff, wie ihn die Scholastik ausgebildet hatte, im schroffsten Widerspruche der prote=
stantischen Lehrnorm entgegen. Bei diesem Anlaß versuchten auch die Franziskaner ihre
Ordensdoktrin von der unbefleckten Empfängniß der Maria durchzusetzen: sie fanden in
Lainez und Salmeron sehr kräftige Bundesgenossen und seit jener Zeit erfreute sich das
am 8. Dezember 1854 sanktionirte Dogma des entschiedenen Patrociniums des Ordens.
Gleiche Thätigkeit entfaltete Lainez als General in der letzten Periode des Conciles. In
einer ausführlichen Rede, aus der uns Sarpi lib. VII. Nro. 20. einen Auszug mittheilt,
bestritt er 1562 das göttliche Recht des Episkopats und behauptete, der Pabst sey die ein=
zige Quelle aller geistlichen Gewalt*). Bei der Frage über die Residenzpflicht der Bi=
schöfe rühmte er besonders die zweideutige Fassung des Dekretes, welche der Auslegung
nach den entgegengesetzten Seiten hin Raum gebe.

Ueberhaupt war die jesuitische Dogmatik bemüht, die päbstliche Macht in schranken=
loser Unbedingtheit darzustellen. Die mittelalterlichen Doctrinen, daß die Könige auch
in weltlichen Dingen dem Pabste unterworfen seyen, von ihm nach Belieben ein=
und abgesetzt werden könnten, wurden in ausführlichen Schriften von bedeutenden Ordens=
scribenten dargelegt und erwiesen. (Vgl. die Auszüge aus den Schriften des Azorius,
Ozovius, Cornelius a Lapide, Rob. Bellarmin bei Gieseler III, 2. S. 639 ff.) Frei=
lich mußte sich ihnen dafür der Pabst dankbar beweisen, sonst stellten sie, wie die Exjesuiten
zu Heidelberg am 8. Sept. 1774, gelegentlich auch wieder die folgenden Sätze auf: „die
Fürsten haben in weltlichen Dingen auf Erden nur Gott über sich. Der Pabst kann
die Könige weder mittelbar noch unmittelbar ihrer Rechte und ihrer Regierung berauben.
Im Falle des Mißbrauchs der geistlichen Richtergewalt steht der Recurs an den Landes=
herrn offen“ (Theiner a. a. O.). Auch die Unfehlbarkeit des Pabstes, die doch in der
Kirche nur als pia sentenzia galt, gestaltete sich zum förmlichen Ordensdogma der Jesuiten.
Sie wurde nicht bloß als die Basis bezeichnet, auf welcher das Ansehen der allgemeinen
Concilien ruhe, so daß erst die päbstliche Bestätigung den Beschlüssen derselben den Karakter
der Wahrheit gebe, sondern auch von Bellarmin mit besonderer Absichtlichkeit auf die
Vorschriften des Sittengesetzes ausgedehnt: auch in diesem kann der Pabst nicht irren,
was er befiehlt, ist schlechthin gut, was er verbietet, ist schlechthin Sünde. Es ist die
Consequenz dieser Deduction, daß Niemand sündigen kann, wenn er gegen sein Gewissen
dem Befehle des Pabstes folgt. Darin tritt der Jesuitismus dem ethischen Grundprinzipe
der Reformation contradictorisch entgegen: der Protestantismus erkennt in dem von Gott
unmittelbar gesetzten Gewissen die letzte endgültige Instanz für das sittliche Handeln; jene
jesuitische Theorie besagt im Grunde nur, daß der Pabst in letzter Instanz das allgemeine
Gewissen der Kirche sey und für seine unfehlbare Entscheidungen in allen Fällen unbe=
dingten Gehorsam beanspruche.

Um die Stellung des Pabstes so hoch als möglich über alle anderen Gewalten hin=
aufzuschrauben, hat der General Lainez zu Trient 1562 die päbstliche Macht unmittelbar
aus göttlicher Institution, die Staatsgewalt dagegen aus der Uebertragung von Seiten
des Volkes abgeleitet. Dieser Gedanke wurde von den bedeutendsten Lehrern des Ordens
weiter ausgeführt. Sie gründeten auf ihn das Recht, einen akatholischen oder tyran=
nischen Fürsten des Thrones zu berauben, ja die Pflicht, ihm den Gehorsam zu ver=

---

*) Ganz im Widerspruche damit vertheidigten freilich die auf Clemens XIV. aufgebrachten
Exjesuiten zu Heidelberg am 8. September 1774 den Satz: die gesetzgebende und richterliche Ge=
walt der Kirche ruhe in den Bischöfen, die sie unmittelbar von Gott empfangen hätten. Vgl.
Theiner, histoire du Pontificat de Clement XIV. 2 Bd. S. 492.

fagen. Der Jesuite Robert Person machte ihn gegen die Königin Elisabeth von England geltend, Mariana hat ihn in seinem Buche de rege et regis institutione, welches er für die Erziehung des spanischen Thronerben schrieb, ausführlich erörtert; Bellarmin hat ihn in mehreren Schriften, am umfassendsten in seinem Werke über die Gewalt des Pabstes ausgeführt *). In Paris fanatifirte man mit diesen Grundsätzen die Gemüther gegen Heinrich III. und IV. So rasch breiteten sie sich dort aus, daß sie in den religiösen Parteikämpfen Frankreichs die gemeinsame Ueberzeugung der streng katholischen Partei wurden. Die Jesuiten waren ihre Urheber. Derselbe Orden, der sich in unsern Tagen als die Stütze der Throne und als die einzige Schutzwehr gegen die Revolution anpreist, war in jener Zeit der Begründer der Theorie der Volkssouveränetät, der Advocat der Revolution. Das ist nur scheinbar ein Widerspruch. Die Selbstherrlichkeit der auf den Schwingen des Ordens getragenen römischen Kirche ist allein der stehende Grundsatz seiner Politik; alles Andere ist wandelbar und modificirt sich nach den Bedingungen der Zeiten, der Oertlichkeiten und der Personen. Selbst der Pabst kann nur so weit auf ihre Unter= stützung rechnen, als seine Haltung ihren Interessen entspricht.

Es ist nur eine Folgerung aus jenem Grundsatze der Volkssouveränetät, daß die Jesuiten an der Grenze des 15. und 16. Jahrhunderts in zahlreichen von dem Orden approbirten Schriften die von dem Constanzer allgemeinen Concile verworfene Lehre von der Rechtmäßigkeit des Thyrannenmords vertheidigten und eben damit in der augenfällig= sten Weise den Satz sanctionirten, daß der Zweck das Mittel heilige. (Vgl. die Auszüge bei *Perrault*, la morale des Jesuites, III, 276; **Ellendorf**, die Moral und Politik der Jesuiten S. 400 ff.) Als der Dominikaner Jacob Clement am 1. Aug. 1589 den König Heinrich III. ermordete, spendeten ihm die Jesuiten Ribadeneira und Mariana in ihren Schriften ungemessenes Lob. Der Letztere bestreitet sogar die Gültigkeit des Con= stanzer Dekretes, weil es die Päbste nicht ausdrücklich sanctionirt hätten. Balthasar Gerard, der am 7. Juli 1584 den Prinzen Wilhelm von Oranien erschossen hatte, sagte im Verhöre aus, ein Jesuite in Trier habe ihn in seinen Mordgedanken bestärkt. Ebenso bekannte Châtel, der im Jahre 1594 das bekannte Attentat auf Heinrich IV. versuchte, bei den Jesuiten studirt und von ihnen die Lehre vernommen zu haben, daß der König, ehe er die päbstliche Absolution empfangen habe, ein Thyrann sey, den göttliches und mensch= liches Recht zu tödten erlaube (Ranke, franz. Gesch. II, 8.). Da man bei dem Jesuiten= pater Jean Guignard, Rector des Colleges von Clermont, mehrere von ihm selbst verfaßte Bücher fand, worin er die Katastrophe Heinrichs III. vertheidigt und für Heinrich IV. den gleichen Ausgang gefordert hatte, so wurde er am 7. Jan. 1595 zum Galgen ver= urtheilt. Selbst in den Verhören Ravaillac's, der 1610 den König ermordete, tönen noch die Nachklänge jenes entsetzlichen priesterlichen Grundsatzes durch. Aquaviva erkannte sehr wohl die moralische Niederlage, welche derselbe seinem Orden bereitet hatte, aber weit entfernt, denselben als unsittlich zu verdammen, beschränkte er sich darauf, 1614 kraft des heiligen Gehorsams unter Androhung der Excommunication seinen Untergebenen zu verbieten, daß sie in Vorlesungen, Rathschlägen, mündlichen Gesprächen oder Schrif= ten aussprächen, licitum esse cuique personae, quocunque praetextu tyrannidis, reges aut principes occidere seu mortem eis machinari.

Während der Protestantismus in dem materialen Prinzipe seiner Dogmatik auf den strengen Augustinismus zurückging, so zeigte der Jesuitismus gleich von vornherein eine unverkennbare Hinneigung zum Pelagianismus **). Schon in der censura de praecipuis doctrinae capitibus 1560 sprechen sich die Kölner Jesuiten über das Verhältniß der gött= lichen Gnade zum menschlichen Willen in diesem Sinne aus. In der ratio studiorum

---

*) Man vergl.: „die Idee der Volkssouveränetät in den Schriften der Jesuiten" in Ranke's historisch=politischer Zeitschrift II, 606 ff. Die römischen Päbste II, 179 ff.

**) Dieß ergab sich aber nicht bloß aus Opposition gegen den Protestantismus, sondern aus dem ganzen Wesen des Ordens. Anm. der Red.

vom Jahre 1586 stellte Aquaviva eine Reihe von Sätzen auf, in denen er gestattete vom Augustinismus des Thomas abzugehen. Auf die Spitze wurde diese Lehrentwickelung 1588 durch den spanischen Jesuiten Luis Molina (f. d. Art.) getrieben. Er legte dem natürlichen Willen des Menschen die Fähigkeit bei, sich zu Acten zu disponiren, die man sonst nur als übernatürliche Gnadenwirkungen zu betrachten pflegte; er gründete die Rechtfertigung gleichmäßig auf das Zusammenwirken der Gnade und des freien Willens; er verwarf jede göttliche Prädestination und gab nur ein göttliches Vorauswissen zu. Als gleichzeitig (1587) die Jesuiten Leonhard Leß und Joh. Hamel in Löwen nicht bloß mit ähnlichen Behauptungen auftraten, sondern auch — offenbar um das formale Prinzip der protestantischen Dogmatik zu erschüttern — die unmittelbare und wörtliche Einge= bung der Schrift läugneten und das kanonische Ansehen einzelner Bücher auf das nach= trägliche Zeugniß des heiligen Geistes beschränkten, verdammte die theologische Fakultät 34 aus ihren Schriften gezogene Sätze. Durch flaches Rationalisiren des Glaubensin= haltes beabsichtigten die Jesuiten dem vulgären Menschenverstand zu schmeicheln und dem Protestantismus die Massen zu entfremden, während sie auf der andern Seite rastlos bemüht waren, die namentlich in Deutschland in Verruf gerathenen Wallfahrten, Marien= andachten, Bilderverehrungen, Bruderschaften, Reliquien und Amulete nicht nur wieder herzustellen, sondern auch ansehnlich zu vermehren.

Die traurigste Berühmtheit erlangten sie durch ihren Anbau der theologischen Moral. Da sie dabei lediglich das Bedürfniß und den Gesichtspunkt des Beichtstuhles festhielten, so wurde ihre Methode rein casuistisch. Die Eitelkeit, die gesuchtesten Beichtväter zu werden, verleitete sie außerdem, den sittlichen Ernst in der Gewissensberathung zu ver= flachen. Gleichwohl rühmten sie sich, um die Moral dieselben Verdienste zu haben, wie die Scholastiker um die Glaubenslehre, ja sie wunderten sich selbst, wie leicht und mühe= los durch ihre Bemühungen den Menschen der rauhe Weg der Sittlichkeit geworden sey. Es ist ein entschiedener Mißgriff Ranke's und mancher anderen Historiker, wenn sie die faulen Moralprinzipien des Ordens erst in der Zeit seines inneren Verfalls und als ein Symptom desselben behandeln — gerade in der Blüthezeit schossen die meisten dieser Giftpilze auf. Schwache Gegenbestrebungen zeigen sich erst und nur vereinzelt in der Periode des Sinkens. Schon in der kölnischen Censur vom Jahre 1560 wird der Be= griff der Sünde ausdrücklich auf die wissentliche und freiwillige Uebertretung des göttlichen Gesetzes beschränkt. Ebenso findet sich darin die Behauptung, die Forderung einer Herz, Gemüth, Seele und alle Kräfte ganz und ungetheilt umfassenden, vollendeten Sittlichkeit gehe den Menschen in diesem sterblichen Leben nichts an. Wer Alles thue, was an ihm liege, leiste dem Gebot volle Genüge. Es leuchtet ein, wie diagonal solche Prinzipien dem tieferen sittlichen Ernste des Protestantismus entgegentraten: sie sind von vornherein auf die Schwächen der menschlichen Natur mit schlauer Nachgiebigkeit berech= net und begründen eine Sittenlehre, die Niemand mehr, sondern jedem weit weniger zumuthet, als er zu leisten vermag. Während ferner die protestantische Ethik wesentlich von den unveräußerlichen und unantastbaren Grundlagen der sittlichen Gesetzgebung in Gewissen und Schrift ausgeht und ihre Forderungen als kategorische bezeichnet, so fra= gen die Jesuiten nur nach Meinungen und bemessen den Werth derselben nach ihrer Probabilität. Probabel heißt eine Meinung, für welche Gründe von einigem Gewicht, besonders Auctoritäten, sprechen. Wer einer solchen Meinung, wäre sie selbst nur von einem einzigen anerkannten Schriftsteller vertreten, im Handeln folgt, der beschwert sein Gewissen nicht, selbst wenn er vom Gegentheile überzeugt ist oder eine andere Mei= nung für sicherer hält. Die Consequenzen dieses Grundsatzes liegen am Tage: das Sicherste und Gewisseste, was es für den Menschen gibt, löst sich damit in eine Reihe von Wahrscheinlichkeiten und bloßen Möglichkeiten auf, zwischen denen die Willkür zu wählen hat; an die Stelle des Gewissens tritt der raffinirte Selbstbetrug des dialektisch klügelnden Verstandes. Haben auch die Jesuiten, wie ihre Vertheidiger jetzt häufig be= haupten und ihnen zugegeben werden muß, die Lehre von der Probabilität bereits vor=

gefunden, so entschuldigt sie dieß nicht; der Ruhm, sie systematisch ausgebildet zu haben, kann ihnen nicht bestritten werden; sie folgt übrigens von selbst aus dem Prinzipe, nach welchem der Gläubige den untrüglichen Maßstab seines sittlichen Urtheils und seiner sittlichen Handlungsweise nicht im Gewissen, sondern in der Entscheidung der Kirche und speciell des Priesters hat, der im Beichtstuhl als Richter an Gottes Statt fungirt. Der zweite leitende Grundsatz der jesuitischen Casuistik ist die methodus dirigendae intentionis. Nach diesem kann man, ohne sein Gewissen zu beschweren, eine durch das Gesetz verbotene Handlung begehen, wenn man nur nicht die Absicht hat, dadurch zu sündigen, sondern vielmehr einen löblichen Zweck zu erreichen sucht. Der dritte allgemeine Gesichtspunkt ist die restrictio oder reservatio mentalis: es ist unverwehrt, daß der Redende, um eines guten oder auch nur erlaubten Zwecks willen, eine Antwort, ein Versprechen oder einen Eid willkürlich auf einen engeren Sinn beschränkt, als der Wortlaut anzunehmen gestattet, oder daß er eine Zusage insgeheim von Bedingungen abhängig macht, die derjenige, welchem sie gegeben wird, nicht kennt. Damit hängt auf das Engste der Grundsatz der Amphibolie zusammen, nach welchem es als gerechtfertigt erscheint, wenn man sich absichtlich eines zweideutigen Ausdrucks bedient, um Andere zur Wahrung des eignen Interesses irre zu leiten. Schon diese allgemeinen Grundzüge zeigen zur Genüge, wie giftig die Saat war, welche die Jesuiten durch ihre casuistischen Prinzipien ausgestreut haben. Dieselben legalisiren die raffinirteste Selbstsucht, heben alle Beziehungen sittlicher Gemeinschaft auf und setzen die Menschen zu einander in eine Art von Kriegszustand, in welchem alle Vortheile gelten. Der Orden hat oft gegen den Grundsatz, der Zweck heilige das Mittel, als einen ihm fremden und böswillig angedichteten, protestirt; in den Constitutionen ist er allerdings nicht ausgesprochen, aber in den von seinen bedeutendsten Moralisten vertretenen Lehren von der Intention, der Mentalreservation und der Amphibolie ist er so nackt, als immer möglich, dargelegt. Auch hat er eine unverkennbare Affinität zu dem Geiste des ganzen Instituts; eine Gesellschaft, die schon in ihrer Gliederung und Lebensweise das teleologische Prinzip zu so einseitiger Geltung bringt, kann leicht zu einer so scharfen Trennung zwischen Gesinnung und Handlung, zwischen Mittel und Zweck gelangen. Der Benediktiner Mabillon hatte wahrlich Recht, wenn er mit Trauer klagt, daß die heidnische Ethik solche angeblich christliche Theologen beschäme, und daß der sittliche Ernst der Gewissen so erschlafft sey, daß es fast kein Verbrechen mehr gebe, das man nicht zu entschuldigen und zu rechtfertigen wisse. Wie groß war aber die Zahl der Schriftsteller des Ordens, welche in dieser Richtung wirkten! der Cardinal Toledo, ein Spanier, † 1596, Emanuel Sa, ein Portugiese, † 1596, Thomas Sanchez, † 1610, Franz Suarez, † 1617, beide Spanier, Vincenz Filliucio, ein Italiener, † 1622, Leonhard Leß, ein Niederländer, † 1623, Stephan Bauny, ein Franzose, † 1649, die beiden Deutschen Paul Laymann, † 1635 und Hermann Busenbaum, † 1668 und der Spanier Anton Escobar, † 1669, sind nur die hervorragendsten unter denen, welche durch wissenschaftliche Durchführung dieser Grundsätze ihren Namen gebrandmarkt haben und wie den Katheder, so den Beichtstuhl in eine Schule des Lasters und des Leichtsinnes verwandeln halfen. Wenn man, um den Orden von dieser Sünde zu entlasten, die Schuld dieser Abscheulichkeiten auf die einzelnen Schriftsteller wälzt und sich für dieses Verfahren auf die selbst von den Generalen getadelte laxe Handhabung der Büchercensur beruft, so bleibt es doch unbegreiflich, wie bei der strengen Verfassung und dem engen Zusammenhang des jesuitischen Instituts 100 Jahre hindurch die bedeutendsten seiner Moralisten eine Richtung vertreten konnten, die seinem Prinzipe durchaus fremd, ja ihm unvereinbar seyn sollte. Wenn auch einzelne Ordensschriftsteller, wie Raymund Bonal in seiner theologischen Moral 1678, gegen solche Auswüchse protestirt haben, so kommen sie gegen die Zahl derer, die der entgegengesetzten Seite angehören, nicht in Betracht. Daß übrigens die Jesuiten in ihren Anstalten noch heute von diesen Grundsätzen ohne alle Scheu und Zurückhaltung Gebrauch machen, dafür sprechen Thatsachen. Vergl. Im hof (Prälat Leu) die Jesuiten in Luzern. 1848. S. 73. Gieseler, K.G. 5. Bd. S. 42 ff.

III. **Des Ordens äußere Geschichte und Wirksamkeit.** Nächst Italien fanden die Jesuiten besonders in Portugal eine offene Aufnahme. Nach der Abreise des Xavier wußte sich Rodriguez der Gunst des Königs so ungetheilt zu versichern, daß ihnen das königliche Collegium zu Coimbra und die Antoniuskirche zu Lissabon eingeräumt wurde. Bald waren sie die Beichtväter der königlichen Familie, leiteten die Erziehung des Thronfolgers und sahen sich mit Ehren und Reichthümern überhäuft. Rodriguez übte eine unbeschränkte Gewalt, er verführte junge Adelige zum Eintritt in die Gesellschaft, er nahm selbst den Vetter des Königs Dom Thitoin von Braganza heimlich auf, und als König Johann III. auf des Vaters, seines eignen Oheims, Klage die Entlassung desselben begehrte, verweigerte sie jener unter Berufung auf sein Gewissen und unter der Drohung, er werde das Land verlassen (1548). Vergebens wandten sich Adel und Städte an den schwachen König, um die Entfernung der Jesuiten zu erwirken, diese wußten durch Schlauheit alle gegen sie aufbrausende Stürme zu beschwichtigen. Selbst die Entrüstung, die ihre Sittenlosigkeit in Coimbra hervorrief, verstanden sie durch affectirte Demuth und öffentliche Selbstzüchtigung in Bewunderung umzustimmen. Wo möglich noch höher stieg ihr Einfluß unter König Sebastian: nicht dieser, sondern die Gesellschaft Jesu regierte das Reich.

Schwieriger ward ihnen ihre Ansiedlung in Spanien. Nur mit großen Anstrengungen gelang es ihnen, sich in Alkala und Salamanka festzusetzen; insbesondere fanden sie in dem berühmten Dogmatiker, dem Dominikaner Melchior Canus (s. d. Art.) einen entschiedenen Gegner. Er glaubte in ihnen die Vorläufer des Antichrists zu erkennen, vor denen schon Paulus 1 Tim. 3, 1 flg. gewarnt hatte, und weissagte mit der Wehmuth der Cassandra eine Zeit, in welcher ihnen die Könige gerne ihren Widerstand entgegensetzen würden, ohne noch die Gewalt dazu zu besitzen. Sogar ihr Name war ihm anstößig: er meinte darin die Prätension zu erblicken, als ob sie allein die Kirche repräsentiren wollten. Auch von andern Männern, wie von dem gelehrten königlichen Caplan und Bibliothekar Arias Montanus wurde die Gefährlichkeit des Ordens durchschaut und bei Hofe warnend geschildert. Karl V. zeigte gegen sie sichtliche Kälte; sein Sohn Philipp II. äußerte, es sey das einzige kirchliche Institut, das er nicht verstehe. Trotzdem verläugnete der Orden während des 16. Jahrhunderts darin seinen Ursprung nicht, daß er die spanischen Interessen in seiner Politik vertrat. Auch blieb er im Lande selbst nicht ohne Einfluß.

In Frankreich wurden die Jesuiten anfangs aus nationaler Antipathie mit großem Mißtrauen betrachtet. Schon Ignatius hatte 1540 einige junge Leute nach Paris geschickt, um dort zu studiren. Bei'm Ausbruch des Krieges mit Spanien mußten sie 1542 das Land verlassen und begaben sich nach Löwen. Obgleich sie in dem Cardinal von Lothringen einen sehr wirksamen Beschützer fanden, scheiterten dennoch ihre Bemühungen, in Frankreich einen festen Boden zu gewinnen, an dem Widerspruch des Pariser Parlaments und der Sorbonne; sogar der Erzbischof der Hauptstadt war ihnen entgegen. Erst auf dem Convente zu Poissy 1561, auf welchem Lainez persönlich erschien, gelang es ihnen, in Frankreich unter beschränkenden Bedingungen Zulassung zu erhalten: nicht einmal unter ihrem Namen, sondern nur als Collegium von Clermont (so hieß ihr Ordenshaus in Paris) sollten sie auftreten. Bei Eröffnung ihrer Collegien bestritt ihnen die Universität den Genuß akademischer Privilegien; der Streit wurde bei dem Parlamente anhängig; die Rechte der Universität vertrat der nachmalige Generaladvokat Stephan Pasquier und schilderte in einer umfassenden Darlegung die Gefahren, welche die bürgerliche Gesellschaft von dem Orden zu gewärtigen hatte. Die Empfehlungen des Hofs waren indessen so wirksam, daß das Parlament sich jeder Entscheidung enthielt. Glücklicher waren ihre Erfolge in den Provinzen: so gewaltig riß in Lyon ihr Prediger Edmund Augier fort, daß die Hugenotten zurückgedrängt, ihre Prediger vertrieben, ihre Kirchen zerstört, ihre Bücher verbrannt wurden; als Denkmal dieses Siegs erhob sich das prachtvolle Colleginm, welches das dankbare katholische Volk den Jesuiten erbaute. In Lyon war ihnen nun der erste feste Mittelpunkt gegeben, von welchem aus sie sich über Frankreich verbreiteten. Eine katholisch gesinnte Jugend erzog durch seine anziehende Schrifterklärung der Jesuite Maldonat. In den Bürgerkriegen der Ligue waren die Jesuiten die Seele der strengen Partei. Die Doctrinen, womit der Prediger Jean Boucher und Andere die Massen fanatisirten, waren von ihnen ersonnen. Selbst in der Sorbonne hauchten sie den jüngeren Gliedern ihren Geist ein und brachten in der Denkungsart und Gesinnung dieser altberühmten Fakultät wenigstens vorübergehend einen sichtlichen Umschwung hervor. Gegen Heinrich IV. intriguirten sie anfangs auf jede Weise. Nach seinem Einzuge in Paris weigerten sie sich, obgleich er zur römischen Kirche übergetreten war, für ihn zu beten, weil er noch nicht von dem päbstlichen Banne gelöst sey. Von Neuem eröffnete jetzt die Universität gegen sie ihre Klage; Antoine Arnauld, der Vater des berühmten gleichnamigen Jansenistischen Theologen, hielt gegen die Jesuiten im Parlamente jene leidenschaftliche Rede (s. d. Art. Arnauld); selbst die Pfarrer der Hauptstadt nahmen an dem Kampfe wider sie Antheil. In Folge des Attentats Châtels sprach das Parlament über sie die Verbannung aus dem Reiche aus, trotzdem behaupteten sie sich in dem Bezirke der beiden südlichen Parlamente. Wenn sie nichtsdestoweniger bald darauf bei dem Pabste auf die Aussöhnung mit dem Könige hinwirkten, um die sie auch in der That sich Verdienste erwarben, und gleichzeitig das katholische Volk in Frankreich für Heinrich stimmten, so geschah dies in der ganz richtigen Voraussicht, daß sie nur auf diesem Wege ihre gesetzliche Wiederaufnahme in Frankreich durchsetzen würden. Auch in Rom neigte sich ja die Wage der Politik immer sichtlicher von Spanien auf die französische Seite. 1603 hob Heinrich IV. das Verbannungsdekret wider den Orden auf. Noch war das Mißtrauen gegen den ehemaligen Hugenotten nicht bei allen Katholiken geschwunden; es mußte ihm daher sehr wichtig seyn, die Jesuiten, deren Einflüsse in Spanien eben den bevorzugten Dominikanern erlegen waren, an sein Interesse zu fesseln; durch sie hoffte er auch unter der klericalen Corporation für sich eine Partei zu gewinnen, auf deren Klugheit und betriebsame Thätigkeit er zählen konnte; er ging soweit, den Jesuitenpater Cotton zu seinem Beichtvater zu wählen. Im Jahre 1610 erhielten sie trotz der Reclamationen der Universität das Recht, in ihrem College Clermont zu Paris nicht bloß über Theologie, sondern auch über alle andere Wissenschaften zu lesen. Auch in den innern Zerwürfnissen des Ordens, von welchen wir unten reden werden, nahm Heinrich entschieden für Aquaviva Partei. Die Gesellschaft zeigte ihm dafür dankbare Ergebenheit, sie vertauschte in ihrer Ordenspolitik die Begünstigung der spanischen Interessen mit der der französischen und blieb dieser Richtung auch unter Heinrichs Nachfolgern treu. So hatte es eines fast 60jährigen Kampfes bedurft, um ihnen in Frankreich eine freie Wirksamkeit zu sichern. Mächtig waren allerdings die Einflüsse, die sie von jetzt an übten, aber keineswegs bildeten sie den einzigen Faktor in der Entwickelung und Gestaltung der kirchlichen Verhältnisse; ihren Doctrinen traten andere mit großer Bestimmtheit entgegen.

Um dieselbe Zeit, in welcher den Jesuiten Frankreich durch die Politik des Königs geöffnet wurde, schloß ihnen Venedig seine Pforten. Dort hatten sie einen unerbittlichen Gegner an dem gelehrten Staatsconsultor Fra Paolo Sarpi. Als in dem Streite, der zwischen dem päbstlichen Stuhle und der Republik über die Grenzen der geistlichen und der weltlichen Gewalt schwebte, Paul V. am 17. April 1606 über Venedig das Interdikt verhängte, räumten die Jesuiten mit den Theatinern und Kapuzinern das venetianische Gebiet. Der Streit der sich bekämpfenden Gewalten wurde durch spanische und französische Vermittlung wenigstens äußerlich beigelegt, aber unter den Punkten, auf welchen die Republik mit unerschütterlicher Festigkeit beharrte, stand in erster Linie die ewige Verbannung der Gesellschaft Jesu. Auch der spanische Gesandte redete kein Wort zu ihren Gunsten. Der Pabst mußte zuletzt selbst jeden Gedanken an ihre Rehabilitirung aufgeben.

In keinem Lande haben die Jesuiten unheilvoller in die Verhältnisse eingegriffen und ihren Namen tiefer in die Geschichte der Gegenreformationen verflochten als in Deutschland. Schon Ignatius erkannte die Wichtigkeit der deutschen Mission und gründete zur Bildung von deutschen Jünglingen zu Missionarien 1552 das Collegium Germanicum (vgl. den Art. Collegia nationalia). Gleichzeitig traten die Jesuiten selbst in Deutschland auf. 1550 lernte König Ferdinand den Jesuiten Le Jay auf dem Reichstag zu Augsburg kennen; nach dem Rath seines Beichtvaters, des Bischofs Urban von Laybach, gestattete er ihnen ein Colleg in Wien; schon im folgenden Jahre zogen ihrer 15 in der östreichischen Hauptstadt ein; bald wurden sie mit der Universität vereinigt und sogar mit der Visitation derselben beauftragt. 1556 gelang ihnen die Ansiedelung in Köln und Ingolstadt. Von diesen drei Positionen aus eröffneten sie ihre Eroberungszüge. Schon 1556 gründeten sie ein adeliges Erziehungsinstitut in Prag, dem selbst der König seine Pagen zuwies; 1561 stiftete ihnen der Erzbischof Nikolaus Olaus von Gran ein Collegium zu Tyrnau, die Errichtung anderer zu Olmütz und Brünn folgte nach. Auf den Wunsch von Ferdinands Töchtern siedelten sie sich in Tyrol an. In den Rhein- und Maingegenden erfreuten sie sich der besonderen Gunst der geistlichen Fürsten: Trier, Mainz, Speier, Aschaffenburg, Würzburg sahen bald ihre Anstalten aufblühen. 1559 ließen sie sich in München nieder und verschafften dieser Stadt den Namen und den Ruhm des deutschen Rom. 1563 zog sie der Cardinal Truchseß nach Dillingen und räumte ihnen Lehrstühle an der Universität ein. Welchen Umschwung brachten sie in diesen Ländern hervor: ihre Universitäten bildeten bald ein Gegengewicht gegen Wittenberg und Genf; ihre Schulen zeichneten sich durch die Strenge ihrer Methode, durch die Sicherheit ihrer Fortschritte so vortheilhaft aus, daß selbst Protestanten ihnen ihre Söhne anvertrauten; geräuschlos, aber desto unaufhaltsamer drang die kirchliche Gesinnung durch die Zöglinge in die Familien ein und trug ihre Früchte: die Fasten wurden wieder beobachtet, die Rosenkränze kamen wieder zum Vorschein, die verlassenen Gnadenorte wurden wieder von Pilgern und Wallfahrtszügen aufgesucht. Darf es uns wundern, wenn ihre Beschützer in Ehrenbezeugungen gegen sie wetteiferten, wenn Kaiser Ferdinand nichts sehnlicher wünschte, als seinen theuern Le Jay auf dem bischöflichen Stuhl von Triest zu erblicken, und nichts schmerzlicher bedauerte, als die entschiedene Weigerung des Ignatius; wenn Cardinal Truchseß vor Begierde brannte, dem Canisius (s. d. Art.) die Füße zu waschen? Aber bei friedlichen Maßregeln blieb die Restauration nicht stehen; bald schritt man zur offenen Gewalt. Herzog Albrecht V. von Bayern nöthigte die protestantischen Einwohner Niederbayerns, entweder zum katholischen Bekenntnisse zurückzukehren oder das Land zu räumen. Als Vormund des zehnjährigen Markgrafen Philipp von Baden ließ er seinen Mündel zu München im katholischen Glauben erziehen und drang diesen auch dem badnischen Lande auf. Innerhalb zweier Jahre 1570 und 1571 hatten die Jesuiten dieses Werk unter dem Beistande der weltlichen Gewalt vollendet. Mit Hülfe der Jesuiten convertirte der kurmainzische Oberamtmann von Strahlendorf das Eichsfeld; verdrängte der Abt von Fuld aus seinem Gebiete den Protestantismus, legte ihm Ernst von Bayern in Köln, Münster und Hildesheim, Theodor von Fürstenberg in Paderborn die Axt an die Wurzeln. Alle aber überbot an restaurativem Eifer der Bischof Julius von Würzburg durch seine Kirchenvisitation: er zog von 1584 bis 1586 mit dem Jesuitenpater Gerhard Weller von Dorf zu Dorf und stellte seinen protestantischen Unterthanen die Wahl zwischen Uebertritt oder Landesverweisung; 1587 brachte er die gleiche Remedur in seiner Hauptstadt zur Anwendung, deren Bürgerschaft zur Hälfte aus Evangelischen bestand; 300 neu errichtete Klöster sollten den Errungenschaft sicher stellen und den Neubekehrten den Segen der Processionen, des Reliquiendienstes und des übrigen abgelebten Pompes bewahren. Aquaviva theilte dem entzückten Sixtus V. persönlich die Kunde von den Eroberungen seines Ordens mit. 1588 zwang der junge Erzbischof Wolf Dieterich von Salzburg, Zögling des deutschen Collegs zu Rom, seine protestantischen Unterthanen unter der Kirchenbuße. in die römische Gemeinschaft zurückzukehren, die Renitenten vertrieb er. 1595 vertilgte der Bischof von Bamberg in seinem Gebiete, in den ersten Jahren des neuen Jahrhunderts auch in Königstein der Mainzische Erzbischof die evangelische Kirche. Unter Rudolf II. begannen 1578 auf das Andringen des Jesuitenprovinzials Magius die Gegenreformationen in Oestreich. Am 14. Juni mußte der protestantische Prediger Opitz mit seinen Gehülfen in Kirche und Schulen das Land verlassen, in Kurzem waren in Unteröstreich 13 Städte und Märkte, wie man es nannte, "reformirt," natürlich in katholischem Sinne. Sechs Jahre später verhängte Erzherzog Karl von Steyermark Confiskationen, Exil und schwere Züchtigung über seine evangelischen Landesbewohner. Was er begonnen, vollendete seit 1598 sein Sohn, der von den Jesuiten in Ingolstadt erzogene Erzherzog Ferdinand, nachmaliger Kaiser: mit Waffengewalt wurde der Protestantismus ausgerottet. In den Jahren 1599—1603 folgte die systematische Unterdrückung desselben in Oberöstreich. In Ungarn nahm man den Protestanten ihre Kirchen. Nach der Schlacht am weißen Berge war auch das Schicksal der evangelischen Kirche in Böhmen entschieden; nur Trümmer zengen in spärlicher Verkümmerung davon, was sie einst gewesen. Im Jahre 1624 allein wollen die Jesuiten in diesem Lande 16,000 Seelen zum alleinseligmachenden Glauben zurückgeführt haben. "Es war," sagt Ranke, eine unermeßliche Reaktion. Wie der Protestantismus vorgedrungen, so ward er auch zurückgeworfen, Predigt und Lehre wirkten auch hierbei, aber noch bei Weitem mehr Anordnung, Befehl und offene Gewalt." Die Jesuiten waren, wie die Anstifter und Rathgeber, so die Werkzeuge: wie Raubvögel zogen sie hinter den siegenden katholischen Heeren her und bemächtigten sich der ihnen preißgegebenen Bente mit heißer Gier — aber die Protestanten arbeiteten ihnen selbst in die Hand: in Zeiten, wo Alles auf dem Spiele stand, zankten und eiferten ihre Theologen in bornirtem Eigensinn um die Differenzen der reformirten und lutherischen Confession.

Auch in andern europäischen Ländern sehen wir den Orden in gleicher Rührigkeit. In Belgien hatten sie sich seit 1542 niedergelassen. Unter dem Widerstande, welchen die Städte und ihre Magistrate König Philipp II. leisteten, mußten sie sich oft vertreiben lassen. Aber nachdem die Kraft dieses Widerstandes durch die Waffen gebrochen war, fanden sie in Alexander Farnese einen einflußreichen Gönner. Selbst der König, wie wenig er ihnen persönlich gewogen war, übersah doch die Vortheile nicht, welche sie seiner Herrschaft sichern konnten: in Courtray, Ypern, Brügge, Gent, Antwerpen, Brüssel errichteten sie unter großartiger Unterstützung ihre Collegien: ihnen ist es vorzugsweise zuzuschreiben, daß Belgien, damals zur Hälfte mit Protestanten bevölkert, ein ausschließlich katholisches Land wurde. Von Belgien drang 1592 in die vereinigten Niederlande der Erste ihres Ordens ein; dreißig Jahre später hatten sie sich auf 22 vermehrt, aber zugleich finden wir 220 Weltpriester thätig, die sie fast alle in ihren Collegien zu Löwen und Köln gebildet hatten; aus einer gleichzeitigen Relation theilt Ranke mit, daß in diesem Jahre die Anzahl der Katholiken in dem Lande auf 345,000 gestiegen war.

Besonders mußten sich die Jesuiten gereizt fühlen an dem Lande, welches unter seiner jungfräulichen Königin den Mittelpunkt der protestantischen Macht und Politik bildete, an England ihre Kräfte zu versuchen. Schon Wilhelm Allen bewies sich dafür thätig. Er brachte zuerst in Douay 1569, dann in Rom 1579 für die Collegien zu Staude, deren Zöglinge in seinem Vaterlande für den Katholicismus Propaganda machen sollten. 1580 gingen die englischen Jesuiten Person und Campian nach der brittischen Insel, durchstreiften insgeheim die Schlösser des katholischen Adels, hielten Gottesdienst und erweckten neue Sympathien für die alte Kirche. Bald folgten die ersten Zöglinge aus den Jesuitenseminarien des Continents nach. In Druckschriften, die hier und dort aus dem Dunkel auftauchten, wurden in geschickter Controverse die römischen Lehren einleuchtend dargestellt und die Suprematie der Krone über die Kirche durch die Theorie der Volkssouveränität bekämpft. Schon nach zwei Jahren ordnete Elisabeth Repressivmaßregeln an; ein Gesetz verpönte 1582 die Verführung zum Katholicismus als Hochverrath, ein andres verbannte 1585 alle Jesuiten und deren Zöglinge aus England.

Unerbittlich wurde es ausgeführt; ungefähr 200 Märtyrer wurden unter Elisabeths Re=
gierung hingerichtet. Ein weiter Spielraum eröffnete sich der jesuitischen Intrigue unter
den Stuarts. Karl II. schloß 1670 den Vertrag zu Dover, durch welchen er sich ins=
geheim zum Bekenntniß des römischen Glaubens verpflichtete — Jesuiten hatten ihn
dazu bearbeitet — öffentlich hielt er sich zur anglicanischen Kirche und empfing das Abend=
mahl nach ihrem Ritus. Sein Bruder und Nachfolger Jakob II. hatte sich schon als
Herzog von York unverhohlen der römischen Kirche zugewandt. Die Jesuiten waren
seine Rathgeber, ein prachtvolles Colleg wurde ihnen im Savoy erbaut und schon bei
seiner Eröffnung von 400 Zöglingen besucht, die zur Hälfte aus Protestanten bestan=
den; mit besonderer Vorliebe zeichnete der König den Pater Edward Petre aus und
ernannte ihn sogar zum Cabinetsecretär. Durch seine verderblichen Rathschläge, denen
Jakob willig Gehör schenkte, hat dieser Mann, wie Macaulay sagt, vielleicht am mei=
sten zur Katastrophe des Hauses Stuart beigetragen.

Auch die Verhältnisse des östlichen und nördlichen Europa entgingen dem scharf beobach=
tenden Blick der frommen Väter nicht: sie nahmen sofort jede Begünstigung wahr, welche die
Verhältnisse ihren Plänen entgegenbrachten. In Polen hatte ihnen Stanislaus Hosius (s. d.
Art.), Bischof von Ermeland 1569 das erste Colleg zu Braunsberg gegründet, rasch folgten
andere in Pultusk, in Posen, in Wilna und anderen Städten nach. In Schweden neigte
bekanntlich Johann III., Gustav Wasa's zweiter Sohn und Gemahl der streng katholischen
Prinzessin Katharina von Polen (1568—1592), zur Ausgleichung des kirchlichen Gegen=
satzes. Sofort begannen auch dort ihre Umtriebe. Jesuiten drangen in das protestantische
Land und bearbeiteten den König, schwedische Jünglinge wurden nach Braunsberg, Olmütz
und Fuld geschickt, um dort in Jesuitenanstalten gebildet zu werden; eine fast römische
Liturgie wurde im Gottesdienste eingeschwärzt. Bis zu welcher Gewissenlosigkeit man
sich verstieg, zeigt die Thatsache, daß der Weltpriester Florentinus Feyt und der Jesuite Ni=
colai als evang. Prediger in einem neubegründeten Colleg zu Stockholm auftraten, und
die ihnen anvertraute Jugend durch Vorlesungen, das Volk durch Predigten für den
Katholicismus zu gewinnen suchten. Endlich kam der Jesuit Anton Possevin als päbst=
licher Legat, ertheilte dem König Absolution und nahm ihn heimlich in die römische
Kirche auf; aber Johann wurde wieder schwankend, und da er sich in zweiter Ehe mit
einer sehr entschiedenen Protestantin vermählte, so wurde der Katholizismus wieder ver=
drängt und die Jesuiten aus dem Reiche verwiesen. Nach Johanns Tode folgte sein
Sohn aus erster Ehe Siegmund, König von Polen, nach und versuchte unverhohlen die
Restauration, fand aber an seinem Oheim, Herzog Karl von Südermanland, so kräftigen
Widerstand und machte sich so verhaßt, daß die schwedischen Stände im Jahre 1599
Karl die Reichsverwesung und 1604 die Krone übertrugen. Schon 1593 hatte die Kirchen=
versammlung zu Upsala die röm. Confession förmlich geächtet. Glücklicher waren die Je=
suiten unter Siegmund in Polen; durch den Ausschluß der Protestanten von allen öffent=
lichen Aemtern bewog er viele Adelige zum Abfall; die Jesuitencollegien impften dem
jungen Adel einen so fanatischen Haß gegen die Evangelischen ein, daß derselbe mit
Brand und Mord gegen sie wüthete; 1606 stürmten die Jesuitenschüler die evangelische
Kirche zu Krakau, 1611 zu Wilna, 1616 machten sie die böhmische Kirche zu Posen dem
Boden gleich und ließen die lutherische in Flammen aufgehen. Nichts war häufiger, als
daß die katholischen Gerichte den Protestanten ihre Kirchen aburtheilten und den Katho=
liken zusprachen. Trotz dieser Gewaltthaten konnte der Protestantismus in Polen nur
beschränkt, nicht vertilgt werden. Auch auf die Union der griechischen Kirche war es abgesehen. Schon 1581 ver=
handelte Anton Possevin mit dem Czaren Jwan IV. Wassilewitsch, um sie auf Grund des
Florentiner Concils anzubahnen. Diese Unterhandlungen blieben ohne Ergebniß; ebenso
wenig gelang es dem bigotten Siegmund und seinen Jesuiten, durch Unterstützung des
falschen Demetrius sich diesem Ziele zu nähern; sobald dieser mit seinen Absichten her=
vorrückte, hatte er die Liebe der Russen verloren. Dagegen glückte es dem Possevin

1590 bis 1596, den größten Theil der griechischen Kirche in Litthauen zur Vereinigung mit Rom zu vermögen — ein Erfolg, der indessen nur vorübergehend war, da die Unirten bald ihre Interessen den römischen Vortheilen nachgesetzt sahen. Auch in Galata, der Vorstadt Constantinopels, gründeten die Jesuiten 1603 ein Collegium und wußten, nicht bloß Laien, sondern Geistliche anzuziehen. Ihre Intriguen veranlaßten den Patriarchen Chrillus Lucaris von Alexandrien, seit 1621 zu Constantinopel, mit den Protestanten in Württemberg in Verbindung zu treten, wogegen die Jesuiten auf seinen Sturz arbeiteten. Obgleich sie wegen ihrer Ränke 1628 aus dem türkischen Reiche verbannt wurden, kamen sie dennoch unter anderem Namen und in anderer Verhüllung wieder und rasteten nicht, bis sie bei'm Sultan die Erdrosselung ihres Gegners durchgesetzt hatten.

Wir würden die Grenzen des uns zugemessenen Raumes überschreiten, wenn wir auch ihr unheilvolles Treiben in Ungarn, Schlesien, Mähren und andern Ländern beleuchten wollten. Kaum dürfte sich ein Land in Europa nennen lassen, das nicht kürzere oder längere Zeit es erfahren hätte; insbesondere den protestantischen Reichen wurden durch sie tiefe Wunden geschlagen. Es liegt in dem Prinzipe der römischen Kirche, daß sie im Bewußtseyn ihrer vermeintlich ausschließlichen göttlichen Berechtigung nicht nur den Häretikern alles Recht abspricht, sondern auch ihnen gegenüber keine gemeinsame Rechtsbasis anerkennt. Die Jesuiten haben sich dieses Prinzip in ihrer Bekämpfung des Protestantismus nicht angeeignet, sondern es auf die Spitze getrieben: im Sinne einer weltlichen Kriegsführung und Diplomatie halten sie jede Waffe, jeden Hinterhalt, jede Täuschung für erlaubt, wenn sie nur ihrer Sache zum Siege verhilft. Diese Perfidie hat mehr als alles Andere ihren Namen mit Fluch beladen.

IV. Des Ordens innere Entwickelungsgeschichte bis zur Aufhebung. Die beiden Grundzüge in dem Karakter des Ignatius, der fromme Enthusiasmus und der weltkluge Sinn für Zweckmäßigkeit treten in seinen beiden ersten Nachfolgern gesondert hervor. Den letzteren repräsentirt Jakob Lainez (1558—1565), den ersteren Franz Borgia (1565—1572). Lainez, der sich bereits als Provinzial Italiens (1552—1554) durch Talent und Karakterstärke bewährt hatte, bekleidete nach des Ignatius Tode zwei Jahre lang das Generalvicariat, weil der zwischen Spanien und Rom schwebende Krieg den Spaniern die Theilnahme an einer Generalcongregation nicht gestattete; erst 1558 konnte dieselbe zu Stande kommen und Lainez ging nicht ohne manchen Widerspruch als General aus der Wahl hervor. Auf ihr nahmen die Professen die von Ignatius hinterlassenen Constitutionen förmlich an und die Deklarationen (wahrscheinlich Lainez Werk) wurden hinzugefügt. Ferner ließ Paul IV. der Versammlung seinen Wunsch eröffnen, daß in Zukunft die Amtsdauer des Generals sich nur auf drei Jahre erstrecken und daß die Jesuiten gleich andern Orden die kanonischen Tageszeiten im Chore gemeinschaftlich singen sollten. Beide Anträge waren darauf berechnet, den Orden wesentlich umzugestalten: der erste mußte durch seine Annahme die monarchische Gewalt, die ihn so furchtbar machte, erschüttern, der zweite die Ausdehnung seiner praktischen Wirksamkeit beschränken. Wir erinnern uns, daß Paul IV. (Caraffa), der Stifter des Theatinerordens, von vornherein mit der Einrichtung des jesuitischen Instituts nicht ganz einverstanden gewesen ist; er mochte von der schrankenlosen Macht, zu der es aufstrebte, für die päbstliche Gewalt selbst Gefahr fürchten. Alle Vorstellungen, durch welche Lainez den alten Mann von seinen Forderungen abzubringen versuchte, blieben erfolglos: er mußte sich fügen. Allein Paul IV. starb schon im folgenden Jahre und sein Nachfolger Pius IV. gab nach. Noch einmal forderte 1567 Pius V. das gemeinsame Horasingen und verbot dem Orden Andere, als Professen zur Priesterweihe zu proponiren, ein Verbot, das die Erweiterung der obersten Klasse und die Lockerung der in dem engen Kreise derselben concentrirten aristokratischen Gewalt zum Zwecke hatte, allein schon Gregor XIII. befreite sie durch die Bulle ex sedis apostolicae benignitate wieder von diesen Auflagen.

Der Nachfolger des Lainez ward im Jahre 1564 Franz von Borgia, Herzog von

Gandia. Als spanischer Grande und Vicekönig von Catalonien hatte er schon der Ge=
sellschaft seine Gunst durch Stiftung des Collegs von Gandia bewiesen. 1548 war er,
obgleich Gatte und Vater, eingetreten, jedoch unter der Gestattung, daß er noch drei
Jahre seine weltliche Stellung beibehalten dürfe. Der letzte Gebrauch, den er von seinem
Vermögen machte, war die Stiftung des Collegium Romanum 1551 gewesen. Dann
hatte er von 1553 an als Generalcommissär den sämmtlichen spanischen Provinzen vor=
gestanden. Seine ascetische Strenge gegen sich war so groß, daß ihn Ignatius oft zur
Selbstschonung mahnen mußte. Er hat als General betend regiert; mehr als Gelehr=
samkeit schätzte er an den Gliedern seines Ordens christliche Frömmigkeit und Tugend.
Er wurde von Clemens X. 1671 heilig gesprochen — der dritte Heilige, dessen sich der
Orden in seinem ersten Bestehen erfreute.

Nach dem Tode Borgias hatte abermals ein Spanier, der Sekretär des Ignatius,
später des Ordens, Johannes de Polanco, Aussicht an die Spitze zu treten; allein er
war getaufter Jude — in Spanien, wo man auf christliche Abkunft so eifersüchtig hielt,
ein sehr wesentlicher Mangel. Gregor XIII. erachtete aus diesem und andern Gründen
einen Wechsel für sehr erprießlich. Seinem Wunsche gemäß wurde ein Belgier P.
Eberhard Mercurian gewählt, ein schwacher Mann, der sich durch Andere leiten
ließ und unter dessen Amtsführung der Orden durch Parteiungen in innere Spannung
gerieth. Sein Nachfolger wurde 1581 Claudius Aquaviva, ein Neapolitaner, bei
seiner Wahl erst 38 Jahre alt, ohnstreitig das größte Herrschertalent, welches die Ge=
sellschaft je besessen hat, gewandt, klug, unter sanften Formen einen eisernen und un=
beugsamen Karakter verhüllend. Große Stürme hatte er im Innern zu beschwichtigen.
Die Spanier, unzufrieden, sich von der Regierung verdrängt zu sehen, organisirten
einen nationalen Widerstand gegen den General, der seinerseits durch Vergebung der
Aemter an seine Vertrauten, meist jüngere Männer, die Verstimmung mehrte. Diese
fand ihren Ausdruck in dem von dem spanischen Jesuiten Mariana verfaßten, aber erst
nach seinem Tode bekannt gewordenen Aufsatz: discurso de las enfermedades de la com-
pañia de Jesus, worin er rücksichtslos die Mängel des Instituts schilderte und sich über
die Willkür und den Druck der Obern bitter beschwerte. Die Spanier fanden einen
Rückhalt an der Inquisition, an König Philipp, an Clemens VIII. Der Letztere ordnete
1592 eine Generalcongregation an; Aquaviva gehorchte, er wußte aber seinen Einfluß auf die
Wahlen geltend zu machen, und die Versammlung, die zu seinem Verderben berufen
schien, rechtfertigte ihn glänzend. Weiteren Zumuthungen Philipps und des Pabstes, die
auf Abänderung in den Constitutionen zielten, namentlich auf die Abhaltung einer General=
congregation alle drei Jahre drangen, wich er durch kluges Zögern aus. Als eine neue
Generalcongregation 1607 nothwendig wurde, paralysirte er den spanischen und römi=
schen Einfluß durch die Erklärungen Heinrichs IV., der sich ganz in seinem Sinne aus=
sprach. Seine Gegner wurden förmlich verworfen und seine Macht ging befestigt aus
dem Kampfe hervor, der auf seine Vernichtung abgesehen war. Gleichzeitig hatte sich
in Folge der Molina'schen Schrift in Spanien ein Sturm von Seiten der Dominikaner
gegen die Jesuiten erhoben, seine Ordensbrüder nahmen für ihn Partei, selbst Aquaviva
und seine Assistenten machten seine Angelegenheit zu der ihrigen, trotzdem schien seine
Verurtheilung durch die spanische Inquisition unvermeidlich, da gelang es dem General,
den Pabst zu bestimmen, daß er die Streitfrage 1596 nach Rom zog und ihre Ent=
scheidung der von ihm ernannten congregatio de auxiliis übergab. Lange schien sich die
Wage zu Gunsten der Dominikaner zu neigen, aber auch jetzt ließ Aquaviva den Muth
nicht sinken; er erreichte es, daß Paul V. unter Vorbehalt des Urtheils 1607 die Con=
gregation auflöste und vier Jahre später beiden Theilen Stillschweigen auferlegte. Dieser
Kampf der Orden öffnet uns den Blick in ein Gewebe von "arglistigen Winkelzügen,
von Intriguen und Kabalen, die wie Vipern den päbstlichen Stuhl umzüngeln" (Orelli).
Unter Aquaviva erfocht der Orden seine glänzendsten Restaurationserfolge und errang
seine gesicherte Weltstellung. Aus seiner Feder flossen die industriae pro superioribus,

eine Reihe von Anweisungen über die Amtsführung, die ebensosehr zum Verständniß des Ordens, als zur Karakteristik seines größten Generals dienen können. Von ihm stammt auch die älteste ratio studiorum von 1586, jetzt sehr selten. Er starb 1615.

In Aquaviva's Stelle trat der Römer Mutius Vitelleschi (1615—1645). Im engern Kreise als "Engel des Friedens" verehrt, besaß er nichts von jener nachhaltigen eisernen Kraft, womit sein Vorgänger die widerstrebenden Elemente im Innern zu bewältigen und zusammenzuhalten verstand. Unter ihm beging die Gesellschaft 1640 mit glänzendem Gepränge die Jubelfeier ihres 100jährigen Bestehens, aber bereits fingen die Kräfte der Auflösung im innersten Organismus zu arbeiten an; jener kühne, welterobernde Heldengeist, der unter Aquaviva seine Schwingen so kräftig entfaltet hatte, schien mit ihm geschwunden. Wie wesentlich und karakteristisch sind doch alle Bestimmungen der Constitutionen! Nach Ignatius Anordnung sollten die Professen in völliger Armuth von Almosen leben und die Aemter, welche weltliche Thätigkeit fordern, namentlich die Rectorate in den Händen von Coadjutoren ruhen; die Zahl jener Eingeweihten war darum außerordentlich klein; bei dem Tode des Stifters betrug sie nur 35 unter 1000 Mitgliedern; auf der ersten Generalcongregation 1558 waren ihrer 25 versammelt. Um so mächtiger wirkte diese Aristokratie, je freier sie selbst von aller Amtsverwaltung stand. Von jetzt an wurde dies anders; die Zahl der Professen wuchs unverhältnißmäßig an, sie traten in die Verwaltung, sie wurden Rectoren der Collegien, sie setzten sich in den Genuß der für dieselben bestimmten Einkünfte und verschafften sich ein behagliches Leben; die Leitung des Unterrichts und die kirchlichen Funktionen überließen sie jungen, unerfahrenen Leuten; von lästiger Beaufsichtigung frei, nahmen sie den Generalen gegenüber eine unabhängigere Stellung ein. Auch die Nachfolger des Vitelleschi Vincenz Caraffa († 1649) und Franz Piccolomini († 1651) vermochten nichts gegen das immer mächtiger andringende Verderben. Als der Deutsche Goswin Nickel — Reformgedanken lagen ihm völlig fern — wenigstens das Recht der eigenen Meinung für sich beanspruchte, gab er so großen Anstoß, daß die Generalcongregation 1661 ihm den Genuesen Joh. Paul Oliva, einen Günstling des Pabstes, als Vicar und Nachfolger beiordnete, was einer Absetzung vollkommen gleichkam. Oliva, der diese Stellung bis 1664 und das Generalat bis 1681 bekleidete, lebte in Bequemlichkeit, Pracht und Genuß. So gänzlich hatte sich der Orden umgestaltet! Das monarchische Element erlag dem aristokratischen; aus der Schaar selbstverleugnender Kämpfer ward eine Clique wohllebiger intriguanter Diplomaten; statt die päbstliche Macht zu stützen und zu verfechten, wozu die Gesellschaft gegründet war, trieb sie auf eigene Hand Politik und oft machte sie mit dem französischen Staatsinteresse und mit dem Gallicanismus gemeinsame Sache gegen den päbstlichen Stuhl. Sonst waren die Collegien oft bewunderte Stätten eines rastlosen, vielseitigen Fleißes gewesen, jetzt wurden sie Musteranstalten des Lasters und der Zuchtlosigkeit. Sonst war es Sitte, daß der Eintretende sein Vermögen den Armen schenkte, jetzt verfügte er darüber zu Gunsten des Collegs, in welches er aufgenommen ward, und verwaltete es unter mancherlei Vorwänden. Da die Schenkungen, zu welchen der begeisterte Aufschwung des sich regenerirenden Katholicismus im 16. Jahrhundert fortriß, spärlicher flossen und zuletzt stockten, die Bedürfnisse des Ordens aber sich erweiterten, so mußte man darauf Bedacht nehmen, diesen Ausfall zu decken: die Jesuiten legten sich darum auf industrielle Unternehmungen, sie gründeten Fabriken, sie trieben Handel, sie knüpften für ihren alle Welttheile umfassenden Handelsverkehr die großartigsten Verbindungen an, die in Lissabon ihr Centrum hatten; die Collegien wurden zugleich förmliche Wechselbanken und wiesen auf einander an; es kam vor, daß Gesandte zu Rom bei jesuitischen Comptoiren für ihre Gehalte accreditirt waren.

Schon dieser Geist der Verweltlichung machte den Orden reif für die Katastrophe, der er endlich erlag, nun aber traten noch andere Ereignisse hinzu und beschleunigten dieselbe, vor Allem der Kampf mit dem Jansenismus (vgl. d. Art.). So ganz hatte doch der Jesuitismus die Kirche mit seinem Geiste nicht zu durchdringen vermocht; es waren in tieferen Gemüthern noch manche religiöse Motive vorhanden und fanden um die Mitte des 17. Jahrhunderts ein Centrum, um das sie sich sammelten. Der Jansenismus und der Jesuitenorden haben nichts mit einander gemein, als daß sie beide Richtungen des regenerirten Katholicismus sind, sonst stehen sie sich in schärfstem Gegensatze gegenüber: der eine geht von streng augustinischen Prinzipien aus, der andere ist im Grunde nur eine neue Auflage des Pelagianismus; jener ist eben so sittlich ernst, so genial in der Frömmigkeit und in der Wissenschaft, als dieser leichtfertig und gewissenlos, verständig flach, nüchtern und überall auf das Zweckmäßige klug bedacht; wir begreifen, daß die Jesuiten Alles aufboten, um diesen Gegner zum Falle zu bringen, aber im geistig ungleichen Kampfe trugen sie eine moralische Niederlage davon, von der sie sich nicht wieder erholten. Im Jahre 1656 gab Pascal (s. d. Art.) seine lettres provinciales heraus, worin er die jesuitische Casuistik und Moral mit den Waffen des Witzes und der beißenden Satyre so glänzend und erfolgreich bekämpfte, daß er die öffentliche Meinung nicht bloß der Gebildeten, sondern selbst des französischen Klerus gegen den Orden einnahm. Der Jansenismus mußte zwar als kirchlicher Verein den Anfeindungen der Jesuiten, den Verdammungsdekreten der Päbste und den Verfolgungen der französischen Krone in der ersten Hälfte des 18. Jahrhunderts erliegen, aber die Anschauungen, die er vertrat, hatten sich einem großen Theile der Nation mitgetheilt, wirkten sogar in den höheren Schichten der Geistlichkeit und gewannen eine so weite Verbreitung durch ganz Europa, daß sie selbst im Vaticane nicht ohne Einfluß und Anklang geblieben seyn sollen. Wie wenig innere Kraft und Lebensfähigkeit das Jesuiteninstitut noch in sich trug, geht daraus hervor, daß es der Bekämpfung auf dem Gebiete der Literatur auch nicht eine einzige hervorragende Leistung entgegenzusetzen vermochte. Was wollten gegen die geistvollen Angriffe Pascals die Apologieen der P.P. Daniel und Poiret sagen? Sie schlugen denselben verkehrten Weg in der Vertheidigung des Ordens ein, wie die neueren Ultramontanen; sie versuchten zu zeigen, daß man ohne die Probabilitätslehre und die übrigen damit zusammenhängenden Grundsätze im Gebiete des Staatslebens und des Rechts nicht fertig werde und daß dieselbe auch vor der Stiftung des Jesuitenordens von den angesehensten Kirchenlehrern festgehalten worden seyen; damit aber bezeugten sie auf der einen Seite nur die Vermischung der religiösen und der weltlichen Interessen, die man ihrem Institute stets zur Last gelegt hatte, auf der andern Seite aber leiteten sie das Gewicht jener Anklagen von dem Orden auf die römische Kirche ab.

Noch gefährlicher wurde dem Jesuitenorden der Geist einer neuen weltlichen Bildung in Frankreich, die unter Ludwig XV. noch sichtlichere Fortschritte machte, sich mit den sogenannten philosophischen Ideen des 18. Jahrhunderts durchdrang, in den bedeutendsten Koryphäen der französischen Literatur ihre Vertreter fand und bald gegen Kirche und Religion eine systematische Opposition zu Stande brachte. Je mehr die Jesuiten, die im 17. Jahrhundert sogar gegen das Pabstthum den Bestrebungen für die gallikanische Freiheit nicht fremd geblieben waren, in ihre naturgemäße Stellung zurückkehrten und die ultramontanen Ansprüche verfochten, um so mehr galten sie als Bollwerke des Obscurantismus, gegen welche die vereinigten Tendenzen der Zeit sich richteten. Um die Mitte des 18. Jahrhunderts traten in Frankreich Choiseul, in Spanien Wall und Squillace, in Neapel Tanucci, in Portugal Carvalho (Pombal) als Minister an die Spitze der Regierung. Alle diese Männer huldigten in kirchlicher wie in politischer Beziehung den liberalen Doctrinen; ihnen mußten die Jesuiten als ein Hinderniß der Nationalwohlfahrt und ihrer darauf abzweckenden Reformpläne erscheinen. Auch in Rom waren sie damals nicht eben begünstigt. Durch den gewissenlosen Leichtsinn, womit ihre Missionäre christliche Lehren und Gebräuche mit buddhistischen und bramanischen Elementen versetzt hatten, um sie den Heiden annehmbarer zu machen, hatten sie den Haß der Kapuziner und Franziskaner erregt und Beschwerden bei dem päbstlichen Stuhl veranlaßt. Benedikt XIV. hatte ihnen ihre Accomodationsmethode und zugleich alle

Bank= und Wechselgeschäfte auf das Strengste untersagt. Nnn wurden sie auch in Con=
flicte mit den Staaten verwickelt. Durch Tausch hatte Portugal von Spanien 1750
einen Theil von Paraguay erworben, und als es von demselben Besitz ergreifen wollte,
widersetzten sich die durch die Jesuiten aufgeregten Bewohner, die bis dahin unter der
patriarchalischen Regierung des Ordens gestanden hatten, mit gewaffneter Hand den
spanischen und portugiesischen Truppen: erst 1758 gelang es, die Vollziehung des Tausch=
vertrages nnd die Grenzberichtigung durchzusetzen. Da die Jesuiten gleichzeitig gegen
die von Carvalho eingeleiteten Maßregeln zur Hebung des tiefgesunkenen Handels intri=
guirten, so wandte sich die Regierung an Benedikt XIV., der noch fünf Wochen vor
seinem Tode am 1. April 1758 dem Patriarchen von Lissabon, Cardinal von Salbanha,
die Vollmacht zugehen ließ, den Orden an Haupt und Gliedern in dem ganzen Umfang
des Königreichs zu visitiren und zu reformiren. Der Cardinal verbot ihnen unverzüglich
den Handel, sowie das Predigen und Beichthören. Ein Attentat gegen das Leben Kö=
nigs Josephs I. am 3. Sept. 1758, dessen die mächtige Familie Tavora durch die
Untersuchung überführt wurde und in welches man die Jesuiten mitverwickelte, wurde
hierauf die Veranlassung, daß ihre Güter eingezogen, die Gesellschaft am 3. Sept. 1759
in Portugal aufgehoben, ihre Glieder aber zu Schiffe in den Kirchenstaat abgeführt
wurden. Wenige Jahre später folgte Frankreich diesem Vorgange. Der Pater Lavalette
hatte als Procurator des Ordens einen ausgedehnten Handel auf der Insel Martinique
getrieben, konnte aber in Folge eines Schlags, womit ihn der französisch=englische Krieg
betraf, seine Gläubiger in Frankreich nicht befriedigen. Diese reklamirten vergeblich die
Summe von 2,400,000 Livres vom Orden, der zwar auf Martinique ein Vermögen
von 4 Millionen Livres besaß (Theiner a. a. O. I. 27), aber die Verbindlichkeit ganz
widerrechtlich von sich ablehnte und auf den Procurator schob. Das Pariser Parlament
verurtheilte den Orden zur Restitution der Summe sammt Zinsen. Bei dieser Gelegen=
heit nahm der Gerichtshof von den Constitutionen des Ordens Einsicht und untersuchte
die Schriften ihrer angesehensten Casuisten. Im August 1761 erging der Spruch, der
das Institut mit der französischen Staatsgesetzgebung für unvereinbar erklärte. Umsonst
versuchte der König vom Jesuitengenerale Ricci eine Reform zu erwirken, die karakteri=
stische Sentenz: sint, ut sunt, aut non sint, schnitt alle weiteren Verhandlungen ab
und entschied für das Nichtseyn. Am 6. August 1762 sprach das Parlament die Auf=
lösung der Gesellschaft in Frankreich aus und zählte die Glieder von ihren Verpflich=
tungen los. Zwar wurde dies Edikt und das ganze rechtliche Verfahren im Dezember
1764 durch eine königliche Entscheidung formell cassirt, aber thatsächlich sofort dadurch
wieder in Kraft gesetzt, daß vermöge königlicher Machtvollkommenheit der Orden
in Frankreich völlig aufgehoben ward. Ein Aufstand gegen den Finanzminister Squillace
in Madrid am 23. März 1766 bereitete den Jesuiten auch in Spanien den Untergang.
Ihre Urheberschaft ist ebensowenig nachgewiesen, als ihre Schuld an dem Attentate in
Portugal. Nichtsdestoweniger wurden sie in der Nacht des 31. März 1767 in ganz
Spanien verhaftet und sofort nach der Küste gebracht, wo die Schiffe zu ihrem Trans=
port nach Civitavecchia schon bereit lagen. Erst am 3. April erschien das königliche
Edikt, das die Aufhebung ihres Ordens und ihre Verbannung aus Spanien anordnete.
Am 5. November 1767 schloß sich Neapel, am 7. Februar 1768 Parma diesen Maß=
regeln an. Es ist wahr, dieser Sturz der Jesuiten war das Werk der Kabale; despo=
tische Willkür hat sie vernichtet und die ungerechten Urtheile wurden zum Theil in
der unmenschlichsten Weise vollstreckt, nichtsdestoweniger durfte man sich der Unterdrückung
einer so schädlichen Gesellschaft im Interesse der Menschheit erfreuen. Wie vergeblich
sich Clemens XIII. des verfolgten Ordens annahm und wie Clemens XIV., dem Drange
der Umstände nachgebend, am 21. Juli 1773 zur Freude von fast ganz Europa durch
die Bulle Dominus ac Redemptor noster die Entschließungen Portugals und der bour=
bon'schen Höfe über die gesammte katholische Christenheit ausdehnte, soll hier nicht
wiederholt werden. Es ist sehr anschaulich von Dr. G. Voigt in den beiden Artikeln

Clemens XIII. und XIV. dieses Werkes geschildert. Nur glauben wir darauf aufmerk-
sam machen zu dürfen, daß die unwürdigen Anfeindungen des großen Ganganelli von
Seiten der ultramontanen Partei, die in Cretineau-Joly's Schrift: Clement XIV. et
les Jesuites Paris 1847 sich selbst überboten haben, sehr gründlich widerlegt wurden durch
die Arbeit des Oratorianers Augustin Theiner zu Rom: Histoire du Pontificat de
Cl. XIV. Paris 1852. Der Verf. wurde im Jahre 1855 zum Präfekt des vaticanischen
Archivs befördert und sein Werk fand in Italien so ausgezeichneten Anklang, daß es in
Neapel allein innerhalb vier Jahre sieben Auflagen erlebte, — gewiß ein unzweideutiger Beweis, welche Sympathieen sich die Gesellschaft in Italien erworben hat.

V. Des Ordens Wiederherstellung und neuere Schicksale. Trotz des
päbstlichen Aufhebungsdekretes war die Verbindung der Ordensglieder nicht ganz gelöst;
umsoweniger da Pius VI. sie sichtlich begünstigte. Die sogenannte Andacht zum
Herzen Jesu bot einen Mittelpunkt, um den sich Viele sammelten. Ein Theil von ihnen
fand sich in dem vom ehemaligen Schneidergesellen Paccanari (s. Art. Baccanaristen)
gestifteten und von Pius VI. 1792 bestätigten Orden „der Väter des Glaubens"
zusammen. Viele Andere traten unter die Redemptoristen oder Liguorianer, deren
Verfassung, Zwecke und Grundsätze ohnehin dem Jesuiteninstitute treu nachgebildet sind.
In Preußen war sogar Friedrich II. bemüht, die Ordensglieder für Schlesien zu gewinnen, weil er von ihnen einen billigeren Unterricht hoffte und doch bei der gänzlich
veränderten Weltlage keine Gefahr mehr besorgte. In Rußland bestand der Orden trotz
des päbstlichen Aufhebungsdekretes in vollständiger Organisation fort. Katharina II. hatte
durch die erste polnische Theilung Weißrußland erhalten; sie begünstigte die Jesuiten,
weil sie ihrer zu bedürfen meinte, theils um die Sympathieen ihrer neuen Unterthanen
zu gewinnen, theils um ihre ferneren Pläne gegen das unglückliche Polen auszuführen.
Sie bestätigte ihm daher seinen ganzen Güterbesitz in dieser Provinz und gestattete die
Erweiterung seiner Mitgliederzahl durch Aufnahme fremder Erjesuiten. 1782 wählten
die russischen Jesuiten den Polen Stanislaus Czerniewicz zum Generalvicar und Pius VI.
ließ es stillschweigend geschehen. Paul I. räumte ihnen 1800 die katholische Pfarrkirche
in Petersburg ein und erlaubte ihnen daselbst ein Collegium zu errichten. Durch solche
Erfolge ermuthigt, wandte sich der dritte Generalvicar Franz Kareu an Pius VII. und
erlangte ein päbstliches Breve, welches unter dem 7. März 1801 die Herstellung des
Ordens für ganz Rußland aussprach und dem Generalvicar die Würde des Generals
verlieh. Sein Nachfolger Gabriel Gruber bestimmte den König Ferdinand IV. von
Neapel, von Pius VII. die Restitution des Instituts für beide Sicilien zu erbitten, die
auch durch Breve vom 30. Juli 1804 väterlichst gewährt wurde, aber während der französischen Occupation Neapels (1806—1815) nur der Insel Sicilien zu gut kam. Im
Jahre 1814 endlich glaubte Pius VII. die Restauration, der er seine eigene Rückkehr
nach Rom und auf den Stuhl des Petrus verdankte, nicht würdiger ehren zu können,
als daß er am 7. August in der Kirche Gesù zu Rom durch die Bulle sollicitudo
omnium ecclesiarum den Orden in seiner unveränderten alten Verfassung mit allen ihm
früher verliehenen Privilegien restaurirte. Obgleich Pius VII. ex cathedra erklärte, daß
er mit diesem Akte nur den einstimmigen Wünschen fast der ganzen Christenheit genüge,
so bewies doch der nächste Erfolg, daß die päbstliche Unfehlbarkeit nicht bis zur richtigen
Würdigung thatsächlich bestehender Verhältnisse ausreichte. Durch Frankreich, Deutschland und die Niederlande ging ungetheilt der Ausdruck staunender Ueberraschung; Kaiser
Franz I. wollte nichts von dem Orden wissen; der Prinz Regent Johann von Brasilien
und Portugal legte Protest ein. Nur im Kirchenstaat, in Spanien, in Neapel, Sardinien und Modena gelang es zunächst den Jesuiten, sich wieder häuslich einzurichten.
In diesen sämmtlichen Staaten erfolgte ihre Restitution im Jahre 1815.

Wie wenig die Jesuiten durch die Bande der Dankbarkeit sich an das vaterländische
Interesse des Staates fesseln lassen, zeigt warnend ihr Verhalten gegen das Land, das
dem zertretenen Orden allein eine gesicherte Zufluchtsstätte eröffnet hatte. In Rußland

war Alles für sie geschehen: ihr Colleg zu Polotzk war trotz des Widerspruchs des Cultusministers, Fürsten von Galizin, 1812 von Kaiser Alexander zum Rang einer Universität erhoben und derselben alle Jesuitenschulen untergeordnet worden, so daß diese nur indirekt unter der Aufsicht des Staates standen und sich in vollkommener Freiheit entfalten konnten. Auf die Gunst des Kaisers vertrauend, die ihnen in so auszeichnender Weise zu Theil wurde, entwickelten sie nun ungescheut ihr ränkevolles, wühlerisches Treiben. Schon früher hatten sie Judenkinder förmlich geraubt, um sie in dem römischen Glauben zu erziehen; auch die Protestanten hatten ihren ungemessenen Bekehrungseifer erfahren; jetzt richteten sie denselben unverhohlen auf die griechische Kirche, sie verlockten ihre Zöglinge zum Uebertritt und bahnten sich durch die Söhne den Zugang zur Ueberredung der Mütter; vornehmlich aber bekämpften sie mit leidenschaftlichem Hasse die von Alexander mit Energie und Liebe geförderte Bibelgesellschaft. Als sie jedoch im Dezember 1814 sogar den Neffen des Cultusministers, den jungen Fürsten Alexander Galizin, in ihre Netze zogen und zum römischen Glauben verleiteten, drangen die Vorstellungen der Besonnenheit beim Kaiser durch: am 1. Januar 1816 wurden sie aus Petersburg und Moskau verbannt und ihre Collegien geschlossen, und als sie durch diesen Schlag nicht entmuthigt, sondern nur gereizt, ihre kecke Proselytenmacherei nun auch auf das kaiserliche Heer ausdehnten und gegen die russische wissenschaftliche Mission in China intriguirten, so verfügte ein kaiserlicher Ukas am 25. März 1820 ihre Verbannung auf ewige Zeiten aus dem ganzen Czarenreich.

Wie vergiftend sie in Rußland durch ihre politischen Umtriebe, durch ihre Proselytenmacherei und gewissenlose Handlungsweise sowohl auf den Staat als im Schooße der Familien gewirkt haben, wies der Cultusminister in einem ausführlichen amtlichen Berichte nach. Er theilt darin unter Anderem mit, daß sie in Polen allein 22,000 Leibeigene besaßen, die sie in dem tiefsten moralischen und physischen Elende verkommen ließen, und wenn sie arbeitsunfähig geworden waren, endlich mit Bettelbriefen auf der Landstraße an das Mitleid des Publikums wiesen. Der Kaiser hatte vergeblich seinen ganzen persönlichen Einfluß aufgeboten, um den General zur Abstellung dieser Scheußlichkeit zu vermögen. Der Bericht schließt mit den Worten: »Alle Handlungen der Jesuiten haben nur eine Triebfeder, ihren Vortheil, und kein anderes Ziel als ein unbegrenztes Wachsthum ihrer Macht. Sie haben eine unvergleichliche Uebung darin, ihr ungesetzliches Verfahren mit irgend einer Ordensvorschrift zu entschuldigen und ihr Gewissen ist ebenso weit als fügsam.« (Vergl. Lutteroth, Rußland und die Jesuiten von 1772 bis 1820, übersetzt von Birch. Stuttgart 1846.)

Durch den am 5. Februar 1820 in Polotzk erfolgten Tod des Generals Thaddäus Brzozowsky, den der Pabst vergeblich nach Rom berief, weil ihm die russische Regierung den Paß versagte, hatte der Orden sein Haupt in Rußland verloren. Erst nach mancherlei Ränken, die sich in Rom kreuzten und zum Theil im Orden selbst ihren Ursprung hatten, konnte die zur Wahl eines Generals nothwendige Generalcongregation zusammentreten; sie erhob am 18. October 1820 den 72jährigen Pater Luigi Fortis zu dieser Würde und nach 47 Jahren schlug zum erstenmale wieder ein Haupt der Gesellschaft seinen Herrschersitz in Rom auf. Zwar schien ein drohendes Ungewitter über ihr aufzuziehen, als nach Pius VII. Ableben (20. Aug. 1823) der Cardinal della Genga unter dem Namen Leo XII. (28. Sept.) die dreifache Krone empfing; allein der neue Pabst begünstigte sie nun ebenso entschieden, als er sie vorher befeindet hatte; er übergab ihnen schon 1824 das Collegium Romanum mit mehreren andern Anstalten und legte damit die Erziehung des Klerus in ihre Hand; eine Reihe anderer Gunstbezeugungen folgte nach. Auch sein Nachfolger bewahrte ihnen diese Huld. Als nach Luigi Fortis Tode (27. Jan. 1829) Pabst Pius VIII. den römischen Stuhl bestieg (31. März) verfügte er unverzüglich die Berufung der Generalcongregation, die am 9. Juli den Pater Johann Roothaan, einen Mann von ebenso durchdringendem Scharfblick, als unerschütterlichem Karakter, der erst 44 Jahre zählte, zum General erwählte. Von jetzt an trat der Einfluß des Insti-

tuts auf die Curie unverkennbarer hervor und überflügelte weit alle anderen Einwir=
kungen; der Jesuitenorden ist unter Roothaan immer inniger mit den Tendenzen der
römischen Hierarchie verwachsen und insbesondere die leitende Kraft der restaurativen
Politik geworden, welche in unseren Tagen in den paritätischen Staaten die öffentliche
Ruhe und den confessionellen Frieden erschüttert, in den katholischen aber mit lähmendem
Druck das geistige Leben niederzuhalten und die Kirche außerhalb der Landesgesetzgebung
zu stellen bemüht ist. Gregor XVI. übergab den Jesuiten am 2. October 1836 die aus=
schließliche Leitung des berühmten Collegs der Propaganda und bezeugte ihnen seine
Verehrung dadurch, daß er 1839 bis 1844 die Zahl ihrer Heiligen noch durch drei neue
vermehrte, nämlich Francesco de Geronimo, Pignatelli und Peter Canisius. Auch die
Heiligsprechung des Alfons de Lignori (27. Mai 1839) war eine Ovation, welche dieser
Pabst seinen lieben Jesuiten bereitet hat. Nicht geringere Vorliebe bezeugt ihnen Pius IX.
Im Jahre 1853 hat er zwei Märtyrer der Gesellschaft Jesu, Johannes de Britto und
Andreas Bobola, selig gesprochen. In der Commission, welche das Dogma von der
unbefleckten Empfängniß Mariä vorberieth, befanden sich namentlich die Jesuiten Perrone
und Passaglia, beide Professoren am römischen College. Als in Rom am 8. Mai 1853
Roothaan gestorben war, wählte die Generalcongregation im (4?) Juli den Provinzial
von Oestreich, Peter Beckx, zu seinem Nachfolger *).

Im Spanien erlagen zwar die Jesuiten dem erneuten Aufhebungsdekrete, welches die
Cortes über sie am 14. August 1820 verhängten, allein sobald Ferdinand VII. durch

---

*) Der bequemeren Uebersicht wegen geben wir hier ein Verzeichniß sämmtlicher Ordens=
generale.

Namen.	Wahltag.	Todestag.
1) Ignatius von Loyola, Spanier . . .	19. April 1541.	31. Juli 1556.
2) Jakob Lainez, Spanier	2. Juli 1558.	19. Jan. 1565.
3) Franz Borgia, Spanier	2. Juli 1565.	1. Oct. 1572.
4) Eberhard Mercurian, Belgier . . .	28. April 1573.	1. Aug. 1580.
5) Claudius Aquaviva, Neapolitaner . .	19. Febr. 1581.	31. Jan. 1615.
6) Mutius Vitelleschi, Römer	15. Nov. 1615.	9. Febr. 1645.
7) Vincenz Caraffa, Neapolitaner . . .	7. Jan. 1646.	8. Juni 1649.
8) Franz Piccolomini, Florentiner . .	21. Dec. 1649.	17. Juni 1651.
9) Alexander Gottofredi, Römer . . .	21. Jan. 1652.	12. März 1652.
10) Goswin Nickel, Deutscher	17. März 1652.	31. Juli 1664.
11) Johann Paul Oliva, Genuese (seit 1661 General= vicar und besignirter Nachfolger) . . .	31. Juli 1664.	26. Nov. 1681.
12) Karl von Noyelle, Belgier	5. Juli 1682.	21. Dec. 1686.
13) Thirsus Gonzales, Spanier	6. Juli 1687.	27. Oct. 1705.
14) Michael Angelus Tamburini, Modenese .	31. Jan. 1706.	28. Febr. 1730.
15) Franz Retz, Böhme	30. Nov. 1730.	19. Nov. 1750.
16) Ignaz Visconti, Mailänder	4. Juli 1751.	4. Mai 1755.
17) Aloisius Centurioni, Genuese . . .	30. Nov. 1755.	2. Oct. 1757.
18) Lorenz Ricci, Florentiner	21. Mai 1758.	23. Nov. 1775.
Stanislaus Czerniewicz, Pole, Generalvicar in Weißrußland	17. Oct. 1782.	7. Juli 1785.
Gabriel Lienkiewicz, Pole „ „ „	27. Sept. 1785.	10. Nov. 1798.
Franz Xavier Kareu, Pole „ „ „	1. Febr. 1799.	
seit 7. März 1801 General für ganz Rußland		30. Juli 1802.
Gabriel Gruber, Deutscher „ „ „	10. Oct. 1802.	26. März 1805.
19) Thaddäus Brzozowsky, Pole . . .	2. Sept. 1805.	
seit 7. Aug. 1814 General f. d. wiederhergest. Orden		5. Febr. 1820.
20) Aloisius Fortis, Veronese	18. Oct. 1820.	27. Jan. 1829.
21) Johannes Roothaan, Amsterdamer . .	9. Juli 1829.	8. Mai 1853.
22) Peter Beckx, Oestreicher	(4?) Juli 1853.	

französische Waffen wieder in den unbeschränkten Besitz der königlichen Gewalt gekommen war, rehabilitirte er (1824) seine Günstlinge. In dem Bürgerkriege, der nach Ferdinands Tod (29. Sept. 1833) ausbrach, trat der Orden auf Seite des von ihm erzogenen Infanten Don Karlos; dafür stürmte am 17. Juli 1834 das Volk das Collegium zu Madrid und übte an den Jesuiten blutige Rache; am 4. Juli 1835 verbannte sie die Regentin Maria Christina auf's Neue aus Spanien, aber erst im Jahre 1839 wichen sie aus den nörd- lichen Provinzen und im übrigen Spanien schlichen sie bald wieder ein. Portugal wurde ihnen erst am 10. Juli 1829 durch Don Miguel wieder eröffnet, aber auch am 24. Mai 1834 durch den siegreichen Don Pedro auf's Neue verschlossen, zum Theil mit einer Härte, wie sie nur im Jahre 1759 geübt worden war. 1844 zog sie die Wittwe Napoleons nach Parma. In Oestreich fanden sie erst 1820 als Redemptoristen Aufnahme, unter ihrem eigentlichen Namen erhielten sie 1838 die Theresianische Ritterakademie und das Gymnasium zu Insbruck. Obgleich sie in der letzteren Stadt 1844 ein großartiges Con- viet errichteten, blieben sie dennoch in Tyrol unpopulär. Als daher der gelehrte und freisinnige Benedictiner Pater Albert Jäger von Marienberg in den Vorträgen, die er im Winter 1843—44 zu Insbruck über Tyroler Landesgeschichte hielt, nachwies, welche tiefe Wunde die Wirksamkeit des Ordens der Religiosität und dem Wohlstande des Landes in dem Zeitraume von 1567—1767 geschlagen hatte, erntete er von allen Seiten rauschen- den Beifall. Auch in Preußen versuchten die Jesuiten seit dem Anfange der zwanziger Jahre sich wieder einen Wirkungskreis zu öffnen. Die Rheinprovinz versprach ihnen um ihrer katholischen Bevölkerung willen ein ausgedehntes Arbeitsfeld. Namentlich wurde die Zahl der jungen Preußen, welche ihre theologische Bildung in dem deutschen Colleg zu Rom suchten, so bedeutend, daß Friedrich Wilhelm III. durch Cabinetsordre vom 13. Juli 1827 allen seinen Unterthanen den Besuch auswärtiger Jesuitenanstalten unter- sagte. Durch den Jesuiten Ronsin bearbeitet trat am 24. Oktober 1825 Herzog Friedrich Ferdinand von Anhalt-Köthen mit seiner Gemahlin zu Paris zur katholischen Kirche über und gewährte ihnen in seiner Residenz eine Mission, die sie zur Aufreizung gegen die protestantischen Landesbewohner mißbrauchten, bis durch das im Jahre 1847 erfolgte Erlöschen des herzoglichen Hauses das Ländchen an Dessau und Bernburg fiel und das Jahr 1848 die Jesuiten vertrieb.

In Großbritannien wurde zwar 1829 die Emancipation der Katholiken gesetzlich aus- gesprochen, dagegen das klösterliche Vereinsrecht beschränkt und insbesondere der Jesuiten- orden völlig ausgeschlossen. Nur im tiefsten Dunkel vermag dort die Gesellschaft ihre Wirksamkeit fortzusetzen; daß sie es dennoch thut, verbürgen die Fortschritte, die der Katholicismus zum Nachtheil der Hochkirche in letzter Zeit gemacht hat.

In keinem europäischen Lande errang der Orden seit seiner Restitution eine unbe- strittenere Herrschaft und Machtentfaltung, als in Belgien. Nach der Errichtung des Königreichs der vereinigten Niederlande gründeten die Jesuiten ein Noviziat bei Distel- berg. Als aber auf sie gestützt und durch sie angeregt der belgische Episkopat gegen die niederländische Verfassung operirte und sie zu beschwören sich weigerte, weil die Gleich- berechtigung der Confessionen darin garantirt und das Unterrichtswesen unter die Ueber- wachung des Staates gestellt war, so befahl der König das Noviziat zu schließen; da aber die Jesuiten nur der Waffengewalt weichen zu wollen erklärten und in dem Bischof von Gent, Moritz von Broglie, einen eifrigen Beschützer fanden, der ihnen sogar seinen Palast zur Verfügung stellte, so mußten sie 1816 mit ihrem hohen Gönner nach Frankreich aus- wandern. Die belgische Revolution, die durch eine Coalition der ultramontanen mit der liberalen Partei herbeigeführt wurde, öffnete den Jesuiten wieder das Land; die ver- fassungsmäßig festgestellte Freiheit des Unterrichts gestattete ihnen unbeschränkte Thätigkeit: binnen weniger Jahre errichteten sie fast in allen großen Städten ihre Collegien nebst Pensionaten für die Söhne der bemittelten Stäube und erfreuten sich bald eines zahl- reichen Besuches. Während die übrigen Orden sich sämmtlich der bischöflichen Aufsicht unterordneten, gelang es den Jesuiten sich unabhängig zu erhalten; ja sie traten nicht

bloß gegen die Staatslehranstalten und gegen die durch die Liberalen gegründete Univer=
sität zu Brüssel, sondern auch gegen die von dem Episkopate zu Löwen gestiftete streng
katholische Hochschule in eine förmliche Opposition und suchten deren Aufkommen zu hin=
dern, was im Jahre 1846 die belgischen Bischöfe vermochte, sich beschwerend an Gregor XVI.
zu wenden. Für ihren Reichthum spricht der eine Umstand, dessen Gioberti gedenkt, daß
sie in der Ursulinerinnenstraße zu Brüssel ein Hotel für 120,000 Franks kauften, ein
Gebäude aufführten, dessen Errichtung eine Million kostete, und nach und nach die ganze
eine Seite der Straße mit Ausnahme eines einzigen Hauses an sich brachten.

Obgleich in Frankreich Ludwig XVIII. alle Verwendungen für die gesetzliche Resti=
tution des Ordens ablehnte, so leistete er ihm doch dadurch Vorschub, daß er durch
Ordonnanz vom 5. October 1814 die kleinen Seminare der Ueberwachung der Universität
entzog und den Bischöfen die freie Lehrerwahl überließ, und daß er durch Befehl vom
25. September 1816 die Abhaltung der bis dahin verbotenen Missionen wieder erlaubte;
bald hatten die Jesuiten in mehreren der wichtigsten Städte Niederlassungen gegründet,
insbesondere gewannen ihre Collegien zu St. Acheul und zu Montrouge bald als Haupt=
lager und Vereinigungspunkte für die von ihnen geleitete Partei eine politisch=kirchliche
Bedeutung; gleichzeitig durchzogen sie missionirend die Provinzen und bearbeiteten das
Volk für ihre restaurativen Zwecke. In den kleinen Seminarien, deren Zahl die Bischöfe
noch beträchtlich vermehrten, bemächtigten sie sich der Leitung des Gymnasialunterrichts
und wirkten auf Heranbildung eines ihnen ergebenen Klerus. 1822 gründeten sie zu
Lyon die vom Pabste mit reichen Privilegien und Ablässen ausgestattete Congregation,
eine Gesellschaft zur Verbreitung der römischen Kirche, in welchem ihnen bald viele Laien
dienstbar wurden und durch Entrichtung eines wöchentlichen Beitrags von einem Sou
ihnen bedeutende Summen zur Verfügung stellten. Im Jahre 1850 hatte dieselbe eine
regelmäßige Jahreseinnahme von 5 Millionen Franken. Unter Karl X. stieg der jesui=
tische Einfluß so, daß selbst ein alter Royalist und frommer Katholik, der Graf von Mont=
losier, ihren Unfug in Schriften bekämpfte und 1826 eine Anklage gegen sie und ihre
gesetzwidrige Existenz in Frankreich bei der Pairskammer einreichte. Die wachsende Unzu=
friedenheit, die sich sogar in stürmischen Auftritten kundgab, nöthigte den König am
5. Jannar 1828 das Ministerium Villèle zu entlassen und durch das liberale Ministerium
Martignac zu ersetzen. Durch die Ordonnanz vom 16. Juni 1828 wurden acht der
bedeutendsten kleinen Seminare, weil sie die gesetzlich erlaubte Zahl von Schülern über=
schritten hätten und von einer verbotenen Congregation geleitet würden, unter die Aufsicht
der Universität gestellt und alle Lehrer für anstellungsunfähig erklärt, die nicht durch
Revers die Bürgschaft geben würden, daß sie einer solchen Congregation nicht angehörten.
Eine zweite Ordonnanz beschränkte die Zahl der Zöglinge sämmtlicher kleinen Seminare
auf 20,000. Die Auflösung des liberalen Ministeriums, in dessen Stelle im August 1829
Polignac mit seinen Collegen trat, und die Ordonnanzen vom 25. Juli 1830 führten
den Sturz der bourbonschen Dynastie herbei und erhoben das Haus Orleans auf den
Thron. Der Sturm der Julirevolution verwehte die Jesuiten aus Frankreich, wo ihre
Zahl auf 436 Glieder gestiegen war; das Haus ihrer Missionäre in Paris, ihre Colle=
gien zu St. Acheul und Montrouge wurden vom wüthenden Volke demolirt, die Ordon=
nanzen vom 16. Juni 1828 traten wieder in Kraft; Versuche einiger Ordensglieder, in
Frankreich wieder einzuschleichen, wurden mit Gefängnißstrafe geahndet. Allein die Ein=
flüsse seiner der Gesellschaft geneigten Gemahlin und besonders der Wunsch, den legiti=
mistisch gesinnten Episkopat für sich zu gewinnen, bestimmten den Sohn der Revolution,
Louis Philipp, zur Nachsicht. Stillschweigend kehrten die Jesuiten zurück und fanden
Duldung; schon 1838 konnte es der Bischof von Clermont wagen, dem Grafen von Mont=
losier das kirchliche Begräbniß zu verweigern, und in demselben Jahre eröffneten die
Jesuiten wieder ihre Missionspredigten zu Rheims, freilich nur mit der nicht beabsichtigten
Wirkung, daß das Volk sich zusammenrottete, sie verjagte und Kirche und Pfarrhaus
verwüstete. Um so glänzender war der Erfolg, den der Jesuite Xaver de Ravignan als

Kanzelredner in Paris durch seine glänzende und hinreißende Predigten errang: trotz des gegen die Gesellschaft bestehenden Dekretes hielt eins ihrer Glieder die ganze Hauptstadt in Bewegung. Als seit dem Jahre 1842 der Episkopat unter Berufung auf die grund= gesetzlich garantirte Unterrichtsfreiheit die Befreiung der niederen Bildungsanstalten von der Aufsicht der Universität verlangte, um dieselben den verbotenen Corporationen, nament= lich den Jesuiten zu übergeben, schoß eine Fluth von Streitschriften auf; für die Univer= sität erhoben sich die Professoren Michelet und Quinet, für den Orden die PP. Ravignan und Cahour, aber trotz des geschickten Plaidoyers der beiden letzteren schlug Eugen Sue der Gesellschaft mit seinem ewigen Juden in der öffentlichen Meinung eine tödtliche Wunde, zumal man von Ravignan erfuhr, daß in Frankreich wieder 206 ihr angehörige Priester lebten, eine Angabe, die freilich gar sehr der Berichtigung bedurfte, da Ravignan nur die Ordensprovinz Frankreich im Auge hatte und es verschwieg, daß die andere Provinz Lyon gleichfalls mit 202 Ordenspriestern beglückt war. Durch den Proceß ihres Kassierers Affnaer, den die Jesuiten unkluger Weise im April 1845 zur öffentlichen Ver= handlung kommen ließen, war der Beweis festgestellt, daß die gesetzlich verpönte Societät in fester Organisation in Frankreich zum Hohne der Staatsgesetze bestehe; da gleichzeitig eine Clique eifriger Katholiken die Pairskammer an ihre Pflicht erinnerte, dahin zu wirken, daß Quinet und Michelet vom Katheder entfernt würden, beschloß die Deputirtenkammer auf die Interpellationen des ehemaligen Ministers Thiers am 2. Mai 1845, die Regie= rung zum Vollzuge der gegen den Orden bestehenden Gesetze aufzufordern. Das Mini= sterium schlug einen Mittelweg ein: es trat durch den französischen Botschafter Rossi in Unterhandlungen mit der Curie; nach einer mit Pater Roothaan geschlossenen Uebereinz= kunft rief dieser seine Genossen aus Frankreich ab und die Regierung löste die Haupt= depots des Ordens zu Paris, Lyon, Avignon und St. Acheul auf. Daß durch diese temporäre Maßregeln der Kampf nicht geschlichtet, sondern nur vertagt ward, lag am Tage, er verpflanzte sich zunächst auf einen andern Boden und entbrannte dort um so heftiger.

In der Schweiz nämlich war es der Gesellschaft Jesu gleich nach ihrer Restitution gelungen, ihre alten Collegien zu Sitten und Brieg wieder einzunehmen. Am 19. Sept. 1818 beschloß auch der große Rath zu Freiburg, trotz der besonnenen Warnung des Vorortes Bern, die Lehranstalten des Cantons mit einem Fond von einer Million Schweizerfranken den Jesuiten zu überweisen; weitere Summen wurden dem Volksmark ausgepreßt, um ihr Collegium und Pensionat mit mehr als verschwenderischer Pracht zu bauen. Als zur Zeit der Julirevolution in mehreren Cantonen die Verfassung in demo= kratischem Geiste revidirt und umgearbeitet wurde, organisirte die ultramontane Partei, von den Jesuiten zusammengehalten und geleitet, gegen die neuen Regierungen einen ent= schlossenen Widerstand; der päbstliche Nuntius selbst verlegte seinen Sitz von Freiburg nach Schwyz, dessen gut katholische Bevölkerung sich für diese Ehre dadurch dankbar bewies, daß sie den Jesuiten 1836 ein Collegium und unmittelbar darauf ein Pensionat und eine Secundärschule gründete; ja sie ließ es sich nicht nehmen, durch Frohnarbeit den Bau dieser Häuser zu fördern. Manche Vorgänge förderten die Maßregeln der Reaction. Die unkluge Berufung des Dr. Strauß auf den theologischen Lehrstuhl nach Zürich und der dadurch veranlaßte Bauernaufstand am 6. Sept. 1839 stürzte die liberale Regierung des Cantons, während der mißglückte revolutionäre Versuch, von dem reformirten Aargau einen katholischen Canton Baden abzureißen, mit der Aufhebung der aargauischen Klöster endigte, in denen jener Plan entworfen war. Beides wurde mit Erfolg ausgebeutet, um den Verdacht im Volke zu erwecken, als gehe man von Seiten der liberalen Regierungen darauf aus, die Kirche zu zerstören; den jesuitischen Wühlereien öffnete sich ein weiter Spielraum und die Ereignisse drängten sich mit Blitzeseile. Im Mai 1841 wurde in Luzern die Verfassung im ultramontanen Sinne geändert; es bildete sich die Idee eines Bundes mit dem Zwecke, die katholischen Cantone und Landestheile von der reformirten Schweiz abzulösen und als einen selbständigen Staatsverein ihr gegenüber zu stellen; bereits traten Luzern mit Zug und Freiburg in engerer Einigung zusammen; von Luzern wurde der Funke der Zwietracht in das Wallis geworfen, und mit jesuitischem Gelde unterstützt (der Lyoner Missionsverein betheiligte sich an dem Unternehmen mit einer Summe von 98,000 Fr.), überfielen die ultramontanen Oberwalliser die liberalen Bewohner des Unterwallis im Mai 1844 und bereiteten ihnen am Trient eine blutige Niederlage; die Unterdrückung der besiegten Partei und der Anschluß des Cantons an die Einigung war die nächste Folge. Vergebens stellte der Staud Aarau auf der Tagessatzung den Antrag, den Urheber aller dieser Machinationen, den Jesuitenorden von Bundes wegen aus der Schweiz zu verweisen; der Antrag fiel am 19. August 1844, nur von Baselland unterstützt, und Luzern beantwortete ihn durch den schon im September gefaßten Beschluß, die Jesuiten zur Uebernahme der theologischen Lehranstalt und des Priesterseminars zu berufen. Die tiefe Erbitterung, welche diese Ereignisse und besonders die finstere und drückende Schreckensherrschaft in Luzern hervorriefen, faud ihren Ausdruck in tadelnswerthen Unternehmungen der Selbsthülfe: da die Tagsatzung ihre vermittelnde Stellung nicht aufgab, so organisirte sich zum Sturze des verhaßten Regiments ein Freischaarenzug, der am 31. März und 1. April 1845 vor Luzern rückte, aber dort blutig aufgerieben wurde. Durch diesen Erfolg ermuthigt und zugleich durch die gemeinsame Gefahr zur Vorsicht gemahnt, zumal bei den Wahlen im April 1845 in Zürich die Liberalen siegten, schloßen die sieben katholischen Cautone Luzern, Freiburg, Zug, Schwyz, Uri, Unterwalden und Wallis 1846 einen engen Bund, zunächst um sich gegen Freischaarenangriffe sicher zu stellen; aber als auch in Genf im October 1846 die radicale Partei die Oberhand gewonnen hatte, so erklärte die Tagsatzung im Juli 1847 den Sonderbund für ungesetzlich, forderte dessen Auflösung und beschloß am 3. September die Ausweisung der Jesuiten. Der Widerstand, den die katholischen Cautoue diesen Beschlüssen entgegensetzten, hatte am 4. November das Aufgebot des eidgenössischen Heeres zur Folge; zuerst erlag Freiburg; am 23. November entschied der Sieg bei Gisliton auch über Luzern und die andern; die ultramontanen Regierungen fielen; die Jesuiten waren bereits mit ihrer beweglichen Habe geflohen; ihr übriges Vermögen wurde der Staatskasse überwiesen. Die Feigheit, womit sie, nur auf ihre Rettung bedacht, die von ihnen Bethörten dem Verderben preisgegeben hatten, mußte diesen selbst die Augen öffnen; interessante Einzelheiten erzählt Imhof [Prälat Leu], die Jesuiten in Luzern, S. 79 bis zum Schluß; in bittere Klagen ergoß sich über ihr zweideutiges Benehmen gegen den Verf. dieses Aufsatzes ein in den Urcantonen einst hochgestellter Mann, der mit einem Theile seines Vermögens seinen Eifer für ihre Berufung und Wirksamkeit bethätigt und gebüßt hat.

Der Erhebung, die sie im Jahre 1847 in wenigen Tagen aus der Schweiz verdrängte, folgten unmittelbar die Erschütterungen des Jahres 1848. Die Nachwehen der Pariser Februarrevolution fanden zunächst in Italien eine Masse Brennstoff aufgehäuft. In Sardinien nahm die Bewegung einen so drohenden Karakter an, daß die Regierung schon am 2. März den Vätern der Gesellschaft Jesu befahl, Turin im Stillen zu räumen; auch so konnten die befürchteten Excesse nicht verhütet werden. Am 1. März stürmte das Volt zu Genua ihr Collegium und zertrümmerte, was es dariu vorfand; sie selbst waren durch eilige Flucht der drohenden Katastrophe entgangen, das Gesetz vom 25. Aug. saudte ihnen die Verbannung nach. In Neapel zeigte sich ihnen die Stimmung so abgeneigt und gab sich in so unzweideutigen Demonstrationen kund, daß sie am 11. März unter Escorte nach dem Hafen zogen, um ihre Einschiffung zu bewerkstelligen; am 31. Juli sprach auch das sicilianische Parlament gegen sie die Verweisung und Güterconfistation aus. Selbst Pius IX. sah sich genöthigt, sie durch Dekret vom 29. März aus dem Kirchenstaate zu verbannen, mit Hinterlassung einer Schuldenmasse von 50,000 Scudi flüchteten Roothaan und Conforten nach England, wo ihnen Lord Clifford eines seiner Schlösser zur gastlichen Aufnahme einräumte. Auch in Deutschland konnten diese Stürme nicht ohne Wirkung bleiben. Schon am 17. Febr. 1848 hob Bayern die Redemptoristenmission zu Altötting auf. In Wien brach am 6. April das aufgeregte Volt in das Kloster diefer Patres und vertrieb fie. Am 10. April ordnete die Regierung den Abzug der Jefuiten aus Linz; in Steiermark und dem Erzherzogthum Defterreich verjagte fie das Volk; am 8. Mai fprach Kaifer Ferdinand die Aufhebung des Jefuitenordens für alle feine Staaten aus; nur in Tyrol fanden fie jetzt eine Sympathie, um die fie fonft vergeblich geworben hatten und die fich nur aus der oppofitionellen Stellung diefes Landes gegen die Regierung erklärt. Auch die deutfche conftituirende Nationalverfammlung erhob bei der erften Berathung der Grundrechte den Antrag des Abgeordneten Rheinwald am 27. Sept. 1848 zum Befchluß: "der Orden der Jefuiten, Liguorianer und (!) Redemptoriften ift für alle Zeiten aus dem Gebiete des deutfchen Reichs verbannt;" allein bei der zweiten Lefung wurde er am 15. Dez. auf Antrag des Verfaffungsausfchuffes abgelehnt.

Nach diefen Vorgängen und der darin kundgegebenen Stimmung hätte man nicht glauben follen, daß ihre Macht fich auf's Neue confolidiren würde; dennoch ift es gefchehen. Der Sieg der franzöfifchen Waffen am 3. Juli 1849 bahnte, wie dem Pabfte, fo auch den Jefuiten die Rückkehr nach Rom und öffnete ihnen wieder ihre alten Werkftätten in Italien, mit Ausnahme Sardiniens, welches das Dekret vom Jahre 1848 aufrecht erhielt. Im Jahre 1854 hatten fie auch wieder in Defterreich (Linz, Leitmeritz und Innsbruck) drei Collegien; obgleich ihre taktlofen Miffionspredigten im April 1855 in Wien Anftoß gaben und wegen der öffentlichen Spöttereien eingeftellt werden mußten, berichten dennoch die Zeitungen, daß ihnen das akademifche Gymnafium, ein neugegründetes Convikt mit einer beträchtlichen Anzahl von Zöglingen und zwei Kirchen in der Hauptftadt, darunter die der Univerfität, überwiefen werden follen. (?) Im paritätifchen Deutfchland, in Bayern, Rheinpreußen und Weftphalen und den Staaten der oberrheinifchen Kirchenprovinz halten fie feit 1850 unermüdlich ihre Miffionen; felbft Frankfurt, wo fie früher nicht gekannt waren, wurde im November 1852 von ihrem Befuche überrafcht. Diefe rührige Thätigkeit veranlaßte den fünften evangelifchen Kirchentag zu Bremen am 15. Sept. 1852 "das Verhalten der evang. Kirche in Hinficht der römifch-katholifchen Miffionen" in den Kreis feiner Berathungen zu ziehen. In Preußen haben fie in Münfter und neuerdings in Bonn Noviziate errichtet. In Frankreich find fie wieder hochangefehen und ihre Erziehungshäufer und Seminare füllen fich mit Söhnen gunftfuchender Familien. In Straßburg vermochten fie 1854 den Maire der Stadt und den Präfekten des Departements, die Einkünfte des den Proteftanten gehörigen Thomasftiftes zu Gunften der Stadt mit Befchlag zu belegen, was eine ungemeine Aufregung hervorrief. Dagegen haben in Neapel die Ausfälle ihrer Zeitfchrift: civiltà cattolica auf die Regierung eine folche Verftimmung hervorgebracht, daß der Polizeidirektor fie mit Ausweifung bedrohte; der General P. Beckx erfchien felbft in Neapel und erklärte am 10. Januar 1855 fämmtlichen Provinzialen, "daß die Gefellfchaft Jefu als geiftlicher Orden außerhalb aller politifchen Parteien ftehe, überall der regierenden Gewalt Gehorfam leifte und den Grundfatz befolge: Gebet dem Kaifer, was des Kaifers ift." Trotzdem dauerte die Differenz mit der Regierung bis in den November fort. In Spanien wurden 1855 die Jefuiten auf's Neue durch Befchluß der Cortes ausgewiefen.

Im Jahre 1626 umfaßte das Jefuitenreich 10 europäifche und 6 außereuropäifche Kreife, welche in 39 Provinzen zerfielen. In diefem weltumfaffenden Gebiete fchalteten 15,493 Jefuiten in 803 Häufern, deren 25 Profeßhäufer, 467 Collegien, 63 Miffionen, 165 Refidenzen, 36 Seminare waren. 1749 beftand die Gefellfchaft aus 22,589 Perfonen, die Profeßhäufer waren auf 39, die Collegien auf 669, die Miffionen auf 273, die Seminare auf 176 angewachfen. 1710 hatten fie Fakultätsoberhoheit an 80 Univerfitäten. In den Jahren 1838—1844 weifen die ftatiftifchen Ueberfichten in den 4 Kreifen Italien, Spanien, Gallien, Germanien 16 Provinzen und Viceprovinzen nach, von welchen die amerikanifchen theils zu Spanien, theils zu Germanien gezogen find. 1838 lebten in 173 Häufern 1246 Priefter, 934 Scholaftiker, 887 Laienbrüder, Gefammtzahl 3067. 1844 zählte die Gefellfchaft fchon 1645 Priefter, 1281 Scholaftiker, 1207 Laien, mithin 4133 Glieder in 233 Häufern; von den letzteren hatten nur 3 in Rom, Palermo und Genua den Rang von Profeßhäusern; seit 1848 ist das letztere eingegangen; dagegen hat sich nach einer Angabe öffentlicher Blätter im vorigen Jahre der Bestand der Gesellschaft auf 5510 Mitglieder (wovon 177 auf Deutschland und Oesterreich kommen) herausgestellt, was demnach für den Zeitraum von 17 Jahren eine Vermehrung um 2443 ergäbe und beweist, wie mächtig der Orden im Zunehmen begriffen ist.

Der Jesuitenorden kann keineswegs, wie die andern Mönchsvereine bloß als einfaches Institut der römischen Kirche betrachtet werden. Das wirksamste Organ des sich selbst regenerirenden Katholicismus im 16. Jahrhundert, ist er bis heute der Mittelpunkt und die Seele aller restaurativen kirchlichen Tendenzen geblieben. Wie das Nervensystem in dem höheren animalischen Organismus alle peripherischen Unterschiede zur centralen Einheit vermittelt und vorzugsweise der Träger des psychischen Lebens ist, so ist er das allenthalben unermüdlich thätige Organ, durch dessen vermittelnde Funktionen die römische Curie die fernsten Provinzen ihrer priesterlichen Herrschaft in fortwährender Einheit mit sich erhält und sie mit ihren Interessen durchbringt. Was die römische Kirche in ihrer Verfassung zu allen Zeiten angestrebt hat, aber unter den Gegenwirkungen der weltlichen Macht und Interessen nur unvollkommen erreichen konnte, das ist in seinem Organismus in vollkommen ausgebildeter Gliederung durchgeführt. Er trägt darum ihre Physiognomie in noch schärferer Ausprägung als sie selbst, und alle ihre Vorzüge, wie ihre Mängel, kommen in ihm zur vollendeten Erscheinung. Durch die innere und äußere Mission, sowie durch die Befeindung des Protestantismus, dem er in wissenschaftlicher Beziehung nicht im entferntesten gewachsen und nur in der Zähigkeit und Consequenz der diplomatischen Intrigue überlegen ist, geht er einzig darauf aus, das Terrain des Katholicismus nach außen zu vergrößern, den Staat der Kirche unterzuordnen, und die Bildung der Zeit unter das Joch der mittelalterlichen Superstitionen zu beugen und zu ersticken. Das ist sein Ziel in Seelsorge, Unterricht, Erziehung, Predigt und Beichte. Er verfolgt ausschließlich kirchenpolitische Zwecke; die Religion, die ihm ohnehin mit bloßer Kirchlichkeit identisch ist, gilt ihm nur als Mittel; die kategorischen Forderungen der Sittlichkeit müssen den Rücksichten auf klugberechnete Zweckmäßigkeit nachstehen. Daraus erklärt sich auch die Dehnbarkeit und Elasticität, womit er in den verschiedenen Zeiten seine dogmatischen, moralischen und selbst seine kirchenrechtlichen Grundsätze bald erweitert, bald straffer angezogen, zum Theil sogar verläugnet hat. Sein Verhalten in allen diesen Beziehungen war stets der exakte Ausdruck der Situation. Ein solches Institut, durch welches sich die römische Kirche in der Realisirung ihrer Ideen weit überboten sieht, kann nur scheinbar in ihrem Dienste stehen, in der That ist es eine sie beherrschende Macht. Wir Protestanten können über den Orden nur ein Urtheil, nur eine Stellung haben: jede Anerkennung, jede Duldung, die wir seinen Prinzipien und seinem Wirken zu Theil werden lassen, ist nicht ein Akt der Gerechtigkeit gegen ihn, sondern eine Gleichgültigkeit gegen unsere eigene geschichtliche Vergangenheit und Zukunft, ein Verrath an unserer Kirche und ihrer rechtlichen Existenz. In einer Zeit, wo die Jesuiten in Deutschland theils wieder feste Ansiedlungen gründen, theils als fahrende geistliche Ritter abenteuernd umherziehen, sollten Reformirte und Lutheraner ihre confessionellen Differenzen wenigstens im Hinblick auf die gemeinsame Gefahr vergessen und sich wie ein Mann um das gemeinsame Banner der einen evangelischen Kirche schaaren, damit nicht unsere Verblendung und unser rechthaberischer Eigensinn dem gegenwärtigen Jahrhunderte dieselben demüthigenden Erfahrungen bereite, welche den Schluß des 16. Jahrhunderts für den gesammten Protestantismus so verhängnißvoll gemacht haben. Wenigstens wird kein Scharfblickender sich verbergen, daß die gegenwärtige Situation mit der damaligen viele Aehnlichkeit zeigt.

Bei dem ungeheuern Reichthum des Quellenmaterials und der Bearbeitungen (man vergl. die vollständige Zusammenstellung der einschläglichen Literatur von 1540—1774 am Schlusse des 4. Theils von Wolf) können wir außer den bereits angeführten uns füglich auf einige literarische Nachweisungen beschränken. Sehr lehrreich ist die in 7 Bänden von Orlandini, Sacchini, Possinus, Jouvency und Cordara abgefaßte historia societatis Jesu; sie reicht von 1540 bis 1625 und ist im Auftrage und daher auch im Interesse des Ordens geschrieben. Eben dahin gehört auch die sehr rhetorisch gehaltene officielle Jubel-schrift: Imago primi saeculi societatis Jesu. Antwerp. 1640. (Vergl. das Urtheil Ran-ke's III, 381.) Von neueren Darstellungen heben wir hervor: Wolfs allgemeine Ge-schichte der Jesuiten, 2. Ausgabe. Lpz. 1803 in 4 Bänden (nur für die Zeit der Aufhe-bung brauchbar), Sugenheims Geschichte der Jesuiten in Deutschland von 1540—1773, 2 Bände Frankf. 1847, von demselben „die Jesuiten in Europa seit Auflösung des Or-dens durch Clemens XIV." zwei Aufsätze in Brockhaus Gegenwart, 2. Band S. 237—287 und S. 628—681, Kortüm: die Entstehungsgeschichte des Jesuitenordens, Mann-heim 1843, sämmtlich vom gegnerischen Standpunkte ausgehend. Sehr belehrend sind die Abschnitte in Schröckhs Kirchengeschichte seit der Reformation, bes. im dritten Theile, auch durch maßvolle Besonnenheit des Urtheils ausgezeichnet, sowie bei Gieseler im 3. Band. Im jesuitenfreundlichen Sinne ist das geschichtliche Material bearbeitet von Helyot, Geschichte sämmtlicher Orden 7. Band S. 524 ff., von Crétineau-Joly, histoire religieuse, politique et litteraire de la Compagnie de Jesus. Paris 1844—46, 6 vol. und von F. G. Buß, die Gesellschaft Jesu, ihr Zweck, ihre Satzungen, Geschichte u. s. w. Mainz 1854. Die vortrefflichste Darstellung gab Ranke in seiner Ge-schichte der Päbste: quellengemäß, unbefangen, aus dem Standpunkte großartig histo-rischer Auffassung. Ueber Wesen und Einrichtung des Ordens vergleiche: Jordan, die Jesuiten und der Jesuitismus, Altona und Lpz. 1839; Drelli, das Wesen des Jesuiten-ordens, Potsdam 1846, u. Bode, das Innere der Gesellsch. Jesu, Lpz. 1847. G. E. Steitz.

Jesuitinnen. Ein Orden, der nicht die beschauliche Ruhe des inneren Lebens, sondern das thätige Eingreifen in die äußere Welt und die Beherrschung ihrer Verhält-nisse zum Zwecke hat, kann begreiflicher Weise nur auf Männer sich beschränken. Gleich-wohl tauchen zu verschiedenen Zeiten Jesuitinnen auf.

Während Ignatius vor der Reise nach Jerusalem in Barcellona weilte, kam er mit einer vornehmen Frau daselbst, Namens Isabella von Rosella in Verbindung. Als diese nämlich in der Kirche während der Predigt ihre Augen über die Versammlung streifen ließ, fesselte plötzlich der geistliche Ritter im Bettlergewande ihre Blicke; er saß mit Kna-ben auf den Stufen des Altars und sie meinte deutlich zu erkennen, wie helle Lichtstrahlen aus seinem Haupte hervorbrachen und dasselbe verklärend umleuchteten. Zu Hause ver-anlaßte sie ihren Mann sogleich, dem wunderbaren Fremdling nachzugehen. Ignatius wurde gefunden und gastlich aufgenommen; bei Tische sprach er mit Isabella so hin-reißend vom gottseligen Leben, daß er ihr Herz ganz dafür gewann. Als er von Jeru-salem 1524 wieder nach Barcellona zurückkehrte und dort seine grammatischen Studien begann, sorgte Isabella für seinen Unterhalt. Jahre waren seitdem vergangen; die un-klaren verworrenen Träume seiner ersten Periode lagen hinter ihm, aus ihnen waren praktische Zwecke, festbegrenzte Entwürfe herausgereift; da erschien mit zwei andern Ma-tronen Isabella in Rom und begehrte sich unter die geistliche Leitung ihres ehemaligen Pfleglings zu stellen. Wie ganz anders hatte sich doch der Kreis seiner Interessen und Gedanken gestaltet: sonst hätte ihm nichts Erwünschteres begegnen können, jetzt erschien ihm dieser Antrag als eine unerträgliche Last, aber vergebens versuchte er mit aller Vor-sicht diese Klippe zu umschiffen; die Frauen überboten ihn an Beharrlichkeit, sie wußten von Paul III. den Befehl zu erwirken, der sie unter die geistliche Pflege ihres verehrten Vaters stellte, und beuteten dieselbe so aus, daß nach der Versicherung Maffei's diese drei Weiber dem Stifter durch ihre Herzensanliegen und Gewissensscrupel in wenigen Tagen bereits mehr Mühe und Arbeit verursachten, als die Regierung seiner ganzen Compagnie. Auf seine dringende Vorstellungen und Bitten entband ihn Paul III. 1546 von der ihm auferlegten Verbindlichkeit und Ignatius beeilte sich in einem sehr diploma-tischen Schreiben vom 1. Oktober, welches sich bei Ribadeneira findet, seine einstige Wohl-thäterin von der Pflicht des Gehorsams zu entbinden und sie aus der Stellung einer geistlichen Tochter in die einer guten und achtbaren Mutter zu versetzen. (Vgl. *Ribadeneira*, Vita Ignatii Lojolae I, 10. 13. III, 14.) Durch die Bulle Licet debitum vom 18. Oktober 1549 verlieh Paul III. der Gesellschaft Jesu das Privilegium, daß sie niemals mit der geistlichen Leitung von Nonnen behelligt werden sollte.

Außer allem Zusammenhang mit diesen Jesuitinnen steht eine andere Verbindung dieses Namens, die im Anfang des 17. Jahrhunderts in Deutschland und Italien ohne päbstliche Genehmigung eigenmächtig zusammentrat und von der wir nur durch das Breve Urbans VIII. Pastoralis Romani pontificis vom 13. Jan. 1631 (Bullarium M. Luxemb. Tom. V. 215 sqq.) Kenntniß erhalten. Diese Frauen hatten förmliche Collegien und Probationshäuser errichtet, hatten Rektorinnen, Visitatorinnen und eine Generalin ernannt und legten in die Hände der Letzteren feierliche Gelübde ab. Sie entbanden sich von der Strenge der Clausur, gingen frei in die Häuser und verwalteten die Seelsorge. Urban, der diese Beschäftigung und Lebensweise weder mit der jungfräulichen Scham, noch mit der weiblichen Bestimmung und Bildung zu vereinbaren wußte, löste durch das gedachte Breve den Verein unter Androhung der Excommunication auf und befahl den Gliedern kraft des heiligen Gehorsams ihre Collegien zu verlassen. (Vergl. *Helyot* VII, 569. *Sainjore (Rich. Simon)* Bibliotheque critique I, 289.)

Ein anderer Verein, den man anfangs Jesuitinnen nannte, war der von Johanna, verwittweten Marquise von Montferrat, geb. von Lestonac gestiftete und von Paul V. durch Breve vom 7. April 1607 bestätigte Orden der **Klostertöchter unserer lieben Frau.** Derselbe hatte sich die christliche Erziehung und Unterweisung der weiblichen Jugend zur Aufgabe gesetzt und seine Einrichtungen gleichfalls den Satzungen des Ignatius nachgebildet, da er aber dem Benediktinerorden eingegliedert wurde, von dem er auch die Kleidung annahm, so gehört er dorthin. (Helyot VI, 398 ff.) Mit größerem Rechte kann man den von der Jungfrau Barat 1801 zu Paris zum Zweck der weiblichen Erziehung gegründeten und von Leo XII. am 22. Dezem. 1826 confirmirten Orden **der Frauen des heiligen Herzens oder des Glaubens Jesu** als weiblichen Zweig der Gesellschaft Jesu ansehen, da er dieser wirklich affiliirt ist und darum auch in die wechselnden Schicksale, welche sie seit ihrer Restitution erfuhr, vielfach verflochten wurde (Vergl. den Art. Gesellschaft des h. Herzens Jesu.)   *G. E. Steitz.*

Jesus Christus. Abriß seines Lebens*). Es war die Zeit erfüllet, die Gott von Ewigkeit her versehen, um seinen Heilsrathschluß auf Erden schließlich zu verwirklichen: da begann nach vierhundertjähriger Pause wieder die Geschichte der großen, nun der größten Offenbarungsthatsachen Gottes unter seinem Volke Israel. Dazumal herrschte der Idumäer Herodes der Große, welcher seit Sept. 717 der Stadt Rom in den Vollbesitz der königlichen Gewalt gekommen war, über Judäa. Unter seiner Regierung erschien dem Engel Gabriel dem Priester Zacharias aus der Ordnung Abia im stillen Heiligthum des Tempels zu Jerusalem in der Woche vom 17.—23. April 748 d. St. R. oder 6 J. v. Chr. G. nach der gewöhnlichen Zeitrechnung) und verkündigte ihm, daß sein Weib Elisabeth, gleichfalls aus priesterlichem Geschlechte, den Vorläufer des Herrn, der nach der Weissagung Jesajä und Maleachi's ihm den Weg bereiten solle, gebären werde. Im sechsten Menate darnach (etwa Oktober) verkündigte Gabriel in der abgelegenen galiläischen Bergstadt Nazareth einer Jungfrau, Namens Maria, welche mit dem Zimmermanne Joseph aus dem verarmten Königshause David's verlobt war, sie solle in Kraft des sie überschattenden h. Geistes den Thronerben David's, den verheißenen Messias gebären. Bald nach ihrer Heimsuchung eilte Maria zum Besuche ihrer Verwandten Elisabeth nach deren Heimath, der Priesterstadt im Stamme Juda (Hebron?), und durch

---

*) Es versteht sich von selbst, daß wir hier nur einen Abriß des Lebens Jesu und zwar lediglich vom rein geschichtlichen Standpunkte aus geben können. Die Anführung der betreffenden Stellen aus den Evangelien können wir um so eher unterlassen, da sich der Leser darüber leicht in jeder Evangelienharmonie (z. B. der von Tischendorf) orientiren kann.

den prophetischen Gruß Elisabeths im Glauben gestärkt, kehrte sie nach drei Monaten (Dec. oder Jan. 749—50) wieder nach Nazareth zurück, wo sie alsbald von Joseph auf Geheiß des Engels als sein Weib in sein Haus aufgenommen wurde. Unmittelbar nach Maria's Abreise gebar Elisabeth einen Sohn, welcher zur großen Verwunderung der Verwandten von seinen Aeltern den Namen Johannes empfing. Um diese Zeit erstreckte sich eine Verordnung des römischen Kaisers Augustus, wornach in seinem ganzen Reiche eine Zählung der Bevölkerung und Aufzeichnung ihres Vermögens behufs der Besteuerung vorgenommen werden sollte, auch über das Land seines Bundesgenossen Herodes. Dieser Fürst, im Grunde nur ein Vasall des Cäsar, mußte sich die Demüthigung gefallen lassen, ob er gleich nur die Aufzeichnung vornahm, und die wirkliche Besteuerung erst im J. 759 d. St. R. (6 n. Chr.) von Quirinius, dem Präses von Syrien, veranstaltet wurde. Das Gebot des heidnischen Weltherrschers diente aber zur Erfüllung der Weissagung, daß der König der Juden als Davids Sohn auch in der Stadt Davids sollte geboren werden. Als Abkömmling des Davidischen Hauses begab sich Joseph nach Bethlehem, dem Stammsitze seiner Familie, daselbst seine Ansprüche auf ihren Grundbesitz aufzeichnen zu lassen, und er nahm Maria mit, weil er sie in ihren Umständen nicht allein zurücklassen wollte. Hier in einem Stalle — denn bei ihren armen Gastfreunden fanden sie sonst keine Unterkunft — gebar Maria den verheißenen Christ des Herrn (Juni ob. Juli 749 R. o. 5. v. Chr.). Nur die Hirten des Orts, welche des Nachts ihre Heerden im Freien hüteten, erfuhren aus dem Munde der feiernden Engel, daß so eben der Heiland, Christus der Herr, mit allen Zeichen der Armuth und Niedrigkeit in die Welt geboren sey. Acht Tage darnach wurde das Kind in die Volksgemeinde des Gesetzesbundes aufgenommen, zugleich empfing es aber den gottverordneten Namen Jesus (d. i. Hülfe) zur Bezeichnung seines Berufs. Vierzig Tage nach seiner Geburt wurde das Knäblein dem Gesetze über die Erstgeburt zufolge im Tempel dargestellt und mit einem Armenopfer gelöst, aber es wurde auch von dem mit dem Geiste der Weissagung erfüllten greisen Symeon als der Heiden Licht und Israels Preis, als der Knecht Jehovas, der sein Werk nicht ohne Widerspruch und Leiden vollführen werde, bezeugt, und in sein Zeugniß stimmte die betagte Prophetin Hanna ein. Ueberall leuchtete durch die Niedrigkeit des Menschensohnes die Herrlichkeit des eingebornen Sohnes Gottes hindurch. Mit diesen Zeugnissen aus Israels Mitte verband sich aber auch ein Zeugniß aus der Heidenwelt; denn der König der Juden sollte ja das Licht der Heiden werden. Joseph hatte noch eine Zeitlang in Bethlehem verweilt, durch Geschäfte zurückgehalten, oder auch, weil er dachte, es sey Gottes Ordnung, daß der wunderbar bezeugte Sohn Davids in der Stadt Davids heranwachse. Da kamen Magier aus Osten (sey es dem arabischen, sey es dem parthischen Reiche, das sich über das alte Babylonien erstreckte) nach Jerusalem und fragten nach dem neugebornen König der Juden, der Hoffnung Israels. Sie wußten aus dem Munde der in ihrer Heimath lebenden Juden von der Verheißung des Messias. Ihre herzliche Sehnsucht nach dem Welttheiland lohnte Gott mit einem Zeichen seiner Erscheinung, das sich an ihre Beschäftigung anknüpfte, und sie lehrte, daß die Zeit erfüllet sey. Sie waren heidnische Sterndeuter, deren Gestirnbeobachtung zugleich gottesdienstlichen Karakter an sich trug. Eine dreimalige Constellation von Jupiter und Saturn im Sternbild der Fische, dem Zeichen Israels nach alter Ueberlieferung, im J. 747, wozu im folgenden Jahre noch Mars hinzutrat, machte sie aufmerksam auf ein außerordentliches Ereigniß in Israel, und als 749 ein sonderlicher Stern, Firstern oder Komet, am Himmel aufleuchtete, war ihnen dies bei der damals allgemeinen Erwartung eines Weltretters das gewisse Zeichen, er sey jetzt erschienen. Sie konnten aber erst im Winter 750 die weite und beschwerliche Reise antreten, und kamen Ende Februars nach der Hauptstadt Judäa's. Ihre Frage erweckte Besorgniß bei König und Volk. Sie machten sich nach dem zwei Stunden entfernten Bethlehem auf, das die Schrift als Geburtsort des Davidsohnes bezeichnete, und bald erschien ihnen über der Anhöhe, die den Horizont gen Süden begrenzte, wieder das Himmelszeichen, zusammenstimmend

mit dem Worte Gottes. Erfreut gingen sie in das vor ihnen liegende Haus, über wel=
chem der Stern dem Augenscheine nach stand, und huldigten dem Kindlein, das sie darin
fanden, ihm trotz seiner Niedrigkeit die kostbarsten Gaben darbringend. So war Jesus
als der Weltheiland auch von den Erstlingen der Heiden anerkannt. Aber schon drohte
seinem Leben Gefahr. Herodes wollte das seinem Throne gefährliche Kind aus dem Wege
räumen, und als jene Weisen einem göttlichen Befehl gemäß nicht mehr zu ihm zurückkehr=
ten, ließ er in seinem Grimme alle Kinder in Bethlehem und in der Umgegend, die unter zwei
Jahren alt waren — nach der Zeit der Erscheinung des Sterns, die er vorsorglich von
den Weisen erforscht hatte — umbringen. Doch Gott hatte das Leben des Kindes be=
wahrt. Auf Befehl des Engels war Joseph mit dem Kinde und seiner Mutter nach
Aegypten geflohen; wie Israel, der erstgeborne Sohn Gottes unter den Völkern, in diesem
Lande zugleich verborgen und geborgen lebte, so sollte es auch Jesus, der eingeborne
Sohn Gottes, als der Israels Geschichte in seiner Person zum Abschluß bringen sollte,
um alsdann wieder nach dem Lande der Verheißung zurückzukehren. Der Aufenthalt in
Aegypten dauerte nicht lange. Herodes d. Gr. starb schon Anfangs April 750 kurz vor
dem Passahfeste zu Jericho. Seine Söhne erhielten nach einer von Augustus vorgenom=
menen Revision des väterlichen Testaments, Archelaus als Ethnarch Judäa, Samaria
und Idumäa, Herodes Antipas als Tetrarch Galiläa und Peräa, und Philippus als
Tetrarch Batanäa, Gaulonitis, Trachonitis (Auranitis). Nach Herodes d. Gr. Tode
kehrte Joseph auf Weisung des Engels mit Maria und dem Kinde nach Palästina zurück,
aber nicht mehr nach Judäa, worüber der seinem Vater ähnliche grausame Archelaus
herrschte, sondern wieder nach Nazareth in Galiläa, seinem frühern Wohnorte. Es ge=
schah durch Schuld der jüdischen Obrigkeit, daß Jesus später nicht als der König Israels,
sondern als der Prophet von Nazareth, als der Nazarener auftrat; so sollte er auch nicht
als der Sohn Davids in der Stadt Davids heranwachsen, sondern in einer Stadt, über die
kein alttestamentliches Schriftwort ergangen war. Damit erfüllte sich die Weissagung,
daß ihn sein Volk nicht anerkennen werde, weil seine niedrige Erscheinung im Wider=
streit mit seinen Ansprüchen stehen würde. In Nazareth wußte man nichts von den
wunderbaren Begebnissen seiner ersten Kindheit. Vor der Menschen Augen galt er für
den Sohn Josephs des Zimmermanns. In aller Stille entfaltete sich sein Selbstbe=
wußtseyn wie sein Gottesbewußtseyn, aber über dem Forschen in der heil. Schrift ward
er mit immer größerer Klarheit deß inne, daß er zu Gott als zu seinem Vater in einem
ganz einzigen Verhältnisse stehe, und daß er der Christ des Herrn sey, auf welchen die
ganze in der h. Schrift erzählte Heilsgeschichte weissage. Allein in dem täglichen Um=
gang mit dem Kinde und Knaben, dessen sonstige Erscheinung nichts Uebernatürliches
verrieth, trat den Eltern die Erinnerung an die Wunder seiner frühesten Jugend zurück.
Jesus hatte Kindes= wie Geschwisterpflichten zu erfüllen, denn er gehörte einer großen
Familie an, sey es daß er noch leibliche Geschwister hatte, sey es daß seine Geschwister=
kinder von Joseph nach dem Tode seines Bruders Klopas (Alphäus), ihres Vaters, mit
in sein Haus waren aufgenommen worden. (S. d. Nähere über die Brüder des Herrn
im Artikel Jakobus im N. T.) Als der Erstgeborene des Hauses übernahm er nach
Josephs Tode die Fürsorge für seine Familie und ernährte sie mit dem Handwerk seines
Pflegvaters. Als Angehöriger nicht nur einer Familie, sondern eines städtischen Gemein=
wesens und einer Volksgemeinde, welche zugleich Gottesgemeinde war, hatte er aber auch
bürgerliche wie gottesdienstliche Pflichten zu erfüllen. So verlebte er die ersten 30 Jahre
seines Lebens in aller Unscheinbarkeit und Zurückgezogenheit. Nur einmal hatte er selbst
ein Zeugniß über seine höhere Abkunft und seinen Beruf gegeben. Als er im Alter von
12 Jahren, in welchem die Knaben Israels sich als Söhne des Gesetzes zu bekennen
pflegten, zum erstenmale mit seinen Aeltern das Osterfest in Jerusalem feierte (März
oder April 761), da bezeugte er ihnen im Tempel, dem Hause seines Vaters, daß er zu
Gott als seinem Vater in einem ganz einzigen Verhältnisse stehe. Aber es blieb ihnen
der tiefere Sinn seines Wortes verborgen, und das nachfolgende Alltagsleben in Naza=

reth, während deſſen nur Jeſu Weisheit und Heiligkeit ſich immer mehr entfaltete, dräugte die Erinnerung an jene Selbſtbezeugung des Knaben zurück. Es mußte ſeine heilige Perſönlichkeit nachmals einen mächtigen ſittlichen Eindruck hervorbringen, wenn Jemand in dem Zimmermanne von Nazareth, welcher zu Bethlehem vergeblich durch Engel und Menschen, Geſtirn und Schrift war bezeugt worden, den König Iſraels und Weltheiland erkennen ſollte. Ehe Jeſu aber ſelbſt hervortrat, ſich vor ſeinem Volke öffentlich zu bezeugen, ſollte der Weiſſagung gemäß das Zeugniß eines Andern über ihn als den Chriſt ergehen. Ein Bote ſollte vor dem Herrn hergehen, ihm die Herzen ſeines Volks in bußfertigem Glauben zuzuwenden, damit ſie ſeiner Offenbarung des Himmelreichs theilhaftig würden.

Es war das Jahr 779 d. St. R. herbeigekommen. Tiberius, seit Jan. 765 Mitregent des Augustus, seit 19. Aug. 767 im alleinigen Beſitz der Kaiſerwürde, ein wolüſtiger Thrann, war dazumal Beherrscher des römiſchen Weltreichs. Das ehemalige Davidiſche Reich, welches unter Herodes d. Gr. faſt ganz wieder vereinigt geweſen, war nach deſſen Tode abermals zerschlagen worden. Die Provinz Judäa wurde nach Archelaus Abſetzung (759) unmittelbar von römiſchen Procuratoren verwaltet, ſeit Frühjahr 779 von Pontius Pilatus, einem launenhaften Weltmanne, welcher die Juden auf alle Weiſe verhöhnte und bedrückte. Zwei Söhne des Herodes hatten die ihnen zugetheilten Tetrarchieen inne, ſie waren aber reine Lehnsfürſten des heidniſchen Kaiſers. Einen fremdartigen Beſtandtheil bildete die Tetrarchie des Lyſanias, Abilene, welche die Römer als viertes Stück zu Paläſtina hinzugeſchlagen hatten. Nicht minder traurig ſtand es in geiſtlicher Beziehung um Iſrael. Der amtirende Hohepriester war Joſephus, genannt Kajaphas (von 778—790 R.); den Vorſitz im hohen Rathe, der höchſten geiſtlich-weltlichen Behörde Iſraels, hatte ſein Schwiegervater Hannas (von 760—767 Hoherpriester). Beide gehörten der Sekte der weltlich geſinnten, in Sitte und Denkart den heidniſchen Machthabern zugeneigten Sadduzäer an; doch mußten ſie große Rückſicht auf die geſetzesgenauen, bei der Menge einflußreicheren Phariſäer nehmen. Dies waren die politiſch-kirchlichen Verhältniſſe Iſraels, unter denen das vor 30 Jahren heimlich erſchienene Heil nun öffentlich ſollte bezeugt werden. Wie der alten Propheten einer, ſo wurde nun Johannes, welcher ſeine Jugendzeit in den Einöden ſeiner im ſüdlichen Judäa gelegenen Heimath zugebracht hatte, durch das Wort Gottes zum Propheten berufen, welcher dem Herrn in den Herzen ſeines Volks den Weg bereiten ſollte. Er begab ſich (etwa Herbſt 779) in die bis zum Nordende des todten Meers ſich hinauf erſtreckende Einöde Juda's zu den Furthen am untern Jordan, wo belebte Verkehrsſtraßen hindurchzogen. Hier begann er mit ſeiner Predigt, daß die Offenbarung des Himmelreichs nahe bevorſtehe. (S. das Nähere im Art. Joh. der Täufer.) Nun war auch für Jeſus die Zeit erſchienen, in die Oeffentlichkeit hervorzutreten. Schon das Auftreten des Täufers war für ihn ein Zeichen vom Vater, daß der Anbruch des Himmelreichs unmittelbar bevorſtehe. Eine Weile hatte er der vorbereitenden Wirkſamkeit Johannis Raum gegönnt. Jetzt aber kam auch er herbei, ſich taufen zu laſſen (Dec. 779 od. Jan. 780). Als Angehöriger der Menſchheit, des Volkes Iſrael und des Hauſes Davids geziemte es ſich für ihn, alles zu erfüllen, was für dieſe Rechtens war. Wie die Beſchneidung Moſis, ſo war nun die Waſſertaufe Johannis für ihn eine göttliche Ordnung, welcher er ſich unterziehen mußte, denn er trug zwar nicht Sünde an ſich, aber die Schwachheit des Fleisches, welche ihn von der Herrlichkeit Gottes ſchied. Das gab er dem Johannes zu bedenken, wie dieſer ihm als dem Kraft ſeiner prophetiſchen Erkenntniß für den Höheren Erkannten die Taufe wehren wollte. Johannes ſollte aber auch auf Grund eines ſichtbaren und vernehmbaren Zeichens von dieſem vor allem Volke bezeugen können, er ſey wirklich der Chriſt des Herrn, nicht bloß ein Angehöriger, ſondern der Bringer des Himmelreichs, welcher mit dem heil. Geiſte taufen werde, von dem er ſelbſt erfüllt ſey. Seinen allumfaſſenden Beruf zu bezeichnen, überkam den Getauften die Fülle des heil. Geiſtes in der Geſchloſſenheit eines körperlichen Weſens und rüſtete ihn aus für ſeine nun anhebende amtliche

Wirksamkeit. In der Gestalt einer Taube überkam er ihn, zum Zeichen, daß er als ein demüthiger und sanftmüthiger Heiland (Jes. 42, 1—4.) zunächst noch nicht das Gericht des Feuers vollziehen, sondern den seinem Worte Gehorsamen Frieden verschaffen werde. Die Stimme des Vaters bezeugte .den mit dem heil. Geiste Gesalbten als seinen geliebten Sohn, welcher seinen Heilsrathschluß jetzt in der Welt verwirklichen solle. Ehe aber Jesus sich seinem Volke als Heiland darstellte, sollte er zuvor gleich dem ersten Adam sich als den bezeugten Gottessohn in der Versuchung bewähren. Vom Geiste seines Berufs bestimmt zog er sich, unmittelbar nach seiner Taufe, in die westlich vom Jordan herunterstreichende öde Gebirgsgegend zurück. Hier war er während 40 Tagen der von Außen an ihn kommenden Wirkung des Argen, des Widersachers Gottes, unterworfen; mit allen Sinnen und Gedanken auf diesen Kampf gerichtet, vergaß er darüber Speise und Trank. Der Satan, welchem das Geheimniß der Menschwerdung Gottes verborgen war, wollte diesen wunderbar in die Welt gekommenen und bezeugten Menschen zur Untreue gegen Gott und seinen Beruf, die Geschichte des Heils zu vollenden, verführen. Zuerst sollte Jesus die ihm verliehene Wundermacht nicht von Berufswegen, sondern zur Stillung seines eigenen leiblichen Bedürfnisses gebrauchen. Sodann sollte er im Hause seines Vaters auf die Gewißheit des himmlischen Schutzes hin etwas wagen, ohne daß ihn sein Beruf dazu nöthigte. Endlich sollte er auf einem andern, als dem ihm verordneten Berufswege demüthigen Gehorsams gegen seines Vaters Willen, nämlich durch huldigende Anerkennung des Gottes der argen Welt als seines Oberherrn aus dessen Hand die ihm als dem bezeugtem Sohne Gottes und Christ des Herrn verheißene Weltherrschaft in Empfang nehmen. Aber Jesus wollte weder einen Beweis des Mißtrauens in seines Vaters Hülfe, noch des falschen Vertrauens, noch der Leidensscheu und Abgötterei geben. Er bewährte sich als den heiligen Sohn Gottes, welcher auf dem ihm vorgezeichneten Berufswege von Sünde und Uebel erlösen werde und könne, und der Satan verließ ihn bis auf die Zeit, wo er ihn, wie jetzt durch Vorhaltung der Herrlichkeit, dann durch Ueberschüttung mit Leiden in seiner Berufstreue erschüttern, und wo nicht, wenigstens vernichten wollte. Dem Besieger des Argen dienten aber die Engel.

Doch während Jesus diese Versuchung standhaft überwunden, hatte sein Vorläufer auch eine Anfechtung siegreich bestanden. Es war wohl 40 Tage nach der Taufe Jesu, da kam eine Gesandtschaft vom hohen Rathe zum Täufer, die fragte ihn, welche von der Schrift verheißene Person er sey, damit sie sich seiner freuen oder seine Vollmacht prüfen könnte. Aber Johannes in seiner Demuth wies sie von seiner Person hinweg auf seinen Beruf, vom Christ des Herrn Zeugniß abzulegen, welchem Zeugnisse sie in bußfertigem Glauben zu gehorchen hätten. Jene Anfrage der geistlichen Obrigkeit Israels ließ schon im Voraus erkennen, daß Johannis Wirksamkeit am Volke als solchem vergeblich seyn werde. Am folgenden Tage, als Johannes den aus der Einöde zurückgekehrten Jesum vorüberwandeln sah, bezeichnete er ihn vor seinen Jüngern als das rechte Passalamm, an welchem die Welt ihre Erlösung haben sollte. Als er Tags darauf dies Zeugniß wiederholte, schloßen sich zwei seiner Jünger, Andreas und Johannes, galiläische Fischer, Jesu an und verweilten bei ihm in seiner Herberge bis gen Abend, wo sie ihm dann noch ihre Brüder Simon, von Jesu gleich Kephas (Fels) benannt, und Jakobus zuführten. Am dritten Tage, schon im Begriffe, nach Galiläa zurückzukehren, berief Jesus den Philippus, welcher ihm den Nathanael (Bartholomäus) zubrachte. So kehrte Jesus, ausgerüstet mit der Fülle des heil. Geistes zu seinem Berufe, als der Sohn Gottes von Gott und Menschen bezeugt, mit sechs Jüngern wieder heim, nachdem er, der Gerechte, sich im Jordan der Bußtaufe unterzogen hatte. Drei Tage nach seinem Aufbruche vom Jordan kam er nach dem galiläischen Orte Kana, woselbst seine Mutter und Brüder zu einer Hochzeit geladen waren. Seine Mutter lehrte er hier, in Berufssachen stünde sie ihm, wie ein Weib dem Manne Gottes gegenüber, aber auch, daß die Zeit seines öffentlichen Wunderwirkens — diese sollte erst in Judäa anheben — noch nicht erschienen sey. Doch um seiner Jünger willen gab er eine wunderbare Vorausbar-

stellung des himmlischen Hochzeitmahles, indem er das Wasser gesetzlicher Reinigung in
den Wein der Freude verwandelte. Damit unterschied er sich auch von ihrem früheren
Meister als der, welcher mit dem heil. Geiste, dem Geiste der Freude sollte erfüllen.
Schon hatte sich das Verhältniß Jesu zu seiner Familie anders gestaltet, aber noch löste
er nicht ihre Bande, denn seine amtliche Thätigkeit hatte noch nicht öffentlich angehoben.
Mit seinen Verwandten und Jüngern, welche noch mehr wie Angehörige seiner Familie
erschienen, besuchte er für eine kurze Zeit Kapernaum, dessen Umgebung die Heimath der
letzteren war. Sobann zog er mit ihnen auf das Passahfest nach Jerusalem (Ende März
oder April 780 R. = 27 n. Chr.). Hier eröffnete er seine Wirksamkeit mit einer auf-
fälligen That, indem er den Tempelvorhof von den Verkäufern reinigte. Auf jener Hochzeit hatte er sich als den Täufer mit h. Geiste, welcher seine Gemeinde verklären werde,
in sinnbildlicher Handlung dargestellt, hier nun offenbarte er sich als den Täufer mit
Feuer, welcher das entweihte Haus seines Vaters, die Gemeinde Gottes, reinigen werde."
Aber das Zeugniß Johannis über ihn als den mit dem h. Geiste erfüllten Sohn Gottes
und Christ des Herrn genügte nicht den auf den Täufer selbst scheel blickenden Führern des
Volkes, Jesu Vollmacht zu solchem Thun anzuerkennen. Sie forderten eine wunderbare
Machterweisung, die sie zum Glauben an seine höhere Berechtigung nöthige. Jesus ver-
wies sie in dunkler Rede auf das einige Zeichen seiner Auferstehung: das Brechen seines
Leibes, des Tempels Gottes, habe die Verwerfung der bisherigen Gemeinde, die Auferweckung und Verklärung desselben die Herstellung einer neuen Gemeinde, einer Behausung Gottes im Geiste zur Folge. Dem Herrn selbst stand schon vom Anfang der Ausgang seiner Geschichte klar vor Augen. Zum erstenmale war ihm Israels geistliche
Obrigkeit feindselig gegenübergetreten, eine Weissagung für ihr ferneres Verhalten. Doch
blieb es zunächst bei der Mißstimmung und dem Argwohn gegen diesen neuen lästigen
Volkslehrer, der nicht nach ihren Schulen und ihrer Autorität fragte. Sie mußten erst
zusehen, was das werden sollte; denn während der Festwoche that Jesus — im Gegensatze zu Johannes — viele Wunderzeichen. Doch bewirkten diese bei der Menge nur einen
sinnlichen, keinen wahrhaft sittlichen Herzensglauben, darum lehrte der Herr den Nikodemus, ein pharisäisches Mitglied des hohen Raths, welcher ihn aus falscher Scham bei
Nacht besuchte, wie ohne die durch die Taufe mit Wasser und heiligem Geiste gewirkte
Wiedergeburt als dem Lohne des Glaubens an seine Person Niemand Theil haben werde
an seiner Offenbarung des Himmelreichs. Nach dem Feste, auf welchem sich Jesus als
der bezeugte Sohn Gottes seinem Volke kund gethan, nicht aber etwa schon eine prophetische Amtsthätigkeit angehoben hatte, kehrte er mit seinen Jüngern und Verwandten
wieder nach Galiläa zurück, und die ersteren, deren Jesus vorläufig nicht mehr bedurfte,
begaben sich wieder an ihren Ort und zu ihrem Geschäft.

Doch nicht sehr lange verweilte Jesus in seiner Heimath. Johannes zwar hatte
auch, nachdem er den Größeren bezeugt, seine Wirksamkeit noch nicht aufgegeben; er
durfte dies auch nicht, solange nicht Jesus selbst die wesentliche Offenbarung des Himmelreichs angehoben, und solange nicht das gesammte unter seine Obrigkeit befaßte Volk
in bußfertigem Glauben sich für dieselbe bereitet hatte. Aber er hatte sich in die was-
serreiche Gegend von Aenon bei Saleim im südlichen Judäa, also in die Nähe seiner
Heimath zurückgezogen und hier nun seine Thätigkeit fortgesetzt. Da wollte Jesus den Versuch machen, ob er nicht, indem er als der größere Gehülfe Johannis in dessen vorbereitende
Wirksamkeit mit einträte, das gesammte Volk zur schnellen Entscheidung bringen könne.
Zu dem Ende verließ er (Spätherbst 781) mit seinen wieder zu sich berufenen Jüngern
Galiläa, und begab sich nach Judäa, wahrscheinlich in die Jordanaue. Hier ließ er
durch seine Jünger taufen, — denn für ihn, den Bringer des wesenhaften Heilsgutes geziemte sich allerdings nicht eine sinnbildliche Handlung, — und alsbald strömte ihm als
dem von Johannes selbst bezeugten Gewaltigeren eine größere Volksmenge, denn seinem
Vorläufer zu. Aber auch dieser Versuch bewirkte keine Entscheidung. Johannis Jünger,
in einem Streite über gesetzliche Reinigung von einem pharisäischen Juden auf jenes

scheinbar dem Zeugnisse des Täufers widersprechende Thun Jesu aufmerksam gemacht, beklagten sich gegen ihren Meister über den größeren Volkszulauf bei Jesu, und Johannes mußte sie nicht bloß über seine untergeordnete Stellung genüber dem Heilsbringer, dem sie sich schon längst hätten anschließen sollen, sondern auch über die Werthlosigkeit jener vermeintlichen Anerkennung Jesu von Seiten der Welt belehren. Die Pharisäer aber, die geistlichen Leiter des Volkes, konnten die Nachricht von dem größeren Erfolge Jesu, durch welchen die Wirksamkeit Johannis scheinbar beeinträchtigt wurde, benützen, das Thun der beiden ihrem Ansehen höchst gefährlichen Männer dem ihnen bisher blind er= gebenen Haufen zu verdächtigen. Noch dachten sie nicht daran, Jesum eigentlich zu ver= folgen, so wenig als Johannes um seiner Taufe willen, der ja später vom weltlichen Machthaber, vom Fürsten des Landes, in welchem gerade Jesus als Prophet auftrat, ge= fangen gesetzt wurde. Aber Jesus wollte den Pharisäern auch nicht den Schein einer Berechtigung lassen, sich von ihm und Johannes fern zu halten. Um nun das eigent= liche Berufswerk seines Vorläufers nicht zu stören, dem er nur hülfreich als der Größere zur Seite getreten, gab er diese für ihn nicht unumgänglich nothwendig vorbereitende Thätigkeit wieder auf, sobald er hörte, wie die Pharisäer die Kunde davon aufge= nommen, und zog sich in die stille Verborgenheit des Familienlebens zu Nazareth wieder zurück. Solche Pausen begegnen uns auch in dem Leben eines Joseph, Moses, David, wie der Apostel, vor Allem des Paulus. Sie entstehen durch den Conflikt der göttlichen Weisheit, welche die Welt regiert, mit der menschlichen Freiheit, welche auf den verordneten Heilsweg nicht eingehen will. Den Rückweg nach Galiläa machte Jesus durch Samaria (December 781). Am Jakobsbrunnen bei Sychar, einem Orte in der Nähe von Sichem, offenbarte er sich einem samaritischen Weibe als den Messias der Juden, und viele Samariter, in Folge jenes Gesprächs ihn aufsuchten, bekannten sich zu ihm als dem Heiland der Welt. Aber Jesus benützte nicht weiter diese Gelegenheit, dies empfängliche Volk in sein Reich zu sammeln, — denn zunächst war er Israels Heiland — und nach zweitägigem Aufenthalte in jener Samariterstadt kehrte er in sein Vaterland zurück. Hier konnte er in stillem Familienkreise eine neue Weisung seines Vaters abwarten, denn in seiner Heimath konnte er am allerwenigsten auf Beifall und Anerkennung rechnen. Zwar waren seine Landsleute, welche Augenzeugen seiner vielen Wunderthaten in Jerusalem bei'm Osterfeste gewesen, und von dem großen Volks= zulauf zu seiner Taufe in Judäa gehört hatten, gespannt, ob er nicht seine öffentliche Thätigkeit in ihrer Mitte nun fortsetzen werde. Aber Jesus befriedigte für jetzt ihre Erwartung nicht. Das einzige Wunder, was er in dieser Zeit noch in Galiläa verrich= tete, war, daß er von Kana aus, dem Orte seines ersten Wunders, auf dringende Bit= ten eines Beamten des Vierfürsten Herodes dessen todtkranken Sohn in Kapernaum durch Wirkung in die Ferne heilte; das that er aber nicht von Berufswegen, wie später, um sich als Heiland auch in Werken darzustellen, sondern nur aus persönlichem Mitgefühl mit dem Schmerz des Vaters. Außerdem blieb er unbehelligt und ruhig bei den Sei= nen in Nazareth, während die Jünger wiederum in ihre Heimath und zu ihrem Ge= schäfte zurückkehrten. Die Einförmigkeit seines stillen Familienlebens wurde nur durch die gesetzlichen Festreisen nach Jerusalem unterbrochen, welche er aber nicht in amtlicher Eigenschaft, sondern als einfacher Festpilger mitmachte.

So hatte er etwa dreiviertel Jahr in aller Verborgenheit zugebracht. Da erging eine Weisung des Vaters an ihn, auf's Neue in die Oeffentlichkeit hervorzutreten. Es war dies die Kunde von der Gefangenlegung des Täufers. Johannes, welcher während dieser Zeit seine vorbereitende Wirksamkeit fortgesetzt hatte, war im Verlauf derselben wieder an seine erste Taufstätte jenseit des Jordan gekommen. Um die Zeit nun, wo Johannes war in's Gefängniß gelegt worden, besuchte Jesus gerade das Laubhütten= fest zu Jerusalem (September 781 d. St. R.). Am Teiche Bethesda heilte er einen Menschen, der 38 Jahre krank gelegen war, aus Mitleid, nicht von Berufs wegen. Aber diese Heilung geschah auf einen Sabbath. Darüber wurden die Juden so er=

grimmt, daß sie Jesum zuerst als Sabbathschänder und Gesetzübertreter, und als er nun Gott seinen Vater in besonderem Sinne nannte, und sich ihm damit gleichstellte, auch als Gotteslästerer tödten wollten. Von nun an war die offene Todfeindschaft der geistlichen Führer Israels wider Jesum entschieden; sie dachten jetzt schon auf Mittel und Wege, wie sie an ihm die gesetzliche Strafe vollziehen könnten. Damit aber hatten sie von vornherein ein segensreiches amtliches Wirken Jesu sowohl in Jerusalem, dem Mittelpunkte des national-religiösen Gemeinlebens Israels, als auch in Judäa, wo sich die Priester und Schriftgelehrten zumeist aufhielten, unmöglich gemacht. Und doch mußte Jesus jetzt eine öffentliche Berufsthätigkeit neu anheben; denn die Gefangenlegung des Täufers war für ihn eine Weisung, daß er selber als der gute Hirte sich jetzt der verlassenen Heerde annehmen solle. Doch noch konnte er sich nicht als König des Himmelreichs offenbaren. Johannes war durch den weltlichen Herrn, nicht durch geistliche Gewalt beseitigt worden. Da blieb immer noch unentschieden, wie sich das gesammte Volk zum Rufe der Vorbereitung stelle, ob ihm dereinst die Offenbarung des Himmelreichs zum Heil oder zum Gerichte ausschlagen werde. So blieb für Jesum nichts übrig, als in das gewaltsam unterbrochene Werk seines Vorläufers einzutreten, und das Volk für seine eigene Zukunft vorzubereiten. Als Prophet und Nachfolger Johannis tritt er auf, gleich ihm Buße und Glauben an die nahe Offenbarung des Himmelreichs fordernd. Aber zugleich ist er mehr denn Johannes und sein Wirken ein verschiedenes. Er sucht selber das Volk auf, welches zum Täufer hinausgehen mußte. Er verweist nicht wieder auf einen Andern, sondern bezeugt sich als den, welcher das Reich Gottes zuletzt offenbaren werde, und er predigt nicht bloß, sondern bekräftigt seine Lehre mit Wunderzeichen, welche ihn als den Heiland der Menschen darstellen.

Zum Schauplatze dieser Wirksamkeit aber erwählte er Galiläa. Gerade hier, wo ein natürliches Vorurtheil gegen ihn herrschen mußte, wollte er sich Geltung und Ansehen erringen, und den Versuch machen, sein Volk für sich zu gewinnen. Es bedurfte aber auch die mit Heiden untermischte, sittlich wie religös am meisten verwahrloste Bevölkerung dieser Provinz vorzugsweise seiner Hirtenfürsorge. Nach seiner Heimkehr vom Laubhüttenfeste löste er alsbald die Verbindung mit Familie, Haus und Heimath für immer, denn von nun an mußte er ganz seinem Prophetenberufe leben, den er nicht wieder aufgeben durfte, ohne eine bestimmte Entscheidung des gesammten Volks, für oder wider ihn, hervorgerufen zu haben. Statt des in den Bergen abseit gelegenen Nazareth erwählte er Kapernaum, einen Hauptort am galiläischen See, zum Ausgangs- und Mittelpunkt seiner Berufswanderungen. Kapernaum, an der großen Verkehrsstraße von Gaza nach Damascus (von Aegypten nach Syrien) ziemlich in der Mitte des Gebiets, das der Herr zum Schauplatz seiner amtlichen Prophetenthätigkeit machte, lag bequem am offenen See, dessen angrenzende Landschaften durch zahlreiche Land- und Wasserstraßen mit einander verbunden waren. Schon auf der Hinreise von Nazareth begann er seine Wirksamkeit, indem er, wie Johannes, die Nähe des Himmelreichs verkündigte und bußfertigen Glauben forderte, zugleich aber auch sein Wort durch Wunder bekräftigte. Von allen Seiten strömte ihm aus den dichtbevölkerten Ortschaften die Menge zu, und unter großem Aufsehen, mit zahlreicher Begleitung kam er an den See. Vier seiner ehemaligen Jünger waren dazumal gerade in der Gegend zwischen Bethsaida und Kapernaum, ihrer Heimath, nach vergeblicher nächtlicher Arbeit mit dem Auswaschen und Herrichten ihrer Netze beschäftigt. Da kam Jesus mit der Menge in ihre Nähe. Vom Boote Simonis aus, den er darum bat, lehrte er das am Ufer stehende Volk. Dann hieß er ihn hinausfahren auf die Höhe des See's. Der wunderbar reiche Fischzug, den Petrus auf das Wort des Herrn that, war ihm eine Verheißung des überschwänglichen Gelingens seiner nunmehrigen Lebensaufgabe, Menschen in das Himmelreich zu sammeln. Zu dieser berief ihn nebst seinem Bruder Andreas förmlich der Herr nach der Landung, sowie auch ihre Geschäftsgenossen, Jakobus und Johannes, die Söhne des Fischers Zebedäus. Jetzt erst lösten die Jünger für immer alle Verbindung mit Haus,

Familie und bisherigem Berufe, um Jesum auf der unsteten Wanderschaft seines pro=
phetischen Berufslebens zu begleiten. Es bedurfte aber einer förmlichen Neuberufung
der Jünger; denn sie theilten fortan nicht bloß die Mühen, sondern auch die Gefahren
seiner Wanderschaft, galt ja doch Jesus bereits in den Augen der Führer Israels für
einen todeswürdigen Verbrecher. Den Tag nach ihrer Berufung — an einem Sabbath —
trat er lehrend in der Synagoge von Kapernaum auf. Seine Predigt, wie die Heilung
eines Dämonischen, durch die er sich als Ueberwinder Satans erzeigte, machte einen ge=
waltigen Eindruck auf die Versammlung, welcher sich auch nach Außen mittheilte. Un=
mittelbar darauf besuchte Jesus seinen Jünger Petrus in dessen schwiegerälterlichem
Hause, wo er auf Bitten seine fieberkranke Schwiegermutter heilte. Nach Sonnenunter=
gang, wo der Sabbath zu Ende, brachte die Bevölkerung eine Menge Besessene und
Kranke jeglicher Art, und Jesus war bis tief in die Nacht mit Heilungen beschäftigt.
Solche Anstrengung brachten ihm gleich die ersten Tage seiner Prophetenwirksamkeit.
Aber schon am andern Morgen mit Tagesgrauen zog er sich an einen einsamen Ort
zurück, um sich im Gebete zu sammeln und für neue Arbeit zu stärken. Und als ihn
Simon mit seinen Gefährten und nacheilendem Volke in die Stadt wieder zurückholen
wollte, erklärte er ihnen, er dürfe sich nicht auf eine Stadt beschränken, sondern müsse
auch anderwärts das Evangelium verkündigen, und so zog er seines Weges weiter.

Die amtliche Thätigkeit, welche der Herr jetzt als Prophet in Galiläa angehoben,
war für's Erste auf das Volk im Ganzen und Großen gerichtet; er wollte es durch das
Wort der Predigt über sich und das durch ihn zu offenbarende Heil belehren, und durch
begleitende Wunderzeichen es zu sich locken, damit es komme und auf sein Wort merke.
Später aber — in der zweiten Hälfte seiner galiläischen Wirksamkeit — nachdem sich das
Volk im Ganzen sein unwerth erwiesen, widmete er sich vorzugsweise seinen Jüngern,
indem er alles öffentliche Aufsehen so viel als möglich vermied, und nicht mehr stetig von
Ort zu Ort, sondern von einer Grenze zur andern hin= und herwanderte, um dem An=
drang der neugierigen Menge auszuweichen. Ehe wir nun verschiedene Lebensbilder aus
dieser Zeit hier dem Leser vorführen, wollen wir zuvor in Kürze eine allgemeine Karak=
teristik seiner auf das Volk wie auf die Jünger gerichteten Prophetenwirksamkeit, seiner
Lehrthätigkeit, wie seiner Wunderthätigkeit geben.

Was zunächst die Form seiner Lehre anlangt, so war diese eine mannigfaltige.
Bald war es ein längerer Vortrag wie in den Synagogen und im Tempelvorhofe, aber
auch im Freien, bald eine kürzere Rede, die Beantwortung einer Frage im Wechsel=
gespräch, oder eine Belehrung bei einem geschichtlichen Anlasse. Bald knüpfte er an ein
Schriftwort an, das er in seiner Person erfüllt nachwies, bald zeigte er in einer selb=
ständigen Rede, wie in der vom Berge, was für eine sittliche Sinnesweise im Gegensatze
zur pharisäischen Gesetzesgerechtigkeit er von den Seinen fordere. Da merkte das Volk,
daß er nicht, wie die Schriftgelehrten, bloß überlieferte Gesetzesauslegung gebe, sondern
mit gleicher Machtvollkommenheit, wie das Wort der h. Schrift selbst, ihren Sinn deute.
Nicht selten bediente er sich der Gleichnißrede, zuweilen um das Verständniß seines Worts
zu erleichtern, zuweilen um dem Hörer ein unschwer zu deutendes Strafwort nahe zu
bringen. Manchmal erwählte er diese verhüllende Redeweise, um den geschichtlichen Gang
des Himmelreichs vorherzusagen, welchen die große Menge sich ganz anders dachte, als
es werden sollte. Wer den Glauben hatte an seine Person, konnte das im Gedächtniß
niedergelegte Gleichniß entweder später sich deuten oder jetzt schon seine Auslegung leicht
verstehen. Jesu Jünger fragten deßhalb ihren Meister noch um die besondere Deutung,
weil sie bisher gleich dem ganzen Volke in geistlicher Unmündigkeit gehalten waren. Gleich=
nißmäßig drückte sich Jesus auch aus, wenn er seinen Jüngern Dinge sagte, welche erst
aus seinem Leben der Verklärung bei Gott ihr rechtes Licht erhielten. Der Inhalt
seiner Lehre war sehr einfach. Indem er die Kenntniß des alttestamentlichen Schrift=
inhalts bei seinen Zuhörern voraussetzen konnte, lehrte er 1) daß die Zeit der Erfüllung
der alttestamentlichen Verheißung erschienen, und 2) daß er, der vom Täufer Bezeugte, der

Erfüller derselben sey. Abgesehen von wenigen Ausnahmen, wie bei dem samaritischen Weibe am Jakobsbrunnen oder dem Blindgebornen in Jerusalem und zuletzt vor dem hohen Rathe als Gefangener, bezeugte er sich nicht geradezu als den Messias, sondern durch Wort und That wollte er einen sittlichen Eindruck hervorbringen, welcher zur festen Ueberzeugung und gewissen Erkenntniß führte, der also Redende und Handelnde könne Niemand anders seyn, als der verheißene Heiland Israels. Für sein Wort forderte er Glauben, der aus gründlicher Buße oder Sinnesänderung hervorgewachsen, also einen sittlichen oder herzlichen Glauben, und diesen wollte und konnte er seinen Hörern nicht erlassen, daß sie etwa durch einen Sprung zur Erkenntniß des Schauens gebracht hätte. Jesus bezeichnete sich als den Menschensohn im Unterschiede von allen andern Menschensöhnen, denn er war der Mensch, der da kommen sollte, auf welchen die ganze mit Adam beginnende Geschichte der Menschheit abzielte. Er konnte sich aber also nennen, denn er war auch der Gottessohn, nicht ein Sohn Gottes, wie Adam und seine Kinder, denn er stand zu Gott als seinem Vater in einem ausschließlichen Verhältnisse, in einer Gemeinschaft mit ihm, deren Anfang über den Beginn seines zeitlichen Lebens zurückreicht, als der von Gott ausgegangen ist. Er nannte sich aber darum nicht selbst den Messias, weil an diesen Namen das Volk seine falschen, fleischlichen Hoffnungen anknüpfte. Wer durch den Eindruck der h. Persönlichkeit Jesu zum Herzensglauben an ihn gebracht wurde, erkannte in ihm trotz seiner Knechtsgestalt den Sohn Davids, den verheißenen Heiland Israels. Als dieser weissagte er denn auf sein Wiederkommen in königlicher Herrlichkeit; das setzte freilich den Glauben voraus, daß er in einem Leben der Verklärung stehen werde. Wie es aber dazu kommen werde, nämlich durch Leiden und Sterben hindurch, das sagte er erst spät seinen Jüngern geradezu heraus. Das Wunder aller Wunder, die Verklärung seiner selbst, war nur für den stärksten Glauben faßbar.

Dies Wunder aber glaublich zu machen, dazu diente die andere Seite seiner prophetischen Wirksamkeit, seine Wunderthätigkeit. Die Wunder Jesu sollten den Glauben an seine Person nicht überflüssig machen; von einem Glauben, der auf ihre sinnliche Erscheinung sich gründete, wollte er nichts wissen. Den Nikodemus verwies er auf das Wunder der Wiedergeburt als Pforte zum Himmelreich. Die Wunder waren Zeichen, sie bedeuteten das wirkliche Erscheinen des Himmelreichs auf Erden. Den Täufer verwies Jesus auf seine Heilungswunder und seine Predigt an die Armen. Beides war vom Knechte Gottes geweissagt, der sein Volk erlösen soll von aller Sünde und Uebel. Was er dereinst in vollkommener Weise thun wird, das geschieht schon jetzt vorbildlich und sinnbildlich, aber durch einen und denselben, nämlich durch Jesum, der nicht wieder auf einen Andern hinweist. Alle Wunder, die Jesus jetzt in Knechtsgestalt verrichtet, sind eine Weissagung für seine größte Wunderthat, die ihm als Messias zukommt, und worauf Johannes wartete, die Weltvollendung und sein Weltgericht. Nicht die Anzahl, sondern die Art seiner Wunder fällt in's Gewicht; sie stellen ihn als den Heiland dar, „als den Arzt der Welt und Ueberwinder Satans." Das von ihm verkündigte Heil bildet er ab in seinen mannigfaltigen Heilungen der leiblich oder geistlich Kranken. Hülfe bringt er denen, die sie selbst verlangen, oder für welche Andere sich an ihn wenden. Er heilt in freiem Bewußtseyn der Gemeinschaft mit seinem Vater, oder dieser wirkt durch ihn, auch ohne daß er es weiß. In den Todtenerweckungen zeigt er sich als den Lebensfürsten, als den Erlöser vom Sold der Sünde. Eine Hauptart von wunderbaren Heilungen waren die Dämonenaustreibungen. Dämonische waren Solche, welche an Leib oder Seele oder an beiden zugleich von bösen Geistern gebunden und zu ihren willenlosen Werkzeugen gemacht waren. Jesus heilte sie durch sein bloßes Wort. Durch Krankenheilungen wie durch Teufelsaustreibungen erwies sich Jesus als Erlöser von der Macht des Argen. Alle anderen Wunder, die eine besondere Veranlassung hatten, sollten „als verkörpertes Wort" die Jünger wie das Volk belehren oder zurechtweisen, nicht that sie Jesus eigens dazu, um sich damit sinnbildlicher Weise als den Messias, als den Heiland Israels dar-

ließ dies zu, um die heidnische Bevölkerung, welche das Gesetz des von ihr bewohnten Landes nicht achtete, dafür zu strafen. Als aber die Hirten dann schleunigst überallhin die Kunde ausbreiteten, eilte eine Menge aus Stadt und Land herbei, Jesum zu bitten, ihre Gegend wieder zu verlassen; denn sie fürchteten schreckende Wunderzeichen. Ihnen willfahrend fuhr Jesus alsbald wieder nach Kapernaum zurück, wo er gegen Mittag ankam. Da wartete die vom vorigen Tage noch versammelte Menge auf ihn, ja mit ängstlicher Spannung, denn sie wußten nicht, wie lange er ausbleiben würde, und noch waren viele Hülfsbedürftige da. Kaum war die Kunde von seiner Ankunft in der Stadt erschollen, überfielen sie alsbald ihn wieder in seinem Hause. Es war ein solches Gedränge, während er nun wieder heilte und lehrte, daß vier Männer einen Gichtbrüchigen nur durch das geöffnete Dach vor seinen Füßen auf seinem Bette niederlassen konnten. Jesus heilte ihn, als sich die anwesenden Schriftgelehrten an dem zu ihm gesprochenen Worte der Sündenvergebung ärgerten. Am Nachmittag ging er wieder an das Seeufer und lehrte daselbst viel Volks. Als er an der Zollstätte vorüberging, berief er den Zöllner Matthäus (Levis), welcher ihm zu Ehren und zum Abschied von seinem bisherigen Berufe ein Festmahl veranstaltete. Am Abend lag Jesus mit seinen Jüngern und vielen andern Gästen, Berufsgenossen des Zöllners und heidnisch Gesinnten zu Tische in Matthäi Hause. Da drängten sich Pharisäer herbei, welche sich darüber aufhielten, daß Jesus mit dem Auswurf Israels verkehre, und Johannisjünger, welche sich darüber beklagten, daß Jesus mit seinen Jüngern an Freudenmahlen Theil nehme, während man fasten sollte zum Zeichen der Trauer über den Verlust des großen Propheten Israels, des Johannes. Aber jene verwies Jesus auf seinen Beruf, die Sünder zur Buße zu rufen, diese auf seine höhere Stellung als des Bringers des Himmelreichs, dessen Anwesenheit Ursache zur Freude sey. Während Jesus noch redete, kam Jairus, ein Synagogenvorsteher, und bat um Hülfe für sein todtkrankes Töchterlein. Augenblicklich brach Jesus mit ihm auf. Unterwegs, im Gedränge des nachströmenden Volks, empfing ein blutflüssiges Weib, das den Saum seines Kleides anrührte, Genesung zum Lohn ihres Glaubens. Im Hause Jairi fand Jesus geräuschvolle Klage über das inzwischen gestorbene 12jährige Kind. Da ging er, nur mit den Aeltern und seinen vertrautesten Jüngern, Petrus und den Zebedäiden, in das Gemach, wo das Mägdlein lag, und gab es lebend den Seinen wieder. Kaum hatte er Jairi Wohnung verlassen, so folgten ihm zwei Blinde hülferufend nach, erst in seinem Hause ließ er sie vor sich und schenkte ihnen das Augenlicht. Zuletzt in später Nacht heilte er noch einen stummen Besessenen, den man ihm brachte. So unermüdlich und rastlos erwies er sich als den Helfer aus Noth und Tod, sein Volk in allerlei Weise zu sich zu locken.

An diesen Geschichten, welche sich innerhalb eines Zeitraums von kaum zwei Tagen zugetragen, haben wir ein lebendiges Bild seiner Heilandsthätigkeit, welche er für jetzt ununterbrochen übte. Indem er nun allmählich durch ganz Galiläa von Ort zu Ort zog, erscholl sein Gerücht immer weiter, selbst nach Syrien hinein. Seine Jüngerschaar wuchs immer mehr, aber auch der Haß seiner Feinde. Da sammelte sich wieder einmal (Frühjahr 782, etwa Anf. März) eine große Menschenmenge, und zwar aus ganz Palästina, am See Genezareth, um sich vom großen Propheten von Nazareth lehren und heilen zu lassen. Jesus kam in solches Gedränge, daß er seinen Jüngern befehlen mußte, ihm ein Schifflein bereit zu halten. Mit Einbruch der Nacht, wo sich das Volk in die umliegenden Städte und Dörfer zerstreute, zog sich der Herr mit seiner ganzen Jüngerschaar auf den nördlich von Kapernaum gelegenen Höhenzug zurück, um die Nacht im einsamen Gebete mit dem Vater zu verbringen. Der Anblick der großen, wundersüchtigen, für den wahrhaftigen Glauben unempfänglichen Menge hatte ihn gelehrt, daß es an der Zeit sey, die Bildung einer neuen Gemeinde Gottes aus der alten Volksgemeinde, die sich seiner Erscheinung unwerth zeige und ihn verwerfe, vorzubereiten. Nachdem er dies im Gebete bewegt, sonderte er, kraft der prophetischen Erkenntniß des Willens seines Vaters, aus der herbeigerufenen Schaar seiner Jünger 12 aus nach der Zahl des Zwölfstämmevolks, welche an seiner Statt nach seinem Hingang zum Vater sein Werk auf Erden fortsetzen und als Häupter an die Spitze der die ganze Welt in sich befassenden neutestamentlichen Gottesgemeinde treten sollten. Er nannte sie Apostel, d. i. Gesandte, denn er wollte sie aussenden, die Völker der Erde in sein Reich zu sammeln. Bald nach der Auswahl suchte die Menge Jesum wieder auf, und er stieg von der Höhe des Bergzugs auf einen ebenen Platz hernieder, um die heraufkommenden Schaaren zu empfangen. Zuerst bethätigte er sich vor ihnen durch Wunderheilungen wieder als ihren Heiland. Dann setzte er sich umgeben von den Aposteln und dem weiteren Kreise der Jüngerschaft, und richtete an sie — ein Bild »der amtlich-geordneten Kirche in Mitten der sie umgebenden Welt« — vor den Ohren der vor ihm gelagerten Volksmenge eine mächtige Rede. Er zeichnete in ihr den für die Theilnahme am Himmelreiche erforder- lichen Sinn und die wahre Gerechtigkeit, die er von seinen Jüngern forderte, im Gegen- satze zur pharisäischen. Der Eindruck bei der Volksmasse war ein außerordentlicher, denn sie erkannte, daß er mit der Machtvollkommenheit eines göttlichen Gesetzgebers rede. Die Aussonderung der 12 Apostel war ein Wendepunkt und ein Fortschritt in der Ge- schichte des Heils; sie war die thatsächliche Erklärung Jesu, daß das gegenwärtige Israel ihn nicht als seinen König anerkennen und eine neue Gemeinde Gottes an seine Stelle treten werde. Als Jesus, von den Schaaren begleitet, die Anhöhe herunterstieg, heilte er einen Aussätzigen auf dessen Bitten, gebot ihm aber, dem Gesetze Mosis zu genügen, denn er selbst war der Erfüller des Gesetzes, und doch auch der Heiland der Heiden. Kaum war er denselben Tag noch nach Kapernaum zurückgekehrt, da baten die Aeltesten der Stadt für den todtkranken Knecht eines heidnischen Hauptmanns, welcher sich der Synagoge angeschlossen, und der Herr heilte ihn, den demüthigen Glauben des Heiden preisend und zugleich das zahlreiche Eingehen der Heiden in sein Reich vor den Kindern Israels weissagend. Tags darauf (oder erst etwas später?), als Jesus mit seinen Jün- gern und nachziehendem Volke nach dem südlich gelegenen Nain gewandert war, erweckte er am Stadtthor den einzigen Sohn einer Wittwe, den man im Leichenzuge herausgetragen.

So zog er weiter umher in Galiläa, seinem Volke sich als Heiland in Wort und That, als Erlöser von Sünde und Uebel, von Tod und Teufel darstellend. Ihn beglei- teten auf allen seinen Wanderungen die Apostel und etliche Frauen, welche sich ihm aus Dankbarkeit für ihnen widerfahrene Heilung angeschlossen hatten, und nun für die leib- lichen Bedürfnisse sorgten, worunter Maria von Magdala, einem Orte am See Tiberias, Susanna, und Johanna, das Weib des Chuza, des Haushofmeisters des Vierfürsten Herodes. Aber dem Herzenskündiger war offenbar, wie wenig sein Wort bei der großen Menge fruchtete, und zwar durch Schuld ihrer geistlichen Führer, die als eigentliche Ver- führer aus schnöder Ehr- und Habsucht das Volk verwahrlosten. Da erbarmte ihn ein- mal der Anblick dieser preisgegebenen Heerde so sehr, daß er beschloß, sie jetzt schon im Voraus die Wohlthat besserer Hirten erfahren zu lassen. Er sandte zum erstenmale die Apostel durch das Land, um an seiner Statt unter dem Volke selbständige Thätigkeit zu üben, und sie zugleich für ihren künftigen Beruf vorzubereiten. Er gab ihnen Weisung dafür, und betraute sie mit der Macht seines Namens zur Ausrichtung desselben. Wäh- rend nun die Apostel umherziehend den Anbruch des Himmelreiches verkündigten, und das darin zu erwartende Heil in Wunderheilungen versinnbildlichten, setzte Jesus mittler- weile seine Prophetenthätigkeit fort. Da sandte Johannes d. T., welcher in seinem Ge- fängnisse die Thaten des von ihm als des Christ bezeugten Jesus vernommen, zwei seiner Jünger zu Jesus mit der Bitte um Aufschluß, warum er immer noch nur die Werke eines großen Propheten vollbringe, aber nicht endlich als der verheißene und bezeugte Messias, als der König des Himmelreichs dessen wesentliche Gestalt in der Verklärung der Gemeinde und dem Gericht über die ungläubige Welt offenbare. Die Boten Johannis trafen Jesum eben mitten in der Ausrichtung seines Heilandsberufs an; darauf verwies nun Jesus als die sinnbildliche Anbahnung der Offenbarung seines Reichs in Herrlich- keit, und vermahnte den Täufer zur Geduld. Damit aber nicht das Volk an dessen

Zeugnisse irre werde, legte Jesus selber ein herrliches Zeugniß über den Täufer ab, als den größten Propheten und Vorläufer des Herrn, der aber noch außer dem Reiche des Christ stehe. Zugleich beklagte er den wetterwendischen Sinn seiner Zeitgenossen, denen weder er noch sein Vorläufer es recht machen könnten. Kurz nach jener Botschaft des Täufers feierte Herodes seinen Geburtstag zu Machärus, umgeben von den Großen des Reichs, bei welcher Gelegenheit endlich Johannes der Rache der Herodias zum Opfer fiel, indem sie durch ihre Tochter Salome sein Haupt von ihrem wankelmüthigen Stiefvater fordern ließ. Nachdem die Jünger des Johannes den Leichnam ihres Meisters bestattet hatten, suchten sie Jesum auf, ihm dessen Tod zu melden. Sehr bald nach Johannis Enthauptung hörte auch Herodes von Jesu Thaten; denn jetzt erst fanden es seine Hofleute für gerathen, ihn auf diesen Wunderthäter aufmerksam zu machen, zu welchem immer mehr Volks herbeiströmte, was am Ende in ihnen politische Bedenklichkeiten erweckte. Einen Augenblick gab der Fürst aus Furcht eines bösen Gewissens dem Wahne Etlicher Raum, als ob dieser neue Prophet der auferstandene Täufer sey, dann aber begehrte er, diese seltsame neue Erscheinung kennen zu lernen. Um eben diese Zeit (etwa Ende März 782) erfuhr Jesus den Tod Johannis aus dem Munde von dessen Jüngern. Gleichzeitig mit dieser Botschaft kamen die Apostel zurück, und erzählten ihm in freudiger Erregung ihre Erlebnisse, wie sie die Macht seines Namens hatten kennen lernen. Es war gerade wieder großer Volkszulauf bei dem Herrn. Da fuhr er mit ihnen über den See an das nordöstliche Ufer, um sich in die einsame Gebirgsgegend in der Nähe von Bethsaida Julias zurückzuziehen. Theils wollte er den Aposteln etwas Ruhe und Sammlung nach der anstrengenden Arbeit vergönnen, theils wollte er selbst im stillen Gebete dem Gedanken an seinen eigenen Tod, woran ihn der Tod seines Freundes erinnerte, nachhängen. Wußte er doch, daß, was jetzt der Landesfürst seinem Vorläufer angethan, binnen Jahresfrist am Passah die geistlichen Obern seines Volkes ihm anthun würden. Doch nicht lange sollte er sich der Ruhe und ungestörten Betrachtung hingeben. Die Fahrt und ihre Richtung wurde von Vielen bemerkt, und bald suchte ihn wieder eine große Menge auf, welcher er mitleidsvoll entgegenging, und nun begann er sie zu lehren und zu heilen. Als gegen Abend immer noch mehr Volks herbeikam, wollte sie Jesus, nachdem er ihnen geistliche Nahrung gegeben, nicht ohne leibliche entlassen, und so speiste er denn die Menge, die er auf der als im Frühling reichlich mit Gras überkleideten Anhöhe hatte lagern lassen, an 5000 Mann, ungerechnet Weiber und Kinder, wunderbarer Weise mit 5 Broden und 2 Fischlein. Da wollte das enthusiasmirte Volk den großen Propheten zum Könige ausrufen. Doch sobald Jesus diese Aufregung wahrgenommen, drängte er die Jünger, damit sie nicht auch vom Taumel der Begeisterung mit fortgerissen würden, eilends in's Schiff zu steigen und auf die Westseite des See's zurückzufahren. Er selbst verabschiedete dann das Volk, und zog sich wieder auf die einsame Höhe zum Gebete zurück. Schon hatten die Jünger drei Viertheil des Sees zurückgelegt, da erhob sich ein ungestümer Gegenwind und sie konnten nicht mehr vorwärts. Als Jesus sie mit dem Winde kämpfen sah, kam er — es war Morgen geworden — auf dem Wasser zu ihnen. Er beruhigte die über seine Erscheinung erschrockenen Jünger, und als Petrus gleich ihm auf den Wogen wandeln wollte und plötzlich verzagte, half er dem Kleingläubigen. Im Augenblick, wo sie ihn in's Schiff aufnehmen wollten, ward dies wunderbar an's Land entrückt. So hatte sich Jesus in diesen Geschichten als den Heiland der Menschen, welcher zugleich Herr ist über alles Natürliche und über sein eigenes leibliches Leben, seinem Volke und seinen Jüngern dargestellt, und damit auf seine Verklärung geweissagt, wo er ihnen das wesenhafte Gut des Heils schenken werde und könne. Aber weder das Volk noch die Mehrzahl seiner Jünger ließen sich diese Wunder zu Zeichen dienen. An eben dem Tage nach der wunderbaren Speisung suchte das Volk, welches auf von Tiberias gekommenen Kähnen zurückgefahren war, den großen Propheten in Kapernaum wieder auf, und fand ihn lehrend in der Synagoge. Im Verlauf des Gesprächs, das sich anknüpfte, belehrte er sie, wie er das rechte Lebensbrod vom Himmel

sey, das allen Hunger stille. Als er aber nun auch vom Essen seines Fleisches und
Trinken seines Blutes sprach, deren Verklärung ihnen doch jene Wunderzeichen vorbe=
deutet hatten, da nahmen selbst viele seiner Jünger an seiner Rede Anstoß und verließen
ihn. Doch auf Jesu Frage bekannte sich Petrus im Namen der Apostel zu ihm als dem
Heiligen Gottes, bei welchem sie bleiben wollten, unter ihnen aber bezeichnete schon Jesus
einen als seinen Widersacher. Damit war nun eine neue Wendung in der Geschichte des
Herrn eingetreten. Die große Masse des Volkes war offenbar verloren für das Himmel=
reich. Ihr konnte er nicht mehr seine vornehmste Thätigkeit widmen.

Von jetzt an begann er, sich vorzugsweise mit seinen Jüngern zu beschäftigen. Er
wollte sie erziehen und üben für ihren künftigen Beruf, an seiner Statt durch das Wort
der Verkündigung eine Gemeinde Gottes zu sammeln. Darum zog er nicht mehr stetig
von Ort zu Ort, wie vorher, und verweilte nicht besonders in Mitten des Landes, wo
der Kern der jüdischen Bevölkerung war, sondern durchstreifte das Land von einem Ende
zum andern, indem er sich gerne in den an das heidnische Gebiet anstoßenden Grenzen
aufhielt, und dem Andrang der Massen soviel als möglich auswich. Doch entzog er sich
noch nicht ganz der Menge in dieser zweiten Hälfte seiner galiläischen Wirksamkeit. Ob
er das Osterfest dieses Jahres (782) zu Jerusalem mitgefeiert habe, ist nicht klar aus
den Evangelien zu ersehen, doch ist es nicht unwahrscheinlich, da er sich dem Gesetze in
allen Stücken unterordnete. Aus der Zeit zwischen dem Osterfeste und Laubhüttenfeste
wird uns nur Weniges zur Karakteristik seiner Wirksamkeit erzählt. Als er einmal
während der Erntezeit an einem Sabbath in Galiläa durch die Saatfelder ging, und die
Jünger mit ausgerauften Aehren ihren Hunger stillten, machten ihnen auflauernde Phari=
säer einen Vorwurf daraus, er aber überführte sie, daß des Menschen Sohn auch ein
Herr des Sabbaths sey. An einem andern Sabbath — vielleicht schon dem nächstfolgen=
den — heilte er in der Synagoge jener Gegend, seine arglistigen Gegner beschämend,
einen Menschen mit einer verdorrten Hand; da beriethen sich in ihrer Erbitterung die
dortigen Pharisäer mit Anhängern der herodianischen Partei, wie sie ihn verderben
möchten. So war Jesus bereits nicht nur von den geistlichen Stimmführern Israels,
sondern auch von denen, welche es mit den weltlichen und heidnischen Machthabern hielten,
mit dem Tode bedroht. Doch weil seine Stunde noch nicht gekommen war, entwich er
der drohenden Verfolgung und setzte seine Wirksamkeit anderwärts fort. Auch seine Vater=
stadt Nazareth besuchte er einmal mit seinen Jüngern, und predigte in der dortigen
Synagoge am Sabbath, sich als den Erfüller der Verheißung darstellend; er mochte dar=
auf rechnen, daß das natürliche Vorurtheil gegen ihn vor dem Eindruck seiner mächtigen
und ausgedehnten Wirksamkeit in Galiläa verschwunden sey. Aber zu seinem Staunen
fand er es nicht so; als seine Ansprache an seine Landsleute schärfer wurde, verwandelte
sich ihre anfängliche Verwunderung in Wuth, so daß sie ihn gar vom Rande des Berges,
auf welchen die Stadt hingebaut war, herabstürzen wollten. Doch durch seinen Vater
beschützt schritt er mitten durch sie hin, und nachdem er um ihres Unglaubens willen nur
wenige Kranke geheilt hatte, verließ er alsbald wieder die Stadt. Ein andermal kam er
mit seinen Jüngern in die Landschaft Genezareth, einem kleinen paradiesischen Gau am
westlichen Seeufer, und heilte viele Kranke, die man eilends herbeibrachte. Da machten
ihm von Jerusalem gekommene Schriftgelehrte und Pharisäer einen Vorwurf daraus, daß
seine Jünger die Satzungen der Aeltesten überträten. Aber der Herr züchtigte ihr heuch=
lerisches Wesen mit scharfen Worten, mußte jedoch zugleich den Mangel an Verständniß
bei seinen eigenen Jüngern rügen, die sich nicht einmal die selbständige Deutung der ein=
fachsten Gleichnisse zutrauten. Darnach zog sich Jesus in den äußersten Nordwesten
Galiläa's, welcher an das Gebiet der heidnischen Seestädte Thyrus und Sidon angrenzt,
zurück. Seine Absicht aber, verborgen zu bleiben, wurde vereitelt. Da kam ein Weib
aus dem syrophönizischen Gebiete herüber, ihn um Hülfe für ihre besessene Tochter
anflehend, und der Herr belohnte ihren starken sich bewährenden Glauben, mit welchem
sie sein Volk beschämte, durch Erfüllung ihrer Bitte, wiewohl sein Heilandsberuf zunächst

sich nur auf Israel erstreckte. Von da reiste er durch das noch nördlicher gelegene Gebiet
von Sidon in weitem Bogen über den Libanon herübersteigend (im Hochsommer 782)
auf die Ostseite des Jordans, um mitten durch das Gebiet der Zehnstädte (Decapolis
s. d. Art.) nach Galiläa zurückzukehren. Unterwegs heilte er an einem Orte — im
Gebiete des Tetrarchen Philippus — unter tiefem Aufseufzen einen Tauben mit schwerer
Zunge, welcher ihm ein Bild seines Volkes ward. Auf die herbeigeeilte Menge machte
es großen Eindruck. Darnach verweilte er einige Zeit auf den öden Höhen am östlichen
Ufer des See's Genezareth. Als nun wieder viel Volks, zum Theil aus weiter Ferne,
herbeikam, lehrte er sie und heilte ihre Kranken. Denn wenn er auch sie nicht mehr
eigens aufsuchte, wie früher, so entzog er sich doch auch nicht den Hülfsbedürftigen, die
ihn aufsuchten. Als nun nach 3 Tagen ihre Speisevorräthe ausgegangen waren, speiste
der Herr als ihr geistlicher und leiblicher Versorger, ihr "Ewigvater", die Menge bei
4000 Mann ohne Weiber und Kinder wunderbar mit 7 Broden und wenigen Fischlein.
Nach Entlassung des Volkes fuhr er alsbald mit den Jüngern an das westliche Ufer in
die Gegend von Magdala und Dalmanutha. Kaum war er gelandet, so verlangten daselbst
wohnende Pharisäer und Sadduzäer in erheucheltem Glaubensverlangen ein untrügliches
Zeichen vom Himmel, doch der Herr verwies strafend auf die Zeichen der Zeit und das
Jonaszeichen. Unmittelbar darauf fuhr er an das nordöstliche Ufer. Unterwegs warnte
er seine Jünger vor geistiger Gemeinschaft mit seinen heuchlerischen Widersachern, was
sie aber grob äußerlich mißverstanden, daher er sie um ihres Mangels an Glaubens-
zuversicht und Verständniß willen strafen mußte. Davon noch erfüllt schenkte der Herr
in der Gegend von Bethsaida Julias, wo sie gleich darnach wanderten, einem Blinden,
welcher ihm zum Bilde seiner Jünger ward, erst auf's zweite Mal das Augenlicht. All'
sein Thun zielte ja in dieser Zeit auf die Erziehung und Vorbereitung seiner Jünger
für den großen Beruf, welchen sie nach seinem Hingang antreten sollten.

Eine neue Epoche in seinem Leben machte das Laubhüttenfest dieses Jahres
(12.—19. Okt. 782). Als dies nach der damaligen Meinung größte Fest herannahte,
forderten die noch nicht zum entschiedenen Glauben durchgedrungenen Brüder Jesu ihn
auf, endlich einmal bei der Festfeier in Jerusalem als dem Mittelpunkte des jüdischen
Gemeinlebens sich Angesichts des ganzen Volks und der versammelten Jüngerschaft als
den Messias zu offenbaren. Doch in diesem Sinne wollte Jesus erst am nächsten großen
Feste, dem Passahfeste des künftigen Jahres, wo seine Todesstunde dann gekommen war,
zuvor noch die königliche Huldigung von seinem Volke annehmen. Darum ließ er für
diesmal die Schaaren der Festpilger vorausziehen, und erst als man ihn bereits in Jerusalem vermißte, reiste er mit seinen Jüngern still und ohne Aufsehen dahin, nur um die
günstige Gelegenheit, durch ein Wort des Zeugnisses nochmals das versammelte Volk als
sein Prophet zu sich zu locken, nicht zu versäumen. Als er, in der Mitte der Festwoche
angekommen, gleich im Tempel, in der Nähe des Gotteskastens lehrte, und, indem er sich
über seine Person und sein Recht, von sich Zeugniß zu geben, äußerte, zugleich seinen
Gegnern vorhielt, daß sie ihm nach dem Leben trachteten, war der Eindruck seiner Rede
bei'm Volke sehr getheilt. Etliche wollten ihn greifen, aber sie wagten es doch nicht.
Der hohe Rath, welcher eben in einem Tempelgemache Sitzung hielt, und von der bedenklichen Stimmung des im Vorhofe versammelten Volkes hörte, sandte voll Besorgniß kraft
seiner obrigkeitlichen Befugniß seine Diener aus, den Volksverführer zu verhaften. Allein
als nun Jesus von seinem baldigen Ausgang und dessen verhängnißvollen Folgen redete,
kehrten die Rathsdiener ob des mächtigen Eindrucks seiner Worte auf sie selber unverrichteter Dinge zurück. Darüber ward die pharisäische Partei, in deren Händen hauptsächlich die geistliche Leitung des Volkes und auch des Synagogenwesens ruhte, heftig
erzürnt, und Nikodemus, welcher sich Jesu schüchtern annehmen wollte, mußte bald ver-
stummen. Um wenigstens in etwas seinen Einfluß zu brechen, beschlossen sie vorläufig,
Jeden, welcher Jesum offen als den Messias bekenne, aus dem Synagogenverband auszuschließen. Nichtsdestoweniger kamen Viele durch Jesu Reden während der Festzeit zum

Glauben an ihn. Am letzten (dem 8ten) dem Sabbath gleich geachteten Festtage verhieß
Jesus mit lauter Stimme in Gleichnißrede die Ausgießung des h. Geistes. Darnach
lehrte er die an ihn Gläubigen unter der bunten Zuhörerschaft das Kennzeichen seiner
wahren Jüngerschaft. Den verstockten Ungläubigen aber sagte er frei heraus, daß sie
Satans Kinder seyen. Als er nun ausdrücklich noch seine übermenschliche Würde bezeugte,
wollten ihn diese, förmlich zur Wuth gereizt, augenblicklich als Gotteslästerer steinigen.
Aber Jesus verbarg sich und verließ den Tempel. Als er draußen auf der Straße, von
seinen Jüngern begleitet, einen von Geburt an Blinden fand, bestrich er dessen Augen
mit Staub, welchen er mit seinem Speichel feuchtete, und sandte ihn dann zum Teiche
Siloah, seine Augen zu waschen. Sobald er von dort mit ihm geschenktem Augenlichte
zurückgekehrt, brachte man ihn vor eine Versammlung der pharisäischen Partei, und als
er Jesum nicht für einen Gesetzübertreter erklären wollte, that sie ihn in den Bann.
Bald darnach begegnete Jesus dem Ausgestoßenen, und zum Lohne seines Bekenntnisses
offenbarte er sich ihm als den Sohn Gottes, dessen Erscheinung in der Welt eine Schei=
dung zwischen den Sehenden und Nichtsehenden hervorrufe. Als etliche Pharisäer, welche
gerade zuhörten, sich durch Jesu Worte beleidigt zeigten, bekannte sich der Herr als der
verheißene gute Hirte seines Volkes, welches von seinen bisherigen geistlichen Führern
schändlich verwahrlost worden. Abermals war der Eindruck seiner Rede bei'm Volke
ein sehr verschiedener. Auch auf diesem Feste hatte sich herausgestellt, daß das Volk als
Ganzes sich seinem Zeugniß verschließe, obgleich viele Stimmen für ihn laut geworden
waren. Die Häupter waren einen Schritt weiter gegen ihn vorangegangen, etwas Ent=
scheidendes wagten sie aber noch nicht gegen ihn vorzunehmen, weil das Für und Wider
bei der Menge sich noch zu sehr die Waage hielt.

Nach dem Feste verließ Jesus wieder Jerusalem. Er begab sich wieder in eine ent=
legene Gegend, in die von Cäsarea Philippi. Seine Wirksamkeit in Galiläa hatte den
rechten Erfolg nicht gehabt; so fuhr er fort, seine Jünger für ihren Beruf nach seinem
Hingang zu bereiten. Nun aber war es an der Zeit, ihnen das Schwerste frei und offen
vorauszusagen, denn das nächste große Fest sollte ihm den Tod bringen. Als sie in jener
Gegend einmal allein waren, und er eben gebetet, fragte er seine Jünger, was sie gegen=
über der schwankenden Volksmeinung, die sich auch kürzlich in Jerusalem verlautbart,
von seiner Person hielten. Und Petrus legte im Namen der Apostel das Bekenntniß über
ihn als den Christ, den Sohn des lebendigen Gottes ab. Der Herr lohnte ihn mit der
Zusage, er solle den Anfang der persönlichen Grundlage abgeben für die vom Tode nicht
zu überwindende Gemeinde seines Namens, die er gründen müsse. Eben um ihres Glau=
bens und Bekenntnisses willen zeigten sich die Jünger fähig, "der Grundbau der Gemeinde"
zu werden. Aber als er ihnen für jetzt verbot, dies Bekenntniß vor der Menge laut
auszusprechen, und ihnen nun sein Todesleiden und seine Auferstehung unverhüllt heraus=
sagte, verriethen sie den alten Mangel an klarer Einsicht in sein Wort. Die Auferweckung
zu einem verklärten Leibesleben, welchem nicht gleich die Aufrichtung des Reiches der
Herrlichkeit folgen sollte, blieb ihnen vorderhand ein Räthsel, denn auch die Nothwendig=
keit des Todes für den Messias war ihnen unbegreiflich. Ja Petrus wollte sogar den
Herrn mahnen, sich zu schonen, aber er, welcher darin die Stimme des Versuchers erkannte,
wies ihn streng zurück. Und als nun gleich darauf ein Volkshaufe sich in der Nähe
sammelte, bezeugte er den Seinen, daß sie gleich ihm in der Zwischenzeit bis zu seiner
Wiederkunft den Leidensweg wandeln müßten. Aber für seinen Ausgang empfing er eine
Stärkung im Vorschmack seiner künftigen Herrlichkeit, und die Seinen einen Trost für
die Zeit seiner Abwesenheit. Sechs Tage darnach ward Jesus auf einem hohen Berge
(in jener Gegend) vor den Augen seiner vertrautesten Jünger, Petri und der Söhne
Zebedäi, der Säulen der neut. Gottesgemeinde, verklärt, und die seligen Knechte Gottes
als Vertreter der altt. Gottesgemeinde, Moses, der Mittler des Gesetzes, und Elias, der
Eiferer für das Gesetz, redeten mit ihm von seinem Ausgange zu Jerusalem, der den
Fluch des Gesetzes aufheben und die Seligkeit verklärten Lebens den erlösten Menschen

schenken sollte. Doch durften die Jünger bis zu seiner Auferstehung nichts davon sagen, und sie begnügten sich mit der Frage über das geweissagte Kommen des Elias. Am andern Tage kam er zu den übrigen Jüngern zurück, welche gerade von einer Volksmenge umgeben waren. Er mußte, was sie nicht vermocht, einen besessenen Knaben heilen, der ihm wieder zu einem Bilde seines Volkes ward; zugleich schalt er ihren Unglauben, belehrte sie aber zu Hause über die Alles vermögende Kraft des Glaubens. Doch nun schloß er seine öffentliche Wirksamkeit in Galiläa ab, da alle Mittel, das dortige Volk zum rechten Glauben zu bringen, erschöpft waren. Er zog nur noch in Stille und mit Vermeidung alles Aufsehens durch das Land, indem er sich nun ausschließlich mit seinen Jüngern beschäftigte. Zum zweitenmale verkündigte er ihnen klar und rückhaltslos seinen Ausgang, aber wiederum verstanden sie ihn nicht, sondern waren nur sehr betrübt über sein Wort. Zum letzten Male kam er nach Kapernaum, dem Ausgangs- und Mittelpunkte seiner galiläischen Berufswanderungen, nun auch dem Schlußpunkte derselben. Da fragten die Tempelsteuereinnehmer den Petrus, ob denn der Meister die Abgabe nicht zahle, und der Jünger bejahte es voreilig. Doch der Herr lehrte ihn, daß er und seine Jünger durch ihren Beruf von der Abgabe an das vorbildliche Heiligthum frei seyen, er zahle sie nur, um keinen Anstoß zu geben, und indem er das Geld wunderbar beschaffte. In der nämlichen Stunde stellte der Herr den Jüngern, welche sich unterwegs über den Vorrang im Himmelreich gestritten, ein Kind zum Vorbilde in der Anspruchslosigkeit hin, und belehrte sie über das rechte wechselseitige Verhalten innerhalb der neuen Gottesgemeinde.

Alle seine Gedanken auf seinen Ausgang und dessen Folgen gerichtet, brach Jesus endlich von Galiläa auf, nachdem er ein volles Jahr daselbst als Prophet gewirkt hatte (Spätherbst 782). Er wollte durch Samaria in das jüdische Land ziehen, um daselbst zu wirken und sich langsam der Hauptstadt zu nähern. Allein seine vorausgesandten Boten wurden in einem samaritischen Grenzorte, weil er sich für den Messias der Juden ausgebe, nicht aufgenommen, worüber der Feuereifer der Donnerskinder entbrannte. Doch Jesus erkannte darin die Weisung seines Vaters, einen andern Weg einzuschlagen, und so zog er denn auf der Grenze zwischen Galiläa und Samaria, wo er gelegentlich 10 Aussätzige in der Nähe eines Fleckens heilte, hindurch, um dann auf der Ostseite des Jordans (in Peräa) nach Judäa zu gelangen. Hier in Peräa entwickelte er auf's Neue seine Prophetenthätigkeit, um auch den Bewohnern dieser Gegenden unmittelbar das Himmelreich zu verkündigen. Langsam zog er vorwärts durch Städte und Flecken, während, wie vormals in Galiläa, das Volk wieder von allen Seiten herbeiströmte. Auf dieser Wanderung war es wohl, wo er einmal 70 Jünger als Herolde und Boten seines Reiches vor sich her sandte. Unterwegs versuchten ihn einmal Pharisäer mit der Frage über die Ehescheidung. An jenem Orte brachte man ihm auch Kindlein, welche er segnete. Als er sich zur Weiterreise anschickte, fragte ihn eilends ein junger reicher Vorsteher, wodurch er sich das ewige Leben verdienen könne. Betrübt über Jesu Antwort verließ ihn der Jüngling; da sprach Jesus über die Gefahren des Reichthums. Und als Petrus mit Bezug hierauf eine Frage an den Herrn richtete, äußerte er sich nach vorausgeschickter herrlicher Zusage über den Anspruch auf himmlischen Lohn. So kam der Herr allmählig in die Gegend am untern Jordan, wo einst Johannes zuerst mit seiner Forderung der Bußtaufe aufgetreten war. Da war er Jerusalem sehr viel näher als von Galiläa aus. Deßhalb besuchte er das Tempelweihfest (20. Dez. 782) zu Jerusalem, nur um diese letzte Gelegenheit, noch einmal als Prophet vor der entscheidenden Stunde eine große Volksmenge für sich zu gewinnen, nicht aus den Händen zu lassen. Als er gerade in der Tempelhalle Salomonis wandelte, umringten ihn die Juden und forderten eine unzweideutige Erklärung, ob er der Messias sey. Wie nun Jesus von seiner Einheit mit dem Vater sprach, drohten sie ihn als Gotteslästerer zu steinigen, und wie er auf das Zeugniß seiner Werke verwies, wollten sie ihn wirklich greifen. Er aber entzog sich ihren Händen. Auch dieser letzte Versuch war fehlgeschlagen. Sie hatten ihre Todfeindschaft auf's Neue an den Tag gelegt. Darnach zog sich Jesus wieder nach Peräa an jene erste Taufstätte Johannis zurück, wo er noch eine kleine Weile mit großem Erfolg wirkte. Dort fragte ihn einmal einer, ob wenige selig würden, worauf ihn der Herr belehrte und vermahnte. Zur selben Stunde warnten ihn etliche Pharisäer vor der gefahrdrohenden Nähe seines Landesfürsten Herodes. Jesus aber sagte ihnen, daß er seinen Ausgang in der prophetenmörderischen Stadt Jerusalem finden müsse.

Jesus hielt sich noch dort am Jordan auf (etwa März 783 = 30 n. Ch.). Da ließen ihm die Schwestern Martha und Maria aus dem bei Jerusalem gelegenen Bethanien durch einen Boten sagen, ihr Bruder Lazarus, den er lieb hatte, sey schwer erkrankt. Doch Jesus blieb noch zwei Tage in Peräa, wiewohl er wußte, daß Lazarus bereits gestorben sey. Am vierten nach dem Empfang der Botschaft brach er trotz des Widerstrebens der Jünger auf und kam nach Bethanien, wo er als der Lebensfürst den Lazarus aus viertägigem Grabesschlummer erweckte. Er wollte durch diese auffallende Wunderthat das Volk und seine Obrigkeit zur Entscheidung drängen, und wirklich machte sie auch einen gewaltigen Eindruck auf die gerade anwesenden Juden zu Jerusalem. Auf die Kunde hievon trat augenblicklich der hohe Rath zusammen, und der energische Hohepriester Kaiphas sprach hier das entscheidende Wort aus, durch das er, ohne es zu wollen, Jesum als das rechte Passahlamm dieses Jahres bezeichnete, dieser Mensch müsse um jeden Preis sterben. Doch wie sie seine Tödtung bewerkstelligen wollten; darüber kamen sie auch jetzt noch nicht in's Reine, denn um des Volkes willen, das äußerlich viel auf den Wunderthäter gab, mußten sie vorsichtig vorschreiten. Allein Jesus wollte weder als ein Opfer wilden Volkstumults, noch heimlicher Nachstellungen der feindlichen Obern fallen. Als ein durch öffentliches Gericht Verurtheilter, Angesichts der ganzen zum Passahfeste versammelten Volksmenge wollte er als das rechte Osterlamm den Opfertod erleiden. Darum zog sich Jesus noch für eine kleine Weile in die Verborgenheit des Städtchens Ephraim im Nordosten von Judäa zurück, und widmete die noch kurze Zeit bis Ostern ausschließlich seinen Jüngern. Inzwischen befahl der hohe Rath die Anzeige seines Aufenthalts behufs seiner Verhaftung. Deßhalb herrschte unter den Festpilgern, welche vor dem Passahfeste zum Zwecke levitischer Reinigungen in Jerusalem eingetroffen waren, große Spannung, ob Jesus es wagen werde, das Fest zu besuchen. —

Doch die Stunde des Herrn, da er seinen Ausgang in Jerusalem finden sollte, war herbeigekommen. Als die Zeit da war, wo die großen Festzüge aus Galiläa und Peräa sich der dortigen Gegend nahten, verließ Jesus seinen stillen Zufluchtsort, um sich mit ihnen zu vereinigen. Entschlossen schritt er an der Spitze der erschrockenen Jünger voran, und verkündigte ihnen zum dritten Male sein jetzt bevorstehendes Ende in Jerusalem. Aber weil sie dies wieder nicht verstanden, traten die Befürchtungen hinter der lieber gehegten Hoffnung auf die baldige Aufrichtung des herrlichen Messiasreiches zurück, und so konnte unterwegs Salome den Herrn für ihre Söhne Johannes und Jakobus um die Ehrenplätze in seiner Nähe bitten. Der Herr wies auf sein Leiden hin, das vorhergehe, und als die übrigen Apostel über das Begehren der Beiden ihren Unwillen äußerten, belehrte sie der Herr über ihr wahres Verhältniß untereinander, wo die Demuth den Maßstab der wahren Größe abgebe. Im Jordanthale trafen sie mit den Festzügen zusammen (Donnerstag 7. Nisan = 30. März 783); diese nahmen den großen Propheten mit Freuden auf. In der Nähe von Jericho heilte Jesus zwei blinde Bettler, welche am Wege saßen, und von denen einer unter dem Namen Bartimäus in der Kirche bekannt ward. Als er Jericho durchzog, fand er eine heilsbegierige Seele in dem Oberzöllner Zachäus, bei welchem er darum auch einkehrte. Seine Begleitung murrte darüber und fand dies eines Messias, welcher seiner Offenbarung jetzt entgegengehe, für unwürdig. Aber Jesus bezeugte sich nicht bloß als Heiland der bußfertigen Sünder, sondern deutete auch in einem Gleichnisse an, daß er sein Reich in Herrlichkeit erst in ferner Zukunft aufrichten werde. — Nachdem Jesus bei Zachäus übernachtet, zog er des andern Tags mit den Schaaren der Festpilger weiter. Gegen Abend (des Freitags, 8. Nisan =

31. März) traf er in Bethanien ein, woselbst er mit seinen Jüngern blieb, während die Menge noch in die nur ¾ Stunden entfernte Stadt Jerusalem zog. Am Sabbath (Samstag 9. Nisan = 1. April) veranstaltete ein durch Jesum vom Aussatz Geheilter, Namens Simon, ihm zu Ehren in seinem Hause ein festliches Mahl, wobei Martha mit aufwartete und Lazarus als Gast mit zu Tische lag. Maria aber salbte den edlen Gast, der ihren Bruder erweckt hatte, mit dem zu dessen Einbalsamirung aufbewahrten kostbaren Nardenöl. Doch als nun Judas Ischarioth und etliche Jünger über diese vermeintliche Verschwendung ihren Unwillen äußerten, wies sie Jesus zurecht, indem er zugleich diese Liebesthat als eine Weissagung auf seine eigene Bestattung bezeichnete. Von jetzt an, wie schon zu Jericho, nahm Jesus alle öffentlichen Ehrenbezeugungen an, denn einmal noch wollte er sich seinem Volke als König offenbaren, damit es gar keine Entschuldigung für seinen Unglauben habe. Am Abend kamen Viele aus der Stadt nach Bethanien, um Jesum und den auferweckten Lazarus zu sehen. Das hatte zur Folge, daß sich die Häupter des Volks beriethen, ob sie nicht auch Lazarum als ein lebendiges Zeugniß für Jesum aus dem Wege räumen sollten.

Am Sonntag (10. Nisan = 2. April) kam eine Menge Festpilger, besonders Galiläer, nach Bethanien, um Jesum in die Stadt abzuholen. Am Nachmittag brach er auf. Er wollte sich als der Davidssohn, als der von Sacharja geweissagte demüthige und gerechte König Israels, der nicht auf dem Schlachtrosse, sondern auf dem Thiere des Friedens erscheint, um darnach sein Friedensreich von einem Ende der Erde bis zum andern aufzurichten, seinem Volke darstellen. Auf einem Eselsfüllen, welches er, kraft prophetischer Erkenntniß die gottgeordneten Umstände benützend, durch zwei seiner Jünger von Bethphage hatte holen lassen, ritt er inmitten der Gott lobpreisenden Jüngerschaar und des hosiannarufenden Volkes daher, während noch Viele aus der Stadt ihm entgegenzogen. Er wollte die königliche Huldigung seines Volkes annehmen, darum wehrte er seinem Zurufe nicht, wie die Pharisäer begehrten. Hier als er vom Gipfel des Oelbergs seine Königsstadt in ihrer Herrlichkeit erblickte, gedachte er mit Thränen des schweren Gerichts, welches die Verblendeten treffen würde. Bei seinem Einzuge gerieth Alles in Aufregung. Jesus besuchte den Tempel und besah sich Alles, aber weil es schon spät am Abend geworden, nahm er nichts Entscheidendes mehr vor, verließ wieder die Stadt und übernachtete mit den 12 in Bethanien. Denn er wollte nicht nächtlicher Weise, ehe seine Stunde gekommen, von seinen Feinden heimlich aufgehoben werden. — Am andern Morgen (Montag 11. Nisan = 3. April) in aller Frühe ging er mit seinen Jüngern wieder nach Jerusalem; unterwegs erblickte er einen Feigenbaum, welcher, schon Blätter treibend, Frucht versprach, aber keine trug. Da sprach er über ihn als ein Sinnbild Israels den Fluch aus; denn »es hatte weder Früchte von der alttestamentlichen Heilsgeschichte her, noch versprach es welche für die neutestamentliche, deren Frühling angebrochen war, für seinen Heiland, den darnach hungerte.« Im Gedanken hieran kam er in den Tempel, und übte Prophetenrecht, indem er das Haus seines Gottes von dem inzwischen wieder eingerissenen Unfug reinigte. Dann lehrte und heilte er die Volksmenge; denn wie vorher Galiläa und Peräa, so wollte er zum Schlusse Judäa's Hauptstadt, Jerusalem, zur Stätte seiner eigentlichen Prophetenthätigkeit machen. Schon durch das ganze Gehaben Jesu verstimmt, äußerten die Obersten Israels laut ihren Unwillen über den Jubelruf der Kinder, allein Jesus überführte sie auf Grund der Schrift von der Thorheit ihres Aergers. Erst spät am Abend kehrte er wieder nach Bethanien zurück. — Am andern Morgen (Dienstag 12. Nisan = 4. April), als die Jünger mit Jesu wieder in die Stadt gingen, sahen sie zu ihrem Staunen den Feigenbaum verdorrt, eine Weissagung, daß das Gericht über Israel gewiß vollzogen werde. Doch Jesus verhieß ihnen gleichnißweise, daß sie »durch starken Glauben auch das Hinderniß des Unglaubens Israels beseitigen könnten; denn dem Gerichte über Israel sollte dessen einstige Bekehrung folgen.« Als Jesus darnach wieder im Tempel lehrte, fragten ihn Abgeordnete des hohen Raths nach seiner Vollmacht für sein öffentliches Handeln im Tempel. Er wies sie aber zurück durch seine Gegenfrage nach der Vollmacht des Täufers, auf dessen Zeugniß über ihn er sich damit berief. Dann zwang er sie, die geistliche Obrigkeit Israels, welche ihre Unwissenheit in den Dingen des göttlichen Heilsrathschlusses selbst bekannt hatte, durch die Gleichnisse von den beiden Söhnen und den aufrührerischen Weingärtnern mit eigenem Munde über sich das Urtheil zu sprechen. Nur die Furcht vor dem zuhörenden, für den Propheten begeisterten Volke hielt sie ab, Hand an ihn zu legen, während er ihnen im Gleichnisse vom königlichen Hochzeitsmahl nochmals das Gericht und den Uebergang des Reiches Gottes zu den Heiden weissagte. So mußte die obrigkeitliche Gesandtschaft unverrichteter Dinge wieder abziehen. Da versuchten ihn seine Widersacher durch Einzelne, welche sie vorschoben, in der Rede zu fangen, um ihn entweder seinem Volke oder der heidnisch-weltlichen Gewalt als strafwürdigen Verführer zu verdächtigen. Zuerst legten ihm Pharisäerschüler nebst Anhängern der herodianischen Partei eine Frage des Rechts, nämlich über die Entrichtung der Steuern an die heidnische Obrigkeit, vor. Sodann stellten die Sadduzäer an ihn eine Glaubensfrage in Betreff der Auferstehung. Als nun Jesus diese wie jene unter dem Staunen des Volks abgefertigt und zum Schweigen gebracht, legte ihm ein Gesetzeskundiger auf Veranlassung der Pharisäer noch eine Gesetzesfrage, über das vornehmste Gebot, vor. Diese beantwortend gab Jesus den Pharisäern eine Gegenfrage aus der Weissagung mit Bezug auf die Person des Messias zurück, worauf sie fernerhin mit verfänglichen Fragen von ihm abließen. Israels Oberste hatten öffentlich ohne Möglichkeit der Wiederaussöhnung mit ihm gebrochen. Da rief nun Jesus vor den Ohren seiner Jünger und der versammelten Volksmenge nach der Weise der alten Propheten ein feierliches Wehe über die heuchlerischen Leiter Israels aus, und weissagte das Gericht über das Volk sammt der Verwerfung von Stadt und Tempel, aber auch die einstige Bekehrung desselben. Schon ganz vom Gedanken an sein Ende erfüllt, setzte er sich noch einmal im Tempelvorhof gerade dem Gotteskasten gegenüber hin, und sah das Volk — vielleicht nach dem Abendopfer — seine Gaben einlegen. Hier nun lobte er die Wittwe, welche ihr letztes Scherflein für den Tempel Gottes hingab — ein Bild von ihm selbst. Da gelangte an ihn durch Philippus und Andreas die Bitte etlicher heidnischen Hellenen aus dem Heidenvorhof, ihn sprechen zu dürfen. Das erinnerte ihn wieder an seinen unmittelbar bevorstehenden Hingang zum Vater durch den Tod hindurch, nach welchem erst er alle Menschen ohne Unterschied des Volkes zu sich ziehen durfte, und bewegt durch den Gedanken an die Verstocktheit seines eigenen Volkes, welche seinen Tod und das Gericht über dasselbe herbeiführen würde, betete er laut vor der Menge zum Vater um Verklärung seines Namens. Wie einst vor Johannes d. T. und darnach vor den 3 Jüngern, so bezeugte sich der Vater jetzt zu ihm vor dem Volke in seinem Hause, aber nur die Gläubigen verstanden diese Stimme. Da rief Jesus, daß die Sonne des Heils sich für sein Volk zum Untergang neige, und schloß seine prophetische Wirksamkeit, indem er den Tempel für immer verließ. Während er hinausging, zeigten ihm die Jünger, durch seine Worte nachdenklich gemacht, die Pracht des Tempels. Er aber weissagte nun um so bestimmter dessen völlige Zerstörung. Auf der Höhe des Oelbergs — es war spät Abends geworden — setzte er sich noch einmal nieder, und betrachtete die dem Verderben geweihte Stadt sammt dem Tempel. Da fragten ihn seine vertrautesten Jünger, wann denn dies Gericht über Stadt und Volk Gottes hereinbrechen, und wann er selbst in Herrlichkeit wieder erscheinen werde. Darauf antwortete er in ausführlicher Weissagungsrede, indem er sie zur rechten Bereitschaft für seine Wiederkunft zum Weltgericht vermahnte, lenkte aber sodann ihren Blick wieder auf die Gegenwart, indem er ihnen seine schon nach 2 Tagen stattfindende Ueberlieferung zum Kreuzestode ankündigte. Gerade um diese Zeit berieth sich der hohe Rath im Palaste des Hohenpriesters Kaiphas, wie sie sich Jesu mit List und zwar außer der Festzeit bemächtigen könnten. Da kam, ihnen sehr erwünscht, Judas Ischarioth, ein Apostel Jesu, hinzu, und erbot sich aus gemeiner Habsucht, aber auch aus Erbitterung über seinen Meister, bei welchem er nichts mehr zu gewinnen hoffte, um 30 Silberlinge denselben bei guter

Gelegenheit und mit Vermeidung eines Volksauflaufs in ihre Hände zu liefern. Doch wider Willen mußten sie Jesum, wie er es denselbigen Abend klar vorhersagte, gerade am Feste als das rechte Passahlamm zum Opfertode bringen. — Den folgenden Tag (Mittwoch 13. Nisan = 5. April) verbrachte Jesus still und zurückgezogen mit seinen Jüngern in Bethanien, indem er sich nun die kurze Zeit nur noch ihnen allein, wie am Schlusse seiner galiläischen und peräischen, so jetzt seiner judäischen Wirksamkeit widmete. Es war der letzte Ruhepunkt vor dem Todessturme. —

Der Tag war erschienen (Donnerstag 14. Nisan = 6. April), an dessen Abend die Passahmahlzeit gehalten werden mußte. Da sandte Jesus am Vormittag den Petrus und Johannes in die Stadt, damit sie für ihn und seine Jünger bei einem Manne, welchen er prophetisch näher bezeichnete, einen passenden, mit Polstern belegten Saal bestellten. Daselbst wollte er mit ihnen das Passahmahl, welches sie am Nachmittag zurichten sollten, feiern. Am Abend kam der Herr mit seinen 12 Aposteln als seiner Familie in das bezeichnete Haus zu Jerusalem, und legte sich zum Mahle auf die Kissen nieder. Zuerst äußerte er sein herzliches Verlangen nach diesem seinem letzten Passahmahle, welches er, der Heiland Israels, zum Andenken an die Erlösung Israels aus dem Lande der Knechtschaft und dessen Herstellung zu einem Volke und einer Gemeinde Gottes mit-feierte, und wies zugleich auf das vollendete Gegenbild des Mahls im Reiche der Herr-lichkeit hin. Nach Austheilung des ersten Bechers begann dann das eigentliche Passahmahl nach dem damals üblichen Rituale, welches längere Zeit währte, und während dessen auch Lobgesänge, zuerst Pf. 113—114, angestimmt wurden. Der Herr aber hatte einen Rang-streit, vielleicht in Betreff der Ehrenplätze, unter seinen Jüngern wahrgenommen; darum erhob er sich wieder vom Mahl und wusch ihnen die Füße zum Vorbilde demüthiger Liebe, indem er aber zugleich auf einen Unreinen unter ihnen hindeutete. Seine sinnbild-liche Handlung begleitete er, nachdem er sich wieder niedergelegt, mit eindringlichen Worten der Mahnung und Verheißung. Während sie nun das Mahl fortsetzten, sagte Jesus in großer Herzensbewegung es klar heraus, daß einer seiner Tischgenossen ihn verrathen würde. Niedergeschlagen, keinem Andern solch ein Verbrechen zutrauend, fragten ihn die Jünger, einer nach dem andern, ob er es wäre, und Jesus bezeichnete wiederholt einen der Zwölfe als seinen Verräther, indem er zugleich ein Wehe über ihn ausrief. Da fragte Johannes auf einen Wink Petri den Herrn, wer es wäre, und Jesus bezeichnete durch Darreichung eines in die Schüssel eingetauchten Bissens den Ischarioth als den-selben. Wie nun dieser sich entlarvt sehend, trotzig wie die Andern fragte: Ich bin es doch nicht? bejahte es Jesus, und forderte ihn auf, sein Vorhaben zu beschleunigen, welche Mahnung aber die Andern nicht verstanden. Da verließ Judas erbittert das Mahl, um sogleich sein finsteres Werk zu vollbringen. Inzwischen war es völlig Nacht geworden. Nachdem sie das Gedächtnißmahl des alten Bundes geschlossen, setzte der Herr ein Gedächtnißmahl des neuen Bundes, welches jetzt in seinem Blute sollte gestiftet werden, ein. Seine Gemeinde, deren nach seinem Hingang geschehende Sammlung er klar vor Augen hatte, sollte daran eine stete Erinnerung an die Thatsache ihrer Erlösung durch seinen Tod und immerwährende Glaubensstärkung für die Anfechtungen dieses Lebens haben, indem sie seine verklärte Leiblichkeit zum Genusse empfangen würde. Nach-dem sie hierauf den zweiten Theil der Lobgesänge angestimmt hatten (Pf. 115—118), lenkte Jesus nun geradezu das Gespräch auf seinen unmittelbar bevorstehenden Hingang zum Vater durch den Tod hindurch, und kündigte allen Jüngern an, wiewohl sie sich nicht darein finden mochten, daß sie ihn in dieser Nacht im Stiche lassen würden, ihn aber nach seiner Auferstehung in Galiläa erwarten sollten. Dem Petrus insonderheit aber sagte er vorher, daß er ihn vor dem zweiten Hahnenrufe dreimal verläugnen würde. Daran knüpfte er weitere Reden über seinen Hingang, über seine unsichtbare Gegenwart unter den Seinen nach seinem Hingang, indem er ihnen zugleich den Geist der Wahrheit an seiner Statt senden werde, und über seine sichtbare Wiederkunft, wo er sie dann heim-holen und verklären werde. Nun waren seine Jünger dafür bereitet, daß er seinen Hinganz zum Vater antrete, und sie erhoben sich vom Mahle. Wie er sich aber von ihnen im Kreise umgeben sah, wie der Weinstock von den Reben, redete er noch einmal Worte des Abschieds zu ihnen, und betete sodann zum Vater, daß er sie in seiner Gemeinschaft erhalten möge.

Dann brach Jesus mit ihnen auf, es war etwa kurz nach Mitternacht (Freitag 15. Nisan = 7. April 783 a. u., 30 n. Chr.). Da ging er mit ihnen über den Kidronbach in den Garten des Meierhofes Gethsemane am Fuße des Oelbergs, wo er sich schon öfters mit ihnen versammelt hatte, und wo er, wie der Verräther wußte, auch diese Nacht zubringen wollte, um denselben hier nun zu erwarten. Die Stunde seines Leidens war gekommen. Die übrigen Jünger zurücklassend, und nur die drei vertrautesten mit sich in die Tiefe des Gartens nehmend, rang er nun mit der Vorempfindung des Todesleidens, in welchem ihn der Zorn Gottes über die Sünde der Welt treffen und der Gewalt seiner Feinde preisgeben sollte. Doch während jene drei, einst Zeugen seiner Verklärung, jetzt seiner Erniedrigung, vor Müdigkeit und Traurigkeit immer wieder einschlummernd, den in der Schwachheit seines Fleisches Ringenden allein ließen, ohne Trost der Fürbitte, sandte ihm der Vater einen Engel, ihm ein Zeichen seiner ihn auch jetzt nicht verlassenden Liebe zu geben, und ihn für den Leidens- und Todesweg zu stärken. Nun ließ er seine Jünger sich noch ein wenig im Schlummer erquicken. Doch er weckte sie alsbald wieder auf, wie er den Verräther im Kidronthale nahen sah. Er wollte seinen Feinden zeigen, daß er sich mit bewußtem Willen ihrer Macht überliefere. Judas hatte nach seinem Weggange vom Passahmahl den Mitgliedern des hohen Raths seinen Entschluß, Jesum noch diese Nacht ihnen zu überantworten, kundgegeben, und diese, trotz ihres frühern Vorsatzes, hatten Anstalten getroffen, diese günstige Gelegenheit zu benützen. Nun kam der Verräther mit einer Abtheilung der auf der Burg Antonia stationirten römischen Cohorte, welche der Prokurator auf dringendes Ansuchen, angeblich zur Vermeidung von Unruhen, zur Verfügung gestellt hatte, und der levitischen Tempelwache in Begleitung von etlichen Gliedern des hohenpriesterlichen Geschlechts, welche die Verhaftung Jesu leiten wollten. Während diese alle im Hintergrund noch zurückblieben, trat Judas vor, und küßte der Verabredung gemäß den zu seiner Ueberraschung ihn erwartenden Meister, ihn zu bezeichnen. Ihm seinen Verrath vorhaltend und sich aus seiner Umarmung losmachend, schritt dann Jesus den Schaar entgegen, welche erschrocken bei seinem Worte und ein Zeichen seiner Wundermacht fürchtend, vor ihm zurückwich und zu Boden stürzte. Sie sollten zuvor ihre eigene Ohnmacht erkennen, ehe er sich freiwillig ihrer Gewalt übergab. Darum wehrte aber der Herr dem Petrus, als jene wieder ermuthigt Hand an ihn legen wollten, und dieser nun mit dem Schwerte dreinschlug, warf jedoch zugleich den Führern seiner Häscher ihre meuchelmörderische Feigheit vor. Dann ließ er sich ruhig binden, nur Verschonung der Seinen fordernd. Als nun die Jünger das Unglaubliche sahen — ihren Herrn und Meister, Christus, den Sohn des lebendigen Gottes, in der Hand seiner Feinde, da überfiel sie ein tödtlicher Schrecken, und entsetzt ergriffen sie unaufhaltsam die Flucht.

Auf die Kunde vom Gelingen des Anschlags ließ der amtirende Hohepriester Kaiphas eilends die Mitglieder des hohen Raths zusammenrufen, um die Verurtheilung Jesu wo möglich noch vor dem Morgenopfer (9 Uhr) zu bewerkstelligen, und das leicht bewegliche Volk damit zu überraschen. In der Zwischenzeit wurde Jesus zu Hannas, dem Schwiegervater des Kaiphas, in den von ihnen gemeinschaftlich bewohnten hohepriesterlichen Palast (am nordwestlichen Eck des Zion) gebracht. Hannas richtete allerlei Fragen müßiger Neugier an Jesum, welcher sie keiner Antwort würdigte, dafür aber von dem hohepriesterlichen Diener mißhandelt wurde. Während Jesus oben in den Gemächern wartete, verweilte unten Petrus, welcher mit dem daselbst bekannten Johannes, nachdem sie von der raschen Flucht umgekehrt, dem Herrn bis in den innern Hofraum nachgefolgt war, an einem Feuer, woselbst sich die Knechte wärmten. Hier verläugnete er Jesum zuerst gegen die Thürsteherin, dann bald darauf gegen einen der Knechte und gegen den Freund des Malchus. In diesem Augenblick (zwischen 1—2 Uhr Morgens) krähte der Hahn, und Petrus, der Vorhersagung des Herrn gedenkend, zog sich eingeschüchtert unter den Thorweg zurück. Mittlerweile hatte sich der hohe Rath bei Kaiphas versammelt, und in seine Mitte wurde nun der Gefangene gebracht. Nach fruchtlosem Verhör der Zeugen, deren Aussagen nicht zusammenstimmten, wurde Jesus von dem entschlossenen Vorsitzenden geradezu zur eidlichen Aussage aufgefordert, ob er wirklich der Messias sey, und auf sein eigenes Bekenntniß hin als Gotteslästerer des Todes schuldig erkannt. Dann beschloß der hohe Rath in einer abgesonderten Berathung, die Bestätigung und den Vollzug des von ihm gefällten Todesurtheils bei dem Inhaber der obersten weltlichen Gewalt, dem römischen Prokurator, welcher damals allein das Recht über Leben und Tod hatte, alsbald zu erwirken. Auch dies war göttliche Fügung, daß Jesus die römische Strafe der Kreuzigung erleiden sollte; denn als einer der ärgsten Verbrecher sollte er vor aller Welt zur Schau ausgestellt werden. Während Jesus als ein verlorner Mann der Mißhandlung preisgegeben war, verläugnete ihn sein Jünger abermals unten im Thorweg gegen eine Magd, und bald darauf gegen die Umstehenden, welche ihn an seinem galiläischen Dialekt als Jünger Jesu erkannten. Da krähte der Hahn zum zweitenmale (zwischen 2—3 Uhr Morgens), und in demselben Augenblick fiel der Blick des Herrn, welcher eben in den Vorhof geführt ward, um zu Pontius Pilatus gebracht zu werden, auf den Jünger. Petrus ging hinaus und weinte bitterlich, Judas Ischarioth aber, welcher mit Schrecken den blutigen Ausgang seines Verraths wahrnahm, und ihn jetzt ungeschehen machen wollte, wurde vom hohen Rathe mit Hohn zurückgewiesen, und in seiner Verzweiflung legte er (wohl noch denselben Tag) an sich die Hand.

Es war gegen 3 Uhr Morgens, als Jesus auf das Prätorium (»Richthaus« — vermuthlich der Palast Herodes d. Gr. auf der Nordseite des Zion) vor Pilatus von dem ganzen hohen Rathe gebracht wurde. Die Häupter des Volkes blieben außen stehen, weil sie sonst durch das Betreten der heidnischen Wohnung am Genusse ihrer mittäglichen Dankopfermahlzeit wären gehindert worden. Da fragte sie der Procurator nach dem bestimmt formulirten Grund ihrer Klage, und wiewohl sie sich dieser Mühe überhoben glaubten, mußten sie doch der weltlich-heidnischen Oberbehörde gegenüber darauf eingehen. Da sich nun diese um ihre religiös-gesetzliche Streitigkeiten nichts zu kümmern brauchte, so mußten sie Jesum als Verbrecher gegen die öffentliche, staatliche Ordnung hinstellen, und so verklagten sie ihn als einen Volksaufwiegler, der sich zum Könige der Juden machte, und die Entrichtung der Abgaben an den Kaiser wehren wolle. Nun fragte Pilatus Jesum im Innern des Palastes nach seiner Königswürde, und weil er diesen König der Wahrheit für politisch ungefährlich hielt, und auch wußte, daß die Obersten der Juden ihn nur aus Neid und Eifersucht überantwortet hatten, so erklärte er, wieder heraustretend, Jesum zum ersten Male für unschuldig. Doch die Juden bestanden auf ihrer Anklage, und da sie nun im Eifer daran erinnerten, daß Jesus bereits in Galiläa angehoben, das Volk zum Aufruhr zu erregen, welchen gehäuften Beschuldigungen gegenüber der inzwischen herausgeführte Gefangene beharrlich schwieg, so bot dies dem Pilatus einen erwünschten Anlaß, den ihm unbequemen Handel von sich zu schieben. Er sandte Jesum zu dessen Landesfürsten Herodes, welcher sich vermuthlich in demselben oder einem anstoßenden Palast zur Festzeit aufhielt. Allein dieser schickte den Gefangenen, welcher seine Neugierde nicht durch ein Wunderzeichen befriedigte, gar bald wieder als einen unschädlichen, verächtlichen, dem Hohn seines Gefolges preisgegebenen Schwärmer dem Prokurator zurück. Immer mehr verstimmt durch diesen ihm höchst lästig werdenden Prozeß, versammelte Pilatus wieder das Volk und seine Häupter. Ebenso abergläubisch als ungläubig, durch eine inzwischen eingetroffene Botschaft seines Weibes von einem unglückweissagenden Traume in Bezug auf den Gefangenen in hohem Grade beunruhigt, bot Pilatus, indem er an eine Festsitte anknüpfte, den Juden dreimal nacheinander die Loslassung Jesu an, nachdem er ihn zum zweiten Male für unschuldig erklärt hatte. Um jedoch die Rachsucht seiner Widersacher wenigstens in etwas zu befriedigen, erbot er sich,

Jesum als einen begnadigten und zuvor körperlich gezüchtigten, also an Leib und Ehre gestraften Verbrecher, welcher ihr Ansehen gewiß nicht mehr gefährden könnte, zu entlassen. Allein der von den Obersten aufgewiegelte Volkshaufe verlangte immer ungestümer die Freigebung eines Raubmörders, mit Namen Jesus Barrabas, und die Kreuzigung Jesu. Da ließ Pilatus Jesum drinnen geißeln, als ob er ihnen willfahren wolle — denn die Geißelung ging der Kreuzigung voran — und sodann den schwer Gemißhandelten und zum Hohne mit den Abzeichen der Königswürde Geschmückten der draußen wartenden, immer mehr anwachsenden Menge vorstellen, um das Gefühl des Mitleids in ihnen zu erwecken. Zum dritten Male erklärte er ihn für unschuldig. Doch die zur Wuth blinden Fanatismus angestachelten Feinde Jesu forderten mit wildem Geschrei seine Kreuzigung. Als sie aber in der Hitze sagten, daß er schon nach ihrem Gesetze, weil er sich für Gottes Sohn ausgebe, als Gotteslästerer den Tod verdiene, forschte Pilatus, wiederum erschreckt, im Innern des Palastes nach Jesu Herkunft. Durch Jesu räthselhafte Antwort und sein geheimnißvolles, zurückhaltendes Wesen noch mehr geängstigt, bemühte sich Pilatus noch dringender, wie zuvor, Jesum freizulassen. Da schnitten endlich die Juden mit dem Vorwurf, daß er einen Empörer wider den Kaiser begünstigte, woraus Pilatus die Drohung einer Anklage beim argwöhnischen Tyrannen Tiberius heraushören konnte, ihm jeden Ausweg zur Rettung Jesu ab. Nun ließ der Prokurator Jesum wieder herausbringen, bestieg den auf dem Mosaikboden vor dem Palaste aufgestellten Richterstuhl, und indem er durch die symbolische Handlung des Händewaschens die Verantwortung des Spruchs von sich weg dem ihn auf sich nehmenden Volke in's Gewissen schob, und zugleich noch einmal dasselbe in Bezug auf sein theuerstes Gut, seine messianische Hoffnung verhöhnte, fällte er in feierlicher Weise gegen 6 Uhr Morgens das Todesurtheil über Jesum, während er den Raubmörder freigab. So hatten Israels Oberste und mit ihnen das Volk den Messias, seinen König und Heiland, verworfen und ihn der heidnischen Gewalt zum Tode überliefert, auf daß der geweissagte Rathschluß Gottes zum Heil der Welt vollzogen würde.

Nun übernahmen die römischen Kriegsknechte den von der weltlichen wie geistlichen Obrigkeit Israels zum Tode Verurtheilten, um an ihm das Urtheil zu vollziehen, und trieben, wie zuvor, ihren Muthwillen mit ihm. Sodann wurden Vorbereitungen zur Hinrichtung Jesu und zweier Räuber, Angehöriger der wilden Zelotensekte, welche das Land von der Heiden Joch befreien wollten, aber Alles mit Schrecken über ihre Gräuelthaten erfüllten, getroffen, und vor 9 Uhr Morgens ward Jesus mit ihnen zum Hügel Golgatha als der Richtstätte hinausgeführt. Als der Herr, durch die bisherigen Schreckensscenen körperlich erschöpft, vor dem Stadtthor unter der Kreuzeslast zu erliegen drohte, nöthigten die Kriegsknechte den Simon von Kyrene, welcher gerade vom Lande in die Stadt herein wollte, Jesu das Kreuz nachzutragen. Viele Frauen aus der nachströmenden Menge beweinten mitleidig den Herrn, aber er wies sie mit ernsten Worten auf das bevorstehende Gericht über Jerusalem und ihr Volk hin. An der Richtstätte angelangt boten ihm die Kriegsknechte zur Milderung der Schmerzen, wie üblich, den betäubenden Trank, schlechten mit Giftkraut gemengten Wein, aber er verschmähte ihn. Mit freiem Willen und klarem Bewußtseyn, seiner Sinne mächtig wollte er die Stunden der Qual durchleben. Gegen 9 Uhr, um die Zeit des Morgenopfers, ward er an's Kreuz geschlagen, in Mitten der beiden Uebelthäter. Da bat er für seine Feinde um Vergebung ihrer Sünde (erstes Wort). Unten am Kreuze vertheilte die Wache von vier Mann — es war überdies eine größere Truppe unter ihrem Centurio zugegen — in roher Gleichgültigkeit die Kleider des für dies Leben Verlorenen, und verloste sein aus einem Stück gewobenes Unterkleid. Während Mitglieder des hohen Raths sich in der Stadt vergebens bei Pilatus über die ihre Messiashoffnung verhöhnende Ueberschrift über dem Kreuze beschwerten, verspotteten draußen auf dem Richtplatz das Volk und seine Obersten, die Umstehenden wie die Vorübergehenden, ihren gekreuzigten König. Selbst einer der Uebelthäter lästerte. Aber als sein Mitgekreuzigter ihm wehrte, indem ihm ein Licht darüber aufging, daß der zwischen ihnen in stiller Größe Leidende wirklich der verheißene Heiland Israels sey, da verhieß ihm der Herr noch für diesen Tag den Eingang in das Paradies (zweites Wort). Während Jesu Bekannten und die ihm dienenden galiläischen Frauen noch in der Ferne zuschauten, waren Johannes, die Mutter Jesu und deren Schwester, Maria, das Weib des Klopas nebst Maria Magdalena näher zum Kreuze herzugetreten. Da übertrug Jesus seinem Jünger die Fürsorge für seine Mutter (drittes Wort); denn im Leben der Verklärung sollte er nur einen Vater haben. Um 12 Uhr verbreitete sich eine drei Stunden währende Finsterniß über das Land, ein Zeichen der Trauer wie des Zorns des Himmels. Die Angst der Seele Jesu wuchs. Da stieß er um 3 Uhr — die Zeit des Abendopfers — den Schrei der Gottverlassenheit aus (viertes Wort). Er bat zu Gott mit den Worten des 22. Psalms um eine thatsächliche Erfahrung seiner Liebe, indem er ihn nun durch den Tod von der Hand seiner Feinde erlösen wolle. Etliche der Umstehenden spotteten, als ob er den Elias, welcher dem Messias den Weg bereiten sollte, zu Hülfe rufe. Als aber Jesus unmittelbar darauf über Durst klagte (fünftes Wort) und damit noch einen Labetrunk begehrte, — denn nicht als ein Verschmachtender, sondern in der Freiheit seines Willens wollte er aus dem Leiden scheiden, in das er sich freiwillig begeben —, da tränkte ihn mitleidig einer der Kriegsknechte mit einem Schwamme voll Essig, indem er zum Schein in den Spott der Andern mit einstimmte. Noch einmal erquickt bezeugte Jesus sein Erlösungswerk als vollbracht (sechstes Wort), und seinen Geist mit lauter Stimme in die Hände seines Vaters empfehlend (siebentes Wort) neigte er sein Haupt und verschied.

Da erbebte die Erde, der Vorhang des Allerheiligsten im Tempel zerriß, und die Felsengräber thaten sich auf. Es war ein Zeichen, daß »der Ausgang aus dem Tode und der Zugang zu Gott eröffnet sey.« Der Befehlshaber der Wache erschrack und bekannte Jesum als Gottes Sohn. Tief erschüttert kehrte die zuschauende Menge heim. Gegen Ende des Nachmittags bat die jüdische Obrigkeit um Abnahme der Gekreuzigten, damit sie nicht, dem jüdischen Gesetz zuwider, über den Sabbath am Kreuze hängen blieben. Auf Pilati Erlaubniß hin wurden den beiden Uebelthätern zur Beschleunigung ihres Todes die Beine zerschlagen. Jesu Leichnam aber wurde zur größeren Sicherheit dem römischen Gesetz gemäß mit einer Lanze durchstochen, wobei wunderbarer Weise Blut und darauf Wasser floß, ein Zeichen, daß dieser Leib der Verwesung entnommen sey. Mittlerweile, da es Abend geworden, hatte Joseph von Arimathia, ein Mitglied des hohen Rathes und heimlicher Jünger Jesu, von Pilatus die Ueberlassung des Leichnams Jesu erbeten. Nun nahm er ihn herab vom Kreuze, und bestattete ihn mit Hülfe Nikodemi in einem ihm gehörigen neuen Felsengrabe in einem nahen Garten, wobei mehrere Frauen (Maria Magdalena und Maria, das Weib des Klopas) zuschauten. — Der Sabbath (Samstag 16. Nisan = 8. April) verging den Jüngern in Ruhe, nur daß ihnen die Größe ihres schmerzlichen Verlustes um so fühlbarer wurde, ohne daß sie irgendwie der fröhlichen Hoffnung seiner Auferstehung Raum gegeben hätten. Im Verlauf des Tages erwirkte der hohe Rath, welcher sich der Vorhersagung Jesu vom Jonaszeichen gar wohl erinnerte, und Mißbrauch derselben durch seine Jünger fürchtete, vom Prokurator Bewachung und Versiegelung des Grabes, das mit einem großen Stein verschlossen war. Jene Frauen erfuhren nichts von dieser Maßregel, darum kauften sie am Abend Spezereien, um am andern Morgen den theuern Leichnam ihres Herrn zum letzten Beweis ihrer Liebe förmlich einzubalsamiren.

Da kam der Tag, an welchem Gott der Herr sein Siegel auf das Erlösungswerk drückte, und Jesum als seinen Sohn und Weltheiland durch seine Auferweckung von den Todten kräftiglich erwies. Am frühesten Morgen des Sonntags (17. Nisan = 9. April) erschien unter einem Erdbeben ein Engel, der den Stein von der Grabesthüre wegwälzte und sich darauf setzte. Erschreckt durch den Glanz des himmlischen Lichts flohen die Wächter in die Stadt, und zeigten es den Hohepriestern an, welche in Gemeinschaft mit den übrigen Rathsgliedern die Soldaten bestachen, daß sie das Gerücht aussprengten, die Jünger Jesu hätten, während sie schliefen, seinen Leib gestohlen. So kam Israel durch die Verstocktheit seiner Obersten auch um diesen größten Beweis für die messianische Königswürde Jesu von Nazareth. Frauen wurden die ersten Ohren= und Augenzeugen der Auferstehung des Herrn. Als es noch finster war (gegen 5 Uhr Morgens), kam Maria Magdalena, zuerst von ihrer Liebe hinausgetrieben, da sie mit den übrigen Frauen die Einbalsamirung des Leichnams für diesen Morgen verabredet hatte, an das Grab und sah den Stein weggewälzt. Bestürzt und meinend, Jesu Feinde hätten sich auch noch an seinem Leichnam vergriffen, eilte sie in die Stadt zu Petrus und Johannes, und verkündigte es ihnen. Mittlerweile in der Morgendämmerung waren auch die andern Frauen, unter welchen Maria, Klopä Weib und Mutter Jakobi des Jüngern, Salome, Zebedäi Weib, und Johanna, aufgebrochen, und kamen mit Sonnenaufgang an das Grab. Da erblickten sie einen Engel, welcher ihnen Jesu Auferstehung verkündigte, sie an seine in Galiläa geschehene Vorhersagung erinnerte, und sie den Jüngern, besonders Petro, sagen hieß, daß Jesus sich in Galiläa den Seinen zeigen werde. Denn in Galiläa, dem Lande seiner Gläubigen und seiner Prophetenthätigkeit, nicht in Jerusalem, der Tochter Zion, wo er einst in königlicher Herrlichkeit sein Reich sollte aufrichten, wollte der Herr die zerstreute Heerde der Seinen wieder sammeln, und die Jünger mit der Fortsetzung seines Zeugenberufs beauftragen. Doch jene himmlische Freudenbotschaft erschreckte nur zuerst die Frauen. Sie eilten hinweg, und sagten Niemand etwas außer den Jüngern, welche aber in ihrer tiefen Niedergeschlagenheit diese Nachricht als ein leeres Gerede, als bloßes Erzeugniß ihrer überspannten Einbildungskraft aufnahmen. Während aber jene Frauen auf einem anderen Wege in die Stadt zurückgeflohen waren, liefen Petrus und Johannes, welchen Maria Magdalena auf dem Fuße nachfolgte, eilends an das Grab. Erstaunt über den Anblick der Leere darinnen und nachsinnend, jedoch außer Stand, es sich zurecht zu legen, weil ihnen das Verständniß der Schriftweissagung fehlte, kehrten die Beiden wieder zurück. Maria aber verweilte noch. Da erblickte sie in der Grabeshöhle zwei Engel, welche sie freundlich anredeten, und als sie weinend von ihnen sich abwandte, den Herrn selbst. Zuerst hielt sie ihn für den Gärtner. Als ihr aber der Auferstandene sich am Tone seiner Stimme zu erkennen gab, da wollte sie in leidenschaftlicher Freude des Wiedersehens seine Füße umfassen. Doch der Herr belehrte sie, daß er jetzt noch nicht bleiben könne, sondern erst zum Vater gehen müsse. Er beauftragte sie, den Jüngern seine bevorstehende Auffahrt anzukündigen, und ihnen zu sagen, daß sie zuvor seine Erscheinung in Galiläa erwarten sollten. Maria richtete ihren Auftrag aus, aber die Jünger schenkten ihr so wenig Glauben, als der Botschaft der andern Frauen. Darum fand es der Herr für gut, sich den Jüngern schon in Jerusalem als den Auferstandenen zu zeigen, um ihren so tief gesunkenen Muth wieder zu beleben und aufzurichten, damit sie mit rechter Freudigkeit die in Galiläa zerstreuten Gläubigen für seine Haupterscheinung daselbst sammeln könnten. So erschien er denn im Verlauf dieses Sonntags auch dem Simon Petrus, vornehmlich um ihm damit die Vergebung seiner besondern Verschuldung zu versiegeln. Am Nachmittag wanderten Kleopas und noch ein anderer Jünger Jesu gen Emmaus. Während sie sich über die Begebenheiten der letzten Tage unterredeten, gesellte sich zu ihnen unerkannt der Herr, der ihnen die Schrift auslegte, und ihnen die Nothwendigkeit des Leidens Christi als Durchgang zu seiner Herrlichkeit daraus nachwies. Gegen Abend kamen sie hinein in den Flecken. Da gab sich ihnen der Herr beim Mahle zu erkennen und alsbald verschwand er vor ihren Augen, zum Zeichen, daß er fortan unsichtbar bei ihnen seyn werde. Voll Freuden eilten sie zurück in die Stadt, wo sie zehn Apostel und andere Jünger in einem aus Furcht vor den Juden verschlossenen Gemache versammelt fanden. Sie erzählten diesen ihr Erlebniß, während ihnen die Apostel die dem Petrus geschehene Erscheinung mittheilten. Plötzlich erschien während ihres Gesprächs der Herr in ihrer Mitte. Nach dem Friedensgruße überführte er die Erschrockenen von seiner leibhaftigen Erscheinung, indem er etwas aß und sich von ihnen betasten ließ, und verhieß ihnen die Macht, Sünden zu vergeben und zu behalten, indem er sie mit dem Odem seines verklärten Leibeslebens anhauchte. Denn in der Verklärung seiner Natur war die Sünde thatsächlich vergeben. Auch ihnen zeigte er jetzt, wie auch noch später, daß Alles, was ihm widerfahren, nur Verwirklichung des in der Schrift verzeichneten Heilsrathschlusses war. — Nun blieben die Jünger noch in der Stadt, theils um der übrigen Festzeit willen, theils auch weil sie hofften, der Herr werde selbst noch auch ihren ungläubigen Mitapostel Thomas, der bei jener Erscheinung nicht zugegen gewesen, von seiner Auferstehung überführen. Da erschien denn wirklich der Herr am nächsten Sonntag (24. Nisan = 16. April) den eilf Aposteln zumal, und Thomas bekannte beschämt ihn als seinen Herrn und Gott. — Nun erst brachen die Jünger, in ihrem Glauben jetzt unerschütterlich, von Jerusalem auf nach Galiläa, wo sie den Herrn erwarten sollten, zunächst aber wieder zu ihren Gewerben zurückkehrten, sich ihren Lebensunterhalt zu schaffen. Da erschien Jesus am See Tiberias sieben seiner Jünger. Hier setzte er den Simon Petrus wieder in sein Apostelamt ein, nachdem er ihm anf's Neue eine sinnbildliche Verheißung vom überschwänglichen Segen seiner Wirksamkeit gegeben, und kündigte ihm zugleich seinen dereinstigen Märtyrertod an. Im Worte an Johannes aber lehrte er die Jünger, daß nicht alle die Seinen vor seiner Wiederkunft sterben, sondern etliche unter ihnen, welche er wolle, dieselbe erleben würden. Endlich erschien der Auferstandene auf einem Berge in Galiläa den eilf Aposteln und mehr denn 500 Jüngern als den Führern und dem Stamm der zukünftigen neutestamentlichen Gemeinde. Hier gebot er kraft seiner Machtvollkommenheit über Alles Predigt des Evangeliums unter allen Völkern und Taufe derselben, wodurch sie seiner Jüngerschaft einverleibt werden sollten, und verhieß ihnen den Beistand seiner Gegenwart bis an's Ende der Tage. Aber eine unsichtbare Gegenwart sollte es seyn; das lehrte die Jünger sein Verschwinden nach jeder Erscheinung, und daß er vom Himmel, der Stätte Gottes, aus ihnen nahe seyn wolle, davon sollte sie seine sichtbare Auffahrt überführen. Nach jener vornehmsten Erscheinung auf dem Berge vor der galiläischen Jüngerschaar kehrten die Apostel wieder nach Jerusalem zurück. Nachdem sich ihnen der Herr während der 40tägigen Wartezeit noch öfter bezeugt hatte, versammelten sie sich seinem Befehle gemäß an einem Donnerstag (18. Mai) auf dem Oelberg in der Nähe von Bethanien. Dort erschien ihnen der Herr. Er lenkte ihren Blick von der Zukunft, wo er das Reich der Herrlichkeit aufrichten wird, auf die Gegenwart zurück, wo sie noch eine große Aufgabe zu erfüllen hätten. Er gebot ihnen in Jerusalem zu bleiben, um daselbst auf die Ausgießung des heil. Geistes zu warten, mit welchem ausgerüstet sie seine Zeugen bis an das Ende der Erde seyn sollten. Dann, nachdem er sie gesegnet, fuhr er auf, und verschwand in einer Wolke, um auf den Thron Gottes zurückzukehren und seine vorige Herrlichkeit wieder einzunehmen. Zwei Engel aber, die erschienen, trösteten die sehnsüchtig nachblickenden Jünger mit der Verheißung seiner dereinstigen Wiederkunft.

Nach dieser übersichtlichen Darstellung des Lebens Jesu haben wir nur noch einige wenige Punkte in Kürze zu erörtern.

1) Geschichtsquellen des Lebens Jesu. Als zuverlässige kommen nur in Betracht die kanonischen Evangelien der beiden Apostel Matthäus und Johannes und der Apostelgefährten Markus und Lukas. Ueber dieselben s. d. einzelnen Artikel. Ueber ihr Verhältniß zum Schriftkanon vgl. Hofmann, Schriftbeweis II, 2. S. 81 ff. Unzulässig ist die Benützung der apokryphischen Evangelien, des unächten Briefwechsels Christi mit Abgarus, der unächten Acta Pilati, sowie des unächten Briefes des Lentulus. Sagenhaft ist auch Alles, was uns über Bilder Jesu aus seiner Lebenszeit überliefert ist, s. Winer u. d. Art. Jesus. Die Stelle des jüdischen Geschichtschreibers Josephus Ant. 18, 3. 3., worin er Jesu erwähnt, ist wahrscheinlich nur zum kleinsten Theil interpolirt; vgl. Kurtz, Kirchengesch. 3. Aufl. I, 1. S. 66. Von beiläufigen Erwähnungen Christi bei Profanschriftstellern sind nur Tac. ann. 15, 44. Plin. epp. 10, 97. Sueton Claud. 25. hervorzuheben.

2) **Chronologie des Lebens Jesu.** A. Das Geburtsjahr. Den Ausgangspunkt, dies zu berechnen, bildet a) die Zeit des Todes Herodes d.
Gr. (s. d. Art.), unter welchem Christus geboren ward. Er starb Anfang April 750 d. St. Rom (nach
Varro), also 4 Jahre vor unserer gewöhnlichen Zeitrechnung, der dionysischen Aere
(s. d. Art. Aere). Anfangs März dieses Jahres hatte Herodes Jerusalem für immer
verlassen. Nun ward das Jesuskind 40 Tage nach seiner Geburt im Tempel dargestellt,
und darnach erst von den Magiern, welche den Herodes noch zu Jerusalem trafen, angebetet. Also fällt darnach schon die Geburt Jesu mindestens in die erste Hälfte Januars
750 u. c. Weiter bringt uns ein zweites Datum: b) die Zeit des Tempelbaus durch
Herodes d. Gr. Joh. 2, 20. heißt es: "46 Jahre lang ist an diesem Tempel gebaut
worden." Das will sagen: der Tempelbau hatte bis dahin 46 Jahre gewährt, denn
er dauerte noch fort bis zum Anfang des jüdischen Kriegs. Nun begann Herodes den
prachtvollen Umbau des zweiten Tempels in seinem 18. Regierungsjahre (Joseph. Ant.
15, 11. 5. 6.), welches vom Nisan 734 — Nisan 735 reichte. Demnach war das Passah, an welchem die Juden jenes Wort zu Jesu sagten, und welches unmittelbar auf
jene 46 Jahre seit Beginn des Baus folgte, das des Jahres 780 u. c. Diesem Passahfeste gingen ein kurzer Aufenthalt in Kapernaum, die Reise von Kana dorthin, die
sieben Tage von der Gesandtschaft an den Täufer bis zum Wunder in Kana, die 40
Tage nach der Versuchung unmittelbar nach der Taufe Jesu (s. o.) vorher. So kommen
wir mit der Taufe Jesu etwa Anfang Januar 780 u. c. oder Ende Dez. 779. Dazu
fügen wir ein drittes Datum: c) das Alter Jesu bei seiner Taufe. Er war bei seiner
Taufe nach Luk. 3, 23. ohngefähr 30 Jahre alt, eher etwas darüber als darunter.
Rechnen wir zurück, so kommen wir wieder mit der Geburt auf den Anfang Januar
750 oder Dezember 749. Weniger Sicherheit als die bisherigen bietet uns ein
neues Datum: d) der Dienst der Priesterklasse Abia (Luk. 1, 5.), der achten unter
den 24 Priesterklassen, die wöchentlich abwechselten. Ihren Turnus kann man mit
ziemlicher Wahrscheinlichkeit nur vom Vorabend der Zerstörung Jerusalems durch Titus
(9. Ab 823 u. c. = 70 dion. aer.), an welchem die erste Priesterklasse Jojarib ihren
Dienst antrat, aus berechnen. Die Verkündigung an Zacharias fällt jedenfalls an 15
Monate vor die Geburt Jesu, also in das Jahr 748. In diesem Jahre verrichtete
die Klasse Abia ihren Dienst vom 17. — 23. April und sodann vom 3. — 9. Okt.
Nehmen wir das zweite Datum, so fiele die Geburt Jesu in die Winterszeit 749 — 50
u. c. Allein im Winter konnten die Heerden nicht im Freien übernachten, wie es doch
bei Jesu Geburt der Fall war (Luk. 2, 8.); denn die schwankenden Berichte neuerer
Reisenden über die klimatische Beschaffenheit jener Gegenden können nichts wider die
im Talmud erwähnte paläftinensische Sitte beweisen, die Heerden mit Einbruch der win-
terlichen Regenzeit Anfang Nov. heimzutreiben und bis Ende März in den Stallungen
zu behalten. Dieser Umstand also spräche für die erstere Zeitbestimmung, nämlich die
vom 17. — 23. April 748, wornach die Geburt Johannis des Täufers etwa in den
Dez. 748, die Geburt Jesu etwa Juni 749 (5 a. dion. aer.), jedenfalls in die Som-
merszeit dieses Jahres fiele, weßhalb auch der Stall leer stand. Es spricht aber dafür
noch ein weiteres Datum, nämlich e) das vom Stern der Magier (Matth. 2.). Diese
heidnischen Astrologen wußten neben ihrer Kenntniß der Messiashoffnung Israels auch
von der jüdischen Ueberlieferung, daß eine Constellation Jupiters und Saturns im Zeichen der Fische, wie drei Jahre vor der Geburt Mosis, auch der Geburt des Messias
vorangehen solle. Nach Kepplers Berechnung fand eine solche wirklich im Jahre 747
u. c. und zwar dreimal statt, wozu 748 noch Mars hinzukam. Diese Constellation
machte aber die Astrologen nur aufmerksam auf ein bevorstehendes großes Ereigniß in
Israel. Erst als nun ein neuer Stern, Fixstern oder Komet, der eigentliche Messias-
stern, am Himmel auftauchte, war ihnen das ein Zeichen, daß der damals von einem
großen Theile der heidnischen Welt aus Judäa erwartete Weltretter, der fürstliche Machthaber aus Israel, nun wirklich in der Welt erschienen sey. Und sobald es ihnen mög-

lich war, machten sie sich nach Judäa auf den Weg, den neugebornen König der Juden zu begrüßen. Nehmen wir nun hinzu, daß Herodes nach der Angabe der Weisen über die erste Erscheinung des Sterns als Grenzlinie des Alters des Kindes zwei Jahre (und darunter) annahm, so muß auch deßhalb die Geburt Jesu eher in das Jahr 749 als 750 gefallen seyn, aber weder früher (auch wegen Luk. 3, 23. vgl. mit Joh. 2, 20.) noch später. Aus alle dem ergibt sich, zwar nicht mit mathematischer Gewißheit, aber doch mit höchst möglicher Wahrscheinlichkeit, daß Jesus im Sommer 749 u. c. geboren sey. Die kirchliche Tradition kann nicht dagegen angeführt werden, denn sie schwankte sowohl in Bezug auf das Jahr, als Monat und Tag der Geburt (s. d. Nähere in der u. ang. Schrift). Die Angabe Luk. 2, 1. 2. gibt keine zu benützende chronologische Bestimmung; denn es läßt sich nicht anderweitig ermitteln, wann der Befehl des Kaisers Augustus, daß im ganzen römischen Reiche eine Zählung der Bewohner und Verzeichnung ihrer Güter zum Zwecke der Steuerregulierung vorgenommen werden sollte, sich auch auf Judäa, das Land seines Bundesgenossen und Vasallen Herodes, erstreckt habe. Nur soviel wissen wir, daß, wie Lukas in einer Einschaltung bemerkt, der wirkliche Vollzug des Edikts, nämlich die eigentliche Besteuerung Judäa's, gleichviel aus welchen Gründen, erst später durch den Präses von Syrien, Quirinius (s. d. Art.) im Jahre 759 u. c. (Jos. Ant. 18, 1. 1.) geschehen sey.

B. Dauer des Lehramts Christi. Wir gehen von dem bereits gewonnenen Datum aus, daß Jesus Anfang 780 oder Ende 779 von Johannes getauft worden sey. Dann ist der Täufer selbst einige Zeit vorher, etwa im Herbste 779 aufgetreten. Dagegen stritte die Angabe Luk. 3, 1., wenn das 15. Jahr der Regierung des Kaisers Tiberius, in welchem jener Stelle zufolge Johannes hervortrat, vom 19. Aug. 767, dem Todestage des Augustus an zu rechnen wäre (also das Jahr vom Aug. 781 — Aug. 782). Allein ehe wir unsere festgestellten Resultate wieder aufgeben, nehmen wir doch mit Andern an, daß Lukas, wie es nachweisbar auch bei andern Kaisern im Alterthum von den Schriftstellern öfters geschehen ist, die Regierungsjahre des Tiberius anders, und zwar vom Anfang seiner Mitregentschaft an, Jan. 765 (s. Tac. Ann. 1, 3. 11. Suet. Aug. 97. Tib. 20. 21. Vell. Pat. hist. rom. II, 121) gezählt habe. Darnach reichte das 15. Jahr des Tiberius nach römischer Rechnung vom Jan. 779 — Jan. 780, nach jüdischer vom 1. Nisan (März oder April) 779 — 1. Nisan 780. — Im Dezember des Jahres, an dessen Passahfeste Jesus das erstemal im Tempel reinigte, also 780 (s. Joh. 4, 35.; die Waizenernte fiel in den April, reiste Jesus durch Samaria nach Galiläa zurück (s. o.); dazumal war der Täufer noch nicht in's Gefängniß gelegt. Nun berichtet uns der Evangelist Johannes neben jenem Passah (2, 13.) noch von zwei Passahfesten (6, 4; 13, 1.), während die Synoptiker ausdrücklich nur das letzte seit der Taufe Jesu erwähnen. Jenes Passah (Joh. 6, 4.) fällt in die Zeit der vollen galiläischen Prophetenthätigkeit Jesu; kurz zuvor war Johannes, der einige Zeit im Gefängnisse saß, hingerichtet worden. Gar zu lange kann jene Thätigkeit Jesu noch nicht gedauert haben, denn Herodes konnte ihn für den auferstandenen Täufer halten, aber auch nicht zu kurz, denn Jesus hatte schon eine große Jüngerschaft, die Auswahl der zwölf Apostel, und sein Gerücht war bereits in die heidnischen Länder erschollen. So mag die Gefangenschaft des Täufers und die unmittelbar darnach anhebende galiläische Prophetenthätigkeit Jesu bis zu jenem Passah etwa ½ Jahr gedauert haben. Nun war Johannes jedenfalls vor dem Todesjahre des Vierfürsten Philippus (s. d. Art.), des Johannes jedenfalls Tochter der Herodias, Salome (Jos. Ant. 18, 5, 4.), die dazumal ein Mädchen von etwas über zwölf Jahren war, nämlich von 786 — 87 (Jos. Ant. 18, 4. 6.) enthauptet worden. Wie frühe, darüber gibt uns das namenlose Joh. 5, 1. erwähnte Fest, welches Jesus als einfacher Festpilger besuchte (s. o.), und das jedenfalls vor das Passah (6, 4.) gefallen ist, einen Wink. Der Täufer erscheint da (5, 35.) schon vom Schauplatz öffentlicher Thätigkeit abgetreten; Jesus aber kann das Volk nicht lange ohne Hirten gelassen haben. Nun bezieht sich Jesus beim Laubhüttenfeste (Joh. 7, 23.), welches in die Zeit seiner vollen galiläischen Prophetenthätigkeit fällt, noch auf die wunderbare Heilung an jenem Feste. Zwischen beiden Festen kann höchstens ein Jahr verflossen seyn, weil sich die Stellung Jesu zu seinen Feinden auf dazwischenfallenden Festen innerhalb mehrerer Jahre viel bedeutender. müßte geändert haben. Also wird jenes Fest 5, 1., welches dem Passah 6, 4. vorangeht, auf welches wieder das Laubhüttenfest 7, 1. folgt, das jenem nächst vorhergehende große Fest, welches zu besuchen Jesus verpflichtet war, nämlich das Laubhüttenfest des vorhergehenden Jahres gewesen seyn. Nun war Jesus im Dez. 780 nach Galiläa in die Stille von Nazareth zurückgekehrt; gar zu lange wird er da nicht verweilt haben dürfen. So ist Johannes um das Laubhüttenfest 781 u. c. gefangen gesetzt worden, worauf Jesus als Prophet Galiläa's hervortrat, und ist kurz vor Ostern 782 (Joh. 6, 4.) hingerichtet worden. Dann ist das Laubhüttenfest (7, 1.) das vom Jahre 782, und in das gleiche Jahr fällt das Tempelweihfest (Joh. 10, 22.). Das nächste Passah war das, an welchem Jesus in den Tod dahingegeben wurde, nämlich das des Jahres 783. Dies letzte Passah allein erwähnen auch die Synoptiker, welche nur von der galiläischen, peräischen und darnach jerusalemischen Thätigkeit Jesu berichten, und die dazwischenliegenden Festreisen, anders als Johannes, übergehen; sie deuten aber selber auf eine öftere Anwesenheit Jesu in Jerusalem hin (Matth. 23, 37. Luk. 13, 34; 10, 38.). — Luk. 6, 1., wo die Lesart δευτεροπρώτῳ kritisch verdächtig ist, kann nicht in Betracht kommen. — Nach alle dem dauerte die eigentliche Prophetenthätigkeit Jesu in Galiläa nur ein Jahr, nämlich vom Herbst 781 — Herbst 782, dann siedelte er über nach Peräa, und zuletzt nach Jerusalem. Dies führt uns aber auf ein Weiteres.

C. Das Todesjahr Jesu. Jesus ist von Pilatus (s. d. Art.) verurtheilt worden; dieser hatte im Todesjahr des Tiberius (790 u. c.) Judäa schon verlassen. Damit haben wir die äußerste Grenzlinie. Nun hat Jesus nach dem Tode des Täufers (vor Ostern 782) kaum mehr als die zwei Passah (Joh. 6, 4. und 12, 1; 13, 1.) mitgefeiert. So ist sein Todesjahr 783 a. u. gewesen. Der Todestag ist schwieriger zu bestimmen. Als ausgemacht darf man annehmen, daß Jesus nach sämmtlichen vier Evangelien an einem Freitag gekreuzigt worden, und den Sonntag darauf auferstanden ist. Allein fiel dieser Freitag auf den 14. Nisan, an dessen Abend das Passahlamm mußte gegessen werden, oder auf den 15. Nisan, den ersten Tag der eigentlichen Festzeit der ungesäuerten Brode, welche sieben Tage lang währte? Das wenigstens erkennen die Meisten an, daß nach dem synoptischen Berichte Jesus zugleich mit seinem Volke, also am Schlusse des 14. Nisan die gesetzliche Passahmahlzeit am Abend gehalten, und Tags darauf, am ersten Festtage, den Tod erlitten habe. Der erste Festtag stand im Rang dem Sabbath nach, darum waren an ihm Einkäufe, wie Gerichtsverhandlungen des hohen Raths möglich; wenigstens hielten es die judenchristlichen Evangelisten für möglich, und auf sie ist für diese Zeit mehr als auf die talmudischen Angaben und den späteren jüdischen Kalender zu geben. Die Exekution des Todesurtheiles lag ohnedies der heidnischen Gerichtsbarkeit ob; bis zum Sonnenaufgang hatte der hohe Rath der Juden das Seine längst gethan. Seinen Entschluß, Jesum nicht auf die Festzeit um der großen Menge der anwesenden Galiläer willen zu verhaften, hatte er wegen der von Judas dargebotenen, nicht leicht wieder vorkommenden, günstigen Gelegenheit geändert. — Allein widerspricht nicht Johannes (s. d. Art.) den Synoptikern? Doch Johannes, welcher ihre Ueberlieferung als bei seinen Lesern bekannt voraussetzt, müßte, falls sie einen so bedeutenden Irrthum in Bezug auf den Todestag Jesu sich hätten zu Schulden kommen lassen, denselben bestimmter und klarer verbessert haben. Joh. 19, 31. 42. ist entschieden der Rüsttag als Freitag gemeint, nicht als Festvorabend, warum nicht auch 19, 14.? Die Worte 13, 1. „vor dem Passahfeste" sind nach 11, 55; 12, 1. zu verstehen, also: „unmittelbar vor Eintritt des Passahfestes." Vergleichen wir 2, 23., so unterscheidet Johannes das Passah, die Passahmahlzeit vom Passahfeste, dem siebentägigen Feste der ungesäuerten Brode, die Mitternacht schied beide ab. Demnach ist das abendliche Mahl 13, 1. das letzte Passahmahl Jesu gewesen, welches die Leser des Joh. Ev. aus den Synoptikern

kannten, weßhalb er es nicht näher bezeichnet. Joh. 13, 29. widerspricht dem nicht,
denn es konnte auch für die folgenden Festtage, nicht bloß für das Passahmahl, noch
mancherlei eingekauft werden. Ebensowenig widerspricht 19, 31., daß der Sabbath, an
welchem Jesus im Grabe lag, groß genannt wird. Denn auf ihn fiel auch das Gar-
benfest als am zweiten Festtage. Darnach aber sind auch die andern schwierigen Stellen
zu verstehen. Joh. 19, 14. wird allerdings mit Hofmann (Schriftbeweis II, 2. S. 185)
zu interpungiren seyn: ἦν δὲ παρασκευή· τοῦ πάσχα ὥρα ἦν ὡς ἕκτη. Die sechste
Stunde des Passahfestes, welches durch die Mitternacht von der abendlichen Passahmahlzeit abgeschieden wurde, ist 6 Uhr Morgens. Joh. 18, 28. ist dann aber, will man
nicht um jeden Preis einen Widerspruch zwischen Johannes und den Synoptikern annehmen, mit Beziehung auf 2 Chron. 30, 22. 5 Mos. 16, 2. nicht von der abendlichen
Passahmahlzeit, sondern von den Dankopfermahlzeiten während der Festtage zu verstehen.
Ueber den quartodecimanischen Streit s. d. kirchengesch. Werke; für unsere Frage kann
er nichts entscheiden. Sonach steht unserer Ansicht nichts im Wege, daß Jesus am
Freitag den 15. Nisan 783 (nach Wieselers Berechnung 7. April) gekreuzigt worden sey.
— Die Verfinsterung der Sonne in der Todesstunde Jesu ist, weil zur Vollmondzeit
geschehen, keine astronomisch berechenbare, sie vergleicht sich der Verfinsterung durch den
Chamsin. Die Bezugnahme etlicher Kirchenväter auf eine Nachricht von Phlegon über
eine Sonnenfinsterniß beruht auf einem Mißverständnisse.

3) Geschlecht und Verwandtschaft Jesu. Ueber das Geschlechtsregister Matth. 1.
und Luk. 3. s. d. Art. Geschlechtsregister, wiewohl wir eher der von Hofmann (Weiss.
u. Erf. II. 33 ff.) und selbst einem kath. Theologen, Friedlieb (Gesch. d. Leb. Jes. Chr.
S. 94 ff.) vertretenen Ansicht beistimmen möchten, wonach beide Evangelisten nur die
Stammtafel des Joseph, nicht auch der Maria geben wollen. Doch bedarf dieser schwierige Gegenstand noch einer gründlichen Monographie. — Von der Verwandtschaft Jesu
ziehen wir hier nur seine Brüder in Betracht. Es werden Matth. 13, 55. Mark.
6, 3. als solche Jakobus, Joses Simon und Judas genannt. Waren dies nun leibliche
Brüder Jesu oder nicht? Die Beantwortung dieser Frage hängt von der Untersuchung
ab, wie sich Jakobus, Alphäi Sohn (s. d. Art.), zu dem Jakobus, welcher in der Apostelgesch. als das Haupt der Muttergemeinde zu Jerusalem erscheint und in den Briefen
Pauli der Bruder des Herrn, nach der kirchlichen Ueberlieferung mit dem Beinamen
„der Gerechte" genannt wird, verhalte. Wir entscheiden uns aus hier nicht anzuführenden Gründen für die Identität der Beiden. Darnach war Jakobus durch seinen Vater
Alphäus (nach Hegesippus: Klopas), einen Bruder Josephs, ein Vetter des Herrn, sowie
seine Brüder Judas (Lebbäus, Thaddäus), Simon und Joses. Seine Mutter war nach
den Evangelisten (Matth. 27, 56. Mark. 15, 40. 47; 16, 1.) Maria, Klopä Weib.
Wenn aber dieser Apostel Jakobus der Jüngere, der Vorstand der Muttergemeinde, auch
der Bruder des Herrn genannt wird, wäre das ohne Verwirrung möglich gewesen, wenn
Jesus noch einen leiblichen Bruder gleichen Namens gehabt hätte? Zumal da die Brüder
Jesu hernachmals nicht im Dunkel lebten, sondern in der christlichen Kirche wohlbekannte
Prediger (1 Kor. 9, 5.) waren? Dann werden die vier Brüder, die zwei Apostel Ja-
kobus und Judas, sowie Joses und Simon (nach Hegesippus der Nachfolger Jakobi im
Bisthum zu Jerusalem) als Söhne des Alphäus (Klopas), des Oheims Jesu, und der
Maria, doch eins seyn mit jenen oben genannten vier gleichnamigen Brüdern Jesu,
und ihre Mutter wird an der Stelle Joh. 19, 25. wirklich als Schwester der Mutter
Jesu, welche mit ihr, wie es ja öfters vorkommt, gleichen Namen führte, bezeichnet seyn.
Sie waren also nicht leibliche Brüder, sondern Vettern Jesu, väterlicher- wie mütter-
licher Seits (ἀδελφοί im weitern Sinne, wie auch Matth. 1, 11.). Ist nun die Com-
bination wirklich so gar verwerflich, daß Joseph nach dem Tode seines Bruders Alphäus
(Klopas) dessen Wittwe mit ihren Kindern, die ihm doppelt verwandt waren, in sein
Haus aufgenommen, und sie zusammen ein Familiengemeinwesen ausgemacht hätten?

Wenn Jesu Vettern und Basen als Kinder des Hauses angesehen waren, konnten sie nicht nach dem weiten hebräischen Sprachgebrauch Brüder und Schwestern des Herrn heißen? — Aber selbst Hofmann (Schriftbeweis II, 2. S. 379), welcher früher unsere Ansicht mit vertrat, nimmt nun jene vier Brüder Jesu als leibliche Söhne Josephs und Maria's an, wenn er gleich noch an der Identität des Apostels Jakobus des Jüngern, des Sohnes Alphäi, mit Jakobus, dem Gerechten, dem »Bruder des Herrn« und Haupt der Muttergemeinde, eigentlich durch seinen Vater, einen Oheim Jesu, Vetter des Herrn, festhält. Allein so lange ich nicht einsehe, wie neben einem leiblichen, nicht unbekannten Bruder Jesu noch ein gleichnamiger Vetter desselben ohne große Verwirrung den Beinamen »der Bruder des Herrn« bekommen konnte, vermag ich auch Hofmanns allerdings sehr gewichtvolle Gegengründe noch nicht für völlig schlagend zu halten. Selbst wenn mit Bezugnahme auf Matth. 1, 25.: καὶ οὐκ ἐγίνωσκεν αὐτὴν ἕως οὗ ἔτεκεν υἱὸν gesagt werden müßte, es sey wirklich geschehen, was nach dem Wesen der Ehe vorauszusetzen sey, so folgt noch nicht mit Bestimmtheit, daß diese Ehe weiter mit Kindern gesegnet gewesen sey. Denn τὸν πρωτότοκον, das wir hier nicht lesen, falls es doch zu lesen wäre, könnte weder hier noch Luk. 2, 7. dagegen entscheiden. Aber allerdings besagt die Partikel ἕως οὗ nicht nothwendig, das, was bis zu einem bestimmten Zeitpunkt nicht erfolgt war, sey nach demselben erfolgt. Ferner wenn Matthäus weiter von Brüdern Jesu sagt, welche mit Maria zusammen lebten, so konnte er eben bei seinen nächsten Lesern, paläftinischen Christen — und er schrieb wohl sehr bald — die Kenntniß vom Verhältniß dieser Brüder Jesu voraussetzen, zumal wenn wirklich einer von ihnen schon damals von den Aposteln zum Haupte der Muttergemeinde bestellt war. Daß Marl. 6, 3. die Brüder Jesu thatsächlich nicht in dem Sinne seine leiblichen Brüder gewesen seyn müssen, wie Maria seine leibliche Mutter war, sondern nur überhaupt als seine nächsten Blutsver- wandten genannt werden wollen, dafür berufe ich mich auf Luk. 2, 48. vgl. mit 41. und Joh. 6, 42., wo Joseph und Maria ohne Andeutung der wesentlichen Verschiedenheit dieser Benennung für Beide, weil sie dem Leser von selbst verständlich war, die Eltern Jesu, sein Vater und seine Mutter genannt werden. Dann können wir aber auch kein Bedenken tragen, an der Stelle Joh. 7, 5. den Ausdruck »die Brüder Jesu« im Hin- blick auf Matth. 27, 44; 28, 1. 9. Apostelgesch. 9, 27. (vgl. mit Gal. 1, 18. 19.) als Gattungsbegriff, gleichviel ob als alle oder nur etliche meint, zu fassen. Die kirchliche Ueberlieferung selbst ist zu dunkel oder schwankend, als daß ihre Angaben den Ausschlag geben könnten. Vorläufig beharren wir also bei dem von uns anderwärts noch näher begründeten Resultate: Die vier in den Evangelien erwähnten Brüder Jesu waren die Söhne seines Oheims Alphäus (Klopas) und seiner Tante Maria, nämlich der Apostel Jakobus d. J. (nachmals genannt: der Gerechte, Haupt der Muttergemeinde, Verfasser eines neutest. Briefs), der Apostel Judas (Lebb. Thadd., Verf. eines neutest. Briefs), Simon (Nachfolger des Jakobus, nicht zu verwechseln mit dem Apostel Simon Zelotes) und Joses; eigentlich waren sie also Vettern des Herrn, weil sie aber vermuthlich mit ihm in einer Familie aufwuchsen, hießen sie auch seine Brüder.

Literatur: Zu den Grundanschauungen obiger Darstellung vgl. vor Allem das auf das Leben Jesu Bezügliche in Hofmann's Weissagung u. Erfüllung. 2 Bde. Schrift- beweis I. II. 1. 2. Ferner: Wieseler, chronol. Synopse der vier Evangelien, 1843. Krafft, Chronologie u. Harmonie der vier Evangelien, herausg. von Dr. Burger 1848. Ebrard, wissenschaftliche Kritik der evang. Geschichte, 2. Aufl. 1852. Sodann die ver- schiedenen Bearbeitungen des Lebens Jesu von Neander, Lange, Krabbe (von einem andern Standpunkte vornehmlich von Hase und Ewald) u. A. Endlich die Evang. Commentare von Stier, Meyer, Luthardt, Tholuck, Wichelhaus, Besser u. A. Eine Fülle von literarischen Notizen f. Winer Realwörterbuch s. v. Jesus. Eine aus- führliche Begründung obiger Darstellung f. in meiner Schrift: Lebensgeschichte des Herrn Jesu Christi in chronologischer Uebersicht. Erlangen 1856.

Jakob Lichtenstein.

Jesus Christus der Gottmensch. Nachdem die h. Schrift gelehrt, daß der Sohn Gottes Fleisch geworden (Ev. Joh. 1, 16.) oder Mensch geworden (1 Kor. 15, 47.), und ihrer Lehre gemäß bereits Justin (apol. I, 32.) und die Alexandriner (besonders deutlich und klar Orig. in Joh. 10, 4.) ihm beides, die ἀνθρωπότης sowie die θεότης, zugeschrieben, lag es nahe, beide Begriffsbestimmungen in den einen Ausdruck Gott= mensch, θεάνδρος, θεάνθρωπος, zusammenzufassen. Gleichwohl geschah dies verhält= nißmäßig erst spät; die Monotheleten waren es, welche zuerst den adjektivischen Ausdruck θεανδρικὴ ἐνέργεια aus Pseudodionysius Areop. ep. 4. ad Cajum aufnahmen und als ein Stichwort des Streites in Uebung brachten; während dagegen das Substantivum θεάνθρωπος in der griechischen Patristik nur sporadisch und gelegentlich als Zusammen= fassung des präciseren ὁ λόγος ἐνσαρκωθείς vorkommt, und bei den Lateinern eine ent= sprechende Wortbildung sich gar nicht findet. Auch der reformatorischen Theologie ist der Ausdruck „Gottmensch" kein geläufiger; erst die moderne, spekulative Theologie hat sich seiner (und zwar nach dem Vorgange der Klopstock'schen Poesie) in verschiedener Weise und zu verschiedenen Zwecken bemächtigt. Obwohl eine vox ἄγραφος und überdies eine vieldeutige und nicht besonders klare Bezeichnung, ist der Ausdruck doch unverfäng= lich und sogar als kurze Zusammenfassung der una persona in duabus naturis bequem und empfehlenswerth. Nur muß man sich in Acht nehmen, das Wort „Gottmensch" nicht willkürlich zu deuten. Dies Wort trägt weit mehr den Karakter einer bloßen Benennung als den einer Begriffsbestimmung oder Definition an sich; es bietet sich dar gleichsam als eine Ueberschrift zu der Masse der verschiedenen dogmatischen Bestimmungen, welche über die Person Christi kirchliche Gültigkeit und wissenschaftliche Bedeutung erlangt haben, und will aus ihnen näher erklärt werden.

Denn an und für sich betrachtet, sagt das Wort „Gottmensch," von Christo prädi= cirt, noch nichts weiter aus, als daß Christus beides, Gott und Mensch, sey; daß ihm die θεότης sowohl als die ἀνθρωπότης zukomme. In welcher Weise aber diese beiden, scheinbar einander widersprechenden Prädikate, dem einen und selben Gottmen= schen zukommen, und wie das Verhältniß der Gottheit zur Menschheit in ihm zu denken sey, darüber läßt sich aus dem Worte Gottmensch noch durchaus nichts Näheres entziffern.

Zweierlei wird hienach unsre Aufgabe seyn, erstlich: die Richtigkeit und Wahrheit des in dem Worte „Gottmensch" enthaltenen Urtheils, daß Christus Gott sey und auch Mensch sey, aus der heil. Schrift darzuthun, und zweitens: die Frage biblisch und dog= matisch und symbolisch zu erläutern, wie man das Beisammenseyn jener beiden Prädikate sich zu denken habe.

Daß Christus Mensch, wirklicher wahrer Mensch, gewesen, ist im Gegensatze zur doketischen Gnosis schon von den Kirchenvätern mit siegreicher Klarheit bewiesen worden. Nicht entscheidend ist der Ausdruck „Menschensohn," den der Herr sich beilegt, da er diesen Ausdruck im Sinne von Dan. 7, 13. vielmehr zur Bezeichnung seines Gekommenseyns vom Himmel anwendet; dagegen ist der Gesammteindruck der evang. Geschichte dieser, daß Jesu Geburt und Lebensentwicklung eine ächt menschliche gewesen. Die h. Schrift sagt nichts davon, daß er (wie Johannes Musculus wollte) schon in der Krippe allwis= send gewesen, sondern daß er zugenommen habe wie an ἡλικία so an σοφία; sie sagt nicht (mit den Monotheleten), daß er mittelst seines weltregierenden Wollens den Beschluß gefaßt habe, auch einmal versuchen zu wollen, wie Hunger, Müdigkeit, Schmerz schmecke, und zur Ausführung sich seiner angenommenen Menschheit als eines Werkzeuges bedient habe; sondern sie stellt ihn uns dar als einen wirklichen mit ἀσθένεια behafteten Men= schen, dem der Hunger, die Müdigkeit u. s. w. unwillkürlich kam nach den Gesetzen menschlichen Naturlebens. Ebenso erscheint sein Seelenleben als ein ächt menschliches; er empfindet Trauer, Freude, Unwillen, Mitleid; er weint am Grabe seines Freundes.

Dieser Mensch sagt aber von sich selbst aus, daß er Gott ist, und die Schrift be= zeugt es von ihm. Zu Zacharias spricht der Engel Luk. 1, 17., daß sein Sohn Johan= nes vor dem κύριος τῶν υἱῶν Ἰσραήλ hergehen werde, dessen Ausgang und Kommen

Maleachi (4, 5—6.) geweissagt hatte. Der Jungfrau Maria ward Christus als jener Sohn Davids angekündigt, welcher nach 2 Sam. 7, 19. Pf. 110. und Jef. 7 ff. der גִּבּוֹר אֵל selber seyn sollte (der υἱὸς ὑψίϛου, Luk. 1, 32.). Demgemäß nennt Zacharias ihn (Luk. 1, 76 ff.) den ὕψιϛος und die ἀνατολὴ ἐξ ὕψους. Damit stimmt überein, daß er nicht erzeugt werden soll und kann (weil, wer schon existirt, nicht erst erzeugt werden kann), sondern empfangen werden soll unter Wirkung des h. Geistes, um als Mensch geboren zu werden. — Diese Präexistenz Christi wird am klarsten gelehrt Ev. Joh. 1, 1 ff. Man hat freilich auch diese Stelle anders zu deuten gesucht. ὁ λόγος könne nichts anderes heißen als ὁ λόγος τοῦ εὐαγγελίου, ὁ λόγος ὃν ἠκούσατε; die Stelle besage also: "Am Anfang war unsre Predigt des Evangeliums," und das heiße dann: "Am Anfang war der menschgewordne Jesus, den wir predigen," und alles V. 2—18. folgende sey schlechthin auf den Menschgewordenen als solchen zu beziehen. Dieser Versuch ist aber bereits genügend widerlegt worden. Wie Christi eignes Kommen in's Fleisch geschichtlich vorbereitet war, so war auch die apostolische Lehre von ihm geschichtlich vorbereitet, und ein Material von Ausdrücken und Begriffen für sie vorhanden. So hat Johannes hier einen bereits vorhandenen, aber nicht dem Philo, sondern der reinjüdischen targumistischen Theologie entstammenden Begriff, den des מֵימַר דַּיְהֹוָה, aufgenommen und unter Leitung des hl. Geistes angewendet*). "Im Anfang war das Wort," und zwar war es im Anfang nicht als ein Wort Gottes zur Kreatur, sondern als ein Wort Gottes zu Gott (V. 1. καὶ ὁ λόγος ἦν πρὸς τὸν θεόν, und V. 2. mit Nachdruck wiederholt: οὗτος ἦν ἐν ἀρχῇ πρὸς τὸν θεόν). Wie sich im Worte der Gedanken ausspricht, und das Wort mit dem Gedanken congruent und identisch ist, und doch ihm gegenüber ein selbständiges und gegenständliches, so hat sich Gottes Wesen im λόγος ausgesprochen und verobjektivirt, nicht um sich ad extra, an eine Kreatur, zu offenbaren, sondern zuerst (ἐν ἀρχῇ) um Gott selber gegenständlich zu werden, und als ein selbst redendes und selbst Gott seyendes (V. 1.) Wort zu Gotte zu reden. Eben daher ist diese ἀρχή nicht (wie 1 Mof. 1, 1.) der Anfang der Zeit, sondern der aller Zeit zu Grunde liegende Anfang, die Ewigkeit. — Durch diesen λόγος nun hat Gott die Kreatur erschaffen (V. 3.), durch ihn der Kreatur sich geoffenbart, und dieser λόγος ist in Jesu Fleisch (d. h. Mensch) geworden (V. 14.).

Demgemäß hat der Täufer Christum selbst nicht allein als den Jes. 40 ff. verheißenen Knecht Gottes (Matth. 3, 3.), sondern auch als den ἄνωθεν ἐρχόμενος (Joh. 3, 31.) den Sohn Gottes (Jes. 3, 35.) angekündigt, und ebenso nennt sich Christus selbst den Sohn Gottes. Zuerst Joh. 5., wo er jedoch V. 19—20. nur von seiner Stellung zum Vater und V. 21—22. von der Stellung des Vaters zu ihm spricht, nämlich daß er für und vor Gott der Stellvertreter der Menschheit, für und vor der Menschheit der Bevollmächtigte und Stellvertreter Gottes ist (sowohl ἀρχιερεύς als ἀπόϛολος Hebr. 3, 1.), und wo er V. 26. seine ewige Gottessohnschaft nur geheimnißvoll andeutet. Erst am Laubhüttenfeste, Joh. 7., trat mit der ganz unverhüllten Erklärung seiner ewigen Gottheit (Joh. 8, 30 ff.) hervor, und wiederholte dieselbe am Enkänienfeste (Joh. 10, 30.). Aus diesen Aussprüchen des Herrn ergibt sich denn auch, in welchem Sinne der Ausdruck Sohn Gottes, von ihm gebraucht, zu verstehen sey. Die Juden verstanden denselben in metaphysischem Sinn, und rechneten ihn daher Jesu als Blasphemie an (Joh. 5, 18; 10, 36; 6, 41. Matth. 26, 63—65.). Hätte Jesus den Ausdruck anders verstanden wissen wollen, so hätte er sittlicher Weise sich darüber erklären müssen. Er beließ aber die Juden bei ihrem Verständniß, und bestätigte dasselbe sogar eidlich (Matth. 26, 63 ff.). Als der Messias ist Jesus öfters von dem Volke begrüßt und gefeiert worden, ohne daß jemand eine Blasphemie darin sah (vgl. Joh. 6, V. 15. mit V. 42., wo die Nämlichen, die ihn als den verheißenen προφήτης erkannten

---

*) Mit meiner Kritik der evangel. Gesch. Aufl. 2. S. 879 ff. vgl. Schlottmann, das Buch Hiob S. 130 ff.

und als messianischen König proklamiren wollten, Anstoß nahmen, als er sagte, er sey vom Himmel gekommen) — der deutlichste Beweis, daß der Ausdruck „Sohn Gottes" mehr ist, als ein Synonymum von „Messias." In der That weist der Ausdruck an sich auf mehr als auf eine bloße moralische Aehnlichkeit oder Congruenz mit Gott, oder als auf ein bloßes göttliches Wohlgefallen, hin. Das Wort „Sohn" deutet stets auf erzeugende Thätigkeit, auch wo es in geistigem Sinne steht. Nicht weil er dem Elias ähnlich, sondern weil er das, was er war, durch Elias geworden, hieß Elisa sein Sohn (2 Kön. 2, 12. vergl. mit B. 15.). Das Volk Israel war Gottes Sohn (Hos. 11, 1.) weil es von Gott und durch Gottes That aus dem Mutterschooße Aegypten herausgeboren und durch die tödtlichen Geburtswehen hindurchgerettet war. Der neutestamentliche Gläubige heißt ein „Kind" (oder Hebr. 2, 10. „Sohn) Gottes," weil er aus dem Geiste geboren ist (Joh. 3.). Christus könnte darum ein Sohn Gottes heißen, weil Gott ihn aus den Geburtswehen des Todes (Apg. 2, 24., wo חֶבְלֵי־מָוֶת, Ps. 18, 5. wie 2 Sam. 22, 6. Plural von חֵבֶל „die Wehe" ist, und ganz richtig mit ωδῖνες wiedergegeben wird, während חֶבֶל „das Band" im Plural חַבְלֵי hat) herausgerettet hat, indem er ihn auferweckte. Aber er heißt schon vor seiner Auferstehung Gottes Sohn, weil er vom Himmel gekommen ist (Joh. 8, 36. u. 38. u. 42. vgl. mit B. 41. u. a.), d. h. weil er von Ewigkeit beim Vater war (Joh. 17, 5; 8, 58.) als das ἐν ἀρχῇ vom Vater zum Vater gesprochene und sich selbst sprechende Wort, Joh. 1, 1 f.

So lehrt denn allerdings die heil. Schrift, daß der Mensch Jesus Gott war und ist, mithin: daß Jesus Christus beides ist, Gott und Mensch, oder kurz zusammengefaßt: Gottmensch. Aber freilich lehrt sie dies nicht so, daß ihm die beiden Prädikate, das der Menschheit und das der Gottheit, nur gleichsam in additiver Weise, das eine neben dem andern, beigelegt würden (so etwa wie man dem Stahl das Prädikat der blauen Farbe und daneben auch das der Härte beilegt), sondern die heil. Schrift lehrt sogleich von vornherein etwas viel Bestimmteres und Präciseres. Nicht, daß Christus Gott und auch Mensch, oder daß er Mensch und auch Gott sey, sondern daß er der menschgewordene Sohn Gottes ist, das ist ihre Lehre. Nicht unbestimmt als einen Gottmenschen in irgendwelcherlei Sinn, sondern sehr bestimmt als den λόγος ἐνσαρκωϑείς stellt sie ihn hin.

Damit werden wir aber durch den Gegenstand selbst auf die zweite Frage geführt, auf die Frage: wie das Beisammenseyn der beiden Prädikate Gott und Mensch in Einer Person zu denken sey. Auf den ersten, oberflächlichen Blick erscheinen beiderlei Prädikate als einander widersprechend und unvereinbar. Gott ist ewig und unendlich, der Mensch geschaffen und endlich, Gott allgegenwärtig, allwissend und allmächtig, der Mensch ohnmächtig und an Seyn wie an Wissen beschränkt auf einen Raum und Standpunkt, Gott selig in sich selbst ruhend und herrschend, der Mensch leidensfähig seiner Natur, leidend seinem Zustande nach. Wie kann nun ein und dieselbe Person ewig und auch nicht-ewig, allgegenwärtig und auch begrenzt, allmächtig und auch ohnmächtig, allwissend und auch nicht-wissend, selig und auch leidend seyn?

Eine solche hölzerne Nebeneinanderstellung der Prädikate und ihrer beiderseitigen Attribute war es, welche schon im christlichen Alterthum ein Paar von prinzipiell verkehrten Auffassungen hervorgerufen hat, welche dann in den späteren Zeiten in verschiedenen Formen immer wieder auftauchen. Die erste dieser Auffassungen betrachtet den Gott und den Menschen als zwei, wenn auch noch so eng mit einander verbundene, doch stets zu unterscheidende Bestandtheile, den Gottmenschen also als ein *compositum* aus einem Gott und einem Menschen. In ihrer gröbsten Form würde diese Auffassung sich etwa so darstellen: der ewige, weltregierende Logos habe sich, indem er weltregierender Logos blieb, in Verbindung gesetzt mit einem Menschen Jesus, und durch diesen, als durch sein Organ, gewirkt, analog wie der h. Geist durch Propheten wirke. Nicht ganz so plump dachte sich Nestorius die Sache. Er hat nicht gesagt, Jesus sey ein bloßer Träger der Gottheit (ϑεοφόρος), ein bloßes Organ derselben gewesen, sondern er hat gesagt, die „forma servi" in Jesu sey ein ϑεοφόρος., ein Träger des Deus Verbum gewesen. Immerhin aber wehrt er sich gegen die Redeweisen: „Immanuel ist Gott," „Immanuel ist Mensch," „der Sohn der Maria ist der unerschaffene Gott" u. s. w. Er will haben: „Immanuel ist Gott und Mensch." Wenn ein Kronprinz General wird, so kann man sagen: „Karl ist Kronprinz" und auch: „Karl ist General;" man muß nicht nothwendig sagen: „Karl ist Kronprinz und General." Wenn aber Kupfer und Zink zu Messing zusammengeschmolzen sind, kann man nicht sagen: „Messing ist Kupfer," auch nicht: „Messing ist Zink," sondern man muß sagen: „Messing ist Kupfer und Zink." Nestorius dachte sich das Verbum Dei und die „forma servi" als zwei additive Bestandtheile, und daher die forma servi nicht als wirkliche reine forma, sondern als ein subsistens, daher er denn in der That lehrte, der Deus Verbum habe sich eine forma servi erschaffen, um sich hinterher mit ihr zu verbinden. Die Art der Verbindung selbst mag er sich wohl nicht bloß (wie Cyrill ihm Schuld gab) als die des Operans mit seinem Werkzeuge, sondern vielmehr als eine Art Einwohnung gedacht haben, der Art, daß die forma servi von dem Deus Verbum gleichsam besessen war (etwa wie ein Dämonischer von einem Dämon). Immerhin aber blieben der Logos und die von ihm erschaffene forma servi zwei unterschiedene Subsistenzen oder Bestandtheile.

Die zweite der irrigen Auffassungen geht nicht minder, wie jene erste, von der hölzernen Voraussetzung der Unvereinbarkeit der göttlichen und menschlichen Attribute aus, und sucht nun eine Vereinigung dadurch zu ermöglichen, daß sie den reinen Begriff der Gottheit, aber ebenso den reinen Begriff der Menschheit fallen läßt und aufgibt. Der Gottmensch soll ein Mittelding, eine Mischnatur oder Zwischenstufe zwischen Gott und Mensch seyn, nicht reiner wahrer Gott, und nicht reiner wirklicher Mensch, sondern eine Art Halbgott, ein untergöttliches aber übermenschliches Wesen. Dort wurden die Begriffe Gott und Mensch in ihrer Integrität belassen, aber die Träger derselben blieben nebeneinander stehen als zwei nur verbundene nicht identische Bestandtheile; hier wird die Identität gerettet, aber auf Kosten der integren Begriffe. Dort soll „Gottmensch" einen mit dem Gott verbundenen Menschen, hier soll „Gottmensch" ein aus göttlichen und menschlichen Proprietäten gemischtes Mittelwesen bezeichnen. In diese Rubrik gehört offenbar jene Behauptung, wegen deren der Archimandrit Eutyches verdammt worden: Christus sey seiner Leiblichkeit nach nicht ὁμοούσιος mit den andern Menschen gewesen.

Beide Auffassungen scheinen sich beim ersten Anblick als entgegengesetzte Extreme zu verhalten, und sind auch oft genug fälschlicher Weise als solche dargestellt worden. In Wahrheit aber sind sie vielmehr innerlichst mit einander verwandt. Das hat schon Zanchius (de incarn. filii Dei lib. II. Heidelb. 1593) klar erkannt und ausgesprochen (p. 71): Notanda est *causa erroris* in hoc mysterio de duabus in Christo naturis, qua adducti *et Nestorius et Eutyches* in contrarias sententias et utrasque falsas abierunt. Fuit enim *una et eadem causa*, sed diverso modo usurpata. Causa haec fuit, quia *uterque* hoc assumsit principium tanquam per se notum: *unaquaeque natura, hoc est substantia perfecta, hypostasin habet, qua subsistat.*

In der That, die jenen beiden irrigen Auffassungen gemeinsame Grundlage ist die Verkennung jener biblischen Wahrheit, daß der Sohn Gottes Mensch geworden ist. Das biblische ἐγένετο, Joh. 1, 14., kömmt nicht zu seinem Rechte. Mag es einstweilen als ein noch undurchdrungenes und sogar als ein undurchdringbares Mysterium gelten, daß der, welcher in Ewigkeit Gott aus Gott ist, in die Sphäre der Zeit und des Raumes eingegangen und etwas geworden ist, was nicht Gott, sondern Mensch ist — genug: die h. Schrift lehrt so. Gerade dieses Eingehen des Ewigen in die menschliche Entwicklung lehrt sie. Der alle Zeiten und Räume ewig Hervorrufende und Umspannende begibt sich in einem Akte der Entäußerung in die Schranken der Zeit, des Raumes, des menschlichen Daseyns und Lebens, Wollens und Anschauens, Fühlens und Erkennens. Hier ist in den Begriff oder vielmehr in die Idee

Gottes der Begriff der Lebendigkeit und der Möglichkeit einer Selbstbeschränkung und Selbstveränderung aufgenommen, freilich keiner solchen Selbstveränderung, bei welcher Gott sich selbst verlöre, sondern einer solchen, bei welcher er sich selbst festhält, und aus welcher sich selbst zurückzunehmen Macht hat.

Im göttlichen Wesen ist dieses ermöglicht durch die Dreieinigkeit. Als der Dreieinige ist Gott der in sich ewig lebendige; wie die Lebendigkeit zum ewigen Wesen Gottes als solchen gehört, so die Dreieinigkeit; Gott ist seinem ewigen Wesen nach der sich von sich unterscheidende, und daher ist in seinem ewigen Wesen die Möglichkeit begründet, daß er sich auch in der Zeit in den Unterschied von sich selbst begeben, d. h. den Unterschied des überzeitlich-ewigen und des innerzeitlichen Seyns in sich aufnehmen kann.

Im menschlichen Wesen ist dies ermöglicht dadurch, daß Substanz und Bewußtseyn nicht zusammenfallen. Kein Mensch ist sich in jedem Augenblicke alles dessen, was er ist und als substantiellen Geistesinhalt in sich trägt, auch bewußt. Schlaf, Fieber, Wahnsinn heben das Bewußtseyn zeitweise ganz auf; der substantielle Geistesinhalt aber dauert hinter dem Bewußtseyn unverletzt fort, und nach Beseitigung der Bewußtseynsstörung tritt er wieder in's Bewußtseyn. Hiernach konnte der menschgewordene Sohn Gottes die Fülle der Gottheit auf ächt menschliche Weise als seinen substantiellen Inhalt in sich tragen, ohne daß er sich dessen bewußt — d. h. ohne daß er allwissend zu seyn brauchte.

Die heil. Schrift lehrt uns, daß ein solches Mensch-werden, ein solches Eingehen in eine andere Existenzform bei Christo stattfand. Auf der einen Seite benennt sie den ewigen Logos und den menschgewordenen Logos ohne weiteres mit dem gleichen Namen; kein Einwurf ist daher gedankenloser, als der von Baur (krit. Unters. über die kanon. Evv. S. 99) erhobene, es sey ein „unvermittelter Sprung," daß im Ev. Joh. an die Stelle des Subjektes, das im Prolog Logos heißt, beim Beginn der ev. Erzählung schlechthin Jesus gesetzt werde. Es ist dies kein größerer Sprung, als wenn an die Stelle des Subjektes, das zuvor Simon genannt war, nachher Petrus, oder an Hosea's Stelle Josua, oder an Saulus Stelle Paulus gesetzt wird. Wenn ein Königssohn, Lucius, um seinen kriegsgefangenen Bruder zu befreien, sich bei dem Kerkermeister im feindlichen Lande als Knecht verdingt, und als solcher sich Cajus nennt, so kann man sagen: Lucius ist Knecht geworden, oder: der Königssohn ist Knecht geworden; oder „Cajus ist Königssohn gewesen und Knecht geworden;" der Knecht ist ein Königssohn, der Königssohn ist ein Knecht. Gerade so redet die h. Schrift von Christo. „Der Logos ward Fleisch — die Gnade und Wahrheit ist durch Jesum Christum geworden," parallel mit: „der Königssohn ward Knecht — der Retter Cajus erschien und befreite seinen Bruder." — „Christus hielt es nicht für einen Raub, Gott gleich zu seyn, sondern ward Mensch," parallel mit: „Cajus gab seine Herrlichkeit als Königssohn auf, und ward Knecht;" (denn dieser Mensch, der jetzt Cajus heißt, ist ja derselbe, der Königssohn war und Knecht geworden ist). Mit großem Unrechte meint man also, in allen Schriftstellen, deren Subjekt „Jesus Christus" heißt, könne nur von Dingen die Rede seyn, die Christus seit seiner Menschwerdung gethan, nicht von dem, was er zuvor gewesen und gethan.

Auf der anderen Seite lehrt uns die h. Schrift, Phil. 2, 6 ff., daß der Sohn Gottes in der That die Form des ewig weltregierenden Seyns mit der Form des σχῆμα ἀνθρώπου vertauscht habe. Zweifach hat er sich erniedrigt. Erstlich als ein ἐν μορφῇ θεοῦ ὑπάρχων betrachtete er dies sein „auf gleiche Weise wie Gott existiren" nicht als einen „ἁρπαγμός" (den man, während man kein Recht darauf hat, gleichwohl krampfhaft festhält), sondern gab jenes ἴσα θεῷ εἶναι, während er ein Recht darauf hatte, freiwillig auf; er „entleerte sich nämlich, indem er μορφήν δούλου annahm" (die Form menschlicher Existenz, und zwar überdies die der unter den Folgen der Sünde geknechteten, unverklärten, dem Tode unterworfenen, menschlichen Existenz), indem er ἐν ὁμοιώματι ἀνθρώπων wurde." Und zweitens, als er an σχῆμα (habitus) als Mensch erfunden war, erniedrigte er sich noch bis zum Tod am Kreuze.

Daß der Logos selbsteigen Mensch wurde, daß er sich auf die Existenzform einer embryonischen Kindesseele herabsetzte, daß er, in welchem alle Fülle der Gottheit in der Form der ewigen Präsenz wohnte, sich reducirte zu einem Wesen, in welchem jene Fülle in der Form des entwicklungsfähigen Keimes lag, — daß er Kindesseele, keimendes, menschliches Lebenscentrum wurde, und als solches einging in den menschlichen Mutterschooß, in die Keimzelle, und aus dem irdischleiblichen Stoff sich einen Leib — zunächst eine beseelte Faser, die zum Leibe sich entwickelte, — bildete und sie beseelte und zum Leibe heranwachsen ließ — dies ist die Wahrheit, welche von jenen beiden irrigen Anschauungen gleichermaßen verkannt wurde. Sobald jene Wahrheit begriffen und festgehalten wird, kann man gar nicht zu dem absurden Satze kommen, der Logos habe sich mit einem Menschen, der Gottessohn mit einem Mariensohn verbunden (so wenig, als man sagen wird, jener Königssohn habe sich mit einem Knechte verbunden). Ebenso wenig kann man auf den nicht minder absurden Satz kommen, Christus sey ein Mittelding, eine Mittelstufe zwischen Gott und Mensch (so wenig als jener Lucius eine Mittelstufe zwischen Prinz und Knecht, etwa z. B. ein Kammerherr, geworden ist). Sowie jener Lucius im Gleichnisse vielmehr noch ganz und völlig der Sohn des Königs ist, und sein ganzes königliches Wesen, seinen königlichen Karakter, sein Erbrecht an den Thron nach wie vor fortbesitzt, und wie er andrerseits ganzer, reiner, purer Knecht war und vor andern Knechten gar nichts voraus hatte, so war auch Christus noch ganz und völlig Gott und ganzer, reiner, voller Mensch. Denn wie jener Lucius von seiner Königssohnschaft nur die Existenzial- und Aeußerungsform, die Theilnahme an den königlichen Regierungsgeschäften, das Wissen um dieselben und das Leben am Hofe aufgegeben hatte, so hat Christus nur die μορφὴ θεοῦ, nur das ἴσα θεῷ εἶναι, das σχῆμα θεῖον, aufgegeben. Und wenn er ein sündloser und mit Wunderkraft begabter Mensch war, so that auch dies der Wahrheit und Aechtheit seiner Menschennatur durchaus keinen Eintrag. Denn die Sünde und die Knechtschaft unter der Natur gehören nicht zum Menschseyn, nicht zur substantia naturae humanae, sondern sind nur ein durch die Sünde hereingekommenes, dem idealen Begriffe der menschlichen Natur gerade widersprechendes accidens. Es war aber die Sündlosigkeit in Jesu nicht in der Form des ewigen Nichtsündigen-Könnens, sondern in der des ächt-menschlichen Nicht-Sündigen-Wollens (Hebr. 2, 18; 4, 15.), und die Allmacht war in ihm nicht in der Form der ewig weltregierenden Allmacht, sondern in der ächt-menschlichen Form der Wunderkraft, des Herrschens über die Natur in bestimmten gegebenen Einzelfällen und Lagen.

Der Nestorianismus verkennt jene Ur- und Grundwahrheit in der Lehre vom Gottmenschen, und nimmt an, daß der Logos sich einen Mariensohn geschaffen und alsdann sich mit demselben verbunden habe. Der Eutychianismus theilt völlig diese Voraussetzung, baut aber darauf die weitere Doctrin, daß diese beiden Bestandtheile Christi sich alsbald nach ihrer Einigung mit einander verschmolzen hätten, indem sie ihre Eigenschaften einander mittheilten (περιχώρησις, permeatio). Mit vollem klarem Bewußtseyn hat hiegegen Leo in der epist. Flaviana den Satz ausgesprochen: Tam impie duarum naturarum ante incarnationem unigenitus Dei Filius dicitur, quam nefarie, postquam Verbum caro factum est, natura in eo singularis asseritur. Und die chalcedonische Synode verwarf mit gleicher Klarheit des Bewußtseyns den Satz, Χριςὸν ἐκ δύο φύσεων γεγονέναι, wie den andern: Χριςὸν ἐν μιᾷ φύσει εἶναι.

Dies führt uns auf die symbolischen Bestimmungen. Von dem mensch-gewordenen Logos müssen, wie wir sahen, die beiden Attribute, daß er Gott ist, und daß er Mensch ist, in voller absoluter ungeschmälerter Integrität prädicirt werden. Der Gottmensch ist Gott und ist Mensch. Das christliche Alterthum bezeichnete beide Attribute mit dem Terminus der beiden φύσεις. (Ἐν δύο φύσεσίν ἐςιν.) Schon Schleiermacher (christl. Gl. 3te Aufl. §. 96.) hat mit Recht bemerkt, daß diese Terminologie sich nicht gerade durch Präcision auszeichne, und wenn man alle die Mißverständnisse erwägt, welche bis in die neusten Zeiten sich an jene Terminologie gehängt haben, so wird man ihm gewiß Recht geben müssen. »Wie kann göttlich und menschlich unter irgend »einem Begriff so zusammengefaßt werden, als könnten beides einander coordinirte nä= here Bestimmungen eines und desselben Allgemeinen seyn?« Natur ist daher hier im aller= abstractesten, abgeschwächtesten Sinne gebraucht. Ein subsistens: das göttliche Wesen, und ein nicht-subsistirendes: die menschliche Existenzform oder Zuständlichkeit, in welche jenes subsistirende Wesen einging, werden unter den gleichen Begriff der φύσις subsummirt. Das mußte fast nothwendig den Mißverstand wecken, als ob die beiden φύσις zwei subsistirende Dinge oder Bestandtheile wären; ein Mißverstand, dem zwar durch den Lehrsatz von der Anhypostasie der menschlichen φύσις vorgebaut ward, der sich aber trotzdem bereits im Laufe des Mittelalters wieder einschlich und bald völlig herrschend wurde.

Will man die altkirchlichen Sätze von den beiden Naturen richtig verstehen, so muß man φύσις wirklich in dem abstrakten Begriffe fassen, in welchem das Wort gemeint war. Die »göttliche Natur« besteht darin, daß Christus Gott ist, daß ihm das Prä= dikat »Gott« zukömmt; die menschliche darin, daß ihm das Prädikat »Mensch« bei= gelegt werden muß. Seine göttliche Natur ist das göttliche Wesen, welches in ihm, als dem Logos, von Ewigkeit her subsistirt, und welches er bei seiner Menschwerdung beibehalten hat. Seine menschliche Natur ist die Menschennatur oder menschliche Zu= ständlichkeit, Seynsweise und Beschaffenheit, welche für sich gar nicht subsistirt, sondern als eine allgemeine Eigenschaft sowohl an den andern Men= schen als (seit seiner Menschwerdung) an ihm existirt: die natura hominum. Mensch= liches Fühlen, Wollen und Denken zu besitzen, und als Menschenseele einen Menschen= leib zu beleben, das ist die menschliche Natur *). Nimmermehr aber darf man sich unter der menschlichen Natur ein concretum, ein subsistens, einen »Mariensohn,« mit dem der Gottessohn sich verbunden oder verschmolzen hätte, denken.

Das ewige göttliche Wesen und die Menschenbeschaffenheit kommen Christo (nach der chalced. Formel) zu 1) ἀτρέπτως, weil diejenigen Attribute, welche den θεός aus= machen, sich in keiner Weise geändert oder abgeschwächt haben, und diejenigen, vermöge deren Christus »Mensch« ist, ebenfalls die unveränderten wesentlichen Attribute der Menschennatur sind — und ἀσυγχύτως, weil jene ihm völlig und unalterirt, und auch diese ihm völlig und unalterirt zukommen, und keine Mischnatur eines Halbgottes daraus entstanden ist (sowie Lucius ganz Königssohn und ganz Knecht, und nicht etwa ein zwischen beiden stehendes mittleres Wesen — etwa Kammerherr — geworden ist) — 2) ἀδιαιρέτως und ἀχωρίςτως, weil es nicht zwei Bestandtheile sind, die sich mit einander verbunden hätten und die unter Umständen wieder getrennt werden könnten (so wenig als Lucius in einen Königssohn und einen Knecht auseinander gerissen werden kann). Totus in suis, totus in nostris, sagt Leo in jener epistola Flaviana, welche von der chalcedonischen Synode in deren zweiter Sitzung mit lauter begeisterter Acclamation als die volle und reine Darstellung der Wahrheit begrüßt und nach genauester Prüfung in der vierten Sitzung, den 17. Okt. 451, einstimmig als reiner Ausdruck der ortho= doxen Lehre erklärt worden ist. Humana augens, sagt er, weil er nova nativitate, sünd= los, generatus est, und die Menschennatur von dem accidens der Sünde und des To= des befreit und an sich als dem Erstling zu jenem verklärten Zustande erhoben hat, welcher die Herrlichkeit des göttlichen Wesens nicht mehr als verdunkelnde Hülle um= gibt, sondern demselben zur adäquaten Darstellung dient (Theilnahme an der δόξα Joh. 17, 5.) divina non minuens, weil er nur die μορφή der überzeitlichen weltregie= renden Ewigkeit aufgegeben, dafür aber die Verklärung des göttlichen Wesens in Zeit und Raum ermöglicht und herbeigeführt hat.

*) So wäre, eine Herrschaft zu besitzen, der man sich verdingt hat und der man gehorchen muß, und der man Dienste der und der Art leistet, in jenem Gleichnisse von Lucius die »Knechtesnatur,« die Lucius angenommen.

Dieses richtige Verständniß der altkirchlichen Lehrformeln ist aber bald wieder verloren gegangen. Hatte die alte Kirche dem Apollinaris gegenüber mit Recht daran festgehalten, daß in Jesu nicht der Logos als solcher (als göttlich weltregierendes allwissendes Ich) die Stelle eines menschlichen νοῦς vertreten habe, sondern der Logos Mensch geworden sey, und der menschgewordene Logos daher ein ächt menschliches Denken (νοῦς) und Seelenleben (ψυχή) gehabt habe und habe — so ward dies von den Lateinern dahin mißverstanden, als habe der Logos sich mit einem, aus νοῦς, ψυχή und σῶμα bestehenden homo verbunden. Schon Augustin (de conseer. 2.) sagt: Christi persona constat et conficitur ex Deo et homine; Anselm: filius Dei hominem assumsit. Zur Zeit Abälards und des Lombarden ward geradezu die Frage verhandelt, an duae naturae *partes* illius personae sint dicendae, oder, an Deus, homo factus, factus sit *aliquid?* Abalärd sagt: Ja, der Lombarde zaudert, Thomas sagt mit voller Bestimmtheit: non est una tantum hypostasis in Christo; Duns Scotus schreibt der menschlichen Natur Christi eine propria existentia, wenn auch keine independens zu. Diese mittelalterliche Grundanschauung nahm auch Luther unwillkürlich herüber, bezeichnete die Gottheit und die Menschheit als zwei "Stücke" (groß. Bek. v. Abdm. S. 202 der Irm. Ausg.) und baute darauf die Lehre, daß das göttliche Stück dem menschlichen seine Proprietäten mitgetheilt habe. Noch bestimmter redeten die Theologen der Concordienformel in diesem Sinne. Die Gottheit Christi (sagt Andreä zu Maulbronn) hunc hominem Christum ad dextram suam collocavit, und die Concordienformel aff. 6. sagt: Quomodo homo, *Mariae filius,* Deus aut filius Dei altissimi appellari posset, aut esset, si ipsius humanitas cum *filio Dei* non esset personaliter unita? Und sol. decl. cp. 8.: *post factam incarnationem* non quaelibet natura in Christo per se ita subsistit, ut utraque sit persona separata. Dahin wurde die Anhypostasie der natura humana abgeschwächt! Unter ihr sollte nur dies verstanden werden, daß die nat. hum. (der „Mariae filius") obzwar an sich ein subsistirendes Concretum, doch vom ersten Moment ihres Entstehens an sogleich mit dem Dei filius sich so eng verbunden habe, daß sie nun (post factam incarnationem) nicht mehr als "besondere Person" sondern nur als Theil der Person Christi existire. Als Theil, als Concretum, als *hypostasis,* ward sie aber gedacht. Daher die ausdrückliche Behauptung der sämmtlichen im engeren Sinne lutherischen (d. h. der Concordienformel folgenden) Dogmatiker: daß man die Ausdrücke „natura humana," „natura divina," ebensowohl als _concreta,_ wie als abstracta, brauchen dürfe. Es stellte sich nun folgende Theorie heraus: Der Sohn Gottes bringt hervor oder erschafft im Schooße der Jungfrau eine "menschliche Natur" im concreten Sinn, einen Mariensohn, mit dem er sich jedoch sofort zu Einer Person verbindet. Durch diese unio personalis des Gottessohnes mit dem Concretum der "menschlichen Natur" geschieht es, daß sofort auch die letztere in den Besitz (κτῆσις) der göttlichen Proprietäten (z. B. Allgegenwart) eintritt, sie macht aber vor der Hand, im Stande der Niedrigkeit, von diesem Besitz keinen Gebrauch (sie enthält sich des Gebrauches, κένωσις τῆς χρήσεως, und verbirgt somit den Besitz, κρύψις τῆς κτήσεως). Im Stande der Niedrigkeit ist also der allwissende weltregierende Logos mit einem nicht=allwissenden Menschensohne zu Einer Person verbunden. Im Stande der Erhöhung dagegen macht die "menschliche Natur" von jenem Besitze Gebrauch, wird wirklich allwissend, allgegenwärtig u. s. w. (Ubiquität).

Es leuchtet ein, wie diese Theorie es weder zu einer einheitlichen und bibelgemäßen Anschauung der Person Jesu bringt, noch der altkirchlichen Lehre entspricht. Wir finden in ihr die nestorianische Grundanschauung von den Naturen als concreten Bestandtheilen sammt dem eutychianischen Weiterbau von der Verschmelzung der beiden Bestandtheile wieder. Wie die mittelalterlich=scholastische Lehre von der Person des Gottmenschen ein Rückfall auf eine schon zu Chalcedon überwundene Anschauung war, so ist jene ubiquistisch=scholastische Theorie ein Rückfall aus der reformatorischen Theologie in die mittelalterliche.

Denn schon das Zeitalter der Reformation hat eine Befreiung von jener irrigen Anschauung, eine Rückkehr zur biblisch-patristischen Christologie gebracht. Zwingli, humanistisch-exegetisch gebildet und in den Kirchenvätern wohlbelesen, ist unwillkürlich zu der richtigen Anschauung gekommen, und spricht dieselbe unwillkürlich aus, wenn er stabil davon redet, "Christus" habe "die *forma nostra* angenommen," oder: dignatus est ignari hominis *formam habitumque* induere*). Ihm ist die menschliche Natur kein Concretum, sondern lediglich die menschliche Seyns-Form nnd Seyns-Weise. Luther und Zwingli haben sich ebendaher bei allen ihren Verhandlungen über die Person des Gottmenschen fort und fort gegenseitig mißverstanden, weil keiner die Grundanschauung des andern auch nur kannte oder ahnte, geschweige theilte. Calvin dagegen hatte mit Zwingli die altchalcedonische Grundanschauung gemein; er redet davon, daß Christus die natura hominum angenommen habe; als natura *hominum* kann aber die menschliche Natur nur, wenn sie als Abstractum gefaßt wird, bezeichnet werden. Die Natur der Menschen, d. h. die Beschaffenheit der Menschen hat der Sohn Gottes angenommen, und ist so sehr selbst Mensch geworden, daß Zwingli und Calvin nicht anstehen, den, der Mensch ward (den Logos), bereits "Christus" zu nennen. Christus ist ihnen nicht das Resultat der Verbindung des Logos mit einer "menschlichen Natur." Sondern der Logos ist selber Christus; nämlich der Logos, insofern er die Natur der Menschen angenommen hat. Wie endlich auch Melanchthon, der praeceptor Germaniae, sammt seiner Schule unter ausdrücklicher Berufung auf die Kirchenväter den ubiquistischen Theoremen sich widersetzt hat, ist zu bekannt, als daß es hier näher ausgeführt zu werden brauchte.

Demgemäß haben die sämmtlichen reformirten und philippistischen Theologen in klarbewußtem Gegensatze gegen die (im engeren Sinne) lutherischen den Satz aufgestellt, daß man die Ausdrücke „natura humana," „natura divina" nur als abstracta brauchen dürfe, und haben namentlich mit der Anhypostasie der natura humana vollen Ernst gemacht. Ja sie haben den mißdeutbaren Sprachgebrauch von der unio duarum naturarum wirklich corrigirt**), indem sie lehrten: unio est immediata inter *personam* divinam et *naturam* humanam, mediata inter naturam divinam et naturam humanam. Die göttliche Person hat menschliche Beschaffenheit angenommen; dadurch sind nun göttliche Proprietäten und menschliche Proprietäten insofern mittelbar geeinigt, als beide der einen und selben Person inhäriren. (Gerade, wie in jenem Gleichniß die Eigenschaften eines Königssohnes und die eines Knechtes mittelbar geeinigt sind, insofern der knechtgewordene Lucius beide Eigenschaften nebeneinander besitzt.) Ihre Lehre ist nun folgende: Der Logos hat nicht das göttliche Wesen, wohl aber die μορφή θεοῦ oder das ἴσα θεῷ εἶναι, d. h. die Form der weltregierenden, alle Zeiten und Räume umspannenden Ewigkeit aufgegeben, und die zeitlich-räumliche Existenzform menschlichen Seyns, Lebens, Fühlens, Wollens, Denkens angenommen; er ist menschliches Lebenscentrum, Menschenseele, geworden, als solche in den Schooß der Jungfrau eingegangen, hat sich hier einen Leib gebildet, und sich alsdann nach der geistigen wie nach der leiblichen Seite ächt menschlich entwickelt. Um uns zu erlösen, nahm er, die Beschaffenheit der unter den Folgen der Sünde stehenden (mit dem *accidens* der mortalitas und ἀσθένεια behafteten) Menschennatur (nur ohne das accidens der Sünde, und mit dem accidens der Wunderkraft) an, und darin besteht der status humilis. Nachdem er aber das Erlösungswerk vollbracht, ist an ihm als an dem Erstling die Menschennatur von jenem accidens befreit, d. h. verklärt worden (von seiner Auferstehung an), und es begann sein status gloriae. Mensch ist er und bleibt es in Ewigkeit, und lebt in sichtbarem Leibe im Himmel (d. h. in derjenigen Sphäre der Schöpfung, in welche die Sünde und der Tod nie eingedrungen sind, und wo eine adäquate unverhüllte Offenbarung und Versichtbarlichung der Herrlichkeit Gottes möglich ist); aber mit

---

*) Näheres vgl. in meiner christl. Dogmatik §. 376.

**) Vergl. meine Dogmatik, §. 380—81, wo die betreffenden Belegstellen angeführt sind.

...ischen Lehreformeln ist aber bald wieder ver-
... Apollinaris gegenüber mit Recht daran fest-
... (allgötlich weltregierendes allwissen-
... der Logos Mensch
... Logos daher ... icht menschliches Den-
... — so ward dies von den
... der Logos sich mit einem, aus νοῦς, ψυχή
... Schon Augustin (de consecr. 2.) sagt:
... Deo et homine: Anselm: filius Dei hominem
... wird gerade die Frage verhandelt,
... dicendum, oder, an Deus, homo factus, fac-
... factus, Thomas sagt mit voller Be-
... in Christo: Duns Scotus schreibt der mensch-
..., wenn auch keine independens zu. Diese
... herüber, bezeichnete die
... Bek. v. Abrm. S. 202 der Irm.
... das ... Stück dem menschlichen seine Pro-
... die Theologen der Concordienformel
... sagt Andreä zu Mühlberg) hunc hominem
... Concordienformel ad. 6. sagt: Quomodo
... appellari posset, aut esset, si ipsius
... Und sol. decl. ep. 8.: post fac-
... Christo per se non subsistit, ut utraque sit
... der natura humana abgeschwächt!
..., daß die sol. hum. (der „Mariae filius")
... Concretum, das vom ersten Moment ihres
... so eng verbunden habe, daß sie nun
... besondere Person, sondern nur als Theil
..., als Concretum, als Hypostasis, ward sie aber
... der ... im engeren Sinne luthe-
... Dogmatiker: daß man die Ausdrücke
... als concreta, wie als abstracta, brauchen
... Der Sohn Gottes bringt hervor
... Natur im concreten Sinn,
... sofort zu Einer Person verbindet. Durch
... aus dem Concretum der menschlichen Natur-
... in den Besitz (erhöht) der göttlichen Proprie-
... macht aber vor der Hand, im Stande der Nie-
... (sie enthält sich des Gebrauches, κένωσις
... Besitz, κρύψις τῆς κτήσεως) Im Stande
... wissende weltregierende Logos mit einem
... zu Einer Person verbunden. Im
... die menschliche Natur den jenem Besitze Ge-
... gegenwärtig u. s. w. (Ubiquität.)

Denn schon das Zeitalter der Reformation hat eine Befreiung von jener irrigen Anschauung, eine Rückkehr zur biblisch=patristischen Cristologie gebracht. Zwingli, huma=nistisch=exegetisch gebildet und in den Kirchenvätern wohlbelesen, ist unwillkürlich zu der richtigen Anschauung gekommen, und spricht dieselb unwillkürlich aus, wenn er stabil davon redet, „Christus" habe „die *forma nostra* angenommen," oder: *dignatus est ignari hominis formam habitumque* induere*). Ihm ist die menschliche Natur kein Concretum, sondern lediglich die menschliche Seyns=Form und Seyns=Weise. Luther und Zwingli haben sich ebendaher bei allen ihren Verhandlungen über die Person des Gottmenschen fort und fort gegenseitig mißverstanden, weil keine die Grundanschauung des andern auch nur kannte oder ahnte, geschweige theilte. Calin dagegen hatte mit Zwingli die altchalcedonische Grundanschauung gemein; er redet wo von, daß Christus die *natura homi=num* angenommen habe; als *natura hominum* kann er die menschliche Natur nur, wenn sie als Abstractum gefaßt wird, bezeichnet werden. Die Natur der Menschen, d. h. die Beschaffenheit der Menschen hat der Sohn Gottes angenommen, und ist so sehr selbst Mensch geworden, daß Zwingli und Calv nicht anstehen, den, der Mensch ward (den Logos), bereits „Christus" zu nennen. Christus ist ihnen nicht das Resultat der Verbindung des Logos mit einer „menschlich Natur." Sondern der Logos ist selber Christus; nämlich der Logos, insofern er die Natur der Menschen angenom=men hat. Wie endlich auch Melanchthon, der præceptor Germaniae, sammt seiner Schule unter ausdrücklicher Berufung auf die Kirchenväter den ubiquistischen Theoremen sich widersetzt hat, ist zu bekannt, als daß es hier näher ausgeführt zu werden brauchte.

Demgemäß haben die sämmtlichen reformirten und philippistischen Theologen in klarbewußtem Gegensatze gegen die (im engeren Sinn) lutherischen den Satz aufgestellt, daß man die Ausdrücke „natura humana," „natura ivina" nur als abstracta brauchen dürfe, und haben namentlich mit der Anhypostasi der natura humana vollen Ernst gemacht. Ja sie haben den mißdeutbaren Sprachgebrauch von der unio duarum naturarum wirklich corrigirt**), indem sie lehrten: unio est immediata inter *personam divinam* und *naturam humanam*, mediata inter *naturam divinam* et *naturam humanam*. Die göttliche Person hat menschliche Beschaffenheit angenommen; dadurch sind nun göttliche Proprietäten und menschliche Proprietäten insofern mittelbar geeinigt, als beide der einen und selben Person inhäriren. (Gerade, wie in jenem Gleichniß die Eigenschaften eines Königssohne und die eines Knechtes mittel=bar geeinigt sind, insofern der knechtgewordene Lucis beide Eigenschaften nebeneinander besitzt.) Ihre Lehre ist nun folgende: Der Logos hat nicht das göttliche Wesen, wohl aber die μορφή θεοῦ oder das ἴσα θεῷ εἶναι, d.h. die Form der weltregierenden, alle Zeiten und Räume umspannenden Ewigkeit aufgegeben, und die zeitlich=räumliche Existenzform menschlichen Seyns, Lebens, Fühlens, Wollens, Denkens angenommen; er ist menschliches Lebenscentrum, Menschenseele, geworden, als solche in den Schooß der Jungfrau eingegangen, hat sich hier einen Leib gebildet, und sich alsdann nach der geistigen wie nach der leiblichen Seite ächt menschlich entwickelt. Um uns zu erlösen, nahm er, die Beschaffenheit der unter den Folgen der Sünde stehenden (mit dem *accidens* der mortalitas und ἀσθένεια behafteten) Menschennatur nur ohne das accidens der Sünde, und mit dem accidens der Wunderkraft) an, und darin steht der status humilis. Nachdem er aber das Erlösungswerk vollbracht, ist an ihm an dem Erstling die Menschen=natur von jenem accidens befreit, d. h. ver..... Auferstehung an), und es begann sein status gloriae. ..... lebt in sichtbarem Leibe im Himmel ....., in welche die Sünde und der ..... hüllte Offenbarung un.....

der verklärten Menschennatur ist eine andere, höhere, vollere Offenbarung des göttlichen Wesens, eine volle Vermählung göttlicher δόξα, eine Theilnahme an der weltregierenden Herrschaft des Vaters (sessio ad dexteram) vereinbar, welche mit der unverklärten nicht vereinbar war. Immerhin wird diese Herrschaft des erhöhten Christus in ächt=menschlicher Form und Seynsweise vollzogen; er hat das Wesentliche der Menschennatur (das πού εἶναι, das Leben in einem organisirten, sichtbaren Leibe) nicht aufgegeben (Luk. 24, 51. Apsch. 1, 11. Kol. 3, 1—2. Phil. 3, 20.). Aber er vermag es in einer Weise, die für uns schlechthin Geheimniß ist (modo omnem rationem adeoque omnem naturae ordinem superante), troßdem wahrhaft bei und in den Seinen zu seyn und Wohnung in ihnen zu machen.

Ist der Logos Mensch geworden (analog, wie der Königssohn Knecht geworden ist, nur freilich mit dem Unterschiede, daß leßterer nicht immer Knecht, ersterer aber ewig Mensch bleibt, und ferner mit dem sich von selbst verstehenden Unterschiede, daß "Knecht" bloß eine Lebensstellung nach außen, "Mensch" aber eine Existenzform und Artung im innern ist — die Aehnlichkeit oder das tert. comp. liegt rein im Werden —), so müssen nun von dem Subjekte, welches immer nur das Eine und selbige ist, alle Attribute und Aktionen, die ihm als dem Gott, und alle, die ihm als dem Menschen zukommen, ausgesagt werden, mag die Benennung des Subjektes von seiner Gottheit oder von seinem Menschgewordenseyn hergenommen werden (communicatio idiomatum). Sowie ich sagen kann: Lucius ist Königssohn, und Lucius ist Knecht, aber auch: dieser Königssohn ist Knecht, dieser Knecht ist Königssohn, so kann und darf und muß ich sagen: Christus ist Gott, Christus ist Mensch, aber auch: Gottes Sohn ist Mensch, dieser Mensch ist Gott (genus personale). So wie ich sagen kann: Lucius ist edelgeboren, Lucius ist geduldig, aber auch: dieser Knecht ist edelgeboren, dieser Königssohn ist geduldig, so kann ich sagen: Christus ist ewig, Christus ist begrenzt, aber auch: der Sohn der Jungfrau ist ewig, der Sohn Gottes ist begrenzt (genus idiomaticum). Endlich, wie ich sagen kann: Lucius ist auf dem Thron geboren, Lucius hat Mißhandlung erlitten, aber auch: dieser Knecht ist auf dem Thron geboren, dieser Königssohn hat Mißhandlung erlitten, so kann ich sagen: Christus ist in Ewigkeit erzeugt, Christus ist am Kreuze gestorben, aber auch: Jesus von Nazareth ist in Ewigkeit erzeugt, Gottes Sohn ist am Kreuze gestorben (genus apotelesmaticum). Wird dem nach der einen Natur benannten Subjekt ein Prädikat, das von der andern Natur hergenommen ist, beigelegt (z. B. Gottes Sohn ist gestorben, Jesus von Nazareth ist ewig), so nennt man dies den Gegenwechsel (alloeosis). — Diese „communicatio idiomatum" ist keine verbalis *), sondern eine realis; sie beruht auf der Thatsache, daß der Logos selber Mensch geworden — und folglich der Sohn der Maria kein andrer als der ewige Logos selber ist.

Daß es dagegen unter der richtigen chalcedonischen Voraussetzung eine Sinnlosigkeit wäre, zu sagen: »die menschliche Natur ist ewig, allgegenwärtig u. dgl.« (das genus majestat. der Conc. Formel!) leuchtet von selbst ein. Man kann ja bei Lucius auch nicht sagen: »die Knechtsnatur ist von königlicher Abkunft.« Jenes genus maj. hat nur bei der falschen Voraussetzung von den beiden Naturen als zwei concreten Bestandtheilen einen Sinn.

Die neuere lutherische Theologie, namentlich die der Erlanger Schule, hat einen ernsten und anerkennenswerthen Anlauf genommen, jene aus der mittelalterlichen Scholastik herübergenommene Anschauung zu überwinden. Dr. Thomasius hat zuerst 1845

---

*) Dafür hat sie der Mißverstand der Ubiquisten genommen! Man schob die eigne Voraussetzung, daß unter dem filius Dei und dem filius hominis zwei concrete Bestandtheile verstanden würden, den Gegnern in die Schuhe. Sagten diese nun: filius Dei mortuus est, so legte man ihnen dies so aus, als sagten sie nur als Phrase, der göttliche Bestandtheil sey gestorben, meinten aber in der Wirklichkeit doch nur, daß allein der menschliche Bestandtheil gestorben sey!

(Zeitschr. f. Prot. u. Kche. Heft 2) die Ansicht auszusprechen gewagt, daß der Logos im Staude der Niedrigkeit sich selbst beschränkt und so gleichsam die Eigenschaften der menschlichen Natur angenommen habe. Immerhin soll der so beschränkte Logos sich dann mit einer »menschlichen Natur« im concreten Sinne verbunden haben. Im Staude der Erhöhung habe die göttliche Natur ihre göttlichen Eigenschaften wieder angenommen, und dieselben auch der menschlichen Natur communicirt. Die Anschauung von den zwei Naturen als zweien Bestandtheilen war hier noch beibehalten, aber ein erster Anfang war doch gemacht, die Unhaltbarkeit der lutherischen Scholastik von 1577 anzuerkennen. Weit energischer dagegen hat neuerdings Dr. Hofmann in seinem »Schriftbeweis« die Lehre durchgeführt, daß der Logos Mensch geworden sey. Leider erscheint dieselbe bei ihm alterirt durch die Lehre von einer Erzeugung Jesu durch den h. Geist; wenn der Logos selber es war, der in dem Schooß der Jungfrau Mensch wurde, so konnte er nicht erzeugt werden; denn wer schon existirt, kann nicht erst noch erzeugt werden. Auch ist die Form der Darstellung (der Sohn Gottes habe »aufgehört, Gott zu seyn, um Mensch zu werden«) eine schiefe und über das Maß hinausgehende (denn nicht, Gott zu seyn, hat er aufgehört, sondern nur die μορφή θεοῦ hat er aufgegeben). — Es dürfte die wesentlichste Aufgabe der Theologie unsrer Zeit seyn, die Lehre von dem Gottmenschen zu rectificiren, d. h. zu der biblisch-patristischen Reinheit und Klarheit der Anschauung zurückzuführen. Dr. Ebrard.

Jesu Christi dreifaches Amt. Schon Eusebius schreibt Jesu ein dreifaches Amt, das des Propheten, des Hohenpriesters, des Königs, zu. (Eus. h. e. I, 3.) Calvin (instit. II, 15.) führte die Lehre vom dreifachen Amte Christi förmlich als Kategorie in die Dogmatik ein. Dieselbe ging alsbald in den Heidelberger Katechismus (qu. 31.) über, und die Dogmatiker reformirten Bekenntnisses behandelten von da an Christi Werk unter diesem dreifachen Gesichtspunkte. In die Dogmatik der Lutheraner hingegen wurde jene Kategorie erst durch Johann Gerhard hinübergenommen, hat sich aber von seiner Zeit an auch dort eingebürgert.

In der That mußte es nahe liegen, Christi erlösendes Thun nach der dreifachen Seite des Propheten, des Hohenpriesters, des Königs, zu betrachten; denn nichts ist gewisser, als daß schon das prophetische Wort des alten Testamentes den Erlöser als den vollkommenen und vollendeten Propheten, sodann als den Knecht Gottes, welchem prophetische, priesterliche und königliche Stellung zugleich zukömmt, ferner als den königlichen Samen Davids oder zweiten, vollkommenen David, und endlich auch als den Priesterkönig verheißt, und daß er selbst als den Propheten sich dargestellt und bewährt, als den Davidssohn sich erwiesen hat und im Hebräerbriefe als der wahre und einzige ewige Hohepriester uns vor Augen gestellt ist. Es gehen aber diese drei Seiten seines Berufes zusammen in den Begriff des Gesalbten oder Messias; denn wie Elisa von Elias zum Propheten gesalbt war (1 Kön. 19, 16.), so sollte der künftige Knecht Gottes durch den Geist des Herrn gesalbt seyn, um den Elenden zu predigen, und wie die Könige Israels gesalbt wurden (1 Sam. 10, 1; 16, 13. 1 Kön. 1, 13; 19, 15. u. a.), so ist Christus zum Könige der Gerechtigkeit gesalbt (Hebr. 1, 8—9.); und wenn es im Gesetze verordnet war, daß der Hohepriester zu seinem Amte gesalbt werden mußte (2 Mos. 28, 41; 29, 7; 30, 30. Lev. 4, 3; 6, 22; 7, 36.), so ist Christus »nicht nach dem Gesetz des fleischlichen Gebotes, sondern nach der Kraft des unendlichen Lebens« (Hebr. 7, 16.) zum Hohenpriester gemacht. Der Begriff des Messias oder Gesalbten geht also in die drei Seiten des Propheten, des Hohenpriesters und des Königs, auseinander.

Schon das prophetische Wort des alten Testamentes, so sagen wir, hat den Erlöser als den künftigen vollkommenen Propheten verheißen. Zuerst 5 Mos. 18, 15. Wenn dort im 5 Mos. Moses die, vierzig Jahre zuvor, am Sinai, empfangene Verheißung gleichsam als Text zu einer Warnung vor heidnischen Pseudopropheten benützt und anwendet, so wird daraus mit Unrecht gefolgert, daß jene Verheißung auch schon am

Sinai keine Verheißung, ſondern eine bloße Warnung vor falſchen Propheten habe ſeyn ſollen *). Denn dort am Sinai iſt von einer Neigung des Volkes, heidniſchen Propheten zu folgen, keine Rede; ſondern das Volk fürchtet ſich, das Geſetzeswort Gottes zu hören, und ſendet Moſen ab, zu hören (2 Moſ. 20, 19. 5 Moſ. 5, 27.); dieſe heilige Scheu billigt der Herr (5 Moſ. 5, 28 f.) und verheißt ihnen bei dieſem Anlaß, er wolle ihnen (die jetzt eben den Moſes als einen Hörer zu ihm geſandt hatten) einen Propheten ſenden, den ſie hören ſollten und hören würden. Der Gott, der ſich in Donner und Blitz des Geſetzes offenbart, ſo daß das Volk ſich nicht zu ihm zu nahen wagt, will bereinſt durch einen Propheten ſich dem Volke nahen; jetzt muß das Volk den Moſes zu Gott hinaufſenden; künftig will Gott einen Propheten zum Volke herabſenden. Es iſt hier der Gegenſatz zwiſchen Geſetz und Evangelium in dem erſten großartig dämmernden Umriſſe gezeichnet; und die Aufgabe einer wahren bibliſchen Theologie iſt eben die, dies zarte Aufdämmern des Morgenrothes der Verheißung als ſolches zu erkennen; wollten wir dagegen eine jede einzelne Stelle mit peinlicher Krittelei auf einen präcis ſeyn ſollenden Ausdruck zwingen, ſo würde nur allzuleicht die eigentliche Lebensſubſtanz der Stelle verloren gehen und lediglich ein macerirtes Faſergerippe übrigbleiben.

An die Weiſſagung 5 Moſ. 18, 15. ſchließt ſich nur ſehr indirekt der letzte Theil des Jeſaja, Kap. 40—66. Nicht unmittelbar die Anſchauung eines Propheten, ſondern die des Knechtes Gottes bildet hier den Grundſtoff. Das Volk Iſrael iſt der Knecht Gottes, beſtimmt (nicht als Prophet, ſondern als Volk), das Licht unter die Heiden zu bringen. Aber dieſer Knecht Gottes iſt ſelbſt blind und taub (42, 19.), und bedarf eines Propheten, der an ihm arbeitet. Jeſajas arbeitet vergeblich (49, 4.); ein künftiger Knecht Gottes aber wird beides: die Prophetenarbeit des Jeſajas an Iſrael, und: den Volksberuf Iſraels an den Heiden, miteinander und erfolgreich ausrichten (49, 6.) und zwar dadurch, daß er weit mehr iſt, als ein Prophet, daß er die Laſt unſrer Sündenſchuld auf ſich nimmt (מוסר שלמנו, poena integritatis nostrae, die Strafe, deren Geſchehen unſre Strafloſigkeit iſt. Ferner B. 6. Jehovah hat geworfen auf ihn die Schuld unſer Aller). Es iſt ein אשם, welches er bringt, B. 10. **) Keineswegs iſt alſo bloß davon die Rede, daß dem Knechte Gottes die Erfüllung ſeines Prophetenberufes den Tod zuziehen und er ſo, wie Paulus (Col. 1, 24. 2 Tim. 1, 11 f.) leiden werde; ſondern in dem Begriffe des Knechtes Gottes verknüpft ſich hier ſogleich mit dem Berufe des Propheten (Kap. 49.) der des ſich ſelbſt als Schuldopfer gebenden Schlachtopfers. Und wenn die Könige der Erde ſich vor ihm beugen ſollen, ſo erſcheint er darin als der König der Könige; ob dies aber »als Beſtandtheil ſeiner Berufsthätigkeit« oder »als Ausgang ſeines Geſchicks« vorausgeſagt werde, iſt völlig irrelevant; denn auch das Prophetenthum iſt ihm nur als Prädicat beigelegt; das Subjekt wird weder als Prophet, noch als König, ſondern als »Knecht Gottes« bezeichnet.

Wir haben alſo im 5 Moſ. 18. eine Verheißung des Propheten, Jeſaja 40—66. aber eine Verheißung des Gottesknechtes, von welchem prophetiſche Predigtthätigkeit, prieſterliche Selbſtopferung und Krönung mit königlicher Macht prädicirt werden.

Königliche Herrſchaft wird dem künftigen Erlöſer aber nicht bloß als Prädicat oder Ausgang ſeines Geſchicks beigelegt, ſondern die Wurzelform der meſſianiſchen Weiſſagung iſt die Verheißung eines Davidsſamens, deſſen Thron ewig beſtehen ſolle. Bis auf David hin war dem Volk Iſrael zwar eine Erlöſung, aber (mit Ausnahme jener nur dämmernden Stelle 5 Moſ. 18.) noch kein Erlöſer verheißen worden. Erlöſung aus künftiger Knechtſchaft war dem Samen Abrahams 1 Moſ. 15. verheißen; durch Moſes, durch Joſua, durch David war dieſe Weiſſagung nach und nach ſtufenweiſe zur Erfüllung, nämlich zur irdiſchen Erfüllung, gebracht worden. Es war daran, daß

---

*) Hofmann, Schriftbew. II, A, S. 84.

**) נפש ſteht zur nachdruckvollen Umſchreibung des pron. person. „er ſelbſt.“ Die Bedeutung „ſeine Seele“ hat es hier nicht. Vgl. Knobel z. d. St.

David dem Herrn einen Tempel zu bauen gedachte. Der Ewige sollte Wohnung machen in seinem Volke, und durch einen steinernen Tempel an sein Volk gebunden werden. Aber ein solches Gebundenwerden dessen, der ein Geist ist, an eine irdische Stätte und Erscheinung war nicht im Einklang mit dem Heilsplan Gottes (vgl. Joh. 4, 23—24.). Israel sollte erkennen, daß die irdische Erlösung aus irdischem Elend und Uebel, die ihm durch David geworden, noch nicht die wahre Erlösung, sondern nur ein schwaches Vor- und Schattenbild derselben sey. Dies wurde dem Volk und seinem König aber nicht theoretisch vordocirt, sondern das Volk sollte zum Hinanwachsen zu dieser Erkenntniß erzogen werden, und dieses Erzogenwerden ward dadurch ermöglicht, daß eine neue Perspektive in weite ferne Zukunft hinaus ihm eröffnet wurde, mittelst der Weissagung 2 Sam. 7. Nicht David, sondern Davids Same nach Davids Tode soll dem Herrn ein Haus bauen, und der Herr will ihm den Thron seines Reiches bestätigen ewiglich. Es hat seine Richtigkeit, daß hier noch nicht von einem bestimmten Individuum, sondern von der Nachkommenschaft Davids geredet wird (vgl. B. 14.). Die Nachkommenschaft Davids hat den Beruf, dem Herrn ein Haus zu bauen. Es hat aber auch seine Richtigkeit, daß bereits David genug Klarheit und Tiefe und Lebendigkeit der Einsicht besaß, um sofort ahnend zu erkennen, daß die Erfüllung dieser unaussprechlich herrlichen und hohen Weissagung sich nicht auf die Reihe und Menge seiner einzelnen Nachkommen vertheilen und zersplittern werde, sondern daß seine Nachkommenschaft als Eine, als ein organisches Gewächs (σπέρμα, nicht σπέρματα Gal. 3, 16.) zu jenem geweissagten Ziele heranreifen, und folglich in einer letzten, höchsten Spitze oder Blüthe dies Ziel erreichen werde. Zugleich ahnte er auch alsbald, daß sein sündliches Geschlecht nicht befähigt sey, dem Herrn einen Tempel zu bauen und auf ewigem Throne zu herrschen; daher er jenes Wort ahnungsreicher Verwirrung sprach: "Du hast deinem Knechte geredet bis in das, was ferne ist, hinaus; die Satzung des Menschen, des Herrn, Jehovahs" (2 Sam. 7, 19.) oder wie es 1 Chron. 17, 17. epexegetisch verdeutlicht wird: "und hast mich angesehen gleich der Gestalt des Menschen, der droben, Gott, Jehovah ist." David sah sich angeschaut von Jehovah, aber so, daß Jehovah ihm hier als ein Mensch erschien, als ein Mensch, der zugleich Gott ist und droben thront. Er erkannte, der Schlußpunkt der ihm geweissagten Nachkommenschaft sey Jehovah selbst, aber Jehovah als Mensch und Gott. Die Rückbeziehung von Ps. 2, 6—7. auf diese nathanische Weissagung ist unverkennbar; nicht minder dürfte sich Ps. 110, am zwanglosesten als eine poetische Auseinanderlegung der Stelle 2 Sam. 7, 19. erklären lassen. So hat wenigstens Christus selber den 110. Psalm verstanden und ausgelegt (Matth. 22, 42 ff.).

Salomo hatte selbst das klare Bewußtseyn, daß in ihm und seinem steinernen Tempelbau jene nathanische Weissagung noch keineswegs ihre schließliche Erfüllung gefunden habe (1 Kön. 8, 26—27.), und als es nach Salomo's Tode mit dem Hause Davids und mit dem Volke des Bundes mehr und mehr abwärts ging, da richtete sich der prophetische Blick unter Leitung des heil. Geistes sofort mit schwankungsloser Bestimmtheit auf den verheißenen Davidssamen als auf einen, von den damaligen Davidnachkommen gänzlich verschiedenen, Einen, bestimmten, künftigen Davidssprossen. Es war der Immanuel, der zugleich der Elgibbor seyn sollte (Jes. 7, 14; 9, 6. vgl. mit 10, 21.). Aus dem gezüchtigten Hause Davids, dem abgehauenen Strunk, sollte ein frischer Zweig aufsprossen (Jes. 11, 1 ff.) und herrschen über die Völker in einem Reiche des Friedens und der Gerechtigkeit, und so sehr firirte sich diese Gestalt des künftigen Davidssprossen, daß bei den späteren Propheten der "Zemach" geradezu als nom. propr. auftritt. Daß er aber weder ein gewöhnlicher irdischer König, noch ein levitischer Priester, sondern ein Priesterkönig nach Melchisedeks Art seyn werde, war schon Ps. 110, 4. geweissagt, und wurde Sach. 6, 12—13. unter deutlicher Rückbeziehung auf 2 Sam. 7. und Ps. 110. und Jes. 11. weiter ausgeführt.

So war also der gläubige Israelit im voraus darauf angewiesen, einen Messias zu erwarten, welcher mit prophetischer Wirksamkeit die priesterliche Selbsthingabe verbin-

den und durch beides ein heiliges Reich des Friedens aufrichten werde. Für das fleiſch=
liche Auge dagegen lagen der Prophet und der König außereinander, und der ſich zum
Schuldopfer gebende ganz im Dunkeln. Die fleiſchliche Maſſe in Iſrael erwartete einen
weltlichen, irdiſchen Meſſias, der ohne weiteres ein irdiſches Reich aufrichten, Iſrael
von ſeinen irdiſchen Drängern befreien werde. »Der Prophet« (ὁ προφήτης Joh. 6,
14.) erſchien ihnen als ein vom Meſſias verſchiedener, etwa ein Vorläufer deſſelben
(vgl. Marc. 8, 27. und Joh. 1, 21.)*). Anders die gläubigen, vom Geiſte Gottes er=
leuchteten. Ihnen war Jeſus ſchon durch Joh. d. T. (Matth. 3, 3. vgl. 12, 18. Luk.
3, 4.) als jener Jeſ. 40 ff. verheißene Knecht Gottes angekündigt, in welchem pro=
phetiſches, prieſterliches und königliches Thun ſich vereinigen ſollte. Und er ſelbſt, der
Herr, hat ſich in dieſer dreifachen Beziehung durch ſein Thun, ſein Leiden und ſeinen
Ausgang bewährt.

Wenn er umherzieht und lehrt und das Herbeigekommenſeyn der βασιλεία θεοῦ
verkündigt, und ſein Wort durch σημεῖα beglaubigt, ſo iſt dies zunächſt ein prophe=
tiſches Thun, daher denn innerlich fern ſtehende ihn als »einen Propheten« anerken=
nen (Luk. 7, 16; 9, 8. Joh. 4, 19; 7, 40.) und ſelbſt ſeine Gläubigen vor allem den
»Propheten« in ihm ſchauen (Luk. 24, 19.). Aber die h. Schrift neuen Teſtamentes
lehrt uns noch unendlich tieferes über ſein prophetiſches Amt; ſie bleibt nicht bei der
Form ſeines prophetiſchen Wirkens ſtehen, ſondern lehrt uns durchdringen zu dem
Weſen ſeines prophetiſchen Seyns; ſie ſagt uns, daß er nicht bloß als ein Prophet ge=
redet hat, ſondern daß er der Prophet, der Offenbarer des Vaters, im abſoluten Sinne
geweſen iſt und iſt. Den Schlüſſel zu dieſer Erkenntniß bildet die Stelle Hebr. 1, 1 ff.
Gott, der in der Vorzeit vielfältig und vielartig durch einzelne Propheten geredet hat,
hat am Ende dieſer Zeit durch einen, der Sohn iſt, geredet, d. h. er hat die ganze
einheitliche Fülle ſeines Weſens und Willens perſönlich geoffenbart in Dem, welcher von
Ewigkeit mit dem Vater zuſammen der Eine Gott und gleichen Weſens iſt. Daher heißt
er Joh. 1, 1 ff. das Wort des Vaters, das perſönliche Wort, in welchem der Vater
ἐν ἀρχῇ ſein Weſen zu ſich ſelber (πρὸς τὸν θεόν) ausſprach, und durch deſſen Vermitt=
lung er ſodann ſich ſchaffend nach außen, an und in dem, was nicht Gott ſondern Crea=
tur iſt (γέγονεν), offenbarte, und durch und in dem er ſich erlöſend offenbarte in der
Sphäre der gefallenen Creatur. Da Chriſtus das menſchgewordene Wort des Vaters iſt,
ſo iſt er Prophet nicht erſt in ſeinem Reden und Wirken, ſondern ſchon in ſeinem Seyn.
Seine ganze Perſon und ſein Weſen iſt eine oder vielmehr die Offenbarung des Vaters
(Joh. 14, 9.). Er iſt das lebendig gewordene und perſönlich erſchienene ewige Geſetz
Gottes, denn er iſt der Menſch, wie Gott ihn haben will (Matth. 3, 17.
Joh. 4, 34; 5, 19 u. a.), er iſt zugleich das lebendig gewordene und perſönliche Evan=
gelium, denn er iſt der Erlöſer ſelbſt, der verkörperte Gnadenwille des Vaters (Luk. 4,
17 ff.; Joh. 1, 36 u. a.). Und in dieſem tiefſten Punkte wird ſein Prophet=ſeyn mit
ſeinem Prieſter=ſeyn identiſch.

Als einen Prieſter und zwar als den ewigen Hohenprieſter ſtellt ihn der Ver=
faſſer des Hebräerbriefes dar (Hebr. 7 ff.). Er iſt aber der ewige Hohenprieſter, weil er
das einzige, in Ewigkeit gültige, alle vorbildlichen Opfer aufhebende und überflüſſig
machende Opfer — ſich ſelbſt — dargebracht hat. Daß er in den andern Theilen der
h. Schrift nicht ſo ſehr als der Prieſter und mehr nur als die hostia dargeſtellt wird,
iſt eine nur formelle, keine ſachliche Verſchiedenheit. Nur der Autor des Hebräerbriefes
hatte beſondere Veranlaſſung, nachzuweiſen, daß neben anderen a.t. Inſtitutionen auch
die des Hohenprieſterthums in Chriſto ihre Erfüllung und ihr Ende gefunden habe. Der

---

*) 1 Macc. 14, 41. finden wir die intereſſante Notiz, daß das jüdiſche Volk den Simon
zum Fürſten und Hohenprieſter machte, ἕως τοῦ ἀναστῆναι προφήτην πιστόν. Von dem Auf=
treten eines Propheten nach ſo langer prophetenloſer Zeit (1 Macc. 4, 46.; 9, 27.) erwartete
man alſo, daß derſelbe einen göttlich autoriſirten König einſetzen werde.

Sache nach iſt es einhellige Lehre der h. Schrift, daß Chriſtus einerſeits den Forde=
rungen, die der ewige Geſetzeswille Gottes an den Menſchen als ſolchen *) ſtellt (daß
nämlich der Menſch ſündlos, heilig, voll unentwegter Gottesliebe ſeyn ſolle) abſolut
genügt und ſomit die obedientia activa geleiſtet hat, die wir nicht leiſten, und daß ſein
Leben Ein heiliges unbeflecktes Opfer war; und daß Chriſtus andrerſeits dem Urtheil,
das das Geſetz über den Sünder ſpricht: „du ſollſt des Todes ſterben‟ (denn nur
dies, und nicht die ewige oder richtiger: endloſe Verdammniß, iſt als Strafe für das
peccatum simplex beſtimmt; die Verdammniß iſt erſt als Strafe für den Unglauben an
die Erlöſung beſtimmt, zum erſtenmale Jeſ. 66, 24) ſich, der Unſchuldige für die Schul=
digen, unterzogen hat, indem er den Tod und den Stachel des Todes erduldete, das
Verlaſſenſeyn vom Vater ſchmeckte, und in das Reich des Todes, den Scheol, hinabſtieg,
und ſomit ſich zum Löſegeld (λύτρον) für uns gab, welches wir nicht zahlen konnten.
Hiebei nahm er alſo ſtellvertretend unſre Schuld und Strafe auf ſich und ward
ſomit zum Schuldopfer für uns. Denn der Grundbegriff aller ſühnenden Opfer im
alten Bunde war ja eben der des ſtellvertretenden Todes. Wenn das Blut, d. i. das
verſtrömte Leben, die Kraft hat, den Prieſter und den Altar und das Volk zu reinigen
(3 Moſ. 16, 33.), ſo kömmt ihm dieſe Kraft nicht vermöge ſeiner phyſikaliſchen Beſchaf=
fenheit zu; denn phyſiſch wirkt das Blut nicht reinigend, ſondern beſchmutzend; vielmehr
darum allein vermag das Blut von Schuld zu reinigen, weil in ihm der ſachliche That=
beweis vorhanden iſt, daß die Schuld durch einen Tod gebüßt worden. „Mit der
Vergießung des Blutes iſt die Buße geleiſtet worden,‟ daher „läßt ſich Gott bei'm Sünd=
opfer das Blut ganz beſonders zueignen‟**). — Dies Opfer hat aber Chriſtus nicht
als ein Laie durch Vermittlung eines von ihm verſchiedenen Prieſters Gotte dargebracht;
denn wer hätte zwiſchen ihm und dem Vater als vermittelnder Prieſter geſtanden? Son=
dern er, der ſündloſe, heilige, der λόγος — προφήτης, der mit dem Vater ewig eins
war, war ſelbſt der Prieſter, welcher in ewig hohenprieſterlicher Reinheit ſich zum Opfer
dahingab. Sein Thun und ſein Leiden laſſen ſich ja nicht trennen. Er hat ſich nicht,
ohne Zuſammenhang mit ſeinem Leben, gleichſam ex abrupto irgend einmal ſelbſtgeopfert;
ſein Tod hat nicht eine Faſer von dem, was man ſubtilen Selbſtmord nennen könnte,
an ſich; ſondern ſein prieſterlich heiliges Leben hat ihm den Tod gebracht; daß er
treu und heilig blieb, auch wo dieſe Treue ihm den Untergang zuzog, darin beſtand die
Hingabe ſeines Lebens in den Opfertod. Daher war ſein Opfer ein prieſterliches.

Von ſeinem Tode iſt aber die Dornenkrone, und von ſeiner Dornenkrone die
königliche Würde und Herrſchaft untrennbar. Daß Einzelne und ganze Maſſen
ihn als den verheißenen „Sohn Davids,‟ den erwarteten meſſianiſchen König, erkann=
ten und begrüßten, hat er ſchon in den Tagen ſeiner Niedrigkeit nicht abgelehnt (Matth. 9,
27; 18, 30; 15, 22; 12, 23; 21, 9.), denn er war es wirklich, und hat ſich ſelbſt un=
aufgefordert dafür erklärt (Joh. 4, 26. Matth. 22, 42 ff.). Aber die Ausrichtung ſei=
nes königlichen Berufes war gerade die entgegengeſetzte von der, welche die Volksmaſſe
von ihm erwartete. Der Fülle der chariſmatiſchen Begabung nach (als der, in welchem
das Pleroma der Gottheit, und in Folge deſſen auch das Plerema menſchlicher Kräfte
wohnte) der Menſch ſchlechthin, die Krone und das Haupt der Menſchheit — ausgerüſtet
von ſeiner Taufe an mit der Wunderkraft, welche Wind und Wellen gebot (denn ſeine
Wunder ſind beides, σημεῖα des Propheten, und δυνάμεις des Königs) — hat er

---

*) Nicht: „an den Sünder.‟ An den Sünder ſtellt das Geſetz Gottes gar keine For=
derung; denn die Aufforderung, daß der Sünder Buße thue und gläubig werde, iſt keine For=
derung des Geſetzes, ſondern des Evangeliums. Ueber den Sünder ſpricht das Geſetz nur das
Urtheil: „du biſt verdammt.‟ Forderungen ſtellt das Geſetz nur an den Menſchen als
ſolchen, und ſie alle gehen zuſammen in die Eine Forderung: Du ſollſt heilig ſeyn, d. h. du
ſollſt lieben Gott deinen Herrn u. ſ. w.

**) Hofmann, Schriftbew. II. A. S. 162.

gleichwohl in ſeinem Handeln ſeine königliche Herrſchaft allein darin geſucht, der
geringſte und aller Diener zu ſeyn, und dieſe Ausrichtung ſeines königlichen Berufes
kulminirte daher in eben jener Stunde, wo er dem Pilatus bezeugte, daß er ein
König ſey, und darauf hin die Dornenkrone empfing (Joh. 18, 37. und 19, 2. vgl. mit
V. 12—15. u. V. 21.). So eng iſt hier wieder das königliche Amt mit dem prieſter-
lichen verwachſen. Zum Lohne für dies Königthum der Entſagung ward er gekrönt mit
der Krone der Herrlichkeit (Hebr. 2, 9. Phil. 2, 9 — 10.) und geſetzt zum Haupt der
Gemeinde (Jeſ. 53, 10—12; Epheſ. 1, 22.) und zum Herrſcher über alles (Epheſ. 1, 21.).
Aber auch dieſe zweite Seite ſeines Königthums läßt ſich nicht trennen von der zweiten
Seite ſeines Hohenprieſterthums. Denn als der Hoheprieſter, der ſich für uns zum
Schuldopfer dargebracht hat, ſpricht er als unſer Anwalt (παράϰλητος) für uns beim
Vater (1 Joh. 2, 1.) oder »vertritt uns« (ἐντυγχάνει Hebr. 7, 25; 9, 24. Röm. 8, 34.),
aber dies thut er nicht auf Grund des Guten, was wir geleiſtet hätten, oder auf Grund
der Rechtsanſprüche, die wir an den Vater hätten, ſondern auf Grund deſſen, daß er
uns ſich zum Eigenthum (περιποίησις 1 Petr. 2, 9.) erkauft hat, d. i. auf Grund der
Rechtsanſprüche, die er an uns, der König an ſein Volk und Eigenthum hat. Denn
alle, die durch den Glauben zu ihm kommen, ſind ihm gegeben zum Eigenthum (Joh.
17, 6.) und darum läßt er ſie ſich nicht aus der Hand reißen (V. 11 ff.), ſondern heiſcht
für ſie Theilnahme an ſeiner Herrlichkeit (V. 22. 24. 26.). Mit vollem Rechte hat daher
die chriſtliche Kirche und Theologie von jeher das Gebet Joh. 17. als ein ächt
und eigentlich hoheprieſterliches Gebet des prieſterlichen Königs und königlichen Prieſters (Pſ. 110, 4.) für ſein Volk, und nicht bloß als eine Fürbitte des Propheten für
ſeine Schüler, betrachtet. — —

Hat es ſich nun erwieſen, daß die h. Schrift das erlöſende Thun und Leiden des
Herrn unter den drei Seiten des prophetiſchen, hohenprieſterlichen und königlichen Thuns
und Leidens begreifen lehrt und darſtellt, und daß ſie ferner dieſe drei Seiten nicht in
der mechaniſchen Weiſe trennt, daß ſie einzelne Stücke aus dem Wirken und Leben Jeſu
dem prophetiſchen, andere dem prieſterlichen, andere dem königlichen Amte zutheilte, ſondern in dem geſammten Wirken, Leiden und Ausgang Chriſti überall alle drei Momente,
das der Offenbarung des Weſens Gottes an die Menſchheit, das der ſühnenden Vertretung der Menſchen vor Gott, und das der königlichen Stellung des Hauptes über
ſeiner Volksgemeinde der Erlöſten geſetzt finden lehrt: ſo iſt es nun auch nicht ſchwer,
die noch übrigende Frage zu beantworten, ob die Kategorie jener dreifachen Amtsthätigkeit ſich zu einer wirklich dogmatiſchen Kategorie eigne, d. h. ob die Anknüpfung des
Wirkens Chriſti an die drei a.t. Stellungen (des Propheten, Prieſters und Königs)
nur eine zufällige, bequem ſich darbietende Form ſey, ſo daß um der geſchichtlich vorhanden geweſenen Amtsſtellungen im alten Bunde willen dem Stifter des neuen Bundes
analoge Stellungen, etwa nur im bildlichen Sinne, beigelegt würden; oder ob nicht vielmehr die n.t. Erlöſung ihrem innern eigenen Weſen nach ſich in dies dreifache Thun
gliedere, ſo daß um ihret und ihrer dreifachen innern Gliederung willen im alten Bunde
jene drei Amtsſtellungen als Vorbilder und Vorbereitungen auftreten mußten. Schon
die bisherige Erörterung entſcheidet mit Beſtimmtheit für das letztere. Chriſtus iſt der
Prophet ſchlechthin; alle andern Propheten waren nur ſchwache Anſätze und Vorbilder
auf ihn (Hebr. 1, 1 f.); Chriſtus iſt der Hoheprieſter ſchlechthin, auf den die altteſtamentlichen mit ihren Schattenopfern hinwieſen (Hebr. 7 ff.); er iſt der König, auf den
ſelbſt David nur als ein Knecht auf ſeinen Herrn (Matth. 22, 45.) vorwärts und aufwärts weiſt. Iſt dem aber alſo, daß die dreifache Gliederung des Wirkens Chriſti eine
weſenhafte und keine bloß zufällige und formelle iſt, ſo muß ſich auch zeigen laſſen,
daß jene drei Aemter einerſeits begrifflich klar ſich von einander unterſcheiden und abgrenzen, und andrerſeits vollſtändig das Werk Chriſti erſchöpfen*).

---

*) Bezweifelt wurde dies zuerſt von Erneſti, ſpäter von Schleiermacher und Alex. Schweizer.

Nun ergibt ſich aber in der That, ſelbſt wenn man von dem Sündenfall und der Erlöſung ganz abſieht, und ſich rein an den Begriff eines Mittlers zwiſchen Gott und den Menſchen hält, ſchon aus dieſem Begriff des Mittlers als ſolchen eine dreifache Berufsſtellung, welche jenem dreifachen Amte Chriſti entſpricht. Mag man die Frage, was geſchehen ſeyn würde, wenn der Sündenfall nicht eingetreten wäre, immerhin als eine ſcholaſtiſche Curioſitätsfrage perhorresciren: ſoviel bleibt doch ſicherlich ſtehen, daß, wenn man nicht dem ſteifſten Supralapſarismus verfallen will, man die abſtrakte Mög= lichkeit, daß Adam auch hätte die Prüfung beſtehen können, zugeben muß. Dann muß ſich aber auch, mindeſtens in abstracto, eine Art der Menſchheitsentwicklung, wie ſie ohne Sünde geworden wäre, denkbar und anſchaulich machen laſſen; und ſo kann man der Frage nicht ausweichen, ob denn nicht auch in jenem Falle eine Vermählung Gottes mit der Menſchheit, wie ſie durch die Menſchwerdung Chriſti erfolgt iſt, würde ſtattgefunden haben. Denn dies rundweg in Abrede ſtellen zu wollen, hieße nicht mehr und nicht weniger, als die Sünde für das unerläßlich nothwendige vor= bereitende Entwicklungsglied einer Herrlichkeit zu erklären, welche ohne die Sünde nicht hätte eintreten können. Gilt einmal der Satz: ohne Sündenfall kein Chriſtus, ſo kann man auch der Anerkennung, daß der Sündenfall vielmehr ein Glück, als ein Unglück geweſen, nicht entgehen*), einer Anerkennung, welche eine prinzipielle Untergrabung der ethiſchen Grundprinzipien des Chriſtenthums in ſich ſchließt und dem Pantheismus die Palme reicht.

Denken wir uns nun eine ſündloſe Entwicklung des Menſchengeſchlechtes, ſo bleibt auch hier der Begriff der Offenbarung Gottes an die Menſchen ſtehen, nur daß die Menſchheit nicht aus dem Irrthum und der Lüge zur Wahrheit, ſondern nur aus dem Nochnichtwiſſen zum Wiſſen hätte gebracht werden müſſen (analog wie der menſchge= wordene Gottesſohn vom Nochnichtwiſſen zum Wiſſen vorwärtsgeſchritten iſt; προέκοπ- τεν σοφίᾳ Luk. 2, 52.). Der Gegenſatz von Propheten und Profanen wäre hinweg= gefallen (wie er dereinſt hinwegfallen ſoll, Joel 3.); jeder Menſch wäre ein Prophet, ein Empfänger und Vermittler der Offenbarung Gottes, dieſe aber eine Offenbarung nicht allein in Worten, ſondern eine Offenbarung der Lebensfülle in den Perſonen geweſen. Aber nicht eine Offenbarung an einen und in einem diffuſen Menſchenhaufen, ſondern an einen und in einem organiſch gegliederten Organismus, an deſſen Spitze ein Haupt, ein Offenbarer, κατ᾽ ἐξοχήν, ein λόγος τοῦ ϑεοῦ ſtand, in welchem das πλήρωμα der Gottheit ſichtbar und offenbar ward.

Hiemit bleibt aber zweitens, wenn der Sündenfall hinweggedacht wird, auch der Be= griff der prieſterlichen Hingabe der Menſchheit an Gott ſtehen. Denn ein jedes Glied der ſündloſen Menſchheit würde ſich Gott zum lebendigen perſönlichen Opfer hin= gegeben haben, und da die Menſchheit nicht ein Haufe, ſondern ein organiſcher Bau ge= weſen wäre (denn zum Haufen iſt ſie durch die Sünde geworden, ohne Sünde wäre ſie das geweſen, was ſie durch die Erlöſung wieder werden ſoll, Eph. 4, 16.), ſo würde dieſe prieſterliche Hingabe ihre Spitze erreicht haben in dem hohenprieſterlichen Haupte der Menſchheit, welches als das abſolute Gotteskind das Pleroma menſchlicher Kräfte Gotte zum Dienſte gegeben hätte.

Und hiemit iſt drittens von ſelbſt geſetzt die königliche Stellung dieſes Hauptes, welches der offenbarende ἀπόστολος Gottes an die Menſchheit, und der an der Spitze ſtehende ἀρχιερεύς der Menſchen vor Gott (Hebr. 3, 1.) zugleich geweſen wäre, — ſeine Stellung als Haupt und König im Verhältniſſe zu den übrigen Menſchen.

Es iſt dies übrigens nicht etwa ein bloßer ſchöner Traum, ſondern Chriſtus war in der Wirklichkeit — noch ganz abgeſehen von ſeinem Erlöſungswerke — ſchon ſeinem eignen Weſen nach der Prophet, Prieſter und König in jenem rein thetiſchen Sinne. Er war, ganz abgeſehen von ſeinem Werke, ſchon rein ſeiner Perſon nach das fleiſchge= wordene Wort des Vaters, in welchem die Fülle der Gottheit leibhaftig offenbar ward.

---

*) Vgl. die treffliche Auseinanderſetzung hierüber in Liebner's Chriſtologie S. 180.

Er war, ganz abgesehen von seiner Uebernahme fremder Schuld, schon durch seine Per=
son der Hohepriester, welcher in seinem sündlosen Leben das Pleroma menschlicher Be=
gabung Gotte zum Dienste stellte; er war seiner Person nach das Haupt der Mensch=
heit, der königliche „Menschensohn,“ der Mensch schlechthin.

Gliedert sich nun schon die Idee des Mittlers rein als solche und abgesehen von
dem Erlösungswerke mit innerer Nothwendigkeit nach diesen dreien Seiten, so läuft nun
die innere Gliederung des Erlösungswerkes jener ersteren Gliederung, ebenfalls mit in=
nerer Nothwendigkeit, parallel. Der, welcher seiner Person nach, der offenbargewordene
Gott, der λόγος Gottes an die Menschen, war, hat den sündigen und in Irrthum,
Finsterniß und Lüge gefallenen Menschen durch Wort und That und durch seine Erschei=
nung selber beides, den Gesetzeswillen Gottes an den Menschen und den Gnadenwillen
Gottes an den Sünder geoffenbart. Der, welcher seiner Person nach der sich Gotte
zum fleckenlosen Opfer hingebende, priesterlich heilige Menschensohn war, hat, als ein
Glied der unter den Folgen der Sünde geknechteten Menschheit, seine Heiligkeit unter
Verhältnissen bewährt, welche den Fluch der menschlichen Sünde auf sein, des Unschul=
digen, Haupt fallen ließen, und hat sich somit an unsrer Statt dem Gerichte Gottes über
die Sünde dargestellt, d. h. sich zum Schuldopfer dahingegeben. Der, welcher seiner
Person nach das königliche Haupt der Menschheit war, hat, um als Priester sich zum
Opfer hinzugeben, auf die Ausübung seiner königlichen Gewalt verzichtet und die Dor=
nenkrone getragen, dadurch aber sich die Krone der Herrlichkeit erworben, die Herr=
schaft über die von ihm erkaufte Gemeinde, in welcher und für welche er jetzt über Him=
mel und Erde herrscht.

Auf dieser Grundlage hat denn auch die evang. Dogmatik die Lehre von dem drei=
fachen Amte ausgebildet. Durch den äußeren Anschein, daß in den Zeiten seines Lehr=
amtes sein Wirken zunächst unter der äußerlich sichtbaren Form des Prophetenberufes,
in seinem Leiden unter der augenfälligen Form der priesterlichen Hingabe, nach seiner
Erhöhung unter der Form der königlichen Machtübung auftrete, hat sie sich nicht ver=
locken lassen zu der geistlosen Anschauung, als ob er vor seinem Leiden bloß den Pro=
phetenberuf, bloß im Leiden den priesterlichen und erst von der Erhöhung an den königs=
lichen gehabt hätte. Sie sah vielmehr recht wohl ein, daß, sobald man in den Geist
der heil. Schrift nur einigermaßen eindringt, die drei Aemter sich nicht so mechanisch
der Zeit nach gegen einander abgrenzen lassen. Freilich schreibt sie ihm ein munus pro=
pheticum *immediatum* nur während seines sichtbaren Wandels in Niedrigkeit zu (und
zwar eine prophetia personae — wonach sein ganzes Seyn schon eine Offenbarung
Gottes war — und eine prophetia officii in Wort und Lehre); sie verkennt aber darum
nicht, daß auch der Erhöhte noch immer als der Prophet und Offenbarer fortwirkt im
mun. proph. *mediatum*, wie durch sein Wort, das er ein für allemal gegeben hat, so
durch seinen Geist, durch welchen er fortwährend die Herzen erleuchtet. Bei dem munus
sacerdotale unterscheidet sie schriftgemäß die einmal geschehene oblatio von der fortdauern=
den intercessio, und in ersterer die obedientia und satisfactio activa, die Darbringung
eines heiligen Lebens, von der obedientia und satisfactio passiva, der Uebernahme un=
verschuldeten Opferleidens. Endlich aber erkennt sie an, daß Christus schon in Niedrig=
keit „rex fuit“ oder „rex natus erat,“ wie er denn Joh. 18, 37. nur die „Ausübung“
der königlichen Macht, nicht das König=seyn in Abrede stellt, und unterscheidet von
seiner inhärenten königlichen Hoheit und Macht die Ausübung derselben, von der digni=
tas regia das officium, in letzterem aber wieder das regnum gratiae, die Regierung der
Gemeinde durch seinen Geist, von dem regnum gloriae, der Macht und Herrschaft über
das All. — Kurz es ist kein concreter Punkt in dem Seyn und Wirken Christi, sey es
im Staube der Niedrigkeit, sey es in dem der Herrlichkeit, worin nicht jedes der drei
Aemter als Moment mitgesetzt wäre. Denn auf allen Punkten ist und bleibt er untrenn=
bar der Offenbarer des Vaters an die Menschheit und der Vertreter der Menschheit beim
Vater und das Haupt seiner Gemeinde.   Dr. Ebrard.

Jeſu Chriſti Brüder, ſ. Jakobus im N. T. und Jeſus Chriſtus S. 595, 96.

Jeſus Chriſtusorden heißen einige noch jetzt in der römiſchen Kirche beſtehende weltliche Ritterorden, namentlich in Spanien, Portugal und im Kirchenſtaate. In Spanien wurde der Orden im Jahre 1216 durch den bekannten Dominikus geſtiftet; die Ritter, die ihm angehörten, hatten die Verpflichtung, unter klöſterlichen Uebungen der Kirche Schutz und Schirm angedeihen zu laſſen. Pabſt Honorius III. beſtätigte die Stiftung, nachmals aber wurde ſie wiederholt in ihrem Zwecke und in ihrer Einrichtung geändert; ſie nahm dann auch andere Bezeichnungen an, bis ſie endlich mit der Congregation des heil. Petrus des Märtyrers verſchmolzen wurde, die durch Pabſt Pius V. in das Leben trat, vornehmlich aus Cardinälen und den zum Inquiſitionsgerichte gehörenden Perſonen beſtand und noch jetzt beſteht. Der in Portugal und im Kirchenſtaate noch beſtehende Jeſus Chriſtusorden iſt aus den Tempelherren hervorgegangen. Bei der durch Pabſt Clemens V. im März 1312 ausgeſprochenen Aufhebung des Tempelherrenordens nahm ſich deſſelben vornehmlich der König Dionys von Portugal zunächſt dadurch an, daß er die Güter, welche der Orden in ſeinem Lande beſaß, mit Beſchlag belegen und verwalten ließ, um ſie der päbſtlichen Willkür zu entreißen. Nach dem Tode des Clemens trat der König mit dem Pabſte Johann XXII. in Unterhandlung und ſtiftete 1317 aus den Rittern des aufgehobenen Ordens einen neuen geiſtlichen Ritterorden, der den Namen „Jeſus Chriſtusorden“ erhielt, deſſen Glieder „Ritter Jeſu Chriſti“ genannt und mit den mit Beſchlag belegten Gütern des Tempelherrnordens beſchenkt wurden. Johann XXII. beſtätigte darauf 1319 die neue Stiftung, gab ihr die Regel der Benedittiner, befahl ihr auch Satzungen der Ciſtercienſer zu befolgen und behielt ſich vor, ſelbſt Glieder des Ordens (deſſen Großmeiſterthum ſeit 1550 mit der portugieſiſchen Krone verbunden wurde) ernennen zu können. Im Jahre 1789 wurde der Orden in Portugal ſäculariſirt, in Großkreuze, Commandeurs und Ritter getheilt, und ſeitdem werden ſeine Mitglieder aus dem Militär- und Civilſtande erwählt. Bemerkenswerth iſt es, daß ſelbſt der jüngſt verſtorbene Chef des jüdiſchen Banquierhauſes Rothſchild unter die Ritter des Jeſus Chriſtusordens von Portugal aufgenommen worden war. Das Ordenszeichen beſteht in Portugal wie im Kirchenſtaate in einem roth-emaillirten goldenen Chriſtuskreuze, das an einem ponceaurothen Bande hängt, welches über die Schulter von der Rechten zur Linken gelegt wird; doch wird das Ordenszeichen bei feierlichen Gelegenheiten auch an einer dreifachen goldenen Kette getragen. Die Commandeure tragen das Band am Halſe, außerdem führen beide Klaſſen einen Stern auf der Bruſt, in deſſen Mitte das Ordenskreuz und über demſelben ein brennendes Herz geſtickt iſt; bei den Commandeuren hat das Kreuz eine kleinere Form. Die Ritter haben keinen Bruſtſtern und tragen das Kreuz im Knopfloche. Im Kirchenſtaate hat der Orden nur eine Klaſſe und wird vom päbſtlichen Stuhle zur Ehrenbezeichnung und zur Anerkennung beſonderer Verdienſte um die katholiſche Kirche verliehen. *Neudecker.*

Jeſus-Kind, Congregation der Töchter vom. Dieſe in Rom beſtehende Congregation trat durch Anna Meroni, aus Lucca gebürtig, in das Leben, welche in früher Jugend in ärmlichen Verhältniſſen nach Rom kam und hier durch Fleiß und Sparſamkeit ein kleines Vermögen ſich erwarb. Vom frommen Eifer beſeelt, beſchloß ſie in ihren höheren Lebensjahren eine Stiftung zu gründen, die den Zweck hätte, arme Mädchen in weiblichen Arbeiten unentgeldlich zu unterrichten, damit ſie den Lebensunterhalt ſich ſelbſt erwerben könnten. Der Prieſter Cosmus Berlintani beſtärkte ſie mit mehreren Geiſtlichen in dem Vorſatze und von ihnen unterſtützt trat für arme Mädchen die Anſtalt in das Leben, welche vom Pabſte Clemens X. 1673 beſtätigt, regulirt, mit mehreren Privilegien beſchenkt wurde und für die, welche ihr angehörten, den Namen „Töchter des Jeſus-Kindes“ erhielt. Die Zahl dieſer Töchter iſt in einem Kloſter nach den Lebensjahren Jeſu auf 33 feſtgeſetzt; das Noviziat dauert 3 Jahre, die Profeſſen legen die Gelübde der Armuth, der Keuſchheit und des Gehorſams ab. Der Austritt aus dem Kloſter iſt vor dem Ablegen der Gelübde geſtattet, doch muß in dieſem Falle das, was die Austretenden mit in das Kloster gebracht haben, zurückgelassen werden. Die Bet- und Fastübungen werden streng gehalten; neben denselben ist der unentgeltliche Unterricht armer Mädchen die Hauptbeschäftigung. Die Ordenskleidung besteht in einem weiten dunkelbraunen Kleide und einer weißen Kapuze. Früher gab es auch „Schwestern des guten Jesus", die im Anfange des 15. Jahrhunderts als eine Gesellschaft von Laien=schwestern auftraten, und für die Förderung eines sittlichen Lebenswandels thätig waren.

Neudecker.

Jesus=Maria=Orden, s. Eudisten.

Jesus Sirach. Jesus, Sohn Sirachs, war ein zu Jerusalem wohnender Jude, Sir. 50, 27., der unter seinem Namen eine Sammlung von Sprüchen veröffentlichte, welche wir unter den apokryphischen Schriften des A. T. besitzen. Das Werk ist ursprüng-lich hebräisch abgefaßt, und wurde von seinem Enkel, der nach Aegypten kam, in die griechische Sprache übersetzt, wie wir aus dem gut griechisch geschriebenen Vorwort erfahren, welches sich vor dem Werke in der griechischen Bibel des A. T. befindet. Dieses Vor-wort gibt uns recht angesehen Aufschluß über die Zeit, in welcher Jesus Sirach lebte und zugleich über die Zeit der Abfassung des Alttest. Kanons. Der Enkel kam in seinem 38. Lebensjahr unter der Regierung des Königs Euergetes nach Aegypten und schlug daselbst seinen Wohnsitz auf. Das bedeuten seine Worte: ἐν γὰρ τῷ ὀγδόῳ καὶ τρια-κοστῷ ἔτει ἐπὶ τοῦ Εὐεργέτου βασιλέως παραγενηθεὶς εἰς Αἴγυπτον καὶ συγχρο-νίσας. Ohne Grund hat man diese Worte auf die Regierungszeit des ägyptischen Königs bezogen. Allein dann müßte ἐπὶ ausgelassen seyn, da man sich nicht auf 1 Makk. 14, 27. beziehen kann, wo die grammatische Form nicht gleich ist. Es hat aber auch keinen ägyp-tischen König Euergetes gegeben, welcher 38 Jahre regiert hätte. Ptolomäus Euergetes (I.) regierte von 247—222, also 25 Jahre, ein Beförderer der Gelehrsamkeit und Künste. Von Ptolomäus, wegen seiner Dicke Physkon und von Schmeichlern auch Euergeta (II.) genannt, wissen wir, daß er von 145—116 v. Chr., also 29 Jahre geherrscht hat. Zwar regierte er mit seinem älteren Bruder Philometor nach der Empörung der Alexandriner 170—169 gemeinschaftlich, erhielt aber nicht Aegypten, sondern Cyrene und Lybien und durch Spruch der Römer noch Cypern zur Beherrschung. Man kann daher die Regie-rungszeit Physkons über Aegypten nicht von 170 an zählen, weil er nicht über Aegypten, wo der Enkel Sirachs schrieb, herrschte, so lange sein Bruder am Leben war, wie denn auch in allen Chroniken und bei allen Geschichtsschreibern ihm eine längere Regierungszeit nicht zuerkannt wird. Somit ist nun zwischen beiden die Wahl gelassen. Allein da nur der erste dieser Könige allgemein so genannt wurde, während der zweite unter dem Namen Physkon bekannter war, so müßte es doch auffallen, wenn Sirachs Enkel den letzten gemeint, aber ihn nicht näher bezeichnet hätte, da ihm doch gerade die Zeitbestimmung anlag und die Verwechselung vorauszusehen war. Es ist demnach schon von dieser Seite aus wahrscheinlich, daß er die Regierung des erstmals sogenannten Königs Euergetes im Auge hatte, wie schon Jahn, Einleit. 2, 928. richtig einsah. Kam also der Enkel in der Mitte der Regierungszeit Euergetes etwa 235 nach Aegypten, so hat der Verfasser unseres Buches um 300—250 v. Chr. gelebt.

Auf dasselbe Ergebniß kommen wir von einer andern Seite. Sirach preist 50, 1—26. sehr ausführlich den Hohepriester Simon, Onias Sohn und zwar so beredt und anschau-lich, daß nichts sicherer ist, als daß er ihn gekannt und mit ihm gelebt hat. Nun gab es aber zwei Hohepriester Simon, die beide einen Onias zum Vater hatten. Der erste führte das Amt 310—291 v. Chr., der andere 219—199 v. Chr. Der erste führt den Beinamen, der Gerechte, war also ein höchst ausgezeichneter Mann. Zugleich wird er als der letzte, der Beschließer der großen Synagoge genannt (Jost, Gesch. d. Juden 1, 467.). Er und sein Schüler Antigonus von Socho werden als die Beförderer der herkömmlichen, durch Esra angebahnten Gesetzesauslegung bezeichnet, die sich auf das Ansehen der Vorgänger gründet, und erst unter den Schülern des letzteren, Zadok und Boëthius, brach der rationalistische Gegensatz aus (Jost 1, 471. Ewald, Isr. Gesch.

4, 303.). Von Simon wurde als Hauptspruch bewahrt: "Auf drei Dingen beruhet die Welt (d. h. das Glück der Menschen), auf Lehre, Gottesdienst nnd guten Werken." Ewald, Israel. Gesch. 4, 30. Von Simon II. wissen wir aber gar nichts, als was 3 Makk. 1. 2. berichtet wird, und wodurch er nur gar nicht als ein geistig hervorragender Mann erscheint. Einer von beiden ist aber Sir. K. 50. geschildert. Wäre es nun der Zweite, so könnte ein Doppeltes nicht begriffen werden. Einmal daß Sirach den ersten berühmten Simon, der in der Ueberlieferung so sehr verherrlicht wurde, überging und so einen Sprung von mehr als 200 Jahren machte, und dann, daß er, da ja ein Hohe= priester mit Namen Simon vorausgegangen war, nicht durch eine genauere Bezeichnung wie Simon, Sohn des Onias, Sohn des Manasse, den zweiten näher bezeichnete und so zur Verwechslung Anlaß gab, während doch so genaue Bezeichnung ganz im Geist des Hebraismus lag. Wenn nun Sirach eine genauere Bezeichnung dieses Simon unter= ließ, während er doch wissen mußte, daß ein sehr berühmter Simon als Hohepriester voranging, so ist nichts gewisser, als daß er von Simon dem ersten redet, und ihm das Alles zuschreibt, was er von ihm sagt. Da aber dieser Simon damals, als Sirach sein Buch schloß, schon gestorben war, so muß also Sirach sein Werk 290—280 vor Christus vollendet haben. Nun aber paßt auch die griechische Uebersetzung seines Werkes allein in die Zeit des Ptolomäus Euergetes I. Denn Sirach kann, da Simon 291 v. Chr. starb, sein Werk nicht später als 270—260 geschrieben haben, und wenn sein Enkel damals 10—12 Jahre alt war, so muß er im Anfang der Regierung des Ptolomäus Euergetes 38 Jahre alt nach Aegypten gekommen seyn.

Zu der Zeit aber waren die heiligen Schriften der Israeliten schon gesammelt und in die drei Theile geordnet, in welchen wir sie heute noch vorfinden; somit also zur Zeit des älteren Sirach bereits der Kanon geschlossen, und der Uebersetzungstrieb in's Griechische in vollem Gange, was der Enkel in der Vorrede genugsam zu erkennen gibt, wenn er sagt, er habe bei seiner Ankunft in Aegypten nicht geringer Unterweisung (näm= lich für's Uebersetzen) Vorbild gefunden (εὗρον οὐ μικρᾶς παιδείας ἀφόμοιον), was ihm selbst Lust und Trieb eingeflößt habe, das Werk seines Großvaters ebenso zu über= setzen, obwohl er die Schwierigkeit davon erkannt habe, ἐφ' οἷς ἂν δοκῶμεν τῶν κατὰ τὴν ἑρμηνείαν φιλοπονημένων τισὶ τῶν λέξεων ἀδυναμεῖν. Es war also damals nach dem Schluß des Kanons das Uebersetzungsgeschäft in Aegypten in vollem Gange. Daß aber der Kanon wirklich als geschlossen betrachtet wurde, geht aus der Sicherheit hervor, womit der Enkel dreimal vom Gesetz, den Propheten und übrigen heil. Schriften redet, ganz in der Weise, wie im N. T. nach längst vollendetem Kanon davon geredet wird, Matth. 5, 17; 11, 13. Luk. 16, 16; 24, 44. Hiedurch erhalten wir das sichere Datum für die Schließung des Kanons. Dasselbe ist das Ergebniß des besonne= nen Eichhorn in s. Einl. 3. Aufl. 1, 138.: "Kurz, die Geschichte spricht dafür, daß bald nach der neuen Gründung des hebräischen Staates in Palästina der Kanon fest= gesetzt und damals alle die Bücher darin aufgenommen wurden, welche wir jetzt darin finden." Es heißt daher gewiß sich selbst vor dem Lichte stehen, wenn De Wette, Einl. S. 427 und selbst Ewald, Isr. Gesch. 3 b, S. 299 sich noch immer mit Ptole= mäus Physkon behelfen zu müssen glauben, wodurch freilich ihre anderweitige Ansicht vom Offenstehen des Kanons bis in die Makkabäerzeit scheinbar gestützt wird. Daß die Stimmung gegen die Samariter schon unter Simon I. so sich aussprechen konnte, wie 50, 26. geschieht, wird ohnedies Niemand in Abrede ziehen können.

Wenn ferner Ewald, Isr. Gesch. 3 b, S. 282 ff. sehr richtig darthut, daß wirk= lich unter Ptolomäus Philadelphus 285—247 v. Chr. das Gesetzbuch Mosis unter öffent= licher Autorität übersetzt und gebilligt wurde, und daß Uebersetzungen der h. Schrift ohne öffentliches Ansehen theils vor und nach dieser Zeit angefertigt wurden, so stimmt dies ganz zu der Vorrede in Sirach, welche die Uebersetzung der kanonischen Schriften bereits voraussetzt, und es ist auch von dieser Seite kein Widerspruch gegen den Nachweis zu erheben, daß die Uebersetzung Sirachs unter Ptolomäus Euergetes, dem eigentlich allein dieser Name allgemein zugestanden wurde, stattfand. Zwar wollte Hitzig Psalm 2, 118., um seine Meinung von der Uebersetzung Sirachs unter Physkon zu stützen, auch Stellen gefunden haben, die auf den Befreiungskrieg anspielen 4, 23—28; 2, 12—15. und sogar auf den Tod des Epiphanes 10, 8—10.; aber es wird gewiß Jedermann dies als gezwungene Auslegung ansehen, und es müßten, wenn Sirach während dieser merkwürdigen Zeit geschrieben hätte, ganz andere Stellen hierüber aufzuweisen seyn. Wäre aber die Uebersetzung erst unter Physkon geschehen, so müßten wir die Abfassung während des Befreiungskrieges setzen. Da aber hiezu das Werk Sirachs nicht stimmt, so ist auch von dieser Seite erwiesen, daß die Uebersetzung unter dem dritten nicht siebenten, die Abfassung aber unter dem zweiten Ptolemäer vor sich ging. Also hat in dieser Beziehung Ewald 3 b, S. 299 ganz Unrecht, und ist diesem scharfsinnigen Forscher hier ein Irrthum begegnet. Doch läßt er das Werk selbst vor dem Anfang der makkabäischen Kämpfe geschrieben seyn, womit aber zwischen Abfassung und Uebersetzung ein zu großer Zwischenraum entsteht. Dem Ptolemäus Physkon oder Euergetes II. weiß er aber selbst S. 566 nur 29 Regierungsjahre herauszubringen, wodurch er mit seiner Annahme vom 38. Regierungsjahr desselben sich selbst in Widerspruch setzt.

Das Werk Sirachs stellt uns mit treuen Zügen, ungefälscht von dem Einflusse griechischer Bildung, der in den andern apokryphischen Schriften so stark hervortritt, die Anschauung und Auffassung des Gesetzes und des sittlichen Wandels nach demselben dar, so daß wir auf der einen Seite die hohe Achtung vor den heiligen Schriften, auf der andern aber auch schon den Anfang des Versinkens in Selbst- und Werkgerechtigkeit wahrnehmen. Als ein ächt israelitisches Werk ist es auch nicht entblößt von den messianischen Hoffnungen 4, 15; 10, 13—17; 11, 5 f., die jedoch bereits in einer gewissen Abgelaßtheit und Verallgemeinerung auftreten, so daß sie nur einem feineren Auge erkennbar sind. Dasselbe ist bei der Hinweisung auf den Vorzug des Davidischen Geschlechtes 45, 25 f. und 48, 15. der Fall. Wie sehr es auf das Gesetz Gottes und seine Gebote sich gründet, geht aus 2, 16; 6, 34. 36; 8, 8; 9, 15; 10, 19; 15, 1. 15; 19, 17. 21; 21, 11; 23, 27; 28, 6. 7; 29, 1. 11; 31, 8; 32, 2; 35, 15. 23; 36, 2. 3. u. s. w. deutlich hervor; daneben aber drängt sich ein gewisser ängstlicher Sinn ein, der es zu einem freudigen Aufschwung nicht kommen läßt und vielmehr weltliche Rücksichten einmischt, wie man es an der Ermahnung zum äußersten Argwohn gegen den Feind 12, 10 ff., und am Wohlgefallen der Schadenfreude seines Unglücks 25, 7; 30, 6. sieht, was als schiefe Fortbildung dessen betrachtet werden muß, was derartiges die kanonischen Schriften darbieten. (Vgl. Vaihinger, Comment. zu den Psalmen, Ps. 149, 9.) Uebrigens hat dieses Werk seine eigenthümlichen Vorzüge, indem es zwar den einfachen Standpunkt der Sprüche Salomo's nicht erreicht, aber auch die gedrückte Stimmung nicht athmet, welche wir an Koheleth gewahr werden, sodann ist es hauptsächlich für die Jugend zugerichtet und deßwegen sehr verständlich, was ihm noch heute viele Leser zuführt. Es beschränkt sich auf den einfachsten und kindlichsten Rath, und hat die Absicht, alle Lebensweisheit für Jüngere zu erschöpfen.

Wenn auch einzelne Sprüche sehr kurz und spitz zugeschnitten sind, so ist der Verfasser in anderen wieder sehr ausgedehnt und führt eine Wahrheit durch viele Verse fort, wovon ein Anfang schon in den Anhängen zu den Sprüchen Salomo's zum Vorschein kommt; eine Sitte, die im Koheleth zwischen scharfen Sprüchen und Betrachtung wechselt. Sirach ist aber am breitesten.

Ewald, Isr. Gesch. 4, 300. hält dafür, daß das Werk aus drei Sammlungen bestehe. Der letzte Verfasser Sirach habe zwei ältere Spruchwerke mit einander verbunden und sie mit seinen eigenen bedeutenden Zusätzen herausgegeben. Dies ist an sich gar nicht unwahrscheinlich, da wir ja auch in den Sprüchwörtern Salomo's eine Sammlung mehrerer Verfasser vor uns haben, deren immer der jüngere das früher Vorhandene wieder aufnahm. Bei Sirach aber sind die Spuren so schwach, daß diese Ansicht vorerst nur als Vermuthung gelten kann, obgleich sich von selbst versteht, daß der Verfasser schon vorgefundene Sprüche mit in seine Sammlung aufnahm.

Es scheint, daß diese Spruchsammlung, in welcher wir auch Psalmartiges 36, 1—19; 50, 24. und die lange Beschreibung der vorzüglichen Männer Israels (K. 44—50.), so wie ein Lob der Weisheit (K. 24.) und der Werke Gottes in der Natur (K. 43.) antreffen, früh in vielen Abschriften sich verbreitete, die durch den freien Gebrauch der Besitzer sehr von einander abwichen. Denn sowohl die syrische und arabische Uebersetzung, als auch die lateinische vor Hieronymus weichen bedeutend vom griechischen Texte ab, der selbst manchfache Veränderungen erlitten haben mochte, so daß der Verlust des hebräischen Originals in mehr als einer Hinsicht zu beklagen ist. Luther hat die Uebersetzung nach den verschiedenen ihm vorliegenden Versionen ausgewählt. In Beziehung auf die Zeit der Uebersetzung ist er für Euergetes I., und hält das Buch für eine Sammlung aus mehreren Meistern und Büchern, womit also die vorgetragene Ansicht auch von dieser Seite bestätigt wird. Ein Plan oder Eintheilung läßt in dem Buche sich nicht entdecken, wie dies bei'm Prediger der Fall ist, sondern das Werk schließt sich wieder an die Sprüchwörter an, namentlich deren Nachträge.   Vaihinger.

Jethro, s. Moses.

Jetzer, s. Berner Disputation.

Jewel, John, Bischof von Salisbury, der Apologet der englischen Kirche und ihr wissenschaftlicher Vertreter im ersten Jahrzehend der Königin Elisabeth, ist geboren am 22. Mai 1522 zu Buden in Devonshire aus alter und angesehener aber armer Familie. 1535 trat er in das Merton-College in Oxford, als eben die Reformation durch Heinrich VIII. begann; sein dortiger Lehrer, John Parkhurst, später Bischof von Norwich, flößte ihm die Grundsätze der neuen Lehre ein. Sein unermüdlicher Fleiß war zunächst der lateinischen Sprache gewidmet; er studirte Cicero und Erasmus, und bald zeichnete er sich durch Eleganz in Schrift und Rede aus; dann wandte er sich, trotzdem daß es zu Oxford als ketzerisch verrufen war, zum Studium des Griechischen. 1539 trat er in Corpus Christi College über, wurde 1540 Baccalaureus, und kurz darauf, in Anerkennung seiner frühreifen Gelehrsamkeit, zum Reader in Humanity and Rhetoric gewählt; 1544 promovirte er zum Master of Arts und ward später unter die Fellows seines Collegiums aufgenommen, als Tutor von den Studirenden sehr geachtet, als Lehrer der Beredtsamkeit selbst von seinen früheren Lehrern aufgesucht. Von Anfang an galt er als Anhänger Zwingli's und Luthers; die Mittel zum Studium verdankte er neben der Liberalität Parkhursts einer Londoner Gesellschaft, die sich zur Beförderung des Evangeliums gebildet hatte; in ihrem Sinne unternahm er auch durch Unterricht zu wirken. So war es denn von der größten Bedeutung für ihn, daß 1549 Peter Martyr seine Vorträge in Oxford eröffnete. Jewel war sein eifrigster Zuhörer, der Genosse seiner Studien und sein Mitkämpfer gegen die Papisten. In der Predigt, die er etwa 1550 bei dem Antritt des theologischen Baccalaureats über 1 Petri 4, 11. hielt, zeigt er sich ganz von reformatorischen Ideen erfüllt. Die Predigt des göttlichen Worts ist ihm die Grundlage alles Christenthums, Gottes Gesetz soll der Menschen Gesetze verdrängen, ob man Gott glauben soll oder den Menschen, das ist die Frage; Gottes Wort wirkt immer; wo es fehlt, ist sicher Finsterniß und Aberglaube. In diesem Sinne predigte er in seiner Kapelle, in der Universitätskirche, sowie in der Pfarrkirche des nahen Sumingwell, die er von Oxford aus versah.

Die Thronbesteigung der Königin Maria 1553 änderte Alles. Peter Martyr verließ Oxford und England; Jewel wurde als sein Schüler, als ketzerischer Prediger, als ordinirt nach der Liturgie Eduards, als Verächter der Messe aus seinem College gestoßen. Doch vermochte er noch nicht sich von Oxford zu trennen; ja es wurde gleich darauf ihm, als dem gewandtesten Redner, sogar der schwierige Auftrag, die Königin im Namen der Universität zu beglückwünschen. Mit großer Vorsicht, ohne sich etwas zu vergeben, faßte er die Adresse ab; eine bange Ahnung aber spricht sich darin aus, wenn er der »blutigen Maria« vor Allem eine unblutige Regierung wünscht. Noch bei Cranmers und Ridley's Disputation in Oxford (April 1554) diente er als Secretär; endlich ereilte ihn aber die Strafe für seine allzugroße Sicherheit. Während er in St. Mary's Kirche in Oxford sich befand, sandte ihm Marshal, der eifrigste Verfolger, eine Reihe katholischer Artikel zu, mit der Drohung des Feuertodes, wenn er nicht alsbald unterschriebe. Er unterschrieb. Aber er erkannte, daß es dennoch Zeit sey zu fliehen: unter vielen Gefahren, wie durch ein Wunder entkam er den ihm nachgesandten Häschern nach London, hielt sich dort eine Zeitlang verborgen und flüchtete endlich im Sommer 1555 nach Frankfurt, wo schon eine beträchtliche Anzahl englischer Flüchtlinge sich zu einer Gemeinde constituirt hatte. Am ersten Sonntag nach seiner Ankunft suchte er, eignem Wunsch und dem Rathe seiner Freunde gemäß, durch offenes Bekenntniß seiner Schuld und feierlichen Widerruf seine Verläugnung gut zu machen. Bald folgte er einer Einladung Peter Martyrs nach Straßburg; und hier, in dessen Hause, in Gemeinschaft mit andern Engländern, Griebal, Sandys, Cooke, wurden alsbald die gelehrten Studien in alter Weise fortgesetzt. Juli 1556 verließ Peter Martyr Straßburg, um die durch den Tod Pellicans erledigte Professur in Zürich zu übernehmen; Jewel folgte ihm, und blieb auch dort sein Hausfreund und Gehülfe. Zürich ist ihm eine zweite Heimath geworden, mit Bullinger, Simler u. A. ist er in freundschaftliche Verbindung getreten; er galt als der Erste nach P. Martyr, und dieser erwies ihm später die Ehre, seinen dialogus de utraque in Christo natura ihm zu widmen, als dem competentesten Richter zwischen den streitenden Parteien. Für den Unterhalt der Verbannten war durch die Liberalität des Zürcher Raths und Herzogs Christoph von Württemberg so gut gesorgt, daß Jewel sogar eine Reise nach Padua machen konnte. Bei den Uneinigkeiten, die unter den Flüchtlingen ausbrachen, als Calvin sich gegen die englische Liturgie erklärt hatte, finden wir Jewel unter ihren Vertheidigern.

Die Freudenbotschaft vom Tode der Maria (17. Nov. 1558) erreichte Zürich am 1. Dez.; und alsbald machte sich Jewel auf den Weg, traf in Basel und Straßburg mit andern Leidensgenossen zusammen, und langte nach mühseliger Fahrt im März in England an. Die Hoffnungen, denen er sich unterwegs hingegeben hatte, fand er bitter getäuscht; überall noch die Messe im Gang, die Universitäten im Zerfall, die Bischöfe im Besitz der Macht; die Königin schien schwankend und unentschlossen; nicht einmal zu predigen war erlaubt, wer nicht eine Licenz unter dem großen Siegel aufzuweisen vermochte. Eine Disputation, die über die Messe am 31. März zu Westminster zwischen neun Theologen der alten und neun der neuen Lehre, worunter auch Jewel, stattfand, scheiterte an Formfragen; die mit der Zürcher Lehre übereinstimmende Confession, die die Zurückgekehrten der Königin überreichten, schien erfolglos; und neben der Furcht vor der römischen Partei beängstigte sie auch die Sorge, die Königin möchte, statt zu den Artikeln Eduards zurückzugreifen, der Kirche die augsburgische Confession aufdrängen, eine Sorge, die durch Anwesenheit von Gesandten der Fürsten des schmalkaldischen Bundes verstärkt war. Endlich erfolgte die Restitution der Eduard'schen Ordnungen; Jewel wurde, als das Parlament eine allgemeine Visitation beschlossen hatte, mit ausgedehnten Vollmachten in den Westen Englands geschickt, um die Kirchen zu ordnen und den Geistlichen den Suprematseid abzunehmen; und noch ehe er am 1. Nov. von der dreimonatlichen Reise zurückkam, war er zum Bischof von Salisbury ernannt. Aber erlaubte ihm sein Gewissen, das weiße Chorhemd und die viereckige Mütze zu tragen, und sich so mit einem Reste des Pabstthums zu verunreinigen? Er wandte sich um Rath nach Zürich; Bullinger und Peter Martyr riethen ihm ab; er selbst hatte sich schon mehrfach entschieden gegen die „theatralische Kleidung", gegen die „ludicrae ineptiae" erklärt, doch überwog zuletzt die Ueberzeugung, daß über äußeren Dingen die Gelegenheit das Evangelium zu fördern nicht dürfe versäumt werden, und die Besorgniß, Lutheraner möchten am Ende die erledigten Stühle in Besitz nehmen; war ihm doch stets bange, das Dogma von der Ubiquität könnte auch in England Eingang finden. So wurde er am 21. Jan. 1560 geweiht, und trat im Mai sein Bisthum an, nachdem er in der Fastenzeit noch vor dem Hofe und auf der ersten Kanzel Englands, at Pauls Cross, geprediget hatte. Die Verwaltung seines Bisthums war keine leichte Arbeit. Da es an tüchtigen Geistlichen überall fehlte, unternahm er zahlreiche Reisen durch seine Diöcese, um des Predigtamts selbst zu warten; Monate lang brachte er außerhalb Salisbury zu. Zu Hause widmete er einen Theil seiner Zeit jungen Leuten, die er für die Universität heranbildete; andere unterstützte er mit Geld; Englands größter Dogmatiker, Richard Hooker, hat ihm seine Bildung zu verdanken. Viele Sorgfalt erforderte die Erhaltung und Nahrung des sehr geschmälerten Kirchenguts — das einzige Mittel, nachhaltig für eine genügende Besetzung der Pfarreien zu sorgen. An dem mit immer steigender Bitterkeit geführten Streit über den Ornat scheint er immer weniger Antheil genommen zu haben; hatte er Anfangs noch in jedem Brief über diese Reste des Pabstthums Klage geführt, so zürnt er 1567 den Eiferern, die streiten, als ob sich die ganze Religion um das Chorhemd drehte; ja er weigert sich, seinen Freund Humfrey in seine Diöcese aufzunehmen, ehe er sich zu dem weißen Gewande verstehe. Seine Thätigkeit war von einer andern Seite her auf's Stärkste in Anspruch genommen; er hatte die Sache seiner Kirche auf wissenschaftlichem Wege gegen die Angriffe der Papisten zu verfechten.

Wenn er sich dann und wann beklagte, daß gegen ihn allein alle Waffen sich richten, so hatte er Unrecht. Er selbst hatte den Handschuh hingeworfen. Im ersten Jahre nach seiner Rückkehr hatte er in einer at Pauls Cross gehaltenen Predigt über 1 Kor. 11. die Mißbräuche der katholischen Messe aufgedeckt, und zum Schluß gesagt: "Wenn irgend ein Gelehrter aus unseren Gegnern, oder wenn alle Gelehrten, die jetzt leben, im Staube sind, eine genügende Stelle aus irgend einem alten katholischen Lehrer oder Vater, oder aus einem alten allgemeinen Concil, oder aus Gottes heiliger Schrift, oder irgend ein Beispiel der ersten Kirche beizubringen" — zu Gunsten der jetzigen Form der Messe und Lehre von der Messe, des Pabstthums, der Bilder und des Verbots der Bibel in der Landessprache — "so will ich mich für besiegt halten und unterschreiben." Diese, noch zweimal, auch vor dem Hofe wiederholte Herausforderung enthält Jewels Auffassung von dem Wesen der Reformation; sie hat der ganzen Controverse ihre bestimmte Richtung auf das Historische gegeben.

Offen trat zunächst nur Dr. Cole gegen Jewel auf, mit dem er einige Schriften wechselte, ohne ihn in der Sache selbst zum Stehen bringen zu können, um so thätiger war die altgläubige Partei im Stillen, die Beschuldigungen der Ketzerei, unbefugter Neuerung, schmählichen Abfalls zu wiederholen; und derer, die wenigstens zweifelten, waren Viele. So glaubte Jewel in einer umfassenden Erörterung diesen Beschuldigungen begegnen, und als ein zweiter Justin oder Tertullian die Sache seiner Kirche führen zu müssen, und schrieb 1562 seine berühmte *Apologia Ecclesiae anglicanae* — nach Form und Inhalt eines der gediegensten Produkte des 16. Jahrhunderts. In kurzer Zeit verbreitete sie sich durch ganz Europa, selbst das Tridentiner Concil hielt sie für wichtig genug, zwei Theologen zu ihrer Widerlegung zu bestellen (die übrigens nicht zu Stande kam); zahlreiche Uebersetzungen folgten, in's Italiänische, Spanische, Französische, Deutsche, Holländische, in's Griechische und Wälsche. In England durchdrang die Begeisterung für Jewel alle Stände; die erste englische Uebersetzung wurde 1564 durch eine verbesserte von Lady Anna Bacon, der Mutter des großen Bacon, ersetzt. Ja man hat in England ernstlich daran gedacht, die Apologie zum Symbol der englischen Kirche zu erheben; in der Convocation von 1562 ist sie dazu vorgeschlagen worden. (Statt dessen wurde ihr Verfasser wenigstens dazu berufen, mit Parker das Homilienbuch auszuarbeiten. S. Engl. Reform. S. 56.)

Jetzt erhob sich auch die katholische Partei, deren Vertreter meist in Löwen, Donay oder St. Omer's lebten. Eine Reihe von Gegnern trat auf; weitaus der bedeutendste war Thomas Harding, unter Heinrich VIII. Professor des Hebräischen in Oxford, der Reformation zugethan, später Schüler Peter Martyrs und Lehrer der Johanna Grey. Unter Maria war er abgefallen; nach ihrem Tode hatte er sich nach Löwen ge= flüchtet, von wo er seine und seiner Freunde ganze Gelehrsamkeit gegen den Apologeten aufbot. Zuerst erschien eine Antwort auf Jewels Herausforderung (An answer to Master Jewels challenge) und ehe Jewel darauf seine Erwiderung (Replie unto M. Hardings answer) hatte ergehen lassen, folgte die Confutation of a Book called an Apology for the Church of England, 1565 — ein ebenso durch umfangreiche Gelehr= samkeit, wie durch den bitteren Ton seiner Polemik ausgezeichnetes Werk. Jewel ant= wortete 1567 mit einer Defence of the Apology — edler im Ton, doch voll scharfen Spottes; Harding entdeckte darin eine Menge Irrthümer, Lügen, Verläumdungen und Entstellungen (Detection of sundry foul errors etc.), worauf Jewel in der zweiten Auf= lage seiner Vertheidigung (1569) noch Rücksicht nahm. Damit war der Streit zu Ende. Im Jahre 1571 wohnte Jewel noch der Convocation bei, wirkte für Herstellung der Uniformität und allgemeine Anerkennung der 39 Artikel, sowie — obgleich vergeblich — für Einführung der Reformatio legum ecclesiasticarum (s. d. Art. Engl. Ref. S. 52); darauf begab er sich auf eine Visitationsreise, auf der er zu Morktonfarley am 23. Sept. 1571, im 49. Lebensjahre starb. Seine von Jugend auf durch angestrengte Studien geschwächte Gesundheit war den Mühen des Amts erlegen. Ueber sein Vermögen hat er zum Besten von Studirenden verfügt. Lawrence Humfrey, damals Professor der Theologie in Oxford, erhielt den Auftrag, die Biographie des gelehrten Kämpfers der Kirche zu schreiben; seine Vertheidigung der Apologie sollte nach erzbischöflicher Anord= nung in den Kirchen niedergelegt werden.

Jewels Apologie kann als der vollständigste Ausdruck des eigenthümlichen Wesens der englischen Kirche angesehen werden; in ihr liegen die verschiedenen Richtungen noch beisammen, die seither auseinandergetreten sind. Im ersten ihrer sechs Theile stellt sie sich ihre Aufgabe: die Vorwürfe der Häresie, der Uneinigkeit, der Gottlosigkeit, des Libertinismus und revolutionären Wesens, des Abfalls von der Kirche und der unbe= fugten, gewaltthätigen Neuerung abzuweisen — Vorwürfe, die man von jeher den An= hängern der Wahrheit gemacht hat. Den ersten Vorwurf beseitigt der 2. Theil durch ein ausführliches Glaubensbekenntniß, das sich an die Ordnung des Symb. Ap. an= schließt. In den dogmatischen Ausführungen erkennt man überall den Einfluß calvini= scher Lehre; Jewel selbst ist sich dessen wohl bewußt; ne unquam quidem latum absumus a doctrina vestra, schreibt er an Peter Martyr. In den Artikeln von der Person Christi, von der Schlüsselgewalt, von den Sakramenten ist die Uebereinstimmung voll= ständig; im Abendmahl wird auf die Vereinigung mit dem ganzen Christus im Glauben besonderes Gewicht gelegt. (Christum ipsum sic nobis praesentem exhiberi, ut ejus corpus et sanguinem per fidem vere sumamus — ita Christus ipse totus offertur et traditur, ut sciamus esse jam nos carnem de ejus carne, et os de ossibus ejus.) Da= gegen fehlt die Prädestination gänzlich; von der Rechtfertigung wird gelehrt, daß sie nicht geschehe durch eigne Kraft und eigne Werke, daß vielmehr all unser Heil allein auf Christus stehe; der Satz von der Rechtfertigung allein durch den Glauben findet sich nicht, wohl aber die Cautel, daß der Glaube nicht könne ohne Werke seyn, weil durch den Glauben Christus in unsern Herzen wohne. In der Lehre von der Kirche endlich fehlt jede Unterscheidung einer sichtbaren und unsichtbaren; die Kirche wird vor Allem als die katholische bestimmt. Der dreifache ordo ist wie natürlich gelehrt; die Lehre vom Amt aber calvinisch bestimmt; den Laien die Ausübung geistlicher Functionen im Nothfall zugestanden.

Je weniger Eigenthümliches die dogmatische Ausführung bietet — sie zeichnet sich bloß dadurch aus, daß sie nicht nur die bloß metaphysischen Fragen umgeht, sondern überhaupt die Prinzipien zurücktreten läßt und vor Allem auf das Concrete, die Sakra= mente, gerichtet ist, — um so karakteristischer ist dagegen die Auffassung des Wesens der Reformation, der Nachweis der historischen Berechtigung der englischen Kirche.

Und hier wird in allen Variationen der Satz wiederholt, daß die englische Reformation nur Rückkehr sey zu der alten, wahren, katholischen Kirche der ersten Jahrhunderte. Accessimus, quantum maxime potuimus, ad ecclesiam apostolorum, et veterum catholicorum episcoporum et patrum, quam scimus adhuc integram et incorruptam fuisse virginem, nec tantum doctrinam nostram, sed etiam sacrorum precumque publicarum formam ad illorum ritus et instituta direximus (Apol. p. VI. c. 16.). Der stärkste Vorwurf ist der der Neuerung; wie in Gott selbst, so kann und darf in seinem Dienst nichts neu seyn. Hoc verum est, quod primum fuit; ἔϑη ἀρχαῖα κρατείτω. Der Vorwurf der Neuerung trifft allein die Römischen, die die Kirche verdorben und in allen Stücken Christum, die Apostel und die Väter verlassen haben, deren Satzungen von Jahrhundert zu Jahrhundert sich ändern und sich widersprechen. Ja selbst für die Form der Reformation nimmt Jewel das volle Recht in Anspruch; nach altem Muster ist durch ein Provinzialconcil das Nöthige vorgesehen worden; mehr ist auch das von Trient nicht, denn es fehlt die ganze griechische Kirche, und die abendländischen Provinzen. Auch seine Berufung durch den König ist durchaus nach altem Recht geschehen; an die Stelle des Kaisers sind die einzelnen Fürsten getreten.

Hieraus ergibt sich Jewels Theorie vom Ansehen der Väter. Die Schrift ist ihm überall oberste Norm; sie muß über Alles endgültig entscheiden; die heil. Väter kämpften gegen die Häretiker mit keiner andern Waffe; Christus hat damit den Teufel überwunden. Aber nicht alle Fragen sind klar und deutlich in der Schrift entschieden; es braucht Vergleichung, Auslegung der Schrift; und darin ist uns das Urtheil und die Weisheit gelehrter Väter nöthig. Sie sind die zuverlässigen Zeugen der Wahrheit. Non sunt domini, sed duces nostri. In der Praxis geht aber Jewel noch weiter; sein ganzer Streit mit Harding dreht sich um Einzelheiten, um Stellen der Väter; er steht ganz auf gleichem Boden mit ihm, es ist ein Wettstreit, wer am meisten Autoritäten beibringen könne; und es gibt ein anschauliches Bild, wenn wir erfahren, daß Jewel großartige Sammlungen nach Materien klassificirter Citate anlegte, und bei Abfassung einer Schrift seine Schreiber die betreffenden Stellen nachschlagen und copieren ließ. Aus solchen Zetteln ist seine Defence zusammengesetzt; die dogmatische Begründung tritt ganz hinter der historischen zurück. Sobald dieser Richtung auf Autoritäten nicht mehr die calvinische Dogmatik als Gegengewicht diente, sobald die Auswahl und Interpretation der Stellen der Väter nicht mehr von diesem bestimmten dogmatischen Interesse geleitet war, mußte auch die Theorie vom consensus quinque-saecularis, die „katholische" Tendenz zu puseyitischen Consequenzen führen, um so leichter, je weniger in England selbst ein innerer dogmatischer Prozeß vor sich gegangen, je äußerlicher einem großen Theile die von außen, von Wenigen importirte calvinische Dogmatik geblieben war.

Neben Jewels schon genannten Werken sind die übrigen von untergeordneter Bedeutung. Angeführt zu werden verdient noch, daß er gegen puritanische Angriffe die bischöfliche Verfassung in einem später von Whitgift veröffentlichten Aufsatze vertheidigte, sowie daß er gegen die päbstliche Bulle, die Elisabeth des Thrones entsetzte, in starker Sprache A view of the seditions Bull sent into England schrieb. Ein Tractat über die Ubiquitätslehre, zu dem ihn P. Martyr aufforderte, ist nicht zur Ausführung gekommen. Der Rest seiner Werke sind Predigten, eine Erklärung der Thessalonicherbriefe und Gelegenheitsschriften. Außerdem sind zahlreiche Briefe, meist an Peter Martyr, erhalten.

Quellen: *Burnet et Strype*, The Works of John Jewel, ed. Parker Soc. 4 voll. 1848. — Zurich letters, ed. P. Soc. 2 voll. 1842. 1845. — *Laur. Humfredi* Vita et Mors Juelli. 1573. — *Charles Webb le Bas*, the life of Bishop Jewel. 1835.   C. Sigwart.

Ignatius, Bischof von Antiochien. 1) Ueber Leben und Wirksamkeit des Ignatius fehlen alle Nachrichten. Was darüber erzählt wird, daß er das Kind gewesen, welches der Herr seinen Jüngern Matth. 18, 4. als Vorbild aufgestellt (eine offenbar aus dem Namen Θεοφόρος, den schon die Briefe auch in der syrischen Recension

kennen, der Acta martyrii 2. „ό Χριστὸν ἔχων ἐν στέρνοις" gedeutet wird, entstan=
dene Sage in den Acten des Simeon Metaphrastes AA. SS. 1. Febr., die sich bei Vincentius Bellovacensis in Specul. Hist. X, 57. noch mehr dahin veräußerlicht, daß der
Märtyrer den Namen Christi mit goldenen Buchstaben im Herzen getragen habe); daß
er ein Schüler des Johannes (acta mart. c. 3. Euseb. Chron. ad a. 11 Trajani) oder
des Petrus (Gregor. M. ep. 37. ad Athanas.) gewesen; daß er vom Apostel Paulus
(Constit. Apost. VII, 46.) oder Petrus (Chrysost. hom. in Ignat. Mart. c. 4.) zum
Bischofe in Antiochien geweiht sey; daß er zuerst den Kirchengesang gefördert und die
Antiphonien eingeführt habe (Socrates H. E. VI, 8.) u. dgl. gehört Alles in das Gebiet
der Sage. Ueber seinen Märtyrertod besitzen wir Acten in verschiedenen Redactionen.
Eine kürzere Redaction hat zuerst Ussser lateinisch (Londini 1647), Ruinart im Appen=
dix ad acta primorum martyrum sincera 1689 griechisch herausgegeben (abgesehen von
älteren Ausgaben abgedruckt Hefele, PP. app. ed. 3. p. 245; Petermann, Epp.
Ign. p. 449; Cureton, Corp. Ign. p. 190; daselbst S. 222 auch ein Bruchstück einer
syrischen Uebersetzung). Längere griechische Acta finden sich bei Simeon Metaphrastes
(abgedruckt Cotelier, PP. AA. II, 163; Gallandi I; Petermann, S. 472; latein.
AA. SS. 1. Febr. S. 24) vielleicht aus dem 7. Jahrh. Endlich gibt es eine noch jün=
gere Redaction in der Vita S. Ignatii in den AA. SS. und abweichend freilich doch
verwandt armenisch zuerst von Aucher (Vitae SS. II, 72), dann von Petermann (S.
496) herausgegeben. Aber selbst die kürzeste und ohne Zweifel älteste Redaction dieser
Akten ist als unächt zu verwerfen. Eusebius (Hist. eccl. IV. 15), vielleicht selbst Chry=
sostomus haben sie noch nicht gekannt, und ihr Inhalt zeigt historische Unrichtigkeiten
und Widersprüche, wie denn namentlich die Angabe, Ignatius sey vom Kaiser Trajan
selbst in Antiochien verurtheilt, als unhistorisch zu beanstanden ist (s. das Genauere auch
die Literatur Uhlhorn, das Verhältniß der kürzeren griechischen Recension der Ignatia=
nischen Briefe zur syrischen Uebersetzung und die Authentie der Briefe überhaupt.
Zeitschr. f. hist. Theol. Jahrg. 1851, I. II. S. 248 ff.). So sind wir für die Geschichte
des Martyriums lediglich auf die Briefe verwiesen. Diese setzen (selbst in der kürzesten
syrischen Recension) voraus, daß Ignatius in Antiochien durch die gewöhnlichen Ge=
richte ad bestias verurtheilt, nach Rom abgeführt wird, um dort den Tod zu erdulden.
Auf dem Wege sollen dann die Briefe geschrieben seyn. Nach allgemeiner Angabe soll
dann Ignatius im J. 105—108 (etwas schwankt die chronologische Bestimmung, das
Wahrscheinlichste ist 107 oder 108) in Rom wirklich den Märtyrertod erlitten haben.
Seine Gebeine sollen nach Antiochien gebracht seyn, wo er besonders verehrt wurde,
wie wir denn noch eine schon oben angeführte Homilie des Chrysostomus in S. Ignatium martyrem besitzen.

2) Im Ganzen finden sich 15 Briefe vor, welche den Namen des Ignatius tra=
gen, aber offenbar von sehr verschiedenem Alter und Werthe sind. Drei von diesen
(1) u. 2) ad S. Joannem ap., 3) ad S. Mariam Virginem, dem sich eine Responsio B.
Mariae V. ad Ignatium anschließt) sind nur lateinisch vorhanden und scheinen auch ur=
sprünglich lateinisch abgefaßt zu seyn (neuestens abgedruckt bei Cureton Corp. Ign.
S. 156 — Petermann S. 439). Fünf Briefe (4) ad Mariam Cassobolitam, dem sich
ein Brief derselben an Ignatius anschließt, 5) ad Tarsenses, 6) ad Antiochenos, 7) ad
Heronem, Diaconum Antiochenum, 8) ad Philippenses) finden sich nur in einer grie=
chischen Recension, die der gleich zu nennenden s.g. längeren griech. Recension von den
sieben übrigen Briefen verwandt ist, außerdem in einer lateinischen und armenischen
Uebersetzung (bei Cureton S. 119 ff. — bei Petermann S. 289, der auch die arme=
nische Uebersetzung verglichen hat). Sieben Briefe (9) ad Magnesios, 10) ad Trallia=
nos, 11) ad Philadelphenses, 12) ad Smyrnaeos, 13) ad Ephesios, 14) ad Romanos,
15) ad Polycarpum) finden sich in einer doppelten griechischen Recension, einer längeren
(B) und einer kürzeren (A). Jene (B) ward zuerst von Pacäus 1557 und unabhängig
von ihm 1559 von Andr. Geßner herausgegeben (neuerdings außer in den Sammlungen

der PP. AA. abgedruckt bei Cureton und Petermann); diese (A) zuerst von Erzbischof Ußher (1644 Cod. Cajensis), Isaak Vossius (1646 Cod. Medicaeus) und Ruinart (Cod. Colbertinus des Römerbriefs 1689) publicirt. Der jetzt recipirte Text ist aus dem Cod. Medicaeus geflossen. Von beiden Recensionen besitzen wir alte lateinische Versionen; von A eine syrische Version zwar nur in Fragmenten bei Cureton, aber eine aus dieser syrischen geflossene secundäre armenische Version (1783 in Constantinopel erschienen), die Petermann verglichen hat. Endlich sind die drei zuletzt aufgezählten Briefe (ad Ephesios, ad Smyrnaeos, ad Polycarpum) neuestens in einer noch kürzeren Recension, jedoch nur in syrischer Uebersetzung aufgefunden und zuerst von Cureton (The ancient Syriac Version of the Epistles of S. Ignatius. London and Berlin 1845) nach zwei in der Nitrischen Wüste 1839 und 1843 gefundenen Handschriften, später mit Benutzung einer dritten 1847 entdeckten Handschrift genauer im Corpus Ignatianum (a complete collection of the Ignatian Epistles etc. Berlin 1849) herausgegeben und der griechische Text darnach hergestellt. Eine vergleichende Zusammenstellung der drei Redactionen, jedoch was die syrische Redaction anlangt, nicht genau, gibt auch Bunsen: die drei ächten und die vier unächten Briefe des Ignatius von Antiochien (Hamburg 1847). Eine reichhaltige Materialiensammlung bietet Petermann: S. Ignatii epistolae collatis edd. graecis versionibusque Syriaca, Armeniaca, Latinis (Lipsiae 1849). Eine kritische Ausgabe mit Benützung des sämmtlichen Materials fehlt bis jetzt noch. Schätzbare Anfänge kritischer Arbeit finden sich bei Lipsius (Ueber die Aechtheit der syrischen Recension der ignatianischen Briefe. Zeitschr. f. hist. Theol. 1856. I.).

3) Bei der großen Bedeutung der Ignatianischen Briefe für die älteste Kirchengeschichte, namentlich die Geschichte der Verfassung, ist die Frage nach ihrer Aechtheit sehr viel verhandelt, zumal da sie durch die vorhandenen verschiedenen Recensionen noch verwickelter wurde, und die Erledigung der Vorfrage, welche von diesen als die ursprünglichste anzusehen ist, voraussetzte. Die Geschichte der Kritik zerfällt in drei Perioden. Die erste reicht bis zur Auffindung der Recension A. In dieser Zeit wird wenigstens das Resultat gewonnen, daß die drei nur lateinisch vorhandenen Briefe bestimmt als unächt ausgeschieden werden. Selbst Baronius hat sie aufgegeben. Sonst bleiben die Urtheile schwankend. Während Bellarmin und Halloix alle übrigen Briefe für ächt erklären, die Magdeburger Centurien alle bezweifeln, Calvin (Just. I, 3.) sie entschieden doch ohne hinreichende Begründung verwirft, nehmen noch andere (so Scultetus) eine Mittelstellung ein, indem sie die vorhandenen Briefe als interpolirt ansehen. In der zweiten Periode kam man zunächst dahin, die fünf von Eusebius nicht genannten Briefe (4—8 in der obigen Aufzählung) ebenfalls als entschieden unächt auszuscheiden. Ferner darf es als ein Resultat der Forschungen in dieser Zeit angesehen werden, daß die kürzere Recension A als dem ächten Texte ungleich näher stehend erkannt ist, als die längere B. Zuletzt hat noch Meier, Stud. u. Krit. 1836 die längere Redaction zu vertheidigen gesucht. Die Widerlegungen von Rothe (Anfänge der christl. Kirche S. 735 ff.) und Arndt (Stud. u. Krit. 1839 I.) haben diese Frage für immer erledigt. Dagegen sind die Ansichten in der Frage nach der Authentie auch in dieser Zeit getheilt geblieben. Vertheidigt ist dieselbe besonders von Rothe (a. a. O.), Huther (Zeitschr. für histor. Theol. 1841. IV.) und Düsterdieck (De Ignatianarum epistolarum authentia. Gottingae 1843); geläugnet besonders von Baur (über den Ursprung des Episkopats 1838. S. 147 ff.), der ihre Abfassung, zu dem Zwecke, die katholische Kirche zu befestigen, in die Zeit nach der Mitte des 2. Jahrh. verlegte, und Schwegler (Nachapostol. Zeitalter II. 159 ff.); während Neander zwar im Allgemeinen die Aechtheit der kürzeren Recension anzuerkennen geneigt war, aber mit der Einschränkung, daß auch sie von bedeutenden Interpolationen nicht frei sey (K.G. I. 1140). In die dritte Periode traten die Verhandlungen mit der Auffindung der kürzesten syrischen Recension der drei Briefe an die Epheser, an die Römer und an Polycarp. Der erste Herausgeber Cureton sprach sogleich entschieden die Ansicht aus, daß in diesen drei Briefen die ächten Ignatianischen

Briefe aufgefunden seyen, die dann später zu Gunsten der kirchlichen Lehre von der Gottheit Christi und vom Episcopat interpolirt und durch vier ganz untergeschobene Briefe
an die Magnesier, Smyrnäer, Philadelphener und Traller ergänzt wurden; und hat diese
Ansicht auch gegen den freilich unbedeutenden Widerspruch, der sich in England erhob,
weiter vertheidigt. In Deutschland vertheidigte Bunsen in der schon oben angeführten
und einer zweiten gleichzeitigen Schrift („Ignatius von Antiochien und seine Zeit. Sieben Sendschreiben an Dr. Aug. Neander. Hamburg 1847") die Ansicht Cureton's ausführlicher, aber mit weniger Glück. Gegen ihn trat Baur („die Ignatianischen Briefe
und ihr neuester Kritiker. Eine Streitschrift gegen Herrn Bunsen. Tübingen 1848")
für die Ursprünglichkeit der kürzeren griechischen Recension auf, jedoch so daß er auch
diese für unterschoben erklärte. Für diese Recension und zugleich für ihre Aechtheit erklärten sich Hefele (PP. AA. ed. 3 proleg. LVIII.). Denzinger („Ueber die Aechtheit des bisherigen Textes der ignatianischen Briefe." Würzburg 1849), Uhlhorn (a. a.
O.), Petermann (in der oben angeführten Ausgabe), während Hilgenfeld mit Baur
zwar die Recension A für ursprünglicher aber ebenfalls für nicht von Ignatius herrührend ansah („die apostolischen Väter." Halle 1853. S. 274 ff.). Dagegen hat Ritschl
die Ansicht, es liegen in der syrischen Recension die ächten Ignatianischen Briefe vor, in
seine Geschichte der „Entstehung der altkatholischen Kirche" (S. 418 ff. 577 ff.) verarbeitet, ohne dieselbe ausführlicher zu begründen. Einen neueren Versuch der Vertheidigung hat Weiß (Reuters Repertorium 1852) gemacht; eine ausführliche Rechtfertigung, man darf wohl sagen die erste gründliche, hat Lipsius (Zeitschr. für hist. Theol.
1856 I. Vgl. G. G. A. 1856. St. 152—154.) gegeben. So liegt der Streit bis heute
noch unentschieden.

4) Das Verhältniß der verschiedenen Recensionen. Da die Recension
B als allgemein aufgegeben zu betrachten ist, so handelt es sich hier nur noch um die
Frage, ob A oder S als ursprüngliche zu betrachten ist. Schon die äußeren Zeugnisse
(gesammelt bei Cotelier, am vollständigsten bei Cureton Corp. Ign. p. 158 sqq.) sind A
entschieden günstiger. Gleich das älteste Zeugniß, der Brief des Polycarp an die
Philipper c. 13 ist auch ein Zeugniß für A, welche Recension dort ohne Zweifel vorausgesetzt wird. Die Vertheidiger von S können demselben nur entgehen, indem sie diesen Abschnitt des Briefes, wie es scheint aus unzureichenden Gründen, für interpolirt
erklären (Bunsen, Ritschl, Lipsius). Die folgenden Zeugnisse, das des Irenäus (c.
haer. V. 28) und die des Origenes (Prolog. in Cant. Cant. ed. de la Rue III, 30. —
Hom. in Luc. ib. 938) entscheiden Nichts, da die angeführten kurzen Stellen sich gleichlautend in beiden Recensionen finden. Ganz ausführlich erwähnt Eusebius (H. E. III.
36) die sieben Briefe der Recension A; ebenso Hieronymus, jedoch wohl in Abhängigkeit von Eusebius (de viris ill. c. 16). Des Athanasius Epist. de Synodis Ari-
mini et Seleuciae (ed. Bened. I. 761), wenn ganz ächt, erwähnt ad Eph. 7 nach A. Daß
Chrysostomus nur S gekannt habe, läßt sich nicht erweisen, da er nur zwei kurze Aussprüche citirt (Hom. in S. Ignatium. Ed. Bened. II. 592 und Hom. de Legislatore VI.
410), und die allgemeinen Angaben über Ignatius in der zuerst citirten Homilie ebenso
gut wo nicht noch besser auf die sieben Briefe von A passen. Die späteren Zeugnisse haben
kein Interesse mehr. Eben so wenig beweist der Bestand der syrischen Handschriften.

Sind wir also ganz auf innere Gründe verwiesen, so würde es allerdings von größe-
ster Bedeutung seyn, wenn sich dogmatische Verschiedenheiten und spätere dogmatische
Anschauungen bei A nachweisen ließen. Daß Bunsen's Behauptung eines christologischen Unterschiedes, wonach A die Gottheit Christi besonders betont, irrig ist, hat auch
Lipsius (a. a. O. S. 20) anerkannt. Allein auch so wie der letztere einen Unterschied
in der Christologie beider Recensionen aufgestellt hat, daß S auf patripassianischen oder
richtiger modalistischen Vorstellungen ruhe, während die Recension A ihren Schwerpunkt
in der Behauptung der wahren Menschheit Christi habe, möchte sich derselbe kaum halten lassen, da, abgesehen ganz von den großen Schwierigkeiten, die der hiebei vorausge-

setzlen Entwickelungsgeschichte der Christologie überhaupt entgegenstehen, der Umstand, daß bei S die ausführlichen Stellen, in denen im Zusammenhang mit der Bekämpfung der Häretiker die Menschheit Christi betont wird, ausgelassen sind, sich aus dem ganzen Karakter von S als eines Auszugs leicht erklärt, einzelne Stellen, in denen auch bei S die Menschheit betont wird, sich finden (besonders ad Eph. inscr., wo Lipsius Auslegung nicht zu genügen scheint) und umgekehrt Stellen, die nach Lipsius patripassianisch sind, allein bei A (namentlich ad. Rom. 6., die Lipsius freilich in S einschiebt).

Die in A reichlich vorhandene Polemik gegen gnostisch-doketische Irrlehren fehlt bei S, doch sind einige Andeutungen stehen geblieben (besonders ad Pol. l. 3, wo von ἑτεροδιδασκαλοῦντες die Rede ist). Ob die Bestreitung der Irrlehren ein Grund gegen die Aechtheit der Briefe überhaupt ist, f. unten. Auch die den Episkopat betreffenden Abschnitte fehlen in S größtentheils, doch ist genug stehen geblieben, um zu zeigen, daß ein wesentlicher Unterschied zwischen beiden Recensionen nicht vorhanden ist. Auch bei S ist der Bischof der Gemeinde schon bestimmt übergeordnet (ad Pol. 6.), er vertritt die Einheit der Gemeinde (ad Eph. 1.) und das Prinzip, daß Nichts ohne den Bischof geschehen soll, das in A nach vielen Seiten hin ausgeführt erscheint, lesen wir auch bei S ad Pol. 4. ausdrücklich. Nur ist in S Alles fragmentarisch. Die historische Situation ist in beiden Briefen wesentlich dieselbe und ist sie einmal als wirklich historisch anerkannt, so wird die größere Zahl der Briefe und ihre größere Länge bei A diese Anerkennung nicht umstoßen können. Wo beide Recensionen in dieser Beziehung abweichen, ist in manchen Punkten nicht zu entscheiden, was das Wahrscheinlichste ist. In der Hauptabweichung im Briefe an den Polycarp liegt die Wahrscheinlichkeit entschieden auf Seiten von A, da Ignatius unmöglich, wie S voraussetzt, selbst einen Nachfolger nach Antiochien gesendet haben kann. Sonst enthält auch A, wo diese Recension von S abweicht, so wie in den Briefen, die sie allein hat, nirgend solche Angaben, welche die vorausgesetzte Situation mit Sicherheit als unhistorisch kennzeichneten.

In welcher Recension sich der bessere Zusammenhang und die größere Einheit finde, ob sich an einzelnen Stellen S entschieden als Auszug oder A als Erweiterung kundgebe, darüber wird gestritten. Uhlhorn hat durchgehends den bessern Zusammenhang bei A nachzuweisen und an manchen Spuren den secundären Karakter von S darzuthun gesucht. Lipsius findet umgekehrt immer (mit einer einzigen Ausnahme ad Rom. 6., wo bei S ein Abschnitt durch Versehen der Abschreiber ausgefallen seyn soll) den rechten Zusammenhang bei S, und bei A überall Spuren des Interpolators. Gerade in diesem Hauptpunkte dürfte die Frage noch wohl nicht entschieden seyn. Doch möchten Stellen wie ad Rom. 6. und besonders ad Eph. 19. sehr zu Gunsten von A sprechen. Ist S ein Auszug von A, so kann es nur ein später zu ascetischen Zwecken veranstalteter Auszug seyn, der für sich historisch gar keinen Werth mehr hat.

5) Noch unentschiedener als die Frage nach der ursprünglichen Recension steht die Frage nach der Authentie. Die äußeren Zeugnisse für die Briefe sind oben bereits angeführt. Sie sind denselben entschieden günstig. Das Citat in dem Briefe des Polycarp an die Philipper ist allerdings als Zeugniß für unsere Briefe durch Verwerfung dieses Briefes (Baur, Schwegler, Hilgenfeld) oder Annahme einer Interpolation (f. oben) bestritten — allein die bisherigen Interpolationshypothesen möchten wohl entschieden als verunglückt anzusehen seyn, und die völlige Verwerfung des Briefes von den genannten Gelehrten, denen außer einigen älteren Bestreitern der Ignatianischen Briefe auch Semler vorangegangen ist, hängt mit deren ganzer Ansicht über das nachapostolische Zeitalter zusammen und findet in dem Inhalte des Briefs keine Begründung, in den starken und alten Zeugnissen für denselben (besonders Irenäus) bedeutenden Widerspruch, wie die Ansicht denn bisher auch wenig Anerkennung gefunden hat.

Gegen die Authentie der Ignatianischen Briefe (wir berücksichtigen jetzt immer nur die Recension A) sind nun hauptsächlich folgende Gründe geltend gemacht: a) Das den Briefen zu Grunde liegende Faktum ist unhistorisch. Allein wenn man dieses Faktum nicht, wie Baur gethan, aus den unächten Märtyrerakten, sondern aus den Briefen selbst schöpft, entspricht es völlig den Zeitverhältnissen. Daß unter Trajan Christen den Mär=tyrertod starben, ist bekannt; auch daß Ignatius von dem Statthalter in Antiochien (und etwas Anderes setzen die Briefe nicht voraus) ad bestias verurtheilt seyn soll, kann nach den Angaben bei Hermas (Vis. III. 2.) der epist. ad Diogn. (c. 7.) und Justin (Dial. c. Tr. 110), wo solche Verurtheilungen erwähnt werden, nicht befremden. Ebensowenig kann beanstandet werden, daß Ignatius εἰς τέρψιν τοῦ δήμου nach Rom gesandt wird, da die Absendung Verurtheilter zu Thierkämpfen nach Rom erst durch ein Gesetz des Severus und Antoninus beschränkt wurde (L. 31. D. de poenis). Von der Bewilligung des Kaisers hing eine solche Sendung damals noch nicht ab, und es kann deßhalb auch nicht der milde Sinn Trajan's als Instanz gegen das Faktum benützt werden, da Tra=jan wahrscheinlich Nichts davon erfuhr. Die Reiseroute ist die damals gewöhnliche, und daß Ignatius als Gefangener doch die Freiheit hatte, Gesandte der Gemeinden zu empfan=gen und Briefe zu schreiben, kann, da sich ähnliche Beispiele finden (Lucian de morte Peregrini c. 12. — Tertullian ad martyres. — Acta SS. Perpetuae et Felicitatis c. 3.), um so weniger befremden als ad Rom. 5. bestimmt genug angedeutet ist, daß diese Frei=heit durch Geschenke erkauft war. Endlich ist auch der Umstand nicht im mindesten anstößig, daß Ignatius im Briefe an die Römer voraussetzt, daß diese vielleicht Schritte zu seiner Befreiung thun könnten, da ihnen, weil Ignatius ja von dem Statthalter in Antiochien, nicht vom Kaiser selbst verurtheilt war, noch freistand, auch gegen den Willen des Ignatius Appellation an den Kaiser einzulegen. (Vgl. L. 6. D. de appellationibus et relationibus.) Diese ganze Klasse von Gegengründen möchte überhaupt nach den neuern Untersuchun=gen als erledigt angesehen werden dürfen. b) "Die Persönlichkeit des Ignatius, wie sie in den Briefen erscheint, stimmt weit mehr mit der Voraussetzung einer absichtlichen Erdichtung als einer wirklichen Geschichte zusammen," namentlich ist es die "affectirte Demuth" des Ignatius und sein "falscher Märtyrerheroismus," der Anstoß erregen muß (Baur; noch stärker Bunsen, weniger Gewicht legt Hilgenfeld auf diesen Grund). Gerade entgegengesetzt urtheilt Rothe (a. a. O. S. 715), der überall das Gepräge der Aechtheit erblickt und demjenigen sogar die Fähigkeit schriftstellerische Individualitäten zu erfassen abspricht, der es nicht mit ihm erkennt. Der Grund ist also jedenfalls sehr subjectiv und wenig zur Entscheidung geeignet. Ob die Demuth des Ignatius affectirt ist oder ächt, möchte schwer zu entscheiden seyn, und ist der Märtyrerheroismus des Ignatius vielleicht auch nicht ganz ohne fleischliche Trübung, finden wir auch eine excentrische, durch innerlichen Kampf heftig bewegte Persönlichkeit namentlich im Römerbriefe, so thut das Bild mit seinen Licht= und Schattenseiten sich doch nirgend als fingirt kund, trägt viel=mehr in der scharfen Ausprägung, mit der es auftritt, den Stempel der Aechtheit. Die bedeutendsten Gründe gegen die Authentie sind ohne Zweifel die beiden folgenden: c) Es werden in den Briefen Häresien bestritten, welche einer späteren Zeit angehören als dem Anfange des 2. Jahrh. Es ist streitig, ob in den Briefen zwei Häresien eine gnostisch=doketische und eine judaistische bekämpft werden, oder ob nur eine zu denken ist, der dann zugleich gnostisch=doketische und judaistische Irrlehren zuzuschreiben seyn würden. Schon Pearson (Vindic. I. 2.) dachte an zwei Häresien, während Huther, Düsterdieck und Hefele nur eine annahmen. Diese letztere Ansicht hat Uhlhorn ausführlich vertheidigt (a. a. O. S. 283 ff.), Hilgenfeld (AA. BB. S. 230 ff.) wieder bestritten, während Lip=sius (a. a. O. S. 31) auf Uhlhorns Seite getreten ist und wiederum Hilgenfeld's Gründe zu beseitigen gesucht hat. Entschieden sprechen dafür, daß nur eine Häresie anzuneh=men ist, Stellen wie ad Magn. 8—10. und ad Phil. 8. 9. Bei Beantwortung der Frage, in welche Zeit nun die hier bestrittenen Häretiker zu versetzen sind, gehen die Gegner der Authentie auseinander. Nach Baur und Hilgenfeld, welcher letztere diesen Grund besonders stark geltend macht, setzen die Briefe bereits die großen gnostischen Systeme, namentlich das Valentinianische und Marcionitische voraus; nach Lipsius dagegen ist der Doketismus, der in denselben bestritten wird, zwar später als Saturnin aber doch noch

vorvalentinianisch und gerade aus diesem Grunde weist er die Briefe in die Zeit von
130—140. Zunächst scheint es leicht erweislich, daß die Häretiker unserer Briefe den
großen gnostischen Systemen, der Blüthezeit des Gnosticismus vorangehen. Sie sind augen=
scheinlich erst im Entstehen, im Aufkommen begriffen, und sind noch wenige, τινες (ad Magn.
4.; ad Smyrn. 5.), ὀλίγοι ἄφρονες und mag der Begriff der Vielheit immerhin sehr
relativ seyn (Hilgenfeld), so macht doch die ganze Erscheinung der Häretiker in den Brie=
fen den Eindruck, daß sie noch nicht zu der drohenden Macht herangewachsen sind, zu
der die Gnosis 130—140 schon geworden war. Die einzelnen Elemente der Irrlehre
erscheinen noch wenig ausgebildet und verschiedenartige Bestandtheile, die sich später son=
derten, noch durcheinander gemischt. Namentlich weist die Verbindung des Judaismus
und Gnosticismus zwar nicht an sich, denn sie kommt auch später in den Homilien vor,
aber in der Art, wie sie hier vorliegt, in eine frühere Zeit. Ob nun aber solche Häre=
tiker bereits um 108 aufgetreten waren, die Beantwortung dieser Frage hängt von der
andern viel weiter greifenden ab, ob es bereits im apostolischen Zeitalter keimartige An=
fänge der Gnosis gab, namentlich ob die Häretiker der Pastoralbriefe und des Kolosser=
briefs, die entschieden als gnostisirende Judaisten zu betrachten sind, wirklich Häretiker der
apostolischen Zeit sind. Diese Frage darf überhaupt noch wohl nicht als sicher entschieden
bis jetzt angesehen werden. Müssen, wie wir allerdings glauben, die Anfänge, aber auch
nur Anfänge gnostischer Lehren wirklich bis in's apostolische Zeitalter zurückdatirt wer=
den, dann bilden die Häretiker der Ignatianischen Briefe das richtige Mittelglied, den
Uebergang zu den ausgebildeten Formen der Gnosis von 130 an und ihre Bestreitung
kann um so weniger einen Grund gegen die Authentie der Briefe abgeben, als es, nach=
dem einmal die Gnosis sich so wie nach 130 entfaltet hatte, einem Fälscher oder Inter=
polator schwer, ja unmöglich werden mußte, die frühere Stufe, so wie sie in den Brie=
fen vorliegt, darzustellen. d) Die Kirchenverfassung, namentlich der Episkopat gehört in
der Ausbildung, wie ihn die Briefe uns vorführen, einer späteren Zeit an. Der Episkopat
erscheint allerdings bei Ignatius durchweg als ein vom Presbyterat bestimmt unterschie=
denes und ihm übergeordnetes Amt. Doch weiß Ignatius nirgend von einer aposto=
lischen Einsetzung desselben (auch nicht ad Phil. 1., welche Stelle Hilgenfeld anführt, die
aber nur von der Einsetzung eines einzelnen Bischofs, nicht aber von der Einführung
des Amtes handelt) und verbindet noch keine alttestamentlichen Priesterideen damit. Die
Presbyter stehen noch in hohem Ansehen, werden fast immer neben dem Bischofe genannt.
Das Presbyterium ist Nachfolger des Apostelcollegs, der Bischof Stellvertreter Christi.
Der Episkopat wird, wie schon aus dem eben Angeführten erhellt, als Gemeindeamt
angesehen, noch nicht als Kirchenamt (auch nicht ad Smyrn. 8. und ad Eph. 3.). Zwar ist
dem Ignatius der Episkopat besonders um der Einheit willen wichtig, die er als „ἄνϑρωπος
εἰς ἕνωσιν κατηρτισμένος" (ad Phil. 8.) zu festigen sucht, allein im Bischofe repräsen=
tirt sich ihm immer nur die Einheit der Gemeinde, die „καϑολικὴ ἐκκλησία" hat ihre
Einheit in Christo (vgl. ad Smyrn. 8. wo der Ausdruck κ. ἐ.). Als Haupt der Ge=
meinde und Stellvertreter Christi in ihr steht ihm die Leitung des Cultus zu, Ehen sol=
len nicht ohne seinen Willen geschlossen, Gelübde nicht ohne seine Zustimmung übernom=
men werden. Zwar sieht Ignatius im Episkopat ein besonderes Schutzmittel gegen die
eindringenden Häresieen zur Wahrung kirchlicher Einheit, allein die Bischöfe sind ihm
noch nicht Träger der Lehrtradition auf Grund einer besondern Gabe des h. Geistes
(Phil. inscr. möchte sich kaum ein leiser Ansatz dazu finden), wie denn auf die successio
der Bischöfe noch nirgend Gewicht gelegt wird. Diese Gestalt der kirchlichen Verfassung
ist allerdings eine über den Stand der Entwicklung, wie er bei Clemens Romanus und
im Hirten des Hermas erscheint, entschieden hinausgehende, indem dort zwar ein hervor=
ragender Presbyter, aber doch nur erst als primus inter pares erscheint. Ebenso ent=
schieden ist aber die kirchliche Verfassung, wie wir sie bei Irenäus finden, bereits bedeu=
tend über die hier vorliegende hinausgeschritten. Bei Irenäus sind die Presbyter viel=
mehr zurückgetreten, erscheinen auch nicht mehr als Nachfolger der Apostel; der Episkopat

ist Kirchenamt geworden, die Einheit der Kirche repräsentirend, die Bischöfe, setzt als Nachfolger der Apostel betrachtet, sind durch ihr besonders Charisma Träger der Lehr= tradition — lauter Fortschritte und große Fortschritte über Ignatius hinaus. Zwischen Ignatius und Irenäus fehlen uns Dokumente, um den Entwicklungsgang im Einzelnen verfolgen zu können. Doch ist die Kirchenverfassung der Homilien, allerdings mehr Ideal als Wirklichkeit, ebenfalls fortgebildeter als die des Ignatius, und Justinus Martyr setzt in Bezug auf den Cultus mindestens eine ähnliche Stellung des Bischofs voraus, da der προεστώς der Gemeinde bei ihm die Leitung des Cultus hat. Nimmt man nun hinzu, daß der Episkopat bei Ignatius als ein noch junges, der Empfehlung noch äußerst bedürftiges Institut erscheint, so möchte es doch nicht so unmöglich erscheinen, daß die Kirchenverfassung sich bereits um 108 in Syrien, überhaupt das Land, wo manche kirch= liche Institutionen wurzeln, weil ein Land, in dem sehr früh die Kirche einen volksthüm= lichen Karakter erhielt, Kleinasien und Rom (denn daß es bereits in allen Gemeinden so weit gekommen, setzen die Briefe keineswegs voraus) soweit fortgebildet hatte, wie sie in den Briefen erscheint. — Die Frage nach der Authentie der Ignatianischen Briefe, tief verwoben in alle die nachapostolische Zeit betreffenden allgemeinen Fragen, ist zwar noch keineswegs als entschieden zu betrachten; aber irren wir nicht, so ist das Urtheil den Briefen in den letzten Jahrzehnten doch um Vieles günstiger geworden. Manche frü= her stark geltend gemachte Einwendungen dürfen jetzt schon als erledigt angesehen wer= den, andere sind ihrer Erledigung wenigstens um Vieles näher gebracht.

6) Die Lehre der Ignatianischen Briefe ruht wesentlich auf Paulinischen Grundlagen, wie auch die Paulinischen Briefe am meisten angezogen werden. Dieses ist allgemein anerkannt, nur will Schwegler (N.Apost. Z.A. II. 159) eine vermittelnde Tendenz in der Hervorhebung der ἀγάπη als obersten dogmatischen Grundbegriffes, in dem das Christenthum culminirt, erkennen, und nach Hilgenfeld (a. a. O. S. 251) soll der Paulinische Idealismus in den Briefen realistisch modificirt seyn. Beides ist schwer= lich zu erweisen; doch sind zu den Paulinischen Lehrelementen Johanneische modificirend hinzugetreten, wie denn viele Beziehungen auf das Johanneische Evangelium vorliegen. Gnostisirende Züge hat zuerst Baur, ausführlicher Hilgenfeld in den Briefen nachzu= weisen gesucht, eine Ansicht die mit der großen Ausdehnung, welche der genannte Gelehrte den gnostischen Ideen gibt, zusammenhängt. Die Grundzüge der Lehre des Ignatius sind etwa diese: Gott hat sich uns geoffenbart in Christo, der als λόγος ἀΐδιος Mensch geworden (ad Magn. 8.; ad Eph. 15.), als wahrhaftiger Mensch (darauf wird dem Doke= ten gegenüber großes Gewicht gelegt) gelebt und gelitten hat, gestorben und auferstanden ist. Auf den Tod Christi legt Ignatius großen Nachdruck. Durch ihn ist unser Heil bewirkt (Ταῦτα γὰρ πάντα ἔπαθεν, ἵνα σωθῶμεν ad Smyrn. 2. vgl. ad Eph. 7; ad Trall. 2; ad Philad. inscr.; ad Trall. inscr.). Angeeignet wird das Heil durch den Glauben, in= dem wir mit Christo sterben (ad Magn. 9.). Durch den Glauben kommt der Mensch zu einem neuen Leben (die καινότης ἀϊδίου ζωῆς vgl. ad Eph. 11.) und dieses neue Leben zeigt sich in der Liebe. In der Liebe offenbart sich der durch den Glauben gewonnene christliche Karakter (ad Magn. 5.), und indem ihr alle Tugenden folgen (ad Eph. 14.), ist sie das Ziel des Christenthums, dessen Anfang der Glaube ist (ad Eph. 14.). Glaube und Liebe ist Fleisch und Blut Christi (ad Trall. 8; ad Rom. 7.). Das Abendmahl, welches in den Briefen auffallend stark und oft hervortritt, ist Brod und Trank Gottes (ad Eph. 5.; ad Rom. 7.), uns mit Christo einigend (ad Phil. 4.), ein „φάρμακον τῆς ἀθανασίας (ad Eph. 20.). In ihm vollzieht sich zugleich die Einheit der Gemeinde; es ist das θυσιαστήριον, doch so, daß das Dankgebet, die εὐχαριστία als das eigent= liche Opfer erscheint.   G. Uhlhorn.

Ignatius, Patriarch von Constantinopel, ein Sohn des griechischen Kai= sers Michael I., war um das Jahr 790 oder 796 geboren und ein Schüler des Tarasius, Patriarchen von Constantinopel. Sein Leben fällt in eine politisch und kirchlich höchst bewegte Zeit des griechischen Reiches und hatte ein wechselvolles Schicksal. Mit Ignatius

trat die schon lange bestehende Eiferfucht zwischen der Hierarchie von Rom und Constantinopel in ein Stadium, das zuletzt die völlige Trennung der griechischen Kirche von der
römischen herbeiführte, wenigstens war der Streit, in den er verwickelt wurde, ein that-
sächlicher Schritt, der diese Trennung herbeiführte. Sein Vater hatte durch Verrath den
Thron verloren, der von Leo V., dem Armenier, usurpirt wurde; dieser ließ sogar den
Sohn Michaels, Ignatius, entmannen und in ein Kloster sperren. Erst nach mehreren
Jahren erhielt der Gefangene, der in den Mönchsstand eingetreten war, die Freiheit
wieder, und stieg nun durch die verschiedenen geistlichen Grade bis zum Patriarchen von
Constantinopel empor. Diese Würde erlangte er im J. 847, doch nicht lange konnte er
sich in derselben behaupten, denn er eiferte gegen die Sittenlosigkeit des Hofes, namentlich
des damaligen Kaisers Michael III., ebenso gegen die Lasterhaftigkeit und die Intriguen
seines Oheims Cäsar Bardas, und auf dessen Anregung wurde er von Michael seiner
Stelle nicht nur wieder beraubt, sondern auch auf die Insel Terebinthus verbannt und
sein Gegner Photius auf den Patriarchenstuhl von Constantinopel erhoben 858. Ignatius gab indessen seine Ansprüche nicht auf, behielt in Constantinopel seine Partei und
jetzt trat hier ein Schisma ein. Michael hoffte, dasselbe durch Vermittelung des römischen Stuhles zu beseitigen und bat denselben, Gesandte zur Beilegung der entstandenen
Spaltung in die Hauptstadt des Reiches zu schicken. Der damalige Pabst Nikolaus I.
ergriff die günstige Gelegenheit, jetzt das römisch-hierarchische Prinzip im griechischen
Reiche faktisch zur Geltung zu bringen und trat sofort nicht als der Vermittler, sondern
als Schiedsrichter auf. Zunächst sprach er sich in einem Briefe an Michael (in *Mansi,*
Conciliorum nova et ampliss. Collectio etc. T. XV. p. 160) mit Unwillen darüber aus,
daß ohne sein Vorwissen Ignatius abgesetzt und Photius sogar als Laie Patriarch geworden sey, — ein Verfahren, welches (f. *Nicolai,* Epist. III. ad Photium b. Mansi a.
a. O. S. 168) ganz gegen die Bestimmungen des Concils von Sardica wie auch von
früheren Päbsten, namentlich von Cölestin, Leo und Gelasius, verstoße. Zugleich wies
Nikolaus darauf hin, daß die Absetzung des Ignatius schon insofern unzulässig sey, als
sie auch durch die bereits von Pseudoisidorus angenommene Bestimmung nicht gerechtfertigt sey, daß zur Verurtheilung eines Bischofes die Zahl von mehr als 70 Zeugen erfordert werde (nisi testium numerus superet septuaginta quasi populum, qui accusatur,
quantumvis in re ipsa fuerit deprehensus, omni crimine liber absolvitur). Als Gesandte
des Nikolaus erschienen die Bischöfe Zacharias und Radoaldus in Constantinopel, Photius wußte sie auf seine Seite zu ziehen und im Concil zu Constantinopel 861 erklärten sie sich für ihn (f. Mansi, a. a. O. S. 219, 241; XVI. S. 237). Da er indeß
die erwartete Unterwerfung unter den römischen Stuhl nicht zeigte, veranstaltete Nikolaus
ein Concil zu Rom 863, sprach sich hier zu Gunsten des Ignatius aus, verwarf das Urtheil seiner Legaten und belegte den Photius mit Excommunikation. Der Kaiser Michael
trat zwar diesem päbstlichen Ausspruche mit Heftigkeit entgegen, doch Nikolaus ließ sich
dadurch nicht beirren, denn er wußte, daß er von dem Zorne eines griechischen Kaisers
nichts mehr zu fürchten hatte, adoptirte selbst für sein Verfahren den in Rom bisher
immer verworfenen Canon 9 des Chalcedonensischen Concils (b. Mansi T. VII. S. 369;
Nicolai Epist. 8. b. Mansi T. XV. S. 201), drohte mit dem Banne, und äußerte
sich ganz nach den Pseudoisidorischen Prinzipien, ohne gerade die Sätze desselben direkt
auszusprechen (vgl. auch über die ganze Streitsache *Nicolai* Epist. 70. ad Hincmarum et
ceteros Episc. zugleich auch über die Vorstellung, welche die Griechen über das Verhältniß zur römischen Kirche sich gebildet hatten). Photius wußte jedoch auf dem Patriarchenstuhl sich zu erhalten, bis Michael in Folge einer Revolution ermordet wurde und Basilius der Macedonier den Thron bestieg. Basilius verjagte den Photius und setzte den
Ignatius als Patriarchen wieder ein, 867. Jetzt starb Pabst Nikolaus; auf ihn folgte
Hadrian II. Mit diesem gerieth Ignatius bald in neue Händel, weil er die Bulgarei
seinem Sprengel vindicirte, während der römische Stuhl jenes Land, das (866) von Rom
aus lateinische Lehrer erhalten hatte, als zu seiner Diöcese gehörig betrachtete. Die Strei-

ist Kirchenamt geworden, die Einhei der Kirche repräsentirend, die Bischöfe, jetzt als Nachfolger der Apostel betrachtet, si durch ihr besonders Charisma Träger der Lehrtradition — lauter Fortschritte und roße Fortschritte über Ignatius hinaus. Zwischen Ignatius und Irenäus fehlen uns kumente, um den Entwicklungsgang im Einzelnen verfolgen zu können. Doch ist die Kirchenverfassung der Homilien, allerdings mehr Ideal als Wirklichkeit, ebenfalls fortgbildeter als die des Ignatius, und Justinus Martyr setzt in Bezug auf den Cultus mindstens eine ähnliche Stellung des Bischofs voraus, da der προέστως der Gemeinde beihm die Leitung des Cultus hat. Nimmt man nun hinzu, daß der Episkopat bei Ignati als ein noch junges, der Empfehlung noch äußerst bedürftiges Institut erscheint, so mhte es doch nicht so unmöglich erscheinen, daß die Kirchenverfassung sich bereits um 10 in Syrien, überhaupt das Land, wo manche kirchliche Institutionen wurzeln, weil ein and, in dem sehr früh die Kirche einen volksthümlichen Karakter erhielt, Kleinasien w Rom (denn daß es bereits in allen Gemeinden so weit gekommen, setzen die Briefe ineswegs voraus) soweit fortgebildet hatte, wie sie in den Briefen erscheint. — Die Fge nach der Authentie der Ignatianischen Briefe, tief verwoben in alle die nachapostische Zeit betreffenden allgemeinen Fragen, ist zwar noch keineswegs als entschieden zu rachten; aber irren wir nicht, so ist das Urtheil den Briefen in den letzten Jahrzehnn doch um Vieles günstiger geworden. Manche früher stark geltend gemachte Einwendgen dürfen jetzt schon als erledigt angesehen werden, andere sind ihrer Erledigung enigstens um Vieles näher gebracht.

6) Die Lehre der Ignatinischen Briefe ruht wesentlich auf Paulinischen Grundlagen, wie auch die Paulinischn Briefe am meisten angezogen werden. Dieses ist allgemein anerkannt, nur will Swegler (N.Apost. Z.A. II. 159) eine vermittelnde Tendenz in der Hervorhebung der γάπη als obersten dogmatischen Grundbegriffes, in dem das Christenthum culminirt, ernnen, und nach Hilgenfeld (a. a. O. S. 251) soll der Paulinische Idealismus in den rieen realistisch modificirt seyn. Beides ist schwerlich zu erweisen; doch sind zu den Paulinischen Lehrelementen Johanneische modificirend hinzugetreten, wie denn viele Bezungen auf das Johanneische Evangelium vorliegen. Gnostisirende Züge hat zuerst Bar, ausführlicher Hilgenfeld in den Briefen nachzuweisen gesucht, eine Ansicht die miter großen Ausdehnung, welche der genannte Gelehrte den gnostischen Ideen gibt, zusammnhängt. Die Grundzüge der Lehre des Ignatius sind etwa diese: Gott hat sich uns eoffenbart in Christo, der als λόγος ἀίδιος Mensch geworden (ad Magn. 8.; ad Eph. 1.), als wahrhaftiger Mensch (darauf wird den Doketen gegenüber großes Gewicht gelegt) gelitten hat, gestorben und auferstanden ist. Auf den Tod Christi legt Ignatiu großen Nachdruck. Durch ihn ist unser Heil bewirkt (Ταῦτα γὰρ πάντα ἔπαθεν, ἵνα σωθῶμεν ad Smyrn. 2. vgl. ad Eph. 7; ad Trall. 2; ad Philad. inscr.; ad Trall. inscr. Angeeignet wird das Heil durch den Glauben, indem wir mit Christo sterben (ad Magn. 9.). Durch den Glauben kommt der Mensch zu einem neuen Leben (die καινότης ἰδίου ζωῆς vgl. ad Eph. 11.) und dieses neue Leben zeigt sich in der Liebe. In der Lbe offenbart sich der durch den Glauben gewonnene christliche Karakter (ad Magn. 5.), w indem ihr alle Tugenden folgen (ad Eph. 14.), ist sie das Ziel des Christenthums, ßen Anfang der Glaube ist (ad Eph. 14.). Glaube und Liebe ist Fleisch und Blut Cristi (ad Trall. 8; ad Rom. 7.). Das Abendmahl, welches in den Briefen auffallend rrk und oft hervortritt, ist Brod und Trank Gottes (ad Eph. 5; ad Rom. 7.), uns nit Christo einigend (ad Phil. 4.), ein „φάρμακον τῆς ἀθανασίας (ad Eph. 20.). n ihm vollzieht sich zugleich die Einheit der Gemeinde: es ist das θυσιαστήριον, doch so daß das Dankgebet, die εὐχαριστία als das eigentliche Opfer erscheint.   G. Uhlhorn.

Ignatius, Patriarch vo Constantinopel, ein Sohn des griechischen Kaisers Michael I., war nm das Jah 790 oder 796 geboren und ein Schüler des Tarasi Patriarchen von Constantinopel. ein Leben fällt in eine politisch und kirchlich h bewegte Zeit des griechischen Reichs und hatte ein wechselvolles Schicksal. Mit Igna

trat die schon lange bestehende Eifersucht zwischen er Hierarchie von Rom und Constan=
tinopel in ein Stadium, das zuletzt die völlige Trnnung der griechischen Kirche von der
römischen herbeiführte, wenigstens war der Streit,n den er verwickelt wurde, ein that=
sächlicher Schritt, der diese Trennung herbeiführte Sein Vater hatte durch Verrath den
Thron verloren, der von Leo V., dem Armenier, surpirt wurde; dieser ließ sogar den
Sohn Michaels, Ignatius, entmannen und in einloster sperren. Erst nach mehreren
Jahren erhielt der Gefangene, der in den Mönchstand eingetreten war, die Freiheit
wieder, und stieg nun durch die verschiedenen geistlhen Grade bis zum Patriarchen von
Constantinopel empor. Diese Würde erlangte er i J. 847, doch nicht lange konnte er
sich in derselben behaupten, denn er eiferte gegen d Sittenlosigkeit des Hofes, namentlich
des damaligen Kaisers Michael III., ebenso gegen ie Lasterhaftigkeit und die Intriguen
seines Oheims Cäsar Bardas, und auf dessen Anstung wurde er von Michael seiner
Stelle nicht nur wieder beraubt, sondern auch aufdie Insel Terebinthus verbannt und
sein Gegner Photius auf den Patriarchenstuhl vonConstantinopel erhoben 858. Igna=
tius gab indessen seine Ansprüche nicht auf, behie in Constantinopel seine Partei und
jetzt trat hier ein Schisma ein. Michael hoffte, bselbe durch Vermittelung des römi=
schen Stuhles zu beseitigen und bat denselben, Gendte zur Beilegung der entstandenen
Spaltung in die Hauptstadt des Reiches zu schick. Der damalige Pabst Nikolaus I.
ergriff die günstige Gelegenheit, jetzt das römischierarchische Prinzip im griechischen
Reiche faktisch zur Geltung zu bringen und trat fort nicht als der Vermittler, sondern
als Schiedsrichter auf. Zunächst sprach er sich innem Briefe an Michael (in *Mansi*,
Conciliorum nova et ampliss. Collectio etc. T. X p. 160) mit Unwillen darüber aus,
daß ohne sein Vorwissen Ignatius abgesetzt und otius sogar als Laie Patriarch ge=
worden sey, — ein Verfahren, welches (f. *Nicolai*Epist. III. ad Photium b. Mansi a.
a. O. S. 168) ganz gegen die Bestimmungen desConcils von Sardica wie auch von
früheren Päbsten, namentlich von Cölestin Leo u: Gelasius, verstoße. Zugleich wies
Nikolaus darauf hin, daß die Absetzung des ... schon insofern unzulässig sey, als
sie auch durch die bereits von Pseudoisidor ...nmene Bestimmung nicht gerechter=
tigt sey, daß zur Verurtheilung eines Bis ...ahl von mehr als 70 Zeugen er=
fordert werde (nisi testiu ... s supe ...ta quasi populum, qui accusatur,
quantumvis in re ipsa f ...ensu ...ne liber absolvitur). Als Gesandte
des Nikolaus erschienen ...Bad ...abdoalbus in Constantinopel, Pho=
tius wußte sie auf sein ...ehen ...Concil zu Const ...el 861 er=
klärten sie sich für ihn ...a. o ...241; XVI. S ...er indeß
die erwartete Unterwer ...en r ...l nicht zeigte, ...Nikolaus
ein Concil Rom 8 ...ö hie ...des Ignatius ...das Ur=
theil se ...ten u ...n P ...communikatic ...r Michael
trat z ...pä ...pru ...t entgegen, ...ließ sich
dabui ...irre ...st ...em Zorne e ...en Kaisers
nicht ...für ...o ...ein Verfa ...Rom bisher
imm ...en ...oncils (b. ...II. S. 369;
Nicc ...8. ...ohte mi ...und äußerte
sich ...ter ...le ger ...esselben direkt
aus ...pg ...Nicola ...Hincmarum et
cet ...zu ...elche ...r das Verhält=
nif ...en ...gc .. r ...em Patriarchen=
stu ...b ...er ...wurde und Basi=
liu ...ius c ...is und setzte den
Ig ...is; auf ihn folgte
H ...il er die Bulgarei
sei ...das (866) von Rom
ar ...etrachtete. Die Strei=

tigkeiten zwischen beiden kirchlichen Oberhäuptern nahmen einen sehr lebhaften Karakter an (s. Mansi a. a. O. T. XVII. S. 62) und überlebten den Ignatius, der i. J. 878 starb. Die griechische Kirche hat ihm den 23. Okt. als Gedächtnißtag geweiht. Außer den Briefen haben wir vom Ignatius noch S. Tarasii Vita. Vgl noch Schröckh, K.G. Th. 23. S. 355 ff. *Neudecker.*

Ignatius, stehender Name der Patriarchen der Jakobiten, s. Jakobiten.

Ignatius von Loyola, s. Jesuiten.

Ignorantins (Frères ignorantins, fratres ignorantiae, Ignorantenbrüder, auch Congregation der christlichen Lehre und der christlichen Schulen genannt) heißen eine erst im vorigen Jahrhundert in Frankreich durch den Abbé Baptiste de la Salle (1724) entstandene jesuitische Stiftung, die wesentlich den Zweck hat, in den Volksschulen den Unterricht unentgeldlich zu ertheilen, und zwar im Interesse der Absichten, welche der Jesuitenorden verfolgt, namentlich in confessioneller und religiöser Beziehung, so daß ihr Hauptstreben dahin gerichtet ist, in der Jugendbildung das Volk mittelbar und unmittelbar dem Hierarchenthume unterwürfig und gefügig zu machen. Daher nahm sich auch der Jesuitenorden selbst der Verbreitung der neuen Stiftung mit allem Eifer an, und in der That gelang es ihr schon in sehr kurzer Zeit einen ausgedehnten Wirkungskreis in Frankreich zu finden, ja hier selbst den Jesuitenorden zu vertreten, als derselbe im J. 1764 verwiesen wurde. Bis zum Eintritte der großen Revolution besaßen die Ignorantins 121 Anstalten in Frankreich, indem aber damals die politische Umwälzung auch gegen das Mönchs- und Priesterwesen sich erhob, mußten sie im. J. 1790 Frankreich verlassen. In Italien fanden sie eine Zufluchtsstätte und einen neuen Wirkungskreis, bis sie im J. 1806 von Napoleon die Erlaubniß zur Rückkehr erhielten, indem derselbe recht wohl erkannte, daß die Brüder in ihrer Thätigkeit auch seinen politischen Bestrebungen dienten, ja er unterstützte selbst ihre neue Erhebung und Verbreitung namentlich durch die Befreiung vom Militärdienste und dadurch, daß er sie vorzugsweise als für den Unterricht in der Volksschule geschickt und geeignet empfahl. Im J. 1830 besaßen die Ignorantins wieder gegen 250 große Lehranstalten, deren Zahl jetzt gegen 400 mit ohngefähr 700 Schulen beträgt. Auch in einigen Ländern Deutschlands und in Böhmen haben sie bereits Eingang gefunden, und im Stillen ziehen sie häufig umher, um für das hierarchische Interesse der Jesuiten und des römischen Priesterthums zu wirken. Sie tragen eine der Tracht der Jesuiten ähnliche Kleidung. *Neudecker.*

Jisreel, s. Jesreel.

Ikonium. Diese volkreiche, von Strabo 12. p. 668 freilich nur ein πολίχνιον genannte, aber von Plin. H. N. 5, 27, 25. als eine urbs celeberrima angeführte, Stadt Kleinasiens lag in einer fruchtbaren Ebene am Fuße des Taurus unfern eines Sees. Sie war gut gebaut, von Heiden und Juden bewohnt (Apg. 14, 1. 19.) und hatte nach Münzen aus der Zeit des Gallienus den Rang einer römischen Kolonie. Von Xenoph. Anab. 1, 2, 19. wird sie als dessen östlichste Stadt noch zu Phrygien gerechnet, von den Spätern aber die Hauptstadt von Lykaonien genannt (s. noch Ptolem. 5, 6, 16. Cic. ad Div. 8, 8; 5, 20; 15, 4.), von Ammian. Marcell. 14, 2. endlich zu Pisidien gezogen. In dieser Stadt gründete der Apostel Paulus auf seiner ersten großen Missionsreise, von Antiochien in Pisidien herkommend, eine christliche Gemeinde, mußte sie aber auf einen drohenden Anschlag von Juden und Heiden hin verlassen und sich nach Lystra und Derbe wenden, Apg. 13, 51; 14 ff.; 16, 2. vgl. 2 Tim. 3, 11. Zur Zeit der Kreuzzüge wurde diese Stadt bekanntlich äußerst wichtig und berühmt, sie war einige Zeit die Hauptstadt der Seldschucken (s. z. B. Kortüm, Gesch. d. Mittelalt. I. S. 314, 425; Robinson, Paläst. II. S. 257). Noch jetzt ist sie sehr bedeutend und hat bei 30,000 Einwohner; ihr alter Name erhielt sich unter den Formen Cogni, Kunjah, Konia, s. noch Niebuhr, Reise III. S. 113 ff.; *Cramer,* Asia min. II. p. 65; *Hamilton,* Researches II, 205 sq.; Winer's R.W.B.; Forbiger in Pauly's Realenchklop. IV. S. 51. *Rüetschi.*

Ikonoklaften, f. Bilderftreitigkeiten.

Ildefonfus, Erzbifchof von Toledo, einer jener fleißigen Compilatoren, deren die fpanifche Kirche des 7. Jahrhunderts nach dem Vorbild Ifidors von Sevilla unter ihren höchften Würdeträgern mehrere aufzuweifen hat, — geb. zu Toledo i. J. 607 aus vornehmem Gefchlecht, gebildet in der Schule Ifidors, Mönch und Abt im Klofter Agli zu Toledo, endlich 658—667 (Andere 669) Erzbifchof in feiner Vaterftadt. — Nach dem Zeugniß Julians von Toledo verfaßte Ildefonfus viele Schriften, die er aber um feiner vielen Amtsgefchäfte willen zum Theil unvollendet hinterließ. Wir befitzen von ihm nur noch 1) eine Schrift de illibata b. Virginis virginitate (gedruckt in bibl. Patr. Lugd. T. XII.), 2) 2 Bücher de cognitione baptismi et de itinere deserti quo pergitur post baptismum, eine Glaubens= und Lebensregel für die Getauften, 3) eine Fortfetzung von Ifidors Schrift de viris illustribus, beginnend mit Gregor d. Gr. und Notizen über 13 weitere kirchliche Schriftfteller, meift fpanifche Bifchöfe, enthaltend (gedr. z. B. bei Fabricius, bibl. eccl. p. 60 sq.). Zur Fortfetzung deffelben Werkes fchrieb fodann einer feiner Nachfolger auf dem erzbifchöflichen Stuhl von Toledo, Julian der Heilige (680—90) eine Vita Ildefonsi Toletani, der wir die hauptfächlichften Nachrichten über feine Perfon und fein Leben verdanken. — Zwei Briefe von Ildefonfus nebft einem Antwortfchreiben des Bifchofs Quirinus von Barcelona f. bei d'Achéry Spicil. — Die Adoptianer im 8. Jahrh. beriefen fich neben Ifidor und anderen älteren Kirchenlehrern auch auf Eugenius, Ildefonsus, Julianus, Toletanae sedis antistites, als auf angebliche Vertreter der adoptianifchen Anficht f. das Schreiben der fpan. Bifch. bei Alcuin, Opp. II, 568, und Brief des Elipandus ibid. I, 872. — Vgl. über ihn die Bollandiften zum 23. Januar; eine fpan. Biogr. von ihm erfchien 1727; Kurz, KG. II, 1, S. 536.   Wagenmann.

Ilgen (Karl David) erwarb fich durch feine Verdienfte um die Kritik des Alten Teftaments, dann aber noch mehr als fehr bedeutender Schulmann einen Namen. Er gehört zu jenen kernigen Naturen, welche fich im Stillen ein Gebiet des Wiffens wie des Könnens erobern, fich dann aber mit kräftiger Rückfichtslofigkeit im Bewußtfeyn ihres ethifchen Rechts den Perfonen und Verhältniffen oft fchroff entgegenftellen — kind= lichen Geiftes und doch männlich im Denken und Wollen. So war er gleich kräftig an Leib und Seele.

Von redlichen, aber fehr dürftigen Eltern am 26. Februar 1763 im Dorfe Sehna unweit Eckartsberga in der jetzigen preußifchen Provinz Sachfen geboren, verlebte er feine Jugend in fehr befchränkter Lage. Sein ernfter und ftrenger Vater war Elementarfchullehrer, konnte ihm aber doch den erften Unterricht in Latein und Mufik geben; dann machte er unter Leitung eines benachbarten Pfarrers fo fchnelle Fortfchritte in den Anfängen der Wiffenfchaften, daß ihn Vater ihn fchon 14 Jahre alt in die Secunda des Naumburger Domgymnafiums bringen konnte; doch geben konnte derfelbe ihm nichts, er mußte fich felbft durchhelfen. Sein Karakter erftarkte in dem Kampf dafür und 1783 bezog er mit ausgezeichneten Vorkenntniffen und frifchem Muthe die Univerfität Leipzig, wo Morus, Reiz und Dathe vornehmlich feine Lehrer wurden, fpäter auch Daniel Beck, in deffen philologifcher Gefellfchaft er fich fchon fehr auszeichnete. Hier verfaßte er auch feine erften kleinern Gelegenheitsfchriften, welche nebft andern in feinen Opusculis philologicis (Erford. 1797. 2 Voll.) gefammelt find. 1787 ward er Magifter und hatte den nach= mals fo berühmt gewordenen Gottfried Hermann zum Schüler, der ihm immer dankbar ergeben blieb.

Mit befonderm Eifer hatte er fich auf die morgenländifchen Sprachen, namentlich das Hebräifche gelegt. Ein fehr gelehrtes Werk Jobi, antiquissimi carminis Hebraici natura atque virtutes (Lips. 1789), das er während eines langwierigen Fußübels aus= arbeitete, erwarb ihm auf diefem Gebiete viele Anerkennung. 1789 ward er als Rector des Stadtgymnafiums nach Naumburg berufen, wo er feine ausgezeichnete Befähigung zum Schulfache bewährte, von wo aus er aber fchon nach fünf Jahren als Profeffor der orientalifchen Sprachen an Eichhorns Stelle nach Jena berufen ward, wofelbft er

1799 zum ordentlichen Professor der Theologie ernannt wurde. Er war aber, so sehr er hier durch Gelehrsamkeit und Wahrheitsliebe hervorleuchtete, und sich die Freundschaft vieler bedeutender Männer erwarb, durch seine Schroffheit und eine gewisse Trockenheit des Vortrags für diese Art der Thätigkeit weniger geeignet; "seine große Gelehrsamkeit glänzte mehr in Büchern, als auf dem Katheder. Außer mehreren philologischen Abhandlungen verfaßte er hier jene in die Bewegung der alttestamentlichen Kritik in ihrer Zeit kräftig eingreifende Schrift: Die Urkunden des Jerusalemischen Tempelarchivs in ihrer Urgestalt. 1. Theil. Halle 1798. Es sind hier drei verschiedene Urkundensammlungen angenommen, deren erste zehn, deren zweite fünf, deren dritte zwei Urkunden enthalten habe, die im ersten Buche Mosis zu einem Ganzen verbunden worden, wobei sie jedoch vierfach verkürzt und verändert erscheinen. Der Verfasser wollte damit einen Beitrag zur Berichtigung der Religion und Politik geben, da er urtheilte, eine allgemeine Geschichte könne nicht eher geschrieben werden, als bis die der einzelnen Völker kritisch gesichtet wäre. In dieser Hinsicht sey die Erforschung der zerstückelten, auseinandergerissenen, ineinandergeflossenen Urkunden des im Nationaltempel in Jerusalem aufbewahrten Archivs der jüdischen Geschichte besonders wichtig. Diese wollte er versuchen nach Astrucs Andeutungen und Eichhorns Begründungen in ihrer Urgestalt herzustellen, damit aus ihnen eine Israelitische Geschichte geschrieben werden könne. Dazu sollte ausgesondert und verbunden werden, was Einem Verfasser, Einer Zeit, Einem Zusammenhange angehörte; Sagen, Traditionen und Mythen sollten von den eigentlich historischen Nachrichten unterschieden werden u. f. w. Erst wenn das geschehen, "lasse sich eine Geschichte der Israeliten, ihrer Staatsverfassung, ihres Gottesdienstes, ihrer Moral und Religion, ihrer Sprache und Cultur erwarten, die den Namen einer kritisch berichtigten verdiene." Man sieht, der Zweck war groß genug, wenn auch die Richtung der damaligen Zeit der Willkür subjectiven Beliebens dabei zu viel überließ, dagegen wir uns jetzt zu hüten haben, auch das, was in jenen Bestrebungen berechtigt ist, mit zu verwerfen. — Hätte Ilgen sein Werk zu Ende führen können, es würde mehr Positivität in die Untersuchungen über das A. Test. gebracht haben. — Ebenso selbständig, wenn auch in Beziehung auf einen minder wichtigen Gegenstand, ist die Uebersetzung des Buchs Tobias mit Anmerkungen und einer (kritisch sehr bedeutenden) langen Einleitung. Jena 1800. 8.

Aus dieser Thätigkeit ward aber Ilgen herausgerissen, da er durch G. Hermanns Einfluß von dem Oberhofprediger F. V. Reinhard in Dresden 1801 an der Stelle des verstorbenen Heimbach zum Director der Schulpforte vorgeschlagen ward. Er erhielt den Ruf zu dieser Stelle, dessen Annahme innere und äußere Gründe ihm empfahlen; nun ist er erst recht in seinem Elemente. 1802 trat er sein neues Amt an, das er 29 Jahre in ausgezeichneter Weise verwaltete. Es können in seinem Wirken · hier drei Perioden unterschieden werden: 1) Die Zeit, da jene berühmte Fürstenschule noch unter königl. sächsischer Hoheit stand. In derselben trat er als Restaurator der Anstalt auf, deren Disciplin sehr verfallen war. Seine Gestalt war groß und hager, sein Gesicht hatte viel Würdevolles, dazu kam eine wahre Donnerstimme: so hatte seine Erscheinung etwas Imponirendes, seine nicht immer maßvollen Scheltworte machten großen Eindruck, und wo er erschien, kehrten Ordnung und Zucht sogleich ein. So führte er ein scharfes Regiment. Aber er konnte dann auch wieder so väterlich zu den Schülern sprechen, daß er ihr ganzes Herz gewann, um so mehr, da sie zu seiner Gelehrsamkeit und seinem redlichen Willen ein unbedingtes Vertrauen hatten. Sie glaubten, "daß er sie lieb hätte, besonders weil sie sahen, daß nach den schärfsten Verweisen er schnell wieder versöhnt war und Alles wieder vergessen zu haben schien" (Schmieder). Er wußte sie auch zur Selbstthätigkeit und eigenen Arbeiten zu wecken, bei denen er nach seiner gediegenen Gründlichkeit nichts Oberflächliches duldete. Die Trägen wußte er anzuspornen. Er war ein trefflicher gründlicher Lehrer, besonders im Lateinischen und Hebräischen, wenn er auch manchmal fast zu langsam in der Erklärung der Schriftsteller verfuhr. —

Minder glücklich war sein Verhältniß zu den Lehrern der Anstalt, höflich zwar aber kalt, wozu kam, daß die Behörden alle Veränderungen in der Einrichtung der Anstalt allein mit dem Rector besprachen, wodurch die übrigen Lehrer sich verletzt fühlten. Klatschereien kamen hinzu. Dazu der große Einfluß, welchen der treffliche A. G. Lange auf die Herzen der Zöglinge hatte, wodurch bisweilen Ilgens Eifersucht erregt ward. Doch ward dies dem Hauptzwecke der Anstalt so wenig schädlich, daß eben in dieser Zeit viele nachmals angesehene Männer hier gebildet wurden.

2) Als 1815 die Landesschule Pforte mit dem übrigen Herzogthume Sachsen an Preußen überging, war große Gefahr der Störung der bisherigen guten Verhältnisse vorhanden, zumal Ilgen als guter Sachse und treuer Anhänger des sächsischen Regentenhauses die Regierungsveränderung nur ungern sehen konnte. Aber die neue Regierung behandelte die Anstalt und ihren Rector mit vieler Rücksicht und verfuhr schonend, wenn er manche Neuerungen auch mit großer Schroffheit bekämpfte. Er wurde 1816 durch den Titel eines Consistorialraths geehrt. Doch ward 1820 schon daran gedacht, ihn wieder in eine theologische Professur in Berlin oder Halle zu versetzen, als sich das Verhältniß durch gegenseitiges Entgegenkommen wieder herstellte.

3) Von 1820—1831 wirkte Ilgen in vollem Einverständniß mit den Behörden vortrefflich fort; die Anstalt ward aber in ihrer Verwaltung wie in ihrem Lehrplane sehr umgestaltet, die Mathematik, Geschichte, deutsche und französische Sprache sollten neben den alten Sprachen in ihre lange verkannten Rechte eintreten. Darein konnte sich der altsächsische Philolog nicht recht finden. Dagegen gestaltete sich das Verhältniß zu den Collegen, namentlich zu dem liebenswürdigen Lange, immer erfreulicher. Seit 1825 nahmen aber seine Kräfte und später besonders seine Augen so ab, daß er seinen Abschied 1831 suchen mußte, der ihm in der ehrenvollsten Weise gegeben ward, worauf er seine letzten Tage zuletzt gänzlich erblindet in Berlin verlebte, wo er am 17. Sept. 1834 sanft starb. — Werthvolle philologische Abhandlungen waren die einzigen schriftstellerischen Arbeiten gewesen, zu denen er als Rector der Schulpforte noch hatte Zeit gewinnen können. In Gesellschaft war er heiter und mittheilend, alte Freundschaft hielt er treu fest, so die mit Wilhelm v. Humboldt, mit welchem ihn ein enges Band verknüpfte, das R. Haym in seinem Lebensbilde W. v. Humboldts (Berlin 1856) wohl nicht ganz unerwähnt hätte lassen sollen.

Vgl. Kraft, Vita Ilgenii (Altenburg 1837) mit der Recension von Dr. Schmieder in den Jahrbb. für wissensch. Kritik 1838, Juli Nr. 5—7. und besonders auch den Artikel Ilgen in Ersch und Grubers Encyklopädie, der dieser Darstellung zum Grunde gelegt ist, in der vorzugsweise nur der Theologe Ilgen in Betracht kommen konnte.

L. Pelt.

Ilgen, Christian Friedrich, geb. am 16. Sept. 1786 zu Chemnitz im sächsischen Erzgebirge, studirte zu Leipzig, wo er auch Privatdocent, dann 1818 außerordentlicher Professor der Philosophie, 1823 der Theologie, 1825 ordinarius derselben, später auch Domherr wurde, zeichnete sich als gründlicher historischer Theologe und liebenswürdiger Karakter aus. Noch mehr als durch seine Arbeiten über Lälius Socinus Leben (Lips. 1814 und 1826. 2 P. 4.), seine interessanten Programme (memoria utriusque catechismi Lutheri. L. 1829—30, historia collegii philobiblici. 1836—40) und seine wenig mehr genügende Abhandlung über den Werth der christlichen Dogmengeschichte (1817) hat er sich durch Gründung der historisch-theologischen Gesellschaft ein Denkmal gesetzt (seit Sept. 1814. Vgl. Denkschrift der hister.-theol. Gesellschaft zu Leipzig, 1—3. Leipz. 1817—24), aus welcher die jetzt von Hrn. Professor Dr. Niedner in Wittenberg redigirte, eine Reihe von Jahren von Ilgen selbst redigirte Zeitschrift für die historische Theologie hervorgegangen ist (seit 1832, also schon 24 Jahrgänge). — Ein Band Predigten (die Verklärung des irdischen Lebens durch das Evangelium, 1823), spricht seinen Standpunkt deutlich aus, auf welchem er bis zu seinem am 4. Aug. 1844 erfolgten Tode fest stehen blieb. S. Bruno Lindner, Erinnerungen an

Dr. Illgen in der Zeitschrift für die historische Theologie, herausgeg. v. Niedner. 1845. S. 3. **L. Pelt.**

Illuminaten (Erleuchtete). Zu allen Zeiten hat es Schwärmer, Mystiker und Theosophen gegeben, welche auf den Namen Illuminaten Anspruch machten oder ihn erhielten, sofern sie eines höheren, ungewöhnlichen Grades menschlicher Vollkommen= heit in der Erkenntniß Gottes und göttlicher Dinge wie auch einer engen Verbindung mit der Geisterwelt sich rühmten. Speciell wird jener Name einer mystisch=schwärmerischen Partei beigelegt, welche zuerst seit 1575 in Spanien auftrat und Alumbrados oder Alombrados genannt wurde. Sie verfiel der Inquisition; von dieser heftig verfolgt, verschwand die Partei eine Zeitlang, bis sie 1623 von Neuem in Frankreich unter dem Namen Guerinets auftrat, aber auch hier schon 1635 der Verfolgung gänzlich unter= lag. Diese Illuminaten erkannten das innerliche Gebet als das Mittel einer solchen vollkommenen Vereinigung mit Gott, daß die Seele des Menschen in das Wesen Gottes ganz und gar einfließen sollte, daß die menschlichen Handlungen hiernach wahrhaft gött= liche Handlungen würden, daß folglich für die Glieder der Partei weder die sogenannten guten Werke noch die Sakramente nöthig seyen, um eine höhere Vollkommenheit zu er= langen. Eine ähnliche Sekte trat wieder um 1722 im südlichen Frankreich auf, die ihre mystisch = theosophischen Träumereien bis zu der Behauptung entwickelte, daß sich die menschliche Natur in dem heil. Geiste völlig auflösen werde. Sie verband mit ihrer Theorie späterhin noch allerlei den Freimaurern entlehnte Geheimnisse und erhielt sich in verschiedenen Abzweigungen, bis sie in der Revolutionszeit (1794) endlich ganz unter= drückt wurde; vgl. Schirach, Politisches Journal v. 1785—1794. Den Namen Illumi= naten führt indeß vorzugsweise der von Adam Weishaupt, Professor in Ingolstadt, am 1. Mai 1776 auf freimaurerischen Grundlagen und mit jesuitischen Formen gestiftete Orden, der die Ausbildung der Menschen zur möglichst reinen Sittlichkeit zum Aus= hängeschild hatte, und als seinen Zweck angab, in dem Vereine der edelsten Männer einen Bund zur Bekämpfung des moralischen Uebels und dadurch zur Weltreform zu gründen, in der Wirklichkeit aber sich zu Tendenzen ausbildete, die für Staat und Kirche gleich destructiv waren, indem er, im Hasse gegen den politischen und kirchlichen Jesui= tismus, durch die Zerstörung des kirchlichen Glaubens und Cultus eine Afteraufklärung in religiösen und politischen Dingen zur allgemeinen Geltung bringen, eine Religion der Vernunft herstellen, das positive Christenthum aufheben, eine allgemeine Freiheit und Gleichheit schaffen, die Fürsten und Staatsbehörden beseitigen und dagegen eine republikanische Gesinnung und Verfassung begründen wollte. Allerdings war Weishaupt ein trefflicher Mann, der von einem edlen Eifer beseelt war; in der politischen wie religiösen Aufklärung sah er das Mittel, die Menschheit zu einer höheren Voll= kommenheit zu führen, deßhalb nannte er auch seine Stiftung anfangs den Orden der Perfectibilisten, allein er war zu wenig praktischer Menschenkenner und zu sehr in der Verfassung und Erziehungsweise des Jesuitenordens befangen, als daß er sich vor den gefährlichen Irrwegen hätte hüten können, auf die er durch das völlige Verkennen des Christenthums, durch die Verdrängung desselben und durch die Einführung des Naturalismus nothwendig gelangen mußte. Sein treuer Gehülfe, der Mann, durch welchen der neue Orden an Ausdehnung außerordentlich gewann, war der Freiherr Adolph v. Knigge, der seit 1780 den Illuminaten angehörte, das Christenthum nicht für eine Volksreligion, sondern für ein System erklärte, das nur für Auserwählte be= stimmt sey, und meinte, daß es durch diese in den Mysterienschulen die Fortpflanzung erhalten, endlich aber in dem Freimaurerwesen die rechte Stätte gefunden habe. Wäh= rend es nur einer kleinen Zahl Auserwählter gelang, die obersten Zwecke der neuen Stiftung zu erfahren, während die ganze Organisation derselben in den verschiedenen Gliederungen mit mysteriösen Formen und Zeichen reichlich durchdrungen war, hielt der Orden in seiner ganzen Einrichtung das Streben fest, alle Aemter in Staat und Kirche in seine Hände zu bringen; und trotz der allgemeinen Freiheit und Gleichheit, die er begründen wollte, eine unumschränkte Gewalt zu erhalten. Zur Erreichung dieses Zieles griffen die Führer des Ordens zu denselben Mitteln, durch welche die Jesuiten die allgemeine Herrschaft und Gewalt an sich zu reißen suchten. Dahin gehörte vor Allem das Streben, Männer für den Orden zu gewinnen, die irgend einen Einfluß auf die Staatsangelegenheiten übten, die Regenten mit Ordensgliedern zu umgeben, ja so zu umgarnen, daß sie ohne den Orden nichts Wichtiges unternehmen und als entbehrlich erscheinen könnten; dahin gehörte ferner das Streben, auch solche Männer dem Orden zuzuführen, welche Vermögen besaßen, aber einen schwachen Karakter kundgaben, um sie und ihr Geld für die Zwecke des Ordens zu benützen, auch solche Männer wurden gesucht, die des Schutzes oder Einflusses Anderer bedurften, dagegen blieben solche von der Aufnahme ausgeschlossen, die irgend wie eine Selbständigkeit, Stolz und Eigennutz verriethen, oder in ihren Reden und Handlungen unvorsichtig waren. Ein strenger, unbedingter und blinder Gehorsam war für jedes Ordensglied unerläßliche Pflicht; jeder Aufgenommene stand unter der strengen Controle seines Oberen, der über jenen in monatlichen Berichten sich aussprechen, nach allen Seiten hin Erkundigungen einziehen mußte, dazu sogar sich verstellen durfte. Er kannte nur seinen nächsten Vorgesetzten, ohne zu wissen, wer ein noch höherer Vorgesetzter war. Jeder war selbst wieder der geheimen Beobachtung unterworfen, die durch die verschiedenen höheren Grade des Ordens bis zu dessen Oberhaupte ging.

Nur die mit der größten Vorsicht ausgewählten Männer, welche durch Beredtsamkeit, Klugheit, Gewandtheit, Hingebung an den Orden bis zur völligen Selbstverleugnung und durch ihren Eifer für die Sache des Ordens sich tüchtig bewiesen hatten, gelangten zu den höheren Graden, durch die sie erst in die Mysterien des Ordens eingeweiht wurden, während die Mitglieder der niederen Grade von jenen kaum eine Ahnung hatten. Die Mysterien bezogen sich auf die Religion, die zum Naturalismus und zur Freidenkerei umgestaltet ward, und auf die Politik, welche die monarchische Staatenform durch Socialismus und Republikanismus ersetzen sollte. Eine ununterbrochene Correspondenz zwischen den Ordensgliedern, vornehmlich zwischen den Vorgesetzten der einzelnen Grade, behandelte die Ordensangelegenheiten in den verschiedenen Städten und Ländern, in welchen die Illuminaten eine Wohnstätte gefunden hatten; zu dieser Correspondenz bediente man sich der Chifferschrift, gewöhnlich in unseren Zahlzeichen, doch gebrauchten die höheren Grade auch andere Chiffern. Die Monate hatten besondere Namen (z. B. der Januar hieß Dimeh, der Februar Benmeh), ebenso die Länder und Städte. Deutschland hieß der Orient, Bayern Achaja, München Athen. Für die Bezeichnung des Ordens galt das Zeichen ☉, für die einer Loge das Zeichen ☐. Auf dem Briefe, welcher an einen Ordensoberen gerichtet war, standen die Buchstaben Q. l., d. i. Quibus licet, nämlich den Brief zu öffnen; war der Brief für einen Vorsteher höheren Grades bestimmt, dann war er mit dem Worte Soli bezeichnet, sollte er aber nur von einem noch höheren Oberen gelesen werden, dann trug er die Aufschrift Primo. Jeder Illuminat hatte auch einen besonderen Ordensnamen; der Stifter führte den ominösen Namen Spartacus, Knigge hieß Philo.

Es ist gewiß merkwürdig, daß gerade die Männer, welche durch ihre Philosophie das Problem zu lösen vermeinten, das Glück der Menschheit in religiöser, staatlicher und socialer Beziehung wahrhaft und dauernd zu begründen, die Mit- und Nachwelt zur wahren Freiheit im Glauben und Leben zu führen, ihren Anhängern selbst jede Freiheit raubten, sie geradezu als ihre willenlose Werkzeuge ansahen und so in einer höchst widerlichen Weise mißhandelten. Nur aus der außerordentlichen Thätigkeit und jesuitischen Schlauheit, mit welcher die Führer des Illuminatenordens zu Werke gingen, aus dem eigenthümlichen Reize, welchen mystische, geheimnißvolle Formen für Viele haben, aus dem Streben Vieler, Andere wieder für bestimmte Zwecke zu benutzen, oder aus Stolz, Neid, Ehrgeiz, Rache und anderen sittlichen Fehlern in Opposition mit bestehenden Einrichtungen und Verhältnissen zu treten, läßt es sich erklären, daß der Illuminatenorden nicht nur Männer von bedeutendem Range, Ansehen und Einfluß unter sich zählte, sondern auch in seiner im Ganzen nur kurze Zeit dauernden Blüthe mehr als 2000 Mitglieder hatte. Zu diesen Männern gehörten namentlich, außer Knigge und dem Geh. Rath Bode, der Freiherr v. Bassus auf Schloß Sandersdorf in Bayern, Xavier v. Zwack, der Graf Costanza, der Kanonikus Hertel, der Abt Cosandry, der Prof. Baader, der Bibliothekar Drexl, der Abt Marotti, der bekannte Utzschneider, Nicolai, Bahrdt u. A. Selbst Fürsten (die aber in die Mysteriengrade nicht aufgenommen wurden, da in diesen der ausgeprägte Republikanismus gepflegt wurde, der den Fürsten freilich sorgsam verheimlicht werden mußte), sollen ihm angehört haben; man nennt hier u. A. den Herzog Ernst II. v. Gotha-Altenburg, den Herzog Karl August von Weimar, den Herzog Ferdinand von Braunschweig und den Fürsten von Neuwied. Der Hauptsitz des Ordens war in Bayern; dieses Land bildete mit Schwaben und Franken die erste Provinz des Ordens für Deutschland, die zweite bestand in dem oberrheinischen und westphälischen Kreise, die dritte in Ober- und Niedersachsen; in allen wichtigeren Städten hatte er sich festgesetzt, namentlich in Berlin, Dresden, Leipzig, Wien, Hannover, München, Baireuth, Ingolstadt, Freisingen, Würzburg, Eichstädt, Weimar, Gotha u. s. w. Selbst über Deutschlands Grenzen hinaus war er vorgedrungen, nach Frankreich, Belgien, Holland, Dänemark, Schweden, Liefland, Polen, Ungarn und Italien.

Was die innere Einrichtung des Ordens betrifft, so war sie vornehmlich durch Weishaupt, der früher zu den Jesuiten gehörte, nach Aufhebung derselben aber als deren erbitterter Gegner auftrat, und durch Knigge bestimmt worden. Weishaupt wählte für die Verfassung und gesellschaftliche Form des Ordens die Einrichtung des Jesuitenthums zum Vorbilde. Im Jahre 1777 trat er zu den Freimaurern, doch lernte er das Wesen dieses Ordens nicht genauer kennen und wurde mit demselben erst durch Knigge und Marotti näher bekannt. Sein Streben ging jedenfalls vom Anfang an dahin, seine Stiftung mit dem Freimaurerorden zu verbinden, sie dadurch zu heben und zu erweitern, letztern in seinem Orden aufzulösen. Erst durch Knigge's Geist und Thätigkeit gelang es ihm, den Illuminatismus in den Logen der Freimaurer zur Geltung zu bringen; dadurch schuf sich aber der Orden auch mächtige Feinde, die zu seinem Sturze wesentlich beitrugen. Knigge war es auch, der die Organisation des Ordens nach freimaurerischem Muster herstellte; nach ihr zerfiel der ganze Orden in drei Hauptklassen mit verschiedenen Unterabtheilungen oder Graden.

Die erste Hauptklasse umfaßte die Vorbereitungsklasse; zu derselben gehörten die Novizen, Minervalen und Illuminati minores. Das Noviziat konnte mit dem 18. Lebensjahre angetreten werden und dauerte, je nach der Tüchtigkeit, die der Neuling bewies, ein, zwei oder drei Jahre. Wenn er die nöthige Auskunft über sich und seine Verhältnisse, zugleich auch das Versprechen strenger Verschwiegenheit gegeben hatte, kam er unter die ununterbrochene Beobachtung und Beaufsichtigung dessen, der ihn angeworben hatte, empfing einen Ordensnamen und einen Unterricht in der gewöhnlichen Chifferschrift des Ordens. Nach Ablauf des Noviziates erfolgte die Aufnahme in den Grad der Minervalen. Der Novize mußte einen unbedingten Gehorsam eidlich angeloben, wurde in die Loge der Minervalen feierlich eingeführt und erhielt ein grünes Band als Ordenszeichen, auf dem eine Eule abgebildet war, die in den Krallen ein Buch hielt, auf dem die Buchstaben P. M. C. V., d. i. Per me coeci vident, standen. War der Minervale für den Eintritt in einen höheren Grad tüchtig befunden worden, dann wurde er Illuminatus minor. Besondere Feierlichkeiten für die Aufnahme in diesen Grad fanden nicht statt; dem zu Promovirenden wurden die Verhaltungsmaßregeln gegen die Untergebenen, das Motto dieses Grades Cave ne cadas, und das Zeichen bekannt gemacht, an dem er seine Brüder erkennen konnte. Das Zeichen bestand in der Erhebung des rechten Zeigefingers.

Die zweite Hauptklasse war die der Freimaurer, die sich in Lehrlinge, Gesellen und Meister theilten; sie schloß zwei höhere Grade in sich, den Grad des Illuminatus major ober schottischen Novizen und den Grad des Illuminatus dirigens oder schottischen Ritters. Derjenige, welcher Illuminatus major werden wollte, mußte zuvor eine bis in die klein= sten Details gehende Biographie einreichen und über die geheimen Regungen seines Her= zens Aufschluß geben, seine Promotion konnte jedoch verweigert werden, wenn drei Mit= glieder dieses Grades gegen dieselbe stimmten. War sie genehmigt, dann erfolgte sie in einem mystisch erleuchteten Zimmer, die Logenbrüder trugen schwarze Mäntel, der Vor= sitzende hielt dem Candidaten mit den Worten Nosce te ipsum einen Spiegel vor, gab ihm mehrere Fragen, die das Ordensinteresse berührten, zur Beantwortung, überreichte ihm ein grünes Schurzfell und eröffnete ihm das Zeichen, an dem er die Brüder seines Grades erkennen konnte; es bestand darin, den rechten Zeigefinger auf das Herz zu legen, den linken aber mit der Hand in die Höhe zu halten. Der Illuminatus major stieg zum Illuminatus dirigens oder schottischen Ritter auf, wenn er zuvor feierlich gelobt hatte, keiner andern geheimen Verbindung, auch nicht dem Orden der Freimaurer, an= zugehören, und auch dann nicht in eine solche Verbindung zu treten, falls er aus dem Illuminatenorden ausscheiden sollte. Von einem Bruder wurde er in ein grün ausge= schlagenes Logenzimmer geführt; hier saßen die Logenbrüder im Ornate, der Vorsitzende hatte seinen Platz unter einem grünen Thronhimmel und war mit dem Andreasbande und dem Ordenssterne bekleidet; rechts saß der Ordenspriester in einem weißen Gewande. Unter feierlichen Ceremonieen erfolgte der Ritterschlag zum heil. Andreas von Schottland und die Mittheilung des Erkennungszeichens für den Rittergrad. Der Bruder gab sich dadurch zu erkennen, daß er die Arme kreuzweise übereinander schlug und den Ellenbogen des Anderen mit den Worten erfaßte: „Sieh' mich an, ob du kein Zeichen an mir wahrnimmst?" Der Andere erwiederte darauf: „Ja, ich sehe den flammenden Stern auf deiner Stirn", und küßte diese. Der Aufgenommene hieß Illuminatus dirigens, sofern ihm das Recht der Beaufsichtigung und Leitung von Minervallogen zukam; dabei war es seine Pflicht, insbesondere auf den Freimaurerorden einzuwirken und dessen Brüder für die Illuminaten zu gewinnen. Uebrigens war der schottische Rittergrad der höchste Grad für denjenigen, welcher für die Einweihung in die eigentlichen Ordensmysterien als nicht geeignet befunden wurde.

Die Mysterienklasse war die dritte Hauptklasse des Ordens und theilte sich in die großen und kleinen Mysterien; die zuletzt Genannten zerfielen in den Priester= und den Regentengrad. Wollte der schottische Ritter in den Priesterstand übergehen, dann wurde zuvor eine Erklärung über verschiedene Fragen des religiösen und socialen Lebens von ihm verlangt, darauf brachte man ihn mit verbundenen Augen und auf Umwegen nach dem Logenhause, nahm ihm hier die Binde ab, gab ihm einen Degen in die Hand und auf den Zuruf: „Komm herein, unglücklicher Flüchtling! Die Väter erwarten dich, tritt herein und verschließe die Thüre hinter dir!" trat er in ein reich decorirtes Zimmer, in welchem auf einem vor einem Thronhimmel stehenden Tische kostbares Geschmeide, aber auch ein einfacher, weißer Priesteranzug lag. Dem Bruder war nun die Wahl zwischen diesen Gegenständen gelassen, seine Aufnahme erfolgte, wenn er das Priestergewand ergriff. Darauf erhielt er einen Unterricht über Religion und Politik in oben angegebenen Sinne und die Ordenskleidung, zu der außer dem Priesterkleide noch ein breiter Gürtel von scharlachrother Seide und ein kleiner viereckiger Hut von rothem Sammte gehörte. Das Erkennungszeichen bestand darin, daß der Bruder die Hände kreuzweise auf den Kopf legte, dann die Faust verschlossen hinhielt, den Daumen aber in die Höhe streckte, worauf der Andere den Daumen mit seiner Hand einschloß. Für die Brüder niederen Grades führte der Priester den Namen Epopt, die Vorsteher nannten ihn Hierophant. Aus dem Priestergrad trat der Illuminat in den Grad des Regenten, Princeps genannt. Dieser Grad bildete einen weiteren Uebergang zur Entwickelung politischer und religiöser Freigeisterei und zur Verbreitung derselben in Staat und Kirche durch die geheime Thä= tigkeit des Ordens. Die feierliche Aufnahme fand in einem schwarz ausgeschlagenen Zimmer statt, in dem ein Todtengerippe war, zu dessen Füßen eine Krone und ein

Degen lag; hinter dem Zimmer war ein anderes, dessen Thüre offen stand und in dem der Vorsteher auf einem Throne saß. Mit gefesselten Händen wurde der Bruder in das erste Zimmer geführt; hier widmete er sich eine Zeitlang der Contemplation, dann nahm der Vorsteher ihm die Fesseln ab, legte ihm die Ordenskleidung an, machte ihn mit den Erkennungszeichen bekannt und erklärte ihn zum Princeps. Die Ordenskleidung bestand in einem weißen Mantel und rothen Kreuze, einem Brustschilde von weißem Leder, auf dem auch ein rothes Kreuz angebracht war, in einem weißen mit rothem Federbusche versehenen Hute und in rothen Schnürstiefeln. Das Erkennungszeichen war das Wort Redemtio, indem der Bruder zugleich die beiden Hände flach hinhielt und vor sich aus= streckte.

Auch der große Mysteriengrad bestand in zwei Klassen, in der Klasse des Magus und des Rex; in jener wurde der ausgebildete Naturalismus, in dieser der ausgebildete Socialismus und Republikanismus gepflegt. Besondere Feierlichkeiten für die Aufnahme in die eine oder andere Klasse fanden nicht statt, die Brüder waren die Areopagiten des Ordens, an dessen Spitze der General (Weishaupt) mit einem geheimen Rathe stand, den die höheren Chargirten, das sogenannte Provinzialcollegium (welches die Vorsteher einer Provinz umfaßte und von den Regenten gewählt wurde), das Nationaldirectorium eines Landes und ein aus zwölf Mitgliedern bestehenden Areopag bildete; letzter war der höchste Gerichtshof für alle Ordensangelegenheiten, stand jedoch immer unter dem General.

Der in seinem Organismus höchst complicirte Orden bestand anfangs ganz im Ge= heimen, bis er die Freimaurer zu sich zog, diese selbst in ihrem Bestehen als Orden aufzulösen bemüht war; die staats= und kirchengefährlichen Tendenzen des Illuminatismus blieben sogar noch länger verborgen, wenn schon er jener Tendenzen seit 1781 in Bayern verdächtig wurde. Offenkundig wurden sie seit dem Schlusse des Jahres 1783, und seitdem ging der Orden seiner Auflösung rasch entgegen. Der Grund zu derselben lag schon theils in der unwürdigen Bevormundung, die er übte und jeden edlen Menschen, der sich seiner Selbständigkeit bewußt war, empören mußte, theils in dem Mißtrauen, das er nach allen Seiten hin verbreitete, theils in der Ausschließung Mehrerer von den Mysteriengraden und in der Privatrache dafür, theils in der Eifersucht Vieler über den Einfluß des Ordens auf die Besetzung der Aemter in Staat und Kirche, theils in der Verfolgung derer, die den Zwecken des Ordens nicht Folge leisten, theils in der Ver= folgung der Freimaurer, die sich mehr dem Wesen des Illuminatenordens nicht fügen wollten, theils endlich in der Eifersucht, die zwischen Weishaupt und Knigge ausbrach, indem jeder den anderen als ebenbürtig neben sich nicht anerkennen wollte und beide auch wegen verschiedener Ansicht über Religion und Kirchenthum, über die Bildung eines Rituals und über die Regierung des Ordens sich entzweiten. Durch ein Edikt vom 22. Juni 1784 hob der Kurfürst Karl Theodor den Orden für Bayern auf, Knigge trat darauf aus demselben (1. Juli 1784), der Orden aber bestand im Geheimen doch fort. Der Regierung gelang es, der Ordenspapiere sich zu bemächtigen; sie ließ diese durch den Druck bekannt machen (s. Einige Originalschriften des Illuminatenordens 2c. auf höchsten Befehl zum Druck befördert. Münch. 1787. Nachtrag von weiteren Originalschriften, welche die Illuminatensekte überhaupt, sonderbar aber den Stifter derselben Adam Weis= haupt betreffen 2c. ebend. 1787), und schritt, freilich ohne daß sich die Form des Ge= richtes rechtfertigen ließ, gegen die Ordensglieder mit Absetzung, Gefängnißstrafe und Landesverweisung vor. Viele flohen, auch Weishaupt flüchtete (16. Febr. 1785); auf seinen Kopf war ein Preis ausgesetzt worden, doch fand er bei dem Herzog Ernst von Gotha=Altenburg eine sichere Aufnahme, obschon Karl Theodor die Auslieferung von dem Herzoge verlangt hatte. Weishaupt starb in Gotha den 18. Novbr. 1830. Am 2. März und 16. August 1785 erließ Karl Theodor neue und geschärfte Edikte gegen den Orden. Der Streit für und gegen den Orden dauerte noch mehrere Jahre hindurch fort, da er auch seine Vertheidiger fand; namentlich sahen sich die Freimaurer veranlaßt, sich zu rechtfertigen und von unwürdigen Verdächtigungen zu reinigen, in die sie durch die

Verbindung mit den Illuminaten und durch deren Influenzirung gekommen waren. Seit dem Ende des vorigen Jahrhunderts hörte auch dieser Streit und hiermit zugleich die ganze Sache der Illuminaten auf. Vgl. Große Absichten des Ordens der Illuminaten, dem patriotischen Publikum vorgelegt von vier ehemaligen Mitgliedern. Münch. 1786. Nachtrag zu den großen Absichten zc. ebend. 1786. (Rud. Zach. Becker) Grundsätze, Verfassung und Schicksale des Illuminatenordens in Bayern (v. O.) 1786. Weishaupt, Apologie der Illuminaten. Frankf. 1786. Dessen Einleitung zu meiner Apologie, ebend. 1787. Derf., Das verbesserte System der Illuminaten zc., ebend. 1787. Philo's (Knigge's) Endliche Erklärung und Antwort zc. Hannov. 1788. Die neuen Arbeiten des Spartacus und Philo in d. Illuminatenord. zc. (v. O.) 1794. (Voß) Ueber den Illuminatenorden (v. O.) 1799. Neudecker.

Immunität, kirchliche. Nach dem kirchlichen Sprachgebrauche unterscheidet man die kirchliche Immunität (immunitas ecclesiastica) von der Immunität der Kirche (immunitas ecclesiae). Die letztere, örtliche ist gleichbedeutend mit Asyl (s. d. Art. Bd. I. S. 567), die erstere mit libertas ecclesiastica und bezeichnet überhaupt die Freiheit von allgemeinen öffentlichen Verpflichtungen. Die Diener der Religion genoßen stets bei allen Völkern gewisse Vorzüge und Freiheiten, welche den übrigen Bürgern fehlten. So die römischen Priester (m. f. den Nachweis ihrer Privilegien bei Jac. Gothofredus in dem Paratheton zum Codex Theodosianus lib. XVI. tit. X. de paganis, sacrificiis et templis, in der Ausgabe von Ritter Tom. VI. P. I. fol. 280, 281 und Jabrot zu c. 14. dieses Titels, a. a. O. fol. 320), deren Vorrechte seit Constantin auf den christlichen Klerus übertragen wurden. Dazu gehörte insbesondere (s. Gothofredus zum Cod. Theod. lib. XVI. tit. II. de episcopis, ecclesiis et clericis, a. a. O. fol. 20, 21) die Befreiung von Aemtern des Staats und der Gemeinden, von öffentlichen Abgaben (census), von niederen Dienstleistungen (munera sordida), Stellung von Fuhren (parangariae), Einquartirung (metati onus). Hiezu kam noch der eigene geistliche Gerichtsstand (s. d. Art. kirchliche Gerichtsbarkeit). Diese Privilegien wurden den Klerikern für ihre Person, ihre Frauen und Kinder, so wie für ihre Hausgenossen und für die der Kirche gehörigen Güter zu Theil, dagegen nicht für ihr Privatvermögen, auch solchen Personen nicht, welche sich in den Klerus aufnehmen ließen, um den bisher für sie bestandenen Verpflichtungen zu entgehen. Diese Grundsätze wurden fortwährend im römischen Reiche aufrecht erhalten, wie sich daraus ergibt, daß Justinian die älteren Vorschriften in den im Jahre 534 neu redigirten Codex mit aufnehmen ließ (vgl. c. 1. 2. 3. 6. u. a. C. de episcopis et clericis I. 3. von 343, 357, 360, 377). Auch fügte Justinian 532 die Befreiung von Vormundschaften (immunitas tutelae) hinzu (c. 52. C. cit. I. 3.), was er nachher noch genauer dahin erläuterte, daß Bischöfe und Mönche überhaupt keine Vormundschaft übernehmen sollten, während es Presbytern, Diakonen und Subdiakonen frei gestellt wurde, ob sie sich dieser Pflicht unterziehen wollten (Nov. CXXIII. cap. 5. Auth. Presbyteros C. cit. I. 3.).

Auch die Germanen gewährten ihren Priestern mannigfache Vorrechte. Jul. Cäsar stellt sie als bevorzugten Stand neben den Adel und sagt von ihnen: magno (Druides) sunt apud eos honore (de bello Gallico lib. VI. cap. 13.). Druides a bello abesse consueverunt, neque tributa una cum reliquis pendunt, militia vacationem omniumque rerum habent immunitatem (a. a. O. cap. 14.). Diese Privilegien ließen die bekehrten Germanen ebenfalls der christlichen Geistlichkeit, welche überdies, da das römische Recht als ihr Standesrecht anerkannt wurde (secundum legem Romanam ecclesia vivit. Lex Ribuaria tit. LVIII. §. 1. u. a.), auch die ihnen durch dasselbe gewährten Gerechtsame erlangten. Daher spricht Chlothar I. im Jahr 560 der Kirche die im römischen Rechte übliche dreißigjährige Verjährung zu (Const. c. 13. bei Pertz, Monum. Germ. T. III. Fol. 3.). Daß die älteren Privilegien nicht verkürzt wurden, dafür sorgte aber auch die Kirche selbst, indem sie die kaiserlichen Constitutionen in's Gedächtniß zurückrief (vergl. c. 40. Can. XVI. qu. I. c. 23. Can. XXIII. qu. VIII.) und die Uebertreter mit geistlichen Strafen bedrohte. Die Festsetzung des dritten Concils von Toledo von 589 can. 21. (c. 69. Can. XII. qu. II.), daß die Hörigen der Kirchen, Bischöfe und Geistlichen nicht mit Frohnfuhren (publicae angariae) belästigt würden, erhielt auch später besondere Billigung (Capitulare a. 744, cap. 7. vgl. Benedikts Capitularienfammlung lib. III. cap. 290.). Der Schuß, den die Kirche Allen verschaffte, welche sich ihrer Clientel unterwarfen, machte die Kirche bald sehr vermögend. Das Schußverhältniß selbst, welches Vertretung und dann auch Herrschaft in sich begriff, heißt im 6. Jahrhundert *mitium* oder *mittium legitimum* (vgl. Roth, Geschichte des Beneficialwesens [Erlangen 1850] S. 163 folg.). Daran knüpften sich bald andere Rechte, indem die eigene Steuerfreiheit auch das Recht zur Folge hatte, von den Schußpflichtigen die an den Fiscus zu entrichtenden Steuern und Abgaben selbst zu erheben. Dieses Recht nannte man *emunitas*, Immunität und beruhte auf königlicher Verleihung. Zu den überlassenen fiscalischen Abgaben gehörten auch Prozeßkosten und Strafgelder, deren Einziehung dem Inhaber der Immunität selbst zugestanden wurde, so daß die königlichen Richter damit nichts mehr zu schaffen hatten. Daher wurde die Immunität verliehen mit einem: absque introitu judicum. So heißt es in den vom Mönche Marculf im 7. Jahrhundert zusammengestellten Formularen lib. I. form. 3. 4. u. a.: de emunitate regia, der König habe einem Bischofe verliehen: „integram emunitatem, ut nullus judex publicus ad causas audiendum, vel freda exigendum, nec mansiones aut paratas faciendum, nec fidejussores tollendum, nec homines ipsius Ecclesiae de quaslibet causas distringendum, nec nullas redhibitiones requirendum, ibidem ingredere non debeant —. — Et quicquid exinde fiscus noster potest sperare, in luminaribus ipsius Ecclesiae in perpetuum proficiat.“ Hiezu kam später auch das Recht des Aufgebots zum Heere (Heerbann), womit die Kirche zugleich die Kriegspflichten in dem betreffenden Sprengel, der selbst Immunität genannt wurde, übernahm. Aus diesen Immunitäten, wofür sich auch schon zeitig der Ausdruck territorium findet (m. f. z. B. Formulae Andegavenses 4. 8. 21. 22. u. a.), gingen später die geistlichen Landesherrschaften hervor (vgl. Rettberg, Kirchengesch. Deutschlands Bd. II. §. 97. Waitz, deutsche Verfassungsgeschichte Bd. II. S. 290 folg. 570 folg.).

Die Aufrechthaltung solcher Immunität wurde wiederholt durch die fränkischen Reichsgesetze eingeschärft (f. Capitula synodi Vernensis a. 755 c. 19. 28. Cap. Motens. a. 756 c. 8. u. a.), nicht minder aber die den Klerikern und Kirchengütern bewilligten Freiheiten. Namentlich bestimmte Ludwig der Fromme, es solle jede Kirche ein Grundstück (mansus) frei von jeglichem Dienste haben und die daran angestellten Priester sollen von den Häusern, Höfen und Gärten, welche neben der Kirche liegen, keinen Zehnten oder sonstige Leistungen der Gläubigen entrichten (Capit. a. 816. c. 10., auch in c. 25. Can. XXIII. qu. VIII.), erneuert durch das Capitulare Wormatiense a. 829 c. 4., Concil. Meldense a. 845 c. 63. (c. 24. Can. XXIII. qu. VIII.), Wormat. a. 858 c. 58. u. a. m. — Tributpflichtige Güter, welche die Kirche außerdem erwarb, wurden dagegen von den bisherigen Abgaben nicht frei, wenn dies nicht ein besonderes Privilegium des Königs der Kirche verlieh (Capit. III. Caroli M. a. 812. c. 11. Capit. IV. Ludov. a. 819. c. 2.). Auch wurde späterhin selbst allgemeiner von Seiten der Landesherren, wie in den Städten die Kirche und der Klerus besteuert und belastet, so daß das Lateranconcil von 1179 K. 19. und von 1215 K. 46. unter Androhung des Bannes dies verbot und nur in Nothfällen Beihülfe der Geistlichen erlaubte (c. 47. X. de immunitate ecclesiarum. III. 49.), worauf auch Friedrich II. verordnete, daß diejenigen, welche die Immunität verletzten, das Empfangene dreifältig ersetzen und öffentlicher Strafe unterliegen sollten (Const. Frid. II. von 1220 §. 2. bei Pertz, Monum. Tom. IV. fol. 243. Daraus ist die Auth. Item nulla communitas hinter c. 2. C. de episc. et cler. I. 3.). Die geltende Rechtsansicht spricht der Sachsenspiegel aus (Landrecht Bd. II. Art. 27. §. 2.): Papen unde riddere unde ir gesinde folen wesen tolu vri (zollfrei). Dennoch wurde dagegen gehandelt, selbst in Italien (f. Sugenheim, Geschichte des Kirchenstaats. Leipz. 1854.

S. 154, 155) und Alexander IV. 1260, Bonifaz VIII. 1296, Clemens V. 1311 mußten die älteren Verbote und Strafandrohungen wiederholen (c. 1. 3. de immunit. in 6°. III. 23. c. 4. de censibus in 6°. III. 20. Cap. au Clem. de immunit. III. 17. c. 3. Clem. de censibus. III. 13.). Ja obwohl das Tridentinische Concil sess. XXV. cap. 20. diese Freiheit auf göttliche Anordnung zurückführte (Ecclesiae et ecclesiarum personarum immunitatem Dei ordinatione et canonicis sanctionibus constitutam esse) und unter Erneuerung des Bannes, Interdiktes u. s. w. die Bulle in coena Domini (s. d. Art.) dies von Zeit zu Zeit wieder einschärfte, ist doch auch späterhin die volle Immunität nicht aufrecht erhalten worden. Fortwährend wurde auch den Geistlichen, namentlich den Bischöfen, die Pflicht auferlegt, dem Könige und seinem Gefolge auf Reisen gewisse Procura= tionen zu entrichten (gistum, gista) (s. Zeugnisse bei *Du Fresne*, Glossar. s. h. v.). In welchem Umfange die Geistlichen und Kirchengüter befreit sind, bestimmen die späteren Partikulargesetze, welche zum Theil in neuester Zeit ältere Berichtigungen wieder aufge= hoben haben. Im Allgemeinen sind die Geistlichen frei von Gemeindediensten, von per= sönlichen Lasten und Pflichten des gemeinen Bürgers. Die desfallsige Vorschrift des preußischen Landrechts Th. II. Tit. XI. §. 96. gilt in ihrer Allgemeinheit nicht mehr. Die Befreiung von der Klassensteuer (Gesetz vom 30. Mai 1820) ist aufgehoben durch das Gesetz vom 7. Dezember 1849 und 11. März 1850. Aehnlich ist's in andern Län= dern (m. s. z. B. das bayerische Edikt über die äußeren Rechtsverhältnisse in Bezug auf Religion und kirchliche Gesellschaften vom 26. Mai 1818, §. 73. 74.), doch ist zu= gleich bestimmt, daß ein gewisses Einkommen unverkürzt bleibe (die Congrua), das auch keiner Execution unterliegt (s. d. Art. *beneficium competentiae* Bo. II. S. 56). Die Be= freiung von der Vorspannspflicht ist anerkannt, insbesondere von der Aushebung der Pferde für die Armee (preußische Circularverordnung vom 18. Januar 1855). Die Be= freiung von der Militärpflicht ist gewöhnlich auf die Candidaten des Predigtamts, selbst auf die Studirenden der Theologie ausgedehnt. Die Immunität von Vormundschaften ist den Geistlichen bewilligt (m. s. z. B. östreich. bürgerl. Gesetzbuch §. 195. 281., preu= ßisches Landrecht Th. II. Tit. XVIII. §. 158 folg. u. a.), deßgleichen von der Uebernahme des schiedsrichterlichen Amts. Die Kirchen und Kirchengüter genießen meistens die Pri= vilegien der Staatsgebäude und Staatsgüter (m. s. z. B. preuß. Landrecht Th. II. Tit. XI. §. 18. 174. verb. 165. 774—777).

Die persönliche Immunität wird gewöhnlich, wie den Geistlichen, auch den Schul= lehrern bewilligt.   H. F. Jacobson.

Impanatio, auch *assumptio* genannt, ist eine der vielen Modificationen der Be= hauptung der Gegenwart des Leibes und Blutes Christi im Abendmahl, welche im Gegensatz zu der von Paschasius Radbertus zuerst formulirten, seit 1215 kirchlich sanc= tionirten, durch die Einführung des Fronleichnamsfestes (s. d. Art.) in's Volksbewußt= seyn hineingepflanzten Transsubstantiationslehre (s. d. Art.) aufgestellt wurden (s. d. Art. Abendmahlsstreitigkeiten). Nach mehrfachen dunkleren Andeutungen, welche, wären sie entwickelt worden, zur Impanationslehre hätten führen müssen, ward sie zuerst von Abt Ruprecht von Deutz (st. 1135) folgendermaßen aufgestellt (Opera ed. Col. 1602. T. I. p. 267. Comm. in Exod. II, 10.): »Wie Gott die menschliche Natur nicht zerstörte, da er sie durch seine Machtwirkung (operatione) aus dem Mutterschoße der Jungfrau Maria mit dem Worte zur Einheit der Person verband: so verwandelt oder zerstört er die Substanz des Brodes und Weines nicht, welche ihrer äußeren Gestalt nach in die fünf Sinne fällt (sensibus subactam), da er mit demselben Worte zur Ein= heit desselben Körpers, welcher am Kreuze hing, und desselben Blutes, welches er aus seiner Seite vergoß, jene (die Elemente) verbindet. So wie auch das von Oben (a summo) herabgestiegene Wort Fleisch geworden, nicht verwandelt in Fleisch, sondern annehmend das Fleisch (assumendo carnem): so werden Brod und Wein, beide von Unten her (ab imo) erhoben, Leib und Blut Christi, ohne doch verwandelt zu werden (non mutatum) in Fleischgeschmack und Schauer des Bluts, sondern unsichtbar anneh=

mend die Wahrheit beider, der göttlichen und menschlichen unsterblichen Substanz, die in Christo ist." Es ist nämlich, wie bereits vorher gesagt war, nicht des heiligen Geistes Weise (affectus), irgend eine Substanz, die er zu seinem Gebrauche nimmt, zu zerstören oder zu verderben, sondern vielmehr dem bleibenden Guten der Substanz, die schon da war, etwas hinzuzufügen, was noch nicht da war (vgl. de Opp. Spirit. s. III, 21. 22.). Im Werk vom öffentlichen Gottesdienst ist diese Ansicht deutlicher entwickelt (de divinis Offic. II, 9. Opp. II. p. 762 sq.). "Das Wort des Vaters," sagt er, "kommt mitten hinein zwischen das Fleisch und Blut, welches er vom Leibe der Jungfrau annahm, und das vom Altar genommene Brod und Wein: aus beiden macht es Ein Opfer. Wenn der Priester dieses in den Mund der Gläubigen vertheilt, so werden Brod und Wein genommen und gehen vorüber, der Sohn der Jungfrau aber bleibt nebst dem mit ihm vereinigten Worte des Vaters im Himmel und in dem Menschen ganz und unverzehrt. Wer den Glauben nicht hat, in den kommt, außer den äußerlichen Gestalten des Brodes und Weines, nichts von diesem Opfer." Auch die bald darauf folgende Erklärung, wer das sichtbare Brod des Opfers esse, aber das unsichtbare durch Unglauben von seinem Herzen zurückstoße, bringe Christum um, beweist, daß Ruprecht im Abendmahl einen wirklichen, jedoch geistlichen Genuß, aber keine Brodwerdung (impanatio) des Logos, welche der incarnatio parallel liefe, angenommen.

Sein Zeitgenosse Alger oder Adelher zu Lüttich (st. 1131) braucht in seiner Schrift, die er zur Vertheidigung der Transsubstantiationslehre schrieb (LL. III. de sacram. corp. et sang. D. in Bibl. max. PP. T. XXI. Lugd. 1677), zuerst den Ausdruck impanatio für diese Meinung, indem er (f. 251) die Meinung anführt, in pane Christum quasi *impanatum*, sicut Deum in carne personaliter incarnatum. Vor ihm hatte Guitmund von Aversa um 1190 mit diesem Namen jedoch schon Berengars wahrscheinliche Meinung bezeichnet, vgl. Bibl. max. PP. Lugd T. XVIII. p. 441. — Diese Lehre ist es, welche der scharfsinnige Lehrer Johann von Paris, den man seiner anregenden Skepsis wegen pungens - asinum nannte (st. 1306), nicht als seine eigene, aber mit sichtbarer Vorliebe dafür als eine solche entwickelte, welche mit seinem Glauben an ein wahres und wirkliches Daseyn Christi im Abendmahl nicht unverträglich sey (Determinatio de modo existendi corp. Christi in Sacramento Altaris alio quam tenet ecclesia ed. a Petro Allix. Lond. 1686. 8.). Man dürfe lehren, sagt er, daß die Substanz des Brodes manere sub suis accidentibus in Sacramento altaris non in proprio supposito, sed tracta ad esse et suppositum Christi, ut sic sit unum suppositum in duabus naturis. Nicht zwei Körperlichkeiten (corporeitates) — die der Menschheit und Brodheit — werden dabei gesetzt, sondern nur Ein Körper, weil ein Körper nicht Körperlichkeit ist, sondern hat. Dabei erscheint nur Ein Subjekt (suppositum) mit Einer Körperlichkeit (corporeitas). Die beiden Substanzen, Brod und Leib Christi, vereinigen sich dabei zu einem Subjekt vermöge einer ähnlichen communio naturarum wie die beiden Naturen in Christo (p. 86). Der Körper Christi sey nicht pane tectum, wie Berengar wolle, sondern panem factum impanatum. — Petrus sollte sich vor dem Pabste wegen dieser Ausführung verantworten und entging einer förmlichen Verwerfung derselben nur durch seinen Tod. — Diese Meinung verlor sich aber bald von selbst, wie sie dann auch die Schwierigkeiten der Transsubstantiationslehre theilt, ohne ihre Einfachheit; doch ist ihr Occam (st. 1347) noch geneigt.

Vgl. Schröckhs Kirchengesch. 28. Bd. S. 54 ff. 71 f. Die Beweisstellen in Münschers Lehrb. d. Dogmengesch. 3. Aufl. von Daniel von Cölln II, 1. §. 144. Anm. 2. §. 145. Anm. 12. 13. Klee, Lehrb. d. Dogmengesch. II, 202. Wilibald Grimm in Ersch und Gruber Encykl. II, 16.

Später ward die Impanationslehre, aber mit Unrecht, dem Andreas Osiander und von Karlstädt, besonders aber von Katholiken, wie Bellarmin, selbst Luther (vergl. *Fussenegger*, dissert. de impan. et consubstant. Jenae 1677) zugeschrieben. Cotta (zu Jo. Gerhard loci theoll. X. p. 165 sq.) versteht darunter localem corporis in pane, tanquam in receptaculo, et vini in sanguine inclusionem. Dadurch wird sie aber, wie oft geschehen, mit der consubstantiatio verwechselt (s. d. Art. Abendmahlsstreitigkeiten). Die Anhänger der impanatio heißen mitunter auch adessenarii von adesse. L. Pelt.

Impostoribus, de tribus. Gegen das Ende des 16. Jahrhunderts durchlief die gelehrte und geistliche Welt das Gerücht von dem Daseyn einer Schrift, welche unter diesem Titel den Satz durchführe, die Welt sey dreimal (von den drei großen Religions= stiftern) betrogen worden. In der zweiten Hälfte des 17. und der ersten Hälfte des 18. Jahrhunderts nahm diese Schrift wiederholt die Aufmerksamkeit der Literatoren und Theo= logen in Anspruch, je mehr sich an sie der Reiz des Mysteriösen knüpfte. Der Eine wollte sie gesehen, der Andere gelesen, ein Dritter von ihr gehört haben. Bei den wider= sprechenden Nachrichten über Format, Umfang und Verfasser der geheimen Schrift kamen Andere zu der Annahme, das Werk über die drei Betrüger sey selbst nichts Anderes als ein großer Betrug, wie denn z. B. Hugo Grotius die Existenz einer solchen Schrift überhaupt in Abrede zog. Je sagenhafteres Dunkel dieses Werk umhüllte, desto freierer Spielraum war der Conjekturalkritik bezüglich des muthmaßlichen Verfassers gegeben, und zwischen vier Jahrhunderten wogten die Ansichten über den Namen des Urhebers des gottlosen Machwerks. Der Reihe nach wurden Kaiser Friedrich I. und II., Averrhoes, Petrus a Vineis, Alphons X., König von Castilien, Boccaccio, Poggio, P. Aretin, Pom= ponazzio, Machiavelli, Erasmus, P. Aretino, Ochinus, Servetus, Rabelais, Gruetus, Barnaud, Muret, Nachtigall, Giordano Bruno, Campanella, Milton u. A. der Autor= schaft einer Schrift beschuldigt, über deren Inhalt man so viel als nichts wußte, und in welche man eben darum die Quintessenz aller Frivolität und Gotteslästerung hineinlegte. Kein Wunder, daß man darum die Schrift bald mit ganz heterogenen Büchern verwech= selte; wie man denn dieselbe hauptsächlich mit den vier folgenden Werken verwechselte: 1) Vincentii Panurgi Epistola ad cl. virum Joannem Baptistum Morinum de tribus im- postoribus (Par. 1644); 2) de tribus Nebulonibus (nämlich Thomas Aniello, Olivier Cromwell, Julius Mazarinus); 3) History of the tree famous Impostors (Lond. 1667); 4) Christiani Kortholdi liber de tribus magnis impostoribus (nempe Eduardo Herbert de Cherbury, Thoma Hobbes, et Benedicto de Spinosa; Kiloni 1680). Da trat im Jahr 1716 im Haag ein Anonymus mit der Behauptung auf, er besitze das Werk in seiner Bibliothek; dasselbe rühre von Kaiser Friedrich II. her, dessen Gedanken Petrus a Vineis überarbeitet habe, und sey um das Jahr 1230 geschrieben). Zugleich wurden verschiedene Abschriften des Werks (in französischer Sprache, da der Anonymus einen Eid geleistet haben wollte, das Buch nicht abzuschreiben, diesen aber, wie er sagt, durch Ueber= setzung zu umgehen suchte, hie und da bekannt). Ein deutscher Industrieritter, Namens Ferber, veranstaltete endlich mit einem Rotterdamer Buchdrucker eine Ausgabe unter dem Titel: „De tribus impostoribus, des trois imposteurs.“ A Francfort sur le Main, 1721), allein es zeigte sich, daß diese Schrift nichts Anderes war, als die zu Anfang des 18. Jahrhunderts schon im Manuscript verbreitete Schrift: l'Esprit de Spinosa. Indessen stellte sich heraus, daß dennoch eine lateinische Schrift dieses Titels handschriftlich vor= handen und mit der Jahresbezeichnung 1598 gedruckt erschienen war. Daß sie die ächte Schrift de tribus impostoribus ist, leidet keinen Zweifel, während die Jahreszahl auf den Titelblatt offenbar fingirt ist, da sie Ignatius unter den Ordensstiftern nennt. Vielmehr muß sie zwischen 1556 und 1560 verfaßt seyn. Ueber ihren Verfasser läßt sich nur so viel sagen, daß sie schon wegen ihres barbarischen Lateins von keinem der Gelehrten herrühren kann, auf welche man rieth, während allgemein Deutschland als Ort der Ab= fassung und Erscheinung genannt wird. Schwerlich ist der Titel de tribus impostoribus der ursprüngliche, denn der Verfasser nennt keinen der drei Religionsstifter einen Betrü= ger; der ächte Titel scheint vielmehr de imposturis religionum zu lauten. Die vorhandenen Handschriften geben zwei Recensionen, von denen die eine und kürzere den letztern Titel trägt, während die andere, welche offenbar eine Ueberarbeitung jener ist, die Aufschrift de tribus impostoribus führt. Letztere hat am Ende noch eine zu dem Ganzen in gar kei=

nem Verhältniß stehende Abhandlung über die jüdische Religion. Im Uebrigen lauten beide Recensionen bis auf unbedeutende Varianten ganz gleich.

Was nun den Inhalt dieser kurzen vielbesprochenen Schrift betrifft, so will sie die Religion von den vielen Formen derselben auf ihre ursprüngliche Gestalt reduciren; ihr Ideal ist die natürliche Religion. Der Verfasser beginnt mit dem Satz, daß das Seyn Gottes und die Verehrung desselben von Vielen als nothwendig bezeichnet werde, noch ehe sie nur eine Definition von Gott und Seyn gegeben hätten. Er selbst bezeichnet Gott als das unendliche Wesen, dessen Grenzen man weder wissen noch auch fassen könne. Ebenso tadelt er, daß man Gott Schöpfer nenne, ohne zu sagen, Wer Gottes Schöpfer sey. Sage man auf Grund der Unmöglichkeit eines processus in infinitum, Gott sey der Grund seiner selbst und von keinem Andern als sich selbst, so sey dieser Schluß falsch, da diese Unmöglichkeit keineswegs erwiesen sey, zumeist aber sey er inconsequent, da Einige unter den sectarii Messiae diesen processus bei der Trinität selbst statuiren, indem nach ihnen der Sohn in's Unendliche gezeugt und der Geist in's Unendliche spirirt werde. Wenn man aber auch zugebe, daß Menschen nicht zu aller Zeit existirt haben, so können ja doch andere Wesen vorher gewesen seyn, wie das Heidenthum mehrere vermittelnde Götter annehme und in jeder Religion mittlere Götter seyen. Hiebei macht er einen Ausfall gegen die Moral der Juden und Christen: Abraham habe Gott zu Ehren ein Menschenopfer begehen wollen, und auch die christliche Kirche habe die Unterjochung ihrer Feinde hartnäckig angestrebt; die Polygamie sey durch Moses und nach Einigen auch im N. T. erlaubt; ja, der heiligste Gott selbst habe mit einer Jungfrau den Sohn Gottes erzeugt. Frage man nun ferner nach dem Grund der Gottesverehrung, so werde er bald in die Furcht, bald in die Liebe der unsichtbaren Gewalten gesetzt. Die Liebe könne der Grund nicht seyn, denn was man von dem Wohlwollen dessen denken soll, der den Menschen, obwohl er ihre Schwäche und ihren Fall voraussah, in das höchste Verderben gestürzt habe? Daß ferner das Elend der Menschen durch die schmählichste Aufopferung des Sohnes Gottes weggenommen werde, deren Qual so groß sey als die der Sünde, das sey etwas so Ungeheures, daß auch die Barbaren von einer so grausamen Liebe nichts wüßten. Aber, fragt der Verfasser weiter, warum Gott überhaupt verehren? Das Verehren stamme nur aus dem Gefühl gegenseitiger Bedürftigkeit; jede Gottesverehrung dichte also Gott Unvollkommenheit und Mangel an. Hält man aber den Consensus omnium gentium entgegen, so antwortet der Verfasser, dieser Erfahrungsbeweis sey nie und nimmer genügend, und finde einen Gegenbeweis darin, daß im Hauptsitz der christlichen Religion, in Italien, die meisten Libertiner und Atheisten zu finden seyen. Eher ließe sich der Beweis aus dem Gewissen hören, wie denn auch diejenigen, welche das Licht der Schrift nicht kennen, nach dem natürlichen Zug ihres Gewissens handeln. Wenn nun die Anhänger der historischen Religionen einwenden, daß dieser Trieb der Natur allein nicht zureiche, so zeigt unsere Schrift, daß die Offenbarung die Menschen weder glücklicher noch weiser mache: der Unterschied der Religion mache keinen Unterschied des Glücks; ja, was Gott sey, werde in jeder Offenbarung weit dunkler als zuvor. Daß zweimal zwei vier ist, sey so klar, daß man deßwegen nicht nöthig habe, alle Mathematiker zu versammeln. Die Religionen aber seyen sich untereinander so entgegengesetzt, daß sie weder im Anfang, noch in der Mitte, noch am Ende mit einander übereinstimmten, und man halte, je nachdem man in irgend einer der historischen Religionen erzogen sey, diese besondere für wahr und die anderen für falsch. So will der Verfasser der Schrift von der jüdischen, christlichen und mahomedanischen Religion nichts wissen, weil sie ihm zu bestimmt sind; überall sieht er in ihnen nur Egoismus: Moses, in den Künsten der Aegypter erfahren, habe sich zu einem großen Feldherrn und Diktator, sowie seinen Bruder zum Hohenpriester machen wollen; Christus habe sich durch sanftere Lockungen Anhänger verschafft; Mahomed die wilden Völker Asiens durch erdichtete Wunder, durch hohe Versprechungen und durch die Trunkenheit der Sieger gewonnen. Wenn nun aber Jemand, wie eben diese Religionsstifter, die Leichtgläubigkeit des Volks benützte, ihm unter dem Schein irgend eines Nutzens den Wahn als Wahrheit vorzustellen, so könne dies Verfahren nicht anders als Betrug genannt werden. So projettirt denn unser Verfasser schließlich das Unausführbare. Weil nämlich in das Zeugniß Anderer der Irrthum sich eben so einschleichen könne, als in das Zeugniß des Religionsstifters über sich selbst, so sollen diese Zeugnisse wiederum durch die Zeugnisse Anderer und sofort in's Unendliche hin beglaubigt werden, weil die Bürgschaft der Wahrheit nur so volle Gewißheit erwerben könne, wobei die Tüchtigkeit der Prüfenden und Zeugenden als erste Bedingung sich von selbst verstehe. So schließt die Schrift mit einem processus in infinitum, und dieselbe darf als ein Kunstbeweis dafür angesehen werden, wohin es der abstrakte Verstand in der Religion bringt. — Statt der ganzen großen Literatur verweisen wir auf die dieselben berücksichtigenden Schriften von Rosenkranz, d. Zweifel am Glauben (Halle 1830) und von F. W. Genthe, de impostura relig. breve compendium (Lpz. 1833). Th. Pressel.

Incapacität (Inhabilität) ist die absolute Unfähigkeit, ordinirt zu werden. Sie besteht für Ungetaufte und Frauen. Es liegt in der Natur der Sache, daß derjenige, welcher durch die Weihe die Fähigkeit erlangen will, ein kirchliches Amt zu verwalten, auch ein Mitglied der Kirche sey. Dies wird er nur durch die Taufe, welche die ianua ecclesiae, vitae spiritualis, ist und die Grundlage aller anderen Sacramente bildet: Cum baptismus sit fundamentum omnium sacramentorum, ante susceptionem baptismi non suscipiatur aliud sacramentum (c. 60. Can. I. qu. I. Capit. Theodori Canterb.), auch in c. 1. X. de presbytero non baptizato (III. 43.), c. 3. X. eod. (Innocent. III. a. 1206.), c. 2. de cognatione spirituali in VI. (IV. 3.), Bonifacius VIII. Zwar erkennt die Kirche an, daß auch die Geistestaufe (baptismus flaminis) und die Bluttaufe (baptismus sanguinis) seligen könne, doch wird derjenige, welcher nicht die Wassertaufe in rechter Form empfangen hat, nicht Mitglied der sichtbaren Kirche und darf deßhalb nicht ordinirt werden. Daher verordnete auch das Concil von Nicäa 325 im c. 19. (c. 52. Can. I. qu. I.), daß die Kleriker der Paulianisten und Kataphrygier, welche die Taufe nicht ordnungsmäßig vollzogen, wenn sie zur orthodoxen Kirche übertraten, auf's Neue getauft und ordinirt werden sollten. Daß die in der Kirche Ordinirten, wenn sich später ergeben sollte, daß sie noch nicht getauft seyen, erst getauft und dann nochmals ordinirt werden müßten, wurde daher auch wiederholentlich ausgesprochen (c. 112. dist. IV. de consecr. [Leo a. 458.] c. 60. Can. I. qu. I. vgl. Capit. lib. VI. c. 94. und die übrigen cit. Stellen), obgleich nach der Entscheidung Innocenz II. (c. 2. X. de presb. non bapt. verb. c. 34. 151. dist. IV. de consecr.) es der Wiederholung der Ordination der von einem nichtgetauften Priester ordinirten Kleriker nicht bedurft haben würde.

Die Incapacität der Frauen ist nie in der Kirche bezweifelt worden. Gott hat die Frau dem Manne unterworfen (1 Mos. 3, 16.); darum soll sie in der Gemeinde nicht lehren, daß sie dadurch von der männlichen Autorität frei würde (1 Tim. 2, 12. 1 Kor. 14, 34. 35.). Diesem Grundsatze gemäß erklärt Tertullian (de velandis virginibus c. 8.): Non permittitur mulieri in ecclesia loqui, sed nec docere, nec tingere, nec offerre, nec ullius virilis muneris, nedum sacerdotalis officii sortem sibi vindicare. Eben so Augustin (c. 17. Can. XXXIII. qu. V.) u. a. Daher bestimmen auch die Kirchengesetze, die Frauen sollen als presbyterae (viduae) nicht ordinirt werden (Conc. Laodic. a. 372. c. 11. in c. 19. dist. XXXII.); ebenso nicht als diaconae oder diaconissae ordinirt, consecrirt oder benedicirt werden (Concil. Arausicanum I. a. 441. can. 26., Epaonense a. 517. can. 21., Aurelianense II. a. 533. can. 18. [ed Brunc. II, 126. 170. 187.] vgl. c. 23. Can. XXVII. qu. I. Novella Justiniani VI. cap. 5.); sie sollen, obgleich gelehrt und heilig, in der Gemeindeversammlung die Männer nicht belehren (Conc. Carthag. IV. a. 378. c. 36., in c. 29. dist. XXIII., c. 20. dist. IV. de consecr.), die heiligen Gefäße und Kleider nicht berühren und nicht Weihrauch um den Altar tragen (Pseudoisidor in c. 25. dist. XXIII. c. 41. 42. dist. I. de consecr.). Aebtissinnen sollen die Nonnen nicht benediciren, keine Beichte hören, nicht öffentlich predigen (c. 10. X. de poenit. et remiss. [V. 38.]. Innocent. III. a. 1210.).

Die evangelische Kirche lehrt von der Taufe, daß sie nöthig sey (Augsburg. Conf. Art. IX. u. a.), und daß „das weibliche Geschlecht von Gott nicht verordnet ist zum Regimente, weder in der Kirche, oder sonst in weltlichen Aemtern, wozu sonderlich großer Verstand und guter Rath gehört. Sie sind aber dazu berufen, daß sie das Haus versorgen und darin fleißig zusehen sollen." (Luther in den Werken von Walch Bd. II. S. 1006 u. a.). Daher sind Ungetaufte und Frauen auch von Seiten der Evangelischen als der Ordination nicht fähig stets betrachtet worden.   H. F. Jacobson.

Inchofer, Melchior, geboren 1584 zu Wien, nach Andern zu Günz in Ungarn, trat 1607 zu Rom in den Jesuitenorden und ging nach vollendetem Noviziat nach Messina, wo er längere Zeit Philosophie, Mathematik und Theologie lehrte. Die Schrift: Epistolae B. Mariae V. ad Messanenses veritas vindicata, worin er 1629 die Aechtheit des Briefes und die apostolische Wirksamkeit des Paulus zu Messina zu erweisen suchte, aber mit allem Aufwand von Gelehrsamkeit nur seine Leichtgläubigkeit darthat, wurde Veranlassung, daß ihn die Congregation des Index nach Rom citirte; die erste Ausgabe wurde unterdrückt, doch wurde ihm Erlaubniß gegeben, eine zweite, in welcher alle Anstöße beseitigt waren, drucken zu lassen. Nachdem er von 1634—1636 nochmals seine Professur in Sicilien bekleidet hatte, berief ihn der Orden nach Rom, um in ungestörter Muße wissenschaftlichen Arbeiten zu leben; auf den Rath des Bischofs Georg Jacosith von Vesprim schrieb er die Annales ecclesiastici regni Hungariae, von welchen indeß nur der erste Theil 1644 erschienen ist und bis zum Jahre 1059 reicht. Sein Streit mit Joachim Pasqualigo, gegen den er die Unsitte des Castratenwesens bekämpfte, mehr noch seine Ernennung zum Mitglied der Congregation des Index und des heiligen Officium verleidete ihm den Aufenthalt in Rom; auf seinen Wunsch wurde er 1646 in das Collegium zu Macerata versetzt, wo er seine Muße zur Ausarbeitung einer Marthyrergeschichte verwenden wollte; zur Benützung der ambrosianischen Bibliothek und ihrer Handschriften begab er sich mit Erlaubniß seiner Vorgesetzten nach Mailand, allein ein hitziges Fieber, die Folge seiner Anstrengungen setzte hier am 28. September 1648 seinem Leben das Ziel.

Außer mehreren Briefen an den ihm innig befreundeten Bibliothekar der Vaticana Leo Allatius (s. d. Art.) und mehreren astronomischen Werken, hat Inchofer auch eine historia sacrae latinitatis 1635 ausgearbeitet, worin er unter Andern die lateinische Sprache zur himmlischen Hofsprache, zur Sprache der Seligen erhebt. In drei polemischen Schriften, die er unter dem pseudonymen Namen Eugenius Lavanda Ninevensis (Anagramm von Viennensis, wegen seiner Herkunft aus Wien) 1638—41 herausgab, hat er den Jesuitenorden und seine Erziehungsweise gegen die Angriffe des bekannten pfälzischen Convertiten Schopp (oder Scioppius, wie er sich nannte), der damals in Padua lebte, vertheidigt. Die größte Berühmtheit und das allgemeinste Interesse aber gewann er dadurch, daß man ihn für den Verfasser der Sathre hielt: Lucii Cornelii Europaei monarchia Solipsorum, ad virum clarissimum Leonem Allatium. Venedig 1645. Unter dem Namen monarchia Solipsorum (d. h. derer, die Alles allein gelten und ausrichten wollen oder auch, wie cap. V. ironisch etymologisirt wird, die nach ihrer Meinung wie Sonnen um die Centralsonne, den General, kreisen und Tausende von Welten erleuchten) wird in sehr schlechtem, dunklem Latein, aber zum Theil mit ergötzlichem Humor der Jesuitenorden in seiner Verfassung, seiner Moral, seinem Schulwesen, seinen politischen Zwecken und Intriguen persiflirt. Die Frage nach dem Verfasser des merkwürdigen Buchs mußte natürlich von Interesse werden. Man schwankte Anfangs zwischen Schopp, der sich stets als unversöhnlichen Gegner des Ordens gezeigt, und Inchofer, unter dessen Namen sogar die Ausgabe vom Jahre 1652 in Venedig gedruckt wurde. Besonders waren um die Mitte des 17. Jahrhunderts die Jansenisten bemüht, dem Inhalte des Buches dadurch eine gewisse Authentie zu sichern, daß sie die Autorschaft Inchofers glaubhaft zu machen suchten. Nicht nur Antoine Arnauld, sondern auch der französische Kanonicus Bourgeois behaupteten dieselbe. Der Letztere schrieb einen Bericht über seine Reise

nach Rom und Alles, was sich dort in den Jahren 1645 und 1646 begeben hatte, haupt=
sächlich zur Rechtfertigung von Arnaulds Schrift: la frequente communion. Vieles von
dem, was er mittheilt, betrifft Inchofer. Dieser soll nämlich nach Vitelleschis Tod durch
Vermittelung des Pabstes Innocenz X. der Generalcongregation eine Denkschrift mit
Reformvorschlägen übergeben haben; da dieselbe keine Berücksichtigung fand, habe er die
Schäden des Ordens in jener Satyre dargestellt. Bourgeois knüpft daran einen Roman
mit folgenden Hauptmomenten: der General und die Assistenten beschließen sofort nach
Erscheinung der Monarchia Inchofer an einen weitentfernten unbekannten Ort zu bringen;
ein vornehmer Römer, in den Plan eingeweiht, fährt Abends an dem deutschen Colleg,
dem Inchofer als Rektor vorstand, vor und stattet ihm einen Besuch ab; der Pater be=
gleitet ihn höflich bis an die Pforte, hier aber ergreifen ihn die Diener des Römers,
werfen den Ueberwältigten in den Wagen und jagen mit ihm in Sturmeseile zur Stadt
hinaus. Die Zöglinge, die ihn wie ihren Vater lieben, setzen die Cardinäle Barberini
und Franciotti, diese den Pabst ungesäumt von dem Vorfall in Kenntniß; Innocenz be=
scheidet zur Stunde den General vor sich, läßt ihn als Urheber des Attentats mit harten
Worten an und befiehlt ihm, den Inchofer, seinen Freund, bis zum nächsten Morgen
wieder unbeschädigt in das deutsche Colleg zu schaffen. Die Gegenordre des Generals
trifft die Entführer in Tivoli und Inchofer kehrt sofort nach Rom zurück, hier lebt er
noch eine Reihe von Jahren hoch angesehen im Orden, um dessen Wohl er eifriger be=
müht war, als die, denen es ihr Amt zunächst zur Pflicht machte. So Bourgeois. Allein
diese Erzählung steht mit Inchofers bekanntem Lebenslaufe und Verhältnissen in zu grel=
lem Widerspruche; er ist niemals Rektor des deutschen Colleges gewesen; es wäre über=
haupt unerklärlich, wie derselbe Mann, der den Orden so nachdrücklich gegen Schopp
vertheidigt hat, ihn so feindlich hätte angreifen und dennoch ihm bis zum Tode treu
bleiben können; was am sichersten auf Inchofer hinzuweisen scheint, die Dedikation an
Leo Allatius, spricht, genauer erwogen, am entscheidendsten gegen ihn, denn war er der
Verfasser, dann mußte ihm daran ankommen, alle auf ihn leitende Spuren zu verwischen;
durch die Zueignung an Leo Allatius aber, dem er innig befreundet war, hätte er sich
verrathen und den Zweck seiner Pseudonymität verfehlt. Weit wahrscheinlicher ist, was
der Jesuite Fr. Oudin bei Niceron ausführlich nachweist, daß das Büchlein von Julius
(Clemens) Graf von Scotti aus Piacenza verfaßt ist, der 1616 in den Orden getreten
war, seit 1631 in Parma und Ferrara Philosophie gelehrt hatte, weil es ihm aber nicht
gelang, einen theologischen Katheder zu erhalten, zu Anfang 1645 sich von Rom nach
Venedig begab, dort den Orden verließ und seiner Verstimmung gegen denselben in der
Monarchia einen bittern Ausdruck lieh. In einer andern Schrift Julii Clementis Pla-
centini ex illustrissima Scotorum familia de potestate pontificia in societatem Jesu, die
der unkritische Bourgeois, obgleich sich ihr Verfasser offen nennt, dennoch gleichfalls dem
Inchofer beilegt, erhob Scotti 1646 dieselben Anklagen gegen den Orden und zwar in
ebenso schlechtem Latein, wie in der Monarchia. Trotzdem haben in neuerer Zeit wieder
der anonyme Verf. der Brochüre: Zur Kenntniß der Gesellschaft Jesu, Zürich u. Win=
terthur 1843 (S. 30—40) und Schlosser (Schlosser=Kriegk Band 12 S. 307 ff.), frei=
lich ohne haltbare Gründe die Urheberschaft Inchofers vertheidigt.

Man vergl. Fr. Oudin's Artikel Melchior Inchofer und Jules Scotti in Nicerons
Memoires pour servire etc. Tom. 35. p. 322—346 (deutsche Bearbeitung von Rambach
22. Theil S. 209 ff.) und Tom. 39. p. 165—230. Außerdem sehe man bei Alegambe
und Solwel, bei Bahle, Moreri und Chaufepié den Art. Inchofer nach.   G. E. Steitz.

Incorporation. Die Incorporation einer Kirchenpfründe besteht darin, daß diese
einer geistlichen Korporation, z. B. einem Kloster oder Stifte, quoad spiritualia et temporalia einverleibt wird. Schon im 9. Jahrhundert kommen solche Incorporationen sehr
häufig vor, veranlaßt durch die verschiedensten Gründe, namentlich durch das Bestreben,
die Einkünfte jener Korporationen zu vermehren. Die Wirkung war, daß das bisherige
mit dem Beneficium verbundene Amt als selbständiges Amt erlosch und mit den Tem=

poralien auf die Korporation überging, welche nun mit dem Amte die in ihm liegenden geistlichen Befugnisse und Verbindlichkeiten übernahm, bei einem Pfarramt z. B. der eigentliche Pfarrer wurde (parochus principalis), mit der Verpflichtung zur Ausübung der Seelsorge durch einen Vikar, welchen sie selbst, unter Bestätigung durch den Bischof, ernannte. Diesem Vikar stand dann die cura animarum actualis zu, wogegen das Kloster oder Stift nur eine cura habitualis besaß. Wiederholt schärften die kanonischen Satzungen für diesen Fall die Einsetzung ständiger Vikare (vicarii perpetui) ein (c. 30. X. De praebend. III. 5., c. 3. 6. X. De off. vicar. I. 28., c. 1. X. De capell. monach. III. 37., c. un. De capell. monach. in VI. III. 18. u. f. w.), gleichwohl wurden, namentlich in Deutschland, von den Klöstern sehr häufig nur zeitige Vikare bestellt, ja sogar die Verwaltung der Seelsorge an Ordensglieder übertragen, welche am Pfarrorte gar nicht residirten. Wesentlich verschieden von diesen eigentlichen, „pleno jure" oder „utroque jure" wirksamen Incorporationen (c. 21. X. de privil. V. 33., Declar. S. Congreg. n. 20. ad c. 7. Conc. Trid. Sess. 7. De reform. [ed. Schulte et Richter]) waren die sich nur auf die Temporalien beziehenden Unionen von Benefizien mit geistlichen Korporationen, welche vielfach auch als incorporationes quoad temporalia bezeichnet wurden. In diesem Falle ging nur das Vermögen der Benefizien auf das Kloster oder Stift über und damit also das Recht auf den Bezug sämmtlicher aus demselben erwachsenden Revenüen, mit der Verpflichtung, aus diesen dem betreffenden Geistlichen einen hinreichenden Unterhalt (portio congrua) zu ertheilen. Das geistliche Amt, die spiritualia, blieben hierbei also ganz unberührt und als solche bestehen, und die Besetzung des Amts geschah durch den Bischof auf den Vorschlag des Klosters oder Stifts. Zwar führten diese Geistlichen nicht den Titel parochi, sondern hießen auch hier vicarii, unterschieden sich aber in der That nur dem Namen nach von eigentlichen Pfarrern, mußten als perpetui angestellt werden, und waren in Beziehung auf die Seelsorge nur dem Bischof unterworfen (c. 1. X. De capellis monach. III. 37., c. un. De capell. monach. in VI. III. 18.). Den zahlreichen Mißbräuchen, welche in Betreff dieser beiden Arten von Unionen eingerissen waren, trat das Tridentiner Concil entgegen durch die Bestimmung Sess. 7. c. 7. De reform.: Beneficia ecclesiastica curata, quae cathedralibus, collegiatis seu aliis ecclesiis vel monasteriis, beneficiis seu collegiis aut piis locis quibuscunque perpetuo unita et annexa reperiuntur, ab ordinariis locorum annis singulis visitentur, qui solliciter providere procurent, ut per idoneos vicarios, etiam perpetuos, nisi ipsis .... aliter expedire videbitur, ab eis cum tertiae partis fructuum, aut majori vel minori arbitrio ipsorum ordinariorum portione, etiam super certa re assignanda, ibidem deputandos, animarum cura laudabiliter exerceatur, appellationibus, privilegiis, exemptionibus .... quibuscunque] in praemissis minime suffragantibus. Da außerdem dasselbe Concil die Union von Pfarrkirchen mit Klöstern, Stiftern, Hospitälern u. f. w. verbot (Sess. 24. c. 13., Sess. 7. De reform. c. 6.), so sind seitdem solche Einverleibungen nur selten und zwar „ex justa et rationabili causa" mit päbstlicher Genehmigung vorgekommen. In Folge der Säkularisationen der Klöster und Stifter ist das ganze Institut großentheils unpraktisch geworden, mitunter erinnert aber noch der Name „Pfarradministrator" an das früher bestandene Incorporationsverhältniß. (*Neller*, Diss. de genuina idea et signis parochialitatis primitivae ejusque principio incorporatione, und *Ejusdem* Diss. De juribus parochi primitivi in Schmidt Thesaur. jur. eccles. Tom. VI. p. 441 sqq.).   **Wasserschleben.**

Index librorum prohibitorum heißt in der römischen Kirche das Verzeichniß derjenigen Schriften, welche wegen der vorgeblich oder wirklich in enthaltenen, den römischen Kirchendogmen entgegenstehenden, daher ketzerischen Lehren zu lesen verboten sind unter Androhung kirchlicher Strafen. Dem Namen nach ist der römische Index allerdings erst ein Product des 16. Jahrhunderts, in der That aber ist das Verbot in der römischen Kirche, wirklich oder angeblich ketzerische Bücher zu lesen, so alt wie das Streben der römischen Bischöfe und Päbste nach unumschränkter Gewalt; es hängt nach Prinzip und Wesen mit dem Hierarchenthum und der Idee von einer allgemeinen katho-

lifchen Kirche (ἐκκλησία καθολική), außer welcher kein Heil fey, auf das Engſte zuſam=
men. Die volle Entwickelung dieſer Idee durch Cyprian (f. J. E. Huther, Cyprians
Lehre von der Kirche. Hamb. u. Gotha 1839) führte dazu, die Einheit im Dogma als
abſolut nothwendig für die Einheit der Kirche zu erkennen, jede wirkliche oder ſcheinbare
Abweichung als verwerfliche Ketzerei zu bezeichnen, vor dieſer die Chriſtenheit ſorgfältig
zu hüten. In Folge deſſen mußte das Hierarchenthum vornehmlich der Speculation die
Aufmerkſamkeit zuwenden, in ihr eine gefährliche Feindin finden, den Forſchungsgeiſt
beſchränken und ganz beſonders ſolche Schriften für verderblich erklären, welche theoretiſch
oder praktiſch das Intereſſe des Prieſterthums gefährden konnten. Der religiöſe Eifer
und Aberglaube richtete ſich vom Anfange an gegen heidniſche und jüdiſche Schriften; er
fürchtete, daß durch das Leſen derſelben nicht bloß das chriſtliche Gemüth verunreinigt,
ſondern auch das Chriſtenthum gefährdet würde. Noch das Concil zu Carthago (400)
verbot in Can. 16. heidniſche Bücher zu leſen. Die herrſchende Kirche blieb indeß bei
dem Verbote, ketzeriſche oder der Ketzerei verdächtige Bücher zu leſen, nicht ſtehen, ſie
ließ dieſe auch verbrennen; ſo verfuhr ſie ſchon mit Schriften des Arius, und ſeit dem
5. Jahrhundert blieb dieſe Praxis in der Kirche. Da aber auch Bücher von Ketzern
unter kirchlichen Titeln verbreitet wurden, erklärten die dem 5. und 6. Jahrhunderte an=
gehörenden Apoſtoliſchen Kanones (Can. 60.), daß ein ſolches Verbrechen mit Entfernung
beſtraft werden ſollte. Auf dieſe Beſtimmung kam noch die Synode zu Elvira (813)
zurück, indem ſie diejenigen mit dem Anatheme bedrohte, welche verrufene Bücher (libelli
famosi) verbreiten würden. Bis zu dieſer Zeit hatte ſich aber die kirchliche Praxis über=
haupt ſchon dahin ausgebildet, daß Schriften zu leſen ſchlechthin verboten war, ſobald
ſie von dem Prieſterthume als ketzeriſch bezeichnet worden waren, daß derjenige als der=
ſelben Ketzerei ſchuldig galt, welche in einer verbotenen Schrift ſtand, ſobald er das Verbot
übertrat, daß endlich ein ſolches Vergehen mit dem Banne beſtraft, daß zur Ausſöhnung
mit der Kirche Widerruf und Buße erfordert wurde. Vor Allem galt das Leſen von
Ueberſetzungen der Bibel als höchſt gefährlich und verderblich für die Laienwelt in den
Augen der Hierarchie. Gregor VII. ſprach ſich (1080) geradezu gegen die allgemeine
Freiheit, die Bibel in der Landesſprache zu leſen, in einem Schreiben an den König
Wratislaw von Böhmen aus (in *Mansi* SS. Conciliorum nova et ampliss. Collectio
T. XX. pag. 296), dagegen meinte Innocenz III. zwar (f. ejus Epistolarum Libri XIX.
in Lib. II. Ep. 141. vom J. 1199), daß die Forſchung in der Schrift nicht zu tadeln,
ſondern zu empfehlen ſey, er fügte aber hinzu: Tanta est divinae Scripturae profunditas,
ut non solum simplices et illiterati, sed etiam prudentes et docti non plene sufficiant
ad ipsius intelligentiam indagandam. — Unde recte fuit olim in lege divina statutum,
ut bestia, quae montem tetigerit, lapidetur; ne videlicet simplex aliquis et indoctus
praesumat ad sublimitatem Scripturae sacrae pertingere vel etiam aliis praedicare.
Die vielen heftigen Angriffe, die bereits gegen die Lehre und das Leben der Päbſte wie
des geſammten Hierarchenthums erfolgten, die gefährlichen Ideen, die dadurch gegen das
Pabſtthum in das Volk gebracht wurden, führten dazu, daß gerade die Bücher der heil.
Schrift neben ketzeriſchen Büchern als verboten bezeichnet wurden; das Concil. Tolosa-
num (1229) erließ die Verordnung (Kap. 14.), welche den Laien den Beſitz von Büchern
des Alten und Neuen Teſtaments geradezu verbot, f. Hegelmaier, Geſch. des Bibelver=
bots. Ulm 1783. S. 123 und den Art. Bibelleſen und Bibelverbote in der katholiſchen
Kirche. Mit dem Eintreten und der Verbreitung der Inquiſition ging die Ueberwa=
chung verbotener Bücher in die Hände der Inquiſitoren über und das Concil. Biterrense
(1246, bei Manſi a. a. O. Bd. 23. S. 724) ſpricht überhaupt (Kap. 36.) von theo=
logiſchen Schriften, die zu beſitzen, Laien und Klerikern verboten ſeyn ſollte. Je mehr
aber das Pabſtthum für ſeine Erhaltung beſorgt war, um ſo gewaltſamer wurde es immer
von Neuem angegriffen, namentlich ſpäterhin durch die Vorläufer der Reformation, deren
Lehren und Schriften ihm den Lebensnerv zu zerſchneiden drohten. Eine Synode zu
London (1408) verbot es, Wiclefs Schriften zu leſen, ſofern ſie nicht vorher approbirt

wären, Huffens Schriften galten unbedingt als ketzerisch. Die Erfindung der Buchdru=
ckerkunst vermehrte die Zahl der gefährlichen Schriften ganz außerordentlich und Alexan=
der VI. klagte in f. Decretum de libris non sine censura imprimendis (in Raynald,
Annal. ad a. 1501. no. 36.), daß namentlich in den Provinzen von Mainz, Köln, Trier
und Magdeburg ketzerische Dogmen verbreitet würden; er ermahnte die Erzbischöfe und
Vicarien jener Provinzen, das Erscheinen ketzerischer Bücher sorgsam zu überwachen, mit
Geldstrafen und Bann gegen die Verbreiter solcher Schriften vorzuschreiten, in Betreff
der Drucker aber erklärte er: Debent — ipsi merito compesci opportunis remediis, ut
ab eorum impressione desistant, quae fidei catholicae contraria fore noscuntur vel ad-
versa, aut in mentibus fidelium possunt verisimiliter scandalum generare. Pabst Leo X.
erließ darauf noch in der 10. Sitzung des im Lateran gehaltenen Concils (4. Mai 1515)
durch die Verordnung „Inter sollicitudines" die Bestimmung, daß ohne Approbation
dessen Bischofs oder dessen Legaten oder der Inquisition kein Buch gedruckt werden dürfe
bei Strafe der Excommunication; ein solches Buch sollte confiscirt und verbrannt werden.

    Die Reformation brachte eine große Menge von Schriften hervor, die dem Pabst=
thume höchst gefährlich waren, ohngeachtet aller Verbote eifrig verbreitet und begierig
gelesen wurden. Sie war bereits zur vollen Entwickelung gekommen, als die Universität
von Löwen auf Befehl Karls V. ein Verzeichniß (Index) von solchen Büchern öffentlich
bekannt machen ließ (1546), deren Lesen als verderblich bezeichnet und verboten wurde;
eine neue Auflage dieses Verzeichnisses erschien 1550, inzwischen hatte der päbstliche Legat
in Venedig Johann della Casa auch einen Index (1549) herausgegeben, f. Schelhorn's
Ergötzlichkeiten II. 3. Während der Suspension des Tridentinischen Concils hatte Pabst
Paul IV. 1557 durch eine besondere Congregation ein neues Verzeichniß verbotener Schrif=
ten erscheinen lassen, das eigentlich den ersten officiellen Index librorum prohibitorum
der römischen Kirche bildet. Es trat unter dem Titel: Index auctorum et librorum, qui
tanquam haeretici aut suspecti aut perversi ab Officio S. R. Inquisitionis reprobantur
et in universa christiana republica interdicuntur. Romae 1557, von Neuem und vermehrt
1559 durch Vergerius an das Licht, während Paul (1558) den römischen Theologen und
Gelehrten überhaupt auch verbot, solche ketzerische Bücher fernerhin zu lesen, welche als
für sie noch zulässig von seinen Vorgängern und der Inquisition erkannt worden waren.
Alle diese Schritte hatten aber in Italien selbst nur einen geringen Erfolg, viel weniger
daß sie über Italien hinaus ein nachhaltiges Resultat gebracht hätten. In jenem Laude
wurden wohl die meisten Schriften, welche in dem Index standen, verbrannt *); die,
welche der Index von Paul verbot, waren vornehmlich solche, welche die Autonomie des
Staates gegen hierarchische Eingriffe und Anmaßungen, die Autorität der Concilien über
den Pabst und die bischöflichen Gerechtsame vertheidigten, oder überhaupt die Gewalt=
thätigkeit der Curie, oder die Theorie und Praxis der römischen Kirche im Allgemeinen
und Besonderen angriffen. Der Index zerlegte die Verfasser verbotener Schriften in
drei Klassen, 1) solche, deren Schriften schlechthin verboten wurden, 2) solche Verfasser,
von denen nur einzelne Schriften dem Verbote unterlagen, 3) die Verfasser anonymer,
namentlich aller seit 1519 erschienener Schriften. Den Schluß bildete ein Verzeichniß
von 62 Druckern ketzerischer Bücher. Das Lesen der in dem Index verzeichneten Bücher
sollte mit Bann und entehrenden Strafen belegt werden.

    Das Tridentinische Coneil hatte in der 18. Sitzung die Aufstellung eines neuen
Index übernommen und einer Commission übertragen; diese kam aber nicht weiter, als
daß sie in der 25. Sitzung erklärte, daß sie wegen der Verschiedenheit und bedeutenden

---

*) Der Venetianer Natalis Comes sagt wenigstens in f. Buche Historiarum sui temporis
Lib. XI. Venet. 1581. pag. 263: Tanta concremata est omnis generis librorum ubique copia
et multitudo, ut Trojanum prope incendium, si in unum collati fuissent, apparere posset. Nulla
enim fuit Bibliotheca vel privata vel publica, quae fuerit immunis ab ea clade, ac non prope
exinanita.

Anzahl der in den Index aufzunehmenden Schriften keinen Entschluß fassen könne, daß der Index vielmehr durch das Urtheil und die Autorität des Pabstes festgestellt und bekannt gemacht werden möge. Pabst Pius IV. erließ darauf den neuen Index, der aus einer Ueberarbeitung des früher von Paul IV. gegebenen hervorging, wie dieser die Verfasser in drei Klassen zerlegte, aber noch durch 10 Regeln erweitert wurde, welche auch von der Commission des Tridentinischen Concils befolgt worden waren. Die Publication dieses Index, der oft, aber irrig, Index Tridentinus genannt wird, erfolgte durch die Bulle Dominici gregis custodiae (24. März 1564) für die ganze römische Christenheit, wurde aber in Deutschland, Frankreich und in den Niederlanden nie angenommen. Die wich=tigsten von jenen Regeln beziehen sich auf die Uebersetzungen der Bibel. Nach der 3. Regel sollen die Uebersetzungen kirchlicher Schriften von Verfassern, die verurtheilt sind, insofern zulässig seyn, als sie Nichts gegen die römische Kirchenlehre enthalten; Uebersetzungen von Schriften des A. T. zu gebrauchen, sollte nur mit Genehmigung des Bischofs den Ge=lehrten gestattet seyn, sofern sie jene nur nicht wie den Urtext selbst gebrauchen (non tanquam sacro textu utantur); Uebersetzungen des N. T. aber von Verfassern der oben genannten ersten Klasse sollten gar nicht gebraucht werden dürfen, weil daraus viele Gefahr für den Leser entstehe. Den Laien sollten nach der 4. Regel mit Erlaubniß des Bischofs oder der Inquisition nur die approbirten Uebersetzungen gestattet werden. Die 10. Regel bestätigte die oben erwähnte Verordnung Leo's X. Dieser Index von Pius IV. erschien in Rom bei Aldus Manutius 1564, revidirt und mit Zusätzen von Gregor XIII., Six=tus V. und Clemens VIII. (1595). Pabst Sixtus V. setzte auch eine besondere Con=gregation des Index ein, welche ein Verzeichniß von Schriften aufstellte, die nach Tilgung anstößiger Stellen noch gelesen werden dürfen. Dieses Verzeichniß der zu reinigenden Bücher ist der *Index librorum expurgandorum* oder *expurgatorius;* zuerst erschien er auf Befehl des Herzogs Alba unter d. Tit. Index expurgatorius librorum, qui hoc saeculo prodierunt. Antverp. 1751 u. öfter. Verzeichnisse von Schriften, die verboten wurden, erschienen nach dem Muster des römischen Index in Menge, besonders in Spanien (bereits unter Philipp II. 1577 und 1584 in Madrid) und in Italien; Joh. Maria Brasichellen oder Brasichelli (eigentl. Wenzel v. Brisigella) ließ mit Hilfe des Dominikaners Thom. Malvenda einen Index erscheinen (Index expurgatorius cura J. M. Brasichellani, Mag. Palat. Romae 1607), doch hatte das Buch selbst das Schicksal, von Rom aus nicht nur unterdrückt, sondern selbst in den Index libr. prohib. gesetzt zu werden. Der spanische Generalinquisitor Antonio a Sotomajor gab einen wegen seiner Vollständigkeit geschätzten Novissimus librorum prohibitorum et expurgandorum Index. Madr. 1648 heraus. Neuer=lich erschien der römische Index 1819 wieder, ist aber seitdem vielfach vermehrt worden und wird fortwährend vermehrt. Die Congregation des Index besteht jetzt noch in Rom, ihre Autorität ist aber selbst in Italien sehr geschwächt. In Deutschland hatte schon Maria Theresia den römischen Index für Oesterreich verboten; seine Publication kann in Deutschland nur mit Genehmigung des Staatsoberhauptes erfolgen. Vgl. *Peignot,* Dictionnaire critique litéraire et bibliographique des principaux livres condamnés au feu, supprimés ou censurés. Par. 1806. *Neudecker.*

Independenten oder Congregationalisten heißen in England und Nord=amerika die Anhänger des religiösen Grundsatzes, daß jede größere oder geringere Anzahl von Christen, die nach freiwilliger Uebereinkunft sich in Einem Hause zum Gottesdienst und zur Verrichtung religiöser Handlungen auf den Grund des Evangeliums versammelt, eine selbständige Kirche bilde, mit vollkommener Autonomie für ihr gesammtes kirchliches Leben und mit der Befugniß, die gottesdienstliche Einrichtung und kirchliche Verfassung frei und unabhängig von jeder höheren Kirchengewalt und aller geistlichen Jurisdiction nach eigener Einsicht und nach den Ergebnissen der freien Forschung und Auslegung der heil. Schrift zu gestalten.

Ursprung und Grundlehren. Die schweren Verfolgungen, welche unter der hochkirchlichen Königin Elisabeth über die Puritaner verhängt wurden, trieben viele

Anhänger der streng calvinischen Kirchenordnung zur Flucht nach Holland, wo sie, im Gefühle des erlittenen Gewissenszwanges durch die bischöfliche Kirchengewalt, unter der Leitung von Robert Brown die Lehre ausbildeten, daß jede Kirchengemeinde eine selbständige Religionsgesellschaft sey, unabhängig von jeder geistlichen Gewalt und kirchlichen Autorität, möge dieselbe von Bischöfen und Concilien oder von Presbyterien und Synoden geübt werden (s. Brown und Brownisten). Nach dem Ausscheiden des wankelmüthigen und karakterlosen Stifters erlangten die Brownisten einen würdigern Führer und Sachwalter in John Robinson, der das unbedingte kirchliche Freiwilligkeitsprinzip durch einige Restrictionen beschränkte und dem religiösen Leben bestimmtere Formen gab. Hatte Brown der Kirchengemeinde vollkommene Autonomie in Religionssachen beigelegt, so daß die Gesammtheit der Glieder nach gemeinsamer Berathung durch Stimmenmehrheit über alle kirchlichen Angelegenheiten entschied, ohne irgend einer vorgesetzten Behörde oder Versammlung verantwortlich zu seyn, und jedes Mitglied durch freie Wahl der Gemeinde zum Predigtamte und zur Verrichtung der kirchlichen Funktionen berufen werden konnte, so beschränkte Robinson dieses Recht dahin, daß eine Berufung zum Dienst der Kirche nur an gewisse durch Fähigkeiten und Kenntnisse qualificirte Glieder ergehen könne; und wenn Brown in der gereizten Stimmung über die erfahrene Verfolgung die kirchliche Intoleranz, die ihm und seinen Glaubensgenossen das Leben verbitterte, von den Gegnern adoptirte und allen andern Confessionen, insbesondere der anglikanisch-bischöflichen Kirche wegen ihrer römisch-katholischen Bestandtheile den Karakter der Christlichkeit absprach, so gab Robinson der mildern Fassung Raum, daß, wenn auch ihre eigene Kirchenverfassung dem apostolischen Urbilde am meisten entspreche und am nächsten komme, doch auch christliche Kirchen mit andern Formen bestehen könnten, daß auch unter dem Episkopalsystem und unter einer Synodal- und Presbyterialverfassung Frömmigkeit und echtchristliche Gesinnung gedeihen könne, eine Ansicht von großer Tragweite, die in der Folge dem Grundsatz vollkommener Toleranz und kirchlicher Gleichberechtigung die Entstehung gab. Im Anfang des 17. Jahrhunderts wich der Name »Brownisten« allmählig der Benennung »Independenten«, besonders seitdem Robinson in einer apologetischen Schrift als Fundament seines kirchlichen Lehrgebäudes den Satz aufstellte: „Coetum quemlibet particularem esse totam, integram et perfectam ecclesiam ex suis partibus constantem immediate et *independentem* (quoad alias ecclesias) sub ipso Christo;" doch kam der Name erst in allgemeinen Gebrauch, als die Independenten eine hervorragende Rolle in der politischen Bewegung des siebenzehnten Jahrhunderts zu spielen begannen, aber gerade diese entschiedene politische Parteistellung machte in der Folge den Episkopalen und Presbyterianern den Namen sehr verhaßt, daher die Independenten sich selbst gewöhnlich »Congregationalisten« nannten, d. h. Mitglieder von Religionsgesellschaften, die sich durch freie Uebereinstimmung und Verträge zu gemeinsamem religiösen Leben verbunden haben. Denn wie sehr sich auch die einzelnen Independentengemeinden im Laufe der Zeit in den äußern Formen und Einrichtungen den andern evangelisch-protestantischen Kirchen näherten; das Prinzip von der freien Uebereinstimmung aller Mitglieder im Glauben und in der gottesdienstlichen Ordnung bildet neben der Verwerfung jedes festgesetzten Glaubensbekenntnisses das eigentliche Fundament des Independentismus, den Kern ihrer religiösen Anschauung. Jede christliche Religionsgesellschaft, die unter sich einig geworden über die evangelische Glaubenslehre, über Cultusform und Kirchenregiment, ist eine vollkommen selbständige Kirche, der das unbedingte Recht zusteht, die Lehrer und Diener der Kirche zu wählen und einzusetzen, die unordentlichen Mitglieder, die ein unchristliches Leben führen oder die Grundwahrheiten des Evangeliums verwerfen, aus ihrer Gemeinschaft auszuschließen, sofern sie der vorausgegangenen Ermahnung und Warnung kein Gehör gegeben, und Alles zu thun, was sie der Wohlfahrt der Gesammtheit für dienlich erachtet. Die Ordination, die Jedem ertheilt wird, der seinen festen Glauben an das Evangelium, aufrichtige Frömmigkeit, die zur Belehrung der Gemeinde nothwendigen Kenntnisse und den Willen und Entschluß kund gibt, seine Kräfte zur

Wohlfahrt der ihn berufenden Gemeinde anzuwenden, ist nur ein äußerlicher Akt der Berufung ohne höhere Weihe, daher die Auflegung der Hände nur eine angenommene Form, die eben so gut mit einer andern vertauscht werden kann. Keine Bekenntnißschrift, keine symbolische Glaubensformel, keine gemeinschaftliche Liturgie bindet die Independenten= gemeinden oder ihre Glieder; die allgemeine Versicherung, daß man an das Evangelium Jesu Christi glaube und die heilige Schrift zur Glaubensregel mache, ist das lose Band der Religionsgesellschaften. Kirchenversammlungen werden nicht unbedingt verworfen, aber ihre Beschlüsse haben keine bindende Kraft; doch bleibt es einzelnen Gemeinden unbenommen, mit einander in Verbindung zu treten und gemeinsame Regeln aufzustellen, sofern dadurch keinerlei Gewissenszwang geübt und keinerlei Autorität für andere begründet werden soll.

Geschichte. Henry Jacob, ein Freund und Meinungsgenosse Robinsons, kehrte im Jahre 1616 aus den Niederlanden nach England zurück und gründete in London mit einigen Puritanern die erste Independentengemeinde nach dem Muster der englischen Congregationen in Holland. Ueber zwanzig Jahre entging die kleine Gemeinde, der Jacob als Pastor vorstand, der Wachsamkeit der Hochkirchlichen, indem sie ihren Gottes= dienst abwechselnd in verschiedenen Privatwohnungen abhielt; endlich entdeckte sie einer der Spürer des Bischofs von London, worauf einige der Mitglieder in mehrjährige Haft gebracht wurden, andere über das Meer flohen, um auf dem freien Boden Neuenglands ungestört ihres Glaubens zu leben. Bei der religiösen Aufregung in England konnte es jedoch nicht fehlen, daß eine kirchliche Lehre, die mit den herrschenden Ansichten des Tages so sehr übereinstimmte, bald wieder neue Bekenner fand. Im Jahr 1640 wurde die Congregation, die sich im Hause eines Steph. More zu versammeln pflegte, einem Ver= hör unterworfen. Die Geladenen gestanden offen, daß sie nur Christum als Haupt der Kirche anerkenneten und weder dem König noch irgend einer zeitlichen Macht das Recht zugestehen könnten, die Gewissen zu binden; aber so sehr war die Strömung schon zu Gunsten der religiösen Freiheit gestiegen, daß ein Bekenntniß, das nach Dan. Neal (history of the Puritans II, 398.) ein Jahr vorher den Verlust der Ohren nach sich gezogen hätte, diesmal ohne üble Folgen vorüberging, ja daß ihre Versammlungen immer häufiger besucht wurden. Man fand, daß weder ihre gottesdienstliche Form noch ihre kirchliche Verfassung von andern protestantischen Kirchen wesentlich abwichen; sie hielten sich an die beiden Sacramente, Taufe und Abendmahl, wie die andern; sie predigten, sangen Psalmen und lasen die heil. Schrift gleich den übrigen Protestanten; sie hatten Pasto= ren zur Seelsorge, Lehrer zur Predigt und zur religiösen Unterweisung, Kirchen= älteste (ruling Elders), die mit jenen vereinigt die Kirchenzucht handhabten, doch so, daß von ihren Aussprüchen stets die Berufung an die Gemeinde gestattet war, und Diakonen zur Verwaltung und Vertheilung der freiwilligen Gaben und Almosen; nur daß alle diese Aemter durch die freie Wahl der Gemeinde übertragen wurden und an die Ordination keine geheimnißvolle Weihe geknüpft war. Während der Kämpfe des Parla= ments gegen das hochkirchliche Königthum nahm die Zahl und Bedeutung der Indepen= denten immer mehr zu, da sich Oliver Kromwell, Milton und andere Führer und Vor= kämpfer der puritanischen Opposition zu ihnen hielten; doch geschieht ihnen Unrecht, wenn hochkirchliche und royalistische Geschichtschreiber, wie Clarendon, Rapin Thoiras u. A., ihnen den Vorwurf machen, sie bestritten jede Obrigkeit, verwürfen die monarchische Staatsform und hegten republikanische Grundsätze, und ihnen hauptsächlich die Umwälzung des Throns und den gewaltsamen Tod des Königs Karl I. Schuld geben. Diese Vor= würfe haben ihren Ursprung in der römisch=katholischen und hierarchischen Auffassung, daß Staat und Kirche ein untrennbares Ganze bildeten, während die Independenten das geistliche und weltliche Schwert strenge schieden; trugen ihre kirchlichen Ansichten einen republikanischen und demokratischen Karakter, so konnten sie dagegen bei der vollständigen Scheidung dessen, was des Kaisers und was Gottes ist, nach ihren Grundsätzen unter jeder Obrigkeit bestehen, die ihrem kirchlichen Leben nicht hindernd entgegentrat. Die

Beschuldigungen der Gegner, welche die politischen Privatansichten einzelner Glieder der
Independentengemeinden, wenn diese auch die Mehrzahl bildeten, auf die ganze Religions=
genossenschaft übertrugen, blieben den Independenten kein Geheimniß, daher die Congre=
gationalisten=Gesellschaften in und um London im Jahre 1647 die feierliche Erklärung
abgaben, daß sie keine Staatsform als solche unbedingt verwerfen, da alle Obrigkeit eine
Anordnung Gottes sey, und daß sie folglich auch die königliche Regierungsgewalt, sofern
sie durch gerechte und heilsame Gesetze eingeschränkt wäre, für eine Gott wohlgefällige
und den Menschen nützliche Einrichtung hielten. Daß in den Tagen der Entscheidung
die meisten Independenten auf Kromwell's Seite standen und für die äußerste Maßregel
stimmten, ist nicht zu leugnen; doch war dies nur die Privatansicht einzelner Glieder,
die Congregation als Gesammtheit hatte kein politisches Glaubensbekenntniß, auch wird
ausdrücklich erwähnt, daß mehrere Independentenprediger eine Petition an General Fairfax
für Erhaltung des Königs unterzeichneten (Neal III, 537 f.). — Unter Kromwell's
Protectorat nahm die Zahl und Bedeutung der Independenten sehr zu, viele angesehene
und gelehrte Männer hielten sich zu ihnen, und da ihnen Kromwell sehr gewogen war,
so wurden ihnen sogar wichtige Stellen an den Universitäten und Collegien des Landes
übertragen. Jetzt machte sich das Bedürfniß eines gemeinsamen Bandes zwischen den
einzelnen Kirchen fühlbar; sie hielten daher mit Einwilligung des Protectors eine Ver=
sammlung in der Savoy, wo sich Prediger und Abgeordnete von mehr als hundert
Independentengemeinden einfanden. Hier wurde am 12. Oktober 1658, wenige Wochen
vor Kromwell's Tod, ein Glaubensbekenntniß und eine Kirchenordnung für alle Congre=
gationalisten=Gemeinden entworfen und festgesetzt. Diese „Declaration" enthielt die im
Obigen dargelegten Grundsätze über Lehrbegriff, Kirchenverfassung und Cultusform; um
aber den Grundbegriff des Independententhums, die Selbstbestimmung und Selbstregie=
rung der Kirchengemeinde nicht zu verletzen, wurde selbst dieser von der ganzen Ver=
sammlung angenommenen und unterschriebenen Glaubens= und Bekenntnißschrift durchaus
kein bindendes, symbolisches Ansehen beigelegt; und damit sich kein geistlicher Staub
bilde und jede hierarchische Bestrebung im Keim erstickt werde, sollte der von den Ver=
tretern der Gemeinde zu vollziehenden Ordination die Wahl und Berufung zu einer
bestimmten Seelsorge vorausgehen. Mit derselben Entschiedenheit, wie sie die kirchliche
und religiöse Freiheit und Autonomie der Gemeinde gegen jede Art von legislativer und
gouvernementaler Autorität, vor jeder Episkopal= und Synodalgewalt schirmten, hielten
sie auch jeden Eingriff, jede Beaufsichtigung und Bevormundung weltlicher Behörden,
jedes erastische Element, fern. Nur wenn eine Gemeinde in Lehre oder Leben den Mit=
christen Aergerniß geben oder die Ruhe und Sicherheit stören würde, sollte das Ein=
schreiten weltlicher Obrigkeit gestattet seyn. Dürfen die Independenten sich mit Recht
rühmen, bei der consequenten Durchführung dieses Grundsatzes das Selfgovernment und
das Gemeindeleben auf eine hohe Stufe der Ausbildung und Entwickelung geführt zu
haben, so gebührt ihnen die Ehre, daß sie in den Tagen ihrer Macht den Grundsatz der
Toleranz nicht verleugneten, daß sie auch in einer Zeit, wo religiöse Verfolgung und
Unterdrückung für eine Pflicht, Duldung für Verrath an der eigenen Sache angesehen
ward, feierlich sich zu der Ansicht bekannten, daß man alle christlichen Lehrmeinungen,
welche an den Grundlehren des evangelischen Glaubens und an dem Gesetze der Heiligung
festhalten, mit christlicher Liebe und duldsamem Sinne behandeln solle. — In diesen
Tagen kirchlicher und politischer Aufregung mochten wohl einige eifrige Independenten
sich mit der Hoffnung tragen, ihren religiösen Grundsätzen allgemeine Anerkennung und
ihrer Kirchenverfassung die Herrschaft, in England zu verschaffen. In diesem Sinne
machte Milton im Jahr 1659 in einer merkwürdigen Flugschrift „über die leichtesten
Mittel, Miethlinge (hirelings) aus der Kirche zu entfernen," den Vorschlag, das Kirchen=
vermögen sammt den Zehnten zum Wohle des Volkes zu verwenden und eine Anzahl
unabhängiger Kirchengemeinden zu bilden, deren religiöse Bedürfnisse durch Seelsorger
versehen würden, die gleich den Aposteln den ärmern Ständen angehörten und neben

ihrem geistlichen Amte noch ein bürgerliches Gewerbe trieben. (Milton's prof. Schriften von Dr. G. Weber, in Raumer's hist. Taschenb. 1852.) Solche Ansichten, die nicht vereinzelt gewesen seyn mögen, reizten den Zorn der Episkopalen gegen die Independen=ten, daher sie bald nach der Restauration der Stuarts die Uniformitätsakte aus=wirkten, die, im Jahr 1662 bekannt gemacht, alle Nonconformisten, welche sich weigern würden, die 39 Artikel zu unterzeichnen und das „Common Prayerbook" bei ihrem Gottes=dienste zu Grunde zu legen, den härtesten Strafen unterwarf. Nun brach für die Inde=pendenten wie für alle Dissenters eine schwere Zeit der Verfolgung an; ihre kirchlichen Zusammenkünfte wurden durch die erneuerte Conventicle=Akte verboten, die Wider=strebenden wanderten in die Gefängnisse und wurden mit Geldstrafen belegt; Tausende verließen den heimathlichen Boden und wanderten nach Neuengland aus, wo sie, beson=ders in Connecticut, viele Congregationen in der ganzen Folgerichtigkeit ihres Lehrbegriffs gründeten, und für Verbreitung des Evangeliums unter den Indianern sehr thätig wirkten. Hier in Nordamerika, wo durch ihren Einfluß die Freiwilligkeitslehre das Grundprinzip der kirchenrechtlichen Stellung des Staats zur Kirche wurde, traten sie mit der Zeit zu einer kirchlichen Conföderation zusammen mit jährlich wiederkehrenden Versammlungen zu freier Berathung über alle Angelegenheiten der Lehre, des Gottesdienstes und der kirch=lichen Organisation, aber nur mit schiedsrichterlicher Autorität in allen streitigen Fragen, ohne andere Gewalt als christliche Ermahnung, brüderlichen Rath und Worte der Liebe. In New=Cambridge gründeten sie mit der Zeit eine eigene Hochschule mit einem Prediger=seminar. — Nach der Vertreibung der Stuarts, deren cäsareopapistischer Despotismus den Ansichten der Independenten viele Anhänger zuführte, wurden die Dissenters durch die Toleranzakte Wilhelms v. Oranien vom Jahr 1689 von dem Druck befreit und damit auch die Independenten der Duldung theilhaftig, die sie von jeher gepredigt und geübt hatten. Seitdem hat ihre Zahl unter den Wirkungen einer mildern Zeit bedeutend zugenommen, und fort und fort führt die Abneigung und innere Opposition gegen den Gewissenszwang der Staatskirche und ihrer obrigkeitlichen Organe den Inde=pendentengemeinden zahlreiche Bekenner zu. Ihr reger Eifer für Verbreitung christlicher Lehre und christlicher Tugenden unter allen Völkern, die noch nicht vom Lichte des Evan=geliums erleuchtet sind, hat ihnen auch bei den Bekennern anderer Kirchen Anerkennung und Achtung verschafft. Die Londoner Missionsgesellschaft dankt der Anregung der Independenten ihre Entstehung. In dem strengen Gegensatz gegen jede Hierarchie und hierokratische Staatskirche werden die Congregationen des „Freiwilligkeitsprinzips" von Vielen als Zufluchtsstätte gegen Geistesdruck und Gewissenszwang angesehen und gesucht.

Dr. G. Weber.

Indien, s. Missionen, prot., katholische.

Indifferentismus. Unter den sogenannten Religionsfehlern, oder den krankhaften Mißgestalten des religiösen Bewußtseyns nimmt der Indifferentismus eine bedeutende Stelle ein. Er ist ein Objekt der angewandten Dogmatik oder der Polemik, der Moral und der Pastoral=Theologie. In hundert Formen und Gewändern schleicht er dahin durch die alte und neue Religionsgeschichte, vielfach verlarvt, vielfach unverhüllt, oft verwechselt mit seinem Gegenfüßler, dem reinen Glauben, sofern dieser den Fanatis=mus mit indifferentistisch scheinendem Verhalten abstößt, in sich selber unwahr, da es keine reine, ungeheuchelte Gleichgültigkeit in der Religion geben kann, und doch eine der bedeutendsten religiösen Krankheiten der neueren Zeit. Seit dem 18. Jahrhundert ist die kirchliche Klage über den Indifferentismus eine stehende geworden, wie dieß eine ziemliche Reihe von Schriften und Verhandlungen über diesen Gegenstand beweisen. (S. Danz, Universal=Wörterbuch der theol. Literatur S. 449 und das Supplementheft S. 54.) Doch kennt denselben auch bereits die orthodoxe Schule. Buddeus, instit. theol. dogmatic. p. 60 unterscheidet den Indifferentismus universalis und particularis. Dem Ersteren gelten nach ihm alle Religionen gleich, weil er entweder überhaupt keine, oder nur eine Naturreligion anerkennt. Im ersteren Falle kann man ihn als Atheismus, im letzteren als Naturalis=

mus betrachten. Der partikulare Indifferentismus dagegen hält die Unterschiede der christlichen Confessionen und Sekten für gleichgültig, und zwar wirft er entweder alle, oder die meisten, oder doch etliche zusammen, während er die christliche Offenbarungs= religion selber annimmt. Andre unterscheiden groben und subtilen Indifferentismus. Der Erstere besteht nach Bretschneider (Systematische Entwicklung S. 13) in der Meinung, man könne jede Religion, welche es immer sey, ohne Seelengefahr bekennen, der letztere in der Annahme, es sey gleichviel, zu welcher christlichen Partei man sich halte. J. E. Schubert in seinen institutiones theol. polem. Pars I. p. 569 gibt folgende Definition: indifferentismus est opinio, intuitu salutis consequendae perinde esse, quacunque reli= gione deus colatur ab hominibus. Dici etiam solet *claudicatio* et *tepor* (1 Kön. 18, 21. Offenb. 3, 16.), itemque *libertinismus* (Apg. 6, 9. libertini! Doch erklärt Schubert diese libertini richtig und kommt dann auf die Libertiner der Reformationszeit), *Gallionismus* (Apg. 18, 14. 15. Indessen findet Schubert Gallions Sentenz sey prudentissima gewe= sen), *Religio magna et universalis, Machiavellistica, Grotiana, Hobbesiana* (Schubert läßt den Vorwurf, welcher den betreffenden Personen gemacht wird, auf sich beruhen), *Religio Medici* (nach einem Buche, welches der Engländer Thomas Browne unter diesem Titel herausgab). Der Verfasser unterscheidet dann aber mit Beziehung auf die beiden Seiten, welche jede Religion darbietet, Dogmen und Religionshandlungen, zwischen einem dogmatischen und praktischen Indifferentismus. — Reinhard in seiner Moral (1. Band S. 752) rechnet den Indifferentismus zu den allgemeinen Fehlern des Gewissens, und unterscheidet zwischen Unglauben, Gleichgültigkeit gegen die Religion und Indifferentis= mus in derselben. Der Unglaube gibt sich nach ihm den Schein, die Religion geprüft zu haben, er ist erbittert gegen dieselbe, weil er sie falsch und verwerflich gefunden haben will. Die Gleichgültigkeit gegen die Religion dagegen stellt jene Untersuchung derselben gar nicht an; der Gleichgültige empfindet weder für noch wider sie, weil er sich auf keine Weise mit ihr abgegeben hat. Herrschende Sinnlichkeit, Zerstreuung in eine Menge von Geschäften, ein gewisser Stolz, der es für Schwachheit hält, sich mit der Religion einzu= lassen — Zweifelsucht, sind die gewöhnlichsten Quellen der Gleichgültigkeit gegen die Religion. Davon unterscheidet sich nun nach Reinhard der Indifferentismus, insofern er in der Neigung besteht, die Religion nicht ihrer inneren sittlichen Würde, sondern bloß der äußeren Vortheile wegen zu schätzen, welche mit ihrem Bekenntniß verknüpft sind, und sich daher immer für diejenige zu erklären, bei welcher den Umständen nach am meisten zu gewinnen ist. In allen diesen so verschiedenen Bestimmungen wird der In= differentismus nicht betrachtet als Indifferenz gegen die Religion an sich (mit Ausnahme des atheistischen Verhaltens, von welchem Buddeus redet), sondern als Indifferenz gegen die Differenzen zwischen den Religionen, oder den Confessionen. Wenn aber Reinhard den Indifferentismus vom Unglauben und von der Gleichgültigkeit unterscheidet, wenn er meint, der Unglaube habe immer irgendwie die Religion geprüft, und die Gleichgül= tigkeit gegen die Religion könne eine wirkliche reine Indifferenz seyn, der Indifferentis= mus dagegen müsse als ein heuchlerisches Verhalten betrachtet werden, welches sich allemal aus äußeren Motiven zu derjenigen Religion halte, bei welcher er am meisten Vortheil finde, so hat er schwerlich mit diesen Bestimmungen die Erkenntniß des Gegenstandes gefördert. Heuchlerische Niederträchtigkeit und Indifferentismus sind doch bei Weitem nicht das Gleiche. Die neuere Polemik, wie sie K. H. Sack auf der Grundlage der Schleiermacherischen Encyklopädie in die Theologie wieder eingeführt hat, hat auch den Begriff des Indifferentismus gereinigt und vertieft. Recht bedeutsam finden wir nun hier den Indifferentismus an die Spitze der Religionsfehler gestellt. Als die beiden Hauptformen desselben aber werden der Naturalismus und der Mythologismus genannt. Nach Sack (christliche Polemik S. 65) ist der Indifferentismus die religiös scheinende Nichtunterscheidung dessen, welches zu unterscheiden zum Wesen des wahren Glaubens ge= hört. Wenn der verehrte Verfasser mit Schleiermacher die Polemik nur auf kirchliche Religionsfehler beziehen, und so auch nur von einem Indifferentismus in kirchlicher Form

und Beziehung handeln will, so können wir dem nicht beipflichten; denn die kirchlichen
Religionsfehler sind nur aus den allgemein menschlichen heraus zu begreifen, und die
christliche Polemik gilt den dogmatischen Irrthümern schlechthin. Davon abgesehen spricht
die Definition das Wesen des Indifferentismus in sehr akuten, reinlichen Bestimmungen
aus. Und doch kann man sich nicht wohl dabei beruhigen, wenn auch hier der Indifferentismus von der Gleichgültigkeit gegen die Religion selbst unterschieden bleibt. Die
Wissenschaft muß mit dem Rückblick auf Buddens auf eine Bestimmung hinzielen, welche
die beiden scheinbar verschiedenen Religionsfehler nach ihrer Einheit auffaßt. Etwa so:
der Indifferentismus ist das fremde oder abgeneigte Verhalten gegen das Wesentlich-Re-
ligiöse selbst in den religiösen Unterschieden, welches sich in der Form einer Indifferenz
gegen die religiösen Unterschiede um der Hingebung an das darüber angeblich hinauslie-
gende wesentlich Religiöse willen äußert. »Keine Religion haben aus Religion.« Diese
Worte sind in der Regel als eine Losung des Indifferentismus verdächtig, obschon sie
auch in paradoxer Form eine Gesinnung andeuten können, welche das religiöse Element
in allen Religionen zu würdigen strebt. Diejenige Indifferenz nämlich gegen unwesentliche religiöse Unterscheidungen, welche eben aus Hingebung für das Wesentliche der Religion oder des Glaubens entspringt, müssen wir von dem wirklichen Indifferentismus
rein unterscheiden. Wir dürfen nicht vergessen, daß sich diese Denomination auf positi-
vem Gebiete entwickelt hat, daher wird nicht Alles als Indifferentismus angesehen werden dürfen, was herkömmlich also genannt wird. Das Verhalten der Jünger Jesu gegen
die jüdischen Satzungen erschien den Juden und Judaisten indifferentistisch. Die gläubigste
Unionsgesinnung kann dem heutigen Confessionalismus als Indifferentismus erscheinen.
Wir können unmöglich den wirklichen Indifferentismus lediglich für eine Uebertreibung
der Würdigung des Wesentlichen im Verhältniß zum Unwesentlichen halten. Jener Schein-
Indifferentismus kann sich in seiner Wahrheit nicht übertreiben. Er ist der Todfeind
des Fanatismus; dagegen ist der wirkliche Indifferentismus das Alter ego desselben.
Scheinbar mögen sich Beide von einander ablösen, und auf den Tod bekämpfen. Der
Fanatismus findet seine negative Polarität im Indifferentismus gegen das Heiligthum
des inneren Lebens. (S. Nitzsch, System S. 39.) Und so kommt auch der vornehmste
Indifferentismus nicht ohne Fanatismus zu Stande. Denn das Wahnbild einer wirklichen natürlichen Kälte des Menschen gegen die Religion oder gegen die Religions-
unterschiede widerspricht der Unveräußerlichkeit des religiösen Bewußtseyns. Die scheinbare Indifferenz ist hier immer irgendwie von heimlicher Abneigung und Zuneigung,
von Unglauben und Aberglauben, fanatischem Hassen und Lieben getragen. Der Fanatismus kehrt seine Indifferenz gegen das innere Heiligthum und das Eine Grundwesen
der Religion, indem er für das aparte äußere Heiligthum und seine Unterscheidungen mit
Verblendung eifert. Mit Verblendung, denn das äußere Heiligthum wird entheiligt durch
seine Ablösung von dem innern. Der Indifferentismus wendet seine Indifferenz gegen
das äußere Heiligthum, gegen die Erscheinung, Stiftung und Unterscheidung des Glaubens, indem er für ein vermeintlich Unterschiedloses, Einiges und Allgemeines in
seiner Art fanatisirt ist. In der Sphäre der Naturreligion oder auf der untersten
Stufe des religiösen Lebens verhält sich der Indifferentismus vorzugsweise als Stumpf-
sinn gegen die religiösen Ueberlieferungen und Ordnungen in ihrer höheren Bedeutung.
Er kann hier durch den ewig flüssigen Religionswechsel des Fetischismus in völlige Wildheit und äußere Religionslosigkeit versinken. Gleiches aber gilt von dem Zurückfallen der
Alleinslehre hinter die symbolischen Gestalten des Urmonotheismus, von der Alleinslehre
als Religion betrachtet. Denn die Alleinslehre als Philosophie bleibt in Bewegung und
ist in ihrem Streben heilbar. In der Sphäre der Gesetzesreligion (wozu wir natürlich
auch die mittelalterliche Kirche rechnen) wendet sich der Indifferentismus von den positiven Religionsüberlieferungen und Bestimmungen ab, um in einer fiktiven Naturreligion
das Wesentliche der Religion zu suchen. So fallen die Israeliten in den Baalsdienst
zurück, auf beiden Seiten hinkend; die Sonne scheint ihnen ein allgemeines Objekt mensch-

licher Religiosität zu seyn. In dieser Form hat sich der mittelalterliche Humanismus nach seinem irreligiösen Verhalten (unterschieden von der kirchlichen Linie des Humanismus) seit den Tagen des Alexius Commenus von Byzanz aus über die abendländische Christenheit verbreitet. Insofern bildet die Alexias der Anna Commena einen höchst bedeutsamen Punkt in der Religionsgeschichte. Ob nun aber in der Sphäre der Glaubensreligion sich auch der Indifferentismus eine neue höhere Gestalt geben kann, das ist die Frage. In der Regel sind es hier die Ueberreste des gesetzlichen Indifferentismus, d. h. des Naturalismus, welche sich mit den Ueberresten eines fanatisch gesetzlichen Kirchenthums spannen und streiten. Wenn sich aber der Unglaube dem entwickelten kirchlichen Glauben gegenüber als Indifferentismus ausbilden will, so liegt es ihm allerdings sehr nahe, nach Sacks Bezeichnung die Form des Mythologismus anzunehmen, welchen wir dann aber beschreiben möchten als diejenige Weise, sich auf die allgemeine Idee des Christenthums zurückzuziehen, welche alle historischen Entfaltungen dieser Idee als gleich wesentliche und gleich unwesentliche mythenartige Bildungen ansieht. Unter dieser Bestimmung würde allerdings der Mythologismus als der Indifferentismus der Glaubenssphäre zu betrachten seyn, während der Naturalismus in der gesetzlichen Sphäre seine Heimath hat. Es kann sich freilich hier der Indifferentismus auch andere Formen geben, indem er den abstrakten Buchstaben der Schrift als das Allgemeine den Bekenntnissen entgegensetzt, oder die Bekenntnisse als Glaubensgesetze der ganzen Fülle des kirchlichen und christlichen Lebens. Sieht man aber genau zu, so ist auch bei diesen Formen wieder der Mythologismus im Spiele. Der abstrakteste Schriftglaube macht die Kirche überhaupt zur Mythe; der abstrakteste Confessionalismus macht zur Mythe die Kirche der Gegenwart und der Zukunft, und das große Wort: es soll Ein Hirt und Eine Heerde werden. Freilich kann sich der Indifferentismus auch in eine negative oder flach synkretistische Unionsrichtung werfen, aber diese Richtung wird dann immer dem Wesen nach mit dem Mythologismus oder Literalismus zusammenfallen. Die wirkliche Union aber verhält sich zum Indifferentismus wie der Glaube zum Unglauben.   J. P. Lange.

Indult ist eine vom Pabst ertheilte Bewilligung, etwas gegen die bestehende gesetzliche Ordnung vorzunehmen oder zu verfügen; sie beziehen sich meistens auf die Vergebung von Benefizien, — jetzt sind sie in Folge der Concordate fast gänzlich außer Uebung gekommen.

Infallibilität des Pabstes, s. Pabst.

Infallibilität der Kirche, s. Kirche.

Inful, s. Kleidung, geistliche.

Infralapsarier, auch Sublapsarier heißt unter den orthodox reformirten Theologen diejenige Fraktion, welche den göttlichen Rathschluß der Gnadenwahl abhängig denkt vom Rathschluß über die Zulassung des Sündenfalls, während die Supralapsarier umgekehrt die Gnadenwahl oder Prädestination zur Seligkeit und Verdammniß als den obersten Rathschluß betrachten, von welchem abhängig alles Andere, auch die Zulassung des Sündenfalls beschlossen sey. Die Streitfrage betrifft daher die Ordnung der göttlichen Rathschlüsse unter einander, namentlich der beiden genannten Dekrete, oder, was auf's Gleiche herauskommt, die nähere Bestimmung des Objektes der Prädestination, ob Gott bei Fassung des Gnadenwahlrathschlusses die Menschen (und Engel) als gefallene betrachtet habe, oder ganz absehend von ihrem freilich sicher eintretenden Sündenfall einfach als Objekte, über deren endliches Loos er verfüge. Bei den gemeinsamen Grundvoraussetzungen von der Gnadenwahl als einer absoluten, durch gar nichts außer Gott bedingten, vor Grundlegung der Welt unabänderlich festgestellten und ganz unfehlbar sich verwirklichenden konnte diese Streitfrage eine erhebliche innere Bedeutung für das orthodoxe Lehrsystem nicht haben, daher denn beide Lehrweisen neben einander gleichmäßig geduldet worden sind gerade in der sonst intolerantesten Zeit. Zwar hat die Synode von Dortrecht 1618 auf 1619 die infralapsarische Lehrweise vorgezogen, und einzig Gomarus den strengsten Supralapsarismus festgehal-

ten, aber nicht nur blieb Gomarus dabei doch anerkannt und als orthodoxer Theologe
geschätzt, sondern auch andere der angesehensten Mitglieder verhehlten gar nicht, daß sie
dieselbe Lehrweise sich vorbehielten. Die Synode selbst hat in beiden Lehrweisen einerlei
Grundlehre erkannt und die infralapsarische, ohne die andere irgend zu mißbilligen,
nur darum vorgezogen, weil sich die orthodoxe Lehre in dieser Methode weniger anstößig
für andere Confessionen darstellen ließ. Mit dem Arminianismus hatte diese innere Schulfrage ohnehin nichts zu thun, denn eine auch nur scheinbare Annäherung und Conception
an diesen hätte man in gar keinem Pünktlein durchgehen lassen. Noch 1675 haben die
Schweizer für ihre Formula Consensus eine vorgeschlagene Bestätigung der infralapsari-
schen Lehrweise ausdrücklich darum vermieden, weil man durch einen solchen Satz die
supralapsarisch lehrenden Theologen zu mißbilligen schiene, die Heterodoxien aber von
Saumur, welchen die Formula galt, mit dieser Schulfrage nichts zu thun hätten. Gerade
die kernhaftesten Orthodoxen pflegten ja die derbere Lehrweise vorzutragen, ein Beza,
Piscator, Voetius, Gomarus, Lubbertus Sibrandus u. A. Es ist moderne Mißdeutung,
im Infralapsarismus eine irgend wirkliche Minderung der Schwierigkeiten des orthodox
reformirten Lehrsystems finden zu wollen; die Alten haben darüber richtiger gedacht und
nur darum mit sonst ungewöhnlicher Toleranz beide Lehrweisen nebeneinander bestehen
lassen können. Die gemeinsamen Grundvoraussetzungen waren folgende: Die Welt und
Menschheit in der Zeit entspricht absolut genau dem göttlichen Weltplan; geschaffen wird
der Mensch in ursprünglicher Rechtheit, fällt wollend und sich verschuldend, aber unfehlbar sicher in die Sünde und ihr Elend, woraus Alle, obwohl sie gleich schlecht sind, die
einen bestimmten Personen aus Gnaden erlöst und selig gemacht werden, die Andern
aber unerlöst bleiben und — was Alle, somit auch sie, verdient hätten, — verdammt
werden; — dieses Alles geschehe in der Zeit weil und genau wie es im göttlichen Welt-
plane (den vorzeitlichen Rathschlüssen) verhängt ist. Die Rathschlüsse seyen alle gleich
ewig gefaßt von Gott, der keiner zeitlichen Succession unterworfen, Alles zugleich beschließt und ewig will. Dennoch sey es für uns nothwendig, die verschiedenen Decrete
nach ihrer Abhängigkeit von einander zu unterscheiden, indem, was als letzter Zweck gewollt ist, das Mitwollen der zum Zweck führenden Mittel in sich schließe, somit diesem
gleichsam vorangehe, jedoch nur causal nicht temporell. Der supralapsarische Theologe ordnet daher die in Frage kommenden Weltplandekrete so: Als letzter Weltzweck sey
gewollt und von keinen andern Zwecken erst abhängig die Kundgebung, Selbstmanifesta-
tion Gottes und zwar nach seinen wichtigsten Eigenschaften der Barmherzigkeit und der
Gerechtigkeit, jener an zu beseligenden, dieser an zu verdammenden Geschöpfen; diesem
obersten, letzten Weltzweck dient alles weiter Beschlossene; zu diesem Zweck beschließt Gott
Menschen zu schaffen, sowie er sie schafft, ferner ihren sicher eintretenden verschuldenden
Sündenfall zuzulassen, auf daß sie Objekte werden, an denen die Erlösung oder die Verdammniß für jeden, wie es über ihn verhängt ist, sich verwirkliche. Daher sagt diese
Schule, beim Festsetzen der Gnadenwahl betrachte Gott die Menschen nur unbestimmt
überhaupt als Menschen, die er frei als absoluter Herr für seinen Weltzweck verwende
nach seinem Gutdünken; dieses Recht habe Gott als Herr und Schöpfer, somit gar nicht
erst, weil er den Sündenfall und die Schuld derselben vorhersehe; er verfügt über den
Menschen absolut als solchen, nicht erst über den Menschen als gefallen geschauten; daher
Gomarus als Objekt der Prädestination nennt die „Creaturae rationabiles, servabiles,
damnabiles, creabiles, labiles et reparabiles," d. h. das noch ohne alle Bestimmtheit
gedachte Geschöpf. Der infralapsarische Theologe aber ordnet die Momente des
gleich verhängnißfesten Weltplans so, daß Gott aus ihm beliebigen Gründen vorerst sich
entschließt, die Menschen zu schaffen und ihren sicher eintretenden verschuldeten Sündenfall
zuzulassen; erst von diesem Rathschluß abhängig sey mit beschlossen Gnadenrettung der
einen Personen, welche es um gar nichts vor den andern verdienen, Verdammung aber
aller andern, die an sich nicht schlechter sind als jene, daher denn die so sich ergebende
Manifestation theils der Barmherzigkeit theils der Gerechtigkeit die Rechtfertigung sey

für das Ganze. Dies ist der ganze Unterschied, beide Methoden dienen demselben Lehr=
begriff, nur redet die supralapsarische derber und rücksichtsloser, obgleich weit davon ent=
fernt, die Verschuldung des Menschen leugnen oder Gott zum Urheber der Sünde machen
zu wollen; die infralapsarische Methode redet vorsichtiger, obgleich durchaus nicht beab=
sichtigt wird, die verhängte Unausbleiblichkeit des verschuldenden Sündenfalls zu leugnen;
denn was Gott permissiv in den Weltplan gesetzt und hingeordnet hat, gar nicht etwa
bloß, weil er es vorhersähe, sondern weil er es so will, das muß eben so unfehlbar in
der Zeit geschehen, als was er effectiv gesetzt hat, um die Verwirklichung von sich aus
zu leisten. Sagt freilich der Supralapsarier, der Sündenfall selbst sey prädestinirt, so
meint er doch nur, daß derselbe als sicher eintretend verhängt sey, und hinwiederum ist der
Infralapsarier weit entfernt von der Meinung, daß der Sündenfall auch hätte unter=
bleiben können, daß derselbe nur als vorhergesehen in den Weltplan habe aufgenommen
werden können, oder gar daß das Eintreten der Sünde die Welt anders gestalte, als
Gott in freistem Weltplan gewollt habe. Dergleichen moderne Mißdeutungen muß sorg=
fältig meiden, wer die alte Orthodoxie verstehen will. Vgl. Hagenbach, Dogmengesch.,
3. Ausg., S. 589, m. ref. Dogmatik II. S. 123 f. und m. Gesch. der ref. Central=
dogmen II. S. 43 f., 55, 181 f.   Alex. Schweizer.

Innocenz I—XIII., Päbste. Innocenz I. gehört unstreitig zu den her=
vorragendsten Persönlichkeiten, welche in den ersten Jahrhunderten den Bischofsstuhl in
Rom inne hatten. Er stammte aus Albano, war der Sohn eines uns unbekannten In=
nocentius, und wurde unmittelbar und einmüthig nach dem Tod des Anastasius den
18. Mai 402 von Klerus und Volk zu Rom zum Pabste gewählt. Er trat diese Würde
mit allen den Prätensionen an, welche nur irgend Einer seiner Nachfolger geltend machen
konnte, und seiner umsichtigen Klugheit und beharrlichen Energie gelang es, das päbst=
liche Ansehen bedeutend zu erheben und zu erweitern. Alsbald nach seiner Erwählung
trug er dem Bischof Anysius von Thessalonich die Aufsicht über die Kirchen in Ost=
Illyrien auf. Dasselbe Verfahren hielt er gegen den Nachfolger des Anysius, Rufus,
ein, dem er ausdrücklich bemerkte, daß seine Macht bloß dem römischen Stuhle, dessen
Vicarius und Legat er sey, zu verdanken habe. Die Anwesenheit des Honorius in Rom
(403) benützte er dazu, auszuwirken, daß sowohl einige Bischöfe als andere Geistliche von
der Verwaltung gewisser bürgerlicher Bedienungen, die sonst mit ihren Familien erblich
verbunden gewesen waren, losgesprochen würden. Dem Victricius, Bischof von Rouen,
schickte er auf seine Bitte einen Decretalbrief, in welchem er ihm in Betreff der Aus=
übung der Kirchenzucht verschiedene Vorschriften gab. In der ersten Vorschrift verbietet
und erklärt er für unkanonisch alle Ordinationen der Bischöfe, die ohne Vorwissen und
Genehmigung des Metropoliten geschehen; in der zweiten schließt er alle diejenigen vom
Orden der Geistlichen aus, die theils vor ihrer Taufe Kriegsdienste gethan, theils nach
ihrer Taufe dabei beharren; in der dritten befiehlt er, daß alle unter den Geistlichen
entstehenden Streitigkeiten von den Provinzialbischöfen entschieden werden sollten; diejeni=
gen, die zu andern Gerichten ihre Zuflucht nehmen würden, sollten abgesetzt werden; eine
Ausnahme sollte nur statthaben bei sehr wichtigen Fällen, bei denen man, wenn die übri=
gen Bischöfe ihren Spruch gethan, an den apostolischen Stuhl appelliren könne. Die
drei folgenden Sätze beziehen sich auf diejenigen, die eine Wittwe geheirathet oder eine
geschiedene Frau oder eine, die vor oder nach ihrer Taufe ein Kebsweib gewesen war;
diese alle sollten ihres geistlichen Amtes entsetzt werden. Der neunte Satz bestimmte,
daß die Priester und Diakonen nach ihrer Weihe von aller Gemeinschaft mit den Wei=
bern ausgeschlossen werden sollten. Ebenso sandte er im J. 405 dem Exuperius, Bischof
zu Toulouse, ein Decretale zu, in welchem er das Verbot der Priesterehe erneuerte und
sich gegen die Gewohnheit aussprach, daß die Weiber um des Ehebruchs willen mehr
gestraft werden als die Männer, und führte als Erklärung dieser üblen Sitte an, daß
die Männer weit geneigter wären, ihre Weiber der Untreue wegen anzuklagen, als die
Weiber ihre Männer. Im J. 404 schrieb Augustin im Namen der zu Karthago ver=

sammelten Bischöfe an Innocenz und bat ihn um seine Verwendung bei'm Kaiser Hono=
rius gegen die Donatisten, Innocenz entsprach dieser Bitte mit Erfolg. Auf's Nach=
drücklichste verwandte sich unser Pabst für Chrysostomus bei Honorius, der auch wirklich
wiederholt an seinen Bruder Arcadius in dieser Sache schrieb, und am Ende dem Letz=
teren den Krieg ankündigen wollte, wäre er nicht durch einen Einfall der Barbaren, den
er abzuschlagen hatte, daran verhindert worden. Innocenz aber, der zuerst die Entschei=
dung der Streitigkeit einem aus abendländischen und morgenländischen Bischöfen zusam=
mengesetzten Concil vorbehalten wollte, säumte jetzt nicht länger, sich von den Feinden
des Chrysostomus offen loszusagen und kündigte dem Atticus, Theophilus und Por=
phyrius die Gemeinschaft auf. Falsch ist die Behauptung des Baronius, daß der Pabst
damals Arcadius und dessen Gemahlin Eudoxia mit dem Bann belegt habe. Als Rom
im J. 409 von Alarich belagert wurde und in der Stadt Hungersnoth und Pest den
höchsten Grad erreicht hatten, soll Innocenz nach dem allerdings nicht zuverlässigen
Zosimus (V, 41.) heimlich heidnische Opfer erlaubt haben. — Den macedonischen Bi=
schöfen gegenüber, welche ihm im J. 414 Briefe zustellten, benahm sich Innocenz als oberster
Richter, indem er schon im Eingang seiner Antwort seine Verwunderung über die Be=
leidigung zu erkennen gab, die sie dem apostolischen Stuhl dadurch zugefügt, daß sie sich
unterstanden, das in Zweifel zu ziehen, was bereits vom römischen Stuhl entschieden
worden sey. In einem Brief an den Erzbischof von Antiochien sprach er den folgerei=
chen Satz aus, daß alle Vorrechte, welche dem genannten Bischofsitz eigen wären, gar
nicht von den Vorzügen der Stadt herrührten, sondern von der Würde des Sitzes, den
der heil. Petrus eine Zeit lang inne gehabt habe. Er setzt hinzu, daß derselbe aus die=
sem Grunde eine so ausgedehnte Jurisdiction habe, und daß er nur darum dem bischöf=
lichen Sitz zu Rom nachstehe, weil Petrus hier dasjenige vollendet, was er zu Antio=
chien angefangen habe. In einem Schreiben an Decentius, Bischof von Eugubium, er=
klärt endlich Innocenz geradezu, daß alle abendländischen Kirchen schlechthin verbunden
seyen, sich nach den Gewohnheiten und Uebungen der römischen Kirche zu richten, da
die Gewohnheiten aller anderen Kirchen, sofern sie von der römischen Kirche abweichen,
nur Verfälschungen der alten Ueberlieferungen, Abweichungen von den Uebungen der ersten
Zeiten und unleidliche Mißbräuche wären. Aus diesen Decretalen an Decentius ist noch
hervorzuheben, daß Innocenz darin befiehlt, daß der Sabbath gleich dem Freitag ein
Fasttag seyn müsse, da der Sabbath mit zu der Trauerzeit gehöre, welche dem Freuden=
tag des Auferstehungsfestes, dem Sonntag, vorangehe, und da die Apostel an jenen bei=
den Tagen in Trauer versunken gewesen wären und am Sabbath sich aus Furcht ver=
borgen gehalten hätten; ebenso daß er ausdrücklich sich dahin entschied, daß die Salbung
der Stirne zu dem allein dem Bischof zugeeigneten Akt der consignatio (der Firmelung)
gehöre. Begierig ergriff Innocenz die Gelegenheit, seine Ansichten über die Oberhoheit
des römischen Stuhles geltend zu machen, als ihm ein nordafrikanisches Concil zu Kar=
thago von seinen Beschlüssen in der Entscheidung einer Lehrstreitigkeit Bericht erstattet
und ihn diesen Beschlüssen beizutreten aufgefordert hatte. Er lobte sie in seinem Ant=
wortschreiben vom J. 417 zuerst deßhalb, daß sie geglaubt hätten, seinem Urtheile die
Sache übergeben zu müssen, da sie wohl wüßten, was man dem apostolischen Stuhle
schuldig sey, da Alle, welche diesen Stuhl einnähmen, dem Apostel nachzufolgen strebten,
von welchem die bischöfliche Würde selbst und die ganze Auctorität dieses Namens aus=
gegangen sey. Mit Recht hätten sie die Einrichtung der Väter heilig gehalten, welche
nicht nach menschlicher, sondern nach göttlicher Anordnung beschlossen hätten, daß, was
man auch in noch so entfernten Provinzen verhandle, nicht eher entschieden werde, als
bis es zur Kenntniß des apostolischen Stuhles gelangt sey, damit durch die ganze Auc=
torität desselben jeder gerechte Ausspruch bestätigt werde, und die übrigen Kirchen (wie
durch die verschiedenen Gegenden der ganzen Welt die reinen Ströme von der ursprüng=
lichen ungetrübten Quelle aus sich verbreiten sollten) von dieser Kirche empfangen soll=
ten, was sie zu verordnen, wen sie freizusprechen und wen sie als unverbesserlich aus=

zustoßen hätten. Sofort bezeugte er den nordafrikanischen Bischöfen seine völlige Ein-
stimmung in die Verdammung der pelagianischen Lehre von dem Verhältniß der Natur
zur Gnade, und erkannte den Hauptgrund dieser ganzen Differenz tiefer als Andere,
indem er sah, daß dieser Streit mit einer verschiedenen Ansicht von dem Verhältniß der
göttlichen Erhaltung zur Schöpfung zusammenhänge (vgl. Epist. ad Conc. Carthag. §. 3.).
Doch kann man aus seinen Erklärungen keineswegs schließen, daß er mit dem Augustin
in seinem Systeme ganz übereinstimmte; vielmehr will Neander (Kirchengesch. II,
3. S. 827) eine Spur davon finden, daß Innocenz, indem er die Mittheilungen der
göttlichen Gnade durch die Würdigkeit der Einzelnen bedingt setzte, in einem wichtigen Punkt von Augustin sich entferne. Innocenz schloß "kraft seiner apostolischen Vollmacht" Pelagius und Cölestius sammt ihrem Anhang von der Kirchengemeinschaft aus.
— Innocenz schrieb kurz vor seinem Tod noch zwei andere Briefe, den einen an Hieronymus, um ihn in seinen Leiden aufzurichten, den zweiten an Bischof Johannes von
Jerusalem, den er als Beschützer der Origenisten und Gegner des Hieronymus arg-
wöhnte und ernstlich warnte. Innocenz starb den 12. März 417 und ward von seinen
Nachfolgern in die Zahl der Heiligen aufgenommen. Von ihm haben sich 42 Briefe erhalten. Vgl. *Schoenemann*, epist. pont. II. 507 sqq. *Eggs*, pontificium doctum p. 63 sq.

Innocenz II. Als Honorius II. den 14. Febr. 1130 gestorben war, beabsichtig-
ten 30 Cardinäle und viele angesehene Römer, die Wahl des reichen Kardinals Petrus
Leonis, dessen Großvater vom Judenthum zur kath. Kirche übergetreten war, durchzusetzen.
Ihnen zuvorzukommen, wählten 16 andere Kardinäle, noch ehe der Tod des Honorius
bekannt worden war, am 15. Febr. den Cardinal Gregorius Paparesci, einen gebornen
Römer aus der Familie der Guidoni, unter dem Namen Innocenz II. zum Pabste. Aber
noch am gleichen Tag wählte die Gegenpartei den Cardinal Petrus Leonis unter dem
Namen Anaklet II., und dieser hatte durch sein Geld in Rom großen Einfluß und an
König Roger von Sicilien einen mächtigen Bundesgenossen. So mußte Innocenz aus
Rom flüchten und schiffte sich nach Frankreich ein, wo er durch die Unterstützung der
beiden Häupter des Mönchthums, des Abts Peter von Clugny und des Abts Bernhard
von Clairvaux eine größere Macht gewann, als er in Rom hätte erlangen können.
Nachdem aber bereits Ludwig VI. und die französische Kirche den Innocenz als Pabst
anerkannt hatte, setzte der Bischof Gerhard von Angoulême, der als Legat für die Sache
Anaklets wirkte, den Streit noch länger fort, und durch ihn wurde Einer der mächtigsten Großen, der Graf Wilhelm von Aquitanien, für Anaklet gewonnen. Dieser vertrieb die Anhänger des Innocenz unter den Bischöfen von ihren Aemtern. Da gelang
es nach fünfjähriger Spaltung dem Abt Bernhard, den Grafen zu bewegen, daß er Innocenz als Pabst anerkenne. Dieser Abt war es auch, der durch das Feuer seiner Beredtsamkeit die unruhigen lombardischen Städte dem Pabst wieder unterwarf und den
Sieg des Innocenz auf einer Synode zu Pisa im J. 1134 beförderte. Im J. 1136
konnte Letzterer mit dem Kaiser Lothar II. in Rom siegreich einziehen. Doch wurde das
Schisma erst mit dem Tode Anaklets (1138) vollkommen gehoben. Zwar wählte dessen
Partei ihm einen Nachfolger; aber doch nicht, um seine Ansprüche auf den päbstlichen
Thron länger zu vertheidigen, sondern nur, um einen vortheilhafteren Vergleich mit der
anderen Partei zu Stande zu bringen, und im J. 1139 konnte Innocenz ein lateranen-
sisches Concil zur Besiegelung des Kirchenfriedens halten. Auf demselben erklärte sich
Innocenz gegen Arnold von Brescia und gebot ihm, den Schauplatz der bisherigen Unruhen, Italien, ganz zu verlassen und ohne besondere päbstliche Erlaubniß nicht wieder
dahin zurückzukehren. Ueber Roger, der nach dem Abzug des Kaisers das Rainulf
ertheilte Herzogthum überfallen hatte und sich des Königstitels fortwährend bediente,
ward der Bann ausgesprochen, und Innocenz zog in eigener Person gegen ihn zu Felde.
Während er die Veste Galleccio belagerte, ward er von Roger überfallen, gefangen genommen und am 22. Juni 1139 in das königliche Lager gebracht. Er ging nun mit
Roger einen Vergleich ein, befreite ihn von dem Bann und gab ihm das Königreich

Sicilien, das Herzogthum Apulien und das Fürstenthum Capua unter der Bedingung zurück, daß er und seine Nachfolger dem Pabst den Eid der Treue schwören und von seinen Händen die Investitur empfangen sollten. Nun zog Innocenz am 29. Sept. 1139 gleichsam im Triumph nach Rom zurück. Er erneuerte jetzt das schon von mehreren Concilien über die Irrthümer Abälards ausgesprochene Verdammungsurtheil. Auch mit Frankreich, dem Innocenz seine ganze Macht dankte, zerfiel er wegen der Wahl eines Erzbischofs von Bourges und befahl, daß nirgends in Gegenwart des Königs der Gottesdienst abgehalten werden solle. Dieses Interdict blieb bis 1143 aufrecht. Während der beiden letzten Jahre seines Lebens war Innocenz hauptsächlich damit beschäftigt, die Städte Tivoli, Palestrina, Tusculum und Albano, die sich von aller Unterwürfigkeit unter den apostolischen Stuhl losgemacht hatten, zum Gehorsam zurückzuführen. Zuletzt verweigerten ihm auch die Römer den Gehorsam, stellten den Senat wieder her, erwählten ihre eigenen obrigkeitlichen Personen und luden den Kaiser Konrad III. ein, von der Hauptstadt des Reiches Besitz zu nehmen. Konrad aber war geneigter, sich des Pabstes gegen die Römer anzunehmen; nur hinderte ihn ein anderer Krieg an einem Römerzug. Dagegen stand Roger schon im Begriff, dem Pabst ein Hülfsheer zuzusenden, als er erfuhr, daß Innocenz den 23. Sept. 1143 gestorben sey. Innocenz war dem Ernst seiner Zeit nicht gewachsen. Ueber seine zahlreichen Briefe vgl. *Fabricius*, bibl. lat. med. et inf. aet. ed. *Mansi* IV, 33 sqq.

Innocenz III., Gegenpabst. Unter den Gegenpäbsten, welche nach dem Tod Hadrians dem Alexander III. entgegenstanden, figurirt auch ein gewisser Landus aus der Familie der Frangipani, welcher sich Innocenz III. nannte. Derselbe hielt sich eine Zeit lang in einem nahe bei Rom gelegenen befestigten Ort auf, der dem Bruder des Gegenpabstes Victor, einem sehr mächtigen römischen Edelmann, gehörte. Der Ort wurde eingeschlossen und Landus endlich genöthigt, sich zu ergeben. Alexander ließ seinen Rivalen in das Kloster Cava einsetzen, und hiemit war das Schisma beendigt, das von vier auf einander folgenden Gegenpäbsten 21 Jahre hindurch fortgesetzt worden war.

Innocenz III. Einer der ausgezeichnetsten Kirchenfürsten, durch Verstand, Wissenschaft und Willensstärke gleich hervorragend, der sich um den päbstlichen Stuhl die größten Verdienste erwarb, und wie kein Zweiter während der achtzehn Jahre der Verwaltung seines päbstlichen Amtes die ganze Welt beherrschte. Er stammte aus dem erlauchten Geschlechte der Conti, war der Sohn des Grafen Trasimund und hatte bei der Taufe den Namen Lothar erhalten. Nachdem er in Paris und Bologna den Studien mit großer Auszeichnung obgelegen war, bekleidete er unter Lucius III. und Urban III. schon frühe mehrere Kirchenämter und ward von Clemens III. zum Cardinal-Diakon ernannt. Als solcher schrieb er in düsterer Stimmung seine dem Bischof von Porto gewidmete Schrift, de contemtu mundi sive de miseria humanae conditionis. Am Todestage Cölestins III. (8. Jan. 1198) wurde Lothar, kaum 37 Jahre alt, zum Pabste gewählt. Er hatte die höheren Weihen noch nicht erhalten, mußte daher erst zum Bischof geweiht werden, ehe er am 21. Februar zum Pabst eingeweiht wurde. Damals stand der größte Theil von Italien unter der Herrschaft der Deutschen; Rom allein war nicht unterworfen, aber schwankend zwischen Anerkennung päbstlicher Oberherrlichkeit und Gestaltung zu einem freien Gemeinwesen. So begann denn Innocenz sein Pontifikat mit der Wiederherstellung der päbstlichen Oberherrschaft in Rom und in dem Kirchenstaate. Gleich nach seiner Erhebung nahm er dem kaiserlichen Praefectus urbis den Eid der Treue ab; verdrängte dann auch die kaiserlichen Vasallen aus den Marken und bildete in Tuscien einen Städtebund, durch dessen Hülfe er die Deutschen vertrieb, welche Heinrich IV. mit den Ländern der Kirche belehnt hatte. Heinrichs Sohn war noch vor seiner Taufe als seines Vaters Nachfolger im Reiche anerkannt worden. Aber Innocenz scheute die Vereinigung so vieler Kronen auf Einem Haupte; die Fürsten hielten Karls Kaiserkrone zu groß und zu schwer für eines Kindes Haupt. Die von Parteien bedrängte Kaiserin Constanze mußte, um ihrem Sohne Sicilien zu sichern, die päbstliche Belehnung unter neuen von dem Pabste vorgeschriebenen Bedingungen annehmen. Nach Constanzens Tod (27. Nov. 1198), welche auf dem Sterbebette den Pabst zum Vormund ihres verwaisten Kindes eingesetzt hatte, führte Innocenz die Regentschaft über beide Sicilien mit Ernst und Kraft, so weit es unter den schwierigsten Verhältnissen gegen das Widerstreben der deutschen und sicilianischen Großen möglich war. — Nachdem er so in Italien seine Macht befestigt hatte, fing er an, sich mit Nachdruck in die deutschen Angelegenheiten zu mischen, indem er sogleich das Recht, bei einer zwiespältigen Kaiserwahl zu entscheiden, in Anspruch nahm. Wie er natürlich mehr den Welfen als den Hohenstaufen geneigt seyn mußte, so entschied er, jene Anmaßung festhaltend, am Ende wirklich zu Gunsten von Otto IV. Mit großem Nachdruck wurde ihm jedoch von der Partei Philipps widersprochen, und der Zwiespalt in Deutschland loderte nur desto heller auf. Als Philipp über seinen Gegner immer entschiedenere Vortheile gewann, so ging endlich auch Innocenz wieder auf Unterhandlungen mit jenem ein, welche für Otto sehr bedenklich zu werden drohten; im Jahr 1207 erschienen päbstliche Legaten in Deutschland, welche Philipp vom Bann lösten und den Fürstentag in Nordhausen eröffneten. Philipp, um sich den Pabst und seine Abgeordneten geneigter zu machen, ordnete durch ganz Deutschland eine Steuer für das heil. Land an. Da wurde Philipp von Otto von Wittelsbach am 21. Juni 1208 in Bamberg ermordet, und mit diesem Mord endete der zehnjährige Bürgerkrieg in Deutschland. Otto IV. wurde allgemein als Kaiser anerkannt, und nachdem er des Pabstes Forderungen in Allem genügt hatte, von demselben am 27. Sept. 1209 gekrönt. Sobald aber Otto dieses Ziel seiner Wünsche erreicht hatte, fing er auch an, die Kaiserrechte in Italien wieder geltend zu machen und die neuen Schöpfungen des Pabstes zu zerstören. Er besetzte die Städte der Mathildischen Erbschaft, nahm das Herzogthum Spoleto in Besitz und wollte nicht bloß den ganzen Kirchenstaat einziehen, sondern sich auch des Erbes des jungen Friedrichs, welches der Normannenfürst Roger dem Reiche entrissen habe, bemächtigen. Im J. 1211 sprach der Pabst mit Zustimmung der Kardinäle den Bann über Otto aus, der sich auf alle seine Gehülfen und Gefährten so streng ausdehnte, daß die Kirche von Capua dem Interdicte unterlag, weil die Stiftsherren in Otto's Gegenwart Gottesdienst gehalten hatten; das gleiche Urtheil traf Neapel, weil es dem Kaiser gehuldigt. Doch der Bann schreckte Otto nicht; vielmehr brach er im Frühling wieder auf und unterwarf sich Apulien, Calabrien, Alles bis nach Tarent. Da ernannte der Pabst den Erzbischof Siegfried von Mainz zu seinem Legaten in Deutschland, mit dem Befehl, auch hier den Bann zu verkündigen und zu erklären: daß Niemand hinfort Otto Kaiser nennen und ihm gehorchen dürfe, und jeder deutsche Fürst aller Verpflichtung gegen ihn ledig seyn soll. Der Pabst begünstigte nun selbst die Hervortreten des einzigen noch übrigen Hohenstaufen. Von einer Anzahl Fürsten wurde Otto der Kaiserkrone verlustig erklärt, Anträge an Friedrich, Unterhandlungen zu Rom beschlossen, und bald verkündigten Urkunden beides: Absetzung und Wahl. Friedrich erschien 1212 in Deutschland und gewann bald, vom Pabst und vom Könige in Frankreich unterstützt, die meisten Stände für sich und am 25. Juli 1215 empfing er in Aachen die deutsche Kaiserkrone, und Otto mußte sich bis an seinen Tod (1218) mit seinen braunschweigischen Erblanden begnügen. — Mit gleicher Kraft nöthigte Innocenz auch die anderen Fürsten zur Anerkennung der päbstlichen Hoheit. Philipp August, König von Frankreich, hatte seine rechtmäßige Gattin Ingeburgis verstoßen; da er auf die Mahnungen des Pabstes nicht achtete, ward (1200) das Interdikt über Frankreich ausgesprochen und aufrecht erhalten, bis sich Philipp unbedingt unterwarf und Agnes, von der sich der König nicht trennen konnte, starb. Ebenso that der Pabst den König von Leon, Alfons IX., in den Bann, weil er sich weigerte, seine Gemahlin Tarsia, die er in einem verbotenen Verwandtschaftsgrad geheirathet hatte, zu entlassen; doch drang hier Innocenz nicht durch. Einer ähnlichen Verbindung des Königs von Aragonien mit Blanca versagte er nicht bloß seine Zustimmung, sondern nannte auch den darauf bezüglichen Eid einen Meineid, der nicht gehalten werden dürfe. Derselbe Peter machte sein Reich, als er sich (1204) in Rom krönen ließ, dem Pabste zinsbar und verpflichtete sich zu einem jährlichen Zins von 250 Massemutinen. Johannes, Fürst der Bulgaren, bat den Pabst um eine Krone und königliche Ehre, wie sie seinen Vorfahren, den alten Kaisern, sey erwiesen worden, und erhielt von Rom Krone und Scepter. — Aber am tiefsten mußte sich Johann, König von England, vor der päbstlichen Allgewalt demü= thigen. Eine zwiespaltige Wahl zum Erzbisthum Canterbury, die nach Rom zur Ent= scheidung gebracht wurde, gab dem Pabst Gelegenheit, nach erkannter Ungesetzlichkeit des Wahlaktes, von den abgesandten Stiftsherren seinen gelehrten Freund, den Kardinal Stephan Langton wählen zu lassen, welchen er sogleich weihte (1207). Als der König sich dieser Wahl widersetzte, belegte Innocenz (1208) England mit dem Interdikt und den König mit dem Bann. Johann suchte durch Gewaltthätigkeiten die Fortdauer des Gottesdienstes vom Klerus zu erpressen und sich der wankenden Treue seiner Vasallen zu versichern. Den auf solche Weise mit seinem Lande Zerfallenen entsetzte Innocenz und übertrug das Reich an Philipp von Frankreich, welcher froh der Gelegenheit Heer und Flotte rüstete. Da gab Johann nach und nahm unter den größten Demüthigun= gen sogar sein Reich vom Pabste zum Lehen. Aber die Bischöfe und Barone, einem verächtlichen Könige und einem Pabste unterworfen, der das Volk für die Sünden seines Königs büßen ließ, gedachten alter Gerechtsame, erzwangen die Magna Charta (15. Juni 1215) und bedrohten den König, als er sie verletzte. Vergebens suchte der Pabst durch geistliche, der König durch weltliche Waffen die Aufhebung derselben zu bewirken; um= sonst schleuderte Innocenz seinen Bannfluch gegen die Stände und ihren Freiheitsbrief: gegenüber der päbstlichen Gewalt auf ihrem Gipfel offenbarte sich die Macht, vor der sie einst untergehen sollte! — Noch größere Aussichten für das Pabstthum schienen sich in Constantinopel zu eröffnen. Noch im ersten Jahre seiner Regierung ließ Innocenz das Kreuz predigen. Deutschland war durch den Bürgerkrieg verhindert, die Könige von Frankreich und England hatten ihr Gelübde gelöst. Aber der Bußprediger Fulco von Neuilly rührte das Herz des französischen Volkes, der Adel Frankreichs stellte sich an die Spitze der Unternehmung, von Venedig erkaufte man die Ueberfahrt und Unter= stützung durch eine Seemacht (1202). Aber der schlaue Doge Heinrich Dandolo ge= brauchte das Kreuzheer, trotz der Abmahnungen und Bannflüche des Pabstes, zuerst zur Wiedereroberung von Zara; dann ließ sich dasselbe von einem griechischen Prinzen Alexius durch große Versprechungen zu einem Zug gegen Constantinopel bewegen, und als der wiedereingesetzte Kaiser Isaak Angelus diese Versprechungen nicht erfüllen konnte, wurde Constantinopel erobert (12. April 1204) und daselbst ein lateinisches Kaiserthum aufgerichtet, als dessen erster Kaiser Graf Balduin von Flandern ausgerufen wurde. Innocenz mißbilligte zwar die That und ihre Greuel, benutzte aber ihren Erwerb, und ein Patriarch von Constantinopel ward in Rom ernannt. Gleichwohl konnte man sich schon jetzt über diesen Gewinn nicht täuschen: das neue Reich trug den Keim des Un= tergangs schon in sich, störte dagegen vollends jedes kräftige Unternehmen für Palästina. Den Schluß seines thatenreichen Lebens bildete die im November 1215 eröffnete 4. La= teransynode, eine der glänzendsten, welche je gehalten worden sind. Das Concilium ge= nehmigte 70 Canones, in welchem die Glaubenssatzungen, die wichtigsten Rechts= und Disciplinar=Verhältnisse nach ihrer neuen Gestaltung, aber in alter Strenge vorgezeich= net sind. Seine Hauptzwecke waren die Bewirkung eines Kreuzzuges, die Ausrottung der Ketzer und die Reformation der Kirche. Innocenz sah sich gleich nach seiner Stuhl= besteigung veranlaßt, Legaten mit den unbeschränktesten Vollmachten zur Unterdrückung der Ketzer nach Südfrankreich zu senden: sie zogen in apostolischer Weise barfuß um= her; Ermahnungspredigten und Disputationen wechselten mit gerichtlichem Verfahren und Gewalt. Gegen die Albigenser bot der Pabst Kreuzzüge auf und in Toulouse hatte er eine Art Inquisitionstribunal errichten lassen. In seinen Briefen erklärte er, daß die hartnäckig verharrenden Ketzer der Gewalt des Satans verfallen seyen und wollte, daß sie aller Lehen und Besitzungen, die von der Kirche abhingen, beraubt, ihre Güter katholischen Nachkommen übergeben, oder, wenn sie keine solche hätten, eingezogen, die Häuser, darin sie gewohnt, niedergerissen, sie selbst verbannt, sogar ihre Leichname aus der geweihten Erde, der sie übergeben worden, ausgegraben würden. Das Concil verordnete: jeder weltliche Gewalthaber, der als ein Gläubiger gelten wolle, soll eidlich angeloben, die Ketzer von seinem Gebiete zu verjagen; wer deß sich weigere, soll von dem Metropoliten mit dem Bann belegt, nach Jahresfrist dem Pabst angezeigt werden, damit dieser dessen Vasallen des Eides entbinde und sein Land christgläubigen Fürsten übergebe, die es vom Irrthum reinigten. Mit gleicher Strenge war er gegen die Heiden in Liefland verfahren: sie sollten durch Wort und Bild, durch Rede und Schwert bekehrt werden. Ebenso untersagte das Concil den Juden allen Verkehr mit den Christen; den Fürsten wurde Schutz ihrer christlichen Unterthanen empfohlen; Juden und Saracenen sollten sich in ihrer Kleidung von den Christen unterscheiden; in der Charwoche sollten sich jene nicht öffentlich zeigen. Die folgenreichste Verordnung des Concils aber war die Bestätigung der beiden neuen Ordensregeln des Dominicus Guzmann und des Franz von Assisi. Die päbstliche Allgewalt feierte auf diesem Concil ihren Triumph: Innocenz konnte sich der Sonne vergleichen, das Königthum dem Monde, welcher von ihr sein Licht zu Lehen trägt. Innocenz, der schon mit Todesahnungen das Concil eröffnet hatte, sehnte sich im Gefühl, daß er im Drang der Geschäfte sich selbst fremd werde und nicht Zeit habe, dem Ueberirdischen nachzusinnen, nach seinem Pfarramte und predigte, so oft er konnte. Seine Predigten, wie seine Rechtssprüche, die lange als Muster rechtskundiger Entscheidungen galten, sind alttestamentlich und bilderreich; aber aus spielenden, spitzfindigen Allegorieen erhebt sich ein tiefer Ernst der Gesinnung mit großer Gravität des Ausdrucks. Er starb am 16. Juli 1216. Sein Karakter war durch Habsucht befleckt, doch verwandte er seine Reichthümer nicht zu üppigem Leben, sondern sie dienten ihm, seine Plane zu verwirklichen, seine Herrschsucht zu befriedigen. Nach einer von Thomas Cantimpre berichteten Sage soll Innocenz der hl. Lutgardis nach seinem Tode mit Flammen umringt erschienen seyn und ihr gesagt haben, daß er dreier Uebelthaten wegen zur Strafe des Fegfeuers bis auf den Tag des Gerichts verurtheilt worden sey, und daß er zu den Martern der Hölle verdammt worden wäre, wenn nicht die Jungfrau Maria, zu deren Ehren er ein Kloster erbaut habe, ihm die Gnade der Buße in den Stunden seines Todes verschafft hätte. Diese vorgebliche Erscheinung soll verhindert haben, daß Innocenz, der sich mehr als alle Päbste um die römische Kirche und um den römischen Stuhl verdient gemacht und unter dem die Macht des Pabstthums ihre größte Höhe erreicht hatte, kanonisirt wurde. Ueber die Schriften von Innocenz vgl. F. Hurter, Gesch. Innocenz III. und seiner Zeitgenossen. Hamb. 1834—42. 4 Bde.

Innocenz IV. Nach dem schnellen Tod Cölestin's IV. erfolgte eine anderthalbjährige Erledigung des päbstlichen Stuhles, und die Kardinäle zogen sich durch die Verzögerung der Wahl heftige Vorwürfe zu. Durch den Kaiser zur Beschleunigung der Wahl genöthigt, wählten sie endlich den Kardinalpriester Sinibald Fieschi (25. Juni 1243), der aus einer der ersten genuesischen Familien stammte und für den besten Rechtsgelehrten seiner Zeit galt. Die Hoffnung auf Beilegung des Kampfes zwischen Kaiser und Pabst schien durch diese Wahl anfänglich gerechtfertigt, denn der neu ernannte Innocenz IV. hatte sich, so lange er Cardinal war, stets Friedrich II. günstig gezeigt; in der That ging derselbe auch alsbald auf Friedensverhandlungen ein, welche zum Ziele zu führen versprachen. Ein dem Pabst vortheilhafter Vergleich ward eingeleitet; als aber Beide zur Vollziehung desselben einander entgegenkamen, zeigten sie sich von Mißtrauen in die gegenseitigen Schritte erfüllt, wodurch die Sache immer mehr in die Länge gezogen wurde. Plötzlich entfloh der Pabst, der, durch die Waffen Friedrichs belagert, doch nicht frei handeln konnte, mit Hülfe der Genueser nach Lyon (1244), wohin er ein allgemeines Concil berief. Als Gründe zu diesem Ausschreiben führte er an, daß er verschiedene in die Kirche eingeschlichene Mißbräuche abstellen, den Christen im Orient schleunige Hilfe verschaffen und den Streit zwischen der Kirche und dem Reich beilegen wolle. Der Kaiser, der wohl einsah, daß die Synode zumeist um seinetwillen einberufen worden sey, ließ seinerseits ein Schreiben an alle christlichen Fürsten ergehen, in welchem er die wahren Absichten des Pabstes aufdeckte und sich bereit erklärte, ein großes Kreuz= heer auszurüsten, wenn der Pabst ihn nur vom Bann lossprechen und die Rebellen in der Lombardei verpflichten wolle, die Waffen niederzulegen. Allein schon in der dritten Sitzung des Concils ward der Kaiser mit dem Bann belegt und des Reichs, wie aller seiner übrigen Königreiche, Würden und Herrschaften verlustig erklärt, und zugleich den Kurfürsten befohlen, zur Wahl eines neuen Kaisers zu schreiten. Bei diesem Urtheil blieb Innocenz unbeweglich stehen, trotz der Vermittlung, welche Ludwig IX. versuchte, trotz dem, daß sich der Kaiser sogar einer Prüfung seiner Rechtgläubigkeit vor dem Erz= bischof von Palermo und mehreren anderen Geistlichen unterwarf und das Resultat der= selben nach Lyon sandte. Der Kampf wurde immer härter und auf beiden Seiten immer rücksichtsloser geführt. In Sicilien bewirkte der Pabst einen, jedoch bald gedämpften Aufruhr (1246), in Deutschland bewog er Heinrich Raspe, Landgrafen von Thüringen, als Pfaffenkönig sich Friedrich entgegenzustellen. Unterdessen befahl der Kaiser, dem die großen weltlichen Fürsten treu blieben, den sicilianischen Obrigkeiten, alle die als Rebellen zu bestrafen, die das Interdict beobachten würden, verbannte den größten Theil der Mönche, und reiste selbst nach Apulien, um die dortigen Unruhen zu dämpfen. Der Gegenkaiser Heinrich erlag dem König Konrad und nach seinem Tod war Friedrichs Uebergewicht in Deutschland so entschieden, daß der Pabst zu der von ihm ausgebotenen Krone Niemanden als den Grafen Wilhelm von Holland (Okt. 1247) finden konnte und diesem mit Geld Anhang erkaufen mußte. Da starb Friedrich den 13. Dec. 1250. Die Freude des Pabstes über den Tod seines Gegners war von kurzer Dauer. Friedrichs Sohn Konrad zog an der Spitze eines großen Heeres gegen ihn heran, um das durch Manfred ihm erhaltene Erbkönigreich in Besitz zu nehmen. Vergebens bot der Pabst die sicilische Krone aus, und schenkte sie endlich dem englischen Prinzen Edmund (März 1254): bis der den Päbsten so oft günstige Tod auch Konrad hinwegraffte (21. Mai 1254). Da der Pabst die Rechte des zweijährigen Konradins zu achten versprach, so unterwarf sich der Vormund desselben, Manfred, und Innocenz nahm von dem Reiche Besitz. Da sich aber bald zeigte, daß der Pabst andere Absichten hege, so trat Manfred von Neuem für die Rechte der Hohenstaufen in die Schranken, und brachte dem päbst= lichen Heere am 2. Dec. 1254 eine gänzliche Niederlage bei. Fünf Tage später starb Innocenz in Neapel, der in der Kathedrale begraben liegt. Mitten unter den Sor= gen seiner unruhevollen päbstlichen Regierung beschäftigte sich Innocenz gleichwohl mit Missionsgeschäften. So sandte er 1245 drei Franziskaner zu dem Großkhan Gajuck und vier Dominikaner zu dem Oberfeldherrn desselben in Persien. Dem Meister des Deutschordens Konrad, Landgrafen von Thüringen, trat er das Eigenthumsrecht auf Preußen ab, das er in die vier Bisthümer Culm, Pomesanien, Ermeland und Same= land theilte. Er war der Erste, der die Cardinäle durch den rothen Hut auszeichnete und ihnen dieses Unterscheidungszeichen auf dem Concil zu Lyon gab. Er schrieb einen Apparatum super quinque libros decretalium, ein Werk, das von den Kanonisten „ca= nonistarum splendor et iuris pater" genannt wurde. Ferner schrieb er gegen Peter de Vineis, den Kanzler Friedrichs II. einen Apologeticus, in welchem er die Gerichts= barkeit des apostolischen Stuhls über das Reich vertheidigte. Vgl. *Fabricius*, bibl. lat. med. et inf. aet. ed. Mansi IV. 36 sq. *Eggs*, pontific. doctum p. 442 sq.

Innocenz V. vor seiner Erhebung auf den päbstlichen Stuhl Pierre de Cham= pagni oder auch von seiner Vaterstadt von Tarantaise (das jetzige Moûtiers in Savoyen) genannt, wurde den 21. Jan. 1276 zum Nachfolger von Gregor X. gewählt, der ihn 1271 zum Erzbischof von Lyon und bald nachher zum Cardinalbischof von Ostia und Großpönitentiarius ernannt hatte. Als Pabst war er zunächst bemüht, die durch die Parteien der Guelfen und Gibellinen unter einander verfeindeten Länder und Städte in

Italien auszusöhnen. So gelang es denn auch seinen Legaten wirklich, die beiden Republiken Lucca und Pisa einander friedlich zu nähern und in ganz Toscana die Ruhe wieder herzustellen. Während er eben damit umging, eine größere Gesandtschaft nach dem Orient zu schicken, um den Kaiser Michael Paläologus zu bewegen, die auf dem Concil von Lyon von den griechischen Abgesandten bewilligte und beschworne Vereinigung beider Kirchen zu bestätigen, starb er nach nur fünfmonatlicher Führung des Pontificats am 22. Juni. Er war Verfasser vieler Schriften. Außer einigen Postillen und Quodlibeten, die das Gepräge des damals herrschenden Geschmacks tragen, hat er auch einige philosophische Schriften de intellectu et voluntate, de materia coeli, de aeternitate mundi, de unitate formae etc. geschrieben. Man hat auch von ihm abbreviationem decretorum, die eine kurze Einleitung in das kanonische Recht gibt, einen Commentar über die vier Bücher des Magistri sententiarum und verschiedene Erklärungen der heil. Schrift. Uebrigens wurden aus seinen Schriften 100 falsche Sätze von Gelehrten seiner Zeit ausgezogen, deren Vertheidigung Thomas von Aquin übernahm.

Innocenz VI. Nach dem Tode von Clemens VI. traten die Cardinäle zusammen, um vor der Wahl eines Nachfolgers einige Punkte aufzustellen, durch welche sie ihre Unabhängigkeit vom Pabst sichern wollten. Dieselben sind folgende: 1) der Pabst solle keine Cardinäle ernennen, bis ihre Anzahl auf sechszehn vermindert worden; nie soll ihre Anzahl die Zahl zwanzig übersteigen, und Keiner soll ohne Genehmigung aller oder wenigstens zwei Dritttheile der Cardinäle ernannt werden; 2) der Pabst soll keinen Cardinal anders gefänglich einziehen lassen, absetzen, in den Bann thun oder suspendiren, als mit Zustimmung aller seiner Mitbrüder, nemine contradicente; 3) der Pabst soll die Länder der römischen Kirche nicht anders veräußern oder Jemanden damit belehnen, als wenn zwei Dritttheile der Cardinäle darein willigen; 4) die Einkünfte der römischen Kirche sollen in zwei gleiche Theile getheilt werden; der eine soll für den Pabst, der andere für die Cardinäle seyn; 5) kein Anverwandter des Pabsts soll zum Statthalter über die dem apostolischen Stuhl unterworfenen Provinzen gemacht werden; 6) der Pabst soll keine Zehenten von geistlichen Pfründen noch auch irgend andere Subsidien ertheilen, wenn nicht zwei Dritttheile von den Cardinälen ihre Zustimmung dazu ertheilten. Alle im Conclave befindlichen Cardinäle mußten diese Punkte beschwören, und sie leisteten alle diesen Eid, wiewohl Einzelne mit der Restriction: si iure niterentur. Hierauf wurde zur Wahl geschritten., und diese fiel am 18. Dec. 1352 auf den damaligen Bischof von Ostia, Stephan Albert, der aus Mont unweit Pompadour in der Diöcese Limoges gebürtig war und den Namen Innocenz VI. annahm. Sein erstes Geschäft nach seiner Erhebung war, daß er die genannten Punkte, welche er mit Restriction beschworen hatte, als gesetzwidrig umstieß. Er war ein rechtskundiger, sittenstrenger Kirchenfürst, der sich die Aufrechthaltung und Wiederherstellung der Kirchenzucht alles Ernstes angelegen seyn ließ. Er widerrief alle von seinem Vorgänger bewilligten Commenden und Reservationen, wie auch die schweren Abgaben, welche die Geistlichen entrichten mußten, wenn sie eine neue Pfründe oder Würde bekamen, da, wie er sagte, das Schaf von einem Hirten und nicht von einem Miethling geweidet werden müsse. Als Grund der Aufhebung der Commenden gibt er selbst in seiner Bulle als Grund an: quod occasione commendarum, sicut experientia docuit, ut plurimum divinus cultus minuitur, animarum cura negligitur, hospitalitas consueta et debita non servatur etc. Auch gab er einige Tage nach seiner Krönung den zahlreichen Bischöfen und geistlichen Beamten, welche aus allen Ländern nach Avignon geströmt waren, um auf Beförderungen zu lauern, den Befehl, sich bei Strafe der Excommunication augenblicklich in ihre Diöcesen und Kirchen zu begeben und ihres Amtes zu warten. Die kostbare Tafel und das zahlreiche Gefolge seines Vorgängers bestellte er ab und drang ebenso bei den Cardinälen auf sparsame Einfachheit. Den Auditoren der Rota, welche bisher keinen Gehalt gehabt hatten, bewilligte er anständige Einkünfte; denn, sagte er, "hungrige Leute wären fähig, sich mit dem Futter Anderer frei zu unterhalten, wenn sie selbst nichts hätten." Den ganzen Kirchenstaat brachte Innocenz wieder zum Gehorsam; am 5. April 1355 krönte er Karl IV., der noch am Krönungstage Rom verlassen und die Rückreise nach Deutschland antreten mußte. Als aber der Pabst sein Werk der Unterwerfung des Kirchenstaates damit vollendete, daß er (1360) auch Bologna dem mächtigen Bernabo Visconti, Beherrscher von Mailand, wieder entriß, fand er in diesem einen Gegner, dem jede Scheu vor Kirche und Pabst= thum fremd war. Viel Mühe gab sich Innocenz, die Könige Johann von Frankreich und Eduard von England mit einander auszusöhnen, die Genueser und Venetianer von ihrem verderblichen Kriege abzuziehen und einen Krieg gegen die Türken zu Stande zu bringen. Zu Wiederherstellung des Friedens und der Kirchenzucht schickte er einen Ge= sandten nach Castilien, und belegte den König Peter, der nicht bloß gegen seine Brüder wüthete, sondern auch seine Gemahlin vergiftete, mit dem Kirchenbann. Gegen die s. g. Compagnieen oder Schaaren von Söldnern, die aus französischem, englischem und navar= resischem Dienst entlassen waren und die raubend und sengend in Südfrankreich umher= zogen, befestigte er Avignon. Ehe aber die Festungswerke zu Ende geführt waren, er= schienen diese Schaaren vor der päbstlichen Residenz und zwangen Innocenz, sich ihren Abzug mit Bewilligung der Sündenvergebung und einer Geldsumme zu erkaufen. Auf Bitte Karls IV. setzte der Pabst das Fest des heil. Speeres ein und verordnete, daß es in Deutschland und Böhmen jährlich am ersten Freitag in der Woche nach Ostern gefeiert werden sollte; auch versprach er allen denen Indulgenz, welche die Kirche, in welcher der Speer aufbewahrt wurde, an diesem Tage besuchen würden. Der Bettel= mönche, deren Achtung im Volke sehr gesunken war, nahm sich Innocenz gegen Erz= bischof Richard von Armagh kräftig an und bestätigte ihnen alle früheren Vorrechte. Innocenz starb am 12. Sept. 1362 mit dem Ruf eines aufrichtigen und gerechten Man= nes, der von aller Verstellung und Betrug frei war. Er hinterließ keine Schriften außer einigen Briefen und Bullen. Ueber erstere vgl. Fabricius IV. 38. Vier vitae In= nocentii VI. finden sich bei Baluzius in seinen Vitae paparum Avenionensium I. 321 sq. 918 sq.

Innocenz VII. Nach dem Tode von Bonifacius IX. verpflichteten sich alle Car= dinäle, in Gegenwart einiger öffentlichen Notare, durch einen feierlichen Eid, alle mög= lichen Mittel zur Wiederherstellung der Einigung und Beseitigung des großen abend= ländischen Schisma's anzuwenden, und sogar, wenn sie auch kanonisch rechtsgültig ge= wählt wären, die päbstliche Würde niederzulegen, wenn es zur Beförderung dieses Zweckes für nöthig erachtet werden sollte. Hierauf erwählten sie am 17. Okt. 1404 einstimmig den Cardinalpriester des heil. Kreuzes zu Jerusalem, Cosmas Megliorati, der sich In= nocenz VII. nannte. Derselbe aus Sulmone in den Abruzzen gebürtig, stammte aus einer mittleren Familie dieser Stadt, hatte sich aber frühzeitig durch seine Gelehrsam= keit, hauptsächlich durch seine Kenntnisse im bürgerlichen und kanonischen Rechte, wie auch durch seine Rechtschaffenheit hervorgethan. Urban VI. hatte ihn zum Aufseher über die apostolische Kammer ernannt und ihn nachher zum Eintreiben der Einkünfte des apostolischen Stuhles in England verwandt. Nach seiner Rückkehr aus England wurde er erst zum Erzbisthum von Ravenna und bald nachher zum Bisthum Bologna beför= dert. Bonifacius IX. ernannte ihn zum Cardinal, machte ihn zum Kämmerling der römischen Kirche und schickte ihn mit dem Karakter seines Legaten ab, um die Streitig= keiten der in Krieg verwickelten italienischen Provinzen beizulegen. Bei seiner Erwäh= lung zum Pabste war er bereits 65 Jahre alt. Unmittelbar nach derselben brach in Rom ein Tumult aus; die Gibellinen, an deren Spitze Giovanni und Nicolo Colonna standen, forderten die früheren Gerechtsame des römischen Volks zurück, während die Partei der Guelfen lieber den päbstlichen Stuhl im Besitz aller Macht sah. Der blu= tige Streit endigte zu Gunsten des Volks, dem der Pabst große Freiheiten einräumen mußte. Aergerlich über des Volks Uebermuth, das besonders von König Ladislaus von Neapel aufgehetzt wurde, fiel der jugendliche Nepota Lodovico Megliorati mit seinen Freunden über mehrere der angesehensten Römer her und ermordete sie. Innocenz konnte nun nur durch eilige Flucht nach Viterbo dem ihm zugeschworenen Verderben entrinnen (1405). Erst als die Römer sich von der völligen Unschuld des Pabstes überzeugt und eingesehen hatten, daß die Schandthat ohne sein Wissen und Wollen verübt worden sey, führten sie ihn im Triumph wieder nach Rom zurück. Da aber die von Colonna in die Stadt Rom und in die Engelsburg gelegten Truppen des Königs von Neapel fortfuhren, Ausfälle auf Rom und die Umgegend zu machen, so sah sich Innocenz zuletzt genöthigt, den Ladislaus mit dem Bann zu belegen und ihn seines zum apostolischen Stuhl gehörigen Königreichs verlustig zu erklären. Letzterer hierdurch eingeschüchtert und den Ueberfall seines Nebenbuhlers Ludwig von Anjou befürchtend, gab jetzt nach und unterwarf sich den ihm von Innocenz gestellten Bedingungen. Um diese Zeit kam der Gegenpabst Benedikt XIII. nach Genua und begehrte von Innocenz sicheres Geleit, um sich mit ihm über die zu Wiederherstellung des Kirchenfriedens geeigneten Mittel zu verständigen. Innocenz durchschaute aber die Heuchelei seines Nebenbuhlers, der durch diesen Schritt nur die christliche Welt gewinnen wollte, und schlug es ab. Beide machten sich bei dieser Veranlassung die bittersten Vorwürfe, schalten sich meineidig, betrügerisch und zanksüchtig, und der Unfriede in der Kirche dauerte fort. Innocenz starb bald nach dieser Unterhandlung am 6. Nov. 1406 plötzlich an einem Schlagfluß, was zu der völlig unbegründeten Vermuthung Anlaß gab, daß ihm von seinen Hofleuten Gift beigebracht worden sey. Der sonst gutmüthige, einfache und freigebige Pabst kann auch von seinen größten Lobrednern vom Vorwurf des Nepotismus nicht gereinigt werden: seine Verwandten erhielten die einträglichsten Stellen und wurden mit Reichthümern überhäuft. Außer einer unbedeutenden Rede über die Vereinigung der morgenländischen und abendländischen Kirche und einigen Briefen besitzen wir von ihm keine Schriften. Vgl. die beiden Vitae Innocentii VII. bei Muratori III, 2. p. 832—37.

Innocenz VIII., Nachfolger von Sixtus IV., wurde am 29. August 1484 gewählt und hieß vor seiner Wahl Giovanni Battista Cibo. Er stammte nach Einigen aus einer vornehmen, nach Andern aus einer mittleren Familie in Genua, welche dahin einige Jahrhunderte früher aus Griechenland eingewandert seyn soll. Früh kam er an den neapolitanischen Hof, den er aber verließ, um zu Rom in die Dienste des Cardinals Philipp von Bologna zu treten. Auf die Empfehlung dieses Gönners erhielt er von Paul II. das Bisthum Savona. Sixtus IV. machte ihn zum Bischof von Melfi und erhob ihn 1473 zum Cardinal. Gleich nach Besteigung des Pabststuhles erließ er einen Aufruf an alle christliche Fürsten zur Eintracht und zum gemeinsamen Krieg gegen die Türken; aber seine Bemühungen waren fruchtlos. Er selbst führte mit dem Könige Ferdinand von Neapel bis 1492 zwei Kriege und stellte demselben den Herzog Renatus von Lothringen als Gegenkönig entgegen. Nachdem am 12. August 1486 ein für den Pabst vortheilhafter Friede geschlossen worden war, und Ferdinand diesen nicht hielt, ward er 1489 des Reichs verlustig erklärt, bis der Friede von 1492 zu Staude kam. Während der Pabst fortfuhr, gleich seinen Vorgängern die Fürsten und Völker zu Unternehmungen gegen die Türken zu ermuntern, verschmähte er es doch nicht, selbst mit dem Sultan Bajazet II. zu unterhandeln. Dieser hatte seinen Bruder Zizim, der nach dem Thron strebte, aus seinem Reich vertrieben und bezahlte dem Großmeister von Rhodus, in dessen Hände der unglückliche Prinz gefallen war, eine große Summe für seine Festhaltung. Zizim ging aber von dem Großmeister an den Pabst über, welcher ihn gegen eine jährliche Summe von 40,000 Dukaten und gegen die ihm vom Sultan verehrte Lanzenspitze, welche die Seite des Erlösers durchbohrt haben sollte, in strenger Haft hielt. Daneben bezog Innocenz fortwährend die Türkensteuer, und zog auf diese Weise von den Christen so gut wie von den Türken Vortheil. Die Zauberer, Hexen und Wahrsager, von denen damals ganz Deutschland angefüllt gewesen seyn soll, verfolgte er auf alle mögliche Weise mit härtester Strenge und bestellte zwei Hexenrichter für Oberdeutschland, die ein eben so gelehrtes, als abergläubisches und unsauberes Handbuch des Hexenprozesses zusammentrugen. (S. Hexen und Hexenprocesse.) Ebenso suchte er auch die Fortschritte der Hussiten in Böhmen zu hemmen; die 900 Sätze des Pico Mirandola verdammte und verbot er bei Strafe der Excommunication zu lesen. Den Markgrafen Leopold von Oestreich sprach er heilig. Die letzten Jahre seiner Regierung brachte er in behaglicher Ruhe zu und schuf neue Stellen, um durch den hohen Verkauf derselben seine Kasse zu bereichern. Er starb am 25. Juli 1492. Wie streng dieser Pabst das Gelübde der Keuschheit beobachtete, beweisen seine sechszehn Kinder, die er mit der rücksichtslosesten Gemeinheit zu heben und zu bereichern suchte. Unter den acht von ihm creirten Cardinälen befand sich der Sohn des Lorenz von Medicis und Bruder der Frau seines Bruders Johannes von Medicis, den er, nachdem er noch nicht einmal das dreizehnte Jahr zurückgelegt hatte, zu diesem Amt erhob. Vgl. *Vialardi's* Vita di Papa Innocenzo VIII. Ven. 1613.

Innocenz IX. bestieg am 30. Okt. 1591 als Nachfolger von Gregor XIV. den päbstlichen Stuhl. Er hieß Antonio Facchinetti, war im Jahr 1519 zu Bologna geboren; Pius IV. hatte ihn zum Bischof von Nicastro in Calabrien erhoben und ihn 1561 auf das Tridentiner Concil abgeordnet; Pius V. zu seinem Nuncius bei der Republik Venedig ernannt und Gregor XIII. zum Patriarchen von Jerusalem und Präsidenten der Inquisition und 1583 zum Cardinal. Obgleich sein Pontificat nur zwei Monate dauerte, werden doch mehrere zweckmäßige Verordnungen von ihm gerühmt. Er verbot die Veräußerung aller Kirchengüter, untersagte alle Schulden, setzte den Preis der Lebensmittel zur Freude des Volks herab und wollte das römische Volk von den schweren Abgaben, mit denen es belastet war, erleichtern. Er beabsichtigte, den Hafen zu Ancona zur Erleichterung der Schiffahrt reinigen und in der Nähe der Engelsburg einen Kanal graben zu lassen, um Rom gegen die Ueberschwemmungen der Tiber sicher zu stellen. Aber mitten unter diesen Entwürfen erfolgte sein Tod schon am 30. Dec. 1591. Seine Zeitgenossen gaben ihm das Zeugniß eines gutmüthigen, biederen Mannes. Er hinterließ eine ziemliche Anzahl von Schriften („Moralia adversus Machiavellem, in Platonem de Politica etc.“) welche größtentheils noch als Manuscripte in Bibliotheken liegen.

Innocenz X., Nachfolger Urbans VIII., war durch wenig reden und nichts thun als ein Greis von 72 Jahren Pabst geworden, den 15. Sept. 1644. Sein früherer Name war Giambatista. Er stammte aus der Familie Pamfili, die unter Innocenz VIII. aus Eugubio nach Rom übergesiedelt war. Sein Glück, aber auch seinen üblen Ruf verdankte er hauptsächlich der Doña Olimpia Maidalchini aus Viterbo, der Wittwe seines Bruders, mit welcher er schon, noch bei Lebzeiten ihres Mannes, wie das Gerücht sagte, einen verdächtigen Umgang gehabt hatte, und welche, als ein plötzlicher Tod sie von diesem ihrem Mann befreit hatte, die unbeschränkte Gebieterin des von Gesicht häßlichen, dabei aber geistig gewandten und ränkevollen Prälaten und die Seele seines ganzen Lebens wurde, so daß die Spötter Anlaß fanden, den Statthalter Christi im Weiberrock, die neue Johanna mit den Schlüsseln St. Peters darzustellen. Obgleich Innocenz seine Erhebung einzig den Barberini's zu danken hatte, war doch gleich seine erste Handlung gegen sie, die sich unter der vorigen Regierung unermeßlich bereichert hatten, gerichtet. Der Pabst ließ sie über ihre Verwaltung zur Rechenschaft ziehen und ihnen den Proceß machen, in der Hoffnung, sich ihres ungeheuren Vermögens zu bemächtigen. Die Barbarini's flüchteten nach Frankreich; der Pabst dagegen ließ ihre Paläste besetzen, ihre Aemter vertheilen, ihr Kapitalvermögen sequestriren und publicirte den 21. Feb. 1646 eine Constitution, in welcher verordnet wurde, daß die Cardinäle, die sich ohne päbstliche Erlaubniß aus dem Kirchenstaat entfernen würden, ihre Einkünfte verlieren sollten, wenn sie nicht binnen sechs Monaten zurückkämen, bei längerem Ausbleiben aber sollten ihnen ihre Pfründen, Pensionen und Aemter und bei fortdauerndem Ungehorsam die Cardinalswürde entzogen werden. Der königliche Rath Frankreichs protestirte nicht allein wider diese Bulle, sondern verbot auch allen königlichen Unterthanen — die Annahme und Befolgung derselben und das Parlament erklärte die Constitution für ungültig und nichtig. Als aber der Pabst gleichwohl in der Verfolgung der Barberini's immer wei-

ter ging, kam es zu kriegerischen Demonstrationen. Die Franzosen eroberten Piombino
und Portolongano, und nöthigten am Ende den Pabst, die Barberini's wieder in den
Besitz ihrer Güter und Würden einzusetzen. Glücklicher war Innocenz in dem Streit,
welchen er mit dem Herzog von Parma wegen der Einsetzung eines übelberüchtigten
Theatinermönchs zum Bischof von Castro begonnen hatte. Der Pabst nahm vom Her=
zogthum Castro und der Grafschaft Ronciglione Besitz, und vereinigte beide, nachdem er
die Festungswerke und Stadt von Castro hatte schleifen lassen, und den Bischofssitz von
da nach Aquapendente verlegt hatte, mit dem päbstlichen Besitzthum. Den empfindlich=
sten Schlag erhielt aber dieser Pabst durch den Abschluß des westphälischen Friedens.
Nachdem zwei Protestationen seines Nuntius, des Fabio Chigi, vom 14. u. 26. Okt. 1648
unbeachtet geblieben waren, erließ er am 26. Nov. 1648 eine Bulle, in welcher er die Frie=
densartikel für null und nichtig erklärte. Innocenz konnte wohl selbst voraussehen, daß sein
Protest nichts ausrichten werde, da von den Pacificenten festgesetzt worden war, daß wider
diesen Frieden oder irgend einen Artikel oder eine Klausel desselben keine geistlichen und
weltlichen Rechte, keine allgemeinen oder besonderen Dekrete der Concilien, keine Privile=
gien, Indulte, Edikte und Inhibitionen, keine Protestationen der vorigen und künftigen
Zeiten, keine Concordate mit den Päbsten, keine Dispensationen und Absolutionen oder
irgend eine andere Einrede jemals angeführt, angehört oder zugelassen werden sollten.
Aber gleichwohl war sein Protest für die Folgezeit von Bedeutung, wie sich denn seine
Nachfolger bis auf die Neuzeit herab, bis auf den jüngsten badischen Kirchenstreit auf
diesen Protest berufen haben. Vorerst schadete die Bulle nur dem Ansehen des Innocenz:
in Wien z. B., wo sie der päbstliche Nuntius mit großer Keckheit hatte anschlagen
lassen, ließ sie Kaiser Ferdinand III. wieder abreißen und dabei dem Nuntius sagen: er
solle dem Pabste melden, daß zwar Doña Olimpia dem h. Vater solch ein Wiegenlied
singen könne, aber er, der Kaiser, sey genöthigt, den Frieden zu halten, um Ruhe vor
den Schweden zu haben. In dogmatischer Hinsicht ist aus der Regierungszeit dieses
Innocenz nur zu erwähnen, daß er 1653 fünf Sätze aus dem Werke Jansens verdammte.
Bei dem Regierungsantritt von Innocenz war die päbstliche Kammer mit einer Schuld
von acht Millionen Scudi belastet: unser Pabst war mit Olimpia wahrhaft erfinderisch,
seine Kasse zu bereichern. Abwärts von der Rota romana durch die ganze Beamten=
hierarchie bildete sich das abscheulichste System von Erpressungen und Bestechlichkeiten
jeder Art; der Aemterverkauf wurde mit der empörendsten Schamlosigkeit betrieben; der
Pabst sprach die Aufhebung aller derjenigen Klöster aus, welche nicht wenigstens acht bis
zehn Brüder aus eigenen Mitteln ernähren könnten, und so sollten über 2000 Klöster
aufgehoben und ihre Einkünfte eingezogen werden. Zu den außerordentlichen Mitteln,
Geld nach Rom zu bringen, gehörte auch das päbstliche Ausschreiben universalis maxi-
mique Jubilaei auf das Jahr 1650. Am nachtheiligsten aber wirkte der Kornhandel der
päbstlichen Kammer. Niemand durfte im Kirchenstaat sein Getreide anderswohin als an
die päbstliche Kammer verkaufen, die es dann wieder an die Bäcker überließ, gewöhn=
lich um ein Drittheil theurer, als der Einkaufspreis gewesen und nach einem um ein
Drittheil kleineren Maße. Diesem Kornmonopol der päbstlichen Kammer ist haupt=
sächlich die Vernichtung des römischen Ackerbaus zuzuschreiben. Innocenz starb am 5. Jan.
1655. Sein Privatkarakter war nicht ohne edle Züge, aber sein Leben und seine Re=
gierung war durch seine Schwachheit gegen die ränkesüchtige und habsüchtige Olimpia
geschändet. E. Münch (Denkwürdigkeiten, S. 237) fällt das Urtheil: "Unter die Re=
gierungen der Päbste, welche die tiefe Entartung im Schooße der römischen Kirche und
die Heillosigkeit einer Vermischung von weltlichen und geistlichen Interessen, sowie einer
zügellos=habsüchtigen Maitressen= und Günstlingswirthschaft mit dem grellsten Lichte be=
leuchten, während man nach Außen, und zumal gegen die Nationalkirchen die alten An=
maßungen mit ungeminderter Strenge fortzusetzen beliebt, gehört wohl unstreitig die=
jenige von Innocenz X." Uebrigens erklärt Ranke (Gesch. der Päbste) die von Gre=
gorio Letti unter dem Namen eines gewissen Gualdi 1666 herausgegebene "vita di Doña

Olimpia Maildachina" für "einen aus apokryphischen Nachrichten und chimärischen Dich=
tungen zusammengesetzten Roman."

Innocenz XI. wurde nach dem Tode von Clemens X. den 21. Sept. 1676 ge=
wählt. Er war den 16. Mai 1611 zu Como geboren und stammte aus dem Geschlechte
der Odeschalchi. In seiner Jugend genoß er den Unterricht der Jesuiten und ging hier=
auf, um sich der Rechtsgelehrsamkeit zu widmen, nach Genua, Rom und Neapel, wo er
Doktor ward. Zweifelhaft ist die Angabe mehrerer Kirchengeschichtschreiber, daß er im
30jährigen Kriege als Soldat in Deutschland gedient und zwei Feldzüge unter der kaiser=
lichen Armee mitgemacht habe. Nachdem er sich als Protonotarius, Präsident der apo=
stolischen Kammer, Commissarius in der Marka di Roma und als Gouverneur von Ma=
cerata durch Rechtlichkeit und Geschäftskenntniß ausgezeichnet hatte, ward er durch den
Einfluß der Olimpia, der er ein prächtiges Silbergefäß schenkte, im J. 1647 mit der
Cardinalswürde beehrt, und nachher zum Legaten von Ferrara und zum Bischof von
Novara ernannt. Seine Wahl zum Pabste verdankte er zumeist der französischen Partei
und der Empfehlung Ludwigs XIV. Gleich bei seiner Erhebung ergriff er kraftvolle
Maßregeln zur Herstellung strenger Sitte in der Kirche und im Staate. Er suchte den
Finanzen aufzuhelfen, indem er nicht nur seine eigenen Ausgaben auf das Allernoth=
wendigste beschränkte, sondern auch alle die Cardinalstellen und Beneficien, welche bisher
größtentheils an Nepoten vergeben waren, und deren Dienstleistungen füglich entbehrt
werden konnten, geradezu einzog. Ebenso erneuerte er die Verordnungen hinsichtlich der
strengen Prüfung der zu den kirchlichen Weihen zu Befördernden; den Geistlichen empfahl
er Untadelhaftigkeit des Wandels mit Hinweisung auf die Vorschriften des Speculum Sacerdotum, allsonntägliche Katechisationen in den Pfarrkirchen, Anlegung von Schulen
zum Kinderunterricht; auch erklärte er sich in einer Bulle gegen die Unsitte, sich in den
Predigten dialektischer Sophistereien und Fabeln zu bedienen und befahl den Predigern,
nur den gekreuzigten Christus und Ermahnungen zur Buße auf die Kanzel zu bringen.
Die Castraten in der päbstlichen Kapelle schaffte er ab. Strenge Verordnungen erließ
er gegen den Luxus und die unsittliche Bekleidung der römischen Frauenzimmer und ver=
bot diesen sogar die Erlernung der Musik. Gegen die Jesuitenmoral sprach er sich nach=
drücklich in der Bulle vom 2. März 1679 aus, in welcher er 62 Dogmata Moralistarum
e Soc. Jesu, inprimis Azorii, Sanchez, Lessii, Laymanni, Tilliutii, Tamburini aliorumque
verwarf und alle die, die sie lehren würden, mit der Excommunication latae sententiae
bestrafte. Mit Frankreich kam Innocenz in Conflict wegen der Aufhebung der Quar=
tiersfreiheit, d. h. des von den auswärtigen Gesandten beanspruchten Vorrechts, den
Verbrechern nicht bloß in ihren Palästen, sondern auch in den angrenzenden Quartieren
eine sichere Zuflucht zu gewähren. Der Pabst war fest entschlossen, dieses die Handha=
bung der Gerechtigkeit beeinträchtigende Privilegium, gegen das sich schon frühere Päbste,
besonders Sixtus V. erklärt hatten, aufzuheben. Ludwig XIV. wollte sich diese Aufhe=
bung nicht gefallen lassen, und im Nov. 1687 zog der neue französische Gesandte, von La=
vardin, obwohl ihm der Pabst bei dessen Eintritt in den Kirchenstaat bedeutet hatte, daß
er ihn, wenn er auf die Quartierfreiheit nicht verzichte, nicht als Gesandten anerkennen
werde, mit einem Gefolge von 800 Soldaten und 200 Bedienten in Rom ein, um dem
Pabste mit bewaffneter Macht zu trotzen. Innocenz aber verweigerte nicht nur dem Ge=
sandten jede Audienz, sondern that ihn auch in den Bann; ja, als er in der Christnacht
dieser die Ludwigskirche besucht hatte, belegte er diese Kirche und die Geistlichkeit derselben
mit dem Interdikt. Der Streit, von beiden Seiten mit großer Beharrlichkeit fortgeführt,
fand erst nach dem Tode von Innocenz im Sinne des Pabstes seine Erledigung. Ein
zweiter Zankapfel zwischen dem Pabste und französischen Könige war das Regalrecht.
In Frankreich hatten einige Bischöfe sich dem Anspruche des Königs widersetzt, auch in
den nicht von der Krone gestifteten Kirchen während der Erledigung einer Prälatur ihre
Einkünfte zu verwalten und die von ihr abhängigen Pfründen zu besetzen. Der Pabst
nahm ihre Appellation in Schutz und erließ drei Breven, die auf einander folgend immer

43*

in stärkeren Ausdrücken abgefaßt waren, und in deren letztem er dem König zuletzt die Ergreifung der strengsten ihm zu Gebot stehenden Maßregeln in Aussicht stellte. Der König rief eine allgemeine Versammlung des französischen Klerus auf den 9. Nov. 1681 zusammen, welche nicht allein das bestrittene Recht der Krone zusprach, sondern auch eine feierliche Erklärung von vier Grundsätzen abgab, die Quatuor Propositiones Cleri Gallicani genannt. Innocenz ließ eine Abschrift dieser vier Grundsätze öffentlich durch den Scharfrichter verbrennen, und verweigerte Allen, die während der Versammlung oder seit derselben zu Bischöfen ernannt worden waren, die Bestätigung, so daß nach seinem Tod gegen 30 Diöcesen ohne mit bischöflicher Vollmacht versehene Oberhirten waren. Das Zerwürfniß hob sich nicht, als Ludwig XIV. nach Aufhebung des Edikts von Nantes zur grausamen Verfolgung der Jesuiten schritt. Der Pabst erhob zwar in einem Breve an den König von Frankreich dessen Eifer für Ausbreitung des katholischen Glaubens mit den größten Lobsprüchen, stimmte über die Aufhebung des Edikts von Nantes das Te Deum an und ließ diese That durch Kanonendonner von der Engelsburg verkündigen, aber er wich bis zu seinem Tode nicht von seinen Forderungen in Betreff des Regalrechts und der Quartierfreiheit. Diese Freude über Treubruch gegen angebliche Ketzer bleibt ein Flecken im Karakter dieses sonst ausgezeichneten Pabstes. Innocenz starb am 12. August 1689. Die Franzosen und Jesuiten verfolgten ihn auch nach seinem Tode und suchten die nachtheiligsten Urtheile über ihn zu verbreiten. Als der König Philipp V. von Spanien von Clemens XI. die Kanonisation Innocenz XI. begehrte und unter Benedikt XIV. auch wirklich der Kanonisationsprozeß seinen Anfang genommen hatte, waren es hauptsächlich die Jesuiten in Verbindung mit dem französischen Hof, welche dessen Heiligsprechung hintertrieben. Sicher war er Einer der ausgezeichnetsten Kirchenfürsten, geziert mit den edelsten, häuslichen Tugenden, und begeistert für die Aufgabe, welche seine Würde ihm gestellt hatte. Vergl. *Mar. Guarnacci*, Vita et res gestae Pont. Rom. I. p. 106—126. **Phil. Bonamici**, Leben und Gesch. Pabst Innocenz XI., aus dem Latein. (Rom 1776. 4.) übers. und mit Anmerk. begleitet von Le Bret (Frankf. u. Lpz. 1791). Ranke III, 159 ff. Anhang 283 ff.

Innocenz XII. wurde als Nachfolger von Alexander VIII. nach einem fünfmonatlichen Conclave, während dessen fünf Candidaten beseitigt worden waren, den 12. Februar 1691 gewählt. Vor seiner Erhebung hieß er Antonio Pignatelli. Er stammte aus einem altberühmten neapolitanischen Geschlechte und ward am 13. März 1615 geboren, so daß er bei seiner Wahl ein Greis von 76 Jahren war. Schon im zwanzigsten Lebensjahr war er von Urban VIII. unter die Prälaten des römischen Hofes aufgenommen und zum Prolegaten von Urbino bestellt. Innocenz XI. erhob ihn 1681 zum Cardinal, zum Bischof von Faenza, zum Legaten von Bologna und endlich zum Erzbischof von Neapel. Diesen seinen Namensvorfahren nahm sich auch Innocenz XII. zum Vorbilde. Gleich im ersten Jahre seiner Regierung suchte er durch eine Bulle vom 22. Juni 1692 den Nepotismus auf immer abzuschaffen; seine Nepoten waren die Armen, der Lateran sein Hospital. Nach dieser Bulle sollte es keinem Pabst in Zukunft mehr zustehen, irgend Jemandem aus seiner Verwandtschaft Güter, Einkünfte und Aemter, die von der apostolischen Kammer abhängen, zu verleihen. Das Bullarium magnum enthält von ihm eine Menge Verordnungen, welche die Verbesserung der Klosterdisciplin und das Leben der Säculargeistlichen betreffen. Sehr wohlthätig für die Unterthanen des Kirchenstaats war das wiederholte Verbot des Lottospiels. Seine Sorge für Herstellung der Kirchenzucht war so groß und so klein, daß die Spötter rühmten, er habe die Kirche an Haupt und Gliedern reformirt. Unter seinem Pontifikate wurden die Streitigkeiten mit Frankreich beendigt. Der Regalstreit wurde dahin entschieden, daß die Ausübung des Regalrechts sich nur über die im eigentlichen älteren Frankreich befindlichen bischöflichen Kirchen erstrecken, die anderen aber in den neueroberten Provinzen davon befreit seyn sollten. Mit Kaiser Leopold I. gerieth der Pabst mehrfach über die Präcedenz des kaiserlichen Gesandten vor dem päbstlichen Gouverneur von Rom, über einen im Palaste des kaiser-

lichen Gesandten zurückgehaltenen Gefangenen und über die Lehenshoheit der Reichsva=
fallen im Kirchenstaat in Streit, der jedoch bei der Nachgiebigkeit Beider immer friedlich
beigelegt ward. Mit König Karl II. von Spanien sah sich der Pabst in Betreff der
Inquisition in Neapel in einen Streit verwickelt; ehe derselbe ausgetragen war, starben
aber König und Pabst. In dem Streit zwischen Bossuet und Fenelon über des Letzteren
Schrift: „Explication des maximes des Saints sur la vie intérieure" entschied sich der
Pabst, als Schiedsrichter angerufen, für den Ersteren und verdammte 23 vorgeblich in
dieser Schrift enthaltene Sätze als verwegen, anstößig, fromme Ohren beleidigend und in
der Ausführung gefährlich. Fénelon, der im Augenblick, als er die Kanzel seiner Kathe=
drale bestieg, diese Verurtheilung (1699) erhielt, verlas dieselbe in der ihm natürlichen
Demuth und ermahnte seine Gemeinde, sich darnach zu richten. Innocenz starb den
27. Sept. 1700. Kurz vor seinem Tode setzte er noch eine große Summe Gelds für
das von ihm errichtete Hospital aus und verordnete, daß seine Mobilien verkauft und
der Erlös daraus den Armen gegeben werden sollte. Er hinterließ den Ruhm eines
wohlthätigen, gerechten, uneigennützigen, frommen und rechtschaffenen Manns. Vergl.
Guarnacci, vitae etc. I. 389—404. Ranke, III. 170 ff. Auhang, 290 ff.

Innocenz XIII. wurde nach dem Tode von Clemens XI. am 8. Mai 1721 nach
einem überaus unruhigen und stürmischen Conclave, in welchem es sogar zum Handge=
menge und Werfen mit Tintenfässern kam, gewählt. Er war am 13. Mai 1655 geboren
und hatte Carl Conti, der das kleine Herzogthum Poli besaß, zum Vater. Alexander VIII.
nahm ihn unter die Prälaten seines Hofes auf und Clemens XI. hatte ihn 1706 zum
Cardinal ernannt. Die Christenheit empfing den neuen Pabst mit großen Erwartungen;
man hoffte von ihm, der für einen klugen, gelehrten, edeldenkenden und friedliebenden
Mann galt, er werde der Kirche den Frieden wiedergeben und die Streitigkeiten beendi=
gen, die sich seine Vorfahren zugezogen hatten. Die Ernennung seines Bruders zum
Cardinal (21. Juni 1721) ließ fürchten, er werde den Nepotismus begünstigen, um so
mehr als er viele Neffen und Verwandten hatte; aber er gab diesen den gemessenen Be=
fehl, sich nicht in Regierungssachen zu mengen. Italien hatte unter ihm eine glückliche
Zeit. Des englischen Kronprätendenten, der sich unter dem Namen Jakobs III. in Rom
aufhielt, nahm er sich wie seine Vorgänger auf's Eifrigste an. Die Belehnung des Kai=
sers Karls VI. von Empfangnahme des Zelters und Lehenszinses mit dem Königreich
Neapel, die sein Nachfolger Clemens XII. für ungültig erklärte, und sein vergeblicher
Protest gegen die Verleihung von Parma und Piacenza als Reichslehen sind fast die ein=
zig merkwürdigen Thaten seiner nicht ganz dreijährigen Regierung. Ein Schandflecken
derselben ist die Wegnahme des Castels Palo an der Küste des Mittelmeers, das sein
Eigenthümer Herzog Juliano Grillo nicht verkaufen wollte, ebenso die aus Rücksicht auf
Frankreich erfolgte Ernennung eines verachteten Bösewichts zum Cardinal. Die Insel
Malta, welche die Türken im J. 1722 zu Wasser und zu Land anzugreifen drohten, un=
terstützte Innocenz auf's Nachdrücklichste mit Geld und Aufruf an die christlichen Fürsten.
Er war ein entschiedener Feind der Jesuiten und die Widersetzlichkeit derselben gegen die
päbstlichen Befehle in den chinesischen Missionsangelegenheiten ließ ihn sogar an die Auf=
hebung des ganzen Jesuitenordens denken. Gleichwohl nahm er die seinem Vorgänger
von den Jesuiten abgetrotzte Constitutio Unigenitus in Schutz und verdammte das Schrei=
ben der sieben französischen Bischöfe, in welchem diese um die Zurücknahme desselben
baten. Innocenz starb den 7. März 1724. Vergl. *Guarnacci*, vitae etc. II. 381 sq.;
Lebensgeschichte Innocenz' XIII., Köln 1724. Ranke, Anhang S. 302 ff. Th. Preffel.

In partibus inf., s. **Episcopus in partibus,** Band IV. S. 103.

Inquisition (Inquisitio haereticae pravitatis), auch **heiliges Officium** (san=
ctum officium) genannt, heißt das in der römischen Kirche bestehende geistliche Gericht
zur Ausspürung und Bestrafung derer, welche in kirchlichen Meinungen und Lehren
mündlich oder schriftlich von den von Rom aus festgestellten Satzungen abweichen; sofern
solche als Ketzer bezeichnet werden, heißt die Inquisition auch das Ketzergericht. Sie

ist eine durch die Hierarchie zur Förderung ihrer selbstsüchtigen Interessen unter Mitwirkung günstiger Zeitverhältnisse herbeigeführte völlige Ausartung und Verzerrung der
alten Kirchenzucht, die ursprünglich in den Händen der Landbischöfe lag, welche die Pflicht
hatten, Irrlehren zu steuern und die Visitationen der Kirchen ihrer Sprengel auch zur
Ausspähung etwa auftauchender Ketzereien zu benutzen hatten. Gegen die entdeckten Ketzer
verfuhren sie mit den kirchlichen Strafen, deren größte die Excommunication war, durch
welche der Bestrafte zugleich als ein dem Teufel Verfallener angesehen wurde. Mit ihr
war wohl als bürgerliche Strafe auch die Verbannung, gegen Nichtchristen die Anwendung blutiger Gesetze verbunden, wie namentlich Diocletian's Edikt an Julian, Procon-
sul von Afrika, gegen die Manichäer beweist. Von Christen gegen Christen wurde die
Todesstrafe des Glaubens wegen bis in das 4. Jahrhundert nicht verhängt. In der
Mitte des 3. Jahrhunderts waren die Novatianischen Streitigkeiten die Veranlassung,
daß einzelne morgenländische Gemeinden einen προσβύτερος ἐπὶ τῆς μετανοίας anstell-
ten, in dessen Ressort das Bußwesen auch in Beziehung auf die Irrlehren fiel. Nach
Constantin dem Großen schritt aber die Hierarchie mit immer strengeren Gesetzen gegen
die Ketzer vor, indeß wurde Priscillian's Hinrichtung noch am Ende des 4. Jahrhunderts
allgemein verworfen. Der erste christliche Kaiser, welcher die Todesstrafe gegen gewisse
Ketzer, namentlich gegen die Manichäer, gesetzlich aussprach, war Theodosius (382), doch
erklärten sich angesehene Kirchenlehrer, wie Chrysostomus (Homil. 29 u. 46 in Matth.)
und Augustin, der eine körperliche Züchtigung der Ketzer für erlaubt und geeignet hielt
(s. Augustini Epist. 93 ad Vincentium; contra Gaudentium Lib. I. Ep. 185 ad Boni-
facium), gegen sie. Dagegen suchte bereits Hieronymus (Epist. 37 ad Riparium adv.
Vigilantium) eine Rechtfertigung der Todesstrafe für Ketzer in 5 Mos. 13, 6 ff., und
Leo der Große (440—461) billigte geradezu die Hinrichtung (Leonis Opp. Epist. 15 ad
Turribium). Der Clerus ließ sie von der weltlichen Macht vollziehen und glaubte, da-
durch die Kirche vom Blutvergießen und vor Blutschuld zu bewahren; überhaupt aber
hatte er die weltliche Obrigkeit bereits in seine Dienste genommen und auch bei milderen
Urtheilen mußte sie mit bürgerlichen Strafen gegen verurtheilte Ketzer vorschreiten;
Schenkungen, Erbschaften u. s. w. konnten auf sie nicht übergehen (vgl. Concil. Carthag.
III. anno 397 can. 13), und Gläubige durften in keiner Weise schuldige Pflichten ihnen
erweisen oder sonst mit ihnen in Berührung kommen. Das Verfahren gegen die Ketzer
war und blieb nun zwar in den Händen der Bischöfe, allein der immer mehr um sich
greifende Verfall des Clerus gab, trotz des Nachdruckes, den die bürgerlichen Strafgesetze der kirchlichen Disciplin verliehen, immer neue Veranlassung zu Ansichten und Aeußerungen, die der Kirche ärgerlich waren, und die Bischöfe ließen es aus Genußsucht und
Bequemlichkeit gar oft an dem nöthigen Eifer in der Sorge für den kirchlichen Glauben
fehlen. Die Sendgerichte sollten diesem Uebel abhelfen, wie das Concilium Taraconense
(516) c. 8. ausdrücklich anordnete und die Capitularien Carls des Großen wiederholt be-
fahlen*). Vgl. F. A. Biener, Beitr. zu d. Gesch. d. Inquisitionsprozesses. Lpz. 1827,
S. 28 ff. Diese Art der Ausforschung unkirchlichen Sinnes und unkirchlicher Meinung
blieb hiernach immer in den Händen der Bischöfe, erhielt aber in dem seit dem 9. Jahrhunderte sich mehr und mehr ausbildenden Sendgerichte, das sich seit dem Ende des 11.
Jahrhunderts in die bischöfliche, Archidiakonats- und erzpriesterliche Sende theilte, eine
geregeltere Gestaltung. Indeß blieb der römische Stuhl hierbei nicht stehen, er fand es
vielmehr zur Ausspürung und Bestrafung der Ketzer für ganz zweckmäßig, Schritte zu
thun, welche ihm die Befreiung von solchen lästigen Widersachern, die fort und fort

---

*) Nach Capit. Caroli M. anno 769 c. 7. sollen die Bischöfe investigare et prohibere paga-
nas observationes, divinosque vel sortilegos, aut auguria, phylacteria, incantationes vel omnes
spurcitias gentilium. — Nach Capit. II, anno 813 c. 1. sollen sie beweisen inquirendi studium
de — — malis, quae contraria sunt Deo, quae in sacris Scripturis leguntur, quae Christiani
devitare debent.

wiederauftauchten, in sicherere Aussicht stellten. Die Katharer, die im südlichen Frank= reich in Toulouse, in Oberitalien in Mailand ihren Hauptsitz hatten, die Waldenser und Albigenser waren für die hierarchische Theorie und Praxis höchst gefährliche Feinde und die ganze biblisch=reformatorische Richtung, die aus den Lehren dieser Parteien her= vorging, trat der Hierarchie und deren Interesse als ein furchtbares Gespenst entgegen. Der römische Stuhl hatte bereits in den Legaten Werkzeuge sich geschaffen, auf deren Ergebenheit er rechnen konnte; durch sie ließ er nun selbst auf Kosten der bischöflichen Rechte die Angelegenheiten der Kirche leiten. Er stattete sie mit ausgedehnten Vollmach= ten aus, die sie oftmals noch überschritten, legte das Strafamt der Kirche in ihre Hände und mit einer furchtbaren Grausamkeit verrichteten sie an denen, die ihnen als ketzerisch verdächtig, oder als Gegner des Hierarchenthums bekannt waren, eine schreckliche Blut= arbeit, die aber im Erfolge ebenso vergeblich war, wie manche scharfe Verordnung, die von Concilien (z. B. zu Toulouse 1119 und im dritten Lateranconcil 1179) erlassen wor= den war, und wie die Thätigkeit der Kreuzheere. Da traf nun zuerst Pabst Innocenz III. die Anordnung, die bisherige Wirksamkeit für die Ausspürung und Bestrafung der Ketzer zu einer bleibenden Einrichtung zu gestalten; durch das 4. Lateranconcil (in *Mansi* Con= ciliorum nova et ampliss. Collectio etc. T. XXII. pag. 986 sq. c. 3.) ließ er das Ver= fahren gegen die Ketzer zum Hauptgeschäfte der bischöflichen Sende machen, in der Weise, daß jeder Erzbischof oder Bischof seine Parochie, in der sich dem Gerüchte nach (in qua fama fuerit) Ketzer aufhalten möchten, entweder persönlich besuchen, oder durch den Archi= diakon, oder durch geeignete, in gutem Rufe stehende Personen besuchen, und drei oder mehrere Einwohner von unbescholtenem Rufe, oder nöthigenfalls die ganze Einwohnerschaft schwören lassen solle, diejenigen anzuzeigen, die als Ketzer bekannt seyen, oder von denen sie wüßten, daß sie geheime Zusammenkünfte halten, oder in ihrem Wandel von dem der Gläubigen abwichen. Die Verweigerung des Schwures sollte den Verdacht der Ketzerei (haereticae pravitatis) rechtfertigen, der Bischof aber, der lässig in dem Strafamte sich zeige, abgesetzt werden; vgl. Biener a. a. O. S. 60 ff. Dem Namen nach war das Inquisitionsgeschäft den Bischöfen hier noch zugewiesen, die Legaten aber beaufsichtigten die Bischöfe und führten insofern ganz eigentlich die oberste Leitung der Ketzerverfolgung.

Die von Innocenz III. der Ausspürung von Ketzern oder Inquisition jetzt ge= gebene Einrichtung wurde durch das Concil von Toulouse 1229 noch erweitert und da= durch in ihrer Construction vollendet; es erließ zu diesem Zwecke 45 Sätze (bei *Mansi* T. XXIII. pag. 192; Planck's Geschichte der kirchlichen Gesellschaftsverfassung IV. 2. S. 463 ff.), deren Hauptbestimmungen folgende waren: Die Erzbischöfe und Bischöfe sollten in ihren Parochieen einen Priester und zwei oder drei, nöthigenfalls auch noch mehr Laien von unbescholtenem Rufe leiblich verpflichten, die Ketzer mit allem Eifer (diligenter, fideliter et frequenter) aufzuspüren, zu diesem Zwecke nicht bloß die Woh= nungen, sondern auch die geheimen Zufluchtstätten und Schlupfwinkel ausforschen, ent= deckte Ketzer, wie auch deren Beschützer, Freunde und Vertheidiger mit der nöthigen Vor= sicht gefangen nehmen und zur Bestrafung abliefern. Wissentlich und aus irgend einem Grunde einen Ketzer zu verläugnen, solle wie Ketzerei körperlich und mit Verlust des Vermögens gestraft werden. Das Haus, in welchem man einen Ketzer finde, solle der Zerstörung anheimfallen, ein weltlicher Ortsrichter aber, der sich gegen die Ketzer lässig zeige, seine Güter und seine Stelle verlieren, niemals auch als solcher wieder eine An= stellung finden. Ein Ketzerausspürer solle auch in dem Gebiete des andern, und umge= kehrt, das Spürgeschäft vollziehen können. Kehren Ketzer freiwillig zum Glauben zu= rück, so dürften sie in den bisherigen Wohnsitzen, sofern diese der Ketzerei verdächtig seyen, nicht bleiben, müßten vielmehr an einen unverdächtigen Ort versetzt werden, zur Bezeichnung ihres früheren Irrthumes aber auf der rechten und linken Seite zwei in der Farbe hervorstechende Kreuze tragen, dürften auch zu öffentlichen Aemtern und giltigen Handlungen nur dann zugelassen werden, wenn sie bischöfliche Atteste für ihre Aussöh= nung mit der Kirche aufzuweisen hätten und vom Pabste oder dessen Legaten in den frühern Staub wieder eingesetzt (in integrum restituti) sehen. Erfolge die Rückkehr zur Kirche nicht freiwillig, nur aus Furcht vor dem Tode oder aus irgend einem anderen Grunde, dann solle der Angeklagte in ein Kloster gesperrt, der Unterhalt aber entweder von seinem Vermögen, nach Gutdünken des Vorstehers, bestritten, oder bei mangelndem Vermögen von dem Vorsteher besorgt werden. Männliche Personen sollten von ihrem 14., weibliche von ihrem 12. Lebensjahre an jede Ketzerei abschwören, dagegen auch schwören, den römischen Kirchenglauben halten, Ketzer nach Kräften verfolgen und das ihnen bekannte Besitzthum getreulich angeben zu wollen. Zu diesem Zwecke sollten auch alle männlichen und weiblichen Personen in jeder Parochie aufgezeichnet werden und den Eid nach zwei Jahren immer erneuern. Würden Abwesende 14 Tage nach ihrer Rück=kehr den Eid nicht geleistet haben, dann solle man sie wie Ketzer behandeln. Zur Aus=forschung der Ketzereien wurde ferner für die Laien eine dreimalige Ohrenbeichte jährlich angeordnet, deren Unterlassung den Verdacht der Ketzerei begründete. Die Schriften des A. u. N. T., insbesondere Uebersetzungen derselben in der Landessprache zu besitzen, wurde den Laien streng verboten, nur etwa das Psalterium oder Breviarium für die Officien der Maria ihnen zugestanden. Kranke, aber der Ketzerei Verdächtige sollten keinen Arzt haben dürfen (officio medici non utantur); habe ein Kranker aus der Hand seines Geistlichen die Communion erhalten; dann solle er bis zu seiner Genesung oder bis zu seinem Tode vor jeder Berührung mit einem Ketzer oder der Ketzerei Verdächtigen sorgfältig behütet werden, weil aus dem Besuche solcher Menschen schon oft genug großes Unheil hervorgegangen sey. Testamentarische Verfügungen endlich sollten nur dann gültig seyn, wenn der Todtkranke in Gegenwart seines Geistlichen oder einer anderen kirch=lichen Person, in Ermanglung derselben in Gegenwart unbescholtener Männer sie getroffen habe.

In solcher Weise wurde die Inquisition zunächst auch in Toulouse und im übrigen südlichen Frankreich constituirt. Ohngeachtet der strengen und bestimmten Verordnungen, ohngeachtet die Legaten zur Ausführung die Bischöfe stets antrieben und einen furchtbaren Eifer entwickelten, erreichte der päpstliche Stuhl auch nicht einmal annähernd den gewünschten Erfolg; in fanatischer Thrannei sah er es nicht ein, daß die Denunciationen in und außer dem Familienkreise, die Verhöhnung jedes sittlichen Gefühles, der Vernunft, aller mensch=lichen Rechte und Regungen, daß Tod und Verderben die Mittel seyn konnten, die Men=schen zu zwingen, die priesterliche Herrschsucht und Gewaltthätigkeit als eine Wohlthat anzuerkennen. Die Schuld davon mußte vielmehr die Bischöfe treffen, und um sicherer zum Ziele zu kommen, erkannte es der römische Stuhl für nothwendig, das Inquisitions=geschäft den Bischöfen ganz zu entreißen, dasselbe von diesen ganz unabhängig, zu einem päpstlichen Institute zu machen und die Bischöfe selbst unter das Tribunal der Inquisition zu stellen. Gregor IX. ernannte daher 1232 in Deutschland, Aragonien und Oesterreich, 1233 in der Lombardei und im südlichen Frankreich (s. Concilium Bitterense — Beziers — anno 1233 bei *Mansi* T. XXIII. pag. 269 sq., *Raynald,* Annal. a. 1233 n. 59 sq.), die Dominikaner zu beständigen, päpstlichen Inquisitoren — später traten als solche auch Franziskaner auf; gleichzeitig entstand eine Militia Jesu Christi contra haereticos (*Ray-nald,* l. c. n. 40 sq.). Die Dominikaner fanden in der furchtbaren Grausamkeit, welche schon früher von den päpstlichen Legaten Peter von Castelnau (de Castronovo), Arnold, Milo u. A. verübt worden war, Muster und Vorbilder für ihre schreckliche Thätigkeit. Diese entfaltete sich zunächst in Toulouse, Narbonne, Albi, überhaupt im südlichen Frankreich; dabei mußte ihnen die weltliche Macht hülfreiche Hand leisten, Gesetze zur Förderung des Inquisitionsgeschäftes erlassen und das eigentliche Henkeramt zur Voll=ziehung erlassener Bluturtheile übernehmen; König Ludwig IX. oder Heilige machte es schon in seinem berüchtigten Mandate ad Cives Narbonnae (1228, in Guil. Catel Hist. des Comtes de Tolose, ibid. 1633. pag. 340 sq.) den weltlichen Obrigkeiten seines Landes zur besonderen Pflicht, zur Vertilgung der Ketzer diejenigen ohne Aufschub zu strafen, welche von einer kirchlichen Person, der die Verurtheilung zustehe, verurtheilt worden

feten; er verbot zugleich die Aufnahme und Vertheidigung Verurtheilter bei Verlust
bürgerlicher Ehren und Rechte nud setzte eine Belohnung für die Denuncianten fest. In
ähnlicher Weise mußte Graf Raymund VII. von Beziers 1233 gesetzliche Bestimmungen
(b. *Mansi* T. XXIII. pag. 265) erlassen. Das gerichtliche Verfahren gegen Angeklagte
wich aber von dem bürgerlichen Prozesse so gänzlich ab, daß nicht bloß der priesterlichen
Glaubenstyrannei, sondern auch der priesterlichen Rache bei einer erlittenen persönlichen
Beleidigung, oder dem Neide nnd der Mißgunst die freieste Bahn geöffnet war. Keinem
Angeklagten durfte, wie schon die Concilien von Beziers und Narbonne (1235) bestimmten, ein Belastungszeuge namhaft gemacht werden; Pabst Innocenz IV. bestätigte diese
Bestimmung von Neuem 1254 in der Bulle Cum negotium mit dem Zusatze, daß aus
einer Namhaftmachung nur Aergerniß oder Gefahr hervorgehen könne. Selbst Mitschuldige und Verbrecher wurden als Ankläger nnd Zeugen zugelassen. Schon der Verdacht,
eine ketzerische Ansicht oder Meinung zu hegen, berechtigte zur Verhaftung. Ein Geständniß wurde durch harte Behandlung und Gefangenschaft erzwungen, Innocenz IV.
aber war es auch, der in der Bulle Ad exstirpanda 1252 zuerst anordnete, daß die
weltlichen Obrigkeiten bei Verhafteten nicht bloß zum Geständnisse, sondern auch zur Anklage anderer ihnen bekannter Ketzer die Tortur anwenden sollten. Kurz darauf nahmen
jedoch die geistlichen Inquisitoren die Anwendung der Tortur selbst in die Hand, um
die Aussagen der Gefolterten geheim zu halten. Die Willkühr und Grausamkeit, mit
der sie selbst gegen Unschuldige verfuhren, veranlaßte schon den König Philipp den
Schönen 1291 zu dem Befehle an seine Obrigkeiten, bei Vollziehung der von den Inquisitoren nachgesuchten Verhaftungen mit Vorsicht zu Werke zu gehen, nud Clemens V.
ließ 1311 die Beschränkung eintreten, daß der Inquisitor nicht ohne Beiziehung des
Diöcesanbischofes gegen Angeklagte vorschreiten solle (f. Biener a. a. O. S. 72 ff.).
Zeugnisse der unerhörten Grausamkeiten, welche die Inquisitoren verübten, f. in Ph. a
Limborch Hist. Inquisit. cui subjungitur Liber sententiarum Inquisitionis Tholosanae ab
a. Chr. 1307—1323. Amst. 1692. Der Franziskaner Bernard konnte sogar öffentlich er-
klären, daß auch die Apostel Petrus und Paulus, wenn sie noch lebten, bei der von den
Inquisitoren befolgten Prozeßart von der Anklage der Ketzerei nicht befreit werden würden.

Um der Inquisition anheimfallen zu können, gab der Klerus dem Begriffe der
Ketzerei eine maßlos weite Bedeutung. Hatte das Ketzergericht irgendwo eine vom kirchlichen Dogma abweichende Ansicht oder sektirerische Meinung ausgemerzt, so war wohl
die Thätigkeit der Inquisitoren, damit zugleich ihr Gewinn und Einkommen periodisch
gehemmt, um so mehr schien es erforderlich, den Begriff der Ketzerei nicht bloß an die
Abweichung vom eigentlich kirchlichen Dogma zu knüpfen. Nun berechtigte auch die Anklage auf Zinswucher nnd Wahrsagerei aus Händen, Zeichen, Loosen u. f. w., die Beschimpfung des Kreuzes, die Verachtung des Clerus, die angebliche Verbindung mit Aussätzigen, Juden, Dämonen und mit dem Teufel, die Teufelsunzucht, das ganze traditionelle Hexenwesen, die in jener Zeit geistiger Finsterniß in neue Anregung gekommene
Zauberei und Magie, durch welche Menschen, Thiere und Pflanzen vergiftet, verderbliche Naturerzeugnisse (wie schlimme Krankheiten, Hagel, giftige Nebel) entstanden seyn
sollten u. f. w. zum Inquisitionsprozesse, nnd fortwährend fand das Glaubenstribunal
in solchen Anklagen eine erwünschte Veranlassung zu einer unausgesetzten und erwünschten Thätigkeit. Ein Inquisitor hatte in seiner Stellung eine außerordentliche Macht,
mit der ein ebenso außergewöhnliches Einkommen verbunden war. Im Ansehen stand
er einem Bischofe fast gleich; anfangs bezog er seinen Unterhalt von der Gemeinschaft,
in der er thätig war, bald aber aus dem Vermögen, das den Angeklagten confiscirt
wurde. Die Bestrafung derselben war: Verlust der Ehre, der bürgerlichen und kirchlichen Rechte, harte Gefangenschaft im Kerker oder auf der Galeere, nach Umständen
auf Lebenszeit, und der Tod in verschiedener Weise, bald durch einfache Hinrichtung,
bald mit vorher angewandten Martern, bald durch Einmauern, bald und meistens durch
Feuer. Der Tag, an welchem eine Hinrichtung stattfand, galt bald als ein Feiertag.

Eine Appellation von dem gefällten Urtheile gab es nicht. Die Einziehung des Vermögens war immer eine der gelindesten Strafen, immer aber mit jeder anderen härteren und schon oft mit der Verhaftung verbunden. Pabst Innocenz IV. wies (1252) ein Drittel des eingezogenen Vermögens der Inquisition zu, befahl aber zugleich, ein zweites Drittel für künftige Inquisitionszwecke zu deponiren, und so kam auch dieses in die Hände der Inquisitoren. Hiermit war aber die priesterliche Habsucht noch nicht zufrieden, sie brachte es endlich dahin, daß die Inquisition das ganze Vermögen eines Angeklagten erhielt; im 15. Jahrhundert war dies, wie der Inquisitor Bernard. selbst bezeugt, bereits eine rechtliche Gewohnheit, anderwärts ein Recht, das von den Inquisitoren da in Anspruch genommen wurde, wo sie ihre eigenen Diener und Gefängnisse hatten, folglich diese dem Staate nichts kosteten (s. Limborch a. a. O. S. 171). Kein Wunder, daß das Ketzergericht, als eine unerschöpfliche Fundgrube zur Bereicherung, von dem Klerus und den Bettelorden mit einem wahrhaft empörenden Eifer unterhalten, gefördert und betrieben wurde; kein Wunder aber auch, daß es in seinen Aeußerungen oft einen entschiedenen Widerstand fand, daß es in seiner Willkühr und Anmaßung, Habsucht und Grausamkeit den Bischöfen und weltlichen Behörden, den Ketzern wie den Gläubigen in gleicher Weise verhaßt wurde. Ueber die nichtswürdige Arglist, mit der die Inquisitoren auch ganz Unschuldige zu Ketzern machten und des Vermögens beraubten, s. M. Menard Histoire de la ville de Nimes T. I. Par. 1750. Preuves. 73. Das Concil von Narbonne hatte daher bereits 1243 — jedoch vergebens — die Inquisitoren ermahnt, um der Ehre ihres Ordens willen von der Anwendung der Geldstrafen abzustehen, das Parlament erklärte sich wiederholt gegen das bisher beobachtete unerhörte Rechtsverfahren, die Könige Philipp der Schöne und Ludwig XI. beschränkten das geistliche Tribunal, doch die Vertreter desselben wußten solche Bestimmungen entweder zu umgehen, oder ihnen geradezu zu trotzen, und das gedrückte Volk suchte daher oft selbst sich der Peiniger zu entledigen. Daher kam es auch zu heftigen Volksbewegungen und blutigen Aufständen gegen die Inquisitoren, so z. B. in Albi und Narbonne (1234), wo die Inquisitoren 1235 ebenso wie in Toulouse verjagt, hier 1245 mehrere ermordet wurden. Dennoch schwangen sie fortwährend die blutige Geißel. Was aber Aufstände und königliche Edikte in Frankreich gegen sie nicht vermochten, bewegten kirchlich-politische Zeitereignisse, wie das päbstliche Schisma im 14. mit den reformatorischen Concilien im 15. Jahrhunderte. Jenes lähmte mit diesen die Kraft der Hierarchie und hemmte dadurch auch die Kraft der Inquisition, so daß diese jetzt vornehmlich nur unter der Anklage der Zauberei und Teufelsverbindung gegen heimliche oder verdächtige Ketzer (vgl. das Breve von Nicolaus V. bei Raynald a. 1451) einschritt. So wurden 1459 in Arras viele Personen verbrannt, die als Waldenser galten, unter der Anklage, mit dem Teufel im Bunde zu stehen. In dem 16. Jahrhunderte, der Zeit der Reformation, wußte zwar der Klerus Haß und Fanatismus gegen das Licht und die Wahrheit des Evangeliums anzufachen und zu erhalten, die streng römische Partei, die in den Guisen ihre Stütze fand, konnte selbst die heftigsten Verfolgungen gegen die Hugenotten hervorrufen und sich bestreben, die Inquisition in alter Art wieder einzuführen, — doch diese hatte ihr Feld jetzt verloren. Pabst Paul IV. erließ zwar zu ihrer Erneuerung am 25. April 1557 eine Bulle (b. Raynald a. 1557. Nro. 29) und der König Heinrich II. nöthigte dem Parlamente ein entsprechendes Edict auf, doch Paul, der noch auf dem Todtbette die Inquisition als die vornehmste Stütze der römischen Kirche empfahl (Schröckh, K.G. seit d. Reformation III. S. 248 ff.), starb schon 1559, der neue Versuch kam nicht zu weiterer Ausführung, und wenn auch die Inquisition noch einzelne Lebenszeichen von sich gab, so waren diese doch nur die letzten krampfhaften Zuckungen; sie war in ihrem innersten Lebenskeime bereits zerstört und in Frankreich, wo sie ihre Entwicklung zuerst begonnen hatte, fand sie trotz Pfaffenthum und Jesuitismus damals und zuerst wieder ihren völligen Untergang. Von hier aus aber hatte sie ihr Netz über die benachbarten und entfernten Länder, mit Hülfe der Jesuiten, selbst über die Länder jenseit des Oceans geworfen.

Wie die Inquiſition durch das Concil von Touloufe für Frankreich organiſirt war, verbreitete ſie ſich beinahe ganz gleichzeitig nach Deutſchland, wo der Dominikaner Konrad Droſo oder Torſo (ſ. Illgen's Zeitſchr. für K.-G. 1840. III. S. 55), beſonders aber Konrad von Marburg (ſ. Gesta Trevirorum ed. *Wyttenbach et Müller* T. I. pag. 317; *Alberici* Chronicon ad ann. 1233, pag. 544) zuerſt und mit furchtbarer Grauſamkeit von 1231—1233 für ſie thätig war. Letzter, der barbariſche Beichtvater der thüringiſchen Landgräfin Eliſabeth, ſah bei Angeklagten die Verſicherung der Unſchuld nur für ein hartnäckiges Läugnen an, das er ſofort mit Verbrennen beſtrafte. In ſeinen Dienſten ſtand ein gewiſſer Amfried und eine herumſchweifende Frau, Namens Alaidis, die beide mit Liſt und Betrug zahlreiche Opfer für ihn ausſpürten und lieferten. Auch gegen die Stedinger, die im heutigen Oldenburg auftraten, richtete Konrad ſeine blutige Thätigkeit (ſ. *Raynald* a. 1233, Nr. 41), indem er ihnen dieſelben Ketzereien aufnöthigte, die er allen ſeinen Schlachtopfern aufzwang, nämlich einen blaſſen Mann (pallidum virum), oder eine Kröte, oder irgend eine Ungeſtalt berührt und durch Küſſen verehrt zu haben. Die Mahnungen der Erzbiſchöfe von Mainz, Köln und Trier zur Mäßigung beantwortete er dadurch, daß er zu Mainz das Kreuz gegen ſie predigte, darauf fiel er aber ſelbſt als ein Opfer der Volkswuth bei Marburg, auch Droſo wurde ermordet. Obſchon nun auch der Kaiſer Friedrich II. von Padua aus ſeit 1232 Verordnungen zur Ausführung der von der Inquiſition ausgeſprochenen Bluturtheile erlaſſen hatte (ſ. *Pertz*, Monumenta hist. German. T. IV. pag. 287, 326), um den Vorwurf der Ketzerei von ſich ſelbſt abzuwenden, war doch der Unwille und Widerſtand des Volkes und der Großen und des Reiches ſo allgemein gegen die Inquiſition gerichtet, daß Deutſchland von dieſem Blutgerichte über hundert Jahre lang nur vereinzelt heimgeſucht wurde; neue Verſuche, daſſelbe hier ganz wiederherzuſtellen, wollten niemals den von der Hierarchie gewünſchten Erfolg haben. Die Begharden, die ſeit der Mitte des 14. Jahrhunderts in Conſtanz, Speier, Erfurt, Magdeburg und weiter nördlich auftraten, gaben eine erwünſchte Veranlaſſung, der Inquiſition in Deutſchland wieder ein größeres Feld zu eröffnen. Pabſt Urban V. ernannte 1367 von Neuem Dominikaner zu Inquiſitoren, unter denen beſonders Walther Kerling berüchtigt wurde. Nachdem Kaiſer Karl IV. im Jahr 1369 zu Gunſten der Inquiſition beſondere Mandate erlaſſen hatte, beſtimmte dann Gregor XI. (1372) für Deutſchland die Zahl der Inquiſitoren auf fünf, während ſchon Bonifacius IX. 1399 ſie für Norddeutſchland allein auf ſechs erhöhte. Doch in dem Grade, in welchem die reformatoriſche Richtung in Deutſchland zunahm, fand hier auch die Inquiſition Schwierigkeiten und Widerſtand, indeß konnte der Aberglaube der Zauberei und Hexerei, der vom Pfaffenthume mit der Ketzerei innigſt verſchmolzen worden war, dem Blutgerichte des geiſtlichen Tribunals wenigſtens wieder auf einige Zeit einen Aufſchwung verleihen, trotzdem daß einzelne Stimmen ſchon nachdrücklich darauf hinwieſen, daß Zauberei und Hexerei nur in den Köpfen derer ſpuke, welche natürliche Wirkungen nicht zu erklären vermöchten, weil deren Urſachen ihnen unbekannt ſeyen. Auf Betrieb der beiden Inquiſitoren Heinrich Krämer (Institoris) und Jakob Sprenger erließ der durch ſeine Unzucht und Ketzerverfolgung berüchtigte Pabſt Innocenz VIII. die Bulle Summis desiderantes affectibus (5. Dec. 1484, in C. D. Hauber's Bibliotheca, Acta et scripta magica etc. Lemgo 1739—45. St. 1. S. 1 ff.; G. C. Horſt's Dämonomagie oder Geſchichte des Glaubens an Zauberei ꝛc. Frkft. a. M. 1818. II. S. 17 ff.), welche die bisherigen Lehren von Ketzerei im Zauber- und Hexenweſen, wie auch das Verfahren gegen daſſelbe durch die Inquiſition von Neuem ſanctionirte. Bald darauf gaben jene beiden Inquiſitoren theils zur Darlegung des ganzen Weſens der Zauberei und Hexerei, theils zur Feſtſtellung des gerichtlichen Verfahrens gegen daſſelbe mittelſt der Inquiſition den vielberüchtigten Malleus maleficarum (Col. 1489; vgl. Hauber a. a. O. St. 1. S. 39 ff.; 2. S. 90 ff.; 5. S. 311 ff.) oder „Hexenhammer" heraus, den man mit Recht als einen monſtröſen Baſtard von Pfaffenthum und Scholaſtik bezeichnet hat. Jetzt fielen in Deutſchland wieder viele Opfer der Inquiſition zu und manche ſtarben noch durch dieſelbe (ſie hatte in Köln einen Hauptsitz) während der Reformation; auch in Oesterreich, Böhmen, Ungarn, Polen war dies der Fall, doch trat ihre Wirksamkeit jetzt nur noch periodisch und an einzelnen Orten hervor. Die Jesuiten suchten sie später dort und in Bayern (1599) wieder herzustellen, auch im dreißigjährigen Kriege zeigte sie sich hier und da wieder, Maria Theresia hob sie für ihre Länder gänzlich auf, und bald darauf verschwand sie ganz aus Deutschland.

Während die Inquisition in den nordischen Staaten Europa's, wie in England, Schweden, Norwegen, Dänemark, nur als eine vorübergehende Erscheinung sich zeigte, fand sie ein um so größeres Feld in den Niederlanden und in den südlich gelegenen Ländern. In den Niederlanden wurde sie bereits im 13. Jahrhundert und späterhin gegen die ketzerischen Parteien angewendet, die hier auftraten; eine weit ausgedehntere Wirksamkeit gewann sie aber in der Zeit der Reformation, die gerade hier zahlreiche Anhänger erhielt. Nachdem Karl V. schon von Worms aus am 8. Mai 1521 ein strenges Edikt gegen die Evangelischen als Ketzer erlassen hatte, setzte er auch sofort seinen Rath Franz von der Hulst und den Carmeliter Nicolaus von Egmont als Inquisitoren ein. In herkömmlicher Weise wandte das Ketzertribunal Landesverweisung, Güterverlust, Gefangenschaft und Hinrichtung gegen seine Opfer an, zu seinen Gunsten wurden die strengsten Gesetze wiederholt erneuert und eingeschärft. Die Statthalterin in den Niederlanden, Margaretha von Oesterreich, war mit dem Bischofe von Arras, Granvella, für die Inquisition besonders thätig. Der Druck, Verkauf und Besitz ketzerischer Bücher, über welche die theologische Fakultät zu Löwen sogar einen besonderen Katalog angefertigt hatte, wurde streng verboten, die Magistrate mußten bei Strafe der Absetzung für die Ausspürung der Ketzer thätig seyn und vierteljährlich einen Bericht über ihre Thätigkeit an die Statthalterin erstatten. Die Denuncianten erhielten eine ansehnliche Belohnung für eine Anzeige (s. Raumer's Briefe I, S. 164 ff.). Dennoch gewann die Reformation ein immer größeres Feld, ja die Inquisition vermochte nicht einmal, die Entstehung fanatischer Sekten, wie die Sekte des freien Geistes und der Wiedertäufer, zu verhindern. Unter solchen Umständen glaubte Karl durch ein neues Mandat (vom 29. April 1550) zur Herstellung eines bestimmt geordneten Inquisitionsgerichtes, wie dieses in Spanien bestand, die Ausrottung der Reformation um so sicherer erreichen zu können (s. *Sleidani* — Commentarii, ed. Chr. Car. *Am Ende*, Frcf. ad M. 1785. T. III. pag. 203; *Gerdesii* Hist. Reformat. T. III. App. pag. 122). Doch auch dieser Versuch schlug fehl, die Einführung einer solchen Inquisition, wie Karl sie beabsichtigte, fand entschiedenen Widerstand, und konnte gerade in dem Hauptsitze der Reformirten, in Antwerpen, gar nicht bewerkstelligt werden. Maria, die verwittwete Königin von Ungarn, die sogar zur Reformation im Stillen sich neigte, war jetzt Statthalterin. Deputationen der Bürgerschaft machten sie auf die Gefahren aufmerksam, die dem Lande drohten, sie reiste darauf selbst nach Deutschland zu Karl und bewirkte wenigstens insofern eine Aenderung jenes Mandates, als in einer neuen Form desselben (welche am 25. Sept. 1550 erschien, übrigens aber mit jener übereinstimmte) die Ausdrücke „Inquisition" und „Inquisitoren" weggelassen wurden. Doch auch jetzt noch fand es Widerspruch und konnte in Antwerpen nur unter der Wahrung der städtischen Freiheiten zur Publikation gelangen (*Gerdesii* Historia Reform. T. III. pag. 216 sq.). Daß nun die Inquisition in den Niederlanden eine möglichst große Thätigkeit bisher entwickelt hatte und noch entwickelte, ist gewiß, doch scheinen die Angaben, daß unter Karl V. 50,000 oder gar 100,000 Menschen in den Niederlanden des Glaubens wegen getödtet seyn sollen (*Sculteti* Annales pag. 87; *Grotii* Annales et Historiae de rebus Belgicis. Amstd. 1658. pag. 12) bei weitem übertrieben zu seyn. Als darauf Philipp II. die Niederlande erhielt, war es dessen ernster Vorsatz, die Bestrafung der Ketzer weder aufzuschieben noch zu mildern, vielmehr jene noch zu schärfen. Granvella nährte noch diesen Vorsatz in ihm. Jetzt entfaltete die Inquisition einen ungemein großen Eifer, aber ihr Wüthen und ihre Grausamkeit erregte auch eine tiefe Erbitterung, die sich oftmals in heftigem Widerstande äußerte. Endlich verbanden

sich die Städte Löwen, Brüssel, Antwerpen und Herzogenbusch zu der entschiedenen For=
derung, die Inquisition abzustellen, die Festigkeit dieser Städte fand Nachahmung und
im Februar 1566 bildete sich in Breda ein Adelsbund, das Compromiß genannt, das
schnell eine große Ausdehnung gewann, zumeist aus Katholiken bestand und in der Bundes=
urkunde ausdrücklich erklärte, nichts gegen den Staat und die Kirche unternehmen, aber
zusammenhalten zu wollen "wider die Inquisition, denn durch sie werde die schändlichste
Sklaverei bezweckt und eingeführt, göttliches und menschliches Recht umgestoßen, Hab und
Gut unsicher gemacht, Freiheit in Worten und Werken aufgehoben." (Schröckh, K.=G.
III, S. 390 ff.). Im April kamen 3—400 Verbündete nach Brüssel und erneuerten vor
der Statthalterin Margarethe von Parma die Bitte um Abschaffung der Inquisition.
Margarethe versprach, sich für eine Milderung der Ketzergesetze bei Philipp zu verwenden,
dieser aber lehnte eine Milderung ab; darauf entfaltete sich die Volkswuth in einer
Kirchen= und Bilderstürmerei, die von Margaretha in einer schrecklichen Weise an den
Reformirten bestraft wurde, weil diese allein die schuldigen seyn sollten. Indeß sah sich
doch der Hof 1567 zur Nachgiebigkeit veranlaßt und Margarethe schloß mit den Prote=
stanten im August eine Uebereinkunft ab, nach welcher die evangelische Predigt unter
Beschränkungen gestattet, doch die Inquisition abgestellt seyn sollte. Darauf kam aber
der furchtbare Alba mit unumschränkter Vollmacht in die Niederlande, Margarethe legte
die Statthalterschaft nieder und nun wüthete Alba mit einem von ihm eingesetzten Blut=
rathe und mit unerhörter Grausamkeit gegen die, deren Meinung ihm verdächtig war,
oder deren Reichthum ihn reizte. Trotzdem, daß er vom Pabste Pius V. einen geweihten
Degen erhalten hatte und Tausende unter furchtbaren Qualen starben, konnte er die
Ausrottung der Reformation, als einer gefährlichen Ketzerei, doch nicht erzielen, ja seine
Grausamkeiten hatten den Widerstand gegen Philipp nicht nur erhalten, sondern auch
noch gesteigert, und 1573 rief Philipp ihn zurück. Die südlichen und nördlichen Pro=
vinzen schloßen 1576 den Vertrag von Gent; der fünfte Artikel desselben (*Dumont*, corps
universel diplomatique T. V. 1. pag. 278) hob die Mandate und Edikle auf, die zur
Verfolgung der Ketzer erlassen worden waren. Jetzt wollte Philipp von Neuem die
Ausrottung der Ketzerei mit Gewalt durchsetzen, die nördlichen Provinzen schloßen darauf
die Utrechter Union, sagten sich von ihm los (1579) und errangen endlich ihre Unab=
hängigkeit von Spanien, die ihnen im Westphälischen Frieden garantirt wurde, während
in den südlichen Provinzen durch die Jesuiten noch manches Opfer dem Ketzerhasse fiel,
doch verschwand nun auch hier die Inquisition.

Von den südlichen Ländern Europa's war Portugal dasjenige Land, in welchem die
Inquisition sehr lange bestanden hat. Nachdem sie in Spanien Raum gewonnen hatte,
drang sie auch nach Portugal vor, dessen Schicksal vielfach und lange mit den Schicksalen
Spaniens verknüpft war. Damals richtete sie in Portugal ihre Thätigkeit wesentlich auf
die Verfolgung und Ausrottung der Juden, die durch Härte und Grausamkeit zur An=
nahme des Christenthumes gezwungen werden sollten. Eine eigenthümliche Gestalt erhielt
sie durch Spaniens Vorgang in der Zeit der Reformation durch den König Johann VIII.
(1557), der eine besondere Neigung zur klerikalen Politik hatte. Die Inquisition wurde
in Portugal ein königliches Gericht, indem der König den Großinquisitor ernannte, der
vom römischen Stuhle die Bestätigung erhielt; der oberste Gerichtshof hatte seinen Sitz
in Lissabon und ihm waren alle anderen Gerichte des Reiches untergeordnet worden.
Als es dem Könige Philipp II. von Spanien gelang, Portugals sich zu bemächtigen,
lernte das Land die ganzen Gräuel der spanischen Inquisition in vollster Ausdehnung
kennen. Ohnehin schon im Verfalle begriffen, wurde Portugal unter den nächsten Nach=
folgern Philipps in den Ruin Spaniens verwickelt, bis endlich eine Verschwörung den
Herzog von Braganza als Johann IV. auf den Thron brachte (1640) und eine bessere
Zeit für das schwer geprüfte Land anbrach. König Johann beabsichtigte die Inquisition
im Reiche ganz aufzuheben, doch in dem Pfaffenthume, besonders in den Jesuiten fand
er einen zu mächtigen Widerstand, und er konnte es nur dahin bringen, daß sie die

Befugniß verlor, fernerhin die Güter der Verurtheilten an sich zu ziehen. Auch König Pedro II. (1706) suchte die Thätigkeit und die Privilegien der Inquisition noch mehr zu beschränken, ein anderer und entscheidender Schritt gegen sie trat aber mit dem klugen und umsichtigen Regimente seines Sohnes, des Königs Joseph I., durch Pombal ein, der die Jesuiten verjagte und die Inquisition insoweit beschränkte, daß diese einem Angeklagten die Beschuldigungen mittheilen, die Namen der Belastungszeugen nennen und einen Sachwalter zugestehen mußte, daß sie ferner kein Urtheil ohne Genehmigung des königlichen Rathes vollziehen lassen durfte (vgl. L'administration de *M. de Pombal.* Amst. 1789). Auch das Auto da Fé verbot er, doch starb noch durch dasselbe der in die Verschwörung gegen das Leben des Königs (vgl. J. F. M. v. Olfers, Ueber den Mordversuch gegen den König Joseph von Portugal, Berl. 1839) verwickelte Jesuit Malagrida (1761), indem derselbe von der Inquisition als Ketzer verurtheilt worden war, weil er den Tod des Königs prophezeiht hatte. Nach Josephs Tode und Pombals Sturze gewann zwar der Klerus wieder neue Gewalt, aber der neue Geist, der durch beide Staatsmänner geweckt worden war, konnte nicht wieder erstickt werden; König Johann VI. (1818—1826) hob endlich die Inquisition für Portugal ganz auf und die Versuche Don Miguels, ihr in der Revolutionszeit des Landes eine neue Stätte zu bereiten, blieben ohne weiteren Erfolg.

Einige Jahre länger als in Portugal bestand die Inquisition in Spanien. Von Frankreich aus hatte sie den Weg in dieses Land noch im 13. Jahrhundert gefunden. Hier war sie damals in Aragonien besonders gegen die Mauren und Juden eingeführt worden *). Viele derselben gingen zum Christenthume über, Andere aber erhielten den Glauben ihrer Väter heimlich unter sich. Dies geschah namentlich seit dem Schlusse des 14. Jahrhunderts von Juden, deren Vorfahren theils durch die von dem fanatischen Mönche Martinez Nunez gegen sie aufgeregte Volkswuth, theils durch die Inquisition zum Christenthume gebracht worden waren. Den Verdacht, heimlich dem Judenthume anzugehören, hegte der Cardinal Pedro Gonzalez de Mendoza 1477 gegen viele Bewohner jüdischer Abkunft in Sevilla, und auf sein Betreiben wurde die Inquisition in dem ganzen, durch die Vermählung Ferdinands von Aragonien mit Isabella von Castilien vereinigten Königreiche eingeführt. Pabst Sixtus IV. sanktionirte die Einführung 1478 und gab selbst dem Königspaare, welches die Inquisition als ein geeignetes Mittel benutzte, um die eigene Gewalt gegen den Adel und Klerus zu befestigen, das Recht, Inquisitoren ein- und abzusetzen und die Güter der Verurtheilten einzuziehen. Dadurch wurde die Inquisition ein königliches Gericht. Die von dem Könige und der Königin 1480 ernannten Inquisitoren, die Dominikaner Michael de Morillo und Joh. de St. Martino, begannen alsbald eine so furchtbare Thätigkeit zu entwickeln, daß selbst die Cortes ernste Klagen erhoben und selbst Sixtus IV. über das ungerechte Verfahren in Anklagen und Verurtheilungen sich aussprach (s. Sixti IV. Epist. ad Ferdinandum et Isabellam in Histoire critique de l'inquisition d'Espagne par Jean Ant. Llorente T. IV. pag. 347). Darauf wurde der schreckliche Thomas de Torquemada, Prior der Dominikaner zu Segovia, zum Generalinquisitor von Spanien ernannt, der noch blutiger verfuhr, der Inquisition überhaupt eine organische Einrichtung gab und den Terrorismus im Lande verbreitete. Jetzt trat das Ketzergericht in allen wichtigeren Städten Spaniens auf; seine Mitglieder

---

*) In Aragonien war der Dominikaner Nikolaus Eymericus, aus Gironna in Katalonien gebürtig, 44 Jahre lang als Generalinquisitor des Königreiches thätig, † 1399. Unter seinen vielen Schriften, worüber Quétif und Echard (Script. Ord. Praed. I. 709) und Dubin (Comment. de script. Eccl. antiquis III. 1024) weitläufige Nachricht geben, ist sein Directorium Inquisitorum am meisten bekannt geworden, woraus man, nämlich aus der tertia pars, das Verfahren der Inquisitoren mit erschreckender Deutlichkeit kennen lernt; das Werk wurde zuerst 1503 in Barcellona gedruckt, 1578 in Rom und seitdem noch öfter; — mit dem Commentar von Pegna in Venedig, 1607. Anm. der Red.

erhielten die genauesten Instruktionen (s. Sammlung der Instruktionen des spanischen Inquisitionsgerichtes, übersetzt von J. D. Reuß, Hannover 1788) und umgaben sich mit Kundschaftern (Familiares sancti Officii), zu denen sich sogar die Vornehmsten gebrauchen ließen, um sich selbst sicher zu stellen. Auch die Bischöfe mußten sich jenem Gerichte unterwerfen. Der Schrecken, den dasselbe durch Gefängniß, Güterconfiscation, Landesverweisung, Torturen und Hinrichtungen um sich her verbreitete, rief nicht nur ernste Klagen der Cortes hervor, sondern veranlaßte auch wiederholt Empörungen und Ermordungen der Inquisitoren (Llorente T. I. pag. 187 sq., 211 sq.), dennoch dauerte deren furchtbare Wirksamkeit fort, ja auch vor dem päbstlichen Stuhle verhallten neue Klagen, da der König selbst die Inquisition als ein treffliches Mittel zu eigener Bereicherung benutzte, indem er Absolutionen für Apostasieen und Exemtionen von dem Inquisitionsgerichte zu hohen Preisen verkaufte; bald war dasselbe in Spanien aber so mächtig geworden, daß es auch vom Pabste in der entsetzlichen Henkerarbeit nicht mehr in Schranken gehalten werden konnte. Die Angeberei erreichte eine furchtbare Ausdeh= nung, sie gewährte bürgerliche Vortheile und Ablaß, säete aber auch Angst, Furcht und Schrecken sogar unter die, welche durch die heiligsten Bande eng aneinander verknüpft waren, und gewährte der Bosheit und Rachsucht ein großes Feld zu freier Thätigkeit. Der Verdacht, dem Judenthum oder Islam anzugehören, Juden oder Mauren zu be= schützen, Wahrsagerei, Zauberei und Gotteslästerung zu treiben, das heilige Officium beleidigt zu haben, gewährte eine nie sich erschöpfende Quelle zu Prozessen. Auf Tor= quemada's Rath mußten 1492 alle Juden, die Christen nicht werden wollten, auswan= dern, ein gleiches Schicksal traf 1501 die Mauren unter dem zweiten Generalinquisitor Spaniens, dem Dominikaner Diego Deza (1499—1506). Torquemada hatte von 1483 bis 1498, als er sein Amt niederlegte, 8800 Menschen lebendig, 6500 in effigie ver= brennen, 90,000 mit verschiedenen Strafen belegen lassen; sein Nachfolger Deza sandte 1664 Menschen auf den Scheiterhaufen, ließ 832 in effigie verbrennen, 32,456 mit Büßungen strafen; unter dem dritten Generalinquisitor, Franz Ximenes de Cisneros (1507—1517) starben 2536 Menschen*), 1368 wurden in effigie verbrannt, 47,263 in anderer Weise gestraft (Llorente T. IV. pag. 252).

Bis in diese Zeit war die Entwickelung des Inquisitionstribunals bereits vollkom= men ausgebildet; jedes zählte drei Inquisitoren, außerdem aber noch Assessoren, Sekre= täre, Einnehmer, Familiaren, Kerkermeister und andere Beamte. Um Mitglied der In= quisition zu werden, mußte man den Nachweis geben, von christlichen Eltern abzustam= men, die niemals vor das Ketzergericht gezogen waren. Dieser Nachweis war die Casa limpia. Für jedes Mitglied war Verschwiegenheit strenge Pflicht. Das Haus der In= quisition hieß Casa santa. Der Inquisitionsprozeß wurde mit einer dreimaligen Edik= tallabung des Angeklagten begonnen; erschien er, dann wurde er nach einer sorgfältigen Durchsuchung in ein dunkles Gefängniß gesperrt, man schor ihm das Haar vom Haupte, von seinem Eigenthum, besonders von den Büchern und Schriften, nahm man ein genaues Ver= zeichniß auf, sein Vermögen aber wurde gewöhnlich sofort confiscirt und er selbst galt als ein Geächteter, für dessen Unschuld auch nicht einmal die nächsten Angehörigen aufzutreten wagten. Erschien der Angeklagte nicht, dann wurde er in contumaciam und unter dem Vorbehalte einer noch härteren Strafe mit einer Geldstrafe belegt und excommunicirt. Die Flucht war für ihn immer schwierig, weil er von den zahlreichen Häschern der Inqui= sition stets umschwärmt war und die Verhaftung gar oft auch ohne Vorladung erfolgte. Schnelles Eingeständniß befreite zwar den Angeschuldigten von dem Tode, zog aber meist den Verlust bürgerlicher Rechte und des Vermögens wie auch die Uebernahme strenger Büßungen, wiederholte Anklage aber eine strengere Strafe, gewöhnlich die

---

*) Darunter sind aber nicht bloß diejenigen gerechnet, die Ximenes als Großinquisitor von Castilien hinrichten ließ, sondern auch diejenigen, welche in Aragonien, dessen Inquisition nicht unter Ximenes stand, hingerichtet wurden.   Anm. d. Red.

Todesstrafe, nach sich. Mit dem Eingeständnisse der Ketzerei war das Abschwören der=
selben verbunden, der Angeklagte mußte aber zugleich eine bestimmte Zeit hindurch das
San benito (saccus benedictus, d. h. einen vorn und hinten mit einem rothen Andreas=
kreuze versehenen Rock, der keine Aermel hatte) über ein schwarzes Unterkleid tragen.
Das Ablegen jenes Kleides vor der bestimmten Zeit galt als Rückfall. Das Läugnen
des Angeschuldigten gewährte in seltenen Fällen die Freiheit, meist hatte es eine stren=
gere Haft zur Folge. Aussagen der Zeugen galten ohne Erhärtung ihrer Angaben als
Beweise; der Angeber selbst konnte auch Zeuge seyn und zwei Zeugen von Hörensagen
galten für einen Augenzeugen. Gestand der Angeklagte das ihm zur Last gelegte Ver=
brechen doch nicht ein, dann wurde mit der Tortur gegen ihn vorgeschritten, die in den
Graden der Strick=, Wasser= und Feuertortur bestand; konnte er auch diese Foltern be=
stehen, dann verfiel er einem härteren Gefängniß, oder man suchte ihn durch die Aus=
sicht auf Gnade, durch eine Verbesserung seiner Lage zum Geständnisse zu verlocken.
Halfen auch diese Mittel nicht, dann erfolgte entweder doch die Verurtheilung, oder der
Verhaftete mußte im Kerker dem Tode langsam entgegengehen. Starb er, dann wurde
der Prozeß gegen ihn und seine Angehörigen doch noch fortgeführt, die noch nach 40
Jahren der Inquisition verfallen konnten. Ergaben sich Verdachtsgründe gegen einen
bereits Verstorbenen, dann wurden seine Gebeine ausgegraben, mit seinem Bildnisse vom
Henker verbrannt und der Fluch traf sein Andenken. War aber der Angeklagte durch
die verschiedenen Grade der Tortur zu einem Geständnisse gebracht worden, dann wurde
er den Qualen derselben von Neuem unterworfen, um etwaige Mitschuldige von ihm zu
erfahren, außerdem mußte er seine Schuld abschwören. Beruhte der Verdacht der Ketzerei
auf Handlungen des Angeklagten, dann erfolgte das Abschwören de levi, beruhte die
Anklage auf der Aussage zweier Zeugen, dann erfolgte es de vehementi, war hiermit
die freiwillige Uebernahme aller Strafen, die über den Angeklagten noch verhängt werden
würden, ausgesprochen, dann war die Versöhnung mit der Kirche in forma vollbracht. In
diesem Falle trat darauf Gefängniß= oder Galeerenstrafe, meist auf Lebenszeit, Vermögens=
confiscation und der Verlust bürgerlicher Rechte ein. Erfolgte ein Todesurtheil, so be=
stand dieses im Verbrennen; die Glieder der barmherzigen Brüderschaft begleiteten einen
Verurtheilten zum Tode.

In dieser Weise verfuhr die Inquisition auch in andern Ländern, als sie in ihrer
Blüthe stand. Trotz des Schreckens, den sie verbreitete, wurden aber auch wiederholt
in Spanien Stimmen laut, die ihre Thätigkeit beschränkt wissen wollten, welche sich
namentlich in der Zeit der Reformation zur Austilgung der evangelischen Lehre mit aller
Macht wieder entwickelte. Der Haß und Unwille gegen sie hatte sich indeß weithin im
Lande verbreitet (s. M'Crie, Gesch. der Reformation in Spanien, übers. v. Plieninger
S. 114 ff.), und als Karl V. den Thron bestieg, bemühten sich die Cortes von Casti=
lien, Aragonien und Catalonien eine Reformation des Tribunals durchzusetzen (Llorente
T. I. pag. 376 sq.). Selbst mit dem päbstlichen Stuhle wurden hierzu Verhandlungen
angeknüpft und den Cortes von Aragonien gelang es, von Leo X. drei Breve zu er=
halten, nach welchen die Bischöfe Inquisitoren vorschlagen, diese nur nach dem Land=
rechte verfahren und immer in zwei Jahren einer Visitation unterworfen werden sollten.
Die Breven kamen aber, da Karl und die Inquisition ihnen entgegentraten, nicht zur Aus=
führung; bald suchte und fand das Ketzergericht neue Opfer, meist in Gelehrten und
Geistlichen, die sich der evangelischen Lehre offen oder heimlich zugewendet hatten. Die
Inquisition ließ jährlich ein Denunciationsedikt bekannt machen und erhielt ihre Haupt=
sitze in Sevilla und Valladolid. Viele Spanier flohen aus ihrem Vaterlande, dennoch
fielen dem Tribunale zahlreiche Opfer in die Hände, besonders seit Philipp II. den Thron
bestiegen hatte. Der Generalinquisitor Fernando Valdez setzte Vicegeneralinquisitoren
ein, Philipp erneuerte 1557 die Verordnung, die Denuncianten aus dem Vermögen der
Angeklagten zu belohnen, ließ 1558 einen Index librorum prohib. drucken, Gütercon=
fiscation und Todesstrafe gegen diejenigen verhängen, welche verbotene Bücher kaufen,

verkaufen, besitzen oder lesen würden (Llorente T. I. pag. 470; T. II. pag. 217), und veranlaßte den Pabst Paul IV. (1559) zu dem Breve, daß nicht bloß die Anhänger der lutherischen Lehre, sondern auch die, deren Reue zweifelhaft sey, zum Tode verurtheilt werden sollten. Derselbe Pabst verordnete, daß die Beichtväter die Beichte benutzen sollten, um Laien unter Androhung der Excommunication zu nöthigen, der Inquisition Anzeige über die Verbreitung verbotener Bücher zu machen, gewährte dem Tribunale zur Bestreitung der Kosten nicht bloß ein Kanonikat in jedem Stifte, sondern auch für einmal die Summe von 100,000 Dukaten aus den Kircheneinkünften, und der Großinquisitor erhielt das Recht, auch gegen der lutherischen Ketzerei verdächtige Bischöfe vorzuschreiten, nur sollte das Urtheil dem päbstlichen Stuhle vorbehalten bleiben (Llorente T. II. pag. 215. T. III. pag. 228). Jetzt loderten die Scheiterhaufen zunächst in Sevilla und Valladolid von Neuem auf und bald fielen auch in den übrigen Theilen des Reiches viele Opfer, doch entzogen sich auch viele evangelisch gesinnte Spanier durch die Flucht einem gewissen Tode. Die Inquisition wendete ihre Thätigkeit aber auch gegen solche Glieder ihrer Kirche, welche den vom Tridentinischen Concil anathematisirten Lehrbegriff über die Rechtfertigung nicht anerkannten, weil sie darin eine lutherische Ketzerei erblickten. Da noch vor Anfang des 17. Jahrh. der Protestantismus in Spanien völlig unterdrückt worden war, wurden hier die Hinrichtungen seltener, und im 17. Jahrh. war die Inquisition hauptsächlich durch den Bücherzwang und die Verfolgung derer thätig, die verbotene Bücher besaßen oder verbreiteten. Erst im 18. Jahrh. geschahen erfolgreiche Schritte zu ihrem Sturze. Durch den Minister des Königs Karl III., den Grafen von Aranda, wurde ihr verboten, ohne Genehmigung der Krone ein Urtheil zu fällen, dann (1770) überhaupt einen Unterthan zu verhaften, dessen Beschuldigung nicht hinlänglich erwiesen war, endlich (1784) geboten, daß die Akten eines gegen einen Kronbeamten gerichteten Prozesses dem Könige zur Einsicht vorgelegt werden müssen. So bestand die Inquisition in Spanien, bis es unter die französische Oberherrschaft kam, da aber hob Joseph Napoleon (4. Dezbr. 1808) sie ganz auf. Als Ferdinand VII. den Thron wieder erhielt, schaarte er auch den Klerus um den Thron und sofort stellte er die Inquisition wieder her (1814), aber die Volkswuth erhob sich schon 1820 gegen sie, zerstörte den Inquisitionspalast zu Madrid und die Cortes hoben sie jetzt von Neuem auf. Der fanatische Klerus erkannte es aber recht wohl, welchen großen Verlust er erlitt und arbeitete unaufhörlich an der abermaligen Herstellung; wirklich kam unter Ferdinand VII. 1825 eine Inquisitionsjunta zu Stande, 1826 wurde die Inquisition in Valencia von Neuem hergestellt, doch Ferdinand VII. starb 1833, und 1834 wurde sie abermals aufgehoben, durch ein königliches Dekret (1835) endlich verordnet, daß ihre Güter mit denen der Jesuiten und aufgehobenen Ordenshäuser zur Bezahlung der öffentlichen Schulden verwendet werden sollten (Acta hist. eccl. 1835. p. 25 sq.). Seitdem ist Spanien von der Inquisition frei geblieben.

In Italien besteht die Inquisition noch jetzt, doch hat sie dort, bei den politischen Stürmen und Bewegungen, in die das Land stets verwickelt war, den hohen Grad von Furchtbarkeit nicht erhalten können, wie in anderen Ländern. Ihre Einführung in Italien fällt noch in die Zeit Gregors IX. (1233), in die Zeit, als die Waldenser sich aus dem südlichen Frankreich in die Thäler von Piemont geflüchtet hatten. Sie richtete ihre Thätigkeit damals und späterhin gegen die als ketzerisch verschrieenen Parteien, allein das päbstliche Schisma und die politischen Erschütterungen, die fortwährend sich erhoben, lähmten vielfach ihre Wirksamkeit, bis sie endlich in der zweiten Hälfte des 16. Jahrh. eine festere Gestaltung annahm und zur Unterdrückung des Protestantismus eine allgemeinere Verbreitung gewann, doch suchten einige Staaten sie unabhängig vom päbstlichen Stuhle zu machen, und in den Streitigkeiten, die darüber mit dem römischen Stuhle entstanden, wurde ihre Thätigkeit auch wieder vielfach gehemmt. Auf den Rath des Cardinals Joh. Peter Caraffa wurde sie vom Pabste Paul III. zur Unterdrückung des Protestantismus in ganz Italien eingeführt 1542; Caraffa selbst erhielt die oberste Leitung des Gerichts

und wußte fie, da überdies alle italienifchen Staaten zu ihrer Wirkfamkeit thätigen Bei=
ftand leiften mußten, mit folchem Nachdrucke zu führen, daß Viele, die der evangelifchen
Lehre zugeneigt oder ergeben waren, ihr Vaterland verlaffen mußten. Als darauf Ca=
raffa felbft unter dem Namen Paul IV. Pabft wurde, verlieh er der Inquifition nicht
nur manche wichtige Privilegien, fondern widmete ihr auch eine folche Aufmerkfamkeit,
daß fie weit nachdrücklicher auftrat, als früher, und unter dem Präfidium des nachmali=
gen Pabftes Pius IV. eine nicht geringe Graufamkeit in der Verfolgung Verdächtiger
und Angeklagter entwickelte. Auch auf das Auffpüren und Verbrennen ketzerifcher Bücher
wendete fie einen befonderen Eifer. Pabft Sixtus V. fetzte (1587) durch die Bulle Im=
mensa die Congregation pro s. Inquisitione in Rom ein, die durch den Großinquifitor,
der ftets ein Dominikaner war, fechs Cardinäle; mehrere Prälaten und Doctoren aus
den Orden der Dominikaner und Franziskaner, zwei Sekretäre und den Fiskal gebildet
wurde; der Pabft hatte ihre Befchlüffe zu beftätigen. Eine ähnliche Einrichtung erhielt
das Inquifitionsgericht in den anderen Staaten Italiens (vgl. M'Crie History of the
Progress and Suppression of the Reformation in Italy. Edinb. and Lond. 1827, deutfch
von G. Friederich. Lpz. 1829), doch war ihre Wirkfamkeit durch die Streitigkeiten mit
der weltlichen Macht oft gelähmt, fo z. B. in der Republik Venedig und in Neapel, wo
fie unter der Aufficht des Staates ftand, der ihre Unabhängigkeit vom Pabfte geltend
machte. Unter dem Generalinquifitor von Spanien ftand fie in Sicilien; hier wurde
fie 1782 aufgehoben, für ganz Italien aber erft durch Napoleon 1808. Der Sturz Na=
poleons führte auch ihre Wiederherftellung durch Pius VII. herbei 1814, fie fand jedoch
keine große Verbreitung und in den politifchen Regungen des Landes einen ftarken Ge=
genfatz. Pabft Gregor XVI. führte fie 1833 in Sardinien wieder ein; hier, im Kir=
chenftaate und in Toscana befteht fie noch jetzt. Sie hat zwar neuerlich die Verbreitung
der Bibel und evangelifchen Lehre wie auch den Uebertritt zu diefer mit Kerker= und
Galeerenftrafe verfolgt, doch fteht fie den politifchen und nationalen Beftrebungen viel
zu fchroff entgegen, als daß fie noch zu irgend einer größeren Geltung kommen und mehr
als ein Zuchttribunal für Geiftliche feyn könnte.

In die überfeeifchen Länder wurde die Inquifition durch die Spanier und Portu=
giefen gebracht; jene führten fie in Amerika bald nach der Entdeckung des Landes ein,
wo fie namentlich in Mexiko, Carthagena und Lima furchtbar wüthete. Durch die Por=
tugiefen kam fie nach Oftindien, wo fie in Goa ihren Hauptfitz fand. Nach mancherlei
Schickfalen wurde fie durch den König Johann VI. von Portugal in Brafilien und
Oftindien aufgehoben. *Neudecker.*

Anhang. Hefele in feiner Schrift über den Cardinal Ximenes (S. 257—370)
und im Artikel Inquifition bei Wetzer und Welte, hat fich beftrebt, die Sache der
fpanifchen Inquifition in's rechte Licht zu ftellen, theils ihren mehr politifchen, als kirch=
lichen Karakter darzulegen, theils ungerechte Befchuldigungen gegen fie abzuweifen, und unrich=
tige Angaben über ihr Verfahren zu berichtigen. Im Allgemeinen verdient ein folches
Streben alle Anerkennung und Lob. Es ift billig, die fpanifche Inquifition nicht fchwär=
zer darzuftellen, als fie in Wirklichkeit gewefen; war fie doch von Natur, und ohne allen
Zufatz, fchon fchwarz genug. Insbefondere ift es nöthig, den Antheil, welchen die
königliche Gewalt (wir möchten ergänzend hinzufetzen: der Volkskarakter überhaupt) an
der fpanifchen Inquifition gehabt haben, hervorzuheben. So befleißt fich denn Hefele
einerfeits, die ganze Anftalt als eine Schöpfung und als ein Organ des königl. Abfo=
lutismus darzuftellen (was fie allerdings, befonders in der erften Zeit, in höherem Grade,
als eine kirchliche Anftalt war*) und fo alles Gehäffige und Fürchterliche, was an ihrem
Namen haftet, von der Kirche abzuwälzen, fo führt er auch forgfältig aus, daß die Päbfte oft

---

*) Das Gefpräch zwifchen dem König und dem Großinquifitor in Schiller's Don Carlos
beruht daher auf einer unrichtigen Auffaffung des Verhältniffes zwifchen beiden. S. den vor=
ftehenden Artikel.

und viel, freilich meist vergebens, dem grausamen, ungerechten Verfahren der Inquisition Einhalt gethan oder zu thun gesucht haben: es gibt in der That keine Anstalt der katholischen Kirche, die so eifrig und andauernd von den Päbsten getadelt, zurechtgewiesen worden wäre (s. den vorstehenden Artikel), ein unzweideutiges Zeugniß des Geistes, der die spanischen Inquisitoren beseelte, der empörenden Härte ihres Verfahrens; denn selbst der Katholike wird kaum behaupten wollen, daß die Päbste gegen solche, die sich dem Gehorsame gegen die katholische Kirche entzogen, sich je zu human und zu weichherzig gezeigt hätten. Auf der andern Seite nimmt aber Hefele die Inquisition doch auch in Schutz, zuerst in Betreff der Anzahl ihrer Opfer. Der Hauptirrthum von Llorente, den er in dieser Beziehung berichtigt, ist dieser, daß allein Torquemada im ersten Jahre seiner Amtsverwaltung zu Sevilla 2000 Unglückliche habe verbrennen lassen, während dem nach Mariana diese 2000 auf die ganze Verwaltungszeit jenes Mannes und auf alle unter ihm stehenden Inquisitionstribunale vertheilt werden müßten. Mit völliger Sicherheit erhellt dieß aus den von Hefele angeführten Worten Mariana's doch nicht, die also lauten: *a Torquemada — memorant duo millia crematos igne etc.* Ferner macht Hefele darauf aufmerksam, daß die Procedur der Inquisition, ihr ganzes Verfahren nicht schlimmer, ja in manchen Stücken milder waren als die Criminaljustiz der Zeit überhaupt, deren Härte und Grausamkeit hinlänglich bekannt ist. So wahr dies im Allgemeinen seyn mag, so muß man sich doch hüten, aus einzelnen humanen Bestimmungen auf ein entsprechendes Verfahren zu schließen: es verhält sich damit wie mit dem Katholicismus überhaupt, der sich auf dem Papiere in gewissen Stücken nicht so übel ausnimmt; aber welch' ein Abstand zwischen Theorie und Praxis! Uebrigens beweist schon die Art, wie die Bestimmung, welche die mehr als einmalige Folter verbot, umgangen wurde, deutlich genug, was von jenen milden Bestimmungen, auf welche Hefele seine Behauptung gründet, zu halten ist. Den Unglücklichen, nachdem er fast zu Tode gefoltert worden war, ließ man ein paar Tage lang in Ruhe, bis er soweit sich erholt, daß er physisch im Stande war, die neuen Folterqualen zu ertragen; dies hieß man Abbrechung und Wiederaufnahme der Folter. Was bedürfen wir da weiteres Zeugniß? So schrecklich ernst die Sache ist, so kann man sich doch einer gewissen Heiterkeit kaum erwehren, wenn Hefele die offizielle Bitte der Inquisitoren, bei der Uebergabe der Verurtheilten an den weltlichen Arm, sie nicht am Leben zu strafen, für ernst gemeint ansieht und das Herabsinken jener Bitte zu einer leeren Formalität lediglich auf Rechnung der weltlichen Behörden bringt. Also auch in Deutschland entblödet man sich nicht, uns weiß machen zu wollen, daß in jenen Zeiten der Grundsatz in Wahrheit gegolten habe: *ecclesia abhorret a sanguine!* Weiterhin eignet sich Hefele das Urtheil des Joseph le Maistre an, daß die Inquisition dem geistigen Leben des spanischen Volkes keinen Eintrag gethan habe, ein Urtheil, das sogar von einem protestantischen Schriftsteller (Huber) vor nicht langer Zeit nachgesprochen worden ist. Anlaß und Vorwand zu diesem irrigen Urtheile gab die ungeschickte Art, wie die entgegengesetzte Behauptung oftmals vertheidigt wurde. Der Cortesausschuß, der 1812 Aufhebung der Inquisition vorschlug, sagte: "die Schriftsteller verschwanden von dem Augenblicke an, wo die Inquisition erschien." Allerdings begann gerade damals, als die Inquisition ihr Werk anfing, in Spanien ein reges wissenschaftliches Leben, auch ein schöner Aufschwung der Poesie. Hefele geht natürlich nicht so weit, dies Alles als Wirkung der Inquisition anzusehen, es ist ihm genug, daß die Inquisition es nicht verhindert hat. Es lag aber in der Natur der Sache, daß die Früchte der Inquisition sich erst später zeigen konnten. Sollte es nöthig seyn, von diesen Früchten zu reden? was ist seit zwei Jahrhunderten aus Spanien geworden? wobei wir jedoch uns hüten müssen, alles Elend, das diese zwei Jahrhunderte erzeugt haben, auf Kosten der Inquisition zu setzen. Immerhin steht aber fest, daß der kirchliche und politische Absolutismus, der Spanien so tief herabgedrückt hat, mit eine Wirkung der Inquisition gewesen ist. Allein Hefele geht noch weiter, und man kann sich eines gewissen Staunens nicht erwehren, wenn man liest, daß die Inquisition insofern sehr wohlthätig gewirkt, als sie, wie durch göttliche Inspiration eingegeben, Spanien vor unzähligen Irrthümern und Häresieen, vor den Gräueln der durch die Reformation erzeugten Religionskriege bewahrt habe. Freilich führt Hefele solche Urtheile zunächst nicht in seinem eigenen, sondern in dem Namen der „gebildetsten und größten Geister" unter den spanischen Schriftstellern an; aber offenbar will er ihnen nicht unbedingt widersprechen, und wenn er ihre Urtheile sich nicht völlig aneignet, so ist doch das Bestreben sichtbar, diese Urtheile als sehr gewichtig und annehmbar zu empfehlen. Daß aber ein deutscher Katholik, der die wohlthätige Einwirkung des Protestantismus auf den Katholicismus aus der Erfahrung und aus der Geschichte lernen sollte, Spanien um seine übrigens schon längst gestörte Grabesruhe beneiden kann, das zeigt uns auf's Deutlichste, daß der alte Geist des römischen Katholicismus noch immer fortlebt, was übrigens noch durch so viele andere Zeichen der Zeit bestätigt wird. Hefele gibt auch eine Kritik des Werks von Llorente; daß dasselbe vielfachem Tadel unterliegt, ist erwiesen; indessen kann man auch sagen, daß Hefele unwillkührlich eine Apologie dieses Werkes gibt; denn Alles, was er anführt, um die Inquisition in milderem Lichte darzustellen, ist aus demselben Llorente gezogen, woraus deutlich hervorgeht, daß sein Werk nicht reine Tendenzschrift ist.   Die Redaktion.

Inspiration. Das griechische Wort für diesen Begriff, θεόπνευστος (2 Tim. 3, 16.), ist Bezeichnung göttlicher Einwirkung auf die Erkenntniß. Nemo vir magnus sine aliquo *afflatu* divino unquam fuit (Cicero pro Archia c. 8.). Hauch Gottes ist nämlich der sinnliche Ausdruck für seine δύναμις, wie in dem Sprachgebrauch von Lukas δύναμις ὑψίστου für πνεῦμα ἅγιον Luk. 1, 35; 24, 49. In diesem Sinne sprechen denn die Klassiker von einer θεόπνευστος σοφίη Phochlides V. 121., von θεόπνευστοι ὄνειροι Plutarch de plac. philos. 5, 2., vgl. ὑπὸ πνεύματος ἁγίου φερόμενοι ἐλάλησαν ἅγιοι θεοῦ ἄνθρωποι 2 Petr. 1, 21. Neutral „gotthauchend" wird das Verbale, wie θεόπνοος Porph. de antro p. 116, gebraucht bei Nonnus paraphr. ev. Jo. 1, 27. und auf die Schrift angewendet Origenes hom. 21. in Jerem. T. II. de la Rue.: sacra volumina spiritus plenitudinem spirant.

Eine psychologische Bestimmung über das Verhältniß dieser göttlich gewirkten, also passiven, Erkenntniß zur menschlichen spontanen gibt Plato in der Lehre von der göttlichen μανία, dem ἔνθεος εἶναι. Dieser Zustand ist das Keimen des noch nicht zum klaren Bewußtseyn gekommenen göttlich eingepflanzten Erkenntnißtriebes (Zeller, Griech. Phil. II. 166. 275. Brandis II. 428.). Aus diesem, insofern in der Form des Schönen ergreift, sprechen die Künstler und die guten Dichter: οὐ τέχνῃ ταῦτα τὰ καλὰ λέγουσι ποιήματα, ἀλλ᾽ ἔνθεοι ὄντες καὶ κατεχόμενοι (Jon. 533 St.). Οὐ γὰρ τέχνῃ ταῦτα λέγουσιν, ἀλλὰ θείᾳ δυνάμει ib. S. 534. Aus demselben geht die μαντική hervor, welche dann des προφήτης zum Ausleger bedarf (Timäus 72. St.). — Auf die jüdische und christliche Inspirationslehre ist nun diese platonische von wesentlichem Einflusse gewesen. Sie wird von Philo aufgenommen und danach göttliches und menschliches Erkennen in ausschließenden Gegensatz gestellt (quis rerum d. h. T. I. 511. Mang.: ὅτε μὲν φῶς ἐπιλάμψει τὸ θεῖον, δύεται τὸ ἀνθρώπινον, ὅτε δ᾽ ἐκεῖνο δύει, τοῦτ᾽ ἀνίσχει καὶ ἀνατέλλει. Doch beschränkt er auch diese göttliche Einwirkung nicht ausschließlich auf die göttlichen Schriften, er nimmt keinen Anstand, sich selbst ein jeweiliges θεοληπτεῖσθαι zuzuschreiben (de Cherubim T. I. 143.). Als rein passiven Zustand beschreiben dann auch griechische Väter das Inspirirtwerden, Justin Cohort. c. 8.: Οὔτε γὰρ φύσει οὔτε ἀνθρωπίνῃ ἐννοίᾳ οὕτω μεγάλα καὶ θεῖα γινώσκειν ἀνθρώποις δυνατόν, ἀλλὰ τῇ ἄνωθεν ἐπὶ τοὺς ἁγίους ἄνδρας τηνικαῦτα κατελθούσῃ δωρεᾷ, οἷς οὐ λόγων ἐδέησε τέχνης, ἀλλὰ καθαροὺς ἑαυτοὺς τῇ τοῦ θείου πνεύματος παρασχεῖν ἐνεργείᾳ, ἵν᾽ αὐτὸ τὸ θεῖον ἐξ οὐρανοῦ κατιὸν πλῆκτρον, ὥσπερ ὀργάνῳ κιθάρας τινὸς ἢ λύρας τοῖς δικαίοις ἀνδράσι χρώμενον, τὴν τῶν θείων ἡμῖν ἀποκαλύψῃ γνῶσιν. Athenag. Legat. c. 9.: Νομίζω ὑμᾶς οὐκ ἀνοήτους γεγονέναι οὔτε τοῦ Μωϋσέως, οὔτε τοῦ Ἠσαΐου καὶ τῶν λοιπῶν προφητῶν, οἳ κατ᾽ ἔκστασιν τῶν ἐν αὐτοῖς λογισμῶν κινήσαντος αὐτοὺς τοῦ θείου πνεύματος, ἃ ἐνηχοῦντο ἐξεφώνησαν, συγχρησαμένου τοῦ πνεύματος, ὡςεὶ καὶ αὐλητὴς αὐλὸν ἐμπνεῦσαι. Früh bilbete ſich bemgemäß die Anſicht von einer wörtlichen Inſpiration, Jren. III, 16, 2.: Potuerat dicere Matthaeus: Jesu generatio sic erat. Sed praevidens Spiritus S. depravatores et praemuniens contra fraudulentiam eorum, per Matthaeum ait: Christi generatio sic erat. Clemens Cohort. T. I. 71. ed. Pott.: ἐξ ὧν γραμμάτων (er meint die ἱερὰ γράμματα 2 Tim. 3, 14.) καὶ συλλαβὼν τῶν ἱερῶν τὰς συγκειμένας γραφὰς ὁ αὐτὸς ἀκολούθως Ἀπόστολος θεοπνεύστοις καλεῖ. Origenes T. II. hom. XXI. in Jer.: secundum istiusmodi expositiones decet sacras litteras credere nec unum quidem apicem habere vacuum sapientia Dei. — Aber noch rebete aus ſolchen Ausſprüchen mehr ber allgemeine religiöſe Eindruck als bas fixirte Dogma, baher bei den vornicäniſchen Vätern auch Anerkennung inſpirirter heibniſcher Bücher, wie ber Sibylliniſchen (Theoph. ad Antol. 2, 9.), unb Anſichten, welche wenigſtens eine auf ben ganzen Inhalt ber Schrift ſich gleichmäßig erſtreckenbe Inſpiration ausſchließen. Von ber Entſtehungsweiſe bes Ev. Marci rebet Joh. Presbyter, ganz wie Lukas 1, 1—3.: "Er war ber Dollmetſcher bes Petrus unb ſchrieb ſorgfältig Alles auf, was er von dieſem in's Gebächtniß gefaßt, ohne ſich an bie Ordnung zu binden bei ben Reden unb Thaten Chriſti" (Euſeb. hist. eccles. 3, 39.). — Ebenſo kann auch von Paulus Irenäus (am Ende bes zweiten Jahrhunderts) bie Vorſtellung nicht gehabt haben, als ob ihm ber Inhalt ſeiner Schriften rein paſſiv mitgetheilt worden ſey. Von ihm iſt eine Schrift verfaßt worden "von bem Eigenthümlichen bes pauliniſchen Styls", worin er bie unſyntaktiſche Satzbildung bei bem Apoſtel anerkennt unb ableitet aus ber velocitas sermonum suorum et propter impetum, qui ipsi est, spiritus (Neanber's Kirchengeſch. I. 2. S. 1172. 2. Aufl.). Ueber Origenes vgl. Redepenning "Origenes" I. S. 261 f. Obwohl Origenes von ber Richtigfeit ber heiligen Schrift bis zu bem ἰῶτα unb zu ber κεραία überzeugt, nimmt er bennoch ein verſchiebenes Maß bes Geiſtes bei Jeſu unb ben Apoſteln an, hom. in Luc. XXIX. T. III. p. 966. ed. de la Rue: eodem modo et Jesus et Paulus pleni erant Spiritu S., sed multo vas Pauli minus erat vase Jesu et tamen erat secundum mensuram suam utrumque completum. Er vertheidigt baher gegen bie Juben, baß Jeſus glaubwürbiger ſey, als bie Propheten (c. Celsum. I. T. I. S. 360) unb als Moſes (ibid. S. 337); er findet im Briefe an bie Römer eine verworrene unb ſchwerfällige Schreibart (ad Romanos X. T. IV. S. 678) unb Solöcismen bei Joh. (Philocal. T. IV. S. 93): ὁ διαιρῶν παρ' ἑαυτῷ φωνήν, καὶ σημαινόμενα καὶ πράγματα, καθ' ὧν κεῖται τὰ σημαινόμενα, οὐ προσκόψει τῷ τῶν φωνῶν σολοικισμῷ, ἐπὰν ἐρευνῶν εὑρίσκη τὰ πράγματα, καθ' ὧν κεῖνται αἱ φωναί, ὑγιῆ. Er ſagt in Joh. t. 10. (T. IV. S. 183), baß bem hiſtoriſchen Sinne nach in Betreff ber letzten Paſſahreiſe Jeſu zwiſchen Johannes unb Matthäus ein unauflöslicher Widerſpruch ſtattfinbe: "Ich glaube, es ſey unmöglich, baß bie, welche hierbei nur ben Blick auf bie äußere Geſchichte richten, nachweiſen können, baß bieſer anſcheinenbe Widerſpruch ſich in Einflag bringen laſſe." Was eine ſolche Inconſequenz bewirkte, war nicht bloß ber Mangel ſyſtematiſcher Durchbilbung ber Anſicht, ſonbern auch ber Einfluß ber jübiſchen Inſpirationsanſicht. Das A. T. ſprach nur von einer Einwirkung bes heil. Geiſtes auf bie heiligen Männer Gottes — ein Begriff, ber an ſich keineswegs eine Selbſtthätigkeit ber Sprechenben ausſchloß, auch behnbar genug war, um verſchiebene Grabe von Inſpiration zuzulaſſen. Verſchiebene Stufen ber Inſpiration nimmt baher ſelbſt ein Philo an de vita Mosis l. III. (T. II. 163. ed. Mang.): λέξω τὰ ἰδιαίτερα, πρότερον εἰπὼν ἐκεῖνο· τῶν λογίων γὰρ τὰ μὲν ἐκ προσώπου τοῦ θεοῦ λέγεται δι' ἑρμηνέως τοῦ θείου προφήτου, τὰ δὲ ἐκ πεύσεως καὶ ἀποκρίσεως ἐθεσπίσθη, τὰ δὲ ἐκ προσώπου Μωσέως ἐπιθειάσαντος καὶ ἐξ αὐτοῦ κατασχεθέντος. Nach ben clement. Recogn. I. 68. 69. können bie Propheten nur burch ihre Uebereinſtimmung mit bem Pentateuch ihre Wahrheit erweiſen. Denſelben Unterſchied wie Philo machen noch bie ſpäteren jübiſchen Schriftſteller: Kimchi, Vorr. zu ben Pſ., Abar-

banel, Vorr. zu den großen Propheten f. 3. col. 2., More Nevochim P. II. c. 45.
Porta Mosis Opp. Pocock. I, 65. »Dies Buch,« ſagt Kimchi von den Pſalmen, »iſt
nicht durch den רוח נבואה eingegeben, ſondern durch den רוח הקדש. Die Prophetie kommt im Traume oder auch im Wachen, indem die Sinnenthätigkeit aufhört und
der von allen Dingen dieſer Welt abgezogene Geiſt entweder Bilder ſieht oder ohne
Bilder eine Stimme vernimmt. Der heilige Geiſt waltet da, wo der Menſch ſich
ganz im gewöhnlichen Zuſtande befindet, der Geiſt des Höchſten ihn aber erregt, in ihn
einſtrahlt und ihm Worte eingibt.« Die höchſte Stufe wird dann bei Moſes angenommen, der פה אל־פה mit Gott verkehrt.

In ihrer ganzen Ausdehnung wurde aber die mantiſche Anſicht auf die Prophetie
übertragen von Montanus, in deſſen Sinne Tertullian c. Marc. 4, 22.: Nesciens
quid diceret (Luc. 9, 35.). Quomodo nesciens? utrum simplici errore, an ratione,
quam defendimus in causa novae prophetiae, *gratiae ecstasin* i. e. *amentiam* convenire?
In spiritu enim homo constitutus, praesertim quum gloriam Dei conspicit, vel quum
per ipsum Deus loquitur, *necesse est excidat sensu*, obumbratus scilicet virtute divina,
de quo inter nos et psychicos quaestio est. Interim facile est amentiam Petri pro-
bare. In der Oppoſition gegen dieſe Häreſie wurde nun auch in der Kirche in Betreff
der Prophetie die contradiktoriſch entgegengeſetzte Anſicht herrſchend. Chryſ. hom. 29.
in ep. ad Cor.: τοῦτο γὰρ μάντεως ἴδιον, τὸ ἐξεστηκέναι, τὸ ἀνάγκην ὑπομένειν,
τὸ ὠθεῖσθαι, τὸ ἕλκεσθαι, τὸ σύρεσθαι, ὥσπερ μαινόμενον. Ὁ δὲ προφήτης
οὐχ οὕτως, ἀλλὰ μετὰ διανοίας νηφούσης καὶ σωφροσύνης καταστάσεως καὶ
εἰδὼς, ἃ φθέγγεται, φησὶν ἅπαντα. Obwohl nun bei ſolcher Faſſung das Menſchliche in der Aufzeichnung der heiligen Schrift deſto weniger abgeſtritten werden kann, ſo
bleibt doch in den Ausſprüchen über die Infallibilität des Schriftwortes daſſelbe Schwanken wie früher. Einerſeits erklärt Auguſtin ad Hieron. ep. 19.: Si aliquid in eis
offendero litteris, quod videatur contrarium veritati: nihil aliud quam vel mendosum
esse codicem, vel interpretem non assecutum esse quod dictum eat, vel me minime
intellexisse non ambigam. Andererſeits heißt es bei ihm in Jo. tr. 1.: Audeo dicere, for-
sitan nec ipse Joannes dixit, ut est, sed ut potuit, quia de Deo homo dixit. Et quidem inspiratus a Deo, sed tamen homo. Quia inspiratus, dixit aliquid: si non inspiratus esset, dixisset nihil. De cons. evv. II, 28.: Per huiusmodi evangelistarum locutiones varias, sed non contrarias, discimus nihil in cuiusque verbis nos debere inspi-
cere nisi voluntatem, cui debent verba servire, nec miseri aucupes vocum apicibus
quodammodo litterarum putent ligandam esse veritatem, cum utique non in verbis
tantum, sed etiam in caeteris omnibus signis animorum non sit nisi ipse animus inqui-
rendus. Derſelbe Auguſtin erklärt, es habe jeder der Evangeliſten bald mehr, bald
weniger ausführlich erzählt, ut quisque (Evangelistarum) meminerat et ut cuique cor-
di erat (de consensu evangelist. 2, 12.). Wie es die genaue grammatiſch-hiſtoriſche Interpretation der Schrift iſt, welche vorzüglich mit einer wörtlichen Inſpiration in Conflikt tritt, ſo finden ſich namentlich bei Hier., dem ſprachgelehrten Exegeten, Karakteri-
ſtiken der Stylverſchiedenheit der bibliſchen Schriftſteller. Er ſagt im Prooem. zu
Jeſ.: Sciendum, quod in sermone disertus sit, quippe ut vir nobilis et urbanae ele-
gantiae, neque habens quicquam rusticitatis admixtum, im Prolog zu Jer.: Sermone
quidem apud Hebraeos Esaia et Hosea videtur rusticior. Der Sprache der Apg. legt
er Solöcismen bei ad Eph. 3, 1., ſagt von Paulus, daß er ſich sermone trivii bedient
ad Gal. 3, 1. Chryſoſtomus, welcher das Vertrauen zur Schrift ausgeſprochen hat,
daß alle in den Evangelien vorkommenden Enantiophanieen (Widerſprüche) doch am Ende
nur Enantiophanieen (Schein-Widerſprüche) ſeyen (Opp. T. VII. S. 5 f.), hat dennoch
ſich erlaubt, bei der Rede Pauli Apg. 26, 6. zu bemerken: »Er ſpricht menſchlich und
genießt nicht überall der Gnade, ſondern es wird ihm geſtattet, auch von ſeinem Eigenen
einzumiſchen« (Opp. T. X. S. 364). »Man ſolle ſich nicht wundern,« bemerkt Euthy-
mius Zigabenus (nach 1118) zu Matth. 24, 28., »wenn die Evv. nicht Alles in

gleicher Weise berichten, denn sie hätten ja nicht unmittelbar aus Christi Munde niedergeschrieben, hätten also auch manches vergessen können."

Ein Dogma über die Inspiration bildet sich auch in der Scholastik noch nicht aus, aber es wird von Thomas doch ein Unterschied zwischen dem gemacht, was principaliter zum Glauben gehöre und nur indirecte. Ad fidem pertinet aliquid dupliciter. Uno modo *directe et principaliter*, sicut articuli fidei, alio modo *indirecte et secundario*, sicut ea, ex quibus negatis sequitur corruptio alicujus articuli (Summa theol. II, 2, qu. 1. art. 6; qu. II. art. 2.). Der letzteren Art sind ihm historische Notizen, daß Abraham zwei Söhne hatte, daß ein Todter, der Elisa's Gebeine berührt, lebendig wird (2 Kön. 13, 21.). Mitunter kommen aber auch sehr freie Ansichten vor. Im 9. Jahrh. schreibt Erzbischof Agobard von Lyon adv. Fredegisum cap. 12.: Quodsi ita sentitis de Prophetis et Apostolis, ut non solum sensum praedicationis et modos vel argumenta dictionum Spiritus S. eis inspiraverit, sed etiam ipsa corporea verba extrinsecus in ora illorum ipse formaverit, quanta absurditas sequetur! Abälard gibt Irrthümer bei den Propheten zu (Sic et non ed. Cousin p. 11): Constat et Prophetas ipsos quandoque prophetiae gratia caruisse, et nonnulla ex usu prophetandi, cum se *spiritum prophetiae* habere crederent, per *spiritum suum falsa* protulisse; et hoc eis ad humilitatis custodiam permissum est, ut sic videlicet verius cognoscerent, quales per Spiritum Dei et quales per suum existerent und fügt hinzu: Quid itaque mirum, cum ipsos etiam Prophetas et Apostolos ab errore non penitus fuisse constat alienos, si in tam multiplici s. patrum scriptura nonnulla erronee prolata videantur? — Das Tridentinum hat keine Bestimmung über die Inspiration. So haben sich denn auch die Ansichten katholischer Theologen über die Inspiration der Schrift zwischen den zwei Grenzlinien bewegt, daß von den Einen, wie von den Protestanten, die stärkste buchstäbliche Inspiration vertheidigt wurde (Casp. Sanctius, Salazar, Huet, Este), von Anderen die Eingebung allein auf den eigentlichen Lehrgehalt beschränkt wurde (Antonius de Dominis, Richard Simon, Heinrich Holden in der analysis fidei 1685 u. A.), ohne daß die entscheidende Autorität der Kirche dazwischen gegriffen hätte.

In den lutherischen Symbolen ist die wörtliche Inspiration Voraussetzung, doch nicht Lehre. Conf. Aug. p. 42: Num frustra haec praemonuit Spiritus S.? Apol. Conf. p. 81: Num arbitrantur excidisse Spiritui S. non animadverteuti has voces? Art. Smal. p. 333: Petrus inquit: Prophetae non ex voluntate humana, sed Spiritu S. inspirati locuti sunt. Genauere Bestimmungen haben, ihrem Schriftprinzip getreu, reformirte Symbole aufgenommen Conf. Helv. II. c. 1.: Credimus Scripturas canonicas ipsum esse verbum Dei. Hodie hoc Dei verbum per praedicatores legitime vocatos annunciatur in ecclesia. Cat. maj. p. 502: Spiritus S. quotidie nos divini verbi praedicatione attrahit. — Denselben contrastirenden Aussprüchen, welche bei einem Origenes, Augustin auf der einen Seite das religiöse Gefühl über die Inspiration der Schrift im Ganzen thut, auf der andern der reflektirende Verstand, der sich auf das Einzelne richtet, begegnen wir auch bei Luther. Er bezeugt einerseits: das Buch, worin keine Widersprüche enthalten (Walch VIII. S. 2140), bei welchem an einem Buchstaben, ja am einigen Titel mehr und größer gelegen ist, denn an Himmel und Erde (VIII. S. 2161) u. s. f. Dennoch hat er keinen Anstand genommen, über den Kanon der heil. Schrift die bekannten anstößigen Aussprüche zu thun. Diese Urtheile hat er zwar in späterer Zeit gemildert, aber Unvollkommenheiten oder logische Irrthümer in der Schrift zuzugeben hat er auch sonst keinen Anstand genommen. In seiner Vorrede über Linkens Anmerkungen über die fünf Bücher Moses (Walch XIV. S. 172) sagt er: „Haben ohne Zweifel die Propheten im Mose und die letzten Propheten in den ersten studirt und ihre guten Gedanken, vom heil. Geiste eingegeben, in ein Buch aufgeschrieben. Ob aber denselben guten treuen Lehrern und Forschern in der Schrift zuweilen auch mit unterfiel Heu, Stroh und Stoppel, und nicht lauter Silber, Gold und Edelgesteine bauten, so bleibt doch der Grund da, das Andere verzehrt das Feuer." Er gestattet sich, alttestamentliche Worte anders aufzufassen, als sie im N. T. erklärt sind. So ist Jes. 8, 17. 18. in Hebr. 2, 13. als Ausspruch Christi gefaßt; Luther aber erklärt es in seiner Auslegung des Propheten als Ausspruch des Propheten selbst (Walch VI. S. 121 f.). Von dem Beweise des Paulus durch seine typologische Auffassung der Geschichte von Hagar und Sara Gal. 4, 22 f. nimmt er keinen Anstand zu erklären, daß sie „zum Stich zu schwach sey; dennoch mache sie den Handel vom Glauben frei lichte." In Bezug auf die Abschnitte Matth. 24. und Luk. 21., wo die Ausleger streiten, was sich darin auf die Zerstörung Jerusalems und was auf das Weltende beziehe, urtheilt er: „Matthäus und Markus werfen die beiden durch einander und halten nicht die Ordnung, die Lukas gehalten hat" (bei Walch XI. S. 2496). Nach 1 Mos. 12, 1—4. erscheint Gott dem Abraham zuerst in Haran, nach Apg. 7, 2. ist er ihm schon vorher in Mesopotamien erschienen: Luther urtheilt: „Es deucht mich, daß Moses diese Geschichte fleißig und eigentlich erzähle und nicht Stephanus, der diese Historie allein aus Mose genommen hat. Nun trägt es sich oft zu, daß, wenn man etwas schlecht dahin erzählet, man auf alle Umstände nicht so gar genau und fleißig Acht gibt, als die thun müssen, die an dem seyn, daß sie die Historien geschehener Dinge den Nachkommen zu Gute getreulich beschreiben wollen. Also ist Moses ein Historienschreiber, Stephanus aber verläßt sich darauf, daß die Historie bei Moses geschrieben steht." Nun wird 1 Mos. 15, 13. die Dauer der ägyptischen Knechtschaft anf 400 Jahre angegeben, 2 Mos. 12, 40. auf 430, wogegen Paulus Gal. 3, 17., den LXX und dem Samaritaner folgend, die Zeit von der dem Abraham gegebenen Verheißung bis zum Schluß der Gefangenschaft auf 430 Jahre berechnet. Luther sucht nun zuerst unter Anleitung von Lyra diese Rechnung des Paulus mit dem Text auf gezwungene Weise auszugleichen, sodann macht er zu 1 Mos. 15, 13. das Zugeständniß, daß hier auch der Historienschreiber „die Zeit nicht so genau und eigentlich rechnet" (a. a. O. S. 1448). — Derselbe Calvin, welcher in Bezug auf den Lehrgehalt der Schrift im Ganzen ausspricht: Quoniam non quotidiana e coelis redduntur miracula — — non alio jure plenam apud fideles auctoritatem obtinent, quam ubi statuunt e coelo fluxisse ac si vivae ipsae Dei voces illis exaudirentur, macht von dem freiesten Urtheile über historische Unrichtigkeiten im Einzelnen Gebrauch. In der Angabe des Beispiels, wodurch die äußerste Willfährigkeit veranschaulicht werden soll, weicht Lukas 6, 29. von dem Beispiele ab, welches Matthäus 5, 40. gibt. Calvin begnügt sich mit der Bemerkung: Diversae locutiones apud Matthaeum et Lucam sensum non mutant. Im Brief an die Hebräer 11, 21. wird die Stelle 1 Mos. 47, 31. nach der griechischen Uebersetzung angeführt, welche einer anderen Lesart des hebräischen Textes folgt. — Calvin bemerkt kurz: Scimus apostolos hac in parte non adeo fuisse scrupulosos; caeterum in re ipsa parum est discriminis. 1 Kor. 10, 8., wo Paulus 23,000 statt 24,000 angibt, sagt er: Novum non est, ubi non est propositum minutim singula capita recensere, numerum ponere, qui circiter accedit. Matth. 27, 9. sagt er, das sey klar, daß hier Zacharias statt Jeremias gelesen werden müsse — quomodo Jeremiae nomen abrepserit, me nescire fateor nec anxie laboro.

Mit größter Unbefangenheit gibt Bullinger Gedächtnißfehler der heil. Schriftsteller zu. Zu 1 Kor. 10, 8. schreibt er: In numeris facile irrepunt librariorum mendae, sed et *scriptores nonnunquam memoria falsi hallucinantur*. Daß die Ordnung in der Geschichtserzählung der Evv. nicht festzuhalten sey, gesteht Bugenhagen in dem Entwurf zur Harmonie der Leidensgeschichte und macht auf die Irrthümer der alexandrinischen Uebersetzung aufmerksam, die zuweilen in den Text des N. T. übergegangen sind. Auch Brenz zu Röm. 11, 25. bemerkt, daß die Anführung den Sinn des alttestamentlichen Textes nicht wiedergebe — sed sententia est eadem.

Genauere Bestimmungen über die Inspiration lassen auch die ältesten Dogmatiker noch vermissen, Melanchthon's und Chemnitz's loci, auch Gerhard's loci, welcher erst 1625 eine exegesis uberior loci de scriptura s. nachfolgen ließ. Zwar findet sich auch noch hier keine Behandlung des locus de inspiratione, aber K. 14 f. vertheidigt die Unverfälschtheit des Schrifttextes nicht bloß, sondern auch des Alters der Vokale und Accente. — Erst dem Synkretismus, dem aufkeimenden Pietismus und einem welt- förmigen Indifferentismus gegenüber vollendet sich in der lutherischen Kirche auch der Ausbau dieses Dogma's und es erhält diejenige Gestaltung, welche bei Calov, Quen- stedt, Hollaz vorliegt.

Derselbe Verlauf auch in der reformirten Kirche. Während die schweizerische und französische Theologie, auch die niederländische in der vor-dortrechtschen Periode wie in anderer, so auch in Hinsicht dieses Dogma's den freieren Standpunkt einnimmt, wird von dem Repräsentanten der alten scholastischen Lehrart Voetius († 1676) in seinen disp. selectae T. I. in der Abh.: quousque se extendat auctoritas script. s. die wört- liche Inspiration in ihrer strengsten Form vertheidigt. „Nicht ein Wort — heißt es hier — ist in der heiligen Schrift enthalten, was nicht im strengsten Sinne eingegeben wäre, — auch die Interpunktion nicht ausgenommen; auch was die Schriftsteller schon vorher gewußt haben, ist ihnen von Neuem eingegeben worden, zwar nicht quoad im- pressiones specierum intelligibilium, sed quoad conceptum formalem et actualem recor- dationem. In direktem Widerspruch mit Luk. 1, 1—3. wird S. 47 auf die Frage: An ordinaria studia, inquisitiones et praemeditationes fuerint necessaria ad scriben- dum? geantwortet: Nego. Spiritus enim immediate, extraordinarie et infallibiliter movebat ad scribendum, et scribenda inspirabat et dictabat. Der Capellussche Streit mit Buxtorf gegen das Alter der hebräischen Vokale, in Verbindung mit anderen Lehrab- weichungen der hohen Schule von Saumur, ruft die Opposition der Schweizerkirche hervor und es gelingt in der Formula consensus ein neues symbolisches Buch zu Stande zu bringen (1675), welches die inspiratio auch quoad verba et vocalia textus Hebraici sanctionirt. (S. d. Art. helvetische Consensformel.) Die ausführ- lichere dogmatische Begründung gibt der Hauptautor derselben, der Züricher Heideg- ger in s. Exercitationes biblicae, Capelli, Simonis, Spinosae et aliorum sive ab- errationibus sive fraudibus oppositae 1700. — Von der Mitte des 17. Jahrhunderts an galt in beiden Kirchen als herrschendes Dogma eine passive Inspiration der heil. Schrift, bei welcher die Verfasser nur als „calami spiritus s. dictantis" anzusehen, deren sich Gott bedient, wie der Flötenspieler seines Instruments (Quenstedt, theo- logia didact. polem. P. I. p. 55; Heidegger, corpus theol. II. p. 34). Nicht bloß der Sinn, sondern auch die Worte, nicht bloß diese, sondern auch die Buchstaben und die im Hebräischen den Mitlautern unten beigeschriebenen Selbstlauter — nach Eini- gen selbst die Interpunktion — sind vom Geiste Gottes ausgegangen (Calov I. S. 484. Maresius, syntagma theol. p. 8). Zwar geben sich in Vorstellungsform und Sprach- form individuelle Verschiedenheiten bei den heiligen Schriftstellern zu erkennen, welche indeß nur als Wirkung einer Anbequemung des heiligen Geistes anzusehen sind (Quen- stedt I. S. 76 ff. Es konnte sich weiter die Frage ergeben, ob sich der heilige Geist auch zu Sprachfehlern, Barbarismen und Solöcismen herabgelassen. Von Musäus und einigen Anderen wurde dies zwar bejaht, von der Mehrzahl jedoch eine solche Annahme für Gotteslästerung gehalten und von Quenstedt und Anderen die Schwierigkeit dahin erledigt, daß, was für die Griechen ein Barbarismus sey, es darum nicht sey in den Augen der Kirche (I. S. 84) — von Anderen die durchgängige Reinheit und Klas- sizität der neutestamentlichen Sprache behauptet (Seb. Pfochen, Hollaz, Georgi u. A.).

Doch gerade in derjenigen Periode hatte das Dogma in dieser striktesten Formu- lirung sich constituirt, wo bereits der traditionelle Glaube an allen Seiten wankend zu werden begann. Mildere Inspirationsansichten waren in der lutherischen Kirche bereits geltend gemacht worden von Calixt. Er nahm die in der katholischen Theologie ver- breitete Unterscheidung einer revelatio und assistentia oder directio divina an: Quae in sensus incurrerunt aut aliunde nota fuerunt, Deus scriptoribus peculiariter non reve- lavit; gubernavit tamen eos per suam assistentiam, ne quidquam scriberent a veritate

alienum (responsio ad theol. Moguntinos de infallib. Pontif. Rom. thos. 72. et 74.).
Ja, er beschränkt die revelatio auf diejenigen Wahrheiten, welche Thomas Aquin als die
eigentlichen und direkten Glaubensgegenstände bezeichnet hatte. Th. 77. heißt es: Neque
scriptura divina dicitur, quod singula, quae in ea continentur, divinae peculiari revelationi imputari oporteat, sed quod *praecipue*, sive quae per se intendit scriptura, nempe
quae redemptionem et salutem generis humani concernunt, non nisi divinae revelationi de-
beantur. In caeteris vero, quae aliunde sive per experientiam sive per lumen naturae
nota, consignandis, *divina assistentia et spiritu*, ita scriptores sunt gubernati, ne
quidquam scriberent, quod non esset ex re, vero, decoro, congruo. Unter den Arminianern hatten Grotius in dem votum de pace und Clericus in den sentiments
de quelques théologiens de Hollande sur l'histoire critique du V. T. composée par
Rich. Simon 1685 ebenfalls die inspiratio auf eine assistentia divina beschränkt. Dieselbe Ansicht fand in der anglikanischen Kirche und bei den Dissenters in England Vertretung, Lowth, vindication of the inspiration of the Old and New Test. 1692.
Lamothe, inspiration of the New Test. 1694. Williams in Boyles lectures 1695.
Clarke, divine authority of the holy scriptures 1699 und von Seiten der Dissenters
Rich. Baxter, methodus theol. christ. 1681. Doddridge, dissert. on the inspiration
of the New Test. — Der erste ansehnlichere Theologe, bei welchem wir in der lutherischen Kirche seit dem Anfange des 18. Jahrh. Vertretung finden, ist Matth. Pfaff in
Tübingen in den institutiones dogmaticae et morales 1719. Nicht eine gleichmäßige
Inspiration des gesammten Inhalts läßt er gelten, sondern bei Glaubenswahrheiten eine,
wenn auch nicht auf den Akt des Schreibens beschränkte, suggestio, bei den historischen
Datis eine directio, bei einigen gleichgültigen und äußerlichen Dingen, oder wo Paulus
sich ungewiß äußere u. s. w., seyen sie auch sich selbst überlassen worden. »Ueberhaupt,«
wird dann von Baumgarten (Glaubenslehre III. 35.) hinzugesetzt, »habe Gott in der
Wahl und Einrichtung der Sachen so viel von eines Jeden schon wirklich gegenwärtigen
Vorstellungen und gesammten Art zu denken beibehalten, als mit seinem Endzweck
nur immer bestehen können.«
　　Je einflußreicher dieses Dogma auf die Exegese und durch die Exegese auf die gesammte Glaubenslehre, desto mehr muß es Wunder nehmen, daß sich die Aufmerksamkeit der neuesten Theologie und namentlich der altkirchlichen so wenig ihm zugewandt.
Zunächst wäre es doch der Mühe werth gewesen, den Schriftgrund der älteren kirchlichen
Inspirationslehre zu revidiren und genauer zu prüfen. Nach Abzug einiger Aussprüche,
welche überhaupt nicht hätten angeführt werden sollen, oder solcher, welche nur eine
Inspiration prophetischer Aussprüche bezeugen, liegt er vornehmlich in den Stellen
2 Tim. 3, 16. Joh. 10, 35. 1 Kor. 2, 13. Von Theologen, von welchen diese Sprüche
ohne hinlängliche Kenntniß oder Rücksicht auf den biblischen Sprachgebrauch ausgelegt
werden, wird, auf Grund derselben, auch jetzt noch die durchgängige Richtigkeit aller
Lehren nicht bloß, sondern auch aller thatsächlichen Berichte der heiligen Schrift vertheidigt, das einzelne entgegenstehende Bedenken aber mit Stillschweigen übergangen oder
auf gewaltsame Weise beseitigt. In der ganzen und vollen Consequenz tritt indeß die
ältere Theorie nur bei Einem Theologen auf, dem Professor an der école évangélique
de Genève, Gaussen sur la théopneustie, 2. Aufl. 1842 — ein Werk, welches jedoch
mehr das Produkt begeisterungsvoller und glänzender religiöser Rhetorik als des ein-
gehenderen theologischen Studiums ist. Es gab die erste Veranlassung zu dem Ausscheiden
des durch Studium der deutschen Theologie zu freieren Ansichten geführten Prof. Scherer.
In Deutschland dagegen hat die Macht der durch die neuere Kritik und Exegese an den
Tag gestellten Thatsachen sich so einflußreich bewiesen, daß ein Vertheidiger der alten
Theorie von gleicher Entschiedenheit sich nicht gefunden hat. Wollte man nach einzelnen
Aeußerungen in Stiers exegetischen Schriften urtheilen, so würde er allerdings als
ein solcher gelten können, allein neben denen fließen dann wieder andere ein, welche die
Behauptung völliger Irrthumslosigkeit aufgeben (vgl. meinen Comm. zur Bergpredigt

4. Aufl. S. 34 mit S. 4).« Rudelbach (Luth. Zeitschrift 1840) hat sich bis jetzt nur auf eine nicht durchgängig getreue und unbefangene, dogmenhistorische Untersuchung beschränkt. Hengstenberg, Delitzsch, Hofmann lassen ihrer exegetischen Praxis nach auf einen freieren Inspirationsbegriff schließen. Die Beschränkung des Begriffs »Inspiration« auf die Schrift wird von Hofmann für willkürlich erklärt und derselbe selbst auf heidnische Schriften und Dichter ausgedehnt (Schriftbeweis I. 26, 27). Zwar wird von dem letzteren als Inhalt von 2 Tim. 3, 16. angegeben: »daß die Schrift in der Gesammtheit aller ihrer Theile, daß sie durchweg und überall Gott selbst zu ihrem Urheber hat und daß sie ebenso durchweg für Alles diensam ist, was der Mensch zu seiner geistlichen Zurichtung bedarf, das unterscheidet sie von Allem, was Timotheus geneigt seyn möchte für Erkenntnißquelle in heiligen Dingen zu achten.« Wie wenig aber der Verfasser dabei an wörtliche Eingebung gedacht habe, zeigt z. B. die Aeußerung über Joh. 3, 27 f. (II, 1. S. 13): »Auch ich kann von einer Rede des Täufers, welche sich mit dem, was Jesus zu Nikodemus gesprochen, in so auffallender Wörtlichkeit berührt, unmöglich sagen, sie sey in ihrer ursprünglichen Form mitgetheilt. Dies gilt sicherlich weder von dieser, noch von irgend einer der längeren Reden dieses Evangeliums, sondern sie sind alle von dem Evangelisten in der Eigenthümlichkeit seines Gedankenausdrucks und seiner Gedankenverbindung wiedergegeben.«

Unter den neusten Dogmatikern ist in besonders kernhafter Weise von Beck über die Inspiration gesprochen worden (System der christlichen Lehre S. 240). Er wie auch Lange (philosophische Dogmatik S. 552) treten namentlich der mechanischen Trennung von Inhalt und Form, inspirirten und nicht inspirirten Bestandtheilen entgegen. »Darstellung und Inhalt sind in dem Produkte des Offenbarungsgeistes untrennbar verschmolzen.« Doch nur einer mechanischen Trennung wird damit vorgebeugt, denn, heißt es (S. 242): »Nur auf die göttlichen Reichsgeheimnisse, die geistliche Wahrheit erstreckt sie sich, auf das Aeußerliche und Menschliche nur, so weit es mit ersterem in wesentlichem Zusammenhange steht; sie erhebt ihre Organe hierin zu einer gegenüber aller Menschenweisheit überschwänglichen Erkenntniß in das volle Licht der Wahrheit, unterrichtet sie aber nicht in Dingen und bewahrt sie nicht vor Fehlgriffen, die zu dieser geistlichen Wahrheit völlig gleichgültig sich verhalten und dem gemeinen Erlernen und Wissen anheimfallen, wie chronologische, topographische, rein weltlich historische Gegenstände.« Dieses Resultat lief jedoch der älteren Dogmatik zu sehr zuwider, als daß der neueste lutherische Dogmatiker Philippi, »kirchliche Glaubenslehre« H. 1. 1854, dabei hätte stehen bleiben können. Auch hier wird allerdings von »organischer Einigung des Gottes- und Menschengeistes« in der Inspiration gesprochen und was darüber gelehrt wird, erscheint sehr annehmlich und verständig — nur daß es den kritischen und exegetischen einzelnen Thatsachen gegenüber sich nicht beweisen läßt. Nur auf Eine derselben hat der Verfasser Rücksicht genommen, auf die verschiedenen Lesarten und die hebräischen Vokalzeichen und Accente. Die vorliegende Verschiedenheit der Lesarten hat nun aber schon eine Ermäßigung der Forderung bewirkt, indem nach neu eingeführter Terminologie die Wortinspiration behauptet, die Wörterinspiration dagegen verächtlich abgelehnt wird (S. 184). Ist aber durch diese Unterscheidung überhaupt etwas gesagt, was anders kann damit gesagt seyn, als daß, wie Beck es ausdrückt, mit dem Gedanken die »Darstellung«, d. i. das genus dicendi zugleich gegeben sey? Verhält sich aber der Gedanke gleichgültig zu den in den verschiedenen Lesarten vorliegenden Wörtern, entsteht nicht die Frage, ob sich denn die Lesarten auch gleichgültig zum Gedanken verhalten? Endlich, ist das religiöse Bedürfniß nach Sicherung der Schriftautorität der Kanon, nach dem bestimmt werden soll, in wie weit die Schrift inspirirt ist, wird diesem Kanon genug gethan seyn, wenn nicht mit der Inspiration der »Wörter« auch der Gedanke in präciser Weise sichergestellt wird? — Von dem Unterzeichneten wurde die Frage in mehr populärer Weise behandelt in dem Aufsatze »die Inspirationslehre« in der Deutschen Zeitschrift 1850, Nr. 16 f.　　　　　Dr. Tholuck.

Inspirirte und **Inspirations-Gemeinden** sind eine in Deutschland vor 150 Jahren entstandene und noch jetzt vornehmlich in den nordamerikanischen Freistaaten bestehende Sekte, welche durch Anregung der neuen Propheten der Camisarden in den Cevennen (s. den Art., dessen Inhalt dem folgenden zur Erläuterung und Bestätigung dient), aus den damals in Deutschland zahlreich vorhandenen Separatisten sich gebildet hat, und daher ihren Namen führt, daß sie neben der heiligen Schrift noch eine fortwährende unmittelbare göttliche Inspiration einzelner Gläubigen als besonderer Werkzeuge des Geistes Gottes anerkennt und sich ihren göttlichen Aussprachen unterwirft. Die Inspirirten können hiernach deutsche Quäker genannt werden, und haben die Separatisten zu Vorgängern und die Herrnhuter zu Nachfolgern. Ihre Geschichte ist bisher nur gelegentlich behandelt und zum ersten Male von dem Verfasser dieses Artikels aus bisher unbekannten aber sehr reichlich vorhandenen Quellen in der Monographie: Geschichte der wahren Inspirationsgemeinden von 1688—1854 (Zeitschrift für historische Theologie 1854. II. III. 1855. I. III.) bearbeitet worden. Dort sind auch alle Quellen näher bezeichnet, die daher in dem nachstehenden Auszuge nicht besonders erwähnt werden.

Nach dem unglücklichen Ausgange des Kampfes der gewaltsam unterdrückten Reformirten in den Cevennen um Religions- und Gewissensfreiheit kamen viele ihrer vornehmsten Anführer und außerordentlichen Propheten, welche nach Vertreibung der ordentlichen Prediger die Gabe der begeisterten Aussprachen unter leiblichen (krampf- und krankhaften) Erschütterungen und andern wunderbaren Erscheinungen hatten, namentlich Elie Marion, Durande Fage, Jean Cavalier und Jean Allut, 1706 nach England und Schottland und bald darauf auch nach den Niederlanden und erfüllten vornehmlich von London aus die ganze christliche Welt mit ihrem Allarmgeschrei wider Babel (Frankreich) und die große Hure (das Pabstthum), um dieselbe zum Kampf wider den Antichrist zu entflammen. Wegen ihrer als unrichtig erfundenen Weissagungen von ihrer französisch-reformirten Gemeinde in London und dann auch von der Bischöflich-Anglikanischen Kirchengemeinschaft ausgeschlossen (1707) und dadurch zum Separatismus und zur Bildung einer besonderen Sekte gedrängt, wandten sich die Inspirirten Allut und Marion mit den sie begleitenden Schreibern ihrer Aussprachen Facio und Portales 1711 nach den „jungfräulichen" Niederlanden und nach Deutschland, und zwar natürlicher Weise schon allein der Sprache wegen zunächst an die dortigen zahlreichen französisch-reformirten Kolonieen, ohne jedoch auch bei ihnen besonderen und nachhaltigen Anklang zu finden. Desto entscheidender war ihr Einfluß auf die zahlreichen Erweckten in Nord- und Westdeutschland, die sogenannten Pietisten und Separatisten, deren Hang nach apokalyptischen Schwärmereien und Offenbarungen ihren Inspirationen empfänglich und gläubig entgegenkam. So faßten denn die französischen Inspirirten zuerst in Halle (1713) und in Berlin (1714) festen Fuß und hielten in Halle 1714 ihr erstes gemeinsames Liebesmahl (Agape, Abendmahl) mit 31 Lutheranern und Reformirten, womit der Ansatz zu einer neuen Sekte gegeben war. Der junge reformirte Domprediger Knauth (bald darauf deßhalb suspendirt und abgesetzt) vertheidigte ihre Aussprachen amtlich und öffentlich als göttliche Weissagungen und Aug. H. Francke berichtete anfänglich amtlich sehr günstig über sie: „Dafür wolle er gut seyn, daß man auch bei dem schärfsten Examen befinden würde, daß es keine Betrügerei sey." Als nun aber auch deutsche Erweckte von den fremdartigen Bewegungen ergriffen wurden und Aussprachen erhielten — in Halle 1714 die erst achtzehnjährige Marie Elisabeth Mathes, Tochter des Famulus von Francke, und in Berlin der erweckte und nachher wahnsinnige Schneider Bolich — ward die ganze Geschichte sehr bald verdächtig und verdrängt. Unterdessen war die Gabe der Inspiration auf die drei erweckten Brüder Pott übergegangen, welche bis dahin in Halle studirt hatten und sich (1714) mit ihrer schwärmerischen Mutter nach der damaligen Zuflucht aller verfolgten Sektirer und Separatisten, nach dem Isenburgischen und Hanauischen in der Wetterau begaben, wo sie unter den anfangs mißtrauischen Separatisten bald großen Anklang fanden und so eine besondere Sekte und Inspirationsgemeinschaft stiften konnten. Als Häupter dieser vornehmlich aus Schwaben und Franken eingewanderten Separatisten galten M. Eberhard Ludwig Gruber (1665 — 1728) in Himbach bei Hanau, früher Repetent in Tübingen und Pfarrer in Großfüßen und Hofen bei Göppingen, M. Andreas Groß in Frankfurt, früher Pfarrer in Eßlingen, welcher zuerst in Halle durch Breithaupt, Anton und Francke erweckt worden war, Johann Friedrich Rock (1678—1749) aus Oberwälden bei Göppingen in Württemberg, Gräflich-Isenburgischer Hofsattler in Himbach, und der Einsiedler Ernst Christoph Hochmann von Hochenau (1670—1721 s. d. Art.) in Schwarzenau unweit Berleburg. Diese Separatisten hatten noch vor Kurzem (1708) die unter ihnen entstandene Wieder- oder Neutäuferei (Dompelaers) glücklich überwunden und ausgesondert; der Inspiration vermochten sie nicht zu widerstehen. Zuerst wurde in Hanau die schon früher erweckte, dann aber wieder lau gewordene Johanne Margarethe Melchior inspirirt, worauf auch ihr einst in Leipzig und Halle als Student erweckter und Separatist gewordener Schwager Neumann (geb. 1687, † nach 1782 als treues Glied der Brüdergemeinde), für die Inspiration gewonnen wurde und dann nach längerem Kampfe Gruber und Rock.

Diese in der Wetterau mit so starker Gemeinde bildender Gewalt aufgetretene Inspiration entstand meistens während der gemeinsamen Erbauungsversammlungen in den sogenannten inspirirten Werkzeugen. Ganz ähnlich, wie bei den neuen Propheten in den Cevennen, gingen den Aussprachen bestimmte körperliche Empfindungen und Bewegungen stärkerer oder schwächerer Art vorher: ein Wärmegefühl (Brennen) in der Nähe des Herzens, Beengung des Athmens, convulsivische Bewegungen des Leibes, besonders der Arme und Beine, Schütteln des Kopfes, Schlappern des Mundes, Zuckung der Achseln, Schlottern der Kniee, Zittern der Beine — welche Bewegungen nach Aller Zeugniß dem Ungewohnten und Uneingeweihten schrecklich und gräßlich anzusehen waren. Dann geschah mitten in dem bewußtlosen, ekstatischen, somnambülen Zustande die Einsprache, und dieser meistens unmittelbar folgend die Aussprache, entweder in unausgebildeter Art in bloß pantomimischen Bewegungen oder typischen Handlungen (Knieen, Fechten, Heulen, Klagen) bestehend oder — meistens — in Worten sich ausdrückend, welche mit unnatürlich starker Stimme in kurzen Sätzen meistens in biblischer Bildersprache stoßweise ausgesprochen wurden. Dem Inhalte nach glichen die Aussprachen den prophetischen Drohungen und Verheißungen und handelten vornehmlich von der Nothwendigkeit der Uebung des thätigen Christenthumes, der Buße und Bekehrung und richteten sich häufig an einzelne anwesende oder auch abwesende Personen, deren Innerstes auf merkwürdige, erschreckende und ergreifende Weise durch das Werkzeug aufgedeckt wurde.

Durch diese auffallende, an das Wunderbare gränzende Erscheinung fühlten sich die allmählich in Lauheit versunkenen Separatisten in der Wetterau und im Wittgensteinischen allgemein und mächtig erweckt; in dem neuen Feuer der ersten Liebe entstanden (seit 1714) unter diesen bisher ganz einsam lebenden Stillen im Lande neue Gebetsgemeinschaften mit einer bestimmten Ordnung und Verfassung, welche sich seit 1716 im Unterschiede von den freien oder falsch Inspirirten die wahren Inspirationsgemeinden nannten und mehrere Tausend von früheren erweckten Separatisten sich einordneten. Als inspirirte und als ächt erkannte Werkzeuge traten in der Erweckungszeit von 1714 bis 1719 im Ganzen acht auf, meistens Handwerker und zwar Strumpfweber. Nämlich außer dem Melchior und der Frau Wagner: Grubers einziger Sohn Johann Adam, Schwanfelder, Mackinet, Rock, Ursula Meyer und Johann Carl Gleim. In ihrer schwärmerischen Begeisterung durchzogen sie proselytensüchtig zur Erweckung und Sammlung ihrer Brüder nah und fern nicht nur die ganze Wetterau und das Wittgensteinische, die schon voller Separatisten waren, sondern auch ganz Westdeutschland und die Schweiz, besonders Württemberg, die Pfalz und das Elsaß, ebenso auch Ost- und Norddeutschland bis nach Sachsen und Böhmen hinein. Die Berufung und die Ausrüstung zu diesen verläugnungs- und kreuzesvollen Bekehrungsreisen in die feindliche

Welt erfolgte meistens in und nach den Liebesmahlen (Streitermahlen), in welchen die neue Gemeinschaft sich in hoher Begeisterung auf Tod und Leben erbaute und stärkte. Solcher Liebesmahle, wie sie von jeher in der Christenheit, wo sie als Sekte auftrat, stattgefunden haben, vorher unter den Labadisten, den französischen Inspirirten und den Wiedertäufern, wie nachher und noch jetzt in der Brüdergemeinde, fanden in den beiden ersten Jahren 1714 bis 1716 im ganzen fünf statt. Wochenlang vorher wurden sie angekündigt; nur durch die Werkzeuge namentlich Berufene durften daran Theil nehmen; acht Tage vorher fand ein Fast=, Buß= und Bettag statt; Tags zuvor war Morgens und Nachmittags Vorbereitung, bei welcher jeder sein besonderes Sündenbekenntniß in knieendem Gebete ablegte. Das Liebesmahl selbst wurde nach vielstündigem Beten, Singen, Weissagen und Bekennen und vorgängigem Fußwaschen und nach glühendem Weihgebete eines Werkzeuges durch gemeinsames Essen von Kuchen und Wein gefeiert, woran sich andern Tages eine Nachfeier anschloß.

Natürlicher Weise konnte diese gewaltsame Anspannung der höchsten Begeisterung, auch wenn sie durch das Feuer der Trübsal und der Verfolgung genährt wurde, nicht lange anhalten. Die meisten Werkzeuge hörten bald wieder auf, Aussprachen zu haben, theils durch eigene Untreue und Lauheit, theils durch innere Zwistigkeiten, theils durch äußere Umstände zum Schweigen gebracht. Auch die Brüder Pott und die Mathes waren bald wieder lau geworden und abgefallen. Unterdessen hatten die treugebliebenen Prophetenkinder am 4. Juli 1716 in Büdingen durch Gruber II. in einer Aussprache ihre Verfassung erhalten, welche die noch jetzt geltende Grundlage ihrer Kirchen= oder Gemeindeordnung bildet: "die 24 Regeln der wahren Gottseligkeit und heiligen Wandels." Gruber I. richtete nach diesen Grundregeln in der dortigen Gegend etwa zehn Gemeinden ein: zu Schwarzenau, Homrighausen bei Berleburg, Himbach mit Bergheim, Ronneburg, Düdelsheim, Büdingen, Birstein, und vielleicht auch in Hanau und Frankfurt, welche dort zum Theil bis in das zweite Viertheil unseres Jahrhunderts bestanden haben, jetzt aber durch Auswanderung nach Amerika bis auf einzelne Reste verschwunden sind. Außerdem entstanden solche Gebetsgemeinschaften: in Anweiler in der Pfalz, in Göppingen, Calw, Stuttgart, Heilbronn, Ulm, Memmingen in Württemberg, in Schaffhausen, Zürich, Bern, Dießbach, Amsoldingen in der Schweiz. Jede Gemeinschaft hatte einen Vorsteher und zwei Mitälteste, welche mit dem Vorstande der andern Gemeinden von Zeit zu Zeit zu "Conferenzen der ältesten Brüder" zusammentraten, und alle Gemeindeangelegenheiten, namentlich gute Armenpflege und strenge Kirchenzucht handhabten. Außerdem dienten die Besuchsreisen oder Visitationsreisen der ausgesandten Brüder zur Erhaltung der brüderlichen Gemeinschaft. Ein besonderes Lehramt bestand in den Gemeinden nicht, vielmehr mußte in den täglichen oder wenigstens zwei sonntäglichen Versammlungen jeder Erwachsene, Mann und Frau, durch lautes freies Gebet seinen Beitrag thun. Außerdem wurde viel gesungen (aus dem besondern Gesangbuch der Gemeinschaft, dem sogenannten Büdingischen) und theils die heilige Schrift, theils die (in etwa 50 Sammlungen geschriebenen oder gedruckten) Aussprachen der Werkzeuge gelesen, falls nicht etwa ein Werkzeug anwesend war und eine neue besondere Aussprache an die Versammlung hatte. In der dogmatischen Lehre stimmten die Inspirirten im Wesentlichen mit der gesammten evangelischen Kirche überein, verwarfen aber gleich allen andern Separatisten diese Kirche selbst mit ihren Satzungen als abgefallenes Babel und forderten strenge Enthaltung von ihrer Gemeinschaft (Taufe und Abendmahl), so weit sie nicht etwa — wie z. B. bei der Trauung unvermeidlich war. Ihre sonstigen praktischen Grundsätze waren die bekannten Mystiker: Schwenkfeld, J. Böhm, Weigel und Hoburg; besonders sahen sie die Ehe nicht gerne, wenn sie sie auch je länger je mehr wenigstens duldeten. Sich selber betrachteten sie als Streiter Christi, deren Leben in dieser Welt nur ein Leben voller Entsagung und Verläugnung seyn müsse.

Nach dem Aufhören der übrigen Werkzeuge seit 1719 trat Johann Friedrich Rock als einzig übrig gebliebenes Werkzeug mit dem Aufseher Gruber an die Spitze der Ge=

meinden und ward nach Gruber's Tod (1728) bis an seinen Tod (1749) der vornehmste Träger des chriftlichen Lebens in ihnen.

Er war am 5. November 1678 zu Oberwälden bei Göppingen geboren, wo sein
Vater Pfarrer war; auch seine Mutter war eine Pfarrerstochter und sein Großvater
war Prälat in Murrhard gewesen. Schon als Kind hatte er Anfassungen, gerieth aber
später auf Abwege, bis er nach langem Hin- und Herschwanken zuerst 1700 in Halle
und dann (1701) in Berlin gründlich erweckt wurde, worauf er 1702 zu seiner Mutter
nach Stuttgart zurückkehrte. Hier war damals (durch den frommen Hofprediger Hedinger)
fast im ganzen Land eine sonderliche Erweckung, die in Folge der wider sie begonnenen
Verfolgung allmählich in Separation ausartete. Wegen des 1707 ergangenen strengen
Rescriptes wider alle Privatversammlungen wanderte Rock (mit Gruber und Groß) nach
dem Isenburgischen aus und verlebte dort als gräflich marienbornischer Hofsattler einige
Jahre in stiller Einsamkeit, in welcher er von dem gesetzlich pietistisch-separatistischen
Wesen zur stillen inwendigen Mystik überging. So wurde er von dem Inspirations-
wesen ergriffen und blieb demselben, nach Ueberwindung der ersten Abneigung, Abwege
und Unlauterkeit, in aufrichtiger Herzensfrömmigkeit zeitlebens treu und ergeben. Mit
unermüdlichem Eifer machte er bis zu den letzten sieben Jahren seines Lebens nicht weniger als 93 Besuchsreisen, 43 Mal nach dem Wittgensteinischen, 27 Mal nach seiner
Heimath Württemberg, worunter 9 Mal nach der Schweiz, 7 Mal nach der Pfalz,
4 Mal nach Sachsen (bis Breslau und Prag), worunter 1 Mal nach Herrnhut. Daher war auch sein Motto: In Fortwährenden Reisen. Verfolgung, Schmach, Mißhandlung und Gefängniß, welche ihn sehr häufig trafen, achtete er nicht, da er immer nur
dem Drange nach Bekehrung der Seelen und Erbauung der Brüder folgte. Mit den
bedeutendsten oder frömmsten Männern und namentlich den Separatisten seiner Zeit, mit
Detinger, Bengel, Steinhofer, Marsay, Dr. Kaiser, Dr. Carl, Dr. Dippel, Edelmann
und Schütz und besonders mit dem Grafen Zinzendorf und den Erstlingen der Brüdergemeinde kam er dabei in vielfache persönliche Berührung, und benützte zugleich seine
Gabe der schriftlichen Rede und der Reimerei zur Abfassung und Verbreitung seiner
frommen Gedanken und Erfahrungen in seinen Tagebüchern und Liedern, welche freilich
jetzt unschmackhaft geworden sind.

Unterdessen nahm aber der Inspirationsperiodus mit dem Aufhören der anderen Werkzeuge, der Auswanderung vieler Separatisten und mehrerer ehemaliger Werkzeuge (Gruber
II., Gleim und Mackinet) nach Germantown in Pennsylvanien seit 1725, mit des ausgezeichnet erfahrenen Grubers Tod 1728 und besonders mit dem Anfange des herrnhuti-
schen Periodus seit 1730 allmählich ab, und es wurde später dem alternden Rock schwer,
sich in diese Abnahme der fortwährend für göttlich gehaltenen Inspiration zu schicken.
Besonders schmerzlich waren ihm seine Kämpfe mit dem einst innig von ihm geliebten und
noch inniger an ihm hangenden Grafen Zinzendorf, welcher zuerst 1730 nach dem Wittgensteinischen und dem Isenburgischen kam, anfangs mit Rock und den "wahren Gebets-
gemeinden" in die innigste Brudergemeinschaft trat, dann aber, nachdem er selber wieder
kirchlicher geworden war, seit 1732 sich allmählich zurückzog und endlich — wegen Rocks Verachtung der Taufe und des heiligen Abendmahles — 1734 zuerst heimlich und dann öffentlich
sich von ihm lossagte. Als er nun aber aus Herrnhut verbannt 1736 mit seiner Pilger-
gemeinde in der Wetterau sich niederließ, vermochte Rock sich und die Inspirationsgemeinden vor dem überwältigenden Einflusse des von Liebe zu dem Heilande und den ihm
gehörenden Seelen glühenden Grafen und seiner Herrnhuter nicht zu bewahren. Zinzendorf trat nun mit offener Feindseligkeit wider sie, erklärte Rock, "den er früher viele
Jahre lang geehrt, geliebt und bewundert" hatte, 1740 für einen falschen Propheten,
während Rock wider die in der Wetterau sich ausbreitenden und in Herrnhaag 1745—1750
in die schrecklichste Schwärmerei verfallenden Brüder mit bitterem Ernste weissagte, den
von ihm vorher verkündigten traurigen Untergang Herrnhaags (1750) aber nicht mehr
erlebte, von dem dagegen für ein Jahrhundert wieder die Inspirirten Besitz nahmen.

Auch mit seinem früheren Freunde Böhme's, dem mystischen Separatisten Dr. Johann Kaiser (Alethophilus), einem Anhänger Böhme's, des Molinos und der Frau v. Guyon, welcher 1710 in Stuttgart eine philadelphische Gemeinde gestiftet hatte, die aber bald wieder zerstob, und 1717 eine Inspirationsgemeinde gebildet hatte, gerieth Rock 1740—1748 in Streit, nachdem Kaiser alle Inspirirten, die jemals in Frankreich, England, Holland, Deutschland und im Isenburgischen gewesen seyen, "falsche Wegweiser" genannt hatte. Rock und die alten nach Amerika ausgewanderten Werkzeuge Gruber II. und Mackinet traten mit einmüthigem und wehmüthigem Zeugnisse wider ihren früheren Freund und nunmehrigen immer bitterer werdenden Gegner auf, und wir verdanken diesem Streite die wichtigsten Erklärungen über das Wesen und für die Wahrheit der Inspiration. Unterdessen fanden die Inspirirten auch in dieser Zeit ihres beginnenden Verfalles immer noch neue Anhänger, besonders auch unter Theologen und Aerzten. Die bedeutendsten unter denselben waren der 1716 gewonnene reformirte Inspektor Keßler in Zweibrücken, welcher 1728 Grubers Nachfolger in Schwarzenau wurde, jedoch schon 1729 an der ganzen Inspirationssache wieder irre wurde; Dr. Carl in Büdingen (1675—1757) 1714 gewonnen und seit 1728 abgefallen, worauf er von 1730—1736 die Geistliche Fama herausgab; und endlich der bis zuletzt treu gebliebene Hofprediger Dr. Kämpf in Bauhl im Elsaß (1687—1753), welcher 1716 sein Pfarramt niederlegte, sich der Medicin widmete und später landgräflicher Leibarzt in Homburg wurde, wo er eine berühmte medicinische Schule bildete und insbesondere auch den mit den Herrnhutern wie mit den Inspirirten eine Zeitlang verbundenen Oetinger zu seinen Schülern zählte. (Auch Tersteegen hatte in der Zeit seiner ersten Erweckung in Folge seines Umganges mit einigen Inspirirten Jahre lang Inspirationsbewegungen, welche er aber möglichst bekämpfte.) Acht Jahre vor seinem Tode mußte Rock seinen bisherigen Zufluchtsort Himbach verlassen und nach dem Schlosse Gelnhausen bei Hanau ziehen, wo der Ganerbe Gremp von Freudenstein Herz und Haus den Bedrängten, Verachteten, Verworfenen und Verstoßenen aufgethan hatte. Nicht mehr besuchend, aber, oft aus weiter Ferne, vielfach besucht, beklagte er den eingetretenen Stillstand unter den alten und jungen Seelen, schrieb schon 1746 einen Abschiedsgruß an die damals noch vorhandenen Gemeinden in Schwarzenau, Berleburg und Homrighausen, an die Schweizer Brüder und das Zweibrücker Land, an die Göppinger, Neuwieder, Homburger, Hanauer, Birsteiner, Reichenbacher und alle Isenburger Brüder, und starb dann am 2. März 1749 freudig und getrost, nachdem er noch im Sterben eine kaum bemerkbare Bewegung mit der Aussprache gehabt hatte: "Der Mann, der aus dem Himmel ruft, wird bald Othem machen! Der wird aus einer kleinen eine große Kraft machen. Jetzt schlaf ich ein in Jesu Namen, bald still und ruhig, Amen!"

Von nun an erlebten die Inspirationsgemeinden eine lange Zeit der Abnahme und des Aussterbens, so daß es fast unbegreiflich ist, wie sie sich ohne Nachwuchs, ohne Predigt, Taufe und Liebesmahl, das erst seit 1820 wieder gefeiert worden zu seyn scheint, noch erhalten, ja nach 60 bis 70jähriger Unterbrechung in unsern Tagen mit solcher Kraft wieder aufgelebt sind. Sie wußten sich in dieser Zeit nur noch wehmüthige, still ergebene Todesnachrichten mitzutheilen. Da erwachte aber mit dem neuen christlichen Leben in der großen Kirche überhaupt auch wieder unter den erweckten Separatisten die Gabe der Inspiration und zwar nach der Beschreibung von Augenzeugen ganz in der alten camisardischen und wetterauischen Art. Zuerst 1816 in dem Schneider Michael Krausert aus Straßburg, bis 1820 das zweite neuerstandene Werkzeug, Barbara Heinemann aus Leilersweiler im Elsaß seine Unlauterkeit entdeckte, worauf 1823 das noch jetzt thätige Werkzeug, der Schreiner Christian Metz, geb. 1792 in Neuwied, an ihre Stelle trat. Unter dem Einflusse dieser ersten Werkzeuge reorganisirten sich nun die alten fast zerfallenen Gemeinden im Elsaß, in der Pfalz und in der Wetterau 1816—1821 auf's Neue auf Grund ihrer alten Gruberschen Regeln der Gottseligkeit, wanderten aber dann bis auf wenige Reste in Folge des erneuerten Druckes der hessischen und preußischen Obrigkeit etwa 800 Seelen stark aus der Wetterau, dem Wittgensteinischen und Wiedischen seit 1841 unter der Leitung von Metz, dem Hofrathe Dr. Weber aus Lich und dem Fabrikanten Mörschel auf der Ronneburg nach Ebenezer bei Buffalo in Newyork, wo sie eine auf Ackerbau und (Tuch=) Fabrikation gegründete, äußerlich rasch aufblühende und auch innerlich gedeihende, in theilweiser Gütergemeinschaft lebende und lediglich von Metz als dem Werkzeuge regierte Kolonie von jetzt etwa 1500—2000 Seelen errichteten. Seitdem haben sie schon in zwei Kolonieen nach dem nahen Canada sich ausgebreitet, wo ebenfalls zwei neue Werkzeuge wirksam sind, und in der neuesten Zeit (seit 1854) haben sie sich, von der ihnen immer näher rückenden Stadt Buffalo und ihrer Civilisation bedrängt, vielleicht aber auch von einer unbestimmten Unruhe getrieben, nach dem noch jungfräulichen Staate Jowa gewendet.

Neben diesen Inspirationsgemeinden hat es fortwährend mehr oder weniger mit ihnen im Zusammenhang oder Gegensatz stehende einzelne Inspirirte gegeben, besonders in der französischen und in der deutschen Schweiz, so wie in Oberdeutschland; und noch immer kommen in den Zeiten bedeutender Erweckungen solche krankhafte Auswüchse des christlichen Lebens vor, welche von der treibenden Macht des heiligen Geistes in bisher unerleuchteten und unerfahrenen Seelen und der Nothwendigkeit der Unterwerfung unter seine ernste Zucht Zeugniß ablegen. Die bedeutendste derartige Erscheinung unserer Tage sind die sogenannten Leser oder Prediger (Predigtkrankheit) in Schweden und Norwegen, und der englische Irvingismus hat wenigstens eine eben solche inspirirte ekstatische Grundlage. M. Goebel.

Interdict (interdictum sc. celebrationis divini officii) ist das Verbot des Gottesdienstes, welches wegen des Ungehorsams gegen die Kirche als Censur bis zur ertheilten Absolution, oder zur Strafe für eine bestimmte Zeit ausgesprochen wird. Es ist ein persönliches (interdictum personale), insofern das Verbot gewisse Personen trifft, so daß, wo sie erscheinen, der Cultus ruhen muß, oder ein örtliches (interdictum locale), so daß an dem interdicirten Orte, einer einzelnen Kirche, einer Stadt, ja in einem ganzen Lande kein Gottesdienst stattfinden darf. Das Interdikt erscheint daher gewissermaßen als eine generelle Excommunication (s. d. Art. Bann Bd. I. S. 679 ff.), der es auch in mancher Hinsicht nachgebildet ist. Die Zeit der Entstehung läßt sich ganz genau nicht angeben. Die einzelnen im Interdikte enthaltenen Verbote finden sich vereinzelt zum Theil schon in älterer Zeit (m. f. z. B. c. 8. Can. V. qu. VI. [Conc. Agath. a. 506.] u. 10. 11. Can. XVII. qu. IV. [Poenit. Rom.] u. a. Vgl. Gonzalez Tellez zum cap. 5. X. de consuet. I. 4. nro. 19.). Ihre Vereinigung zu einem Ganzen, wodurch das Interdict gerade eine so harte Maßregel wird, ist späteren Ursprungs. Ivo von Chartres († 1125) nennt es noch (epist. 94.): remedium insolitum, ob suam nimirum novitatem; doch ist es älter. Auf der Synode zu Limoges von 1031 erging in der zweiten Sitzung der Beschluß: Nisi de pace acquieverint, ligate omnem terram Lemovicensem publica excommunicatione: eo videlicet modo, ut nemo, nisi clericus, aut pauper mendicans, aut peregrinus adveniens, aut infans a bimatu et infra in toto Lemovicino sepeliatur, nec in alium episcopatum ad sepeliendum portetur. Divinum officium per omnes ecclesias latenter agatur, et baptismus petentibus tribuatur. Circa horam tertiam signa sonent in ecclesiis omnibus, et omnes proni in faciem preces pro tribulatione et pace fundant. Poenitentia et viaticum in exitu mortis tribuatur. Altaria per omnes ecclesias, sicut in Parasceve, nudentur: et cruces et ornamenta abscondantur, quia signum luctus et tristitiae omnibus est. Ad missas tantum, quas unusquisque sacerdotum januis ecclesiarum obseratis fecerit, altaria induantur, et iterum post missas nudentur. Nemo in ipsa excommunicatione uxorem ducat. Nemo alteri osculum det, nemo clericorum aut laicorum, vel habitantium vel transeuntium, in toto Lemovicino carnem comedat, neque alios cibos, quam illos, quibus in Quadragesima vesci licitum est. Nemo clericorum aut laicorum tondeatur, neque radatur, quousque districti principes, capita populorum, per omnia sancto obediant concilio. (Mansi, Coll. Conciliorum T. XIX. fol. 541. Du Fresne, s. v.

interdictum.) Das Interdict ist ein allgemeines oder besonderes (*int. generale et particulare*). c. 17. X. de verborum signif. V. 40. (Innocent. III. a. 1199). c. 5. X. de consuetudine I. 4. (Innoc. a. 1205). c. 10. de sent. excomm., susp. et interdict. V. 11. (Gregor. X. in Conc. gen. Lugdun. a. 1274). c. 16. 17. eod. (Bonifac. VIII.). Wenn ein persönliches partikulares Interdict verhängt ist, so tritt nur die Beschränkung auf diese Person ein. Wenn ein persönliches generelles Interdict ausgesprochen ist, so liegt darin nicht zugleich ein lokales, so daß an dem Orte der Gemeinde u. s. w. der Gottesdienst in gewöhnlicher Weise gehalten werden darf, wenn Keiner der Interdicirten anwesend ist, (*Ferraris*, s. v. interdictum Art. I. nro. 40 sq.). Das lokale partikulare Interdict beschränkt sich auf den speziell bezeichneten Ort, wie eine einzelne Kirche u. s. w., das lokale generelle Interdict erstreckt sich auf alle dem interdicirten Sprengel zugehörigen Kirchen. Uebrigens wird jedes Interdict strikt ausgelegt, so daß das über die Gemeinde verhängte Interdict nicht den Klerus mitumfaßt, das Interdict über den Klerus weder die Gemeinde noch die Regularen u. s. w. (m. s. die einzelnen Fälle bei *Ferraris*, l. c. Art. II. V.). Wie der Bann ist auch das Interdict Folge gesetzlicher Vorschrift (*interdictum a jure*) oder der Verfügung des geistlichen Richters (*ab homine*). Die Gründe, um derer willen ein Interdict auferlegt wird, sind sehr mannigfaltig, vorzüglich Verletzungen der kirchlichen Immunitäten, kirchlicher Personen oder solcher Gesetze, deren Uebertretung damit bedroht ist. Die Wirkung des Interdicts besteht eigentlich in dem Verbote der Verwaltung der Sakramente, der Feier des Gottesdienstes und des kirchlichen Begräbnisses überhaupt; indessen nach und nach sind verschiedene Milderungen eingeführt worden. Alexander III. erlaubte im J. 1173 die Taufe der Kinder und die Buße der Sterbenden (c. 11. X. de sponsalibus. IV. 1. vgl. c. 11. X. de poenit. et remiss. V. 38. c. 24. de sententia excomm. in VI. V. 11.), Innocenz III. auch die Firmung und das Predigen (c. 43. X. de sent. excomm. V. 39. a. 1208), so wie unter gewissen Beschränkungen die Buße allgemein (c. 11. X. de poenit. V. 38. a. 1214. vgl. c. 24. de sent. excomm. in VI.), das stille Begräbniß der Kleriker (c. 11. X. cit. V. 38.), desgleichen in den Conventen der Regularen das Abhalten der kanonischen Stunden, ohne Gesang, und das Lesen einer stillen Messe, was im folgenden Jahre auf die Bischöfe ausgedehnt wurde (c. 25. X. de privilegiis. V. 33. a. 1215). Dabei war aber vorgeschrieben, daß die Excommunicirten und Interdicirten nicht anwesend seyn, die Thüren des Gotteshauses geschlossen bleiben, auch von den Glocken kein Gebrauch gemacht werden sollte. Bonifacius VIII. erweiterte dies Alles, daß an den Festen der Geburt des Herrn, Ostern, Pfingsten, Mariä Himmelfahrt feierlicher Gottesdienst, bei geöffneten Thüren, unter Glockengeläute, unter Zulassung der Interdicirten, stattfinden dürfe. Ausgeschlossen sollten aber die Excommunicirten bleiben und die Interdicirten, welche das Interdict veranlaßt, sich nicht dem Altare nähern (c. 24. de sent. excomm. in VI. [V. 11.]). Martin V. und Eugenius IV. dehnten dies auf die ganze Octave des Frohnleichnamsfestes (festum corporis Christi) aus (Const. Ineffabile a. 1429 und Const. Excellentissimam a. 1433, im Bullar. Magnam Tom. I. Fol. 308. 323), Leo X. auf die Octave des Festes der Empfängniß der heiligen Jungfrau. Außerdem wurden zu Gunsten der Franciskaner und anderer Mönchsorden noch verschiedene Ausnahmen überdies eingeführt (*Ferraris*, l. c. Art. VI. nro. 15 sq.). Daß aber sonst die Regularen die Interdicte beobachten sollten, schärfte, wie schon Clemens V. (c. 1. Clem. de sent. excomm. V. 10. Conc. Vienn. 1311), das Tridentinische Concil wieder ein (sess. XXV. cap. 12. de regularibus).

Das Recht, das Interdict zu verhängen, hat der Pabst, die Provinzialsynode, der Bischof mit dem Capitel, aber auch jeder dasselbe (c. 2. X. de his quae fiunt a majori parte capituli. III. 11. Coelestin. III. a. 1190. Clem. 1. de sent. exc. cit. Conc. Trid. cit. s. Gonzalez Tellez zum c. 5. X. de consuet. nro. 4.). Die Aufhebung des persönlichen partikularen gesetzlich eintretenden und nicht reservirten Interdicts kann von jedem Beichtiger erfolgen (c. 29. X. de sent. exc. V. 39. Innocent. III. a. 1199), andere Interdikte von dem, der sie verhängt hat, oder seinem Nachfolger, Delegaten oder seinem

Oberen (f. *Ferraris*, l. c. Art. VIII.). Der Gebrauch des Interdicts steht der Kirche nach ihren Grundsätzen noch jetzt zu (f. *Benedict.* XIV. de synod. dioec. lib. X. cap. I. §. III. u. a.), doch hat derselbe in größerem Umfange seit dem siebenzehnten Jahrhundert aufgehört. Im Jahre 1606 ist dasselbe noch von Paul V. über die Republik Venedig verhängt worden (f. *Riegger*, diss. de poenitentiis et poenis eccl. Vienn. 1772. §. LXXVI, auch in *Schmidt*, thesaurus juris eccl. Tom. VII. pag. 172). Partikulare Interdikte sind dagegen noch üblich, wie die *interdictio ingressus in ecclesiam*, das Verbot für einen Kleriker, die Kirche zu betreten (c. 48. X. de sent. excomm. V. 39. Innoc. III. a. 1215), c. 20. eod. in VI. V. 11. Bonifac. VIII. u. a. Das Tridentinische Concil sess. VI. cap. 1. in fin. de ref. verhängt diese Strafe über die Bischöfe und Erzbischöfe, welche beharrlich die Vorschriften über die Residenz in ihrer Diöcese verletzen. Dahin gehört auch die *cessatio a divinis*, das theilweise Einstellen gottesdienstlicher Feierlichkeiten, namentlich des Gebrauchs der Glocken und Orgel, wie von Seiten des Capitels gegenüber dem Bischofe (c. 55. X. de appellat. II. 28. Innoc. III. a. 1213. c. 13. §. 1. X. de officio judicis ord. I. 31. Innoc. III. a. 1215. u. a. c. 2. eod. in VI. u. I., 16. Gregor X. a. 1274. c. 8. eod. Bonifac. VIII.), desgleichen als öffentliche Kirchentrauer (c. 18. de sent. excomm. in VI. I, ib. Bonifac. VIII.), wie im Jahre 1839—1840 bei Gelegenheit des Verfahrens der preußischen Regierung gegen den Erzbischof von Posen-Gnesen Martin von Dunin geschehen ist.   H. F. Jacobson.

Interim von Augsburg, f. Augsburger Interim.

Interim von Leipzig, f. Leipziger Interim.

Interim von Regensburg, f. Regensburger Interim.

Interstitien. Das Concil von Sardica spricht den Grundsatz aus: „Potest per has promotiones (d. h. Weihen), *quae habebant utique prolixum tempus*, probari, qua fide sit, qua modestia, qua gravitate et verecundia, et si dignus fuerit probatus, divino sacerdotio illustretur, quia conveniens non est, nec ratio vel disciplina patitur, ut temere et leviter ordinetur episcopus aut presbyter aut diaconus, ... sed hi, *quorum per longum tempus examinata sit vita et merita fuerint comprobata.*" Hiernach sollte also jeder Kleriker auf jeder Weihestufe erst eine gewisse Zeit sich bewährt haben, bevor er zu einem höheren ordo aufsteigen konnte, es sollten also zwischen jedem ordo Zwischenräume, interstitia, beobachtet werden (vgl. auch Dist. 59. c. 2.). Dieser Grundsatz wurde in der frühern Zeit auch bei niederen Weihen, so lange mit diesen besondere kirchliche Funktionen verbunden waren, festgehalten, nur schwankte die Disciplin hinsichtlich der Dauer dieser Interstitien (vgl. Dist. 77. c. 2. 3. 9.). Nachdem aber die niederen Weihen ihren früheren Karakter verloren und regelmäßig nur noch als formeller Durchgangspunkt zur Gewinnung der höheren ordines angesehen wurden, war natürlich die ursprüngliche Veranlassung, auch bei ihnen die Interstitien zu beobachten, hinweggefallen. Das Tridentiner Concil versuchte zwar, die niederen Weihen im Sinne des älteren Rechts wieder zu restituiren (c. 17. sess. 23. De reform.), und bestimmte demgemäß, daß auch sie wieder „per temporum interstitia, nisi aliud episcopo expedire magis videretur, conferantur, ut ... in unoquoque munere juxta praescriptum episcopi se exerceant (c. 11. a. a. O.), allein ohne Erfolg, und es ist in Deutschland allgemein gebräuchlich, sämmtliche niederen Weihen an einem Tage zugleich mit der Tonsur zu ertheilen. In Beziehung auf die höheren Weihen stellte das Tridentinum zunächst den Grundsatz auf, daß zwischen der letzten niederen Weihe und jenen, und zwischen jeder höheren Weihe ein Interstitium von einem Jahre eingehalten werden solle, „nisi necessitas aut ecclesiae utilitas aliud exposcat" (c. 11. 13. 14. a. a. O.), daß aber „duo sacri ordines non eodem die, etiam regularibus, conferantur, privilegiis ac indultis quibusvis concessis non obstantibus quibuscunque" (c. 13. a. a. O., vergl. auch c. 13. 15. X. De temp. ord. I. 11, c. 2. X. De eo qui furtiv. V. 30.). Jenes Interstitium von einem Jahre wird nicht als Kalenderjahr, sondern als Kirchenjahr aufgefaßt. In Beziehung auf das vom Tridentiner Concil im c. 11. cit. den Bischöfen eingeräumte Dispensationsrecht, hat übrigens die

45*

Congregatio Concilii entschieden, daß die gleichzeitige Ertheilung der ordines minores und des Subdiakonats strafbar sey. (Nro. 1. ad c. 11. cit. in der Ausg. von Schulte und Richter.) Vergl. *Thomassin*, vet. et nov. eccl. discipl. I. 2. c. 35. 36., *Van Espen*, Jus eccl. univers. I. 1. c. 2., II. 9. c. 5, Phillips, Kirchenr. Bd. 1. S. 648 ff. Wasserschleben.

Juthronisation ist die Installation oder feierliche Amtseinsetzung der Päbste und Bischöfe, gewöhnlich mit der Consecration verbunden.

Introitus, s. Messe.

Intrusion, ungesetzliche Aneignung, Usurpation eines Beneficium, d. h. ohne die Mitwirkung dessen, dem nach den kanonischen Bestimmungen die Verleihung des Bene= ficium zusteht. Wer in diesem Falle sich befindet, ist ein intrusus.

Investitur und Streit darüber. Die Investitur (d. i. Einkleidung, v. inve- stire) wird im kirchlichen Sinne als die symbolische Handlung bezeichnet, durch welche der Vorsteher einer Kirche, ein Bischof, die Seelsorge über eine christliche Gemeinde er= hielt und dadurch zugleich von allen übrigen Gliedern derselben unterschieden wurde. So definirte sie Gottfried, Abt von Vendôme (Vindocinensis) in s. Tract. de ordinatione Episcoporum et Investitura Laicorum in Melch. Goldasti Apologiae pro Henrico IV. — adv. Gregorii VII. P. criminationes. Hannov. 1611. p. 262*). Die Bestätigung des Bischofes für das ihm übertragene Amt und die Verleihung mit den zu demselben gehö= rigen Pfründen mußte schon in der ältesten fränkischen Kirche durch den König erfolgen; Beides geschah dadurch, daß der König dem Bischofe beim Antritte seines Amtes einen Ring oder einen Stab in feierlicher Weise überreichen ließ, jenen als Symbol der engen Verbindung des Bischofes mit der Gemeinde, den Stab als Symbol seiner Würde und Sorgfalt in der Leitung der Gemeinde. Diese Ueberreichung des Symbols knüpfte sich an den staatsrechtlichen Grundsatz, daß die Kirchengüter nur als Lehensgüter (be- neficia) galten, weshalb auch die Bischöfe zur Heeresfolge verpflichtet waren (vgl. Eich= horn, deutsche Staats= und Rechtsgeschichte. Gött. 1834. Th. I. S. 202, 505, 516. Sugenheim, Staatsleben des Klerus im Mittelalter. Berl. 1839. Th. I. S. 315). Mit der Ueberreichung des Symbols war die Uebertragung des Amtes, gleichsam die Einkleidung zu demselben, constatirt; für sie wurde der Ausdruck »investiren« gebraucht. Die Investitur mit Ring und Stab zugleich war in der ältesten Zeit keineswegs ge- bräuchlich. König Chlodewich I. (508) wandte nur den Ring an (*Bouquet*, Rerum gallic. scriptor. T. IV. p. 616: quicquid est fisci nostri — per annulum tradimus), Chlode- wich II. (623), Ludwig der Deutsche, Arnulf und noch Otto I. nur den Stab, während die Kaiser Heinrich II. und Konrad II. den Bischöfen den Ring nur als Unterpfand zu- stellen ließen, daß sie mit dem Stabe investirt werden sollten. Erst nach diesen Kaisern wurde es gewöhnlich, die Investitur mit Ring und Stab, später (s. unten) mit dem Scepter zu vollziehen (s. *Mosheim*, Institutiones hist. eccles. p. 408 not. r; Hüllmann, Gesch. d. Ursprungs der Stäube in Deutschl. Berl. 1830. S. 153; Planck, Gesch. d. christl. kirchl. Gesellschaftsverf. III. S. 462). Indem aber die Bischöfe, namentlich seit Karls d. Großen Zeit, bei der Investitur auch den Lehenseid leisten mußten, erhielt diese zugleich die Bedeutung einer Belehnung. Oft wurden Bischöfe von den Königen abgesetzt, damit löste sich dann auch das Lehensverhältniß und die Bischöfe mußten die Zeichen der Be= lehnung mit den Pfründen den Königen zurückstellen. Frühzeitig benutzte aber die welt= liche Macht in Italien, Frankreich und Deutschland die Befugniß mit geistlichen Stellen zu belehnen dazu, diese aus eigennützigem Interesse zu vergeben, ja selbst zu verkaufen. Die Kirche rügte solches Verfahren als Simonie und ihm traten namentlich die deutschen Kaiser Heinrich I., Otto I. (auf der Synode zu Ingelheim 948), Konrad II. Heinrich III. mit Ernst entgegen, während jetzt auch Pabst Clemens II. die Simonie zu bekämpfen be=

*) Er sagt a. a. O. Investitura sacramentum est, i. e. sacrum signum, quo princeps eccle- siae, Episcopus scilicet, a ceteris hominibus secernitur pariter atque dignoscitur et quo super christianum gregem cura ei tribuitur.

gann (vgl. Stenzel, Gesch. Deutschlands unter den fränkischen Kaisern Th. I. S. 117; Th. II. S. 130). Dennoch griff der Verkauf von Bischofs= und Abtsstellen während der Minderjährigkeit Heinrichs IV. durch dessen Vormünder auf eine unerhörte Weise um sich (s. Stenzel, a. a. O. Th. I. S. 221; Th. II. S. 58). Da bestieg Gregor VII. den päbstlichen Stuhl, der in der Investitur von weltlicher Hand eine Bevormundung der Kirche, in ihrer Verleihung von der weltlichen Macht eine höchst gefährliche Feindin der Kirche erkannte. Zunächst erhob er eine ernste Klage gegen den König Philipp von Frank= reich, den er wegen Ausübung der Investitur einen Tyrannen nannte, welcher die Kirche schände, den Bischöfen Frankreichs aber machte er den Vorwurf, daß sie sich des simoni= stischen Verbrechens schuldig machten, weil sie aus des Königs Hand ihr Amt annahmen, forderte sie auf, dem Könige mit priesterlicher Strenge entgegenzutreten und gebot ihnen, dem Könige den Gehorsam aufzusagen, ja durch ganz Frankreich jede gottesdienstliche Handlung (omne divinum officium) einzustellen, wofern der König auf sie nicht hören sollte (Gregorii Epist. Lib. II. ep. 5. ad Episcopos Francorum a. 1074). Auf einer Synode zu Rom 1075 belegte er darauf fünf Räthe des Königs Heinrich IV. von Deutsch= land wegen vollzogener Simonie mit dem Banne und erließ zugleich das Gesetz, daß fernerhin überhaupt keinem weltlichen Fürsten gestattet seyn solle, zu einem geistlichen Amte zu investiren. Während auch andere mächtige Fürsten, wie Philipp von Frankreich und Wilhelm von England, das Investiturverbot ganz unbeachtet ließen und Gregor selbst damit zufrieden war, daß sie gegen ihn nicht vorschritten, ließ er den Kampf gegen sie geradezu fallen und wendete seine ganze Thätigkeit gegen Heinrich. S. Gregor VII. Augenblicklich ruhte der Streit über die Investitur, denn die christliche Welt hatte zwei Päbste, die Alles aufboten, um nur sich selbst zu erhalten. Die Partei Gregors erkannte Viktor III., nach dessen bald erfolgtem Tode Urban II. an, dem Clemens III. als kaiserlicher Pabst entgegenstand. Jetzt begann der Prinzipienkampf von Neuem, Urban wußte sich zu behaupten und in Gregors Geiste zu handeln. Hatte er schon 1090 (s. Concil. Melfitan. Can. 11. bei *Mansi*, l. c. p. 723 sq.) die Bestimmung erlassen: nullum jus laicis in clericos esse volumus et censemus*), so nahm er nun auf dem bekannten Concil zu Clermont 1095 (b. *Mansi*, l. c. p. 816 sq.) die Investiturfrage von Neuem auf. In Can. 15. dieses Concils verbot er es überhaupt, ein kirchliches Amt von einem Laien anzunehmen, in Can. 16. dehnte er das Verbot speziell auf die Könige und andere Fürsten aus, in Can. 17. untersagte er es aber auch den Bischöfen und Priestern, einem Könige oder Laien als Lehensträger sich zu verbinden, und in Can. 18. drohte er Jedem, der sich ihm in diesen Bestimmungen widersetzen würde, von einem solchen Beginnen aber nach einer zwei= oder dreimaligen Erinnerung nicht abstehen würde, mit dem Verluste aller Würden und Macht. Doch Urban fand in den Fürsten einen entschiedenen Gegen= satz, ja nicht einmal in Italien konnte er seinen Willen durchsetzen, denn hier hielt der Graf Roger von Sicilien die ihm, als weltlichen Herren, in kirchlichen Dingen zustehen= den Befugnisse aufrecht und Urban, der Rogers Freundschaft bedurfte, half sich dadurch, daß er den Grafen zu seinem Legaten in Sicilien ernannte. Urban starb 1099, seinen Gegenpabst vertrieb ein Kreuzheer aus Rom, und jetzt bestieg Paschal II. von denselben Gesinnungen beseelt, wie sein Vorgänger sie hatte, doch nicht von demselben festen Ka= rakter wie jener — den römischen Stuhl. In England und Frankreich verfuhr er mit Mäßigung und Nachgiebigkeit, weil er entschiedenen Widerspruch fand, in Deutschland aber, wo die politischen Verwicklungen in einem schlimmen Grade fortdauerten, suchte er die erlassenen Bestimmungen mit allen Mitteln durchzusetzen. In England hatte Anselm, Erzbischof von Canterbury, die päbstlichen Ansprüche über die Investitur und den Lehenseid gegen den König Heinrich I. geltend zu machen gesucht, aber dafür die Drohung hinneh= men müssen, daß man ihn eher aus dem Lande verjagen und sich von der römischen Kirche trennen, als den päbstlichen Anmaßungen sich fügen werde. Mit Entschiedenheit wahrte

---

*) Vgl. Urbani II. Epist. 14. ad Rudolphum Comitem bei *Mansi*, l. c. p. 659.

Heinrich die Rechte ſeiner Krone und bei dem Ernſte, mit dem er ſich ausſprach, hielt es Paſchal für angemeſſen, weder die von Heinrich vollzogenen Inveſtituren zu verwerfen, noch den Prälaten den Lehnseid zu verbieten (*Mansi*, l. c. p. 1003). Auch in Frankreich konnte er es nicht verhindern, daß der König inveſtirte, in dem zerriſſenen Deutſchland aber konnte er anders verfahren. Er erneuerte zunächſt den Bann gegen Heinrich IV.; deſſen Sohn Konrad, der ſich gegen den Vater empört hatte, ging (1101) in Italien zu Grunde und jetzt reizte Paſchal den zweiten Sohn des Kaiſers, Heinrich V., zur Empörung (1104). Als der Kaiſer in Lüttich gebrochenes Herzens ſtarb (1106), verkündete Paſchal der Welt, daß die Kirche nun zur wahren Freiheit auferſtanden ſey, denn der Tod habe diejenigen hinweggenommen, welche inveſtiren wollten (*Mansi*, l. c. p. 1209; *Muratori*, Scriptores rerum Italic. Tom. III. P. I. p. 363); ſofort erneuerte er auch die Inveſtiturgeſetze auf den Concilien zu Troyes, zu Benevent (1108) und auf dem Lateranconcil (1110). Inzwiſchen trat aber Heinrich V., der nun den Thron beſtieg, mit Kraft und feſtem Willen dem Pabſte gegenüber, wohl durch die Erfolge ermuntert, welche von den Königen von England und Frankreich durch Energie gegen die päbſtlichen Uebergriffe erzielt worden waren. Heinrich behielt daher die Inveſtitur in der Hand, erkannte in der Erneuerung jener Geſetze einen feindlichen Schritt, zog mit einem Heere nach Italien und ſetzte den Pabſt ſo in Schrecken, daß Paſchal einen Vertrag ihm anbot, nach welchem die Kirche der Lehne, der Kaiſer aber der Inveſtitur entſagen ſollte. Der Vertrag kam zu Stande (9. Febr. 1111), aber die Biſchöfe erhoben ſich mit Entrüſtung gegen denſelben, Heinrich rückte darauf in Italien weiter vor und nahm ſelbſt den Pabſt mit den Cardinälen gefangen. Jetzt knüpfte Paſchal, von allen Seiten geängſtigt, neue Verhandlungen an; am 8. April 1111 kam ein zweiter Vertrag zu Stande, durch welchen Paſchal dem Kaiſer das Inveſtiturrecht eidlich zuſicherte, die Biſchöfe, Aebte und andere Kleriker mit Einwilligung des Königs frei gewählt, von dieſem mit Ring und Stab inveſtirt werden ſollten, der König aber wegen ſeines Verfahrens niemals dem Banne anheimfallen ſollte. Zur Bekräftigung des Schwures theilte Paſchal mit dem Kaiſer, als er ihn krönte, die geweihte Hoſtie. Darauf ging Heinrich nach Deutſchland zurück (Stenzel, a. a. O. Th. I. S. 632 ff.). Jetzt erhob ſich aber die hierarchiſche Partei gegen den Vertrag. Bereitwillig erklärte Paſchal vor einer in Rom gehaltenen Synode, daß er gegen die Kirchengeſetze gehandelt habe, daß wohl er, aber doch nicht die Kirche an den erzwungenen Vertrag gebunden ſey, daß er es ihr überlaſſe, ſeinen Fehler zu verbeſſern. Sofort verwarf eine neue im Lateran zu Rom gehaltene Synode (1112; *Mansi*, T. XXI. p. 49 sq.) den Vertrag, ſprach über Heinrich den Bann aus, den Paſchal mit einer elenden Scheinheiligkeit und Zweizüngelei nicht bloß rechtfertigte, ſondern auch beſtätigte, und ließ ihn durch ſeine Legaten verkündigen. Unglücklicherweiſe hatte Heinrich in Deutſchland mit vieler Willkür ſelbſt bei der Verleihung kirchlicher Aemter geſchaltet und dadurch Erbitterung und Empörung gegen ſich geweckt; jetzt kam der Bann dazu und verſchlimmerte ſeine Lage, indeß gelang es ihm durch ein ſtrenges und feſtes Verfahren die Bewegungen zu dämpfen, während es der Pabſt am wenigſten erwartete. Sein ganzer Zorn wandte ſich darauf gegen den Pabſt. Heinrich zog nach Italien, nahm Rom ein und zwang den Pabſt zur Flucht. Paſchal ſtarb als Flüchtling 1118. Die römiſche Partei wählte nun Gelaſius II., den aber ſchon 1119 der Tod ereilte, dann Calixtus II., der dem Kaiſer ſofort neue Friedensvorſchläge machen ließ. Beide kamen darin überein, daß jede Inveſtitur aufgehoben, jedes Beſitzthum dem vorigen Eigenthümer zurückgegeben, bei einer Differenz aber das Kirchliche nach canoniſchem, das Weltliche nach weltlichem Richterſpruche entſchieden werden ſolle (*Mansi*, T. XXI. p. 244; Stenzel, a. a. O. S. 690). Bald führte jedoch die Frage über die Reichslehne zu ſolchen Differenzen, daß Calixtus auf einer Synode zu Rheims (1119) ſogar den Bann und die Abſetzung über Heinrich ausſprach (*Mansi*, l. c. p. 250). Jetzt erhoben ſich abermals Unruhen in Deutſchland, die beſonders von dem Erzbiſchof Adalbert von Mainz angefacht wurden, der in ſeinen früheren Verhältniſſen als Kanzler Heinrichs deſſen Verfahren gegen den päbſtlichen Stuhl geleitet hatte, jetzt aber als Erzbischof nur im Sinne des Pabstes dachte und handelte. Es gelang zwar dem Calixtus in Rom sich festzusetzen und zu behaupten, selbst den Gegenpabst Gregor VIII., den Heinrich aufgestellt hatte, gefangen zu nehmen, indeß sah er sich doch bei der einstimmigen Aeußernng des Unwillens der deutschen Fürsten, die des Streites müde waren, genöthigt, wenigstens insofern nachzugeben, daß er neben der geistlichen Investitur die weltliche zuließ. Auch Heinrich fand es gerathen, sich nachgiebig zu zeigen, und so kam es nun zu dem berühmten Concordat von Worms (Septb. 1122; *Mansi*, l. c. p. 273 sq.), das durch das Lateranconcil vom J. 1123 (*Mansi*, l. c. p. 277; 288) bestätigt wurde. Es bestimmte, daß die Wahl der deutschen Bischöfe und Aebte unter weltlicher Aufsicht (in Gegenwart des Kaisers oder seines Commissärs) ohne Simonie vollzogen werden, folglich die Wahl an sich aus der eigenen Mitte des Klerus frei seyn, daß der so Gewählte innerhalb 6 Monate die Reichslehn von dem Kaiser durch das Scepter (per sceptrum) erhalten und dann der Krone das leisten solle, was er derselben leisten müsse. Bei einer zwiespältigen Wahl solle der Kaiser der gerechten Partei nach dem Rathe des Erzbischofes und der Bischöfe beistehen. Falls der Kaiser sich zu beschweren habe, werde der Pabst die schuldige Abhülfe leisten. Hier war also statt des Ringes und Stabes bei der Belehnung vom Kaiser der Scepter eingeführt worden. Der Kaiser dagegen überließ dem Pabste die Investitur mit Ring und Stab, gab die canonische Wahl und freie Weihe (consecratio) zu, erstattete alle mit Beschlag belegten Besitzungen der Kirche dem Pabste zurück, versprach für die Zurückerstattung derer, die in der Zeit des Kampfes in andere Hände gekommen seyen, Sorge zu tragen und bei etwaigen Klagen der Kirche die erforderliche Hülfe zu leisten (Montag, a. a. O. Th. II. 436 ff.; Stenzel, a. a. O. S. 704). Vor der Weihe legte der Gewählte den Lehnseid ab, Kaiser Lothar III. milderte aber schon 1125 den Vertrag insofern, als er die Weihe des Gewählten vor der Investitur gestattete und nur den allgemeinen Unterthaneneid nicht den Lehnseid forderte (s. J. D. Olenschlager, Erleuterung der güldenen Bulle. Frkf. 1766. Urkundenb. S. 19). Dadurch ward der Unwille, den die hierarchische Partei über das Wormser Concordat empfand, einigermaßen gemäßigt. Der Pabst hatte durch das Concordat in der That mehr scheinbar als wirklich für den Augenblick gewonnen, aber der Einfluß, welchen der Kaiser bisher bei den Wahlen hatte, mußte nun, nach der ausgesprochenen Freiheit derselben und bei dem steigenden Ansehen des päbstlichen Stuhles, immer mehr auf diesen übergehen. Kamen auch noch im 12. Jahrh. kaiserliche Ernennungen von Bischöfen, oder kaiserliche Einwirkungen auf ihre Wahl in Deutschland vor, (s. Sugenheim, Staatsleben des Klerus im Mittelalter, Th. I. Berl. 1839. S. 153), so hörte doch hier der landesherrliche Einfluß auf die Besetzung der Prälaturen nach der Zeit Otto's IV. und Friedrichs II. ganz auf; ähnlich erging es in anderen Ländern, wie in Frankreich, England und Spanien, dagegen blieb die königliche Ernennung zu Bisthümern in Neapel, Ungarn, Dänemark und Schweden bis in das 13. Jahrh. im Gebrauche (Sugenheim, a. a. O. S. 197; Staudenmaier, Geschichte der Bischofswahlen, Tüb. 1830. S. 249).   Neudecker.

Joab (יוֹאָב), Neffe Davids von seiner Schwester Zeruja, 1 Chr. 2, 16., die nach 2 Sam. 17, 25. eine Tochter des Nahas, wie Abigaïl Amasa's Mutter, gewesen zu seyn scheint. Wir finden ihn zuerst 2 Sam. 2, 13. erwähnt, wo er das Heer Davids als Königs von Juda gegen Isboseths Feldherrn Abner anführt. Ohne Zweifel hatte er sich aber schon früher unter David kriegerisch gebildet und sich unter der Schaar gestellt, welche David als Freibeuter, 1 Sam. 22, 1 ff., anführte. Denn mußte David damals seine Eltern vor der Rache Sauls flüchten, 1 Sam. 22, 3. 4., die er sattsam aus dessen Verfahren mit Ahimelech kennen gelernt hatte, 1 Sam. 22, 11—18; so blieb auch seiner Verwandtschaft nichts übrig als sich zu ihm zu stellen. Wirklich treffen wir auch seinen Bruder Abisai früher bei David, 2 Sam. 26, 8. und es ist deßhalb nur als zufällig zu betrachten, wenn Joab nicht früher erwähnt wird. Denn wäre er nicht früher unter den Leidensgenossen Davids gewesen, so hätte wohl David nicht ihm, son-

sich wie beim Hohepriester so auch bei'm König das Asylrecht nur auf die Lebensdauer des Königs erstrecke, und der künftige Regent ohne erneuertes Versprechen nicht daran gebunden sey.

Ein ausgleichbarer Widerspruch liegt in 1 Chr. 11, (12), 6., wornach Joab erst bei der Erstürmung der Burg Jerusalem Feldherr geworden wäre, während er dies nach 2 Sam. 2, 13. schon früher war. Allein es läßt sich dies auch so auffassen, daß Joab, welcher befürchten mußte, daß ein Anderer ihm den Rang ablaufe, im Eifer zu diesem Wagestück sich entschlossen habe und so in der Feldhauptmannstelle bestätigt worden sey.

Vaihinger.

Joachim, nach dem Evangelium Jacobi, Vater der Mutter des Herrn, und Gemahl der h. Anna, worüber vgl. diesen Artikel. Es muß dazu nur noch dieses bemerkt werden, daß erst Gregor XV. 1620 das Fest dieses Heiligen, das Julius II. gestiftet und auf den 20. März gesetzt, und Pius V. wieder aufgehoben hatte, ständig einführte 1620.

Joachim von Floris. Der zu Anfang des 16. Jahrh. von dem Italiener Silvester de Castilione ein göttlicher Prophet genannte, im 17. von dem Florenser Mönche Jakob Gräcus Syllanäus wegen seiner Wunder und Weissagungen gerühmte, von dem Jesuiten Papebroch vertheidigte, von dem großen Kirchenlehrer Bonaventura aber der Ketzerei verdächtigte und von Baronius als Pseudoprophet bezeichnete Abt Joachim wurde geboren zu Celico bei Cosenza, um's Jahr 1145, oder wahrscheinlicher um 1130. Nachdem er eine Zeit lang am Hofe Roger's von Sizilien gelebt, trieb ihn der mittelalterliche Zug zu einer Wallfahrt in's heilige Land. Nach seiner Rückkehr predigte er an verschiedenen Orten Italiens, ward Mönch, dann Abt des Klosters Corace in Calabrien, erhielt die Erlaubniß, sein Amt niederzulegen, um sich den Studien zu widmen, bis er zuletzt in der Nähe von Cosenza das Kloster Floris baute, dem er eine strenge, vom Pabste Cölestin III. bestätigte Regel gab. Andre, in kurzer Zeit nach dem Vorbild von Floris entstandene Klöster, besonders in Neapel und Sizilien, bildeten den Ordo Florensis. Joachim starb 1202. Lucas, sein früherer Gehülfe, scriba, später Erzbischof von Cosenza, hat ihn als einen sittlich reinen Mann geschildert, voll Demuth und hoher Begeisterung. Unter den ihm zugeschriebenen Weissagungen mögen manche, die er vor mächtigen Zeitgenossen ausgesprochen haben soll, aus einem ahnungsvollen Herzen hervorgegangen, aber erst später in der bestimmten Fassung aufgezeichnet seyn, in der sie uns erhalten worden sind. Abgestoßen von den Mißbräuchen, die er allenthalben gefunden, hatte er mit glühender Sehnsucht nach Wiederherstellung der Kirche in ihrer ersten Reinheit verlangt; daher hatte er einen seltenen Scharfsinn und eine an Allegorien reiche Phantasie auf die Auslegung der Bibel, zunächst der prophetischen Schriften und der Apokalypse verwandt, in denen er die Bestätigung seiner empfangenen Eindrücke und seiner Erwartungen zu finden glaubte.

Von seinen, von gleichzeitigen ihm befreundeten Päbsten gutgeheißenen Schriften sind nur folgende gedruckt: Liber concordiae novi ac veteris testamenti. Venedig 1519. 8. — Expositio Apocalypsis, zusammen herausgegeben mit: Psalterium decem chordarum; Venedig 1527. 4. — Commentarius in Jeremiam. Venedig 1525 und Cölln 1577. 8. — Commentarius in Isaiam. Venedig 1517. 4. Andre, wie Commentare über Ezechiel und Daniel, sind noch ungedruckt. Auszüge finden sich bei Wolf, Lectiones memorabiles, Bd. I. S. 443 u. f., in den Acta Sanctorum Maii, Bd. VII. S. 129 u. f., und besonders bei Engelhardt, in der unten zu nennenden Abhandlung. Folgendes sind die Hauptsätze von Joachims auf den Zustand und die Verbesserung der Kirche gerichteter mystischer Lehre: aus vielen Erscheinungen lasse sich erkennen, daß die Christenheit von der Gestalt der ursprünglichen Kirche abgewichen sey; Jer. 3, 6—10. bedeute Israel die griechische Kirche, Juda die lateinische, jene widerstrebe dem Glauben, diese verläugne ihn durch ihre Werke; die Geistlichkeit sey durch Macht und Reichthum abtrünnig geworden; daher werden Ansehen und Predigtamt den schlechten Priestern entrissen und

dern Abisai den Oberbefehl anvertraut. Ja es läßt sich sogar schließen, daß Joab schon während dieser Zeit neben David Führer der Schaar war, weil er im Heldenverzeichniß, 2 Sam. 23, 8 ff., nicht vorkommt und wahrscheinlich nur deßwegen nicht, weil er schon damals über Alle als Feldherr stand, wie sich aus 2 Sam. 23, 18. 24. vermuthen läßt. Ebenso würde ihm sein Vetter Amasa in der Feldhauptmannsstelle vorgegangen seyn, der während Davids Aufenthalt in Zillag zu ihm kam, 1 Chron. 13, 18., wenn nicht Joab früher und von Anfang der Flucht an Davids Schicksal getheilt hätte. Er besaß ein entschiedenes Feldherrntalent, weßhalb ihm David als König die Führung seiner meisten Kriege anvertraute, in welchen er durch Muth und Kühnheit sich große Verdienste erwarb, 2 Sam. 10, 7; 11, 1; 12, 26; 18, 14; 20, 13. Nur im Aufruhr Absaloms befehligte er bloß eine Heeresabtheilung, 2 Sam. 18, 2., aber theils deßwegen, weil David selbst den Oberbefehl übernehmen wollte, theils um sich auf die anderen Abtheilungen stützen zu können, wenn eine derselben aufgerieben werden sollte. Er wird deß=wegen als Oberfeldherr ausdrücklich eingeführt in den Aemterverzeichnissen 2 Sam. 8, 16; 20, 13. Wie er David unter den trüben Geschicken, namentlich bei'm Aufruhr Absa=loms, treu geblieben war; so nahm dieser wieder sehr viel Rücksicht auf ihn wegen seiner Tüchtigkeit und Unersetzlichkeit, und sah ihm selbst Handlungen nach, die sonst nicht un=gestraft geblieben wären. Die Blutrache und Eifersucht verleitete ihn, Abner zu erste=chen, nachdem derselbe David Anträge wegen Unterwerfung gemacht hatte, 2 Sam. 3, 27. Aus einseitiger Beurtheilung der Verhältnisse erstach er Absalom mit eigener Hand ge=gen den ihm bewußten königlichen Willen, 2 Sam. 18, 14. Aus Eifersucht über die ihm deßhalb entzogene Feldhauptmannsstelle, 2 Sam. 19, 13., erstach er auch seinen Vetter Amasa, 2 Sam. 20, 10. Aber obgleich David öfters schwer an den Anmaßun=gen der beiden Brüder und besonders Joabs trug, 2 Sam. 3, 39; 16, 10; 19, 22., so konnte er doch bei ihrer sonst anerkannten Treue und Anhänglichkeit, die selbst Fehler Davids bemäntelte, 2 Sam. 11, 15., sich ihrer nicht entledigen und ließ sich Vorwürfe, 2 Sam. 19, 1—7. und Widerspruch, 3, 27., von Joab gefallen, weil er auch dadurch nicht nur eine treue Gesinnung, sondern meist einen richtigen politischen Blick verrieth, 2 Sam. 19, 5—7; 24, 3. So war es auch Joab, der die Aussöhnung Davids mit seinem Sohn Absalom früher vermittelt hatte, 2 Sam. 14, 1—23., und sie zu Ende führte, 2 Sam. 14, 33. So vereinigten sich in Joab große Vorzüge und Tugenden mit großen Fehlern. Die ersteren waren entschiedenes Feldherrntalent, unerschütterter Muth in Gefahren, 2 Sam. 10, 12., und treue Anhänglichkeit an den König und sein Haus, die anderen ein zu großes Selbstbewußtseyn, Willkür und Rachsucht, wodurch der heftige und rasche Mann die guten Seiten seines Karakters verdunkelte. Hieraus kann man auch erklären, daß David im Andenken an seine Verdienste sich nicht entschließen konnte, wegen doppelter Mordthat selbst das Recht über ihn ergehen zu lassen. Aber als König lagen ihm dennoch die Blutschulden Joabs auf dem Herzen, und um auch in dieser Beziehung ohne Vorwurf aus der Welt gehen zu können, übergab er seinem Sohne Salomo, das Recht bei gegebener Gelegenheit an ihm zu üben, weil denselben die Rück=sichten nicht mehr banden, durch welche er abgehalten wurde, das Recht an ihm zu üben. Joab wurde deßhalb, da er selbst nach der Thronbesteigung Salomo's Umtriebe Ado=nia's, 1 Kön. 2, 22., nicht fremd geblieben war, auf Salomo's Befehl in der Stifts=hütte, wohin er sich geflüchtet hatte, durch Beraja getödtet, 1 Kön. 2, 28—34. Der Unfall des greisen Hauptes war auch der Anfang anderer Unfälle in seiner Nachkom=menschaft, die durch Hunger und Krankheiten schwer litt, so daß es scheint, es habe sich der alte göttliche Fluch über Sünder, 2 Mos. 20, 5., an ihm erfüllet. Denn kaum wäre der Fluch Davids über ihn bei'm Meuchelmorde Abners so stark von dem Geschichts=schreiber hervorgehoben, wenn nicht die Erfüllung desselben eine allbekannte Thatsache gewesen wäre, 2 Sam. 3, 28. 29. Ewald, isr. Gesch. 3, 9., meint daher, Joab habe sich hauptsächlich deßwegen an Adonia angeschlossen, weil er von ihm das Versprechen künftiger Ungestraftheit für seine alten Sünden erhalten habe, er der wohl wußte, daß sich wie beim Hohepriester so auch bei'm König das Asylrecht nur auf die Lebensdauer des Königs erstrecke, und der künftige Regent ohne erneuertes Versprechen nicht daran gebunden sey.

Ein ausgleichbarer Widerspruch liegt in 1 Chr. 11, (12), 6., wornach Joab erst bei der Erstürmung der Burg Jerusalem Feldherr geworden wäre, während er dies nach 2 Sam. 2, 13. schon früher war. Allein es läßt sich dies auch so auffassen, daß Joab, welcher befürchten mußte, daß ein Anderer ihm den Rang ablaufe, im Eifer zu diesem Wagestück sich entschlossen habe und so in der Feldhauptmannstelle bestätigt worden sey.

Vaihinger.

Joachim, nach dem Evangelium Jacobi, Vater der Mutter des Herrn, und Ge= mahl der h. Anna, worüber vgl. diesen Artikel. Es muß dazu nur noch dieses bemerkt werden, daß erst Gregor XV. 1620 das Fest dieses Heiligen, das Julius II. gestiftet und auf den 20. März gesetzt, und Pius V. wieder aufgehoben hatte, ständig einführte 1620.

Joachim von Floris. Der zu Anfang des 16. Jahrh. von dem Italiener Silvester de Castilione ein göttlicher Prophet genannte, im 17. von dem Florenser Mönche Jakob Gräcus Syllanäus wegen seiner Wunder und Weissagungen gerühmte, von dem Jesuiten Papebroch vertheidigte, von dem großen Kirchenlehrer Bonaventura aber der Ketzerei verdächtigte und von Baronius als Pseudoprophet bezeichnete Abt Joachim wurde geboren zu Celico bei Cosenza, um's Jahr 1145, oder wahrscheinlicher um 1130. Nach= dem er eine Zeit lang am Hofe Roger's von Sizilien gelebt, trieb ihn der mittelalter= liche Zug zu einer Wallfahrt in's heilige Land. Nach seiner Rückkehr predigte er an verschiedenen Orten Italiens, ward Mönch, dann Abt des Klosters Corace in Calabrien, erhielt die Erlaubniß, sein Amt niederzulegen, um sich den Studien zu widmen, bis er zuletzt in der Nähe von Cosenza das Kloster Floris baute, dem er eine strenge, vom Pabste Cölestin III. bestätigte Regel gab. Andre, in kurzer Zeit nach dem Vorbild von Floris entstandene Klöster, besonders in Neapel und Sicilien, bildeten den Ordo Flo= rensis. Joachim starb 1202. Lucas, sein früherer Gehülfe, scriba, später Erzbischof von Cosenza, hat ihn als einen sittlich reinen Mann geschildert, voll Demuth und hoher Begeiste= rung. Unter den ihm zugeschriebenen Weissagungen mögen manche, die er vor mächtigen Zeitgenossen ausgesprochen haben soll, aus einem ahnungsvollen Herzen hervorgegangen, aber erst später in der bestimmten Fassung aufgezeichnet seyn, in der sie uns erhalten worden sind. Abgestoßen von den Mißbräuchen, die er allenthalben gefunden, hatte er mit glühender Sehnsucht nach Wiederherstellung der Kirche in ihrer ersten Reinheit ver= langt; daher hatte er einen seltenen Scharfsinn und eine an Allegorien reiche Phantasie auf die Auslegung der Bibel, zunächst der prophetischen Schriften und der Apokalypse verwandt, in denen er die Bestätigung seiner empfangenen Eindrücke und seiner Erwar= tungen zu finden glaubte.

Von seinen, von gleichzeitigen ihm befreundeten Päbsten gutgeheißenen Schriften sind nur folgende gedruckt: Liber concordiae novi ac veteris testamenti. Venedig 1519. 8. — Expositio Apocalypsis, zusammen herausgegeben mit: Psalterium decem chordarum; Venedig 1527. 4. — Commentarius in Jeremiam. Venedig 1525 und Cölln 1577. 8. — Commentarius in Isaiam. Venedig 1517. 4. Andre, wie Commentare über Ezechiel und Daniel, sind noch ungedruckt. Auszüge finden sich bei Wolf, Lectiones memorabi= les, Bd. I. S. 443 u. f., in den Acta Sanctorum Maii, Bd. VII. S. 129 u. f., und besonders bei Engelhardt, in der unten zu nennenden Abhandlung. Folgendes sind die Hauptsätze von Joachims auf den Zustand und die Verbesserung der Kirche gerichteter mystischer Lehre: aus vielen Erscheinungen lasse sich erkennen, daß die Christenheit von der Gestalt der ursprünglichen Kirche abgewichen sey; Jer. 3, 6—10. bedeute Israel die griechische Kirche, Juda die lateinische, jene widerstrebe dem Glauben, diese verläugne ihn durch ihre Werke; die Geistlichkeit sey durch Macht und Reichthum abtrünnig ge= worden; daher werden Ansehen und Predigtamt den schlechten Priestern entrissen und

einem Geschlechte anvertraut werden, das rechte Früchte der Buße bringen wird; es wer=
den Verkündiger des Evangeliums aufstehn, stark im Glauben, wahrhaftig in der Lehre
und im Leben, durch deren Predigt eine Zeit beginnen wird, wo fromme, auf irdischen
Besitz verzichtende und dem beschaulichen Leben sich widmende Gemeinschaften das apo=
stolische Leben in seiner Reinheit wieder herstellen werden. Eine der Hauptlehren Joachims
war die der drei status des Menschengeschlechts. S. den Art. Evangelium, ewiges.

In einigen Stellen seines Psalterium sprach sich Joachim als eifriger Gegner der
scholastischen, die Glaubensgegenstände dialektisch begründen wollenden Theologie, auch
gegen die Art aus, wie Petrus Lombardus die Trinitätslehre entwickelt hatte. Ueber
den Begriff essentia philosophirend, hatte der Lombarde behauptet, essentia bedeute die
göttliche Wesenheit an sich, sofern sie den drei Personen gemeinschaftlich und doch ganz
in jeder Einzelnen ist. Joachim nahm hieran Anstoß; es schien ihm als ob der be=
rühmte Scholastiker die essentia selbst von den Personen trenne und als etwas von ihnen
Verschiedenes betrachte, daß er daher an die Stelle der Dreiheit eine Art Vierheit setze;
er selbst dagegen setzte die Einheit auf eine Weise in die Dreiheit der Personen, durch
die sie zu einer mehr ideellen als eigentlich substantiellen wurde. Von der Lateransynode
von 1215, can. 2, wurde die Lehre des Lombarden als orthodox bestätigt, die des Abts
von Floris als irrig verdammt. Aus den Ausdrücken des hierauf bezüglichen Kanon
hatte man auf die Existenz eines eigens gegen Petrus gerichteten Buchs Joachims ge=
schlossen; Engelhardt (S. 265 u. f.) hat aber auf's Deutlichste bewiesen, daß nicht ein
besonderes Werk, sondern die Lehre Joachims verdammt worden ist, so wie sie sich im
ersten Buche des Psalterium findet, welches ausführlich von der Dreieinigkeit handelt.
1220 wurde übrigens durch eine Bulle des Pabstes Honorius III. des Joachim Ehre
wieder hergestellt (*Raynaldus* ad ann. 1220, nr. 31).

Bis dahin hatte die Kirche an des Abtes Lehren über den Zustand und die Ver=
besserung der Christenheit keinen Anstoß genommen; bald aber sollten diese, die viel be=
deutsamer waren als seine metaphysischen Erörterungen über das Dogma, zu großer
Wichtigkeit gelangen. Nachdem nämlich durch die Päbste die laxere Partei des Fran=
ziskaner=Ordens begünstigt worden war, fanden die strengern Spiritualen, in ihrem
Unwillen gegen den römischen Stuhl, reiche Nahrung in Joachims Schriften. Sie be=
zogen auf sich selber seine Aussprüche von der Erneuerung der Kirche im dritten Welt=
alter durch güterarme aber glaubensstarke Prediger. (Ueber diese Weissagungen f. Acta
SS., S. 140 u. f.) So entstand das sogenannte Evangelium aeternum, worüber vgl. d. ge=
nannten Art. — Zu diesem ist ergänzend hinzuzufügen: Ueber die eigentliche Natur dieses
Evangelium aeternum haben bisher verschiedene Ansichten geherrscht. Gieseler hat aber
gezeigt, aus Stellen des Wilhelm von S. Amour und des Thomas von Aquino, daß
man unter dem Ausdruck Evangelium aeternum die Lehre des Joachim überhaupt, und
nur zufällig, aus Unbekanntschaft mit der wahren Sachlage, auch dessen Schriften ver=
stand (f. Studien u. Kritiken, 1833, S. 1154 u. f.; Kirchengeschichte, Bd. II. Th. 2,
4. Ausg. S. 356, Note 9; f. auch Neander, Bd. V. S. 834). Die Vorliebe der
strengern Franziskaner für Joachims Lehre hatte zur Folge, daß zu ihren Gunsten einige
seiner Schriften, besonders die Commentare über Jeremias und Jesaias, Interpolationen
erlitten (Gieseler, Kircheng. a. a. D., S. 354, Note 8. — Neander, Bd. V. S. 291,
Note 1). Hauptsächlich aber entstand ein Werk, Introductorius in Evangelium aeternum
genannt, das 1254 zu Paris, dem Roman de la Rose zufolge, von den Franziskanern
öffentlich feil geboten wurde. Die aus des Abts von Floris Schriften gezogenen An=
sichten und Hoffnungen waren vollständig darin entwickelt; es sollte eine Einführung in
die neue Heilslehre seyn, und nicht bloß, wie man gemeint hat, in die Schriften des
Joachim. Unter Anderm wurde darin behauptet, die Ordnung des Neuen Testamentes
müsse aufhören, wie die des Alten aufgehört hat; das Reich des Petrus, wo man nur
am Buchstaben hielt, müsse dem geistigen des Johannes weichen; die armen predigenden
Religiosen werden die Stelle der Kleriker einnehmen, um das neue, durch Joachim ver=

kündigte Zeitalter herbeizuführen. Den Zeitgenossen war der Verfasser meist unbekannt; Einige riethen überhaupt auf praedicatores, predigende Mönche (nicht bloß Dominikaner, s. Gieseler, a. a. D., Note 9): später schrieb man das Buch, da der Inhalt offenbar auf strenge Franziskaner deutete, dem Bruder Johann von Parma zu, der von 1247 bis 1256 General des Ordens war; erst Echard hat nachgewiesen, daß der Verfasser Bruder Gerhard, des Johannes von Parma Gefährte bei seiner Gesandtschaft an den griechischen Hof im Jahr 1249, war. Das Buch wurde von der Sorbonne an den Pabst geschickt; 1255 beauftragte Alexander IV. eine Kommission mit der Untersuchung desselben (s. Processus in librum Evang. aet. bei Quétif und Echard, Scriptores ordinis praedicat. Bd. I. S. 202 u. f.); es wurde verdammt, worauf Alexander dem Erzbischof von Paris es sorgfältig zu unterdrücken befahl (Bulaeus, hist. Univers. Paris. Bd. II. S. 292 u. f.). Doch haben sich Fragmente davon erhalten, bei d'Argentré (Collectio judiciorum de novis erroribus, Bd. I. S. 163), bei Eymericus (Directorium inquisitorum, Rom 1578, fol. S. 188), bei Hermann Cornerus (Chronicon, in Eccardi corpus hist. medii aevi, Bd. II. S. 849, wahrscheinlich aus Eymericus). Der Verfasser, Bruder Gerhard, und ein andrer Franziskaner, Bruder Stephanus, der Joachim und seine Lehren in Predigten gelobt hatte, wurden zum Gefängniß verurtheilt; Gerhard blieb 18 Jahre, Stephan starb darin. Auch Johann von Parma wurde von Bonaventura, seinem Nachfolger als Ordensgeneral, zur Verantwortung gezogen als Anhänger Joachims; es fehlte nicht viel, so wäre auch er zu "ewiger Haft" verurtheilt worden. Dieser Verfolgungen ungeachtet dauerte bei den schwärmerischen Minoriten die enthusiastische Verehrung für den Abt von Floris und seine Lehre fort; sie findet sich wieder in den Sätzen des Bruders Petrus Olivi, der 1297 starb, so wie in denen des Dolcino (s. diesen Artikel). Ueber Joachim s. den Artikel Papebrochs in den Acta Sanctorum Maii, Bd. VII., S. 89 u. f.; die gründliche Abhandlung Engelhardt's, in dessen Kirchengeschichtlichen Abhandlungen, Erlangen 1832, S. 1 u. f., und die treffliche Darstellung der Lehre bei Neander, Kirchengesch. Bd. V. S. 290 u. f. und 832 u. f.; auch Hahn, Gesch. der Ketzer im Mittelalter, Bd. III. S. 27 u. f. u. 259 u. f.   C. Schmidt.

Joachim von Brandenburg I. II., s. Brandenburg.

Joahas (יְהוֹאָחָז, Sept. Ἰωαχάζ, Vulg. Joachaz), Sohn und Nachfolger Jehu's im Reiche Israel. Schon sein Vater hatte, obwohl ein tapferer Krieger, nach einer so gewaltsamen Empörung mit der Ruhe und Befestigung nach innen beschäftigt, den aufstrebenden Syrern und ihrem König Hasael die Länder jenseits des Jordans überlassen müssen, 2 Kön. 10, 32. 33. So geschwächt traf der Sohn das Reich nach außen an, dessen Zügel er 17 Jahre, 856—840 v. Chr. führte. So nach 2 Kön. 13, 1. Wenn aber die Lesart B. 10. richtig wäre, wornach sein Sohn im 37. Jahr Joas auf den Thron kam, während er denselben im 23. Jahr desselben Königs bestieg, so könnte er nur 14 Jahre regiert haben. Wenn aber 2 Kön. 14, 1. Amazia, Joas Sohn im zweiten Jahr Joas von Israel zur Regierung kommt, so muß Joas von Israel im 39. Jahr Joas von Juda den Thron bestiegen haben, da dieser nach 12, 1. vierzig Jahre herrschte. Folglich ist 2 Kön. 13, 10. ein Schreibfehler und muß statt 37 stehen 39, wie auch Sept. nach der Aldinischen Ausgabe lesen. Unter ihm sank das von den Syrern fort und fort bedrängte Reich so tief herunter, daß ihm nur noch 50 Reiter, 10 Wagen und 10,000 Fußvolk übrig blieb. Hieraus läßt sich schließen, daß auch ein bedeutender Theil der Ländereien diesseits des Jordans, namentlich Galiläa von den Syrern besetzt gehalten wurde, denen bei der Unwiderstehlichkeit Hasaels Joahas trotz der an ihm gerühmten Tapferkeit 2 Kön. 13, 8. nicht Einhalt thun konnte. Dieses Mißgeschick beugte den König so sehr, daß er ernstlich seine Zuflucht zu Jehovah nahm, der ihm auch die Verheißung eines Retters gab, welcher freilich erst in seinem Enkel Jerobeam II. erschien, welcher vielleicht damals geboren wurde, weßhalb der Text sagen kann, er gab Israel einen Heiland. Ewald (Isr. Geschichte 3, 265. 226) sucht nicht ohne Grund nachzuweisen, daß die 2 Kön. 4—10. erzählten Wunderthaten Elisa's nicht unter die 12jährige Herrschaft

Jorams fallen, da die längste und fruchtbarste Zeit der 55jährigen Wirksamkeit Elisa's erst in die 45 Jahre nach Joram zu setzen sey, und sein Einfluß wie sein Ansehen immer höher stieg. Dies ist nicht als bloße Vermuthung anzusehen, sondern hat abgesehen davon, daß die 12 Erzählungen von Elisa absichtlich zusammengestellt seyn mögen, daran einen weiteren Halt, daß von Kap. 4. an der Name des Königs ausgelassen ist. So 2 Kön. 5, 5—8; 6, 8. 10. 21. Freilich steht dieser Ansicht entgegen, daß die unter Benhadad II. vorgefallenen Geschichten 2 Kön. 6, 24—7, 20. und 8, 7—15. unter Joram sich ereignet haben müssen, das אֶפְרַיִן aber 6, 24. die früher erzählten Begebenheiten auch als früher vorgefallene erscheinen läßt. Aber wie leicht war hier eine Verwechslung möglich, da diese Geschichten ursprünglich wohl eine eigene Schrift ausmachten. Ebenso meint dieser geistreiche Forscher, daß das 13, 6. berührte Götzenhaus nicht unter Joahas noch unter Joas, sondern Jerobeam zu setzen sey, da die Errichtung eines solchen Gräuels unter den Augen Elisa's nicht zu denken sey, zumal diese beiden Könige sich an ihn hielten, dem sie auch die Herrschaft ihres Hauses großentheils zu verdanken hatten. Nehmen wir nun mit Ewald in die sonst so kurze und dürftige Geschichte des Joahas 2 Kön. 5, 1—6, 23. herüber, so wird sie auf erfreuliche Weise belebt. In den großen Bedrängnissen von Seiten der Syrer, welche zu Jorams Zeiten nicht auf gleiche Weise vorhanden waren, hatte sich dieser König des Beistandes des Propheten Elisa zu erfreuen, der ihm die Streifzüge der Syrer, welche erst unter ihm diesseits des Jordans Fuß faßten, voraus verkündigte und ihn so in Staub setzte, dem äußersten auszuweichen; ja der ihm endlich eine solche Streifhorde mitten nach Samaria führte. Es paßt auch für ihn mehr als für Joram, was von dem Schrecken erzählt wird, welchen die Ankunft und das Begehren Naemans 2 Kön. 5, 7. über den König brachte. Elisa war es ohne Zweifel auch, der ihm die tröstliche Verheißung gab, daß der Retter Israels aus diesen Nöthen bereits geboren sey, 2 Kön. 13, 5. So konnte den Joahas, dessen Tapferkeit nicht von entsprechenden Erfolgen begleitet war, in Hoffnung auf bessere Zeiten zu seinen Vätern versammelt werden.

2) Joahas, nach 2 Kön. 23, 31. vgl. mit 36., jüngerer Sohn und Nachfolger des Königs Josias in Juda. Nach dem unglücklichen Tode seines Vaters erhob ihn die Landwehrmannschaft, welche auch bei der Krönung Joas sehr thätig war, 2 Kön. 11., mit Uebergehung seines älteren Bruders Jojakim auf den Thron. Wie aber dieser 2 Kön. 23, 34. noch den Namen Eliakim trug, so scheint er, wie aus Jer. 22, 11. erhellt, noch den Namen Sallum gehabt zu haben. Dieses Uebergehen des erstgebornen Sohnes scheint Umtriebe von Seiten Jojakims bei'm König von Aegypten hervorgerufen zu haben, der diese Gelegenheit gerne ergriff, um sich in die inneren Angelegenheiten des Landes zu mischen. Das Volk zog ihn als den geeignetsten an, um die von Josia befolgte Richtung fortzusetzen, denn sonst hätte man nicht den jüngsten der Söhne 1 Chron. 3, 15. erwählt, wenn er nicht seinem Bruder Jojakim höchst unähnlich gewesen wäre. Aber Joahas, obgleich der ägyptischen Herrschaft abgeneigt, ließ sich doch nach Ezech. 19, 3. 4. zur Begünstigung der heidnischen Partei verleiten und in das ägyptische Hoflager zu Ribla im Lande Hamath verlocken, 2 Kön. 23, 33., wo er hinterlistig gefesselt und als Gefangener nach Aegypten abgeführt wurde. Er hatte nur drei Monate geherrscht. Die Volkspartei, welche ihn durchgesetzt hatte, wartete auf seine Rückkehr, aber vergebens. Der Prophet Jeremias verkündete ihnen sein trauriges Schicksal, und benahm ihnen alle Hoffnung auf seine Wiederkehr, Jer. 22, 10 f, die auch wirklich nie erfolgte. Denn er starb als Verbannter in Aegypten, wo er vielleicht noch lange im Elend, in schmachvoller Gefangenschaft gelebt hatte, 2 Kön. 23, 34. Vgl. Ewald, Isr. Gesch. 3, 417. Vaihinger.

Joas oder Jehoas (יוֹאָשׁ oder יְהוֹאָשׁ, LXX Ἰωάς, Vulg. Joas, von Jehovah gestützt, was dieselbe Bedeutung mit Josia hat) war Sohn des judäischen Königs Ahasja und regierte nach Thenius und Winer 878—838 v. Chr. Nach der durch Jehu herbeigeführten Ermordung seines Vaters Ahasja und der Brüder desselben faßte Athalja, die unnatürliche heidnische Mutter Ahasja's, den Plan, die noch übrige männliche Nachkommenschaft ihres Sohnes vollends auszurotten; und so war auch Joas, damals ein Säugling, von ihr dem Untergange geweiht (2 Kön. 10, 13. 14; 11, 1.). Doch seines Vaters Schwester, Joseba, welche an den Hohepriester Jojada verheirathet war, fand Mittel, ihn in Sicherheit zu bringen und den Augen seiner grausamen Großmutter zu entziehen. Nach sechs Jahren brachte Jojada eine Verbindung für den jungen König zu Stande, in Folge deren er gekrönt und Athalja getödtet wurde (2 Kön. 11, 1—21. 2 Chron. 23, 1—21.). Die wunderbare Rettung dieses letzten davidischen Sprößlings und seine glück=liche Erhebung auf den königlichen Thron bewirkte nicht nur eine Begeisterung für seine Person, sondern es knüpften sich auch an diese Fügung große Erwartungen für das davidische Haus, so daß man in diesem königlichen Kinde den erwarteten Messias zu erblicken anfieng; eine Hoffnung, die sich während des bald ausgebrochenen Krieges der Phönizier, welche sich die Tötung ihres fürstlichen Verbündeten nicht gefallen lassen mochten, nur noch mehr steigerte. Denn Athalja stützte sich ohne Zweifel auf Phönizien, woher auch der Priester Mathan gekommen war, welcher den abgöttischen Baalsdienst einführte und leitete, und dessen Ermordung, 2 Kön. 11, 18., die Phönizier ebenfalls erbittert haben mochte. Auf diese Anschauung führt die genaue Erwägung der Weissagungen Joels, der nach einstimmiger Forschung zur Zeit Joas lebte und wirkte, besonders 4, 2—6. nach hebr. Abtheilung. Er spricht von frischem Unrecht, das die Tyrer und Zidonier in Verbindung mit den Philistern, mit denen sie verbündet und durch ihren Seehafen Joppe wirksam waren, an Juda und Jerusalem (4, 6.) ausgeübt haben. Es muß dies sogleich mit dem Regierungsantritt Joas geschehen seyn und vor der Heuschrecken=verwüstung, welche Joel als etwas Künftiges weissagt. Dies wird auch durch die genauere Betrachtung mehrerer Psalmen erwiesen, welche nur in diese Zeit gesetzt, in welche sie nach Sprache und Darstellung passen, eine allseitig befriedigende Auslegung erhalten. Man vergleiche darüber die Psalmen, der Urschrift gemäß rhythmisch übersetzt und erklärt von J. G. Vaihinger, Cotta'scher Verlag, 1845. Nach den dort gegebenen, auf Sprache und geschichtliche Winke gestützten Erörterungen zeigt sich, daß Ps. 74. zur Zeit der Herrschaft Athalja's, Ps. 42, 43., aber damals gedichtet wurde, als nach der Thron=besteigung Joas die Tyrer und Philister eingefallen waren, die uns Joel 4, 4. als die damaligen Feinde Juda's und Jerusalems beschreibt. Ps. 79. ist nach dem Einfall dieser Feinde in Jerusalem verfaßt, und Ps. 44. zu der Zeit als alles verloren schien und sich noch keine Hülfe zeigte, wobei die Uebereinstimmung von V. 23. mit Joel 4, 4. gewiß merkwürdig genug ist. Ps. 60. aber, wo schon auf ein älteres Lied Davids Rücksicht genommen und dasselbe theilweise eingereiht wird, läßt uns in die Zeit blicken, wo bereits ein neuer Hoffnungsschimmer für den Sieg der Sache des Königs sich zeigte, die bald darauf Ps. 61. einen Vorsprung über die Feinde errang. Dagegen führt Ps. 84. in die Zeit, wo schon ein Theil der flüchtig gewordenen Leviten wieder nach Jerusalem zurück=gekehrt war. Ps. 63. aber ist am Ende der Schreckenszeit, als das ersehnte Heil einge=treten war, und Ps. 80. am Anfange des neuen Glückes gedichtet bei'm Blick auf die von den Feinden hinterlassenen Trümmer. Alle diese Psalmen zeigen auf merkwürdige Weise dieselben Sprachformen, dieselben geschichtlichen Verhältnisse, einen leichten aber reinen Stil wie Joel, und was noch das Auffallendste ist, sie versetzen uns in eine Zeit, wo das Volk sich seiner Treue gegen Jehovah bewußt war, Ps. 44, 18—23; 79, 8., wo nach dem Abgang des großen Propheten Elias zwar Elisa in Israel, aber kein Prophet im Lande Juda war, 74, 9., da Joel erst nachher aufstund; wo der Krieg als ein Re=ligionskrieg erschien, 79, 2. 3., wo der Glaube mit Gott über einem so seltsamen Schicksal rang, Ps. 44.; wo das Leben des Königs dem Volk besonders am Herzen lag, 61, 7. 8; 63, 12.; wo das Haus Gottes in großen Ehren stund, 84, 2—4. 11; 42, 3., wo man an die Person des Königs messianische Hoffnungen, Ps. 80, 15—19., knüpfte. Diese wurden aber nicht erfüllt, da Joas nur, so lange Jojada lebte, sich in den Schranken des Jehovahdienstes hielt, 2 Kön. 12, 2., und Eifer für das Haus Jehovah's zeigte, 2 Kön. 12, 4 ff. 2 Chron. 24, 2—16., aber nach dessen Tod, welcher nach dem 23. Jahr

seiner Regierung fiel, 2 Kön. 12, 6., und vor welchem schon Reibungen mit der Priester=
schaft eingetreten waren, sich durch den Einfluß der Gegenpartei unter den Großen
(2 Chron. 24, 17.) zur Einführung oder Gestattung des Götzendienstes verleiten ließ,
und so weit ging, den prophetischen Sohn Jojada's, Zacharia, im Tempelhofe undankbar
gegen Jojada's Verdienste um ihn tödten zu lassen, 2 Chron. 24, 20 f. Die Strafe
folgte aber auf dem Fuße nach. Denn im nächsten Jahr züchtigte ihn der alte Syrer=
könig Hasael und später wurde er das Opfer einer Empörung, 2 Kön. 12, 17—21. vgl.
2 Chron. 24, 23 ff. — Eine andere Vermuthung über die Veranlassung des Einfalls
der Philister und Syrer findet sich bei Ewald, Isr. G. 3, 285 *).

Ein zweiter Joas war König im Zehnstämmereich, Sohn und Nachfolger des Joachas,
und regierte ruhmvoll 840—825. Denn nach des gewaltigen Hasaels Tod, der nicht nur
Israel, sondern zuletzt auch Juda unter Joas bedrängt hatte, und der erst unter Joas von
Israel mit Tod abging, 2 Kön. 13, 24., gelang es diesem, unter Anschluß an Elisa und somit
an die nationale Partei Israels (2 Kön. 13, 14 ff.) seine Streitkräfte gegen die Syrer zu
vereinigen, einen dreimaligen Sieg zu erlangen, von den Syrern die seinem Vater abge=
nommenen Städte wieder zurückzuerobern, und so das ostjordanische Gebiet dem Reiche
zu erhalten. Ebenso glücklich war er auch gegen Amazia, den König Juda's. Dieser,
durch seine Siege über die Edomiter (2 Kön. 14, 10.) mit allzugroßem Selbstvertrauen
erfüllt (V. 10.), wollte die Schwäche des Zehnstämmereiches zu einer Vergrößerung seiner
Staaten auch nach dieser Seite hin benützen, und fieng ohne Veranlassung, vergeblich von
Joas gewarnt, muthwillig einen Krieg an. Aber Joas siegte, drang in Jerusalem ein,
schleifte die nördliche Mauer, plünderte die Königsburg und den Tempelschatz, nahm die
Söhne des Königs als Geiseln mit sich, und vermehrte durch den für Amazia schimpf=
lichen Frieden seinen Herrscherruhm, 2 Kön. 14, 8—14. 2 Chron. 25, 17—24. Er war
unter den Königen Israels, die eines natürlichen Todes starben, und hatte Jerobeam III.
zum Sohn und noch glücklicheren Nachfolger im Reich.   Vaihinger.

Joasaph oder Joseph ist der Name desjenigen Patriarchen von Constantinopel,
der den Kaiser Johannes Paläologus nach dem Abendlande begleitete, um daselbst die
Union zwischen der griechischen und lateinischen Kirche zu betreiben, worüber vgl. d. Art.
Ferrara=Florenz, Synode in.

Joch, Dr. Johann Georg, geboren um 1685 zu Rotenburg an der Tauber in
Franken, gestorben 1731 als Professor der Theologie in Wittenberg, nimmt in der Ge=
schichte der evangelischen Kirche in Deutschland dadurch eine besondere Stellung ein, daß
er an den beiden alten und berühmten Sitzen der lutherischen Orthodoxie, an dem akade=
mischen Archigymnasium in Dortmund im Westen und an der cathedra Lutheri in Witten=
berg im Osten zuerst das praktische Christenthum oder das christliche Leben in der
damals üblichen und herrschend werdenden Form des Pietismus einführte. Er selber
war im Anfange des 18. Jahrhunderts in Jena, dem damaligen Hauptsitze des Pietis=
mus, als Student und als Privatdocent ein entschiedener Anhänger Speners und ein
eifriger Pietist geworden und kam 1709 als Superintendent und Gymnasiarch nach Dort=
mund, wo damals bei einem unheiligen Leben auf dem Katheder wie auf der Kanzel fast

---

*) Aber wenn auch die Wiedereroberung Gaths sehr wahrscheinlich Streben der Regierung
Joas war, so ist dieser Versuch mit den Folgen einer Unterstützung der Philister durch die Syrer
in die letzten Zeiten Joas zu setzen, während die Joel 4, 3—6. geschilderten Vorgänge nur in
die erste Zeit nach der ganzen Stellung Joels passen. Aus den angeführten Psalmen erschließt
sich in Verbindung mit Joel ein neues Stück der Geschichte. Daß aber noch größere Ereignisse
mit Stillschweigen in den Geschichtsbüchern übergangen sind, sehen wir unter anderem an dem
durch 28 Jahre fortgesetzten Einfall der Scythen zur Zeit Amons und Josia's, welche wir
aus Zephania und Jer. c. 4—6. mit Bezug auf Herod. 1, 103 f. erschließen können. Vgl. Ew.,
Isr. Gesch. 3, 391 f. Ihr Daseyn im Lande Kanaan ist ferner durch die Stadt Scythopolis
bezeugt.

nur Dogmatik und Polemik getrieben wurde. Joch trieb dagegen studium pietatis, drang auf persönliche Belehrung und Wiedergeburt und führte zur Verbesserung des christlichen Lebens Katechismusexamina und Privatversammlungen ein. Dadurch gerieth er in heftigen Streit mit seinen Collegen Rolle und Scheibler; jener stellte ihn mit den Fanatikern: Spener, Schade, Arnold und Dippel zusammen und dieser (1658—1730), aus einer alten orthodoxen Familie des Bergischen Landes stammend, warnte seine Zuhörer öffentlich vor den heuchlerischen Pietisten und der Enthusiasterei, nachdem Joch 1711 einen Reformirten in einer Leichenpredigt selig genannt hatte. Hierdurch entstand ein lebhafter, unfruchtbarer und gehässiger Streit, an welchem auch die Schwäger von Scheibler: Veltgen in Remscheid und Vogt in Lennep im Bergischen Theil nahmen. Joch kam später als Senior Ministerii nach Erfurt und 1726 als Professor der Theologie nach Wittenberg. Auf der Hinreise besuchte er sein liebes Jena und hielt den dortigen Gläubigen unter freiem Himmel eine Erweckungsrede. In Wittenberg sprach er sich gleich in seinem Antrittsprogramme wider die dortige unbedingte Herrschaft des Alten über das Neue aus, indem er die (neue) Lehre der Mystiker von der Möglichkeit und Wirklichkeit der Sündlosigkeit der Wiedergeborenen vertheidigte, und gab 1730 eine Disputation von der heilsamen Verzweiflung heraus, welche mit Recht als eine funkelnagelneue pietistische Lehre bezeichnet wurde. — Bekanntlich hatte der Pietismus in Wittenberg keinen Bestand, obschon ihn gleichzeitig mit Joch auch Haferung (1726—1744) in Wittenberg beförderte. (Quellen: Augusti, der Pietismus in Jena in der ersten Hälfte des 18. Jahrh. in seinen Beiträgen zur Geschichte und Statistik der ev. Kirche. J. 1837, I, 164—231 und Goebel, Geschichte des christl. Lebens in der rh.-westph. ev. Kirche, Coblenz II, 632—642, wo alle betreffenden Streitschriften angeführt sind.) M. Goebel.

Joel (יוֹאֵל = Jehova Gott), Sohn Patuels, einer der ältesten israelitischen Propheten, der in Juda und vielleicht in Jerusalem selbst weissagte (1, 13 f.; 2, 1. 9; 4, 1. 6. 8. 18—20.). Anlaß seines Auftretens ist eine furchtbare Heuschreckenplage, durch welche in Verbindung mit einer großen Dürre das Land total verwüstet wurde. Im ersten Theil seines Buches (1, 1—2, 17.) beschreibt der Prophet die schreckliche Verwüstung, in welcher er einen Vorboten des Tages Jehova's erkennt (Kap. 1.), und sodann den Verwüster selbst (2, 1—11.), woran sich, früher eingestreute Bußrufe zusammenfassend, eine eindringliche Mahnung zu einem allgemeinen Fast- und Bußtag schließt (V. 12—17.). Das Wort des Propheten muß auch wirklich Gehör gefunden, das Volk muß Buße gethan haben; denn 2, 18 f. fährt er in der erzählenden Form fort: Und es eiferte Jehova für sein Land und schonete seines Volks, und Jehova antwortete u. s. w. So kann nun Joel im zweiten Theil seines Buches dem bußfertigen Volk für die nähere und entferntere Zukunft Nichts als Gutes verkündigen: für die nähere die Vernichtung des Feindes und auf Grund reichlichen Regens neue Fruchtbarkeit und Segensfülle im Lande (2, 18—27.), für die entferntere (וְהָיָה אַחֲרֵי־כֵן 3, 1. opp. בָרִאשׁוֹן 2, 23.) entsprechend diesem positiven Moment, dem natürlichen Regen, einen Geistesregen, die Ausgießung des Geistes Jehova's über die ganze Gottesgemeinde (3, 1—2.), und entsprechend jenem negativen Moment, der Vernichtung des Heuschreckenheers, den Gerichtstag Jehova's über die menschlichen Feinde seines Volks, über alle Heiden, welche, gegen Jerusalem versammelt, in der Umgegend dieser Stadt, im Thale Josaphat, ebenso von Jehova vernichtet werden, wie einst unter diesem frommen Könige die heranziehenden feindlichen Schaaren (s. 2 Chron. 20, 1—30.). Nachdem 3, 3—5. die Vorzeichen dieses Schreckenstages sammt der auf Zion eröffneten Rettung beschrieben sind, wird 4, 1—17. (mit Anwendung auf die gegenwärtigen Feinde V. 4—8.) der Anbruch des Tags selbst geschildert, worauf das Ganze mit einer kurzen Hinweisung auf die für Juda und Jerusalem aus dem Gericht über die Feinde erblühende messianische Segensfülle V. 18—21. schließt.

Schon von Alters her (vom chaldäischen Paraphrasten Ephraim Syrus, Hieron. u. A.) sind die Heuschrecken figürlich gefaßt worden als Bild zukünftiger Feinde des Volkes Gottes, der heidnischen Weltmächte, und diese Auffassung hat noch neuestens Hengsten-

nur Dogmatik und Polemik getrieben wurde. Ich trieb dagegen studium pietatis, drang auf persönliche Bekehrung und Wiedergeburt und führte zur Verbesserung des christlichen Lebens Katechismusexamina und Privatversammlungen ein. Dadurch gerieth er in heftigen Streit mit seinen Collegen Rolle und Scheibl; jener stellte ihn mit den Fanatikern: Spener, Schade, Arnold und Dippel zusammen und dieser (1658—1730), aus einer alten orthodoxen Familie des Bergischen Landes stammend, warnte seine Zuhörer öffentlich vor den heuchlerischen Pietisten und der Enthusiasterei, nachdem Joch 1711 einen Reformirten in einer Leichenpredigt selig genunt hatte. Hierdurch entstand ein lebhafter, unfruchtbarer und gehässiger Streit, an welchem auch die Schwäger von Scheibler: Veltgen in Remscheid und Vogt in Lennep im Bergischen Theil nahmen. Joch kam später als Senior Ministerii nach Erfurt und 726 als Professor der Theologie nach Wittenberg. Auf der Hinreise besuchte er sein lbes Jena und hielt den dortigen Gläubigen unter freiem Himmel eine Erweckungsrede. In Wittenberg sprach er sich gleich in seinem Antrittsprogramme wider die dortige unbedingte Herrschaft des Alten über das Neue aus, indem er die (neue) Lehre der Mystik von der Möglichkeit und Wirklichkeit der Sündlosigkeit der Wiedergeborenen vertheidig, und gab 1730 eine Disputation von der heilsamen Verzweiflung heraus, welche mit Recht als eine funkelnagelneue pietistische Lehre bezeichnet wurde. — Bekanntlich hatte der Pietismus in Wittenberg keinen Bestand, obschon ihn gleichzeitig mit Joch auch Haferung (726—1744) in Wittenberg beförderte.

(Quellen: Augusti, Der Pietismus in Ina in der ersten Hälfte des 18. Jahrh. in seinen Beiträgen zur Geschichte und Statistic der ev. Kirche. J. 1837, I, 164—231 und Goebel, Geschichte des christl. Lebens in der rh.-westph. ev. Kirche, Coblenz II, 632—642, wo alle betreffenden Streitschriften angeführt sind.)   M. Goebel.

Joel (יוֹאֵל = Jehova Gott), Sohn Patus, einer der ältesten israelitischen Propheten, der in Juda und vielleicht in Jerusalem lbst weissagte (1, 13 f.; 2, 1. 9; 4, 1. 6. 8. 18—20.). Anlaß seines Auftretens ist eine fruchtbare Heuschreckenplage, durch welche in Verbindung mit einer großen Dürre das Land total verwüstet wurde. Im ersten Theil seines Buches (1, 1—2, 17.) beschreibt der Proph die schreckliche Verwüstung, in welcher er einen Vorboten des Tages Jehova's erkenn (Kap. 1.), und sodann den Verwüster selbst (2, 1—11.), woran sich, früher eingestreu Bußrufe zusammenfassend, eine eindringliche Mahnung zu einem allgemeinen Fast- nd Bußtag schließt (B. 12—17.). Das Wort des Propheten muß auch wirklich Gehör efunnt, das Volk muß Buße gethan haben; denn 2, 18 f. fährt er in der erzählenden Form fort: Und es eiferte Jehova für sein Land und schonete seines Volks, und Jehon antwortete u. s. w. So kann nun Joel im zweiten Theil seines Buches dem bußfertigen Volk für die nähere und entferntere Zukunft Nichts als Gutes verkündigen: für die nähere die Vernichtung des Feindes und auf Grund reichlichen Regens neue Fruchtbarkeit nd Segensfülle im Lande (2, 18—27.), für die entfernere (וְהָיָה אַחֲרֵי־ 3, 1. opp. בָּרִאשׁוֹן 2, 23.) entsprechend diesem positiven Moment, dem natürlichen Regen, einen Geistesregen, die Ausgießung des Geistes Jehova's über die ganze Gottesgemeine (3, 1—2.), und entsprechend jenem negativen Moment, der Vernichtung des Heuschreckenheers den Gerichtstag Jehova's über die menschlichen Feinde seines Volks, über alle Heidn, welche, gegen Jerusalem versammelt, in der Umgegend dieser Stadt, im Thale Josaphat ebenso von Jehova vernichtet werden, wie einst unter diesem frommen Könige die heranziehenden feindlichen Schaaren (s. 2 Chron. 20, 1—30.). Nachdem 3, 3—5. die Vorzeichen dieses Schreckenstages sammt der auf Zion eröffneten Rettung beschrieben sind, wird 4, 1—17. (mit Anwendung auf die gegenwärtigen Feinde B. 4—8.) der Anbruch des Tag selbst geschildert, worauf das Ganze mit einer kurzen Hinweisung auf ˙˙ ˙˙ Juda u Jerusalem aus dem Gericht über die Feinde erblühende messianisc˙ 1˙˙

Schon von Alters h˙ ˙˙˙rus, Hieron. u. A.)
sind die ˙˙ ˙˙˙Feinde des Volkes
Gott˙˙ ˙˙˙esten˙ ˙˙ngsten

berg (Christol. des A. T., 2. Ausg., I, S. 343 ff.) vertheidigt. Sie ist aber jetzt so ziemlich von allen übrigen Auslegern mit Recht aufgegeben; vgl. Delitzsch, zwei sichere Ergebnisse in Betreff der Weissagungsschrift Joels in Rudelbachs und Guericke's Zeitschrift 1851, S. 306 ff. Keil, Einleitung in die kanon. Schriften des A. T., S. 325 f. Gegen sie spricht der natürliche Eindruck des ersten Theils unseres Buchs im Ganzen und im Einzelnen; sie zerstört oder stört doch ferner das Verhältniß des ersten und zweiten Theils; endlich ist es nicht wahrscheinlich, daß Joel, in dessen Horizont die großen orientalischen Weltmächte noch gar nicht liegen, eine solche Schilderung der Feinde, zumal schon gleich wieder in symbolischem Gewand, sollte gemacht haben. Das Symbolische tritt auch in der Prophetie nicht leicht auf diese Weise hervor, außer in Visionen, welche dann aber vom Propheten selbst als solche bezeichnet werden, vgl. Amos 7, 1. 4. 7; 8, 1. Nur dies ließe sich vielleicht mit Umbreit und Schmieder annehmen, 2, 1 ff. es stelle sich dem Propheten die furchtbare Finsterniß des Tages Jehova's in einem noch schrecklicheren Zuge von Heuschrecken dar, die dann aber nicht etwa nur als menschliche Kriegsvölker, sondern als riesenhafte Kriegsheere Gottes erscheinen, was Off. 9, 2 ff. weiter ausgeführt sey. Indeß gesteht Schmieder selbst, daß Joel 2, 1 ff. sich kein Zug finde, der nicht von der wirklichen Erscheinung der Heuschrecken entlehnt wäre. — Eine zweite Streitfrage betrifft das Zeitalter Joels. Auch hier sind die meisten Neueren, Credner, Meier, Hitzig, Ewald, Hofmann, Delitzsch, Keil u. A. einig gegen Hengstenberg, De Wette, Knobel u. A., indem jene den Propheten schon unter Joab 870—850 v. Chr., diese erst unter Usia und Jeroboam II. um's Jahr 800 setzen, Hengstenberg von dem Grundsatz ausgehend, daß die kleinen Propheten im Kanon chronologisch geordnet seyen. Nach der ersteren Annahme wäre Joel der älteste Prophet, nur daß Hofmann (Weissagung und Erfüllung I. S. 201 f. Schriftbeweis II, 1. S. 86 f. 2. S. 491 f.) und Delitzsch den Obadja noch 20—30 Jahre weiter hinauf unter Joram 888 v. Chr.) setzen. Der äußere Hauptgrund für das hohe Alter Joels, die Nichterwähnung des Einfalls der Syrer in Juda (2 Kön. 12, 17 f. 2 Chron. 24, 23 ff.), ist allerdings nicht streng beweisend; aber er wird durch den Karakter des ganzen Buches unterstützt. Nicht nur ist von den Assyrern noch keine Rede, sondern auch noch nicht von den Sünden des Volks, welche das assyrische Gericht herausforderten, und welche von Amos, Hosea und Jesaja gestraft werden; es herrscht noch ein besserer Geist in Juda, der Lehrer der Gerechtigkeit (2, 23.) findet noch Gehör, das Volk thut auf das Wort des Propheten hin Buße; und darum verkündet ihm Joel nicht das Gericht, wie die eben genannten unter Usia aufgetretenen Propheten, sondern lauter Gutes: der Tag Jehova's, der im ersten Theile mit seinen Schrecken über Israel hereinbrechen zu wollen schien, wird im zweiten als Tag der Rettung Israels und des Gerichts über die Heiden geschaut. Merkwürdig ist übrigens, wie Joel (4, 1—3.) die bevorstehende und dem Gerichtstag über die Heiden vorangehende Zerstreuung Israels und Vertheilung des heiligen Landes — die Ausdrücke lassen nicht an partielle Gefangenführungen oder Abreißung einzelner Gebietstheile denken — als etwas ganz Bekanntes voraussetzt, und man muß sich wundern, daß die neuere Kritik den Propheten gleichwohl so weit hinaufrückt, wie denn De Wette (Einleitung in's A. T., 6. Ausg. S. 353) bemerkt, für sich allein genommen spreche diese Stelle sehr für die assyrische oder vielmehr chaldäische Periode. Sie scheint aber vielmehr ein Beleg dafür zu seyn, wie tief die Grundwahrheiten des Liedes Mosis 5 Mos. 32., das auch sonst bei Joel durchtönt (vgl. Joel 4, 21. mit 5 Mos. 32, 43.; beide schließen mit der Verheißung der Versöhnung), in's Volksbewußtseyn eingedrungen waren, und wie sie damals noch durch jeden kleinen Sieg der Feinde, wie die gleich darauf 4, 4 ff. erwähnten, wachgerufen wurden. — Die Hauptwahrheiten, mit welchen Joel den Schatz der messianischen Weissagung bereichert hat, sind die Geistesausgießung und der bei ihm sogleich bestimmt und ausführlich hervortretende Grundbegriff des יְהֹוָה םוֹי. In formeller Hinsicht rühmt Ewald den bei so vieler Tiefe und Fülle doch so leichten und gefälligen Strom der Sprache und Umbreit

die wahrhaft schöne Form der ungeachtet des frischen Ergusses ursprünglicher Kraftbe=
geisterung mit sinniger Ueberlegung abgemessenen Darstellung. Viel bewundert hat man
namentlich die poetisch lebendige Schilderung der Veröbung und die malerische Beschrei=
bung der Heuschrecken, ergreifender noch ist die menschlich rührende Klage dazwischen und
der mit göttlichem Ernst andringende und mit göttlichem Erbarmen lockende Ruf zur Buße,
sowie die großartige Schilderung des heiligen Kriegs und Gerichts (4, 9 ff.).   Auberlen.

Jörgen von der Düre, s. Friesland.

Johanna, Päbstin, soll unter dem Namen Johann VIII. in der Zeit zwischen
dem Pabste Leo IV. und Benedikt III., also in der Zeit zwischen 847—855 die Pabst=
würde bekleidet haben. Die ältesten Nachrichten über sie werden uns in den Chroniken
des Marianus Scotus († 1086) und Sigbert von Gemblours († 1113) nur sehr kurz,
in der Chronik des Martinus Polonus († 1278) aber ausführlicher mitgetheilt; späterhin
wurden sie in mannigfacher Weise ausgebildet (*Gfr. Guil. Leibnitii* Flores sparsi in tu-
mulum Papissae, in [*Chr. L. Scheidt*] Biblioth. hist. Goetting. Th. 1. 1758. S. 297 ff.).
Johanna wird als ein verschmißtes, in allen schlechten Dingen eingeweihtes Weib be=
zeichnet, soll die Tochter eines englischen Missionärs gewesen, nach Einigen in Mainz,
nach Anderen in Ingelheim geboren worden seyn und eigentlich Gilberta oder Gil=
berta, nach Anderen Agnes geheißen haben. Sie sey, — so wird weiter erzählt —, nach
Fulda gekommen, habe hier mit einem Mönche des Klosters ein vertrautes Verhältniß an=
geknüpft, männliche Kleider angelegt, in das Kloster sich aufnehmen lassen, dann aber als
Buhlerin mit dem Mönche die Flucht ergriffen, mit ihm nach Athen sich begeben, hier
griechische Literatur studirt und gelehrte Kenntnisse sich erworben. Nach dem Tode ihres
Buhlen sey sie nach Rom gekommen, wo sie eine Schule gegründet, Johann Anglicus,
Anglicanus oder Anglus sich genannt, durch ihre Thätigkeit und Kenntnisse aber sich so
empfohlen habe, daß sie zum Notar der Curie, später zum Cardinal, endlich zum Pabste
unter dem Namen Johann VIII. ernannt worden sey 854. In Folge ihres fortgesetzten
vertrauten Umganges mit Männern sey sie schwanger geworden, bei einer Prozession
plötzlich auf der Straße, in der Nähe des Colosseums, von einem Knaben entbunden
worden, aber mit demselben alsbald gestorben und begraben worden 856. Dieser Be=
trug, den ein Weib der Kirche gespielt habe, sey dann die Veranlassung zur Einführung
der Sella stercoraria zum Zwecke der Geschlechtsprüfung eines erwählten Pabstes ge=
worden und wirklich ist der Stuhl seit der Mitte des 11. Jahrh. bis auf die Zeit
Leo's X. herab im Gebrauche gewesen. Die ganze Erzählung galt bis in die Mitte des
16. Jahrh. als historische Wahrheit, bis deren Ungrund durch David Blondel (s. d.
Art.) in den Schriften Question si une femme a été assise en siège papal de Rome
entre Léon IV. et Bénoit III. Amsterd. 1649; Joanna Papissa s. famosae quaestionis,
an foemina ulla inter Leonem IV. et Benedictum III. RR. PP. media sederit, ἀνά-
κρισις. Amstel. 1657 hinlänglich dargelegt wurde. Die geschichtlichen Zeugnisse, Ur=
kunden, Briefe und Münzen aus der Zeit der sogenannten Päbstin beweisen, daß Be=
nedikt III. unmittelbar auf Leo IV. folgte; selbst Photius, der große Pabstfeind, kennt
die Erzählung nicht, der sie in seinem Kampfe mit dem römischen Stuhle gewiß benützt
und ausgebeutet haben würde. Daß die Päbstin Johanna eine fabelhafte Person ist,
haben auch die späteren Forschungen ergeben, doch sind die Ansichten über den Grund,
welcher zur Entstehung der ganzen Erzählung Veranlassung gegeben hat, verschieden.
Manche suchen ihn in einer falschen Auffassung des Gebrauchs der Sella stercoraria;
die kanonischen Bestimmungen schlossen Eunuchen von dem Besitze des päbstlichen Stuhles
aus und die Sella stercoraria diente dazu, über die kanonische Beschaffenheit eines neu
gewählten Pabstes sich Gewißheit zu verschaffen. Andere erklären die Erzählung als
eine symbolische Satyre, wie die pseudoisidorischen Dekretalen sich eingeschlichen hätten,
Andere betrachten sie als eine Satyre auf den unzüchtigen Pabst Johann VIII., Andere,
wohl am richtigsten, als eine Satyre auf das Weiberregiment, welches in Rom herrschte,
als die Päbste Johann X—XII. (914—963) das Kirchenregiment führten. Eine aus=

führliche Literatur über die Geschichte der Päbstin Johanna gibt Gieseler in s. K.G.
Th. II. Abth. 1. 4. Aufl. S. 29 ff.					Neudecker.

Johannes, der Apostel, und seine Schriften. Als Persönlichkeit unter
den Jüngern des Herrn, als Schriftsteller unter den neutestamentlichen Autoren, nimmt
Johannes eine so eigenthümlich hervorragende, von allen anderen ihn isolirende Stellung
ein, und die seinen Namen tragenden Schriften sind dabei zugleich Gegenstand so vieler
und verwickelter kritischer Angriffe bis auf die neueste Zeit gewesen, daß eine zusammen=
fassende Darstellung seiner Persönlichkeit, seines Lebens, seines Wirkens und seiner lite=
rarischen Thätigkeit, sofern dieselbe darauf Anspruch macht, gesicherte Ergebnisse wissen=
schaftlicher Gesammtforschung zu bieten, wohl mit Recht eine der schwierigsten Aufgaben
genannt werden kann. Soll eine Lösung derselben auf so engem Raume, wie er hier
durch die Natur der Sache gegeben ist, gelingen, so wird die Darstellung nicht kritisch=
analytisch, sondern synthetisch=kritisch zu verfahren, d. h. von dem im N. Test. gegebe=
nen Gesammtbilde des Apostels und seiner Schriften auszugehen, und alsdann erst zu
einer encyklopädischen Uebersicht der kritischen Fragen überzugehen haben. Die Persön=
lichkeit des Apostels selbst, sodann der Karakter seiner Schriften und die Einfügung
derselben in den gegebenen Cyklus der neutestamentlichen Literatur, sind vor allem thetisch
zu betrachten; alsdann erst kann eine übersichtliche Geschichte der kritischen Fragen
folgen, welche in Betreff jener Schriften erhoben worden.

Unter den Aposteln des Herrn ragen drei gewaltig über die anderen hervor: Jo=
hannes, Petrus und Paulus. Der letzte gehörte nicht zu den Zwölfen; unter diesen
hatte Christus vielmehr neben Johannes und Petrus den Jakobus, Zebedäi Sohn, den
Bruder des Johannes, besonders ausgezeichnet (Mark. 5, 37. Matth. 17, 1. und parall.;
26, 37. und parall.) als Zeugen seiner Verklärung und seiner tiefsten Erniedrigung;
allein Jakobus folgte seinem Meister bald nach durch den Zeugentod (Apg. 12, 2.) und
ist uns daher nicht näher bekannt. Mit Petrus verglichen, ist nun Johannes eine
stille, sinnige Natur mit vorwaltender Receptivität; jedes Wort seines geliebten Meisters,
welches seinem Herzen Aufschluß gibt über das von ihm geahnte Mysterium, ergreift er
in tiefster Seele, er hält es fest, erwägt es, selig sich versenkend in die Contemplation der
Herrlichkeit des Menschensohnes. Bei Allem, was Christus redet oder thut, faßt er nicht
die zur Handlung drängenden Momente auf, fragt sich nicht: »Was kann ich nun thun?
Was muß ich nun thun? soll ich nicht das Schwert ziehen auf dem Berge der Verklärung?
soll ich nicht das Schwert ziehen gegen Malchus?« — sondern von dem Drange des
Handelns und der Mitthätigkeit fern, liebt es Johannes, ruhig zu beobachten: was thut
Er? wie redet Er? wie nimmt Er sich? Er war in das sinnende liebende Anschauen
Jesu verloren, wie eine Braut in das Anschauen des Bräutigams; in tiefster reinster
Liebe versenkte er sich in Jesum (daher von diesem vorzugsweise zum individuellen
Freunde erwählt, Joh. 13, 23. u. a.), und so erklärt sich denn auch, daß in der Seele
und dem Gedächtnisse dieses Jüngers jener feinste Hauch des Wesens und Gebarens
Christi sich so unverwischt und hell erhalten hat, ja ganze Unterredungen Christi mit
Gegnern und mit Freunden bis in's Einzelnste ihm wichtig waren und blieben. Jene
ganz eigenthümliche Hoheit und Herrlichkeit Christi, wie sie im Ev. Joh. sich darstellt,
blieb ganz gewiß auch den andern Jüngern nicht verborgen; aber nur Johannes war
fähig, sie darstellend zu reproduciren. Jeder Mensch kann den zarten Duft eines
im Abendroth erglühenden Alpengebirges sehen; aber nicht jeder ist im Stande, den=
selben zu malen. Johannes hatte diese Natur eines lebendigen Spiegels, der den vollen
Glanz des Herrn nicht bloß aufnahm, sondern auch wiederzustrahlen vermochte. Die
anderen Apostel und Berichterstatter haben an Jesu Thun und Reden mehr dasjenige,
was nach außen hin momentan den größeren Effekt machte, aufbehalten. Die Bergpre=
digt, gehalten vor jener großen Versammlung des Volkes auf den sonnigen Höhen Gali=
läa's, blieb ihnen erinnerlich; das unscheinbare Gespräch mit dem samaritischen Weibe,
oder die Streitreden Jesu im Tempel zu Jerusalem mochten ihnen, weil folgenlos, auch

als minder wichtig erscheinen; nur Johannes durchschaute und erkannte die in solchen unscheinbaren Reden strahlende Herrlichkeit. Und er vermochte es, sie zu behalten und treu wiederzugeben, weil er eine receptive beobachtende Natur war. Denn das ist das Talent des wahren Beobachters: auch das Einzelnste nicht zu übersehen, und es im Zusammenhange des Ganzen aufzufassen. Aber auch nur Beobachter ist Johannes, nicht Dichter. Das erste Erforderniß des erfindenden Dichters: die Kunst und der Trieb, den erzählten Vorfällen Rundung zu geben und etwas geschlossenes ganzes daraus zu machen, geht ihm völlig ab. Schlicht und ohne alle künstlerische Begrenzung, oft scheinbar ermüdend, gibt er treu wieder, "was er gesehen und gehört hat." (1 Joh. 1, 1.)

Auf eine andere Seite des johanneischen Wesens führt eine Vergleichung seiner mit Paulus. An Innerlichkeit ist Paulus dem Johannes ähnlicher, als Petrus es ist; aber es ist eine andre Art von Innerlichkeit; bei Paulus eine dialektische, bei Johannes eine rein contemplative. Paulus beobachtet psychologisch das Werden, Johannes das ewige Seyn, Paulus richtet seinen Blick auf die Heilsaneignung, Johannes auf den Gründer des Heils; Paulus auf die Bekehrung, Johannes auf die Fülle des Lebens in Christo. Daher ist Paulus ein viel milderer Karakter, als der υἱὸς βροντῆς (Mark. 3, 17.) Johannes. Man hat zwar den Johannes oftmals "den Apostel der Liebe" genannt, weil das Wort ἀγάπη als ein wichtiger Terminus seines Lehrbegriffs, sich öfters in seinen Schriften findet. Aber diese ἀγάπη kömmt mindestens ebenso oft bei Paulus vor, und zwar bei Paulus in ihrem Verhältniß zum Glauben als dessen Aeußerung, bei Johannes in ihrem Gegensatze zum Haß und zur Bosheit. Man hat den Apostel Johannes sogar als einen sentimentalen Gefühlsmenschen sich gedacht, ihn oft genug sogar künstlerisch dargestellt als lieblichen Jüngling mit weichen, weiblichen Zügen; allein damit hat man seinen persönlichen Karakter wohl am schlechtesten getroffen. Andrerseits dürfte die Stelle Luk. 9, 51 ff. auch keineswegs berechtigen, sich ihn als einen von Temperament heftigen Menschen vorzustellen (Lücke I. S. 16). Er war vielmehr das, was die Franzosen ausdrücken mit den Worten: il est entier; er hatte für Relativitäten und vermittelnde Modalitäten keinen Sinn, kein Sensorium, keine Fähigkeit, und war daher kein Mann der Vermittlung. Der Grund hievon lag aber nicht in einer Heftigkeit seines natürlichen Temperamentes, sondern in der Eigenthümlichkeit seines überall bis zu den letzten Gegensätzen durchdringenden mystisch-contemplativen Tiefblicks. Irenäus (haer. 3, 3. vgl. Eus. 3, 28; 4, 14.) erzählt aus dem Munde des Polykarp, daß Johannes, als er einst in einem Bade den Gnostiker Cerinth traf, augenblicklich das Bad verließ; er fürchte, das Gebäude werde zusammenstürzen, in welchem sich solcher Feind der Wahrheit sich befinde. Er war — schon seiner natürlichen Art nach — ein Mensch, der alles das, was er ist, ganz ist, der nur entweder ganz Christ oder ganz Teufel hätte seyn können. In Johannes feierte die Gnade einen stillen dauernden entschiedenen Sieg über das natürliche Verderben. Er hat sich nicht durch Gegensätze hindurchbewegt. Er war von frühster Jugend an fromm erzogen; denn seine Mutter, Salome (Mark. 16, 1. Matth. 20, 20.) gehörte dem Kreise der seltenen Seelen an, die als rechte Israelitinnen in den Verheißungen des alten Bundes ihren Trost fanden, und nach dem Messias sich sehnten. Salome war unter den Frauen, welche mit ihren irdischen Gütern den Herrn, der nicht hatte, wo er sein Haupt hinlegte, unterstützten (Luk. 8, 3.); sie hat auch, da er am Kreuze hing, ihn nicht verlassen (Mark. 15, 40.), und ihr ward die hohe Auszeichnung, daß der Herr ihren Sohn Johannes gleichsam an seine eigne Stelle zum Sohn und Pfleger seiner Mutter Maria (der Busenfreundin der Salome) einsetzte. Von dieser Mutter war Johannes — vielleicht zu Bethsaida *), wenigstens in der nächsten Nachbarschaft dieses Ortes — geboren, und in der Furcht Gottes und der

---

*) Chrysostomus u. a. nennen Bethsaida ohne weiteres als seinen Geburtsort, haben dies aber wohl nur aus den Stellen Joh. 1, 44. Luk. 5, 9. erschlossen, welche aber doch nicht mit apodiktischer Gewißheit darauf führen.

Hoffnung auf das Heil Israels erzogen. Die Familie war nicht unbemittelt (denn
Zebedäus hielt Miethsknechte für seine Fischerei [Mark. 1, 20.], Salome unterstützt Jesum
[s. oben], Johannes besitzt τὰ ἴδια, ein Wohnhaus [Joh. 19, 17.] und ist [18, 15.]
persönlich im Hause des Hohenpriesters bekannt). — Sobald der Täufer auftrat, schloß
Johannes sich mit der ganzen Energie seiner receptiven Innerlichkeit an ihn an; aus
Ev. Joh. 3, 27—36. sieht man, daß der Evangelist jenen eigenthümlichen, kraftvollen,
kurzen, klaren, sententiösen, an die alttestamentliche Prophetensprache erinnernden Stil,
welcher ihn vor allen anderen neutestamentlichen Schriftstellern auszeichnet, wesentlich
unter dem Einflusse des Täufers, dieses letzten und gewaltigen Propheten, nicht sowohl
sich angeeignet, als vielmehr aus seinem eigenen, verwandten — aller Vermittlung und
Dialektik und daher auch den syntaktischen Constructionen abholden, schlicht hebräischen,
intuitiven Innern herausgebildet hat. Denn jene längere Rede des Täufers, obwohl
dem Inhalte nach ächt vorchristlich und ganz und gar dem Standpunkte des Täufers
entsprossen (und schon darum sicherlich nicht von dem Evangelisten erdichtet), zeigt gleichwohl den gleichen hebräisch-gedachten Sprachbau, der bei dem Täufer ohnehin
natürlich war, und bei dem Evangelisten sich allenthalben wiederfindet. Wie der Täufer
ganz Israel für Christum schließlich vorbereiten sollte, so war er insbesondere bestimmt,
den ἐπιξήθιος μαϑητής vorzubereiten, die in ihm liegenden verwandten (ebenfalls
„johanneischen") Keime zu entwickeln, ihn zur geprägten Persönlichkeit zu bilden, zu dem
Werkzeuge, welches alle Christi Strahlen alle in sich aufzunehmen fähig wäre. Den
Kern der Predigt des Täufers (Joh. 1, 26—36.) hat denn auch kein anderer Jünger
so klar und energisch aufgefaßt. Er verhielt sich gegen den Täufer analog, wie nachher
gegen Christum; er faßte die tiefste Seite in der Predigt des Täufers auf, die den andern
mehr verborgen blieb. Die Synoptiker haben über die Bußpredigt des Täufers referirt,
und nur ganz kurz die Notiz beigefügt, daß er auch auf den kommenden Messias hingewiesen habe. Diese letztere Seite hat aber der Evangelist Johannes als den Centralpunkt
des Wirkens des Täufers erfaßt, und die prophetischen Reden desselben über Christi Wesen
und Leiden behalten und aufbehalten, die kein anderer aufbehalten hat. Vom Täufer hat
er ferner aufgenommen die Grundkategorie seines nachherigen Lehrbegriffs: den Gegensatz
von Himmel und Erde (Ev. Joh. 3, 31.), Leben und Zorn Gottes (V. 36.) und selbst
das Wort V. 29. mag als ein prophetischer Fingerzeig über sein eignes Verhältniß zu
Christo in seiner. Seele nachgeklungen haben.

Mit gleicher Willensentschiedenheit und Absolutheit aber, wie er an den Täufer sich
schloß und dessen Forderung gemäß aller Gemeinschaft mit der σκοτία energisch entsagte,
schloß er sich nur auch an Jesum an, sobald der Täufer auf Diesen hingewiesen (Joh.
1, 35 ff.). Diese Entschiedenheit, dieser Absolutismus im besten Sinn, spricht sich
auch aus in seinem Naturell, so weit dasselbe noch nicht durchläutert, oder noch unter
dem Einflusse irrthümlicher Ansichten war. Wie die Bewohner eines samaritanischen Fleckens
Jesum — seinen Jesum — nicht aufnehmen wollen, da — — schilt er nicht etwa; das
wäre handelnde Reaktion oder Heftigkeit des Temperaments gewesen; nein, da geht er
mit seinem Bruder zu Jesu, und fragt — wieder ächt rezeptiv und hingebend; aber
was er fragt, zeugt von der innern Absolutheit, mit der er die Gegensätze auffaßt;
er fragt, ob er nicht solle Feuer vom Himmel fallen lassen. Seinem Naturell und
Temperament nach ist er überall und immer receptiv, nicht vortretend, nicht han-
delnd, eingreifend, herausfordernd, sondern zuwartend, beobachtend, aufnehmend, sich hingebend. Seiner inneren Karaktereigenthümlichkeit nach aber ist er sehr bestimmt
und decidirt. Er ist eine sich hingebende Natur, aber er gibt sich nur an
Eines, und an dieses ganz und unbedingt hin. Und weil er eine so hingebende Natur, darum bedurfte er dieser Decidirtheit. Vermittelnde Stellungen
einzunehmen vermag nur, wer seinem Naturell nach zu reagiren vermag.

Die gleiche Entschiedenheit, die gleiche Unfähigkeit, Relativitäten zu ertragen und
sich in der Schwebe zu halten, spricht sich aber auch in seiner, der johanneischen Auf-

faffung des Heiles aus. Paulus betrachtet dasselbe als werdendes; er verweilt bei dem Kampfe des alten und des neuen Menschen; Johannes schaut das Heil als den schlechthin vollendeten Sieg des Lichtes über die Finsterniß. Wer aus Gott geboren ist, der ist Licht, und hat das Leben, und »sündigt nicht mehr.« Paulus hat es in seinen Schriften vielfach zu thun mit der Sünde qua Schwachheit; Johannes, obwohl auch er diese Seite recht gut kennt (1 Joh. 1, 8 ff.; 2, 1.) hat es doch mehr zu thun mit der Sünde als Bosheit. Auch Johannes freilich weiß, daß der Sieg des Lichtes über die Finsterniß nur durch scheinbares Unterliegen und Untergehen gewonnen wird, wie bei Christo selbst, der den Tod durch den Tod überwand, so in jedem Einzelnen (1 Joh. 5, 4) und in der Gesammtheit der Gemeinde (Offenb. 2, 8 ff.; 7, 14; 20, 4 u. a.). Aber er schaut auch die, der Zeit nach noch künftigen Siege als bereits von Ewigkeit her entschiedene an (vgl. 1 Joh. 4, 4. »ihr seyd von Gott, und habt den Geist des Widerchrists überwunden;« Kap. 5, 4. »unser Glauben ist der Sieg, der die Welt überwunden hat,« und in Betreff der Heiligung Kap. 3, 6 und 9.). Für Johannes gibt es nur die zwei Herzensstellungen: Für und Wider; eine dritte kennt er nicht, und die Momente des Uebergangs von der einen zur andern zieht er nicht in Betracht *).

Ein solches Naturell, durch die Gnade geheiligt, würde nimmermehr im Stande gewesen seyn, die heidnische Welt für Christum zu gewinnen; nie hätte Johannes jene Arbeit thun können, welche Paulus that, indem er den Juden ein Jude und den Heiden ein Heide ward, und mit unermüdlicher Geduld, auf den Standpunkt jeder Gemeinde dialektisch eingehend, die vorhandenen Schwächen und Irrthümer bekämpfte. Wohl aber war ein solcher Karakter, wie der des Johannes, nöthig, um die gegründete Kirche rein zu erhalten und zu reinigen. Das war seine erhabene Bestimmung; er war ebensosehr ein Bote des Richters als des Heilandes, wie er denn in der That ebenso zur Weissagung vom Gericht als zur Botschaft von der Erlösung, zum Apokalyptiker wie zum Evangelisten, durch den heil. Geist berufen ward. Wie er bei Jesu Lebzeiten den Blick minder nach außen, nach dem praktischen Arbeitsfeld, und mehr nach innen auf die Contemplation Christi richtete, so war er dazu bestimmt, nach Christi Himmelfahrt minder der Bekehrung der außerchristlichen Welt als der Vollendung und Reinigung der christlichen Gemeinde seine Kräfte zu widmen. Er hatte die Lehre der übrigen Apostel zu ergänzen und somit die διδαχή τῶν ἀποςόλων zu vollenden, indem er ihr den Schlußstein des spekulativen Mysteriums von der Menschwerdung des Logos sowie des mystischen Mysteriums von der unio mystica — durch Mittheilung jener von ihm allein in dieser Fülle bewahrten dahin zielenden Aussprüche Christi — aufsetzte. Er hatte die Gemeinde von der schwersten primitiven Verunreinigung zu reinigen und Gericht zu halten über den auftauchenden Gnosticismus, einfach dadurch, daß er gegenüber den gnostischen Zerrbildern des Heiles und Heilandes, das in sein Inneres aufgenommene Bild des wahren Menschensohnes in seinem richterlichen Gottesglanze aus sich herausstrahlen ließ und es in seinem Evangelium sichtbar der Welt vor Augen stellte. Er hatte für alle Folgezeit den Greuel anti-christlichen Wesens zu richten, indem er in der Apokalypse, dieser Weissagung von dem künftigen Kampfe der σκοτία mit dem Lichte, ein ewiges Kriterium für alle Gestaltungen kirchlichen Wesens und Unwesens hinzustellen berufen ward. Kurz: er verhält sich gegen Christum durch und durch weiblich und aufnehmend, aber, von Christo erfüllt, gegen alles widerchristliche durch und durch männlich und wie ein fressendes Feuer. Trefflich schildert ein alter Hymnus sein Wesen in den Worten volat avis sine meta etc.

---

*) Eine ausführliche Darlegung des sogenannten „johanneischen Lehrbegriffs" zu geben, ist hier nicht der Ort. Vgl. darüber: Neander, Geschichte der Pflanzung und Leitung der christl. Kirche durch die Apostel, Thl. II. S. 670—711, und Frommann, über die Aechtheit und Integrität des Ev. Joh. in den Stub. u. Krit. 1840.

Die Betrachtung der Persönlichkeit des Johannes hat uns von selbst zu seinem apostolischen und speziell=literarischen Wirken hinübergeleitet.

Seine apostolische Wirksamkeit war in den ersten drei Jahrzehnten nach der Him=melfahrt des Herrn, ganz seiner persönlichen Eigenthümlichkeit gemäß, eine stille, äußer=lich nicht hervortretende. Bei'm Leiden Christi (33 aer. Dion.) war Johannes der ein=zige Jünger, der seinen Herrn nicht verließ, furchtlos unter seinem Kreuze stand, sich als seinen Freund und Jünger bekannte. Nach der Auferstehung des Herrn blieb Johannes mit den übrigen Jüngern in Jerusalem. Doch nahm er hier keineswegs eine äußer=lich hervorragende Stellung unter den Aposteln ein. Hätten wir die Stelle Gal. 2, 9. nicht, wir wüßten nicht einmal, daß Johannes neben Petrus und Jakobus in besonde=rem persönlichen Ansehen bei der Gemeinde stand. Seinem Wirken nach trat er in jener Periode in die Stille zurück, gleichsam in den Hintergrund. Sicherlich hat er seinem Apostelberufe gemäß gewirkt, hat nicht gefeiert; aber sein Wirken war kein äußerlich sich bemerkbar machendes, und wenn uns nicht alles täuscht, so hat er wohl mehr mit der Erbauung bereits gestifteter Gemeinden als mit der Bekehrung neuer Gemeinden sich beschäftigt. Wie lange er in Jerusalem blieb, ist schwer zu sagen. Bei der stephani=schen Verfolgung blieb er nebst den übrigen Aposteln zu Jerusalem zurück (Apg. 8, 1.) Als dagegen Paulus drei Jahre nach seiner Bekehrung nach Jerusalem kam (Gal. 1, 18 f.) im Jahre 40 aer. Dion., traf er dort nur Petrus und den Bruder des Herrn, Jakobus. Daraus folgt jedoch noch nicht, daß die übrigen Apostel sich damals bereits für immer von Jerusalem hinwegbegeben und anderswo angesiedelt hätten. (Auch die Rundreise des Petrus Apg. 9, 32. ist ja nur eine momentane.) Im Jahre 51 (Apg. 15.) sind vielmehr die sämmtlichen Apostel wieder in Jerusalem; Petrus und Jakobus tre=ten als die wortführenden Vorsteher auf. Sieben Jahre später aber, im J. 58 (Apg. 21, 18.) ist bloß Jakobus nebst den πρεσβυτέροις zu Jerusalem anwesend. In die Zwi=schenzeit zwischen 51 und 58 scheint die Zerstreuung oder Entfernung der übrigen Apostel von Jerusalem zu fallen. Von Johannes berichtet eine alte Tradition (Clem. Alex. strom. 6, 5.), er habe zwölf Jahre nach Christi Tod (also schon 45 aer. Dion.) Jerusa=lem verlassen. Auf keinen Fall ging er damals sogleich nach Ephesus, wohin die ein=stimmige Tradition ihn am Schlusse seines Lebens versetzt. Bestimmte Nachrichten über seinen Aufenthalt in der Zwischenzeit mangeln völlig. Denn wenn eine jüngere Tra=dition ihn nach Parthien gehen läßt, so dankt diese Annahme ihren Ursprung lediglich einem unächten Glossem („πρὸς Πάρθους") bei der Ueberschrift des ersten Briefes Jo=hannis. Ebenso grundlos ist die von Hieronymus aufgestellte Vermuthung, Johannes habe in Indien gepredigt. Am meisten innere Wahrscheinlichkeit hat noch die Annahme, daß Johannes zur Zeit der ersten Missionsreise des Apostel Paulus (46 aer. Dion.) sich an den zweiten damaligen Centralpunkt der Christenheit, nach Antiochia, möchte begeben haben, um dort die durch den Weggang des Paulus entstandene Lücke auszufüllen. Schon Apg. 11, 22, (43 aer. Dion.) war Barnabas von Jerusalem aus dorthin delegirt wor=den; im Jahre 44 kommen (V. 27.) Propheten von Jerusalem nach Antiochia; nach Gal. 2, 11. wurde auch (im Jahre 54?) Petrus nach Antiochia gesandt; wir sehen also wenigstens soviel, daß die Gemeinde zu Jerusalem es für Pflicht hielt, der antiocheni=schen Gemeinde eine besondere Fürsorge zuzuwenden und dieselbe mit tüchtigen Männern zu versehen. Sicher ist dagegen, daß Johannes später, aber freilich viel später, Nachfolger des Apostel Paulus zu Ephesus wurde. Jedenfalls geschah dies erst um die Zeit des Todes des Paulus (64 aer. Dion.) oder nachher; denn weder bei'm Ab=schiede des Apostels zu Milet (Apg. 20., anno 58) noch während der Abfassung des Epheserbriefes (anno 61) zeigt sich eine Spur von einer Anwesenheit des Johannes zu Ephesus. Daß er aber später von Ephesus aus die Kleinasiatische Kirche leitete (vgl. Apok. 1, 11; Kap. 2—3) sagt die einstimmige Tradition der Kirchenväter (welche man bloß darum bezweifeln zu müssen glaubte, weil sie dem behaupteten Widerspruch zwischen Paulus und den Zwölfen im Wege stand). Polykrates, ein Bischof von Ephesus im

2. Jahrh. aus einer angesehenen Christenfamilie, welcher sieben frühere Bischöfe von Ephesus angehört hatten (Euseb. 5, 24.) sagt in seinem Brief an Victor von Rom (ibid.) von Johannes: οὗτος ἐν Ἐφέσῳ κεκοίμηται. Irenäus (haer. 3, 3, 4 bei Euf. 4, 14, vgl. Euf. 3, 23.) sagt: ἀλλὰ καὶ ἡ ἐν Ἐφέσῳ ἐκκλησία, ὑπὸ Παύλου μὲν τεθεμελιωμένη, Ἰωάννου δὲ παραμείναντος αὐτοῖς μέχρι τοῦ Τραϊανοῦ χρόνων, μάρτυς ἀληθής ἐστι τῆς ἀποστόλων παραδόσεως. (Trajan regierte bekanntlich 98—117.) Ebenso sagt Irenäus (2, 22, 5, Grabe 162), daß Johannes mit einem Kreise von Jüngern μέχρι τῶν Τραϊανοῦ χρόνων in Ἀσία (dem proconsularischen Asien, dessen Hauptstadt Ephesus war) zusammenlebte und wirkte. Irenäus ist hier aber ein um so sicherer Zeuge, da einer jener Jünger Johannis, der bekannte Märtyrer Polykarpus, sein eigener Lehrer und geistlicher Vater gewesen war (Iren. 3, 3; Euf. 5, 20 und 24; wo παῖς ἔτι ὢν bekanntlich nicht besagen will "als Kind," sondern "als puer, als Knabe, Jüngling"). Auch Ignatius von Antiochia und Papias waren unter jenen persönlichen Schülern des greisen Johannes (Euf. 3, 22. Iren. bei Euf. 3, 39.). Den Tod des Johannes setzt Hieronymus (vir. ill. 9.) 68 Jahre nach Christi Tod, also in das Jahr 101 aer. Dion. Eusebius im wesentlichen übereinstimmend in das Jahr 100. (Polykarp, anno 170 bei seinem Tode "schon seit 80 Jahren" ein Christ — Euf. 4, 15. — hatte also zehn Jahre lang, 90—100, den Unterricht des Apostels genossen.)

Einstimmig ist ferner die Tradition, daß Johannes eine Zeit lang durch einen römischen τύραννος auf die Insel Patmos verbannt war. Clemens von Alexandria (quis div. salv. cp. 42) erzählt die schöne Geschichte von der Zurückführung des unter die Räuber gerathenen Jünglings durch Johannes als einen μῦθος ὁ μῦθος (eine bloß mündlich aufbehaltene aber wahre Geschichte), und gibt als Zeitbestimmung an: ἐπειδὴ τοῦ τυράννου τελευτήσαντος ἀπὸ τῆς Πάτμου τῆς νήσου μετῆλθεν εἰς τὴν Ἐφεσον. Er redet hier von dem Exil auf Patmos als von einer seinen Lesern und aller Welt bekannten Sache (er kann also unmöglich, wie Credner will, erst aus Offenb. 1, 9. heraus conjekturirt haben, Johannes müsse auf Patmos verbannt gewesen seyn, um so minder, da Offenb. 1. von einer Verbannung gar kein Wort steht.) Ebenso erzählt Origenes (in Matth. III, pag. 720): ὁ δὲ Ῥωμαίων βασιλεὺς ὡς ἡ παράδοσις διδάσκει (wiederum beruft er sich auf die herrschende Tradition, nicht auf eine Conjektur) κατεδίκασε τὸν Ἰωάννην μαρτυροῦντα διὰ τὸν τῆς ἀληθείας λόγον, εἰς Πάτμον τὴν νῆσον. Erst hinterher citirt er dann noch die Stelle Offenb. 1, 9. Tertullian (praeser. haer. cp. 36.) preißt die römische Kirche glücklich, wo Paulus enthauptet worden, und wo wo Johannes nachdem er in siedendes Oel getaucht, aber durch ein Wunder (vgl. Apg. 14, 20; 28, 5. Mark. 16, 18.) vor Verletzung bewahrt geblieben, nach Patmos verbannt worden sey. Irenäus (bei Euf. 3, 18) erzählt mit Bestimmtheit, daß Johannes unter Domitian nach Patmos verbannt worden sey. Selbst die gleichzeitigen heidnischen Schriftsteller haben (nach Euf. l. c.) nicht unterlassen, τόν τε διωγμὸν καὶ τὰ ἐν αὐτῷ μαρτύρια zu erzählen, οἵ γε καὶ τὸν καιρὸν ἐπ᾽ ἀκριβὲς ἐπεσημήναντο, nämlich das 15. Jahr des Domitian (95—96 aer. Dion.). Im Jahre darauf, bei'm Regierungsantritt des Nerva, sey ihm die Rückkehr nach Ephesus erlaubt worden. Hieronymus (vir. ill. 9.) nennt als Jahr der Verbannung des Johannes das 14. des Domitian (94—95), so daß die Verbannung also in das Jahr 95 aer. Dion. wird zu setzen seyn. Erst die syr. Uebersetzung der Apokalypse (die von Pococke aufgefundene, mit der philoxenischen Uebersetzung gleichartige, daher aus dem 6. Jahrh. stammende) nennt aus Irrthum den Nero an der Stelle des Domitian*). Die Stelle Apof. 1, 9. kann jener Nachricht nur zu Bestätigung dienen.

***

*) Auch neuere Gelehrte haben die — gegenüber der Nachricht des Irenäus völlig haltlose — Conjektur gemacht, Johannes sey unter Nero auf die Insel Patmos verbannt worden. Durch diese Conjektur sollte die falsche Erklärung der fünf Könige Apof. 17, 10. von den fünf ersten römischen Cäsaren ermöglicht werden.

Diese im ganzen freilich spärlichen Notizen über den äußerlichen Wirkungs=
kreis des Apostel Johannes werfen gleichwohl ein willkommenes Licht auf seine Wirk=
samkeit, und ganz speziell auf seine literarische Wirksamkeit. Diese Wirksamkeit
spaltet sich in zwei Haupttheile; auf der einen Seite steht das Evangelium nebst dem
hiemit eng verwandten ersten Briefe, auf der andern die Offenbarung. Wir
fassen vor allem das Evangelium nebst dem ersten Briefe in's Auge.

Sein Evangelium unterscheidet sich auf den ersten Blick augenfällig von den drei
anderen; wie durch die chronologische Anordnung, so durch die Auswahl des
Stoffes. In Betreff der letzteren hat ja Johannes bekanntlich sehr viel Eigenthüm=
liches, und trifft nur in wenigen Abschnitten (1, 21—27; 6, 5—21; 12, 1—15. und
den Hauptmomenten der Leidensgeschichte) mit den Synoptikern zusammen. Durch die
Hinweglassung der Kindheitsgeschichte unterscheidet er sich von Matth. und Luk.; die Be=
richte über die Festreisen sind ihm im Gegensatze zu allen Synoptikern eigenthümlich.
Daß er in Beziehung auf den Stoff also die Synoptiker ergänzt hat, ist eine einfache
Thatsache, und die Frage, ob er sie habe ergänzen wollen (vgl. Luthardt das joh.
Ev. I. S. 208 ff.), ist im Grunde eine völlig müssige, weil zusammenfallend mit der
Frage, ob er, was er geschrieben und wie er geschrieben, bewußtlos gethan habe oder
mit klarem Bewußtseyn; eine Frage, über deren Entscheidung man kaum zweifelhaft
seyn wird *). Aber noch in einer anderen, tieferen, innerlicheren Beziehung verhält er sich
ergänzend zu den Synoptikern. Schon oben ist bemerkt worden, wie er seiner in=
dividuellen Begabung und persönlichen Eigenthümlichkeit nach einzelne
Seiten des Wesens und der Lehre Jesu allein aufgefaßt und aufbehalten hat, nämlich
erstlich jene Aussagen des Herrn über sein ewiges Verhältniß zum Vater und seine
ewige, vorzeitliche und überzeitliche Weseneinheit mit dem Vater (Ev. Joh. 3, 13 u.
17 ff.; 5, 17 ff.; 6, 33 u. 51; 7, 16 u. 28 ff.; 8, 58 u. a.) eine Seite der Lehre Christi,
welche im Gegensatze zu dem, was der Herr über sein historisches Werk auf Erden und
sein historisches Verhältniß zu den Menschen aussagt, allerdings mit vollem Fug und
Recht als die speculative Seite« bezeichnet werden darf **), und zu deren Erfassung in
der That »philosophische« Geistesanlage und Geistesbildung (das Wort natürlich im wei=
testen Sinne genommen) gehört hat. Zweitens aber jene Aussprüche des Herrn über
das mystische Verhältniß der Lebenseinheit und Lebensgemeinschaft, in welches er durch
den h. Geist mit den Seinen treten wolle. (Joh. 3, 8; Kap. 6; Kap. 14, 16 ff.; 15, 1 ff.; 17,
21—23.) Es entsteht nun die Frage: war die Individualität und persönliche Eigen=
thümlichkeit des Apostels der einzige Faktor, welcher ihn antrieb, in dieser Hinsicht
das von den Synoptikern gegebene Bild Christi und seiner Lehre zu ergänzen (wohlge=
merkt: nicht dadurch, daß er neues, unhistorisches ersann und fingirte, sondern dadurch,
daß er eine von ihm allein in ihrer Tiefe und Fülle aufgefaßte Seite des historischen
wirklichen Christus und seiner Lehre zur Darstellung brachte) — oder wirkte hiezu als
zweiter Faktor auch ein Bedürfniß der Gemeinde mit, welches gerade in der=
jenigen Periode, als Johannes schrieb, objektiv vorhanden war?

Wer das letztere in Abrede stellen wollte, der müßte leugnen wollen, daß Gottes
providentielle Weisheit dem Apostel Johannes überhaupt einen eigenthümlichen und
selbständigen Beruf in dem apostolischen Gesammtwerke der Kirchengründung ver=
liehen habe. Petrus und Matthäus hatten den Beruf, die Gemeinde unter dem Volk
Israel zu gründen und von Jesu als dem Erfüller der Weissagungen zu zeugen; derselbe
Petrus und Markus hatten den Beruf, die Botschaft von Christo, dem Sohne Gottes,

---

*) Nur dies kann vernünftigerweise in Frage kommen, ob dieser Wille, zu ergänzen, der
letzte und Gesammtzweck seines Schreibens, oder ob er eine aus einem anderweitigen höheren
und letzten Zwecke sich erst ergebende oder damit combinirende secundäre Absicht und Rücksicht
gewesen sey.

**) Gegen Luthardt S. 227.

zuerst über die Grenzen Israels hinaus zu den Heiden zu tragen; Paulus und Lukas hatten den Beruf, das Verhältniß des Judenchristenthums zum Heidenchristenthum zu normiren, und einer das letztere beeinträchtigenden und das Christenthum überhaupt ver= kehrenden, judaistisch=gesetzlichen Verirrung (als ob nicht Israel um Christi willen und Christus um aller Menschen willen da sey, sondern Christus um Israels willen und allein für Israel, und als ob man daher in erster Linie durch Beschneidung und Gesetz zu Israel gehören müsse, um in zweiter Linie an Christo Theil zu haben) entgegenzu= treten. Sollte Johannes allein eines analogen spezifischen Berufes ermangelt haben?

„Zum Entstehen einer neuen Lehre von Christus war weder Anlaß noch Raum ge= „geben, sondern nur zu mannichfaltiger Bezeugung der einen selben erkannten Thatsache „Christi. Aber die Gemeinde Christi hatte ihre Geschichte, und in dem Maaße, als „die apostolische Kirche eine Geschichte hatte, erwuchsen auch den Aposteln in Zusammen= „hang damit neue Erkenntnisse" (Luthardt, a. a. O. S. 218 ff.), oder richtiger: es erwuchs ihnen die Einsicht, welche Seiten der Einen Geschichte und Einen Heilserkenntniß ge= genüber den jedesmaligen Verirrungen betont werden müßten; und so erwuchs auch dem Johannes in den letzten Jahren des ersten Jahrhunderts das Bewußtseyn, daß nun die Stunde gekommen sey, wo er jenen eigenthümlichen Schatz, den er bis dahin stille in sich bewahrt hatte, zum Heil der Gemeinde seiner Zeit und zur typischen Grundlegung für alle Zeiten müsse fruchtbar werden lassen.

Denn die christliche Gemeinde war seit dem Tode des Apostel Paulus und nament= lich seit der Zerstörung Jerusalems in ein neues Stadium eingetreten. Jene Zeit, wo die Zwölfe mitten unter Israel und nach israelitischer Sitte und als messiasgläubige Glieder des leiblichen Bundesvolkes lebten, und vor allem die Identität Jesu mit dem verheißenen Messias bezeugten (eine Zeit, als deren literarisches Denkmal das Evang. Matthäi dasteht), war nun längst und auf immer vorüber. Israel als Volk hatte jenes Zeug= niß verworfen; die Gemeinde des Herrn war ausgezogen aus Israel, aus Jerusalem; über Israel war das Gericht vollzogen; aus einer Nation war es zu einer exilirten Diaspora geworden; die Christenheit hatte es fortan nicht mehr mit dem Volk Israel, sondern mit dem heidnischen Römerstaate zu thun, und mit einzelnen Juden nur insofern, als diese etwa in boshaftem Grimme die Christen bei den Römern denuncirten. Vorüber war zugleich aber auch jene Periode paulinischen Wirkens, wo innerhalb der Christengemeinden selber der Irrthum und das Treiben jener παρείςακτοι ψευδάδελφοι (Gal. 2, 4.) bekämpft werden mußte, welche Christum und sein Heil als ein Monopol Israels, und die Beschneidung und Gesetzeserfüllung als die Bedingung der Theilnahme am messianischen Heile darstellten, und so das Vertrauen wieder auf Werke gründen lehrten. Ihnen entgegen hatte Lukas, der Forscher (Luk. 1, 3.), in seinem Evangelium alle diejenigen Begebenheiten und Reden Christi zusammengestellt, welche zeigten, daß nicht bloß Israel und nicht das ganze Israel am Heile Theil habe. Die Zerstörung Jerusalems hatte seinem Zeugniß (vgl. insbes. Luk. 21, 24.) das Siegel aufgedrückt.

Nichtsdestoweniger gab es auch jetzt noch, innerhalb der christlichen Kirche, einen Kreis von judenchristlichen Gemeinden, welche die richterliche That des Herrn über Jeru= salem so wenig verstanden, daß sie noch immer mit zähem Eigensinn an den Scherben der zerschlagenen jüdischen Nationalität, an dem Gebrauch der semitischen (aramäischen) Sprache und der jüdischen Sitte festhalten zu müssen glaubten. Diese Gemeinden haben sich durch diesen ihren widergöttlichen Traditionalismus als Nazaräer abgelöst von dem übrigen Leibe der Kirche, sind geistlich verkümmert, und stellen sich auf der letzten Stufe ihrer Verkümmerung als Ebioniten dar. Daß sie in Christo bloß einen zwei= ten Gesetzgeber sahen, erklärt sich aus ihrem gesetzlichen Standpunkte; daß er ihnen vol= lends zum bloßen Menschen zusammenschrumpfte, wird dadurch doppelt begreiflich, daß sie sich allein des (aramäischen) Matthäus bedienten, in welchem die Aussagen Christi von seiner Gottheit zurücktreten. Daß diese Richtung schon zu des Johannes Lebzeiten sich soweit entwickelt habe, ist ebensowenig erweislich, als daß Johannes, in Ephesus

lebend, mit ihnen besonders zu kämpfen gehabt habe, und eine „Polemik gegen Ebionitismus" (das Wort Polemik im gewöhnlichen Sinne genommen) wird man darum
freilich im Evangelium Johannis nicht zu finden erwarten dürfen*). Möglicherweise
aber konnte jene Ablösung nazaräischer Gemeinden von dem lebendigen Leibe der Ge-
sammtgemeinde (ein Ereigniß, welches dem Apostel nicht unbekannt gewesen seyn kann)
seinem Seherblick (denn einen solchen hatte er schon der Begabung nach) sofort ent-
hüllen, zu welchen geistlichen Gefahren jene Selbstbeschränkung und Selbstverkümmerung
nothwendig führen müsse, und so konnte er in jenen Erscheinungen allerdings einen
Weckruf sehen, der ihm sagte, daß es jetzt an der Zeit sey, mit seinem Zeugniß von der
(durch Christi Worte und Thaten bezeugten) ewigen Gottessohnschaft Christi
hervorzutreten, um mittelst dieses Zeugnisses aller ebionitischen und ebionitischartigen
häretischen Abirrung **) von der Wahrheit für alle Folgezeit ein für allemal ein
Bollwerk entgegenzustellen. Es war die eine Wurzel aller Häresie in ihren ersten
leisen Anfängen aufgetreten, und schon sie allein konnte ihn möglicherweise bewegen,
ihr mit seinem Evangelium entgegenzutreten.

Gleichzeitig mit jener einen trat aber eine zweite Wurzel der Häresie auf: der
Gnosticismus. Eine im Prinzip heidnische Speculation bemächtigte sich christlicher
Lehrsätze, ohne im christlichen Glauben zu stehen; nicht nach Versöhnung mit Gott
und Heiligung, sondern nur nach „γνῶσις," d. h. Enthüllung der der Erkenntniß sich
bietenden Grundräthsel verlangend, und hiezu ahnungsreiche christliche Lehrsätze benützend,
verzerrte und verdrehte sie dieselben, ward aber um so gefährlicher, als sie den Schein
einer tieferen, als gewöhnlichen, Erfassung des Christenthums darbot, und zugleich einem
wirklich im Christenthum vorhandenen und mit demselben gegebenen Bedürfniß — dem
Verlangen nach γνῶσις im guten Sinn — Befriedigung vorspiegelte. Der erste bedeutende Irrlehrer dieser Art war Cerinth. Dieser lehrte (Iren. haer. 1, 26 sq. vgl.
Euseb. 3, 28), die Welt sey nicht von dem höchsten Gott, sondern von einer von Gott
weit abstehenden Kraft hervorgebracht; Jesus sey ein Sohn Josephs und der
Maria gewesen; mit ihm habe sich bei der Taufe der Aeon Christus ver-
verbunden, und ihn angeleitet, den Menschen den höchsten, bis daher ihnen unbekannten Gott kennen zu lehren; vor seinem Leiden habe der Christus ihn wieder verlassen;
der bloße Mensch Jesus habe gelitten. Eine verwandte, noch ältere häretische Richtung
war (nach Iren. 3, 11.) die der „Nikolaiten" (Offenb. 2, 15.) von der jedoch auch Irenäus nichts weiter als das Offenb. 2. gesagte zu kennen scheint. Nun haben zu des Irenäus Zeit die Männer (wie dies aus den Worten εἰσὶν οἱ ἀκηκοότες 3, 3 hervorgeht)
noch gelebt, welche aus dem Munde des Polykarpes, des Schülers Johannis, jenen Zug
von dem Zusammentreffen des Apostels mit Cerinth im Bade vernommen hatten. Das
also steht, wenn man nicht hyperkritisch alle, auch die glaubwürdigste Ueberlieferung über
Bord werfen will, geschichtlich fest, daß Johannes mit der cerinthischen

---

*) Hieronymus, Epiphanius und später Hugo Grotius glaubten eine solche
Polemik im Evangelium Johannis zu finden.

**) Die Ansicht, daß auch durch die Existenz von Johannisjüngergemeinden Johannes
eine Anschauung ebionitischer Verirrung erhalten habe (Hug Einl. II. §. 52.) ist nicht so gar
weit wegzuwerfen, wie Luthardt (S. 222) dies thut. Mit Recht sagt Lücke (Comm. S. 223)
„Die etwas stark accentuirten Stellen 1, 8 und 20 scheinen die letzte Ansicht zu begünstigen,"
daß es sich um einen Gegensatz gegen bestimmte Irrthümer handle. Wenn irgendwo geschrieben stünde: „Christus war nicht der Vater, sondern der Sohn des Vaters": wer würde dann
wohl sagen, es solle hier nur die Bedeutung oder Hoheit Christi hervorgehoben werden; wer
würde die deutliche Negation eines patripassianischen Irrthums verkennen wollen? — Dazu
kommt noch, daß Apg. 18, 24 ff.; 19. 1 ff. gerade Ephesus als ein Sitz einer Genossenschaft
von Johannisjüngern erscheint, und wenn auch keine Beweise vorliegen, daß diese Genossenschaft
sich auf fernere Jahrzehnte hinaus erhalten und bis zur bewußten Leugnung der Gottheit Christi
verschlimmert habe, so liegt doch noch viel weniger ein Gegenbeweis vor.

Gnosis zu kämpfen hatte, und gerade diese Gestalt des Gnosticismus enthielt ebensowohl ebionitische wie doketische Elemente, nämlich einen ebionitischen Menschen Jesus neben einem doketischen Aeon Christus. Ebenso wird kein Vernünftiger leugnen können, daß es eine schlagendere und siegreichere Bekämpfung dieser gnostischen Häresie nicht geben konnte, als jene, welche in den von Johannes uns überlieferten Aussprüchen des Herrn selbst über seine Präexistenz und ewige Gottheit, so wie in dem Zeugniß des Johannes, daß der Vater durch das Wort alle Dinge geschaffen habe, in der That liegt. (Man halte nur mit jener Lehre des Cerinth die Stellen Joh. 1, 3 und 14 und 33—34 und 49; Kap. 3, 13 und 14; 5, 23 und 26; 6, 51 und 62; 8, 58; 13, 23 ff. 17, 1—2 und 16 und 19; 18, 6 und 11 und 37 aufmerksam zusammen!) Da man sich nun schwerlich zu der Behauptung wird entschließen wollen, daß Johannes, welcher mit Cerinths Irrlehre notorisch zu kämpfen gehabt hat, und notorisch die Identität Jesu und des Sohnes Gottes und die Fleischwerdung Christi (1 Joh. 4, 2—3.; 5, 5.) für den Eckstein der christlichen Lehre und für die Markscheide zwischen Christenthum und Antichristenthum erklärt hat — daß dieser Johannes alle jene Aussprüche Christi niedergeschrieben habe ohne das Bewußtseyn, welche widerlegende Kraft gegen die cerinthische Gnosis in denselben liege, so wird nichts anderes übrig bleiben als zuzugeben, daß Johannes mit Bewußtseyn jene Aussprüche geschrieben habe. Dann hat er sie aber auch mit Willen geschrieben; denn wer da weiß, welchen Effekt sein Thun habe, und dasselbe thut, der will oder beabsichtigt eben diesen Effekt. So war es also allerdings und vornehmlich das Auftreten der cerinthischen Gnosis, welche den Apostel erkennen ließ, daß jetzt die Stunde gekommen sey, jenen ihm eigenthümlichen Schatz von Erinnerungen aus Jesu Leben der keimenden Lüge als ein Zeugniß zu ihrer Bekämpfung öffentlich entgegenzustellen. Oder mit anderen Worten: daß jetzt die Stunde gekommen, wo er seine ganze eigenthümliche Begabung sollte fruchtbar werden lassen in eigenthümlichem Beruf und Wirken, fruchtbar nicht bloß zum Heile des Augenblicks, sondern zur Einfügung des letzten Schlußsteins apostolischer Wirksamkeit, zur Vollendung der göttlichen norma credendorum für alle folgende Zeiten der christlichen Kirche.

Nicht eine disparate Vielheit auseinander fallender Einzelzwecke war es daher, wenn Johannes mit seinem Evangelium so der ebionirenden, wie der gnostischen Grundwurzel aller Häresie mit seinem Zeugniß entgegentrat, und zugleich äußerlich und innerlich die Synoptiker ergänzte, sondern es war ein einheitliches Motiv, welches Johannes zur Niederschreibung seines Evangeliums bewog (nämlich zur Erkenntniß, daß er alles dasjenige in sich bereits trage, was zur Bekämpfung der Grundwurzel aller Häresie gehöre, kam die Einsicht, daß es jetzt nothwendig sey, mit jener Fülle hervorzutreten) und es war ein einheitliches Mittel, wodurch jene verschiedenen Bedürfnisse, wie sie damals sich aufthaten, von selbst alle mit einander befriedigt wurden. War das an sich berechtigte Streben nach Gnosis einmal — von kranker Seite her — geweckt, so durfte dasselbe nicht ignorirt noch plump zurückgewiesen, sondern mußte befriedigt, aber auf die richtige Art befriedigt werden; es mußte gezeigt werden, wie nicht in der eitlen Wissensgier und vom Glauben abgelösten philosophischen Grübelei, sondern umgekehrt gerade im Glauben die wahre γνῶσις wurzle und dem Kindesglauben die wahren Tiefen seliger Erkenntniß und seligen Einblicks in die tiefsten Geheimnisse sich erschließen (und darum betont Johannes so oft den Glauben, und will „zum Glauben, daß Jesus sey der Christ, der Sohn Gottes“ Joh. 20, 31. seine Leser führen). Das Material, welches Johannes zu diesem Zwecke verarbeitete, war ein solches, welches er willkürlich erst zusammenzusuchen gehabt hätte; er selbst war seiner ursprünglichen Begabung nach schon darauf angelegt, daß bereits bei Jesu Lebzeiten auf Erden in ihm vornehmlich dasjenige gehaftet hatte, was jetzt zum Zeugniß wider die Wurzeln aller Häresie diente. Weil Johannes seiner Person nach die andern Jünger ergänzte, darum hat ganz von selbst auch seine Schrift die Schriften der Synoptiker ergänzt.

Vor allem innerlich. Den Lehrsätzen der Lügenspeculation, welche den Jesus und den Christus auseinander riß, hatte er jene Aussprüche und Reden Jesu Christi über seine ewige Einheit mit' dem Vater und seine Präexistenz beim Vater und über die Verklä= rung des Vaters in seinem Leiden, die Dahingabe des Himmelsbrodes in den Tod, entgegenzustellen. Dem todten Streben nach Gnosis ohne Heiligung hatte er die Reden des Herrn über das mystische Leben des Hauptes in den Gliedern (Joh. 6; 15 u. a.) entgegenzustellen. Daß hiebei die Synoptiker auch äußerlich ergänzt wurden, machte sich wiederum von selbst, da die Mehrzahl jener Reden auf Festreisen, zu Jerusalem ge= sprochen worden waren. Und so lag es ihm endlich nahe genug, seine Schrift so ein= zurichten, daß auch noch der (ebenfalls auf Ergänzung gerichtete) Nebenzweck einer chronologischen Darstellung erreicht ward.

Der entscheidendste Beweis für diese (im guten Sinn) pragmatische und plan= mäßige (und bei der Einheit des Zwecks eine Vielheit der Rücksichten zulassende) Na= tur des Evangeliums liegt, wie gesagt, in den Worten Joh. 20, 31., wo der Evangelist selbst seinen Zweck offen angibt, nämlich nicht (wie Luthardt will) „daß ihr glau= bet," sondern: „daß ihr glaubet, daß Jesus sey der Christ, der Sohn Got= tes," welches die klarste und schärfste Antithese gegen Cerinth ist, welche sich nur den= ken läßt.

Ein weiterer Beleg dafür liegt aber auch im ersten Briefe Johannis. Die durchgreifende Verwandtschaft dieses Briefes mit dem Evangelium in Sprache, Styl, Ton, Begriffen und Redensarten ist allgemein anerkannt und zugestanden*); dazu kommt aber noch die weitere merkwürdige Erscheinung, daß Johannes in seinem ersten Briefe, nament= lich Kap. 2', 12—14. in sechsmaliger Wiederholung von dem Zwecke spricht, zu wel= chem er schreibe und geschrieben habe — bevor er noch etwas Substantielles ge= schrieben hat! Denn Kap. 1, 1 ff. findet sich nur eine Ankündigung, daß er das, was er gehört, mit Augen geschaut, mit Händen betastet habe, das, was den λόγος τῆς ζωῆς betreffe, verkündigen, und dieses (den Brief) schreiben wolle, damit die Freude der Leser vollkommen sey. Nach einer wirklichen Verkündigung dessen, was er geschaut und betastet hatte, sieht man sich aber im Briefe vergeblich um. Sofort V. 4 gibt er als Inhalt seiner ἐπαγγελία dies an, „daß Gott Licht ist," und knüpft daran praktische Folgerungen. Dann beginnt alsbald im zweiten Kapitel jene wiederholte Aus= einandersetzung des Zweckes warum er schreibe und geschrieben habe. Fast unwill= kürlich sieht man sich zu der Annahme gedrängt, daß dies „Schreiben und geschrieben= haben," wovon er im Briefe als von einem objektiv ihm vor Augen stehenden redet, nicht der Brief selbst, sondern eine selbständig neben demselben stehende Schrift sey, d. h. mit andern Worten, daß der Brief ein Begleitschreiben zum Evangelium ge= wesen. Denn in diesem hat er ja in der That verkündigt, was er gesehen und mit Augen geschaut und mit Händen betastet hatte; alles verkündigt, was zu verkündigen war von jenem Worte, das kein Wort todter Theorie und Speculation, sondern das Offen= barungswort Gottes des lebendigen und lichten an die sündige Menschheit — und darum ein Wort des Lebens — Leben schaffend und weckend und selber ein lebendiges persön= liches Wort war. Daß sich diese von Hug (Theil II. S. 251) Lange und mir ver= tretene Ansicht nicht zwingend beweisen lasse, mag zugegeben werden, allein noch weniger läßt sich ein stringenter Gegenbeweis führen. Der ganze Brief wird erst recht lebendig und verständlich, wenn er Begleitschreiben zum Evangelium war. Mag er nun aber Be= gleitschreiben zu dem Evangelium gewesen seyn (welches nach Theophylakt und allen moskow. codd. zu Patmos, nach mehreren Scholien 32 Jahre nach Christi Tod, also 95 aer. Dion., was wieder nach Patmos führt, geschrieben, nach dem anonymen Autor der dem Athanasius beigedruckten Synopse, sowie nach Dorotheus von Thyrus in Pat= mos geschrieben, und in Ephesus durch Gajus edirt worden ist, womit sich alsdann die

---

*) Vgl. Credner's Einl. S. 223 ff. und meine Krit. der ev. Gesch. Aufl. 2. S. 836 f.

Nachricht des Irenäus 3, 1.; Euseb. 5, 8., Ἰωάννης ἔδωκε τὸ εὐαγγέλιον, ἐν Ἐφέσῳ τῆς Ἀσίας διατρίβων, wohl vereinigen läßt), oder mag der Brief in keiner näheren Verknüpfung mit dem Evangelium gestanden haben: so viel geht mit Sicherheit aus 1 Joh. 4, 2 f. hervor, daß der Apostel gegen solche zu kämpfen hatte, welche leugneten, daß Jesus der Christ sey. Und um zu dem Glauben zu führen, daß Jesus der Christ sey, hat er sein Evangelium geschrieben (Ev. Joh. 20, 31.).

Bildet das Evangelium Johannis sammt dem ersten Briefe den einen Haupttheil des literarischen Nachlasses des Apostels, so steht als der andere Haupttheil die Apokalypse da. Sie verhält sich zum Evangelium Johannis gerade so, wie die Apostel= geschichte zum Evangelium Lucä *).

So stellt sich, positiv und thetisch betrachtet, das Leben, Wirken und die schrift= stellerische Thätigkeit des Apostels Johannes als Eine, in sich geschlossene, organische, harmo= nische Einheit dar. Es liegt in dieser Congruenz und Harmonie ein Beweis der Evidenz für die Aechtheit der bisher genannten drei johanneischen Hauptschriften, welcher mächtiger und überzeugender ist, als analytisch=kritische Beweisführungen nur je seyn können. Aber auch an äußeren Beweisen für das Alter und die Aechtheit dieser Schrif= ten fehlt es so wenig, daß vielmehr kein Buch des gesammten Alterthums so gewaltig bezeugt ist, wie diese drei Schriften. Was vor Allem die Apokalypse betrifft, so wird davon in dem diesem Buche gewidmeten Artikel die Rede seyn.

Entscheidend sind die Zeugnisse für die Aechtheit des Evangeliums und des ersten Briefes. Da sich der Verfasser als einen Augenzeugen des Lebens Jesu bezeichnet (1, 14. vgl. 1 Joh. 1, 1.), so bliebe hier ohnehin nur die Wahl zwischen Aechtheit und geflissentlichem, bewußtem Betrug. Nimmt man dazu, daß der Autor es überall absichtlich zu vermeiden scheint, die Söhne Zebedäi zu nennen (1, 35. und 42; 13, 23; 18, 15; 19, 26; 20, 2.), daß er sich constant bezeichnet als »den Jünger, wel= chen der Herr lieb hatte« (denn daß er damit einen der drei bevorzugten Jünger meint, geht aus Joh. 13, 23; 19, 26., daß er nicht den Petrus, sondern einen der Zebedäiden meint, aus Joh. 20, 2., daß der eine Zebedäide, welcher das Ev. verfaßt hätte, nicht Jakobus seyn kann, aus Apg. 12, 2. hervor) — daß er, während er die beiden Judas stets sorgfältig unterscheidet (12, 4; 13, 26; 14, 22.), auch dem Thomas stets seinen Beinamen gibt (11, 16; 20, 24; 21, 2.), dagegen Johannes den Täufer stets nur Ἰω= άννης nennt — so erklärt sich dies Alles (Credner S. 210) daraus, daß der Apostel Johannes selbst der Schreibende war.

An diese eigene, indirekte Aussage des Evangeliums schließt sich nun eine starke, undurchbrochene Kette von äußeren Zeugnissen. (Vgl. meine Krit. der ev. Gesch. §. 139.) Schon in der Zeit, wo es noch nicht Gewohnheit war, die neutestamentlichen Schriften mit Angabe ihres Titels und ihrer Autoren zu citiren, finden wir eine Masse der un= verkennbarsten Reminiscenzen aus und Anklänge an Johannes. Wenn Ignatius (Philad. 7.) vom »Geiste Gottes« ganz abrupt sagt: οἶδεν γὰρ πόθεν ἔρχεται καὶ ποῦ ὑπάγει, so hat dies nur als Beziehung auf das Joh. 3, 8. vom Wind als einem Bild des heil. Geistes gesagte einen Sinn. In ebenso abrupter Weise, ebenso sichtlicher Rückbeziehung auf Bilder und Aussprüche des Evangeliums Johannis, die er als den Lesern bekannte und geläufige voraussetzt, nennt er anderwärts (Philad. 9, Röm. 7.) Christum »die Thür des Vaters,« das »Brod vom Himmel.« Polykarp (Phil. 7.) citirt geradezu und wörtlich die Stelle 1 Joh. 4, 2 f. Justinus Martyr vollends ist ganz von johanneischen Gedanken, Begriffen und Anschauungen durchdrungen; er be= zeichnet Christum als das ζῶν ὕδωρ, als den λόγος τοῦ θεοῦ, als den μονογενής, er redet von seinem σαρκοποιηθῆναι, von der Wiedergeburt (vgl. Otto, de Justini

---

*) Die Apokalypse des Johannes soll in einem besondern Artikel, Offenbarung Jo= hannis, behandelt werden. Anm. d. Red.

martyris scriptis et doctrina, Jena 1841) und bezieht sich hin und wieder auf einzelne bestimmte Stellen des Evangeliums (namentlich auf Joh. 14, 2—3.) zurück.

Marcions Polemik gegen das Evangelium Johannis (Tert. adv. Marc. 6, 3.) beweist, daß damals dasselbe von den Katholikern als ächt und kanonisch anerkannt war. Valentinus wagte nicht mehr, diese Aechtheit in Zweifel zu ziehen, sondern suchte durch allegorische Auslegung ein gnostisches System aus dem Evangelium Johannis herauszudeuteln (Tert. de praescr. haer. 38; Iren. 3, 11, 7) und sein Schüler Herakleon hat sogar in diesem Sinne einen Commentar über das Evangelium geschrieben, von welchem Origenes uns zahlreiche Fragmente aufbehalten hat (siehe Iren. opp. ed. Massuet. Paris 1710, tom. I. pag. 362—376). Theodotus citirt die Stellen Joh. 1, 9; 6, 51; 8, 56 u. a. Ptolemäus (ad Floram) die Stelle Joh. 1, 3. Daß die Montanisten das Evangelium Joh. als apostolische Schrift anerkannten, ergibt sich daraus, daß Tatian nicht allein die Stellen Joh. 1, 3 u. 5. wörtlich citirt, sondern auch die vier kirchlich recipirten Evangelien in eine Evangelienharmonie (Diatessaron) verarbeitet hat (Euseb. 4, 29; Epiph. haer. 46), welche (nach dem Zeugniß des Barsalibi, der dieselbe in syrischer Uebersetzung vor sich hatte) mit der Stelle Joh. 1, 1 ff. anfing. Ebenso hat auch Theophilus von Antiochien (um 169) einen Commentar über die vier kanonischen Evangelien geschrieben, den Hieronymus (ep. 53, vir. ill. 25) selbst gelesen hat.

Auch der Heide Celsus hat vier Evangelien gekannt, und (II, 59) die Vorzeigung der Nägelmahle Jesu, die nur von Johannes berichtet wird, erwähnt.

Jener Theophilus citirt (ad Autol. 2, 22.) das Evangelium Johannis auch bereits mit Nennung des Namens. An ihn schließt sich dann Irenäus (3, 1.), welcher nicht allein aus der Tradition des Polykarpus die Aechtheit des Evangeliums bezeugt, sondern dasselbe auch ganze Seiten-weise citirt.

Daran reihen sich nun noch drei andere Beweise. Erstlich das Zeugniß des Hippolyt in dem, auf dem Berg Athos aufgefundenen, von Miller edirten, von Bunsen kritisch untersuchten, von ihm, Gieseler u. a. als hippolytisch anerkannten Buche περὶ πασῶν αἱρέσεων*). Zweitens das berühmte Fragment des Apolinarius, worin er gegen die Quartodecimaner sagt: καὶ λέγουσιν, ὅτι τῇ ιδ' τὸ πρόβατον μετὰ τῶν μαθητῶν ἔφαγεν ὁ κύριος, τῇ δὲ μεγάλῃ ἡμέρᾳ τῶν ἀζύμων αὐτὸς ἔπαθεν, καὶ διηγοῦνται Ματθαῖον οὕτω λέγειν ὡς νενόηκασιν· ὅθεν ἀσύμφωνός τε νόμῳ ἡ νόησις αὐτῶν, καὶ ςασιάζειν δοκεῖ κατ' αὐτοὺς τὰ εὐαγγέλια. Die Evangelien, welche mit einander zu streiten, einander zu widersprechen scheinen, können nur die Synoptiker einerseits und Johannes andrerseits seyn. Ein Beweis, daß in der zweiten Hälfte des zweiten Jahrhunderts das Evangelium Johannis eine in der ganzen christlichen Kirche verbreitete, als ächt und kanonisch recipirte Schrift war. Drittens endlich hat schon Papias (Euseb. 3, 39.) den ersten Brief Johannis, der ja unbezweifelbar gleichen Ursprungs mit dem Evangelium ist, bereits gekannt und citirt (κέχρηται δ' ὁ αὐτὸς μαρτυρίας ἀπὸ τῆς προτέρας Ἰωάννου ἐπιςολῆς).

Die Gesammtheit dieser Thatsachen, welche nicht bloß in ihrer Vereinzelung und Menge, sondern auch in ihrer Gesammtheit gewürdigt seyn wollen, läßt sich unter der Voraussetzung, daß das Evangelium Johannis erst nach Johannes Tode, im zweiten Jahrhundert, von einem Betrüger, verfaßt worden wäre, schlechterdings nicht erklären. Bereits fünf bis sechs Jahrzehnte nach dem Tode des Apostels finden wir dies Evangelium als anerkannten, theuern, hochgehaltenen Gemeinbesitz der soweit über den orbis verstreuten Christenheit, und Niemand steht mit größerer Energie für die Heiligkeit und apostolische Autorität der johanneischen Schriften ein, als der Kreis, welcher um den Apostel her und unter den Nachwirkungen seines Einflusses sich gebildet hatte, und aus welchem die Namen Polykarpus und Irenäus hervorragen.

---

*) Insbesondere Buch V. und VI., womit Buch X. Kap. 32 ff. zu vergleichen ist.

Erst sehr spät und schüchtern hat daher die corrosive Kritik in der Zeit des Ratio= nalismus sich an die johanneischen Schriften gewagt. Im Allgemeinen begegnet uns die seltsame Erscheinung, daß in der frühern Periode der Zweifel sich im Allgemeinen weit mehr gegen die Apokalypse als gegen das Evangelium richtete*), während die Tübinger= Schule umgekehrt von der als ächt angenommenen Apokalypse aus ihre Angriffe gegen das Evangelium richtete. Beides geschah unter der Voraussetzung, daß die Apokalypse an Sprache und Geist so grundverschieden von dem Evangelium (und ersten Briefe) sey, daß beide unmöglich den gleichen Verfasser haben könnten.

Wie jedoch der Geist des Autors in beiden Schriften der gleiche ist, wie unter allen neutestamentlichen Autoren der Evangelist Johannes allein die innere Befähigung hatte, eine solche Offenbarung zu empfangen, wie diese Offenbarung auf's Innerlichste dem Evangelium und Briefe wesensverwandt ist, das ist oben bereits positiv gezeigt wor= den; ebenso daß der Ausspruch des Polykrates von dem πέταλον nicht (wie Lücke wollte) auf den Presbyter Johannes führt, sondern gerade die Identität des Apostels mit dem Apokalyptiker bezeugt. Was aber die (schon von Dion. Alex. bemerkte) sprach= liche Verschiedenheit betrifft, so habe ich gegen Hitzig, der die Apokalypse dem Evange= listen Johannes Markus zuweisen wollte**), den Beweis geführt***), daß der größte Theil jener auffallenderen Hebraismen, welche der Apokalypse und dem Evangelium Marci gemeinsam sind, sich auch im Evangelium Johannis wiederfinden; ferner, daß der klei= nere Rest derselben, welcher im Evangelium Johannis sich nicht widerfindet, darin seine Erklärung findet, daß der Autor in der Apokalypse ganz im Geist und in der Art der alttestamentlichen Prophetensprache und daher hebraisirender, als es im gewöhnlichen Leben seine Gewohnheit war, geschrieben hat; während er hingegen im Evangelium und ersten Briefe sich sichtlich Mühe gibt, so gut griechisch (für seine ephesinischen Leser) zu schreiben, als er es nur immer im Stande war; (daher er hier zuweilen gutgriechische Constructionen anfängt, dann aber unwillkürlich wieder aus denselben herausfällt) so daß man sagen kann, er habe in der Apokalypse hebraisirender, im Evangelium weniger hebrai= sirend geschrieben, als er im gewöhnlichen Leben zu sprechen gewohnt war. Dazu kömmt, daß das Evangelium Johannis auch noch in anderen stylistischen Eigenthümlichkeiten, Redensarten und Begriffen mit der Apokalypse zusammentrifft, sich dagegen von Markus entfernt. — Daß die Apokalypse bestimmte Personen (wie Christum, andrerseits den Satan) mit Bildern bezeichnet, hat seinen natürlichen und zureichenden Grund darin, daß in ihr Visionen erzählt werden, und führt auf keine Verschiedenheit des Verfassers. Daß der (fälschlich sogenannte) "Lehrbegriff" der Apokalypse dem des Evangeliums in keinem Punkte widerspreche, habe ich (Krit. d. ev. Gesch. S. 861 ff.) ebenfalls dar= gethan.

Ist diese Vorfrage, d. h. näher die volle und unbedingte Möglichkeit der Iden= tität des Ersten mit dem Apokalyptiker festgestellt, so dienen sich die mächtigen geschicht= lichen Zeugnisse für die Aechtheit beider Schriften gegenseitig nur um so mehr zur Stütze.

Aber selbst ohne dies reichen die Zeugnisse für das Evangelium allein aus, dessen Alter und Aechtheit festzustellen, und in der That ist dasselbe bisher aus allen kritischen Kämpfen stets siegreich hervorgegangen. Die Angriffe von Evanson (dissonance of the four generally received Evangelists 1792), Eckermann (theol. Beitr. 1795), Schmidt (Bibl. für Krit. u. Exegese II, 1.) wurden durch Priestley (lettres to a young man), Simpson (an essay on the authenticity etc. 1793), Storr und Süß=

---

*) De Wette, Credner, Lücke und Ewald behaupteten, daß die Apokalypse nicht von dem Verfasser des Evangeliums herrühren könne; Bleek und Credner schrieben sie dem Presbyter Johannes zu.

**) Hitzig über Joh. Markus und seine Schriften 1843.

***) Ebrard, das Ev. Joh. und die neuste Hypothese über seine Entstehung, Zürich 1845. S. 141—187. Krit. der ev. Gesch. Aufl 2. S. 867—870.

kind — der gemeinere Angriff des frivolen Wunsiedler Vogel (der Evst. Joh. vor dem
jüngsten Gericht 1801) durch Süßkind und Schlecker, die Angriffe von Horst, Cludius und Ballenstedt durch Süßkind, Nölbecke, Wegscheider, Eichhorn u. a.
siegreich zurückgewiesen. Bretschneider hat seine Zweifel (probabilia de ev. et epist.
Joannis apostoli indole et origine Lips. 1820) auf die Entgegnungen von Stein,
Usteri, Hemsen, Crome und Rettberg selbst (in Tzschirner's Predigermag. II, 2.
S. 154 f.) zurückgenommen. Nachdem sodann in neuerer Zeit Weiße und Schweizer
statt der Authentie bloß die Integrität des Evangeliums Johannis angegriffen hatten,
traten Lützelberger (die kirchliche Tradition über den Apostel Johannis und seine
Schriften. Leipzig 1840) und Schwegler (über den Montanismus und die christliche
Kirche des 2. Jahrhunderts. Tüb. 1841) secundirt von Baur und Zeller, mit ihren
Angriffen hervor, freilich nur um den dankenswerthen Beweis zu liefern, daß man, um
die Aechtheit des Evangeliums Johannis erfolgreich bestreiten zu können,
erst die ganze Kirchen= und Literaturgeschichte der zwei ersten christlichen
Jahrhunderte über den Haufen werfen und das unterste zu oberst kehren
müsse. Die nähere Darlegung des wahrhaft romantischen Hypothesengewebes, auf welchem die Conjektur sich aufbaut, daß das Evangelium Johannes im 2. Jahrh. von einem
geschickten Betrüger zur Versöhnung der bis dahin feindlich getrennten Judenchristen und
Heidenchristen fabricirt worden sey, gehört nicht hieher *).

Daß die beiden kleinen Briefe, der zweite und dritte, nur in einzelnen Theilen der
christlichen Urkirche Aufnahme in die gottesdienstlichen Leseverzeichnisse (canones)
fanden, ist bei ihrem individuellen und occasionalen Inhalte begreiflich. So stellten sie
sich, als man anfing, die traditionellen Bücherverzeichnisse der einzelnen Kirchen zu vergleichen, als „ἀντιλεγόμενα" heraus. Dieser Umstand spricht durchaus noch nicht gegen
ihre Aechtheit. Da sich aber als Autor „ὁ πρεσβύτερος" nennt, und da es notorisch
einen vom Apostel Johannes unterschiedenen anderen Johannes gegeben hat, der recht
eigentlich unter dem Namen ὁ πρεσβύτερος bekannt war (Papias bei Euf. 3, 39.,
Dionysius bei Euf. 7, 25.), so liegt die Vermuthung nahe, daß jene beiden Briefe ihm
angehören, wie das schon im hohen Alterthum die Ansicht Vieler war. (Euseb. 3, 25:
καὶ ἡ ὀνομαζομένη δευτέρα καὶ τρίτη Ἰωάννου, εἴτε τοῦ εὐαγγελιστοῦ τυγχάνου-
σαι, εἴτε καὶ ἑτέρου ὁμωνύμου ἐκείνῳ. Die von manchen behauptete stylistische Aehnlichkeit beider Briefe mit den ersten Briefe Johannis entscheidet nicht dagegen; denn sie
reducirt sich, bei Lichte besehen, auf drei Citate aus 1 Joh. (2 Joh. 5—6. vgl. mit
1 Joh. 5, 3.; 2 Joh. 7. vgl. mit 1 Joh. 4, 1 ff.; 3 Joh. 11 vgl. mit 1 Joh. 3, 6.)
die ganz gleichartig sind mit den Citaten aus den paulinischen Briefen (2 Joh. 3 und 8
und 3 Joh. 6 und 7 und 8 und 15), und diese Citate oder Anspielungen sind nur neue
Belege für die Aechtheit und das Alter des ersten Briefes. Daß der Apostel Johannes einen solchen Widerspruch (nicht der Lehre, sondern der Autorität) erfahren haben
sollte, wie dies 3 Joh. 9. geschildert wird, ist ebenfalls nicht wahrscheinlich, während
dies dem Presbyter Johannes gegenüber nichts so sehr Auffallendes hat. Immerhin
empfiehlt sich daher die Annahme als die wahrscheinlichste, daß 2 u. 3 Joh. vom Pres=
byter Johannes herrühren.

Wie dann diese beiden Briefe ein uraltes Zeugniß für die Aechtheit des ersten Briefes sowie des Evangeliums (vgl. 3 Joh. 12. mit Ev. Joh. 19, 35.) enthalten, so enthält der Anhang des Evangeliums (Joh. 21) einen eben solchen Beweis. Dies Kapitel ist nach B. 24 sowie nach dem ganzen Style und der Behandlung von dem Apostel
selbst verfaßt, der es aber nicht sogleich anfangs seinem Evangelium beifügte. Erst dann
als er auch der Offenbarung gewürdigt worden, und als hiedurch klar geworden,
was der Herr gemeint mit jenem räthselhaften Worte, „er solle bleiben, bis daß Er
komme," (daß er nämlich im Gesichte kommen und ihm erscheinen werde, so, daß Johan-

---

*) Näheres darüber findet man in meiner Krit. d. ev. Gesch. Aufl. 2. S. 16 ff.

nes noch auf Erden lebend Christi Kommen zum Gericht — Offenb. 22, 20. —
mit prophetischem Auge schauen werde) erst dann wurde diese selbständige Aufzeichnung
dem Evangelium beigefügt, ohne Zweifel vom Presbyter Johannes (vgl. Joh. 21, 24.
mit 3 Joh. 12.) schwerlich vom Apostel selbst (wo dann der Zusatz καὶ οἴδαμεν ὅτι
ἀληθής ἐστιν ἡ μαρτυρία αὐτοῦ gewiß nicht nachträglich noch beigefügt worden wäre).
Der Hinzufügende bezeugte die Autorschaft des Johannes, und da das 21. Kap. in kei=
ner Handschrift fehlt, so muß jene Hinzufügung ganz kurze Zeit nach der Abfassung des
Evangeliums, und jedenfalls früher geschehen seyn, als dasselbe in weiteren Kreisen (außer=
halb Ephesus) Verbreitung fand.   Dr. Ebrard.

Johann von Avila (Juan de Avila), der Apostel Andalusiens im 16. Jahrhun=
dert, wurde zu Almodovar del Campo, einer kleinen Stadt im Erzbisthum Toledo um
1500 geboren, und von seiner frommen Mutter, die ihn nach langer Unfruchtbarkeit als
eine Gebetserhörung empfing, dem Dienste des Herrn geweiht. Als Juan 14 Jahre
alt war, sandte ihn sein Vater auf die Universität Salamanca, damit er die Rechte
studire. Da aber der Sohn diesem Studium keinen Geschmack abgewinnen konnte, kehrte
er bald nach Hause zurück und brachte daselbst drei Jahre in strengen ascetischen Uebungen
zu. Ein durchreisender Franziskaner gab den Eltern den Rath, den hoffnungsvollen
Sohn zum Studium der Philosophie und Theologie nach Alcala de Henares abzusenden.
Der Rath wurde befolgt und Juan hatte zum Lehrer der Philosophie Domingo de Soto,
der seinen Schüler vorzugsweise liebte. Ehe Juan seine Studien vollendet hatte, starben
seine Eltern und so dachte Juan nach empfangener Weihe zuerst daran, nach Indien als
Missionär auszuwandern: aber der Erzbischof von Sevilla erhielt ihn seinem Vaterlande,
und von nun an trat Juan als feuriger, beredter Prediger in der ganzen Provinz auf.
In Folge des großen Zulaufs, welchen seine Predigten, die gewöhnlich zwei Stunden
lang dauerten, fanden, ward der Neid gegen ihn geschäftig, und er ward bei der Inqui=
sition verklagt, daß er in seinen öffentlichen Vorträgen die Gefahren des Reichthums in
zu grellen Farben schildern und den Reichen die Pforte des Himmels verschließe. Mit
freudigem Gottvertrauen harrte er im Kerker aus, bis seine Unschuld erkannt und er
freigelassen wurde. Nachdem er neun Jahre lang als apostolischer Prediger Andalusien
durchzogen hatte, predigte er auch in Cordova, Granada, Baeza, Montilla u. s. w. Seine
Predigten waren überaus bilderreich und zumeist der Verherrlichung der Jungfrau Maria ge=
widmet. Maria ist ihm die Morgenröthe, die Mittlerin zwischen dem Dunkel der Nacht
und dem Licht der Sonne; der Mond, denn wie dieser unter den Wandelsternen uns am
nächsten ist, so ist Maria uns zur wahren Mutter geworden; die Sonne, denn sie ist
jenes sonnenbekleidete Weib, welches der hl. Johannes gesehen. Louis de Munnoz be=
merkt über seine Predigten: »oft möchte man glauben, seine Homilien seyen eine Ueber=
setzung irgend eines homiletischen Werks der ältesten Kirchenväter: so ähnlich ist seine
Anschauungsweise, Sprache und Darstellung jener der Kirchenlehrer.« Wir besitzen von
ihm Sermones del santisimo sacramento (2 Bde.), de la incarnacion del Hijo de Dios,
del espiritu santo, las festividades de la santisima virgen Maria. In Folge des hohen
Rufes seiner Gelehrsamkeit und Beredsamkeit bot ihm der Erzbischof Gaspar de Avalos
die Würde eines Kanonikus in Granada an; Philipp II. wollte ihn zum Bischof von
Segovia und hierauf zum Erzbischof von Granada erheben; ja, Pabst Paul III. gedachte
ihn mit dem Purpur zu schmücken. Aber Juan schlug alle diese Anerbietungen aus und
zog sein Wanderleben als Reiseprediger vor. Da er die Grundlage zur Sittlichung des
Volks und zum Gedeihen seiner Predigten in der Jugenderziehung, in der Errichtung
von Schulen und Knabenseminarien sah, so entstanden durch sein rastloses Streben in
kurzer Zeit die Schulen in Sevilla, Ubeda, Baeza, Granada, Cordova und Montilla.
Das Wirken seiner begeisterten Schüler, die in seine Fußstapfen traten, sollte ihm zum
Troste gereichen, als eine 20jährige Krankheit ihn an Montilla fesselte. Diese Krankheit
war auch der Grund, aus dem er den Erzbischof von Granada nicht zur Kirchenversamm=
lung von Trient begleiten konnte. Nach Montilla zogen sich jetzt Viele, welche ihn als

geistigen Führer erwählten, und aus deren großer Zahl wir nur Johann von Gott, den Stifter der barmherzigen Brüder, den hl. Franz Borgia, den Dominikaner Ludwig von Granada, die Donna Sancha Carillo, Anna, Gräfin von Feria nennen. In dieser Zurückgezogenheit schrieb er auch die reiche, 2 Quartbände umfassende Sammlung seiner in mehrere Sprachen übersetzten Briefe (epistolario espiritual). Er starb zu Montilla den 10. Mai 1569. Luis de Granada beschrieb sein Leben in der Absicht, eine praktische Pastoraltheologie damit zu geben. Vgl. Obras del V. P. M. Luis de Granada (Madrid 1849) T. III p. 451—486. Außerdem erzählen sein Leben Luis Munnoz (Vida del Ven. Varon el Maestro Juan de Avila) und Antonio de Capmany (Teatro historico de la elocuencia espannola). Vgl. Fr. J. Schermer, sämmtliche Werke des ehrwürdigen Juan de Avila, zum ersten Mal aus dem spanischen Original übersetzt. I. Theil (Regensburg 1856). Th. Pressel.

Johannes Buridanus, geb. zu Bethune in Artois, einer der bekanntesten Philosophen des 14. Jahrh., Nominalist, Schüler von Occam, Lehrer an der Universität Paris, wo er, als Mitglied der philosophischen Facultät, mit großem Beifall lehrte. Weder über seine Lebensumstände noch über seine Lehre herrscht völlige Gewißheit. Manches, was von ihm erzählt wird, z. B. seine angeblichen Liebesabenteuer mit der Gemahlin K. Philipps oder mit einer andern französischen Prinzessin (s. Bayle a. a. O.) scheint geradezu in das Gebiet des Mythus zu gehören, Anderes bleibt wenigstens unsicher. Er soll unter Philipp von Valois c. 1348 geblüht, nach andern Angaben schon 1320 oder 1327 das Rectorat der Pariser Universität bekleidet, eine Gesandtschaft an den päbstlichen Stuhl übernommen, später aber, als die Partei der Nominalisten in Paris den Realisten unterlag, Paris verlassen und in Deutschland, wohin er sich begab, zur Gründung der Universität Wien mitgewirkt haben (so erzählt Aventin; vgl. *Bulaeus*, hist. univ. Paris. IV, 996; Bayle a. a. O.; Ritter a. a. O. S. 605 f.). — Seiner ganzen Stellung nach gehört B. weit mehr der Geschichte der Philosophie als der der Theologie an, daher auch hier auf seine Lehre nicht näher eingegangen werden kann. Eine, jedoch nicht ganz genügende Darstellung derselben s. bei Ritter S. 606 ff. Wie Durandus und Occam gehört er derjenigen Periode und Richtung der Scholastik an, in welcher die Grundvoraussetzung des ganzen Scholasticismus, die Einheit von Theologie und Philosophie, von Glauben und Wissen, sich mehr und mehr zu lösen begann, und durch die Selbstverzweiflung der Vernunft an der Lösbarkeit ihrer eignen Probleme durch die nothgedrungene Unterwerfung unter die Auctoritäten theils der Kirche, theils der alten Philosophen, durch eifrige historisch-philologische Erforschung der Alten, wie durch immer stärkeres Hervortreten der praktischen Interessen der Fall der mittelalterlichen Theologie und Philosophie und der Anfang einer neuen Weltanschauung sich vorbereitete. Eigenthümlich ist hiebei dem B. und wohl aus einem Zusammenhang desselben mit Duns Scotus zu erklären, daß er neben den metaphysischen und logischen Fragen insbesondere auch die ethischen und psychologischen mehr als bisher in den Kreis seiner Untersuchung zieht, die betreffenden Schriften des Aristoteles commentirt und besonders mit dem Problem der menschlichen Willensfreiheit sich eingehend beschäftigt. Letztere Untersuchung besonders ist es, wodurch Buridans Name berühmt geworden, obwohl seine Darsteller nicht einmal darüber einig sind, ob er zu den Deterministen oder Indeterministen zu zählen (s. Tennemann und Ritter S. 615). In Wahrheit gehört er weder zu den Einen noch zu den Andern. Auch hier nämlich ist es ihm mehr um die Aufstellung des Problems (utrum sit possibile, quod voluntas, ceteris omnibus eodem modo se habentibus, determinetur aliquando ad unum oppositorum aliquando ad aliud?), um die Einsicht in die Schwierigkeit oder Unmöglichkeit einer theoretischen Lösung, als um die Lösung selbst zu thun. Vielmehr zieht er sich alsbald auf das Gebiet des praktischen Lebens und unter den Schutz der theologischen und philosophischen Auctoritäten zurück: denn nullus debet de via communi recedere propter rationes sibi insolubiles, specialiter in his, quae fidem tangere possunt aut mores. Qui enim credit omnia scire et in nulla opinionum suarum decipi, fatuus est. Eben zur

Verdeutlichung dieſes Problems ſcheint ſich B. des bekannten Gleichniſſes von dem zwi=
ſchen zwei Heuhaufen oder Haberbündeln in der Mitte ſtehenden hungrigen Eſel bedient
zu haben, der entweder verhungern oder indeterminiſtiſch für den einen oder andern
Haufen ſich entſcheiden muß (ſ. *Spinoza*, Eth. II, p. 49 ſchol.). Uebrigens bleibt es
ungewiß, ob dies der urſprüngliche Sinn des bekannten ſprüchwörtlichen Ausdrucks von
»Buridans Eſel« geweſen: Andre erklären ihn anders, ſ. darüber die ausführlichen Er=
örterungen von Bayle a. a. O. — Buridanus ſchrieb Commentare über die ariſtoteliſche
Politik, Ethik, Phyſik, Metaphyſik, Logik, auch eine Schrift super summulas, wie es
ſcheint ein philoſ. Compendium. Geſammtausg. Paris 1500, 1516 u. 1518; die
Comment. zur Ethik und Politik einzeln Oxford 1637 u. 40, zur Logik und Metaphyſik
London 1641 ſ. *Fabricius* bibl. lat. med. aevi; Jöcher, Gel.Lex., Bayle, dict. I.,
S. 708 ff.; Tennemann, Geſch. der Philoſ. Bd. VIII.; Ritter, Geſch. der chr. Ph.
IV. S. 604 ff.   **Wagenmann.**

Johannes v. Capiſtran, ſ. Capiſtran.

Johannes Caſſianus, ſ. Caſſianus.

Johannes Chryſoſtomus, ſ. Chryſoſtomus.

Johannes von Damaskus (bei den Arabern Mansur, was die Griechen mit
λελυτρωμένος überſetzen, genannt, in der Kirche auch wegen ſeiner Wohlredenheit χρυ-
σορρόας) bietet in ſeiner Erſcheinung in beſonderes Intereſſe dadurch dar, daß er als
einer der letzten bedeutenderen Theologen der alten griechiſchen Kirche ihre dogmatiſche
Entwickelung abſchließt. Die Geſchichte ſeines Lebens, deren Hauptquelle für uns die
ziemlich legendenhafte Biographie des Johannes, Patriarchen von Jeruſalem um die
Mitte des 10. Jahrhunderts, bildet (enthalten in Opera Joh. Damasc. ed. le Quien P. I.),
iſt ziemlich dunkel und unſicher. Er war geboren wahrſcheinlich gegen das Ende des
7., nach Andern am Anfang des 8. Jahrhunderts zu Damaskus in Syrien, welche
Stadt damals unter ſaraceniſcher Herrſchaft ſtund; ſein Vater Sergius ſoll Staats=
beamter (διοικητὴς τῶν πραγμάτων δημοσίων) des Chaliſen Abdelmalek geweſen ſeyn
und ſeinen Sohn einem gelehrten italieniſchen Mönche Kosmas, welchen als von den
Saracenen geraubten Gefangenen er ſich vom Chaliſen ausgebeten, zum Unterrichte über=
geben haben, der ſich auf Philoſophie, Sprachwiſſenſchaft, Mathematik und Theologie
bezog und bald durch die glänzenden Fortſchritte ſeines Schülers Johannes ſich belohnte.
Nach dem Tode des Vaters ſoll dem Johannes vom Chaliſen trotz ſeines Widerſtre=
bens eine der erſten Stellen unter den Staatsbeamten (πρωτοσύμβουλος, wie ſein
Biograph ſagt) übertragen worden ſeyn, was zwar nicht unmöglich iſt, aber an
Glaubwürdigkeit verliert durch die weiteren Umſtände, welche der Biograph mit dieſer
Nachricht verbindet. Um dieſe Zeit nämlich, um das Jahr 730, ſchrieb Johannes gegen
den bilderſtürmenden Kaiſer Leo, den Iſaurier, einige Schriften zur Vertheidigung der
Bilderverehrung; dieſer ſoll nun, nachdem er einen der Briefe des Johannes habe
auffangen laſſen, einen der Handſchrift des Johannes nachgebildeten Brief an den
Kaiſer fingirt haben, in welchem Johannes dem Kaiſer Vorſchläge machte, ihm die
ſchwach beſetzte Stadt Damaskus bei einem Angriff auf dieſelbe zu überliefern. Dieſes
dem Johannes unterſchobene Schreiben ſoll Leo mit einem eigenen an den Chaliſen ge=
ſendet haben, um jenen auf dieſe Weiſe der Rache des Chaliſen preiszugeben, worauf
der Chalif ihm, ohne die Betheurung ſeiner Unſchuld anzuhören, als Staatsverräther
die rechte Hand habe abhauen laſſen. Nachdem dann Johannes dieſe abgehauene Hand
vom Chaliſen wieder ausgebeten, ſoll er, wie ſein Biograph erzählt, mit ihr ſich vor
dem Bilde der Jungfrau Maria niedergeworfen und ſie angefleht haben, ihre Fürbitte
bei ihrem Sohne zu Herſtellung der Hand einzulegen, welche er wegen ſeines Eifers
für die heiligen Bilder verloren und, wenn ſie ihm hergeſtellt würde, fortan nur zu ihrer
und ihres Sohnes Ehre brauchen wolle. Dieſe Bitte ſoll ihm ſofort erfüllt worden ſeyn,
weßwegen der Chalif, von der Wahrheit des Wunders überzeugt, ihn wieder in ſein
Amt einſetzen wollte, was aber Johannes, weil er nun der Welt gänzlich entſagen

47*

wollte, beharrlich abgelehnt habe. Was nun aber auch die wirkliche Veranlassung ge= wesen seyn mag von dem Uebertritt des Johannes zum Mönchsleben, — die Geschicht= lichkeit des hohen Staatsamtes beim Chalifen vorausgesetzt, könnte diese Veran= lassung immerhin in Machinationen des Kaisers Leo am Hofe des Chalifen gegen die Hand, die so kräftig sich der Bilder angenommen hatte, bestanden haben — kurz Jo= hannes entsagte der Welt, vertheilte sein Vermögen an seine Verwandten, an Arme und Kirchen und wurde im Kloster des heil. Sabas bei Jerusalem Mönch zugleich mit seinem Adoptivbruder Kosmas (nicht zu verwechseln mit seinem Lehrer Kosmas), dem nachmaligen Bischof von Majuma, durch den Beinamen ὁ μελῳδός von den Griechen wegen seiner geistlichen Lieder geehrt. In diesem Kloster unterwarf sich Johannes zuerst willig den harten Uebungen mönchischen Gehorsams, die man ihm auflegte, bis ihm wieder die volle Freiheit der Beschäftigung mit der Wissenschaft gestattet wurde, welcher er nun auch mit allem Eifer oblag, obgleich er vom Patriarchen zu Jerusalem zum Presbyter für den Zweck der Thätigkeit an den Kirchen in Jerusalem geweiht worden war. Oeffent= lich bemerklich machte er sich sodann in der letzten Periode seines Lebens durch den großen Eifer und Muth in der Vertheidigung der Bilder unter der Regierung des bilderfeind= lichen Kaisers Constantin Kopronymus, in welchem er sich nicht einschüchtern ließ durch den Zorn des Kaisers und die Excommunication durch die kaiserlichen Bischöfe in Con= stantinopel, indem er die Bilderverehrer stärkend Palästina und Syrien durchzog und bis Constantinopel, selbst auf die Gefahr hin, ein Märtyrer seines Eifers zu werden, vor= drang. Man setzt seinen Tod gewöhnlich in das Jahr 754, weil die Bestreitung der im Jahr 754 gegen die Bilder gehaltenen Synode zu Constantinopel seine letzte bekannte Handlung war, woraus aber eher folgt, daß er noch einige Zeit nach ihr lebte; und da das Lob, welches ihm das bilderfreundliche ökumenische Concil zu Nicäa 787 spendet, seinen Tod voraussetzt, so kann mehr nicht mit Sicherheit gesagt werden, als daß er zwischen den Jahren 754 und 787 gestorben; man vergleiche über sein Leben *Leo Alla= tius*, Prolegomena de Joanne Damasceno in Opp. Damasc. ed. le Quien T. I. und *Fabricius*, Bibliotheca graeca vol. VIII.

Die literarische Thätigkeit des Johannes, zu welcher wir uns nun weiter wenden, war nach den uns von ihm erhaltenen Werken ziemlich umfassend, obgleich auch die Aechtheit mancher Schriften, die seinen Namen tragen, zweifelhaft ist; auch die ent= schieden unächten sind aber als ihm zugeschrieben ein Beweis des schriftstellerischen Namens, den er sich in der Kirche erworben hatte. An die Spitze stellen wir die 3 Werke, welche er, obgleich sie nicht der Zeit nach seine ersten sind, selbst als die wichtigsten in seinem Dedicationsschreiben an den Bischof Kosmas von Majuma hervorhebt, und unter dem gemeinschaftlichen Titel πηγὴ γνώσεως zusammengefaßt hat; es sind dies die κεφάλαια φιλοσοφικά, auch unter dem lateinischen Titel: Dialectica aufgeführt, sodann περὶ αἱρέσεων ἐν συντονία, de haeresibus, und die ἔκδοσις ἀκριβὴς τῆς ὀρθοδόξου πίστεως, de fide orthodoxa. Der Gesammttitel πηγὴ γνώσεως beweist die Zusammengehörig= keit dieser drei Werke, von welchen die zwei ersten gewissermaßen die Vorbereitung und Einleitung zum dritten bilden, indem Johannes in den κεφαλ. φιλοσ. das Beste der griechischen Weisheit vortragen, in der Schrift über die Griechen die φλυαρήματα τῶν θεοςυγῶν αἱρέσεων nachweisen und im dritten sodann die göttliche Wahrheit als Schrift und Tradition als die ὄχετειρα πλάνης καὶ ἐλάτειρα ψεύδους darstellen will. Die κεφάλαια φιλοσοφικά sind wirklich nur Dialektik, sie handeln fast nur logische und ontologische Kategorieen ab, wobei Johannes im Allgemeinen dem Aristoteles und Porphyrius folgt, sie zugleich im Sinne der Kirchenlehrer und in Betreff Anwendung jener Kategorieen auf die Glaubensmysterien, wie z. B. den aristotelischen Begriff von Sub= stanz corrigirend, daher die Schrift nicht ohne Werth ist für die Kenntniß der kirch= lichen Terminologie. Das zweite der genannten Werke enthält in 103 Artikeln in chro= nologischer Folge eine Darstellung der Häresieen der christlichen Kirche nebst einigen Artikeln über die Irrthümer der Heiden und Juden; die 80 ersten sind fast wörtlich dem entsprechenden Werke des Epiphanius entnommen; in den folgenden Artikeln führt er die Häresieen von der Zeit des Epiphanius bis zu den Bilderstreitigkeiten auf, dabei an Theodoret, Sophronius, Leontius von Byzanz und Andere sich anschließend und auch selbst Ketzer- und Sektennamen, die nicht als solche geschichtlich existirten, nach seiner individuellen Ansicht über mögliche und wirkliche Abirrungen bildend. Das wichtigste von den drei Werken und überhaupt das bedeutendste und berühmteste Werk des Johannes ist seine ἔκδοσις ἀκριβὴς τῆς πίστεως ὀρθοδόξου. Er faßt in demselben das christliche Dogma zusammen, sowie dasselbe in der griechischen Kirche durch die Concilienschlüsse und die bedeutendsten Kirchenlehrer namentlich vom 4. bis 7. Jahrhundert festgestellt worden war, und entwickelt dasselbe so ziemlich in der Reihenfolge des apostolischen Symbolum. Johannes selbst vertheilte den Stoff in 100 Hauptstücke; die Eintheilung in 4 Bücher, mit welcher das Werk nun gewöhnlich in den Ausgaben erscheint, ist höchst wahrscheinlich im Mittelalter entstanden nach der Analogie des liber sententiarum des Lombarden. Was nun den Inhalt des Werkes selbst betrifft, so handelt der Damascener zuerst die Lehre von der Erkennbarkeit, Dasehn, Wesen, Einheit Gottes ab; wenn er dabei auch in dem Satze: weder ist Gott ganz erkennbar noch ganz unerkennbar, weder ist sein Wesen ganz unaussprechlich noch vollkommen aussprechbar, die christliche Mitte einzuhalten und dabei zugleich, was auch in der Behandlung der Beweise für das Dasehn Gottes sich zeigt, den platonischen und aristotelischen Standpunkt in der Auffassung der Gottesidee zu combiniren strebt, so ist doch nicht zu läugnen, daß de facto diese Vermittlung bei ihm eine unvollständige bleibt und das Uebergewicht sich auf die Seite der Transcendenz der Gottesidee und des negativen Verhaltens des menschlichen Denkens zu ihrem Inhalte sich neigt, weßwegen er den Menschen zuletzt, wie der Areopagite, an die göttliche Offenbarung und ihre Aussprüche verweist. Karakteristisch im Zusammenhang damit ist weiter die sehr unvollständige Entwickelung der Eigenschaftslehre, indem Johannes fast nur die metaphysischen und zwar die allgemeinsten metaphysischen Eigenschaften und Wesensbestimmungen bespricht und die ethische Seite des göttlichen Wesens wenigstens an diesem Orte kaum berührt. Desto größere Sorgfalt verwendet er dagegen auf die Erörterung des Trinitätsdogma's, und hier beschränkt er sich nicht darauf, nur die Lehrsätze der griechischen Kirche über dieses Dogma aufzustellen und die gewöhnlichen Argumente der griechischen Väter zu wiederholen, sondern er unternimmt es, die wissenschaftliche Construction des Dogma's innerhalb der gegebenen kirchlichen Bestimmungen weiterzuführen, obwohl er sich der Grenzen der Möglichkeit einer wissenschaftlichen Erkenntniß dieses Dogma's wohl bewußt ist, lib. I. cp. 8.: ἀδύνατον γὰρ εὑρεθῆναι ἐν τῇ κτίσει εἰκόνα ἀπαραλλάκτως ἐν ἑαυτῇ τὸν τρόπον τῆς ἁγίας τριάδος παραδείκνυουσαν, daher man auch das Wesen der Trinität nicht adäquat denken und bezeichnen könne; er steuert dabei vor Allem darauf los, nicht nur die Personalität des λόγος und des πνεῦμα ἅγιον in der Einheit des Wesens zu begründen, worin er den das Wahre des Judenthums und Heidenthums verbindenden Fortschritt des Christenthums findet, sondern auch die Art dieses Zusammensehns der Einheit des Wesens und des persönlichen Unterschiedes der drei Personen, ihr persönliches Ineinanderleben, die περιχώρησις der drei so genau als möglich zu bestimmen, wenn gleich dies natürlich mehr negativ durch die Abweisung des Falschen geschieht als positiv; so weit er es aber positiv versucht, kommt der Aristotelismus, der ihn auf Tritheismus, und der Platonismus, der ihn auf Sabellianismus oder Modalismus führte, deutlich bei ihm in Conflict, ja er wird gleichsam wider seinen Willen auf die modalistische Seite hingetrieben. In Beziehung auf das Formelle ist noch zu bemerken, daß Johannes hier bereits den Ton einer abstrakten Schulterminologie anschlägt, den die abendländische Scholastik später weiter ausgebildet hat; vgl. Baur, die christliche Lehre von der Dreieinigkeit Band II. S. 176 ff. Die Behandlung der Lehre von der Schöpfung, von den Engeln, Dämonen, die Johannes im zweiten Buche vorträgt, enthält kaum mehr als eine Zusammenfassung des bisher darüber Aufgestellten; nun schließt er aber eine ziemlich weitläufige Erörterung über den Himmel und die Himmelskörper, Licht, Feuer, Luft, Winde, Wasser, Erde an, auch hier der Autorität der Väter, namentlich des Basilius, Chrysostomus, Nemesius und ihrer Bestreitung der Ansichten griechischer Philosophen und Physiker wie Aristoteles und Ptolemäus folgend, und zugleich eine biblische Begründung seiner oft wunderlichen Meinungen versuchend. Mit der Lehre vom Paradies, das er buchstäblich und geistig zugleich versehen will, kehrt er zu den eigentlich theologischen Lehren zurück, insbesondere dem Dogma vom Menschen, seiner Schöpfung und seinem Wesen, und gibt hier eine Psychologie in nuce, sich an Plato, Aristoteles und andere Griechen theils unmittelbar, theils durch das Mittelglied der Schrift des Nemesius περὶ φύσεως ἀνθρώπου anschließend; als Lehrer der griechischen Kirche karakterisirt er sich dabei durch den besonderen Nachdruck, mit welchem er die Freiheit des menschlichen Willens und seine Kraft zum Guten vertheidigt. Mit der Lehre von der Freiheit verbindet er unmittelbar die von der Vorsehung und Prädestination nach Chrysostomus und Nemesius. Die Lehre vom Sündenfall und seinen Folgen, welche am Schlusse des zweiten und Anfang des dritten Buches folgt, ist ganz in der schwebenden rhetorischen semipelagianischen Weise der früheren Lehrer ohne Rücksicht auf die Fortbildung der Lehre im Abendland gehalten, und ist überhaupt auffallend dürftig behandelt, eigentlich nur als Uebergangsglied zu der Lehre von der Person Christi, als in welchem die ganze auf das Heil der verlorenen Menschen in mancherlei Weise gerichtete göttliche Veranstaltung ihre Spitze erreiche. Diese Lehre von der Person Christi hat Johannes unter allen am ausführlichsten erörtert, denn sie nimmt nach der jetzigen Eintheilung fast den ganzen Raum des dritten Buches und einen Theil des vierten ein, wie er denn auch an andern Orten wieder darauf zurückkommt. Es läßt sich nicht verkennen, wie der Damascener hier mit vielem Scharfsinn und dialektischer Gewandtheit das Problem anfaßt und die Theorie innerhalb der nun bereits viel schärfer gezogenen Grenzen der Rechtgläubigkeit weitergestaltet, in welcher Beziehung insbesondere seine Exposition über die persönliche Einheit der beiden Naturen, die er durch den Begriff der Enhypostasie der menschlichen Natur im λόγος (nicht der Anhypostasie) zu begreifen sucht, seine Begründung der communicatio idiomatum, die jedoch in Wahrheit bei ihm nur eine verbale ist, seine Erörterung über den Willen und die Willensthätigkeit des Gottmenschen bedeutend sind, wenn gleich alle diese wissenschaftlichen Bestimmungen fast ebensoviele Beweise der Unmöglichkeit sind, von den gegebenen Prämissen, namentlich der absoluten Entgegensetzung göttlicher und menschlicher Natur, und der einseitigen Präponderanz der göttlichen aus, eine psychologisch und ethisch begreifliche und harmonische Anschauung vom Seyn und Leben des Gottmenschen zu gewinnen; übrigens kommt eine solche auch darum bei Johannes nicht zu Stande, weil er, wenn auch ein gewisser Zusammenhang in seiner Erörterung stattfindet, es an einem methodischen Fortschritt in der Entwickelung des Gegenstandes fehlen läßt und das Problem immer wieder von Neuem meist mit Rücksicht auf die einzelnen geschichtlich hervorgetretenen Streitigkeiten aufnimmt. Eine Ergänzung zu dem in dieser Hauptschrift über die Christologie Vorgetragenen bilden seine Streitschrift gegen die Akephaler περὶ συνθέτου φύσεως und gegen die Monotheleten περὶ τῶν ἐν Χριστῷ δύο θελημάτων καὶ ἐνεργειῶν καὶ λοιπῶν φυσικῶν ἰδιωμάτων etc.; man vgl. Baur, Gesch. d. Dreieinigkeit II. Bd. S. 176 ff. und Dorner, Christologie 2. Theil S. 257. Mit der Christologie ist auch gelegentlich ein Theil der Mariologie verknüpft, ebenso auch nur wie im Vorübergehen das Wenige, was Johannes vom Werke Christi zu sagen weiß, wie Buch III. cp. 97. 29. IV. 3.; er schöpft hiebei nicht einmal vollständiger aus seinen Quellen, Gregor von Nazianz und Athanasius, geschweige daß er die Lücken dieser Lehre auszufüllen sich bemüht hätte. Im vierten Buch Kap. IX. geht der Damascener ohne weitere Vermittelung zu der Lehre von der Taufe über mit dem Satze: wir bekennen auch eine Taufe zur Vergebung der Sünden und zum ewigen Leben. Nachdem er nun angegeben, daß wir aus Wasser und Geist wiedergeboren werden müssen, weil Leib und Seele gereinigt und vom Verderben befreit werden müssen, schildert er die Taufe weiter in spielend allegorischer Weise als eine siebenfache; im Zusammenhang damit redet er auch vom Glauben, und dies auch noch in einem besondern kurzen Artikel. Der Glaube ist ihm zuerst das Annehmen der παράδοσις τῆς ἐκκλησίας καθολικῆς, wie der Lehre der Schrift, aber auch mit Rücksicht auf Hebr. 11. die Zuversicht auf göttliche Verheißungen und die Erlangung unserer Bitten, und während die erstere πίςις nach ihm ἡμετέρας γνώμης, unsere Sache ist, soll die letztere eine Gabe des heiligen Geistes seyn. Was er vom Verhältniß des Glaubens zu den Werken, der Wiedergeburt und Heiligung in abgerissener sporadischer Weise sagt, ist nichts anderes als die abgestumpfte semipelagianische Lehre der alten griechischen Lehrer. Wie immer der sittliche Ernst, den er wiederholt zu erkennen gibt in der Forderung der Heiligung, Anerkennung verdient so hat er doch und noch weniger als manche seiner Vorgänger, wie Athanasius, Maximus, Confessor keinen Begriff vom eigentlichen Wesen der Wiedergeburt, Rechtfertigung und Heiligung; das, was er sodann über das Kreuz und die Art der Anbetung bemerkt, ist ganz im miraculösen Geiste seiner Zeit. Mit großer Wichtigkeit trägt er die Lehre vom Abendmahle vor, als dem Mittel, in welchem Gott seine Selbstmittheilung vollendet, und durch welches wir die geistliche Geburt aus dem geistigen Adam und damit die Unsterblichkeit erlangen. Wenn man ihm, wie noch Historiker der neuesten Zeit, die volle Transsubstantiationslehre zuschreibt, so ist das unbestreitbar falsch, sofern nach ihm der Abendmahlsleib zwar der wirkliche Leib Christi seyn soll, aber doch nicht identisch mit dem in den Himmel erhöhten, welcher nicht vom Himmel herabkommt, und sofern er nirgends Brod und Wein nur für die scheinbaren Accidenzien erklärt. Hierauf kommt er wieder auf die Maria und die wunderbare Empfängniß zu reden und verbindet damit sofort eine Erörterung über die Heiligen, die Verehrung ihrer Reliquien und Bilder, dies jedoch nicht so ausführlich wie in den gleich nachher zu nennenden Schriften über die Bilderverehrung. Wenn er weiter die Lehre von der Schrift anreiht, so ist dies vielleicht dadurch veranlaßt, daß er zuvor bemerkt hat: die Lehre von der Verehrung des Kreuzes und der Bilder gehöre zu den Lehren, die nicht in der Schrift enthalten seyen, sondern auf der Ueberlieferung beruhen. Seine ganze Auslassung über die Lehre von der Schrift beschränkt sich nebst einigen Bemerkungen über Inspiration und Werth der Schrift auf eine Wiederholung des alttestamentlichen Kanon des Epiphanius und eine Aufzählung der neutestamentlichen Schriften, zu welchen er nach dem trullanischen Kanon auch die Kanones der Apostel rechnet. Aus Veranlassung der Schrift handelt er die vielerley Formeln ab, welche die Schrift von Christus gebrauche; auch das, daß er sofort gerade hier erörtert, warum Gott nicht Urheber des Bösen sey, und es nicht zwei Grundwesen, ein gutes und böses geben könne, hat seinen Grund wohl darin, daß er die betreffenden Schriftlehren und Schriftstellen erläutern und rechtfertigen will. Er redet dann mit Rücksicht auf Schriftstellen vom Sabbath gegen die Juden und versucht eine schriftmäßige Rechtfertigung des ehelosen Standes. Nach einigen Bemerkungen über die Beschneidung und ihre Aufhebung durch das Christenthum schließt er mit der Lehre vom Antichrist, Auferstehung und jüngsten Gericht — dies ist der wesentliche Inhalt des Hauptwerkes des Damasceners; man vergleiche den Auszug bei Schröckh, Kirchengeschichte Band XX. v. Jahr 1794, und den noch umfassenderen bei Rösler, Bibliothek der Kirchenväter Band VIII. Was die Vollständigkeit des Stoffes betrifft, so ist sie eine ziemlich ungleiche; wenn er auch kein einziges Dogma ganz übergeht, so sind doch einzelne sehr verkürzt, und andere unverhältnißmäßig ausführlich behandelt, wie einerseits alle die Lehren, welche auf die Nothwendigkeit, die Vollziehung und Aneignung der Erlösung, auf Sünde, Gnade, Heilsordnung sich beziehen, höchst dürftig und ungenau besprochen werden, so sind andrerseits die Lehren, welche mehr speculativer Natur sind wie die von Gott, Trinität, Person Christi um so breiter, ja wohl zum Theil zu breit und mit Wiederholungen entwickelt; ja es ist mancher der Dogmatik fremde Stoff, der nur speculatives und allgemein wissenschaftliches Interesse hat, aufgenommen; in beidem, der Vor-

liebe für die speculativen und der Verkürzung der anthropologisch und soteriologisch praktischen Lehren, und wenn wir den materiellen Gesichtspunkt mit dazu nehmen, in dem
unvermittelten Verhältniß von Gnade und Freiheit, sofern der Heilsbegriff wohl in der
objektiven Sphäre der Dogmen von der Trinität, Person und Werk Christi, Sakramenten
seine Stelle findet, aber nicht in die subjektive Sphäre, die Lehre von der Sünde und Aneignung des Heils hereingebildet, sondern durch den pelagianischen Freiheitsbegriff beschränkt
wird — in allem dem kennzeichnet sich Johannes als ächten Sohn der griechischen Kirche,
wobei man freilich auch in Anschlag bringen muß, daß er sich gar nicht die Aufgabe
stellte, das Dogma materiell fortzubilden, sondern es so aufzunehmen, wie er es in seiner
Kirche vorfand, weßwegen er auch die Mängel, die das griechische Lehrsystem behielt,
nachdem es von der abendländischen Lehrentwicklung überflügelt war, nicht zu ergänzen
unternahm. Die Ordnung weiter, in welcher der Stoff vertheilt und ausgeführt wird,
ist, wie aus der oben bezeichneten Reihenfolge des Inhaltes erhellt, nach Schröckh's richtiger Bemerkung, sowohl nach der Wahl der eingemischten Materien, als nach der
Stellung der wesentlichen Lehren nicht mehr als erträglich, bisweilen auch ganz willkührlich; von einer streng systematischen Anlage, und einer methodischen Durchführung derselben kann nicht die Rede seyn. Die Art, wie er den Stoff behandelt, besteht, wie bereits gesagt, vorzugsweise in der Sammlung und Verarbeitung des Ueberlieferten, wobei
er vor allem dem Gregor von Nazianz folgt, außerdem Athanasius, Basilius dem Großen,
Gregor von Nyssa, Chrysostomus, Epiphanius, Cyrillus von Alexandrien, Nemesius,
bisweilen auch Anastasius Sinaita, Leontius von Byzanz, Maximus Confessor; eine besondere Vorliebe hat er auch für die Schriften des Pseudodionysius Areopagita, aber
Johannes citirt diese Auctoritäten in der Regel nicht als solche, sondern stellt die Excerpte
fortlaufend und oft wörtlich zusammen, ja er nimmt nicht nur die Glaubenssätze selbst
aus seinen Quellen, sondern auch die Beweise, sowohl die exegetischen, bei welchen er der
traditionellen Auslegung folgt, als auch seine dogmatisch philosophischen sind häufig entlehnt und daher, weil von verschiedenen Auctoritäten entlehnt, hin und wieder nicht ganz
zusammenstimmend. Uebrigens fehlt es ihm nicht an eigenem Urtheil, wenn es gleich
durch die Auctorität und den Geist seiner Zeit gebunden und getrübt ist; am schwächsten
ist seine historische Kritik. Die Form der Darstellung, die Schreibart ist wesentlich bedingt durch die eigenthümliche Tendenz der Schrift, sie trägt die Ungleichheit und Verschiedenheit der Quellen an sich, ist manchmal rednerisch weitschweifig und künstlich, im
Ganzen aber doch klar, fließend und ziemlich präcis; man vergleiche C. J. Lenström,
de expositione fidei orthodoxae auctore Joann. Damasceno. Upsal. 1839 und Ritter,
Geschichte der christlichen Philosophie II. B. p. 553 sq. Der angegebene Karakter der
Schrift läßt nun auch das Ansehen begreifen, das dieselbe in der griechischen Kirche gewann, ein Ansehen, das sich auch auf die abendländische Kirche ausdehnte, seit sie im
12. Jahrhundert durch den Rechtsgelehrten Johannes Burgundio von Pisa in's Lateinische
übersetzt war; in dieser Gestalt wurde das Werk schon vom Lombarden, nachher von
Thomas von Aquino und andern Scholastikern viel benützt. Wir können hiemit sogleich
die Beantwortung der Frage verknüpfen, wie Johannes eben um dieses Werkes willen
sich zur nachmaligen Scholastik verhalte. Die Einen betrachten nämlich den Damascener
als einen Anfänger der Scholastik, wie auch sein Beinamen »Vater der Scholastik«, »Lombardus der Griechen« zeigen, die Anderen bestreiten dies, wie z. B. Cramer in der Fortsetzung von Bossuets Weltgeschichte nicht zugibt, daß »dieses Werk ein Muster scholastischer
Theologie sey;« dem Richtigern nähert sich schon Mosheims Urtheil in seiner hist.
eccles. antiqu. et recent. p. 307, daß Johannes in diesem Buche die scholastische und
dogmatische Lehrart der Theologie mit einander verbunden; unter der letzteren versteht er
nämlich das, was man sonst positive Theologie, d. h. die rein traditionelle Darstellung
nannte. Und allerdings haben wir ja gesehen, wie der Damascener wenigstens bei
einigen Hauptdogmen den traditionellen Stoff, den er sammelt, mit dialektischen Erörterungen verknüpft: auch ist seine ἔκδοσις in der That, wenn man von den »Ansätzen

der systematischen Behandlung", wie bei Origenes und Andern, absieht, der erste um=
fassendere Versuch eines dogmatischen Systems; allein ein Scholastiker im vollen Sinne
des Wortes ist er darum doch nicht; dazu fehlt ihm schon die vollständigere Durchfüh=
rung einer dialektisch rationellen Bearbeitung des traditionellen Stoffes, wie wir sie etwa bei
Anselm finden, auch fehlt ihm das methodische, syllogistische und schematisirende Verfahren
der vollendeten Scholastik, vielmehr bildet seine Weise nur den Uebergang dazu; er ge=
hört durch seine Art und Weise überhaupt jener Uebergangszeit an zwischen der produk=
tiven Periode der alten Kirche und der systematisch verarbeitenden, dialektischen, der
mittelalterlichen Scholastik, welche Uebergangszeit einen überwiegend receptiven, sammeln=
den, compilirenden, traditionalistischen Karakter an sich trägt, wenn auch einzelne Nach=
blüthen der produktiven Periode noch auftreten und andrerseits in der griechischen und
abendländischen Kirche bereits Anfänge der eigentlichen Scholastik sich erkennen lassen.
Zum Schlusse haben wir nun, obgleich die schriftstellerische Individualität des Johannes
in dem bisher besprochenen Hauptwerke sich deutlich genug abspiegelt, doch auch seine
übrigen Schriften noch kurz zu berücksichtigen. Außer seinem Hauptwerke hat Johannes
noch mehrere andere dogmatischen Schriften, jedoch meist von untergeordneter Bedeutung
geschrieben, wie eine kleine Abhandlung über die Dreieinigkeit, die vielleicht aber auch
nur ein Auszug aus seinen Schriften ist, dann eine εἰσαγωγὴ δογμάτων στοιχειώδης,
Einleitung in die Elemente der Glaubenslehre, — d. h. eine Auseinandersetzung der
philosophischen und dogmatischen Termini, οὐσία, ὑπόξασις, πρόσωπον, ὁμοούσιος, εἶδος,
γένος, ἄτομον ꝛc., womit er die Bestreitung der Atephaler, Nestorianer, Monothe=
leten vorbereitet. Ob die expositio et declaratio fidei, arabisch vorhanden und von le
Quien in einer lateinischen Uebersetzung aufgenommen ächt sey, ist nicht ganz sicher; be=
merkenswerth ist der Schluß, in welchem der Verfasser erklärt, daß er nicht durch seine
Werke, sondern durch den Glauben an Christum und seine Barmherzigkeit, und die Für=
sprache der heiligen Jungfrau und aller Heiligen gerecht und selig zu werden hoffe.
Wichtiger sind die dogmatisch=polemischen und apologetischen Schriften des Johannes;
unter diesen nehmen die erste Stelle ein die 3 Schutzschriften für die Bilder. Es ist
eine gewandte, beredte und gegenüber vom Kaiser sehr freimüthige Vertheidigung, welche
Johannes hier führt, und sie gehört zum Besten, was über und für diese Sache ge=
schrieben worden; auch zeigt Johannes hier am meisten Selbständigkeit und Geist, vgl.
Neander, Kirchengesch. III. Band. Unter den übrigen Streitschriften ist noch zu nennen
ein Tractat gegen die Jakobiten, bekanntlich eine Abzweigung der Monophysiten; die
Schrift gegen die Manichäer, wenn die dem Johannes angehört, ist nicht gegen die Pauli=
cianer gerichtet, welche allerdings unter dem Namen Manichäer von Andern bekämpft
werden, indem gerade nichts specifisch Paulicianisches sich hier erkennen läßt, sondern eher
das Altmanichäische. Unter den Schriften des Johannes erscheint auch eine διάλεξις
σαρακηνοῦ καὶ Χριστιανοῦ. Le Quien hat einen großen Theil des griechischen Textes
dieser dial. aus den Gesprächen des Theodorus Abucara ἐρωτήσεις καὶ ἀποκρίσεις
zwischen dem βάρβαρος und χριστιανὸς Bibl. Patr. Paris. Tom. XI. gezogen. Dieser Abu=
kara soll ein Schüler des Johannes gewesen seyn und den Inhalt des Gespräches aus dem
Munde seines Lehrers empfangen haben; es ist daher schwer zu bestimmen, was die ur=
sprüngliche Gestalt des Dialogs war und welcher von beiden der ursprüngliche ist. Uebri=
gens hat Johannes auch am Schlusse seiner Schrift über die Häresen sich über Mahomed
und den Islam ausgelassen, aber diese Polemik und Apologetik gegen den Islam ist so
kleinlich und schwach, daß sich dies mit seinem angeblichen längeren Aufenthalte unter
den Saracenen nicht recht reimen lassen will. Weiter sind von moralischen Schriften zu
nennen die ἱερά παράλληλα, das größte und umfangreichste Werk des Johannes, wel=
ches eine Sammlung von moralischen, hin und wieder auch dogmatischen Sentenzen ent=
hält, die er unter Vergleichung von Stellen der Kirchenväter mit Schriftstellen anführt;
sie sind in ihrer jetzigen Gestalt alphabetisch geordnet, wodurch, da die alphabetische Be=
zeichnung oft sehr ungeschickt und unpassend ist, der Gebrauch erschwert wird; die Schrift

hat im Ganzen wenig Werth und vorzugsweise nur den Werth, daß eine ziemliche An=
zahl von Stellen aus verlorenen Schriften der Väter hier erhalten ist. Unter die ethi=
schen Schriften gehören auch die Tractate über die Hauptsünden, über Tugend und Laster,
über die Fasten, im Geiste seiner Zeit geschrieben. Was die exegetische Thätigkeit des
Johannes betrifft, so bezog sie sich ausdrücklich nur auf die paulinischen Briefe; aber der
Commentar über dieselben ist in der Hauptsache nur ein Auszug aus Chrysostomus
Homilien hin und wieder mit Benützung anderer griechischer Ausleger; das Eigene be=
steht nur in wenigen Erläuterungen und seyn sollenden Verbesserungen des Chrysostomus;
überhaupt hat er als Exeget in seinen übrigen Schriften nichts Hervorragendes, da er sich
ja hierin vielfach nur an seine Auctoritäten sich hält; der Allegorie huldigt er mit seiner Zeit
und verdirbt damit hauptsächlich seine alttestamentliche Auslegung. Schließlich ist auch
noch ein Wort über seine Homilien, Oden und Hymnen beizufügen; die Homilien sind
ziemlich unbedeutende Festreden, die Hymnen, gleichfalls für die vornehmsten Festtage
bestimmt, werden zwar von Alten und Neueren gerühmt, aber dieses Lob kann nur sehr
relativ gelten; von manchen, die wir noch haben, ist ohnedies die Aechtheit nicht sicher.
Eine Reihe von anderen Schriften laufen noch überdies auf den Namen des Johannes,
die ihm nach überwiegender Wahrscheinlichkeit nicht angehören, vgl. le Quien in seiner
Ausgabe der Werke des Johannes und Remi Ceillier in der histoire générale des
auteurs sacrés et ecclesiast. tom. XVIII; eine der interessantesten davon ist die Schrift
Barlaam und Josaphat oder Joasaph, eine Art christlicher Roman, in welchem die
Bekehrung des Josaphat, eines Königs von Indien durch den Eremiten Barlaam erzählt
wird; sie ist in die Ausgabe von le Quien nicht aufgenommen, dagegen neu abgedruckt
in den Anecdota graeca ed. Boissonade vol. IV., Paris 1832; über die von alter Zeit her
angefochtene und vertheidigte Aechtheit vgl. die Bemerkungen von Boissonade in der
Vorrede zum genannten Bande der Anecdota. Das Bild, das wir in dem Bisherigen
nach den Schriften des Johannes von seiner wissenschaftlichen Persönlichkeit gezeichnet
haben, wird das Urtheil rechtfertigen, daß er zwar nicht zu den hervorragenden Geistern
ersten Ranges gehört, wofür es ihm vor allem an Originalität und schöpferischer
Kraft fehlte, daß er aber doch in seiner Zeit eine ehrenvolle Stelle einnimmt durch den
Fleiß, die Treue, die Klarheit, mit welcher er die Schätze der Vergangenheit gesammelt
und dargestellt hat, sowie durch die anerkennenswerthe Gewandtheit und den Scharfsinn,
mit welchem er das christlich=kirchliche Dogma, gemäß dem Stadium der Entwicklung,
welches dasselbe bis auf ihn hin erreicht hatte, zu vertheidigen wußte. Ueber die ver=
schiedenen unvollständigen älteren Ausgaben vgl. man le Quien und Ceillier; die erste
vollständige Ausgabe verdankt ihre Anregung der Versammlung der französischen Geist=
lichkeit zu Paris 1635 und 1636, welche zuerst den Herausgeber der Werke des Cyrillus
von Alexandrien, Johannes Aubert, Lehrer der Theologie an der Sorbonne damit beauf=
tragte, und da dieser verhindert war, den Dominikaner Combefis; als auch dieser
nicht damit zu Staube kam, hat endlich le Quien, P. ord. fratr. Praedicat. unter Mit=
wirkung von Leo Allatius die Sache zum Ziele geführt mit seiner Ausgabe, Paris 1712
in 2 Foliobänden mit schätzbaren Prolegomenen zc. von ihm und Leo Allatius. Zur
Literatur vergleiche besonders Remi Ceillier in der histoire générale des auteurs sa=
crés et ecclésiastiques Tom. XVIII. p. 110—165, *Fabricius*, Bibliotheca graeca tom. VIII.
Schröch, Kirchengeschichte Band XX. Landerer.

Johannes, jakobitischer Bischof von Dara (einer Stadt in Mesopotamien
2½ M. westl. von Nisibis), lebte in der ersten Hälfte des 9. Jahrhunderts (nicht im
6. oder 7. Jahrh., wie Cave hist. litter. II. p. 131, oder gar im 4. Jahrh., wie
Abraham Ecchelensis meinte, auch nicht im 8. Jahrh., wie Assemani anfangs vermuthe=
tete biblioth. orient. II, 118, vgl. dagegen ebend. II, 219 u. 347). Er war Zeitgenosse
des Dionys von Telmahar, der ihm seine große Chronik widmete (s. Barhebr. bei Assem.
bibl. or. II, 247). In einer Handschrift des Vatican, die früher Abraham Ecchel. be=
sessen und in seinen Schriften benützt hatte, finden sich drei syrische Werke des Johannes

1) de resurrectione corporum, 4 Bücher; 2) de hierarchia coelesti et ecclesiastica, 2 Bücher, auf Grund der gleichnamigen Bücher des Pseudo-Dionysius geschrieben; 3) de sacerdotio, 4 Bücher. S. Assem. II, 118 ff. Außerdem wird von ihm ein Buch de anima erwähnt, Assem. II, 219, das er vermuthlich nach dem Vorgange des Gregor von Nyssa verfaßte, den er auch sonst benutzt (Assem. III, 22), und eine Ana= phora (nach dem Catalogus liturgiarum bei Schulting Th. III. S. 106, N. 29). E. Rödiger.

Johannes eleemosynarius, Patriarch von Constantinopel (606—616) hat sich durch seine große Freigebigkeit und Barmherzigkeit gegen Arme und Leidende jenen Ehrentitel des Almosengebers erworben; in der That erzählen die Bollandisten unter dem 23. Januar, dem Feste des Heiligen, von ihm viele erhebende Züge; diese Tugend war aber in ihm nicht vereinzelt; sie war verbunden mit großer Friedensliebe, Versöhnlichkeit, geduldiger Ertra= gung von Unrecht, so wie mit lebendigem Eifer für würdige Begehung des Gottesdienstes. Er starb auf der Insel Cypern, wohin er sich vor den Persern geflüchtet hatte (616).

Johannes Diaconus, Biograph Gregors M., s. Gregor I. Bd. V. S. 332.

Johannes, monophysitischer Bischof von Ephesus, gewöhnlich Episcopus Asiae genannt, weil Ephesus der vornehmste Bischofssitz von Kleinasien war (s. *Assemani*, bi- blioth. orient. T. II. diss. de Monophysit. §. IX. s. v. Asia), aus Amid gebürtig, lebte im 6. Jahrhundert meist in Constantinopel und war am kaiserlichen Hofe, besonders unter Justinian sehr angesehen. Er erhielt namentlich von dem genannten Kaiser in dessen 19. Regierungsjahre das Amt, gegen die Heiden zu inquiriren, deren sich in Con- stantinopel selbst viele fanden, besonders Patricier, Grammatiker, Sophisten, Sachwalter und Aerzte, unter ihnen Phokas, welcher sich der angeordneten Bekehrung durch Vergif- tung entzog, und sonst im Reiche, vorzüglich in Asien, wo Bischof Johannes auf seiner damaligen Bekehrungsreise 70,000 zu Christen machte und den Bau von 96 Kirchen ver- anlaßte, wozu die Kosten großentheils aus dem kaiserlichen Schatze hergegeben wurden. Er heißt hiernach oft "der über die Heiden gesetzt ist" (syr. רעל חנפא) oder auch "der Zertrümmerer der Götzenbilder" (syr. מחבר פתכרא). Wahrscheinlich ist er der Johan- nes Rhetor, den Evagrius und Theodorus Lector erwähnen und den der erstere (lib. V. c. 24.) als seinen Mitbürger und Verwandten bezeichnet; denn was Assemani (bibl. or. II. 84.) gegen die Identität einwendet, ist nicht stichhaltig. Johannes ist Verfasser eines in syrischer Sprache geschriebenen, für die Kirchengeschichte des Orients wichtigen Ge- schichtswerkes in drei Theilen. Dionysius von Telmahar legte dasselbe bei dem dritten Theile seiner Chronik, der die Zeit von Theodosius dem Jüngeren bis Justin II. befaßt, zu Grunde, und hauptsächlich nur aus seinen wörtlichen Citaten, soweit Assemani solche aus Dionysius' Chronik beibringt (*Assem.*, bibl. or. I, 359—363. 409. 411—414. II, 48 sq. 51. 52. 87—90), und aus einigen Stellen der Chronik des Barhebräus, der es unter seinen Quellen aufführt (*Barhebraei* chronicon syr. ed. Bruns et Kirsch p. 2. lin. 12, cf. *Assem.*, bibl. or. II, 312) und in der Geschichte Justinians und sonst gebraucht (*Barhebr.*, chron. p. 83. 84. *Assem.*, II, 328 lin. 7 u. 329 Not.) war uns das Werk des Johannes bekannt, bis William Cureton unter den syrischen Handschriften, welche Dr. Tattam und A. Pacho im J. 1843, 1847 und 1850 aus dem syrischen Marien- kloster im Thale der Natron=Seen in Aegypten nach dem britischen Museum gebracht hatten, den dritten Theil desselben, obwohl nicht ganz vollständig, auffand und edirte (The third part of the ecclesiastical history of John bishop of Ephesus. Now first edited by William Cureton. Oxford 1853. 418 S. 4.). Die beiden ersten Theile, welche zusammen 12 Bücher umfaßten, enthielten, wie der Verfasser selbst sagt (p. 2), die Ge- schichte der Kirche von der Zeit der ersten römischen Kaiser bis zum sechsten Jahre Justin des Jüngeren, Schwestersohnes des Kaisers Justinian, also bis zum J. 571. Der dritte Theil besteht aus sechs Kapiteln, wovon aber nur das 2. und 5. vollständig, die übrigen mehr oder weniger defekt vorliegen. (Vgl. Bernstein in der Zeitschr. der D. Morgenl. Gesellschaft, Bd. VIII, S. 397.) Es wird darin u. A. das dritte Jahr nach dem Tode Justins des II. (581) erwähnt (B. VI, Cap. 25. zu Anf. S. 402), aber es kommen

noch einige spätere Data vor, die bis zum J. 585 herabgehen. Es sind darin gar viele
sonst unbekannte Fakta der Kirchengeschichte erzählt, und das Buch hat um so größeren
geschichtlichen Werth, da der Verfasser, obwohl für die monophysitische Lehre Partei neh=
mend und hie und da zu leichtgläubig erscheinend, doch den Ereignissen gleichzeitig und
oft selbst Augenzeuge war. Cureton hat auch eine englische Uebersetzung des Buchs ver=
sprochen.   Rödiger.

Johann von Goch, s. Goch.

Johann von Gott, s. Brüder, barmherzige.

Johannes Jejunator (Νηστευτής, der Faster — so hieß er von seinem streng
ascetischen Leben; von seinem Geburtsland hieß er auch Cappadox, als Patriarch Jo=
hannes IV.), Patriarch von Constantinopel 582—95, von niederer Herkunft, weßwegen er
seine Erhebung nur seiner vom Volk angestaunten Frömmigkeit, — wie seine Feinde
ihm nachsagten, seiner Heuchelei verdankte. Besonders bekannt ist er durch die Annahme
des Titels eines ökumenischen Patriarchen und durch die hierüber mit Rom geführten
Streitigkeiten s. die ausführliche Darstellung in dem Artikel Gregor I. Real=Enc. V.
S. 326 flg. Johannes Jejunator starb den 2. Sept. 595. Die Griechen, welche ihn
um seiner Frömmigkeit, Rechtlichkeit, Wohlthätigkeit willen, besonders aber wegen seiner
strengen Ascese und seiner Virtuosität im Fasten hoch verehrten, zählten ihn nach seinem
Tod zu den Heiligen. Gregor von Rom freilich war in diesem Falle mit solcher äußer=
lichen Heiligkeit wenig zufrieden und meinte, es nütze wenig, kein Fleisch essen und sei=
nen Mund mit Lügen entweihen, fasten und vor Stolz sich blähen, sich schlecht kleiden
und durch Hochmuth den Purpur überragen, das Antlitz eines frommen Schafs zeigen
und darunter Wolfszähne verbergen (Greg. M. epist.). Schriften, besonders asceti=
schen Inhalts, die ihm beigelegt werden und theilweise noch vorhanden sind, sind: 1) eine
Buß= oder Beichtordnung unter dem Titel: ἀκολουθία καὶ τάξις τῶν ἐξομολογου-
μένων, 2) eine Instruktion für Beichtväter, λόγος πρὸς τὸν μέλλοντα ἐξαγορεῦσαι
τὸν αὑτοῦ πνευματικὸν υἱόν. Beide Schriften, zu den ältesten Pönitentialbüchern der
griechischen Kirche gehörig, sind gedruckt bei Morinus, de disciplina in administratione
sacramenti poenitentiae Paris 1651 u. ö.; allein die Aechtheit derselben, wenigstens
der vorliegenden Recension, ist ebenso zweifelhaft wie die Autorschaft anderer, dem Jo=
hannes Jejunator oder einem mit ihm vielleicht identischen Johannes Monachus beige=
legter Bußordnungen; wie es scheint, haben entweder die ursprünglichen Entwürfe des
Joh. Jejunator spätere Zusätze erhalten, oder sind Ordnungen späterer Zeit an den alt=
berühmten Namen des Fasters angeknüpft worden, wie denn auch andere kirchliche An=
ordnungen, z. B. 35 canones in dem Πηδάλιον der neueren griechischen Kirche dem Joh.
Jejunator zugeschrieben werden (s. d. Art. Bußbücher Bd. II. S. 464 flg.). Außerdem
werden ihm beigelegt: 3) Reden περὶ μετανοίας καὶ ἐγκρατείας καὶ παρθενίας, 4) περὶ
ψευδοπροφητῶν καὶ ψευδοδιδασκάλων καὶ ἀθέων, — beide letztere Schreiben frü=
her dem Chrysostomus zugeschrieben und in seinen Ausgaben enthalten; endlich 5) eine
Schrift von der Taufe und 6) eine Briefsammlung, die nicht mehr vorhanden sind. —
S. die freilich gegnerischen Nachrichten Gregors (Epp. V, 18 ff. 43. 64 u. ö.); Theo=
phylact. hist. l. VII, 6; Isidor de script. c. 26; Trithem. de scr. eccl. c. 224; Oudin
de scr. eccles. T. I. p. 1473 sqq.; Fabric. bibl. gr. T. X. p. 164 sqq.; und die allg.
kirchengesch. Werke, z. B. Schröckh Bd. XVII.; Gieseler I, 2, S. 678; Gfrörer
II, 2, 1046 ff.; Kurz, Handb. I, 2, S. 97. 404. 500.   Wagenmann.

Johann vom Kreuze, s. Karmeliter.

Johann von Leyden, s. Bockhold.

Johann Maro, s. Maroniten.

Johannes von Monte Corvino, Franziskaner, gestorben 1330, hat sich in
seiner Kirche sehr verdient gemacht durch seine Missionsarbeiten unter den Mongolen,
die sehr schöne Erfolge hatten, worüber s. das Nähere im Artikel, Mongolen, Chri=
stenthum unter den Mongolen.

Johannes von Nepomuk (oder, wie ihn die böhmischen Chronisten auch nennen, Johannko, Johannek) war der Sohn des Welflin, eines Bürgers des Städtchens Pomnk, das im Klattauer Kreise lag. Er selbst trat in den geistlichen Stand und unterschreibt sich schon in einer Urkunde vom 9. Dec. 1372 als „Joannes olim Welfini de Pomuk, clericus Pragensis dioecesis, imperiali auctoritate notarius publicus." Im J. 1380 ist der Notar Pfarrer geworden an der St. Gallikirche in der Altstadt Prag, ist Sekretär und Notar des Erzbischofs; 1381 ward er Doktor des kanonischen Rechts, bald nachher Domherr; Johann von Janstein, Erzbischof von Prag, machte ihn zu seinem Vicarius generalis in spiritualibus, und 1390 nahm das Prager Metropolitankapitel zu St. Veit ihn unter seine Mitglieder mit dem Titel eines Archidiaconus Zatecensis in ecclesia Pragensi auf. Von dem Leben und Karakter dieses Mannes fehlen uns alle weiteren geschichtlichen Angaben; seine amtliche Stellung jedoch wie der Haß des Königs läßt mit Sicherheit darauf schließen, daß er ein Hauptwerkzeug oder Rathgeber des Erzbischofs in dessen Streitigkeiten mit König Wenzel war. Letzterer, mit der Geistlichkeit schon längst im Streit liegend, war bei der Nachricht von der durch den Erzbischof eiligst veranstalteten Klabrauer Abtswahl ganz außer sich vor Wuth, denn er hatte Einem seiner Günstlinge dieses Bisthum zugedacht gehabt. Er befahl, den Erzbischof sammt seinem Generalvikar sogleich zu verhaften. Als Wenzel den Erzbischof und seine Räthe zu Gesicht bekam, stieß er die härtesten Schimpfworte und Drohungen aus. Den Erzbischof schützte weniger seine Würde, als seine bewaffnete Begleitung; Johann von Pomuk dagegen ward auf die Folter gespannt, wobei Wenzel selber mit einer brennenden Fackel Hand anlegt haben soll, ohne seinen Racheburst stillen zu können. Nachdem der Gefolterte bereits so zugerichtet, namentlich an der Seite so verbrannt war, daß er schwerlich noch lange seine Marter überlebt hätte, sollte er ertränkt werden. Man schleppte ihn auf die Moldaubrücke, steckte ihm ein Holz in den geöffneten Mund, band die Hände auf den Rücken, die Füße wie zu einem Rade mit dem Kopf zusammen und stürzte ihn so hinab in den Strom. Das geschah am 20. März 1393. So erzählt die Geschichte. — Ganz Anderes erzählt dagegen die Legende von ihrem Johannes von Nepomuk. Wir referiren nach der Lebensbeschreibung von Bohuslav Balbinus. Der heilige Johannes von Nepomuk ward zu Nepomuk zwischen 1320 und 30 geboren. Schon bei seiner Geburt sah man helle Flammen vom Himmel herabsteigen und das Haus, in dem er zur Welt kam, mit lieblichem und unschädlichem Licht umstrahlen. Sobald der Knabe auf die Schule kam, lernte er genau den Dienst beim h. Meßopfer und seitdem konnte er durch nichts abgehalten werden, täglich mit dem ersten Frühroth von der Stadt nach dem nahen Cistercienser Kloster zu laufen und den Priestern am Altare zu dienen. Später ward er auf die lateinische Schule nach Saatz (Zatec) gebracht, wo er ein besonderes Gefallen an dem Studium der Beredtsamkeit fand. Als es hier für ihn nichts mehr zu lernen gab, bezog er die kurz zuvor (1348) von Kaiser Karl IV. gestiftete Universität Prag, wo er es bald zum Magister der Philosophie und zum Doktor der Theologie und des kanonischen Rechts brachte. Johannes empfing die Weihen, und in Kurzem stand er bei den Pragern im Ruf des ersten Predigers der Stadt. Es wurde ihm daher die Stelle an der Teinkirche übertragen. Bald darauf machte ihn der Erzbischof zum Domherrn und betraute ihn mit dem Predigtamt in der St. Veitskirche (dem Dom). Der Hauptgegenstand seiner Predigten war die Beichte; dabei bekämpfte er mit strafendem Ernst das zügellose Leben des Adels und des Hofs, die Trunkenheit, Ueppigkeit und alle Laster jenes verdorbten Zeitalters und schilderte die vom Himmel dafür verhängten Strafen. Kaiser Wenzel ließ sich damals noch in vielen Dingen von den Worten und dem Vorbild des h. Johannes leiten. Nachdem Letzterer das Bisthum Leutomisl und die einträgliche Propstei auf dem Wisschrad ausgeschlagen hatte, nahm er endlich das Amt des Almosenmeisters vom König und der Königin an, damit ihm seine Bescheidenheit nicht als Undankbarkeit und Hochmuth ausgelegt würde. Von Tag zu Tag wuchs das Ansehen des h. Mannes; das bewog die Kaiserin Johanna, eine Tochter des Herzogs Albrecht

von Bayern und Holland, ihn zu ihrem Beichtvater zu wählen. Mittlerweile wurde
Kaiser Wenzel immer schlechter; die Königin Johanna verfolgte er mit bitterem Hasse.
Es kam ihm jetzt das Gelüste an, zu wissen, was die Königin dem Priester beichte, was
ihre Sünden seyen, wie sie von ihm denke, ob sie einen Anderen liebe und dergleichen,
worauf Tyrannenargwohn zu kommen pflegt. Es war vergebliche Mühe, dieß von der
Königin zu erfragen. Wenzel berief also den h. Johannes vor sich und kam da nach mancherlei Hin- und Herreden auf die heilige Beichte zu sprechen und wie die Frauen vor
ihren Männern kein Geheimniß haben dürften, und versprach nun dem Johannes Schätze
und Ehren und was er wollte, wenn er ihm mittheile, was die Königin gebeichtet. Der
erschrack bei solcher Zumuthung und brachte durch seine ernste freimüthige Rede den
König vorläufig von seinem Vorhaben ab. Nicht lange nachher geschah es, daß der königliche Koch einen schlecht gebratenen Kapaunen auf die Tafel brachte; darüber gerieth
Wenzel in eine solche Wuth, daß er den Koch sofort zu fesseln und in's Feuer zu werfen
befahl. Bleich vor Schrecken sahen sich die Höflinge an, aber keiner wagte Einsprache.
Johannes allein, der gerade im Schloß war, trat vor und machte dem Könige erst sanfte,
dann kräftigere Vorstellungen. Aber wenig nur hatte er gesprochen, so ließ ihn der
König in den untersten Kerker abführen, wo er mehrere Tage in Schmutz und Finsterniß, in Hunger und Durst zubringen mußte, ohne daß er durch die ihm vom Kerkermeister überbrachte Mahnung, sich durch Erfüllung des kaiserlichen Wunsches die Freiheit
zu verschaffen, irgend wankend gemacht worden wäre. Bald erschien denn auch ein Höfling, der ihn im Namen des Königs das Vorgefallene zu vergessen bat und ihn auf den
anderen Tag zur königlichen Tafel lud. Er stellte sich ein, und abermals kam der König
mit seinem Anliegen, drohte, schmeichelte, ließ nichts unversucht, ihn sich gefällig zu machen;
als aber der gewissenhafte Priester unerschütterlich blieb, da ward er wüthend, ließ den
Henker rufen, den er immer bei der Hand hatte und nur seinen Gevatter nannte, und
ihn von diesem und seinen Gesellen auf die Folter spannen und mit brennenden Fackeln
martern. Jedoch alle Qualen blieben hinter der standhaften Geduld des Johannes zurück,
und man hörte endlich mit der Folter auf. Der Kaiser gab ihn sodann wieder los, und
Johannes predigte, nachdem alle seine Wunden wieder geheilt waren, im Dome. Er
deutete auf sich die Worte Christi "Noch ein Kleines werdet Ihr mich sehen," und sagte
mit heiterem Antlitz und bestimmten Worten seinen Tod voraus, und wie nun einmal
der himmlischen Offenbarung der Weg gebahnt war, da fing er an voll prophetischen
Geistes unter Thränen den künftigen Zustand Böhmens und das nahe bevorstehende Unglück zu schildern, die aus der Hölle aufsteigende Ketzerei, der Heiliges und Gemeines
gleich gelte, wie alle Kirchen und Klöster im böhmischen Land in Flammen stehen, wie
die heiligen und geweihten Männer zu Tode gefoltert werden und gänzlicher Untergang
der Religion drohe. Zuletzt sagte er Allen Lebewohl, bat namentlich die Prälaten und
Domherrn der Prager Kirche mit demüthigen Worten um Verzeihung und schloß so unter allgemeiner Trauer und Bestürzung. Wenige Tage nachher machte er eine Wallfahrt
nach Boleslav (Bunzlau) zu dem dortigen Marienbild, dem ältesten von ganz Böhmen.
Wie er Abends nach Prag heimkehrte, sah ihn König Wenzel, der gerade müßig aus dem
Fenster schaute. Augenblicklich ließ er Johannes vor sich bringen und fuhr ihn in seinem
Jähzorn mit den Worten an: "Höre, Pfaff, du mußt sterben, wenn du nicht auf der
Stelle das, was mein Weib dir gebeichtet hat, mir genau berichtest, so ist's um dich geschehen; bei Gott, du wirst Wasser schlucken müssen." Johannes gab auf das hin nicht
mit Worten, sondern mit Mienen seinen Abscheu kund, er ward aber auch alsbald auf
ein Zeichen des Königs gepackt und in eine andere Kammer gebracht, Nachts auf die
Moldaubrücke geschleppt, an Händen und Füßen gefesselt und in den Fluß hinabgestürzt.
Das geschah am Tage vor Himmelfahrt (29. April) 1383. Den Tod, den der Kaiser
ganz geheim halten wollte, thaten sogleich himmlische Wunderzeichen kund. Die Feuer
und Flammen, die den Heiligen bei seiner Geburt bezeichnet hatten, umgaben ihn auch
im Tode; die ganze Moldau strahlte davon wieder. Unzählige, wunderbar helle Lichter

fah man auf dem Flusse schwimmen, der gerade damals sehr angeschwollen und aus den Ufern getreten war; der Leichnam aber gleitete langsam den Strom hinab, wie zur Lei= chenfeier von den Lichtern begleitet. Ganz Prag strömte zu dem seltsamen Schauspiel herbei. Der Morgen erklärte die Sache: da lag auf dem Ufersand der entseelte Leib mit mildem Antliß in seinem Gewand. Sogleich verbreitete sich die Kunde davon durch die ganze Stadt, und der Mörder konnte nicht lange ungewiß bleiben. Als die Prager Domherrn von dem schauderhaften Ereigniß hörten, ordneten sie sogleich einen feierlichen Bittgang an, brachten die Leiche vom Fluß nach der nächsten Kirche zum heiligen Kreuz und sezten sie hier einstweilen bei, bis für sie im Dom ein würdigeres Grab bereitet war. Diese fromme und zugleich muthige Gesinnung blieb nicht unbelohnt. Denn wie sie in der Veitskirche ein Grab gruben, fanden sie einen großen Schaß, Gold und Sil= ber und andere Kostbarkeiten die Menge, als hätte der Heilige für sein ehrenvolles Be= gräbniß ihnen seinen Dank abstatten wollen. Der Kaiser befahl, die Leiche in einen abgelegenen Winkel zu werfen. Pünktlich kam man diesem Befehl nach, aber der Ruhm des Heiligen ward dadurch nur noch erhöht: der Körper verbreitete einen so starken und himmlischen Duft, daß seine Stelle nicht verborgen bleiben konnte und das Volk sich auf's Neue versammelte. Und jetzt war Alles zur Leichenfeier bereit: die Domherren, die ge= sammte Geistlichkeit ordneten eine Prozession und brachten, begleitet von der zahllosen Volksmasse unter dem Läuten aller Glocken den heiligen Leichnam hinauf nach dem Rad= schin in dem Dom. Man mußte hier dem Drängen des Volks nachgeben und den Sarg noch einmal öffnen, und eine Menge Kranke wurden da durch die Berührung des heiligen Leibes geheilt. Zuletzt ward er, um doch einmal ein Ende zu machen, unter Thränen bestattet. Aber die Königin Johanna, die wußte, daß um ihretwillen der Heilige habe den Tod leiden müssen, die zudem keinen Ausweg sah, ihren Leiden zu entrinnen, fing an hinzuwelken und starb kinderlos am 1. Januar 1387. Die Heiligsprechung des Jo= hannes erfolgte im J. 1729 durch Pabst Benedikt XIII. Vgl. Acta utriusque processus in causa canonisationis beati Joannis Nepomuceni martyris super fama sanctitatis vir= tutum et miraculorum etc. Viennae Austriae 1722. — Es fragt sich nun, wie Geschichte und Legende mit einander zu verbinden seyen, ob zwei Männer dieses Namens angenom= men werden dürften, oder aber wie sich der Widerspruch der Jahreszahlen ausgleichen ließe? Der Piarist Gelasius Dobner kam auf den sinnreichen Einfall, die Wahl des Kladrauer Abts als den bloßen Vorwand darzustellen, den Wenzel benutzt habe, um seinen wegen des nichtverrathenen Beichtgeheimnisses schon längst gegen Johannes gehegten Haß zu befriedigen. So suchte er in seiner Schrift: „P. Gelasii Dobner e scholis piis Expro= vincialis vindiciae sigillo confessionis divi Joannis Nepomuceni protomartyris poeniten= tiae assertae. Pragae et Viennae 1784" die Identität des Generalvikars und des Beicht= vaters zu retten. Allein, auch abgesehen von anderen Schwierigkeiten, welche Dobrowsky (Literarisches Magazin von Böhmen und Mähren III. Prag 1787) bei diesem Ver= such ungelöst fand, widerspricht derselbe der Tradition und dem Spruch der Kirche, welche die Bedeutung des Johannes von Nepomuk als Kirchenheiligen nicht darein setzt, daß er im Kampf mit der weltlichen Macht das Leben lassen mußte, sondern daß er als standhafter Vertheidiger des Beichtgeheimnisses starb. Das Breviarium Romanum erzählt mit Nachdruck: als am 15. April 1719 das Grab des Heiligen geöffnet worden sey, habe sich in dem sonst fleischlosen Leichnam die Zunge ganz unversehrt und frisch gefunden; „wie sie sechs Jahre nachher von dem apostolischen Stuhl bestellten Richtern vorgewiesen wurde, da schwoll sie durch ein neues Wunder plötzlich auf und verwandelte ihre dunkel= rothe Farbe plötzlich in purpurroth." Darum denn, als die Existenz und der Tod jenes Johannes, der Vikar und nicht Beichtvater war, nicht abgewiesen werden konnte, schon Balbin zu der Annahme von zwei Johannes seine Zuflucht genommen, bis im Jahr 1729 mit dem Heiligen selber auch dieser Satz von dem römischen Stuhl gleichsam kanonisirt wurde. Aber abgesehen davon, daß es im höchsten Grade unwahrscheinlich ist, daß innerhalb eines Zeitraums von zehn Jahren zwei Märtyrer gleichen Namens gleichen

Todes gestorben seyn sollen, spricht gegen den Johannes der Legende schon das, daß, wie Pelzel in seiner Lebensgeschichte Wenzels (Bd. I. S. 149) versichert, auch nicht Ein gleich= zeitiger Schriftsteller überhaupt eine Notiz davon hat, daß König Wenzel im J. 1383 Jemanden habe in der Moldau ersäufen lassen. Die erste Nachricht von dem Beichtiger findet sich hundert Jahre nach dem Tode des Heiligen in dem Unterweisungsbuche des Prager Domherren Paul Zidek, welcher noch zudem wissen will, daß nach der Ersäufung des Johannes der Fluß ausgetrocknet sey, so daß die Leute nicht mehr ihr Korn malen konnten. Allein eben von diesem Nebenumstand weiß kein Chronist etwas, und nach der Legende war vielmehr die Moldau ungewöhnlich angeschwollen beim Tode des Heiligen. Dagegen wissen wir ganz zuverlässig, wie auf die große Ueberschwemmung vom 5. Dec. 1392 im folgenden Jahre eine fast unerhörte Trockenheit folgte, und in Böhmen sah man darin eine himmlische Ahndung für den Tod des ertränkten Generalvikars. Hieraus er= gibt sich unzweifelhaft, daß auch noch Zidek den Tod des Märtyrers in's Jahr 1393 setzte und noch nichts wußte von zwei Johannes von Nepomuk. Erst 70 Jahre nach Zidek kam angeblich der rechte Thatbestand an's Licht durch den böhmischen Geschichtschreiber Wenzel Hasek. Er zuerst weiß von zwei in der Moldau ertränkten Johannes von Nepomuk. Aus diesem Geschichtschreiber hat Balbin geschöpft, dessen Biographie historisch ganz werth= los ist. Die Geschichte des Heiligen Johannes von Nepomuk entbehrt also nicht nur jeder sicheren historischen Grundlage, sondern ihre Gewährsmänner sind der stärkste Beweis für ihren späteren Ursprung. Es fragt sich nun, wie die Entstehung der Legende zu erklären sey, und welcher geschichtliche Gehalt ihr zu Grunde liege? Dr. Otto Abel (die Legende vom heiligen Johann von Nepomuk. Berlin 1855.) antwortet darauf: »es ist die wunderbar bewegte, erhebende und tragische Kirchengeschichte des böhmischen Landes in den zwei Jahrhunderten von Hus bis zur Erneuerung der habsburgischen Herrschaft nach der Schlacht auf dem weißen Berg, die sich in dem Mythus und Cultus des heil. Johannes von Nepomuk verfolgen läßt.« Der Nepomukscultus konnte erst dann recht aufkommen, nachdem das Andenken an Hus geächtet war. Das war erst möglich seit der Niederlage auf dem weißen Berge (1620). Jetzt lag der katholischen Geistlichkeit die Vernichtung des Hussitenthums ob; auch der im Dom begrabene Märtyrer mußte ihren Zwecken dienen, und namentlich zeigte sich der Jesuitenorden eifrig bemüht, die Verehrung dieses Blutzeugen des Beichtgeheimnisses in Schwung zu bringen. Man hatte schon frühe nöthig erachtet, den ketzerischen Volkshelden Hus und Zizka einen nicht minder böhmischen, aber katholischen Heros entgegenzustellen, und mit glücklichem Griff aus der Zeit unmit= telbar vor Hus den Johannes von Nepomuk dazu ausersehen. Ja, es galt nichts weni= ger, als Hus selbst umzutaufen und in einen katholischen Heiligen umzuwandeln. So wäre denn nach Abels scharfsinniger Beweisführung der heilige Johannes von Nepomuk, wie ihn die Legende und der Volksglaube kennt, in der That nichts anderes als eine Verschmelzung des wirklichen, von König Wenzel ersäuften Vikars Johannes und des von Wenzels Bruder Sigmund verbrannten Magister Hus; wie sich denn noch heutigen Tages in Böhmen da und dort Statuen finden, die man bei genauerer Betrachtung kaum anders denn als ursprüngliche Husbilder ansehen kann, die aber alle den Namen des Johannes von Nepomuk führen! — Es erübrigt uns, noch Einiges über die Ausbildung des Cultus des Heiligen zu erwähnen. Erst nachdem mit Ferdinand II. und den Jesuiten die un= beschränkte Herrschaft des Katholicismus in Böhmen eingezogen war, verstand sich der Heilige auch dazu, Wunder zu thun; denn was von seiner früheren Wirksamkeit gemeldet wird, beschränkt sich auf die Bestrafung muthwilliger Betreter seines Grabes. Von jetzt an werden die Wunder zahlreicher, mannigfaltiger, in jeder Hinsicht wunderbarer. Mehr als zweihundert Jahre lang hatte sich's der Heilige geduldig gefallen lassen, daß sein Geburtshaus zu Nepomuk zum gemeinen Gebrauch einer Menschenwohnung diene. Nun aber war seine Langmuth zu Ende. Es spukte in der Behausung, als treibe da ein böser Kobold sein Wesen, und den Bewohnern, die auf diesen Wink des Heiligen nicht achteten, erging es sogar schlecht; dem letzten, einem armen Töpfer, kostete solch störri=

ſcher Sinn das Leben. Da ward endlich im Jahr 1643 das Haus in eine Kirche ver=
wandelt, und nun erſt trat Ruhe ein. Auf andere Weiſe wieder ahndete der Heilige die
Entweihung ſeines Grabes. Nicht an Allen freilich übte er ſo furchtbare Rache, wie an
jenen frechen Calviniſten, von denen Einer auf der Stelle todt blieb, ein Anderer bald
ebenfalls ſtarb und ein Dritter mit Wahnſinn beſtraft wurde; wo aus bloßem Vorwitz
und jugendlicher Unbeſonnenheit geſündigt ward, war auch die Strafe milder. Welch
warnendes Beiſpiel weiß ein Augenzeuge, der Jeſuit Chanowsky zu berichten! Zwei Pra=
gerinnen hatten aus Muthwillen das hl. Grab betreten; als ſie wieder über die Brücke
gingen, traf die eine inmitten alles Volks Anſtalten, als hätte ſie durch ein tiefes Waſſer
zu waten, bei der andern war es, als wollte ein der Erde entſtrömender Wind ſie in die
Lüfte hinauf nehmen, und doch war völlige Windſtille! Auf der anderen Seite gaben aber
zahlreiche Heilungen, Errettungen aus Gefahren, Krankheiten und anderen Nöthen Zeugniß
von der gutmüthigen, dienſtfertigen Natur des Heiligen. Insbeſondere gilt er für den
Patron und Beſchützer derer, welche von Schande bedroht ſind und fürchten, es möchte
ein von ihnen begangenes Verbrechen ruchbar werden: ſolchen Gefahren begegnet er wun=
derbar und verheimlicht das Geſchehene. Bis zum J. 1670 war noch nicht einmal der
Tag für die Feier des Heiligen beſtimmt; aber von dieſer Zeit an nahm ſeine Verehrung
einen raſchen Aufſchwung. Nachdem 1691 von einem Prager Bürger ihm die erſte be=
ſondere Kapelle geſtiftet ward, gab es bald kaum mehr eine Kirche in ganz Böhmen, wo
er nicht ſeinen Altar gehabt hätte. Im J. 1706 bildete ſich unter dem Patronat der
allerſeligſten Jungfrau Maria eine eigene Brüderſchaft „zur Verbreitung der Ehre des
hl. Johannes von Nepomuk;" ihre Mitglieder trugen ſein Bildniß auf der Bruſt. Im
J. 1716 wurden zu ſeiner Ehre allein im Prager Dom 7034 Meſſen geleſen, 1721 aber,
im Jahr ſeiner Seligſprechung gar 50,672. Die Landleute verehren den vom Waſſer in
den Himmel eingegangenen Märtyrer als den Spender von Regen und Thau und rufen
ihn bei großer Trockenheit an. Liebende erkennen in dem verſchwiegenen Heiligen den
Beſchützer ihrer Neigung, hoffen von ihm Erfüllung ihrer Wünſche; zu den Füßen ſeines
Standbilds auf der Prager Brücke ſieht man friſche Blumenſträuße und in Töpfe ge=
pflanzte Rosmarinſtöcke; es ſind Mädchen aus allen Ständen, die ſolche Gaben darbringen.
Vgl. als Quelle die bereits citirte Schrift von Dr. Abel, mit welcher die ausgedehnte
Nepomuk'ſche Literatur zum Abſchluß gekommen ſeyn dürfte.   **Th. Preſſel.**

  Johannes von Paris, deſſen Lehre vom Abendmahl in dem Artikel Impanatio
iſt behandelt worden, war Dominikaner und Lehrer der Theologie in Paris in der zwei=
ten Hälfte des 13. Jahrh. In der Streitigkeit zwiſchen Bonifacius und Philipp dem
Schönen vertheidigte er mit großem Eifer die königliche Sache und wagte ſogar, was
freilich ihm in Frankreich nicht ſchaden konnte, zu behaupten, daß Bonifacius unrecht=
mäßigerweiſe Pabſt ſey. Er ſtarb in Bourdeaux 1306. Im Artikel Impanatio iſt ſtatt
Petrus Johannes zu leſen.

  Johannes I—XXIII., Päbſte. Johannes I., ein Tuscier von Geburt,
empfieng die Weihe eines römiſchen Biſchofs am 13. Auguſt 523. Ein Edikt des bigotten
Kaiſers von Oſtrom, Juſtinus II., gegen die Arianer Italiens veranlaßte ihren natür=
lichen Schutzherrn, den Oſtgothenkönig Theoderich, ſich in Byzanz zu ihren Gunſten zu
verwenden. Es bezeichnet die abhängige Stellung des Biſchofs von Rom, daß er ſich
von dem deutſchen Gebieter als das Haupt einer Geſandtſchaft abſchicken laſſen mußte,
deren Zweck ſeinen eigenen Wünſchen widerſprach. So wird es wahrſcheinlich, daß des
Kaiſers halb=zuſagende Antwort nur auf Täuſchung berechnet war und daß die Römer,
den Biſchof an der Spitze, vielmehr die Hülfe gegen die Gothen geſucht haben, als gegen
die byzantiniſche Orthodoxie. Nach Ravenna zurückgekehrt, büßte Johannes im Kerker,
wo er am 18. Mai 526 ſtarb. Die römiſche Tradition weilt mit Vorliebe auf der Er=
zählung, wie ſich zu Conſtantinopel der Kaiſer tief vor dem Biſchofe von Rom gebeugt
und wie deſſen Stuhl bei'm Hochamt über dem des Patriarchen geſtanden habe. Johannes
zählt zu den Märtyrern, obwohl auf ſeine Wunderthaten niemals viel Gewicht gelegt

worden ift. S. Leben von Anastasius Biblioth. b. *Muratori* Scriptt. T. III. P. II.; *Baronius* ad h. a.; *Acta Sanctorum* (Bolland.) 27. Maji; *Jaffé*, Regesta Pontificum Romanorum ad h. a.

Johannes II., ein Römer mit dem Beinamen Mercurius, wurde am 31. Dez. 532 geweiht und am 27. Mai 535 in St. Peter begraben. Wie er sich zwischen gewissen Dogmen, die Kaiser Justinian ihm in herausforderndem Tone schrieb, und der Entscheidung seines Vorgängers Hormisda durchhalf, ist minder merkwürdig als sein Richteramt in einem Disciplinarfalle der gallischen Kirche (cf. *Mansi* Concil. VIII. p. 809). *Baronius* und *Jaffé* ad h. a.

Johannes III., der Sohn eines angesehenen Römers, konnte erst am 14. Juli 560 ordinirt werden, weil die Bestätigung seiner Wahl durch den oströmischen Kaiser sich vier Monate lang verzögerte. Unter dem Drucke dieser Herrschaft verstrich der dreizehnjährige Episkopat des Johannes — am 13. Juli 573 ward er zu St. Peter beigesetzt — ohne daß ein denkwürdiges Ereigniß dieser Zeit in der Geschichte der Hierarchie eine Bedeutung gäbe. *Baronius* und *Jaffé* ad h. a.

Johannes IV., ein Dalmatier, geweiht am 25. Dezember 640, zeigte sich nicht minder eifrig bei der Gründung von Klöstern und der Ausstattung der Kirchen Roms, als gegen den Rivalen von Constantinopel. In dem Streite um das monotheletische Bekenntniß des Patriarchen Sergius, welches Kaiser Heraklius als Ekthesis veröffentlichte, stellte er sich an die Spitze der Partei, welche gegen diese neue Ketzererfindung eiferte, wobei er freilich die Rechtgläubigkeit seines Vorgängers Honorius I. nur mühsam gegen Anfechtungen schützen konnte. Seine römische Synode von 641 verdammte die Monotheleten. Seitdem führte er den Kampf gegen den byzantinischen Patriarchen Pyrrhos fort und obwohl er schon am 12. Oktober 642 bei seinen Vorgängern beigesetzt wurde, soll er doch das Versprechen des Kaisers Constans, von der Ekthesis abzustehen, mit in's Grab genommen haben. Seine Nachfolger setzten den Streit in seinem Geiste fort. *Baronius* und *Pagi* ad h. a. *Jaffé*, Regesta.

Johannes V., ein Syrer, wurde im Mai oder Juli 685 erhoben und am 2. Aug. 686 begraben. Die kurze Zeit seines bedeutungslosen Pontifikates brachte er meistens im Bette zu. Die ihm zugeschriebenen Briefe und die Schrift de ·dignitate pallii sind schon früh in ihrer Echtheit angefochten worden. Sein Leben von *Anastasius* l. c.; *Jaffé*, Regesta ad h. a.

Johannes VI. und **VII.**, beide Griechen von Geburt, wetteifern gleichsam an Bedeutungslosigkeit. Ersterer (geweiht den 30. Oktober 701, begraben den 10. Jannar 705) wurde gegen den Exarchen, der ihn, wir wissen nicht aus welchem Grunde, gleich nach seiner Stuhlbesteigung wieder entthronen sollte, von den Römern selbst vertheidigt. Johannes VII. (geweiht am 1. März 705, begraben am 18. Oktober 707) wird als schwach und muthlos geschildert. Es mag als ein Zeichen der tiefen Ohnmacht des damaligen Pabstthums erwähnt werden, daß der Kaiser Justinianus II. ihm die Kanones des trullanischen Concils zur Prüfung und Begutachtung zuschickte, der Pabst aber sich scheute, einen Ausspruch zu thun, der hier oder dort anstoßen könnte, und die Gesandten ohne Erklärung davongehen ließ. Die Vitae bei *Anastasius* l. c.; die Sichtung der Daten bei *Jaffe*, Regesta.

Johannes VIII., ein Römer von Geburt, folgte am 14. Dezember 872 auf Hadrian II., ein Pabst von großer Weltklugheit und umfassenden Plänen, aber ohne sittliches Fundament. Dennoch trugen auch ihn die Ideen der pseudoisidorischen Sammlung und er baute auf sie mit der Kühnheit seines zweiten Vorgängers, Nikolaus I., der zuerst wagte, sich auf jenes Machwerk zu berufen. Aber die großen Entwürfe scheiterten überall an kleinen Menschen und an der trostlosen Anarchie des Jahrhunderts. Auch lag der damaligen Machtanstrebung des Klerus und seines Hauptes keine tiefe Idee, sondern nur ein Ehrgeiz von dieser Welt zu Grunde; ihr einziges Kampfmittel, die schlaue Intrige, vermochte den rohen Kräften, die in dem zerfallenden Karolingerreiche und gegen dasselbe stürmten, nicht Halt zu gebieten, noch weniger auf das zertrümmerte System Karl's des Großen die Morgenröthe einer abendländischen Pabstherrschaft folgen zu lassen. Unerbittlich erlosch mit dem Glanze des fränkischen Kaiserthums auch die Glorie des mit ihm verbündeten Papates. — Ludwig II. starb 875 ohne Erben seines Landes und der kaiserlichen Krone. Da eilte Karl der Kahle nach Rom, um durch einen Bund mit der höchsten geistlichen Autorität sein Recht zu ersetzen. So hatte der Pabst die stolze Freude, am Weihnachtstage 875 die Kaiserkrone zu St. Peter als ein Gnaden= geschenk des apostolischen Stuhles zu ertheilen und den Patricius von Rom mit Geschenken und Gunstbezeugungen vor seinem Throne zu sehen, als habe „die göttliche Gnade den Kaiser durch den Stellvertreter der Apostel berufen." Die kirchlichen Annalisten haben den Akt als eine Bestätigung und Erweiterung der pipin'schen Schenkung ausgebeutet; urkundlich ist nur die Uebergabe von Capua durch den Brief des Pabstes bei Mansi Concil. XVII. p. 10 zu belegen und auch hier ist der Ausdruck sehr vieldeutig. Der Pabst erging sich in dem Gedanken, an Stelle des Erbkaiserthums ein neues von des apostolischen Stuhles Gnaden zu gründen, aber sein Bund mit dem schwächlichen Karl nützte ihm nicht. Vergebens suchte dieser den päbstlichen Legaten gegen die neustrischen Bischöfe beizustehen, die sich nicht so willig wie er dem römischen Primate beugten. Vergebens flehte der Pabst um Hülfe gegen die Saracenen, die plündernd durch die Campagna bis vor St. Peter drangen, er mußte ihnen den Frieden durch einen jähr= lichen Tribut abkaufen, wie der Kaiser den Normannen. In Rom selbst waren die Päbste seit Nikolaus I. eine Schattenmacht, Spielzeuge des sittenlosen Stadtadels, ihrer eigenen Beamten und Diöcesanbischöfe. Nach dem Tode Karls schien seine elende Nach= kommenschaft dem Untergange geweiht, wie einst das merowingische Haus. Und so wie damals aus einem Kronbeamtenthum die folgende Dynastie heranwuchs, ersah jetzt der Pabst, der aus dem Erbe Petri nach der Provence hatte flüchten müssen, wieder einen fränkischen Dienstmann, den dortigen Statthalter, Grafen Boso, zu einer ähnlichen Rolle, die er unter der päbstlichen Aegide vollbringen sollte (vergl. den Brief bei Mansi XVII. p. 121). Boso ist der Gründer des arelatischen Reiches geworden, aber zur Kaiserkrone und zum Königreich Italien konnte der Pabst seinem Schützlinge nicht verhelfen, er mußte zuletzt doch wieder einen der alten Karolinger, Karl den Dicken, krönen. — Seine Streitig= keiten mit der orientalischen Kirche, deren stete Tendenz die Suprematie war, führten den die Sache schon der Entscheidung entgegen: Johannes sprach feierlich den Bann über Photius, den Patriarchen von Constantinopel, den er vorher, was ihm von Rechtgläubigen vielfach verargt worden ist, in seiner Würde bestätigt hatte. Er starb, wie freilich nur die Au= nales Fuldenses zu berichten wissen, in Folge einer Verschwörung an seiner eigenen Curie. Da beigebrachtes Gift den Mördern zu langsam wirkte, schlugen sie ihn am 15. Dezember 882 mit einem Hammer todt. Man hat von Johannes VIII. 308 Briefe, die zum größten Theile bei *Mansi*, Concil. XVII. zu finden sind. Lebensbeschreibungen bei *Muratori*, Scriptt. III. P. I. II. *Jaffé*, Regesta ad h. a. Giesebrecht, Geschichte der deutschen Kaiserzeit I. S. 139—148.

Johannes IX., ein Benediktiner aus Tivoli, wurde im Juni 898 geweiht. Er hielt zwei Synoden. Die erste zu St. Peter stellte vor Allem die Ehre seines barbarisch entwürdigten Vorgängers Formosus her (s. diesen Art.). In der andern zu Ravenna abgehaltenen wurden Verordnungen zum Schutze des kirchlichen Eigenthums gegen Räuber und Mordbrenner erlassen, wie der Pabst überhaupt ein redliches Bemühen für die Feststellung der kirchlichen Rechte und der Disciplin zeigte. Er starb aber schon im Juli 900. Sein Leben bei *Muratori*, Scriptt. T. III. P. II. Die Synoden bei *Mansi*, XVIII.

Johannes X. hatte als ein wohlgebildeter Mann das Auge der buhlerischen Theo= dora auf sich gezogen, sie erhob ihn zum Erzbischof von Bologna, dann von Ravenna und endlich, um seines Umganges stets zu genießen, am 15. Mai 914 auf den apostolischen Stuhl. Sein Leben als Haupt der Kirche verschwindet fast unter dem Taumel der Sinnen= lüste, der Italien, zumal aber Rom, in die wüstesten Zeiten des Heidenthums zurück=

48 *

zustürzen schien. Es war, als ob Rom unter der Herrschaft der verworfensten Weiber noch einmal vor seinem sicheren Untergange alle Freuden der Welt durchgenießen wollte. Der Pabst blieb eine elende Kreatur des Stadtadels. Er ist der erste der römischen Pontifices, den man bewaffnet im Heerlager sah: mit einem Aufgebot aus den kleineren Städten verjagte er die saracenischen Räuberbanden aus ihren Vesten und Schlupfwinkeln am Garigliano. Sein Ende war die Frucht der Frevel, durch die er emporgestiegen war. Marozia, die Tochter jener Theodora, und ihr Gemahl, der Markgraf Guido von Tuscien, ließen den Pabst, als er ihnen unbequem wurde, im Lateran ergreifen und in den Kerker werfen. Daselbst ist er nach einer Nachricht in Noth verkommen, nach einer andern am 17. (?) Juli 929 durch Mörderhand erdrosselt. Vitae bei *Muratori* T. III. P. II.; *Jaffé*, Regesta; Bower, Historie der röm. Päbste VI. S. 274—281; Höfler, die deutschen Päbste I. S. 18.

Johannes XI., ein Sohn der Marozia aus ihren jüngeren Tagen, wo sie die Buhldirne des Pabstes Sergius III. gewesen war, wurde als ein kaum zwanzigjähriger Jüngling von seiner Mutter etwa im März 931 zum Nachfolger Petri geweiht. Von geistlicher Regierung kann nicht die Rede seyn; Rom wurde von der Christenheit wie ein verpesteter Sumpf betrachtet. Der junge Alberich, selber ein Sohn Marozia's, machte der Herrschaft seiner Mutter und seines päbstlichen Halbbruders, wie der berüchtigten Weiberherrschaft überhaupt ein Ende. Jene wurde vertrieben, Johann in's Gefängniß geworfen; zwar erhielt er noch einmal die Freiheit, starb aber nachher im Jan. 936. *Jaffé*, Regesta; Höfler a. a. O. I. 29; Giesebrecht a. a. O. I. S. 343—46.

Johannes XII., als Laie Octavianus genannt, war ein Sohn jenes Alberich, der bis an seinen Tod in Rom eine unbeschränkte Tyrannis übte, seinen Sitten nach ein würdiger Enkel der Marozia. Er folgte seinem Vater als weltlicher Herr (Patricius) von Rom, und dazu kam, wie zufällig, etwa im Nov. 955, nach dem Tode Agepetus' II., die Pabstweihe des sechzehn- oder achtzehnjährigen Jünglings. Der erste unter den Päbsten veränderte er bei dieser Gelegenheit seinen Laiennamen in den apostolischen, den der Sohn der Marozia geführt. Den unerfahrenen Jüngling lockte der Ehrgeiz, die verbrieften Rechte, nach denen der Kirchenstaat eine ganz andere Ausdehnung haben sollte, in Vollzug zu setzen. Bald aber sah er sich in einer Bedrängniß, aus der er keinen andern Ausweg wußte, als indem er König Otto I. über die Alpen rief. Denn König Berengar und sein Sohn Adalbert behaupteten nicht nur das Exarchat, sie bedrohten durch Bündnisse mit den Griechen und Saracenen Rom selbst. Den Sachsenkönig hoffte der unbesonnene Pabst mit gutem Glück schon wieder los zu werden. Sein schamloser Lebenswandel war eine treue Fortsetzung des Zeitalters der römischen Pornokratie. Der Pabst lebte mit Weibern aus allen Ständen, im Lateran erscholl der Jubel eines Bordells und bei'm Würfelspiel freche Schwüre bei Jupiter, Venus und den Geistern der Hölle. Otto versprach dem Pabste nicht nur Sicherheit für seine Person, sondern auch die Wahrung des Erbtheiles Petri. Ueber den Umfang seiner Versprechungen, sowie seines Eides in Rom ist gestritten worden, doch hat sich jene vaticanische Urkunde, in welcher Otto die pipinische Schenkung bestätigte und erweiterte, nicht ohne Grund der kritischen Prüfung entzogen. Ohne erheblichen Widerstand also rückte Otto bis vor die Thore Roms, bei seinem Empfange, bei seiner und der Königin Adelheide Kaiserkrönung und Salbung am 2. Februar 962 schien zwischen den Häuptern der Christenheit noch ein schönes Einverständniß obzuwalten. Mit der Kaiserkrone auf dem Haupt aber ließ Otto die oberherrliche Gewalt im Sinne Karls des Großen fühlen, es beginnt hier der Kampf zwischen der kaiserlichen Gewalt und der päbstlichen, aber sein Karakter unter den sächsischen Kaisern ist noch ein weit anderer, als später unter den fränkischen. In Otto und Pabst Johannes standen sich die Sittengröße eines erblühenden und die Verrotung eines unrettbaren Geschlechtes gegenüber. Wo der Kaiser mit Schärfe auftrat und die Formen des Rechtes oder seine Versprechungen verletzte, da geschah es mehr gegen den Stadtadel Roms als gegen die päbstliche Autorität, und in Johannes strafte er mehr den Patricius als den Bischof von Rom. Nach der Krönung nöthigte er dem Pabste und den höheren Beamten Roms einen Schwur ab, daß sie sich niemals mit Berengar und dessen Sohne verbinden würden. Auf der Synode, die bald nach seiner Krönung in der Peterskirche gehalten wurde, mußte der Pabst seinen eifersüchtigen Groll noch unter der Hülle der Demuth verbergen. Als aber Otto um Ostern 962 selber eine Synode zu Pavia abhielt — ein tiefer Eingriff in die Rechte des ersten Pontifikates — da ließ der Pabst gegen seinen Eid Adalbert, den Sohn Berengars und Bündner der unteritalischen Saracenen, in die Thore Roms ein, da rief er gegen den Kaiser heimlich die heidnischen Ungarn und die schismatischen Griechen zu seinem Schutze auf. Aber seine Ränke wurden entdeckt, er und Adalbert flohen, als Otto am 2. November 963 wiederum und als Sieger in die Weltstadt einzog. Außer der Erneuerung des Treueides mußten ihm die Römer jetzt auch geloben, fortan niemals einen Pabst zu wählen und zu weihen ohne die ausdrückliche Zustimmung des Kaisers oder seines Sohnes. Dann eröffnete er am 6. Nov. eine Synode in der Peterskirche unter seinem eigenen Vorsitz, die über den Pabst das Urtheil sprechen sollte. Johannes wurde mannigfacher Laster und Vergehen, besonders des Mordes, Ehebruches und Meineides beschuldigt, vorgeladen, und da er nicht erschien, sondern der Synode mit dem Bann drohte, am 4. Dezember entsetzt und aus der Kirche gestoßen, an seine Stelle Leo (VIII.), bisher Protoscriniarius und Laie, gewählt. Nachdem der Kaiser Rom verlassen, kehrte Johannes, durch seine Verbindungen mit dem römischen Adel unterstützt, noch einmal zurück und ließ durch eine Synode in der Peterskirche am 26. Februar 964 die Beschlüsse der Kaisersynode widerrufen. Während Otto zum dritten Male gegen Rom heranzog, traf den Pabst mitten im Ehebruch ein Schlagfluß, er wurde, wie Liutprand und das Volk sagte, vom Teufel vor den Kopf geschlagen und starb am 14. Mai 964, nachdem er zum Aerger der Welt noch auf dem Todbette die letzte Wegzehrung von sich gewiesen. *Liudprand*, Historia Ottonis in den Monum. Germ. Scriptt. III.; Viten bei *Muratori*, T. III. P. II., *Jaffé*, Regesta; Höfler a. a. O. I. S. 33—50; Giesebrecht a. a. O. I. S. 424—445.

Johannes XIII., aus einer römischen Adelsfamilie und zuvor Bischof von Narni, wurde im September 965 gewählt, aber erst nach Kaiser Otto's ausdrücklicher Zustimmung geweiht. Sobald er Strenge gegen den römischen Stadtadel gebrauchte, wurde er in Folge einer Verschwörung desselben und eines Volksaufruhrs erst gefangen gehalten und konnte, auch als er entflohen war, erst nach fast einem Jahre wieder in Rom einziehen. Da aber erschien der Kaiser selber in Rom, um ein unerbittliches Gericht zu üben und die vom wüthendsten Factionsgeiste zerrissene Stadt unter das kaiserliche Scepter zu beugen. Zum Vertreter seiner Gewalt setzte er einen Präfekten ein und belehnte ihn mit dem Schwerte. Dann folgte der Pabst seinem Beschützer und Freunde nach Ravenna, wo um Ostern 967 eine glänzende und einflußreiche Synode gehalten wurde. Hier sicherte der Kaiser dem Stuhle Petri alles Gebiet, welches er jemals dem Rechte nach besessen hatte, zumal Ravenna. Nie schien die Kaisergewalt in einem so richtigen und edlen Verhältnisse zur päbstlichen gestanden zu haben. Johannes krönte den jüngern Otto zum Kaiser und Mitregenten und dann auch dessen Gemahlin, die griechische Kaisertochter Theophania. Auch in des alten Kaisers Lieblingsgedanken, die Mission bei den nordöstlichen Slaven, ging er freudig helfend ein. Vitae b. *Muratori* T. III. P. II.; *Jaffé*, Regesta; Giesebrecht a. a. O. I. S. 466 ff.

Johannes XIV., vorher Bischof Peter von Pavia und Erzkanzler des Kaisers, wurde im November oder Dezember 983 unter dem Einflusse Otto's II. gewählt. Er sah seinen Schirmherrn am 7. Dezember sterben und in der Vorhalle von St. Peter bestatten. Schon im April 984 kehrte Bonifacius VII. (vergl. diesen Art.) aus Constantinopel zurück, ließ Johannes ergreifen, in einen Kerker der Engelsburg werfen und im Elend verkommen oder, wie auch erzählt wird, durch Mörderhand wegräumen (20. August 984). Mehrere Lebensbeschreib. b. *Muratori* T. III. P. II.; *Jaffé*, Regesta.

Johannes XV. — Unter diesem Namen erscheint in den Pabstverzeichnissen ein

Sohn des Römers Ropertus, der nach der Ermordung Bonifacius' VII. 4 Monate lang den Pontifikat geführt haben soll. Doch ist er eine zweifelhafte Person und die neuere Kritik (vergl. Wilmans Jahrbücher d. deutschen Reichs unter Otto III. S. 208. 212) hat ihn völlig gestrichen. — Johannes XV. hat über zehn Jahre (vom September 985 — April 996) eine ruhm- und würdelose Regierung geführt. Rom beherrschte von der Engelsburg aus Johannes Crescentius unter dem Namen eines Patricius. Vor ihm flüchtete der Pabst nach Tuscien, durfte dann zwar in den Lateran zurückkehren, blieb aber eine machtlose Figur; zur Entschädigung bereicherte er sich und die Seinen mit den Einkünften der Kirche. Von dem um das Bisthum Rheims geführten Streite muß bei Gelegenheit Sylvester's II. die Rede seyn. *Jaffé*, Regesta; Höfler, die deutschen Päbste I. S. 73 ff.

Johannes XVI., ein calabrischer Grieche, Namens Philagathos und Bischof von Piacenza, wurde von Johannes Crescentius im Mai 997 als Gegenpabst gegen Gregor V. (s. diesen Art.) aufgestellt und büßte im März 998 mit gräulicher Verstümmelung in einem römischen Kloster.

Johannes XVII. und **XVIII.** Ersterer, aus der anconitanischen Mark gebürtig, mit Beinamen Sicco, folgte auf Sylvester II. Wir wissen wenig mehr von ihm, als daß er am 13. Juni 1003 geweiht wurde und am 7. Dezember desselben Jahrs starb. Ihm folgte der Römer Fasanus als Johannes XVIII. (geweiht den 25. Dezember 1003, starb im Juni 1009). Er unterstützte den Lieblingsplan Heinrich's II., in Bamberg ein Bisthum zu errichten, und den Preußenapostel Bruno von Querfurt ernannte er zum Erzbischof. *Jaffé*, Regesta; Bower, Historie der röm. Päbste VI. S. 352.

Johannes XIX., aus dem Geschlechte der Grafen von Tusculum, riß nach dem Tode seines Bruders, Benedikt's VIII., die päbstliche Tiare halb mit Gewalt, halb durch Bestechungen an sich und trug sie in demselben Geiste (vom Juni oder Juli 1024 bis zum Januar 1033). Er war nahe daran, dem Patriarchen von Constantinopel den Supremat über die Kirche des Orients zu verkaufen. Den Glanzpunkt dieses in Rom gehaßten und in der Christenheit verachteten Pabstes bildet der Ostertag 1027, an welchem er den salischen Konrad krönte. *Jaffé*, Regesta; Bower a. a. O. S. 363.

Johannes XXI. sollte eigentlich wohl als **XX.** gezählt werden. Die Verwirrung beginnt nämlich mit Johannes XVII., der auch als XVIII. gerechnet wird, oder es ist irrthümlich in der Zeit des Schisma um 1045 einer der Gegenpäbste, deren Taufname zufällig Johannes war, mit diesem Namen als einem apostolischen angesetzt worden. — Genug, Petrus Juliani, aus Lissabon gebürtig und vorher Cardinal-Bischof von Tusculum, nannte sich, als er am 13. September 1276 zu Viterbo gewählt wurde, selber Johannes XXI. Nach 28tägiger Berathung hatten sich die Cardinäle auf einen Mann von anerkannter Gelehrsamkeit, aber ebenso großer Unfähigkeit und Karakterschwäche vereinigt. Daß er indeß wirklich der unter dem Namen Petrus Hispanus bekannte Schriftsteller ist, von dem eine Reihe theils medicinischer, theils philosophischer Werke in Drucken und Handschriften vorliegt, ist keinesweges über allen Zweifel ausgemacht. Seine Bemühungen, Frieden unter den Fürsten Europa's zum Besten eines Kreuzuges zu stiften, waren völlig erfolglos. Er soll am 16. Mai 1277 durch eine einstürzende Decke in seinem neuerbauten Palaste zu Viterbo erschlagen seyn. Bower a. a. O. VIII. S. 177.

Johannes XXII., ein Franzose von niedriger Geburt und Cardinalbischof von Porto, wurde nach einer mehr als zweijährigen Sedisvacanz in einem Conclave von vierzig Tagen erhoben, zu welchem die Cardinäle förmlich mit Gewalt gezwungen werden mußten. Das geschah zu Lyon am 7. August 1316. Da die Wahl ein Sieg der französischen Cardinalpartei war, so blieb es auch bei der Residenz zu Avignon. Für die Knechtschaft unter dem französischen Hofe schien sich der Pabst durch hochfahrende Beanspruchung des Richteramtes unter den deutschen Gegenkaisern zu entschädigen. Nach wiederholten stolzen Drohungen sprach er 1324 den Bann über Ludwig den Bayer aus, aber dieser antwortete auf einem Nürnberger Reichstage mit einer Appellation an ein allgemeines Concil und erklärte bald seinerseits den Pabst für einen Ketzer, er ließ sich in Rom krönen und durch eine Synode, die er kraft des Imperiums versammelte, Johannes absetzen und an seine Stelle Nikolaus V. erheben. Zwar konnte sich der ghibellinische Gegenpabst im Kirchen=staate nicht halten und mußte zu Avignon vor Johannes Füßen Abbitte leisten, aber ungleich mehr als diese Maßregeln der Gewalt erschütterte der Federkrieg, den Kaiser Ludwig nicht nur der Person seines Gegners, sondern der höchsten Autorität des apostos=lischen Stuhles überhaupt bereitete, theoretisch dessen Ansehen. Die Franziskaner waren im Ganzen kaiserlich, die Dominikaner päbstlich gesinnt. Die Parteiung wurde geschürt durch eine wunderliche Privatmeinung des Pabstes, daß nämlich die Seligen bis zum Gerichte und zur allgemeinen Auferstehung der Todten schlafen und dann erst Gott schauen würden. Er mußte diesen Lieblingsgedanken, der ihn selbst bei seinen Anhängern der Ketzerei verdächtig machte, öffentlich verwerfen. Dabei sammelte er durch die ver=rufensten Finanzkünste der Curie unglaubliche Geldsummen und Kostbarkeiten; bekannt sind in der Geschichte des kanonischen Rechts seine Extravaganten, der Annatenunfug erreichte durch ihn eine solche Höhe, daß er später irrthümlich für den Begründer desselben gehalten wurde. Er starb am 4. Dezember 1334. Eine Reihe von Lebensbeschreibungen in *Baluzius* Vitae Papar. Avenionens. I.; Bower a. a. O. VIII. S. 331; v. Olen=schlager, Staatsgeschichte des röm. Kaiserthums ꝛc. 1755.

Johannes XXIII., vorher Baldassarin Cossa aus Neapel, ein Mann von ebenso reichen Talenten wie verwahrlosetem Karakter, hatte schon den schwachen Alexander V. (s. diesen Art.) völlig beherrscht und, wie wenigstens zu Constanz behauptet wurde, ver=giftet. Durch Bestechungen und Drohungen wußte er nun am 17. Mai 1410 seine eigene Wahl durchzusetzen. Ueber seine Reise nach Constanz und seine Absetzung vergl. den Art. Constanzer Concil. Aus der Haft zu Heidelberg wußte er zu entkommen, warf sich demüthig Martin V. zu Füßen und lebte, zuletzt in Florenz, als Cardinal=bischof von Tusculum und Dekan des heiligen Collegiums bis zum 22. November 1419. — Es scheint, daß der Name Johannes seitdem von den Päbsten gemieden worden ist, weil an ihm die Schmach oder doch der Fluch der Unbedeutendheit zu haften schien. Sein Leben von seinem Sekretär Dietrich von Niem s. in *v. d. Hardt*, Magnum oecum. Constant. Concil. II. P. XV.　　　　　　　　　　　　　　　Dr. G. Voigt.

Johannes Parvus, Jean Petit, in der Normandie geboren, Doktor und Lehrer der Theologie zu Paris, gelangte zu einer traurigen Berühmtheit durch die Ver=theidigungsrede, welche er am 8. März 1408 im Auftrag des Herzogs von Burgund hielt, um den von diesem vollzogenen Mord an dem Herzog von Orleans, dem Bruder des Königs von Frankreich zu rechtfertigen. Nach Bayle wäre Jean einfacher Weltprie=ster, nach Michelet (Hist. de Fr. IV. p. 169) Franziskanermönch gewesen; Ersterer stellt Jean als einen verkäuflichen Sophisten dar, während Michelet an die Uneigennützigkeit dieses Fanatikers glaubt. Während Gerson eine Trauerrede auf den Gemordeten zu halten wagte, vertheidigte Jean den Mörder. Er stellte die Behauptung auf, welche später von der Ligue adoptirt wurde, daß es einem Jeden ohne irgend einen Befehl nach dem moralischen, natürlichen und göttlichen Gesetz erlaubt sey, einen treulosen Verräther und Tyrannen zu tödten oder tödten zu lassen, daß dieses nicht nur erlaubt, sondern auch ehrenvoll und verdienstlich sey. Zur Unterstützung dieser Behauptung führte er, zu Ehren der zwölf Apostel, zwölf Gründe an, nämlich willkürlich und falsch gedeutete drei Aussprüche von Kirchenlehrern, insbesondere drei Aussprüche von Thomas von Aquino, drei Aussprüche von Moralphilosophen, Anaxagoras, Cicero und Boccaccio, drei Verordnungen des bür=gerlichen Gesetzes und drei Beispiele aus der h. Schrift. Diese Rechtfertigungsrede, schon von der Pariser Universität verdammt, wurde auch der Synode von Kostnitz (1415, sess. 15.) zur Censur und Reprobation vorgelegt und als häretisch gebrandmarkt. Jean war, von der Universität vertrieben, vom Herzog reich belohnt, am 15. Juli 1411 zu Hesdin gestorben. Vergl. *Barante*, histoire des ducs de Bourgogne, 1824. tom. III. p. 108 seqq.　　　　　　　　　　　　　　　　　　　　　　　　Th. Pressel.

Johannes X., Patriarch von Constantinopel (Beccus, Veccus), Anfangs eifriger Gegner der Vereinigung der griechischen Kirche mit der römischen, welche Kaiser Michael Paläologus auf dem Concil von Lyon 1274 durchzusetzen suchte, daher von diesem Kaiser gefangen gesetzt, änderte seine Ansichten und wurde 1275 an der Stelle des abgesetzten Joseph Galesius Patriarch von Constantinopel. Da er nun mit eben so vielem Eifer die Union betrieb als er sie früher bekämpft hatte, so erregte er wider sich den Haß der orthodoxen Gegner der Union; schon unter Michael legte er seine Würde nieder und zog sich in ein Kloster zurück; vom Nachfolger des Michael, Kaiser Andronicus, wurde er an den Olymp verwiesen, bald darauf auf das St. Georgs-Castell in Bithynien, wo er 1298 starb. Seine von Leo Allatius in die Graecia orthodoxa ganz oder theilweise aufgenommenen Schriften beziehen sich meist auf die Angelegenheiten der genannten Union und die damit in Verbindung stehende Frage über den Ausgang des heiligen Geistes.

Johannes, Patriarch von Thessalonich am Ende des 7. und zu Anfang des 8. Jahrh., bekannt als Vertheidiger der Bilderverehrung, suchte in einem Gespräche zwischen einem Juden und einem Christen das Aergerniß zu heben, das die Juden an der Bilderverehrung der Christen nahmen. Eine Stelle dieser Schrift wurde auf der zweiten Synode von Nicäa vorgelesen und spricht dieselbe Ansicht aus, die von dieser Synode als orthodox sanctionirt wurde.

Johannes Philoponus, auch Alexandrinus und Grammaticus genannt, hat sich in der philosophischen, philologischen und theologischen Literatur seines Zeitalters einen Namen erworben. Er war aus Alexandrien gebürtig und Schüler des Ammonius Hermiä. Sein Leben, übrigens völlig unbekannt, ist selbst chronologisch erst neuerlich im Allgemeinen fixirt worden. Zwar erwähnt Phot. Bibl. cod. 240, daß er das Werk über die Weltschöpfung dem Sergius, Patriarchen von Constantinopel (610—639) gewidmet habe, und auf desselben Sergius Anregung soll sein $\Delta\iota\alpha\iota\tau\eta\tau\dot\eta\varsigma$ abgefaßt seyn. Mit Recht aber haben Ritter und Rauck die Richtigkeit dieser Angaben bestritten und dem Philoponus statt des siebenten Jahrhunderts vielmehr das sechste und das Ende des fünften zugewiesen. Als Schüler des Ammonius (um 485) und als ungefährer Zeitgenosse des Simplicius, der um 529 nach Persien auswanderte, kann er nicht im siebenten Jahrhundert geblüht haben. Seine eigene ausdrückliche Zeitangabe De aetern. mundi XVI, cp. 4. nennt 245 aer. Diocl. also 529 p. Chr., und verdient mehr Glauben, als die andere nur in Zahlzeichen vorliegende: In Arist. phys. lit. S. p. 3. ($\check\epsilon\tau o\varsigma\ \tau\lambda\gamma'$ aer. Diocl. 617 p. Chr.). Nur mit der ersteren Angabe stimmt theils die Zeit des tritheistischen Streits (um 560) theils der Umstand, daß Philoponus gegen den Patriarchen Johannes Scholasticus (um 565) schrieb und daß er einige seiner Schriften an den Kaiser Justinian richtete. Sollen sich also nicht unlösbare Widersprüche ergeben, so muß auch jener Sergius, dem die genannten Werke zugeeignet sind, ein Anderer dieses Namens, vielleicht nach Ritters Vermuthung der monophysitische Patriarch von Antiochien, Nachfolger des Severus, gewesen seyn.

Dieses sein Zeitalter, also den beginnenden Verfall der patristischen Literatur, hat Johannes Philoponus auch als Schriftsteller nicht verläugnet. Gelehrt, vielwissend, rastlos thätig, selbst mit Mathematik und Grammatik beschäftigt, dazu dialektisch gewandt, hat er sich weder der kirchlichen Formel und Tradition unbedingt überlassen, noch das Dogma mit religiösem Geiste anzufassen und zu reproduciren vermocht, sondern er gehört zu denen, welche in Hauptsachen der christlichen Ueberzeugung zugethan sich übrigens mit vielseitigem gelehrten Wissen anfüllten und durch ihr Bedürfniß, das Dogma philosophisch zu ergänzen, zu verarbeiten oder zu berichtigen, nicht selten in eine zweifelhafte Doppelstellung geführt wurden. Verwandt sind ihm Nemesius, Aeneas von Gaza, Zacharias Scholasticus, obgleich vom kirchlichen Parteiwesen unabhängiger als er. Bei aller schriftstellerischen Berühmtheit hat daher Philoponus immer nur sehr bedingtes Lob geerntet. Niceph. Call. (h. e. XVIII, 47) nennt ihn scharfen Aristoteliker und bewundernswerth in der Beweisführung, obgleich seine Ideen nicht immer lobenswerth; strengeren Tadel

äußern Simplicius und Photius, der ihn häufig erwähnt und den Ehrennamen φιλόπο-
νος gern in ματαιόπονος umändern möchte. Diese Mißbilligung galt hauptsächlich seiner
anstößigen Auffassung der Trinität. Philoponus folgte nämlich im christologischen Streit
der ägyptischen Partei, er war Monophysit und als Philosoph vorwiegend Aristoteliker,
so auffallend es auch erscheinen mag, daß in demselben Manne eine mystische Richtung
mit einer rein verständigen, trennenden Dialektik in Berührung trat. Seine dogmatische
Hauptschrift Διαιτητής ἢ περὶ ἑνώσεως, obgleich verloren, ist uns doch durch mehrere
Excerpte (*Leontius*, De sectis Act. 5. apud Galland. XII, p. 641; *Joh. Damasc.*, De
haeres. I, p. 101—107, ed. le Quien, *Niceph. Call.*, XVIII, cp. 57, conf. *Mansi*, Concil. XI, p. 301), soweit bekannt, um zu ersehen, wie er seine Begriffsbestimmungen auf
das Dogma anwandte und von der christologischen auf die Trinitätsfrage hinübergeführt
wurde. Natur und Hypostase, behauptet er, sind das Nämliche; in Christus kann nur
Eine Natur vorhanden gewesen seyn, weil sich sonst auch zwei Hypostasen ergeben müßten. Wird dagegen eingewendet, daß ja die heilige Trias anerkanntermaßen aus drei
Hypostasen besteht, ohne deshalb drei verschiedene Naturen zu enthalten: so ist das Letztere eben ein Irrthum. In der Trinität sind drei besondere und eigenthümliche Existenzen
oder Hypostasen (ἰδιοσύστατος τῆς ἑκάστης φύσεως ὕπαρξις) unter eine Einheit gestellt. Wie nun überall das Einheitliche dadurch zu Stande kommt, daß ein Gemeinsames mehrerer Individuen als Gattungsbegriff zusammengefaßt wird, so kann auch die
göttliche trinitarische Einheit nichts Anderes seyn, als der κοινός τοῦ εἶναι λόγος. Will man
diesen Natur nennen, so geschieht es im Sinne jener abstrakten und gattungsmä-
ßigen Bestimmung des Allgemeinen aus dem Besonderen: soll dagegen die φύσις ein
Fürsichseyendes ausdrücken, so muß dieselbe mit dem Seyn des Besonderen, des Individuellen (μερικαὶ οὐσίαι, ἄτομα) also der Hypostasen zusammenfallen, woraus denn, da
nur der letztere Fall auf die Person Christi Anwendung findet, zugleich folgt, daß in
dieser die Einheit der Hypostase unmittelbar die der Natur in sich schließt. Wir bezeichnen hiermit kürzlich dasjenige, was dem Philoponus als Tritheismus von den Kritikern
nicht ohne Grund zum Vorwurf gemacht wurde. Zwar wollte er durchaus nicht drei
Götter lehren, sondern berief sich sogar auf ähnlich lautende Stellen bei früheren Tri-
nitätserklärern. Im Ganzen aber waren doch die älteren Väter von der Platonisch-rea-
listischen Anschauungsweise ausgegangen, welche sie in den Stand setzte, die göttliche Wesenseinheit als etwas Reales und Objektives innerhalb der drei Personen zu denken,
also die substantielle und Naturbestimmung der Gottheit zu der hypostatischen im Gleichgewicht zu erhalten. Folglich war es eine Abweichung von dem Sinn der herrschenden
Trinitätserklärung, und dem Mysterium drohte die Auflösung, wenn es nach Aristoteli-
scher Logik nichts weiter darbot, als drei göttliche Individuen, deren Wesensgemeinschaft
der menschliche Verstand wie bei jeder andern Gattung festzustellen hat, wodurch das Einheitliche der Gottheit zum Nachtheil des monotheistischen Interesses von dem Mehrfachen
überwogen und verdunkelt wurde. Ganz dieselbe Gefahr hat im Beginne der Scholastik
der Nominalismus in das Dogma eintreten lassen. Eigenthümlich aber ist dem Philoponus, daß er sein Augenmerk auf beide Dogmen, das christologische und das der Dreieinigkeit, zugleich richtete, denn auf diese Weise konnte er die ungleiche Stellung, welche
die Begriffe Natur und Person in denselben nach orthodoxer Darstellung einnehmen,
kritisch zu seinem Vortheil benutzen. Mit Unrecht erscheint übrigens Philoponus nach
dem Bericht des Leontius als eigentlicher Stifter der Tritheiten; er war wohl nur Einer
der Vorgänger, um den sich wie man ihn den von Barhebräus (*Assem.*, Bibl. or. II, p. 328)
hervorgehobenen Johannes Askusnages unter der Regierung des Justinian und des Justinus noch andere Gleichgesinnte (Konon, Eugenius, Severus) sammelten (*Galland*. XII,
p. 641. *Niceph. Call.*, l. c. cp. 46). Außer dem Διαιτητής, einem dialogisch in zehn
Büchern verfaßten Werk, soll Philoponus über die Trinität noch mit Johannes Scholasticus verhandelt, auch für den Monophysiten Severus und gegen die vierte ökumenische
Synode geschrieben haben (*Phot.*, codd. 55. 75. *Niceph.*, cp. 46).

Wir gehen zu den noch vorhandenen Werken über, welche ihren Verfasser in seinem allgemeineren philosophischen und christlichen Karakter erkennen lassen. Das Hauptwerk De aeternitate mundi (κατὰ Πρόκλου περὶ ἀϊδιότητος κόσμου) in achtzehn Büchern (einzige Ausg. Venet. 1535. fol. Trincavellus) will den christlichen Schöpfungsglauben auf rationalem Wege und ohne biblische Beweismittel begründen und gegen das verfeinerte Heidenthum des Proklus rechtfertigen. Aristoteles und Plato werden bestritten, aber jener steht der Wahrheit näher, als dieser. Die Ideen sind nur ewig, wenn sie als schöpferische Gedanken Gottes gefaßt werden, als solche sind sie der Vorsehung immanent und ihre Verwirklichung bringt keinen Zuwachs zu der göttlichen Vollkommenheit. Seiner ἕξις nach ist Gott immer Schöpfer gewesen, die ἐνέργεια fügt in ihm nichts Anderes und Neues hinzu. Die Welt ihrerseits kann nicht ewig seyn, weil sonst die Ursache der Wirkung gliche und Gott ein anderes Ewige und ihm selbst Gleichstehende hervorgebracht hätte. Auch findet der Satz des Aristoteles, nach welchem alles Werden eine Materie voraussetzt, keine unbedingte Anwendung, da es immaterielle und doch gewordene Wesenheiten gibt. Auch die Materie muß Gottes Werk seyn, soll nicht die Einheit des Grundes aller Dinge aufgehoben werden. Die Ausführung dieser Gedanken führt zu mancherlei Excursen und der Schriftsteller schaltet aus den Commentatoren des Plato und Aristoteles zahlreiche Citate ein, die den literar-historischen Werth seines Werks ansehnlich erhöhen. Wenn er hier das christliche Interesse im Wesentlichen gewahrt hat, so gelingt ihm dies weniger in der Schrift Περὶ ἀναστάσεως, die wir zwar nur aus Notizen bei Photius (cod. 21—23), bei Nicephorus (l. c. ep. 47.), und bei Timotheus (De recept. haeret. in Cotel. monum. III. p. 414 sqq.) kennen. Denn in dieser hat er durch Trennung der sinnlichen von der übersinnlichen Schöpfung der Philosophie wieder eine Concession gemacht. Die vernünftige Seele wird anerkannt nicht als bloßes εἶδος, sondern als unvergängliche Substanz, aber völlig abgesondert von dem übrigen unvernünftigen Seyn, in welchem Materie und Form überall nothwendig zusammengehören. Vermöge dieser Untrennbarkeit der Form und Materie wird der natürliche Körper im Tode gänzlich aufgelöst und vernichtet; und soll er dereinst wieder aufstehen: so ist es nur durch einen zweiten wirklichen Schöpfungsact möglich, welcher den Seelen neue Körper zutheilt. Ebenso verräth sich in anderen Punkten ein beständiges Ausbeugen nach philosophischen Denkbestimmungen, die doch in der Hauptsache wieder der christlichen Lehre weichen müssen. — Die zweite noch vorhandene Schrift ist: Commentariorum in Mosaicam mundi creationem libri septem (Περὶ κοσμοποιίας), dem Sergius, gleichviel welchem, gewidmet (ed. Corderius Viennae 1630, dann in Galland., Bibl. XII, p. 473). Dieses merkwürdige Product schließt sich an ältere Darstellungen des Sechstagewerks, besonders des Basilius, an und verfolgt ähnliche apologetische Zwecke, zeichnet sich aber aus durch den ungemeinen Reichthum der vom Verfasser entwickelten Naturkenntnisse und philosophischen Ansichten, wie sie nur irgend in dem Kopfe eines damaligen Gelehrten angehäuft seyn konnten. Erwägt man die Kunst und Künstlichkeit, mit welcher die Einzelnheiten der Mosaischen Schöpfungsgeschichte vor den physikalischen und astronomischen Forschungen gerechtfertigt, mit ihnen vereinbart und bisweilen zu deren Quellen erhoben werden, so wird man an manche Versuche der Gegenwart, denen nicht immer derselbe Scharfsinn und die gleiche gelehrte Belesenheit zum Grunde liegt, unwillkürlich erinnert. — Beachtung verdient drittens die bei Gallandi, l. c. hinter dem Vorigen abgedruckte Disputatio de paschate, d. h. die Ausführung des Satzes, daß „Christus am dreizehnten Monatstage, am Tage vor dem gesetzlichen Passah eine mystische Mahlzeit mit den Jüngern gehalten, nicht aber ein wirkliches Passahlamm damals genossen habe." Rauch hätte diese Abhandlung nicht ohne Weiteres als „abgeschmackte Salbaderei" verwerfen und dem Philoponus absprechen sollen. Die Entscheidung über den Tag des Abendmahles hängt mit der bekannten chronologischen Schwierigkeit der Leidensgeschichte zusammen, und die Annahme eines δεῖπνον μυστικόν, in welchem der Opfertod Christi vorgebildet sey, soll die judaistische Auffassung des Sachverhältnisses entkräften. Obige Abhandlung ist allerdings flüchtig und schlecht geschrieben, findet sich in der Handschrift des Corderius anonym und wird in der Biblioth. Coisl. ed. Montf. dem Johannes Damascenus beigelegt. Für den Philoponus als Verfasser spricht jedoch, daß am Schluß des Aufsatzes (bei *Usteri*, p. 121) auf dessen Werk über das Hexaemeron lib. II. cp. 22. deutlich hingewiesen wird. Auch haben sich zwar gerade die Monophysiten und Armenier bei ihrer Ablösung von der Kirche der judaistischen Meinung in diesem Punkte zugewendet, doch kann man sich leicht vorstellen, daß auch ihnen Streit darüber entstand und von Einigen die andere Annahme, nach welcher keine eigentliche Passahfeier von Christus begangen seyn soll, festgehalten und biblisch durchgeführt wurde. Photius erwähnt cod. 115. ein anonymes Buch gegen die Quartodecimaner und die späteren mit ihnen übereinstimmenden Häretiker, nach des Fabricius Vermuthung (Bibl. Gr. X, p. 644 ed. Harl.) soll er das unsrige damit gemeint haben. Von Usteri ist das Büchlein zum Beweis der Aechtheit des vierten Evangeliums benutzt und seiner Commentatio critica, in qua evg. Joh. genuinum esse — ostenditur, Turici 1823 nebst anderen Urkunden griechisch beigedruckt worden.

Ganz kurz nennen wir: Περὶ τῆς τοῦ ἀστρολάβου χρήσεως (ed. Hase Bonn 1839), Περὶ ἀγαλμάτων gegen Jamblichus (Phot. cod. 215), die erhaltenen grammatischen Schriften: Συναγωγὴ τῶν πρὸς διάφορον σημασίαν διαφόρως τονουμένων λέξεων, Περὶ διαλέκτων, Ἰωνικὰ παραγγέλματα, jedes einzeln edirt, endlich die zu Venedig herausgegebenen (1509. 1534. 1535 ꝛc.) Commentare zum Aristoteles. Eine Gesammtausgabe der Werke ist nicht vorhanden und würde eine bedeutende, in mancher Hinsicht fruchtbare kritische Arbeit nöthig machen. Vgl. *Fabricius*, l. c. X. p. 639. *Harl. Brucker*, Hist. philos. III. p. 529 (Lips. 1743). *Ritter*, Geschichte der Philos. VI, 500. *Walch*, Historie der Ketzereien VIII, S. 693. *J. G. Scharfenberg*, De Johanne Philopono, Lips. 1768, *Trechsel*, in Stud. u. Krit. 1835, S. 95 ff., dazu die allgemeinen Werke von Baur und Meier, endlich den Artikel von A. Rauch in Ersch und Grubers allgem. Encyklopädie. *Gaß.*

Johannes Presbyter. Papias erklärt in einem vielbesprochenen Citat des Eusebius (h. e. III. 39) von sich, daß er bei der Feststellung seiner christlichen Ueberzeugung sich an diejenigen gehalten habe, welche das Wahre gelehrt, welche die von dem Herrn dem Glauben anvertrauten, also von der Wahrheit selber herstammenden Vorschriften aufgefaßt hätten. »Wenn aber, fährt er fort, irgendwo Einer, der mit den Alten (τοῖς πρεσβυτέροις) Verkehr gehabt, herzukam; so forschte ich nach den Aussprüchen dieser Alten: was Andreas, was Petrus oder Philippus, oder Thomas, oder Jakobus, oder Johannes, oder Matthäus, oder ein Anderer von den Schülern des Herrn gesagt (εἶπεν), sowie auch, was Aristion und der Presbyter Johannes, die Schüler des Herrn erklären (λέγουσιν). Denn ich glaubte nicht, aus Büchern so vielen Nutzen zu ziehen, wie aus der lebendigen und bleibenden Rede.« Eusebius bemerkt zu diesen Worten, daß Papias mit gutem Bedacht den Namen Johannes zweimal genannt, zuerst in Verbindung mit Petrus, Jakobus und Matthäus, wo nur der Apostel gemeint seyn könne, und dann wieder neben dem Aristion und mit dem Prädikat ὁ πρεσβύτερος. Dadurch wurde die Existenz eines zweiten Johannes außer Zweifel gestellt, von dem Papias selber gelernt und der gleichfalls Schüler Christi heißen dürfe, ohne in die Zahl der Apostel zu gehören, und es werde die Nachricht derer bestätigt, welche aussagen, daß damals in Kleinasien zwei mit Christus eng verbundene Männer diesen Namen geführt, und in Ephesus zwei nach Johannes benannte Gräber sich befunden haben. In dieser Bemerkung steht jedoch Eusebius nicht selbständig da, sondern er folgt der Aeußerung des Dionysius Aler. (ap. Eus. VII, 25), welcher gleichfalls und mit sehr ähnlichen Worten der Sage von zwei in Ephesus befindlichen johanneischen Gräbern Erwähnung thut und ganz dieselbe Vermuthung über den Ursprung der Apokalypse daran anknüpft. Außerdem wird noch in den Constitt. apost. VII, 46 ein zweiter Johannes und zwar als Bischof von Ephesus und Nachfolger der Apostel namhaft gemacht, welchen der Evangelist dieses Namens selbst eingesetzt habe.

Das sind hauptsächlich die Zeugnisse, welche den Presbyter Johannes zu einer historischen Person, oder doch zu einer Figur der historischen Kritik gemacht haben, aber freilich nicht zu einer sicheren und unbestrittenen. Denn genauer angesehen läßt sich Alles an ihr bezweifeln. 1) Zunächst nennt ihn Papias πρεσβύτερος, da er aber kurz vorher dasselbe Wort im Sinne des höheren Alters und Ansehens gebraucht: so fragt sich, ob es hier eine amtliche Bedeutung habe. Dies hat namentlich Credner geläugnet und das Prädikat abermals vom Alter verstanden, entweder, weil dieser andere Johannes den Apostel an Jahren übertroffen, oder weil er früher als der Letztere nach Asien gekommen sey. Beides verträgt sich indessen nicht mit dem einfachen Ausdruck ὁ πρεσβύτερος Ἰωάννης, und es bleibt wahrscheinlich, daß dieser dadurch in seinem öffentlichen Karakter und im Unterschiede von dem zuvor erwähnten ἀπόστολος bezeichnet werden sollte. 2) Daß ferner dieser Johannes gerade in Ephesus Presbyter gewesen, wird von Papias nicht gesagt und von Dionysius und Eusebius nicht aus seinen Worten entnommen, sondern sie finden in diesen nur die Bestätigung einer anderweitigen Kunde von zwei Gräbern, die zu Ephesus den Namen des Johannes an sich getragen. Diese Kunde hat aber schon im Alterthum nicht allgemeinen Glauben gefunden, denn Hieron. De viris illustr. cp. 9 erwähnt den Presbyter mit einem zweifelhaften Zusatz: Johannis Presbyteri — — cujus et hodie alterum sepulcrum apud Ephesum ostenditur, etsi nonnulli putant, duas memorias ejusdem evangelistae esse, wobei möglicherweise die Worte des Eusebius: δύο ἐν Ἐφέσῳ γενέσθαι μνήματα καὶ ἑκάτερον Ἰωάννου ἔτι νῦν λέγεσθαι falsch verstanden seyn könnten. Also auch das Vorhandenseyn eines zweiten Grabes zu Ephesus verschaffte der Ueberlieferung, daß ein anderer Johannes hier gewirkt habe und gestorben sey, keine allgemeine Anerkennung. 3) Endlich muß auffallen, daß dieses Presbyters in den ältesten Denkmälern nicht weiter Erwähnung geschieht. Weder gedenkt seiner das Schreiben des Polykrates, Bischofs von Ephesus, in welchem doch mehrere kleinasiatische Lehrer und Gemeindevorsteher aufgeführt werden (Eus. V, 24), noch auch Irenäus. Dieser Letztere aber schweigt nicht allein, sondern er macht den Papias, welcher sich nach des Eusebius Bericht (l. c. Ἀριστίωνος δὲ καὶ τοῦ πρεσβυτέρου Ἰωάννου αὐτήκοον ἑαυτὸν φησὶ γενέσθαι) selbst für einen Zuhörer des Presbyters erklärt haben soll, nebst dem Polykarp zum Schüler des Apostels (Contra haer. V, 33. Eus. l. c.). Ein Irrthum muß also stattgefunden haben, und man kann denselben hier nicht füglich auf Seiten des Papias oder Eusebius suchen. Dagegen erscheint es nicht unerklärlich, daß in der Kenntniß und Erinnerung des Irenäus, der gern die höchsten Auctoritäten aufsucht, der Evangelist seinen gleichzeitigen Namensgenossen verdunkelt habe, und daß Irenäus daher Beide verwechselt und Etwas von der Bedeutung, die dem Geringeren zukam, auf den Größeren überträgt. Jedenfalls ist Guericke, wie er auch später eingeräumt, zu weit gegangen, wenn er aus dem Schweigen des Irenäus und der Beschaffenheit der übrigen Notizen den Schluß zieht, jener Presbyter möge wohl überhaupt nicht existirt haben.

Aus diesen Ergänzungen ergibt sich mit Sicherheit soviel, daß Papias in Kleinasien einen Johannes kannte und zum Lehrer hatte, welcher neben Aristion in den weiteren und nichtapostolischen Schülerkreis Christi gehörte, und der dann in einer Tradition, die wir zu verwerfen nicht hinreichende Ursache haben, als Ephesinischer, wenigstens kleinasiatischer Gemeindevorsteher erscheint. Dieses Resultat wäre an sich unbedeutend, wenn nicht die Kritik der Johanneischen Schriften Fragen übrig ließe, für deren Lösung das Vorhandenseyn eines zweiten und gleichzeitigen Johannes, wenn derselbe auch von Papias nicht als Schriftsteller bezeichnet wird, nicht gleichgültig seyn kann. Man hat von diesem Vortheil ernstlich Gebrauch gemacht. Man hat es für eine glückliche Auskunft angesehen, diejenigen Johanneischen Schriften, welche dem Evangelisten fremd sind, oder doch nicht zweifellos zukommen, ohne Aenderung des Namens auf einen anderen Autor zurückzuführen. Was zunächst die beiden kleineren Briefe betrifft: so heißt es schon bei Hieron. catal. l. c.: Reliquae autem duae — Johannis presbyteri asseruntur. Von Neueren haben Grotius, Beck, Fritzsche, Bretschneider und Credner dieselbe Ansicht wieder aufge-

nommen. Es wird hingewiesen auf die höchst unsichere Stellung beider Briefe im älte=
sten Kanon und geltend gemacht, daß sich der Verfasser einfach ὁ πρεσβύτερος nennt.
Sollte sich der Apostel hier also bezeichnet haben, zumal wenn ein anderer Johannes
durch dieses Prädikat ausgezeichnet wurde? Und wenn es andrerseits unwahrscheinlich ge=
funden wird, daß der Presbyter Briefe von solcher Auctorität, wie sie hier vorausgesetzt
wird, sollte erlassen haben, während der Evangelist in seiner Nähe wirkte: so verweist
Credner treffend auf die Unterscheidung der Tempora in der Stelle des Papias (εἶπεν
und λέγουσιν) und folgert, daß vielleicht der Evangelist zur Zeit der Abfassung der beiden kleinen Briefe nicht mehr am Leben war. Dagegen muß aber erinnert werden, daß
die nicht abzuläugnende Verwandtschaft des größeren Sendschreibens mit den zwei kleineren
den Glauben an die Identität des Verfassers immer begünstigen muß. Auch das von
dem Beiwort ὁ πρεςβύτερος entlehnte Argument ist nicht stichhaltig. Der Eigenname des
Autors ist hier sowohl, wie im ersten Briefe verschwiegen. Aber sich einfach „Presbyter"
zu nennen, kam doch wohl eher demjenigen zu, der vor Allen als apostolischer Gemeinde=
vorsteher anerkannt wurde, als einem Anderen, und wenn dieses Prädikat im ersten
Briefe fehlt: so ist zu beachten, daß derselbe überhaupt keine Aufschrift an der Spitze
trägt, noch nach seiner allgemeinen Haltung und Bestimmung bedurfte. — Wichtiger ist
der Versuch, die Apokalypse dem Presbyter Johannes zu vindiciren. Im Alterthum war
diese Hypothese dem Dionysius (Eus. VII, 25) und dem Eusebius (III, 39) bei der
Stärke ihrer kritischen Bedenken sehr willkommen. Entschiedener hat durch Lücke und
Bleek die neuere Kritik der Offenbarung diese Richtung genommen, welcher viele Andere
wie de Wette und Neander sich zugeneigt, wenigstens nicht widersprochen haben. Das
Zeitalter des Mannes, sein kleinasiatischer Lebenskreis, die bedeutende Stellung, die er
auf seinem Schauplatz eingenommen haben soll, besonders aber der Chiliasmus des Pa=
pias, der in diesem Falle mit dem seines Lehrers wohl übereinstimmen würde, — dies
Alles macht den Presbyter als Verfasser der Apokalypse denkbar. Und Bleek fügt weiter
hinzu, daß Aristion und Johannes der Presbyter als Lehrer des Papias muthmaßlich
auch in der Nähe von Hierapolis wirkten, also auch nahe bei Laodicea, an welche Stadt
einer der sieben Gemeindebriefe der Apokalypse gerichtet ist. Allerdings führen diese
Gründe noch nicht zu positiver Wahrscheinlichkeit, und Hitzig hat Manches erinnert, was
die Freunde dieser Annahme wieder bedenklich machen kann, aber sie haben den Werth
einer unter so schwierigen kritischen Verhältnissen berechtigten Hypothese. Vgl. außer den
Einleitungsschriften Lücke, Commentar zum Ev. 3te Aufl. I, S. 27 ff. Dessen
Versuch einer vollständigen Einleitung in die Off. Joh. 2te Aufl. II, S. 796 ff. Bleek,
Beitr. I, S. 192. Guericke, Fortges. Beitr. zur Einl. S. 4 ff. und dessen Gesammt=
geschichte S. 47. Dazu Abhandlungen von Jachmann und Wieseler in Pelts theol.
Mitarbeiten 1839 und 40 und Grimm in Ersch und Gruber's Allgem. Encykl.

Hier ist zugleich der Ort, an die bekannte im Mittelalter auftauchende fabelhafte
Figur des Priesters Johannes zu erinnern, obgleich dieselbe kein vorherrschend
kirchenhistorisches Interesse hat.

Vom zwölften bis zum sechszehnten Jahrhundert finden sich bei lateinischen und orien=
talischen Schriftstellern Nachrichten, nach welchen ein König Johannes, der zugleich christ=
licher Priester gewesen, im fernen Osten von Asien ein christliches Reich beherrscht habe.
Das Abendland empfing diese Kunde und hielt sie mit romantischem Glauben fest, da es
im kirchlichen Interesse lag, hinter den Eroberungen der Muhammedaner und Heiden eine
unverlorene christliche Stätte annehmen zu dürfen. Zuerst sollen 1145 zwei armenische
Legaten, den Pabst Eugen III. in Rom besuchend von einem solchen asiatischen Priester=
könig berichtet haben. Aehnliches erwähnen nachher die lateinischen Chronisten Wilhelm
von Tripolis und Otto von Freisingen (lib. VII, cp. 33: Johannes quidam, qui ultra
Persiden et Armeniam in extremo oriente habitans rex et sacerdos cum gente sua
Christianus est sed Nestorianus), Albericus ad ann. 1165 und 1170, der diesen Johannes
Indorum rex nennt und sogar Briefe desselben, obwohl höchst apokryphische, an den Kaiser

Manuel Komnenus kennt und anführt. Vom Jahr 1177 besitzen wir auch einen Brief des Pabstes Alexander III., den derselbe von Venedig aus an den vermeintlichen Joannes Rex Indorum richtete, und in welchem dieser als christlicher König Asiens, der sich mit der katholischen Kirche zu vereinigen wünsche, vorausgesetzt wird. Die Sage erhielt sich im nächstfolgenden Jahrhundert, wechselte aber den Boden, da in einem Reisebericht aus der Mongolei 1246 der Johannes nach Indien versetzt wird. Im vierzehnten Jahrhundert taucht der Presbyter Johannes Rex in Afrika und zwar in Aethiopien auf. Als nachmals die Portugiesen den Seeweg nach Ostindien suchten, leisteten diese Gerüchte ihren Unternehmungen merkwürdige Dienste, und die dunkle Kunde von einem christlichen König, der weit im Osten von Afrika ein mächtiges Reich besitze, ermuthigte den Reisenden Bartholomäus Dias 1486 auf seiner kühnen Fahrt.

Fragt man nach dem Ursprung und dem historischen Grund der wunderbaren Sage: so geben die mühevollen Forschungen von Mosheim, Assemani, Isaak Jakob Schmidt und namentlich von Ritter wenigstens einigen Aufschluß. Es kann nicht gleichgültig seyn, daß der Priesterkönig Johannes mehrfach als Nestorianischer Christ bezeichnet wird. Die Nestorianer hatten schon in früheren Zeitaltern durch Missionen und Reisen ihren Einfluß bis tief in die östlichen Gegenden der Turk, der Tataren und Cheriten erstreckt. Abulfaradsch erzählt, daß am Anfang des eilften Jahrhunderts ein König der Cherit oder Kerait im Lande Tenduch sich auf der Jagd in's wilde Schneegebirge verirrt, aber durch die Erscheinung eines Heiligen gerettet und bekehrt worden sey. Hierauf habe der damalige Patriarch der Nestorianer Joan zu Bagdad verordnet, daß dem König Priester und Diakonen zur Taufe und Lehre zugeschickt würden. In dieser Erzählung findet Ritter die erste trübe Quelle einer Sage, die nachher von Kreuzfahrern aufgenommen, vergrößert und verbreitet in mancherlei Gestalten sich befestigen konnte. Daß die Nestorianer solche Nachrichten aufrecht erhielten, begreift sich daraus, weil, wenn von christlichen Gemeinden im Osten Asiens und von deren Fürsten erzählt wurde, welchen der höchste Katholikos der Nestorianer zum Christenthum bekehrt habe, ihre Kirche gegenüber der orthodoxen abendländischen an Ansehen gewinnen konnte. Auch andere Spuren deuten darauf, daß in denselben Gegenden Missionen der Nestorianer Aufnahme gefunden hatten. Sehr bestimmt berichtet der portugiesische Historiker Joao de Barros von christlichen Fürsten in Ostasien unter den Tataren, welche den Nestorianern anhingen; sie wurden von den heidnischen Tataren Bang-Khan, von den eigenen Unterthanen Jovano genannt, was als Verunstaltung des Namens Jonas zu verstehen sey, und der Titel Priester sey ihnen beigelegt worden, weil es Sitte gewesen, denselben im Krieg und Frieden wie Priestern Kreuze voranzutragen. Nehmen wir die Notizen zusammen: so bieten sie einige ziemlich deutliche Anknüpfungspunkte. Es würde sich erklären, warum die Sage in den östlichen Regionen und dennoch im Zusammenhang mit der Wirksamkeit der Nestorianer auftritt, und ebenso warum sie zwischen der Annahme eines Einzigen und mehrerer collectivisch zusammengefaßter Individuen schwankt, weßhalb denn auch einige Forscher einen zwiefachen oder dreifachen solchen Johannes unterschieden haben. Was von jenem ersten bekehrten Fürsten ausgesagt war, könnte nachher auf die Herrscherfamilie der Bang-Khans übertragen seyn. Zwar wurde das Geschlecht der Letzteren durch Tschingis-Khan am Anfang des dreizehnten Jahrhunderts gestürzt, während doch die Sage, wenn gleich schwächer, noch lange fortklingt: allein es ist zu bedenken, daß die Eroberung der Mongolen nicht auf Unterdrückung der Religion hingerichtet war, also auch etwaige Erinnerungen an das Christenthum der Kerait erst spät und allmählig erlöschen ließ. Freilich aber bleibt auch bei dieser Auffassung die Herleitung der Sage die Entstehung des Namens Priester Johannes immer noch unerklärt, und man muß zu neuen Vermuthungen greifen. Vielleicht entstand der Name daraus, daß der genannte Patriarch der Nestorianer Joan seinen Namen auf den fürstlichen Täufling übertrug. Vielleicht ging der chinesische Titel Bang-Khan in Dan-Khan, Joan Rex über, woran sich leicht noch andere Abwandelungen wie Jovano, vermeintliche Corruption von Jonas, anschlossen.

Das Prädikat Priester läßt sich als Zuthat der christlichen Tradition fassen, welche an=
geregt durch einen apostolisch klingenden Namen diesem Fürsten, der gleichsam den äußer=
sten christlichen Posten zu behaupten schien, eine höhere geistliche Weihe geben, ja ihn mit
dem urchristlichen Zeitalter in geheime Verbindung bringen wollte. Einer anderen Mei=
nung hat J. J. Schmidt den Vorzug gegeben. In Mittelasien bestand bis in das fünf=
zehnte Jahrhundert die Sekte der Zabier, die sogar mit den Nestorianern in kirchlicher
Gemeinschaft lebten und in Samarkand eine Kirche besaßen. Unter ihnen stand Johannes
der Täufer nach dem Zeugniß des Marco Polo im höchsten Ansehen; von ihm also,
behauptet Schmidt, sey der Name auf jenen von der Sage hervorgehobenen Christenfüh=
rer übertragen worden. Auch dies muß als möglich anerkannt werden, obgleich es mit
den übrigen Notizen wenig im Zusammenhang steht und der Bericht des Marco Polo
mit dem ersten Auftreten der Sage der Zeit nach nicht zusammentrifft. Auf alle Fälle
ist der Priesterkönig Johannes eine mythische, keine historische Person, die jedoch auf ge=
wisse Spuren von christlicher Bekehrung und Herrschaft im fernen Asien hindeutet. Auch
bleibt merkwürdig, daß wie im Urchristenthum vom Apostel Johannes die Rede ging,
daß er nicht sterben werde, so derselbe geheiligte Name die nach dem Orient gerichtete
christliche Phantasie des Mittelalters durch Jahrhunderte begleitet hat. Vgl. Ersch und
Gruber, Allgem. Encykl. 2 Sect. Th. 22, S. 219, J. J. Schmidt, Forschungen im
Gebiete der älteren Bildungsgeschichte der Mongolen und Tübeter, Petersb. 1824,
S. 162, Ritter, Erdkunde von Asien, I, S. 283 ff.   Gaß.

Johannes von Salisbury (Sarisberiensis, Salisb., auch Severianus, Parvus
oder Petitus genannt), einer der ausgezeichnetsten Denker, Schriftsteller und Kirchenmän=
ner des 12. Jahrh. — Zu Salisbury c. 1110 in geringem Stande geboren, kam er
c. 1136 nach Frankreich, benützte hier den Unterricht mehrerer der berühmtesten Lehrer
seiner Zeit, eines Abälard, Wilhelm de Conchis, wahrscheinlich auch des Gilbertus Por=
retanus Bernardus Carnotensis (Metalog. I, 5; II, 10.), machte sich, lehrend und ler=
nend, nicht bloß mit den Bildungsschätzen seiner Zeit, sondern besonders auch mit der
alten Literatur in einem Grade wie wenige seiner Zeitgenossen vertraut, wurde in Paris
Dr. der Theologie und hielt dort öffentliche Vorlesungen. Nachdem er einige Jahre in
dem Kloster Moutier=la=Celle bei dem ihm befreundeten Abt Peter zugebracht hatte, lehrte
er mit Empfehlungen des Letztern wie Bernhards von Clairvaux in sein Geburtsland
zurück, fand gute Aufnahme und eine Anstellung als Kaplan bei dem Erzbischof Theo=
bald von Canterbury (1151), und leistete diesem wie dem damaligen Kanzler des Königs,
Thomas Becket, wichtige Dienste. Eine ihm im J. 1156 übertragene Gesandtschaft
nach Rom führte ihn an den Hof seines Landsmanns, des damaligen Pabsts Hadrian IV.,
gegen den er über die Gebrechen der römischen Kirche und des Pabstthums ebenso offen und
freimüthig sich aussprach, als er andrerseits die Einheit der Kirche wider jede Kirchen=
spaltung, die Rechte des Episkopats und die Freiheit der Kirche wider jede weltliche Ein=
mischung zu vertheidigen bereit ist. Gelegenheit dazu gab ihm die Pabstwahl Alexan=
ders III. im Jahre 1159 ff., dessen Anerkennung gegenüber von dem kaiserlichen Gegen=
pabst Victor er angelegentlich betrieb. Ihren Höhepunkt aber erreichte seine praktisch
kirchliche Wirksamkeit, als sein vertrauter Freund, Thomas Becket, im Jahr 1161 den
erzbischöflichen Stuhl von Canterbury bestieg und mit wunderbarer Schnelligkeit aus
einem gefügigen Hofmann und Vertheidiger der königlichen Rechte in einen hartnäckigen
Vorkämpfer und Märtyrer des hierarchischen Systems sich verwandelte. In der ganzen
verhängnißvollen Zeit des Kampfs zwischen dem Primas der englischen Kirche und dem
Königthum war Johann von Salisbury des Erzbischofs treuester Freund und steter Be=
rather, seine rechte Hand und sein Auge: er wirkt für ihn das Pallium vom Pabst
Alexander aus, ist ihm bald persönlich nahe, bald gibt er ihm brieflichen Rath (s. den
für die ganze Zeitgeschichte wichtigen Briefwechsel Johannes), tröstet und ermahnt ihn
auf's Kräftigste und Freimüthigste, begleitet ihn in's Exil und aus demselben zurück nach
England (1170), und als endlich den 29. Dec. 1170 Thomas in seiner Kathedrale zu

Canterbury unter den Schwertern der vier allzu dienstfertigen Vollstrecker königlicher Gedanken fiel, da empfing auch Johannes eine gefährliche Wunde am Arm, so daß man lange an seinem Aufkommen zweifelte. Wie er seinen Freund im Leben mit Rath und That unterstützt hatte, so beglaubigte er nun nach seinem Tode als Augenzeuge die an seinem Grab geschehenen Wunder, schrieb sein Leben und betrieb bei'm Pabste seine im Jahr 1173 erfolgte Kanonisation. Nachdem er noch einige Jahre lang im Dienste von Beckets Nachfolger Richard gestanden, wurde er 1176 zum Bischof von Chartres gewählt und bekleidete diese Würde für wohlthätige Einrichtungen in seiner Diöcese ebenso besorgt wie an den allgemeinen Angelegenheiten der Kirche, z. B. durch Theilnahme am Lateran= concil 1179 sich betheiligend — bis zu seinem im Jahr 1180 (nach Andern 1181 oder 1182. 24. Okt.) erfolgten Tode. — Neben dieser, die letzten drei Decennien seines Le= bens erfüllenden praktisch=kirchlichen Wirksamkeit entfaltete Johannes eine ebenso bedeu= tende, ja für unsere Kenntniß mittelalterlichen Geistes und Lebens noch ungleich wichti= gere schriftstellerische Thätigkeit. Außer seinen für die Zeitgeschichte sehr lehrrei= chen Briefen an Päbste, Bischöfe, und andere Personen (302 epistolae ad diversos ed. Masson Paris 1611; ferner 7 Briefe bei Duchesne, 93 Briefe in dem Briefwechsel des S. Thomas Cantuarensis), sind es besonders drei Werke, welche die Quellen bilden für die Kenntniß seines eigenen wissenschaftlichen Standpunkts wie für die Geistes= und Culturgeschichte seiner Zeit: 1) sein Policraticus s. de nugis curialium et vestigiis phi= losophorum libri VIII. (Lugd. 1691), eine Art philosophisch=theologische, aus antiken und christlichen Elementen erbaute Staatslehre, ein Sittenspiegel für Hofleute und Große, deren Pflichten und Tugenden wie Fehler und Lächerlichkeiten mit reicher Kenntniß des Lebens wie der Geschichte und classischen Literatur in eleganter und geistreicher Darstel= lung geschildert werden. 2) Ein Pendant hiezu bildet sein Metalogicus oder Μεταλογικῶν l. IV. (Lugd. 1610. Amstelod. 1664. in der bibl. Patr. Lugd. T. XXIII.), eine Dar= stellung der wahren und der falschen Wissenschaft, bes. Dialektik, worin er die Verächter der Wissenschaft ebenso geißelt wie den in seiner Zeit vorherrschenden, gehalt= und nutzlosen, mit leeren Phrasen und Terminologieen, mit unnützen Fragen und Grübeleien sich abmühen= den, über den Worten die Sachen, über der Wissenschaft die Wahrheit verlierenden scholasti= schen Formalismus, indem er den Verirrungen der zeitgenössischen Philosophie die gesunden Anschauungen der Alten, besonders des Plato, Aristoteles und der Akademiker, dem specu= lativen Wissen, das doch nur selten völlige Evidenz gibt, die Thatsachen der Erfahrung und die Zeugnisse des Glaubens, — und dem theoretischen Mißbrauch der Philosophie ihren praktischen Gebrauch, ihre ethisch=politischen Aufgaben gegenüberstellt. 3) Eine kurz gefaßte poetische Darstellung der Lehren der alten Philosophen wie seines eignen philo= sophisch=theologischen Systems gibt sein erst 1843 von Chr. Petersen in Hamburg her= ausgegebenes Lehrgedicht Entheticus de dogmate philosophorum. — Weitere Schriften Johannes sind die schon erwähnte Vita ac Passio S. Thomae, die Lebensgeschichte seines Freundes Becket, eine Vita Anselmi nach Eadmer (in Whartons Anglia sacra); ferner werden ihm zugeschrieben ein poenitentiale, eine Abhandlung de malo exitu tyrannorum, de statu Romanae Curiae, de mathematica duplici, speculum rationis, speculum stul= titiae, Exegetisches, Predigten, Carmina (f. Jöcher). Die neueste Ausgabe seiner Werke ist von J. A. Giles. Lond. 1848. 2 Thle. — Die Darstellung seiner Lehren (von einem »Lehrbegriff« kann kaum die Rede seyn) im Einzelnen f. bei Reuter und Ritter a. a. O. Ersterer karakterisirt ihn S. 77 ff. folgendermaßen: »Er hatte weder den Tiefsinn des Anselm, noch den Scharfsinn des Abälard, — noch endlich das schöne Gleichgewicht spekulativer Sinnigkeit und mystischer Tiefe eines Hugo von St. Victor; — aber er hatte die großartige, im Anschauen der göttlichen Idee selige Frömmigkeit von dem ersten, die für Auffassung logischer Formen empfängliche Verständigkeit von dem zweiten, die Wärme inneren Gemüthslebens von dem dritten. — Die hervorstechendste Seite seines Talents ist die kritische, sich stützend auf eine außerordentliche Vielseitigkeit der Bildung, der zeitgenössischen wie der antiken; — was die productiven Leistungen für Entwicklung und Ausbildung der Dogmen betrifft, so ist seine Thätigkeit nicht bedeutend gewesen. Das Verständniß der alten Philosophie, besonders des Aristoteles, ist im Ganzen recht tüchtig für seine Zeit. Seine Darstellung ist leicht, gewandt, anmuthig, viel reiner und den antiken Mustern verwandter als bei den meisten seiner Zeitgenossen. — S. über sein Leben, Schriften und Lehre außer den gewöhnlichen kirchengeschichtlichen Werken besonders Histoire litt. de la France XIV, 89 seqq.; *Du Pin*, Nouv. bibl. IX, 167; Schlosser, Vincenz von B. II, 64; J. Schmidt, Joannes Parvus Sarisb., quomodo inter aequales antiquarum litt. studio excelluerit Wratisl. 1838; besonders aber: H. Reuter, Joh. von Salisbury: Zur Gesch. der chr. Wissensch. im 12. Jahrh. Berlin 1842 und H. Ritter, Gesch. der Philos. Bo. VII. S. 605 ff.   J. Wagenmann.

Johannes Scholasticus, auch Climacus genannt, zeichnete sich in der zweiten Hälfte des sechsten Jahrhunderts als Mönch und eifriger Beförderer des Klosterlebens aus; er wurde Abt eines Klosters am Sinai, wo er um 606 fast hundertjährig gestorben seyn soll. Den Namen Climacus erhielt er von seiner Schrift Κλίμαξ τοῦ παραδείσου, Scala paradisi, welche in der Entwicklung der ascetischen Mystik in der griechischen Kirche eine Stelle einnimmt. Diese Richtung, wohl zu unterscheiden von der mehr liturgischen und speculativen des Pseudodionysius, hat sich ohne Zweifel aus dem Geiste des griechischen Mönchthums, wie er schon in den Mönchsregeln des Basilius ausgesprochen ist, entwickelt, und sie bildet ein Gegenstück zu den Theorien, welche die lateinische Scholastik über die Wege und Formen des mühevollen Emporkommens der Seele zu Gott, weit später aber auch in viel feinerer psychologischer Ausbildung hervorbrachte. Es ist eine skizzenhafte Beschreibung derjenigen Seelenzustände und psychischen Uebergänge, welche den Menschen stufenmäßig läutern und dem höchsten Ziele des göttlichen Lebens zuführen sollen, und zwar mit Beifügung gewisser ascetischer Hülfsmittel. Daher beginnt der Proceß mit der Lossagung von der Welt und mit der Bekämpfung der Leidenschaften. Von aller zerstreuenden Lust und sinnlichen Lebensfreude wendet sich der Geist zur Buße und Traurigkeit und verweilt im Gedanken des Todes. Die heilsame Trübsal erweicht das Herz durch die Macht der Thränen, befreit es von der selbstsüchtigen Befangenheit und nimmt die Schlacken und Härten hinweg, welche Haß, Empfindlichkeit, Schaam und das Andenken erlittener Beleidigungen zurücklassen. Auf diesem Wege gelangt der Bußfertige in den Zustand des Schweigens, wo er nur Worte findet zum Gebet, zum Gesang und zur Liebeserweisung. Geist und Gemüth werden von gröberen Stoffen befreit und gleichsam verdünnt, um die Berührung mit dem zarten göttlichen Lebensäther zu ertragen. Die selige Niedrigkeit, die wahre ταπείνωσις führt auf den Pfad der Nachfolge Christi und erschließt die Pforten des Himmelreiches. Dem also Geläuterten, nachdem er sich gegen die Sinnenwelt immer völliger abgeschlossen, soll zugleich ein erhöhtes sittliches Wahrnehmungsvermögen zu Gebote stehen, das ihn befähigt, in sich und Anderen die bösen Regungen zu unterscheiden, die guten hervorzulocken und festzuhalten. Der höchste Zustand ist der einer gottnachahmenden Apathie und Ruhe, der geistig Abgeklärte tritt schon hier in das vollkommene und verklärte Daseyn der Auferstandenen, er schaut in ungetrübtem Spiegel die Güter des Paradieses. Aber nur derjenige wird diesen Standpunkt seliger Ruhe erreichen, welcher die Stürme der Welt zuvor erfahren und überstanden hat. — Es muß bemerkt werden, daß die Abtheilungen dieser Scala zwar im Allgemeinen den Fortschritt zum Höheren erkennen lassen, ohne jedoch im Einzelnen nach logischer und psychologischer Folge genau geordnet zu seyn. Auch ist der Zweck des Ganzen nicht lediglich theoretisch und contemplativ, sondern ebensowohl praktisch, daher man sich nicht wundern darf, daß diese Schrift unter den griechischen Mönchen Jahrhunderte lang gerühmt, und als Anleitung zur Vollkommenheit benutzt und in vielen Abschriften verbreitet worden ist. Herausgegeben wurde sie zuerst lateinisch ex Ambrosii Camaldulensis versione Venet. 1531. 1569. Colon. 1583, cum enarrationibus Dion. Carthus. Colon. 1540. 1601, auch eine editio Graecobarbara Maximi Margunii, Venet. 1590. Der lateinische Text cum scholiis Johannis de Rhaitu (desselben, welcher die Ab-

fassung der Scala paradisi veranlaßt haben soll) auch in Bibl. PP. max Lugd. X, p. 390.
— Von demselben Verfasser ist noch vorhanden Liber ad religiosum pastorem, qui est
de officio coenobiarchae ed. Matth. Rader Monach. 1606. 1614 cum schollis Eliae
Cretensis. Beides zusammen in Johannis Scholastici, qui vulgo Climacus appellatur,
opera omnia gr. et lat. interprete Matthia Radero Lutet. Paris. 1633. Vgl. übrigens
die Notizen bei Cave und Oudin und Fabricii B. G. VIII. p. 615, ed. I., über das
Leben des Mannes: Danielis Monachi Vita Johannis Climaci gr. ex M. S. Florentinis
— in actis SS. Antv. d. 30. Mart. p. 835.   Gaß.

Johannes Scholasticus, der Patriarch, war aus dem Dorfe Sirimis bei
Antiochien gebürtig. In dieser Stadt wurde er Advokat und Presbyter und verwaltete
dann das Amt eines Apokrisiarius in Constantinopel. Der Kaiser Justinian befand sich
damals während der monophysitischen Streitigkeiten im Widerspruch mit der orthodoxen
Partei. Er billigte die extreme Meinung der Aphthartodoketen, er befahl die Annahme
einer Unverweslichkeit des Körpers Christi. Und da der damalige Patriarch Eutychius
sich nicht fügen wollte, ließ er ihn 564 auf dem üblichen, aber ungesetzlichen Wege einer
Synode absetzen und Johannes trat an seine Stelle. Des Kaisers eigner, im nächsten
Jahre erfolgender Tod verhütete die Gefahren dieser neuen Spaltung (Evagr. H. e. IV,
cp. 38—41). Von Johannes wissen wir in theologischer Beziehung nur, daß er eine
theologische Rede über die Trinität schrieb, gegen welche Johannes Philoponus seine
Aristotelische und tritheistische Vorstellungsweise verfocht (Phot. cod. 75). Bedeutender
erscheint dieser Scholasticus als Kanonist. Als Presbyter zu Antiochia veranstaltete er
in 50 Titeln eine erste größere Collectio canonum, in welche er 85 sogenannte apostolische Kanones aufnahm. Beigelegt werden ihm auch eine zweite Sammlung Nomocanon,
welche zugleich bürgerliche Gesetze einschaltet, und andere Capita ecclesiastica. Diese
Aktenstücke finden sich griechisch und lateinisch in *H. Justelli* Bibliotheca juris canonici
(Par. 1662) Tom. II, p. 499. 603. 660.   Gaß.

Johannes Scotus Erigena, s. Scotus.

Johannes der Täufer, Ἰωάννης ὁ βαπτιστής, Sohn des Priesters Zacharias-
und der Elisabeth, einer Verwandten der Mutter Jesu, nur um sechs Monate älter
als dieser, wurde den zuverlässigsten Berechnungen gemäß zu Anfang der zweiten Hälfte
des Jahres 749 R. im jüdischen Gebirge, und zwar nach rabbinischer Tradition zu
Hebron, nach manchen Neuern zu Jutta geboren, Luk. 1, 5 ff.; 26, 36. 39. Die Relation über seine Ankündigung durch den Engel Gabriel, über seine Geburt und über
die aus Anlaß seiner Beschneidung gewechselten Reden Luk. 1. unterliegt der nämlichen
Beurtheilung wie diejenige über die entsprechenden Partien in der Jugendgeschichte Jesu.
In alttestamentlicher, zum Theil jüdisch-theokratischer Fassung wird hier seine Bestimmung gezeichnet, als ein Prophet des Höchsten, in Geist und Kraft des Elias, gehüllt
in das ernste Gesetzesgepräge des Nasiräats, vor dem Herrn herzugehen und ihm den
Weg zu bereiten. Nachdem sodann der Priestersohn schon vor Beginn des gewaltigen
Tagewerkes seinen einsiedlerischen Aufenthalt in öden Gegenden genommen hatte, Luk.
1, 80; 3, 1., trat er an dreißig Jahre alt, das härene Gewand mit ledernem Gürtel
geschürzt, von Heuschrecken und wildem Honig sich nährend, im fünfzehnten Regierungsjahre des Tiberius, wahrscheinlich im Spätsommer 779 R., Buße predigend und den
bevorstehenden Anbruch des messianischen Reiches ankündend, in der Wüste Judäa's
zwischen dem Kidron und dem todten Meere öffentlich hervor, Luk. 3, 1—3; 3, 23.
Matth. 3, 1—4. Mark. 1, 4—6. vgl. Matth. 11, 19. Luk. 7, 33.

Im Gegensatz zu der innern Abgestorbenheit und der werkgerechten verweltlichten
Aeußerlichkeit des damaligen Judenthums erscheint in Johannes die persönliche Verwirklichung, und damit der selbstbewußte Abschluß der alttestamentlichen
Gesetzesökonomie, wie sie einerseits den sündigen Menschen auf dem Wege zu Gott
bis in den Staub der Buße zu führen vermag, und andererseits, bei dem Mangel
an Befriedigung, welchen dieser Auslauf zurückläßt, die Prophetie auf die Fülle der

Zeit zu ihrem göttlich geordneten Complemente hat. Den thematischen Mittelpunkt seiner ächt prophetischen Wirksamkeit bildete daher die erschütternde Wüstenpredigt: Μετανοεῖτε· ἤγγικε γὰρ ἡ βασιλεία τῶν οὐρανῶν. Seine strafenden Bußreden griffen vorab die giftige Otternbrut der Leiter des Volkes an, zernichteten das falsche Vertrauen auf den äußern Zusammenhang mit dem gläubigen Vater Abraham, und traten weiter, in scharf markirter Individualisirung, unter Androhung der göttlichen Gerichte, den Sünden der Gesellschaft in ihren unterschiedlichen Gliederungen entgegen. Ihren innersten Nerv aber hatte die einschneidende Forderung der Buße und Umkehr wie bei keinem seiner ältern Vorgänger in der ihm einzigen prophetischen Gewiß-heit von der nahen und wirklich erfolgten Erscheinung des lang ersehnten Messias. Ob er das Werk der Taufe gleich von Anfang mit seiner Lehrthätigkeit verbunden habe, oder nach der Meinung Einiger erst etwas später, etwa beim Eintritt der wärmern Jahresfrist dazu geschritten sey, läßt sich den vorhandenen Daten Luk. 3, 1. 2. nicht mit völliger Sicherheit entnehmen. Genug, im Anschluß an die Idee der herkömmlichen Lustrationen, aber in durchaus selbständiger, eigenthümlicher Beziehung hat er das Volk wie zur Buße, so auch zur Taufe im Jordan gerufen, welche als das Symbol für die Anerkennung von der Nothwendigkeit bußfertiger Sinnesänderung auf den Empfang des im Anzuge Begriffenen gefaßt werden will*). Sie war ein βάπτισμα μετανοίας, abzielend εἰς ἄφεσιν ἁμαρτιῶν Luk. 3, 3. Apg. 13, 24; 19, 4. Matth. 3, 11., im Unterschied von der durch Christum eingesetzten, in seinem Namen vollzogenen, wesen-haften Geistes- und Feuertaufe eine Taufe bloß mit Wasser, Matth. 3, 11. Mark. 1, 8. Luk. 3, 16. Joh. 1, 26. Kein Sakrament im kirchlichen Sinne, und also unvermögend selbst den Empfänglichen die reale Mittheilung des durch die Johannis-taufe eben erst noch verheißenen wirklichen Heils zu vermitteln, war sie aber nichts desto weniger als Veranstaltung für alles Volk die unendlich kühne Erklärung des all-gemeinen Abfalls vom Gottesgrunde des wahren Israelitenthums (Joh. 1, 25.), als Akt der Einzelnen, vermöge dessen sie sich ihr unterzogen, das feierliche Einge-ständniß ihrer persönlichen Verschuldung (Matth. 3, 6. Mark. 1, 5.), und als Handlung des Täufers der symbolische Vollzug der erforderlichen Reini-gung zum Eintritt in das Lager der Erwartenden und zur Erwartung Berechtigten.

Diese großartige reformatorische Erscheinung des bußpredigenden und taufenden Propheten, wie sie sich fern vom gleißnerischen Tempeldienst in der unwirthlichen Wüste und an den beiden Ufern des Jordan hielt, getragen vom tiefsten sittlichen Ernste, konnte unter den besondern Constellationen der Zeit nicht verfehlen, eine in hohem Maße auf-regende Wirkung hervorzubringen. Namentlich erhielt seine ganze Thätigkeit im Tauf-geschäft so sehr ihre durch sich selbst redende, Jedermann verständliche Gestaltung und äußere Abrundung, daß der Name des Täufers für Johannes solenn wurde. S. Josephus Antt. 18, 5, 2.: Ἰωάννης ὁ ἐπικαλούμενος βαπτιστής. Aus Jerusalem, Judäa und Peräa drängte sich das Volk schaarenweise herbei. Auch viele Pharisäer und Sadducäer ließen sich von der Strömung mit fortreißen, Matth. 3, 5—7; 11, 7. Mark. 1, 5. Luk. 3, 21. Nachdem sich erst vielfach die Frage aufgedrängt hatte, ob er nicht Christus sey, Luk. 3, 15., galt er später wenigstens durchweg für einen Propheten, Matth. 21, 26. Mark. 11, 32. Matth. 11, 9., auf dessen Zeugniß sich Jesus und die Apostel sich berufen konnten, Joh. 1, 15; 5, 33. vgl. 10, 41. Apg. 13, 25.; und selbst noch nach seinem Tode gerieth nicht nur Herodes Antipas auf den Gedanken, Jesus, der Mann der Zeichen und Wunder, möchte Niemand anders seyn als der mit erhöhten

---

*) Die disputable Frage über das Alter der Proselytentaufe und ihr allseitiges Verhältniß zur Johannistaufe können wir hier ohne Schaden bei Seite lassen. S. d. Art. und Stellen wie Jesaj. 1, 16. Ezech. 36, 25. Zachar. 13, 1.; ferner 3 Mos. 14, 7. 4 Mos. 31, 19 ff. 2 Kön. 5, 10.

Kräften wiedererstandene Johannes, Matth. 14, 1 f. Parall. Matth. 16, 14. Parall., der zur Zeit seines Lebens kein Zeichen gethan hatte, Joh. 10, 41. Unmöglich durfte daher das Synedrium ohne Preisgabe seiner amtlichen Stellung jenes so außerordentliche Beginnen und die dadurch entstandene Bewegung der Gemüther unberücksichtigt lassen. Es mußte sich ein bestimmtes Urtheil über Person und Beruf des Mannes zu bilden suchen. Wiewohl er nun vermied, der an ihn abgeordneten, aus pharisäisch gesinnten Priestern zusammengesetzten und von Leviten begleiteten Botschaft gegenüber eine höhere Autorität in Anspruch zu nehmen, so gab er ihr doch unumwunden zu verstehen, daß er, seiner Sache in Gott gewiß, von der Taufe auf den im Volke bereits erschienenen, aber noch nicht erkannten Messias unter keinen Umständen abzustehen gewillt sey, Joh. 1, 19—28.

Mittlerweile, — es mag im Sommer 780 gewesen seyn —, hatte sich auch Jesus zur Taufe eingefunden. Welche besondere Bedeutung dieser Taufe Jesu beizumessen sey, der sich in ihr jedenfalls nicht mit den erlösungsbedürftigen Sündern in die nämliche Reihe stellte, — ob wir in ihr die erste öffentliche Bezeugung des Herrn zu erkennen haben, daß er die ihm fremde Schuld der Menschen auf sich zu nehmen und davon zu tragen die Bestimmung habe (vgl. Gal. 3, 13.); ob die „zu erfüllende Gerechtigkeit", um deren willen er sich der Reinigungstaufe (vgl. Joh. 3, 25. περὶ καθαρισμοῦ) unterwirft, mehr nur als levitische Gerechtigkeit gefaßt werden wolle, so daß die Nothwendigkeit seiner Taufe nur in seinem, nach levitischer Anschauungsweise auch ihn verunreinigendem geschichtlichem Zusammenhang mit dem sündigen Geschlecht begründet läge —, darüber ist im Leben Jesu zu entscheiden. Immerhin stellt die Taufe Jesu durch Johannes den Moment dar, in welchem es diesem durch göttliche Veranstaltung zur vollen Gewißheit wurde, nicht allein daß der Messias im Volke gegenwärtig, sondern noch vielmehr wer dieser ihm geschenkte Messias sey, Matth. 3, 13—17. Mark. 1, 9—12. Luk. 3, 21 f. Joh. 1, 32—34. Abgesehen davon, daß der Eine seinen Wohnsitz in Judäa, der Andere in Galiläa hatte, und daß wir nirgends einer Spur engerer Vertraulichkeit unter ihnen begegnen, wird man bei dem Verwandtschaftsverhältniß ihrer Familien die Annahme einer persönlichen Bekanntschaft der Beiden von früher her zwar nicht unwahrscheinlich finden. Nichtsdestoweniger muß das: οὗτός ἐστι erst in Verbindung mit der Taufe Jesu in die Erkenntniß des Johannes übergegangen seyn, wenn anders seine nachdrückliche Versicherung, daß er ihn zuvor nicht gekannt habe, einen guten Sinn haben soll, Joh. 1, 31. 33.

Das Bild, welches er von der Person und dem Werk des Messias prophetisch erschaute, konnte selbstverständlich nur relativ bestimmter ausfallen als bei den früheren Propheten, indem auch er es dabei mit einem specifisch Größern zu thun hatte, dessen Selbstoffenbarung und persönliche Auswirkung immer noch der Zukunft angehörte. Wie er in Anwendung von Jesaj. 40, 3. sich selbst auf's Zutreffendste als „eine Stimme" karakterisirte, die Stimme eines rufenden, bahnbrechenden Herolds in der Wüste, durch welche sich die auf dem Fuße folgende Offenbarung des Messias ankündigt; so betrachtete er sich allen Zeugnissen zufolge gleich vom ersten Auftreten an als den Vorläufer des Stärkern nach ihm, dem die Schuhriemen zu lösen er nicht werth sey, Matth. 3, 11. Mark. 1, 7. Luk. 3, 16. Joh. 1, 2; 3, 28. Apostelgesch. 13, 25; 19, 4. Nach den Synoptikern sodann stellt er ihn dar als den Stifter des Gottesreiches durch Ausspendung des heiligen Geistes und correspondirendes Gericht, Matth. 3, 11. 12. Luk. 3, 16. 17. Nach dem vierten Evangelium aber prädicirt er von ihm, als ein nothwendiges Requisit des Messias, seine Präexistenz Ἔμπροσθέν μου γέγονεν, ὅτι πρῶτός μου ἦν, 1, 15. 27. 30. vgl. Mich. 5, 2. Mal. 3, 1. Im Blick auf die Taufe endlich nennt er Jesum, freilich nicht in der Bestimmtheit der spätern Dogmatik, aber gleichwohl zur Bezeichnung seiner göttlichen Würde und der von Gott ihm geordneten Bestimmung: ὁ υἱὸς τοῦ θεοῦ 1, 34., und mit unverkennbarer Beziehung auf Jesaj. 53.: ὁ ἀμνὸς τοῦ θεοῦ, ὁ αἴρων τὴν ἁμαρτιαν τοῦ κόσμου, 1, 29. 36. Damit im Einklang weist er denn auch aus der Zahl seiner eignen Jesu die ersten Jünger zu, Joh. 1, 35 ff. Neidlos ordnet er sich ihm unter, und freut sich nach Art ächten Seelenadels des hervorbrechenden, den Glanz des ihm voraufgehenden Morgensterns mit sich dahinnehmenden Tagesgestirns, Joh. 3, 22 —36.; wobei übrigens schwerlich in Abrede gestellt werden kann, daß uns jenes letzte Zeugniß des Täufers großentheils in der Ausdrucksweise des Evangelisten überliefert ist.

Als Jesus in der Nähe des östlich vom Jordan gelegenen, weiter nicht bekannten Bethanien getauft worden (Joh. 1, 28. und Lücke z. d. St.), und hierauf nach einem kurzen Aufenthalt in Galiläa zum ersten Male amtlich auf dem von den Synoptikern nicht hervorgehobenen Passahfest in Jerusalem erschienen war, Joh. 2, bes. V. 13., wirkten beide, Johannes und Jesus, welcher durch seine Jünger taufen ließ, eine Zeit lang neben einander, Joh. 3, 22 ff. vgl. 4, 1—3. Johannes zog sich dem Jordan nach aufwärts. Er mag seine Wirksamkeit bis ziemlich tief in das Ländergebiet des Herodes Antipas verpflanzt und, frei von der Engherzigkeit jüdischen Particularismus, wahrscheinlich sogar den Boden Samariens mit seinem Taufgeschäft betreten haben, Joh. 1, 28; 3, 23; 10, 40. Daß er diese Thätigkeit auch nach der ihm gewordenen Klarheit über die Messianität Jesu noch fortsetzte, daß er gleicherweise auch noch einen Kreis von Schülern und Gehülfen um sich behielt, Joh. 3, 25., welche ihre Lebensweise der seinigen anbequemten, Matth. 9, 14. Parall., und von ihm beten lernten, Luk. 11, 1., findet seine genügende Erklärung in dem Umstande, daß es eben die Aufgabe des Johannes war, als Vorläufer und Wegbereiter des Herrn, unter steter Hinweisung auf den Nahenden, eine sittliche Weckung der Nation zu erzielen, und daß die Bewerkstelligung einer solchen Weckung und Weihung in allen Kreisen und auf allen Punkten derselben sich nur successiv erreichen ließ. Es beruht hiemit die vielfach laut gewordene Befremdung über diese in der Natur der Sache selber begründete Thatsache so sehr nur auf Mangel an historischem Sinn, daß umgekehrt der Rücktritt des Täufers von seiner Wirksamkeit und der eigenmächtige, nie von ihm geforderte Anschluß an Jesum ihm geradezu als ein Abfall von seinem so einzigartigen Berufe zum Vorwurf gemacht werden müßte. Wie lange ihm nun als Bußprediger, Prophet und Täufer im Ganzen zu arbeiten beschieden war, läßt sich bei der außerordentlichen Schwierigkeit, chronologisch sichere Anhaltspunkte zu gewinnen, nicht genau ermitteln. Mehr als annähernd höchstens zwei Jahre dürfen dafür kaum angenommen werden. Die Veranlassung zu seiner Gefangennahme durch die, wider die Vergehen des Herodes Antipas, speciell wider seine sündhafte Ehe mit Herodias, dem Weibe seines Halbbruders Philippus, gerichtete Strafrede, so wie auch seine Enthauptung, werden von den Synoptikern übereinstimmend berichtet Matth. 14, 3 ff. Mark. 6, 17 ff. Luk. 3, 19 ff., vom Evang. Joh. 3, 24. als bekannt vorausgesetzt, von Josephus Antt. 18, 5, 2.*) auf die Furcht des Tetrarchen vor dem übermächtigen Einfluß des gewaltigen Mannes überhaupt zurückgeführt. Die Gefangenschaft, als deren Ort Josephus die Feste Machärus an der Südgrenze Peräa's nennt, muß wohl an ein halbes Jahr gedauert haben. Während derselben ordnete er

---

*) Κτείνει τοῦτον Ἡρώδης, ἀγαθὸν ἄνδρα, καὶ τοὺς Ἰουδαίους κελεύοντα ἀρετὴν ἐπασκοῦντας, καὶ τῇ πρὸς ἀλλήλους δικαιοσύνῃ καὶ πρὸς θεὸν εὐσεβείᾳ χρωμένους, βαπτισμῷ συνιέναι· οὕτω γὰρ καὶ τὴν βάπτισιν ἀποδεκτὴν αὐτῷ φανεῖσθαι, μὴ ἐπί τινων ἁμαρτάδων παραιτήσει χρωμένων, ἀλλ' ἐφ' ἁγνείᾳ τοῦ σώματος, ἅτε δὴ καὶ τῆς ψυχῆς δικαιοσύνῃ προεκκεκαθαρμένης· καὶ τῶν ἄλλων συστρεφομένων, καὶ γὰρ ἤρθησαν ἐπὶ πλεῖστον τῇ ἀκροάσει τῶν λόγων, δείσας Ἡρώδης τὸ ἐπὶ τοσόνδε πιθανὸν αὐτοῦ τοῖς ἀνθρώποις μὴ ἐπὶ ἀποστάσει τινὶ φέροι, πάντα γὰρ ἐῴκεσαν συμβουλῇ τῇ ἐκείνου πράξοντες, πολὺ κρεῖττον ἡγεῖται, πρίν τι νεώτερον ἐξ αὐτοῦ γενέσθαι, προλαβὼν ἀναιρεῖν, ἢ μεταβολῆς γενομένης εἰς τὰ πράγματα ἐμπεσὼν μετανοεῖν. Καὶ ὁ μὲν ὑποψίᾳ τῇ Ἡρώδου δέσμιος εἰς τὸν Μαχαιροῦντα πεμφθεὶς — ταύτῃ κτίννυται.

jene viel verhandelte Gesandtschaft an Jesum mit der durch ihre Offenheit kühnen, offenbar in einem tiefen Zutrauen wurzelnden Frage ab: Σὺ εἶ ὁ ἐρχόμενος, ἢ ἕτερον προσδοκῶμεν (Matth. 14, 2. Luk. 7, 19.); welche Frage zwar nicht auf eine theoretische Erschütterung seiner frühern Ueberzeugung, wohl aber auf eine durch sein dunkles Geschick erzeugte Verstimmung und einen daherigen Unmuth des alttestamentlichen Gotteshelden über das seinem eigenen Wesen und seinen Erwartungen nicht zusagende neutestamentliche Verhalten Jesu schließen läßt. Vgl. Matth. 3, 12. u. 11, 4—6. Seine Hinrichtung erfolgte kurz vor der Speisung Matth. 14, 13 ff., gegen Ende der ersten Wanderung Jesu durch Galiläa, und sofern diese selbst wieder dem Joh. 6, 4. erwähnten Passah von 782 voranging, möglicherweise, nach Joh. 5, 35. zu urtheilen, zwischen dem Purimfeste und diesem Passah.

Wir sind der Mühe überhoben, eine Karakterisirung des Johannes zu versuchen und ihm, als dem Schlußstein der alten Zeit, auf dem sich die neue geistesherrliche Welt der wesentlichen Wahrheit in Christo erhebt (Apg. 1, 21. 22.), seine Stellung in der Entwickelung des Gottesreiches anzuweisen. Der Herr selbst hat dies in einer Weise gethan, daß nichts von Belang hinzuzufügen übrig ist. Nicht allein erklärt er, Johannes habe die Wahrheit bezeugt, sondern er zeichnet ihn als eine brennende und scheinende Leuchte, Joh. 5, 33. 35., wie sie als solche plötzlich die allgemeine Aufmerksamkeit auf sich zieht und die Gemüther erregt. Unter ausdrücklicher Bezugnahme auf Mal. 3, 1. preist er ihn als den Elias, der da kommen soll (vgl. Mal. 1, 23. Joh. 1, 21. Luk. 1, 17; 9, 19.), als den Größten unter den bis dahin von Weibern Gebornen, welcher noch mehr sey denn ein Prophet, jedoch so, daß der Kleinste im Himmelreich größer sey denn er, Matth. 11, 7 ff.; 17, 11 ff. Luk. 7, 24 ff. Alle vorchristliche Prophetie, weisend über sich selber hinaus, hat in ihm die oberste, ihren Gesammtinhalt thatsächlich zusammenfassende Spitze erreicht. Demnach bildet er für und für, nicht bloß geschichtlich, sondern nach dem von ihm eingenommenen Standpunkt religiöser Entwickelung auch in jeder Gegenwart für das einzelne Subjekt die bleibende Voraussetzung und den nothwendigen Durchgangspunkt zum Eingang in das volle Bürgerthum des Himmelreichs, während dagegen das durch Christum vermittelte Leben der Kindschaft in Gott, dieses hohe Kleinod selbst des Geringsten unter den neutestamentlichen Gläubigen, ihm nicht zugefallen war. Obschon ein Freund des Bräutigams, welcher die Braut hat, Joh. 3, 29., konnte er doch schon deßhalb nicht im seligen Kreise der Hochzeitleute seine Stelle erhalten (Matth. 9, 14. Mark. 2, 18. Luk. 5, 33.), weil die Hochzeit ihren Anfang noch nicht genommen hatte und dem Freunde nur die Ansage derselben zukommen sollte. Uebrigens hat er sein Tagewerk treulich ausgerichtet, und wenn sein Volk trotz der anfänglichen Huldigungen nicht die erforderliche Ausdauer bewies, um durch die sich ihm öffnende Bahn zum Gottesreiche einzugehen; wenn seine Obern vorab ziemlich von der Rückkehr ihrer Deputation hinweg eine zweideutige Stellung gegen ihn beobachteten, so war dies seine Schuld nicht, Matth. 11, 16 ff. Luk. 7, 30 ff. Matth. 17, 12; 21, 25. Parall. Joh. 5, 35. Seine Jünger meldeten Jesu zwar noch den Tod ihres Meisters, Matth. 14, 12. Allein schon frühe eifersüchtig auf die größere Anziehungskraft, die er auf das Volk übte, Joh. 3, 25 ff., gab wenigstens ein Theil derselben, im Widerspruch mit der vom Täufer angebahnten Richtung des Geistes, auch nach seinem tragischen Tode die besondere Genossenschaft nicht auf, Apg. 18, 15; 19, 1 ff. Zu untersuchen, in welchem historischen Zusammenhang mit ihr die noch jetzt zerstreut in Asien lebenden Johanneschristen stehen, auch Mendäer oder Zabier geheißen und zuletzt von Petermann, Deutsche Zeitschrift 1854, Juni, beschrieben, ist hier nicht des Orts. — Die herbezügliche Literatur f. bei Winer, Realwörterbuch, wo auch die ältern Traditionen über das Leben des Johannes angemerkt sind, und Hase, Leben Jesu. Ueber die chronologischen Bestimmungen Wieseler, synopt. Chronologie, und Lichtenstein, Lebensgesch. des Herrn J. Ch. in chronolog. Uebersicht. Erlng. 1856.

Güder.

Johannes Teutonicus, ſ. Gloſſen und Gloſſatoren des röm. Rechts.

Johannes von Turrecremata (Torquemada), ward zu Valladolid (nach An=
dern zu Turrecremata) geboren. Sein Vater Alvarus Fernandez ließ dem Sohn eine
gelehrte Bildung angedeihen, und dieſer entſchied ſich für den Predigerorden, für welchen
er im Kloſter zum heil. Apoſtel Paulus zu Valladolid eingekleidet wurde. Der Jüng=
ling zeigte ſchon frühzeitig eine große Wiß= und Lehrbegierde, und nachdem er die phi=
loſophiſchen Studien beendigt hatte, ſtudirte er in Paris Theologie, lehrte dann nach
Spanien in ſeinen Orden zurück und erhielt daſelbſt mehrere Priorate, zuerſt in Valla=
dolid, dann in Toledo. Pabſt Eugen IV. ernannte ihn zum Magister sacri palatii,
und ſandte ihn zum Baſeler Concil. Nachdem er dort mit Eifer die Sache Eugens
verfochten hatte, begab er ſich nach Ferrara, wo er auf Grund des Satzes, daß ein
Concil nur dann als ein rechtmäßiges gelten könne, wenn es von einem unzweifelhaften
Pabſt einberufen worden ſey, die Nichtigkeit des Conſtanzer Dekrets nachzuweiſen be=
müht war. Zur Belohnung für ſeine treuen Dienſte erhielt Johannes 1439 den Car=
dinalshut, und behielt noch als Cardinalsprieſter Ordenstracht und Ordensregel pünkt=
lichſt bei. Er ſtarb, 79 Jahre alt, am 26. Sept. 1468 zu Rom. Von ihm ward die
„Societas Annunciatae" geſtiftet, welche alljährlich am Feſte Mariä=Verkündigung eine
Anzahl römiſcher Jungfrauen zum Behuf ihrer Verehelichung ausſteuerte. Seine Schrif=
ten ſind: In Gratiani decreta vol. IV.; de poenitentia; de concilio Florentino; de
consecratione; de conciliis; de conceptione domini; de corpore Christi contra Boëmo-
rum errores; de aqua lustrata; meditationes in vitam Christi; contra Ismaelitas; de
animae salute; de unitate Graecorum; de auctoritate romanae ecclesiae; Sermones s.
scholastica postilla in totius anni evangelia; de conceptione deiparae Mariae libri VIII
u. a. Vgl. A. Ciacon. vitae et res gestae pontif. et card. T. II. p. 916 sqq. **Th. Preſſel.**

Johann v. Weſel, ſ. Weſel.

Johann v. Weſſel, ſ. Weſſel.

Johann der Beſtändige, Kurfürſt von Sachſen von 1525—1532, der jüngſte
Sohn des Kurfürſten Ernſt von Sachſen und deſſen Gemahlin Eliſabeth, gebornen Her=
zogin von Ober= und Niederbayern, erblickte nach Spalatins Angabe am Tage nach
Petri und Pauli (30. Juni) 1468 in Meiſſen das Licht der Welt. Mit ſeinen Brü=
dern Albrecht, Friedrich (dem Weiſen) und Ernſt wurde er wohl unterrichtet; er ver=
ſtand die lateiniſche Sprache und wußte namentlich, wie Spalatin angibt (ſ. Friedrichs
des Weiſen Leben und Zeitgeſchichte von G. Spalatin, herausgeg. von Neudecker und
Preller. Jena 1851. S. 46) „viel guter Sprüche" aus dem Terentius, den Magiſter
Ulrich Kemmerlin, Dechant zu Aſchaffenburg, den fürſtlichen Brüdern erklärte. Noch
unmündig als ſein Vater ſtarb, fand er ſeine weitere Ausbildung am Hofe des Kaiſers
Friedrich III., ſeines Vetters von mütterlicher Seite, und kämpfte unter Maximilian I.
gegen die Ungarn und den neu gewählten König derſelben, den König Wladislaus von
Polen, dem durch den darauf erfolgten Friedensvertrag Ungarn und Böhmen zufiel.
Im J. 1488 begab ſich Johann, damals Herzog von Sachſen, nach Prag und empfing
hier von dem Könige Wladislaus für ſeinen Bruder, den Kurfürſten Friedrich den Wei=
ſen, und für ſich die Städte, Flecken und Schlöſſer, welche der Krone Böhmen zu Lehen
gingen. Herzog Johann war zweimal verheirathet. Zuerſt vermählte er ſich 1500 mit
Sophie, der Tochter des Herzogs Magnus von Mecklenburg; aus dieſer Ehe ſtammte
ſein Sohn und Nachfolger, Johann Friedrich. Seine Gemahlin ſtarb im Wochenbette.
Im J. 1513 ging er die zweite Ehe ein mit Margarethe von Anhalt, einer Tochter
des gefürſteten Grafen Woldemar von Anhalt; aus dieſer Ehe entſproſſen ihm zwei
Töchter, die Prinzeſſinnen Maria (1515) und Margaretha (1518), und zwei Söhne,
die Prinzen Johann (1519, der ſchon nach wenigen Tagen wieder ſtarb) und Johann
Ernſt (1521). Auch die zweite Gemahlin, mit der er gleichfalls in ehelicher Liebe und
Treue lebte, verlor er; ſie ſtarb noch im J. 1521. Nach dem Tode ſeines Bruders
(5. Mai 1525) zum Kurfürſten erhoben, übernahm er die Regierung von Kurſachſen,

deren Antritt und Fortgang in eine höchst stürmische Zeit fiel, so daß er in die schwierigsten Verhältnisse verwickelt wurde und seine in das Reformationswerk verflochtene
Thätigkeit eine außerordentliche Anstrengung, Vorsicht und Klugheit, Festigkeit und Thatkraft erforderte, um Gefahren zu beseitigen, welche die Fortdauer der jungen evangelischen Kirche und deren weitere gedeihliche Entwickelung von mächtigen Gegnern bedrohten. Eben hatte der unselige Bauernaufruhr in furchtbarer Weise gewüthet, dem Johann, verbunden mit dem hochsinnigen, ritterlichen Landgrafen von Hessen, durch ener-
gisches Einschreiten ein Ende machte, aber die Lage der Dinge war für Johann doch
sehr bedenklich, da er in seinem Verhältnisse zum Kaiser und den Fürsten des Reiches
nicht das hohe Ansehen genoß, dessen sein Bruder sich erfreut hatte, da ihm auch die
tiefe Weisheit desselben abging. Als ein persönlicher Freund Luthers und von der Wahrheit der evangelischen Lehre innig überzeugt, wirkte er dennoch Großes für das Werk
der Reformation. War die national-deutsche Gesinnung, der Stolz auf den Ruhm und
die Würde seines Hauses, war auch die Liebe zur Wahrheit des göttlichen Wortes ein
vorherrschender Zug in seinem Karakter, so konnte er für dieses Alles zu ungewöhnlich
großen, ja kühnen Unternehmungen sich erweckt fühlen, thatkräftig werden und in der
Ausführung reif gewordener Vorsätze eine Entschlossenheit und Festigkeit zeigen, die nur
dem wahren Muthe, der lebendigen Begeisterung für ein hohes Gut eigen ist. Dieser
Eigenthümlichkeit seines Karakters verdankt er den Beinamen »des Beständigen.« Ein
Zeichen seiner Entschlossenheit und seines Muthes im Angesichte der Gefahren war es,
daß er auf dem Reichstage zu Augsburg 1525 mit den Gesandten des Landgrafen eine
ernste Beschwerde gegen das kaiserliche Ausschreiben erheben ließ, welches die Zerwürfnisse
in Deutschland unverholen den Anhängern der evangelischen Sache aufbürden wollte. Frei
ließ er erklären, daß sie vielmehr von der offenen und heimlichen Gewalt herrührten, mit
welcher die Ausrottung der evangelischen Lehre erstrebt werde, daß namentlich der Bauernaufruhr eine Folge der versuchten Ausrottung gewesen sey, daß man bei den Bestimmungen des Abschiedes vom zweiten Reichstage in Nürnberg verharren müsse, wenn nicht
größeres Unheil entstehen solle. Bald darauf trat er auf einem Tage zu Friedewalde
mit dem Landgrafen und einigen andern gleichgesinnten Fürsten in eine Vereinigung um
einer Erneuerung des Wormser Edikts entgegenzuwirken. Im Jahr 1526 besuchte er
den Reichstag zu Speier, wo er in seiner Behausung evangelisch predigen ließ, weil die
Verkündigung des lauteren Gotteswortes in den Kirchen verboten war. Gerade die
männliche Festigkeit des Kurfürsten, unterstützt von dem Vertrauen auf die Gerechtigkeit
der evangelischen Sache und die Macht des jüngst geschlossenen Gotha-Torgauer Bündnisses, brachte auf dem Reichstage, der nur einen der Reformation nachtheiligen Beschluß
in Aussicht stellte, einen Abschied zu Stande, welcher der evangelischen Sache günstig
war. Obschon derselbe die Bestimmung enthielt, daß jeder Stand sich so verhalten solle,
wie er es auch gegen den Kaiser hoffe und vertraue zu verantworten, ließ Kurfürst Johann doch die erforderliche Einleitung treffen, um in seinem Gebiete eine allgemeine
Kirchenvisitation anzustellen, dadurch aber der evangelischen Kirche in seinem Lande eine
festere Begründung und weitere Entwickelung zu gewähren. Da traten die Pack'schen
Händel ein, die auch den Kurfürsten zur Ergreifung ernster Maßregeln veranlaßten, dennoch ging die Kirchenvisitation vor sich, die er in Sachsen, Thüringen, Meissen, im
Voigtlande und in Franken abhalten ließ. Viele Mißbräuche, die noch aus der alten
Kirche stammten, wurden abgestellt, der äußere Gottesdienst wurde mehr und mehr geordnet, zur Unterhaltung der Kirchen, Geistlichen und Schuldiener geschahen die erforderlichen Schritte. Die Visitation dauerte bis in das J. 1529 und die wohlthätigen Folgen derselben, namentlich in Beziehung auf die richtigere Auffassung des Wesens der
Reformation und des verbesserten Lehrbegriffes, erstreckten sich bald über die Grenzen
der sächsischen Lande. (S. das Nähere im Artikel Kirchenvisitation.) Die gewaltige Anstrengung, welche dann von der römischen Partei auf dem Reichstage zu Speier (1529)
zur Wiederherstellung der alten Zustände gemacht wurden, führten zu der bekannten Pro-

teſtation, bei der ſich der Kurfürſt vor Allen betheiligte. Der Kaiſer gerieth darüber in heftigen Zorn und gewiß gehörte Feſtigkeit und Kühnheit dazu, der klar vorliegenden Gefahr unerſchrocken entgegen zu gehen. Dieſe Kühnheit und Entſchloſſenheit zeigte der Kurfürſt auch auf dem Reichstage zu Augsburg 1530, auf welchem er den kaiſerlichen Drohungen gegenüber eine entſchiedene Haltung annahm, die während der Verhandlungen ihm eröffneten Anträge des Kaiſers mit Standhaftigkeit und Muth ablehnte, dann aber nach ſeiner Abreiſe von Augsburg für den Fall eines Angriffes rüſtete, den Abſchluß des allgemeinen Vertheidigungs-Bündniſſes zu Schmalkalden betrieb und ſelbſt die Einleitung zu einer Verbindung mit Frankreich und England traf. Auch in der Wahlſache Ferdinands machte er in Köln, obſchon ſeine Theologen dagegen waren, die Gerechtſame der Reichsfürſten und die Privilegien der goldenen Bulle mit Nachdruck geltend.

Dennoch iſt der Beiname, den der Kurfürſt führt, nur relativ richtig, da in ſeinem Karakter auch ſolche Eigenthümlichkeiten hervortreten, die ihn zu einem unſicheren, ſchwankenden Verhalten verleiteten, oder zu keinem Entſchluſſe kommen ließen. Vor Allem konnte er ſich durch die Einflüſterungen oder Vorſtellungen der Wittenberger Theologen in ſeinem Gewiſſen leicht verletzt fühlen, ſo daß er auch wiederholt vor entſcheidenden Schritten zurückſchreckte, ein raſches Handeln ablehnte oder daſſelbe hinderte und bei ſeinen Verbündeten unmöglich machte, obſchon es doch von der einfachen Klugheit geboten war. Dadurch verſetzte er oftmals den Landgrafen in Unwillen, ließ wohl den günſtigſten Augenblick, welcher der evangeliſchen Sache eine leichtere und ſchnellere Entwickelung gewähren konnte, nutzlos verſtreichen, oder er hielt dieſe auf, ohne ſich deſſen bewußt zu ſeyn. Eben darin legte ſich in ihm offenbar eine gewiſſe Schwäche an den Tag; er mochte ſich, nach den religiöſen Ideen, unter denen er aufgewachſen war, ſchmeicheln, ſchon dadurch ein wahrer Vertheidiger des Evangeliums, ein treuer Anhänger deſſelben zu ſeyn, wenn er nur auf dem Pfade wandelte, der ihm von den Wittenberger Theologen vorgezeichnet wurde. Darin fand ſein Gewiſſen, wie gefährlich auch die Verhältniſſe ſich geſtalten mochten, immer volle Beruhigung und Genugthuung. Vor Allem unterlag er dem Einfluſſe Luthers, der für ihn nicht bloß auf dem kirchlichen, ſondern ſelbſt auch auf dem politiſchen Gebiete gewöhnlich der Führer war. Daher ſuchte er auch, von Luther geleitet, oft im kritiſchen Momente, wenn es galt mit Energie zu handeln und der Landgraf auf des Kurfürſten Beiſtand rechnete, von der Theilnahme an einer entſcheidenden Handlung ſich loszuſagen, daher war er um die Reinheit des Glaubens, um das Beſtehen des Evangeliums nicht wenig beſorgt, wenn es galt, der evangeliſchen Sache durch ein Bündniß mit den Schweizern einen ſicheren Rückhalt und eine ſtarke Vertheidigung zu gewähren. Zeugniſſe für dieſes Alles geben ſeine mannichfachen Verhandlungen mit dem Landgrafen in Betreff des Kaiſers, als der Landgraf, dem Regensburger Bündniß gegenüber, auf eine Vertheidigung der Reformation drang; nur mit großer Mühe gelang es, ihn zum Abſchluſſe des Gotha-Torgauer Bündniſſes (1526) zu bringen, aber zur Vollziehung eines Angriffes ließ er ſich nicht bewegen. Auch der Ausführung des von dem Landgrafen entworfenen Planes zu einer Verbindung aller evang. Stände in Ober- und Niederdeutſchland ſtellte er ſich, von den Wittenberger Theologen dazu beſtimmt, entgegen, die Convente, die zur Aufnahme der Schweizer in das evangeliſche Bündniß gehalten wurden, zog er mit erfolgloſen Verhandlungen hin, und gern ließ er ſich durch ſeine Theologen von Kriegsrüſtungen abhalten, die er anfangs, bei der Nachricht von der Ankunft des Kaiſers im Reiche, ſelbſt für nothwendig hielt. Ebenſo ließ er ſich, zumeiſt durch Luthers Rath, durch Nachgiebigkeit auf dem Convente in Schweinfurt und zur Annahme des Nürnberger Religionsfriedens 1532 bewegen. Begreiflich iſt es, wie Luther bei dem großen Einfluſſe, den er auf den Kurfürſten übte, nach deſſen Tode ſagen konnte, daß mit Friedrich die Weisheit, mit Johann die Frömmigkeit geſtorben ſey. Die Schwäche, die der Kurfürſt den Wittenberger Theologen gegenüber oft an den Tag legte, zeigte er auch in ſeinem Verhalten gegen den ihn umgebenden Adel. Allerdings hatte er unter demſelben gerade keinen Günſtling im eigenlichen Sinne des Wortes, aber er hörte doch gern die Zuflüsterungen oder Vorstellungen der Höflinge, und stets sorgten diese dafür, daß Johann nicht Etwas unternahm, was ihren Interessen und Plänen entgegen war. Zu diesem Zwecke wußten sie immer geeignete Hindernisse ihm in den Weg zu legen, oder deren Beseitigung als besonders mühsam und beschwerlich hinzustellen, dann aber stand Johann gern von seinem Vorhaben ab, oder gab Versprechungen, die ohne Erfolg blieben. Hier stieß selbst Luther bei ihm oft auf große Schwierigkeiten, namentlich bei Vorschlägen über die Verwendung der Kirchengüter, da der Adel in die Sache sich mischte und aus der Verwirrung, in der sie lag, den möglichst größten Vortheil für sich zu ziehen suchte. Im J. 1531 brachte der Kurfürst noch die Streitigkeiten, welche zwischen ihm und dem Herzog Georg von Sachsen über Münz-, Berg- und Lehenwesen obwalteten, zur endlichen Ausgleichung. Er liebte die Freuden der Tafel und der Jagd und starb am 16. Aug. 1532 in Schweinitz bei Wittenberg, als er eben hier gejagt hatte und das Jagdvergnügen in Lochau fortsetzen wollte. In Wittenberg wurde er beigesetzt. Römischer Seits verbreitete man späterhin die alberne Lüge, daß sich der Kurfürst auf dem Sterbebette wieder zur römischen Kirche bekehrt haben sollte. Vgl. Spalatin's Biographie des Kurfürsten Johann in Struve's Neu eröffnetem Histor.- u. Polit-Archiv. Jena 1719. Th. 3. S. 45 ff.; lat. bei *Mencken*, Scriptt. Rerum Germanic. T. II. pag. 1003, nach einer schlechten Hortleber'schen Abschrift. Beide Biographieen weichen mannichfach ab von dem im Weimarischen Staasarchive befindlichen und von uns verglichenen Originale; Plank, Geschichte unf. protest. Lehrbegriffes II. Bd. S. 344—467; III. Bd. S. 18—239; Ranke, deutsche Gesch. im Zeitalter d. Reformation II. Bd. S. 229; 241 ff.; 350 ff.; 446 ff. Neudecker.

Johann Friedrich I., der Großmüthige, Kurfürst von Sachsen von 1532—1547, Sohn des Kurfürsten Johann des Beständigen (s. d. Art.), wurde am 30. Juni 1503 in Torgau geboren. Seiner Erziehung und Bildung widmete sein Vater die erforderliche Sorgfalt und selbst sein Oheim, Friedrich der Weise, übte auf sie einen nicht geringen Einfluß. Auf die Empfehlung des Mutian, der damals Kanonikus in Gotha war und am kurfürstlichen Hofe in hohem Ansehen stand, wurde Johann Friedrich, kaum sechs Jahre alt, dem Unterrichte Spalatins übergeben, der auch späterhin in enger Verbindung mit ihm blieb, bei vielen wichtigen Angelegenheiten ihm rathend zur Seite stand, ihn auf Reisen und zu Reichstagen begleitete. Die ächt deutsche Gesinnung, der Stolz auf die Hoheit seines Hauses und den Ruhm des Reiches, die Sorge für die Erhaltung und Vergrößerung des Ansehens seines Hauses und des Reiches erbte von seinem Vater ebenso auf ihn fort, wie die lebendige Liebe für die evangelische Wahrheit und die allgemeine Glaubenssache. Kaum hatte er seine erste Jugend verlebt, da trat Luther als Reformator auf; die große Begeisterung, welche bereits im J. 1520 den damals erst 17 Jahre alten Kurprinzen für Luther erfüllte, ersehen wir aus einem an Johann Friedrich gerichteten Schreiben des Reformators, der seine Freude über die »sonderliche Gunst,« die er vernommen hat, und über »den großen Willen und Lust zu der göttlichen Wahrheit« ausdrückt (s. de Wette, Luthers Briefe I., S. 518), wovon der Kurprinz Zeugniß abgelegt habe. Jetzt schon nahm derselbe an den wichtigsten Verhandlungen Theil, welche das Reich betrafen, und unter der Leitung seines Oheims, dann seines Vaters fand er eine treffliche Schule zu seiner Ausbildung, insbesondere zur Ausübung künftiger Regentenpflichten und Regententugenden. Wir finden ihn, ohngeachtet seiner großen Jugend, bereits auf dem verhängnißvollen Reichstag zu Worms. Sein reiferes Alter steigerte seine Theilnahme an den verwickelten Ereignissen der Zeit. Nach der Dämpfung des Bauernaufruhrs hielten die heftigsten und entschlossensten Gegner der evangelischen Sache, Albrecht von Mainz, Joachim von Brandenburg und Heinrich von Braunschweig einen Tag zu Dessau, dessen bedrohliche Beschlüsse den Kurfürsten von Sachsen und den Landgrafen von Hessen veranlaßten, einen Tag in Friedewalde (7. Nov. 1525) zu halten. Der Kurprinz Johann Friedrich besuchte den Tag im Namen und Auftrag seines Vaters. Auch auf den berühmten Reichstagen zu Speyer (1529) und Augsburg (1530) war er zugegen; hier suchte er, jedoch vergebens, seinen Vater zu bestimmen, entweder selbst zum Kaiser nach Innsbruck sich zu begeben, oder ihn zu demselben reisen zu lassen (s. *Secken-dorf*, Hist. Luth. II. p. 156; Corp. Reform. Vol. II. p. 48). Er glaubte, daß man den Kaiser durch Entgegenkommen für sich gewinnen müsse, nicht aber durch Zurückhaltung und Gegensatz reizen dürfe; eben darum konnte er auch seinen Unwillen gegen Luther jetzt nicht zurückhalten, dessen Einflusse er das Verhalten des Kurfürsten zuschrieb (s. Walch, Luth. WW. XVI. S. 819). Nach seiner Ansicht hielt er es für politisch klug, mit dem Kaiser in Verbindung zu bleiben, ja diesen durch Entgegenkommen und Dienst-leistungen sich verbindlich zu machen, um ihn wo möglich für die evangelische Lehre noch günstig zu stimmen, oder doch die gegenwärtige Erhaltung der evangelischen Sache sicher zu stellen und den Kaiser zu der Meinung zu bringen, daß ihm selbst aus einer Verbin-dung mit den Evangelischen mancher nicht unbedeutende Vortheil erwachsen dürfe. Diese Ansicht bestimmte jetzt überhaupt und späterhin wiederholt sein Verhalten bei den politi-schen und kirchlichen Ereignissen, ja sie vermochte ihn selbst, manche vom Kaiser erlittene Kränkung geduldig zu ertragen, namentlich die schon von Karl erst genehmigte, dann plötzlich wieder rückgängig gemachte Verheirathung mit Katharina, der jüngsten Schwester des Kaisers (Seckendorf, a. a. O. S. 90), und jetzt wieder die seinem Vater verwei-gerte Belehnung mit der Kur. Er betheiligte sich dann auch an der bedenklichen, gegen die Wahl Ferdinands zum römischen Könige gerichteten Versammlung in Köln, bei wel-cher er sich auch nachgiebig gezeigt haben würde, wenn die Sache nur in seinen Händen gelegen hätte. Anders zeigte er sich auf dem Convente zu Schweinfurt, der den Abschluß des Nürnberger Friedens zu Stande brachte, doch nöthigte ihn hier sein Vater, von Lu-ther dazu bestimmt, zur Nachgiebigkeit (s. Seckendorf, a. a. O. S. 22; de Wette, IV. S. 369—374; 382; Luthers Brief an Johann Friedrich S. 384; Walch, Luthers WW. XVI. S. 2201). In Nürnberg leitete er im Namen und Auftrage des Kurfürsten die Verhandlungen; mit dem Tode seines Vaters übernahm er die Regierung zugleich im Namen seines unmündigen Bruders Johann Ernst, dem er, nach dessen Mündigkeit, die Pflege Koburg überließ (1542) und dazu noch ein jährliches Einkommen von 14,000 fl. gewährte. Noch immer waren die Verhältnisse, in denen er sich zum Kaiser in politischer und kirchlicher Beziehung befand, schwierig genug, ja sie entwickelten sich selbst zu Kata-strophen, wie sie im Reiche lange nicht vorgekommen waren. Betrachten wir seine Wirk-samkeit als Staatsmann und Reichsfürst.

Der Friedensschluß von Nürnberg führte den Kurfürsten Johann Friedrich sogleich in einen Conflict mit dem Landgrafen Philipp, der über die Fassung der getroffenen Stipulationen, namentlich über den Ausschluß derer, die noch zur evangelischen Kirche treten würden, höchst erbittert war, doch gelang es den beiderseitigen Räthen, die Differenz beizulegen (s. Seckendorf Lib. III. S. 23), und nun bot sich ihm die Möglichkeit dar, nach Innen und Außen für die Befestigung und Sicherstellung der evangelischen Sache thätig zu seyn. Er richtete sein Augenmerk auf die innere Befestigung des Schmalkalti-schen Bundes, veranstaltete (Nov. 1532) einen Convent in Braunschweig, brachte nament-lich den engeren Anschluß der niedersächsischen Städte zu Stande, trat auch mit England in Verbindung und beharrte jetzt bei der Opposition gegen Ferdinands Wahl. Die Zeit-umstände drängten den Kaiser zur Vorsicht, daher verwies er die Ausgleichung der Dif-ferenzen in der Glaubenssache auf ein Concil, dessen Ausschreibung er beim Pabste be-trieb. Inzwischen hatte es der Kurfürst, seiner früheren Ansicht gemäß, für gut, dem Kaiser sich wieder zu nähern. Er erkannte Ferdinands Königswahl an (1534), und nach-dem er eine Reise durch das nördliche Deutschland, dann an den Rhein gemacht hatte, begab er sich durch Böhmen und Mähren nach Wien, wo er nun die feierliche Belehnung mit der Kur empfing (1535, f. Chr. G. Bruder, Nachricht von der Belehnung Kurf. Joh. Friedrichs zu S., geschehen — — 1535 2c. Jena 1755). Der Pabst Paul III., der den römischen Stuhl schon bestiegen hatte, trat jetzt mit dem Kurfürsten wegen eines in Mantua zu eröffnenden Concils in Unterhandlung, doch diese zerschlug sich, da gerade

mancherlei Umstände und politische Nachrichten die Bedenklichkeiten im Kurfürsten stei=
gerten, dem Mißtrauen, das er hegte, neue Nahrung gaben. Während sich in Berück=
sichtigung der obwaltenden Verhältnisse der Schmalkaldische Bund erweiterte und für
mögliche Fälle organisirte, erschien die päbstliche Concilienbulle. Die Räthe und Theolo=
gen des Kurfürsten waren der Meinung, das Concil nicht geradezu abzuweisen, um nicht
den Vorwurf zu erhalten, zu einem gegenseitigen Verständnisse nicht bereitwillig zu seyn,
der Kurfürst erklärte sich aber geradezu gegen die Ansicht seiner Räthe und behandelte
den päbstlichen Gesandten in einer denselben sehr kränkenden Weise. Da er sich sagen
kounte, daß die Recusation des Concils, die der Convent zu Schmalkalden (1537) aus=
sprach, den Kaiser erbittern werde, suchte er denselben günstig zu stimmen und ihm durch
eine Verbindung mit den Evangelischen (bei dem gespannten Verhältnisse Karls mit Frank=
reich) einen politischen Vortheil zu bieten, wofür der Kurfürst die Zusicherung der gesetz=
mäßigen Existenz der evangelischen Kirche und Partei erwartete. Der Vicekanzler Held
benahm dem Kurfürsten den Wahn; in Folge dessen betrieb der Kurfürst wieder die wei=
tere Verstärkung des Schmalkaldischen Bundes durch die Aufnahme neuer Mitglieder,
traf er Kriegs= und Vertheidigungsanstalten, trat er mit England und Frankreich in
Verbindung. Bald aber wurden die öffentlichen Verhältnisse immer verwickelter und be=
denklicher, der Geist des Mißtrauens und Argwohns selbst gegen die eigenen Verbündeten
erwachte im Kurfürsten auf's Neue und drohte, unter den fürstlichen Vertretern der Re=
formation eine Spaltung herbeizuführen. Jetzt wollte der Kurfürst, empfindlich und
gereizt darüber, sogar die übernommene Hauptmannschaft im Schmalkaldischen Bunde
niederlegen und kaum ließ er sich dazu bewegen, sie noch ein Jahr lang zu behalten.
Die Lage der Dinge war um so schwieriger geworden, da die Convente von Worms und
Naumburg ohne den erwarteten Erfolg blieben, das Kammergericht in rücksichtslosester
Weise vorschritt, Goslar in die Acht erklärt wurde und Herzog Heinrich von Braun=
schweig zur Vollziehung derselben sich rüstete. Mit Mißtrauen beobachtete der Kurfürst
alle Bewegungen seiner Freunde und Feinde, und der Argwohn gegen den Kaiser ergriff
ihn jetzt so sehr, daß er, von Luther darin bestärkt, jede Anregung den Reichstag von
Regensburg (1541) zu besuchen entschieden von sich wies. Hier wie in anderen kritischen
Fällen war er nicht im Staube, seine Befangenheit zu überwinden; er folgte nur seinem
eigenen Willen. Auch die Verhandlungen zu Regensburg nährten sein Mißtrauen, er
fand in den dort verglichenen Artikeln nur einen Verrath am Evangelium, in seiner Ge=
reiztheit sandte er Amsdorf nach Regensburg, um Melanchthon zu beaufsichtigen und zu=
gleich instruirte er seine Gesandten und Theologen, das wieder zurückzunehmen, was etwa
zuviel nachgegeben worden seyn, im Nothfalle selbst die Verhandlungen ganz aufzuheben.

In diese Reichstagsverhandlungen fielen noch andere Ereignisse, welche auf den Gang
der öffentlichen Begebenheiten von Einfluß waren und den Kurfürsten in Anspruch nah=
men. Im Anfange des Jahres 1541 war der Bischof Philipp von Naumburg gestorben;
ohne Genehmigung des Kurfürsten wählte das Capitel den Domherren von Zeiz, Julius
von Pflug, als Philipps Nachfolger. Der Kurfürst erklärte darauf die Wahl für un=
gültig; da er Widerspruch fand und selbst der Kaiser zu Gunsten Pflugs in die Sache
sich mischte, blieb Johann Friedrich um so hartnäckiger bei der Verwerfung der Wahl,
er ließ die Stiftslande besetzen, zugleich das Bisthum an Nikolaus von Amsdorf über=
tragen, und schützte diesen mit Nachdruck gegen den Adel des Stiftes, er überwies die welt=
liche Regierung einem Administrator und theilte den bei Weitem größten Theil der Ein=
künfte des Bisthums frommen Stiftungen zu. Als der Kaiser darüber seinen Unwillen
zu erkennen gab, ließ der Kurfürst seine Gereiztheit auf dem Reichstag zu Speier (1542)
deutlich genug hervortreten (Seckendorf, a. a. O. Lib. III. p. 382). Inzwischen war
Johann Friedrich auch in andere Händel verwickelt worden. Ein Jurisdictionsstreit, der
sich zwischen ihm und seinem Vetter, dem Herzog Moritz von Sachsen, entsponnen hatte
(1541), führte (1542) sogar zu einem Kriege zwischen Beiden, dem sog. Fladenkriege (s.
die handschriftl. Geschichte Ratzebergers über Luther und seine Zeit, v. Neudecker. Jena

1850. S. 112), der indeß durch einen Vergleich zu Grimma (10. April 1542), welchen der Landgraf Philipp vermittelte, beigelegt wurde. Einige Monate später zog der Kurfürst mit dem Landgrafen gegen den Herzog Heinrich von Braunschweig, der sich als einen Feind des Schmalkaldischen Bundes gezeigt hatte, half den Herzog vertreiben und dessen Land erobern. Auf dem neuen Reichstage zu Nürnberg (1543) bewahrte er mit dem Landgrafen allerdings eine entschiedene Haltung und auf dem Convente zu Schweinfurt sprachen Beide selbst die Recusation des Kammergerichtes aus, allein bald ließ der Kurfürst es wieder an der Entschlossenheit fehlen, welche ihm entschiedene Vortheile bringen konnte. Der Grund davon lag theils in seinem Argwohn gegen die aufrichtige Gesinnung des Herzogs Moritz, theils in dem Mißtrauen, das sich unter die Glieder des Schmalkaldischen Bundes geschlichen hatte, theils aber auch in einer bedenklichen Annäherung, die zwischen dem Kaiser und dem Landgrafen eingetreten war (Seckendorf, a. a. O. S. 424). In der unbehaglichen Lage, in der er sich befand, glaubte er abermals den Weg betreten zu müssen, den Kaiser für sich zu gewinnen; eben darin lag auch der Grund, daß er die Reformation, die jetzt (1543) im Domstifte Köln eintrat, nur durch Vorstellungen unterstützte. Er besuchte auch den neuen Reichstag zu Speyer (1544; s. die handschr. Geschichte Ratzebergers ec. S. 116 ff.); durch den Abschied des Reichstages ließ er sich vom Kaiser täuschen und als er die Täuschung erkannte, gerieth er in völlige Rathlosigkeit, die durch den Starrsinn, mit welchem er jedes vom Landgrafen dargebotene Rettungsmittel von sich wies, nur noch gesteigert wurde. Den Reichstag von Regensburg (1546) besuchte er nicht, als aber der Kaiser den Schmalkaldischen Bundesgenossen den Krieg erklärt hatte, trat auf einmal die Entschlossenheit in ihm wieder hervor. Er stieß mit seinen Truppen in Franken zum Landgrafen, und bei Donauwörth schloßen sich Beiden die übrigen Bundesgenossen an. Während diese die Zeit mit Berathungen zubrachten, eroberte Herzog Moritz, mit Ausschluß von Wittenberg, Gotha und Eisnach, das ganze Land des Kurfürsten. Allerdings gewann dieser sein verlornes Gebiet wieder, es gelang ihm selbst das Gebiet des Herzogs einzunehmen, doch jetzt sprach der Kaiser die Acht über ihn aus, bei Mühlberg gerieth der Kurfürst (24. April 1547) in die Gefangenschaft, am 10. Mai wurde er zum Tode verurtheilt, doch am 18. Mai begnadigt, der Kurwürde und des größten Theils seiner Länder beraubt. Er blieb in der Gefangenschaft und durch eine unwürdige, harte Behandlung suchte der Kaiser ihm selbst das Augsburger Interim aufzudringen. Der Kurfürst wies die Annahme mit Muth und Standhaftigkeit zurück (s. Unschuldige Nachrichten auf d. Jahr 1702. S. 577 ff.) und groß erscheint er gerade in seinem Unglücke. Seine Gefangenschaft dauerte bis i. J. 1552; die Katastrophe, die Herzog Moritz herbeiführte, brachte ihm die Freiheit und mit allgemeinem Jubel wurde er in seinem Lande empfangen (10. Sept. 1552), doch erhielt er die Kur nicht wieder zurück. Im J. 1553 beerbte er noch seinen Bruder Johann Ernst; er selbst starb, nachdem er am 21. Febr. 1554 seine Gemahlin Sibylle, geb. Herzogin von Cleve durch den Tod verloren hatte, am 3. März 1554. Ihm folgte in der Regierung sein Sohn Johann Friedrich II. oder Mittlere mit den Brüdern Johann Wilhelm und Johann Friedrich III.

Als Staatsmann und Reichsfürst zeigte Johann Friedrich eine ungemein große Thätigkeit und Rührigkeit, die durch seine mit den Jahren immer mehr zunehmende Schwere seines Körpers im Ganzen nur wenig beeinträchtigt wurde. Eines schnellen Scharfblickes entbehrte er, dadurch war seine Staatsklugheit eng begrenzt, und wenn er auch gern den Vorstellungen seiner Theologen ein williges Ohr lieh, wenn er auch dem Einflusse seiner Räthe sich nicht entziehen konnte, mochte er aber doch nicht gerade ihr Werkzeug seyn, und fühlte sich doch oft zu eigener freier Thätigkeit erweckt, die ihn bisweilen so ergriff, daß er selbst weiter ging, als es gerade den obwaltenden Verhältnissen angemessen war. In der Liebe und Begeisterung für das Werk der Reformation und die evangelische Wahrheit stand er seinem Vater gleich, daher war es ihm auch eine wahre Herzenssache, dem lauteren Gottesworte seine Hülfe zu leihen, jeden Sieg desselben zu fördern, ein

treuer Schutz und Schirm seiner Glaubensbrüder zu seyn. Selbst in der Zeit der schwer=
sten Gefahr konnte er die Probe der Treue im Bekenntnisse des reinen Evangeliums
rühmlich bestehen, zeigte er eine Kraft, Entschlossenheit und Geistesstärke, welche noch jetzt
unsere Bewunderung erregt. Persönlicher Ehrgeiz lag ihm fern, ein Feldherr war er
nicht. Wenn er auch wiederholt dem Kaiser sich näherte, glaubte er dadurch nur einen
Gewinn für die evangelische Sache und die Ehre seines Hauses zu erzielen. Er täuschte
sich, nicht einmal eine Feldherrnstelle gegen die Türken, die er erwartete (Seckendorf,
a. a. O. Lib. II. p. 20), erhielt er, aber für die Kränkungen, die er vom Kaiser, für
die Beleidigungen, die er auch von anderen Seiten her, selbst von seiner Partei erlitt,
fühlte er sich nicht zur Vergeltung gedrängt. Diese Eigenthümlichkeit seines Karakters,
die aus seiner wahren Frömmigkeit, aus seinem Treusinne im evangelischen Glauben und
aus seiner Glaubensstärke hervorging, gab ihm den Beinamen: »der Großmüthige.« In=
deß förderten doch die Täuschungen, in die er sich oftmals versetzt sah, seine Neigung zum
Argwohn und Mißtrauen; gerade diese Fehler, so rein und ehrenwerth auch sonst sein
Gemüth war, fanden in den Zeitereignissen, in die er verwickelt wurde, nur immer mehr
Nahrung. Daher kam es aber auch, daß er in der Leitung der gemeinsamen Angelegen=
heiten nicht selten eine große Reizbarkeit und Empfindlichkeit an den Tag legte, die ihn
bis zum Starrsinn führen konnte, so daß er selbst für wohlgemeinte Ansichten und Rath=
schläge kein Ohr hatte und gänzlich unlenksam blieb. Dann vermochten auch seine ver=
trautesten Rathgeber geistlichen und weltlichen Standes Nichts über ihn. In jenen Fehlern
lag aber auch der Grund, daß Johann Friedrich gerade bei den wichtigsten Ereignissen
oft nicht unbefangen, in entscheidenden Augenblicken nicht immer entschlossen genug war.

Als Regenten seines Landes gebührt ihm jedenfalls das Lob eines trefflichen Fürsten,
dem das Wohl seiner Unterthanen wahre Herzenssache war. Sein Hauptaugenmerk rich=
tete er zunächst auf die festere Begründung und die Erweiterung der evangelischen Kirche
in seinem Lande. In den Jahren 1533—1535 ließ er in seinem ganzen Gebiete die Kirchen=
visitation abhalten; er förderte dadurch das Kirchen= und Schulwesen, blieb zu demselben
Zwecke in steter Verbindung mit Luther, Spalatin und den Freunden dieser Männer,
stattete (1533) die Universitätsbibliothek in Wittenberg mit neuen Mitteln, namentlich
durch Ankäufe in Venedig, aus und fundirte die Universität selbst (1536) von Neuem
(s. die handschr. Gesch. Ratzebergers ꝛc. S. 79). Schon hieraus ergibt es sich, daß er ein
Freund und Förderer der Wissenschaften war; mit besonderer Liebe war er gerade der
vaterländischen Geschichte und der seines Hauses zugethan, obschon ihn auch politische
Zwecke dabei leiteten. Bereits als Kurprinz gerade mit solchen Studien beschäftigt, bei
denen ihm namentlich Spalatin hülfreich zur Seite stand, widmete er sich ihnen noch als
Kurfürst mit vielem Eifer, arbeitete er selbst Manches aus, z. B. über den Wurzener
Krieg (handschriftlich im Weimarischen Staatsarchive), sammelte er Aktenstücke und Ur=
kunden, ließ er seine Ansprüche auf das Burggrafenthum zu Magdeburg (1537 u. 1538),
dem Erzbischof Albrecht gegenüber, durch Spalatin aktenmäßig begründen, veranlaßte er
diesen, bei dem Streite mit dem Herzog Heinrich von Braunschweig, zur Abfassung der
Schrift: Chronika und Herkommen der Kurfürsten und Fürsten des löblichen Hauses
Sachsen, Wittenb. 1541 (bei Hortleber, Ursachen des deutschen Krieges B. 4. Cap. 23).
In seiner Gefangenschaft gründete er, als Bollwerk des ächten Lutherthums, durch seine
Söhne die Universität Jena 1548, und soweit es ihm möglich war, wirkte er während
seiner Regierung nur dahin, in seinem Volke Fleiß und christliches Leben zu schaffen. Vgl.
J. G. Müller, Geschichte Johann Friedrich des Großmüthigen. Jena 1765. Planck,
Gesch. unf. protest. Lehrbegr. III. 1. Th. S. 223 ff.; 2. Th. S. 78 ff. J. G. Jahn,
Gesch. des Schmalkald. Krieges 1837; Ranke, Deutsche Gesch. IV. S. 75 ff.; 204 ff.;
263 ff.; 349 ff.; V. S. 56 ff.; 190 ff.; 279 ff.   Neudecker.

Johannisfeuer — Feuer, welche nach einer uralten, fast in allen Ländern Eu=
ropa's nachweisbaren, zum Theil noch bestehenden Volkssitte am Abend oder Vorabend
des Gedächtnißtages Johannis des Täufers (24. Juni) unter freiem Himmel, auf Hü=

gelu und Bergen oder auch in Straßen und auf Märkten unter mancherlei begleitenden Bräuchen angezündet werden. Solche Bräuche, wie sie theils allgemein, theils nur lokal bei dem Anzünden dieser Feuer vorkamen, sind z. B. Nothfeuer, d. h. Entzündung des Feuers nicht durch Stahl und Stein, sondern durch Holzreibung (s. Grimm a. a. O.), Springen junger Leute um und über das Feuer, Hineinwerfen von allerhand Blumen, Kräutern, Kränzen (Johanniskräuter, Johanniskränze), priesterliches Segnen des Feuers, Jubel und Gesang der Zuschauenden, Anzünden und Rollen eines mit Stroh umwickelten Rads (Johannisräder), Aufstellen eines Baums, Treiben des Viehs durch das Feuer, Herumtragen von Fackeln und Feuerbränden, Stecken der Bränd in die Felder u. dgl. Man schrieb dem Feuer allerlei heilsame Wirkungen und Segenskräfte zu, Bewahrung vor Krankheiten, Heilung von allerlei Uebeln (z. B. der Epilepsie, Johannisübel), Fruchtbarkeit, Schutz wider Brand und Gewitter, Sicherung gegen Hexenbann u. s. w. — Läßt sich gleich Entstehung, Verbreitung und Bedeutung dieser Gebräuche nicht mit vollständiger Sicherheit nachweisen, so sind sie doch unzweifelhaft heidnischen Ursprungs, Reste eines uralten, bei allen Völkern arischen Stammes (vgl. den indischen Feuergott Agni, den persischen Mithra u. s. w.) verbreiteten Licht-, Feuer- und Sonnenkultus, daher dieselben oder Analogieen dazu im griechisch-römischen Heidenthum (Vestakult, Feuer bei dem römischen Hirtenfest der Palilien) wie bei keltischen, germanischen, slavischen Völkern sich finden, ohne daß ein Uebergang von einem Volk auf das andere sich nachweisen ließe. Ihre ursprüngliche Bedeutung zeigt am besten der Namen, den sie im deutschen Alterthum führten und im Volksmunde zum Theil noch führen: Sunwentfeuer, d. h. Sonnenwendfeuer (corrump. Sunbent-, Simmets-, Zimmetfeuer). Wie man im Frühjahr, um die Osterzeit, das Wiederkehren der Sonnenwärme und das Neuerwachen des Naturlebens durch die (nach Grimm besonders im nördlichen Deutschland üblichen) Osterfeuer, durch Maifeste u. dgl. festlich begieng: so feierte man um die Zeit des Johannistages die Sonnenwende, die festliche Zeit, wo die Sonne ihren Höhepunkt erreicht hat und nun wieder hinabzusinken beginnt (ebendieß bedeutet das Rollen des Rads), -die Licht- und Glanzperiode des Jahres, die Zeit der längsten Tage und kürzesten Nächte, zugleich aber auch die Epoche, wo die Natur aus der Blüthezeit des Frühjahrs in die ernstere Fruchtzeit des Sommers übergeht und wo die beginnende Sommerhitze mancherlei Krankheiten zu erzeugen droht, daher man des Segens der Fruchtbarkeit und des Schutzes wider allerlei Gefahr sich zu versichern suchte. Die christliche Kirche, wenn gleich der Beziehung des Johannistags zur Sonnenwendzeit sich wohl bewußt (ut humiliaretur homo, hodie natus est Johannes, quo incipiunt decrescere dies sagt Augustin homil. de S. Joh.), eiferte doch anfangs gewaltig wider die heidnische Sitte des Feueranzündens (cessent religiones sacrilegiorum, cessent studia atque joca vanitatum. Hesterno die post vesperam putrescentibus flammis antiquitus more daemoniorum tota civitas flagrabat atque putrescebat et universum aërem fumus obduxerat. August. homil. de S. Joanne Sermo 8); die Synode zu Constantinopel v. J. 680 can. 65. verbot solche abergläubische Feuer zur Zeit der Neumonde. Bald aber wußte die katholische Kirche, mit der ihr eigenthümlichen Accommodationsfähigkeit gegenüber von volksthümlichen Bräuchen und Vorstellungen, auch diese Sitte der Sonnenwendfeuer sich anzueignen, sie wurden nicht bloß geduldet, sondern Fürsten, Obrigkeiten, auch Geistliche betheiligten sich dabei, und man suchte nun auf verschiedene Weise den Volksbrauch christlich zu deuten und mit der ohnedies so volksthümlichen Person des Täufers Johannes ebenso in Beziehung zu setzen, wie sich andere aus dem Heidenthum in die christliche Zeit herübergenommene Bräuche (Johannisminne, Johannissegen u. s. w. an den Namen des Evangelisten Johannes und an dessen mit der Wintersolstitialzeit zusammenfallenden Gedächtnißtag anknüpften. Schon mittelalterliche Theologen des 12. und 13. Jahrh., Joh. Belath, summa de divinis officiis, und Durandus, rationale div. off. 7, 14., deuten die Johannisfeuer mit Beziehung auf Ev. Joh. 1, 8. als Symbole des Täufers, qui fuit lumen et lucerna ardens, praecedens et praecursor verae lucis; das bergabgerollte brennende Rad bedeutet, quod, sicut sol ad altiora sui circuli pervenit nec altius potest progredi, sed tunc sol descendit in circulo, sic et fama Johannis, qui putabatur Christus, descendit, secundum quod ipse testimonium perhibet dicens: me oportet minui, illum autem crescere. Andere wollen die Feuer aus einer Legende von der Verbrennung der Gebeine des Täufers in Sebaste, die Johannistänze aus dem Tanz der Tochter der Herodias u. dgl. erklären, nur um jeden Gedanken an einen Zusammenhang mit heidnischen Culten ferne zu halten. In den nüchternen Zeiten der letzten Jahrhunderte sind diese Feuer, wie so viele ähnliche aus der heidnischen Vorzeit stammenden Volksbräuche, meist, zumal in evangelischen Landen, entweder aus polizeilichen oder aus religiösen Gründen verboten worden oder von selbst außer Uebung gekommen (s. z. B. das Nürnberger Rathsmandat vom J. 1653 bei Grimm S. 585; das württemb. Gen.Rescr. wegen Abstellung der vieler Orten üblich gewesten Johannisfeuer und =Bäder v. J. 1666, wiederholt 1687 in der Cynosura eccl., und ein Rescr. der Ober=Regierung wegen Abstellung der Fackel= und Johnnisfeuer im Jahr 1809 in der Reyscher'schen Gesetzessammlung). — Literatur: außer den allgemeinen Werken über kirchl. Archäologie (z. B. Rheinwald S. 246) s. *Paciandi*, de cultu S. Joannis Bapt. antiqq. christ. Rom. 1758; *de Khautz*, de ritu ignis in natali S. Joannis B. accensi. Vindob. 1759; W. Grimm in der Allg. Encykl. von Ersch u. Gruber II. 22, S. 265; F. Nork, Festkalender. Stuttg. 1847 S. 406 ff. vor Allem aber Jakob Grimm, D. Mythol. S. 578, 581, 583 ff. Ueber die versch. Volksbräuche am Johannistag können auch verglichen werden die vielen neueren Sammlungen von deutschen Sagen und Bräuchen, z. B. von Kuhn, Panzer, Meier, Schmitz, Wolf u. A.   Wagenmann.

Johannisjünger, s. Zabier.

Johanniter (Johannitae, Fratres hospitales s. Johannis, Milites hospitalis s. Joannis Hierosolymitani, Hospitalarii), auch **Rhodiser** und **Maltheserritter** heißen die Glieder eines geistlichen Ritterordens, welcher ursprünglich aus einer Verbindung mehrerer Kaufleute zu Amalfi hervorgegangen ist, die im J. 1048 eine Stiftung zum Schutze der nach Jerusalem Wallfahrenden gründeten. Sie erbauten hier bei dem Grabe Christi nicht nur eine Kirche, sondern auch ein Mönchskloster, dessen Bewohner nach der Benediktinerregel lebten. Nicht sehr lange nach dieser Gründung konnte mit derselben ein Hospital zur Pflege armer und kranker Pilger, wie auch eine dem heil. Johannes geweihte Kapelle verbunden werden, und die Mönche erhielten hiernach den Namen Johanniter und Hospitaliter. Die so erweiterte klösterliche Verbindung bekam unter dem ersten Vorsteher, dem Abte Gerhard Tonque, eine besondere Ordensverfassung durch Pabst Paschal II. (1099), von Gottfried von Bouillon aber große Güter und Besitzungen. Gerhards Nachfolger, Raymund du Puy (de Podio), stellte als Custos oder, wie er sich auch nannte, Procurator des Ordens eine umfassendere Ordensregel auf (1118), indem er zu den Klostergelübden noch die Verpflichtung fügte, gegen die Ungläubigen zu kämpfen, die ganze Gesellschaft in die drei Klassen der Ritter; Priester oder Capellane (Gehorsamsbrüder) und dienenden Brüder theilte, von denen die erste Klasse ganz eigentlich für den Krieg, die zweite für den geistlichen Dienst, die dritte für die Pflege der Wallfahrer bestimmt war. So wurde von Raymund die neuere Bestimmung mit der älteren des Ordens verbunden, doch trat letzte gegen erste bald immer mehr zurück, und aus den ehemaligen Armen= und Krankenpflegern ging schon unter Raymund ein geistlicher Ritterorden hervor, dem ein Magister hospitalis vorstand. Rasch stieg der Orden in Macht und Ansehen durch seine Tapferkeit und weite Verbreitung, wie auch durch Privilegien, die ihm vom päbstlichen Stuhle zu Theil wurden, so daß er fast in allen christlichen Ländern große Besitzungen sich erwarb, die noch zumeist von der Lehnspflicht frei waren. Alphons I. von Aragonien hatte ihn mit den Tempelherren und Rittern vom heil. Grabe sogar zum Erben seiner Staaten eingesetzt; Kaiser Friedrich I. gewährte ihm, nach dem Vorgange des päbstlichen Stuhles, wichtige Privilegien. Pabst Anastasius IV. stellte den Orden durch die Bulle

Christianae fidei (in *Mansi*, Conciliorum nova et ampliss. Collectio etc. T. XXI. p. 780) unter den Schutz Petri, bestimmte, daß selbst dem im Banne verstorbenen Ordensgliede das kirchliche Begräbniß nicht versagt, in dem mit dem Interdicte belegten Lande, in welchem Johanniter lebten, jährlich einmal der Kirchendienst vollzogen werden dürfte, daß es keinem Bischofe gestattet sey, in den dem Orden zugehörigen Kirchen die Suspension, Excommunication oder das Interdikt auszusprechen, daß die Johanniter auch die Befreiung vom Zehnten haben sollten. Die ungeheueren Reichthümer, die der Orden empfing, waren mit der Macht, die er gewann, die Ursache, daß er schon gegen das Ende des 12. Jahrhunderts ausartete, daß Rohheit und mönchische Selbstsucht in ihm sich verbreitete, daß er auch mit anderen Orden, namentlich mit den Tempelherren in schlimme Streitigkeiten gerieth, so daß schon Pabst Alexander III. den Frieden zwischen diesen Rittern und den Johannitern vermitteln mußte (1179; s. W. F. Wilke, Geschichte des Tempelherrenordens. Lpz. 1826. Th. I. S. 82). Selbst die Rechte der Bischöfe wurden von den Johannitern nicht geachtet. Als Jerusalem durch Saladin verloren gegangen war (1187), verlegte der Orden seinen Sitz nach Ptolemais. Der von Alexander vermittelte Friede hatte indeß keine Dauer, der offene Kampf zwischen beiden Orden brach 1241 von Neuem aus; nicht bloß durch diese Uneinigkeit, sondern auch dadurch, daß der Orden mehr seinen Vortheil als den des heil. Landes wahrte, trugen die Johanniter selbst zum Verluste Palästina's bei. Im Jahre 1291 eroberte dann der Sultan von Aegypten Ptolemais; nun nahm der Orden seinen Sitz in Limisso auf Cypern, aber 1309 bemächtigte er sich, unter dem Großmeister Fulko von Villaret, der Insel Rhodus, in deren Besitz er bis 1522 blieb. Jetzt nahm er hier seinen Hauptsitz und nach demselben nannten sich die Johanniter Rhodiser. Im J. 1311 wurde zwar durch eine päbstliche Bulle der aufgehobene Tempelherrnorden mit ihnen vereinigt, dennoch befanden sie sich in einer gefährlichen Lage, da theils große Zerwürfnisse in ihrer eigenen Mitte sich erhoben hatten, theils gefährliche Angriffe von Seiten der Türken sie stets bedrohten. Mit großer Tapferkeit schlug Villaret die Türken in den Jahren 1311 und 1312 zurück, und von dieser Zeit an gebrauchte der Großmeister das Abzeichen F. E. R. T., fortitudo ejus Rhodum tenuit Dennoch blieben die Türken gefährliche Feinde; diese belagerten, während Johann von Lastic († 1454) Großmeister war, fünf Jahre lang die Insel und unter dem Großmeister Peter von Aubusson wiederholten sie 1480 die Belagerung. Allerdings waren beide Belagerungen bei der tapferen Gegenwehr der Johanniter vergeblich, allein die Türken wiederholten auch ihre Angriffe, und unter Soliman II. gelang es ihnen, obschon der Großmeister Philipp de Villiers sich kräftig vertheidigte, durch den Verrath des Ordenskanzlers Andreas von Amaral, der Insel sich zu bemächtigen (Okt. 1522). Villiers begab sich nun nach Candia, dann nach Sicilien und Rom, doch konnten die Johanniter keinen festen Wohnsitz erlangen, sie zogen vielmehr unstät und flüchtig umher, ließen sich an verschiedenen Orten nieder, bis es ihnen gelang, vom Kaiser Karl V. die Inseln Malta, Gozzo, Comino mit Tripolis unter der Bedingung als Lehn zu erhalten (1530), daß sie die Türken und Seeräuber stets bekämpften, Tripolis beschützten, an den Statthalter von Sicilien, das unter spanischer Hoheit stand, jährlich einen weißen Falken entrichteten, den König von Spanien als Patron über den Bischof von Malta anerkennen und jene Inseln an Neapel zurückgeben wollten, falls es ihnen gelingen sollte, wieder in den Besitz von Rhodus zu kommen. Seit dieser Zeit hießen die Johanniter nun Maltheserritter. Obschon sie auf diese Weise neue Besitzungen gewonnen hatten, wurden ihnen doch anderwärts neue Verluste durch die Reformation bereitet. Heinrich VIII., König von England, hatte ihre Güter schon 1537 eingezogen; ein gleiches Schicksal widerfuhr ihnen auch in Ungarn, in den Niederlanden, in den Ländern von Nordeuropa, ebenso in Deutschland, wo jedoch in Thüringen, Sachsen und Brandenburg die Balleien als protestantische Provinzen des deutschen Ordenspriorats fortdauerten. In Malta hatten sie neue Gefahren von den Türken zu bestehen, welche 1566 unter Soliman II. die Insel belagerten, doch unter dem Großmeister Johann de Valette Parisot glücklich zurückgeschla-

praecedens et praecursor verae lucis; das ergabgerollte brennende Rad bedeutet, quod, sicut sol ad altiora sui circuli pervenit ꝛc altius potest progredi, sed tunc sol des. cendit in circulo, sic et fama Johannis, qui putabatur Christus, descendit, secundum quod ipse testimonium perhibet dicens: m oportet minui, illum autem crescere. An bere wollen die Feuer aus einer Legende on der Verbrennung der Gebeine des Täu fers in Sebaste, die Johannistänze aus de Tanz der Tochter der Herodias u. dgl. er klären, nur um jeden Gedanken an einen usammenhang mit heidnischen Culten ferne zu halten. In den nüchternen Zeiten der lten Jahrhunderte sind diese Feuer, wie so viele ähnliche aus der heidnischen Vorzeit smmenden Volksbräuche, meist, zumal in evan gelischen Landen, entweder aus polizeilicher oder aus religiösen Gründen verboten wor den oder von selbst außer Uebung gekommn (s. z. B. das Nürnberger Rathsmandat vom J. 1653 bei Grimm S. 585; das würtmb. Gen.Rescr. wegen Abstellung der vieler Orten üblich geweften Johannisfeuer und Bäder v. J. 1666, wiederholt 1687 in der Cynosura eccl., und ein Rescr. der Oberregierung wegen Abstellung der Fackel- und Johnnisfeuer im Jahr 1809 in der Reyser'schen Gesetessammlung). — Literatur: außer den allgemeinen Werken über kirchl. Archäologie (z. B. Rheinwald S. 246) s. Pa ciandi, de cultu S. Joannis Bapt. antiqq. brist. Rom. 1758; de Khautz, de ritu ignis in natali S. Joannis B. accensi. Vindob. 759; W. Grimm in der Allg. Encykl. von Ersch u. Gruber II. 22, S. 265; F. Nor, Festkalender. Stuttg. 1847 S. 406 ff. vor Allem aber Jakob Grimm, D. Mythol. 3. 578, 581, 583 ff. Ueber die versch. Volks bräuche am Johannistag können auch verghen werden die vielen neueren Sammlungen von deutschen Sagen und Bräuchen, z. B von Kuhn, Panzer, Meier, Schmitz, Wolf u. A. **Wagenmann.**

Johannisjünger, s. Zabier.

Johanniter (Johannitae, Fratres hspitales s. Johannis, Milites hospitalis s. Jo annis Hierosolymitani, Hospitalarii), auch Rhodifer und Malthesrritter heißen die Glieder eines geistlichen Ritterordens, welch ursprünglich aus einer Verbindung mehrerer Kaufleute zu Amalfi hervorgegangen ist, d im J. 1048 eine Stiftung zum Schutze der nach Jerusalem Wallfahrenden gründeten. ie erbauten hier bei dem Grabe Christi nicht nur eine Kirche, sondern auch ein Mönchskloster, dessen Bewohner nach der Benediktiner regel lebten. Nicht sehr lange nach dieser Gründung konnte mit derselben ein Hospital zur Pflege armer und kranker Pilger, wie ich eine dem heil. Johannes geweihte Kapelle verbunden werden, und die Mönche erhielt hienach den Namen Johanniter und Hospi taliter. Die so erweiterte klösterliche Verbbung bekam unter dem ersten Vorsteher, dem Abte Gerhard Tougue, eine besondere Ordenverfassung durch Pabst Paschal II. (1099), von Gottfried von Bouillon aber große Güter und Besitzungen. Gerhards Nachfolger, Ray mund du Puy (de Podio), stellte als Custs oder, wie er sich auch nannte, Procurator des Ordens eine umfassendere Ordensregel auf (1118), indem er zu den Klostergelübben noch die Verpflichtung fügte, gegen die Ungläubigen zu kämpfen, die ganze Gesellschaft in die drei Klassen der Ritter, Priester oder Capellane (Gehorsamsbrüder) und dienenden Brüder theilte, von denen die erste Klasse anz eigentlich für den Krieg, die zweite für den geistlichen Dienst, die dritte für die Pfege der Wallfahrer bestimmt war. So wurde von Raymund die neuere Bestimmung mit der älteren des Ordens verbunden, doch trat letzte gegen erste bald immer mehr zurück, ud aus den ehemaligen Armen- und Kranken pflegern ging schon unter Raymund ein ritlicher Ritterorden hervor, dem ein Magister hospitalis vorstand. Rasch stieg der Orde in Macht und Ansehen durch seine Tapfer keit und weite Verbreitung, wie auch durch Privilegien, die ihm vom päbstlichen Stuhle zu Theil wurden, so daß er fast in allen christlichen Ländern große Besitzungen sich er warb, die noch zumeist von der Lehnspflicht frei waren. Alphons I. von Aragonien hatte ihn mit den Tempelherren und Rittern vom heil. Grabe sogar zum Erben seiner Staa ten eingesetzt; Kaiser Friedrich I. gewähr ihm, nach dem Vorgange des päbstlichen Stuhles, wichtige Privilegien. Pabst Anastas IV. stellte den Orden durch die Bulle

Christianae fidel (in *Mansi*, Conciliorum nova e ampliss. Collectio etc. T. XXI. p. 780) unter den Schutz Petri, bestimmte, daß selbst ba im Banne verstorbenen Ordensgliede das kirchliche Begräbniß nicht versagt, in demmit dem Interdicte belegten Lande, in welchem Johanniter lebten, jährlich einmal der Krchendienst vollzogen werden dürfte, daß es keinem Bischofe gestattet sey, in den dem Oren zngehörigen Kirchen die Suspension, Excommunication oder das Interdikt auszusprecn, daß die Johanniter auch die Befreiung vom Zehnten haben sollten. Die ungeheuen Reichthümer, die der Orden empfing, waren mit der Macht, die er gewann, die Ursache, daß er schon gegen das Ende des 12. Jahrhunderts ausartete, daß Rohheit und ünchische Selbstsucht in ihm sich verbreitete, daß er auch mit anderen Orden, namenich mit den Tempelherren in schlimme Streitigkeiten gerieth, so daß schon Pabst Alcnder III. den Frieden zwischen diesen Rittern und den Johannitern vermitteln mußt (1179; s. W. F. Wilke, Geschichte des Tempelherrenordens. Lpz. 1826. Th. I. S. ?). Selbst die Rechte der Bischöfe wurden von den Johannitern nicht geachtet. Als Jeisalem durch Saladin verloren gegangen war (1187), verlegte der Orden seinen Sitz na Ptolemais. Der von Alexander vermittelte Friede hatte indeß keine Dauer, der offe Kampf zwischen beiden Orden brach 1241 von Neuem aus; nicht bloß durch diese Uninigkeit, sondern auch dadurch, daß der Orden mehr seinen Vortheil als den des heil. Lebes wahrte, trugen die Johanniter selbst zum Verluste Palästina's bei. Im Jahre 1291 roberte zwar der Sultan von Aegypten Ptolemais; nun nahm der Orden seinen Sitz inLimisso auf Cypern, aber 1309 bemächtigte er sich, unter dem Großmeister Fulko voiVillaret, der Insel Rhodus, in deren Besitz er bis 1522 blieb. Jetzt nahm er hier seim Hauptsitz und nach demselben nannten sich die Johanniter Rhodiser. Im J. 1311 wrde zwar durch eine päbstliche Bulle der aufgehobene Tempelherrnorden mit ihnen vereint, dennoch befanden sie sich in einer gefährlichen Lage, da theils große Zerwürfnisse in hrer eigenen Mitte sich erhoben hatten, theils gefährliche Angriffe von Seiten der Türkeisie stets bedrohten. Mit großer Tapferkeit schlug Villaret die Türken in den Jahren 13? und 1312 zurück, und von dieser Zeit an gebrauchte der Großmeister das Abzeichen F.?. R. T., fortitudo ejus Rhodum tenuit. Dennoch blieben die Türken gefährliche Feinde; iese belagerten, während Johann von Lastic († 1454) Großmeister war, fünf Jahre lag die Insel und unter dem Großmeister Peter von Aubusson wiederholten sie 1480 k Belagerung. Allerdings waren beide Belagerungen bei der tapferen Gegenwehr der Johanniter vergeblich, allein die Türken wiederholten auch ihre Angriffe, und unter Soman II. gelang es ihnen, obschon der Großmeister Philipp de Villiers sich kräftig vertidigte, durch den Verrath des Ordenskanzlers Andreas von Amaral, der Insel sich zubemächtigen (Okt. 1522). Villiers begab sich nun nach Candia, dann nach Sicilien id Rom, doch konnten die Johanniter keinen festen Wohnsitz erlangen, sie zogen vielmer unstät und flüchtig umher, ließen sich an verschiedenen Orten nieder, bis es ihnen gang, vom Kaiser Karl V. die Inseln Malta, Gozzo, Comino mit Tripolis unter der Bedingung als Lehn zu erhalten (1530), daß sie die Türken und Seeräuber stets bekämpfn, Tripolis beschützten, an den Statthalter von Sicilien, das unter spanischer Hoheittand, jährlich einen weißen Falken entrichteten, den König von Spanien als Patron ier den Bischof von Malta anerkennen und jene Inseln an Neapel zurückgeben wollten, alls es ihnen gelingen sollte, wieder in den Besitz von Rhodus zu kommen. Seit dieserZeit hießen die Johanniter nun Maltheserritter. Obschon sie auf diese Weise neue Bezungen gewonnen hatten, wurden ihnen doch anderwärts neue Verluste durch die Reformtion bereitet. Heinrich VIII., König von England, hatte ihre Güter schon 1537 eingogen; ein gleiches Schicksa? fuhr ihnen auch in Ungarn, in den Niederlanden, in en Ländern von Norbeurd in Deutschland, wo jedoch in Thüringen, Sachsen id Bran? die Ball testantische Provinzen des deutschen Ordensprior? fortd? n Mal neue Gefahren von den Türken zu bestehen, wei? 1566? man ? belagerten, doch unter dem Großmeister Johann : Valettel? lich?

gen wurden. Allerdings hatten die Johanniter noch wiederholt Kämpfe mit den Türken zu bestehen, doch blieben sie im Besitze von Malta bis zur Zeit der französischen Revolution, von da an aber erlag der Orden völlig den Erschütterungen, welche er bisher noch bestanden hatte, nachdem er seine Güter auch im nördlichen Italien bereits verloren hatte. Der letzte Großmeister, der in Malta seine Residenz hatte, war Ferdinand v. Hompesch, der auch der erste Deutsche war, welcher zu dieser Würde im Orden gelangte. Im J. 1798 griff Napoleon auf seinem Zuge nach Aegypten Malta an, das durch die Verrätherei einiger Ritter in seine Hände kam. Hompesch ging darauf nach Triest, verzichtete auf seine Würde und der Orden wählte nun (Dec. 1798) den Kaiser von Rußland, Paul I., der sich gegen die Uebergabe der Insel an die Franzosen erklärt hatte, zum Großmeister, obschon der Pabst Widerspruch einlegte, weil der Kaiser zum griechischen Glauben gehörte. Um etwaigen Streitigkeiten mit Rußland zu entgehen, hob darauf der Kurfürst von Bayern, Max Joseph, den Orden in seinem Lande gänzlich auf und zog (1799) dessen Güter gänzlich ein. Im J. 1800 ging Malta in die Hände der Engländer über. Allerdings sollte es durch den Frieden von Amiens dem Orden, dem auch der von dem Großmeister in Malta unabhängige Besitz der Güter in Castilien und Aragonien zugesichert worden war, wieder übergeben werden, allein die Engländer erfüllten diese Bestimmung nicht und blieben in dem Besitze der Insel, der ihnen zuletzt durch den Pariser Frieden (1814) bestätigt wurde. In Deutschland schritt indeß der Untergang des Ordens unaufhaltsam vorwärts; seine Güter wurden hier, besonders nach dem Frieden von Preßburg, eingezogen, ebenso in Italien, doch gestattete ihm der Pabst 1826, das Ordenscapitel wieder in Ferrara zu haben. In Preußen wurde der Orden 1810—1811 mit Einziehung seiner Güter aufgehoben, doch 1812 eine nur für den Adel bestimmte, unter dem Protectorate des Königs stehende Ordensdecoration gestiftet, die den Namen des preußischen Johanniterordens trägt. Dieser hat das alte Ordenskreuz beibehalten, aber dasselbe mit vier gekrönten preußischen Adlern und mit einer Krone versehen; auf der linken Brust führen die Ritter ein vierfaches weißes Kreuz. Eine Wiederherstellung des älteren Ordens ist am 6. Jan. 1853 erfolgt (s. Allgem. Kirchenzeitung. Febr. 1853. S. 175). Während der Orden auch in Oesterreich zu existiren aufhörte, konnte er nur noch in Böhmen und Rußland, wo der Kaiser den Titel Protektor des Ordens führt, fortbestehen; der Capitelssitz war zu Catanea in Sicilien. In neuester Zeit sind jedoch die Balleien des Ordens in dem lombardisch-venetianischen Königreiche von Oesterreich wiederhergestellt worden

· Der Orden bestand in der Zeit seiner Blüthe aus sieben Nationen oder Zungen, welche Abgeordnete zum Capitel schickten. Diese Zungen, mit den Vorständen, die sie hatten, waren: 1) die Provence mit dem Großcomthur des Ordens, als Präsidenten des Schatzes; 2) Auvergne mit dem Ordensmarschall, der die Landtruppen befehligte; 3) Frankreich mit dem Großhospitalmeister; 4) Italien mit dem Admiral oder General der Galeeren; 5) Aragonien, Navarra und Catalonien mit dem Großconservator; 6) Deutschland mit dem Großbalei des Ordens; 7) Castilien und Portugal mit dem Großkanzler. Dazu kam früher noch 8) England mit dem Commandanten der Wachen und der Reiterei. An die Stelle der englischen Zunge trat am Schlusse des vorigen Jahrhunderts Bayern, während Polen mit Litthauen erst zu einem Großpriorate, dann zur russischen Zunge constituirt wurde. Jede Zunge zerfiel wieder in verschiedene Abtheilungen, in Prioreien, Balleien und Comthureien. Als die höchste Ordenswürde galt die des Großmeisters des heil. Hospitals zu Jerusalem und Guardian der Armen Jesu Christi; der Großmeister wurde aus dem Capitel gewählt, das ihm zur Seite stand und aus den Abgeordneten jeder Zunge sich constituirte. Ihm standen mancherlei wichtige Privilegien zu und hiernach war die Regierung des Ordens theils monarchisch, theils aber auch, weil das Capitel den Ordensrath bildete, aristokratisch. Die Aufnahme in den Orden war wesentlich an die adlige Abkunft in vier Gliedern von väterlicher und mütterlicher Seite, an die Bezahlung einer bedeutenden Summe und daran geknüpft, eine Zeit lang an den

Kämpfen gegen die Ungläubigen Theil genommen zu haben, indeß konnte doch auch durch ein päpstliches Breve oder durch ein Generalcapitel Dispensation eintreten. Die Aufnahme konnte mit dem 16. Jahre erfolgen, mit dem 17. begann das Noviziat, im 18. wurden die Gelübde abgelegt. Nur die Ritter, welche ohne Dispense aufgenommen worden waren, konnten zu den Ordensämtern gelangen; sie hießen, im Gegensatze zu den dispensirten, Ritter der Gerechtigkeit, während jene nur Ritter der Gnade waren. Obschon der Orden wesentlich der katholischen Kirche angehörte und der Pabst ihm eine besondere Theilnahme widmete, wurden doch auch Personen des griechischen und des evangelischen Glaubens von ihm aufgenommen. In allen geistlichen Angelegenheiten war er dem Pabste unterworfen, in weltlichen aber hatte er eine vollkommene Souveränität. Das Ordenswappen bestand in einem silbernen achteckigen Kreuze in rothem Felde mit einer von einem Rosenkranze umgebenen Krone, unten mit einem kleinen Maltheserkreuze und der Umschrift Pro fide. Die Ritter trugen im Frieden einen langen schwarzen Mantel, auf demselben und auf der Brust das weiße achteckige Kreuz; im Kriege sollte die Ordenstracht in einem rothen Waffenrocke mit einem einfachen Kreuze auf der Brust und auf dem Rücken bestehen. Vgl. Geschichte des Maltheserordens nach Vertot von N. Niethammer). Jena 1792. 2 Th.   Neudecker.

Jojachin (יְהוֹיָכִין, יוֹיָכִין, Sept. seltsam Ἰωαχιμ, Vulg. Joachin, auch יְכָנְיָה Esth. 2, 6. und כָּנְיָה Jer. 22, 24.) Sohn und Nachfolger Jojakims als Königs von Juda. Als sein Vater (s. Jojakim), von dem chaldäischen Heere schändlich mißhandelt, gefallen war, wurde er auf den Thron als 18jähriger Jüngling gehoben, wofür aus Versehen 2 Chron. 36, 9. acht Jahre alt steht, und regierte von seiner Mutter Nehustha, einer Tochter Eleathans, Staatsraths zu Jerusalem, Jer. 26, 22., geleitet, Jer. 13, 18., auf eine gottmißfällige Weise, 2 Kön. 24, 9. Ezech. 19, 5 ff., indem er nach der letzten Stelle Unzucht und Grausamkeiten sich zu Schulden kommen ließ. Eben um dieser untheokratischen Gesinnung willen, die er im Angesicht der größten Gefahr des Staates kund gab, wurde sein Untergang unwiderruflich von Jehovah beschlossen, Jer. 22, 24. 30. Die Chaldäer mit den verbündeten Syrern, Moabitern und Ammonitern schloßen die Stadt immer enger ein, 2 Kön. 24, 2. 10., und da endlich Nebukadnezar selbst erschien, beschloß der junge König, nachdem er 3 Monate und 10 Tage regiert hatte, 2 Chron. 36, 9., den Schrecken der Belagerung ein Ziel zu setzen und übergab sich mit seiner Mutter, vielleicht wie sein Vater durch Versprechungen verlockt, dem Großkönig auf Gnade und Ungnade. Mit ihm gingen auch noch seine Obersten und Kämmerer freiwillig in das Lager Nebukadnezars. Aber während er hoffen mochte, durch diesen Schritt die Vasallenherrschaft um so sicherer zu erhalten, fand Nebukadnezar für gut, ihn mit dem ganzen Hof, den Mächtigsten und Einflußreichsten zur Verbannung nach Babel abzuführen. Ebenso wurden 7000 der besten Kriegsleute, 1000 Belagerungs- und Kriegskünstler und viele andere von Stand, Ansehen und Vermögen mit ihm und seiner Mutter nach Babel abgeführt, so daß sich die Gesammtzahl der Exulanten damals auf 10,000 belief. Unter ihnen befand sich auch der Priester Ezechiel (Ezech. 1, 2.). Nebukadnezar wollte für diesmal das Reich nicht vernichten, entweder durch ein Versprechen gebunden oder aus Rücksicht auf Egypten, schwächte es aber durch diese Maßregeln so, daß er hoffen konnte, ihm die Lust zu weiterem Abfall für immer zu benehmen. Auch der Tempel und Königspalast wurden bei dieser Belagerung und Uebergabe der besten Kostbarkeiten beraubt. Ueber das zurückgelassene Trümmer des Reiches, die er für ungefährlich hielt, setzte er den drittgenannten, wahrscheinlich aber jüngsten, damals 21jährigen Sohn Josias (1 Chron. 3, 15.) als König ein, der seinen Namen Mathanja wandelte und unter dem Namen Zedekia die Regierung antrat. Sieben und dreißig Jahre saß Jechonja oder Jojachin als Gefangener zu Babel, bis er nach Nebukadnezars Tod durch den Nachfolger desselben Evilmerodach bei seiner Thronbesteigung die Freiheit erhielt, 2 Kön. 25, 27. So wenig er aber im Sinne Jehovahs regiert hatte, so blieb doch eine Sehnsucht seiner Wiederkehr unter dem Volke zurück, indem auch falsche Propheten, Jer. 28, 4., die Hoff-

50 *

nung auf nahe Rückkehr nährten. Nur Jeremia sprach sich mit Bestimmtheit darüber aus, daß an eine Rückkehr desselben nicht zu denken sey. Jer. 22, 26. 27. Vaihinger.

Jojada (יְהוֹיָדָע, יוֹיָדָע, LXX Ἰωδαέ), Priester in den Tagen der Atalja und des Königs Joas von Juda (s. 2 Kön. 11. 2 Chron. 23. Jer. 29, 26.), ein Mann, in welchem nach langen Zeiten der Ermattung und Entartung der ursprüngliche Geist des levitischen Stammes (s. 2 Mos. 32, 26—29. 5 Mos. 33, 8—11. Maleachi 2, 4—6.) und des priesterlichen Hauses (s. 4 Mos. 25, 7. 8. 11—13. Ps. 106, 30. 31.) wiederum lebendig war und rankete, wie denn auch sein ausdrücklich berichtetes hohes Lebensalter von 130 Jahren (s. 2 Chron. 24, 15.) ihn den Männern der alten Zeit anreiht. Besonders wird ihm zum Verdienst angerechnet, daß er den jungen König Joas leitete (s. 2 Kön. 12, 3. 2 Chron. 24, 2.). In dem Lichte dieses Lebens will nun auch offenbar der ausführliche Bericht über die Hauptthat Jojadas, über das Werk seines Eifers (s. 2 Kön. 11. 2 Chron. 23.) betrachtet seyn. Durch eine geheime Verabredung nämlich mit den Leviten und den Befehlshabern der bewaffneten Macht leitete er den Sturz und die Tödtung der Atalia und die Erhebung des siebenjährigen Joas auf den Thron von Juda ein und führte diesen Plan mit ebensoviel Geschick wie Entschlossenheit durch. Was den äußerlichen Hergang dieser merkwürdigen Thatsache anlangt, so ist zu vergleichen *Buddei* historia eccles. V. T. II. 393—397; Keil, zu d. Büch. d. Könige S. 416 rc.; Bertheau, zur Chronik S. 358 rc. Für uns ist aber die Hauptsache das in dieser Erzählung liegende theologische Moment, welches, so wichtig es ist, dennoch eine genügende Würdigung noch durchaus nicht gefunden hat. Was uns hier berichtet wird, ist offenbar nichts Geringeres, als der gewaltsame mit bewaffneter Hand ausgeführte Umsturz einer bestehenden Regierung. Absichtlich zwar wird Atalia nicht Königin genannt, aber beide Berichte stimmen darin überein, daß sie 6 Jahre die oberste Gewalt des Reiches Juda in Händen gehabt, indem sie beide von ihr den Ausdruck מֹלֶכֶת gebrauchen (s. 2 Kön. 11, 3. 2 Chron. 22, 12.). Außerdem setzt ja auch die Zurüstung der blutigen Gewalt= mittel von Seiten Jojadas, welche auch gegen die Atalia zur Anwendung kommen, das Bestehen des Regimentes der Atalia voraus. Daß nun aber das Verhalten Jojadas von diesen heiligen Berichten gebilligt und gelobt wird, kann um so weniger fraglich seyn, als diese Zeit Jojadas dasjenige Verhältniß zu dem König Joas begründet, welches, wie schon bemerkt, ausdrücklich von der biblischen Erzählung gefeiert wird. Da nun Alles, was geschrieben ist, uns zur Lehre geschrieben ist (s. Röm. 15, 4.), so entsteht die schwierige Frage: wie ist es mit der Anwendung dieser Erzählung? Die in solchen Fällen häufige, obwohl unstatthafte und nichtige Ausrede, es sey nur Handlung aus besonderer Eingebung des Geistes, welche nur auf dem Gebiete der unmittelbaren Offenbarung vorkommen könne, entbehrt hier alles Anhalts, da die Chronik ihren Bericht mit den Worten יְהוֹיָדָע הִתְחַזַּק einleitet und uns damit lediglich an den innern Vorgang des eigenen Entschlusses verweist. Es ist deßhalb auch nicht zu verwundern, daß die älteren Lehrer, denen die biblische Auctorität überall die höchste ist, wenn die Rede kommt auf die pflichtmäßigen Grenzen des Gehorsams, sich auf unseren Bericht und ähnliche alt= testamentliche Thatsachen beziehen (s. Luther bei *J. Gerhard*, Loci Theol. XIV, 363. Chemnitz. Loci Theol. II, 63 ed. Frankf. *Gerhard*, l. c. p. 366. *Theod. Reinkingk*, de regimine saeculari et ecclesiastico p. 13. 16. *F. Buddeus*, Theol. Moral. p. 581. 582. *Hugo Grotius*, de jure belli et pac. p. 141). Allein es ist leicht zu sehen, wie gefährlich eine solche rege Bezugnahme auf unser Faktum werden kann, wenn wir bedenken, daß es nicht bloß eine frivole, sondern auch eine fanatische Revolution gibt. Es wird darauf ankommen, die Berechtigung der Anwendbarkeit dieser alttestamentlichen Thatsache dadurch aufzuweisen, daß man ganz genau die Begrenzung dieser Berechtigung inne hält. Dafür kommt nun ein Zwiefaches in Betracht: erstlich daß das Regiment der Atalia den Höhepunkt seiner Ungerechtigkeit erreicht, sodann ist die Möglichkeit vorhanden, mit einem Schlage das Regiment der Ungerechtigkeit zu stürzen und das Regiment der Gerechtigkeit herzustellen. Nun bleibt aber die Frage offen, ob jemals auf dem Gebiete der Heiden=

völler diese beiden Momente in eins zusammenfallen können. Muß diese Frage verneint werden, so ist die praktische Anwendbarkeit unseres Beispiels für das Gebiet des heidnischen Staatslebens abgewiesen, aber nicht auf äußerlich mechanische Weise, sondern nach der Norm des Geistes und der Schrift selber, und es wäre auch biblisch begründet, was Schleiermacher aus der Natur der sittlichen Idee behauptet, daß jede gewaltsame Beseitigung einer obrigkeitlichen Macht verwerflich sey (s. Christliche Sitte S. 265. 267). Es ist damit der Punkt bezeichnet, wo die Ethik einzusetzen hat, wenn sie, wozu sie heilig verpflichtet ist, ihre hieher gehörige Lehre mit dem Siegel der göttlichen Auctorität bestätigen will. Der Name Jojada muß das Kriterium werden, an welchem die ethische Lehre von der Obrigkeit ihre höchste Probe zu bestehen hat. *Baumgarten.*

Jojakim (יְהוֹיָקִים, יוֹיָקִים Sept. Ἰωακίμ), älterer Sohn Josias und Nachfolger seines Bruders Joahas, 609—598 v. Chr. Er hatte den Namen Eljakim, nahm aber auf Veranlassung Necho's den gleichbedeutenden Jojakim an, 2 Kön. 23, 34. Die strengere, antiheidnische Partei, welche bei'm Tode Josias noch die Oberhand hatte, wählte den jüngeren Bruder zum Nachfolger, weil wohl Jojakim seine heidnische Gesinnung offen zu Tage trug. Allein der unglückliche Ausgang der Schlacht bei Megiddo ermuthigte nach kurzem Schreck die Heidenpartei und da Joahas die gehegten Erwartungen nicht erfüllte, 2 Kön. 23, 32., so war es dem ägyptischen Fürsten ein Leichtes, den Thronwechsel zu leiten und in Jojakim einen ihm ergebenen Vasallenkönig aufzustellen, der bereit war, die starke Kriegssteuer von 100 Talenten Silber, jeden zu 3000 heiligen Sekeln gerechnet, und 1 Talent Gold zu übernehmen und einzutreiben (2 Kön. 23, 33. 35. 2 Chron. 36, 3.). So hatte nun mit ihm die Heidenpartei den Sieg erhalten, welche zwar die Verehrung Jehovahs nicht aufgeben, aber neben ihm auch den Cultus heidnischer Götter zulassen wollte. Jeremias trat gleich Anfangs warnend und drohend auf, aber vergeblich (Jer. c. 26.). Es wurden nun nicht nur alle früheren von Josia vertilgten Gottesdienste trotz des feierlich geleisteten Versprechens wieder eingeführt, wie man aus Jer. 7, 18. 30 f.; 8, 2; 11, 10. 12 f.; 13, 10. 27; 17, 1 f.; 18, 15; 19, 4—13; 22, 9; 25, 6; 32, 29—35. Ezech. 6, 4; 8, 3 ff.; 23, 38 ff. sehen kann, sondern auch mit Einführung des egyptischen nach Ezech. 8, 7—13. vermehrt. Außerdem schadete er dem erschöpften Lande durch seine Prachtliebe und Baulust in ökonomischer, durch Bedrückung und Unrecht in sittlicher Beziehung, Jer. 22, 11—17. Pharao Necho scheint, nachdem er Joahas zu Ribla entsetzt hatte, selbst nach Jerusalem gekommen zu seyn, worauf die Lesart 2 Kön. 23, 33. und noch mehr 2 Chron. 36, 3. hindeutet, womit man die Nachricht bei Herodot 2, 159. schon in alter Zeit in Verbindung brachte, daß er die große Stadt Kadytis nach der Schlacht eingenommen habe, worunter man doch kaum Gaza verstehen kann, welches nie diesen Namen führte und erst nach der 4 Jahre späteren Schlacht bei Karchemisch eingenommen wurde. Nachdem Pharao die judäischen Verhältnisse nach seinem Sinne gestaltet und durch einen ergebenen Vasallen sich den Rücken gesichert hatte, führte er seinen Eroberungsplan gegen die sinkende assyrische Herrschaft aus und setzte sich zu Karchemisch fest. In diese Zeit mag die Jer. 26, 20 ff. erzählte Begebenheit fallen, welche nicht nur ein Zeugniß von dem Prophetenhaß dieses Königs ablegt, sondern auch von seiner Neigung unschuldiges Blut zu vergießen, welche ihm außerdem Jer. 22, 17. vorgeworfen wird. In diese Zeit werden auch seine Prachtbauten gefallen seyn, bei denen er sich unentgeldlich Frohndienste leisten ließ, Jer. 22, 13. Allein die aufstrebende babylonische Macht konnte die Befestigung der ägyptischen Macht am Euphrat nicht dulden, von wo der Weg in das Innere von Mesopotamien offen stand, und so kam es nach Ninive's Fall im vierten Jahr Jojakims, Jer. 46, 2., zur Schlacht bei Karchemisch, in welcher der junge Held Nebukadnezar das wohlgerüstete von überall her verstärkte ägyptische Heer (Jer. 46, 1—12.) auf's Haupt schlug und erobernd in Syrien einbrang. Damals sah Jeremias mit dem scharfsichtigsten Blicke die ganze Zukunft dieses Reiches klar voraus, Kap. 25. Es wird nun gewöhnlich angenommen, daß Jojakim schon in diesem Jahre, ja nach Daniel 1, 1. sogar im dritten, also, wie auch Kruger, Gesch.

der Assyrer u. Iranier, S. 176, annimmt, vor der Schlacht bei Karchemisch, was unmöglich ist, Nebukadnezar sich unterworfen habe und den Chaldäern zinspflichtig geworden sey. Allein dagegen spricht mit Entschiedenheit Jer. 36, 11 ff., wornach am Ende des fünften Jahrs dieses Königs bei einem öffentlichen und außerordentlichen Fasten der König die Gewaltthätigkeit sich zu Schulden kommen ließ, das Buch der Weissagungen Jeremias zu zerschneiden und in's Feuer zu werfen, weil es die Unterwerfung unter Babel und die Zerstörung der Stadt durch sie enthielt (V. 29.). Aufgehalten aber wurde diese Unterwerfung dadurch, daß Necho nach der Schlacht bei Karchemisch die wichtige Grenzfestung Gaza im Sturm nahm (Jer. 47, 1.), dadurch den Chaldäern den Weg nach Aegypten versperrte und Juda noch ferner schützen konnte. Dadurch ist man genöthigt, die 2 Kön. 24, 1. genannten 3 Jahre von den letzten dieses Königs zu deuten. Man muß sich nun denken, daß Nebukadnezar, als er seine Macht im Innern befestigt hatte, auch die Herrschaft über Syrien erweiterte, und Jojakim, von Aegypten nicht mehr geschützt, im achten Jahr seiner Herrschaft den Chaldäern sich unterwerfen mußte, 2 Kön. 24, 1., nachdem zuvor manche Bedrängniß durch die mit ihm verbündeten Aramäer über das kleine Reich gekommen war, 2 Kön. 24, 2. Ezech. 16, 57. Jer. 49, 23—27; 35, 1—11. Drei Jahre später aber, während welcher Zeit neben Jeremias auch Habakuk seine Stimme erhoben hatte, bestimmte ein neuer Heerzug der Aegypter, wie sich aus 2 Kön. 24, 7. schließen läßt, den König Jojakim zum Abfall von Nebukadnezar, worauf dieser die Aegypter ganz aus Asien warf (2 Kön. 24, 7.) und nun auch an dem abtrünnigen Jojakim ernste Strafe zu üben beschloß. In diesem Kriege wurden Streiter nicht nur von Chaldäa und Elam (Jer. 49, 34—39.), sondern auch von dem naheliegenden Syrien, Moab und Ammon gegen Jerusalem geführt, worauf Jojakim zu einer Unterhandlung in's feindliche Lager sich verlocken ließ, aber hinterlistig gefangen genommen, geschleift und niedergemacht wurde nach Jer. 22, 18. 19., womit 1 Chron. 36, 6. sich vereinigen läßt. Wenn dieses Ereigniß, dessen Geschichtlichkeit um so fester steht, als Jeremias seine Weissagungen erst später herausgab, in der kurzen Erzählung 2 Kön. 24, 6. übergangen ist, so widerspricht diese Stelle doch nicht, indem der Leichnam ohne Zweifel nach einiger Zeit zur Beerdigung herausgegeben wurde. Wenn man mit Winer die Stellen Jer. 22, 17 ff. und 36, 30. so vereinigen will, daß erst in Folge der Eroberung Jerusalems unter Jojachin die Feinde oder die eigenen Unterthanen gegen die Ueberreste des verhaßten Königs gewüthet haben; so hat Ewald, isr. Gesch. 3, 431. richtig dagegen erwiedert, daß dies doch den Worten Jeremias Gewalt anthue, und auch desnahen unwahrscheinlich sey, weil ein solches Schicksal von den Gebeinen aller Könige, Jer. 8, 1 f., geweissagt werde, somit gar nichts Besonderes über Jojakim ausgesagt würde. Sodann läßt sich auch nicht begreifen, was sein Nachfolger Jojachin in der kurzen Zeit seiner Herrschaft verbrochen haben könnte, daß er von den Chaldäern so hart behandelt wurde, wenn er nicht eben im Andenken an die seinem Vater widerfahrene Treulosigkeit und Schmach die Widersetzlichkeit gegen die vor Jerusalem lagernden Heere und Verbündeten der Chaldäer (2 Kön. 24, 2.) noch weiter getrieben hätte, so daß es jetzt erst zu einer engen (2 Kön. 24, 10.) Belagerung kam. Baihinger.

Joktan (יָקְטָן, Sept. Ἰεκτάν, Vulg. Jectan Luth. Jaketan) ein Semite, näher mit seinem Bruder Peleg ein Hebräer, 1 Mos. 10, 25. 1 Chron. 1, 19., der Stammvater von 13 Völkerschaften in Arabien, wohin sein Stamm vor Abraham über den Euphrat her eingewandert war, 1 Mos. 10, 26—30. Die frühere Auswanderung liegt schon darin, daß er als der jüngere Sohn Ebers mit all seinen Nachkommen in Arabien ansiedelt, während von Peleg erst im 4. Geschlechte die Auswanderung beginnt. Wenn Abraham, 1 Mos. 14, 13., der Hebräer genannt wird, so dürfte es nicht zu kühn seyn, mit Ewald, Isr. Gesch. 1, 337 zu vermuthen, daß auch die Joktaniten unter diesem Namen ausgezogen seyen, der sich aber mit Verschiebung eines Buchstabens in den der Araber wandelte, indem עֲרָב aus עֵבֶר entstanden zugleich auf die Steppe anspielen sollte, (Jes. 21, 13.), welche sie bewohnten. Die Bildung des Namens יָקְטָן, ist wie יִשְׁמָץ,

יַעֲקֹב ächt semitisch und urhebräisch. Später aber wurde der Name arabisirt und so kommt es, daß die Araber ihren Stammvater unter dem Namen Kachtan (قَحْطَان) kennen, was gewiß nichts anderes als das alte Joktan ist. Uebereinstimmend aber bezeugen dieselben, daß die joktanitischen Araber die ächten und ursprünglichen Bewohner Arabiens seyen, welche den Süden der Halbinsel eingenommen haben, und Jemen wie das glückliche Arabien besitzen. In der Provinz Jemen, südlich von Mekka am Südende des rothen Meeres gibt es einen Landstrich, der bis heute noch Kachtan heißt, und in diese G g b versetzt der ältere Geograph der Araber Edrisi eine Stadt, Namens Beischat-Jattan (بَيْشَة يَقْطَان). Noch weist man sogar das Grab Joktans in der Gegend von Keschin, was nicht nur eine sichere Ueberlieferung, sondern auch die Größe und den Ruhm des alten Stammvaters bezeugt. Vgl. Niebuhr, 2, 287 f. Pocock, Specim. hist. arab. p. 32. Die nördlich wohnenden Araber werden für weniger reinen Geblütes angesehen mit Ausnahme der Ismaeliten, denen sie Vollblütigkeit zugestehen. Die Joktaniden bewohnten also frühe schon denjenigen Theil Arabiens, wohin die Meeresnähe und ein ergiebiger Boden eine starke Bevölkerung lockten, welcher deßhalb auch das glückliche Arabien im Gegensatz zu dem wüsten in der Mitte und dem steinigten im Norden genannt wird. Wären uns überhaupt die Völker Arabiens näher bekannt, so ließen sich vielleicht jetzt noch ein großer Theil der 1 Mos. 10, 26—29. genannten Völkerschaften auffinden, da sich gerade die Araber auf ihre Stammunterschiede viel zu gute thun. Näheres in dem Werke: *Alb. Schultens,* historia imperii vetustissimi Joctanidarum in Arabia felice ex Albufeda. Haderov. 1786. 4.   *Vaihinger.*

Jona, Prophet. Das kleine prophetische Buch dieses Namens unterscheidet sich von allen andern prophetischen Büchern dadurch, daß in ihm nicht die **Prophezeiung,** sondern der **Prophet** die Hauptsache ist. Denn nur mit wenigen Worten ist 3, 4. der Hauptinhalt der Predigt des Jona in Ninive mitgetheilt. Alles Gewicht ist auf die persönliche Geschichte des Propheten gelegt. Dieselbe ist auch in der That einzig in ihrer Art. Für's Erste ist schon der Auftrag, den er bekommt, ein ungewöhnlicher. Denn jene Reise Elisa's in das benachbarte Damaskus (2 Kön. 8, 7 ff.), wo er längst gekannt und geehrt war, und wo er dem Hasael seine Erhebung zum Könige Syriens weissagte, läßt sich kaum vergleichen mit der Mission des Jona nach dem fernen, stolzen Ninive, wo er als ein unbekannter, unscheinbarer Fremdling Buße predigen sollte. Dieser Auftrag konnte aber auch, — so scheint es uns, — keinem Unwürdigeren gegeben werden. Denn Jona fürchtet sich und flieht. Durch wunderbare Fügung herumgeholt, geht er nun wirklich nach Ninive, predigt und siehe! — wider sein Erwarten thut die Stadt Buße und wird erhalten. War er nun vorher verzagt gewesen, so ist er jetzt trotzig. Gerade daß der Untergang Ninive's nicht erfolgt, das ärgert ihn, und als noch obendrein das Gewächse, das ihm Schatten bereitet hatte, schnell verdorrte, da hat er's genug und bittet Gott, er möge ihn lieber sterben als leben lassen.

Es gibt kaum ein Stück der biblischen Geschichte, über das seit Lucian (Ver. hist. L. I. p. 94 sq. ed. Reitz) mehr gespottet worden wäre und noch gespottet würde, als dieses. Seitdem die protestantische Kritik sich des Gegenstandes bemächtigt hat, sind die verschiedenartigsten Versuche gemacht worden, den idealen Sinn (da der reale eben Gegenstand des Spottes war) der Geschichte zu entdecken. Da finden wir denn nun außer den Versuchen, nur einzelne Züge der Erzählung als Träger irgend einer, selbst historischen, Idee zu fassen*), oder durch philosophische Umdeutung einen andern als den normalgrammatischen Sinn zu gewinnen (Anton, in Paulus N. Repert. II, S. 36 ff. über-

---

*) Wie z. B. schon Abarbanel das Schlafen des Jona (1, 5.) als Hindeutung faßt, daß das Folgende als Traum zu verstehen sey, oder Clericus (Biblioth. auc. et mod. XX, 2, p. 459) durch den Wallfisch ein Schiff mit dem Zeichen des Wallfisches angedeutet findet.

setzt 2, 1. בִּמְעֵי הַדָּג mit "auf dem Bauche des Wallfisches"), eine Menge anderer, die darauf ausgehen, das Ganze entweder als Mythus oder als Sage, oder als Allegorie zu fassen. Diejenigen, welche den mythischen Karakter des Stückes behaupten, deuten hin auf den Mythus von der Hesione und dem Hercules, welcher letztere (indeß nur nach dem Zusatze des Tzetzes bei Lykophron, Cassandra V, 33 ff. mithin möglicherweise, wie Hitzig bemerkt, in Abhängigkeit von unserm Buche), dem jene bedrohenden Meerungeheuer in den Rachen springt, und nach dreitägigem Aufenthalte unbeschädigt wieder daraus hervorgeht (Diodor. Sic. IV, 42. Apollod. II, 5. §. 9—12.). Andere erinnern an den Mythus von der Andromeda, die am Meeresufer bei Joppe einem Κῆτος zum Fraße ausgesetzt, von Perseus aber gerettet wurde (Plin. H. Nat. V, 14, 34. 9, 4. Strabo XVI, p. 759). Baur (in Illgens Zeitschr. 1837, VII, S. 201 ff.) findet in Jona gar das Fischungeheuer Oannes wieder, welches die Babylonier Kunst und Sitte lehrte (Berof. bei Euseb. chron. I, 20 sq. Richter S. 48). — Die Zahl der Allegoriker (das Wort im weitesten Sinne genommen, weßhalb ich auch Hitzig dazu rechne, der das Ganze für "ein Spiel willkührlich schaltender Phantasie" erklärt, welches aber den Zweck haben soll, "Gott wegen unerfüllt gebliebener Weissagungen wider die Heiden zu rechtfertigen") also ist sehr groß. Man findet sie am vollständigsten aufgezählt bei P. Friedrichsen, krit. Uebersicht der versch. Ansichten von d. B. Jona nebst einem neuen Vers. üb. daff. Lpzg. 2. Aufl. 1841. Ich erwähne nur des gelehrten Sonderlings Hermann von der Hardt, der in zahlreichen Schriften (Jonas in carcharia. Helmst. 1718; aenigmata Jonae 1719; aenigmata prisci orbis u. a.) die Geschichte des Propheten als eine allegorische Hülle für die Geschichte der Könige Manasse und Josia nachzuweisen suchte. Die Auffassung der Geschichte als einer national-hebräischen Prophetensage mit historischem, übrigens nicht näher bestimmbarem Kerne und didaktischem Zwecke ist gegenwärtig die unter den Vertretern der modernen Kritik am meisten verbreitete. Ihr huldigen z. B. Knobel, Proph. d. Hebr. II, S. 369 ff. — Winer, Realw. s. v. — Ewald, Pr. d. A. B. II, S. 554 ff. — De Wette, Einl. S. 358 ff. — E. Meier, Gesch. d. poet. Nat.Lit. d. Hebr. S. 503 ff. — Für alle diejenigen, welchen Christus der Sohn des lebendigen, persönlichen und dreieinigen Gottes, sowie Mittelpunkt der Schrift und sowohl Bürge als Probierstein für die Wahrhaftigkeit ihrer Geschichtserzählung ist, für alle diese liegt in den Worten des Herrn Matth. 12, 39 ff.; 16, 4. Luk. 11, 29—32. eine unumstößliche Garantie für die Realität der im Buche Jona enthaltenen und vom Herrn selbst angeführten Thatsachen, unter welchen gerade der dreitägige Aufenthalt des Jona im Bauche des Fisches als Typus der auch dreitägigen Grabesruhe Christi durch diesen seinen Antitypus für das christliche Bewußtseyn eine Gewißheit hat, welche auf die wissenschaftliche Vermittlung nicht wartet, vielmehr dieselbe zur Vertiefung stimulirt. Damit ist übrigens keineswegs gesagt, daß Christus auch die Form, in welcher uns das jetzige Buch Jona jene Thatsachen referirt, in der Gesammtheit aller Einzelheiten verbürge. Noch sey hier übrigens aufmerksam gemacht auf die Bedeutung, welche nach des Herren eigener Erklärung die wunderbare Errettung des Propheten für seine nachherige Thätigkeit unter den Niniviten hatte. Denn der Herr sagt (Luk. 4, 30.): καθὼς ἐγένετο Ἰωνᾶς σημεῖον τοῖς Νινευίταις, οὕςως ἔσται καὶ ὁ υἱὸς τοῦ ἀνθρώπου τῇ γενεᾷ ταύτῃ. Hier wird offenbar die ungläubige Welt mit Ninive parallel gestellt und gesagt, daß, wie dieser Stadt die wunderbare Errettung des Jona als Unterpfand seiner Glaubwürdigkeit gegeben war, so werde jener die Auferstehung des Herrn als solches dienen müssen. Darnach müssen die Niniviten das Erlebniß Jona's gekannt haben, und daraus erklärt sich denn ferner ihre Geneigtheit, ihm zu glauben. Vgl. Baumgarten, über das Zeichen des Pr. Jon. in Rud. u. Guer. Ztschr. 1842, II, S. 1 ff. —

Daß Jona (יוֹנָה, Ἰωνᾶς) mit dem 2 Kön. 14, 25. erwähnten Jona, Sohn des Amittai aus Gath-Hacheber identisch sey, ist wohl nicht zu bezweifeln. Ist dem also, so wissen wir, daß Jona dem Reiche Israel und welcher Zeit er angehörte. Denn Gath-

Hacheber liegt im Stamme Sebulon (Jos. 19, 13.), und die angef. Stelle des Königs=
buchs versetzt uns spätestens in die Zeit des zweiten Jerobeam, der 825—784 regiert hat.
Demnach war Jona Zeitgenosse von Joel, Amos, Hosea und (wenn wir nicht irren) von
Obadja. Zugleich ist wohl zu bemerken, daß dieser geschichtliche Moment die Sendung
des Jona nach Ninive erklärt. Denn Assur war damals bereits im Begriffe, zur Welt=
monarchie sich zu erheben; schon hatte es seine Beziehungen zu Israel angebahnt, denn
die Könige Israels selbst hatten sich bereits an Assur um Schutz gewendet (Hos. 5, 13.).
Wie angemessen ist es nun, wenn der Herr diesem mächtigen Volke, welches auf die Ge=
schicke der Theokratie so großen Einfluß üben sollte, eine Ahnung seiner Macht und
Herrlichkeit beibringt, — wie ermuthigend mußte dies auf Israel zurückwirken, und wie
beschämend war das Beispiel des bußfertigen Ninive für das unbußfertige Israel. Ueber
die Zeit der Abfassung des Buches herrscht große Differenz der Ansichten. Die Ausll.
schwanken innerhalb des Zeitraumes zwischen Menahum (771 v. Chr.) und den Makka=
bäern. Vgl. die Einleitungen und insbes. Delitzsch über das B. Jona in Rudelb. u.
Guer. Ztschr. 1840. II, S. 112 ff.

Die wichtigsten neueren Schriften über Jona außer den genannten sind: Grimm,
der Pr. Jonas übers. u. m. erkl. Anm. her. Düsseldorf 1798. — Goldhorn, Exkurse
zum B. Jonas. Ein Beitrag zur Beurtheilung d. neu. Erkll. d. Pr. Lpzg. 1803. —
Hitzig, die 12 kl. Pr. erkl. (im kurzgef. ex. Hdbch.) 1838. — Krahmer, A. W., d.
B. Jonas hist. krit. untersucht. Quedlinburg 1846. — Schreg, die kleinen Propheten
übers. u. erkl. Regensburg, Manz 1854.   E. Nägelsbach.

Jonas, Bischof von Orleans (Aurelianensis), einer der ausgezeichnetsten fränkischen
Kirchenfürsten des 9. Jahrhunderts. Er bekleidete, als Nachfolger Theodulphs (821) sein
Amt unter den beiden Regierungen Ludwigs des Frommen und Karls des Kahlen, er
wohnte dem Pariser Concil 829 bei und starb 844. Wichtig ist die Stellung, die er im
Bilderstreite annahm: In der auf Ludwigs Befehl verfaßten, aber erst unter Karl dem
Kahlen veröffentlichten Schrift: de cultu Imaginum*) suchte er die Mitte zu halten
zwischen der bilderstürmenden Richtung eines Claudius von Turin (s. d. Art.) und der
abergläubischen Verehrung der Bilder, wohin der große Hause neigte. Indem er diese
letztere ebenfalls verwarf, tadelte er gleichwohl in den schärfsten Ausdrücken die verwegene
Sprache, welche Claudius in seiner Zuschrift an den Abt Theodemir in Betreff der Bil=
der geführt hatte: er bezeichnet dieselbe als frivola et inepta und wirft ihrem Verfasser,
doch wohl ohne Grund, Arianismus vor; namentlich weist er mit Entrüstung die in der
That albernen Consequenzen zurück, welche Claudius aus der Verehrung des Kreuzes ge=
zogen hatte, als ob man dann auch Krippen, Schiffe, Esel u. s. w. verehren müsse, weil
Christus mit diesen Gegenständen ebenfalls in Berührung gekommen sey. Auch die Reli=
quien nimmt er gegen die Angriffe des Claudius in Schutz und ist nicht abgeneigt, an
ihre und die wunderthätige Kraft des Kreuzes zu glauben. Ueberhaupt theilte der sonst
erleuchtete Mann noch manche Vorurtheile seiner Zeit, so auch in Beziehung auf die
Wirkung der Sakramente und die Vorrechte des Priesterthums. So beschränkt er auch
mit einem großen Theil der alten Kirche die versöhnende Kraft des Todes Jesu nur auf
die vor der Taufe begangenen Sünden, indem die später begangenen durch die Blut=
und Thränentaufe müssen gesühnt werden. Denselben Gedanken begegnen wir auch in
der Schrift, welche Jonas auf Begehren eines vornehmen Laien, des Grafen Mathfred
verfaßt hat und die in der Geschichte der christlichen Ethik eine nicht unbedeutende Stelle
einnimmt: Libri tres de institutione laicali (in d'Achery, Spicileg. I. p. 258 sq.). Ei=
ner rein äußerlichen Werkheiligkeit gegenüber verlangt er eine von der Wurzel des Her=
zens ausgehende gründliche Sinnesänderung und widersetzt sich der sittlichen Rohheit und

---

*) Jonae Aurelianensis Ecclesiae Episcopi libri tres de cultu imaginum, ad Carolum Mag-
num (sic) adversus haeresin Claudii Praesulis Taurinensis. Colon. 1554. 12. (findet sich auch in
Bibl. maxima XIV. 167 sq.)

Schlaffheit der Zeit; er beklagt den Verfall der Kirchenzucht und rügt allermeist die Sünden der Großen (Jagdlust, Würfelspiel u. f. w.). Ueber die ehelichen Pflichten gibt besonders das 2. Buch einläßliche Vorschriften, die auf den sittlichen Zustand der Zeit ein eben nicht erfreuliches Licht werfen. Uebrigens zeigt sich auch hier noch eine ziemlich äußerliche Behandlung der Sittenlehre, wie dies z. B. aus der Aufzählung der acht Todsünden (lib. III. c. 6.) hervorgeht (superbia, gula, fornicatio, avaritia, ira, acedia, tristitia, cenodoxia i. e. vana gloria). Endlich hat Jonas noch einen Regentenspiegel verfaßt, in der Schrift, welcher erst d'Achery die Ueberschrift gegeben: de institutione regia (spicil. I. p. 323 ff.); sie ist in Form eines Briefes an den jungen König Pipin von Aquitanien, Sohn Ludwigs des Fr. gerichtet und enthält großentheils dieselben Vorschriften, die ein Jahr später unter Jonas Einfluß in die Akten des Pariser Concils aufgenommen wurden. Vgl. Schröckh, Kirchengesch. XXIII. S. 294 ff. und 416 ff.　Hagenbach.

Nachtrag.

Als willkommene Ergänzung des Artikels Holland machen wir aufmerksam auf das so eben erschienene Schriftchen: die niederländische reformirte Kirche. Charakterisirende Mittheilungen über ihren dermaligen Zustand von August Köhler, Pfarramtscandidat (aus der bayrischen Rheinpfalz). Erlangen. 1856. Der Verfasser hat selbst an Ort und Stelle die Zustände Hollands sorgfältig erforscht und ist auch mit der holländischen Theologie unsrer Tage vertraut.　　　　Die Redaktion.

Verzeichniß

der im sechsten Bande enthaltenen Artikel.

H.

Druckfehler.

Im V. Bande wolle man gef. folgende Druckfehler verbessern:

Seite 407, Zeile 12 von oben lies: auch statt noch.
" 407, " 20 von oben lies: Anab. 1, 4, 9. statt 1, 49.
" 407, " 1 von unten lies: Arvieux statt Cavieux.
" 421, " 22 von oben lies: Ländern statt Gemeinden.
" 470, " 21 von oben lies: Pharan statt Tharan.
" 484, " 24 f. von oben lies: den Enkel „A. v. Haller's" statt den Enkel „des Vorigen"!
" 485, " 29 von oben lies: beuten statt benken.
" 492, " 15 von unten lies: „30,000 Einw." statt 100,000 — und füge bei: s. Ritter's Erdk. XVII, 2. S. 1031 ff.
" 621, " 4 von oben lies: Tanis statt Tunis.
" 621, " 2 von unten lies: حبران statt حجران.
" 623, " 14 von oben lies: livr. 7. u. 44. statt 7. u. 44.